Soergel

Kommentar zum Bürgerlichen Gesetzbuch

Band 6/1b

Stand der 13. Auflage

Band 1:	Allgemeiner Teil 1	§§ 1 – 103	Frühjahr 2000
Band 2:	Allgemeiner Teil 2	§§ 104 – 240	März 1999
Band 2a:	Allgemeiner Teil 3	§§ 13, 14 126a, 126b, 127 194 – 218	Herbst 2002
Band 3/1:	Schuldrecht 1/1	§§ 241, 242	
Band 3/2:	Schuldrecht 1/2	§§ 243 – 304	Mai 2014
Band 4:	Schuldrecht 2	§§ 305 – 310, UKlaG	Oktober 2018
Band 5/1a:	Schuldrecht 3/1a	§§ 311, 311a – c, 313, 314	April 2013
Band 5/1b:	Schuldrecht 3/1b	§§ 312 – 312k, 315 – 319	März 2022
Band 5/2:	Schuldrecht 3/2	§§ 320 – 327	Frühjahr 2005
Band 5/3:	Schuldrecht 3/3	§§ 328 – 432	August 2009 mit Nachtrag zur Neufassung der §§ 355 – 361 BGB i.d. ab 11.6.2010 geltenden Fassung
Band 6/1a:	Schuldrecht 4/1a	§§ 433 – 439	–
Band 6/1b:	Schuldrecht 4/1b	§§ 440 – 453	1. Februar 2024
Band 6/2:	Schuldrecht 4/2	§§ 454 – 480	Januar 2009
Band 7:	Schuldrecht 5	§§ 481 – 534	Sommer 2014
Band 8:	Schuldrecht 6	§§ 535 – 610	Sommer 2007
Band 9/1a:	Schuldrecht 7/1a	§§ 611 – 619a	–
Band 9/1b:	Schuldrecht 7/1b	§§ 620 – 630h; AGG	31. Dezember 2021
Band 9/2:	Schuldrecht 7/2	§§ 631 – 651y	Januar 2022
Band 10:	Schuldrecht 8	§§ 652 – 704	Sommer 2011
Band 11/1:	Schuldrecht 9/1	§§ 705 – 758	Sommer 2011
Band 11/2:	Schuldrecht 9/2	§§ 759 – 779	2015
Band 11/3:	Schuldrecht 9/3	§§ 780 – 822	Sommer 2011
Band 12:	Schuldrecht 10	§§ 823 – 853. ProdHG. UmweltHG	Sommer 2005
Band 13:	Schuldrechtl. Nebengesetze 1	CISG	Frühjahr 2000
Band 14:	Sachenrecht 1	§§ 854 – 984	Sommer 2002
Band 15/1:	Sachenrecht 2/1	§§ 985 – 1017 Erbbau VO	Herbst 2006
Band 15/2:	Sachenrecht 2/2	WEG	August 2017 mit grundlegenden Nachträgen bis März 2018
Band 16:	Sachenrecht 3	§§ 1018 – 1296	Frühjahr 2001
Band 17/1:	Familienrecht 1/1	§§ 1297 – 1588	Sommer 2012
Band 17/2:	Familienrecht 1/2	NehelLG. LPartG. GewSchG. FamFG	Herbst 2012
Band 18:	Familienrecht 2	§§ 1587 – 1588. VAHRG. VAÜG	Frühjahr 2000
Band 18a:	Familienrecht 2a	VersAusglG	Frühjahr 2012
Band 19/1:	Familienrecht 3/1	§§ 1589 – 1615n	Frühjahr 2012
Band 19/2:	Familienrecht 3/2	§§ 1616 – 1717	Herbst 2016
Band 20:	Familienrecht 4	§§ 1741 – 1921	Frühjahr 2000
Band 21:	Erbrecht 1	§§ 1922 – 2063	Januar 2002
Band 22:	Erbrecht 2	§§ 2064 – 2273. BeurkG	Winter 2002/2003
Band 23:	Erbrecht 3	§§ 2274 – 2385	Sommer 2002
Band 24:	EGBGB 1	Art. 1 – 12	–
Band 25:	EGBGB 2	Art. 13 – 26	–
Band 26:	EGBGB 3	Art. 27 –37	–
Band 27/1:	Rom II-VO; Internationales Handelsrecht; Internationales Bank- und Kapitalmarktrecht		Oktober 2018

Bürgerliches Gesetzbuch

mit Einführungsgesetz und Nebengesetzen

Band 6/1b
Schuldrecht 4/1b
§§ 440–453

Wissenschaftliche Redaktion

Prof. Dr. Johannes Wertenbruch, Marburg

Bearbeitet von:

Prof. Dr. Johannes Wertenbruch
§§ 440-453

Stand: 1. Februar 2024

Verlag W. Kohlhammer

Zitiervorschlag:
Soergel/Wertenbruch § 440 Rz 1

13. Auflage 2024

Gesamtherstellung: W. Kohlhammer GmbH, Stuttgart

Print:
ISBN 978-3-17-015797-2

Vorwort zur 13. Auflage

Im Jahre 1921 begründeten die bayerischen Juristen Hofrat Soergel und Oberjustizrat Lindemann einen neuen Kommentar zum Bürgerlichen Gesetzbuch. Zusammen mit ihren Mitarbeitern, die alle der juristischen Praxis angehörten, waren sie darauf bedacht, die „einschlägigen Entscheidungen und Ergebnisse der Rechtsprechung und Rechtslehre vollständig" zusammenzustellen. In seiner 1. Auflage konnte sich der Kommentar noch auf zwei Bände (Band 1: Allgemeiner Teil, Recht der Schuldverhältnisse; Band 2: Sachenrecht, Familienrecht, Erbrecht, Einführungsgesetz) beschränken und dies auch über die folgenden Auflagen einhalten; erst später wuchs er um einen weiteren Band auf drei Bände an.

Nach dem Kriege wurde mit der 8. Auflage (1952 ff), die dann schon vier Bände umfasste, die bisherige Tradition des auf reichhaltige Kasuistik bedachten Fundstellennachweises mit Erläuterungen zunächst noch fortgeführt. An dieser Auflage arbeiteten erstmals neben Praktikern auch Wissenschaftler mit, darunter der Heidelberger Professor Siebert. Siebert entwickelte mit Fachkollegen zusammen eine neue Konzeption, die die bewährte Eigenart des Kommentars „die einschlägigen Entscheidungen – auch aus der Praxis der Untergerichte – möglichst vollständig zusammenzustellen" beibehielt, darüber hinaus aber großen Wert darauf legte, die wissenschaftliche Literatur mit aufzuarbeiten und sich am wissenschaftlichen Gespräch selbst zu beteiligen. Diese Konzeption wurde mit der 9. Auflage (1959 ff) verwirklicht. Zu Recht erschien der nun auf sechs Bände angewachsene Kommentar für zwei Auflagen unter dem Namen „Soergel-Siebert"; er entwickelte sich zu einer „der Praxis wie der Wissenschaft gleichermaßen dienliche, vollständige und systematisch gestraffte Darstellung des gesamten Rechtsstoffes", die in den Folgejahren ihren Beitrag zur Fortentwicklung des Bürgerlichen Rechts und zur Klärung von Streitfragen leisten konnte.

Der verstärkten Kodifizierung bürgerlich-rechtlicher Materien in eigenständigen Gesetzen musste der Kommentar Rechnung tragen und sich diesen „Nebengesetzen" öffnen. Dies und das zunehmende Bestreben nach Einzelfallgerechtigkeit, das sich in Zahl und Umfang der gerichtlichen Entscheidungen niederschlägt, steigerten den Umfang der Gesamtkommentierung stetig. So umfasste die 12. Auflage zwölf Bände größeren Umfangs.

Die 13. Auflage wird aus Gründen der leichteren Handhabbarkeit auf schmalere Bände übergehen. Da mit einem weiteren Wachsen des zu behandelnden Stoffes gerechnet werden muss, ist die neue Auflage auf fünfundzwanzig Bände angelegt. Die ausgewogene Zusammensetzung der Autoren aus Wissenschaft, häufig auch als Richter im Nebenamt tätig, und wissenschaftlich ausgewiesenen Praktikern bietet die Gewähr dafür, dass in der Verbindung von Wiedergabe der Rechtsprechung mit einer systematisch und wissenschaftlich fundierten Darstellung der Rechtsprobleme sowohl gemeinsame Grundlagen und sich anbahnende rechtliche Entwicklungen aufgezeigt werden, als auch die Rechtsprechung vor diesem Hintergrund eine kritische Beleuchtung erfährt.

Im Jahre 1998 erschien im Rahmen der 12. Auflage des Soergels der Band 4/1. Er umfasste mit den §§ 516-651 BGB weite Teile des Besonderen Schuldrechts, insbesondere neben der Schenkung die Verträge über Gebrauchsüberlassungen (Miete, Pacht, Leihe), das Darlehen, den Dienstvertrag und den Werkvertrag. Seither ist eine ungebührlich lange Zeit vergangen. Mehrfache Wechsel der Bandredaktion und der Bearbeiter, verbunden auch mit der Notwendigkeit der Aktualisierung bereits abgeschlossener Bearbeitungen, haben immer wieder zu Verzögerungen geführt. Das Anwachsen des Umfangs der Kommentierungen erforderte zudem eine deutlich stärkere Segmentierung der einzelnen Bände. So finden sich nunmehr die Kommentierungen zu den Gebrauchsüberlassungsverträgen und diejenigen zum Werk- und Reisevertrag in eigenen Bänden (Band 8 und Band 9/2).

Die im kaufrechtlichen Band 6/1b kommentierten §§ 440 bis 453 BGB weisen eine unterschiedliche Entstehungsgeschichte auf. So beruht der in §§ 446, 447 BGB geregelte und insbesondere für die Sachmängelgewährleistung sehr bedeutsame Gefahrübergang zum großen Teil auf dem BGB vom 1.1.1900. Das Recht des Verbrauchsgüterkaufs legt aber fest, inwieweit § 447 BGB bei Verbrauchsgüterkäufen überhaupt Anwendung findet. Eine große Bedeutung für die Gefahrtragung haben beim gewerblichen Warenkauf die durch Kaufvertrag vereinbarten Incoterms. Die eingearbeitete Neufassung der Incoterms im Jahre 2020 hat zu nicht unwesentlichen Veränderungen geführt. Die Neufassung mehrerer Vorschriften der §§ 440 ff. BGB beruht ganz oder zum großen Teil auf dem Schuldrechtsmodernisierungsgesetz 2002, wobei die zum 1.1.2022 umgesetzte Warenkauf-Richtlinie weitere wesentliche Veränderungen bewirkt hat. Bei der Kommentierung der zentralen Vorschrift des § 440 BGB zum Übergang von der primären Nacherfüllung auf die sekundären Gewährleistungsrechte des Käufers aus § 437 Nr. 2 und Nr. 3 BGB wurden sowohl die Änderungen durch die Warenkauf-Richtlinie als auch die Rechtsprechung des BGH zum Dieselskandal eingehend berücksichtigt. Der auf dem römischen Recht beruhende (ädilizische) Rechtsbehelf der Minderung ist in § 441 BGB – abweichend vom bis zur Schuldrechtsreform 2002 geltenden Recht – als Gestaltungsrecht normiert, wodurch sich auch die Frage der Vereinbarkeit mit der Warenkauf-Richtlinie stellt. Der in § 442 BGB geregelte tradierte Grundsatz „Augen auf, Kauf ist Kauf" (*caveat emptor*) spielt zwar nach wie vor in der Kaufrechtspraxis eine bedeutende Rolle. Die Warenkauf-Richtlinie führt aber insoweit zu einer im Recht des Verbrauchsgüterkaufs geregelten weitgehenden Einschränkung. Die auf der Schuldrechtsmodernisierung 2002 beruhende Garantieregelung des § 443 BGB ist im Jahre 2014 durch die Umsetzung der Verbraucherrechte-Richtlinie neugestaltet worden, wodurch sich nunmehr auch die Frage der Vereinbarkeit mit der Warenkauf-Richtlinie stellt. Die in § 444 BGB verankerte Unwirksamkeit eines vertraglichen Gewährleistungsausschlusses bei Arglist oder Garantie spielt insbesondere beim Kauf von Grundstücken, Gebrauchtfahrzeugen und Unternehmen eine große Rolle, sodass auch eine Vielzahl von höchstrichterlicher Rechtsprechung zu berücksichtigen war. Der Rückgriff des Letztverkäufers gegen den Lieferanten und der weitere Regress in der Lieferkette war vom 1.1.2002 bis zum 31.12.2017 nach Maßgabe der Verbrauchsgüterkauf-Richtlinie nur im Recht des Verbrauchsgüterkaufs (§§ 478, 479 BGB aF) geregelt. Seit dem 1.1.2018 gelten insoweit für alle Kaufverträge über neu hergestellte Sachen die §§ 445a, 445b BGB. Das starke Bezüge zum Mobiliarsachenrecht aufweisende Recht des Eigentumsvorbehalts wurde im Rahmen der Schuldrechtsmodernisierung 2002 in Gestalt des § 449 BGB neu gefasst. Weitreichender sind die Änderungen, zu denen diese Reform beim im § 453 BGB geregelten Kauf von Rechten und sonstigen Gegenständen geführt hat. Mit Wirkung zum 1.1.2022 wurde zudem die Verweisung des § 453 BGB auf das allgemeine Kaufrecht eingeschränkt, soweit es sich um Verbraucherverträge über digitale Inhalte handelt.

Die kommentierten kaufrechtlichen Vorschriften haben den Stand vom 1.1.2022 und sind zum Stand 1.2.2024 unverändert in Kraft. Auch im Übrigen ist die Rechtslage bis zum 1.2.2024 berücksichtigt.

Bürgerliches Gesetzbuch

mit Einführungsgesetz und Nebengesetzen

Kohlhammer-Kommentar

begründet von
Dr. Hs. Th. Soergel, Bayer. Hofrat (†)

neu herausgegeben von
Dr. W. Siebert, o. Professor der Rechte in Heidelberg (†)

Dreizehnte neubearbeitete Auflage

Verlag W. Kohlhammer

Dr. Claus Ahrens
Professor an der Bergischen Universität Wuppertal

Dr. Christoph Althammer
Professor an der Universität Freiburg

Dr. Clemens Appl
Professor an der Donau-Universität Krems

Dr. Stefan Arnold, LL.M. (Cambridge)
Professor an der Universität Graz

Dr. Jürgen F. Baur
Professor (em.) an der Universität Köln, Richter am Hanseatischen Oberlandesgericht a.D., Hamburg

Dr. Axel Beater
Professor an der Universität Greifswald

Dr. Peter Becker, Zertif. Mediator (CVM)
Notarassessor, Tauberbischofsheim

Dr. Christoph Benicke
Professor an der Universität Gießen

Dr. Volker Beuthien
Professor (em.) an der Universität Marburg

Dr. Günter Borchert
Professor an der Bergischen Universität Wuppertal

Dr. Mag. Priv.-Doz. Henriette Christine Boscheinen-Duursma, LL.M. (Passau), M.A.S. (European Law)
em. Rechtsanwältin in Linz, Dozentin an der Universität Salzburg

Hans-Christoph Bruß
Rechtsanwalt in Karlsruhe

Dr. Wolfram Buchwitz
Professor an der Universität Würzburg, Richter am Oberlandesgericht Frankfurt a.M.

Dr. Katja Ciolek-Krepold
Richterin am Amtsgericht München

Dr. Dagmar Coester-Waltjen, LL.M. (Univ of Mich)
Professorin an der Universität München

Dr. Ignacio Czeguhn
Professor an der Freien Universität Berlin

Dr. Jürgen Damrau
Professor (em.) an der Universität Konstanz, Richter am Landgericht a.D. Rechtsanwalt

Dr. Albrecht Dieckmann †
Professor (em.) an der Universität Freiburg i.Br.

Dr. Hans-Werner Eckert
Professor (em.) an der Universität Greifswald

Dr. Jens Ekkenga
Professor an der Universität Gießen

Johannes Engel
Rechtsanwalt in Frankfurt/Main

Dr. Hermann Fahse
Kanzler der Technischen Universität Kaiserslautern a.D., Honorarprofessor an der Technischen Universität Kaiserslautern

Dr. Christian Fischer
Professor an der Universität Jena

Dr. Gerfried Fischer, LL.M.
Professor (em.) an der Universität Halle-Wittenberg

Dr. Philipp S. Fischinger, LL.M. (Harvard)
Professor an der Universität Mannheim

Dr. Wolfgang Forster
Professor an der Universität Tübingen

Dr. Jörg Fritzsche
Professor an der Universität Regensburg

Dr. Dr. h.c. Hans Friedhelm Gaul
Professor (em.) an der Universität Bonn

Dr. Martin Gebauer
Professor an der Universität Tübingen

Dr. Andreas Gietl
Richter am Amtsgericht Cham

Dr. Jochen Glöckner, LL.M. (USA)
Professor an der Universität Konstanz, Richter am Oberlandesgericht Karlsruhe

Christian Grebe
Wissenschaftlicher Mitarbeiter an der Universität Gießen

Dr. Peter Gröschler
Professor an der Universität Mainz

Dr. Dr. Herbert Grziwotz
Notar in Regen, Honorarprofessor an der Universität Regensburg

Dr. Beate Gsell
Professorin an der Universität München

Dr. Otmar Häberle
Vorsitzender Richer am Oberlandesgericht a.D., Stuttgart

Dr. Mathias Habersack
Professor an der Universität München

Dr. Walther Hadding
Professor (em.) an der Universität Mainz

Dr. Jan Dirk Harke
Professor an der Universität Jena, Richter am Thüringer Oberlandesgericht

Dr. Franz Häuser
Professor (em.) an der Universität Leipzig

Dr. Röse Häußermann
Präsidentin des Landgerichts Tübingen a.D.

Dr. Dr. h.c. Wolfgang Hefermehl †
Professor (em.) an der Universität Heidelberg, Honorarprofessor an den Universitäten Mannheim und Salzburg

Dr. Irmgard Heinrich
Notarin in Hamburg a.D.

Dr. Walther Heintzmann
Präsident des Landgerichts a.D., Lüneburg Honorarprofessor an der Universität Hannover

Jan F. Hellwig
Wissenschaftlicher Mitarbeiter an der Universität Gießen

Dr. Martin Henssler
Professor an der Universität Köln

Dorothée-Christine Heyn
Wissenschatliche Mitarbeiterin an der Bucerius Law School Hamburg

Dr. Katharina Hilbig-Lugani
Professorin an der Universität Düsseldorf

Dr. Günther Hönn
Professor (em.) an der Universität des Saarlandes

Jonas B. Hofer
Rechtsanwalt Stuttgart

Dr. Bernd von Hoffmann
Professor an der Universität Trier

Dr. Gerhard Hohloch
Professor an der Universität Freiburg i.Br., Richter am Oberlandesgericht Stuttgart

Claudia Holzner, LL.M. (Dresden International University)
Rechtsanwältin Hamburg

Dr. Matthias Jacobs
Professor an der Bucerius Law School, Hamburg

Axel Jakobitz
Richter am Amtsgericht Schwandorf

Dr. Susanne Kappler
Notarin in Arnstorf

Dr. Tobias Kappler
Notar in Osterhofen, Lehrbeauftragter Universität Regensburg

Dr. Erik Kießling
Richter am Oberlandesgericht Zweibrücken

Dr. Thomas Klein
Professor an der Hochschule für Technik und Wirtschaft des Saarlandes

Dr. Gerhard Klumpe
Vorsitzender Richter am Landgericht Dortmund

Dr. Eckart Klein
Professor an der Universität Potsdam

Dr. Robert Koch, LL.M.
Professor an der Universität Hamburg

Lucia Kretschmer
Rechtsanwältin Leipzig

Dr. Dieter Krimphove
Professor an der Universität Paderborn, Jean-Monnet-Professor ad personam

Dr. Dr. h.c. Horst Konzen
Professor (em.) an der Universität Mainz

Dr. Kai-Oliver Knops
Professor an der Universität Hamburg

Dr. Rüdiger Krause
Professor an der Universität Göttingen

Dr. Hans-Michael Krepold †
Professor an der Hochschule Aschaffenburg Syndikus

Dr. Dr. h.c. Herbert Kronke
Generalsekretär a.D., Professor an der Universität Heidelberg

Dr. Thilo Kuntz, LL.M. (University of Chicago)
Professor an der Bucerius Law School, Hamburg

Dr. Martin Leiß, M.A.
Notar in Rosenheim

Dr. Alina Lengauer
Professorin an der Universität Wien

Dr. Gabriel M. Lentner
Assistenzprofessor an der Donau-Universität Krems

Dr. Ulrich Leptien †
Vorsitzender Richter am Hanseatischen Oberlandesgericht Hamburg

Dr. Saskia Lettmaier, LL.M. (Harvard)
BA (Oxford), Universität Regensburg

Dr. Stephan Liermann
Präsident des Landgerichts a.D., Bonn, Honorarprofessor an der Universität Köln

Dr. Walter Lindacher
Professor (em.) an der Universität Trier, Richter am Oberlandesgericht a.D.

Dr. Martin Lipp
Professor an der Universität Gießen

Dr. Thomas Lobinger
Professor an der Universität Heidelberg

Dr. Martin Löhnig
Professor an der Universität Regensburg

Dr. Karl-Georg Loritz
Professor an der Universität Bayreuth

Dr. Heiner Lück
Professor an der Universität Halle-Wittenberg

Dr. Dr. h.c. Alexander Lüderitz †
Professor an der Universität Köln

Dr. Andreas Manok, LL.M. (Dresden International University)
Rechtsanwalt Ravensburg

Dr. Jochen Marly
Professor an der Technischen Universität Darmstadt

Dr. Jörg Mayer †
Notar in Simbach

Aeneas Nalbantis
Wissenschaftlicher Mitarbeiter an der Universität Gießen

Dr. Hubert Minz
Rechtsanwalt in Sankt Augustin, Präsident der Fachhochschule des Bundes für öffentliche Verwaltung a.D.

Dr. Joachim Münch
Professor an der Georg-August-Universität Göttingen

Dipl.-Kfm. Dr. Klaus Neuhoff
Leiter, Institut Stiftung und Gemeinwohl, Private Universität Witten/Herdecke, Witten

Dr. Werner Niedenführ
Richter am Oberlandesgericht Frankfurt/Main

Dr. Dr. h. c. Thomas Pfeiffer
Professor an der Universität Heidelberg, Richter am Oberlandesgericht a.D.

Dr. Ina Plettenberg
Wissenschaftliche Mitarbeiterin an der Universität Regensburg

Dr. Mareike Preisner, LL.M. (Wien)
Richterin am Amtsgericht Wolfratshausen

Dr. Jens Prütting
Professor an der Bucerius Law School Hamburg

Dr. Thomas Raab
Professor an der Universität Trier

Dr. Thomas Ratka
Professor an der Donau-Universität Krems

Dr. Roman Alexander Rauter
Wien

Alexander von Reden, LL.M. (Suffolk Univ Boston)
Rechtsanwalt in Frankfurt/Main

Dr. Oliver Remien †
Professor an der Universität Würzburg

Maria-Viktoria Runge-Rannow
Wissenschaftliche Mitarbeiterin an der Universität Regensburg

Dr. Judith Schacherreiter
Privatdozentin an der Universität Wien

Dr. Daniel Schäuble
Notar in Waldshut-Tiengen

Dr. Dietmar Schmeiduch
Abteilungsdirektor der Deutschen Rentenversicherung Rheinland a.D.

Dr. Martin Schmidt-Kessel
Professor an der Universität Bayreuth

Dr. Adrian Schmidt-Recla
Professor an der Universität Jena

Dr. Franz Schnauder
Richter am Oberlandesgericht Karlsruhe

Dr. Klaus Schreiber
Professor an der Universität Bochum

Dr. Christian Schubel
Professor an der Andrássy-Universität Budapest

Dr. Hans Schulte-Nölke
Professor an der Universität Osnabrück

Dr. Eva Schumann
Professorin an der Universität Göttingen

Dr. Wolfgang Schur Apl.
Professor an der Universität Gießen

Dr. Klaus Schurig
Professor (em.) an der Universität Passau

Dr. Maximilian Seibl, LL.M. (Harvard)
Akademischer Rat auf Zeit, Universität München

Dr. Achim Seifert
Professor an der Universität Jena

Dr. Dominik Skauradszun
Professor an der Hochschule Fulda

Dr. Dennis Solomon, LL.M. (Berkeley)
Professor an der Universität Passau

Dr. Andreas Spickhoff
Professor an der Universität München

Andreas Spreng
Richter am Landgericht Konstanz

Dr. Astrid Stadler
Professorin an der Universität Konstanz

Dr. Axel Stein
Professor an der Fachhochschule Münster

Dr. Hans-Wolfgang Strätz
Professor (em.) an der Universität Konstanz

Dr. Rolf Stürner
Professor (em.) an der Universität Freiburg i.Br., Richter am Oberlandesgericht Karlsruhe a.D.

Dr. Arndt Teichmann
Professor (em.) an der Universität Mainz, Richter am Oberlandesgericht Koblenz a.D.

Dr. Thomas Thiede, LL.B., LL.M.
Univ.-Lekt. an der Universität Graz, Lehrbeauftragter an der Universität Bochum, Rechtsanwalt in Dortmund

Dr. Harald Vinke
Staatsbetrieb Sächsisches Immobilien-und Baumanagement, Dresden

Hans-Joachim Weber
Vizepräsident des Landgerichts Waldshut-Tiengen a.D.

Dr. Bernd Wegmann
Notar in Ingolstadt, Honorarprofessor an der Hochschule Ingolstadt

Dr. Marina Wellenhofer
Professorin an der Universität Frankfurt/Main

Dr. Reinhard Welter †
Professor an der Universität Leipzig

Dr. Christoph Wendelstein
Akademischer Rat a.Z. Universität Konstanz

Dr. Stephan Wendt
Notar in Freinsheim

Dr. Stefan Werner
Professor, Fachanwalt für Steuerrecht in Frankfurt/Main

Dr. Johannes Wertenbruch
Professor an der Universität Marburg

Dr. Gerrit Winter
Professor (em.) an der Universität Hamburg

Dr. Manfred Wolf †
Professor (em.) an der Universität Frankfurt/Main, Rechtsanwalt

Dr. Sebastian Zander
Notar in Weinheim

Dr. Barbara Zecca-Jobst
Richterin am Verwaltungsgericht Regensburg

Dr. Walter Zimmermann
Vizepräsident des Landgerichts Passau a.D., Honorarprofessor an der Universität Regensburg

Inhaltsverzeichnis

zu Band 6/1b

Abkürzungsverzeichnis

Bei **Kommentaren und Lehrbüchern** sind die neuesten Auflagen genannt; in Zweifelsfällen ist die Auflage in den Fußnoten angegeben. Bei Kommentaren ist im Abkürzungsverzeichnis auf Bearbeiter und/oder auf Herausgeber verwiesen.

Bei **Zeitschriften, Entscheidungssammlungen und Gesetzblättern** ist neben der jeweils am Ende angegebenen Zitierweise, soweit möglich, auch angeführt, in welcher Zeit sie erschienen sind. Soweit die Erscheinungsdauer nicht überprüft werden konnte, ist auf die Angabe bei Kirchner/Butz, „Abkürzungsverzeichnis der Rechtssprache", 5. Auflage 2003, zurückgegriffen worden.

In den Fußnoten sind von den **Gerichten** die Oberlandesgerichte in der Regel nur mit Ortsnamen, die übrigen mit Abkürzungen und, soweit erforderlich, mit Ortsnamen zitiert. Bei mehreren aufeinanderfolgenden Zitaten von Entscheidungen desselben Gerichts ist das Gericht im Allgemeinen nur vor der ersten Fundstelle genannt.

In der **alphabetischen Reihenfolge** werden die Umlaute ä, ö, ü wie a, o, u angesehen; sie stehen also nicht als ae, oe, ue hinter ad, od, ud.

A

aA	andere Auffassung
aaO	am angegebenen Ort
abl	ablehnend
ABl, ABl EG	Amtsblatt der Europäischen Gemeinschaft (1.1958ff; ab 11.1968: Ausg C: Mitteilungen u Bekanntmachungen) (Jahr, Seite)
AcP	Archiv für civilistische Praxis (1.1818–149.1944; 150.1948/49ff) (Band [Jahr], Seite)
aF	alte Fassung
Al-Deb'i, Überseekauf	Fadi Al-Deb'i, Überseekauf und Abladegeschäft, 2008
aM	allgemeine Meinung
ausf	ausführlich

B

BAGE	Entscheidungen des Bundesarbeitsgerichts (1.1954ff) (Band, Seite)
Baumbach/Hopt/..(Bearb), HGB	s Hopt/...(Bearb), HGB
Baumgärtel/Laumen/Prütting/Becker	Handbuch der Beweislast, hrsg v G Baumgärtel, H-W Laumen u H Prütting, 3 Bde, versch Bearb, 5. Aufl 2023
BayObLGZ	Sammlung von Entscheidungen des Bayerischen Obersten Landesgerichts in (C) Zivilsachen (bis 17.1900: obersten Gerichtshofes für Bayern in Gegenständen des Civilrechts u Civilprozesses) (1.1872ff NF 1.1901–34.1934/35; NF 1.1948/50ff:)
BayZ	Zeitschrift für Rechtspflege in Bayern (1.1905–30.1934; vorher SeuffBl) (Jahr, Seite; teilw Jahrgang, Seite)
BB	Der Betriebs-Berater (1.1946ff) (1946: Jahr, Heft, Seite; dann: Jahr, Seite)
BeckOGK/...(Bearb)	Beck'scher Online-Großkommentar zum Zivilrecht, hrsg v B Gsell, W Krüger, St Lorenz u J Mayer, versch Bearb
BeckOK HGB/...(Bearb)	Beck'scher Online-Kommentar zum HGB, hrsg v M Häublein u R Hoffmann-Theinert, versch Bearb, 39. Edition, Stand 2023
BeckOK StGB/...(Bearb)	Beck'scher Online-Kommentar zum StGB, hrsg v B v Hentschel-Heinegg, versch Bearb, Stand: 57. Edition 2023
BeckOK/...(Bearb)	Beck'scher Online-Kommentar zum BGB, hrsg v W Hau u R Poseck, versch Bearb, 66. Edition, Stand 2023
BeckRS	Beck Rechtsprechung, abrufbar in der Online-Datenbank des C H Beck-Verlags (www.beck-online.de)
Begr	Begründung
BGBl I	Bundesgesetzblatt Teil I (1951ff) ([Jahr,] Seite)
BGBl II	Bundesgesetzblatt Teil II (1951ff) ([Jahr,] Teil, Seite) (Teil, Gliederungsnummer)
BGHZ	Entscheidungen des Bundesgerichtshofes in Zivilsachen (1.1951ff) (Band, Seite)
BR-Drucks	Drucksache des Deutschen Bundesrates (Nummer, Jahr)
BReg	Bundesregierung
BT-Drucks	Drucksache des Deutschen Bundestages (Wahlperiode, Nummer)

D

DAR	Deutsches Autorecht (1.1926–18.1943; [20.] 1951- [21.] 1952 vereinigt mit RdK; 22.1953ff; seit 26.1956 wieder vereinigt mit RdK) (bis 14.1939: Jahr, Spalte; dann: Jahr, Seite)
Dauner-Lieb/Konzen/Schmidt	Das neue Schuldrecht in der Praxis, hrsg v B Dauner-Lieb, H Konzen u K Schmidt, 2003

DB	Der Betrieb (1.1948ff) (Jahr, Seite)
DNotV	Zeitschrift des Deutschen Notarvereins (1.1901-33.1933; dann: DNotZ) (Jahr, Seite)
DNotZ	Deutsche Notar-Zeitschrift (33.1933–44.1944; 1950ff); vorher: Zeitschrift des Deutschen Notarvereins (1.1901–33.1933) (Jahr, Seite)
DR	Deutsches Recht (1.1931–15.1945; ab 9.1939: Ausg A: Wochenausg, vereinigt mit JW) (Jahr, Seite)
DRiZ, DRZ	Deutsche Richterzeitung (1.1909–27.1935; 28.1950ff; dazwischen DRpfl) (Jahr, Seite)
DStR	Deutsche Steuer-Rundschau (1.1951–11.1961); Deutsches Steuerrecht (1.1962/63ff) (Jahr, Seite)
DStRE	Deutsches Steuerrecht – Entscheidungsdienst (1.1997ff) (Jahr, Seite)
DZWiR	Deutsche Zeitschrift für Wirtschafts- und Insolvenzrecht (1.1991ff) (Jahr, Seite)

E

Ebenroth/Boujong/Joost/...(Bearb), HGB	Kommentar zum HGB, hrsg v C Ebenroth, K Boujong u D Joost, 2 Bde, versch Bearb, 4. Aufl 2020
Enn/Lehmann, SchuldR	L Enneccerus/H Lehmann, Schuldrecht, 15. Aufl 1958
Erman/...(Bearb)	W Erman, Handkommentar zum Bürgerlichen Gesetzbuch, begr v W Erman, neu hrsg v H P Westermann, 17. Aufl 2023
Ernst/Zimmermann, Zivilrechtswissenschaft u Schuldrechtsreform	W Ernst u R Zimmermann, Zivilrechtswissenschaft und Schuldrechtsreform, 2001
EWIR, EWiR	Entscheidungen zum Wirtschaftsrecht, Rechtsprechung mit Kurzkomm für die Praxis (1985ff) (Jahr, Seite)

F

Fischer, StGB	Th Fischer, Kommentar zum Strafgesetzbuch, 70. Aufl 2023
Flume, AllgTeil	W Flume, Allgemeiner Teil des Bürgerlichen Rechts, 1992
FS, Festschr	Festschrift

G

Gaul/Schilken/Becker-Eberhard,	Zwangsvollstreckungsrecht, begr v L Rosenberg, fortgef v ZwangsvollstreckungsR H F Gaul, E Schilken u E Becker-Eberhard, 12. Aufl 2010
GewArch	Gewerbearchiv (1.1955ff) (Jahr, Seite)
GmbH-Rdsch, GmbHR	Rundschau für (G.m.b.H.) GmbH (1.1910–35.1944; 41.1950ff) (Jahr, Spalte; seit 41.1950: Jahr, Seite)
Gothe, Verkäuferpflichten und Gewährleistung beim Forderungskauf	F Gothe, Verkäuferpflichten und Gewährleistung beim Forderungskauf, 2017
GroßkommHGB/...(Bearb)	Handelsgesetzbuch, Großkommentar der Praxis in 15 Bd, begr v H Staub, neu bearb v D Brüggemann/R Fischer ua, 5. Aufl 2009ff
Großmann-Doerth, Das Recht des Überseekaufs	H Großmann-Doerth, Das Recht des Überseekaufs, 1930
Gruchot	Beiträge zur Erläuterung des (bis 15.1871: preußischen) Deutschen Rechts, begr v Gruchot (1.1857-73.1933) (Band, Seite)
Grundmann/Bianca/...(Bearb), EU-Kauf-RL	EU-Kaufrechts-Richtlinie, hrsg v St Grundmann u C M Bianca, 2002
Grüneberg/...(Bearb)	Grüneberg (vormals: Palandt) Bürgerliches Gesetzbuch u EG-BGB, Kurz-Komm, versch Bearb, 82. Aufl 2023

H

Haage, Das Abladegeschäft	H Haage, Das Abladegeschäft, 2. Aufl 2020
Haedicke, Rechtskauf und Rechtsmängelhaftung	M Haedicke, Rechtskauf und Rechtsmängelhaftung, 2003
Hager, Die Gefahrtragung beim Kauf	G Hager, Die Gefahrtragung beim Kauf, 1982
HansRZ	Hanseatische Rechts- und Gerichtszeitschrift (11.1928-26.1943; vorher HansGZ und HansRZ) Abt A u B (Jahr A od B Spalte)
Heidel/Schall/...(Bearb), HGB	Nomos-Kommentar zum HGB, hrsg v Th Heidel u A Schall, versch Bearb, 3. Aufl 2019
HK/...(Bearb)	H Dörner, I Ebert ua, Handkommentar zum Bürgerlichen Gesetzbuch, 11. Aufl 2022
HK/...(Bearb), ZPO	Handkommentar zur ZPO, hrsg v I Saenger, versch Bearb, 9. Aufl 2021
hM	herrschende Meinung
HoldhMSchr	Monatsschrift für Handelsrecht (bis 1896: für Aktienrecht) und Bankwesen, Steuer- und Stempelfragen, begr von Holdheim (1.1892-28.1918) (Jahr und Seite)
Honsell, Römisches Recht	H Honsell, Römisches Recht, 8. Aufl 2015
Höpker, Verkäuferregress	T M Höpker, Der Verkäuferregress, 2003
Hopt/..(Bearb), HGB	Kommentar zum Handelsgesetzbuch, begr v A Baumbach, hrsg v K J Hopt, versch Bearb, 42. Aufl 2023
HRR	Juristische Rundschau, Bd II: Die Rechtsprechung (1.1925-3.1927; dann:) Höchstrichterliche Rechtsprechung (4.1928-18.19429 (Jahr, Nummer)

I

Immenga/Mestmäcker, GWB	Kommentar zum Wettbewerbsrecht, begr v U Immenga u E-J Mestmäcker, hrsg v T Körber, H Schweitzer u D Zimmer, versch Bearb, 5 Bde, 6. Aufl 2022

J

Jaeger/...(Bearb), InsO	Großkommentar zur InsO, hrsg v E Jäger, versch Bearb, 9 Bde, 9. Aufl 1997
Jauernig/...(Bearb)	Kommentar zum BGB, hrsg v R Stürner, versch Bearb, 19. Aufl 2023
JR	Juristische Rundschau (Bd I: Aufsätze 1.1925-3.1927) (Jahr, Spalte; Bd II s. HRR) (4.1928-11.1935; 1.1947ff) (Jahr, Seite)
Jura, JURA	Jura - Juristische Ausbildung, (1.1979ff)) (Jahr, Seite)
JurBüro	Das juristische Büro (7.1956ff; vorher: Das Büro) (Jahr, Spalte)
jurisPK/...(Bearb)	Juris Praxiskommentar zum BGB,hrsg v M Herberger, versch Bearb, mehrere Bde, 8. Aufl 2017ff
JuS	Juristische Schulung, Zeitschrift für Studium und Ausbildung (1.1961ff) (Jahr, Seite)
JW	Juristische Wochenschrift (1.1872-68.1939, dann DR) (Jahr, Seite)
JZ	Juristenzeitung (6.1951ff; Fortsetzung von DRZ u SJZ) (Jahr, Seite)

K

Kandler, Kauf und Nacherfüllung	M Kandler, Kauf und Nacherfüllung, 2004
Kaser/Knütel/...(Bearb), Römisches Privatrecht	M Kaser/R Knütel, Römisches Privatrecht, 2 Bde, 22. Aufl 2020
Koller/Kindler/Roth/...(Bearb), HGB	I Koller, P Kindler, W-H Roth u K-D Drüen, Kommentar zum HGB, 10. Aufl 2023
Korth, Minderung beim Kauf	U Korth, Minderung beim Kauf, 2010
KTS, KuT	Konkurs- und Treuhandwesen. Monatsschrift für Wirtschaft und Recht (1.1927–15.1941; dann:) Konkurs-, Treuhand- und Schiedsgerichtswesen (1.1955ff) (Jahr, Seite)

L

Lackner/Kühl/...(Bearb), StGB	Kommentar zum StGB, begr v E Dreher, fortgef v K Lackner u K Kühl, versch Bearb, 30. Aufl 2023
Lambsdorff, Handbuch des Eigentumsvorbehalts	H G Lambsdorff, Handbuch des Eigentumvorbehalts, 1974
Langen/Bunte/...(Bearb), Kommentar zum deutschen und europäischen Kartellrecht	Kartellrecht-Kommentar, hrsg v H J Bunte, versch Bearb 2 Bde, 14. Aufl 2021
LM	Nachschlagewerk des Bundesgerichtshofes, Leitsätze u Entscheidungen mit Anmerkungen, hrsg v Lindenmaier u Möhring (LM Nummer ... zu Gesetz § ...; ohne Gesetzesangabe: BGB)
LMK	Kommentierte BGH-Rechtsprechung, hrsg v F Lindenmaier u P Möhring (1.2003ff) (Jahr, Seite)
Lorenz/Riehm, Lehrbuch zum neuen Schuldrecht	St Lorenz u Th Riehm, Lehrbuch zum neuen Schuldrecht, 2002
LZ	Leipziger Zeitschrift für Deutsches Recht (bis 7.1913: für Handels-, Konkurs- und Versicherungsrecht) (1.1907–27.1933) (Jahr, Spalte)

M

mablAnm	mit ablehnender Anmerkung
mAnm	mit Anmerkung
MDR	Monatsschrift für Deutsches Recht (1.1947ff) (Jahr, Seite)
Michalski/Heidinger/Leible/Schmidt/...(Bearb), GmbHG	Kommentar zum GmbHG, begr v L Michalski, hrsg v A Heidinger, St Leible u J Schmidt, versch Bearb, 2 Bde, 4. Aufl 2023
Micklitz/Pfeiffer/Tonner/...(Bearb), Schuldrechtsreform u Verbraucherschutz	H W Micklitz, Th Pfeiffer u K Tonner, Schuldrechtsreform und Verbraucherschutz, 2001
mkritAnm	mit kritischer Anmerkung
Mot, Motive	Motive zum Entwurf eines Bürgerlichen Gesetzbuches für das Deutsche Reich, Bd I Allgemeiner Teil; Bd II Recht der Schuldverhältnisse; Bd III Sachenrecht; Bd IV
Mugdan	Die gesamten Materialien zum Bürgerlichen Gesetzbuch für das Deutsche Reich, hrsg v B Mugdan, Bd I-V, 1899 (Band, Seite)
MünchKomm/...(Bearb)	Münchener Kommentar zum Bürgerlichen Gesetzbuch, hrsg v K Rebmann u F Säcker, 13 Bde, versch Bearb, 9. Aufl 2022ff
MünchKomm-AktG/...(Bearb)	Münchener Kommentar zum Aktiengesetz, 7 Bde, hrsg v W Goette, versch Bearb, 5. Aufl 2022ff
MünchKomm-HGB/...(Bearb)	Münchener Kommentar zum Handelsgesetzbuch, hrsg v K Schmidt, 7 Bde, versch Bearb, 5. Aufl 2021ff
MünchKomm-InsO/...(Bearb)	Münchener Kommentar zur InsO, hrsg v R Stürner, H Eidenmüller u H Schoppmeyer, versch Bearb, 4 Bde, 4. Aufl 2022

MünchKomm-ZPO/...(Bearb)	Münchener Kommentar zur Zivilprozessordnung, hrsg v G Lüke/P Wax, versch Bearb, 3 Bde, 6. Aufl 2022ff
Musielak/Voit, ZPO	Kommentar zur Zivilprozeßordnung, hrsg v H J Musielak u W Voit, versch Bearb, 20. Aufl 2023
mweitBsp	mit weiteren Beispielen
mwN, mweitNachw	mit weiteren Nachweisen
mzustAnm	mit zustimmender Anmerkung

N

NdsRpfl	Niedersächsische Rechtspflege (1.1947ff; vorher HannRpfl) (Jahr, Seite)
NJOZ	Neue Juristische Online-Zeitschrift (1.2001ff) (Jahr, Seite)
NJW	Neue Juristische Wochenschrift (1.1947/48ff) (Jahr, Seite)
NJW-RR	NJW-Rechtsprechungsreport Zivilrecht (1.1986ff) (Jahr, Seite)
NJW-Spezial	Neue Juristische Wochenschrift Spezial (1.2004ff) (Jahr, Seite)
NK/...(Bearb)	Nomos-Kommentar zum BGB, hrsg v B Dauner-Lieb, mehrere Bde, versch Bearb, 3. Aufl 2022
NotBZ	Zeitschrift für die notarielle Beratungs- und Beurkundungspraxis (1.1997ff) (Jahr, Seite)
NZA	Neue Zeitschrift für Arbeits- und Sozialrecht (1.1984ff) (Jahr, Seite)
NZA-RR	NZA-Rechtsprechungsreport (1.1996ff) (Jahr, Seite)
NZG	Neue Zeitschrift für Gesellschaftsrecht (1.1998ff) (Jahr, Seite)
NZI	Neue Zeitschrift für das Recht der Insolvenz und Sanierung (1.1998ff) (Jahr, Seite)

O

Oetker/Maultzsch, Vertragliche Schuldverhältnisse	F Oetker u H Maultzsch, Vertragliche Schuldverhältnisse, 5. Aufl 2018
Oetker/...(Bearb), HGB	Kommentar zum HGB, hrsg v H Oetker, versch Bearb, 7. Aufl 2021
OGHZ	Amtliche Sammlung der Entscheidungen des OGH in Zivilsachen (1.1949ff) (Band, Seite)
OLG, OLGE, OLGZ	Die Rechtsprechung der Oberlandesgerichte auf dem Gebiete des Zivilrechts (1.1900–46.1928) (Band, Seite)

P

Pal/...(Bearb), Palandt/...(Bearb)	s Grüneberg/...(Bearb)
Prot, Protokolle	Protokolle der Kommission für die zweite Lesung des Entwurfs des Bürgerlichen Gesetzbuchs. Bd I u IV, 1897; Bd II, 1898; Bd III u V, 1899
Prütting/Wegen/Weinreich/...(Bearb)	Kommentar zum BGB, hrsg v H Prütting, G Wegen u G Weinreich, versch Bearb, 18. Aufl 2023
PWW/...(Bearb)	s Prütting/Wegen/Weinreich/...(Bearb)

R

Rabel, Das Recht des Warenkaufs	E Rabel, Das Recht des Warenkaufs, 1958
Raiser, Dingliche Anwartschaften	L Raiser, Dingliche Anwartschaften, 1904
Recht	Das Recht mit wechselndem Untertitel, begr v Soergel (1.1897–48.1944; 32.1928–37.1933 Beil zu ZBlHR, ab 39.1935 Beil zu DJ; bis 1905 u 1925–1930; Jahr, Seite, 1906–1924 u ab 1931: Jahr, Spalte. Entscheidungen: Jahr, Nummer, teilw Jahr, Spalte od Jahr, Spalte, Nummer)
RegE	Regierungsentwurf
Reinhard, Gefahrtragung beim Kauf	W Reinhardt, Die Gefahrtragung beim Kauf, 1998
Reinicke/Tiedtke, KaufR	D Reinicke u K Tiedke, Kaufrecht, 6. Aufl 2020
Reinking/Eggert, Der Autokauf	K Reinking u Ch Eggert, Der Autokauf, 15. Aufl 2023
RGBl	Reichsgesetzblatt (1871–1921) (Jahr, Seite)
RGBl I	Reichsgesetzblatt, Teil I (1922–1945) (Jahr, Teil, Seite)
RGBl II	Reichsgesetzblatt, Teil II (1922–1945) (Jahr, Teil, Seite)
RGRK/...(Bearb)	Das Bürgerliche Gesetzbuch mit besonderer Berücksichtigung der Rechtsprechung des Reichsgerichts und des Bundesgerichtshofes. Komm, hrsg v Mitgliedern des Bundesgerichtshofes, versch Bearb, 12. Aufl 1974–2000
RGZ	Entscheidungen des Reichsgerichts in Zivilsachen (1.1880–172.1945) (Band, Seite)
RL	Richtlinie
ROHGE	Entscheidungen des Reichsoberhandelsgerichts (3.1872–25.1880; vorher: Entscheidungen des Bundesoberhandelsgerichts (Band, Seite)
Rosenberg, Die Beweislast	L Rosenberg, Die Beweislast auf der Grundlage des Bürgerlichen Gesetzbuchs und der Zivilprozessordnung, 1923
RPfleger, Rpfleger	Der Deutsche Rechtspfleger (1.1889-46.1935, 54.1943-55.1944, 56/57.1948/49ff) (Jahr, Seite)

S

Saenger/...(Bearb), ZPO	Nomos-Kommentar zur ZPO, hrsg v I Saenger, versch Bearb, 9. Aufl 2021

Schlechtriem/Schwenzer, CISG	Kommentar zum Einheitlichen UN-Kaufrecht, hrsg v P Schlechtriem u I Schwenzer, 5. Aufl 2008
Schmidt/...(Bearb), InsO	Kommentar zur InsO, hrsg v K Schmidt, versch Bearb, 20. Aufl 2022
Scholz/...(Bearb), GmbHG	Kommentar zum GmbHG, begr v F Scholz, versch Bearb, 3 Bde, 12. Aufl 2021
Schumacher, Der Lieferantenregress gem §§ 478, 479 BGB	J Schumacher, Der Lieferantenregress gem §§ 478, 479 BGB, 2004
Serick, Eigentumsvorbehalt und Sicherungsübereignung I	R Serick, Eigentumsvorbehalt und Sicherungsübereignung I, 1963
SeuffA, SeuffArch	Seufferts Archiv für Entscheidungen der obersten Gerichte in den deutschen Staaten (1.1847–98.1944) (Band, Nummer; teilw Band, Seite)
SJZ	Süddeutsche Juristen-Zeitung (1.1946–5.1950; dann: JZ) (1946: Jahr, Seite; danach: Jahr, Spalte)
Slg	Sammlung
Sonderbeil	Sonderbeilage
Staud/...(Bearb)	J v Staudingers Kommentar zum Bürgerlichen Gesetzbuch, begr v J v Staudinger, versch Bearb, 12. Aufl 1978ff, 13. Bearb 1993ff
Stein/Jonas/...(Bearb), ZPO	Kommentar zur ZPO, hrsg v F Stein u M Jonas, versch Bearb, 12 Bde, 23. Aufl 2014ff
Stöber, Beschaffenheitsgarantien des Verkäufers	M Stöber, Beschaffenheitsgarantien des Verkäufers, 2006

T

Thomas/Putzo/...(Bearb), ZPO	H Thomas/H Putzo, Zivilprozeßordnung mit Gerichtsverfassungsgesetz u den Einführungsgesetzen, versch Bearb, 44. Aufl 2023

U

Uhlenbruck/...(Bearb), InsO	Insolvenzordnung: Kommentar, begr v F Mentzel, fortgef v G Kuhn u W Uhlenbruck, hrsg v W Uhlenbruck, versch Bearb, 2 Bde, 16. Aufl 2023

V

VersR	Versicherungsrecht. Juristische Rundschau für die Individualversicherung (1.1950ff) (Jahr, Seite)

W

Warneyer, WarnR, WarnRspr	Warneyer Rechtsprechung des Bundesgerichtshofes in Zivilsachen (1.1962ff) (Jahr, Nummer)
Wertenbruch, BGB AT	J Wertenbruch, BGB Allgemeiner Teil, 5. Aufl 2021
WM	Wertpapier-Mitteilungen, (1.1947ff) Teil IV B (Jahr, Seite)
WRP	Wettbewerb in Recht und Praxis (1.1955ff) (Jahr, Seite)

Z

ZfPW	Zeitschrift für die gesamte Privatrechtswissenschaft (1.2014ff) (Jahr, Seite)
ZGR	Zeitschrift für Unternehmens- u Gesellschaftsrecht (1.1972ff) (Jahr, Seite)
ZGS	Zeitschrift für das gesamte Schuldrecht (1.2002ff) (Jahr, Seite)
ZHR	Zeitschrift für das gesamte Handelsrecht (ab 60.1907:) und Konkursrecht, (ab 124.1962:) für das gesamte Handelsrecht und Wirtschaftsrecht, begr v Goldschmidt (1.1858–110.1944; 111.1946/47ff) (Band, Jahr, Seite)
ZInsO	Zeitschrift für das gesamte Insolvenzrecht (1.1998ff) (Jahr, Seite)
ZIP	Zeitschrift für Wirtschaftsrecht und Insolvenzpraxis (1.1980ff) (Jahr, Seite)
ZNotP	ZnotP Zeitschrift für die Notarpraxis (1.2000 ff) (Jahr, Seite)
Zöller/...(Bearb), ZPO	Zivilprozeßordnung mit Gerichtsverfassungsgesetz, Kommentar, begr v R Zöller, fortgef v R Geimer ua, 34. Aufl 2022
ZRP	Zeitschrift für Rechtspolitik (1.1968ff) (Jahr, Seite)
zutr	zutreffend

Buch 2

Recht der Schuldverhältnisse

Abschnitt 8

Einzelne Schuldverhältnisse

Titel 1

Kauf, Tausch

Untertitel 1

Allgemeine Vorschriften

§ 440 Besondere Bestimmungen für Rücktritt und Schadensersatz

Außer in den Fällen des § 281 Abs. 2 und des § 323 Abs. 2 bedarf es der Fristsetzung auch dann nicht, wenn der Verkäufer beide Arten der Nacherfüllung gemäß § 439 Abs. 4 verweigert oder wenn die dem Käufer zustehende Art der Nacherfüllung fehlgeschlagen oder ihm unzumutbar ist. Eine Nachbesserung gilt nach dem erfolglosen zweiten Versuch als fehlgeschlagen, wenn sich nicht insbesondere aus der Art der Sache oder des Mangels oder den sonstigen Umständen etwas anderes ergibt.

ÜBERSICHT

I. Regelungsgegenstand und Zweck

1. **Stufenverhältnis zwischen Nacherfüllung und sekundären Gewährleistungsrechten.** § 440 regelt in Verbindung mit den allgemeinen Vorschriften der §§ 281 Abs 2, 323 Abs 2 die Voraussetzungen abschließend, unter denen eine auf die Nacherfüllung bezogene **Fristsetzung** für einen Übergang des Käufers auf die **sekundären Gewährleistungsrechte** aus § 437 Nr 2 und 3, insbes Rücktritt vom Kaufvertrag und/oder Schadensersatz statt der Leistung, ausnahmsweise entbehrlich ist[1]. Dem Käufer steht es selbstverständlich frei, in einem solchen Ausnahmefall gleichwohl zwecks **Vermeidung von Streitigkeiten** bezüglich der Entbehrlichkeit der Fristsetzung dem Verkäufer nach den allgemeinen Vorschriften (§§ 281, 323) eine Frist für die Nacherfüllung zu setzen. Auch § 440 ist Ausdruck des tragenden Prinzips des reformierten Kaufrechts, dass der Käufer – anders als noch gem §§ 459, 462 aF als Ausprägung der **ädilizischen Rechtsbehelfe** des römischen Rechts[2] – nicht schon allein aufgrund der **mangelhaften Erstlieferung** die sekundären Gewährleistungsrechte geltend machen kann[3]. Es besteht vielmehr ein **Stufenverhältnis**[4]. Daraus folgt die Notwendigkeit einer gesetzlichen Regelung der Voraussetzungen des Wegfalls der Beschränkung des Käufers auf die erste Stufe (Nacherfüllung) in **systematischer Konkordanz** mit dem allgemeinen Leistungsstörungsrecht. 1

Zu den durch den Wegfall des Fristsetzungserfordernisses der §§ 281 Abs 1, 323 Abs 1 eröffneten sekundären Gewährleistungsrechten gehören auch die **Minderung** und der Anspruch auf **Ersatz vergeblicher Aufwendungen** iSd § 284. Die Anwendung des § 440 auf die Minderung folgt unmittelbar aus § 441 Abs 1 Satz 2, wonach der Käufer anstelle des Rücktritts auch den Kaufpreis mindern kann. Da der Käufer gem § 284 anstelle des **Schadensersatzes statt der Leistung** den Ersatz vergeblicher Aufwendungen verlangen kann, gilt § 440 auch insoweit[5]. 2

Das reformierte Gewährleistungsrecht entspricht insoweit nunmehr der **Haftung des Verkäufers für Rechtsmängel** nach altem Kaufrecht[6]. Durch den Verweis des § 440 aF auf § 326 aF konnte nach altem Kaufrecht im Falle eines Rechtsmangels nur unter der Voraussetzung einer **erfolglosen Nachfristsetzung** der Rücktritt vom Kaufvertrag erklärt oder Schadensersatz wegen Nichterfüllung geltend gemacht werden. Mit der Nacherfüllung („Recht auf zweite Andienung") iSd §§ 437 Nr 1, 439 Abs 1 erhält der Verkäufer eine **letzte Chance**, den mit der Rückabwicklung oder/und Schadensersatz statt der Leistung oder der Minderung verbundenen wirtschaftlichen Nachteil noch abzuwenden[7]. 3

2. **Ergänzung der §§ 281 Abs 2, 323 Abs 2 Nr 3 um „Fehlschlagen" der Nacherfüllung (§ 440 Satz 1 Alt 2).** Der Zweck der besonderen kaufrechtlichen Bestimmung des § 440 besteht vor allem darin, die **allgemeinen Schadensersatz- und Rücktrittsvorschriften** der §§ 281 Abs 2, 323 Abs 2 Nr 3 um den Fall zu ergänzen, dass die **Nacherfüllung** in der Art, wie sie vom Käufer zu Recht gewählt worden ist, als **fehlgeschlagen** angesehen werden muss[8]. In Bezug auf den **Begriff des Fehlschlagens** der dem Verkäufer obliegenden Nacherfüllung hat der Gesetzgeber an die Rspr zu § 11 Nr 10 lit b AGBG aF angeknüpft, nach der das Fehlschlagen im Wesentlichen in der **objektiven und subjektiven Unmöglichkeit**, der **Unzulänglichkeit**, der **unberechtigten Verweigerung**, der **ungebührlichen Verzögerung** oder dem **misslungenen Versuch** der Nachbesserung liegen konnte[9]. Zudem ist im Gesetzgebungsverfahren darauf hinge- 4

1 BGH NJW 2013, 1523 Rz 22; NJW 2017, 153 Rz 17; Staud/Bach Rz 1; MünchKomm/Westermann Rz 1; Erman/Grunewald Rz 1; BeckOGK/Höpfner Rz 3.
2 Vgl dazu Kaser/Knütel/Lohsse, Römisches Privatrecht, 2021[22], § 52 Rz 39 ff.
3 Begr Gesetzentwurf, BT-Drucks 14/6040, S 223, 226; Staud/Bach Rz 1; MünchKomm/Westermann Rz 1; BeckOK/Faust Rz 2.
4 Begr Gesetzentwurf, BT-Drucks 14/6040, S 222.
5 BeckOK/Faust Rz 3; Grüneberg/Weidenkaff Rz 1 f.
6 Begr Gesetzentwurf, BT-Drucks 14/6040, S 221.
7 Begr Gesetzentwurf, BT-Drucks 14/6040, S 221.
8 Begr Gesetzentwurf, BT-Drucks 14/6040, S 233; BGH NJW 2017, 153 Rz 20; BeckOGK/Höpfner Rz 3.
9 Vgl BGH NJW 1994, 1004, 1005; NJW 2017, 153 Rz 20.

wiesen worden, dass als Fehlschlagen auch Fälle anerkannt seien, in denen eine Nachbesserung wegen Vorliegens einer **Unzumutbarkeit für den Käufer** nicht in Betracht komme[10]. Die Fehlschlagensalternative (Satz 1 Alt 2) soll danach auch Fallkonstellationen umfassen, in denen – trotz Vorliegens von Nacherfüllungsversuchen des Verkäufers – nicht davon gesprochen werden könne, dass in Bezug auf den aufgetretenen Mangel eine **ausreichende Abhilfe** geschaffen wurde[11].

5 3. **Keine Interessenabwägung bei Fehlschlagen (§ 440 Satz 1 Alt 2) und Unzumutbarkeit (§ 440 Satz 1 Alt 3)**. Auf den ersten Blick scheint der besondere Tatbestand des „Fehlschlagens" der Nacherfüllung (Satz 1 Alt 2) – ebenso die **„Unzumutbarkeit"** dieser Verkäuferleistung für den Käufer (Satz 1 Alt 3) – nur eine gewährleistungsbezogene kaufrechtliche **Konkretisierung der allgemeinen Bestimmungen** der §§ 281 Abs 2, 323 Abs 2 Nr 3 über die Entbehrlichkeit der Fristsetzung in einem besonderen Fall zu sein. Nach § 281 Abs 2 Alt 2 ist die **Fristsetzung** auch dann **entbehrlich**, wenn „besondere Umstände vorliegen, die unter Abwägung der beiderseitigen Interessen die sofortige Geltendmachung des Schadensersatzanspruchs rechtfertigen"[12]. Eine **„Abwägung der beiderseitigen Interessen"** verlangt auch die Parallelregelung des § 323 Abs 2 Nr 3 für den **sofortigen Rücktritt** ohne Fristsetzung.

6 Der Gesetzgeber ging bei Erlass des SMG 2002 davon aus, dass im Falle eines Fehlschlagens der Nacherfüllung in Form der Nachbesserung oder Nachlieferung dem Käufer eine **(weitere) Fristsetzung nicht zugemutet** werden könne[13]. Für das Recht des Käufers zum sofortigen Rücktritt vom Kaufvertrag komme es aber auf ein **Interesse des Verkäufers**, an diesem Vertrag festzuhalten, generell nicht mehr an[14]. Dem Käufer sei nach **vergeblichen Nachbesserungsversuchen** des Verkäufers nicht zuzumuten, vor Geltendmachung der **sekundären Gewährleistungsrechte** (§ 437 Nr 2 und 3) erst noch weitere, in ihrem Erfolg wieder ungewisse Nacherfüllungsversuche des Verkäufers abzuwarten[15]. Das **bisherige Verhalten des Verkäufers** ist zwar regelmäßig auch bei der Frage des Vorliegens einer Unzumutbarkeit der weiteren Nacherfüllung für den Käufer von Bedeutung. Außer Betracht bleibt aber insoweit ein Interesse des Verkäufers am Fortbestand des Kaufvertrags mit den beiden synallagmatischen originären Erfüllungsansprüchen. Da aber die allgemeinen Regelungen der §§ 281 Abs 2, 323 Abs 2 Nr 3 für die **Entbehrlichkeit der Fristsetzung** auf die **Abwägung der „beiderseitigen" Interessen** abstellen, musste der Gesetzgeber das Fehlschlagen der Nacherfüllung als speziellen kaufrechtlichen Fall der Berechtigung des Käufers, ohne (weitere) Fristsetzung auf die sekundären Gewährleistungsrechte des § 437 Nr 2 und 3 zuzugreifen, im Rahmen einer Ergänzung des Allgemeinen Schuldrechts in § 440 gesondert regeln[16]. Wegen dieser Ausklammerung der Interessen des Verkäufers an der Aufrechterhaltung des Kaufvertrags im Falle des Scheiterns einer Nacherfüllungsmaßnahme stellt § 440 eine auf die Eröffnung der sekundären Gewährleistungsrechte bezogene **Privilegierung des Käufers** dar. Der Käufer muss sich aber auf diesen besonderen Tatbestand nicht berufen, sondern kann am fortbestehenden Nacherfüllungsanspruch festhalten[17].

7 4. **Zweck des „Unzumutbarkeitstatbestands" (§ 440 Satz 1 Alt 3)**. Mit der tatbestandlichen Formulierung „fehlgeschlagen oder ihm unzumutbar ist" regelt § 440 Satz 1 die Unzumutbarkeit der Nacherfüllung als **Alternative** im Verhältnis zum **Fehlschlagen der Nacherfüllung**. Die besondere gesetzliche Regelung der Unzumutbarkeit beruht zum einen darauf, dass nach **Auffassung des Gesetzgebers** nicht zweifelsfrei sei, ob der Tatbestand des Fehlschlagens auch den Fall der Unzumutbarkeit der Nacherfüllung erfasse[18]. Aufgrund dieser Unsicherheit wurde im Rahmen der Beratung des SMG 2002 die Notwendigkeit einer besonderen Erwähnung des Falls der aufseiten des Käufers gegebenen Unzumutbarkeit der Nacherfüllung im Tatbestand des § 440 als Ergänzung der Fehlschlagensalternative bejaht[19].

8 5. **Umsetzung der Verbrauchsgüterkauf-Richtlinie**. – a) **Keine Abhilfe „ohne erhebliche Unannehmlichkeiten"**. Zudem diente die selbständige Regelung der **Unzumutbarkeit der Nacherfüllung** in § 440 der Umsetzung von Art 3 Abs 5, 3. Spiegelstrich der inzwischen außer Kraft getretenen Verbrauchsgüterkauf-Richtlinie[20]. Nach Art 3 Abs 5, 3. Spiegelstrich dieser Richtlinie kann der **Verbraucher** eine angemessene **Minderung** des Kaufpreises oder eine **Vertragsauflösung** verlangen, wenn „der Verkäufer nicht ohne erhebliche Unannehmlichkeiten für den Verbraucher Abhilfe geschaffen hat". Die **Nacherfüllung** muss nach Art 3 Abs 3 Satz 3 der

10 Begr Gesetzentwurf, BT-Drucks 14/6040, S 233; BGH NJW 2017, 153 Rz 20.
11 Begr Gesetzentwurf, BT-Drucks 14/6040, S 233; BGH NJW 2017, 153 Rz 20.
12 Vgl dazu Rz 6.
13 Vgl Begr Gesetzentwurf, BT-Drucks 14/6040, S 233.
14 Vgl Begr Gesetzentwurf, BT-Drucks 14/6040, S 233.
15 Vgl Begr Gesetzentwurf, BT-Drucks 14/6040, S 233.
16 Vgl Begr Gesetzentwurf, BT-Drucks 14/6040, S 233; vgl auch Staud/Bach Rz 1.
17 Vgl Rz 78.
18 Vgl Begr Gesetzentwurf, BT-Drucks 14/6040, S 233.
19 Vgl Begr Gesetzentwurf, BT-Drucks 14/6040, S 233.
20 Vgl Begr Gesetzentwurf, BT-Drucks 14/6040, S 233.

Verbrauchsgüterkauf-Richtlinie also **„ohne erhebliche Unannehmlichkeiten"** für den Verbraucher erfolgen, wobei „die Art des Verbrauchsgutes sowie der Zweck, für den der Verbraucher das Verbrauchsgut benötigt, zu berücksichtigen sind". Die separate Regelung der **Unzumutbarkeit der Nacherfüllung** in § 440 (Satz 1 Alt 3) stellte daher auch eine **nähere Konkretisierung** dieser Bestimmung der Verbrauchsgüterkauf-Richtlinie dar[21]. Darüber hinaus vermied der **besondere gesetzliche Unzumutbarkeitstatbestand** des § 440 von vornherein einen an den deutschen Gesetzgeber gerichteten Vorwurf, das in der Verbrauchsgüterkauf-Richtlinie geregelte Erfordernis „ohne erhebliche Unannehmlichkeiten für den Verbraucher" sei durch die Regelung des Fehlschlagens in § 440 und durch die allgemeinen Bestimmungen der §§ 281 Abs 2, 323 Abs 2 nicht ausreichend umgesetzt worden. Die eigenständige Regelung der Unzumutbarkeit in § 440 ermöglicht den Gerichten, in Fällen, in denen dem Käufer außerhalb des Geltungsbereichs der Verbrauchsgüterkauf-Regelung des § 475d aufgrund eines **gravierenden Vertrauensverlusts** die (weitere) Nacherfüllung nicht zumutbar ist[22], den Zugriff auf die sekundären Gewährleistungsrechte zu eröffnen, ohne die Erfassung einer solchen Konstellation vom Tatbestandsmerkmal „Fehlschlagen der Nacherfüllung" begründen zu müssen.

b) **Umsetzung der Warenkauf-Richtlinie (Art 13 Abs 4) durch § 475d – Nichtgeltung des § 440 für Verbrauchsgüterkäufe. Art 13 Abs 4 lit a bis lit b** der Warenkauf-Richtlinie 9
regelt die Fälle, in denen der Verbraucher entweder einen Anspruch auf **anteilige Minderung** des Kaufpreises nach Art 15 hat oder die **Beendigung des Kaufvertrags** nach Art 16 verlangen kann. Die **nicht ordnungsgemäße Nacherfüllung** und die **Verweigerung der Nacherfüllung** sind als Anwendungsfälle in Art 14 Abs 4 lit a Warenkauf-Richtlinie geregelt. Gleichgestellt ist gem Art 14 Abs 4 lit b die Konstellation des Auftretens der Vertragswidrigkeit, obwohl der **Verkäufer versucht hat,** den vertragsgemäßen Zustand der Ware herzustellen. Art 13 Abs 4 lit c Warenkauf-Richtlinie regelt den Fall, dass die **Vertragswidrigkeit derart schwerwiegend** ist, dass eine sofortige Preisminderung oder Beendigung des Kaufvertrags gerechtfertigt ist. Diese Rechte hat der Käufer gem Art 13 Abs 4 lit d auch dann, wenn der **Verkäufer erklärt hat** oder es **nach den Umständen offensichtlich ist,** dass er den vertragsgemäßen Zustand der Waren **nicht innerhalb einer angemessenen Frist** oder nicht **ohne erhebliche Unannehmlichkeiten für den Verbraucher** herstellen wird. Die Vorgaben des Art 13 Warenkauf-Richtlinie werden für den Verbrauchsgüterkauf abschließend durch den **seit dem 1.1.2022** geltenden **§ 475d** umgesetzt mit der Folge, dass § 440 auf Verbrauchsgüterkäufe nicht mehr anwendbar ist[23]. Obwohl § 440 dadurch nicht mehr der Umsetzung der **Verbrauchsgüterkauf-Richtlinie** dient, kann in Bezug auf den verbleibenden Anwendungsbereich dieser Norm im Rahmen einer **historischen Auslegung** grundsätzlich auf die Vorgaben dieser außer Kraft getretenen Richtlinie zurückgegriffen werden[24]. Es kommt dann für die betreffende Frage darauf an, ob gerade die **Verbraucheigenschaft des Käufers** oder vielmehr eine **allgemeine Interessenbewertung** beim Kauf die **tragende Erwägung** der Richtlinienregelung und damit auch ihrer ursprünglichen Umsetzung war. Das in **Art 18 der Verbraucherrechte-Richtlinie** geregelte Rücktrittsrecht des Verbrauchers betrifft nur Leistungsstörungen in Gestalt der **Nichtleistung** und der **Leistungsverzögerung,** nicht aber den Tatbestand der **mangelhaften Lieferung,** so dass sich aus dieser Richtlinie keine Vorgaben für den Regelungsbereich des § 440 ergeben[25].

6. **Kein gesetzlicher Tatbestand der Entbehrlichkeit der Frist bei „Alltagsgeschäften".** 10
Der Gesetzgeber hat eine besondere Tatbestandsalternative, die dem Käufer ein **sofortiges Rücktrittsrecht** bei Vorliegen eines Sachmangels im Rahmen eines sog Alltagsgeschäfts eröffnet, bei der Beratung des SMG 2002 zwar erwogen, dann aber abgelehnt[26]. Ausschlaggebend dafür war zum einen die Erwägung, dass die Alltagsgeschäfte nicht hinreichend bestimmt und nur schwer sachgerecht gesetzlich zu beschreiben seien[27]. Eine Sonderregelung für Sachmängel bei Alltagsgeschäften durchbreche zudem die angestrebte **Einheit mit dem allgemeinen Leistungsstörungsrecht** und störe den wünschenswerten **Gleichlauf des kauf- und werkvertraglichen Gewährleistungsrechts** erheblich[28]. Das berechtigte Interesse des Käufers an einer **zügigen Rückabwicklung** von Alltagsgeschäften werde dadurch gewahrt, dass die Angemessenheit der von ihm grundsätzlich zu setzenden **Frist** iSd §§ 281 Abs 1, 323 Abs 1 sich vorrangig nach seinem Interesse daran beurteile, bei einem derartigen Kauf die kurzfristige Reparatur oder den sofortigen Austausch der mangelhaften Ware beanspruchen zu können[29]. Darüber hinaus, so die

21 Vgl Begr Gesetzentwurf, BT-Drucks 14/6040, S 233.
22 Vgl dazu Rz 96.
23 Begr Gesetzentwurf, BT-Drucks 19/27424, S 36; BeckOK/Faust Rz 8; BeckOGK/Höpfner Rz 6.
24 BeckOGK/Höpfner Rz 6.
25 BeckOK/Faust Rz 7; BeckOGK/Höpfner Rz 9; vgl auch Schubel JZ 2022, 73.
26 Begr Gesetzentwurf, BT-Drucks 14/6040, S 234.
27 Begr Gesetzentwurf, BT-Drucks 14/6040, S 234.
28 Begr Gesetzentwurf, BT-Drucks 14/6040, S 234.
29 Begr Gesetzentwurf, BT-Drucks 14/6040, S 234.

Begründung zum Gesetzentwurf, lägen bei Alltagsgeschäften häufig die Voraussetzungen der §§ 281 Abs 2 Alt 2, 323 Abs 2 Nr 3 vor, nach denen die sofortige Geltendmachung von Schadensersatz statt der Leistung bzw der sofortige Rücktritt **ohne vorherige Fristsetzung** möglich sei[30]. Auch die nur für **Verbrauchsgüterkäufe** geltende Regelung des **§ 475d** sieht – in Übereinstimmung mit **Art 13 Abs 4 Warenkauf-Richtlinie** – kein spezielles Minderungs- oder Rücktrittsrecht bei „Alltagsgeschäften" vor. Da § 440 seit dem 1.1.2022 auf Verbrauchsgüterkäufe nicht mehr anwendbar ist, hat die Frage zwar an Bedeutung verloren. Aber auch bei **B2B-Kaufverträgen** kann es sich um „Alltagsgeschäfte" handeln, bei denen der Käufer bei Auftreten eines Mangels ein berechtigtes Interesse an einer **zügigen Rückabwicklung** hat.

II. Fristsetzungserfordernis und Erfüllungsverweigerung nach § 281 Abs 2 und § 323 Abs 2

11 1. **Allgemeine Voraussetzungen einer Fristsetzung.** – a) **Exakter Zeitraum und bestimmbare zeitliche Grenze.** Das dem Käufer obliegende Setzen einer angemessenen Frist zur Nacherfüllung durch den Verkäufer erfordert nicht zwingend die **Angabe eines bestimmten Zeitraums** oder eines bestimmten (**End-)Termins**[31]. Nach dem Wortlaut der §§ 323 Abs 1, 281 Abs 1 sowie aufgrund des Sinns und Zwecks des gesetzlichen Fristsetzungserfordernisses genügt es, wenn der Käufer durch das **Verlangen nach sofortiger, unverzüglicher oder umgehender Leistung** oder durch vergleichbare Formulierungen deutlich macht, dass dem Verkäufer für die Erfüllung nur ein **begrenzter (bestimmbarer) Zeitraum zur Verfügung steht**[32].

12 Eine an den Verkäufer gerichtete Aufforderung des Verkäufers, innerhalb „angemessener Frist", „unverzüglich" oder „umgehend" Abhilfe zu schaffen, ist insoweit ausreichend, weil dadurch dem Verkäufer eine **zeitliche Grenze** gesetzt wird, die aufgrund der jeweiligen Umstände des Einzelfalls bestimmbar ist und ihm ohne weiteres vor Augen führt, dass er die Nachbesserung nicht zu einem **beliebigen Zeitpunkt** bewirken darf[33]. Das Gleiche gilt im Falle einer Bitte des Käufers um **„schnelle Behebung"** des Mangels[34]. Denn auch dadurch wird dem Verkäufer eine **bestimmbare zeitliche Grenze** für die Nacherfüllung gesetzt[35]. Dies ist auch deshalb interessengerecht, weil der Verkäufer am ehesten in der Lage ist, den für die Nacherfüllung erforderlichen Zeitaufwand abzuschätzen. Zudem wird durch eine fehlende exakte Festlegung eines Zeitraums vermieden, dass der Verkäufer wegen einer zu knappen Frist intervenieren muss und ein Streit über die Angemessenheit entsteht.

13 b) **Ernsthaftigkeit des Nacherfüllungsverlangens – „Bitte" und „Wunsch" des Käufers.** Der Käufer darf zwar die Ernsthaftigkeit seines Nacherfüllungsverlangens nicht durch Relativierungen wie bspw die Äußerung eines **bloßen Wunsches** oder einer **höflichen Bitte** in Zweifel ziehen[36]. Die Einkleidung des Nachbesserungsverlangens in eine „Bitte" führt aber gleichwohl nicht generell, sondern nur im Ausnahmefall zur Rechtfertigung der Annahme, dass der Verkäufer keine Veranlassung habe, mit Rechtsfolgen in Gestalt eines Rücktritts oder eines Schadensersatzverlangens (Schadensersatz statt der Leistung) zu rechnen[37]. Der im Vergleich zur **„Aufforderung"** höflichere Begriff **„Bitte"** darf jedenfalls nicht ohne weiteres im Sinne einer fehlenden Ernsthaftigkeit des Nacherfüllungsverlangens verstanden werden[38]. IdR ist vielmehr von der **Ernsthaftigkeit des vom Käufer ausgesprochenen Nacherfüllungsverlangens** auszugehen[39]. Dies gilt insbes dann, wenn die **schriftliche Bitte** des Käufers in einem Zusammenhang steht mit einem zuvor schon mündlich geäußerten Nacherfüllungsverlangen oder/und einer vorgesehenen oder bereits stattgefundenen Unterredung der Parteien über die Nacherfüllung[40].

14 Die **Darlegungs- und Beweislast** für eine fehlende Ernsthaftigkeit des geäußerten Nacherfüllungsverlangens trägt der Verkäufer, dh, der Käufer muss nicht zusätzlich zu seiner ausdrücklichen oder konkludenten Fristsetzung deren **Ernsthaftigkeit** darlegen und im Streitfall auch beweisen[41]. Es obliegt vielmehr dem Verkäufer, Umstände darzulegen und zu beweisen, welche die Annahme rechtfertigen, dass die ausgesprochene Fristsetzung des Käufers ausnahmsweise wegen fehlender Ernsthaftigkeit keine Veranlassung gab, mit einem Rücktritt des Käufers oder sonstigen sekundären Gewährleistungsrechten zu rechnen[42].

30 Begr Gesetzentwurf, BT-Drucks 14/6040, S 234.
31 BGH NJW 2009, 3153 Rz 10 f; NJW 2016, 3654 Rz 25.
32 BGH NJW 2016, 3654 Rz 25.
33 BGH NJW 2016, 3654 Rz 27; NJW 2009, 3153 Rz 11.
34 BGH NJW 2016, 3654 Rz 27.
35 BGH NJW 2016, 3654 Rz 27.
36 BGH NJW 2016, 3654 Rz 28; Soergel/Gsell § 323 Rz 72; Staud/Schwarze § 323 Rz B 53.
37 Begr Gesetzentwurf, BT-Drucks 14/6040, S 185; BGH NJW 2016, 3654 Rz 28.
38 BGH NJW 2016, 3654 Rz 28.
39 Vgl Begr Gesetzentwurf, BT-Drucks 14/6040, S 185.
40 BGH NJW 2016, 3654 Rz 29.
41 Begr Gesetzentwurf, BT-Drucks 14/6040, S 185.
42 Begr Gesetzentwurf, BT-Drucks 14/6040, S 185.

2. **Die ernsthafte und endgültige Verweigerung der Nacherfüllung**. – a) **Voraussetzungen**. An die tatsächlichen Voraussetzungen einer ernsthaften und endgültigen Verweigerung der Nacherfüllung sind **strenge Anforderungen** zu stellen, die nur dann vorliegen, wenn der Verkäufer eindeutig zum Ausdruck bringt, dass er seinen Nacherfüllungspflichten nicht nachkommen werde[43]. Die Erfüllungsverweigerung muss das **„letzte Wort"** des Verkäufers sein, so dass ausgeschlossen ist, dass er sich durch Setzung einer Nachfrist zur Leistung bewegen lässt[44]. **15**

Ist dagegen **zweifelhaft**, ob der Verkäufer im Falle der Setzung einer Nachfrist die Nacherfüllung vornehmen würde, so ist eine endgültige Erfüllungsverweigerung zu verneinen und grundsätzlich eine **Nachfristsetzung** erforderlich. Denn eine Umstimmung des Verkäufers ist hier nicht ausgeschlossen. Es kann aber einer der Tatbestände des § 440 und insoweit insbes die **Unzumutbarkeitsalternative** eingreifen. **16**

Liegt nach allgemeinen Grundsätzen eine ernsthafte und endgültige Erfüllungsverweigerung vor, so steht der Entbehrlichkeit der Fristsetzung nicht entgegen, dass die Voraussetzungen des Einredetatbestands des § 439 Abs 4 gegeben sind und der Verkäufer diese Einrede erheben könnte[45]. Der Verkäufer muss sich eben auf die Einrede des § 439 Abs 4 berufen[46]. **17**

b) **Bloßes Bestreiten der Nacherfüllungsverpflichtung**. Das bloße Bestreiten von Mängeln genügt ohne Hinzutreten weiterer Umstände nicht für die Annahme einer ernsthaften und endgültigen Nacherfüllungsverweigerung[47]. Es müssen hier vielmehr **weitere Umstände hinzutreten**, welche die Annahme rechtfertigen, dass der Verkäufer über das Bestreiten eines Mangels hinaus bewusst und endgültig die Erfüllung seiner Nacherfüllungspflichten aus §§ 437 Nr 1, 439 Abs 1 ablehnt und demzufolge eine **Umstimmung** durch eine vom Käufer gesetzte Nachfrist **als ausgeschlossen anzusehen** ist[48]. Das Gleiche gilt in dem Fall, in dem der Verkäufer gegenüber dem vom Käufer geltend gemachten Gewährleistungsanspruch erklärt, **nicht „passiv legitimiert"** zu sein[49]. Ähnliche Vorbringen des Verkäufers sind rechtlich in entsprechender Weise einzuordnen. Dass derartige Formulierungen noch keine ernsthafte und endgültige Erfüllungsverweigerung begründen, folgt insbes aus dem Zweck der Nachfristsetzung. Denn bei solchen Einlassungen des Verkäufers kann nicht ausgeschlossen werden, dass eine Nachfristsetzung den Käufer umstimmt. Das Bestreiten und ähnliche Erklärungen des Verkäufers bringen zwar einerseits eine gewisse **Verweigerungshaltung des Verkäufers** zum Ausdruck. Andererseits wird dadurch aber, insbes im Falle einer **anwaltlichen Beratung**, häufig bewusst eine Endgültigkeit vermieden, um Zeit zu gewinnen und eine drohende Nachfristsetzung zumindest hinauszuschieben. **18**

III. § 440 Satz 1 Alt 1 – Verweigerung beider Nacherfüllungsarten gem § 439 Abs 4

1. **Zweck der Regelung**. Im Falle der Verweigerung beider Nacherfüllungsarten durch den Verkäufer bei Vorliegen eines Mangels unter Berufung auf § 439 Abs 4 ergäbe ein an den Käufer gerichtetes **gesetzliches Fristsetzungserfordernis** keinen Sinn. Denn es ist generell nicht zu erwarten, dass der Verkäufer innerhalb einer vom Käufer gesetzten Frist die auf § 439 Abs 4 gestützte Einrede wieder fallen lässt[50]. Obwohl der Tatbestand des § 440 Satz 1 Alt 1 – anders als § 281 Abs 2 Alt 1 und § 323 Abs 2 Nr 1 – nicht ausdrücklich eine ernsthafte und endgültige Verweigerung der Erfüllung verlangt, besteht eine weitgehende Übereinstimmung mit der in den genannten Vorschriften des allgemeinen Leistungsstörungsrechts geregelten Erfüllungsverweigerung. Für die allgemeine Erfüllungsverweigerung als Tatbestand, der eine Ausnahme vom Fristsetzungserfordernis begründet, ist deshalb eine Endgültigkeit und Ernsthaftigkeit erforderlich, weil der Schuldner in vielen Fällen die Leistung ohne Inkaufnahme von rechtlichen Nachteilen nur verzögern will und daher eine Verweigerungserklärung nicht sein „letztes Wort" ist. Bei Vorliegen einer Verweigerung der Nacherfüllung nach § 439 Abs 4 beruft sich der Verkäufer auf **„unverhältnismäßige Kosten"** der für die Mangelbeseitigung erforderlichen Maßnahmen. Dass sich an dieser vom Verkäufer verlautbarten Einschätzung der Nacherfüllungskosten durch eine vom Käufer für die Durchführung der bisher verweigerten Nacherfüllung gleichwohl gesetzte Frist etwas ändert, ist unwahrscheinlich und daher regelmäßig nicht zu erwarten. Darüber hinaus **19**

43 BGH NJW 2013, 1074 Rz 22; NJW 2017, 153 Rz 18.
44 BGH NJW 2015, 3455 Rz 33; Soergel/Gsell § 323 Rz 98; MünchKomm/Ernst § 323 Rz 105; BeckOK/H Schmidt § 323 Rz 25.
45 Staud/Bach Rz 18; MünchKomm/Westermann Rz 5.
46 Vgl dazu Rz 24.
47 BGH NJW 2015, 3455 Rz 33; NJW 2017, 1666 Rz 33; Soergel/Gsell § 323 Rz 98.
48 BGH NJW 2006, 1195 Rz 25; NJW 2013, 1074 Rz 22; NJW 2015, 3455 Rz 33; NJW 2017, 153 Rz 18; Soergel/Gsell § 323 Rz 98.
49 BGH NJW 2017, 1666 Rz 33.
50 Vgl Erman/Grunewald Rz 2; MünchKomm/Westermann Rz 4; BeckOK/Faust Rz 21 (Fristsetzung wäre eine bloße Formalität).

kann bei Fehlen abweichender Gesichtspunkte ausgeschlossen werden, dass eine Erfüllungsverweigerung unter Berufung auf einen unverhältnismäßigen Aufwand der Nacherfüllung vom Verkäufer nicht ernsthaft erklärt wird.

20 2. **Unterschied zwischen Verweigerung nach § 439 Abs 4 und den Tatbestandsalternativen „Fehlschlagen" sowie „Unzumutbarkeit" – Verweigerung einer Art der Nacherfüllung**. Während es für das Fehlschlagen der Nacherfüllung und auch für die Unzumutbarkeit dieser Verkäuferleistung nur darauf ankommt, dass die „**dem Käufer zustehende Art der Nacherfüllung**"[51] fehlgeschlagen ist, muss eine Verweigerung der Nacherfüllung gem § 439 Abs 4 in Bezug auf **beide Arten der Nacherfüllung** vorliegen[52]. Aus § 440 Satz 1 Alt 1 folgt ohne weiteres im Umkehrschluss, dass die Verweigerung nur **einer Art der Nacherfüllung** nach § 439 Abs 4 gerade nicht zur Entbehrlichkeit einer Nachfristsetzung führt[53]. In Bezug auf die andere Nacherfüllungsart bleibt es daher zwar grundsätzlich beim Fristsetzungserfordernis. Eine Ausnahme ist insoweit aber insbes für den Fall anzuerkennen, dass eine andere Einrede des Verkäufers eingreift oder die Leistungspflicht schon wegen **Unmöglichkeit** nach § 275 Abs 1 entfallen ist[54]. Die Rechtslage ist im Falle der Verweigerung nur einer Nacherfüllungsart generell nicht anders als in dem Fall, in dem der Verkäufer (nur) eine Nacherfüllungsart nach § 275 Abs 2 oder 3 verweigert oder nur insoweit eine Unmöglichkeit iSd § 275 Abs 1 gegeben ist[55]. Es muss aber nicht hinsichtlich beider Nacherfüllungsarten derselbe Grund für die Befreiung des Verkäufers von der Nacherfüllungsverpflichtung vorliegen[56].

21 3. **Verweigerung gem § 439 Abs 4 erst nach erfolgter Fristsetzung**. – a) **Fristsetzungserfordernis bezüglich anderer Nacherfüllungsart**. Ohne Belang für die generelle Geltung des auf die andere Nacherfüllungsart bezogenen Nachfristerfordernisses ist, ob der Verkäufer sich erst nach Setzung einer Nachfrist durch den Käufer bezüglich der vom Käufer zunächst gewählten Nacherfüllungsart auf § 439 Abs 4 bzw die Einreden aus § 275 Abs 2 oder 3 beruft[57]. Die Nachfrist hat bis zu ihrem erfolglosen Ablauf keinen Einfluss auf den **Bestand des Nacherfüllungsanspruchs** des Käufers und die **Einrede des Verkäufers** aus § 439 Abs 4 bzw § 275 Abs 2 oder 3. Auch die **Unmöglichkeit** einer Nacherfüllungsart lässt das in Bezug auf die andere Nacherfüllungsart bestehende Fristsetzungserfordernis grundsätzlich unberührt[58]. Unerheblich ist insoweit, ob die Unmöglichkeit erst nach Setzung einer Nachfrist durch den Käufer eintritt.

22 Ist zum Zeitpunkt des Eintretens der Unmöglichkeit die Frist schon abgelaufen, so entfallen die dadurch bereits entstandenen **sekundären Gewährleistungsrechte** allerdings nicht. Selbstverständlich besteht in diesem Fall auch nicht das Erfordernis, dem Verkäufer für die Vornahme der anderen Nacherfüllungsart eine Frist zu setzen.

23 b) **Entbehrlichkeit einer neuen Fristsetzung**. Beruft sich der Verkäufer während des Laufs einer vom Käufer für die Vornahme einer Nacherfüllungsart gesetzten Frist gem § 439 Abs 4 auf die **Unverhältnismäßigkeit** dieser Nacherfüllung, so ist in Bezug auf die andere Nacherfüllungsart eine neue Fristsetzung nur dann entbehrlich, wenn auch diese vom Verkäufer unter Berufung auf einen unverhältnismäßigen Aufwand verweigert wird[59]. Die Erhebung der Einrede des § 439 Abs 4 ist aber in dem Fall nicht erforderlich, in dem die andere Nacherfüllungsart dem Verkäufer gem § 275 Abs 1 unmöglich ist oder eine berechtigte Berufung des Verkäufers auf § 275 Abs 2 oder 3 vorliegt[60]. Die Verweigerung der anderen Nacherfüllungsart kann zwar auch **konkludent** erfolgen. Im Zweifel ist aber nicht davon auszugehen, dass sich eine während der Nachfrist vom Verkäufer erklärte Verweigerung der vom Käufer verlangten Nacherfüllungsart ohne weiteres auf die andere Nacherfüllungsart erstreckt.

24 4. **Verweigerungserklärung des Verkäufers**. – a) **Grundlagen – Notwendigkeit einer Erklärung**. Nach § 440 Satz 1 Alt 1 ist eine Fristsetzung entbehrlich, wenn der Verkäufer beide Arten der Nacherfüllung gem § 439 Abs 4 verweigert[61]. Die tatbestandliche Formulierung „verweigert" erfordert eindeutig eine Verweigerungserklärung des Verkäufers und lässt das bloße **Vorliegen der Verweigerungsvoraussetzungen** des § 439 Abs 4 nicht ausreichen[62]. Auch die

51 Vgl dazu Rz 43.
52 Vgl Begr Gesetzentwurf, BT-Drucks 14/6040, S 233; Staud/Bach Rz 16; BeckOGK/Höpfner Rz 10 f; MünchKomm/Westermann Rz 6; BeckOK/Faust Rz 10; Erman/Grunewald Rz 2.
53 Begr Gesetzentwurf, BT-Drucks 14/6040, S 234; Staud/Bach Rz 16; Erman/Grunewald Rz 2; BeckOGK/Höpfner Rz 13; BeckOK/Faust Rz 11.
54 Vgl Rz 35.
55 Begr Gesetzentwurf, BT-Drucks 14/6040, S 234; BeckOK/Faust Rz 12.
56 BeckOGK/Höpfner Rz 12.
57 Staud/Matusche-Beckmann Rz 10; BeckOK/Faust Rz 13.
58 Begr Gesetzentwurf, BT-Drucks 14/6040, S 23.
59 MünchKomm/Westermann Rz 6; BeckOK/Faust Rz 13.
60 MünchKomm/Westermann Rz 6.
61 Staud/Bach Rz 19.
62 Staud/Bach Rz 19; MünchKomm/Westermann Rz 5; Erman/Grunewald Rz 2; BeckOGK/Höpfner Rz 9; BeckOK/Faust Rz 31; Kandler, Kauf und Nacherfüllung, 2004, S 596.

Begründung zum Gesetzentwurf[63] verweist ausdrücklich darauf, dass der Verkäufer die Nacherfüllung „verweigert haben muss“. Es genüge nicht, dass die Voraussetzungen der Einredelage des § 439 Abs 4 gegeben seien[64]. Der Verkäufer müsse sich auch **darauf berufen**[65]. Der Grund für das Erfordernis einer Erklärung ist darin zu sehen, dass der Verkäufer trotz Vorliegens der Verweigerungsvoraussetzungen des § 439 Abs 4 ein Interesse daran haben kann, die Nacherfüllung vorzunehmen, obwohl ihm dies nur mit **größeren Anstrengungen** möglich ist[66]. Insoweit kann es insbes um die Abwendung eines Anspruchs des Käufers auf **Schadensersatz statt der Leistung** bei Vereinbarung einer Beschaffenheitsgarantie oder Bestehens eines Beschaffungsrisikos iSd § 276 Abs 1 Satz 1 aE gehen.

b) **Zeitpunkt der Verweigerungserklärung**. Der Tatbestand des § 440 Satz 1 Alt 1 setzt 25
nicht voraus, dass die Verweigerungserklärung unmittelbar im Anschluss an ein **Nacherfüllungsverlangen** des Käufers erfolgt. Die Verweigerung kann vielmehr auch noch dann vom Verkäufer erklärt werden, wenn der Käufer für eine Nacherfüllungsart eine **Frist gesetzt** hat. Nach Ablauf einer Nachfrist kann der Käufer zwar nach §§ 281 Abs 1, 323 Abs 1 auf die **sekundären Gewährleistungsrechte übergehen**, so dass es dann auf die Anwendbarkeit des § 440 nicht mehr ankommt. Der Käufer ist aber zu einem solchen Übergang nicht verpflichtet, sondern kann den Verkäufer am **Erfüllungsanspruch festhalten**. Verlangt der Käufer weiterhin Erfüllung, so kann der Verkäufer auch noch nach Fristablauf beide Nacherfüllungsarten gem § 439 Abs 4 verweigern. Der Käufer ist im Falle der Erhebung dieser Einrede durch den Verkäufer nicht mehr berechtigt, unter Berufung auf den Fristablauf iSd §§ 281 Abs 1, 323 Abs 1 die sekundären Gewährleistungsrechte geltend zu machen. Denn der Käufer hat trotz Fristablaufs am Erfüllungsanspruch festgehalten und hätte auch nach einer ordnungsgemäßen Nacherfüllungsleistung des Verkäufers nicht mehr auf die nach §§ 281 Abs 1, 323 Abs 1 zunächst entstandenen Rechte zugreifen können.

c) **Ausdrückliche und konkludente Verweigerungserklärungen**. Das Tatbestandsmerk- 26
mal „der Verkäufer beide Arten der Nacherfüllung gem § 439 Abs 4 verweigert“ (§ 440 Satz 1 Alt 1) ist zwar nicht so zu verstehen, dass der Verkäufer ausdrücklich die einschlägige gesetzliche Regelung des § 439 Abs 4 benennen müsste. Er muss sich aber gleichwohl in irgendeiner Weise auf **unverhältnismäßige Kosten** der Nacherfüllung berufen[67]. Nicht ausreichend ist daher die Verweigerung der Nacherfüllung **ohne Angabe eines Grundes** oder unter Hinweis auf Umstände, die nicht mit dem Einredetatbestand des § 439 Abs 4 in einem Zusammenhang stehen[68]. Der Verkäufer ist allerdings auch nicht gehalten, das in § 439 Abs 4 enthaltene Tatbestandsmerkmal „unverhältnismäßige Kosten“ ausdrücklich geltend zu machen. Es genügt vielmehr die **Angabe von Umständen**, die im Rahmen der **Auslegung** den Schluss rechtfertigen, dass der Verkäufer den von ihm zu tragenden **voraussichtlichen Nacherfüllungsaufwand** als zu hoch ansieht. Entscheidend für die Auslegung ist hier – wie generell bei Willenserklärungen – der **objektive Empfängerhorizont**. Es kommt also darauf an, wie der Käufer die Verweigerungserklärung des Verkäufers nach **Treu und Glauben** unter Berücksichtigung der **Verkehrssitte** verstehen musste[69].

Keine Verweigerung iSd § 440 Satz 1 Alt 1 liegt demzufolge insbes dann vor, wenn der Verkäu- 27
fer das **Vorliegen eines Mangels bestreitet**[70]. In diesem Fall kommt allerdings die Entbehrlichkeit der Fristsetzung wegen Vorliegens einer **ernsthaften und endgültigen Erfüllungsverweigerung** iSd §§ 281 Abs 2 Alt 1, 323 Abs 2 Nr 1 in Betracht[71]. Insoweit ist aber zu beachten, dass diese Ausnahmetatbestände des allgemeinen Schuldrechts ausdrücklich eine **Ernsthaftigkeit und Endgültigkeit** der vom Schuldner erklärten Erfüllungsverweigerung verlangen, während § 440 Satz 1 Alt 1 nur auf das Vorliegen einer Verweigerung nach Maßgabe der besonderen kaufrechtlichen Vorschrift des § 439 Abs 4 abstellt. Das bloße Bestreiten eines Mangels stellt nicht ohne weiteres eine ernsthafte und endgültige Erfüllungsverweigerung dar[72]. Eine derartige Erfüllungsverweigerung kann nur dann bejaht werden, wenn der Verkäufer unmissverständlich und eindeutig zum Ausdruck bringt, er werde seinen Nacherfüllungspflichten **unter keinen Umständen nachkommen**[73].

63 Begr Gesetzentwurf, BT-Drucks 14/6040, S 234.
64 Begr Gesetzentwurf, BT-Drucks 14/6040, S 234.
65 Begr Gesetzentwurf, BT-Drucks 14/6040, S 234.
66 Begr Gesetzentwurf, BT-Drucks 14/6040, S 234; BeckOK/Faust Rz 31; BeckOGK/Höpfner Rz 10.
67 BeckOGK/Höpfner Rz 14.
68 Erman/Grunewald Rz 2; BeckOGK/Höpfner Rz 14; so wohl auch Staud/Bach Rz 19 f.
69 Vgl dazu BGHZ 195, 126 Rz 18; Soergel/Riesenhuber § 133 Rz 49 ff; Wertenbruch, BGB AT, 2021⁵, § 9 Rz 2.
70 Vgl BeckOGK/Höpfner Rz 14.
71 Vgl dazu Rz 18.
72 Vgl Rz 18.
73 BGH NJW 2015, 3455 Rz 33; NJW 2017, 1666 Rz 31; MünchKomm/Ernst § 323 Rz 105; BeckOK/H Schmidt § 323 Rz 25.

28 5. **Keine besondere Prüfung der Ernsthaftigkeit und Endgültigkeit.** Beruft der Verkäufer sich ausdrücklich oder konkludent auf die Einrede des § 439 Abs 4[74], so muss – anders als im Falle einer Erfüllungsverweigerung iSd §§ 281 Abs 2, 323 Abs 2[75] – nicht geprüft werden, ob dies auch als ernsthaft und endgültig anzusehen ist. Der Verkäufer kann also gegenüber dem Käufer, der im Anschluss an eine auf § 439 Abs 4 bezogene Verweigerungserklärung des Verkäufers **sekundäre Gewährleistungsrechte** aus § 437 Nr 2 oder/und Nr 3 geltend macht, nicht einwenden, seine Verweigerungserklärung sei nicht endgültig oder ernsthaft gewesen. Stützt der Verkäufer die Verweigerungshaltung dagegen nicht auf § 439 Abs 4, sondern bspw auf das **Nichtvorliegen eines Mangels** oder auf eine **Überlastung seines Betriebs** und damit nicht auf eine Unverhältnismäßigkeit der Nacherfüllungskosten iSd § 439 Abs 4, so ist § 440 Satz 1 Alt 1 von vornherein nicht anwendbar. Das Eingreifen der §§ 281 Abs 2 Alt 1, 323 Abs 2 Nr 1 setzt dann nach allgemeinen Grundsätzen eine Ernsthaftigkeit und Endgültigkeit der Erfüllungsverweigerung voraus, die in den genannten Beispielsfällen nicht ohne weiteres gegeben ist[76].

29 6. **Hilfsweise ausgesprochene Nacherfüllungsverweigerung gem § 439 Abs 4.** Ausreichend für § 440 Satz 1 Alt 1 ist aber auch eine vom Verkäufer hilfsweise erklärte Verweigerung der Nacherfüllung unter Berufung auf § 439 Abs 4[77]. Praktische Bedeutung hat insoweit insbes die Situation, in der vom Verkäufer in **erster Linie** der vom Käufer gerügte **Mangel bestritten** oder das Eingreifen eines **vertraglichen Gewährleistungsausschlusses** geltend gemacht und nur für den Fall des tatsächlichen Nachweises eines Mangels bzw Nichtvorliegens einer Freizeichnung die **Unverhältnismäßigkeitseinrede** erhoben wird[78]. Hier liegt in Bezug auf den primären Einwand des Verkäufers, also das Nichtbestehen einer rechtlichen Nacherfüllungsverpflichtung, die Ernsthaftigkeit und Endgültigkeit der Erfüllungsverweigerung iSd §§ 281 Abs 2 Alt 1, 323 Abs 2 Nr 1 zwar nicht ohne weiteres vor. Die **Entbehrlichkeit der Fristsetzung** folgt hier jedenfalls aus der kaufrechtlichen Spezialregelung des § 440 Satz 1 Alt 1, weil der Verkäufer die Einrede des § 439 Abs 4 zumindest hilfsweise geltend gemacht hat.

30 7. **Erfordernis des Vorliegens der Einredevoraussetzungen des § 439 Abs 4.** – a) **Unberechtigte Erhebung der Einrede.** In Bezug auf die Anwendung des § 440 Satz 1 Alt 1 stellt sich auch die Frage, ob im Falle der Verweigerung der Nacherfüllung durch den Verkäufer unter Berufung auf § 439 Abs 4 die tatbestandlichen Voraussetzungen dieser Einrede tatsächlich vorliegen müssen und ihre Geltendmachung daher rechtmäßig ist. Nach dem Wortlaut des § 440 Satz 1 Alt 1 („gemäß § 439 Abs 4 verweigert“) ist das Vorliegen der Einredevoraussetzungen des § 439 Abs 4 nicht zwingend erforderlich; die Formulierung des Tatbestands ist vielmehr insoweit offen[79]. Überzeugender ist, das Vorliegen der Voraussetzungen des § 439 Abs 4 für die Anwendung des § 440 Satz 1 Alt 1 nicht zu verlangen[80]. Dafür kann zum einen eine **systematische Auslegung** angeführt werden. Zum anderen würde die in Rede stehende erste Alternative des § 440 Satz 1 im Falle der Notwendigkeit der Erfüllung der tatsächlichen Verweigerungsvoraussetzungen des § 439 Abs 4 weitgehend leerlaufen. Denn der Käufer wäre idR von vornherein nicht in der Lage, allein anhand der Verweigerungserklärung des Verkäufers zuverlässig zu überprüfen, ob aufseiten des Verkäufers wirklich **„unverhältnismäßige Kosten“** bei Vornahme einer Nacherfüllung entstünden[81]. Abgesehen davon ist die Zumutbarkeit einer darauf bezogenen Nachprüfung sehr zweifelhaft. Darüber hinaus spricht auch die nur für den **Verbrauchsgüterkauf** geltende Regelung des **§ 475d Abs 1 Nr 4** für die Gleichstellung von **berechtigter und unberechtigter Einredeerhebung**, soweit es um die Eröffnung der sekundären Käuferrechte aus § 437 Nr 2 geht. Denn § 475d Abs 1 Nr 4 unterscheidet im Falle des Vorliegens einer Verweigerung der Nacherfüllung nicht danach, ob dieses Verhalten des Verkäufers berechtigt ist oder nicht[82].

31 Bei Ablehnung der hier vertretenen Auffassung müsste der Käufer zum Zwecke der Vermeidung des Risikos einer **unwirksamen Rücktrittserklärung** dem Verkäufer eine Frist setzen[83]. Denn der Verkäufer könnte sich im Falle des Übergangs des Käufers auf die **sekundären Gewährleistungsrechte** zumindest grundsätzlich auch selbst darauf berufen, dass seine Verweigerungserklärung nicht von § 439 Abs 4 gedeckt gewesen sei. Es würde sich dann hier bei Zugrundelegung der Gegenauffassung die Frage des Vorliegens eines **widersprüchlichen Verhaltens des Verkäufers iSd § 242** stellen[84]. In systematischer Sicht spricht für die hier vertretene

74 Vgl dazu Rz 19.
75 Vgl dazu Rz 19.
76 Vgl dazu Rz 18.
77 Vgl BeckOGK/Höpfner Rz 15.
78 Vgl BeckOGK/Höpfner Rz 15.
79 Vgl BeckOGK/Höpfner Rz 16; NK/Büdenbender Rz 9.
80 MünchKomm/Westermann Rz 5; Erman/Grunewald Rz 2; BeckOGK/Höpfner Rz 15; NK/Büdenbender Rz 9; BeckOK/Faust Rz 16; aA Staud/Bach Rz 22; Kandler, Kauf und Nacherfüllung, 2004, S 595 f.
81 Vgl BeckOGK/Höpfner Rz 16.
82 Vgl dazu Rz 34.
83 Vgl BeckOGK/Höpfner Rz 16.
84 Vgl BeckOGK/Höpfner Rz 16.

Ansicht zudem, dass die erste Alternative des § 440 Satz 1 eine anders strukturierte **Sonderform der Erfüllungsverweigerung** iSd allgemeinen Bestimmungen der §§ 281 Abs 2 Alt 1, 323 Abs 2 Nr 1 ist[85]. Anstelle der **Ernsthaftigkeit und Endgültigkeit** der Verweigerungserklärung ist eine Berufung des Schuldners (Verkäufers) auf die **Unverhältnismäßigkeit der Kosten iSd § 439 Abs 4** erforderlich, und insoweit ist regelmäßig nicht vom Bestehen einer Möglichkeit der Umstimmung des Verkäufers durch eine Fristsetzung auszugehen[86]. Dass der Verkäufer die Einrede des § 439 Abs 4 nicht endgültig erhebt, kann bei Nichtvorliegen abweichender Umstände ausgeschlossen werden.

b) **Partielle Berechtigung der Einrede aus § 439 Abs 4**. Da aus den dargelegten Gründen das tatsächliche Vorliegen der Einredevoraussetzungen des § 439 Abs 4 nicht erforderlich ist, greift § 440 Satz 1 Alt 1 auch dann ein, wenn der Verkäufer **eine Nacherfüllungsart zu Recht** und die andere Art zu Unrecht wegen unverhältnismäßiger Kosten verweigert[87]. Insoweit besteht also auch kein Unterschied zu dem Fall, in dem eine Nacherfüllungsart unmöglich ist iSd § 275 Abs 1 und der Verkäufer die andere Art entweder berechtigt oder unberechtigt verweigert. 32

8. **Verweigerung beider Nacherfüllungsarten beim Verbrauchsgüterkauf – Neuregelung des § 475d**. Bei Vorliegen eines Verbrauchsgüterkaufs konnte der Verkäufer auf Grundlage der Entscheidung des EuGH in der Rechtssache **Gebrüder Weber GmbH/Jürgen Wittmer**[88] und der Anschlussentscheidung des BGH[89] nicht beide Nacherfüllungsarten gem § 439 Abs 4 verweigern. Die vom 1.1.2018 bis zum 31.12.2021 geltende Regelung des § 475 Abs 4 Satz 1 aF stellte dies klar. Die Berufung des Verkäufers auf eine sog **absolute Unverhältnismäßigkeit** der Nacherfüllung war somit ausgeschlossen. 33

Die Verweigerung der Nacherfüllung durch den Verkäufer als Voraussetzung für das **Recht auf Rücktritt oder Minderung** ist nunmehr für den Verbrauchsgüterkauf in **§ 475d Abs 1 Nr 4** abschließend geregelt. § 440 ist insoweit von vornherein nicht mehr anwendbar[90]. Nach § 475d Abs 1 Nr 4 ist der Verbraucher als Käufer zum Rücktritt und damit auch zur Minderung berechtigt, wenn der Unternehmer die gem **§ 439 Abs 1 oder Abs 2 oder gem § 475 Abs 5 ordnungsgemäße Nacherfüllung** verweigert hat. Diese Sonderbestimmung des Rechts des Verbrauchsgüterkaufs unterscheidet in Bezug auf diese Rechte des Käufers nicht zwischen einer berechtigten und einer unberechtigten Verweigerung der Nacherfüllung durch den Unternehmer als Verkäufer[91]. Die genannten sekundären Gewährleistungsrechte sind vielmehr in beiden Fällen eröffnet[92]. Diese Rechtsfolge tritt daher auch dann ein, wenn der Verkäufer **beide Nacherfüllungsarten** berechtigt oder unberechtigt verweigert. Art 13 Abs 3 Warenkauf-Richtlinie lässt die Berufung des Verkäufers auf eine **absolute Unverhältnismäßigkeit** ausdrücklich zu. Denn nach dieser Regelung kann der Verkäufer die Herstellung des vertragsgemäßen Zustands der Waren verweigern, wenn ihm **sowohl Nachbesserung als auch Ersatzlieferung** unmöglich wären oder unverhältnismäßige Kosten verursacht würden. Für die Rechte des Verbrauchers kommt es nicht darauf an, ob der Verkäufer eine **absolute Unverhältnismäßigkeit** unberechtigt oder berechtigt geltend macht. 34

9. **Verweigerung der einzig verbliebenen Nacherfüllungsart**. Die Entbehrlichkeit der Nachfristsetzung nach § 440 Satz 1 Alt 1 ist auch dann zu bejahen, wenn nur **eine Nacherfüllungsart** unter Berufung auf § 439 Abs 4 vom **Verkäufer verweigert** wird und die andere Nacherfüllungsart **gem § 275 Abs 1 unmöglich** ist mit der Folge, dass insoweit kein Nacherfüllungsanspruch des Käufers aus §§ 437 Nr 1, 439 Abs 1 besteht[93]. Unerheblich ist, ob die betreffende Nacherfüllungsart von Anfang an unmöglich war oder dieser Umstand erst durch ein späteres Ereignis eingetreten ist. Zu bejahen ist die Entbehrlichkeit auch in dem Fall, in dem der Verkäufer die andere Nacherfüllungsart **nach § 275 Abs 2 oder 3** in berechtigter Weise **verweigert** hat[94]. 35

Die Anwendung des § 440 Satz 1 Alt 1 im Falle der Berufung des Verkäufers auf einen unverhältnismäßigen Nacherfüllungsaufwand bezüglich der einzig verbliebenen Nacherfüllungsart ergibt sich im Rahmen einer **Auslegung dieser Vorschrift**. Eine analoge Anwendung ist daher in diesem Fall nicht erforderlich. § 440 Satz 1 Alt 1 ist so zu verstehen, dass eine Fristsetzung entbehrlich ist, wenn **alle bestehenden und durchsetzbaren** Nacherfüllungsarten vom Verkäufer wegen eines unverhältnismäßigen Aufwands iSd § 439 Abs 4 verweigert werden. Ist eine 36

85 Vgl Rz 19.
86 Vgl Rz 19.
87 NK/Büdenbender Rz 9 f.
88 EuGH Slg 2011, I-5257-5329 = NJW 2011, 2269.
89 BGHZ 192, 148 Rz 35 ff.
90 Vgl dazu oben Rz 9.
91 Begr Gesetzentwurf, BT-Drucks 19/27424, S 38.
92 Begr Gesetzentwurf, BT-Drucks 19/27424, S 38.
93 MünchKomm/Westermann Rz 6; BeckOGK/Höpfner Rz 12; BeckOK/Faust Rz 12; Kandler, Kauf und Nacherfüllung, 2004, S 597.
94 MünchKomm/Westermann Rz 6; BeckOGK/Höpfner Rz 12 (für Verweigerung nach § 275 Abs 2).

Nacherfüllungsart unmöglich iSd § 275 Abs 1 oder schon aus anderen Gründen wegen einer erhobenen Einrede nicht durchsetzbar, so beschränkt sich § 440 Satz 1 Alt 1 auf die verbliebene und grundsätzlich auch durchsetzbare Nacherfüllungsalternative. Dass der Wortlaut des § 440 Satz 1 Alt 1 sich auf beide Nacherfüllungsarten bezieht, beruht darauf, dass die Möglichkeit beider Arten der Regelfall ist. Es ist nicht Aufgabe des Gesetzgebers, alle in Betracht kommenden Ausnahmen zu regeln, sofern die Lösung durch Auslegung des Regeltatbestands zweifelsfrei ermittelt werden kann.

37 Auch in dem Fall, in dem der Verkäufer die einzig verbliebene Nacherfüllungsart verweigert, kommt es für das Recht des Käufers auf Rücktritt oder Minderung aus § 437 Nr 2 nicht darauf an, ob die Einrede aus **§ 439 Abs 4** in **berechtigter Weise** erhoben wurde oder nicht[95]. Der nur für den Verbrauchsgüterkauf geltende **§ 475d Abs 1 Nr 4** unterscheidet zum einen nicht danach, ob die Verweigerung des Verkäufers sich auf beide Nacherfüllungsarten oder auf eine verbliebene Nacherfüllungsart bezieht. Zum anderen ist für **§ 475d Abs 1 Nr 4** das Vorliegen einer Berechtigung zur Erhebung der Einrede unerheblich[96]. Die auf Art 13 Abs 3 der Warenkauf-Richtlinie beruhende Regelung des **§ 475d Abs 1 Nr 4** ist insoweit nicht als eine Besonderheit des Verbrauchsgüterkaufs anzusehen, die entscheidend an die Verbrauchereigenschaft des Käufers anknüpft. Es handelt sich vielmehr auch außerhalb des Verbrauchsgüterkaufs um eine **interessengerechte Rechtsfolge** der in Rede stehenden Verweigerungskonstellationen.

IV. Fehlschlagen der Nacherfüllung (§ 440 Satz 1 Alt 2) – Grundlagen und systematische Stellung

38 1. **Einordnung des Fehlschlagens als Unterfall der Unzumutbarkeit.** Das Verhältnis zwischen „Fehlschlagen der Nacherfüllung" (§ 440 Satz 1 Alt 2) und „Unzumutbarkeit der Nacherfüllung" (Satz 1 Alt 3) ergibt sich zwar nicht ohne weiteres aus dem Wortlaut der Vorschrift, aber im Wege einer **Auslegung**. Die Unzumutbarkeit kann schon deshalb **keinen Unterfall des Fehlschlagenstatbestands** darstellen, weil die Nacherfüllung dem Käufer im konkreten Einzelfall auch dann unzumutbar sein kann, wenn vom Verkäufer ein Nacherfüllungsversuch weder durchgeführt noch begonnen worden ist[97]. Ein in keiner Weise vorgenommener Versuch des Verkäufers kann nicht als Fehlschlagen eingeordnet werden. Von einem Fehlschlagen der Nacherfüllung kann insbes in dem Fall keine Rede sein, in dem der Käufer eine Nacherfüllung von vornherein berechtigterweise wegen Unzumutbarkeit – etwa bei **arglistigem Verschweigen** eines Mangels durch den Verkäufer[98] – ablehnt und der Verkäufer deshalb untätig bleibt. Im Verhältnis zur Tatbestandsalternative „Unzumutbarkeit" stellt daher das „Fehlschlagen" keinen Oberbegriff dar[99].

39 Der Grund für die **Entbehrlichkeit einer Fristsetzung** durch den Käufer bei Vorliegen eines Fehlschlagens der Nacherfüllung besteht darin, dass dem Käufer in dieser Situation die Einräumung einer Nacherfüllungsfrist nicht (mehr) zumutbar ist[100]. Das **„Fehlschlagen"** ist daher in systematischer Hinsicht ein Unterfall und damit eine **Ausprägung der Tatbestandsalternative „Unzumutbarkeit"**[101]. Berechtigt ist auch die Annahme, dass es sich um den praktisch bedeutsamsten Unterfall handelt. Diese Einschätzung beruht auf dem generellen Vorrang der Nacherfüllung. Die Entbehrlichkeit der Nachfristsetzung vor Beginn einer Nacherfüllungstätigkeit des Verkäufers ist daher eine Ausnahme.

40 Soweit die **Amtliche Begründung des SMG 2002** zu § 440 es nicht als „zweifelsfrei" ansieht, ob man begrifflich unter dem „Fehlschlagen" der Nacherfüllung auch den Fall der Unzumutbarkeit fassen könne[102], besteht kein Widerspruch zur hier dargelegten Einordnung des Fehlschlagens als Unterfall des Unzumutbarkeitstatbestands[103]. Das Gleiche gilt für die Auffassung des Gesetzgebers, im Falle des Fehlschlagens könne dem Käufer eine (weitere) Fristsetzung nicht zugemutet werden[104]. Insoweit besteht nämlich zwischen „nicht zweifelsfrei" und „zweifelhaft" nur ein marginaler Unterschied, der nicht geeignet ist, einen echten Widerspruch zu begründen.

41 2. **Einordnung der „ungebührlichen Verzögerung" der Nacherfüllung als Fall des Fehlschlagens oder der Unzumutbarkeit.** Eine „ungebührliche Verzögerung" der Nacherfüllung und insbes der **Nachbesserung** führt nicht ohne weiteres zu einem Fehlschlagen iSd § 440 Satz 1

95 Vgl dazu Rz 34.
96 Vgl Rz 34.
97 Vgl BeckOGK/Höpfner Rz 5.
98 Vgl dazu Rz 102.
99 Vgl BeckOGK/Höpfner Rz 5.
100 Begr Gesetzentwurf, BT-Drucks 14/6040, S 233: „Ist die Nacherfüllung in Form der Nachbesserung oder Nachlieferung fehlgeschlagen, kann dem Käufer eine (weitere) Fristsetzung aber nicht zugemutet werden".
101 Vgl BeckOGK/Höpfner Rz 5; BeckOK/Faust Rz 38; NK/Büdenbender Rz 6.
102 Begr Gesetzentwurf, BT-Drucks 14/6040, S 233.
103 BeckOGK/Höpfner Rz 5.
104 BeckOGK/Höpfner Rz 5.

Alt 2[105]. Denn die bloße Verzögerung der Leistung ist ein klassischer Fall des **allgemeinen Fristsetzungserfordernisses**[106]. Ein **Verzug des Schuldners** macht eben eine Nachfrist grundsätzlich nicht entbehrlich. Auch eine ernsthafte und endgültige Erfüllungsverweigerung ist hier regelmäßig nicht gegeben[107]. Zu beachten ist aber, dass eine **Nachfristsetzung** nicht unbedingt die Angabe eines bestimmten Zeitraums mit Endtermin voraussetzt[108]. Ist das Nacherfüllungsverlangen als Fristsetzung einzuordnen, so kann im Falle einer „ungebührlichen Verzögerung" der Übergang auf die sekundären Gewährleistungsrechte wegen Fristablaufs gem §§ 281 Abs 1, 323 Abs 1 zulässig sein.

Gleichwohl kann eine „ungebührliche Verzögerung" der Nacherfüllung unter bestimmten Voraussetzungen eine unmittelbare Anwendung des § 440 rechtfertigen. Insoweit sind zwei Fallkonstellationen zu unterscheiden. Wurde die vom Käufer verlangte Nacherfüllung vom Verkäufer noch gar nicht begonnen, so kann die „ungebührliche Verzögerung" eine Unzumutbarkeit iSd § 440 Satz 1 Alt 3 darstellen[109]. Ein Fehlschlagen gem § 440 Satz 1 Alt 2 wegen „ungebührlicher Verzögerung" kann vor Beginn einer Nacherfüllungstätigkeit nicht vorliegen[110]. Hat der Verkäufer mit der Nacherfüllung begonnen und kommt es jetzt zu einer „ungebührlichen Verzögerung", so kann dieser Umstand als Scheitern und damit als **Fehlschlagen der Nacherfüllung** anzusehen sein. 42

3. **Die dem Käufer zustehende Nacherfüllungsart**. Unter der dem Käufer zustehenden Art der Nacherfüllung ist die **vom Käufer gem § 439 Abs 1 gewählte** und vom Verkäufer nicht gem § 439 Abs 4 zu Recht verweigerte Art der Nacherfüllung zu verstehen[111]. Beschränkt sich die Nacherfüllungsverpflichtung des Verkäufers wegen **Unmöglichkeit** oder aus einem sonstigen Grund von vornherein auf eine bestimmte Nacherfüllungsart, so steht diese dem Käufer zu[112]. Eine besondere Wahl erübrigt sich hier. Nimmt der Verkäufer eigenmächtig eine Nacherfüllung vor, die dem Käufer nach den dargelegten Grundsätzen nicht zusteht, so ist zwar § 440 nicht ohne weiteres anwendbar[113]. Insoweit geht es insbes um den Fall, in dem beide Nacherfüllungsarten möglich sind und der Verkäufer trotz fehlender oder anderer Wahl des Käufers eine bestimmte Nacherfüllungsart durchführt. Hier stellt sich aber die vorrangige Frage, ob der Käufer sich nachträglich ausdrücklich oder zumindest konkludent, also insbes durch Annahme oder Duldung der von ihm nicht gewählten Nacherfüllungsleistung (zB Entgegennahme einer Ersatzlieferung bei Wahl einer Nachbesserung), damit **einverstanden erklärt**. Ist dies zu bejahen, so handelt es sich nunmehr um die dem Käufer zustehende Nacherfüllungsart mit der Folge, dass § 440 Satz 1 Alt 2 und 3 insoweit grundsätzlich anwendbar ist. Bei Ablehnung des Käufers stellt die eigenmächtige Vornahme einer Nacherfüllung zwar auch bei erneuter Mangelhaftigkeit **kein Fehlschlagen** der Nacherfüllung dar. Das **eigenmächtige Verhalten** des Verkäufers kann aber dazu führen, dass die andere, vom Käufer gewählte und ihm daher zustehende Nacherfüllungsart nunmehr gem § 440 Satz 1 Alt 3 **unzumutbar** ist. 43

4. **Verhältnis zwischen Fehlschlagen der Ersatzlieferung und Unzumutbarkeit iSd § 440 Satz 1 Alt 3**. Auch in Bezug auf die Ersatzlieferung ist davon auszugehen, dass das Fehlschlagen (Satz 1 Alt 2) im Verhältnis zur Unzumutbarkeit iSd Satz 1 Alt 3 nicht als Oberbegriff eingeordnet werden kann[114]. Der **Fehlschlagenstatbestand** (§ 440 Satz 1 Alt 2) ist vielmehr auch im Falle der Ersatzlieferung als **Unterfall und Ausprägung** der in Satz 1 Alt 3 geregelten Unzumutbarkeit anzusehen[115]. 44

5. **Fehlschlagen der Nacherfüllung nach Ablauf einer gesetzten Nachfrist**. Nach erfolglosem Ablauf einer Nachfrist entstehen zwar nach §§ 281 Abs 1, 323 Abs 1 die **sekundären Gewährleistungsrechte**. Gleichwohl kann § 440 Satz 1 Alt 2 – ebenso wie Alt 3 – auch noch nach Fristablauf zur Anwendung kommen. Denn der Käufer muss die sekundären Gewährleistungsrechte nicht geltend machen, sondern kann am Nacherfüllungsanspruch festhalten. Erfolgt nach Fristablauf ein **erneutes Nacherfüllungsverlangen**, so kann er sich bei mangelhafter Durchführung durch den Verkäufer nicht mehr auf den Fristablauf berufen. Die Entbehrlichkeit der Nachfrist richtet sich nunmehr wieder nach den allgemeinen Vorschriften und damit bei Scheitern eines Versuchs nach § 440 Satz 1 Alt 2[116]. 45

105 Vgl Staud/Bach Rz 24; BeckOK/Faust Rz 35.
106 Vgl Staud/Bach Rz 24.
107 Vgl dazu Rz 111.
108 Vgl Rz 111.
109 Vgl Rz 58.
110 So iE auch Staud/Bach Rz 24; BeckOK/Faust Rz 35; aA BeckOGK/Höpfner Rz 21.
111 Begr Gesetzentwurf, BT-Drucks 14/6040, S 233; BGH NJW 2007, 504 Rz 14; Staud/Bach Rz 23; Erman/Grunewald Rz 5; BeckOGK/Höpfner Rz 24; BeckOK/Faust Rz 11.
112 Staud/Bach Rz 23; BeckOGK/Höpfner Rz 24.1.
113 Grüneberg/Weidenkaff Rz 6.
114 Vgl Rz 38.
115 Vgl Rz 38.
116 S zur Nachbesserung nach Fristablauf Rz 74.

V. Fehlschlagen der Nachbesserung (§ 440 Satz 1 Alt 2 iVm Satz 2)

46 1. **Zwei-Versuche-Regel des § 440 Satz 2 – Allgemeines**. Nach § 440 Satz 2 gilt die Nacherfüllung in Form der Nachbesserung nach dem **zweiten erfolglosen Versuch** des Verkäufers als fehlgeschlagen, wenn sich nicht aus der **Art der Sache** oder des **Mangels** oder aus **sonstigen Umständen** etwas anderes ergibt. Zwei Nachbesserungsversuche sind also die Regel[117]. Mehr als zwei Nachbesserungsversuche sind demnach nicht ausgeschlossen, sondern vielmehr unter bestimmten Voraussetzungen zugelassen mit der Folge, dass eine Fristsetzung noch nicht entbehrlich ist. Andererseits kann ein Fehlschlagen auch schon nach dem ersten gescheiterten Nachbesserungsversuch zu bejahen sein[118]. Auf das Fehlschlagen der Nacherfüllung in Gestalt der **Ersatzlieferung** ist die Zwei-Versuche-Regel des § 440 Satz 2 zwar nicht unmittelbar anwendbar[119]. Der **Rechtsgedanke** dieser Vorschrift kann aber auch bei der Ersatzlieferung eine Rolle spielen. Das Gleiche gilt im Falle einer aus Nachbesserung und Ersatzlieferung bestehenden **kombinierten Nacherfüllung**[120].

47 2. **Verhältnis zwischen Zwei-Versuche-Regel und Fristsetzung nach §§ 281 Abs 1, 323 Abs 1**. Die Möglichkeit einer Nachfristsetzung gem §§ 281 Abs 1, 323 Abs 1 durch den Käufer wird durch den besonderen Fehlschlagenstatbestand des § 440 Satz 2 in keiner Weise eingeschränkt[121]. Der Käufer ist daher auch berechtigt, dem Verkäufer nach einem **ersten gescheiterten Nachbesserungsversuch** eine angemessene Frist für die weitere Nachbesserung zu setzen[122]. Auf Grundlage der Zwei-Versuche-Regel des § 440 Satz 2 kann der Verkäufer die sekundären Gewährleistungsrechte im Falle einer Nachfristsetzung durch den Käufer nur dann abwenden, wenn auch der zweite Nachbesserungsversuch noch **innerhalb einer gesetzten Frist** erfolgreich vorgenommen wird[123]. Insoweit kommt es nicht darauf an, ob die Frist vom Käufer vor oder nach dem ersten Nachbesserungsversuch gesetzt wird. Der Verkäufer trägt also das Risiko, dass nach Scheitern des ersten Nachbesserungsversuchs eine **verbleibende Restfrist** einen weiteren Nachbesserungsversuch nicht mehr ermöglicht[124]. Der Käufer ist grundsätzlich nicht verpflichtet, nach Scheitern des im Rahmen einer ersten Frist vorgenommenen ersten Nachbesserungsversuchs, eine zweite Frist zu setzen, dh, die ursprüngliche Frist im Ergebnis zu verlängern[125].

48 Eine andere Frage ist aber, ob die ursprünglich vom Käufer für die Nachbesserung gesetzte **Frist angemessen** und nicht zu kurz war[126]. Insoweit ist aber nicht anzunehmen, dass der Käufer in dem Fall, in dem der Verkäufer nach Geltendmachung eines Nachbesserungsverlangens des Käufers erst einmal untätig bleibt, die Nachfrist so setzen müsste, dass dem Verkäufer von vornherein zwei Nachbesserungsversuche auch in zeitlicher Hinsicht möglich sind[127]. Ein Scheitern des ersten Nachbesserungsversuchs muss vom Käufer bei der Bemessung der Frist grundsätzlich nicht einkalkuliert werden. Insoweit ist vielmehr auf den für die **Durchführung einer erfolgreichen Nachbesserungsmaßnahme erforderlichen Zeitraum** abzustellen[128]. Dass der Verkäufer dadurch uU einen nach der Zwei-Versuche-Regel des § 440 Satz 2 grundsätzlich offenstehenden Nachbesserungsversuch verliert, spricht nicht gegen das alleinige Abstellen auf die **angemessene Frist**, weil die Zwei-Versuche-Regel des § 440 Satz 2 nur dann Platz greift, wenn der Käufer keine Frist gesetzt hat[129].

49 Wenn ein zweiter Nachbesserungsversuch nach Art der Sache oder des Mangels auch ohne Verschulden des Verkäufers notwendig werden kann und auch nicht unüblich ist, dann ist dieser Gesichtspunkt bei der Frage der **Angemessenheit der Frist** zu berücksichtigen. Der Käufer ist aber nicht generell gehalten, bei der Fristsetzung die Zwei-Versuche-Regel des Satz 2 beachten.

50 Setzt der Käufer nach dem ersten **gescheiterten Nachbesserungsversuch** eine Frist, so kann er sich nicht mehr auf ein Fehlschlagen der Nachbesserung in Abweichung von der Zwei-Versuche-Regel berufen. Er ist vielmehr an die Fristsetzung gebunden.

51 3. **Abweichungen von der Zwei-Versuche-Regel wegen Art der Sache**. Mehr als zwei Nachbesserungsversuche muss der Käufer uU bei **besonderer technischer Komplexität der**

117 Erman/Grunewald Rz 7; BeckOK/Faust Rz 36; BeckOGK/Höpfner Rz 25.
118 Vgl Rz 57.
119 Vgl dazu Rz 83.
120 Vgl dazu Rz 90.
121 BGHZ 227, 15 Rz 38 ff.
122 BeckOGK/Höpfner Rz 33.
123 BGHZ 227, 15 Rz 38 ff; MünchKomm/Westermann Rz 11; BeckOGK/Höpfner 33; BeckOK/Faust Rz 36.
124 BGHZ 227, 15 Rz 38 ff; MünchKomm/Westermann Rz 11; BeckOGK/Höpfner Rz 32.
125 BGHZ 227, 15 Rz 38 ff; MünchKomm/Westermann Rz 11; BeckOGK/Höpfner Rz 33.
126 BGHZ 227, 15 Rz 38 ff.
127 BGHZ 227, 15 Rz 38 ff.
128 BGHZ 227, 15 Rz 53.
129 BGHZ 227, 15 Rz 38 ff.

Sache dulden[130]. Denn hier muss der Käufer von vornherein mit einem längeren Nachbesserungszeitraum rechnen[131]. Andererseits kann bei einfach strukturierten Sachen schon der erste erfolglose Nachbesserungsversuch ein Fehlschlagen begründen[132].

4. **Abweichung von der Zwei-Versuche-Regel wegen Art des Mangels.** – a) **Schwer zu behebende Mängel.** Ein **schwer zu behebender Mangel** kann einen dritten Nachbesserungsversuch rechtfertigen[133]. Häufig und insbes beim Kauf eines **Fahrzeugs** wird die Lage so sein, dass der Verkäufer vor einem kompletten Austausch eines größeren defekten Teils – zB Motor oder Getriebe – eine weniger aufwendige Reparatur versucht und erst im Falle des Fehlschlagens dieser Maßnahme den kompletten Austausch vornehmen will. Sofern diese Vorgehensweise im Falle eines derartigen Mangels auch bei Reparaturen außerhalb der kaufrechtlichen Gewährleistung, also bei Durchführung von **vergütungspflichtigen Werkverträgen**, üblich und als fachgerecht anzusehen ist, führt eine Erfolglosigkeit der ersten Maßnahme noch nicht zu einem Fehlschlagen iSd § 440 Satz 1 Alt 2. IdR liegt die Durchführung einer erfolgversprechenden ersten kleineren Reparatur auch im Interesse des Käufers, sofern der Zeitaufwand geringer ist und/oder eine demontagebedingte Belastung von intakten Bauteilen vermieden wird. Es bleibt daher grundsätzlich bei der Zwei-Versuche-Regel des § 440 Satz 2. Will der Verkäufer aus den dargelegten Gründen zunächst eine weniger aufwendige Reparatur vornehmen, weil er sie vertretbar als erfolgversprechend ansieht, so trägt er gleichwohl das Risiko, wegen Notwendigkeit des Wechsels auf die aufwendigere Nachbesserungsalternative einen Versuch iSd § 440 Satz 2 zu verlieren. 52

Kommt es nach einem gescheiterten ersten kleineren Nachbesserungsversuch zum **kompletten Austausch eines größeren Teils** der Sache, so ist dem Käufer aber dann ein **dritter Nachbesserungsversuch** des Verkäufers zumutbar, wenn es nur noch um kleinere, auch bei sonstigen Reparaturen nicht unübliche **Einstellungs- und Abstimmungsarbeiten** geht. Die Ausnahme von der Zwei-Versuche-Regel des § 440 Satz 2 folgt auch hier aus der „Art des Mangels". Anders ist die Rechtslage hier aber dann, wenn davon auszugehen ist, dass der **Hauptmangel** überhaupt noch nicht beseitigt ist. 53

b) **Leicht zu behebende Mängel.** Gelingt dem Verkäufer bei einem **objektiv leicht zu behebenden Mangel** die Nachbesserung im Rahmen eines ersten Versuchs nicht, so kann zwar ein Fehlschlagen abweichend von der Zwei-Versuche-Regel zu bejahen sein[134]. Insoweit ist aber eine **differenzierte Betrachtungsweise** erforderlich. Ein Scheitern im Falle eines leicht zu behebenden Mangels spricht zwar regelmäßig für eine fehlende fachliche Kompetenz des Verkäufers. Dies kann ihm aber deshalb nicht ohne weiteres angelastet werden, weil er – anders als ein Werkunternehmer – selbst nicht eine für eine Nachbesserung erforderliche Qualifikation aufweisen muss. Gleichwohl muss der Käufer sich hier nicht auf einen zweiten Nachbesserungsversuch einlassen, der wieder unmittelbar vom Verkäufer durchgeführt werden soll. Die entscheidende Frage ist in dieser Fallkonstellation, ob der Verkäufer nach Kenntniserlangung von der Erfolglosigkeit bedingungslos bereit ist, nunmehr einen **kompetenten Dritten** mit der Mangelbeseitigung zu beauftragen[135]. Ist dies der Fall, so bleibt es bei der Zwei-Versuche-Regel[136]. 54

5. **„Sonstige Umstände" iSd § 440 Satz 2.** – a) **Regelungszweck und systematische Einordnung.** Durch das im Rahmen der Beratung des SMG 2002 auf **Initiative des Bundesrates** noch aufgenommene Tatbestandsmerkmal „der sonstigen Umstände" sollen *auch* außerhalb der **Sphäre des Verkäufers** liegende Gegebenheiten bei der Frage des Fehlschlagens der Nachbesserung berücksichtigt werden[137]. Erfasst wird vom Begriff „sonstige Umstände" auch ein **Verhalten des Käufers**, und zwar insbes sein Einverständnis mit weiteren Nachbesserungsmaßnahmen. Umstände aus dem Verantwortungsbereich des Verkäufers können als „sonstige Umstände" iSd Satz 2 einzuordnen sein, wenn sie nicht unmittelbar im Zusammenhang stehen mit den Tatbestandsalternativen Art der Sache und Art des Mangels. 55

Sonstige Umstände iSd § 440 Satz 2 sind solche, die Anlass geben können, entweder erst bei mehr als zwei Nachbesserungsversuchen oder schon nach einem Versuch ein **Fehlschlagen der Nachbesserung** anzunehmen[138]. Das Tatbestandsmerkmal „sonstige Umstände" hat die Funktion eines **Auffangtatbestands.** Die Notwendigkeit einer besonderen Erwähnung in § 440 Satz 2 56

130 BGH NJW 2007, 504 Rz 15; Saarbrücken NJW 2009, 369, 371; Staud/Bach Rz 29; MünchKomm/Westermann Rz 11; BeckOK/Faust Rz 36; BeckOGK/Höpfner Rz 30.

131 MünchKomm/Westermann Rz 10; BeckOGK/Höpfner Rz 30.

132 MünchKomm/Westermann Rz 10; BeckOGK/Höpfner Rz 30.

133 BGH NJW 2007, 504 Rz 15; Staud/Bach Rz 29.

134 Staud/Bach Rz 30; BeckOK/Faust Rz 36.

135 Staud/Bach Rz 30; vgl auch BeckOK/Faust Rz 36.

136 Staud/Bach Rz 30; BeckOK/Faust Rz 36.

137 Stellungnahme des Bundesrates, BT-Drucks 14/6857, S 27.

138 Begr Gesetzentwurf, BT-Drucks 14/6040, S 234; BGH NJW 2009, 1341 Rz 22.

folgt zwar nicht aus der Zwei-Versuche-Regel als solcher. Denn das Bestehen von Ausnahmen gehört zum Wesen eines Regeltatbestands. Da der Gesetzgeber aber mit den Alternativen **Art der Sache** und **Art des Mangels** zwei Ausnahmetatbestände normiert hat, darf nicht der Eindruck erweckt werden, es handele sich insoweit um abschließende Regelungen.

57 b) **„Erhebliche Unannehmlichkeiten" im Zusammenhang mit dem ersten Nachbesserungsversuch – insbes überlange Dauer.** Der Käufer muss sich nicht unter allen Umständen auf einen zweiten Nachbesserungsversuch einlassen, wenn der erste Versuch gescheitert ist[139]. Zwei Nachbesserungsversuche sind eben nur die Regel. Ein **sonstiger Umstand** iSd § 440 Satz 2, der zur Bejahung eines Fehlschlagens führt, ist insbes in dem Fall gegeben, in dem bereits der erste erfolglose Nacherfüllungsversuch für den Käufer erhebliche Unannehmlichkeiten mit sich gebracht hat[140]. Bei der Auslegung des § 440 Satz 2 kann insoweit außerhalb des Verbrauchsgüterkaufs der Rechtsgedanke des Art 13 Abs 2 lit c der Warenkauf-Richtlinie (Art 3 Abs 5, 3. Spiegelstrich der **Verbrauchsgüterkauf-Richtlinie**) berücksichtigt werden. Es handelt sich hier zwar um eine **Unzumutbarkeit der weiteren Nacherfüllung**. Da die Nachbesserung aber begonnen und ein Versuch durchgeführt wurde, ist das **Fehlschlagen iSd § 440 Satz 1 Alt 2 iVm Satz 2** der **speziellere Tatbestand** im Verhältnis zur Unzumutbarkeitsalternative des § 440 Satz 1 Alt 3[141].

58 Ein klassischer Fall des Fehlschlagens nach dem ersten Versuch wegen „erheblicher Unannehmlichkeiten" ist eine **überlange Dauer** der Nachbesserung[142]. Unerheblich ist insoweit, ob der Verkäufer diesen Umstand zu vertreten hat. Entscheidend für das Fehlschlagen der Nachbesserung wegen Unzumutbarkeit eines weiteren Versuchs ist hier vielmehr zum einen, dass dem Käufer die Sache für einen längeren Zeitraum nicht fehlerfrei für die Nutzung zur Verfügung stand, obwohl er nach dem Kaufvertrag einen Anspruch darauf hat. Zudem muss der Käufer bei Vorliegen eines überlangen ersten Versuchs mit einer **entsprechenden Länge des zweiten Versuchs** und dem Risiko einer erneuten Erfolglosigkeit rechnen. Anders ist die Rechtslage insoweit aber dann, wenn der Verkäufer nunmehr eine Ersatzlieferung anbietet und der Käufer sich damit einverstanden erklärt[143].

59 c) **Zustimmung des Käufers zu einem dritten Versuch nach Scheitern des zweiten Versuchs.** Erklärt sich der Käufer nach dem **zweiten gescheiterten Nachbesserungsversuch** des Verkäufers mit einem **dritten Versuch** einverstanden, so ergibt sich zum einen aus den **„sonstigen Umständen"** iSd § 440 Satz 2, dass die Nachbesserung noch nicht fehlgeschlagen ist[144]. Das Tatbestandsmerkmal „sonstige Umstände" erfasst eben auch Umstände aus der Sphäre des Käufers[145]. Darüber hinaus ist im Falle einer solchen Zustimmung des Käufers zu einem dritten Nachbesserungsversuch regelmäßig eine **konkludente Abbedingung der Zwei-Versuche-Regel** des § 440 Satz 2 zu bejahen.

60 d) **Nachfristsetzung durch Käufer nach Scheitern des zweiten Nachbesserungsversuchs.** Ein Fehlschlagen der Nachbesserung wegen Vorliegens **sonstiger Umstände** ist zu verneinen, wenn der Käufer, nachdem zwei Nachbesserungsversuche gescheitert sind, dem Verkäufer für die weitere Nachbesserung eine Frist setzt[146]. Denn damit bringt der Käufer unmissverständlich zum Ausdruck, dass er ein Interesse an der weiteren Nachbesserung hat. Zudem liegt hier – wie im Falle der Zustimmung des Käufers[147] – eine **konkludente Abbedingung** des § 440 Satz 2 nahe. Das Gleiche gilt, wenn der Käufer nach der zweiten gescheiterten Nachbesserung erneut ein **Nachbesserungsverlangen** an den Verkäufer richtet, ohne ausdrücklich eine Frist zu setzen. Zu beachten ist hier aber, dass eine Fristsetzung iSd §§ 281 Abs 1, 323 Abs 1 nicht unbedingt die Angabe eines bestimmten Zeitraums voraussetzt[148].

61 e) **Äußere Faktoren – insbes Wetter.** In Bezug auf die Frage, inwieweit **äußere Faktoren** – wie bspw das in der Stellungnahme des Bundesrates erwähnte **Wetter**[149] – einen sonstigen Umstand iSd § 440 Satz 2 begründen können, kommt es zunächst darauf an, ob dadurch überhaupt ein **Scheitern eines einzelnen Nachbesserungsversuchs** herbeigeführt wird. Dies ist jedenfalls dann zu verneinen, wenn ein vom Verkäufer angekündigter Nachbesserungsversuch – zB Dach- oder Fassadenreparaturen – aufgrund der Witterungsbedingungen (zB Niederschlag)

139 Saarbrücken NJW 2009, 369, 371; MünchKomm/Westermann Rz 11; Staud/Bach Rz 30; Erman/Grunewald Rz 7; BeckOGK/Höpfner Rz 28 f.
140 Saarbrücken NJW 2009, 369, 371; MünchKomm/Westermann Rz 11; Staud/Bach Rz 33; Erman/Grunewald Rz 7.
141 Vgl dazu Rz 42.
142 So iE auch Staud/Bach Rz 33; BeckOK/Faust Rz 36.
143 Vgl dazu Rz 93 f.
144 Stellungnahme des Bundesrates, BT-Drucks 14/6857, S 27; BeckOGK/Höpfner Rz 32.
145 Vgl dazu Rz 55 f.
146 Saarbrücken BeckRS 2011, 07665; BeckOGK/Höpfner Rz 32; BeckOK/Faust Rz 36.
147 Vgl dazu Rz 59.
148 Vgl dazu Rz 10.
149 Stellungnahme des Bundesrates, BT-Drucks 14/6857, S 27.

von vornherein nicht durchgeführt werden kann, sondern verschoben und neu terminiert werden muss. Nach der **Verkehrsanschauung** ist dieser Fall nicht als Misslingen des dem Verkäufer obliegenden Nachbesserungsversuchs anzusehen. Von einem Scheitern des Nachbesserungsversuchs kann in einer solchen Situation nur dann die Rede sein, wenn der Verkäufer mit den Nachbesserungsarbeiten schon begonnen hat und die Witterungsbedingungen zumindest mitursächlich dafür sind, dass dieser **Versuch abgebrochen** werden muss oder misslingt.

Setzen die Nachbesserungsarbeiten – insbes Außenarbeiten bei einem Hausgrundstück – bestimmte Witterungsbedingungen voraus, die aufgrund einer Prognose nach einem **ersten gescheiterten Nachbesserungsversuch** jedenfalls auf absehbare Zeit nicht mehr eintreten werden (zB wegen eines Wintereinbruchs), so ist die Nachbesserung bereits nach dem ersten Versuch als fehlgeschlagen anzusehen[150]. Sind für das Scheitern eines **zweiten Nachbesserungsversuchs** die vorherrschenden Witterungsbedingungen zumindest mitverantwortlich und ist der Verkäufer unter der Voraussetzung des Eintritts einer **Verbesserung dieser Bedingungen** zu einem dritten Nachbesserungsversuch bereit, so ist ein Fehlschlagen der Nacherfüllung regelmäßig zu verneinen. Es handelt sich vielmehr um einen Fall, in dem ein dritter Versuch gerechtfertigt ist. Diese Folgerung beruht insbes darauf, dass der Tatbestand des Fehlschlagens der Nachbesserung eine **besondere Ausprägung (Unterfall) der Unzumutbarkeit** iSd § 440 Satz 1 Alt 3[151] ist. Diese Unzumutbarkeit aufseiten des Käufers ist offensichtlich nicht gegeben, wenn der Verkäufer weiterhin nacherfüllungsbereit ist und das **Scheitern des zweiten Versuchs** im Wesentlichen auf widrige Witterungsbedingungen zurückzuführen ist. Entsprechendes gilt, wenn der erste Nachbesserungsversuch nach Beginn witterungsbedingt scheitert und dann der vom Verkäufer vorgenommene zweite Versuch ohne einen solchen Einfluss misslingt. 62

f) **Erfolgloser Nachbesserungsversuch eines Erfüllungsgehilfen des Verkäufers.** – aa) **Grundsatz.** Dass der Verkäufer – wie nicht selten im Falle des Kaufs eines **Neuwagens** – die Nachbesserung von einem anderen Unternehmen, insbes von einem zum Vertriebs- und Servicenetz des Herstellers gehörenden Vertragshändler, in berechtigter Weise durchführen lässt, begründet grundsätzlich **keinen besonderen Umstand** iSd § 440 Satz 2[152]. Ein dritter Nachbesserungsversuch kommt also hier regelmäßig nicht in Betracht. Aufgrund der gesetzlichen Nacherfüllungsverpflichtung des Verkäufers wird das von ihm auf Grundlage des Kaufvertrags in berechtigter Weise zum Zwecke der Beseitigung des Sachmangels eingeschaltete **Drittunternehmen als Erfüllungsgehilfe** iSd § 278 tätig mit der Folge, dass der Verkäufer sich die vom Dritten bei der Nachbesserung begangenen Fehler ebenso wie die dabei abgegebenen Erklärungen zurechnen lassen muss[153]. Aufgrund der Erfüllungsgehilfeneigenschaft des Drittunternehmens sind dem Verkäufer **erfolglose Mangelbeseitigungsversuche** wie eigene Versuche zuzurechnen[154]. Insoweit kommt es nicht darauf an, ob das Scheitern des Nacherfüllungsversuchs auf einem Verschulden des Drittunternehmers iSd § 276 beruht. Die nach § 440 Satz 2 zu bestimmende Zahl der Nachbesserungsversuche hängt daher grundsätzlich nicht davon ab, ob der Verkäufer selbst oder ein legitimierter Dritter den Versuch unternimmt. 63

bb) **Kaufvertragliche Einräumung eines eigenen Versuchs des Verkäufers.** Anders ist die Rechtslage insoweit allerdings dann, wenn der **Kaufvertrag** ein Recht des Verkäufers vorsieht, zumindest einen **eigenen (zusätzlichen) Nachbesserungsversuch** vorzunehmen[155]. Ein derartiges „Versuchsprivileg" des Verkäufers stellt im Falle der Verwendung von AGB keine **unangemessene Benachteiligung** des Käufers iSd § 307 dar. Insoweit muss nämlich berücksichtigt werden, dass das Recht des Käufers, nach Auftreten eines Mangels sofort ohne vorherige Einschaltung des Verkäufers ein Drittunternehmen zum Zwecke der Mangelbeseitigung in Anspruch nehmen zu können, insbes im Falle eines vom Sitz des Verkäufers weiter entfernten **Belegenheitsorts der Sache** aufseiten des Käufers nicht unerhebliche Vorteile begründen kann. Da jegliche Folgen einer fehlgeschlagenen Nachbesserung – insbes ein Rücktritt oder/und Schadensersatz statt der Leistung – aufgrund der Erfüllungsgehilfeneigenschaft des Dritten den Verkäufer treffen und die **Zuverlässigkeit von Drittunternehmen** insbes bei größeren Servicenetzen mit einer Vielzahl von Vertragsunternehmen unterschiedlich sein kann, handelt es sich insgesamt 64

150 BeckOGK/Höpfner Rz 32.1; BeckOK/Faust Rz 36.
151 Vgl Rz 38.
152 BGH NJW 2007, 504 Rz 16. Im Fall des BGH hatte der Käufer vom Beklagten einen C-Neuwagen erworben. Nach den vereinbarten AGB konnte der Käufer Ansprüche auf Mängelbeseitigung „beim Verkäufer oder bei anderen vom Hersteller/Importeur für die Betreuung des Kaufgegenstands anerkannten Betrieben geltend machen". Im letzteren Fall hatte der Käufer den Verkäufer hiervon in Kenntnis zu setzen. Der Käufer ließ im Fall des BGH insgesamt fünfmal bei C-Fachbetrieben Nachbesserungsversuche vornehmen, weil Wasser in das Fahrzeuginnere und in den Kofferraum eingedrungen war.
153 BGH NJW 2007, 504 Rz 13, 16; Staud/Bach Rz 27.
154 BGH NJW 2007, 504 Rz 16.
155 BGH, NJW 2007, 504 Rz 16. Im Fall des BGH bestand ein solches Recht des Verkäufers nicht.

um eine ausgewogene und **angemessene kaufvertragliche Nachbesserungsklausel**. Im Falle des Scheiterns von zwei Versuchen, die von einem Drittunternehmen durchgeführt wurden, sind daher regelmäßig „sonstige Umstände" iSd § 440 Satz 2 gegeben, die einen „dritten Nachbesserungsversuch" in Form eines eigenen Versuchs des Verkäufers rechtfertigen.

65 **Individualvertraglich** kann ein eigener (zusätzlicher) Nachbesserungsversuch unzweifelhaft wirksam vereinbart werden. Die Frage, ob eine derartige **Konkretisierung des § 440** durch Individualvereinbarung oder AGB bei Vorliegen eines **Verbrauchsgüterkaufs** zulässig ist, stellt sich seit dem 1.1.2022 nicht mehr. Denn § 440 ist generell nicht mehr auf Verbrauchsgüterkäufe anwendbar[156]. Für diese Kaufverträge stellt **§ 475d** eine abschließende Sonderbestimmung dar[157].

66 g) **Unklare Ursache des erneuten Auftretens des Mangels**. Die Frage des Vorliegens **„sonstiger Umstände"** iSd § 440 Satz 2 stellt sich auch dann, wenn unklar ist, auf welcher Ursache das erneute Auftreten des Mangels beruht. Das Vorliegen dieses Tatbestandsmerkmals ist auch dann zu verneinen, wenn die Mangelursache im **Gewährleistungsprozess nach der Beweisaufnahme** durch das Tatsachengericht immer noch unklar ist[158]. Würde eine derartige Unklarheit einen „sonstigen Umstand" iSd § 440 Satz 2 darstellen, so obläge letztlich nicht dem Käufer die **Beweislast für ein Fehlschlagen der Nacherfüllung** als Ausnahmetatbestand im Verhältnis zum allgemeinen Fristsetzungserfordernis der §§ 281 Abs 1, 323 Abs 1. Es müsste vielmehr der Verkäufer beweisen, dass es sich entweder nicht um einen Sachmangel iSd § 434 oder zumindest um einen nicht mit dem ursprünglichen Mangel, der Gegenstand der bisherigen Nachbesserung war, in einem Zusammenhang stehenden neuen Mangel handelt[159].

67 Selbstverständlich anwendbar sind aber die Grundsätze über den **Anscheinsbeweis**. Insoweit muss der Käufer darlegen, dass das Wiederauftreten des Mangels typischerweise auf einem Scheitern der Nachbesserung beruht. Diesen Prima-facie-Beweis kann der Verkäufer insbes durch den Nachweis der Möglichkeit einer **Fremdeinwirkung** oder unsachgemäßen Behandlung der Sache durch den Käufer erschüttern[160].

68 h) **Auftreten eines weiteren Mangels**. Zentrale Grundlage für die Frage, ob ein Fehlschlagen der vom Verkäufer versuchten Nachbesserung vorliegt, ist der vom Käufer geltend gemachte Mangel[161]. „Sonstige Umstände" iSd § 440 werden daher durch das Auftreten eines weiteren Mangels, der nicht mit dem ursprünglichen Mangel in einem Zusammenhang steht und auch nicht durch die Nachbesserungsarbeiten verursacht wurde, grundsätzlich nicht begründet[162]. Ein Fehlschlagen kann also nicht ohne weiteres in Abweichung von der Zwei-Versuche-Regel mit dem Auftreten eines weiteren Mangels in zeitlichem Zusammenhang mit dem ersten Versuch begründet werden. Anders ist die Rechtslage aber dann, wenn der Verkäufer bei den Nachbesserungsarbeiten in zurechenbarer Weise einen **weiteren Mangel verursacht**[163]. Das Gleiche gilt in dem Fall, in dem der Verkäufer zwar den weiteren Mangel nicht verursacht hat, aber ein hinreichender Grund für die Besorgnis besteht, dass auch darüber hinaus noch andere Mängel vorhanden sind[164].

69 i) **Unsachgemäße Durchführung des ersten Nachbesserungsversuchs – Vornahme nur provisorischer Maßnahmen**. – aa) **Grundlagen**. Da dem Verkäufer gem § 439 Abs 1 die Durchführung einer **nachhaltigen Mangelbeseitigungsmaßnahme** obliegt, muss grundsätzlich schon sein erster Nachbesserungsversuch, auch wenn er letztlich fehlschlägt oder den Mangel jedenfalls nicht in vollem Umfang beseitigt, zumindest sachgemäß vorgenommen worden und auf eine endgültige Beseitigung angelegt gewesen sein[165]. Der Käufer ist daher nach dem ersten Nachbesserungsversuch ohne Einräumung eines zweiten Versuchs zur Geltendmachung der sekundären Gewährleistungsrechte berechtigt, wenn dem Verkäufer bei seinem ersten Versuch gravierende Ausführungsfehler unterlaufen sind oder die vorgenommene Maßnahme – ohne eine besondere Rechtfertigung[166] – nur auf eine **provisorische** und nicht, wie geschuldet, auf eine nachhaltige Mängelbeseitigung ausgerichtet war[167]. Dies kann bspw in einem Fall zu bejahen

156 Vgl Rz 9.
157 Vgl Rz 9.
158 BGH NJW 2009, 1341 Rz 22.
159 Im Fall BGH NJW 2009, 1341 hatte der Verkäufer eines Maserati Quattroporte zweimal wegen eines Defekts des elektrischen Fensterhebers der Fahrertür nachgebessert. Zwischen dem zweiten Versuch und der dritten Mängelrüge des Käufers lag ein Einbruchsversuch. Es bestand die Möglichkeit, dass das erneute Auftreten des Mangels auf dem Einbruchsversuch des unbekannten Dritten beruhte.
160 Siehe zur Beweislast und zum Anscheinsbeweis bei § 440 Rz 80 ff.
161 Saarbrücken NJW 2007, 3503, 3504; NJW 2009, 369, 371; MünchKomm/Westermann Rz 10.
162 Saarbrücken NJW 2007, 3503, 3504; MünchKomm/Westermann Rz 10.
163 MünchKomm/Westermann Rz 10; Erman/Grunewald Rz 7; vgl Rz 75 f, 126.
164 Vgl Rz 77.
165 Hamm NJW-RR 2011, 1423 f.
166 Vgl dazu Rz 70.
167 Hamm NJW-RR 2011, 1423 f; Staud/Bach Rz 30; MünchKomm/Westermann Rz 10; BeckOGK/Höpfner Rz 31; Reinking/Eggert, Der Autokauf, 2024[15], Kap 9 Rz 143.

sein, in dem der Verkäufer beim Fahrzeugkauf im Rahmen seiner Nachbesserungsarbeiten versucht, das Fahrzeug, bei dem im **Innenraum Feuchtigkeitsschäden** festgestellt worden waren, mit **unzureichenden Mitteln** abzudichten[168].

bb) **Notwendigkeit provisorischer Sofortmaßnahmen**. Ein Fehlschlagen der Nachbesse- 70
rung nach dem ersten Versuch wegen Vornahme von nicht auf eine vollständige und nachhaltige Beseitigung des Mangels angelegten Abhilfemaßnahmen ist dagegen dann zu verneinen, wenn die objektiv erforderliche und vom Verkäufer eigentlich auch vorgesehene nachhaltige Nachbesserungsmaßnahme eine gewisse Vorbereitung – zB die Bestellung von Ersatzteilen – erfordert und die provisorischen Arbeiten nur durchgeführt werden, um ein **„Weiterfressen" des Mangels zu verhindern** oder/und dem Käufer einstweilen die weitere Nutzung der Sache zu ermöglichen. Der Verkäufer muss aber hier zwecks Vermeidung des Eintritts eines Fehlschlagens wegen „sonstiger Umstände" den Käufer besonders auf den **provisorischen Charakter** seiner Erstmaßnahmen hinweisen. Zudem bedarf ein derartiges **zweistufiges Vorgehen** des Verkäufers einer sachlichen Rechtfertigung. Der provisorische Charakter darf also nicht darauf beruhen, dass der Verkäufer den Käufer „hinhalten" will, um die nachhaltige Maßnahme entweder wegen einer unmittelbar bevorstehenden Verjährung gar nicht mehr oder zumindest nicht sofort vornehmen zu müssen. Insoweit ist auch zu berücksichtigen, dass der Käufer nach Rücknahme der reparierten Sache das Wiederauftreten des Mangels beweisen muss[169].

j) **Durchführung unterschiedlicher Nachbesserungsmaßnahmen bei identischem 71
Mangel**. Nicht selten ändert der Verkäufer nach dem Scheitern des ersten Nacherfüllungsversuchs seine Vorgehensweise. Die Änderung kann sich insbes auf die **Arbeitsmethode** und/oder **auszutauschende Bestandteile** beziehen. Ein derartiger Strategiewechsel ist aber grundsätzlich kein „sonstiger Umstand", der einen dritten Versuch rechtfertigt. Ein Fehlschlagen der Nachbesserung iSd BGB § 440 Satz 2 ist daher auch dann gegeben, wenn im Rahmen von zwei vom Verkäufer durchgeführten Nachbesserungsversuchen **unterschiedliche Bauteile des Kaufgegenstands ausgetauscht** wurden[170]. Erforderlich für die Geltung der Zwei-Versuche-Regel ist nur, dass die Nachbesserungsversuche dazu dienten, den vom Käufer geltend gemachten Mangel zu beheben[171]. Das Vorliegen unterschiedlicher Nachbesserungsversuche ist in der Praxis kein Ausnahmefall, sondern vielmehr typisch für diese Nacherfüllungsart. Nicht selten versucht der Verkäufer nämlich zunächst, den Mangel durch die Reparatur oder/und den Austausch kleinerer Teile kostengünstig zu gestalten, also einen größeren Material- und Kostenaufwand zu vermeiden. Für den Käufer ist dies nicht per se nachteilig, sofern der Mangel vollständig und nachhaltig beseitigt wird. Darüber hinaus hat auch der Käufer ein Interesse an einem möglichst **geringen Zeitaufwand**. Eine aufwendigere Nachbesserung behält sich der Verkäufer in einer solchen Situation für den Fall des Fehlschlagens des ersten Versuchs vor. Dieses Vorgehen ist aus den dargelegten Gründen gewährleistungsrechtlich nicht zu beanstanden und insbes in wirtschaftlicher Hinsicht gut nachvollziehbar. Es bleibt daher grundsätzlich bei der Anwendung der Zwei-Versuche-Regel des § 440 Satz 2. Ein Fehlschlagen schon nach dem ersten Nachbesserungsversuch wegen Vorliegens eines **Vertrauensverlusts** aufseiten des Käufers ist aber dann zu bejahen, wenn keine Wahrscheinlichkeit für eine künftige vollständige und nachhaltige Beseitigung des Mangels besteht[172].

k) **Anwendung der Zwei-Versuche-Regel bei unklarer Mangelursache**. Keine Abwei- 72
chung von der Zwei-Versuche-Regel des § 440 Satz 2 wegen Vorliegens **„sonstiger Umstände"** ist gerechtfertigt, wenn der Käufer im Rahmen seiner Mangelrüge nicht den eigentlichen Mangel angibt, sondern nur **„Mangelsymptome"** vorbringen kann. Der Käufer ist nämlich generell nur verpflichtet, die „Mangelsymptome" zu beschreiben[173]. Die Mangelursache muss der Käufer nur dann angeben, wenn er sie kennt. Der Annahme eines Fehlschlagens der Nachbesserung nach

168 Hamm NJW-RR 2011, 1423. Im Fall des OLG Hamm war für ca 36.600 € ein gebrauchtes Wohnmobil gekauft worden. Nach der Übergabe des Fahrzeugs stellte der Käufer eine Feuchtigkeit im Innenraum fest, die bereits bei Übergabe vorhanden war. Nach der Mängelrüge des Käufers versuchte der Verkäufer, durch bloßes Lösen der Einfassleiste und das Einbringen von Silikon im Randbereich für Abhilfe zu sorgen. Nach den Feststellungen des Sachverständigen waren diese Maßnahmen von vornherein nicht dazu geeignet, nachhaltig für eine Dichtigkeit zu sorgen. Das OLG Hamm bejahte daher ein Rücktrittsrecht nach dem ersten Nachbesserungsversuch.

169 Vgl dazu Rz 67, 80.

170 Stuttgart NJW-RR 2010, 412, 415. Im Fall des OLG Stuttgart bestand bei einem Fahrzeugkauf der Sachmangel darin, dass die unzutreffende Anzeige „Bremsflüssigkeitsstand zu niedrig" erfolgte. Auf die Mängelrüge des Käufers wurde zunächst der Bremsflüssigkeitsbehälter und dann im Rahmen des zweiten Nachbesserungsversuchs der Bremszylinder sowie der Bremskraftverstärker ausgetauscht. Das OLG Stuttgart ging zu Recht von einem Fehlschlagen der Nachbesserung aus, weil beide Maßnahmen der Behebung desjenigen Mangels dienten, dessen Symptome der Käufer beschrieben hatte.

171 Stuttgart NJW-RR 2010, 412, 415.

172 Vgl Rz 74.

173 Stuttgart NJW-RR 2010, 412, 415.

§ 440 Satz 2 wegen Scheiterns des zweiten Versuchs steht daher nicht entgegen, dass der Käufer gegenüber dem Verkäufer nur die Mangelsymptome, nicht aber die eigentliche Ursache angegeben hat[174].

73 Rügt der Käufer bspw beim Kauf eines **Whirlpools** eine Verunreinigung des Badewassers in Form eines sog „Biofilms", so ist die Nachbesserung nach insgesamt drei erfolglosen Versuchen auch dann als fehlgeschlagen anzusehen, wenn in Wirklichkeit kein technischer Fehler des Whirlpools gegeben ist, sondern die mitgelieferte **Bedienungsanleitung** wegen Fehlens eines Hinweises auf die **Notwendigkeit bestimmter Reinigungsmaßnahmen** einen Mangel aufweist[175]. **Nachvollziehbare Schwierigkeiten** bei der Mangelerforschung können aber einen dritten Versuch wegen der **Art des Mangels** rechtfertigen[176].

74 6. **Fehlschlagen einer nach Fristablauf vom Käufer noch geduldeten Nachbesserung.** Die Frage des Vorliegens eines Fehlschlagens der Nacherfüllung iSd § 440 Satz 1 Alt 2 iVm Satz 2 kann sich auch dann stellen, wenn eine dem Verkäufer für die Nachbesserung ordnungsgemäß gesetzte Frist zwar erfolglos abläuft, der Käufer aber anschließend die vom Verkäufer jetzt angebotenen Nachbesserungsarbeiten noch duldet und nicht auf die **sekundären Gewährleistungsrechte** übergeht[177]. Dieser Fall ist deshalb in der Praxis nicht selten anzutreffen, weil dem Käufer im Vergleich zum jetzt vorliegenden Angebot des Verkäufers idR keine schnellere Alternative zur Verfügung steht. Denn die **Beauftragung eines Dritten** würde in den meisten Fällen nicht zu einer schnelleren Nachbesserung führen. Zudem entfällt mit dem Eingehen auf die verspätete Nachbesserungsbereitschaft des Verkäufers der bei Einschaltung eines Drittunternehmens erforderliche Aufwand für die Geltendmachung des **Kostenerstattungsanspruchs** gegen den Verkäufer. Für die Frage des Fehlschlagens der Nachbesserung nach Scheitern eines nach Fristablauf vom Käufer noch geduldeten Nachbesserungsversuchs des Verkäufers ist insbes zu berücksichtigen, dass der Käufer hier dem Verkäufer ohne gesetzliche Verpflichtung noch eine Nachbesserungsmöglichkeit eingeräumt hat. Der Käufer hätte stattdessen auch schon in diesem Zeitpunkt zu Lasten des Verkäufers auf die **sekundären Gewährleistungsrechte** übergehen können. Es handelt sich daher hier – für den Verkäufer ohne weiteres ersichtlich – aufgrund des bereits eingetretenen Fristablaufs regelmäßig um die Einräumung einer „letzten Chance" in Gestalt eines einzigen Versuchs, obwohl es sich numerisch um den ersten Nachbesserungsversuch handelt. Die Erfolglosigkeit der jetzt vorgenommenen Nachbesserungsarbeiten führt hier idR **zum endgültigen Vertrauensverlust** und rechtfertigt die Annahme eines Fehlschlagens nach dem ersten Versuch wegen Vorliegens eines **sonstigen Umstands** iSd § 440 Satz 2. Ein Verkäufer, der die Nachbesserung auch innerhalb einer vom Käufer gesetzten Frist erst einmal überhaupt nicht vornimmt, „verliert" also regelmäßig einen Nachbesserungsversuch, wenn der Käufer anschließend ohne gesetzliche Verpflichtung eine nunmehr angebotene Nachbesserung duldet.

75 7. **Verursachung eines neuen Mangels durch Nachbesserungsarbeiten des Verkäufers.** In Bezug auf die Frage, ob die Nachbesserung fehlgeschlagen ist, wenn zwar der ursprüngliche Mangel beseitigt wird, aber durch die Maßnahmen des Verkäufers ein neuer Mangel entsteht, sind im Wesentlichen **zwei Fallkonstellationen** zu unterscheiden. Handelt es sich bereits um den **zweiten Nachbesserungsversuch**, so ist die Nachbesserung wegen Verursachung des neuen Mangels als fehlgeschlagen anzusehen[178]. Der erst im Rahmen der Nachbesserung vom Verkäufer verursachte Mangel lag zwar **zum Zeitpunkt des Gefahrübergangs** noch nicht vor. Dieses Ergebnis folgt zwingend auch aus dem **Wesen der kaufvertraglichen Nachbesserung**. Ziel der Nachbesserung ist nämlich unter Berücksichtigung des Regelungszwecks des § 440 die Verschaffung eines Kaufgegenstands, der spätestens nach dem zweiten Nachbesserungsversuch frei von Sach- und Rechtsmängeln iSd § 433 Abs 1 Satz 2 ist. Dieser Zweck wird nicht erreicht, wenn der Verkäufer beim zweiten Nachbesserungsversuch durch Verursachung einer Beschädigung den Mangel letztlich nur „austauscht". Im Übrigen müsste hier bei Ablehnung eines Fehlschlagens der Nachbesserung regelmäßig eine **Unzumutbarkeit** iSd § 440 Satz 1 Alt 3 bejaht werden. Die

174 München MDR 2006, 1338, 1339; zum früheren Recht BGH NJW 1999, 1330, 1331.

175 München MDR 2006, 1338 f.

176 Vgl dazu Rz 59, 71.

177 Bremen ZGS 2007, 471. Im Fall des OLG Bremen war dem Verkäufer vom Käufer zunächst eine Nachbesserungsfrist bis zum 1.7.2005 gesetzt worden. Die Frist wurde dann bis zum 14.7.2005 und dann nochmals bis zum 20.7.2005 verlängert. Nach Ablauf dieser Frist duldete der Käufer Nachbesserungsarbeiten des Verkäufers aber gleichwohl noch bis zum 22. oder 25.7.2005. Da der Verkäufer danach die vertraglich vereinbarte Beschaffenheit des gekauften Hydraulikaggregats (Verwendung von Blöcken) ändern und nunmehr eine Verrohrung vornehmen wollte, bejahte das OLG eine Unzumutbarkeit der weiteren Nachbesserung. Von Bedeutung für die Unzumutbarkeit war hier auch, dass der Käufer das gelieferte Aggregat in eine Presse einbauen wollte und für die Herstellung des Aggregats eine bestimmte Vorlaufzeit notwendig war.

178 BeckOGK/Höpfner Rz 27; Staud/Bach Rz 27; so wohl auch MünchKomm/Westermann Rz 10; aA Saarbrücken NJW 2007, 3503 f; NK/Büdenbender Rz 11.

Nacherfüllung in Form der Nachbesserung kann vom Verkäufer also nicht dadurch im Ergebnis hinausgezögert werden, dass er, wenn auch unbeabsichtigt, den ursprünglichen Mangel nur auf Kosten des neuen Mangels beseitigt.

Wird der neue Mangel vom Verkäufer beim **ersten Nachbesserungsversuch** verursacht, so ist zwar dieser Versuch trotz Beseitigung des ursprünglichen Mangels, nicht aber die Nachbesserung insgesamt als fehlgeschlagen iSd § 440 Satz 1 Alt 2 anzusehen. Die Verursachung eines neuen Mangels beim ersten Nachbesserungsversuch begründet zumindest nicht generell eine Unzumutbarkeit iSd § 440 Satz 1 Alt 3. Etwas anderes gilt insoweit aber dann, wenn der Verkäufer beim ersten Versuch ein erhebliches **Defizit an fachlicher Kompetenz** hat erkennen lassen[179]. Dann liegt ein **sonstiger Umstand** iSd § 440 Satz 2 vor, der die Annahme eines Fehlschlagens bereits nach dem ersten Versuch rechtfertigt. Der Käufer muss hier nicht das Risiko eingehen, dass der Verkäufer beim Versuch der Beseitigung des neuen Mangels wieder eine Beschädigung verursacht. Liegt dagegen kein unsachgemäßes Vorgehen des Verkäufers in Bezug auf die Verursachung des weiteren Mangels vor, so steht dem Verkäufer, da bereits ein Nachbesserungsversuch gescheitert ist, für die Beseitigung des neuen Mangels nur noch ein Versuch zur Verfügung[180]. 76

8. **Separate Beurteilung des Fehlschlagens bei Vorliegen mehrerer Mängel**. Der Fall des Vorliegens mehrerer Sachmängel iSd § 434 ist zu unterscheiden von der Konstellation, in der zunächst nur ein Sachmangel gegeben ist und erst bei der Nachbesserung durch den Verkäufer ein weiterer Mangel entsteht[181]. Liegen schon zum **Zeitpunkt des Gefahrübergangs** mehrere Sachmängel vor, so ist die Frage des Fehlschlagens der Nachbesserung für jeden **einzelnen Mangel** gesondert zu beurteilen[182]. Das Fehlschlagen der Nachbesserung hat daher – ebenso wie eine erfolgreiche Beseitigung des Mangels – zunächst keinen unmittelbaren Einfluss auf den Nacherfüllungsanspruch des Käufers wegen sonstiger Mängel[183]. Das Auftreten einer **Vielzahl von Mängeln** kann aber wegen genereller Fehlergeneigtheit der Sache den Tatbestand der **Unzumutbarkeit der Nacherfüllung** (§ 440 Satz 1 Alt 3) begründen[184]. Dies gilt insbes im Falle des Kaufs eines sog „Montagsautos"[185]. Zudem kann bei Fehlschlagen der Nachbesserung der Nacherfüllungsanspruch bezüglich sonstiger Mängel mittelbar dadurch entfallen, dass der Käufer unter Berufung auf § 440 Satz 1 Alt 2 zurücktritt oder Schadensersatz statt der Leistung verlangt. 77

9. **Erneutes Nachbesserungsverlangen des Käufers trotz Fehlschlagens iSd § 440 Satz 2**. Ist nach § 440 Satz 2 in Abweichung von der Zwei-Versuche-Regel die Nachbesserung nach dem ersten Versuch als fehlgeschlagen anzusehen, so kann der Käufer zwar zu den **sekundären Gewährleistungsrechten** übergehen. Er ist aber dazu nicht verpflichtet, sondern kann vom Verkäufer stattdessen weiterhin Nacherfüllung verlangen. Insoweit ist die Rechtslage nicht anders als im Falle des **Ablaufs einer Nachfrist**[186]. Reagiert der Verkäufer auf das erneute Nacherfüllungsverlangen nicht oder spricht er sogar eine Ablehnung aus, so kann der Käufer unter Berufung auf das bereits vorliegende Fehlschlagen die sekundären Gewährleistungsrechte geltend machen. 78

Die vom Verkäufer im Anschluss an das erneute Nachbesserungsverlangen des Käufers **erklärte Bereitschaft** zur Vornahme eines weiteren Versuchs schließt diese Rechtsfolge aber aus[187]. Der Käufer ist nunmehr an sein Verlangen gebunden und muss die **Durchführung des weiteren Versuchs abwarten**[188]. Die dogmatische Begründung für diese Rechtsfolge liegt aber nicht darin, dass durch das neue Nachbesserungsverlangen des Käufers der (bereits) vorliegende Fehlschlagenstatbestand rückwirkend entfiele[189]. Der Käufer handelt hier vielmehr widersprüchlich iSd § 242, wenn er vor Beendigung der Durchführung der weiteren Nachbesserung unter Berufung auf das bisherige Fehlschlagen iSd § 440 Satz 2 sekundäre Gewährleistungsrechte ausübt. Zum anderen ist hier regelmäßig eine konkludente nachträgliche Abbedingung des § 440 Satz 2 zu bejahen. 79

10. **Beweislast bezüglich Fehlschlagens der Nachbesserung**. – a) **Grundsatz und Anscheinsbeweis**. Der Käufer trägt, wie sich aus der **allgemeinen Beweislastregelung** des § 363 ergibt, nicht nur die Beweislast für das **Vorliegen eines Sachmangels** bei Übergabe der Kaufsache, sondern in gleicher Weise auch für das Fortbestehen des Mangels nach Durchführung 80

179 Vgl dazu Rz 101.
180 Vgl BeckOGK/Höpfner Rz 27.
181 Vgl dazu Rz 68.
182 BGH NJW 2011, 2872 Rz 16; BeckOGK/Höpfner Rz 27.2; Erger NJW 2013, 1485, 1487.
183 BGH NJW 2011, 2872 Rz 16; BeckOGK/Höpfner Rz 27.2; Erger NJW 2013, 1485, 1487.
184 Vgl dazu Rz 116.
185 Vgl Rz 116.
186 Vgl dazu Rz 45.
187 So iE auch Saarbrücken NJW 2009, 369, 371 f.
188 Staud/Matusche-Beckmann Rz 20.
189 Vgl dazu auch Saarbrücken NJW 2009, 369, 371 f (keine Unzumutbarkeit).

der Nachbesserung durch den Verkäufer und **Rücknahme der Kaufsache**[190]. Der Käufer muss daher nach Rücknahme der Sache die **Erfolglosigkeit** des vom Verkäufer vorgenommenen **Nachbesserungsversuchs** beweisen[191]. Die allgemeinen Grundsätze des sog **Anscheinsbeweises** sind ebenfalls anwendbar. Sie greifen zugunsten des Käufers ein, wenn ein typischer **Geschehensablauf** vorliegt, der nach der **Lebenserfahrung** auf eine bestimmte Ursache oder Folge hinweist und derart gewöhnlich und üblich erscheint, dass die besonderen individuellen Umstände an Bedeutung verlieren[192]. Diese Voraussetzung ist erfüllt, wenn der Käufer das Wiederauftreten derselben Mangelsymptome nachweist[193]. Der Verkäufer hat dann die Gelegenheit, die ernsthafte Möglichkeit eines abweichenden typischen Ablaufs nachzuweisen. Dem Verkäufer obliegt hier also der Nachweis, dass eine **Fremdeinwirkung** oder eine unsachgemäße Behandlung durch den Käufer ernsthaft in Betracht kommt[194]. Soweit der Käufer die Beweislast trägt, können in Bezug auf Umstände aus dem Bereich des Verkäufers die Grundsätze über die **sekundäre Darlegungslast** eingreifen.

81 Vom Käufer muss dagegen nicht nachgewiesen werden, dass der sich auch noch nach Durchführung von Nachbesserungsarbeiten zeigende Mangel **auf derselben Ursache beruht** wie der zuerst aufgetretene Mangel, der zur Notwendigkeit der Nachbesserung geführt hat[195]. Dies gilt aber nur dann, wenn die **Mangelursache** nach wie vor allein **im Bereich des Kaufgegenstands** zu suchen ist und nicht durch eine **unsachgemäße Behandlung** aufseiten des Käufers oder eines Dritten entstanden sein kann[196]. Waren zwei Nachbesserungsversuche erfolglos, so muss der Verkäufer beweisen, dass die Nacherfüllung abweichend von der Zwei-Versuche-Regel des § 440 Satz 2 nicht fehlgeschlagen ist[197].

82 b) **Nachweis von Mangelsymptomen**. Der Käufer erfüllt die Voraussetzungen der ihm für das Fehlschlagen der von ihm verlangten Nachbesserung obliegenden Beweislast grundsätzlich auch durch den **Nachweis**, dass die **zutage getretenen Mangelsymptome** weiterhin auftreten[198]. Hier greifen die Grundsätze über den Anscheinsbeweis ein. Anders ist die Rechtslage insoweit aber dann, wenn das erneute Auftreten der Mangelsymptome möglicherweise auf einer **unsachgemäßen Behandlung** des Kaufgegenstands durch den Käufer oder einer Fremdeinwirkung nach Rücknahme im Anschluss an die Nachbesserungsarbeiten beruht[199]. Der Verkäufer muss den Anscheinsbeweis durch Nachweis der ernsthaften Möglichkeit einer Fremdeinwirkung erschüttern.

VI. Fehlschlagen der Ersatzlieferung

83 1. **Keine unmittelbare Geltung der Zwei-Versuche-Regel des § 440 Satz 2.** Die den Tatbestand des Fehlschlagens der Nacherfüllung konkretisierende Zwei-Versuche-Regel des § 440 Satz 2, erfasst dem **Wortlaut** nach nicht die Ersatzlieferung. Diese Regel kann daher jedenfalls

190 BGH NJW 2009, 1341 Rz 14 f; NJW 2011, 1664 Rz 11; Staud/Bach Rz 60; BeckOK/Faust Rz 49; MünchKomm/Westermann Rz 13; BeckOGK/Höpfner Rz 48.

191 BGH NJW 2009, 1341 Rz 14 f; NJW 2011, 1664 Rz 11; Staud/Bach Rz 60 f; BeckOK/Faust Rz 49; MünchKomm/Westermann Rz 13; BeckOGK/Höpfner Rz 48.

192 BGH NJW 2010, 1077; Musielak/Voit/Foerste, ZPO, 2023[20], § 286 Rz 23.

193 Vgl Rz 82.

194 BGHZ 8, 238 f; Musielak/Voit/Foerste, ZPO, 2023[20], § 286 Rz 23.

195 BGH NJW 2011, 1664 Rz 13.

196 BGH NJW 2009, 1341 Rz 23 (Einbruchsversuch eines Dritten); BGH NJW 2011, 1664 Rz 13; Saarbrücken NJW-RR 2012, 285, 288. Im Fall BGH NJW 2011, 1664 war für ca 68.000 € ein A-Cabriolet gekauft worden. Es zeigten sich nach der Übergabe verschiedene Mängel, die zum Teil im Rahmen von Nachbesserungsarbeiten behoben werden konnten. Nicht beseitigt wurde aber ein Fehler des Motors, der sich durch Zündaussetzer, sporadischen Leistungsverlust und Rütteln des Motors (unruhiger Lauf) bemerkbar machte. Insoweit wurden am 7./8.7.2004 (Austausch eines Spannungsversorgungsrelais) und im Rahmen eines zweiwöchigen Werkstattaufenthalts zwischen dem 15. und 30.9.2004 (Austausch des elektronischen Nockenwellenverstellers) Nachbesserungsarbeiten durchgeführt. Am 7.10.2004 erklärte der Käufer den Rücktritt vom Kaufvertrag. Es kamen zwar in Bezug auf den nach Durchführung von Nachbesserungsarbeiten noch vorhandenen Mangel (Verbrennungsaussetzer des Motors) nach den Feststellungen des Sachverständigen verschiedene Ursachen in Betracht. Diese lagen aber alle im Bereich des Fahrzeugs (defekte Zündspule, defekte Zündkerzen, defektes Einspritzventil, mechanische Defekte am Motor oder ein Wackelkontakt in der Elektrik des Fahrzeugs). Der Käufer musste hier nicht die konkrete Ursache nachweisen; denn jede einzelne dafür in Betracht kommende Ursache stellte einen Sachmangel dar (BGH NJW 2011, 1664 Rz 14).

197 Vgl BeckOGK/Höpfner Rz 48; BeckOK/Faust Rz 49.

198 BGH NJW 2011, 1664 Rz 16; Saarbrücken NJW-RR 2012, 285, 288. Im Fall BGH NJW 2011, 1664 (zum Kauf eines A-Cabriolets) lag ein zeitweiliger Leistungsverlust sowie ein Rütteln und unrunder Lauf des Motors vor. Staud/Bach Rz 60 f; vgl auch Erman/Grunewald Rz 8; krit BeckOK/Faust Rz 49; BeckOGK/Höpfner Rz 48.

199 BGH NJW 2009, 1341 Rz 23; NJW 2011, 1664 Rz 16; Erman/Grunewald Rz 8; Staud/Bach Rz 61; BeckOGK/Höpfner Rz 48.

nicht ohne weiteres auf den Fall der Ersatzlieferung angewandt werden[200]. Gleichwohl ist weder generell noch regelmäßig die Nacherfüllung schon nach der ersten mangelhaften Ersatzlieferung als fehlgeschlagen anzusehen[201]. Ein **zweiter Versuch** ist dem Verkäufer nämlich vor allem in dem Fall einzuräumen, in dem die Ersatzlieferung einen **anderen Mangel** aufweist und zudem auch zu erwarten ist, dass die zweite Ersatzlieferung mangelfrei erfolgt.

Es erscheint zweifelhaft, ob es sich bei der Zwei-Versuche-Regel des Satz 2 um eine ausschließlich nachbesserungsbezogene Privilegierung des Verkäufers handelt[202]. Die Vorschrift wirkt sich nämlich zumindest dann für den **Verkäufer nachteilig** aus, wenn zwei von ihm bereits vorgenommene Nachbesserungsversuche zwar erfolglos waren, er aber zu weiteren Nachbesserungsversuchen bereit ist, die seiner Ansicht nach auch erfolgversprechend wären. 84

Es ist vielmehr davon auszugehen, dass der Gesetzgeber mit dem nur auf die Nachbesserung bezogenen Satz 2 des § 440 den in der Praxis bedeutsamen Fall des **Fortbestehens des Mangels nach einem ersten Nachbesserungsversuch** ausdrücklich regeln wollte. Denn insbes beim **Autokauf** kommt es bei Auftreten eines Sachmangels häufig zu mehreren Nachbesserungsversuchen[203]. Das Gleiche gilt für EDV-Anlagen und komplexe Maschinen oder Geräte als Kaufgegenstand. Die Durchführung mehrerer Nachbesserungsversuche muss hier nicht unbedingt auf einer fehlerhaften Vorgehensweise des Verkäufers beruhen. Der Grund dafür kann auch darin liegen, dass die **Mangelursache unklar** ist oder mehrere Nachbesserungsmöglichkeiten in Betracht kommen und der Verkäufer nachvollziehbar zunächst diejenige Vorgehensweise bevorzugt, die für ihn und – bezogen auf die erforderliche Zeit – auch für den Käufer den geringsten Aufwand begründet[204]. Bei Wahl und Durchführung einer Ersatzlieferung dürfte die praktische Bedeutung des Falls der Anlieferung einer wiederum mangelhaften Sache durch den Verkäufer erheblich geringer sein, so dass eine besondere gesetzliche Regelung als nicht notwendig anzusehen ist. 85

2. **Umstände des Einzelfalls und Rechtsgedanke des § 440 Satz 2.** Die Frage, ob dem Verkäufer bei mangelhafter Ersatzlieferung ein zweiter Versuch zusteht, ist im Rahmen der Auslegung des Tatbestandsmerkmals „fehlgeschlagen" (§ 440 Satz 1 Alt 2) unter Berücksichtigung der **konkreten Umstände** des Einzelfalls sowie des **Rechtsgedankens** der für die Nachbesserung geltenden **Zwei-Versuche-Regel** des § 440 Satz 2 zu beantworten. Da die **Ersatzlieferung beim Stückkauf** jedenfalls im Ergebnis regelmäßig mangels Austauschbarkeit des Kaufgegenstands ausgeschlossen ist, geht es in der Praxis ganz überwiegend um den Kauf **neuer Gattungsware**. Bei Vorliegen eines Sachmangels, der nicht auf einer **fehlerhaften Verpackung** oder einem Schadensereignis während des **Transports** beruht, liegt regelmäßig ein **Konstruktions- oder Produktionsfehler** vor. Hier obliegt es dem Verkäufer, vor Durchführung der vom Käufer verlangten Ersatzlieferung zu überprüfen, ob der aufgetretene Mangel der gesamten **Produktionsserie/Charge** anhaftet. Weist in einer solchen Fallkonstellation die Ersatzlieferung denselben Konstruktions- oder Produktionsmangel auf, so ist davon auszugehen, dass dieser Sachmangel der ganzen Produktionsserie/Charge anhaftet und die Nacherfüllung daher nach Durchführung des ersten Nacherfüllungsversuchs als fehlgeschlagen eingeordnet werden muss[205]. 86

Zu Lasten des Verkäufers ist hier zudem zu berücksichtigen, dass er vor Durchführung der Ersatzlieferung das Vorliegen desselben Mangels nicht bemerkt hat, obwohl Mangelrüge und Ersatzlieferungsverlangen des Käufers hinreichenden Anlass für eine sorgfältige Überprüfung der für die Zweitlieferung bestimmten Sache gegeben haben. Wenn der Verkäufer aufgrund eines Mangels eine Ersatzlieferung vornehmen muss, dann muss er insbes prüfen, ob der Mangel der Erstlieferung jetzt nicht vorhanden ist. Für das Fehlschlagen spricht hier also auch der Gesichtspunkt des **Vertrauensverlusts** aufseiten des Käufers. Weist die Ersatzlieferung zwar einen **anderen Sachmangel** auf, handelt es sich aber wiederum um einen Fehler aus dem **Bereich der Produktion**, so bestehen Anzeichen für eine den gesamten Bereich der Herstellung erfassende **Sorgfaltswidrigkeit des Verkäufers**, die ebenfalls die Annahme eines Fehlschlagens der Ersatzlieferung nach dem ersten Versuch rechtfertigt[206]. Hier greift, wenn auch in abgemilderter Form, zusätzlich der Gesichtspunkt ein, dass im Falle des Notwendigwerdens einer Ersatzlieferung der Gegenstand der zweiten Andienung besonders sorgfältig vom Verkäufer **auf Herstellungsfehler untersucht** werden muss. 87

200 Vgl BeckOGK/Höpfner Rz 34; MünchKomm/Westermann Rz 12; BeckOK/Faust Rz 37; Staud/Bach Rz 31.

201 Staud/Bach Rz 32; BeckOGK/Höpfner Rz 34; BeckOK/Faust Rz 37; aA (zweiter Versuch nur im Ausnahmefall) Hamburg MDR 1974, 577 (zum alten Kaufrecht); NK/Büdenbender Rz 13; Erman/Grunewald Rz 6.

202 So aber NK/Büdenbender Rz 13.

203 Vgl dazu Rz 78 f.

204 Vgl dazu Rz 71.

205 So auch MünchKomm/Westermann Rz 12; BeckOGK/Höpfner Rz 34; BeckOK/Faust Rz 37; aA Staud/Bach Rz 32.

206 Staud/Matusche-Beckmann Rz 22; BeckOK/Faust Rz 37; Erman/Grunewald Rz 6; aA BeckOGK/Höpfner Rz 34 (zweite Ersatzlieferung bei Vorliegen eines anderen Sachmangels idR zumutbar).

88 Anders ist die Rechtslage in dem Fall, in dem die Ursache für den Mangel der Ersatzlieferung einem ganz anderen Bereich zuzurechnen ist. Insoweit geht es typischerweise um den Fall, dass der erste Sachmangel auf einem **Produktionsfehler** oder dem Einbau einer fehlerhaften Komponente eines Zulieferers beruhte und die dann mangelfrei vom Verkäufer versandte Ersatzlieferung „nur“ aufgrund einer **Beschädigung auf dem Transport** vor Gefahrübergang als mangelhaft anzusehen ist[207]. In einer solchen Situation besteht kein Zusammenhang zwischen dem ursprünglichen Mangel und dem nur durch Transport entstandenen Mangel der Ersatzlieferung, so dass hier das Vertrauen des Käufers in die Zuverlässigkeit des Verkäufers idR nicht beeinträchtigt wird. Das Gleiche gilt, wenn der Fehler der Erstlieferung auf einer **unzureichenden Lagerung** nach Herstellung beruht[208]. Aufgrund der dargelegten besonderen Voraussetzungen der Zubilligung eines zweiten Ersatzlieferungsanspruchs scheidet aber ein dritter Versuch idR wegen Unzumutbarkeit aus[209].

89 3. **Beweislast für Fehlschlagen der Ersatzlieferung.** In Bezug auf die Frage des Fehlschlagens der Nacherfüllung in Form der Ersatzlieferung trägt der Käufer **nach Annahme des (Ersatz-)Kaufgegenstands** – wie bei der Erstlieferung[210] – zunächst die Beweislast für das erneute Vorliegen eines Mangels. Lehnt der Käufer die Annahme der Ersatzlieferung wegen erkennbarer erneuter Mangelhaftigkeit ab, so muss der Verkäufer die Fehlerfreiheit nachweisen. In Bezug auf die **Entbehrlichkeit der Fristsetzung** wegen Fehlschlagens der Ersatzlieferung trägt – ebenso wie bei der Nachbesserung[211] – grundsätzlich der Käufer die volle Darlegungs- und Beweislast, weil das Fristerfordernis den **Regeltatbestand** darstellt und die Entbehrlichkeit die Ausnahme ist. Die Beweislast erstreckt sich aber von vornherein nur auf die Tatsachen, die für die rechtliche Bewertung „fehlgeschlagen“ erforderlich sind.

90 Die Annahme eines Fehlschlagens der Ersatzlieferung hängt zwar in nicht unerheblichem Umfang von Tatsachen aus der **Sphäre des Verkäufers** ab[212]. Das gilt insbes für die Frage der Mangelursache, des Befalls einer ganzen Produktionsreihe vom Mangel und des Eintretens eines reinen Transportschadens nach Versendung[213]. Dies ändert aber nichts an der grundsätzlichen Darlegungs- und Beweislast des Käufers bezüglich des Fehlschlagens. Soweit dafür Umstände aus dem Einflussbereich des Verkäufers relevant sind, ist nach allgemeinen Grundsätzen eine **sekundäre Darlegungslast** des Verkäufers zu bejahen. Der Verkäufer muss daher, sofern der Käufer einen Mangel nachgewiesen hat und ein Fehlschlagen behauptet, substantiiert darlegen, worauf die erneute Mangelhaftigkeit beruht und ob von einer Mangelfreiheit einer künftigen zweiten Ersatzlieferung ausgegangen werden kann. Im Übrigen gelten – wie bei der Nachbesserung – die Grundsätze über den **Anscheinsbeweis**[214].

91 4. **Fehlschlagen der Nacherfüllung bei Kombination von Ersatzlieferung und Nachbesserung.** Eine sog „kombinierte“ Nacherfüllung liegt vor, wenn der Verkäufer auf Verlangen des Käufers zunächst eine Ersatzlieferung und dann wegen **erneuter Mangelhaftigkeit** mit **Zustimmung des Käufers** eine Nachbesserung vornimmt oder umgekehrt. Insoweit geht es um eine direkte Anwendung des § 440 Satz 1 Alt 2. Die Zwei-Versuche-Regelung des § 440 Satz 2 ist hier deshalb nicht unmittelbar anwendbar, weil sie nur für reine Nachbesserungsmaßnahmen im rechtstechnischen Sinne gilt[215]. Gleichwohl kann der **Rechtsgedanke** des § 440 Satz 2 bei der Auslegung des allgemeinen Fehlschlagenstatbestands des § 440 Satz 1 Alt 2 berücksichtigt werden[216].

92 Erfolgt auf Verlangen des Käufers zunächst eine **Ersatzlieferung** und ist diese wieder mangelhaft, so stellt sich allerdings die vorrangige Frage, ob nach allgemeinen Grundsätzen die Nacherfüllung in Form der Ersatzlieferung fehlgeschlagen ist iSd § 440 Satz 1 Alt 2[217]. Dies ist insbes dann zu bejahen, wenn die Ersatzlieferung denselben **Konstruktions- oder Produktionsfehler** aufweist[218].

93 Führt dagegen die mangelhafte Ersatzlieferung als erster Nacherfüllungsversuch bei Anwendung dieser Grundsätze noch nicht zu einem Fehlschlagen der Nacherfüllung, so ist dieser Tatbestand der **Entbehrlichkeit einer Fristsetzung** aber dann erfüllt, wenn die nachfolgende Reparatur als erster Nachbesserungsversuch und zweiter Nacherfüllungsversuch des Verkäufers den Mangel nicht beseitigt oder einen weiteren Mangel verursacht[219]. Der Verkäufer stellt sich daher im Falle einer solchen Kombination von Ersatzlieferung und Nachbesserung weder besser noch

207 MünchKomm/Westermann Rz 12.
208 MünchKomm/Westermann Rz 12.
209 So iE auch MünchKomm/Westermann Rz 12.
210 Vgl dazu Rz 80.
211 Vgl dazu Rz 80.
212 Vgl Rz 86 ff.
213 Vgl Rz 87 f.
214 Vgl dazu Rz 80.
215 Vgl Rz 46.
216 Vgl Rz 86 ff.
217 Vgl auch BeckOGK/Höpfner Rz 35; vgl dazu Rz 86.
218 Vgl Rz 87.
219 So auch BeckOGK/Höpfner Rz 35.

schlechter als bei Vorliegen von zwei gescheiterten Nachbesserungsversuchen[220]. Dies ist auch interessengerecht, weil aus der maßgeblichen Sicht des Käufers in Bezug auf die Frage der **Unzumutbarkeit** der weiteren Nacherfüllung als innere Rechtfertigung des Fehlschlagenstatbestands kein Unterschied zwischen beiden Fallkonstellationen besteht.

Wird vom Verkäufer zunächst auf Verlangen des Käufers eine **Nachbesserung** vorgenommen, 94 die den Mangel nicht beseitigt oder einen neuen Mangel verursacht, so ist ein **Überwechseln auf die Ersatzlieferung** grundsätzlich nicht ausgeschlossen, sofern nicht abweichend von der Zwei-Versuche-Regel des § 440 Satz 2 bereits jetzt ein Fehlschlagen der Nachbesserung zu bejahen ist. Dem Verkäufer steht dann ein zweiter Nacherfüllungsversuch grundsätzlich nicht mehr zu. Der Käufer ist aber nicht verpflichtet, unter Berufung auf das Fehlschlagen die sekundären Gewährleistungsrechte geltend zu machen[221]. Er kann sich stattdessen noch mit einer Ersatzlieferung einverstanden erklären. Es besteht dann die gleiche Rechtslage wie in dem Fall, in dem zum Zeitpunkt des Überwechselns auf die Ersatzlieferung die Nachbesserung noch nicht fehlgeschlagen ist.

Weist die nach **Scheitern des ersten Nachbesserungsversuchs** mit Zustimmung des Käufers 95 erfolgte **Ersatzlieferung** wieder einen Mangel auf, so ist regelmäßig jetzt ein Fehlschlagen der Nacherfüllung zu bejahen[222]. Dies gilt insbes dann, wenn die Ersatzlieferung denselben Mangel aufweist. Handelt es sich dagegen um einen anderen Mangel, so ist nur dann ausnahmsweise nicht von einem Fehlschlagen auszugehen, wenn der Mangel im Vergleich zum Erstmangel weit weniger gravierend ist und mit **relativ geringem Aufwand** dauerhaft beseitigt werden kann. Insoweit besteht dann kein wesentlicher Unterschied zu den bei Lieferung von **komplexen Kaufgegenständen** oft ohnehin noch erforderlichen **Einstellungsarbeiten**.

VII. Unzumutbarkeit der Nacherfüllung (§ 440 Satz 1 Alt 3) – Grundlagen

1. **Systematische Stellung und Zweck**. Die dritte Alternative des § 440 Satz 1 ist im Rahmen 96 des SMG 2002 als **eigenständiger Fall der Entbehrlichkeit der Nachfristsetzung** besonders geregelt worden, um Zweifel zu vermeiden, ob unter einem Fehlschlagen der Nacherfüllung auch die Unzumutbarkeit zu verstehen ist[223]. Praktische Bedeutung erlangt der Unzumutbarkeitstatbestand insbes in dem Fall, in dem der Verkäufer mit der Nacherfüllung noch gar nicht begonnen hat. Denn in diesem Stadium kann kein **Fehlschlagen der Nacherfüllung iSd § 440 Satz 1 Alt 2 vorliegen**. Der Unterschied zu den allgemeinen Tatbeständen der §§ 281 Abs 2 Alt 2, 323 Abs 2 Nr 3, nach denen bei Vorliegen besonderer Umstände eine Nachfristsetzung entbehrlich ist, besteht im Wesentlichen darin, dass im Rahmen der Anwendung des § 440 Satz 1 Alt 3 – ebenso wie bei Satz 1 Alt 2 (Fehlgeschlagen) – eine **Abwägung der beiderseitigen Interessen** nicht zu erfolgen hat[224].

2. **Umsetzung der Verbrauchsgüterkauf-Richtlinie**. Zudem diente die Aufnahme der 97 Unzumutbarkeit als Tatbestandsalternative in den § 440 der Umsetzung von **Art 3 Abs 5, 3. Spiegelstrich der außer Kraft getretenen Verbrauchsgüterkauf-Richtlinie**, wonach der Verbraucher – über die im 2. Spiegelstrich geregelte **Nichtabhilfe innerhalb einer angemessenen Frist** hinaus – eine **Auflösung des Kaufvertrags** auch dann verlangen kann, wenn der Verkäufer **nicht ohne erhebliche Unannehmlichkeiten** für den Verbraucher eine Abhilfe geschaffen hat[225]. Die besondere Regelung der Unzumutbarkeit in § 440 Satz 1 stellt zudem eine **Konkretisierung des Art 3 Abs 3 Satz 3 der Verbrauchsgüterkauf-Richtlinie** dar, nach dem die Nachbesserung vom Verkäufer innerhalb einer angemessenen Frist und ohne erhebliche Unannehmlichkeiten für den Verbraucher unter **Berücksichtigung der Art der Sache und des Zwecks**, für den der Verbraucher die Sache benötigt, erfolgen muss[226]. Nach **Art 13 Abs 4 lit d der Warenkauf-Richtlinie** ist der Käufer als **Verbraucher** zur Minderung oder Beendigung des Kaufvertrags berechtigt, wenn der Verkäufer erklärt hat oder es nach den Umständen offensichtlich ist, dass der Verkäufer den **vertragsgemäßen Zustand** der Waren nicht innerhalb einer angemessenen Frist oder nicht ohne **erhebliche Unannehmlichkeiten für den Verbraucher** herstellen wird.

220 Vgl BeckOGK/Höpfner Rz 35.
221 Vgl Rz 78.
222 Vgl BeckOGK/Höpfner Rz 35.
223 Vgl Begr Gesetzentwurf, BT-Drucks 14/6040, S 233 f; BGH NJW 2017, 153 Rz 21.
224 Vgl BeckOK/Faust Rz 29; BeckOGK/Höpfner Rz 36; aA Staud/Bach Rz 36.
225 Vgl BGH NJW 2017, 153 Rz 21.
226 Begr Gesetzentwurf, BT-Drucks 14/6040, S 233 f; BGH NJW 2017, 153 Rz 21; BeckOGK/Höpfner Rz 6; vgl Rz 8.

98 Aus den Materialien zu § 440 folgt, dass mit der in Satz 1 Alt 3 geregelten Unzumutbarkeit der Nacherfüllung ein **Rücktritt ohne vorherige Fristsetzung** jedenfalls bei einem **Verbrauchsgüterkauf** auch in den Fällen zugelassen werden soll, in denen die vom Verkäufer zu Recht gewählte Art der **Nacherfüllung** zwar vom Verkäufer **nicht endgültig verweigert** worden ist und auch (noch) nicht als **fehlgeschlagen** iSd § 440 Satz 1 Alt 2 angesehen werden kann, in denen der Verkäufer einer Nacherfüllung aber **unberechtigt Hindernisse in den Weg gestellt** hat, die dazu führen können, dem Käufer erhebliche Unannehmlichkeiten hinsichtlich des von ihm angestrebten Verwendungszwecks zu bereiten[227]. Der **Gesetzgeber** hat die zum 1.1.2022 erfolgte **Umsetzung** der an die Stelle der Verbrauchsgüterkauf-Richtlinie getretenen Warenkauf-Richtlinie nicht zum Anlass genommen, den **Anwendungsbereich** des nur noch für Kaufverträge außerhalb des Rechts des Verbrauchsgüterkaufs geltenden § 440 in Bezug auf die hier in Rede stehende Frage der Unzumutbarkeit der Nacherfüllung einzuschränken oder sonst zu verändern.

99 3. **Die dem Käufer zustehende Nacherfüllungsart – Wahl einer von vornherein unzumutbaren Nacherfüllungsart.** Auch in Bezug auf § 440 Satz 1 Alt 3 ist davon auszugehen, dass die vom Käufer gewählte und vom Verkäufer nicht gem § 439 Abs 4 verweigerte Nacherfüllung die dem Käufer zustehende Art der Nacherfüllung ist. Insoweit besteht kein Unterschied zum Fehlschlagenstatbestand des § 440 Satz 1 Alt 2[228]. Der Fall der schon bei der **Wahl des Käufers** vorliegenden und ihm auch bewussten **Unzumutbarkeit einer Nacherfüllungsart** ist zwar in § 440 nicht ausdrücklich geregelt. Die entscheidende Frage ist aber auch hier, ob dem Käufer die eigentlich unzumutbare Nacherfüllungsart „zusteht" iSd § 440 Satz 1 Alt 3. Dafür müsste der Käufer diese Art der Nacherfüllung wählen, obwohl der Unzumutbarkeitstatbestand des § 440 Satz 1 Alt 3 erfüllt ist. Der Käufer würde aber **widersprüchlich handeln iSd § 242**, wenn er eine Nacherfüllung vom Verkäufer verlangt, die dem Käufer unzumutbar ist, und sich dann sogleich auf eine Entbehrlichkeit der Nachfrist nach § 440 Satz 1 Alt 3 beruft[229]. Der Käufer muss daher dem Verkäufer für die andere Nacherfüllungsart eine Frist setzen[230]. Diese Rechtsfolge überzeugt auch in systematischer Hinsicht. Denn auch im Falle der **Unmöglichkeit iSd § 275 Abs 1** und bei Vorliegen einer Einrede nach § 439 Abs 4 muss der Käufer für die andere Nacherfüllungsart grundsätzlich eine Frist setzen. Gründe für eine Besserstellung des Käufers bei Unzumutbarkeit der Nacherfüllung sind nicht ersichtlich[231]. Selbstverständlich kann der Käufer eine Nacherfüllungsart verlangen, die ihm selbst eigentlich nicht zumutbar ist, und dem Verkäufer dafür auch eine Frist setzen. In einem derartigen Fall stellt sich aber die vorrangige Frage, ob die Unzumutbarkeit aufseiten des Käufers tatsächlich gegeben ist.

100 Der Vorwurf eines **widersprüchlichen Verhaltens** greift aber dann nicht zu Lasten des Käufers Platz, wenn der die **Unzumutbarkeit** begründende Sachverhalt erst **nach Wahl der Nacherfüllungsart** entsteht[232]. Nicht entscheidend ist insoweit, ob der Verkäufer die betreffenden Umstände zu vertreten hat.

VIII. Voraussetzungen des Unzumutbarkeitstatbestands und Anwendungsfälle

101 1. **Unzuverlässigkeit und fehlende fachliche Kompetenz des Verkäufers – gestörtes Vertrauensverhältnis.** Für die Beantwortung der Frage, ob die (weitere) Nacherfüllung für den Käufer unzumutbar ist, sind alle Umstände des konkreten Einzelfalls zu berücksichtigen; insbes eine **Unzuverlässigkeit des Verkäufers**[233]. Das Gleiche gilt für den Umstand, dass der Verkäufer bereits im Zusammenhang mit der ursprünglichen Erfüllung seiner Leistungspflicht aus § 433 Abs 1, dh insbes bei Übergabe des Kaufgegenstands im Rahmen der Erstlieferung, einen **erheblichen Mangel an fachlicher Kompetenz** hat erkennen lassen und deshalb das **Vertrauensverhältnis** zwischen den Kaufvertragsparteien nachhaltig gestört ist[234]. Die Unzumutbarkeit iSd § 440 Satz 1 Alt 3 kann daher auch schon vor dem ersten Nacherfüllungsversuch gegeben sein. Dem Verkäufer vorzuwerfende **Nebenpflichtverletzungen** können ebenfalls ein gestörtes Vertrauensverhältnis zur Folge haben und deshalb eine Unzumutbarkeit begründen[235].

102 2. **Arglistiges Verschweigen eines Mangels durch Verkäufer – keine Zurechnung einer Hersteller-Arglist (insbes Dieselskandal).** Eine die **sofortige Rückabwicklung des Kaufver-**

227 Begr Gesetzentwurf, BT-Drucks 14/6040, S 233 f; BGH NJW 2017, 153 Rz 22.
228 Vgl dazu Rz 43.
229 Staud/Bach Rz 35; BeckOK/Faust Rz 15; Oetker/Maultzsch, Vertragliche Schuldverhältnisse, 2018⁵, § 2 Rz 274; Gsell JZ 2001, 65, 70.
230 BeckOK/Faust Rz 15.
231 Gsell JZ 2001, 65, 70.
232 BeckOK/Faust Rz 15.
233 BGH NJW 2016, 3654 Rz 38; vgl dazu auch Begr Gesetzentwurf, BT-Drucks 14/6040, S 233 f; Erman/Grunewald Rz 3.
234 Staud/Bach Rz 47.
235 BGH NJW 2015, 1669 Rz 22; NJW 2017, 153 Rz 23.

trags ohne vorherige Fristsetzung rechtfertigende Unzumutbarkeit ist regelmäßig zu bejahen, wenn der Verkäufer gegenüber dem Käufer einen **Mangel des Kaufgegenstands arglistig verschweigt**[236]. Im Falle einer vom Verkäufer beim Abschluss des Kaufvertrags begangenen **Täuschungshandlung** ist die für eine Nacherfüllung erforderliche **Vertrauensgrundlage typischerweise zerstört**[237]. In einer solchen Situation hat der Käufer bei Fehlen abweichender Gesichtspunkte ein berechtigtes Interesse daran, die **„weitere Zusammenarbeit"** mit dem Verkäufer zu beenden[238]. Ist der Verkäufer nicht der Hersteller der gelieferten Ware, so ist eine Arglist des Herstellers als **Lieferant iSd § 445a** dem Verkäufer grundsätzlich **nicht gem § 278, § 166 analog zurechenbar**[239]. Praktische Bedeutung haben insoweit insbes die Dieselskandal-Fälle, in denen vom Fahrzeughersteller eine **unzulässige Abgas-Abschalteinrichtung** arglistig verschwiegen wurde und der Verkäufer als Vertragshändler und Nacherfüllungsschuldner keine Kenntnis von der Abgasmanipulation hatte. Soll in einer solchen Konstellation zum Zwecke der Nachbesserung ein vom Hersteller entwickeltes – bzw in Entwicklung befindliches – **Software-Update** verwendet („aufgespielt") werden, so begründet das ursprüngliche arglistige Verschweigen der **unzulässigen Abschalteinrichtung** nicht ohne weiteres eine Unzumutbarkeit der Nacherfüllung iSd § 440 Satz 1 Alt 3 in Bezug auf diese Nachbesserungsmaßnahme[240]. Es kommt vielmehr darauf an, ob die **Gefahr eines fortgesetzten arglistigen Verhaltens** des Herstellers gegeben ist[241]. Der **Tatrichter** darf hier nicht ohne **konkrete Feststellungen** schematisch vom Bestehen einer derartigen Gefahr ausgehen[242]. Das Vorliegen einer solchen Gefahr ist vielmehr idR zu verneinen, wenn der betreffende Hersteller die **ursprüngliche Täuschungsabsicht** ersetzt durch die **Strategie,** die Unregelmäßigkeiten öffentlich einzuräumen und in **Zusammenarbeit mit dem Kraftfahrt-Bundesamt** die für die Beseitigung des gesetzeswidrigen Zustands erforderlichen Maßnahmen zu erarbeiten[243].

Entdeckt der Verkäufer vor Abschluss des Kaufvertrags einen Sach- oder Rechtsmangel und entschließt er sich, den Mangel nicht zu beseitigen, sondern die Sache in mangelhaftem und damit vertragswidrigem Zustand zu verkaufen und zu liefern, so **verdient** er nach Auftreten des Mangels beim Käufer keine **„zweite Chance"**[244]. Es ist generell die Besorgnis begründet, dass ein solcher Verkäufer weitere, vom Käufer noch nicht entdeckte Mängel verschwiegen hat. Zudem ist die Befürchtung des Käufers gerechtfertigt, der Verkäufer werde auch bei der Nacherfüllung arglistig handeln[245]. Es besteht generell keine Veranlassung, einem in dieser Weise arglistig vorgehenden Verkäufer einen Schutz vor dem mit der Rückabwicklung des Kaufvertrags verbundenen wirtschaftlichen Nachteilen zu gewähren[246]. **Entschuldigungsgründe** aufseiten des arglistigen Verkäufers sind hier kaum denkbar. Bei Vorliegen einer Arglist des Verkäufers sind daher sowohl der Tatbestand des § 440 Satz 1 Alt 3 als auch die Tatbestände des § 281 Abs 2 Alt 2 und des § 323 Abs 2 Nr 3 gegeben[247]. 103

Die Unzumutbarkeit der Nacherfüllung ist im Falle der Verkäufer-Arglist auch dann zu bejahen, wenn der Mangel durch einen **fachkundigen Dritten** beseitigt werden soll[248]. Von einem solchen Dritten wird eine Nachbesserung insbes beim **Tierkauf** (Beauftragung eines Tierarztes) und beim **Grundstückskauf** vorgenommen. Es kann zwar nicht angenommen werden, dass ein fachlich qualifizierter Dritter als selbständiger Unternehmer sich in Bezug auf die erforderlichen Nachbesserungsarbeiten, die uU zu einem Verstoß gegen Strafgesetze oder/und berufsrechtliche Vorschriften führen können, zu einem arglistigen Fehlverhalten verleiten lässt. Dies ändert aber nichts an der Besorgnis, dass der Verkäufer möglicherweise **weitere Mängel arglistig verschwiegen hat.** Im Übrigen sind Fälle denkbar, in denen zwar der vom Verkäufer für die Nachbesserung eingeschaltete Dritte eigentlich korrekt vorgeht, der Verkäufer ihn aber bezüglich des wahren Ausmaßes des Mangels täuscht oder von vornherein nur eine provisorische Mangelbeseitigung in Auftrag gibt. 104

236 BGH NJW 2007, 835 Rz 12 ff; NJW 2008, 1371 Rz 19 (Verkauf eines Dressurpferdes mit unvollständiger Kastration); Staud/Bach Rz 47; MünchKomm/Westermann Rz 8.
237 BGH NJW 2008, 1371 Rz 19; Staud/Bach Rz 47.
238 BGH NJW 2008, 1371 Rz 19.
239 BGH NJW 2023, 1567 Rz 43 ff; BGHZ 231, 149 Rz 29 f.
240 BGH NJW 2023, 1567 Rz 44 ff; BGHZ 231, 149 Rz 29 f.
241 BGH NJW 2023, 1567 Rz 48; BGHZ 231, 149 Rz 29 f.
242 BGH NJW 2023, 1567 Rz 48; BGHZ 231, 149 Rz 30.
243 BGHZ 231, 149 Rz 29 f; BGH NJW 2023, 1567 Rz 47.
244 BGH NJW 2008, 1371 Rz 19.
245 BGH NJW 2007, 835 Rz 15.
246 BGH NJW 2007, 835 Rz 12 ff; NJW 2008, 1371 Rz 19.
247 Staud/Bach Rz 47; aA Gutzeit NJW 2008, 1359, 1361 f (keine Berücksichtigung von Umständen in der Person des Käufers bei § 440).
248 BGH NJW 2007, 835 Rz 13; NJW 2008, 1371 Rz 19; Staud/Bach Rz 47.

105 3. **Vortäuschen eines erfolgreichen Nacherfüllungsversuchs.** Vom Fall des arglistigen Verschweigens eines Mangels bei Abschluss des Kaufvertrags[249] ist zwar das **Vortäuschen eines erfolgreichen Nacherfüllungsversuchs** zu unterscheiden. Das Vertrauensverhältnis ist hier aber in gleicher Weise wie bei Verschweigen eines Mangels nachhaltig gestört mit der Folge, dass eine Fristsetzung wegen Unzumutbarkeit iSd § 440 Satz 1 Alt 3 entbehrlich ist. Denn auch in dieser Situation muss der Käufer mit einer Fortsetzung des arglistigen Vorgehens des Verkäufers bei künftigen Nacherfüllungsversuchen rechnen. Zudem ist die Besorgnis gerechtfertigt, dass ein Verkäufer, der in Bezug auf den vom Käufer gerügten Mangel einen Nacherfüllungsversuch vortäuscht, sonstige Mängel arglistig verschwiegen hat. Der nur **provisorische Mangelbeseitigungsversuch**[250] erfüllt aber nur ohne weiteres dann den Unzumutbarkeitstatbestand, wenn der Verkäufer eine **nachhaltige Mangelbeseitigung** vortäuscht. Anders ist die Rechtslage nämlich in dem Fall, in dem der Verkäufer in nachvollziehbarer Weise zunächst nur provisorische Sofortmaßnahmen ergreift und dem Käufer dies auch mitteilt[251].

106 4. **Nacherfüllungsverlangen des Käufers nach Entdeckung der Arglist.** Der Käufer ist auch im Falle eines arglistigen Verhaltens des Verkäufers nicht verpflichtet, sich auf eine Unzumutbarkeit iSd § 440 Satz 1 Alt 3 oder die allgemeinen Tatbestände der §§ 281 Abs 2 Alt 2, 323 Abs 2 Nr 3 zu berufen und **sekundäre Gewährleistungsrechte** geltend zu machen. Er kann stattdessen vom Verkäufer eine Nacherfüllung verlangen. Wird der Mangel vom Verkäufer im Anschluss an ein vom Käufer trotz Entdeckung der Arglist geäußertes Nacherfüllungsverlangen beseitigt, so kann der Käufer die sekundären Gewährleistungsrechte nicht mehr unter Berufung auf eine wegen Arglist entbehrliche Fristsetzung stützen[252]. Der Käufer gibt hier nämlich mit seinem Nacherfüllungsverlangen zu erkennen, dass sein **Vertrauen** in die Durchführung einer ordnungsgemäßen Nacherfüllung trotz Entdeckung der Arglist des Verkäufers weiterhin besteht[253]. Das Gleiche gilt, wenn der Mangel hier innerhalb einer vom Käufer gesetzten Frist tatsächlich ordnungsgemäß behoben wird[254]. Wird der Mangel nicht **innerhalb einer Frist** beseitigt, so sind nunmehr die Voraussetzungen der §§ 281 Abs 1, 323 Abs 1 erfüllt.

107 Im Falle eines **Nacherfüllungsverlangens ohne gleichzeitige Fristsetzung** führt das Scheitern des vom Verkäufer, der den Mangel arglistig verschwiegen hat, vorgenommenen Nacherfüllungsversuchs zwar nicht ohne weiteres wieder zur Entbehrlichkeit der Nachfrist wegen Unzumutbarkeit iSd § 440 Satz 1 Alt 3. Die ursprüngliche Arglist ist aber nunmehr bei der Frage zu berücksichtigen, ob die Nacherfüllung bereits nach dem ersten Versuch gem Satz 1 Alt 2 iVm Satz 2 als fehlgeschlagen anzusehen ist. IdR ist davon auszugehen, dass dem Käufer hier ein zweiter Versuch wegen Vorliegens eines **endgültigen Vertrauensverlusts** nicht zumutbar ist.

108 5. **Hinauszögern der Mangelerforschung durch Verkäufer.** Die Nacherfüllung ist dem Käufer auch dann unzumutbar iSd § 440 Satz 1 Alt 3, wenn der Verkäufer sich nach **Mitteilung der Mangelsymptome** durch den Käufer weigert, die gebotene **Mangelerforschung und -beseitigung unverzüglich vorzunehmen**[255]. Die Vornahme nur provisorischer Maßnahmen ohne Rechtfertigungsgrund kann ein Fehlschlagen iSd § 440 Satz 1 Alt 2 begründen[256]. Eine Unzumutbarkeit kann auch in dem Fall gegeben sein, in dem der Verkäufer die vom Käufer berechtigterweise gewählte Art der Nacherfüllung zwar (noch) nicht ernsthaft und endgültig verweigert hat, der Verkäufer der Nacherfüllung aber **Hindernisse in den Weg legt**, die geeignet sind, dem Käufer **erhebliche Unannehmlichkeiten** bezüglich des Gebrauchszwecks zu bereiten[257]. Die Feststellung der Unzumutbarkeit erfordert die Berücksichtigung aller Umstände des Einzelfalls[258]. Von entscheidender Bedeutung kann daher die Frage sein, inwieweit dem Käufer eine Nutzung des Kaufgegenstands möglich ist und er darauf vertrauen kann, dass eine Nacherfüllung noch zum Erfolg führen wird[259].

109 Auch dann, wenn der Verkäufer den Käufer **über Gebühr hinhält** und die Nacherfüllung verzögert, stellt sich die Frage der Unzumutbarkeit. Insoweit geht es insbes um den Fall, in dem der Verkäufer vordergründig die Bereitschaft zur Nacherfüllung signalisiert und seine Erklärungen nicht den strengen Anforderungen der Erfüllungsverweigerung nach §§ 281 Abs 2 Alt 1, 323 Abs 2 Nr 1 genügen. Beim **Fahrzeugkauf** ist der Tatbestand des § 440 Satz 1 Alt 3 unter der Voraussetzung gegeben, dass es sich um einen **sicherheitsrelevanten Mangel** handelt, dessen Ursachen ebenso unklar sind wie die notwendigen Abhilfemöglichkeiten, und der Verkäufer die

249 Vgl dazu Rz 38.
250 Vgl dazu Rz 69 f.
251 Vgl dazu Rz 70.
252 BGH NJW 2010, 1805 Rz 10; Staud/Bach Rz 49.
253 BGH NJW 2010, 1805 Rz 10.
254 BGH NJW 2010, 1805 Rz 10; Staud/Bach Rz 49.
255 BGH NJW 2017, 153 Rz 14 ff.
256 Vgl Rz 69.
257 BGH NJW 2017, 153 Rz 22; BeckOGK/Höpfner Rz 37 f.
258 BGH NJW 2015, 3455 Rz 34; NJW 2017, 153 Rz 23.
259 BGH NJW 2015, 1669 Rz 22 ff; NJW 2017, 153 Rz 24.

Beseitigung in einer für den Käufer nicht zumutbaren und deshalb mit **erheblichen Unannehmlichkeiten** verbundenen Weise hinausschiebt[260]. Erforderlich ist aber stets, dass der Käufer dem Verkäufer die Möglichkeit einräumt, die Kaufsache zu prüfen, indem er ihn nicht nur auf die Mangelsymptome hinweist, sondern ihm auch die Kaufsache zur Mangelbeseitigung zur Verfügung stellt[261].

Die Fristsetzung ist ebenfalls nach § 440 Satz 1 Alt 3 entbehrlich, wenn die vom Verkäufer allein angebotene Abhilfe dem Käufer jedenfalls in der **konkreten Situation unzumutbar** ist[262]. Die mit der Untersuchung und Ursachenklärung nach Mitteilung von Mangelsymptomen durch den Käufer verbundenen **Kostenrisiken** aufseiten des Verkäufers sind, wie sich insbes aus der Regelung des § 439 Abs 2 ergibt, grundsätzlich allein dem Verkäufer zugewiesen[263]. **110**

6. **Abgrenzung zwischen Erfüllungsverweigerung und unzumutbarer Verzögerung der Nacherfüllung.** Eine ernsthafte und endgültige Erfüllungsverweigerung kann zwar auch in einem hartnäckigen Bestreiten des Bestehens eines Sachmangels zu sehen sein[264]. Eine Erfüllungsverweigerung iSd § 323 Abs 2 Nr 1 liegt aber (noch) nicht vor, wenn der Verkäufer im Falle eines nur **sporadisch auftretenden Mangels** sein Tätigwerden wegen fehlender aktueller Reproduzierbarkeit der vom Käufer gerügten Fehlfunktion von einem erneuten Auftreten der Mangelsymptome abhängig macht[265]. Grundsätzlich nicht ausreichend für eine Erfüllungsverweigerung ist auch die bloße Erklärung, derzeit nicht bereit oder imstande zu sein, auf die Mangelrüge eingehen zu können[266]. Erforderlich ist vielmehr, dass der Schuldner seine Leistung erst für einen außerhalb einer angemessenen Nachfrist liegenden Termin ankündigt oder sie von weiteren Umständen bzw vertraglich nicht vereinbarten Forderungen abhängig macht[267]. **111**

7. **Weitere Fälle der Unzumutbarkeit der verbleibenden Nacherfüllungsart bei Unmöglichkeit oder Verweigerung der gewählten Art.** Stellt sich nach Beginn der Vornahme der vom Käufer zunächst gewählten Nacherfüllungsart deren Unmöglichkeit iSd § 275 Abs 1 heraus oder wird diese Nacherfüllungsart nunmehr vom Verkäufer in berechtigter Weise gem § 439 Abs 4 oder § 275 Abs 2 oder 3 verweigert, so liegt nicht ohne weiteres gem § 440 Satz 1 Alt 3 eine Unzumutbarkeit der anderen Nacherfüllungsart vor[268]. Denn dem Verkäufer kann insoweit grundsätzlich nicht zur Last gelegt werden, dass er sich auf einen nach Beginn der vom Käufer gewählten und verlangten Nacherfüllung auf einen einschlägigen Befreiungstatbestand beruft[269]. Nicht selten zeigt sich der insgesamt **erforderliche Nacherfüllungsaufwand** erst nach Beginn der Arbeiten. Andererseits ist es aber auch nicht ausgeschlossen, dass die Unmöglichkeit der Durchführung bzw die berechtigte Erhebung einer Einrede durch den Verkäufer einhergeht mit der Unzumutbarkeit der anderen, noch verbleibenden Nacherfüllungsart für den Käufer. Eine solche Unzumutbarkeit ist dann zu bejahen, wenn die **Umstände des konkreten Einzelfalls** dies rechtfertigen[270]. In Betracht kommt dies insbes in dem Fall, in dem der Käufer schon bei der Durchführung der zunächst gewählten Nacherfüllungsart erhebliche **Unannehmlichkeiten** in Kauf nehmen musste[271]. **112**

8. **Unzumutbarkeit der Nacherfüllung beim Fahrzeugkauf.** – a) **Fehlende Verkehrssicherheit und Unzumutbarkeit der allein angebotenen Abhilfe.** Beim Fahrzeugkauf ist eine Unzumutbarkeit der Nacherfüllung insbes dann zu bejahen, wenn das Fahrzeug aufgrund der vom Verkäufer gerügten **Mangelsymptome nicht mehr hinreichend verkehrssicher** ist und **113**

260 BGH NJW 2017, 153 Rz 14 ff. Im Fall des BGH beanstandete der Käufer eines gebrauchten Volvo V 50, nachdem der Verkäufer bereits mehrere Reparaturen am Fahrzeug, insbes an den Bremsen, vornehmen musste, es sei nunmehr auch das Kupplungspedal nach Betätigung am Fahrzeugboden hängen geblieben, so dass es in die Ausgangsposition habe zurückgezogen werden müssen. Bei der daraufhin vom angestellten Kraftfahrzeugmeister des Verkäufers durchgeführten Untersuchungsfahrt trat der vom Käufer gerügte Mangel am Kupplungspedal auch bei mehrmaliger Betätigung nicht auf. Nach der Behauptung des Verkäufers im Prozess habe er eine Reparatur des beanstandeten Defekts nicht verweigert, sondern vielmehr angesichts der fehlenden Reproduzierbarkeit des gerügten Kupplungsmangels dem Käufer mitgeteilt, dass derzeit kein Grund zur Annahme einer Mangelhaftigkeit und damit für ein Tätigwerden bestehe. In den folgenden Tagen versuchte der Käufer vergeblich, den Verkäufer wegen eines erneuten Hängenbleibens des Kupplungspedals zu einer Äußerung über seine Reparaturbereitschaft zu bewegen. Danach trat der Käufer vom Kaufvertrag zurück. Der BGH hielt die Nachfristsetzung nach § 440 Satz 1 Alt 3 für entbehrlich.

261 BGH NJW 2015, 3455 Rz 29 f; NJW 2017, 153 Rz 25; zum ordnungsgemäßen Nacherfüllungsverlangen auch BGH NJW 2009, 354 Rz 19; vgl § 437 Rz 20.

262 BGH NJW 2017, 153 Rz 19; BeckOGK/Höpfner Rz 44.

263 BGH NJW 2017, 153 Rz 26.

264 Vgl BGH NJW 2017, 153 Rz 18; MünchKomm/Ernst § 323 Rz 106; vgl Rz 18.

265 BGH NJW 2017, 153 Rz 18.

266 Soergel/Gsell § 323 Rz 98; BeckOK/H Schmidt § 323 Rz 25.

267 Soergel/Gsell § 323 Rz 98; MünchKomm/Ernst § 323 Rz 107; BeckOK/H Schmidt § 323 Rz 25.

268 Staud/Bach Rz 35; aA BeckOK/Faust Rz 43 (idR unzumutbar); vgl auch Rz 20.

269 Vgl auch Staud/Bach Rz 35.

270 Staud/Bach Rz 35; BeckOK/Faust Rz 43.

271 Vgl BeckOK/Faust Rz 43 (nicht unerhebliche Belästigungen).

der Verkäufer nach einer Untersuchungsfahrt ohne Auftreten der Mangelsymptome eine weitere Untersuchungstätigkeit ablehnt und dem Käufer nur die erneute Vorstellung des Fahrzeugs bei erneutem Auftreten des behaupteten Mangels anbietet[272]. Durch ein solches Verhalten des Verkäufers wird die **Beseitigung** des tatsächlich vorhandenen Mangels auf **unbestimmte Zeit hinausgeschoben**[273]. Dem Käufer ist es nicht zumutbar, das Risiko der Benutzung eines mit **Sicherheitsmängeln behafteten Fahrzeugs** im Straßenverkehr auf sich zu nehmen[274].

114 b) **Fortdauernder Diebstahlsverdacht und Eintragung im Schengener Informationssystem (SIS) beim Fahrzeugkauf.** Die Eintragung des gekauften Fahrzeugs im Schengener Informationssystem (SIS) stellt auch dann einen **Rechtsmangel** dar, wenn nur der **Verdacht eines Diebstahls** besteht und noch keine Beschlagnahme durch eine **nationale Behörde** erfolgt ist[275]. Besteht die Eintragung des gekauften Fahrzeugs im Schengener Informationssystem (SIS) über einen **längeren Zeitraum**, so muss der Käufer nicht abwarten, ob der Verkäufer in absehbarer Zeit eine **Löschung der Eintragung** erreichen kann[276]. Für die Beurteilung der Unzumutbarkeit der Nacherfüllung kommt es im Falle des Rücktritts auf den **Erkenntnisstand des Käufers im Zeitpunkt der Rücktrittserklärung** an[277]. Entsprechendes gilt für die Minderung und die Geltendmachung des Schadensersatzes statt der Leistung.

115 Eine Unzumutbarkeit der Nacherfüllung ist im Falle der Eintragung im Schengener Informationssystem (SIS) wegen Bestehens eines Diebstahlsverdachts regelmäßig dann zu bejahen, wenn es den **strafrechtlichen Ermittlungsbehörden** über einen längeren Zeitraum nicht gelungen ist, den Sachverhalt aufzuklären[278]. Anders ist die Rechtslage aber dann, wenn es sich um eine relativ neue Eintragung des verkauften Fahrzeugs im Schengener Informationssystem handelt. Insoweit geht es insbes um den Fall, in dem das Fahrzeug kurze Zeit nach einem angeblichen Verlust aufseiten des bisherigen Eigentümers in die Hände des Käufers gelangt. Hier ist regelmäßig eine Fristsetzung erforderlich und ein **Zeitraum von vier Wochen** als Höchstfrist anzusehen.

116 c) **Generelle Fehlergeneigtheit – „Montagsauto".** Auch bei Vorliegen einer Vielzahl von Mängeln ist zwar für die Frage des Fehlschlagens der Nachbesserung grundsätzlich auf jeden einzelnen Sachmangel abzustellen[279]. Durch diese **separate Betrachtungsweise** wird aber nicht dem Umstand Rechnung getragen, dass bei einer Vielzahl von bereits sichtbaren Mängeln leicht die Besorgnis begründet ist, dass noch weitere, **bislang nicht erkennbare Mängel vorhanden** sind. Selbst die Beseitigung aller sichtbaren Mängel kann hier dem Käufer nicht die vom Verkäufer geschuldete Mangelfreiheit iSd § 433 Abs 1 Satz 1 verschaffen. Die **begründete Besorgnis** des Bestehens weiterer, noch verborgener Mängel kann den Tatbestand der Unzumutbarkeit der Nacherfüllung iSd § 440 Satz 1 Alt 3 erfüllen[280]. Der bloße **Verdacht der Fehleranfälligkeit** genügt aber für die Annahme einer Unzumutbarkeit nicht[281]. Ob aufgrund von **herstellungsbedingten Qualitätsmängeln** eine generelle Fehleranfälligkeit besteht, muss vielmehr im Streitfall im Wege einer **Beweisaufnahme durch Sachverständigengutachten** geklärt werden[282].

117 Die im Bereich des **Autohandels** mit dem Begriff „Montagsauto" („Zitronenauto") bezeichnete **besondere Mangelhaftigkeit eines Fahrzeugs** kann bei Vorliegen dieser Besorgnis im konkreten Einzelfall die Nachbesserung des Verkäufers als unzumutbar iSd § 440 Satz 1 Alt 3 erscheinen lassen[283]. Ein Neuwagen ist als sog „Montagsauto" („Zitronenauto") einzuordnen, wenn der **bisherige Geschehensablauf** aus Sicht eines verständigen Käufers bei wertender und

272 BGH NJW 2017, 153 Rz 24; vgl dazu auch Rz 108.
273 BGH NJW 2017, 153 Rz 24.
274 BGH NJW 2017, 153 Rz 24.
275 BGH NJW 2017, 1666 Rz 15 ff.
276 BGH NJW 2017, 1666 Rz 34.
277 BGH NJW 2017, 1666 Rz 36.
278 BGH NJW 2017, 1666 Rz 36. Im Fall BGH NJW 2017, 1666 kaufte der Kläger Mitte 2012 vom Beklagten einen gebrauchten Rolls Royce zum Preis von 29.000 €. Beim Versuch des Käufers, den Wagen Ende Juli 2013 anzumelden, wurde das Fahrzeug polizeilich sichergestellt, weil es im Schengener Informationssystem (SIS) von französischen Behörden am 6.6.2012 als gestohlen gemeldet und zur Fahndung (Sicherstellung und Identitätsfeststellung) ausgeschrieben war. Am 30.9.2013 erfolgte die Freigabe des Fahrzeugs, weil im Laufe der Ermittlungen die Vermutung entstanden war, der frühere französische Eigentümer des Rolls Royce habe den Diebstahl im Rahmen eines Versicherungsbetrugs nur vorgetäuscht. Die Zulassung des Fahrzeugs auf den Kläger erfolgte am 17.12.2013. Die zunächst im November 2013 eingestellten staatsanwaltschaftlichen Ermittlungen wurden im Januar 2014 wieder aufgenommen und dauerten jedenfalls noch bis in das Jahr 2015 an. Aufgrund der andauernden Eintragung im Schengener Informationssystem (SIS) erklärte der Käufer am 2.5.2014 den Rücktritt vom Kaufvertrag und verlangte den Kaufpreis gegen Rückgabe des Wagens. Der BGH bejahte sowohl einen Sachmangel als auch eine Unzumutbarkeit iSd § 440.
279 Vgl Rz 68, 77.
280 Staud/Bach Rz 44; MünchKomm/Westermann Rz 8; Erman/Grunewald Rz 3; BeckOK/Faust Rz 42; BeckOGK/Höpfner Rz 43.1.
281 BGHZ 227, 15 Rz 16.
282 BGHZ 227, 15 Rz 15 f.
283 BGH NJW 2013, 1523 Rz 24; BGHZ 227, 15 Rz 14; MünchKomm/Westermann Rz 8; Staud/Bach Rz 44; BeckOGK/Höpfner Rz 43; Erman/Grunewald Rz 3; BeckOK/Faust Rz 42.

prognostischer Betrachtung die Befürchtung rechtfertigt, es handele sich um ein Fahrzeug, das wegen seiner **auf herstellungsbedingten Qualitätsmängeln** – namentlich auf schlechter Verarbeitung – beruhenden Fehleranfälligkeit insgesamt mangelhaft ist und das auch zukünftig nicht über längere Zeit frei von herstellungsbedingten Mängeln sein wird[284]. Entscheidend für eine derartige Einordnung sind die Umstände des konkreten Einzelfalls[285]. IdR ist für die Einordnung als „Montagsauto" erforderlich, dass binnen einer **kürzeren Zeitspanne eine Vielzahl herstellungsbedingter** – auch kleiner – **Mängel** auftritt, die sich entweder zum wiederholten Male oder erstmals zeigen[286]. Es muss bei verständiger Würdigung der Umstände aus Sicht des Käufers sein **Vertrauen in eine ordnungsgemäße (Wieder-)Herstellung des Fahrzeugs** durch die aufgetretene Fehleranfälligkeit **ernsthaft erschüttert** worden sein[287]. Ausschlaggebend ist letztlich die auf der besonderen **Fehleranfälligkeit des Fahrzeugs** beruhende berechtigte Besorgnis des Käufers, dass der Wagen niemals eine längere Zeit frei von herstellungsbedingten Mängeln sein werde[288].

Ein **gehäuftes Auftreten ungewöhnlich zahlreicher Mängel** innerhalb eines vergleichsweise **kurzen Zeitraums** allein rechtfertigt allerdings noch nicht die Annahme des Vorliegens eines „Montagsautos"[289]. Dies gilt insbes dann, wenn die in der Vergangenheit aufgetretenen Mängel behoben worden sind[290]. Es kommt vielmehr im Rahmen der **Gesamtwürdigung** entscheidend auf die Art, das Ausmaß und die Bedeutung der aufgetretenen Mängel an[291]. Der Umstand einer großen Anzahl von aufgetretenen Mängeln kann aufgrund anderer bedeutsamer Aspekte des konkreten Einzelfalls entscheidend an Gewicht verlieren[292]. Dies ist bspw dann anzunehmen, wenn es sich bislang im Wesentlichen um **Mängel im Bagatellbereich** mit lediglich **Lästigkeitscharakter** handelte und diese zudem überwiegend schon bei der ersten Nachbesserung des Verkäufers beseitigt werden konnten[293]. Für die Frage der Geringfügigkeit eines behebbaren Mangels kommt es insoweit auch auf den für die Beseitigung erforderlichen **Kostenaufwand** an[294]. Auch ein **größerer zeitlicher Abstand** zwischen Übergabe des Fahrzeugs und Auftreten von Fehlern kann, ebenso wie eine bis dahin vorliegende nicht unerhebliche Laufleistung des Fahrzeugs, gegen eine **„Gesamtmangelhaftigkeit wegen Fehleranfälligkeit"** und damit gegen das Vorliegen eines „Montagsautos" sprechen[295]. 118

Liegen die dargelegten Voraussetzungen für die Annahme eines sog „Montagsautos" nicht vor, so ist die Annahme einer **Unzumutbarkeit** iSd § 440 Satz 1 Alt 3 gleichwohl nicht ausgeschlossen[296]. Denn die Unzumutbarkeit kann sich in einer derartigen Fallkonstellation noch in Verbindung mit anderen Umständen – zB einer **Unzuverlässigkeit des Verkäufers**[297] oder einer für 119

284 BGH NJW 2013, 1523 Rz 26; Düsseldorf NJW-RR 2011, 1276, 1277; Staud/Bach Rz 44.
285 BGH NJW 2013, 1523 Rz 26; Staud/Bach Rz 44; MünchKomm/Westermann Rz 8.
286 BGH NJW 2013, 1523 Rz 26; Düsseldorf NJW-RR 2011, 1276, 1277; KG NJW-RR 2010, 706; Hamm BeckRS 2008, 20190; Rostock BeckRS 2009, 07385; Bamberg BeckRS 2006, 04936.
287 BGH NJW 2013, 1523; BGHZ 227, 15 Rz 13; Hamm BeckRS 2008, 20190; Bamberg BeckRS 2006, 04936.
288 BGH NJW 2013, 1523 Rz 28.
289 BGH NJW 2013, 1523 Rz 30; BGHZ 227, 15 Rz 13. Im Fall BGH NJW 2013, 1523 des BGH war ein neues Wohnmobil des Herstellers K zum Preis von 133.743 € veräußert worden. Es handelte sich um ein Fahrzeug des gehobenen Preissegments. Der Verkäufer hatte zunächst im Rahmen einer dreimaligen Nachbesserung insgesamt 33 vom Käufer gerügte Mängel (20 + 4 + 9) beseitigt. Darüber hinaus wurden insgesamt vier weitere Male Nachbesserungsarbeiten von einem anderen Vertragshändler vorgenommen. Zuletzt waren dann 14 neu aufgetretene Mängel festgestellt worden.
290 BGHZ 227, 15 Rz 13.
291 BGH NJW 2013, 1523 Rz 34; KG NJW-RR 2010, 706. Im Fall KG NJW-RR 2010, 706 hatte der Käufer das hochwertige und hochmotorisierte Kraftfahrzeug K Cabrio erworben. Da entweder die Warnlampe des Traktionskontrollsystems DSC aufleuchtete oder die Motorwarnlampe eine Fehlfunktion des Motors anzeigte, wurde der Wagen mindestens neunmal in die Werkstatt gebracht. Dort wurden unter anderem der Motor ausgetauscht, die Luftleitung zum Spülratensteuerventil, der Umlenkrolle-Antriebsriemen-Kompressor und die Kompressor-Kühlmittelpumpe sowie das Spülventil, der Pedalweg und Stellungssensor konfiguriert, die Führung der Fensterheber gefettet und das Leder des Fahrersitzes bearbeitet. Bei der beabsichtigten Übergabe des Fahrzeugs nach der letzten Nachbesserung leuchtete erneut die Motorwarnlampe auf und das Fahrzeug nahm kein Gas an. Außerdem war der Einspritzsensor fehlerhaft. Nach Ansicht des KG war die Fehlergeneigtheit des Fahrzeugs im Zusammenhang mit der fehlerhaften Elektronik als Hauptmangel nicht beseitigt worden, so dass dem Käufer wegen Vorliegens eines „Montagsautos" ein Recht zum Rücktritt ohne weitere Nachfrist zustand.
292 BGH NJW 2013, 1523 Rz 30.
293 BGH NJW 2013, 1523 Rz 31.
294 BGH NJW 2013, 1523 Rz 33. Im Fall des BGH betrug der Aufwand für die Beseitigung der zuletzt noch vorhandenen 14 Mängel ca 3 % des Kaufpreises. Die Annahme des Berufungsgerichts, trotz der großen Anzahl der Mängel liege aufgrund der Zuordnung zum „Bagatellbereich mit lediglich Lästigkeitscharakter" kein „Montagsauto" vor, ließ der BGH im Rahmen der Revision unbeanstandet.
295 Düsseldorf, NJW-RR 2011, 1276, 1278. Im Fall des OLG Düsseldorf waren vier Mängel erst ca 22 bis 24 Monate nach Gefahrübergang und einer Laufleistung des Fahrzeugs von 33.000 km aufgetreten. Das OLG hat diese Mängel daher nicht als ausreichende Grundlage für die Feststellung des Vorliegens eines „Montagsautos" angesehen und auch im Übrigen diesen Tatbestand verneint.
296 BGH NJW 2013, 1523 Rz 26.
297 Vgl dazu Rz 101.

den Käufer **zu langen Dauer der Nachbesserungsarbeiten**[298] – mit der Folge der Entbehrlichkeit einer Nachfristsetzung ergeben[299].

120 d) **Nacherfüllungsverlangen des Käufers trotz Vorliegens eines „Montagsautos"**. Liegen wegen eines wiederholten Auftretens von Mängeln die Voraussetzungen eines „Montagsautos" eigentlich vor, so kann sich der Käufer, wenn er gleichwohl in Bezug auf einen **neu aufgetretenen Mangel** eine Nachbesserung verlangt, nicht auf eine Unzumutbarkeit iSd § 440 Satz 1 Alt 3 berufen, solange diese Nachbesserung nicht fehlgeschlagen ist. Es greift hier das allgemeine Prinzip ein, dass der Käufer sich nicht mehr ohne weiteres auf eine **Entbehrlichkeit der Nachfristsetzung** berufen kann, wenn er anstelle eines Übergangs auf die sekundären Gewährleistungsrechte vom Verkäufer weiterhin Nacherfüllung verlangt[300].

121 9. **Unzumutbarkeit der Nacherfüllung beim Tierkauf**. Der Grundsatz des Vorrangs der Nacherfüllung gilt auch beim Tierkauf[301]. Der Gesichtspunkt des Tierschutzes rechtfertigt nicht die Annahme einer generellen Unzumutbarkeit der Nacherfüllung durch den Verkäufer[302]. Der notwendige Tierschutz kann aber die **Modalitäten der Nacherfüllung** und insbes die Bestimmung des Nacherfüllungsorts beeinflussen. Insoweit geht es dann aber nicht um eine Anwendung des § 440, sondern um die **Natur des Schuldverhältnisses** iSd § 269. Bei **besonderer Eilbedürftigkeit** einer mangelbedingten **tierärztlichen Behandlung**, also insbes in Notfallsituationen, kann dem Käufer zwar ein an den Verkäufer gerichtetes Nacherfüllungsverlangen unzumutbar sein mit der Folge des Entstehens eines Anspruchs auf **Schadensersatz statt der Leistung**[303]. Dies setzt aber ein **Vertretenmüssen** voraus[304]. Hat der Verkäufer den Mangel nicht zu vertreten, so kann der Käufer die Aufwendungen für eine mangelbedingte **tierärztliche Notfallbehandlung** nach den Grundsätzen über die **Geschäftsführung ohne Auftrag** vom Verkäufer ersetzt verlangen[305]. Wird ein Tier mit einem **Mangel** iSd §§ 434, 90a verkauft, so hängt es von den Umständen des Einzelfalls ab, ob dem Käufer eine **Nacherfüllung durch tierärztliche Operation** unzumutbar ist iSd BGB § 440 Satz 1 Alt 3[306]. Insoweit ist insbes von Bedeutung, ob die **Operationsrisiken** zumutbar sind und der **tierärztliche Eingriff** ohnehin, also unabhängig vom Nacherfüllungsanspruch, **medizinisch indiziert** ist[307]. Eine Unzumutbarkeit der Nacherfüllung ist daher zu verneinen, wenn der **Eingriff medizinisch indiziert** ist und von einem verständigen Tierhalter auch außerhalb der kaufrechtlichen Gewährleistung unter Berücksichtigung der Risiken und Belastungen veranlasst werden würde.

122 10. **Anwendung des § 440 Satz 1 Alt 3 bei „Alltagsgeschäften"**. Der Gesetzgeber ist beim Erlass des SMG 2002 zu Recht davon ausgegangen, dass die **allgemeinen Vorschriften** über die **Entbehrlichkeit der Fristsetzung** und die besondere kaufrechtliche Regelung des § 440 auch bei Alltagsgeschäften zu **interessengerechten Lösungen** führen[308]. Bei diesen Geschäften handelt es sich regelmäßig um Kaufverträge über **neue Gattungsware**. Insoweit ist davon auszugehen, dass dem Verkäufer im Falle des Auftretens eines Mangels eine **Ersatzlieferung** idR ohne weiteres möglich ist[309]. Darüber hinaus entspricht der sofortige Austausch der mangelhaften Ware durch den Verkäufer ohne große Formalitäten und zeitaufwendige Prüfungen in vielen Branchen einer **verbreiteten Verkehrssitte**. Lehnt der Verkäufer dagegen nach Mangelrüge des Käufers einen sofortigen Austausch ab, obwohl **Ersatzware vorrätig** ist oder kurzfristig beschafft werden kann, so ist die Fristsetzung regelmäßig nach §§ 281 Abs 2 Alt 2, 323 Abs 2 Nr 3 entbehrlich[310].

123 Dafür spricht auch, dass der Käufer bei den Alltagsgeschäften die Ware idR sofort benötigt und die fehlende Nutzbarkeit nicht überbrücken kann. Erkennt der Käufer nach Abholung oder Anlieferung der Kaufsache einen Sachmangel, so stellt häufig bereits die **fehlende Verwendbarkeit** und die Notwendigkeit einer Rückgabe mit Vorbringen der Mängelrüge eine **erhebliche Unannehmlichkeit** dar, die einen sofortigen Rücktritt oder/und die Geltendmachung von Schadensersatz statt der Leistung rechtfertigt, sofern der Verkäufer eine Ersatzlieferung nicht sofort

298 Vgl Rz 58.
299 BGH NJW 2013, 1523 Rz 26.
300 Vgl dazu Rz 5.
301 BGH NJW 2005, 3211; NJW 2006, 988 Rz 10; NJW 2008, 1371 Rz 10; Staud/Bach Rz 46; Wertenbruch NJW 2012, 2065.
302 BGH NJW 2006, 988 Rz 10 ff; Staud/Bach Rz 46; Wertenbruch NJW 2012, 2065 ff.
303 BGH NJW 2006, 988 Rz 11; Wertenbruch NJW 2012, 2065 ff.
304 Wertenbruch NJW 2012, 2065 ff.
305 Wertenbruch NJW 2012, 2065, 2068.
306 BGH NJW 2008, 1371 Rz 15.
307 BGH NJW 2008, 1371 Rz 15. Im Fall des BGH war vor dem Verkauf eines als Dressurpferd angebotenen Wallachs eine tierärztliche Kastration nur unvollständig durchgeführt worden. Nach den Feststellungen des Sachverständigen war eine zweite Operation möglich, und die Operationsrisiken wurden von ihm insbes deshalb für zumutbar gehalten, weil eine Entfernung des noch vorhandenen Hodengewebes ohnehin medizinisch indiziert gewesen sei, um der Gefahr einer Entartung des Gewebes vorzubeugen.
308 Vgl dazu Rz 10.
309 Vgl BeckOGK/Höpfner Rz 28.1.
310 So iE auch BeckOGK/Höpfner Rz 28.1.

oder jedenfalls unverzüglich vornimmt. Daher ist hier auch der Unzumutbarkeitstatbestand des § 440 Satz 1 Alt 3 erfüllt.

11. **Ungewöhnliche Häufung grober Montagefehler.** Eine Unzumutbarkeit iSd § 440 Satz 1 Alt 3 ist zudem bei Vorliegen einer ungewöhnlichen Häufung von groben Montagefehlern zu bejahen[311]. Dies ist bspw dann gegeben, wenn beim Kauf einer **Einbauküche** mehrere grobe Montagefehler festgestellt werden, die zu Problemen bei der Nutzung führen[312]. Eine Unzumutbarkeit der Nacherfüllung ist insbes in dem Fall anzunehmen, in dem aufgrund der Mängel eine **Verletzungsgefahr** oder sonstige **Sicherheitsrisiken** bestehen[313]. 124

12. **Eingetretene oder zu erwartende Körper- oder Sachschäden – ekelerregende Sachmängel.** Führt der Sachmangel der Erstlieferung aufseiten des Käufers zu einer Körperverletzung oder einer erheblichen Sachbeschädigung, so kann zwar, ebenso wie bei Vorliegen eines ekelerregenden Sachmangels (zB Dosenchampignons in Jauche), nicht ohne weiteres davon ausgegangen werden, dass die Ersatzlieferung bzw Nachbesserung dieselben Folgen haben wird[314]. Dies ist aber für die Frage der Unzumutbarkeit iSd § 440 Satz 1 Alt 3 nicht entscheidend. Ausschlaggebend ist vielmehr, dass die genannten Schäden und Unannehmlichkeiten regelmäßig zu einer **nachhaltigen Zerstörung des Vertrauensverhältnisses** führen, wodurch der Unzumutbarkeitstatbestand erfüllt wird[315]. Der Fall ist daher im Ergebnis nicht anders zu behandeln als die Konstellation, in der ein erster Nacherfüllungsversuch zu erheblichen Unannehmlichkeiten geführt hat und deshalb ein zweiter Versuch dem Käufer nicht mehr zumutbar ist[316]. 125

13. **Besorgnis der Verursachung weiterer Sachmängel (Folgemängel) – insbes Dieselabgas-Fälle.** Die Nacherfüllung ist dem Käufer auch in dem Fall unzumutbar, in dem die begründete Besorgnis besteht, dass durch die vom Verkäufer angebotene **Nachbesserung** ein Folgemangel eintritt[317]. Der Käufer muss hier nicht nachweisen, dass ein Folgemangel mit an Sicherheit grenzender Wahrscheinlichkeit entstehen würde; die **begründete Besorgnis** ist ausreichend[318]. Die Interessen des Käufers sind nämlich in einer solchen Fallkonstellation schon dann in unzumutbarer Weise beeinträchtigt, wenn **aus der Sicht eines verständigen Käufers** konkrete tatsächliche Anhaltspunkte für den Eintritt von Folgemängeln bestehen[319]. Ein solcher ausreichender Verdacht kann bspw dann zu bejahen sein, wenn beim Kauf eines **Diesel-Fahrzeugs mit Abgas-Manipulationssoftware** die begründete Befürchtung besteht, dass das beabsichtigte **Software-Update** zu Folgemängeln im Sinne einer negativen Veränderung der Kohlendioxidwerte, des Kraftstoffverbrauchs, der Motorleistung und/oder der Haltbarkeit des Motors führt[320]. Insoweit besteht allerdings **keine tatsächliche Vermutung**[321]. Das Vorliegen einer darauf bezogenen Gefahr muss vom **Tatsachengericht** vielmehr im Wege der **Beweisaufnahme** durch Einholung eines **Sachverständigengutachtens** festgestellt werden[322]. Der **bloße Verdacht,** dass vom **aufzuspielenden Software-Update** zwar der ursprüngliche Mangel behoben, aber **andere Nachteile** beim Betrieb des Fahrzeugs verursacht werden könnten, genügt nicht für die Annahme einer Unzumutbarkeit der Nachbesserung iSd § 440 Satz 1 Alt 3[323]. 126

14. **Zeitlich nicht absehbare Nachbesserung – insbes Dieselabgas-Abschalteinrichtung.** Eine Unzumutbarkeit iSd § 440 Satz 1 Alt 3 kann sich für den Käufer auch aus **zeitlichen Gegebenheiten** und einer damit verbundenen **Ungewissheit** darüber ergeben, ob der Verkäufer in **absehbarer Zeit** zur Beseitigung des festgestellten Mangels imstande sein wird[324]. Praktische Bedeutung hat insoweit insbes die Beseitigung eines Sachmangels in Gestalt einer **unzulässigen Abgas-Abschalteinrichtung** beim Fahrzeugkauf (**Dieselskandal**). Entscheidend für die Unzumutbarkeit aus zeitlichen Gesichtspunkten ist hier, ob aufgrund der aufgetretenen Mängel das 127

311 BGH NJW 2016, 3654 Rz 39.
312 BGH NJW 2016, 3654 Rz 40.
313 BGH NJW 2016, 3654 Rz 40. Im Fall des BGH war bei einer für ca 83.000 € gekauften Einbauküche die Arbeitsplatte nicht befestigt, sondern beweglich, so dass im Falle von unkontrollierten Veränderungen der Position eine Verletzungsgefahr bestand. Die Küchentheke war so befestigt worden, dass sie beim Abstützen in Richtung der Stühle umkippen konnte. Bei der Kochstelle bestand aufgrund einer unzulässigen Verwendung loser Unterleg-Lagerklötze eine akute Verletzungsgefahr im Falle des Verrutschens von heißen Töpfen oder Pfannen. Im Bereich der Unterbauschränke bestand die Gefahr, sich bei Betätigung der Schubladenfronten die Finger einzuklemmen. Zudem war das Kochfeld nicht verfugt, so dass überkochende Flüssigkeit in den Unterschrank floss. Zudem flossen aufgrund einer fehlerhaften Konstruktion des Spülbeckens bestimmte (niedrigviskose) Flüssigkeiten nicht rückstandsfrei ab.
314 Staud/Bach Rz 43.
315 BeckOK/Faust Rz 42.
316 Vgl Rz 57 f.
317 LG Bückeburg, Urt v 11.1.2017 – 2 O 39/16, juris Rz 30 ff.
318 LG Bückeburg, Urt v 11.1.2017 – 2 O 39/16, juris Rz 34.
319 LG Bückeburg, Urt v 11.1.2017 – 2 O 39/16, juris Rz 34.
320 BGHZ 230, 296 Rz 83 ff; BGHZ 231, 149 Rz 31 ff; BGH BeckRS 2022, 2329 Rz 29.
321 BGHZ 231, 149 Rz 32 ff.
322 BGHZ 231, 149 Rz 38; BGHZ 230, 296 Rz 88.
323 BGHZ 231, 149 Rz 38.
324 BGH NJW 2023, 1567 Rz 51; BGH NJW 2017, 1666 Rz 34 ff.

Vertrauen des Fahrzeugkäufers in eine **insgesamt ordnungsgemäße Herstellung** ernsthaft erschüttert ist[325]. Zu bejahen ist dies vor allem dann, wenn nach den Angaben des Verkäufers mit der Nachbesserung erst nach **längerer Zeit** begonnen werden soll und/oder der genaue Zeitpunkt nur vage angekündigt wird[326]. Regelmäßig gegeben ist daher eine Unzumutbarkeit in den Konstellationen, in denen der exakte Zeitpunkt der Nachbesserung **letztlich offen** ist[327]. In jedem Fall unzumutbar ist ein Nachbesserungszeitpunkt, der **mehrere Monate in der Zukunft** liegen soll[328].

128 15. **Interesse des Käufers an sofortiger Verfügbarkeit.** Es ist zwar richtig, dass ein berechtigtes Interesse des Käufers an einer sofortigen Verfügbarkeit des Kaufgegenstands eine Unzumutbarkeit iSd § 440 Satz 1 Alt 3 begründen kann[329]. Diesem Interesse entspricht aber in erster Linie nicht der **Rücktritt vom Kaufvertrag** oder ein **Anspruch auf Schadensersatz statt der Leistung**. Denn durch diese Rechtsbehelfe erlangt der Käufer keinen Ersatzgegenstand, sondern nur die Lösung vom bestehenden Kaufvertrag als Grundlage für einen **Deckungskauf**. Das primäre Interesse des Käufers ist hier vielmehr auf eine **sofortige Nacherfüllung** gerichtet, die allerdings voraussichtlich nicht länger dauern darf als die **Tätigung eines Deckungskaufs**. Der Verkäufer muss bei Vorliegen eines **Gattungskaufs** so schnell Ersatz liefern, dass kein wesentlicher Unterschied zur Vornahme eines Deckungskaufs besteht. Gleichwertig ist insoweit auch eine **erfolgversprechende sofortige Nachbesserung**. Eine Unzumutbarkeit der Nacherfüllung ist demnach nur dann zu bejahen, wenn der Verkäufer keine sofortige Nacherfüllung in Aussicht stellt.

129 Anders ist die Rechtslage, wenn aufgrund der für die Nacherfüllung voraussichtlich erforderlichen Zeitspanne die **Verwendbarkeit der Sache** aufseiten des Käufers **erheblich beeinträchtigt** ist (zB fehlende Verfügbarkeit für einen geplanten Messeverkauf[330]). Hier ist eine Unzumutbarkeit zu bejahen[331]. Denn eine erfolgreiche Nacherfüllung würde in einer solchen Situation nichts daran ändern, dass die Verwendbarkeit der Sache allein aufgrund des für die Nacherfüllung erforderlichen Zeitraums erheblich beeinträchtigt ist. Die **Dauer der voraussichtlichen Nacherfüllung** kann auch in dem Fall die Bejahung einer Unzumutbarkeit rechtfertigen, in dem die Nacherfüllung zu nicht unerheblichen Unannehmlichkeiten für den Käufer führen würde[332]. Zu bejahen ist dies bspw dann, wenn der Käufer eines mit einem Mangel behafteten Fahrzeugs aufgrund der Dauer der voraussichtlichen Nachbesserung seinen Arbeitsplatz auch nicht mit öffentlichen Verkehrsmitteln erreichen kann[333]. In derartigen Fallkonstellationen kann der Verkäufer allerdings die auf der voraussichtlichen Dauer der Nacherfüllung beruhende Unzumutbarkeit durch das kostenfreie vorübergehende Zur-Verfügung-Stellen eines **Ersatzfahrzeugs** bzw sonstigen Ersatzgegenstands beseitigen.

130 16. **Beschränkung des Aufwendungsersatzes gem § 475 Abs 4 Satz 2 aF beim Verbrauchsgüterkauf – insbes Kostenbeteiligung an Ein- und Ausbau.** Nach § 439 Abs 3 hat der Verkäufer in dem Fall, in dem der Käufer die mangelhafte Sache gem ihrer Art und ihrem Verwendungszweck in eine andere Sache eingebaut oder an eine andere Sache angebracht hat, dem Käufer die **erforderlichen Aufwendungen** für das Entfernen der mangelhaften und den Einbau oder das Anbringen der nachgebesserten oder nachgelieferten mangelfreien Sache zu ersetzen. Beruft sich der Verkäufer bei Vorliegen eines Verbrauchsgüterkaufs in Bezug auf die vom Käufer gewählte Nacherfüllungsart auf § 439 Abs 4 Satz 1, so kann er nach Umsetzung der **Warenkauf-Richtlinie** auch die andere Art der Nacherfüllung nach § 439 Abs 4 Satz 1 wegen Unverhältnismäßigkeit der Kosten verweigern.

131 Der Verkäufer konnte auf Grundlage des bis zum 31.12.2021 geltenden Rechts, wenn die andere Art der Nacherfüllung wegen der Höhe der Aufwendungen iSd § 439 Abs 2 oder Abs 3 Satz 1 unverhältnismäßig war, den **Aufwendungsersatz** gem § 475 Abs 4 Satz 2 aF auf einen **angemessenen Betrag** beschränken. Der Käufer musste sich also im Falle der Aufrechterhaltung des auf diese Art der Nacherfüllung bezogenen Verlangens uU in nicht unerheblicher Höhe an **Ein- und Ausbaukosten** oder sonstigen finanziellen nacherfüllungsbezogenen Aufwendungen iSd § 439 Abs 2 beteiligen. Diese im Falle der Wahl der Nacherfüllung notwendige Beteiligung an der Kostentragung erfüllte den **Unzumutbarkeitstatbestand** des § 440 Satz 1 Alt 3, auf den der Käufer sich berufen kann, aber nicht musste[334]. Dieser Anwendungsfall des § 440 ist zum

325 BGH NJW 2023, 1567 Rz 51.
326 BGH NJW 2023, 1567 Rz 53.
327 BGH NJW 2023, 1567 Rz 53.
328 BGH NJW 2023, 1567 Rz 53.
329 Vgl Oetker/Maultzsch, Vertragliche Schuldverhältnisse, 2018[5], § 2 Rz 275.
330 Vgl dazu Grüneberg/Weidenkaff Rz 8.
331 Staud/Bach Rz 52; Grüneberg/Weidenkaff Rz 8.
332 Staud/Bach Rz 52; MünchKomm/Westermann Rz 8.
333 Staud/Bach Rz 52; MünchKomm/Westermann Rz 8.
334 EuGH NJW 2011, 2269; BGHZ 192, 148 = NJW 2012, 1073 Rz 48.

einen dadurch entfallen, dass diese Norm **seit dem 1.1.2022** nicht mehr auf Verbrauchsgüterkäufe anwendbar ist und **§ 475d** für diese Kaufverträge eine abschließende Regelung darstellt[335]. Zum anderen stellt sich die Problematik der **Unzumutbarkeit der Nacherfüllung** insoweit auch bei Verbrauchsgüterkäufen nicht mehr, weil der Verkäufer (Unternehmer) beide Nacherfüllungsarten nach **§ 439 Abs 4** verweigern kann und § 475 Abs 4 aF deshalb im Rahmen der Umsetzung der **Warenkauf-Richtlinie** ersatzlos aufgehoben wurde[336].

17. **Umstände außerhalb des Verantwortungsbereichs des Verkäufers.** Die Unzumutbarkeit der Nacherfüllung kann grundsätzlich nicht auf Umstände gestützt werden, die **in keinem Zusammenhang mit dem Mangel** stehen[337]. Das Gleiche gilt für Umstände, die zwar zumindest mittelbar durch einen Mangel verursacht worden sind, aber auf einer freien Entscheidung des Käufers beruhen, die der Verkäufer in keiner Weise zu vertreten hat[338]. Insoweit geht es insbes um einen **Deckungskauf vor Fristablauf** oder Eintritt einer Entbehrlichkeit der Fristsetzung[339]. 132

18. **Maßgeblicher Zeitpunkt für die Beurteilung der Unzumutbarkeit.** Entscheidender Zeitpunkt für die Beurteilung der Unzumutbarkeit iSd § 440 Satz 1 Alt 3 ist nicht die letzte mündliche Verhandlung im Gewährleistungsprozess, sondern der **Erkenntnisstand des Käufers** im Zeitpunkt seiner **Erklärung des Rücktritts**[340]. Entsprechendes gilt, wenn der Käufer die **Minderung** erklärt oder/und auf den **Schadensersatz statt der Leistung** übergeht. Ein **nachfolgender Eintritt von Umständen**, die gegen eine Unzumutbarkeit sprechen, kann insoweit keine Änderung der Rechtslage mehr herbeiführen. Dies ist interessengerecht und auch folgerichtig, weil nach Ausübung der Gestaltungsrechte und/oder Übergang auf den Schadensersatzanspruch statt der Leistung auch die **Aufgabe einer ernsthaften und endgültigen Erfüllungsverweigerung** durch den Verkäufer nichts mehr an den bereits entstandenen **sekundären Gewährleistungsrechten** des Käufers ändert. 133

19. **Revisionsrechtliche Überprüfung der Zumutbarkeits-Beurteilung des Tatsachengerichts.** Die Beurteilung, ob die Nacherfüllung dem Käufer aufgrund besonderer Umstände des Einzelfalls iSd § 440 Satz 1 Alt 3 unzumutbar ist, unterliegt der **wertenden Betrachtung** durch den **Tatrichter** und ist in der Revision nur **eingeschränkt überprüfbar**[341]. Die tatrichterliche Beurteilung als solche ist zwar grundsätzlich revisionsfest. Revisionsrechtlich relevante Fehler können aber in einer **unzureichenden Feststellung oder Berücksichtigung von Tatsachen** als Grundlage für die rechtliche Beurteilung zu sehen sein. Angreifbar ist die Beurteilung der Tatsacheninstanz daher insbes dann, wenn der **Tatsachenvortrag des Klägers** zur Frage der Unzumutbarkeit **unzureichend gewürdigt** wurde[342]. Dies ist bspw in dem Fall zu bejahen, in dem das Tatsachengericht die Beanstandung einer **ungewöhnlichen Häufung grober Montagefehler** nicht berücksichtigt hat[343]. 134

20. **Festhalten des Käufers am Nacherfüllungsanspruch trotz Unzumutbarkeit iSd § 440 Satz 1 Alt 3.** Da der Käufer im Falle der Entbehrlichkeit der Nachfrist wegen Unzumutbarkeit iSd § 440 Satz 1 Alt 3 nicht zu einem Übergang auf die **sekundären Gewährleistungsrechte** verpflichtet ist, kann er den Verkäufer auch am Nacherfüllungsanspruch festhalten. Eine **Fristsetzung** ist selbstverständlich ebenfalls möglich. Diese Option besteht für den Käufer in allen Fällen, in denen wegen eines arglistigen Verhaltens des Verkäufers der Unzumutbarkeitstatbestand des § 440 Satz 1 Alt 3 erfüllt ist[344]. Gelingt dem Verkäufer die Nacherfüllung, so ist ein Rückgriff des Käufers auf die Entbehrlichkeit der Nachfristsetzung ausgeschlossen[345]. Im Falle des **Misslingens der Nacherfüllung** innerhalb einer gesetzten Frist sind die Voraussetzungen der §§ 281, 323 erfüllt. Bei Fehlen einer Fristsetzung rechtfertigt das Scheitern des trotz Vorliegens des Tatbestands des § 440 Satz 1 Alt 3 vom Käufer eingeräumten Nacherfüllungsversuchs regelmäßig die Annahme, dass dem Käufer auf Grundlage einer **Gesamtwürdigung der Umstände** ein weiterer Nacherfüllungsversuch nicht zumutbar ist. 135

IX. Einschränkung des § 440 durch Treu und Glauben (§ 242)

1. **Verletzung von Käuferpflichten – Grundlagen.** Die Berufung des Käufers auf § 440 kann im Falle einer **schwerwiegenden Verletzung eigener Pflichten** gegen Treu und Glauben 136

335 Vgl Rz 9.
336 Vgl dazu Rz 34.
337 Vgl BeckOK/Faust Rz 48.
338 BeckOK/Faust Rz 48.
339 BeckOK/Faust Rz 48.
340 BGH NJW 2017, 1666 Rz 36.
341 BGH NJW 2008, 1371 Rz 15; NJW 2013, 1523 Rz 24; NJW 2016, 3654 Rz 39.
342 BGH NJW 2016, 3654 Rz 39.
343 BGH NJW 2016, 3654 Rz 39.
344 Vgl Rz 102.
345 BGH NJW 2010, 1805 Rz 10.

(§ 242) verstoßen[346]. Insoweit stellt sich aber zunächst die Frage, ob die kaufvertragliche Pflicht, gegen die der Käufer verstoßen haben soll, überhaupt wirksam vereinbart worden ist. Dies gilt insbes für **formularmäßige Vereinbarungen**.

137 2. **Verletzung von Informationspflichten – AGB-Kontrolle**. Eine schwerwiegende Pflichtverletzung des **Käufers eines Neuwagens** ist nicht darin zu sehen, dass er bei Bestehen eines im Kaufvertrag vorgesehenen Rechts auf **Einschaltung einer Drittwerkstatt** zum Zwecke der Durchführung von Nachbesserungsarbeiten den Verkäufer erst nach **Fehlschlagen der Nachbesserung informiert**, sofern die AGB des Kaufvertrags insoweit **keinen exakten Informationszeitpunkt** festlegen[347]. Enthalten die in den Kaufvertrag wirksam einbezogenen Verkäufer-AGB für den Fall der berechtigten **mangelbedingten Einschaltung einer Drittwerkstatt** durch den Käufer keine Regelung über den Zeitpunkt der dem Käufer obliegenden Information des Verkäufers, so ist die Klausel insoweit **objektiv mehrdeutig**[348].

138 Da die Information über das Fehlschlagen der Nachbesserung dem Verkäufer die Prüfung ermöglicht, ob die Voraussetzungen der **sekundären Gewährleistungsrechte** des Käufers aus § 437 Nr 2 und 3 tatsächlich gegeben sind, sind hier mindestens **zwei Auslegungsmöglichkeiten** als rechtlich vertretbar anzusehen. Daraus folgt, dass nach der Unklarheitenregelung des § 305c Abs 2 **Zweifel zu Lasten des Verkäufers** gehen und dem Käufer nicht eine zu späte Information des Verkäufers vorgeworfen werden kann[349]. Es liegt in dieser Fallkonstellation von vornherein keine Verletzung von Käuferpflichten vor.

139 Ist der Käufer auf Grundlage des Kaufvertrags bei Vorliegen eines Sachmangels zur **Einschaltung einer Drittwerkstatt** berechtigt, so kann er grundsätzlich davon ausgehen, dass der vom Verkäufer zum Zwecke der Durchführung der Nachbesserung eingesetzte Dritte die **relevanten Informationen** selbst ordnungsgemäß an den **Verkäufer übermittelt** und ihn von etwaigen **Problemen bei der Nachbesserung** und insbes von einem Fehlschlagen unverzüglich in Kenntnis setzt. Im Falle der Zulässigkeit der Einschaltung eines Drittunternehmens ist bei Fehlen einer eindeutigen kaufvertraglichen Regelung einer dem Käufer obliegenden **Informationspflicht** für ihn nicht ersichtlich, ob der Verkäufer nach Inanspruchnahme des Dritten überhaupt vom Käufer, der idR zu fachkundigen Beschreibungen und Analysen nicht in der Lage ist, während der Phase der Nachbesserung kontaktiert werden will. Denn eine **fachkundige Auskunft** über Art und Umfang des Mangels sowie über den erforderlichen Nachbesserungsaufwand kann offensichtlich nur der vom Verkäufer eingesetzte Drittunternehmer als „Fachperson" erteilen.

X. Abweichende Vereinbarungen

140 1. **Grundlagen**. Eine Abbedingung des § 440 ist zwar grundsätzlich zulässig. Bei **formularmäßiger Abbedingung** stellt sich aber die Frage der AGB-Kontrolle nach §§ 307 ff. Praktische Bedeutung hat insoweit insbes die Abbedingung des Fristsetzungserfordernisses in **Einkaufsbedingungen** des Käufers[350]. Auf **Verbrauchsgüterkäufe** ist § 440 seit dem **1.1.2022** ohnehin nicht mehr anwendbar[351].

141 2. **Abweichung zugunsten des Käufers in Einkaufs-AGB**. Eine **Abbedingung des allgemeinen Fristsetzungserfordernisses** in vom Käufer gestellten Einkaufs-AGB zu Lasten des Verkäufers hält einer **Inhaltskontrolle nach § 307** nicht stand[352]. Ob die Klausel auch die Fallkonstellation erfasst, in der eine Fristsetzung durch den Käufer eigentlich möglich ist, muss im Wege der Auslegung geklärt werden, wobei gem § 305c Abs 2 bei Zweifeln von der **kundenfeindlichsten Auslegung** auszugehen ist[353]. Dies gilt sowohl für die **Verbandsklage** als auch für den **Individualprozess**[354]. Soll nach der in den Kaufvertrag einbezogenen Klausel im **„dringenden Fall"** eine Fristsetzung durch den Käufer entbehrlich sein, so ist im Rahmen der kundenfeindlichsten Auslegung anzunehmen, dass diese Formulierung auch die Konstellation erfasst, in der zumindest eine den besonderen Umständen relativ **kurze Frist** gesetzt werden könnte[355]. Erfasst die Klausel unmittelbar oder im Wege der gebotenen kundenfeindlichsten Auslegung auch die Fallkonstellation, in der dem Verkäufer trotz Eilbedürftigkeit eigentlich mit einer kurzen Frist die Gelegenheit zur Mangelbeseitigung eingeräumt werden muss, dann entfernt sich diese „Ent-

346 BGH NJW 2007, 504 Rz 17.
347 BGH NJW 2007, 504 Rz 17 ff.
348 BGH NJW 2007, 504 Rz 23.
349 BGH NJW 2007, 504 Rz 23.
350 Vgl dazu nachfolgend Rz 142.
351 Vgl Rz 9.
352 BGHZ 164, 196 = NJW 2006, 47 Rz 23 ff; Staud/Matusche-Beckmann Rz 41; Grüneberg/Weidenkaff Rz 4; BeckOGK/Höpfner Rz 45.
353 BGHZ 176, 244 = NJW 2008, 2172 Rz 18 f; BGHZ 180, 257 = NJW 2009, 2051 Rz 11; zumindest für den Verbandsprozess auch BGHZ 164, 196 = NJW 2006, 47 Rz 26.
354 BGHZ 176, 244 = NJW 2008, 2172 Rz 19; noch offengelassen in BGHZ 164, 196 = NJW 2006, 47 Rz 26 f.
355 BGHZ 164, 196 = NJW 2006, 47 Rz 26 f.

behrlichkeitsklausel" so weit von der gesetzlichen Regelung, dass sie mit deren **wesentlichen Grundgedanken** nicht mehr zu vereinbaren und demzufolge nach § 307 Abs 2 Nr 1, Abs 1 **unwirksam** ist[356].

Auch eine Abbedingung des Fehlschlagens der Nachbesserung nach § 440 Satz 2 (Zwei-Versuche-Regel) kann gegen § 307 verstoßen. Als zulässig anzusehen ist eine **Konkretisierung**, und zwar insbes die Festlegung von angemessenen Nacherfüllungsfristen. Eine formularmäßige generelle **Beschränkung der Nacherfüllung auf einen Versuch** des Verkäufers ist aber als **unangemessen** anzusehen, weil sie auch Fallgestaltungen erfasst, in denen der erste Nachbesserungsversuch weitgehend erfolgreich war und im Rahmen des zweiten Versuchs nur noch Arbeiten von geringem Aufwand vorgenommen werden müssen. **142**

§ 441 Minderung

(1) Statt zurückzutreten, kann der Käufer den Kaufpreis durch Erklärung gegenüber dem Verkäufer mindern. Der Ausschlussgrund des § 323 Abs. 5 Satz 2 findet keine Anwendung.

(2) Sind auf der Seite des Käufers oder auf der Seite des Verkäufers mehrere beteiligt, so kann die Minderung nur von allen oder gegen alle erklärt werden.

(3) Bei der Minderung ist der Kaufpreis in dem Verhältnis herabzusetzen, in welchem zur Zeit des Vertragsschlusses der Wert der Sache in mangelfreiem Zustand zu dem wirklichen Wert gestanden haben würde. Die Minderung ist, soweit erforderlich, durch Schätzung zu ermitteln.

(4) Hat der Käufer mehr als den geminderten Kaufpreis gezahlt, so ist der Mehrbetrag vom Verkäufer zu erstatten. § 346 Abs. 1 und § 347 Abs. 1 finden entsprechende Anwendung.

ÜBERSICHT

356 BGHZ 164, 196 = NJW 2006, 47 Rz 27.

A. Allgemeine Grundlagen

I. Sinn und Zweck des § 441

1. **Aufrechterhaltung des Kaufvertrags unter gesetzlicher Neubestimmung des Kaufpreises.** Im Unterschied zu dem auf vollständige Rückabwicklung des Kaufvertrags gerichteten **Rücktritt des Käufers** nach § 437 Nr 2 iVm § 346 gibt die Minderung dem Käufer ein einseitiges Recht auf Herabsetzung des Kaufpreises und damit auf **Anpassung des Kaufvertrags** an die durch das Vorhandensein eines Mangels zum Nachteil des Käufers veränderten Umstände. Wählt der Käufer die Minderung, so behält er die Kaufsache und muss dafür aber – abweichend vom kaufvertraglich festgelegten Betrag – letztlich nur den Preis zahlen, der bei Zugrundelegung des im Kaufvertrag zum Ausdruck kommenden **Bewertungsmaßstabs** von den Parteien vereinbart worden wäre, wenn ihnen bei Vertragsschluss der Mangel bekannt gewesen wäre und sie den Kaufvertrag gleichwohl abgeschlossen hätten. Soweit eine vom Käufer **bereits geleistete Zahlung** den durch Minderung herabgesetzten Kaufpreis übersteigt, steht ihm gegen den Verkäufer der **Erstattungsanspruch** des § 441 Abs 4 Satz 1 zu[1]. Die prima facie einleuchtende Erwägung, dass der Verkäufer die Sache bei Kenntnis des Mangels möglicherweise nicht zu einem niedrigeren Preis verkauft, sondern vielleicht selbst instandgesetzt oder einfach in diesem Zustand behalten hätte, ist nach § 441 sowohl für das Recht des Käufers auf Minderung als auch für die Berechnung des herabgesetzten Kaufpreises unerheblich[2]. 1

2. **Geringere Prozessrisiken im Vergleich zum Rücktritt – unterschiedlicher Streitwert im Gewährleistungsprozess.** Ein wesentlicher Vorteil der Minderung im Vergleich zum Rücktritt vom Kaufvertrag zeigt sich vor allem in den Fällen, in denen zwischen den Kaufvertragsparteien schon das **Vorliegen eines Mangels** streitig und daher ein Gewährleistungsprozess zu erwarten ist. In einer derartigen Situation beruht die Nichtvornahme der Nacherfüllung durch den Verkäufer innerhalb einer vom Käufer gesetzten Frist ebenso wie eine **ernsthafte und endgültige Erfüllungsverweigerung** iSd §§ 281 Abs 2 Alt 1, 323 Abs 2 Nr 1 häufig schlicht auf der Ansicht des Verkäufers, dass ein Mangel als Grundlage für eine Gewährleistungshaftung gar nicht vorliege. Erhebt der Käufer in einer solchen Streitkonstellation **nach Erklärung des Rücktritts** vom Kaufvertrag eine Klage auf Rückzahlung des bereits in voller Höhe gezahlten Kaufpreises, so ist dieser Betrag die Grundlage für die Ermittlung des **Streitwerts** und damit auch für die Veranschlagung der **Prozesskostenrisiken**. Entsprechendes gilt, wenn der Käufer den Kaufpreis noch nicht gezahlt hat und der Verkäufer deshalb eine Klage auf Zahlung des gesamten Betrags erhebt. Bei Wahl des Rücktritts kommt für den Käufer die Gefahr hinzu, dass 2

1 Vgl zu den Einzelheiten unten Rz 109 ff.

2 Vgl dazu unten Rz 9 ff und Rz 23.

die in seinem Besitz befindliche Kaufsache während des laufenden Gewährleistungsprozesses ohne Zusammenhang mit dem angeblichen Mangel beschädigt wird oder sogar untergeht und er deshalb gem **§ 346 Abs 2 Nr 3 Wertersatz** leisten muss.

3 Die Prozessrisiken sind bei streitigem Mangel für den Käufer geringer, wenn er das Minderungsrecht ausübt. Denn der Streitwert und die damit verbundenen **Prozessrisiken** sind dann auf den **Minderungsbetrag**, also den zu viel gezahlten Kaufpreisteil, und damit auf einen Bruchteil des Kaufpreises beschränkt[3]. Die Minderung ist daher schon aus diesem Grund im Vergleich zum Rücktritt vor allem dann die **vorzugswürdige Alternative**, wenn der Käufer die Kaufsache entweder trotz des Mangels noch verwenden oder zumindest nach Reparatur auf eigene Rechnung nutzen kann. Der Käufer kann den ihm nach § 441 Abs 3 Satz 1 zustehenden **Minderungsbetrag** für eine derartige Mangelbeseitigung durch einen Drittunternehmer einsetzen. Da der Käufer im Falle der Minderung die Kaufsache nicht an den Verkäufer zurückgeben muss, begründen **Beschädigungen und sonstige Verschlechterungen** im Zusammenhang mit der Nutzung keine Haftung gegenüber dem Verkäufer. Zudem hat der Käufer – auch im Falle des Vorliegens einer Verbraucherstellung – nach Erklärung der Minderung die Möglichkeit, die Kaufsache **unter Offenlegung des Mangels weiterzuverkaufen**, wobei der mangelbedingte Kaufpreisabschlag idR ungefähr dem Minderungsbetrag entsprechen dürfte. Da der Käufer im Falle der Minderung die Kaufsache nicht an den Verkäufer zurückgeben muss, begründet auch der **Weiterverkauf** keine Haftung gegenüber dem Verkäufer.

4 Der Umstand, dass auch im Falle der vom Käufer erklärten Minderung im Gewährleistungsprozess über die Frage des Vorliegens eines Mangels entschieden und insoweit uU **Beweis** durch Einholung eines **Sachverständigengutachtens** erhoben werden muss, spricht nicht gegen einen Weiterverkauf der mangelhaften Sache. Denn der Käufer kann vor einem solchen Verkauf ein **selbständiges Beweisverfahren gem ZPO §§ 485 ff** durchführen und die Frage des Vorliegens eines Mangels klären lassen. Der **Antrag des Käufers** auf Durchführung einer schriftlichen Begutachtung durch einen Sachverständigen im Rahmen eines selbständigen Beweisverfahrens ist gem ZPO § 485 Abs 2 statthaft, wenn er ein rechtliches Interesse daran hat, dass die **Ursache eines Sachmangels** (ZPO § 485 Abs 2 Satz 1 Nr 2) oder/und der **Aufwand für die Beseitigung** dieses Mangels (ZPO § 485 Abs 2 Satz 1 Nr 3) festgestellt wird. Ein rechtliches Interesse ist gem ZPO § 485 Abs 2 Satz 2 anzunehmen, wenn die Feststellung der **Vermeidung eines Rechtsstreits** dienen kann. Davon ist jedenfalls dann auszugehen, wenn zwischen den Kaufvertragsparteien ein Streit über das Vorliegen eines Sachmangels oder/und den Aufwand für dessen Beseitigung besteht und nicht ausgeschlossen werden kann, dass der Verkäufer im Falle der Feststellung eines Mangels durch den **beauftragten Sachverständigen** einlenkt und die Nacherfüllung vornimmt oder – bei Vorliegen der Minderungsvoraussetzungen der §§ 437 Nr 2, 441 Abs 1 – den vom Käufer geltend gemachten Minderungsbetrag anerkennt[4]. Darüber hinaus ist das für die gerichtliche Beweissicherung erforderliche Interesse im Falle des Kaufs auch schon dann zu bejahen, wenn der **Zustand der Kaufsache** zu einem **bestimmen Zeitpunkt** die Grundlage eines Anspruchs des Käufers darstellen kann[5].

5 Lehnt der Verkäufer trotz **Feststellung eines Sachmangels** durch den Sachverständigen eine Gewährleistungsverpflichtung nach wie vor strikt ab, so kann der Käufer die Kaufsache wegen der erfolgten Beweissicherung ohne Nachteil verkaufen und die Minderung gerichtlich geltend machen. Die durch das selbständige Beweisverfahren erlangte Beweissicherung käme dem Käufer zwar auch bei **Wahl des Rücktritts vom Kaufvertrag** zugute. Ein Weiterverkauf durch den Käufer wäre aber hier faktisch deshalb nicht möglich, weil er gem § 346 Abs 1 die Kaufsache zurückgeben muss und daher im Falle einer **Zug-um-Zug-Verurteilung** den Kaufpreis ohne diese Rückgewähr nicht erhält. Zudem ist – wie bereits dargelegt – im Falle des Rücktritts der Streitwert und damit das Prozesskostenrisiko erheblich höher als bei Wahl des Minderungsrechts.

II. Entstehungsgeschichte der kaufrechtlichen Minderung und rechtspolitische Einwendungen

6 1. **Die Minderungsklage als ädilizischer Rechtsbehelf des römischen Rechts – *actio quanti minoris*.** Nach einem von den **kurulischen Ädilen** (*aediles curules*) als Organe der Marktgerichtsbarkeit im 2. oder 3. Jahrhundert v Chr[6] erlassenen **Edikt** standen dem Käufer beim **Vieh- und Sklavenkauf** im Falle des Vorliegens eines relevanten Mangels **zwei Rechtsbe-**

3 Vgl Wertenbruch AcP 213 (2013), 462, 466 f.

4 Vgl MünchKomm/Schreiber, ZPO, 2020[6], § 485 Rz 14; Musielak/Voit/Huber, ZPO, 2023[20], § 485 Rz 13.

5 MünchKomm/Schreiber, ZPO, 2020[6], § 485 Rz 14.

6 Der genaue Zeitpunkt ist unklar; vgl dazu Kaser/Knütel/Lohsse, Römisches Privatrecht, 2021[22], § 52 Rz 39.

helfe nach seiner Wahl zu: Die Wandelungsklage (*actio redhibitoria*) und die Minderungsklage (*actio quanti minoris*)[7]. Der Käufer konnte innerhalb von sechs Monaten auf **Rückzahlung des Kaufpreises** gegen Rückgabe des Tiers bzw des Sklaven oder – wenn er einen solchen Kaufgegenstand trotz des Mangels behalten wollte – innerhalb eines Jahres auf Rückzahlung des Kaufpreisteils (Minderungsbetrag) klagen, der aufgrund der mangelbedingten Wertminderung zu viel gezahlt worden war[8]. Die Minderungsklage setzte – ebenso wie die Wandelungsklage – voraus, dass der Verkäufer **bestimmte Mängel** wissentlich oder unwissentlich nicht angezeigt oder ausdrücklich behauptet oder durch Stipulation zugesagt hatte, dass der Sklave andere Mängel nicht habe oder **besondere Eigenschaften** aufweise[9]. Ausreichend war auch ein sonstiges **arglistiges Verhalten** des Verkäufers[10]. Beim Verkauf von **Zugtieren** gewährte das Edikt der Ädilen bei Nichtanzeige näher bestimmter Mängel durch den Verkäufer ebenfalls die **Minderungsklage innerhalb eines Jahres**[11].

2. **Die kaufrechtliche Minderung bei der Beratung des BGB von 1900.** – a) **Regelungen der 1. BGB-Kommission.** Nach den §§ 381, 382 des 1. BGB-Entwurfs sollte die Verpflichtung des Verkäufers zur Gewährleistung wegen **Sachmängeln** im Anschluss an das **gemeine (römische) Recht** geregelt werden[12]. Im Falle des Vorliegens der Voraussetzungen einer Sachmängelhaftung des Verkäufers sollte dem Käufer das Recht der **Wandelung** oder der **Minderung** zustehen, und zwar zur **freien Auswahl**[13]. Dies stimme im Wesentlichen überein mit dem geltenden Recht[14]. Verwiesen wird insoweit insbes auf das **Preußische ALR**, den **Code Civil** und das **Sächsische BGB**[15]. Auch das Recht auf Minderung sollte der **kurzen Verjährung** unterworfen werden, weil die „Ermittelung und Feststellung von Qualitätsmängeln nach Verlauf längerer Zeit kaum ausführbar und für den Verkehr die Zulassung des Zurückgreifens auf solche Mängel nach längerer Zeit im höchsten Grade lästig und hemmend" sei[16]. 7

Besonderheiten sollten nach dem 1. BGB-Entwurf aber für **Viehmängel** gelten[17]. Insbes das **Preußische ALR** und das **österreichische Recht** ließen zwar hier bei Vorliegen eines relevanten Viehmangels neben der Wandelungsklage auch die Minderungsklage zu. Gleichwohl sprächen die Rechtseinfachheit und die Gefahr eines **Missbrauchs der Minderungsklage** für einen Ausschluss der Minderung beim Viehkauf, und zwar auch dann, wenn der Mangel erst am geschlachteten Tier festgestellt werde[18]. Vermieden würden dadurch **unsichere Schätzungen** bei lebenden Tieren[19]. Zudem werde der Gefahr begegnet, dass der Käufer, der vielleicht trotz Vorhandenseins eines Mangels ein gutes Geschäft gemacht habe, sich durch die Minderungsklage einen weiteren Vorteil verschaffe[20]. In den Ländern, in denen die Minderungsklage schon bislang ausgeschlossen gewesen sei, habe sich dies als „durchaus praktisch und angemessen bewährt"[21]. 8

b) **Beschlussfassung der 2. BGB-Kommission – Ablehnung der Streichung der Minderung.** Die bei der Beratung der 2. BGB-Kommission vorgeschlagene völlige Streichung der Minderungsklage aus dem Entwurf wurde abgelehnt[22]. Insoweit wurde zunächst darauf verwiesen, dass dieser Wegfall gegenüber dem geltenden Recht eine **erhebliche Neuerung** bedeuten würde[23]. Für die Streichung könne zwar der theoretische Grund angeführt werden, dass der Verkäufer nicht gezwungen werden dürfe, die Kaufsache aufgrund des Mangels „wider seinen Willen zu einem niederen als dem angesetzten Preis herzugeben"[24]. Für die **Beibehaltung der Minderungsklage** sprächen aber „überwiegend praktische Gründe"[25]. Der Käufer sei häufig gezwungen, die gelieferte Sache trotz des Mangels deshalb anzunehmen, weil er sie dringend brauche[26]. Beim Verkauf einer **verbrauchbaren Sache** sei nach dem Verbrauch eine **Wandelung ausgeschlossen**[27]. Hier würde es der **Billigkeit widersprechen**, dem Käufer die verhältnismäßige Kürzung des Kaufpreises zu versagen[28]. Die mit einer Beseitigung der Minderungsklage verbundenen **„Unzuträglichkeiten"** träten besonders im **Handelsverkehr** hervor und würden hier eine ergänzende Spezialbestimmung im HGB erforderlich machen[29]. 9

7 Vgl zu den Einzelheiten Kaser/Knütel/Lohsse, Römisches Privatrecht, 2021[22], § 52 Rz 39 ff.
8 Vgl Kaser/Knütel/Lohsse, Römisches Privatrecht, 2021[22], § 52 Rz 39 (mit Verweis auf Iul D 44.2.25.1 – quanti ob id vitium minoris fuerit).
9 Vgl Kaser/Knütel/Lohsse, Römisches Privatrecht, 2021[22], § 52 Rz 40.
10 Vgl Kaser/Knütel/Lohsse, Römisches Privatrecht, 2021[22], § 52 Rz 40.
11 Vgl Kaser/Knütel/Lohsse, Römisches Privatrecht, 2021[22], § 52 Rz 44.
12 Vgl Motive II S 224.
13 Vgl Motive II S 227.
14 Vgl Motive II S 227.
15 Vgl Motive II S 227.
16 Vgl Motive II S 238.
17 Vgl Motive II S 256.
18 Motive II S 257.
19 Motive II S 227.
20 Motive II S 257.
21 Motive II S 257.
22 Protokolle I S 682.
23 Protokolle I S 682.
24 Protokolle I S 682.
25 Protokolle I S 682.
26 Protokolle I S 682.
27 Protokolle I S 682.
28 Protokolle I S 682.
29 Protokolle I S 682.

10 Der **Ausschluss der Minderung beim Viehkauf** wurde von der 2. BGB-Kommission bestätigt[30]. Begründete Zweifel wurden insoweit nicht gesehen, zumal die einzelnen Landesregierungen und die **landwirtschaftlichen Interessenvertretungen** sich zustimmend zu dieser **Ausnahmeregelung** des 1. Entwurfs geäußert hätten[31]. Die Minderung könne zwar in gewissen Fällen den Interessen der einen oder anderen Kaufvertragspartei oder sogar beider Parteien besser dienen. Für die gesetzliche Einräumung eines **Wahlrechts des Tierkäufers** zwischen Wandelung und Minderung spreche aber der schon von der 1. BGB-Kommission hervorgehobene praktische Gesichtspunkt, dass die bei **lebenden Tieren** die der Natur der Sache nach stets **unsicheren Schätzungen des Werts** vermieden werden müssten[32].

11 3. **Übernahme der Minderung durch das SMG 2002**. Durch das SMG 2002 wurde die Minderung zwar als Rechtsbehelf des Käufers dem Inhalte nach im Wesentlichen beibehalten und nur die bislang bestehende **Sonderstellung des Viehkaufs** beseitigt[33]. § 441 weicht aber in **drei Punkten** wesentlich von den § 462 aF, § 472 aF ab: (1) Im Rahmen der prinzipiellen Gleichbehandlung von Sach- und Rechtsmängeln kommt die Minderung auch bei **Rechtsmängeln** in Betracht[34]. §§ 437 Nr 2, 441 unterscheidet auch insoweit nicht zwischen beiden Mangelarten. (2) Abweichend von § 462 aF ist der Käufer nicht unmittelbar nach Auftreten eines Mangels, sondern erst nach **erfolglosem Setzen einer Frist** für die Nacherfüllung zur Minderung berechtigt[35]. (3) Zudem wurde die Minderung durch das SMG 2002 zum Zwecke der Vermeidung der mit der Anwendung des § 465 aF bezüglich der Bindung des Verkäufers an Wandelung oder Minderung bestehenden Probleme als **Gestaltungsrecht** normiert[36].

12 4. **Fairer Ausgleich zwischen Verkäufer- und Käuferinteressen – kein Recht des Verkäufers auf Rückgewähr der mangelhaften Sache**. Es ist zwar richtig, dass der Verkäufer nach § 441 Abs 1 Satz 1 iE eine auf den Kaufpreis bezogene Vertragsanpassung gegen seinen rechtsgeschäftlichen Willen gelten lassen muss, sofern er die mit dem Mangel behaftete Sache nicht zum geminderten Preis verkauft hätte und daher für ihn der **Rückerwerb der Sache vorzugswürdig** wäre[37]. Diesen Einwand hat auch schon der BGB-Gesetzgeber von 1900 als geeignet angesehen, das Rechtsinstitut der Minderung in Frage zu stellen[38]. Die dem Käufer gem § 441 Abs 1 Satz 1 zustehende **Befugnis zur einseitigen Kaufpreisherabsetzung** stellt aber gerade das **Wesen der Minderung** dar[39]. Mit Inkrafttreten des SMG 2002 hat der hier in Rede stehende Einwand weiter an Überzeugungskraft verloren. Denn bei wirtschaftlicher Betrachtungsweise führt auch die vom Käufer nach §§ 437 Nr 1, 439 Abs 1 vorrangig geltend zu machende Nacherfüllung in Form einer Ersatzlieferung oder Nachbesserung iE zu einer einseitigen Abänderung der dem Verkäufer zustehenden Gegenleistung. Der Verkäufer behält hier nur formal den vollen Kaufpreis. Wirtschaftlich muss er nämlich den **Aufwand für die Nacherfüllung** vom Kaufpreis abziehen, so dass ihm letztlich nur ein Betrag verbleibt, der häufig dem Kaufpreisteil entspricht, der dem Verkäufer im Falle der Minderung nach **Abzug des Minderungsbetrags** verbleibt. Auch insoweit kann der Verkäufer nicht einwenden, dass er im Falle der Kenntnis des Mangels den Kaufvertrag nicht abgeschlossen hätte.

13 Ein vorrangiges **Interesse am Rückerwerb der mangelhaften Sache** kann der Verkäufer nicht nur im Falle des Bestehens des Wahlrechts des Käufers zwischen Minderung und Rücktritt (§ 437 Nr 2), sondern auch schon auf der Ebene des primären Rechtsbehelfs der Nacherfüllung gem § 437 Nr 1 nicht geltend machen. Die mangelhafte Sache erlangt der Verkäufer im Rahmen der Nacherfüllung nur dann zurück, wenn der Käufer die **Ersatzlieferung** wählt. Das Wahlrecht zwischen Nachbesserung und Ersatzlieferung steht grundsätzlich gem § 439 Abs 1 dem Käufer zu. Wählt der Käufer die **Nachbesserung**, so kann der Verkäufer eine Ersatzlieferung mit der Folge der Rückgewähr der mangelhaften Sache an ihn ausnahmsweise dann durchsetzen, wenn die Nachbesserung gem § 439 Abs 4 Satz 1 nur mit **unverhältnismäßigen Kosten** möglich ist. Dass sowohl bei der Nacherfüllung als auch bei Vorliegen der besonderen Rücktritts- und Minderungsvoraussetzungen des § 437 Nr 2 grundsätzlich der Käufer darüber entscheidet, ob der Verkäufer die mangelhafte Sache zurückerlangt, ist eine schlichte Folge des dem Käufer in beiden Fällen zustehenden **Wahlrechts**. Da der Verkäufer mit der Lieferung der mangelhaften

30 Protokolle I S 740.
31 Protokolle I S 740.
32 Protokolle I S 740.
33 Vgl zur Aufhebung der §§ 481 ff aF über den Viehkauf Begr Gesetzentwurf, BT-Drucks 14/6040, S 205 ff.
34 Vgl Begr Gesetzentwurf, BT-Drucks 14/6040, S 234 f; BeckOK/Faust Rz 3; zur alten Rechtslage BeckOGK/Stöber Rz 2.
35 Vgl Begr Gesetzentwurf, BT-Drucks 14/6040, S 234 f.
36 Begr Gesetzentwurf, BT-Drucks 14/6040, S 234 f; BGHZ 218, 320 Rz 28; Staud/Bach Rz 2; MünchKomm/Westermann Rz 1; BeckOGK/Stöber Rz 2; BeckOK/Faust Rz 1; vgl zu den Einzelheiten der Ausübung des Minderungsrechts unten Rz 87 ff.
37 Vgl zur rechtspolitischen Kritik insoweit Korth, Minderung beim Kauf, 2010, S 4 ff.
38 Vgl dazu oben Rz 9; vgl dazu auch Wertenbruch AcP 213 (2013), 462, 466.
39 Krit aber Korth, Minderung beim Kauf, 2010, S 4; vgl dazu Wertenbruch AcP 213 (2013), 462 ff.

Sache seine Pflicht aus § 433 Abs 1 Satz 2 verletzt hat und die Durchsetzung des Gewährleistungsanspruchs aufseiten des Käufers mit Risiken und sonstigen Belastungen verbunden ist, stellen die Wahlrechte des §§ 437 Nr 1, 439 Abs 1 und des § 437 Nr 2 einen fairen Interessenausgleich dar.

III. Einflüsse des Europarechts auf die Minderung nach § 441 – Vorgaben der Warenkauf-Richtlinie

Die Minderung wird in Art 3 Abs 2 und Abs 5 der durch die **Warenkauf-Richtlinie** ersetzten Verbrauchsgüterkauf-Richtlinie[40] als Rechtsbehelf des Käufers bei Mängeln der Kaufsache aufgeführt. Nach **Art 3 Abs 2** dieser Richtlinie kommt im Falle der **Vertragswidrigkeit** des Verbrauchsgutes der „Anspruch [...] auf angemessene Minderung des Kaufpreises" neben der Nacherfüllung und der Vertragsauflösung grundsätzlich in Betracht. Den Vorrang der Nacherfüllung vor einem auf **angemessene Minderung des Kaufpreises** oder Vertragsauflösung gerichteten Verlangen des Käufers regelt Art 3 Abs 5 Verbrauchsgüterkauf-Richtlinie. Der Gesetzgeber des SMG 2002 hat die Minderung für Verbrauchsgüterkäufe und die nicht von den §§ 474 ff erfassten **sonstigen Kaufverträge** übereinstimmend geregelt, also insoweit kein Sonderrecht für Verbraucher geschaffen. 14

Nach **Art 13 Abs 1** der Warenkauf-Richtlinie ist der Verbraucher bei **Vertragswidrigkeit der Ware** berechtigt, unter den in diesem Artikel genannten Bedingungen entweder die Herstellung des vertragsgemäßen Zustands der Waren zu verlangen oder eine „anteilige Minderung des Preises zu erhalten" oder aber den Vertrag zu beenden. Das Tatbestandsmerkmal „zu erhalten" wird konkretisiert durch Art 13 Abs 4, wonach der Verbraucher entweder „Anspruch auf eine Minderung des Preises nach Maßgabe des Art 15" oder einen „Anspruch auf Beendigung des Kaufvertrags" gem Art 16 hat. Es stellt sich damit die Frage, ob das in § 441 Abs 1 Satz 1 normierte **einseitige Gestaltungsrecht** von dem durch Art 13 Abs 4 statuierten Anspruch abweicht und eine mit Art 4 Warenkauf-Richtlinie nicht zu vereinbarende **überschießende Umsetzung** darstellt, weil durch § 441 nicht bloß ein Anspruch auf Minderung eingeräumt wird. Art 13 Warenkauf-Richtlinie ist auch insoweit **autonom auszulegen.** Für die **Richtlinienkonformität** der deutschen Regelung der Minderung spricht, dass der Verbraucher nach **Art 16 Abs 1** Warenkauf-Richtlinie sein **Recht auf Beendigung des Kaufvertrags** „durch eine Erklärung an den Verkäufer" ausübt,„die seinen Entschluss zur Beendigung des Kaufvertrags zum Ausdruck bringt". Die Vertragsbeendigung, also der Rücktritt, stellt damit nach der **Warenkauf-Richtlinie** eindeutig ein **Gestaltungsrecht** dar, obwohl Art 13 Abs 4 auch insoweit von einem „Anspruch" spricht[41]. Daraus ist für die Minderung zu folgern, dass dieser Rechtsbehelf nach der **Warenkauf-Richtlinie** entweder ebenfalls als Gestaltungsrecht ausgestaltet ist oder in Bezug auf die **rechtstechnische Durchsetzung** überhaupt nicht durch diese Richtlinie geregelt wird, so dass § 441 Abs 1 Satz 1 **in jedem Fall als richtlinienkonform** eingeordnet werden muss[42]. Zudem würde im Falle der Auslegung der Warenkauf-Richtlinie im Sinne eines Anspruchs im rechtstechnischen Sinne die vorliegende Einräumung eines Gestaltungsrechts durch § 441 Abs 1 Satz **kein „anderes Verbraucherschutzniveau" iSd Art 4 Warenkauf-Richtlinie** begründen[43]. 15

Nach **Art 15 Warenkauf-Richtlinie** bemisst sich die Preisminderung nach dem Verhältnis, in dem der verminderte Wert der vom Verbraucher entgegengenommenen Waren zu dem Wert steht, den die Waren gehabt hätten, wenn sie vertragsgemäß gewesen wären. Damit kommt die **proportionale Berechnungsmethode** zum Ausdruck, die in § 441 Abs 3 ohnehin geregelt ist, so dass auch insoweit für den deutschen Gesetzgeber kein **Umsetzungsbedarf bestand**[44]. In Bezug auf den für die Anwendung der proportionalen Methode **maßgeblichen Zeitpunkt** enthält Art 15 – anders als § 441 Abs 3 („Zeit des Vertragsschlusses") – keine eindeutige ausdrückliche Vorgabe, so dass insoweit von einem Gestaltungsspielraum der nationalen Gesetzgeber auszugehen ist. Zudem spricht die in Art 15 verwendete Formulierung **„gehabt hätten"** statt „hätten" für die Maßgeblichkeit des **Zeitpunkts des Vertragsschlusses.** Die Berechnungsregelung des § 441 Abs 3 ist deshalb in jedem Fall **richtlinienkonform**[45]. 16

40 RL 1999/44/EG vom 25.5.1999.
41 BeckOK/Faust Rz 2.
42 BeckOK/Faust Rz 2.
43 BeckOGK/Stöber Rz 9.
44 BeckOGK/Stöber Rz 13.
45 Vgl zu den Einzelheiten des für die Berechnung maßgeblichen Zeitpunkts unten Rz 23 ff.

B. Berechnung und Ermittlung des Minderungsbetrags

I. Die proportionale (relative) Berechnungsmethode

17 1. **Funktion der proportionalen Berechnung.** Dass die Minderung nach § 441 – in Übereinstimmung mit § 472 Abs 1 aF – nicht die Folge eines Schadensersatzanspruchs des Käufers darstellt, sondern zu einer auf den vereinbarten Kaufpreis bezogenen **Vertragsanpassung** führt, kommt insbes durch die vom Gesetz vorgeschriebene sog **relative** (**proportionale**) **Berechnungsmethode** zum Ausdruck. Nach § 441 Abs 3 Satz 1 ist der Kaufpreis bei der Minderung „in dem Verhältnis herabzusetzen, in welchem zur Zeit des Vertragsschlusses der Wert der Sache in mangelfreiem Zustand zu dem wirklichen Wert gestanden haben würde“. Entscheidend ist also das Verhältnis zwischen dem **wirklichen Wert** der mangelhaften Sache, so wie sie dem Käufer übergeben worden ist, und dem **hypothetischen Wert** im Falle der Mangelfreiheit[46]. Zum Tragen kommt die Funktion der proportionalen Berechnung in dem Fall, in dem der kaufvertraglich vereinbarte Kaufpreis vom **Verkehrswert der Sache** zum Zeitpunkt des Vertragsschlusses abweicht. Denn der auf einer solchen Diskrepanz beruhende Vorteil einer Kaufvertragspartei wird durch die Anwendung der proportionalen Berechnungsmethode aufrechterhalten und daher nicht zum Nachteil der betreffenden Partei eliminiert[47].

18 2. **Keine Beschränkung der proportionalen Berechnung durch hypothetischen Schadensersatzbetrag – Beratung des BGB von 1900.** Bei der Beratung des BGB von 1900 war vorgeschlagen worden, bei der Berechnung der Minderung eine „Schranke zu ziehen“, um einer **missbräuchlichen Ausnutzung** dieses Rechts durch den Käufer vorzubeugen[48]. Da die Minderung einen Ausgleich für das durch den Mangel verletzte Interesse des Käufers darstelle, dürfe – so die Erwägung – der Minderungsanspruch nicht über den Betrag hinausgehen, der bei Vorliegen der Voraussetzungen eines Anspruchs auf **Schadensersatz wegen Nichterfüllung** vom Käufer verlangt werden könnte[49]. Es müsse vermieden werden, dass der Käufer mit dem Rechtsbehelf der Minderung **einen Gewinn** mache[50]. Dem Käufer dürfe der Nachteil, den er dadurch erleide, dass er die Sache zu teuer gekauft habe, nicht im Rahmen der Minderung vergütet werden, da dieser Nachteil gerade nicht auf dem Mangel beruhe[51]. Eine derartige Beschränkung der proportionalen Berechnung wurde aber abgelehnt, weil keine Veranlassung bestehe, die Minderung auf eine Linie mit dem **Schadensersatzanspruch wegen Nichterfüllung** zu stellen[52]. Vom „Standpunkte der abwägenden Gerechtigkeit“ verdiene die uneingeschränkte proportionale Berechnungsmethode den Vorzug[53].

19 Es wurde bei der Beratung gesehen, dass eine Beschränkung der Minderung durch den hypothetischen Schadensersatz wegen Nichterfüllung in dem Fall zu einem Vorteil für den Verkäufer führt, in dem der **Käufer zu teuer gekauft** habe[54]. Als Beispiel wird von der 2. BGB-Kommission der Verkauf einer Sache angeführt, die „1000“ wert ist, für „2000“[55]. Erniedrige sich der Wert der Sache durch den Mangel auf 500, so könne der Käufer bei Geltung der – von der Kommission letztlich abgelehnten – Beschränkung nur um 500 mindern; ohne diese Beschränkung und damit nach der proportionalen Berechnungsmethode dagegen um 1000. Diese Methode entspreche auch hier dem „Wesen der Minderung und der Gerechtigkeit“[56]. Wenn der Käufer zu einem höheren Preis gekauft habe, so sei anzunehmen, dass er dem Kaufgegenstand auch diesen Wert beigelegt habe und dass er bei Kenntnis des Mangels entweder gar nicht oder zu einem **entsprechend niedrigeren Preis** gekauft haben würde[57].

20 3. **Übernahme der proportionalen Methode durch das SMG 2002.** Der **Gesetzentwurf** zum SMG 2002 enthielt eine **Abkehr von der proportionalen Berechnungsmethode** des § 472 idF des BGB von 1900, um den Minderungsbetrag „möglichst einfach und praktikabel“ berechnen zu können[58]. Nach § 441 Abs 3 Satz 1 dieses Entwurfs sollte durch die Minderung der Kaufpreis um den Betrag herabgesetzt werden, „um den der Mangel den Wert der Sache, gemessen am Kaufpreis, mindert“[59]. Nach der **Beschlussempfehlung des Rechtsausschusses** führt die im Gesetzentwurf verankerte **Aufgabe der Proportionalmethode** nicht zu der ange-

46 Vgl dazu RG Recht 1915 Nr 1057; RG WarnR 1915 Nr 111; BGH WM 1971, 1382, 1383; BGH DB 1971, 2252; Karlsruhe NJW-RR 2021, 852 Rz 36; Staud/Bach Rz 29; MünchKomm/Westermann Rz 12; Erman/Grunewald Rz 4; BeckOGK/Stöber Rz 56; BeckOK/Faust Rz 10.
47 Vgl zu den Einzelheiten unten Rz 21 f.
48 Protokolle I S 695.
49 Protokolle I S 695.
50 Protokolle I S 695.
51 Protokolle I S 695.
52 Protokolle I S 695.
53 Protokolle I S 695.
54 Protokolle I S 695.
55 Protokolle I S 695.
56 Protokolle I S 695.
57 Protokolle I S 695 f.
58 Begr Gesetzentwurf, BT-Drucks 14/6040, S 235.
59 BT-Drucks 14/6040, S 20.

strebten Vereinfachung[60]; im Übrigen habe der Entwurf insoweit auch zu **Missverständnissen** geführt[61]. Die vom Rechtsausschuss vorgeschlagene Fortgeltung der Proportionalmethode des § 472 Abs 1 aF wurde vom Gesetzgeber des SMG 2002 in Gestalt der Neuregelung des § 441 Abs 3 Satz 1 umgesetzt. Die Berechnung nach dieser Methode ist zwar prima facie etwas kompliziert. Der Gesetzgeber des **SMG 2002** hat aber zu Recht das von den Kaufvertragsparteien vereinbarte **Wert-Kaufpreis-Verhältnis** als maßgeblich für die Berechnung des Minderungsbetrags (Differenz zwischen vereinbartem Kaufpreis und dem nach Minderung geltenden Kaufpreis) angesehen. Die **europaweite Akzeptanz** der proportionalen Berechnungsmethode bestätigt **Art 15 Warenkauf-Richtlinie.** Denn nach dieser Vorgabe für das **nationale Recht der Verbrauchsgüterkäufe** bemisst sich die Preisminderung nach dem Verhältnis, in dem der verminderte Wert der vom Verbraucher entgegengenommenen Waren zu dem Wert steht, den die Waren gehabt hätten, wenn sie vertragsgemäß gewesen wären.

II. Die Berechnungsformel

Für die Berechnung der Minderung wird eine Formel benötigt, sofern der wahre Wert der Kaufsache vom festgelegten Kaufpreis abweicht. Wird dafür der **wirkliche Wert** der mangelhaften Sache mit **m** bezeichnet, ihr **hypothetischer Wert** bei Mangelfreiheit mit **h** und der von den Parteien **vereinbarte Kaufpreis** mit **p**, so gilt für die Ermittlung des kraft Minderung **herabgesetzten Kaufpreises x** die folgende Gleichung: **x / p = m / h** und demzufolge **x = m / h · p**. Wenn also der vereinbarte Kaufpreis (p) bspw mit **1.000 €**, der hypothetische Wert der Kaufsache im fehlerfreien Zustand (h) mit **800 €** und der tatsächliche Wert der mangelhaften Kaufsache (m) mit **500 €** anzusetzen sind, dann ergibt sich für die Minderung folgende konkrete Berechnung: **x = 500 €/800 € · 1.000 € = 625 €**. Der herabgesetzte und damit letztlich maßgebende Kaufpreis beträgt 625 € und dementsprechend der **Minderungsbetrag** (Differenz zwischen vereinbartem Kaufpreis und herabgesetztem Kaufpreis) 375 €. Aufgrund der proportionalen Berechnungsmethode darf im Beispielsfall nicht die Differenz zwischen dem vereinbarten Kaufpreis (1.000 €) und dem wahren Wert (500 €) als Minderungsbetrag angesehen und deshalb ein herabgesetzter Kaufpreis von 500 € bejaht werden. Da der vereinbarte Kaufpreis über dem **Wert bei Mangelfreiheit** liegt, kann der Wert der mangelhaften Sache nicht den herabgesetzten und damit neuen Kaufpreis darstellen. Das **ursprüngliche Wert-Kaufpreis-Verhältnis** schlägt vielmehr durch auf die Minderung. Wenn die Parteien im Beispielsfall in Übereinstimmung mit dem Wert der Sache in mangelfreiem Zustand einen Kaufpreis in Höhe von 800 € vereinbart hätten, dann wäre auch für die Feststellung des mangelbedingt herabgesetzten Kaufpreises der tatsächliche Wert, also der Wert der Sache unter Berücksichtigung des Mangels, in Höhe von 500 € maßgebend. 21

Das Wesen der proportionalen Berechnungsmethode tritt zugunsten des Käufers zutage, wenn der Verkäufer **„zu billig" verkauft** hat, dh, der wahre Wert der Kaufsache über dem vereinbarten Kaufpreis liegt[62]. Beispiel: Der Wert der Sache in mangelfreiem Zustand beträgt 1.250 €, der vereinbarte Kaufpreis 1.000 € und der Wert der mangelhaften Sache 500 €. Es gilt nun für die Berechnung der Minderung die Formel: x = (500 €/1.250 €) · 1.000 € = 400 €. Der Käufer muss also nicht den wahren Wert in Höhe von 500 € als herabgesetzten Kaufpreis gelten lassen, sondern von der ursprünglich auf seiner Seite **bestehenden Ersparnis** in Höhe von 250 € verbleiben ihm 100 €. 22

III. Maßgeblicher Zeitpunkt für Wertermittlung – Grundsatz und Abweichung von CISG Art 50

Nach dem eindeutigen Wortlaut des § 441 Abs 3 Satz 1 („zur Zeit des Vertragsschlusses") ist bei der Ermittlung des für die Minderung relevanten **hypothetischen Werts** der verkauften Sache in mangelfreiem Zustand und des **tatsächlichen Werts** der mangelhaften Sache der Zeitpunkt des **Abschlusses des Kaufvertrags** maßgebend[63]. Es kommt also insoweit nicht auf den Zeitpunkt der Minderungserklärung des Käufers an. Unerheblich ist insoweit auch der Zeitpunkt des Gefahrübergangs. Die Rechtfertigung für die zeitliche Anknüpfung an den Vertragsschluss ist im Charakter der Minderung als eine auf den Kaufpreis bezogene **Vertragsanpassung** zu 23

60 Beschlussempfehlung Rechtsausschuss, BT-Drucks 14/7052, S 197.
61 Beschlussempfehlung Rechtsausschuss, BT-Drucks 14/7052, S 197.
62 RGZ 62, 384, 386; BeckOK/Faust Rz 8.
63 BGHZ 58, 181, 182 (in Abgrenzung zur andersartigen Berechnung im Falle des Werkvertrags); BGH WM 1988, 1238, 1239; BGH NJW-RR 1988, 1035; Karlsruhe BeckRS 2019, 28021; Staud/Bach Rz 26; Erman/Grunewald Rz 6; MünchKomm/Westermann Rz 13; BeckOK/Faust Rz 10; BeckOGK/Stöber Rz 56, 63.

sehen[64]. Im Rahmen der Berechnung des Minderungsbetrags muss also ermittelt werden, welchen Kaufpreis die Parteien vernünftigerweise vereinbart hätten, wenn sie bei Abschluss des Kaufvertrags den Mangel gekannt und den Kaufpreis auf dieser Basis festgesetzt hätten. Unbeachtlich ist insoweit ein Einwand des Verkäufers, er hätte bei **Kenntnis des Mangels** die Sache überhaupt nicht verkauft[65]. Das bei Vorliegen der Voraussetzungen des § 437 Nr 2 grundsätzlich bestehende **freie Wahlrecht des Käufers** zwischen Minderung und Rücktritt muss auch bei der Berechnung der Minderung beachtet werden, dh, der Verkäufer kann durch den in Rede stehenden Einwand den Käufer auch nicht mittelbar zwingen, den **Rücktritt** zu wählen und die Kaufsache zurückzugeben.

24 Nach CISG Art 50 Satz 1 ist dagegen für die Berechnung der Minderung der **Zeitpunkt der Lieferung** maßgebend. Insoweit besteht ein wesentlicher Unterschied im Vergleich zu § 441 Abs 3 Satz 1. Praktische Bedeutung hat dies insbes in dem Fall, in dem sich nach Abschluss des Kaufvertrags der Marktpreis für die gekaufte Ware verändert. Aus der Regelung des § 441 Abs 3 Satz 1 folgt, dass solche Veränderungen der Verhältnisse nach Abschluss des Kaufvertrags bei der Berechnung des Minderungsbetrags unter Heranziehung der gesetzlich vorgeschriebenen **proportionalen Berechnungsmethode** grundsätzlich nicht zu berücksichtigen sind. Auch beim Verkauf von Sachen mit einem **schwankenden Marktpreis** führen Veränderungen nach Abschluss des Kaufvertrags grundsätzlich nicht zu einer Abweichung vom Grundsatz der Maßgeblichkeit des Zeitpunkts des Vertragsschlusses. In **rechtspolitischer Hinsicht** ist dies deshalb nicht zu beanstanden, weil die Kaufvertragsparteien unabhängig vom Auftreten eines Mangels das Risiko tragen, dass sich nach Vertragsschluss der Wert der Sache als Grundlage für die ursprüngliche Kaufpreisbestimmung verändert. Hinzu kommt, dass nicht nur der Käufer, sondern in gleicher Weise auch der Verkäufer mit diesem Risiko belastet ist. Die **zukünftige Wertentwicklung** ist eben in den meisten Fällen nicht vorhersehbar. In Extremfällen kann ein **Wegfall der Geschäftsgrundlage iSd § 313 Abs 1** vorliegen, der einen Anspruch auf Vertragsanpassung oder unter den Voraussetzungen des § 313 Abs 3 Satz 1 sogar ein Rücktrittsrecht begründet. Das Abstellen auf den Zeitpunkt des Vertragsschlusses ist bei Vorliegen eines **Verbrauchsgüterkaufs** mit **Art 15 Warenkauf-Richtlinie** vereinbar[66].

25 Zudem haben die Kaufvertragsparteien im Rahmen der **Vertragsfreiheit** die Möglichkeit, künftigen Wertentwicklungen im Zeitraum zwischen Abschluss des Kaufvertrags und Lieferung schon bei der Festlegung des Kaufpreises oder durch Aufnahme einer **Preisanpassungsklausel** in den Kaufvertrag Rechnung zu tragen. Eine derartige kaufvertragliche Gestaltung ist dann auch bei der Berechnung des Minderungsbetrags zu berücksichtigen. Unabhängig vom Vorliegen einer derartigen Vertragsgestaltung können unter bestimmten Voraussetzungen etwaige **Veränderungen nach Abschluss des Kaufvertrags** die Berechnung des Minderungsbetrags nach der proportionalen Berechnungsmethode im **Ausnahmefall** beeinflussen, und zwar insbes beim **Grundstückskauf**[67].

IV. Wert der Kaufsache in mangelfreiem Zustand – hypothetischer Verkehrswert

26 1. **Kaufvertragliche Festlegungen und gerichtliches Ermessen**. Für die Bestimmung des hypothetischen Werts der Kaufsache zum maßgeblichen Zeitpunkt des Abschlusses des Kaufvertrags[68] kommt es auf den hypothetischen Verkehrswert[69] an. Soweit insbes die ältere Rspr in begrifflicher Hinsicht anstelle von „Verkehrswert" die Formulierungen **„allgemeiner Verkaufswert"**[70] oder **„Verkäuflichkeitswert"**[71] verwendet hat, besteht inhaltlich keine Abweichung. Die Wahl des Wertermittlungsverfahrens steht grundsätzlich in **freiem Ermessen des Tatrichters**[72]. Eine bestimmte Wertberechnungsmethode ist auch im Recht der kaufrechtlichen Mängel-

64 Vgl dazu oben Rz 1.
65 Vgl dazu auch oben Rz 1.
66 Vgl dazu oben Rz 16.
67 Vgl dazu unten Rz 29 ff.
68 Vgl dazu oben Rz 23 ff.
69 BGH BB 1971, 64, 65 (Verkauf eines Hausgrundstücks mit Befall von Haus- und Kellerschwamm sowie fäulnis- und insektenfraßbedingt schadhaften Holzteilen); BGH NJW 2011, 1217 Rz 21 ff (Wertermittlung im Ertragswertverfahren beim Kauf); RG Recht 1904 Nr 2598; RG JW 1913, 370 Nr 2; RG Recht 1912 Nr 390; RG JW 1909, 133 Nr 6; Hamburg OLGE 38, 84; Erman/Grunewald Rz 5 f; BeckOGK/Stöber Rz 63.
70 RG WarnR 1912 Nr 69.
71 RG JW 1931, 3270 f.
72 BGHZ 17, 236, 238 (Ertragsfähigkeit eines bebauten Grundstücks); BGH NJW 1972, 1269 (keine Berücksichtigung des Ertragswerts eines Unternehmens bei rückläufiger Geschäftsentwicklung); BGH NJW-RR 1988, 1035 (Anwendung des Ertragswertverfahrens beim Verkauf eines Hauses mit zwölf Mietwohnungen und einem Lagergebäude, wobei die Wohnungen einer Mietpreisbindung nach dem Wohnungsbindungsgesetz unterlagen); BGH NJW 1980, 39 (Verkehrswertbestimmung nach dem Vergleichswert- oder dem Ertragswertverfahren bei einem forstwirtschaftlich genutzten Grundstück mit abbauwürdigem Kiesvorkommen); BGH NJW 1997, 129 f (Ertragswertverfahren beim Kauf eines Grundstücks mit fünfgeschossigem Wohnhaus, Gewerberäumen sowie einer bebaubaren Restfläche).

gewährleistung nicht gesetzlich bestimmt. Die fehlende Reglementierung ermöglicht den Gerichten, **veränderten Auffassungen** bei der Bewertung von Kaufgegenständen flexibel Rechnung zu tragen. Bei der Anwendung der vom Gericht gewählten Bewertungsmethode müssen dann aber die dafür geltenden Regeln fehlerfrei angewandt werden[73]. Den Kaufvertragsparteien steht es frei, im **Kaufvertrag** eine Bewertungsmethode **verbindlich festzulegen**[74]. Bei Fehlen einer ausdrücklichen Vereinbarung kann sich eine derartige Bestimmung auch im Wege der **Auslegung** ergeben[75]. Anhaltspunkte können insoweit auch getroffene **Beschaffenheitsvereinbarungen und -garantien** sein[76]. Im Zweifel ist aber nicht davon auszugehen, dass die Kaufvertragsparteien eine Bewertungsmethode festlegen wollten, die bei Kaufgegenständen der vorliegenden Art umstritten ist[77].

2. **Maßgeblichkeit des objektiven Werts – Beeinflussung des sachlich-relevanten Marktes durch besondere Käuferinteressen.** Es ist generell der objektive Wert und nicht der Wert maßgeblich, den die Kaufsache im mangelfreien Zustand gerade für den Käufer gehabt hätte[78]. Nach § 441 Abs 3 Satz 2 kann der objektive Wert vom Gericht geschätzt werden. Soweit die örtlichen Verhältnisse für die Wertermittlung relevant sind, ist von den **Verhältnissen am Erfüllungsort** auszugehen[79]. Beim **Handelskauf** sind daher die Verhältnisse im Inland auch dann zugrunde zu legen, wenn der Käufer einen **Export der Ware** ins Ausland beabsichtigt und dem Verkäufer dies bekannt ist[80]. Der Erfüllungsort muss dafür aber im Inland liegen. 27

Etwaige **Affektionsinteressen** des Käufers, die nicht durch den Verkehrswert abgebildet werden, bleiben bei der Wertbestimmung außer Betracht[81]. Besondere Interessen des Käufers können aber bei der Bestimmung des **sachlich relevanten Marktes** von Bedeutung sein. So ist beim Kauf eines **Gebrauchtwagens** zwar grundsätzlich davon auszugehen, dass sich zunehmendes Alter und steigende Laufleistung negativ auf den Wert auswirken[82]. Dies gilt aber nur dann, wenn der allgemeine Gebrauchtwagenmarkt der sachlich relevante Markt ist[83]. Geht es dagegen um den Erwerb eines Gebrauchtwagens mit **Liebhaberwert**, also insbes um einen Oldtimer, so werden Alter und Laufleistung als entscheidende Parameter bei der Bestimmung des objektiven Werts verdrängt durch den Liebhaberwert[84]. Es kommt daher hier auf die Marktverhältnisse auf dem besonderen Markt für Liebhaberfahrzeuge an[85]. 28

3. **Bewertung von Grundstücken – Ertragswertverfahren als Regel bei Miets- und Geschäftshäusern.** Auch bei der Bewertung eines gekauften Grundstücks gilt, dass die Wahl des Wertermittlungsverfahrens grundsätzlich in **freiem Ermessen des Tatrichters steht**[86]. Inwieweit das Ertragswertverfahren zur Anwendung gelangt, hängt insbes von der Nutzung des Grundstücks und den kaufvertraglichen Vereinbarungen ab[87]. So ist die Wertermittlung im Ertragswertverfahren insbes einschlägig, wenn im Kaufvertrag über ein bebautes Grundstück die **Jahresbruttokaltmieten**, die von den Mietern zu zahlenden **Betriebskostenpauschalen** und die dem Eigentümer obliegenden **Gesamtbetriebskosten** angegeben werden[88]. Entsprechendes gilt, wenn der Grundstückskaufvertrag **Beschaffenheitsgarantien** in Bezug auf **Wohn- und Nutzfläche** sowie **Mietertrag** enthält[89]. Handelt es sich um ein bebautes Grundstück, das entweder als Ganzes oder aufgeteilt in separate Einheiten **durch Vermietung bewirtschaftet** wird, 29

73 Vgl BGH NJW 1972, 1269; BGH NJW 2002, 208, 212 (Berücksichtigung nur nachhaltig erzielbarer Mieterträge bei der Bewertung eines im Wege einer Versteigerung gekauften Wohn- und Geschäftshauses); BGH NJW 2011, 1217 Rz 22 ff (zum Ertragswertverfahren beim Kauf von Grundstücken eines ehemaligen Industriegeländes). Im Fall BGH NJW 1972, 1269 war zwar bei der Bewertung eines Unternehmens der Ertragswert wegen rückläufiger Geschäftsentwicklung fehlerfrei außer Betracht gelassen worden. Ein Bewertungsfehler lag dann aber darin, dass bei der Bewertung nicht das Unternehmen als Einheit zugrunde gelegt, sondern insoweit allein auf die einzelnen Wirtschaftsgüter des Unternehmens abgestellt wurde und zudem eine Berücksichtigung steuerlicher Belastungen fehlte, die auf der Unternehmsauflösung beruhten.

74 BGH NJW 1997, 129, 130 (zu § 472 aF beim Kauf eines Hausgrundstücks).

75 BGH NJW 1997, 129, 130.

76 BGH NJW 1997, 129, 130 (Zusicherung von Ertrag sowie Wohn- und Nutzfläche).

77 BGH NJW 1997, 129, 130 (zu Mischmethoden bei der Grundstücksbewertung).

78 RG BayZ 1906, 140; BGH BB 1971, 64, 65; MünchKomm/Westermann Rz 13; Staud/Bach Rz 42; Erman/Grunewald Rz 5; BeckOGK/Stöber Rz 63.

79 Celle OLGE 29, 16; BeckOK/Faust Rz 10.

80 Hamburg OLGE 20, 181.

81 Begr Gesetzentwurf, BT-Drucks 14/6040, S 235; Hamburg OLGE 20, 181; Hamburg HRR 1941 Nr 591; MünchKomm/Westermann Rz 13; BeckOGK/Stöber Rz 63; Erman/Grunewald Rz 5.

82 Oldenburg MDR 1982, 1018 (zu § 472 aF).

83 BeckOGK/Stöber Rz 63.

84 Oldenburg MDR 1982, 1018 (zu § 472 aF).

85 BeckOGK/Stöber Rz 63.

86 Vgl dazu oben Rz 26.

87 BGH NJW 2011, 1217 Rz 21 ff (Wertermittlung im Ertragswertverfahren beim Kauf); RG Recht 1904 Nr 2598 (Mietzinseinnahmen als Wertmesser beim Kauf eines Mietshauses); RG JW 1913, 370 Nr 2 (Ertragsfähigkeit der mit der Zusicherung eines bestimmten Mietertrags verkauften Villa).

88 So im Fall BGH NJW 2011, 1217.

89 BGH NJW 1997, 129, 130 (Zusicherung der jährlichen Kaltmiete für Wohn- und Nutzfläche); BGH NJW 2002, 208, 209 (Zusicherung von Jahresbruttokaltmiete mit darin enthaltenem Betriebskostenanteil).

so ist idR das Ertragswertverfahren zumindest ein zulässiges Wertermittlungsverfahren, sofern sich aus dem Kaufvertrag nichts Abweichendes ergibt[90].

30 Der BGH verweist insoweit zu Recht darauf, dass für Grundstücke, die zur **Ertragserzielung** bestimmt sind, also insbes Miets- und Geschäftsgrundstücke, das Ertragswertverfahren „geeignet" sei[91]. Dies ist so zu verstehen, dass die **Nichtanwendung des Ertragswertverfahrens** bei derartigen Immobilien als Kaufgegenstand einer Begründung bedarf. Bei der Wertermittlung im Ertragswertverfahren sind allerdings nur die **nachhaltig erzielbaren Mieteinnahmen** zu berücksichtigen[92]. Darunter sind diejenigen Mieten zu verstehen, die bei einer **ordnungsgemäßen Bewirtschaftung** des Kaufgrundstücks in überschaubarer Zeit erzielt werden[93]. Besteht wegen staatlicher Bauförderung eine **Mietpreisbindung**, so muss bei der Wertermittlung berücksichtigt werden, für welchen Zeitraum der Mietertrag noch der gesetzlichen Bindung unterliegt[94]. Wird im Grundstückskaufvertrag ein tatsächlich nicht gegebener **Mietertrag garantiert** (zugesichert iSd § 459 Abs 2 aF, § 463 Satz 1 aF), so ist der für die Ermittlung der Minderung maßgebliche Wert des Grundstücks in mangelfreiem Zustand auf Grundlage der vom Verkäufer garantierten Mieten zu ermitteln[95].

31 4. **Bewertung landwirtschaftlich genutzter Grundstücke**. Bei landwirtschaftlich genutzten Grundstücken kommt insbes in dem Fall, in dem im Kaufvertrag ein **bestimmter Ertrag garantiert** wird, das Ertragswertverfahren zur Anwendung[96]. Die einschlägige Rspr des RG betrifft den Verkauf von Landgütern mit Zusicherung eines bestimmten **Körnerertrags**[97]. Das Ertragswertverfahren gilt dann aber nicht für mitverkaufte **Hausgrundstücke und unbebaute Grundstücke**, die nicht land- oder forstwirtschaftlich genutzt werden. Insoweit ist der Sachwert maßgebend. Das Gleiche gilt für einen zum Kaufgegenstand gehörenden **Tierbestand**, der nicht landwirtschaftlich genutzt wird. Praktische Bedeutung hat in dieser Hinsicht ein Bestand an Pferden, der **ohne Gewinnerzielungsabsicht** und damit im Rahmen einer steuerlich unbeachtlichen **Liebhaberei** gehalten wird[98]. Ob beim Verkauf eines **Landgutes** bei der Bestimmung des objektiven Werts, also des Verkehrswerts[99], das Ertragswertverfahren Anwendung findet, hängt letztlich von der **Art der Nutzung** und dem **Inhalt des Kaufvertrags** ab[100].

32 5. **Berücksichtigung von Veränderungen nach Vertragsschluss bei Anwendung des Ertragswertverfahrens – insbes Veränderungen der Vermietungssituation**. Auch bei Grundstücken kommt es zwar für die Feststellung des Werts im mangelfreien Zustand auf den Zeitpunkt des Abschlusses des Kaufvertrags an[101]. Der dem Käufer zustehende Minderungsbetrag wird daher nicht dadurch beeinflusst, dass das verkaufte Grundstück später höhere oder niedrigere Erträge abwirft[102]. Dies bedeutet aber nicht, dass jede zukünftige Veränderung der Grundlagen der Wertfeststellung bei der Ermittlung des Werts der Sache im mangelfreien Zustand unberücksichtigt bleiben müsste[103]. Praktische Bedeutung hat insoweit insbes der Fall, in dem das verkaufte **Miets- oder Geschäftsgrundstück** zum Zeitpunkt des Verkaufs ganz oder teilweise leer steht[104]. Hier muss nicht jede künftige (hypothetische) **Verbesserung der Vermietungssituation** bei der Ermittlung der zu vergleichenden Ertragswerte des verkauften Hausgrundstücks mit und ohne den Mangel außer Betracht bleiben[105]. Künftige Erwartungen in dieser Hinsicht sind aber nur dann berücksichtigungsfähig, wenn sie schon am **Stichtag der Wertermittlung** einen Einfluss auf die zu vergleichenden Ertragswerte des Grundstücks mit und ohne Mangel

90 BGHZ 17, 236, 238; BGH WM 1977, 1055; BGH NJW 1997, 129, 130; BGH NJW 2002, 208, 212; BGH NJW 2011, 1217 Rz 22 ff.
91 BGH WM 1977, 1055; BGH NJW 1997, 129.
92 BGH NJW 1997, 129, 130; BGH NJW 2002, 208, 212; BGH NJW 2011, 1217 Rz 22.
93 BGH NJW 1997, 129, 130; BGH NJW 2002, 208, 212; BGH NJW 2011, 1217 Rz 22.
94 BGH NJW-RR 1988, 1035.
95 BGH NJW 1990, 902, 903 (zur Zusicherung nach § 459 Abs 2 aF).
96 RG Recht 1912 Nr 390 („Körnerertrag" beim Verkauf eines landwirtschaftlich genutzten Grundstücks); RG JW 1909, 133 Nr 6 (durchschnittlicher „Körnerertrag" beim Verkauf einer landwirtschaftlichen Hofstelle).
97 RG Recht 1912 Nr 390; RG JW 1909, 133 Nr 6.
98 Vgl dazu Rz 28.
99 Vgl dazu oben Rz 26 ff.
100 RG Recht 1912 Nr 390; RG JW 1909, 133 Nr 6; vgl dazu auch RG WarnR 1912 Nr 69. Die Entscheidung RG Warneyer schließt das Ertragswertverfahren beim Verkauf eines Landgutes nicht aus, sondern stellt vielmehr darauf ab, dass im Falle eines „verkäuflichen Landgutes" der wirkliche Wert der Sache maßgebend sei und insoweit auf den allgemeinen Verkaufswert abgestellt werden müsse.
101 Vgl oben Rz 23 ff.
102 RG DR 1904 Nr 2598.
103 BGH NJW 2011, 1217 Rz 27.
104 Im Fall BGH NJW 2011, 1217 stand beim Verkauf eines unter anderen mit einem Fabrikgebäude sowie einem Produktions- und Lagergebäude bebauten ehemaligen Industriegeländes zum Zeitpunkt des Vertragsschlusses das Fabrikgebäude zu über 80 Prozent leer.
105 BGH NJW 2011, 1217 Rz 27.

haben[106]. Ohne Einfluss auf die Berechnung der Minderung bleibt daher grundsätzlich eine Erhöhung der Mieterträge, die darauf beruht, dass es dem Käufer später gelingt, im **Rahmen einer Neuvermietung** einen höheren, über dem zum Zeitpunkt des Abschlusses des Kaufvertrags maßgebenden Mietenniveau liegenden Mietzins in zulässiger Weise durchzusetzen. Auch im Übrigen ist die **tatsächlich erzielte Miete** nicht ausschlaggebend für den Verkehrswert in Gestalt des Ertragswerts, sondern vielmehr nur ein Indiz. Daher kann der zum Stichtag des Vertragsschlusses ermittelte Ertragswert höher oder niedriger sein als die vom Verkäufer zu diesem Zeitpunkt erzielte **tatsächliche Miete**[107]. Diese Diskrepanz kann auch darauf beruhen, dass die abweichende tatsächliche Miete nur für einen **bestimmten Zeitraum** erzielt wurde, der für die Bestimmung des Ertragswerts nicht ausreichend ist[108].

6. **Abweichender Wertermittlungszeitpunkt kraft Vereinbarung oder Handelsbrauchs.** 33
Der für die Ermittlung des Werts der Sache in mangelfreiem Zustand maßgebliche Zeitpunkt kann sich abweichend von § 441 Abs 3 auch aus einem Handelsbrauch oder **Standardbedingungen des Handels** ergeben. So bestimmt die Vorschrift des § 19 Abs 2 der Geschäftsbedingungen des **Waren-Vereins der Hamburger Börse**[109], dass der Käufer bei Vorliegen eines Mangels verlangen kann, „dass der Verkäufer ihm den am maßgeblichen Tage bestehenden Unterschied zwischen dem Wert der vertragswidrig beschaffenen Ware und einer vertragsmäßig beschaffenen Ware (Minderwert) vergütet". Maßgeblicher Tag ist insoweit nach § 19 Abs 5 der Geschäftsbedingungen des Waren-Vereins der Hamburger Börse „der Tag, an welchem der Käufer dem Verkäufer angezeigt hat, dass die Ware nicht vertragsmäßig ausgefallen ist". In einem sachlichen Zusammenhang mit dem Zeitpunkt der Wertermittlung nach den in Rede stehenden Waren-Vereins-Bedingungen steht auch die von § 441 Abs 3 **abweichende Methode** der Berechnung des Minderungsbetrags. Denn die Proportionalmethode wird hier nicht angewandt. Entscheidend ist vielmehr die Differenz zwischen tatsächlichem Wert mit Mangel und dem hypothetischen Wert der Ware in mangelfreiem Zustand. Es handelt sich also um eine **absolute Berechnungsmethode**. Es ist danach für die Berechnung der Minderung unerheblich, ob ein vom Verkehrswert abweichender Kaufpreis vereinbart worden ist. Die Rechtfertigung für die Unbeachtlichkeit einer derartigen Abweichung bei der Ermittlung des Minderungsbetrags ist zum einen darin zu sehen, dass bei Gattungsware mit **stark schwankenden Marktpreisen**, insbes bei Lebensmitteln, die Vereinbarung eines vom aktuellen Marktpreis abweichenden Kaufpreises eher ungewöhnlich ist. Zum anderen vereinfacht und beschleunigt hier die absolute Berechnung der Minderung die **Abwicklung des Gewährleistungsfalls.**

7. **Darlegungs- und Beweislast.** – a) **Grundsatz**. Der Käufer trägt die Darlegungs- und 34
Beweislast in Bezug auf die **tatsächlichen Voraussetzungen** der Minderung[110]. Dies beruht darauf, dass die Minderung iSd § 441 Abs 1 einen für den Käufer günstigen Tatbestand darstellt. Denn die berechtigte Ausübung des Minderungsrechts reduziert zugunsten des Käufers seine Kaufpreisverpflichtung gegenüber dem Verkäufer. Daher trägt der Käufer auch die Darlegungs- und Beweislast bezüglich des Werts der Sache zum Zeitpunkt des Abschlusses des Kaufvertrags[111]. Erheblich abgemildert wird die Darlegungs- und Beweislast des Käufers allerdings sowohl durch die Schätzungsbefugnis des Gerichts nach § 441 Abs 3 Satz 2 als auch durch eine Anwendung des allgemeinen prozessualen Instituts des Anscheinsbeweises[112].

b) **Vermutung der Übereinstimmung von Kaufpreis und Wert – Anscheinsbeweis im** 35
Prozess. Bei Fehlen abweichender Gesichtspunkte im konkreten Einzelfall spricht eine Vermutung dafür, dass der von den Parteien vereinbarte Kaufpreis mit dem Verkehrswert der Kaufsache in mangelfreiem Zustand übereinstimmt[113]. Möglich ist dann eine **vereinfachte Berechnung** der Minderung. Der Käufer hat im Regelfall keine Veranlassung, einen über dem Verkehrswert liegenden Kaufpreis zu zahlen. Eine verstärkte Nachfrage oder/und eine Verknappung führt zwar

106 BGH NJW 2011, 1217 Rz 27. Im Fall des BGH hatte das Berufungsgericht zu dieser Frage keine Feststellungen getroffen. Insbes aufgrund des Bauzustands der Gebäude und der Nachfrage nach Lagerraum zum Zeitpunkt des Vertragsschlusses hielt der BGH es für eher unwahrscheinlich, dass von einer sofortigen Verbesserung der Ertragslage bei der Bewirtschaftung durch einen anderen Eigentümer nach Vollzug des Verkaufs auszugehen war, zumal nach den Feststellungen des Berufungsgerichts der Investitionsaufwand über zehn Millionen Euro betrug.

107 RG JW 1931, 370, 371.

108 RG JW 1931, 370, 371. In diesem Fall des RG war eine Villa mit Zusicherung eines bestimmten Mietertrags verkauft worden. Die Tatsache, dass ein Rechtsanwalt als Mieter der Villa über einen Zeitraum von drei Jahren 3.300 RM jährlich als Miete entrichtet hatte, rechtfertigte noch nicht den Schluss auf eine entsprechende Ertragsfähigkeit.

109 Stand 8.4.2020.

110 RG HoldhMSchr 1903, 164; Baumgärtel/Laumen/Prütting/Becker, Handbuch der Beweislast, Band II, 2023[5], Rz 3; NK/Büdenbender Rz 26.

111 Vgl RG HoldhMSchr 1903, 164; Baumgärtel/Laumen/Prütting/Becker, Handbuch der Beweislast, Band II, 2023[5], Rz 3; NK/Büdenbender Rz 26.

112 Vgl dazu nachfolgend Rz 35 f.

113 Staud/Bach Rz 30; BeckOGK/Stöber Rz 68; BeckOK/Faust Rz 14.

häufig zu einer Erhöhung des Kaufpreises. Diese **Veränderung der Marktverhältnisse** bewirkt aber zugleich eine Erhöhung des Marktwerts. Die in den meisten Fällen gegebene Übereinstimmung von Kaufpreis und Verkehrswert ist auch Grundlage der **Geschäftsbedingungen des Waren-Vereins der Hamburger Börse**, soweit es um die Berechnung der Minderung bei Vorliegen eines Mangels der Ware geht[114]. Im Gewährleistungsprozess kann das Gericht daher im Rahmen eines **Anscheinsbeweises** davon ausgehen, dass der zwischen den Parteien vereinbarte Kaufpreis dem Wert der mangelfreien Kaufsache zur Zeit des Vertragsschlusses entspricht[115]. Dieser Beweis des ersten Anscheins ist erschüttert, sofern eine Partei einen Sachverhalt als möglich darstellt, in dem insoweit keine Übereinstimmung besteht.

36 Praktische Bedeutung hat zwar insoweit insbes der Fall, in dem der Verkäufer geltend macht, dem Käufer einen **besonderen Preisnachlass** gewährt und die Ware daher unter dem aktuellen Marktwert verkauft zu haben. Die **Schätzungsbefugnis des § 441 Abs 3 Satz 2** steht den Gerichten aber im konkreten Einzelfall auch dann zu, wenn das prozessuale Institut des Anscheinsbeweises wegen **Erschütterung** letztlich nicht zum Zuge kommt. Auf eine **Beweisaufnahme** kann das Gericht im Gewährleistungsprozess auch bei Vorliegen dieser Konstellation **verzichten** und stattdessen eine Schätzung vornehmen.

37 8. **Ausschluss der Minderung bei Wertlosigkeit des Kaufgegenstands auch bei Mangelfreiheit**. Ist die Kaufsache auch in mangelfreiem Zustand ohne jeden Wert, so kommt eine Minderung nach § 441 nicht in Betracht. Das Gleiche gilt, wenn der Mangel den Wert der Sache in mangelfreiem Zustand nicht beeinflusst. Dass die Sache bei hypothetischer Mangelfreiheit denselben Wert hätte oder in gleicher Weise völlig wertlos wäre, stellt zwar einen atypischen Fall dar. Die Konstellation der fehlenden Wertbeeinflussung kann aber insbes beim **Kauf eines Hausgrundstücks** eintreten, sofern bereits wertmindernde Umstände des Gebäudes, die überhaupt keinen Mangel iSd §§ 434, 435 begründen, und/oder tatsächlich vorhandene Mängel, die gem **§ 442 Abs 1** wegen Kenntnis oder grober Fahrlässigkeit des Käufers die Gewährleistungshaftung des Verkäufers ausschließen, den **Gebäudewert** auf Null senken[116]. Der Wert des Hausgrundstücks in mangelfreiem Zustand ist in diesem Fall mit dem wirklichen Wert identisch; denn beide Werte stimmen mit dem **Bodenwert** überein[117].

38 Das Nichtbestehen eines Minderungsrechts des Käufers nach § 441 Abs 1 beruht hier darauf, dass die **proportionale Berechnung der Minderung**[118] gerade darauf ausgerichtet ist, das von den Parteien im Kaufvertrag festgesetzte Verhältnis von Leistung und Gegenleistung unter Berücksichtigung des Mangels aufrechtzuerhalten[119]. Eine völlige Entwertung des Kaufgegenstands durch Umstände, die zwar den Verkehrswert negativ beeinflussen, aber keine Abweichung von der **kaufvertraglichen Soll-Beschaffenheit** des Grundstücks darstellen und deshalb keinen Mangel begründen, berührt daher das kaufvertragliche Verhältnis von Leistung und Gegenleistung von vornherein nicht[120]. Entsprechendes gilt, wenn zwar ein Mangel iSd § 434 oder § 435 gegeben ist, die Gewährleistungsverpflichtung des Verkäufers aber nach § 442 Abs 1 ausgeschlossen ist[121].

39 Anders ist die Rechtslage beim Kauf eines Hausgrundstücks in dem Fall, in dem der Gebäudemangel sich wegen ohnehin gegebener **Wertlosigkeit des Gebäudes** von vornherein nicht negativ auf den Gebäudewert auswirken kann, aber einen negativen Einfluss auf den **reinen Bodenwert** hat. Praktische Bedeutung hat insoweit die Konstellation, in der ein Sachmangel, für den der Verkäufer **grundsätzlich** nach §§ 434, 437 einzustehen hat, den **Abriss** des ohnehin wertlosen Gebäudes und die **Entsorgung** der dabei anfallenden Baubestandteile erheblich erschwert mit der Folge, dass sich der erforderliche finanzielle Aufwand erhöht. Obwohl sich hier der separate Gebäudewert nicht verändert, bewirkt der Gebäudemangel deshalb eine **Verminderung des Bodenwerts**, weil durch den für die Neubebauung erforderlichen Abriss und die Entsorgung der dabei anfallenden Materialien zusätzliche Kosten entstehen, die bei Mangelfreiheit der Immobilie nicht gegeben wären. Wenn also bspw der Gebäudewert ohnehin mit Null zu veranschlagen ist und der Gebäudemangel in Gestalt einer **Kontamination mit Giftstoffen** einen Entsorgungsaufwand in Höhe von 20.000 € begründet, dann wird der bei Mangelfreiheit gegebene Bodenwert des Hausgrundstücks in Höhe von 100.000 € gerade durch den Mangel auf 80.000 € reduziert. Eine Minderung kommt daher hier in Betracht.

114 Vgl dazu oben Rz 33.

115 Peters BB 1983, 1951, 1952; ähnlich Erman/Grunewald Rz 5 (Kaufpreis erster Anhaltspunkt für wirklichen Wert).

116 BGH NJW 1990, 2682, 2683.

117 BGH NJW 1990, 2682, 2683.

118 Vgl dazu oben Rz 17.

119 BGH NJW 1990, 2682, 2683.

120 BGH NJW 1990, 2682, 2683.

121 BGH NJW 1990, 2682, 2683.

V. Wert der Kaufsache in mangelhaftem Zustand

1. **Wahl der Bewertungsmethode**. Für die Ermittlung des Werts der mangelhaften Kaufsache gilt grundsätzlich dasselbe wie bei der Feststellung des Werts der Sache in mangelfreiem Zustand[122]. Die Wahl der Bewertungsmethode liegt grundsätzlich im **Ermessen des Tatrichters**[123]. Zu berücksichtigen sind auch hier kaufvertragliche Vereinbarungen[124]. Die Befugnis des Gerichts aus § 441 Abs 3 Satz 2, die Minderung zu schätzen bezieht sich auch auf die Feststellung des Werts der Kaufsache mit Mangel. Beim Verkauf eines Hausgrundstücks mit einem **abbruchreifen Gebäude** bildet der **reine Bodenwert** nicht notwendigerweise die untere Grenze des mangelbedingten Minderwerts des Kaufgegenstands[125]. Denn in solchen Fällen müssen auch die **Abbruchkosten** berücksichtigt werden[126]. Der für den Abbruch des wertlosen Gebäudes und die **Entsorgung** der dabei anfallenden Baubestandteile erforderliche Aufwand beeinflusst den Verkehrswert des gesamten Kaufgegenstands und damit auch den **separaten Bodenwert**[127]. Dies beruht in rechtlicher und tatsächlicher Hinsicht darauf, dass das Gebäude gem § 94 Abs 1 Satz 1 ein wesentlicher Bestandteil des Grundstücks und daher nicht selbständig verkehrsfähig ist. 40

Ist beim Verkauf einer Maschine ein **bestimmter Energieverbrauch** Gegenstand einer Beschaffenheitsvereinbarung iSd § 434 Abs 2 Satz 1 Nr 1 oder sogar einer Beschaffenheitsgarantie, so kann, wenn ein **höherer tatsächlicher Verbrauch** festgestellt wird, die deswegen berechtigte Minderung jedenfalls nicht ohne weiteres auf Grundlage der Kosten des Mehrverbrauchs berechnet werden[128]. Dies könnte im Extremfall darauf hinauslaufen, dass der Minderungsbetrag höher ist als der Kaufpreis, obwohl die Maschine offensichtlich nicht wertlos ist. Auch hier muss vielmehr festgestellt werden, in welchem Umfang der höhere Energieverbrauch als Sachmangel den **Verkehrswert** herabsetzt. Eine andere Frage ist, inwieweit bei Vorliegen der Voraussetzungen eines Schadensersatzanspruchs aus § 437 Nr 3 in einem derartigen Fall der Käufer einen Mehraufwand als **Schadensersatz statt der Leistung** geltend machen kann. 41

2. **Nach Abschluss des Kaufvertrags eintretende Wertveränderungen**. – a) **Grundsatz**. Da in zeitlicher Hinsicht auch für die Feststellung des Werts der Kaufsache unter Berücksichtigung des Mangels grundsätzlich der Abschluss des Kaufvertrags maßgeblich ist[129], kann sich die Frage stellen, ob zwischen Vertragsschluss und Feststellung des Mangels eintretende Verschlechterungen der Kaufsache noch zugunsten des Käufers zu berücksichtigen sind[130]. Nach der Begründung zum SMG 2002 soll durch das Abstellen auf den Zeitpunkt des Vertragsschlusses zum Zwecke der **Vereinfachung der Berechnung** der Minderung im Gesetzestext klargestellt werden, dass **„etwaige Wertveränderungen"** bis zum Zeitpunkt der Minderung außer Betracht bleiben[131]. Diese Erwägung ist zwar sicherlich auch bei der Feststellung des Werts der Sache in mangelhaftem Zustand einschlägig und richtig. Für die Frage, ob nach dem Zeitpunkt des Abschlusses des Kaufvertrags eintretende (weitere) Wertminderungen der mangelhaften Sache bei der Feststellung ihres tatsächlichen Werts im Rahmen der proportionalen Berechnung zu berücksichtigen sind, ist aber gleichwohl eine **differenzierte Betrachtungsweise** erforderlich[132]. 42

b) **Unbeachtlichkeit von Marktpreisschwankungen und mangelunabhängigen Wertveränderungen**. In jedem Fall als Wertveränderung im Sinne der Begründung zum SMG 2002 einzustufen und daher unbeachtlich sind **Schwankungen des Marktwerts**[133]. Diese Ausklammerung dient nicht nur einer Vereinfachung der Berechnung, sondern ist in jeder Hinsicht interessengerecht, weil die Marktpreisschwankungen auch bei der Ermittlung des Werts der Sache in mangelfreiem Zustand unberücksichtigt bleiben und der vereinbarte **Kaufpreis als Rechnungsgröße** ebenfalls unverändert zugrunde zu legen ist. Ohne Einfluss auf die Feststellung des Werts der mangelhaften Kaufsache sind zudem solche Wertminderungen, die mit dem vorliegenden **Mangel in keinem Zusammenhang** stehen[134]. Dazu zählen vor allem die auf einer gewöhnlichen Abnutzung im Rahmen der Verwendung der Kaufsache durch den Käufer beruhenden Wertabschreibungen. 43

Im Regelfall geht eine abnutzungsbedingte Verringerung des Werts der Kaufsache ohnehin einher mit einer entsprechenden Herabsetzung ihres allgemeinen Verkehrswerts. Für die Berech- 44

122 Vgl dazu oben Rz 26 ff.
123 Vgl dazu oben Rz 26.
124 Vgl dazu oben Rz 26.
125 BGH BB 1971, 64, 65.
126 BGH BB 1971, 64, 65.
127 Vgl oben Rz 37 f.
128 Vgl dazu RG JW 1917, 709 (Kohlenverbrauch).
129 Vgl oben Rz 23 ff.
130 Vgl zum besonderen Fall der Ermittlung des Werts der Kaufsache nach dem Ertragswertverfahren Rz 29 ff.
131 Begr Gesetzentwurf, BT-Drucks 14/6040, S 235.
132 So auch BeckOK/Faust Rz 11.
133 So auch BeckOK/Faust Rz 11.
134 RG WarnR 1912 Nr 69 (zum Verkauf eines Landgutes); Erman/Grunewald Rz 6; BeckOK/Faust Rz 11 f.

nung der Minderung außer Betracht bleiben aber auch vom Käufer veranlasste **außergewöhnliche gebrauchsbedingte Abnutzungen** sowie von ihm oder einem Dritten zu vertretende **Beschädigungen der Kaufsache**[135]. Das Gleiche gilt für nach dem Zeitpunkt des Gefahrübergangs eintretende, auf **Zufall** beruhende Verschlechterungen[136]. Da derartige Wertminderungen gem **§ 434 Abs 1** keinen Sachmangel begründen, dürfen sie auch nicht bei der Berechnung oder in sonstiger Weise zu einem Nachteil für den Verkäufer führen.

45 c) **Mangelbedingte Verschlechterungen der Kaufsache**. Zugunsten des Käufers zu berücksichtigen sind aber solche nach Abschluss des Kaufvertrags eintretende Wertminderungen, die durch den **bei Gefahrübergang vorliegenden Mangel** in einem Zusammenhang stehen und daher auch bei der Berechnung der Minderung in den Verantwortungsbereich des Verkäufers fallen[137]. Klassisches Beispiel ist insoweit der **sog Weiterfresserschaden**, dh die weitere Ausbreitung („Verschlimmerung") des Mangels nach Gefahrübergang auf zunächst noch unversehrte Teile des Kaufgegenstands[138]. Das Gleiche gilt für Beschädigungen und sonstige Wertminderungen, die zwar nicht unmittelbar auf dem Mangel beruhen, aber während einer vom Verkäufer oder einem von ihm beauftragten Dritten durchgeführten **Nachbesserung iSd §§ 437 Nr 1, 439 Abs 1** durch Verschulden oder Zufall eingetreten sind[139]. Zu Lasten des Verkäufers zu berücksichtigen sind zudem Beschädigungen der Ware, die nach Gefahrübergang auf einer **fehlerhaften Verpackung** beruhen. IdR führt eine nicht ordnungsgemäße Verpackung der Ware ohnehin zu einem Sachmangel iSd § 434 Abs 3 Satz 1 Nr 4. Auf **Zufall** beruhende Verschlechterungen nach dem Zeitpunkt des Gefahrübergangs spielen dagegen wegen **Übergangs der Gefahr nach § 446 bzw § 447** bei der Wertfeststellung von vornherein keine Rolle.

46 Beruht die Beschädigung der Ware nach Gefahrübergang auf einem vom Verkäufer zu vertretenden Verhalten, das in **keinem Zusammenhang mit dem Mangel** und der Durchführung der Nacherfüllung steht, so ist dieser Umstand nicht bei der Berechnung der Minderung zu Lasten des Verkäufers zu berücksichtigen, sondern Grundlage für einen eigenständigen Schadensersatzanspruch aus **§ 280 Abs 1**. Etwaige zwischen Vertragsschluss und Gefahrübergang noch eintretende Verschlechterungen der Kaufsache gehen zu Lasten des Verkäufers, weil sie vor der zeitlichen Verantwortungsschranke des § 434 Abs 1 entweder einen zusätzlichen Mangel begründen oder den bereits bestehenden Mangel erweitern und die Kaufsache in den für die Gewährleistung letztlich maßgeblichen Zustand versetzen[140].

47 3. **Keine Anrechnung der vom Käufer gezogenen Nutzungen iSd § 100**. Sofern der festgestellte Mangel nicht die Verwendung der Sache durch den Käufer in vollem Umfang aufhebt, stellt sich die Frage, ob vom Käufer gezogene Nutzungen iSd § 100 bei der Berechnung der Minderung zu seinen Lasten zu berücksichtigen sind. Nach § 100 sind unter Nutzungen die in § 99 geregelten **Früchte** einer Sache oder eines Rechts sowie die **Gebrauchsvorteile** zu verstehen. Praktische Bedeutung haben im Falle der Minderung beim Sachkauf vor allem etwaige Gebrauchsvorteile iSd § 100. Dies gilt insbes dann, wenn zwischen der Übergabe der Kaufsache und dem Zeitpunkt der Feststellung des Mangels ein längerer Zeitraum liegt. Im Falle eines **Autokaufs** erlangt der Käufer regelmäßig Gebrauchsvorteile in Gestalt von **gefahrenen Kilometern**, falls der Mangel nicht unmittelbar nach Übergabe festgestellt wird. Gebrauchsvorteile und sonstige Nutzungen, die der Käufer nach Erhalt der Kaufsache bisher gezogen hat oder künftig voraussichtlich noch ziehen wird, haben auf die Feststellung des **tatsächlichen Werts der Sache** grundsätzlich keinen Einfluss[141]. Derartige Vorteile sind daher bei der Berechnung der Minderung nicht zu berücksichtigen. Eine inzwischen erfolgte völlige **Abnutzung der Kaufsache** durch den Käufer schließt dementsprechend die Minderung, berechnet auf der Grundlage des Werts zum Zeitpunkt des Vertragsschlusses, nicht aus[142].

48 Dass der Mangel sich nur während eines **Teils der durchschnittlichen Nutzungsdauer** der Kaufsache auswirkt, stellt zwar einen Ausnahmefall dar. Aber auch hier ist an dem Grundsatz festzuhalten, dass nachträgliche Umstände, die sich auf die Nutzung der Kaufsache durch den Käufer beziehen, für sich betrachtet bei der Berechnung der Minderung nicht relevant sind. Eine nur temporäre Beeinträchtigung des Kaufgegenstands durch einen Sachmangel liegt bspw vor, wenn beim Kauf von Teppichen oder Teppichböden ein sog Shading-Befall, der den Schein einer fleckenartigen Verfärbung erweckt, während der üblichen Nutzungsdauer nur gelegentlich auftritt. Der Umstand, dass der festgestellte Mangel nur zeitweise in Erscheinung tritt, hat zwar

135 BeckOK/Faust Rz 11 (für auf den Käufer zurückgehende Wertveränderungen).
136 BeckOK/Faust Rz 11 f.
137 BeckOK/Faust Rz 12.
138 BeckOK/Faust Rz 12.
139 BeckOK/Faust Rz 12.
140 BeckOK/Faust Rz 12.
141 Ähnlich Erman/Grunewald Rz 6.
142 Vgl RGZ 66, 115; Erman/Grunewald Rz 6.

iE eine Auswirkung auf die Ermittlung des Minderungsbetrags[143]. Es handelt sich aber nicht um eine ausnahmsweise erfolgende Berücksichtigung nachträglicher Veränderungen. Das nur zeitweise Vorliegen des Mangels ist vielmehr eine Tatsache, die schon bei der Feststellung des Werts der Sache in mangelhaftem Zustand zu berücksichtigen ist. Soweit die Kaufsache in der hier in Rede stehenden Fallkonstellation vom Käufer gleichwohl insgesamt genutzt werden kann und die mangelbedingte Verwendungsbeschränkung in den Phasen, in denen der Mangel sich nicht zeigt, spürbar geringer ist, ist der für die Minderung ausschlaggebende Wert der Sache in mangelhaftem Zustand höher als im Falle des permanenten Vorliegens des Mangels.

4. **Darlegungs- und Beweislast des Käufers – Anscheinsbeweis**. Die Darlegungs- und Beweislast für den **Wert der mangelhaften Sache zum Zeitpunkt des Vertragsschlusses** trifft den Käufer als Gläubiger des Minderungsanspruchs[144]. Dies beruht auf der allgemeinen Beweislastregel (Rosenbergsche Formel), nach der jede Partei die Tatsachen der für sie günstigen Norm darlegen und beweisen muss[145]. Wird nach Vollzug des Kaufvertrags und Feststellung des Mangels durch den Käufer ein bestimmter mangelbedingter Minderwert der Sache für den **gegenwärtigen Zeitpunkt** festgestellt, so kann der Käufer diesen Wert im Regelfall der Berechnung der Minderung zugrunde legen. Denn im Rahmen einer Anwendung der Grundsätze über den **Anscheinsbeweis** ist davon auszugehen, dass der zu diesem Zeitpunkt verlässlich festgestellte Minderwert schon zum Zeitpunkt des Vertragsschlusses bestand und sich seitdem zumindest iE nicht verändert hat. Es ist insoweit zwar richtig, dass eine **Veränderung der Marktpreise** auch während eines kurzen Zeitraums zwischen Vertragsschluss und Feststellung des Mangels nach Lieferung der Sache eintreten kann. In diesem Fall ist aber von einer **parallelen Entwicklung** des Werts der Sache in mangelfreiem Zustand und des Werts der mangelhaften Sache auszugehen, wodurch sich der Minderwert (Wertminderung) als Differenzbetrag letztlich nicht verändert[146]. 49

Behauptet der Käufer jedoch, dass die in Rede stehende Differenz zwischen beiden Werten zum Zeitpunkt des Vertragsschlusses größer war als zum jetzigen Zeitpunkt der Mangelfeststellung und kann er mit seinem Vortrag den **Anscheinsbeweis erschüttern**, so kann zwar nicht mehr ohne weiteres von einem übereinstimmenden Differenzbetrag (Minderwert) ausgegangen werden. Da der Minderungsbetrag als Ziel der Minderung nach § 441 Abs 1 Satz 1 eine für den Käufer günstige Tatsache ist, trägt er aber nach allgemeinen Grundsätzen die Darlegungs- und Beweislast auch für die behauptete nicht **parallele Entwicklung** von dem Wert in mangelfreiem Zustand und dem Wert der mangelhaften Sache im Zeitraum von Vertragsschluss bis Mangelfeststellung[147]. 50

Wird ein derartiger Vortrag des Käufers vom Verkäufer bestritten, so muss im Prozess nicht zwingend Beweis durch Einholung eines Sachverständigengutachtens erhoben werden. Denn aufgrund der Ermächtigung des § 441 Abs 3 Satz 2 kann auch in Bezug auf diesen Aspekt der Wertermittlung eine **gerichtliche Schätzung** erfolgen[148]. 51

5. **Kosten der Feststellung des mangelbedingten Minderwerts**. Die Regelung des § 441 enthält keine besondere Anspruchsgrundlage für den Ersatz der vom Käufer aufgewandten **Wertermittlungskosten**. Praktische Bedeutung hat die Frage der Kostentragung insbes für die Feststellung des Werts der Sache in mangelhaftem Zustand. In Bezug auf die Feststellung des hypothetischen Werts in mangelfreiem Zustand kann nämlich regelmäßig davon ausgegangen werden, dass er mit dem vereinbarten Kaufpreis übereinstimmt[149]. Nach der **Rspr des RG** waren Aufwendungen des Käufers bezüglich der Feststellung des Werts der Kaufsache bei der Minderung nach **§ 462 aF**, **§ 472 aF** zu seinen Gunsten berücksichtigungsfähig[150]. Diese Auffassung ist aber auch für das reformierte Kaufrecht abzulehnen, dh, aufseiten des Käufers anfallende Kosten der Ermittlung des Werts der Sache mit Mangel und in mangelfreiem Zustand sind vom Verkäufer jedenfalls nicht im Rahmen der Minderung nach § 441 zu ersetzen[151]. Die in Rede stehenden Kosten können aber als **Rechtsverfolgungskosten** auf Grundlage eines Schadensersatzanspruchs des Käufers aus §§ 280 Abs 1 und Abs 2, 286 als eingetretener **Verzugsschaden** erstattungsfähig sein. 52

143 Düsseldorf NJW-RR 1991, 223, 225 (zur Minderung nach Werkvertragsrecht bei temporärem Shading-Befall eines Teppichs).

144 Karlsruhe NJW-RR 2021, 852 Rz 37; BeckOGK/Stöber Rz 74; Staud/Bach Rz 72 (Obliegenheit zur Darlegung).

145 Musielak/Voit/Foerste, ZPO, 2023[20], § 286 Rz 34 ff; MünchKomm/Prütting, ZPO, 2020[6], § 286 Rz 113 ff.

146 Vgl oben Rz 17.

147 Peters BB 1983, 1951, 1952.

148 Vgl dazu Staud/Bach Rz 43; BeckOK/Faust Rz 14.

149 Vgl dazu oben Rz 35 f.

150 RG JW 1931, 3270.

151 Wohl auch MünchKomm/Westermann Rz 14 (Ausschluss jeglicher Aufwendungen aufseiten des Käufers, die nach Abschluss des Kaufvertrags getätigt wurden).

53 Etwaige eigene Aufwendungen des Käufers für eine Wertermittlung erfolgen zwar grundsätzlich auf sein eigenes Risiko. Eine mit Kosten verbundene **Begutachtung** ist aber nicht ohne weiteres erforderlich. Der Käufer kann nämlich zunächst selbst frei abschätzen, in welchem Umfang seiner Ansicht nach die Kaufpreisminderung gerechtfertigt ist. Macht er dann mit der **Minderungserklärung** den von ihm bestimmten Betrag gegenüber dem Verkäufer mit dem Ziel einer **Teilrückzahlung** des bereits entrichteten Kaufpreises geltend, so fallen keine Wertermittlungskosten und auch keine sonstigen Rechtsverfolgungskosten an, wenn der Verkäufer diesen Minderungsbetrag letztlich akzeptiert. Entsprechendes gilt bei noch ausstehender Kaufpreiszahlung, falls der Verkäufer mit dem vom Käufer reklamierten Minderungsbetrag einverstanden ist. Den Kaufvertragsparteien steht es zudem frei, nach Feststellung des Mangels über die Höhe der Minderung zu verhandeln und sich auf einen Betrag zu verständigen. Der Käufer muss also nicht unbedingt die Bestimmung des Minderwerts selbst vornehmen und dann auch das damit verbundene Risiko tragen.

54 Kommt es dagegen vor **Abgabe der Minderungserklärung** durch den Käufer nicht zu einer Verständigung über den Minderungsbetrag und bestreitet der Verkäufer den vom Käufer mit der Erklärung nach § 441 Abs 1 Satz 1 geltend gemachten **Minderungsbetrag** sowie uU auch schon das **Vorliegen eines Mangels**, so gerät der Verkäufer, wenn der Kaufpreis bereits vollständig gezahlt wurde, mit der nach § 441 Abs 4 geschuldeten Rückzahlung des gem § 441 Abs 3 Satz 1 von der Minderung betroffenen Kaufpreisteils nach **Mahnung** gem § 286 Abs 1 Satz 1 in Verzug. Das Gleiche gilt, wenn der Verkäufer nach Zugang der Minderungserklärung die Teilrückzahlung **ernsthaft und endgültig verweigert (§ 286 Abs 2 Nr 3)**. Die nach Verzugsbeginn aufseiten des Käufers entstehenden Wertermittlungskosten sind dann vom Verkäufer als **Verzugsschaden** zu ersetzen. Kosten der Feststellung des Mangels kommen hinzu, sofern der Verkäufer auch diese Grundlage der Minderung in Abrede stellt.

55 Soweit in einem nachfolgenden Gewährleistungsprozess bezüglich des Werts der Kaufsache als Voraussetzung für die Berechnung des Minderungsbetrags und uU auch zur Frage des Vorliegens eines Mangels nach den Regeln der ZPO durch **Einholung eines Sachverständigengutachtens** Beweis erhoben wird, sind die dadurch verursachten Kosten nach allgemeinen Grundsätzen gem ZPO § 91 der im Rechtsstreit unterlegenen Partei aufzuerlegen. Eine Beweiserhebung zum Zwecke der Feststellung des Werts der Kaufsache ist aber dann nicht erforderlich, wenn das Gericht insoweit eine **Schätzung nach § 441 Abs 3 Satz 2** vornimmt. Für die Kaufvertragsparteien hat diese Vorgehensweise den Vorteil, dass zumindest insoweit **keine Gutachterkosten** anfallen, die von der unterlegenen Prozesspartei getragen werden müssten. Die gerichtliche Schätzungsbefugnis greift aber nicht Platz, soweit schon das **Vorliegen eines Mangels** zwischen den Parteien streitig ist.

56 6. **Mangelbeseitigungskosten (tatsächlicher Reparaturaufwand)**. Aus den dargelegten Berechnungsgrundsätzen folgt, dass die für eine Mangelbeseitigung erforderlichen Kosten nicht ohne weiteres mit dem **Minderungsbetrag** gleichgesetzt werden dürfen[152]. Dies wäre mit der in § 441 Abs 3 Satz 1 verankerten **wertbezogenen proportionalen Berechnungsmethode** nicht vereinbar. Kommt das Gericht zu der Feststellung, dass der Kaufpreis nicht nur den ursprünglichen, sondern auch den gegenwärtigen Wert der Kaufsache in mangelfreiem Zustand zutreffend wiedergibt, und dass ebenso der Wert der Kaufsache mit Mangel unverändert geblieben ist, so können allerdings im Rahmen einer Schätzung nach § 441 Abs 3 Satz 2 die Reparaturkosten als Minderwert vom Kaufpreis abgezogen werden[153]. In dem Fall, in dem die **Vermutung unveränderter Wertverhältnisse** nicht zutrifft, können die Reparaturkosten gleichwohl zumindest einen Anhaltspunkt für die **Schätzung des Minderungsbetrags** darstellen[154]. Die Wertverhältnisse haben sich hier nicht verändert. Das Gericht kann gem § 441 Abs 3 Satz 2 bei Fehlen anderweitiger tatsächlicher Anhaltspunkte auf Grundlage der voraussichtlichen Beseitigungskosten den **Minderwert schätzen.** Die Neuregelung des § 441 Abs 3 Satz 2 führt insoweit gegenüber dem alten Kaufrecht eine Änderung herbei, als die für die Berechnungsformel erforderlichen Werte geschätzt werden können[155]. Vom Vorliegen anderweitiger tatsächlicher Anhaltspunkte muss aber ausgegangen werden, wenn die in Rede stehenden Werte nicht stabil geblieben sind[156]. Eine unmittelbare Gleichsetzung der **voraussichtlichen Reparaturkosten** mit dem Minderungsbetrag im Rahmen einer Schätzung wäre aber mit der in § 441 Abs 3 Satz 1 festgelegten **Proportionalmethode** nicht vereinbar.

152 BGH WM 1971, 1382; Zweibrücken NJW 2009, 2221, 2223; Staud/Bach Rz 32; MünchKomm/Westermann Rz 14; Erman/Grunewald Rz 7; Peters BB 1983, 1951, 1952.

153 BGH WM 1971, 1382; MünchKomm/Westermann Rz 14.

154 Ähnlich auch MünchKomm/Westermann Rz 14 (Reparaturaufwand sei zwar nicht entscheidend, liefere aber immerhin Anhaltspunkte).

155 Zweibrücken NJW 2009, 2221, 2223.

156 Vgl oben Rz 35 f.

57 Die Schätzung darf vielmehr nur unter Beachtung und im Rahmen der Proportionalmethode erfolgen. Beträgt der **Kaufpreis** bspw 100 €, der gegenwärtig geschätzte Reparaturaufwand 30 € und ist seit Abschluss des Kaufvertrags eine **Preissteigerung** in Höhe von 50 % eingetreten, so dürfen vom Kaufpreis nicht 30 €, sondern nur 20 € als Minderungsbetrag abgesetzt werden. Denn zum Zeitpunkt des Vertragsabschlusses entsprach der heutige Betrag von 30 € dem Betrag von 20 €: 20 € + 10 € (50 % Preissteigerung) = 30 €. Bei Preisstabilität wäre dagegen der Abzug der Kosten in voller Höhe zuzulassen. **Geringfügige Ungenauigkeiten** sind im Rahmen der Schätzung gem § 441 Abs 3 Satz 2 zu tolerieren. Ein Reparaturaufwand, der im Verhältnis zum Wert der fehlerfreien Kaufsache und zur **Bedeutung der Kaufsache** unangemessen ist, darf der Feststellung der Minderung von vornherein nicht zugrunde gelegt werden[157].

58 Entspricht der vereinbarte Kaufpreis dem Wert der Sache in mangelfreiem Zustand (zum Zeitpunkt des Vertragsschlusses), so ist der mangelbedingte wirkliche Wert (ebenfalls zum Zeitpunkt des Vertragsschlusses) als **minderungsbedingt herabgesetzter neuer Kaufpreis** anzusehen[158]. Es handelt sich hier um den Regelfall, in dem weder zugunsten des Verkäufers noch zugunsten des Käufers der vereinbarte Kaufpreis vom wirklichen Wert des Kaufgegenstandes abweicht. Es besteht deshalb keine Grundlage dafür, vom Käufer zum Zwecke der Mangelbeseitigung aufgewendete Reparaturkosten **abweichend von der Berechnungsformel des § 441 Abs 3 Satz 1** als Minderungsbetrag anzuerkennen[159].

59 7. **Schadensersatzanspruch bei fehlendem Minderwert.** Hat die verkaufte Sache keinen Minderwert iSd § 441 Abs 3 Satz 1, so kann ein **Schadensersatzanspruch** des Käufers nach § 437 Nr 3, § 311a Abs 2 Satz 1 bestehen. Denn für den Schadensersatz kommt es aufseiten des Käufers auf eine **Wertdifferenz** zwischen dem **hypothetischen Vermögenszustand** (Mangelfreiheit der Sache zum Zeitpunkt des Gefahrübergangs) und der Vermögenslage an, wie sie sich infolge des Sachmangels tatsächlich darstellt[160]. Der Käufer kann also im Rahmen der Geltendmachung eines Schadensersatzanspruchs vom Verkäufer verlangen, dass er so gestellt wird, wie er im Falle der ordnungsgemäßen Erfüllung des Kaufvertrags durch Verschaffung einer mangelfreien Sache stünde[161]. Besteht bspw **der Mangel eines gekauften Hausgrundstücks** darin, dass die Erträge geringer und die Betriebskosten der Sache höher sind als im Kaufvertrag vereinbart, so kann der Käufer die Differenz vom Verkäufer als Schadensersatz statt der Leistung auch dann beanspruchen, wenn die Minderungsvoraussetzungen nach § 441 Abs 3 Satz 1 nicht festgestellt werden können, dh, ein Minderwert im Sinne dieser Vorschrift nicht gegeben ist[162].

60 Bestreitet der Verkäufer, dass der Unterschied zwischen beiden Werten bei Vertragsschluss ebenso groß war wie heute, so muss er dies substantiiert darlegen und den auf die **Annahme übereinstimmender Wertrelationen** gerichteten Anscheinsbeweis erschüttern[163]. Steht die gegenwärtige, also die unter Berücksichtigung des inzwischen festgestellten Mangels einschlägige Wertrelation fest und behauptet keine der beiden Parteien in substantiierter Weise, dass dieses Verhältnis sich zwischen dem gem § 441 Abs 3 Satz 1 an sich maßgeblichen Zeitpunkt des Vertragsschlusses und der Gegenwart in messbarer Weise verändert habe, so kann das Gericht die gegenwärtige Relation der beiden Werte der Minderung zugrunde legen[164]. Eine Schätzung nach § 441 Abs 3 Satz 2 ist hier nicht erforderlich. In Bezug auf die Bezifferung eines Anspruchs des Käufers auf **Schadensersatz statt der Leistung** ist dagegen die Schätzung jedenfalls nicht auf Grundlage des § 441 Abs 3 Satz 2 zulässig, weil diese Regelung nur für die Minderung im rechtstechnischen Sinne gilt. Das Gericht muss daher, sofern für den Umfang eines vom Verkäufer zu ersetzenden Schadens eine Schätzung erforderlich ist, auf die allgemeine Regelung des **ZPO § 287** zurückgreifen.

61 8. **Kaufpreisübersteigender Wert der mangelhaften Sache.** Einer Minderung steht nicht entgegen, dass der Wert der Kaufsache trotz des aufgetretenen Mangels noch über dem Kaufpreis liegt, obwohl der Käufer auf den ersten Blick durch den Mangel keinen Nachteil erlitten hat[165]. Das Ziel der **proportionalen Berechnungsmethode** iSd § 441 Abs 3 Satz 1 ist eben nicht eine

157 Staud/Peters § 634 Rz 115 (zum Werkvertrag); vgl auch MünchKomm/Westermann Rz 14.
158 Erman/Grunewald Rz 4; MünchKomm/Westermann Rz 12.
159 Erman/Grunewald Rz 4; wohl auch MünchKomm/Westermann Rz 12.
160 BGH NJW 2011, 1217 Rz 31; BGH NJW 1993, 2103 f.
161 BGH NJW 2011, 1217 Rz 32; BGHZ 174, 290, 293.
162 BGH NJW 2011, 1217 Rz 32. In dem dieser Entscheidung zugrundeliegenden Fall war aber nach Ansicht des BGH sehr zweifelhaft, ob kein Minderwert iSd § 441 Abs 3 Satz 1 vorlag.
163 AA Peters BB 1983, 1951, 1952 (volle Beweislast beim Verkäufer).
164 Peters BB 1983, 1951, 1952.
165 BGH NJW 2011, 2953 Rz 8 ff; vgl dazu auch Erman/Grunewald Rz 4; MünchKomm/Westermann Rz 12. Im Fall des BGH betrug der Kaufpreis für eine Eigentumswohnung mit einem Sondernutzungsrecht an vier Pkw-Abstellplätzen unter Berücksichtigung einer Kickback-Vereinbarung 149.288,39 €. Der festgestellte Verkehrswert des Kaufgegenstands ohne Mängel betrug 183.000 € und in mangelhaftem Zustand 151.000 €.

Anpassung des Kaufpreises an den wahren Verkehrswert der Sache, sondern die Gewährung eines Ausgleichs für den Mangel unter Fortgeltung des kaufvertraglich vereinbarten Preis-Leistungs-Verhältnisses[166]. Gerade in der hier in Rede stehenden Fallkonstellation zeigt sich das Wesen der gesetzlich verankerten Proportionalmethode. Da das **Äquivalenzverhältnis des Kaufvertrags** durch die Minderung aufrechterhalten werden soll, kann der Verkäufer bei Veräußerung einer Sache zu einem deutlich unter dem Verkehrswert liegenden Kaufpreis die Minderung nicht mit der Begründung abwehren, der Käufer habe für die Sache keinen über dem Wert der mangelhaften Sache liegenden Kaufpreis gezahlt und daher durch das Auftreten des Mangels keine Vermögenseinbuße erlitten[167].

62 9. **Vollständige Übereinstimmung von Wert in mangelfreiem und mangelhaftem Zustand**. Stimmt der Wert der Sache in mangelfreiem Zustand mit dem mangelhaften Minderwert überein, so kommt eine Minderung des Kaufpreises nicht in Betracht[168]. In der Praxis wird der Fall, dass die Sache trotz des Mangels denselben Wert hat wie in mangelfreiem Zustand, wohl nur selten anzutreffen sein. Der **BGH** hat sich zwar, soweit dies auf Grundlage des Berufungsurteils und des Vortrags der Parteien revisionsrechtlich geboten war, mit dieser Wertkonstellation befasst und den **Ausschluss der Minderung** zu Recht bestätigt[169]. Im Fall des BGH waren aber die tatsächlichen Feststellungen des Berufungsgerichts zum Wert des Grundstücks in mehrerlei Hinsicht fehlerhaft, weshalb das Berufungsurteil aufgehoben und die Sache zurückverwiesen wurde[170].

63 Nach **§ 459 aF** Abs 1 Satz 1 aE („den Wert […] aufheben oder mindern“) lag bei Fehlen einer Wertminderung schon kein Sachmangel vor[171]. Nach § 434 schließt dagegen das Fehlen einer Wertminderung das Vorliegen eines Sachmangels nicht von vornherein aus, so dass der Käufer hier grundsätzlich Nacherfüllung gem §§ 437 Nr 1, 439 Abs 1 verlangen kann. Dieser primäre Gewährleistungsanspruch des Käufers ist nicht vom Vorliegen einer Wertminderung abhängig[172]. Ein Rücktritt ist zwar gem **§ 323 Abs 5 Satz 2** bei unerheblichen Pflichtverletzungen des Verkäufers und daher bei unwesentlichen Mängeln ausgeschlossen. Dieser Ausschlusstatbestand wird aber für die Minderung **gem § 441 Abs 1 Satz 2** ausdrücklich ausgeschlossen.

VI. Minderungsbefugnis bei unerheblichen Mängeln nach § 441 Abs 1 Satz 2

64 Nach § 441 Abs 1 Satz 1 ist Minderung zwar grundsätzlich unter denselben Voraussetzungen wie ein Rücktritt vom Kaufvertrag möglich. Eine Ausnahme hiervon besteht aber nach § 441 Abs 1 Satz 2 für den Fall, dass ein Rücktritt nach § 323 Abs 5 Satz 2 wegen Unerheblichkeit der Pflichtverletzung und damit wegen Unerheblichkeit des vorliegenden Mangels ausgeschlossen wäre. Der unerhebliche Mangel im Sinne des Rechts der kaufrechtlichen Gewährleistung stellt regelmäßig eine nur unerhebliche Pflichtverletzung iSd § 323 Abs 5 Satz 2 dar[173]. Die Rechtferti-

166 BGH NJW 2011, 2953 Rz 9; Staud/Bach Rz 30; Erman/Grunewald Rz 4; MünchKomm/Westermann Rz 12; BeckOGK/Stöber Rz 57; BeckOK/Faust Rz 7.

167 BGH NJW 2011, 2953 Rz 9. Im Fall des BGH ergab sich für die Minderung folgende Berechnungsformel: 151. 000 € (Wert der Eigentumswohnung in mangelhaftem Zustand) · 149.288,39 € (Kaufpreis): 183.000 € (Verkehrswert ohne Mängel) = 123.183,32 € (geminderter Kaufpreis). Der Minderungsbetrag belief sich daher auf 26.105,07 € (149.288,39 € abzüglich 123.183,32 €).

168 BGH NJW 2011, 1217 Rz 20; Karlsruhe NJW-RR 2021, 852 Rz 36; Erman/Grunewald Rz 4; MünchKomm/Westermann Rz 12.

169 BGH NJW 2011, 1217 Rz 20; vgl auch Erman/Grunewald Rz 4; MünchKomm/Westermann Rz 12.

170 BGH NJW 2011, 1217 Rz 24 ff. Verkauft worden waren mehrere Grundstücke eines ehemaligen Industriegeländes mit einem Fabrikgebäude und einem Produktions- und Lagergebäude. Die Betriebskosten lagen im Vorjahr des Verkaufs um ca. 34.000 € über dem Betrag, von dem der Käufer nach den im Kaufvertrag festgehaltenen Zahlenangaben des Verkäufers ausgehen musste. Gleichwohl kam das Berufungsgericht zu dem Ergebnis, dass diese Diskrepanz nicht zu einem geringeren Grundstückswert führe. Das Berufungsgericht hatte sich nicht mit dem vom klagenden Käufer vorgebrachten Einwand befasst, der auf einer hypothetischen Vermietung von 80 % der vermietbaren Flächen des Fabrikgebäudes ermittelte Ertragswert beruhe auf einer irrealen Prämisse, sofern zunächst Investitionen von über 10 Millionen € erforderlich seien und der dann zu erwartende kapitalisierte Mietertrag nur 8,8 Millionen € betrage. Der BGH wies insoweit darauf hin, es dränge sich auf, dass Investitionen in einem solchen Umfang wegen des zu erwartenden geringeren Ertrags nicht einer ordnungsgemäßen Bewirtschaftung entsprächen. Darüber hinaus hatte das Berufungsgericht im Fall des BGH nicht beachtet, dass es für die Berechnung der Minderung auf die Verhältnisse im Zeitpunkt des Vertragsschlusses ankommt. Eine künftige hypothetische Verbesserung der Vermietungssituation könne bei der Ermittlung der zu vergleichenden Ertragswerte der verkauften Grundstücke nur insoweit berücksichtigt werden, als solche Erwartungen bereits am Wertermittlungsstichtag Einfluss auf die Ertragswerte mit und ohne den Mangel hätten. Da das Berufungsgericht einen Investitionsaufwand in Höhe von 10 Millionen € für erforderlich hielt, war es nach Ansicht des BGH „eher unwahrscheinlich“, dass zum Zeitpunkt des Abschlusses des Kaufvertrags von einer sofortigen Verbesserung der Ertragslage bei der Bewirtschaftung durch einen anderen als die Verkäuferin ausgegangen werden konnte.

171 Vgl Soergel[12]/U Huber § 459 aF Rz 76 f.

172 Vgl BeckOK/Faust § 434 Rz 22.

173 Vgl Staud/Bach Rz 16; BeckOGK/Stöber Rz 40.

gung für die insoweit unterschiedliche Behandlung von Rücktritt und Minderung liegt darin, dass der Rücktritt zur Aufhebung und Rückabwicklung des Kaufvertrags nach den §§ 346 ff führt und daher viel einschneidendere Wirkungen hat. § 441 Abs 1 Satz 2 entspricht in jeder Hinsicht den Vorgaben des Art 13 Abs 5 Satz 1 **Warenkauf-Richtlinie**, der bei „geringfügigen Vertragswidrigkeiten" nur den Ausschluss des Rechtsbehelfs der **Vertragsbeendigung** als zulässig ansieht[174].

VII. Minderung trotz erfolgreicher Nacherfüllung bei Vorliegen einer Fristversäumung oder sonstigen Unannehmlichkeiten für den Käufer?

Nach § 441 Abs 1 Satz 1 iVm § 323 Abs 1 ist der Käufer zur Minderung grundsätzlich nur berechtigt, wenn der Verkäufer nicht innerhalb einer **angemessenen Nachfrist** erfolgreich die von ihm nach §§ 437 Nr 1, 439 Abs 1 geschuldete Nacherfüllung vornimmt. **Art 3 Abs 5 Verbrauchsgüterkauf-Richtlinie** gewährte dem Käufer einen Anspruch auf Minderung nicht nur bei verweigerter Nacherfüllung oder verzögerter Nacherfüllung, sondern auch bei mit der Nacherfüllung verbundenen, nicht unerheblichen Unannehmlichkeiten. Die ersten beiden Varianten dieser Vorschrift wurden durch § 441 und die Regelungen des allgemeinen Schuldrechts über die Nachfristsetzung unzweifelhaft in ausreichender Weise umgesetzt. 65

Fraglich war eine ausreichende Umsetzung in Bezug auf Art 3 Abs 5 Spiegelstrich 3 Verbrauchsgüterkauf-Richtlinie, wonach der Käufer auch dann einen Anspruch auf Minderung hatte, wenn die Nacherfüllung zwar letztlich erfolgt ist, dies aber für den Käufer nicht ohne erhebliche Unannehmlichkeiten geschah[175]. Nach **Art 13 Abs 4 lit a Warenkauf-Richtlinie** hat der Käufer ein Recht auf Minderung, wenn der Verkäufer die **Nachbesserung oder die Ersatzlieferung nicht** oder gegebenenfalls die Nachbesserung oder die Ersatzlieferung **nicht im Einklang mit Artikel 14 Abs 2 und Abs 3 vorgenommen hat** oder aber der Verkäufer die Herstellung des vertragsgemäßen Zustands der Waren nach Absatz 3 des vorliegenden Artikels **verweigert**. Auf Art 14 Abs 1 lit b („innerhalb einer angemessenen Frist") und lit c („ohne erhebliche Unannehmlichkeiten für den Verbraucher") nimmt Art 13 Abs 4 keinen Bezug, so dass die **erfolgreiche Nacherfüllung** auch dann kein Minderungsrecht begründet, wenn sie verspätet erfolgte oder mit erheblichen Unannehmlichkeiten verbunden war[176]. Bei Vorliegen eines **Verbrauchsgüterkaufs** ist daher das **generelle Fristsetzungserfordernis** des § 441 Abs 1 Satz 1 iVm § 323 Abs 1 ebenso wie der im Verhältnis zu § 440 als Sonderbestimmung anzusehende **§ 475d** mit den **Vorgaben der Warenkauf-Richtlinie vereinbar**[177]. Die hier in Rede stehende Abweichung der Warenkauf-Richtlinie von der Verbrauchsgüterkauf-Richtlinie ist auch deshalb interessengerecht, weil der Verbraucher im Falle einer erfolgreichen, aber verspäteten oder/und mit erheblichen Unannehmlichkeiten verbundenen Nacherfüllung grundsätzlich gem **§ 280 Abs 1 Schadensersatz** vom Verkäufer verlangen kann[178]. 66

VIII. Minderung bei völliger Wertlosigkeit der Sache – keine generelle Rückgabepflicht analog § 346 Abs 1

Ist die Kaufsache infolge des Sachmangels völlig wertlos, so kann der Minderungsbetrag sich mit dem vereinbarten Kaufpreis decken[179]. Hat der Käufer in einem derartigen Fall den Kaufpreis bereits gezahlt, so kann er gem § 441 Abs 4 iVm § 346 Abs 1 die **vollständige Rückerstattung** verlangen. Unerheblich ist insoweit grundsätzlich, ob der Käufer in der Lage ist, dem Verkäufer die wertlose Sache zurückzugeben. Denn eine generelle Pflicht des Käufers zur **Rückgabe der Kaufsache** in diesem Sonderfall wird durch das Recht der Minderung nicht begründet. Die für den Rücktritt geltende Regelung des § 346 Abs 1 ist insoweit jedenfalls nicht grundsätzlich analog anwendbar[180]. Der Minderungsbetrag stimmt hier zwar exakt mit dem Betrag überein, der im Falle der Erklärung des Rücktritts vom Verkäufer gem § 346 Abs 1 zurückzuerstatten wäre. Es handelt sich aber dennoch um eine Minderung, für die der **Verbleib der Kaufsache beim Käufer** gerade wesenstypisch ist. Insoweit unterscheidet sich die **Minderung „auf Null"** vom Rücktritt nach § 437 Nr 2 iVm §§ 346 ff. Dass der Verkäufer die Sache im Falle der Entschei- 67

174 BeckOGK/Stöber Rz 34; BeckOK/Faust Rz 4.
175 BeckOGK/Stöber Rz 36; BeckOK/Faust Rz 30; MünchKomm/Westermann Rz 2, 19.
176 Vgl dazu Begr Gesetzentwurf, BT-Drucks 19/27424 S 36 f; BeckOGK/Stöber Rz 37; BeckOK/Faust Rz 30.
177 Begr Gesetzentwurf, BT-Drucks 19/27424 S 36 f; BeckOGK/Stöber Rz 37; BeckOK/Faust Rz 30.
178 Begr Gesetzentwurf, BT-Drucks 19/27424 S 36 f.
179 RG JW 1926, 1541; RG HRR 1927 Nr 10; BGHZ 42, 232 (zum Werkvertrag).
180 AA Staud/Bach Rz 44; Erman/Grunewald Rz 6; BeckOGK/Stöber Rz 65; BeckOK/Faust Rz 27.

dung des Käufers für die Minderung nicht zurückverlangen kann, ist von der Höhe des Minderungsbetrags letztlich unabhängig.

68 Die eigentliche Frage in dem Fall, in dem der Verkäufer ein **Interesse am Rückerwerb der Sache** geltend macht, ist hier vielmehr, ob der Wert der Sache in mangelhaftem Zustand tatsächlich „null" ist. Der Einwand des Verkäufers, er hätte im Falle der Kenntnis des Mangels die Sache nicht zu den gesetzlichen Minderungsbedingungen – also zum herabgesetzten Preis und hier eben iE völlig ohne Gegenleistung – verkauft, ist ohnehin unbeachtlich[181]. Andererseits hat der Käufer aufgrund der Minderung – anders als im Falle des Rücktritts – auch keinen Anspruch darauf, dass der Verkäufer die Sache zurücknimmt. Ein Recht des Käufers auf Erstattung der durch eine **Entsorgung der Sache** entstehenden Kosten kann ebenfalls nicht auf § 441 gestützt werden. Insoweit kann aber ein Schadensersatzanspruch des Käufers aus §§ 437 Nr 3, 280 Abs 1 bestehen, sofern der Verkäufer den Mangel oder die Nichtvornahme der Nacherfüllung als Pflichtverletzung zu vertreten hat. Ob der Verkäufer ein Recht auf Rückgabe hat und die Sache schließlich auch zurücknehmen muss, entscheidet der Käufer mit der ihm zustehenden **Wahl zwischen Rücktritt und Minderung**, und dieses Wahlrecht ist vom **Umfang der Wertminderung** unabhängig.

Nach **Art 13 Abs 4 lit a Warenkauf-Richtlinie** hat der Käufer ein Recht auf Minderung, wenn der Verkäufer die **Nachbesserung oder die Ersatzlieferung nicht** oder gegebenenfalls die Nachbesserung oder die Ersatzlieferung **nicht im Einklang mit Artikel 14 Abs 2 und Abs 3 vorgenommen hat** oder aber der Verkäufer die Herstellung des vertragsgemäßen Zustands der Waren nach Absatz 3 des vorliegenden Artikels **verweigert**. Auf Art 14 Abs 1 lit b („innerhalb einer angemessenen Frist") und lit c („ohne erhebliche Unannehmlichkeiten für den Verbraucher") nimmt Art 13 Abs 4 keinen Bezug, so dass die **erfolgreiche Nacherfüllung** auch dann kein Minderungsrecht begründet, wenn sie verspätet erfolgte oder mit erheblichen Unannehmlichkeiten verbunden war. Bei Vorliegen eines **Verbrauchsgüterkaufs** ist daher das **generelle Fristsetzungserfordernis** des § 441 Abs 1 Satz 1 iVm § 323 Abs 1 ebenso wie der im Verhältnis zu § 440 als Sonderbestimmung anzusehende **§ 475d** mit den **Vorgaben der Warenkauf-Richtlinie vereinbar**. Die hier in Rede stehende Abweichung der Warenkauf-Richtlinie von der Verbrauchsgüterkauf-Richtlinie ist auch deshalb interessengerecht, weil der Verbraucher im Falle einer erfolgreichen, aber verspäteten oder/und mit erheblichen Unannehmlichkeiten verbundenen Nacherfüllung grundsätzlich gem **§ 280 Abs 1 Schadensersatz** vom Verkäufer verlangen kann.

69 Insoweit kann grundsätzlich ein Rückgabeanspruch des Verkäufers auch nicht mit dem Gebot von Treu und Glauben begründet werden. Abgesehen davon dürfte ein Rücknahmeinteresse des Verkäufers im Falle der Minderung „auf Null" ohnehin nur selten gegeben sein. Andererseits sind Gestaltungen denkbar, in denen die Kaufsache zwar keinen Verkehrswert hat, der Käufer aber zwecks Vermeidung zusätzlicher Aufwendungen unter Einsatz eigenen Vermögens ein **rein subjektives Nutzungsinteresse** hat. Der Käufer ist aufgrund des ihm zustehenden Wahlrechts generell befugt, auch in den Fällen objektiver Wertlosigkeit aus diesem Grund die Minderung anstelle eines Rücktritts zu wählen. Ein Rückgabeanspruch **analog § 346 Abs 1 iVm § 242** des Verkäufers ist nur in dem Ausnahmefall zu bejahen, in dem der Käufer bei objektiver Wertlosigkeit der Sache kein nachvollziehbares Nutzungsinteresse hat und die Minderung – anstelle des Rücktritts – von ihm nur deshalb erklärt wird, um einen Rückerwerb durch den Verkäufer, der ein ersichtliches Interesse an der mangelhaften Sache hat, zu verhindern.

IX. Berechnung der Minderung in Sonderfällen

70 1. **Übernahme von Grundstücksbelastungen durch den Käufer**. – a) **Grundsatz der Einbeziehung in die Minderungsberechnung**. Hat der Käufer beim Grundstückskauf bestehende Belastungen des Grundstücks mit **Grundpfandrechten** einschließlich der zugrundeliegenden persönlichen Verbindlichkeiten unter Anrechnung auf den vereinbarten Kaufpreis übernommen, so ist bei der nach Maßgabe des § 441 Abs 3 Satz 1 erfolgenden Berechnung der Minderung der auf die Belastungen entfallende Kaufpreisteil dem vom Käufer noch in bar zu zahlenden **Nettokaufpreis** hinzuzurechnen[182]. Ausgangsgröße für die Durchführung der Minderung ist also der **Bruttokaufpreis**. Dieser Gesamtbetrag ist als Kaufpreis iSd § 441 Abs 3 Satz 1 anzusehen und damit der **proportionalen Berechnung** zugrunde zu legen. Die Rechtfertigung für diese Hinzurechnung zum Zwecke der Berechnung der Minderung ist darin zu sehen, dass die Übernahme der Pfandbelastungen und der dazugehörigen persönlichen Verbindlichkeiten des Verkäufers eine besondere Leistung des Käufers darstellt, die mit der Verpflichtung zur Zahlung

181 Vgl dazu Rz 1.

182 RGZ 73, 152, 153 (zur Minderung beim Tausch).

des Barkaufpreises (Nettokaufpreises) untrennbar verbunden ist und in gleicher Weise im **Synallagma** steht.

b) **Ausgleichspflicht des Verkäufers bei über den Nettokaufpreis hinausgehender Minderung.** Übersteigt der nach der Proportionalmethode errechnete Minderungsbetrag den vom Käufer an den Verkäufer gezahlten Nettopreis (Barkaufpreis), so ist der Verkäufer verpflichtet, in Höhe des **überschießenden Betrags** eine Ausgleichszahlung an den Käufer zu leisten. Die Kaufvertragsparteien können zwar selbstverständlich bereits im Kaufvertrag oder nach Eintritt des Gewährleistungsfalls eine **abweichende Vereinbarung** treffen. Ein Ausschluss der Ausgleichszahlung wäre aber regelmäßig deshalb nicht interessengerecht, weil das Ziel der Minderung beim Grundstückskauf gerade darin besteht, die im Falle eines Rücktritts nach § 437 Nr 2 erforderliche **Rückübertragung des Grundstücks** an den Verkäufer zu vermeiden. Die Verpflichtung des Verkäufers zur Leistung einer Ausgleichszahlung ist in der hier in Rede stehenden Fallkonstellation deshalb angemessen, weil der Käufer mit **Ablösung der Grundpfandrechte** zugleich die persönliche Schuld des Verkäufers übernommen hat. Dies gilt auch dann, wenn der Käufer zum Zeitpunkt der Minderungserklärung die Grundpfandrechte noch nicht abgelöst hat. Denn die Verpflichtung des Käufers zu dieser Ablösung wird durch die Minderung nicht berührt. Anders ist die Rechtslage in Bezug auf die bestehenden Grundpfandrechte nur dann, wenn der Käufer anstelle der Minderung berechtigterweise den **Rücktritt vom Grundstückskaufvertrag** erklärt. 71

2. **Berechnung der Minderung bei kaufpreisbezogener Skontogewährung.** Im Falle einer Skontogewährung erhält der Käufer einen **Preisnachlass („Rabatt")** auf den vereinbarten Kaufpreis, sofern er innerhalb einer bestimmten Frist den Kaufpreis zahlt. Beispiel: „Zahlung innerhalb von 30 Tagen; 2 Prozent Skonto bei Zahlung innerhalb von 10 Tagen." Der Käufer ist aber nicht verpflichtet, das Skonto zu ziehen. Verzichtet der Käufer auf das Skonto, um den Kaufpreis erst später zahlen zu müssen, so ist der ihm dadurch entgehende Preisnachlass eine Art **Zinsleistung** für den vom Verkäufer durch die Vorleistung eingeräumten Warenkredit. Aufgrund dieser **Wahlmöglichkeit des Käufers** hängen die Rechtsfolgen der Minderung im Falle des vom Verkäufer gewährten Skontos nicht davon ab, ob der Käufer das Skonto zieht oder stattdessen das vom Verkäufer für die Zahlung „netto" (ohne Abzug) eingeräumte Zahlungsziel (zB 30 Tage) in Anspruch nimmt. Erklärt der Käufer die Minderung, so ist der Minderungsbetrag nach der proportionalen Methode des § 441 Abs 3 Satz 1 unabhängig vom tatsächlichen Eintritt der Skontierung vom ungekürzten, dh nicht skontierten Kaufpreis zu berechnen. 72

3. **Ausklammerung der auf den Kaufpreis gezahlten Zinsen und Umsatzsteuer.** – a) **Fälligkeits- oder Verzugszinsen.** Hat der Käufer bis zum Wirksamwerden der Minderungserklärung rechtmäßig entstandene Fälligkeits- oder Verzugszinsen bereits bezahlt, so bleiben diese bei der Berechnung der Minderung nach § 441 Abs 3 Satz 1 außer Betracht. Derartige Zinszahlungen werden also dem von den Parteien vereinbarten **Kaufpreis nicht hinzugerechnet.** Dass der Verkäufer wegen Vorliegens eines Mangels zu viel verlangt hat, ändert daran nichts. Denn die **Gestaltungswirkung der Minderung** und die damit verbundene Kaufpreisanpassung tritt erst mit der Minderungserklärung ein, und zwar – ebenso wie der Rücktritt – nicht mit rückwirkender Kraft, also *ex nunc* und nicht *ex tunc*[183]. Eine andere Frage ist allerdings, ob Fälligkeits- und Verzugszinsen im konkreten Gewährleistungsfall überhaupt entstehen. Denn solange dem Käufer ein Nacherfüllungsanspruch nach §§ 437 Nr 1, 439 Abs 1 zusteht, muss er aufgrund **der Einrede des nicht erfüllten Vertrags aus § 320 Abs 1 Satz 1** den Kaufpreis nicht zahlen, so dass auch keine Fälligkeits- und Verzugszinsen anfallen. Bei Fehlschlagen oder Unmöglichkeit der Nacherfüllung kann der Käufer das Anfallen von Verzugszinsen in Bezug auf den Minderungsbetrag durch **Ausübung des Minderungsrechts** und der damit eintretenden Umgestaltung des Kaufvertrags vermeiden. Bis zum Ablauf einer angemessenen Frist für die Einholung einer Rechtsberatung sowie anschließender Überlegung gerät der Käufer wegen fehlenden Vertretenmüssens nicht in Verzug (§ 286 Abs 4). 73

b) **Umsatzsteuer – Berechtigung des Käufers zum Vorsteuerabzug.** Ist der Verkäufer berechtigt, dem Käufer **zuzüglich zum vereinbarten Kaufpreis (Nettokaufpreis)** die Umsatzsteuer („Mehrwertsteuer") in Rechnung zu stellen, so ist der Berechnung der Minderung nach § 441 Abs 3 Satz 1 nur dann der **Gesamtkaufpreis** (Nettopreis zuzüglich Umsatzsteuer) zugrunde zu legen, wenn der Käufer selbst nicht gem UStG § 1 umsatzsteuerpflichtig und damit auch nicht **vorsteuerabzugsberechtigt iSd UStG § 15 Abs 1** ist. Für den umsatzsteuerpflichtigen Käufer ist die auf den Kaufpreis gezahlte Umsatzsteuer keine Belastung mit Auswirkung auf die Gewinn- und Verlustrechnung, sondern vielmehr nur ein **reiner Durchlaufposten.** Denn 74

183 Vgl dazu Rz 96.

die vom Käufer im Zusammenhang mit Geschäften eingenommene Umsatzsteuer wird mit der an Lieferanten **gezahlten Umsatzsteuer** verrechnet. Hat der Käufer im maßgebenden Veranlagungszeitraum mehr Umsatzsteuer gezahlt als eingenommen, so erhält er von der Finanzverwaltung eine **Rückerstattung**.

75 4. **Zahlungsklage des Verkäufers und Vollstreckungsabwehrklage (ZPO § 767)**. Hat der Käufer den Kaufpreis zum Zeitpunkt der Minderung noch nicht geleistet, so ist ab Wirksamwerden der Minderungserklärung gem § 441 Abs 1 Satz 1 und Abs 3 Satz 1 eine Kaufpreisklage nur in Höhe des **herabgesetzten Kaufpreises** begründet. Im Falle der Minderungserklärung während des Prozesses muss der Verkäufer in Höhe des Minderungsbetrags den **Rechtsstreit für erledigt erklären**[184]. In Bezug auf den geminderten Kaufpreis kann der Verkäufer im Falle eines Anerkenntnisses des Käufers ein **Anerkenntnisurteil** beantragen. Im Falle der sofortigen Zahlung des herabgesetzten Kaufpreises durch den Käufer muss der Verkäufer auch insoweit den Rechtsstreit für erledigt erklären.

76 Klagt der Verkäufer einen **Teil des vereinbarten Kaufpreises** ein und macht der Käufer dagegen eine Kaufpreisminderung durch Erklärung nach § 441 Abs 1 Satz 1 geltend, so darf das Gericht die Klage nicht mit der pauschalen Begründung abweisen, dass die minderungsbedingte Kaufpreisreduzierung „jedenfalls" höher sei als der eingeklagte Betrag. Es muss vielmehr die Minderung nach § 441 Abs 3 Satz 1 konkret berechnen[185]. Die im Gesetz vorgesehene **abstrakte Fixierung** des Maßstabs der Minderung und ihrer Auswirkung auf die Kaufpreisschuld entbindet das Gericht nicht von der Pflicht zur Prüfung und Feststellung, welche **Wirkung die Minderungserklärung** des Käufers als Gestaltungserklärung im **konkreten Einzelfall** hat[186]. Dies gilt auch dann, wenn einiges dafür spricht, dass die eingeklagte Kaufpreisrestschuld aufgrund der Minderungserklärung des Käufers nicht mehr besteht[187]. Auch in einer derartigen Konstellation muss den Kaufvertragsparteien durch das Urteil Klarheit darüber verschafft werden, um welchen Betrag der Kaufpreis durch die Minderung nach § 441 Abs 1 Satz 1 und Abs 3 Satz 1 herabgesetzt worden ist[188]. Insoweit ist durch das SMG 2002 keine Änderung der prozessualen Lage eingetreten.

77 Hat der Käufer sich bei Abschluss des Kaufvertrags in einer **notariellen Urkunde** in Bezug auf die Kaufpreiszahlung gem ZPO § 794 Abs 1 Nr 5 der **sofortigen Zwangsvollstreckung** unterworfen, so wird dieser Vollstreckungstitel aufgrund des Prinzips der **Formalisierung der Zwangsvollstreckung** durch eine vom Käufer erklärte Minderung nicht unmittelbar tangiert. Der Verkäufer kann in diesem Fall vielmehr formell ordnungsgemäß den Titel in **Höhe der vollen Kaufpreisforderung** in das Vermögen des Käufers vollstrecken. Wenn die Gefahr droht, dass der Verkäufer über den durch Minderung herabgesetzten Kaufpreis hinaus aus der notariellen Urkunde vollstreckt, dann muss der Käufer eine Vollstreckungsabwehrklage nach ZPO § 767 erheben mit dem Antrag, die Zwangsvollstreckung für unzulässig zu erklären, soweit die titulierte Forderung den **herabgesetzten Kaufpreis** übersteigt. Dieses Vorgehen ist zwar unwahrscheinlich, wenn sowohl der Mangel als auch die Voraussetzungen der Minderung und deren Umfang zwischen den Kaufvertragsparteien nicht streitig sind. Praktische Bedeutung hat aber der Fall, in dem der Verkäufer aus der vollstreckbaren Urkunde trotz Vorliegens einer Minderungserklärung des Käufers vollstreckt, weil er schon das **Vorliegen eines Mangels bestreitet** und deshalb auch eine Nacherfüllung verweigert. Hier muss der Käufer durch Erhebung einer Vollstreckungsabwehrklage die Initiative ergreifen. Eine **vorläufige Einstellung der Zwangsvollstreckung** bis zum Erlass des Urteils kann der Käufer durch Beantragung einer **einstweiligen Anordnung nach ZPO § 769 Abs 1** erreichen.

78 5. **Durchführung der Minderung bei teilweiser Stundung des Kaufpreises oder Vereinbarung einer Ratenzahlung**. Wurde der Kaufpreis durch Vereinbarung zum Teil gestundet, so ist die vom Käufer wirksam erklärte Minderung auf den schon fälligen und den gestundeten Kaufpreisteil **proportional zu verteilen**[189]. Dies entspricht dem Wesen der Stundung und daher dem hypothetischen Willen bei Vereinbarung eines derartigen Aufschubs der Fälligkeit. Im Falle der Vereinbarung einer Ratenzahlung sind dementsprechend die einzelnen Raten nach dem Maßstab des § 441 Abs 3 Satz 1 herabzusetzen. Soweit einzelne Raten vom Käufer schon beglichen sind, greift die minderungsbedingte Kürzung Platz in Bezug auf die noch offenen Raten. Sie sind auf Grundlage des herabgesetzten Kaufpreises neu zu berechnen.

184 Vgl dazu Rz 94.
185 BGH WM 1978, 59, 60 (zu § 472 aF); MünchKomm/Westermann Rz 8.
186 BGH WM 1978, 59, 60 (zu § 472 aF).
187 BGH WM 1978, 59, 60 (zu § 472 aF).
188 BGH WM 1978, 59, 60 (zu § 472 aF).
189 RG Recht 1912 Nr 2648; BGHZ 46, 242, 244; Staud/Bach Rz 34; BeckOGK/Stöber Rz 52; Erman/Grunewald Rz 12; BeckOK/Faust Rz 23; aA Peters BB 1983, 1951, 1954 (zunächst volle Verrechnung auf den fälligen Teil des Kaufpreises aufgrund einer analogen Anwendung des § 366 Abs 2).

6. **Teilabtretung des Kaufpreisanspruchs und Teilklage des Verkäufers.** – a) **Rechtsfolgen der Minderung bei Teilabtretung der Kaufpreisforderung.** Im Falle einer Teilabtretung des Kaufpreisanspruchs aus § 433 Abs 2 durch den Verkäufer ist die sich nach Maßgabe des § 441 Abs 3 Satz 1 in Bezug auf den Gesamtkaufpreis ergebende **Minderung proportional** auf den abgetretenen und den nicht abgetretenen Teil des Kaufpreises zu verteilen[190]. Die Abtretung hat daher iE keinen Einfluss auf das dem Käufer zustehende Minderungsrecht. Andererseits wird der Zessionar eines Teils der Kaufpreisforderung weder besser noch schlechter gestellt als der Verkäufer, dem im festgelegten Umfang die Restforderung verbleibt. Auch die **erst nach dem Zeitpunkt der Abtretung** erfolgende Erklärung der Minderung durch den Käufer muss der Zessionar gem § 404 als Einwendung gegen sich gelten lassen. Denn der Mangel als Grundlage der Minderung bestand schon vorher. 79

b) **Wirksamwerden der Minderung nach Erhebung einer Teil-Kaufpreisklage durch den Verkäufer.** Eine Teilklage kommt bei Geldforderungen allgemein insbes dann in Betracht, wenn der Kläger die **Prozesskostenrisiken** beschränken oder/und die Zuständigkeit des Amtsgerichts in den Fällen erreichen will, in denen bei prozessualer Geltendmachung der vollen Summe die sachliche **Zuständigkeit des Landgerichts** begründet wäre. Erhebt der Verkäufer aus einem solchen Grund als Gläubiger der Kaufpreisforderung aus § 433 Abs 2 gegen den Käufer von vornherein nur eine Teilklage, so ist im Falle des nachfolgenden Wirksamwerdens der Minderungserklärung des Käufers der sich nach § 441 Abs 3 Satz 1 ergebende Minderungsbetrag zunächst mit dem **nicht eingeklagten Teil des Kaufpreises** zu verrechnen[191]. Nur soweit die Minderung diesen Kaufpreisteil übersteigt, wird der vom Verkäufer eingeklagte Betrag herabgesetzt[192]. Beispiel: Der Verkäufer verlangt im Rahmen einer beim Amtsgericht erhobenen Teilklage 4.000 € des vertraglich vereinbarten Kaufpreises in Höhe von 6.000 €. Beträgt der nach § 441 Abs 3 berechnete Minderungsbetrag 3.000 €, so ist dieser Betrag zunächst mit den nicht eingeklagten 2.000 € zu verrechnen. Der übersteigende Teil in Höhe von 1.000 € ist von der rechtshängigen Klageforderung abzuziehen. Demzufolge sind dem Verkäufer im Beispielsfall durch Urteil 3.000 € zuzusprechen. 80

Eine derartige Rangfolge bei der Verrechnung des Minderungsbetrags entspricht dem Interesse und dem hypothetischen Willen beider Parteien. Bei Zugrundelegung der Gegenauffassung[193], nach der zunächst eine Verrechnung des Minderungsbetrags mit der vom Verkäufer eingeklagten Forderung erfolgen soll, müsste nämlich die **Teilklage abgewiesen** werden, sofern der Verkäufer die Hauptsache nicht für erledigt erklärt. Im Falle der Erledigung des Rechtsstreits erginge eine Kostenentscheidung nach ZPO § 91a. Im Falle der Verweigerung der Restzahlung durch den Käufer wäre dann eine **weitere Klage** zum Zwecke der Erlangung eines Vollstreckungstitels erforderlich. Dem Verkäufer müsste daher bei Platzgreifen einer derartigen Reihenfolge der Verrechnung empfohlen werden, von vornherein einen höheren Betrag einzuklagen[194]. Dies läge letztlich wegen der damit einhergehenden Erhöhung der Prozesskostenrisiken auch nicht im Interesse des Käufers. 81

X. Gerichtliche Schätzung des Minderungsbetrags nach § 441 Abs 3 Satz 2, ZPO § 287

1. **Grundlagen – Änderungen durch das SMG 2002.** Bereits vor Inkrafttreten des SMG 2002 konnte unter bestimmten Voraussetzungen eine Schätzung des Minderungsbetrags nach **ZPO § 287 Abs 2 iVm Abs 1** erfolgen[195]. Wenn im Gewährleistungsprozess neben dem Mangel auch feststeht, dass Kaufpreis und Wert der Sache in mangelfreiem Zustand übereinstimmen, der Käufer die Sache also zum **Verkehrswert** erworben hat, dann kann das Gericht den Minderungsbetrag auf der Grundlage des Werts der mangelhaften Sache gem ZPO § 287 frei schätzen[196]. Diese Möglichkeit war zwar schon vor **Erlass des SMG 2002** anerkannt[197]. Bei fehlender Feststellung dieser Übereinstimmung war dagegen vor Inkrafttreten des SMG 2002 die freie Schätzung des Minderungsbetrags nach Ansicht des BGH unzulässig[198]. Nach § 441 Abs 3 Satz 2 82

190 BGHZ 46, 242; BGHZ 56, 312; Erman/Grunewald Rz 12; BeckOGK/Stöber Rz 52.
191 BGHZ 56, 312, 315; MünchKomm/Westermann Rz 8; Erman/Grunewald Rz 12; BeckOGK/Stöber Rz 52; aA Peters BB 1983, 1951, 1954 f.
192 BGHZ 56, 312, 315; MünchKomm/Westermann Rz 8; Erman/Grunewald Rz 12; BeckOGK/Stöber Rz 52; aA Peters BB 1983, 1951, 1954 f.
193 Peters BB 1983, 1951, 1954 f.
194 Erman/Grunewald Rz 12.
195 Vgl BeckOGK/Stöber Rz 67.
196 RG Recht 1909 Nr 2237; München HRR 1940 Nr 1178; BGH WM 1971, 1382, 1383; Staud/Bach Rz 43; MünchKomm/Westermann Rz 14; BeckOGK/Stöber Rz 68; BeckOK/Faust Rz 14.
197 RG Recht 1909 Nr 2237; München HRR 1940 Nr 1178; BGH WM 1971, 1382, 1383.
198 BGH WM 1971, 1382, 1383 (Verkauf eines Hausgrundstücks mit ungehindertem Blick auf das Wattenmeer auch im Sitzen durch Abtragen des Dünenrandes bzw Aufschütten des Baugrundes).

ist nunmehr aber die Minderung, **soweit erforderlich**, durch Schätzung zu ermitteln. Die Schätzungsbefugnis des Gerichts ist dadurch erweitert worden[199]. Durch die ausdrückliche Regelung der Schätzungsbefugnis in § 441 beabsichtigte der Gesetzgeber des SMG 2002, „der bisher üblichen, indes durch ZPO § 287 nicht voll abgedeckten Praxis eine Grundlage zu geben“[200]. Daher besteht nunmehr auch eine **sichere Rechtsgrundlage** für Schätzungen des Minderungsbetrags in den Konstellationen, die vor Erlass des SMG 2002 zumindest nicht zweifelsfrei auf ZPO § 287 gestützt werden konnten.

83 2. **Voraussetzungen der Schätzung**. Nach ZPO § 287 Abs 1 Satz 1 kann, sofern unter den Parteien streitig ist, ob ein Schaden entstanden sei und wie hoch sich der Schaden oder ein zu ersetzendes Interesse belaufe, das Gericht hierüber unter Würdigung aller Umstände nach freier Überzeugung entscheiden. Die **Anordnung einer Beweisaufnahme** (auf Antrag oder von Amts wegen) durch Sachverständigengutachten steht gem ZPO § 287 Abs 1 Satz 2 im **Ermessen des Gerichts**. Gem ZPO § 287 Abs 2 sind die Vorschriften des Abs 1 Satz 1 und Satz 2 bei vermögensrechtlichen Streitigkeiten auch in anderen Fällen entsprechend anzuwenden, soweit die **Höhe einer Forderung** streitig ist und die vollständige Aufklärung aller hierfür maßgebenden Umstände mit Schwierigkeiten verbunden ist, die zu der Bedeutung des streitigen Teils der Forderung in keinem Verhältnis stehen.

84 Die wesentliche Bedeutung des § 441 Abs 3 Satz 2 besteht darin, die gerichtliche Schätzungsbefugnis des ZPO § 287 bei der Ermittlung des Minderungsbetrags im Rahmen der kaufrechtlichen Gewährleistung **klarzustellen** und zu **konkretisieren.** Gleichwohl sind beide Vorschriften nicht in vollem Umfang deckungsgleich. Ein **freies Ermessen** in Bezug auf die Anordnung einer Schätzung räumt § 441 Abs 3 Satz 2 dem Gericht nicht ein. Die Ermittlung des Minderungsbetrags durch gerichtliche Schätzung darf vielmehr nach dem Gesetzeswortlaut im konkreten Einzelfall nur bei Vorliegen der tatbestandlichen Voraussetzung **„soweit erforderlich“** erfolgen. Zu bejahen ist die Erforderlichkeit zum einen dann, wenn eine gerichtliche Beweisaufnahme mit **unverhältnismäßigen Schwierigkeiten** verbunden wäre[201]. Dazu zählt auch ein **größerer Zeitaufwand**, der die Dauer des Prozesses wesentlich verlängern würde. Erforderlich iSd § 441 Abs 3 Satz 2 ist die Schätzung zudem in Fallkonstellationen, in denen der Begutachtung zwar keine Schwierigkeiten in Bezug auf die technische Durchführung entgegenstehen, der **Kostenaufwand** aber im Vergleich zum zu erwartenden Minderungsbetrag als unverhältnismäßig anzusehen ist. Insoweit gestattet das Tatbestandsmerkmal „soweit erforderlich“ die Schätzung in einem weiteren Umfang als die in ZPO § 287 Abs 2 enthaltene Formulierung „in keinem Verhältnis stehen“.

85 3. **Bezugsgegenstand der Schätzung – proportionale Berechnungsgrundlage der Minderung**. § 441 Abs 3 Satz 2 gestattet dem Richter nicht die freie Schätzung des Minderungsbetrags, also der Differenz zwischen vereinbartem Kaufpreis und dem herabgesetzten Kaufpreis. Nach dem Wortlaut dieser Vorschrift ist zwar ohne nähere Präzisierung die Minderung „durch Schätzung zu ermitteln“. Die systematische Auslegung ergibt aber eindeutig die unmittelbare Anknüpfung an § 441 Abs 3 Satz 1 und die dort verankerte proportionale Berechnungsmethode, dh, die Schätzungsbefugnis bezieht sich auf die Bestimmung des **hypothetischen Werts** der Kaufsache in mangelfreiem Zustand und auf ihren **tatsächlichen Wert** unter Berücksichtigung des vorliegenden Mangels[202]. Die Anwendung der proportionalen Methode des § 441 Abs 3 Satz 1 auf Grundlage der geschätzten Werte ist dann nicht Gegenstand der Schätzung, sondern – wie im Falle der Ermittlung der einzusetzenden Werte durch **Sachverständigengutachten** – eine reine Berechnung[203].

86 Gleichwohl stimmt in den meisten Fällen die **geschätzte mangelbedingte Werteinbuße** der Kaufsache iE mit dem Minderungsbetrag überein, so dass hier eine vom Gericht vorgenommene Schätzung der „Minderung“ letztlich nicht zu beanstanden ist, weil in Wirklichkeit der Wert der mangelhaften Sache durch Schätzung ermittelt wurde. Es kommt auch insoweit die Vermutung

199 Vgl dazu Beschlussempfehlung Rechtsausschuss, BT-Drucks 14/7052, S 197.

200 Beschlussempfehlung Rechtsausschuss, BT-Drucks 14/7052, S 197.

201 BeckOGK/Stöber Rz 67; BeckOK/Faust Rz 14; NK/Büdenbender Rz 18. Im Fall Zweibrücken NJW 2009, 2221 ging es um den Minderwert eines gekauften Grundstücks aufgrund des Überhangs einer auf dem Nachbargrundstück im Grenzbereich stehenden Tanne, die vom Verkäufer entgegen einer kaufvertraglichen Verpflichtung nicht beseitigt wurde. Von der Zulässigkeit der Schätzung nach § 441 Abs 3 Satz 2, ZPO § 287 Abs 2 ging das OLG Zweibrücken ohne nähere Begründung aus (NJW 2009, 2221, 2223). Es orientierte sich bei dieser Schätzung an den für eine Hebebühne, den Arbeitseinsatz eines Gärtners und den Abtransport der Äste anfallenden Kosten, wodurch sich ein Minderwert in Höhe von 1.000 DM ergab.

202 Düsseldorf BeckRS 2019, 31953 Rz 16; Staud/Bach Rz 43; BeckOGK/Stöber Rz 68; BeckOK/Faust Rz 14; NK/Büdenbender Rz 18.

203 Staud/Bach Rz 43; BeckOGK/Stöber Rz 68; BeckOK/Faust Rz 14; NK/Büdenbender Rz 18.

zum Zuge, dass der Wert der Sache in mangelfreiem Zustand mit dem Kaufpreis übereinstimmt[204]. Die Kaufvertragsparteien können aber darlegen, dass der Wert der Kaufsache in mangelfreiem Zustand vom vereinbarten Kaufpreis abweicht, und insoweit auch **Beweis antreten**[205]. Auch im Falle eines derartigen Parteivortrags ist die Schätzungsbefugnis des Gerichts nach § 441 Abs 3 Satz 2 gegeben. Das Gericht muss aber auch hier in transparenter Weise den Wert der Sache in mangelfreiem sowie im tatsächlichen mangelhaften Zustand schätzen und dann **ohne Schätzungsermessen** den Minderungsbetrag nach der proportionalen Methode berechnen.

C. Ausübung des Minderungsrechts

I. Die Minderungserklärung – materiell-rechtliche Wirksamkeitsvoraussetzungen

1. **Rechtsnatur und Form**. Das Recht des Käufers auf Minderung des Kaufpreises wird gem § 441 Abs 1 Satz 1 „durch Erklärung gegenüber dem Verkäufer" ausgeübt. Es handelt sich um eine **formfreie empfangsbedürftige Willenserklärung**[206]. Sie wird nach den allgemeinen Regeln der Rechtsgeschäftslehre wirksam mit **Zugang** nach § 130[207]. Die Minderung kann auch **konkludent erklärt** werden[208]. Eine **mündliche Minderungserklärung** ist zwar grundsätzlich zulässig. Sie kann aber – wie allgemein im Rechtsverkehr – zu **Beweisproblemen** führen, wenn es zwischen den Kaufvertragsparteien zu einem Rechtsstreit kommt. Dies gilt insbes in dem Fall, in dem ein Ausschluss der Minderung wegen Verjährung des Erfüllungsanspruchs droht[209]. Die Minderung kann auch durch Zustellung der Klageschrift gegenüber dem Verkäufer erklärt werden[210]. Bei Vorliegen einer **Mehrheit von Käufern oder/und Verkäufern** kommt die besondere Regelung des § 441 Abs 2 zur Anwendung[211]. Das Zugangserfordernis und die inhaltlichen Voraussetzungen gelten aber selbstverständlich auch in den Fällen des § 441 Abs 2. 87

2. **Keine Verpflichtung zur Angabe eines bestimmten Minderungsbetrags**. Der Käufer muss nach hL bei Ausübung des Minderungsrechts noch keinen bestimmten Minderungsbetrag iSd § 441 Abs 3 Satz 1 angeben[212]. Die Gegenauffassung[213] führt wegen Zulassung einer Ausnahme gerade in den problematischen Fällen zum selben Ergebnis. Denn nach dieser abweichenden Ansicht soll trotz Annahme einer grundsätzlichen Verpflichtung zur Angabe eines bestimmten Geldbetrags in der Minderungserklärung die Möglichkeit der **Verschiebung dieser Benennung** auf einen späteren Zeitpunkt bestehen, sofern der Betrag erst noch ermittelt werden muss[214]. Ein Streit zwischen den Kaufvertragsparteien über den Umfang der Minderung, und uU auch schon über das Vorliegen eines Mangels, dürfte in vielen Fällen der Grund für die Nichtangabe eines konkreten Minderungsbetrags durch den Käufer sein. Der genaue Minderungsbetrag kann dann häufig erst nach **Einholung eines Sachverständigengutachtens** im Rahmen einer gerichtlichen Beweisaufnahme bestimmt werden. Die Gestaltungswirkung einer Minderungserklärung ohne Angabe eines bestimmten Geldbetrags tritt daher auch bei Zugrundelegung der Gegenauffassung regelmäßig ein. 88

Die **Interessen des Verkäufers** als Adressat der Minderungserklärung werden durch die fehlende Verpflichtung des Käufers zur Angabe eines konkreten Betrags in der Minderungserklärung nicht tangiert. Dies gilt insbes in dem Fall, in dem der Verkäufer schon das **Vorliegen eines Sachmangels bestreitet** und daher unabhängig von der Höhe eines angegebenen Betrags von vornherein nicht bereit ist, eine Minderung zu akzeptieren. Zudem droht dem Verkäufer bei fehlender Angabe eines konkreten Rückforderungsbetrags regelmäßig **kein Zahlungsverzug**. Der Schuldnerverzug setzt hier vielmehr voraus, dass der Käufer einen bestimmten Betrag berechtigterweise fordert oder dieser Betrag für den Verkäufer im konkreten Fall ohne weiteres feststellbar ist. 89

3. **Minderungserklärung nach erfolgter Zahlung des Kaufpreises**. Der Käufer muss allerdings dann einen bestimmten Minderungsbetrag angeben, wenn er nach vollständiger Kaufpreiszahlung einen Teil des seiner Ansicht nach **zu viel gezahlten Kaufpreises** im Wege der Minderung vom Verkäufer zurückverlangt. Den Kaufvertragsparteien steht es selbstverständlich frei, 90

204 BeckOGK/Stöber Rz 68; vgl zu dieser Vermutung oben Rz 35.
205 BeckOGK/Stöber Rz 68; vgl zu den Einzelheiten derartiger Abweichungen oben Rz 26 ff.
206 Karlsruhe NJW-RR 2021, 852 Rz 32; Staud/Bach Rz 21; BeckOGK/Stöber Rz 43 f; Erman/Grunewald Rz 2 MünchKomm/Westermann Rz 4; BeckOK/Faust Rz 5.
207 BGHZ 218, 320 Rz 22.
208 Karlsruhe NJW-RR 2021, 852 Rz 32.
209 Vgl dazu unten Rz 137 ff.
210 BGHZ 218, 320 Rz 21; vgl zur Erklärung der Minderung während des Gewährleistungsprozesses unten Rz 94 f.
211 Vgl zu den Einzelheiten unten Rz 126 ff.
212 Staud/Bach Rz 23; BeckOGK/Stöber Rz 44; Erman/Grunewald Rz 2; MünchKomm/Westermann Rz 5; BeckOK/Faust Rz 6.
213 NK/Büdenbender Rz 14.
214 NK/Büdenbender Rz 14.

sich bei Eintritt des Gewährleistungsfalls auf einen Betrag verbindlich zu verständigen. Dies setzt allerdings voraus, dass der Verkäufer zumindest den Mangel anerkennt und zudem Einvernehmen darüber besteht, dass eine **Nacherfüllung** entweder gescheitert ist oder aus sonstigen Gründen – etwa einer Unmöglichkeit – nicht in Betracht kommt. Ist der Käufer mangels außergerichtlicher Einigung über eine Minderung gezwungen, eine Klage zu erheben, so muss er spätestens mit der **Klageschrift** die Minderung erklären und beziffern. Denn gem **ZPO § 253 Abs 2 Nr 2** muss er in der Klageschrift den konkreten Rückforderungsbetrag angeben.

91 Zwecks **Verringerung von Prozesskostenrisiken** ist es für den Käufer aber sinnvoller, die Minderung mit einem konkreten Betrag vor Klageerhebung zu erklären und dem Verkäufer für die Rückzahlung eine Frist zu setzen. Denn ansonsten läuft er Gefahr, dass der Verkäufer nach Zustellung der Klage in Bezug auf die gesamte Forderung oder einen Teil davon **ein sofortiges Anerkenntnis nach ZPO § 93** mit der Folge der Kostenbelastung des Käufers abgibt. Da bei fehlender außergerichtlicher Einigung der Kaufvertragsparteien über das Vorliegen eines Sachmangels und die Wertminderung die schriftliche Begutachtung durch einen Sachverständigen der Vermeidung eines Rechtsstreits dienen kann, besteht ein rechtliches Interesse an der Begutachtung mit der Folge, dass ein **selbständiges Beweisverfahren nach ZPO § 485 Abs 2** zulässig ist[215]. Der Käufer kann dann nach Vorlage des Gutachtens unter Bezugnahme auf die dortigen Feststellungen den Minderungsbetrag bestimmen und die Minderung erklären. Durch das Sachverständigengutachten wird der Käufer zugleich in die Lage versetzt, bei einer Klageerhebung in der Klageschrift gem ZPO § 253 Abs 2 Nr 2 den bestimmten Rückforderungsbetrag anzugeben.

92 4. **Minderungserklärung bei drohender Kaufpreisklage des Verkäufers.** In dem Fall, in dem der Kaufpreis noch nicht gezahlt ist, ist der Käufer nicht verpflichtet, in seiner Minderungserklärung einen bestimmten Minderungsbetrag anzugeben[216]. Kommt es zwischen den Kaufvertragsparteien nicht zu einer Verständigung über die Minderung und verlangt der Verkäufer den **vollen Kaufpreis unter Androhung einer Zahlungsklage**, so ist der Käufer gehalten, durch Minderungserklärung unter Angabe eines konkreten Betrags die Kaufpreisforderung herabzusetzen und den verbleibenden Teil der Kaufpreisschuld zu begleichen. Dadurch vermeidet der Käufer jedenfalls in Bezug auf den zu entrichtenden Kaufpreisbetrag einen Verzug und im Falle der Kaufpreisklage des Verkäufers die auf diese Summe bezogenen **Prozesskostenrisiken.** Absichern kann der Käufer sich insoweit durch Beantragung eines selbständigen **Beweisverfahrens nach ZPO § 485 Abs 2** und die dadurch veranlasste Begutachtung durch einen Sachverständigen[217].

93 Erklärt der Käufer bei noch offener Kaufpreisforderung die Minderung ohne Angabe eines Minderungsbetrags, so ist der Verkäufer, falls er zumindest den Mangel und das Vorliegen der allgemeinen Minderungsvoraussetzungen anerkennt, spätestens bei **Klageerhebung** gezwungen, vom vereinbarten Kaufpreis den nach seiner Auffassung gerechtfertigten **Minderungsbetrag abzuziehen.** Bei Einforderung des bei Ausübung des Minderungsrechts noch nicht gezahlten (Rest-)Betrags ist die sich nach § 441 Abs 3 ergebende Minderung in Abzug zu bringen. Denn ansonsten läuft der Verkäufer Gefahr, dass seine **Kaufpreisklage zum Teil abgewiesen** wird und er insoweit die **Prozesskosten** zu tragen hat. Der Abzug eines Minderungsbetrags, der dem sich nach § 441 Abs 3 letztlich ergebenden Minderwert zumindest sehr nahekommt, wird häufig einen Prozess vermeiden oder zumindest die Prozessrisiken erheblich verringern.

94 5. **Die Minderungserklärung im Gewährleistungsprozess.** – a) **Minderung nach Erhebung der Kaufpreisklage durch Verkäufer.** Die Minderungserklärung kann der Käufer grundsätzlich auch noch während des Prozesses abgeben. Praktische Bedeutung hat insoweit insbes der Fall, in dem schon das Vorliegen eines Mangels zwischen den Kaufvertragsparteien streitig ist und der Verkäufer die volle Kaufpreisforderung einklagt. Stellt sich während des Prozesses im Rahmen der **Beweisaufnahme** heraus, dass ein Mangel besteht und in welchem Umfang der Wert der Sache im Vergleich zum Zustand der Mangelfreiheit gemindert ist, so kann der Käufer die Minderung erklären und dabei auch einen konkreten Betrag angeben. Die Frage der Zulässigkeit einer **Klageänderung nach ZPO §§ 263, 264** stellt sich hier nicht, da sich der Streitgegenstand der Kaufpreisklage des Verkäufers durch das Wirksamwerden der Minderung nicht verändert. Sieht der Verkäufer die Minderungsvoraussetzungen als nicht gegeben an, so kann er seine Klage in vollem Umfang aufrechterhalten. Akzeptiert er dagegen die Minderung in der geltend gemachten Höhe und zahlt der Käufer den verbleibenden Kaufpreisteil, so ist der Verkäufer gehalten, zum Zwecke der Vermeidung einer Klageabweisung den Rechtsstreit für erledigt zu erklären.

215 Vgl dazu auch oben Rz 4.
216 Vgl zu den Einzelheiten oben Rz 88 f.
217 Vgl dazu Rz 4.

b) **Minderungserklärung nach Erhebung einer Rückzahlungsklage durch Käufer.** 95
Erhebt der Käufer nach vollständiger Erfüllung der Kaufpreisforderung des Verkäufers eine Zahlungsklage, die unmittelbar auf den geschlossenen Kaufvertrag oder – im sachlichen Zusammenhang mit dem Kauf – auf Bereicherungsrecht (§§ 812 ff) oder Delikt (§§ 823 ff) gestützt ist, so stellt die Minderungserklärung während des laufenden Prozesses und das Überwechseln auf die Rückzahlungsforderung aus § 441 Abs 4 Satz 1 eine Klageänderung dar[218]. Diese Klageänderung ist nach ZPO § 263 zulässig, wenn der **Verkäufer einwilligt** oder das Gericht sie für **sachdienlich** erachtet. Die Minderung kann vom Käufer grundsätzlich auch noch in der **Berufungsinstanz** erklärt werden. Die Zulässigkeit hängt hier aber zum einen gem ZPO § 533 Nr 1 davon ab, dass der Verkäufer dafür seine Zustimmung erklärt oder das Gericht die **Klageänderung als sachdienlich ansieht**. Zum anderen muss nach ZPO § 533 Nr 2 die Klageänderung auf **Tatsachen gestützt** werden können, die das Berufungsgericht seiner Verhandlung und Entscheidung über die Berufung ohnehin nach ZPO § 529 zugrunde zu legen hat[219]. Ein neuer Tatsachenvortrag ist daher insoweit zumindest nicht ohne weiteres möglich. Die Voraussetzungen des ZPO § 533 Nr 2 sind idR erfüllt, wenn das Berufungsgericht aufgrund des vorhandenen Tatsachenstoffs den **Minderungsbetrag** – notfalls durch Schätzung nach § 441 Abs 3 Satz 2, ZPO § 287 Abs 2 – ermitteln kann[220]. Die dem Gericht durch § 441 Abs 3 Satz 2 ausdrücklich eingeräumte **Schätzungsbefugnis**[221] erleichtert damit auch die Minderung im Prozess einschließlich der Berufungsinstanz.

II. Der Eintritt der Gestaltungswirkung – Grundlagen

Die Ausformung der Minderung als Gestaltungsrecht ermöglicht es dem Käufer, durch einsei- 96
tiges Rechtsgeschäft eine Veränderung der bestehenden Rechtslage herbeizuführen, und zwar die Herabsetzung des vereinbarten Kaufpreises um den angemessenen Betrag unter Beibehaltung des Kaufvertrags im Übrigen[222]. Die Gestaltungswirkung der Minderungserklärung tritt mit Wirksamwerden durch **Zugang nach § 130 Abs 1** ein, dh, der Kaufvertrag wird in Bezug auf die Kaufpreiszahlungsverpflichtung des Käufers aus § 433 Abs 2 umgestaltet[223]. Wird die Minderung durch Zustellung der Klageschrift des Käufers erklärt, so tritt die Umgestaltung des bisherigen Vertragsverhältnisses mit dem Zeitpunkt des Wirksamwerdens der Zustellung ein. Die Minderungserklärung kann in entsprechender Anwendung des **§ 388 Satz 2** nicht unter einer Bedingung (§ 162) oder einer Zeitbestimmung (§ 163) abgegeben werden[224]. Die anderen Rechte und Pflichten aus dem Kaufvertrag bleiben grundsätzlich unberührt[225]. Die **kaufpreisbezogene Umgestaltung des Vertrags** tritt kraft Gesetzes unabhängig davon ein, ob dies dem Willen des Verkäufers entspricht. Der Verkäufer kann daher auch nicht einwenden, dass er im Falle der Kenntnis des Mangels den Kaufvertrag nicht mit dem jetzt gem § 441 Abs 3 geminderten Kaufpreis abgeschlossen hätte[226].

III. Die Bindung des Käufers an die erklärte Minderung – Verhältnis zu anderen Gewährleistungsrechten

1. **Ausschluss von Rücknahme und Widerruf – Grundlagen.** Mit Eintritt der Gestaltungs- 97
wirkung durch Zugang ist der Käufer an die von ihm erklärte Minderung gebunden[227]. Der Käufer kann daher die Minderungserklärung einseitig weder zurücknehmen noch widerrufen[228]. Die beschriebene Bindungswirkung ergibt sich zwingend aus der vom Gesetzgeber bewusst gewählten **Natur eines Gestaltungsrechts**[229]. Der Grundsatz, dass ein Gestaltungsrecht prinzipiell keinen Schwebezustand verträgt, gilt auch für den Rücktritt und die Minderung des Käufers, die das bisherige Kaufrechtsverhältnis umgestalten. In Bezug auf die **Bindungswirkung** besteht

218 Vgl Zweibrücken NJW 2009, 2221, 2222 (Wechsel vom Anspruch aus § 812 auf den Anspruch aus § 441 Abs 4 Satz 1).
219 Zweibrücken NJW 2009, 2221, 2222.
220 Im Fall Zweibrücken NJW 2009, 2221 wurde daher die Klageänderung in der Berufungsinstanz zugelassen.
221 Vgl zu den Einzelheiten Rz 82 ff.
222 BGHZ 218, 320 Rz 22.
223 BGHZ 218, 320 Rz 22; BAG NZA-RR 2013, 609 Rz 15 (zur Kündigung einer Dienstvereinbarung); BeckOGK/Stöber Rz 43; Erman/Grunewald Rz 2; BeckOK/Faust Rz 15.
224 BGHZ 218, 320 Rz 24 (Minderung verträgt als Gestaltungsrecht keinen Schwebezustand); BeckOGK/Stöber Rz 43.
225 BeckOGK/Stöber Rz 49; MünchKomm/Westermann Rz 17; BeckOK/Faust Rz 15.
226 Vgl oben Rz 1.
227 BGHZ 218, 320 Rz 23; BGHZ 205, 151 Rz 29; BGHZ 213, 319 Rz 55 (zu § 638); Staud/Bach Rz 18; Erman/Grunewald § 437 Rz 44; BeckOK/Faust § 437 Rz 180; vgl auch Begr Gesetzentwurf, BT-Drucks 14/6040, S 221 (zum Rücktritt).
228 BGHZ 218, 320 Rz 23; BGHZ 205, 151 Rz 29; BGHZ 213, 319 Rz 55 (zu § 638); Staud/Bach Rz 18; BeckOK/Faust § 437 Rz 180; vgl auch Begr Gesetzentwurf, BT-Drucks 14/6040, S 221 (zum Rücktritt).
229 BGHZ 218, 320 Rz 24.

kein Unterschied zwischen dem zu einem nicht mehr umkehrbaren Rückabwicklungsverhältnis führenden Rücktritt und der Minderung, die den vertraglich vereinbarten Kaufpreis unmittelbar und ebenfalls unumkehrbar um den Minderungsbetrag herabsetzt, wodurch das **Äquivalenzverhältnis zwischen Leistung und Gegenleistung** wiederhergestellt wird[230]. Vor einer übereilten und aus seiner Sicht **„falschen" Entscheidung** bei der Wahl des Gewährleistungsrechts wird der Käufer auch dadurch geschützt, dass er grundsätzlich erst nach Ablauf einer dem Verkäufer zur **Nacherfüllung** gesetzten Frist die sekundären Rechte Minderung und Rücktritt ausüben kann[231]. Der Käufer kann dagegen nicht nach Wirksamwerden seiner Minderungserklärung einseitig auf den Rechtsbehelf des Rücktritts überwechseln und umgekehrt[232].

98 2. **Keine Einschränkung der Bindungswirkung bei Weigerung oder/und fehlenden Dispositionen des Verkäufers – Ausschluss der Berufung auf § 242.** Die mit der gesetzlichen Einordnung als Gestaltungsrecht einhergehende Bindungswirkung kann nicht dadurch iE unterlaufen werden, dass dem Käufer zumindest in dem Zeitraum, in dem der Verkäufer sich noch nicht durch Einverständniserklärung oder Vornahme von Dispositionen auf das ausgeübte Gestaltungsrecht eingestellt hat, ein **Widerruf** des wirksam ausgeübten Gestaltungsrechts erlaubt sein soll[233]. Der Gesetzgeber des SMG 2002 hat eben den Rücktritt und die Minderung – abweichend von der mit erheblichen Rechtsunsicherheiten belasteten **Wandelung und Minderung nach § 462 aF, § 465 aF** – als einseitige Gestaltungsrechte mit Bindungswirkung gänzlich neu geregelt[234].

99 Ein Verkäufer, der die Durchführung einer vom Käufer erklärten Minderung verweigert und sich dann im Falle des Übergangs des Käufers von der Minderung auf den Rücktritt auf die Bindung an die zunächst erklärte Minderung beruft, handelt – für sich betrachtet – **treuwidrig**[235]. Der BGH verweist zwar zutreffend darauf, dass sich der Verkäufer nicht treuwidrig verhält, wenn er das Vorliegen eines vom Käufer behaupteten Mangels bestreitet und die Wirksamkeit einer erklärten Minderung oder eines erklärten Rücktritts in Zweifel zieht[236]. Bedenklich in Bezug auf § 242 ist dann aber die spätere Berufung des Verkäufers gerade auf die Bindung des Käufers an den zuerst ausgeübten Rechtsbehelf. Gleichwohl ist es überzeugender, dem Käufer in Bezug auf die Bindung an das ausgeübte Gestaltungsrecht auch eine Berufung auf § 242 deshalb generell zu versagen, weil er mit einer **Verweigerungshaltung des Verkäufers** rechnen und dies bei den Überlegungen hinsichtlich der **Wahl der Gewährleistungsrechte** aus § 437 Nr 2 und Nr 3 einbeziehen muss[237]. Dafür spricht dann auch die vom Gesetzgeber des SMG 2002 mit der Ausgestaltung der Minderung und des Rücktritts als Gestaltungsrechte beabsichtigte Rechtssicherheit und -klarheit nach Ausübung des Rechts durch den Käufer.

100 3. **Ausschluss des Schadensersatzes statt der ganzen Leistung (großen Schadensersatzes) mit Wirksamwerden der Minderung.** – a) **Grundsatz.** Mit Wirksamwerden der Minderungserklärung durch **Zugang** kann der Käufer nicht mehr auf den in §§ 437 Nr 3, 280 Abs 1 und Abs 3, 281 Abs 1 Satz 3 und Abs 5 normierten Anspruch auf Schadensersatz statt der ganzen Leistung (sog großer Schadensersatz) überwechseln und auf diese Weise eine **Rückabwicklung des Kaufvertrags** verlangen[238]. Dies folgt aus der Bindung des Käufers an die von ihm erklärte Minderung[239]. Dem Käufer ist es auch verwehrt, zusätzlich zur unwiderruflichen Minderung den großen Schadensersatz geltend zu machen und damit iE nicht nur die minderungsbedingte Herabsetzung des Kaufpreises, sondern die Rückerstattung des gesamten Kaufpreises zu erreichen[240]. Denn durch die wirksame Ausübung des Minderungsrechts ist das durch § 437 **eingeräumte Wahlrecht** des Käufers zwischen Festhalten am und Lösen vom Kaufvertrag **„ver-**

230 BGHZ 218, 320 Rz 24.

231 BGHZ 218, 320 Rz 25, 29; Begr Gesetzentwurf, BT-Drucks 14/6040, S 221, 235.

232 BGHZ 218, 320 Rz 23 ff; Begr Gesetzentwurf, BT-Drucks 14/6040, S 221, 235; Erman/Grunewald § 437 Rz 44; NK/Büdenbender § 437 Rz 86. Vgl zum Ausschluss des Übergangs auf den Schadensersatz statt der ganzen Leistung unten Rz 100 ff.

233 BGHZ 218, 320 Rz 26 ff; aA Gsell JZ 2004, 643, 649; v Olshausen, FS für U Huber, 2006, S 471, 495.

234 BGHZ 218, 320 Rz 28; Begr Gesetzentwurf, BT-Drucks 14/6040, S 220 f, 234 f.

235 Vgl Wertenbruch JZ 2002, 862, 865 f; Klöhn/Haesen EWiR 2011, 179, 180.

236 BGHZ 218, 320 Rz 30.

237 BGHZ 218, 320 Rz 30; anders noch Wertenbruch JZ 2002, 862, 865 f.

238 BGHZ 218, 320 Rz 32, 34, 42; BeckOK/Faust § 437 Rz 182; NK/Büdenbender § 437 Rz 92; Althammer/Löhnig AcP 205 (2005), 520, 540; Lögering MDR 2009, 664, 666. Im Fall BGHZ 218, 320 hatte die Klägerin (auf Grundlage der Abtretung von kaufrechtlichen Gewährleistungsansprüchen durch den Leasinggeber als Käufer) mehrere Mängel des für 99.900 € erworbenen Neufahrzeugs der Marke Mercedes-Benz geltend gemacht und dann unter Berufung auf das Vorliegen eines „Montagsautos" mit der am 12.8.2015 zugestellten Klageschrift die Minderung erklärt. Mit Schriftsatz vom 17.11.2015 stellte die Klägerin ihr Begehren – wiederum mit der Begründung, es handele sich um ein „Montagsauto" – auf den sog großen Schadensersatz um und verlangte unter Anrechnung von Gebrauchsvorteilen die Rückzahlung von rund 88.700 € an die Leasinggesellschaft.

239 BGHZ 218, 320 Rz 34; BGHZ 213, 219 Rz 55; Begr Gesetzentwurf, BT-Drucks 14/6040, S 221.

240 BGHZ 218, 320 Rz 32, 34.

braucht“[241]. Der Käufer kann zwar neben der Minderung des Kaufpreises auch den **Ersatz entstandener Schäden** beanspruchen[242]. Dies folgt daraus, dass der Schadensersatz nach § 437 Nr 3 mit dem Tatbestand des § 437 Nr 2, der den Rücktritt und die Minderung regelt, durch das Wort „und“ verbunden ist[243]. Dies gilt aber nur für den Anspruch auf Schadenersatz statt der Leistung in der Variante des **kleinen Schadensersatzes** nach §§ 437 Nr 3, 280 Abs 1 und Abs 3, § 281 Abs 1 Satz 1[244]. Nicht ausgeschlossen ist selbstverständlich auch der **Schadensersatz neben der Leistung**.

Dem Käufer obliegt nach § 437 die grundlegende Entscheidung, ob er den Kaufvertrag unter Ausgleich eingetretener Vermögenseinbußen fortbestehen lassen oder ob er sich von diesem lösen will[245]. Das **Lösen vom Kaufvertrag** kann der Käufer entweder durch den **Rücktritt** nach § 437 Nr 2 Alt 1 oder den **Schadensersatz statt der ganzen Leistung** nach §§ 437 Nr 3, 280 Abs 1 und Abs 3, 281 (großen Schadensersatz) erreichen, der auf Ersatz des durch Nichterfüllung des gesamten Vertrags entstandenen Schadens gerichtet ist und das Entfallen der Leistungspflicht (§ 281 Abs 4) sowie die **Rückgewähr bereits erbrachter Leistungen** (§ 281 Abs 5 iVm §§ 346 ff) zur Folge hat[246]. Mit der Minderung erklärt der Käufer, die Kaufsache behalten und insoweit am Kaufvertrag festhalten zu wollen[247], und zwar an dem durch **Herabsetzung des Kaufpreises wiederhergestellten Äquivalenzverhältnis**[248]. Mit dieser Entscheidung ist der auf Rückabwicklung des Kaufvertrags zielende Schadensersatz statt der ganzen Leistung (großer Schadensersatz) nicht vereinbar[249]. Dies folgt auch unmittelbar aus § 437 Nr 2, wonach der Käufer entweder vom Vertrag zurücktreten „oder“ den Kaufpreis mindern kann, sowie aus § 441 Abs 1 Satz 1 („Statt zurückzutreten“)[250]. Auch bei den in **§ 437 Nr 3** geregelten Ansprüchen auf kleinen und auf großen Schadensersatz hat der Käufer die Wahl zwischen den gegensätzlichen Alternativen, und zwar, ob er am Vertrag unter Ausgleich des Minderwerts und etwaiger weiterer Schäden festhalten oder rückabwickeln und großen Schadensersatz verlangen will[251]. Ein Übergang von der wirksam gewordenen Minderung auf den großen Schadensersatz kann nicht mit der Begründung bejaht werden, der Minderungsbetrag sei im Schadensersatz statt der ganzen Leistung in der Weise „enthalten“, dass der Übergang nicht zu einer Rückgängigmachung einer schon eingetretenen Änderung der Rechtslage, sondern nur zu einer „Erweiterung“ der durch Minderung eingetretenen Änderung führe[252]. Denn die Entscheidung des Käufers, unter Ausgleich des Minderwerts im Wege der Minderung am Kaufvertrag festzuhalten, würde trotz Bindungswirkung an die Minderungserklärung und dem „Verbrauch“ des Wahlrechts aufgehoben[253]. 101

b) **Keine Zulässigkeit des Wechsels auf den großen Schadensersatz kraft teleologischer Auslegung oder analoger Anwendung des § 325**. Der Übergang von einer bindenden Minderung auf den großen Schadensersatz lässt sich auch nicht mit einer analogen Anwendung des § 325 begründen[254]. Auch eine teleologische Auslegung des § 325 kann insoweit nicht als Rechtfertigungsgrund dienen[255]. Denn auch diese Regelung, die eine **Kombination von Rücktritt und Schadensersatz** zulässt, ist eine Ausprägung der Grundkonzeption der kaufrechtlichen Gewährleistung, nach der dem Käufer **zwei Alternativprogramme** zur Wahl stehen, und zwar das **Festhalten am und Lösen vom Kaufvertrag**[256]. Die Regelung des § 325 gestattet dem Käufer zwar ein Nebeneinander von Rücktritt und Schadensersatz, aber eben nicht den Wechsel vom bereits wirksam gewordenen Rücktritt zum sog kleinen Schadensersatzanspruch[257]. Denn dadurch würde die rechtsgestaltende Wirkung des Rücktritts iE aufgehoben[258]. Innerhalb des **geschlossenen Gewährleistungssystems** kann der Käufer entlang der Trennlinie zwischen Festhalten am und Loslösen vom Kaufvertrag nur solche Schadensersatzansprüche realisieren, die 102

241 BGHZ 218, 320 Rz 34.
242 BGHZ 218, 320 Rz 33.
243 BGHZ 218, 320 Rz 33; Begr Gesetzentwurf, BT-Drucks 14/6040, S 226; Erman/Grunewald § 437 Rz 45; Staud/Schwarze § 325 Rz 47.
244 BGHZ 218, 320 Rz 33; BeckOGK/Stöber Rz 30; BeckOK/Faust § 437 Rz 182; BeckOGK/Höpfner § 437 Rz 76, 78; NK/Büdenbender § 437 Rz 91; vgl zu den Einzelheiten des kleinen Schadensersatzes im Falle der wirksamen Minderung nachfolgend Rz 103 ff.
245 BGHZ 218, 320 Rz 36.
246 BGHZ 218, 320 Rz 37; Begr Gesetzentwurf, BT-Drucks 14/6040, S 225 f.
247 BGHZ 218, 320 Rz 35.
248 BGHZ 218, 320 Rz 38; Begr Gesetzentwurf, BT-Drucks 14/6040, S 223.
249 BGHZ 218, 320 Rz 39.
250 BGHZ 218, 320 Rz 40.
251 BGHZ 218, 320 Rz 41; Begr Gesetzentwurf, BT-Drucks 14/6040, S 225 f.
252 BGHZ 218, 320 Rz 44; aA BeckOGK/Stöber Rz 29; Stöber NJW 2017, 2785, 2788.
253 BGHZ 218, 320 Rz 45.
254 BGHZ 218, 320 Rz 46 ff; aA Derleder NJW 2003, 1002, 1004.
255 BGHZ 218, 320 Rz 50 ff.
256 BGHZ 218, 320 Rz 53 ff.
257 BGHZ 218, 320 Rz 54.
258 BGHZ 218, 320 Rz 54.

mit einer wirksamen Minderung und des dadurch zum Ausdruck kommenden Festhaltens am Vertrag nicht in Widerspruch stehen[259].

103 4. **Kombination von Minderung und kleinem Schadensersatz.** – a) **Grundsätzliche Zulässigkeit.** Will der Käufer die Kaufsache behalten, kann er entweder durch eine Gestaltungserklärung den Kaufpreis unter den Voraussetzungen der §§ 437 Nr 2, 441 mindern oder den kleinen Schadensersatz verlangen[260]. Soweit Schäden durch die erklärte Minderung nicht kompensiert werden, kann der Käufer die Minderung mit dem Anspruch auf den kleinen Schadensersatz kombinieren[261]. Denn der Rechtsbehelf der Minderung und der Anspruch des Käufers auf den kleinen Schadensersatz beruhen auf der – insoweit deckungsgleichen – Entscheidung des Käufers, den **angemessenen Ausgleich** der ihm durch den Mangel entstandenen Nachteile unter Aufrechterhaltung des Kaufvertrags und der auf die Kaufsache bezogenen Verwendungsmöglichkeiten herbeizuführen[262]. Auf diese Weise wird gewährleistet, dass der Käufer das erhält, „was ihm zusteht"[263]. Durch die Bindung des Käufers an eine wirksam gewordene Minderungserklärung ist aus den dargelegten Gründen nur der auf eine Rückabwicklung des Kaufs hinauslaufende Schadensersatz statt der ganzen Leistung (großer Schadensersatz) ausgeschlossen[264]. Möglich ist daher auch ein Anspruch auf **Schadensersatz neben der Leistung**.

104 b) **Ersatzfähige Schäden im Rahmen des kleinen Schadensersatzes – Verbot eines doppelten Ausgleichs.** Der kleine Schadensersatz kann vom Käufer neben der Minderung aber nur in dem Fall geltend gemacht werden, in dem er zusätzlich zu dem mangelbedingten Minderwert der Sache einen Schaden erlitten hat[265]. Praktische Bedeutung hat insoweit vor allem der Fall des durch den Mangel eingetretenen **entgangenen Gewinns**[266]. Verkauft der Käufer die Sache mit einem Gewinn von 500 € an einen Dritten weiter und scheitert die Durchführung dann an der Mangelhaftigkeit der Kaufsache, so steht dem Käufer als kleiner Schadensersatz 200 € zu, wenn ihm der Verkäufer nach Wirksamwerden der Minderung einen Minderungsbetrag in Höhe von 300 € nach § 441 Abs 4 zurückzuzahlen hat[267]. In Höhe von 300 € wird der Käuferschaden eben schon durch die Minderung kompensiert. Eine Einbuße in Form eines entgangenen Gewinns kann aufseiten eines **unternehmerisch tätigen Käufers** bis zum Zeitpunkt der Minderungserklärung auch dadurch entstehen, dass die Kaufsache – zB eine Maschine oder Anlage – mangelbedingt nicht zu Produktionszwecken eingesetzt werden kann.

105 In Bezug auf dieselbe Vermögenseinbuße schließen sich Minderung und kleiner Schadensersatz statt der Leistung dagegen aus, weil der Käufer nicht für den Mangelschaden, der bereits durch die Kaufpreisminderung geltend gemacht worden ist, zusätzlich Schadensersatz verlangen kann[268]. Insoweit gilt ein **Verbot des doppelten Ausgleichs.** Künftige Einnahmeausfälle finden regelmäßig bei der Feststellung des tatsächlichen Werts der Sache mit dem Mangel ihre Berücksichtigung und beeinflussen dadurch schon den Minderungsbetrag zugunsten des Käufers[269]. Daher kann der Käufer auch einen Mindererlös aus einem Weiterverkauf der Kaufsache nicht als kleinen Schadensersatz geltend machen, soweit die **mangelbedingte Wertminderung** schon durch die Minderung als ausgeglichen anzusehen ist.

106 5. **Vereinbarkeit der Bindungswirkung mit der Warenkauf-Richtlinie im Falle des Verbrauchsgüterkaufs.** – a) **Keine Vorgaben der Warenkauf-Richtlinie bezüglich der Bindungswirkung.** Auch Art 13 Abs 1 und Abs 4 der Warenkauf-Richtlinie erfordern keinen Übergang des Käufers von einer bereits wirksam gewordenen Minderung zum großen Schadensersatz[270]. Die genannten Regelungsbereiche des Art 3 sehen nur vor, dass der Verbraucher entweder einen Anspruch auf die Herstellung des vertragsgemäßen Zustands der Ware oder auf anteilige Minderung des Kaufpreises oder auf Vertragsbeendigung hat[271]. Etwaige Schadensersatzansprüche des Käufers wegen Vertragswidrigkeit der Kaufsache werden daher von der

259 BGHZ 218, 320 Rz 61; Begr Gesetzentwurf, BT-Drucks 14/6040, S 226.
260 BGHZ 218, 320 Rz 36; Begr Gesetzentwurf, BT-Drucks 14/6040, S 225 f.
261 BGHZ 218, 320 Rz 33, 43; BGH NJW 2011, 2953 Rz 16; BGH NJW 2017, 893 Rz 26 ff.
262 BGHZ 218, 320 Rz 43; Begr Gesetzentwurf, BT-Drucks 14/6040, S 223, 225 f.
263 BGHZ 218, 320 Rz 62; Begr Gesetzentwurf, BT-Drucks 14/6040, S 221, 226.
264 Vgl oben Rz 100 ff.
265 BGHZ 218, 320 Rz 33; BGH NJW 2011, 2953 Rz 16.
266 BGHZ 218, 320 Rz 33; BGH NJW 2011, 2953 Rz 16; BeckOGK/Höpfner § 437 Rz 78.2.
267 Vgl dazu BeckOGK/Höpfner § 437 Rz 78.2.
268 BGHZ 218, 320 Rz 33; BGH NJW 2011, 2953 Rz 16 (ausgeschlossene bzw eingeschränkte Vermietbarkeit von Stellplätzen und Souterrainräumen war schon bei der Ermittlung des Verkehrswerts des Objekts und damit bei der Berechnung der Minderung berücksichtigt worden).
269 BGH NJW 2011, 2953 Rz 16.
270 So auf Grundlage der Verbrauchsgüterkauf-Richtlinie BGHZ 218, 320 Rz 63; vgl oben Rz 14 ff und 100 ff.
271 So auf Grundlage der Verbrauchsgüterkauf-Richtlinie BGHZ 218, 320 Rz 64.

Warenkauf-Richtlinie nicht erfasst[272]. Daher enthält diese Richtlinie auch keine Vorgaben in Bezug auf das Verhältnis von Minderung und Schadensersatz[273]. Dies gilt auch für den Anspruch des Käufers auf den großen Schadensersatz, der zwar iE zur Rückgängigmachung des Kaufvertrags führt, aber dennoch keine „Vertragsbeendigung" im Sinne der Warenkauf-Richtlinie darstellt[274].

b) **Keine Einschränkung der Bindungswirkung im Wege einer richtlinienkonformen Auslegung**. Eine fehlende Bindungswirkung kann auch nicht im Wege einer richtlinienkonformen Auslegung begründet werden[275]. Die **Warenkauf-Richtlinie** gewährt dem Käufer zwar ein **Wahlrecht** zwischen Rücktritt und Minderung unter Beachtung des Vorrangs der Nacherfüllung[276]. Die Richtlinie sieht aber nicht vor, dass eine wirksame Wahlentscheidung nicht bindend sein soll[277]. Im Übrigen wäre eine richtlinienkonforme Auslegung nur dann zulässig, wenn der Übergang von einer **wirksam ausgeübten Minderung** zum Rücktritt nicht dem Willen des deutschen Gesetzgebers widerspräche[278]. Dies ist aber zu bejahen, weil das **SMG 2002** die Minderung und den Rücktritt als **Gestaltungsrechte** geregelt hat, die mit wirksamer Ausübung bindend sind[279]. 107

IV. Abdingbarkeit des Minderungsrechts

Die durch das Wirksamwerden der Minderungserklärung eintretenden gesetzlichen **Rechtsfolgen sind dispositiver Natur** und können daher grundsätzlich durch Parteivereinbarung modifiziert werden[280]. Beim **Verbrauchsgüterkauf** kann aber eine abweichende Vereinbarung gem § 476 Abs 1 Satz 2 nicht „vor Mitteilung eines Mangels an den Unternehmer" getroffen werden[281]. Außerhalb des Verbrauchsgüterkaufs kann eine **AGB-Kontrolle** insbes nach § 309 Nr 8 lit b aa) und bb) zur Unwirksamkeit einer von § 441 abweichenden Vereinbarung führen. Eine Klausel, die den Käufer im Falle der Unmöglichkeit der Nacherfüllung auf den **Rücktritt** verweist, ist als unangemessen iSd § 307 Abs 1 Satz 1 anzusehen. Praktische Bedeutung haben insoweit die Fälle, in denen der Verkäufer den objektiv vorliegenden Mangel als nicht störend empfindet und daher eine **Veräußerung zu einem geminderten Kaufpreis** nicht seinem Interesse entspricht. Dieses **Verkäuferinteresse** ist nach der gesetzlichen Ausgestaltung der Minderung aber grundsätzlich unbeachtlich. Der Käufer erhält zwar bei Wahl des Rücktritts den Kaufpreis zurück, er muss aber gem § 346 Abs 2 Satz 1 Nr 2 und Nr 3 eine **Nutzungsentschädigung** leisten und zudem die mit einer Neuanschaffung des betreffenden Gegenstands verbundenen Aufwendungen tragen. Eine Minderung ist daher für den Käufer insbes beim Autokauf auch aus diesem Grund häufig günstiger. Eine **Individualvereinbarung** ist dagegen wirksam. 108

D. Rückforderung des zu viel gezahlten Kaufpreisteils

I. § 441 Abs 4 Satz 1 als eigenständige Anspruchsgrundlage

Der Käufer, der den Kaufpreis bereits bezahlt hat, kann den **Minderungsbetrag**, also die Differenz zwischen dem geleisteten und dem gem § 441 Abs 3 Satz 1 geminderten Kaufpreis nach § 441 Abs 4 Satz 1 zurückfordern. Nach dieser Vorschrift ist, sofern der Käufer mehr als den **geminderten Kaufpreis** gezahlt hat, der Mehrbetrag vom Verkäufer zu erstatten. § 441 Abs 4 Satz 1 stellt eine eigenständige Anspruchsgrundlage dar[282]. Diese Vorschrift enthält in Bezug auf die Frage der Anspruchsgrundlage keine Verweisung auf § 346 Abs 1[283]. Die durch § 441 Abs 4 Satz 2 angeordnete entsprechende Anwendung des § 346 Abs 1 und des § 347 Abs 1 bezieht sich nur auf den **Inhalt und den Umfang** des sich nach § 441 Abs 3 Satz 1 ergebenden 109

272 So auf Grundlage der Verbrauchsgüterkauf-Richtlinie BGHZ 218, 320 Rz 64; BGHZ 212, 224 Rz 53; Begr Gesetzentwurf, BT-Drucks 14/6040, S 245.
273 So auf Grundlage der Verbrauchsgüterkauf-Richtlinie BGHZ 218, 320 Rz 64.
274 So auf Grundlage der Verbrauchsgüterkauf-Richtlinie BGHZ 218, 320 Rz 64.
275 So auf Grundlage der Verbrauchsgüterkauf-Richtlinie BGHZ 218, 320 Rz 65 ff.
276 So auf Grundlage der Verbrauchsgüterkauf-Richtlinie BGHZ 218, 320 Rz 66.
277 So auf Grundlage der Verbrauchsgüterkauf-Richtlinie BGHZ 218, 320 Rz 66.
278 So auf Grundlage der Verbrauchsgüterkauf-Richtlinie BGHZ 218, 320 Rz 68; BGHZ 195, 135 Rz 22; BGHZ 179, 27 Rz 28; BGHZ 207, 209 Rz 43 f; BGHZ 212, 224 Rz 38.
279 Begr Gesetzentwurf, BT-Drucks 14/6040, S 221, 223; BGHZ 218, 320 Rz 68.
280 Erman/Grunewald Rz 16; Staud/Bach Rz 68; MünchKomm/Westermann Rz 20.
281 Vgl dazu § 475 aF Rz 54. § 476 Abs 1 Satz 1 stimmt inhaltlich mit § 475 Abs 1 Satz 1 aF überein.
282 Begr Gesetzentwurf, BT-Drucks 14/6040, S 235 f; BGHZ 218, 320 Rz 18, 20; Staud/Bach Rz 54; MünchKomm/Westermann Rz 17 f; BeckOGK/Stöber Rz 49, 69; BeckOK/Faust Rz 16.
283 MünchKomm/Westermann Rz 17 f; BeckOGK/Stöber Rz 49, 69; BeckOK/Faust Rz 16.

Rückzahlungsanspruchs[284]. Die §§ **812 ff** und damit insbes auch der **Einwand der Entreicherung** nach § 818 Abs 3 werden durch § 441 Abs 4 Satz 1 verdrängt[285]. Die Minderung als solche und damit auch ein Rückzahlungsanspruch aus § 441 Abs 4 Satz 1 werden nicht dadurch ausgeschlossen, dass der Käufer in dem Fall, in dem das Vorliegen eines Mangels zwischen den Kaufvertragsparteien streitig ist, den vollen Kaufpreis nur **unter Vorbehalt zahlt**, um einen Rechtsstreit zumindest vorerst zu vermeiden[286]. Anders ist die Rechtslage aber in dem Fall, in dem der Käufer nach erklärter Minderung aufgrund eines Irrtums einen Betrag zahlt, der über den nach Maßgabe des § 441 Abs 3 Satz 1 sich ergebenden herabgesetzten Kaufpreis hinausgeht. Hier handelt es sich um den klassischen Fall der **Zahlung auf eine nicht bestehende Schuld**. Anspruchsgrundlage ist daher hier § **812 Abs 1 Satz 1 Alt 1**[287].

II. Erfüllungsort für Rückzahlungsanspruch des Käufers aus § 441 Abs 4 Satz 1 – Gerichtsstand nach ZPO § 29

110 Der Erfüllungsort für den Anspruch des Käufers auf Rückzahlung des aufgrund der Minderung zu viel gezahlten Kaufpreises ist in § 441 nicht speziell geregelt und richtet sich daher nach den allgemeinen Vorschriften der §§ **269, 270.** Die Geldschuld ist gem § 270 Abs 1 trotz Besonderheiten in Bezug auf die Gefahrtragung grundsätzlich eine **Schickschuld**[288]. Aus diesem Grund ist der **Sitz des Verkäufers** als Erfüllungsort der Rückzahlungsverpflichtung des Verkäufers aus § 441 Abs 4 Satz 1 anzusehen. Nach ZPO § 29 Abs 1 ist für Streitigkeiten aus einem Vertragsverhältnis und über dessen Bestehen das Gericht des Orts zuständig, an dem die streitige Verpflichtung zu erfüllen ist. Daraus folgt, dass der **Sitz/Wohnort des Verkäufers** nach ZPO § 29 Abs 1 einen zulässigen Gerichtsstand (Erfüllungsort) darstellt.

III. Gesetzlicher Minderungsbetrag und vertragliches kaufpreisbezogenes Zurückbehaltungsrecht bei Mangelfeststellung

111 Ist im Kaufvertrag geregelt, dass der Käufer bei Auftreten eines Mangels einen **bestimmten Teil des Kaufpreises** zurückbehalten darf, so ist dies grundsätzlich nicht als Festlegung eines (endgültigen) Minderungsbetrags iSd § 441 Abs 3 Satz 1 anzusehen[289]. Dies entspräche nämlich weder dem Interesse noch dem hypothetischen Willen beider Kaufvertragsparteien. Vor Feststellung eines Mangels und seiner Auswirkung auf den tatsächlichen Wert der Sache kann ein etwaiger Minderungsbetrag auch nicht annähernd bestimmt werden. IdR ist hier von den Parteien nicht gewollt, dass mit dem betragsmäßig festgelegten Zurückbehaltungsrecht schon vor Ermittlung des tatsächlichen **Minderwerts der Sache** der Minderungsbetrag endgültig festgelegt wird. Zugleich erlangt der Käufer ein Druckmittel in Bezug auf die Durchsetzung des primären Nacherfüllungsanspruchs. Denn dem Verkäufer steht der volle Kaufpreis nur nach erfolgreicher Durchführung der Nacherfüllung zu.

112 Auf die **Einrede des nicht erfüllten Vertrags aus § 320 Abs 1** kann der Käufer sich bei Auftreten eines Mangels zwar auch dann in Bezug auf eine von ihm geschuldete Kaufpreiszahlung berufen, wenn der Kaufvertrag insoweit keine Regelung enthält. Eine **Klarstellung dieses Rechts** im Kaufvertrag ist aber geeignet, einen Streit in dieser Hinsicht zu vermeiden. Dies gilt insbes bei **Festlegung eines bestimmten Betrags**, der vorläufig zurückbehalten werden darf. Bei Vorliegen eines **Verbrauchsgüterkaufs** kann der Verkäufer sich aber gem **§ 476 Abs 1 Satz 1** nicht auf eine vertragliche Beschränkung der dem Käufer nach §§ 437 Nr 1, 320 Abs 1 im Mangelfall vor erfolgreicher Nacherfüllung zustehenden Einrede des nicht erfüllten Vertrags berufen.

IV. Fälligkeit des Rückzahlungsanspruchs aus § 441 Abs 4 Satz 1 – Verzug des Verkäufers

113 Der Anspruch des Käufers aus § 441 Abs 4 Satz 1 auf Rückerstattung des zu viel gezahlten Kaufpreises wird mit **Zugang der Minderungserklärung** beim Verkäufer und der dadurch

284 MünchKomm/Westermann Rz 17 f; BeckOGK/Stöber Rz 49, 69; BeckOK/Faust Rz 16.

285 BeckOGK/Stöber Rz 69. Der Entscheidung Zweibrücken NJW 2009, 2221 ist daher insoweit nicht zuzustimmen, als eine Anwendung des § 813 auf den Rückabwicklungsanspruch in Betracht gezogen wird.

286 Zweibrücken NJW 2009, 2221, 2222; BeckOGK/Stöber Rz 70.

287 BeckOGK/Stöber Rz 70; Erman/Grunewald Rz 13 (Abrechnung nach Bereicherungsrecht).

288 BGHZ 44, 178, 179; MünchKomm/Krüger § 270 Rz 1 f; vgl zur Einordnung als modifizierte Bringschuld durch teleologische Reduktion des § 270 Abs 4 Soergel/Forster § 270 Rz 1.

289 Zweibrücken NJW 2009, 2221, 2222. Im Fall des OLG Zweibrücken war der Käufer nach dem Kaufvertrag berechtigt, im Falle des Auftretens eines Mangels einen Kaufpreisteil in Höhe von 15.000 € zurückzubehalten. Der Minderungsbetrag wurde vom Gericht auf lediglich 1.000 € geschätzt.

eintretenden Gestaltungswirkung[290] fällig iSd § **271 Abs 1**. Gibt der Käufer bereits mit der Minderungserklärung einen **konkreten Minderungsbetrag** an, so enthält diese Gestaltungserklärung idR zugleich eine Mahnung iSd § 286 Abs 1. Die **Mahnung** kann nach allgemeinen Grundsätzen mit der die Fälligkeit begründenden Handlung verbunden werden[291]. Der Zahlungsverzug des Verkäufers tritt aber erst ab dem Zeitpunkt ein, zu dem er die **Nichtrückzahlung** des zu viel gezahlten Kaufpreisteils zu vertreten hat iSd § 286 Abs 4. Gibt der Käufer zunächst keinen konkreten Minderungsbetrag an, so kann der Verzug nicht vor **Einforderung eines konkreten Betrags** eintreten. Materiell-rechtlich schuldet der Verkäufer zwar auch schon in diesem Fall den sich nach Maßgabe des § 441 Abs 3 Satz 1 letztlich ergebenden Minderungsbetrag.

Die Minderungserklärung des Käufers ist aber zum einen bei fehlender Angabe eines konkreten Minderungsbetrags regelmäßig so auszulegen, dass der Käufer zwar die Gestaltungswirkung herbeiführen, aber vom Verkäufer vor **Ermittlung der Höhe der Kaufpreisminderung** noch keine unmittelbare Rückzahlung verlangen will. Zum anderen hat der Verkäufer in diesem Fall das Unterlassen einer Rückzahlung nicht nach § 286 Abs 4 zu vertreten, bis der Minderungsbetrag vom Käufer ausdrücklich angegeben wird oder sich aus den Umständen – zB auf Grundlage eines Sachverständigengutachtens – ergibt. **114**

V. Verzinsungspflicht des Verkäufers – Verzugszinsen und Nutzungen iSd § 441 Abs 4 Satz 2 iVm § 347 Abs 1 Satz 1

In Bezug auf eine Verpflichtung des Verkäufers, den nach § 441 Abs 4 Satz 1 **zurückzuerstattenden Kaufpreisteil** zu verzinsen, ist zu unterscheiden zwischen der Herausgabe von Nutzungen nach § 441 Abs 4 Satz 2 iVm § 347 Abs 1 Satz 1 und den ab Verzugseintritt gem § **288** zu entrichtenden Verzugszinsen sowie den Rechtshängigkeitszinsen nach § 291, die allerdings nur dann eine Rolle spielen, wenn der Verkäufer sich zum **Zeitpunkt der Klageerhebung** noch nicht im Verzug befindet. Praktische Bedeutung haben die Verzugszinsen insoweit, als der Zinssatz die **marktüblichen Anlagezinsen** als Grundlage für einen Nutzungsersatz nach § 441 Abs 4 Satz 2 iVm § 347 Abs 1 Satz 1 weit übersteigt. Der Verkäufer muss dafür aber in Bezug auf die Kaufpreisrückzahlungspflicht vom Käufer in Verzug gesetzt worden sein[292]. Nach § 441 Abs 4 Satz 2 iVm § 346 Abs 1 muss der Verkäufer im Falle der Minderung nach Kaufpreiszahlung die gezogenen Nutzungen herausgeben, soweit sie sich auf den Minderungsbetrag, also den zu viel gezahlten Kaufpreisteil, beziehen[293]. Nutzungen in diesem Sinne sind vor allem Zinsen, die der Verkäufer mit dem kraft Minderung **zurückzugewährenden Kaufpreisteil** erlangt hat[294]. **115**

Praktische Bedeutung haben aber insoweit nur Fälle, in denen es um größere Geldbeträge und eine längere Zeitspanne zwischen Kaufpreiszahlung und Wirksamwerden der Minderung geht. Die Verpflichtung zur Herausgabe der Zinsen erstreckt sich zwar auch auf den **Zeitraum** zwischen Minderungserklärung (Verzugsbeginn)[295] und tatsächlicher Rückzahlung des Minderungsbetrags. Die vom Verkäufer zu zahlenden Verzugszinsen dürften aber erheblich höher sein als etwaige von ihm erzielte Anlagezinsen. Eine Addition findet insoweit nicht statt, dh, herausgegebene Anlagezinsen mindern die Verzugszinsen. **116**

Nach § 441 Abs 4 Satz 2 iVm § 347 Abs 1 Satz 1 ist der Verkäufer gegenüber dem Käufer zum Wertersatz verpflichtet, soweit er Nutzungen – also hier insbes Zinsen – entgegen den Regeln einer ordnungsmäßigen Wirtschaft nicht zieht, obwohl ihm das möglich gewesen wäre. Praktische Bedeutung hat diese Anspruchsgrundlage zwar bei größeren Kaufpreissummen, also insbes beim Kauf **wertvoller Immobilien**[296]. Eine verzinsliche Anlage des erlangten Kaufpreises kann vom Verkäufer aber von vornherein dann nicht erwartet werden, wenn er den Betrag für die Begleichung einer Verbindlichkeit aus einem anderen Rechtsgeschäft kurzfristig benötigt oder er wegen einer Mangelrüge des Käufers auch damit rechnen muss, dass wegen **Scheiterns oder Unmöglichkeit der Nacherfüllung** der Käufer die Minderung erklärt und dann die Rückzahlung des zu viel gezahlten Kaufpreises fällig wird. Eine Geldanlage für einen relativ kurzen Zeitraum kann vom Verkäufer insbes bei sehr niedrigen Zinsen nicht erwartet werden. Eine verzinsliche Anlage des hypothetischen Minderungsbetrags entspricht allerdings dann den **Regeln einer ordnungsmäßigen Wirtschaft**, wenn es sich um eine größere Summe handelt **117**

290 Vgl dazu oben Rz 87.
291 BGH NJW 2010, 2940 Rz 14; Staud/Löwisch/Feldmann § 286 Rz 44; MünchKomm/Ernst § 286 Rz 69; Erman/Hager § 286 Rz 34.
292 Vgl dazu oben Rz 113 f.
293 MünchKomm/Westermann Rz 18; BeckOGK/Stöber Rz 71.
294 BeckOGK/Stöber Rz 71; MünchKomm/Westermann Rz 18; NK/Büdenbender Rz 20.
295 Vgl zur Auslegung der Minderungserklärung im Sinne einer Mahnung oben Rz 113.
296 BeckOGK/Stöber Rz 72; vgl Rz 116.

und die Feststellung des verbindlichen Minderungsbetrags wegen Durchführung eines Gewährleistungsprozesses oder/und einer **umfangreichen Begutachtung** einen längeren Zeitraum in Anspruch nehmen wird. Soweit der Verkäufer mögliche Zinsen entgegen den Regeln einer ordnungsmäßigen Wirtschaft nicht zieht, ist er dem Käufer gem § 441 Abs 4 Satz 2 iVm § 347 Abs 1 Satz 1 zum Wertersatz verpflichtet[297].

118 Die Verweisung des § 441 Abs 1 Satz 2 auf § 346 Abs 1 und § 347 Abs 1 erfasst zwar auch **§ 347 Abs 1 Satz 2**, nach dem der **Berechtigte** im Falle eines gesetzlichen Rücktrittsrechts in Bezug auf Nutzungen nur für diejenige Sorgfalt einzustehen hat, die er in eigenen Angelegenheiten anzuwenden pflegt[298]. Diese Haftungserleichterung gilt aber nur für den Rücktrittsberechtigten und damit aufgrund der hier in Rede stehenden Verweisung nur für den **Käufer als Minderungsberechtigten**[299]. In Bezug auf eine etwaige Haftung des Verkäufers im Zusammenhang mit der Kaufpreisrückzahlung einschließlich Nutzungen kann § 347 Abs 1 Satz 2 von vornherein keine Bedeutung erlangen.

VI. Rückzahlungsanspruch bei Kaufpreisfestsetzung in ausländischer Währung

119 Ist der Kaufpreis von den Parteien im Kaufvertrag zulässigerweise in ausländischer Währung festgesetzt worden so ist im Gewährleistungsfall auch der sich nach § 441 Abs 3 Satz 1 ergebende **Minderungsbetrag** in dieser vertraglich vereinbarten Währung zu berechnen[300]. Insoweit ist ohne Belang, ob der Käufer den Kaufpreis tatsächlich in der festgelegten Auslandswährung oder stattdessen auf Grundlage des § 244 Abs 1 in **inländischer Währung**, also in Euro, bezahlt hat. Nach **§ 244 Abs 1** kann, wenn eine in einer anderen Währung als Euro ausgedrückte Geldschuld im Inland zu zahlen ist, die Zahlung in Euro erfolgen, es sei denn, dass die Zahlung in der anderen Währung ausdrücklich vereinbart ist. Der Rückzahlungsanspruch aus § 441 Abs 4 Satz 1 ist daher zunächst auf den ermittelten Minderungsbetrag in der **ausländischen Vertragswährung** gerichtet[301]. Eine andere Frage ist dann, ob der Verkäufer den grundsätzlich in ausländischer Währung zurückzuerstattenden Kaufpreisteil nach Maßgabe des § 244 Abs 1 auch in Euro zurückzahlen kann.

120 Das **Risiko eines Kursverlusts** der Vertragswährung im Verhältnis zum Euro liegt also – bis zu einem Zahlungsverzug des Verkäufers – beim Käufer. Andererseits kommt es dem Käufer zugute, wenn der Kurs der Fremdwährung steigt. Diese **Währungsrisiken** stellen aber keine Besonderheit der Kaufpreisminderung im Rahmen der kaufrechtlichen Gewährleistung dar, sondern entsprechen den **typischen Usancen** bei Abschluss von Rechtsgeschäften in fremder Währung. Ein Käufer, der sich kaufvertraglich mit der Zahlung des Kaufpreises in fremder Währung einverstanden erklärt, nimmt die darauf bezogenen Unsicherheiten in Kauf. Gerät der Verkäufer nach Wirksamwerden der Minderung mit der Rückzahlung des in fremder Währung geschuldeten Minderungsbetrags in Verzug und erleidet der Käufer infolgedessen einen **Kursverlust**, so ist der betreffende Differenzbetrag nach allgemeinen Grundsätzen gem §§ 280 Abs 1 und Abs 2, § 286 als **Verzugsschaden** zu ersetzen.

E. Minderung beim Verkauf mehrerer Sachen

I. Minderung bei Vereinbarung eines Gesamtkaufpreises

121 Die Regelung des § 472 Abs 2 aF übertrug das jetzt in § 441 Abs 3 Satz 1 normierte Prinzip der **relativen Berechnungsmethode**[302] auf den Fall, dass mehrere Sachen zu einem Gesamtpreis verkauft wurden und nach Vollzug des Kaufgeschäfts mit Gefahrübergang bei einzelnen ein Mangel festgestellt wurde. Das **SMG 2002** hat diese Regelung des BGB von 1900 nicht für § 441 übernommen. Gleichwohl ist insoweit durch die Schuldrechtsreform keine Änderung eingetreten[303]. Denn der Inhalt des § 472 Abs 2 aF ergibt sich beim Verkauf mehrerer Sachen zu einem Gesamtpreis regelmäßig im Rahmen einer **Auslegung des konkreten Kaufvertrags**[304]. Mit der Bildung eines Gesamtkaufpreises bringen die Parteien hinreichend deutlich zum Ausdruck, dass auch im Falle einer mangelbedingten Minderung der Kaufpreis als Einheit für die Berechnung des Minderungsbetrags zugrunde gelegt wird und nicht durch Aufspaltung ein Teil-

297 BeckOGK/Stöber Rz 72.
298 BeckOGK/Stöber Rz 72; BeckOK/Faust Rz 17.
299 BeckOGK/Stöber Rz 72; BeckOK/Faust Rz 17.
300 Vgl Schiedsgericht des Waren-Vereins der Hamburger Börse, 11.8.1982, HSG E 6 c Nr 15.
301 Vgl Schiedsgericht des Waren-Vereins der Hamburger Börse, 11.8.1982, HSG E 6 c Nr 15.
302 Vgl dazu oben Rz 17.
303 Staud/Bach Rz 33; BeckOGK/Stöber Rz 53; MünchKomm/Westermann Rz 7; Erman/Grunewald Rz 8; BeckOK/Faust Rz 21.
304 Staud/Bach Rz 33; BeckOGK/Stöber Rz 53; MünchKomm/Westermann Rz 7.

betrag für die mangelhafte Sache bestimmt werden soll[305]. Beim Verkauf mehrerer Sachen zu einem Gesamtpreis ist daher im Rahmen der proportionalen Berechnungsmethode der **tatsächliche Gesamtwert aller Sachen** – der mangelfreien und der mangelhaften – unter Berücksichtigung der festgestellten Mängel zu schätzen und zum Gesamtwert aller Sachen im **Zustand der Mangelfreiheit** in Relation zu setzen[306]. Der vertraglich vereinbarte Gesamtkaufpreis ist dann – nicht anders als beim Verkauf einer einzelnen Sache – in diesem Verhältnis herabzusetzen[307].

II. Verkauf mehrerer Sachen als „zusammengehörend" zu Einzelpreisen

§ 472 Abs 2 aF war entsprechend in dem Fall anwendbar, in dem mehrere Sachen zwar zu Einzelpreisen, aber gleichwohl als „zusammengehörend" iSd § 469 aF verkauft worden waren und nur eine einzelne Sache mit **einem Mangel behaftet** war[308]. Voraussetzung für eine **einheitliche Minderung** war hier allerdings, dass der Mangel der einzelnen Sache auch den Wert der anderen Sachen verminderte; der Käufer also bei Kenntnis des Mangels für die an sich fehlerfreien mitverkauften Sachen **nicht denselben Preis bezahlt** hätte[309]. Das SMG 2002 hat an dieser Rechtslage trotz der Streichung des § 472 Abs 2 aF ebenfalls nichts geändert[310]. Hätte der Käufer beim Verkauf mehrerer Sachen als „zusammengehörend" für die fehlerfreien Sachen nicht denselben Preis bezahlt, so ist zum Zwecke der Berechnung der Minderung nach § 441 Abs 3 Satz 1 aus den Einzelpreisen ein **Gesamtpreis zu bilden** und auf dieser Grundlage die Gesamtminderung zu berechnen[311]. Im Falle des Fehlens einer derartigen Beeinflussung des Kaufpreises der fehlerfreien Sachen ist die Minderung auf der Grundlage des Werts und des Kaufpreises nur der mangelhaften Sache zu berechnen[312]. 122

Bei fehlender Bildung eines Gesamtpreises durch die Kaufvertragsparteien ist **im Zweifelsfall** davon auszugehen, dass die einzelnen Sachen nicht als zusammengehörig verkauft worden sind[313]. Eine Auswirkung des Mangels einer Sache auf den Wert der mitverkauften Sache ist bspw dann zu verneinen, wenn beim Verkauf von mehreren Grundstücken der Mangel eines Grundstücks in der **fehlenden öffentlich-rechtlichen Bebaubarkeit** liegt, das andere Grundstück aber uneingeschränkt bebaut werden kann[314]. 123

III. Minderung bei gemischter Geld- und Sachleistung des Käufers

Nach **§ 473 Satz 1 aF** musste, wenn auf Grundlage des Kaufvertrags neben dem in Geld festgesetzten Kaufpreis vom Käufer noch nicht vertretbare Sachen als Gegenleistung zu erbringen waren, zum Zwecke der Minderung zunächst eine **Bewertung der Sachleistung** zum Zeitpunkt des Verkaufs in Geld erfolgen. Die Herabsetzung der Gegenleistung des Käufers erfolgte dann gem § 473 Satz 2 Halbsatz 1 aF „an dem in Geld festgesetzten Preise". War dieser geringer als der Minderungsbetrag, so musste der Verkäufer den **überschießenden Betrag** dem Käufer vergüten. Die Konzentration der Minderung auf den Geldanteil der Gegenleistung war also nach altem Kaufrecht die dispositive Regel. Für das neue Kaufrecht wird in der Literatur die Auffassung vertreten, dass abweichend von § 473 aF eine anteilige Minderung sowohl der Geldleistung als auch der Leistung der Sachleistung vorzunehmen sei[315]. Nach anderer Ansicht soll dem Käufer ein **Wahlrecht** zwischen Beschränkung der Minderung auf den Geldanteil nach Maßgabe des § 473 aF und einer anteiligen Minderung zustehen, da der Mangel und die Gewährleistung in Form der Minderung in den Risikobereich des Verkäufers falle[316]. 124

Entscheidend für die hier in Rede stehende Frage ist letztlich, welche Art der Durchführung der Minderung bei gemischter Gegenleistung interessengerecht ist und dem **hypothetischen Willen der Parteien** entspricht. An der dem § 473 aF zugrundeliegenden Erwägung, dass eine Minderung in Bezug auf den Sachleistungsanteil praktisch nur schwer durchführbar ist, hat sich durch das SMG 2002 nichts geändert[317]. Der Käufer wird sich regelmäßig nur dann zu einer gemischten Gegenleistung bereiterklären, wenn er die nicht vertretbaren Sachen entweder generell nicht mehr benötigt oder im Rahmen eines anderen Geschäfts ersetzen will. Aufgrund der durch den Kauf vorgenommenen **endgültigen Aussonderung** aus dem Vermögen des Käufers 125

305 Staud/Bach Rz 33; BeckOGK/Stöber Rz 53; MünchKomm/Westermann Rz 7.
306 Staud/Bach Rz 33; BeckOGK/Stöber Rz 53; MünchKomm/Westermann Rz 7.
307 Vgl BeckOGK/Stöber Rz 53.
308 BGH NJW 1989, 2388.
309 BGH NJW 1989, 2388.
310 MünchKomm/Westermann Rz 7; Erman/Grunewald Rz 8; BeckOGK/Stöber Rz 54; BeckOK/Faust Rz 22.
311 Erman/Grunewald Rz 8; BeckOGK/Stöber Rz 54; BeckOK/Faust Rz 22.
312 BGH NJW 1989, 2388 (für die Frage der analogen Anwendung des § 472 Abs 2 aF).
313 Vgl BeckOGK/Stöber Rz 54.
314 BGH NJW 1989, 2388.
315 Staud/Bach Rz 51; BeckOGK/Stöber Rz 54; BeckOK/Faust Rz 26.
316 MünchKomm/Westermann Rz 11.
317 Vgl dazu auch MünchKomm/Westermann Rz 11.

hat dieser idR kein Interesse an einer Teilrückgewähr im Rahmen einer Minderung. Davon ging § 473 aF zu Recht aus. Der Verkäufer wird einer gemischten Gegenleistung nur zustimmen, wenn er die vom Käufer angebotenen nicht vertretbaren Sachen entweder selbst nutzen oder zumindest weiterveräußern kann. Eine **anteilige Minderung** entspricht regelmäßig auch nicht seinem Interesse. Auch für das neue Kaufrecht ist daher an einer grundsätzlichen Beschränkung der Minderung auf den Geldanteil der Gegenleistung festzuhalten. Da das Interesse des Verkäufers an der Aufrechterhaltung der Leistung der nicht vertretbaren Sachen schützenswert ist und es auf den übereinstimmenden Parteiwillen bei Abschluss des Kaufvertrags ankommt, kann auch ein **generelles Wahlrecht des Käufers** nicht anerkannt werden[318].

F. Minderung bei mehreren Käufern oder Verkäufern nach § 441 Abs 2

I. Abweichung von § 474 Abs 1 aF und Übereinstimmung mit § 351 Satz 1

126 Nach § 441 Abs 2 kann, wenn auf der Seite des Käufers oder auf der Seite des Verkäufers mehrere Personen beteiligt sind, die Minderung nur von allen oder gegen alle erklärt werden. Diese Regelung weicht ab von der Regelung des § 474 Abs 1 aF. Nach dieser Vorschrift des alten Kaufrechts konnte, wenn auf der einen oder der anderen Seite mehrere beteiligt waren, von jedem und gegen jeden die Minderung verlangt werden. Im Rahmen des SMG 2002 wurde insoweit nicht nur eine sprachliche Umformulierung, sondern durch **Angleichung an das Rücktrittsrecht** (§ 351) ein Paradigmenwechsel vorgenommen[319]. Veranlasst wurde die inhaltliche Änderung durch die gesetzliche Einordnung der Minderung als Gestaltungsrecht[320]. Die Begründung zum SMG 2002 verweist insoweit zu Recht darauf, dass aufgrund der **Ausgestaltung der Minderung als Gestaltungsrecht** des Käufers die bisherige Regelung des § 474 aF nicht beibehalten werden könne[321]. Es müsse vielmehr – in Übereinstimmung mit der Rechtslage beim Rücktritt – **die Unteilbarkeit der Minderung** vorgesehen werden[322]. Im Falle der Beteiligung mehrerer auf einer Seite des Kaufvertrags soll daher die Minderung nicht auf Einzelne beschränkt, sondern nur einheitlich erklärt werden können.

127 Für den Rücktritt regelt § 351, wie sich schon aus der amtlichen Überschrift ergibt, die **Unteilbarkeit des Rücktrittsrechts**. Nach **§ 351 Satz 1** kann, sofern an einem Vertrag auf der einen oder anderen Seite mehrere Personen beteiligt sind, das Rücktrittsrecht nur von allen und gegen alle ausgeübt werden. Im Falle des **Erlöschens des Rücktrittsrechts** für einen der Berechtigten erlischt es gem § 351 Satz 2 auch für die übrigen. Dass Rücktritt und Minderung bei Bestehen einer Käufer- oder Verkäufermehrheit nunmehr gesetzlich in derselben Weise geregelt sind, ist deshalb konsequent, weil gem § 441 Abs 1 Satz 1 sich nicht nur die Voraussetzungen der Minderung am Rücktritt orientieren, sondern die Minderung – ebenso wie der Rücktritt (§ 349) – durch Erklärung gegenüber dem Verkäufer erfolgt und aus diesem Grund ein **Gestaltungsrecht** darstellt[323].

128 Das gesetzliche Gebot der einheitlichen Ausübung des Minderungsrechts durch eine Käufermehrheit und gegenüber einer Verkäufermehrheit besteht unabhängig davon, welche **Rechtsnatur** und welchen konkreten Inhalt das zwischen den betreffenden Beteiligten der Personenmehrheit bestehende Rechtsverhältnis (Innenverhältnis) hat[324]. Unerheblich für den Einheitszwang ist daher die Rechtsgrundlage sowie die **Art und Weise der Entstehung** der Mehrheit auf Käufer- oder/und Verkäuferseite[325]. Der **Zeitpunkt** der Bildung der Mehrheit ist ebenfalls in Bezug auf die Anwendung des § 441 Abs 2 ohne Belang[326]. Die Vorschrift ist daher auch dann anwendbar, wenn die Personenmehrheit erst nach Abschluss des Kaufvertrags oder sogar erst nach Eintritt des Gewährleistungsfalls durch **Gesamtrechtsnachfolge** oder durch vertragliche Vereinbarung begründet wird.

II. Fehlende Minderungsberechtigung einzelner Mitkäufer

129 1. **Beschränkung des § 441 Abs 2 auf minderungsberechtigte Mitkäufer**. Der Fall der Minderung bei Bestehen einer Käufermehrheit und Nichtbestehen der Berechtigung zur Ausübung dieses Gestaltungsrechts aufseiten eines oder mehrerer Mitkäufer ist gesetzlich nicht gere-

318 AA MünchKomm/Westermann Rz 11.
319 Begr Gesetzentwurf, BT-Drucks 14/6040, S 234 f.
320 Begr Gesetzentwurf, BT-Drucks 14/6040, S 234 f; vgl dazu auch oben Rz 96.
321 Begr Gesetzentwurf, BT-Drucks 14/6040, S 235.
322 Begr Gesetzentwurf, BT-Drucks 14/6040, S 235.
323 Vgl dazu oben Rz 128.
324 BeckOGK/Stöber Rz 45; auch Erman/Grunewald Rz 3.
325 MünchKomm/Westermann Rz 6; BeckOGK/Stöber Rz 45; BeckOK/Faust Rz 18.
326 BeckOGK/Stöber Rz 45.

gelt. Eintreten kann diese Konstellation insbes dadurch, dass ein einzelner Mitkäufer gegenüber dem Verkäufer schon vor Entstehung des Minderungsrechts **auf etwaige Gewährleistungsrechte verzichtet**. Ein derartiger Verzicht entfaltet gem **§ 432 Abs 2** grundsätzlich keine Wirkungen gegenüber den anderen Mitkäufern, denn nach dieser Vorschrift wirkt eine Tatsache, die nur in der Person eines Gläubigers eintritt, nicht für und gegen die übrigen Gläubiger. Bei **Kenntnis des Mangels** oder einer darauf bezogenen **groben Fahrlässigkeit** aufseiten einzelner Mitkäufer ist dagegen regelmäßig davon auszugehen, dass die Ausschlussfolge des § 442 Abs 1 Satz 1 bzw Satz 2 die **gesamte Käufermehrheit** trifft[327]. Die für den Rücktritt geltende Regelung des § 351 Satz 2 bezieht sich nur auf den Tatbestand des Erlöschens eines bereits entstandenen Rücktrittsrechts[328].

Im Falle der fehlenden Minderungsberechtigung einzelner Mitkäufer wird die Minderung nicht durch § 441 Abs 2 insgesamt ausgeschlossen[329]. Das in dieser Vorschrift geregelte Gebot der **einheitlichen Ausübung des Minderungsrechts** durch Gestaltungserklärung bezieht sich vielmehr auf diejenigen Mitkäufer, denen das Minderungsrecht zusteht[330]. Die Minderung kann demnach von diesen Mitkäufern nur einheitlich erklärt werden. Das Wesen der Minderung als **Gestaltungsrecht** verlangt zwar die einheitliche Ausübung dieses Rechts, nicht aber zwingend eine Beteiligung aller Mitkäufer an der Erklärung. Ein Mitkäufer, dem das Minderungsrecht von vornherein nicht zusteht, unterliegt im Gegensatz zu einem Mitkäufer, dessen Minderungsrecht später erlischt[331], zu keinem Zeitpunkt dem Gebot der einheitlichen Ausübung des Minderungsrechts. Die Ausübung des Minderungsrechts durch einzelne Mitkäufer unter Beachtung des Gebots der einheitlichen Abgabe der Erklärung entspricht vielmehr nicht nur dem Sinn und Zweck des § 441 Abs 2, sondern auch den **Schutzinteressen des Verkäufers**. Denn auch der Schutz des Verkäufers erfordert nur eine einheitliche Abgabe der Minderungserklärung, nicht aber einen völligen Ausschluss der Minderung bei Nichtbestehen der Minderungsberechtigung aufseiten eines einzelnen Mitkäufers. 130

2. **Geltung des Ausschlussgrundes des § 351 Satz 2 bei Erlöschen des entstandenen Minderungsrechts aufseiten eines Mitkäufers**. Für den Fall, dass der gesamten Käufermehrheit ein Rücktrittsrecht zusteht, ordnet die allgemeine Vorschrift des § 351 Satz 2 an, dass bei **Erlöschen des Rücktrittsrechts** für einen Berechtigten diese Wirkung auch für die übrigen Mitberechtigten eintritt. Eine dahin gehende ausdrückliche Regelung ist zwar im Recht der Minderung nicht vorhanden[332]. Mit dem Grundsatz der **Unteilbarkeit der Minderung** als Gestaltungsrecht wäre – anders als im Falle des von vornherein nicht bestehenden Minderungsrechts eines Mitkäufers[333] – die einheitliche Erklärung der Minderung durch die verbleibenden Berechtigten aber nicht vereinbar[334]. 131

Steht das Minderungsrecht dagegen einem einzelnen Mitkäufer von vornherein nicht zu, so unterlag dieser Beteiligte anders als ein Mitkäufer, dessen Minderungsrecht nach Entstehung erlischt, zu keinem Zeitpunkt dem Gebot der einheitlichen Ausübung dieses Gestaltungsrechts. Im Ergebnis gilt daher die Ausschlusswirkung des § 351 Satz 2 auch für die Minderung, sofern das Minderungsrecht eines Mitkäufers **nachträglich erlischt**[335]. Diese Vorschrift muss aber bei der Minderung **nicht analog angewandt** werden[336]. Aus der in § 441 Abs 1 Satz 1 enthaltenen Formulierung „Statt zurückzutreten" ist vielmehr unmittelbar zu folgern, dass die Befugnis zur Minderung nicht besteht, wenn die Rücktrittsvoraussetzungen nicht oder nicht mehr vorliegen. Für diese mittelbare Erstreckung des § 351 Satz 2 auf die Minderung spricht auch, dass durch § 441 Abs 1 Satz 2 die Nichtanwendung des § 323 Abs 5 Satz 2 auf die Minderung ausdrücklich angeordnet wird. 132

Ob der Mitkäufer, auf dessen Seite das Erlöschen des Minderungsrechts eingetreten ist, das die **Gesamtwirkung zu Lasten aller Mitkäufer** ausgelöst hat, diesen Ausschlussgrund zu vertreten hat, ist zwar für den Eintritt der Ausschlusswirkung im Verhältnis zum Verkäufer ohne Belang. Im Falle des Vorliegens eines **Vertretenmüssens des betreffenden Mitkäufers** kann sich aber ein Schadensersatzanspruch der anderen Mitkäufer aus § 280 Abs 1 ergeben[337]. Das Verhältnis der Mitkäufer zueinander stellt ein **Schuldverhältnis iSd § 280 Abs 1** dar. Praktische Bedeutung haben insoweit insbes die Fälle, in denen eine **Bruchteilsgemeinschaft** – etwa ein 133

327 Vgl dazu § 442 Rz 77 ff.
328 Staud/Bach Rz 62 f; aA BeckOK/Faust Rz 20.
329 BeckOGK/Stöber Rz 47; BeckOK/Faust Rz 19; offenlassend Staud/Bach Rz 62.
330 Staud/Bach Rz 63; BeckOGK/Stöber Rz 47; aA BeckOK/Faust Rz 19.
331 Vgl dazu unten Rz 131.
332 BeckOGK/Stöber Rz 48.
333 Vgl dazu oben Rz 129 f.
334 BeckOK/Faust Rz 19; Erman/Grunewald Rz 3; MünchKomm/Westermann Rz 6.
335 MünchKomm/Westermann Rz 6; Erman/Grunewald Rz 3; BeckOGK/Stöber Rz 48; BeckOK/Faust Rz 20.
336 So aber MünchKomm/Westermann Rz 6; Erman/Grunewald Rz 3; BeckOGK/Stöber Rz 48; BeckOK/Faust Rz 20.
337 Vgl BeckOGK/Stöber Rz 48.

landwirtschaftlicher Maschinenring – einen gekauften Gegenstand im Wechsel nutzt. Ein Vertretenmüssen kann insbes dann gegeben sein, wenn ein Mitkäufer ohne Zustimmung der anderen Mitkäufer auf das Recht zur Minderung verzichtet[338].

III. Einzelfragen der Abgabe der Minderungserklärung durch Käufermehrheit

134 Nach § 441 Abs 2 muss die Minderungserklärung zwar „von allen" Mitkäufern gegenüber dem Verkäufer bzw einer Verkäufermehrheit abgegeben werden. Diese Regelung schreibt aber nicht vor, dass alle Mitkäufer die Minderungserklärung zeitgleich abgeben müssten[339]. Die Minderungserklärungen können vielmehr von den einzelnen Mitkäufern auch **sukzessive abgegeben** werden. Die Wirkung der Minderung tritt dann aber erst mit dem Zeitpunkt des Zugangs der letzten Minderungserklärung ein[340].

135 Besteht unter den Mitkäufern keine einheitliche Auffassung bezüglich der Frage, ob das Minderungsrecht ausgeübt werden soll, hängt das Bestehen eines Anspruchs des zur Minderung entschlossenen Mitkäufers gegen die anderen Beteiligten idR vom Inhalt des zwischen ihnen bestehenden Rechtsverhältnisses ab[341]. Praktische Bedeutung hat insoweit vor allem der Fall, in dem ein Teil der Mitkäufer das Minderungsrecht ausüben will, während der andere Teil den **Rücktritt favorisiert**. Dass nach Fehlschlagen oder bei Unmöglichkeit der Nacherfüllung und bei Nichtvorliegen der Voraussetzungen eines Schadensersatzanspruchs nach § 437 Nr 3 ein Mitkäufer weder den Rücktritt noch eine Minderung geltend machen will, dürfte einen eher seltenen Ausnahmefall darstellen. In den meisten Fällen wird weder das **Innenverhältnis** der Käufermehrheit noch der Kaufvertrag selbst eine ausdrückliche Regelung zur Frage der **Verpflichtung der Mitkäufer zur Beteiligung an der Minderungserklärung** enthalten. Es kommt dann entscheidend auf eine Auslegung des zwischen den Mitkäufern bestehenden Rechtsverhältnisses unter Berücksichtigung seines Zwecks und des **Grundsatzes von Treu und Glauben (§ 242)** an. Besondere Bedeutung hat insoweit die Frage, ob der mangelhafte Kaufgegenstand von der Käufermehrheit für den vorgesehenen Zweck verwendbar ist.

IV. Abgabe der Minderungserklärung gegenüber einer Verkäufermehrheit

136 Im Falle des Bestehens einer Verkäufermehrheit muss die Minderungserklärung nicht zeitgleich gegenüber allen Mitverkäufern abgeben werden[342]. Die Minderung kann gegenüber den Mitverkäufern auch **sukzessive erklärt** werden. Dies gilt unabhängig davon, ob auch auf Käuferseite eine Mehrheit besteht. Erforderlich ist allerdings, dass die Minderungserklärung allen Mitverkäufern ordnungsgemäß zugeht nach **§ 130**[343]. Die Wirksamkeit der Minderung tritt daher zu dem Zeitpunkt ein, zu dem die Erklärung dem letzten Mitverkäufer zugeht. In Bezug auf die Voraussetzungen des Zugangs gelten die allgemeinen Regeln. Gem § 164 Abs 3 genügt auch eine nur einem Mitverkäufer zugegangene Minderungserklärung, sofern dieser insoweit **Vertretungsmacht** hat und der Käufer die an den Empfänger geschickte Erklärung ersichtlich auch an die übrigen Mitverkäufer als Vertretene richtet.

Die Regelung des **§ 351 Satz 2** ist im Rahmen einer **doppelten Analogie** anwendbar, wenn bei einer Verkäufermehrheit ein zunächst gegenüber allen Mitverkäufern bestehendes **Minderungsrecht** gegenüber einem von ihnen **erlischt**[344]. Dafür spricht auch hier das Prinzip der einheitlichen Ausübung. In dem Fall, in dem gegenüber einem Mitverkäufer von vornherein kein Minderungsrecht besteht, ist eine Minderung ausgeschlossen. Eine Minderungserklärung gegenüber den Mitverkäufern, gegenüber denen das Minderungsrecht besteht, kann die **Gestaltungswirkung** nicht herbeiführen. Insoweit besteht ein Unterschied zu der Konstellation, in der nur einzelnen Mitkäufern ein Minderungsrecht zusteht[345].

G. Verjährung nach § 438 Abs 4 und Abs 5, § 218

137 Nach § 194 Abs 1 unterliegen zwar nur **Ansprüche** der Verjährung, also nicht **Gestaltungsrechte**. Nach § 438 Abs 4 Satz 1 iVm § 218 Abs 1 Satz 1 ist der Rücktritt des Käufers aber unwirksam, wenn sein **Anspruch auf die Leistung oder der Nacherfüllungsanspruch verjährt** ist und der Verkäufer sich darauf beruft. Im Falle des Auftretens eines Mangels soll damit

338 Vgl BeckOGK/Stöber Rz 48.
339 Staud/Bach Rz 60; BeckOGK/Stöber Rz 46; vgl zur Abgabe der Minderungserklärung gegenüber einer Verkäufermehrheit nachfolgend Rz 136.
340 Staud/Bach Rz 60; BeckOGK/Stöber Rz 46.
341 Erman/Grunewald Rz 3; BeckOGK/Stöber Rz 46.
342 Staud/Bach Rz 60; BeckOGK/Stöber Rz 46.
343 BeckOGK/Stöber Rz 46; auch MünchKomm/Westermann Rz 6.
344 BeckOK/Faust Rz 20.
345 Vgl dazu oben Rz 129 ff.

die Verjährung des Nacherfüllungsanspruchs auch Auswirkungen auf Rücktritt und Minderung haben, obwohl **Gestaltungsrechte** eigentlich nicht verjähren. Die allgemeine Verjährungsvorschrift des § 218 erwähnt die Minderung zwar nicht ausdrücklich. Die Geltung folgt aber unmittelbar aus § 441 Abs 1 Satz 1, nach dem der Käufer bei Vorliegen eines Rücktrittsrechts auch mindern kann. Die speziell auf die Minderung bezogene Regelung des § 438 Abs 5 hat daher insofern nur **deklaratorischen Charakter**.

Der Anspruch des Käufers auf Kaufpreisrückzahlung nach wirksamer Minderungserklärung **138** unterliegt allerdings nicht der besonderen kaufrechtlichen Verjährung der §§ 218, 438. Es gilt vielmehr für diesen Zahlungsanspruch die allgemeine gesetzliche **Regelverjährungsfrist der §§ 195, 199**.

Neben der Vorschrift des § 218 ist auch **§ 438 Abs 4 Satz 2** entsprechend auf die Minderung **139** anwendbar. Die Verweisungsnorm des § 438 Abs 5 stellt dies klar. Der Käufer kann daher, soweit die gegen ihn gerichtete Kaufpreisforderung noch nicht erfüllt ist, trotz Unwirksamkeit der Minderung nach § 218 Abs 1 die **Zahlung des Kaufpreises** bis zu der Höhe **verweigern**, als er aufgrund der Minderung dazu berechtigt sein würde. Das Rücktrittsrecht des Verkäufers nach § 438 Abs 4 Satz 3 gilt dagegen für die Minderung nicht, da § 438 Abs 5 auf diese Vorschrift nicht verweist.

§ 442 Kenntnis des Käufers

(1) Die Rechte des Käufers wegen eines Mangels sind ausgeschlossen, wenn er bei Vertragsschluss den Mangel kennt. Ist dem Käufer ein Mangel infolge grober Fahrlässigkeit unbekannt geblieben, kann der Käufer Rechte wegen dieses Mangels nur geltend machen, wenn der Verkäufer den Mangel arglistig verschwiegen oder eine Garantie für die Beschaffenheit der Sache übernommen hat.

(2) Ein im Grundbuch eingetragenes Recht hat der Verkäufer zu beseitigen, auch wenn es der Käufer kennt.

ÜBERSICHT

A. Allgemeines

I. Neufassung des Gewährleistungsausschlusses durch das SMG 2002

1 Die Vorschrift des § 442 Abs 1 über den Ausschluss der Gewährleistungshaftung bei Mangelkenntnis oder grober Fahrlässigkeit des Käufers und die Ausnahmeregelung des § 442 Abs 2 bezüglich im Grundbuch eingetragener Rechte sind durch das SMG 2002 an die Stelle der vorher geltenden §§ 439 aF, 460 aF getreten[1]. § 442 fasst die bisherigen §§ 439 aF, 460 aF – inhaltlich teilweise abändernd – zu einer Regelung zusammen und setzte zudem **Art 2 Abs 3 der Verbrauchsgüterkauf-Richtlinie**[2] um[3]. Nach **§ 439 Abs 1 aF** hatte der Verkäufer einen **Rechtsmangel** nicht zu vertreten, wenn der Käufer den Mangel bei Abschluss des Kaufvertrags kannte. Eine **grobe Fahrlässigkeit** schadete also – anders als beim Sachmangel (§ 460 Satz 2 aF) – nicht. **Grundpfandrechte** hatte der Verkäufer aber gem § 439 Abs 2 Satz 1 aF auch dann zu beseitigen, wenn der Käufer diese Belastung des Grundstücks kannte. Das Gleiche galt gem § 439 Abs 2 Satz 2 aF für eine bestehende **Vormerkung zur Sicherung des Anspruchs auf Bestellung** eines der in Satz 1 genannten Rechte.

2 Für **Sachmängel** legte § 460 Satz 1 aF fest, dass die Gewährleistungshaftung des Verkäufers ausgeschlossen ist, wenn der Käufer den Mangel bei **Abschluss des Kaufvertrags** kannte. Hatte der Käufer aufgrund **grober Fahrlässigkeit** den Sachmangel nicht erkannt, so haftete der Verkäufer nur, wenn er entweder die „Abwesenheit des Fehlers zugesichert" oder den „Fehler arglistig verschwiegen" hatte (§ 460 Satz 2 aF). Der Käufer konnte sich also in dem Fall, in dem er eine grob fahrlässige Mangelunkenntnis gegen sich gelten lassen musste, noch darauf berufen, dass der Verkäufer eine Eigenschaft zugesichert oder den Sachmangel arglistig verschwiegen habe.

3 Die Neuregelung des § 442 Abs 1 unterscheidet – anders als das alte Kaufrecht – nicht zwischen **Sach- und Rechtsmängeln**. Dies ist deshalb konsequent, weil nunmehr die Gewährleistungshaftung des Verkäufers weitgehend einheitlich für Sach- und Rechtsmängel geregelt ist[4]. § 437 verlangt, wie sich schon aus der amtlichen Überschrift („Rechte des Käufers bei Mängeln") ergibt, sowohl für den **Nacherfüllungsanspruch** gem § 437 Nr 1 als auch für die **sekundären Gewährleistungsrechte** Rücktritt, Minderung und Schadensersatz nach § 437 Nr 2 bzw Nr 3 einen Mangel, wobei nach dem eindeutigen Gesetzeswortlaut („Ist die Sache mangelhaft, [...]") nicht zwischen Sach- und Rechtsmängeln zu differenzieren ist. Ein wesentlicher Unterschied im Vergleich zum alten Kaufrecht besteht allerdings in Bezug auf **Rechtsmängel** darin, dass dem Käufer nunmehr gem § 442 Abs 1 Satz 2 grundsätzlich auch eine **grobe Fahrlässigkeit** und nicht nur Kenntnis schadet. Der Gesetzgeber des SMG 2002 ging zutreffend davon aus, dass die Ausdehnung der Regelung des § 460 Satz 2 aF über den Gewährleistungsausschluss bei grober Fahrlässigkeit auf die Haftung für Rechtsmängel wegen der generell angestrebten **Gleichbehandlung von Rechts- und Sachmängeln** gerechtfertigt sei[5]. Es kommt daher in der Praxis in den Fällen, in denen eine Unterscheidung zwischen Sach- und Rechtsmangel schwierig ist, für die Frage, ob die Gewährleistungshaftung des Verkäufers wegen grob fahrlässiger Unkenntnis des

1 Vgl dazu Begr Gesetzentwurf, BT-Drucks 14/6040, S 236 f.
2 RL 1999/44/EG vom 25.5.1999.
3 Begr Gesetzentwurf, BT-Drucks 14/6040, S 236; Staud/Matusche-Beckmann Rz 2; MünchKomm/Westermann Rz 2; BeckOGK/Stöber Rz 2; vgl zur Umsetzung der Verbrauchsgüterkauf-Richtlinie und zur Vereinbarkeit mit der Warenkauf-Richtlinie Rz 5.
4 Begr Gesetzentwurf, BT-Drucks 14/6040, S 236.
5 Begr Gesetzentwurf, BT-Drucks 14/6040, S 236 („Erstreckung auf Rechtsmängel schon angesichts der generell angestrebten Gleichbehandlung von Rechts- und Sachmängeln gerechtfertigt").

Käufers ausgeschlossen ist, letztlich nicht auf die genaue Einordnung als Sach- oder Rechtsmangel an[6].

4 § 442 Abs 2 enthält in Bezug auf Rechtsmängel in Gestalt von **Grundstücksrechten** eine erhebliche Erweiterung im Vergleich zu § 439 aF[7]. Denn jetzt werden alle im **Grundbuch** eingetragenen Rechte erfasst, also nicht – wie zuvor – nur Hypothek, Grundschuld, Rentenschuld, Schiffshypothek und Pfandrecht (§ 439 Abs 2 Satz 1 aF) sowie **Vormerkungen** zur Sicherung des Anspruchs auf Bestellung eines der Rechte (§ 439 Abs 2 Satz 2 aF). Beim Abschluss von Grundstückskaufverträgen ist davon auszugehen, dass der **Notar** dem Käufer die Kenntnis von im Grundbuch eingetragenen Rechten vermittelt[8]. Dies soll in keinem Fall aufseiten des Käufers zu einem **Anspruchsverlust** führen[9]. Die Erweiterung der Ausnahme für Grundstücksrechte erfasst im Wesentlichen **Dienstbarkeiten, Vorkaufsrechte, Reallasten und Auflassungsvormerkungen**[10]. Der Gesetzgeber ging zu Recht davon aus, dass eine gesetzliche Regelung der umfassenden **Verpflichtung des Verkäufers zur Lastenfreistellung** auch im Falle der Kenntnis des Käufers „sachgerecht" sei[11]. Die **Vormerkung** wird in § 442 Abs 2 zwar nicht ausdrücklich erwähnt. Sie wird aber gleichwohl deshalb unzweifelhaft erfasst, weil die Vorschriften über Grundstücksrechte – unabhängig von der dogmatischen Einordnung dieses Rechtsinstituts – auf die Vormerkung entsprechend anzuwenden sind[12].

II. Ausschluss des § 442 durch § 475 Abs 3 Satz 2 Var 1 bei Verbrauchsgüterkäufen ab dem 1.1.2022

5 Nach Art 2 Abs 3 der Verbrauchsgüterkauf-Richtlinie liegt **keine „Vertragswidrigkeit"** des Kaufgegenstands vor, wenn „der Verbraucher zum Zeitpunkt des Vertragsschlusses Kenntnis von der Vertragswidrigkeit hatte oder vernünftigerweise nicht in Unkenntnis darüber sein konnte oder wenn die Vertragswidrigkeit auf den vom Verbraucher gelieferten Stoff zurückzuführen ist". Die Formulierung **„vernünftigerweise nicht in Unkenntnis"** stimmt inhaltlich mit der in § 442 verwendeten Terminologie „infolge grober Fahrlässigkeit unbekannt geblieben" überein[13]. Nach § 475 Abs 3 Satz 2 ist § 442 – ebenso wie §§ 445, 447 Abs 2 – auf Verbrauchsgüterkäufe nicht anzuwenden. Dies gilt gem **EGBGB Art 229 § 58** für ab dem 1.1.2022 geschlossene Kaufverträge. Der Ausschluss beruht darauf, dass die uneingeschränkte Anwendung des § 442 mit **Art 7 Abs 5 der Warenkauf-Richtlinie** nicht vereinbar wäre. Diese Regelung der Warenkauf-Richtlinie wird durch § 476 Abs 1 Satz 2 Nr 1 und Nr 2 umgesetzt, nach dem von den Anforderungen nach § 434 Abs 3 oder § 475b Abs 4 vor Mitteilung eines Mangels an den Unternehmer durch Vertrag abgewichen werden kann, wenn der **Verbraucher** vor der Abgabe seiner Vertragserklärung eigens davon **in Kenntnis gesetzt wurde,** dass ein bestimmtes Merkmal der Ware von den **objektiven Anforderungen** abweicht (Nr 1), und die Abweichung iSd Nr 1 im **Vertrag ausdrücklich und gesondert vereinbart** wurde (Nr 2).

III. Regelungsgegenstand und Rechtsfolgen – Überblick

6 Der Käufer muss bei Vorliegen der Voraussetzungen des § 442 Abs 1 die Kaufsache im Ergebnis trotz eines vorliegenden Mangels als vertragsgemäß gelten lassen. Beide Alternativen der Vorschrift beschränken die **Verpflichtung** des Verkäufers aus § 433 Abs 1 Satz 2 zur Verschaffung der Sache frei von Sach- und Rechtsmängeln. Ausgeschlossen wird durch § 442 Abs 1 in erster Linie der Anspruch des Käufers auf Nacherfüllung aus §§ 437 Nr 1, 439 Abs 1. Die sekundären Rechtsbehelfe **Rücktritt, Minderung und Schadensersatz** gem § 437 Nr 2 bzw Nr 3 kann der Käufer selbstverständlich ebenfalls gem § 442 Abs 1 Satz 1 nicht geltend machen, wenn er den Mangel kennt. Das Gleiche gilt bei **grob fahrlässiger Unkenntnis** des Käufers, es sei denn, der Verkäufer hat den Mangel **arglistig verschwiegen** oder eine **Garantie** für die Beschaffenheit übernommen (§ 442 Abs 1 Satz 2). Da nach § 442 Abs 2 ein im **Grundbuch** eingetragenes Recht auch im Falle der Kenntnis des Käufers zu beseitigen ist, stellt diese Regelung eine gesetzliche Anordnung der Nichtanwendbarkeit der Ausnahme des § 442 Abs 1 dar, dh, der Käufer behält die Gewährleistungsrechte aus § 437.

6 Vgl dazu Begr Gesetzentwurf, BT-Drucks 14/6040, S 236.

7 Vgl Begr Gesetzentwurf, BT-Drucks 14/6040, S 236 f. Die Begründung spricht insoweit von einer Übernahme des bisherigen § 439 Abs 2 „in einer überarbeiteten Fassung".

8 Vgl Begr Gesetzentwurf, BT-Drucks 14/6040, S 236 f.

9 Vgl Begr Gesetzentwurf, BT-Drucks 14/6040, S 236 f.

10 Vgl dazu Begr Gesetzentwurf, BT-Drucks 14/6040, S 236 f; vgl zu den Einzelheiten unten Rz 167 ff.

11 Vgl dazu Begr Gesetzentwurf, BT-Drucks 14/6040, S 236 f.

12 Vgl zu den Einzelheiten unten Rz 178 ff.

13 Begr Gesetzentwurf, BT-Drucks 14/6040, S 236; vgl dazu auch unten Rz 109 ff.

B. Der Gewährleistungsausschluss nach § 442 Abs 1 Satz 1 und Satz 2

I. Regelungszweck des § 442 Abs 1

7 1. **Kenntnistatbestand des § 442 Abs 1 Satz 1.** Ein Käufer, der einen Sach- oder Rechtsmangel der Kaufsache kennt und sie trotzdem kauft, gibt damit idR zu erkennen, dass er mit dem **konkreten Zustand einverstanden** ist[14]. Auch im Falle der Nichtexistenz des § 442 Abs 1 Satz 1 wäre bei der **Sachmängelgewährleistung** in den meisten Fällen, aber gleichwohl nicht immer, davon auszugehen, dass die dem Käufer schon bekannte nachteilige Beschaffenheit jedenfalls konkludent Bestandteil des Kaufvertrags wird. Es liegt dann insoweit eine sog **negative Beschaffenheitsvereinbarung**[15] vor mit der Folge, dass die – bei objektiver Betrachtung – gegebene negative (nachteilige) Abweichung von der üblichen Beschaffenheit (§ 434 Abs 3 Satz 1 Nr 2) die **kaufvertragliche Soll-Beschaffenheit** iSd § 434 Abs 1 darstellt. Aufgrund der Mangelkenntnis des Käufers weicht die tatsächliche Beschaffenheit (Ist-Beschaffenheit) der Sache nicht von der **vertraglichen Soll-Beschaffenheit** ab. Wenn also wegen Kenntnis des Käufers der Ausschlusstatbestand des § 442 Abs 1 Satz 1 erfüllt ist, dann liegt häufig schon **kein Mangel iSd §§ 434, 435** vor. Der Gesichtspunkt des *venire contra factum proprium* (§ 242)[16] ist in dieser Konstellation als nachrangig anzusehen. Entsprechendes gilt im Falle des Bestehens von **Rechten Dritter iSd § 435**, die beiden Parteien bekannt sind. Bei im Grundbuch eingetragenen Rechten greift allerdings die **Sonderregelung des § 442 Abs 2** ein[17].

8 Die Annahme einer den objektiv vorliegenden Mangel einbeziehenden **konkludenten Vereinbarung der Soll-Beschaffenheitsvereinbarung** scheidet aber insbes in dem Fall aus, in dem der Käufer durch Zufall vor Abschluss des Kaufvertrags von einem **verborgenen Mangel** Kenntnis erlangt, der dem Verkäufer (noch) nicht bekannt ist. Der Mangel ist hier nicht Gegenstand einer konkludenten kaufvertraglichen Vereinbarung über die nach § 434 Abs 1 Satz 1 geschuldete Soll-Beschaffenheit. Gelingt dem Verkäufer im Gewährleistungsprozess der Nachweis der Kenntnis des Käufers, so muss demnach nicht zusätzlich Beweis darüber erhoben werden, ob auch dem Verkäufer der Mangel bekannt war und deshalb eine konkludente negative Beschaffenheitsvereinbarung bejaht werden kann. Bei Nichtexistenz des § 442 Abs 1 Satz 1 müsste ein Verstoß gegen § 242 (*venire contra factum proprium*) angenommen werden, sofern der Käufer später unter Berufung auf die ihm bereits vor Vertragsschluss bekannte Beschaffenheit der Kaufsache Gewährleistungsansprüche aus § 437 geltend macht[18]. Ein widersprüchliches Verhalten des Käufers iSd § 242 wäre auch dann zu bejahen, wenn es sich um einen grundsätzlich **behebbaren Mangel** handelt und der Käufer die Sache in Kenntnis des Mangels erwirbt, um dann eine Nacherfüllung vom Verkäufer zu verlangen[19]. Denn in dieser Fallkonstellation ist vielmehr vom Käufer vor Vertragsschluss zu erwarten, dass er den Verkäufer auf den Mangel hinweist und entweder eine Kaufpreisreduktion oder eine Beseitigung bis zur Übergabe verlangt[20].

9 Diese beiden Gesichtspunkte – der **mutmaßliche Parteiwille** und der Gedanke des *venire contra factum proprium* (§ 242) – bilden die Ratio des § 442 Abs 1 Satz 1. Eine Rolle spielt insoweit sicherlich auch der **ökonomische Aspekt**, dass im Interesse der Allgemeinheit der Aufwand für die Bewältigung des Gewährleistungsfalls (Transaktionskosten) vermieden wird, vor allem im zum Prozess führenden Streitfall[21]. Diese Erwägung stellt aber keinen selbständigen und insbes nicht den primären Regelungszweck des § 442 Abs 1 Satz 1 dar. Bezweckt wird in erster Linie auch nicht die **Minimierung von gewährleistungsbedingten Transaktionskosten** im Interesse der Allgemeinheit[22]. Die ökonomische Betrachtung ist vielmehr ein – in der Tat bedeutender Bestandteil – des Einwands des *venire contra factum proprium* (§ 242)[23].

14 Motive Mugdan II S 124 f geben zu § 460 aF keine Begründung, sondern äußern sich nur zum Haftungsausschluss bei grober Fahrlässigkeit (Satz 2 aF). Das BGB steht auch insoweit in der Tradition des römischen Rechts, vgl D 21, 1, 1, 6 sowie D 18, 1, 43, 1.

15 Der verbreitete Begriff „negative Beschaffenheitsvereinbarung" ist allerdings etwas missverständlich, weil nicht die Vereinbarung als solche negativ ist. Es handelt sich um eine Vereinbarung über eine vorliegende negative (nachteilige) Beschaffenheit der Sache.

16 Vgl dazu nachfolgend Rz 8.

17 Vgl dazu unten Rz 164 ff.

18 Vgl BGH NJW 2012, 2793 Rz 22; BGH NJW 2022, 2843 Rz 15; Hamm BeckRS 2019, 20757; RG LZ 1916, 222 (zu § 460 aF); BGH NJW 1989, 2050 (zu § 460 aF); Staud/Matusche-Beckmann Rz 1; MünchKomm/Westermann Rz 1; Richardi AcP 169 (1969), 385, 390.

19 BGH NJW 2022, 2843 Rz 15; MünchKomm/Westermann Rz 1; aA BeckOK/Faust Rz 2; Köhler JZ 1989, 761 ff.

20 Zutreffend Erman/Grunewald Rz 1.

21 BeckOK/Faust Rz 2; zu § 460 aF Fleischer, Informationsasymmetrie im Vertragsrecht, 2001, S 476 ff; Köhler JZ 1989, 761, 763 f; Michalski/Riemenschneider BB 1993, 2097, 2101; Fleischer/Körber BB 2001, 841, 844; krit BeckOGK/Stöber Rz 9.

22 AA BeckOK/Faust Rz 2; Michalski/Riemenschneider BB 1993, 2097, 2101 (zu § 460 aF).

23 In der Tendenz auch MünchKomm/Westermann Rz 1.

Steht die **positive Mangelkenntnis** des Käufers fest, so tritt der **Ausschluss der Gewährleistungshaftung** des Verkäufers ohne weiteres gem § 442 Abs 1 Satz 1 und damit kraft Gesetzes ein. Der Verkäufer muss daher im konkreten Einzelfall nicht einen **stillschweigenden vertraglichen Gewährleistungsausschluss** nachweisen oder sich unmittelbar auf den Grundsatz von Treu und Glauben (§ 242) berufen. § 442 Abs 1 Satz 1 legt vielmehr von sich aus fest, was in derartigen Fällen dem mutmaßlichen Parteiwillen und Treu und Glauben entspricht. Dieser gesetzliche Haftungsausschluss ermöglicht im **Gewährleistungsprozess** dem Gericht ein Offenlassen der Frage, ob überhaupt ein Mangel vorliegt. Nicht unerhebliche Bedeutung erlangt diese Konsequenz des § 442 Abs 1 Satz 1 – auch in **ökonomischer Hinsicht** – in dem Fall, in dem das Vorliegen eines Mangels streitig ist und insoweit eigentlich eine **Beweisaufnahme** erforderlich wäre. Das Gleiche gilt, wenn der Eintritt der Verjährung nach § 438 zwischen den Kaufvertragsparteien umstritten ist. 10

2. **Regelungszweck des § 442 Abs 1 Satz 2.** – a) **Gewährleistungsausschluss wegen grober Fahrlässigkeit – „caveat emptor“.** Der auf den Fall der **groben Fahrlässigkeit** des Käufers und des Fehlens von Arglist und einer Beschaffenheitsgarantie des Verkäufers bezogene Ausschluss der Gewährleistungshaftung nach § 442 Abs 1 Satz 2 hat – im Vergleich zum Ausschlusstatbestand der Mangelkenntnis (§ 442 Abs 1 Satz 1) – einen **anderen Regelungszweck**. Die Ratio der mit § 442 Abs 1 Satz 2 übereinstimmenden, aber nur für Sachmängel geltenden[24], **Vorgängerregelung des § 460 Satz 2 aF** wird in den Motiven zum BGB mit der im Geschäftsverkehr und auch beim Kauf geltenden **Regel** begründet, **„dass jeder aufpassen soll“**[25]. Der Käufer habe die **„Pflicht, die Augen offen zu halten“**[26]. Diese Pflicht dürfe aber „nicht so hoch gespannt werden, dass schon eine geringe Fahrlässigkeit des Erwerbers die Haftpflicht des Veräußerers ausschlösse“[27]. Auch bei **besonderer Zusicherung** und bei **Arglist des Verkäufers** müsse diese Pflicht zurücktreten[28]. 11

Auch die durch das SMG 2002 eingeführte Regelung des § 442 knüpft mit dem Ausnahmetatbestand der groben Fahrlässigkeit (Abs 1 Satz 2), in abgeschwächter Form, an das römische Prinzip *„caveat emptor“* an[29]. Zwei **ergänzende Gesichtspunkte** kommen hinzu: Der nach § 442 Abs 1 Satz 1 erforderliche **Nachweis der Mangelkenntnis des Käufers** ist für den Verkäufer oft nur schwer zu führen. Selbst bei offensichtlichen Fehlern wird ein den Kauf später reuender Käufer häufig Gewährleistungsrechte geltend machen und im Falle einer Berufung des Verkäufers auf eine Mangelkenntnis iSd § 442 Abs 1 Satz 1 behaupten, er habe den Mangel gar nicht bemerkt. Dann ist es für den Verkäufer äußerst schwierig, das Gegenteil zu beweisen. Insoweit fungiert § 442 Abs 1 Satz 2 im Wesentlichen als **Beweiserleichterung** zugunsten des Verkäufers, zumindest in dem Fall, in dem der Mangel vom Käufer eigentlich hätte erkannt werden müssen. 12

Zudem wird auch durch den auf die grobe Fahrlässigkeit des Käufers bezogenen Ausschlusstatbestand des § 442 Abs 1 Satz 2 der Kostenaufwand für die Abwicklung des Gewährleistungsfalls vermieden[30]. Dabei geht es nicht nur um den Aufwand für die – im Streitfall notwendige – Feststellung eines Mangels iSd §§ 434, 435, sondern darüber hinaus um den Nachweis einer **konkludenten Haftungsausschlussvereinbarung**, der dem Verkäufer bei Nichtexistenz des § 442 obläge. Der Verkäufer muss, sofern ein Mangel unstreitig ist oder auf Grundlage einer gerichtlichen Beweisaufnahme festgestellt wird, nur eine grobe Fahrlässigkeit des Käufers nachweisen. Dem Käufer steht dann allerdings noch die Berufung auf eine Arglist oder Garantie des Verkäufers offen. Bei Nachweis einer Mangelkenntnis des Käufers ist dagegen die Gewährleistungshaftung des Verkäufers endgültig ausgeschlossen. 13

Ein Verkäufer, der eine gebrauchte Sache verkauft, die der Käufer nicht näher untersucht, kann im Allgemeinen davon ausgehen, dass der Käufer die Sache so kaufen will, wie sie einmal ist. Letztlich geht es auch bei § 442 Abs 1 Satz 2 um den Gedanken des *venire contra factum proprium* (§ **242**). Es wäre widersprüchlich, wenn der Käufer einer Sache – zB beim **Gebrauchtwagenkauf** oder beim Kauf eines **älteren Hausgrundstücks** – sich später auf eine Mangelhaf- 14

24 Im Falle eines Rechtsmangels schadete dem Käufer gem § 439 Abs 1 aF nur Kenntnis; vgl dazu oben Rz 1.
25 Motive II S 226.
26 Motive II S 226.
27 Motive II S 226.
28 Motive II S 226.
29 Vgl dazu Honsell, Römisches Recht, 2015[8], § 46 Abschnitt I. Caveat emptor bedeutet sinngemäß: „Wer den Beutel auftut, tue die Augen auf“; Rachlitz NJW 2022, 1337 Rz 2.
30 Vgl dazu oben Rz 9 f.

tigkeit berufen könnte, obwohl er sich mit dem Zustand der Kaufsache entweder überhaupt nicht oder nicht mit der gebotenen Sorgfalt befasst und Offensichtliches übersehen hat[31].

15 b) **Regelungszweck des Fortbestands der Verkäuferhaftung bei Arglist oder Beschaffenheitsgarantie**. Auf dem Gedanken des *venire contra factum proprium* (§ 242)[32] beruht auch die in § 442 Abs 1 Satz 2 vorgesehene Ausnahme vom gesetzlichen Gewährleistungsausschluss bei Vorliegen einer Arglist des Verkäufers. Die Arglist des Verkäufers wiegt hier eindeutig schwerer als die grobe Fahrlässigkeit aufseiten des Käufers. Zudem handelt ein Verkäufer, der einen Mangel bei Abschluss des Kaufvertrags **arglistig verschwiegen** hat, erneut treuwidrig, wenn er sich darauf beruft, der grob fahrlässig handelnde Käufer hätte den betreffenden Mangel **bei Anwendung der gebotenen Sorgfalt** erkennen müssen. Ein entsprechender Vorwurf trifft den Verkäufer im Falle der Übernahme einer Beschaffenheitsgarantie, sofern er sich auf eine grobe Fahrlässigkeit des Käufers beruft. Denn die Garantie für die Beschaffenheit der Kaufsache enthebt den Käufer regelmäßig der **Notwendigkeit**, den Kaufgegenstand in Bezug auf den von der Garantie erfassten **Zustand untersuchen zu müssen**. Auf eine Beschaffenheitsgarantie des Verkäufers darf der Käufer sich also verlassen.

16 Die Fallkonstellation, dass der Käufer sich vom Verkäufer eine Garantie einräumen lässt, obwohl er weiß, dass der Verkäufer sie wegen Vorliegens einer Beschaffenheitsabweichung nicht einhalten kann, ist eigentlich nur bei **Mangelkenntnis des Käufers** denkbar. Die Gewährleistung ist dann aber schon nach § 442 Abs 1 Satz 1 ausgeschlossen. Es geht daher hier nicht um einen Anwendungsfall des § 442 Abs 1 Satz 2. Die **Beweislast** dafür, dass eine solche Kenntnis des Käufers vorliegt, trifft allerdings den Verkäufer[33]. Gelingt dem Verkäufer der Nachweis der Kenntnis nicht, so kann er sich zwar generell noch auf eine **grobe Fahrlässigkeit des Käufers** berufen. Der Ausschlusstatbestand des § 442 Abs 1 Satz 2 greift dann aber nicht ein.

II. Erfassung von Stück- und Gattungskauf

17 § 442 Abs 1 bezieht sich sowohl auf den **Stückkauf** als auch auf den **Gattungskauf**[34]. Beim **Gattungskauf** liegt aber ein Sachmangel nach § 434 Abs 1 nur dann vor, wenn der Verkäufer aus der Gattung ein konkretes fehlerhaftes Stück ausgewählt und dem Käufer übergeben hat. Vor der **Übergabe** iSd §§ 434 Abs 1, 446 hat der Käufer regelmäßig keine „Mangelkenntnis". Es kann sich aber um eine Beschaffenheitsabweichung handeln, die der **ganzen Gattung** anhaftet, aus der gem § 433 Abs 1 Satz 1 die Lieferung zu erfolgen hat[35]. Eine solche Ist-Beschaffenheit der ganzen Gattung in Abweichung von der vom Verkäufer geschuldeten Soll-Beschaffenheit kann dem Käufer schon bei Vertragsschluss bekannt oder infolge grober Fahrlässigkeit unbekannt sein[36]. Darüber hinaus sind **Ausnahmefälle** denkbar, in denen der Käufer aufgrund besonderer Umstände schon bei Abschluss des Kaufvertrags weiß, dass die vom Verkäufer aus der Gattung zur Erfüllung vorgesehene Ware eine **Beschaffenheitsabweichung** iSd § 434 Abs 1 aufweist. Auch hier ist die Verkäuferhaftung nach § 442 Abs 1 Satz 1 ausgeschlossen. Beispiel: Der Käufer weiß, dass die verkauften Agrarprodukte aufgrund von Witterungseinflüssen nicht die übliche Beschaffenheit aufweisen und der Verkäufer nicht über fehlerfreie Ware verfügt[37].

18 Entsprechendes gilt, wenn die verkaufte Gattungsware mit einem **Rechtsmangel** behaftet ist. Der Käufer kann auch in Bezug auf einen solchen Fehler der Kaufsache bei Abschluss des Kaufvertrags Kenntnis haben oder grob fahrlässig unwissend geblieben sein. Praktische Bedeutung hat insbes die Konstellation, dass die gesamte Warenproduktion und damit die gesamte Gattung gegen ein **Schutzrecht eines Dritten** verstößt (zB Marke oder Urheberrecht). Ein Verkäufer, der Bekleidungsartikel mit einem **rechtswidrig angeeigneten Modelabel** oder Software unter Verletzung eines Urheberrechts („Raubkopien") vertreibt, kann daher gem § 442 Abs 1 von der

31 Vgl dazu Protokolle I S 2223 (Mugdan II S 925): „Wer einen Kaufvertrag abschließe, pflege dabei mindestens mit der Sorgfalt zu Werke zu gehen, dass ihm Mängel der Sache, die nur bei grober Fahrlässigkeit übersehen werden können, nicht verborgen bleiben. Deswegen sei der Verkäufer, wenn er eine mit einem offensichtlichen Mangel behaftete Sache verkaufe, zu der Annahme berechtigt, dass der Käufer sie in dem nämlichen Sinne habe kaufen wollen, indem er sie zum Verkaufe gestellt habe, nicht als eine fehlerlose, sondern als eine mangelhafte Sache. Wenn das Gesetz die Berufung des Käufers auf einen Mangel, den er ohne grobe Fahrlässigkeit hätte wahrnehmen müssen, abschneide, so beschränke es damit im Interesse des Verkehres das sog Willensdogma".

32 Vgl dazu oben Rz 8 f.

33 Vgl Rz 44 ff.

34 BGH NJW 1981, 2640 (zu § 460 aF); MünchKomm/Westermann Rz 3; Erman/Grunewald Rz 3.

35 BGH NJW 1981, 2640 (zu § 460 aF); vgl auch Staud/Matusche-Beckmann Rz 5; MünchKomm/Westermann Rz 3; Erman/Grunewald Rz 3; BeckOK/Faust Rz 5.

36 Vgl BGH NJW 1981, 2640 (zu § 460 aF); MünchKomm/Westermann Rz 3; Staud/Matusche-Beckmann Rz 5; Erman/Grunewald Rz 3.

37 In einer derartigen Fallkonstellation stellt sich allerdings die vorrangige Frage, ob eine auf minderwertigere Ware bezogene konkludente Beschaffenheitsvereinbarung (negative Beschaffenheitsvereinbarung) gegeben ist.

Gewährleistungshaftung befreit sein. Wenn hier allerdings, wie im Regelfall, die Kenntnis des Verkäufers vom Rechtsmangel gegeben ist, dann schadet dem Käufer eine **grobe Fahrlässigkeit** iSd § 442 Abs 1 Satz 2 nicht. Ist der Verkäufer dagegen als (bloßer) Händler der betreffenden Ware gutgläubig, während der Käufer den Rechtsmangel grob fahrlässig nicht bemerkt, so greift der Gewährleistungsausschluss des § 442 Abs 1 Satz 2 Platz.

III. Anwendung des § 442 Abs 1 beim Kauf auf Probe

§ 442 Abs 1 ist grundsätzlich auch im Falle des **Kaufs auf Probe** oder **auf Besichtigung** 19
(§ 454 Abs 1) anwendbar[38]. Als relevanter Zeitpunkt für Kenntnis oder grobe Fahrlässigkeit kommen der Abschluss des Kaufvertrags und die Billigung der Ware durch den Käufer in Betracht. Nach zutreffender Auffassung kommt es auf den **Zeitpunkt der Billigung** an[39]. Ausschlaggebend dafür ist, dass die Billigung gem § 454 Abs 1 Satz 1 „im Belieben des Käufers“ steht und er bis zu einer darauf bezogenen Erklärung nicht gebunden ist. Insoweit besteht ein Unterschied zum Kauf unter einer aufschiebenden Bedingung und zum genehmigungsbedürftigen Kaufvertrag[40].

IV. Modifizierte Anwendung des § 442 Abs 1 gem § 439 Abs 3 bei Einbau/Anbringung der Kaufsache durch Käufer

Nach der am 1.1.2022 in Kraft getretenen Neufassung des § 439 Abs 3 muss der Verkäufer in 20
dem Fall, in dem der Käufer die mangelhafte Sache gem ihrer Art und ihrem Verwendungszweck in eine andere Sache eingebaut oder an eine andere Sache angebracht hat, im **Rahmen der Nacherfüllung** dem Käufer die erforderlichen **Aufwendungen** für das Entfernen der mangelhaften und den Einbau oder das Anbringen der nachgebesserten oder gelieferten mangelfreien Sache ersetzen. Nach dem vom 1.1.2018 bis zum 31.12.2021 geltenden § 439 Abs 3 Satz 2 aF war § 442 Abs 1 mit der Maßgabe anzuwenden, dass für die Kenntnis des Käufers an die Stelle des Vertragsschlusses der Einbau oder das Anbringen der mangelhaften Sache durch den Käufer tritt.

Mit der Entscheidung des **EuGH** in der **Rechtssache Weber/Putz** war diese Ausdehnung 21
des § 442 Abs 1 in den Einbaufällen vereinbar, weil der EuGH seine Ausführungen auf den zum Zeitpunkt des Einbaus gutgläubigen Käufer bezieht[41]. Es ist daher die Annahme berechtigt, dass der Gesetzgeber mit § 439 Abs 3 Satz 2 aF eine vom EuGH definierte Beschränkung des Aufwendungsersatzanspruchs des Käufers umgesetzt hat[42].

Nach Art 14 Abs 3 Warenkauf-Richtlinie umfasst die Verpflichtung des Verkäufers zur Nacher- 22
füllung die Entfernung der nicht vertragsgemäßen Waren und die Montage oder Installierung der Ersatzwaren oder der nachgebesserten Waren oder die Übernahme der dafür erforderlichen Kosten, sofern die Waren – entsprechend ihrer Art und ihrem Zweck – montiert oder installiert wurden, bevor die Vertragswidrigkeit offenbar wurde. Da die Warenkauf-Richtlinie keine Beschränkung der Käuferrechte für den Fall vorsieht, dass dem Käufer der Mangel aufgrund grober Fahrlässigkeit vor dem Einbau unerkannt geblieben ist, wäre eine Anwendung des § 442 Absatz 1 Satz 2 beim Verbrauchsgüterkauf mit den Vorgaben dieser Richtlinie nicht zu vereinbaren[43]. Zudem ist § 442 als solcher aufgrund der Vorgaben des Art 7 Abs 5 Warenkauf-Richtlinie bei Vorliegen eines Verbrauchsgüterkaufs nicht richtlinienkonform[44]. Daher wurde die Beschränkung der Rechte des Käufers bei Einbau in Kenntnis des Mangels vom deutschen Gesetzgeber durch Streichung des in § 439 Abs 3 Satz 2 aF vorgesehenen Verweises auf § 442 und Einfügung des Tatbestandsmerkmals „bevor der Mangel offenbar wurde“ in § 439 Abs 3 umgesetzt[45, 46].

38 RGZ 94, 285, 287 (zu § 460 aF); BGH BB 1957, 58 (zu § 460 aF); BGH NJW-RR 2004, 1058, 1059 (zu § 460 aF); BeckOK/Faust Rz 8; MünchKomm/Westermann Rz 6; Staud/Matusche-Beckmann Rz 22.

39 RGZ 94, 285, 287; BGH NJW-RR 2004, 1058, 1059; BeckOK/Faust Rz 9; MünchKomm/Westermann Rz 6; aA Staud/Matusche-Beckmann Rz 22; BeckOGK/Stöber Rz 29; vgl zu den Einzelheiten unten Rz 84 f.

40 Vgl dazu Rz 84.

41 EuGH NJW 2011, 2269 Rz 56 – Weber und Putz; Begr Gesetzentwurf, BT-Drucks 18/8486, S 40 f; BeckOGK/Stöber Rz 16.

42 Begr Gesetzentwurf, BT-Drucks 18/8486, S 40.

43 Begr Gesetzentwurf, BT-Drucks 19/27424 S 26; BeckOGK/Stöber Rz 17; aA Rachlitz NJW 2022, 1337 Rz 47.

44 Begr Gesetzentwurf, BT-Drucks 19/27424 S 26; BeckOGK/Stöber Rz 17.

45 Begr Gesetzentwurf, BT-Drucks 19/27424 S 26; BeckOGK/Stöber Rz 18; kritisch dazu Rachlitz NJW 2022, 1337 Rz 28 ff.

46 Begr Gesetzentwurf, BT-Drucks 18/8486, S 41 („Ist dem Käufer ein Mangel der Kaufsache bei ihrem Einbau infolge grober Fahrlässigkeit unbekannt geblieben, kommt § 442 Absatz 1 Satz 2 entsprechend zur Anwendung“); BeckOGK/Stöber Rz 16).

V. Einzelfragen des Anwendungsbereichs des § 442 Abs 1 bei Rechtsmängeln und fehlendem Eigentum

23 1. **Offener Verkauf einer fremden Sache – Grundlagen.** Der wegen (noch) fehlender Eigentümerstellung und sonstiger Verfügungsberechtigung des Verkäufers nicht eintretende Eigentumserwerb des Käufers begründet **keinen Rechtsmangel** iSd § 435, sondern ist als **Nichterfüllung der Verkäuferpflicht** aus § 433 Abs 1 Satz 1 einzuordnen. Für die Anwendbarkeit des § 442 Abs 1 fehlt daher ein Mangel. Auch der **Rechtsgedanke** dieser Vorschrift ist nicht einschlägig, wenn der Verkäufer eine (noch) **fremde Sache** verkauft, die er sich erst noch verschaffen will, und dieser Umstand dem Käufer bekannt ist. Die **Motive zum BGB von 1900** führen dazu aus, dass im Falle des Verkaufs einer erklärtermaßen fremden Sache die Frage des Vorliegens eines Verzichts auf die Haftungspflicht des Veräußerers von der **Beurteilung des konkreten Einzelfalls** abhänge[47]. Diese Einschätzung ist zwar nach wie vor richtig. Ein solcher Kaufvertrag ergibt aber regelmäßig nur dann einen Sinn, wenn er den Verkäufer zur Verschaffung des Eigentums verpflichtet und die Nichterfüllung dieser Pflicht uneingeschränkt zu seiner Gewährleistungshaftung führt. Dass ein Verkäufer – und insbes ein Händler – eine Sache veräußert, die ihm (noch) nicht gehört, ist grundsätzlich von der **Vertragsfreiheit** gedeckt. Es handelt sich um den klassischen Fall der **Übernahme eines Beschaffungsrisikos** iSd § 276 Abs 1 Satz 1. Will der Verkäufer dagegen eine fremde Sache, über die er aufgrund einer Besitzerstellung oder aus sonstigen Gründen tatsächlich verfügen kann, ohne vorherigen Erwerb vom Eigentümer und ohne Einholung einer **Ermächtigung iSd § 185 Abs 1** offen rechtswidrig veräußern, so wird der Kaufvertrag regelmäßig wegen Gesetzes- und Sittenwidrigkeit gem §§ 134, 138 nichtig sein. Insoweit geht es vor allem um den offenen Verkauf von **Hehlerware.**

24 2. **Gutgläubigkeit des Verkäufers und zufällige Kenntnis des Käufers bei Veräußerung einer fremden Sache.** Der Fall, dass der Verkäufer gutgläubig die bewegliche Sache eines Dritten verkauft und der Käufer dies weiß, nimmt zwar eine Sonderstellung ein. Denkbar ist diese Gestaltung aber insbes im **Kunst- und Schmuckhandel**, wenn der Käufer oder ein von ihm mit der Prüfung des Kaufgegenstands beauftragter Experte besondere Kenntnisse in Bezug auf die **Herkunft des Gegenstands** hat. Auch hier ist wegen Nichtvorliegens eines Rechtsmangels iSd § 435 weder § 437 noch § 442 Abs 1 anwendbar. Ein **gutgläubiger Erwerb** der Sache durch den Käufer gem § 932 scheidet bei Kenntnis oder grober Fahrlässigkeit aus. In Bezug auf den bei Nichtverschaffung des Eigentums innerhalb einer vom Käufer gesetzten Nachfrist gegebenen **Schadensersatzanspruch** aus §§ 280 Abs 1 und Abs 3, 281 wird eine Anwendung der **Mitverschuldensregelung des § 254 Abs 1** von vornherein nicht durch § 442 Abs 1 gesperrt[48]. Kennt der Käufer die Fremdheit der Sache, während aufseiten des Verkäufers Gutgläubigkeit vorliegt, dann ist idR wegen eines ganz überwiegenden Mitverschuldens des Käufers von einem völligen Ausschluss des Schadensersatzanspruchs auszugehen.

25 3. **Beiderseitige Kenntnis beim Verkauf einer fremden Sache – Festlegung der konkreten Verschaffungspflicht des Verkäufers.** Gehen Verkäufer und Käufer bei Abschluss des Kaufvertrags übereinstimmend davon aus, dass die bewegliche Sache (noch) einem Dritten gehört, so stellt sich zunächst die Frage, ob der Käufer nach dem übereinstimmenden Willen der Kaufvertragsparteien von vornherein wegen **Ausschlusses des gutgläubigen Erwerbs** nach § 932 nur den bloßen Besitz erwerben oder aufseiten des Verkäufers eine **besondere Eigentumsverschaffungspflicht** begründet werden soll. Sofern sich die Parteien einvernehmlich und damit kollusiv über das Eigentum des Dritten hinwegsetzen wollen, verstößt der Kaufvertrag gegen **Strafgesetze** (StGB §§ 246, 259) und gegen die **guten Sitten** mit der Folge der Nichtigkeit nach §§ 134, 138. Eine Verpflichtung des Käufers zur **Kaufpreiszahlung** besteht dann schon aus diesem Grund von vornherein nicht. Einem **bereicherungsrechtlichen Anspruch** des Käufers aus § 812 Abs 1 Satz 1 Alt 1 auf Rückzahlung des schon entrichteten Kaufpreises steht hier der **Kondiktionsausschluss gem § 817 Satz 2** entgegen. Der Ausschlusstatbestand des § 442 Abs 1 Satz 1 ist in dieser Fallkonstellation wegen Nichtvorliegens eines Rechtsmangels von vornherein nicht anwendbar[49]. Ein anders gelagerter Sachverhalt liegt vor, wenn der Verkäufer durch den

47 Motive II S 216. In der zweiten BGB-Kommission war dann beantragt worden, den Ausschluss der Rechtsmängelhaftung bei Kenntnis des Käufers (§ 439 Abs 1 aF) durch den Zusatz „es sei denn, dass aus den Umständen erhellt, dass der Verkäufer die Verpflichtung zur Beseitigung des Mangels übernehmen wollte“ zu ergänzen. Der Antrag wurde abgelehnt, weil dies „selbstverständlich“ sei. Der dem Antrag zugrundeliegende Auffassung, dass beim Verkauf einer bekanntermaßen fremden Sache „nach der Absicht der Parteien der Verkäufer, obwohl ihm das Eigentum nicht zustehe, verpflichtet sei, dem Käufer das Eigenthum zu verschaffen“, und dass die Anwendung des § 439 Abs 1 aF auf diesen Fall „irrthümlich“ sei, wurde nicht widersprochen (Protokolle I S 659).

48 Vgl zu dieser Sperrwirkung im Falle des grob fahrlässig nicht erkannten Sach- oder Rechtsmangels unten Rz 102 ff.

49 Vgl oben Rz 23.

Kaufvertrag verpflichtet ist, vom Dritten das Eigentum zu erwerben, um gegenüber dem Käufer die Verpflichtung aus § 433 Abs 1 Satz 1 erfüllen zu können[50].

4. **Kaufvertragliche Verpflichtung des Verkäufers zur Verschaffung noch fremden Eigentums (Erwerbsverpflichtung)**. Soll der Verkäufer beim offenen Verkauf einer noch fremden Sache nach Willen der Kaufvertragsparteien verpflichtet sein, dem Käufer das dem Dritten zustehende Eigentum im Wege eines **Zwischenerwerbs („Abkaufs")** zu verschaffen, so ist der Kaufvertrag wirksam[51]. Gelingt dem Verkäufer aber innerhalb einer vom Käufer gesetzten Frist (§§ 281 Abs 1 Satz 1, 323 Abs 1) die Eigentumsverschaffung nicht, so würde ein uneingeschränkter Fortbestand der **Kaufpreiszahlungspflicht** dem typischen Willen der Kaufvertragsparteien widersprechen[52]. Der Käufer kann vielmehr gem § 323 Abs 1 **vom Kaufvertrag zurücktreten** und sich zumindest dadurch von der Verpflichtung aus § 433 Abs 2 befreien. Zudem haftet der Verkäufer wegen Nichterfüllung der Eigentumsverschaffungsverpflichtung auf **Schadensersatz statt der Leistung** nach §§ 280 Abs 1 und Abs 3, 281 Abs 1, sofern die Kaufvertragsparteien keine **auflösende Bedingung (§ 158 Abs 2)** oder ein vertragliches **Rücktrittsrecht** für den Fall vereinbart haben, dass der Dritte als Berechtigter zur Übertragung des Eigentums nicht bereit ist. Das **Vertretenmüssen** iSd § 280 Abs 1 Satz 2 ist idR deshalb zu bejahen, weil der Verkäufer gem § 276 Abs 1 Satz 1 das **Beschaffungsrisiko** übernommen hat. In Betracht kommt hier auch die Annahme einer darüber hinausgehenden **Verkäufergarantie** (§ 276 Abs 1 Satz 1 Halbsatz 2 Alt 1). 26

Nach der zum alten Kaufrecht ergangenen **Grundsatzentscheidung RGZ 88, 165** sollte in der in Rede stehenden Konstellation die Haftung des Verkäufers von einer **Auslegung des Kaufvertrags** abhängen[53]. Dies stimmt überein mit den Gesetzgebungsmaterialien zu § 439 aF[54]. Der **BGH** hat vor Inkrafttreten des SMG 2002 die Schadensersatzhaftung des Verkäufers ohne weiteres bejaht in einem Fall, in dem beim **Grundstückskauf** beide Parteien wussten, dass das Grundstück sich noch im **Eigentum eines Dritten** befand[55]. Der BGH berief sich dabei auf das allgemeine Prinzip, dass der Verkäufer für sein **anfängliches Leistungsvermögen** grundsätzlich uneingeschränkt einzustehen habe. Dies ergibt sich nunmehr aus § 276 Abs 1 Satz 1 Halbsatz 2 Alt 2. 27

Lässt sich aus dem Kaufvertrag ausdrücklich oder im Wege der Auslegung ableiten, dass der Verkäufer **keine Haftung für die Eigentumsverschaffung** übernehmen will, so sind die Rechtsfolgen des Scheiterns der Erlangung des Eigentums vom Dritten in erster Linie auf der Grundlage der getroffenen kaufvertraglichen Vereinbarung zu ermitteln. Bei Fehlen einer besonderen Rechtsfolgenregelung muss eine Auslegung erfolgen. In Betracht kommt insbes die Annahme einer kaufvertraglichen **aufschiebenden Bedingung (§ 158 Abs 1)** bezogen auf den Fall, dass der Verkäufer vom Dritten letztlich entweder das Eigentum oder eine Verfügungsermächtigung iSd § 185 Abs 1 erlangt. Näherliegend ist hier allerdings die Annahme eines **vertraglichen Rücktrittsrechts**. Denn idR streben die Parteien bis zum endgültigen Scheitern des Erwerbs einen voll wirksamen Kaufvertrag und nicht – wie bei Bestehen einer aufschiebenden Bedingung – nur einen **vertraglichen Schwebezustand** an. 28

5. **Belastung des Kaufgegenstands mit dinglichem Vorkaufsrecht oder Auflassungsvormerkung**. Im Falle der Belastung des Kaufgegenstands mit einem dinglichen Vorkaufsrecht oder einer Auflassungsvormerkung gehört die Sache zwar dem Verkäufer. Dem Dritten steht aber ein Recht an ihr zu, das eine Entziehung des vom Käufer erworbenen Eigentums ermöglicht. Dies stellt einen **Rechtsmangel** iSd § 435 dar, der auch die Anwendung des § 442 eröffnet. Es handelt sich also – nicht wie bei Fehlen des Eigentums aufseiten des Verkäufers – um eine allgemeine **Nichterfüllung der Verkäuferpflicht** aus § 433 Abs 1 Satz 1, sondern um eine Rechtsmängelhaftung. Kauft der Käufer ein mit einem dinglichen Vorkaufsrecht **belastetes Grundstück** ohne besondere, auf die Rechtsfolgen zugeschnittene kaufvertragliche Abrede **in Kenntnis des Rechts eines Dritten**, so wird § 442 Abs 1 Satz 1 allerdings durch § 442 Abs 2 verdrängt, nach dem ein Anspruch des Käufers auf Beseitigung auch bei Mangelkenntnis gegeben ist[56]. 29

Die Kenntnis des Grundstückskäufers zum Zeitpunkt der Beurkundung des Kaufvertrags von einem **vorhergehenden Vertragsschluss** mit einem Dritten, für den dann aber eine **Vormerkung** später als die Vormerkung des Käufers in das Grundbuch eingetragen wird, sollte dem 30

50 Vgl dazu nachfolgend Rz 26 ff.
51 Vgl dazu oben Rz 23.
52 Vgl zum alten Schuldrecht RGZ 88, 165, 167 (zu § 439 aF).
53 RGZ 88, 165, 166 f.
54 Motive II S 216; Protokolle I S 659.
55 BGH WM 1972, 656; vgl auch BGHZ 62, 119, 120.
56 Vgl zur Anwendung des § 442 Abs 2 unten Rz 164 ff.

Käufer in Bezug auf den Ausschluss der Gewährleistungshaftung nach § 439 Abs 1 aF deshalb nicht schaden, weil rein **schuldrechtliche Vereinbarungen** ohne Sicherung durch eine Vormerkung **keinen Rechtsmangel** begründen[57]. Dies ist zwar nach wie vor richtig. Ein Grundstückskäufer, der von einem bereits erfolgten Abschluss eines Kaufvertrags mit einem Dritten Kenntnis erlangt hat, muss aber idR auch damit rechnen, dass eine **Auflassungsvormerkung** für den Dritten bewilligt ist, die aufgrund des im **Grundbuchverfahren** geltenden **Prioritätsprinzips** vor der eigenen Vormerkung eingetragen wird, sofern sich nicht wider Erwarten die Stellung des Antrags auf Eintragung verzögert[58]. Gleichwohl führt aber ein darauf bezogener bedingter Vorsatz aufgrund der für im Grundbuch eingetragene Rechte geltenden **Ausnahmeregelung** des § 442 Abs 2 nicht zu einem Haftungsausschluss zugunsten des Verkäufers nach § 442 Abs 1.

31 6. **Vertragliche und gerichtliche Veräußerungsverbote sowie sonstige privatrechtliche Verfügungsbeschränkungen.** – a) **Vertragliche und gerichtliche Veräußerungsverbote.** Ein vertragliches Veräußerungsverbot, dem der Verkäufer sich zugunsten eines Dritten unterworfen hat, wirkt grundsätzlich nicht im Verhältnis zum Käufer (§ 137). Es begründet daher von vornherein **keinen Rechtsmangel** iSd § 435, so dass sich auch die Frage des Ausschlusses der Gewährleistungshaftung des Verkäufers nach § 442 nicht stellt[59]. Ist dagegen die Wirkung eines solchen vertraglichen Veräußerungsverbots gegenüber dem Käufer ausnahmsweise zu bejahen, so ist die Rechtslage nach zutreffender Auffassung des RG[60] ebenso zu beurteilen wie im Falle des Bestehens eines **gerichtlichen Veräußerungsverbots**[61] und bei Vorliegen einer privatrechtlichen Verfügungsbeschränkung[62]. Wegen Existenz eines Rechtsmangels kommt dann auch § 442 grundsätzlich zur Anwendung.

32 b) **Sonstige privatrechtliche Verfügungsbeschränkungen.** Für **privatrechtliche Verfügungsbeschränkungen**, die zwar zum Erwerb des Kaufgegenstands durch den Käufer führen, aber einen **Rechtsmangel begründen** und nicht von dem für Grundstücksrechte Dritter geltenden Sondertatbestand des § 442 Abs 2 erfasst werden, haftet der Verkäufer gem § 442 Abs 1 Satz 1 nicht, sofern der Käufer im konkreten Fall die Beschränkung kennt[63]. Schließt die Verfügungsbeschränkung dagegen aufseiten des Käufers schon den Erwerb des Kaufgegenstands aus, so handelt es sich nicht um einen Rechtsmangel iSd § 435, sondern vielmehr um die Nichterfüllung der Verkäuferpflicht aus § 433 Abs 1 Satz 1. Dies ist insbes beim Verkauf von Forderungen der Fall, die einem **vertraglichen Abtretungsverbot** unterliegen. Das Gleiche gilt beim Verkauf von **vinkulierten Aktien oder GmbH-Geschäftsanteilen.** Der Käufer kann dem Verkäufer hier eine Frist nach §§ 281 Abs 1 Satz 1, 323 Abs 1 setzen, es sei denn, es liegt ein Ausschluss der Leistungspflicht gem § 275 vor.

33 Beim Verkauf von Gegenständen, über die der Verkäufer bereits zuvor ein **aufschiebend bedingtes Verfügungsgeschäft** iSd §§ 158 Abs 1, 161 Abs 1 abgeschlossen hat, tritt nach § 442 Abs 1 Satz 1 eine Enthaftung des Verkäufers ein, sofern der Käufer dies weiß. Es stellt sich aber – wie immer bei vorhandenen bedingten Erstkaufverträgen – die vorrangige Frage, ob der (Zweit-)Kaufvertrag nur unter der **Bedingung** abgeschlossen wurde, dass der Erstkaufvertrag durch Nichteintritt der aufschiebenden bzw Eintritt der auflösenden Bedingung obsolet wird. Dem Verkäufer kann für diesen Fall auch ein **Rücktrittsrecht** zustehen, durch dessen Ausübung der (Zweit-)Kaufvertrag entfallen kann.

34 Beim Verkauf von Grundstücken, die dem Verkäufer nur als **Vorerben** gehören (§ 2113), begründet der im Grundbuch gem GBO § 51 eingetragene **Nacherbenvermerk** zwar einen Rechtsmangel iSd § 435. Da es sich aber bei dieser Verfügungsbeschränkung zugunsten des Nacherben um ein in das Grundbuch eingetragenes Recht iSd § 442 Abs 2 handelt, ist die Gewährleistungshaftung des Verkäufers auch im Falle der Kenntnis des Käufers nicht nach § 442 Abs 1 ausgeschlossen[64]. Im Zweifel ist hier nicht anzunehmen, dass der Kaufvertrag unter der

57 RG Recht 1919 Nr 1370.

58 Eine Verzögerung der Antragsstellung durch den Notar kann aber insbes dann eintreten, wenn diese Maßnahme von der Zahlung des Kaufpreises durch den Käufer abhängt.

59 Vgl dazu unten Rz 175.

60 RGZ 132, 145, 147 f. Im Fall RGZ 132, 145 bestand zwar eine derartige „Drittwirkung". Da das betreffende Recht allerdings im Grundbuch eingetragen war, hätte bei Anwendbarkeit des jetzigen § 442 Abs 2 trotz Kenntnis des Käufers kein Ausschluss der Gewährleistungshaftung des Verkäufers Platz gegriffen. Es ging in dieser RG-Entscheidung um eine im Jahr 1857 zwischen dem damaligen Eigentümer und dem damaligen Erwerber (Rechtsvorgänger des jetzigen Verkäufers) getroffene Vereinbarung, nach der das Grundstück nur an Mitglieder der Herrnhuter Brüdergemeine verkauft werden durfte. Die Vereinbarung war nach Preußischem ALR wirksam und konnte in das Grundbuch eingetragen werden.

61 Vgl dazu unten Rz 172 ff.

62 Vgl dazu nachfolgend Rz 32 ff.

63 Vgl RG JW 1912, 188 (zur Verfügungsbeschränkung gem § 2113).

64 Vgl dazu auch unten Rz 180.

aufschiebenden Bedingung des endgültigen Wegfalls der Verfügungsbeschränkung – durch Rechtsverzicht des berechtigten Dritten oder in sonstiger Weise – abgeschlossen wird[65].

7. **Verkauf vermieteter oder verpachteter Grundstücke**. Große praktische Bedeutung hat bei der Anwendung des § 442 Abs 1 auf **Rechtsmängel** der Verkauf eines vermieteten oder verpachteten Grundstücks. Da der Käufer gem § 566 bzw § 593b iVm § 566 in dieses vertragliche Schuldverhältnis eintritt („Kauf bricht nicht Miete"), hat die Belastung des Grundstücks zwar im Ergebnis eine **quasidingliche Wirkung** und stellt deshalb einen Rechtsmangel dar. Die auf im **Grundbuch** eingetragene Rechte Dritter zugeschnittene Regelung des § 442 Abs 2 ist hier weder direkt noch analog anwendbar. Wird das Grundstück dagegen offen als vermietet oder verpachtet verkauft, so liegt von vornherein kein Rechtsmangel iSd § 435 vor[66]. Es handelt sich dann vielmehr um ein durch den Kaufvertrag **übernommenes Recht iSd § 435 Satz 1**. 35

Hat der Käufer Kenntnis vom bestehenden Miet- oder Pachtverhältnis und wird deswegen vom Verkäufer eine Beseitigung dieser Belastung kaufvertraglich zugesagt, so ist eine **Abbedingung des § 442 Abs 1 Satz 1** zu bejahen[67]. Zudem handelt ein Verkäufer widersprüchlich iSd § 242, wenn er die Aufhebung des bestehenden Miet- oder Pachtverhältnisses verbindlich zusagt und sich dann aber im Falle des **Scheiterns der Ablösung** auf die Kenntnis des Käufers beruft. Fehlt eine ausdrückliche oder konkludente kaufvertragliche Beseitigungsvereinbarung, so ist § 442 Abs 1 Satz 1 im Falle der Kenntnis des Käufers grundsätzlich anwendbar. Grobe Fahrlässigkeit iSd 442 Abs 1 Satz 2 schadet dem Käufer dagegen idR nicht, weil der Verkäufer – abgesehen von seltenen Ausnahmefällen – Kenntnis vom bestehenden Miet- oder Pachtverhältnis hat. 36

8. **Öffentliche Lasten und schuldrechtliche Ansprüche Dritter**. Unter § 442 Abs 1 fallen beim Kauf von beweglichen Sachen alle Belastungen, die einen **Rechtsmangel** iSd § 435 begründen. Beim **Grundstückskauf** wird dagegen die Anwendung des § 442 Abs 1 insoweit ausgeschlossen, als es sich um Belastungen in Gestalt von im Grundbuch eingetragenen Rechten Dritter handelt[68]. Öffentliche Lasten werden nur dann von § 442 Abs 1 erfasst, wenn sie einen Rechtsmangel begründen und nicht nach der Sonderregelung des § 436 oder einer kaufvertraglichen Vereinbarung ohnehin vom Käufer zu tragen sind. Schuldrechtliche Ansprüche Dritter gegen den Verkäufer wirken zwar aufgrund des Prinzips der **Relativität der Schuldverhältnisse** generell nicht im Verhältnis zwischen dem Verkäufer und dem Käufer. Ein Rechtsmangel als Voraussetzung für eine Anwendung des § 442 Abs 1 ist daher hier zu verneinen[69]. Sofern derartige Obligationen aber ausnahmsweise auch gegenüber dem Käufer Wirkungen entfalten, ist bei Fehlen einer kaufvertraglichen Übernahmevereinbarung ein Rechtsmangel zu bejahen, so dass auch eine Anwendung des § 442 Abs 1 in Betracht kommt. Diese Ausnahme ist insbes bei Ansprüchen gegeben, die dem Mieter oder Pächter eines Grundstücks aus dem betreffenden Vertrag gegen Vermieter bzw Verpächter zustehen[70]. Das Gleiche gilt, soweit beim **Verkauf eines Patents** in Bezug auf eine einfache (schuldrechtliche) Patentlizenz der **Sukzessionsschutz** nach PatG § 15 Abs 3 gegeben ist. Nach dieser Vorschrift berührt ein Rechtsübergang oder die Erteilung einer Lizenz nicht Lizenzen, die Dritten vorher erteilt worden sind[71]. 37

9. **Schuldrechtliches Vorkaufsrecht**. Das schuldrechtliche, dinglich nicht gesicherte Vorkaufsrecht eines Dritten am Kaufgegenstand entfaltet grundsätzlich keine Wirkung gegenüber dem Käufer und begründet daher **keinen Rechtsmangel**, so dass sich die Frage der Anwendung des § 442 Abs 1 von vornherein nicht stellt[72]. Im Falle des Kaufs einer mit einem derartigen Vorkaufsrecht „belasteten" Sache haftet der Verkäufer dem Käufer gem §§ 280 Abs 1 und Abs 3, 283 auf **Schadensersatz statt der Leistung**, wenn nach Ausübung des Vorkaufsrechts die Sache vom Verkäufer an den Dritten übereignet wird und ein Rückerwerb auszuschließen ist. Die Kenntnis des Käufers vom schuldrechtlichen Vorkaufsrecht schließt diese Haftung des Verkäufers grundsätzlich nicht aus. Es handelt sich hier um eine **Nichterfüllung der Verpflichtung aus § 433 Abs 1 Satz 1** zur Verschaffung des Eigentums. Der Verkäufer muss, wenn er eine Haftung gegenüber dem Käufer wegen Ausübung des Vorkaufsrechts vermeiden will, mit dem Käufer für diesen Fall ein Rücktrittsrecht, eine Bedingung iSd § 158 oder einen Haftungsausschluss verein- 38

65 RG JW 1912, 188; aA Soergel[12]/U Huber § 439 aF Rz 24.
66 AA RG DR 1939, 1886 (zu § 439 aF für den Fall des Scheiterns der vom Verkäufer zugunsten des Käufers betriebenen Aufhebung eines bestehenden Pachtverhältnisses).
67 Vgl dazu unten Rz 163.
68 Vgl unten Rz 164 ff.
69 Vgl Staud/Matusche-Beckmann Rz 58.
70 Vgl oben Rz 35 f.
71 PatG § 15 Abs 3 idF vom 16. Dezember 1980 (BGBl 1981 I, S 1). Hierdurch ist die frühere Rspr (BGHZ 83, 251) korrigiert worden, die dem Lizenznehmer im Falle einer „einfachen" (nicht ausschließlichen und daher nur schuldrechtlichen) Lizenz gegenüber Rechtsnachfolgern des Lizenzgebers einen Sukzessionsschutz versagte. Nach BGHZ 83, 251 verpflichtete eine vom Verkäufer eines Patents erteilte einfache Nutzungserlaubnis mit schuldrechtlicher Wirkung den Käufer des Patents nicht.
72 So zu § 439 Abs 1 aF Hamburg SeuffA 56 Nr 99.

baren. Ein derartiger Ausschluss kann sich zwar auch konkludent aus dem geschlossenen Kaufvertrag ergeben. Die bloße Kenntnis des Käufers vom Bestehen des Vorkaufsrechts genügt allerdings regelmäßig nicht für die Annahme einer **stillschweigenden Haftungsfreistellung** zugunsten des Verkäufers[73]. Zum Tatbestand der Kenntnis müssen vielmehr weitere Umstände hinzutreten, die den Schluss auf einen solchen Willen des Käufers zulassen. Denn der Käufer kann in dem Fall, in dem der Verkäufer keine vertragliche Freistellung verlangt, idR davon ausgehen, dass die Ausübung des Vorkaufsrechts wegen einer vom Verkäufer mit dem Vorkaufsberechtigten getroffenen Absprache oder aus sonstigen Gründen nicht zu erwarten ist.

39 10. **Belastung der Kaufsache mit gewerblichen Schutzrechten. Patentrechte** und sonstige **gewerbliche Schutzrechte** Dritter, die dazu führen, dass der Käufer die gekaufte Sache nicht uneingeschränkt nutzen und/oder nicht weiterveräußern kann, begründen einen **Rechtsmangel**. Der Verkäufer ist daher gem § 437 Nr 1 zur Beseitigung verpflichtet, sofern der Käufer diese Belastung nicht vertraglich übernimmt. Ist das gewerbliche Schutzrecht des Dritten dem Käufer bekannt, so entfällt die Haftung des Verkäufers gem § 442 Abs 1 Satz 1. Im Falle des Kaufs einer Sache in Kenntnis des gewerblichen Schutzrechts eines Dritten kommt zwar eine **konkludente kaufvertragliche Übernahme** der Belastung durch den Käufer in Betracht. Davon ist aber nicht ohne weiteres auszugehen. Denn ein Interesse am Erwerb des Kaufgegenstands unter Inkaufnahme des gewerblichen Schutzrechts eines Dritten besteht für den Käufer im Allgemeinen nicht, es sei denn, er beabsichtigt eine **vertragliche Einigung mit dem Schutzrechtsinhaber** oder eine **Verletzung des Schutzrechts**. Insbes die letztgenannte Alternative muss aber im Falle des sicheren Bestehens des Schutzrechts als ungewöhnlich eingestuft werden.

40 Herrscht in Bezug auf die Frage der Existenz des gewerblichen Schutzrechts ein **Streit zwischen dem Verkäufer und dem Dritten** oder sind sich die Kaufvertragsparteien aus anderen Gründen über das Bestehen des Rechts einschließlich seines Umfangs im Unklaren, so ist schon das Vorliegen der Kenntnis iSd § 442 Abs 1 Satz 1 des Käufers zweifelhaft. In Betracht kommt hier ein für den Kenntnistatbestand ausreichender **bedingter Vorsatz** oder eine grobe Fahrlässigkeit iSd § 442 Abs 1 Satz 2[74].

41 11. **Rechtskauf nach § 453 Abs 1 Satz 1 Alt 1 über ein nicht bestehendes Recht**. Beim Kauf eines Rechts iSd § 453 Abs 1[75] stellt das Nichtbestehen des verkauften Rechts **keinen Rechtsmangel**, sondern eine die Wirksamkeit des Kaufvertrags nicht berührende **anfängliche Unmöglichkeit** (**§ 311a Abs 1**) der Verkäuferpflicht aus § 433 Abs 1 Satz 1 dar[76]. Von der Primärleistungspflicht ist der Verkäufer hier allerdings nach § 275 Abs 1 befreit. Wegen Nichtvorliegens eines Mangels findet § 442 Abs 1 keine Anwendung. IdR wird sich der Käufer bei Kenntnis der wahren Lage auf ein solches Kaufgeschäft ohnehin nicht einlassen. Theoretisch denkbar sind zwar Fälle, in denen der Käufer darauf spekuliert, das nicht existierende Recht gleichwohl zumindest **faktisch durchsetzen** zu können. Zum einen handelt der Käufer hier aber auf **eigenes Risiko**. Zum anderen muss geprüft werden, ob der Kaufvertrag nicht schon wegen **Sittenwidrigkeit oder/und Gesetzesverstoßes** nichtig ist (§§ 138, 134).

42 Besteht das **verkaufte Recht**, steht es aber nicht dem Verkäufer, sondern einem **Dritten** zu, so liegt – wie im Falle der Nichtexistenz des Rechts[77] – kein Rechtsmangel vor. § 442 Abs 1 ist aus diesem Grund nicht anwendbar. Die Rechtslage ist vielmehr so zu beurteilen wie beim **Verkauf einer fremden Sache**[78]. Der Verkäufer ist hier grundsätzlich gem § 433 Abs 1 Satz 1 zur Verschaffung des Rechts verpflichtet. Hierfür kann der Käufer dem Verkäufer gem §§ 281 Abs 1 Satz 1, 323 Abs 1 eine Frist setzen. Bei Fehlen einer ausdrücklichen kaufvertraglichen Vereinbarung kann zwar die Kenntnis des Käufers für eine auf den Fall des Scheiterns der Rechtsverschaffung bezogene **konkludente Haftungsfreistellung** des Verkäufers sprechen. Davon ist aber ohne weitere Anhaltspunkte nicht auszugehen. Näherliegend ist hier, dass der Verkäufer gem § 276 Abs 1 Satz 1 das **Beschaffungsrisiko** übernimmt. Dem Verkäufer steht es frei, sich durch Aufnahme einer Bedingung oder eines Rücktrittsrechts in den Kaufvertrag abzusichern. Verzichtet der Verkäufer darauf, so ist regelmäßig die Erwartung des Käufers gerechtfertigt, dem Verkäufer gelinge die **Verschaffung des Rechts** im Wege einer Vereinbarung mit dem Dritten als Rechtsinhaber.

73 Zutreffend Hamburg SeuffA 56 Nr 99; Staud/Matusche-Beckmann Rz 58.
74 Vgl zu den Einzelheiten unten Rz 47 f.
75 Nach § 453 Abs 1 Satz 1 Alt 1 finden die Vorschriften über den Kauf von Sachen auf den Kauf von Rechten und sonstigen Gegenständen entsprechende Anwendung.
76 Vgl § 453 Rz 68.
77 Vgl vorstehend Rz 41.
78 Dazu oben Rz 23 ff.

VI. Die Mangelkenntnis des Käufers (§ 442 Abs 1 Satz 1)

1. **Rechtsfolgen der Kenntnis – umfassender Gewährleistungsausschluss.** Die Mangelkenntnis des Käufers schließt die Gewährleistungsrechte des § 437 in vollem Umfang aus. Der Kaufgegenstand gilt daher trotz des Sach- oder Rechtsmangels als vertragsgemäß. Diese Rechtsfolge tritt gem § 442 Abs 1 Satz 1 auch dann ein, wenn der **Verkäufer arglistig gehandelt** hat und daher beiderseitige Kenntnis gegeben ist[79]. Genaugenommen liegt hier nur ein Täuschungsversuch des Verkäufers vor. Eine Arglist aufseiten des Verkäufers hebt gem § 442 Abs 1 Satz 2 nur bei **grober Fahrlässigkeit des Käufers** den im Falle dieses Verschuldensgrades eigentlich zugunsten des Verkäufers eingreifenden Haftungsausschluss wieder auf. Im Wege eines **Umkehrschlusses** folgt aus § 442 Abs 1 Satz 2, dass dem Verkäufer bei Nachweis der Mangelkenntnis des Käufers die eigene Arglist nicht schadet. Auch eine **Beschaffenheitsgarantie des Verkäufers** berührt bei Mangelkenntnis des Käufers nicht den gesetzlichen Ausschluss der Gewährleistungshaftung. Eine **grobe Fahrlässigkeit** schadet dem Käufer dagegen bei Vorliegen einer Beschaffenheitsgarantie des Verkäufers nicht (§ 442 Abs 1 Satz 2)[80]. 43

2. **Beweislast bezüglich Mangelkenntnis iSd § 442 Abs 1 – Grundsätze.** – a) **Darlegungs- und Beweislast des Verkäufers.** Die **Beweislast** für die Mangelkenntnis des Käufers obliegt grundsätzlich dem Verkäufer[81]. Dies beruht darauf, dass bei Vorliegen eines Mangels iSd §§ 434, 435 die Eröffnung der Gewährleistungsrechte aus § 437 der **Regeltatbestand** und der gesetzliche Gewährleistungsausschluss des § 442 Abs 1 Satz 1 – ebenso wie eine vertragliche Haftungsfreizeichnung – der **Ausnahmetatbestand** ist. Es gilt daher die **Beweislastregel**, nach der die Ausnahme von der Partei nachgewiesen werden muss, die sich darauf beruft. Die allgemeinen beweisrechtlichen Grundsätze über eine **Beweislastumkehr** bei Vorliegen einer **Beweisvereitelung** gelten auch hier. 44

b) **Sekundäre Darlegungslast des Käufers.** Im **Gewährleistungsprozess** ist der Nachweis der für den Ausschluss der Gewährleistungshaftung nach § 442 Abs 1 Satz 1 erforderlichen Mangelkenntnis des Käufers für den beweisbelasteten Verkäufer deshalb schwierig, weil es sich um ein **subjektives Tatbestandsmerkmal** handelt und er insoweit nur einen beschränkten Einblick in die Sphäre des Käufers hat. Den Käufer kann daher nach allgemeinen Voraussetzungen eine – die grundsätzliche Darlegungs- und Beweislast des Verkäufers nicht tangierende – sekundäre Darlegungslast treffen. Eine solche Darlegungslast der **nicht beweispflichtigen Partei** greift aber nicht schon dann ein, wenn der Verkäufer die Kenntnis des Käufers schlicht behauptet. Der Käufer ist nicht ohne weiteres verpflichtet, die tatsächlichen Grundlagen seiner Gutgläubigkeit vorzutragen. Liegen dagegen Anhaltspunkte dafür vor, dass aufseiten des Käufers zumindest ein **Mangelverdacht** vorgelegen oder er aus sonstigen Gründen einen Mangel für möglich gehalten hat, dann trifft ihn eine sekundäre Darlegungslast bezüglich der Frage, ob er einen Mangel bewusst in Kauf genommen hat[82]. Zum Zwecke der Erfüllung dieser Obliegenheit muss der Käufer, wenn zumindest das **Für-möglich-Halten des Mangels** vom Verkäufer nachgewiesen ist, substantiiert darlegen, in welcher Weise er Nachforschungen zum Zwecke der Aufklärung vorgenommen hat und welche Erkenntnisse sich dabei ergeben haben[83]. 45

3. **Voraussetzungen der Kenntnis des Käufers – Grundlagen.** Kenntnis iSd § 442 Abs 1 Satz 1 bedeutet **positive Kenntnis**[84]. Dass der Käufer den Mangel hätte erkennen müssen, genügt für den Ausschlusstatbestand des § 442 Abs 1 Satz 1 nicht. Hier kommt aber eine **grobe Fahrlässigkeit** iSd § 442 Abs 1 Satz 2 in Betracht[85]. Auch mangelbezogene Vermutungen schaden dem Käufer in erster Linie nur als **grobe Fahrlässigkeit**, sofern weder eine Arglist noch eine Beschaffenheitsgarantie des Verkäufers gegeben ist. Der Kenntnistatbestand des § 442 Abs 1 Satz 1 setzt aber nicht zwingend voraus, dass der Käufer den Mangel **sicher kennt**. Ein aufseiten des Käufers bestehender **Mangelverdacht** genügt nämlich zum einen dann, wenn schon der Verdacht als solcher einen Mangel darstellt[86]. Zum anderen kann das Für-möglich-Halten eines Mangels einen **bedingten Vorsatz** begründen, der zum Eingreifen des Ausschlusstatbestands 46

79 RGZ 55, 210, 214; RG JW 1915, 506, 507 f; BGH NJW 1978, 2240 (zu § 460 aF); Staud/Matusche-Beckmann Rz 7; BeckOK/Faust Rz 15; Erman/Grunewald Rz 6.

80 RG Recht 1909 Nr 976 (vgl zu § 460 aF); vgl zu den Einzelheiten unten Rz 150 ff.

81 Motive II S 215 (zu § 439 aF); BGH WM 1972, 556, 557 (zu § 439 aF); BGH WM 1987, 1371, 1372 (zu § 439 aF); BGH BeckRS 2016, 16917 Rz 17; München, Urt v 21.3.2006 – 18 U 1936/05, juris Rz 7; Köln BeckRS 2015, 09906 Rz 7; Staud/Matusche-Beckmann Rz 53; MünchKomm/Westermann Rz 21; BeckOGK/Stöber Rz 128.

82 Vgl zur Unterscheidung zwischen bedingtem Vorsatz und bewusster Fahrlässigkeit unten Rz 47 f.

83 Vgl zu den Voraussetzungen des bedingten Vorsatzes Rz 47 f.

84 RG Gruchot 50, 368, 372; RG LZ 1918, 837, 838; BGH NJW 1979, 713, 714 (zum Rechtsmangel nach § 439 Abs 1 aF); MünchKomm/Westermann Rz 4 f; BeckOGK/Stöber Rz 21.

85 Vgl zur Abgrenzung zwischen bedingtem Vorsatz und grober Fahrlässigkeit unten Rz 47 f.

86 MünchKomm/Westermann Rz 5.

des § 442 Abs 1 Satz 1 führt[87]. Die Art und Weise der Kenntniserlangung ist für den Wegfall der Haftung des Verkäufers ohne Belang. Häufig wird der Fall so gelagert sein, dass der Käufer bei der Besichtigung/Prüfung den Mangel zufällig oder aufgrund besonderer Sachkunde feststellt. Ebenso unerheblich ist, ob der Käufer seine Kenntnis durch **Mitteilung des Verkäufers oder von dritter Seite** erlangt hat[88]. Die Gewährleistungshaftung des Verkäufers ist bei Kenntnis des Käufers auch dann ausgeschlossen, wenn der Verkäufer selbst den Mangel nicht kennt.

47 4. **Abgrenzung zwischen bedingtem Vorsatz (dolus eventualis) und bewusster Fahrlässigkeit.** – a) **Für-möglich-Halten und In-Kauf-Nehmen des Mangels.** Für die Kenntnis iSd § 442 Abs 1 Satz 1 genügt grundsätzlich auch ein bedingter Vorsatz[89]. Ein bedingter Vorsatz setzt voraus, dass der Käufer einen Mangel für **möglich hält** und das Risiko des tatsächlichen Vorliegens **bewusst in Kauf** nimmt[90]. Geht der Käufer von der Möglichkeit des Bestehens eines Mangels aus und schiebt er seine darauf bezogenen Bedenken ohne Durchführung einer sich aufdrängenden Prüfung in der Erwartung beiseite, **es werde „schon gut gehen"**, um sich ein günstiges Geschäft nicht entgehen zu lassen, so ist ein **bewusstes In-Kauf-Nehmen** des Mangelrisikos zu bejahen[91]. In Bezug auf die **Ratio des § 442 Abs 1 Satz 1**[92] ist unter dieser Voraussetzung davon auszugehen, dass der Käufer auf die Gewährleistungsrechte verzichtet[93]. Es ist zwar richtig, dass kein bedingter Vorsatz, sondern eine **bewusste Fahrlässigkeit** gegeben ist, wenn der Käufer aus bekannten Umständen **falsche Schlüsse zieht**[94]. Sofern der Käufer allerdings mit dem Vorliegen eines Mangels rechnet, kann dieser Fall nur dann eintreten, wenn er daraufhin **Nachforschungen anstellt** und dann die dabei gewonnenen Erkenntnisse falsch bewertet, dh, vom Nichtvorliegen eines Mangels ausgeht.

48 b) **Vertrauen auf objektiv falsche Auskünfte und Unterlassung von Nachforschungen.** Ein bedingter Vorsatz ist auch in dem Fall zu verneinen, in dem der Käufer, der einen Mangel für möglich hält, im Rahmen seiner Nachforschungen – insbes vom Verkäufer oder/und einer fachkundigen Person – eine **objektiv falsche Auskunft** erhält und deswegen auf das Nichtvorliegen eines Mangels vertraut[95]. Hier ist dann schon zweifelhaft, ob überhaupt eine Fahrlässigkeit gegeben ist. Die Wahrnehmung eines **gewissen Restrisikos** bezüglich der Fehlerfreiheit des Kaufgegenstands rechtfertigt in diesen Fallkonstellationen nicht die Annahme eines bedingten Vorsatzes. Wenn der Käufer dagegen, obwohl er mit einem Mangel rechnet, den Kaufvertrag ohne jede Nachforschung in der Hoffnung/Erwartung abschließt, es werde schon kein Mangel vorliegen, so nimmt er das Risiko bewusst in Kauf[96]. Im Ergebnis besteht damit eine Übereinstimmung mit der **Rspr des RG**[97], nach der es für den Gewährleistungsausschluss wegen Mangelkenntnis des Käufers genügte, dass er mit einem Mangel rechnet und gleichwohl den Kaufvertrag abschließt. Rechnet der Käufer ernsthaft mit einem Mangel, so ändert sich an diesem Umstand erst dann etwas, wenn der Käufer Nachforschungen anstellt und danach zu einer **neuen Bewertung** gelangt. Nur dadurch kann der Fall eintreten, dass er nicht mehr ernsthaft mit einem Mangel rechnet und daher auch nicht das damit verbundene Risiko in Kauf nimmt.

49 5. **Kenntnis des vollen Mangelumfangs.** – a) **Wahrnehmung von Mangelsymptomen und rechtliche Schlussfolgerung.** Der Käufer muss den Mangel grundsätzlich **in seiner Gesamtheit** und in seiner rechtlichen Bedeutung erkannt haben[98]. Im Falle eines **Sachmangels**

87 Vgl dazu nachfolgend Rz 47 f.
88 RGZ 52, 273, 276 (zu § 439 aF).
89 BGH NJW 1979, 713, 714; Staud/Matusche-Beckmann Rz 12; BeckOGK/Stöber Rz 21; MünchKomm/Westermann Rz 5; BeckOK/Faust Rz 20.
90 BGH NJW 1979, 713, 714; Düsseldorf BeckRS 2011, 03213; Staud/Matusche-Beckmann Rz 12; BeckOGK/Stöber Rz 21; MünchKomm/Westermann Rz 5; ähnlich BeckOK/Faust Rz 20 (in Kauf genommen werden müsse der Mangel als solcher). Nach RGZ 96, 227, 230 genügt für die Kenntnis, dass der Käufer tatsächlich mit dem Mangel gerechnet hat.
91 BGH NJW 1979, 713, 714.
92 Vgl dazu oben Rz 7 ff.
93 BGH NJW 1979, 713, 714; Düsseldorf BeckRS 2011, 03213.
94 MünchKomm/Westermann Rz 5.
95 Hat der Käufer bspw die Größe des gekauften Grundstücks in Hektar gekannt, ist sie ihm aber von dem Verkäufer unrichtig in Morgen umgerechnet worden und hat er sich infolgedessen eine unrichtige Vorstellung von der Grundstücksgröße gemacht, so soll er nach Ansicht des RG den „Grundstücksmangel" in Gestalt der unrichtigen Grundstücksgröße nicht gekannt haben (RG Recht 1915 Nr 2255). Es stellt sich hier aber die vorrangige Frage, ob überhaupt ein Sachmangel gegeben ist. Denn im Falle einer falschen Umrechnung der Grundstücksgröße von Hektar in Morgen oder umgekehrt liegt eine bloße falsa demonstratio nahe mit der Folge, dass die in Wirklichkeit vorgestellte, aber nicht notariell beurkundete Grundstücksgröße ausschlaggebend für die Soll-Beschaffenheit des verkauften Grundstücks ist.
96 BGH NJW 1979, 713, 714; iE auch RGZ 96, 227, 230.
97 RGZ 96, 227, 230.
98 Zu § 439 aF RG Gruchot 50, 368, 372; RGZ 149, 401, 402 (Kenntnis des Fehlens der automatischen Sicherung einer Asphaltplattenpresse bedeutet nicht ohne weiteres Kenntnis der Gefahr eines Tischplattenbruchs); BGH NJW 1961, 1860 (Kenntnis der Grundfeuchtigkeit des gekauften Hauses und Sachmangel in Gestalt einer nicht gekannten ausgedehnten Schwammbildung); BGH NJW 1981, 2640, 2641 (Kauf von nicht dem Gerätesicherheitsgesetz entsprechenden Gas-Heizstrahlern); Staud/Matusche-Beckmann Rz 8; MünchKomm/Westermann Rz 4 f; Rabel, Recht des Warenkaufs II, 1958, S 173.

genügt für die Kenntnis iSd § 442 Abs 1 Satz 1 nicht die Wahrnehmung von **äußeren Erscheinungsformen des Mangels (Mangelsymptomen)**; der Käufer muss vielmehr daraus auch folgern, dass die Kaufsache nicht die **Soll-Beschaffenheit iSd § 434 Abs 1** hat[99]. Insoweit besteht im Ergebnis kein Unterschied zur Kenntnis iSd § 460 aF, die gegeben war, wenn der Käufer neben den äußeren Erscheinungsformen des Sachmangels auch die Beeinträchtigung des Werts oder/und der Tauglichkeit der Kaufsache erkannt hat[100]. Ein **Irrtum des Käufers** in dieser Hinsicht führt zur Verneinung des Kenntnistatbestands, kann aber eine **grobe Fahrlässigkeit** iSd § 442 Abs 1 Satz 2 begründen[101]. Grundsätzlich nicht erforderlich ist allerdings die Kenntnis von für das Vorliegen eines Mangels einschlägigen **gesetzlichen Vorschriften**[102]. Ist dem Käufer die **Beschaffenheitsabweichung** im Wesentlichen bekannt und zieht er daraus aber den unrichtigen Schluss, dass in rechtlicher Hinsicht kein Sachmangel iSd § 434 gegeben sei, so handelt es sich um einen **unbeachtlichen Rechtsirrtum**.

Daher kann der Käufer bspw in dem Fall, in dem er die **mangelnde Verkehrssicherheit** des 50
von ihm gekauften Geräts und die damit einhergehende Unfallgefährlichkeit kennt, eine gleichwohl fehlende Kenntnis iSd § 442 Abs 1 Satz 1 nicht daraus herleiten, dass ihm die Regelung des **Produktsicherheitsgesetzes (ProdSG) § 3** nicht gegenwärtig gewesen sei[103]. Denn aufgrund des bestehenden Sachzusammenhangs ist dies kein anderer als der dem Käufer bereits bekannte Mangel. Dass ein nicht verkehrssicheres und daher unfallgefährliches Gerät nicht verkehrsfähig, also eigentlich nicht verkäuflich ist, weiß der Käufer als juristischer Laie auch ohne Kenntnis einer besonderen gesetzlichen Vorschrift[104]. Beim Kauf eines **Hausgrundstücks** bedeutet bspw die Kenntnis einer **aufsteigenden Grundfeuchtigkeit des Gebäudes** und seiner Disposition für Schwamm nicht, dass der Käufer auch eine bereits vorhandene **Schwammbildung** kennt[105]. Es kann in einer derartigen Fallkonstellation aber ein für § 442 Abs 1 Satz 1 ausreichender **bedingter Vorsatz** vorliegen, sofern der Käufer den Mangel – im Fall BGH NJW 1961, 1860 den ausgedehnten Hausschwamm – zumindest für möglich hält und **bewusst in Kauf nimmt**[106]. Bei Nichtvorliegen eines bedingten Vorsatzes kann eine **grobe Fahrlässigkeit** iSd § 442 Abs 1 Satz 2 zu bejahen sein[107].

b) **Qualitative Begrenzung der Mangelkenntnis des Käufers – mehrere Mängel**. In 51
quantitativer Hinsicht genügt für eine die Gewährleistungshaftung des Verkäufers ausschließende Mangelkenntnis des Käufers grundsätzlich nicht, dass der Käufer die Fehlerhaftigkeit nur eines **geringen Bruchteils der Ware** erkennt, wenn sich später ein wesentlich größerer oder sogar vollständiger Mangelfall herausstellt[108]. In Bezug auf den nicht als fehlerhaft erkannten Teil – Quantum bei Mangelbefall einer größeren Warenmenge – kann aber ein **bedingter Vorsatz** gegeben sein, wenn der Käufer aufgrund seiner Kenntnis eines bestimmten Mangelumfangs ein größeres Ausmaß für möglich hält[109]. Entsprechendes gilt in dem Fall, in dem eine Sache (zB ein Hausgrundstück) verkauft worden ist und der Käufer das wahre Ausmaß des Sachmangels (zB Feuchtigkeitsschaden) nur zum Teil erkennt. Praktisch anzutreffen ist die Fallkonstellation der falschen Vorstellung des Käufers über das wahre Ausmaß des Sachmangels insbes dann, wenn der Käufer sich mit **verharmlosenden Erklärungen des Verkäufers** zufriedengibt. Eine positive Kenntnis des Käufers ist zwar hier in Bezug auf die nicht erkannte Mangelausweitung zu verneinen[110]. Aber auch hier kann ein **bedingter Vorsatz** oder eine grobe Fahrlässigkeit zu bejahen sein, und zwar vor allem dann, wenn der Käufer erkennt, dass die Angaben des Verkäufers vage, widersprüchlich oder aus sonstigen Gründen zweifelhaft sind[111]. Wenn die Kaufsache mehrere Mängel aufweist und der Käufer nicht alle Mängel kennt, dann ist er berechtigt, wegen

99 BGH NJW 1961, 1860 (zu § 460 aF); BGH NJW 1981, 2640, 2641 (zu § 460 aF); RGZ 149, 401, 402 (zu § 640 aF); Staud/Matusche-Beckmann Rz 8; MünchKomm/Westermann Rz 4 f; BeckOGK/Stöber Rz 22.

100 RGZ 149, 401, 402; BGH NJW 1961, 1860; BGH NJW 1981, 2640, 2641.

101 Vgl dazu unten Rz 109 ff.

102 BGH NJW 1981, 2640, 2641 (Kenntnis der Unfallgefährlichkeit der gekauften Gas-Heizstrahler und fehlendes Wissen bezüglich der aus Gerätesicherheitsgesetz § 3 folgenden rechtlichen Beschränkungen für den Absatz dieser Geräte). Das Gerätesicherheitsgesetz (GSG) wurde 2004 durch das Geräte- und Produktsicherheitsgesetz ersetzt, an dessen Stelle 2011 das Produktsicherheitsgesetz (ProdSG) getreten ist.

103 BGH NJW 1981, 2640, 2641 (zur fehlenden Verkehrsfähigkeit gekaufter Gas-Heizstrahler nach inzwischen aufgehobenen GSG § 3; jetzt ProdSG § 3).

104 BGH NJW 1981, 2640, 2641.

105 RG Recht 1907 Nr 275; BGH NJW 1961, 1860 (Kenntnis einer aufsteigenden Grundfeuchtigkeit des gekauften Badehauses im Falle eines Sachmangels in Gestalt einer ausgedehnten Schwammbildung mit der Folge einer wesentlichen Minderung der Gebrauchsfähigkeit); RGZ 149, 401, 402 f (zu § 640 aF).

106 Vgl zum bedingten Vorsatz oben Rz 47 f.

107 Vgl zur groben Fahrlässigkeit beim Grundstückskauf unten Rz 113 ff.

108 RG LZ 1919, 867; Staud/Matusche-Beckmann Rz 8.

109 Vgl zur Abgrenzung zwischen bedingtem Vorsatz und bewusster Fahrlässigkeit oben Rz 47 f.

110 Vgl Breslau OLGE 17, 387 (zum Pferdekauf).

111 Vgl zur Abgrenzung oben Rz 47 f.

der **ihm unbekannten Mängel** vom Verkäufer Gewährleistung zu verlangen[112]. Soweit der weitere Gewährleistungsgrund nur in den **rechtlichen Folgen** eines vom Käufer **erkannten Mangels** liegen soll, liegt allerdings kein neuer, von der Ausschlusswirkung des § 442 Abs 1 nicht erfasster Mangel vor.

VII. Kenntnis und Rechtsirrtum des Käufers beim Rechtsmangel

52 1. **Tatsachenkenntnis und falsche Schlussfolgerung (Subsumtionsfehler) des Käufers – streitige Rechte Dritter.** Eine Kenntnis des Rechtsmangels ist aufseiten des Käufers nicht gegeben, wenn er die **zugrundeliegenden Tatsachen** kennt, daraus aber nicht das Bestehen eines Mangels folgert[113]. Da ein Rechtsmangel sich regelmäßig auf die rechtliche Bewertung eines bestimmten Sachverhalts bezieht, schließt eine **falsche Subsumtion** durch den Käufer die Kenntnis iSd § 442 Abs 1 Satz 1 aus[114]. Ein Rechtsirrtum ist daher beim Rechtsmangel grundsätzlich beachtlich[115]. Praktische Relevanz haben insoweit insbes die Fälle, in denen der Käufer einen vorgelegten Vertrag oder sonstige **schriftliche Urkunden**, aus denen sich das den Rechtsmangel begründende Recht eines Dritten ergibt, falsch versteht oder nur unvollständig zur Kenntnis nimmt. Beruht der Subsumtionsfehler allerdings auf einer **groben Fahrlässigkeit** des Käufers, so greift § 442 Abs 1 Satz 2 ein. Weiß der Käufer bei Vertragsschluss, dass zwischen dem Verkäufer und einem Dritten das **Bestehen eines Rechts iSd § 435 streitig** ist, so gelten die allgemeinen Grundsätze über die Abgrenzung zwischen **bedingtem Vorsatz** und bewusster Fahrlässigkeit[116]. Entscheidend für das Vorliegen von Kenntnis des Käufers sind dann die **Umstände des Einzelfalls**[117]. Es liegt daher nicht ohne weiteres Kenntnis iSd § 442 Abs 1 Satz 1 vor, wenn sich nach Abschluss des Kaufvertrags die **Existenz des Rechts bestätigt**[118]. Zu bejahen ist die Kenntnis insbes in dem Fall, in dem der Käufer mit der Existenz des Rechts rechnet und seine Bedenken in der Erwartung beiseiteschiebt, es werde „schon gut gehen", um sich ein für ihn günstiges Geschäft nicht entgehen zu lassen[119]. Hat der Verkäufer den Käufer über das Recht des Dritten informiert und hält der Käufer, seiner **eigenen Beurteilung** folgend, dieses Recht des Dritten für nichtig oder zweifelhaft, so hat er nicht zwingend „Kenntnis" iSd § 442 Abs 1 Satz 1[120]. Da der Rechtsirrtum des Käufers die Kenntnis iSd § 442 Abs 1 Satz 1 grundsätzlich ausschließt, ist vielmehr entscheidend, ob der Käufer auf Grundlage der eigenen Einschätzung das Recht des Dritten weiterhin für möglich hält und dann das damit verbundene **Risiko** durch Abschluss des Kaufvertrags **bewusst in Kauf nimmt**.

53 2. **Falsches oder lückenhaftes Verständnis eines vorgelegten Vertragstextes – Beweislastverteilung.** Legt der Verkäufer dem Käufer einen mit einem Dritten geschlossenen Vertrag vor, so begründet dies, wenn sich aus dem Vertragstext ein Recht des Dritten iSd § 435 ergibt, nicht ohne weiteres die Kenntnis des Käufers vom Rechtsmangel. Eine Rolle in der Praxis spielen in diesem Zusammenhang die dem Käufer eines vermieteten oder verpachteten Grundstücks vom Verkäufer vorab überlassenen Miet- bzw Pachtverträge. Der BGH hat im Falle des Verkaufs eines **vermieteten Grundstücks** offengelassen, ob die Kenntnis des **Textes des Mietvertrags** notwendigerweise die Kenntnis des sich aus dem Text ergebenden Rechtsmangels einschließt[121]. Der Käufer muss zwar, wenn er das Bestehen eines auf den Kaufgegenstand bezogenen Rechts eines Dritten **im Wesentlichen erkennt**, nicht wissen, dass dieses Recht einen Rechtsmangel iSd § 435 begründet, der grundsätzlich die Gewährleistungsrechte aus § 437 eröffnet. Die Kenntnis des Käufers iSd § 442 Abs 1 Satz 1 ist aber zu verneinen, wenn er den Text des Mietvertrags entweder nicht vollständig gelesen oder nicht richtig verstanden hat.

54 Die Nichtkenntnis oder das Nichtverstehen des für den Rechtsmangel relevanten Teils eines vorgelegten Vertrags kann allerdings die Kenntnis des Käufers in Form des **bedingten Vorsatzes**

112 Hamm BeckRS 2019, 20757 Rz 14.
113 So zu § 439 Abs 1 aF RG JW 1911, 645; BGHZ 13, 341, 345; Schilling JZ 1954, 164. In der Nachkriegszeit trat die Problematik in Bezug auf die Rückerstattungsgesetze der alliierten Militärregierungen auf (vgl dazu BGHZ 13, 341). So ging es im Fall BGHZ 13, 341 um den Geltungsbereich der Verordnung Nr 120 über die Rückerstattung geraubter Vermögensobjekte der französischen Militärregierung vom 10. November 1947. Die Gewährleistungshaftung des Verkäufers gegenüber dem nach dieser Verordnung rückerstattungspflichtigen Käufer wurde nicht dadurch ausgeschlossen, dass der Käufer bei Kaufabschluss den Entziehungstatbestand kannte.
114 Vgl MünchKomm/Westermann Rz 5.
115 Vgl zu den Einzelheiten unten Rz 56 ff, 62 f.
116 Vgl dazu oben Rz 47 f.
117 So iE auch RG JW 1911, 645, 646 (zu § 439 Abs 1 aF).
118 Die erste BGB-Kommission hat zu Recht die Aufnahme der Auslegungsregel, es sei als Erlass der Gewährleistungspflicht anzusehen, „falls die Sache als eine der Gefahr der Entwehrung ausgesetzte veräußert worden sei", als bedenklich, jedenfalls entbehrlich abgelehnt, Motive II S 223.
119 BGH NJW 1979, 713, 714 (zu § 439 Abs aF).
120 Bejahend zu § 439 aF im konkreten Fall RG Recht 1912 Nr 1454 (betreffend ein dem Käufer bekanntes, vom Dritten tatsächlich ausgeübtes Wegerecht, das der Käufer bezweifelt). Im Falle der Grundbucheintragung des Rechts gilt ohnehin § 442 Abs 2.
121 BGHZ 40, 255, 260 (zu § 439 Abs 1 aF).

begründen. Dies ist insbes in dem Fall zu bejahen, in dem der Käufer gerade aufgrund der Vorlage des mit dem Dritten geschlossenen Vertrags durch den Verkäufer einen **Rechtsmangel für möglich hält** und zum Zwecke der „Sicherung" etwaiger Gewährleistungsrechte vor einem Ausschluss nach § 442 Abs 1 Satz 1 den betreffenden Vertrag erst gar nicht zur Kenntnis nimmt. Das Gleiche gilt, wenn ihm beim Lesen des vorgelegten Vertrags etwas auffällt und er gleichwohl **Nachfragen** unterlässt, um sich später auf seine Unkenntnis berufen zu können. Insoweit ist zwar richtig, dass ein sog **bewusstes Sichverschließen** des Käufers nicht per se seine Kenntnis begründet, so wie ein derartiges Sichverschließen vor einer mangelbezogenen Erkenntnis aufseiten des Verkäufers nicht ohne weiteres zu einer Arglist iSd §§ 442 Abs 1 Satz 2, 444 führt. Ein bedingter Vorsatz ist aber bei bewusstem Sichverschließen im konkreten Einzelfall dann gegeben, wenn der Käufer einen Mangel für möglich hält und **bewusst in Kauf nimmt**. Dann wird durch das bewusste Sichverschließen letztlich nicht die Kenntnis, sondern nur die Vorsatzform des direkten Vorsatzes (dolus directus 2. Grades), also die sichere Mangelkenntnis, ausgeschlossen.

Die **Darlegungs- und Beweislast** für ein vollständiges und korrektes Verständnis des den Rechtsmangel begründenden Vertragstextes durch den Käufer trägt der Verkäufer. Dies folgt daraus, dass der gesetzliche Gewährleistungsausschluss des § 442 Abs 1 Satz 1 eine für den Verkäufer günstige Rechtsnorm darstellt[122]. Der Käufer muss hier aber trotz der dem Verkäufer obliegenden Darlegungs- und Beweislast[123] im Rahmen einer **sekundären Darlegungslast** ein falsches Verständnis des generell zur Kenntnis genommenen Vertragstextes substantiiert darlegen. 55

3. **Irrtum des Käufers über den Umfang des ihm bekannten Rechts eines Dritten**. – a) **Grundsätze**. So wie sich der Käufer im Falle eines Sachmangels im Irrtum befinden kann über das wahre Ausmaß der negativen Beschaffenheitsabweichung (zB Feuchtigkeit beim Hauskauf)[124], so kann er über den Umfang eines ihm an sich bekannten Rechts eines Dritten im Unklaren sein. Soweit die **Fehleinschätzung des Käufers** reicht, ist Kenntnis iSd § 442 Abs 1 Satz 1 zu verneinen; im Übrigen ist die Gewährleistungshaftung des Verkäufers nach dieser Vorschrift wegen Kenntnis ausgeschlossen[125]. Der Irrtum über das **wahre Ausmaß der Belastung** der Kaufsache durch einen Rechtsmangel iSd § 435 steht hinsichtlich des vom Käufer nicht erkannten Teils des Mangelumfangs der völligen Nichtkenntnis des Rechts eines Dritten gleich. Beruht die auf den korrekten Umfang des Drittrechts bezogene Unkenntnis des Käufers auf einer **groben Fahrlässigkeit**, so ist § 442 Abs 1 Satz 2 anwendbar, dh, das Bestehen von Gewährleistungsrechten hängt dann davon ab, ob der **Verkäufer** den Mangel **arglistig verschwiegen** oder eine **Beschaffenheitsgarantie** übernommen hat. 56

b) **Irrtum des Käufers über wahre Vertragsdauer beim Kauf eines vermieteten oder verpachteten Grundstücks**. Praktische Bedeutung haben insoweit vor allem die Fälle, in denen der Käufer zwar weiß, dass das **gekaufte Grundstück** vermietet oder verpachtet ist und er deshalb in das Miet- bzw Pachtverhältnis kraft Gesetzes (§ 566 bzw § 593b iVm § 566) eintritt, ihm aber die **wahre Vertragsdauer** nicht bekannt ist[126]. Die Kenntnis der vertraglichen Mietzeit erstreckt sich nicht ohne weiteres auf eine dem Mieter zustehende **Option auf Verlängerung der Mietdauer** um mehrere Jahre[127]. Insoweit gilt in Bezug auf den Verlängerungszeitraum im Ergebnis das Gleiche wie bei Vorliegen einer völligen Unkenntnis des Rechts des Dritten. Der Irrtum des Grundstückskäufers über die tatsächliche Miet- oder Pachtdauer kann auch darauf beruhen, dass der vom Verkäufer vorgelegte Mietvertragstext zwar die ursprünglich vereinbarte Laufzeit, nicht aber eine **stillschweigende Verlängerung** enthält[128]. 57

Wenn aber die Verkennung des wahren Umfangs der Belastung der Kaufsache mit einem Miet- oder Pachtverhältnis auf einer **groben Fahrlässigkeit** des Käufers beruht, dann ist die Gewährleistungshaftung gem § 442 Abs 1 Satz 2 ausgeschlossen, sofern aufseiten des Verkäufers keine Arglist gegeben ist. Da bei **gewerblichen Vermietungen und Verpachtungen** die übliche Befristung der Vertragsdauer häufig mit einer **vertraglichen Verlängerungsoption** kombiniert ist, begründet die Nichtkenntnis einer sich aus dem Vertragstext ohne weiteres ergebenden Option idR eine grobe Fahrlässigkeit des Käufers. Ein Grundstückskäufer muss sich insoweit zum Zwecke der Vermeidung einer groben Fahrlässigkeit nicht nur den **Mietvertrag** vorlegen lassen, sondern ihn auch **sorgfältig lesen** und bei Unklarheiten nachfragen. Der Verkäufer handelt dagegen nicht arglistig iSd § 442 Abs 1 Satz 2, wenn er bei den Kaufverhandlungen den 58

122 Vgl zu den Einzelheiten oben Rz 44.
123 Vgl zu den Einzelheiten oben Rz 45.
124 Vgl dazu oben Rz 49 ff.
125 So zu § 439 aF RG JW 1914, 922; BGH WM 1972, 556; BGH WM 1987, 1371; Stuttgart NJW-RR 1987, 721.
126 So zu § 439 aF RG JW 1914, 922; BGH WM 1972, 556; BGH WM 1987, 1371; Stuttgart NJW-RR 1987, 721.
127 RG JW 1914, 922, 923 (zu § 439 Abs 1 aF).
128 Stuttgart NJW-RR 1987, 721 (zu § 439 Abs 1 aF).

vollständigen Mietvertrag vorlegt und der Käufer eine für die wahre Mietdauer **relevante Passage übersieht** oder vorwerfbar nicht richtig erfasst.

59 Anders ist die Rechtslage in Bezug auf eine Anwendung des § 442 Abs 1 Satz 2 aber dann, wenn der Verkäufer dem Käufer zwar den Mietvertrag (bzw Pachtvertrag) vorlegt, nicht aber eine mit dem Mieter getroffene **Nebenabrede**, deren Gegenstand eine Verlängerungsoption ist. Mit der Existenz einer solchen Nebenabrede muss der Käufer nicht rechnen, so dass seine darauf bezogene Unkenntnis nicht als grob fahrlässig anzusehen ist. Verneint werden muss in diesem Fall vielmehr schon jede **Sorgfaltswidrigkeit des Käufers**, dh, es liegt regelmäßig noch nicht einmal eine einfache Fahrlässigkeit vor. Denn bei Fehlen abweichender Anhaltspunkte kann der Käufer davon ausgehen, dass der vorgelegte Miet- oder Pachtvertrag vollständig ist und keine Nebenabreden existieren. Zudem handelt der **Verkäufer arglistig** iSd § 442 Abs 1 Satz 2, sofern er dem Käufer **Vertragsbestandteile vorenthäl**t, die für den Umfang des Rechts des Dritten – hier also für die wahre Vertragsdauer einschließlich Verlängerungsoption – von Bedeutung sind.

60 c) **Irrtum des Käufers über den Umfang eines Grundstücksrechts.** Ein Irrtum des Käufers über den wahren Umfang eines Rechts, das einem Dritten in Bezug auf den Kaufgegenstand zusteht, ist zwar auch bei Rechtsmängeln in Gestalt von **dinglichen Grundstücksrechten** möglich. Eintreten kann dieser Fall insbes bei **Dienstbarkeiten**, die zugunsten eines Grundstücksnachbarn bestehen[129]. Hier stellt sich aber seit Inkrafttreten des SMG 2002 die vorrangige Frage, ob der Verkäufer die dingliche Belastung nicht ohnehin gem § 442 Abs 2 auch bei positiver Kenntnis des Käufers beseitigen muss. Da dies für im **Grundbuch eingetragene Rechte Dritter** zu bejahen ist, kommt der Ausschlusstatbestand des § 442 Abs 1 Satz 1 von vornherein nicht zur Anwendung. Folglich ist auch ein Irrtum des Käufers über den Umfang eines ihm an sich bekannten Grundstücksrechts für die Gewährleistungshaftung des Verkäufers ohne Belang.

61 4. **Mangelkenntnis und Irrtum über die rechtliche oder wirtschaftliche Tragweite des Rechts iSd § 435.** – a) **Wirtschaftliche Fehleinschätzung des Käufers.** Vom Irrtum des Käufers über den Umfang eines kaufgegenstandsbezogenen Rechts eines Dritten ist der Fall zu unterscheiden, in dem der Käufer zwar das betreffende Recht kennt, sich aber über die rechtliche und wirtschaftliche Tragweite irrt[130]. Nach der Rspr zu § 439 aF sollte ein Irrtum des Käufers über die rechtliche und wirtschaftliche Tragweite eines vorliegenden **Rechtsmangels** dann die Gewährleistungshaftung des Verkäufers ausschließen, wenn der Käufer zumindest den Rechtsmangel als solchen kannte[131]. Auch in Bezug auf die Anwendung des § 442 Abs 1 Satz 1 ist davon auszugehen, dass ein Irrtum des Käufers nur über die **wirtschaftliche Tragweite** des an sich bekannten Rechtsmangels die Gewährleistungsrechte wegen Kenntnis ausschließt. Denn **wirtschaftliche Fehleinschätzungen** gehen, auch soweit sie die Folgen eines bekannten Mangels betreffen, in vollem Umfang zu Lasten des Käufers. Wenn bspw der Käufer eines Filmverwertungsrechts bei Vertragsschluss weiß, dass der Verkäufer zuvor einem Dritten ein beschränktes Filmvorführungsrecht eingeräumt hat, dann kann der Käufer sich später insoweit im Rahmen der Geltendmachung einer Rechtsmängelhaftung nicht darauf berufen, er habe die **negativen Auswirkungen** des dem Dritten zustehenden Verwertungsrechts auf die **eigenen Verwertungserlöse** völlig unterschätzt[132]. Es handelt sich hier nicht um einen Irrtum über die rechtliche Tragweite des Rechtsmangels, sondern lediglich um eine **Fehlvorstellung** des Käufers bezüglich der wirtschaftlichen Konsequenzen.

62 b) **Irrtum über die rechtliche Tragweite – Unterscheidung zwischen allgemeinen Rechtsfolgen des Mangels und Umfang des Rechts des Dritten.** Der Irrtum über die rechtliche Tragweite des dem Käufer an sich **bekannten Rechtsmangels** führt nicht per se zur Verneinung einer die Gewährleistungshaftung des Verkäufers ausschließenden Kenntnis des Käufers.

129 Vgl dazu RG WarnR 1909 Nr 501 (Irrtum des Käufers darüber, dass der Nachbar nicht nur den Verschluss der seinem Grundstück zugekehrten Fensteröffnungen mit Glassteinen, sondern völliges Zumauern verlangen kann).

130 Vgl zum Irrtum über die rechtliche Tragweite nachfolgend Rz 62 f.

131 RGZ 52, 167, 169; BGH NJW 1951, 705 = BGHZ 2, 331 (Irrtum des Erwerbers eines Filmverwertungsrechts über die wirtschaftlichen Auswirkungen eines vom Verkäufer einem Dritten eingeräumten Vorführungsrechts auf die Auswertung des Films durch den Käufer und den von ihm erwartenden Ertrag; insoweit in BGHZ 2, 331 nicht abgedruckt); BGH LM Nr 1 (zur Kenntnis des Mietmangels nach § 539 aF); BGH DB 1972, 1160 (obiter dictum); iE auch BGH NJW 1973, 1545, 1546 f (zu § 439 Abs 1 aF). Im Fall BGH NJW 1973, 1545 wusste der Käufer beim Abschluss des Kaufvertrags mit einem ausländischen Hersteller über die Lieferung von Rollladenstäben, dass er durch den Vertrieb der eingeführten Ware gegen ein in Deutschland angemeldetes und bekanntgemachtes, aber noch nicht erteiltes Patent verstößt. Der Käufer ging aber möglicherweise davon aus, dass das Patent nicht erteilt oder vernichtet werde. Ein derartiger Irrtum war nach zutreffender Ansicht des BGH unbeachtlich, weil der Käufer die Patentanmeldung kannte und daher die mit diesem Rechtsakt verbundenen Risiken in vollem Umfang übernommen habe.

132 So zu § 439 Abs 1 aF BGH NJW 1951, 705.

Entscheidend ist vielmehr, ob es sich um einen relevanten Irrtum über den Umfang des Rechts des Dritten oder bloß um eine Unkenntnis der allgemeinen Folgen des Rechtsmangels (Rechtsfolgenirrtum) handelt[133]. Kennt der Käufer im oben erörterten Beispielsfall[134] des **Erwerbs eines Filmverwertungsrechts** zwar das rivalisierende Filmvorführungsrecht eines Dritten, geht er aber irrtümlich davon aus, dass sich das Recht des Dritten auf die Vorführung in Kinos eines bestimmten Inhabers in ausgewählten Großstädten und nicht darüber hinaus auf ganze Bundesländer bezieht, so handelt es sich in Bezug auf die „Erweiterung" um einen relevanten Irrtum des Käufers über den Inhalt des erworbenen Rechts. Eine Fehlvorstellung des Käufers über den „Inhalt" einer auf der Kaufsache ruhenden Belastung führt zur Verneinung der Kenntnis iSd § 442 Abs 1 Satz 1, soweit sich der Irrtum auf **Art oder/und Umfang des Rechts** bezieht[135].

Anders ist die Rechtslage in dem Fall, in dem der Käufer zwar den Inhalt und den Umfang 63
des Rechts des Dritten kennt, aber eine Fehlvorstellung von den **gesetzlichen Kündigungsmöglichkeiten** oder sonstigen allgemeinen gesetzlichen Rechtsbehelfen hat, deren Ausübung die Rechtsinhaberschaft des Dritten zugunsten des Käufers beendet[136]. Während ein Irrtum des Käufers beim Kauf eines vermieteten oder verpachteten Grundstücks über die **vertragliche Laufzeit** und insbes über die Existenz von vertraglichen Verlängerungsoptionen des Mieters bzw Pächters die Kenntnis iSd § 442 Abs 1 Satz 1 im Umfang der Fehleinschätzung entfallen lässt, kennt der Käufer bei irriger Annahme einer gesetzlichen Kündigungsmöglichkeit den vertraglichen Inhalt des Rechts. Der Irrtum des Käufers über das Bestehen oder die Reichweite eines gesetzlichen Kündigungsrechts, mit dem er das Miet- bzw Pachtverhältnis oder ein sonstiges einen Rechtsmangel begründendes Recht eines Dritten aufheben kann, bezieht sich auf die allgemeinen Folgen dieses Mangels und stellt daher einen **unbeachtlichen Rechtsfolgenirrtum** dar, der den Kenntnistatbestand (§ 442 Abs 1 Satz 1) nicht entfallen lässt. Dass der Käufer im Falle der Kenntnis des Rechts iSd § 435 die **gesetzlichen Rechtsfolgen** einschließlich der Kündigungsmöglichkeiten nicht kennt, entlastet ihn daher nicht. Zusammenfassend ist daher festzustellen, dass es beim Irrtum über die „Tragweite" des Rechts des Dritten für die Anwendung des § 442 Abs 1 Satz 1 darauf ankommt, ob die Fehlvorstellung sich auf den Umfang oder/und die Art des Rechts oder auf die allgemeinen gesetzlichen Rechtsfolgen bezieht. Nur bei Vorliegen der erstgenannten Irrtumsvariante entfällt die Kenntnis im Umfang der Fehlvorstellung.

5. **Kenntnis der Nichtexistenz einer Forderung beim Kauf einer gesicherten Forde- 64
rung.** Ist dem Käufer beim Kauf einer mit einer Sicherheit ausgestatteten Forderung bekannt, dass die Forderung in Wirklichkeit nicht besteht, so entfällt gem § 442 Abs 1 Satz 1 mit der Gewährleistungshaftung des Verkäufers für den Bestand der Forderung auch die Haftung für die **Verschaffung der Sicherheit**[137]. Da die Forderung das Bezugsobjekt der Sicherheit ist, wäre eine Verpflichtung des Verkäufers, dem Käufer eine Sicherheit für eine nicht existierende Forderung zu verschaffen, offensichtlich auf eine **rechtlich unmögliche Leistung** iSd § 275 Abs 1 gerichtet. Unerheblich ist hier für den Ausschluss der Gewährleistungshaftung wegen Kenntnis, ob dem Käufer die **rechtliche Abhängigkeit der Sicherheit** von der Hauptforderung bekannt ist. Ausreichend ist, dass er den **Sicherungszweck kennt**. Der Irrtum bezüglich des rechtlichen Zusammenhangs zwischen Sicherheit und Forderung ist dann ein unbeachtlicher Irrtum über die Rechtsfolgen des im Grunde erkannten Rechtsmangels. Der Wegfall der Gewährleistungsverpflichtung des Verkäufers gem § 442 Abs 1 Satz 1 greift nicht nur im Fall Platz, in dem die angebliche Forderung gemeinsam mit einer **akzessorischen Sicherheit** veräußert wird. Das Gleiche gilt vielmehr auch für **nicht akzessorische Sicherheiten**, soweit sie nicht separat und selbständig, sondern – wie gewöhnlich – nur als **Nebenrecht** im Verhältnis zur Forderung als primärem Kaufgegenstand mitverkauft sind.

6. **Falsche Angaben des Verkäufers über eigenen Kenntnisstand bezüglich des Rechts 65
eines Dritten.** Der Verkäufer handelt arglistig iSd § 442 Abs 1 Satz 2, wenn er die **Rechtslage** in Bezug auf das von einem Dritten geltend gemachte Recht am Kaufgegenstand als **zweifelhaft bezeichnet**, obwohl er genau weiß, dass das Recht tatsächlich besteht. Ein auf die Rechtsmängelhaftung bezogener vertraglicher Gewährleistungsausschluss wäre hier gem § 444 nichtig[138]. Nach

133 So auch MünchKomm/Westermann Rz 4 (auf Rechtskenntnisse des Käufers komme es nicht an).

134 Vgl Rz 61.

135 Vgl zu § 439 aF RG JW 1914, 922; WarnR 1909 Nr 501. Zu beachten ist aber, dass ein derartiger Irrtum bei Rechtsmängeln in Gestalt von im Grundbuch eingetragenen Rechten von vornherein deshalb unbeachtlich ist, weil der Käufer diese Belastung gem § 442 Abs 2 grundsätzlich auch dann beseitigen muss, wenn der Käufer sie kennt.

136 Vgl dazu RGZ 52, 167 (Fehlvorstellung über das Bestehen eines gesetzlichen Kündigungsrechts beim Verkauf eines verpachteten Grundstücks).

137 RGZ 81, 266, 268 f (Kauf einer hypothekarisch gesicherten Restkaufgeldforderung aus einem Bordellkauf).

138 So RGZ 75, 435, 437 f (zu § 443 aF).

§ 442 Abs 1 Satz 2 führt ein solches Verhalten des Verkäufers zwar dazu, dass bei Vorliegen einer **groben Fahrlässigkeit** des Käufers die Gewährleistungshaftung im Ergebnis nicht ausgeschlossen ist[139]. Die vorrangige Frage ist in einer solchen Fallkonstellation aber, ob aufseiten des Käufers Kenntnis iSd § 442 Abs 1 Satz 1 in Form des **bedingten Vorsatzes** gegeben ist. Wenn nämlich der Verkäufer das vom Dritten behauptete Recht an der Sache gegenüber dem Käufer zumindest als zweifelhaft darstellt, dann muss der Käufer von der **Möglichkeit der Existenz ausgehen**, dh, mit einem Rechtsmangel iSd § 435 rechnen. Unternimmt der Käufer in einer solchen Situation weder Nachforschungen noch rechtliche Prüfungen, so ist idR davon auszugehen, dass er durch den **Abschluss des Kaufvertrags** das Risiko des tatsächlichen Bestehens in Kauf nimmt, wodurch ein bedingter Vorsatz begründet wird. Die Gewährleistungshaftung des Verkäufers ist dann gem § 442 Abs 1 Satz 1 wegen Mangelkenntnis des Käufers ausgeschlossen, und zwar unabhängig davon, ob der Rechtsmangel auch dem Verkäufer bekannt war. Eine darauf bezogene **Täuschung des Verkäufers** bleibt für ihn bei Anwendbarkeit des § 442 Abs 1 Satz 1 ohne Folgen. In dem Fall, in dem aufseiten des Käufers kein bedingter Vorsatz, sondern nur eine **grobe Fahrlässigkeit** gegeben ist, führt die arglistige Täuschung des Verkäufers über den eigenen Kenntnisstand zu seiner Gewährleistungshaftung, weil der Ausschlusstatbestand des § 442 Abs 1 Satz 2 nicht eingreift.

66 Stellt der Käufer dagegen in dieser Fallkonstellation **eigene Nachforschungen** an und geht er nach Vorliegen der Ergebnisse aufgrund einer **eigenen Einschätzung der Rechtslage** vom Nichtbestehen des Rechts aus, so ist ein bedingter Vorsatz zu verneinen. Im Falle einer Fehleinschätzung kann zwar eine **grobe Fahrlässigkeit** iSd § 442 Abs 1 Satz 2 des Käufers vorliegen. Dies setzt aber voraus, dass der Käufer die **Nachprüfung besonders unsorgfältig vorgenommen** oder/und bei der rechtlichen Bewertung die für das Vorliegen des Rechts sprechenden Anhaltspunkte übersehen oder falsch eingeordnet hat, obwohl die Existenz des Rechts des Dritten sich aufdrängen musste. Wenn der Käufer, nachdem er davon erfahren hat, dass nach Ansicht des Verkäufers das vom Dritten beanspruchte Recht zweifelhaft ist, generell geeignete **Untersuchungen** vornimmt und dann aufgrund des gewonnenen Ergebnisses nachvollziehbar auf die Nichtexistenz des Rechts vertraut, dann ist regelmäßig auch eine grobe Fahrlässigkeit zu verneinen.

67 7. **Kaufvertragliche Bestätigung der Kenntnis von Rechten Dritter**. Wird im Kaufvertrag ausdrücklich festgehalten, dass dem Käufer die Belastungen bekannt sind, und stellt sich nachträglich ein Rechtsmangel heraus, der ihm tatsächlich nicht bekannt war, so ist der **Umfang der haftungsausschließenden Kenntnis** iSd § 442 Abs 1 Satz 1 eine **Auslegungsfrage**. Nicht überzeugend ist hier die Annahme, der Käufer müsse sich allein aufgrund seiner Erklärung so behandeln lassen, als ob ihm **alle tatsächlich bestehenden Rechtsmängel** bekannt wären[140]. Eine solche Auslegung ist zwar grundsätzlich möglich, aber nicht naheliegend. Denn der Verkäufer kann nicht davon ausgehen, dass der Käufer ohne weiteres auch solche Rechte Dritter unter Ausschluss der Gewährleistung akzeptieren will, die er gar nicht kennt.

68 Überzeugender ist es, die in Rede stehende Bestätigungserklärung des Käufers **nicht als rechtsgeschäftlichen Verzicht**, sondern als reine **Wissenserklärung** einzuordnen. Diese Wissenserklärung hat zur Folge, dass den Käufer die **Beweislast** trifft, wenn er später geltend macht, er habe entgegen seiner in den Kaufvertrag aufgenommenen Erklärung einen bestimmten Rechtsmangel nicht gekannt[141]. Erklärt der Käufer, **„die Mietverträge"** seien ihm bekannt, so muss er im Streitfall beweisen, dass er von ihrem Inhalt keine Kenntnis gehabt hat[142]. Aufgrund derartiger **kaufvertraglicher Bestätigungsklauseln** wird also **vermutet**, dass der Käufer Kenntnis iSd § 442 Abs 1 Satz 1 hat.

69 Bestätigt der Käufer im Kaufvertrag nur, die **„Mietverhältnisse"** seien ihm bekannt, so bezieht die Erklärung sich im Zweifel von vornherein ausschließlich darauf, dass ihm die **Tatsache der Vermietung** als solche bekannt war, nicht aber auf den konkreten **Inhalt der Mietverträge**[143]. In Bezug auf einzelne Bestimmungen des Mietvertrags kann der Käufer sich also grundsätzlich auf seine **Unkenntnis berufen**. Insoweit greift die in Rede stehende Vermutung nicht

139 Vgl RGZ 75, 435, 436 f (zu § 443 aF). In diesem RG-Fall hatte der Verkäufer dem Käufer mitgeteilt, „dass durch das Grundstück gefahren und gegangen werde und dass er für nichts garantieren könne". In Wirklichkeit hatte der Verkäufer aber genaue Kenntnis vom Bestehen von Dienstbarkeiten in Gestalt von Geh- und Fahrrechten für mehrere Nachbargrundstücke.

140 AA BGH WM 1972, 556, 557 (obiter dictum zu § 439 aF).

141 Vgl dazu Erman/Grunewald Rz 5. In diesem Sinne auch BGH NJW-RR 1988, 79 (zur Klausel „Die bestehenden Miet- und Pachtrechte Dritter gelten als bekannt und werden vom Käufer übernommen").

142 AA zu § 439 Abs 1 aF BGH WM 1972, 556, 557; offengelassen in BGH WM 1987, 1371, 1372.

143 Vgl BGH WM 1972, 556, 557 (zu § 439 aF).

ein. Es kann hier aber Kenntnis in Form des **bedingten Vorsatzes** oder eine **grobe Fahrlässigkeit** vorliegen.

Im Falle des **Kaufs einer vermieteten Immobilie** ist ein Verzicht des Käufers auf die Prü- 70
fung der Mietverträge jedenfalls bei einer **gewerblichen Vermietung** als grob fahrlässig einzustufen. Denn hier ist – anders als bei Vermietung von Wohnraum – die Laufzeit regelmäßig ungewiss und häufig eine Verlängerungsoption im Mietvertrag enthalten. Ein **bedingter Vorsatz** hängt auch hier davon ab, ob der Käufer einen über den bloßen Bestand des Mietverhältnisses hinausgehenden Rechtsmangel für möglich gehalten und bewusst in Kauf genommen hat.

VIII. Wissenszurechnung auf Käuferseite nach § 166

1. **Wissenszurechnung nach § 166 Abs 1 bei Vorliegen einer Vertretungsmacht**. Wird 71
der Käufer bei Abschluss des Kaufvertrags von einer Person vertreten, so ist sowohl die **Mangelkenntnis** iSd § 442 Abs 1 Satz 1 als auch eine **grob fahrlässige Unkenntnis** (§ 442 Abs 1 Satz 2) des Vertreters gem **§ 166 Abs 1** dem Käufer zuzurechnen[144]. Unerheblich ist, ob ein rechtsgeschäftlicher oder ein gesetzlicher Vertreter die Willenserklärung für den Käufer abgibt. Entscheidend für eine direkte Anwendung des § 166 Abs 1 ist, dass der Vertreter über eine Vertretungsmacht im Sinne der allgemeinen vertretungsrechtlichen Zurechnungsnorm des § 164 Abs 1 Satz 1 verfügt.

2. **Einsatz eines Verhandlungsführers ohne Abschlussvollmacht durch den Käufer –** 72
analoge Anwendung des § 166 Abs 1. Für die Anwendbarkeit des § 166 Abs 1 kommt es aber im Ergebnis nicht unbedingt auf das Vorliegen einer **Vertretungsmacht** iSd § 164 Abs 1 Satz 1 für den Abschluss des Kaufvertrags an. Es genügt vielmehr, dass der Käufer den Dritten ermächtigt hat, für ihn die Verhandlungen zu führen und damit als Verhandlungsführer (Repräsentant) ohne Abschlussvollmacht aufzutreten[145]. Häufig wird damit ein **Angestellter des Käufers** betraut, der weder über eine Prokura noch über eine Handlungsvollmacht verfügt. Praktische Relevanz hat auch die Fallkonstellation, in der ein später nicht als Vertragspartner auftretender **Ehegatte** ohne Abschlussvollmacht die Verhandlungen führt und den Kaufgegenstand prüft. Bei Fehlen einer Vertretungsmacht des Verhandlungsführers ist § 166 Abs 1 zwar nicht direkt anwendbar. Für die Zurechnung einer Mangelkenntnis oder einer darauf bezogenen grob fahrlässigen Unkenntnis ist aber letztlich nicht das Vorliegen einer **echten Stellvertretung** iSd § 164 beim Vertragsschluss, sondern vielmehr der Gesichtspunkt ausschlaggebend, dass der Repräsentant die Prüfung des Kaufgegenstands tatsächlich vornimmt und der Käufer sich das Ergebnis dieser Maßnahme unter **Verzicht auf eine eigene Prüfungstätigkeit** zu eigen macht. Diese **Arbeitsteilung** bei der auch für die Ausschlusstatbestände des § 442 Abs 1 bedeutsamen Vertragsanbahnung rechtfertigt die Zurechnung zu Lasten des Käufers im Rahmen einer analogen Anwendung des § 166 Abs 1.

Ein Käufer, der eine andere Person mit der Besichtigung und Prüfung des Kaufgegenstands 73
beauftragt, muss sich daher die Kenntnis oder eine grob fahrlässige Unkenntnis solcher Umstände zurechnen lassen, die der Repräsentant wahrnimmt oder bei **Zugrundelegung der gebotenen Sorgfalt** nicht übersehen darf[146]. Der Käufer kann den Eintritt der Rechtsfolge des § 442 Abs 1 nicht dadurch verhindern, dass er die Besichtigung und Prüfung von einem Dritten vornehmen lässt. Die analoge Anwendung des § 166 Abs 1 ist auch deshalb interessengerecht, weil ein Dritter vom Käufer häufig aufgrund **umfangreicherer Fachkenntnisse** und/oder größerer Erfahrung hinzugezogen wird. In der Praxis ist die Hinzuziehung einer fachkundigen Person vor allem beim **Immobilienkauf** anzutreffen. Der Kaufinteressent nimmt hier die eigentlichen Vertragsverhandlungen häufig erst dann auf, wenn der eingeschaltete Architekt oder Bauingenieur das Objekt geprüft hat und die Ergebnisse als ausreichende Verhandlungsgrundlage angesehen werden. Der Käufer ist zwar in Bezug auf § 442 Abs 1 grundsätzlich nicht gehalten, einen **Experten einzuschalten**[147]. Wird diese Maßnahme aber im eigenen Interesse ergriffen, so ist die Mangelkenntnis ebenso wie die grob fahrlässige Unkenntnis dieses Dritten dem Käufer analog § 166 Abs 1 zuzurechnen; bei Vorliegen einer – regelmäßig aber nicht gegebenen – Abschlussvollmacht in direkter Anwendung.

3. **Mangelkenntnis oder grob fahrlässige Unkenntnis des Käufers bei Einschaltung** 74
eines gutgläubigen Vertreters – Zurechnung nach § 166 Abs 2. – a) **Grundsätze und Vorlie-**

144 RGZ 101, 64, 73 (zu § 464 aF); RGZ 131, 343, 355 f; BGHZ 190, 272 Rz 19 (zur Mangelkenntnis des Verkäufers iSd § 444); Staud/Matusche-Beckmann Rz 9; MünchKomm/Westermann Rz 7; BeckOGK/Stöber Rz 21, 34; BeckOK/Faust Rz 13.

145 Staud/Matusche-Beckmann Rz 9.

146 IE zutreffend Celle BB 1957, 910, 911.

147 Vgl zur gebotenen Sorgfalt Rz 109 ff.

gen einer Weisung iSd § 166 Abs 2 Satz 1. Nach § 166 Abs 2 Satz 1 kann sich der Vertretene im Falle der **Erteilung einer Vollmacht** in Ansehung solcher Umstände, die er selbst kannte, nicht auf die Unkenntnis des Vertreters berufen, sofern dieser nach bestimmten Weisungen des Vollmachtgebers gehandelt hat. Gem § 166 Abs 2 Satz 2 gilt Entsprechendes, sofern das **Kennenmüssen** der Kenntnis gleichsteht. Der Käufer kann sich demnach in Bezug auf § 442 Abs 1 Satz 1 nicht auf die **Mangelunkenntnis seines Abschlussvertreters** berufen, wenn ihm selbst der Mangel bekannt war und der Vertreter nach seinen Weisungen gehandelt hat[148]. Der Begriff der Weisung ist zwar weit auszulegen[149]. Gleichwohl kann nicht generell auf das Vorliegen einer Weisung iSd § 166 Abs 2 Satz 1 als **Zurechnungsgrundlage** verzichtet werden[150]. Ausreichend für eine derartige Weisung ist schon, dass der Käufer den für ihn mit rechtsgeschäftlicher Vertretungsmacht handelnden Vertreter **zum Abschluss des Kaufvertrags veranlasst** hat[151]. Im Falle einer auf ein bestimmtes Kaufgeschäft bezogenen Vollmacht iSd § 167 ist diese Voraussetzung regelmäßig zu bejahen. Handelt der Vertreter auf Grundlage einer **Prokura** (HGB § 48), einer **Handlungsvollmacht** (HGB § 54) oder einer **BGB-Generalvollmacht** (§ 167), so ist jedenfalls für den Anwendungsbereich des § 442 Abs 1 als ausreichend anzusehen, dass das konkrete Kaufgeschäft nach der **internen Zuständigkeitsverteilung** zum Aufgabenbereich dieses Vertreters gehört. Die Weisung iSd § 166 Abs 2 Satz 1 ist insoweit also in der generellen Zuweisung derartiger Kaufgeschäfte zu sehen. Der Käufer muss hier bei Unterlassung einer einschränkenden konkreten Weisung damit rechnen, dass der Vertreter auch Gegenstände erwirbt, dessen Mangelhaftigkeit der Käufer kennt. Das Gleiche gilt, wenn aufseiten des Käufers eine grobe Fahrlässigkeit iSd § 442 Abs 1 Satz 2 vorliegt. Wie eine Weisung iSd § 166 Abs 2 Satz 1 zu behandeln ist der Fall, in dem der den Mangel kennende Käufer den **Vertragsschluss nicht verhindert**, obwohl er von der Abschlussbereitschaft seines grundsätzlich vertretungsbefugten Vertreters erfahren hat[152].

75 Im Falle des Abschlusses des Kaufvertrags durch einen **gutgläubigen organschaftlichen Vertreter** einer juristischen Person oder einer rechtsfähigen Personengesellschaft ist zwar § 166 Abs 2 nicht anwendbar, da es sich nicht um eine rechtsgeschäftliche Vertretungsmacht handelt. Da die juristische Person und die rechtsfähige Personengesellschaft generell nur durch ihre Organe handeln können (Organtheorie), kommt es auch bei der Anwendung des § 442 Abs 1Satz 1 grundsätzlich auf die **Mangelkenntnis des organschaftlichen Vertreters** an. Die juristische Person oder rechtsfähige Personengesellschaft muss allerdings auch die Kenntnis solcher Umstände gegen sich gelten lassen, die zwar dem bei Kaufabschluss handelnden organschaftlichen Vertreter nicht bekannt sind, aber zuvor von einem **anderen Repräsentanten** (sog Wissensvertreter) mit Wirkung für und gegen die juristische Person bzw rechtsfähige Personengesellschaft wahrgenommen wurden[153]. Diese Wissenszurechnung erstreckt sich auf Umstände, die **typischerweise aktenmäßig festgehalten** werden[154]. Diese Voraussetzung ist in Bezug auf **Sach- und Rechtsmängel** des späteren Kaufgegenstands regelmäßig zu bejahen.

76 b) **Maßgeblicher Zeitpunkt für Kenntnis iSd § 166 Abs 2**. Im Rahmen der Anwendung des § 166 Abs 2 kommt es für die Kenntnis oder grob fahrlässige Unkenntnis des Käufers grundsätzlich auf den **Zeitpunkt der Erteilung der Weisung** oder des Vorliegens eines gleichgestellten Tatbestands (insbes Unterlassen eines Einschreitens) an. Aufgrund der weiten Auslegung des Weisungsbegriffs ist also entscheidend, wann der Käufer das vom Vertreter abgeschlossene Kaufgeschäft veranlasst. Erlangt der Käufer erst nach **Erteilung der Weisung**, aber noch vor Abschluss des Kaufvertrags die Kenntnis vom Mangel, so ist gleichwohl eine Zurechnung zu Lasten des Käufers zu bejahen, wenn er den **Vertragsschluss nicht verhindert**, obwohl die Möglichkeit dazu besteht[155]. Entsprechendes gilt bei Vorliegen einer groben Fahrlässigkeit iSd § 442 Abs 1 Satz 2 aufseiten des Käufers und Kaufabschluss durch einen Vertreter. An die tatsächliche Möglichkeit der Verhinderung des Vertragsschlusses dürfen keine zu hohen Anforderungen gestellt werden. Denn es ist davon auszugehen, dass unter Verwendung moderner Kommunikationsmittel (inbes Mobiltelefon und E-Mail) eine **kurzfristige Kontaktaufnahme** mit dem eingesetzten Vertreter möglich ist.

148 BeckOGK/Stöber Rz 21; BeckOK/Faust Rz 13; für eine Anwendung des § 442 Abs 1 Satz 1 auch bei Fehlen einer Weisung iSd § 166 Abs 2 Satz 1 Staud/Matusche-Beckmann Rz 9.
149 BGHZ 38, 65, 68; BGH NJW 1997, 1940, 1941.
150 BeckOGK/Stöber Rz 21; BeckOK/Faust Rz 13; Staud/Matusche-Beckmann Rz 9.
151 BGHZ 38, 65, 68; BGH NJW 1997, 1940, 1941.
152 BGHZ 50, 364, 368; Hamm NZG 2006, 827, 828.
153 Vgl zu dieser Wissenszurechnung BGHZ 109, 327, 332; BGHZ 132, 30, 35 ff; BGHZ 135, 202, 205.
154 Vgl BGHZ 109, 327, 332; BGHZ 132, 30, 35 ff; BGHZ 135, 202, 205.
155 AA BeckOK/Faust Rz 13.

IX. Kenntniszurechnung bei Mehrheit von Käufern

1. **Grundsätze – Gesamtzurechnung unabhängig vom Vorliegen der Voraussetzungen des § 166.** Sind am Abschluss des Kaufvertrags mehrere Käufer beteiligt, von denen nur einzelne, aber nicht alle, Kenntnis vom vorliegenden Mangel haben, so ist gem § 442 Abs 1 Satz 1 ein Gewährleistungsausschluss **zu Lasten der gesamten Käuferseite** zu bejahen[156]. Dies gilt unabhängig davon, ob die Voraussetzungen der Zurechnungsnorm des § 166 im Verhältnis zwischen den Mitkäufern im konkreten Einzelfall gegeben sind[157]. Die hier in Rede stehende Problematik der Mangelkenntnis nur einzelner Käufer bei Vorliegen einer Käufermehrheit ist im Ergebnis nicht anders zu behandeln als der **Parallelfall der Arglist nur einzelner Verkäufer** bei Vorliegen einer Verkäufermehrheit, soweit es – wie im Fall **BGHZ 210, 23** – um die Anwendung des **Arglisttatbestands des § 444**[158] geht. Die Gründe, die bei § 444 für eine generelle Zurechnung der Arglist einzelner Mitverkäufer zu Lasten der gesamten Verkäuferseite sprechen, sind in gleicher Weise bei der Käufermehrheit im Rahmen der Anwendung des § 442 Abs 1 Satz 1 einschlägig, falls nur einzelne Mitkäufer den Mangel kennen. Die Zurechnung der Arglist eines Mitverkäufers zu Lasten aller Verkäufer bei § 444 stellt keine Besonderheit dieser Norm dar, sondern ist vielmehr **Ausdruck eines allgemeinen kaufrechtlichen Zurechnungsprinzips** bei Vorliegen einer Mehrheit von Verkäufern oder Käufern. 77

2. **Unzulänglichkeit der Zurechnungsnorm des § 166 bei Käufermehrheit.** Bei Vorliegen einer Käufermehrheit wird der Kaufvertrag häufig dadurch angebahnt, dass ein Mitkäufer die Besichtigung/Prüfung des Kaufgegenstands zugleich **im Auftrag** der daran nicht beteiligten Mitkäufer vornimmt. Das **Fehlen einer Abschlussvollmacht** steht dann einer Kenntniszurechnung nach § 166 im Ergebnis nicht entgegen, weil diese Vorschrift bei Einräumung der Verhandlungsführung zumindest analog anwendbar ist[159]. Hat bspw in dem Fall, in dem Ehegatten ein Hausgrundstück gemeinschaftlich erwerben wollen, der Ehemann das zu kaufende Objekt **ohne rechtsgeschäftliche Abschlussvollmacht**, aber mit Zustimmung seiner Ehefrau besichtigt und dabei einen Sachmangel wahrgenommen, so kann die Mitkäuferin nach Beurkundung des Kaufvertrags zum Zwecke der Abwendung der Rechtsfolge des § 442 Abs 1 Satz 1 nicht geltend machen, ihr Mann habe sie nicht über den Mangel informiert. 78

Beim Kauf durch eine Mehrheit von Käufern werden zwar – wie beim Verkauf durch eine Verkäufermehrheit – häufig die Voraussetzungen für eine **direkte oder zumindest analoge Anwendung des § 166** gegeben sein. Insoweit geht es insbes um die Konstellationen, in denen ein bösgläubiger Mitkäufer einem **gutgläubigen Mitkäufer** eine Vollmacht erteilt oder ihm die Verhandlungsführung einschließlich der Prüfung des Kaufgegenstands überlässt. Eine Zurechnung nach § 166 kann aber dann nicht erfolgen, wenn ein Mitkäufer **ohne Veranlassung durch einen anderen Mitkäufer** den Kaufgegenstand prüft und dabei einen Mangel feststellt. Das Gleiche gilt, wenn ein Mitkäufer „ohne Auftrag" eines anderen Mitkäufers, der den Mangel kennt, im Rahmen einer sorgfältigen Prüfung des Kaufgegenstands die Mangelhaftigkeit feststellt und weitere, noch gutgläubige Mitkäufer nicht informiert. Da das Vorliegen der Voraussetzungen für eine analoge Anwendung des § 166 häufig **vom Zufall abhängt**, überzeugt eine unterschiedliche Behandlung der hier in Rede stehenden Fallkonstellationen im Rahmen der Anwendung des § 442 Abs 1 Satz 1 ebenso wenig wie bei der Arglistzurechnung unter Mitverkäufern im Zusammenhang mit der Anwendung des § 444[160]. 79

3. **Der Wortlaut des § 442 Abs 1 Satz 1.** Auch der Wortlaut des § 442 Abs 1 Satz 1 spricht nicht gegen das hier – in Anlehnung an die Gesamtzurechnung im Falle einer Mehrheit von Verkäufern bei der Anwendung des Arglisttatbestands des § 444 – vertretene **Prinzip der generellen Gesamtzurechnung** bei Vorliegen der Kenntnis aufseiten eines Mitkäufers. Nach § 442 Abs 1 Satz 1 sind die Rechte „des Käufers" ausgeschlossenen, wenn er bei Vertragsschluss den Mangel kennt. Die Konstellation des **Bestehens einer Käufermehrheit** ist in § 442 ebenso wenig geregelt wie die Verkäufermehrheit in § 444. Der Wortlaut des § 442 Abs 1 Satz 1 ist in Bezug auf das Problem, ob die Mangelkenntnis eines einzelnen Mitkäufers der gesamten Käuferseite zuzurechnen ist, nicht eindeutig[161]. Die Vorschrift kann zwar ohne weiteres dahin gehend verstanden werden, dass beim Ankauf eines Gegenstands durch eine Käufermehrheit die **Mangel-** 80

156 So BGHZ 210, 23 Rz 18 (zur Verkäufermehrheit bei der Arglistzurechnung nach § 444); aA Staud/Matusche-Beckmann Rz 10; MünchKomm/Westermann Rz 7; BeckOGK/Stöber Rz 21; BeckOK/Faust Rz 14.

157 So BGHZ 210, 23 Rz 18 (zur Verkäufermehrheit bei der Arglistzurechnung nach § 444); aA Staud/Matusche-Beckmann Rz 10; MünchKomm/Westermann Rz 7; BeckOGK/Stöber Rz 21; BeckOK/Faust Rz 14.

158 Vgl dazu BGHZ 210, 23.

159 Vgl oben Rz 72 f.

160 Vgl zur Arglistzurechnung bei Verkäufermehrheit § 444 Rz 174 ff.

161 So BGHZ 210, 23 Rz 18 (zur Verkäufermehrheit bei der Arglistzurechnung nach § 444).

kenntnis bei jedem einzelnen Mitkäufer gegeben sein muss[162]. Da § 442 die Kenntniszurechnung bei einer Mehrheit von Käufern nicht explizit regelt, kann der Wortlaut aber auch in der Weise aufgefasst werden, dass bei Mangelkenntnis eines Mitkäufers der gesetzliche Gewährleistungsausschluss **zu Lasten der gesamten Käuferseite** Platz greift[163].

81 4. **Grundlage des Prinzips der generellen Gesamtzurechnung**. Die Rechtfertigung für das Prinzip der generellen Gesamtzurechnung der **Mangelkenntnis eines Mitkäufers** zu Lasten aller Mitkäufer – unabhängig vom Vorliegen der Voraussetzungen einer direkten oder analogen Anwendung des § 166 – ist in dem Entschluss mehrerer Personen zu sehen, einen Gegenstand gemeinschaftlich zu erwerben. Dass die einzelnen Mitkäufer keinen gemeinsamen Zweck iSd § 705 Abs 1 verfolgen[164], ist insoweit nicht entscheidend. Die Mitkäufer wollen durch den Zusammenschluss zum Zwecke des Ankaufs idR die **Finanzierung des Erwerbs** gewährleisten oder zumindest erleichtern, den **Gegenstand gemeinsam nutzen** – Eigennutzung oder gemeinschaftliche Vermietung/Verpachtung – oder/und sich **sonstige Verbundvorteile** sichern, zu denen letztlich auch ein Fachwissen einzelner Mitkäufer gehört, die im Stadium der Vertragsanbahnung die Besichtigung/Untersuchung des Kaufgegenstands durchführen. Die an dieser Prüfung nicht beteiligten Mitkäufer erwarten nicht nur eine gewissenhafte Untersuchung, sondern auch eine **umfassende Information** über wahrgenommene **Mängel**, einen **Mangelverdacht** sowie etwaige **sonstige Unregelmäßigkeiten**. Für die an der Untersuchung des Kaufgegenstands beteiligten Mitkäufer ist diese Erwartungshaltung der abwesenden Mitkäufer evident.

82 Diese **Arbeitsteilung** führt – unabhängig von Ausgleichsvereinbarungen im Innenverhältnis der Mitkäufer – zu einem **verminderten Zeit- und Kostenaufwand** auf der Käuferseite. Das Risiko, dass der die Untersuchung des Kaufgegenstands durchführende Mitkäufer die anderen Beteiligten nicht über die Feststellung eines Mangels informiert, muss daher die **Gesamtheit der Mitkäufer** auch dann tragen, wenn im konkreten Einzelfall die besonderen Zurechnungsvoraussetzungen des § 166 nicht gegeben sind. Im Übrigen wäre der **Beweis der Mangelkenntnis** aufseiten der Käufermehrheit in dem Fall, in dem nicht alle Mitkäufer den Kaufgegenstand untersucht haben, deshalb vom Verkäufer nur schwer zu führen, weil er keinen Einblick in die Kommunikation zwischen den Mitkäufern hat.

X. Maßgeblicher Zeitpunkt für Mangelkenntnis des Käufers

83 1. **Grundlagen**. Die Kenntnis des Käufers vom Sach- oder Rechtsmangel muss grundsätzlich zum **Zeitpunkt des Abschlusses des Kaufvertrags** vorliegen. Auch im Falle eines **Gattungskaufs** ist der Abschluss des Kaufvertrags der für die Kenntnis **maßgebliche Zeitpunkt**. Es kommt hier aber darauf an, ob der Käufer wusste, dass die gesamte Gattung oder zumindest der für ihn relevante Teil mangelhaft ist. Eine Kenntniserlangung erst zum Zeitpunkt der Erfüllung des Kaufvertrags schadet dem Käufer grundsätzlich nicht[165]. Besonderheiten gelten insbes für den sog **gestreckten Vertragsschluss beim Grundstückskauf**[166], den **bedingten Kaufvertrag**[167], den **formnichtigen Kaufvertrag mit Heilungsmöglichkeit**[168] sowie die **Ausübung eines bestehenden Vorkaufsrechts**[169] durch den Berechtigten nach Abschluss des Kaufvertrags. Im Falle des Abschlusses des Kaufvertrags durch einen **Vertreter** gilt die allgemeine Zurechnungsnorm des § 166[170]. Sind mehrere Vertreter mit **Gesamtvertretungsmacht** am Vertragsschluss beteiligt, so genügt für die **Kenntnis** iSd § 442 Abs 1 schon die Kenntnis **eines Vertreters**[171]. Handelt ein **Vertreter ohne Vertretungsmacht** mit der Folge des Abschlusses eines schwebend unwirksamen Kaufvertrags iSd § 177 Abs 1, so stellt sich die Frage, ob es für die Mangelkenntnis des Käufers auf den Zeitpunkt des Vertragsschlusses oder auf den der Erteilung der Genehmigung ankommt, die nach § 184 Abs auf den Zeitpunkt des Vertragsschlusses zurückwirkt.

84 2. **Kenntniszeitpunkt bei aufschiebend bedingten oder genehmigungsbedürftigen Kaufverträgen**. – a) **Grundsatz**. Wird der Kaufvertrag unter einer **aufschiebenden Bedingung** iSd § 158 Abs 1 geschlossen oder ist er **genehmigungsbedürftig**, so kommt es grundsätzlich auf die Kenntnis des Käufers zum Zeitpunkt der **vertraglichen Einigung** an. Nicht ent-

162 BGHZ 210, 23 Rz 18.
163 BGHZ 210, 23 Rz 18.
164 Sind die Tatbestandsvoraussetzungen des § 705 Abs 1 erfüllt, so ist die rechtsfähige BGB-Gesellschaft als solche Käuferin mit der Folge, dass die Zurechnung der Mangelkenntnis eines organschaftlichen Vertreters nach § 166 Abs 1 erfolgt.
165 MünchKomm/Westermann Rz 6; zu § 439 aF bereits RGZ 149, 195, 198; RG JW 1914, 922, 923.
166 Vgl Rz 88 ff.
167 Vgl dazu Rz 84 f.
168 Vgl dazu Rz 88 ff.
169 Vgl dazu Rz 98 f.
170 Vgl Rz 71.
171 RGZ 59, 400, 408 (zu § 439 Abs 1aF). Im Fall RGZ 59, 400 ging es um die besondere Konstellation, dass der Staat (Preußen) der Vertretene war.

scheidend ist der Zeitpunkt des Bedingungseintritts bzw der Erteilung der Genehmigung. Denn der Käufer ist schon ab dem Zeitpunkt der bedingten Einigung an den Kaufvertrag gebunden, dh, eine Entschlussfreiheit besteht ab diesem Zeitpunkt grundsätzlich nicht mehr[172]. Dies gilt erst recht im Falle der Vereinbarung einer **auflösenden Bedingung** iSd § 158 Abs 2, weil der Kaufvertrag trotz der Möglichkeit des künftigen Bedingungseintritts voll wirksam ist.

b) **Potestativbedingung (Wollensbedingung) – Kauf auf Probe**. Anders ist die Rechtslage in Bezug auf den maßgeblichen Zeitpunkt, wenn das endgültige Zustandekommen des Kaufvertrags von einer ins Belieben des Käufers gestellten **Potestativbedingung** (Wollensbedingung) abhängt. Praktische Bedeutung hat insoweit insbes der **Kauf auf Probe** (§ 454). In diesem Fall kommt es für die Anwendung des § 442 Abs 1 auf den Zeitpunkt der **Billigung** an[173]. Ebenso verhält es sich, wenn der Kaufvertrag **schwebend unwirksam** ist und die Beendigung des Schwebezustands durch Genehmigungserklärung oder einen anderen Rechtsakt nur vom Willen des Käufers abhängt[174]. 85

c) **Bestehen eines Widerrufsrechts des Käufers nach § 312g**. Auch im Falle des Bestehens eines Verbraucher-Widerrufsrechts aufseiten des Käufers iSd § 312g kommt es für eine Anwendung des § 442 Abs 1 auf den Zeitpunkt des Abschlusses des Kaufvertrags und nicht auf den Zeitpunkt des **Ablaufs der Widerrufsfrist** an[175]. Bei Vorliegen eines **außerhalb von Geschäftsräumen** geschlossenen Kaufvertrags iSd § 312b und bei einem **Fernabsatz-Kaufvertrag** nach § 312c besteht zugunsten des Käufers als Verbraucher ein **Widerrufsrecht (§§ 312g, 355)**, das zwar eine Loslösung vom Kaufvertrag ermöglicht. Dies ändert aber nichts daran, dass der Kaufvertrag unmittelbar mit Abschluss wirksam ist. Es ist nicht der Zweck des nicht von einem Mangel oder einer sonstigen Verletzung des Kaufvertrags abhängigen Verbraucher-Widerrufsrechts, zugunsten des Verkäufers die **Bindung des Käufers** an den Kaufabschluss hinauszuzögern, um bei noch eintretender Mangelkenntnis den Gewährleistungsausschluss nach § 442 Abs 1 Satz 1 herbeizuführen. 86

Eine zwischen Vertragsschluss und **Ablauf der Widerrufsfrist** erlangte Kenntnis schadet dem Käufer daher ebenso wie eine bis zu diesem Zeitpunkt eingetretene grobe Fahrlässigkeit nicht. Entsprechendes gilt in den Fällen, in denen die Widerrufsfrist gem § 356 Abs 2 oder Abs 3 nicht unmittelbar mit Abschluss des Kaufvertrags, sondern erst später beginnt. 87

3. **Mangelkenntnis des Grundstückskäufers bei sukzessiver Beurkundung von Angebot und Annahme (gestrecktem Vertragsschluss)**. – a) **Separate Beurkundung von Angebot oder Annahme**. Wird beim Kauf eines Grundstücks zunächst nur das **Angebot des Käufers** notariell beurkundet und dann dem Verkäufer zum Zwecke der Abgabe einer notariell beurkundeten **Annahmeerklärung** zugeleitet (**gestreckter Vertragsschluss**), so stellt sich die Frage, welcher Zeitpunkt für die Kenntnis des Käufers iSd § 442 Abs 1 Satz 1 entscheidend ist. Der Wortlaut der Norm stellt insoweit auf das Zustandekommen des Kaufvertrags ab („bei Vertragsschluss"). Unproblematisch ist das Eingreifen dieses Gewährleistungsausschlusses, wenn der Käufer den **Grundstücksmangel** schon zum Zeitpunkt der notariellen Beurkundung seines Kaufangebots kannte[176]. Hier ist auch der Zweck des § 442 Abs 1 Satz 1 unmittelbar einschlägig. Ein Käufer verhielte sich in dieser Konstellation **widersprüchlich und treuwidrig**, sofern er später Gewährleistungsrechte geltend machte[177]. Ebenfalls zweifelsfrei ist die Anwendung des § 442 Abs 1 Satz 1 in dem Fall, in dem zunächst das **Verkaufsangebot des Verkäufers** beurkundet wird und der Käufer jedenfalls zum Zeitpunkt der Beurkundung seiner, den Kaufvertrag zustande bringenden Annahmeerklärung den Mangel kennt. Die Problematik der Anwendung des § 442 Abs 1 Satz 1 auf den gestreckten Vertragsschluss konzentriert sich daher auf den Fall, in dem der Käufer erst nach der notariellen Beurkundung seines Kaufangebots, aber vor der Beurkundung der Annahmeerklärung des Verkäufers die Kenntnis von einem Mangel erlangt. 88

b) **Teleologische Reduktion des § 442 Abs 1 Satz 1 bei Vorabbeurkundung des Käuferangebots und Kenntniserlangung bis zur Annahme durch Verkäufer**. Nach dem **Wortlaut** des § 442 Abs 1 Satz 1 würde in dem Fall, in dem der Käufer nach Beurkundung seines Kaufangebots, aber vor der formgerechten Annahmeerklärung des Verkäufers vom Vorliegen eines Mangels Kenntnis erlangt, ein Ausschluss der Gewährleistung eingreifen. Denn der Käufer kennt 89

172 MünchKomm/Westermann Rz 6; BeckOK/Faust Rz 9; Staud/Matusche-Beckmann Rz 21.

173 Vgl RGZ 94, 285, 287 (zum Kauf auf Besicht); MünchKomm/Westermann Rz 6; BeckOK/Faust Rz 9; aA Staud/Matusche-Beckmann Rz 22; BeckOGK/Stöber Rz 29.

174 Vgl zum relevanten Zeitpunkt bei Ausübung eines Vorkaufsrechts unten Rz 98 f.

175 Staud/Matusche-Beckmann Rz 23; MünchKomm/Westermann Rz 6; BeckOGK/Stöber Rz 29; BeckOK/Faust Rz 12; Erman/Grunewald Rz 7.

176 BGHZ 193, 326 Rz 21 ff.

177 BGH NJW 2022, 2843 Rz 12.

unzweifelhaft „bei Vertragsschluss" den Mangel. Der **Zweck** des durch § 442 Abs 1 Satz 1 angeordneten **Gewährleistungsausschlusses** erfordert aber im Falle eines derartigen gestreckten Vertragsschlusses beim Grundstückskauf ein Abstellen auf den **Zeitpunkt der notariellen Beurkundung des Kaufangebots** des Käufers und nicht auf den Zeitpunkt der Beurkundung der Annahmeerklärung des Verkäufers[178]. § 442 Abs 1 Satz 1 ist in dieser Fallkonstellation im Wege der **teleologischen Reduktion** einschränkend auszulegen, dh, abweichend vom Wortlaut ist in zeitlicher Hinsicht für die Kenntnis des Käufers nicht der Vertragsschluss, sondern die Beurkundung seines Angebots entscheidend[179]. Dafür spricht insbes, dass dieser Bestimmung die Erwägung zugrunde liegt, dass der Käufer dann nicht in seinen **berechtigten Erwartungen enttäuscht** wird, wenn er den Abschluss des Kaufvertrags trotz Existenz eines Mangels gewollt hat[180]. Der Käufer ist in diesem Regelfall deshalb nicht schutzwürdig, weil er sich mit der Geltendmachung von kaufrechtlichen Gewährleistungsansprüchen in **Widerspruch zu seinem vorangegangenen Verhalten** (Abschluss des Kaufvertrags) setzen würde[181]. Im hier in Rede stehenden Sonderfall des gestreckten Vertragsschlusses hätte ein Abstellen auf den **förmlichen Vertragsschluss** durch notarielle Annahmeerklärung des Verkäufers jedenfalls dann einen vom Zweck des § 442 Abs 1 Satz 1 nicht gedeckten Ausschluss von Gewährleistungsrechten zur Folge, wenn der Käufer sich zum Zeitpunkt der Erlangung der Mangelkenntnis von seinem notariell beurkundeten Kaufangebot rechtlich nicht mehr lösen könnte[182]. Die **endgültige Bindung an das Kaufangebot** tritt nach der allgemeinen Regelung des § 130 Abs 1 Satz 2 mit **Ausschluss der Widerrufsmöglichkeit durch Zugang** beim Verkäufer ein, so dass zumindest die Mangelkenntnis ab Zugang dem Käufer nicht mehr schaden darf.

90 c) **Kenntniserlangung zwischen Beurkundung des Kaufangebots und Widerrufsausschluss durch Zugang beim Verkäufer**. Erlangt der Käufer im Falle des gestreckten Vertragsschlusses beim Grundstückskauf nach notarieller Beurkundung seines Kaufangebots, aber noch vor Eintritt der Bindungswirkung nach § 130 Abs 1 durch Zugang beim Verkäufer die Kenntnis von einem bestehenden Mangel, so stellt sich die Frage, ob die gem § 130 Abs 1 Satz 2 bis zum Zugang bestehende **Widerrufsmöglichkeit** einen Gewährleistungsausschluss auf Grundlage einer uneingeschränkten Anwendung des § 442 Abs 1 Satz 1 rechtfertigt oder stattdessen die **teleologische Reduktion** dieses gesetzlichen Ausschlusstatbestands schon in diesem Zeitraum zu bejahen ist. Bei rein rechtlicher Betrachtung ist der Käufer zwar trotz Beurkundung und Abgabe (zielgerichtetes Inverkehrbringen) seines Kaufangebots bis zum Zugang noch nicht gebunden, sondern kann aufgrund der **Widerrufsmöglichkeit des § 130 Abs 1 Satz 2** noch frei entscheiden, ob er den Grundstückskaufvertrag endgültig abschließt. In tatsächlicher Hinsicht kann der Käufer diese Widerrufsmöglichkeit aber nur dann wahrnehmen, wenn er sowohl die Existenz dieses Rechtsbehelfs des Allgemeinen Teils des BGB als auch dessen wesentliche Voraussetzung (Nichteintritt des Zugangs der abgegebenen Willenserklärung) kennt oder zumindest eine Veranlassung hat, sich nach beidem zu erkundigen[183].

91 Das Bestehen einer gesetzlichen Widerrufsmöglichkeit allein rechtfertigt letztlich noch nicht den **Vorwurf eines widersprüchlichen Verhaltens** aufseiten des Käufers[184]. Denn im Falle der Vorabbeurkundung seines Kaufangebots wird Kenntnis von der ihm zustehenden Möglichkeit eines Widerrufs nach § 130 Abs 1 Satz 2 regelmäßig schon deshalb fehlen, weil er keinen Einblick in den **zeitlichen Ablauf der weiteren Bearbeitung** im betreffenden Notariat und bei der Post (bzw einem anderen Briefzustellunternehmen) bis zum Zugang iSd § 130 Abs 1 beim Verkäufer als Adressaten hat[185]. Das Gleiche gilt für die generelle Befugnis des Käufers, den

178 BGHZ 193, 326 Rz 18 ff; BGH NJW 2022, 2843 Rz 12. Im Fall des BGHZ 193, 326 ließen die Käufer am 24.11.2006 ein auf ein Altbaugrundstück bezogenes Kaufangebot mit einem Preis von 123.950 € notariell beurkunden. Das Angebot enthielt einen Ausschluss der Gewährleistung für Sachmängel und sollte vier Wochen nicht widerrufen werden können. Am 30.11.2006 besichtigten die Kläger den Altbau aus dem Jahr 1920 und stellten dabei die nach dem Auszug der bisherigen Bewohner sichtbar gewordenen Feuchtigkeitsschäden fest. Mit Schreiben vom 3.12.2006 teilten die Kläger dies der Vertriebspartnerin der Verkäuferin mit und brachten zum Ausdruck, dass sie eine Übernahme der Kosten der Beseitigung der Schäden in Höhe von ca. 30.000 € durch die Beklagte erwarten. Das notariell beurkundete Angebot der Käufer ging der Verkäuferin durch Telefax des Notars am 14.12.2006 zu. Am 27.12.2006, also knapp vier Wochen nach Kenntnis der Käufer, nahm die Verkäuferin das Angebot formgerecht an. Die Käufer verkauften das Anwesen Ende 2007 ohne Sanierung für 133.000 € und verlangten von der Verkäuferin Ersatz der Schadensbeseitigungskosten (35.000 €) und der vorgerichtlichen Anwaltskosten (1.604 €).

179 BGHZ 193, 326 Rz 18; iE auch Erman/Grunewald Rz 7; BeckOK/Faust Rz 8.

180 BGH NJW 2011, 2953 Rz 13; BGH NJW 1989, 2050 (zu § 460 aF); MünchKomm/Westermann Rz 1; Staud/Matusche-Beckmann Rz 1; zweifelnd Erman/Grunewald Rz 1.

181 BGH NJW 1989, 2050 (zu § 460 aF); so iE auch BGH NJW 2011, 2953 Rz 12 ff; BGHZ 193, 326 Rz 22; MünchKomm/Westermann Rz 1; Staud/Matusche-Beckmann Rz 1; Erman/Grunewald Rz 1; vgl zur Ratio des § 442 Abs 1 Satz 1 oben Rz 7 ff.

182 BGHZ 193, 326 Rz 23.

183 BGHZ 193, 326 Rz 24.

184 BGHZ 193, 326 Rz 24.

185 BGHZ 193, 326 Rz 24.

Notar anzuweisen, schon die **förmliche Abgabe des beurkundeten Kaufangebots** (Abschicken auf dem Postweg an den Verkäufer) zu unterlassen[186]. Aus diesen Gründen ist die teleologische Reduktion des § 442 Abs 1 Satz 1 zumindest regelmäßig auch schon für den **Zeitraum ab der Beurkundung bis zum Zugang** beim Verkäufer zu bejahen, sofern der Käufer keine Kenntnis von der Widerrufsmöglichkeit des § 130 Abs 1 Satz 2 und keinen Anlass für darauf bezogene Erkundigungen hat. Ein Anlass für derartige Erkundigungen ist aufseiten des Käufers im konkreten Einzelfall gegeben, wenn er einen Widerruf seines noch nicht zugegangenen Kaufangebots oder/und schon die Verhinderung der Weiterleitung durch den Notar an den Verkäufer für möglich hält. Das **Unterlassen einer gebotenen Nachfrage** führt hier deshalb zum Gewährleistungsausschluss, weil der Käufer zum Zeitpunkt des Vertragsschlusses den Mangel kennt und die Voraussetzungen einer teleologischen Reduktion des § 442 Abs 1 Satz 1 in dieser Fallkonstellation nicht gegeben sind. Die **Erlangung der Mangelkenntnis** allein begründet aber noch nicht eine derartige Erkundigungsobliegenheit[187]. Der Käufer muss vielmehr darüber hinaus Anhaltspunkte dafür haben, dass eine **rechtliche Widerrufsmöglichkeit** besteht und deren **tatsächliche Voraussetzungen** noch erfüllt werden können. Zu bejahen ist dies bspw dann, wenn der Käufer vom betreffenden Notar oder einem beratenden Rechtsanwalt einen auf den Widerruf bezogenen Hinweis erhält.

d) **Beweislast bezüglich Mangelkenntnis beim gestreckten Vertragsschluss**. Dass der 92
Käufer die Widerrufsmöglichkeit des § 130 Abs 1 Satz 2 kannte oder zumindest Veranlassung hatte, sich nach der rechtlichen Möglichkeit und den tatsächlichen Voraussetzungen zu erkundigen, muss der **Verkäufer darlegen und beweisen**. Dies ergibt sich aus der allgemeinen Beweisregel, nach der die **Ausnahme von einem Regeltatbestand** von demjenigen bewiesen werden muss, der sich auf die Ausnahme beruft[188]. Der gesetzliche Ausschluss der Gewährleistungsrechte gem § 442 Abs 1 stellt einen Ausnahmetatbestand im Verhältnis zur Gewährleistungshaftung des Käufers aus § 437 dar mit der Folge, dass der Verkäufer die Kenntnis des Käufers beweisen muss[189]. Darüber hinaus ist im Falle des **notariell beurkundeten Kaufangebots** des Käufers im Rahmen eines gestreckten Vertragsschlusses beim Grundstückskauf die Kenntnis einer rechtlich und wegen noch nicht erfolgtem Zugang auch tatsächlich noch gem § 130 Abs 1 Satz 2 gegebenen Widerrufsmöglichkeit eine Ausnahme[190]. Der BGH verweist in dieser Hinsicht zu Recht darauf, dass aufseiten des Käufers die **Kenntnis der Widerrufsmöglichkeit typischerweise fehlt**[191]. Im Übrigen wird auch ein Käufer mit gewissen Rechtskenntnissen auf dem Gebiet des Vertragsschlusses bei Grundstücksgeschäften regelmäßig von einer unverzüglichen Weiterleitung seines Kaufangebots an den Verkäufer und aus diesem Grund vom Nichtbestehen einer **tatsächlichen Widerrufsmöglichkeit im konkreten Fall** ausgehen[192]. Dass ein Notar nach der Beurkundung des Käuferangebots – insbes bei befristeten Offerten – eine gewisse Zeit lang untätig bleibt und daher nicht für eine unverzügliche Absendung an den Verkäufer sorgt, stellt einen Ausnahmefall dar[193].

e) **Vorliegen von Kenntnis der Widerrufsmöglichkeit nach § 130 Abs 1 Satz 2 beim gestreckten Vertragsschluss**. Bei Vorabbeurkundung des Kaufangebots des Käufers (gestreckter Vertragsschluss) ist ein Gewährleistungsausschluss nach § 442 Abs 1 Satz 1 wegen **Nichteingreifens der teleologischen Reduktion**[194] zu bejahen, wenn der Käufer nach notarieller Beurkundung seines Angebots dessen **Weiterleitung an den Verkäufer** durch den Notar zwar zunächst **hinauszögert**, um die nach § 130 Abs 1 Satz 2 gegebene Widerrufsmöglichkeit generell aufrechtzuerhalten, dann aber trotz zwischenzeitlicher **Entdeckung des Mangels** die Weiterleitung des Kaufangebots an den Verkäufer geschehen lässt[195]. In einem solchen Fall verhält sich der Käufer widersprüchlich, wenn er in Kenntnis des Mangels den Kaufvertrag zustande kommen lässt und Gewährleistungsrechte geltend macht[196]. 93

4. **Maßgeblicher Zeitpunkt für Käuferkenntnis bei formnichtigem Kaufvertrag – insbes „Schwarzkauf" nach § 117 Abs 1 (Scheingeschäft)**. – a) **Kenntnis der Formnichtigkeit**. 94
Praktische Relevanz hat die Frage der Anwendung des § 442 Abs 1 bei Formnichtigkeit des Kaufvertrags insbes in dem Fall, in dem die Kaufvertragsparteien gegenüber dem beurkundenden Notar einen **zu niedrigen Kaufpreis angegeben**, um Grunderwerbsteuer, Notargebühren und Eintragungskosten zu „sparen". Bei einem solchen „Schwarzkauf" ist der beurkundete Grundstückskaufvertrag zwar wegen Vorliegens eines Scheingeschäfts nach § 117 Abs 1 nichtig. Der

186 BGHZ 193, 326 Rz 25.
187 So wohl auch BGHZ 193, 326 Rz 27 ff.
188 BGH NJW 2009, 3231 Rz 11 f; HK/Saenger, ZPO, 2021⁹, § 286 Rz 58; MünchKomm/Prütting, ZPO, 2020⁶, § 286 Rz 111 ff; Musielak/Voit/Foerste, ZPO, 2023²⁰, § 286 Rz 35 f.
189 Vgl Rz 44 f.
190 BGHZ 193, 326 Rz 24.
191 BGHZ 193, 326 Rz 24.
192 BGHZ 193, 326 Rz 25.
193 BGHZ 193, 326 Rz 25.
194 Vgl dazu oben Rz 89.
195 BGHZ 193, 326 Rz 26.
196 BGHZ 193, 326 Rz 26.

von den Vertragsparteien in Wirklichkeit gewollte Grundstückskaufvertrag mit dem tatsächlich vereinbarten Kaufpreis wird aber durch **Grundbucheintragung** gem § 311b Abs 1 Satz 2 mit Wirkung für die Zukunft (ex nunc) wirksam. Ist dem Käufer die Formnichtigkeit bekannt und betreibt er, obwohl er nach der Beurkundung vom Vorliegen eines Mangels erfahren hat, seine Eintragung als Eigentümer im **Grundbuch**, um die **Heilung gem § 311b Abs 1 Satz 2** als Grundlage für Gewährleistungsrechte aus § 437 zu erreichen, so ist die Haftung des Verkäufers gleichwohl nicht gem § 442 Abs 1 Satz 1 ausgeschlossen[197]. Der **Zeitpunkt der Grundbucheintragung** und das damit verbundene **Wirksamwerden des Grundstückskaufvertrags** ist hier nicht der entscheidende Zeitpunkt für die Kenntniserlangung iSd § 442 Abs 1 Satz 1. Es kommt vielmehr auch in diesem Fall – trotz Formunwirksamkeit – auf den **Vertragsschluss** an.

95 Denn im Falle der Formunwirksamkeit des Kaufvertrags wollen die Parteien auch bei Vorliegen der darauf bezogenen Rechtskenntnis den Vertrag schon zum Beurkundungszeitpunkt als wirksam behandeln[198]. Aus diesem Grund muss der Käufer hier, wenn er nachfolgend einen Mangel der Kaufsache entdeckt, nicht durch **bereicherungsrechtliche Rückforderung (§ 812 Abs 1 Satz 1 Alt 1)** seiner Auflassungserklärung – bzw **Verweigerung** einer noch nicht erfolgten Auflassung – den Eintritt der **Heilung durch Grundbucheintragung verhindern**[199]. Der Käufer ist hier auch nicht gehalten, den Verkäufer auf diese Möglichkeit der Verhinderung des Wirksamwerdens des Kaufvertrags zum Zwecke der Vermeidung seiner Gewährleistungshaftung hinzuweisen[200]. Aus diesen Gründen handelt der Käufer nicht widersprüchlich, wenn er nach der Grundbucheintragung gem § 437 Gewährleistungsrechte gegen den Verkäufer geltend macht[201]. Denn durch das **Unterlassen einer Verhinderung** der Grundbucheintragung bringt der Grundstückskäufer lediglich zum Ausdruck, dass er sich nicht auf den vorliegenden Formmangel berufen, sondern in vollem Umfang **an den getroffenen Vereinbarungen festhalten** will. Daher besteht hier auch keine Grundlage für die Annahme eines **konkludenten Verzichts auf Gewährleistungsansprüche**[202].

96 b) **Fehlende Kenntnis der Formnichtigkeit des Kaufvertrags aufseiten des Käufers.** Bei fehlender Kenntnis des Käufers von der Formnichtigkeit des Grundstückskaufvertrags zum Zeitpunkt des Vertragsschlusses schadet ihm eine bis zur **heilenden Grundbucheintragung** (§ 311b Abs 1 Satz 2) erlangte Mangelkenntnis nicht, dh, der Gewährleistungsausschluss des § 442 Abs 1 Satz 1 greift nicht ein[203]. Der BGH stellt zu Recht generell auf den **Zeitpunkt des Abschlusses des formunwirksamen Kaufvertrags** ab, und zwar unabhängig davon, ob der Käufer die Nichteinhaltung der vorgeschriebenen Form kannte oder zumindest für möglich hielt[204]. Die darauf bezogene Kenntnis des Käufers fehlt in der Praxis insbes in den Fällen, in denen der Kaufvertrag wegen **Nichtaufnahme einer beurkundungspflichtigen Nebenabrede** in die notarielle Vertragsurkunde gem §§ 125, 139 insgesamt formnichtig ist[205]. Nach der **Ratio des § 442 Abs 1 Satz 1** handelt der Käufer zwar widersprüchlich, wenn er trotz Mangelkenntnis den Kaufvertrag abschließt und dann Gewährleistungsrechte geltend macht[206]. Der Käufer setzt sich aber bei fehlender Kenntnis der Formnichtigkeit in keiner Weise in **Widerspruch zu seinem eigenen vorangehenden Verhalten**, falls er nach Eintritt der Heilungswirkung wegen eines **zwischen Vertragsschluss und Grundbucheintragung** erkannten Mangels Gewährleistungsrechte geltend macht[207]. Es ist daher hier – wie unter bestimmten Voraussetzungen beim sog gestreckten Vertragsschluss[208] – der Ausschlusstatbestand des § 442 Abs 1 Satz 1 aufgrund einer teleologischen Reduktion nicht anwendbar.

97 5. **Zeitpunkt der Käuferkenntnis bei Vertragsschluss durch Vertreter ohne Vertretungsmacht.** Tritt bei Abschluss des Kaufvertrags für den Käufer ein Vertreter ohne Vertretungsmacht auf, so ist der Vertrag gem § 177 Abs 1 bis zu einer Genehmigung **schwebend unwirksam**. Eine Genehmigung des Käufers wirkt zwar gem § 184 Abs 1 auf den Zeitpunkt des

197 BGH NJW 2011, 2953 Rz 12 ff; Erman/Grunewald Rz 8; Staud/Matusche-Beckmann Rz 17; BeckOGK/Stöber Rz 28; tendenziell auch BeckOK/Faust Rz 11; aA Hamm NJW 1986, 136 (zu § 460 aF); MünchKomm/Westermann Rz 6. In BGH NJW 1989, 2050 ließ der BGH diese Frage noch offen, nachdem das OLG Hamm (NJW 1986, 136) auf den Zeitpunkt der heilenden Grundbucheintragung abgestellt hatte.

198 BGH NJW 2011, 2953 Rz 14.

199 BGH NJW 2011, 2953 Rz 14 f.

200 BGH NJW 2011, 2953 Rz 14 f; Köhler JZ 1989, 761, 767 Fn 50. Nach Ansicht von MünchKomm/Westermann Rz 6 muss der Grundstückskäufer dagegen im Falle der Kenntnis der Unwirksamkeit des Grundstückskaufvertrags bis zur Grundbucheintragung tätig werden, um die Heilung zu verhindern.

201 BGH NJW 2011, 2953 Rz 14 f.

202 BGH NJW 2011, 2953 Rz 14 f.

203 BGH NJW 2011, 2953 Rz 12 ff; BGH NJW 1989, 2050 (zu § 460 aF); Erman/Grunewald Rz 8; Staud/Matusche-Beckmann Rz 17; BeckOK/Faust Rz 11.

204 BGH NJW 2011, 2953 Rz 12 ff; so auch Erman/Grunewald Rz 8; Staud/Matusche-Beckmann Rz 17; Köhler JZ 1989, 761, 767; Tiedtke JZ 1990, 75, 80; im Wesentlichen auch BeckOK/Faust Rz 11; aA MünchKomm/Westermann Rz 6.

205 BGH NJW 1989, 2050.

206 Vgl zur Ratio des § 442 Abs 1 Satz 1 oben Rz 7 ff.

207 BGH NJW 1989, 2050.

208 Vgl dazu oben Rz 89.

Vertragsschlusses zurück. Maßgeblicher Zeitpunkt für die grobe Fahrlässigkeit des Käufers iSd § 442 Abs 1 Satz 2 ist aber gleichwohl die **Erteilung der Genehmigung**[209]. Denn erst dadurch tritt die Bindung des Käufers an den Kaufvertrag ein. Solange der Käufer die erforderliche Genehmigungserklärung nicht abgegeben hat, muss er **neue Erkenntnisse** über Mängel der Kaufsache gegen sich gelten lassen, weil er sich ansonsten **widersprüchlich verhielte**[210]. Der Käufer hat hier nach Erlangung der Mangelkenntnis noch die Möglichkeit, das **Zustandekommen des Kaufvertrags** zu verhindern[211]. Nach der **Ratio des § 442** darf der Käufer nicht **„sehenden Auges"** einen mangelhaften Gegenstand kaufen, um anschließend gegen den Verkäufer nach § 437 vorgehen zu können[212]. Im Falle des Handelns eines Vertreters ohne Vertretungsmacht **aufseiten des Verkäufers** kommt es dagegen nicht auf den Zeitpunkt der Genehmigung, sondern auf das Vorliegen der übereinstimmenden Willenserklärungen an[213]. Der **Käufer** kann hier zwar bis zu einer Genehmigungserklärung des Verkäufers seine eigene Willenserklärung **gem § 178 widerrufen**. Dies steht aber – wie beim gestreckten Abschluss eines Grundstückskaufvertrags – einer faktischen Bindung des Käufers nur dann entgegen, wenn der Käufer das Widerrufsrecht **kennt**. Ist dem Käufer schon bei Abschluss des Kaufvertrags bekannt, dass der Vertreter des Verkäufers nicht über eine Vertretungsmacht verfügt, so ist gem § 178 Satz 1 schon das Widerrufsecht ausgeschlossen. In dem Fall, in dem der Käufer erst nach Vertragsschluss vom Fehlen der Vertretungsmacht erfährt, besteht das Widerrufsrecht des Käufers bis zur Genehmigung und beseitigt bis zu diesem Zeitpunkt die **Bindung des Käufers** an seine Willenserklärung. Daher führt eine noch bis zur Genehmigung durch den Verkäufer erlangte Mangelkenntnis des Käufers zum Ausschluss der Gewährleistungshaftung nach § 442 Abs 1 Satz 1.

6. **Zeitpunkt der Mangelkenntnis bei Ausübung eines Vorkaufsrechts.** – a) **Grundsatz.** 98
Im Falle des Vorkaufs nach § 463 ist in Bezug auf die Kenntnis des Käufers iSd § 442 Abs 1 Satz 1 weder der Zeitpunkt der Begründung des Vorkaufsrechts noch der des Abschlusses des Kaufvertrags mit dem Dritten entscheidend. Maßgebend ist insoweit vielmehr die **Ausübung des Vorkaufsrechts** durch den Berechtigten gem § 464 Abs 1[214]. Die Vereinbarung des Vorkaufsrechts entfaltet keine Bindung des Berechtigten im Hinblick auf künftige Kaufverträge, die der Verpflichtete mit Dritten abschließt. Der zwischen dem Verpflichteten und dem Dritten geschlossene Kaufvertrag hat vor Ausübung des Vorkaufsrechts durch den Berechtigten keine Bindungswirkung für diesen. Es besteht daher im Verhältnis zwischen ihm und dem Verkäufer bis zu diesem Zeitpunkt kein Kaufvertrag. Der **Kaufvertrag zwischen dem Berechtigten und dem Verpflichteten (Verkäufer)** kommt gem § 464 Abs 2 vielmehr erst durch die Ausübung des Vorkaufsrechts zustande. Deshalb ist dieser Zeitpunkt auch für die Kenntnis iSd § 442 Abs 1 Satz 1 maßgebend.

b) **Kenntniszurechnung im Verhältnis zwischen Käufer und Vorkaufsberechtigten.** 99
Durch die Ausübung des Vorkaufsrechts tritt der Berechtigte zwar nicht in den mit dem Dritten geschlossenen Kaufvertrag ein[215]. Es wird vielmehr ein neues, **eigenständiges Kaufvertragsverhältnis** zwischen dem Berechtigten und dem Verpflichteten begründet[216]. Für dieses Kaufrechtsverhältnis gelten gem § 464 Abs 2 aber die **Bestimmungen des Erstkaufvertrags (Maßgeblichkeitsgrundsatz)**[217]. Daher stellt sich die Frage, ob zu diesen Bestimmungen des Erstkaufvertrags auch ein Ausschluss der Gewährleistungshaftung des Verkäufers nach § 442 Abs 1 Satz 1 wegen Kenntnis des Käufers (Dritten) gehört[218]. Dies hätte zur Folge, dass der Vorkaufsberechtigte sich im Ergebnis die Kenntnis des Dritten ohne weiteres zurechnen lassen müsste. In Bezug auf den Zweck des § 442 Abs 1 lässt sich dies nicht rechtfertigen. Es ist zwar richtig, dass im Falle einer Mangelkenntnis des Dritten die nachfolgende Ausübung des Vorkaufsrechts durch den hinsichtlich des Mangels **gutgläubigen Berechtigten** die Gewährleistungshaftung zu Lasten des Verkäufers wiederaufleben lässt. Der Berechtigte tritt aber nicht in den Erstkaufvertrag ein, und der Verkäufer kann nicht erwarten, dass der Berechtigte mit der Ausübung des Vorkaufsrechts auf Gewährleistungsansprüche verzichtet, die wegen eines Mangels bestehen, den nur der Dritte kennt. Eine Zurechnung der Mangelkenntnis ist daher abzulehnen, dh, entscheidend ist auch hier, ob der Berechtigte zum Zeitpunkt der Ausübung des Vorkaufsrechts den Mangel kennt. Dass der Verkäufer (Verpflichtete) im Falle der Mangelkenntnis des Dritten das **Risiko der Aus-**

209 BGH NJW 2022, 2843 Rz 15; Staud/Matusche-Beckmann Rz 23; BeckOGK/Stöber Rz 21; BeckOK/Faust Rz 9; Köhler JZ 1989, 761, 765 Fn 38.
210 BGH NJW 2022, 2843 Rz 15.
211 BGH NJW 2022, 2843 Rz 15.
212 BGH NJW 2022, 2843 Rz 15.
213 Staud/Matusche-Beckmann Rz 23; Köhler JZ 1989, 761, 765 Fn 38.
214 Staud/Matusche-Beckmann Rz 25; BeckOGK/Stöber Rz 30; BeckOK/Faust Rz 9.
215 Vgl Soergel/Wertenbruch § 464 Rz 2.
216 Vgl Soergel/Wertenbruch § 464 Rz 2.
217 Vgl Soergel/Wertenbruch § 464 Rz 2.
218 So Soergel[12]/U Huber § 505 aF Rz 21; nicht eindeutig insoweit Staud/Matusche-Beckmann Rz 25.

übung des Vorkaufsrechts durch den insoweit gutgläubigen Berechtigten trägt, ist aufgrund der Bestellung des Vorkaufsrechts auch interessengerecht.

100 c) **Maßgeblicher Zeitpunkt für Mangelkenntnis bei Einbau/Anbringen der Kaufsache durch Käufer**. Gem § 439 Abs 3 Satz 2 aF war § 442 Abs 1 bei Einbau/Anbringen der gekauften Sache durch den Käufer mit der Maßgabe anzuwenden, dass für die Kenntnis des Käufers an die Stelle des Vertragsschlusses der Einbau oder das Anbringen der mangelhaften Sache durch den Käufer trat. Im Rahmen der **Umsetzung der Warenkauf-Richtlinie** ist dieser Verweis auf § 442 außer Kraft getreten[219]. Entscheidend ist daher auch hier der Vertragsschluss.

XI. Haftungsausschluss nach § 442 Abs 1 Satz 2 wegen grob fahrlässiger Unkenntnis des Käufers

101 1. **Rechtsfolgen**. – a) **Vollständiger Gewährleistungsausschluss**. Nach § 442 Abs 1 Satz 2 schließt die auf den Mangel bezogene grob fahrlässige Unkenntnis des Käufers die an sich gem § 437 gegebene Gewährleistungshaftung aus, sofern der Verkäufer den Mangel nicht **arglistig verschwiegen** oder eine **Garantie** für die Beschaffenheit übernommen hat. Eine grob fahrlässige Mangelunkenntnis des Verkäufers ändert dagegen nichts am vollständigen Ausschluss der Gewährleistungshaftung gem § 442 Abs 1 Satz 2. Liegt aufseiten des Käufers nur eine **einfache Fahrlässigkeit** vor, so ist auch der Ausschlusstatbestand des § 442 Abs 1 Satz 2 nicht anwendbar.

102 b) **Frage der Anwendung des § 254 auf Schadensersatzanspruch des Käufers aus § 437 Nr 3 bei einfacher Fahrlässigkeit**. – aa) **Ausschluss der Mitverschuldensanrechnung**. Liegt der dem Käufer in Bezug auf das Nichterkennen eines Mangels **vorwerfbare Fahrlässigkeitsgrad** unterhalb der groben Fahrlässigkeit und damit unterhalb der Schwelle, die nach § 442 Abs 1 Satz 2 zum Ausschluss der Gewährleistung führt, so ist auf einen **Schadensersatzanspruch** des Käufers aus § 437 Nr 3 die Mitverschuldensregelung des § 254 Abs 1 grundsätzlich nicht anwendbar[220]. Das Gleiche gilt, wenn dem Käufer zwar eine grobe Fahrlässigkeit vorgeworfen werden kann, der Verkäufer aber den **Mangel arglistig verschwiegen** oder eine **Beschaffenheitsgarantie** übernommen hat[221]. Im Verhältnis zu den Gewährleistungsrechten aus § 437 stellt § 442 Abs 1 Satz 2 eine **abschließende Spezialregelung** für den Fall dar, dass dem Käufer ein Sach- oder Rechtsmangel bei Abschluss des Kaufvertrags bekannt gewesen oder infolge grober Fahrlässigkeit unbekannt geblieben ist. Unerheblich ist, ob es sich um einen Sachmangel oder um einen Rechtsmangel handelt. Dass eine grobe Fahrlässigkeit des Käufers nach § 442 Abs 1 Satz 2 die Gewährleistungshaftung des Verkäufers ausschließt, bedeutet im **Umkehrschluss** die Unschädlichkeit eines geringeren Fahrlässigkeitsgrades. Diese Entscheidung des Gesetzgebers darf nicht mittelbar durch eine Anwendung des § 254 bei Vorliegen einer mittleren oder leichten Fahrlässigkeit unterlaufen werden[222].

103 bb) **Schadensminderungspflicht des Käufers aus § 254 Abs 2**. Gem § 254 Abs 2 Satz 1 erfolgt eine **Kürzung des Schadensersatzanspruchs**, wenn der Gläubiger es unterlässt, den Schaden abzuwenden oder zu mindern. Die Anwendung dieser allgemeinen Schadensminderungspflicht wird durch die kaufrechtliche **Spezialregelung des § 442 Abs 1 Satz 2** nicht ausgeschlossen[223]. Dieser Norm kann in keiner Weise entnommen werden, dass der Käufer bei Vorliegen eines unterhalb der groben Fahrlässigkeit liegenden Verschuldensgrades und Bestehen eines Schadensersatzanspruchs aus § 437 Nr 3 einen **drohenden Schaden** nicht nach § 254 Abs 2 mindern müsste. Der Käufer ist vielmehr, wenn er nach Abschluss des Kaufvertrags den Sach- oder Rechtsmangel entdeckt, nach Maßgabe der zu § 254 Abs 2 Satz 1 entwickelten allgemeinen Grundsätze[224] verpflichtet, den Schaden abzuwenden oder gering zu halten.

104 cc) **Kein Gegenanspruch des Verkäufers aus §§ 280 Abs 1, 311 Abs 2, 241 Abs 2**. Hat der Käufer im Vorfeld des Vertragsschlusses Zweifel bezüglich der Mangelfreiheit des angebotenen Kaufgegenstands, so stellt sich die Frage, ob er nach **Treu und Glauben** verpflichtet ist, den Verkäufer darauf hinzuweisen, sofern er insoweit von einer Unkenntnis des Verkäufers ausgehen muss. Der BGH[225] hat auf Grundlage des alten Kaufrechts eine solche **Aufklärungspflicht des**

219 Vgl dazu Rz 5.
220 BGH NJW 1978, 2240 f (zu §§ 463 aF, 480 aF bei Vorliegen eines Sachmangels); BGHZ 110, 196, 202 f (zu § 439 aF); BGH WM 1988, 1599, 1601 (zu § 439 aF); Düsseldorf NJW 1952, 1177 (kein Einwand des Mitverschuldens gegenüber Wandelung nach §§ 459 aF, 462 aF); Stuttgart NJW-RR 2011, 918, 920 f; Staud/Matusche-Beckmann Rz 50; BeckOGK/Stöber Rz 120; BeckOK/Faust Rz 36.
221 BeckOGK/Stöber Rz 120; BeckOK/Faust Rz 36.
222 Vgl BeckOGK/Stöber Rz 120.
223 BGHZ 110, 196, 204 (zur Rechtsmängelhaftung nach § 439 aF).
224 Vgl dazu Soergel/Ekkenga/Kuntz § 254 Rz 84 ff.
225 BGH NJW 1960, 720 = JZ 1961, 325 mAnm Erman.

Käufers bezüglich eines **Rechtsmangels** in einem Fall bejaht, in dem der Rechtsanwalt des Käufers diesem gegenüber den **vorangegangenen Rechtserwerb** des Verkäufers für rechtlich zweifelhaft erklärt hatte. Angenommen wurde deshalb vom BGH eine Haftung des Käufers aus **culpa in contrahendo** mit der Folge, dass der Verkäufer im Wege der Naturalrestitution die **Freistellung von der Rechtsmängelhaftung** aus §§ 439 aF, 440 aF verlangen konnte[226].

Jedenfalls auf Grundlage des neuen Kaufrechts ist es als ausgeschlossen anzusehen, dass der Verkäufer gegenüber Gewährleistungsrechten des Käufers aus § 437 geltend machen kann, der Käufer habe ihn nicht oder nicht rechtzeitig auf den Mangel aufmerksam gemacht, so dass der Käufer aus culpa in contrahendo (§§ 280 Abs 1, 311 Abs 2, 241 Abs 2) hafte. In Bezug auf einen derartigen Schadensersatzanspruch aus culpa in contrahendo ist § 442 Abs 1 Satz 2 in gleicher Weise als abschließende **Spezialregelung** einzuordnen, dh, das Unterschreiten des Verschuldensgrades der groben Fahrlässigkeit schließt auch in dieser Hinsicht jedwede Mitverantwortung des Käufers aus. Eine **mangelbezogene Aufklärungspflicht** des Käufers kann im konkreten Einzelfall zwar auf Grundlage von Treu und Glauben bestehen. Entscheidend für die Schadensersatzhaftung des Käufers ist hier aber letztlich, ob die fehlende Weitergabe von Informationen über einen Mangel oder Mangelverdacht an den Verkäufer eine **grobe Fahrlässigkeit** oder sogar eine Arglist aufseiten des Käufers begründet, wobei ein **bedingter Vorsatz** genügt. Ist diese Schwelle des Vertretenmüssens erreicht, so greift zum einen ein Ausschluss der Gewährleistungshaftung des Verkäufers gem § 442 Abs 1 Satz 1 bzw 2 ein. Zum anderen haftet der Käufer nach §§ 280 Abs 1, 311 Abs 2, 241 Abs 2 für Schäden, die aufseiten des Verkäufers durch die **Aufklärungspflichtverletzung** entstehen. Unterhalb des Verschuldensgrades der groben Fahrlässigkeit ist aber wegen des abschließenden Charakters des § 442 Abs 1 auch eine Haftung des Käufers aus culpa in contrahendo von vornherein ausgeschlossen. Erlangt der Käufer Informationen, die **ernsthaft den Verdacht** begründen, dass ein Sach- oder Rechtsmangel besteht, so ist idR zumindest eine grobe Fahrlässigkeit – uU auch ein bedingter Vorsatz – aufseiten des Käufers zu bejahen, wenn er den Verkäufer nicht informiert, obwohl er davon ausgehen muss, dass der Verkäufer insoweit noch keine Kenntnis hat. Äußert – wie im Fall des BGH[227] – der Anwalt des Käufers ernstzunehmende rechtliche Zweifel bezüglich des vorausgegangenen Rechtserwerbs des Verkäufers, so liegt eine grobe Fahrlässigkeit oder sogar ein bedingter Vorsatz nahe, wenn der Käufer gleichwohl ohne Hinweis und ohne weitere Nachforschungen den Kaufvertrag abschließt. **105**

2. **Keine gesetzliche Untersuchungsverpflichtung des Käufers vor Vertragsschluss – Unterschied zwischen § 442 Abs 1 Satz 2 und HGB § 377.** Eine auf das Stadium vor dem Abschluss des Kaufvertrags bezogene **allgemeine Untersuchungspflicht** wird dem Käufer durch § 442 Abs 1 Satz 2 nicht auferlegt[228]. Der Käufer darf sich grundsätzlich auch dann auf die Angaben des Verkäufers verlassen, wenn es sich um eine **einfache Beschaffenheitsvereinbarung** iSd § 434 Abs 2 Satz 1 Nr 1 und nicht um eine Beschaffenheitsgarantie handelt[229]. Eine Verpflichtung zur **Hinzuziehung eines Sachverständigen** besteht ebenfalls grundsätzlich nicht[230]. Wegen Nichtbestehens einer generellen Untersuchungsverpflichtung kann dem Käufer im Falle der Unterlassung einer solchen Maßnahme nicht ohne weiteres eine grobe Fahrlässigkeit zur Last gelegt werden. Gleichwohl kann nach den **Umständen des konkreten Einzelfalls** unter der Berücksichtigung der **Verkehrssitte** das Unterlassen einer Untersuchung der Kaufsache vor Abschluss des Kaufvertrags eine grobe Fahrlässigkeit aufseiten des Käufers begründen. Es besteht dann eine mittelbare **Untersuchungsobliegenheit**, dh, gem § 442 Abs 1 Satz 2 ist die an sich wegen Vorliegens eines Mangels gegebene Gewährleistungshaftung des Verkäufers ausgeschlossen. Der Käufer muss also die Ware prüfen, wenn dies geboten ist und er etwaige Gewährleistungsrechte nicht nach dieser Vorschrift verlieren will. **106**

HGB § 377 statuiert weder eine Verpflichtung noch eine Obliegenheit des Käufers zur Untersuchung der vom Verkäufer angebotenen Ware vor Abschluss des Kaufvertrags. Der wesentliche Unterschied zwischen § 442 Abs 1 Satz 2 und HGB § 377 besteht darin, dass die **handelsrechtliche Untersuchungsobliegenheit** des Kaufmanns beim Handelskauf sich nicht auf den Zeitraum bis zum Abschluss des Kaufvertrags (Vertragsanbahnung), sondern auf den Zeitpunkt der **Ablieferung der Kaufsache** durch den Verkäufer in Erfüllung des geschlossenen Kaufvertrags bezieht. Der Verkäufer hat keinen gesetzlichen Anspruch gegen den Käufer auf Durchführung einer Untersuchung der gelieferten Ware, und diese Maßnahme ist auch nicht Voraussetzung **107**

226 BGH NJW 1960, 720 = JZ 1961, 325 mAnm Erman.
227 BGH NJW 1960, 720 (zu § 439 Abs 1 aF).
228 RGZ 131, 343, 353; BeckOK/Faust Rz 23; Staud/Matusche-Beckmann Rz 28; MünchKomm/Westermann Rz 9; Erman/Grunewald Rz 11.
229 RG LZ 1911, 60.
230 Köln NJW 1973, 903, 904; Erman/Grunewald Rz 11; MünchKomm/Westermann Rz 9; BeckOK/Faust Rz 23; Staud/Matusche-Beckmann Rz 33; vgl zur gebotenen Sorgfalt unten Rz 109 ff.

für die **Entstehung von Gewährleistungsansprüchen**[231]. Der Käufer verliert vielmehr beim beiderseitigen Handelskauf die ihm grundsätzlich zustehenden Gewährleistungsrechte aus § 437, wenn er nach Ablieferung der Kaufsache einen bei Durchführung einer gem HGB § 377 gebotenen Untersuchung erkennbaren Mangel nicht rechtzeitig rügt (§ 377 Abs 2).

108 3. **Anwendbarkeit des § 442 Abs 1 beim Gattungskauf.** § 442 Abs 1 Satz 2 bezieht sich zwar ebenso wie der Satz 1 dieser Vorschrift nicht nur auf den **Stückkauf**, sondern zudem auf den **Gattungskauf**[232]. Aber auch in Bezug auf den Ausschluss der Gewährleistungshaftung des Verkäufers nach § 442 Abs 1 Satz 2 ist beim Gattungskauf zu beachten, dass ein **Sachmangel** iSd § 434 Abs 1 hier nur dann gegeben ist, wenn der Verkäufer aus der Gattung ein bestimmtes fehlerhaftes Stück ausgesondert und dem Käufer in Erfüllung der Übergabeverpflichtung aus § 433 Abs 1 Satz 1 geliefert hat. Vor **Übergabe** iSd §§ 434 Abs 1, 446 kann dem Käufer daher idR weder die Mangelkenntnis noch eine darauf bezogene grobe Fahrlässigkeit zur Last gelegt werden. Ist eine Beschaffenheitsabweichung gegeben, mit der die **gesamte Warengattung** belastet ist, aus der gem § 433 Abs 1 Satz 1 vom Verkäufer die Lieferung (Übergabe) erfolgen muss, so ist die Gewährleistung gem § 442 Abs 1 Satz 2 ausgeschlossen, wenn der Käufer dies grob fahrlässig nicht erkannt und der Verkäufer weder arglistig gehandelt noch eine Beschaffenheitsgarantie übernommen hat[233]. Eine grobe Fahrlässigkeit iSd § 442 Abs 1 Satz 2 kann beim Gattungskauf auch dann vorliegen, wenn die verkaufte Gattungsware mit einem **Rechtsmangel** behaftet ist. Gegeben ist dies bspw dann, wenn die gesamte dem Verkäufer zum Zwecke der Lieferung zur Verfügung stehende Produktion und damit die gesamte Gattung gegen ein **Schutzrecht eines Dritten** verstößt (zB Marke oder Urheberrecht). In den meisten Fällen dürfte dem Verkäufer allerdings dieser Verstoß bekannt sein, so dass dem Käufer eine **grobe Fahrlässigkeit** wegen Vorliegens einer Arglist des Verkäufers nicht schadet. Ein Gewährleistungsausschluss nach § 442 Abs 1 Satz 2 kommt daher nur bei Gutgläubigkeit des Verkäufers in Betracht, auch wenn diese auf einer groben Fahrlässigkeit beruht.

109 4. **Definition der groben Fahrlässigkeit – Bestimmung der gebotenen Sorgfalt.** Voraussetzung der groben Fahrlässigkeit ist auch im Anwendungsbereich des § 442 Abs 1 Satz 2, dass der Käufer die im Verkehr erforderliche Sorgfalt in besonders schwerem Maße außer Acht lässt, schon einfachste, ganz **naheliegende Überlegungen nicht anstellt** und von ihm dasjenige nicht beachtet wird, was im konkreten Fall jedem Kaufinteressenten einleuchten muss[234]. Dem Käufer muss persönlich ein **schwerer Obliegenheitsverstoß** in seiner eigenen Angelegenheit der Kaufanbahnung und damit eine schwere Form eines „Verschuldens gegen sich selbst" vorgeworfen werden können[235]. Sein **Verhalten** in Bezug auf die Prüfung des Kaufgegenstands muss **schlechthin unverständlich bzw unentschuldbar** sein[236]. Entscheidend dafür ist zunächst, welche Sorgfalt beim konkreten Kauf nach der **Verkehrssitte** und den besonderen Umständen des Einzelfalls geboten und üblich ist. Diese Sorgfalt muss der Käufer außer Acht gelassen haben. Von Bedeutung ist insoweit, ob der Käufer als **nicht fachkundige Person** für seinen privaten Bereich kauft oder als Fachmann beim **gewerblichen Ankauf** (zB als Autohändler) tätig ist. Den Privatkäufer treffen zwar geringere Obliegenheiten, er kann allerdings nicht von jeder Prüfungsverantwortung freigestellt werden. Dies gilt insbes beim privaten Kauf eines Wohnhauses[237] oder eines Gebrauchtwagens[238].

110 Relevant für die Frage, ob dem Käufer ein grob fahrlässiges Verhalten vorgeworfen werden kann, ist auch der Grad der Erkennbarkeit des Mangels. **Erkundigungen** muss der Käufer dann einholen, wenn die besonderen Umstände des konkreten Einzelfalls zu einer besonderen Vorsicht Anlass geben[239]. Das Gleiche gilt, wenn der Käufer in Bezug auf den Kaufgegenstand eine **besondere Sachkunde** besitzt, und zwar insbes dann, wenn diese aufseiten des Verkäufers nicht vorhanden ist[240]. Das Vorliegen einer **Beschaffenheitsgarantie des Verkäufers** kann dazu führen,

231 Vgl Ebenroth/Boujong/Joost/Strohn/Achilles, HGB, 2020[4], § 377 Rz 58; MünchKomm/Grunewald, HGB, 2021[5], § 377 Rz 31.
232 Vgl oben Rz 17 f.
233 Vgl zur Anwendung des § 442 Abs 1 Satz 1 beim Gattungskauf oben Rz 17.
234 RGZ 131, 343, 355; BGHZ 10, 14, 16; BGH NJW-RR 2012, 111 Rz 8; BGH NJW-RR 2014, 90 Rz 26; BGH NJW 2017, 2187 Rz 8 (zur grob fahrlässigen Unkenntnis iSd § 199 Abs 1 Nr 2); Saarbrücken NJW-RR 2017, 434 Rz 19; Staud/Matusche-Beckmann Rz 28; BeckOK/Faust Rz 22; Erman/Grunewald Rz 10; MünchKomm/Westermann Rz 8.
235 BGH NJW 2017, 2187 Rz 8 (zur grob fahrlässigen Unkenntnis iSd § 199 Abs 1 Nr 2).
236 BGH NJW 2017, 2187 Rz 8.
237 Vgl dazu unten Rz 113 ff.
238 Vgl dazu unten Rz 117 ff.
239 RGZ 131, 343, 353; Saarbrücken NJW-RR 2017, 434 Rz 20 (weitergehende Untersuchungsobliegenheit des Käufers bei Anhaltspunkten für Unrichtigkeit oder zumindest Fragwürdigkeit der Verkäuferangaben); MünchKomm/Westermann Rz 9; BeckOGK/Stöber Rz 35.
240 RGZ 131, 343, 354; Staud/Matusche-Beckmann Rz 33; BeckOGK/Stöber Rz 36; Erman/Grunewald Rz 13.

dass der Käufer die von der Garantie erfasste Beschaffenheit von vornherein nicht näher prüfen muss und ein Unterlassen nicht als grob fahrlässig anzusehen ist[241]. Die Übernahme einer Beschaffenheitsgarantie durch den Verkäufer kann also den Sorgfaltsmaßstab in der Weise beeinflussen, dass die **Mangelunkenntnis des Käufers** von vornherein als nicht grob fahrlässig einzustufen und der Garantietatbestand des § 442 Abs 1 Satz 2 deswegen für die Gewährleistungshaftung des Verkäufers nicht entscheidend ist.

5. **Vertrauen des Käufers auf eine Sachverständigenexpertise.** Vertraut der Käufer auf die 111
ihm vorliegende **Expertise eines Sachverständigen**, so ist jedenfalls eine grobe Fahrlässigkeit regelmäßig zu verneinen. Dies gilt insbes dann, wenn die Expertise vom Verkäufer vorgelegt wird und keine offensichtlichen Unrichtigkeiten oder darauf bezogene Verdachtsmomente erkennbar sind. Ist der Sachverständige vom Käufer als **Verhandlungsgehilfe** eingeschaltet worden und als solcher dem Verkäufer gegenüber aufgetreten, so muss der Käufer sich eine **grobe Fahrlässigkeit des Sachverständigen** analog § 166 Abs 1 zurechnen lassen[242]. Ohne Bedeutung für die Zurechnung nach dem Rechtsgedanken des § 166 Abs 1 ist, ob der vom Käufer eingeschaltete Sachverständige gegenüber dem Verkäufer in Erscheinung tritt oder nur intern zum Zwecke der Begutachtung hinzugezogen wird. Entscheidend ist, dass die fachkundige Person im **Auftrag des Käufers** den Kaufgegenstand bei der Vertragsanbahnung prüft[243].

6. **Besichtigung und Untersuchung beim Stückkauf – Grundsätze.** IdR wird die **übliche** 112
Sorgfalt beim Stückkauf – und insbes beim Kauf einer gebrauchten Sache – eine **Besichtigung** und in gewissem Umfang auch eine weitergehende Untersuchung erfordern. Der konkrete Umfang einer solchen Untersuchung hängt von der Verkehrssitte und Umständen des konkreten Einzelfalls ab. Beim Gebrauchtwagenkauf kann bspw der Verzicht des **Käufers auf eine Probefahrt** trotz Besichtigung des Fahrzeugs als grob fahrlässig einzustufen sein[244]. Wenn im konkreten Einzelfall die Unterlassung einer Untersuchung keine grobe Fahrlässigkeit begründet, obwohl die Durchführung einer solchen Maßnahme geboten war, dann liegt ein **konkludenter Haftungsausschluss** nahe. Beispiel: Eine fachkundige Person kauft einen gebrauchten Pkw ohne Untersuchung, weil er ohnehin eine Generalüberholung vornehmen und den Zeitaufwand für eine Prüfung des Fahrzeugs nicht aufnehmen will. Hier nimmt der Käufer das **Risiko des Vorliegens unerwarteter Mängel** von vornherein bewusst in Kauf. Eine grobe Fahrlässigkeit ist hier aber zu verneinen, soweit dieses Verhalten in der betreffenden Branche nicht unüblich ist.

7. **Grobe Fahrlässigkeit beim Grundstückskauf.** – a) **Unterlassen einer Besichtigung.** 113
Der Kauf eines **Hausgrundstücks** ohne Gebrauchmachen von einer Besichtigungsmöglichkeit ist regelmäßig als grob fahrlässig einzustufen[245]. Nur in besonders gelagerten Ausnahmefällen ist hier eine grobe Fahrlässigkeit zu verneinen[246]. Der für eine Besichtigung erforderliche **Kosten- und Zeitaufwand** kann zwar den Umfang der Untersuchungsobliegenheit des Käufers beeinflussen[247]. Da dieser Aufwand aber im Vergleich zum Kaufpreis eigentlich nie ins Gewicht fällt, kann ein gänzlicher Verzicht auf die Besichtigung grundsätzlich nicht damit gerechtfertigt werden, dass aufseiten des Käufers die Durchführung einer Reise erforderlich wäre[248]. Wer bspw im Inland nach deutschem Recht einen Kaufvertrag über eine **ausländische Immobilie** abschließen will, der muss, wenn ihm der Reiseaufwand zu groß ist, eine Person vor Ort mit der Besichtigung beauftragen[249]. Von einem **fachkundigen Grundstückskäufer**[250], nicht jedoch von einem Laien[251], ist zudem zu erwarten, dass er erkennbare feuchte Stellen eines Hauses gezielt auf **Schwammverdacht** untersucht. Ein privater Grundstückskäufer ist grundsätzlich nicht verpflichtet, das Kaufobjekt durch eine fachkundige Person untersuchen zu lassen. § 442 Abs 1 Satz 2 kann beim Kauf eines gebrauchten Hausgrundstücks nur dann zur Anwendung kommen, wenn die Gewährleistung entgegen der ständigen Praxis nicht kaufvertraglich ausgeschlossen ist. Soweit ein vertraglicher Gewährleistungsausschluss wegen **Arglist des Verkäufers** oder einer von ihm übernommenen **Garantie** gem § 444 nicht Platz greift, schadet dem Käufer eine grobe Fahrlässigkeit nicht (§ 442 Abs 1 Satz 2).

241 Vgl dazu Staud/Matusche-Beckmann Rz 42 f.
242 Vgl oben Rz 72; Staud/Matusche-Beckmann Rz 33; Erman/Grunewald Rz 11; BeckOK/Faust Rz 25; aA BeckOGK/Stöber Rz 36.
243 Vgl oben Rz 73.
244 Vgl dazu Rz 117.
245 Jena OLGE 40, 295, 296; Staud/Matusche-Beckmann Rz 36; MünchKomm/Westermann Rz 10; Erman/Grunewald Rz 12; BeckOGK/Stöber Rz 40.
246 Brandenburg BeckRS 2013, 01595 (Erwerb einer Immobilie von einem Bundesland im Rahmen einer Versteigerung); BeckOGK/Stöber Rz 40.
247 Vgl dazu Köhler JZ 1989, 761, 767 f.
248 AA Köhler JZ 1989, 761, 767 (unter Verweis auf den Beispielsfall des Abschlusses eines Kaufvertrags in Deutschland über eine Eigentumswohnung in Spanien bei Vereinbarung der Anwendung des deutschen Rechts).
249 Im Übrigen erscheint es angesichts der heutigen Flugverbindungen und -preise sehr zweifelhaft, ob der Aufwand für die Besichtigung einer ausländischen Immobilie den Verzicht auf diese grundsätzlich gebotene Maßnahme als nachvollziehbar erscheinen lassen kann.
250 RG SoergRspr 1914 (zu § 460 aF).
251 RG Recht 1912 Nr 389 (zu § 460 aF).

114 b) **Prüfung des Vorliegens einer Baugenehmigung und des Nichtbestehens von Baubeschränkungen.** Nach einer älteren, vor Inkrafttreten des SMG 2002 ergangenen Entscheidung des BGH muss ein privater Käufer sich vor dem Erwerb eines Hausgrundstücks, das in einem **Landschaftsschutzgebiet** liegt, nach dem Vorliegen einer ordnungsgemäßen Baugenehmigung erkundigen[252]. Das Unterlassen einer darauf bezogenen **Nachfrage bei der zuständigen Baubehörde** mag aus heutiger Sicht als fahrlässig einzustufen sein. Eine grobe Fahrlässigkeit ist hier aber zu verneinen, wenn der Käufer bei Fehlen zusätzlicher Verdachtsmomente ohne weitere Nachforschungen auf das Vorliegen einer Baugenehmigung vertraut[253]. Denn der Fall, dass ein in einem Landschaftsschutzgebiet oder in einem sonstigen grundsätzlich nicht bebaubaren Bereich tatsächlich errichtetes und von der Baubehörde offenbar zumindest temporär geduldetes Haus vom Eigentümer ohne Einschränkung angeboten wird, obwohl es sich um einen **„Schwarzbau"** handelt, ist so ungewöhnlich, dass ein Vertrauen des Käufers auf einen **baurechtskonformen Zustand** zumindest nicht als grob fahrlässig anzusehen ist. Jedenfalls heute ist davon auszugehen, dass bei Beginn der Errichtung eines „Schwarzbaus" in einem Landschaftsschutzgebiet unverzüglich eine **behördliche Untersagungsverfügung** erfolgt und ein Rechtsmittel des Bauherrn wegen Anordnung der sofortigen Vollziehung des Verwaltungsakts keine aufschiebende Wirkung hat. Ein sorgfältig vorgehender Käufer wird zwar in einer solchen Konstellation eine **Auskunft bei der zuständigen Baubehörde** einholen. Wenn aber von dieser Behörde die Errichtung und die Existenz des baurechtswidrigen Gebäudes über einen längeren Zeitraum geduldet worden ist, dann kann dem Käufer regelmäßig nicht ohne weiteres vorgeworfen werden, er habe die **fehlende Genehmigung** grob fahrlässig nicht erkannt. Erst recht abzulehnen ist eine grobe Fahrlässigkeit, wenn das Haus lediglich im **sog Außenbereich** liegt. Denn hier ist eine Bebauung auf Grundlage eines baubehördlichen Dispenses von vornherein nicht unüblich.

115 Das Unterlassen der **Einsicht in die Bauakten** stellt beim Kauf eines bebauten Grundstücks ebenfalls nicht ohne weiteres ein grob fahrlässiges Verhalten des Käufers dar[254]. Die Höhe des Kaufpreises ist insoweit grundsätzlich nicht ausschlaggebend[255]. Denn der Preis wird in erster Linie nicht von etwaigen baurechtlichen Schwierigkeiten, sondern vielmehr von der Größe und Lage des Objekts sowie der darauf bezogenen Nachfrage maßgeblich beeinflusst. Richtig ist aber, dass der **Gesamtkostenaufwand des Käufers** und die mit dem Vertragsschluss einschließlich der Mängelgewährleistung zusammenhängenden Risiken den Umfang der im konkreten Einzelfall gebotenen Sorgfalt beeinflussen[256]. Ein **Sachmangel** in Gestalt einer fehlenden Baugenehmigung kann auch dann vorliegen, wenn das Kaufobjekt in den räumlichen Grenzen eines Bebauungsplans liegt. Praktische Relevanz haben insoweit insbes Fälle, in denen das errichtete Gebäude zwar grundsätzlich baurechtlich zulässig ist, aber ein Teil der vom Verkäufer praktizierten und dem Käufer in Aussicht gestellten **Nutzung** (zB das Bewohnen eines ausgebauten Dachbodens) **baurechtswidrig** ist. Insbes bei älteren Großbauten kann die Lage so sein, dass in größerem Umfang abweichend von den gesetzlichen Vorgaben gebaut wurde. Das Unterlassen der Prüfung des Vorliegens einer vollständigen Baugenehmigung für die vom Verkäufer angebotene Nutzung mag aufseiten des Käufers eine Sorgfaltswidrigkeit begründen, eine grobe Fahrlässigkeit kann aber nur bei Vorliegen von Anhaltspunkten bejaht werden, die zumindest den Verdacht einer Baurechtswidrigkeit begründen.

116 Beim Kauf eines **unbebauten Grundstücks**, das vom Verkäufer als Baugrundstück angeboten wird, kommt der rechtlichen Bebaubarkeit eine überragende Bedeutung zu. Vom Käufer ist daher auch dann, wenn es sich insoweit um einen Nichtfachkundigen handelt, zu erwarten, dass er sich vor dem Abschluss des Kaufvertrags über die Bebaubarkeit und etwaige **öffentlichrechtliche Baubeschränkungen** informiert[257]. Dies gilt erst recht in dem Fall, in dem der Käufer zum Zwecke der Unterstützung bei der Kaufanbahnung einen **Architekten hinzugezogen** hat[258]. Auch für die Frage, ob das Unterlassen einer gebotenen Prüfung der Bebaubarkeit beim Kauf eines unbebauten Grundstücks als grob fahrlässig anzusehen ist, sind zwar letztlich die Umstände des konkreten Einzelfalls entscheidend. Gegen das Vorliegen von grober Fahrlässigkeit können hier aber insbes die folgenden Gesichtspunkte sprechen: Liegt das angebotene Baugrundstück im **räumlichen Geltungsbereich (Planbereich) eines wirksamen Bebauungsplans**, so ist regelmäßig zumindest eine grobe Fahrlässigkeit zu verneinen, wenn der Käufer im

252 BGH WM 1985, 230, 231; MünchKomm/Westermann Rz 10; Köhler JZ 1989, 761, 768; aA Erman/Grunewald Rz 12.

253 Erman/Grunewald Rz 12; BeckOGK/Stöber Rz 39; Fleischer, Informationsasymmetrie im Vertragsrecht, 2001, S 482 f.

254 BGH WM 1988, 1449, 1451; Erman/Grunewald Rz 12.

255 BGH WM 1988, 1449, 1451; Erman/Grunewald Rz 12; einschränkend Köhler JZ 1989, 761, 767 (Orientierung des „Mindestinformationsaufwands" an voraussichtlichen Kosten und Risiken von Vertragsschluss, Vertragsdurchführung und Gewährleistung).

256 Köhler JZ 1989, 761, 767.

257 RGZ 131, 343, 354.

258 Vgl zur Zurechnung eines Verschuldens des Architekten Rz 73.

Ergebnis unzutreffend davon ausgeht, dass die vom Verkäufer in Aussicht gestellte Bebaubarkeit mit den Vorgaben des betreffenden Plans übereinstimmt. Entsprechendes gilt, wenn der Verkäufer zur Frage der Bebaubarkeit detaillierte und schlüssige Angaben macht, die sich später als unzutreffend herausstellen. Ein sorgfältiger Kaufinteressent wird hier zwar – uU im Wege der Einschaltung eines Fachkundigen – eine Überprüfung vornehmen. Ein Vertrauen auf **nachvollziehbare Angaben des Verkäufers** begründet aber idR zumindest keine grobe Fahrlässigkeit.

8. **Gebotene Sorgfalt beim Gebrauchtwagenkauf.** – a) **Unterlassen von Besichtigung und Probefahrt.** Der Kauf eines gebrauchten Pkw ohne Besichtigung ist grundsätzlich als grob fahrlässig anzusehen, und zwar unabhängig davon, ob es sich um einen **privaten oder gewerblichen Käufer** handelt[259]. Das Gleiche gilt im Falle des Unterlassens einer Probefahrt, sofern der Verkäufer diese Maßnahme zulässt und die Durchführung generell möglich ist[260]. Eine grobe Fahrlässigkeit ist daher zu verneinen, wenn der Verkäufer – wie bspw Autohersteller nach temporärer Nutzung eines Neufahrzeugs durch Werksangehörige als Dienstwagen[261] – den **aktuellen Zustand des Wagens begutachtet** und den Kaufinteressenten unter Ausschluss von Besichtigung und Probefahrt nur den **gutachterlichen Zustandsbericht** und die gewöhnlichen Ausstattungsangaben zur Verfügung stellt[262]. Ein Unterschied zwischen einem gewerblich tätigen Händler und einer nicht fachkundigen Person besteht auf Käuferseite darin, dass dem Fachkäufer Unregelmäßigkeiten eher auffallen müssen. 117

b) **Unterlassen von fachkundiger Untersuchung und Nachforschungen.** Vom Unterlassen einer **Besichtigung** einschließlich **Probefahrt** des angebotenen Gebrauchtwagens zu unterscheiden ist das Unterlassen einer fachkundigen Untersuchung. Ein dem Kfz-Gewerbe angehöriger fachkundiger Käufer muss sich beim Gebrauchtwagenkauf eine grobe Fahrlässigkeit iSd § 442 Abs 1 Satz 2 auch dann entgegenhalten lassen, wenn er das angebotene Fahrzeug zwar besichtigt und zudem eine Probefahrt vornimmt, aber dann ohne nähere Untersuchung kauft[263]. Beim **gewerblichen Ankauf** eines Gebrauchtwagens durch eine fachkundige Person entspricht – neben Besichtigung und Probefahrt – auch eine **technische Durchsicht („Sichtprüfung“)** der **Verkehrssitte**[264]. Der Umfang dieser Durchsicht hat sich insbes an den Angaben des Verkäufers zum Zustand des Fahrzeugs und den sonstigen Umständen des konkreten Einzelfalls zu orientieren[265]. Wird ein vom **„Dieselskandal“** betroffener Gebrauchtwagen erworben, nachdem durch **Mitteilungen der Fahrzeugherstellerin** das Bestehen einer **unzulässigen Abschalteinrichtung öffentlich bekannt geworden** und anschließend in aller Breite und in einer Vielzahl von Medien umfangreich und wiederholt diskutiert worden ist, dann liegt aufseiten des Käufers **jedenfalls eine grobe Fahrlässigkeit** iSd § 442 Abs 1 Satz 2 vor[266]. Sofern in einer derartigen Konstellation allerdings keine Kenntnis des Käufers gegeben ist, verhindert eine **aufseiten des Verkäufers gegebene Kenntnis** des Mangels den Eintritt eines Gewährleistungsausschlusses nach § 442 Abs 1 Satz 2. 118

Ergeben sich bei einer Durchsicht Anhaltspunkte für einen Mangel, so müssen von der betreffenden fachkundigen Person zwecks Vermeidung einer groben Fahrlässigkeit **weitergehende Untersuchungen** oder/und Nachforschungen veranlasst werden[267]. Große praktische Relevanz hat insoweit die Frage der **Unfallfreiheit**. Auch von einem gewerblichen Autohändler kann aber beim Ankauf eines Gebrauchtwagens nicht in jedem Fall erwartet werden, dass er den Wagen über eine übliche Sichtprüfung hinaus auf mögliche Unfallschäden untersucht[268]. Eine **Obliegenheit** zu einer weitergehenden Untersuchung oder/und kritischen Nachfragen beim Verkäufer trifft den Händler allerdings dann, wenn die Sichtprüfung einen **Unfallvorschaden** oder einen sonstigen Sachmangel nahelegt oder/und der Verdacht besteht, dass die Angaben des Ver- 119

259 Köln NJW 1973, 903, 904; Staud/Matusche-Beckmann Rz 37; aA Erman/Grunewald Rz 13, MünchKomm/Westermann Rz 11; offengelassen in BGHZ 83, 334, 337 (zu § 460 aF).

260 Staud/Matusche-Beckmann Rz 37; BeckOGK/Stöber Rz 41.

261 IdR werden derartige Dienstwagen nach Beendigung der Nutzung durch einen Werksangehörigen und Begutachtung vom aktuellen Besitzer nicht mehr gefahren, sondern bis zum Verkauf eingelagert, wobei die Anlieferung des Wagens beim Käufer oder dem von ihm beauftragten lokalen Autohändler ohne Fahren im Straßenverkehr durch eine Spedition im Rahmen eines Stückguttransports erfolgt.

262 Der Fahrzeughersteller sichert hier allerdings regelmäßig zu, dass der zum Verkauf vorgesehene und intern begutachtete Wagen nicht mehr gefahren und zum Zwecke der Auslieferung an den Käufer von einer Spedition befördert wird.

263 Vgl zu § 460 aF Hamburg MDR 1971, 134; Düsseldorf BB 1972, 857; Celle NdsRpfl 1974, 83; Saarbrücken NJW-RR 2017, 434 Rz 20; offengelassen in BGHZ 83, 334, 337 (zu § 460 aF).

264 Schleswig MDR 2006, 629; Karlsruhe NJW-RR 2011, 1070, 1072; Saarbrücken NJW-RR 2017, 434 Rz 20.

265 Schleswig MDR 2006, 629; Saarbrücken NJW-RR 2017, 434 Rz 20.

266 BGH BeckRS 2022, 30076 Rz 21; Hamm BeckRS 2019, 20757 Rz 15 ff.

267 Saarbrücken NJW-RR 2017, 434 Rz 20; Karlsruhe NJW-RR 2011, 1070, 1072.

268 Schleswig MDR 2006, 629; Saarbrücken NJW-RR 2017, 434 Rz 20.

käufers zur Beschaffenheit des Fahrzeugs unzutreffend oder zumindest zweifelhaft sind[269]. Kauft ein **gewerblicher Fahrzeughändler** ein vom Verkäufer als **„Diebstahlsrückläufer"** angebotenes Fahrzeug, so handelt er grob fahrlässig, wenn er die Übereinstimmung der in den Zulassungspapieren eingetragenen **Fahrzeug-Identifikationsnummer (FIN)** nicht mir der am Fahrzeug eingestanzten FIN überprüft[270]. Bei einem „Diebstahlsrückläufer" handelt es sich um ein nach Diebstahl wieder aufgefundenes und dann vom **Diebstahlsversicherer** in den Verkehr gebrachtes Fahrzeug. Die **Verfälschung der FIN** ist im Falle des Erwerbs eines derartigen Fahrzeugs ein **spezifisches Risiko**[271].

120 Von einem **privaten Käufer** kann dagegen grundsätzlich nicht verlangt werden, dass er den Wagen vor Abschluss des Kaufvertrags durch eine **Fachwerkstatt untersuchen** lässt oder in sonstiger Weise eine fachkundige Person hinzuzieht[272]. Beim Kauf von einer Privatperson mit **Verbrauchereigenschaft iSd § 13** ist ohnehin ein kompletter vertraglicher Gewährleistungsausschluss zulässig und auch üblich. Der Käufer kann im eigenen Interesse eine fachkundige Person hinzuziehen, um die mit dieser Freizeichnung verbundenen Risiken abzumildern. Bei Vorliegen eines **Verbrauchsgüterkaufs** ist die Anwendung des § 442 Abs 1 ohnehin durch **475 Abs 3 Satz 2** ausgeschlossen. Das Unterlassen einer fachkundigen Untersuchung begründet auch dann keine grobe Fahrlässigkeit aufseiten des Käufers, wenn der Verkäufer ihm bei der Probefahrt mitteilt, dass das Fahrzeug einen Unfallschaden erlitten hat[273]. Der Käufer kann hier bei Fehlen abweichender Anhaltspunkte davon ausgehen, dass ein solcher Schaden fachgerecht beseitigt worden ist und die Nutzung des Fahrzeugs nicht beeinträchtigen wird. Kann der Käufer bei Besichtigung und Probefahrt des angebotenen Wagens keine **aktuellen Beeinträchtigungen** feststellen, die im Zusammenhang mit dem vom Verkäufer angegebenen Unfallschaden stehen könnten, so muss der Käufer nicht ohne weiteres von einem schweren Unfallschaden ausgehen und selbst eine fachkundige Untersuchung veranlassen[274]. Dafür spricht auch der Umstand, dass der **Aufwand für eine Fachbegutachtung** des Fahrzeugs erheblich höher ist als der für die nach der Verkehrssitte übliche Besichtigung. Eine grobe Fahrlässigkeit iSd § 442 Abs 1 Satz 2 ist hier erst ausgeschlossen, wenn der Verkäufer dem Käufer ein **Rückgaberecht** für den Fall einräumt, dass nach dem Kauf und der Übernahme des Fahrzeugs bei einer Fachuntersuchung gravierende Unfallschäden festgestellt werden[275]. Falls sich aber bei der Besichtigung oder/und Probefahrt durch einen privaten Käufer aufgrund des Zustands des Fahrzeugs oder/und der Angaben des Verkäufers **Verdachtsmomente** ergeben, müssen **Nachforschungen** angestellt werden.

121 Einem privaten Käufer kann grundsätzlich nicht zur Last gelegt werden, dass er bei einer **Probefahrt** Verdachtsmomente nicht erkannt hat, die einer fachkundigen Person vielleicht aufgefallen wären[276]. Eine grobe Fahrlässigkeit kann dem Käufer hier nur vorgeworfen werden, wenn er das zu erwartende Mindestmaß an Aufmerksamkeit in besonders schwerem Maße vernachlässigt hat[277]. Entsprechendes gilt für die Besichtigung des Fahrzeugs. Zudem ist nicht nur in Bezug auf die Frage der Unfallfreiheit, sondern auch allgemein die Annahme gerechtfertigt, dass der Käufer auf **Beschaffenheitsangaben des Verkäufers** vertrauen darf, sofern keine Anhaltspunkte für deren Unrichtigkeit und den Verdacht eines Mangels erkennbar sind[278]. Das Vertrauen auf die Richtigkeit der vom Verkäufer erhaltenen Informationen und das darauf beruhende Unterlassen einer eigenen weitergehenden Untersuchung des Fahrzeugs ist jedenfalls nicht als grob fahrlässig einzustufen[279].

122 c) **Abgrenzung zwischen Gewährleistungsausschluss nach § 442 Abs 1 Satz 2 und konkludenter vertraglicher Freizeichnung.** Unterlässt der Käufer beim Autokauf sowohl eine nähere Besichtigung als auch eine Probefahrt, so kommt nicht nur eine Anwendung des § 442

269 Saarbrücken NJW-RR 2017, 434 Rz 20; Karlsruhe NJW-RR 2011, 1070, 1072. Im Fall des OLG Saarbrücken (NJW-RR 2017, 434) lieferte der äußere Anschein des Fahrzeugs deutliche Hinweise auf die nicht fachgerechte Beseitigung eines Unfallschadens. Einer fachkundigen Person hätte dies ohne weiteres auffallen müssen.

270 Rostock NJW-RR 2021, 1283 Rz 22 ff.

271 Rostock NJW-RR 2021, 1283 Rz 22 ff.

272 Köln NJW 1973, 903, 904; Brandenburg, Urt v 27.11.2018 – 3 U 15/18, juris Rz 55.

273 Koblenz MDR 2015, 886.

274 Koblenz MDR 2015, 886.

275 So iE auch Koblenz MDR 2015, 886. Im Fall des OLG Koblenz war neben dem Rückgaberecht ein Gewährleistungsausschluss vereinbart worden. Der Käufer unterließ aber auch nach Erwerb des Fahrzeugs eine Prüfung und machte den tatsächlich vorliegenden gravierenden Unfallschaden erst acht Monate später geltend, nachdem in einer Werkstatt im Rahmen des Austauschs des Turboladers ein Austausch zahlreicher Teile im Frontbereich des Fahrzeugs festgestellt worden war und weitere Nachforschungen einen schweren Unfall während des Besitzes eines der Voreigentümer ergeben hatten.

276 Köln NJW 1973, 903, 904; Brandenburg, Urt v 27.11.2018 – 3 U 15/18, juris Rz 55; Staud/Matusche-Beckmann Rz 35; BeckOGK/Stöber Rz 36.

277 Brandenburg, Urt v 27.11.2018 – 3 U 15/18, juris Rz 55.

278 Brandenburg, Urt v 27.11.2018 – 3 U 15/18, juris Rz 55 (Rostfreiheit des Fahrzeugs).

279 Karlsruhe NJW-RR 2014, 745, 747 f; Brandenburg, Urt v 27.11.2018 – 3 U 15/18, juris Rz 55.

Abs 1 Satz 2, sondern auch ein stillschweigender vertraglicher Gewährleistungsausschluss in Betracht[280]. Praktische Relevanz hat insoweit insbes der Fall, in dem ein **Autohändler** ein sehr altes Fahrzeug aufkauft, bei dem regelmäßig sowohl ein größerer Verschleiß als auch Sachmängel zu erwarten sind. Hier kann das Erwerbsinteresse des Händlers nämlich auch darin bestehen, bei **Feststellung gravierender Sachmängel** das Fahrzeug zu „zerlegen", um intakte Teile über das Internet als Ersatzteile verkaufen zu können. Das Vorliegen eines Sachmangels ist dann für den Käufer bei der Entscheidung über den Ankauf nicht von wesentlicher Bedeutung. Das Gleiche gilt, wenn der Käufer als Fachhändler ohnehin eine größere Generalüberholung durchführen will. In einer derartigen Konstellation wäre es nicht überzeugend, dem gewerblichen Käufer eine grobe Fahrlässigkeit vorzuwerfen. Denn für sein **konkretes Erwerbsinteresse** ist eine präzise Untersuchung nicht erforderlich und insoweit dann auch nicht verkehrsüblich, da andere Händler in vergleichbaren Situationen ebenso vorgehen. Der Verkäufer kann vielmehr davon ausgehen, dass etwaige Sachmängel für den Käufer keine Rolle spielen und er bei späterer Feststellung einer Abweichung von der üblichen Beschaffenheit keine Gewährleistungsrechte geltend machen wird. IdR ist daher hier die Annahme eines konkludenten Verzichts des Käufers auf Gewährleistungsrechte gerechtfertigt, so dass sich die Frage der Anwendung des § 442 Abs 1 Satz 2 nicht stellt. In Betracht kommt zwar auch eine **konkludente negative Beschaffenheitsvereinbarung.** Wenn die Parteien aber, wie wohl im Regelfall, keine Vorstellung bezüglich der konkreten Beschaffenheit haben, liegt die Annahme eines konkludenten Gewährleistungsausschlusses näher.

Das gilt insbes dann, wenn der **Verkäufer oder ein Dritter** den Käufer auf die Möglichkeit 123
des Bestehens eines Mangels hingewiesen hat. Insoweit wird zwar zutreffend darauf abgestellt, dass ein Käufer in einer solchen Situation gehalten ist, Nachforschungen anzustellen, und ein Unterlassen als grob fahrlässig eingestuft werden muss[281]. Von weiteren – uU zeitaufwendigen – Untersuchungen wird ein Käufer hier aber absehen, wenn der mögliche Mangel für die geplante Nutzung des Kaufgegenstands ohne Bedeutung ist oder er ohnehin eine größere Überholung oder Umgestaltung plant. Der auf die **Möglichkeit des Vorliegens eines Mangels** hinweisende Verkäufer kann in diesem Fall das Verhalten des Käufers dahingehend auslegen, dass der Käufer den Mangel in Kauf nimmt, dh, auf etwaige Gewährleistungsrechte verzichtet. Sofern der Verdacht sich auf einen konkreten Mangel bezieht, ist die Annahme einer **negativen Beschaffenheitsvereinbarung** vorrangig, während in Fällen eines allgemeinen Mangelverdachts die Bejahung eines konkludenten Gewährleistungsausschlusses näherliegt[282].

Die Rechtslage ist zum Teil anders, wenn ein **vom Verkäufer nicht beauftragter Dritter** 124
den Käufer auf die Möglichkeit eines Mangels substantiiert hinweist und der Käufer dies nicht zum Anlass nimmt, Nachforschungen anzustellen. Ein **konkludenter Gewährleistungsausschluss** kommt hier wegen fehlender Beteiligung des Verkäufers nicht in Betracht. Es greift vielmehr ein gesetzlicher Gewährleistungsausschluss nach § 442 Abs 1 Satz 2 wegen grob fahrlässigen Verhaltens des Käufers ein.

9. **Untersuchung durch Angestellte/Repräsentanten des Käufers.** Wird die Ware durch 125
einen Angestellten oder sonstigen Repräsentanten (zB Subunternehmer) des Käufers in dessen **Auftrag** untersucht und dabei ein Sachmangel grob fahrlässig übersehen, so ist zu Lasten des Käufers die **Zurechnungsnorm des § 166 Abs 1** einschlägig[283]. Im Falle des **Fehlens einer Abschlussvollmacht** ist diese Vorschrift analog anzuwenden[284]. Insoweit kommt es nicht darauf an, ob sich gerade bei der vorgenommenen Untersuchung Anhaltspunkte für einen Mangel ergeben haben[285]. Eine grobe Fahrlässigkeit ist hier zu bejahen, wenn der Käufer aufgrund von Bedenken bezüglich einer einwandfreien Beschaffenheit der Ware eine Untersuchung für geboten hält und der damit betraute Dritte die **Überprüfung nur oberflächlich durchführt.** Aufgrund der Anwendbarkeit des § 166 ist es im Ergebnis unerheblich, ob der Käufer die Untersuchung selbst vornimmt oder einen Repräsentanten damit beauftragt. Nicht notwendig ist, dass der Repräsentant ein Angestellter des Käufers ist. Ausreichend ist ein Handeln im Interesse und auf Weisung des Käufers.

280 Vgl BGHZ 83, 334, 338 (zum stillschweigenden Haftungsausschluss bei Inzahlungnahme eines Gebrauchtwagens durch einen Händler).

281 RG Recht 1908 Nr 1162; Hamburg MDR 1971, 134, 135 (zu § 460 aF); Staud/Matusche-Beckmann Rz 34; BeckOGK/Stöber Rz 38.

282 Vgl zum konkludenten Gewährleistungsausschluss § 444 Rz 10.

283 Celle BB 1957, 910; Staud/Matusche-Beckmann Rz 9; Erman/Grunewald Rz 18; BeckOGK/Stöber Rz 21; BeckOK/Faust Rz 13.

284 BeckOGK/Stöber Rz 21; BeckOK/Faust Rz 13 (Grundsätze über die Wissenszurechnung anwendbar).

285 MünchKomm/Westermann Rz 7; Erman/Grunewald Rz 18;
BeckOK/Faust Rz 23.

126 10. **Gebotene Sorgfalt beim Kauf von Lebensmitteln – insbes Ablauf des Mindesthaltbarkeitsdatums.** Beim Kauf von Lebensmitteln in einem Supermarkt oder in einem sonstigen Einzelhandelsgeschäft ist das Übersehen eines abgelaufenen Mindesthaltbarkeitsdatums idR nicht als grob fahrlässig einzustufen[286]. Denn der Käufer kann grundsätzlich darauf vertrauen, dass nur solche Waren angeboten werden, deren Mindesthaltbarkeitsdatum noch nicht überschritten ist. Bei Vorliegen eines **Verbrauchsgüterkaufs** wird die Anwendung des § 442 ohnehin durch § 475 Abs 3 Satz 2 ausgeschlossen. Es entspricht der **Verkehrssitte**, dass Lebensmittel nach Erreichen dieses Datums **aussortiert** oder – sofern der Verkauf im konkreten Fall noch zulässig ist – nur zu einem **stark reduzierten Preis** angeboten werden. Gewöhnlich erfolgt eine Preisherabsetzung schon dann, wenn die Mindesthaltbarkeitsdauer demnächst endet. Der Käufer hat daher generell keinen Anlass, bei jedem Teil des angebotenen Sortiments die Mindesthaltbarkeit zu überprüfen[287]. Das ist vor allem bei Großeinkäufen auch weder üblich noch zumutbar. Hier ist sogar eine **einfache Fahrlässigkeit** regelmäßig zu verneinen. Eine solche Prüfung ist allerdings dann geboten, wenn zusätzliche Anhaltspunkte für einen **drohenden Verderb äußerlich erkennbar** sind. Zudem ist zu berücksichtigen, dass Lebensmittel mit abgelaufenem Mindesthaltbarkeitsdatum meist noch **für eine gewisse Zeit verzehrbar** sind, so dass dem Käufer nicht unbedingt ein Totalverlust droht, wenn er zum Zeitpunkt der beabsichtigten Verwendung eine auch jetzt noch geringfügige Überschreitung feststellt[288]. Werden Lebensmittel vom Verkäufer wegen eines unmittelbar bevorstehenden oder bereits eingetretenen Ablaufs des Mindesthaltbarkeitsdatums mit einem darauf bezogenen deutlichen Hinweis zum Verkauf angeboten, so ist diese **Beschaffenheit** im Falle des Kaufs als **konkludent vereinbart** anzusehen (negative Beschaffenheitsvereinbarung)[289]. Es fehlt daher hier regelmäßig schon ein **Sachmangel** als Grundlage für einen Ausschluss nach § 442 Abs 1 Satz 2.

127 Bei **schnell verderblicher Ware** – wie zB frischem Obst und Gemüse – ist die Angabe eines Mindesthaltbarkeitsdatums deshalb nicht üblich, weil die ohnehin beschränkte Haltbarkeit wesentlich von den Witterungs-, Lager- und Transportbedingungen abhängt. Im Falle des Selbstbedienungsverkaufs von schnell verderblicher Frischware in **unverpacktem Zustand** handelt der Käufer grob fahrlässig, wenn er gut sichtbare Anzeichen für einen Verderb (zB Verfärbung einer Tomate) nicht erkennt. Wird frisches Obst oder Gemüse mit oder ohne Schale in **Plastikverpackungen** angeboten, so kommt es darauf an, ob der Verderb ohne Öffnen der Verpackung äußerlich erkennbar ist. Das Nichterkennen eines Verderbs, der in einer Plastikverpackung nur in dem Bereich des Kontakts der Frischware mit einer Verpackungsschale eingetreten ist, kann dem Käufer idR nicht vorgeworfen werden. Im Falle der Verwendung derartiger **Verpackungen** wird zwar regelmäßig das **Abpackungsdatum** aufgedruckt. Daraus kann aber nicht ohne weiteres die Mindesthaltbarkeit abgeleitet werden.

128 11. **Grobe Fahrlässigkeit beim Kauf von Kunstgegenständen.** Auch beim Kauf von Kunstgegenständen, insbes hochwertigen Gemälden, kommt in Bezug auf die Frage des Vorliegens einer die Gewährleistungshaftung des Verkäufers gem § 442 Abs 1 Satz 2 ausschließenden groben Fahrlässigkeit des Käufers der **Verkehrssitte** eine herausragende Bedeutung zu. Entscheidend ist, ob vom Käufer die **Gepflogenheiten und sonstigen Usancen** der am Kunsthandel beteiligten Personen beachtet wurden. Große praktische Bedeutung hat insoweit der Sachmangel in Gestalt der **Unechtheit eines verkauften Gemäldes.** Der Umfang der vom Käufer zu erwartenden Untersuchungspflicht hängt vor allem von seinen Fachkenntnissen und dem Wert des angebotenen Kunstgegenstands ab. Ausschlaggebend für den Wert ist im Falle einer vorgesehenen Auktion die auf Grundlage von Vergleichspreisen ermittelte **Taxe (Schätzpreis)**. Beim Erwerb eines gefälschten oder aus einem sonstigen Grund **unechten Gemäldes** durch ein international renommiertes Kunstauktionshaus ist es als grob fahrlässig anzusehen, wenn der für das Auktionshaus mit der Prüfung betraute **Kunstexperte** bei seiner Einschätzung auf Signatur sowie Sujet (Malmotiv/Bildthema) vertraut und die aufgrund der Qualität und der Malweise gegebenen **Verdachtsmomente** nicht bemerkt oder auf sich beruhen lässt mit der Folge, dass die Unechtheit des Werks nicht erkannt wird[290]. Ausschlaggebend für das Vorliegen einer groben Fahrlässigkeit ist in derartigen Fällen nicht unbedingt das Unterlassen einer näheren Untersuchung, sondern

286 Lindacher NJW 1985, 2933, 2934; BeckOGK/Stöber Rz 37; aA wohl Staud/Matusche-Beckmann Rz 35; differenzierend Köhler DB 1985, 215, 216.

287 BeckOGK/Stöber Rz 37.

288 BeckOGK/Stöber Rz 37. Die Überschreitung des Haltbarkeitsdatums stellt aber gleichwohl wegen Einschränkung der Verkehrsfähigkeit und Unsicherheiten in Bezug auf die Verzehrbarkeit und eine weitere Aufbewahrung einen Sachmangel dar.

289 BeckOGK/Stöber Rz 37. Eine andere Frage ist, ob der Verkäufer deutlich darauf hinweisen muss, dass der (drohende) Ablauf des Mindesthaltbarkeitsdatums der Grund für den Preisnachlass ist. Da dies bei Lebensmitteln naheliegt, genügt eine Erkennbarkeit der Herabsetzung des gewöhnlichen Preises. Dies gilt insbes dann, wenn dieselbe Ware auch zum Regelpreis angeboten wird.

290 Vgl LG Bielefeld NJW 1990, 1999.

vielmehr das **Außerachtlassen von deutlichen Anhaltspunkten**, die für eine Unechtheit sprechen.

Ein Auktionshaus ist ebenso wie ein anderer Kunsthändler nicht generell verpflichtet, für jeden zum Erwerb vorgesehenen Kunstgegenstand unabhängig von seinem geschätzten Wert eine **Sachverständigenexpertise** einzuholen. Ab einem bestimmten Schätzwert kann sich aber die Notwendigkeit einer Begutachtung in dem Maße aufdrängen, dass ein Unterlassen aufseiten des Käufers als grob fahrlässig eingestuft werden muss. Dies ist jedoch zu verneinen, wenn aufgrund der Angaben des Verkäufers oder der sonstigen Umstände (zB zuverlässige Begutachtung beim Vorerwerb durch den Verkäufer) die Herkunft und die sonstigen Eigenschaften des Kunstgegenstands als unzweifelhaft angesehen werden können. Bewegt sich der Schätzwert in einem **Grenzbereich**, in dem das Erfordernis der Einholung einer Expertise nicht eindeutig beurteilt werden kann, dann mag das Unterlassen der Zuziehung eines Experten eine Fahrlässigkeit begründen. Ein grob fahrlässiges Verhalten liegt hier aber erst dann vor, wenn das Unterlassen der Begutachtung aufgrund der gesamten Umstände des Einzelfalls nicht nachvollziehbar ist. 129

12. **Grobe Fahrlässigkeit beim Unternehmenskauf**. – a) **Unterlassung einer „due diligence"-Prüfung beim Unternehmenskauf**. Beim Kauf eines Unternehmens wird zwar in den meisten Fällen vom Käufer vor Abschluss des Kaufvertrags eine **eingehende Prüfung des Kaufgegenstands** und insbes der betriebswirtschaftlichen Daten einschließlich bestehender Verträge („due diligence") durchgeführt[291]. Gleichwohl besteht keine dahin gehende **Verkehrssitte**[292]. Das Unterlassen einer „due diligence"-Prüfung begründet daher aufseiten des Käufers grundsätzlich kein grob fahrlässiges Verhalten iSd § 442 Abs 1 Satz 2[293]. Dafür spricht auch, dass in dem Fall, in dem eine **Gesellschaft als Unternehmenskäuferin** auftritt, deren **organschaftliche Vertreter** die „due diligence"-Prüfung in Erfüllung der ihnen gegenüber der eigenen Gesellschaft im Rahmen der Geschäftsführung obliegenden Sorgfaltspflichten vornehmen[294]. Zudem erfordert eine Prüfung der Daten des zum Verkauf angebotenen Unternehmens einen **erheblichen finanziellen Aufwand**, sofern – wie in vielen Fällen – Rechtsanwälte oder/und Wirtschaftsprüfer beauftragt werden, die nach den verkehrsüblichen Stundensätzen abrechnen. Zudem kann der Unternehmenskäufer grundsätzlich auf die Richtigkeit der Angaben des Verkäufers vertrauen, sofern keine Anhaltspunkte für Zweifel in dieser Hinsicht bestehen. 130

Der Käufer geht sicherlich – vor allem beim Kauf eines größeren Unternehmens – ein nicht unerhebliches Risiko ein, wenn er die „due diligence"-Prüfung nicht oder nur mit Einschränkungen durchführt. Er vermeidet hingegen den dafür erforderlichen **Kostenaufwand**. Obwohl sich Unternehmenskäufer überwiegend für die Durchführung einer „due diligence"-Prüfung entscheiden, muss die andere Vorgehensweise aus den genannten Gründen nach wie vor als nachvollziehbar und vertretbar angesehen werden mit der Folge, dass bei Vorliegen eines Mangels eine grobe Fahrlässigkeit zu verneinen ist. Anders ist die Rechtslage insoweit aber dann, wenn Anhaltspunkte dafür bestehen, dass die Angaben des Verkäufers nicht zutreffend sind. Für eine grobe Fahrlässigkeit spricht nicht, dass eine Besichtigung des Kaufgegenstands nicht nur beim **Grundstücks- und Autokauf**, sondern grundsätzlich auch beim Erwerb eines Unternehmens zu erfolgen hat. Sowohl beim Kauf von Grundstücken als auch beim Kauf von Fahrzeugen ist der Käufer aber grundsätzlich nicht zur **Hinzuziehung einer fachkundigen Person** zum Zwecke einer Begutachtung verpflichtet, sofern nicht ein Mangelverdacht vorhanden ist, der nur durch eine fachkundige Prüfung ausgeräumt werden kann[295]. Nicht wenige Grundstückskäufer lassen das betreffende Objekt zwar vor dem Abschluss des Kaufvertrags unabhängig von einem konkreten Mangelverdacht durch einen Architekten oder Bauingenieur überprüfen. Ein **Unternehmenskäufer**, der den damit verbundenen finanziellen Aufwand nicht tragen will, sondern sich auf die Angaben des Verkäufers und den im Rahmen seiner Besichtigung wahrgenommenen Zustand verlässt, handelt aber jedenfalls nicht grob fahrlässig. Auch beim Unternehmenskauf muss zwischen einer verkehrsüblichen Besichtigung des Kaufgegenstands und einer zusätzlichen Prüfung der Geschäftsunterlagen im Rahmen einer „due diligence"-Prüfung unterschieden werden. Das Unterlassen der „due diligence" stellt nur dann eine grobe Fahrlässigkeit iSd § 442 Abs 1 Satz 2 dar, wenn sich bei der Besichtigung des Unternehmens oder/und auf Grundlage der Informationen des Verkäufers Indizien für Unrichtigkeiten ergeben. 131

291 Vgl zur Durchführung der „due diligence"-Prüfung Rz 132 ff.

292 Staud/Beckmann § 453 Rz 169; BeckOGK/Wilhelmi § 453 Rz 718; BeckOGK/Stöber Rz 41; Fleischer/Körber BB 2001, 841, 844 f.

293 Staud/Beckmann § 453 Rz 169; MünchKomm/Westermann § 453 Rz 54; BeckOGK/Wilhelmi § 453 Rz 717, 401; BeckOGK/Stöber Rz 41; Erman/Grunewald Rz 14; NK/Büdenbender Rz 19; Fleischer/Körber BB 2001, 841, 844 f; U Huber AcP 202 (2002), 179, 201.

294 BeckOGK/Wilhelmi § 453 Rz 718; Fleischer/Körber BB 2001, 841, 846.

295 Vgl dazu Rz 120 (Gebrauchtwagenkauf), Rz 113 (Grundstückskauf).

132 b) **Grobe Fahrlässigkeit des Käufers bei Durchführung einer „due diligence"-Prüfung.** Führt der Unternehmenskäufer eine „due diligence"-Prüfung durch, obwohl er – wie oben dargelegt[296] – dazu grundsätzlich nicht verpflichtet ist, so kann eine grobe Fahrlässigkeit zwar nicht von vornherein unter Hinweis auf eine fehlende Pflicht generell abgelehnt werden[297]. Gleichwohl ist aber wegen der **grundsätzlichen Freiwilligkeit** der Durchführung in Bezug auf die Annahme einer groben Fahrlässigkeit eine gewisse Zurückhaltung geboten[298]. Dass der Käufer im Rahmen der von ihm durchgeführten „due diligence"-Prüfung die vom Verkäufer regelmäßig in einem besonderen **Datenraum** bereitgestellten Geschäftsunterlagen nur teilweise oder sogar nur stichprobenartig prüft, begründet nicht ohne weiteres den Vorwurf einer groben Fahrlässigkeit[299]. Denn eine bloß partielle Überprüfung der Geschäftsunterlagen beruht offensichtlich darauf, dass der Unternehmenskäufer den **finanziellen Aufwand**, also insbes die Anwalts- und Wirtschaftsprüferhonorare, geringhalten will. Da der Käufer die „due diligence"-Prüfung nicht durchführen muss, kann die Beschränkung der Prüfung auf Teile der Unterlagen und die Vornahme von Stichproben, um die generelle Sorgfalt des Verkäufers bei der Dokumentation der Geschäftsvorfälle einordnen zu können, nicht als grob fahrlässig angesehen werden. Die Bestimmung des Umfangs der „due diligence"-Prüfung ist grundsätzlich eine **Ermessensentscheidung** des Käufers. Soweit der Käufer allerdings eine „due diligence"-Prüfung tatsächlich durchführt, ist der Vorwurf einer groben Fahrlässigkeit in Bezug auf solche Mängel gerechtfertigt, die von ihm nicht wahrgenommen wurden, obwohl sie im Rahmen des von ihm selbst festgelegten Prüfungsumfangs ohne weiteres erkennbar waren[300]. Wenn sich im Rahmen einer solchen beschränkten Untersuchung zwar nicht unmittelbar ein Mangel, aber zumindest **Anhaltspunkte für das Vorliegen eines Mangels** ergeben, dann ist der Käufer gehalten, die Prüfung zu erweitern.

133 Die **Darlegungs- und Beweislast** in Bezug auf das Vorliegen einer groben Fahrlässigkeit des Käufers trägt der Verkäufer. Der Käufer kann aber nach den allgemeinen prozessualen Grundsätzen zur **sekundären Darlegungslast** der nicht beweisbelasteten Partei verpflichtet sein, seine Vorgehensweise bei der „due diligence"-Prüfung darzulegen. Der Verkäufer muss für die grobe Fahrlässigkeit des Käufers iSd § 442 Abs 1 Satz 2 nicht nur beweisen, dass er dem Käufer **relevante Geschäftsunterlagen** zum Zwecke der Prüfung zur Verfügung gestellt hat, aus denen sich der Mangel ergibt. Der Mangel muss vielmehr auch Gegenstand der Unterlagen sein, die der Käufer im Rahmen seiner Ermessensentscheidung einer Prüfung unterzogen hat.

134 c) **Untersuchung einzelner Unternehmensgegenstände beim Unternehmenskauf.** Gehören zum Unternehmen als Kaufgegenstand auch **Grundstücke und/oder Fahrzeuge**, so entfällt die bei diesen Sachen im Falle eines separaten Kaufs bestehende Besichtigungspflicht[301] – und beim Fahrzeugkauf die Verpflichtung zur Durchführung einer Probefahrt – grundsätzlich nicht dadurch, dass das Unternehmen als Gesamtheit verkauft wird und der Käufer den Umfang der „due diligence" grundsätzlich nach eigenem Ermessen bestimmen kann, ohne den Tatbestand der groben Fahrlässigkeit zu verwirklichen. So kommt es bspw für die Anwendung des § 442 Abs 1 Satz 2 nicht darauf an, ob ein mit einem Wohn- oder Geschäftsgebäude bebautes Grundstück als solches veräußert wird oder vom Käufer sämtliche Anteile der Immobiliengesellschaft erworben werden, die Eigentümerin der Immobilie ist. Abweichungen können sich aber insoweit vor allem dann ergeben, wenn es sich um ein **größeres Unternehmen** handelt und der Zustand einer einzelnen beweglichen oder unbeweglichen Sache so unbedeutend ist, dass vom Käufer eine Prüfung nicht erwartet werden kann.

135 Das Gleiche gilt in dem Fall, in dem zum Vermögen des Unternehmens eine **größere Anzahl gleichartiger Sachen** gehört. Wenn bspw ein größeres Mietwagen- oder Taxiunternehmen, eine Spedition oder ein sonstiges Transportunternehmen mit einer Vielzahl von Fahrzeugen, also mit der gesamten „Flotte", veräußert wird, dann entspricht es nicht der **Verkehrssitte**, dass der Käufer jedes Einzelfahrzeug eingehend besichtigt und eine Probefahrt durchführt. Hier ist es vielmehr ausreichend, wenn der Käufer den **allgemeinen Zustand des Fahrzeugparks** anhand der vorhandenen Unterlagen über Baujahr, Anschaffungszeitpunkt, Wartung und Reparaturen prüft. Dass ein einzelnes Fahrzeug wegen Vorliegens technischer Mängel in größerem Umfang repariert oder sogar ersetzt werden muss, stellt keinen **Sachmangel des Unternehmens** dar. Entsprechendes gilt beim **Kauf größerer Immobiliengesellschaften** mit einer Vielzahl von Wohn- oder Büroeinheiten. Auch in diesem Fall steht eine Prüfung von Baujahr, Lage, baulichem Zustand

296 Vgl Rz 130.
297 Staud/Beckmann § 453 Rz 170; BeckOGK/Wilhelmi Rz 720; aA Fleischer/Körber BB 2001, 841, 848; Gaul ZHR 166 (2002), 35, 64.
298 BeckOGK/Wilhelmi § 453 Rz 720; MünchKomm/Westermann § 453 Rz 54.
299 AA Staud/Beckmann § 453 Rz 170; in der Tendenz auch BeckOGK/Wilhelmi § 453 Rz 720.
300 BeckOGK/Stöber Rz 41.
301 Vgl zum Grundstückskauf Rz 113 ff und zum Fahrzeugkauf Rz 117 ff.

einschließlich Renovierungsbedarf sowie der vom Verkäufer in Aussicht gestellten Mieteinnahmen im Vordergrund. Die Besichtigung jeder einzelnen Wohnung bzw Bürofläche entspricht hier nicht der **Verkehrssitte**. Dass eine einzelne Einheit wegen äußerer Einflüsse (zB Wasserrohrbruch) oder unsachgemäßen Umgangs seitens des Mieters in erheblichem Umfang instandgesetzt werden muss, stellt bei derartigen Immobilienunternehmen keinen Sachmangel dar. **Stichproben** sind aber geboten. Dies gilt auch beim Kauf eines Parks mit **Windkraftanlagen**.

13. **Zurechnung der groben Fahrlässigkeit eines Mitkäufers bei Käufermehrheit**. Die für die Zurechnung einer nur aufseiten eines Mitkäufers gegebenen **Mangelkenntnis iSd § 442 Abs 1 Satz 1** zu Lasten der gesamten Käufermehrheit angeführten Gründe[302] sprechen auch für die Zurechnung einer nur in der Person eines Mitkäufers begründeten groben Fahrlässigkeit iSd § 442 Abs 1 Satz 2. Diese **Gesamtzurechnung** greift – wie die Zurechnung der positiven Mangelkenntnis eines einzelnen Mitkäufers – unabhängig davon ein, ob § 166 zumindest analog anwendbar ist. Grundlage für die Zurechnung ist auch hier der **Entschluss mehrerer Personen**, eine Sache gemeinsam zu erwerben. Im Vertrauen auf die Sorgfalt des den Kaufgegenstand untersuchenden Mitkäufers verzichten die anderen Mitkäufer zum Zwecke der Vermeidung eines eigenen Arbeits- und Kostenaufwands auf eine Beteiligung an dieser Prüfung. Diese **Arbeitsteilung** rechtfertigt auch dann, wenn der untersuchende Mitkäufer keine positive Mangelkenntnis erlangt, sondern insoweit grob fahrlässig handelt, die Gesamtzurechnung zu Lasten aller Mitkäufer unabhängig von der Anwendbarkeit des § 166 im konkreten Einzelfall. In den meisten Fällen wird § 166 ohnehin deshalb analog anwendbar sein, weil der die Untersuchung vornehmende Mitkäufer von den anderen Beteiligten mit der Verhandlungsführung und sonstigen **Vorbereitung des Vertragsschlusses beauftragt** worden ist. 136

14. **Maßgeblicher Zeitpunkt für grobe Fahrlässigkeit des Käufers**. – a) **Grundsätze**. In Bezug auf die Frage, zu welchem Zeitpunkt eine auf das Nichterkennen des Mangels bezogene grobe Fahrlässigkeit des Käufers vorliegen muss, gelten die für den **Kenntnistatbestand des § 442 Abs 1 Satz 1** einschlägigen Grundsätze entsprechend. Die Voraussetzungen der groben Fahrlässigkeit müssen daher spätestens zum Zeitpunkt des Abschlusses des Kaufvertrags gegeben sein, sofern es sich nicht um eine besondere Fallgestaltung handelt, für die eine Ausnahme anerkannt ist[303]. Dem Käufer muss allerdings nicht gerade im Augenblick des Vertragsschlusses eine grobe Fahrlässigkeit zur Last fallen. Es genügt vielmehr, wenn er vorher wegen grober Fahrlässigkeit keine Kenntnis von Mängeln der Kaufsache erlangt hat[304]. Außer Betracht bleibt dagegen eine erst **nach dem Kaufabschluss** eintretende mangelbezogene grobe Fahrlässigkeit des Käufers. 137

b) **Besondere Fallgestaltungen – insbes formunwirksamer Kaufvertrag**. Im Falle des wegen Vorliegens eines Beurkundungsmangels **formunwirksamen Grundstückskaufvertrags** kommt es auch für die grobe Fahrlässigkeit iSd § 442 Abs 1 Satz 2 auf den **Zeitpunkt des tatsächlichen Vertragsschlusses** und nicht auf den der späteren Heilung durch Grundbucheintragung (§ 311b Abs 1 Satz 2) an[305]. Entsprechendes gilt, wenn der Kaufvertrag aus anderen Gründen formunwirksam ist und eine Heilungsmöglichkeit besteht. 138

Die für die Frage des maßgeblichen Zeitpunkts für die Kenntnis iSd § 442 Abs 1 Satz 1 dargelegten Grundsätze gelten auch bei anderen besonderen Gestaltungen, also im Falle des **gestreckten Vertragsschlusses** beim Grundstückskauf[306], des **bedingten Kaufvertrags**[307] und der **Ausübung eines bestehenden Vorkaufsrechts**[308] durch den Berechtigten nach Kaufabschluss. 139

c) **Maßgeblicher Zeitpunkt bei Einbau/Anbringen der Kaufsache durch Käufer**. Nach § 439 Abs 3 Satz 2 aF war die Ausschlussregelung des § 442 Abs 1 bei Einbau/Anbringen der gekauften Sache durch den Käufer mit der Maßgabe anzuwenden, dass für die **Kenntnis des Käufers** an die Stelle des Vertragsschlusses der Einbau oder das Anbringen der mangelhaften Sache durch den Käufer trat[309]. Diese Verweisung wurde zum **1.1.2022** wegen **Unvereinbarkeit mit der Warenkauf-Richtlinie** insgesamt aufgehoben[310]. 140

XII. Fortbestand der Verkäuferhaftung bei Arglist oder Beschaffenheitsgarantie

1. **Rechtsfolgen und Gesetzessystematik**. Die **grob fahrlässige Mangelunkenntnis** des Käufers führt nicht in jedem Fall zu einem gesetzlichen Gewährleistungsausschluss. Die grobe 141

302 Vgl dazu oben Rz 77 ff.
303 Vgl dazu nachfolgend Rz 138 ff.
304 RGZ 131, 343, 353 (zur Anwendung des § 460 aF im Falle des Grundstückskaufs).
305 RGZ 94, 285, 287.
306 Vgl Rz 88 ff.
307 Vgl dazu Rz 84 f.
308 Vgl dazu Rz 98 f.
309 Vgl dazu oben Rz 20 ff, 100.
310 Vgl dazu oben Rz 20.

Fahrlässigkeit schadet vielmehr dem Käufer dann nicht, wenn der Verkäufer den Mangel arglistig verschwiegen oder eine Garantie für die Beschaffenheit der Sache übernommen hat. Da bei Vorliegen eines Mangels die **Gewährleistungspflicht des Verkäufers** aus § 437 die Regel und der Ausschlusstatbestand der grob fahrlässigen Mangelunkenntnis die Ausnahme von dieser Verkäuferverpflichtung darstellt, ist die Aufrechterhaltung der Käuferrechte bei Arglist und Garantie des Verkäufers als „Ausnahme von der Ausnahme" anzusehen. Die Regel-Ausnahme-Systematik hat insbes Bedeutung für die **Beweislast**. Die **grobe Fahrlässigkeit** des Käufers muss vom Verkäufer bewiesen werden, weil der gesetzliche Gewährleistungsausschluss nach § 442 Abs 1 Satz 2 eine für den Verkäufer günstige **Ausnahme von der regulären Gewährleistungshaftung** ist. Arglist und Garantie des Verkäufers müssen vom Käufer, der den Mangel grob fahrlässig übersehen hat, als eine für ihn günstige Ausnahme vom gesetzlichen Gewährleistungsausschluss des § 442 Abs 1 Satz 2 („Ausnahme von der Ausnahme") nachgewiesen werden.

142 2. **Arglistiges Verschweigen des Mangels durch Verkäufer**. Das arglistige Verschweigen iSd § 442 Abs 1 Satz 2 stimmt überein mit der Regelung dieses Tatbestandsmerkmals in §§ 444, 445, 438 Abs 3 Satz 1 sowie §§ 477 Abs 1 Satz 1 aF, 463 Satz 2 aF, 476 aF, 480 Abs 2 aF. Das arglistige Vorspiegeln einer Eigenschaft (Beschaffenheit) der Kaufsache war schon vor Inkrafttreten des SMG 2002 wie ein arglistiges Verschweigen des Mangels zu behandeln[311]. Insoweit ist durch die Schuldrechtsreform keine Veränderung der Rechtslage eingetreten. Der Zeitpunkt des Abschlusses des Kaufvertrags ist auch für die Arglist des Verkäufers iSd § 442 Abs 1 Satz 2 entscheidend. Eine Besonderheit gilt insoweit nur bei § 438 Abs 3 Satz 1. Für die Verjährung ist hier nämlich sowohl beim Stück- als auch beim Gattungskauf nicht der Zeitpunkt des Vertragsschlusses, sondern vielmehr der Zeitpunkt der Ablieferung bzw Übergabe iSd Abs 2 entscheidend. In Bezug auf § 442 Abs 1 Satz 2 gilt diese Ausnahme auch beim Gattungskauf nicht.

143 3. **Für-möglich-Halten eines Mangels – bedingter Vorsatz**. Das arglistige Verschweigen iSd § 442 Abs 1 Satz 2 ist – anders als die Arglistanfechtung nach § 123 – ein echter Unterlassungstatbestand mit der Folge, dass eine besondere Täuschungshandlung des Verkäufers nicht vorliegen muss[312]. Eine Garantenstellung, die bei StGB § 263 im Falle einer Täuschung durch Unterlassen erforderlich ist, wird ebenfalls nicht vorausgesetzt[313]. Ein dem Verkäufer bekannter Mangel oder ein dahin gehender Verdacht muss gegenüber dem Käufer grundsätzlich immer offenbart werden[314]. Es genügt für die Arglist, dass der Verkäufer den Mangel kennt oder für möglich hält und zudem weiß oder zumindest damit rechnet, dass der Käufer keine Mangelkenntnis hat[315]. Das arglistige Verschweigen eines Mangels ist daher in dem Fall zu verneinen, in dem der Mangel sichtbar und damit für den Käufer ohne weiteres erkennbar ist[316]. Der Verkäufer ist grundsätzlich auch verpflichtet, den Käufer auf Mangelspuren und einen Mangelverdacht hinzuweisen[317]. Praktische Bedeutung hat insoweit insbes der Mangelverdacht beim Grundstückskauf.

144 Im Falle des **Fahrzeugkaufs** hat vor allem das Verschweigen eines erlittenen Unfallschadens eine größere praktische Bedeutung. Ein **erlittener Unfall** stellt auch im Falle der Durchführung einer fachgerechten Reparatur einen offenbarungspflichtigen Fahrzeugmangel dar[318]. Eine auf einen Rechtsmangel bezogene Arglist des Verkäufers ist beim Fahrzeugkauf bspw dann gegeben, wenn eine wegen Diebstahlsverdachts bestehende Eintragung im Schengen-Informationssystem (SIS) nicht offenbart wird[319].

145 4. **Arglistiges Vorspiegeln einer Beschaffenheit – Angaben „ins Blaue hinein"**. Dem arglistigen Verschweigen eines Mangels ist der Fall gleichgestellt, in dem der Verkäufer eine nicht vorhandene Beschaffenheit der Kaufsache oder sonstige Umstände wider besseres Wissen vorspiegelt[320]. Insoweit geht es insbes um Beschaffenheitsangaben „ins Blaue hinein" beim **Immobilienkauf** und beim **Fahrzeugkauf**[321] sowie bei der Veräußerung von **Kunstgegenständen**[322]. Eine **Kausalität** zwischen arglistigem Vorspiegeln und Abschluss des Kaufvertrags ist nicht erforderlich[323].

311 Vgl dazu Soergel[12]/U Huber § 477 aF Rz 28.
312 Vgl § 444 Rz 64.
313 Vgl § 444 Rz 66.
314 Vgl § 444 Rz 91.
315 Vgl § 444 Rz 99.
316 Vgl § 444 Rz 69 ff.
317 Vgl § 444 Rz 73 ff.
318 Vgl § 444 Rz 79 ff.
319 Vgl dazu § 444 Rz 90.
320 Vgl § 444 Rz 120 ff.
321 Vgl § 444 Rz 133 ff und 137 ff.
322 Düsseldorf NJW-RR 2021, 850 Rz 24. Im Fall des OLG Düsseldorf bestand der Sachmangel darin, dass vier ohne Autorisierung des Künstlers nachgegossene Bronzeskulpturen als Originale oder autorisierte Nachgüsse verkauft wurden. Der Verkäufer, der die Skulpturen angeblich zum Geburtstag geschenkt bekommen hatte, wusste, dass gerade die „Vierergruppe" des Originalgusses anderweitig veräußert worden war. Gleichwohl behauptete er „ins Blaue hinein", es handele sich um Originale oder autorisierte Nachgüsse.
323 Vgl § 444 Rz 141 ff.

5. **Subjektiver Tatbestand der Arglist – Vorsatzformen.** Der subjektive Tatbestand der Arglist setzt zunächst voraus, dass der Verkäufer den Mangel gekannt oder dessen Vorhandensein für möglich gehalten hat[324]. Der Verkäufer muss zudem die **Mangelunkenntnis des Käufers** gekannt oder zumindest für möglich gehalten haben[325]. Die gleiche subjektive Voraussetzung ist aufseiten des Verkäufers notwendig in Bezug auf die Frage, ob der Käufer bei Kenntnis des Mangels den Kaufvertrag nicht oder zumindest nicht zu den vereinbarten Bedingungen abgeschlossen hätte[326]. 146

Der für die Arglist erforderliche Vorsatz des Verkäufers ist in jedem Fall bei Vorliegen einer Absicht (dolus directus 1. Grades) oder eines direkten Vorsatzes (dolus directus 2. Grades) gegeben[327]. Es genügt aber auch ein **bedingter Vorsatz (dolus eventualis)**[328]. Diese dritte Vorsatzvariante ist insbes dann gegeben, wenn der Verkäufer **verharmlosende Erklärungen** „ins Blaue hinein" abgibt[329]. Eine leichtfertige oder grob fahrlässige Unkenntnis des Verkäufers erfüllt dagegen nicht den Arglisttatbestand[330]. Daher stellt auch ein **„bewusstes Sichverschließen"** allein noch kein arglistiges Verhalten des Verkäufers dar, sofern nicht im konkreten Einzelfall ein **bedingter Vorsatz** bejaht werden kann[331]. 147

6. **Darlegungs- und Beweislast.** Die Darlegungs- und Beweislast in Bezug auf das Vorliegen einer Arglist iSd § 442 Abs 1 Satz 2 trägt – ebenso wie bei § 444[332] – grundsätzlich der Käufer. Diese Beweislastverteilung gilt für alle relevanten Umstände des Arglisttatbestands[333]. Die Rechtfertigung der Beweislast des Käufers ist darin zu sehen, dass die Haftung des Verkäufers bei Arglist im Vergleich zum **gesetzlichen Gewährleistungsausschluss** nach § 442 Abs 1 Satz 2 bei grober Fahrlässigkeit des Käufers ein für den Käufer günstiger Ausnahmetatbestand ist. Das **Vorliegen eines Ausnahmetatbestands** muss nach allgemeinem Beweisrecht die Partei nachweisen, die sich darauf beruft. Anwendbar sind aber die allgemeinen Grundsätze über die **sekundäre Darlegungslast** der nicht beweisbelasteten Partei[334]. Insoweit geht es um Umstände aus dem Bereich des Verkäufers, die für den Käufer grundsätzlich nicht einsehbar sind. 148

7. **Zurechnung der Kenntnis eines Dritten – Mehrheit von Verkäufern.** In Bezug auf die Frage, ob die Arglist eines Dritten dem Verkäufer zugerechnet werden kann, greift in erster Linie die allgemeine Zurechnungsnorm des § 166 ein[335]. Auch die von der Rspr entwickelten Grundsätze zur **Wissenszurechnung** bei sog Wissensaufspaltung finden Anwendung[336]. Wird ein Grundstück vom **Testamentsvollstrecker als Partei kraft Amtes** veräußert, so kommt es in Bezug auf die **Mangelkenntnis** auf seine Person an[337]. Beim Verkauf durch einen Testamentsvollstrecker sind die für die Wissenszurechnung im Falle des Verkaufs durch eine Mehrheit von Verkäufern[338] geltenden **Zurechnungsgrundsätze,** nach denen im Anwendungsbereich des § 444 Alt 1 die **Mangelkenntnis eines Mitverkäufers** der gesamten Verkäuferseite als Arglist zuzurechnen ist[339], nicht anwendbar, weil der für den Nachlass handelnde Testamentsvollstrecker **mit den Erben** keine Verkäufermehrheit bildet[340]. Eine Wissenszurechnung folgt hier auch nicht aus den Grundsätzen über die **Organisation eines innerbetrieblichen Informationsaustausches**[341]. Diese Grundsätze sind im Falle der Veräußerung eines Grundstücks auch in der Konstellation nicht zu Lasten des Grundstücksverkäufers anwendbar, wenn eine mit der **Grundstücksverwaltung** beauftragte, rechtlich und organisatorisch selbstständige **Hausverwaltung**, die nicht in die Veräußerung des Hausgrundstücks einbezogen war, Kenntnis vom Mangel hatte[342]. Besteht eine Verkäufermehrheit, so ist – wie im Rahmen des § 444 – die Kenntnis eines Mitverkäufers der gesamten Käuferseite zuzurechnen. 149

8. **Die Beschaffenheitsgarantie des Verkäufers.** – a) **Systematische Einordung und Grundsätze.** § 442 Abs 1 Satz 2 bezieht sich – anders als § 276 Abs 1 Satz 1 – nicht auf selbständige Garantieversprechen, sondern ebenso wie § 444 Alt 2 und § 445 Alt 2 nur auf die unselbständige Beschaffenheitsgarantie des Verkäufers[343]. Unter einer Garantie für die Beschaffenheit der Sache iSd des § 442 Abs 1 Satz 2 ist ebenso wie bei § 444 Alt 2, § 445 Alt 2 im Wesentlichen die 150

324 Vgl § 444 Rz 99.
325 Vgl § 444 Rz 99.
326 Vgl § 444 Rz 99.
327 Vgl § 444 Rz 99.
328 Vgl § 444 Rz 99.
329 Vgl § 444 Rz 129 ff.
330 Vgl § 444 Rz 101.
331 Vgl § 444 Rz 105.
332 Vgl § 444 Rz 146.
333 Vgl § 444 Rz 146.
334 Vgl § 444 Rz 147.
335 Vgl § 444 Rz 154 ff.
336 Vgl § 444 Rz 167 ff.
337 BGH NJW-RR 2021, 1068 Rz 15. Im Fall des BGH ging es um einen Sachmangel in Gestalt einer Denkmaleigenschaft eines verkauften Hamburger Hausgrundstücks.
338 BGH NJW-RR 2021, 1068 Rz 15.
339 BGHZ 210, 23 Rz 23; vgl dazu § 444 Rz 174 ff.
340 BGH NJW-RR 2021, 1068 Rz 15.
341 BGH NJW-RR 2021, 1068 Rz 18.
342 BGH NJW-RR 2021, 1068 Rz 22.
343 Vgl BeckOGK/Stöber Rz 56.

Eigenschaftszusicherung iSd § 459 Abs 2 aF zu verstehen[344]. Voraussetzung für die Bejahung einer Garantie ist, dass der Verkäufer in vertraglich bindender Weise die Gewähr für das Vorhandensein der vereinbarten Beschaffenheit des Kaufgegenstands übernimmt und dadurch seine Bereitschaft zu erkennen gibt, für sämtliche Folgen des Fehlens dieser Beschaffenheit einzustehen[345]. Eine ausdrückliche Garantieerklärung ist grundsätzlich nicht erforderlich[346]. In Betracht kommt auch eine konkludente Garantieübernahme[347]. Die Beschaffenheitsgarantie des Verkäufers kann Auswirkungen auf die gebotene Sorgfalt bei der Untersuchung der Ware haben mit der Folge, dass im konkreten Einzelfall schon eine grobe Fahrlässigkeit des Käufers zu verneinen ist[348].

151 Zentrales Problem bei der Frage, ob der Verkäufer eine Garantie übernommen hat, ist die Abgrenzung zur **einfachen Beschaffenheitsvereinbarung** iSd § 434 Abs 2 Satz 1 Nr 1[349]. Insoweit kann die Verwendung des Begriffs „Garantie“ entscheidend für eine Garantieübernahme sprechen. Verweist der Verkäufer in Bezug auf Beschaffenheitsangaben auf Mitteilungen des Vorbesitzers (zB „unfallfrei laut Vorbesitzer“ beim Fahrzeugkauf), so liegt idR weder eine Garantieübernahme noch eine einfache Beschaffenheitsvereinbarung, sondern nur eine sog **Wissenserklärung** vor[350]. Bei **Grundstückskaufverträgen** muss sowohl eine Verkäufergarantie als auch eine einfache Beschaffenheitsvereinbarung der **Form des § 311b Abs 1 Satz 1** entsprechen. Praktische Bedeutung hat dies insbes in Bezug auf Grundstücksbeschreibungen in einem **Exposé**.

152 b) **Erstreckung des Garantiebegriffs auf die Freiheit von Rechtsmängeln**. Ebenso wie bei § 444 Alt 2, § 445 Alt 2 kann sich die Garantie des Verkäufers auch auf die Freiheit von Rechtsmängeln beziehen[351]. Der auf die Garantie nach § 442 Abs 1 Satz 2 § 444 Alt 2, § 445 bezogene Beschaffenheitsbegriff ist daher in einem weiteren Sinne zu verstehen als die Beschaffenheit im Sinne des Sachmangeltatbestands des § 434[352]. Bei der in diesen Vorschriften geregelten Garantie gehören zur Beschaffenheit auch die **rechtlichen Verhältnisse** der Kaufsache und damit die Umstände, die einen Rechtsmangel iSd § 435 begründen können[353].

XIII. Abdingbarkeit des § 442 Abs 1

153 1. **Grundsätzliche Dispositivität des § 442 Abs 1 – Besonderheiten des Handelskaufs**. Enthält der Kaufvertrag die besondere Regelung, dass der Käufer nicht zu einer **Untersuchung der Ware** verpflichtet ist, so bezieht sich dies zwar in erster Linie auf die beim beiderseitigen Handelskauf bestehende Untersuchungs- und Rügeobliegenheit des HGB § 377. Hier ist aber zugleich die Annahme gerechtfertigt, die Unterlassung einer Untersuchung vor Abschluss des Kaufvertrags stelle jedenfalls **keine grobe Fahrlässigkeit** iSd § 442 Abs 1 Satz 2 dar.

154 2. **Voraussetzungen einer Abbedingung des § 442 Abs 1 – Beweislast**. Die Abbedingung des § 442 Abs 1 setzt eine Parteivereinbarung voraus, die selbstverständlich Gegenstand des geschlossenen Kaufvertrags sein kann. Ein einseitiger Vorbehalt des Käufers genügt zwar grundsätzlich nicht[354]. Denn der Käufer kann sich nicht Gewährleistungsrechte einseitig „vorbehalten“, die ihm nach der dispositiven gesetzlichen Regelung des § 442 Abs 1 im Falle der Mangelkenntnis oder grob fahrlässigen Unkenntnis grundsätzlich nicht zustehen. Das generell erforderliche Einverständnis des Verkäufers kann aber auch in einem **konkludenten Verhalten** zu sehen sein. Dies ist eine Frage der Auslegung unter Berücksichtigung der Umstände des Einzelfalls. Erklärt der Käufer bei den Vertragsverhandlungen bspw, dass er sich Ansprüche wegen eines bestimmten erkannten Mangels „vorbehalten“ wolle, so kann diese Aussage so zu verstehen sein, dass der Käufer den **Kaufvertrag** erst einmal gar nicht abschließen, sondern unter Berücksichtigung dieses Umstands mit dem Verkäufer weiterverhandeln oder Angebote anderer Anbieter prüfen will[355]. Im Falle der Fortsetzung der Verhandlungen mit dem Verkäufer kommen insbes die Vereinbarung einer **Beseitigungspflicht des Verkäufers** und eine Herabsetzung des von ihm

344 BGHZ 170, 86 Rz 20 (zu § 444); Begr Gesetzentwurf, BT-Drucks 14/6040, S 236 („In der Sache entspricht dies der Zusicherung einer Eigenschaft nach bisherigem Recht“).
345 BGHZ 170, 86 Rz 20 (zu § 444); Begr Gesetzentwurf, BT-Drucks 14/6040, S 236; Staud/Matusche-Beckmann Rz 49; MünchKomm/Westermann Rz 13; Grüneberg/Weidenkaff Rz 19; einschränkend BeckOK/Faust Rz 29.
346 Vgl zu den Einzelheiten § 444 Rz 195.
347 Vgl zu den Einzelheiten § 444 Rz 195.
348 Vgl oben Rz 109 f.
349 Vgl zu den Einzelheiten § 444 Rz 196 ff.
350 Vgl zu den Einzelheiten § 444 Rz 198.
351 BGHZ 164, 196, 211 („Beschaffenheitsgarantie für die Freiheit von Rechtsmängeln“); Begr Gesetzentwurf, BT-Drucks 14/6040, S 236 („Dabei ist auch die Erstreckung auf Rechtsmängel schon angesichts der generell angestrebten Gleichbehandlung von Rechts- und Sachmängeln gerechtfertigt“); Staud/Matusche-Beckmann § 444 Rz 2; BeckOGK/Stöber Rz 65 f; Erman/Grunewald § 435 Rz 1.
352 Vgl dazu BeckOGK/Stöber Rz 65 f.
353 Vgl zu den Einzelheiten § 444 Rz 185.
354 RG Recht 1916 Nr 656; Staud/Matusche-Beckmann Rz 67.
355 Vgl dazu RG Recht 1916 Nr 656.

ursprünglich geforderten Kaufpreises in Betracht. Erklärt sich der Verkäufer allerdings nach Verlautbarung des in Rede stehenden Vorbehalts des Käufers widerspruchslos und ohne weitere Verhandlungen mit dem **Abschluss des Kaufvertrags** einverstanden, so ist eine konkludente Abbedingung des § 442 Abs 1 zugunsten des Käufers idR zu bejahen. Bei formbedürftigen Kaufverträgen und insbes beim Grundstückskaufvertrag ist allerdings davon auszugehen, dass der Bindungswille der Parteien sich – wie bei öffentlichen Äußerungen des Verkäufers iSd § 434 Abs 3 Satz 1 Nr 2 lit b[356] – nur auf Erklärungen bezieht, die nachfolgend auch Gegenstand der notariellen Urkunden sind, dh, von den Parteien zum Zwecke der **Beurkundung** spätestens im Notartermin vorgetragen werden.

Wird bei Vorliegen der Mangelkenntnis des Käufers der Kaufvertrag ohne ausdrückliche Rege- 155
lung der Gewährleistung für den betreffenden Mangel abgeschlossen, so trägt der Käufer nach allgemeinen Grundsätzen die **Darlegungs- und Beweislast** für eine von § 442 Abs 1 Satz 1 abweichende Vereinbarung. Denn der gesetzliche Gewährleistungsausschluss des § 442 Abs 1 ist im Falle der Mangelkenntnis des Käufers der Regeltatbestand. Die Beweislast für eine von dieser Regel abweichende Ausnahme trägt die Partei, die sich darauf beruft. Das ist hier der Käufer, weil er trotz Mangelkenntnis eine Gewährleistungsverpflichtung des Verkäufers geltend macht. Kann der Käufer das Zustandekommen des Kaufvertrags und die vorherige Verlautbarung eines Gewährleistungsvorbehalts nachweisen, so rechtfertigt dies noch nicht ohne weiteres die Annahme einer **konkludenten Abbedingung** des § 442 Abs 1[357]. Denn der Käufer kann seinen mangelbezogenen Vorbehalt bis zum Vertragsschluss aus verschiedenen Gründen wieder fallengelassen haben, und zwar insbes wegen Herabsetzung des vom Verkäufer ursprünglich verlangten Kaufpreises oder sonstiger Zugeständnisse. Möglich ist auch, dass der Käufer sich mit einem derartigen Vorbehalt letztlich deshalb nicht durchsetzen kann, weil der Verkäufer den Kaufpreis gleichwohl für angemessen hält und die Sache nur so verkaufen will, wie sie einmal ist.

3. **Abbedingung des § 442 Abs 1 durch AGB und Individualvereinbarung**. – a) **Abbedin-** 156
gung zu Lasten des Verkäufers in Einkaufsbedingungen des Käufers. Eine Abbedingung des § 442 Abs 1 in vom Käufer gestellten, vorformulierten Einkaufsbedingungen ist wegen **§ 307 Abs 1** bedenklich[358]. In Bezug auf die Untersuchungs- und Rügeobliegenheit des HGB § 377 ist umstritten, inwieweit eine Abbedingung in Einkaufs-AGB zulässig ist[359]. Bejaht wird dies im Falle des Bestehens einer **Qualitätssicherungsvereinbarung**, weil HGB § 377 den modernen Beschaffungs- und Lagerungsverhältnissen nicht hinreichend Rechnung trage[360]. Geringe praktische Bedeutung hat die formularmäßige Abbedingung des § 442 Abs 1 durch Einkaufs-AGB des Käufers beim **Gattungskauf**. Denn hier wird die an den Käufer tatsächlich erfolgende konkrete Lieferung ohnehin regelmäßig nicht vor Abschluss des Kaufvertrags besichtigt. Relevant sind daher beim Gattungskauf nur die Fälle, in denen der Käufer die Mangelhaftigkeit des dem Verkäufer für die künftige Belieferung des Käufers zur Verfügung stehenden Teils der Gattung kannte oder grob fahrlässig nicht erkannt hat.

Eine wirksame Abbedingung des § 442 Abs 1 führt dazu, dass der Käufer bei der Kaufanbah- 157
nung grundsätzlich keine **Untersuchung** durchführen muss. Dadurch entfällt aufseiten des Käufers ein nicht unerheblicher Kostenaufwand. Eine unangemessene Benachteiligung iSd § 307 Abs 1 Satz 1 ist bei Abbedingung des § 442 Abs 1 in Einkaufs-AGB zu verneinen, wenn der Verkäufer die Lieferung einer bestimmten Beschaffenheit der Ware vertraglich zusagt und sich die Abbedingung auf den Fall der **groben Fahrlässigkeit** iSd § 442 Abs 1 Satz 2 beschränkt. Für die Zulässigkeit einer derartigen Abweichung von der gesetzlichen Regelung spricht auch der Gesichtspunkt, dass im Interesse beider Parteien ein Rechtsstreit bezüglich der Frage des Vorliegens einer Fahrlässigkeit des Käufers und deren Grad vermieden wird. Die Abbedingung des bei **Mangelkenntnis des Käufers** eingreifenden Gewährleistungsausschlusses des § 442 Abs 1 Satz 1 in Einkaufs-AGB ist demgegenüber mit dem wesentlichen Grundgedanken dieser Regelung nicht zu vereinbaren, so dass hier eine **unangemessene Benachteiligung** iSd § 307 Abs 2 Nr 1 zu bejahen ist. Der Käufer hat kein berechtigtes Interesse daran, Ware mit erkannten Mängeln vorbehaltlos zu kaufen und dann Gewährleistungsrechte aus § 437 geltend machen zu können. Beim Gattungskauf gilt das Gleiche, sofern der Käufer weiß, dass dem Verkäufer für die Lieferung keine fehlerfreie Gattung zur Verfügung steht.

b) **Abbedingung des § 442 Abs 1 Satz 2 zu Lasten des Käufers**. Eine Abbedingung des 158
§ 442 Abs 1 Satz 2 ist zwar grundsätzlich auch zu Lasten des Käufers möglich. Es handelt sich dann um eine Erweiterung des gesetzlichen Ausschlusses der Gewährleistungshaftung des Ver-

356 Vgl dazu § 444 Rz 22 f.
357 Vgl zur konkludenten Abbedingung Staud/Matusche-Beckmann Rz 67.
358 Staud/Matusche-Beckmann Rz 67; Erman/Grunewald Rz 24; iE ähnlich MünchKomm/Westermann Rz 22; BeckOGK/Stöber Rz 131.
359 MünchKomm/Grunewald, HGB, § 377 Rz 134 ff.
360 MünchKomm/Grunewald, HGB, § 377 Rz 144.

käufers. Bedenken bestehen allerdings gegen eine kaufvertragliche Vereinbarung, nach der bei **grober Fahrlässigkeit** des Käufers weder eine Arglist noch eine Garantie des Verkäufers den gesetzlichen Gewährleistungsausschluss aufheben sollen. Nach dem Rechtsgedanken der allgemeinen Regelung des **§ 276 Abs 3** ist eine Freizeichnung des Verkäufers von der Gewährleistungshaftung für den Fall des Vorsatzes als unwirksam anzusehen, und zwar sowohl bei Verwendung von AGB als auch bei Abschluss einer Individualvereinbarung. Bei Vorliegen von **AGB** ist eine Unangemessenheit iSd § 307 Abs 1 Satz 1 iVm Abs 2 Nr 1 zu bejahen. Eine auf den Arglisttatbestand des § 442 Abs 1 Satz 2 bezogene Individualvereinbarung verstößt gegen § 242, dh, der Verkäufer kann sich auf diese Abrede nicht berufen, sofern der Käufer Gewährleistungsrechte geltend macht[361]. In Bezug auf die **Verkäufergarantie** ist für die Unwirksamkeit einer derartigen Abbedingung entscheidend, dass der Käufer grundsätzlich darauf vertrauen darf, dass die zugesicherte Beschaffenheit tatsächlich vorhanden ist und nicht überprüft werden muss. Beim Verbrauchsgüterkauf stellt sich die Frage der Erweiterung des Haftungsausschlusses von vornherein nicht, weil § 475 Abs 3 Satz 2 die Anwendung des § 442 Abs 1 ausschließt.

159 Soll abweichend von § 442 Abs 1 Satz 2 die Gewährleistungshaftung des Verkäufers schon bei **einfacher Fahrlässigkeit** des Käufers bezüglich des Nichterkennens eines Mangels ausgeschlossen sein, so ist die Unwirksamkeit unabhängig davon zu bejahen, ob dies im Wege einer Individualvereinbarung oder unter Verwendung von AGB vereinbart worden ist. Denn der gesetzliche Gewährleistungsausschluss des § 442 Abs 1 Satz 2 stellt ohnehin schon eine weitgehende Ausnahme von der gesetzlichen Haftung des Verkäufers dar und bei einfacher Fahrlässigkeit des Käufers ist die **Ratio dieser Norm**[362] nicht mehr einschlägig. Der Käufer ist vor dem Abschluss des Kaufvertrags grundsätzlich nicht zu einer Untersuchung des Kaufgegenstands verpflichtet[363]. Ein **treuwidriges Verhalten** kann ihm daher nicht vorgeworfen werden, wenn er – insbes zum Zwecke einer Zeit- und Kostenersparnis – die Untersuchung zu oberflächlich und daher sorgfaltswidrig durchführt, aber zumindest nichts Offensichtliches unbeachtet lässt, so dass keine grobe Fahrlässigkeit gegeben ist. Bei Vorliegen eines **beiderseitigen Handelskaufs** besteht zwar eine Untersuchungsobliegenheit des Käufers, aber erst ab dem Zeitpunkt der Ablieferung der Kaufsache[364].

160 4. **Rechtsfolgen der Abbedingung des § 442 Abs 1**. Im Falle einer wirksamen vollständigen Abbedingung des § 442 Abs 1 gelten grundsätzlich die allgemeinen Regeln, dh, der Verkäufer haftet für den Mangel gem § 437. Der Nacherfüllungsanspruch aus §§ 437 Nr 1, 439 Abs 1 besteht dann ebenso wie das Recht auf Rücktritt oder Minderung (§ 437 Nr 2) in vollem Umfang. Das Gleiche gilt für den Schadensersatzanspruch aus § 437 Nr 3. Es kommen aber auch **differenzierende Vertragsgestaltungen** in Betracht, die sich bei Fehlen einer ausdrücklichen Regelung der Rechtsfolgen der Abbedingung des § 442 Abs 1 auch im Wege der Auslegung ergeben können. In Bezug auf **nicht behebbare Mängel** kann eine Abbedingung die Bedeutung haben, dass der Käufer sich vorbehält, die Tragweite des Mangels und die zu erwartenden Folgen zu prüfen und ggf eine Herabsetzung des Preises (Minderung) zu verlangen oder zurückzutreten. Es handelt sich dann um einen **Preisänderungs- oder Rücktrittsvorbehalt**[365]. Soweit es um **behebbare Mängel** geht, wird das Eingreifen einer die Anwendung des § 442 Abs 1 ausschließenden Vereinbarung idR den Inhalt haben, dass der Verkäufer zur **Nacherfüllung** nach § 437 Nr 1 verpflichtet ist. Im Falle eines Unterlassens oder Fehlschlagens der Nacherfüllung treten dann ebenfalls die allgemeinen gewährleistungsrechtlichen Rechtsfolgen ein.

161 Die kaufvertragliche Abbedingung des § 442 Abs 1 bezieht sich häufig nur auf den **Schadensersatzanspruch aus § 437 Nr 3**[366]. So wird bspw vereinbart, dass eine **Garantie des Verkäufers** im Falle der **Mangelkenntnis des Käufers** abweichend von § 442 Abs 1 Satz 1 zwar nicht zum Wegfall der Gewährleistungshaftung des Verkäufers aus § 437 Nr 1 und Nr 2 führt, aber Schadensersatzansprüche des Käufers ausschließt. Auch § 442 Abs 1 Satz 2 kann in der Weise abbedungen werden, dass eine **grobe Fahrlässigkeit** des Käufers ihm sowohl den Nacherfüllungsanspruch als auch die – ebenfalls kein Verschulden des Verkäufers voraussetzenden – Gestal-

361 Eine Sittenwidrigkeit iSd § 138 ist dagegen auch in Bezug auf den Fall der Arglist des Verkäufers zu verneinen, weil dieses Verhalten des Verkäufers den Anfechtungstatbestand des § 123 Abs 1 erfüllt und der Käufer die Anfechtung nach dieser Vorschrift auch dann wirksam erklären kann, wenn er den vom Verkäufer verschwiegenen Mangel grob fahrlässig übersehen hat. Aus § 123 ist auch für die hier in Rede stehende Fallkonstellation abzuleiten, dass das arglistige Verhalten eines Vertragspartners dem anderen Teil die Möglichkeit der Herbeiführung der Nichtigkeit durch Anfechtung eröffnet, die Willenserklärung aber nicht schon ohne weiteres wegen Sittenwidrigkeit nach § 138 nichtig ist.

362 Vgl dazu oben Rz 11 ff.

363 Vgl oben Rz 106.

364 Vgl oben Rz 107.

365 RG Recht 1916 Nr 656 (zu § 460 aF).

366 Vgl BGHZ 62, 119, 120.

tungsrechte Rücktritt und Minderung belässt, während der gesetzliche Ausschluss der Schadensersatzhaftung des Verkäufers nicht angetastet wird.

5. **Abbedingung des § 442 Abs 1 beim Verbrauchsgüterkauf.** § 442 gehörte zum Katalog der nach § 476 Abs 1 Satz 1 beim Verbrauchsgüterkauf nicht zum Nachteil des Verbrauchers als Käufer abdingbaren gesetzlichen Rechte. Für die **ab dem 1.1.2022** abgeschlossenen Kaufverträge ist § 442 nach **§ 475 Abs 3 Satz 2** von vornherein nicht anwendbar[367]. 162

6. **Vereinbarung einer künftigen Mangelfreiheit bei übereinstimmender Mangelkenntnis.** Kennt der Käufer bei Abschluss des Kaufvertrags den Mangel, so behält er sich die Gewährleistungsrechte aus § 437 vor, wenn der Verkäufer die betreffende Soll-Beschaffenheit erst für einen **zukünftigen Zeitpunkt** zusagt, zB **Bebaubarkeit** des Grundstücks erst bei Gefahrübergang[368] oder Eignung eines Computers speziell für den Betrieb des Käufers nach Probelauf[369]. Unerheblich ist insoweit, ob es sich um eine echte Beschaffenheitsgarantie iSd §§ 276 Abs 1 Satz 1, 442 Abs 1 Satz 2 oder um eine **einfache Beschaffenheitsvereinbarung** iSd § 434 Abs 2 Satz 1 Nr 1 handelt. Zudem kommt es nicht darauf an, ob die geschuldete Beschaffenheit besonders vereinbart ist (§ 434 Abs 2 Satz 1 Nr 1) oder sich aus § 434 Abs 3 ergibt. Übernimmt der Verkäufer die Verpflichtung, die bei **Abschluss des Kaufvertrags noch mangelhafte Sache** in den vertraglich besonders vereinbarten bzw in den üblichen Zustand zu versetzen, so ist § 442 Abs 1 unanwendbar. Es liegt hier eine **Abbedingung des § 442 Abs 1** vor. Die Besonderheit besteht allerdings darin, dass beide Parteien zum Zeitpunkt des Abschlusses des Kaufvertrags den aktuellen Mangel des Kaufgegenstands kennen und die Fehlerfreiheit als **kaufvertragliche Soll-Beschaffenheit** sich erst auf einen zukünftigen Zeitpunkt – Übergabe der Kaufsache oder sogar noch später – bezieht. Genaugenommen bewirkt die in Rede stehende Abrede nicht nur eine Abbedingung des § 442 Abs 1, sondern auch, dass die **Ist-Beschaffenheit** der Sache erst zu einem **späteren Zeitpunkt** vorliegen muss und daher bis dahin wegen Nichtvorliegens eines Mangels **keine Gewährleistungsrechte** aufseiten des Käufers bestehen. 163

C. Anwendung des § 442 Abs 2 bei Grundstücksrechten

I. Allgemeines

1. **Verkäuferhaftung für Grundstücksrechte nach Gemeinem Recht und nach §§ 434 aF, 439 aF.** Nach Gemeinem Recht, also nach rezipiertem römischem Recht, haftete der Verkäufer grundsätzlich nicht für die Freiheit des verkauften Grundstücks von **Dienstbarkeiten**, wohl aber für die **Freiheit von Pfandbelastungen**[370]. Eine Haftung für Dienstbarkeiten bestand nur ausnahmsweise bei besonderer Zusicherung und im Falle der Arglist. Diese für Dienstbarkeiten geltende Rechtslage wurde mit Inkrafttreten des BGB von 1900 durch die §§ 434, 439 aF wesentlich verändert. 164

Als **rechtspolitischen Grund** für den Haftungsausschluss des § 439 Abs 1 aF bei Rechtsmängeln im Falle der Kenntnis des Käufers führen die Motive an, bei Kenntnis des Käufers von der Belastung sei entweder dessen **Verzicht** auf die Gewährleistung oder die Annahme begründet, dass er die aus dem Recht des Dritten ihm drohende Gefahr übernehmen wollte[371]. Die Rspr hat diesen rechtspolitischen Gesichtspunkt für die Anwendung des § 439 Abs 1 aF übernommen[372]. Gelegentlich wurde auch von einem vermuteten Verzicht oder von einem unwiderleglich vermuteten Verzicht gesprochen[373]. Dem Käufer blieb aber nach altem Kaufrecht der Nachweis offen, dass eine von § 439 Abs 1 aF **abweichende kaufvertragliche Vereinbarung** getroffen worden ist, die sein Recht auf lastenfreie Verschaffung des Grundstücks aufrechterhält. 165

Die Haftung des Verkäufers für eine vorhandene Dienstbarkeit stellte nunmehr den Regelfall dar. Nur bei **Kenntnis des Käufers** von der Dienstbarkeit bestand aufgrund des Ausschlusses nach § 439 Abs 1 aF letztlich die gleiche Rechtslage wie nach Gemeinem Recht, also kein Gewährleistungsanspruch des Käufers. In Bezug auf **Grundpfandrechte** ging dagegen bereits der BGB-Gesetzgeber von 1900 davon aus, dass der mutmaßliche Wille der Kaufvertragsparteien hier jedenfalls nicht auf einen **Gewährleistungsverzicht** gerichtet ist. Nach § 439 Abs 2 aF musste der Verkäufer Belastungen in Gestalt von **Grundpfandrechten** (Hypothek, Grundschuld und Rentenschuld) ebenso wie eine **Vormerkung** zur Sicherung des Anspruchs auf Bestellung eines dieser Rechte auch dann beseitigen, wenn der Käufer die Belastung kannte. Im Falle des 166

367 Vgl dazu oben Rz 5.
368 Eccius Gruchot 43 (1899), S 309.
369 Schleswig ZIP 1982, 457.
370 Vgl dazu Soergel[12]/U Huber § 439 aF Rz 2; Motive II S 214.
371 Motive II S 215.
372 RG JW 1911, 645, 646; RGZ 81, 266, 269; BGHZ 13, 341, 345; BGH NJW 1979, 713, 714.
373 BGH NJW 1979, 713, 714.

Verkaufs eines Grundstücks mit derartigen Belastungen entsprach es schon zum Zeitpunkt des Erlasses des BGB der **Verkehrssitte**, dass eine **beabsichtigte Übernahme** durch den Käufer ausdrücklich im Kaufvertrag unter **Anrechnung auf den Kaufpreis** vereinbart wird[374].

167 2. **Verschärfung der Verkäuferhaftung durch § 442 Abs 2 – Ratio der Norm**. Im Hinblick auf die Haftung des Verkäufers für **bestehende Dienstbarkeiten** führt § 442 Abs 2 im Vergleich zum BGB von 1900 (§ 439 aF) zu einer weiteren Verschärfung. Denn eine auf dem Grundstück lastende Dienstbarkeit muss jetzt grundsätzlich auch im Falle der Kenntnis des Käufers vom Verkäufer nach §§ 437 Nr 1, 439 Abs 1 beseitigt werden, sofern der Kaufvertrag keine **Übernahme** durch den Käufer unter Anrechnung auf den Kaufpreis vorsieht. Bei Dienstbarkeiten, auf die Grundstücksnachbarn und sonstige Dritte bei der Nutzung des eigenen Grundeigentums oder beim Betrieb eines Unternehmens dringend angewiesen sind (zB Fahr- oder Leitungsrechte), ist ein Grundstückskauf eigentlich nur mit Regelung der Übernahme durch den Käufer denkbar[375]. Zudem müssen **Auflassungsvormerkungen** auch bei Kenntnis des Käufers vom Verkäufer beseitigt werden[376]. Die **Begründung zum SMG 2002** verweist darauf, dass bei Grundstückskaufverträgen dem Käufer die **Kenntnis** der im Grundbuch eingetragenen Rechte **durch den Notar vermittelt** wird, und dies in keinem Fall zu einem Anspruchsverlust aufseiten des Käufers wegen Mangelkenntnis führen dürfe[377]. Ohne die Sonderregelung des § 442 Abs 2 käme es aufgrund der Informationspflicht des Notars kaum zu einer **Rechtsmängelhaftung des Verkäufers** in Bezug auf im Grundbuch eingetragene Grundstücksrechte[378]. Der Reformgesetzgeber ging davon aus, dass die Frage der Übernahme von im Grundbuch eingetragenen Rechten in der Praxis zwar gewöhnlich im Kaufvertrag besonders geregelt wird[379]. Gleichwohl sei es sachgerecht, eine umfassende Verpflichtung des Verkäufers zur **Beseitigung von Grundstückslasten** auch bei Kenntnis des Käufers gesetzlich zu begründen[380].

168 Der von den Motiven zum BGB von 1900 zum Zwecke der Begründung des § 439 Abs 2 aF herangezogene Gesichtspunkt der **Verkehrssitte**[381] ist auch in Bezug auf den Anwendungsbereich der Neuregelung des § 442 Abs 2 und damit nach wie vor einschlägig. Denn im Grundbuch eingetragene Grundstücksrechte werden regelmäßig nicht vom Käufer **unter Anrechnung auf den Kaufpreis** übernommen[382]. Verkehrsüblich ist vielmehr – jedenfalls bei Grundpfandrechten – die Beseitigung der eingetragenen Belastungen durch den Verkäufer unter Einsatz des vom Käufer gezahlten Kaufpreises[383]. Der Käufer hat dadurch die Möglichkeit, das **Grundstück** lastenfrei für die Bestellung von Grundpfandrechten zum Zwecke der Absicherung von Kaufpreisdarlehen zu verwenden[384]. Fehlt im **Grundstückskaufvertrag** eine Vereinbarung hinsichtlich der Übernahme einer bestehenden Belastung unter Anrechnung auf den Kaufpreis, so ist idR davon auszugehen, dass der von den Parteien festgesetzte **Kaufpreis** für die **Sache in lastenfreiem Zustand** berechnet ist und der Verkäufer deshalb das im Grundbuch eingetragene Recht zu beseitigen hat. Dies gilt auch für **Dienstbarkeiten**, soweit der Kaufvertrag keine abweichende Regelung enthält.

169 3. **Die praktische Bedeutung der Neuregelung des § 442 Abs 2**. Die praktische Bedeutung des § 442 Abs 2 ist begrenzt. Aufgrund der **Verpflichtung des Notars** zur **Heranziehung eines Grundbuchauszugs** vor Beurkundung des Kaufvertrags (BeurkG § 21 Abs 1 Satz 1) kann die Frage der Übernahme eingetragener Rechte durch den Käufer eigentlich nicht ungeregelt bleiben. Der Notar wird gewöhnlich zwecks Vermeidung von späteren Unklarheiten und Streitigkeiten die Kaufvertragsparteien dazu anhalten, eine **ausdrückliche Regelung** bezüglich der Frage der Übernahme von im Grundbuch eingetragenen Rechten Dritter zu treffen.

II. Einzelne Grundstücksrechte iSd § 442 Abs 2

170 1. **Bestehendes dingliches Vorkaufsrecht eines Dritten**. Ist das verkaufte Grundstück mit einem Vorkaufsrecht belastet und fehlt im Grundstückskaufvertrag eine **Übernahmevereinbarung**, so muss der Verkäufer den bestehenden Rechtsmangel – unabhängig von einem Verschul-

374 Motive II S 216.

375 Denn ein Energieversorgungsunternehmen, für dessen Gas- oder Stromleitungen Dienstbarkeiten zu Lasten der von der Versorgungsstrasse betroffenen Grundstückseigentümer eingetragen sind, wird ebenso wenig wie ein Grundstücksnachbar, der sein Grundstück nur über einen Weg erreichen kann, der über das mit der Dienstbarkeit belastete Grundstück führt, auf dieses eingetragene Recht verzichten.

376 Vgl dazu unten Rz 178 ff.

377 Begr Gesetzentwurf, BT-Drucks 14/6040, S 236 f; vgl auch BeckOGK/Stöber Rz 122; Staud/Matusche-Beckmann Rz 63; BeckOK/Faust Rz 31.

378 BeckOGK/Stöber Rz 122; Staud/Matusche-Beckmann Rz 63.

379 Begr Gesetzentwurf, BT-Drucks 14/6040, S 237.

380 Begr Gesetzentwurf, BT-Drucks 14/6040, S 237.

381 Motive II S 216; vgl dazu auch BeckOGK/Stöber Rz 123; BeckOK/Faust Rz 31.

382 BeckOGK/Stöber Rz 123; BeckOK/Faust Rz 31.

383 BeckOGK/Stöber Rz 123.

384 BeckOGK/Stöber Rz 123.

den im technischen Sinne – gem §§ 437 Nr 1, 442 Abs 2 beseitigen[385]. Die Beseitigungspflicht bezieht sich nicht nur auf das Vorkaufsrecht als solches, sondern auch auf die bloße Grundbucheintragung[386]. Gelingt dies dem Verkäufer auch nach Fristsetzung (§§ 281 Abs 1 Satz 1, 323 Abs 1) nicht, so haftet er dem Käufer nach § 437 Nr 3 auf **Schadensersatz**. Kommt es wegen **Ausübung des Vorkaufsrechts** durch den Berechtigten nicht zur nach § 433 Abs 1 Satz 1 geschuldeten Grundbucheintragung des Käufers, so sind die §§ 275, 326, 280, 283 des **allgemeinen Leistungsstörungsrechts** einschlägig. Durch die Ausübung eines **dinglichen Vorkaufsrechts** verliert der Grundstücksverkäufer die Fähigkeit, die ihm gegenüber dem Käufer obliegende Eigentumsverschaffungspflicht aus § 433 Abs 1 Satz 1 zu erfüllen. Es handelt sich dann im Falle einer vorkaufsrechtbedingten Grundbucheintragung des Dritten als Grundstückseigentümer im Kaufrechtsverhältnis zwischen Verkäufer und Käufer um eine **vollständige Nichterfüllung** und nicht um einen Rechtsmangel iSd § 435. Die vorliegende **subjektive Unmöglichkeit** iSd § 275 Abs 1 ist als nachträglich einzustufen, weil zum **Zeitpunkt des Abschlusses** des Grundstückskaufvertrags die Ausübung des Vorkaufsrechts durch den Berechtigten als Ursache der Unmöglichkeit der kaufvertraglichen Eigentumsverschaffungspflicht des Verkäufers noch ungewiss war. Der Verkäufer hat diese nachträgliche Unmöglichkeit zu vertreten. Denn sie beruht ausschließlich auf dem Vorkaufsrecht, das der Verkäufer im Falle des Eigentumserwerbs des Käufers durch Grundbucheintragung (§§ 873, 925) gem § 442 Abs 2 zu beseitigen hätte[387]. Insoweit trägt der Verkäufer auf Grundlage des geschlossenen Grundstückskaufvertrags das **„Beschaffungsrisiko"** iSd § 276 Abs 1 Satz 1, so dass es nicht auf ein Verschulden im technischen Sinne ankommt. Unerheblich ist daher, ob dem Verkäufer eine **Fahrlässigkeit** vorgeworfen werden kann.

Den Parteien steht es selbstverständlich frei, den Kaufvertrag unter der **aufschiebenden Bedingung (§ 158 Abs 1)** der Nichtausübung des Vorkaufsrechts abzuschließen[388]. Möglich ist auch eine **Garantie des Verkäufers** bezüglich der Nichtausübung des Vorkaufsrechts durch den Berechtigten[389]. Die Notwendigkeit einer besonderen kaufvertraglichen Regelung der Rechtsfolgen einer Ausübung des Vorkaufsrechts durch den Berechtigten ist auch dann evident, wenn zum Zeitpunkt des Vertragsschlusses die Realisierung dieses Rechts nicht zu erwarten ist. Bei **Fehlen einer ausdrücklichen Parteivereinbarung** ist zwar grundsätzlich die Auslegung des Kaufvertrags möglich, dass eine aufschiebende Bedingung oder eine Verkäufergarantie als konkludent vereinbart gilt[390]. Insoweit besteht aber deshalb **keine allgemeine Regel**, weil im konkreten Einzelfall grundsätzlich beide Alternativen in Betracht kommen und der Wille der Kaufvertragsparteien zudem auch dahin gehen kann, es bei den gesetzlichen Regelungen zu belassen. Im Zweifel muss der Verkäufer daher das Vorkaufsrecht als **Rechtsmangel** gem § 442 Abs 2 auf eigene Kosten beseitigen. Im Falle des **Nichterfolgens des Eigentumserwerbs des Käufers** wegen rechtmäßiger Ausübung des Vorkaufsrechts durch den Berechtigten ist der Verkäufer nach §§ 280 Abs 1 und Abs 3, 283, zum Schadensersatz verpflichtet. 171

2. **Kenntnis gerichtlicher Verfügungsverbote (insbes Veräußerungsverbote).** – a) **Grundsätze.** Gerichtliche Verfügungsverbote, die – idR im Rahmen einer **einstweiligen Verfügung** – zum Schutz bestimmter Personen bezüglich etwaiger Rechte am Kaufgegenstand erlassen werden, führen gem §§ 135 Abs 1 Satz 1, 136 dazu, dass die gleichwohl erfolgte Übertragung des Eigentums auf den Käufer gegenüber dem durch das Verbot geschützten Dritten unwirksam ist. Es handelt sich um eine **relative Unwirksamkeit**. Während ein reines Veräußerungsverbot sich nur auf die Übertragung des Eigentums bezieht, richtet sich das umfassende Verfügungsverbot auch gegen eine **Belastung des Grundstücks** durch Bestellung von beschränkt dinglichen Rechten, insbes Grundpfandrechten und Dienstbarkeiten. Der Käufer kann also, außer im Falle eines **gutgläubigen lastenfreien Erwerbs**, das unbelastete Eigentum nur mit Zustimmung des durch dieses Verbot geschützten Dritten erwerben. Der gutgläubige lastenfreie Erwerb eines Grundstücks wird durch die rechtzeitige **Eintragung des Veräußerungsverbots im Grundbuch** ausgeschlossen. Aufgrund der Ausnahmebestimmung des § 442 Abs 2 muss der Verkäufer allerdings gem § 437 Nr 1 das eingetragene Veräußerungsverbot als Rechtmangel iSd § 435 beseitigen, falls der Kaufvertrag insoweit keine abweichende Regelung enthält. 172

Der Kaufvertrag kann zwar insoweit grundsätzlich unter der **aufschiebenden Bedingung (§ 158 Abs 1)** abgeschlossen werden, dass der durch das Veräußerungsverbot geschützte Dritte dem Eigentumserwerb des Käufers endgültig zustimmt. Lässt sich aber bei Fehlen einer aus- 173

385 BeckOGK/Stöber Rz 127.
386 BeckOGK/Stöber Rz 127.
387 Vgl MünchKomm/Westermann Rz 17; Staud/Matusche-Beckmann Rz 56.
388 MünchKomm/Westermann Rz 17; Staud/Matusche-Beckmann Rz 56.
389 Staud/Matusche-Beckmann Rz 56.
390 Vgl RG JW 1922, 576; MünchKomm/Westermann Rz 17; Staud/Matusche-Beckmann Rz 56.

drücklichen kaufvertraglichen Vereinbarung eine solche Bedingung oder eine ähnliche vertragliche Abbedingung von § 442 Abs 2 auch nicht im Wege einer Auslegung feststellen, so führt eine **endgültige Verweigerung der Zustimmung** durch den Dritten zu einer Rechtsmängelhaftung des Verkäufers nach § 437 und insbes zur **Schadensersatzhaftung** nach §§ 437 Nr 3, 280 Abs 1 und Abs 3, 283[391]. Denn der erfolgte Eigentumserwerb des Käufers ist gegenüber dem durch das Veräußerungsverbot geschützten Dritten gem §§ 135 Abs 1 Satz 1, 136 unwirksam (**relative Unwirksamkeit**).

174 Auch beim Verkauf einer **beweglichen Sache** unter Verstoß gegen ein gerichtliches Veräußerungsverbot entsteht zwar, sofern die Sache dem Käufer übergeben wird, grundsätzlich ein **Rechtsmangel** mit der Folge der Begründung eines Gewährleistungsanspruchs des Käufers aus §§ 437 Nr 1, 435. Ein **gutgläubiger Erwerb** (**§§ 136, 135 Abs 2, 932**) ist hier allerdings leichter möglich als bei Grundstücken mit der Möglichkeit der Grundbucheintragung. Zudem ist die Gewährleistungshaftung des Verkäufers bei beweglichen Sachen gem § 442 Abs 1 Satz 1 ausgeschlossen, wenn der Käufer bei Abschluss des Kaufvertrags das gerichtliche Veräußerungsverbot kennt. Die Sonderregelung des § 442 Abs 2 bezieht sich eben nur auf im Grundbuch eingetragene Grundstücksrechte. Eine **grobe Fahrlässigkeit** des Käufers führt beim Verkauf einer beweglichen Sache unter Verstoß gegen ein gerichtliches Veräußerungsverbot zwar zur Anwendung des § 442 Abs 1 Satz 2. In den meisten Fällen kommt es aber hier deshalb nicht zu einem Ausschluss der Gewährleistungshaftung des Verkäufers nach dieser Vorschrift, weil dem Verkäufer der Erlass des Veräußerungsverbots bekannt ist und daher eine **Arglist iSd § 442 Abs 1 Satz 2** vorliegt.

175 b) **Fehlende Rechtsmangeleigenschaft vertraglicher Veräußerungsverbote**. Vertragliche Veräußerungsverbote entfalten grundsätzlich keine Wirkung gegenüber dem Käufer der betreffenden Sache und begründen daher keinen Rechtsmangel. Bereits aus diesem Grund stellt sich die Frage der Anwendung des § 442 und insbes des § 442 Abs 2 nicht. **Haftungsansprüche** bestehen hier grundsätzlich nur im Verhältnis zwischen dem verbotswidrig verfügenden Verkäufer und dem durch das Veräußerungsverbot geschützten Dritten. Erstreckt sich die Wirkung dieses Verbots ausnahmsweise auch auf das Verhältnis zwischen dem Verkäufer und dem Käufer, so ist zum einen ein Rechtsmangel zu bejahen[392]. Zum anderen besteht eine Beseitigungspflicht des Verkäufers nach § 442 Abs 2, sofern das Verbot im **Grundbuch** eingetragen ist[393].

176 3. **Anordnung der Zwangsversteigerung** (**Zwangsversteigerungsvermerk**). – a) **Gewährleistungshaftung des Verkäufers nach § 442 Abs 2**. Der Ausnahmetatbestand des § 442 Abs 2 greift auch dann Platz, wenn bei Abschluss des **Grundstückskaufvertrags** gem ZVG § 15 die Zwangsversteigerung des betreffenden Grundstücks angeordnet und dies gem ZVG § 19 im Grundbuch eingetragen ist. Die **Rechtsmängelhaftung** des Verkäufers ist daher bei Mangelkenntnis des Käufers zum Zeitpunkt des Vertragsschlusses nicht gem § 442 Abs 1 Satz 1 ausgeschlossen. Der Verkäufer muss vielmehr die Belastung gem §§ 437 Nr 1, 442 Abs 2 trotz der darauf bezogenen Kenntnis des Käufers beseitigen[394]. Kommt es nach dem Erwerb des Grundstücks durch den Käufer zur **Zwangsversteigerung** mit Erteilung des Zuschlags zugunsten des Höchstbietenden und ist ein Rückerwerb durch den Verkäufer – wie in den meisten Fällen – als ausgeschlossen anzusehen, so wird dem Verkäufer die **Eigentumsübertragung nachträglich unmöglich**. Dies hat der Verkäufer gem § 276 Abs 1 zu vertreten, weil er gem §§ 433 Abs 1 Satz 2, 442 Abs 2 trotz Mangelkenntnis des Käufers zur Beseitigung der im Grundbuch eingetragenen Anordnung der Zwangsversteigerung verpflichtet war und für sein **finanzielles Unvermögen** uneingeschränkt einzustehen hat. Der Schadensersatzanspruch des Käufers folgt daher aus §§ 437 Nr 3, 280 Abs 1 und Abs 3, 283[395]. Möglich ist selbstverständlich auch ein Rücktritt nach § 437 Nr 2. Zudem kann der Käufer hier grundsätzlich **gem § 285 Abs 1** die Herausgabe eines **Versteigerungsübererlöses als stellvertretendes commodum** verlangen[396].

391 Staud/Matusche-Beckmann § 435 Rz 17; NK/Büdenbender § 435 Rz 9.

392 Vgl zum Rechtsmangel nach altem Kaufrecht RGZ 132, 145 (Eintragung eines vertraglichen Veräußerungsverbots nach Preußischem ALR in das Grundbuch – „Herrnhuter Brüdergemeine"; vgl dazu auch oben Rz 31).

393 Staud/Matusche-Beckmann Rz 63; BeckOGK/Stöber Rz 124.

394 Staud/Matusche-Beckmann Rz 57; Erman/Grunewald Rz 23; vgl zur Rechtslage nach altem Kaufrecht BGH WM 1987, 986, 988 (Ausschluss der Schadensersatzhaftung des Verkäufers nach §§ 434 aF, 440 aF wegen Mangelkenntnis des Käufers iSd § 439 Abs 1 aF, sofern § 439 Abs 1 aF nicht ausdrücklich oder konkludent durch eine auf die Beseitigung der Zwangsversteigerungsanordnung bezogenen Zusicherung des Verkäufers abbedungen wurde, wobei der Erfüllungsanspruch auf lastenfreie Eigentumsübertragung durch die Kenntnis des Käufers nicht ausgeschlossen wurde).

395 BGH WM 1987, 986, 988 f (zu §§ 440 aF, 325 aF).

396 BGH WM 1987, 986 (zu § 281 aF).

b) **Ersteigerung des Grundstücks durch Grundstückskäufer**. Kann der Verkäufer die Zwangsversteigerung nicht abwenden und ersteigert der Käufer das betreffende Grundstück bei der nachfolgenden Zwangsversteigerung, so kann der Käufer vom Verkäufer grundsätzlich gem §§ 437 Nr 3, 311a Abs 2 Satz 1 Herausgabe des auf ihn nach Gläubigerbefriedigung entfallenden Verkaufserlöses verlangen[397]. Daneben bestehen die Rechte aus § 437 Nr 2. Die Gewährleistungshaftung des Verkäufers nach §§ 437, 442 Abs 2 wird hier nicht dadurch ausgeschlossen, dass der Käufer als Inhaber des Gewährleistungsanspruchs das **Höchstgebot** abgibt. Dieser Eigenerwerb durch den Käufer führt nämlich nicht dazu, dass er die **Unmöglichkeit der Beseitigung des Rechtsmangels** nach § 326 Abs 2 Satz 1 selbst zu vertreten hätte[398]. Denn der Käufer ist auch gegenüber dem Verkäufer in keiner Weise verpflichtet, im vom Vollstreckungsgericht anberaumten Versteigerungstermin keine Gebote abzugeben. Eine derartige Unterlassung würde ohnehin idR nur dazu führen, dass ein Dritter den **Zuschlag** erhielte; wahrscheinlich für ein niedrigeres Gebot. Der Eintritt der nachträglichen Unmöglichkeit würde also letztlich nicht verhindert. Der Erwerb des Grundstücks in der Zwangsvollstreckung durch den Käufer wird vielmehr in den meisten Fällen zu einer Verminderung des vom Verkäufer zu ersetzenden **Vermögensschaden** führen. Auch hier ist § 285 in Bezug auf einen etwaigen **Versteigerungsübererlös** grundsätzlich anwendbar[399]. Soweit der Kaufpreis zum Zeitpunkt der Versteigerung noch nicht an den Verkäufer gezahlt worden ist, erfolgt eine **Verrechnung** mit dem Anspruch auf das **stellvertretende commodum iSd § 285**[400]. 177

4. **Auflassungsvormerkung und Nacherbenvermerk als Grundstücksrechte iSd § 442 Abs 2**. Die Vormerkung wird in § 442 Abs 2 nicht ausdrücklich erwähnt. Zudem ist sie nach hM **kein dingliches Recht**, sondern ein besonders geartetes Sicherungsmittel, das dem geschützten Recht als Bezugsobjekt in gewissem Umfang eine dingliche Wirkung verleiht[401]. Gleichwohl wird die Vormerkung unmittelbar von § 442 Abs 2 erfasst[402]. Eine analoge Anwendung ist nicht erforderlich. Dies beruht darauf, dass das in § 442 Abs 2 enthaltene **Tatbestandsmerkmal „im Grundbuch eingetragenes Recht"** weiter ist als der Begriff des „dinglichen Rechts"[403]. Der Gesetzgeber des SMG 2002 war der Ansicht, dass die Vormerkung in § 442 Abs 2 nicht ausdrücklich erwähnt werden müsse[404]. Unabhängig von Streitfragen bezüglich des **Wesens der Vormerkung** sei nach allgemeiner Auffassung von einer entsprechenden Anwendung der Vorschriften über Grundstücksrechte (zB § 894) auf die Vormerkung auszugehen[405]. Dass die **sachenrechtlichen Vorschriften** nur analog anwendbar sind, ändert aber nichts daran, dass § 442 Abs 2 aufgrund des weiteren Wortlauts und der ausschließlichen Anknüpfung an den **Umstand der Grundbucheintragung** unmittelbar auch für die Vormerkung gilt. 178

Der Verkäufer muss eine im Grundbuch eingetragene Vormerkung also auch im Falle der **Kenntnis des Käufers** beseitigen, dh, die Ausschlusswirkung des § 442 Abs 1 Satz 1 greift nicht ein. Unerheblich für die Anwendung des § 442 Abs 2 ist auch, ob der Käufer vom Abschluss des Grundstückskaufvertrags mit dem Dritten erfahren hat, für den vom Verkäufer eine **Vormerkung bewilligt** wurde, die aber noch nicht im Grundbuch eingetragen ist. Die **nachfolgende Eintragung** begründet unmittelbar eine Beseitigungspflicht des Verkäufers. Der Zeitpunkt der Eintragung der Vormerkung – vor oder nach der Eintragung des Käufers als neuer Grundstückseigentümer – ist ebenfalls für die Verpflichtung des Verkäufers aus § 442 Abs 2 ohne Belang. Denn auch eine gegenüber der Vormerkung des Käufers vorrangige Vormerkung des Dritten muss nach § 442 Abs 2 beseitigt werden. 179

Die Regelung des § 442 Abs 2 ist nicht nur auf die Auflassungsvormerkung, sondern auch dann anwendbar, wenn die Vormerkung sich auf den **Erwerb anderer Grundstücksrechte** (**beschränkt dinglicher Rechte**) bezieht. Die Kenntnis des Käufers führt also nicht zu einem Gewährleistungsausschluss nach § 442 Abs 1 Satz 1. Die **Beseitigungspflicht des Verkäufers** greift insoweit in gleicher Weise ein wie in Bezug auf das vorgemerkte Recht im Falle seiner Entstehung nach § 873 durch Eintragung in das Grundbuch. Bei Fehlen einer abweichenden kaufvertraglichen Abrede muss der Verkäufer nicht nur das beschränkt dingliche Recht als Gegenstand der Sicherung, sondern schon die darauf bezogene Vormerkung beseitigen. Ein im Grundbuch nach **GBO § 51** eingetragener Nacherbenvermerk muss vom Verkäufer ebenfalls auch dann beseitigt werden, wenn der Käufer diese Grundstücksbelastung kennt. Nach § 2113 Abs 1 ist die **Verfügung des Vorerben** über ein zur Erbschaft gehörendes Grundstück oder 180

397 BGH WM 1987, 986 (zu § 281 aF).
398 Dies wurde zu § 324 Abs 1 aF erwogen in BGH WM 1987, 986, 988.
399 BGH WM 1987, 986 (zu § 281 aF).
400 BGH WM 1987, 986 (zu § 281 aF).
401 Vgl Soergel/Kern § 883 Rz 2 mweitNachw.
402 Staud/Matusche-Beckmann Rz 64; BeckOGK/Stöber Rz 125; MünchKomm/Westermann Rz 17; BeckOK/Faust Rz 30.
403 Staud/Matusche-Beckmann Rz 64.
404 Begr Gesetzentwurf, BT-Drucks 14/6040, S 237.
405 Begr Gesetzentwurf, BT-Drucks 14/6040, S 237; so auch RGZ 124, 200, 202; MünchKomm/Lettmaier § 883 Rz 7; Erman/Artz § 883 Rz 3.

Recht an einem Grundstück oder über ein zur Erbschaft gehörendes eingetragenes Schiff oder Schiffsbauwerk im Falle des **Eintritts der Nacherbfolge** insoweit unwirksam, als sie das Recht des Nacherben vereiteln oder beeinträchtigen würde. Durch die Eintragung eines Nacherbenvermerks wird ein nach § 2113 Abs 3 grundsätzlich möglicher **gutgläubiger lastenfreier Erwerb** ausgeschlossen. Der Anspruch des Käufers aus §§ 442 Abs 2, 437 Nr 1 gegen den Verkäufer richtet sich hier darauf, einen **Verzicht des Nacherben** auf seine Nacherbenstellung bezüglich der konkreten Kaufsache und die **Löschung des Nacherbenvermerks im Grundbuch** herbeizuführen.

181 5. **Umfang der Beseitigungspflicht bei Grundpfandrechten – insbes Hypothekenhaftungsverband nach § 1120.** – a) **Allgemeines.** Der Verkäufer erfüllt die ihm aus § 442 Abs 2 obliegende Verpflichtung zur Beseitigung eines im Grundbuch eingetragenen Grundpfandrechts nicht schon dadurch, dass er die der Grundstücksbelastung zugrundeliegende **persönliche Verbindlichkeit** zum Erlöschen bringt. Er muss vielmehr auch die **Löschung der Eintragung im Grundbuch** bewirken[406]. Erforderlich ist entweder eine **Zustimmung zur Grundbuchberichtigung** gem § 894 oder eine **Bewilligung** iSd GBO § 19 zur Eintragung einer Löschung[407]. Nicht ausreichend ist dagegen die bloße **Eintragung eines Widerspruchs**[408].

182 Nach § 442 Abs 2 erstreckt sich die Beseitigungs- und Ablösungsverpflichtung des Verkäufers bei einer eingetragenen **Hypothek** auch auf die **Zinsen und sonstigen Nebenforderungen iSd §§ 1118, 1119**. Im Falle einer **Grundschuld** gilt aufgrund der Verweisungsnorm des § 1192 Abs 1 Entsprechendes. Für die einzelnen Leistungen aus der **Reallast** iSd § 1105 gilt das Gleiche, weil § 1107 insoweit auf §§ 1118, 1119 verweist[409]. Diese Einzelleistungen werden vom Sinn und Zweck des § 442 Abs 2 ebenso erfasst wie die Reallast als Hauptrecht. § 442 Abs 1 Satz 1 ist daher auch in Bezug auf die Einzelleistungen nicht anwendbar, dh, der Verkäufer kann nicht einwenden, dass dem Käufer diese Leistungsverpflichtungen bei Abschluss des Kaufvertrags bekannt gewesen seien.

183 b) **Anwendung des § 442 Abs 2 auf den Mitverkauf von Gegenständen aus dem Hypothekenhaftungsverband (§ 1120).** Nach § 1120 erstreckt sich die **Hypothek** auf die vom Grundstück getrennten Erzeugnisse und sonstigen Bestandteile, soweit nicht durch die **Trennung** gem §§ 954 bis 957 ein Eigentumsverlust eingetreten ist, sowie auf das Zubehör. Entsprechendes gilt gem § 1192 Abs 1 für die **Grundschuld**. Diese sachenrechtliche Erstreckung der Grundstückshaftung auf bestimmte bewegliche Gegenstände führt zu einer entsprechenden Erweiterung des Anwendungsbereichs des § 442 Abs 2. So muss der Verkäufer beim Verkauf eines mit einer Hypothek oder einer Grundschuld belasteten Grundstücks **mitverkauftes Zubehör** von der Haftung nach § 1120 befreien[410]. Entsprechendes gilt, soweit vom verkauften Grundstück **getrennte Erzeugnisse** und sonstige Bestandteile iSd § 1120 zum Kaufgegenstand gehören[411].

184 c) **Separater Verkauf von beweglichen Sachen aus dem Hypothekenhaftungsverband (§ 1120).** Der Wortlaut des § 442 Abs 2 setzt zwar ein im Grundbuch eingetragenes Recht voraus. **Keine zwingende Notwendigkeit** für die Anwendung dieser Norm ist aber, dass der Kaufgegenstand ein Grundstück ist. Dies ist allerdings der Regelfall. Da § 1120 bei mit Hypotheken oder Grundschulden (iVm § 1192 Abs 1) belasteten Grundstücken die Grundstückshaftung auf die zum Haftungsverband gehörenden beweglichen Sachen erstreckt, stellt das eingetragene Recht auch im Falle eines separaten Verkaufs dieser beweglichen Sachen einen **Rechtsmangel iSd § 435** dar. Die Sonderregelung des § 442 Abs 2 ist daher auch dann anwendbar, wenn Erzeugnisse, sonstige Bestandteile oder Zubehörstücke iSd § 1120 separat verkauft werden[412]. Der Verkäufer kann daher gegenüber Gewährleistungsrechten des Käufers nicht einwenden, dass der Käufer gem § 442 Abs 1 Satz 1 das im Grundbuch eingetragene Grundpfandrecht und die Zugehörigkeit des Kaufgegenstands zum Haftungsverband gekannt habe.

185 6. **Eintragungsfähige öffentliche Lasten des verkauften Grundstücks.** Für eintragungsfähige **öffentliche Lasten** des Grundstücks galt **§ 439 Abs 2 aF** nicht, sofern sie nicht ausnahmsweise in die Rechtsform einer **Hypothek, Grundschuld oder Rentenschuld** eingekleidet

406 Köln MDR 1957, 35 (zu § 435 aF); Staud/Matusche-Beckmann Rz 66; BeckOGK/Stöber Rz 127; BeckOK/Faust Rz 31.
407 Staud/Matusche-Beckmann Rz 66.
408 Staud/Matusche-Beckmann Rz 66.
409 Vgl dazu Soergel/Bruns § 1107 Rz 1.
410 RGZ 57, 1, 4 (zu § 439 Abs 2 aF); BGH WM 1961, 482, 484 (zu § 439 Abs 2 aF); BeckOK/Faust Rz 30; MünchKomm/Westermann Rz 17; Staud/Matusche-Beckmann Rz 64; Erman/Grunewald Rz 23.
411 BeckOK/Faust Rz 30; MünchKomm/Westermann Rz 17.
412 BGH WM 1961, 482, 484; Staud/Matusche-Beckmann Rz 64; MünchKomm/Westermann Rz 17; BeckOK/Faust Rz 30.

waren[413]. Nach **§ 436 Abs 2** haftet der Verkäufer eines Grundstücks außerhalb des Anwendungsbereichs des § 436 Abs 1 (Erschließungsbeiträge und sonstige Anliegerbeiträge) nicht für die Freiheit des Grundstücks von öffentlichen Abgaben und von öffentlichen Lasten, die zur Eintragung in das **Grundbuch** nicht geeignet sind. Daraus folgt im Umkehrschluss die Gewährleistungshaftung für eintragungsfähige öffentliche Lasten. Die im Vergleich zu § 439 Abs 2 aF weiter gefasste Neuregelung des § 442 Abs 2 ist hier unmittelbar anwendbar, weil es sich um ein im Grundbuch eingetragenes Recht im Sinne dieser Vorschrift handelt und Belastungen auf **öffentlich-rechtlicher Grundlage** nicht ausgenommen sind.

7. **Anwendung des § 442 Abs 2 auf den Verkauf von Flugzeugen und Schiffen**. Für Luftfahrzeuge, die in der Luftfahrzeugrolle oder im Register für Pfandrechte an Luftfahrzeugen eingetragen sind, gilt gem LuftFzgG § 98 Abs 2 Satz 1[414] die Regelung des § 442 Abs 2 sinngemäß. Das an einem verkauften Luftfahrzeug bestehende **Registerpfandrecht** muss daher gem § 442 Abs 2 iVm LuftFzgG § 98 Abs 2 Satz 1 vom Verkäufer auch dann beseitigt werden, wenn dem Käufer dieses Recht bei Abschluss des Kaufvertrags bekannt war[415]. Ein im Register für Pfandrechte an Luftfahrzeugen eingetragenes Luftfahrzeug, dessen **Eintragung in der Luftfahrzeugrolle** gelöscht ist, steht gem LuftFzgG § 98 Abs 2 Satz 2 einem in der Luftfahrzeugrolle eingetragenen Luftfahrzeug gleich. Auf ein in einem **ausländischen Register** eingetragenes Registerpfandrecht an einem Flugzeug ist § 442 Abs 2 anwendbar, sofern das Pfandrecht in der Bundesrepublik anzuerkennen und daher ebenso zu behandeln ist wie ein nach deutschem Recht wirksam entstandenes Pfandrecht[416]. Beim Kauf von **eingetragenen Schiffen und Schiffsbauwerken** gilt § 442 Abs 2 über die Verweisungsnorm des **§ 452**. 186

8. **Zu Unrecht im Grundbuch eingetragene Rechte und Vormerkungen**. Ist ein dingliches Recht eines Dritten am **verkauften Grundstück** oder eine (gleichgestellte) **Vormerkung**[417] im Grundbuch zu Unrecht eingetragen, so ist der Verkäufer nach § 437 Nr 1 iVm § 435 verpflichtet, die Grundbucheintragung auf seine Kosten löschen zu lassen. Die Grundbucheintragung eines in Wirklichkeit nicht bestehenden Rechts stellt zwar **keinen Rechtsmangel** iSd § 435 Satz 1 dar. Nach **§ 435 Satz 2** steht aber die Eintragung eines Rechts, das nicht besteht, einem Rechtsmangel gleich. Daher ist auch die Sonderregelung des § 442 Abs 2 anwendbar, dh, die Gewährleistungshaftung des Verkäufers ist im Falle der Mangelkenntnis des Käufers nicht durch § 442 Abs 1 Satz 1 ausgeschlossen. 187

9. **Anwendung des § 442 Abs 2 beim Kauf sämtlicher Anteile einer Grundstücksgesellschaft**. Auf den Kauf sämtlicher oder nahezu sämtlicher Anteile an einer Gesellschaft (**share deal**) sind zwar die §§ 434 ff grundsätzlich ebenso anwendbar wie beim Kauf des Unternehmens als solchen (**asset deal**)[418]. Dies bedeutet aber zum einen nicht, dass die Mangelhaftigkeit eines einzelnen zum Gesellschaftsvermögen gehörenden Grundstücks unmittelbar einen Mangel des Unternehmens begründet[419]. Zum anderen kann hier, wenn in Bezug auf ein im Grundbuch eingetragenes Grundstücksrecht ein Mangel des Unternehmens zu bejahen ist, nicht ohne weiteres unter Verweis auf die der Ratio des § 442 Abs 2 zugrundeliegende **Verkehrsauffassung** angenommen werden, der Käufer könne eine Beseitigung des eingetragenen Grundstücksrechts auch bei Kenntnis zum Zeitpunkt des Abschlusses des Kaufvertrags verlangen[420]. Im Zweifel ist bei Fehlen einer abweichenden kaufvertraglichen Vereinbarung vielmehr davon auszugehen, dass die dem Käufer bei Abschluss des Kaufvertrags bekannten Mängel bei der **Kaufpreisfestsetzung** berücksichtigt worden sind, und zwar auch insoweit, als es um Grundstücksrechte iSd § 442 Abs 2 geht[421]. Anders ist die Rechtslage aber dann, wenn beim Verkauf sämtlicher Anteile an einer Grundstücksgesellschaft das **Gesellschaftsvermögen** im Wesentlichen **nur in einem** 188

413 Vgl RGZ 59, 400, 407 (zur Grundsteuerentschädigungsrente).

414 Gesetz über Rechte an Luftfahrzeugen vom 26. Februar 1959, zuletzt geändert durch Art 185 der Verordnung vom 31.8.2015 (BGBl I, S 1474).

415 Vgl MünchKomm/Westermann Rz 17; BeckOGK/Stöber Rz 125.

416 BGH NJW 1992, 362, 363 (für eine nach amerikanischem Recht wirksam begründete und im amerikanischen Luftfahrtregister eingetragene „mortgage" an einem Flugzeug); BeckOGK/Stöber Rz 126; Erman/Grunewald Rz 23. Im Fall des BGH war die „mortgage" im FAA Aircraft Registry von Oklahoma City eingetragen. Nach Art I Abs 1 lit d iVm Art III Abs 2 Satz 2 des Übereinkommens vom 19. Juni 1948 über die internationale Anerkennung von Rechten an Luftfahrzeugen, dem die Bundesrepublik Deutschland durch Gesetz vom 26. Februar 1959 beigetreten ist (BGBl 1959 II, 129 ff), war die „mortgage" in der Bundesrepublik Deutschland anzuerkennen.

417 Vgl dazu oben Rz 178 ff.

418 Vgl § 453 Rz 109.

419 Vgl § 453 Rz 132.

420 Vgl dazu BeckOGK/Stöber Rz 114.

421 Weitergehend BeckOGK/Stöber Rz 124 (genereller Ausschluss des § 442 Abs 2 beim Kauf aller Anteile an einer Grundstücksgesellschaft).

Grundstück besteht. Hier ist § 442 Abs 2 entsprechend anzuwenden, dh, die Kenntnis des Käufers schließt die Gewährleistungshaftung des Verkäufers nicht gem § 442 Abs 1 Satz 1 aus[422].

189 10. **Keine analoge Anwendung des § 442 Abs 2 auf nicht eingetragene Grundstücksrechte**. Nach dem Wortlaut des § 442 Abs 2 besteht die von § 442 Abs 1 abweichende, auch bei Mangelkenntnis des Käufers bestehende **Beseitigungspflicht des Verkäufers** nur bezüglich eines im Grundbuch eingetragenen Rechts. Bei fehlender Grundbucheintragung eines tatsächlich bestehenden Grundstücksrechts kann § 442 Abs 2 daher zumindest nicht direkt angewandt werden. Auch eine analoge Anwendung dieser Norm ist zu verneinen. Einschlägig ist vielmehr **§ 442 Abs 1 Satz 1**, dh, die Kenntnis des Käufers zum Zeitpunkt des Abschlusses des Grundstückskaufvertrags schließt die Gewährleistungshaftung des Verkäufers aus. Bei **grober Fahrlässigkeit** kommt es für den Gewährleistungsausschluss gem § 442 Abs 1 Satz 2 darauf an, ob aufseiten des Verkäufers eine **Arglist** oder eine **Beschaffenheitsgarantie** gegeben ist. Gegen eine analoge Anwendung des § 442 Abs 2 ist insbes anzuführen, dass die **Ratio** dieser Vorschrift[423] bei fehlender Grundbucheintragung des bestehenden Rechts nicht Platz greifen kann. Ist das betreffende Recht nicht eingetragen, so besteht eine gewisse Wahrscheinlichkeit dafür, dass es weder dem Verkäufer noch dem beurkundenden **Notar** bekannt ist. Es fehlt dann aufseiten des Verkäufers eine Grundlage für eine Übernahmevereinbarung oder eine sonstige besondere kaufvertragliche Regelung. Zudem kann ein Käufer, der das nicht eingetragene Recht kennt, nicht erwarten, dass der Verkäufer, sofern er über diesen Mangel nicht informiert ist, seine aus §§ 435, 437 Nr 1 folgende Beseitigungspflicht bei der **Kaufpreisfestsetzung** bedacht hat.

190 Die Anwendung des § 442 Abs 1 Satz 1 bei fehlender Grundbucheintragung des dem Käufer bekannten Rechts iSd § 435 ist auch deshalb interessengerecht, weil der Käufer ohne weiteres die Möglichkeit hat, die Frage der Beseitigung oder Übernahme des Rechts bei den **Vertragsverhandlungen** anzusprechen. Unterlässt er dies, obwohl er erkennen muss, dass dem Verkäufer das Recht nicht oder möglicherweise nicht bekannt ist, so handelt der Käufer treuwidrig, sofern er nach § 437 Nr 1 die Beseitigung des Rechts verlangt. Das Eingreifen der Ausschlussfolge des § 442 Abs 1 Satz 1 ist daher auch unter Berücksichtigung der Ratio dieser Norm angemessen. Dafür spricht zudem der Ausschluss des **gutgläubigen lastenfreien Erwerbs** des Grundstücks durch den Käufer wegen **Bösgläubigkeit iSd § 892 Abs 1 Satz 1**.

191 11. **Erstreckung des § 442 Abs 2 auf Eintragungen in ausländischen Registern**. Die in § 442 Abs 2 geregelte Beseitigungspflicht greift nicht ohne weiteres Platz in Bezug auf in ausländischen Registern eingetragene Rechte an **Grundstücken, Flugzeugen oder Schiffen**[424]. Entscheidend ist vielmehr, ob in Bezug auf das in einem ausländischen Register eingetragene Recht in der **Bundesrepublik Deutschland die Anerkennung** zu bejahen ist[425]. Wenn diese Bedingung vorliegt, dann steht das in einem ausländischen Register eingetragene Recht in Bezug auf die Frage der Anwendung des § 442 Abs 2 einem in einem deutschen Register (Grundbuch, Schiffsregister oder Luftfahrzeugrolle) eingetragenen Recht gleich[426]. Dafür spricht insbes die **Ratio des § 442 Abs 2**[427]. Denn auch bei ausländischen Registerrechten Dritter, die der Käufer grundsätzlich als Belastung der Kaufsache gegen sich gelten lassen muss, ist von der **Verkehrssitte** auszugehen, dass der Kaufpreis von den Parteien für die Sache in lastenfreiem Zustand bestimmt wird und eine Übernahme des betreffenden Rechts unter **Anrechnung auf den Kaufpreis** besonders vereinbart werden muss.

III. Abbedingbarkeit des § 442 Abs 2

192 1. **Grundsätze**. Die Regelung des § 442 Abs 2 ist ebenso wie § 442 Abs 1 grundsätzlich abdingbar. Häufig erfolgt dies in der Weise, dass der Käufer eingetragene **Grundpfandrechte** übernimmt, und zwar **in Anrechnung auf den Kaufpreis**, der bei Lastenfreiheit festgesetzt worden wäre[428]. Wird § 442 Abs 2 im Kaufvertrag nicht ausdrücklich abbedungen, so ist in der in Rede stehenden Übernahme- und Anrechnungsvereinbarung im Wege der Auslegung regelmä-

422 RGZ 120, 283, 288; RGZ 122, 378, 381; RGZ 126, 13, 16 (zu § 439 aF im Falle der Belastung des Grundstücks mit „Aufwertungshypotheken"); BeckOK/Faust Rz 30; aA BeckOGK/Stöber Rz 124; Staud/Matusche-Beckmann Rz 64.
423 Vgl dazu oben Rz 167 f.
424 BeckOGK/Stöber Rz 126; so wohl auch BGH NJW 1992, 362, 363.
425 BeckOGK/Stöber Rz 126; so wohl auch BGH NJW 1992, 362, 363 (Anerkennung der nach amerikanischem Recht wirksam begründeten und im amerikanischen Luftfahrtregister eingetragenen „mortgage" an einem Flugzeug nach Art I Abs 1 des Übereinkommens vom 19. Juni 1948 über die internationale Anerkennung von Rechten an Luftfahrzeugen; vgl dazu auch oben Rz 186). Die Frage der Beseitigungspflicht bei zu verneinender Anerkennung musste in der Entscheidung BGH NJW 1992, 362 nicht erörtert werden.
426 BeckOGK/Stöber Rz 126.
427 Vgl dazu oben Rz 167 f.
428 BeckOGK/Stöber Rz 131.

ßig ein **konkludenter Ausschluss** der Verkäuferhaftung zu sehen[429]. Diese Auslegung der Übernahme- und Anrechnungsvereinbarung greift auch dann Platz, wenn sie sich nicht auf Grundpfandrechte, sondern auf andere im Grundbuch eingetragene Rechte iSd § 442 Abs 2 (zB Dienstbarkeiten) bezieht, die der Käufer unter Anrechnung auf den im Falle der Lastenfreiheit zu zahlenden Kaufpreis übernimmt[430].

2. **Kaufvertragliche Übernahme einer vermeintlichen Grundstücksbelastung durch** 193
den Käufer. Sehen die Kaufvertragsparteien bei Vertragsschluss ein im Grundbuch **eingetragenes Recht als existent an**, obwohl es in Wirklichkeit nicht besteht, und übernimmt der Käufer aufgrund dieses beiderseitigen Irrtums die vermeintliche Belastung unter Anrechnung auf den Kaufpreis, der bei Lastenfreiheit zum Zuge käme, so zahlt der Käufer letztlich zu wenig für das Grundstück. Bei Fehlen einer ausdrücklichen Regelung der Rechtsfolgen dieses Irrtums im Grundstückskaufvertrag ist davon auszugehen, dass die Existenz des Rechts des Dritten die **Geschäftsgrundlage der Übernahme- und Anrechnungsvereinbarung** ist mit der Folge, dass der Verkäufer gem § 313 Abs 1 eine Preisanpassung verlangen kann. Vom Käufer nachzuzahlen ist hier die **Differenz** zwischen dem vereinbarten Kaufpreis und dem Preis, der im Falle der Kenntnis von der Nichtexistenz der Belastung vereinbart worden wäre.

Aufgrund der vertraglichen Abbedingung des Beseitigungsanspruchs aus § 442 Abs 2 ist es 194
zwar grundsätzlich eine Angelegenheit des Käufers, sich auf seine Kosten um die **Löschung** des in Wirklichkeit nicht existenten Grundstücksrechts zu bemühen. Soweit er dabei aber auf eine **Mithilfe des Verkäufers** (zB die Überlassung von Unterlagen) angewiesen ist, schuldet der Verkäufer diese Unterstützung auf Grundlage des Kaufvertrags auch dann, wenn eine ausdrückliche Regelung hierzu fehlt. Der Kaufvertrag ist unter Berücksichtigung des Grundsatzes von **Treu und Glauben** (**§ 242**) in dieser Hinsicht auszulegen.

3. **Darlegungs- und Beweislast.** Dem Verkäufer obliegt die **Darlegungs- und Beweislast** 195
für eine von § 442 Abs 2 abweichende Vereinbarung. Diese Beweislastverteilung beruht darauf, dass bei Bestehen eines im Grundbuch eingetragenen Rechts, das der Käufer kennt, nicht der von § 442 Abs 1 Satz 1 angeordnete Ausschluss der Gewährleistungshaftung des Verkäufers, sondern die in § 442 Abs 2 vorgesehene **Beseitigungspflicht** des Verkäufers der **Regeltatbestand** ist. Eine **Abbedingung** dieser gesetzlichen Regel ist damit beweisrechtlich ein **Ausnahmetatbestand**, dessen tatsächliche Voraussetzungen diejenige Partei beweisen muss, die sich auf die Ausnahme beruft. Der Verkäufer trägt damit die Folgen eines **non liquet**, dh, er muss das im Grundbuch eingetragene Recht beseitigen, wenn das Vorliegen einer Abbedingung nicht in ausreichender Weise nachgewiesen werden kann, sondern streitig bleibt.

§ 443 Garantie

(1) Geht der Verkäufer, der Hersteller oder ein sonstiger Dritter in einer Erklärung oder einschlägigen Werbung, die vor oder bei Abschluss des Kaufvertrags verfügbar war, zusätzlich zu der gesetzlichen Mängelhaftung insbesondere die Verpflichtung ein, den Kaufpreis zu erstatten, die Sache auszutauschen, nachzubessern oder in ihrem Zusammenhang Dienstleistungen zu erbringen, falls die Sache nicht diejenige Beschaffenheit aufweist oder andere als die Mängelfreiheit betreffende Anforderungen nicht erfüllt, die in der Erklärung oder einschlägigen Werbung beschrieben sind (Garantie), stehen dem Käufer im Garantiefall unbeschadet der gesetzlichen Ansprüche die Rechte aus der Garantie gegenüber demjenigen zu, der die Garantie gegeben hat (Garantiegeber).

(2) Soweit der Garantiegeber eine Garantie dafür übernommen hat, dass die Sache für eine bestimmte Dauer eine bestimmte Beschaffenheit behält (Haltbarkeitsgarantie), wird vermutet, dass ein während ihrer Geltungsdauer auftretender Sachmangel die Rechte aus der Garantie begründet.

ÜBERSICHT

429 BeckOGK/Stöber Rz 131.
430 BeckOGK/Stöber Rz 131.

A. Allgemeine Grundlagen der Garantiehaftung nach § 443

I. Die Entstehungsgeschichte und systematische Stellung des § 443

1. **Die Zusicherung einer Eigenschaft iSd § 459 Abs 2 aF, § 463 Satz 1 aF, AGBG § 11 Nr 11 aF.** Der Verkäufer einer Sache war nach § 459 Abs 1 Satz 1 aF dem Käufer gegenüber im Rahmen der **Sachmängelgewährleistung** dafür verantwortlich, dass die Sache zum Zeitpunkt des Gefahrübergangs nicht mit Fehlern behaftet ist, die den Wert oder die Tauglichkeit zu dem gewöhnlichen oder dem nach dem Vertrage vorausgesetzten Gebrauch aufheben oder mindern. Der Inhalt dieser Haftung bestand nach § 462 aF grds darin, dass der Käufer zwischen „Rückgängigmachung des Kaufes (Wandelung)" und „Herabsetzung des Kaufpreises (Minderung)" wählen konnte. Diese Haftung des Verkäufers griff gem § 459 Abs 2 aF auch dann ein, wenn die Sache **bei Gefahrübergang** eine zugesicherte Eigenschaft nicht aufwies. Nach § 463 Satz 1 aF konnte der Käufer statt der Wandelung oder der Minderung **Schadensersatz wegen Nichterfüllung** verlangen, wenn der verkauften Sache zur Zeit des Kaufes eine zugesicherte Eigenschaft fehlte. Das Gleiche galt nach § 463 Satz 2 aF, wenn der Verkäufer einen **Fehler arglistig verschwiegen** hatte. Eine Legaldefinition der Eigenschaftszusicherung war im BGB von 1900 weder im Kaufrecht noch im Allgemeinen Schuldrecht geregelt. 1

Die für den Ausschluss der Sachmängelhaftung als Vorgängerregelung des § 442 Abs 1 Satz 2 geltende Vorschrift des § 460 Satz 2 aF sah vor, dass bei **grob fahrlässiger Mangelunkenntnis** 2 des Käufers die Gewährleistungshaftung nicht entfällt, wenn der Verkäufer die Abwesenheit des Fehlers zugesichert hat oder den Fehler arglistig verschwiegen hat. Auf den Fall des Fehlens einer zugesicherten Eigenschaft nach § 459 Abs 2 aF war der Ausschlusstatbestand des § 460 Satz 2 aF von vornherein nicht anwendbar[1]. Nach dem bis zum Inkrafttreten des SMG 2002 geltenden AGBG § 11 Nr 11aF war in **AGB des Verkäufers** eine Bestimmung unwirksam, durch die Ansprüche des Käufers aus § 463 aF, § 480 aF wegen Fehlens einer zugesicherten Eigenschaft ausgeschlossen oder eingeschränkt wurden.

3 2. **Der Garantiebegriff der Neuregelungen der § 442 Abs 1 Satz 2, § 444 Alt 2 und § 276 – Abgrenzung zu § 443.** Das SMG 2002 hat in § 442 Abs 1 Satz 2 und § 444 den Begriff „zugesicherte Eigenschaft" iSd § 459 Abs 2 aF, § 463 Satz 1 aF, AGBG § 11 Nr 11 aF zwar nicht wörtlich übernommen. Die Übernahme einer „Garantie für die Beschaffenheit der Sache", die nach § 442 Abs 1 Satz 2 die Gewährleistungshaftung des Verkäufers trotz **grob fahrlässiger Mangelunkenntnis** des Käufers nicht entfallen lässt und gem § 444 Alt 2 dem Verkäufer die Berufung auf einen vertraglichen Gewährleistungsausschluss versagt, entspricht aber inhaltlich dem früheren Tatbestand der **zugesicherten Eigenschaft**[2]. In § 444 Alt 2 geht zugleich die bis zum Inkrafttreten des SMG 2002 geltende Vorschrift des AGBG § 11 Nr 11 aF auf[3]. Die Änderung der Terminologie beruht im Wesentlichen darauf, dass nunmehr in der allgemeinen Bestimmung des § 276 Abs 1 Satz 1 geregelt ist, was der Schuldner und damit der Verkäufer zu vertreten hat[4]. Nach § 276 Abs 1 Satz 1 hat der Schuldner Vorsatz und Fahrlässigkeit zu vertreten, wenn eine **strengere oder mildere Haftung** weder bestimmt noch aus dem sonstigen Inhalt des Schuldverhältnisses, insbes aus der **Übernahme einer Garantie** oder eines Beschaffungsrisikos, zu entnehmen ist. Die bisherigen Fälle der Zusicherung einer Eigenschaft durch den Verkäufer werden jetzt vom Tatbestandsmerkmal „Übernahme einer Garantie durch den Schuldner" erfasst[5].

4 Der Anwendungsbereich des in § 276 Abs 1 Satz 1 geregelten Tatbestands der „Übernahme einer Garantie" ist zwar deshalb weiter als der des Garantiebegriffs des § 442 Abs 1 Satz 2 und § 444 Alt 2, weil er nicht auf die **Beschaffenheit der Kaufsache** beschränkt ist. Übereinstimmung besteht aber in Bezug auf die allgemeine Voraussetzung der Garantie, dass der Verkäufer in **vertragsmäßig bindender Weise** die Gewähr für einen bestimmten Zustand der Kaufsache übernehmen will und damit seine Bereitschaft zu erkennen gibt, für alle Folgen des Fehlens dieser Beschaffenheit einzustehen[6]. Insoweit stellt sich die Kontrollfrage, ob der Verkäufer bei Fehlen des kaufvertraglich vereinbarten Zustands der Kaufsache auch dann auf **Schadensersatz** haften will, wenn ein Verschulden nach § 276 Abs 1 Satz 1 im rechtstechnischen Sinne nicht gegeben ist.

5 Zum Zwecke der Abgrenzung des Garantiebegriffs der Neuregelung des § 443 von der Eigenschaftszusicherung nach altem Kaufrecht und dem der Garantie iSd § 276 Abs 1 Satz 1 war bei der Beratung des SMG 2002 vom **Bundesrat** vorgeschlagen worden, den Anwendungsbereich des § 443 auf **Haltbarkeitsgarantien** und von Herstellern oder sonstigen Dritten erteilte Garantien zu beschränken[7]. Im Gegensatz zu einer von einem Dritten übernommenen Beschaffenheitsgarantie sollte eine entsprechende Garantie des Verkäufers nicht von der Regelung des § 443 erfasst werden[8]. Der Bundesrat begründete dies damit, dass eine solche Garantie des Verkäufers eine **Beschaffenheitsvereinbarung iSd § 434 Abs 1 Satz 1 aF** darstelle, die keiner zusätzlichen gesetzlichen Regelung bedürfe[9]. Ohne die Ausklammerung der Garantie des Verkäufers für die Beschaffenheit der Sache könne der Garantiebegriff des § 443 zu einer Verwirrung führen[10]. Die **Bundesregierung** stimmte in der Gegenäußerung zwar grds dem Anliegen des Bundesrates zu, lehnte aber unter Verweis auf die Notwendigkeit einer hinreichenden Umsetzung des Art 6 Abs 1 Verbrauchsgüterkauf-Richtlinie[11], aus dem sich eine **Beschränkung auf die Haltbarkeitsgarantie** nicht ableiten lasse, eine Einschränkung des § 443 in dieser Hinsicht ab[12]. Zudem könne der Verkäufer über eine bloße Beschaffenheitsvereinbarung hinaus eine Garantie für die Beschaffenheit der Sache bei Gefahrübergang übernehmen, die nicht nur für das **Vertretenmüssen** nach

1 Soergel[12]/Huber § 460 aF Rz 4; BeckOK/Faust Rz 6.
2 Vgl Begr Gesetzentwurf, BT-Drucks 14/6040, S 236 („In der Sache entspricht dies der Zusicherung einer Eigenschaft des bisherigen Rechts") zu § 442; Begr Gesetzentwurf, BT-Drucks 14/6040, S 240 („Hinsichtlich der Reichweite der in der Vorschrift genannten Garantie kann auf die obigen Ausführungen zu § 442 RE Bezug genommen werden. Auch hier ist inhaltlich die im bisherigen Recht erwähnte Zusicherung einer Eigenschaft gemeint") zu § 444.
3 Begr Gesetzentwurf, BT-Drucks 14/6040, S 240.
4 Begr Gesetzentwurf, BT-Drucks 14/6040, S 236.
5 Begr Gesetzentwurf, BT-Drucks 14/6040, S 236.
6 BGHZ 170, 86 Rz 20; Begr Gesetzentwurf, BT-Drucks 14/6040, S 237; Staud/Matusche-Beckmann Rz 7.
7 Stellungnahme BR, BT-Drucks 14/6857, S 28.
8 Stellungnahme BR, BT-Drucks 14/6857, S 28.
9 Stellungnahme BR, BT-Drucks 14/6857, S 28 f.
10 Stellungnahme BR, BT-Drucks 14/6857, S 29.
11 RL 1999/44/EG vom 25.5.1999.
12 Gegenäußerung BR, BT-Drucks 14/6857, S 61.

§ 276 Abs 1 Satz 1 von Bedeutung sei, sondern vielmehr auch eine **Erweiterung der Käuferrechte** bezwecken könne[13]. Um dem auf transparente Abgrenzung gerichteten Anliegen des Bundesrates Rechnung zu tragen, schlug die Bundesregierung vor, in § 442 Abs 1 Satz 2 und § 444 das Tatbestandsmerkmal „Garantie für die Beschaffenheit" durch die auf den Mangel bezogene Formulierung „oder dessen Abwesenheit zugesichert hat" zu ersetzen[14].

Der **Rechtsausschuss** lehnte dann aber iE erfolgreich die Fortschreibung des Begriffs der 6
zugesicherten Eigenschaft des alten Kaufrechts ab[15]. Dafür wurden mehrere Gründe angeführt[16]. Durch eine Unterscheidung zwischen **Haltbarkeitsgarantie und Beschaffenheitsgarantie** in der Vorschrift des § 443 könne auf den Begriff der „Zusicherung von Eigenschaften" verzichtet werden[17]. Zudem stünden ansonsten in § 276 die Begriffe „Zusicherung" und „Garantie" nebeneinander, obwohl jede Zusicherung auch Elemente einer Garantie enthalte[18]. Darüber hinaus werde durch den Begriff „Garantie" auch deutlich, dass eine verschärfte Haftung nicht nur wegen bestimmter Eigenschaften einer Sache, sondern auch für den Bestand der **Einredefreiheit eines Rechts** übernommen werden könne[19]. Der sachliche Anwendungsbereich des Garantiebegriffs des § 443 geht letztlich weit über die in §§ 442 Abs 1 Satz 2, 444 Alt 2 geregelten **Verkäufergarantien** hinaus, die sich nur auf die Frage des **Ausschlusses der gesetzlichen Gewährleistungshaftung** beziehen.

3. **Änderung des § 443 durch die Umsetzung der Verbraucherrechte-Richtlinie im Jahre 7
2014**. – a) **Begriffliche Veränderung des Garantiebegriffs – Grundlagen**. Im Wege der Umsetzung der Verbraucherrechte-Richtlinie[20] wurde § 443 idF des SMG 2002 mit Wirkung zum 13.6.2014 geändert. Der Gesetzgeber verweist darauf, dass die Unterschiede zum bislang geltenden Recht „vor allem begrifflicher Natur" seien[21]. Denn aufgrund der Geltung des **Grundsatzes der Vertragsfreiheit** sei nach wie vor entscheidend, welche Leistung des Garantiegebers von den Parteien für den **Eintritt des Garantiefalls** vereinbart werde[22]. Die durch die Umsetzung der Verbraucherrechte-Richtlinie veranlasste Änderung des § 443 führe daher nicht zu einer „Änderung des Erfüllungsaufwands" des Garantiegebers. Die bisherige Überschrift zu § 443 „Beschaffenheits- und Haltbarkeitsgarantie" wurde durch die ganz allgemein gehaltene Formulierung „Garantie" ersetzt[23]. Diese Änderung war dem Umstand geschuldet, dass die Verbraucherrechte-Richtlinie einheitlich den Begriff der **„gewerblichen Garantie"** verwendet und diesen in Art 2 Nr 14 dieser Richtlinie definiert[24]. Daher muss auch die Überschrift des § 443 entweder die gewerbliche Garantie iSd Richtlinie besonders erwähnen oder eben eine allgemeinere Formulierung enthalten, von der der Inhalt dieser gewerblichen Garantie mitumfasst wird.

b) **Überschießende Umsetzung des Art 2 Nr 14 Verbraucherrechte-Richtlinie – Vorga- 8
ben der Warenkauf-Richtlinie**. Nach Art 2 Nr 14 Verbraucherrechte-Richtlinie wird die „gewerbliche Garantie" definiert als „jede dem Verbraucher gegenüber zusätzlich zur gesetzlichen Gewährleistung eingegangene Verpflichtung des Unternehmers oder eines Herstellers (Garantiegebers), den Kaufpreis zu erstatten oder die Waren auszutauschen oder nachzubessern oder Dienstleistungen für sie zu erbringen, falls sie nicht diejenigen Eigenschaften aufweisen oder andere als die Mängelfreiheit betreffende Anforderungen nicht erfüllen, die in der Garantieerklärung oder der einschlägigen Werbung, wie sie bei oder vor dem Abschluss des Vertrags verfügbar war, beschrieben sind". Während diese Vorschrift nur den als Verkäufer zur gesetzlichen Gewährleistung verpflichteten Unternehmer und den Hersteller der Sache als Garantiegeber vorsieht, wurde im Rahmen der Umsetzung dieser Richtlinie in § 443 eine **Erweiterung des Garantiegeberbegriffs** durch Aufnahme des Tatbestandsmerkmals „oder ein sonstiger Dritter" statuiert[25]. Dadurch sollen neben dem Verkäufer und dem Hersteller auch weitere Personen in Betracht kommen, die am **Vertrieb der Sache** beteiligt oder interessiert sind[26]. Der Gesetzgeber verweist insoweit zu Recht darauf, dass dies schon dem bislang geltenden Recht entspreche[27]. Nach Satz 1 des **Erwägungsgrundes 13** der Verbraucherrechte-Richtlinie sind die Mitgliedstaaten im Einklang mit dem Unionsrecht weiterhin befugt, diese Richtlinie auf Bereiche anzuwenden, die nicht in deren Anwendungsbereich fallen. Dazu gehören ohne weiteres die **Garantie Dritter**, die nicht unmittelbar von Art 2 Nr 14 Verbraucherrechte-Richtlinie erfasst werden[28]. Die Ver-

13 Gegenäußerung BReg, BT-Drucks 14/6857, S 61.
14 Gegenäußerung BReg, BT-Drucks 14/6857, S 61.
15 Beschlussempfehlung Rechtsausschuss, BT-Drucks 14/7052, S 184, 197 (Verweis bei §§ 442, 444 auf Ausführungen S 184 zu § 276).
16 Beschlussempfehlung Rechtsausschuss, BT-Drucks 14/7052, S 184.
17 Beschlussempfehlung Rechtsausschuss, BT-Drucks 14/7052, S 184.
18 Beschlussempfehlung Rechtsausschuss, BT-Drucks 14/7052, S 184.
19 Beschlussempfehlung Rechtsausschuss, BT-Drucks 14/7052, S 184.
20 RL 2011/83/EU vom 25.10.2011.
21 Begr Gesetzentwurf, BT-Drucks 17/12637, S 36.
22 Begr Gesetzentwurf, BT-Drucks 17/12637, S 36.
23 Begr Gesetzentwurf, BT-Drucks 17/12637, S 68.
24 Begr Gesetzentwurf, BT-Drucks 17/12637, S 68.
25 Vgl Begr Gesetzentwurf, BT-Drucks 17/12637, S 68.
26 Vgl Begr Gesetzentwurf, BT-Drucks 17/12637, S 68.
27 Begr Gesetzentwurf, BT-Drucks 17/12637, S 68.
28 Vgl BeckOK/Faust Rz 12.

braucherrechte-Richtlinie wird somit im Einklang mit Erwägungsgrund 13 dieser Richtlinie über ihren Anwendungsbereich hinaus umgesetzt[29]. Entsprechendes gilt für die Vereinbarkeit mit der **Warenkauf-Richtlinie**, die Garantien des Herstellers, der nicht Verkäufer ist, mitumfasst[30].

9 **Art 4 Verbraucherrechte-Richtlinie** enthält zwar das **Gebot einer Vollharmonisierung.** Denn nach dieser Regelung erhalten die Mitgliedstaaten, sofern diese Richtlinie nichts anderes bestimmt, weder von dieser Richtlinie abweichende innerstaatliche Rechtsvorschriften aufrecht noch werden solche eingeführt. Insoweit stellt der letzte Halbsatz des Art 4 Verbraucherrechte-Richtlinie klar, dass dies auch für strengere oder weniger strenge Rechtsvorschriften zur **Gewährleistung eines anderen Verbraucherschutzniveaus** gelten muss. Die Erweiterung des Tatbestands des § 443 Abs 1 auf „sonstige Dritte" als Garantiegeber ist aber zum einen deshalb mit der Verbraucherrechte-Richtlinie vereinbar, weil diese Erweiterung eben nicht in den Anwendungsbereich dieser Richtlinie fällt[31]. Zudem lässt der Erwägungsgrund 13 Satz 1 der Verbraucherrechte-Richtlinie eine Ausdehnung auf Bereiche, die nicht in den **Anwendungsbereich der Richtlinie** fallen, ausdrücklich zu[32]. Die Verbraucherrechte-Richtlinie wurde daher ohne Verstoß gegen Art 4 über ihren Anwendungsbereich hinaus umgesetzt[33]. Der Begriff der „gewerblichen Garantie" iSd **Art 2 Nr 12 der Warenkauf-Richtlinie** stimmt weitgehend mit diesem Begriff der Verbraucherrechte-Richtlinie überein[34]. Die Definition in Art 2 Nr 14 Verbraucherrechte-Richtlinie ist inhaltlich weiter gefasst, weil sie nicht auf **Kaufverträge** beschränkt ist[35]. Die besonderen Vorgaben des Art 17 Abs 1 Unterabs 1 Satz 2 bis 3 und Abs 2 bis Abs 4 der Warenkauf-Richtlinie wurden aufgrund ihres verbraucherschützenden Charakters im Rahmen der **Neufassung des § 479** umgekehrt[36].

10 Im Vergleich zu § 443 idF des SMG 2002 ist der jetzige § 443 Abs 1 in Bezug auf den Garantiebegriff weiter gefasst als die **Beschaffenheits- und Haltbarkeitsgarantie** des bisherigen Rechts[37]. Die Beschaffenheits- und Haltbarkeitsgarantie bezog sich nur auf die **Mangelfreiheit** der Kaufsache insgesamt oder das Nichtvorhandensein einzelner Mängel. Der Garantiebegriff der Neufassung des § 443 Abs 1 umfasst hingegen auch den Fall, dass „andere als die Mängelfreiheit betreffende Anforderungen" beim konkreten Kaufgeschäft nicht erfüllt werden[38]. Dies betrifft bspw die Übernahme einer Garantie für **in der Zukunft liegende Umstände**, die keine Eigenschaften der Kaufsache selbst darstellen und deren Nichtvorhandensein demzufolge keinen Sachmangel iSd § 434 begründen[39]. Möglich ist insoweit die Konstellation, dass der Verkäufer eines **unbebauten Grundstücks** dem Käufer den **künftigen Erlass eines bestimmten Bebauungsplans** durch die Gemeinde zusagt[40]. Hinsichtlich der dem Käufer bei Eintritt des Garantiefalls zustehenden Rechte ist die jetzige Fassung des § 443 Abs 1 nicht enger als die mit dem SMG 2002 verabschiedete Vorgängerregelung. Denn der für den Garantiefall geltende Katalog von Leistungen des Garantiegebers an den Käufer ist aufgrund der Formulierung „insbesondere" nicht abschließend[41]. In Übereinstimmung mit **Art 2 Nr 14 Verbraucherrechte-Richtlinie** geht es hierbei um die Erstattung des vom Käufer entrichteten Kaufpreises, den Austausch oder die Nachbesserung der Kaufsache sowie die Erbringung von Dienstleistungen im Zusammenhang mit der Sache[42]. Weitere zusätzliche Rechte des Käufers sind möglich und weder durch § 443 Abs 1 noch durch die Verbraucherrechte-Richtlinie oder die Warenkauf-Richtlinie beschränkt. Dies gilt vor allem für die durch die Formulierung „insbesondere" nicht ausgeschlossene **Schadensersatzhaftung** des Garantiegebers[43]. Nach **Art 17 Abs 1 der Warenkauf-Richtlinie** haftet der Hersteller zu den Bedingungen, die in diesem Artikel festgelegt sind, und unbeschadet sonstiger anwendbarer Vorschriften der Union oder des **nationalen Rechts** im Falle einer gewerblichen Haltbarkeitsgarantie auf Nachbesserung der Waren oder Ersatzlieferung gem Art 14. Dem Verbraucher könne vom Hersteller in einer Haltbarkeitsgarantieerklärung auch **„günstigere Bedingungen"** angeboten werden.

11 4. **Schadensersatzhaftung des Garantiegebers – Richtlinienkonformität.** Nicht in § 443 geregelt ist eine Verpflichtung des Garantiegebers zur Leistung von Schadensersatz an den Käufer[44]. Die allgemeine Regelung des **§ 276 Abs 1 Satz 1** sieht dagegen eine verschuldensunabhängige Schadensersatzhaftung des Garantiegebers vor. Gleichwohl sind die Unterschiede zwischen

29 Vgl Begr Gesetzentwurf, BT-Drucks 17/12637, S 68.
30 Vgl dazu unten Rz 9.
31 Vgl vorstehend Rz 8; Begr Gesetzentwurf, BT-Drucks 17/12637, S 68; BeckOK/Faust Rz 12.
32 Begr Gesetzentwurf, BT-Drucks 17/12637, S 68.
33 So auch die Einschätzung des Gesetzgebers in Begr Gesetzentwurf, BT-Drucks 17/12637, S 68.
34 BeckOK/Faust Rz 5.
35 BeckOK/Faust Rz 5.
36 Begr Gesetzentwurf, BT-Drucks 199/27424, S 44 f; BeckOK/Faust Rz 5.
37 Vgl Begr Gesetzentwurf, BT-Drucks 17/12637, S 68.
38 Vgl Begr Gesetzentwurf, BT-Drucks 17/12637, S 68.
39 Vgl Begr Gesetzentwurf, BT-Drucks 17/12637, S 68.
40 Vgl dazu unten Rz 55 ff; Begr Gesetzentwurf, BT-Drucks 17/12637, S 68.
41 Vgl Begr Gesetzentwurf, BT-Drucks 17/12637, S 68.
42 Vgl Begr Gesetzentwurf, BT-Drucks 17/12637, S 68.
43 Vgl dazu nachfolgend Rz 11.
44 Vgl Begr Gesetzentwurf, BT-Drucks 17/12637, S 68.

der Neufassung des § 443 und seinem ursprünglichen Inhalt weitgehend nur begrifflicher Natur[45]. Denn auch die neue Fassung des § 443 Abs 1 ist letztlich Ausdruck der Grundsätze der **Vertragsfreiheit** und der Bindung der Parteien an den geschlossenen Kaufvertrag (*pacta sunt servanda*)[46]. Denn dem Verkäufer steht es ebenso wie dem Hersteller oder einem sonstigen Dritten grds frei, sich über die **gesetzliche Gewährleistungshaftung** hinaus zu einer Leistung zu verpflichten und dabei auch deren Inhalt festzulegen, der notfalls durch Auslegung festgestellt werden muss[47]. Insoweit kann der Verkäufer oder/und der Dritte dem Käufer über die gesetzliche Gewährleistungshaftung nach § 437 hinaus auch einen Anspruch auf Schadensersatz oder auf eine Leistung zusagen, die nicht von § 443 Abs 1 erwähnt wird[48]. Bestätigt wird dies durch die in § 443 Abs 1 enthaltene Formulierung „insbesondere", die im Gesetzgebungsverfahren auf Vorschlag des Bundesrates noch aufgenommen wurde[49]. Der Bundesrat begründete diese Ergänzung damit, dass ansonsten der Eindruck des **Vorliegens eines abschließenden Katalogs** entstehen könne[50]. Durch die Einfügung des Wortes „insbesondere" nach dem Begriff „Mängelhaftung" soll, so die Begründung des Rechtsausschusses des Bundestages, klargestellt werden, dass nach dem Grundsatz der Vertragsfreiheit bspw auch die Verpflichtung zum Schadensersatz zulässiger Gegenstand einer Garantie sein könne[51]. Mit dem Vollharmonisierungsgebot des **Art 4 Verbraucherrechte-Richtlinie** ist dies vereinbar, weil die Verpflichtung des Garantiegebers zur Leistung von Schadensersatz zum einen außerhalb des Regelungsbereichs dieser Richtlinie liegt[52]. Zudem folgt diese Vereinbarkeit mittelbar aus Satz 1 des **Erwägungsgrundes 13** dieser Richtlinie[53]. Soweit die Mitgliedstaaten diese Richtlinie auf andere Bereiche erstrecken können, besteht auch die Befugnis, nach geltendem Recht schon bestehende Ansprüche des Käufers bei der Umsetzung der Richtlinie – hier also bei der Fassung des § 443 Abs 1 – unangetastet zu lassen. Nach **Art 17 Abs 6 der Warenkauf-Richtlinie** berührt diese Richtlinie nicht die Freiheit der Mitgliedstaaten zur Regelung von Aspekten des allgemeinen Vertragsrechts, wie der Bestimmungen über das Zustandekommen, die Wirksamkeit, die Nichtigkeit oder die Wirkungen eines Vertrags einschließlich der Folgen der Vertragsbeendigung, soweit diese Aspekte nicht in dieser Richtlinie geregelt werden, oder zur **Regelung des Rechts auf Schadensersatz.** Die Vereinbarkeit der Schadensersatzhaftung des Garantiegebers nach BGB mit der **Warenkauf-Richtlinie** ist daher eindeutig gegeben.

5. **Einheitlicher Garantiebegriff und zentrale systematische Stellung der Legaldefinition des § 443 Abs 1.** Unmittelbare Bedeutung für das Kaufrecht und insoweit vor allem für das Recht der Mängelgewährleistung haben auch die Garantietatbestände der §§ 276 Abs 1 Satz 1, 442 Abs 1 Satz 2, 444 und 445. Grundlage für die Vereinheitlichung des Garantiebegriffs ist, dass die Definition des § 443 Abs 1 **alle denkbaren Bezugspunkte** einer Garantie nach den genannten sonstigen Vorschriften umfasst, also nicht nur die Beschaffenheitsgarantie und die Haltbarkeitsgarantie, sondern auch die Garantie sonstiger Anforderungen, die nicht die Mängelfreiheit der (Kauf-)Sache betreffen[54]. Gegen die zentrale systematische Stellung der Legaldefinition des § 443 Abs 1 sprechen nicht die dort in partieller Abweichung von der **gesetzlichen Mängelgewährleistung** nach den §§ 434 ff statuierten Rechtsfolgen des Garantiefalls[55]. § 443 Abs 1 regelt zwar insoweit nur die Kaufpreiserstattung, den Austausch der Ware, die Nachbesserung und die **Erbringung ergänzender Dienstleistungen**. Dies ist aber in diesem Zusammenhang deshalb unschädlich, weil die Haftung des Verkäufers nach den gesetzlichen Vorschriften durch den Garantiebegriff des § 443 Abs 1 in keiner Weise beschränkt wird[56]. Daher kann das Vorliegen des Garantietatbestands des § 443 Abs 1 bei einem Kaufgeschäft auch Schadensersatzansprüche des Käufers nach den §§ 437 Nr 3, 440, 280, 281, 283, 311a auslösen, sofern die von diesen Vorschriften aufgestellten weiteren Voraussetzungen erfüllt sind[57]. 12

In Bezug auf die Stellung der **allgemeinen Garantiedefinition** im BGB wäre zwar auch ein Standort im Allgemeinen Schuldrecht vertretbar. Die Platzierung im Besonderen Schuldrecht im Rahmen der kaufrechtlichen Bestimmungen ist aber aus mehreren Gründen vorzugswürdig. 13

45 Vgl Begr Gesetzentwurf, BT-Drucks 17/12637, S 68.
46 Vgl Begr Gesetzentwurf, BT-Drucks 17/12637, S 68.
47 Vgl Begr Gesetzentwurf, BT-Drucks 17/12637, S 68; MünchKomm/Westermann Rz 11; BeckOK/Faust Rz 11.
48 Vgl Begr Gesetzentwurf, BT-Drucks 17/12637, S 68; MünchKomm/Westermann Rz 11; BeckOK/Faust Rz 11.
49 Stellungnahme BR, BT-Drucks 17/12637, S 90 f; zust Gegenäußerung BReg, BT-Drucks 17/12637, S 98 und Beschlussempfehlung Rechtsausschuss, BT-Drucks 17/13951, S 69.
50 Stellungnahme BR, BT-Drucks 17/12637, S 91; zust Gegenäußerung BReg, BT-Drucks 17/12637, S 98 und Beschlussempfehlung Rechtsausschuss, BT-Drucks 17/13951, S 69.
51 Beschlussempfehlung Rechtsausschuss, BT-Drucks 17/13951, S 69.
52 Vgl dazu oben Rz 8 f; BeckOK/Faust Rz 11.
53 Vgl zur Auslegung des Erwägungsgrundes 13 oben Rz 8 f.
54 Vgl Begr Gesetzentwurf, BT-Drucks 17/12637, S 69; BeckOK/Faust Rz 9; vgl dazu Rz 10 und Rz 55 ff.
55 Vgl Begr Gesetzentwurf, BT-Drucks 17/12637, S 69.
56 Vgl oben Rz 3 ff; Begr Gesetzentwurf, BT-Drucks 17/12637, S 69.
57 Begr Gesetzentwurf, BT-Drucks 17/12637, S 69; BeckOK/Faust Rz 1.

Dafür spricht insbes die große praktische Bedeutung der Beschaffenheitsgarantie und der Haltbarkeitsgarantie des Verkäufers beim Verkauf einer Sache. Der ebenfalls in der Praxis eine große Rolle spielenden **Herstellergarantie** liegt zwar kein Kaufvertrag zwischen dem Käufer und dem Hersteller zugrunde[58]. Diese Garantie besteht aber notwendigerweise in einem **Sachzusammenhang** mit dem zwischen den Kaufvertragsparteien abgeschlossenen Vertrag[59]. Das Gleiche gilt für Garantien, die ein „sonstiger Dritter" zusätzlich zur gesetzlichen Gewährleistungshaftung des Verkäufers übernommen hat[60]. Dass die BGB-Bestimmungen über den Kauf als besonderes vertragliches Schuldverhältnis auch Regelungen enthalten, die etwaige Ansprüche gegen den Hersteller der Kaufsache oder einen Dritten vorsehen, ist aufgrund des offen zutage tretenden Zusammenhangs mit **dem konkreten Kaufgeschäft** sachgerecht.

II. Unselbständige und selbständige Garantien

14 1. **Unselbständige Garantien.** Die Unterscheidung der unselbständigen Garantien von den selbständigen Garantien ist in den **gesetzlichen Vorschriften des Kaufrechts** zumindest nicht ausdrücklich geregelt. Diese Begriffe sind für sich betrachtet zwar nicht geeignet, Rechtsprobleme im Zusammenhang mit der Garantiehaftung zu lösen. Gleichwohl ist die in Rede stehende begriffliche Trennung nicht ohne praktischen Nutzen[61]. Denn die Unterscheidung kann insbes bei der Bestimmung der dem Käufer im Garantiefall zustehenden Rechte und bei der Verjährung eine Rolle spielen. Eine unselbständige Garantie erweitert die gesetzliche Gewährleistungshaftung des Verkäufers[62]. Eine solche **Erweiterung der gesetzlichen Gewährleistungsrechte** kann insbes darin bestehen, dass aufgrund der **Vereinbarung einer Garantiefrist** auch für Beschaffenheitsabweichungen gehaftet wird, die erst nach dem Zeitpunkt des Gefahrübergangs auftreten[63]. Die **Haltbarkeitsgarantie** nach § 443 Abs 2 ist daher eine unselbständige Garantie.

15 Die in **§§ 442 Abs 1 Satz 2, 444, 445** geregelten Garantien für eine bestimmte Beschaffenheit der Kaufsache sind unselbständige Garantien, weil sie den eigentlich kraft Gesetzes (§ 442 Abs 1 Satz 2 und § 445) oder vertraglich (§ 444) geltenden **Ausschluss der Gewährleistungshaftung** zugunsten des Käufers aufheben. Ein klassischer Fall der Erweiterung der gesetzlichen Gewährleistungsrechte durch eine unselbständige Garantie ist die **Schadensersatzhaftung** ohne Verschulden im rechtstechnischen Sinne (§ 276 Abs 1 Satz 1)[64]. Zudem ist bei Vorliegen einer unselbständigen Garantie der Mangel immer als erheblich anzusehen iSd **§ 281 Abs 1 Satz 3, § 323 Abs 5 Satz 2**[65]. Auch die Verlängerung der nach § 438 zu bestimmenden gesetzlichen Gewährleistungsfrist ist eine typische Erscheinungsform der unselbständigen Garantie[66].

16 2. **Die selbständige Garantie.** Eine selbständige Garantie liegt zum einen dann vor, wenn der Garantiegeber für einen Erfolg die unbedingte Einstandspflicht übernommen hat, der über die **Freiheit von Mängeln** hinausgeht[67]. Insoweit ist seit Inkrafttreten des SMG 2002 nicht mehr zwischen **Sach- und Rechtsmängeln** zu unterscheiden. Klassischer Fall ist die Garantiehaftung dafür, dass die Kaufsache „andere als die Mängelfreiheit betreffende Anforderungen" iSd § 443 Abs 1 nicht erfüllt. Eine selbständige Garantie ist zudem gegeben, wenn sie zwar an den Mangelbegriff des § 434 oder/und des § 435 anknüpft, aber nicht die **Rechtsbehelfe des Käufers** abweichend von § 437 eigenständig bestimmt[68]. Die auf ein konkretes Kaufgeschäft bezogenen Garantien des **Herstellers oder eines sonstigen Dritten iSd § 443 Abs 1** sind immer selbständige Garantien, weil diese Garantiegeber schon mangels Verkäuferstellung nicht nach § 437 haften[69].

17 3. **Selbständiger Garantievertrag.** Die Übernahme einer **selbständigen Garantie des Verkäufers** im Zusammenhang mit dem Abschluss eines konkreten Kaufgeschäfts rechtfertigt regelmäßig nicht die Annahme eines selbständigen Garantievertrags. Die Vereinbarung dieser Garantie mit den von § 437 unabhängigen selbständigen Rechtsbehelfen ist grds als **Bestandteil des geschlossenen Kaufvertrags** anzusehen. Im Rahmen der Vertragsfreiheit können die Kaufvertragsparteien ohne weiteres Rechte des Käufers vereinbaren, deren Voraussetzungen von den

58 Vgl zur rechtlichen Einordnung unten Rz 18 ff und Rz 25 ff; Staud/Matusche-Beckmann Rz 15; BeckOGK/Stöber Rz 51; MünchKomm/Westermann Rz 8.

59 Vgl zum Erfordernis eines wirksamen Kaufvertrags als Voraussetzung für die Wirksamkeit der Garantie des Herstellers oder eines sonstigen Dritten unten Rz 27.

60 Staud/Matusche-Beckmann Rz 15; BeckOGK/Stöber Rz 51; MünchKomm/Westermann Rz 8; Erman/Grunewald Rz 9.

61 AA Staud/Matusche-Beckmann Rz 24.

62 Staud/Matusche-Beckmann Rz 23; BeckOGK/Stöber Rz 41.

63 Staud/Matusche-Beckmann Rz 23.

64 Vgl dazu unten Rz 83.

65 Vgl dazu unten Rz 84.

66 Staud/Matusche-Beckmann Rz 23.

67 RGZ 146, 120, 123 f; BGH NJW 1986, 1927; BGH NJW 1996, 2569; Staud/Matusche-Beckmann Rz 24; BeckOGK/Stöber Rz 43.

68 Soergel[12]/Huber § 459 aF Rz 205; BeckOGK/Stöber Rz 43.

69 BeckOGK/Stöber Rz 43.

§§ 434, 435 oder/und deren Rechtsfolgen von § 437 abweichen. Die vom **Hersteller oder einem sonstigen Dritten** übernommene selbständige Garantie beruht dagegen wegen **Fehlens eines Kaufvertrags** in diesem Rechtsverhältnis auf einem selbständigen Garantievertrag[70]. Mangels Verkäuferstellung kann ein solcher Dritter von vornherein auch keine unselbständige Garantie übernehmen.

III. Übernahme der Garantie durch vertragliche Vereinbarung – Grundlagen

1. **Vertragserfordernis des § 311 Abs 1 und Wortlaut des § 443 Abs 1.** Nach § 311 Abs 1 ist zur Begründung eines Schuldverhältnisses durch Rechtsgeschäft ein **Vertrag zwischen den Beteiligten** erforderlich, soweit nicht das Gesetz ein anderes vorschreibt. Nach dem Wortlaut des § 443 Abs 1 wird die Garantie dadurch begründet, dass der Verkäufer, der Hersteller oder ein sonstiger Dritter „in einer Erklärung oder einschlägigen Werbung" eine über die gesetzlichen Gewährleistungsrechte hinausgehende **zusätzliche Verpflichtung** eingeht. Aus § 443 Abs 1 geht aber nicht hervor, dass die Tatbestandsalternative „einschlägige Werbung" als Verpflichtungsgrund völlig unabhängig neben der Alternative „in einer Erklärung" stehen soll und keinen Vertrag erfordert. Der Wortlaut des § 443 Abs 1 steht vielmehr der auch insoweit Platz greifenden Geltung des allgemeinen Vertragserfordernisses, also der **rechtlichen Verbindlichkeit** der einschlägigen Werbeaussagen zugunsten des Käufers kraft vertraglicher Vereinbarung, nicht entgegen. § 443 Abs 1 enthält insoweit zumindest keine ausdrückliche Abweichung iSd § 311 Abs 1 vom dort aufgestellten allgemeinen Vertragserfordernis[71]. Eine andere Frage ist, ob die Erstreckung der Bindung und des Inhalts des geschlossenen Kaufvertrags oder/und etwaiger selbständiger Garantievereinbarungen mit Dritten auf garantiebezogene einschlägige Werbung nach den **allgemeinen Regeln der Rechtsgeschäftslehre** ausreichend begründet werden kann. Nur dann, wenn dies nicht der Fall ist, besteht die Notwendigkeit einer vom Kaufvertrag und von einem gesonderten Vertrag mit dem Dritten als Garantiegeber unabhängigen Konstruktion der Garantiehaftung desjenigen, der in der einschlägigen Werbung als Garantiegeber in Erscheinung tritt. 18

2. **Keine unionsrechtlichen Vorgaben bezüglich des Rechtsgrundes der Garantieverpflichtung.** Nach **Art 1 Abs 2 lit e Verbrauchsgüterkauf-Richtlinie** ist die Garantie eine von einem Verkäufer oder Hersteller gegenüber dem Verbraucher „eingegangene Verpflichtung". Daran anknüpfend statuiert **Art 6 Abs 1 Verbrauchsgüterkauf-Richtlinie**, dass eine Garantie denjenigen, der sie „anbietet", zu den in der Garantieerklärung und der einschlägigen Werbung angegebenen Bedingungen, **„binden muss"**. Auf welche Weise die Garantieübernahme rechtsgeschäftlich zu konstruieren ist und zur vorgeschriebenen Bindung führt, regelt diese Richtlinie nicht. Das Gleiche gilt für die Verbraucherrechte-Richtlinie. Die Regelung des **Art 2 Nr 14 Verbraucherrechte-Richtlinie** spricht in Bezug auf die Garantieübernahme nur von einer zusätzlich zu den Gewährleistungsrechten „eingegangene[n] Verpflichtung des Unternehmers oder eines Herstellers (Garantiegebers)". Die Art und Weise der Entstehung dieser Verpflichtung wird nicht vorgegeben[72]. Auch **Art 2 Nr 12 Warenkauf-Richtlinie** nimmt Bezug auf eine vom Garantiegeber eingegangene Verpflichtung[73]. Dies ist deshalb eine **Angelegenheit des nationalen Rechts** der Mitgliedstaaten[74]. 19

Der deutsche Gesetzgeber behandelt zwar auch in der amtlichen Begründung zu § 443 die Frage der **rechtlichen Konstruktion der Garantieübernahme** nicht ausdrücklich. Er verweist aber darauf, dass nach dem **Grundsatz der Vertragsfreiheit** entscheidend sei, welche Leistung des Garantiegebers die Parteien für den Eintritt des Garantiefalls **„vereinbaren"**[75]. Zudem wird hervorgehoben, dass § 443 Abs 1 Ausdruck der Grundsätze der Vertragsfreiheit und **„Vertragsbindung der Parteien"** sei[76]. Der Gesetzgeber geht damit von einer vertraglichen Garantieübernahme und nicht von einer vom Vertragserfordernis des § 311 Abs 1 abweichenden Verpflichtungskonstruktion aus[77]. 20

3. **Kein Erfordernis einer Garantieübernahme „ohne Aufpreis".** Nach **Art 1 Abs 2 lit e Verbrauchsgüterkauf-Richtlinie** setzt eine Garantie zudem voraus, dass der Verkäufer oder der Hersteller die darauf bezogene Verpflichtung „ohne Aufpreis" eingeht. Dieses Erfordernis war 21

70 Vgl BeckOGK/Stöber Rz 43.

71 MünchKomm/Westermann Rz 2, 6; BeckOK/Faust Rz 18; Oetker/Maultzsch, Vertragliche Schuldverhältnisse, 2018[5], § 2 Rz 410; Picht NJW 2014, 2609, 2611; aA BeckOGK/Stöber Rz 71 f (Übernahme in einschlägiger Werbung als einseitiges Rechtsgeschäft mittels einer nicht empfangsbedürftigen Willenserklärung).

72 BeckOGK/Stöber Rz 47; BeckOK/Faust Rz 18.

73 BeckOGK/Stöber Rz 47.

74 BeckOGK/Stöber Rz 47; BeckOK/Faust Rz 18.

75 Begr Gesetzentwurf, BT-Drucks 17/12637, S 36.

76 Begr Gesetzentwurf, BT-Drucks 17/12637, S 68.

77 Staud/Matusche-Beckmann Rz 12; BeckOGK/Stöber Rz 47; MünchKomm/Westermann Rz 2; BeckOK/Faust Rz 18.

nicht im Sinne eines Ausschlusses des Verlangens eines **zusätzlichen Entgelts** zu verstehen[78]. Die gegen ein besonders ausgewiesenes Entgelt vom Verkäufer oder Hersteller eingegangenen Garantien wurden aber vom Garantiebegriff der Verbrauchsgüterkauf-Richtlinie nicht erfasst[79]. Ein „Aufpreis" liegt nicht vor, soweit der Verkäufer im Rahmen seiner **Kaufpreiskalkulation** die zusätzlichen Kosten einer Garantie preiserhöhend berücksichtigt[80]. Das in Art 1 Abs 2 lit e Verbrauchsgüterkauf-Richtlinie enthaltene Tatbestandsmerkmal „ohne Aufpreis" bezog sich vielmehr insbes auf die Konstellation, in der vom Käufer zwischen einem **Basis-Verkaufsangebot** ohne Garantie und einem Angebot mit Garantie zu einem erhöhten Preis gewählt werden kann. Weder im Zuge des SMG 2002 noch bei der Umsetzung der **Verbraucherrechte-Richtlinie 2014**[81] wurde das Erfordernis „ohne Aufpreis" in § 443 verankert[82].

22 Im Rahmen der Anpassung des § 443 an die Verbraucherrechte-Richtlinie bestand insoweit auch kein Anlass, weil diese Richtlinie nicht zwischen Garantien mit und ohne Aufpreis unterscheidet. Die Garantie iSd **Art 2 Nr 14 Verbraucherrechte-Richtlinie** umfasst daher auch die Garantie „mit Aufpreis". Dass § 443 auch die Garantien mit gesondert ausgewiesenem Aufpreis erfasst[83], folgt daher auch aus der Verbraucherrechte-Richtlinie. Nach der in **Art 2 Nr 12 der Warenkauf-Richtlinie** enthaltenen Definition der gewerblichen Garantie" handelt es sich um „jede dem Verbraucher gegenüber zusätzlich zur gesetzlichen Gewährleistung eingegangene Verpflichtung des Verkäufers oder eines Herstellers (Garantiegebers)". In **Abweichung von der Verbrauchsgüterkauf-Richtlinie** wird das Tatbestandsmerkmal „eingegangene Verpflichtung" nicht mehr durch die Beifügung „ohne Aufpreis" ergänzt. Dies ist dahin gehend zu interpretieren, dass dieser ohnehin **missverständliche und letztlich bedeutungslose Zusatz** aufgegeben wird[84]. Da der **deutsche Gesetzgeber** diesen Zusatz zu Recht erst gar nicht im Tatbestand des § 443 berücksichtigt hat, konnte die **Warenkauf-Richtlinie** insoweit auch **keinen Änderungsbedarf** begründen[85, 86].

IV. Garantieübernahme nach § 443 Abs 1 „in einer Erklärung"

23 1. **Garantieerklärungen des Verkäufers.** – a) **Garantie als Bestandteil des Verkäuferangebots.** Die Garantieverpflichtung des Verkäufers ist ohne weiteres zu bejahen, wenn eine Garantie bereits Gegenstand seines Verkaufsangebots ist, das der Käufer annimmt. Für die Frage, ob es sich auch in Bezug auf die Garantieerklärung um eine Willenserklärung handelt, gelten die **allgemeinen Regeln der Rechtsgeschäftslehre.** Ist die Garantieübernahme nach dem Wortlaut des Verkäuferangebots nicht eindeutig, so kommt es gem §§ 133, 157 auf die **Auslegung nach dem objektiven Empfängerhorizont** an. Enthält das Verkäuferangebot Aussagen über die Art und die Dauer einer Verkäufergarantie, so ist im Zweifel nach dem **objektiven Empfängerhorizont** vom Vorliegen einer rechtsverbindlichen Garantie und nicht von einer Anpreisung ohne rechtlichen Charakter oder einem bloßen Hinweis auf die gesetzlichen Gewährleistungsrechte des Käufers auszugehen.

24 b) **Aushändigung von Garantiekarte oder Garantieschein bei Lieferung der Ware.** Enthält schon das vom Käufer angenommene Verkäuferangebot eine Garantieübernahme, so hat eine der nachfolgenden Lieferung beigefügte Garantiekarte oder ein Garantieschein im Wesentlichen nur **deklaratorische Bedeutung.** Wenn der Kaufvertrag keine Garantieerklärung enthält, dann ist die der Lieferung der Ware **beigefügte Garantiekarte oder der Garantieschein** als Angebot auf Ergänzung des bereits geschlossenen Kaufvertrags anzusehen. Praktische Bedeutung hat dies insbes im Falle des mündlichen Abschlusses des Kaufvertrags und Fehlen eines Hinweises auf die Garantie des Verkäufers zu diesem Zeitpunkt. Da die zusätzliche Garantie die Rechtsstellung des Käufers verbessert und eine **ausdrückliche Annahmeerklärung** nach der Verkehrssitte offensichtlich nicht zu erwarten ist, kommt die ergänzende Garantievereinbarung durch Entgegennahme der Kaufsache mit Garantiekarte oder -schein **konkludent gem § 151 Satz 1 Var 1** zustande, ohne dass die Annahme dem Garantiegeber gegenüber „erklärt zu werden braucht"[87]. Zudem ist gem § 151 Satz 1 Var 2 insoweit von einem **Verzicht des Garantiegebers** auszugehen.

78 BeckOGK/Stöber Rz 58; Grundmann/Bianca/Malinvaud EU-Kauf-RL, 2002, Art 7 Rz 48; offenlassend Grundmann/Bianca/Malinvaud EU-Kauf-RL, 2002, Art 6 Rz 3.
79 Vgl § 477 aF Rz 25; NK/Pfeiffer Kauf-RL Art 1 Rz 36; Staudenmayer NJW 1999, 2393, 2394; aA BeckOGK/Stöber Rz 58; Stöber, Beschaffenheitsgarantien des Verkäufers, 2006, S 300.
80 Vgl § 477 aF Rz 25.
81 Vgl dazu oben Rz 3 ff und Rz 7 ff.
82 BeckOGK/Stöber Rz 60.
83 BeckOGK/Stöber Rz 60; MünchKomm/Westermann Rz 4.
84 Vgl BeckOGK/Stöber Rz 61.
85 Vgl dazu auch § 477 aF Rz 25.
86 BeckOGK/Stöber Rz 61.
87 So zutreffend zum Zustandekommen einer Herstellergarantie durch Mitlieferung einer Garantiekarte oder eines Garantiescheins BGHZ 78, 369, 371 ff; vgl zu den Einzelheiten der Garantievereinbarung mit dem Hersteller nachfolgend Rz 25 ff.

2. **Garantieerklärungen des Herstellers oder eines Dritten**. – a) **Besondere Garantievereinbarungen**. Bei **Massengeschäften des täglichen Lebens** sind, auch wenn es sich um relativ teure Kaufgegenstände wie bspw neue Kraftfahrzeuge handelt, gesonderte Verhandlungen mit dem Hersteller oder einem sonstigen Dritten über den Abschluss einer Garantie unüblich. Anders kann die Lage insoweit aber dann sein, wenn es um **wertvolle Investitionsgüter** geht (zB Spezialmaschinen), die nicht direkt vom Hersteller, sondern von bestimmten Händlern an produzierende Unternehmer verkauft werden. Die Bereitschaft des Verkäufers, über die gesetzliche Gewährleistung hinaus zu haften, ist hier häufig nicht vorhanden. Da beim mangelbedingten Ausfall eines derartigen Kaufgegenstands beträchtlichen Kosten für die Reparatur und ein **Schaden wegen Produktionsausfall** droht, kann die Entscheidung des Käufers über den Erwerb vom **Zustandekommen einer Herstellergarantie** abhängen, deren Umfang Gegenstand von besonderen Verhandlungen zwischen Käufer und Hersteller ist. Möglich ist selbstverständlich, dass der Verkäufer insoweit als rechtsgeschäftlicher Vertreter des Herstellers auftritt und der Inhalt der ausgehandelten Herstellergarantie auch Einfluss auf die **Festsetzung des Kaufpreises** hat. 25

b) **Konkludente Begründung der Herstellergarantie nach § 151 Satz 1 durch Mitlieferung von Garantiekarte oder Garantieschein**. Der **BGH** hat in **früheren Entscheidungen** im Falle von „Garantieerklärungen" in Werbeschriften die Garantenpflichten des Herstellers gegenüber dem Käufer aus einem gem § 328 zwischen Hersteller und Verkäufer abgeschlossenen **Vertrag zugunsten eines Dritten** (des Endabnehmers) hergeleitet[88]. Das **RG** legte den **Gewährschein eines Kraftfahrzeughändlers** in der Weise aus, dass der Hersteller grds unter Berücksichtigung der in diesem Schein enthaltenen Einschränkungen und Abänderungen in die gesetzliche Haftung des Verkäufers für Sachmängel eintreten wolle, möglicherweise neben dem Verkäufer zum Zwecke der weiteren **Sicherung des Käufers**[89]. In der Praxis verbreitet sind Haftungserklärungen als Inhalt von Garantiekarten oder -scheinen[90]. Derartige Garantieversprechen sind grds weder als unverbindliche Werbeerklärung noch als bloßer Hinweis des Herstellers auf die Gewährleistungsrechte des Käufers gegen den Letztverkäufer anzusehen[91]. Es handelt sich für den Käufer vielmehr, sofern der Wille des Herstellers zur Übernahme einer Garantie erkennbar ist, um ein eindeutiges, rechtlich bindendes Angebot, das er – weil eine **ausdrückliche Annahmeerklärung** nicht der Verkehrssitte entspricht und offensichtlich nicht erwartet wird – gem § 151 Satz 1 Var 1 annimmt[92]. Darüber hinaus ist gem § 151 Satz 1 Var 2 insoweit von einem Verzicht des Garantiegebers auszugehen[93]. Der Letztverkäufer ist hier nicht als Stellvertreter iSd § 164, sondern als **Bote** anzusehen[94]. Denn er übermittelt ohne Abänderung die auf Zustandekommen der Herstellergarantie gerichtete Willenserklärung des Herstellers und gibt daher **keine eigene Willenserklärung** ab. 26

c) **Abhängigkeit der Garantie des Herstellers oder eines sonstigen Dritten von der Wirksamkeit des Kaufvertrags**. Die Herstellergarantie hängt zwar ebenso wie die Garantie eines sonstigen Dritten nicht zwingend vom Vorliegen eines wirksamen Kaufvertrags im Verhältnis zwischen dem Verkäufer und dem Käufer ab[95]. Der Garantiefall als Grundlage für Garantieansprüche des Käufers kann aber regelmäßig nicht eintreten, wenn der Kaufvertrag nicht wirksam ist und daher jedenfalls der Verkäufer weder die **Verschaffung von Besitz und Eigentum** an der Kaufsache noch deren Fehlerfreiheit nach § 433 Abs 1 schuldet. Die Garantie des Herstellers oder eines sonstigen Dritten kann ihren Zweck von vornherein nicht erfüllen, wenn der Käufer keinen Anspruch auf Verschaffung der Kaufsache oder – im Falle der bereits erfolgten Lieferung – der Verkäufer **einen Herausgabeanspruch aus § 812 Abs 1 Satz 1 Alt 1** gegen den Käufer hat. Eine Ausnahme kann aber Platz greifen, soweit dem Käufer durch einen Mangel der bereits gelieferten Sache ein Mangelfolgeschaden an einem sonstigen Rechtsgut entstanden ist. Insbes 27

88 BGHZ 75, 77 ff; vgl dazu auch BGHZ 78, 369, 371 ff; Staud/Matusche-Beckmann Rz 17; BeckOGK/Stöber Rz 51; Erman/Grunewald Rz 8.

89 RGZ 163, 21, 31; vgl dazu auch BGHZ 78, 369, 371 ff.

90 Vgl BGHZ 78, 371 ff; Staud/Matusche-Beckmann Rz 15; BeckOGK/Stöber Rz 51; MünchKomm/Westermann Rz 9; Erman/Grunewald Rz 7; BeckOK/Faust Rz 19.

91 BGHZ 78, 369, 371 ff.

92 BGHZ 78, 369, 371 ff; BGH NJW 1981, 2248, 2249; Staud/Matusche-Beckmann Rz 15; BeckOGK/Stöber Rz 51; Erman/Grunewald Rz 7. Im Fall BGHZ 78, 369 lautete die Garantieerklärung des Herstellers: „Die F. Aktiengesellschaft übernimmt für das … Fahrzeug […] Ihnen als Käufer ... gegenüber beiliegend beschriebene Garantie. Die F.-Aktiengesellschaft garantiert Ihnen bei Material- oder Herstellungsfehlern an Ihrem Fahrzeug je nach Wahl des von Ihnen aufgesuchten F.-Vertragsunternehmens kostenlose Reparatur oder kostenlosen Ersatz des betreffenden Teiles während der Dauer von zwölf Monaten nach Erstzulassung. Garantieansprüche können nur bei einem F.-Vertragsunternehmen geltend gemacht werden[…]".

93 BGH GRUR 2022, 500 Rz 33.

94 Vgl dazu Staud/Matusche-Beckmann Rz 15 (Vertreter oder Bote); BeckOGK/Stöber Rz 51 (Vertreter oder Bote); BeckOK/Faust Rz 19 (Stellvertretung oder Vertrag zugunsten Dritter).

95 Erman/Grunewald Rz 7; aA NK/Büdenbender Rz 14.

Herstellergarantien bezüglich der einwandfreien Beschaffenheit von Sachen, die bei Fehlerhaftigkeit zu **Schäden an anderen Rechtsgütern** führen, können so auszulegen sein, dass Schadensersatz auch dann zu leisten ist, wenn der Verkäufer die Kaufsache aufgrund eines Kaufvertrags liefert, der sich später als unwirksam herausstellt.

V. Garantieübernahme nach § 443 Abs 1 durch „einschlägige Werbung"

28 1. **Konkludente Garantievereinbarung als Rechtsgrundlage und einschlägige Werbung als Inhaltsbestimmung.** – a) **§ 311 Abs 1 und das Unionsrecht als Ausgangspunkt.** Dadurch, dass nach § 443 Abs 1 die Garantie „in einer Erklärung oder einschlägigen Werbung" übernommen werden kann, wird vom Vertragserfordernis des § 311 Abs 1 letztlich nicht kraft Gesetzes abgewichen[96]. § 443 schreibt insoweit nicht „ein anderes" vor iSd § 311 Abs 1. Das Entstehen einer Garantieverpflichtung nach Maßgabe einschlägiger Werbung erfolgt daher nicht durch **einseitiges Rechtsgeschäft** in Gestalt einer **nicht empfangsbedürftigen Willenserklärung**[97]. Dies gilt unabhängig davon, ob es sich um eine Garantie des Verkäufers, des Herstellers oder eines Dritten kraft einschlägiger Werbung handelt[98].

29 Aufgrund der in § 443 Abs 1 enthaltenen Formulierung „in einer Erklärung oder einschlägigen Werbung" kann die einschlägige Werbung zwar aufgrund einer reinen Wortlautauslegung eine rechtlich eigenständige Form der Übernahme der Garantie darstellen[99]. **Art 2 Nr 14 Verbraucherrechte-Richtlinie** nennt aber insoweit bei der Definition der „gewerblichen Garantie" nur die „zusätzlich zur Gewährleistung eingegangene Verpflichtung des Unternehmers oder eines Herstellers (Garantiegebers)". Die „einschlägige Werbung, wie sie bei oder vor dem Abschluss des Vertrags verfügbar war", ist auch Gegenstand dieser **Legaldefinition** der Verbraucherrechte-Richtlinie. Art 2 Nr 14 Verbraucherrechte-Richtlinie bezieht dieses Tatbestandsmerkmal allerdings zumindest nicht ausdrücklich auf die Frage der **Eingehung der Garantieverpflichtung** durch den Unternehmer oder Hersteller als Garantiegeber, sondern nur auf das **Vorliegen des Garantiefalls** wegen Fehlens der in der Garantieerklärung oder der einschlägigen Werbung beschriebenen Eigenschaften oder anderer, nicht die Mängelfreiheit betreffender Anforderungen der Ware[100].

30 Dass § 443 Abs 1 die einschlägige Werbung auch im Zusammenhang mit der Eingehung der Garantieverpflichtung anführt, stellt unabhängig von der Frage der rechtlichen Konstruktion der Garantiehaftung **keine Abweichung von der Verbraucherrechte-Richtlinie** dar[101]. Denn Art 2 Nr 14 Verbraucherrechte-Richtlinie definiert nicht, auf welche Weise die Garantieverpflichtung übernommen wird, sondern überlässt dies dem **nationalen Recht der Mitgliedstaaten**[102]. Durch die Vorgabe des Art 2 Nr 14 Verbraucherrechte-Richtlinie wird daher in keiner Weise ausgeschlossen, dass die einschlägige Werbung auch schon bei der Frage der Eingehung der Garantie eine Rolle spielt und insbes den **Inhalt der Garantieverpflichtung** bestimmen kann. Es liegt daher kein Verstoß gegen **Art 4 Verbraucherrechte-Richtlinie** vor, nach dem weder strengere oder weniger strenge Rechtsvorschriften zur Gewährleistung eines anderen Verbraucherschutzniveaus eingeführt werden dürfen. Die in der **Garantiedefinition des Art 2 Nr 12 der Warenkauf-Richtlinie** enthaltene Formulierung „[...] Anforderungen erfüllen sollten, die in der Garantieerklärung oder der einschlägigen Werbung, wie sie bei oder vor Abschluss des Vertrags verfügbar war, beschrieben sind" bezieht sich auf die **Voraussetzungen des Garantiefalls** und dessen **Rechtsfolgen** und nicht auf die Art und Weise des Zustandekommens der Garantie.

31 b) **Konkludente Garantievereinbarung – keine Garantiehaftung wegen Vorliegens einer einseitigen Verpflichtung.** Ohne die tatbestandliche Formulierung des § 443 Abs 1, nach der auch in der „einschlägigen Werbung" eine Garantieverpflichtung eingegangen werden kann, wäre in den meisten Fällen ein Verkaufsangebot des Verkäufers bei Fehlen einer ausdrücklichen Bezugnahme auf die betreffende Werbung so auszulegen, dass eine in einschlägiger Werbung enthaltene Garantieaussage **konkludent einbezogen** und mit der Annahmeerklärung des Käufers auch Bestandteil des Kaufvertrags wird. Denn die in der Werbung enthaltenen Garantieerklärungen würden zumindest teilweise entwertet, wenn der Verkäufer die konkludente Einbezie-

96 Vgl oben Rz 18 ff; MünchKomm/Westermann Rz 2, 6; BeckOK/Faust Rz 18; NK/Büdenbender Rz 11, 27; Oetker/Maultzsch, Vertragliche Schuldverhältnisse, 2018[5], § 2 Rz 410; Picht NJW 2014, 2609, 2611; aA BeckOGK/Stöber Rz 71 f.

97 Staud/Matusche-Beckmann Rz 35 zu § 443 aF; aA Frankfurt DAR 2010, 89, 92; BeckOGK/Stöber Rz 71 f; jurisPK/Pammler Rz 33 f.

98 Vgl zu den Einzelheiten der Begründung der Garantiehaftung von Hersteller und sonstigen Dritten kraft einschlägiger Werbung unten Rz 34 ff.

99 Vgl BeckOGK/Stöber Rz 65.

100 Vgl BeckOGK/Stöber Rz 65.

101 AA BeckOGK/Stöber Rz 65.

102 Vgl dazu oben Rz 19 f.

hung im konkreten Einzelfall bestreiten könnte und der Käufer diese Voraussetzung dann im Prozess beweisen müsste. Die Annahme eines Verkäuferangebots, das auf ein in der Werbung enthaltenes Garantieangebot Bezug nimmt, wäre dementsprechend ohne das hier in Rede stehende Tatbestandsmerkmal des § 443 Abs 1 regelmäßig so auszulegen, dass der annehmende Käufer die über § 437 hinausgehenden Garantierechte konkludent akzeptiert. Auch insoweit käme es zu einer zumindest **teilweisen Entwertung** der in der Werbung enthaltenen Garantiebeschreibungen, wenn der Verkäufer im konkreten Einzelfall geltend machen könnte, der Käufer habe die Werbung nicht gekannt und deshalb bei Annahme des Verkaufsangebots darauf nicht konkludent Bezug nehmen können. Das in der Neufassung des § 443 Abs 1 enthaltene Tatbestandsmerkmal „oder einschlägigen Werbung" ist daher im Sinne einer **zwingenden Auslegungsregel**, die den Charakter einer **unwiderleglichen Vermutung** hat, so zu interpretieren, dass Garantieangebote in der einschlägigen Werbung kraft Einbeziehung immer schon Bestandteil des Verkäuferangebots sind. In Bezug auf garantiebezogene Werbeaussagen des **Herstellers oder eines sonstigen Dritten** hat der Verkäufer – wie im Falle einer mitgelieferten Garantiekarte oder eines Garantiescheins des Herstellers – bei Abschluss des Kaufvertrags eine **Botenstellung**[103].

Eine rechtsgeschäftliche Verpflichtung des Verkäufers, Herstellers oder eines sonstigen Dritten 32
als Garantiegeber wegen einer nur in der einschlägigen Werbung enthaltenen garantiebezogenen Aussage ließe sich zwar auch durch Einordnung der betreffenden Aussagen als einseitige nicht empfangsbedürftige Willenserklärung begründen[104]. Die Garantieerklärung hätte dann eine mit der **Auslobung iSd § 657** vergleichbare Rechtsnatur[105]. Gegen diese Konstruktion spricht aber zum einen, dass aus den dargelegten Gründen die Bejahung einer konkludenten Garantievereinbarung nicht nur möglich ist, sondern in den meisten Fällen ohnehin der **Verkehrsauffassung** entspräche. Für eine Abweichung vom allgemeinen Vertragserfordernis des § 311 Abs 1 besteht daher weder eine Grundlage noch eine Notwendigkeit.

Für die hier vertretene Vertragskonstruktion spricht zudem, dass die von einer einseitigen 33
Erklärung ausgehende **Gegenauffassung** die Garantieverpflichtung davon abhängig macht, dass ein **Kaufvertrag** zustande kommt[106]. Der Kaufvertrag wäre dann eine **ungeschriebene Bedingung** der einseitigen Verpflichtungserklärung. Überzeugender ist insoweit die Annahme, dass die Garantieverpflichtung wegen zwingender konkludenter Bezugnahme mit Abschluss des Kaufvertrags entsteht, wobei im Falle Garantieangebote Dritter in der Werbung in rechtsgeschäftlicher Hinsicht die Botenstellung des Verkäufers hinzu kommt[107].

c) **„Einschlägige Werbung" des Herstellers oder eines sonstigen Dritten**. Ebenso wie bei 34
der Garantiehaftung des Verkäufers kraft einschlägiger Werbung liegt iE auch dann Garantieübernahme auf Grundlage einer vertraglichen Vereinbarung vor, soweit der Hersteller oder/und ein sonstiger Dritter in einschlägiger Werbung als Garantiegeber in Erscheinung treten. In den auf eine Garantie bezogenen Aussagen der Werbung des Herstellers oder eines sonstigen Dritten ist ein **Angebot auf Abschluss einer Garantievereinbarung** zu sehen, das – wie im Falle der Verwendung einer Garantiekarte oder eines Garantiescheins – kraft zwingender Auslegung **Bestandteil des Verkaufsangebots des Verkäufers** ist und vom Käufer konkludent angenommen wird, wobei gem § 151 Satz 1 Var 1 eine Erklärung der Annahme gegenüber dem Garantiegeber nach der **Verkehrssitte** nicht zu erwarten ist. Zudem ist in dieser Hinsicht von einem **Verzicht des Garantiegebers** nach § 151 Satz 1 Var 2 auszugehen. Käufer ohne auf den Kauf bezogene Rechtskenntnisse unterscheiden in Bezug auf die Gewährleistungs- und Garantiehaftung bei Auftreten eines Mangels häufig weder präzise zwischen gesetzlicher Gewährleistung und Garantie noch zwischen Verkäufer und Hersteller.

Auch in Bezug auf die Frage des Zustandekommens der Garantieverpflichtung des Herstellers 35
oder eines sonstigen Dritten macht es iE keinen wesentlichen Unterschied, ob eine Garantiekarte oder ein Garantieschein der Lieferung beigefügt wird oder stattdessen die dort üblichen Garantieaussagen schon vor dem Vertragsschluss Gegenstand einer verbreiteten einschlägigen Werbung sind, auf die dann bei Vertragsabschluss **konkludent Bezug genommen** wird. Ausgangspunkt für diese rechtsgeschäftliche Konstruktion der Garantiehaftung des Herstellers und sonstiger Dritter nach Maßgabe einschlägiger Werbung unter Annahme einer **Botenstellung des Verkäufers** ist, dass die Verpflichtung dieser – nicht am Kaufvertrag beteiligten – Garantiegeber ohnehin aufgrund des notwendigen Zusammenhangs mit einem konkreten Kaufgeschäft einen wirksa-

103 Vgl dazu Rz 34 ff.
104 Frankfurt DAR 2010, 89, 90 ff; BeckOGK/Stöber Rz 72.
105 Frankfurt DAR 2010, 89, 90 ff; BeckOGK/Stöber Rz 72.
106 Vgl Frankfurt DAR 2010, 89, 90 ff.
107 Ausführlich dazu nachfolgend Rz 34 ff.

men Kaufvertrag im Verhältnis zwischen Verkäufer und Käufer voraussetzt[108]. Davon geht auch die Gegenauffassung aus, die in der einschlägigen Werbung ein **einseitiges Verpflichtungsgeschäft** des betreffenden Garantiegebers sieht[109].

36 Da auch der Hersteller oder sonstige Dritte aufgrund der Neufassung des § 443 Abs 1 an den Inhalt der **garantiebezogenen Werbeaussagen** gebunden sind, ist die dargelegte Übermittlung durch den Verkäufer als Boten als zwingend anzusehen, dh, weder der Verkäufer noch der Hersteller oder sonstige Dritte können im konkreten Einzelfall geltend machen, dass diese zur **verbindlichen Garantievereinbarung** führende Konstruktion nicht ihrem Willen entspreche. Mit dem Zugang des Verkäuferangebots beim Käufer gehen daher immer unmittelbar auch alle in der einschlägigen Werbung für den Fall des Abschlusses eines Kaufgeschäfts **vorgesehenen Garantieangebote** zu. Eine tatsächliche Kenntnis des Käufers von der betreffenden Werbeaussage ist aus diesem Grund nicht erforderlich[110]. Die hier dargelegte Garantieverpflichtung des Herstellers oder sonstiger Dritter nach Maßgabe der einschlägigen Werbung durch **rechtsgeschäftliche Vereinbarung** mit Beteiligung des Verkäufers als Boten ist gedeckt von Art 2 Nr 14 Verbraucherrechte-Richtlinie und folgt damit auch aus einer **richtlinienkonformen Auslegung des § 443 Abs 1**. Denn das in Art 2 Nr 14 enthaltene Tatbestandsmerkmal „eingegangene Verpflichtung" bezieht sich auch auf die in der einschlägigen Werbung enthaltenen Garantieaussagen[111]. Entsprechendes gilt in Bezug auf das in **Art 2 Nr 12 der Warenkauf-Richtlinie** enthaltene Tatbestandsmerkmal „eingegangene Verpflichtung des Verkäufers oder eines Herstellers (Garantiegebers)".

37 2. **Einzelfragen der Verpflichtung nach Maßgabe der einschlägigen Werbung**. – a) **Zugangserfordernis des § 130**. Das in § 443 Abs 1 besonders geregelte Tatbestandsmerkmal der Garantieübernahme durch einschlägige Werbung stellt zwar **keinen selbständigen Verpflichtungsgrund** dar. Es hat aber gleichwohl eine große praktische Bedeutung und ist auch nicht als überflüssig anzusehen[112]. Ohne die gesetzliche Einordnung der einschlägigen Werbung als geeigneter Garantieübernahmetatbestand müsste bei **Fehlen einer ausdrücklichen Garantieerklärung** des Verkäufers oder eines Dritten vom Käufer im Prozess nachgewiesen werden, dass der Kaufvertrag bzw die Erklärung des Dritten zumindest stillschweigend auf den Inhalt der einschlägigen Werbung Bezug nimmt und daher zum **Inhalt des Angebots** gehört, das er angenommen hat. § 443 Abs 1 hebt damit nicht das allgemeine Zugangserfordernis des § 130 auf[113], sondern rechnet dem empfangsbedürftigen Angebot zwingend den Inhalt der **garantiebezogenen Werbeaussagen zu**. Der Käufer nimmt die Ergänzung des Kaufvertrags in Gestalt der einzubeziehenden einschlägigen Werbung jedenfalls konkludent an, wobei gem § 151 Satz 1 eine besondere Annahmeerklärung nach der Verkehrssitte nicht zu erwarten (Var 1) und insoweit auch von einem Verzicht des Garantiegebers (Var 2) auszugehen ist.

38 Der Gegenauffassung, die in Bezug auf die Garantieübernahme durch einschlägige Werbung von einem einseitigen Rechtsgeschäft ausgeht[114], ist zwar iE insoweit zuzustimmen, als die auf die Garantieübernahme bezogenen Aussagen der einschlägigen Werbung dem Käufer nicht in Form einer **separaten empfangsbedürftigen Willenserklärung** nach § 130 zugegangen sein müssen. Aufgehoben wird durch die Verpflichtungsvariante aber nur die Notwendigkeit, dass die betreffende Werbung und damit die dort auf die Garantie bezogenen Aussagen dem Käufer entweder als Teil des Kaufvertrags oder in Form einer separaten Erklärung zugegangen sein müssen. Der Verkäufer kann daher zum Zwecke der **Abwendung der Garantiehaftung** nicht geltend machen, dass der Käufer **keine Kenntnis** von der Werbung erlangt habe und sie ihm auch nicht nach § 130 zugegangen sei. In vielen Fällen wird der Kaufvertrag ohnehin eine mit der betreffenden Werbung übereinstimmende Garantievereinbarung enthalten oder zumindest auf die einschlägige Werbung zum Zwecke der Einbeziehung in den Kaufvertrag verweisen, sofern es sich um eine **Verkäufergarantie** handelt. Die Tatbestandsalternative „oder einschlägigen Werbung" des § 443 Abs 1 hat dann keine selbständige Bedeutung.

39 b) **Zwingende Vermutung der Einbeziehung – Einwendungsausschluss**. Wenn der Kaufvertrag dagegen weder eine mit der Werbung übereinstimmende besondere Garantieerklärung noch eine Bezugnahme auf die garantiebezogenen Aussagen der einschlägigen Werbung enthält, dann besteht gem § 443 Abs 1 die **unwiderlegliche Vermutung** der Einbeziehung in das **Ange-**

108 Vgl dazu Rz 27.
109 Vgl dazu oben Rz 32.
110 So auch BeckOGK/Stöber Rz 72.
111 Vgl BGH NJW 2011, 2653, 2656; BGH WRP 2012, 930 Rz 43; BGH WRP 2013, 1027 Rz 9 f; BGH ZIP 2013, 1480 Rz 10 f; BeckOGK/Stöber Rz 71; MünchKomm/Westermann Rz 12.
112 Vgl Staud/Matusche-Beckmann Rz 35 zu § 443 aF.
113 Staud/Matusche-Beckmann Rz 14.
114 Frankfurt DAR 2010, 89, 92; BeckOGK/Stöber Rz 71 f; jurisPK/Pammler Rz 34 f.

bot des Verkäufers. Der Verkäufer kann gegenüber dieser gesetzlich angeordneten konkludenten Einbeziehung der einschlägigen Werbung nicht geltend machen, dass dies nicht seinem Willen entspreche. Wäre die „einschlägige Werbung" nicht in diesem Sinne in § 443 Abs 1 normiert, so ergäbe sich diese Rechtsfolge gem § 242 aus dem **Gebot von Treu und Glauben**, weil dem Verkäufer ein **widersprüchliches Verhalten** zur Last gelegt werden müsste. Die von § 443 Abs 1 angeordnete Maßgeblichkeit der einschlägigen Werbung ist daher auch eine Ausformung des von § 242 umfassten Verbots des widersprüchlichen Verhaltens (*venire contra factum proprium*). Ein Verkäufer, der in der Werbung eine Garantie in Aussicht stellt, ist daran auf Grundlage des abgeschlossenen Kaufvertrags unabhängig davon gebunden, ob er darauf ausdrücklich verweist.

Gehen die Aussagen der einschlägigen Werbung in Bezug auf den Inhalt der Garantie über die im Vertragsangebot des Verkäufers enthaltene Garantieerklärung hinaus, so handelt es sich nicht um ein Problem der Einbeziehung, sondern – wie allgemein bei **kollidierenden Vertragsbestandteilen** – um eine Frage der Auslegung[115]. Da der Verkäufer sich nicht auf eine fehlende Einbeziehung der auf die Übernahme einer Garantie bezogenen einschlägigen Werbung berufen kann, ist es ihm gem § 443 Abs 1 auch verwehrt, in seinem Verkäuferangebot eine teilweise **Rücknahme der Werbeaussage** vorzunehmen[116]. Geht der Umfang einer im Verkäuferangebot enthaltenen Garantieerklärung über die Garantie in der einschlägigen Werbung hinaus, so kann der Käufer aufgrund einer **Auslegung nach dem objektiven Empfängerhorizont** davon ausgehen, dass der Verkäufer mit dem konkreten Kaufvertrag zugunsten des Käufers eine erweiterte Garantiehaftung übernehmen will[117]. 40

c) **Verbindlicher Verpflichtungswille des Garantiegebers.** Die auf eine Garantie bezogenen Aussagen einer Werbung stellen zwar aus den dargelegten Gründen keine selbständige einseitige Verpflichtungserklärung dar[118]. Die sich aus § 443 Abs 1 ergebende **zwingende Einbeziehung** derartiger Aussagen in das Verkäuferangebot und damit letztlich auch in den Kaufvertrag setzt aber einen **rechtsverbindlichen Verpflichtungswillen** des potentiellen Garantiegebers voraus[119]. Die auf eine Garantie bezogene Werbeaussage muss entweder ausdrücklich oder im Wege der Auslegung nach dem Empfängerhorizont einen **Bindungswillen** erkennen lassen[120]. Es muss die Annahme gerechtfertigt sein, dass der potentielle Garantiegeber für die in der betreffenden Werbeaussage beschriebene Beschaffenheit oder/und sonstigen Anforderungen **verschuldensunabhängig einstehen will**[121]. Nicht ausreichend ist daher das bloße In-Aussicht-Stellen einer künftigen Garantieübernahme in der einschlägigen Werbung[122]. Sind die Werbeaussagen im Sinne einer unbestimmten Einstandspflicht zu verstehen, so kommt es für die konkrete Verpflichtung einer bestimmten Person als Garantiegeber darauf an, ob sie die Werbung entweder selbst veranlasst oder sich zumindest zu eigen gemacht hat[123]. 41

Eine nach den dargelegten Grundsätzen zu bejahende Bindung des Garantiegebers kann nicht mit der Begründung durch eine **Irrtumsanfechtung** beseitigt werden, dass keine Kenntnis von der Werbung vorgelegen habe[124]. Es fehlt hier zum einen an einem Anfechtungsgrund. Zum anderen widerspräche eine Loslösung von der Verpflichtung durch Anfechtung dem Zweck des § 443 Abs 1, für eine Garantiehaftung die Verfügbarkeit der einschlägigen Werbung genügen zu lassen und insoweit gerade nicht auf eine Kenntnis oder ein Kennenmüssen abzustellen[125]. Die Anfechtung ist ebenfalls ausgeschlossen, wenn der Garantiegeber geltend macht, er habe sich mit der Werbeaussage nicht binden wollen. In diesem Fall liegt ein **unbeachtlicher Rechtsfolgenirrtum** vor. 42

3. **Begriff der „einschlägigen Werbung".** – a) **Art der Werbung und Tatbestandsmerkmal „beschrieben sind".** Weder **Art 2 Nr 14 Verbraucherrechte-Richtlinie, Art 2 Nr 12 Warenkauf-Richtlinie** noch § 443 Abs 1 beschränken die „einschlägige Werbung" auf bestimmte Medien; insbes nicht auf Printmedien. Dieses Tatbestandsmerkmal umfasst daher **Werbung aller Art**[126]. Tatbestandlich ist daher zum einen die klassische Print-Werbung in Form 43

115 Vgl dazu unten Rz 71 ff.
116 Vgl dazu unten Rz 42.
117 Vgl dazu unten Rz 41 f.
118 Vgl oben Rz 34 ff.
119 So iE auch BeckOGK/Stöber Rz 71; MünchKomm/Westermann Rz 12.
120 Staud/Matusche-Beckmann Rz 50; BeckOGK/Stöber Rz 71; MünchKomm/Westermann Rz 13; BeckOK/Faust Rz 33; NK/Büdenbender Rz 30 f.
121 Staud/Matusche-Beckmann Rz 50; BeckOGK/Stöber Rz 71; MünchKomm/Westermann Rz 13; BeckOK/Faust Rz 33; NK/Büdenbender Rz 30 f.
122 BGH NJW 2011, 2653, 2656; BGH WRP 2012, 930 Rz 43; BGH WRP 2013, 1027 Rz 9 f; BGH ZIP 2013, 1480 Rz 10 f; Staud/Matusche-Beckmann Rz 50; Picht NJW 2014, 2609, 2611.
123 Staud/Matusche-Beckmann Rz 50; BeckOGK/Stöber Rz 71; MünchKomm/Westermann Rz 13; BeckOK/Faust Rz 33; NK/Büdenbender Rz 31 f.
124 BeckOGK/Stöber Rz 71.
125 Ähnlich BeckOGK/Stöber Rz 71.
126 BeckOGK/Stöber Rz 66; NK/Pfeiffer Kauf-RL Art 6 Rz 4.

von besonderen Prospekten oder Broschüren, die Zeitungswerbung und Plakatwerbung erfasst. Hinzu kommen die Werbespots in Rundfunk und Fernsehen sowie die gesamte Internetwerbung. Bei der **Werbung im Internet** kommt es nicht darauf an, ob sie in Gestalt von abspielbaren Videos oder kombinierten Bild- und Schriftanzeigen präsentiert wird. Auch im **öffentlichen Raum** steht die digitale Werbung – insbes über sog Infoscreens – der Printwerbung gleich. Das in § 443 Abs 1 in Übereinstimmung mit Art 2 Nr 14 Verbraucherrechte-Richtlinie und Art 2 Nr 12 Warenkauf-Richtlinie enthaltene Tatbestandsmerkmal „beschrieben sind" bezieht sich auf **alle Arten der Werbung**. Erforderlich ist aber die Vermittlung des Inhalts der Garantie in **Sprachform**. Die Garantieerklärung muss zwar nicht unbedingt in Form von vollständigen Sätzen erfolgen. Ausreichend können insoweit auch einzelne **Schlagwörter** in Verbindung mit einer Bildwerbung (zB „5 Jahre Rostfrei-Garantie") sein.

44 b) **Fehlende inhaltliche Übereinstimmung von Garantieerklärung und einschlägiger Werbung**. Unproblematisch ist der Fall, in dem die förmliche Garantieerklärung erheblich umfangreicher ist als die auf die Garantie bezogene Aussage in der einschlägigen Werbung. Bei der Werbung steht häufig die **abgebildete Kaufsache** im Vordergrund, während die Garantie ebenso wie ein Grundpreis nur schlagwortartig angegeben wird. Vermittelt wird durch ein derartiges Werbeformat häufig nur die **Dauer der Garantie** und allenfalls noch eine besondere Eigenschaft der Ware als Bezugspunkt. Die **förmliche Garantieerklärung** ergänzt und konkretisiert die auf die Garantie bezogene Werbeaussage, so dass grds keine inhaltliche Abweichung vorliegt. Die durch die Werbung angesprochenen potentiellen Kunden gehen hier regelmäßig davon aus, dass die **Einzelheiten der Garantie**, insbes die konkreten Ansprüche des Käufers, sich aus dem Kaufvertrag oder einer **separaten besonderen Garantieerklärung** ergeben. In den Fällen, in denen der Inhalt der förmlichen Garantieerklärung von der garantiebezogenen Werbeaussage abweicht, steht dem Käufer ein **Wahlrecht** zu, dh, er kann sich auf die Erklärung des Garantiegebers oder die einschlägige Werbung berufen[127]. Dafür spricht vor allem die in § 443 Abs 1 in Übereinstimmung mit **Art 2 Nr 14 Verbraucherrechte-Richtlinie** und **Art 2 Nr 12 Warenkauf-Richtlinie** enthaltene Formulierung „in der Erklärung oder einschlägigen Werbung beschrieben sind"[128]. Dieses Tatbestandsmerkmal erfasst nicht nur die Konstellation, dass die Garantie sich entweder aus einer besonderen Garantieerklärung oder nur aus der einschlägigen Werbung ergibt, sondern auch den hier in Rede stehenden Fall der inhaltlichen Diskrepanz. Zudem würde die Garantie entwertet, wenn der Käufer sich bei fehlender Übereinstimmung von förmlicher Garantieerklärung und einschlägiger Werbung auf einen **Rechtsstreit** mit dem Verkäufer, Hersteller oder sonstigen Dritten als Garantiegeber über den letztlich maßgeblichen **Inhalt der Garantiehaftung** einlassen müsste. Dieses Ergebnis folgt auch aus einer **richtlinienkonformen Auslegung** des § 443. Denn nach **Art 17 Abs 1 Unterabs 1 Warenkauf-Richtlinie** ist in dem Fall, in dem die in der **Garantieerklärung** genannten Bedingungen weniger vorteilhaft für den Verbraucher sind als die in der **einschlägigen Werbung** angegebenen, die gewerbliche Garantie zu den in der Werbung für diese Garantie angegebenen Bedingungen verbindlich, es sei denn, die einschlägige Werbung wurde vor Abschluss des Vertrags in der **gleichen oder einer vergleichbaren Weise berichtigt**, in der sie gemacht wurde.

45 c) **Einschlägigkeit der Werbung**. Die Werbung ist einschlägig iSd § 443 Abs 1, soweit sie sich auf den Kaufgegenstand bezieht[129]. Wenn dieser Bezug im konkreten Einzelfall ganz oder zum Teil fraglich ist, dann hat eine Auslegung nach dem **objektiven Empfängerhorizont** zu erfolgen[130]. Entscheidend ist die Sicht der durch Werbung angesprochenen Kundenkreise. Insoweit geht es also um die Personengruppen, die durch die Werbung zum Abschluss von Kaufverträgen über die angepriesene Ware veranlasst werden sollen.

46 d) **Verfügbarkeit der einschlägigen Werbung**. Art 2 Nr 14 Verbraucherrechte-Richtlinie und Art 2 Nr 12 Warenkauf-Richtlinie konkretisieren die Tatbestandsalternative „einschlägige Werbung" mit dem Zusatz „wie sie bei oder vor dem Abschluss des Vertrags verfügbar war". Dieselbe Konkretisierung enthält § 443 Abs 1 in Bezug auf dieses Tatbestandsmerkmal zwar ausdrücklich nur, soweit es um die **Eingehung der Garantieverpflichtung** geht. Die ohne diesen Zusatz erfolgende Wiederholung des Begriffs im selben Absatz des § 443 im Zusammenhang mit der Definition ist aber in Bezug auf das Erfordernis der Verfügbarkeit nicht abweichend zu verstehen[131]. Es ist vielmehr davon auszugehen, dass die erste tatbestandliche Erwähnung der einschlägigen Werbung mit dem konkretisierenden Zusatz eine **Legaldefinition dieses Begriffs**

127 Staud/Matusche-Beckmann Rz 53; BeckOGK/Stöber Rz 66; MünchKomm/Westermann Rz 14; Erman/Grunewald Rz 11; BeckOK/Faust Rz 24.
128 BeckOGK/Stöber Rz 66.
129 Staud/Matusche-Beckmann Rz 55; BeckOGK/Stöber Rz 66; MünchKomm/Westermann Rz 12.
130 Staud/Matusche-Beckmann Rz 55; BeckOGK/Stöber Rz 66; MünchKomm/Westermann Rz 11 f.
131 BeckOGK/Stöber Rz 69.

darstellt, die dann unmittelbar auch für die zweite Verwendung im Tatbestand des § 443 Abs 1 gilt. Da Art 2 Nr 14 Verbraucherrechte-Richtlinie und Art 2 Nr 12 Warenkauf-Richtlinie die Verfügbarkeit der einschlägigen Werbung ausdrücklich bei der Definition des Garantiefalls verlangen, spricht auch eine **unionsrechtskonforme Auslegung** für ein entsprechendes Verständnis des § 443 Abs 1[132].

In Bezug auf die Festlegung der **Soll-Beschaffenheit iSd § 434 Abs 1 Satz 2 aF** durch 47
Werbung enthielt § 434 Abs 1 Satz 3 aF eine Ausnahme für den Fall, dass „der Verkäufer die Äußerung nicht kannte und auch nicht kennen musste, dass sie zum Zeitpunkt des Vertragsschlusses in gleichwertiger Weise berichtigt war oder dass sie die Kaufentscheidung nicht beeinflussen konnte". § 443 Abs 1 stellt dagegen – ebenso wie Art 2 Nr 14 Verbraucherrechte-Richtlinie und Art 2 Nr 12 Warenkauf-Richtlinie – nur auf die Verfügbarkeit der Werbung ab. Die sich zugunsten des Verkäufers auswirkende Einschränkung des § 434 Abs 1 Satz 3 aF war erheblich weiter gefasst als das Erfordernis der Verfügbarkeit. Die Werbung ist verfügbar iSd § 443 Abs 1, wenn sie in der Weise in den Geschäftsverkehr gelangt ist, dass für den Käufer zumindest die Möglichkeit der Kenntnisnahme besteht[133]. Nicht ausreichend ist dagegen die **bloße Existenz der Werbung** und damit die bloße Verfügbarkeit aufseiten des die Werbung beabsichtigenden Verkäufers, Herstellers oder sonstigen Dritten[134]. Die Verfügbarkeit ist daher bspw noch zu verneinen, wenn Werbeprospekte gedruckt, aber noch nicht ausgelegt sind oder ein für das Internet hergestelltes Werbevideo noch nicht zum Zwecke des Abspielens freigeschaltet worden ist. Nicht erforderlich ist für die Haftung des Garantiegebers dagegen, dass der Käufer die einschlägige Werbung bei Abschluss des Kaufvertrags kannte[135].

Nach **§ 434 Abs 3 Satz 3** ist der Verkäufer durch die in Satz 1 Nr 2 lit b genannten **öffentli-** 48
chen Äußerungen nicht gebunden, wenn er sie nicht kannte und auch nicht kennen konnte, wenn die Äußerung im Zeitpunkt des Vertragsschlusses in derselben oder in gleichwertiger Weise berichtigt war oder wenn die Äußerung die Kaufentscheidung nicht beeinflussen konnte. Dadurch wird **Art 7 Abs 2 Warenkauf-Richtlinie** umgesetzt[136]. Diese Ausnahmetatbestände sind jedenfalls nicht in vollem Umfang analog auf die Garantie iSd § 443 anzuwenden[137]. Entsprechend anwendbar ist lediglich der auf die rechtzeitige Berichtigung bezogene Haftungsausschluss[138]. Denn **Art 17 Abs 1 Unterabs 1 Warenkauf-Richtlinie** lässt die haftungsausschließende Wirkung einer derartigen **Berichtigung** ausdrücklich zu[139].

e) **Zeitpunkt der Verfügbarkeit der Werbung**. Die Verfügbarkeit der einschlägigen Wer- 49
bung muss gem § 443 Abs 1 „vor oder bei Abschluss des Kaufvertrags" gegeben sein. Eine damit inhaltlich identische Formulierung enthalten **Art 2 Nr 14 Verbraucherrechte-Richtlinie und Art 2 Nr 12 Warenkauf-Richtlinie**; nur „vor" und „bei" werden in umgekehrter Reihenfolge erwähnt, also „bei oder vor dem Abschluss des Vertrags". Nach dem eindeutigen Wortlaut dieser Regelungen muss die einschlägige Werbung nicht zwingend zum **Zeitpunkt des Vertragsabschlusses** verfügbar sein. Die Reichweite der temporalen Präposition „vor" wird zwar nicht ausdrücklich beschränkt[140]. Dies bedeutet aber nicht, dass eine in der einschlägigen Werbung enthaltene Garantie nach **Beendigung der Verfügbarkeit** noch eine zeitlich unbeschränkte Bindung des potentiellen Garantiegebers bei Abschluss von Kaufverträgen bewirkt[141]. Die **Bindungsdauer** einer nicht mehr verfügbaren Werbung ist vielmehr im Wege der Auslegung zu ermitteln. Eine Rolle spielt insoweit auch die Art der angebotenen Ware. So ist bei **Saisonware** nach Beendigung der Werbung nur noch eine Bindung bis zum Ende der Saison und nicht ohne weiteres auch für die nächste Saison anzunehmen. „Vor" bezieht sich andererseits nicht nur auf die **Phase der Vertragsanbahnung** und das „Vorfeld" des konkreten Vertragsabschlusses. Der Zeitraum zwischen Ende der Verfügbarkeit einer einschlägigen Werbung bis zum Abschluss darf nicht so lange sein, dass die auf die Garantie bezogene Werbeaussage nach der **allgemeinen Lebenserfahrung** keinen Einfluss mehr auf den Abschluss des konkreten Kaufvertrags haben kann[142]. Aufgrund der Heterogenität der Waren und Garantien kann zwar die Dauer der Bindung an die Werbung nach Beendigung unterschiedlich sein. Gleichwohl ist in zeitlicher Übereinstimmung mit der kaufrechtlichen Regelverjährung des **§ 438 Abs 1 Nr 3** ein Zeitraum von zwei Jahren als absolute **Höchstfrist** anzusehen[143].

132 BeckOGK/Stöber Rz 69.
133 BeckOGK/Stöber Rz 70; MünchKomm/Westermann Rz 7.
134 MünchKomm/Westermann Rz 7.
135 MünchKomm/Westermann Rz 7; BeckOGK/Stöber Rz 70; aA Picht NJW 2014, 2609, 2612; vgl dazu oben Rz 42.
136 Begr Gesetzentwurf, BT-Drucks 19/27424, S 24.
137 BeckOGK/Stöber Rz 68; BeckOK/Faust Rz 29.
138 BeckOGK/Stöber Rz 68; BeckOK/Faust Rz 29.
139 BeckOGK/Stöber Rz 68; BeckOK/Faust Rz 29.
140 Vgl BeckOGK/Stöber Rz 70.
141 BeckOGK/Stöber Rz 70; MünchKomm/Westermann Rz 7; Erman/Grunewald Rz 11.
142 BeckOGK/Stöber Rz 70; MünchKomm/Westermann Rz 7; Erman/Grunewald Rz 11; Picht NJW 2014, 2609, 2612.
143 BeckOGK/Stöber Rz 70.

VI. Zeitlicher Bezugspunkt von Garantien iSd § 443 Abs 1 und Abs 2

50 1. **Allgemeines.** Soweit **Beschaffenheitsgarantien** des Verkäufers als unselbständige Garantien die Rechtsstellung des Käufers bei Vorliegen eines Sachmangels erweitern, beziehen sie sich notwendigerweise auf den **Zeitpunkt des Gefahrübergangs**, weil dieser Zeitpunkt gem § 434 Abs 1 für das Vorliegen eines **Sachmangels** maßgebend ist. Das in den §§ 442 Abs 1 Satz 2, 444, 445 enthaltene Tatbestandsmerkmal „Garantie für die Beschaffenheit der Sache übernommen hat" steht im Zusammenhang mit den Rechten des Käufers wegen eines Mangels, so dass in zeitlicher Hinsicht, falls es um die Gewährleistung wegen eines Sachmangels geht, auch für die Beschaffenheitsgarantie der Gefahrübergang iSd § 434 Abs 1 der entscheidende Zeitpunkt sein muss[144]. Das Gleiche galt im **Anwendungsbereich der Verbrauchsgüterkauf-Richtlinie** für die Garantie iSd Art 1 Abs 2 lit e, die sich auf das Vorhandensein der in der Garantieerklärung oder in der einschlägigen Werbung genannten Eigenschaften bezog, soweit es sich um die Haftung des Verkäufers für eine Vertragswidrigkeit handelt, für die gem **Art 3 Abs 1 Verbrauchsgüterkauf-Richtlinie** der Zeitpunkt der Lieferung des Verbrauchsgutes maßgebend war[145]. Nach **Art 10 Abs 1 Satz 1 Warenkauf-Richtlinie** haftet der Verkäufer dem Verbraucher für **jede Vertragswidrigkeit**, die zum **Zeitpunkt der Lieferung der Waren** vorliegt. Für das in der Garantieregelung des Art 2 Nr 12 Warenkauf-Richtlinie enthaltene Tatbestandsmerkmal **„Vertragsmäßigkeit"** kommt es in zeitlicher Hinsicht, soweit es um Garantien für die **Beschaffenheit der Ware** geht, auf den Zeitpunkt der Lieferung und damit auf den **Gefahrübergang** an[146]. Der Garantiebegriff des § 443 Abs 1 bezieht sich demnach in zeitlicher Hinsicht auf die Beschaffenheit der Kaufsache bei Gefahrübergang, wenn die Tatbestandsalternative „nicht diejenige Beschaffenheit aufweist [...], die in der Erklärung oder einschlägigen Werbung beschrieben sind" Platz greift. § 443 Abs 1 knüpft insoweit zwar nicht ausdrücklich an den Zeitpunkt des Gefahrübergangs und damit an den Sachmangelbegriff des § 434 an. Dies ergibt sich aber aus dem systematischen Zusammenhang mit § 443 Abs 2, der die **Haltbarkeitsgarantie** regelt, die sich in zeitlicher Hinsicht auf die Entdeckung einer Beschaffenheitsabweichung erst nach Übergabe bis zum Ende der eingeräumten Garantiefrist (Garantiedauer) bezieht[147].

51 Die in § 443 Abs 1 geregelte Tatbestandsalternative „andere als die Mängelfreiheit betreffende Anforderungen nicht erfüllt" bezieht sich zumindest nicht unmittelbar und auch nicht aufgrund eines direkten systematischen Zusammenhangs mit einer anderen kaufrechtlichen Vorschrift auf den **Zeitpunkt des Gefahrübergangs** oder eines sonstigen gesetzlich definierten Zeitpunkts. Da es bei der Garantiehaftung für **Nichterfüllung sonstiger Anforderungen** gerade nicht um Beschaffenheitsabweichungen iSd § 434 geht, die bei Vorliegen zum Zeitpunkt des Gefahrübergangs einen Sachmangel begründen (§ 434 Abs 1), ist der Gefahrübergang jedenfalls nicht ohne weiteres der zeitliche Bezugspunkt dieser Garantievariante. Es kommt vielmehr auf den Inhalt der Garantieerklärung oder der einschlägigen Werbung sowie auf die Art der konkreten sonstigen Anforderungen an. Da sich die **Haltbarkeitsgarantie** iSd § 443 Abs 2 speziell nur darauf bezieht, dass der Kaufgegenstand für die Dauer der Garantiefrist „eine bestimmte Beschaffenheit" behält, erfasst die hier in Rede stehende zweite Alternative des § 443 Abs 1 in zeitlicher Hinsicht sowohl die Garantie sonstiger Anforderungen zum Zeitpunkt des Gefahrübergangs als auch – in Anlehnung an die Haltbarkeitsgarantie des § 443 Abs 2 – den Fortbestand der betreffenden Anforderungen bis zum **Ablauf der festgesetzten Garantiedauer**[148]. Diese Differenzierung des § 443 Abs 1 in Bezug auf den zeitlichen Bezugspunkt der Garantie entspricht auch dem Garantiebegriff der Verbraucherrechte-Richtlinie und der Warenkauf-Richtlinie. Die „gewerbliche Garantie" iSd **Art 2 Nr 14 Verbraucherrechte-Richtlinie** bezieht sich auf den Fall, dass die gelieferten Waren „nicht diejenigen Eigenschaften aufweisen oder andere als die Mängelfreiheit betreffende Anforderungen nicht erfüllen"[149]. Soweit es um **Beschaffenheitsabweichungen** geht, die dazu führen, dass die „Mängelfreiheit" nicht gegeben ist und deshalb Gewährleistungsrechte des Käufers begründen, ist der zeitliche Bezugspunkt der **Risikoübergang iSd Art 20 Verbraucherrechte-Richtlinie**. In Bezug auf die sonstigen Anforderungen enthält auch die Verbraucherrechte-Richtlinie keinen zeitlichen Bezugspunkt mit der Folge, dass es insoweit auch nach dieser Richtlinie auf den Inhalt der Garantieerklärung oder der einschlägigen Werbung ankommt. Entsprechendes gilt in Bezug auf die **Vorgaben der Warenkauf-Richtlinie.** Denn für die **sonstigen Anforderungen** („andere nicht mit der Vertragsmäßigkeit verbundene Anforderungen") iSd Art 2 Nr 12 Warenkauf-Richtlinie wird **kein maßgeblicher Zeitpunkt** von dieser Richtlinie festgelegt.

144 Vgl § 442 Rz 150 ff; § 444 Rz 189 ff; § 445 Rz 24.

145 Vgl dazu BeckOGK/Stöber Rz 62.

146 BeckOGK/Stöber Rz 62.

147 Vgl zu den Einzelheiten der Beschaffenheitsgarantie unten Rz 70 ff.

148 Vgl zu den Einzelheiten der Garantie sonstiger Anforderungen unten Rz 55 ff.

149 Vgl zum Garantiebegriff der Verbraucherrechte-Richtlinie auch oben Rz 7 ff; zum Garantiebegriff der Warenkauf-Richtlinie oben Rz 9.

Die für den zeitlichen Bezugspunkt der verschiedenen Garantien dargelegten Grundsätze gelten nicht nur für die Verkäufergarantie, sondern unter bestimmten Voraussetzungen auch für die Garantien des **Herstellers und eines sonstigen Dritten**[150]. In Bezug auf die Garantie der nicht auf die Mängelfreiheit bezogenen **sonstigen Anforderungen** gibt es ohnehin, also auch nicht bei einer darauf bezogenen Verkäufergarantie, keinen gesetzlich vorgegebenen zeitlichen Bezugspunkt. Bei **Beschaffenheitsgarantien Dritter** kommt es, sofern eine ausdrückliche Bezugnahme auf einen bestimmten Zeitpunkt in der Garantieerklärung nicht enthalten ist, darauf an, ob die Garantie – in Übereinstimmung mit der **gesetzlichen Sachmängelhaftung** des Verkäufers – an den Sachmangelbegriff des § 434 und damit an den Gefahrübergang iSd § 434 Abs 1 anknüpfen oder vielmehr eine bestimmte Beschaffenheit für die Dauer einer bestimmten Garantiefrist garantieren soll. Im Zweifel ist davon auszugehen, dass für die Garantie des Dritten der gleiche zeitliche Bezugspunkt gilt wie für eine **Verkäufergarantie** mit vergleichbarem Inhalt. 52

2. **Fehlender zeitlicher Bezugspunkt in der Garantieerklärung – Auslegung**. Enthält eine auf die **Beschaffenheit der Sache** bezogene Garantie keine Angabe eines Zeitpunkts, für den die bestimmte Eigenschaft garantiert werden soll, so ist im Zweifel anzunehmen, dass der Gefahrübergang iSd §§ 434 Abs 1, 446, 447 Abs 1 der maßgebliche Zeitpunkt ist[151]. Hier ergibt die Auslegung der Garantieerklärung regelmäßig eine **Anknüpfung an den gesetzlichen Sachmangelbegriff** und damit in zeitlicher Hinsicht an das Nichtvorliegen einer Beschaffenheitsabweichung zum gem § 434 Abs 1 entscheidenden Zeitpunkt des Gefahrübergangs. Diese Übereinstimmung folgt auch aus dem systematischen Zusammenhang mit den gesetzlichen Garantieregelungen der **§§ 442, 444, 445**, die sich auf das Nichtvorliegen von Beschaffenheitsabweichungen im rechtstechnischen Sinne (§ 434) zum Zeitpunkt des Gefahrübergangs beziehen. Die **Erweiterung der gesetzlichen Gewährleistungsrechte** im Rahmen einer unselbständigen Garantie ist bei Übernahme einer auf die Beschaffenheit bezogenen Garantie und Fehlen abweichender Anhaltspunkte als Regelfall anzusehen. Enthält die Garantieerklärung hingegen eine Garantiefrist, so wird die Einstandspflicht idR nicht nur für die Mangelfreiheit bei Gefahrübergang, sondern auch dafür übernommen, dass während der **Garantiedauer** keine Beschaffenheitsabweichung auftritt. Es handelt sich dann also um eine Haltbarkeitsgarantie iSd § 443 Abs 2. 53

VII. Beschaffenheitsgarantie ohne zusätzliche Leistungspflichten des Garantiegebers

Die auf den Zeitpunkt des Gefahrübergangs bezogene Beschaffenheitsgarantie des Verkäufers wird unabhängig davon vom Tatbestand des § 443 Abs 1 erfasst, ob dem Käufer bei **Eintritt des Garantiefalls** Rechte zustehen, die in § 437 geregelt sind[152]. Die in § 443 Abs 1 genannten Rechtsbehelfe in Gestalt von „den Kaufpreis zu erstatten, die Sache auszutauschen, nachzubessern“ decken sich ohnehin mit der **Minderung** nach § 437 Nr 2 und der **Nacherfüllung** nach §§ 437 Nr 1, 439 Abs 1 in Form von Ersatzlieferung bzw Nachbesserung[153]. Nur eine Verpflichtung des Verkäufers als Garantiegeber zur **Erbringung von Dienstleistungen** weicht vom Katalog des § 437 ab. Gleichwohl wird die Beschaffenheitsgarantie des Verkäufers auch dann schon vom Wortlaut des § 443 Abs 1 erfasst, wenn sie keine vom Katalog des § 437 abweichenden zusätzlichen Rechte des Käufers im Garantiefall zum Gegenstand hat. Dies folgt aus der in § 443 Abs 1 enthaltenen tatbestandlichen Formulierung „zusätzlich zu der gesetzlichen Mängelhaftung insbesondere“. Das Wort „zusätzlich“ bezieht sich hier nicht nur auf die Begründung besonderer Ansprüche des Käufers, sondern auch auf die **gesetzlichen Gewährleistungsrechte** aus § 437, soweit diese in Bezug auf ihre Voraussetzungen durch die Garantie modifiziert werden. Große praktische Bedeutung hat insoweit vor allem die **Unwirksamkeit** eines an sich zulässigen vertraglichen **Gewährleistungsausschlusses** nach § 444 Alt 2. Das Gleiche gilt bei genereller Eröffnung eines **Schadensersatzanspruchs nach § 437 Nr 3** im Hinblick auf das Erfordernis eines Vertretenmüssens des Verkäufers nach § 276 Abs 1. Aufgrund der Übernahme der Beschaffenheitsgarantie ist hier **kein Verschulden im rechtstechnischen Sinne** in Form von **Vorsatz oder Fahrlässigkeit** erforderlich. Dass die hier in Rede stehende Modifizierung und Erweiterung der gesetzlichen Gewährleistungsrechte durch die Beschaffenheitsgarantie für die Anwendbarkeit des § 443 Abs 1 genügt, wird durch die auf die genannten Rechte bezogene Formulierung „insbesondere“ bestätigt. 54

150 So für die Beschaffenheitsgarantie BeckOGK/Stöber Rz 62.

151 Staud/Matusche-Beckmann Rz 45; BeckOGK/Stöber Rz 62.

152 So iE auch BeckOGK/Stöber Rz 63.

153 Vgl auch BeckOK/Faust Rz 11.

VIII. „Andere als die Mängelfreiheit betreffenden Anforderungen" iSd § 443 Abs 1

55 1. **Unabhängigkeit der Garantie vom Mangelbegriff des § 434.** Nach § 443 Abs 1 kann der **Garantiefall** auch dadurch eintreten, dass die Kaufsache „andere als die Mängelfreiheit betreffende Anforderungen nicht erfüllt, …". Für die Wirksamkeit der Garantievereinbarung und die Ansprüche des Käufers bei **Eintritt des Garantiefalls** kommt es daher letztlich nicht darauf an, ob ein Mangel im rechtstechnischen Sinne, also entweder ein Sachmangel (§ 434) oder ein Rechtsmangel (§ 435), gegeben ist. Praktische Bedeutung hat die Tatbestandsvariante „andere Anforderungen" daher bei auf **künftige Beschaffenheitsmerkmale** bezogenen Garantien[154] sowie in den Fällen, in denen zweifelhaft ist, ob die vom Garantiegeber **übernommene Einstandspflicht** sich auf eine Beschaffenheit iSd § 434 oder einen Umstand bezieht, der vom Sachmangelbegriff nicht erfasst wird. Das betrifft vor allem **rechtliche und tatsächliche Verhältnisse**, die zwar einen Zusammenhang mit der Kaufsache aufweisen, aber nicht unmittelbar von ihr ausgehen. Im Übrigen kann sich die Garantie auch auf Umstände beziehen, die eindeutig nicht zur Beschaffenheit der Kaufsache gehören[155]. Die Unabhängigkeit der Garantie vom Sach- und Rechtsmangelbegriff ist vorgegeben durch **Art 2 Nr 14 Verbraucherrechte-Richtlinie und Art 2 Nr 12 Warenkauf-Richtlinie**, wonach die Garantie auch „andere als Mängelfreiheit betreffende Anforderungen" bzw „andere nicht mit der Vertragsmäßigkeit verbundene Anforderungen" erfassen kann[156]. Die Begründung des Gesetzes zur Umsetzung der Verbraucherrechte-Richtlinie verweist in Bezug auf den sachlichen Anwendungsbereich und der auf „sonstige Anforderungen" bezogenen Garantien vor allem auf den Fall der Einstandspflicht für zukünftige Beschaffenheitsmerkmale[157]. Besonders erwähnt wird insoweit die **Garantie des Grundstücksverkäufers** für den künftigen Erlass eines Bebauungsplans[158].

56 2. **Sachlicher Anwendungsbereich der Garantie bezüglich „sonstiger Anforderungen" – subjektive Umstände (insbes „Zufriedenheitsgarantie").** Zusagen des Verkäufers hinsichtlich der Höhe des Erlöses aus einem Weiterverkauf der Kaufsache durch den Käufer weisen zwar zweifelsfrei keinen Bezug zur Beschaffenheit auf und können daher im Falle der Nichterreichbarkeit nicht zu einem Sachmangel führen. Sie können aber Gegenstand einer Garantie für sonstige Anforderungen der Kaufsache sein[159]. Bei **Verkauf eines Kunstgegenstands** kann vom Verkäufer eine Garantie auch dafür übernommen werden, dass der Wert der Werke des betreffenden Künstlers nach dem Erwerb durch den Käufer allgemein steigt[160]. Es handelt sich auch hier nicht um eine Beschaffenheit der Kaufsache iSd § 434, sondern um eine „sonstige Anforderung"[161]. Die **Zufriedenheit des Käufers** mit der erworbenen Ware ist als Garantiegegenstand („Zufriedenheitsgarantie") jedenfalls **nicht der Beschaffenheit der Ware zuzurechnen**, so dass es sich eindeutig nicht um eine Beschaffenheitsgarantie handelt[162]. Die Zufriedenheit des Käufers mit der Ware kann aber eine „andere als die Mängelfreiheit betreffende Anforderung" darstellen[163]. Die Garantie kann insoweit an eine **rein subjektive Haltung** des Käufers zur Ware anknüpfen, ohne dass diese persönlichen Umstände einen Bezug zum Zustand oder den Merkmalen der Sache aufweisen müssen[164]. Für diese **weite Auslegung** der insoweit einschlägigen **unionsrechtlichen Vorgaben** „andere als die Mängelfreiheit betreffenden Anforderungen" (Verbraucherrechte-Richtlinie) und „nicht mit der Vertragsmäßigkeit verbundenen Anforderungen" (Warenkauf-Richtlinie) spricht auch das **Regelungsziel** dieser Richtlinien, ein **hohes Verbraucherschutzniveau** zu erreichen[165]. Zum Zwecke der Feststellung eines Garantiefalls müssen derartige subjektiven Anforderungen **nicht anhand objektiver Umstände feststellbar** sein[166].

57 Beim **Kauf eines Unternehmens** ist unabhängig davon, ob das Unternehmen als Ganzes verkauft wird (asset deal) oder der Kaufvertrag sich auf Gesellschaftsanteile (share deal) und uU alle Anteile bezieht, die Zugehörigkeit der Unternehmenszahlen zu Umsatz und Ertrag (Gewinn) zur **Beschaffenheit des Unternehmens** nach wie vor umstritten[167]. Für die Zulässigkeit und

154 Vgl dazu Rz 58.
155 BeckOGK/Stöber Rz 29.
156 Vgl dazu oben Rz 7 ff.
157 Begr Gesetzentwurf, BT-Drucks 17/12637, S 68 („… Übernahme einer Garantie für zukünftige Umstände, bei denen es sich nicht um Eigenschaften der Kaufsache selbst handelt und deren Fehlen damit keinen Mangel nach § 434 begründet").
158 Begr Gesetzentwurf, BT-Drucks 17/12637, S 68; vgl dazu oben Rz 55 ff.
159 BeckOGK/Stöber Rz 29.
160 BeckOGK/Stöber Rz 29 (mit Hinweis auf die Konstellation einer erwarteten Preissteigerung nach Versterben des unheilbar erkrankten Künstlers).
161 BeckOGK/Stöber Rz 29.
162 BGH GRUR 2022, 500 Rz 34 ff; BeckOGK/Stöber Rz 31.
163 BeckOGK/Stöber Rz 31; in der Tendenz auch BGH GRUR 2022, 500 Rz 42 ff (Vorlage an den EuGH).
164 BeckOGK/Stöber Rz 31; in der Tendenz auch BGH GRUR 2022, 500 Rz 42 ff (Vorlage an den EuGH).
165 BGH GRUR 2022, 500 Rz 42 ff (Vorlage an den EuGH).
166 So in der Tendenz BGH GRUR 2022, 500 Rz 56 ff (Vorlage an den EuGH).
167 Vgl dazu § 453 Rz 169 ff.

Wirksamkeit einer darauf bezogenen Verkäufergarantie ist dies aber ohne Bedeutung. Denn es geht insoweit jedenfalls um „andere als die Mängelfreiheit betreffende Anforderungen“[168]. Daraus folgt, dass die beim **Unternehmenskauf** verbreiteten Verkäufergarantien auch die Funktion haben, eine Haftung des Verkäufers gerade für den Fall zu begründen, in dem die **Sachmängelgewährleistung** wegen fehlender Zugehörigkeit des garantierten Umstands zur Beschaffenheit iSd § 434 nicht greift. Daher kann sich beim Unternehmenskauf eine Verkäufergarantie auch darauf beziehen, dass ein bedeutendes Produkt des betreffenden Unternehmens in den nächsten Jahren von keinem potentiellen Konkurrenten hergestellt und vertrieben wird[169].

3. **Garantie künftiger Beschaffenheitsmerkmale der Kaufsache.** Aufgrund der in § 443 Abs 1 enthaltenen Formulierungen „zusätzlich zur gesetzlichen Mängelhaftung“ und „andere als die Mängelhaftung betreffende Anforderungen“ wird mit dieser Vorschrift nicht nur die auf den Zeitpunkt des Gefahrübergangs bezogene Beschaffenheitsgarantie, sondern auch die Konstellation erfasst, in der **nach Gefahrübergang** eine bestimmte Beschaffenheit hinzukommen soll[170]. Die gesetzliche Sachmängelhaftung greift hier von vornherein nicht ein und wird daher auch nicht erweitert. Die Tatbestandsalternative „andere als die Mängelfreiheit betreffende Anforderungen“ ist aber bspw dann gegeben, wenn der Verkäufer eines **unbebauten Grundstücks**, für das zum Zeitpunkt des Verkaufs baurechtlich noch keine Genehmigung erlangt werden kann, dem Käufer den künftigen **Erlass eines bestimmten Bebauungsplans** zusagt, der die Bebaubarkeit des Kaufgrundstücks herbeiführt[171]. Der Garantietatbestand des § 443 Abs 2 ist bei Übernahme einer Einstandspflicht für eine künftige Beschaffenheit deshalb nicht einschlägig, weil es nicht um den Fortbestand einer bei Gefahrübergang schon vorhandenen Beschaffenheit, sondern vielmehr um die künftige erstmalige Entstehung geht. Tritt die garantierte künftige Beschaffenheit nicht ein, so liegt zwar kein Mangel iSd § 434 oder § 435 vor, der die gesetzlichen Gewährleistungsansprüche nach § 437 grds eröffnet[172]. Aus der **Garantieerklärung** kann sich aber ausdrücklich oder konkludent ergeben, dass bei Nichteintritt die **Rechtsbehelfe des Käufers in Anlehnung an § 437** bestehen sollen, für die dann auch die Verjährung nach § 438 Platz greift[173]. Bei Fehlen einer besonderen Bestimmung der Käuferrechte in der Garantieerklärung liegt eine dahin gehende Auslegung auch deshalb nahe, weil sowohl für das Interesse des Käufers an der Sache mit der garantierten Beschaffenheit als auch für den haftenden Verkäufer regelmäßig unerheblich ist, ob die betreffende Eigenschaft der Kaufsache vertragswidrig schon bei Gefahrübergang nicht vorliegt oder zu einem **vereinbarten späteren Termin** vertragswidrig nicht eintritt. Lässt sich eine Anwendung des § 437 aus der Garantieerklärung nicht ableiten, so haftet der Verkäufer nach **allgemeinem Leistungsstörungsrecht**[174]. 58

IX. Garantiehaftung „unbeschadet der gesetzlichen Ansprüche“

1. **Erfassung der Gestaltungsrechte Rücktritt und Minderung.** Nach § 443 Abs 1 stehen dem Käufer im Garantiefall die Rechte aus der vereinbarten Garantie „unbeschadet der gesetzlichen Ansprüche“ zu. Der Rücktritt und die Minderung iSd § 437 Nr 2 sind zwar Gestaltungsrechte und keine Ansprüche iSd § 194 Abs 1. Gleichwohl werden auch diese Rechte des Käufers vom Begriff „gesetzliche Ansprüche“ erfasst[175]. „Ansprüche“ ist insoweit in einem über die **Legaldefinition des § 194 Abs 1** hinausgehenden Sinn zu verstehen. Die Auslegung orientiert sich zum einen an **Art 6 Abs 2 Verbrauchsgüterkauf-Richtlinie**, der anordnet, dass die „gesetzlichen Rechte“ des Käufers „von der Garantie nicht berührt werden“[176]. Art 3 Abs 2 Verbrauchsgüterkauf-Richtlinie stellt klar, dass die „angemessene Minderung des Kaufpreises“ und die „Vertragsauflösung“ zu den gesetzlichen Rechten des Käufers gehören. Zum anderen folgt diese Auslegung des § 443 Abs 1 aus der in **Art 2 Nr 14 Verbraucherrechte-Richtlinie** sowie **Art 2 Nr 12 Warenkauf-Richtlinie** enthaltenen Formulierung „zusätzlich zur gesetzlichen Gewährleistung“[177]. 59

Abgesehen davon ist die in § 443 Abs 1 enthaltene Formulierung „gesetzliche Ansprüche“ in Bezug auf den Rücktritt und die Minderung nach § 437 Nr 2 zumindest dann auch im Hinblick auf die Definition des § 194 Abs 1 richtig, wenn der Käufer zum **Zeitpunkt des Gewährleistungs- und Garantiefalls** – wie in den meisten Fällen – den Kaufpreis schon entrichtet hat und 60

168 BeckOGK/Stöber Rz 29; Jauernig/Berger Rz 7 f.
169 BeckOGK/Stöber Rz 29.
170 Vgl oben Rz 50 ff; Begr Gesetzentwurf, BT-Drucks 17/12637, S 68; BeckOGK/Stöber Rz 64; MünchKomm/Westermann Rz 2; Erman/Grunewald Rz 5.
171 Vgl oben Rz 55 ff; Begr Gesetzentwurf, BT-Drucks 17/12637, S 68; BeckOGK/Stöber Rz 64; Erman/Grunewald Rz 5.
172 BeckOGK/Stöber Rz 64.
173 Vgl zur Verjährung unten Rz 91 ff und Rz 113 ff.
174 Weitergehend BeckOGK/Stöber Rz 64 (generelle Anwendbarkeit des allgemeinen Leistungsstörungsrechts bei Nichteintritt einer garantierten künftigen Beschaffenheit).
175 Staud/Matusche-Beckmann Rz 71; BeckOGK/Stöber Rz 80.
176 Vgl BeckOGK/Stöber Rz 80.
177 Vgl BeckOGK/Stöber Rz 80.

deswegen im Wege des Rücktritts oder der Minderung den Kaufpreis bzw den zu viel gezahlten Kaufpreisteil zurückverlangt. Insoweit stellen sowohl § 346 Abs 1 als auch § 441 Abs 4 Ansprüche im rechtstechnischen Sinne dar. Die Ausübung des Gestaltungsrechts ist letztlich nur eine gesetzliche Voraussetzung für die Entstehung dieser Rückgewähransprüche.

61 2. **Keine Subsidiarität der Gewährleistungshaftung des Verkäufers bei Bestehen einer Herstellergarantie – vertragliche Vereinbarungen**. Aus der Formulierung „unbeschadet der gesetzlichen Rechte“ folgt eindeutig, dass eine bestehende Herstellergarantie die Gewährleistungsrechte des Käufers gegen den Verkäufer in keiner Weise beeinflusst[178]. Der Verkäufer kann daher bei **Auftreten eines Mangels** den Käufer nicht auf eine **vorrangige Inanspruchnahme des Herstellers** aus der Herstellergarantie verweisen. Dem Käufer steht es grds frei, ohne vorherige Einschaltung des Verkäufers die sich aus der Herstellergarantie ergebenden Ansprüche gegen den Hersteller geltend zu machen[179]. In Betracht kommt dies insbes in den Fällen, in denen eine Reparatur ohnehin von **Fachpersonal des Herstellers** vorgenommen werden muss und daher die unmittelbare Einschaltung des Herstellers durch den Käufer zu einer schnelleren Beseitigung des Mangels führen kann. Bei Vorliegen eines **Verbrauchsgüterkaufs** ist die kaufvertragliche Vereinbarung eines Vorrangs der Herstellerhaftung und einer **subsidiären Gewährleistungshaftung des Verkäufers** mit § 476 Abs 1 nicht vereinbar[180]. Außerhalb des Verbrauchsgüterkaufs kann aber auch durch **AGB** vereinbart werden, dass der Käufer zunächst den Hersteller in Anspruch nehmen muss und der Verkäufer nur subsidiär haftet[181]. Nach **§ 309 Nr 8 lit b aa)** darf aber beim Verkauf einer neuen Sache in den AGB die Gewährleistungshaftung des Verkäufers nicht von einer vorherigen gerichtlichen Inanspruchnahme des Herstellers oder eines sonstigen Dritten abhängig gemacht werden.

62 3. **Wahlrecht des Käufers und gesamtschuldnerische Haftung**. Aus der Formulierung „zusätzlich“ ist zu folgern, dass die gesetzlichen Gewährleistungsrechte durch bei Eintritt des Garantiefalls entstehende Ansprüche aus der Garantie nicht berührt und insbes nicht verdrängt werden[182]. Ohnehin evident ist dies bei Übernahme einer **Beschaffenheitsgarantie** durch den Verkäufer, die als unselbständige Garantie[183] nur die **gesetzlichen Gewährleistungsrechte aus § 437** erweitert. Praktische Bedeutung hat die tatbestandliche Hervorhebung des unveränderten Bestands der „gesetzlichen Ansprüche“ vor allem in dem Fall, in dem eine **Herstellergarantie** gegeben ist, die einen Anspruch des Käufers auf Reparatur oder Austausch der Sache vorsieht und – wie im Regelfall – der Hersteller im Verhältnis zum Verkäufer vorrangig zur Gewährleistung verpflichtet ist. Der Käufer ist hier grds nicht verpflichtet, vorrangig den Hersteller aus der von ihm übernommenen Garantie in Anspruch zu nehmen[184]. Dem Käufer steht insoweit vielmehr ein freies Wahlrecht zu[185]. Ist der Verkäufer zugleich der Garantiegeber, so kann der Käufer wählen, ob er den Verkäufer nach § 437 oder aus der Garantie in Anspruch nimmt. Macht der Käufer in berechtigter Weise ein Recht gem § 437 geltend, so kann der Verkäufer ihn auf einen abweichenden Anspruch aus der Garantie verweisen.

63 Eine **Abbedingung des § 443** ist beim Verbrauchsgüterkauf gem § 476 Abs 1 von vornherein nicht möglich[186]. Soweit dies **außerhalb des Verbrauchsgüterkaufs** zulässig ist, kann zwar grds auch vereinbart werden, dass Garantieansprüche die gesetzliche Gewährleistung modifizieren oder sogar ersetzen[187]. In Betracht kommt insoweit aber nur eine Abbedingung durch **Individualvereinbarung** und nicht durch AGB. Denn zumindest bei Kaufverträgen über die **Lieferung neu hergestellter Sachen** sind Beschränkungen der gesetzlichen Gewährleistungsrechte gem **§ 309 Nr 8 lit b** weitgehend unwirksam. Sofern eine AGB-Kontrolle nach § 309 im **Unternehmerverkehr** gem § 310 Abs 1 ausgeschlossen ist, ergibt sich die Unwirksamkeit der betreffenden Klausel aus §§ 310 Abs 1 Satz 2, 307 Abs 1, Abs 2 Nr 1.

64 Sind Verkäufer und Hersteller verschiedene Personen, so haften der Verkäufer und der Hersteller oder ein sonstiger Dritter als Garantiegeber gem §§ 421 ff grds als Gesamtschuldner, soweit die Rechte des Käufers den **gleichen Inhalt** haben[188]. Insbes im Falle des Eintritts von Leistungs-

178 Staud/Matusche-Beckmann Rz 15, 69; BeckOGK/Stöber Rz 84; MünchKomm/Westermann Rz 19; BeckOK/Faust Rz 55.
179 Staud/Matusche-Beckmann Rz 69; MünchKomm/Westermann Rz 19; BeckOK/Faust Rz 55.
180 BeckOGK/Stöber Rz 84; vgl zu den Einzelheiten der Abdingbarkeit Rz 123.
181 Staud/Matusche-Beckmann Rz 16.
182 BGH MDR 2020, 717 Rz 20; BGH NJW 2018, 387 Rz 22, 27, Rostock NJW 2007, 3290; BeckOGK/Stöber Rz 81; Erman/Grunewald Rz 15; MünchKomm/Westermann Rz 11.
183 Vgl zur Abgrenzung zwischen selbständiger und unselbständiger Garantie oben Rz 14 ff.
184 Vgl oben Rz 61.
185 Rostock NJW 2007, 3290, 3291; BeckOGK/Stöber Rz 81.
186 Vgl zur Abdingbarkeit des § 443 Abs 1 und Abs 2 unten Rz 123.
187 BeckOGK/Stöber Rz 81.
188 Staud/Matusche-Beckmann Rz 69; BeckOGK/Stöber Rz 81; BeckOK/Faust Rz 55.

störungen oder der Verjährung stellt sich dann die Frage, ob eine **Einzelwirkung** oder eine Wirkung für und gegen **alle Gesamtschuldner** (**Gesamtwirkung**) anzunehmen ist. Soweit durch die Leistung des Verkäufers oder eines Garantiegebers als Gesamtschuldner eine **Erfüllung von Ansprüchen** des Käufers erfolgt, wirkt dies gem § 422 Abs 1 Satz 1 auch für den oder die anderen Gesamtschuldner. Ein **Erlass** von Gewährleistungs- oder/und Garantieansprüchen kann gem § 423 eine **Gesamtwirkung** entfalten. Dies gilt insbes dann, wenn der Verkäufer und der Hersteller der Sache vom Käufer in Anspruch genommen werden können. Im Übrigen greift aber **§ 425 Abs 1** ein, nach dem Umstände aufseiten eines Gesamtschuldners keine Wirkung für oder gegen andere Gesamtschuldner entfalten[189]. Die Regel ist demzufolge eine **Einzelwirkung**. Dies gilt insbes für die in § 425 Abs 2 geregelte **Verjährung** und die Hemmung der Verjährung sowie für die Nachfristsetzung nach §§ 281 Abs 1, 323 Abs 1 und **das Fehlschlagen einer Nacherfüllung** in Form der Nachbesserung (Reparatur)[190].

4. **Rechtsfolgen unzutreffender und irreführender Verkäuferangaben**. In rechtlicher 65
Sicht nicht zu beanstanden ist zwar die an den Käufer gerichtete **Empfehlung des Verkäufers**, sich wegen des entdeckten Mangels unmittelbar an den Hersteller als Garantiegeber zu wenden. Dies gilt insbes dann, wenn eine Reparatur ohnehin durch **Fachpersonal des Herstellers** oder von ihm beauftragte Spezialunternehmen durchgeführt werden muss und der Hersteller dafür auf Angaben des Käufers zum Aufenthaltsort der Sache angewiesen ist und mit ihm einen Termin für die Vornahme der Arbeiten vereinbaren muss. Der Verkäufer darf aber im Zusammenhang mit seinen Angaben gegenüber dem Käufer nicht den Eindruck erwecken, der Hersteller müsse aus der **Herstellergarantie** vorrangig in Anspruch genommen werden, sofern nicht eine wirksame Vereinbarung über die **Subsidiarität der Gewährleistungshaftung** des Verkäufers vorliegt. Bei der Beratung des Gesetzes zur Umsetzung der Verbraucherrechte-Richtlinie ist der Vorschlag abgelehnt worden, ausdrücklich zu regeln, dass ein Verbraucher als Käufer im Zusammenhang mit der Geltendmachung einer Herstellergarantie weder aus rechtlichen noch aus tatsächlichen Gründen bei Inanspruchnahme des Verkäufers aus § 437 behindert wird[191]. Der Gesetzgeber hat insoweit zu Recht auf das Bestehen eines ausreichenden **Schutzes des Verbrauchers** auf Grundlage des bereits geltenden Rechts verwiesen.

Sieht der Käufer aufgrund unrichtiger oder zumindest irreführender Angaben des Verkäufers 66
zur eigenen gesetzlichen Gewährleistungshaftung im Verhältnis zur Garantiehaftung des Herstellers von der **Inanspruchnahme des Verkäufers** ab und steht deswegen einem späteren Vorgehen des Käufers gegen den Verkäufer aus § 437 die Einrede der Verjährung nach §§ 438 Abs 1, 214 Abs 1 entgegen, so steht dem Käufer ein **Schadensersatzanspruch aus §§ 280 Abs 1, 241 Abs 2** gegen den Verkäufer zu[192]. Zudem sind unzutreffende Angaben des Verkäufers in Bezug auf die dem Verbraucher als Käufer bei Auftreten eines Mangels zustehenden Rechte gem **UWG § 5 Abs 1 Satz 2 Nr 7** irreführende geschäftliche Handlungen[193]. Daher haben nach UWG § 8 Abs 3 insbes die Verbraucherverbände die Möglichkeit, bspw **Unterlassungsansprüche** im Wege der Abmahnung oder eines gerichtlichen Klageverfahrens gegen den Verkäufer geltend zu machen (UWG § 8 Abs 1 und § 2, 12 ff)[194]. In vergleichbarer Weise können die gem UKlaG § 3 berechtigten Stellen auf Grundlage des UKlaG § 2 vorgehen[195].

X. Sachmängel des Verkäufers wegen falscher Angaben zu einer Herstellergarantie

Die Frage der Haftung des Verkäufers für das Bestehen einer Garantie des Herstellers stellt 67
sich, wenn der Verkäufer den Käufer auf eine derartige Garantie hinweist, die aber entweder gar nicht oder zumindest nicht mit dem vom Verkäufer verlautbarten Inhalt besteht. Die Existenz einer Herstellergarantie beeinflusst nicht nur den **Marktwert der Kaufsache**, sondern in rechtlicher Hinsicht auch die **Soll-Beschaffenheit iSd § 434 Abs 1**, sofern dieser Umstand zum Inhalt des abgeschlossenen Kaufvertrags gehört oder als Bestandteil der Werbung des Verkäufers nach Maßgabe des § 434 Abs 3 Satz 1 Nr 2 lit b anzusehen ist[196]. Dies beruht darauf, dass der **Sachmangelbegriff des § 434** wesentlich weiter ist als die enge Beschaffenheitsdefinition des § 459 Abs 1 aF[197]. Als Beschaffenheit iSd § 434 sind sowohl alle Faktoren anzusehen, die der Sache

189 BeckOGK/Stöber Rz 81; BeckOK/Faust Rz 55; in der Tendenz auch Staud/Matusche-Beckmann Rz 69.

190 Staud/Matusche-Beckmann Rz 69; BeckOGK/Stöber Rz 81; BeckOK/Faust Rz 55.

191 Begr Gesetzentwurf, BT-Drucks 17/12637, S 98 zu Nr 12.

192 Begr Gesetzentwurf, BT-Drucks 17/12637, S 98 zu Nr 12; BeckOGK/Stöber Rz 85; Erman/Grunewald Rz 15.

193 Begr Gesetzentwurf, BT-Drucks 17/12637, S 98 zu Nr 12; BeckOGK/Stöber Rz 85.

194 Begr Gesetzentwurf, BT-Drucks 17/12637, S 98 zu Nr 12; BeckOGK/Stöber Rz 85.

195 Begr Gesetzentwurf, BT-Drucks 17/12637, S 98 zu Nr 12; vgl § 477 aF Rz 81 ff; BeckOGK/Stöber Rz 85.

196 BGH NJW 2016, 2874 Rz 9 ff; BeckOGK/Stöber Rz 83.

197 BGH NJW 2016, 2874 Rz 9.

selbst anhaften, als auch sämtliche Beziehungen der Sache zur Umwelt, die nach der **Verkehrsauffassung** einen Einfluss auf die Wertschätzung der Sache haben[198].

68 Durch das **SMG 2002** sollte der Beschaffenheitsbegriff zwar nicht definiert und auch nicht entschieden werden, ob er nur Eigenschaften umfasst, die der Kaufsache unmittelbar physisch anhaften, oder auch außerhalb der Sache selbst liegende Umstände[199] umfasst. Der Gesetzgeber hat aber ausdrücklich den **subjektiven Fehlerbegriff** verankert und hervorgehoben, dass für die Umschreibung des Sachmangels auf eine Unterscheidung zwischen Fehlern und dem **Fehlen zugesicherter Eigenschaften** verzichtet werden könne, wenn entscheidend auf die Vereinbarung der Kaufvertragsparteien und nicht auf außerhalb des Willens der Parteien liegende „objektive" Merkmale abgestellt werde[200]. Für diesen Beschaffenheitsbegriff sprach auch der Wortlaut des **Art 2 Abs 1 Verbrauchsgüterkauf-Richtlinie**, nach dem der Verkäufer beim Verbrauchsgüterkauf ohne Einschränkung auf physische Eigenschaften verpflichtet ist, „dem Kaufvertrag gemäße Güter zu liefern"[201]. Die seit dem 1.1.2022 geltende Fassung des § 434 bestätigt dies durch das Tatbestandsmerkmal **„sonstige Merkmale der Sache"** (**§ 434 Abs 2 Satz 2).** Diese Erweiterung des Sachmangeltatbestands stimmt überein mit der in **Art 6 lit a Warenkauf-Richtlinie** enthaltenen Formulierung **„und sonstiger Merkmale"**.

69 Das Bestehen einer Herstellergarantie stellt daher idR ein **Beschaffenheitsmerkmal** dar, dessen Fehlen – bei Vorliegen der weiteren Voraussetzungen des § 434 Abs 2 – einen Sachmangel begründet, weil es sich um ein auf die Kaufsache bezogenes **rechtliches Verhältnis** zwischen dem Käufer und Hersteller handelt, in dessen Rahmen regelmäßig die Kosten für die Reparatur der Sache auf Grundlage der Garantiebedingungen ersetzt werden[202]. Erhebliche praktische Bedeutung hat insoweit die Herstellergarantie bei einem **Kraftfahrzeug.** Aufgrund des dadurch bestehenden Rechtsverhältnisses zwischen Käufer und Fahrzeughersteller werden **sachbezogene Leistungen (insbes Reparaturkostenersatz**) nach Maßgabe der Garantiebedingungen als Ersatz erbracht[203]. Aus diesem Grund handelt es sich um eine **Beziehung der Sache zur Umwelt**, die nach der Verkehrsauffassung Einfluss auf die Wertschätzung der Sache hat[204]. Das Vorliegen eines **sonstigen Beschaffenheitsmerkmals iSd § 434 Abs 2 Satz 2** ist daher eindeutig zu bejahen. Das Bestehen einer Herstellergarantie kann im konkreten Fall großes wirtschaftliches Gewicht haben[205].

B. Eintritt des Garantiefalls und Rechte des Käufers aus der Garantie

I. Verhältnis zu den Rechten aus § 437

70 Gem § 443 Abs 1 stehen dem Käufer nach Eintritt des Garantiefalls „die Rechte aus der Garantie" gegen den oder die Garantiegeber zu. Das Vorliegen des Garantiefalls ist also die zentrale Voraussetzung der Entstehung eines Garantieanspruchs. Der Garantiefall wird zwar durch § 443 nicht definiert. Die Vorschrift enthält aber auch insoweit wichtige Klarstellungen. Da weder der Verkäufer noch der Hersteller oder ein sonstiger Dritter zur Übernahme einer Garantie verpflichtet sind, kann der Garantiegeber im **Rahmen der Vertragsfreiheit** grds den Inhalt einer solchen Einstandspflicht bestimmen und damit auch die Voraussetzungen des Eintritts des Garantiefalls festlegen. Eine Garantie bezieht sich zwar nicht generell auf die **Freiheit der Kaufsache von Sach- und Rechtsmängeln**. Sie kann aber selbstverständlich einen derartigen Inhalt kraft Vereinbarung haben, wobei sich dies auch aus der einschlägigen Werbung ergeben kann[206]. Der Vorrang der vertraglichen Festlegung des Garantiefalls ergibt sich unmittelbar aus § 443 Abs 1, wonach insoweit verlangt wird, dass die „Sache nicht diejenige Beschaffenheit aufweist oder andere als die Mängelfreiheit betreffende Anforderungen nicht erfüllt, die in der Erklärung oder einschlägigen Werbung beschrieben sind (Garantie)". Das Fehlen der **üblichen Beschaffenheit iSd § 434 Abs 3 Satz 1 Nr 2** löst daher nur dann den Garantiefall aus, wenn sie Gegenstand der Garantievereinbarung ist. Auch das Fehlen der in einer kaufvertraglichen Beschaffenheitsvereinbarung festgelegten **Soll-Beschaffenheit** der Kaufsache begründet bei Vor-

198 BGH NJW 2016, 2874 Rz 10; BGH NJW 2013, 1948 Rz 15; BGH NJW 2013, 1671 Rz 10; BGH BeckRS 2014, 17609 Rz 17.
199 Begr Gesetzentwurf, BT-Drucks 14/6040, S 213; BGH NJW 2016, 2874 Rz 11.
200 Begr Gesetzentwurf, BT-Drucks 14/6040, S 211 f; BGH NJW 2016, 2874 Rz 11.
201 BGH NJW 2016, 2874 Rz 12.
202 Zu § 434 aF BGH NJW 2016, 2874 Rz 14 f.
203 BGH NJW 2016, 2874 Rz 15. Im Fall BGH NJW 2016, 2874 war ein gebrauchter Audi TT RS Coupé „inklusive Audi-Garantie bis 11/2014" verkauft worden. Diese Herstellergarantie bestand zwar. Der Hersteller verweigerte aber auf die Beseitigung von auf Motorstörungen bezogenen Garantieleistungen, weil bei der Motoranalyse Anzeichen für eine Manipulation des Kilometerstands festgestellt worden seien.
204 BGH NJW 2016, 2874 Rz 15.
205 BGH NJW 2016, 2874 Rz 15.
206 Vgl dazu oben Rz 28 ff.

liegen einer Garantie nicht ohne weiteres die besonderen Ansprüche aus der Garantie aus. Denn zum einen kann sich die Garantievereinbarung nur auf einzelne von mehreren kaufvertraglichen Beschaffenheitsmerkmalen beziehen. Zum anderen kann sich die Garantie gem § 443 Abs 1 von vornherein nur auf **andere als die Mängelfreiheit betreffende Anforderungen** erstrecken. Der Sinn der Garantie liegt hier nicht darin, die gesetzliche Gewährleistungshaftung zu erweitern, sondern in der Einräumung von Käuferrechten bei Nichtvorliegen des kaufvertraglichen Soll-Zustands außerhalb des Anwendungsbereichs der gesetzlichen Mängelgewährleistung nach §§ 434, 435, 437.

II. Auslegung unbestimmter Garantien – Grundsatz der Orientierung an §§ 434, 435

Enthält die Garantievereinbarung keinen Bezug zu einer bestimmten Beschaffenheit, sondern wird vielmehr garantiert, dass der Kaufgegenstand die „einwandfreie“ oder „vertragliche“ Beschaffenheit aufweist, so ist die Garantie in Anlehnung an den Sachmangeltatbestand des § 434 auszulegen. Der Garantiefall tritt hier also ein, wenn die nach § 434 geschuldete **Soll-Beschaffenheit** nicht vorliegt. Ein Sachmangel löst dann regelmäßig auch den Garantiefall aus. Soweit allgemein die **ordnungsgemäße Beschaffenheit** garantiert wird, erfasst die Garantie idR nicht die Freiheit der Sache von Rechtsmängeln. Denn die „Beschaffenheit“ ist ein nur in § 434 und nicht in § 435 verwendeter Rechtsbegriff. Im Zweifel ist daher davon auszugehen, dass der Verkäufer oder ein Dritter im Falle einer Verwendung dieses Begriffs im Zusammenhang mit einer Garantievereinbarung nur eine die **Sachmängelhaftung** erweiternde unselbständige Garantie (Beschaffenheitsgarantie) übernehmen und nicht darüber hinaus auch eine Einstandspflicht für die Freiheit der Kaufsache von **Rechten Dritter** übernehmen will. 71

Wird dagegen **allgemein die Mangelfreiheit** garantiert, so ist bei Fehlen abweichender Anhaltspunkte regelmäßig davon auszugehen, dass die Garantie sich auf das Nichtbestehen von Sach- und Rechtsmängeln bezieht[207]. Bei vielen Kaufsachen, insbes **Haushaltsgegenständen**, steht zwar das Vorliegen einer Beschaffenheitsabweichung iSd § 434 im Vordergrund. Aber auch die Veräußerung derartiger Kaufgegenstände kann dazu führen, dass der Käufer Ansprüchen eines Dritten auf Unterlassung des Gebrauchs oder/und der Weiterveräußerung ausgesetzt ist, weil der Verkauf gegen ein dem Dritten zustehendes **gewerbliches Schutzrecht** in Gestalt eines Patents oder Gebrauchsmusters, einer Marke oder eines Designs (Geschmacksmuster[208]) verstößt. Beim **Grundstücksverkauf** spielt die Freiheit der Kaufsache von Rechten Dritter neben den Sachmängeln eine bedeutende Rolle. Da die Begriffe „Mangel“ und „Fehler“ sich in Kaufverträgen und separaten Garantievereinbarungen bei Fehlen von Einschränkungen sowohl auf Sachmängel als auch auf Rechtsmängel beziehen können und das Vorliegen eines Rechtsmangels in den meisten Fällen zumindest nicht ausgeschlossen werden kann, muss der Garantiegeber sich bei Verwendung dieses Begriffs grds an einer **Auslegung in Anlehnung an §§ 434, 435** festhalten lassen[209]. 72

Dies gilt nicht nur für eine vom Verkäufer übernommene Garantie, sondern auch für die **Herstellergarantie**[210]. Auf den ersten Blick bezieht sich zwar die Herstellergarantie auf die fehlerfreie Entwicklung und Produktion der Ware und damit auf das Nichtbestehen eines Sachmangels in Gestalt eines **Konstruktions- oder Produktionsfehlers**. Verstößt die Herstellung der Kaufsache oder/und ihr Vertrieb gegen ein **Patent** oder ein sonstiges gewerbliches Schutzrecht, so ist der dadurch begründete Rechtsmangel in erster Linie dem Hersteller anzulasten. Der Hersteller kann zwar – ebenso wie der Verkäufer – die Garantie auf die einwandfreie Beschaffenheit im rechtstechnischen Sinne (§ 434) und damit auf die **Freiheit von Sachmängeln** beschränken. Wird aber allgemein die Mangel- oder Fehlerfreiheit garantiert, so erstreckt sich die Garantie auch auf das Nichtvorliegen von Rechtsmängeln[211]. Diese Auslegung ist auch deshalb interessengerecht, weil zur Sphäre des Herstellers nicht nur der Produktionsvorgang und der Vertrieb im tatsächlichen Sinne, sondern auch die erforderlichen rechtlichen Befugnisse einschließlich Beachtung gewerblicher Schutzrechte oder sonstiger Rechte Dritter gehören. Der für die Mangelfreiheit **maßgebliche Zeitpunkt** ist im Wege der Auslegung zu ermitteln, sofern sich dies nicht ausdrücklich aus der Garantie ergibt[212]. Dies gilt unabhängig davon, ob sich die 73

207 BeckOGK/Stöber Rz 73; aA Staud/Matusche-Beckmann Rz 37 (im Zweifel Haftung für alle Sachmängel); MünchKomm/Westermann Rz 16; Grüneberg/Weidenkaff Rz 9.

208 In Bezug auf die nach DesignG §§ 62 ff geschützten Gemeinschaftsgeschmacksmuster iSd VO EG Nr 6/2002 ist die Bezeichnung „Geschmacksmuster“ anstelle von Design nach wie vor zutreffend.

209 So iE auch BeckOGK/Stöber Rz 73.

210 Vgl BeckOGK/Stöber Rz 73.

211 So iE auch BeckOGK/Stöber Rz 73.

212 Vgl dazu Rz 71.

Garantie auf die Freiheit von Sach- und Rechtsmängeln oder auf „andere als die Mängelfreiheit betreffende Anforderungen“ iSd § 443 Abs 1 bezieht[213].

III. Festlegung zusätzlicher Obliegenheiten des Käufers als Voraussetzung des Garantieanspruchs

74 1. **Grundsätze**. Da weder der Verkäufer noch der Hersteller oder ein sonstiger Dritter zur Übernahme einer Garantie verpflichtet sind, kann im **Rahmen der Vertragsfreiheit** grds auch festgelegt werden, dass die Rechte des Käufers aus der Garantie nicht nur vom Eintritt des Garantiefalls ieS, also vom Vorliegen eines Mangels oder dem Fehlen einer sonstigen Anforderung iSd § 443 Abs 1, abhängen, sondern **weitere Voraussetzungen** in Form von Handlungen des Käufers erfüllt sein müssen[214]. Der Umfang der Rechte des Käufers kann ohnehin frei bestimmt werden[215]. Rechtstechnisch sind die in Rede stehenden Handlungspflichten des Käufers nur Obliegenheiten, weil der Garantiegeber sie gegenüber dem Käufer nicht durchsetzen kann. Die **Nichterfüllung** dieser zusätzlichen Garantiebedingungen durch den Käufer führt vielmehr nur dazu, dass er trotz Vorliegen eines Mangels oder Fehlens einer sonstigen Anforderung die Rechte aus der Garantie nicht geltend machen kann. Fraglich ist allerdings, inwieweit derartige **Erschwerungen in den AGB** des Garantiegebers wirksam vereinbart werden können.

75 2. **Vorrang der Nacherfüllung des Verkäufers als Garantiebedingung**. Formularmäßige Garantiebedingungen, nach denen Ansprüche des Käufers aus der Garantie – insbes aus einer Herstellergarantie – davon abhängen, dass der Käufer zunächst vom Verkäufer die Nacherfüllung verlangt – sind grds nicht zu beanstanden[216]. Eine **unangemessene Benachteiligung iSd § 307 Abs 1 Satz 1** ist hier zu verneinen. Den Vorrang der Nacherfüllung muss der Käufer im Rahmen der Inanspruchnahme des Verkäufers aus §§ 437 Nr 1, 439 Abs 1 ohnehin gegen sich gelten lassen. Sofern die Garantie des Herstellers oder eines sonstigen Dritten dem Käufer ein **„sofortiges Umtauschrecht“** einräumt, kann allerdings nicht in denselben Garantiebedingungen eine vorherige Inanspruchnahme des Verkäufers auf Nacherfüllung verlangt werden. Ansonsten lägen **widersprüchliche Garantiebedingungen** und damit eine Unwirksamkeit nach § 305c Abs 1 vor. Anders ist die Rechtslage aber, sofern der Umtausch der Ware davon abhängig gemacht wird, dass die vom Verkäufer verlangte Nacherfüllung fehlschlägt. Da der Käufer auch im Falle einer unselbständigen, also die gesetzlichen Gewährleistungsrechte erweiternden, Garantie den Vorrang der Nacherfüllung durch den Verkäufer gegen sich gelten lassen muss, ist diese Bedingung auch im Falle der Garantie des Herstellers oder eines sonstigen Dritten grds ebenfalls als interessengerecht und damit nicht als unangemessen iSd **§ 307 Abs 1 Satz 1** anzusehen.

76 3. **Formerfordernisse bei der Geltendmachung eines Garantiefalls – schriftliche Anzeige**. Das verbreitete Erfordernis einer schriftlichen Anzeige erlangt insbes dann praktische Bedeutung, wenn der Garantiefall erst gegen **Ende der Garantiefrist** eintritt. Im Zeitalter der Digitalisierung ist das Schreiben einer E-Mail oder einer sonstigen elektronischen Mitteilung an den Garantiegeber regelmäßig mit einem **wesentlich geringeren Aufwand** verbunden als eine telefonische oder gar persönliche Geltendmachung des Garantiefalls. Das in Garantiebedingungen enthaltene Gebot der Schriftlichkeit der Anzeige ist grds nicht iSd Einhaltung der **gesetzlichen Schriftform iSd § 126** zu verstehen. Das Erfordernis einer schriftlichen Anzeige dient letztlich auch den **Interessen des Verkäufers**, weil eine solche Mitteilung geeignet ist, einen Streit über den Eintritt des Garantiefalls noch während der Garantiefrist zu vermeiden. Gerade mit dem Versenden einer E-Mail kann der Käufer regelmäßig nachweisen, zu welchem **Zeitpunkt** er den Mangel oder das Fehlen einer sonstigen Anforderung der Sache entdeckt hat. Ein vorsichtig agierender Käufer wird daher auch bei Nichtbestehen einer Obliegenheit zur schriftlichen Anzeige eine solche Mitteilungsform zum Zwecke der **Vermeidung späterer Beweisschwierigkeiten** wählen. Klauseln in formularmäßigen Garantiebedingungen, die vom Käufer eine schriftliche Anzeige verlangen, führen daher grds nicht zu einer unangemessenen Benachteiligung des Käufers nach **§ 307 Abs 1 Satz 1**. Es ist daher grds von der Wirksamkeit derartiger zusätzlicher Erfordernisse in Garantiebedingungen auszugehen[217]. Beim **Verbrauchsgüterkauf** muss die Garantieerklärung gem **§ 479 Abs 1 Satz 2 Nr 3** das vom Verbraucher **einzuhaltende Verfahren für die Geltendmachung der Garantie** enthalten. Die hier in Rede stehenden

213 Vgl zu „sonstigen Anforderungen“ als Bezugspunkt der Garantie Rz 55 ff.

214 Begr Gesetzentwurf, BT-Drucks 17/12637, S 68 („unter bestimmten Bedingungen gegenüber dem Käufer … zu einer Leistung verpflichtet“); Köln BeckRS 2012, 24377 („in der Ausgestaltung der Garantiebedingungen, insbes hinsichtlich Art und Umfang der in der Garantie übernommenen Ansprüche ist der Garantiegeber frei“); BeckOGK/Stöber Rz 75; MünchKomm/Westermann Rz 19; Stöber, Beschaffenheitsgarantien des Verkäufers, 2006, S 315.

215 Vgl dazu oben Rz 70.

216 Vgl BeckOGK/Stöber Rz 75.

217 Vgl BeckOGK/Stöber Rz 75.

schriftlichen Anzeigen des Käufers sind ein einzuhaltendes Verfahren iSd § 479 Abs 1 Satz 2 Nr 2. Aus dieser Vorschrift ergibt sich im **Umkehrschluss,** dass die Auferlegung derartiger Verfahrenserfordernisse bei Garantie allgemein grds zulässig ist.

4. **Durchführung von Inspektionen (Wartungen) als Garantiebedingung – insbes beim Kraftfahrzeugkauf.** – a) **Allgemeines.** Im Rahmen der **Vertragsfreiheit** kann der Garantiegeber grds auch verlangen, dass der Käufer die Durchführung empfohlener Inspektionen und sonstiger Wartungsarbeiten ordnungsgemäß veranlasst, sofern er Ansprüche aus der Garantie geltend machen will[218]. Verbreitet sind derartige **Obliegenheiten des Käufers** insbes beim Kraftfahrzeugkauf, soweit es um Haltbarkeitsgarantien geht. Vorgeschrieben ist dann häufig auch die **Verwendung von Originalersatzteilen des Herstellers**, sofern im Garantiezeitraum Reparaturen anfallen. Bei Vorliegen einer Individualvereinbarung sind derartige Obliegenheiten des Käufers, die eine Vornahme bestimmter Wartungen zum Gegenstand haben, grds nicht zu beanstanden. Dies gilt auch dann, wenn der Käufer sie ganz oder teilweise auf eigene Kosten vornimmt[219]. Die Rechtfertigung dafür liegt darin, dass die Veranlassung von fachgerecht durchgeführten Inspektionen generell geeignet ist, Beschaffenheitsabweichungen in einem frühen Stadium zu erkennen und größere Schäden, die zu einem **größeren Reparaturaufwand** führen, zu vermeiden. 77

b) **Wartungspflichten des Käufers in AGB – Eingreifen der Inhaltskontrolle nach §§ 307 ff.** Bei formularmäßigen Garantievereinbarungen kann die auf die Verpflichtung zur Vornahme von Inspektionen bezogene AGB-Klausel wegen **unangemessener Benachteiligung** des Käufers gem § 307 Abs 1 Satz 1 unwirksam sein[220]. Problematisch ist insbes die Klausel, nach der die Garantie voraussetzt, dass der Käufer als Garantienehmer an dem gekauften **Kraftfahrzeug** die vom Hersteller vorgeschriebenen oder empfohlenen Wartungs-, Inspektions- und Pflegearbeiten gerade beim Verkäufer oder in einer vom Hersteller dafür **anerkannten Vertragswerkstatt** durchführen lässt[221]. Der Inhaltskontrolle nach § 307 Abs 1 und 2 sowie nach §§ 308, 309 unterliegen aber gem **§ 307 Abs 3 Satz 1** nur Bestimmungen in AGB, durch die von Rechtsvorschriften abweichende oder diese ergänzende Regelungen vereinbart werden. Von der Inhaltskontrolle ausgenommen sind daher Abreden, die Art und Umfang der **vertraglichen Hauptleistung** und den dafür zu zahlenden Preis unmittelbar regeln[222]. Diese Freistellung von der AGB-Kontrolle greift aber nur für den **unmittelbaren Leistungsgegenstand** Platz[223]. Die Leistungspflicht des Verwenders einschränkende Klauseln unterliegen demzufolge der Inhaltskontrolle, sofern sie ihm das Recht einräumen, unter bestimmten Voraussetzungen die versprochene Leistung nur modifiziert oder überhaupt nicht zu erbringen[224]. 78

Formularmäßige Abreden mit **mittelbarer Auswirkung auf Preis und Leistung** können aber nur dann Gegenstand der AGB-Kontrolle sein, wenn an ihre Stelle im Falle der Unwirksamkeit dispositives Gesetzesrecht treten kann[225]. Unter dieser Voraussetzung handelt es sich nicht um eine **unmittelbare Leistungsabrede**, die das Ob und den Umfang der vom Verkäufer zu erbringenden Leistungen bestimmt, sondern um eine **ergänzende Nebenabrede**, die sich nur auf die Art und Weise der Leistungserbringung oder/und etwaige Leistungsmodifikationen bezieht[226]. Die im Zusammenhang mit der Garantie beim **Fahrzeugkauf** vereinbarte Wartungsklausel (Inspektionspflicht) stellt eine derartige der Inhaltskontrolle unterliegende Nebenabrede dar, wenn die Garantie nur gegen Zahlung eines dafür zu entrichtenden Entgelts gewährt wird[227]. Die **erforderliche Entgeltlichkeit** ist nicht nur bei separatem Ausweis eines Betrags für die Garantie zu bejahen. Es genügt bei **fehlender Aufschlüsselung des Gesamtpreises** vielmehr, dass die gewährte Garantie mit dem vom Käufer zu zahlenden **Gesamtbetrag abgegol-** 79

218 BGH NJW 2014, 209 Rz 24 f; BGH NJW 2011, 3510 Rz 10 ff; BGH NJW 2009, 3714 Rz 13 ff; BGH NJW 2008, 843 Rz 14; BGH NJW 2008, 214 Rz 15; BeckOGK/Stöber Rz 75; MünchKomm/Westermann Rz 17; Erman/Grunewald Rz 12.

219 Bei Kauf eines Neuwagens gibt es die verbreitete Gestaltung, dass die relativ früh fällige Erstinspektion gratis, dh im Kaufpreis enthalten ist.

220 BGH NJW 2014, 209 Rz 15 ff; BGH NJW 2011, 3511 Rz 9 ff; BGH NJW 2008, 214 Rz 14 f; MünchKomm/Wurmnest § 307 Rz 99; BeckOK/H Schmidt § 307 Rz 159; Jauernig/Stadler § 307 Rz 5a.

221 So im Fall BGH NJW 2014, 209. Im Fall des BGH war am 23.11.2009 ein Gebrauchtwagen Dodge Caliber 2.0 CRD „inkl. 1 Jahr Gebrauchtwagen-Garantie gem Bestimmungen der Car-Garantie" zum Preis von 10.490 € verkauft worden. Den vierten Kundendienst des Fahrzeugs ließ der Kl. am 7.4.2010 nicht in einer vom Hersteller anerkannten Vertragswerkstatt, sondern einer freien Werkstatt durchführen. Am 9.7.2010 blieb das Fahrzeug infolge eines Defekts der Ölpumpe liegen. Das OLG sprach dem Käufer auf Grundlage der Garantie einen Anspruch auf Ersatz der Kosten der tatsächlich durchgeführten Reparatur iHv rund 3.300 € zu. Der BGH ließ dies im Revisionsverfahren unbeanstandet. Die in den Verkäufer-AGB enthaltene Verpflichtung zur Vornahme der Inspektionen wurde wegen unangemessener Benachteiligung des Käufers als Vertragspartner des Verwenders gem § 307 Abs 1 Satz 1 als unwirksam angesehen.

222 BGH NJW 2014, 209 Rz 17.

223 BGH NJW 2014, 209 Rz 17.

224 BGH NJW 2014, 209 Rz 17.

225 BGH NJW 2014, 209 Rz 18.

226 BGH NJW 2014, 209 Rz 18; BGH NJW 2011, 3510 Rz 16.

227 BGH NJW 2014, 209 Rz 19; BGH NJW 2011, 3510 Rz 17 ff (zu einer vom Fahrzeughersteller gewährten Anschlussgarantie).

ten wird[228]. Diese Voraussetzung ist insbes bei Verwendung der verbreiteten Klausel „inklusive 1 Jahr Gebrauchtwagen-Garantie“ gegeben[229]. Unerheblich ist dagegen, wie hoch das Entgelt für das Fahrzeug einerseits und die Garantie andererseits ist[230].

80 c) **Unangemessenheit der Wartungsobliegenheit nach § 307 Abs 1 Satz 1**. In einem vom Garantiegeber formularmäßig verwendeten **Gebrauchtwagen-Garantievertrag** ist eine Verpflichtung des Käufers zur Vornahme der vom Fahrzeughersteller vorgeschriebenen oder empfohlenen Wartungs-, Inspektions- und Pflegearbeiten nur dann iE wegen unangemessener Benachteiligung des Käufers gem § 307 Abs 1 Satz 1 unwirksam, wenn die Klausel die **Leistungsverpflichtung des Garantiegebers** im Falle der Nichtdurchführung dieser Arbeiten unabhängig davon ausschließt, ob die Nichterfüllung der Wartungsobliegenheit **für den eingetretenen Schaden ursächlich geworden** ist[231]. Die für die Zulässigkeit der Inhaltskontrolle und die Unangemessenheit der Wartungsklausel nach § 307 Abs 1 Satz 1 dargelegten Grundsätze gelten erst recht, wenn der die Gebrauchtwagen-Garantie gewährende Fahrzeughändler in Bezug auf das Risiko der Inanspruchnahme aus der Garantie eine **Versicherung abschließt** und dem Käufer im Garantiefall ein **Direktanspruch gegen den Versicherer** zusteht[232].

81 d) **Wartungsklauseln bei Herstellergarantien für Neufahrzeuge – Anschlussgarantien**. Bei einer Herstellergarantie für Neufahrzeuge ist dagegen eine Klausel, nach der die Leistungen des Herstellers aus der dem Käufer eingeräumten Garantie zum **Zwecke der Kundenbindung** von der regelmäßigen Wartung des Fahrzeugs in den Vertragswerkstätten des Herstellers abhängen, nicht als unangemessene Benachteiligung iSd § 307 Abs 1 Satz 1 zu sehen[233]. Der insoweit wesentliche Unterschied zwischen einer Neuwagen-Garantie des Herstellers und der Gebrauchtwagen-Garantie des Verkäufers besteht darin, dass bei einer Gebrauchtwagen-Garantie, an welcher der Hersteller nicht beteiligt ist, das **Interesse des Herstellers** an einer **Bindung des Käufers an seine Vertragswerkstätten** keine Rolle spielt[234]. Anders ist die Rechtslage dagegen bei einer vom Fahrzeughersteller beim Neuwagenkauf übernommenen Anschlussgarantie[235]. Bei der Anschlussgarantie geht die **Einstandspflicht des Herstellers** in zeitlicher Hinsicht über die Gewährleistungshaftung oder/und Garantie des Verkäufers hinaus. Aus diesem Grund ist die Anschlussgarantie in Bezug auf die Frage der Unangemessenheit einer Wartungsklausel, die den Käufer zur Durchführung von Inspektionen in Werkstätten der mit dem Hersteller verbundenen Vertragshändler verpflichtet, iE so zu behandeln wie eine **Gebrauchtwagen-Garantie** des Verkäufers. Bei einer derartigen Anschlussgarantie ist eine solche Wartungsklausel wegen unangemessener Benachteiligung des Käufers unwirksam, wenn der Hersteller diese Garantie nicht „automatisch“ als zusätzliche Leistung einräumt, sondern gegen **gesondertes Entgelt** verkauft[236]. Ist der Hersteller zugleich der Verkäufer, so genügt für die Voraussetzung des Vorliegens eines besonderen Entgelts auch, dass der Preis für die Garantie **ohne separaten Ausweis im Gesamtkaufpreis** enthalten ist und damit durch den Gesamtbetrag mitabgegolten wird (zB „inklusive Anschlussgarantie“)[237].

IV. Käuferrechte aus der Garantie

82 1. **Allgemeine Grundlagen**. Es ist zwar richtig, dass die in § 443 Abs 1 enthaltene Formulierung, nach der dem Käufer „die Rechte aus der Garantie“ zustehen, für sich betrachtet nur **deklaratorischen Charakter** hat, weil sich diese Rechtsposition schon unmittelbar aus der Garantie selbst ergibt, sofern diese wegen rechtsverbindlicher Übernahme der Einstandspflicht

228 BGH NJW 2014, 209 Rz 20.
229 BGH NJW 2014, 209 Rz 20.
230 BGH NJW 2014, 209 Rz 23.
231 BGH NJW 2014, 209 Rz 24; BGH NJW 2008, 214 Rz 14 ff; BGH NJW 2011, 3510 Rz 21 ff; MünchKomm/Wurmnest § 307 Rz 99; BeckOK/H Schmidt § 307 Rz 159; Jauernig/Stadler § 307 Rz 5a.
232 BGH NJW 2014, 209 Rz 26.
233 BGH NJW 2014, 209 Rz 25; BGH NJW 2008, 843 Rz 17 f.
234 BGH NJW 2014, 209 Rz 25.
235 BGH NJW 2014, 209 Rz 26; BGH NJW 2011, 3510 Rz 21 ff, 26.
236 BGH NJW 2014, 209 Rz 26; BGH NJW 2011, 3510 Rz 21 ff, 26. Im Fall BGH NJW 2011, 3510 erwarb der Käufer von der deutschen Tochtergesellschaft des schwedischen Fahrzeugherstellers einen am 30.6.2004 erstmals zugelassenen Vorführwagen Saab 9.5. Beim Kauf erhielt er für das Fahrzeug eine Urkunde über eine auf die Herstellerin als Garantiegeberin bezogene „Saab Protection“-Garantie, nach deren formularmäßig gestalteten Garantiebedingungen der Hersteller Saab bei Auftreten von Material- oder Herstellungsfehlern die kostenlose Reparatur oder den kostenlosen Ersatz des betreffenden Teils bei jedem Saab-Vertragshändler garantierte. Die Garantie begann mit Ablauf der zweijährigen Herstellergarantie und war deshalb eine sog Anschlussgarantie. Ihre Laufzeit betrug ein Jahr ab dem Zeitpunkt des Ablaufs der Herstellergarantie. Etwaige Garantieansprüche konnten bei jedem Saab-Vertragshändler geltend gemacht werden, aber nur unter der weiteren Voraussetzung, dass die im Serviceheft beschriebenen Wartungen bei einem Saab-Vertragshändler unter ausschließlicher Verwendung von Saab Originalteilen durchgeführt und durch Eintrag im Serviceheft bestätigt worden waren.
237 Vgl dazu oben Rz 78 f.

wirksam besteht[238]. Soweit die Rechte des Käufers in der **Garantievereinbarung** einschließlich einschlägiger Werbung nicht ausdrücklich festgelegt sind, hat eine Ermittlung im Wege der Auslegung zu erfolgen[239]. Die fehlende ausdrückliche Nennung der Rechte des Käufers aus der Garantie ist zumindest ein Indiz dafür, dass es sich um eine **unselbständige Garantie** handelt, die zu einer Erweiterung der Rechtsposition des Käufers aus § 437 führt. Ausdrücklich als Käuferrechte erwähnt werden in § 443 Abs 1 die Erstattung des Kaufpreises, der Austausch der Kaufsache, die Nachbesserung sowie Erbringung von Dienstleistungen. Aufgrund der Einfügung des Wortes „insbesondere" wird klargestellt, dass die in Rede stehende Aufzählung des § 443 Abs 1 **keinen abschließenden Charakter** hat[240]. In Betracht kommt daher vor allem auch ein Anspruch des Käufers auf Schadensersatz[241]. Praktische Bedeutung hat der **Schadensersatzanspruch** in den Fällen der unselbständigen Garantie, bei der sich Gewährleistungsrechte des Käufers aus § 437 ergeben und für den Schadensersatzanspruch aus § 437 Nr 3 aufgrund der Garantie abweichend von § 276 Abs 1 **kein Verschulden im rechtstechnischen Sinne** erforderlich ist[242]. Das Vertretenmüssen ist vielmehr aufgrund der Garantie regelmäßig zu bejahen.

2. **Modifizierung der Käuferrechte aus § 437 bei unselbständiger Garantie.** – a) **Grundsatz der Anwendung des § 437.** Übernimmt der Verkäufer eine Garantie für eine **bestimmte Beschaffenheit** der Kaufsache, so stehen dem Käufer im Garantiefall bei Fehlen der Festlegung selbständiger Rechtsbehelfe in der Garantievereinbarung grds die Rechte aus § 437 zu[243]. Auf **Schadensersatz** haftet der Verkäufer allerdings ohne Verschulden im rechtstechnischen Sinne (§ 276 Abs 1)[244]. Nach § 276 Abs 1 hat der Schuldner – und damit hier der Verkäufer – Vorsatz und Fahrlässigkeit zu vertreten, wenn eine strengere oder mildere Haftung weder bestimmt noch aus dem sonstigen Inhalt des Schuldverhältnisses, insbes aus der Übernahme einer Garantie oder eines Beschaffungsrisikos, zu entnehmen ist. Bei Fehlen einer Einschränkung in der Garantieerklärung ist die **Garantievereinbarung** im Zweifel dahin gehend auszulegen, dass für die Schadensersatzhaftung Vorsatz oder Fahrlässigkeit des Verkäufers nicht erforderlich ist. Das Gleiche gilt, wenn es sich um eine **Garantie des Herstellers** oder eines sonstigen Dritten handelt und sich die Rechte des Käufers im Garantiefall mangels Festlegung selbständiger Rechtsbehelfe aus einer entsprechenden Anwendung des § 437 ergeben. 83

b) **Keine Anwendung der Ausschlusstatbestände der §§ 281 Abs 1 Satz 3, 323 Abs 5 Satz 2 bei eigentlich unerheblichen Mängeln.** Handelt es sich im Anwendungsbereich der Garantie um einen Mangel, der bei Fehlen einer Garantie als „unerheblich" iSd §§ 281 Abs 1 Satz 3, 323 Abs 5 Satz 2 anzusehen wäre, so ist der in diesen Vorschriften geregelte **Ausschluss von Schadensersatz statt der ganzen Leistung** bzw des Rücktritts vom Kaufvertrag nicht anwendbar[245]. Denn aufgrund der Garantie ist jeder Mangel, der von der Garantie erfasst wird, **als erheblich anzusehen**[246]. Dafür spricht insbes, dass in vielen Fällen der Käufer gerade deshalb die **Kaufentscheidung** von einer Garantie abhängig macht und insoweit auch mit einem uU erhöhten Kaufpreis einverstanden ist, weil er nur eine völlig mangelfreie Sache nutzen will und eine Kaufpreisherabsetzung (Minderung) wegen eigentlich unerheblicher Mängel von vornherein nicht seinem Willen entspricht. Praktische Bedeutung haben insoweit vor allem die Fälle, in denen es um **ästhetische Beeinträchtigungen** der Kaufsache geht, die keinen Einfluss auf die Funktion haben und auch nicht zu einer erheblichen Wertminderung führen, aber von nicht wenigen Käufern als störend empfunden und deswegen als nicht akzeptabel angesehen werden. Hinzu kommt, dass der Käufer bei Vorliegen einer Garantie davon ausgehen kann, dass es im Garantiefall bei Fehlschlagen einer Nacherfüllung und Geltendmachung des Rücktritts oder/und Schadensersatzes statt der Leistung nicht zu einem **Rechtstreit** über die Frage der Erheblichkeit des Mangels nach §§ 281 Abs 1 Satz 3, 323 Abs 5 Satz 2 kommt. 84

c) **Anwendung der Ausschlusstatbestände des § 442 Abs 1.** Die Ausschlussregelung des § 442 findet im Falle der **unselbständigen Garantie** grds uneingeschränkte Anwendung[247]. 85

238 BeckOGK/Stöber Rz 74.
239 Begr Gesetzentwurf, BT-Drucks 17/12637, S 68 („ist Sache des Verkäufers oder Dritten und gegebenenfalls durch Auslegung seiner Erklärung zu ermitteln"); Staud/Matusche-Beckmann Rz 35; BeckOGK/Stöber Rz 74; BeckOK/Faust Rz 20.
240 Beschlussempfehlung Rechtsausschuss, BT-Drucks 17/13951 S 69; BeckOGK/Stöber Rz 74.
241 Beschlussempfehlung Rechtsausschuss, BT-Drucks 17/13951 S 69; BeckOGK/Stöber Rz 74.
242 Vgl dazu nachfolgend Rz 83.
243 Rostock NJW 2007, 3290, 3291; Staud/Matusche-Beckmann Rz 41; BeckOGK/Stöber Rz 76; MünchKomm/Westermann Rz 19; BeckOK/Faust Rz 43; Jauernig/Berger Rz 14; Stöber, Beschaffenheitsgarantien des Verkäufers, 2006, S 315.
244 Rostock NJW 2007, 3290; BeckOGK/Stöber Rz 76.
245 Rostock NJW 2007, 3290, 3291; Staud/Matusche-Beckmann Rz 56; BeckOGK/Stöber Rz 76; MünchKomm/Westermann Rz 19.
246 Rostock NJW 2007, 3290, 3291; Staud/Matusche-Beckmann Rz 56; BeckOGK/Stöber Rz 76; MünchKomm/Westermann Rz 19.
247 BeckOGK/Stöber Rz 76; MünchKomm/Westermann Rz 20; Jauernig/Berger Rz 14; vgl zur Abgrenzung zwischen selbständigen und unselbständigen Garantien oben Rz 14 ff.

Dies ergibt sich daraus, dass von dieser Vorschrift auch der Fall des Bestehens einer Garantie ausdrücklich erfasst ist. Bei **Kenntnis des Mangels** greift daher in Übereinstimmung mit § 442 Abs 1 Satz 1 auch ein Ausschluss der Garantiehaftung ein. Bei Fehlen einer ausdrücklichen Regelung ergibt sich dies in gleicher Weise aus dem Gebot von Treu und Glauben (§ 242)[248]. Eine **grobe Fahrlässigkeit** des Käufers steht dagegen nach § 442 Abs 1 Satz 2 der Garantiehaftung des Verkäufers nicht entgegen[249]. Dies ist auch deshalb gerechtfertigt, weil die Garantie den Käufer in nachvollziehbarer Weise davon abhalten kann, **nähere Untersuchungen der Kaufsache** vorzunehmen[250]. Bei deutlich sichtbaren Mangelsymptomen kann aber ein **bedingter Vorsatz** des Käufers zu bejahen sein, der dann zur Anwendbarkeit des § 442 Abs 1 Satz 1 führt[251].

86 d) **Fortbestand der Rügepflicht des Käufers nach HGB § 377 beim Handelskauf**. Das Bestehen einer auf das Nichtvorliegen eines Mangels gerichteten unselbständigen Garantie lässt die Rügepflicht gem HGB § 377 unberührt[252]. Dafür spricht insbes eine **systematische Auslegung des HGB § 377 Abs 5**. Nach dieser Vorschrift kann der Verkäufer sich im Falle des **arglistigen Verschweigens** des Mangels nicht auf einen Verstoß gegen die Rügeobliegenheit durch den Käufer berufen. Der Fall der Garantie (Zusicherung einer Eigenschaft iSd § 459 Abs 2 aF) wird hingegen nicht als Ausschlussgrund erwähnt, während sowohl § 442 Abs 1 Satz 2 als auch § 444 die Garantie ausdrücklich dem arglistigen Verschweigen des Mangels gleichstellen. Auch **der Zweck des HGB § 377**, Beweisschwierigkeiten in Bezug auf das Vorliegen eines Mangels zu vermeiden, spricht für die Anwendung der Untersuchungs- und Rügeobliegenheit im Falle des Vorliegens einer Garantie des Verkäufers.

87 3. **Garantieanspruch auf Austausch der Kaufsache**. Das Recht des Käufers, im Garantiefall die Sache auszutauschen, stimmt bei Fehlen einer abweichenden Vereinbarung inhaltlich mit der in §§ 437 Nr 1, 439 Abs 1 geregelten **Ersatzlieferung** überein. Die von diesen Vorschriften abweichende Terminologie ist deshalb zweckmäßig, weil der Hersteller oder ein sonstiger Dritter als Garantiegeber nicht der **Sachmängelgewährleistung** im rechtstechnischen Sinne unterliegt. Soweit ein Dritter als Garantiegeber sich im Garantiefall zum Austausch der Kaufsache verpflichtet, handelt es sich um einen Anspruch des Käufers, der in Bezug auf das Rechtschutzziel mit dem Ersatzlieferungsanspruch gegen den Verkäufer übereinstimmt. Die Einräumung eines Anspruchs auf Austausch der Sache im Rahmen einer **Herstellergarantie** führt aufseiten des Herstellers und des Verkäufers zu nicht unerheblichen Vorteilen. Wenn der Käufer nämlich den Ersatzlieferungsanspruch aus §§ 437 Nr 1, 439 Abs 1 gegen den Verkäufer geltend macht, dann erfolgt gem § 445a Abs 1 der **Rückgriff in der Lieferkette** mit der Folge, dass der Hersteller letztlich auf diesem Wege eine Ersatzsache zur Verfügung stellen muss. Nimmt der Hersteller dagegen den Austausch beim Letztkäufer vor, so entfallen die mit dem Rückgriff in der Lieferkette verbundenen Aufwendungen.

88 4. **Nachbesserung und sonstige Dienstleistungen**. Das Tatbestandsmerkmal „nachzubessern" stimmt begrifflich überein mit der in §§ 437 Nr 1, 439 Abs 1 normierten Variante der Nacherfüllung und hat daher in erster Linie Bedeutung für den Fall des Bestehens einer die gesetzlichen Gewährleistungsrechte erweiternden **unselbständigen Beschaffenheitsgarantie**. Zu den schon im Rahmen der gesetzlichen Nacherfüllung vom Verkäufer zu tragenden Aufwendungen gehören schon gem § 439 Abs 2 „insbesondere Transport-, Wege-, Arbeits- und Materialkosten". Bei der unselbständigen Beschaffenheitsgarantie handelt es sich daher insoweit um Verkäuferpflichten, die vom **Nachbesserungsbegriff** erfasst werden und nicht um „sonstige Dienstleistungen" iSd § 443 Abs 1. Nicht unmittelbar vom Nachbesserungsanspruch erfasst wird aber ein Anspruch des Käufers auf **Überlassung einer Ersatzsache** bis zur erfolgreichen Beendigung der Nachbesserung[253]. In der Praxis bietet der Verkäufer diese Leistung häufig „freiwillig" nur deshalb an, um zu verhindern, dass der Käufer den Rechtsbehelf der Ersatzlieferung wählt. Eine „sonstige Dienstleistung" des Verkäufers liegt auch dann vor, wenn eine Ersatzlieferung im rechtstechnischen Sinne wegen nicht mehr gegebener Lieferbarkeit des verkauften Modells unmöglich ist und für diesen Fall die **Lieferung des Nachfolgemodells** garantiert wird[254]. Zudem kann der Verkäufer sich als Garantiegeber für den Fall des Auftretens des Mangels zusätzlich zur gesetzlichen Nachbesserung zu Dienstleistungen in Gestalt von **Wartungs- oder sonstigen Serviceleistungen** verpflichten, die geeignet sind, ein Wiederauftreten des behobenen Mangels zu verhindern.

248 MünchKomm/Westermann Rz 20.
249 BeckOGK/Stöber Rz 76; MünchKomm/Westermann Rz 20.
250 MünchKomm/Westermann Rz 20.
251 Vgl dazu § 442 Rz 46 ff.
252 BGHZ 93, 338, 344 (bei Fehlen einer zugesicherten Eigenschaft iSd § 459 Abs 2 aF); BGH WM 1978, 1052, 1053; RG JW 1910, 117; Staud/Matusche-Beckmann Rz 64; BeckOGK/Stöber Rz 76.
253 Staud/Matusche-Beckmann Rz 32; BeckOGK/Stöber Rz 74.
254 Staud/Matusche-Beckmann Rz 32; BeckOGK/Stöber Rz 74.

Da der gesetzliche Nachbesserungsanspruch sich nicht gegen den **Hersteller** oder einen sonstigen Dritten als Garantiegeber richtet, werden von der Tatbestandsalternative „sonstige Dienstleistungen" insbes **Reparatur- und Serviceleistungen** erfasst, die im Verhältnis zwischen Käufer und Verkäufer im Rahmen der Nachbesserung nach §§ 437 Nr 1, 439 Abs 1 vom Verkäufer geschuldet werden. Die vom Gesetzgeber vorgenommene begriffliche Unterscheidung dient vor allem der Trennung der nur gegen den Verkäufer gerichteten, durch eine **unselbständige Garantie** erweiterten gesetzlichen Gewährleistungsrechte von den im Rahmen der Vertragsfreiheit vom Hersteller oder einem sonstigen Dritten übernommenen Dienstleistungen, die inhaltlich weitgehend mit der gesetzlichen Nachbesserung übereinstimmen. Die unmittelbare Reparatur („Nachbesserung") der mangelhaften Kaufsache durch den Hersteller oder einem von ihm beauftragten Serviceunternehmen hat für ihn und die gesamte Lieferkette – ebenso wie der von ihm vorgenommene Austausch[255] – in **wirtschaftlicher Hinsicht** den Vorteil, dass der vom nachbessernden Letztverkäufer ausgehende **Regress in der Lieferkette** nach § 445a bis zum Hersteller und die damit verbundenen **Aufwendungen entfallen**. 89

5. **Anspruch auf Erstattung des Kaufpreises**. Auch die Verpflichtung des Garantiegebers, bei Eintritt des Garantiefalls „den Kaufpreis zu erstatten", weicht nur sprachlich vom Recht des Käufers aus § 437 Nr 2 auf **Minderung** des Kaufpreises nach Maßgabe des § 441 oder **Rücktritt** vom Kaufvertrag mit der Folge der Rückerstattung des gesamten Kaufpreises ab. Diese **Gestaltungsrechte** stehen dem Käufer aber nur gegen den Verkäufer und nicht gegen den Hersteller oder sonstige Dritte zu. Im **Rahmen der Vertragsfreiheit** kann sich der Hersteller oder/und ein sonstiger Dritter aber verpflichten, im beschriebenen Garantiefall dem Käufer den bereits entrichteten Kaufpreis ganz oder teilweise zurückzuerstatten und ihn damit in wirtschaftlicher Hinsicht iE so zu stellen, wie er im Falle des Vorgehens gegen den Verkäufer gem § 437 Nr 2 stünde[256]. Das in § 443 Abs 1 enthaltene Tatbestandsmerkmal „den Kaufpreis zu erstatten" hat in Bezug auf die **Person des Verpflichteten** einen weiteren Anwendungsbereich als der grds nur den Verkäufer belastende § 437 Nr 2 bezüglich der gesetzlichen Rechtsbehelfe des Käufers in Form von Rücktritt und Minderung. Auch die Rückzahlungspflichten des Herstellers oder eines sonstigen Dritten als Garantiegeber sind für die ganze Lieferkette günstiger als die Gewährleistungshaftung des Letztverkäufers gegen den Letztkäufer, weil die mit dem **Regress in der Lieferkette** nach § 445a bis zum Hersteller verbundenen Aufwendungen entfallen. 90

V. Verjährung von Rechten aus der Garantie

1. **Praktische Bedeutung und fehlende besondere gesetzliche Regelung**. Die Frage der Verjährung von Garantieansprüchen hat insbes dann eine große praktische Bedeutung, wenn es um eine **Haltbarkeitsgarantie** nach § 443 Abs 2 geht. Denn bei dieser Garantie muss die Verjährungsfrist von der regelmäßig ab Übergabe beginnenden Garantiefrist (Garantiedauer) präzise getrennt werden. Hier ist offensichtlich, dass die Verjährung nicht vor Ende der Garantiefrist eintreten darf und Garantieansprüche wegen einer innerhalb der Garantiefrist aufgetretenen Beschaffenheitsabweichung iE auch noch durchsetzbar sein müssen[257]. Der **Gesetzgeber des SMG 2002** hat die besondere Problematik der Verjährung von Garantieansprüchen zwar gesehen und eine Regelung zumindest erwogen, aber dann bewusst davon abgesehen[258]. Die ausführliche Erörterung der Verjährungsfragen in der Begründung zum SMG 2002 lässt zumindest eine **Tendenz zur verjährungsrechtlichen Gleichbehandlung** von Ansprüchen des Käufers aus Haltbarkeitsgarantien des Verkäufers einerseits und derartiger **Garantien des Herstellers** andererseits erkennen[259]. Begründet wird dies damit, dass auch die Herstellergarantien im Zusammenhang mit einem konkreten Kaufgeschäft übernommen werden[260]. Ein solcher Zusammenhang besteht erst recht zwischen Kaufvertrag und selbständigen Garantien des Verkäufers. 91

2. **Anwendung des § 438 auf Ansprüche aus unselbständigen Verkäufergarantien**. Die hM geht zu Recht davon aus, dass für die Ansprüche des Käufers aus den die gesetzlichen Gewährleistungsrechte des § 437 erweiternden **unselbständigen Garantien**[261] die Verjährungsregelung des § 438 Abs 1 gilt[262]. Dies folgt aus dem Wesen der unselbständigen Garantie sowie 92

255 Vgl dazu oben Rz 87.

256 Staud/Matusche-Beckmann Rz 36; MünchKomm/Westermann Rz 19; BeckOGK/Stöber Rz 74; BeckOK/Faust Rz 51.

257 Vgl zu den Einzelheiten der Verjährung von Ansprüchen aus Haltbarkeitsgarantien unter Berücksichtigung der Garantiefrist unten Rz 113 ff.

258 Vgl dazu unten Rz 113 ff.

259 Begr Gesetzentwurf, BT-Drucks 14/6040, S 240; vgl dazu unten Rz 113 ff.

260 Begr Gesetzentwurf, BT-Drucks 14/6040, S 240; vgl dazu unten Rz 114.

261 Vgl zum Begriff oben Rz 14 f.

262 Stuttgart NJW-RR 2011, 955, 956; Staud/Matusche-Beckmann Rz 69 (lediglich in Bezug auf die Beschaffenheitsgarantie); BeckOK/Faust Rz 48; wohl auch MünchKomm/Westermann Rz 22; aA Erman/Grunewald Rz 16.

einer **systematischen Auslegung** derjenigen kaufrechtlichen Vorschriften, die eine besondere Rechtsfolge für den Fall der Übernahme einer Beschaffenheitsgarantie durch den Verkäufer vorsehen. Insoweit geht es um **§ 442 Abs 1 Satz 2, § 444 und § 445** und den nach diesen Vorschriften als Regel vorgesehenen Ausschluss der Gewährleistungsrechte aus § 437. Die Garantie des Verkäufers für die **Beschaffenheit der Sache** eröffnet nach allen drei Vorschriften die eigentlich kaufvertraglich (§ 444) oder gesetzlich (§ 442 Abs 1 Satz 2 und § 445) ausgeschlossene gesetzliche Gewährleistung nach § 437. Aufgrund der Garantie des Verkäufers schadet dem Käufer gem § 442 Abs 1 Satz 2 das **grob fahrlässige Nichterkennen** des Mangels nicht, gem § 444 Alt 2 greift eine **vertragliche Haftungsfreizeichnung** und nach § 445 der gesetzliche Gewährleistungsausschluss bei **öffentlichen Pfandversteigerungen** nicht ein. Einen Bezug zur Verjährung enthalten diese besonderen Garantieregelungen nicht. Im Umkehrschluss ist vielmehr davon auszugehen, dass der aufgrund der Garantie nicht zum Tragen kommende Ausschluss der Gewährleistung die Rechte des Käufers aus § 437 mit dem Inhalt einschließlich Verjährung eröffnet, der maßgebend wäre, wenn schon der in den genannten Vorschriften geregelte allgemeine Ausschlusstatbestand nicht vorläge.

93 3. **Verjährung von Ansprüchen aus selbständigen Garantien des Verkäufers und Garantien des Herstellers sowie sonstigen Dritten.** Für die Ansprüche des Käufers gegen den Verkäufer oder einen Dritten, insbes den Hersteller der Kaufsache, aus **selbständigen Garantien** und damit außerhalb der gesetzlichen Gewährleistungshaftung wird von einem Teil der Literatur das Eingreifen der **allgemeinen Regelverjährung nach § 195 ff** bejaht[263]. Überzeugender ist dagegen die **analoge Anwendung des § 438**[264]. Es gilt dann für alle Ansprüche des Käufers aus gesetzlicher Gewährleistung und Garantien des Verkäufers, Herstellers oder sonstigen Dritten grds eine **einheitliche Verjährung**. Es ist zwar richtig, dass die selbständigen Garantien formell außerhalb der gesetzlichen Gewährleistung und damit neben § 437 bestehen. Gleichwohl besteht auch bei derartigen Garantien immer ein **Zusammenhang mit einem konkreten Kaufgeschäft**. Ein Käufer ohne besondere Rechtskenntnisse unterscheidet häufig nicht zwischen gesetzlicher Gewährleistung und Garantiehaftung, und schon gar nicht zwischen selbständigen und unselbständigen Garantien. Zudem ist es für den Käufer regelmäßig von nachrangiger Bedeutung, ob der Verkäufer, der Hersteller oder ein sonstiger Dritter den **Fehler der Kaufsache** behebt oder/und sonstige Leistungen erbringt. Es handelt sich für den Käufer aufgrund der Vertragsbeziehung zwischen Käufer und Verkäufer (Händler) um die Verantwortung der „Verkäuferseite" für die Kaufsache. Dies gilt insbes dann, wenn der Hersteller dem Käufer im Rahmen der selbständigen Garantie Ansprüche in **Anlehnung an § 437** einräumt. Entscheidend für die analoge Anwendung des § 438 auf alle Ansprüche aus Garantien, die im Zusammenhang mit einem Kauf übernommen werden, spricht daher der Zweck des § 438, nach dem **Beweisschwierigkeiten** vermieden und mit Ablauf der geltenden Frist **Rechtsfrieden** eintreten soll. Dieser Zweck würde verfehlt, wenn unterschiedliche Verjährungsfristen Geltung beanspruchen könnten.

VI. Beweislast für Ansprüche aus Garantien iSd § 443 Abs 1

94 Die allgemeine Garantieregelung des § 443 Abs 1 enthält – anders als die für die Haltbarkeitsgarantie geltende Bestimmung des § 443 Abs 2 – keine von den allgemeinen Grundsätzen der Beweislastverteilung abweichende Sonderregelung[265]. Es gilt daher für sämtliche Voraussetzungen des Anspruchs des Käufers aus der Garantie die **allgemeine Beweislastregel (Rosenbergsche Formel)**, nach der jede Partei die tatsächlichen Voraussetzungen der für sie günstigen Norm darlegen und beweisen muss[266]. Deshalb muss der Käufer, wenn er einen Garantieanspruch gegen den Verkäufer, den Hersteller oder einen sonstigen Dritten geltend machen will, zunächst das **Bestehen einer Garantieübernahme** darlegen und beweisen, sofern dies streitig ist[267]. Das Gleiche gilt für das Vorliegen eines Garantiefalls, also das Auftreten eines Mangels oder die Nichterfüllung anderer als die Mängelfreiheit bestehender Anforderungen iSd § 443 Abs 1[268]. Soweit die Garantie sich auf die **Freiheit von Sachmängeln iSd § 434** bezieht, muss der Käufer

263 Staud/Matusche-Beckmann Rz 63; BeckOGK/Stöber Rz 78; Artz/Harke NJW 2017, 3409, 3414; NK/Büdenbender Rz 42 f; vgl zur Unterscheidung zwischen selbständigen und unselbständigen Garantien oben Rz 14 ff.

264 MünchKomm/Westermann Rz 22; Oetker/Maultzsch, Vertragliche Schuldverhältnisse, 2018[5], § 2 Rz 360.

265 Vgl zur Vermutungs- und Beweislastregelung des § 443 Abs 2 für Haltbarkeitsgarantien unten Rz 105 ff.

266 Vgl auch Staud/Matusche-Beckmann Rz 66 (Geltung der allgemeinen Grundsätze).

267 BeckOGK/Stöber Rz 86.

268 Staud/Matusche-Beckmann Rz 66; BeckOGK/Stöber Rz 86; MünchKomm/Westermann Rz 23; Erman/Grunewald Rz 17; BeckOK/Faust Rz 41.

grds das Bestehen der Beschaffenheitsabweichung zum **Zeitpunkt des Gefahrübergangs** beweisen[269].

Kommt es zum Streit darüber, ob die zweifelsfrei erfolgte Feststellung des Mangels bzw der Nichterfüllung sonstiger Anforderungen einen **Garantiefall** im Sinne der Garantievereinbarung begründet, so obliegt dem Käufer auch dafür die Darlegungs- und Beweislast[270]. Entsprechend ist die Beweislastverteilung, wenn die Erfassung des vom Käufer konkret geltend gemachten Anspruchs von der bestehenden Garantie umstritten ist[271]. Hängt der Garantieanspruch des Käufers zusätzlich noch davon ab, dass der Käufer in der Garantievereinbarung enthaltene **zusätzliche Obliegenheiten** – zB die Durchführung von Wartungen bei Kauf von Fahrzeugen oder Maschinen – ordnungsgemäß erfüllt hat, so muss er auch diese weiteren Anspruchsvoraussetzungen notfalls beweisen[272]. 95

C. Die Haltbarkeitsgarantie (§ 443 Abs 2)

I. Unterscheidung zwischen Beschaffenheits- und Haltbarkeitsgarantien – Auffangfunktion der Haltbarkeitsgarantie in Streitfällen

§ 443 Abs 2 enthält eine Legaldefinition der Haltbarkeitsgarantie und eine daran anknüpfende **Vermutung**. Danach wird im Falle einer Haltbarkeitsgarantie die Garantie dafür übernommen, dass „die Sache für eine bestimmte Dauer eine bestimmte Beschaffenheit behält". Für diesen Fall wird vermutet, dass „ein während ihrer Geltungsdauer auftretender Sachmangel die Rechte aus der Garantie begründet". Bei der **Beschaffenheitsgarantie** iSd § 443 Abs 1 weist die Kaufsache dagegen nicht „diejenige Beschaffenheit" auf, die in der „Erklärung oder einschlägigen Werbung beschrieben sind". 96

In begrifflicher Hinsicht ist es prinzipiell richtig, für die Festlegung der Trennlinie zwischen beiden Garantiearten darauf abzustellen, zu welchem **Zeitpunkt** die Beschaffenheitsabweichung aufgetreten ist[273]. Die Beschaffenheitsgarantie ist auf das Nichtvorliegen einer Beschaffenheitsabweichung zum **Zeitpunkt des Gefahrübergangs** nach §§ 446, 447 gerichtet[274]. Dies deckt sich mit der Sachmangeldefinition des § 434 Abs 1, nach der die Kaufsache „frei von Sachmängeln" ist, wenn sie „bei Gefahrübergang" den aufgeführten Anforderungen entspricht. Die Beschaffenheitsgarantie bezieht sich damit notwendigerweise auf die Konstellation, in der aufseiten des Käufers schon die gesetzlichen Gewährleistungsrechte aus § 437 gegeben sind[275]. 97

Auf den ersten Blick einfach ist daher die Abgrenzung zur Haltbarkeitsgarantie, von der die Konstellation erfasst ist, in der die Sache zum **Zeitpunkt des Gefahrübergangs** zwar noch frei von Mängeln ist, aber danach und noch innerhalb der Garantiefrist eine Abweichung von der vertraglichen Soll-Beschaffenheit auftritt[276]. Da § 434 Abs 1 in zeitlicher Hinsicht für das **Vorliegen eines Sachmangels** auf den Gefahrübergang abstellt[277], betrifft die Haltbarkeitsgarantie letztlich diejenigen Sachverhalte, in denen die Rechte des Käufers aus § 437 nicht eröffnet sind, weil eine **Beschaffenheitsabweichung** bei Gefahrübergang nicht vorlag oder – im Streitfall – nicht nachgewiesen werden kann. Es geht damit bei der Haltbarkeitsgarantie gerade nicht um einen Sachmangel im rechtstechnischen Sinne (§ 434). 98

Die dargestellte Unterscheidung der in Rede stehenden Garantiearten nach den durch § 434 Abs 1 iVm §§ 446, 447 Abs 1 vorgegebenen zeitlichen Kriterien ist nicht nur theoretischer Natur. In der Praxis zeigt sich nämlich häufig deshalb eine Abgrenzungsproblematik, weil im Falle des **Auftretens eines Fehlers**, also einer Beschaffenheitsabweichung, nach Gefahrübergang nicht klar ist, ob dies auf einem **Grundmangel** beruht, der zum Zeitpunkt des Übergangs der Gefahr schon vorlag und deshalb schon die gesetzlichen Gewährleistungsrechte gegeben sind. Das Auftreten einer Beschaffenheitsabweichung nach Gefahrübergang ist dann nur eine **Ausweitung** (**„Weiterfressen"**), die für das Bestehen der Rechte aus § 437 eigentlich ohne Belang ist. Die Haltbarkeitsgarantie entfaltet, sofern das Vorliegen eines Grundmangels nicht geklärt werden kann oder der Aufwand für eine darauf bezogene **Untersuchung der Kaufsache** unverhältnis- 99

269 Staud/Matusche-Beckmann Rz 66; MünchKomm/Westermann Rz 23.

270 BeckOGK/Stöber Rz 86; MünchKomm/Westermann Rz 23.

271 BeckOGK/Stöber Rz 86; MünchKomm/Westermann Rz 23.

272 BeckOGK/Stöber Rz 86; BeckOK/Faust Rz 49.

273 Staud/Matusche-Beckmann Rz 26; BeckOGK/Stöber Rz 91; MünchKomm/Westermann Rz 8 f; BeckOK/Faust Rz 14.

274 Staud/Matusche-Beckmann Rz 26; MünchKomm/Westermann Rz 8; Erman/Grunewald Rz 2; BeckOK/Faust Rz 14.

275 Staud/Matusche-Beckmann Rz 26; MünchKomm/Westermann Rz 8; BeckOK/Faust Rz 14.

276 BeckOGK/Stöber Rz 94; Erman/Grunewald Rz 3; BeckOK/Faust Rz 14 f; Stöber, Beschaffenheitsgarantien des Verkäufers, 2006, S 319.

277 Vgl oben Rz 97.

mäßig wäre, eine Auffangfunktion. Der Garantiegeber wird ohnehin aus wirtschaftlichen Gründen bei der **Bestimmung der Garantiefrist** und der damit zusammenhängenden Kalkulation der **garantiebedingten Haftungsrisiken** davon ausgehen, dass eine mangelfrei entwickelte und produzierte Sache die Garantiefrist sicher „übersteht", dh, eine Beschaffenheitsabweichung allenfalls nach Ablauf dieser Frist zutage tritt. Für den Käufer und den Garantiegeber spielt es daher iE oft keine Rolle, ob eine nach Gefahrübergang, aber innerhalb der Garantiefrist auftretende Beschaffenheitsabweichung auf einem Grundmangel beruht, der schon bei Gefahrübergang gegeben war.

II. Sachlicher Anwendungsbereich des § 443 Abs 2

100 Aufgrund der tatbestandlichen Formulierung „während ihrer Geltungsdauer auftretender Sachmangel" bezieht sich die Haltbarkeitsgarantie zwar in erster Linie nur auf Sachmängel im rechtstechnischen Sinne beim **Sachkauf**[278]. Im Rahmen der **Vertragsfreiheit** kann der Verkäufer oder ein Dritter aber eine „Haltbarkeitsgarantie" in Bezug auf das Fehlen eines **Rechtsmangels** übernehmen[279]. Es handelt sich dann grds um eine Garantie nach § 443 Abs 1, die sich inhaltlich an der für die Beschaffenheit iSd § 434 geltenden Haltbarkeitsgarantie des § 443 Abs 2 orientiert. Praktische Bedeutung haben insoweit vor allem die Fälle, in denen die verkaufte Sache mit einem **dinglichen Recht eines Dritten** verkauft wurde, der dem Verkäufer eine Lizenz oder eine sonstige Gestattung erteilt hat. Hier kann der Verkäufer nicht nur den Bestand der **Lizenz bzw Gestattung** zum Zeitpunkt des Abschlusses des Kaufvertrags, sondern auch den Fortbestand für einen bestimmten Zeitraum garantieren. Soweit nach § 453 Abs 1 beim Kauf von Rechten oder sonstigen Gegenständen die Sachmängelvorschrift des § 434 entsprechend anwendbar ist, weil der tatsächliche Inhalt („Ist-Beschaffenheit") vom vertraglich vereinbarten Inhalt („Soll-Beschaffenheit") des Rechts bzw sonstigen Gegenstands abweicht, ist § 443 Abs 2 in gleicher Weise entsprechend anwendbar.

III. Beschaffenheit und Mangelfreiheit als notwendiger Bezugspunkt der Haltbarkeitsgarantie nach § 443 Abs 2

101 Eine Garantie des Fortbestands („Haltbarkeit") kann der Garantiegeber auch in Bezug auf „andere als die Mängelfreiheit betreffende Anforderungen" übernehmen[280]. Es geht also um den Fall, dass zum Zeitpunkt der Übergabe der Kaufsache die „sonstigen Anforderungen" gegeben sind, aber ein gewisses Risiko des späteren tatsächlichen Wegefalls besteht. Eine derartige auf „sonstige Anforderungen" bezogene Garantievariante ist zwar in § 443 Abs 2 nicht geregelt, so dass diese Vorschrift insoweit nicht unmittelbar anwendbar ist[281]. Der **Garantiegeber** kann aber mit dem Käufer selbstverständlich auch in Bezug auf „andere Anforderungen" eine Fortbestandsgarantie vereinbaren, die inhaltlich der Haltbarkeitsgarantie iSd § 443 Abs 2 entspricht[282]. Dies folgt unmittelbar aus dem Grundsatz der Vertragsfreiheit. Zudem ist die in Rede stehende **Fortbestandsgarantie für sonstige Umstände** bei Fehlen besonderer Vereinbarungen hinsichtlich Einzelfragen, die sich auf die Beweislast, die Garantiefrist oder die Verjährung von Ansprüchen aus der Garantie beziehen, wie eine Haltbarkeitsgarantie iSd § 443 Abs 2 auszulegen. Insoweit enthält § 443 Abs 2 keine speziellen Regelungen, die in einem notwendigen Zusammenhang mit der Beschaffenheit der Sache stehen, sondern vielmehr übertragbare Grundsätze, die sich – unabhängig vom konkreten Bezugsgegenstand – aus dem Wesen der übernommenen Garantie ergeben.

IV. Übernahme einer verschuldensunabhängigen Einstandspflicht

102 Die Regelung des § 443 Abs 2 definiert nicht die Voraussetzungen der Übernahme einer Haltbarkeitsgarantie, sondern knüpft insoweit mit der Formulierung „eine Garantie dafür übernommen hat" an das Entstehen einer solchen Garantie nach den allgemeinen Voraussetzungen des § 443 Abs 1 an. Die Haltbarkeitsgarantie ist ein **besonders geregelter Fall** einer Garantie iSd § 443 Abs 1[283]. Sie setzt grds voraus, dass der Garantiegeber durch Erklärung oder einschlägige Werbung eine vom Verschulden iSd § 276 Abs 1 unabhängige Einstandspflicht übernimmt[284]. Der Garantiegeber kann zwar im **Rahmen der Vertragsfreiheit** mit dem Käufer grds auch Leistungen nur für den Fall vereinbaren, dass der Fortfall der Beschaffenheit auf einem

278 BeckOGK/Stöber Rz 97; Stöber, Beschaffenheitsgarantien des Verkäufers, 2006, S 303, 322.
279 BeckOGK/Stöber Rz 97.
280 Vgl dazu oben Rz 70.
281 Vgl BeckOGK/Stöber Rz 93.
282 Vgl BeckOGK/Stöber Rz 93.
283 Vgl BeckOGK/Stöber Rz 93.
284 BGH NJW 1991, 1604, 1607 („für die Fehlerfreiheit während der Garantiezeit haften will" insoweit in BGHZ 113, 251 nicht abgedruckt); Staud/Matusche-Beckmann Rz 42; BeckOGK/Stöber Rz 93; MünchKomm/Westermann Rz 9.

Umstand beruht, den der Verpflichtete zu vertreten hat. Es handelt sich dann aber nicht um eine Haltbarkeitsgarantie iSd § 443 Abs 2. In bestimmtem Umfang können aber gleichwohl Grundsätze, die für die Haltbarkeitsgarantie gelten, auf eine derartige verschuldensabhängige **zusätzliche Leistungsverpflichtung** angewandt werden. Das gilt insbes für die Garantiefrist und die Verjährung, aber gerade nicht für die Vermutungswirkung des § 443 Abs 2. Gleichwohl ist bei Vorliegen einer derartigen verschuldensabhängigen Verpflichtung idR aus dem Rechtsgedanken des § 443 Abs 2 zu folgern, dass bei Wegfall der Beschaffenheit ein **Vertretenmüssen des Verpflichteten** zu vermuten ist. Der Verpflichtete muss sich hier also exkulpieren. Dies ist auch deshalb interessengerecht, weil es hier um Ursachen und sonstige Umstände aus dem **Herstellungs- und Vertriebsbereich** geht, in den der Käufer keinen Einblick hat. Die Verwendung des Begriffs „Garantie“ ist zwar ein wichtiges Indiz für die Übernahme einer verschuldensunabhängigen Einstandspflicht im Rahmen einer Haltbarkeitsgarantie. Die Auslegung dieses Begriffs im Zusammenhang mit einer **kaufvertraglichen Gewährleistungsregelung** kann aber im konkreten Einzelfall ergeben, dass er sich nur auf die Gewährleistung bezieht und nicht auf die Übernahme einer darüber hinausgehenden verschuldensunabhängigen Einstandspflicht gerichtet ist[285].

V. Garantiefrist – „bestimmte Dauer“

1. **Die Bestimmung der Garantiefrist**. Nach dem Wortlaut des § 443 Abs 2 muss die Garan- 103
tie dafür übernommen werden, dass die Sache die betreffende Beschaffenheit „für eine bestimmte Dauer“ hat. Erforderlich ist damit zwar die Bestimmung einer **Geltungsdauer**[286]. Es muss insoweit aber nicht ein bestimmter Zeitraum und damit keine Frist iSd §§ 186 ff festgelegt werden[287]. Anstelle einer Fristbestimmung kommt insbes ein bestimmter Umfang der Nutzung in Betracht[288], sofern dieser messbar ist. Eine derartige Festlegung ist sachgerechter als eine Fristbestimmung, wenn für die Haltbarkeit der Kaufsache in erster Linie nicht das Alter, sondern der Grad der Inanspruchnahme durch Nutzung entscheidend ist. So kann beim **Kauf eines Fahrzeugs** die Geltungsdauer der Garantie durch die **Laufleistung** bestimmt werden[289]. Entsprechendes gilt beim Kauf von **Maschinen oder Geräten**, sofern die **Betriebsstunden** ausschlaggebend sein sollen[290]. Dies setzt allerdings voraus, dass der Umfang der Nutzung durch Betriebsstundenzähler oder in ähnlicher Weise verlässlich dokumentiert werden kann. Möglich ist auch eine **Kombination** von Frist und einem messbaren Nutzungsumfang[291]. Dadurch wird dem Umstand Rechnung getragen, dass das Lebensalter des Kaufgegenstands die Haltbarkeit auch dann wesentlich beeinflussen kann, wenn die Inanspruchnahme durch Nutzung eher gering ist. Das gilt vor allem dann, wenn es zu längeren Standzeiten nach temporärer Nutzung der Kaufsache kommt.

2. **Beginn der Frist – Übergabe der Sache**. Die Haltbarkeitsgarantie muss zwar gem § 443 104
Abs 2 für eine „bestimmte Dauer“ übernommen werden. Der Zeitpunkt des Beginns wird aber nicht gesetzlich festgelegt. Der Garantiegeber kann daher im **Rahmen der Vertragsfreiheit** nicht nur die Geltungsdauer der Beschaffenheitsgarantie, sondern auch den Beginn einer festgelegten Garantiefrist **ohne Bindung an gesetzliche Vorgaben** bestimmen[292]. Bei Fehlen einer darauf bezogenen Regelung ist idR auf den Zeitpunkt der Übergabe der Kaufsache abzustellen[293]. Für das Vorliegen eines Sachmangels und damit auch für die Abgrenzung zwischen Beschaffenheitsgarantie (§ 443 Abs 1) und Haltbarkeitsgarantie (§ 443 Abs 2) kommt es zwar gem § 434 Abs 1 auf den **Zeitpunkt des Gefahrübergangs** an[294]. Der Gefahrübergang gem § 447 Abs 1 beim **Versendungskauf** durch Übergabe der Kaufsache an den Beförderer und gem § 446 Satz 3 durch Annahmeverzug des Käufers ist aber regelmäßig deshalb kein geeigneter

285 Vgl dazu BGH NJW 1991, 1604, 1607 f (Beschränkung auf Verlängerung der kaufvertraglichen Gewährleistungspflicht bezüglich Lieferung von Pumpenanlagen an einen Käufer in Saudi-Arabien zum Zwecke der Bewässerung von Feldern in der Wüste).

286 Begr Gesetzentwurf, BT-Drucks 14/6040, S 239.

287 Begr Gesetzentwurf, BT-Drucks 14/6040, S 239: „Die Geltungsdauer kann durch einen Zeitraum bestimmt sein, aber auch z. B. durch die Kilometerleistung eines Kraftfahrzeugs bzw. die Betriebsstunden einer Maschine oder durch eine Kombination beider Merkmale. Der Fristbeginn kann besonders festgelegt sein (vgl BGHZ 75, 75, 79); ist das nicht der Fall, so wird die Garantiefrist in der Regel mit der Übergabe an den Käufer beginnen“.

288 Erman/Grunewald Rz 3.

289 Begr Gesetzentwurf, BT-Drucks 14/6040, S 239; BeckOGK/Stöber Rz 94; Erman/Grunewald Rz 3.

290 Begr Gesetzentwurf, BT-Drucks 14/6040, S 239; BeckOGK/Stöber Rz 94.

291 Begr Gesetzentwurf, BT-Drucks 14/6040, S 239.

292 Begr Gesetzentwurf, BT-Drucks 14/6040, S 239; BGHZ 75, 75, 79; Staud/Matusche-Beckmann Rz 44; BeckOGK/Stöber Rz 94; Erman/Grunewald Rz 3; BeckOK/Faust Rz 39.

293 Begr Gesetzentwurf, BT-Drucks 14/6040, S 239; BGHZ 75, 75, 79 (Beginn der Garantiefrist durch Abholung der zu liefernden Isolar-Glasscheiben); BeckOGK/Stöber Rz 94; Erman/Grunewald Rz 3; für den Zeitpunkt des Gefahrübergangs Staud/Matusche-Beckmann Rz 44; MünchKomm/Westermann Rz 18; BeckOK/Faust Rz 39.

294 Vgl oben Rz 96 ff.

Zeitpunkt für den Garantiebeginn, weil der Käufer die Sache noch nicht nutzt und auch die **Sachherrschaft** nicht erlangt hat. Im Rahmen der Vertragsfreiheit können die Parteien aber insbes für den Fall des Annahmeverzugs des Käufers einen Fristbeginn vor tatsächlicher Übergabe festlegen. Soweit es sich nicht um einen **Verbrauchsgüterkauf** handelt, bei dem § 447 im konkreten Einzelfall gem § 475 Abs 2 nicht anwendbar ist, stellt ein in **AGB** des Garantiegebers festgelegter Beginn der Garantiefrist ab dem Zeitpunkt der Versendung grds keine **unangemessene Benachteiligung** iSd § 307 Abs 1 dar [295]. Denn der Käufer trägt ab Versendung der Kaufsache gem § 447 Abs 1 und damit kraft Gesetzes auch das Risiko der Verschlechterung und des Untergangs der Kaufsache.

VI. Vermutung eines Garantiefalls gem § 443 Abs 2 und Beweislastverteilung

105 1. **Vermutungswirkung und Beweislastumkehr – Grundlagen**. Gem § 443 Abs 2 wird bei Übernahme einer Haltbarkeitsgarantie „vermutet, dass ein während ihrer Geltungsdauer auftretender Sachmangel die Rechte aus der Garantie begründet". Wird eine dem Gläubiger als Erfüllung angebotene Leistung **nach § 363 als Erfüllung angenommen**, so trifft ihn die Beweislast, wenn er die Leistung deshalb nicht als Erfüllung gelten lassen will, weil sie eine andere als die geschuldete Leistung oder weil sie unvollständig gewesen sei. Eine andere als die geschuldete Leistung iSd Vorschrift ist auch die mit einem Sachmangel behaftete Kaufsache, so dass der Käufer nach Annahme der Sache grds das Vorliegen eines Sachmangels zum Zeitpunkt des Gefahrübergangs beweisen muss. Eine von der Beweislastregel des § 363 abweichende **gesetzliche Beweislastumkehr** enthält die nur für den Verbrauchsgüterkauf geltende Vorschrift des **§ 477 Abs 1 Satz 1**. Danach gilt, wenn sich innerhalb eines Jahres seit Gefahrübergang ein Sachmangel zeigt, die Vermutung, dass die Sache bereits **bei Gefahrübergang** mangelhaft war. Ausgeschlossen ist diese Vermutung, wenn sie mit der Art der Sache oder des Mangels unvereinbar ist. Im Falle der Übernahme einer Haltbarkeitsgarantie durch den Verkäufer führt die Vermutungsregelung des § 443 Abs 2 zu einer Beweislastumkehr zugunsten des Käufers, sofern eine **Beschaffenheitsabweichung** sich innerhalb der vereinbarten Garantiefrist zeigt[296]. Diese Beweislastumkehr unterscheidet sich aber wesentlich von der Beweislastumkehr des § 477 Abs 1 Satz 1.

106 Die in § 443 Abs 2 enthaltene tatbestandliche Formulierung „während ihrer Geltungsdauer auftretender Sachmangel" ist unpräzise und in gewisser Weise auch missverständlich[297]. Denn Anknüpfungspunkt für die Vermutung des § 443 Abs 2 ist genaugenommen erst einmal nur die Beschaffenheitsabweichung. Die Annahme eines **Sachmangels iSd § 434** ist auch nicht die unmittelbare Folge der vom Verkäufer im konkreten Einzelfall nicht widerlegten Vermutung. § 443 Abs 2 regelt nämlich nicht, dass die **Feststellung einer Beschaffenheitsabweichung**, also eines Mangels im weiteren Sinne, innerhalb der Garantiefrist zur Vermutung eines Sachmangel iSd § 434 führt und gerade deshalb die Rechte des Käufers aus der Garantie begründet. Vermutet wird gem § 443 Abs 2 im Falle des Auftretens einer Beschaffenheitsabweichung vielmehr die Begründung der Rechte des Käufers aus der Garantie und damit der **Eintritt des Garantiefalls**.

107 Die in der Literatur vertretene Auffassung, die Vermutung beziehe sich darauf, dass der aufgetretene Mangel auf dem Zustand der Sache zur Zeit der Übergabe beruhe[298], ist zutreffend, soweit damit das Nichtvorliegen einer **Verursachung durch den Käufer** selbst oder einer sonstigen **äußeren Einwirkung** nach Gefahrübergang gemeint ist[299]. Es wird aber nicht das Vorliegen eines Grundmangels als Sachmangel iSd § 434 schon zum Zeitpunkt des Gefahrübergangs vermutet[300]. In vielen Fällen wird zwar die nach Gefahrübergang auftretende Beschaffenheitsabweichung auf einer schon **bei Gefahrübergang vorhandenen Ursache** beruhen, die ihrerseits schon einen Sachmangel iSd § 434 Abs 1 begründet. Die Vermutung des § 443 deckt aber – anders als § 477 – auch den Fall ab, in dem die Sache bei Gefahrübergang eindeutig mangelfrei war und die Beschaffenheitsabweichung **innerhalb der Garantiefrist** zufällig, also nicht durch unsachgemäße Behandlung oder sonstige äußere Einwirkung, entstanden ist. Vermutet wird das Vorliegen eines Garantiefalls und nicht das Bestehen eines Gewährleistungsfalls iSd §§ 434, 437[301]. Der Begriff des nach § 443 Abs 2 zu vermutenden Garantiefalls ist demnach weiter als der in zeitlicher Hinsicht mit dem Gefahrübergang verknüpfte Sachmangelbegriff des § 434. Aus

295 Vgl BeckOGK/Fehrenbach § 307 Garantieklausel Rz 36.
296 Staud/Matusche-Beckmann Rz 65; BeckOGK/Stöber Rz 97; MünchKomm/Westermann Rz 23; Erman/Grunewald Rz 17; BeckOK/Faust Rz 41; Jauernig/Berger Rz 16.
297 Vgl dazu auch BeckOGK/Stöber Rz 98; NK/Büdenbender Rz 46.
298 Staud/Matusche-Beckmann Rz 40.
299 Vgl BeckOGK/Stöber Rz 99.
300 AA BeckOGK/Stöber Rz 103 ff.
301 Erman/Grunewald Rz 17.

diesem Grund kann der Verkäufer sich auch nicht mit dem Einwand entlasten, bei Gefahrübergang sei die Sache in jeder Hinsicht noch mangelfrei gewesen. Insoweit ist daher **im Prozess** auch kein Beweis zu erheben. Vorbringen kann der Verkäufer nur, dass die aufgetretene Beschaffenheitsabweichung auf einer äußeren Einwirkung und deswegen nicht auf dem **Zustand der Sache** selbst beruhe.

Die Vermutungswirkung erfasst damit auch die Konstellation, in der zu dem für das Vorliegen eines Sachmangels gem § 434 Abs 1 maßgeblichen Zeitpunkt des Gefahrübergangs die Sache **eindeutig mangelfrei** ist, aber innerhalb der Garantiefrist die garantierte Beschaffenheit beeinträchtigt wird oder ganz wegfällt. Insoweit besteht gem § 443 Abs 2 die Vermutung, dass dem Käufer die Rechte aus der Garantie zustehen, und zwar unabhängig davon, zu welchem Zeitpunkt die **Ursache der Beschaffenheitsabweichung** entstanden ist. Der Verkäufer kann die Vermutungswirkung nicht mit dem Vorbringen beseitigen, zum Zeitpunkt des Gefahrübergangs sei die Sache mangelfrei gewesen. Hier zeigt sich der wesentliche Unterschied zwischen der Beweislastumkehr des § 477 und der ebenfalls zu einer Beweislastumkehr führenden Vermutungswirkung des § 443 Abs 2. Das Tatbestandsmerkmal „Sachmangel“ ist im Rahmen des § 443 Abs 2 nicht rechtstechnisch und damit in Bezug auf **den Zeitpunkt der Entstehung** nicht **iSd § 434 Abs 1** zu verstehen. Inhaltlich geht es nur um das Vorliegen einer Beschaffenheitsabweichung, die zwar zentrale Voraussetzung des Sachmangels nach § 434 ist. In rechtlicher Hinsicht kann aber ein Sachmangel nur bejaht werden, wenn er gem § 434 Abs 1 zum **Zeitpunkt des Gefahrübergangs** vorlag und dies ist bei der Haltbarkeitsgarantie nach § 443 Abs 2 gerade nicht erforderlich. Auch die Ursache für die zutage getretene Beschaffenheitsabweichung muss nicht auf dem Zustand der dem Käufer übergebenen Sache zum Zeitpunkt des Gefahrübergangs beruhen[302]. 108

Vor Inkrafttreten des **SMG 2002** mit der Garantieregelung des § 443 Abs 2 war zwar auf Grundlage der Rspr des BGH anerkannt, dass alle während der Garantiefrist auftretenden Mängel der Kaufsache die Gewährleistungsansprüche auslösen können[303]. Es war aber nicht klar, ob nur die **anfängliche Mangelhaftigkeit** widerleglich vermutet werden soll oder ob ein nachfolgender Mangel einem anfänglichen Mangel gleichstehen soll[304]. Die anfängliche Mangelhaftigkeit ist beim **Verbrauchsgüterkauf** aufgrund der Regelung des § 477 zu vermuten. Die jetzige Formulierung des § 443 Abs 2 geht zwar in die Richtung einer Gleichstellung der nach Gefahrübergang festgestellten Beschaffenheitsabweichung mit dem Fall des anfänglichen Vorliegens eines Mangels. Die gesetzliche Vermutung der Begründung der Rechte aus der Garantie geht aber über eine **bloße Gleichstellung** mit der Rechtslage bei Vorliegen eines Sachmangels iSd § 434 hinaus, weil sich aus der Haltbarkeitsgarantie auch Ansprüche des Käufers ergeben können, die **von § 437 abweichen** und nicht grds einen Sachmangel im rechtstechnischen Sinne voraussetzen. 109

2. **Beweislast des Verkäufers**. Aus der Vermutung des § 443 Abs 2 und der sich daraus ergebenden Beweislastumkehr zugunsten des Käufers bezüglich der Frage des **Vorliegens einer Beschaffenheitsabweichung** folgt unmittelbar, dass der Verkäufer die Darlegungs- und Beweislast trägt, wenn er sich auf eine **unsachgemäße Behandlung** der Sache durch den Käufer oder eine sonstige von ihm nicht zu vertretende **äußere Einwirkung** auf die Sache als Ursache für die innerhalb der Garantiefrist festgestellte Fehlerhaftigkeit beruft. Da der Verkäufer hier Umstände aus dem Bereich des Käufers geltend macht, in den der Verkäufer ebenso wie Dritte regelmäßig keinen Einblick haben, können die allgemeinen Grundsätze über die **sekundäre Darlegungslast** der nicht beweisbelasteten Partei eingreifen. Insbes in dem Fall, in dem der **begründete Verdacht** besteht, dass der Käufer nicht regelgerecht mit dem Kaufgegenstand umgegangen ist, kann der Käufer aufgrund einer sekundären Darlegungslast gehalten sein, die **Art und Weise der Nutzung** einschließlich Aufbewahrung zu erläutern. Das Gleiche gilt, wenn umstritten ist, ob der Käufer eine ihm obliegende **Wartung oder sonstige Pflege** der Sache entweder gänzlich unterlassen oder sorgfaltswidrig durchgeführt hat. Die den Verkäufer treffende Beweislast für eine unsachgemäße Behandlung durch den Käufer oder sonstige äußere Einwirkung wird aber durch eine sekundäre Darlegungslast des Käufers letztlich nicht berührt. Im konkreten Einzelfall können auch die Grundsätze über den **Anscheinsbeweis** zugunsten des Verkäufers eingreifen. Der Käufer muss dann diese Beweiswirkung zumindest erschüttern. Praktische Bedeutung hat insoweit vor allem die Konstellation, in der eine Beschädigung der Sache gegeben ist, die **typischerweise auf eine äußere Einwirkung** zurückzuführen ist. Das Gleiche gilt, wenn zumindest Spuren vorhanden sind, die gewöhnlich auf einer äußeren Einwirkung oder einer unsachgemäßen Behandlung der Sache durch den Käufer beruhen. 110

302 AA BeckOGK/Stöber Rz 98.
303 BGH NJW 1979, 645; Begr Gesetzentwurf, BT-Drucks 14/6040, S 237.
304 Begr Gesetzentwurf, BT-Drucks 14/6040, S 237; Soergel[12]/U Huber § 459 aF Rz 143.

111 3. **Umfang der Beweislast des Käufers.** Aufgrund der Fassung des § 443 Abs 1 Halbsatz 1 muss zunächst der Käufer beweisen, dass eine Garantie übernommen worden ist[305]. Zudem obliegt dem Käufer die Beweislast für die Zugehörigkeit der von ihm festgestellten Beschaffenheitsabweichung zum **sachlichen Geltungsbereich der Garantie**[306]. Es muss also eine Eigenschaft (Beschaffenheit) der Sache betroffen sein, für deren Fortbestand (Haltbarkeit) der Garantiegeber die Einstandspflicht übernommen hat[307]. Der Rechtfertigungsgrund für die darauf bezogene Beweislast des Käufers ist darin zu sehen, dass ihm ein Anspruch zusteht, der über die gesetzliche Sachmängelhaftung hinausgeht[308]. Das Auftreten der Beschaffenheitsabweichung innerhalb der Garantiefrist muss der Käufer ebenfalls beweisen[309]. Es gilt also insoweit die **allgemeine Beweislastregel (Rosenbergsche Formel)**, nach der jede Partei die Voraussetzungen der für sie günstigen Norm zu beweisen hat. Aus dem Tatbestand des § 443 Abs 2 ergibt sich dies für die genannten Umstände deshalb unmittelbar und eindeutig, weil die **Vermutungswirkung** sich ausdrücklich nur auf die Begründung von Rechten aus der Garantie bezieht, sofern die Beschaffenheitsabweichung innerhalb der Garantiefrist auftritt.

112 Die Entdeckung der Beschaffenheitsabweichung wird regelmäßig nur dann umstritten sein, wenn die Beschaffenheitsabweichung erst **nach Ablauf der Garantiefrist** vom Käufer gegenüber dem Garantiegeber geltend gemacht wird[310]. Der Gesetzgeber hat die Vermutungswirkung des § 443 Abs 2 zu Recht deshalb nicht auf die **Wahrung der Garantiefrist** erstreckt, weil für den die Sache besitzenden Käufer der maßgebende Zeitpunkt ohne weiteres erkennbar ist, während der Verkäufer insoweit keinen Einblick hat[311]. Die auf die **Entdeckung der Beschaffenheitsabweichung** noch innerhalb der Garantiefrist bezogene Beweislast ist dem Käufer daher auch in den Konstellationen zumutbar, in denen die Beschaffenheitsabweichung erst kurz vor Ende der Garantiefrist festgestellt wird[312]. Eine Erstreckung der durch die Vermutungswirkung des § 443 Abs 2 eintretenden Beweislastumkehr auf die Frage des Zeitpunkts des Auftretens der Beschaffenheitsabweichung würde zu einer nicht der Absicht des Verkäufers entsprechenden und nicht interessengerechten faktischen Ausdehnung des Garantiezeitraums in den Fällen führen, in denen die **Berufung des Käufers** auf einen Garantiefall erst nach Ablauf der Garantiefrist erfolgt[313].

VII. Verjährung von Rechten aus Haltbarkeitsgarantien

113 1. **Fehlen einer gesetzlichen Bestimmung – Regelungsabsicht des Reformgesetzgebers.** Der Gesetzgeber des **SMG 2002** hat nicht nur für die Garantien nach § 443 Abs 1, sondern auch in Bezug auf die **Haltbarkeitsgarantie** des § 443 Abs 1 die Frage der Verjährung der sich daraus ergebenden Ansprüche nicht besonders geregelt[314], obwohl er gerade bei der Verjährung die „größten Schwierigkeiten" sah[315]. Die Begründung zum SMG 2002 verweist darauf, dass die Rspr mangels gesetzlicher Vorschriften weitgehend auf die **Auslegung der Garantieerklärung** im Einzelfall angewiesen sei[316]. Gleichwohl entschied er sich dafür, nicht nur Gegenstand und Dauer der Garantie ungeregelt zu lassen, sondern auch über die **dem Käufer zustehende Rechtsbehelfe** sowie über die Verjährung „keine allgemeinen Bestimmungen" zu treffen[317]. Dies soll auch für die **Herstellergarantie** gelten[318]. In Bezug auf die Herstellergarantie wurde zwar eine gesetzliche Regelung zumindest insoweit als notwendig angesehen, als der Anwendungsbereich der **Verbrauchsgüterkauf-Richtlinie** betroffen ist[319]. Insbes die Verjährung von Ansprüchen aus einer Herstellergarantie gehört aber nicht zu diesem Bereich[320]. Auch die **Warenkauf-Richtlinie** regelt diese Frage nicht. Im Übrigen wollte der Gesetzgeber des SMG 2002 aber eine „möglichst in ihrem Anwendungsbereich einheitliche Regelung der Garantie", also der Verkäufergarantie und der Herstellergarantie, in das reformierte Kaufrecht aufnehmen[321].

114 Die wenigen geregelten Grundsätze des § 443 idF des SMG 2002 ließen sich auf die **Garantie eines Dritten** übertragen[322]. Die im Vorfeld des Erlasses des SMG 2002 tätige **Schuldrechtskommission** hatte im Rahmen der Begründung ihres Vorschlags die Erwartung geäußert, dass die Rspr den Rechtsgedanken des auf die Verkäufergarantie bezogenen BGB § 444 – Kommissi-

305 Begr Gesetzentwurf, BT-Drucks 14/6040, S 239.
306 Begr Gesetzentwurf, BT-Drucks 14/6040, S 239.
307 Begr Gesetzentwurf, BT-Drucks 14/6040, S 239.
308 Begr Gesetzentwurf, BT-Drucks 14/6040, S 239.
309 Begr Gesetzentwurf, BT-Drucks 14/6040, S 239.
310 Vgl Begr Gesetzentwurf, BT-Drucks 14/6040, S 239.
311 Begr Gesetzentwurf, BT-Drucks 14/6040, S 239.
312 Begr Gesetzentwurf, BT-Drucks 14/6040, S 239.
313 Begr Gesetzentwurf, BT-Drucks 14/6040, S 239.
314 Vgl Begr Gesetzentwurf, BT-Drucks 14/6040, S 237 ff.
315 Vgl Begr Gesetzentwurf, BT-Drucks 14/6040, S 238.
316 Begr Gesetzentwurf, BT-Drucks 14/6040, S 237.
317 Begr Gesetzentwurf, BT-Drucks 14/6040, S 238 f.
318 Begr Gesetzentwurf, BT-Drucks 14/6040, S 239 f.
319 Begr Gesetzentwurf, BT-Drucks 14/6040, S 239 f.
320 Begr Gesetzentwurf, BT-Drucks 14/6040, S 239 f.
321 Begr Gesetzentwurf, BT-Drucks 14/6040, S 240.
322 Begr Gesetzentwurf, BT-Drucks 14/6040, S 240.

onsentwurf auf die Herstellergarantie überträgt[323]. Der Gesetzgeber des SMG 2002 hielt diese Einschätzung für gerechtfertigt, obwohl die **Rechtsbeziehung zu einem Dritten**, der nicht Partei des Kaufvertrags ist, in die für das Kaufvertragsverhältnis geltende gesetzliche Regelung einbezogen werde[324]. Denn es bestehe, so die Begründung, deshalb ein **enger Zusammenhang** beider Verhältnisse, weil es ohne einen Kaufvertrag mit einem Händler auch keine Ansprüche aus einer Herstellergarantie gebe[325].

Aus der vorstehend dargelegten Begründung zu § 443 idF des SMG 2002[326] ergibt sich zwar weder für die Haltbarkeitsgarantie des Verkäufers noch für eine derartige Garantie des Herstellers oder eines sonstigen Dritten eine konkrete Aussage zur Länge der Verjährungsfrist und deren Beginn. Aus dieser Begründung lässt sich aber eindeutig die Erwägung des Gesetzgebers ableiten, dass bei der Verjährung und sonstigen **nicht geregelten Einzelfragen** die Lösungen für Garantien des Herstellers und sonstigen Dritten in **Anlehnung an die Verkäufergarantie** entwickelt werden und der fehlenden Beteiligung des versprechenden Dritten am Kaufvertrag keine ausschlaggebende Bedeutung zukommen soll. 115

Richtig ist zwar, dass § **438** auf Garantieansprüche des Käufers gegen Dritte aufgrund der nicht gegebenen Verkäuferstellung dieses Garantiegebers **nicht direkt angewandt** werden kann. Zu bejahen ist aber aus den dargelegten Gründen insoweit eine analoge Anwendung des § 438. Diese Analogie ist auch deshalb als sachgerecht anzusehen, weil es nach **Eintritt des Garantiefalls** für das Interesse des Käufers an der ordnungsgemäßen Erfüllung der Ansprüche aus der Garantie regelmäßig nicht darauf ankommt, ob der Verkäufer, der Hersteller oder ein Dritter insoweit verpflichtet ist und die Garantieleistung erbringt. Zudem ist die Ratio der – im Vergleich zur Regelverjährung nach §§ 195 ff – kürzeren, besonderen gewährleistungsrechtlichen Regelverjährungsfrist des § 438 Abs 1 Nr 3 auch dann einschlägig, wenn es um die Haftung des Herstellers oder eines sonstigen Dritten aus Garantie geht, die anlässlich eines Kaufs übernommen wurde. Dies gilt sowohl für den Gesichtspunkt der **Entstehung von Beweisschwierigkeiten** als auch für das Interesse des Verkäufers an der Erlangung der Gewissheit der endgültigen Erledigung des Kaufgeschäfts und der damit verbundenen Wiederherstellung des Rechtsfriedens. Als Ergebnis ist daher festzuhalten, dass § 438 und damit vor allem die **allgemeine Verjährungsfrist des § 438 Abs 1 Nr 3** (**zwei Jahre**) grds auf Ansprüche aus einer Haltbarkeitsgarantie entsprechend anwendbar ist, und zwar unabhängig davon, ob sich der Anspruch aus der Garantie gegen den Verkäufer, den Hersteller oder einen Dritten richtet. Die allgemeine Regelverjährung nach §§ 195 ff greift daher grds nicht Platz[327]. 116

2. **Unselbständige Haltbarkeitsgarantie des Verkäufers.** Auch in Bezug auf die Frage der Verjährung von Ansprüchen aus einer Haltbarkeitsgarantie nach § 443 Abs 2 des Verkäufers ist nicht danach zu differenzieren, ob es sich um eine unselbständige Garantie, deren Rechtsfolgen sich an den **gesetzlichen Gewährleistungsrechten aus § 437** orientieren, oder um eine selbständige Garantie mit besonders definierten Rechtsfolgen handelt[328]. Richtig ist hier nicht nur die grds Anwendung des § 438 auf die unselbständige Garantie des Verkäufers[329]. § 438 ist vielmehr – wie bei den Haltbarkeitsgarantien Dritter – analog auf die selbständige Haltbarkeitsgarantie des Verkäufers anzuwenden[330]. Nimmt man mit der hier vertretenen Ansicht in Übereinstimmung mit der **Regelungsabsicht des Gesetzgebers** an, dass die Lösung der Einzelfragen bei der Haltbarkeitsgarantie Dritter in **Anlehnung an die Garantiehaftung des Verkäufers** erfolgen soll, so muss die analoge Anwendung des § 438 auch für die Ansprüche aus den Drittgarantien Platz greifen. Eine andere Frage ist der Zeitpunkt des Beginns der Verjährung[331]. 117

3. **Beginn der Verjährung von Ansprüchen aus Haltbarkeitsgarantie – analoge Anwendung des § 438 Abs 2.** Enthält der Kaufvertrag für die Haltbarkeitsgarantie des Verkäufers eine besondere Garantiefrist, so stellt sich die Frage, ob diese Frist generell oder zumindest in bestimmten Konstellationen die sich grds aus § 438 ergebende Frist für die Verjährung etwaiger gesetzlicher Gewährleistungsrechte des Käufers aus § 437 modifiziert. Die gleiche Problematik zeigt sich bei einer Haltbarkeitsgarantie des Herstellers oder eines sonstigen Dritten, soweit die gesetzliche Verjährungsfrist des § 438 Abs 1 Nr 2 oder Nr 3 entsprechend anwendbar ist[332]. Im Blickpunkt steht insoweit insbes der Fall, in dem die **vereinbarte Garantiefrist länger** ist als 118

323 Vgl dazu Begr Gesetzentwurf, BT-Drucks 14/6040, S 240.
324 Begr Gesetzentwurf, BT-Drucks 14/6040, S 240.
325 Begr Gesetzentwurf, BT-Drucks 14/6040, S 240.
326 Vgl dazu Rz 113.
327 AA NK/Büdenbender Rz 42.
328 AA BeckOGK/Stöber Rz 100; vgl zur Abgrenzung oben Rz 14 ff.
329 BeckOK/Faust Rz 48; aA Staud/Matusche-Beckmann Rz 63; BeckOGK/Stöber Rz 100; Stöber, Beschaffenheitsgarantien des Verkäufers, 2006, S 316 f.
330 MünchKomm/Westermann Rz 22; aA Staud/Matusche-Beckmann Rz 63; BeckOGK/Stöber Rz 100; Stöber, Beschaffenheitsgarantien des Verkäufers, 2006, S 316 f.
331 Vgl dazu nachfolgend Rz 118.
332 Vgl dazu oben Rz 93 ff.

die **Verjährungsfrist** des § 438 Abs 1 Nr 3 für die Verjährung der Gewährleistungsansprüche des Käufers. Eine unveränderte Geltung der Verjährungsfrist würde hier dazu führen, dass die noch innerhalb der Garantiefrist, aber nach Ablauf der Verjährungsfrist durch Eintritt des Garantiefalls entstehenden Garantieansprüche von vornherein wegen Verjährung nicht durchsetzbar wären. Diese schon vor Inkrafttreten des SMG 2002 bestehende Problematik wurde zwar dadurch entschärft, dass die Regelverjährung für die Gewährleistungsansprüche des Käufers nicht mehr nur sechs Monate (§ 477 aF), sondern gem § 438 Abs 1 Nr 3 zwei Jahre beträgt. Der Fristenkonflikt besteht aber nach wie vor, sofern – wie in der Praxis zumindest in Bezug auf bestimmte Eigenschaften der Kaufsache – die **Garantiefrist mehr als zwei Jahre** beträgt. Der Gesetzgeber des SMG 2002 hat auch diese Verjährungsfrage ausdrücklich offengelassen[333]. Nach § 438 Abs 2 beginnt die Verjährung bei Grundstücken mit der Übergabe, im Übrigen mit der **Ablieferung der Sache**. Der Zeitpunkt der Ablieferung stimmt zwar insbes bei der Hol- und der Bringschuld regelmäßig überein mit dem Zeitpunkt des Gefahrübergangs, der gem § 434 Abs 1 für die Frage entscheidend ist, ob ein Sachmangel vorliegt. Dies gilt aber nicht für den **Versendungskauf**, weil hier die Gefahr gem § 447 Abs 1 mit der Übergabe der Ware an den Beförderer auf den Käufer übergeht. Die Ablieferung wird in diesem Fall erst nach **Ankunft der Ware am Bestimmungsort** durch Übergabe an den Käufer vollzogen. Die Rechtfertigung für den Verjährungsbeginn erst bei Ablieferung ist darin zu sehen, dass der Käufer vorher keine Möglichkeit hat, die Ware auf Mängel zu untersuchen. Während der Beförderung der Ware läuft also die Verjährungsfrist noch nicht. Die Vereinbarung einer Haltbarkeitsgarantie und einer dafür geltenden Frist berührt den Beginn und den Lauf der Verjährung grds nicht[334].

119 Der an die Ablieferung der Kaufsache und damit zumindest in vielen Fällen faktisch an den **Gefahrübergang** anknüpfende Ablieferungsbegriff des § 438 Abs 2 ist aber für die Verjährung von Ansprüchen aus einer Haltbarkeitsgarantie dann unangemessen, wenn die Garantiefrist die direkt oder analog anwendbare Verjährungsfrist des § 438 Abs 1 Nr 2 oder Nr 3 übersteigt[335]. Die Garantie wäre hier für den Käufer wertlos, wenn der Verkäufer sich nach Ablauf dieser gesetzlichen Verjährungsfrist, aber noch vor Ablauf der Garantiefrist, auf den **Einwand der Verjährung** berufen könnte[336]. Dies widerspräche in besonderem Maße dem Wesen der Haltbarkeitsgarantie[337]. Eine die gesetzliche Verjährung nach § 438 Abs 1 Nr 2 oder Nr 3 übersteigende Garantiefrist ist daher idR dahin gehend auszulegen, dass alle innerhalb dieser Frist auftretenden Mängel die vereinbarten Gewährleistungs- oder besonderen Garantieansprüche auslösen und die – gesetzlich oder vertraglich vereinbarte – Verjährungsfrist für diese Käuferansprüche erst mit der **Feststellung des Mangels** durch den Käufer beginnt[338]. Wird die Beschaffenheitsabweichung im Falle einer die gesetzliche Verjährung übersteigenden Garantiefrist erst kurz vor Ablauf dieser Frist festgestellt, so tritt die Verjährung erst mit Ablauf der mit Entdeckung in Gang gesetzten Verjährungsfrist ein[339]. Dem Käufer muss hier die **volle Verjährungsfrist** für die Entscheidung darüber zur Verfügung stehen, ob er aufgrund der festgestellten Beschaffenheitsabweichung die Garantieansprüche klageweise geltend machen will[340].

120 Dass bei der Beratung des SMG 2002 in Kenntnis der Rspr zum alten Kaufrecht von einer Regelung der hier in Rede stehenden Fristenproblematik abgesehen wurde, ist zwar nicht ausschlaggebend für die Übernahme der bisherigen Lösung für das reformierte Kaufrecht. Es ist aber gleichwohl die Annahme gerechtfertigt, der **Reformgesetzgeber** habe die bisherige Rspr als angemessen eingeordnet und keinen Anlass für eine davon abweichende gesetzliche Regelung gesehen. Die zum alten Kaufrecht von der Rspr vertretene Auffassung ist grds auf **Verkäufergarantien iSd § 443** übertragbar[341]. Eine über die zweijährige Verjährungsfrist des § 438 Abs 1 Nr 3 hinausgehende Garantiefrist bewirkt daher keine grds **Verlängerung der gesetzlichen Verjährung**[342]. Der Lauf der Frist des § 438 Abs 1 Nr 3 wird aber, sofern der Käufer die Beschaffenheitsabweichung innerhalb der Garantiefrist feststellt, erst mit diesem Zeitpunkt in Gang gesetzt; abweichend von § 438 Abs 2 ist also insoweit bei **Grundstücken** nicht die Über-

333 Begr Gesetzentwurf, BT-Drucks 14/6040, S 239: „Keine allgemeinen Bestimmungen sollen hingegen getroffen werden über den Gegenstand und die Dauer einer Garantie und auch nicht über die dem Käufer zustehenden Rechtsbehelfe sowie über die Verjährung."

334 BGH NJW 1979, 645; RGZ 128, 211, 213 (zum alten Kaufrecht); BeckOGK/Stöber Rz 101 f.

335 BGH NJW 1979, 645; RGZ 128, 211, 213 (zum alten Kaufrecht); BeckOGK/Stöber Rz 101 f.

336 BGH NJW 1979, 645; RGZ 128, 211, 213 (zum alten Kaufrecht); BeckOGK/Stöber Rz 101 f.

337 Vgl dazu oben Rz 96 ff.

338 RGZ 91, 305, 307; RGZ 65, 119, 121; BGH NJW 1979, 645; BGH NJW 1981, 2248, 2249; BGH NJW 1983, 392; BGH NJW 1986, 1927, 1928; MünchKomm/Habersack Rz 41 Vor § 765; Oetker/Maultzsch, Vertragliche Schuldverhältnisse, 2018[5], § 2 Rz 364; aA BeckOGK/Arnold § 438 Rz 52; BeckOK/Faust Rz 48.

339 BGH NJW 1979, 645; BGH DB 1962, 367; BGH DB 1965, 1736; RGZ 91, 305, 307; RGZ 65, 119, 121.

340 BGH NJW 1979, 645.

341 BeckOGK/Stöber Rz 102.

342 BeckOGK/Stöber Rz 102.

gabe und bei beweglichen Sachen nicht die Ablieferung entscheidend[343]. Die Rechtfertigung für den späteren Beginn der Verjährung bei **Feststellung der Beschaffenheitsabweichung** während der laufenden Garantiefrist ist auch nach neuem Kaufrecht im **Wesen der befristeten Haltbarkeitsgarantie** zu sehen. Denn im Falle eines Beginns der Verjährung nach Maßgabe des § 438 Abs 2 könnte der Käufer eine über die gesetzliche Verjährungsfrist hinausgehende Garantiefrist nicht in vollem Umfang in Anspruch nehmen[344]. Eine Anknüpfung des Beginns der Ansprüche aus der Haltbarkeitsgarantie an den Zeitpunkt der Vollendung der Verjährung etwaiger gesetzlicher Gewährleistungsrechte aus § 437 wäre demgegenüber nicht sachgerecht. Denn der Käufer kann, sofern er nach Übergabe der Sache und **innerhalb der Garantiefrist** das Vorliegen einer Beschaffenheitsabweichung feststellt, ab diesem, für den Beginn der Verjährung bei übersteigender Garantiefrist maßgeblichen, Zeitpunkt für eine **Durchsetzung der Ansprüche** aus der Haltbarkeitsgarantie gegen den Verkäufer oder/und einen Dritten als Garantiegeber Sorge tragen.

4. **Beginn der Verjährung bei Vorliegen einer die Verjährungsfrist nicht übersteigenden Garantiefrist.** Die Frage des Beginns der Verjährungsfrist ist anders zu beurteilen, wenn die **eingeräumte Garantiefrist kürzer** oder jedenfalls nicht länger ist als die nach § 438 Abs 1 zu bestimmende Verjährungsfrist. Bei Vorliegen einer derartigen Garantiefrist will der Verkäufer zwar inhaltlich in größerem Umfang für eine bestimmte Beschaffenheit einstehen. In zeitlicher Hinsicht soll die Garantiehaftung aber offensichtlich nicht über die gesetzliche Verjährungsfrist hinausgehen[345]. Der Verkäufer kann daher davon ausgehen, dass es nach Ablauf der Garantiefrist nicht mehr zu einer Garantiehaftung kommt. Der **BGH** beschränkt den späteren Verjährungsbeginn erst ab Feststellung der Beschaffenheitsabweichung ausdrücklich auf den Fall, dass die Garantiefrist die Dauer der Verjährungsfrist übersteigt[346]. Im Übrigen soll die Vereinbarung einer Garantiefrist die Verjährung nicht berühren[347]. Dass im Rahmen des SMG 2002 die gewährleistungsrechtliche Regelverjährung von sechs Monaten (§ 477 aF) auf zwei Jahre (§ 438 Abs 1 Nr 3) verlängert wurde, ändert an der Richtigkeit und Angemessenheit dieses Ergebnisses nichts, sondern entschärft vielmehr allgemein die Verjährungsproblematik. Wird noch innerhalb der die Verjährungsfrist nicht übersteigenden Garantiefrist die Beschaffenheitsabweichung vom Käufer festgestellt, so gilt für die Geltendmachung der daraus folgenden Ansprüche die zeitlich übereinstimmende gesetzliche oder vereinbarte Verjährungsfrist, dh, die Verjährung beginnt hier gem § 438 Abs 2 mit der **Übergabe** (**Grundstückskauf**) oder der Ablieferung (**Kauf beweglicher Sachen**)[348]. 121

Zeigt sich im Falle der Garantiefrist, die mit der sich aus § 438 Abs 1 ergebenden Verjährungsfrist übereinstimmt, die Beschaffenheitsabweichung erst kurz vor Fristende, so ist der Käufer zwar gezwungen, unverzüglich für eine **Hemmung der Verjährung** Sorge zu tragen. Dies entwertet aber zum einen – anders als eine die Garantiefrist unterschreitende Verjährungsfrist – nicht die Garantie. Zum anderen handelt es sich nicht um ein spezifisches Problem der Garantiefrist, sondern um eine Lage, die bei jeder Frist für **die Geltendmachung von Gewährleistungsansprüchen** eintreten kann, wenn der Mangel erst kurz vor Fristende festgestellt wird. 122

VIII. Abdingbarkeit des § 443 Abs 1 und Abs 2

Soweit ein **Verbrauchsgüterkauf iSd § 474** vorliegt, ist § 443 Abs 2 ebenso wie § 443 Abs 1 weder durch AGB noch durch Individualvereinbarung abdingbar. Außerhalb des Verbrauchsgüterkaufs ist hingegen nur § 443 Abs 2 nicht als **zwingendes Recht** anzusehen[349]. Eine **formularmäßige Abbedingung** des § 443 Abs 2 verstößt aber regelmäßig gegen § 309 Nr 12[350]. Nach **§ 309 Nr 12** ist eine Bestimmung unwirksam, durch die der Verwender die Beweislast zum Nachteil des anderen Vertragsteils ändert. Dies gilt insbes in dem Fall, in dem der Verwender dem anderen Teil die Beweislast für Umstände auferlegt, die im Verantwortungsbereich des Verwenders liegen. 123

343 BeckOGK/Stöber Rz 102; BeckOK/Faust Rz 48; Stöber, Beschaffenheitsgarantien des Verkäufers, 2006, S 323 f.

344 So auf Grundlage des alten Kaufrechts RGZ 91, 305, 307; RGZ 128, 211, 213; BGH NJW 1979, 645; BeckOGK/Stöber Rz 102; Stöber, Beschaffenheitsgarantien des Verkäufers, 2006, S 324.

345 Vgl BeckOGK/Stöber Rz 100 ff.

346 BGH NJW 1979, 645.

347 BGH NJW 1979, 645; RGZ 128, 211, 213.

348 BGH NJW 1975, 645 (zum alten Kaufrecht); BeckOGK/Stöber Rz 102.

349 Staud/Matusche-Beckmann Rz 40.

350 Staud/Matusche-Beckmann Rz 40.

§ 444 Haftungsausschluss

Auf eine Vereinbarung, durch welche die Rechte des Käufers wegen eines Mangels ausgeschlossen oder beschränkt werden, kann sich der Verkäufer nicht berufen, soweit er den Mangel arglistig verschwiegen oder eine Garantie für die Beschaffenheit der Sache übernommen hat.

ÜBERSICHT

A. Allgemeines

I. Zusammenfassung von §§ 443 aF, 476 aF sowie AGBG § 11 Nr 11 aF durch das SMG 2002

Nach § 443 aF war ein Ausschluss der **Rechtsmängelhaftung** des Verkäufers nichtig, wenn der Verkäufer den Mangel arglistig verschwiegen hatte[1]. Die Regelung des § 476 aF enthielt eine entsprechende Regelung für den Ausschluss und die Beschränkung der **Sachmängelhaftung** des Verkäufers[2]. Eine **formularmäßige Vertragsklausel** war gem AGBG § 11 Nr 11 aF nichtig, wenn durch sie bei einem Kauf-, Werk- oder Werklieferungsvertrag **Schadensersatzansprüche** des Käufers wegen Fehlens einer **zugesicherten Eigenschaft** ausgeschlossen oder eingeschränkt wurden. Die durch das SMG 2002 eingefügte Vorschrift des § 444 fasst zum einen die § 443 aF und § 476 aF zusammen[3]. Nach § 443 aF war die Vereinbarung des Ausschlusses der **Rechtsmängelhaftung** nichtig, wenn der Verkäufer den Mangel arglistig verschwiegen hatte. Entsprechendes galt gem § 476 aF für die **Sachmängelhaftung**. Zum anderen geht AGBG § 11 Nr 11 aF in dieser Neuregelung auf[4]. In Bezug auf den zum früheren Recht der **AGB-Inhaltskontrolle** zählenden AGBG § 11 Nr 11 aF liegt deshalb keine bloße Zusammenfassung vor, weil diese Regelung nur Allgemeine Geschäftsbedingungen, also vorformulierte Vertragsklauseln, betraf. 1

Das Verhältnis zwischen Zusicherung (Garantie) einer Eigenschaft (Beschaffenheit) der Kaufsache und Gewährleistungsausschluss durch **kaufvertragliche Individualvereinbarung** war bis zum Inkrafttreten des SMG 2002 gesetzlich nicht geregelt. Nach § 463 aF konnte der Käufer bei **Fehlen einer zugesicherten Eigenschaft** Schadensersatz wegen Nichterfüllung verlangen und nach § 476 aF war ein Gewährleistungsausschluss bei **Arglist des Verkäufers** nichtig. Der im Falle des Zusammentreffens von Zusicherung einer Eigenschaft und Gewährleistungsausschluss in ein und demselben Kaufvertrag vorliegende inhaltliche Gegensatz war nach altem Kaufrecht – bei wegen Vorliegens einer Individualvereinbarung nicht gegebener Anwendbarkeit des AGBG § 11 Nr 11 aF – im Wege der **Auslegung** zu lösen[5]. Danach konnte der Gewährleistungsausschluss so zu verstehen sein, dass in Bezug auf eine letztlich fehlende Eigenschaft der Kaufsache eine Zusicherung im Rechtssinne überhaupt nicht vorlag, und zwar insbes **keine konkludente Zusicherung**[6]. Die Auslegung der in Rede stehenden individualvertraglichen Vereinbarung konnte aber auch ergeben, dass die Zusicherung einer Eigenschaft im Verhältnis zur Freizeichnung den Vorrang hat[7]. Dies galt insbes dann, wenn die Zusicherung sich auf eine **spezielle Eigenschaft der Kaufsache** bezog und der Gewährleistungsausschluss dagegen abstrakt und generell formuliert war[8]. Verkaufte der Verkäufer bspw einen **Gebrauchtwagen** unter Ausschluss der Gewährleistung und sicherte er zugleich die Unfallfreiheit des Wagens zu, so erfasste die vertragliche Freizeichnung kraft Auslegung nicht die Haftung wegen fehlender Unfallfreiheit, sondern nur **sonstige Sachmängel**[9]. 2

Nach AGBG § 11 Nr 11 aF war in AGB eine Bestimmung unwirksam, durch die bei einem Kauf-, Werk- oder Werklieferungsvertrag **Schadensersatzansprüche gegen den Verwender** aus § 463 aF, § 480 Abs 2 aF, § 635 aF wegen Fehlens zugesicherter Eigenschaften ausgeschlossen oder eingeschränkt werden. Dieser Unwirksamkeitstatbestand schützte bei Kaufverträgen das Vertrauen des Käufers in die vom Verkäufer erklärte Eigenschaftszusicherung[10]. Mit der Neuregelung des § 444 ist zwar nunmehr das Verhältnis zwischen Garantie und Gewährleistungsausschluss ausdrücklich geregelt. Die vor Inkrafttreten des SMG 2002 bestehende **Auslegungsfrage** stellt sich aber jetzt für das Verhältnis zwischen einfacher Beschaffenheitsvereinbarung ohne Garantiecharakter und Gewährleistungsausschluss[11]. **Art 7 der Verbrauchsgüterkauf-Richtlinie** und **Art 13 der Warenkauf-Richtlinie** über die unabdingbaren Rechte des Verbrauchers beim Verbrauchsgüterkauf werden im BGB umgesetzt durch **§ 476**[12]. Die Regelung des § 444 kann aber beim Verbrauchsgüterkauf zur Anwendung gelangen, soweit zu Lasten des Verbrauchers gem § 476 Abs 2 die **gesetzliche Verjährung** abgeändert oder gem § 476 Abs 3 ein **Ausschluss von Schadensersatzansprüchen** vereinbart wird[13]. 3

1 Vgl dazu Soergel[12]/U Huber § 443 aF Rz 1 ff.
2 Vgl dazu Soergel[12]/U Huber § 476 aF Rz 1 ff.
3 Vgl Begr Gesetzentwurf, BT-Drucks 14/6040, S 240.
4 Vgl Begr Gesetzentwurf, BT-Drucks 14/6040, S 240.
5 Vgl Soergel[12]/U Huber § 459 aF Rz 191.
6 BGH WM 1981, 224 f; Soergel[12]/U Huber § 451 aF Rz 191.
7 Vgl Soergel[12]/U Huber § 459 aF Rz 191.
8 BGH WM 1977, 1351 f; BGH NJW 1983, 1424; BGH WM 1984, 941; Soergel[12]/U Huber § 459 aF Rz 191.
9 BGH WM 1977, 1351 f; Soergel[12]/U Huber § 459 aF Rz 191.
10 MünchKomm/Basedow, AGBG, 2001[4], § 11 Rz 1; Pal/Heinrichs, AGBG, 2000[61], § 11 Rz 73.
11 Vgl dazu nachfolgend Rz 4 und ausführlich Rz 15 ff.
12 Vgl BeckOK/Faust Rz 3.
13 Vgl BeckOK/Faust Rz 3.

II. Nichtanwendbarkeit des § 444 bei Kollision von einfacher Beschaffenheitsvereinbarung iSd § 434 Abs 2 Satz 1 Nr 1 und vertraglicher Freizeichnung – Überblick

4 Da § 444 – anders als § 476 aF – die **Beschaffenheitsgarantie** des Verkäufers und damit die Eigenschaftszusicherung des alten Kaufrechts (§§ 459 Abs 2 aF, 463 aF) ausdrücklich der **Arglist gleichstellt** und damit auch für diesen Fall die Unwirksamkeit der vertraglichen Freizeichnung anordnet, muss im Wege eines **Umkehrschlusses** (argumentum e contrario) gefolgert werden, dass eine einfache, also nicht den Grad der Garantie erreichende, Beschaffenheitsvereinbarung iSd § 434 Abs 2 Satz 1 Nr 1 gültig ist. Die fehlende Erstreckung des § 444 auf den Fall der einfachen Beschaffenheitsvereinbarung ändert aber nichts daran, dass zwischen einer Beschaffenheitsvereinbarung nach § 434 Abs 1 Satz 1 Nr 1 und einem umfassenden Gewährleistungsausschluss im selben Kaufvertrag ein **inhaltlicher Widerspruch** besteht. Diese Problematik ist vergleichbar mit der nach altem Kaufrecht möglichen Kollision zwischen vertraglichem Gewährleistungsausschluss und der nicht von der Arglistregelung des § 476 aF erfassten Eigenschaftszusicherung[14]. Auch die Frage der Rechtsfolge des – nicht in § 444 geregelten – Zusammentreffens von vertraglicher Beschaffenheitsvereinbarung und Gewährleistungsausschluss ist im **Wege der Auslegung** zu beantworten, dh, § 444 entfaltet insoweit keine Sperrwirkung[15]. Ein allgemein formulierter vertraglicher Ausschluss der Mängelhaftung des Verkäufers bezieht sich kraft Auslegung idR nicht auf eine zugleich vorliegende Beschaffenheitsvereinbarung iSd § 434 Abs 1 Satz 1[16]. Etwas anderes gilt aber in dieser Hinsicht für auf die Kaufsache bezogene **öffentliche Äußerungen des Verkäufers**, die nach § 434 Abs 3 Satz 1 Nr 2 lit b bei der Bestimmung der geschuldeten Beschaffenheit (Soll-Beschaffenheit) zu berücksichtigen sind[17]. Eine Besonderheit in Bezug auf die Anerkennung eines Vorrangs der Beschaffenheitsvereinbarung iSd § 434 Abs 2 Satz 1 Nr 1 kraft Auslegung vor einem vertraglichen Gewährleistungsausschluss besteht allerdings bei den nach § 311b **beurkundungspflichtigen Grundstückskaufverträgen**. Denn hier setzt eine derartige dominierende Stellung einer Beschaffenheitsvereinbarung voraus, dass sie als Inhalt des Grundstückskaufvertrags auch notariell beurkundet worden ist. Der **Beurkundungszwang** erweist sich daher insoweit als **Auslegungshindernis**. Das Gleiche gilt für andere formbedürftige Kaufverträge, zB den beurkundungspflichtigen Kauf von GmbH-Geschäftsanteilen.

III. „Nicht berufen" als Rechtsfolge des § 444 – allgemeine Grundlagen

5 1. **Der Wortlaut des § 444 in Abgrenzung zu § 443 aF, § 476 aF.** § 443 aF ordnete an, dass eine Vereinbarung, durch welche die nach den §§ 433 bis 437, 439 bis 442 **wegen eines Mangels im Rechte** dem Verkäufer obliegende Verpflichtung zur Gewährleistung erlassen oder beschränkt wird, **„nichtig"** ist, wenn der Verkäufer den Mangel arglistig verschweigt. Nach § 476 aF war eine die **Sachmängelgewährleistung** ausschließende kaufvertragliche Vereinbarung „nichtig", wenn der Verkäufer den Mangel arglistig verschwieg. Von dieser Terminologie des alten Kaufrechts weicht der Wortlaut des § 444 mit der Formulierung „kann sich der Verkäufer nicht berufen" offensichtlich und deutlich ab. Eine entsprechende Formulierung findet sich im Abschnitt über den Verbrauchsgüterkauf in § 476 Abs 1 Satz 1 („kann der Unternehmer sich nicht"). Gleichwohl führt die Neuregelung des § 444 nicht zu einer Abweichung im Ergebnis, dh, es tritt im Vergleich zu § 443 aF, § 476 aF letztlich dieselbe Rechtsfolge ein[18]. Daher ist es nicht unrichtig, wenn gesagt wird, das arglistige Verschweigen führe ebenso wie eine Beschaffenheitsgarantie zu Unwirksamkeit der Freizeichnungsvereinbarung.

6 2. **Vermeidung der Teilnichtigkeit iSd § 139 mit der Folge der Gesamtnichtigkeit des Kaufvertrags.** Die Nichtigkeit des vereinbarten Gewährleistungsausschlusses im Falle des Vorliegens einer Arglist oder einer Beschaffenheitsgarantie wird von § 444 deshalb nicht angeordnet, weil die Unzulässigkeit einer derartigen Vereinbarung nicht zu einer Teilnichtigkeit des Kaufvertrags mit der Folge einer Nichtigkeit des gesamten Kaufvertrags durch Anwendung der allgemeinen Regelung des § 139 führen soll[19]. Durch eine derartige Anwendung des § 139 würde nämlich der **Schutz des Käufers ins Gegenteil verkehrt** und der Verkäufer nicht nur von der verschärften Haftung wegen Arglist oder Garantie, sondern von jeder Gewährleistungsverpflichtung befreit. Der kaufvertragliche Gewährleistungsausschluss ist aufgrund der vom Gesetzgeber gewählten Konstruktion des § 444 trotz Vorliegens einer Arglist oder Beschaffenheitsgarantie des Verkäufers in vertragstechnischer Hinsicht wirksam mit der Folge, dass **keine Teilnichtigkeit**

14 Vgl dazu oben Rz 2.
15 Vgl zu Einzelheiten unten Rz 15 ff.
16 Vgl zu Einzelheiten unten Rz 15 ff.
17 Vgl zu Einzelheiten unten Rz 23 f.
18 Vgl nachfolgend Rz 6 f; Begr Gesetzentwurf, BT-Drucks 14/6040, S 240.
19 Begr Gesetzentwurf, BT-Drucks 14/6040, S 240.

vorliegt[20]. Durch die gesetzliche Formulierung „kann sich der Verkäufer nicht berufen“ wird also sichergestellt, dass kein Ansatzpunkt für Anwendung des § 139 mit der Folge einer Gesamtnichtigkeit des Kaufvertrags entsteht[21]. Eine Anwendung des § 139 wäre hier deshalb problematisch, weil nach dieser Vorschrift die Nichtigkeit eines Teils des Rechtsgeschäfts die Nichtigkeit des ganzen Rechtsgeschäfts zur Folge hat, wenn nicht anzunehmen ist, dass es auch ohne den nichtigen Teil vorgenommen sein würde.

Insbes bei **Gebrauchtwagen-Privatverkäufen** und beim Verkauf **gebrauchter Hausgrundstücke** läge dann die Annahme nahe, dass der Verkäufer wegen der herausragenden Bedeutung der Freizeichnung und ihrer Verkehrsüblichkeit bei derartigen Geschäften den Kaufvertrag nicht ohne den Gewährleistungsausschluss abgeschlossen hätte. Der **Gesetzgeber des SMG 2002** hielt es daher für vorzugswürdig, nicht die Nichtigkeit der Freizeichnungsvereinbarung anzuordnen, sondern die Rechtsfolge „dahingehend festzuschreiben“, dass der Verkäufer sich nicht auf den Haftungsausschluss berufen kann[22]. Die Besonderheit der gesetzlichen Formulierung beschränkt sich auf die Auswirkung auf den Kaufvertrag im Übrigen. In Bezug auf den Gewährleistungsausschluss als solchen besteht kein Unterschied zwischen Nichtigkeit iSd § 443 aF, § 476 aF und dem „nicht berufen“ nach § 444. Es ist daher unschädlich, von der Unwirksamkeit, Nichtigkeit oder Unzulässigkeit der konkreten Freizeichnungsvereinbarung zu sprechen. Im Falle des **arglistigen Verschweigens eines Mangels** bezieht sich die Unwirksamkeitsfolge allerdings grundsätzlich nur auf diesen Mangel[23]. Entsprechendes gilt für die Beschaffenheitsgarantie, dh, sie beseitigt die Wirkung des Gewährleistungsausschlusses nur in Bezug auf die Beschaffenheitsmerkmale des Kaufgegenstands, die von der Reichweite der Garantie erfasst werden[24]. 7

B. Vereinbarung über Gewährleistungsausschluss

I. Generelle Zulässigkeit

Die grundsätzliche Zulässigkeit eines vertraglichen Ausschlusses der Gewährleistung folgt aus § 444 im Wege eines **Umkehrschlusses** (argumentum e contrario): Da der Verkäufer sich nur in den Fällen des **arglistigen Verschweigens** eines Mangels und der Übernahme einer **Beschaffenheitsgarantie** nicht auf eine kaufvertraglich vereinbarte Freizeichnung berufen kann, ist bei Nichtvorliegen einer derartigen Ausnahme von der Wirksamkeit auszugehen. Bestätigt wird dies auch durch einen Umkehrschluss aus § 476 Abs 1 Satz 1, nach dem der Verkäufer (Unternehmer) sich bei Vorliegen eines **Verbrauchsgüterkaufs** auf eine vor Mitteilung eines Mangels an ihn getroffene Vereinbarung, die zum Nachteil des Verbrauchers von den §§ 433 bis 435, 437, 439 bis 443 abweicht, nicht berufen kann. Diese Regelung des Verbrauchsgüterkaufrechts ergibt nur dann einen Sinn, wenn ein vertraglicher Gewährleistungsausschluss bei Nichtvorliegen eines Verbrauchsgüterkaufs grundsätzlich wirksam ist. Untermauert wird die Annahme einer Zulässigkeit der Freizeichnung schließlich durch einen Umkehrschluss aus § 309 Nr 8 lit b, der die Unwirksamkeit von formularmäßigen Einschränkungen der Gewährleistungsrechte des Käufers nur für den Fall anordnet, dass die **Lieferung einer neu hergestellten Sache** Gegenstand des Kaufvertrags ist. Demzufolge sind formularmäßige Freizeichnungen beim Verkauf von **gebrauchten Sachen** und individualvertragliche Haftungsausschlüsse grundsätzlich uneingeschränkt zulässig. 8

II. Mündliche Vereinbarung eines Gewährleistungsausschlusses – Formfreiheit

Ein Ausschluss der Gewährleistung kann grundsätzlich auch mündlich vereinbart werden[25]. 9
Etwas anderes gilt selbstverständlich für **formgebundene Kaufverträge** und damit insbes für die nach § 311b Abs 1 Satz 1 beurkundungspflichtigen Grundstückskaufverträge. Aufseiten des Verkäufers sind mündliche Freizeichnungsvereinbarungen aber problematisch, weil er bei Auftreten eines Mangels die **Darlegungs- und Beweislast** für das Vorliegen eines Gewährleistungsausschlusses trägt[26]. Denn eine solche Vereinbarung ist ein für den Verkäufer günstiger Tatbestand. Vorteilhaft in Bezug auf den Nachweis einer mündlichen Freizeichnung kann eine **Vertretung des Verkäufers** beim Abschluss des Kaufvertrags sein, da im **Gewährleistungsprozess** der Vertreter **als Zeuge vernommen** werden kann; wegen seiner Parteistellung aber nicht der Verkäu-

20 MünchKomm/Westermann Rz 12; BeckOK/Faust Rz 14; aA Staud/Matusche-Beckmann Rz 76; NK/Büdenbender Rz 28; Grüneberg/Weidenkaff Rz 14.
21 Begr Gesetzentwurf, BT-Drucks 14/6040, S 240.
22 Begr Gesetzentwurf, BT-Drucks 14/6040, S 240.
23 Vgl zu den Einzelheiten unten Rz 180 f.
24 Vgl zu den Einzelheiten einschließlich der Bedeutung des Tatbestandsmerkmals „soweit“ bei Verkäufergarantien unten Rz 210 ff.
25 BGHZ 170, 67 Rz 10 f.
26 Vgl dazu auch Rz 146 und Rz 218.

fer[27]. Ein gem § 309 Nr 7 lit a und lit b (Haftungsausschluss bei Verletzung von Leben, Körper, Gesundheit und bei grobem Verschulden) unwirksamer formularmäßiger Gewährleistungsausschluss steht einer mündlichen Freizeichnung nicht entgegen[28]. Es gilt nämlich auch insoweit der **Vorrang der Individualabrede** (§ 305b)[29]. Gelangt das **Instanzgericht** im Rahmen der **Beweiswürdigung** zur Annahme eines mündlichen Gewährleistungsausschlusses, so ist diese Beweiswürdigung im Revisionsverfahren nur daraufhin nachprüfbar, ob sich der **Tatrichter** mit dem Streitstoff und den Beweisergebnissen umfassend und widerspruchsfrei auseinandergesetzt hat, dh, die Beweiswürdigung muss vollständig und rechtlich möglich sein und darf nicht gegen **Denkgesetze und Erfahrungsgrundsätze** verstoßen[30].

III. Konkludenter Gewährleistungsausschluss

10 Ein Gewährleistungsausschluss kann auch konkludent, also durch schlüssiges Verhalten zustande kommen[31]. Der Verkäufer trägt allerdings die Darlegungs- und Beweislast für das **Vorliegen der Tatsachen**, aus denen sich im Rahmen einer rechtlichen Würdigung der Ausschluss der Gewährleistungshaftung ergeben soll. Besonderheiten gelten aber auch hier für **formbedürftige Kaufverträge** und insoweit insbes für Grundstückskaufverträge. Die Freizeichnung muss sich eindeutig aus dem notariell beurkundeten Vertragstext ergeben[32]. Denn die Gewährleistungshaftung des Verkäufers ist die gesetzliche Regel.

IV. Reichweite des Gewährleistungsausschlusses

11 1. **Erstreckung auf zwischen Vertragsschluss und Gefahrübergang noch entstehende Mängel.** – a) **Zweckorientierte Auslegung des Gewährleistungsausschlusses – Grundsätze.** Ob ein vertraglicher Ausschluss der Gewährleistungshaftung des Verkäufers sich auch auf Mängel erstreckt, die in zeitlicher Hinsicht zwischen dem Abschluss des Kaufvertrags und dem Gefahrübergang entstehen, ist eine Frage der **Auslegung**[33]. Der Zweck einer derartigen kaufvertraglichen Freizeichnung besteht in erster Linie darin, den Verkäufer vor der Haftung für solche Mängel zu bewahren, die ihm nicht bekannt sind[34]. Dieses Verkäuferinteresse ist nach allgemeiner Auffassung beim **Verkauf gebrauchter Sachen** und insbes beim **Grundstückskauf** grundsätzlich schützenswert[35]. Beim **Verbrauchsgüterkauf** sind allerdings die zwingenden Einschränkungen des § 476 Abs 1 und Abs 2 zu beachten. Nach § 476 Abs 1 Satz 1 ist hier ein Gewährleistungsausschluss grundsätzlich unwirksam. Wird im Rahmen eines Verbrauchsgüterkaufs eine **gebrauchte Sache** veräußert, so kann zwar die **reguläre kaufrechtliche Verjährungsfrist** des § 438 auf ein Jahr reduziert, die Gewährleistungshaftung des Verkäufers aber nicht darüber hinausgehend ausgeschlossen werden (§ 476 Abs 2).

12 b) **Erkennbarkeit des Mangels vor Vertragsschluss.** In Bezug auf vor Abschluss des Kaufvertrags für den Käufer im Rahmen einer Besichtigung und Prüfung des Kaufgegenstands erkennbare Mängel ist davon auszugehen, dass er seine Interessen durch **Aushandeln einer Kaufpreisherabsetzung** oder durch ausdrückliche Erstreckung der Mängelhaftung des Verkäufers auf den konkreten Mangel selbst wahren kann[36]. Nutzt der Käufer diese Möglichkeiten nicht, so ist die **Erstreckung der Freizeichnung** auch auf die schon vorliegenden erkennbaren Mängel idR interessengerecht[37]. Im Übrigen hat der Käufer selbstverständlich die Möglichkeit, aufgrund des Mangels vom Abschluss des Kaufvertrags abzusehen, sofern eine **Anpassung der Vertragsbedingungen** für ihn von vornherein nicht in Betracht kommt oder bei den Verhandlungen nicht durchsetzbar ist. Sofern der Käufer den Mangel bei Abschluss des Kaufvertrags positiv kannte oder grob fahrlässig nicht bemerkt hat, sind die Gewährleistungsansprüche ohnehin nach **§ 442 Abs 1** ausgeschlossen. Bei grob fahrlässiger Unkenntnis greift dieser gesetzliche Gewährleistungs-

27 Vgl dazu BGHZ 170, 67 Rz 10 f (Vernehmung des Vertreters des Verkäufers beim Gebrauchtwagenverkauf).
28 BGHZ 170, 67 Rz 10.
29 Vgl MünchKomm/Fornaiser § 305b Rz 9; BeckOK/H Schmidt § 305b Rz 9.
30 BGHZ 170, 67 Rz 11 f. Im Fall des BGH wurde die Beweiswürdigung des Berufungsgerichts, das nach Vernehmung des Vertreters des Verkäufers als Zeugen einen mündlichen Gewährleistungsausschluss bejahte, nicht beanstandet, sondern dem Käufer als Revisionsführer entgegengehalten, dass er die Beweiswürdigung des Berufungsgerichts lediglich durch eine eigene Würdigung des Ergebnisses der durchgeführten Beweisaufnahme ersetze.
31 BeckOGK/Stöber Rz 12; Erman/Grunewald Rz 8; Staud/Matusche-Beckmann Rz 7.
32 Vgl dazu unten Rz 45 ff.
33 BGH NJW 2003, 1316 (zu § 459 aF im Fall des Grundstückskaufs); BeckOK/Faust Rz 8; Erman/Grunewald Rz 2; Staud/Matusche-Beckmann Rz 35, 46; Zimmermann/Bischoff NJW 2003, 2506, 2508.
34 BGH NJW 2003, 1316.
35 BGH NJW 2003, 1316.
36 BGH NJW 2003, 1316.
37 BGH NJW 2003, 1316.

ausschluss allerdings nur dann ein, wenn aufseiten des Verkäufers weder eine Arglist noch die Übernahme einer Beschaffenheitsgarantie gegeben ist (§ 442 Abs 1 Satz 2)[38].

c) **Interessenlage bezüglich nach Vertragsschluss noch entstehender Mängel.** In Bezug auf die zwischen Abschluss des Kaufvertrags und Gefahrübergang noch auftretenden Mängel ist die Interessenlage anders als im Falle des im Vorfeld des Vertrags bestehenden und erkennbaren Mangels. Denn der **Käufer**, der die vom Verkäufer verlangte Haftungsfreizeichnung nach Besichtigung und Prüfung der Kaufsache durch Abschluss des Vertrags akzeptiert, kann sich vor den Folgen eines nach diesem Zeitpunkt bis zur Übergabe noch entstehenden Mangels **nicht in vergleichbarer Weise schützen**[39]. IdR ist die Annahme nicht gerechtfertigt, dass ein Käufer, der sich bei Vertragsschluss mit einem Gewährleistungsausschluss einverstanden erklärt hat, auch die mit einer nachträglichen Mangelentstehung verbundenen Risiken eingehen will[40]. Dass uU noch bis zum **Zeitpunkt des Gefahrübergangs** der Arglisttatbestand des § 444 mit der Folge der Unzulässigkeit eines zunächst wirksamen Gewährleistungsausschlusses eingreifen kann[41], rechtfertigt keine andere Beurteilung. Der Verkäufer muss nämlich nicht zwangsläufig Kenntnis von einem nachträglich noch entstehenden Mangel erlangen. Abgesehen davon müsste eine **Arglist des Verkäufers** vom Käufer nachgewiesen werden[42]. Denn der Käufer trägt die **Darlegungs- und Beweislast** für diesen Ausnahmetatbestand, der zur Nichtanwendbarkeit der vereinbarten Freizeichnung auf den Mangel führt, der verschwiegen worden ist[43]. 13

Eine zwischen Abschluss des Kaufvertrags und Gefahrübergang nach § 446 oder § 447 noch eintretende **Verschlechterung der Kaufsache** stellt zwar für den Verkäufer ein Risiko dar[44]. Dies gilt insbes dann, wenn zwischen Vertragsschluss und Gefahrübergang ein gewisser Zeitraum liegt und/oder die Sache äußeren Einflüssen ausgesetzt ist, die eine Mangelentstehung begünstigen[45]. Der Verkäufer ist aber aufgrund seiner regelmäßig bis zum Zeitpunkt des Gefahrübergangs **bestehenden Sachherrschaft** viel eher als der Käufer in der Lage, sich auf dieses Risiko einzustellen[46]. Gerade auf diesem Gesichtspunkt beruht auch die zentrale Sachmangelvorschrift des § 434 Abs 1, die dem Verkäufer bis zu dem grundsätzlich nach Maßgabe der §§ 446, 447 zu bestimmenden Gefahrübergang das **Risiko der Entstehung eines Mangels** nach Abschluss des Kaufvertrags zuweist[47]. Ein vertraglicher Gewährleistungsausschluss ist daher regelmäßig dahin gehend auszulegen, dass er solche Mängel nicht erfasst, die erst nach Abschluss des Kaufvertrags entstehen[48]. Die spätere Entdeckung eines Mangels, der schon zum Zeitpunkt des Vertragsschlusses bestand, ist dagegen ein klassischer Fall der Anwendung einer kaufvertraglichen Freizeichnungsabrede. 14

2. **Zusammentreffen von Beschaffenheitsvereinbarung iSd § 434 Abs 2 Satz 1 Nr 1 und Gewährleistungsausschluss – Grundsätze.** – a) **Vorrang der Beschaffenheitsvereinbarung kraft Auslegung.** Vom Anwendungsbereich eines im Kaufvertrag enthaltenen Gewährleistungsausschlusses sind neben dem in § 444 explizit als Ausnahme aufgeführten Bezugsgegenstand einer **Beschaffenheitsgarantie** im Ergebnis auch solche Erklärungen des Verkäufers ausgenommen, die nur zu einer (einfachen) **Beschaffenheitsvereinbarung** iSd § 434 Abs 2 Satz 1 Nr 1 führen[49]. Da nach § 444 neben einer Arglist des Verkäufers nur die Garantie einer bestimmten Beschaffenheit (Eigenschaftszusicherung iSd § 459 Abs 2 aF, § 463 aF) zur Nichtgeltung der vertraglichen Freizeichnung führt, müsste aus dieser Vorschrift eigentlich der Umkehrschluss gezogen werden, dass eine bloße Beschaffenheitsvereinbarung (§ 434 Abs 2 Satz 1 Nr 1) diese Rechtsfolge nicht hat. Ein wirksamer kaufvertraglicher Gewährleistungsausschluss bezieht sich aber kraft Vertragsauslegung regelmäßig nicht auf den **Gegenstand einer Beschaffenheitsvereinbarung**[50]. Wird beim Gebrauchtwagenverkauf bspw in Bezug auf die **Laufleistung** des angebotenen Fahrzeugs eine **Beschaffenheitsvereinbarung** getroffen, so bezieht sich ein umfassen- 15

38 Vgl dazu § 442 Rz 101 ff.
39 BGH NJW 2003, 1316; Staud/Matusche-Beckmann Rz 35, 46; MünchKomm/Westermann Rz 4; BeckOK/Faust Rz 8; Grüneberg/Weidenkaff Rz 6.
40 BGH NJW 2003, 1316; BeckOGK/Stöber Rz 17; BeckOK/Faust Rz 8.
41 Vgl dazu unten Rz 115 ff.
42 Vgl dazu unten Rz 146 ff.
43 Vgl zu den Einzelheiten Rz 146 ff.
44 BGH NJW 2003, 1316 f.
45 Im Fall BGH NJW 2003, 1316 lagen zwischen Abschluss des notariellen Kaufvertrags und dem vereinbarten Termin der Übergabe des verkauften Hausgrundstücks etwas mehr als sechs Monate. Die Gewährleistung für sichtbare und unsichtbare Mängel war vertraglich ausgeschlossen. Zwischen Vertragsschluss und Gefahrübergang kam es zu einem Wassereinbruch, wodurch nach der Behauptung des Käufers an dem Laminatboden in der Souterrainwohnung des Hauses und an einzelnen Türblättern Schäden entstanden.
46 BGH NJW 2003, 1316 f.
47 BGH NJW 2003, 1316 f.
48 BGH NJW 2003, 1316 f.
49 BGHZ 170, 86 Rz 31; BGH BeckRS 2010, 30815 Rz 6; BGH NJW 2013, 1075 Rz 19; BGH NJW 2013, 1733 Rz 15; BGH NJW 2017, 3292 Rz 22; aA Emmert NJW 2006, 1765; Karlsruhe NJW-RR 2014, 1525, 1526; Stöber DAR 2004, 570, 572; BeckOK/Faust Rz 6 (in Bezug auf konkludente Beschaffenheitsvereinbarungen).
50 BGHZ 170, 86 Rz 31; BGH NJW 2013, 2107 Rz 21; Erman/Grunewald Rz 4; BeckOK/Faust Rz 6 f.

der vertraglicher Gewährleistungsausschluss nicht auf den **Sachmangel**, der darauf beruht, dass die **tatsächliche Laufleistung** wesentlich höher ist[51]. In dem Fall, in dem die Parteien bei einem derartigen Kaufgeschäft im Vertrag die **Unfallfreiheit** des verkauften Fahrzeugs vereinbart haben, erstreckt sich der **Gewährleistungsausschluss** nicht auf in Wirklichkeit vorliegende **Unfallschäden**[52].

16 Der Tatbestand des § 444 und insbes die dort geregelten Ausnahmetatbestände stehen einer derartigen Auslegung nicht entgegen, und der Gesetzgeber ist nicht gehalten, den **Primat der Vertragsauslegung** bei der Bestimmung der Reichweite einer kaufvertraglichen Freizeichnung klarzustellen. Aus der Sicht des Käufers als Vertragspartner stehen Beschaffenheitsvereinbarung und Gewährleistungsausschluss als Bestandteile des Kaufvertrags gleichrangig nebeneinander und können deshalb nicht in der Weise verstanden werden, dass der umfassende Gewährleistungsausschluss die Unverbindlichkeit der Beschaffenheitsvereinbarung zur Folge haben soll[53]. Denn im Falle eines solchen Verständnisses des gesamten Vertrags wäre die Beschaffenheitsvereinbarung für den Käufer sinn- und wertlos, sofern eine mangelbezogene Arglist des Verkäufers nicht nachgewiesen werden kann[54]. Dies ist auch für den Verkäufer bei Vertragsschluss offensichtlich. Eine **nach beiden Seiten interessengerechte Auslegung** der kaufvertraglichen Kombination von Beschaffenheitsvereinbarung iSd § 434 Abs 2 Satz 1 Nr 1 und Gewährleistungsausschluss kann deshalb allein dahin erfolgen, dass der Gewährleistungsausschluss sich nicht auf das **Fehlen der vereinbarten Beschaffenheit** erstreckt, sondern nur diejenigen Mängel erfasst, die darauf beruhen, dass der Kaufgegenstand sich nicht für die **nach dem Vertrag vorausgesetzte Verwendung** eignet (§ 434 Abs 2 Satz 1 Nr 2) oder sich nicht für die **gewöhnliche Verwendung** eignet und keine Beschaffenheit aufweist, die bei Sachen der gleichen Art üblich ist und die der Käufer nach der Art der Sache erwarten kann (§ 434 Abs 3 Satz 1 Nr 1 und Nr 2)[55]. Bei **Grundstückskaufverträgen** setzt der Vorrang der Beschaffenheitsvereinbarung allerdings voraus, dass diese **notariell beurkundet** ist.

17 b) **Einschränkung des Gewährleistungsausschlusses durch konkludente Beschaffenheitsvereinbarungen.** Die Möglichkeit der Einschränkung eines kaufvertraglichen Gewährleistungsausschlusses kraft Auslegung einer zugleich vorliegenden Beschaffenheitsvereinbarung ist auch grundsätzlich dann anzuerkennen, wenn es sich um eine **konkludente Beschaffenheitsvereinbarung** handelt[56]. Ob im konkreten Einzelfall eine derartige, die Voraussetzungen des § 434 Abs 2 Satz 1 Nr 1 erfüllende Vereinbarung vorliegt, ist ebenfalls im Wege der **Auslegung** zu ermitteln[57]. Da eine ausdrückliche Vereinbarung fehlt, sind insoweit insbes die sich aus den übrigen Vertragsregelungen ergebenden Anhaltspunkte sowie Erklärungen des Verkäufers bei der Vertragsanbahnung von Bedeutung. Nach den einschlägigen Regeln über Willenserklärungen setzt die Vereinbarung einer bestimmten Beschaffenheit einen **Rechtsbindungswillen** des Verkäufers voraus. Nur bei Vorliegen einer verbindlichen Zusage des Verkäufers stellt sich die weitere Frage, inwieweit dadurch ein vertraglicher Gewährleistungsausschluss eingeschränkt wird. Das Vorliegen eines Rechtsbindungswillens kann vor allem dann zweifelhaft sein, wenn im **Vorfeld des Vertragsschlusses** abgegebene beschaffenheitsbezogene Erklärungen des Verkäufers nicht in den schriftlich abgefassten Kaufvertrag aufgenommen werden. Hier spricht die **Vermutung der Vollständigkeit der Richtigkeit einer rechtsgeschäftlichen Urkunde**[58] gegen einen Rechtsbindungswillen. Eine konkludente Beschaffenheitsvereinbarung, die den Anwendungsbereich eines vertraglichen Gewährleistungsausschlusses einschränkt, kommt daher bei Vorliegen eines schriftlichen Kaufvertrags im Wesentlichen nur in dem Fall in Betracht, in dem der Vertragstext zumindest andeutungsweise Angaben zur Beschaffenheit des Kaufgegenstands enthält, die im Wege der Auslegung die Annahme einer konkludenten Beschaffenheitsvereinbarung rechtfertigen.

18 c) **Abgrenzung zwischen Beschaffenheitsvereinbarung und unverbindlicher sog Wissenserklärung.** Eine große Bedeutung hat in der Praxis die Abgrenzung der Beschaffenheitsvereinbarung iSd § 434 Abs 2 Satz 1 Nr 2 von der bloßen sog **Wissenserklärung** des Verkäufers, die nach den allgemeinen Grundsätzen der Rechtsgeschäftslehre wegen **Fehlens eines Rechts-**

51 BGHZ 170, 86 Rz 30; bestätigt durch BGH NJW 2013, 1733 Rz 15.
52 BGH NJW 2013, 1733 Rz 15.
53 BGHZ 170, 86 Rz 31; Staud/Matusche-Beckmann Rz 27; BeckOK/Faust Rz 6; MünchKomm/Westermann Rz 7, 11; aA Emmert NJW 2006, 1765, 1768.
54 BGHZ 170, 86 Rz 31; Staud/Matusche-Beckmann Rz 27.
55 BGHZ 170, 86 Rz 31; Staud/Matusche-Beckmann Rz 27; BeckOK/Faust Rz 6; MünchKomm/Westermann Rz 11.
56 BGHZ 207, 349 Rz 9; BGH NJW 2013, 1733 Rz 15; BGH NJW 2017, 3292 Rz 22; BGH NJW 2018, 1954 Rz 22; aA BeckOK/Faust Rz 6; Faust JZ 2016, 1012, 1013.
57 BGH NJW 2013, 2107 Rz 22; BeckOK/Faust Rz 5; Erman/Grunewald Rz 4.
58 Vgl dazu BGHZ 20, 109, 111; BGH NJW 2002, 3164, 3165; BGH WM 2018, 817 Rz 15 ff.

bindungswillens keine Willenserklärung darstellt. Charakteristisch für eine insbes im Bereich des **Gebrauchtwagenhandels** anzutreffende reine Wissenserklärung ist die ausdrückliche Bezugnahme des Verkäufers auf eine **fremde Quelle** als Grundlage für seine Verlautbarung. Dadurch bringt er zum Ausdruck, dass es sich bei der betreffenden Beschaffenheitsangabe gerade nicht um eigenes Wissen, sondern nur um die Weitergabe der Mitteilung eines Dritten (insbes des Vorbesitzers) oder um die bloße Kundgabe einer wahrgenommenen sonstigen Tatsache handelt. Beim Gebrauchtwagenverkauf sind dies Erklärungen zur Beschaffenheit des Fahrzeugs mit dem einschränkenden Zusatz „laut Vorbesitzer", „laut Kfz-Brief" oder „laut Tacho"[59]. Der Vorrang einer Beschaffenheitsvereinbarung iSd § 434 Abs 2 Satz 1 Nr 2 kann zwar grundsätzlich auch bei **Grundstückskaufverträgen** Platz greifen. Die Annahme einer konkludenten Vereinbarung ist aber hier nur unter der Voraussetzung möglich, dass die **Form des § 311b Abs 1 Satz 1** gewahrt ist. Insoweit gilt beim Grundstückskaufvertrag grundsätzlich die **Andeutungstheorie**, so dass ein auf außerhalb der Urkunde liegende Umstände gestützter Parteiwille zumindest einen unvollkommenen Ausdruck im Vertragstext gefunden haben muss[60]. Unproblematisch ist der Fall, in dem zumindest die Beschaffenheitsvereinbarung ausreichend beurkundet ist und sich nur die Frage stellt, ob diese Abrede kraft Auslegung den Charakter einer Garantie hat. Fehlt eine solche Abrede im beurkundungspflichtigen Kaufvertrag und ergeben sich aus dem **Vertragstext auch keine Anhaltspunkte** für eine konkludente Verkäufergarantie, dann ist – wie bei öffentlichen Äußerungen des Verkäufers – jedenfalls ein **Bindungswille des Verkäufers** zu verneinen. Es ist vielmehr davon auszugehen, dass Erklärungen des Verkäufers im Vorfeld der Beurkundung nur dann Gegenstand des Kaufvertrags werden, wenn sie in den Vertragstext aufgenommen werden.

d) **Vorrang der Beschaffenheitsvereinbarung im Falle eines nachträglichen Gewährleistungsausschlusses**. Ein vertraglicher Gewährleistungsausschluss erfasst auch dann nicht die auf der Beschaffenheitsvereinbarung iSd § 434 Abs 2 Satz 1 Nr 2 beruhenden Sachmangel, wenn der **Gewährleistungsausschluss** erst nachträglich, dh nach Abschluss des Kaufvertrags vereinbart wird[61]. Praktische Bedeutung hat insoweit vor allem der Fall, dass der Käufer wegen Erhalts eines günstigeren Alternativangebots eines Dritten eine **Nachverhandlung über den Kaufpreis** verlangt und der Verkäufer den Preisnachlass nur gegen Aufnahme einer Freizeichnung gewährt. Ein derartiger mit einer Reduzierung des Kaufpreises einhergehender nachträglicher Gewährleistungsausschluss kann auch darauf beruhen, dass bei **Übergabe der Kaufsache** ein Mangel festgestellt wird und deshalb eine Nachverhandlung erfolgt[62]. Diese Konstellation kann bspw dann eintreten, wenn die Sache ohne vorherige Besichtigung im Rahmen einer **Internetversteigerung** erworben und dann bei Übergabe vom Käufer ein von der Angebotsbeschreibung im Internet einschließlich Fotos abweichender Zustand gerügt wird[63]. Im Falle der nachträglichen Aufnahme eines Gewährleistungsausschlusses im Rahmen der Änderung des ursprünglichen Kaufvertrags stellt sich aber die vorrangige Frage, ob dadurch etwaige **Beschaffenheitsvereinbarungen** der Erstfassung aufgehoben werden. Dies hängt von einer **Auslegung** unter Berücksichtigung der Umstände des konkreten Einzelfalls ab. Da auch ein nachträglicher allgemeiner Gewährleistungsausschluss nicht in einem zwingenden Zusammenhang mit konkreten Beschaffenheitsvereinbarungen steht, ist **im Zweifel von ihrem Fortbestand** auszugehen. 19

59 BGH NJW 2008, 1517 Rz 13; NJW 2013, 2107 Rz 22. Im Fall BGH NJW 2013, 2107 hatte das verkaufte 25 Jahre alte Wohnmobil, das vom Verkäufer zweieinhalb Jahre vor dem Weiterverkauf vom Vorbesitzer erworben worden war, eine gelbe Feinstaubplakette. Der Verkäufer hatte dem Käufer mitgeteilt, dass das Fahrzeug bereits bei seinem eigenen Erwerb vom Vorbesitzer mit der Plakette versehen gewesen sei. Ihm sei aber nicht bekannt, wann und unter welchen Umständen das Fahrzeug die gelbe Feinstaubplakette erhalten habe, und ihm seien keine Umstände bekannt, die einer Wiedererteilung der Plakette nach einer Ummeldung des Fahrzeugs entgegenstehen könnten. In Wirklichkeit erfüllte der Motor des verkauften Wohnmobils nicht die Euro-Normen mit der Folge, dass dem Käufer für das gekaufte Fahrzeug keine Feinstaubplakette erteilt wurde. Der BGH lehnte zu Recht eine Beschaffenheitsvereinbarung ab, weil der Verkäufer keine Zusage gemacht, sondern deutlich auf fehlendes eigenes Wissen hingewiesen habe.

60 Vgl dazu BGHZ 74, 116, 118 f.

61 KG NJW-RR 2012, 290 f. Im Fall des KG hatte der Käufer einen Gebrauchtwagen zunächst im Rahmen einer eBay-Auktion erworben. Die Angebotsbeschreibung des Verkäufers war Gegenstand der Beschaffenheitsvereinbarung geworden. Da bei der Abholung des Fahrzeugs Startschwierigkeiten auftraten, wurde der Kaufpreis herabgesetzt und in dem Kaufvertragsformular handschriftlich „keine Sachmängelhaftung" angekreuzt. Dieser Gewährleistungsausschluss erstreckte sich nach iE zutreffender Auffassung des KG nicht auf den Inhalt der schon in der ursprünglichen Vertragsfassung enthaltenen Beschaffenheitsvereinbarung iSd § 434 Abs 2 Satz 1 Nr 1. Nicht überzeugend ist dagegen die Ansicht des KG, sämtliche im eBay-Angebot des Verkäufers enthaltene Angaben und die damit verbundene Beschaffenheitsvereinbarung hätten zum Gegenstand des Haftungsausschlusses gemacht werden können, wofür der Verkäufer allerdings keine konkreten Anhaltspunkte vorgetragen habe. Denn grundsätzlich kann ein Gewährleistungsausschluss auch nicht ausdrücklich auf eine getroffene Beschaffenheitsvereinbarung erstreckt werden (vgl dazu Rz 20 f).

62 So im Fall KG NJW-RR 2012, 290 f.

63 Vgl dazu KG NJW-RR 2012, 290 f (Erwerb eines Gebrauchtwagens im Rahmen einer eBay-Versteigerung ohne vorherige Probefahrt).

Anders ist die Rechtslage insoweit aber dann, wenn die nachträgliche Freizeichnung sich nur auf eine bestimmte Beschaffenheit bezieht, deren Vorliegen ursprünglich im Kaufvertrag vereinbart war. Hier geht der nachträgliche Gewährleistungsausschluss einher mit der Aufhebung der bestehenden Beschaffenheitsvereinbarung. Eine darüber hinausgehende Bedeutung hat der Gewährleistungsausschluss hier nur dann, wenn die betreffende Beschaffenheit üblich ist iSd § 434 Abs 3 Satz 1 Nr 2 lit b.

20 3. **Ausdrückliche Erstreckung des vertraglichen Gewährleistungsausschlusses auf parallele Beschaffenheitsvereinbarungen**. Da sich nach hM ein vertraglicher Gewährleistungsausschluss kraft Auslegung nicht auf den Bereich einer zugleich bestehenden Beschaffenheitsvereinbarung iSd § 434 Abs 2 Satz 1 Nr 1 erstreckt, stellt sich die Frage, ob dieses **Auslegungsergebnis** durch ausdrückliche Vereinbarung ausgeschlossen werden kann. Es geht hier um den Fall, in dem der Kaufvertrag neben einer Beschaffenheitsvereinbarung einen Gewährleistungsausschluss enthält, der nach dem Vertragstext auch die Haftung des Verkäufers für die vereinbarte Beschaffenheit ausschließen soll. Bei einer solchen Vertragsgestaltung kann der Käufer zwar nicht ohne weiteres davon ausgehen, dass Beschaffenheitsvereinbarung und Gewährleistungsausschluss gleichrangig nebeneinanderstehen. Denn der Kaufvertrag ordnet eben ausdrücklich den Vorrang des Gewährleistungsausschlusses an. Andererseits ergäbe aber eine Beschaffenheitsvereinbarung keinen Sinn, wenn eine Abweichung von dieser festgelegten Soll-Beschaffenheit für den Verkäufer keine Folgen hätte. In der Entscheidung BGHZ 170, 86 hat der BGH offengelassen, ob durch **ausdrückliche Vereinbarung** auch die Haftung des Verkäufers für eine vertraglich vereinbarte Beschaffenheit (§ 434 Abs 2 Satz 1 Nr 2) der Kaufsache ausgeschlossen oder eingeschränkt werden kann[64]. In Wirklichkeit ist bei Vorliegen einer derartigen Vertragsgestaltung aber schon das Vorliegen einer **Beschaffenheitsvereinbarung** iSd § 434 Abs 2 Satz 1 Nr 2 zweifelhaft. Aufgrund des im Kaufvertrag ebenfalls enthaltenen Gewährleistungsausschlusses kann kraft Auslegung die Annahme gerechtfertigt sein, dass der Verkäufer die Angaben zur Beschaffenheit der Kaufsache von vornherein ohne Rechtsbindungswillen und damit ohne Gewähr macht.

21 Dies gilt insbes dann, wenn das Vorliegen einer Bindung des Verkäufers zweifelhaft ist. Daher kann für die Ablehnung einer **konkludenten Beschaffenheitsvereinbarung** im Wege der Auslegung des Kaufvertrags das Vorliegen eines allgemein formulierten Gewährleistungsausschlusses ausschlaggebend sein[65]. Eine dahin gehende Auslegungsregel besteht allerdings nicht[66]. Im Falle einer **reinen Wissenserklärung** (zB Beschaffenheitsangaben beim Gebrauchtwagenkauf mit dem Zusatz „laut Vorbesitzer“[67]) fehlt ohnehin schon eine Beschaffenheitsvereinbarung, so dass sich die Frage des Vorrangs eines allgemeinen kaufvertraglichen Gewährleistungsausschlusses nicht stellt. Ist dagegen bei Anwendung der dargelegten Grundsätze ein **Rechtsbindungswille des Verkäufers** und damit eine Beschaffenheitsvereinbarung iSd § 434 Abs 2 Satz 1 Nr 1 zu bejahen, so widerspricht ein ausdrücklich auch darauf erstreckter Gewährleistungsausschluss eindeutig dieser vertraglichen Abrede. Ein schützenswertes Interesse des Verkäufers an – für sich betrachtet – verbindlichen Beschaffenheitsvereinbarungen, deren Nichterfüllung für ihn keine Folgen hat, ist nicht erkennbar. Es steht ihm vielmehr frei, derartige Vereinbarungen nicht zu treffen, so dass nur die **übliche Beschaffenheit** iSd § 434 Abs 3 Satz 1 Nr 2 geschuldet wird. Die ausdrückliche Erstreckung des allgemeinen Gewährleistungsausschlusses auch auf den Gegenstand einer verbindlichen Beschaffenheitsvereinbarung ist daher wegen **widersprüchlichen Verhaltens** gem §§ 242, 157 als unwirksam anzusehen, soweit er sich auf die betreffende **Beschaffenheitsvereinbarung** bezieht. Im Übrigen kann die Freizeichnung Geltung beanspruchen.

22 4. **Kollision von öffentlicher Äußerung des Verkäufers iSd § 434 Abs 3 Satz 1 Nr 2 lit b und vertraglichem Gewährleistungsausschluss**. Bei Vorliegen einer beschaffenheitsbezogenen öffentlichen Äußerung des Verkäufers iSd § 434 Abs 3 Satz 1 Nr 2 lit b und einem kaufvertraglichen Gewährleistungsausschluss stellt sich – wie im Falle der Kollision der Freizeichnung mit einer **Beschaffenheitsvereinbarung iSd § 434 Abs 2 Satz 1 Nr 1**[68] – die Frage der **Reichweite des Haftungsausschlusses**. Die öffentliche Äußerung wäre zwar für den Käufer letztlich – für sich betrachtet – ohne Bedeutung, wenn ein kaufvertraglicher Gewährleistungsausschluss den Verkäufer ohne weiteres von der Haftung in dem Fall freistellt, in dem die Beschaffenheit, auf die sich diese Äußerung bezieht, in Wirklichkeit nicht vorliegt. Gleichwohl ist ein allgemeiner vertraglicher Gewährleistungsausschluss nicht dahin gehend auszulegen, dass er sich nicht auf

64 BGHZ 170, 86 Rz 31.
65 BeckOK/Faust Rz 6; Gutzeit NJW 2007, 1350, 1351; Faust JZ 2012, 103.
66 BeckOK/Faust Rz 6.
67 Vgl dazu oben Rz 18.
68 Vgl dazu oben Rz 15 ff.

die in öffentlichen Äußerungen des Verkäufers enthaltenen **Beschaffenheitsangaben** bezieht[69]. Der **BGH** bejahte die Erstreckung des vertraglichen Gewährleistungsausschlusses auch auf den Fall einer Abweichung der Ist-Beschaffenheit der Kaufsache von der in einer öffentlichen Äußerung des Verkäufers angegebenen Beschaffenheit zunächst nur für **formbedürftige Kaufverträge**, vor allem Grundstückskaufverträge[70]. Denn hier kann der Käufer schon aufgrund der Formbedürftigkeit des Vertrags nicht erwarten, dass der Verkäufer sich an Erklärungen im Vorfeld des Vertragsschlusses binden will, die nicht notariell beurkundet worden sind[71]. Die **notarielle Beurkundung** bildet hier vielmehr eine **Zäsur**[72].

Aber auch bei den sonstigen, **nicht formbedürftigen Kaufverträgen** bezieht sich der vertragliche Gewährleistungsausschluss auch auf den Fall des Nichtvorliegens einer Beschaffenheit, die Gegenstand einer öffentlichen Äußerung des Verkäufers iSd § 434 Abs 3 Satz 1 Nr 2 lit b ist[73]. Die Rechtslage ist bei öffentlichen Äußerungen deshalb anders als im Falle des Bestehens einer Beschaffenheitsvereinbarung, weil das Gesetz die öffentlichen Äußerungen nicht mit einer Beschaffenheitsvereinbarung nach § 434 Abs 2 Satz 1 Nr 2 gleichgesetzt, sondern sie zu der **Beschaffenheit nach § 434 Abs 3** zählt, also zu der Beschaffenheit, die bei Sachen der gleichen Art üblich ist und die der Käufer nach Art der Sache erwarten kann[74]. In Bezug auf eine gem **§ 434 Abs 3 Satz 1 Nr 2** geschuldete übliche Beschaffenheit kann der Verkäufer seine Haftung durch eine vertragliche Vereinbarung grundsätzlich ausschließen. Hier stehen nicht zwei vertragliche und – aus Sicht des Käufers – gleichrangige kaufvertragliche Vereinbarungen (Beschaffenheitsvereinbarung und Freizeichnung) nebeneinander, deren innerer Widerspruch durch eine interessengerechte Vertragsauslegung beseitigt werden muss[75]. **Inhaltlich kollidierende Vertragsbestandteile** liegen folglich nicht vor. Es besteht vielmehr nur eine vertragliche Regelung, und zwar der Gewährleistungsausschluss[76]. Im Verhältnis zwischen dieser vertraglichen Freizeichnungsabrede und dem **rein gesetzlichen Sachmangeltatbestand des § 434 Abs 3 Satz 1 Nr 2** ist eine einschränkende Auslegung eines umfassenden Gewährleistungsausschlusses nicht geboten[77]. 23

Das Gleiche gilt für das Rangverhältnis zwischen vertraglichem Gewährleistungsausschluss und öffentlicher Äußerung iSd **§ 434 Abs 3 Satz 1 Nr 2 lit b**[78]. Dass es sich insoweit auch um einen **gesetzlichen Sachmangeltatbestand** handelt, ist – für sich betrachtet – nicht entscheidend. Denn dieser Tatbestand bezieht sich immerhin auf privatautonome Erklärungen des Verkäufers, und bei rein formaler Sichtweise ist auch die Beschaffenheitsvereinbarung ein gesetzlicher Tatbestand (§ 434 Abs 2 Satz 1 Nr 1). Entscheidend ist insoweit, dass gem § 434 Abs 3 Satz 1 Nr 2 lit a die **Art der Sache** und nach § 434 Abs 3 Satz 1 Nr 2 lit b die **öffentlichen Äußerungen** gemeinsam die **übliche Beschaffenheit** iSd **objektiven Anforderungen** der Sache betreffenden Sachmangeltatbestands des § 434 Abs 3 Satz 1 Nr 2 festlegen. 24

Der Käufer kann daher bei Vorliegen eines umfassenden vertraglichen Gewährleistungsausschlusses und Nichtvorliegen einer in öffentlichen Äußerungen des Verkäufers enthaltenen Beschaffenheit nur dann die Rechte aus § 437 geltend machen, wenn der Verkäufer den Mangel **arglistig verschwiegen** hat. Das liegt zwar nahe, wenn der beschaffenheitsbezogene Inhalt der öffentlichen Anpreisung und die **wahre Beschaffenheit der Kaufsache** nicht übereinstimmen. Die Diskrepanz kann aber auf einem Versehen bei der Abfassung der öffentlichen Äußerung oder darauf beruhen, dass der Verkäufer die tatsächliche Ist-Beschaffenheit der Kaufsache gutgläubig nicht richtig kennt. Da der Käufer grundsätzlich die **Darlegungs- und Beweislast** bezüglich der Arglist des Verkäufers trägt, kann der Käufer sich im Falle des Zusammentreffens von öffentlicher Äußerung und vertraglichem Gewährleistungsausschluss nur dadurch vor einem **Verlust der Mängelrechte** schützen, dass er die Aufnahme der in der öffentlichen Äußerung genannten Eigenschaften der Kaufsache in den Kaufvertrag im Rahmen einer verbindlichen Beschaffenheitsvereinbarung iSd § 434 Abs 2 Satz 1 Nr 2 verlangt[79]. 25

5. **Erstreckung des Gewährleistungsausschlusses auf Aliud-Lieferungen**. – a) **Lieferung eines Identitätsaliuds**. Da § 434 Abs 5 die **Gleichstellung von Sachmangel und Falschlieferung (Aliud)** anordnet, kann zwar auch in Bezug auf die Falschlieferung die Gewährleistungshaf- 26

69 BGH NJW 2017, 150 Rz 12 ff; BGH NJW 2018, 146 Rz 20 ff mAnm M Stöber; BGH NJW-RR 2018, 752 Rz 22; BGH NJW 2018, 1954 Rz 9, 22; MünchKomm/Westermann Rz 11; BeckOGK/Stöber Rz 16; BeckOK/Faust Rz 7.

70 BGH NJW 2017, 150 Rz 12 ff; bestätigt durch BGH NJW-RR 2018, 752 Rz 22; BGH NJW 2018, 1954 Rz 9, 22; BGH NJW 2019, 2380 Rz 21.

71 BGH NJW 2017, 150 Rz 16 ff.

72 BGH NJW 2017, 150 Rz 18.

73 BGH NJW 2018, 146 Rz 20 ff.

74 BGH NJW 2018, 146 Rz 24.

75 BGH NJW 2018, 146 Rz 25 mit Bezugnahme auf BGHZ 170, 86 Rz 31 zur Konstellation des beurkundungspflichtigen Grundstückskaufvertrags.

76 BGH NJW 2018, 146 Rz 25.

77 BGH NJW 2018, 146 Rz 25.

78 BGH NJW 2018, 146 Rz 26.

79 Vgl dazu M. Stöber NJW 2018, 149 f.

tung des Verkäufers grundsätzlich nach den Regeln ausgeschlossen werden, die für den Sachmangel gelten[80]. Ein kaufvertraglicher Gewährleistungsausschluss erstreckt sich aber bei fehlender ausdrücklicher Einbeziehung nicht ohne weiteres auf die **Aliud-Lieferung**[81]. Da ein Ausschluss der Gewährleistungshaftung des Verkäufers typischerweise beim **Verkauf gebrauchter Sachen** und damit im Rahmen eines Stückkaufs vereinbart wird, geht es bei der hier in Rede stehenden Frage der Erstreckung des vertraglichen Gewährleistungsausschlusses auf ein Aliud im Wesentlichen um den Fall der Lieferung eines Identitätsaliuds[82]. Die Gleichstellungsregelung des § 434 Abs 3 erfasst zwar auch das **Identitätsaliud**. Die Erstreckung der Freizeichnung auf ein derartiges Aliud entspricht aber idR nicht dem Willen der Kaufvertragsparteien[83]. Eine ausdrückliche Einbeziehung des Identitätsaliuds in die Freizeichnungsabrede ist aber möglich[84].

27 Die Lieferung eines Identitätsaliuds stellt aufseiten des Verkäufers ein **voll beherrschbares Risiko** dar, so dass ein schützenswertes Interesse an einer darauf bezogenen Freizeichnung nicht erkennbar ist. Der Käufer hat daher idR keine Veranlassung, die mit der Lieferung eines Identitätsaliuds verbundenen gravierenden Nachteile durch Verzicht auf etwaige Gewährleistungsrechte zu akzeptieren. In den meisten Fällen beruht die Lieferung eines Identitätsaliuds entweder auf einer **schlichten Verwechslung** oder auf einer falschen Kennzeichnung/Verpackung der Kaufsache. Es handelt sich damit um eine Ursache, die regelmäßig erst nach Abschluss des Kaufvertrags gesetzt wird, so dass die bereits dargelegte **Auslegungsregel** Platz greift, nach der ein Gewährleistungsausschluss sich im Zweifel nicht auf Mängel bezieht, die erst nach Vertragsschluss entstehen[85]. Von einem **fehlenden Einverständnis des Käufers** bezüglich der Einbeziehung des Aliuds in eine kaufvertragliche Freizeichnungsabrede ist auch deshalb auszugehen, weil dem Verkäufer ansonsten die Möglichkeit eröffnet würde, sanktionslos eine andere Sache mit geringerem Wert zu liefern[86]. Der Käufer wäre hier nur bei Vorliegen einer **Arglist des Verkäufers** geschützt, für die allerdings der Käufer allgemein die **Beweislast** trägt[87].

28 b) **Aliud-Lieferung beim Gattungskauf**. Im Falle des Gattungskaufs hat die Frage der Erstreckung eines Gewährleistungsausschlusses auf eine Aliud-Lieferung nur eine geringe praktische Bedeutung. Denn insoweit handelt es sich idR um **neue Sachen**, die im Rahmen eines **Verbrauchsgüterkaufs** oder/und unter Verwendung von **Allgemeinen Geschäftsbedingungen** veräußert werden. Ein Gewährleistungsausschluss scheitert hier daher von vornherein schon an **§ 476 Abs 1 oder/und § 309 Nr 8 lit b**. Sind diese gesetzlichen Schranken eines Gewährleistungsausschlusses beim konkreten Gattungskauf ausnahmsweise nicht einschlägig, so ist auch hier die Frage der Erstreckung eines wirksamen Gewährleistungsausschlusses auf eine Aliud-Lieferung im Rahmen der Auslegung des Kaufvertrags zu klären. Insoweit kommt es entscheidend auf den **hypothetischen Willen der Kaufvertragsparteien** an. Es muss zunächst berücksichtigt werden, dass **Qualitäts- und sonstige Artabweichungen** zumindest in gewissem Umfang auch als **Beschaffenheitsabweichung** iSd § 434 Abs 2 Satz 1 Nr 1 und damit als **Sachmangel**, also nicht als Aliud-Lieferung, einzuordnen sind. Die Erfassung solcher Beschaffenheitsabweichungen vom Gewährleistungsausschluss entspricht aus Sicht des Käufers einem schützenswerten Interesse des Verkäufers. In Bezug auf weitergehende Abweichungen, die eine Aliud-Lieferung darstellen und von der **Gleichstellungsregelung des § 434 Abs 5** erfasst werden, ist die Anwendbarkeit eines allgemeinen kaufvertraglichen Gewährleistungsausschlusses aber – ebenso wie beim Identitätsaliud – grundsätzlich zu verneinen. Denn derartige Falschlieferungen sind den in vollem Umfang **beherrschbaren Risiken des Verkäufers** zuzurechnen, so dass schon ein schützenswertes Interesse des Verkäufers an der Erstreckung des Gewährleistungsausschlusses auf die Aliud-Lieferung zu verneinen ist. Darüber hinaus kann der Verkäufer auch beim Gattungskauf nicht davon ausgehen, dass der Käufer eine Erstreckung der kaufvertraglichen Freizeichnung auf einen erst nach Vertragsschluss entstehenden Mangel akzeptiert. Denn dadurch würde der Verkäufer in die Lage versetzt, ohne gewährleistungsrechtliche Sanktionen eine völlig andere Sache zu liefern. Eine **Arglist** iSd § 444 Alt 1 müsste der Käufer beweisen.

29 6. **Die Zuweniglieferung**. Nach § 434 Abs 3 Alt 2 stand es einem **Sachmangel** gleich, wenn der Verkäufer eine **zu geringe Menge** liefert. Auf Grundlage der seit dem **1.1.2022** geltenden Fassung des § 434 wird die Zuweniglieferung – unter **Wegfall des § 434 Abs 3 Alt 2 aF** – vom

80 AG Aachen NJW-RR 2005, 1143; Grüneberg/Weidenkaff Rz 2; BeckOGK/Stöber Rz 18.

81 AG Aachen NJW-RR 2005, 1143; Grüneberg/Weidenkaff Rz 2; Staud/Matusche-Beckmann Rz 23; BeckOGK/Stöber Rz 18.

82 So auch offenbar im Fall AG Aachen NJW-RR 2005, 1143. Nach den Sachverhaltsangaben wurde genau der Jazz Bass verkauft, der bei eBay mit eingestellten Fotos angeboten worden war.

83 BeckOGK/Stöber Rz 18; so iE auch AG Aachen NJW-RR 2005, 1143.

84 AG Aachen NJW-RR 2005, 1143; BeckOGK/Stöber Rz 18.

85 Vgl oben Rz 13 f; BeckOGK/Stöber Rz 18.

86 Vgl dazu auch AG Aachen NJW-RR 2005, 1143.

87 Vgl Rz 146 ff.

Sachmangeltatbestand des **§ 434 Abs 2 Satz 1 Nr 1** (**Beschaffenheitsvereinbarung**) erfasst, weil zur dafür maßgebenden Beschaffenheit gem **§ 434 Abs 2 Satz 2** auch die „Menge" zählt. Zudem gehört die „Menge" nach § 434 Abs 3 Satz 2 zur **üblichen Beschaffenheit** iSd § 434 Abs 3 Satz 1 Nr 2. Damit stellt sich nach wie vor auch insoweit die Frage der Erstreckung eines allgemeinen kaufvertraglichen Gewährleistungsausschlusses auf diesen Mangelfall. Auch hier ist – wie im Falle der Lieferung eines Aliuds – idR davon auszugehen, dass der Gewährleistungsausschluss nicht kraft Auslegung Platz greift[88]. Nach **Annahme der Ware** trägt der Käufer allerdings gem § 363 die **Beweislast** dafür, dass tatsächlich eine zu geringe Menge geliefert wurde. Bei Vorliegen eines **Handelskaufs iSd HGB § 377** gilt die Ware als genehmigt, sofern die Fehlmenge vom Käufer nicht rechtzeitig gerügt wird (HGB § 377 Abs 2).

7. **Erstreckung eines allgemeinen Gewährleistungsausschlusses auf Rechtsmängel.** – a) **Umfassender Gewährleistungsausschluss und gleichzeitige Vereinbarung der Rechtsmängelfreiheit.** Wird durch eine Regelung des Kaufvertrags die Gewährleistungshaftung des Verkäufers umfassend ausgeschlossen – etwa durch die Formulierung **„unter Ausschluss jeglicher Gewährleistung"** und im selben Kaufvertrag zugleich eine **Freiheit von Rechten Dritter** vereinbart oder sogar garantiert, so stellt sich die Frage des Vorrangs. Für die erforderliche **Auslegung des Gewährleistungsausschlusses** darf auch hier nicht nur der Wortlaut der konkreten Ausschlussbestimmung herangezogen werden. Es muss vielmehr eine **Beurteilung des gesamten Vertragstextes** erfolgen[89]. Im Falle der Vereinbarung der Rechtsmängelfreiheit kann nicht ohne weiteres angenommen werden, dass der allgemeine Gewährleistungsausschluss sich auch auf Rechtsmängel iSd § 435 erstreckt[90]. Die auf den Kaufgegenstand bezogene vertragliche Formulierung „Rechte Dritter bestehen daran nicht" stellt nicht lediglich eine **Versicherung der Eigentümerstellung des Verkäufers** dar[91]. Dies ergibt sich auch aus dem Grundsatz, dass ein vertraglicher Gewährleistungsausschluss als Ausnahme von der gesetzlichen Haftung des Verkäufers nach § 437 grundsätzlich eng auszulegen ist[92]. 30

Ein Recht eines Dritten im Sinne der in Rede stehenden kaufvertraglichen Erklärung besteht nicht nur im Falle einer fehlenden Eigentümerstellung des Verkäufers, sondern auch bei allen in Betracht kommenden Rechtsmängeln iSd § 435. Die Formulierung „Rechte Dritter" erfasst daher schon nach dem Wortlaut die Rechtsmängel in gleicher Weise wie Sachmängel – das fehlende Eigentum ist kein Rechtsmangel[93] – mit der Folge, dass es letztlich für das **Ergebnis der Vertragsauslegung** nicht darauf ankommt, ob – wie im Fall des BGH – das Bestehen einer Eigentümerstellung des Verkäufers im Kaufvertrag noch besonders hervorgehoben wird. Es kann im Rahmen der Auslegung erst recht nicht der Schluss gezogen werden, der Hinweis auf fehlende Rechte Dritter sei eine rein deklaratorische Wiedergabe des Gesetzestextes ohne besonderen Regelungscharakter[94]. Auch die Annahme, die auf die Rechte Dritter bezogene Kaufvertragsklausel bestätige nur den zuvor vereinbarten umfassenden Gewährleistungsausschluss, ist regelmäßig nicht gerechtfertigt[95]. 31

Es ist vielmehr davon auszugehen, dass ein allgemeiner umfassender Gewährleistungsausschluss **gleichrangig neben der Vereinbarung der Rechtsmängelfreiheit** – durch „Rechte Dritter an der Kaufsache bestehen nicht" oder eine ähnliche Formulierung – steht[96]. Die beiden kaufvertraglichen Regelungen können dagegen nicht dahin gehend verstanden werden, dass der umfassende Ausschluss der Gewährleistung die Unverbindlichkeit der Vereinbarung der Rechtsmängelfreiheit zur Folge haben soll[97]. Denn im Falle einer solchen Annahme wäre die vom Verkäufer erklärte Rechtsmängelfreiheit für den Käufer ohne Sinn und Wert[98]. Aus diesem Grund ist für den Bereich der **Sachmängelgewährleistung** anerkannt, dass ein umfassender Gewährleistungsausschluss bei gleichzeitigem Vorliegen einer vertraglichen (ausdrücklich oder stillschweigend getroffenen) **Beschaffenheitsvereinbarung** sich kraft Auslegung nicht auf das Fehlen der vereinbarten Beschaffenheit, sondern nur auf Sachmängel nach § 434 Abs 3 Satz 1 bezieht[99]. Im Falle eines Zusammentreffens von kaufvertraglichem Gewährleistungsausschluss und Vereinbarung der Rechtsmängelfreiheit ergibt die nach beiden Seiten interessengerechte 32

88 BeckOGK/Stöber Rz 18.
89 BGHZ 170, 86 Rz 30; BGH ZIP 2017, 928 Rz 15; BGH ZIP 2017, 1116 Rz 18.
90 BGH ZIP 2017, 1116 Rz 18.
91 BGH ZIP 2017, 1116 Rz 19 (jedenfalls für den Fall, in dem die Eigentümerstellung noch gesondert im Kaufvertrag versichert wird).
92 Vgl dazu Rz 32.
93 BGHZ 174, 61 Rz 27 ff; Schleswig, NJW-RR 2011, 1233, 1234; Hamm NJW-RR 2012, 1441.
94 BGH ZIP 2017, 1116 Rz 20.
95 BGH ZIP 2017, 1116 Rz 21.
96 BGH ZIP 2017, 1116 Rz 22.
97 BGH ZIP 2017, 1116 Rz 22.
98 BGH ZIP 2017, 1116 Rz 22 unter Hinweis auf BGHZ 170, 86 Rz 31 zur vergleichbaren Problematik des Verhältnisses zwischen umfassendem Gewährleistungsausschluss und Beschaffenheitsvereinbarung iSd § 434 Abs 1 Satz 2.
99 BGHZ 170, 86 Rz 31; BGH NJW 2013, 2749 Rz 19; BGHZ 207, 349 Rz 9; BGH NJW 2017, 150 Rz 14; BGH ZIP 2017, 1116 Rz 22; vgl dazu oben Rz 15 ff.

Auslegung des Kaufvertrags eine **Beschränkung der Freizeichnung auf Sachmängel**[100]. Dafür können noch zwei weitere gewichtige Gesichtspunkte angeführt werden. Zum einen sind **vertragliche Gewährleistungsausschlüsse** als Ausnahme von der Haftung des Verkäufers nach dispositivem Gesetzesrecht **grundsätzlich eng auszulegen**[101]. Zum anderen besteht aufseiten des Käufers – jedenfalls bei einer solchen Vertragsgestaltung – deshalb ein nachvollziehbares Bedürfnis an der Beschränkung des ohnehin allein im Interesse des Verkäufers vereinbarten Gewährleistungsausschlusses auf Sachmängel, weil Rechtsmängel – anders als Sachmängel – auch bei einer mit Hilfe einer fachlich qualifizierten Person durchgeführten **Besichtigung** nicht ohne weiteres erkennbar sind[102].

33 b) **Allgemeine Erstreckung auf Rechtsmängel – insbes Grundstücksrechte Dritter**. Wird eine Sache unter Ausschluss **„jeglicher Gewährleistung"** veräußert, so erfasst diese Freizeichnung die Haftung für Rechtsmängel iSd § 435 jedenfalls dann nicht, wenn **im Kaufvertrag** die Rechtsmängelfreiheit besonders vereinbart wird[103]. Schwieriger zu beurteilen ist die Frage der Erstreckung des Gewährleistungsausschlusses auf Rechtsmängel bei Fehlen einer derartigen kaufvertraglichen Abrede. Nach dem **Wortsinn** des Begriffs „jegliche Gewährleistung" werden ohne Zweifel auch die Rechtsmängel erfasst, weil seit Inkrafttreten des SMG 2002 die Gewährleistungshaftung des Verkäufers für Sach- und Rechtsmängel grundsätzlich übereinstimmend geregelt ist und sich die Gewährleistungsrechte des Käufers bei beiden Mangelarten aus § 437 ergeben. Bis zum Inkrafttreten des SMG 2002 galten die **ädilizischen Rechtsbehelfe Wandelung und Minderung** (§§ 459 aF, 462 aF) nur für den Sachmangel, während der Verkäufer für einen Rechtsmangel iSd § 434 aF gem §§ 437 aF, 440 aF nach den Vorschriften des allgemeinen Leistungsstörungsrechts über die Nichterfüllung der Verpflichtungen aus dem gegenseitigen Vertrag haftete. Ob ein allgemein formulierter kaufvertraglicher Gewährleistungsausschluss auch die Rechtsmängelhaftung erfasst, hängt von der Auslegung des Kaufvertrags ab. In der Entscheidung aus dem Jahre 2017[104] hat der BGH die Frage mit seiner Formulierung „jedenfalls in Fällen" des Vorliegens einer besonderen Vereinbarung über die Rechtsmängelfreiheit offengelassen, weil eine derartige spezielle Abrede vorlag. Ist dies nicht der Fall, so kommt es auf eine nach **beiden Seiten interessengerechte Auslegung** des Kaufvertrags an[105]. Aufgrund der Gleichstellung von Sach- und Rechtsmängeln im Rahmen der Gewährleistungshaftung des Verkäufers nach § 437 spricht jedenfalls der **Wortsinn** der Vertragsklausel für eine Erfassung der Rechtsmängel. Diese Rechtsfolge liegt zwar ebenso wie der **hergebrachte Ausschluss der Sachmängelhaftung** regelmäßig ausschließlich im Interesse des Verkäufers. Dies ist aber deshalb grundsätzlich unbedenklich, weil dem Verkäufer eines **gebrauchten Gegenstands** ein Rechtsmangel ebenso wie ein Sachmangel unbekannt sein kann. Bei einer **Besichtigung des Objekts** im Rahmen der Vertragsanbahnung ist zwar ein Rechtsmangel idR nur schwer erkennbar. Der Käufer hat aber zumindest die Möglichkeit, Nachfragen an den Verkäufer zu richten und sonstige Nachforschungen anzustellen, sofern dafür ein Anlass besteht.

34 Gleichwohl bestehen in Bezug auf die Erstreckung eines allgemeinen Gewährleistungsausschlusses auf Rechtsmängel einige Besonderheiten, die das Auslegungsergebnis beeinflussen. Beim **Grundstückskauf** hat der Verkäufer gem § 442 Abs 2 ein im Grundbuch eingetragenes Recht auch dann zu beseitigen, wenn er das betreffende Recht kennt[106]. Soll insoweit die Beseitigungspflicht des Verkäufers kaufvertraglich ausgeschlossen werden, so wird regelmäßig eine **Übernahme unter Anrechnung auf den Kaufpreis** vereinbart. Ein vertraglicher Ausschluss der Gewährleistungshaftung des Verkäufers erfasst daher kraft Auslegung nicht Grundstücksrechte Dritter, die entweder nach § 442 Abs 2 vom Verkäufer zu beseitigen oder kraft besonderer Vereinbarung vom Käufer zu übernehmen sind. Eine weitere Besonderheit besteht darin, dass der beim Verkauf gebrauchter beweglicher Sachen praktisch bedeutsame Fall des **gutgläubigen Verkaufs einer gestohlenen Sache** von vornherein deshalb nicht der Rechtsmängelgewährleistung unterfällt, weil der wegen Abhandenkommens der Sache (§ 935 Abs 1) nicht eintretende Eigentumserwerb des Käufers keinen Rechtsmangel iSd § 435 darstellt, sondern zur Haftung des Verkäufers für die **Nichterfüllung der Eigentumsverschaffungspflicht** aus § 433 Abs 1 nach **allgemeinem Leistungsstörungsrecht** führt[107]. Ein kaufvertraglicher allgemeiner Gewährleistungsausschluss erfasst daher aus diesem Grund nicht den Fall des fehlenden Eigentumserwerbs. Das Gleiche gilt, wenn sich beim Verkauf eines gebrauchten Fahrzeugs später herausstellt, dass wegen **Verdachts eines Diebstahls** eine Eintragung des Fahrzeugs im **Schengen Informations-**

100 BGH ZIP 2017, 1116 Rz 24.
101 BGHZ 158, 354, 366; BGH NJW 2016, 2495 Rz 21; BGH ZIP 2017, 1116 Rz 24.
102 BGH ZIP 2017, 1116 Rz 23.
103 Vgl dazu vorstehend Rz 30 ff.
104 BGH ZIP 2017, 1116 Rz 24; vgl dazu oben Rz 30 ff.
105 Vgl zu diesem Erfordernis Rz 32.
106 Vgl zu den Einzelheiten § 442 Rz 164 ff.
107 BGHZ 174, 61 Rz 27 ff; Schleswig, NJW-RR 2011, 1233, 1234; Hamm NJW-RR 2012, 1441.

system (SIS) besteht[108]. Das Bestehen eines **Pfandrechts eines Dritten** an einer beweglichen Kaufsache hat bei der Rechtsmängelhaftung und daher auch bei der Frage der Erstreckung eines Gewährleistungsausschlusses auf Rechtsmängel deshalb nur eine geringe praktische Bedeutung, weil die Sache dem Pfandgläubiger gem § 1205 Abs 1 Satz 1 bei der **Bestellung des Pfandrechts** übergeben werden muss.

Praktische Bedeutung hat beim Verkauf einer beweglichen Sache eher das Bestehen eines **fremden Urheber- oder Markenrechts** (zB Vorliegen einer Raubkopie oder Produktpiraterie). Soweit es sich hier um **neue Sachen** handelt, verstößt ein formularmäßiger Gewährleistungsausschluss gegen das **Klauselverbot des § 309 Nr 8 lit b aa**. Im Übrigen ist davon auszugehen, dass ein allgemeiner vertraglicher Gewährleistungsausschluss sich auf derartige Rechtsmängel erstreckt. Dies ist auch deshalb interessengerecht, weil die Abgrenzung zwischen Rechtsmangel und Sachmangel hier schwierig ist. In vielen Fällen wird der Verkäufer das **Schutzrecht kennen** oder zumindest wissen, dass ein dahin gehender Verdacht besteht. Der Gewährleistungsausschluss greift dann wegen Arglist iSd § 444 Alt 1 des Verkäufers nicht Platz[109]. 35

8. **Verhältnis zwischen vertraglicher Freizeichnung und gesetzlichem Haftungsausschluss nach § 442 Abs 1**. Ist ein Mangel der vom Verkäufer angebotenen Sache für den Käufer bei der Besichtigung oder einer weitergehenden Prüfung erkennbar, so kann er seine Interessen, sofern er die Sache trotz Feststellung eines Mangels oder eines Mangelverdachts gleichwohl erwerben will, dadurch wahren, dass er einen **Preisnachlass aushandelt** oder die Mängelhaftung des Verkäufers für den vorliegenden bzw möglichen Fehler besonders vereinbart[110]. Wenn der Käufer von diesen Regelungsoptionen keinen Gebrauch macht, dann erfasst ein im Kaufvertrag enthaltener und wirksamer Gewährleistungsausschluss regelmäßig auch diese Mängel[111]. Auf das Eingreifen des gesetzlichen Ausschlusses der Gewährleistungshaftung gem § 442 Abs 1 kommt es daher für die Entlastung des Verkäufers nicht mehr an. Die **kaufvertragliche Freizeichnungsvereinbarung** hat insoweit **Vorrang**[112]. Bei Vorliegen einer **Arglist des Verkäufers** wird der Käufer durch die Unwirksamkeit des Gewährleistungsausschlusses nach § 444 geschützt[113]. Hat der **Käufer** allerdings bei Abschluss des Kaufvertrags **Kenntnis vom Mangel**, so ist die Gewährleistungshaftung des Verkäufers gem § 442 Abs 1 Satz 1 ausgeschlossen. Eine Arglist schadet dem Verkäufer in diesem Fall nicht. Im Ergebnis kann hier also der Ausschluss nach § 442 Abs 1 Vorrang beanspruchen. Anders ist die Rechtslage bei grob fahrlässiger Mangelunkenntnis des Käufers und Arglist des Verkäufers (§ 442 Abs 1 Satz 2). Denn die bei grober Fahrlässigkeit des Käufers grundsätzlich eintretende Befreiung des Verkäufers ist bei Arglist des Verkäufers ausgeschlossen. 36

9. **Reichweite des Gewährleistungsausschlusses bei separater Beurkundung von Angebot und Annahme beim Grundstückskauf („gestreckter Vertragsschluss")**. In Bezug auf die Reichweite des beim Kauf eines Hausgrundstücks üblichen Gewährleistungsausschlusses ist bei Durchführung eines sog gestreckten Vertragsschlusses die Variante problematisch, bei der zunächst ein **Kaufangebot des Käufers** notariell beurkundet wird, das auf Verlangen des Verkäufers einen Gewährleistungsausschluss enthält, und der Verkäufer später die Annahme des inzwischen erhaltenen Käuferangebots notariell beurkunden lässt[114]. Im Falle einer gemeinsamen und damit gleichzeitigen Teilnahme der Vertragsparteien am notariellen Beurkundungstermin ist der Verkäufer verpflichtet, **verborgene Mängel oder Umstände**, die nach der Erfahrung auf die Entstehung und Entwicklung bestimmter Mängel schließen lassen, auch ungefragt gegenüber dem Käufer zu offenbaren, sofern sie für dessen Kaufentscheidung von Bedeutung sind und die vorgesehene Nutzung erheblich mindern können[115]. Diese **Offenlegungsverpflichtung des Verkäufers** eröffnet dem Käufer die Möglichkeit, eine Änderung der Vertragsbedingungen auszuhandeln oder den Vertragsschluss abzulehnen[116]. In Betracht kommen insoweit insbes eine Herabsetzung des Kaufpreises und eine besondere Vereinbarung der Beseitigungspflicht des Verkäufers. Im Falle eines **gestreckten Vertragsschlusses** mit vorangehender Beurkundung des Käuferangebots besteht diese Möglichkeit aufseiten des Käufers nicht. Daher ist hier für den Verkäufer klar ersichtlich, dass der Käufer den in seinem Angebot – idR auf Verlangen des 37

108 Vgl dazu unten Rz 90.
109 Vgl zu den einzelnen Voraussetzungen der Arglist unten Rz 62 ff.
110 BGH NJW 2003, 1316.
111 BGH NJW 2003, 1316.
112 So wohl auch BGH NJW 2003, 1316; vgl dazu auch § 442 Rz 122 ff.
113 BGH NJW 2003, 1316 (zu § 476 aF); vgl zu den Einzelheiten des Arglisttatbestands Rz 62 ff.
114 Vgl dazu BGHZ 193, 326.
115 BGH WM 1978, 1073f; BGHZ 193, 326 Rz 15.
116 BGHZ 193, 326 Rz 15.

Verkäufers[117] – enthaltenen Gewährleistungsausschluss nicht für solche Mängel gelten lassen will, die der Verkäufer zum Zeitpunkt seiner späteren Annahme des Käuferangebots kennt[118]. Der Käufer kann nicht abschätzen, inwieweit etwaige dem Verkäufer bekannte Mängel im Rahmen einer **Besichtigung des Grundstücks** nicht ohne weiteres erkennbar sind mit der Folge, dass eine **Offenbarungspflicht des Verkäufers** besteht[119].

38 Im Falle der Mangelkenntnis des Verkäufers zum **Zeitpunkt der Beurkundung** seiner Annahmeerklärung ist aber ohnehin der **Arglisttatbestand des § 444** erfüllt und aus diesem Grund ein vereinbarter Gewährleistungsausschluss jedenfalls in Bezug auf den betreffenden Mangel unwirksam[120]. Ob der Verkäufer einen nach Beurkundung des Käuferangebots noch entstandenen Mangel zum Zeitpunkt der **Beurkundung der Annahmeerklärung** kennt, ist für die Frage der Reichweite des schon im Käuferangebot enthaltenen Gewährleistungsausschlusses letztlich nicht ausschlaggebend[121]. Da der Käufer sich bereits mit der Beurkundung seines Angebots bindet und daher die Besichtigung des Grundstücks ebenso wie weitergehende Prüfungen idR vor diesem Zeitpunkt erfolgen, kann der Verkäufer nicht davon ausgehen, dass der Käufer die Erstreckung der Freizeichnung auf bis zur Beurkundung der Annahmeerklärung noch entstehende Mängel akzeptiert. Der hier in Rede stehende Gewährleistungsausschluss bezieht sich daher **kraft Auslegung** nicht auf Mängel, die zum Zeitpunkt der Beurkundung noch gar nicht vorliegen, aber nachfolgend bis zur Beurkundung der Annahmeerklärung entstehen[122].

39 In Bezug auf Mängel, die beim gestreckten Vertragsschluss zwischen Beurkundung des Kaufangebots und Annahmeerklärung des Verkäufers noch entstehen, kann aber zugunsten des Verkäufers die Gewährleistungshaftung nach § 442 Abs 1 Satz 1 wegen **Mangelkenntnis des Käufers** ausgeschlossen sein[123]. Dies gilt aber von vornherein nur für Mängel, die der Käufer zwischen notarieller Beurkundung des Angebots und Ausschluss des Widerrufs nach § 130 Abs 1 Satz 1 und 2 durch Zugang beim Verkäufer erkennt[124]. Hinzukommen muss, dass der Käufer eine tatsächlich noch bestehende Möglichkeit des Widerrufs nach § 130 Abs 1 kennt oder zumindest Anlass hat, sich danach zu erkundigen[125].

V. Einzelne Freizeichnungsklauseln – Bedeutung und Reichweite

40 1. **„Keine Garantie“ – „Verzicht auf gesetzlich zustehende Garantie“.** Wird im Kaufvertrag vereinbart, dass für den Kaufgegenstand „keine Garantie“ bestehe, so stellt sich die Frage, ob dies – in Übereinstimmung mit der Terminologie des BGB – im Sinne des Nichtvorliegens einer **Beschaffenheitsgarantie nach § 444** oder allgemeiner so zu verstehen ist, dass gesetzliche Gewährleistungshaftung ausgeschlossen sein soll. Entscheidend ist insoweit eine **Auslegung** unter Berücksichtigung der besonderen Umstände des Einzelfalls. Regelmäßig relevant ist insoweit, ob am konkreten Kaufvertrag juristische Laien oder Personen beteiligt sind, die in rechtlicher Hinsicht zwischen einer Garantie iSd §§ 443, 444 und der gesetzlichen Gewährleistung nach § 437 unterscheiden können[126]. Von juristischen Laien wird der Begriff „Garantie“ regelmäßig nicht als Haftungsverschärfung, sondern als **Synonym** für die **gesetzliche Gewährleistungshaftung** gebraucht[127]. Bei Beteiligung von juristischen Laien am Kaufvertrag ist daher idR davon auszugehen, dass die Formulierung „keine Garantie“ nicht nur auf das Fehlen einer **Hersteller-**

117 Da der Gewährleistungsausschluss beim Kauf eines Hausgrundstücks absolut üblich ist, sofern es nicht um ein neu errichtetes Gebäude geht, enthalten gewöhnlich schon die Vertragsentwürfe der Notare eine derartige Freizeichnungsregelung, so dass der Käufer nur schwer eine Herausnahme aus dem Vertragstext bei den Vertragsverhandlungen durchsetzen kann.

118 BGHZ 193, 326 Rz 15; BeckOGK/Stöber Rz 19.

119 BGHZ 193, 326 Rz 15.

120 BeckOGK/Stöber Rz 19; Erman/Grunewald Rz 4; vgl zu den Einzelheiten des Arglistatbestands unten Rz 62 ff.

121 So auch BeckOK/Faust Rz 8.

122 So iE auch BeckOK/Faust Rz 8.

123 Vgl dazu § 442 Rz 88 ff.

124 Vgl zu den Einzelheiten § 442 Rz 88 ff.

125 Vgl § 442 Rz 90 f.

126 BGH NJW 2013, 2107 Rz 16.

127 BGH NJW 2013, 2107 Rz 16; Bamberg MDR 1998, 966; in der Tendenz auch AG Kamen MMR 2005, 392, 393. Im Fall des BGH betrieb der Verkäufer eine „Hobbywerkstatt“, in der Privatleute Fahrzeuge reparieren konnten und er selbst bestimmte Fahrzeuge reparierte. Ein 25 Jahre altes Wohnmobil, das er selbst zweieinhalb Jahre zuvor gebraucht erworben und privat genutzt hatte, verkaufte er für 7.500 € an den Käufer mit der im handschriftlich abgefassten Kaufvertrag enthaltenen Formulierung: „Für das Fahrzeug besteht keine Garantie“. Der BGH legte diese Vereinbarung zutreffend im Sinne eines allgemeinen Gewährleistungsausschlusses aus.

oder Verkäufergarantie hindeuten, sondern vielmehr auch die gesetzliche **Sachmängelgewährleistung** ausschließen soll[128].

Ist der Verkäufer dagegen ein **gewerblicher Händler**, so wird ihm der rechtliche Unterschied zwischen gesetzlicher Gewährleistung nach § 437 und einer darüber hinausgehenden Garantie iSd §§ 443, 444 bekannt sein. Ein Verkaufsangebot mit dem Hinweis „keine Garantie" beinhaltet daher nur den **Ausschluss der besonderen Garantiehaftung**, dh, die gesetzliche Gewährleistung bleibt unberührt. Für dieses Auslegungsergebnis spricht auch der Umstand, dass im Falle eines **Kaufs gebrauchter Gegenstände** von einem Händler – inbes beim Gebrauchtwagenkauf – Beschaffenheitsgarantien üblich sind und vom Käufer uU auch erwartet werden. Beim Kauf eines gebrauchten Gegenstands von einer **Privatperson** entspricht dagegen nicht eine Garantie bestimmter Beschaffenheitsmerkmale, sondern ein **vollumfänglicher Gewährleistungsausschluss** der ständigen Praxis. Entsprechendes gilt, wenn sich der Käufer bei Abschluss des Kaufvertrags über Gebrauchtwaren ausdrücklich damit einverstanden erklärt, auf die ihm „gesetzlich zustehende Garantie" völlig zu verzichten. Auch eine solche Formulierung ist regelmäßig im Sinne eines **Gewährleistungsausschlusses** auszulegen[129]. Sie ist dahin gehend zu verstehen, dass die Gewährleistung ausgeschlossen sein soll, soweit dies gesetzlich zulässig ist[130]. Da dem Käufer beim Erwerb gebrauchter Waren kraft Gesetzes keine „Garantie", sondern bei Vorliegen eines Mangels die Gewährleistungsansprüche aus § 437 zustehen, ist der von den Kaufvertragsparteien gewählte Begriff „Garantie" gleichbedeutend mit „gesetzlicher Gewährleistung". Durch die Vereinbarung „keine Garantie" wird daher idR die **gesetzliche Gewährleistung** ausgeschlossen. 41

2. **„Gekauft wie besichtigt" – Allgemeines**. Die kaufvertragliche Klausel „gekauft wie besichtigt" ist als **partieller vertraglicher Gewährleistungsausschluss** dahin gehend zu verstehen, dass er sich auf alle Mängel bezieht, die im Rahmen einer **ordnungsgemäßen Besichtigung** des Kaufgegenstands vor Vertragsschluss durch den Käufer **ohne Hinzuziehung eines Sachverständigen** erkennbar waren[131]. Im Falle der Verwendung einer solchen Klausel beim **Individualvertrag zwischen zwei Verbrauchern** kommt es für die Erkennbarkeit des Mangels auf den konkreten Käufer und nicht auf einen Sachverständigen oder eine sonstige fachkundige Person an[132]. Denn bei fehlendem Hinweis auf das Vorliegen einer Überprüfung der Kaufsache durch einen Sachverständigen gehen die Kaufvertragsparteien davon aus, dass der Käufer selbst die Untersuchung vorzunehmen hat und aus diesem Grund die Gewährleistung nur für solche Mängel ausgeschlossen ist, die für diesen Käufer **bei einer gründlichen Besichtigung erkennbar** sind[133]. Etwas anderes gilt hier dann, wenn „gekauft wie von einer fachkundigen Person besichtigt" oder eine ähnliche Formulierung gewählt wurde. Beim Kaufgeschäft zwischen Verbrauchern sind derartige Vereinbarungen aber ungewöhnlich. Enthält der Kaufvertrag in Bezug auf die hier in Rede stehende Klausel den Zusatz „heute", also **„wie heute besichtigt"**, so kann es sein, dass die Parteien dies für bedeutungslos gehalten haben[134]. Etwas anderes kann sich aber insbes dadurch ergeben, dass der Kaufvertrag eine weitere Freizeichnungsklausel enthält[135]. 42

3. **Klausel „Gekauft wie besichtigt und Probe gefahren" beim Fahrzeugkauf**. Der Umfang der beim Kauf eines Fahrzeugs gebotenen Besichtigung richtet sich nach dem konkreten Typ und insbes nach seinem Alter. Wird bspw ein **zehn Jahre alter Wohnwagen verkauft**, so muss – wie bei anderen Fahrzeugen dieses Alters – auch ein nicht fachkundiger Laie jederzeit damit rechnen, dass **alterungsbedingte Rostschäden oder sonstige Undichtigkeiten** vorhanden sind[136]. Die erforderliche gründliche Besichtigung des Fahrzeugs, das ein solches Alter aufweist, erstreckt sich daher auch auf eine Überprüfung der **Unterseite des Fahrzeugs**, und zwar 43

128 BGH NJW 2013, 2107 Rz 16; KG NJW-RR 2006, 1213, 1214 (für völligen Verzicht auf die gesetzlich zustehende Garantie bei Gebrauchtwaren); iE auch AG Kamen MMR 2005, 392, 393 (für die Vereinbarung: „Wichtige Info, es handelt sich hier um eine Privatauktion und ich übernehme nach dem EU-Recht keine Garantie"); einschränkend Schleswig NJW-RR 2013, 1144, 1145 f (Annahme eines Gewährleistungsausschlusses, sofern vom Verkäufer neben der Ablehnung der Garantie darauf hingewiesen wird, dass er den Artikel nicht zurücknehme); Staud/Matusche-Beckmann Rz 36; BeckOK/Faust Rz 5; Erman/Grunewald Rz 7; einschränkend BeckOGK/Stöber Rz 32 (im Zweifel nur Ausschluss der über den gesetzlichen Umfang hinausgehenden Haftung).

129 KG NJW-RR 2006, 1213, 1214 (Kauf einer gebrauchten Motoryacht).

130 KG NJW-RR 2006, 1213, 1214.

131 RGZ 94, 285, 287; BGH BB 1957, 238; BGH NJW 2016, 2495 Rz 22; Köln NJW-RR 1992, 49 f (zu § 476 aF); Staud/Matusche-Beckmann Rz 32; BeckOGK/Stöber Rz 30; Erman/Grunewald Rz 7; BeckOK/Faust Rz 5.

132 BGH NJW-RR 1986, 1026; BGH NJW 2016, 1027; Köln NJW-RR 1992, 49, 50.

133 Köln NJW-RR 1992, 49, 50.

134 RG JW 1933, 1387.

135 So im Fall RG JW 1933, 1387. Hier bestand beim Grundstückskauf noch die Ergänzung „wie es steht und geht". Vgl dazu unten Rz 47.

136 Köln NJW-RR 1992, 49, 50.

auch dann, wenn diese Besichtigung im Einzelfall mit gewissen Schwierigkeiten verbunden ist[137]. Bei kaufvertraglicher Vereinbarung von „gekauft wie besichtigt und Probe gefahren" ist die Gewährleistungshaftung des Verkäufers für Mängel ausgeschlossen, soweit tatsächlich vorliegende Fahrzeugmängel bei Durchführung der gebotenen Besichtigung und Probefahrt ohne **Hinzuziehung einer fachkundigen Person** erkennbar waren, während für die im Rahmen der Maßnahmen nicht feststellbaren Mängel die Gewährleistungsverpflichtung des Verkäufers bestehen bleibt[138]. Im Falle der völligen Unterlassung oder unzureichenden Durchführung der Besichtigung einschließlich Probefahrt ist die Gewährleistung gem § 442 Abs 1 Satz 2 ausgeschlossen, sofern der Verkäufer nicht arglistig gehandelt oder eine Beschaffenheitsgarantie übernommen hat[139].

44 4. **Ausschluss „jeder Gewährleistung" beim Fahrzeugkauf – „keine Gewähr"**. Die Formulierung „unter Ausschluss jeder (oder jeglicher) Gewährleistung" wird meistens mit der vorangestellten Ergänzung „gekauft wie besichtigt und Probe gefahren" verwendet. Diese Ergänzung hat aber nur die Bedeutung einer Klarstellung, sofern schon durch den Begriff „jeder Gewährleistung" die Haftung vollumfänglich ausgeschlossen ist. Dies ist grundsätzlich zu bejahen, dh, der Ausschluss jeder Gewährleistung erstreckt sich auch auf **verborgene („versteckte") Mängel** und damit auch auf Abweichungen von der Soll-Beschaffenheit, die trotz sorgfältiger Besichtigung nicht erkennbar sind[140]. Eine Ausnahme für **sehr gravierende Fahrzeugmängel**, die zum Verlust der Fahrtauglichkeit oder/und Verkehrssicherheit (Zulassungsfähigkeit) führen, besteht nicht[141]. Wird beim Kaufvertrag zwischen Privatpersonen über ein gebrauchtes Fahrzeug zum einen ein **Ausschluss „jeder Gewährleistung"** vereinbart und an anderer Stelle des Kaufvertrags **von Hand eingefügt** „gekauft wie gesehen und Probe gefahren", so kann dies dahin zu verstehen sein, dass die Parteien den umfassenden Gewährleistungsausschluss („Ausschluss jeder Gewährleistung") durch den Zusatz „wie besichtigt" nicht abschwächen, sondern – aus der Laiensphäre – vielmehr nur bestätigen wollten[142]. Dafür spricht auch die Tatsache, dass im Bereich des **Gebrauchtwagenhandels** eine Verbindung von einem **vollständigen Gewährleistungsausschluss** mit der zusätzlichen Formulierung „wie besichtigt" oder „wie gesehen" von den beteiligten Verkehrskreisen grundsätzlich als umfassender Gewährleistungsausschluss – für sich betrachtet – für solche Mängel angesehen wird, die bei einer den Umständen nach zumutbaren Prüfung und Untersuchung durch den Käufer unschwer erkennbar sind[143]. Auch die Abrede „für den Kaufgegenstand wird keine Gewähr geleistet" ist im Sinne eines **vollumfänglichen Gewährleistungsausschlusses** zu verstehen, der auch **verborgene „Schwerstmängel"** erfasst[144].

45 5. **Gewährleistungsausschluss beim Immobilienkauf**. – a) **Gebrauchte Hausgrundstücke und Eigentumswohnungen**. Beim Kauf von gebrauchten Hausgrundstücken und Eigentumswohnungen ist ein umfassender Gewährleistungsausschluss **grundsätzlich zulässig** und in der Vertragspraxis üblich. In Bezug auf die Beurteilung des **Umfangs der Freizeichnungswirkung** einer einzelnen Vertragsklausel unter Berücksichtigung der hierzu ergangenen Rspr sind aber zwei Besonderheiten zu beachten, die in den konkreten Einzelfällen zu **unterschiedlichen Auslegungsergebnissen** führen können. Zum einen ist die isolierte Festlegung der Rechtsfolge einer einzelnen Klausel schwierig oder sogar unmöglich, wenn der Kaufvertrag weitere Freizeichnungsklauseln enthält, die als **Gesamtheit** gesehen und ausgelegt werden müssen[145]. Zum anderen muss beachtet werden, dass ein grundsätzlich vollumfänglicher Gewährleistungsausschluss im konkreten Fall insoweit nicht zum Zuge kommt, als der Grundstückskaufvertrag eine **Beschaffenheitsvereinbarung iSd § 434 Abs 2 Satz 1 Nr 2** enthält, die nach inzwischen gefestigter Rspr[146] kraft Auslegung Vorrang beanspruchen kann. Eine **verallgemeinerungsfähige Einordnung** einer einzelnen Freizeichnungsklausel einschließlich Bestimmung ihrer Rechtsfolgen ist daher nur dann möglich, wenn im konkreten Grundstückskaufvertrag nicht weitere – uU

137 Köln NJW-RR 1992, 49, 50.

138 RG JW 1933, 1387, 1388; BGH BB 1957, 238 (Kauf eines gebrauchten Dreiseitenkippers der Marke General Motors); BGHZ 74, 204, 210 (Grundstückskauf); BGHZ 74, 383, 385 (Gebrauchtwagenkauf); BGH NJW 2005, 3205, 3208; MünchKomm/Westermann Rz 7; BeckOGK/Stöber Rz 30; BeckOK/Faust Rz 5.

139 Vgl dazu § 442 Rz 117 ff.

140 BGH NJW 1977, 1055; BGHZ 74, 383, 385 f; BGH NJW 2005, 3205, 3207 f; Staud/Matusche-Beckmann Rz 34; BeckOGK/Stöber Rz 31; Reinking/Eggert, Der Autokauf, 2024[15], Kap 32 Rz 56.

141 BGHZ 74, 383, 385 f; BGH NJW 1984, 1452, 1453 (keine Ausnahme für „Schwerstmängel"); Staud/Matusche-Beckmann Rz 17; BeckOGK/Stöber Rz 31. Im Fall BGH NJW 1984, 1452 war nach Angaben des Käufers das Bodenblech des Fahrzeugs völlig durchgerostet und aus diesem Grund die Verkehrssicherheit nicht mehr gegeben. Die Durchrostungen seien durch eine zentimeterdicke Beschichtung mit Teroson verdeckt gewesen.

142 BGH NJW 2005, 3205, 3207; BGH NJW 1977, 1055; Staud/Matusche-Beckmann Rz 34; BeckOK/Faust Rz 5; Erman/Grunewald Rz 7; MünchKomm/Westermann Rz 7.

143 BGH NJW 2005, 3205, 3207.

144 BGH NJW 1984, 1452, 1453.

145 Vgl dazu unten Rz 47.

146 Vgl dazu oben Rz 15 ff.

ergänzende – Klauseln dieser Art und auch keine konkurrierenden Beschaffenheitsvereinbarungen enthalten sind.

Die Freizeichnungsklausel, nach der das Grundstück **„in dem Zustand, in dem es sich zur Zeit befindet"**, verkauft wird, begründet – für sich allein – keinen Gewährleistungsausschluss[147]. Diese Klausel kann zwar einerseits dahin gehend verstanden werden, dass der Begriff „Zustand" sich nicht nur auf die äußere und damit sichtbare Beschaffenheit, sondern auch auf den **inneren Zustand** und damit auch auf etwaige **verborgene Mängel** erstreckt. Andererseits kann die Klausel aber auch eine fehlende vertragliche Verpflichtung des Verkäufers zum Ausdruck bringen, den aktuellen Zustand des Grundstücks noch zu verändern. Praktische Bedeutung hat eine solche Regelung insbes dann, wenn das **verkaufte Haus renovierungsbedürftig** ist oder sog sichtbare und vom Käufer erkannte Sachmängel aufweist. Da die Klausel nicht eindeutig ist und die Gewährleistungshaftung des Verkäufers nach § 437 den gesetzlichen Grundsatz darstellt, müssen **Zweifel** in dieser Hinsicht **zu Lasten des Verkäufers** gehen. Die Gewährleistung ist daher nicht bezüglich verborgener Mängel ausgeschlossen. Aus der Entscheidung des BGH[148] zu dieser Klausel kann deshalb kein vollumfänglicher Gewährleistungsausschluss abgeleitet werden, weil der Grundstückskaufvertrag weitere Bestandteile enthielt, aus denen der Ausschluss der Gewährleistungsrechte deutlich hervorging[149]. 46

Aus der kaufvertraglichen Formulierung, dass das Grundstück verkauft wird, **„wie es steht und liegt"**, ergibt sich aus diesen Gründen ebenfalls nicht ohne weiteres ein umfassender Gewährleistungsausschluss mit Erstreckung auf verborgene Mängel[150]. Denn auch diese Klausel kann im konkreten Fall die Bedeutung haben, dass der Verkäufer weder zur **Beseitigung offener Sachmängel** noch zur Vornahme **allgemeiner Renovierungsarbeiten** verpflichtet ist. In der zur Klausel „wie es steht und liegt" ergangenen Entscheidung des **BGH**[151] wird der umfassende Gewährleistungsausschluss darauf gestützt, dass auch jede Haftung für **Größe, Güte und Beschaffenheit des Grundstücks** ausgeschlossen sein soll[152]. Diese Formulierung ist eindeutig im Sinne der Erstreckung der Freizeichnung auf verborgene Mängel auszulegen[153]. Nicht eindeutig ist die Rechtslage dann, wenn die Klausel lautet: **„Grundbesitz ist verkauft, wie er liegt und steht und besichtigt wurde"**[154]. Ebenfalls nicht verallgemeinerungsfähig ist beim Hauskauf die Vereinbarung **„so verkauft, wie es steht und geht und heute besichtigt"**[155]. Das Gleiche gilt für die Klausel, dass das Grundstück verkauft wird, **„wie es der Verkäufer bisher besessen hat"**, dh, verborgene Mängel werden auch hier im Zweifel nicht erfasst[156]. Die separate Verwendung von „wie es steht und geht" umfasst dagegen regelmäßig verborgene Mängel[157]. 47

147 RG JW 1905, 426; RG 1934, 2395; BGH WM 1964, 356, 358 (Diese Vertragsbestimmung „bedeutet überhaupt keinen Ausschluss des Gewährleistungsanspruchs"); Staud/Matusche-Beckmann Rz 44; aA Hamburg Recht 1901 Nr 141; Braunschweig OLGE 23, 27; BeckOGK/Stöber Rz 39. Im Fall RG JW 1905, 426 wurde ausdrücklich hervorgehoben, dass diese Klausel nicht als Ausdruck des Willens angesehen werden könne, auf das gesetzliche Gewährleistungsrecht zu verzichten.

148 BGH NJW 1967, 32.

149 Im Fall BGH NJW 1967, 32 lautete die kaufvertragliche Freizeichnungsklausel: „Der Grundbesitz geht in der Beschaffenheit über, in der er sich gegenwärtig befindet. Für bestimmte Größe oder Güte wird Gewähr nicht geleistet. Jegliche Haftung für Fehler oder Mängel der Sache wird ausgeschlossen".

150 So in der Tendenz auch Staud/Matusche-Beckmann Rz 45 (zweifelhaft, ob verborgene Mängel erfasst); aA BeckOGK/Stöber Rz 39; Erman/Grunewald Rz 7.

151 BGH WM 1964, 853, 854.

152 BGH WM 1964, 853, 854.

153 BGH WM 1964, 853, 854.

154 Vgl BGHZ 74, 204, 210. Der BGH nimmt hier an, dass der erste Teil der Klausel für einen umfassenden Gewährleistungsausschluss und der zweite Teil nur für einen Ausschluss der Haftung für bei Besichtigung erkennbare Mängel spricht. Im Fall des BGH kam es letztlich auf die Reichweite der verwendeten Klausel nicht an, weil es sich um ein neu errichtetes Hausgebäude handelte und die formelhafte Freizeichnung wegen der hier erforderlichen eingehenden Belehrung durch den Notar gem § 242 unwirksam war.

155 Vgl RG JW 1933 1387 f. „Wie es steht und geht" sprach nach Ansicht des RG für die Erfassung „heimlicher Fehler", während „wie besichtigt" idR nur den Ausschluss der Haftung für „sichtbare Mängel" betreffe. Die Entscheidung sei daher, so das RG, von der Auslegung durch den Tatrichter abhängig.

156 RG JW 1937, 2591 f; so in der Tendenz auch Staud/Matusche-Beckmann Rz 45 (zweifelhaft, ob verborgene Mängel erfasst); aA BeckOGK/Stöber Rz 39. Im Fall RG JW 1937, 2591 lautete die Klausel: „Das Grundstück wird in dem Umfang und Zustand verkauft, wie es die Verkäufer bisher besessen haben, insbes ohne jede Zusicherung von Eigenschaften und ohne Gewähr für den Meßgehalt, für das Vorhandensein oder Nichtvorhandensein von Rechten und Lasten. [...]". Der Sachmangel bestand in Gestalt einer hochgradigen Verwanzung des Hausgebäudes. Das Berufungsgericht hatte angenommen, dass der Gewährleistungsausschluss verborgene Mängel nicht erfasse und die Verwanzung für den Käufer bei der Besichtigung ohne Zuziehung eines Sachverständigen nicht wahrnehmbar war. Das RG ließ die Annahme im Revisionsverfahren unbeanstandet, weil die Freizeichnungsklausel keineswegs eindeutig und die Auslegung daher vorwiegend dem Tatrichter vorbehalten sei. Im Falle von verbleibenden Zweifeln müsse die Freizeichnungsklausel eng ausgelegt werden.

157 RG JW 1387 f.

48 Wird in einem Grundstückskaufvertrag die beim Verkauf gebrauchter Sachen geläufige Formulierung **„gekauft wie besichtigt"** verwendet, so ist zwar – bei isolierter Betrachtung – nur die Gewährleistung für die bei einer Besichtigung durch den Käufer **erkennbaren Mängel** ausgeschlossen[158]. Dies gilt aber dann nicht, wenn zusätzlich **„unter Ausschluss jeder Gewährleistung"** oder ein ähnlicher Zusatz vereinbart wird, der die Freizeichnung eindeutig auch auf die verborgenen Mängel erstreckt. Ist die zusätzliche Formulierung – für sich allein betrachtet – in Bezug auf die verborgenen Mängel nicht zweifelsfrei (wie bspw „wie es steht und liegt"[159]), so ist schon von der Abrede „wie besichtigt" im Wege der Auslegung von einer Beschränkung der Freizeichnung auf erkennbare Mängel auszugehen. Jedenfalls ergibt sich dieses Auslegungsergebnis hier daraus, dass „steht und liegt" nicht eindeutig ist und die in Bezug auf die **verborgenen Mängel** bestehenden Unklarheiten durch „wie besichtigt" nicht beseitigt, sondern eher im Sinne einer Beschränkung der Freizeichnung aufgelöst werden.

49 Bezieht sich der vertragliche Gewährleistungsausschluss nur auf den **baulichen Zustand** des verkauften Hausgrundstücks, so sind die Gewährleistungsansprüche nur ausgeschlossen, soweit es um bauliche Mängel geht[160]. Nicht erfasst wird dagegen ein Befall des Gebäudes mit **Wanzen** oder sonstigem **Ungeziefer**[161]. Das **Vorhandensein von Schadstoffen** ist nur dann als ein von der Freizeichnungsklausel erfasster baulicher Mangel anzusehen, wenn die Bausubstanz betroffen ist. Die gleiche Bedeutung wie eine auf den baulichen Zustand beschränkte Freizeichnung hat eine Klausel, nach der die Gewährleistung des Verkäufers für **Mängel an „Dach und Fach"**[162] ausgeschlossen wird.

50 Beim Verkauf unbebauter Grundstücke hat insbes die Frage der Erstreckung einer Freizeichnungsklausel auf die Gewährleistung des Verkäufers für eine **fehlende oder nur eingeschränkte Bebaubarkeit** eine große praktische Bedeutung. Das Gleiche gilt, wenn ein verkauftes Hausgrundstück aufgrund öffentlich-rechtlicher Baubeschränkungen vom Käufer nur eingeschränkt genutzt werden kann. Da öffentlich-rechtliche Baubeschränkungen grundsätzlich einen **Sachmangel** darstellen[163], erfasst ein darauf bezogener kaufvertraglicher Gewährleistungsausschluss auch die Bebaubarkeit[164]. Insoweit ist es nicht erforderlich, dass die Begriffe „Sachmangel" oder „Bebaubarkeit" verwendet werden. Es genügt für die Erstreckung der Freizeichnung auf den Fall des Vorliegens öffentlich-rechtlicher Baubeschränkungen vielmehr der Ausschluss der Gewährleistung für die **Beschaffenheit des Grundstücks**[165]. Denn die Abweichung der Ist-Beschaffenheit von der Soll-Beschaffenheit begründet auch insoweit einen Sachmangel, als die Bebaubarkeit zur vom Verkäufer geschuldeten Beschaffenheit gehört. Die **Auslegung des Gewährleistungsausschlusses** unter Berücksichtigung der Umstände des konkreten Einzelfalls kann aber ergeben, dass die Bebaubarkeit des verkauften Grundstücks nicht erfasst sein soll[166]. In der insoweit einschlägigen **BGH-Entscheidung** aus dem Jahre 1964 war ein Grundstück im **Grubensenkungsgebiet eines Kohleabbaubereichs** veräußert worden. Der im Kaufvertrag enthaltene Satz „für sichtbare und unsichtbare Mängel wird nicht gehaftet" umfasste – für sich betrachtet – auch den Fall der fehlenden Bebaubarkeit[167]. Da das Grundstück

158 RG JW 1933, 1387, 1388; BGHZ 74, 204, 210; BeckOGK/Stöber Rz 39.

159 Vgl dazu oben Rz 47.

160 RG HRR 1939 Nr 550; MünchKomm/Westermann Rz 8; BeckOGK/Stöber Rz 40. Im Fall RG HRR 1939 Nr 550 hatte die Verkäuferin die Erklärung abgegeben, sie kenne das Grundstück in seinem baulichen Zustand genau und verzichte demzufolge auf alle Rügen und Einwendungen.

161 RG HRR 1939 Nr 550. Das RG unterschied in Bezug auf die Reichweite des Gewährleistungsausschlusses zu Recht die Mängel, die die bauliche Beschaffenheit des Hauses betreffen, von den Mängeln, die „von außen an das Bauwerk herantretend, seine Gebrauchsfähigkeit beeinflussen, insbesondere wegen der nachteiligen Wirkungen auf das körperliche Wohlbefinden der Benutzer seine Eignung zu Wohnzwecken in besonderem Maße herabmindern".

162 Unter der hergebrachten Bezeichnung „Fach" (zB Fachwerk) sind hier Mauern und Wände zu verstehen.

163 BGH NJW 1989, 2388; BGH NJW-RR 1993, 396; Nürnberg NJW-RR 2013, 720 f.

164 BGH WM 1969, 273, 274; BGH WM 1985, 230, 231; Staud/Matusche-Beckmann Rz 44; BeckOGK/Stöber Rz 40; in der Tendenz auch RG JW 1931, 2478 ff.

165 BGH WM 1969, 273, 274; BGH WM 1985, 230, 231; Staud/Matusche-Beckmann Rz 44; BeckOGK/Stöber Rz 40; in der Tendenz auch RG JW 1931, 2478 ff. Im Fall des RG hatte die Freizeichnungsklausel folgenden Inhalt: „Die auf dem neu zu vermessenden Grundstück befindlichen Gebäude werden in dem jetzigen Zustande verkauft. Eine Gewähr für Beschaffenheit des Grundstücks und der Gebäude übernehmen Verkäuferinnen nicht […]". Die Auslegung des Berufungsgerichts, der Gewährleistungsausschluss beziehe sich nur auf physische Mängel des Grundstücks und Gebäudes, wurde vom RG insbes deshalb beanstandet, weil nicht der innere Wille, sondern der erklärte Wille entscheidend sei und bei der Auslegung auf die Belange beider Parteien billige Rücksicht genommen werden müsse. Wenn die Auslegung ergebe, dass der Gewährleistungsausschluss alle Sachmängel erfasse, dann seien „je nach Umständen" auch die öffentlich-rechtlichen Baubeschränkungen erfasst, da sie zu den Sachmängeln gehörten.

166 BGH WM 1964, 356, 358. In diesem Fall des BGH lautete die Freizeichnungsklausel: „Der Grundbesitz wird verkauft ohne Gewähr für eine bestimmte Flächengröße so und in dem Zustand, in dem er sich zur Zeit befindet. Für sichtbare und unsichtbare Sachmängel wird nicht gehaftet".

167 BGH WM 1964, 356, 358.

aber als Bauland verkauft worden war, ergab die Auslegung unter Berücksichtigung der gesamten Umstände, dass der vertragliche Gewährleistungsausschluss nicht die **völlige Unbebaubarkeit** des Grundstücks erfasst[168].

51 Im Übrigen gelten auch in Bezug auf die Bebaubarkeit des verkauften Grundstücks die allgemeinen Grundsätze, nach denen der Verkäufer trotz Vorliegens einer umfassenden Freizeichnungsklausel zur Gewährleistung verpflichtet ist, soweit eine **wirksame Beschaffenheitsvereinbarung iSd § 434 Abs 2 Satz 1 Nr 1** besteht[169]. Diese muss allerdings der Form des § 311b Abs 1 Satz 1 entsprechen. **Öffentliche Äußerungen iSd § 434 Abs 3 Satz 1 Nr 2 lit b** haben nur dann kraft Auslegung Vorrang vor einer vertraglichen Freizeichnungsklausel, wenn ihr Gegenstand als geschuldete Beschaffenheit in die Vertragsurkunde aufgenommen und ordnungsgemäß notariell beurkundet wird[170].

52 b) **„Kaufvertrag" (Bauträgervertrag) über neu bebaute oder zu bebauende Grundstücke bzw neu errichtete oder zu errichtende Eigentumswohnungen**. Der in der Praxis verbreitete Vertrag über neu bebaute oder zu bebauende Grundstücke bzw neu errichtete oder zu errichtende Eigentumswohnungen ist seit Inkrafttreten der Reform des Bauvertragsrechts am 1.1.2018 besonders im BGB geregelt. Nach **§ 650u Abs 1 Satz 1** ist der Bauträgervertrag ein Vertrag, der die Errichtung oder den Umbau eines Hauses oder eines vergleichbaren Bauwerks zum Gegenstand hat und der zugleich die Verpflichtung des Unternehmers enthält, dem Besteller das Eigentum an dem Grundstück zu übertragen oder ein Erbbaurecht zu bestellen oder zu übertragen. Nur in Bezug auf den **Anspruch des Erwerbers auf Übertragung des Eigentums** an dem Grundstück oder auf Übertragung oder Bestellung des Erbbaurechts finden gem § 650u Abs 1 Satz 3 die **Vorschriften über den Kauf** Anwendung. Von dieser gesetzlichen Verweisung werden die Regelungen über die Gewährleistungshaftung des Verkäufers nur erfasst, soweit es um Mängel an Grund und Boden geht[171]. Für Mängel des Hausgebäudes bzw der Eigentumswohnung richtet sich die Haftung des Veräußerers dagegen grundsätzlich nach Werkvertragsrecht (§ 650u Abs 1 Satz 2)[172].

53 In derartigen Verträgen über **neu errichtete, im Bau befindliche oder noch zu errichtende Häuser und Eigentumswohnungen** ist – anders als bei gebrauchten Immobilien dieser Art[173] – eine **formularmäßige völlige Freizeichnung** des Verkäufers von Gewährleistungspflichten **gem § 309 Nr 8 lit b** unwirksam, sofern der Erwerber ein **Verbraucher** ist[174]. Bereits vor Inkrafttreten des AGBG wurde der Gewährleistungsausschluss hier als unangemessen und daher als unwirksam nach § 242 angesehen[175]. Vom Gewährleistungsausschluss durch AGB ist zwar auch beim Immobilienkauf die **individualvertragliche Freizeichnung** zu unterscheiden. Nach ständiger Rspr ist beim Erwerb neu errichteter oder noch zu errichtender Eigentumswohnungen und Häuser auch in einem (notariellen) Individualvertrag ein **formelhafter Ausschluss** der Gewährleistung für Sachmängel gem § 242 unwirksam, wenn dies nicht mit dem Käufer unter **ausführlicher Belehrung über die einschneidenden Rechtsfolgen** eingehend erörtert worden ist[176]. Diese besondere Inhaltskontrolle nach § 242 bezweckt den Schutz des Erwerbers einer solchen Immobilie vor einem **überraschenden Verlust seiner Ansprüche** aus der vom Veräußerer übernommenen **Herstellungsverpflichtung**.

54 Bei Veräußerungsverträgen über gebrauchte Hausgrundstücke oder Eigentumswohnungen **ohne Herstellungsverpflichtung** des Veräußerers mit der Folge der ausschließlichen Anwendung des Kaufrechts greift die dargelegte Rspr zur Inhaltskontrolle nach § 242 nicht Platz[177]. Das Gleiche gilt, wenn der Ausschluss der Gewährleistungshaftung **auf Bauteile beschränkt** wird, die von der Herstellungsverpflichtung nicht berührt werden[178]. Insoweit fehlt eine **gesteigerte Schutzbedürftigkeit des Erwerbers**[179]. Es gilt deshalb hier das Gleiche wie beim Aus-

168 BGH WM 1964, 356, 358.
169 Vgl dazu oben Rz 15 ff.
170 Vgl dazu oben Rz 22 f.
171 BeckOGK/Stöber Rz 38; BeckOK/Voit § 631 Rz 30.
172 Grüneberg/Retzlaff § 650u Rz 6; BeckOK/Voit § 631 Rz 30; BeckOGK/Stöber Rz 38; so bereits die st Rspr vor Inkrafttreten der Reform des Bauvertragsrechts BGHZ 61, 369, 371; BGHZ 101, 350, 352; BGH NJW 1982, 2243, 2244; BGH NJW 1984, 2094 f; BGH NJW 1987, 2373, 2374; BGH NJW 1989, 2748, 2749; BGH NJW 2005, 1115, 1116.
173 Vgl dazu unten Rz 54.
174 BGH NJW 1989, 2748; Staud/Matusche-Beckmann Rz 49; BeckOGK/Stöber Rz 38; BeckOK/Faust Rz 11 f; Grüneberg/Grüneberg § 309 Rz 62.
175 BGHZ 62, 251, 254 f; BGHZ 65, 359, 363; BGHZ 98, 100, 107 f.
176 BGHZ 74, 204, 209 f; BGHZ 101, 350, 353; BGHZ 108, 164, 168; BGHZ 164, 225, 230; BGH NJW 1982, 2243, 2244; BGH NJW-RR 1987, 1035, 1036; Staud/Matusche-Beckmann Rz 50; BeckOGK/Stöber Rz 38.
177 BGHZ 98, 100, 108; BGH NJW 1991, 912 f; Saarbrücken BeckRS 2015, 14801 Rz 23 (Verkauf eines drei Jahre alten Hauses, das im Maklerexposé als „neuwertiges Einfamilienhaus" angeboten worden war); MünchKomm/Westermann Rz 8; Staud/Matusche-Beckmann Rz 50a; BeckOGK/Stöber Rz 38.
178 BGHZ 164, 225, 230.
179 BGHZ 164, 225, 230.

schluss der Gewährleistung in Verträgen über die Veräußerung von **Altbauten ohne jede Herstellungsverpflichtung**[180]. So können die Kaufvertragsparteien in einem Individualvertrag über den Erwerb von Altgrundstücken oder Altbauwohnungen wirksam den Ausschluss der Sachmängelgewährleistung für Mängel der von einer **Modernisierung** des erworbenen Objekts **unberührt gebliebenen Altbausubstanz** vereinbaren[181]. Eine notarielle Belehrung über die Bedeutung und den Umfang des Ausschlusses der Gewährleistung ist insoweit auch dann nicht Voraussetzung für die Wirksamkeit der Freizeichnung, wenn diese in einer **formelhaften Klausel** enthalten ist[182].

55 6. **Vertragliche Freizeichnungen beim Kauf von Kunstgegenständen**. Beim Kauf von Kunstgegenständen – insbes im Rahmen einer öffentlichen Versteigerung (Auktion) – umfasst ein allgemeiner Gewährleistungsausschluss grundsätzlich **alle Mangelarten** und damit auch den praktisch bedeutsamen Fall der **fehlenden Echtheit**[183]. Derartige Freizeichnungsklauseln verstoßen auch nicht gegen § 307 Abs 1[184]. Im **Jawlensky-Fall des BGH** wurde vereinbart, dass der Versteigerer „keine Haftung für Mängel übernimmt" und nach dem Zuschlag „gegen das Kunsthaus L gerichtete Beanstandungen nicht berücksichtigt werden"[185]. Derartige Klauseln sind bei Kunstauktionen nach wie vor üblich[186]. Nicht erfasst vom kaufvertraglichen Gewährleistungsausschluss wird allerdings der Fall des **fehlenden Eigentumserwerbs** des Käufers wegen Verkaufs einer **fremden abhanden gekommenen Sache**. Denn hier handelt es sich wegen **Nichtvorliegens eines Rechtsmangels** von vornherein nicht um den Anwendungsbereich der kaufrechtlichen Gewährleistung, sondern um eine **Nichterfüllung der Eigentumsverschaffungsverpflichtung** aus § 433 Abs 1 Satz 1 mit der Folge der Haftung des Verkäufers nach **allgemeinem Leistungsstörungsrecht** (§§ 280 ff, 323 ff)[187]. Im Kunsthandel besteht allerdings die Besonderheit, dass sich das Auktionshaus oder ein sonstiger Fachverkäufer gem § 242 dann nicht auf einen vertraglichen Gewährleistungsausschluss berufen kann, wenn die in Bezug auf die **Prüfung der Echtheit** des Kunstgegenstands dem Verkäufer nach der Verkehrssitte obliegende und im konkreten Fall **zumutbare Sorgfalt** nicht eingehalten wurde[188]. Grundlage für eine dahin gehende besondere Prüfungspflicht aus § 242 ist insbes, dass das Auktionshaus bzw der sonstige Kunst-Fachverkäufer hier die **Stellung eines Sachkenners** innehat[189]. Die Berufung auf einen vereinbarten Gewährleistungsausschluss ist dem Fachverkäufer allerdings nicht nur bei grob fahrlässiger Nichtbeachtung der in Rede stehenden Sorgfaltspflicht, sondern auch im Falle der **einfachen Fahrlässigkeit** versagt[190].

56 Ein formularmäßiger Gewährleistungsausschluss kann zwar insbes wegen **Nichtbeachtung des § 309 Nr 7 lit a und lit b** insgesamt unwirksam sein[191]. Insoweit kann aber mittlerweile davon ausgegangen werden, dass dem **juristisch beratenen Kunst-Fachverkäufer** als AGB-

180 BGHZ 164, 225, 230.
181 BGHZ 164, 225, 230.
182 BGHZ 164, 225, 230.
183 BGHZ 63, 369, 373 ff = BGH NJW 1975, 970 (Jawlensky); BGH NJW 1980, 1619, 1621 (Bodensee-Kunstauktion); Köln NJW 2012, 2665, 2666 f; Staud/Matusche-Beckmann Rz 43; BeckOGK/Stöber Rz 36; MünchKomm/Westermann Rz 6.
184 BGHZ 63, 369, 373 ff (zur Angemessenheitskontrolle von AGB nach § 242); BGH NJW 1980, 1619, 1621 (zu § 9 AGBG); Köln NJW 2012, 2665, 2666 f; Staud/Matusche-Beckmann Rz 43; BeckOGK/Stöber Rz 36.
185 BGHZ 63, 369, 370.
186 Im Fall BGH NJW 1980, 1619 lautete die Freizeichnungsklausel: „Alle zur Versteigerung gelangenden Gegenstände [...] werden in dem Zustand versteigert, wie sie sich befinden, ohne Gewähr und Haftung für offene und versteckte Mängel sowie Zuschreibungen. Spätere Beanstandungen, gleich welcher Art, müssen unberücksichtigt bleiben." In der Entscheidung BGH NJW 2013, 3570 (Buddha-Skulptur) war in Bezug auf die Gewährleistung des Verkäufers vereinbart worden: „Der Käufer kann gegen das Auktionshaus keine Einwendungen oder Ansprüche wegen Sachmängeln erheben. Das Auktionshaus wird jedoch begründete Mängelrügen, die ihm innerhalb einer Frist von einem Jahr seit Übergabe der Sache vom Käufer angezeigt werden, gegenüber dem Einlieferer geltend machen, wenn der Käufer die dafür notwendigen sachlichen und rechtlichen Voraussetzungen nachweist.".
187 BGHZ 174, 61 Rz 27 ff; Schleswig, NJW-RR 2011, 1233, 1234; Hamm NJW-RR 2012, 1441.
188 BGHZ 63, 369, 375; BGH NJW 1980, 1619, 1621; Köln NJW 2012, 2665, 2666; Staud/Matusche-Beckmann Rz 43; BeckOGK/Stöber Rz 36; MünchKomm/Westermann Rz 6.
189 BGH NJW 1980, 1619, 1621; Köln NJW 2012, 2665, 2667; Staud/Matusche-Beckmann Rz 43; BeckOGK/Stöber Rz 36.
190 BGH NJW 1980, 1619, 1621; Köln NJW 2012, 2665, 2667; Staud/Matusche-Beckmann Rz 43. Im Jawlensky-Fall hat der BGH angenommen, dass einem Auktionshaus „jedenfalls" bei Vorliegen einer groben Fahrlässigkeit die Berufung auf den Gewährleistungsausschluss zu versagen ist (BGHZ 63, 269, 373). Ob insoweit auch eine einfache Fahrlässigkeit genügt, musste der BGH im konkreten Fall nicht entscheiden, weil auch eine leicht fahrlässige Sorgfaltspflichtverletzung des Auktionshauses zu verneinen war. Denn das Auktionshaus hatte sich auf einen – auch vom Käufer anerkannten – Kunstexperten verlassen, der zweifelsfrei erklärt hatte, ihm sei die Herkunft des Bildes bis zum Atelier des Malers bekannt. Es bestand aufgrund dieser Erklärung kein Anlass zu weiteren Nachforschungen.
191 BGH NJW 2013, 3570 Rz 15 ff; BeckOGK/Stöber Rz 35. Im Fall BGH NJW 2013, 3570 war zwar § 307 Nr 7 lit b (nicht abdingbare Haftung für grobe Fahrlässigkeit), nicht aber Nr 7 lit a (nicht abdingbare Haftung für Körper- und Gesundheitsschäden) beachtet worden.

Verwender die Notwendigkeit einer Vereinbarkeit der Haftungsausschlussklausel mit § 309 Nr 7 und die hier in besonderem Maße vorhandenen **Unwirksamkeitsrisiken** bekannt sind. Im Falle des **Verkaufs an einen Unternehmer** ist in Bezug auf die Frage der Wirksamkeit eines in Verkaufs- bzw Auktionsbedingungen enthaltenen Gewährleistungsausschlusses im Rahmen der gem § 310 Abs 1 Satz 2 Platz greifenden Angemessenheitskontrolle nach § 307 die Wertung des § 309 Nr 7 zu berücksichtigen[192].

7. **Kaufvertragliche Vereinbarung der Abtretung von Gewährleistungsansprüchen gegen Lieferanten (Erstverkäufer)**. Eine kaufvertragliche Freizeichnungsabrede ist zwar nicht selten mit einer Abtretung von etwaigen Gewährleistungsansprüchen gegen den früheren Erstverkäufer verbunden. Die **Zessionsvereinbarung** kann aber – für sich allein betrachtet – regelmäßig **nicht als Gewährleistungsausschluss ausgelegt** werden[193]. Entscheidend dafür ist, dass die Gewährleistungshaftung des Verkäufers die Regel ist und Zweifel bezüglich des Bestehens einer Freizeichnung als Ausnahme daher zu Lasten des Verkäufers gehen. Eine Abtretung etwaiger Gewährleistungsansprüche gegen den früheren Verkäufer ergibt nämlich auch dann einen Sinn, wenn die Mängelverantwortung des Verkäufers nicht ausgeschlossen wurde. Denkbar ist insoweit insbes, dass der Erstverkäufer – anders als der Zweitverkäufer – **Fachkenntnisse** hat und deshalb zu einer Nachbesserung eher in der Lage ist. Praktische Bedeutung hat insoweit auch die Konstellation, in der beide Kaufvertragsparteien – zB wegen sehr kurzer Besitzzeit des Verkäufers – die **Verantwortung für etwaige Mängel** in erster Linie beim früheren Verkäufer sehen und eine gesetzliche Gewährleistungshaftung des Verkäufers deshalb nur subsidiär Platz greifen soll. Die Annahme eines konkludenten Gewährleistungsausschlusses wäre damit nicht vereinbar. 57

VI. Tatrichterliche Auslegung des Gewährleistungsausschlusses – Überprüfung in der Revisionsinstanz

Die Auslegung eines vertraglichen Gewährleistungsausschlusses durch das **Tatsachengericht** unterliegt auch bei Vorliegen einer **Individualvereinbarung** in der Revisionsinstanz zumindest einer **eingeschränkten Nachprüfung** daraufhin, ob das Tatsachengericht gesetzliche oder allgemein anerkannte **Auslegungsregeln, Denkgesetze oder Erfahrungssätze** verletzt oder **wesentlichen Auslegungsstoff** außer Acht gelassen hat[194]. Für die Auslegung eines vertraglichen Gewährleistungsausschlusses ist nicht nur dessen Wortlaut, sondern der **gesamte Vertragstext** von Bedeutung[195]. So muss insbes berücksichtigt werden, ob neben dem Gewährleistungsausschluss eine bestimmte **Soll-Beschaffenheit** vereinbart worden ist (Beschaffenheitsvereinbarung iSd § 434 Abs 2 Satz 1 Nr 2)[196]. 58

VII. Anspruch des Käufers auf Abtretung von Gewährleistungsansprüchen des Zweitverkäufers gegen Erstverkäufer

Wird die Gewährleistung wirksam ausgeschlossen, so stellt sich, wenn dem Verkäufer wegen eines aufgetretenen Mangels ein Gewährleistungsanspruch gegen den Erstverkäufer (Lieferanten) zusteht, die Frage, ob eine **Abtretungsverpflichtung** gegenüber dem Käufer besteht. Sofern bei einer bestimmten Kaufvertragsart – insbes beim Grundstückskauf oder beim Verbraucher-an-Verbraucher-Gebrauchtwagenkauf – zwischen Verbrauchern der Ausschluss der Gewährleistung üblich ist, wird zwar idR auch im **Erstkaufvertrag** ein Gewährleistungsausschluss enthalten sein. Die Abtretungsfrage stellt sich hier aber gleichwohl dann, wenn der Mangel dem Erstverkäufer bekannt war mit der Folge, dass die Freizeichnung insoweit an § 444 scheitert[197]. Der BGH hat in der Entscheidung aus dem Jahre 1997 offengelassen, ob sich bei fehlender Regelung 59

192 BGHZ 174, 1 Rz 9 ff; BGH NJW 2014, 211 Rz 30; BGH NJW-RR 2015, 738 Rz 16 (zum Fahrzeugkauf: Unwirksamkeit nach § 309 Nr 7 lit a und b greift selbst dann ein, wenn der Käufer das Fahrzeug nicht als Verbraucher, sondern als Unternehmer erworben haben sollte); BeckOGK/Stöber Rz 29; MünchKomm/Fornaiser § 310 Rz 11.

193 MünchKomm/Westermann Rz 9; BeckOGK/Stöber Rz 41.

194 BGH NJW 2005, 3205, 3207; BGH NJW-RR 2005, 581, 582; BGHZ 170, 86 Rz 29.

195 BGH WM 1966, 1183; BGHZ 170, 86 Rz 30.

196 BGHZ 170, 86 Rz 30. Im Fall des BGH war ein Motorrad mit der haftungsausschließenden Vereinbarung „Krad wird natürlich ohne Gewähr verkauft […]" und zugleich unter der Rubrik „Beschreibung" mit der Angabe „Kilometerstand (km): 30.000 km" verkauft worden.

197 So lag der Fall BGH NJW 1997, 652. In diesem Fall erwarb die Zweitverkäuferin für 2.300.000 DM unter Ausschluss jeglicher Gewährleistung ein gewerblich genutztes Grundstück. Einige Zeit später veräußerte sie dieses Grundstück ebenfalls unter Gewährleistungsausschluss an die Käuferin zum Preis von 5.300.000 DM. Diese stellte später fest, dass der Boden mit Ölrückständen verunreinigt war, die auf das Auslaufen von etwa 8000 bis 10000 Litern Heizöl einige Jahre vor dem Erstverkauf zurückzuführen waren und deren Beseitigung einen Aufwand von etwa 355.000 DM erforderte. Der Erstverkäuferin war der Heizölschadensfall bekannt, nicht aber der Zweitverkäuferin.

der Abtretung im Kaufvertrag aus dem **Rechtsgedanken des § 285** (**§ 281 aF**) oder in entsprechender Anwendung der **Grundsätze der Drittschadensliquidation** eine Verpflichtung des Erstkäufers zur Abtretung etwaiger Gewährleistungsansprüche ergibt[198]. Denn der Anspruch des Käufers auf Abtretung folgte nach Ansicht des BGH aus einer nach beiden Seiten hin interessengerecht ausgerichteten **ergänzenden Vertragsauslegung**[199].

60 In einer nachfolgenden Entscheidung aus dem Jahre 2004 hat der BGH[200] in Bezug auf die Frage der Verpflichtung des Verkäufers zur Abtretung von Gewährleistungsansprüchen gegen einen Erstverkäufer bei Fehlen einer ausdrücklichen Regel im Kaufvertrag differenziert zwischen einem **„allgemeinen Mängelrisiko"** und einem darüber hinausgehenden **„zusätzlichen Risiko"** (zB Bodenbelastung durch Schadstoffe)[201]. Das „allgemeine Mängelrisiko" werde in der Weise auf den Käufer verlagert, dass die Angelegenheit für den Verkäufer „erledigt" sei und der Kaufvertrag nicht als lückenhaft angesehen werden könne[202]. Eine Abtretungsverpflichtung kraft **ergänzender Vertragsauslegung** komme daher nicht in Betracht, soweit das „allgemeine Mängelrisiko" betroffen sei[203]. Die Entscheidung zwischen „allgemeinem Mängelrisiko" und „zusätzlichem Risiko" überzeugt nicht[204]. Entscheidend für das Bestehen von Gewährleistungsrechten nach § 437 ist allein das Vorliegen eines Mangels und das Nichtbestehen einer Freizeichnung in Bezug auf diesen Mangel. Daher kann es auch in Bezug auf die Frage der Verpflichtung des Käufers zur Abtretung von Gewährleistungsansprüchen gegen den Erstverkäufer nicht darauf ankommen, ob es sich um **gewöhnliche oder außergewöhnliche Mängel** handelt. Dass die Abtretung derartiger Ansprüche im Kaufvertrag nicht geregelt ist, kann vor allem darauf beruhen, dass der Käufer keine näheren Informationen über einen Vorerwerb hat oder/und er davon ausgeht, dass keine Mängel vorhanden sind.

61 IdR geht es um Fälle, in denen der im Erstkaufvertrag enthaltene Gewährleistungsausschluss wegen einer **Mangelkenntnis des Erstverkäufers** nicht wirksam ist[205]. Aus einem im Kaufvertrag enthaltenen Gewährleistungsausschluss ist im Rahmen einer nach beiden Seiten hin interessengerecht ausgerichteten **ergänzenden Vertragsauslegung** regelmäßig abzuleiten, dass zwar der Verkäufer in vollem Umfang von der Haftung befreit, nicht aber ein Erstverkäufer entlastet werden soll, soweit dem Verkäufer gegen ihn Gewährleistungsansprüche zustehen. Dafür spricht sowohl eine entsprechende Anwendung der Grundsätze über die **Drittschadensliquidation**[206] als auch der Rechtsgedanke des **§ 285**[207]. Ein Anspruch auf Abtretung ist daher grundsätzlich zu bejahen.

C. Der Arglisttatbestand des § 444 Alt 1

I. Grundlagen

62 1. **Ratio des Arglisttatbestands.** Der gesetzgeberische Grund des bis zum Inkrafttreten des SMG 2002 geltenden § 476, nach dem ein Gewährleistungsausschluss im Falle des arglistigen Verschweigens eines Mangels durch den Verkäufer nichtig war, lag darin, dass es als eklatanter und nicht hinzunehmender **Missbrauch der Vertragsfreiheit** anzusehen ist, wenn der Verkäufer vertraglich die Haftung für Mängel ausschließt, die er kennt und gegenüber dem Käufer verschweigt[208]. Es handelt sich um einen gesetzlich geregelten Fall der **exceptio doli (Einwand der unzulässigen Rechtsausübung)**[209]. Dieser Erwägungsgrund ist auch in Bezug auf den Arglisttatbestand des mit dem SMG 2002 eingeführten § 444 in vollem Umfang einschlägig. Dass

198 BGH NJW 1997, 652; vgl dazu auch Wackerbarth ZIP 1997, 2037 ff (Drittschadensliquidation); Reinicke/Tiedtke ZIP 1997, 1093, 1095 (Anspruch aus § 281 aF).
199 BGH NJW 1997, 652.
200 BGH NJW 2004, 1873.
201 BGH NJW 2004, 1873.
202 BGH NJW 2004, 1873 f.
203 BGH NJW 2004, 1873 f. Im Fall des BGH erwarben die Käufer im Mai 2001 von den Verkäufern ein Hausgrundstück unter Ausschluss der Sachmängelgewährleistung. Bei Bezug des Einfamilienhauses im September 2001 stellten die Käufer Feuchtigkeitsschäden im Kellergeschoss fest. Sie behaupteten unter Vorlage eines Privatgutachtens, dass diese auf Planabweichungen bei der Errichtung des Hauses sowie auf fehlerhafter Ausführung der Bauarbeiten beruhten. Diese Mängel müssten den Erstverkäufern bekannt gewesen sein, weil sie als Architekten an der Hauserrichtung beteiligt waren. Der BGH lehnte eine Verpflichtung zur Abtretung der nach Behauptung der Käufer bestehenden und noch nicht verjährten Gewährleistungsansprüche gegen die Erstverkäufer ab, da es – anders als im Fall BGH NJW 1997, 652 (Bodenverunreinigung durch Heizöl) – nur um das allgemeine Mängelrisiko gehe.
204 Erman/Grunewald Rz 6; Klimke/Lehmann/Richter NJW 2004, 3672.
205 So lagen nach dem Klägervortrag die Fälle BGH NJW 1997, 652 und BGH NJW 2004, 1873.
206 Vgl dazu Wackerbarth ZIP 1997, 2037 ff.
207 Vgl dazu Reinicke/Tiedtke ZIP 1997, 1093, 1095.
208 Vgl zur Beschlussfassung bezüglich § 476 aF in der zweiten BGB-Kommission Protokolle, Mugdan II S 677.
209 Vgl zum Einwand der unzulässigen Rechtsausübung als Anwendungsfall des § 242 BGH 57, 108, 111.

§ 444 Alt 1 **nicht zu Lasten des Käufers abbedungen** werden kann, folgt auch aus **§ 276 Abs 3**. Nach dieser Vorschrift kann dem Schuldner – und damit dem Verkäufer als Gewährleistungsschuldner – die **Haftung wegen Vorsatzes** nicht im Voraus erlassen werden[210]. Bei Vorliegen einer **arglistigen Täuschung** des Verkäufers hat der Käufer zwar die Möglichkeit, den Kaufvertrag nach § 123 anzufechten. Der Käufer kann aber bei Vorliegen eines arglistigen Verschweigens eines Mangels durch den Verkäufer ein Interesse daran haben, am geschlossenen Kaufvertrag festzuhalten und **Schadensersatz statt der Leistung** gem § 437 Nr 3 zu verlangen. Dieser Anspruch des Käufers auf das **positive Interesse** würde durch eine Anfechtung ausgeschlossen. Die Regelung des § 444 gibt dem Käufer dagegen das Recht, den arglistig handelnden Verkäufer beim Wort zu nehmen und ihn für den arglistig verschwiegenen Sach- oder Rechtsmangel auf das Erfüllungsinteresse haftbar zu machen. Zudem kann der Käufer trotz einer arglistigen Täuschung ein Interesse an der konkreten Kaufsache haben und deshalb eine **Minderung** für vorzugswürdig halten.

Im Falle des **Gattungskaufs** besteht im Hinblick auf die Ratio des § 444 letztlich kein Unterschied im Vergleich zum Stückkauf. Dies gilt unabhängig davon, ob der Verkäufer bereits zum Zeitpunkt des Abschlusses des Kaufvertrags oder erst **bei Lieferung** den Mangel kennt[211]. Denn im Falle der Veräußerung von Gattungsware liegt ein **Missbrauch der Vertragsfreiheit** auch dann vor, wenn der Verkäufer nach Vertragsschluss, aber noch vor Lieferung der zur Erfüllung des konkreten Kaufvertrags **ausgesonderten Ware** einen Mangel erkennt und gegenüber dem Käufer nicht offenbart, um anschließend Gewährleistungsansprüche unter Berufung auf den vereinbarten Haftungsausschluss abwehren zu können[212]. 63

2. **Einordnung des Arglisttatbestands als Unterlassungstatbestand – Unterschied zu § 123 Abs 1 Alt 1**. Die Arglistalternative des § 444 knüpft die verschärfte Haftung des Verkäufers daran, dass er „den Mangel arglistig verschwiegen" hat. Es handelt sich um einen **echten Unterlassungstatbestand**. Die bloße Tatsache, dass der Verkäufer den Käufer über den ihm bekannten Mangel nicht aufklärt, führt zur Unwirksamkeit des Gewährleistungsausschlusses, soweit es um diesen Mangel geht. § 396 Abs 2 des **ersten Entwurfs des BGB von 1900** umschrieb den Arglisttatbestand dahin, dass der Verkäufer verschärft haftet, wenn er den Mangel „gekannt und dem Erwerber verschwiegen" hat[213]. Die **zweite BGB-Kommission** wählte bei der Beratung des § 476 aF die Formulierung „arglistig", um dem seltenen **Ausnahmefall** nicht „mit zu treffen", in dem der Verkäufer es „im guten Glauben unterlassen hat, einen ihm bekannten Mangel besonders hervorzuheben"[214]. Insoweit handelt es sich um Konstellationen, in denen der Verkäufer bei Vertragsschluss davon überzeugt ist, dass auch der Käufer den Mangel kennt. Diese Situation kann bspw gegeben sein, wenn Verkäufer und Käufer die Sache gemeinsam besichtigten und der **Mangel ohne weiteres erkennbar** ist. Hier sollte der Käufer nicht die Möglichkeit haben, sich nachträglich darauf zu berufen, er habe den Mangel nicht bemerkt und der Verkäufer habe es versäumt, ihn ausdrücklich auf den Mangel hinzuweisen. Die dargelegte **rechtspolitische Rechtfertigung** ist nach wie vor einschlägig, und die Neuregelung des § 444 Alt 1 hat die § 443 aF, § 476 aF insoweit nicht abgeändert[215]. IdR greift bei Vorliegen eines äußerlich sichtbaren Mangels zwar zu Lasten des Käufers der gesetzliche Gewährleistungsausschluss des § 442 Abs 1 Satz 1 oder des Abs 1 Satz 2 ein. Kann dem Käufer allerdings in Bezug auf den erkennbaren Mangel keine Kenntnis, sondern nur ein **grob fahrlässiges Nichterkennen** nachgewiesen werden, so bleibt die Gewährleistungshaftung des Verkäufers gem § 442 Abs 1 Satz 2 bestehen, falls er den Mangel arglistig verschwiegen hat. Es kommt dann letztlich auch nach § 442 Abs 1 Satz 2 für die Frage des Eingreifens der Gewährleistungshaftung darauf an, ob aufseiten des Verkäufers eine Arglist gegeben ist. 64

Die Anfechtung nach § 123 Abs 1 Alt 1 setzt voraus, dass die eine Vertragspartei die andere „durch arglistige Täuschung" zur Abgabe einer Willenserklärung bestimmt hat. Erforderlich ist also eine **Täuschungshandlung** des Anfechtungsgegners. Ein schlichtes Unterlassen, also ein bloßes Schweigen, kann bei der Anwendung des § 123 Abs 1 Alt 1 nach allgemeinen Grundsätzen dem Handeln nur dann gleichgestellt werden, wenn eine Rechtspflicht zum Handeln und damit eine **Aufklärungspflicht** besteht[216]. Die Arglistalternative des § 444 knüpft dagegen die ver- 65

210 Vgl zur Unabdingbarkeit des § 444 Alt 2 unten Rz 221.

211 Vgl zu den Einzelheiten des für die Arglist des Verkäufers maßgeblichen Zeitpunkts unten Rz 114 ff.

212 Vgl dazu Rz 115 f.

213 Mugdan II S XLIII. § 396 Abs 1 E I hatte folgende Fassung: „Die Haftung des Veräußerers wegen Mängel kann durch Vertrag erweitert, beschränkt oder erlassen werden". § 396 Abs 2 E I lautete: „Der Erlaß oder die Beschränkung ist unwirksam, wenn der Veräußerer den Mangel gekannt und dem Erwerber verschwiegen hat".

214 Vgl Protokolle, Mugdan II S 677 (zu § 476 aF).

215 Begr Gesetzentwurf, BT-Drucks 14/6040, S 240.

216 BGH NJW-RR 1998, 1406; BGH NJW-RR 2005, 1082, 1083.

schärfte Haftung des Verkäufers, also den Verlust der kaufvertraglichen Freizeichnung, an das **arglistige Verschweigen des Mangels** an. Es handelt sich damit um einen **echten Unterlassungstatbestand**. Das Verschweigen iSd § 444 setzt – ebenso wie § 123 Abs 1 Alt 1 im Falle der Täuschung durch Unterlassen – das Bestehen einer **Aufklärungspflicht** voraus, die der Verkäufer nicht erfüllt hat. Die Besonderheit des Arglisttatbestands des § 444 besteht insoweit nur darin, dass die Aufklärungspflicht im Regelfall deshalb nicht besonders begründet werden muss, weil der Verkäufer grundsätzlich verpflichtet ist, den Käufer über jeden Mangel zu informieren[217].

66 3. **Abgrenzung zum Betrugstatbestand des StGB § 263**. Der Betrug im strafrechtlichen Sinne setzt grundsätzlich eine **ausdrückliche oder konkludente Erklärung** des Täters voraus, durch die das Opfer getäuscht wird[218]. Für den Arglisttatbestand des § 444 kommt es zwar auf eine solche Erklärung nicht an. Gleichwohl steht das **arglistige Vorspiegeln** einer bestimmten Eigenschaft/Beschaffenheit der Kaufsache dem arglistigen Verschweigen gleich[219]. Zudem können beschaffenheitsbezogene Angaben des Verkäufers den Arglisttatbestand des § 444 erfüllen. Ein **Betrug durch Verschweigen** kann dagegen nur unter der besonderen Voraussetzung bejaht werden, dass der Täter eine besondere **„Garantenstellung"** innehat, die es rechtfertigt, sein Schweigen einer ausdrücklichen Erklärung gleichzustellen[220]. Der Arglisttatbestand des § 444 Alt 1 erfordert dagegen keine derartige Garantenstellung. Die **Verpflichtung zur Aufklärung** über Mängel ergibt sich vielmehr unmittelbar aus der Verkäuferstellung. Ebenfalls nicht erforderlich ist, dass der Verkäufer den Mangel „unterdrückt", also besondere Vorkehrungen trifft, um den Käufer in Unkenntnis des Mangels zu halten[221].

67 Der Arglisttatbestand des § 444 setzt auch nicht voraus, dass aufseiten des Verkäufers eine **betrügerische Absicht** gegeben ist[222]. Mit dem auf das Verschweigen eines vorliegenden Mangels bezogenen Verhalten des Verkäufers muss auch **kein moralisches Unwerturteil** verbunden sein[223]. Es genügen vielmehr auch Verhaltensweisen des Verkäufers, die den Schluss auf einen **bedingten Vorsatz** im Sinne eines „Fürmöglichhaltens und Inkaufnehmens" zulassen[224]. Grundvoraussetzung für ein arglistiges und damit vorsätzliches Verschweigen eines Mangels ist aber stets, dass der Verkäufer den konkreten Mangel **kennt oder zumindest für möglich hält**[225].

II. Mangelbezogene Aufklärungspflicht als Voraussetzung des arglistigen Verschweigens

68 1. **Allgemeine Grundlagen**. Der Verkäufer verschweigt einen Mangel arglistig, wenn er ihn mindestens **für möglich hält** und gleichzeitig damit rechnet und **billigend in Kauf** nimmt, dass der Käufer den Mangel nicht kennt und bei Kenntnis den Kaufvertrag entweder nicht oder nicht mit dem vereinbarten Inhalt abschließen würde[226]. Ein **bedingter Vorsatz (dolus eventualis)** genügt[227]. Elementare Voraussetzung für die Arglist des Verkäufers ist das Bestehen einer auf einen konkreten Mangel bezogenen **Offenbarungspflicht (Aufklärungspflicht)**[228]. Das Eingreifen des Arglisttatbestands des § 444 setzt aber – ebenso wie das arglistige Verschweigen iSd § 476 aF, § 443 aF, § 463 aF – nicht die Verletzung einer besonderen, nur unter bestimmten Voraussetzungen gegebenen Aufklärungspflicht voraus. Es muss nämlich grundsätzlich **jeder Mangel** des Kaufgegenstands vom Verkäufer gegenüber dem Käufer offenbart werden[229]. Dies gilt selbstverständlich nur für Mängel, die der Verkäufer selbst kennt oder sie zumindest für

217 Vgl zu den Einzelheiten unten Rz 68 ff.

218 Vgl Lackner/Kühl/Heger, StGB, 2023[30], § 263 Rz 6 ff; BeckOK/Beukelmann, StGB, 2023[57], § 263 Rz 11; Fischer, StGB, 2023[70], § 263 Rz 18 ff.

219 Vgl zu den Einzelheiten unten Rz 120 ff.

220 MünchKomm/Hefendehl, StGB, 2022[4], § 263 Rz 250 ff; BeckOK/Beukelmann, StGB, 2023[57], § 263 Rz 18; Fischer, StGB, 2023[70], § 263 Rz 38.

221 Vgl RGZ 62, 149, 150 (zu § 123).

222 BGH NJW-RR 2012, 1078 Rz 24; RGZ 62, 300, 302 (zur Arglist iSd § 477) aF); BGH WM 1978, 1175, 1176 (zur Arglist iSd § 463 aF).

223 BGH NJW 1995, 1549, 1550; BGH NJW-RR 1997, 270; BGH NJW-RR 2012, 1078 Rz 24.

224 BGH NJW 1995, 1549, 1550; BGH NJW-RR 1997, 270; BGH NJW-RR 2012, 1078 Rz 24; BGH NJW 2018, 389 Rz 11.

225 BGH NJW-RR 2003, 989, 990; BGH NJW-RR 2012, 1078 Rz 24; vgl zu den Einzelheiten des bedingten Vorsatzes unten Rz 99 ff.

226 BGH NJW 2004, 1032 f; BGH NJW 2015, 1669 Rz 16; BGH ZIP 2017, 380 Rz 19; BGH ZIP 2017, 1116 Rz 26; BGH NJW 2019, 2380 Rz 22; BGH NJW 2023, 217 Rz 68; MünchKomm/Westermann Rz 12; BeckOGK/Stöber Rz 45; BeckOK/Faust § 438 Rz 40.

227 BGH NJW 2019, 2380 Rz 22; BGH NJW 2023, 217 Rz 68; vgl zu den Einzelheiten des bedingten Vorsatzes und der Abgrenzung zur bewussten Fahrlässigkeit unten Rz 101 ff.

228 BGH NJW-RR 1994, 907; BGHZ 132, 30, 34; BGH NJW 2001, 64; BGH NJW-RR 2003, 772, 773; BGH NJW-RR 2003, 989, 990; BGH NJW-RR 2012, 1078 Rz 21; BGHZ 193, 326 Rz 10; BGH NJW 2016, 2315 Rz 11; BGH NJW 2018, 1954 Rz 9; Staud/Bach § 438 Rz 151; BeckOGK/Stöber Rz 49; aA BeckOK/Faust § 438 Rz 38; Erman/Grunewald § 438 Rz 24.

229 BGHZ 132, 30 34; BGH NJW-RR 1994, 907; BGHZ 180, 205, 207 ff (asbesthaltige Fassadenplatten); BGHZ 188, 43 Rz 10 (asbesthaltige Fassadenplatten). Die Entscheidungen BGHZ 180, 205 und BGHZ 188, 43 beziehen sich auf denselben Fall.

möglich hält[230]. **Mangelspuren** oder sonstige Anhaltspunkte, die möglicherweise für das Vorliegen eines Mangels sprechen, sind aber ebenfalls aufklärungspflichtig[231]. Problematisch in Bezug auf die Frage des Bestehens einer Aufklärungspflicht ist die Konstellation, in welcher der Verkäufer zwar die Offenlegung eines ihm bekannten Mangels unterlässt, es sich aber um einen bei der Besichtigung und Prüfung des Kaufgenstands durch den Käufer **ohne weiteres erkennbaren Mangel** handelt[232].

2. **Frage der Aufklärungspflicht bei erkennbaren Mängeln.** In Bezug auf Mängel, die im 69
Rahmen einer Besichtigung ohne weiteres erkennbar sind, besteht nach ständiger Rspr keine Offenbarungspflicht des Verkäufers, weil der Käufer derartige Mängel nach der **Verkehrsauffassung** bei Einhaltung der im eigenen Interesse gebotenen Sorgfalt selbst wahrnehmen und deshalb keine Aufklärung durch den Verkäufer erwarten könne[233]. Im Ergebnis ist dies zwar in den meisten Fällen zutreffend. Ein dahin gehender Grundsatz ist aber abzulehnen. Denn die Erkennbarkeit des Mangels allein besagt nicht, dass der Käufer spätestens im Rahmen der **Besichtigung und Prüfung des Kaufgegenstands** auch tatsächliche Mangelkenntnis erlangt. Bemerkt der Käufer den Mangel trotz Erkennbarkeit nicht, so wird zwar häufig eine grobe Fahrlässigkeit vorliegen, die gem § 442 Abs 1 Satz 2 die Gewährleistungshaftung des Verkäufers ausschließt. Diese Rechtsfolge des § 442 Abs 1 Satz 2 tritt aber dann nicht ein, wenn der Verkäufer den Mangel arglistig verschwiegen hat. Insbes aus dieser gesetzlichen Regelung lässt sich unmittelbar ableiten, dass eine **Erkennbarkeit des Mangels** die Arglist des Verkäufers und damit auch die zugrundeliegende Aufklärungspflicht zumindest nicht generell ausschließt.

Eine Aufklärungspflicht des Verkäufers auch in Bezug auf ohne weiteres erkennbare Mängel 70
ist grundsätzlich deshalb zu bejahen, weil der Verkäufer nicht von vornherein sicher sein kann, dass der Käufer den Mangel wirklich erkennt. Der Verkäufer muss sich also zumindest vergewissern, ob der Käufer den Mangel tatsächlich wahrgenommen hat. IdR führt die Annahme einer trotz Erkennbarkeit des Mangels bestehenden generellen Aufklärungspflicht nicht zu einem von der hM abweichenden Ergebnis, weil der Verkäufer hier von einer Erlangung der Mangelkenntnis durch den Käufer ausgeht und aus diesem Grund eine **Aufklärung für entbehrlich hält**. Es fehlt dann der für die Arglist zumindest erforderliche bedingte Vorsatz, dh, der Verkäufer hält es hier nicht für möglich, dass der Käufer den Mangel bei Vertragsschluss nicht kennt[234]. Insoweit ist auch die Erwägung des BGH prinzipiell zutreffend, ein verständiger und redlicher Verkäufer könne idR davon ausgehen, dass bei einer Besichtigung der Kaufsache ohne weiteres erkennbare Mängel auch dem Käufer **„ins Auge springen werden"** und daher eine besondere Aufklärung nicht erforderlich ist[235]. Wenn ein in Bezug auf den tatsächlich vorliegenden Mangel **bösgläubiger Verkäufer** allerdings trotz einer aufseiten des Käufers gegebenen Erkennbarkeit damit rechnet und billigend in Kauf nimmt, dass der Käufer den Mangel nicht wahrnimmt, dann ist demzufolge eine Arglist des Verkäufers zu bejahen[236]. Ein „Ins-Auge-Springen" des Mangels, das eine Arglist des Verkäufers ausschließt, liegt demgegenüber vor, wenn der Verkäufer dem Käufer im Zusammenhang mit möglichen Mängeln ein **einschlägiges Sachverständigengutachten** überreicht[237]. Ein verständiger und redlicher Verkäufer kann dagegen nicht ohne weiteres erwarten, dass der Käufer erhaltene **Finanzierungsunterlagen**, zB eine Baubeschreibung, auf Mängel des Kaufobjekts hin durchsehen wird[238]. Ein Grundstücksverkäufer kann ebenfalls regelmäßig nicht erwarten, dass der Käufer einen ihm vorliegenden **umfangreichen Bebauungsplan** ohne besonderen Anlass auf mögliche **Mängel des Kaufgrundstücks** (**negative Beschaffenheit des Bodens**) durchsieht[239]. Das Gleiche gilt für Rechtsmängel wie die Sozialbindung einer Wohnung, weil die rechtlichen Verhältnisse einer Wohnung im Rahmen einer Besichtigung für den Käufer nicht ohne weiteres erkennbar sind[240]. Ein **Verzicht des Käufers** auf die **Besichtigung des Kaufobjekts** lässt daher in Bezug auf Rechtsmängel der Kaufsache nicht die **Aufklärungspflicht des Verkäufers** entfallen[241].

230 BGHZ 193, 326, 329; BGH NJW-RR 2003, 989, 990.
231 Vgl zu den Einzelheiten des Vorliegens einer Aufklärungspflicht in diesen Fällen beim Grundstückskauf Rz 75 ff.
232 Vgl dazu nachfolgend Rz 69 ff.
233 BGH NJW-RR 1994, 907; BGHZ 132, 30, 34; BGH NJW 2001, 64; BGH NJOZ 2001, 5, 7; BGH NJW-RR 2003, 772, 773; BGHZ 188, 43 Rz 11; BGH NJW-RR 2012, 1078 Rz 21; BGHZ 193, 326 Rz 10; BGH NJW 2016, 2315 Rz 11; BGH NJW 2018, 1954 Rz 24; zust BeckOGK/Stöber Rz 50; wohl auch Staud/Matusche-Beckmann Rz 61; aA BeckOK/Faust § 438 Rz 38 (schlichtes Unterlassen genüge, weil generell keine Aufklärungspflicht erforderlich sei); Erman/Grunewald § 438 Rz 24 (Verkäufer müsse dem Käufer Mängel stets nennen).
234 Vgl Erman/Grunewald § 438 Rz 24.
235 BGHZ 188, 43 Rz 11; BGH NZM 2023, 137 Rz 20.
236 So iE BeckOK/Faust § 438 Rz 38.
237 BGH NZM 2023, 137 Rz 20.
238 BGH NZM 2023, 137 Rz 20; BGHZ 188, 43 Rz 10 f.
239 BGH NZM 2023, 137 Rz 20.
240 BGH ZIP 2018, 2173 Rz 12.
241 BGH ZIP 2018, 2173 Rz 12.

71 Praktische Bedeutung hat insoweit insbes der Fall, in dem der Käufer die Besichtigung des Kaufgegenstands nicht mit der **gebotenen Sorgfalt** oder sogar dilettantisch vornimmt und der Verkäufer dies bemerkt. Das Bestehen einer Aufklärungspflicht des Verkäufers lässt sich hier nicht mit der Begründung verneinen, der Käufer könne seine Interessen selbst wahren. Denn dem aufseiten des Käufers hier wohl regelmäßig gerechtfertigten Vorwurf der **groben Fahrlässigkeit** steht ein vorsätzliches Verhalten des Verkäufers gegenüber, das nach der Wertung des § 442 Abs 1 Satz 2 schwerer wiegt. Im konkreten Einzelfall wird der Käufer allerdings bei objektiv gegebener Erkennbarkeit des Mangels Schwierigkeiten haben, den Nachweis zu erbringen, dass der Verkäufer mit dem **Übersehen des Mangels** durch den Käufer gerechnet hat. Aber auch dieser Umstand rechtfertigt nicht eine generelle Verneinung einer Aufklärungspflicht bei Erkennbarkeit des Mangels. Dass auch hier die Erfüllung der Aufklärungspflicht, dh, die Vergewisserung, ob der Käufer den Mangel tatsächlich wahrgenommen hat, nur mit einem geringen und in jeder Hinsicht **zumutbaren Aufwand** vom Verkäufer bewerkstelligt werden kann, ist offensichtlich.

72 Gelingt dem Käufer der Nachweis einer Mangelkenntnis des Verkäufers, so kann der Verkäufer sich nicht schon dadurch entlasten, dass der Mangel für den Käufer ohne weiteres erkennbar war. Dies wird zwar idR zumindest eine **grobe Fahrlässigkeit** aufseiten des Käufers begründen. Ein grob fahrlässiges Verhalten schließt aber gem § 442 Abs 1 Satz 2 die Gewährleistungshaftung des Verkäufers dann nicht aus, wenn er den Mangel kannte und das **Unterlassen der Offenlegung** als arglistig anzusehen ist. Entlasten kann sich der Verkäufer bei eigener Mangelkenntnis und Nichtaufklärung des Käufers dadurch, dass er die Kenntnis des Käufers oder eine dahin gehende Überzeugung nachweist. Denn eine Offenbarungspflicht des Verkäufers besteht selbstverständlich dann nicht, wenn dem Käufer der **Mangel positiv bekannt** ist[242]. Zudem ist die Gewährleistungshaftung des Verkäufers in diesem Fall ohnehin gem § 442 Abs 1 Satz 1 ausgeschlossen. Der Verkäufer trägt zwar die **Darlegungs- und Beweislast** für die Kenntnis des Käufers und den daraus folgenden Wegfall der Aufklärungspflicht. Für die Befreiung vom Arglistvorwurf genügt aber im Ergebnis schon der Nachweis des Verkäufers, dass er subjektiv vom Vorliegen der Mangelkenntnis des Käufers ausgegangen ist. Dadurch entfällt zwar nicht die Aufklärungspflicht des Verkäufers, aber der für die Arglist mindestens erforderliche **bedingte Vorsatz**.

73 3. **Pflicht zur Offenbarung von verborgenen Mängeln, Mangelspuren und Mangelverdacht – Grundsätze**. Der Verkäufer ist demnach verpflichtet, **verborgene Mängel** oder Umstände, die nach der Lebenserfahrung auf die Entstehung bestimmter Mängel schließen lassen, auch **ohne Nachfrage des Käufers zu offenbaren**, sofern sie für dessen Kaufentschluss von Bedeutung sind und insbes die beabsichtigte Nutzung des Kaufgegenstands erheblich mindern können[243]. Eine Aufklärungspflicht des Verkäufers ist auch in Bezug auf solche Mängel zu bejahen, von denen bei Besichtigung im Rahmen der Kaufanbahnung durch den Käufer zwar Spuren zu erkennen sind, die aber **keinen tragfähigen Rückschluss auf Art und Umfang des Mangels** erlauben[244]. Bei Vorliegen einer solchen Situation muss der Verkäufer nach Maßgabe seines Kenntnisstands aufklären und darf sein konkretes Wissen nicht zurückhalten[245]. Ist der Verkäufer aufgrund **eigener Fachkunde** oder aufgrund eines von ihm eingeholten Expertengutachtens in der Lage, **Schlussfolgerungen bezüglich eines Mangels** und seiner Ursachen zu ziehen, die sich dem Käufer bei einer Inaugenscheinnahme der Symptome im Rahmen der Besichtigung und Prüfung des Kaufgegenstands nicht in gleicher Weise aufdrängen, so kann der Käufer berechtigterweise erwarten, dass ein **redlicher Verkäufer** ihm diese Schlussfolgerungen mitteilt[246]. Ist der Verkäufer nicht sicher, ob die von ihm wahrgenommenen Spuren sicher oder zumindest wahrscheinlich den Schluss auf einen Mangel zulassen, so besteht gleichwohl eine Offenbarungspflicht. In einem solchen Fall ist der Verkäufer nämlich zumindest verpflichtet, seinen **aktuellen Kenntnisstand zu offenbaren**[247]. Der Käufer hat dann die Möglichkeit, mit dem Verkäufer zu erörtern, ob eine nähere Untersuchung/Begutachtung durch eine fachkundige Person zum Zwecke der Klärung in Betracht kommt. Sofern dies nicht mit einem verhältnismäßigen Aufwand durchführbar ist oder aus einem sonstigen Grund scheitert, kann der Käufer auf Grund-

242 BGH NJW-RR 2003, 772, 773; BGHZ 193, 326 Rz 10; Staud/Matusche-Beckmann Rz 61.

243 RG LZ 1918, 837 f; BGH NJW 1964, 34 (Holzbockbefall in nicht unerheblichem Umfang); BGH WM 1978, 1073, 1074; BGH NJW-RR 1987, 436, 437; BGHZ 109, 327, 330; BGHZ 193, 326 Rz 15; BGH NJW-RR 2012, 1078 Rz 21; BGH NJW 2023, 217 Rz 69 ff; BeckOGK/Stöber Rz 49; Staud/Matusche-Beckmann Rz 60.

244 BGH NJW 2001, 64; BGH NJW-RR 2012, 1078 Rz 22; BGH NJW 2018, 1954 Rz 24; BGH ZIP 2019, 2115 Rz 11.

245 BGH NJW 2001, 64; BGH NJW-RR 2012, 1078 Rz 22; BGH NJW 2018, 1954 Rz 24; BGH ZIP 2019, 2115 Rz 11.

246 BGH NJW-RR 2003, 772, 773; BGH NJW-RR 2012, 1078 Rz 22; BGH ZIP 2019, 2115 Rz 11.

247 Vgl BGH NJW 2001, 64; BGH NJW-RR 2012, 1078 Rz 22; BGH NJW 2018, 1994 Rz 24; Staud/Matusche-Beckmann Rz 61.

lage der offenbarten Mangelspuren und der darauf beruhenden Risiken einen Preisnachlass aushandeln oder vom Vertragsschluss Abstand nehmen.

Die Rspr verneint zwar bei ohne weiteres erkennbaren Mängeln eine Offenbarungspflicht des Verkäufers, weil der Käufer hier nach der Verkehrsauffassung seine Interessen selbst wahrnehmen und eine Aufklärung nicht erwarten könne[248]. Dieser Grundsatz wird dann aber nicht unmittelbar auf den Fall angewandt, in dem **nur ohne weiteres erkennbare Mangelspuren** vorhanden sind[249]. Begründet wird dies damit, dass **der Mangel** nicht ohne weiteres erkennbar sei[250]. Im Ergebnis ist der Annahme einer Aufklärungspflicht in dieser angeblichen Ausnahmekonstellation zwar zuzustimmen. Überzeugender ist es aber, die Offenlegung ohne weiteres erkennbarer Mangelspuren schon deshalb zu verlangen, weil der Verkäufer – ebenso wie bei ohne weiteres erkennbaren Mängeln[251] – nicht sicher sein kann, dass aufseiten des Käufers tatsächlich eine Wahrnehmung erfolgt. Dass aufseiten des Käufers eine **grobe Fahrlässigkeit** bejaht werden muss, wenn er einen Mangel oder darauf hindeutende Umstände nicht erkennt, lässt eben – wie § 442 Abs 1 Satz 2 belegt – eine Arglist des Verkäufers nicht entfallen. 74

4. **Mangelspuren und Mangelverdacht beim Grundstückskauf – Einzelfragen**. Praktische Bedeutung hat die grundsätzlich auch bei Vorliegen von Mangelspuren bestehende Aufklärungspflicht insbes beim Grundstückskauf, sofern diese Symptome auf die Möglichkeit eines **Grundstücksmangels** hindeuten, dessen Beseitigung einen nicht unerheblichen Sanierungsaufwand erfordert. Der Verkäufer ist gegenüber dem Käufer verpflichtet, sowohl wahrgenommene Mangelspuren als auch etwaige sich aufgrund eigener Fachkenntnis oder aufgrund eines **eingeholten Expertengutachtens** ergebende Schlussfolgerungen bezüglich eines Mangels und dessen Ursachen zu offenbaren, sofern sich diese Folgerungen dem Käufer bei einer **Inaugenscheinnahme der Symptome** nicht in gleicher Weise aufdrängen[252]. Dies gilt insbes in dem Fall, in dem die vom Verkäufer wahrgenommen Umstände geeignet sind, die vom Käufer erkennbar beabsichtigte Nutzung erheblich zu mindern[253]. So ist der Verkäufer eines Hausgrundstücks zur Aufklärung verpflichtet, wenn er nach seinen Kenntnissen und seiner Erfahrung aus den äußerlich sichtbaren **Feuchtigkeitsflecken** den Schluss auf das Vorhandensein des Mangels in Gestalt einer **Kellerfeuchtigkeit** und seine Ursache (schadhafte oder fehlende vertikale und horizontale Abdichtung) zu ziehen vermochte[254]. Der Verkäufer ist aber grundsätzlich nicht verpflichtet, den Käufer darüber aufzuklären, dass die **Ursachen von Mangelspuren unklar** und nähere Untersuchungen bislang noch nicht vorgenommen worden sind[255]. Davon muss der Käufer vielmehr als Regelfall ausgehen, sofern er vom Verkäufer keine weitergehenden Informationen erhält. Zu bejahen ist das arglistige Verschweigen eines **Grundstücksmangels** dagegen dann, wenn das vom Verkäufer mit der Durchführung einer **Baugrund- und Tragfähigkeitsuntersuchung** beauftragte Unternehmen das Vorhandensein einer aufgefüllten Kiesgrube feststellt und deshalb eine **Schadstoffuntersuchung** für erforderlich hält, die dann zwar in Auftrag gegeben wird, deren **Ergebnisse** aber vom Verkäufer vor dem Verkauf nicht abgewartet werden[256]. Der Verkäufer hat hier Kenntnis vom **Altlastenverdacht** und handelt daher arglistig, wenn er den Kaufvertrag abschließt, ohne den Käufer auf die Altlastenproblematik hinzuweisen[257]. Wird ein solcher Altlastenverdacht arglistig verschwiegen und bestätigt sich nach dem Verkauf der Verdacht, so ist dem Verkäufer auch in Bezug auf die nunmehr festgestellten **tatsächlich vorhandenen Altlasten** eine Arglist vorzuwerfen, weil es **im Kern um denselben Mangel** geht[258]. 75

Einen tatsächlich vorhandenen **Schwammbefall** muss der Verkäufer beim Hausverkauf offenbaren, weil es sich stets um einen **Sachmangel** handelt[259]. Bei bloßem **Verdacht** eines Befalls mit Hausschwamm ist eine Offenbarungspflicht jedenfalls dann gegeben, wenn dieser Verdacht als solcher schon einen Sachmangel des Hausgrundstücks darstellt[260]. Offenbarungs- 76

248 Vgl dazu oben Rz 69 ff.
249 BGH NJW 2001, 64; BGH NJOZ 2001, 5, 7; BGH NJW-RR 2012, 1078 Rz 22; BGH NJW 2018, 1954 Rz 24.
250 BGH NJW 2001, 64; BGH NJOZ 2001, 5, 7; BGH NJW-RR 2012, 1078 Rz 22; BGH NJW 2018, 1954 Rz 24.
251 Vgl dazu Rz 69 ff.
252 BGH NJW-RR 2003, 772, 773; BGH NJW-RR 2012, 1078 Rz 22; BGH NJW 2023, 217 Rz 69 ff.
253 BGHZ 193, 326 Rz 15; BGH NJW-RR 2012, 1078 Rz 21; BGH WM 1978, 1073, 1074 (zu § 123).
254 BGH NJW-RR 2012, 1078 Rz 26.
255 BGH NJW-RR 2012, 1078 Rz 23. Im Fall des BGH war ein mit einem 1936 errichteten Wohnhaus bebautes Grundstück in Berlin-Köpenick für 575.000 Euro unter Ausschluss der Gewährleistung verkauft worden. Nach der Übernahme durch den Käufer stellte sich heraus, dass die Abdichtung des Bauwerks mangelhaft war, weshalb Feuchtigkeit eindrang und in den Kellerwänden aufstieg. Beiden Kaufvertragsparteien waren die im Keller äußerlich sichtbaren Feuchtigkeitsflecken bekannt. Eine Arglist des Verkäufers wurde aber abgelehnt, weil der Verkäufer den tatsächlich vorliegenden Mangel nicht kannte und insoweit auch kein bedingter Vorsatz gegeben war.
256 BGH NJW 2023, 217 Rz 68 ff.
257 BGH NJW 2023, 217 Rz 69 f.
258 BGH NJW 2023, 217 Rz 71.
259 RG JW 1936, 375, 376; BGH WM 1968, 1220; BGH NJW-RR 1987, 1515, 1516.
260 RG JW 1913, 88 (zu § 123); RG LZ 1919, 639; BGH WM 1968, 1220; BGH NJW-RR 1987, 1415.

pflichtig ist auch ein **früherer Schwammbefall** des Hauses, sofern trotz technisch einwandfreier Beseitigung die latente **Gefahr des Wiederauftretens** besteht[261]. Der Verkäufer erfüllt allerdings seine Aufklärungspflicht in Bezug auf einen tatsächlichen oder möglichen Hausschwammbefall nicht ohne weiteres dadurch, dass er darauf hinweist, bei Übernahme des veräußerten Grundstücks in großem Umfang vorhandenen Hausschwamm beseitigt zu haben[262]. Diese Mitteilung deckt nur den beseitigten Altschaden und die allgemeine Gefahr des Wiederauftretens ab. Es liegt daher eine Arglist vor, wenn der Verkäufer den Käufer zwar über den **fachgerecht beseitigten Altschaden** informiert, nicht aber über einen inzwischen eingetretenen Neubefall oder eine nähere Konkretisierung der latenten Gefahr der Wiederkehr. Dass der Verkäufer gegenüber dem Käufer einen früheren Altschaden offenlegen muss, gilt nicht nur bei einem Befall mit Hausschwamm, sondern für alle Grundstücksmängel, die **trotz fachgerechter Beseitigung wiederkehren** können[263]. Auf den Verbleib einer **Wertminderung** kommt es nur an, wenn keine Wiederholungsgefahr besteht.

77 Zu offenbaren ist vom Verkäufer beim Grundstücksverkauf auch das Vorhandensein von **Trockenfäule**[264] und anderer **substanzzerstörender Pilze**[265]. Der Befall des Dachgebälks mit **Holzbockkäfern** darf nach einer älteren Entscheidung des BGH jedenfalls dann nicht verschwiegen werden, wenn die angerichteten Schäden einen erheblichen Umfang erreicht haben[266]. Dies ist zwar richtig. Daraus darf aber nicht der Schluss gezogen werden, das arglistige Verschweigen eines Sachmangels liege in dem Fall nicht vor, in dem der Holzbockbefall noch gering ist und nur eine ganz unerhebliche **Minderung des Verkehrswerts** bewirkt hat[267]. Das Vorliegen eines aufklärungspflichtigen Sachmangels ergibt sich hier regelmäßig schon aus dem **Ausbreitungsrisiko**. Der Verkäufer kann nämlich nicht davon ausgehen, dass der Käufer den Befall noch im Frühstadium erkennt und deshalb geeignete Bekämpfungsmaßnahmen ergreift, um ein weiteres Ausbreiten zu verhindern. Beim **Verkauf eines Fachwerkhauses** handelt der Verkäufer arglistig, wenn er konkretes Wissen über einen 16 Jahre vor dem Verkauf erkannten **Schädlingsfall** zurückhält, den er nicht fachgerecht saniert, sondern nur durch Verfüllung der Löcher und Risse und Überstreichen der Fachwerkbalken behandelt hat[268]. Die **Aufklärungspflicht des Verkäufers** entfällt hier nicht dadurch, dass sich – wie für ihn erkennbar – für den **Käufer** bei der **Hausbesichtigung** allenfalls ein **Mangelverdacht** ergeben konnte[269].

78 Die **bauordnungsrechtliche Unzulässigkeit** eines abweichend vom genehmigten Bauplan **zu Wohnzwecken ausgebauten Untergeschosses** stellt ebenfalls einen offenbarungspflichtigen Sachmangel dar[270]. Die Aufklärungspflicht und damit idR auch die Arglist des Verkäufers entfällt hier nicht dadurch, dass die zuständige Behörde die **nach öffentlichem Baurecht rechtswidrige Nutzung** längere Zeit geduldet hat[271]. Arglistig handelt der Verkäufer eines Hausgrundstücks selbstverständlich auch dann, wenn er eine vorliegende **bestandskräftige verwaltungsrechtliche Untersagung** einer Nutzung verschweigt, die nach § 434 zur Soll-Beschaffenheit dieses Kaufgegenstands gehört[272]. Ein offenbarungspflichtiger **Fehler der Bodenbeschaffenheit** eines verkauften Grundstücks liegt bspw dann vor, wenn das als **Bauland** verkaufte Grundstück früher als **Sandgrube, Schutthalde und Müllkippe** verwendet und dann aufgeschüttet worden ist[273]. Ein früherer Gebäudemangel muss zwar grundsätzlich nicht offenbart werden, wenn er fachgerecht beseitigt worden ist, keine latente Gefahr der Wiederkehr besteht und auch keine dauernde Wertminderung eingetreten ist. Beseitigt der Verkäufer aber ohne Besitz der erforderlichen Fachkenntnisse selbst durch Reparatur einen bestehenden Gebäudemangel, so muss er den Käufer darüber informieren[274].

79 5. **Offenbarungspflichten beim Fahrzeugkauf – insbes Gebrauchtwagenkauf**. – a) **Frühere Unfallschäden (Vorschäden)**. Eine große Rolle in Bezug auf die Frage des Bestehens einer Aufklärungspflicht des Verkäufers und des Vorliegens einer Arglist iSd § 444 spielen beim

261 BGH WM 1968, 1220; BGH NJW-RR 1987, 1415, 1416; KG NJW-RR 1989, 972.
262 Vgl dazu RG Recht 1910 Nr 3728. In diesem Fall hatte der Verkäufer dem Käufer erklärt, bei Übernahme des jetzigen Landgutes habe er große Reparaturen wegen Schwammschäden durchgeführt, und deshalb verkaufe er das Objekt mit allen Schwammschäden und Lasten.
263 Vgl KG NJW-RR 1989, 972.
264 BGH WM 1963, 967, 968; vgl zum Fall des Irrtum des Verkäufers im Zusammenhang mit einer Trockenfäule Rz 109.
265 RG JW 1913, 88 (zu § 123); RG JW 1936, 375, 376.
266 BGH NJW 1965, 34.
267 AA KG NJW-RR 1989, 972.
268 Braunschweig NJW-RR 2019, 370 Rz 40 ff.
269 Braunschweig NJW-RR 2019, 370 Rz 40 ff.
270 BGH WM 1983, 990.
271 BGH WM 1983, 990; vgl auch BGH WM 1982, 960, 961 (zur Haftung aus culpa in contrahendo, wenn der Verkäufer eines Eigentumsappartements in einem Hotel nicht darauf hinweist, dass die Eigennutzung als Dauerwohnung nicht gestattet ist).
272 BGH WM 1988, 1449 (zu § 123).
273 BGH WM 1976, 323.
274 Schleswig MDR 1980, 399 (Verkauf eines zweieinhalb Jahre alten Hauses, dessen Flachdach vom Verkäufer, der nicht über die erforderlichen Fachkenntnisse verfügte, fehlerhaft repariert worden war).

Fahrzeugkauf frühere Unfallschäden. Dies beruht im Wesentlichen darauf, dass derartige Schäden auch dann einen Sachmangel darstellen, wenn eine **fachgerechte Reparatur** erfolgt ist[275]. Denn trotz einer solchen Schadensbeseitigung bleibt wegen des Restrisikos des Bestehens einer bislang nicht erkannten Unfallfolge eine **Wertminderung** zurück. Zudem besteht bei Unfallschäden, sofern sie fachgerecht repariert worden sind, die Besonderheit, dass sie jedenfalls von einem Laien bei einer **Besichtigung** nicht ohne weiteres festgestellt werden können. Der Verkäufer muss daher Unfallschäden, die ihm entweder bekannt sind oder die er für möglich hält, in jedem Fall offenbaren[276]. Eine Ausnahme greift insoweit nur dann Platz, wenn der Schaden oder der Unfall so geringfügig war, dass er bei vernünftiger Betrachtungsweise den Kaufentschluss nicht beeinflussen kann[277]. Die Grenze für nicht der Aufklärungspflicht des Verkäufers unterfallende **sog Bagatellschäden** ist bei Pkw sehr eng zu ziehen[278]. Als Bagatellschäden können hier nur ganz geringfügige, **äußere (Lack-)Schäden** eingeordnet werden, nicht dagegen andere (Blech-)Schäden[279]. Dies gilt auch in den Fällen, in denen derartige Schäden keine weitergehenden Folgen nach sich zogen und der Reparaturaufwand nur gering war[280]. Eine Mitteilungspflicht des Verkäufers besteht also immer, sofern das **Fahrzeugblech** von den Unfallwirkungen betroffen ist[281].

Ob das Fahrzeug im Anschluss an den Unfall **fachgerecht repariert** wurde, ist dagegen für 80 die Frage der Aufklärungspflicht des Verkäufers unerheblich[282]. Zu berücksichtigen ist bei der Frage, ob ein Bagatellschaden vorliegt, zwar nicht nur eine Beeinträchtigung in technischer Hinsicht, sondern auch ein **merkantiler Minderwert**. Aufgrund des nicht auszuschließenden Risikos der Existenz weiterer, noch unerkannter Unfallfolgen genügen allerdings insoweit auch geringe Einbußen[283]. Der Käufer kann demnach beim Kauf eines gebrauchten Kraftfahrzeugs bei Nichtvorliegen besonderen Umstände erwarten, dass das Fahrzeug keinen Unfall erlitten hat, bei dem mehr als nur ein Bagatellschaden eingetreten ist[284]. Unzweifelhaft zu offenbaren sind vom Verkäufer solche Unfallschäden von nicht nur unerheblichem Gewicht, die sich durch Reparatur nicht beseitigen lassen oder jedenfalls bislang nicht beseitigt worden sind. Das Gleiche gilt für Schäden, bei denen nach Abschluss der Reparaturarbeiten unsicher ist, ob die völlige Wiederherstellung gelungen ist. Insoweit geht es insbes um Unfälle, die zu einer **Verformung des Rahmens (Chassis)**[285] oder des Wagenkörpers geführt haben[286], sowie um unfallbedingte Beschädigungen von **Motor oder Teilen des Motors**[287].

275 BGH NJW 2008, 53 Rz 20 („Alleine die Tatsache, dass das Fahrzeug bei einem Unfall einen erheblichen Schaden erlitten hat, stellt einen Sachmangel iSd § 434 I 2 Nr 2 BGB dar.").

276 BGH NJW 2008, 53 Rz 19 f; BGHZ 74, 383 Rz 21; BGH NJW 1977, 1914, 1915 (Pflicht zur Aufklärung über reine Blechschäden ohne nachteilige Folgen jedenfalls bei Frage des Käufers, ob der Gebrauchtwagen in einen Unfall verwickelt gewesen sei); Reinking/Eggert, Der Autokauf, 2024[15], Kap 27 Rz 705 ff iVm Kap 35 Rz 176 ff; Eggert DAR 2015, 43, 44 f.

277 BGH NJW 2008, 53 Rz 19 f.

278 BGH NJW 2008, 53 Rz 19 f.

279 BGH NJW 2008, 53 Rz 19 f; BGH NJW 2008, 1517 Rz 18; BGH NJW 1982, 1386. Im Fall BGH NJW 2008, 53 handelte es sich nach den Feststellungen des Sachverständigen bei den Karosserieschäden an der linken Fahrzeugtür und der linken hinteren Fahrzeugseite nicht nur um Lackschäden, sondern um Blechschäden, die mit an Sicherheit grenzender Wahrscheinlichkeit ursprünglich tiefer als die bis zu 5 mm starke Schichtstärke des zu Reparaturzwecken erfolgten Spachtelauftrags waren. Der Kostenaufwand fachgerechter Beseitigung dieser Blechschäden betrug nach der Berechnung des Sachverständigen ca 1.780 Euro. Ein derartiger Schaden kann jedenfalls bei einem knapp fünfeinhalb Jahre alten Fahrzeug mit einer Laufleistung von rund 54.000 km nicht als Bagatellschaden angesehen werden, mit dem ein Käufer vernünftigerweise rechnen muss (BGH NJW 2008, 53 Rz 20).

280 BGH NJW 2008, 53 Rz 20; BGH NJW 2008, 1517 Rz 18; BGH WM 1987, 137; BGH NJW 1982, 1386; BGH NJW 1967, 1222. Im Fall BGH NJW 2008, 1517 war die Heckklappe des verkauften Wagens bei dem Unfall links oben eingebeult worden, so dass sie vor der – nicht fachgerecht ausgeführten – Neulackierung gespachtelt werden musste. Die Kosten einer ordnungsgemäßen Reparatur bezifferte der Sachverständige insoweit zuletzt auf 1.020 Euro brutto. Daher lag bei dem zum Zeitpunkt des Vertragsschlusses knapp drei Jahre alten Fahrzeug mit einer Laufleistung von rund 54.000 km eindeutig kein Bagatellschaden vor, mit dem ein Käufer vernünftigerweise rechnen muss (BGH NJW 2018, 1517 Rz 19).

281 Vgl dazu auch Eggert DAR 2015, 43, 44 f (offenbart werden muss alles, was „ins Blech gegangen ist"). Kleine Kratzer, deren Tiefe auf die Lackierung beschränkt ist und die nicht das darunterliegende Blech erreichen, stellen daher nach Durchführung einer fachgerechten Reparatur keinen Sachmangel mehr dar und sind aus diesem Grund auch nicht offenbarungspflichtig. Die Entscheidung BGH WM 1984, 535, 537, nach der es für das Vorliegen einer Offenbarungspflicht darauf ankommen soll, ob der Unfallschaden „von einigem Gewicht" ist, statuiert insoweit keine Abweichung. Sofern das Fahrzeugblech betroffen ist, liegt ein „gewichtiger" Schaden in diesem Sinne vor.

282 BGH NJW 2008, 53 Rz 20; BGH NJW 2008, 1517 Rz 18; BGH WM 1983, 934.

283 Im Fall BGHZ 57, 137 wurde die Anfechtung eines Gebrauchtwagenkaufs mit einem Kaufpreis von 7.370 DM gem § 123 bedenkenlos zugelassen, obwohl dem Verkäufer lediglich nachgewiesen werden konnte, dass er eine von ihm selbst durchgeführte Reparatur über 445 DM gegenüber dem Käufer nicht offenbart hatte und der merkantile Minderwert nur 100 DM betrug.

284 BGH NJW 2008, 53 Rz 20; BGH NJW 2008, 1517 Rz 18.

285 Vgl Koblenz NJW-RR 1988, 1137.

286 Vgl BGH WM 1987, 137.

287 Vgl BGH NJW 1982, 1386; BGH WM 1987, 137.

81 Das **Alter des angebotenen Fahrzeugs** kann in Bezug auf die Frage, ob der Verkäufer gegenüber einem Kaufinteressenten einen Unfallschaden trotz fachgerechter Reparatur offenlegen muss, von Bedeutung sein. Denn insbes bei sehr alten Fahrzeugen mit einem geringen Verkehrswert gehören die im Laufe der Jahre entstandenen und letztlich nicht vermeidbaren **kleineren Blechschäden („Dellen")** zur üblichen Beschaffenheit iSd § 434 Abs 3 Satz 1 Nr 2. Bei Erfolgen einer fachgerechten Reparatur tritt durch derartige Altschäden keine zusätzliche Wertminderung ein. Unter der Voraussetzung der Durchführung einer fachgerechten Instandsetzung fehlt daher hier ein **Sachmangel** als Grundlage für die Aufklärungspflicht. Ist der Verkäufer ein **Gebrauchtwagenhändler**, so kann in Bezug auf einen früheren Unfallschaden auch dann eine Arglist gegeben sein, wenn ihm dieser Schaden nicht bekannt ist. Es besteht zwar selbstverständlich keine Verpflichtung des Verkäufers, einen Sachmangel offenzulegen, den er selbst gar nicht kennt und mit dem er auch nicht rechnet. Eine Aufklärungspflicht besteht aber, soweit der Verkäufer **Indizien** erkennt oder für möglich hält, die für das Vorliegen eines Unfalls sprechen.

82 Den Verkäufer eines Gebrauchtwagens trifft bei **Fehlen besonderer Anhaltspunkte** für einen Unfallschaden nicht die Obliegenheit, das zum Verkauf angebotene Fahrzeug auf Unfallschäden zu untersuchen[288]. Ein Fahrzeughändler ist grundsätzlich nur zu einer **fachgerechten äußeren Besichtigung („Sichtprüfung")** verpflichtet[289]. Wenn sich im Rahmen einer solchen Sichtprüfung keine Anhaltspunkte für einen früheren Unfallschaden ergeben, dann besteht für den Händler keine Verpflichtung zu **weiteren Nachforschungen**[290]. Er ist in diesem Fall auch nicht gehalten, eine Abfrage bei einer bestehenden zentralen Datenbank des Herstellers betreffend eine dort etwa vorhandene **sog Reparaturhistorie des Fahrzeugs** über bei anderen Vertragshändlern/-werkstätten bis dato durchgeführte Reparaturen vorzunehmen. Führt die äußere Besichtigung (Erstuntersuchung) des Händlers dagegen zu **Anhaltspunkten für einen Vorschaden**, so ist er zu weiteren Nachforschungen verpflichtet[291]. Dazu gehören dann etwa gezielte Rückfragen oder/und eine Einsichtnahme in ihm zugängliche Dateien bzw **Online-Datenbanken des Herstellers**[292]. Unterlässt der Verkäufer trotz bestehender Anhaltspunkte für einen früheren Unfallschaden sowohl eine weitergehende Prüfung als auch eine Information des Käufers über seinen Wissensstand, so sind die Verletzung einer Aufklärungspflicht und, sofern zumindest ein bedingter Vorsatz vorliegt, auch eine Arglist zu bejahen. Verschweigt ein **gewerblicher Kraftfahrzeughändler** gegenüber dem Kaufinteressenten das Unterbleiben der allgemein gebotenen Sichtprüfung, so ist idR eine Arglist zu bejahen, wenn ein Sachmangel in Gestalt eines **nicht fachgerecht reparierten Unfallschadens** schon bei einem Blick auf die Unterseite des verkauften Fahrzeugs sofort erkennbar gewesen wäre[293]. Die dargelegten Grundsätze über die **Sichtprüfung** beim Verkauf durch einen Fahrzeughändler gelten auch dann, wenn das Fahrzeug im **Rahmen eines Agenturgeschäfts** nicht im eigenen Namen, sondern **im Namen des privaten Verkäufers** veräußert wird[294]. Die Arglist ist hier dem Privatverkäufer nach **§ 166 Abs 1** zuzurechnen[295].

83 b) **Unfallschäden (Vorschäden) an Lkw und sonstigen Nutzfahrzeugen**. Beim Verkauf von Lastkraftwagen ist es gerechtfertigt, den Kreis der **nicht aufklärungspflichtigen Bagatellschäden** etwas weiter zu ziehen als im Falle des Autokaufs[296]. Denn beim Kauf von Nutzfahrzeugen kommt es nicht in gleicher Weise wie bei Pkw auf die **Unversehrtheit auch der Karosserie** und auf das dadurch vermittelte äußere Erscheinungsbild an[297]. Es müssen aber über den äußerlich sichtbaren Schaden hinaus weitergehende **Beeinträchtigungen tragender oder betriebswesentlicher Fahrzeugteile** mit Sicherheit auszuschließen sein[298]. Wenn dagegen – wie im vom BGH entschiedenen Fall – beim Unfall nicht nur die vordere Stoßstange, sondern auch Motorteile wie Lüfter und Kühler beschädigt wurden, ist auch beim Kauf eines Lkw eine Offenbarungspflicht eindeutig zu bejahen[299]. Es ist dann nämlich für den Käufer das Risiko weiterer, noch nicht entdeckter Unfallfolgen so erheblich, dass dem Verkäufer nicht frei überlassen werden kann, ob er den Kaufinteressenten über den Unfall und die erfolgten Reparaturmaßnahmen informiert[300]. Beim Verkauf eines **Wohnwagens** muss ein mehr als sieben Jahre zurückliegender Unfall dann nicht angegeben werden, wenn der Schaden seinerzeit fachgerecht repariert worden

288 BGHZ 168, 64 Rz 15; BGH NJW 2014, 211 Rz 24 f; BGHZ 63, 382, 386 ff; BGH NJW 1981, 928.
289 Reinking/Eggert, Der Autokauf, 2024[15], Kap 29 Rz 245.
290 BGH NJW 2014, 211 Rz 25.
291 BGH NJW 2014, 211 Rz 25; Reinking/Eggert, Der Autokauf, 2024[15], Kap 29 Rz 243 ff.
292 BGH NJW 2014, 211 Rz 25; Reinking/Eggert, Der Autokauf, 2024[15], Kap 29 Rz 236.
293 Karlsruhe VuR 2020, 433, 434 f.
294 Karlsruhe VuR 2020, 433, 434 f.
295 So iE auch Karlsruhe VuR 2020, 433, 434 f unter Heranziehung des § 278 Satz 1.
296 BGH NJW 1982, 1386.
297 BGH NJW 1982, 1386.
298 BGH NJW 1982, 1386.
299 BGH NJW 1982, 1386.
300 BGH NJW 1982, 1386.

ist und keine Anhaltspunkte für zu erwartende Funktionsbeeinträchtigungen bestehen[301]. Ein **Wohnmobil** ist dagegen insoweit wie ein Kraftfahrzeug zu behandeln.

c) **Sonstige Sachmängel und mangelbezogene Umstände beim Fahrzeugkauf.** Aufzuklären ist beim Fahrzeugverkauf nicht nur über frühere Unfallschäden, sondern über sämtliche Umstände, die einen Sachmangel begründen[302]. Ein klassischer aufklärungspflichtiger Mangel ist beim Kauf älterer Gebrauchtwagen die **Durchrostung**[303]. Insoweit kann zwar aufseiten des Käufers wegen Erkennbarkeit dieses Mangels bei der Besichtigung im Rahmen der Kaufanbahnung eine grobe Fahrlässigkeit iSd § 442 Abs 1 Satz 2 gegeben sein[304]. Dies schadet dem Käufer aber bei gleichzeitig vorliegender Arglist des Verkäufers nicht (§ 442 Abs 1 Satz 2). Vom Verkäufer zu offenbaren ist zB auch das Fehlen einer **Betriebserlaubnis**, etwa weil das verkaufte Auto mit einem nicht typengerechten Motor ausgerüstet ist[305]. Entsprechendes gilt, wenn die Voraussetzungen für eine **H-Zulassung gem StVZO § 23** in Wirklichkeit nicht vorhanden sind[306]. Erst recht aufklärungspflichtig ist der Umstand der nicht vorhandenen **Verkehrssicherheit** des angebotenen Fahrzeugs[307]. Hier ist allerdings ausnahmsweise ein Sachmangel und damit auch eine Offenbarungspflicht dann zu verneinen, wenn das Fahrzeug nicht zum Zwecke der **Nutzung im Straßenverkehr**, sondern zum Zerlegen („Ausschlachten") mit nachfolgendem Verkauf einzelner Ersatzteile veräußert wird. 84

Das Gleiche gilt in dem Fall, in dem das angebotene, in Deutschland nicht mehr verkehrssichere Fahrzeug für den **Export** in ein Land bestimmt ist, in dem die Anforderungen an die Verkehrssicherheit deutlich geringer sind, und die für diesen Verwendungszweck von den Kaufvertragsparteien vorausgesetzte Beschaffenheit des Fahrzeuges noch vorliegt. Die Ausrüstung eines Gebrauchtwagens mit einem **Austauschmotor** ist idR kein Sachmangel und daher nicht mitzuteilen[308]. Die Vornutzung als **Taxi, Fahrschul- oder Mietwagen** ist dagegen grundsätzlich als offenbarungspflichtiger Sachmangel anzusehen, sofern das Fahrzeug nicht unter Angabe dieser Eigenschaft angeboten und veräußert wird[309]. Eine **höhere Abnutzung** lässt sich hier zwar schon häufig dem Kilometerstand entnehmen. Die Abweichung von der üblichen Beschaffenheit iSd § 434 Abs 3 Satz 1 Nr 2 beruht im Falle einer derartigen Vornutzung aber nicht auf der vom Verkäufer zutreffend angegebenen hohen Laufleistung, sondern vielmehr darauf, dass eine Vielzahl von Personen das Fahrzeug gefahren hat oder als Insasse befördert worden ist und daher das Risiko **unbekannter Beschädigungen** erheblich höher ist. 85

Die Abweichung der **tatsächlichen Laufleistung** des angebotenen Fahrzeugs von der vereinbarten Laufleistung stellt zwar einen offenbarungspflichtigen Sachmangel dar[310]. Insoweit sind aber in Bezug auf die Frage der Unwirksamkeit der Freizeichnung wegen Arglist des Verkäufers zwei Besonderheiten zu beachten. Zum einen besteht von vornherein keine Beschaffenheitsvereinbarung iSd § 434 Abs 2 Satz 1 Nr 1, sofern der Kilometerstand nur Inhalt einer **sog Wissenserklärung** (zB Kilometerangabe mit dem Zusatz „laut Tacho") ist[311]. Zum anderen kommt es bei Vorliegen einer Beschaffenheitsvereinbarung für die Unwirksamkeit des Gewährleistungsausschlusses letztlich deshalb nicht auf eine Arglist des Verkäufers an, weil die Beschaffenheitsvereinbarung kraft Vertragsauslegung Vorrang vor der Freizeichnungsabrede hat[312]. Auch beim Verkauf eines **gebrauchten Lkw** führt die Abweichung der tatsächlichen Gesamtfahrleistung von einer vereinbarten Laufleistung grundsätzlich zu einem Sachmangel iSd § 434 Abs 2 Satz 1 Nr 1. Ein Verkäufer, der eine derartige Abweichung weder positiv kennt noch mit ihr rechnet, ist aber gegenüber einem mit Transportfahrzeugen nicht erfahrenen Kaufinteressenten verpflichtet, auf den Umstand hinzuweisen, dass der **Tachometerstand des Fahrtenschreibers** keine sichere Auskunft über die Fahrleistung des Fahrzeugs gibt[313]. 86

Die Tatsache, dass beim **Gebrauchtwagenverkauf** unmittelbar vor dem Verkauf ein **Zwischenerwerb** durch einen unbekannten sog **„fliegenden Zwischenhändler"** für einen kurzen Zeitraum stattgefunden hatte, stellt zwar für sich betrachtet noch **keinen Sachmangel iSd § 434 Abs 3** dar[314]. § 444 Alt 1 wäre danach wegen Nichtvorliegens eines Gewährleistungsfalls von 87

301 Köln NJW-RR 1992, 49 f.
302 Vgl BGHZ 170, 88 Rz 14; BGH NJW 1979, 1707; Hamm, Urt v 24.9.2015 – I-28 U 144/14, juris Rz 61; Nürnberg DAR 1963, 300; Karlsruhe DAR 1967, 44; Frankfurt BB 1980, 962; Oldenburg Urt v 28.2.2014 – 11 U 86/13, juris; Eggert DAR 2015, 43, 46 f.
303 BGH NJW 1979, 1707.
304 Vgl dazu § 442 Rz 117 ff.
305 BGH NJW 1983, 1424, 1425.
306 Hamm, Urt v 24.9.2015 – I-28 U 144/14, juris Rz 61.
307 BGH NJW 1971, 1795, 1797: Konstruktionsfehler eines Transportfahrzeugs für Flüssigkeiten (zu § 123).
308 BGH NJW 1982, 1386, 1387.
309 BGH BB 1977, 61, 62; differenzierend: Reinking/Eggert, Der Autokauf, 2017[13], Rz 3198 ff.
310 BGHZ 170, 88 Rz 14 (Laufleistung eines Motorrads); Frankfurt BB 1980, 962.
311 Vgl oben Rz 18.
312 Vgl dazu oben Rz 15 ff.
313 BGH NJW 1982, 1386, 1387.
314 BGH NJW 2010, 858.

vornherein nicht anwendbar. Gleichwohl handelt es sich um einen Umstand, der für den Kaufentschluss des Käufers von wesentlicher Bedeutung ist und daher vom **Verkäufer** zum Zwecke der Erfüllung der ihm **obliegenden Aufklärungspflicht** mitgeteilt werden muss[315]. Der Zwischenerwerb steht nämlich in einem unmittelbaren Zusammenhang mit **potentiellen Mängeln der Kaufsache**. Denn die Angaben des Verkäufers zum Zustand des Fahrzeugs decken etwaige, während des Zwischenerwerbs eingetretene Schadensereignisse nicht ab[316]. Liegt in einem derartigen Fall ein Sachmangel wegen wesentlicher Abweichung der **tatsächlichen Laufleistung** des verkauften Gebrauchtfahrzeugs vom angegebenen Kilometerstand vor, so ist in Bezug auf diesen Mangel eine Arglist des Verkäufers iSd § 444 Alt 1 deshalb zu bejahen, weil der Zwischenerwerb durch einen sog „fliegenden Zwischenhändler" den Verdacht von **Manipulationen am Kilometerzähler** oder einer sonstigen **unsachgemäßen Behandlung des Fahrzeugs** begründet und die Verlässlichkeit der Angaben des Verkäufers zum Fahrzeug entwertet[317]. Der Verkäufer hat hier zwar nicht die **Unrichtigkeit des Kilometerstands** gekannt und verschwiegen. Für das arglistige Verschweigen iSd § 444 Alt 1 genügt aber, dass der verschwiegene Umstand (Zwischenerwerb) mit der **Beschaffenheitsabweichung in einem unmittelbaren Zusammenhang** stehen kann[318].

88 Entsprechendes gilt bspw, wenn das verkaufte Fahrzeug während des Zwischenerwerbs einen **Unfallschaden** erlitten hat, der fachgerecht repariert wurde und dem Verkäufer bei Abschluss des Kaufvertrags nicht bekannt war. In dieser Konstellation hat der Verkäufer zwar keine Kenntnis bezüglich des Unfalls. Das Risiko des Vorliegens einer Unfallwageneigenschaft ist im Falle des Zwischenerwerbs durch eine dem Käufer unbekannte Person aber derart erhöht, dass dieses Risiko die **Kaufentscheidung des Käufers** beeinflussen kann. Die Arglist des Verkäufers ist daher auch hier deshalb zu bejahen, weil er die Ursache für dieses erhöhte Risiko verschwiegen hat.

89 Soweit eine **fehlende Fabrikneuheit** beim Kauf eines **Neuwagens** einen Sachmangel begründet, besteht auch eine Aufklärungspflicht des Verkäufers, deren Nichterfüllung bei Vorliegen eines bedingten Vorsatzes zur Arglist iSd § 444 Alt 1 führt. Die Eigenschaft „fabrikneu" ist zu bejahen, sofern zwischen der Herstellung des Fahrzeugs und dem Abschluss des Kaufvertrags **kein längerer Zeitraum als zwölf Monate** liegt, das Modell zum Zeitpunkt des Verkaufs noch unverändert gefertigt wird und durch das Abstellen **keine Mängel (Standschäden)** eingetreten sind[319]. Die Benutzung des Fahrzeugs im Straßenverkehr lässt die Fabrikneuheit entfallen, sofern es sich nicht nur um eine **Überführungs- oder Probefahrt** handelt[320]. Eine **Kurzzulassung** (zB sog „Tageszulassung") auf den verkaufenden Händler lässt dagegen die Fabrikneuheit unberührt[321]. Demnach erfüllt auch beim Verkauf eines **Nutzfahrzeugs (Radladers)** als „neu" das Verschweigen der Tatsache, dass dieses Fahrzeug zuvor **mindestens dreimal an Kunden ausgeliehen** worden war, wegen Vorliegens eines Sachmangels den Arglisttatbestand des § 444 Alt 1[322]. Wird ein Gebrauchtfahrzeug oder ein Gebrauchtmotor (Austauschmotor) als **„generalüberholt"** zum Verkauf angeboten, so ist selbstverständlich über den Umstand aufzuklären, dass eine Generalüberholung gar nicht stattgefunden hat[323]. Bei Vorliegen eines zumindest bedingt vorsätzlichen Verhaltens des Verkäufers ist hier aber auch ein **arglistiges Vorspiegeln einer Eigenschaft** zu bejahen[324]. Zudem ist hier jedenfalls eine **Beschaffenheitsvereinbarung** iSd § 434 Abs 2 Satz 1 Nr 1 (uU auch eine Beschaffenheitsgarantie iSd § 444 Alt 2) gegeben, die **kraft Auslegung Vorrang** vor der kaufvertraglichen Freizeichnungsabrede hat[325].

90 d) **Offenbarungspflichtige Rechtsmängel beim Fahrzeugkauf – insbes Eintrag im Schengener Informationssystem (SIS)**. Beim Kauf eines Fahrzeugs stellen **behördliche Beschlagnahmen und Sicherstellungen** regelmäßig einen Rechtsmangel dar. Eine darauf bezogene Aufklärungspflicht des Verkäufers steht daher außer Frage. Eine derartige behördliche Maßnahme kann zwar einem Kaufinteressenten, der das Fahrzeug im Rahmen der **gebotenen Sorgfalt besichtigt**[326], eigentlich nicht verborgen bleiben. Praktische Bedeutung hat aber insoweit der Fall, in dem die behördliche Beschlagnahme erst nach der zum Zwecke der Erfüllung

315 BGH NJW 2010, 858 Rz 16; Bremen NJW 2003, 3713; Reinking/Eggert, Der Autokauf, 2024[15], Kap 27 Rz 830 ff.
316 BGH NJW 2010, 858 Rz 16; Bremen NJW 2003, 3713; Reinking/Eggert, Der Autokauf, 2024[15], Kap 27 Rz 830 ff.
317 BGH NJW 2010, 858 Rz 16; Bremen NJW 2003, 3713; Reinking/Eggert, Der Autokauf, 2024[15], Kap 27 Rz 830 ff.
318 So iE auch Bremen NJW 2003, 3713.
319 BGH NJW 2004, 160; BGH NJW 2016, 3015 Rz 44 mAnm Servais.
320 BGH NJW 2005, 1422, 1423.
321 BGH NJW 2005, 1422, 1423.
322 BGH WM 1985, 226.
323 BGH NJW 1986, 316, 317 (zum arglistigen Verschweigen iSd HGB § 377 Abs 5 im Falle des Verkaufs eines gebrauchten Motors als „generalüberholt").
324 Vgl dazu unten Rz 120 ff.
325 Vgl dazu oben Rz 15 ff.
326 Vgl dazu § 442 Rz 117 ff.

der Lieferverpflichtung des Verkäufers aus § 433 Abs 1 Satz 1 erfolgenden Übergabe des Fahrzeugs an den Käufer erfolgt und der Verkäufer schon zum Zeitpunkt des Vertragsschlusses den Grund der nachfolgenden Beschlagnahme (zB Diebstahlsverdacht) kennt oder einen solchen für möglich hält. Die Eintragung, dh die **Ausschreibung eines Fahrzeugs zur Fahndung** (Sicherstellung und Identitätsfeststellung) im Schengener Informationssystem (sog Fahndungsausschreibung), begründet regelmäßig einen **Rechtsmangel**[327]. Denn bereits die Eintragung eines Kraftfahrzeugs in dieses Fahndungssystem führt zu der konkreten Gefahr, dass bei der **Zulassung** des Fahrzeugs durch den Käufer, einer **Halteränderung** (zB Umschreibung auf Familienmitglied) oder einer **polizeilichen Kontrolle** die Eintragung festgestellt und das Fahrzeug aus diesem Grund durch die zuständige Behörde **sichergestellt oder beschlagnahmt** wird[328]. Die Eintragung in das Schengener Informationssystem stellt daher eine **individuelle Belastung des Fahrzeugs** als Kaufgegenstand dar, die geeignet ist, den Käufer in der ungestörten Ausübung der ihm nach der allgemeinen **eigentumsrechtlichen Regelung des § 903 Satz 1** zustehenden Rechtsposition zu beeinträchtigen[329]. Aufgrund des Vorliegens eines Rechtsmangels ist der Verkäufer redlicherweise gehalten, einen Kaufinteressenten über eine bestehende Eintragung im Schengener Informationssystem aufzuklären[330].

III. Nichterfüllung oder unzureichende Erfüllung der Aufklärungspflicht durch den Verkäufer

1. **Erfordernis der vollumfänglichen Aufklärung über Mangel, Mangelverdacht oder Mangelspuren – Grundsätze.** Der Verkäufer ist grundsätzlich verpflichtet, einen Mangel sowie einen Mangelverdacht oder Mangelspuren gegenüber dem Käufer in vollem Umfang offenzulegen. Ein arglistiges Verschweigen iSd § 444 Alt 1 ist daher, sofern zumindest ein bedingter Vorsatz des Verkäufers vorliegt, auch dann gegeben, wenn die **Aufklärung nur zum Teil** erfolgt und daher die Möglichkeit besteht, dass der Käufer nicht die volle Tragweite des Mangelrisikos erkennt. Häufig wird sich zwar der verschwiegene Teil auf einen weiteren, **eigenständigen Mangel** beziehen. Erforderlich ist dies aber nicht. Es genügt vielmehr auch, dass das **wahre Ausmaß eines bestimmten Mangels** nicht offengelegt wird. Geht es um die Aufklärung über einen Mangelverdacht oder/und Mangelspuren, so ist eine vollständige Information des Käufers zu verneinen, sofern Umstände zurückgehalten werden, die für eine höhere Wahrscheinlichkeit oder/und ein größeres Ausmaß des vermuteten Mangels sprechen. Erklärt der **Verkäufer eines Gebrauchtwagens** gegenüber dem Käufer bspw, dass Türen und Dach des verkauften Fahrzeugs bei einem Unfall beschädigt worden sind, und verschweigt eine dabei eingetretene Stauchung der A- und B-Säule und das nachträgliche Einschweißen eines Blechs am Türschweller[331], so ist die Aufklärung deshalb unzureichend, weil sowohl diese Stauchung als auch der Blechaustausch als weitere **eigenständige Sachmängel** einzuordnen sind. 91

Erteilt der Autoverkäufer eines Gebrauchtwagens über einen **früheren Unfallschaden** eine auf das Ausmaß und die erfolgten Instandsetzungsarbeiten bezogene zutreffende Auskunft[332], so muss er den Käufer nicht noch zusätzlich darauf hinweisen, dass der Gutachter den eingetretenen Schaden vor der Reparatur als **wirtschaftlichen Totalschaden** einstufte[333]. Ob ein sog wirtschaftlicher Totalschaden vorliegt, ist nämlich keine Frage des Umfangs des technischen Schadens[334]. Der Unfallschaden setzt sich vielmehr aus den einzelnen Schadenspositionen zusammen; die Bewertung als wirtschaftlicher Totalschaden ist demgegenüber eine Frage des Schadensersatzes[335]. Es liegt daher keine Verletzung der Pflicht zur Aufklärung über den Umfang eines Vorschadens vor, wenn bloß die **schadensersatz- und versicherungsrechtliche Einordnung** als wirtschaftlicher Totalschaden nicht verlautbart wird[336]. Im Falle einer zutreffenden Auskunft über Art und Umfang des Unfalls ist es vielmehr eine Angelegenheit des Käufers, sich durch Nachfrage Kenntnis über Einzelheiten der **schadenstechnischen Bezifferung** und sonstigen Einordnung des Schadens durch den Sachverständigen zu verschaffen. 92

2. **Bagatellisierende und verharmlosende Erklärungen des Verkäufers.** Eine große praktische Bedeutung in Bezug auf die Frage der Vollständigkeit der vom Verkäufer erteilten Auskunft haben **bagatellisierende oder verharmlosende Erklärungen.** Derartige Mitteilungen können 93

327 BGH ZIP 2017, 1116 Rz 26 f; BGH NJW 2017, 3292 Rz 9 ff.
328 BGH ZIP 2017, 1116 Rz 13, 26; BGH NJW 2017, 3292 Rz 10.
329 BGH ZIP 2017, 1116 Rz 13, 26; BGH NJW 2017, 3292 Rz 10.
330 BGH NJW 2017, 3292 Rz 14; BGH ZIP 2017, 1116 Rz 13, 26.
331 Vgl dazu Köln NJW-RR 1986, 1380.
332 Vgl zur Aufklärungspflicht des Verkäufers bezüglich Unfallschäden oben Rz 79 ff.
333 Celle NJW-RR 1988, 1136; Düsseldorf NJW-RR 1991, 1402; aA Hamm DAR 1983, 355.
334 Düsseldorf NJW-RR 1991, 1402.
335 Düsseldorf NJW-RR 1991, 1402.
336 Düsseldorf NJW-RR 1991, 1402; vgl zur Aufklärungspflicht bei Unfallschäden Rz 79 ff.

leicht dazu führen, dass der Käufer das wahre Ausmaß des Mangels und/oder den für die Beseitigung tatsächlich erforderlichen Aufwand nicht erkennt. Eine in dieser Weise bagatellisierende Auskunft kann nicht als Erfüllung der dem Verkäufer obliegenden Aufklärungspflicht angesehen werden und begründet daher eine Arglist iSd § 444 Alt 1, sofern zumindest **bedingter Vorsatz** zu bejahen ist[337]. Wird eine gebrauchte **Holz-Motorjacht** mit der Angebotsbeschreibung „noch etwas Restarbeit erforderlich" verkauft und verschweigt der Verkäufer dabei, dass es sich um eine 40 Jahre alte Motorjacht handelt, die schon aufgrund ihres Alters restaurierungsbedürftig ist, so wird die Aufklärungspflicht nicht ordnungsgemäß erfüllt[338]. Nimmt der Verkäufer hier billigend in Kauf, dass die Entscheidung des Käufers für den Abschluss des Kaufvertrags davon beeinflusst wird, dass die **Fahrtüchtigkeit der Motorjacht** mit einem lediglich geringen Aufwand möglich und eine Restaurierung nicht notwendig ist, so liegt eine Arglist iSd § 444 Alt 1 vor[339]. Hat der Verkäufer in einer solchen Fallkonstellation keine genaue Kenntnis über das wahre Ausmaß der notwendigen Instandsetzungsarbeiten, so erfüllen verharmlosende Angaben als Erklärungen „ins Blaue hinein" den Arglisttatbestand[340].

94 Weiß der Verkäufer, dass das verkaufte Fahrzeug in der **Hand des Vorbesitzers einen Unfallschaden** erlitten hatte, kennt er aber nicht die Schwere der Unfallfolgen, so muss er den Käufer über seinen **wahren Kenntnisstand** informieren[341]. Zudem muss der Verkäufer zwecks Vermeidung einer Erklärung „ins Blaue hinein" hinreichend deutlich auf die **Begrenztheit seines Wissens** hinweisen. Wird einem Autohändler, der eine eigene Werkstatt unterhält, ein Gebrauchtwagen mit einem fachgerecht reparierten Unfall verkauft oder im Rahmen eines Neuwagenkaufs in Zahlung gegeben, so genügt zum Zwecke der ausreichenden Erfüllung der Aufklärungspflicht idR zunächst der Hinweis, der Wagen habe einen Unfall gehabt[342]. Denn der Verkäufer (bzw Käufer des Neuwagens bei Inzahlunggabe) kann nunmehr davon ausgehen, dass der Autohändler entweder die volle Tragweite des Unfalls **im Rahmen einer eigenen Untersuchung selbst erkennt** oder zum Zwecke der Erlangung näherer unfallbezogener Informationen nachfragt. Verlangt der Neuwagenverkäufer keine weiteren Angaben zum Unfall und den vorgenommenen Instandsetzungsarbeiten, so kann der Käufer regelmäßig davon ausgehen, weitere Darlegungen seien nicht erforderlich. Er darf allerdings gegenüber dem Neuwagenverkäufer keine bagatellisierenden oder verharmlosenden Erklärungen abgeben.

95 3. **Erfüllung der Aufklärungspflicht durch Überlassung von Sachverständigengutachten oder sonstigen Unterlagen**. Die Möglichkeit des Käufers, sich auf andere Weise als durch Hinweise des Verkäufers – zB mittels vom Verkäufer übergebener Unterlagen – Kenntnis über die konkrete Beschaffenheit des Kaufgegenstands zu verschaffen, stellt nicht ohne weiteres eine ausreichende Erfüllung der Aufklärungspflicht dar[343]. Werden dem Käufer vom Verkäufer oder einem beauftragten Dritten Unterlagen übergeben, aus denen der **Mangel des Kaufgegenstands** hervorgeht, so ist eine hinreichende Aufklärung nur dann zu bejahen, wenn der Verkäufer unter Berücksichtigung der Umstände des Einzelfalls die berechtigte Erwartung haben kann, der Käufer werde diese Unterlagen zum Zwecke der **Vorbereitung seiner Kaufentscheidung** durchsehen[344]. Eine solche Aufklärung ist bspw in dem Fall gegeben, in dem der Käufer gerade **im Zusammenhang mit möglichen Mängeln** der angebotenen Kaufsache vom Verkäufer ein Sachverständigengutachten erhält[345]. Die Relevanz des Gutachtens für die tatsächliche Beschaffenheit des Kaufgegenstands ist hier nämlich für einen verständigen Käufer offensichtlich. Der Verkäufer verweist hier zum Zwecke der Erfüllung seiner Aufklärungspflicht genaugenommen auf das einschlägige Gutachten. Dazu ist er in gewisser Weise auch gezwungen, weil für ihn ansonsten – insbes bei fehlender eigener Fachkenntnis – die Gefahr besteht, die Aufklärung nicht vollständig oder/und nicht in inhaltlicher Übereinstimmung mit dem Gutachten vorzunehmen.

337 BGH MDR 1955, 26; Hamm DAR 1983, 355 (Angabe: „Frontschaden vorne rechts" bei einem nach Totalschaden hergerichteten Wagen); Köln NJW-RR 1986, 1380; LG Saarbrücken NJW-RR 1991, 629. Im Fall des OLG Köln (NJW-RR 1986, 1380) gab der Verkäufer gegenüber dem Käufer an: „Fahrzeug hatte Unfallschaden re., beschädigt waren Türen re., Dach". Die Bagatellisierung wurde zu Recht darin gesehen, dass auf Stauchungen der Türsäule und das Anschweißen eines Blechs am Türschweller nicht hingewiesen wurde. In dem der Entscheidung des LG Saarbrücken (NJW-RR 1991, 629) zugrundeliegenden Fall war in der Vertragsrubrik „Unfallschäden" vermerkt: „Heckblech, Kofferraumboden, Kotflügel vorne, Ganzlackierung". Der vom Käufer wenige Tage nach dem Ankauf zum Zwecke der Beweissicherung beauftragte Sachverständige stellte dagegen Vorschäden an der linken Seite, am Deckel vorne und an der Heckpartie fest.

338 KG NJW-RR 2006, 1213 ff.

339 KG NJW-RR 2006, 1213, 1215. Im Fall des KG wurde ein vorsätzliches Handeln des Verkäufers bejaht.

340 Vgl dazu unten Rz 129 ff.

341 München DAR 1982, 100; Reinking/Eggert, Der Autokauf, 2024[15], Kap 35 Rz 132.

342 BGH NJW 1965, 35 (für den Fall der Inzahlunggabe eines Gebrauchtwagens beim Neuwagenkauf).

343 BGHZ 188, 43 Rz 10 (asbesthaltige Fassadenverkleidung als aufklärungspflichtiger Sachmangel beim Verkauf eines Hausgrundstücks).

344 BGHZ 188, 43 Rz 11.

345 BGHZ 188, 43 Rz 11.

Im Übrigen wird bei Aushändigung eines Expertengutachtens durch den Verkäufer regelmäßig der für die Arglist iSd § 444 Alt 1 zumindest erforderliche **bedingte Vorsatz fehlen**. In Bezug auf den Vorsatz besteht letztlich dieselbe Situation wie bei Vorliegen eines der Besichtigung zugänglichen und daher ohne weiteres erkennbaren Mangels[346].

Anders als im Falle der Übergabe eines auf die Beschaffenheit und damit auch auf mögliche Mängel bezogenen Sachverständigengutachtens ist die Rechtslage in Bezug auf die Frage der Erfüllung einer dem Verkäufer obliegenden Aufklärungspflicht dann, wenn dem Käufer **Finanzierungsunterlagen** überlassen werden, aus denen sich nur neben anderen Informationen auch ein **konkret vorliegender Sachmangel** ergibt[347]. Denn ein verständiger und redlicher Verkäufer kann hier nicht ohne weiteres davon ausgehen, dass der Käufer die erhaltenen Finanzierungsunterlagen speziell im Hinblick auf die Frage der **Existenz von Mängeln der Kaufsache** durchsehen wird[348]. Der Käufer handelt zwar auf eigenes Risiko, wenn er im Vertrauen auf die Richtigkeit der Finanzierungsunterlagen keine detaillierte Prüfung vornimmt, sondern sich auf eine ausgewiesene Gesamtbeurteilung verlässt oder sogar überhaupt keinen Einblick nimmt. Dieses Risiko ist aber auf den Bereich der Finanzierung des Erwerbs und/oder der Nutzung des Kaufgegenstands beschränkt und bezieht sich nicht auf etwaige Mängelrisiken. Eine andere Beurteilung rechtfertigt hier auch nicht der Umstand, dass ein tatsächlich vorliegender Mangel schon auf der ersten Seite der zu den Finanzierungsunterlagen gehörenden **Baubeschreibung** vermerkt und erkennbar ist[349]. 96

Das Gleiche gilt im Falle von Hervorhebungen im Text. Unterlässt der Käufer nämlich – wie bereits dargelegt – die Durchsicht, weil er auf die Richtigkeit vertraut, so ist auch nicht zu erwarten, dass er derartige deutliche Hinweise auf einen Mangel zur Kenntnis nimmt. Der innere Tatbestand der Arglist setzt aber auch hier zumindest einen bedingten Vorsatz des Verkäufers voraus. Dafür trägt zwar der Käufer die **Darlegungs- und Beweislast**[350]. Den Verkäufer trifft hier aber eine **sekundäre Darlegungslast**, dh, er muss diejenigen Umstände in räumlicher, zeitlicher und inhaltlicher Weise konkretisieren, aufgrund derer er trotz **Unterlassung eigener Aufklärungshandlungen** davon ausgegangen sein will, der Käufer habe Kenntnis von dem Mangel gehabt[351]. 97

4. **Erfüllung der Aufklärungspflicht bei Mehrheit von Käufern**. Stehen auf Käuferseite mehrere natürliche Personen, juristische Personen oder rechtsfähige Personengesellschaften, so muss der Verkäufer zwar **grundsätzlich jeden Mitkäufer** auf einen vorliegenden Sach- oder Rechtsmangel oder einen dahin gehenden Verdacht hinweisen. Im Falle der ordnungsgemäßen Aufklärung eines Käufers der Käufermehrheit kann der Verkäufer aber regelmäßig damit rechnen, dass dieser Mitkäufer die erhaltenen Informationen an die anderen Mitkäufer weitergibt[352]. Der Verkäufer handelt also auch gegenüber diesen Mitkäufern nicht arglistig. Ein **bedingter Vorsatz** ist hier bei Fehlen abweichender Anhaltspunkte deshalb zu verneinen, weil der Verkäufer weder damit rechnet noch billigend in Kauf nimmt, dass die anderen Mitkäufer nicht informiert werden. Für den Ausschluss der Arglist kommt es damit letztlich nicht darauf an, ob der vom Käufer informierte Mitkäufer als **Stellvertreter** oder zumindest als **Empfangsbote** der anderen Mitkäufer anzusehen ist. Ist dies aber der Fall, so wirkt die gegenüber ihm erfolgte Mitteilung unmittelbar für und gegen die anderen Mitkäufer. Für diese Zurechnung genügt insbes, dass der Adressat der vom Verkäufer vorgenommenen Aufklärung gegenüber den anderen Mitkäufern die **Stellung eines Verhandlungsführers** hat. Denn die Befugnis zur Verhandlungsführung umfasst nicht nur das Aushandeln des Kaufpreises und der sonstigen Bedingungen, sondern auch **Fragen der Mängelgewährleistung**. 98

346 Entgegen der Ansicht des BGH (BGHZ 188, 43 Rz 10 f) lässt aber ein ohne weiteres erkennbarer Mangel – wie § 442 Abs 1 Satz 2 belegt – nicht von vornherein eine Aufklärungspflicht des Verkäufers entfallen (vgl dazu oben Rz 69 ff). Es handelt sich hier vielmehr, sofern der Verkäufer eine Aufklärung unterlässt, in Bezug auf den Arglisttatbestand des § 444 Alt 1 um eine Frage des bedingten Vorsatzes.

347 BGHZ 188, 43 Rz 11.

348 BGHZ 188, 43 Rz 11.

349 BGHZ 188, 43 Rz 11. Im Fall des BGH war die Asbesthaltigkeit der Fassadenverkleidung auf der ersten Seite der Baubeschreibung niedergelegt, die den Käufern als Bestandteil von Finanzierungsunterlagen von den Verkäufern übergeben wurden. Auch die Verkäufer hatten nach ihrem eigenen Vorbringen die Kenntnis von der Asbestverwendung nicht aus der Baubeschreibung erfahren.

350 Vgl zu den Einzelheiten unten Rz 146 ff.

351 BGHZ 188, 43 Rz 11; vgl zu den Einzelheiten der sekundären Darlegungslast in derartigen Fällen unten Rz 149 ff.

352 RG Recht 1915 Nr 183; BeckOK/Faust Rz 19; MünchKomm/Westermann Rz 13; Staud/Matusche-Beckmann Rz 70.

IV. Die Vorsatzformen des Arglistbegriffs – Irrtumsproblematik

99 1. **Allgemeine Definition.** Die Arglist iSd § 444 Alt 1 hat **drei Voraussetzungen**[353]: (1) Der Verkäufer muss den Mangel gekannt oder dessen Vorhandensein für möglich gehalten haben. (2) Er muss gewusst haben oder es für möglich gehalten haben, dass der Käufer den Mangel nicht kennt. (3) Zudem muss der Verkäufer gewusst oder es für möglich gehalten haben, dass der Käufer bei Kenntnis des Mangels den Kaufvertrag nicht oder zumindest nicht mit dem vereinbarten Inhalt abgeschlossen hätte. Für die Arglist iSd § 444 Alt 1 genügt neben dolus directus ersten Grades (Absicht) und dolus directus zweiten Grades (sicheres Wissen) auch **dolus eventualis (bedingter Vorsatz)**[354].

100 Da der Käufer die **Darlegungs- und Beweislast** für das Vorliegen des Arglisttatbestands trägt[355], ist in der Praxis eine auf den Verkauf mangelhafter Ware bezogene Absicht des Verkäufers nur selten nachweisbar. Das Gleiche gilt für die **sichere Mangelkenntnis** des Verkäufers (dolus directus 1. Grades), sofern er nicht von einer Person – insbes von einem Sachverständigen – über den Mangel informiert worden ist und der Käufer diese Person zum Zwecke des Zeugenbeweises auch benennen kann. Im **Gewährleistungsfall** kommt es daher häufig darauf an, ob der Käufer, sofern der Verkäufer – wie regelmäßig – die Mangelkenntnis abstreitet, nicht nur eine fahrlässige Unkenntnis, sondern zumindest einen bedingten Vorsatz des Verkäufers nachweisen kann. Auch der bedingte Vorsatz des Verkäufers muss sich auf alle drei Bezugspunkte der allgemeinen Definition und damit auf das Vorliegen eines Mangels, die fehlende Mangelkenntnis des Käufers und die Erheblichkeit für den Kaufentschluss des Käufers beziehen. Liegt Kenntnis der den Mangel begründenden Umstände zumindest in der Form des Eventualvorsatzes vor, so ist es für den Arglisttatbestand des § 444 Alt 1 ohne Belang, ob der Verkäufer daraus den Schluss auf einen **Mangel im Rechtssinne** (§§ 434, 435) zieht[356].

101 2. **Bedingter Vorsatz und Abgrenzung zur groben Fahrlässigkeit.** – a) **Für-möglich-Halten und billigendes In-Kauf-Nehmen eines Mangels.** Eine Arglist iSd § 444 erfordert zumindest einen Eventualvorsatz (bedingten Vorsatz)[357]. Eine **leichtfertige oder grob fahrlässige Unkenntnis** des Verkäufers ist daher nicht ausreichend[358]. Dass sich dem Verkäufer das Vorliegen einer **aufklärungspflichtigen Tatsache** hätte aufdrängen müssen, erfüllt nicht ohne weiteres den Arglisttatbestand, sondern rechtfertigt nur die Annahme einer groben Fahrlässigkeit[359]. Der Verkäufer muss vielmehr für möglich halten und billigend in Kauf nehmen, dass der Käufer den Mangel nicht kennt und bei Offenbarung den Kaufvertrag nicht oder nicht mit dem vereinbarten Inhalt geschlossen hätte[360]. Auch die Arglist des Verkäufers in Form des bedingten Vorsatzes muss im **Gewährleistungsprozess** vom Gericht positiv festgestellt werden[361]. Die erforderliche Feststellung der Tatsachenkenntnis des Käufers darf vom Richter nicht durch **wertende Überlegungen** ersetzt werden[362]. Daher genügt auch ein **bewusstes Sichverschließen** des Verkäufers jedenfalls nicht ohne weiteres für einen bedingten Vorsatz[363]. Hält der Verkäufer es dagegen für möglich, dass ein Mangel vorliegt, der Käufer insoweit keine Kenntnis hat und im Falle der Offenbarung den Kaufvertrag nicht oder nicht mit dem vorgesehenen Inhalt abschließen würde, dann schließt die bloße Hoffnung des Verkäufers, es werde wegen Nichtvorliegens eines Mangels nicht zu einer Gewährleistungshaftung kommen, einen bedingten Vorsatz nicht aus. Wer als

353 BGHZ 190, 272 Rz 19; BGH ZIP 2018, 2173 Rz 7; RGZ 62, 300, 302; RG LZ 1914, 1752, 1753; BGH NJW 1977, 1914, 1915; BGH WM 1978, 221, 222; BGH WM 1978, 1175, 1176; BGH NJW 1980, 2460, 2461; BGH WM 1983, 990; BGH NJW 1986, 316, 317; BGH NJW 1990, 975, 976.

354 BGHZ 193, 326 Rz 10; BGH NJW 2013, 2182 Rz 12; BGH NJW 1971, 1795, 1800 (zu § 123); BGH NJW 1977, 1055; BGH WM 1978, 221, 222; BGH WM 1978, 1175, 1176; BGH NJW 1980, 2460, 2461; BGHZ 87, 302, 308; BGH WM 1983, 990; BGH WM 1985, 463, 464 ff; BGH NJW-RR 1987, 1415, 1416; Staud/Matusche-Beckmann Rz 56; BeckOGK/Stöber Rz 45.

355 Vgl dazu unten Rz 146 ff.

356 BGH NJW 2013, 2182 Rz 14; BGH NJW 2017, 150 Rz 21 mAnm Herrler; vgl zu den Einzelheiten des mangelbezogenen Rechtsirrtums des Verkäufers unten Rz 109 ff.

357 BGHZ 193, 326 Rz 10; BGH NJW-RR 2017, 468 Rz 19; BGH NJW 2017, 3292 Rz 26; BGH NJW 2015, 1669 Rz 16; BGH NJW 2013, 2182 Rz 12; BGH NJW-RR 2012, 1078 Rz 24; BGHZ 87, 302, 308; BGH NJW 1971, 1795, 1800 (zu § 123); BGH NJW 1977, 1055; BGH WM 1978, 221, 222; BGH WM 1978, 1175, 1176; BGH NJW 1980, 2460, 2461; BGH WM 1983, 990; BGH WM 1985, 463, 464 f; BGH NJW-RR 1987, 1415, 1416.

358 BGH NJW-RR 2012, 1078 Rz 24, 28; BGH NJW 2013, 2182 Rz 12; RGZ 62, 300, 302; RG WarnR 1914 Nr 109; RG JW 1936, 502; BGH NJW 1977, 1055; BGH WM 1978, 1175, 1176; BGH NJW 1980, 2460, 2461; BGH NJW-RR 1987, 1415, 1416; Celle NJW-RR 1987, 744, 745 (unter 4.); München NJW 1988, 3271.

359 BGH NJW 2013, 2182 Rz 13; BGH ZIP 2019, 2115 Rz 15; BGH NJW 2021, 3397 Rz 19.

360 BGH NJW-RR 2003, 989, 990; BGH NJW-RR 2012, 1078 Rz 24; BGH NJW 2013, 2182 Rz 12; BGH NJW 2017, 150 Rz 21; BGH NJW-RR 2017, 468 Rz 19; BGH NJW 1995, 1549, 1550; BGH WM 1983, 990.

361 BGH NJW 2013, 2182 Rz 12; BGH NJW 2017, 150 Rz 21.

362 BGH NJW 2013, 2182 Rz 12; BGH NJW 2017, 150 Rz 21.

363 Vgl dazu Rz 105.

Verkäufer einen Mangel für möglich hält und gleichwohl **ohne jede weitere Nachforschung** und ohne Aufklärung des Käufers über seinen eigenen Kenntnisstand den Kaufvertrag abschließt, der nimmt das Bestehen eines Mangels billigend in Kauf, auch wenn er sich das Gegenteil erhofft. Für eine Annahme, der Verkäufer habe hier auf das Nichtvorliegen eines Mangels vertraut, besteht hier keine Grundlage. Anders ist die Rechtslage insoweit in dem Fall, in dem der Verkäufer konkrete Nachforschungen anstellt und aufgrund der dabei gewonnenen Erkenntnisse – wenn auch fahrlässig oder sogar grob fahrlässig – trotz eines nach wie vor gesehenen Mangelrisikos **auf die Nichtexistenz eines Mangels vertraut**.

Ist beim Verkauf einer Sache ein bestimmter Umstand, der für die Frage des Vorliegens eines 102
Sachmangels von Bedeutung ist (zB Notwendigkeit einer Baugenehmigung) dem **Allgemeinwissen** zuzurechnen, so rechtfertigt dies allein noch nicht die Bejahung eines **bedingten Vorsatzes** des Verkäufers[364]. Bei Hinzutreten weiterer Umstände kann diese Annahme aber gerechtfertigt sein[365]. Zum Allgemeinwissen der **Bürger in den neuen Bundesländern** gehörte in den Jahren 1999 und 2000 zwar, dass **umfangreiche Bauarbeiten und Veränderungen an bestehenden Gebäuden** genehmigungspflichtig sein können[366]. Ein bedingter Vorsatz kann hier aber nur bei **Hinzutreten weiterer Umstände** angenommen werden[367]. Das Gleiche gilt, wenn der Verkäufer Mangelspuren wahrnimmt, die zwar bei Zugrundelegung von Allgemeinwissen für das Vorliegen eines Mangels sprechen, der Verkäufer aber diesen Schluss nicht zieht. In einer derartigen Fallkonstellation kann dem Verkäufer zunächst einmal nur vorgeworfen werden, dass er persönlich nicht über Kenntnisse verfügt, die zum Allgemeinwissen gehören. Dies mag eine **grobe Fahrlässigkeit** begründen, eine Arglist liegt aber nicht ohne weiteres vor.

Ob der Verkäufer die zum Allgemeinwissen gehörenden und den Mangel begründenden 103
Umstände wirklich nicht kannte, ist eine Frage der gerichtlichen Tatsachenfeststellung. Bei in die **Bausubstanz nachhaltig einwirkenden Umbaumaßnahmen** wird aber auch ein nicht fachkundiger Verkäufer im Allgemeinen wissen, dass vor Beginn derartiger Bauarbeiten bei der zuständigen Baubehörde eine Genehmigung eingeholt werden muss[368]. Es kann demgegenüber aber nicht ohne weiteres davon ausgegangen werden, dass nach der **Lebenserfahrung auch ein Laie** die Notwendigkeit einer behördlichen Genehmigung für die **Umgestaltung eines Trockenspeichers zu Wohnzwecken** kennt[369]. In Bezug auf den Tatbestand der Arglist kommt es eben auf die Kenntnis des konkreten Verkäufers und nicht auf die eines **Durchschnittsverkäufers** an. In jedem Fall muss das Gericht im Gewährleistungsprozess die für den Eventualvorsatz erforderlichen Feststellungen treffen; der Verweis auf ein Allgemeinwissen genügt insoweit – für sich allein betrachtet – nicht für die Annahme einer Arglist des Verkäufers[370].

Die dritte Voraussetzung des für die Arglist erforderlichen Vorsatzes – Wissen oder Fürmög- 104
lichhalten, dass der Käufer bei Kenntnis des Mangels den Kaufvertrag nicht oder nicht mit dem vereinbarten Inhalt abschließen würde – hat im Regelfall letztlich nur **theoretische Bedeutung**. Denn es ist kaum vorstellbar, dass ein Verkäufer, der weiß, dass die Sache einen Mangel aufweist, es nicht zugleich für möglich hält, dass der Käufer bei Kenntnis des Fehlers den Kaufvertrag nicht oder nicht mit dem vereinbarten Inhalt – bzw beim Gattungskauf die Ware zum Zeitpunkt des Gefahrübergangs nicht als Erfüllung[371] – gelten lassen würde.

b) **Mangelbezogenes bewusstes „Sichverschließen" des Verkäufers – insbes bei Ver- 105
dacht oder/und Spuren eines Mangels**. Ein bewusstes „Sichverschließen" nach Zurkenntnisnahme von Verdachtsmomenten genügt zwar für sich betrachtet noch nicht für einen bedingten

364 BGH NJW 2013, 2182.
365 BGH NJW 2013, 2182 Rz 22.
366 BGH NJW 2013, 2182 Rz 22.
367 BGH NJW 2013, 2182 Rz 22.
368 So wohl BGHZ 114, 260, 262.
369 BGHZ 114, 260, 262 f; BGH NJW 2013, 2182 Rz 22. Im Fall BGHZ 114, 260 hatte das Berufungsgericht ohne Durchführung einer Beweisaufnahme die Arglist des Verkäufers damit begründet, dass auch ein Laie um die Notwendigkeit einer behördlichen Genehmigung für die Umgestaltung eines Trockenspeichers zu Wohnzwecken wisse. Der BGH hat dies zu Recht beanstandet. Nach dem Vortrag des Verkäufers waren im betreffenden Dachgeschoss die erforderlichen Wasserleitungen und Wasserbecken bereits vorhanden und von ihm nur Spanplatten verlegt worden, um ein Gästezimmer einzurichten.
370 BGH NJW 2013, 2182 Rz 22. Im Fall des BGH verkaufte der Verkäufer mit notariell beurkundetem Vertrag von Ende 2005 eine von ihm sanierte Dachgeschosswohnung im LG-Bezirk Schwerin für 90.000 €. Die Haftung für Sachmängel wurde ausgeschlossen. Als die Käuferin die Wohnung 2009 verkaufen wollte, stellte sich heraus, dass für die Wohnung und den dazugehörenden Balkon keine Baugenehmigung vorhanden war. Ein von der Ehefrau des Verkäufers gestellter Bauantrag war vielmehr bereits im Februar 2000 zurückgewiesen worden, wovon der Verkäufer jedoch keine Kenntnis erlangt haben will. Der BGH verwies den Rechtsstreit in Bezug auf die Frage der Arglist des Verkäufers an das OLG zurück und erteilte insoweit den Hinweis, dass der Schluss auf einen bedingten Vorsatz zwar nicht allein aufgrund des festgestellten Allgemeinwissens, aber bei Hinzutreten weiterer Umstände gerechtfertigt sein kann.
So wohl BGHZ 114, 260, 262.
371 Vgl zu dem für die Arglist maßgeblichen Zeitpunkt beim Gattungskauf Rz 115.

Vorsatz[372]. Der Eventualvorsatz ist aber auch dann zu bejahen, wenn der Verkäufer einen konkreten Mangel für möglich hält und durch Abschluss des Kaufvertrags bewusst in Kauf nimmt[373]. Die dafür erforderlichen Tatsachen müssen im Gewährleistungsprozess vom Tatsachengericht festgestellt werden. Ein bewusstes Sichverschließen steht nur dann ohne weiteres einer Kenntnis in Form des Eventualvorsatzes gleich, wenn es um die **rechtliche Bewertung von Tatsachen** geht[374]. Hauptanwendungsfälle sind insoweit die Kenntnis von einer **fehlenden Besitzberechtigung** (§ 990 Abs 1 Satz 2) und die Kenntnis des **rechtsgrundlosen Erwerbs** (iSd § 819 Abs 1)[375]. Die **Kenntnis der Tatsachen** ist auch hier stets notwendig, aber hinsichtlich des Schlusses von der Tatsachenkenntnis auf die Einschätzung der Rechtslage genügt für §§ 819 Abs 1, 990 Abs 1 Satz 2 eine Abmilderung des Erkenntnisgrades im Sinne eines bewussten Sichverschließens[376]. Kann in solchen Fällen davon ausgegangen werden, dass sich ein redlich Denkender, dem die Tatsachen bekannt sind, der **zutreffenden rechtlichen Bewertung** nicht verschließen würde, so kann im jeweiligen Fall angenommen werden, dass der Schuldner die **Rechtsfolge kennt**[377]. Bei der Anwendung des § 444 Alt 1 geht es dagegen nicht um einen Schluss von bekannten Tatsachen auf eine bestimmte rechtliche Einordnung und damit nicht um eine rechtliche Bewertung[378]. Es kommt hier vielmehr nur darauf an, ob der Verkäufer die den Fehler begründenden Umstände kennt oder ihr Vorhandensein zum Zeitpunkt des Abschlusses des Kaufvertrags zumindest für möglich hält und sie nicht offenbart, obwohl er weiß oder billigend in Kauf nimmt, dass die Umstände für die Entschließung des Käufers von Bedeutung sind[379].

106 Im einschlägigen und sehr instruktiven Fall des BGH aus dem Jahre 2003 bestand der **Sachmangel** darin, dass beim Verkauf einer **Eigentumswohnung** das unter dem Fundament befindliche Wurzelwerk zur Bildung von **Rissen im Mauerwerk** führte. Vor dem Verkauf waren derartige Schäden bereits an einem dem Verkäufer auch gehörenden Nachbargebäude aufgetreten und von einem **Bodengutachter** untersucht worden. Dieser Gutachter nahm dann im Auftrag des Verkäufers auch das Haus in Augenschein, in dem sich die verkaufte Eigentumswohnung befand. Das Untersuchungsergebnis – die **Durchziehung des Bodens** dieses Hauses mit **vitalen Wurzeln** – teilte der Gutachter dem Verkäufer schriftlich mit. Der Verkäufer behauptete hierzu, das Schreiben erhalten, aber erst nach dem Verkauf der Eigentumswohnung zur Kenntnis genommen zu haben. Der BGH[380] nahm zu Recht an, dass das vom Berufungsgericht angenommene bewusste Sichverschließen für die Annahme einer Arglist in Form eines bedingten Vorsatzes nicht ausreichend ist. Offensichtlich gegeben war aber im Fall des BGH das Fürmöglichhalten eines Mangels. Wer in einer solchen Konstellation ohne Nachforschungen und Information des Käufers über das erkannte Risiko den Kaufvertrag abschließt, der billigt, dass tatsächlich ein Mangel vorliegt, den der Käufer nicht kennt und im Falle der Kenntnis zum Anlass nehmen würde, den Kaufvertrag nicht oder zumindest nicht mit dem verabredeten Inhalt abzuschließen.

107 Die zentrale Voraussetzung des bedingten Vorsatzes, dass der Verkäufer einen konkreten Mangel zumindest für möglich hält und billigend in Kauf nimmt, gilt auch für die praktisch bedeutsame Konstellation des Vorliegens von **Spuren eines Mangels**[381]. Entscheidend für die Arglist iSd § 444 Alt 1 ist im Falle des Vorliegens von Symptomen und Spuren eines noch nicht nachgewiesenen Mangels, ob der Verkäufer aufgrund dieser Umstände das Vorliegen eines Sachmangels für möglich hält[382]. Im Fall des BGH aus dem Jahre 2012 zum Verkauf eines **gebrauchten Hausgrundstücks** unter Ausschluss der Gewährleistung stand nicht fest, ob der Verkäufer aufgrund der **äußerlich sichtbaren Feuchtigkeitsflecken** das Vorhandensein des konkreten Sachmangels in Gestalt einer **Kellerfeuchtigkeit** für möglich hielt[383]. Dass der Verkäufer die Feuchtigkeitsflecken kannte, begründete noch keine Arglist, weil der Käufer sie auch wahrgenommen hatte und deshalb insoweit keine Aufklärungspflicht des Verkäufers bestand. Im Übrigen wäre

372 BGH NJW-RR 2003, 989, 990; BGH NJW 2013, 2182 Rz 14; BGH NJW 2017, 150 Rz 21; BGH ZIP 2019, 2115 Rz 15; Erman/Grunewald § 438 Rz 25; vgl dazu auch Fleischer, Informationsasymmetrie im Vertragsrecht, 2001, S 491.

373 Vgl dazu BGH ZIP 2019, 2115 Rz 15; BGH NJW 2013, 2182 Rz 14. Im Fall BGH NJW 2013, 2182 hat der BGH zwar zu Recht angenommen, dass ein bewusstes Sichverschließen nicht genügt. In der Aufhebungs- und Zurückverweisungsentscheidung wird aber an das Berufungsgericht bezüglich der erneuten Beweiswürdigung zur Arglist der Hinweis gerichtet, dass der bedingte Vorsatz durchaus bei Hinzutreten weiterer Umstände gerechtfertigt sein könne.

374 BGH NJW-RR 2003, 989, 990; BGH NJW 2013, 2182 Rz 14.

375 Vgl BGH NJW-RR 2003, 989, 990; BGH NJW 2013, 2182 Rz 14, jeweils mit Verweis auf BGHZ 118, 383, 392 (zu § 819 Abs 1) und BGHZ 32, 76, 92 (zu § 990 Abs 1 Satz 2).

376 BGH NJW-RR 2003, 989, 990; BGH NJW 2013, 2182 Rz 14.

377 BGH NJW-RR 2003, 989, 990 mit Verweis auf BGHZ 26, 256, 260; BGH NJW 1996, 2030, 2031; BGHZ 133, 246, 250 f.

378 BGH NJW-RR 2003, 989, 990; BGH NJW 2013, 2182 Rz 14.

379 BGH NJW-RR 2003, 989, 990; BGH NJW 2013, 2182 Rz 14.

380 BGH NJW-RR 2003, 989, 990.

381 BGH NJW-RR 2012, 1078 Rz 24; BGH NJW-RR 2003, 989, 990; BGH NJW 1995, 1549 f.

382 BGH NJW-RR 2003, 989 f; BGH NJW-RR 2012, 1078 Rz 24.

383 BGH NJW-RR 2012, 1078 Rz 26.

in Bezug auf die Feuchtigkeitsflecken als solche, wenn sie für sich betrachtet einen Mangel darstellten, die Gewährleistung gem § 442 Abs 1 Satz 1 wegen Mangelkenntnis des Käufers ausgeschlossen gewesen.

3. **Der Tatsachenirrtum des Verkäufers**. Hat der Verkäufer die Umstände, die bei objektiver 108
Betrachtung als Mangelsymptome einzuordnen sind, in tatsächlicher Hinsicht unrichtig beurteilt, so ist die Ausgangslage anders als bei korrekter Erfassung der Tatsachen und falscher rechtlicher Subsumtion (**mangelbezogener Rechtsirrtum**)[384], die einer Arglist iSd § 444 Alt 1 nicht entgegensteht. Ein Fall des Tatsachenirrtums liegt bspw dann vor, wenn **Wassereinbrüche im Keller** des verkauften Hauses nach Ansicht des Verkäufers ausschließlich darauf zurückzuführen sind, dass der Bau noch nicht fertiggestellt sei, während es sich in Wirklichkeit um eine zu einem Sachmangel führende **fehlerhafte Bauausführung** handelt[385]. In einer solchen Konstellation ist dem Verkäufer in tatsächlicher Hinsicht nicht bekannt, dass in Bezug auf den Kaufgegenstand eine Abweichung der Ist-Beschaffenheit von der Soll-Beschaffenheit als Grundlage für einen Sachmangel iSd § 434 gegeben ist. Die Frage, ob der Verkäufer die wahre Ursache der Beeinträchtigung hätte erkennen müssen, hat für den bedingten Vorsatz keine Relevanz, weil grobe Fahrlässigkeit für die Arglist eben nicht genügt[386]. So ist beim Gebrauchtwagenkauf eine Arglist des Verkäufers zu verneinen, wenn er tatsächlich vorhandene, wahrgenommene **Gebrauchsbeeinträchtigungen** unzutreffend auf **altersbedingten gewöhnlichen Verschleiß** zurückführt. § 444 Alt 1 ist in einer solchen Fallkonstellation dagegen anwendbar, sofern der Verkäufer einen **Sachmangel** zumindest für möglich hält und dann ohne weitere Nachforschungen „auf gut Glück" von der harmlosen Alternative ausgeht und gegenüber dem Käufer nichts offenbart. In diesem Fall liegt ein für die Arglist genügender **bedingter Vorsatz** vor[387]. Ein bewusstes Sichverschließen ist aber ohne Hinzutreten weiterer Umstände nicht ausreichend[388].

4. **Der mangelbezogene Rechtsirrtum des Verkäufers**. Wenn der Verkäufer die den **Mangel begründenden Tatsachen** kennt, dann ist es unerheblich, ob er diese Umstände in **rechtlicher Hinsicht** zutreffend als Mangel iSd §§ 434, 435 einordnet[389]. Wird bspw ein **Hausgrundstück** mit einem Sachmangel verkauft, der darin besteht, dass Garage und Keller nur unzureichend gegen **Überschwemmungen** geschützt sind, so kann eine Arglist des Verkäufers nicht mit der Begründung verneint werden, er habe die Gefahr gelegentlicher Überschwemmungen für den **Normalfall** gehalten und daher einen Mangel iSd § 434 als nicht gegeben angesehen[390]. Ausreichend für den Arglisttatbestand iSd § 444 Alt 1 ist hier vielmehr aufseiten des Verkäufers die tatsächliche Kenntnis der **Überschwemmungsgefahr**, die als solche schon einen Sachmangel darstellt[391]. Eine **rechtlich zutreffende Subsumtion** dieser tatsächlich bekannten Gefahr unter den Sachmangelbegriff des § 434 ist dagegen nicht Voraussetzung der Arglist iSd § 444 Alt 1[392]. Nimmt der Verkäufer eines Mietwohnhauses an, die bestehende und ihm bekannte **„Trockenfäule"** sei bloß eine unwesentliche Gebrauchsbeeinträchtigung, die keinen Sachmangel und daher keinen aufklärungspflichtigen Umstand darstelle, während tatsächlich ein Fehler iSd § 434 gegeben ist, so ist sein Verschweigen arglistig iSd § 444 Alt 1[393]. Wird zudem später festgestellt, dass die vermeintliche Trockenfäule in Wirklichkeit **Hausschwamm** und damit ein schwerwiegender Sachmangel ist, so bleibt es aufgrund des arglistigen Verschweigens der Trockenfäule gem § 444 Alt 1 bei der Sachmängelhaftung des Verkäufers für den tatsächlich vorliegenden Hausschwamm[394]. Denn es handelt sich nicht um einen andersartigen, dem Verkäufer unbekannten Fehler, sondern um **denselben Sachmangel**, der nur in Wirklichkeit noch gravierender ist, als vom Verkäufer mit **falscher rechtlicher Bewertung** angenommen. Es liegt hier sowohl ein Tatsachenirrtum als auch ein Rechtsirrtum des Verkäufers vor. Beide Irrtümer sind aus dargelegten Gründen unbeachtlich. 109

5. **Irrtum des Verkäufers bezüglich mangelrelevanter Umstände mit normativem Charakter**. Die für einen Mangel iSd §§ 434, 435 relevanten Umstände können im konkreten Einzelfall einen **normativen Gehalt** aufweisen. Die für den beachtlichen Tatsachenirrtum[395] und den unbeachtlichen Rechtsirrtum[396] dargelegten Grundsätze gelten dann entsprechend, dh, die Problemlösung ergibt sich aus einer Kombination. Mangelrelevante Umstände haben insbes dann einen normativen Charakter, wenn es beim Verkauf eines Grundstücks um die **Genehmigungs-** 110

384 Vgl zum mangelbezogenen Rechtsirrtum Rz 109.
385 Vgl dazu Celle NJW-RR 1987, 744.
386 Vgl zur Abgrenzung zwischen Eventualvorsatz und grober Fahrlässigkeit oben Rz 101 ff.
387 Vgl oben Rz 101.
388 Vgl dazu oben Rz 105 ff.
389 BGH NJW-RR 2003, 989 f; BGH NJW 2007, 835 Rz 8; Brandenburg BeckRS 2019, 4956 Rz 20; Braunschweig NJW-RR 2019, 370 Rz 38.
390 BGH NJW 2007, 835 Rz 8.
391 BGH NJW 2007, 835 Rz 8.
392 BGH NJW 2007, 835 Rz 8.
393 BGH WM 1963, 967, 968 zu § 476 aF.
394 BGH WM 1967, 967, 968.
395 Vgl dazu Rz 108.
396 Vgl dazu Rz 109.

bedürftigkeit von Baumaßnahmen geht[397]. Kennt der Verkäufer die maßgeblichen Tatsachen zumindest in **Form des bedingten Vorsatzes**, so kommt es auch hier nicht darauf an, ob er daraus in rechtlicher Hinsicht den **Schluss auf einen Mangel** zieht[398]. Es genügt hier, dass der Verkäufer weiß, dass eine Baumaßnahme stattgefunden hat, die aus seiner Sicht möglicherweise genehmigungspflichtig ist[399]. Sofern in diesem Fall auch das bewusste In-Kauf-Nehmen des Mangels aufseiten des Verkäufers vorliegt, ist der Arglisttatbestand des § 444 Alt 1 erfüllt.

111 6. **Vergessen eines Mangels**. Eine **natürliche Person** kann – im Gegensatz zu einer juristischen Person und einer rechtsfähigen Personengesellschaft iSd § 14 Abs 2[400] – einen Mangel grundsätzlich vergessen. Eine natürliche Person, die den Mangel zwar einmal gekannt, ihn aber dann **wieder vergessen** hat, handelt nicht arglistig[401]. Es ist dann allenfalls eine **Fahrlässigkeit** zu bejahen. Das Gleiche gilt, wenn der Verkäufer sich bei den Kaufverhandlungen eines Vertreters bedient, der aufgrund eines **Gedächtnisschwunds** zu vollständigen Auskünften nicht imstande ist[402]. Anders ist die Rechtslage hier aber, soweit der Verkäufer einen bestimmten Mangel kennt und es zumindest für möglich hält, dass der insoweit ebenso **informierte Vertreter** aufgrund von Gedächtnisstörungen keine ordnungsgemäße Aufklärung vornehmen wird. Praktische Bedeutung hat auch der Fall, in dem von einer **Verkäufermehrheit** (zB Erbengemeinschaft) ein Grundstück verkauft wird und ein Mitverkäufer, der den Mangel ursprünglich kannte, ihn zum Verkaufszeitpunkt wieder vergessen hat[403].

112 Behauptet der Verkäufer, den ihm ursprünglich einmal bekannten Mangel bei Kaufabschluss **vergessen zu haben**, so muss grundsätzlich der Käufer beweisen, dass das nicht der Fall war[404]. Ob im konkreten Fall nach der **Lebenserfahrung** davon auszugehen ist, dass die einmal gegebene Kenntnis bei Vertragsschluss noch fortbestand, ist eine Frage der Beweiswürdigung. Erscheint auf Grundlage der gegebenen Umstände ein Vergessen möglich, so kann nicht ohne weiteres eine Arglist bejaht werden. Eine **gesetzliche Vermutung** für den Fortbestand der Kenntnis einer natürlichen Person gibt es nicht[405]. Anders als bei Rechtsverhältnissen, gilt bei Tatsachen nicht die Regel, dass sie als fortbestehend gelten, solange eine Änderung nicht nachgewiesen ist[406]. Die ernsthafte Möglichkeit eines Vergessens kann also insbes dann bestehen, wenn seit dem Zeitpunkt der Kenntnisnahme durch den Verkäufer eine **sehr lange Zeit vergangen** ist und der Mangel seither nicht zu Beeinträchtigungen geführt und auch sonst keine Rolle gespielt hat. Bei Vorliegen eines erheblichen Mangels und eines relativ kurzen Zeitraums zwischen Kenntnis und angeblichem Vergessen kann idR nach der Lebenserfahrung von einer **unsubstantiierten Schutzbehauptung des Verkäufers** und daher von einem arglistigen Verhalten ausgegangen werden.

113 7. **Einzelfälle des bedingten Vorsatzes**. Beim Verkauf durch einen gewerblichen Händler ist es als arglistig anzusehen, wenn **konkrete Verdachtsmomente** auf einen Sachmangel hinweisen und der Händler diesen Verdachtsmomenten weder nachgeht noch sie dem Käufer offenbart[407]. Hier ist die Annahme gerechtfertigt, der Verkäufer habe den Mangel nicht nur für möglich gehalten, sondern auch bewusst (billigend) in Kauf genommen. Hier fehlt jede Grundlage für ein Vertrauen auf das Nichtvorliegen des Mangels, und die **bloße Hoffnung auf das Ausbleiben einer Gewährleistungshaftung** genügt eben nicht[408]. Das Gleiche gilt in dem Fall, in dem zum Zeitpunkt des Verkaufs gleichartige Ware an andere Käufer bereits veräußert ist und diese gegenüber dem Verkäufer bereits Mängelrügen erhoben haben[409]. Auch hier billigt der Verkäufer bei Unterlassung von Untersuchungen und Nichtinformation des betreffenden Käufers das erneute Auftreten eines Mangels. Liegt der Mangel in der **Verletzung von Sicherheitsbestimmungen**, so kann ein bedingter Vorsatz darin zu sehen sein, dass der Verkäufer derartige Bestimmungen generell nicht ernst nimmt[410].

397 BGH NJW 2013, 2182 Rz 14.
398 BGH NJW-RR 2003, 989; BGH NJW 2013, 2182 Rz 14.
399 BGHZ 114, 260, 262 („wenigstens mit der Möglichkeit einer Unzulässigkeit der Nutzung der Räumlichkeiten zu Wohnzwecken rechnet").
400 Vgl zur Wissenszurechnung innerhalb von juristischen Personen und Personengesellschaften bei Wissensaufspaltung Rz 167 ff.
401 BGH NJW-RR 1987, 1415, 1416. Im Fall des BGH war 25 Jahre vor dem Verkauf des Hauses ein Hausschwamm aufgetreten, der in der Folge aber ordnungsgemäß beseitigt worden war. An diesen Umstand konnte sich der Verkäufer bei Abschluss des Kaufvertrags nicht mehr erinnern.
402 BGH NJW-RR 1987, 1415, 1416 (altersbedingter Gedächtnisschwund des Verhandlungsführers).
403 Vgl zu dieser Konstellation BGH-NJW-RR 1987, 1415 und zur Zurechnungsproblematik bei Verkauf durch eine Verkäufermehrheit und Arglist eines Mitverkäufers Rz 174 ff.
404 BGH NJW-RR 1987, 1415, 1416.
405 BGH NJW-RR 1987, 1415, 1416.
406 BGH NJW-RR 1987, 1415, 1416.
407 BGHZ 63, 382, 388; BGH NJW 1979, 1707.
408 Vgl dazu oben Rz 101.
409 BGH WM 1985, 463, 464.
410 BGH WM 1985, 463, 465.

V. Maßgeblicher Zeitpunkt für Arglist

1. **Abschluss des Kaufvertrags beim Stückkauf.** In Bezug auf die Frage des maßgebenden Zeitpunkts für die Arglist des Verkäufers ist zu unterscheiden zwischen Stück- und Gattungskauf. Beim **Stückkauf** muss die Arglist bei **Vertragsschluss** vorliegen[411]. Die Arglist eines **Vertreters mit Vertretungsmacht** muss der Verkäufer sich gem § 166 Abs 1 wie eine eigene Arglist zurechnen lassen[412]. Die Kenntnis des Käufers vom Mangel zu diesem Zeitpunkt schließt die Haftung des Verkäufers gem § 442 Abs 1 Satz 1 aus. Eine **grobe Fahrlässigkeit** des Käufers genügt dagegen insoweit gem § 442 Abs 1 Satz 2 nicht. Erlangt der Verkäufer erst nachträglich, etwa zwischen Kaufabschluss und Auflassung beim **Grundstückskauf**, Kenntnis vom Mangel, so wird hierdurch eine Arglist iSd § 444 Alt 1 nicht begründet, ein vereinbarter Haftungsausschluss also nicht beseitigt[413]. 114

2. **Maßgeblichkeit des Gefahrübergangs beim Gattungskauf.** Im Falle des Gattungskaufs ist für die Arglist und damit für den Vorsatz des Verkäufers grundsätzlich der **Zeitpunkt des Gefahrübergangs** entscheidend[414]. Der Verkäufer muss hier bei Lieferung, dh bei Gefahrübergang, gewusst oder zumindest für möglich gehalten haben, dass die **Ware mangelhaft** ist und der Käufer den Fehler nicht kennt. Da der Kaufvertrag zum Zeitpunkt des Gefahrübergangs bereits abgeschlossen ist und der Verkäufer zu diesem Zeitpunkt womöglich noch gutgläubig ist, muss sich der Vorsatz – anders als beim Stückkauf – nicht auf die Erheblichkeit des Verschweigens für die Kaufentscheidung des Käufers, sondern darauf beziehen, ob der Käufer die gelieferte Ware bei Kenntnis des Mangels **nicht als Erfüllungsleistung annehmen** würde. Der Zeitpunkt der Konkretisierung der Gattungsschuld stimmt zwar beim Versendungskauf und bei der Bringschuld regelmäßig mit dem Übergang der Preisgefahr überein. Bei der **Holschuld** führt dagegen die Aussonderung und Bereitstellung der Ware zur Konkretisierung iSd § 243 Abs 2, aber erst die Übergabe der Ware an den Käufer zum Übergang der Preisgefahr[415]. Für die Arglist beim Verkauf von Gattungsware muss auf den **Übergang der Preisgefahr** abgestellt werden, weil dieser Zeitpunkt gem § 434 Abs 1 auch für das Vorliegen eines Sachmangels entscheidend ist[416]. Wenn der Verkäufer bei Vorliegen einer Holschuld gutgläubig mangelhafte Ware aussondert und für den Käufer bereitstellt, dann ist eine Arglist iSd § 444 Alt 1 zu bejahen, sofern der Verkäufer im Zeitraum bis zur Übergabe den Mangel noch erkennt und davon ausgeht, dass der Käufer die Ware bei Kenntnis des Mangels **nicht als Erfüllungsleistung annehmen** würde. Es ist zwar richtig, dass dem Verkäufer in Bezug auf die Rechtsfolge des § 444 Alt 1 eine Arglist zum Zeitpunkt der Konkretisierung schadet[417]. Das Gleiche gilt aber auch für die Erlangung der Mangelkenntnis bis zum Gefahrübergang. 115

Beim Gattungskauf schadet dem Verkäufer demnach eine Arglist sowohl beim Vertragsschluss als auch beim **Gefahrübergang**[418]. Eine Arglist des Verkäufers schon **zum Zeitpunkt des Vertragsschlusses** liegt beim Gattungskauf bspw dann vor, wenn er die Ware aus einem **bestimmten Vorrat** (zB Charge/Serie bei Industrieprodukten oder regionale Ernte bei Agrarprodukten) verkauft und weiß oder damit rechnet, dass der gesamte Vorrat mit einem Mangel behaftet ist[419]. Das Gleiche gilt in dem Fall, in dem der Verkäufer vertraglich zur Lieferung aus der **eigenen Produktion verpflichtet ist** und weiß oder damit rechnet, dass er fehlerfreie Ware weder auf Lager hat noch herstellen kann[420]. Weiß der Verkäufer oder rechnet er damit, dass deshalb keine mangelfreie Ware geliefert werden kann, weil die **gesamte Gattung** nicht die auf Grundlage des konkreten Kaufvertrags geschuldete Soll-Beschaffenheit iSd § 434 Abs 1 aufweist, so ist auch hier eine Arglist iSd § 444 Alt 1 zu bejahen[421]. In den Fällen, in denen der Verkäufer bereits zum 116

411 BGH NJW-RR 2017, 468 Rz 19 („Kenntnisstand des Verkäufers bei Vertragsschluss"); BGH NJW 1989, 2051, 2052 („auf ein nachträgliches Verhalten kommt es nicht an"); München BeckRS 2019, 9735 Rz 14; BeckOGK/Stöber Rz 48; BeckOK/Faust Rz 16; MünchKomm/Westermann Rz 13.
412 Vgl unten Rz 154.
413 BGH NJW-RR 2017, 486 Rz 19; RG Recht 1922 Nr 419; BeckOGK/Stöber Rz 48; BeckOK/Faust Rz 16; MünchKomm/Westermann Rz 13.
414 BGH NJW 1989, 2051, 2052 (bei der Anwendung des § 477 aF zur Frage, „ob ein Gattungskauf vorliegt und daher der Zeitpunkt des Gefahrübergangs maßgeblich ist"); RGZ 62, 300, 302 (zu § 477 aF und HGB § 377 Abs 5); MünchKomm/Westermann Rz 13 (Konkretisierung); BeckOGK/Stöber Rz 48 (Konkretisierung); BeckOK/Faust Rz 16 (Konkretisierung). Auch die Entscheidung BGH NJW 1986, 316, 317 stellt zwar auf den Zeitpunkt des Gefahrübergangs ab („sie bei Kenntnis der Sachlage die angebotene Ware nicht als Erfüllung annehmen werde"). In Bezug auf diese zu HGB § 377 Abs 5 ergangene Entscheidung ist aber zu berücksichtigen, dass die Arglist iSd HGB § 377 Abs 5 schon „nach der Natur der Sache an die Lieferung der Ware anknüpft" (BGH NJW 1989, 2051, 2052).
415 Vgl zu den Einzelheiten § 446 Rz 42 ff.
416 So iE auch BGH NJW 1989, 2051, 2052.
417 Insoweit zutreffend MünchKomm/Westermann Rz 13 (Konkretisierung); BeckOGK/Stöber Rz 48 (Konkretisierung); BeckOK/Faust Rz 16 (Konkretisierung).
418 MünchKomm/Westermann Rz 13; BeckOGK/Stöber Rz 48; BeckOK/Faust Rz 16.
419 RG DR 1941, 265.
420 RG DR 1941, 265.
421 RG DR 1941, 265.

Zeitpunkt des Vertragsschlusses weiß oder damit rechnet, dass er keine mangelfreie Ware liefern wird, kann er sich der Rechtsfolge des § 444 Alt 1 nicht mehr dadurch entziehen, dass er den Käufer nach Vertragsschluss, aber noch vor Lieferung von der Mangelhaftigkeit des Vorrats bzw der ganzen Gattung in Kenntnis setzt.

117 3. **Maßgeblicher Zeitpunkt für Arglist bei nachträglicher Vereinbarung eines Gewährleistungsausschlusses.** Die nachträgliche Vereinbarung eines Gewährleistungsausschlusses ist eine **Änderung des Kaufvertrags** und daher in rechtsgeschäftlicher Hinsicht keine Besonderheit. Erforderlich ist eine Einigung der Parteien. IdR hat der Käufer nach Abschluss des Kaufvertrags keine Veranlassung, einer nachträglichen, für ihn ungünstigen Freizeichnungsabrede zuzustimmen. Zustandekommen kann eine derartige Vereinbarung aber insbes dann, wenn der **Käufer einen Mangel rügt** und der Verkäufer sich demgegenüber auf das Vorliegen einer gewöhnlichen Beschaffenheit beruft, also bspw auf gewöhnlichen Verschleiß beim Autokauf. Wenn der Verkäufer hier aus **Kulanz** eine „Nachbesserung" übernimmt, dann kann dies einhergehen mit dem Verlangen nach einem nachträglichen umfassenden Gewährleistungsausschluss, um weitere Forderungen des Käufers dieser Art auszuschließen. Praktische Bedeutung hat auch die Konstellation, dass der Kaufgegenstand im Rahmen einer **eBay-Auktion** ohne vorherige Besichtigung ersteigert und nach Übergabe auf Verlangen des Käufers unter Hinweis auf sichtbare Mängel oder/und einen sonstigen schlechten Zustand eine Herabsetzung des Kaufpreises vereinbart wird, wobei diese Abrede dann auf Verlangen des Verkäufers auch einen Gewährleistungsausschluss enthält[422].

118 Der für die Arglist maßgebliche Zeitpunkt ist im Falle eines nachträglichen Gewährleistungsausschlusses der **Zeitpunkt des Wirksamwerdens der Abrede**[423]. Dies ergibt sich zum einen aus der Ratio des § 444 Alt 1[424], zum anderen aber auch aus dem Wortlaut der Vorschrift. Denn das Tatbestandsmerkmal „Vereinbarung" erfasst nicht nur die Freizeichnung im ursprünglichen Kaufvertrag, sondern auch derartige Abreden in nachträglichen Änderungen des Kaufvertrags. § 444 ist daher auf die nachträgliche Vereinbarung eines Gewährleistungsausschlusses nicht entsprechend, sondern direkt anwendbar[425].

119 Kennt der Käufer bei Vereinbarung des nachträglichen „Gewährleistungsausschlusses" den Mangel bereits, so handelt es sich in Wirklichkeit um einen **vertraglichen Verzicht des Käufers** auf seine Gewährleistungsrechte[426]. Ein solcher vertraglicher Verzicht ist auch dann möglich, wenn der Verkäufer den betreffenden Mangel arglistig verschwiegen hat[427]. § 444 Alt 1 ist hier auch deshalb nicht anwendbar, weil gegenüber einem Käufer, der den Mangel kennt, keine **Aufklärungspflicht des Verkäufers** besteht.

VI. Arglistiges Vorspiegeln einer bestimmten Beschaffenheit

120 1. **Grundlagen – Abgrenzung zu gutgläubig falschen Angaben**. Weist der Kaufgegenstand keinen **Sachmangel iSd § 434** auf, so kann die Gewährleistungshaftung trotz einer umfassenden kaufrechtlichen Freizeichnungsabrede deshalb begründet sein, weil der Verkäufer eine in Wirklichkeit nicht vorhandene Beschaffenheit der Kaufsache **wider besseres Wissen vorspiegelt**[428]. Es kommt dann durch Abschluss des Kaufvertrags zumindest eine **konkludente Beschaffenheitsvereinbarung** iSd § 434 Abs 2 Satz 1 Nr 1 zustande. Das arglistige Vorspiegeln einer bestimmten Beschaffenheit oder der Abwesenheit von Mängeln steht dem arglistigen Verschweigen von Mängeln gleich[429]. Entsprechendes gilt, wenn sich das arglistige Vorspiegeln des Verkäufers auf **Rechte Dritter iSd § 435** und deren konkreten Inhalt bezieht. Große praktische Bedeu-

422 So im Fall KG NJW-RR 2012, 290 (nachträgliche Herabsetzung des Kaufpreises von 6.800 € auf 6.500 € wegen Auftretens von Startschwierigkeiten des ersteigerten Gebrauchtwagens mit der vertraglichen Zusatzvereinbarung „keine Sachmängelhaftung").

423 Erman/Grunewald Rz 12; Staud/Matusche-Beckmann Rz 79; MünchKomm/Westermann Rz 13; BeckOGK/Stöber Rz 48; BeckOK/Faust Rz 16; so wohl auch KG NJW-RR 2012, 290, 291.

424 Erman/Grunewald Rz 12 (Unrechtsgehalt in diesem Fall nicht geringer).

425 Erman/Grunewald Rz 12; aA Staud/Matusche-Beckmann Rz 78.

426 Vgl dazu auch RG Recht 1913 Nr 3232; Staud/Matusche-Beckmann Rz 78.

427 Vgl dazu auch RG Recht 1913 Nr 3232; Staud/Matusche-Beckmann Rz 78.

428 Zu § 463 aF RGZ 63, 110; RGZ 66, 335, 338; RGZ 83, 241, 243; RGZ 92, 295; RGZ 96, 156; RGZ 103, 154, 160; RGZ 132, 76, 78; BGH WM 1978, 1175, 1176. Dies war bereits die Ansicht der Gesetzesredaktoren, vgl Protokolle, Mugdan II S 680 („als auch dann, wenn er eine nicht vorhandene Eigenschaft wider besseres Wissen zusichere").

429 BVerfG BeckRS 2015, 47767; BGH NJW-RR 2012, 1078 Rz 27; Staud/Bach § 438 Rz 150; MünchKomm/Westermann § 438 Rz 29; BeckOGK/Stöber Rz 52; aA BeckOK/Faust § 438 Rz 39 (aber arglistiges Verschweigen gegeben, sofern im Fehlen der arglistig vorgespiegelten Eigenschaft ein Mangel zu sehen sei).

tung haben – insbes im Bereich des Gebrauchtwagenhandels – sog Angaben den Verkäufers **„ins Blaue hinein“**[430].

Der Verkäufer ist zwar unzweifelhaft verpflichtet, die Fragen des Käufers zur Beschaffenheit 121
richtig und vollständig zu beantworten[431]. Dass eine vom Verkäufer erteilte **Auskunft objektiv falsch** ist, rechtfertigt aber nicht ohne weiteres die Annahme, der Verkäufer habe eine Eigenschaft des Kaufgegenstands arglistig vorgespiegelt[432]. Eine Person, die **gutgläubig falsche Angaben** macht, handelt nämlich grundsätzlich nicht arglistig, auch wenn der gute Glaube auf Fahrlässigkeit oder sogar auf Leichtfertigkeit beruht[433]. Folgert das Fachgericht im **Gewährleistungsprozess** unmittelbar aus einer objektiv falschen Beschaffenheitsangabe eine Arglist des Verkäufers, so ist diese **gerichtliche Annahme schlechterdings unvertretbar**, dh unter keinem rechtlichen Gesichtspunkt tragfähig[434]. Das ergehende Urteil verletzt dann den Verkäufer in seinem Grundrecht aus **GG Art 3 Abs 1** in der Ausprägung als Willkürverbot[435]. Anders ist die Rechtslage aber dann, wenn der Verkäufer auf eine Frage des Käufers falsche Angaben ohne tatsächliche Grundlage – und damit „ins Blaue hinein“ – macht, mit deren Unrichtigkeit er rechnet, so dass ein **bedingter Vorsatz** zu bejahen ist[436].

2. **Vorsatz des Verkäufers – insbes bezüglich Beeinflussung der Kaufentscheidung des** 122
Käufers. In Bezug auf den für die Arglist durch Vorspiegeln einer bestimmten Beschaffenheit erforderlichen Vorsatz des Verkäufers gelten die für den Fall des arglistigen Verschweigens dargelegten Grundsätze entsprechend, dh, es müssen **drei Voraussetzungen** gegeben sein[437]: Der Verkäufer muss das Nichtvorliegen der vorgespiegelten Beschaffenheit (Eigenschaft) gekannt oder für möglich gehalten haben. Zudem muss er gewusst oder es für möglich gehalten haben, dass der Käufer den Mangel nicht kennt und dass der Käufer bei Kenntnis der wahren Lage den Kaufvertrag nicht oder nicht zu den gegebenen Bedingungen abgeschlossen hätte. Die dritte Voraussetzung, das Für-möglich-Halten und In-Kauf-Nehmen, dass der Käufer bei Unterlassung der Täuschung den Kaufvertrag nicht abgeschlossen hätte, spielt auch beim Vorspiegeln einer bestimmten Beschaffenheit nur eine geringe Rolle. Denn in den meisten Fällen, in denen der Verkäufer dies nicht für möglich hält, wird die Abweichung von der Soll-Beschaffenheit so unwesentlich sein, dass schon kein Mangel gegeben ist[438]. Denkbar ist zwar bspw die Konstellation, dass der Verkäufer beim **Verkauf gleichartiger Sachen an verschiedene Käufer** unabhängig von den Nutzungsabsichten des konkreten Käufers immer bewusst eine falsche Beschaffenheitsangabe macht, aber die betreffende Eigenschaft – wie dem Verkäufer bekannt – bei einzelnen Käufern für die **Nutzung des Kaufgegenstands** ohne Bedeutung ist. Hier rechnet der Verkäufer allerdings häufig deshalb gleichwohl mit einer Beeinflussung der Kaufentscheidung jedes Käufers, weil auch bei fehlender Beeinflussung der unmittelbaren Nutzung eine **Wertminderung**

430 Vgl zu den Einzelheiten unten Rz 129 ff.

431 BVerfG BeckRS 2015, 47767 Rz 13; BGHZ 180, 205, Rz 25; BGH NJW-RR 2012, 1078 Rz 28; BGH NJW-RR 1997, 144 f.

432 BVerfG BeckRS 2015, 47767 Rz 13 (zur Frage nach der Ursache des Aufleuchtens der MIL-Kontrollleuchte beim Verkauf eines gebrauchten Pkw Peugeot 206 CC mit Dieselmotor).

433 BVerfG BeckRS 2015, 47767 Rz 13.

434 BVerfG BeckRS 2015, 47767 Rz 11 ff.

435 BVerfG BeckRS 2015, 47767 Rz 11 ff.

436 BVerfG BeckRS 2015, 47767 Rz 13; BGH NJW-RR 2012, 1078 Rz 28; vgl zu den Einzelheiten unten Rz 129 ff. Im Fall BVerfG BeckRS 2015, 47767 war den Kaufvertragsparteien beim Verkauf eines gebrauchten Peugeot Diesel die Fehlermeldung in Gestalt des Aufleuchtens der MIL-Kontrollleuchte bekannt. Deswegen wurde im Kaufvertrag ein Defekt der Lambdasonde vermerkt, wobei im Prozess streitig war, auf wessen Veranlassung diese Angabe in den Kaufvertrag aufgenommen worden war. Nach den Feststellungen des Sachverständigen lag in Wirklichkeit ein Defekt der Einspritzanlage vor, eine Lambdasonde gab es bei dem streitgegenständlichen Dieselfahrzeug nicht. Das BVerfG ging davon aus, dass der Verkäufer nach den vom Fachgericht getroffenen Feststellungen weder die Fehlerfreiheit der tatsächlich defekten Einspritzdüse vorgespiegelt noch diesen Mangel arglistig verschwiegen hat. Dass der – in Bezug auf die Urheberschaft – umstrittene Hinweis auf den Defekt an der Lambdasonde objektiv falsch war, rechtfertige für sich allein betrachtet keine Arglist des Verkäufers.

437 Grundlegend RGZ 62, 300, 302.

438 Im Fall RGZ 62, 300 waren Radiatoren mit einer zugesicherten Heizfläche von 0,51 m^2 verkauft worden. Die Zusicherung war für den Käufer deshalb wichtig, weil hiervon die Heizkraft abhing. Geliefert wurden dagegen Radiatoren mit einer Heizfläche von nur 0,39 m^2. Der Verkäufer verteidigte sich gegenüber dem später vom Käufer geltend gemachten Gewährleistungsanspruch mit der Einrede der Verjährung, deren Nichteintritt vom Vorliegen einer Arglist abhing. Zum Vorwurf der Arglist verwies der Verkäufer darauf, dass er ein amerikanisches Fabrikat geliefert habe, dessen Heizkraft bei 0,39 m^2 Heizfläche der Heizkraft eines deutschen Geräts mit einer Heizfläche von 0,51 m^2 entspreche. Wenn dies tatsächlich zutraf, dann konnte der Verkäufer in der Tat davon ausgehen, dass der Käufer auch bei Kenntnis der wirklichen Sachlage die gelieferte Ware als Erfüllung gelten lassen würde. Im Übrigen ist in diesem Fall fraglich, ob überhaupt ein Sachmangel vorliegt. Orientiert sich nämlich die Ist-Beschaffenheit an der Leistung eines deutschen Geräts, so stellt die Lieferung eines amerikanischen Fabrikats mit einer entsprechenden Leistung keinen Mangel dar, sofern nicht andere negative Beschaffenheitsabweichungen (zB Nichteinhaltung inländischer Sicherheitsstandards oder geringere Lebensdauer) vorhanden sind.

gegeben ist, die sich negativ auf einen Weiterverkauf auswirken und zudem **Gewährleistungsansprüche eines Zweitkäufers** begründen kann.

123 3. **Einzelfälle des Vorspiegelns einer bestimmten Beschaffenheit beim Grundstückskauf**. Beim Grundstückskauf liegt ein arglistiges Vorspiegeln einer bestimmten Beschaffenheit bspw dann vor, wenn die **Grundstücksgröße** vom Verkäufer bewusst unrichtig angegeben wird[439]. Das Gleiche gilt, wenn der Verkäufer beim Verkauf eines Hausgrundstücks oder einer Eigentumswohnung die **nutzbare Wohnfläche** vorsätzlich falsch angibt. Eine arglistige Täuschung ist ebenfalls zu bejahen, wenn Räume als **Wohnraum angepriesen** werden, obwohl die für eine solche Nutzung **notwendige baurechtliche Genehmigung** nicht vorliegt[440]. Werden Räume als Wohnraum angeboten, obwohl die für eine solche **Nutzung notwendige bauliche Beschaffenheit (zB Deckenhöhe)** nicht gegeben ist, so liegt ebenfalls eine Arglist vor[441]. Auch die unrichtige Angabe der **Miethöhe**, etwa durch das Vorlegen eines **fingierten Mietvertrags**, erfüllt bei Vorsatz des Verkäufers den Tatbestand des arglistigen Vorspiegelns[442]. Die für sich betrachtet „richtige" Angabe des **Mietertrags** eines Hausgrundstücks stellt gleichwohl ein arglistiges Vorspiegeln dar, sofern ein Verfahren wegen **Mietwuchers** oder ein sonstiges behördliches Verfahren wegen Unzulässigkeit der mietvertraglich vereinbarten Miethöhe anhängig ist[443]. Dass der Ausgang eines solchen Verfahrens bei Abschluss des Kaufvertrags noch ungewiss ist, spricht nicht gegen die Arglist. Denn es besteht die konkrete Gefahr der **Beanstandung der konkreten Miethöhe durch staatlichen Hoheitsakt**. Durch die vorbehaltlose Angabe der Mieten erklärt der Verkäufer konkludent das Nichtbestehen einer solchen Gefahr. Ein arglistiges Vorspiegeln ist auch dann gegeben, wenn der Verkäufer zwar die Mieten korrekt, die **laufenden Kosten des verkauften Mietshauses** aber bewusst falsch angibt[444]. Wird vom Verkäufer beim Verkauf einer **Apotheke** der **Umsatz eines bestimmten Jahres** zwar korrekt angegeben, aber nicht hinzugefügt, dass die Umsatzhöhe auf **ungewöhnlichen Umständen** beruht und ansonsten nicht üblich ist, so ist der Arglisttatbestand wegen konkludenten Vorspiegelns einer Eigenschaft ebenfalls erfüllt[445]. Beim Verkauf eines **Tanklagers** stellt das Vortäuschen der **behördlichen Genehmigung** ein arglistiges Vorspiegeln dar[446].

124 4. **Arglistiges Vorspiegeln einer Beschaffenheit bei sonstigen Kaufgegenständen – insbes Gebrauchtwagen**. Beim Verkauf eines Gebrauchtwagens ist zB als arglistig anzusehen, wenn das Vorhandensein des **Originalmotors** mit der dazugehörenden **Motornummer** angegebenen wird, obwohl ein **Austauschmotor** eingebaut wurde und daher auch die Angabe der Motornummer unrichtig ist[447]. Eine große praktische Bedeutung haben beim Gebrauchtwagenkauf unrichtige Angaben der **Laufleistung**. Insoweit geht es um Fälle, in denen die tatsächliche Gesamtlaufleistung vom Tachometerstand oder/und der vom Verkäufer angegebenen Laufleistung abweicht, dh höher ist[448]. Diese Diskrepanz kann auf einer **Manipulation des Tachometers** beruhen, die der Verkäufer entweder selbst vorgenommen oder von der er erfahren hat[449]. Anzutreffen ist auch der Fall, dass ein **Tachometerdefekt** mit der Folge der Nichtaufzeichnung der gefahrenen Kilometer über einen längeren Zeitraum nicht repariert wurde und der Verkäufer dies wusste. Verbindet der Verkäufer die Angabe der Laufleistung mit dem Zusatz **„laut Tacho" oder „laut Vorbesitzer"**, so liegt zwar keine Willenserklärung, sondern nur eine sog **Wissenserklärung** vor mit der Folge, dass regelmäßig keine Beschaffenheitsvereinbarung iSd § 434 Abs 2 Satz 1 Nr 1 gegeben ist, die kraft Auslegung Vorrang vor einem kaufvertraglichen Gewährleistungsausschluss hätte[450]. Gibt der Verkäufer allerdings gegenüber dem Käufer eine derartige Wissenserklärung ab, obwohl er weiß oder damit rechnet, dass die Tachometerangabe bzw die Angabe des Vorbesitzers unrichtig ist, so ist ein arglistiges Vorspiegeln zu bejahen. Das Gleiche gilt, wenn der Käufer ausdrücklich danach fragt, ob die **Laufleistungsangabe** korrekt ist, und der Verkäufer dies trotz Fehlens einer ausreichenden Tatsachengrundlage ohne Einschränkung bejaht. Es handelt sich dann um eine Beschaffenheitsangabe „ins Blaue hinein"[451].

125 Ein arglistiges Vorspiegeln einer Beschaffenheit liegt auch dann vor, wenn der Verkäufer auf die Frage, ob das verkaufte Auto einen Unfall erlitten habe, mit „Nein" antwortet, obwohl ihm

439 RGZ 63, 110, 113; RG JW 1914, 1039.
440 BGH NJW 2019, 2383 Rz 19; BGH NJW 2014, 3296 Rz 10.
441 BGH NJW 2019, 2383 Rz 19.
442 RGZ 66, 335, 337 f.
443 BGH WM 1982, 696, 697.
444 RGZ 83, 241, 242 f.
445 RG Recht 1913 Nr 2860.
446 BGH WM 1978, 1175, 1176.
447 BGH DB 1969, 2082. Im Fall des BGH scheiterte allerdings die Arglisthaftung des Verkäufers am Gegenbeweis des Käufers, dass die Tatsache des Einbaus eines Austauschmotors für den Kaufentschluss nicht relevant war (vgl zu diesem Bezugspunkt des Verkäufervorsatzes unten Rz 99 ff).
448 Vgl dazu BGHZ 53, 144. Frankfurt BB 1980, 962.
449 BGHZ 53, 144.
450 Vgl dazu oben Rz 15 ff.
451 Vgl dazu unten Rz 129 ff.

die Tatsache eines solchen Unfalls bekannt ist[452]. Vorgespiegelt ist hier die **Unfallfreiheit** des Autos[453]. Das arglistige Vorspiegeln der Unfallfreiheit des verkauften Gebrauchtwagens kann auch darin zu sehen sein, dass der Verkäufer einen Unfallschaden zwar nicht geradezu verneint, aber eine bewusst **bagatellisierende Auskunft** erteilt[454]. Ist dem Verkäufer das wahre Ausmaß des Schadens nicht bekannt, so darf er keine bagatellisierenden Angaben „ins Blaue hinein" abgeben[455]. Ein **Irrtum des Verkäufers** über den Umfang des Unfallschadens ist unbeachtlich, sofern jedenfalls ein Sachmangel gegeben ist[456]. Die Arglist iSd § 444 Alt 1 kann in diesem Fall grundsätzlich nicht deshalb verneint werden, weil der Verkäufer nicht mit einem **erheblichen Unfallschaden** gerechnet hat. Ausreichend ist vielmehr, dass dem Verkäufer das Vorliegen einer **Abweichung von der üblichen Beschaffenheit** und damit ein Sachmangel iSd § 434 Abs 3 Satz 1 Nr 2 bekannt war oder er dies für möglich hielt[457]. Davon ist zwar bei einem Unfall regelmäßig auszugehen. Eine Arglist ist in dem Fall zu verneinen, in dem der Verkäufer einen reinen, fachgerecht **reparierten Lackschaden** annimmt, während in Wirklichkeit auch das Fahrzeugblech vom Unfall betroffen war und deshalb ein Sachmangel gegeben ist[458].

Wird eine gebrauchte **Holz-Motorjacht** mit der Angebotsbeschreibung „noch etwas Restarbeit erforderlich" verkauft und offenbart der Verkäufer dabei nicht, dass es sich um eine 40 Jahre alte Motorjacht handelt, die schon aufgrund ihres Alters restaurierungsbedürftig ist, so ist eine Arglist iSd § 444 Alt 1 zu bejahen[459]. Der Verkäufer nimmt hier billigend in Kauf, dass die Entscheidung des Käufers für den Abschluss des Kaufvertrags davon beeinflusst wird, dass die **Fahrtüchtigkeit der Motorjacht** mit einem lediglich geringen Aufwand wiederhergestellt werden kann und eine kostenträchtige Restaurierung nicht notwendig ist[460]. Beim Verkauf einer **größeren Anzahl gebrauchter Getriebe**, die vom Käufer für den Weiterexport vorgesehen sind, mit der Beschaffenheitsangabe **„generalüberholt"** ist, sofern sich die Getriebe nicht im entsprechenden Zustand befinden, davon auszugehen, dass der Verkäufer gewusst oder damit gerechnet hat, dass der Käufer die Getriebe in diesem Zustand nicht als Erfüllung gelten lassen würde, wenn er ihm bekannt wäre[461]. Wenn vom Verkäufer eine bestimmte Beschaffenheit vorgespiegelt wird, deren Nichtvorhandensein ihm bekannt ist oder er zumindest für möglich hält, und feststeht, dass die Abweichung von der Soll-Beschaffenheit einen Mangel begründet, dann ist idR auszuschließen, dass der Verkäufer von einer fehlenden Relevanz aufseiten des Käufers für den Kaufentschluss ausgegangen ist. Bei Vorliegen einer **Beschaffenheitsgarantie** iSd § 444 Alt 2 kommt es für die Unwirksamkeit des Gewährleistungsausschlusses nicht darauf an, ob der Verkäufer zusätzlich auch arglistig handelte. 126

5. **Vorspiegeln sonstiger Umstände – keine Anwendung des § 444.** Verschweigt der Verkäufer einen Umstand, der keinen Mangel iSd §§ 434, 435 darstellt, oder spiegelt er einen Umstand vor, der nicht zur **Beschaffenheit der Sache** gehört, so liegt zwar ein arglistiges Verhalten, also eine Täuschung vor. § 444 ist gleichwohl von vornherein unanwendbar, weil **kein Fall der Mängelgewährleistung** gegeben ist und es demzufolge nicht darauf ankommt, ob der kaufvertragliche Gewährleistungsausschluss wegen einer Arglist oder einer Beschaffenheitsgarantie nicht Platz greift. Es ist hier vielmehr der **Geltungsbereich der gesetzlichen Gewährleistungshaftung** und des vertraglichen Gewährleistungsausschlusses schon wegen **Fehlen eines Mangels** nicht eröffnet. Möglich sind dagegen grundsätzlich eine Anfechtung des Kaufvertrags wegen arglistiger Täuschung iSd § 123 Abs 1 und die Geltendmachung eines Schadensersatzanspruchs aus **culpa in contrahendo** (**§§ 280 Abs 1, 311 Abs 2, 241 Abs 2**), der auch die **Vertragsaufhebung** erfasst. Da es hier nicht um eine Mängelgewährleistung geht, wird die culpa in contrahendo nicht durch **Rechte des Käufers aus § 437** verdrängt. Im Übrigen kann dieser Schadensersatzanspruch aus **§§ 280 Abs 1, 311 Abs 2, 241 Abs 2** auch bei Vorliegen eines Mangels und bei Eingreifen der Gewährleistung nach § 437 geltend gemacht werden, sofern aufseiten des Verkäufers ein vorsätzliches Verhalten (Arglist) gegeben ist[462]. 127

452 BGH NJW 1967, 1222; BGH NJW 1977, 1914, 1915; BGHZ 74, 383, 392; BGH WM 1987, 137, 138.
453 BGH MDR 1955, 26; BGH NJW-RR 1987, 436, 437.
454 BGH MDR 1955, 26; BGH NJW-RR 1987, 436, 437; Bremen VersR 1981, 194; Hamm DAR 1983, 355 (Angabe „Frontschaden vorne rechts" bei einem nach Totalschaden hergerichteten Wagen); Düsseldorf NJW-RR 1991, 1402; Reinking/Eggert, Der Autokauf, 2024[15], Kap 35 Rz 135 f mweitNachw.
455 Vgl dazu unten Rz 133.
456 Vgl zum Tatsachenirrtum oben Rz 108.
457 BGHZ 29, 148, 150; BGHZ 63, 382, 387.
458 Vgl zur fehlenden Aufklärungspflicht bei reinen Lackschäden oben Rz 79 ff.
459 IE zutreffend KG NJW-RR 2006, 1213, 1215. Das KG stellt für die Arglist darauf ab, dass im Angebot verkehrswesentliche Mängel arglistig verschwiegen worden seien. Mit der Erklärung „noch etwas Restarbeit erforderlich" wird aber die fehlende Notwendigkeit weitergehender Mängelbeseitigungsarbeiten konkludent erklärt, so dass die Voraussetzungen des arglistigen Vorspiegelns der Nichtexistenz eines Mangels gegeben sind.
460 KG NJW-RR 2006, 1213, 1215.
461 Vgl BGH NJW 1986, 316, 317 (für Beschaffenheitsgarantie).
462 BGH NJW 2009, 2120, 2121 f.

128 Praktische Bedeutung hat die Abgrenzung des arglistigen Vorspiegelns einer Beschaffenheit (Eigenschaft) der Kaufsache von sonstigen, auf **andere Umstände** bezogenen arglistigen Erklärungen des Verkäufers insbes beim **Immobilienkauf**, sofern es um **Steuervorteile und -belastungen** (zB Abschreibungsmöglichkeiten) oder/und um Finanzierungsfragen (zB Baudarlehen) geht. Ist für die steuerlichen Folgen des Erwerbs aufseiten des Käufers die **konkrete Beschaffenheit** (zB Nutzbarkeit von Räumen) des Kaufgegenstands und nicht die **persönliche Situation des Käufers** (zB Höhe des Einkommens) oder/und die allgemeine Gesetzeslage entscheidend, so handelt es sich um einen Fall der Gewährleistung mit der Folge der Anwendung des § 444 Alt 1 bei Vorliegen eines – beim Kauf gebrauchter Immobilien üblichen – vertraglichen Ausschlusses der Gewährleistung.

129 6. **Beschaffenheitsbezogene Angaben des Verkäufers „ins Blaue hinein"**. – a) **Grundlagen und systematische Einordnung**. Bei der Arglist in Gestalt von Angaben des Verkäufers „ins Blaue hinein" geht es um Fälle, in denen der Verkäufer zwar das Vorliegen eines Mangels bzw das Nichtvorliegen einer angegebenen Eigenschaft der Kaufsache nicht positiv kennt. Es liegt daher weder die klassische Konstellation des arglistigen Verschweigens eines Mangels noch die Variante des Vorspiegelns einer bestimmten Beschaffenheit vor. Der Verkäufer macht aber seine Angaben **ohne ausreichende Tatsachengrundlage**, und dies ist ihm auch bekannt[463]. Die Angabe „ins Blaue hinein" widerspricht zwar nicht bewusst den Tatsachen, sie wird jedoch ohne jede sachliche Grundlage abgegeben[464]. Der Käufer geht demgegenüber bei **Fehlen abweichender Anhaltspunkte** vom Vorliegen einer ausreichenden Tatsachengrundlage aus und legt die Angaben seiner Kaufentscheidung zugrunde. Der die Arglist begründende Vorwurf gegenüber dem Verkäufer liegt hier daher gerade in dem Umstand, dass er die für ihn erkennbare Vorstellung des Käufers ausnutzt[465].

130 b) **Voraussetzungen der Beschaffenheitsangabe „ins Blaue hinein"**. Zentrale Voraussetzungen der Arglist in der Variante der beschaffenheitsbezogenen Angaben des Verkäufers „ins Blaue hinein" sind das Fehlen einer **ausreichenden Tatsachengrundlage** (**hinreichenden Erkenntnisgrundlage**) und das Verschweigen dieses Wissensdefizits gegenüber dem Käufer[466]. Der anerkannte Grundsatz, dass Beschaffenheitsangaben des Verkäufers „ins Blaue hinein" arglistig sind, darf nicht dazu führen, dass die **Grenze zwischen bedingtem Vorsatz und grober Fahrlässigkeit** verwischt wird[467]. Der Verkäufer ist verpflichtet, **Fragen des Käufers** zur Beschaffenheit der Sache richtig und vollständig zu beantworten[468]. Zudem darf der Verkäufer selbstverständlich auch nicht von sich aus unrichtige Angaben zur Beschaffenheit des Kaufgegenstands machen. Der Umstand, dass Fragen des Käufers vom Verkäufer objektiv falsch beantwortet wurden, begründet aber allein noch nicht den Vorwurf der Arglist[469]. Denn derjenige, der **gutgläubig falsche Angaben** macht, handelt auch dann grundsätzlich nicht arglistig, wenn der gute Glaube auf **Fahrlässigkeit** oder sogar auf **Leichtfertigkeit** beruht[470].

131 Für die Arglist ist aber nicht unbedingt aufseiten des Verkäufers das Wissen erforderlich, dass die gegenüber dem Käufer angegebene Tatsache nicht der Wahrheit entspricht[471]. Die Arglist ist im Ergebnis auch dann zu bejahen, wenn der Verkäufer auf **Fragen des Käufers** – oder von sich aus – falsche Angaben ohne tatsächliche Grundlage „ins Blaue hinein" macht, mit deren Unrichtigkeit er rechnet, so dass deswegen ein bedingt vorsätzliches Verhalten zu bejahen ist[472]. Arglistig handelt der Verkäufer nämlich auch dann, wenn er gegenüber dem Käufer angibt, in Bezug auf die Beschaffenheit des Kaufgegenstands eine **bestimmte Kenntnis von Vorgängen oder Umständen** zu haben, diese Kenntnis aber in Wirklichkeit nicht gegeben ist[473]. Über die Beschaffenheit der Kaufsache täuscht der Verkäufer zudem in dem Fall, in dem er sich der ohne weiteres **möglichen und zumutbaren Erkenntnis** der die Täuschung begründenden Umstände verschließt und das Fehlen derartiger Umstände „blindlings" vertraglich zusagt[474]. Dass dem

463 Vgl zu den Einzelheiten nachfolgend Rz 130 ff.
464 RG Recht 1918 Nr 1088; BGH NJW 1980, 2460, 2461.
465 BGH NJW 1981, 1441, 1442.
466 BVerfG BeckRS 2015, 47767 Rz 13; BGH NJW 2006, 2839 Rz 13; RG 1915, 362 Nr 2; RG Recht 1918 Nr 1088; BGHZ 63, 382, 388; BGH NJW 1980, 2460, 2461; BGH NJW 1981, 1441, 1442; BGH NJW 1998, 2360; Staud/Matusche-Beckmann Rz 62.
467 BVerfG BeckRS 2015, 47767 Rz 13; BGH NJW-RR 2012, 1078 Rz 28.
468 BVerfG BeckRS 2015, 47767 Rz 13; BGHZ 180, 205 Rz 25; BGH ZIP 2019, 2115 Rz 25; BGH NJW-RR 2012, 1078 Rz 28; BGH NJW-RR 1997, 144 f; vgl dazu auch oben Rz 121.
469 BGH ZIP 2019, 2115 Rz 25; BVerfG BeckRS 2015, 47767 Rz 13; BGH NJW-RR 2012, 1078 Rz 28; vgl Rz 121.
470 BGH ZIP 2019, 2115 Rz 25; BVerfG BeckRS 2015, 47767 Rz 13; BGH NJW-RR 2012, 1078 Rz 28; BGH NJW 1980, 2460, 2461.
471 BGH NJW 1980, 2460, 2461; RG Warneyer 1914 Nr 109.
472 BGH ZIP 2019, 2115 Rz 25; BVerfG BeckRS 2015, 47767 Rz 13; BGH NJW-RR 2012, 1078 Rz 28; BGH NJW 1998, 302 f.
473 BGH NJW 1980, 2460, 2461; RG HRR 1934 Nr 1094.
474 BGH NJW 1980, 2460, 2461.

Verkäufer die Umstände tatsächlich nicht bekannt waren, ist für den Arglisttatbestand unerheblich[475]. Das arglistige Verhalten liegt hier vielmehr gerade darin, dass dem Verkäufer, was ihm auch bewusst ist, jegliche zur **sachgemäßen Beurteilung** einer in Bezug auf eine bestimmte Beschaffenheit vorliegenden Frage erforderliche Sachkenntnis fehlt und er gleichwohl diesen Umstand gegenüber dem Käufer verschweigt[476].

Für den bedingten Vorsatz bei der Arglist in der Variante der Erklärung des Verkäufers „ins Blaue hinein" genügt, dass die beschaffenheitsbezogene Angabe ohne hinreichende Tatsachengrundlage abgegeben wird[477]. Soweit die Rspr falsche Angaben ohne tatsächliche Grundlage verlangt, **mit deren Unrichtigkeit er rechnet**[478], bedeutet dies keine Erweiterung des Verkäufervorsatzes. Wenn der Verkäufer nämlich ohne Tatsachengrundlage „ins Blaue hinein" falsche Angaben macht, dann rechnet er mit der Möglichkeit ihrer Unrichtigkeit und handelt bedingt vorsätzlich[479]. Das Rechnen mit der Möglichkeit der Unrichtigkeit beruht also bei Vorliegen einer Angabe „ins Blaue hinein" auf einem **allgemeinen Erfahrungssatz**. Der Verkäufer kann sich also generell nicht mit der Behauptung entlasten, ihm sei zwar das Fehlen einer hinreichenden Tatsachengrundlage bewusst gewesen, er sei aber davon ausgegangen, dass kein Mangel vorliege bzw die zugesagte besondere Beschaffenheit auch vorhanden sei. Insoweit ist daher im Gewährleistungsprozess auch **kein Beweis zu erheben**. Anders ist die Rechtslage aber dann, wenn ein **fachkundiger Verkäufer** erklärt, dass das **Kaufobjekt** fachgerecht nach den **anerkannten Vorschriften** errichtet worden sei, und er in Wirklichkeit **unbewusst von einschlägigen DIN-Vorschriften abgewichen** ist[480]. Denn aus der Sicht des Verkäufers besteht hier eine Tatsachengrundlage. Der **Tatsachenirrtum** über die Übereinstimmung mit den einschlägigen Bauvorschriften begründet einen **Fahrlässigkeitsvorwurf**, aber keine Arglist nach den Grundsätzen über die Erklärung „ins Blaue hinein". Wer **gutgläubig falsche Angaben** macht, handelt grundsätzlich nicht arglistig, auch wenn der **gute Glaube auf Fahrlässigkeit beruht**[481]. 132

7. **Angaben „ins Blaue hinein" beim Gebrauchtwagenkauf**. – a) **Allgemeines**. Hauptanwendungsbereich der Arglist in Form der beschaffenheitsbezogenen Erklärung des Verkäufers „ins Blaue hinein" ist, wie auch die Zahl der dazu ergangenen Entscheidungen belegt, neben dem Kauf von Hausgrundstücken und Eigentumswohnungen der Gebrauchtwagenkauf. Eine Arglist des Verkäufers wegen Abgabe einer Erklärung „ins Blaue hinein" liegt vor, wenn der Verkäufer **ohne tatsächliche Grundlage** unrichtige Angaben über die Mangelfreiheit oder das Vorhandensein einer besonderen **Eigenschaft des Fahrzeugs** macht, die geeignet sind, den Kaufentschluss des Käufers zu beeinflussen[482]. Die Rechtfertigung dieser **Abgrenzung zwischen Arglist und Fahrlässigkeit** ergibt sich beim Gebrauchtwagenkauf schon aus der Interessenlage und den Erkenntnismöglichkeiten der beiden Vertragspartner[483]. Unerheblich ist, ob die Angaben des Verkäufers auf eine **konkrete Frage** des Käufers oder von sich aus erfolgen. 133

b) **Angaben zur Unfallfreiheit „ins Blaue hinein"**. Die Erklärung des gewerblichen Gebrauchtwagenverkäufers, ihm seien **keine Mängel und Unfallschäden** bekannt, bezieht sich idR auf einen **Wissensstand**, den ein Gebrauchtwagenhändler üblicherweise nach Durchführung der von ihm zu erwartenden Prüfung des Fahrzeugs unter Einbeziehung der **Angaben des Vorbesitzers** hat[484]. Da das Vorliegen einer Arglist in Form der Angabe „ins Blaue hinein" vom Fehlen einer **ausreichenden Tatsachengrundlage** abhängt[485], kommt es beim Gebrauchtwagenkauf insoweit entscheidend darauf an, wie weit die **Untersuchungspflicht des gewerblichen Verkäufers** reicht. Nur bei vollständiger oder teilweiser Vernachlässigung der im Kfz-Gewerbe branchenüblichen Untersuchung der zum Zwecke des Weiterverkaufs hereingenommenen Gebrauchtwagen fehlt eine hinreichende Tatsachengrundlage. Den Gebrauchtwagenhändler trifft bei Fehlen von Anzeichen für einen Unfallschaden nicht die Obliegenheit, das angebotene Fahrzeug näher auf Unfallschäden zu untersuchen[486]. Der Händler ist grundsätzlich nur zu einer 134

475 BGH NJW 1980, 2460, 2461.
476 BGH NJW 1980, 2460, 2461; RG LZ 1915, 362 Nr 2.
477 BGHZ 63, 383, 388; BGH NJW 1981, 864, 865; BGH NJW 1992, 302, 303.
478 BGH ZIP 2019, 2115 Rz 25; BVerfG BeckRS 2015, 47767 Rz 13; BGH NJW-RR 2012, 1078 Rz 28; BGH NJW 1998, 302 f.
479 BGHZ 63, 383, 388; BGH NJW 1981, 864, 865; BGH NJW 1992, 302, 303.
480 BGH ZIP 2019, 2115 Rz 25.
481 BGH ZIP 2019, 2115 Rz 25; Dresden BeckRS 2020, 4862 Rz 9.
482 BGH NJW 2014, 211 Rz 22 ff; BGHZ 63, 382, 388; BGH NJW 1979, 1886, 1888; BGH NJW 1981, 1441 f.
483 BGH NJW 1981, 1441, 1442.
484 BGH NJW 2014, 211 Rz 22. Im Fall des BGH hatte der Verkäufer eines gebrauchten Audi A8 Quattro im Kaufvertragsformular (Bestellformular) bei den Rubriken „Zahl, Umfang und Art von Mängeln und Unfallschäden laut Vorbesitzer (s Anlage)" und „Dem Verkäufer sind auf andere Weise Mängel und Unfallschäden bekannt" jeweils die Antwort „nein" angekreuzt.
485 Vgl dazu Rz 129.
486 BGHZ 168, 64 Rz 15; BGH NJW 2014, 211 Rz 24; BGH NJW 1981, 928.

branchenüblichen äußeren Besichtigung („Sichtprüfung“) verpflichtet[487]. Daher ist der gewerbliche Verkäufer bei Fehlen besonderer Anhaltspunkte für einen Unfallschaden nicht verpflichtet, sich durch Einsichtnahme in eine bestehende zentrale Datenbank des Autoherstellers eine zuverlässige **Kenntnis von der Reparaturhistorie** zu verschaffen[488]. Die auch im Kfz-Gewerbe weit fortgeschrittene Digitalisierung rechtfertigt insoweit kein anderes Ergebnis. Eine Verpflichtung des gewerblichen Verkäufers zu weitergehenden Untersuchungen besteht nur, sofern sich bei der „Sichtprüfung“ Anhaltspunkte für einen Vorschaden des angebotenen Fahrzeugs ergeben[489]. Die dann bestehende Verpflichtung des Verkäufers zu weiteren Nachforschungen umfasst auch die **Einsichtnahme in bestehende und auch zugängliche Dateien** des Herstellers bezüglich der „Reparaturhistorie“ des Fahrzeugs[490].

135 Nimmt der Verkäufer als **gewerblicher Händler** die erforderliche „Sichtprüfung“ entweder gar nicht oder nicht mit der gebotenen und branchenüblichen Sorgfalt vor, so ist es als Erklärung „ins Blaue hinein“ und daher als arglistig anzusehen, wenn er eine **Unfallfreiheit behauptet**, obwohl für eine fachkundige Person der Unfallschaden unverkennbar ist[491]. Der Verkäufer muss hier, wenn er eine Anwendung des § 444 Alt 1 vermeiden will, die **wahren Grundlagen seines Wissenstands** offenlegen, dh, auf die Nichtvornahme einer branchenüblichen Prüfung hinweisen. Ansonsten kann er sich insoweit nicht auf einen Gewährleistungsausschluss berufen.

136 c) **Falsche Angaben zu Umfang oder/und Beseitigung eines Unfallschadens**. Eine Arglist in Gestalt von Angaben „ins Blaue hinein“ ist auch in dem Fall gegeben, in dem ein gewerblicher Verkäufer trotz **sichtbarer Hinweise auf Karosserieschäden** die Erklärung **„nur kleine Blechschäden“** abgibt[492]. Keine Angabe des Verkäufers „ins Blaue hinein“ liegt dagegen vor, wenn der Gebrauchtwagenverkäufer sich bei seinen Angaben gegenüber dem Käufer auf die **Auskunft einer fachkundigen Person** verlässt und insoweit keine Anhaltspunkte für eine Unrichtigkeit vorhanden sind[493]. Es besteht dann eine ausreichende Tatsachengrundlage für die beschaffenheitsbezogenen Angaben des Verkäufers[494]. Wird dem Verkäufer von einem **Fachunternehmen (Reparaturwerkstatt)** die Auskunft erteilt, dass der Unfallschaden an der Kaufsache ordnungsgemäß behoben worden sei, so kann sich der Verkäufer bei der **Angabe des Vorschadens** gegenüber dem Käufer darauf verlassen, dh, er gibt keine Erklärung „ins Blaue hinein“ ab[495]. Eine Arglist ist daher zu verneinen, wenn der Verkäufer unter Bezugnahme auf die Mitteilung eines Fachunternehmens gegenüber dem Käufer erklärt, ein Blechschaden am Vorderwagen und an der Fahrertür sei fachgerecht repariert worden, aber in Wirklichkeit – wie sich nach der Übergabe an den Käufer herausstellt – der gesamte Vorderwagen verzogen ist und sich weder die Spur noch der Sturz der Vorderachse einstellen lassen. Dass die **Beschaffenheitsangabe** des Verkäufers **objektiv falsch** ist, rechtfertigt eben für sich betrachtet nicht die Annahme einer Arglist[496].

137 8. **Angaben „ins Blaue hinein“ beim Immobilienkauf**. – a) **Allgemeine Grundlagen**. Auch beim Verkauf von **Grundstücken und Eigentumswohnungen** hat der Fall der Arglist in Gestalt von Angaben des Verkäufers „ins Blaue hinein“ eine große praktische Bedeutung. Dies beruht insbes darauf, dass beim **Kauf gebrauchter Immobilien** ein kompletter Gewährleistungsausschluss zulässig ist und regelmäßig vereinbart wird. Eine **Beschaffenheitsvereinbarung iSd § 434 Abs 2 Satz 1 Nr 1** hat nur dann kraft Auslegung Vorrang vor einem allgemeinen kaufvertraglichen Gewährleistungsausschluss, sofern die notarielle Form des § 311b Abs 1 Satz 1 gewahrt ist[497]. Das Gleiche gilt für die bei Immobilienangeboten häufig anzutreffenden **öffentlichen Äußerungen iSd § 434 Abs 3 Satz 1 Nr 2 lit b** auf einschlägigen Internetseiten. Derartige Formerfordernisse bestehen dagegen nicht, soweit es darum geht, ob der **Arglisttatbestand des § 444 Alt 1** wegen Vorliegens einer Angabe „ins Blaue hinein“ erfüllt ist. Da der Käufer in Bezug auf eine Arglist des Verkäufers die Darlegungs- und Beweislast trägt[498], ist dem Käufer bei der Kaufanbahnung in jedem Fall zu empfehlen, darauf zu bestehen, dass beschaffenheitsbezogene Angaben des Verkäufers in den Kaufvertrag aufgenommen und beurkundet werden mit der Folge, dass eine gegenüber der Freizeichnungsabrede **kraft Auslegung vorrangige Beschaffenheitsvereinbarung** iSd § 434 Abs 2 Satz 1 Nr 2 gegeben ist. In nicht wenigen Fällen, in denen sich die Frage des Vorliegens einer Angabe „ins Blaue hinein“ stellt, besteht zwar der

487 BGH NJW 2014, 211 Rz 25.
488 BGH NJW 2014, 211 Rz 25 (Audi-Datenbank); zust Eggert DAR 2015, 43, 47.
489 BGH NJW 2014, 211 Rz 25.
490 BGH NJW 2014, 211 Rz 25.
491 BGHZ 63, 382, 388; BGH NJW 1977, 1055.
492 BGH NJW 1981, 1441, 1442; ähnlich BGH NJW-RR 1987, 436, 437.
493 BGH NJW 1982, 1699.
494 BGH NJW 1982, 1699.
495 BGH NJW 1982, 1699: Der Verkäufer habe sich nicht auf Verdacht hin und ohne tatsächliche Anhaltspunkte über den Zustand seines Fahrzeugs geäußert, sondern durfte sich auf die Angaben eines Fachunternehmens verlassen.
496 Vgl oben Rz 121.
497 Vgl zu den Voraussetzungen des Vorrangs einer Beschaffenheitsvereinbarung kraft Auslegung oben Rz 15 ff.
498 Vgl dazu unten Rz 146 ff.

Verdacht des arglistigen Verschweigens eines dem Verkäufer bereits bekannten Mangels. Wenn dem Käufer aber der Nachweis der Kenntnis nicht gelingt, dann hat er noch die Möglichkeit der Berufung auf das **Fehlen einer ausreichenden Tatsachengrundlage** für die Beschaffenheitsangabe des Verkäufers, so dass – bei Erbringung des erforderlichen Beweises – die Arglist wegen Abgabe einer Erklärung „ins Blaue hinein" gegeben ist.

b) **Einzelfragen der Erklärung „ins Blaue hinein" beim Immobilienkauf und beim Unternehmenskauf**. Ist der Verkäufer eines Hausgrundstücks oder einer Eigentumswohnung nicht sicher, ob die von ihm selbst praktizierte und/oder angebotene **Nutzung in vollem Umfang rechtlich zulässig ist**, so muss er gegenüber dem Käufer seinen wahren Kenntnisstand offenlegen, der dann Anlass für **Nachforschungen** hat. Der Verkäufer darf hier dagegen, wenn er den Vorwurf einer Arglist in der Variante der Angabe „ins Blaue hinein" vermeiden will, nicht Erklärungen abgeben, die aus Sicht des Käufers im Sinne einer Zulässigkeit gedeutet werden können. Der Verkäufer muss vielmehr seinen **wahren Kenntnisstand offenlegen**. Nutzt der Verkäufer einer **Eigentumswohnung** einen zum **Dachboden** gehörenden Raum, in dem sich keine Heizkörper befinden, als **Schlafzimmer**, obwohl dieser Raum nach der Teilungserklärung iSd WEG § 8 **nicht zu Wohnzwecken genutzt werden darf**, so liegt ein **bedingter Vorsatz** in Gestalt einer Erklärung ins Blaue hinein vor, wenn er auf eine konkrete Nachfrage des Käufers als Ursache für den fehlenden Heizkörper in diesem Raum erklärt, er **schlafe gerne kühl**[499]. Denn der Käufer darf diese Erklärung bei Zugrundelegung des für die Auslegung maßgeblichen **objektiven Empfängerhorizonts** so auffassen, dass das beiden Parteien bekannte Fehlen eines Heizkörpers allein auf einer **freien Entscheidung** des Verkäufers als bisheriger Nutzer über **Lebens- und Schlafgewohnheiten** beruht und einer Installation grundsätzlich keine technischen, baurechtlichen und wohnungseigentumsrechtlichen Hindernisse entgegenstehen. Eine Beschaffenheitsangabe „ins Blaue hinein" ist hier deshalb gegeben, weil die so zu verstehende Erklärung **ohne hinreichende Tatsachengrundlage**[500] abgegeben wurde. Der Verkäufer hätte hier wahrheitsgemäß auf eine fehlende Kenntnis bezüglich der Ursache des Fehlens des Heizkörpers hinweisen müssen. Dann hätte für den Käufer ein **Anlass für Nachforschungen** bestanden und die Erklärung des Verkäufers, dass er gerne kühl schlafe, wäre unbedenklich gewesen. Eine Erklärung „ins Blau hinein" ist dagegen zu verneinen, wenn ein **fachkundiger Verkäufer** erklärt, dass das **Kaufobjekt** fachgerecht nach den **anerkannten Vorschriften** errichtet worden sei, und er in Wirklichkeit **unbewusst von einschlägigen DIN-Vorschriften abgewichen** ist[501]. Hier ist nur ein Fahrlässigkeitsvorwurf gerechtfertigt, weil nach der **Vorstellung des Verkäufers** eine **Tatsachengrundlage** in Gestalt der Übereinstimmung mit den einschlägigen Bauvorschriften gegeben ist. Derjenige, der **gutgläubig falsche Angaben** macht, handelt grundsätzlich nicht arglistig, auch wenn der gute Glaube auf **Fahrlässigkeit** beruht[502]. 138

Beim **Verkauf eines Steinbruchs** handelt es sich um eine Angabe „ins Blaue hinein", wenn der Verkäufer, der in Wirklichkeit überhaupt keine Kenntnis von **Güte und Mächtigkeit des Vorkommens** hat, gegenüber dem Käufer die Behauptung aufstellt, der Steinbruch werde bei fortschreitendem Abbau immer besser und mächtiger[503]. Das Gleiche gilt, wenn der Grundstücksverkäufer ohne hinreichende Tatsachengrundlage versichert, irgendwelche **Streitigkeiten im Zusammenhang mit dem Grundstück** seien weder anhängig noch angedroht („Streitfreiheit"), obwohl er weder mit der Verwaltung des Objekts betraut war noch auf andere Weise Informationen in dieser Hinsicht erlangt haben konnte[504]. Große praktische Bedeutung hat das Nichtbestehen bzw das **wahre Ausmaß von Rechtsstreitigkeiten** beim Unternehmenskauf. Auch hier dürfen keine verharmlosenden Erklärungen ohne Tatsachengrundlage abgegeben werden. Angegeben werden muss auch hier der **wahre Kenntnisstand**[505]. Beim Verkauf eines Unternehmens ist Arglist des Verkäufers in Gestalt einer Angabe „ins Blaue hinein" insbes in dem Fall zu bejahen, in dem er einen **bestimmten Geschäftsumsatz** als „sicher" deklariert, obwohl in Wirklichkeit nur oberflächlich geschätzt worden war[506]. Entsprechendes gilt für die Angabe anderer **betriebswirtschaftlicher Kennzahlen** des verkauften Unternehmens[507]. 139

499 Vgl dazu BGH NJW 2004, 364. Der BGH hat in diesem Fall – noch auf Grundlage des alten Kaufrechts – iE zu Recht einen Anspruch aus culpa in contrahendo bejaht. Das vom BGH bejahte Kennenmüssen des Mangels genügt aber jedenfalls nach neuem Kaufrecht nicht für einen Anspruch aus culpa in contrahendo wegen Nichtaufklärung über einen Mangel. Ein solcher Anspruch aus §§ 280 Abs 1, 311 Abs 2, 241 Abs 2 ist nur bei Vorsatz neben den Rechten aus § 437 gegeben. Der zumindest erforderliche bedingte Vorsatz ist aber im Fall des BGH zu bejahen.
500 Vgl dazu oben Rz 129.
501 BGH ZIP 2019, 2115 Rz 25.
502 BGH ZIP 2019, 2115 Rz 25; Dresden BeckRS 2020, 4862 Rz 9.
503 RG Recht 1909 Nr 653.
504 Vgl dazu BGH NJW 1980, 2460, 2461 (Abgabe einer solchen Erklärung durch den Verkäufer, obwohl er wusste, dass er über deren Gegenstand „schlechterdings nicht im Bilde sein konnte").
505 Vgl zu den Einzelheiten des Unternehmenskaufs § 453 Rz 109 ff.
506 RG LZ 1915, 362.
507 Vgl zur Einordnung unrichtiger Unternehmenskennzahlen als Sachmangel § 453 Rz 169.

140 Eine Arglist des Verkäufers wegen Abgabe einer Erklärung „ins Blaue hinein" ist auch in dem Fall zu bejahen, in dem der Verkäufer versichert, bestimmte **Kenntnisse bezüglich der Ursache** von zutage getretenen und den Parteien bekannten Mängeln oder Mangelspuren zu haben, obwohl er diese Kenntnisse in Wirklichkeit nicht hat[508]. Die Voraussetzungen einer Angabe „ins Blaue hinein" liegen dagegen nicht vor, wenn der Verkäufer zu Umständen, die auf einen Mangel hindeuten könnten (zB Feuchtigkeitsflecken beim Verkauf eines Hausgrundstücks), lediglich **seine persönliche Einschätzung** in Form von **Vermutungen** mitteilt[509]. Denn hier ist für den Käufer ohne weiteres erkennbar, dass die Angaben des Verkäufers gerade nicht auf einer **hinreichenden Tatsachengrundlage** beruhen, sondern vielmehr nur eine Meinungsäußerung darstellen. Der Käufer hat hier, wenn er das Mangelrisiko nicht ohne weiteres übernehmen will, die Möglichkeit, auf fachkundige Untersuchungen zu bestehen oder vom Kauf abzusehen.

VII. Kein Erfordernis der Kausalität zwischen Arglist und Vertragsschluss

141 1. **Kausalitätserfordernis beim Schadensersatzanspruch nach § 463 Satz 2 aF und bei der Anfechtung nach § 123 Abs 1.** Eine Anfechtung nach § 123 Abs 1 setzt voraus, dass der Anfechtende „zur Abgabe einer Willenserklärung durch arglistige Täuschung oder widerrechtlich durch Drohung bestimmt worden ist". Das Kausalitätserfordernis ist im **Wortlaut** durch die Formulierung „bestimmt worden" eindeutig verankert[510]. Nach altem Kaufrecht war die Arglist des Verkäufers iSd § 463 Satz 2 aF – neben der Alternative „zugesicherte Eigenschaft" (§ 463 Satz 1) – eine tatbestandliche Voraussetzung für einen Anspruch des Käufers auf **Schadensersatz statt der Leistung** wegen Vorliegens eines Sachmangels[511]. Nach allgemeinen Grundsätzen des Schadensersatzrechts muss das Verhalten des Verkäufers für den eingetretenen Schaden kausal geworden sein. Für einen Schadensersatzanspruch nach § 463 Satz 2 aF musste der Käufer gleichwohl nur darlegen und beweisen, dass der Verkäufer einen Fehler arglistig verschwiegen hat[512]. Anders als bei der Beweislastverteilung im Rahmen der Anfechtungsregelung des § 123 Abs 1 brauchte der Käufer für den Schadensersatz nach § 463 Satz 2 aF nicht die **Ursächlichkeit der arglistigen Täuschung** für seinen Kaufentschluss nachzuweisen[513]. Gefolgert wurde dies aus der besonderen **gesetzlichen Ausgestaltung des Gewährleistungsrechts**[514]. Der Verkäufer hatte danach bei Vorliegen einer arglistigen Täuschung für einen Mangel des Kaufgegenstands grundsätzlich einzustehen, es sei denn, der Käufer kannte zum Zeitpunkt des Vertragsschlusses den Mangel[515]. Die Haftung des Verkäufers war daher im Falle des Vorliegens einer arglistigen Täuschung nur bei Mangelkenntnis des Käufers ausgeschlossen (§ 460 Satz 1 aF); die Ursächlichkeit der Täuschung wurde also **von Gesetzes wegen vermutet**[516]. Der Verkäufer konnte diese Vermutung allerdings durch den Nachweis widerlegen, dass der Käufer den Kaufvertrag auch bei Vornahme der gebotenen Aufklärung über den Mangel abgeschlossen hätte[517].

142 Für den Schadensersatzanspruch aus § 463 Satz 2 aF wurde also nicht auf das Kausalitätserfordernis verzichtet, sondern durch Annahme einer gesetzlichen Vermutung dem **Verkäufer** der kaum zu führende **Beweis der Unerheblichkeit seiner Täuschung** für den Kaufentschluss des Käufers auferlegt. Faktisch war daher die Kausalität zwischen Arglist und Vertragsschluss keine Voraussetzung des Schadensersatzanspruchs aus § 463 Satz 2 aF. Beim Arglisttatbestand des § 444 Alt 1 geht es zum einen von vornherein nicht um einen Schadensersatzanspruch, sondern um die Unwirksamkeit eines vertraglich vereinbarten Gewährleistungsausschlusses. Zum anderen setzt nunmehr, dh nach neuem Kaufrecht, der Schadensersatzanspruch aus § 437 Nr 3 nur die **Verletzung einer Verkäuferpflicht** aus § 433 Abs 1 Satz 2 voraus, so dass dieser Anspruch – bei Vorliegen der weiteren Voraussetzungen – auch bei **fahrlässigem Verhalten** des Verkäufers begründet sein kann[518].

508 BGH NJW-RR 2012, 1078 Rz 28 f (im entschiedenen Fall wurde aber eine Arglist iE zu Recht abgelehnt); BGH NJW 1980, 2460, 2461 (wiederholte Wassereinbrüche beim Verkauf eines Hausgrundstücks mit Tiefkeller); BGH NJW 2001, 2326, 2327 (Auffüllgrundstück mit Bodenkontaminierungen). Im Fall BGH NJW 2001, 2326 wurde eine Arglist iE zutreffend deshalb verneint, weil der Verkäufer, der 25 Jahre vor dem Verkauf beim eigenen Ankauf auf die Eigenschaft als Auffüllgrundstück hingewiesen worden war, bei seiner gegenüber dem Käufer abgegebenen Erklärung, er verkaufe das Grundstück frei von verborgenen Mängeln, keine Erinnerung mehr an die frühere Aufklärung hatte.
509 BGH NJW-RR 2012, 1078 Rz 29.
510 Vgl dazu BGHZ 190, 272 Rz 13 = NJW 2011, 3640 mAnm Ch Weber.
511 BGH NJW 1981, 45, 46; BGH NJW 1990, 42, 43; BGH NJW 2003, 2380, 2381; BGHZ 190, 272 Rz 11.
512 BGH NJW 1981, 45, 46; BGH NJW 1990, 42, 43; BGH NJW 2003, 2380, 2381; BGHZ 190, 272 Rz 11.
513 BGH DB 1969, 2082; BGH NJW 1981, 45, 46; BGH NJW 1990, 42, 43; BGH NJW 2003, 2380, 2381; BGHZ 190, 272 Rz 11.
514 BGH NJW 1990, 42, 43.
515 BGH NJW 1990, 42, 43.
516 BGH NJW 1990, 42, 43.
517 BGH NJW 1981, 45, 46; BGH NJW 1990, 42, 43; BGH NJW 2003, 2380, 2381; BGHZ 190, 272 Rz 11.
518 Vgl BGHZ 190, 272 Rz 13.

143 2. **Ausschließliche Anknüpfung des § 444 Alt 1 an die Arglist des Verkäufers – kein Kausalitätserfordernis.** Eine Arglist des Verkäufers hat nach neuem Kaufrecht im Wesentlichen nur Bedeutung für die Frage der **Unwirksamkeit des Gewährleistungsausschlusses** nach § 444[519]. Das gilt vor allem für den Verkauf von Hausgrundstücken und, soweit kein Verbrauchsgüterkauf vorliegt, auch für den Gebrauchtwagenkauf, weil bei diesen in der Praxis sehr bedeutsamen Vertragstypen die Mängelgewährleistung regelmäßig ausgeschlossen wird[520]. Der Wortlaut des § 444 stellt – anders als der des § 123 Abs 1 – kein Kausalitätserfordernis auf, sondern ordnet nur an, dass der Verkäufer im Falle der Arglist einen vereinbarten Gewährleistungsausschluss nicht geltend machen kann („kann sich der Verkäufer nicht berufen")[521]. Zudem wäre ein Kausalitätserfordernis bei der kaufrechtlichen Mängelgewährleistung systemwidrig[522]. Während die Anfechtbarkeit einer Willenserklärung wegen arglistiger Täuschung nach **§ 123 Abs 1** die **rechtsgeschäftliche Entschließungsfreiheit** schützt[523], setzen die Gewährleistungsansprüche des Käufers eine Verletzung der in § 433 Abs 1 Satz 2 statuierten **Pflicht zur Lieferung einer mangelfreien Sache** voraus[524]. Grundsätzlich nicht erforderlich ist dagegen, dass das Verschweigen des Mangels bzw das arglistige Vorspiegeln einer bestimmten Beschaffenheit (Eigenschaft) kausal geworden ist für die Kaufentscheidung des Käufers[525]. Ein **Kausalitätserfordernis** besteht auch dann nicht, wenn sich das arglistige Verschweigen des Verkäufers auf einen **Rechtsmangel** bezieht[526].

144 Der wesentliche Unterschied zwischen § 463 Satz 2 aF und § 444 Alt 1 besteht darin, dass die Arglist des Verkäufers nach § 463 Satz 2 aF Voraussetzung für den Anspruch auf **Schadensersatz statt der Leistung** war, wohingegen die Unwirksamkeitsfolge des § 444 sich auf den vertraglichen Gewährleistungsausschluss bezieht, der grundsätzlich alle Rechte des Verkäufers aus § 437 erfasst, die wegen **Nichterfüllung der Verpflichtung aus § 433 Abs 1** zur Lieferung einer mangelfreien Sache bestehen[527]. Gegen die Notwendigkeit einer kausalen Verknüpfung von Arglist und Vertragsschluss spricht auch der Zweck des § 444, der allein darin besteht, den Käufer vor einer **unredlichen Freizeichnung** des Verkäufers von der Mängelgewährleistung zu schützen[528]. Ein solcher unredlicher vertraglicher Ausschluss der Gewährleistung liegt schon dann vor, wenn der Verkäufer bei Abschluss des Kaufvertrags arglistig handelt[529]. § 444 stellt insoweit keine weiteren Voraussetzungen auf und verlangt insbes keine Kausalität[530]. Das fehlende Kausalitätserfordernis hat zur Folge, dass im Gewährleistungsprozess insoweit **kein Beweis erhoben** werden muss.

145 3. **Erheblichkeit des Verschweigens/Vorspiegelns für den Vertragsschluss aus Sicht des Verkäufers – dritte Komponente des Verkäufervorsatzes.** Obwohl aus den dargelegten Gründen die Arglist des Verkäufers für den Abschluss des Kaufvertrags nicht kausal geworden sein muss[531], spielt die Eignung des Verschweigens eines Mangels bzw des Vorspiegelns einer bestimmten Beschaffenheit (Eigenschaft) zur **Beeinflussung der Kaufentscheidung** des Käufers beim subjektiven Tatbestand, dh beim Vorsatz des Verkäufers, eine Rolle[532]. Dieser Vorsatz muss sich nämlich auch darauf beziehen, dass der Verkäufer weiß oder für möglich hält, dass der Käufer den Fehler nicht kennt und er bei Offenbarung des Mangels in Erfüllung der Aufklärungspflicht bzw Unterlassen des arglistigen Vorspiegelns den Kaufvertrag **nicht oder zumindest nicht mit dem vereinbarten Inhalt** geschlossen hätte[533]. Dieser dritte Bezugspunkt des Verkäufervorsatzes beruht aber gerade nicht auf einer entsprechenden objektiven Tatbestandsvoraussetzung, sondern vielmehr darauf, dass ein Verkäufer nicht arglistig handelt, wenn er seinem Verhalten keine Bedeutung für den Vertragsschluss beimisst. IdR ist aber, sofern der Verkäufer einen Mangel und fehlende Mangelkenntnis des Käufers zumindest für möglich hält, auch die hier in Rede stehende dritte Vorsatzvoraussetzung in gleicher Weise erfüllt[534]. Im Übrigen trifft

519 BGHZ 190, 272 Rz 13; BGH ZIP 2018, 2173 Rz 7. Daneben spielt die Arglist insbes eine Rolle für die längere Verjährungsfrist des § 438 Abs 3 (vgl dazu § 438 Rz 257 ff) und den Nichteintritt des Ausschlusses der gesetzlichen Gewährleistungshaftung gem § 442 Abs 1 Satz 2 trotz grober Fahrlässigkeit des Käufers (vgl dazu § 442 Rz 141 ff).

520 Vgl zum Grundstückskauf oben Rz 45 und zum Gebrauchtwagenkauf oben Rz 44. Beim Gebrauchtwagenkauf von einem Vertragshändler ist allerdings die Übernahme einer Beschaffenheitsgarantie durch den Verkäufer üblich.

521 BGHZ 190, 272 Rz 13; Staud/Matusche-Beckmann Rz 63; BeckOGK/Stöber Rz 47.

522 BGHZ 190, 272 Rz 13 (zur Sachmängelhaftung).

523 Vgl BGHZ 51, 141, 147; BGHZ 190, 272 Rz 13.

524 BGHZ 190, 272 Rz 13.

525 BGHZ 190, 272 Rz 13; BGH NJW-RR 2017, 468 Rz 16; BGH ZIP 2018, 2173 Rz 7 (für Rechtsmangel in Gestalt einer Sozialbindung der mit öffentlichen Mitteln geförderten Wohnung); MünchKomm/Westermann Rz 12; Staud/Matusche-Beckmann Rz 63; BeckOGK/Stöber Rz 47.

526 BGH ZIP 2018, 2173 Rz 7.

527 BGHZ 190, 272 Rz 13.

528 BGHZ 190, 272 Rz 13 (zur Sachmängelhaftung).

529 BGHZ 190, 272 Rz 13.

530 BGHZ 190, 272 Rz 13.

531 Vgl vorstehend Rz 143.

532 BGHZ 190, 272 Rz 19; Staud/Matusche-Beckmann Rz 63; Ch Weber NJW 2011, 3642.

533 BGHZ 190, 272 Rz 19; Staud/Matusche-Beckmann Rz 63; Ch Weber NJW 2011, 3642; vgl dazu auch oben Rz 99.

534 Vgl dazu oben Rz 104.

den Verkäufer eine **sekundäre Darlegungslast** auch für diejenigen Umstände, aufgrund derer er trotz **Unterlassung einer Aufklärung** über den Mangel davon ausgegangen sein will, der Käufer hätte Kenntnis vom Mangel gehabt und/oder den Kaufvertrag ohnehin mit dem vereinbarten Inhalt geschlossen[535].

VIII. Darlegungs- und Beweislast bezüglich Arglist

146 1. **Grundsatz – Primäre Beweisbelastung des Käufers.** Während das Bestehen eines kaufvertraglichen Gewährleistungsausschlusses ein für den Verkäufer günstiger Tatbestand ist und daher von ihm bewiesen werden muss[536], trägt der Käufer die Darlegungs- und Beweislast für die **Unwirksamkeit der Freizeichnung** wegen Arglist iSd § 444 Alt 1, und zwar für das Vorliegen sämtlicher Voraussetzungen des Arglisttatbestands[537]. Die Rechtfertigung dafür liegt darin, dass die Arglist des Verkäufers ein für den Käufer günstiger Tatbestand ist. Der Käufer muss nach Annahme der vom Verkäufer gelieferten Sache als Erfüllung zunächst gem § 363 das **Vorhandensein eines Mangels** iSd § 434 oder iSd § 435 beweisen. Die Arglist des Verkäufers setzt dann voraus, dass er gewusst oder für möglich gehalten hat, dass die Sache mangelhaft ist und deswegen vor Abschluss des Kaufvertrags eine Aufklärungspflicht bestand. Dies muss vom Käufer dargelegt und bewiesen werden. Zudem trägt der Käufer die Darlegungs- und Beweislast für das Unterlassen der Aufklärung und seine eigene Mangelunkenntnis. Schließlich muss der Käufer nachweisen, dass dem Verkäufer die Erheblichkeit des Unterbleibens der Aufklärung über den Mangel für die Kaufentscheidung des Käufers bewusst war oder er dies zumindest für möglich gehalten hat.

147 2. **Ausschluss von Beweislastumkehr und sekundäre Darlegungslast des Verkäufers – Grundlagen.** Der Nachweis einer inneren Tatsache aufseiten des Verkäufers ist für den Käufer zwar mit Schwierigkeiten verbunden, dies führt aber nicht prinzipiell zu einer **Beweislastumkehr oder sonstigen Beweiserleichterungen**[538]. Dass das vorsätzliche und damit arglistige Unterlassen der Aufklärung eine **sog „negative Tatsache“** darstellt, also eine nicht vorhandene Tatsache, ändert nichts an der Beweislast des Käufers[539]. Es greifen aber unter bestimmten Voraussetzungen Erleichterungen nach Maßgabe der Grundsätze über die **sekundäre Darlegungslast** ein[540]. Die Rechtfertigung der sekundären Darlegungslast des Verkäufers als eigentlich nicht beweisbelastete Prozesspartei liegt dann darin, dass es sich um eine zumindest bedingt vorsätzliche Unterlassung des Verkäufers handelt, zu der vom Käufer im Prozess idR nicht mehr als das bloße **Nichterfolgen einer Aufklärung** vorgetragen werden kann. Der Verkäufer ist demgegenüber aber in zumutbarer Weise in der Lage, eine erfolgte **Aufklärung des Käufers** über den Mangel darzulegen. Das Gleiche gilt in Bezug auf die Frage, ob der Verkäufer einen Mangel, eine fehlende Mangelkenntnis und die Erheblichkeit der unterlassenen Aufklärung für die Kaufentscheidung des Käufers zumindest für möglich gehalten hat.

148 3. **Sekundäre Darlegungslast bezüglich Mangelkenntnis des Verkäufers.** In Bezug auf die Frage der Mangelkenntnis trifft den Verkäufer insbes dann eine sekundäre Darlegungslast, wenn aufgrund von **Mangelspuren** oder sonstigen Indizien bei objektiver Betrachtung vor Abschluss des Kaufvertrags ein **Mangelverdacht** bestand und dem Verkäufer diese Umstände nachweislich bekannt waren, er aber gleichwohl vom Nichtvorliegen eines Mangels ausgegangen sein will. In dem vom BGH im Jahre 2017 entschiedenen einschlägigen Fall[541] waren Gewerbepark-Grundstücke verkauft worden und der **Sachmangel** bestand in einem **Altlastenverdacht**[542]. Der Verkäufer machte geltend, den Schluss auf einen möglichen Altlastenverdacht deshalb nicht gezogen zu haben, weil er bei Vertragsschluss angenommen habe, der Altlastenverdacht sei ausgeräumt gewesen[543]. Eine derartige Einlassung muss der Verkäufer im Rahmen einer sekundären Darlegungslast **anhand objektiver Umstände plausibel machen**[544]. Dem Käufer obliegt zwar grundsätzlich die Darlegungs- und Beweislast sowohl für den objektiven als auch

535 BGH NJW 2011, 1280 Rz 14 f; BGHZ 190, 272 Rz 19; vgl zu den Einzelheiten unten Rz 151.
536 Vgl oben Rz 9.
537 BGHZ 188, 43 Rz 12; BGHZ 190, 272 Rz 17 ff; BGH NZM 2023, 137 Rz 16 ff; BGH NJW 2013, 2182 Rz 21; BGH NJW 2018, 389 Rz 22; BGH WM 1970, 162, 164; BGH NJW-RR 1987, 1415; BGH NJW 2003, 754, 755; BGH NJW-RR 2003, 989, 990.
538 BGHZ 188, 43 Rz 15; BGH NJW 2013, 2182 Rz 21.
539 BGHZ 188, 43 Rz 12.
540 BGHZ 188, 43 Rz 12, 15; BGHZ 190, 272 Rz 18 f.
541 BGH NJW 2018, 389.
542 Der Verkäufer der 2003 veräußerten Grundstücke hatte diese im Jahr 1989 von einem Hoch- und Tiefbauunternehmen erworben. Dem Verkäufer war bekannt, dass auf den Grundstücken vom Vorbesitzer in den 1960er bis 1980er Jahren eine Asphaltmischanlage für den regionalen Straßenbau sowie ein Klärschlammrückhaltebecken betrieben worden war. Der damalige Inhaber sicherte dem jetzigen Verkäufer zu, dass ihm Bodenverunreinigungen nicht bekannt seien.
543 BGH NJW 2018, 389 Rz 22.
544 BGH NJW 2018, 389 Rz 22.

für den subjektiven Tatbestand der Arglist[545]. Es greift aber eine Beweiserleichterung in Form einer sekundären Darlegungslast des Verkäufers ein[546].

4. **Sekundäre Darlegungslast des Verkäufers bezüglich Offenbarung des Mangels.** Zu den vom Käufer darzulegenden und zu beweisenden Umständen gehört im Falle des arglistigen Verschweigens eines Mangels auch die **fehlende Offenbarung** durch den Verkäufer[547]. Im Rahmen einer sekundären Darlegungslast obliegt es dem Verkäufer aber, die **Erfüllung der Offenbarungspflicht** durch Angabe von Zeitpunkt, Ort und Inhalt der Aufklärung **zu spezifizieren**[548]. Der Käufer muss hier lediglich die vom Verkäufer in dieser Weise erfolgte Aufklärung ausräumen[549]. Die **sekundäre Darlegungslast** kann der Verkäufer allerdings nicht mit allgemein gehaltenen Aussagen erfüllen[550]. Besteht der Sachmangel bspw in einer **baurechtlichen Beschränkung** in Gestalt einer **Baulast**, so müssen Art, Inhalt und Tragweite dieser Beschränkung im Rahmen der Aufklärung in wesentlichen Zügen dargelegt werden[551]. Aufgrund der Wirkung der Baulast für die Zukunft wäre eine vom Verkäufer vorgenommene bloße Darlegung der bislang genehmigten Bauplanung nicht ausreichend[552]. 149

Trägt der Verkäufer vor, dass er den **Käufer auf den Sachmangel hingewiesen** habe, muss der Käufer zwar infolge der ihm grundsätzlich für die Arglist obliegenden Beweislast letztlich nachweisen, dass ein solcher Hinweis tatsächlich unterblieben ist[553]. Aufgrund einer bestehenden **sekundären Darlegungslast** ist der Verkäufer aber gehalten, nachvollziehbar zu erläutern, wann und in welcher Form er den Käufer über den Mangel informiert haben will[554]. Dieses Spezifizierungsgebot erstreckt sich insbes auf die Angabe von Zeitpunkt, Ort und Inhalt der Aufklärung[555]. 150

5. **Sekundäre Darlegungslast bezüglich anderweitiger Kenntniserlangung des Käufers und Annahme einer Nichterheblichkeit für die Kaufentscheidung.** Nimmt der Verkäufer bei **objektiver Betrachtung** entweder gar keine oder keine ausreichende Aufklärung über einen gegebenen Mangel vor, so trifft ihn auch in subjektiver Hinsicht die sekundäre Darlegungslast für diejenigen Umstände, aufgrund derer er trotz unterbliebener eigener Aufklärung davon ausgegangen sein will, der Käufer habe Mangelkenntnis gehabt[556]. Insoweit geht es insbes um den Fall, in dem der Verkäufer nicht die **Vornahme einer besonderen Aufklärung** des Käufers behauptet, sondern vielmehr geltend macht, diese sei von vornherein wegen vorliegender **Mangelkenntnis des Käufers** nicht erforderlich gewesen. Die darauf bezogenen Umstände muss der Verkäufer in räumlicher, zeitlicher und inhaltlicher Weise konkretisieren[557]. Denn die Voraussetzung des Arglisttatbestands, dass der Verkäufer die Unkenntnis des Käufers bezüglich des gegebenen Mangels zumindest für möglich gehalten haben muss, ist lediglich die für den **Arglisttatbestand erforderliche subjektive Seite** der objektiv unterlassenen Aufklärung[558]. Die sekundäre Darlegungslast greift in gleicher Weise ein, soweit der Verkäufer sich darauf beruft, er sei von der **Unerheblichkeit der Unterlassung** der Aufklärung für den **Kaufentschluss des Käufers** ausgegangen. 151

6. **Darlegungs- und Beweislast bezüglich arglistigen Vorspiegelns einer bestimmten Beschaffenheit.** Für die Darlegungs- und Beweislast bezüglich eines arglistigen Vorspiegelns einer bestimmten Beschaffenheit (Eigenschaft) – insbes in der Form von Angaben des Verkäufers „ins Blaue hinein"[559] – gelten die für das **arglistige Verschweigen** dargelegten Grundsätze[560] entsprechend. Der Käufer trägt damit grundsätzlich auch in Bezug auf diese Variante die Darlegungs- und Beweislast für den gesamten Arglisttatbestand. Er muss demnach darlegen und beweisen, dass der Verkäufer eine beschaffenheitsbezogene Erklärung abgegeben hat und die vorgespiegelte Beschaffenheit (Eigenschaft) des Kaufgegenstands in Wirklichkeit nicht vorhanden ist. Die für das Eingreifen **einer sekundären Darlegungslast** der eigentlich nicht beweisbelasteten Partei – hier also des Verkäufers – bestehenden Voraussetzungen[561] finden ebenfalls entsprechend Anwendung. Praktische Bedeutung hat dies vor allem in Bezug auf die – vom Käufer nur schwer einsehbare – subjektive Seite der Arglist. 152

545 Vgl oben Rz 146 ff; BGH NJW 2018, 389 Rz 22.
546 BGH NJW 2018, 389 Rz 22.
547 BGHZ 188, 43 Rz 12; BGHZ 190, 272 Rz 17 ff; BGH NZM 2023, 137 Rz 16 ff; BGH NJW 2018, 389 Rz 22; BGH NJW-RR 2003, 989, 990; Staud/Matusche-Beckmann Rz 90.
548 BGHZ 188, 43 Rz 12, 15; BGHZ 190, 272 Rz 18; BGH NJW 2018, 389 Rz 22.
549 BGHZ 188, 43 Rz 12, 15; BGHZ 190, 272 Rz 18; BGH NJW 2018, 389 Rz 22; BGH NJW 2001, 64.
550 BGHZ 190, 272 Rz 18.
551 BGHZ 190, 272 Rz 18.
552 BGHZ 190, 272 Rz 18.
553 BGH WM 1970, 162, 164.
554 Vgl vorstehend Rz 149.
555 BGHZ 188, 43 Rz 12, 15; BGH NJW 2018, 389 Rz 22.
556 BGHZ 188, 43 Rz 15; BGHZ 190, 272 Rz 19; BGH NJW 2018, 389 Rz 22.
557 BGHZ 188, 43 Rz 15; BGH NJW 2018, 389 Rz 22.
558 BGHZ 188, 43 Rz 15.
559 Vgl dazu oben Rz 129 ff.
560 Vgl Rz 146 ff.
561 Vgl dazu Rz 148 ff.

153 Ein die Arglist bestreitender Verkäufer muss demnach bei Vorliegen einer **objektiv falschen Erklärung** anhand objektiver Umstände plausibel machen, warum er davon ausgegangen sein will, dass der Inhalt seiner Beschaffenheitsangabe den Tatsachen entspricht. Der Käufer muss dann nur nachweisen, dass diese **Einlassung des Verkäufers** unzutreffend ist. Gelingt dem Käufer dieser Nachweis, so ist das prozessuale Gegenvorbringen des in Bezug auf den Arglisttatbestand eigentlich nicht beweisbelasteten Verkäufers unerheblich. Das Gleiche gilt, soweit der Verkäufer vorträgt, der Käufer habe das **tatsächliche Nichtvorliegen der angegebenen Beschaffenheit** erkannt. Wenn der Verkäufer geltend macht, er habe zwar die Unrichtigkeit seiner Beschaffenheitsangabe gekannt oder zumindest für möglich gehalten, sei aber davon ausgegangen, dass die Erklärung keinen Einfluss auf die Kaufentscheidung des Käufers habe, dann muss er im Rahmen der ihm obliegenden sekundären Darlegungslast anhand von objektiven Umständen plausibel machen, warum der Käufer den **Kaufvertrag mit dem konkret vereinbarten Inhalt** auch ohne das Vorspiegeln der in Wirklichkeit nicht gegebenen Beschaffenheit (Eigenschaft) abgeschlossen hätte.

IX. Arglistiges Verhalten Dritter – Zurechnung zu Lasten des Verkäufers

154 1. **Zurechnung nach § 166 – Grundlagen und direkte Anwendung des § 166 Abs 1.** Die Zurechnung einer auf einen Mangel der Kaufsache bezogenen Arglist eines Dritten zu Lasten des Verkäufers ist unproblematisch, sofern der Dritte entweder **rechtsgeschäftlicher oder organschaftlicher Vertreter** des Verkäufers bei Abschluss des konkreten Kaufvertrags ist. Die Zurechnungsnorm des § 166 Abs 1 ist dann unmittelbar anwendbar[562]. Ein Auftreten als **Vertreter ohne Vertretungsmacht** beim Vertragsschluss steht jedenfalls dann einer Zurechnung nicht entgegen, wenn der Verkäufer den **schwebend unwirksamen Kaufvertrag** genehmigt[563]. Bei Fehlen einer Abschlussvollmacht des vom Verkäufer im Zusammenhang mit dem Verkauf eingesetzten Dritten (Repräsentanten) ist **§ 166 Abs 1** aber unter bestimmten Voraussetzungen **entsprechend anwendbar**[564]. Es kommt daher für die mangelbezogene Kenntniszurechnung letztlich nicht darauf an, ob der Dritte eine Abschlussvollmacht besitzt, als Vertreter ohne Vertretungsmacht eine Willenserklärung abgibt oder von vornherein nur an der Verhandlungsführung und damit an der Vertragsanbahnung beteiligt ist. Von § 166 nicht erfasst wird aber die Problematik der mangelbezogenen Wissenszurechnung im Falle der **sog Wissensaufspaltung** bei Vornahme des Verkaufs durch eine juristische Person oder rechtsfähige Personengesellschaft[565]. Eine ebenfalls von § 166 nicht oder zumindest nicht in vollem Umfang abgedeckte zentrale Zurechnungsfrage zeigt sich, wenn der Kaufgegenstand von einer Verkäufermehrheit veräußert wird und die Arglist nur aufseiten einzelner Mitverkäufer, nicht aber bei allen Mitverkäufern gegeben ist[566].

155 2. **Analoge Anwendung des § 166 Abs 1 auf Wissensvertreter.** – a) **Einschaltung von Verhandlungsführern oder Verhandlungsgehilfen.** Eine **Wissenszurechnung** auf Grundlage des § 166 Abs 1 bei der Anwendung des Arglisttatbestands des § 444 Alt 1 setzt nicht zwingend eine **Vollmacht** oder eine sonstige Vertretungsmacht des Dritten, sondern nur eine Einschaltung als Verhandlungsführer oder Verhandlungsgehilfe bei den Vertragsverhandlungen oder der sonstigen Vertragsanbahnung voraus[567]. § 166 Abs 1 ist nämlich auf derartige Wissensvertreter mit der Folge einer **Arglistzurechnung** zu Lasten des Verkäufers entsprechend anwendbar[568]. Es genügt eine dem Verkäufer zurechenbare Beteiligung des Dritten an der Vertragsanbahnung. Die für die Zurechnung notwendige **Betrauung** des Dritten kann auch konkludent erfolgen, und zwar insbes durch wissentliches „Geschehenlassen", dh Duldung einer Verhandlungsführung. Unter bestimmten Voraussetzungen kann insoweit auch eine **bloße Anwesenheit des Dritten** bei den Vertragsverhandlungen genügen. Praktische Bedeutung hat insoweit insbes die Konstellation, in der ein **Ehegatte** verkaufende Vertragspartei ist, während der andere Ehegatte zwar weder Vertretungsmacht hat noch als Verhandlungsführer eingesetzt wird, aber gleichwohl in irgendeiner Weise an der Vertragsanbahnung beteiligt ist und dabei Kenntnis von einem Mangel der Kaufsache erlangt.

156 Eine derartige Beteiligung an der Vertragsanbahnung beruht nicht selten darauf, dass der formell nicht am Vertragsschluss beteiligte Ehegatte oder Partner in Bezug auf das konkrete Kaufgeschäft über eine **größere Sachkunde oder/und Erfahrung** verfügt. Anzutreffen ist eine

562 BGHZ 190, 272 Rz 19; BGH NJW-RR 1989, 350, 351.
563 RGZ 68, 374, 376 f; RGZ 76, 107, 109; BAG NJW 1961, 622; BGH NJW-RR 1989, 650, 651; BGH NJW 1992, 899; BGH NJW 2000, 2272.
564 Vgl zu den Einzelheiten nachfolgend Rz 155 ff.
565 Vgl dazu unten Rz 167 ff.
566 Vgl dazu unten Rz 174 ff.
567 BGH NJW 1992, 899, 900; BGH NJW-RR 2003, 989, 990; BGH NJW 1989, 650, 651.
568 BGH NJW 1992, 899, 900; BGH NJW-RR 2003, 989, 990; BGH NJW 1989, 650, 651.

solche Rollenverteilung vor allem beim Verkauf von Gebrauchtwagen und Grundstücken. Ist beim **Grundstücksverkauf** bspw der das Grundstück bislang verwaltende Ehemann der Verkäuferin – ohne Abschlussvollmacht und Auftrag zur Verhandlungsführung – schlicht anwesend und verschweigt er gegenüber dem Käufer einen ihm bekannten Mangel des Grundstücks, von dem die Verkäuferin keine Kenntnis hat, so ist das **arglistige Verhalten des Ehemanns** der Verkäuferin in entsprechender Anwendung des § 166 Abs 1 zuzurechnen[569]. Dies gilt auch dann, wenn der Ehemann in die Vertragsverhandlungen eingegriffen hat[570]. Die Rechtfertigung dafür liegt darin, dass der Ehemann das Grundstück mit dem Willen der Verkäuferin bislang verwaltete und damit in die Lage versetzt wurde, von etwaigen Mängeln oder sonstigen Unregelmäßigkeiten Kenntnis zu erlangen. Aufgrund dieser **Delegation der „Sachnähe"** und der Anwesenheit bei den Vertragsverhandlungen ist der Verkäuferin das arglistige Verschweigen durch den Ehemann wie eine eigene Arglist zuzurechnen.

Eine Wissenszurechnung in analoger Anwendung des § 166 Abs 1 zu Lasten des Verkäufers erfolgt auch in dem Fall, in dem im Vorfeld des Vertragsschlusses vom Verkäufer eine **fachkundige Person** mit der Prüfung des Kaufgegenstands beauftragt wird, um insbes den Käufer über den Zustand der Sache zu informieren. Wird bspw zu den Vertragsverhandlungen über einen **Pferdekauf** vom Verkäufer ein **Tierarzt** zugezogen, um den Käufer über den **Gesundheitszustand der Pferde** zu unterrichten, so haftet der Verkäufer analog § 166 Abs 1 für eine Arglist des beauftragten Tierarztes auch dann, wenn dieser nicht Verhandlungsbevollmächtigter im technischen Sinne war[571]. Gerechtfertigt ist diese Zurechnung hier deshalb, weil der Verkäufer die **Untersuchung veranlasst** hat, um den Käufer zum Kaufabschluss und damit zur Billigung des verlangten Kaufpreises zu bewegen. Hinzu kommt, dass der Verkäufer den Tierarzt ausgewählt und mit ihm den Untersuchungsumfang festgelegt hat. 157

Nicht genügend für eine Wissenszurechnung im Rahmen einer entsprechenden Anwendung des § 166 Abs 1 ist dagegen die Kenntniserlangung durch eine fachkundige Person, die lediglich im **Innenverhältnis für den Verkäufer beratend tätig** war[572]. Insoweit geht es insbes um den Fall, in dem beim Grundstückskauf der Verkäufer vor dem Verkauf von einem Experten nicht nur den Verkehrswert schätzen, sondern auch den **baulichen Zustand begutachten** oder/und einen konkreten Mangelverdacht klären lässt. Stellt der Gutachter dabei einen Mangel fest, über den er, was allerdings nur selten vorkommen dürfte, den Verkäufer nicht informiert, so ist in der Tat die Kenntnis des Gutachters nicht ohne weiteres dem Verkäufer in entsprechender Anwendung des § 166 Abs 1 zurechenbar[573]. Dies gilt zwar auch dann, wenn der Gutachter dem Verkäufer seine **Feststellungen schriftlich mitteilt** und dieser sie nicht zur Kenntnis nimmt[574]. Insoweit genügt aufseiten des Verkäufers für die Arglist zwar nicht ein **bewusstes Sichverschließen**[575]. In einer derartigen Konstellation kann aber ein **bedingter Vorsatz** des Verkäufers darin zu sehen sein, dass er wegen eines bekannten Mangelverdachts **mit einem positiven Mangelbefund rechnet** und die schriftliche Expertise des Gutachters bewusst nicht zur Kenntnis nimmt, um eine **sichere Mangelkenntnis**, also einen direkten Vorsatz, auszuschließen[576]. Eine Arglist des Verkäufers ist dann zu bejahen, aber eben nicht aufgrund unmittelbarer Wissenszurechnung in analoger Anwendung des § 166 Abs 1, sondern aufgrund eines **eigenen Eventualvorsatzes**. 158

b) **Die Zurechnung der Mangelkenntnis eines Vermittlers oder Untervermittlers.** 159
Unproblematisch ist die Zurechnung der Mangelkenntnis eines Vermittlers, sofern dieser eine **Abschlussvollmacht** hat. Denn in diesem Fall ist § 166 Abs 1 direkt anwendbar. Bei fehlender Vertretungsmacht ist diese Zurechnungsnorm nur unter der Voraussetzung entsprechend auf die Kenntnis eines **Vermittlers** anwendbar, dass er dem Käufer gegenüber mit Willen des Verkäufers als für diesen handelnd aufgetreten ist[577]. Dies gilt auch für einen vom Verkäufer beauftragten **Makler**, sofern dieser seine Tätigkeit nicht auf das für die Durchführung des Maklerauftrags Notwendige beschränkt, sondern als **Verhandlungsführer oder -gehilfe des Verkäufers** tätig

569 BGH WM 1990, 479 = JZ 1990, 340 mAnm Medicus.

570 BGH WM 1990, 479. Diese Entscheidung des BGH ist zwar auf Grundlage des alten Kaufrechts zur Anfechtung gem § 123 wegen arglistiger Täuschung des Käufers und zur Haftung des Verkäufers aus culpa in contrahendo ergangen. Die Frage der Arglistzurechnung wäre hier aber nicht anders zu entscheiden, wenn der Käufer Gewährleistungsansprüche geltend macht und sich auf eine Unwirksamkeit des kaufvertraglichen Gewährleistungsausschlusses nach § 444 Alt 1 wegen Arglist des Verkäufers beruft.

571 BGH WM 1988, 1240, 1244.

572 BGHZ 117, 104 ff; BGH NJW-RR 2003, 989, 990 (Beauftragung eines Bodengutachters vor dem Verkauf eines Hauses).

573 BGH NJW-RR 2003, 989, 990.

574 BGH NJW-RR 2003, 989, 990, vgl zu dieser Konstellation auch oben Rz 106.

575 BGH NJW-RR 2003, 989, 990; vgl zu den Einzelheiten oben Rz 105.

576 Vgl dazu Rz 106.

577 BGH NJW 1995, 2550; BGH NJW-RR 1997, 116; BGH NJW 2004, 2156, 2157.

wird[578]. Die Selbständigkeit eines Maklers steht der Wissenszurechnung nach § 166 Abs 1 in analoger Anwendung nicht entgegen[579]. Eine klassische Zurechnungsgrundlage ist hier das **Überlassen der Führung von Vertragsanbahnungsgesprächen**[580].

160 Setzt der vom Verkäufer eingesetzte Vermittler, also insbes ein Makler, einen Untervermittler (Untermakler) ein, der Kenntnis vom Mangel erlangt, so setzt die Wissenszurechnung zu Lasten des Verkäufers analog § 166 Abs 1 nicht voraus, dass dieser konkrete Untervermittler mit Billigung des Verkäufers bei der **Vertragsanbahnung** tätig geworden ist[581]. Entscheidend für die Wissenszurechnung im Falle der **Untervermittlung** ist vielmehr, ob der Verkäufer mit der Einschaltung eines Untermaklers rechnen muss[582]. Dies ist zu bejahen, sofern der Verkauf nicht von vornherein nur auf einem **lokalen Markt** an Erwerber mit eigener Nutzungsabsicht erfolgen soll[583].

161 c) **Arglistige Täuschungen des Vertreters „bei Gelegenheit“**. Für arglistige Täuschungen, die ein mit **Abschlussvollmacht** ausgestatteter Vertreter des Verkäufers nur „bei Gelegenheit“ des Abschlusses des Kaufvertrags begeht, haftet der Verkäufer grundsätzlich nicht[584]. Für eine darauf bezogene Zurechnung bietet auch **§ 166 Abs 1** keine Grundlage, weil es dort um Willensmängel, Kenntnis oder Kennenmüssen aufseiten des Vertreters, nicht aber um eine Täuschung des anderen Teils mit der Folge der Entstehung eines Willensmangels auf dessen Seite geht[585]. Entsprechendes gilt im Falle des Einsatzes als Verhandlungsführer ohne Abschlussvollmacht. Entscheidend für die Zurechnung in derartigen Konstellationen ist, ob die Täuschung nur „bei Gelegenheit“ oder vielmehr im Zusammenhang mit der vom Verkäufer gewollten Tätigkeit als Abschlussvertreter oder Verhandlungsführer erfolgt. Wenn der Repräsentant des Verkäufers **im Rahmen der Vertragsanbahnung einen Mangel wahrnimmt** und dann nicht offenbart, handelt es sich nicht um ein Verschweigen „bei Gelegenheit“, sondern um eine Kenntniserlangung, die typischerweise in einer derartigen Situation vorkommt und die daher dem Verkäufer zurechenbar ist. Mit einem derartigen Geschehensablauf muss der Verkäufer rechnen.

162 Anders ist die Lage, wenn der Repräsentant ohne jede Veranlassung durch den Verkäufer arglistig eine **Beschaffenheit (Eigenschaft) der Kaufsache vorspiegelt**, die in Wirklichkeit nicht vorhanden ist. Hier ist eine Zurechnung abzulehnen, sofern der Verkäufer nicht aufgrund der besonderen Umstände des Einzelfalls mit der Abgabe einer derartigen Erklärung durch den Repräsentanten rechnen musste. In Betracht kommt indessen eine eigene Haftung des gesetzlichen Vertreters als **„Sachwalter“** wegen **Inanspruchnahme besonderen persönlichen Vertrauens** aus culpa in contrahendo (§§ 280 Abs 1, 311 Abs 3, 241 Abs 2). Bei **formbedürftigen Kaufverträgen** ist zu beachten, dass ein Mangel iSd § 434 Abs 2 Satz 1 Nr 2 im Falle des Vorspiegelns einer bestimmten Beschaffenheit (Eigenschaft) grundsätzlich nur dann gegeben ist, wenn auch in Bezug auf die betreffende Erklärung des Verkäufers das Formerfordernis gewahrt ist.

163 Bei **genehmigungsbedürftigen Geschäften iSd § 1850** haftet der vertretene Verkäufer schon deshalb nicht für ein – außerhalb des beurkundeten Kaufvertrags erfolgtes – arglistiges Vorspiegeln einer Beschaffenheit (Eigenschaft) durch seinen **gesetzlichen Vertreter**, weil derartige Angaben durch die **Genehmigung des Familien- bzw des Betreuungsgerichts** nicht gedeckt sind und der gesetzliche Vertreter ohne diese Genehmigung den Vertretenen nicht verpflichten kann[586]. Der Käufer muss hier also – wie generell bei formbedürftigen Grundstückskaufverträgen – darauf bestehen, dass die Beschaffenheitsangaben in die Vertragsurkunde aufgenommen und dadurch auch von der Genehmigung erfasst werden.

164 d) **Bewusstes Ausnutzen des arglistigen Verhaltens eines unbeteiligten Dritten**. Der Verkäufer ist im Rahmen der Anwendung des § 444 Alt 1 nicht für das arglistige Verhalten eines Dritten verantwortlich, der weder als Abschlussvertreter oder Verhandlungsführer noch als fachkundige Person **aufseiten des Verkäufers** an der Vertragsanbahnung beteiligt war[587]. Dafür spricht auch der **Rechtsgedanke des § 123 Abs 2 Satz 1**, nach dem eine Willenserklärung im Falle der Täuschung des Erklärenden durch einen Dritten nur dann anfechtbar ist, wenn der

578 BGH NJW 1995, 2550; BGH NJW-RR 1997, 116; BGH NJW 2004, 2156, 2157; BGH NJW 2019, 2380 Rz 24.
579 BGH NJW-RR 1997, 116; BGH NJW 2004, 2156, 2157.
580 BGH NJW 2004, 2156, 2157.
581 BGH NJW 2004, 2156, 2157.
582 BGH NJW 2004, 2156, 2157.
583 BGH NJW 2004, 2156, 2157.
584 RGZ 61, 207, 210 ff (arglistige Täuschung über Erträge des verkauften Grundstücks).
585 RGZ 61, 207, 210 ff.
586 RGZ 132, 76, 78.
587 Vgl dazu BGHZ 96, 302, 312 f. Im Fall des BGH wurde zu Recht eine Haftung des Verkäufers für eine arglistige Täuschung des Käufers/Leasinggebers durch den Leasingnehmer über Eigenschaften des Kauf- und Leasinggegenstands verneint. Das arglistige Verhalten des Leasingnehmers hat hier nur Auswirkungen im Schuldverhältnis zwischen dem Leasingnehmer und dem Leasinggeber (Käufer).

Adressat der Willenserklärung die Täuschung kannte oder kennen musste. Anders ist die Rechtslage aber dann, wenn der Verkäufer sich das arglistige Verhalten eines an sich unbeteiligten Dritten **bewusst zunutze macht**[588]. Der Rechtfertigungsgrund für diese Zurechnung ist darin zu sehen, dass sich hier für den Verkäufer auf Grundlage des bestehenden vorvertraglichen Schuldverhältnisses eine Verpflichtung iSd § 241 Abs 2 zur Aufklärung des Käufers ergibt. Unterlässt der Verkäufer die Aufklärung, so ist das Ausnutzen des durch die Täuschung des Dritten entstandenen Irrtums des Käufers wie eine eigene arglistige Täuschung des Verkäufers zu behandeln.

3. **Zurechnung der Mangelkenntnis nach § 166 Abs 2.** Hat der Verkäufer selbst Kenntnis 165
vom Mangel des Kaufgegenstands, nicht aber der zum Zwecke des Vertragsschlusses eingesetzte Vertreter, so ist das Vorliegen einer Arglist iSd § 444 Alt 1 von der Anwendbarkeit der allgemeinen Zurechnungsnorm des § 166 Abs 2 abhängig. Eine dafür erforderliche **„bestimmte Weisung"** des Verkäufers an den Vertreter kann insbes darin liegen, dass der Verkäufer den Vertreter mit dem Verkauf beauftragt und dabei dem Vertreter den Mangel verschweigt. Denn der Begriff der Weisung iSd § 166 Abs 2 ist weit auszulegen; die **Veranlassung des Vertragsschlusses** durch den Vertreter reicht aus[589]. Der Verkäufer hat demzufolge nicht die Möglichkeit, dem Arglistvorwurf dadurch zu entgehen, dass er einen in Bezug auf den Mangel des Kaufgegenstands gutgläubigen Vertreter einschaltet.

4. **Zurechnung der Mangelkenntnis eines einzelnen Gesamtvertreters bei Gesamtver- 166
tretung.** Den Fall der Mangelkenntnis eines Gesamtvertreters regelt § 166 Abs 1 nicht ausdrücklich, da hier nur von der Person „des Vertreters" die Rede ist. Die Kenntnis eines einzelnen Vertreters bei Bestehen einer Gesamtvertretung ist kein Spezialproblem der kaufrechtlichen Gewährleistung, sondern vielmehr eine **allgemeine Frage des Vertretungsrechts**. Insoweit gilt das Prinzip, dass schon die Kenntnis eines Gesamtvertreters als Kenntnis des Vertretenen anzusehen ist[590]. Praktische Bedeutung hat diese Zurechnung insbes dann, wenn eine juristische Person oder eine rechtsfähige Personengesellschaft durch **mehrere gesetzliche Vertreter („Kollegialorgan")** gemeinsam vertreten werden muss. Der hier in Rede stehende Grundsatz der Zurechnung des Wissens eines Gesamtvertreters gilt entsprechend, wenn keine auf den Vertragsschluss bezogene Vertretungsmacht gegeben ist, sondern mehrere Repräsentanten **gemeinsam für den Verkäufer die Vertragsverhandlungen führen** und/oder ihn in sonstiger Weise bei der Vertragsanbahnung unterstützen.

5. **Wissenszurechnung bei sog Wissensaufspaltung aufseiten des Verkäufers.** – a) **Nicht- 167
anwendbarkeit der Zurechnungsnorm des § 166.** Nicht von der Zurechnungsnorm des § 166 erfasst wird der Fall, in dem ein Vertreter, insbes ein **organschaftlicher Vertreter** einer juristischen Person oder einer rechtsfähigen Personengesellschaft, oder ein sonstiger Repräsentant des Verkäufers ohne Zusammenhang mit dem Verkauf von einem **Mangel des Kaufgegenstands** Kenntnis erlangt hat, aber weder als Abschlussvertreter noch als Verhandlungsgehilfe am konkreten Kaufgeschäft beteiligt ist. Der Kaufvertrag wird in dieser Konstellation aufseiten des Verkäufers von einem Vertreter abgeschlossen, der den gegebenen Mangel der Kaufsache nicht kennt und daher insoweit gutgläubig ist. Nach § 166 Abs 1 wäre nur eine **Mangelkenntnis dieses Abschlussvertreters** dem Verkäufer zurechenbar. Auch eine entsprechende Anwendung des § 166 Abs 1 kommt nicht in Betracht, weil dafür der Kenntnis erlangende Repräsentant zumindest als Verhandlungsgehilfe am konkreten Verkaufsgeschäft beteiligt sein müsste. Es stellt sich hier vielmehr die Frage, ob die vor dem Verkauf erlangte Mangelkenntnis eines Repräsentanten dem Verkäufer in der Weise zurechenbar ist, dass trotz **Gutgläubigkeit des handelnden Abschlussvertreters** aufseiten des Verkäufers eine Arglist iSd § 444 Alt 1 zu bejahen ist. Dies hängt davon ab, inwieweit die anerkannten Grundsätze über die Kenntniszurechnung bei Wissensaufspaltung innerhalb von **privatrechtlichen Unternehmen und juristischen Personen des öffentlichen Rechts** Platz greifen[591].

b) **Zurechnungsvoraussetzungen bei Wissensaufspaltung innerhalb einer juristischen 168
Person oder rechtsfähigen Personengesellschaft – Grundsätze.** Repräsentanten des Verkäufers, die außerhalb des konkreten Kaufgeschäfts Kenntnis von einem Mangel der Kaufsache erlangen und weder an der Anbahnung noch am Abschluss des Kaufvertrags beteiligt sind (Wissensaufspaltung), werden als **Wissensvertreter** bezeichnet. Eine Wissenszurechnung zu Lasten des

588 RG JW 1912, 284 (zu § 123).

589 RGZ 161, 153, 161; BGHZ 38, 65, 68 (es genügt, dass „der Bevollmächtigte im Rahmen der Vollmacht zu einem bestimmten Rechtsakt schreitet, zu dessen Vornahme ihn der Machtgeber veranlassen wollte").

590 RGZ 53, 227, 230 f; BGHZ 20, 149, 153; BGHZ 62, 166, 173.

591 Vgl dazu nachfolgend Rz 168 ff.

Verkäufers ist in solchen Konstellationen zu bejahen, wenn aufseiten des Verkäufers Anlass für die **Speicherung des mangelbezogenen Wissens** und zudem eine interne **Verpflichtung zur Weitergabe** an die für den Verkauf innerhalb der Organisation des Verkäufers zuständige Stelle bestand[592]. Insoweit kommt es darauf an, ob es sich um auf eine Sache bezogene Umstände handelt, die zumindest so bedeutend sind, dass sie **typischerweise aktenmäßig festgehalten** werden[593]. Ein klassischer Zurechnungsfall ist in der Konstellation gegeben, in dem ein organschaftlicher Vertreter einer juristischen Person oder rechtsfähigen Personengesellschaft Kenntnis vom Mangel einer Sache, insbes eines Grundstücks, erlangt und dann wegen Tod, Abberufung, Abwahl oder regulärer **Beendigung des Organverhältnisses** an einem späteren Verkauf nicht als Vertreter beteiligt ist, sondern insoweit ein neu bestelltes Organ tätig wird („Wechsel der Amtsträger")[594]. Handelt es sich nicht um eine juristische Person oder um eine rechtsfähige Personengesellschaft, sondern um einen **Einzelunternehmer**, dessen Betriebsstruktur dem von einer Gesellschaft geführten Unternehmen entspricht, so sind die dargelegten Zurechnungsgrundsätze ebenfalls anwendbar.

169 c) **Wissenszurechnung bei Grundstücksverkauf und Gebrauchtwagenverkauf – Einzelfragen**. Die **Wahrnehmung von mangelbezogenen Umständen** in Bezug auf eine zum Vermögen einer juristischen Person oder rechtsfähigen Personengesellschaft gehörenden Sache begründet nicht immer aufseiten der wahrnehmenden **natürlichen Person** einen Anlass zur Speicherung des betreffenden Wissens und eine Verpflichtung zur Weitergabe an die im Falle eines späteren Verkaufs zuständige Stelle[595]. So muss sich bspw eine Gemeinde/Stadt beim **Verkauf eines Baugrundstücks** nicht das mangelbezogene Wissen des mit Grundstücksverkäufen nicht befassten Bauaufsichtsamts zurechnen lassen, wenn für die **fiskalischen Grundstücksgeschäfte** das Liegenschaftsamt zuständig ist und dort der Grundstücksmangel nicht bekannt war[596]. Die **Zurechnung** ist aber in einer derartigen Konstellation zu bejahen, wenn die zwischen den verschiedenen Ämtern/Abteilungen des Verkäufers angefallenen Vorgänge nicht nur einen bloßen Bezug zum späteren Verkaufsgegenstand, sondern vielmehr einen **Sachzusammenhang** aufweisen, der einen **internen Informationsaustausch** nahelegt[597].

170 Ein **Gebrauchtwagenhändler** ist zwar grundsätzlich nicht verpflichtet, hereingenommene Fahrzeuge näher auf **reparierte Vorschäden** (**Unfallwageneigenschaft**) zu untersuchen[598]. Wenn der Händler aber überobligationsmäßig oder aufgrund eines Verdachts eine derartige Prüfung vornimmt, dann müssen die damit betrauten Werkstattangestellten die dabei gewonnenen Erkenntnisse an den Händler oder das für ihn tätige **Verkaufspersonal** weitergeben[599]. Die Zurechnung zu Lasten des Verkäufers ist auch dann zu bejahen, wenn das verkaufte Fahrzeug zu einem früheren Zeitpunkt in der eigenen Werkstatt des Verkäufers repariert wurde[600]. Insoweit macht es keinen Unterschied, ob die Reparatur in der Niederlassung, in der später auch der Verkauf vorgenommen wurde, oder in einer **anderen Niederlassung des Verkäufers** erfolgte[601]. Es handelt sich nämlich hier um ein Wissen, das innerhalb des Unternehmens eines Fahrzeugverkäufers typischerweise aktenmäßig festgehalten wird. Es ist dann unerheblich, ob der Kaufvertrag vom Verkäufer selbst oder von einem Angestellten der Verkaufsabteilung in seinem Namen abgeschlossen wird. In gleicher Weise dem Fahrzeugverkäufer zurechenbar sind mangelbezogene Mitteilungen des Vorbesitzers an einen für die Hereinnahme eines Gebrauchtwagens zuständigen Angestellten, die von diesem nicht dokumentiert und an den mit dem konkreten Verkauf betrauten Angestellten weitergeleitet werden[602].

171 Eine Zurechnung zu Lasten des Fahrzeugverkäufers unter Heranziehung der Grundsätze über die Wissensaufspaltung innerhalb eines Unternehmens greift aber nicht ein, soweit es sich um

592 BGHZ 109, 327, 332; BGHZ 132, 30, 35 ff; BGHZ 135, 202, 205.
593 BGHZ 109, 327, 332; BGHZ 132, 30, 35 ff; BGHZ 135, 202, 205.
594 Vgl dazu BGHZ 109, 327. Im Fall des BGH ging es um den Verkauf eines Schlachthofgrundstücks mit gravierenden Baumängeln durch eine Gemeinde, die dabei von einem insoweit „gutgläubigen" Bürgermeister vertreten wurde. In Bezug auf die Frage der Arglist iSd § 463 Satz 2 aF wurde der Gemeinde aber das mangelbezogene Wissen eines früheren Bürgermeisters sowie des Stellvertreters des aktuellen Bürgermeisters zugerechnet.
595 BGHZ 117, 104, 106 ff.
596 BGHZ 117, 104, 106 ff. Im Fall des BGH verkaufte eine Stadt ein Hang-Baugrundstück unter Ausschluss der Gewährleistung. Ein Sachmangel war darin zu sehen, dass der Baugrund teilweise aus Knollenmergel bestand, der zusätzliche Baumaßnahmen erforderlich machte. Dass ein Sachbearbeiter des Baurechtsamtes (Bauaufsichtsamtes) mit Knollenmergel gerechnet hatte, war der Verkäuferin nicht zurechenbar. Dem für den Verkauf zuständigen Liegenschaftsamt war der Mangel nicht bekannt.
597 BGHZ 117, 104, 106 ff.
598 Vgl oben Rz 82.
599 Vgl Schleswig NJW-RR 2005, 1579, 1580 (Zurechnung des von einer anderen Niederlassung des Verkäufers durch Reparatur erlangten Wissens); LG München ZIP 1988, 924, 925 (Zurechnung des Wissens der eigenen Reparaturabteilung).
600 LG München ZIP 1988, 924, 925.
601 Schleswig NJW-RR 2005, 1579, 1580.
602 So iE auch Oldenburg MDR 1991, 249.

Fahrzeugdaten handelt, die in einer **zentralen Reparaturdatei („Reparaturhistorie") des Herstellers** gespeichert sind und von den einzelnen Vertragshändlern abgerufen werden können. Denn in Bezug auf derartige Daten des Herstellers besteht keine generelle Abrufverpflichtung des einzelnen Fahrzeughändlers beim Gebrauchtwagenverkauf, es sei denn, es bestehen aufseiten des Verkäufers konkrete Anhaltspunkte für einen **Vorschaden** eines hereingenommenen und jetzt zum Verkauf angebotenen Fahrzeugs[603].

6. **Frage der Kenntniszurechnung bei Verkauf durch Rechtsnachfolger (insbes Erben) oder eine Partei kraft Amtes.** Ist einer natürlichen Person als Eigentümer ein Mangel einer Sache bekannt, so geht im Falle ihres Todes zwar gem § 1922 Abs 1 **kraft Universalsukzession** das Eigentum auf den Erben als **Rechtsnachfolger** über. Weder § 1922 noch andere Normen des BGB enthalten aber eine Rechtsgrundlage für eine Zurechnung der **Bösgläubigkeit des Erblassers.** Verkäufer ist hier nur der Erbe, und für die Arglist iSd § 444 Alt 1 kommt es in zeitlicher Hinsicht grundsätzlich auf den Zeitpunkt des Vertragsschlusses an[604]. Wenn der Erblasser aber als Unternehmensträger nur deshalb in Bezug auf einen Mangel des Kaufgegenstands als bösgläubig anzusehen ist, weil ihm nach den Grundsätzen über die Wissenszurechnung bei **Wissensaufspaltung innerhalb der Organisation eines Unternehmens** mangelbezogene Umstände zugerechnet werden, dann ist der Erbe als Rechtsnachfolger auch Adressat dieser Zurechnung. Es geht aber hier nicht eine **Bösgläubigkeit des Erblassers** gem § 1922 Abs 1 auf den Erben über. Dieser ist vielmehr als neuer Inhaber des Unternehmens originärer Zurechnungsadressat der in einer Abteilung des Unternehmens vorliegenden Mangelkenntnis, sofern es sich um Umstände handelt, die **typischerweise aktenmäßig festgehalten** und intern an die für den Verkauf zuständige Stelle weitergegeben werden[605]. 172

Entsprechendes gilt, wenn ein **Testamentsvollstrecker** oder ein **Nachlassverwalter** als Partei kraft Amtes einen Gegenstand des Nachlassvermögens veräußert, der mit einem Mangel behaftet ist, den der Erblasser kannte. Auch in diesen Fällen ist daher die **Mangelkenntnis des Erblassers** nicht ohne weiteres dem Verkäufer zurechenbar. Handelt es sich allerdings um ein Wissen, das dem Erblasser nach den Grundsätzen über die Wissenszurechnung bei Wissensaufspaltung im Unternehmen zugerechnet wurde, so ist nunmehr der Testamentsvollstrecker bzw der Nachlassverwalter der Zurechnungsadressat. Eine solche Zurechnung wegen Wissensaufspaltung kann – unabhängig von einem Erbfall – auch zu Lasten eines **Insolvenzverwalters** erfolgen. Die Mangelkenntnis des Insolvenzschuldners (Vermögensinhabers) ist allerdings – wie in den anderen Fällen des Verkaufs durch eine Partei kraft Amtes – nicht unmittelbar, sondern nur bei Hinzutreten weiterer Umstände dem Insolvenzverwalter zurechenbar. Wird ein Grundstück vom **Testamentsvollstrecker als Partei kraft Amtes** veräußert, kommt es in Bezug auf die **Mangelkenntnis** auch dann auf seine Person an, wenn den Erben der Mangel bekannt ist[606]. Die für die Wissenszurechnung im Falle des Verkaufs durch eine Mehrheit von Verkäufern geltenden Grundsätze greifen hier nicht ein[607]. Denn der für den Nachlass handelnde Testamentsvollstrecker bildet **mit den Erben** keine Verkäufermehrheit[608]. Auch die Grundsätze über die **Organisation eines innerbetrieblichen Informationsaustausches** können hier keine Zurechnung begründen[609]. Das Gleiche gilt, wenn eine mit der **Grundstücksverwaltung** beauftragte rechtlich und organisatorisch selbstständige **Hausverwaltung**, die nicht in die Veräußerung des Hausgrundstücks einbezogen war, den Mangel kennt[610]. 173

X. Arglist eines einzelnen Mitverkäufers bei Bestehen einer Verkäufermehrheit

1. **Rechtslage nach § 476 aF.** Die Problematik der Rechtsfolgen der Arglist eines Mitverkäufers beim Verkauf einer Sache durch eine Verkäufermehrheit bestand schon nach altem Kaufrecht. Nach § 476 aF war ein kaufvertraglicher **Gewährleistungsausschluss insgesamt nichtig**, wenn aufseiten eines von mehreren Verkäufern eine Arglist vorlag[611], obwohl sich diese Rechtsfolge zumindest nicht unmittelbar aus dem Wortlaut der Norm ergab. Im Wege der Anwendung der allgemeinen Regelung des **§ 139** erfasste nämlich die **Nichtigkeit des Gewährleistungsausschlusses** im Verhältnis zum arglistigen Mitverkäufer im Zweifel auch die Rechtsbeziehung zu den anderen Mitverkäufern[612]. Über diese personelle Erstreckung hinaus war allerdings nach altem Kaufrecht § 139 nicht anwendbar, so dass die Wirksamkeit des Kaufvertrags im Übrigen nicht angetastet wurde[613]. Der Anspruch des Käufers auf **Schadensersatz wegen Nichterfül-** 174

603 Vgl zu den Einzelheiten oben Rz 82.
604 Vgl oben Rz 114.
605 Vgl zu den Einzelheiten oben 168.
606 BGH NJW-RR 2021, 1068 Rz 15.
607 BGH NJW-RR 2021, 1068 Rz 15.
608 BGH NJW-RR 2021, 1068 Rz 15.
609 BGH NJW-RR 2021, 1068 Rz 18.
610 BGH NJW-RR 2021, 1068 Rz 22.
611 Vgl dazu BGHZ 210, 23 Rz 10.
612 RG Recht 1908 Nr 2465; RG Recht 1915 Nr 1058; BGHZ 210, 23 Rz 10.
613 Vgl BGHZ 210, 23 Rz 10.

lung war allerdings nach altem Kaufrecht grundsätzlich nur gegenüber demjenigen Mitverkäufer begründet, der arglistig gehandelt hatte[614]. Das Gleiche galt zu Lasten eines Mitverkäufers, der zwar selbst nicht arglistig vorgegangen war, aber der den arglistigen Mitverkäufer mit dem Vertragsschluss oder/und den Verhandlungen beauftragt hatte[615]. Für eine derartige Zurechnung genügte auch **die passive Teilnahme an den Verhandlungen** des wortführenden arglistigen Mitverkäufers. In diesem Fall lag eine konkludente Duldung der Verhandlungsführung vor.

175 2. **Der Wortlaut des § 444 Alt 1.** Nach § 444 Alt 1 kann sich der Verkäufer im Falle eines arglistigen Verhaltens nicht auf einen Gewährleistungsausschluss „berufen". Der Wortlaut ist in Bezug auf die Frage, ob im Falle des Bestehens einer Verkäufermehrheit die Arglist eines Mitverkäufers den anderen Mitverkäufern zuzurechnen ist, nicht eindeutig[616]. Diese – insbes beim Grundstücksverkauf durch Ehegatten oder eine Erbengemeinschaft vorliegende – Konstellation wird von § 444 Alt 1 jedenfalls **nicht ausdrücklich geregelt**. Die Norm kann so verstanden werden, dass beim Verkauf der Sache durch eine Verkäufermehrheit in Bezug auf das Verschweigen eines Mangels ein **individuelles Fehlverhalten** vorliegen und daher die Arglist bei jedem einzelnen Mitverkäufer gegeben sein muss[617]. Da der Tatbestand des § 444 Alt 1 den Fall der Mehrheit von Verkäufern nicht besonders regelt, kann der Wortlaut und insbes die Formulierung „der Verkäufer" auch dahin gehend verstanden werden, dass bei Arglist eines Mitverkäufers der **gesamten „Verkäuferseite"** die Berufung auf den Gewährleistungsausschluss verwehrt ist[618]. Diese Sichtweise entspricht der Nichtigkeit des gesamten Gewährleistungsausschlusses nach § 476 aF[619].

176 3. **Verbesserung der Rechtsposition des Käufers durch SMG 2002.** Nur eine generelle Zurechnung der Arglist eines einzelnen Mitverkäufers zu Lasten aller Mitverkäufer vermeidet eine erhebliche Schlechterstellung des Käufers gegenüber der insoweit bis zum Inkrafttreten des SMG 2002 maßgeblichen Rechtslage[620]. Denn nach altem Kaufrecht konnte der Käufer gegenüber allen Mitverkäufern der Verkäufermehrheit gem §§ 462 aF, 459 aF die **Wandelung oder Minderung** geltend machen, sofern die Freizeichnung aufgrund der **Arglist eines einzelnen Mitverkäufers** nichtig war[621]. Von dieser, für den Käufer im Falle des Bestehens einer Verkäufermehrheit günstigen Rechtslage wiche das neue Kaufrecht zum Nachteil des Käufers ab, wenn er bei nachgewiesener Arglist eines Mitverkäufers für das Recht auf **Rücktritt oder Minderung** noch die Arglist aller anderen Mitverkäufer beweisen müsste[622]. Weder der Wortlaut noch die Materialien zu § 444 enthalten Anhaltspunkte dafür, dass der Gesetzgeber des SMG 2002 die **Rechtsposition des Käufers** insoweit erheblich verschlechtern wollte[623]. Das allgemeine Ziel der Schuldrechtsreform bestand vielmehr darin, die Mängelansprüche des Käufers durch Verschärfung der Verkäuferpflichten zu verbessern[624]. Im Ergebnis muss daher eine Mehrheit von Verkäufern im **Innenverhältnis** dafür Sorge tragen, dass die zum Zwecke der **Vermeidung einer Arglistverantwortung** gegenüber den Käufern bestehenden **Offenbarungspflichten** tatsächlich erfüllt werden, um die Wirksamkeit des vertraglichen Gewährleistungsausschlusses für die gesamte Verkäuferseite zu sichern.

177 4. **Unzureichende Reichweite der Zurechnungsnorm des § 166 und Eingreifen eines kaufrechtlichen Zurechnungsprinzips.** Im Wege einer direkten oder analogen Anwendung des § 166 kann die Problematik der Arglist eines einzelnen Mitverkäufers bei Bestehen einer Verkäufermehrheit nicht interessengerecht gelöst werden[625]. Denn eine **Wissenszurechnung zu Lasten aller Mitverkäufer** gem § 166 Abs 1 kann im Falle der Arglist eines Mitverkäufers nur unter der Voraussetzung erfolgen, dass dieser die anderen mit Vertretungsmacht bei Abschluss des Kaufvertrags vertritt oder mit ihrer ausdrücklichen oder konkludenten Zustimmung zumindest die Vertragsverhandlungen führt. Auch eine entsprechende Anwendung des § 166 Abs 1 scheidet aber – wie im Fall des BGH[626] – in der Situation aus, in der die **Vertragsverhandlungen** von einem in Bezug auf den tatsächlich vorliegenden Mangel **gutgläubigen Mitverkäufer** geführt werden und der arglistige Mitverkäufer daran in keiner Weise beteiligt ist, sondern beim anschließenden Vertragsschluss lediglich seine eigene **mangelbezogene Offenbarungspflicht verletzt**[627]. Hier fehlt in Bezug auf die anderen Mitverkäufer eine Zurechnungsgrundlage iSd

614 RGZ 99, 121 f; BGH WM 1976, 323.
615 RG WarnR 1912 Nr 198; BGH WM 1976, 323. In beiden Entscheidungen wurde eine Haftung der Verkäufermehrheit für die Erklärungen des verhandlungsführenden Mitverkäufers bejaht.
616 BGHZ 210, 23 Rz 18.
617 BGHZ 210, 23 Rz 18; MünchKomm/Westermann Rz 13; BeckOGK/Stöber Rz 48; BeckOK/Faust Rz 19.
618 BGHZ 210, 23 Rz 18.
619 Vgl dazu oben Rz 174; BGHZ 210, 23 Rz 18.
620 BGHZ 210, 23 Rz 19 ff.
621 Vgl BGHZ 210, 23 Rz 21.
622 BGHZ 210, 23 Rz 21.
623 BGHZ 210, 23 Rz 22.
624 Begr Gesetzentwurf, BT-Drucks 14/6040, S 226; BGHZ 210, 23 Rz 22.
625 BGHZ 210, 23 Rz 22.
626 BGHZ 210, 23.
627 BGHZ 210, 23 Rz 22.

§ 166. Eine solche unterschiedliche Behandlung der in Betracht kommenden Fallkonstellationen überzeugt aber nicht[628]. Denn zum einen beruht es häufig auf Zufall, welcher Mitverkäufer die Vertragsverhandlungen führt. Zum anderen kann der Ablauf der Vertragsanbahnung gerade zwecks **Vermeidung einer Arglisthaftung** so gelagert sein, dass der Mitverkäufer, dem der tatsächlich vorliegende Mangel der Kaufsache bekannt ist, bei den Vertragsverhandlungen nicht in Erscheinung tritt und bis zum **formellen Abschluss des Kaufvertrags** auch keine Erklärungen abgibt. Eine derartige Gestaltung ändert aber nichts daran, dass im Falle des Verkaufs einer Sache durch eine Verkäufermehrheit – ebenso wie beim Kauf durch eine Käufermehrheit[629] – das **Handeln eines Beteiligten** im Zusammenhang mit der Vertragsanbahnung zumindest mittelbar den anderen Beteiligten der betreffenden Mehrheit zugutekommt. Das ist auch allen Mitverkäufern bzw allen Mitkäufern bekannt. Gerade bei derartigen Mehrheiten bestehen **familienmäßige oder sonstige persönliche Verbindungen**, die dazu führen, dass einzelne Mitglieder auch ohne besondere Ermächtigung der anderen allein Vertragsverhandlungen führen oder sonstige Maßnahmen im Zusammenhang mit der Vertragsanbahnung vornehmen, ohne dass dies als eigenmächtiges Verhalten beanstandet wird.

In der Praxis häufig anzutreffen ist der Fall des Verkaufs eines Hausgrundstücks durch eine 178
Erbengemeinschaft, bei der ein Miterbe die Verhandlungen führt, weil er in geschäftlichen Angelegenheiten versiert ist und die anderen Beteiligten dies nicht anzweifeln. Die nicht an der Vertragsanbahnung beteiligten Mitverkäufer wissen aber auch, dass ein vorliegender Mangel der Kaufsache vom Verhandlungsführer bei der **Vorbereitung der Verkaufsgespräche** wahrgenommen werden oder einem anderen Mitverkäufer aufgrund einer früheren Nutzung/Verwaltung der Sache schon bekannt sein kann[630]. Die beim Verkauf durch eine Verkäufermehrheit insbes im Falle einer **arbeitsteiligen Vorgehensweise** bestehenden Vorteile, zu denen wegen näherer Sachkenntnis eines anderen Mitverkäufers auch eine verkäuferseitige Untersuchung des Verkaufsgegenstands gehören kann, rechtfertigen die Zurechnung einer Mangelkenntnis unabhängig vom Vorliegen der Zurechnungsvoraussetzungen des § 166 Abs 1 im konkreten Einzelfall. Insoweit ist vielmehr – wie bei Vorliegen einer Käufermehrheit – ein allgemeines kaufrechtliches Zurechnungsprinzip anzuerkennen.

5. **Kein Ausschluss der Zurechnung nach § 425**. Eine Mehrheit von Verkäufern bildet zwar 179
in Bezug auf die Verpflichtungen aus dem Kaufvertrag – in gleicher Weise wie eine Käufermehrheit – eine Gesamtschuld iSd § 421. Nach § 425 Abs 1 und Abs 2 gilt im Falle des Vorliegens einer Gesamtschuld der Grundsatz der Einzelwirkung. Gegen die generelle Zurechnung der Arglist eines Mitverkäufers zu Lasten aller auf Verkäuferseite Beteiligten kann dieses Prinzip der Einzelwirkung aber nicht angeführt werden[631]. Denn anders als nach § 463 Satz 2 aF ist die Arglist iSd § 444 Alt 1 keine unmittelbare Voraussetzung für einen Schadensersatzanspruch des Käufers aus §§ 437 Nr 3[632]. Der Anspruch auf Schadensersatz statt der Leistung setzt nunmehr nur die Verletzung einer Verpflichtung des Verkäufers aus § 433 Abs 1 Satz 1 zur Lieferung einer mangelfreien Sache voraus. Das nach §§ 280 Abs 1 Satz 2, 276 Abs 1 erforderliche Vertretenmüssen aufseiten des Schadensersatzschuldners ist dann auch bei Fahrlässigkeit des Verkäufers iSd § 276 Abs 1 gegeben[633]. Im Falle des Bestehens einer Verkäufermehrheit muss dieses Vertretenmüssen – nicht aber die nur für die Unwirksamkeit des Haftungsausschlusses nach § 444 Alt 1 relevante Arglist – nach der Gesamtschuldregelung des § 425 Abs 1 und Abs 2 bei jedem Mitverkäufer vorliegen[634].

XI. Beschränkung der Unwirksamkeitsfolge des § 444 Alt 1 auf verschwiegenen Mangel („soweit") – keine zivilrechtliche Strafsanktion

Nach § 444 Alt 1 kann der Verkäufer sich nicht auf den Gewährleistungsausschluss berufen, 180
„soweit er den Mangel arglistig verschwiegen [...] hat". Diese Formulierung ist so zu verstehen, dass die Unwirksamkeit der Freizeichnung auf den konkret verschwiegenen Mangel beschränkt ist und die **Freizeichnungswirkung im Übrigen**, also bezüglich weiterer Mängel der Kaufsa-

628 BGHZ 210, 23 Rz 22.
629 Vgl zur Zurechnung der Mangelkenntnis des Mitkäufers § 442 Rz 77 ff und der auf das Vorliegen eines Mangels bezogenen groben Fahrlässigkeit eines Mitkäufers § 442 Rz 136 ff.
630 Im Falle des Verkaufs eines Hausgrundstücks durch eine Erbengemeinschaft besteht eine klassische Situation darin, dass ein Miterbe das Anwesen bislang mitbewohnt hat und deshalb den Zustand gut kennt, während ein anderer Miterbe in geschäftlichen Angelegenheiten erfahren ist und die Verkaufsverhandlungen führt.
631 BGHZ 210, 23 Rz 16; aA MünchKomm/Westermann Rz 13; Thelen/Ungerer ZIP 2016, 1953.
632 BGHZ 210, 23 Rz 16.
633 BGHZ 210, 23 Rz 16.
634 BGHZ 210, 23 Rz 16.

che, bestehen bleibt[635]. Insoweit besteht kein Unterschied zwischen § 444 Alt 1 und der partiellen Vorgängerregelung des § 476 aF. Relevant wird die hier in Rede stehende Beschränkung in dem Fall, in dem die Kaufsache zwar mehrere Mängel hat, die Kenntnis bzw das arglistige Vorspiegeln des Verkäufers sich aber nur auf einen Mangel bezieht[636]. Das RG hat es in der Grundsatzentscheidung **RGZ 62, 122** zu Recht abgelehnt, § 476 aF als zivilrechtliche Strafbestimmung mit dem Inhalt einzuordnen, dass die Kenntnis eines Mangels zur Unwirksamkeit des Gewährleistungsausschlusses auch in Bezug auf alle etwaigen weiteren Mängel führt[637]. Der Wortlaut des § 476 aF sei aber insoweit nicht eindeutig, obwohl es dort im Hinblick auf das Verschweigen nicht „eines Mangels", sondern „der Mangel" heiße[638]. Die Beschränkung der Unwirksamkeit auf den konkret verschwiegenen Mangel folge aber aus dem Sinn der Norm[639]. Die Rechtslage habe schon nach **römischem Recht** bestanden. Denn gegenüber der **ädilizischen Gewährleistungsklage** des Käufers sei der Einwand des Verkäufers möglich gewesen, dass die Haftung für einen bestimmten Fehler vertraglich ausgeschlossen sei[640]. Mit einer Gegeneinrede konnte sich der Käufer dann aber noch auf ein **arglistiges Verschweigen dieses Mangels** durch den Verkäufer berufen[641].

181 Bis zur Ersetzung der in § 444 enthaltenen Formulierung „wenn" durch „soweit" im Rahmen des Gesetzes vom 2.12.2004[642] bestand zwar aufgrund der – nach wie vor vorhandenen – Formulierung „wenn er den Mangel arglistig verschwiegen [...] hat" – ebenso wie nach § 476 aF keine absolut eindeutige Wortfassung in Bezug auf die Frage der Beschränkung der Unwirksamkeitsfolge auf den konkret verschwiegenen Mangel. Die Auslegungsfrage war aber für den insoweit nicht anders lautenden § 476 aF durch **RGZ 62, 122** geklärt[643]. Durch „soweit" bringt aber nunmehr auch der Wortlaut eindeutig zum Ausdruck, dass § 444 Alt 1 **keine zivilrechtliche Strafbestimmung** darstellt, sondern das Verschweigen eines Mangels nur zur Unwirksamkeit der Freizeichnung hinsichtlich dieses konkreten Mangels führt. So kann beim **Verkauf eines Hausgrundstücks** ein arglistiges Verschweigen von **Mängeln der Abdichtung des Kellers und des Haussockels gegen Feuchtigkeit** nicht allein daraus abgeleitet werden, dass das Gebäude auf dem verkauften Grundstück teilweise unter **Verstoß gegen das Schwarzarbeitsbekämpfungsgesetz** errichtet worden ist[644]. Größere Bedeutung hat die in Rede stehende gesetzliche Klarstellung für die **Garantiealternative** (**§ 444 Alt 2**). Denn insoweit gab es zum einen keine Vorgängervorschrift im BGB mit Rspr zur Frage der Reichweite der Unwirksamkeit. Zum anderen bietet in den Fällen der Garantie das Tatbestandsmerkmal „den Mangel" keinen zuverlässigen Anhaltspunkt, da die Beschaffenheitsgarantie sich auf zusätzliche vorteilhafte Eigenschaften des Kaufgegenstands beziehen kann, deren Fehlen keine Abweichung von der **üblichen Beschaffenheit** und daher keinen Sachmangel nach § 434 Abs 3 Satz 1 Nr 2 darstellt[645].

D. Der Garantietatbestand des § 444 Alt 2

I. Die Ratio des § 444 Alt 2 – Auslegungsregel und Verbot widersprüchlichen Verhaltens

182 Die Garantiealternative des § 444 ist zum einen – ebenso wie die auf den Ausschluss von Schadensersatzansprüchen bezogene Regelung des AGBG § 11 Nr 11 aF – eine gesetzliche Ausprägung des sich schon aus § 242 ergebenden **Verbots des widersprüchlichen Verhaltens**[646].

635 RGZ 62, 122, 123 ff (zu § 476 aF); Staud/Matusche-Beckmann Rz 64; Erman/Grunewald Rz 15; MünchKomm/Westermann Rz 1; BeckOK/Faust Rz 17. Im Fall RGZ 62, 122 machte der Käufer eines Hausgrundstücks klageweise Schadensersatz wegen arglistigen Verschweigens (oder bewusst unwahrer Angaben über den tatsächlichen Zustand) eines Schwammschadens, von Feuchtigkeit, eines schlechten Bauzustands und des Fehlens einer eigenen Giebelmauer des Hauses geltend. Die Sachmängelgewährleistung war umfassend vertraglich ausgeschlossen. In Bezug auf den Schwammschaden hielt das Berufungsgericht die Kenntnis des Verkäufers für möglich und machte daher seine Verurteilung von der Leistung oder Nichtleistung des Eides darüber abhängig, dass er bei Abschluss des Kaufvertrags den Schwammbefall nicht kannte. Im Revisionsverfahren ging es um die Auswirkungen einer Schwammkenntnis des Verkäufers auf die Gewährleistungshaftung wegen anderer behaupteter Mängel. Das RG nahm an, dass die Unwirksamkeit des Gewährleistungsausschlusses sich gem § 476 aF im Falle der Schwammkenntnis auf diesen konkreten Mangel beschränke.

636 Vgl Staud/Matusche-Beckmann Rz 64.

637 RGZ 62, 122, 125.

638 RGZ 62, 122, 123. Die exakte Gesetzesformulierung lautete zwar „den Mangel arglistig verschweigt". Es handelte sich aber nicht um einen unbestimmten Artikel.

639 RGZ 62, 122, 123 ff.

640 RGZ 62, 122, 124 f.

641 RGZ 62, 122, 124 f.

642 BGBl 2004 I, S 3102.

643 Vgl dazu vorstehend Rz 180.

644 BGH NJW 2021, 3397 Rz 10 f.

645 Vgl zu den Einzelheiten der Beschaffenheitsgarantie unten Rz 185 ff.

646 Erman/Grunewald Rz 14; MünchKomm/Westermann Rz 15; BeckOGK/Stöber Rz 9; Jauernig/Berger Rz 13; M Wolf/Kaiser DB 2002, 411, 419; Bundesministerium der Justiz, Stellungnahme zu § 444, ZGS 2003, 307, 309.

Zum anderen handelt es sich um eine gesetzliche Auslegungsregel in dem Sinne, dass sich ein kaufvertraglicher Gewährleistungsausschluss regelmäßig nicht auf eine im selben Vertrag enthaltene Beschaffenheitsgarantie (Eigenschaftszusicherung iSd § 459 Abs 2 aF, § 463 Satz 1 aF) erstreckt[647]. In der Praxis ergibt sich in den **meisten Fällen des Zusammentreffens von Garantie und Gewährleistungsausschluss** in ein und demselben Kaufvertrag, dass die Erstreckung der Freizeichnung auf die Reichweite der Garantie von den Vertragsparteien nicht gewollt ist. Das Verbot des widersprüchlichen Verhaltens erlangt hier zwar keine unmittelbare Bedeutung. Dieses Verbot spielt aber gleichwohl bei der Vertragsauslegung deshalb eine Rolle, weil davon auszugehen ist, dass die Kaufvertragsparteien keine Vereinbarungen anstreben, die wegen widersprüchlichen Verhaltens jedenfalls mit § 242 nicht zu vereinbaren sind. Wenn der Gewährleistungsausschluss sich aber ausdrücklich oder in sonstiger Weise eindeutig auf die **von der Garantieerklärung erfasste Beschaffenheit** erstreckt und daher ein Vorrang der Garantie nicht im Wege der Vertragsauslegung gewonnen werden kann, dann handelt es sich um ein von § 444 Alt 2 mit der Unwirksamkeitsfolge sanktioniertes widersprüchliches Verhalten[648].

Kein widersprüchliches Verhalten des Verkäufers liegt dagegen vor, wenn der Gewährleistungsausschluss sich zwar auf die garantierte Beschaffenheit bezieht, die gesetzliche Gewährleistung aber nicht komplett ausgeschlossen, sondern nur der **Umfang der Gewährleistungsrechte** in einem noch zulässigen Maße **beschränkt** wird. In dieser Fallkonstellation ergibt sich im Wege der Auslegung die konkrete **inhaltliche Ausgestaltung der Garantie**, und zwar ohne Rückgriff auf das Verbot des widersprüchlichen Verhaltens[649]. Daraus kann aber nicht gefolgert werden, dass § 444 Alt 2 ausschließlich eine **Auslegungsregel** darstellt und keine Ausprägung des Verbots des widersprüchlichen Verhaltens ist[650]. Denn eine Auslegung des Kaufvertrags hilft im Falle des Zusammentreffens von Gewährleistungsausschluss und Beschaffenheitsgarantie dann nicht mehr weiter, wenn die Freizeichnung nicht den **Inhalt der Garantie mitbestimmt**, sondern vielmehr direkt und eindeutig auch die Gewährleistungsrechte des Käufers aus der übernommenen Garantie komplett ausschließen soll. Hier kommt die auf das Verbot des widersprüchlichen Verhaltens bezogene Ratio des § 444 Alt 2 zum Tragen, dh, der Ausschluss der Gewährleistung ist unwirksam, soweit die Reichweite der Garantie betroffen ist[651]. 183

Soweit in diesem – in der Praxis wohl seltenen – krassen Kollisionsfall das Zurücktreten der Freizeichnung mit der **Wertung des § 444 Alt 2** begründet wird[652], sind zwar inhaltlich keine Einwände zu erheben. Es ist hier aber in Wirklichkeit keine Heranziehung der Wertung dieser Norm erforderlich. Das Ergebnis folgt vielmehr schon aus einer **wortlautgetreuen Anwendung der Norm** einschließlich Rechtsfolge. In dieser Fallkonstellation zeigt sich eben, dass zur Ratio des § 444 Alt 2 auch das Verbot des widersprüchlichen Verhaltens gehört, obwohl die meisten Kollisionslagen sicherlich im Wege der Vertragsauslegung aufgelöst werden können. 184

II. Freiheit von Sach- und Rechtsmängeln als Bezugsgegenstand der Beschaffenheitsgarantie

Die Beschaffenheitsgarantie iSd § 444 Alt 2 kann sich – ebenso wie der Garantiebegriff der §§ 442 Abs 1 Satz 2 Alt 2[653], 445 Alt 2 – auch auf die **Freiheit des Kaufgegenstands** von Rechtsmängeln beziehen[654]. Dies folgt insbes aus der in der zentralen gewährleistungsrechtlichen Vorschrift des § 437 zum Ausdruck kommenden Gleichstellung von Sach- und Rechtsmängeln. 185

647 BGHZ 50, 200, 206; BGHZ 57, 292, 298; BGHZ 93, 338, 342 („eingeschränkte Auslegung" des formularmäßigen Gewährleistungsausschlusses in der Weise, dass er sich nicht auf die „Einstandspflicht für das Fehlen zugesicherter Eigenschaften bezieht"); BGH NJW 1983, 1424, 1425 (Gewährleistungsausschluss „versagt [...], soweit er mit dem Inhalt der Zusicherung nicht vereinbar ist"); BGH NJW 1991, 912, 913 („eine gegenüber dem Wortlaut der Freizeichnungsklausel einschränkende Auslegung"); BGH NJW 1992, 1384, 1385 („Ist die Bebaubarkeit zugesichert, könnte zudem, auch wenn der Gewährleistungsausschluß die Eigenschaft nach seinem Wortlaut erfaßte, eine Freizeichnung nicht gewollt oder nicht eingetreten sein"); BGHZ 93, 338, 342 f (Unvereinbarkeit einer im kaufmännischen Bestätigungsschreiben enthaltenen Freizeichnung mit § 242, soweit sie von einer beim mündlichen Vertragsschluss vom Verkäufer erteilten Zusicherung abweicht).

648 So zum alten Kaufrecht BGHZ 93, 338, 342 f (Fortbestand der Einstandspflicht des Verkäufers, falls die Auslegung ergibt, dass sich die Freizeichnungserklärung auch auf die zugesicherte Eigenschaft erstreckt).

649 Vgl Staud/Matusche-Beckmann Rz 82.

650 AA Staud/Matusche-Beckmann Rz 82; BeckOK/Faust Rz 23 (auf Auslegungsregel zu reduzieren).

651 So iE auch BeckOK/Faust Rz 23; vgl unten Rz 215.

652 So BeckOK/Faust Rz 23.

653 Vgl dazu § 442 Rz 152.

654 BGHZ 164, 196 Rz 30 („Beschaffenheitsgarantie für die Freiheit von Rechtsmängeln"); Begr Gesetzentwurf, BT-Drucks 14/6040, S 236 („Dabei ist auch die Erstreckung auf Rechtsmängel schon angesichts der generell angestrebten Gleichbehandlung von Rechts- und Sachmängeln gerechtfertigt"); Staud/Matusche-Beckmann Rz 5; MünchKomm/Westermann Rz 1; BeckOGK/Stöber Rz 62 und § 442 Rz 55 f; Erman/Grunewald § 435 Rz 1; BeckOK/Faust § 443 Rz 7.

Unter der Beschaffenheit iSd §§ 444 Alt 2, 442 Abs 1 Satz 2 Alt 2, 445 Alt 2 ist daher nicht nur die im Sachmangeltatbestand des § 434 geregelte Beschaffenheit der Kaufsache zu verstehen[655]. Der Beschaffenheitsbegriff des § 444 Alt 2 erfasst zudem die rechtlichen Verhältnisse der Kaufsache und damit diejenigen Umstände, die einen Rechtsmangel iSd § 435 begründen können[656]. Insoweit geht es allerdings nicht um eine entsprechende, sondern um eine **wortlautkonforme Anwendung** des § 444 Alt 2[657]. Die Rechtsmangeldefinition enthält zwar nicht die Formulierung „Beschaffenheit". Die Sache ist vielmehr gem § 435 Satz 1 frei von Rechtsmängeln, wenn Dritte in Bezug auf die Sache keine oder nur die im Kaufvertrag übernommenen Rechte gegen den Käufer geltend machen können. Einem Rechtsmangel steht gem § 435 Satz 2 ein im Grundbuch eingetragenes Recht gleich, das nicht besteht. Diese Auslegung des § 444 Alt 2 stimmt aber überein mit der Tatsache, dass auch Rechte und insbes Forderungen als Kaufgegenstand iSd § 453 Abs 1 eine Beschaffenheit haben, so dass eine Abweichung der kaufvertraglich geschuldeten Soll-Beschaffenheit von der Ist-Beschaffenheit möglich ist[658]. Der Verkäufer kann daher eine Beschaffenheitsgarantie des Inhalts übernehmen, dass entweder kein Recht eines Dritten an der Kaufsache besteht oder ein offengelegtes Recht nur den im Kaufvertrag festgelegten Umfang hat[659].

III. Beschaffenheitsgarantie bezüglich der besonderen Sachmangeltatbestände der § 434 Abs 3 und Abs 5

186 Nach § 434 Abs 4 Nr 1 ist ein Sachmangel auch dann gegeben, wenn die **vereinbarte Montage unsachgemäß durchgeführt** worden ist. Das Gleiche gilt gem § 434 Abs 3 Satz 1 Nr 4, sofern die **Montageanleitung mangelhaft** ist. Vom Begriff „Beschaffenheit" hat der Gesetzgeber hier bei der gesetzlichen Definition des Sachmangels nicht Gebrauch gemacht. Gleichwohl kann der Verkäufer eine Beschaffenheitsgarantie iSd § 444 Alt 2 dafür übernehmen, dass die Montage fehlerfrei durchgeführt wurde oder/und die Montageanleitung keinen Fehler aufweist[660]. Praktische Bedeutung hat eine montagebezogene Garantieübernahme insbes in dem Fall, in dem nicht der Verkäufer, sondern ein von ihm **beauftragtes Drittunternehmen** die Montage ausführt, das gegenüber dem Käufer nicht unmittelbar vertraglich haftet. Der auf den Gegenstand der Garantie bezogene Begriff der Beschaffenheit iSd §§ 444 Alt 2, 442 Abs 1 Satz 2 Alt 2, 445 Alt 2 ist daher auch in Bezug auf den Mangeltatbestand des § 434 Abs 4 in einem weiteren Sinne zu verstehen als der Beschaffenheitsbegriff des zentralen Sachmangeltatbestands des § 434 Abs 3. Übernimmt der Verkäufer eine **allgemeine Garantie für die Freiheit der Sache von Mängeln**, so ist diese Erklärung dahin gehend auszulegen, dass sie sich entweder auf eine kaufvertraglich geschuldete fehlerfreie Montage oder auf eine ordnungsgemäße Montageanleitung bezieht[661].

187 Nach § 434 Abs 5 steht der Fall der Lieferung einer **anderen Sache** (Aliud) einem Sachmangel gleich. Auch hier geht es nach dem Gesetzeswortlaut nicht um das Fehlen einer Beschaffenheit der konkret gelieferten Sache. Zudem wird hier – anders als im Falle des Tatbestands des § 434 Abs 3 – die Vertragsverletzung des Verkäufers nicht als Sachmangel qualifiziert. Es wird vielmehr nur die Gleichstellung in Bezug auf die **Rechtsfolgen** angeordnet. Gleichwohl kann der Verkäufer auch eine **Garantie** dafür übernehmen, dass **kein Aliud** geliefert wird, obwohl eine separate Garantie mit diesem Inhalt in der Praxis nur selten anzutreffen sein dürfte[662]. Wenn eine derartige Verkäufergarantie gegeben ist, dann ist aufgrund der auf die Rechtsfolgen bezogenen Gleichstellung auch die Anwendbarkeit der §§ 444 Alt 2, 442 Abs 1 Satz 2 Alt 2, 445 Alt 2 zu bejahen[663]. Der garantiebezogene Beschaffenheitsbegriff dieser Vorschriften ist daher auch insofern weiter als die Beschaffenheit der Sachmangeldefinition des § 434 Abs 2 und Abs 3.

188 Übernimmt der Verkäufer ohne nähere Differenzierung eine **allgemeine Garantie** bezüglich des Nichtvorliegens von Sach- und Rechtsmängeln oder nur von Sachmängeln, so stellt sich die Frage, ob davon auch die Lieferung eines Aliuds erfasst ist. Diese Leistungsstörungskonstellation des § 434 Abs 5 ist zwar nicht als Sachmangel zu qualifizieren und die vom Gesetzgeber angeordnete Gleichstellung bezieht sich nicht auf die **Sachmangeleigenschaft**, sondern nur auf die Rechtsfolgen. Gleichwohl umfasst die allgemeine Garantie für die Mangelfreiheit idR auch die Fälle des § 434 Abs 5[664]. Dies folgt bei Fehlen abweichender Gesichtspunkte aus der **Vertragsaus-**

655 Vgl § 442 Rz 152; BeckOGK/Stöber § 442 Rz 55 f.
656 Vgl zu den Einzelheiten Rz 192.
657 Vgl BeckOGK/Stöber § 442 Rz 56.
658 Vgl zu den Einzelheiten § 453 Rz 81 ff. Wird bspw eine Kaufpreisforderung in Höhe von 20.000 € verkauft, so fehlt die vertraglich vereinbarte Beschaffenheit, wenn die Forderung in Wirklichkeit wegen einer rechtmäßig erfolgten Minderung nur 10.000 € beträgt.
659 BeckOGK/Stöber § 442 Rz 56.
660 BeckOGK/Stöber § 442 Rz 63.
661 Vgl BeckOGK/Stöber § 442 Rz 63.
662 Vgl BeckOGK/Stöber § 442 Rz 64.
663 BeckOGK/Stöber § 442 Rz 64.
664 AA BeckOGK/Stöber § 442 Rz 64.

legung unter Berücksichtigung des **objektiven Empfängerhorizonts**. Wenn der Verkäufer eine umfassende Garantie für die Freiheit von Rechtsmängeln übernimmt, dann kann der Käufer erst recht erwarten *(argumentum e contrario)*, dass keine andere Sache geliefert wird. Denn dieser Leistungsstörungsfall stellt im Vergleich zum Sachmangel eher eine schwerwiegendere Vertragsverletzung dar.

IV. Unselbständige und selbständige Garantien

Die praktische Bedeutung der umstrittenen Frage, ob § 444 Alt 2 nicht nur die unselbständigen, sondern auch die selbständigen Garantien erfasst, ist zum einen gering. Zum anderen hängt die Beantwortung dieser Frage wesentlich davon ab, wie weit der Begriff der selbständigen Garantie reicht. Eine unselbständige Garantie liegt vor, wenn die aufgrund eines Mangels iSd §§ 434, 435 dem Käufer zustehenden Rechte verstärkt werden, also bspw der **Schadensersatzanspruch aus § 437 Nr 3** nicht von einem Verschulden nach § 276 Abs 1 im technischen Sinne (Vorsatz oder Fahrlässigkeit) abhängen soll[665]. Der Fall einer selbständigen Garantie ist insbes gegeben, wenn der Verkäufer die unbedingte Einstandspflicht für einen Zustand übernimmt, der über das Nichtvorliegen eines Mangels zum maßgeblichen Zeitpunkt des Gefahrübergangs hinausgeht und daher **außerhalb der gesetzlichen Mängelgewährleistung** liegende Umstände betrifft[666]. Insoweit geht es im Wesentlichen um zwei Konstellationen[667]: Die Einstandspflicht für eine bestimmte Beschaffenheit des Kaufgegenstands, die erst nach dem **Zeitpunkt des Gefahrübergangs** vorliegen soll, so dass schon aufgrund dieser zeitlichen Komponente der Garantie die gesetzliche Gewährleistung nach § 437 nicht Platz greift. Gewährleistungsrechte des Käufers aus § 437 bestehen hier also jedenfalls nicht unmittelbar. Die zweite Erscheinungsform der selbständigen Garantie ist gegeben, wenn die verschuldensunabhängige Einstandspflicht des Verkäufers zwar auf die Nichtexistenz eines Mangels zum Zeitpunkt des Gefahrübergangs bezogen ist, die konkreten Voraussetzungen und die **Rechtsfolgen der Haftung** aber abweichend von § 437 festgelegt sind[668]. 189

Während die unselbständige Garantie ohne weiteres in den Anwendungsbereich des § 444 Alt 2 fällt[669], kommt es bei der selbständigen Garantie darauf an, welche Variante vorliegt. Erfasst wird nur die zweite Variante, die sich auf das **Nichtbestehen eines Mangels** zum maßgeblichen Zeitpunkt des Gefahrübergangs bezieht und die Rechtsfolgen unter Abänderung des § 437 gestaltet[670]. § 444 Alt 2 erfasst dagegen – ebenso wie § 442 Abs 1 Satz 2 Alt 2 und § 445 Alt 2 – nicht die Erscheinungsform der selbständigen Verkäufergarantie, die nur **außerhalb der gesetzlichen Mängelgewährleistung** liegende Umstände betrifft, deren Nichtvorliegen bei Fehlen der Garantie grundsätzlich **keine Erfüllungsansprüche des Käufers** begründen würde[671]. Die Ablehnung der Anwendung des § 444 Alt 2 auf diese Erscheinungsform der selbständigen Garantie darf aber nicht so verstanden werden, dass dies im Vergleich zur von der Gegenauffassung vertretenen Anwendung der Norm zu einem anderen Ergebnis führe. Denn für die Entscheidung des Einzelfalls ist die in Rede stehende Frage deshalb ohne wesentliche Bedeutung, weil die auf die Beschaffenheitsgarantie bezogene zweite Alternative des § 444 keine kaufrechtliche Spezialregelung darstellt, sondern nur einen **allgemeinen Auslegungsgrundsatz** bestätigt und eine Ausprägung des Verbots des widersprüchlichen Verhaltens darstellt[672]. Für die nicht auf die Mangelfreiheit iSd §§ 434, 435 bezogenen selbständigen Garantien ergibt sich daher idR deshalb kein abweichendes Resultat[673]. 190

Dass § 444 Alt 2 unmittelbar nur die unselbständige und die auf das Nichtbestehen eines Mangels zum Zeitpunkt des Gefahrübergangs bezogene Variante der selbständigen Verkäufergarantie erfasst, folgt unmittelbar aus der **systematischen Auslegung** des Tatbestandsmerkmals 191

665 Vgl Düsseldorf ZGS 2004, 271, 274; Stuttgart NJW-RR 2011, 955, 956; BeckOGK/Stöber § 442 Rz 55.1.
666 RGZ 146, 120, 123 f; BGH NJW 1965, 148, 149; BGH NJW 1986, 1927; BGH NJW 1996, 2570; Stuttgart NJW-RR 2011, 955, 956; BeckOGK/Stöber § 442 Rz 55.3; Soergel[12]/U Huber § 459 aF Rz 203; vgl dazu auch § 443 Rz 16.
667 BeckOGK/Stöber § 442 Rz 55.3.
668 Vgl § 443 Rz 16.
669 BeckOGK/Stöber Rz 61; Stöber, Beschaffenheitsgarantien des Verkäufers, 2006, S 66, 254 ff; Eidenmüller ZGS 2002, 290, 296; U Huber AcP 202 (2002), 179, 239; Weitnauer NJW 2002, 2511, 2517; Wertenbruch, in: Dauner-Lieb/Konzen/K Schmidt, Das neue SchuldR in der Praxis, 2003, S 493, 511 f.
670 Für die generelle Nichtanwendbarkeit auf die selbständige Garantie BeckOGK/Stöber Rz 61 und § 442 Rz 56; Stöber, Beschaffenheitsgarantien des Verkäufers, 2006, S 254 ff.
671 So iE auch BeckOGK/Stöber Rz 61; Stöber, Beschaffenheitsgarantien des Verkäufers, 2006, S 66, 254 ff; Eidenmüller ZGS 2002, 290, 296; U Huber AcP 202 (2002), 179, 239; Weitnauer NJW 2002, 2511, 2517; aA Staud/Matusche-Beckmann Rz 83; Grüneberg/Weidenkaff Rz 12; MünchKomm/Westermann Rz 14; Faust ZGS 2002, 271, 272. In Betracht käme lediglich ein Anspruch aus culpa in contrahendo (§§ 280 Abs 1, § 311 Abs 2, 241 Abs 2).
672 Vgl oben Rz 182.
673 Vgl unten Rz 215.

„Rechte des Käufers wegen eines Mangels". Der auch in § 444 verwendete Begriff „Mangel" muss im Sinne der Definition des Sachmangels und des Rechtsmangels in § 434 bzw § 435 sowie in Übereinstimmung mit § 437 verstanden werden, der die Rechte des Käufers regelt, wenn die „Sache mangelhaft" ist. Die Formulierung „Rechte des Käufers" in § 444 kann sich daher nur auf die Rechte aus § 437 und damit auf die gesetzlichen Gewährleistungsrechte, nicht aber auf zusätzliche Rechte aus der Garantie beziehen[674].

V. Entsprechende Anwendung des § 444 auf „Beschaffenheitsgarantien" beim Rechtskauf iSd § 453 Abs 1

192 Gem § 453 Abs 1 finden die Vorschriften über den Kauf von Sachen auf den Kauf von Rechten und sonstigen Gegenständen entsprechende Anwendung. Diese Verweisung erfasst auch den **Sachmangeltatbestand des § 434** und den **Rechtsmangeltatbestand des § 435**[675]. Im Rahmen dieser Verweisung zum Zwecke der entsprechenden Anwendung ist davon auszugehen, dass auch **Rechte** und sonstige Gegenstände iSd § 453 Abs 1 eine Beschaffenheit haben und insoweit eine **Abweichung der Ist-Beschaffenheit von der Soll-Beschaffenheit** einen Mangel iSd § 434 des verkauften Rechts darstellt[676]. Klassisches Beispiel ist der Verkauf einer Forderung, die tatsächlich nicht oder nicht mehr in der vertraglich vereinbarten Höhe besteht. Folglich kann beim Verkauf eines Rechts oder eines sonstigen Gegenstands auch eine **Beschaffenheitsgarantie iSd § 444 Alt 2** übernommen werden[677].

VI. Übernahme der Beschaffenheitsgarantie – bindende Gewährübernahme

193 1. **Übereinstimmung mit der Eigenschaftszusicherung iSd § 459 Abs 2 aF.** Unter einer Garantie für die Beschaffenheit der Sache iSd § 444 Alt 2 ist – ebenso wie unter einer Garantie gem der allgemeinen Norm des § 276 Abs 1 Satz 1 – zumindest auch die **Eigenschaftszusicherung iSd § 459 Abs 2 aF, § 463 Satz 1 aF** zu verstehen[678]. In Bezug auf die Voraussetzungen der Garantieübernahme kann daher grundsätzlich an die Rechtslage bezüglich der Eigenschaftszusicherung nach altem Kaufrecht angeknüpft werden[679]. Erforderlich für die Bejahung einer Garantie ist demnach, dass der Verkäufer in vertragsmäßig bindender Weise die **Gewähr für das Vorhandensein der vereinbarten Beschaffenheit des Kaufgegenstands** übernimmt und dadurch seine Bereitschaft zu erkennen gibt, für sämtliche Folgen des Fehlens dieser Beschaffenheit einzustehen[680]. Der Begriff der Eigenschaftszusicherung iSd § 459 Abs 2 aF, § 463 Satz 1 aF bezog sich zwar nur auf die **Sachmängelhaftung**. Für die Frage der Übernahme einer Beschaffenheitsgarantie iSd § 444 Alt 2 durch den Verkäufer, die sich auf die Freiheit des Kaufgegenstands sowohl von Sachmängeln als auch von Rechtsmängeln beziehen kann, ist dies aber ohne Bedeutung[681]. Die Anknüpfung an den Zusicherungsbegriff des alten Kaufrechts kann daher auch erfolgen, soweit es um die **Haftung für Rechtsmängel** geht[682].

194 Ebenso wie bei der Eigenschaftszusicherung[683] nach § 459 Abs 2, § 463 Satz 1 aF umfasst die Einstandspflicht des Verkäufers im Falle der Übernahme einer Garantie auch die **Verpflichtung zum Schadensersatz statt der Leistung**, und zwar ohne Verschulden iSd § 276 Abs 1 Satz 1[684]. Dies gilt auch dann, wenn dem Käufer der Mangel aufgrund einer **groben Fahrlässigkeit** unbekannt geblieben ist (§ 442 Abs 1 Satz 2 Alt 2)[685]. Eine Kenntnis des Käufers schließt allerdings gem § 442 Abs 1 Satz 1 die Garantiehaftung des Verkäufers aus[686].

674 BeckOGK/Stöber Rz 60 („nur die gesetzlichen Gewährleistungsrechte"); Jauernig/Berger Rz 3 („ges Rechte des Käufers bei einem Mangel"); Stöber, Beschaffenheitsgarantien des Verkäufers, 2006, S 279 f; aA Lieb, Unternehmenskauf und Schuldrechtsmodernisierung, 2003, S 57, 64 ff; Larisch, Gewährleistungshaftung beim Unternehmens- und Beteiligungskauf, 2004, S 225.
675 Vgl § 453 Rz 7.
676 Vgl § 453 Rz 10 f.
677 Vgl nachfolgend Rz 193.
678 BGHZ 170, 86 Rz 20 (zumindest auch die Zusicherung einer Eigenschaft der Sache nach früherem Recht (§ 459 Abs 2 aF) gemeint); Begr Gesetzentwurf, BT-Drucks 14/6040, S 132, 240; Staud/Matusche-Beckmann Rz 81; MünchKomm/Westermann § 437 Rz 37 (zum großen Teil könne auf das Verständnis der Zusicherung iSd § 459 Abs 2 aF, § 463 aF zurückgegriffen werden); BeckOGK/Stöber § 442 Rz 80; Looschelders, in: Dauner-Lieb/Konzen/K Schmidt, Das neue SchuldR in der Praxis, 2003, S 395, 405 ff.
679 BGHZ 170, 86 Rz 20; Staud/Matusche-Beckmann Rz 81; BeckOGK/Stöber § 442 Rz 80.
680 BGHZ 170, 86 Rz 20; Staud/Matusche-Beckmann Rz 81; MünchKomm/Westermann § 437 Rz 37 (verschuldensunabhängige Einstandspflicht); BeckOGK/Stöber § 442 Rz 82; Erman/Grunewald § 437 Rz 27.
681 Vgl BeckOGK/Stöber § 442 Rz 84.
682 Vgl BeckOGK/Stöber § 442 Rz 84.
683 Vgl BGH WM 1998, 1590; BGH WM 1996, 1592.
684 BGHZ 170, 86 Rz 20 („wobei Schadensersatz selbst dann zu leisten ist, wenn den Verkäufer hinsichtlich des Fehlens der garantierten Beschaffenheit kein Verschulden trifft").
685 BGHZ 170, 86 Rz 20.
686 Vgl dazu § 442 Rz 43.

2. **Auslegungsgrundsätze bei Fehlen einer ausdrücklichen und eindeutigen Garantieerklärung – allgemeine Wirksamkeitsvoraussetzungen der Garantie.** Die verschuldensunabhängige Schadensersatzhaftung des Verkäufers als Folge der Beschaffenheitsgarantie ist schon zu berücksichtigen bei der Frage, ob der Verkäufer eine **weitgehende Einstandspflicht** in Gestalt der Garantie überhaupt übernehmen wollte. Eine Rolle spielt dies insbes in dem Fall, in dem keine ausdrückliche und eindeutige Garantieübernahme gegeben ist, sondern nur eine **konkludente (stillschweigende) Garantie** in Betracht kommt. Hier ist entscheidend, ob die Auslegung des Kaufvertrags unter Berücksichtigung der besonderen Umstände des Einzelfalls die Bejahung einer **konkludenten Garantieübernahme** rechtfertigt[687]. Aufgrund der weitreichenden Folgen der Beschaffenheitsgarantie ist insbes in Bezug auf die Annahme einer **stillschweigenden (konkludenten) Garantie** Zurückhaltung geboten[688]. Die Einordnung der Erklärung des Verkäufers als Garantie für die Beschaffenheit der Kaufsache ist letztlich eine Frage der **tatrichterlichen Vertragsauslegung**[689]. Die revisionsrechtliche Überprüfung ist beschränkt auf die Verletzung von Auslegungsregeln, Denkgesetzen, Erfahrungssätzen und Verfahrensvorschriften[690]. Insoweit kommt es vor allem darauf an, dass der Grundsatz einer **nach beiden Seiten hin interessengerechten Auslegung** des Kaufvertrags beachtet wird[691]. Selbstverständlich müssen die **allgemeinen Voraussetzungen der Willenserklärungen und des Vertragsschlusses** auch in Bezug auf die Beschaffenheitsgarantie erfüllt sein, und zwar insbes die für den konkreten Kaufvertrag **geltenden Formvorschriften**[692]. Praktische Bedeutung hat insoweit insbes die Beurkundungspflicht bei Grundstückskaufverträgen[693]. 195

VII. Abgrenzung zwischen Garantie und Beschaffenheitsvereinbarung iSd § 434 Abs 2 Satz 1 Nr 1 sowie sog Wissenserklärung

Die Beschaffenheitsgarantie iSd § 444 Alt 2 ist abzugrenzen von der Beschaffenheitsvereinbarung iSd § 434 Abs 2 Satz 1 Nr 1. Die Vereinbarung einer bestimmten Beschaffenheit kann zwar in der Weise auszulegen sein, dass auch eine Beschaffenheitsgarantie gegeben ist. Das ist aber nicht ohne weiteres der Fall, sondern setzt vielmehr darüber hinaus die Übernahme einer **unbedingten und verschuldensunabhängigen Einstandspflicht** voraus[694]. Eine Rolle spielt insoweit insbes die bei der konkreten Art des Kaufgeschäfts **typischerweise gegebene Interessenslage**[695]. Der Begriff „Garantie“ muss allerdings nicht wörtlich verwendet werden[696]. Die Wahl des Begriffs „Garantie“ stellt aber andererseits einen wichtigen und häufig auch den für das Auslegungsergebnis entscheidenden Anhaltspunkt dar[697]. Das Gleiche gilt, wenn in Anlehnung an den Wortlaut der §§ 459 Abs 2 aF, 463 Satz 1 aF die **Formulierung „Zusicherung“** verwendet wird[698]. 196

Die Garantieübernahme als **rechtsverbindliche Willenserklärung** ist – ebenso wie schon die Beschaffenheitsvereinbarung iSd § 434 Abs 2 Satz 1 Nr 2 – abzugrenzen von der sog Wissenserklärung des Verkäufers[699]. Auch insoweit finden die allgemeinen Grundsätze über die Auslegung von Willenserklärungen Anwendung[700]. Wenn der Verkäufer sich bei den Verhandlungen für eine auf den Kaufgegenstand bezogene Aussage ausdrücklich auf eine **bestimmte Quelle bezieht**, dann bringt er schon nach dem Wortlaut der Erklärung hinreichend deutlich zum Ausdruck, dass es sich dabei nicht um eigenes Wissen handelt[701]. Es liegt dann eine Wissenserklärung im Sinne einer Wissensmitteilung ohne einen rechtsgeschäftlich verbindlichen Charakter vor[702]. Ist die beschaffenheitsbezogene Erklärung des Verkäufers nicht als Willenserklärung, sondern nur als Wissenserklärung (Wissensmitteilung) einzuordnen, so ist regelmäßig noch nicht 197

687 BGHZ 170, 86 Rz 21; Stuttgart, BeckRS 2012, 11579; BeckOGK/Stöber § 442 Rz 90; BeckOK/Lorenz § 276 Rz 40.
688 BGHZ 170, 86 Rz 20; BGHZ 128, 111, 114; BGHZ 132, 55, 57 f; BGH NJW 1996, 836, 837.
689 BGHZ 170, 86 Rz 21; BGH WM 1989, 1894; BGHZ 128, 111, 114.
690 BGHZ 170, 86 Rz 21; BGHZ 135, 269, 273; BGHZ 131, 136, 138.
691 BGHZ 170, 86 Rz 21; BGHZ 152, 153, 156, BGHZ 131, 136,.
692 MünchKomm/Westermann § 437 Rz 37; BeckOGK/Stöber Rz 79; zu § 459 Abs 2 aF, § 463 Satz 1 aF RGZ 63, 110, 111; RGZ 132, 76, 78; BGH WM 1970, 819, 821; BGH WM 1989, 883.
693 Vgl zur Beurkundungspflicht des § 313 Satz 1 aF BGH WM 1989, 883.
694 Vgl BGHZ 170, 86 Rz 20; BeckOGK/Stöber § 442 Rz 85; BeckOK/Faust § 437 Rz 96.
695 BGHZ 170, 86 Rz 22.
696 Stuttgart BeckRS 2012, 11579 („Wort Garantie muss nicht verwandt werden“); MünchKomm/Westermann § 443 Rz 11 („Wortwahl ist sekundär“); BeckOGK/Stöber § 442 Rz 89; Erman/Grunewald § 437 Rz 28.
697 Hamm NJW-RR 2005, 1220, 1221 (für die Formulierung „wird unter Ausschluss der Sachmängelhaftung verkauft – soweit nicht nachfolgend eine Garantie übernommen wird“); BeckOGK/Stöber § 442 Rz 89.
698 Stuttgart BeckRS 2012, 11579 (für „Zusichern“ einer bestimmten Beschaffenheit); MünchKomm/Westermann § 437 Rz 38; BeckOGK/Stöber Rz 89.
699 BGH NJW 2016, 3015 Rz 28 ff.
700 BGH NJW 2016, 3015 Rz 28; BGHZ 179, 319 Rz 11, 22; BGHZ 200, 362 Rz 24 f.
701 BGHZ 135, 393, 398; BGH NJW 2016, 3015 Rz 33; BGH NJW 2008, 1517.
702 BGH NJW 2016, 3015 Rz 33.

einmal eine Beschaffenheitsvereinbarung iSd § 434 Abs 2 Satz 1 Nr 2 und daher – bei Fehlen sonstiger für die **Übernahme einer unbedingten Einstandspflicht** sprechender Gesichtspunkte – erst recht keine Beschaffenheitsgarantie iSd § 444 Alt 2 gegeben. Der Verkäufer hat dann nicht für das Fehlen der betreffenden Beschaffenheit, sondern nur für die **richtige Übermittlung der Erklärung** des Vorbesitzers einzustehen[703].

198 Sehr verbreitet ist die Wissenserklärung beim gewerblichen Gebrauchtwagenhandel, und zwar insbes in Gestalt der Zusätze **„laut Vorbesitzer“**, **„laut Tacho“**, **„laut Fahrzeugbrief“** und **„soweit Verkäufer bekannt“**[704]. Das Interesse des Verkäufers an der Einordnung bestimmter Erklärungen als bloße Wissensmitteilung beruht vor allem darauf, dass er bei Vorliegen eines **Verbrauchsgüterkaufs** die Gewährleistung jedenfalls nicht komplett ausschließen kann. Mit Hilfe einer reinen Wissenserklärung kann der Verkäufer erreichen, dass **keine Beschaffenheitsvereinbarung** iSd § 434 Abs 2 Satz 1 Nr 2 und damit schon **kein Sachmangel** vorliegt, sofern nicht eine Abweichung von der **üblichen Beschaffenheit** iSd § 434 Abs 3 Satz 1 Nr 2 gegeben ist oder der Mangeltatbestand des § 434 Abs 2 Satz 1 Nr 2 (Fehlen der Eignung für die nach dem Kaufvertrag vorausgesetzten Verwendung) eingreift[705].

VIII. Einzelfragen der Beschaffenheitsgarantie beim Gebrauchtwagenkauf

199 1. **Unterscheidung zwischen gewerblichen Händlern und Privatverkäufern beim Gebrauchtwagenkauf – Grundlagen**. Auf Grundlage des alten Kaufrechts bestand in der Rspr die Tendenz, **beschaffenheitsbezogene Fahrzeugangaben** des gewerblichen Händlers als konkludente Zusicherung einer Eigenschaft nach § 459 Abs 2 aF, § 463 Satz 1 aF einzuordnen. Begründet wurde dies mit der **besonderen Vertrauensstellung des gewerblichen Fahrzeughändlers** gegenüber einer Privatperson, also einem Verbraucher iSd § 13[706]. So wurde eine konkludente Zusicherung insbes bejaht bei den Angaben, die sich auf das Fehlen einer **Unfallwageneigenschaft**[707] und die **Laufleistung** (Übereinstimmung von angegebenem Kilometerstand und tatsächlicher Laufleistung)[708] bezogen sowie für **„TÜV neu“**[709] und **„werkstattgeprüft“**[710]. Bei der Frage, ob diese Rspr ohne weiteres auf die Rechtslage nach neuem Kaufrecht übertragen werden kann, muss allerdings berücksichtigt werden, dass die Annahme einer Zusicherung iSd § 459 Abs 2 aF, § 463 Satz 1 aF in einem unmittelbaren Zusammenhang mit der – auch im Falle des Verkaufs an eine Privatperson – **generellen Zulässigkeit eines Gewährleistungsausschlusses** beim Gebrauchtwagenkauf stand[711]. Die Freizeichnung konnte grundsätzlich auch im Rahmen der **Verwendung von AGB** erfolgen[712]. Eine Unwirksamkeit nach AGBG § 11 Nr 11 aF trat nur ein, wenn der Verkäufer ausdrücklich oder zumindest konkludent eine **Zusicherung** übernommen hatte[713]. Diese Rspr führte dazu, dass – zumindest beim Gebrauchtwagenverkauf durch einen Händler – **schlichte Beschaffenheitsvereinbarungen** im Sinne des jetzigen § 434 Abs 2 Satz 1 Nr 2 häufig als (konkludente) Zusicherungen einzustufen waren mit der Folge, dass insoweit die Freizeichnung von der Sachmängelhaftung leerlief.

200 2. **Privatverkauf eines Gebrauchtfahrzeugs**. Auf Grundlage des neuen Kaufrechts ist die zu § 459 Abs 2 aF, § 463 Satz 1 aF ergangene Rspr zur Frage des Vorliegens einer **konkludenten Zusicherung** jedenfalls dann **nicht anwendbar**, wenn es sich um einen **Verkauf durch eine Privatperson** handelt[714]. Schon die für die Rspr maßgebliche Erwägung, dass der Käufer sich auf die **besondere Erfahrung und Sachkunde des Händlers** verlasse und in dessen Erklärungen daher die Übernahme einer Garantie sehe, trifft auf den Privatverkauf regelmäßig nicht zu[715]. Bei einem solchen Kaufgeschäft steht vielmehr dem Interesse des Käufers an einer Gewährleistung im Mangelfall gleichrangig das Interesse des Verkäufers gegenüber, nicht für Umstände einstehen zu müssen, die er auf Grundlage seiner **laienhaften Kenntnis** nicht beurteilen kann[716]. Eine **konkludente Garantie** ist daher beim Privatverkauf insbes abzulehnen, wenn es um die Angabe des Tachometerstands geht. Der private Verkäufer garantiert mit der Angabe der Laufleistung regelmäßig nicht, dass die **tatsächliche Laufleistung** nicht wesentlich höher ist als

703 BGH NJW 2008, 1517 Rz 16.
704 Vgl dazu oben Rz 18.
705 Vgl Rz 18.
706 BGHZ 87, 302, 305 f; BGHZ 103, 275, 280; BGHZ 122, 256, 259; BGHZ 135, 393, 397 f; BeckOGK/Stöber § 442 Rz 95.
707 BGH NJW 1978, 261.
708 BGH NJW 1975, 1694, 1695.
709 BGHZ 103, 275, 280 ff.
710 BGHZ 87, 302, 305 ff.
711 Vgl BeckOGK/Stöber § 442 Rz 95.
712 BGHZ 74, 383, 386 ff; BGH NJW 1981, 928, 929; BGH NJW 1983, 217; Soergel[12]/U Huber § 459 aF Rz 306.
713 BGHZ 74, 383, 391 f; BGH NJW 1978, 2241; Soergel[12]/U Huber § 459 aF Rz 306; vgl dazu auch oben Rz 1.
714 BGHZ 170, 86 Rz 24 ff („lassen sich jedenfalls nicht auf den […] privaten Direktverkauf übertragen“); Saarbrücken BeckRS 2016, 14520 Rz 26 f.
715 BGHZ 170, 86 Rz 25.
716 BGHZ 170, 86 Rz 25.

die angegebene[717]. Denn der Käufer kann beim Kauf von einer Privatperson nicht ohne weiteres vom Vorhandensein einer aufseiten des Verkäufers bestehenden **Möglichkeit zur Überprüfung** der Übereinstimmung von Tachometerstand und tatsächlicher Laufleistung ausgehen[718]. Die **Angabe der Laufleistung** oder des Tachometerstands allein bietet daher beim Privatverkauf keine ausreichende Grundlage für eine Annahme des Käufers, der Verkäufer wolle für die Richtigkeit der Angabe unbedingt im Rahmen einer Garantie einstehen und damit gegebenenfalls auch verschuldensunabhängig auf **Schadensersatz** haften[719]. Der Verkäufer muss dagegen beim Privatverkauf insoweit nicht besonders zum Ausdruck bringen, dass er für die angegebene Laufleistung gerade keine Einstandspflicht übernehmen will[720].

Auch beim privaten Gebrauchtwagenverkauf kann der Verkäufer zwar grundsätzlich die 201
Laufleistung sowie andere Beschaffenheitsmerkmale garantieren, und zwar auch stillschweigend[721]. Dafür ist aber aus den dargelegten Gründen **regelmäßig eine ausdrückliche Erteilung** erforderlich[722]. Im Ausnahmefall kann aber auch beim Privatverkauf eines gebrauchten Fahrzeugs eine **konkludente Garantieübernahme** vorliegen, sofern über die bloße Angabe des Beschaffenheitsmerkmals durch den Verkäufer hinaus **besondere Umstände** gegeben sind, die aus Sicht des Käufers die Annahme rechtfertigen, der Verkäufer übernehme insoweit eine unbedingte Einstandspflicht[723]. In Bezug auf den in der Praxis bedeutsamen Fall der Angabe der Laufleistung ist dies bspw dann zu bejahen, wenn der Verkäufer im Rahmen des Verkaufsgesprächs auf **ausdrückliche Nachfrage des Käufers** erklärt, die tatsächliche Gesamtfahrleistung des Fahrzeugs stimme mit dem aktuellen Tachometerstand überein[724]. Das Gleiche gilt, wenn der Verkäufer sich als **Erstbesitzer des Fahrzeugs** bezeichnet, der das Fahrzeug vom „Tachostand null" an kennt[725]. Auch hier kann der Käufer idR auf die Richtigkeit der Angabe vertrauen und davon ausgehen, dass der Verkäufer insoweit eine unbedingte Einstandspflicht übernehmen will[726].

Eine **fehlende Besichtigungsmöglichkeit** des Käufers vor Abschluss des Kaufvertrags recht- 202
fertigt ohne Hinzutreten weiterer Umstände nicht die Annahme, der Verkäufer wolle für den von ihm **angegebenen Kilometerstand** oder eine sonstige Beschaffenheitsangabe des angebotenen Gebrauchtfahrzeugs eine Garantie übernehmen[727]. Beim Kauf eines Fahrzeugs im Rahmen einer **eBay-Auktion** oder eines sonstigen Internetgeschäfts ist der Käufer ohnehin regelmäßig nicht in der Lage, den Kaufgegenstand vor Abschluss des Kaufvertrags zum Zwecke der Prüfung zu besichtigen, und daher in höherem Maße auf die **Angebotsbeschreibung des Verkäufers** angewiesen als ein Käufer, dem diese Möglichkeit offensteht[728]. Im Übrigen kann eine Privatperson als Kaufinteressent auch bei einer Besichtigung und Probefahrt idR nicht selbst feststellen, ob die tatsächliche Laufleistung mit dem Tachometerstand übereinstimmt[729]. Das Gleiche gilt für das Erkennen einer **Unfallwageneigenschaft** bei fachgerechter Durchführung einer Instandsetzung. Hier wäre in den meisten Fällen die **Hinzuziehung eines Sachverständigen** erforderlich, die aber bei Fehlen von Verdachtsmomenten nicht verkehrsüblich ist. Die fehlende Möglichkeit bzw Fähigkeit zur Überprüfung der Verkäuferangaben bei **Fehlen einer ausdrücklichen Garantieerklärung** ist daher keine ausreichende Grundlage für die Annahme des Käufers, der Verkäufer wolle für unrichtige Beschaffenheitsangaben unter allen Umständen einstehen und gegebenenfalls auch verschuldensunabhängig auf Schadensersatz haften[730].

IX. Gebrauchtwagenverkauf durch gewerblichen Händler

In einer Entscheidung aus dem Jahre 2006 zur Angabe einer falschen Laufleistung beim Kauf 203
eines gebrauchten Motorrads von einer Privatperson hat der **BGH offengelassen**, ob im Falle des Kaufs von einem Händler die zum alten Kaufrecht ergangene Rspr zur Annahme einer konkludenten Zusicherung trotz der **Verbesserung der Rechtsstellung des privaten Gebrauchtwagenkäufers** durch das SMG 2002 uneingeschränkt Fortgeltung beanspruchen kann oder an das Vorliegen einer Beschaffenheitsgarantie im Gebrauchtwagenhandel nunmehr **strengere Anforderungen** zu stellen sind[731]. Die Veränderung der Rechtslage besteht darin,

717 BGHZ 170, 86 Rz 25. Das anderslautende obiter dictum in BGH NJW 1984, 1454 wird in BGHZ 170, 86 Rz 25 ausdrücklich aufgegeben.
718 BGHZ 170, 86 Rz 25.
719 BGHZ 170, 86 Rz 25; Reinking/Eggert, Der Autokauf, 2024[15], Kap 27 Rz 406.
720 BGHZ 170, 86 Rz 25; KG NJW-RR 2005, 60, 61.
721 BGHZ 170, 86 Rz 26.
722 BGHZ 170, 86 Rz 26 (für die Laufleistung des Fahrzeugs).
723 BGHZ 170, 86 Rz 26 (für die Laufleistung).
724 BGHZ 170, 86 Rz 26; Koblenz NJW 2004, 1670, 1671.
725 BGHZ 170, 86 Rz 26; Reinking/Eggert, Der Autokauf, 2024[15], Kap 27 Rz 407; ebenso zum alten Kaufrecht Köln NJW 1999, 2601, 2602.
726 BGHZ 170, 86 Rz 26.
727 BGHZ 170, 86 Rz 27.
728 BGHZ 170, 86 Rz 27.
729 BGHZ 170, 86 Rz 27.
730 BGHZ 170, 86 Rz 27.
731 BGHZ 170, 86 Rz 24.

dass beim Erwerb vom Händler regelmäßig ein **Verbrauchsgüterkauf** vorliegt mit der Folge, dass die Gewährleistung gem § 476 Abs 1 Satz 1 „vor Mitteilung eines Mangels" nicht wirksam ausgeschlossen werden kann, sondern nur die **Verkürzung der Verjährungsfrist** zulässig ist, und zwar auf ein Jahr (§ 476 Abs 2). Die Annahme einer konkludenten Garantie (Zusicherung) ist daher nicht mehr erforderlich, um einen zum Nachteil des Privatkäufers vereinbarten Gewährleistungsausschluss außer Kraft zu setzen. Auf Grundlage des neuen Kaufrechts ist daher davon auszugehen, dass für die Annahme einer konkludenten Beschaffenheitsgarantie des gewerblichen Gebrauchtfahrzeughändlers **strengere Voraussetzungen** Platz greifen[732].

204 Es muss präzise unterschieden werden zwischen einer **Beschaffenheitsvereinbarung iSd § 434 Abs 2 Satz 1 Nr 2** und einer Beschaffenheitsgarantie iSd §§ 444 Alt 2, 442 Abs 1 Satz 2 Alt 2, 445 Alt 2. Die regelmäßige Einordnung einer Beschaffenheitsvereinbarung beim gewerblichen Gebrauchtwagenverkauf als konkludente Garantie würde die gesetzlichen Grenzen zwischen diesen beiden rechtsgeschäftlichen Instituten des Gewährleistungsrechts verwischen. Eine Beschaffenheitsvereinbarung kann zwar selbstverständlich kraft Auslegung zusätzlich als Garantie auszulegen sein. Es müssen dafür aber zur **vertraglichen Festlegung der Soll-Beschaffenheit** weitere Umstände hinzutreten[733]. Regelmäßig zu bejahen ist dies, wenn der Verkäufer während der Vertragsanbahnung auf **ausdrückliche Nachfrage des Käufers** bezüglich eines bestimmten Beschaffenheitsmerkmals bestärkende Angaben macht[734]. Denn hier erkennt der Verkäufer, dass dem Käufer für seine Entscheidung die Beschaffenheitsfestlegung nicht genügt, sondern eine darüber hinausgehende **Verstärkung der Einstandspflicht als Abschlussvoraussetzung** verlangt wird. Macht der Verkäufer im Anschluss an eine solche Nachfrage bestätigende Angaben, so rechtfertigt die **nach beiden Seiten hin interessengerechte Auslegung** idR die Bejahung einer Garantieübernahme. Insoweit besteht kein Unterschied zwischen dem hier in Rede stehenden Kauf vom gewerblichen Händler und einem Privatverkauf. Das Gleiche gilt, wenn der Verkäufer von sich aus in Bezug auf ein Beschaffenheitsmerkmal **bestätigende Erklärungen** abgibt, die den Schluss zulassen, dass er sich dafür **„starkmachen"** will[735]. Auch hier besteht in Bezug auf das Vorliegen einer unbedingten Einstandspflicht kein Unterschied zwischen dem Verkauf durch einen gewerblichen Händler und einem reinen Privatverkauf[736].

205 Nach diesen Grundsätzen ist auch beim Kauf vom Gebrauchtwagenhändler in der Angabe der **Laufleistung (Tachostand)** nicht ohne weiteres eine konkludente Beschaffenheitsgarantie zu sehen[737]. Es handelt sich vielmehr bei **Fehlen hinzutretender Umstände** um den klassischen Fall einer Beschaffenheitsvereinbarung iSd § 434 Abs 2 Satz 1 Nr 2. Die Angabe der Laufleistung kann aber auch eine reine **Wissenserklärung** darstellen und damit noch nicht einmal eine derartige Beschaffenheitsvereinbarung begründen, sofern die Zusätze „laut Tacho", „laut Vorbesitzer" oder ähnliche beschränkende Formulierungen verwendet werden, mit denen der Verkäufer zum Ausdruck bringt, dass seine Angaben rechtsgeschäftlich unverbindlich sein sollen[738]. Entsprechendes gilt bei kaufvertraglicher Vereinbarung von **„TÜV neu"** oder einer gleichbedeutenden Formulierung, durch die auf eine erst kürzlich erfolgte gesetzliche Fahrzeug-Hauptuntersuchung (HU oder „TÜV") hingewiesen wird[739]. Hier ist zwar die Auslegung gerechtfertigt, dass der gesetzlich für die Erteilung der TÜV-Bescheinigung (Plakette) erforderliche **Fahrzeugzustand als Soll-Beschaffenheit** iSd § 434 Abs 2 Satz 1 Nr 1 gegeben ist. Ohne Hinzutreten weiterer Umstände ist aber jedenfalls nach Kaufrecht nicht die Annahme gerechtfertigt, der Verkäufer wolle für die Richtigkeit dieser Angabe in jeder Hinsicht unbedingt und daher auch ohne Verschulden einstehen.

206 Auch die Erklärung des gewerblichen Fahrzeughändlers, der angebotene Gebrauchtwagen sei **„werkstattgeprüft"**, lässt nicht ohne weiteres den Schluss zu, der Verkäufer übernehme eine unbedingte Einstandspflicht[740]. Hier wird zunächst einmal nur die Beschaffenheit vereinbart, dass eine **Werkstattprüfung stattgefunden hat** und das Fahrzeug jedenfalls keine Mängel auf-

732 MünchKomm/Westermann § 437 Rz 41 („was jetzt angesichts des § 476 anderes ist"); Erman/Grunewald § 437 Rz 32; BeckOGK/Stöber § 442 Rz 96; BeckOK/Faust § 437 Rz 94; Stöber, Beschaffenheitsgarantien des Verkäufers, 2006, S 91 f; Vollkommer, in: Dauner-Lieb/Konzen/K Schmidt, Das neue SchuldR in der Praxis, 2003, S 123, 126 f.

733 BeckOGK/Stöber § 442 Rz 97; Stöber, Beschaffenheitsgarantien des Verkäufers, 2006, S 92 f.

734 BGHZ 170, 86 Rz 26 (für den Privatverkauf); BeckOGK/Stöber Rz 97; Stöber, Beschaffenheitsgarantien des Verkäufers, 2006, S 91 f.

735 BGHZ 170, 86 Rz 26 (zum Privatverkauf); Reinking/Eggert, Der Autokauf, 2024[15], Kap 27 Rz 407; ebenso zum alten Kaufrecht Köln NJW 1999, 2601, 2602.

736 BGHZ 170, 86 Rz 26.

737 BeckOGK/Stöber Rz 96; BeckOK/Faust § 437 Rz 95; Reinking/Eggert, Der Autokauf, 2024[15], Kap 27 Rz 388 ff; aA MünchKomm/Westermann § 437 Rz 41; HK/Saenger § 442 Rz 8.

738 Vgl dazu oben Rz 18.

739 MünchKomm/Westermann § 437 Rz 41 (nicht ohne weiteres); BeckOGK/Stöber Rz 96; Reinking/Eggert, Der Autokauf, 2024[15], Kap 22 Rz 101.

740 BeckOGK/Stöber § 442 Rz 96; BeckOK/Faust § 437 Rz 95; aA Erman/Grunewald § 437 Rz 33; MünchKomm/Westermann § 437 Rz 41.

weist, die bei **fachgerechter Durchführung** dieser Prüfung durch ein Fachunternehmen regelmäßig festgestellt werden. Dieser Inhalt der Erklärung des Verkäufers ist nicht selbstverständlich, weil nach dem Wortlaut auch die Deutung möglich ist, dass eine derartige **Prüfung tatsächlich durchgeführt** und dabei kein Mangel festgestellt wurde. Die hier dargelegte Auslegung in dem Sinne, dass kein bei fachgerechter Durchführung der Prüfung regelmäßig ins Auge fallender Mangel vorhanden ist, geht schon zu Lasten des Verkäufers darüber hinaus. Bei fehlendem Hinzutreten weiterer Umstände ist aber nicht mehr eine **zusätzliche Erwartung des Käufers** gerechtfertigt, der Verkäufer wolle – unabhängig von einer Erkennbarkeit im Rahmen einer Werkstattprüfung – für die Mangelfreiheit unbedingt, dh auch ohne Verschulden, einstehen.

X. Verkauf von sonstigen Gebrauchtfahrzeugen – insbes Boote und Yachten

Die für den Kauf von Gebrauchtwagen dargelegten Grundsätze gelten sinngemäß auch für Kaufgeschäfte bezüglich anderer Gebrauchtfahrzeuge und ähnlicher Kaufgegenstände (zB Wohnwagen und sonstiger Fahrzeuganhänger), wobei selbstverständlich die **sachbezogenen Besonderheiten** zu berücksichtigen sind. Zentrale Bedeutung hat auch bei diesen Kaufverträgen die Unterscheidung zwischen („einfacher“) Beschaffenheitsvereinbarung iSd § 434 Abs 2 Satz 1 Nr 2 und Beschaffenheitsgarantie nach § 444 Alt 2, und zwar unabhängig davon, ob es sich um einen **gewerblichen Verkäufer** oder um einen Privatverkauf handelt. Die Annahme einer über die Beschaffenheitsvereinbarung hinausgehenden Garantie ist daher regelmäßig nur bei Hinzutreten weiterer Umstände gerechtfertigt[741]. 207

So wird bspw beim Verkauf einer gebrauchten Holz-Motorjacht mit der Formulierung **„noch etwas Restarbeit erforderlich“** nicht eine Beschaffenheitsgarantie mit dem Inhalt übernommen, dass **größere Renovierungsarbeiten** nicht erforderlich sind[742]. Insoweit ist die Formulierung „noch etwas Restarbeit“ schon von vornherein zu unbestimmt[743]. 208

XI. Anwendung des § 444 Alt 2 auf Verkäufergarantien beim Unternehmenskauf

1. **Unterscheidung zwischen unselbständigen und selbständigen Garantien**. Ein Unternehmen ist oft nur dann zu verkehrsüblichen Preisen verkäuflich, wenn der Verkäufer für bestimmte Umstände besondere Garantien übernimmt, aus denen regelmäßig **umfangreiche Garantielisten** entstehen[744]. Dies beruht zum einen darauf, dass die kraft Verweisung des § 453 Abs 1 entsprechend anwendbaren **Rechtsfolgen des § 437** in weitem Umfang als unpassend angesehen werden[745]. Zudem ist umstritten, inwieweit die Angabe **unrichtiger Unternehmenskennzahlen** (insbes Umsatzangaben und Ertragszahlen) gem §§ 453 Abs 1, 434 Abs 2 Satz 1 Nr 2 einen **Sachmangel** begründen[746]. Verkäufergarantien stellen daher vor allem in dieser Hinsicht den Umfang seiner Einstandspflicht klar. Die selbständigen Verkäufergarantien sind aus diesem Grund zwar gerade beim Unternehmenskauf häufig anzutreffen. Obwohl die Regelung des § 444 Alt 2 sich nur auf unselbständige Garantien bezieht, ist die praktische Bedeutung der Unterscheidung zwischen selbständigen und unselbständigen Garantien aber auch beim Unternehmenskauf aus mehreren Gründen gering[747]. Denn in den meisten Fällen führt die Beschränkung der Anwendung des § 444 Alt 2 auf unselbständige Garantien nicht zu unterschiedlichen Ergebnissen. Da § 444 Alt 2 Ausdruck des in der allgemeinen Vorschrift des § 242 verankerten **Verbots des widersprüchlichen Verhaltens** ist, kann der Verkäufer nicht an einer Stelle des Unternehmenskaufvertrags für bestimmte Umstände eine selbständige Garantie übernehmen und an einer anderen Stelle dieses Vertrags die **Einstandspflicht wieder aufheben**[748]. Abgesehen davon liegt ein derartiger Kollisionsfall ohnehin dann nicht vor, wenn die Vertragsauslegung ergibt, dass der im Unternehmenskaufvertrag enthaltene allgemeine Gewährleistungsausschluss sich von vornherein entweder gar nicht auf den Bereich der Garantie erstreckt oder deren Reichweite ohne Verursachung eines **inhaltlichen Widerspruchs** begrenzt[749]. 209

2. **Auslegung des Gewährleistungsausschlusses im Lichte der Verkäufergarantie – Tatbestandsmerkmal „soweit“**. Die durch Gesetz vom 2.12.2004 erfolgte Ersetzung der Formulierung „wenn“ durch „soweit“ war zwar nicht unbedingt erforderlich[750]. Sie schafft aber Klarheit in Bezug auf die Frage der Rechtsfolge des § 444 Alt 2 sowie des Verhältnisses zwischen der Beschaffenheitsgarantie und den anderen Vereinbarungen des Unternehmenskaufvertrags[751]. Die 210

741 Vgl dazu oben Rz 196.
742 KG NJW-RR 2006, 1213, 1214.
743 KG NJW-RR 2006, 1213, 1214.
744 Vgl dazu MünchKomm/Westermann Rz 14; BeckOGK/Stöber Rz 67.11.
745 MünchKomm/Westermann Rz 14; BeckOGK/Stöber Rz 67.1.
746 Vgl dazu unten Rz 216 und § 453 Rz 170 ff.
747 Vgl Rz 216; BeckOGK/Stöber Rz 72.
748 Vgl unten Rz 216.
749 Vgl dazu nachfolgend Rz 217.
750 Vgl dazu BeckOGK/Stöber Rz 78.
751 Vgl BeckOGK/Stöber Rz 78.

Unwirksamkeitsfolge des § 444 Alt 2 greift bei Vorliegen einer unselbständigen Garantie nur ein, soweit der kaufvertragliche Gewährleistungsausschluss der Garantie widerspricht[752]. In der Vertragspraxis dürfte ein solcher Kollisionsfall aus mehreren Gründen nur selten vorkommen. Denn bei Zusammentreffen eines allgemein gehaltenen vertraglichen Gewährleistungsausschlusses mit einer Verkäufergarantie ist die Freizeichnungsklausel idR so auszulegen, dass sie sich von vornherein nicht auf den **Geltungsbereich der Garantie** erstreckt. Insoweit gilt nichts anderes als im Falle eines vertraglichen Nebeneinanders von **Beschaffenheitsvereinbarung** iSd § 434 Abs 2 Satz 1 Nr 2 und Gewährleistungsausschluss[753]. Die **Nichtgeltung der allgemeinen Freizeichnung** für die garantierte Beschaffenheit ergibt sich daher regelmäßig schon im Wege der Vertragsauslegung und nicht erst durch eine Heranziehung der Unwirksamkeitsfolge des § 444. Das Gleiche gilt kraft Auslegung, sofern der Verkäufer eine selbständige von § 444 Alt 2 nicht erfasste Garantie für bestimme Umstände übernimmt und der Kaufvertrag einen umfassenden Gewährleistungsausschluss enthält. Eine analoge Anwendung des § 444 Alt 2 ist auch hier nicht erforderlich. Häufig wird der Unternehmenskaufvertrag durch die **Formulierung „im Übrigen"** oder einen ähnlichen Hinweis ausdrücklich hervorheben, dass der Gewährleistungsausschluss sich nicht auf den Garantiebereich erstreckt. Auch insoweit kommt es nicht darauf an, ob es sich um eine selbständige oder eine unselbständige Garantie handelt. Zudem muss davon ausgegangen werden, dass die idR rechtlich beratenen Parteien des Unternehmenskaufvertrags die Kombination von allgemeinem Gewährleistungsausschluss und Verkäufergarantien als Bestandteil eines ausgewogenen Gesamtergebnisses betrachten[754], mit dem ein Widerspruch zwischen Gewährleistungsausschluss und Garantien in keiner Weise vereinbar wäre.

211 Grundsätzlich kann der Unternehmensverkäufer im Rahmen der Vertragsfreiheit auch die **Rechtsfolgen seiner Garantie** festlegen und insbes seine **Haftung beschränken**[755]. Dies wird zwar durch die gesetzliche Formulierung „soweit" klargestellt, folgt aber bis zur Grenze der nicht durch Vertragsauslegung auflösbaren Kollision von Garantieerklärung mit einem zugleich vereinbarten Gewährleistungsausschluss genaugenommen schon aus der **Vertragsfreiheit** und der **Auslegung der Freizeichnungsvereinbarung** im Lichte der Garantie[756]. Vor der Einfügung der Formulierung „soweit" im Jahre 2004 war daher, soweit es um die von § 444 Alt 2 erfassten unselbständigen Garantien ging, **keine teleologische Reduktion** dieser Norm erforderlich[757]. Der Grundsatz des Vorrangs der Auslegung und das Verbot des widersprüchlichen Verhaltens gelten selbstverständlich auch für die von § 444 Alt 2 nicht erfassten selbständigen Garantien, so dass die Unterscheidung zwischen den beiden Garantiearten für die hier in Rede stehende Frage der Zulässigkeit der Gestaltung der Rechtsfolgen regelmäßig ohne Bedeutung ist[758].

212 Anzutreffen sind in Unternehmenskaufverträgen bei der Gestaltung der Rechtsfolgen der Verkäufergarantien betragsmäßige und/oder zeitliche Einschränkungen sowie die Festlegung von **völlig eigenständigen Rechtsfolgen**[759]. Gegenstände der Verkäufergarantie beim Unternehmenskauf sind häufig die **Richtigkeit von Jahresabschlüssen (Bilanzen)** oder einzelner Bilanzpositionen (zB Existenz eines bestimmten Eigenkapitals), das Bestehen von Lizenzen und öffentlich-rechtlichen Genehmigungen sowie das Nichtbestehen von steuerlichen und sonstigen **Rechtsrisiken** (zB Produkthaftungsklagen)[760]. Das **Vorhandensein ausreichender Lizenzen** spielt insbes eine Rolle für den Bereich der zum Unternehmen gehörenden IT-Systeme einschließlich Software, so dass im Rahmen von **IT-Garantien** die Einstandspflicht nicht nur für den reibungslosen Betrieb, sondern auch für die rechtlichen Grundlagen in Gestalt der erforderlichen Lizenzen übernommen wird[761]. In Bezug auf die vertragliche Gestaltung der Rechtsfolgen der Garantie geht es insbes um den **Ausschluss des Rücktritts** vom Unternehmenskaufvertrag und die betragsmäßige Beschränkung von **Minderungs- und Schadensersatzansprüchen**[762].

213 Der Unternehmensverkäufer handelt durch Festlegung derartiger Beschränkungen der Rechtsfolgen der übernommenen Garantie grundsätzlich nicht widersprüchlich[763]. Die Unwirksamkeitsfolge des § 444 Alt 2 tritt vielmehr nur dann ein, wenn sich eine **offene Kollision** von allgemeinem Gewährleistungsausschluss und (unselbständiger) Beschaffenheitsgarantie nicht im

752 Vgl BeckOGK/Stöber Rz 78.
753 Vgl dazu oben Rz 15 ff.
754 MünchKomm/Westermann Rz 14.
755 Vgl MünchKomm/Westermann Rz 14.
756 So auch Bundesministerium der Justiz, Stellungnahme zu § 444, ZGS 2003, 307, 309 f.
757 AA Canaris, Karlsruher Forum 2002, 2003, S 5, 85 ff; Lieb, Unternehmenskauf und Schuldrechtsmodernisierung, 2003, S 57, 64 ff; S Lorenz, FS für Heldrich, 2005, S 305, 324.
758 Vgl auch Rz 215.
759 Vgl MünchKomm/Westermann Rz 14.
760 Vgl dazu MünchKomm/Westermann Rz 14; BeckOGK/Stöber Rz 67.11.
761 BeckOGK/Stöber Rz 67.11.
762 MünchKomm/Westermann Rz 1; BeckOGK/Stöber Rz 67.2. Das Rücktrittsrecht aus § 437 Nr 2 ist aber, sofern keine Abbedingung erfolgt, auch beim Unternehmenskauf gem § 323 Abs 5 Satz 2 ausgeschlossen, sofern der bestehende Mangel unerheblich ist; vgl zu den Einzelheiten § 453 Rz 118 ff.
763 MünchKomm/Westermann Rz 15.

Wege der Auslegung auflösen lässt[764]. Insoweit geht es also um den in der Praxis wohl seltenen Fall, dass der **Unternehmensverkäufer** an einer Stelle des Kaufvertrags **für bestimmte Umstände** eine unbeschränkte oder beschränkte Garantie übernimmt und an anderer Stelle die Gewährleistung auch insoweit komplett ausschließt oder weitergehend beschränkt. Hier ist der Gewährleistungsausschluss im Falle des Bestehens einer (die gesetzlichen Gewährleistungsrechte verstärkenden) unselbständigen Garantie gem § 444 Alt 2 unwirksam, „soweit" die **gesetzlichen und vertraglichen Rechtsfolgen** der vom Verkäufer übernommenen Garantie an einer anderen Stelle des Unternehmenskaufvertrags wieder beschränkt werden.

Im Ergebnis gelten diese Grundsätze zur Frage der Zulässigkeit von **Verkäufergarantien mit festgelegten Haftungsgrenzen** bei zugleich gegebenem Gewährleistungsausschluss unabhängig davon, ob eine unselbständige oder eine (die gesetzliche Gewährleistung nicht berührende) selbständige Garantie vorliegt. Dies beruht aber aus mehreren Gründen nicht auf einer direkten oder analogen Anwendung des § 444 Alt 2 auf die selbständige Garantie. Soweit in der Literatur geltend gemacht wird, in Bezug auf die **Verhinderung eines widersprüchlichen Verhaltens** des Verkäufers beim Unternehmenskauf müssten die unselbständige und die selbständige Garantie gleich behandelt werden[765], ist dies zwar richtig. Falls der vereinbarte Gewährleistungsausschluss sich aber ausdrücklich oder zumindest kraft Auslegung nicht auf die **von der Verkäufergarantie erfassten Umstände** bezieht, besteht innerhalb des geschlossenen Unternehmenskaufvertrags von vornherein keine Kollision als Ansatzpunkt für ein widersprüchliches Verhalten des Verkäufers. Hier ist § 444 Alt 2 schon bei der unselbständigen Garantie nicht anwendbar, so dass sich die **Frage einer Gleichbehandlung** durch Erstreckung der Vorschrift auf die selbständige Garantie nicht stellt. 214

Bei Vorliegen eines **offenen Widerspruchs** zwischen Freizeichnung und Inhalt einer unselbständigen Verkäufergarantie – der Verkäufer will also mit der einen Hand nehmen, was er mit der anderen gegeben hat[766] – führt die Anwendung des § 444 Alt 2 zur Unwirksamkeit der Freizeichnung, soweit sie **mit der Garantie kollidiert**. Exakt dasselbe Ergebnis folgt im Falle einer selbständigen Garantie aus einer Anwendung des in § 242 verankerten **Verbots des widersprüchlichen Verhaltens**[767]. Eine offene Kollision der beiden in Rede stehenden Vertragsbestandteile dürfte aber auch im Fall der selbständigen Garantie in der Praxis nur selten anzutreffen sein. 215

3. **Abhängigkeit des Anwendungsbereichs des § 444 Alt 2 beim Unternehmenskauf von der Reichweite des Mangelbegriffs**. Da die Unwirksamkeitsfolge des § 444 Alt 2 nur kaufvertragliche Vereinbarungen betrifft, durch welche die bei Vorliegen eines Mangels gegebenen **gesetzlichen Gewährleistungsrechte** des Käufers aus § 437 ausgeschlossen werden, können auch nur die auf die Beschaffenheitsmerkmale iSd §§ 434, 435 bezogenen **unselbständigen Garantien** von § 444 Alt 2 erfasst werden[768]. Daher kommt es für den Anwendungsbereich dieser Norm im Falle eines Unternehmenskaufs entscheidend darauf an, ob der Gegenstand der Verkäufergarantie sich auf Umstände bezieht, deren Nichtvorliegen einen **Mangel nach § 434 oder § 435** begründet. Für die mit der gesetzlichen Gewährleistung des Verkäufers nach § 437 nicht in einem Zusammenhang stehenden **selbständigen Garantien** gilt § 444 Alt 2 zwar nicht[769]. Die gleiche Rechtsfolge tritt aber beim Unternehmenskauf auch bei Vorliegen einer selbständigen Garantie deshalb ein, weil § 444 Alt 2 nur eine Ausprägung des schon aus § 242 folgenden **Verbots des widersprüchlichen Verhaltens** ist[770]. Abgesehen davon greift der **Sachmangeltatbestand des § 434** im Rahmen der von § 453 Abs 1 angeordneten (nur) entsprechenden Anwendung beim Unternehmenskauf in weitem Umfang im Falle der im Kaufvertrag vom Verkäufer falsch angegebenen Unternehmenskennzahlen Platz[771], so dass darauf bezogene Zusicherungen des Verkäufers als unselbständige Garantien einzuordnen sind, die im Garantiefall unmittelbar die Rechtsfolge des § 444 Alt 2 auslösen. 216

4. **Rechtsfolge des § 444 Alt 2 – „nicht berufen"**. In Bezug auf die Rechtsfolge des § 444 Alt 2 besteht kein Unterschied zur **Arglistalternative** (**§ 444 Alt 1**)[772]. Die Formulierung läuft im Ergebnis auf eine Unwirksamkeit des Gewährleistungsausschlusses hinaus, soweit er mit der Verkäufergarantie kollidiert. Die gesetzliche Terminologie „kann sich der Verkäufer nicht berufen" anstelle von „ist unwirksam" dient ausschließlich dazu, **keine Teilnichtigkeit iSd § 139** 217

764 Vgl Erman/Grunewald Rz 14 („Gewährleistungsausschluss versagt, soweit er mit dem Inhalt einer Zusicherung nicht vereinbar ist").
765 MünchKomm/Westermann Rz 15.
766 So die treffende Formulierung von MünchKomm/Westermann Rz 15.
767 Vgl dazu oben Rz 190.
768 Vgl oben Rz 189 ff.
769 Vgl oben Rz 189 ff.
770 Vgl oben Rz 190; BeckOGK/Stöber Rz 80 (Garantiehaftung in dem begrenzten Umfang, in dem sie übernommen wurde, darf nicht an anderer Stelle im Vertrag wieder ausgeschlossen oder eingeschränkt werden).
771 Vgl zu den Einzelheiten § 453 Rz 172.
772 Vgl zu den Rechtsfolgen der Arglist oben Rz 180 f.

mit der Folge der Gesamtnichtigkeit des Kaufvertrags auszulösen. Es ist daher auch in Bezug auf die Rechtsfolge des § 444 Alt 2 unschädlich und in der Sache richtig, von einer **Unwirksamkeit der Freizeichnungsvereinbarung** zu sprechen, soweit sie in Widerspruch steht zu der vom Verkäufer übernommenen Garantie. Die praktische Bedeutung ist aber bei der Garantiealternative des § 444 deshalb erheblich geringer als im Falle des **arglistigen Verschweigens eines Mangels**, weil der Anwendungsbereich des Gewährleistungsausschlusses bei der Abfassung des Kaufvertrags idR klar von den Bezugsgegenständen der Garantieerklärung separiert wird oder diese Trennung sich zumindest im Wege der Auslegung ergibt. Dass die Freizeichnung sich auch auf den von einer Verkäufergarantie erfassten Bereich bezieht, dürfte in der Praxis eine seltene Ausnahme sein. Wenn sich allerdings – etwa aufgrund eines Versehens bei der Zusammenstellung der Komponenten eines umfangreichen Unternehmenskaufvertrags – die Freizeichnungsklausel auch auf die **Bezugsgegenstände der Garantie** bezieht, dann ist der Ausschluss der Gewährleistung unwirksam, soweit der Widerspruch reicht.

218 5. **Darlegungs- und Beweislast bezüglich Beschaffenheitsgarantie** (**§ 444 Alt 2**). Die Darlegungs- und Beweislast für das Vorliegen einer Beschaffenheitsgarantie trägt der Käufer[773]. Dies gilt auch für die Frage, ob die Garantie sich gerade auf das **Beschaffenheitsmerkmal** erstreckt, dessen Fehlen einen Mangel iSd § 434 oder § 435 als Grundlage für die **gesetzliche Gewährleistung nach § 437** begründet[774]. Insoweit gilt die **allgemeine Beweislastregel**, nach der diejenige Partei die Voraussetzungen eines Ausnahmetatbestands darlegen und beweisen muss, die sich darauf beruft. Genaugenommen handelt es sich um eine Ausnahme von der Ausnahme; für die Anwendung der in Rede stehenden Beweisregel ist dies aber ohne Belang. Den **gesetzlichen Regeltatbestand** bilden im Falle des Vorliegens eines Mangels die gesetzlichen Gewährleistungsrechte aus § 437. Die darauf bezogene Ausnahme in Gestalt eines kaufvertraglichen Gewährleistungsausschlusses muss der Verkäufer beweisen. Die Beschaffenheitsgarantie ist dann – ebenso wie der Arglisttatbestand des § 444 Alt 1 – eine Ausnahme von dieser Freizeichnung, die vom Käufer zu beweisen ist.

219 Die **praktische Bedeutung** der Beweislast im Gewährleistungsprozess ist bei Behauptung einer Garantie iSd § 444 Alt 2 erheblich geringer als in den Fällen, in denen vom Käufer das arglistige Verschweigen eines Mangels durch den Verkäufer (§ 444 Alt 1) behauptet wird. Denn die **Mangelkenntnis des Verkäufers** ist ein subjektiver Tatbestand, der naturgemäß schwer zu beweisen ist, weshalb dem Verkäufer häufig eine **sekundäre Darlegungslast** obliegt, und zwar insbes dann, wenn er behauptet, der Käufer sei über den Mangel informiert gewesen[775]. Da insbes beim Kauf von **Fahrzeugen, Grundstücken und Unternehmen** schriftliche bzw notariell beurkundete Kaufverträge abgeschlossen werden, gehören vereinbarte Garantien ebenso zum wesentlichen Inhalt wie ein festgelegter Ausschluss der Gewährleistung. Wenn der schriftliche Kaufvertrag einen Gewährleistungsausschluss, aber keine Garantieerklärung des Verkäufers enthält, dann spricht die allgemeine **Vermutung der Vollständigkeit des Vertrags** dafür, dass eine solche Erklärung nicht vorliegt. Abgesehen davon würde bei **Formgebundenheit des Kaufvertrags** eine mündliche Garantieerklärung am Formerfordernis scheitern, sofern kein Heilungstatbestand Platz greift.

220 Ob eine im Kaufvertrag enthaltene **Beschaffenheitsangabe** nicht nur als Beschaffenheitsvereinbarung iSd § 434 Abs 2 Satz 1 Nr 2, sondern auch als Garantie iSd § 444 Alt 2 einzuordnen ist, betrifft die Vertragsauslegung und stellt somit eine **reine Rechtsfrage** dar, die im Gewährleistungsprozess vom Gericht unabhängig von der Beweislastverteilung zu klären ist[776]. Insoweit kann es also nicht zu einer **„non liquet"-Entscheidung** kommen[777]. Den Kaufvertragsparteien steht es selbstverständlich frei, Umstände vorzutragen, die für die Auslegung von Bedeutung sind. Ebenfalls als Rechtsfrage in dieser Hinsicht anzusehen ist das Verhältnis zwischen Freizeichnungsabrede und Garantieerklärung und insbes das Problem, ob der Gewährleistungsausschluss in vollem Umfang oder zumindest teilweise mit der Verkäufergarantie kollidiert. Auch insoweit spielt die Darlegungs- und Beweislast grundsätzlich keine Rolle für die **Entscheidung im Gewährleistungsprozess**. Anders ist dies allerdings, soweit eine Kaufvertragspartei Tatsachen behauptet (zB Besprechungen oder Nachfragen im Zusammenhang mit der Formulierung von Gewährleistungsausschluss und/oder Garantie), die für die Vertragsauslegung von Bedeutung

773 Staud/Matusche-Beckmann Rz 91; BeckOGK/Stöber Rz 89.
774 BeckOGK/Stöber Rz 89; Staud/Matusche-Beckmann Rz 91.
775 Vgl dazu oben Rz 147 ff.
776 So bereits RG JW 1931, 2478, 2480. Unter anderem wegen Nichtbeachtung dieses Grundsatzes hob das RG die Entscheidung des Berufungsgerichts auf: „Zunächst ist gegen den Grundsatz verstoßen, daß der Richter die Auslegung von sich aus vorzunehmen hat und daß die Auslegung mit Beweislast nichts zu tun hat".
777 RG JW 1931, 2478, 2480.

sind. Derartige Umstände müssen von der Partei bewiesen werden, die sich zu ihren Gunsten auf sie beruft.

XII. Einordnung des § 444 Alt 2 als zwingendes Recht

Die Frage, ob § 444 Alt 2 abdingbar ist, stellt sich nicht, falls es sich um eine **selbständige** 221
Garantie handelt, die nicht von § 444 Alt 2 erfasst wird[778]. Soweit eine selbständige Garantie mit einem im Kaufvertrag ebenfalls enthaltenen Gewährleistungsausschluss kollidiert, folgt die Unwirksamkeit der Freizeichnung aus dem allgemeinen **Verbot des widersprüchlichen Verhaltens (§ 242)**[779]. In Bezug auf die von § 444 Alt 2 erfassten unselbständigen Garantien ist diese Norm als zwingendes Recht anzusehen[780]. Dies folgt schon aus der **Natur dieser Vorschrift**. Denn sie regelt ihrerseits die Zulässigkeit der **Abbedingung gesetzlicher Gewährleistungsvorschriften** im Kaufvertrag[781]. Daher musste § 444 jedenfalls nicht ausdrücklich in den in § 476 Abs 1 Satz 1 (§ 475 Abs 1 Satz 1 aF) enthaltenen Katalog der beim **Verbrauchsgüterkauf** grundsätzlich nicht abdingbaren Vorschriften aufgenommen werden[782]. Abgesehen davon ergibt sich die Unabdingbarkeit des § 444 Alt 2 beim Verbrauchsgüterkauf zumindest mittelbar daraus, dass in § 476 Abs 1 Satz 1 die **Regelung des § 437** genannt ist. Denn eine Abbedingung des § 444 Alt 2 zu Lasten des Käufers führt dazu, dass der kaufvertragliche Gewährleistungsausschluss wirksam bleibt und daher die dem Käufer wegen Vorliegens eines Mangels aus § 437 zustehenden Gewährleistungsrechte doch eingeschränkt werden können. Schließlich ist § 444 Alt 2 eine Ausprägung des in § 242 verankerten Verbots des widersprüchlichen Verhaltens, das seinerseits nicht abdingbar ist.

§ 445 Haftungsbegrenzung bei öffentlichen Versteigerungen

Wird eine Sache auf Grund eines Pfandrechts in einer öffentlichen Versteigerung unter der Bezeichnung als Pfand verkauft, so stehen dem Käufer Rechte wegen eines Mangels nur zu, wenn der Verkäufer den Mangel arglistig verschwiegen oder eine Garantie für die Beschaffenheit der Sache übernommen hat.

ÜBERSICHT

778 Vgl zur Abgrenzung zwischen unselbständiger und selbständiger Garantie oben Rz 189 ff.
779 Vgl oben Rz 215.
780 Vgl BeckOGK/Stöber Rz 92.
781 Vgl dazu Beschlussempfehlung des Rechtsausschusses des Deutschen Bundestages zu § 475, BT-Drucks 14/7052, S 199; BeckOGK/Stöber Rz 92.
782 Vgl dazu Beschlussempfehlung des Rechtsausschusses des Deutschen Bundestages zu § 475, BT-Drucks 14/7052, S 199; BeckOGK/Stöber Rz 92.

I. Modifizierung des § 461 aF durch das SMG 2002

1 1. **Einfügung des Anwendungsausschlusses bei Garantie oder Arglist des Verkäufers.** Nach § 461 aF hatte der Verkäufer einen Mangel der verkauften Sache nicht zu vertreten, wenn die Sache aufgrund eines Pfandrechts in öffentlicher Versteigerung unter der Bezeichnung als Pfand verkauft wird. Nicht ausdrücklich geregelt war in § 461 aF die Frage der Geltung der Haftungsfreistellung bei Vorliegen einer Arglist oder Zusicherung (§§ 459 Abs 2 aF, 463 aF) des Verkäufers. Der BGH ließ in der Entscheidung BGHZ 96, 214 aus dem Jahre 1986 offen, ob eine **Eigenschaftszusicherung** durch den Verkäufer dem gesetzlichen Gewährleistungsausschluss des § 461 aF entgegensteht[1]. Von einem Teil der Literatur war ein Ausschluss der Anwendung des § 461 aF bei Vorliegen einer vom Pfandgläubiger zugesicherten Eigenschaft der Pfandsache bejaht worden[2]. Eine Ausnahme für **arglistig verschwiegene Mängel** sah der Wortlaut des § 461 aF ebenfalls nicht vor. Das Eingreifen der Sachmängelvorschriften war daher auch insoweit umstritten[3]. Die Anwendbarkeit des gesetzlichen Gewährleistungsausschlusses trotz Arglist des Verkäufers wurde damit begründet, dass die Interessen des Käufers (Ersteigerers) durch §§ 123, 823 Abs 2, 826 hinreichend geschützt seien[4].

2 Im ursprünglichen Gesetzentwurf zur Modernisierung des Schuldrechts vom 14.5.2001 war die Neuregelung des § 445 noch nicht enthalten. Die Aufhebung des § 461 aF wurde in diesem Entwurf damit begründet, dass die **praktische Bedeutung dieser Regelung** äußerst gering und die **Privilegierung des Pfandgläubigers** als Verkäufer aufgrund eines Pfandrechts im Rahmen

1 BGHZ 96, 214, 215. Im Fall des BGH ließ die Inhaberin eines Pfandleihgewerbes eine im Zusammenhang mit einer Darlehensgewährung verpfändete Uhr öffentlich versteigern, die laut Beschreibung eine goldene Rolex sein sollte. Nach Erteilung des Zuschlags wurde festgestellt, dass es sich nicht um eine goldene Rolex-Uhr, sondern um ein nachträglich vergoldetes Stahl/Gold-Modell der Marke Rolex mit goldenem Rolex-Armband handelte. Der BGH bejahte zwar einen Fehler iSd § 459 aF. Die Frage des Ausschlusses des § 461 aF im Falle des Vorliegens einer zugesicherten Eigenschaft iSd §§ 459 Abs 2 aF, 463 aF wurde aber offengelassen, weil in den auf die Pfandsache bezogenen Angaben des Versteigerungsprotokolls im Zusammenhang mit dem Ausgebot von 4.900 DM keine stillschweigende Zusicherung zu sehen sei.

2 Staud/Honsell, 1995, § 461 aF Rz 3; MünchKomm[3]/Westermann § 461 aF Rz 3; Köhler JZ 1989, 761, 775; so auch die Begründung zum SMG 2002, BT-Drucks 14/6040, S 204 („Da nach dem bisherigen § 461 die Haftung für zugesicherte Eigenschaften unberührt bleibt, ...“); aA Eccius Gruchot 43 (1899), S 305, 313 ff; Soergel[12]/U Huber § 461 aF Rz 2. Von der Gegenauffassung (Soergel[12]/U Huber § 461 aF Rz 2) war die Anwendung des § 461 aF trotz Vorliegens einer Eigenschaftszusicherung des Verkäufers damit begründet worden, dass es bei der Pfandversteigerung nicht um Zusicherungen gehe, die der Pfandgläubiger außerhalb der Versteigerung gegenüber dem Bieter als Kaufinteressenten abgebe. Solche Zusicherungen kämen wohl kaum vor. Problematisch seien insbes konkludente Zusicherungen, die der Versteigerer als Vertreter des Pfandgläubigers abgebe. Da § 461 aF die Haftung des Pfandgläubigers für Mängel der verkauften Sache ausschließe, werde klargestellt, dass der Verkäufer weder für Fehler der verkauften Sache noch für Erklärungen des Versteigerers über ihre Beschaffenheit einzustehen habe. Insoweit gehe § 461 aF vom Nichtvorliegen einer Vertretungsmacht des Versteigerers bezüglich der Abgabe von Zusicherungserklärungen zu Lasten des Verkäufers aus.

3 Für Anwendbarkeit bei Arglist des Verkäufers Soergel[12]/Huber § 461 aF Rz 2; aA Staud/Honsell, 1995, § 461 aF Rz 3; MünchKomm[3]/Westermann § 461 aF Rz 3; wohl auch BGHZ 96, 214, 221 („vorbehaltlich abweichender Beurteilung bei Fällen der Arglist und der unerlaubten Handlung“).

4 Soergel[12]/U Huber § 461 aF Rz 2.

einer öffentlichen Versteigerung nicht gerechtfertigt sei[5]. Wegen Nichtanwendbarkeit des § 461 aF bei Eigenschaftszusicherung oder Arglist des Verkäufers (Pfandgläubigers) verbleibe für den Anwendungsbereich der Vorschrift nur die seltene Fallkonstellation, in der dem Pfandleiher der Sachmangel nicht bekannt und die Gewährleistung auch nicht durch die **Versteigerungsbedingungen** ausgeschlossen sei[6]. Soweit es um die **Versteigerung neuer Sachen** gehe, fehle ohnehin, so die Entwurfsbegründung[7], die Vereinbarkeit mit der Verbrauchsgüterkauf-Richtlinie[8]. Der jetzige § 445 ist dann aber Bestandteil der **Gegenäußerung der Bundesregierung**[9] zur Stellungnahme des Bundesrates zum Gesetzentwurf[10] geworden.

2. **Erstreckung des gesetzlichen Gewährleistungsausschlusses auf Rechtsmängel**. Die in § 461 aF enthaltene Formulierung „hat einen Mangel der verkauften Sache nicht zu vertreten" bezog sich nur auf die **Sachmängelhaftung** des Verkäufers nach §§ 459 aF, 462 aF. Nach § 462 aF konnte der Käufer wegen eines Mangels, den der Verkäufer nach den Vorschriften der §§ 459 aF, 460 aF zu vertreten hat, vom Verkäufer Wandelung oder Minderung verlangen. Die Rechtsmängelhaftung des Verkäufers bei der öffentlichen Pfandversteigerung war daher nicht durch § 461 aF ausgeschlossen[11]. Für einen **Rechtsmangel iSd § 434 aF** haftete der Verkäufer auf der Grundlage des alten Kaufrechts nicht nach Gewährleistungsrecht, sondern kraft Verweisung des § 440 Abs 1 aF nach allgemeinen Vorschriften über die Nichterfüllung (§§ 320 bis 327 aF). Dass der gesetzliche Gewährleistungsausschluss des § 461 aF die Rechtsmängelhaftung nicht umfasste, spielte aber deshalb kaum eine praktische Rolle, weil § 1242 einen gutgläubigen lastenfreien Erwerb ermöglicht[12]. Aufgrund der durch das SMG 2002 eingeführten grundsätzlichen **Gleichbehandlung von Sach- und Rechtsmängeln** bei der Gewährleistungshaftung des Verkäufers nach § 437 erfasst der gesetzliche Gewährleistungsausschluss des § 445 auch den Rechtsmangel[13]. 3

Praktische Bedeutung erlangt § 445 im Falle eines Rechtsmangels nur dann, wenn der Käufer die Sache nicht ohnehin nach § 1242 lastenfrei erwirbt[14]. Gem § 1242 Abs 1 Satz 1 erlangt der Erwerber durch die **rechtmäßige Veräußerung des Pfands** die gleichen Rechte, wie wenn er die Sache von dem Eigentümer erworben hätte. Pfandrechte an der im Rahmen der öffentlichen Versteigerung erworbenen Sache erlöschen gem § 1242 Abs 2 Satz 1 auch dann, wenn sie dem Erwerber bekannt waren. Das Gleiche ordnet § 1242 Abs 2 Satz 2 für einen an der Sache bestehenden **Nießbrauch** an, sofern er nicht allen Pfandrechten im Range vorgeht. Bei Nichtbestehen eines Pfandrechts oder fehlender Rechtmäßigkeit der Veräußerung kommt ein gutgläubiger lastenfreier Erwerb nach § 1244 in Betracht[15]. Nur in dem Fall, in dem ein **gutgläubiger lastenfreier Erwerb** iSd § 1244 des Bieters (Käufers), der den Zuschlag erhalten hat, nicht eintritt, greift der gesetzliche Gewährleistungsausschluss des § 445 Platz. Gewährleistungsansprüche des Käufers bestehen daher nur dann, wenn aufseiten des Verkäufers eine Arglist oder eine Garantieübernahme vorliegt[16]. 4

II. Der Regelungszweck des § 445

§ 445 bezieht sich auf den Fall der **Pfandversteigerung gem § 1235 Abs 1** aufgrund eines Mobiliarpfandrechts iSd §§ 1205 ff. Sie erfolgt gem § 383 Abs 3 Satz 1 öffentlich „durch einen für den Versteigerungsort bestellten Gerichtsvollzieher oder zu Versteigerungen befugten anderen Beamten oder öffentlich angestellten Versteigerer" im Auftrag und in Vertretung des **Pfandgläubigers**[17]. Der Kaufvertrag zwischen dem Pfandgläubiger und dem Ersteher kommt durch **Zuschlag (§ 156)** zustande[18]. Die **Ratio** des in § 445 angeordneten Ausschlusses der Gewährleistung ist darin zu sehen, dass bei einem Pfandverkauf im Wege öffentlicher Versteigerung der Gläubiger als Verkäufer die Sache vielfach gar nicht kennt und deshalb keine **mangelbezogene Einstandspflicht** übernehmen will, was für jeden Bieter erkennbar ist[19]. Bei der Beratung des BGB von 1900 war die Ansicht vertreten worden, der Pfandverkauf müsse so gestaltet werden, dass der Pfandgläubiger nicht Gefahr laufe, „demnächst durch die Gewähr wegen vorhandener 5

5 Begr Gesetzentwurf, BT-Drucks 14/6040, S 204.
6 Begr Gesetzentwurf, BT-Drucks 14/6040, S 204.
7 Begr Gesetzentwurf, BT-Drucks 14/6040, S 204.
8 RL 1999/44/EG vom 25.5.1999.
9 Begr Gesetzentwurf, BT-Drucks 14/6857, S 42, 62 f.
10 Begr Gesetzentwurf, BT-Drucks 14/6857, S 6 ff.
11 Vgl Soergel[12]/U Huber § 461 aF Rz 1.
12 Vgl Soergel/Habersack § 1244 Rz 7; Soergel/Habersack § 1233 Rz 2.
13 Staud/Bach Rz 1; Erman/Grunewald Rz 3; MünchKomm/Westermann Rz 1; BeckOGK/Stöber Rz 2; BeckOK/Faust Rz 7.
14 Vgl zur Ersteigerung einer gestohlenen Sache unten Rz 7.
15 Vgl dazu unten Rz 7.
16 Vgl dazu unten Rz 20 ff (Arglist) und Rz 24 ff (Garantie).
17 Vgl dazu unten Rz 8.
18 Protokolle Mugdan II S 659 f (zu § 461 aF); BGHZ 96, 214, 216 (zu § 461 aF).
19 Hamm DB 1985, 807, 808 (zu § 461 aF); Staud/Bach Rz 1; Erman/Grunewald Rz 1; BeckOGK/Stöber Rz 3; MünchKomm/Westermann Rz 1; vgl dazu auch Protokolle Mugdan II S 659 f (zu § 461 aF); aA Köhler JZ 1989, 761, 774 f (zu § 461 aF).

Mängel der Sache einen Schaden zu erleiden"[20]. Der Pfandverkauf habe **materiell den Charakter der Zwangsvollstreckung**[21]. Da dort die Gewährleistung ausgeschlossen sei, müsse dies auch im analogen Fall des Pfandverkaufs geschehen[22]. Bei einer öffentlichen Versteigerung sei für jedermann erkennbar, dass es sich um eine besondere Art des Verkaufs handle, bei welcher der Verkäufer besondere Bedingungen stellen könne[23]. Der Ersteigerer soll also eine Pfandsache unter Ausschluss der Gewährleistung „wie besichtigt" erwerben und dem Pfandgläubiger dadurch das **Mangelrisiko** abnehmen.

6 In **ökonomischer Hinsicht** ist dieses Mangelrisiko im Versteigerungspreis gewissermaßen mit inbegriffen, dh, der **Abschlag** im Vergleich zum **Händler-Verkaufspreis** beruht gerade auf der beschränkten Haftung des Verkäufers bei der Pfandverwertung[24]. Aufseiten des Käufers ist regelmäßig das **Interesse an einem günstigen Erwerb** vorrangig im Verhältnis zur Möglichkeit, bei Vorliegen eines Mangels die Gewährleistungsrechte aus § 437 geltend machen zu können[25]. Nicht voll überzeugend ist dagegen der Hinweis darauf, dass ansonsten zumindest ein **Teil des Versteigerungserlöses** zu Lasten der Befriedigungsquote vom Verkäufer (Pfandgläubiger) zum Zwecke der **Erfüllung von Gewährleistungsansprüchen** des Käufers verwendet werden müsste[26]. Denn diese Folge würde, für sich allein betrachtet, schlicht auf dem **mangelbedingten geringeren Wert des Pfandgegenstands** als Gläubigersicherheit beruhen. Insoweit obliegt grundsätzlich dem Pfandgläubiger die Prüfung, ob der Gegenstand eine genügende Sicherheit bietet.

III. Anwendungsvoraussetzungen – Pfandverkauf nach § 1235 Abs 1 durch öffentliche Versteigerung iSd § 383 Abs 3 Satz 1

7 1. **Bestehen eines Pfandrechts – Verpfändung einer fremden Sache**. Ob der Pfandverkauf rechtmäßig ist oder nicht, ist für § 445 ohne Bedeutung, wenn er nur unter der Bezeichnung als Pfand und in öffentlicher Versteigerung erfolgt. Auf das Bestehen des Pfandrechts kommt es für die Anwendbarkeit des § 445 nicht an[27]. Der **Wortlaut** des in § 445 enthaltenen Tatbestandsmerkmals „auf Grund eines Pfandrechts" erfasst nämlich auch den Fall, dass ein rechtsgültiges Pfandrecht zwar nicht gegeben ist, die Sache aber **als Pfandgegenstand versteigert** wird. Das Genügen einer derartigen Bezeichnung ergibt sich auch aus dem **Sinn und Zweck des § 445**. Denn diese Norm schützt auch denjenigen Pfandgläubiger (Verkäufer), der die Sache aufgrund eines **vermeintlichen Pfandrechts** versteigern lässt. Eintreten kann dieser Fall bspw dann, wenn der Pfandgläubiger gutgläubig eine **gestohlene Sache** als Pfand angenommen hat. Die dingliche Wirksamkeit der Versteigerung ergibt sich hier aus §§ 1244, 935 Abs 2[28]. Die Regelung des § 935 Abs 1, nach der bei Abhandenkommen ein gutgläubiger Erwerb ausgeschlossen ist, findet gem **§ 935 Abs 2** nicht auf Sachen Anwendung, die im Wege öffentlicher Versteigerung veräußert werden. § 1244 erklärt in Bezug auf den Pfandverkauf nur die §§ 932 bis 934, 936, nicht aber § 935 Abs 1 für entsprechend anwendbar. Voraussetzung des gutgläubigen lastenfreien Erwerbs des Käufers ist aber gem § 1244 das Erfolgen einer Veräußerung nach § 1233 Abs 2 oder die Einhaltung der Vorschriften des § 1235 oder des § 1240 Abs 2. Der Pfandgläubiger (Verkäufer) ist allerdings im Falle des gutgläubigen lastenfreien Erwerbs des Käufers gegenüber dem Eigentümer gem **§ 816 Abs 1 Satz 1** zur Herausgabe des Versteigerungserlöses verpflichtet[29]. Weiß der „Pfandgläubiger" (Verkäufer), dass in Wirklichkeit kein Pfandrecht besteht, so ist § 445 in vollem Umfang wegen Vorliegens einer **Arglist** nicht anwendbar[30].

8 2. **Öffentliche Versteigerung iSd § 445**. – a) **Geltung der Legaldefinition des § 383 Abs 3 Satz 1 – Zustandekommen des Kaufvertrags nach § 156**. Das Vorliegen einer öffentlichen Versteigerung iSd §§ 445, 1235 richtet sich nach der **Legaldefinition** des § 383 Abs 3 Satz 1[31]. Danach ist eine öffentliche Versteigerung gegeben, wenn sie durch einen für den Versteigerungsort bestellten Gerichtsvollzieher oder zu Versteigerungen befugten anderen Beamten oder öffentlich angestellten Versteigerer öffentlich erfolgt. Das Tatbestandsmerkmal „öffentlich angestellten Versteigerer" iSd § 383 Abs 3 Satz 1 umfasst auch die gem GewO § 34b Abs 5 **öffentlich**

20 Protokolle Mugdan II S 659 f (zu § 461 aF).
21 Protokolle Mugdan II S 659 f.
22 Protokolle Mugdan II S 659 f.
23 Protokolle Mugdan II S 659 f.
24 Vgl dazu Hamm DB 1985, 807, 808 (zu § 461 aF); Staud/Bach Rz 1; MünchKomm/Westermann Rz 1; BeckOGK/Stöber Rz 4; Soergel[12]/U Huber § 461 aF Rz 1.
25 BeckOGK/Stöber Rz 4; MünchKomm/Westermann Rz 1; Wasmuth, FS für Piper, 1996, S 1083, 1106 f.
26 Eccius Gruchot 43 (1899), S 305, 313 f; BeckOGK/Stöber Rz 4; Köhler JZ 1989, 761, 774.
27 Staud/Bach Rz 9; BeckOGK/Stöber Rz 8; MünchKomm/Westermann Rz 2; Erman/Grunewald Rz 2; Grüneberg/Weidenkaff Rz 5; NK/Büdenbender Rz 4; Soergel[12]/U Huber § 461 aF Rz 1; aA HK/Saenger Rz 3.
28 Vgl dazu Soergel/Habersack § 1244 Rz 1 f.
29 Vgl Soergel/Habersack § 1244 Rz 7.
30 Vgl zu den Voraussetzungen einer Arglist unten Rz 20 ff.
31 Staud/Bach Rz 7; BeckOGK/Stöber Rz 8; MünchKomm/Westermann Rz 2; Grüneberg/Weidenkaff Rz 6.

bestellten und vereidigten Versteigerer[32]. Die öffentliche Bestellung setzt gem GewO § 34b Abs 5 Satz 1 eine **besondere Sachkunde** voraus. Diese Bestellungsvoraussetzung liegt vor, wenn der Versteigerer durch fundiertes Fachwissen, große Berufserfahrung und besondere Vertrauenswürdigkeit aus dem Kreis der übrigen Versteigerer deutlich hervorragt[33]. Die öffentliche Bestellung kann gem GewO § 34b Abs 5 Satz 2 entweder allgemein oder für bestimmte Arten von Versteigerungen erfolgen. Das Erfordernis der Beauftragung eines öffentlich bestellten Versteigerers, der gem GewO § 34b Abs 5 über eine besondere Sachkunde verfügen und vereidigt werden muss, gewährleistet die Einhaltung des GewO § 34b und der anwendbaren **Versteigererverordnung (VerstV)**[34]. Eine öffentliche Versteigerung iSd § 383 Abs 3 Satz 1 setzt dagegen nicht voraus, dass der durchführende Versteigerer zugleich Veranstalter der Versteigerung ist[35]. Der Kaufvertrag kommt gem § 156 Satz 1 durch den **Zuschlag** des Versteigerers zustande[36]. Das Gebot eines Kaufinteressenten erlischt durch Übergebot eines anderen Bieters (§ 156 Satz 2). Insbes das Zuschlagserfordernis führt dazu, dass eine **Internetauktion über eine privatrechtliche Versteigerungsplattform**[37] und der **sog freihändige Verkauf**[38] einer Sache nicht von § 445 erfasst werden.

b) **Unbeachtlichkeit von Verstößen gegen die Versteigererverordnung (VerstV)**. Der Ver- 9
steigerer iSd § 383 Abs 3 Satz 1 muss die Bestimmungen der Versteigererverordnung (VerstV) einhalten[39]. Praktische Bedeutung hat insoweit vor allem VerstV § 4 Satz 1, nach dem der Versteigerer für die Dauer von **mindestens zwei Stunden** Gelegenheit zur Besichtigung des Versteigerungsgutes zu geben hat[40]. Diese Besichtigungsmöglichkeit ist zwar gerade für die Prüfung, ob der zu versteigernde Gegenstand mit einem Sachmangel behaftet ist, von großer Bedeutung. Die Regelung des VerstV § 4 Satz 1 schreibt aber zum einen nicht eine bestimmte **Intensität der Besichtigungsmöglichkeit** vor[41]. Zum anderen ist die Einhaltung der VerstV nicht Voraussetzung für die Anwendung des § 445[42]. Es genügt vielmehr, dass die Sache aufgrund eines Pfandrechts in öffentlicher Versteigerung unter der Bezeichnung als Pfand verkauft wird[43]. Eine andere Frage ist, ob die Berufung des Verkäufers auf § 445 im Falle eines Verstoßes des Versteigerers gegen die VerstV ein **rechtsmissbräuchliches Verhalten iSd § 242** darstellt[44].

3. **Keine Anwendbarkeit des § 445 auf sonstige öffentliche Versteigerungen und den 10
freihändigen Verkauf**. § 445 ist als Ausnahmevorschrift sowohl nach dem Wortlaut als auch nach Sinn und Zweck weder auf sonstige, **nicht aufgrund eines Pfandrechts** erfolgende öffentliche Versteigerungen, noch im Falle des freihändigen Verkaufs einer mit einem Pfandrecht belasteten Sache anwendbar. Die Tatbestandsmerkmale „auf Grund eines Pfandrechts“ und „in einer öffentlichen Versteigerung“ müssen vielmehr kumulativ vorliegen. Der gesetzliche Gewährleistungsausschluss ist daher insbes nicht anwendbar beim freihändigen Verkauf **nicht hinterlegungsfähiger Sachen** durch einen zu solchen Verkäufen öffentlich ermächtigten Handelsmakler oder durch eine zur öffentlichen Versteigerung befugte Person zum laufenden Preis (§§ 385, 383 Abs 1). Werden solche Sachen auf Grundlage des § 383 Abs 1 versteigert, so handelt es sich zwar um eine öffentliche Versteigerung iSd §§ 445, 383 Abs 3 Satz 1. Die Versteigerung erfolgt hier aber nicht aufgrund eines Pfandrechts[45]. Wegen **Fehlens eines Pfandrechts** findet § 445 auch in den Fällen keine Anwendung, in denen nach HGB § 373 Abs 1 und Abs 2 oder gem HGB § 379 Abs 2, HGB § 388 Abs 2, HGB § 389, HGB § 419 Abs 3 Satz 3, jeweils iVm HGB § 373 Abs 2, eine öffentliche Versteigerung durchgeführt wird[46]. Erfolgt nach Maßgabe dieser Vorschriften des HGB ein freihändiger Verkauf der Ware, so ist darüber hinaus keine **öffentliche Versteigerung** iSd § 383 Abs 3 Satz 1 gegeben.

32 BeckOGK/Ulrici § 383 Rz 69; BeckOK/Dennhardt § 383 Rz 3; MünchKomm/Fetzer § 383 Rz 6; Staud/Kern § 383 Rz 13; Erman/Buck-Heeb § 383 Rz 3; Grüneberg/Grüneberg § 383 Rz 4.
33 BVerwG GewArch 1989, 235.
34 Verordnung über gewerbsmäßige Versteigerungen vom 24. April 2003 (BGBl I, S 547).
35 BGH NJW-RR 2010, 1210 Rz 13 f; BeckOGK/Stöber Rz 8; Erman/Buck-Heeb § 383 Rz 3; BeckOK/Dennhardt § 383 Rz 3; MünchKomm/Fetzer § 383 Rz 6.
36 BGHZ 96, 214, 215; Staud/Bach Rz 7; BeckOGK/Stöber Rz 9; BeckOK/Dennhardt § 383 Rz 4; MünchKomm/Fetzer § 383 Rz 6; Erman/Buck-Heeb § 383 Rz 3.
37 Vgl dazu Rz 14.
38 Vgl dazu Rz 10 f.
39 BeckOGK/Stöber Rz 8; Prütting/Wegen/Weinreich/Wagner Rz 4; Grüneberg/Weidenkaff Rz 6.
40 Vgl dazu BGHZ 96, 214, 218 ff (zum gleichlautenden VerstV § 9 Satz 1 aF); BeckOGK/Stöber Rz 8.
41 BGHZ 96, 214, 218 (zu VerstV § 9 Satz 1 aF). Im Fall des BGH war vom Ersteigerer nach dem Erwerb geltend gemacht worden, dass die „goldene Rolex-Uhr“ nur von ca 1 m Entfernung betrachtet und eine nähere Prüfung durch In-die-Hand-Nehmen der Uhr oder des abgenommenen Uhrarmbandes nicht möglich gewesen sei.
42 BGHZ 96, 214, 218 (zu § 461 aF).
43 BGHZ 96, 214, 218 (zu § 461 aF).
44 Vgl dazu unten Rz 31. Im Fall BGHZ 96, 214 ließ der BGH diese Frage offen, weil schon ein Verstoß gegen das Besichtigungsgebot des VerstV § 4 Satz 1 (§ 9 Satz 1 aF) nicht vorlag.
45 RG JW 1902, 545; BeckOGK/Stöber Rz 9; MünchKomm/Westermann Rz 2.
46 RG JW 1902, 545; MünchKomm/Westermann Rz 2; BeckOGK/Stöber Rz 10.

11 Der **freihändige Verkauf der Pfandsache** durch einen zu solchen Verkäufen öffentlich ermächtigten Handelsmakler oder durch eine zur öffentlichen Versteigerung befugte Person ist zwar in bestimmten Fällen gem §§ 1221, 1235 Abs 2, 1240 Abs 2, 1245 Abs 1, 1246 zulässig. Aber auch dann, wenn dieser Verkauf durch einen **öffentlich bestellten Versteigerer** erfolgt, ist § 445 deshalb nicht anwendbar, weil keine öffentliche Versteigerung iSd § 383 Abs 1 Satz 1 vorliegt[47].

IV. Anwendungsbereich des § 445 bei Verbrauchsgüterkäufen – öffentlich zugängliche Versteigerung iSd § 474 Abs 2 Satz 2

12 Nach § 475 Abs 3 Satz 2 ist der für öffentliche Versteigerungen einer Pfandsache geltende Gewährleistungsausschluss des § 445 im Falle eines Verbrauchsgüterkaufs iSd §§ 474 ff nicht anwendbar. Die Vorschriften über den Verbrauchsgüterkauf und damit auch § 475 Abs 3 Satz 2 finden aber gem § 474 Abs 2 Satz 2 dann von vornherein keine Anwendung, wenn es sich um **gebrauchte Sachen** handelt, die in einer **öffentlich zugänglichen Versteigerung** verkauft werden, sofern dem Verbraucher ausreichend Informationen über die Nichtanwendbarkeit leicht verfügbar gemacht werden. Für die öffentlich zugängliche Versteigerung iSd § 474 Abs 2 Satz 2 gilt die **Legaldefinition des § 312g Abs 2 Nr 10** und nicht die Legaldefinition des § 383 Abs 3 Satz 1. Die öffentlich zugänglichen Versteigerung iSd § 312g Abs 2 Nr 10 verlangt weder eine **öffentlich-rechtliche Bestellung** noch eine sonstige **Qualifikation des Versteigerers**, sondern stellt in Bezug auf das Tatbestandsmerkmal „öffentlich" auf die **Zugänglichkeit für Verbraucher** ab. Zu § 474 Abs 1 Satz 2 aF hat der BGH[48] die Auffassung vertreten, dass für die „öffentliche Versteigerung" im Sinne dieser Vorschrift, „an der der Verbraucher persönlich teilnehmen kann", die Legaldefinition des § 383 Abs 1 gelte[49]. Die Neuregelung beruht auf **Art 2 Nr 13 der Verbraucherrechte-Richtlinie**[50], der für den Begriff „öffentliche Versteigerung" ebenfalls nur die Zugänglichkeit für Verbraucher und nicht eine bestimmte, auf öffentlichem Recht beruhende Qualifikation oder Bestellung des Versteigerers verlangt[51].

13 Die Anwendung des § 445 auf einen Verbrauchsgüterkauf hängt demnach davon ab, ob der darauf bezogene Ausschluss des § 475 Abs 3 Satz 2 deshalb von vornherein nicht Platz greift, weil wegen **Verkaufs einer gebrauchten Sache** im Rahmen einer öffentlich zugänglichen Versteigerung gem § 474 Abs 2 Satz 2 die besonderen Vorschriften der §§ 474 ff Satz 1 nicht gelten. Da § 474 Abs 2 Satz 2 für die Nichtanwendbarkeit der Regelungen über den Verbrauchsgüterkauf voraussetzt, dass eine gebrauchte Sache versteigert wird, bleibt es bei der **öffentlichen Versteigerung neuer Sachen** beim Ausschluss der Anwendung des § 445 durch § 475 Abs 3 Satz 2, sofern es sich um einen Verbrauchsgüterkauf handelt[52]. Eine davon abweichende gesetzliche Regelung wäre mit **Art 1 Abs 3 der Verbrauchsgüterkauf-Richtlinie** und **Art 3 Abs 5 Satz 1 lit a Warenkauf-Richtlinie** nicht vereinbar[53]. Das Vorliegen einer Pfandversteigerung ändert damit bei neuen Sachen nichts an der Nichtanwendbarkeit des § 445 im Falle eines Verbrauchsgüterkaufs[54]. Wird dagegen eine **gebrauchte Sache aufgrund eines Pfandrechts** öffentlich versteigert iSd §§ 445, 383 Abs 3 Satz 1, so ist regelmäßig zugleich eine **öffentlich zugängliche Versteigerung** iSd § 474 Abs 2 Satz 2 gegeben und das Recht des Verbrauchsgüterkaufs von vornherein nicht anwendbar, so dass der Gewährleistungsausschluss des § 445 zugunsten des Verkäufers (Unternehmers) zum Zuge kommt[55]. Mit der **Verbrauchsgüterkauf-Richtlinie** und der **Warenkauf-Richtlinie** ist dies vereinbar, weil nach Art 1 Abs 3 der Verbrauchsgüterkauf-Richtlinie und Art 3 Abs 5 Satz 1 lit a der Warenkauf-Richtlinie die Mitgliedstaaten regeln können, dass vom Begriff „Verbrauchsgüter" keine gebrauchten Sachen erfasst werden, die im Rahmen einer **öffentlichen Versteigerung** verkauft werden, an der **Verbraucher teilnehmen** können[56].

V. Frage der Anwendbarkeit des § 445 auf Internetauktionen

14 1. **Versteigerung auf privatrechtlichen Versteigerungsplattformen mit Vertragsschluss ohne Zuschlag nach § 156 – insbes eBay-Versteigerung.** Die privatrechtliche Internetauktion,

47 MünchKomm/Westermann Rz 2.
48 BGH NJW 2006, 613 Rz 8 ff; BGH NJW-RR 2010, 1210 Rz 12.
49 AA Wertenbruch NJW 2004, 1977, 1981 (Öffentlichkeit im Sinne von Zugänglichkeit ausreichend).
50 Richtlinie 2011/83/EU des Europäischen Parlaments und des Rates vom 25.10.2011.
51 Die Begründung zum Gesetzentwurf (BT-Drucks 17/12637, S 69) verweist darauf, dass die Neufassung des § 474 Abs 2 Satz 2 inhaltlich dem bisherigen § 474 Abs 1 Satz 2 aF entspreche. Dies ist allerdings nur zutreffend, sofern schon für die öffentliche Versteigerung iSd § 474 Abs 1 Satz 2 aF entgegen der Auffassung des BGH (BGH NJW 2006, 613 Rz 8 ff; BGH NJW-RR 2010, 1210 Rz 12) nicht die Legaldefinition des § 383 Abs 3 Satz 1 galt (so Wertenbruch NJW 2004, 1977, 1981).
52 BeckOGK/Stöber Rz 7; BeckOK/Faust Rz 3.
53 BeckOGK/Stöber Rz 7; BeckOK/Faust Rz 3.
54 BeckOGK/Stöber Rz 7.
55 BeckOGK/Stöber Rz 7; Staud/Bach Rz 11; BeckOK/Faust Rz 3.
56 BeckOGK/Stöber Rz 7; BeckOK/Faust Rz 3.

insbes auf der Plattform von eBay, ist zwar nach dem allgemeinen Sprachgebrauch eine Versteigerung. Sie ist aber auch dann, wenn es sich um eine mit einem **Pfandrecht belastete Sache** handelt und das Angebot auf der betreffenden **Internetplattform** durch einen öffentlich bestellten Versteigerer erfolgt, **keine öffentliche Versteigerung iSd §§ 445, 383 Abs 3 Satz 1**. Entscheidend ist insoweit, dass der Kaufvertrag nicht nach § 156 durch **Zuschlag** eines Versteigerers entsteht[57]. Typischerweise kommt bei der Internetauktion der Kaufvertrag ohne weiteres mit dem Bieter zustande, der innerhalb der Auktionsfrist das Höchstgebot abgibt. Im Falle einer Internetauktion im Rahmen der **eBay-Plattform** ist das Einstellen und **Freischalten des Angebots** als ein verbindliches Angebot auf Abschluss eines Kaufvertrags zu sehen[58]. Durch das Gebot eines Bieters kommt der **Kaufvertrag unter der aufschiebenden Bedingung** des Nichterfolgens eines fristgerechten Übergebots eines anderen Kaufinteressenten zustande[59]. Die Nichtanwendbarkeit des § 445 auf Internetauktionen ist auch dann gegeben, wenn die auf diese Weise versteigerte Sache tatsächlich mit einem Pfandrecht belastet ist und ein **öffentlich bestellter Versteigerer** für den Pfandgläubiger die Veräußerung zum Zwecke der **Verwertung dieser Sicherheit** durchführt. In Wirklichkeit ist hier die Internetversteigerung der Pfandsache ein **freihändiger Verkauf iSd §§ 1221, 1235 Abs 2, 1240 Abs 1; 1245 Abs 1, 1246**[60].

2. **Öffentliche Pfandversteigerung über öffentlich-rechtliche Versteigerungsplattform**. 15
Bei der öffentlichen Versteigerung gepfändeter Sachen in der **Zwangsvollstreckung** steht die **Internetversteigerung** gem ZPO §§ 814 Abs 1, 817 Abs 2 iVm Abs 3 Nr 2 der **Versteigerung „vor Ort"** gleich, sofern sie über eine **von Landesregierungen durch Rechtsverordnung** errichtete öffentlich-rechtliche Versteigerungsplattform erfolgt und der Vertrag bei Ende der Versteigerungsfrist nach Maßgabe des § 156 durch Zuschlag zustande kommt[61]. Im Falle der Versteigerung über eine solche öffentlich-rechtliche Plattform im Rahmen der **Zwangsvollstreckung** sind die Voraussetzungen des **ZPO § 806** erfüllt, so dass die Gewährleistung ausgeschlossen ist. Soweit der Gerichtsvollzieher oder ein öffentlich bestellter Versteigerer über eine nach öffentlichem Recht eingerichtete **Justiz-Versteigerungsplattform**[62] Pfandgegenstände, an denen ein **BGB-Vertragspfand** besteht, öffentlich versteigert und nach den **Versteigerungsbedingungen** der Kaufvertrag am Ende der Versteigerungsfrist in Anlehnung an ZPO § 817 Abs 1 Satz 3 durch Zuschlag (§ 156) zustande kommt, ist das Vorliegen einer öffentlichen Versteigerung iSd §§ 445, 383 Abs 3 Satz 1 zu bejahen. In Bezug auf das **Zuschlagserfordernis** kommt es nicht darauf an, ob sich dies – wie bei der Zwangsvollstreckung (§ 817 Abs 1 Satz 3) – aus dem Gesetz oder aus den Versteigerungsbedingungen der auf öffentlich-rechtlicher Grundlage eingerichteten Versteigerungsplattform ergibt. Hinsichtlich der sich nach öffentlichem Recht erforderlichen **Qualifikation des Versteigerers** und der freien Teilnahmemöglichkeit besteht ohnehin kein Unterschied zwischen einer Versteigerung „vor Ort" und über eine öffentlich-rechtliche Versteigerungsplattform. Ein nicht unerheblicher Nachteil des Pfandverkaufs über eine Internet-Versteigerungsplattform besteht allerdings aus der Sicht des verwertenden Pfandgläubigers darin, dass – anders als bei der Zwangsvollstreckung – kein öffentlich-rechtlicher Veräußerungsvertrag, sondern ein **privatrechtlicher Kaufvertrag** zustande kommt, der einen **Fernabsatzvertrag iSd § 312c** darstellt und ein **Widerrufsrecht** nach § 312g begründet, sofern der Pfandgegenstand von einem **Verbraucher** erworben wird[63].

VI. Versteigerung einer Sache im Wege der Zwangsvollstreckung – Vorrang der ZPO § 806, ZVG § 56 Satz 3, AO § 283

1. **Grundsätze**. Wird eine bewegliche oder unbewegliche Sache auf **Grundlage eines vollstreckbaren Titels** im Rahmen der Zwangsvollstreckung veräußert, so ist die **Gewährleistungshaftung des Verkäufers** gesetzlich ausgeschlossen. Dies ergibt sich aber nicht aus § 445, sondern aus den Spezialregelungen ZPO § 806, ZVG § 56 Satz 3 sowie AO § 283. Nach ZPO § 806 steht dem Erwerber, sofern ein Gegenstand **aufgrund der Pfändung veräußert** wird, wegen eines Mangels im Recht oder wegen eines Mangels der veräußerten Sache ein Anspruch auf Gewährleistung nicht zu. Die Anwendung der § 437 ist damit zu Lasten des Käufers ausgeschlossen. Eine Veräußerung des Pfandgegenstands iSd ZPO § 806 ist jede an die hoheitliche Pfändung anknüpfende Verwertungsmaßnahme[64]. Erfasst vom Gewährleistungsausschluss des ZPO § 806 wird nicht nur die Veräußerung im Wege **öffentlicher Versteigerung vor Ort** (ZPO § 814 16

57 MünchKomm/Westermann Rz 2; BeckOGK/Stöber Rz 9.
58 Vgl § 7 Nr 2 der eBay-Bedingungen (Stand 25.10.2023).
59 Vgl § 7 Nr 5 der eBay-Bedingungen (Stand 25.10.2023).
60 Vgl dazu oben Rz 10 f.
61 Vgl dazu unten Rz 18 f.
62 Vgl dazu unten Rz 19.
63 Vgl dazu Begr Entwurf eines Gesetzes über die Internetversteigerung in der Zwangsvollstreckung, BT-Drucks 16/12811, S 8.
64 MünchKomm/Gruber, ZPO, 2020^{6}, § 806 Rz 2.

Abs 2 Nr 1), sondern auch die **allgemein zugängliche Versteigerung im Internet** über eine nach öffentlichem Recht eingerichtete Versteigerungsplattform (ZPO § 814 Abs 2 Nr 2 iVm Abs 3 Nr 2). Das Gleiche gilt für den **freihändigen Verkauf** und die anderen zwangsvollstreckungsrechtlichen Verwertungsarten nach ZPO §§ 825, 844, 857[65]. Die Rechtfertigung für den insoweit bestehenden Unterschied zwischen § 445 und ZPO § 806 besteht darin, dass die aufgeführten **zwangsvollstreckungsrechtlichen Veräußerungsarten** allesamt öffentlich-rechtlicher und damit **hoheitlicher Natur** sind.

17 Der Zweck des ZPO § 806 besteht darin, die Verwertung einer Sache im Rahmen der Zwangsvollstreckung möglichst nicht durch **materiell-rechtliche Ansprüche** aus Sach- oder Rechtsmängelhaftung zu erschweren[66]. Entstehungsgeschichtlich beruht der gesetzliche Gewährleistungsausschluss des ZPO § 806 darauf, dass die Versteigerung gepfändeter Sachen nach der Auffassung des damaligen Gesetzgebers – wie der Verkauf eines Vertragspfands nach BGB – als **privatrechtlicher Kaufvertrag** iSd § 433 einzuordnen war[67]. Nach heute herrschender Auffassung ist der **Zuschlag ein Hoheitsakt**, mit dem ein **öffentlich-rechtlicher Vertrag** zwischen dem Staat, vertreten durch den Gerichtsvollzieher oder einem sonstigen Vollziehungsbeamten, und dem Ersteher begründet wird[68]. Die Regelung des ZPO § 806 enthält demnach die Klarstellung, dass trotz **Nichtvorliegens eines privatrechtlichen Pfandverkaufs iSd § 445** etwaige Ansprüche des Erwerbers wegen Sach- und Rechtsmängeln ausgeschlossen sind[69]. Für die **Zwangsvollstreckung in Grundstücke** enthält ZVG § 56 Satz 3 eine inhaltlich übereinstimmende Regelung („Ein Anspruch auf Gewährleistung findet nicht statt"). Das Gleiche gilt bei der **Vollstreckung von Steuerforderungen** nach Maßgabe der AO §§ 249 ff auf Grundlage der Spezialregelung des AO § 283[70]. Der Gewährleistungsausschluss beim Erwerb einer gepfändeten Sache durch öffentliche Versteigerung ist mit der außer Kraft getretenen **Verbrauchsgüterkauf-Richtlinie** vereinbar, weil gem **Art 1 Abs 2 lit b** dieser Richtlinie bewegliche Sachen, die „aufgrund von Zwangsvollstreckungsmaßnahmen" verkauft werden, **keine „Verbrauchsgüter"** sind. Eine übereinstimmende Ausnahme normiert **Art 3 Abs 4 lit b Warenkauf-Richtlinie**.

18 2. **Öffentliche Versteigerung iSd ZPO §§ 806, 817 über das Internet**. Die Regelungen der ZPO §§ 814 Abs 1, 817 Abs 1 lassen als öffentliche Versteigerung sowohl die **Versteigerung „vor Ort"** (ZPO §§ 814 Abs 2 Nr 1; 817 Abs 1 Satz 1) als auch die **Versteigerung „im Internet"** über eine Versteigerungsplattform (ZPO §§ 814 Abs 2 Nr 2; 817 Abs 1 Satz 2) zu. Bei einer Versteigerung im Internet ist gem ZPO § 817 Abs 1 Satz 2 der Zuschlag dem Bieter erteilt, der am Ende der Versteigerung unter Beachtung des nach ZPO § 817 Abs 1 Satz 1 zu erreichenden Mindestgebots das **höchste Gebot abgegeben** hat[71]. Gem ZPO § 817a Abs 1 Satz 3 findet die Regelung des § 156 über das **Zustandekommen des Vertrags durch Zuschlag** entsprechende Anwendung. Bei einer **eBay-Versteigerung** kommt der Kaufvertrag dagegen nicht durch Zuschlag iSd § 156, sondern durch Angebot des Verkäufers und Annahme durch Gebot eines Bieters unter **aufschiebender Bedingung** des Nichterfolgens eines Übergebots zustande[72]. Die **eBay-Versteigerung** und die sonstigen **Internetversteigerungen „ohne Zuschlag"** iSd § 156 sind daher **keine öffentlichen Versteigerungen** nach ZPO § 814[73]. Insoweit besteht daher kein Unterschied zum Begriff der öffentlichen Versteigerung gem § 383 Abs 3 Satz 1[74]. Der Gesetzgeber hat die Internetversteigerung zum Zwecke der Verwertung gepfändeter Sachen bewusst **öffentlich-rechtlich ausgestaltet**, um das Eingreifen des umfassenden Gewährleistungsausschlusses des ZPO § 806 sicherzustellen[75].

19 Gem § 814 Abs 3 Satz 1 Nr 2 bestimmen die **Landesregierungen durch Rechtsverordnung** die Versteigerungsplattform[76]. Im Falle einer Versteigerung **gepfändeter Sachen** über diese Plattform sind die Voraussetzungen des ZPO § 806 erfüllt, so dass die Gewährleistung zu Lasten des Erwerbers ausgeschlossen ist. Soweit der Gerichtsvollzieher oder ein öffentlich bestellter Versteigerer über eine nach **öffentlichem Recht** eingerichtete Justiz-Versteigerungsplattform Pfandgegenstände, an denen ein **BGB-Vertragspfand** besteht, öffentlich versteigert und nach den **Versteigerungsbedingungen** der privatrechtliche Kaufvertrag am Ende der Versteigerungsfrist

65 MünchKomm/Gruber, ZPO, 2020[6], § 806 Rz 2.
66 Musielak/Voit/Flockenhaus, ZPO, 2023[20], § 806 Rz 1.
67 So RGZ 104, 300, 301; vgl zum Ganzen MünchKomm/Gruber, ZPO, 2020[6], § 806 Rz 1.
68 Begr Gesetzentwurf, BT-Drucks 16/12811, S 8; RGZ 156, 395, 397 f; MünchKomm/Gruber, ZPO, 2020[6], § 817 Rz 3 ff.
69 MünchKomm/Gruber, ZPO, 2020[6], § 806 Rz 1.
70 „Wird ein Gegenstand auf Grund der Pfändung veräußert, so steht dem Erwerber wegen eines Mangels im Recht oder wegen eines Mangels der veräußerten Sache ein Anspruch auf Gewährleistung nicht zu".
71 Vgl dazu MünchKomm/Gruber, ZPO, 2020[6], § 817 Rz 7.
72 Vgl dazu oben 14.
73 Begr Gesetzentwurf, BT-Drucks 16/12811, S 8.
74 Vgl dazu oben Rz 14.
75 Begr Gesetzentwurf, BT-Drucks 16/12811, S 8.
76 Aktuell ist dies aufgrund übereinstimmender Rechtsverordnungen der Bundesländer www.justiz-auktion.de; vgl dazu MünchKomm/Gruber, ZPO, 2020[6], § 811 Rz 11.

durch Zuschlag nach § 156 zustande kommt, ist das Vorliegen einer **öffentlichen Versteigerung iSd §§ 445, 383 Abs 3 Satz 1** zu bejahen[77]. Es kann aber wegen Vorliegens eines **Fernabsatzvertrags** ein Widerrufsrecht des Erwerbers bestehen[78] oder/und die Anwendung des § 445 aufgrund einer Anwendbarkeit der besonderen Vorschriften über den **Verbrauchsgüterkauf**[79] ausgeschlossen sein.

VII. Ausschluss des § 445 bei arglistigem Verschweigen des Mangels – deliktische Ansprüche

1. **Grundsätze.** Die auf dem SMG 2002 beruhende Neufassung des § 445 stellt im Vergleich zu § 461 aF auch klar, dass eine aufseiten des Verkäufers vorliegende mangelbezogene Arglist den gesetzlichen Gewährleistungsausschluss aufhebt und der Käufer nicht auf eine **Anfechtung wegen arglistiger Täuschung** nach § 123 und auf **deliktische Schadensersatzansprüche** aus § 823 Abs 2 sowie § 826 angewiesen ist[80]. Vor Inkrafttreten des § 445 war dies – wie bei der Beschaffenheitsgarantie (Zusicherung iSd §§ 459 Abs 2, 463 aF) – umstritten[81]. Deliktische Ansprüche aus **§ 823 Abs 2 iVm StGB § 263 und § 826** werden zwar durch § 445 von vornherein nicht ausgeschlossen[82]. Sofern die Voraussetzungen dieser Anspruchsgrundlagen gegeben sind, liegt aber regelmäßig auch eine Arglist iSd § 445 vor mit der Folge, dass auch die Mängelgewährleistungsansprüche gegeben sind. Der **Arglistbegriff des § 445** stimmt inhaltlich mit der Arglist iSd §§ 444, 442 Abs 1 Satz 2, 438 Abs 3 überein[83]. Das **arglistige Vorspiegeln** einer bestimmten Beschaffenheit der Pfandsache steht dem arglistigen Verschweigen eines Mangels gleich[84]. Praktische Bedeutung haben insoweit insbes Angaben des Verkäufers oder des Versteigerers **„ins Blaue hinein“**. Dabei handelt es sich um Erklärungen zur Beschaffenheit des Versteigerungsgegenstands, die ohne ausreichende Prüfung und sonstige Tatsachengrundlage abgegeben werden[85]. Als Vorsatzform ausreichend ist auch der **bedingte Vorsatz**, dh, eine Arglist des Verkäufers ist auch dann zu bejahen, wenn er das Vorliegen eines Mangels für möglich hält und bewusst in Kauf nimmt[86]. Im Falle eines **arglistigen Verhaltens des Versteigerers** stellt sich die Frage der Zurechnung zu Lasten des Verkäufers[87]. 20

Der für das Vorliegen einer Arglist **maßgebliche Zeitpunkt** ist der Zuschlag nach § 156[88]. Die Arglist des Verkäufers muss für den Abschluss des Kaufvertrags durch Zuschlag **nicht ursächlich geworden** sein[89]. In Bezug auf das **fehlende Kausalitätserfordernis** besteht kein Unterschied zwischen § 445 und der für den vertraglichen Gewährleistungsausschluss geltenden Regelung des § 444[90]. Die Darlegungs- und Beweislast für das Vorliegen einer Arglist des Verkäufers obliegt dem Käufer[91]. 21

2. **Arglistzurechnung im Verhältnis zwischen Verkäufer und Versteigerer – Anwendung des § 166.** Da der **Versteigerer** die öffentliche Versteigerung und damit den Pfandverkauf auf Grundlage eines Versteigerungsauftrags iSd VerstV § 1 als **Vertreter des Verkäufers** durchführt, findet neben § 164 auch die allgemeine vertretungsrechtliche Zurechnungsnorm des § 166 Anwendung[92]. Erkennt der Versteigerer im Vorfeld der Auktion einen Mangel des Pfandgegenstands und führt er die Versteigerung gleichwohl ohne Offenlegung gegenüber den Bietern durch, so ist dem **gutgläubigen Verkäufer** die Arglist des Versteigerers **gem § 166 Abs 1 zuzurechnen**[93]. In dem Fall, in dem der Verkäufer den Mangel des Pfandgegenstands kennt und den Versteigerer nicht darüber informiert, kann der Verkäufer sich gem § 166 Abs 2 nicht auf eine Gutgläubigkeit des Versteigerers als Stellvertreter berufen. Es liegt hier vielmehr kraft Zurechnung eine Arglist des Verkäufers vor. Schaltet der Verkäufer oder Versteigerer zum Zwecke der Untersuchung des Versteigerungsgegenstands eine **fachkundige Person** ein, die einen Mangel feststellt, aber den Auftraggeber darüber nicht informiert, so erfolgt die **Arglistzurechnung nach dem Rechtsgedanken des § 166 Abs 1**[94]. 22

3. **Arglistzurechnung bei Mehrheit von Verkäufern.** Im Falle der öffentlichen Versteigerung des Pfandgegenstands im Auftrag einer Mehrheit von Verkäufern ist für die Arglist iSd 23

77 Vgl dazu oben Rz 15.
78 Vgl dazu oben Rz 15.
79 Vgl dazu oben Rz 12 f.
80 Vgl dazu oben Rz 1 f.
81 Vgl dazu oben Rz 1 f.
82 Vgl Staud/Bach Rz 12.
83 Vgl zu den Voraussetzungen § 444 Rz 62 ff.
84 Vgl § 444 Rz 120 ff.
85 Vgl zu den Einzelheiten § 444 Rz 129 ff.
86 Vgl § 444 Rz 99.
87 Vgl dazu unten Rz 22.
88 MünchKomm/Westermann Rz 4; BeckOGK/Stöber Rz 22; BeckOK/Faust Rz 8.
89 BGHZ 190, 272 Rz 13 (zu § 444); BGH ZIP 2017, 380 Rz 16 (zu § 444); BeckOGK/Stöber Rz 21; Staud/Matusche-Beckmann § 444 Rz 63.
90 BeckOGK/Stöber Rz 21.
91 Vgl dazu unten 34 ff.
92 BGHZ 190, 272 Rz 19 (zu § 444); BeckOGK/Stöber Rz 22.
93 BeckOGK/Stöber Rz 22.
94 Vgl dazu § 444 Rz 154 ff.

§ 445 ausreichend, dass **ein Mitverkäufer** den Mangel arglistig verschwiegen hat[95]. Für die Zurechnung im konkreten Einzelfall ist nicht entscheidend, ob die **Zurechnungsvoraussetzungen des § 166** gegeben sind. Es kommt hier vielmehr ein allgemeines **kaufrechtliches Zurechnungsprinzip zur Anwendung**, dessen Rechtfertigung darin zu sehen ist, dass den Vorteilen eines **arbeitsteiligen Vorgehens einer Personenmehrheit** beim Verkauf oder Kauf einer Sache die **gegenseitige Zurechnung von Kenntnistatbeständen** korrespondiert[96].

VIII. Ausschluss des § 445 bei Beschaffenheitsgarantie des Verkäufers

24 1. **Unmittelbare Garantieerklärungen des Verkäufers – konkludente Beschaffenheitsgarantie.** Mit der im Rahmen des SMG 2002 erfolgten Neufassung des § 445 hat der Gesetzgeber klargestellt, dass bei Vorliegen einer Beschaffenheitsgarantie des Verkäufers der gesetzliche Gewährleistungsausschluss nicht Platz greift[97]. Zu § 461 aF war die Frage umstritten, und der BGH hatte die Anwendbarkeit der Norm in diesem Sonderfall offengelassen[98]. Der Garantiebegriff des § 445 stimmt mit der in §§ 444, 442 Abs 1 Satz 2 geregelten Beschaffenheitsgarantie überein. Die allgemeinen Grundsätze über die Abgrenzung zwischen „einfacher" **Beschaffenheitsvereinbarung iSd § 434 Abs 2 Satz 1 Nr 1** und Garantieerklärung gelten auch für den Anwendungsbereich des § 445[99]. Die Garantie setzt demnach eine ausdrückliche oder konkludente (stillschweigende) Erklärung des Verkäufers voraus, **uneingeschränkt und verschuldensunabhängig** für das Vorhandensein der betreffenden Beschaffenheit der Kaufsache zum Zeitpunkt des Gefahrübergangs einstehen zu wollen[100]. Eine Beschaffenheitsgarantie kann vom Verkäufer auch in Bezug auf die **Freiheit der Kaufsache von Rechtsmängeln** übernommen werden[101].

25 Große praktische Bedeutung hat die Frage, ob in der **Bezeichnung des Pfandgegenstands** durch den Versteigerer und den darin enthaltenen Beschaffenheitsangaben eine **konkludente Garantieerklärung** gesehen werden kann. Dies ist regelmäßig zu verneinen[102]. Denn die nach VerstV § 2 erforderliche Kennzeichnung dient nur der Konkretisierung des Pfandgegenstands und der Unterscheidung von anderen Pfandsachen[103]. Bei der Versteigerung von Pfandgegenständen im **Auftrag eines Pfandleihers** entspricht es der tatsächlichen Übung, dass der Versteigerer für die Bezeichnung des konkreten Pfandgegenstands die Angaben in den **Aufzeichnungen des Pfandleihers (Pfandbuch)** übernimmt[104]. Insoweit ist zwar die Annahme einer **Beschaffenheitsvereinbarung iSd § 434 Abs 2 Satz 1 Nr 1** regelmäßig gerechtfertigt. Eine darüber hinausgehende Garantie kann aber nur dann bejaht werden, wenn dafür **besondere Anhaltspunkte** vorliegen[105]. Der mit dem sog **ersten Aufruf** angegebene Geldbetrag bietet jedenfalls dann keine Grundlage für die Annahme einer konkludenten Zusicherung, wenn er sich am **tatsächlichen Verkehrswert** des Pfandgegenstands orientiert[106]. Aber auch in dem Fall, in dem der aufgerufene Preis („Startpreis") nur bei tatsächlichem Vorliegen der angegebenen Beschaffenheit gerechtfertigt ist, kann ohne zusätzliche besondere Anhaltspunkte keine konkludente Garantieerklärung bejaht werden. Denn Grundlage für den Betrag des ersten Aufrufs ist hier lediglich die Beschaffenheit, die zur **kaufvertraglichen Soll-Beschaffenheit iSd § 434 Abs 2 Satz 1 Nr 1** und bei Nichtvorliegen zu einem Sachmangel führt. Insoweit haftet der Verkäufer aber gem § 445 grundsätzlich nicht.

26 2. **Zurechnung von ausdrücklichen und konkludenten Garantieerklärungen des Versteigerers.** – a) **Befugnis des Versteigerers zu Beschaffenheitsvereinbarungen iSd § 434 Abs 2 Satz 1 Nr 1.** Nach **VerstV § 1 Satz 1** darf der Versteigerer nur aufgrund eines schriftlichen Vertrags mit dem Auftraggeber eine Sache versteigern. In diesem Vertrag sind die **einzelnen zur Versteigerung bestimmten Sachen zu bezeichnen** (VerstV § 1 Satz 2 Nr 2). Eine ausdrückliche Befugnis des Versteigerers zur verbindlichen Angabe von Beschaffenheitsmerkmalen oder gar zur Abgabe von Garantieerklärungen enthält die VerstV nicht. In Bezug auf die **Beschaffenheit** ist aber davon auszugehen, dass sich die Berechtigung des Versteigerers zur Abgabe darauf bezogener Erklärungen gegenüber Kaufinteressenten vor Beginn der Auktion bei fehlender ausdrücklicher

95 BGHZ 210, 23 Rz 15 ff (zu § 444); BGH NJW-RR 1987, 1415, 1416 (zu §§ 459 aF, 476 aF); aA BeckOGK/Stöber Rz 22; BeckOK/Faust § 438 Rz 45; Erman/Grunewald § 444 Rz 11; MünchKomm/Westermann § 444 Rz 13; vgl zu den Einzelheiten § 444 Rz 174 ff.
96 Vgl § 444 Rz 177 f.
97 Vgl dazu oben Rz 1 f.
98 BGHZ 96, 214, 215 f; vgl dazu Rz 1.
99 Vgl zu den Einzelheiten § 444 Rz 196 ff.
100 Vgl zu den Einzelheiten § 444 Rz 196.
101 Vgl zu den Einzelheiten § 444 Rz 185.
102 BGHZ 96, 214, 216.
103 BGHZ 96, 214, 216 zu VerstV § 4 aF.
104 BGHZ 96, 214, 216; BeckOGK/Stöber Rz 27.
105 BGHZ 96, 214, 216 f; BeckOGK/Stöber Rz 27; BeckOK/Faust Rz 9. Im Fall des BGH war daher in der Bezeichnungsangabe „goldene Rolex-Uhr" keine Zusicherung (Garantie) des Inhalts zu sehen, dass es sich um eine „echte goldene Rolex-Uhr" handelt. In Wirklichkeit wurde nur ein nachträglich vergoldetes Stahl/Gold-Modell der Marke „Rolex" mit goldenem Rolex-Armband versteigert.
106 BGHZ 96, 214, 217.

Vereinbarung im Wege einer **Auslegung des schriftlichen Auftrags** unter Berücksichtigung des Wesens der öffentlichen Versteigerung ergibt. Denn auch im Falle einer Veräußerung durch öffentliche Versteigerung kann der Käufer zumindest die Angabe derjenigen Beschaffenheitsmerkmale erwarten, die beim gewöhnlichen Kaufgeschäft so verkehrsüblich sind, dass bei Nichtvorhandensein die Durchführung des Verkaufs nur schwer möglich wäre. So ist die **Versteigerung eines gebrauchten Pkw** nur vorstellbar, wenn die Motorstärke (kw), das Baujahr sowie das Datum der Erstzulassung vom Versteigerer mitgeteilt werden. Bei zur Versteigerung vorgesehenen Waren, deren Marktpreis sich insbes nach dem Gewicht richtet, ist die **Gewichtsangabe** unabdingbar. Durch das Höchstgebot eines Kaufinteressenten kommt in Bezug auf Beschaffenheitsangaben des Versteigerers eine **Vereinbarung iSd § 434 Abs 2 Satz 1 Nr 1** mit Wirkung für und gegen den Verkäufer zustande. Eine Abweichung der tatsächlichen Beschaffenheit (Ist-Beschaffenheit) von dieser **vertraglichen Soll-Beschaffenheit** führt dann zu einem Sachmangel. Der Gewährleistungsausschluss des § 445 greift aber ein, sofern die Beschaffenheitsangaben des Versteigerers keine dem Verkäufer (Pfandgläubiger) zurechenbare Garantieerklärung darstellen und keine Arglist aufseiten des Verkäufers gegeben ist.

b) **Vertretungsmacht des Versteigerers bezüglich Garantieerklärungen.** Gibt der Verstei- 27
gerer als Vertreter des Verkäufers (Pfandgläubigers) **ausdrücklich oder konkludent** eine Garantieerklärung ab, so hängt die Zurechnung zu Lasten des Verkäufers nach der allgemeinen Regelung des § 164 Abs 1 Satz 1 von einer Vertretungsmacht ab[107]. Unproblematisch ist der Fall, in dem der **Versteigerungsauftrag** auch die Befugnis des Versteigerers zur Abgabe einer derartigen Erklärung vorsieht. Das Interesse des Verkäufers wird insoweit regelmäßig darin bestehen, einen höheren Versteigerungserlös zu erzielen. Fehlt aber in Bezug auf die Abgabe einer Garantieerklärung des Versteigerers eine entsprechende **Vollmachtserteilung**, so hängt die Zurechnung vom Vorliegen einer **Anscheins- oder Duldungsvollmacht** ab. Erkennt der Verkäufer vor Beginn der Versteigerung, dass der Versteigerer eigenmächtig zusätzlich zur Bezeichnung des Gegenstands eine Garantieerklärung abgeben wird, so sind bei Zugrundelegung der hM[108] die **Voraussetzungen einer Duldungsvollmacht** erfüllt, wenn der Verkäufer hiergegen nicht einschreitet, sondern den Versteigerer gewähren lässt. Nach vorzugswürdiger Ansicht ist ein Rückgriff auf die Duldungsvollmacht als eigenständiges Rechtsinstitut des Vertretungsrechts nicht erforderlich, weil regelmäßig schon eine **konkludente Vollmachtserteilung** vorliegt[109].

Schwieriger zu beurteilen ist die Frage, ob in dem Fall, in dem der Verkäufer die eigenmäch- 28
tige Garantieerklärung des Versteigerers nicht erkannt und auch keine Anhaltspunkte in dieser Hinsicht wahrgenommen hat, eine **Anscheinsvollmacht** angenommen werden kann. Da nach VerstV § 1 ein **Versteigerungsauftrag** schriftlich erteilt werden muss[110], können die Bieter davon ausgehen, dass der Versteigerer zur Versteigerung befugt ist und seine Angaben zum Versteigerungsgegenstand durch diesen Auftrag gedeckt sind. Der **Rechtsschein einer Vertretungsmacht** ist daher grundsätzlich in Bezug auf alle Erklärungen des Versteigerers zur Beschaffenheit des Versteigerungsgegenstands zu bejahen. Die Bieter haben idR keine Veranlassung, die Übereinstimmung der Erklärungen des Versteigerers mit dem konkreten **Versteigerungsauftrag** zu überprüfen. Da die Versteigerung an einem bestimmten Termin durchgeführt wird und unmittelbar mit Zuschlagserteilung auf Grundlage eines Höchstgebots beendet ist, sind die Bieter in tatsächlicher Hinsicht auch kaum in der Lage, das **Bestehen einer Vertretungsmacht** des Versteigerers durch **Nachfragen beim Verkäufer** zu überprüfen. Andererseits kann der Verkäufer sich ohne nennenswerten Aufwand – zB per E-Mail – die vom Versteigerer vorgesehenen **Erklärungen zur Beschaffenheit des Versteigerungsgegenstands** zum Zwecke der Autorisierung vorlegen lassen. Macht der Verkäufer von dieser Möglichkeit keinen Gebrauch, obwohl dies für den Gewährleistungsausschluss nach § 445 von erheblicher Bedeutung sein kann, so ist die für die **Anscheinsvollmacht erforderliche Zurechnung** zu bejahen.

3. **Gegenständliche oder/und rechtsfolgenbezogene Beschränkungen der Garantieer- 29
klärung des Verkäufers.** – a) **Beschränkung auf bestimmte Beschaffenheitsmerkmale.** Der Verkäufer kann seine Garantie gegenständlich auf **besondere Beschaffenheitsmerkmale der Pfandsache** beschränken. Der gesetzliche Gewährleistungsausschluss ist dann nur insoweit nicht anwendbar[111]. Das Vorliegen einer auf ein bestimmtes Beschaffenheitsmerkmal bezogenen Garantieerklärung des Verkäufers beseitigt daher den gesetzlichen Gewährleistungsausschluss des § 445 nicht in vollem Umfang, sondern nur in Bezug auf **Abweichungen der Ist-Beschaffenheit von der Soll-Beschaffenheit**, die von der konkreten Beschaffenheitsgarantie erfasst sind[112].

107 Vgl auch BeckOGK/Stöber Rz 27.
108 Vgl BGHZ 202, 158 Rz 26.
109 MünchKomm/Schubert § 167 Rz 107; Staud/Schilken § 167 Rz 29a.
110 Vgl oben Rz 22.
111 BeckOK/Faust Rz 10.
112 BeckOK/Faust Rz 10.

Dass nur in § 444 – nicht aber in § 445 – nach Inkrafttreten des SMG 2002 die Formulierung **„wenn"** durch **„soweit"** ersetzt wurde, rechtfertigt in dieser Hinsicht keine andere Beurteilung[113].

30 b) **Beschränkung des Umfangs der Einstandspflicht**. Die Beschaffenheitsgarantie des Verkäufers setzt zwar die Übernahme einer **unbedingten Einstandspflicht** voraus, die sich grundsätzlich auch auf sämtliche Rechtsfolgen eines Mangels bezieht[114]. Im Rahmen der **Vertragsfreiheit** kann der Verkäufer aber die Rechtsfolgen seiner Garantie iSd § 445 auf **bestimmte Rechtsfolgen beschränken**[115]. Dies ist auch konkludent möglich. Bei fehlender Aufführung der Rechtsfolgen in der Garantieerklärung müssen sie ohnehin durch **Auslegung** ermittelt werden[116]. Praktische Bedeutung in Bezug auf die Frage der Beschränkung der Rechtsfolgen der Garantie hat insbes die Konstellation, in der vom Verkäufer eine Einstandspflicht nur für die **Nacherfüllung** (§ 437 Nr 1) und die Gestaltungsrechte **Rücktritt und Minderung** (§ 437 Nr 2), nicht aber für eine verschuldensunabhängige Schadensersatzhaftung (§ 437 Nr 3) übernommen wird[117]. Eine derartige Beschränkung der Rechtsfolgen der Garantie führt bei **Fehlen der betreffenden Beschaffenheit** dazu, dass der Gewährleistungsausschluss des § 445 hinsichtlich Nacherfüllung sowie Rücktritt und Minderung nicht Platz greift, während die **Schadensersatzhaftung** ausgeschlossen bleibt. Die Beschränkung der Rechtsfolgen der Garantie ist sowohl mit dem Wortlaut als auch mit dem Sinn und Zweck des § 445 vereinbar. Zum einen ist die in dieser Norm enthaltene tatbestandliche Formulierung „wenn" auch im Sinne von „soweit" zu verstehen[118]. Zum anderen handelt der Verkäufer in keiner Weise widersprüchlich, wenn er seine Beschaffenheitsgarantie auf die Gewährung von Nacherfüllung und Rücktritt/Minderung beschränkt und sich gegenüber **Schadensersatzforderungen des Käufers** auf § 445 beruft. Denn eine Schadensersatzhaftung wurde vom Verkäufer nicht zugesichert.

IX. Nichtanwendbarkeit des § 445 wegen rechtsmissbräuchlichen Verhaltens des Verkäufers (§ 242)

31 In der Entscheidung BGHZ 96, 214 hat der BGH die Frage offengelassen, ob eine Einschränkung der Anwendung des § 461 aF durch § 242 (Treu und Glauben) grundsätzlich möglich ist[119]. Auf Grundlage der Feststellungen des Berufungsgerichts war im konkreten Fall des BGH ein rechtsmissbräuchliches Verhalten des Verkäufers (Pfandgläubigers) nicht gegeben[120]. Eine Einschränkung der **speziellen Regelung des § 445** durch die Generalklausel des § 242 muss nach Ansicht des BGH jedenfalls die Ausnahme bleiben[121]. Selbstverständlich kann der Erwerber sich gegenüber dem Pfandgläubiger als Verkäufer nicht darauf berufen, dass § 445 mit dem **Schutzzweck der Sachmängelhaftung** unvereinbar sei und deshalb die Berufung auf diesen gesetzlichen Haftungsausschluss eine **unzulässige Rechtsausübung (§ 242)** darstelle[122]. Die Anwendung der Generalklausel des § 242 kann zwar nicht generell ausgeschlossen werden. Für den absoluten Ausnahmecharakter im Falle einer öffentlichen Versteigerung iSd § 445 spricht insbes, dass dem Verkäufer aufgrund der Neufassung der Norm durch das SMG 2002 nur eine Garantie bezüglich der Beschaffenheit und das arglistige Verschweigen eines Mangels schadet[123]. Diese Ausnahmeregelung ist grundsätzlich als abschließend anzusehen. Eine Anwendung des § 242 ist daher sicher ausgeschlossen, soweit der Käufer eine Unregelmäßigkeit rügt, die nach den Versteigerungsvorschriften und dem **Wesen der öffentlichen Versteigerung** zu den Risiken gehört, die § 445 dem Käufer als Teilnehmer an einem solchen Veräußerungsverfahren zuweist.

32 Das gilt vor allem für einen Verstoß gegen das **Besichtigungsgebot des VerstV § 4 Satz 1**[124]. Der Käufer hat zwar ein unbestreitbares Interesse an der Besichtigung der Kaufsache zum Zwecke der Prüfung, ob ein Sachmangel vorhanden ist. Da die Regelung des VerstV § 4 Satz 1 keine **bestimmte Intensität der Besichtigungsmöglichkeit** anordnet, handelt es sich insoweit um eine **Ermessensentscheidung des Versteigerers**. Die Berufung auf § 242 ist dem Käufer auch dann versagt, wenn der Versteigerer dieses Ermessen fehlerhaft ausübt. Denn der Käufer handelt seinerseits widersprüchlich iSd § 242 (*venire contra factum proprium*), wenn er trotz einer nach seiner Auffassung **unzureichenden Besichtigungsmöglichkeit** ein Gebot abgibt und dann im Falle der Erteilung des Zuschlags und Feststellung eines Mangels eine Nichtanwendbarkeit des § 445 wegen Vorliegen eines rechtsmissbräuchlichen Verhaltens des Verkäufers geltend macht.

113 BeckOK/Faust Rz 10.
114 Vgl § 444 Rz 196.
115 BeckOK/Faust Rz 9; aA BeckOGK/Stöber Rz 28.
116 BeckOK/Faust Rz 9.
117 Vgl dazu BeckOK/Faust Rz 9.
118 Vgl dazu oben Rz 29.
119 BGHZ 96, 214, 218.
120 BGHZ 96, 214, 218.
121 BGHZ 96, 214, 218.
122 BGHZ 96, 214, 218; Staud/Bach Rz 21; Jauernig/Berger Rz 3; MünchKomm/Westermann Rz 1.
123 MünchKomm/Westermann Rz 3; BeckOK/Faust Rz 7.
124 Vgl dazu oben Rz 9.

Anders ist die Rechtslage selbstverständlich dann, wenn der Pfandgläubiger als Verkäufer im Zusammenwirken mit dem Versteigerer eine **objektiv gebotene Besichtigungsmöglichkeit einschränkt**, um zu verhindern, dass die Kaufinteressenten (Bieter) einen dem Verkäufer bekannten Mangel erkennen. Hier ist aber § 445 wegen Vorliegens einer **Arglist des Verkäufers** nicht anwendbar[125]. Das Gleiche gilt in dem Fall, in dem zwar dem Verkäufer der Mangel unbekannt ist, der Versteigerer ihn aber vor Beginn der Versteigerung entdeckt und deswegen die eigentlich gebotene Besichtigungsmöglichkeit einschränkt. Die in dieser Konstellation **aufseiten des Versteigerers gegebene Arglist** ist dem Verkäufer gem § 166 Abs 1 zurechenbar[126]. Auch dies belegt, dass neben den Ausnahmetatbeständen Arglist und Garantie grundsätzlich kein Raum ist für die Anerkennung weiterer Ausnahmen vom gesetzlichen Gewährleistungsausschluss unter Heranziehung der Generalklausel des § 242.

Eine die Anwendung des § 445 ausschließende unzulässige Rechtsausübung iSd § 242 kann aber dann vorliegen, wenn der Pfandgläubiger die **öffentliche Versteigerung** zwar – für sich betrachtet – unter Einhaltung der gesetzlichen Vorschriften vom Versteigerer durchführen lässt, die Zulässigkeitsvoraussetzungen aber **treuwidrig herbeigeführt** wurden[127]. Der Gewährleistungsausschluss kann hier deshalb als treuwidrig anzusehen sein, weil der Pfandgläubiger die öffentliche Versteigerung als Rechtsrahmen missbräuchlich in Anspruch nimmt, um eigene Interessen durchzusetzen. Der Verstoß gegen einzelne Vorschriften des BGB über den Pfandverkauf genügt insoweit allerdings nicht. Abgesehen davon, dass die in den §§ 1242, 1244 geregelten Voraussetzungen des **dinglichen lastenfreien Erwerbs** nicht den Kaufvertrag als Kausalgeschäft betreffen, ermöglichen diese Vorschriften selbst bei Nichtbestehen eines Pfandrechts und/oder sonstiger **fehlender Rechtmäßigkeit des Pfandverkaufs** weitgehend einen gutgläubigen Erwerb des Käufers (Höchstbietenden). Der Gewährleistungsausschluss des § 445 ist daher in dieser Hinsicht eine interessengerechte Kehrseite des Schutzes des Erwerbers bei fehlender sachenrechtlicher Rechtsmäßigkeit des Pfandverkaufs. Soweit wegen Vorliegens einer öffentlichen Versteigerung iSd § 383 Abs 3 Satz 1 ein **Verstoß gegen die Vorschriften des BGB** über die Veräußerung eines Vertragspfands dem dinglichen lastenfreien Erwerb nach §§ 1242, 1244 nicht entgegensteht, ist die Berufung des Verkäufers auf § 445 grundsätzlich nicht als treuwidrig iSd § 242 anzusehen. Etwas anderes gilt dann, wenn – wie dargelegt – schon die öffentliche Versteigerung treuwidrig herbeigeführt wird. 33

X. Darlegungs- und Beweislast bezüglich Anwendungsvoraussetzungen und Ausschlusstatbeständen

1. **Grundsätze.** Dem **Verkäufer** obliegt die Darlegungs- und Beweislast dafür, dass die Sache aufgrund eines Pfandrechts[128] in einer öffentlichen Versteigerung[129] unter der Bezeichnung als Pfand verkauft wurde[130]. Diese Verteilung der Darlegungs- und Beweislast beruht darauf, dass dem Käufer bei **Vorliegen eines Mangels iSd §§ 434, 435** grundsätzlich die Gewährleistungsrechte nach Maßgabe des § 437 zustehen. Im Verhältnis zu diesem Grundsatz stellt der gesetzliche Gewährleistungsausschluss des § 445 eine **Ausnahme zugunsten des Verkäufers** dar. Es findet daher die Beweislastregel Anwendung, nach der eine Ausnahme vom Regeltatbestand von der Partei zu beweisen ist, die sich darauf beruft. Dieses beweisrechtliche Prinzip greift auch Platz, wenn es um die Frage geht, ob die Gewährleistungshaftung des Verkäufers deshalb nicht nach § 445 ausgeschlossen ist, weil er den **Mangel arglistig verschwiegen oder eine Beschaffenheitsgarantie übernommen** hat. Denn Arglist und Garantie des Verkäufers sind bei Vorliegen einer öffentlichen Versteigerung iSd §§ 445, 383 Abs 3 Satz 1 **gesetzliche Ausnahmen zugunsten des Käufers** vom Gewährleistungsausschluss. Der Käufer trägt daher in Bezug auf diese Ausnahmetatbestände die Darlegungs- und Beweislast[131]. Liegen die eine Gewährleistungshaftung des Verkäufers ausschließenden tatbestandlichen Voraussetzungen des § 445 vor, so muss der **Käufer** darlegen und beweisen, dass aufseiten des Verkäufers ein arglistiges Verhalten oder die Übernahme einer **Beschaffenheitsgarantie** gegeben ist[132]. In Bezug auf den Ausnahmetatbestand der Arglist genügt auch der Nachweis, dass der beauftragte Versteigerer arglistig gehandelt hat und dies dem Verkäufer gem § 166 Abs 1 zurechenbar ist[133]. 34

2. **Beweislast des Käufers und sekundäre Darlegungslast des Verkäufers bei streitiger Arglist.** Dass die Arglist ein subjektiver Tatbestand aufseiten des Verkäufers ist und daher vom 35

125 BeckOGK/Stöber Rz 14.
126 Vgl Rz 22.
127 MünchKomm/Westermann Rz 3.
128 Vgl dazu oben Rz 7.
129 Vgl dazu oben Rz 8 ff.
130 Staud/Bach Rz 24; MünchKomm/Westermann Rz 4; BeckOGK/Stöber Rz 30; BeckOK/Faust Rz 11.
131 Staud/Bach Rz 24; BeckOGK/Stöber Rz 31.
132 Staud/Bach Rz 24; BeckOGK/Stöber Rz 30.
133 Vgl dazu oben Rz 22.

Käufer nur schwer nachgewiesen werden kann, ändert nichts an der Darlegungs- und Beweislast des Käufers für das **Vorliegen sämtlicher Umstände**, die den Arglisttatbestand ausfüllen[134]. Im Falle einer Täuschung durch Verschweigen eines Mangels gehört dazu auch die **fehlende Offenbarung** gegenüber dem Käufer[135]. Die den Tatbestand der Arglist des Verkäufers begründenden Umstände müssen daher grundsätzlich vom Käufer bewiesen und nicht stattdessen vom Verkäufer ausgeräumt werden[136]. Steht allerdings im **Gewährleistungsprozess** fest, dass der Verkäufer den Mangel gekannt hat, und ist streitig, ob die Offenbarung gegenüber dem Käufer unterblieben ist, so kommen dem Käufer in Bezug auf den **Nachweis dieser negativen Tatsache** Erleichterungen nach den Grundsätzen der sekundären Darlegungslast zugute[137]. Der Käufer kann sich daher hier zunächst darauf beschränken, die fehlende Offenbarung durch den Verkäufer zu behaupten[138]. Es obliegt dann dem Verkäufer die Darlegung, wie die **Aufklärung des Käufers** über den Mangel **räumlich, zeitlich und inhaltlich erfolgt** sein soll[139]. Der Käufer ist dann lediglich gehalten, die vom Verkäufer zu spezifizierende Aufklärung auszuräumen[140]. Erfüllt der Verkäufer die ihm nach Maßgabe dieser Grundsätze obliegende sekundäre Darlegungslast nicht, so ist sein Vorbringen nicht erheblich[141]. Eine Arglist des Verkäufers ist daher in diesem Fall zu bejahen. Entsprechendes gilt nach den Grundsätzen über die sekundäre Darlegungslast, wenn der Verkäufer eine Aufklärung nicht darlegt, sondern behauptet, er habe davon ausgehen können, dass der **Käufer über den Mangel bereits informiert** sei[142].

36 Eine vergleichbare Konstellation besteht auch dann, wenn eine Mangelkenntnis des Verkäufers zwar nachgewiesen ist, er aber behauptet, dass eine **ausreichende Beseitigung** erfolgt sei[143]. Dem Verkäufer obliegt hier im Rahmen einer sekundären Darlegungslast, die Einzelheiten der von ihm ergriffenen Mangelbeseitigungsmaßnahmen näher zu erläutern[144]. Grundsätzlich nicht ausreichend ist insoweit die **pauschale und nicht näher konkretisierte Behauptung** des Verkäufers, er habe den Mangel ordnungsgemäß beseitigen lassen[145]. Dass der Verkäufer zur Angabe von Einzelheiten überhaupt nicht in der Lage ist, dürfte nur ganz selten der Fall sein[146]. Im Übrigen wäre auch eine solche außergewöhnliche Unwissenheit bezüglich des Ablaufs der vom Verkäufer selbst in Gang gesetzten Mangelbeseitigung ein Umstand, dessen Entstehungsgründe vom Verkäufer plausibel erläutert werden müssten. Hat der Verkäufer nach Erlangung der Mangelkenntnis die aus seiner Sicht **ausreichenden Mangelbeseitigungsmaßnahmen** selbst durchgeführt oder veranlasst, so lässt eine Unzulänglichkeit der betreffenden Maßnahme zwar den ursprünglichen Mangel fortbestehen. Die **ursprüngliche Mangelkenntnis** allein begründet aber keine Arglist iSd § 445. In Bezug auf die Kenntnis des Verkäufers vom **tatsächlichen Nichteintritt** der Mangelbeseitigung trägt vielmehr der Käufer die Darlegungs- und Beweislast.

37 3. **Abdingbarkeit des § 445.** – a) **Abbedingung des § 445 zugunsten des Käufers.** Eine Abbedingung des § 445 zugunsten des Käufers führt dazu, dass ihm im Falle des Erwerbs einer **mangelhaften Sache** im Rahmen einer öffentlichen Versteigerung die **Gewährleistungsrechte aus § 437** auch dann zustehen, wenn aufseiten des Verkäufers **keine Arglist oder Garantie** gegeben ist. Da die Vereinbarung einer derartigen Abweichung von § 445 nur zur **Geltung des regulären Gewährleistungsrechts** führt und für den Käufer in keiner Hinsicht nachteilig ist, bestehen keine Bedenken gegen die Wirksamkeit[147]. Dies gilt grundsätzlich auch bei Verwendung von AGB. Dass der Käufer eine Abbedingung des § 445 zu seinen Gunsten im Wege der Vereinbarung eigener **Einkaufs-AGB** erreicht, dürfte in tatsächlicher Hinsicht schon dadurch ausgeschlossen sein, dass bei Beginn der Versteigerung regelmäßig ungewiss ist, welcher Kaufinteressent aufgrund der Abgabe des Höchstgebots den **Zuschlag** gem § 156 erhält.

38 b) **Abbedingung des § 445 zu Lasten des Käufers.** Eine von § 445 zu Lasten des Käufers abweichende Vereinbarung ist in der Weise denkbar, dass die gesetzliche Gewährleistung auch dann bestehen bleiben soll, wenn aufseiten des Verkäufers eine **Arglist** oder eine **Beschaffenheitsgarantie** gegeben ist. Eine derartige Abbedingung des § 445 ist unwirksam[148]. Da im Falle einer Arglist oder Garantie des Verkäufers der Gewährleistungsausschluss des § 445 iE nicht Platz

134 BGHZ 188, 43 Rz 12 (zu § 444); BGH NJW 2016, 2315 Rz 21 (zu § 444); Staud/Bach Rz 24; MünchKomm/Westermann Rz 4; BeckOGK/Stöber Rz 30 f.
135 BGHZ 188, 43 Rz 12 (zu § 444); NJW-RR 2003, 989, 990 (zu § 463 Satz 2 aF).
136 BGHZ 117, 260, 263 (zu § 463 Satz 2 aF); NJW-RR 2003, 989, 990 (zu § 463 Satz 2 aF).
137 BGHZ 188, 43 Rz 12 (zu § 444); BGHZ 190, 272 Rz 18 (zu § 444); BeckOGK/Stöber Rz 31.
138 BGHZ 190, 272 Rz 18 (zu § 444).
139 BGHZ 188, 43 Rz 12 (zu § 444); BGHZ 190, 272 Rz 18 (zu § 444); BeckOGK/Stöber Rz 31.
140 BGHZ 188, 43 Rz 12 (zu § 444); BGHZ 190, 272 Rz 18 (zu § 444).
141 BGHZ 190, 272 Rz 18 (zu § 444).
142 BGHZ 188, 43 Rz 15 (zu § 444); BeckOGK/Stöber Rz 31.
143 BGH NJW 2016, 2315 Rz 21 (zu § 444).
144 BGH NJW 2016, 2315 Rz 21 (zu § 444).
145 BGH NJW 2016, 2315 Rz 21 (zu § 444).
146 Vgl dazu BGH NJW 2016, 2315 Rz 21 (zu § 444).
147 Vgl Staud/Bach Rz 22 f; allgemein Erman/Grunewald Rz 4.
148 Staud/Bach Rz 23; BeckOGK/Stöber Rz 32; BeckOK/Faust Rz 8 (für die Arglist).

greift, sondern dem Käufer grundsätzlich die Gewährleistungsrechte aus § 437 zustehen, handelt es sich bei einer solchen Abbedingung um einen **vertraglichen Gewährleistungsausschluss**, dessen Unwirksamkeit sich aus § 444 ergibt[149]. Zudem ist ein gegen § 242 verstoßendes **widersprüchliches Verhalten** (*venire contra factum proprium*) des Verkäufers zu bejahen, soweit er einerseits für das Vorliegen einer Beschaffenheit eine Garantie übernimmt und andererseits jede gewährleistungsrechtliche Einstandspflicht vertraglich ablehnt. In Bezug auf die Aufrechterhaltung des Gewährleistungsausschlusses im **Arglistfall** ist neben der Unwirksamkeit nach § 444 ein Verstoß gegen den Rechtsgedanken des **§ 276 Abs 3** zu bejahen, nach dem die **Haftung des Schuldners für Vorsatz** nicht ausgeschlossen werden kann.

§ 445a Rückgriff des Verkäufers

(1) Der Verkäufer kann beim Verkauf einer neu hergestellten Sache von dem Verkäufer, der ihm die Sache verkauft hatte (Lieferant), Ersatz der Aufwendungen verlangen, die er im Verhältnis zum Käufer nach § 439 Absatz 2, 3 und 6 Satz 2 sowie nach § 475 Absatz 4 zu tragen hatte, wenn der vom Käufer geltend gemachte Mangel bereits beim Übergang der Gefahr auf den Verkäufer vorhanden war oder auf einer Verletzung der Aktualisierungspflicht gemäß § 475b Absatz 4 beruht.

(2) Für die in § 437 bezeichneten Rechte des Verkäufers gegen seinen Lieferanten bedarf es wegen des vom Käufer geltend gemachten Mangels der sonst erforderlichen Fristsetzung nicht, wenn der Verkäufer die verkaufte neu hergestellte Sache als Folge ihrer Mangelhaftigkeit zurücknehmen musste oder der Käufer den Kaufpreis gemindert hat.

(3) Die Absätze 1 und 2 finden auf die Ansprüche des Lieferanten und der übrigen Käufer in der Lieferkette gegen die jeweiligen Verkäufer entsprechende Anwendung, wenn die Schuldner Unternehmer sind.

(4) § 377 des Handelsgesetzbuchs bleibt unberührt.

ÜBERSICHT

149 Staud/Bach Rz 23; BeckOGK/Stöber Rz 32.

Schrifttum: v Caemmerer, Verträge zugunsten Dritter, in: Festschr für Wieacker, 1978, S 311; Hondius, Kaufen ohne Risiko: Der europäische Richtlinienentwurf zum Verbraucherkauf und zur Verbrauchergarantie, ZEuP 1997, 130; Ehmann/Rust, Die Verbrauchsgüterkaufrichtlinie – Umsetzungsvorschläge unter Berücksichtigung des Reformentwurfs der deutschen Schuldrechtskommission, JZ 1999, 853; Staudenmayer, Die EG-Richtlinie über den Verbrauchsgüterkauf, NJW 1999, 2393; Brüggemeier, Zur Reform des deutschen Kaufrechts – Herausforderungen durch die EG-Verbrauchsgüterkaufrichtlinie, JZ 2000, 529; Ernst/Gsell, Kaufrechtsrichtlinie und BGB – Gesetzentwurf für eine „kleine" Lösung bei der Umsetzung der EU-Kaufrechtsrichtlinie, ZIP 2000, 1410; Ernst/Gsell, Kritisches zum Stand der Schuldrechtsmodernisierung, ZIP 2001, 1389; W – H Roth, Die Schuldrechtsmodernisierung im Kontext des Europarechts, in: Ernst/Zimmermann, Zivilrechtswissenschaft und Schuldrechtsreform, 2001, S 225; v Sachsen Gessaphe, Der Rückgriff des Letztverkäufers – neues europäisches und deutsches Kaufrecht, RIW 2001, 721; Schlechtriem, Das geplante Gewährleistungsrecht im Licht der europäischen Richtlinie zum Verbrauchsgüterkauf, in: Ernst/Zimmermann, Zivilrechtswissenschaft und Schuldrechtsreform, 2001, S 205; Schubel, Schuldrechtsreform: Perspektivenwechsel im Bürgerlichen Recht und AGB-Kontrolle für den Handelskauf, JZ 2001, 1113; Westermann, Das neue Kaufrecht einschließlich des Verbrauchsgüterkaufs, JZ 2001, 530; Ball, Neues Gewährleistungsrecht beim Kauf, ZGS 2002, 49; Bereska, Der neue Lieferantenregress nach §§ 478, 479 BGB – eine Arbeitshilfe, ZGS 2002, 59; Brüggemeier, Das neue Kaufrecht des Bürgerlichen Gesetzbuches – Eine kritische Bestandsaufnahme, WM 2002, 1376; Budzikiewicz, Ablaufhemmung und intertemporales Kollisionsrecht, AnwBl 2002, 394; Gruber, Das neue deutsche Zwischenhändler-Schutzrecht – eine Benachteiligung inländischer Hersteller und Großhändler?, NJW 2002, 1180; Grundmann/Bianca (Hrsg), EU-Kaufrechtsrichtlinie, 2002; H e ß, Das neue Schuldrecht – In-Kraft-Treten und Übergangsregelungen, NJW 2002, 253; P Huber/Faust, Schuldrechtsmodernisierung: Einführung in das neue Recht, 2002; Knoche, Verbrauchsgüterkauf: Rückgriff des Letztverkäufers gegenüber seinem Lieferanten nach § 478 BGB nF bei vor dem 1.1.2002 abgeschlossenen Lieferverträgen, DB 2002, 1699; Koch, Auswirkungen der Schuldrechtsreform auf die Gestaltung Allgemeiner Geschäftsbedingungen, WM 2002, 2217; Mankowski, Ein Zulieferer ist kein Lieferant – Konsequenzen aus dem begrenzten Zuschnitt der Regressregelung in §§ 478, 479 BGB, DB 2002, 2419; Marx, Handlingkosten im Unternehmerrückgriff, BB 2002, 2566; Matthes, Der Herstellerregress nach § 478 BGB in Allgemeinen Geschäftsbedingungen – ausgewählte Probleme, NJW 2002, 2505; Matusche-Beckmann, Unternehmerregress im neuen Kaufrecht: Rechtsprobleme in der Praxis, BB 2002, 2561; Maultzsch, Schuldrechtsmodernisierung 2001/2002: Der Regress des Unternehmers beim Verbrauchsgüterkauf, JuS 2002, 1171; Pfeiffer, Systemdenken im neuen Leistungsstörungs- und Gewährleistungsrecht, ZGS 2002, 23; Schubel, Mysterium Lieferkette, ZIP 2002, 2061; Staudinger, Der Rückgriff des Unternehmers in grenzüberschreitenden Sachverhalten, ZGS 2002, 63; Wagner/Neuenhahn, Die Anwendbarkeit der §§ 478, 479 BGB auf die „Beschaffungskette" des Herstellers, ZGS 2002, 395; Wertenbruch, Die eingeschränkte Bindung des Käufers an Rücktritt und Minderung, JZ 2002, 862; Westermann, Das neue Kaufrecht, NJW 2002, 241; Böhle, Teleologische Reduktion beim Rückgriff in der Lieferkette, NJW 2003, 3680; Ernst, Gewährleistungsrecht – Ersatzansprüche des Verkäufers gegen den Hersteller aufgrund von Mangelfolgeschäden, MDR 2003, 4; Höpker, Verkäuferregress (§§ 478, 479 BGB), 2003; Jacobs, Die kaufrechtliche Nacherfüllung, in: Dauner-Lieb/Konzen/K Schmidt

(Hrsg), Das neue Schuldrecht in der Praxis, 2003, S 371; Lorenz, Selbstvornahme der Mängelbeseitigung im Kaufrecht, NJW 2003, 1417; K Schmidt, Der gesetzliche Händlerregress bei Käuferketten (§§ 478, 479 BGB) – Gesetzesregel, akademische Diskussion und Problemlösungen der Praxis, in: Dauner-Lieb/Konzen/K Schmidt (Hrsg), Das neue Schuldrecht in der Praxis, 2003, S 427; Tröger, Aufwendungsersatz nach § 478 Abs 2 BGB, ZGS 2003, 296; Wagner/Neuenhahn, Die vertragliche Erstreckung der Regelungen der §§ 478, 479 BGB auf die „Beschaffungskette" des Herstellers – 2. Teil, ZGS 2003, 64; Wenzel, Kaufrechtliche Probleme in der Unternehmenspraxis und Lösungsvorschläge, DB 2003, 1887; Bitterich, Der Rückgriff des Letztverkäufers – Auslegungsprobleme der §§ 478, 479 BGB einschließlich internationaler Aspekte, JR 2004, 485; Böhle, Der Rückgriff in der Lieferkette gem der §§ 478, 479 BGB nach dem Schuldrechtsmodernisierungsgesetz, 2004; d e r s, Die teleologische Reduktion der §§ 478 Abs 1 und 3, 479 Abs 2 Satz 1 BGB auf das Regressinteresse – Der Rückgriff in der Lieferkette, WM 2004, 1616; Ebert, Das Recht des Verkäufers zur zweiten Andienung und seine Risiken für den Käufer, NJW 2004, 1761; Jacobs, Der Rückgriff des Unternehmers nach § 478 BGB, JZ 2004, 225; Kessel/Passauer, Einkaufsbedingungen in der Automobilindustrie, BB 2004, 1974; Lorenz, Unternehmerregress im Verbrauchsgüterkauf und Internationales Privatrecht – Zum internationalen Anwendungsbereich der §§ 478, 479 BGB, in: Festschr für Jayme, Bd I, 2004, S 533; Matusche – Beckmann, §§ 478, 479 BGB und die Weitergabe von Regressrisiken an Zulieferer, in: Festschr für Kollhosser, Bd II, 2004, S 459; Oechsler, Praktische Anwendungsprobleme des Nacherfüllungsanspruchs, NJW 2004, 1825; H Roth, Standzeit von Kraftfahrzeugen als Sachmangel, NJW 2004, 330 f; v Sachsen Gessaphe, Neues Kaufrecht und Lieferbedingungen im unternehmerischen Geschäftsverkehr, in: Festschr für Sonnenberger, 2004, S 99; Schroeter, Kostenerstattungsanspruch des Käufers nach eigenmächtiger Selbstvornahme der Mängelbeseitigung?, JR 2004, 441; Schultze – Melling, Der Rückgriff des Letztverkäufers in die Handelskette, 2004; Schumacher, Der Lieferantenregress gem §§ 478, 479 BGB, 2004; Tröger, Voraussetzungen des Verkäuferregresses im BGB, AcP 204 (2004), 115; Tiedtke/Schmitt, Der Händlerregress im Rahmen des Verbrauchsgüterkaufs, ZIP 2005, 681; Bartelt, Der Rückgriff des Letztverkäufers: Eine Analyse der §§ 478, 479 BGB, 2006; Klose, Risikoallokation beim Lieferantenregress nach den §§ 478, 479 BGB, 2006; Loose, Der Letztverkäuferregress nach den §§ 478, 479 BGB – Eine Bestandsaufnahme, 2006; Stürner, Die Qual der (Ab-)Wahl: Der Ausschluss des UN-Kaufrechts aus Sicht des deutschen Importeurs, BB 2006, 2029; Wertenbruch, Einwendungen beim Vertrag mit Schutzwirkung für Dritte und konkurrierende Deliktsansprüche, in: Festschr für U Huber, 2006, S 637; Wind, Der Lieferanten- und Herstellerregress im deutsch-italienischen Rechtsverkehr, 2006; Büchel, Der Regress des Letztverkäufers nach § 478 BGB – viel Lärm um nichts?, Gedächtnisschr Rainer Walz, 2007, 33; Dutta, Der europäische Letztverkäuferregress bei grenzüberschreitenden Absatzketten im Binnenmarkt, ZHR 171 (2007), 79; Lepsius, Obliegenheiten versus unternehmerische Dispositionsfreiheit als taugliche Prinzipien bei der gegenwärtigen und künftigen Interpretation der §§ 478, 479 BGB?, AcP 207 (2007), 340; Lange, Die Untersuchungs- und Rügeobliegenheit beim Streckengeschäft, JZ 2008, 661; Salewski, Das Verhältnis von § 478 Abs 1 und Abs 2 BGB, ZGS 2008, 212; Sendmeyer, Der Unternehmerregress nach Maßgabe der §§ 478, 479 BGB, 2008; Nietsch, System und Gestaltung des Rückgriffs in der Lieferkette, AcP 210 (2010), 722; Thon, Aus- und Wiedereinbaukosten im Rahmen der Nacherfüllung, JuS 2017, 1150; Bandehzadeh/Röschenkemper, Der AGB-rechtliche Ausschluss der §§ 445a, 445b BGB in rein unternehmerischen Lieferketten, BB 2018, 1738; Maultzsch, Die kaufrechtlichen Neuregelungen zum Umfang der Nacherfüllung und zum Rückgriff des Verkäufers: Berlin locuta – causa finita?, ZfPW 2018, 1; Mediger, Die Abdingbarkeit der Mängelhaftung beim Rückgriff des Verkäufers in AGB, NJW 2018, 577; Nietsch/Osmanovic, Die kaufrechtliche Sachmängelhaftung nach dem Gesetz zur Änderung des Bauvertragsrechts, NJW 2018, 1; Paulus/Zwirlein, Der neugefasste Lieferantenbegriff im Kaufrecht, NJW 2018, 1841; Weidt, Der Rückgriff des Verkäufers im neuen Mängelhaftungsrecht, NJW 2018, 263; Staudinger/Artz, Neues Kaufrecht und Verträge über digitale Produkte, 2022.

A. Allgemeine Grundlagen

I. Die Entstehungsgeschichte des § 445a

1. **Umsetzung des Art 4 der Verbrauchsgüterkauf-Richtlinie im Rahmen des SMG 2002 durch § 478 aF – Ersetzung durch Art 18 Warenkauf-Richtlinie.** Mit der nur für den Verbrauchsgüterkauf geltenden Regelung des § 478 aF wurde die Vorgabe des Art 4 der Verbrauchsgüterkauf-Richtlinie[1] im Rahmen des SMG 2002 umgesetzt[2]. Nach dieser **europarechtlichen Vorgabe** kann der Letztverkäufer „den oder die Haftenden innerhalb der Vertragskette in Regress nehmen", sofern er gegenüber dem Verbraucher „aufgrund einer Vertragswidrigkeit infolge eines Handelns oder Unterlassens des Herstellers, eines früheren Verkäufers innerhalb derselben Vertragskette oder einer anderen Zwischenperson (haftet)." Nähere Vorgaben für die Ausgestaltung des Regresses enthält diese Vorschrift der Richtlinie allerdings nicht. Nach Art 4 Satz 2 der Richtlinie bestimmt das innerstaatliche Recht „den oder die Haftenden, den oder die der Letztverkäufer in Regress nehmen kann, sowie das entsprechende Vorgehen und die Modalitäten". Die konkrete Ausgestaltung der Rückgriffsansprüche wurde also den **nationalen Gesetzgebern** überlassen[3]. Der dem nationalen Gesetzgeber bei der Umsetzung zustehende Ermessensspielraum wurde allerdings eingeschränkt durch das **Gebot des effektiven Rückgriffs**[4]. Dieses 1

1 Vgl zur Entstehungsgeschichte des Art 4 Grundmann/Bianca/Bridge EU-Kauf-RL, 2002, Art 4 Rz 1 ff.

2 Begr Gesetzentwurf, BT-Drucks 14/6040, S 247 (zu § 478 aF).

3 Begr Gesetzentwurf, BT-Drucks 14/6040, S 247 (zu § 478 aF).

4 Vgl dazu Grundmann/Bianca/Bridge EU-Kauf-RL, 2002, Art 4 Rz 28 f (Verbürgung eines effektiven Regresses); MünchKomm/Lorenz Rz 6; BeckOGK/Arnold Rz 32.

Gebot spielte eine zentrale Rolle bei zahlreichen Auslegungsfragen der einzelnen Absätze des § 478 aF und auch bei der Anwendung des § 479 aF.

2 Die Herauslösung des Rechts des Rückgriffs des Verkäufers aus den nur für den Verbrauchsgüterkauf geltenden §§ 474 ff und Verlagerung in das **allgemeine Kaufrecht** mit Wirkung zum 1.1.2018 ändert nichts an der unmittelbaren Geltung dieser europarechtlichen Vorgabe der Verbrauchsgüterkauf-Richtlinie, soweit es um einen Verbrauchsgüterkauf geht. Die Warenkauf-Richtlinie trat am 1.1.2022 in Kraft und ersetzt gem **Art 23** die Verbrauchsgüterkauf-Richtlinie, die damit außer Kraft trat. Die Vorgaben für den **Rückgriff des Letztverkäufers** im Falle der Gewährleistungshaftung gegenüber einem Verbraucher regelt Art 18 der Warenkaufrichtlinie in **inhaltlicher Übereinstimmung** mit Art 4 der Verbrauchsgüterkauf-Richtlinie. Nach Art 18 Satz 1 der Warenkauf-Richtlinie kann der Verkäufer im Fall einer Gewährleistungshaftung gegenüber einem Verbraucher „bei den oder dem innerhalb der Vertragskette Haftenden Rückgriff [...] nehmen". Die „diesbezüglichen Maßnahmen und Bedingungen für die Geltendmachung der Rückgriffsansprüche bestimmt das nationale Recht" (Art 18 Satz 2 der Warenkauf-Richtlinie).

3 Mit der seit 1.1.2018 geltenden Verlagerung des Rechts des Rückgriffs des Letztverkäufers gegen seinen Lieferanten sowie des weiteren Rückgriffs in der Lieferkette in das allgemeine Kaufrecht bringt der Gesetzgeber zum Ausdruck, dass die bisher auf den Verbrauchsgüterkauf beschränkte Privilegierung des Verkäufers beim **Verkauf einer neu hergestellten Sache** grundsätzlich für alle Kaufverträge über derartige Gegenstände gelten soll, also unabhängig von einer **Verbraucherstellung des Endabnehmers**[5] und von einer **Unternehmerstellung** des Letztverkäufers[6] sowie des Lieferanten[7]. Der Letztverkäufer ist zwar idR ein **gewerblicher Zwischenhändler** und damit ein Unternehmer. Der Rückgriff nach § 445a Abs 1 und Abs 2 greift aber auch dann Platz, wenn der Letztverkäufer im Ausnahmefall eine Verbraucherstellung hat[8]. Entsprechendes gilt, wenn der Lieferant weder der Hersteller noch ein **gewerblicher Zwischenhändler**, sondern ausnahmsweise ein Verbraucher ist, der eine erworbene neu hergestellte Sache unmittelbar an einen Zwischenhändler als Letztverkäufer weiterveräußert[9].

4 2. **Die Verbrauchsgüterkauf-Regelungen der §§ 478 aF, 479 aF als Vorbild der §§ 445a, 445b.** – a) **Strenge Verkäuferhaftung beim Verbrauchsgüterkauf als Grundlage für Privilegierungen beim Rückgriff nach §§ 478 aF, 479 aF.** Die Regressregelung des § 478 aF bezog sich ebenso wie die Verjährungsvorschrift des § 479 aF nur auf den Fall des Vorliegens eines Verbrauchsgüterkaufs am **Ende der Lieferkette**. Darin lag in gesetzessystematischer Hinsicht die Rechtfertigung für die Platzierung des Rechts des Rückgriffs im Recht des Verbrauchsgüterkaufs (§§ 474 ff), obwohl am Rückgriff des Unternehmers in der Lieferkette nach Maßgabe der §§ 478 aF, 479 aF gegen den Lieferanten als Unternehmer gerade kein Verbraucher als Partei beteiligt war. Es wurde als nicht angemessen angesehen, dem Unternehmer (Letztverkäufer) im Falle eines Weiterverkaufs einer neu hergestellten Sache an einen Verbraucher die Folgen des durch das SMG 2002 verbesserten **kaufrechtlichen Verbraucherschutzes** ohne entsprechende Regressmöglichkeit aufzubürden[10]. Zum anderen hatte die Rückgriffsregelung des § 478 aF, obwohl sie nicht unmittelbar Rechte für einen Verbraucher begründete, verbraucherschützenden Charakter. Denn die an die Gewährleistungsrechte des Verbrauchers anknüpfenden besonderen **Regressansprüche des Letztverkäufers als Unternehmer** kamen mittelbar auch dem Verbraucher zugute. Die Durchsetzung von Gewährleistungsrechten des Verbrauchers wurde nämlich dadurch erleichtert, dass der Letztverkäufer als Schuldner dieser Ansprüche seinen Lieferanten privilegiert in Regress nehmen und dadurch den gegenüber dem Verbraucher entstandenen **Gewährleistungsaufwand „weiterreichen"** konnte[11]. Dies galt insbes in dem Fall, in dem der Letztverkäufer durch die Gewährleistungsrechte des Verbrauchers in wirtschaftliche Schwierigkeiten geraten konnte mit der Folge, dass ein erhöhtes Insolvenzrisiko bestand[12].

5 b) **Angemessenheit der Rückgriffsprivilegierungen bei fehlender Verbraucherstellung des Käufers (Endabnehmers).** Die in Rede stehenden Erwägungen zu §§ 478 aF, 479 aF können zwar beim **Rückgriff des Letztverkäufers** nach einer Gewährleistungshaftung gegenüber dem Käufer (Endabnehmer) aus einem Verbrauchsgüterkauf uneingeschränkt auch Geltung beanspruchen, soweit nunmehr die §§ 445a, 445b als Rechtsgrundlage anwendbar sind. Die Erwägungsgründe sind aber auch dann einschlägig, wenn es sich nicht um einen Verbrauchsgüterkauf am Ende der Lieferkette handelt, so dass die Erstreckung der besonderen Rückgriffsregeln der

5 Vgl dazu Rz 9 f.
6 Vgl zum Verkäuferbegriff Rz 15.
7 Vgl zum Lieferantenbegriff Rz 20 f.
8 Vgl dazu unten Rz 10, 15.
9 Vgl dazu unten Rz 22 ff.
10 Begr Gesetzentwurf, BT-Drucks 14/6040, S 247 (zu § 478 aF); Erman/Grunewald Rz 1; MünchKomm/Lorenz Rz 7; BeckOGK/Arnold Rz 12.1; BeckOK/Faust Rz 3; Staud/Bach Rz 5.
11 BeckOK/Faust Rz 2; BeckOGK/Arnold Rz 18 f.
12 Vgl BeckOGK/Arnold Rz 19; vgl dazu auch BeckOK/Faust Rz 3.

§§ 478 aF, 479 aF und die mit der Reform verbundenen Änderungen auf **alle Kaufverträge über neu hergestellte Waren** mit Wirkung zum 1.1.2018 als angemessen anzusehen ist[13]. Dies gilt insbes in Bezug auf Gewährleistungsfälle mit gravierenden finanziellen Belastungen für den Verkäufer. Zu erwähnen sind hier vor allem Situationen, in denen bei Lieferung mehrerer oder einer **Vielzahl von Sachen** die gesamte Lieferung (Charge) mangelhaft ist und sich daher der Gewährleistungsaufwand beim Letztverkäufer kumuliert. Insoweit ist aufseiten des Verkäufers regelmäßig nicht von Belang, ob der Verkauf der mangelhaften neu hergestellten Sache, die zur Gewährleistungshaftung führte, an einen Verbraucher oder Unternehmer als Endabnehmer erfolgte. Hinzu kommt, dass unabhängig vom wirtschaftlichen Umfang der konkreten Gewährleistungshaftung und vom Status des Käufers die Bereitschaft des Letztverkäufers, die Gewährleistungsansprüche des Käufers prompt zu erfüllen, generell größer ist, wenn dem Verkäufer gegenüber seinen Lieferanten **haftungssynchrone Regressansprüche** zustehen und er dadurch den anfallenden Gewährleistungsaufwand grundsätzlich uneingeschränkt und insbes ohne Bindung an das Gebot des Vorrangs der Nacherfüllung „weiterreichen" kann.

c) **Vermeidung von Verzögerungen der Gewährleistung im letzten Kaufverhältnis der Lieferkette durch effizienten Rückgriff des Verkäufers**. Hätte der Letztverkäufer demgegenüber nur die Möglichkeit, seinen Lieferanten nach § 437 und damit unter Beachtung des **Vorrangs der Nacherfüllung** in Regress zu nehmen, so bestünde für den Verkäufer eher ein Anreiz, den eigentlich wegen Vorliegens eines Mangels begründeten **Gewährleistungsanspruch des Käufers (Endabnehmers)** aus §§ 437 Nr 2, 439 Abs 1 durch Abstreiten des Mangels oder der weiteren Voraussetzungen zumindest vorübergehend abzuwehren. Der Käufer müsste also im Falle einer **fehlenden Regulierungsbereitschaft des Letztverkäufers** seinen Gewährleistungsanspruch einklagen oder – zwecks Vermeidung des damit verbundenen Prozessrisikos oder/und Aufwands – auf die **Durchsetzung der Gewährleistungshaftung** des Letztverkäufers verzichten. Zudem kann der Käufer das ihm nach § 439 Abs 1 gegenüber dem Verkäufer zustehende **Wahlrecht** zwischen Ersatzlieferung und Nachbesserung einfacher durchsetzen, wenn der Verkäufer in jedem Fall vom Lieferanten einen vollen Ausgleich verlangen kann und daher etwaige Nachteile einer vom Käufer verlangten Ersatzlieferung letztlich nicht selbst tragen muss. Könnte der Letztverkäufer bspw im Falle eines **Ersatzlieferungsverlangens des Käufers (Endabnehmers)** von seinem Lieferanten grundsätzlich nur eine Nachbesserung verlangen, so bestünde eine gewisse Wahrscheinlichkeit dafür, dass der Letztverkäufer dem Käufer die Ersatzlieferung vorenthält und sich nur zu einer Beseitigung des Mangels durch Reparatur bereiterklärt. 6

Die Geltung des Vorrangs der Nacherfüllung im **Rückgriffsverhältnis** zwischen dem Verkäufer und seinem Lieferanten würde häufig zumindest zu einer **Verzögerung der Nacherfüllung** im Verhältnis zwischen Verkäufer und Käufer (Endabnehmer) führen. Die §§ 478 aF, 479 aF schützten daher insbes das **Interesse des Verbrauchers** an der sofortigen Nutzung eines gekauften Gegenstands des täglichen Bedarfs (zB Haushaltsgerät oder Pkw). Ein solches Interesse an der sofortigen Nutzung des Kaufgegenstands, die im Falle des Vorliegens eines Mangels nicht durch **rückgriffsbedingte Verzögerungen** bei der Nacherfüllung eingeschränkt wird, ist aber nicht nur bei Vorliegen eines Verbrauchsgüterkaufs zu konstatieren, sondern besteht unabhängig vom Status des Käufers, so dass auch in diesem Interesse ein **Rechtfertigungsgrund** der für alle Kaufverträge geltenden Regelung des § 445a zu sehen ist. 7

d) **Stärkung der Marktstellung der Letztverkäufer als Einzelhändler**. Eine Stärkung der Marktstellung von Einzelhändlern ist zwar nicht eine unmittelbare Folge der Gewährleistung beim Kauf. Der Letztverkäufer am Ende einer Lieferkette ist aber im Falle eines Mangels der Kaufsache grundsätzlich in einer schlechteren Position als ein **Hersteller**, der die Ware unmittelbar an Endabnehmer verkauft und dann im Anschluss an eine berechtigte Mängelrüge des Käufers insbes eine Ersatzlieferung regelmäßig sofort vornehmen kann. Wesentlich schlechtere Gewährleistungsbedingungen gingen daher auch zu Lasten der Käufer als Endabnehmer. Eine **Vielzahl von Gewährleistungsfällen** – etwa wegen eines die gesamte Serie oder Charge betreffenden Konstruktions- oder Produktionsmangels – könnte daher bei Fehlen eines effizienten besonderen Rückgriffsrechts die **wirtschaftliche Existenz der Einzelhändler** gefährden und zu Geschäftsaufgaben führen, die dann die **Auswahlmöglichkeiten der potentiellen Warenkäufer** nicht unerheblich beeinträchtigen würden. Die an die Geltendmachung von Gewährleistungsrechten durch den Endabnehmer am Ende der Lieferkette anknüpfende Regressregelung des § 445a dient daher auch der **wirtschaftlichen Absicherung des Einzelhändlers** als Letztverkäufer, soweit er nach § 437 haftet. 8

13 Vgl dazu Begr Gesetzentwurf, BT-Drucks 18/8486, S 41 ff (zu § 445a).

II. Gesetzliche Bezeichnung der Parteien des Rückgriffs – Abweichungen von § 478 aF

9 1. **Begriffliche Loslösung vom Verbrauchsgüterkauf im Überblick – Verkäufer und Käufer statt Unternehmer und Verbraucher.** § 478 Abs 1 aF regelte in begrifflicher Hinsicht den Rückgriff des „Unternehmers gegen den Unternehmer, der ihm die Sache verkauft hatte (Lieferant)". Die Formulierungen „Verkäufer" und „Käufer" wurden also insoweit nicht verwendet. Der **verkaufende Unternehmer** war Lieferant iSd § 478 aF. Grundlage für den Rückgriff auf Grundlage des § 478 Abs 1 aF war ein vom Verbraucher gegen den Unternehmer (Letztverkäufer) geltend gemachter Mangel und damit das Vorliegen eines **Verbrauchsgüterkaufs** am Ende der Lieferkette. Die von § 445a abweichende Begriffswahl des § 478 aF beruhte darauf, dass die Regelung des Rückgriffs des „Unternehmers", also des Letztverkäufers, **Bestandteil des Rechts des Verbrauchsgüterkaufs (§§ 474 ff)** war. Die Herauslösung des Rückgriffs des Verkäufers aus den §§ 474 ff und die Integration in das allgemeine Kaufrecht führte zum einen zu einer Anpassung der Begriffe, dh zur Ersetzung von Unternehmer und Verbraucher durch Verkäufer und Käufer.

10 Zum anderen geht diese Veränderung der Bezeichnung einher mit einer neuen Definition dieser **Beteiligten des Rückgriffsverhältnisses** und hat daher auch erhebliche inhaltliche Auswirkungen. Denn der Begriff „Verkäufer" ist weiter als „Unternehmer", weil er grundsätzlich auch den Verkauf einer neu hergestellten Sache durch einen **Verbraucher** umfasst, auch wenn eine derartige Konstellation in der Praxis einen Ausnahmefall darstellt[14]. Die Ersetzung des in § 478 Abs 1 und Abs 2 aF enthaltenen Begriffs „Verbraucher" durch „Käufer" in § 445a führt ebenfalls zu einer **inhaltlichen Erweiterung**. Der Rückgriff nach § 445a setzt nämlich nicht (mehr) das Vorliegen einer **Verbraucherstellung des Endabnehmers** und damit keinen Verbrauchsgüterkauf am Ende der Lieferkette voraus[15]. Ausgangspunkt für den **Rückgriff des Letztverkäufers** gegen seinen Lieferanten kann daher auch seine eigene Gewährleistungshaftung nach § 437 gegenüber einem Unternehmer als Käufer sein.

11 2. **Die gesetzlich nicht geregelten Begriffe „Letztverkäufer" und „Endabnehmer" – Problematik der Doppelstellung des Verkäufers.** Weder der Begriff des Letztverkäufers noch der des Endabnehmers ist in § 445a ausdrücklich geregelt. Gleichwohl kann die alternative oder zusätzliche Verwendung dieser Bezeichnungen in bestimmten Fällen zum Zwecke der Klarstellung sinnvoll sein. Denn der **Verkäufer** nach § 445a hat immer eine **Doppelstellung**. Nur im Verhältnis zum Käufer (Endabnehmer) ist er auch Verkäufer iSd § 433. Im Verhältnis zum Lieferanten ist der Verkäufer – solange kein Gewährleistungsfall eingetreten ist – ein gewöhnlicher Käufer mit den Rechten und Pflichten aus § 433, und dieser ambivalente Status kann uU zu Missverständnissen führen. In den von **§ 445a Abs 3** erfassten Konstellationen des **weiteren Rückgriffs in der Lieferkette** hat auch der Lieferant nach § 445a eine derartige Doppelstellung. Im Verhältnis zum Verkäufer ist der Lieferant ein Verkäufer, während er gegenüber seinem **Vor-Lieferanten** im Rahmen des Einkaufs der Ware die Stellung eines Käufers hat. Daher kann es in bestimmten Fällen zwecks **Vermeidung von Unklarheiten** sinnvoll sein, den Verkäufer iSd § 445a alternativ oder zusätzlich als „Letztverkäufer" zu bezeichnen. Zu einem weiteren Regress nach § 445a Abs 3 kommt es, wenn der Lieferant nicht zugleich der Hersteller der Ware ist[16]. Der Endabnehmer ist der **letzte Käufer der Lieferkette**. Mit dieser Bezeichnung kann, sofern dafür eine Notwendigkeit besteht, klargestellt werden, dass es sich in der konkreten Konstellation weder um den Verkäufer noch um den Lieferanten iSd § 445a als Zwischenhändler beim Einkauf der Ware beim Lieferanten bzw Vor-Lieferanten handelt.

III. Die Rückgriffstatbestände des § 445a im Überblick

12 1. **Aufwendungsersatz nach § 445a Abs 1 und Wegfall des Fristsetzungserfordernisses der § 437 Nr 2 und Nr 3 gem § 445a Abs 2.** Die allgemeine Regelungssystematik der § 445a Abs 1 und Abs 2 weicht insoweit von § 478 Abs 1 und Abs 2 aF ab, als die **Reihenfolge der beiden Absätze** nunmehr umgekehrt ist. § 445a Abs 1 regelt einen selbständigen Aufwendungsersatzanspruch[17], während § 445a Abs 2 – in Anknüpfung an § 478 Abs 1 aF – das Fristsetzungserfordernis für die Rechte des Käufers aus § 437 Nr 2 und Nr 3 entfallen lässt. Mithilfe des Anspruchs aus § 445a Abs 1 kann der Letztverkäufer den ihm im Rahmen der Gewährleistungshaftung gegenüber dem Käufer (Endabnehmer) entstandenen **Nacherfüllungsaufwand** unmit-

14 Vgl zu den Einzelheiten des Verkäuferbegriffs des § 445a Rz 15.

15 Vgl zu den Einzelheiten des Käuferbegriffs des § 445a Rz 16.

16 Vgl zu den Einzelheiten des weiteren Rückgriffs nach § 445a Abs 3 unten Rz 291.

17 Vgl zu den Einzelheiten Rz 28.

telbar an den Lieferanten weiterreichen. Ein Vorrang der Nacherfüllung greift daher im Vertragsverhältnis zwischen dem Verkäufer und dem Lieferanten nicht Platz[18].

Die Regelung des § 445a Abs 2 stellt – in Übereinstimmung mit § 478 Abs 1 aF – **keine** 13
selbständige Anspruchsgrundlage dar. Es wird vielmehr der Fortfall des für die sekundären Gewährleistungsansprüche des Käufers aus § 437 Nr 2 und Nr 3 generell erforderlichen Fristsetzungserfordernisses der §§ 281 Abs 1, 323 Abs 1 angeordnet[19]. Es gilt also auch in Bezug auf diese Gewährleistungsrechte im Rückgriffverhältnis zwischen dem Verkäufer und dem Lieferanten nicht das Prinzip des **Vorrangs der Nacherfüllung**. Der Verkäufer kann also gem § 445a Abs 2, sofern er die verkaufte neu hergestellte Sache als Folge ihrer Mangelhaftigkeit zurücknehmen musste oder der Käufer den Kaufpreis gemindert hat, ohne Fristsetzung nach § 323 Abs 1 gem §§ 437 Nr 2, 346 Abs 1 von dem mit seinem Lieferanten geschlossenen Kaufvertrag zurücktreten oder gem § 441 Abs 1 den Kaufpreis mindern. Ein Vertretenmüssen des Lieferanten ist für die Berechtigung zur **Ausübung dieser Gestaltungsrechte** nicht erforderlich. In Bezug auf den Anspruch auf Schadensersatz statt der Leistung lässt § 445a Abs 2 bei Vorliegen der tatbestandlichen Voraussetzung das **Fristsetzungserfordernis des § 281 Abs 1** entfallen. Die Notwendigkeit eines Vertretenmüssens wird aber durch die fristbezogene Privilegierung des § 445a Abs 2 nicht angetastet[20].

2. **Rückgriffsregelungen des § 445a Abs 3 und Abs 4**. Nach § 445a Abs 3 finden – in 14
Anlehnung an § 478 Abs 5 aF – die Absätze 1 und 2 des § 445a auf die Ansprüche des Lieferanten und der **übrigen Käufer** in der Lieferkette gegen die jeweiligen Verkäufer entsprechende Anwendung, sofern die Schuldner **Unternehmer** sind. Während beim originären Rückgriff des Verkäufers nach § 445a Abs 1 und Abs 2 der Lieferant keine Unternehmerstellung haben muss, setzt der weitere **Rückgriff in der Lieferkette** einen solchen Status des (Vor-)Lieferanten als Schuldner voraus[21]. Die Regelung des § 445a Abs 4 stellt in Übereinstimmung mit § 478 Abs 6 aF klar, dass die **Rügeobliegenheit des Verkäufers nach HGB § 377** durch die besondere Rückgriffsregelung des § 445a weder ausgeschlossen noch modifiziert wird. Diese Klarstellung ist auch bei § 445a notwendig, weil der Umfang der Rügeobliegenheit im Falle des Weiterverkaufs der Ware durch den Käufer im Gesetzgebungsverfahren zur Rückgriffsregelung des § 478 aF zunächst umstritten war[22].

IV. Der Verkäuferbegriff des § 445a

Der Verkäufer iSd § 445a muss – abweichend von § 478 aF – keinen Unternehmerstatus iSd 15
§ 14 haben. Der Rückgriff erfolgt daher auch dann nach § 445a, wenn der **Letztverkäufer ein Verbraucher** ist und die weiteren Voraussetzungen des konkreten Rückgriffstatbestands erfüllt sind. Erfasst von § 445a wird demnach auch der Verkauf der Ware durch einen Verbraucher an einen anderen Verbraucher oder an einen Unternehmer[23]. Die praktische Bedeutung der Fälle, in denen es im Falle einer Verbraucherstellung des Letztverkäufers zu einem Rückgriff kommt, ist aber deshalb gering, weil der Rückgriff nach § 445a den Verkauf einer **neu hergestellten Sache** voraussetzt[24]. Ein Verbraucher erwirbt typischerweise neue Sachen zum Zwecke der eigenen Nutzung, so dass es sich im Falle eines späteren Weiterverkaufs regelmäßig um einen gebrauchten Gegenstand handelt. Eine natürliche Person, die planmäßig neue Sachen zum Zwecke des unmittelbaren Weiterverkaufs erwirbt, erlangt die Unternehmerstellung nach § 14, weil insoweit auch das Vorliegen eines **Nebengewerbes** genügt[25]. Anzutreffen ist aber der Verkauf einer neuen Sache durch einen Verbraucher zum einen in den Fällen, in denen er sie – insbes nach Ablauf von langen Lieferzeiten der bestellten Ware (zB bei neuen Modellen im Automobilbereich) – zum Zeitpunkt der Lieferung nicht mehr benötigt und gegenüber dem verkaufenden Händler weder ein Recht auf Widerruf noch ein Recht auf Rücktritt geltend machen kann. Zum anderen kann ein Verbraucher mit dem An- und Verkauf von neuen Sachen – vor allem **via Internet** – einen Gewinn erzielen, ohne den Verbraucherstatus zu verlieren, sofern er die Geschäfte nur vereinzelt und nicht planmäßig durchführt, so dass noch kein Nebengewerbe gegeben ist. Vom Zweck des § 445a[26] wird der Weiterverkauf einer neuen Sache durch einen Verbraucher ohne Zweifel erfasst, da es für die Letztverantwortung des Herstellers, der die neue Ware in den Verkehr gebracht hat, nicht darauf ankommt, ob der Rückgriff von einem Unterneh-

18 Vgl zu den Einzelheiten Rz 28.
19 Vgl zu den Einzelheiten Rz 148 ff.
20 Vgl zu den Einzelheiten Rz 148.
21 Vgl zu den Einzelheiten Rz 276.
22 Vgl zu den Einzelheiten Rz 296.
23 MünchKomm/Lorenz Rz 18 f; BeckOGK/Arnold Rz 38.
24 MünchKomm/Lorenz Rz 18.
25 Soergel[12]/Pfeiffer § 14 Rz 15.
26 Vgl dazu Rz 31 ff.

mer oder Verbraucher als Letztverkäufer ausgeht[27]. § 445a deckt daher im Falle der Gewährleistung wegen des Mangels einer neu hergestellten Sache auch den Rückgriff des „Gelegenheitsverkäufers" mit regulärem Verbraucherstatus.

V. Der Käuferbegriff des § 445a

16 1. **Aufhebung der Beschränkung auf Verbraucher und Verbrauchsgüterkäufe**. Eine wesentliche Änderung im Verhältnis zu § 478 aF besteht in der Erweiterung des rückgriffsrechtlichen Käuferbegriffs. Der Rückgriff des Unternehmers nach § 478 aF setzte einen „vom Verbraucher" geltend gemachten Mangel und damit einen **Verbrauchsgüterkauf** am Ende der Lieferkette voraus[28]. Der Rückgriff des Verkäufers gegen den Lieferanten erforderte damit eine eigene Unternehmerstellung und Gewährleistungshaftung gegenüber einem Verbraucher. Ausschließlicher Anknüpfungspunkt für den Rückgriff nach § 478 aF war also die Haftung auf Grundlage eines Verbrauchsgüterkaufs. Für den Regress des Verkäufers nach § 445a muss dagegen der Käufer (Endabnehmer) als letztes Glied der Lieferkette keine Verbraucherstellung innehaben[29]. Größere praktische Bedeutung hat diese tatbestandliche Erweiterung des rückgriffsrechtlichen Käuferbegriffs zum einen für **Verkäufe von Baustoffen** und sonstigen Materialien an Unternehmer, die keinen Weiterverkauf als Zwischenhändler vornehmen, sondern auf Grundlage von **Bau- oder Werkverträgen** einen Einbau oder eine Verarbeitung der Kaufsache durchführen. Zum anderen ist der Rückgriff nach § 445a auch in den Fällen einschlägig, in denen ein Unternehmer als Endabnehmer vom Verkäufer die Sache als **Investitionsgut** für den eigenen Betrieb erwirbt, um die von ihm im Rahmen seines Unternehmenszwecks angebotenen Produkte herstellen oder/ und Dienstleistungen erbringen zu können.

17 2. **Gesetzessystematischer Zusammenhang zwischen Käuferbegriff des § 445a und Ersatz von Ein- und Ausbaukosten nach § 439 Abs 3**. Die im Verhältnis zu § 478 aF erfolgte tatbestandliche Erweiterung des § 445a in Form der Ersetzung von „Verbraucher" durch alle „Käufer" steht in einem systematischen Zusammenhang mit der ebenfalls **seit dem 1.1.2018** geltenden Fassung des § 439 Abs 3, die dem Käufer einen Anspruch auf Ersatz von mangelbedingten Aus- und Einbaukosten einräumt[30]. Nach § 439 Abs 3 kann der Käufer, wenn er die **mangelhafte Kaufsache** vor Entdeckung des Mangels in Übereinstimmung mit ihrer Art und ihrem Verwendungszweck in eine andere Sache eingebaut oder an eine andere Sache angebracht hat, vom **nacherfüllungspflichtigen Verkäufer** auch den Ersatz der **erforderlichen Aufwendungen** für den Ausbau der mangelhaften Sache sowie den Einbau der nachgebesserten oder gelieferten mangelfreien Sache verlangen. Die Anwendung der Kostentragungsregelung des § 439 Abs 3 ist – ebenso wie der Geltungsbereich des § 445a – nicht auf die Fälle beschränkt, in denen am Ende der Lieferkette ein **Verbrauchsgüterkauf** vorliegt. Dies folgt eindeutig aus dem Wortlaut und der Gesetzessystematik sowie aus der Entstehungsgeschichte. Vor Inkrafttreten des für alle Kaufverträge geltenden § 439 Abs 3 hatte der **BGH**[31] im Anschluss an die Rspr des **EuGH**[32] anerkannt, dass der in § 439 Abs 1 geregelte Nacherfüllungsanspruch des Käufers auf „Lieferung einer mangelfreien Sache" bei Vorliegen eines Verbrauchsgüterkaufs im Lichte des **Art 3 Abs 2 und Abs 3 der Verbrauchsgüterkauf-Richtlinie** dahin gehend auszulegen sei, dass ein Verbraucher als Käufer auch etwaige Aus- und Einbaukosten ersetzt verlangen könne. Aufgrund der nach dieser Rspr geltenden Beschränkung der aus- und einbaubezogenen Kostentragungspflicht auf Unternehmer als Verkäufer bei einem Verbrauchsgüterkauf stellte sich die Frage des Eingreifens der besonderen Bestimmungen über den privilegierten **Rückgriff des Verkäufers** gegen seinen Lieferanten bis zum 1.1.2018 von vornherein nicht in den Fällen, in denen am Ende der Lieferkette ein Unternehmer als Käufer die gelieferte mangelhafte Sache auf Grundlage eines Bau- oder Werkvertrags in eine andere Sache eingebaut hatte.

18 Aus- und Einbaukosten aufseiten des Käufers am Ende der kaufrechtlichen Lieferkette fallen zwar nur bei **bestimmten Arten von Kaufgegenständen** an, insbes beim Kauf von Baustoffen und Gegenständen, die typischerweise mit Gebäudeteilen – vor allem Wänden und Böden – verbunden werden. Die Erstreckung der zuvor unter **Einfluss der Verbrauchsgüterkauf-Richtlinie** nur bei Verbrauchsgüterkäufen Platz greifenden Verpflichtung des Verkäufers zur Erstattung von Aus- und Einbaukosten auf alle Kaufverträge durch die am 1.1.2018 in Kraft getretene Fas-

27 BeckOGK/Arnold Rz 38.

28 Vgl zur Änderung der gesetzlichen Bezeichnung der Parteien des Rückgriffs auch oben Rz 9 ff.

29 Staud/Bach Rz 41; MünchKomm/Lorenz Rz 17 (universelle Anwendbarkeit der Regressregeln des § 445a); BeckOGK/Arnold Rz 35 ff; BeckOK/Faust Rz 8; Erman/Grunewald Rz 3; Maultzsch ZfPW 2018, 1, 23 ff (zu § 478 aF).

30 Vgl zu dazu MünchKomm/Lorenz Rz 17; BeckOGK/Arnold Rz 39 ff.

31 BGHZ 192, 148 Rz 25 ff.

32 EuGH NJW 2011, 2269 (Gebr Weber GmbH/Jürgen Wittmer und Ingrid Putz/Medianess Electronics GmbH).

sung des § 439 Abs 3 stimmt aber in systematischer Hinsicht überein mit der synchronen Erweiterung der Regelung des § 445a über den Rückgriff des Verkäufers gegen seinen Lieferanten unter Ablösung der spezifischen Verbrauchsgüterkauf-Regelung des § 478 aF. Aus- und Einbaukosten, die der Verkäufer im Verhältnis zum Käufer – unabhängig von dessen Status als Verbraucher oder Unternehmer – gem § 439 Abs 3 zu tragen hat, sind dem Verkäufer vom Lieferanten nach § 445a Abs 1 zu ersetzen, wodurch letztlich in Übereinstimmung mit dem Zweck dieser Vorschrift[33] eine **endgültige Belastung des Herstellers** auch für diese durch den Mangel verursachten Aufwendungen bewirkt wird.

Für die dahin gehende Verantwortung und Haftung des Herstellers der von ihm in den Verkehr gebrachten mangelhaften Ware kann es nicht darauf ankommen, ob die Ware von einem Verbraucher oder einem Unternehmer erworben wird. Aus der Sicht des Herstellers hängt dies häufig vom Zufall ab, es sei denn, es handelt sich um **Investitionsgüter** oder sonstige Waren, die typischerweise nur von einem Unternehmen als Endabnehmer erworben werden und im eigenen Betrieb verwendet werden. Aber auch in Bezug auf diese Kaufgegenstände ist die Letztverantwortung des Herstellers für Aus- und Einbaukosten in jeder Hinsicht interessengerecht. Zudem steht es im Falle des Verkaufs derartiger Sachen von einem Unternehmer an einen Unternehmer (B2B-Geschäft) den Kaufvertragsparteien – und auch den Vor-Lieferanten – der gesamten Lieferkette wegen **Nichtvorliegens eines Verbrauchsgüterkaufs** grundsätzlich frei, im Rahmen der Grenzen der **Vertragsfreiheit** und ohne Bindung an zwingende Vorgaben des Rechts des Verbrauchsgüterkaufs den Rückgriff des Verkäufers **abweichend von § 445a** zu gestalten. Schließt der Hersteller oder ein nachfolgender Verkäufer den Ersatz von Aus- und Einbaukosten durch seine **AGB (Lieferbedingungen)** aus, so kann eine Unwirksamkeit der betreffenden Klausel gem § 307 wegen **unangemessener Benachteiligung des Käufers** vorliegen[34]. 19

VI. Der Begriff des Lieferanten

1. **Keine Beschränkung auf Unternehmer bei § 445a Abs 1 und Abs 2 – Abweichung von § 478 aF.** Lieferant iSd § 478 aF konnte nur ein Unternehmer iSd § 14 Abs 1 sein[35]. Nach § 478 Abs 1 aF standen dem Letztverkäufer als Unternehmer die in § 437 bezeichneten Rechte ohne Fristsetzung „gegen den Unternehmer zu, der ihm die Sache verkauft hatte (Lieferant)". Diese **Legaldefinition des Lieferanten** bezog sich also ausdrücklich nur auf Verkäufer mit Unternehmerstatus. Die unabhängig vom Vorliegen eines Verbrauchsgüterkaufs am **Ende der Lieferkette** grundsätzlich auf alle Kaufverträge über neu hergestellte bewegliche Sachen anwendbare Rückgriffsregelung des § 445a Abs 1 enthält eine von § 478 Abs 1 aF abweichende Legaldefinition des Lieferantenbegriffs, die uneingeschränkt jedenfalls für die Rückgriffstatbestände des § 445a Abs 1 und Abs 2 gilt. Nach § 445a Abs 1 kann der Verkäufer beim **Verkauf einer neu hergestellten Sache** die Nacherfüllungsaufwendungen, die er im Verhältnis zum Käufer nach § 439 Abs 2, Abs 3 und Abs 6 Satz 2 sowie nach § 475 Abs 4 zu tragen hatte, „von dem Verkäufer verlangen, der ihm die Sache verkauft hatte (Lieferant)". Der Lieferant ist nach dieser gesetzlichen Definition also der in der Lieferkette **vor dem Letztverkäufer** positionierte Verkäufer, sofern eine neu hergestellte Sache der Kaufgegenstand ist. Der Lieferantenbegriff des § 445a Abs 1 ist daher nicht identisch mit dem Unternehmerbegriff des § 14 Abs 1. Lieferant iSd § 445a Abs 1 und Abs 2 kann vielmehr auch ein **Verkäufer mit Verbrauchereigenschaft (§ 13)** sein[36]. 20

Die – von § 478 aF abweichende – Erstreckung des Lieferantenbegriffs des § 445a Abs 1 und Abs 2 auf Verbraucher iSd § 13 als Verkäufer wird auch durch die **amtliche Begründung**[37] zu dieser Vorschrift gedeckt[38]. Denn es wird dort eindeutig darauf verwiesen, dass die zuvor in § 478 Abs 1 aF enthaltene Definition des Lieferanten „ergänzt" werde[39]. Damit werde, so die Begründung, der auf das **Recht des Verbrauchsgüterkaufs** beschränkte Anwendungsbereich des § 478 Abs 2 aF auf „alle Kaufverträge" über neu hergestellte Sachen „ausgeweitet"[40]. Für diesen den Verbraucher, der eine neu hergestellte Sache weiterverkauft, einschließenden Lieferantenbegriff spricht neben der – mit dem eindeutigen Wortlaut des § 445a Abs 1 übereinstimmenden – amtlichen Begründung auch ein **Umkehrschluss aus § 445a Abs 3.** Dieser Tatbestand des § 445a 21

33 Vgl dazu Rz 31 ff.
34 Vgl zu den Grenzen einer Abbedingung des § 445a unten Rz 271 ff.
35 Vgl dazu § 478 aF Rz 12.
36 Staud/Bach Rz 43; MünchKomm/Lorenz Rz 17 (universelle Anwendbarkeit); BeckOGK/Arnold Rz 39 ff; Maultzsch ZfPW 2018, 1, 23 ff; aA BeckOK/Faust Rz 8; Paulus/Zwirlein NJW 2018, 1841, 1845 (zu § 478 aF); Bandehzadeh/Röschenkemper BB 2018, 1738, 1739 (zu § 478 aF).
37 Begr RegE, BT-Drucks 18/8486, S 41 (zu § 445a Abs 1).
38 So auch MünchKomm/Lorenz Rz 18.
39 Begr RegE, BT-Drucks 18/8486, S 41 (zu § 445a Abs 1).
40 Begr RegE, BT-Drucks 18/8486, S 41 (zu § 445a Abs 1).

regelt den Rückgriff des Lieferanten gegen einen Vor-Lieferanten sowie innerhalb von weiteren kaufrechtlichen Lieferbeziehungen bis zum Hersteller der Sache am Anfang der Lieferkette. § 445a Abs 3 schränkt aber für diesen **weiteren Rückgriff in der Lieferkette** den Lieferantenbegriff des § 445a Abs 1 ein. Denn die Rückgriffstatbestände des § 445a Abs 1 und Abs 2 gelten gem § 445a Abs 3 nur dann für Ansprüche des Lieferanten und der übrigen Käufer in der Lieferkette gegen die jeweiligen Verkäufer entsprechend, **„wenn die Schuldner Unternehmer sind"**. Vom Begriff des Lieferanten als Rückgriffsschuldner in der weiteren Lieferkette iSd § 445a Abs 3 wird daher nur der Verkäufer einer neu hergestellten Sache erfasst, der Unternehmer iSd § 14 Abs 1 ist[41]. Die Beschränkung des § 445a Abs 3 auf Rückgriffsansprüche gegen **Vor-Lieferanten mit Unternehmerstatus** wäre daher in vollem Umfang überflüssig, wenn Lieferanten bei allen Regelungstatbeständen, also auch im Anwendungsbereich des § 445a Abs 1 und Abs 2, nur Unternehmer sein könnten[42].

22 2. **Keine teleologische Reduktion des neuen Lieferantenbegriffs bei Verkauf durch Verbraucher an Zwischenhändler (Letztverkäufer)**. Aufgrund des eindeutigen Wortlauts und der damit übereinstimmenden amtlichen Begründung[43] kann der **Lieferantenbegriff des § 445a Abs 1 und Abs 2** nicht im Wege einer teleologischen Reduktion auf den Fall des Vorliegens einer **Unternehmereigenschaft iSd § 14 Abs 1** beschränkt werden[44]. Gegen eine derartige vom Wortlaut abweichende Einschränkung spricht zudem, dass der BGB-Gesetzgeber im Rahmen der mit Wirkung zum 1.1.2022 erfolgten **Umsetzung der Warenkauf-Richtlinie** in deutsches Recht keine Veränderung des Rückgriffstatbestands des § 445a Abs 1 für erforderlich hielt[45]. Es besteht daher keine Grundlage für die Annahme, bei der in § 445a Abs 1 ausdrücklich geregelten Ausdehnung des Lieferantenbegriffs auf Verkäufer ohne Unternehmereigenschaft handele es sich um ein **Redaktionsversehen**[46]. Der für ein solches Versehen in der Literatur vorgebrachte Gesichtspunkt, es sei als widersprüchlich anzusehen, dass für den in § 445a Abs 3 geregelten weiteren Rückgriff vom Lieferanten bis zum Hersteller am Anfang der Lieferkette der jeweilige Rückgriffsschuldner unstreitig ein Unternehmer sein müsse, ist nicht überzeugend[47]. Denn die in § 445a Abs 1 und Abs 2 geregelte **Grundkonstellation des Rückgriffs** zwischen Letztverkäufer und Lieferant unterscheidet sich wesentlich vom weiteren Rückgriff nach § 445a Abs 3, so dass der dort verankerte engere Lieferantenbegriff als interessengerecht anzusehen ist.

23 Die den **Verbraucher**, der untypischerweise eine erworbene neu hergestellte Sache an einen Letztverkäufer als Zwischenhändler weiterverkauft, treffenden **Rückgriffsrisiken** sind nämlich erheblich geringer als aufseiten der gem § 445a Abs 3 haftenden Vor-Lieferanten der weiteren Lieferkette. Dass ein Verbraucher zwar Lieferant iSd § 445a Abs 1 und Abs 2, aber nicht haftender **Vor-Lieferant nach § 445a Abs 3** sein kann, ist daher sachlich gerechtfertigt. In dem Fall, in dem eine neu hergestellte Sache von einem Verbraucher an einen Zwischenhändler weiterverkauft wird, der dann als Letztverkäufer an den Endabnehmer liefert, trägt dieser Verbraucher nur das für ihn erkennbare und auch abschätzbare Risiko der Rückgriffshaftung auf Grundlage eines **einzigen nachfolgenden Weiterverkaufs**. Es geht also nur um die Verantwortung für die **Gewährleistungshaftung des Letztverkäufers** gegenüber dem Endabnehmer. Diesen nach § 445a Abs 1 und Abs 2 als Lieferant zu tragenden Gewährleistungsaufwand kann der Verbraucher gem § 445a Abs 3 auf seinen Lieferanten, also den Vor-Lieferanten abwälzen, der regelmäßig Unternehmer ist. Nach § 445a Abs 3 muss nur der **Schuldner des Rückgriffsanspruchs**, nicht aber der Gläubiger dieses Anspruchs ein Unternehmer sein. Ein Verbraucher kann demnach nach einer eigenen Rückgriffshaftung aus § 445a Abs 1 und Abs 2 gegenüber dem Letztverkäufer gem § 445a Abs 3 seinen Vor-Lieferanten in Regress nehmen.

24 Eine Erstreckung der in § 445a Abs 3 – in Bezug auf den Lieferantenbegriff abweichend von § 445a Abs 1 und Abs 2 – geregelten Haftung von Vor-Lieferanten der weiteren Lieferkette auf einen **Verbraucher in der Rolle eines Vor-Lieferanten** wäre dagegen nicht interessengerecht. Denn es würde einem Verbraucher, der untypischerweise eine neu hergestellte Sache weiterverkauft, das mit einem gewährleistungsbedingten Rückgriff verbundene Haftungsrisiko in Bezug auf **mehrere nachfolgende Kaufverträge über dieselbe Sache** und damit für einen uU längeren Abschnitt der Lieferkette auferlegt. Ein Verbraucher muss im Falle des Verkaufs einer neu

41 MünchKomm/Lorenz Rz 18; BeckOGK/Arnold Rz 39; BeckOK/Faust Rz 8.

42 Ähnlich BeckOGK/Arnold Rz 40: Systematisch lege § 445a Abs 3 nahe, dass der Gesetzgeber den Regress bewusst nur in der weiteren Lieferkette auf Unternehmer beschränkt habe.

43 Vgl dazu vorstehend Rz 21.

44 Staud/Bach Rz 44 f; MünchKomm/Lorenz Rz 18; BeckOGK/Arnold Rz 39 f; aA jurisPK/Ball Rz 33; BeckOK/Faust Rz 8; Paulus/Zwirlein NJW 2018, 1841, 1845; Bandehzadeh/Röschenkemper BB 2018, 1738 f.

45 BeckOGK/Arnold Rz 40.

46 MünchKomm/Lorenz Rz 18; BeckOGK/Arnold Rz 40; Maultzsch ZfPW 2018, 1, 23 ff; aA aber BeckOK/Faust Rz 8; Paulus/Zwirlein NJW 2018, 1841, 1844.

47 So Paulus/Zwirlein NJW 2018, 1841, 1844 f.

hergestellten Sache an einen **anderen Verbraucher** eigentlich überhaupt nicht damit rechnen, dass der Käufer die Sache nicht selbst nutzt, sondern – wie ein Zwischenhändler – weiterverkauft. Ist der Käufer ein Einzelhändler, so muss der Verbraucher davon ausgehen, dass ein Weiterverkauf an einen Endabnehmer folgt. § 445a Abs 3 beschränkt daher iVm § 445a Abs 1 und Abs 2 das **Gewährleistungsrisiko des Verbrauchers** als atypischer Lieferant einer neu hergestellten Sache in angemessener Weise auf die Rückgriffshaftung gegenüber dem Letztverkäufer bezüglich eines einzigen Weiterverkaufs, also den nachfolgenden Verkauf der mangelhaften Sache an den Endabnehmer (Käufer).

Gegen eine teleologische Reduktion des neuen Lieferantenbegriffs spricht letztlich auch, dass es durchaus Konstellationen gibt, in denen ein **Verbraucher** eine neu hergestellte Sache an einen Unternehmer als Zwischenhändler verkauft und dann im Gewährleistungsfall die Anwendung des § 445a Abs 1 und Abs 2 über die Verweisungsnorm des § 445a Abs 3 auf den Kaufvertrag zwischen Lieferant (Verbraucher) und Vor-Lieferanten (Unternehmer) als geboten und interessengerecht anzusehen ist. Der Verkauf einer neu hergestellten Sache iSd § 445a erfolgt zwar regelmäßig durch den Hersteller oder einen gewerblichen Zwischenhändler als typischer Unternehmer, so dass an der Lieferkette bis zum Letztverkäufer keine Verbraucher beteiligt sind. Häufig ist nicht nur der Hersteller als Inhaber eines Produktionsunternehmens, sondern auch jeder gewerbliche Zwischenhändler der Lieferkette sogar **Inhaber eines Handelsgewerbes** und damit Kaufmann gem HGB § 1. Gleichwohl ist der Verkauf einer neu hergestellten Sache von einem Verbraucher an einen gewerblichen Zwischenhändler, der die Sache an einen Endabnehmer weiterverkauft, keine seltene Konstellation. 25

Insoweit geht es insbes um Verbraucher, die eine von ihnen bestellte neue Sache zum Zeitpunkt der Auslieferung entweder nicht mehr gebrauchen oder nicht bezahlen können und eine **Rückgängigmachung des Kaufvertrags** grundsätzlich nicht möglich ist. Praktische Bedeutung haben hier vor allem Bestellungen von neuen Waren mit **längeren Lieferzeiten** (zB Neuwagen)[48]. Bei Bestehen längerer Lieferzeiten kann auch die Situation eintreten, dass der Verbraucher als Besteller wegen einer inzwischen eingetretenen **Steigerung des Marktpreises** mit einem unmittelbaren Weiterverkauf der neu hergestellten Sache an einen gewerblichen Zwischenhändler einen **Gewinn erzielen** kann. Denkbar sind auch Fälle, in denen der Verbraucher eine neu hergestellte Sache, die er als Geschenk erhalten oder bei einem Gewinnspiel, Preisausschreiben oder einer Lotterie gewonnen hat, direkt an einen Zwischenhändler weiterverkauft, um **Barmittel für andere Zwecke** zu erlangen. 26

3. **Der abweichende Lieferantenbegriff des § 445a Abs 3 – Unternehmerstatus des Rückgriffsschuldners.** Nach § 445a Abs 3 finden die Rückgriffstatbestände des § 445a Abs 1 und Abs 2 auf die Ansprüche des Lieferanten und der übrigen Käufer in der Lieferkette gegen die jeweiligen Verkäufer nur unter der Voraussetzung entsprechende Anwendung, dass die Schuldner Unternehmer iSd § 14 sind. Der vom Letztverkäufer nach § 445a Abs 1 oder/und Abs 2 in Anspruch genommene Lieferant kann also nur gegen seinen **Vor-Lieferanten** nach § 445a Abs 3 iVm § 445a Abs 1 oder/und Abs 2 vorgehen, wenn dieser eine **Unternehmereigenschaft** aufweist[49]. Der Lieferantenbegriff des für den weiteren Rückgriff in der Lieferkette geltenden § 445a Abs 3 ist daher – in Übereinstimmung mit dem allgemeinen Lieferantenbegriff des § 478 aF – enger als der Lieferantenbegriff des § 445a Abs 1 und Abs 2, sofern es um die Haftung des Lieferanten als Rückgriffsschuldner geht. Ist der Vor-Lieferant untypischerweise ein **Verbraucher**, so stehen dem Lieferanten, der vom **Letztverkäufer** nach § 445a Abs 1 oder/und Abs 2 **in Regress** genommen wurde, nur die **allgemeinen Gewährleistungsrechte aus § 437** zu. Die sekundären Gewährleistungsrechte aus § 437 Nr 2 und Nr 3 setzen grundsätzlich eine **erfolglose Fristsetzung** voraus. Aus der in § 445a Abs 3 ausdrücklich statuierten Beschränkung des Lieferantenbegriffs auf Rückgriffsschuldner mit Unternehmerstatus folgt **im Umkehrschluss**, dass im Rahmen der allgemeinen Rückgriffstatbestände des § 445a Abs 1 und Abs 2 eine derartige Einschränkung nicht Platz greift und insoweit auch keine **teleologische Reduktion** gerechtfertigt ist[50]. 27

B. Der Rückgriff nach § 445a Abs 1

I. Rechtsnatur des § 445a Abs 1

1. **Selbständiger Aufwendungsersatzanspruch ohne Vorrang der Nacherfüllung.** Die Regressregelung des § 445a Abs 1 entspricht inhaltlich der auf den **Verbrauchsgüterkauf iSd** 28

48 Vgl dazu auch oben Rz 24.
49 Vgl zu den Einzelheiten der Anwendung des § 445a Abs 3 Rz 276 ff.
50 Vgl dazu Rz 22 ff.

§ 474 beschränkten Vorgängerregelung des § 478 Abs 2 aF[51]. Es handelt sich um eine eigenständige Anspruchsgrundlage[52]. Anders als der Rückgriffstatbestand des § 445a Abs 2, der in Bezug auf die **sekundären Gewährleistungsrechte** des Letztverkäufers gegen den Lieferanten aus § 437 Nr 2 und Nr 3 den Wegfall des nach §§ 323 Abs 1, 281 grundsätzlich **einschlägigen Fristsetzungserfordernisses** anordnet und daher die Voraussetzungen der in Rede stehenden Gewährleistungsrechte nur modifiziert[53], begründet § 445a Abs 1 einen eigenständigen und unmittelbaren Regressanspruch des Verkäufers gegen seinen Lieferanten auf Ersatz der im Verhältnis zum Käufer (Endabnehmer) durch **Vornahme der geschuldeten Nacherfüllung** entstandenen Aufwendungen[54]. Der Grundsatz des Vorrangs der Nacherfüllung gilt demzufolge im Rückgriffsverhältnis zwischen dem Verkäufer und seinem Lieferanten nicht, soweit es um die vom Verkäufer bereits gegenüber dem Käufer durchgeführte Beseitigung des Mangels geht[55]. Der selbständige Rückgriffsanspruch des Verkäufers aus § 445a Abs 1 ist vielmehr eine notwendige Konsequenz der Nichtgeltung des Vorrangs der Nacherfüllung im Kaufverhältnis zwischen dem Letztverkäufer und seinem Lieferanten[56].

29 2. **Verhältnis zwischen Aufwendungsersatz nach § 445a Abs 1 und Schadensersatz nach § 280 Abs 1.** Der **originäre Nacherfüllungsanspruch des Verkäufers** aus § 437 Nr 1 iVm § 439 Abs 1 gegen den Lieferanten wird zwar durch § 445a Abs 1 nicht verdrängt. Die Vornahme einer Nacherfüllung durch den Lieferanten hilft, soweit sie nicht schon nach **§ 275 Abs 1** unmöglich ist, dem Letztverkäufer aber nicht weiter, soweit er gegenüber dem Käufer als Endabnehmer bereits **Nacherfüllungsmaßnahmen durchgeführt** hat und dabei Aufwendungen nach § 439 Abs 2, Abs 3 und Abs 6 Satz 2 sowie nach § 475 Abs 4 angefallen sind. Ohne die Spezialregelung des § 445a Abs 1 könnte der Verkäufer die im Zusammenhang mit der Gewährleistung gegenüber dem Käufer **entstandenen Nacherfüllungskosten** nur unter den Voraussetzungen des § 280 Abs 1 von seinem Lieferanten ersetzt verlangen[57]. Erforderlich wäre also ein **Vertretenmüssen des Lieferanten** nach § 276 Abs 1 und damit eine Garantieübernahme oder ein Verschulden. Eine Beschränkung des Verkäufers auf den verschuldensabhängigen Schadensersatzanspruch aus § 280 Abs 1 wäre bei Vorliegen eines **Verbrauchsgüterkaufs** mit dem aus Art 18 der Warenkauf-Richtlinie (Art 4 der außer Kraft getretenen Verbrauchsgüterkauf-Richtlinie) folgenden Gebot des **effektiven Unternehmerrückgriffs** nicht vereinbar[58].

30 Andererseits wird durch § 445a Abs 1 ein Schadensersatzanspruch des Verkäufers gegen den Lieferanten aus § 280 Abs 1 nicht verdrängt[59]. Praktische Bedeutung erlangt dieser Schadensersatzanspruch des Verkäufers, wenn es sich um eine **Vermögenseinbuße** handelt, die über die im Verhältnis zum Käufer **angefallenen Nacherfüllungsaufwendungen** hinausgeht. Gegeben ist eine derartige Konstellation bspw dann, wenn die vom Verkäufer vorgenommenen Nachbesserungsarbeiten einen so großen **Zeitaufwand** erforderten, dass er ein oder mehrere andere Geschäfte nicht durchführen konnte und ihm dadurch eine Gewinneinbuße entstanden ist. Dass der Letztverkäufer derartige Schäden vom Lieferanten nur unter der Voraussetzung eines Vertretenmüssens verlangen kann, ist deshalb system- und interessengerecht, weil auch der Letztverkäufer gegenüber dem Käufer nur dann auf Schadensersatz haftet, wenn er den Mangel oder eine Pflichtverletzung im Zusammenhang mit der Nacherfüllung zu vertreten hat.

II. Zweck und systematische Einordnung des § 445a Abs 1

31 1. **Beschleunigung der Nacherfüllung im Interesse der gesamten Lieferkette – Image der Ware.** Die in § 445a Abs 1 verankerte Nichtgeltung des Vorrangs der Nacherfüllung im Rückgriffsverhältnis zwischen dem Verkäufer und dem Lieferanten führt zweifelsfrei zu einer Beschleunigung der Gewährleistung, insbes der Nacherfüllung, im Verhältnis zwischen dem Verkäufer und dem Käufer (Endabnehmer). Könnte der Lieferant sich nämlich gegenüber dem Verkäufer auf den Vorrang der Nacherfüllung berufen, so müsste der Verkäufer das auf einen Mangel der Ware gestützte **Nacherfüllungsverlangen des Käufers (Endabnehmers)** zunächst an seinen Lieferanten weiterleiten. Denn im Fall der Vornahme einer unmittelbaren Nacherfül-

51 Vgl Begr Gesetzentwurf, BT-Drucks 18/8486, S 41 (zu § 445a Abs 1).
52 Begr Gesetzentwurf, BT-Drucks 18/8486, S 41 (zu § 445a Abs 1); Begr Gesetzentwurf, BT-Drucks 14/6040, S 248 (zu § 478 Abs 2 aF).
53 Vgl dazu Rz 148 ff.
54 Vgl Begr Gesetzentwurf, BT-Drucks 18/8486, S 41 f (zu § 445a Abs 1).
55 Vgl Begr Gesetzentwurf, BT-Drucks 18/8486, S 41 (zu § 445a Abs 1).
56 Begr Gesetzentwurf, BT-Drucks 14/6040, S 248 f (zu § 478 aF).
57 Begr Gesetzentwurf, BT-Drucks 14/6040, S 248 f (zu § 478 Abs 2 aF).
58 Vgl Höpker, Verkäuferregress, 2003, S 161 (zu § 478 aF und Art 4 der Verbrauchsgüterkauf-Richtlinie); Schumacher, Der Lieferantenregress gem §§ 478, 479 BGB, 2004, S 157 f (zu § 478 aF und Art 4 der Verbrauchsgüterkauf-Richtlinie).
59 Begr Gesetzentwurf, BT-Drucks 14/6040, S 248 (zu § 478 aF).

lung gegenüber dem Käufer durch den Letztverkäufer läge im Verhältnis zwischen ihm und dem Lieferanten eine **eigenmächtige Nacherfüllung** des Verkäufers in seiner Rolle als Käufer vor mit der Folge, dass der Lieferant den aufseiten des Verkäufers angefallenen Nacherfüllungsaufwand auch **nicht nach Bereicherungsrecht** ersetzen müsste[60]. Die Zulässigkeit der unmittelbaren Durchführung der vom Käufer (Endabnehmer) geforderten Nacherfüllung durch den Letztverkäufer und die daraus resultierende verschuldensunabhängige Aufwendungsersatzpflicht des Lieferanten ist in jeder Hinsicht als interessengerecht anzusehen, und zwar nicht nur bei Vorliegen eines Verbrauchsgüterkaufs, sondern unabhängig vom Status des Käufers nach §§ 13, 14. Denn eine prompte Nacherfüllung am Ende der Lieferkette dient nicht nur dem Interesse des Käufers als Endabnehmer an einer **sofortigen uneingeschränkten Nutzungsmöglichkeit**, sondern kommt vielmehr der gesamten Lieferkette zugute.

Eine **gesetzliche Obliegenheit** des Verkäufers zur Weiterleitung des vom Käufer an ihn 32
gerichteten Nacherfüllungsverlangens an den Lieferanten, der dann in gleicher Weise im Verhältnis zu einem Vor-Lieferanten verfahren müsste, würde dagegen häufig zu **Verzögerungen** führen, die aus mehreren Gründen nicht im **Interesse der gesamten Lieferkette** lägen. Kommt nämlich nach berechtigter Mängelrüge des Käufers eine Nacherfüllung in Form der **Nachbesserung** in Betracht, so kann ein sachlich nicht notwendiger Aufschub leicht zu einer **Ausweitung des Mangels** führen („Weiterfresserschaden"). Zudem sind Verzögerungen im Zusammenhang mit der am Ende der Lieferkette erforderlichen Nacherfüllung generell geeignet, das **Image der Ware** negativ zu beeinflussen. Nicht nur das Ergebnis, sondern auch die Dauer der Gewährleistung und die damit verbundenen Nutzungseinschränkungen sind für den gewährleistungsberechtigten Käufer von großer Bedeutung. In **ökonomischer Hinsicht** wird durch den Aufwendungsersatzanspruch nach § 445a Abs 1 und die entsprechende Geltung in der gesamten Lieferkette gem § 445a Abs 3 in effizienter Weise sichergestellt, dass sich der Letztverkäufer auf Kosten des Herstellers, der den Mangel zu verantworten hat, die **Handelsspanne (Marge) aus der Weiterveräußerung** sichern kann[61].

2. **Verschuldensunabhängigkeit des Aufwendungsersatzanspruchs**. Der Aufwendungser- 33
satzanspruch aus § 445a Abs 1 setzt nicht voraus, dass der Lieferant den Mangel zu vertreten hat[62]. Das Vorliegen eines Mangels genügt, sofern er beim **Übergang der Gefahr** auf den Letztverkäufer vorhanden war oder auf einer Verletzung der Aktualisierungspflicht gem § 475b Abs 4 beruht[63]. Ein Mangel, der auf einer Verletzung der Aktualisierungspflicht gem § 475b Abs 4 beruht, muss nach § 445a Abs 1 Alt 2 – anders als die gewöhnlichen Mängel (§ 445a Abs 1 Alt 1) – nicht zum **Zeitpunkt des Gefahrübergangs** vorliegen. Dass der Rückgriffsanspruch des Verkäufers gegen den Lieferanten kein Vertretenmüssen voraussetzt, ist deshalb konsequent, weil auch der Nacherfüllungsanspruch des Käufers aus § 437 Nr 1 iVm § 439 Abs 1 gegen den Verkäufer kein Verschulden voraussetzt. Soweit der Verkäufer einen über den entstandenen Nacherfüllungsaufwand hinausgehenden **Vermögensschaden** vom Lieferanten nach **§ 280 Abs 1** ersetzt verlangt, ist allerdings ein Vertretenmüssen nach § 276 Abs 1, dh eine Garantieübernahme oder ein Verschulden seitens des Lieferanten, erforderlich[64].

3. **Vorschuss nach § 475 Abs 4 als Aufwendung iSd § 445a Abs 1 beim Verbrauchsgüter- 34
kauf**. Nach § 445a Abs 1 kann der Verkäufer vom Lieferanten auch Ersatz der Aufwendungen verlangen, die er nach § 475 Abs 4 zu tragen hatte. Bei Vorliegen eines Verbrauchsgüterkaufs kann der Verbraucher im Falle des **Auftretens eines Mangels** gem § 475 Abs 4 vom Unternehmer für Aufwendungen, die ihm im Rahmen der Nacherfüllung gem § 439 Abs 2 und Abs 3 entstehen und die vom Unternehmer zu tragen sind, einen Vorschuss verlangen. Es geht also um Kosten des Verkäufers, die bei einem Verbrauchsgüterkauf dadurch angefallen sind, dass der Verbraucher für **eigene nacherfüllungsbezogene Aufwendungen** einen Vorschuss verlangt hat. Praktische Bedeutung haben insoweit die Fälle, in denen – wie bspw regelmäßig beim Autokauf – der **Leistungsort der Nacherfüllung** der Sitz des Verkäufers ist und der Käufer den **Transport** erst einmal selbst übernehmen muss[65]. Die Rechtfertigung für diese Vorschusspflicht des Verkäufers ist darin zu sehen, dass er die betreffenden Nacherfüllungsaufwendungen des Käufers gem § 439 Abs 2 und Abs 3 zu tragen hat. Daher erstreckt § 445a Abs 1 die Ersatzpflicht des Lieferanten beim Rückgriff konsequenterweise auch auf diese Aufwendungen des Verkäufers.

60 Vgl zum umfassenden Ausschluss von Ansprüchen des Käufers bei eigenmächtiger Nachbesserung BGH NJW 2005, 1348; BGH NJW 2005, 3211, 3212; BGH NJW 2006, 988 Rz 16.

61 Vgl MünchKomm/Lorenz Rz 23; BeckOGK/Arnold Rz 72; BeckOK/Faust Rz 17; Höpker, Verkäuferregress, 2003, S 160 f (zu § 478 aF).

62 Begr Gesetzentwurf, BT-Drucks 14/6040, S 248 (zu § 478 Abs 2 aF).

63 Vgl zu den Einzelheiten Rz 37.

64 Vgl zum Verhältnis zwischen § 280 Abs 1 und § 445a Abs 1 oben Rz 29 f.

65 Vgl zum Leistungsort der Nacherfüllung BGHZ 189, 196.

35 Nach § 439 Abs 2 muss der Verkäufer allerdings – auch bei Vorliegen eines Verbrauchsgüterkaufs – dem Käufer nur die **„erforderlichen Aufwendungen“** ersetzen. Der Verkäufer hat häufig die Möglichkeit, die Mangelbeseitigung durch Nacherfüllung so zu gestalten, dass dem gewährleistungsberechtigten Käufer keine eigenen Aufwendungen entstehen. Der Verkäufer kann also, wenn – wie beim Autokauf – der Sitz des Verkäufers der Leistungsort der Nacherfüllung ist, die mangelhafte Sache auf seine Kosten beim Käufer abholen. Eine **überobligatorische Leistung** des Verkäufers liegt hier deshalb nicht vor, weil er entsprechende Aufwendungen des Käufers nach § 439 Abs 2 tragen müsste.

36 Ökonomisch sinnvoll ist die direkte Übernahme von **nacherfüllungsbezogenen Vorbereitungsmaßnahmen**, die eigentlich vom Käufer organisiert und durchgeführt werden müssen, durch den Verkäufer vor allem in den Fällen, in denen der Verkäufer die betreffenden Maßnahmen **günstiger vornehmen** kann als der Käufer mit der Folge, dass der nach § 439 vom Verkäufer zu tragende Gesamtnacherfüllungsaufwand geringer ist. Derartige Maßnahmen kann der Letztverkäufer einer Lieferkette selbstverständlich auch mit unmittelbarer **Unterstützung des Lieferanten** durchführen, der daran aufgrund der ihn treffenden Regresspflicht nach § 445a Abs 1 grundsätzlich auch ein eigenes Interesse haben kann. Praktische Bedeutung hat insoweit insbes die Konstellation, in der vom Letztverkäufer schon zum Zwecke der Durchführung der von ihm gem §§ 437 Nr 1, 439 gegenüber dem Käufer (Endabnehmer) geschuldeten Nacherfüllung der Lieferant deshalb eingeschaltet wird, weil dieser einen auch die Mängelgewährleistung umfassenden **Kunden- und Reparaturservice** unterhält, der eine mangelhafte Kaufsache unmittelbar und unverzüglich am Sitz des Käufers (Endabnehmers) repariert oder austauscht. Dem Käufer entstehen dann von vornherein keine eigenen Aufwendungen, die vom Lieferanten nach §§ 445a, 475 Abs 4 zu ersetzen wären. Der Lieferant kann durch eine solche direkte Übernahme der Mangelbeseitigung auch den **eigenen Nacherfüllungsaufwand des Letztverkäufers**, der vom Lieferanten nach § 445a Abs 1 ersetzt werden muss, auf ein Minimum reduzieren.

37 4. **Nacherfüllungsaufwendungen bei Waren mit digitalen Elementen – Verletzung der Aktualisierungspflicht**. Nach § 475b Abs 4 entspricht eine Ware mit **digitalen Elementen** nicht den **objektiven Anforderungen** iSd § 475a Abs 4, wenn dem Verbraucher während des Zeitraums, den er aufgrund der Art und des Zwecks der Ware und ihrer digitalen Elemente sowie unter Berücksichtigung der Umstände und der Art des Vertrags erwarten kann, **Aktualisierungen** nicht bereitgestellt werden, die für den Erhalt der **Vertragsmäßigkeit der Ware** erforderlich sind, oder der Verbraucher über diese Aktualisierungen nicht informiert wird. Der Letztverkäufer, also insbes ein Einzelhändler, ist daher beim Verbrauchsgüterkauf bezüglich einer Ware mit digitalen Elementen gegenüber dem Käufer auch in dem Fall zur **Nacherfüllung** verpflichtet, in dem der Lieferant oder ein Vor-Lieferant die gebotene Aktualisierung nicht vornimmt. Die seit dem 1.1.2022 in § 445a Abs 1 aE enthaltene tatbestandliche Bezugnahme auf die **Verletzung einer Aktualisierungspflicht** gem § 475b Abs 4 stellt daher den Rückgriff des Verkäufers gegen den Lieferanten wegen nacherfüllungsbezogenen Aufwendungen auch bei Vorliegen eines derartigen Mangels der verkauften Ware mit digitalen Elementen sicher.

38 5. **Das Verhältnis zwischen § 445a Abs 1 und privilegiertem Rückgriff nach § 445a Abs 2 – Überblick**. Weder der Wortlaut des § 445a Abs 1 noch die amtlichen Begründungen zu dieser Vorschrift und zur Vorgängerregelung des § 478 Abs 2 aF enthalten einen Anhaltspunkt dafür, dass der Letztverkäufer im Falle der **erfolgreichen Vornahme einer Nachbesserung** gegenüber dem Käufer (Endabnehmer) nicht nur Ersatz der dafür angefallenen Aufwendungen nach § 445a Abs 1, sondern darüber hinaus auch ohne weiteres gem § 445a Abs 2 die weiteren Rechte aus § 437 ohne das **Erfordernis einer Fristsetzung** geltend machen könnte und daher insbes zum Rücktritt nach § 437 Nr 2 berechtigt wäre[66]. Die erfolgreiche Nachbesserung durch den Letztverkäufer ist nach dem eindeutigen Inhalt des § 445a Abs 1 und Abs 2 gerade keine ausreichende Grundlage für den Fortfall des Fristsetzungserfordernisses in Bezug auf die **sekundären Gewährleistungsrechte des Verkäufers** gegen seinen Lieferanten aus § 437 Nr 2 und Nr 3[67]. Der Verkäufer kann also im Falle einer erfolgreichen Nachbesserung nicht vom mit dem Lieferanten geschlossenen Kaufvertrag zurücktreten.

39 Die Geltendmachung eines Aufwendungsersatzanspruchs aus § 445a Abs 1 schließt den privilegierten Rückgriff des Verkäufers nach § 445a Abs 2 allerdings nicht in jedem Fall aus. Eine **Ausnahme** greift nämlich Platz, sofern es um Aufwendungen für eine **erfolglose Nachbesserung** geht, die unter bestimmten Voraussetzungen erstattungsfähig sind[68]. Nimmt der Letztverkäufer die – bei objektiver Beurteilung – gebotenen Nachbesserungsmaßnahmen fachgerecht vor

66 Vgl zu den Einzelheiten der Nichtanwendung des § 445a Abs 2 auf den Fall der Nachbesserung nach §§ 437 Nr 1, 439 Abs 1 unten Rz 199 ff.

67 Vgl dazu unten Rz 154.

68 Vgl zu den Einzelheiten unten Rz 130.

und kommt es gleichwohl zu einem **Fehlschlagen iSd § 440**, so entfällt das Fristsetzungserfordernis des § 445a Abs 2, wenn daraufhin die Sache vom Käufer (Endabnehmer) zurückgenommen werden musste[69]. Zudem können die Aufwendungen für die vergebliche Nachbesserung grundsätzlich nach § 445a Abs 1 vom Lieferanten verlangt werden[70].

III. Die Voraussetzungen des Aufwendungsersatzanspruchs aus § 445a Abs 1

1. **Kaufvertrag zwischen Lieferant und Letztverkäufer.** – a) **Geltung des § 433 – Unschädlichkeit abweichender Vertragsbezeichnungen.** Nach § 445a Abs 1 kann der Verkäufer den Ersatz der nacherfüllungsbezogenen Aufwendungen von dem Verkäufer verlangen, der ihm die Sache „verkauft" hatte (Lieferant). Erforderlich ist daher grundsätzlich ein Kaufvertrag iSd § 433[71]. Unerheblich ist die von den Parteien gewählte **Bezeichnung des geschlossenen Vertrags**. In der Praxis verbreitet sind insoweit vor allem die Bezeichnungen „Liefervertrag" und „Bestellung". Die Notwendigkeit des Vorliegens eines Kaufs ist zwar deshalb **keine Besonderheit des Rückgriffs** des Verkäufers gegen den Lieferanten nach § 445a Abs 1, weil auch zwischen dem Verkäufer und dem Käufer (Endabnehmer) am Ende der Lieferkette ein Kaufvertrag gegeben sein muss. Die Ersatzpflicht des Lieferanten nach § 445a Abs 1 bezieht sich nämlich auf den Aufwand, den der Letztverkäufer im Verhältnis zum Käufer nach § 439 Abs 2, Abs 3 und Abs 6 Satz 2 sowie nach § 475 Abs 4, also nach den **Vorschriften über die Nacherfüllung** bei der kaufrechtlichen Gewährleistung, zu tragen hatte[72]. 40

Die auf einem Kaufvertrag zwischen Verkäufer und Endabnehmer (Käufer) beruhende **Gewährleistungshaftung** des Verkäufers nach §§ 437 Nr 1, 439 Abs 1 genügt aber andererseits nicht für den Rückgriff gegen den Lieferanten. Es muss vielmehr auch im Rückgriffsverhältnis zwischen Letztverkäufer und Lieferant ein Kauf gegeben sein. In dem Fall, in dem der Verkäufer die an den Käufer verkaufte Sache durch **Schenkung nach § 516** oder auf Grundlage eines sonstigen Vertrags außerhalb des Kaufrechts erworben hat, ist daher kein Regress nach § 445a Abs 1 oder Abs 2 eröffnet. Die **Haftung des „Lieferanten" (Dritten)** richtet sich hier vielmehr nach dem Recht, das für den konkreten Erwerbsvorgang einschlägig ist. 41

b) **Werkvertrag (§ 631), Bauvertrag (§ 650a) und Werklieferungsvertrag (§ 650).** § 445a Abs 1 und Abs 2 ist nicht anwendbar, wenn zwischen dem Letztverkäufer und seinem Lieferanten ein Werkvertrag iSd § 631 geschlossen wurde[73]. Anders ist die Lage beim Werklieferungsvertrag iSd § 650 Abs 1 Satz 1. Nach dieser Vorschrift finden auf einen Vertrag, der die Lieferung herzustellender oder zu erzeugender beweglicher Sachen zum Gegenstand hat, die **Vorschriften über den Kauf** Anwendung. Dies gilt gem **§ 651 Satz 3** grundsätzlich auch dann, wenn es sich bei den herzustellenden oder zu erzeugenden beweglichen Sachen um **nicht vertretbare Sachen** handelt. Auf den Werklieferungsvertrag ist aufgrund dieses Verweises auf das Kaufrecht auch die Rückgriffsregelung des § 445a anwendbar[74]. Veräußert der Verkäufer eine Sache, die er auf Grundlage eines Werkvertrags erworben hat (zB ein von einem Künstler gemaltes Portrait[75]), so unterliegt er gegenüber dem Käufer der Gewährleistungshaftung nach §§ 434 ff. Die Rechtsgrundlage der **Beschaffung der Sache** durch den Verkäufer ist für das Eingreifen der kaufrechtlichen Gewährleistung ohne Bedeutung. Auf den Rückgriff des Verkäufers gegen den liefernden Werkunternehmer ist dagegen wegen Nichtvorliegens eines Kaufvertrags im Verhältnis zwischen diesen Parteien die Regressregelung des § 445a nicht anwendbar. Es greifen insoweit vielmehr die Regelungen über die **Mängelgewährleistung beim Werkvertrag** (§§ 633 ff) Platz. 42

Auch im **umgekehrten Fall** – Vorliegen eines Kaufvertrags nur im Verhältnis zwischen Lieferanten und Erwerber – gelangt § 445a Abs 1 und Abs 2 nicht zur Anwendung. Wenn also die auf Grundlage eines Kaufvertrags erworbenen Sachen (insbes Baustoffe), die einen Mangel aufweisen, im Rahmen eines mit dem **Besteller** abgeschlossenen Werk- oder Bauvertrags vom Erwerber (Käufer) eingebaut oder in sonstiger Weise verarbeitet werden, dann richtet sich der Regress des Käufers gegen den Lieferanten nur nach der **allgemeinen Gewährleistungsregelung des § 437**. Der besondere Rückgriff nach § 445a kommt hier deshalb nicht zum Zuge, weil 43

69 Vgl zur Rücknahme als Rückgriffsvoraussetzung des § 445a Abs 2 unten Rz 258 f.

70 Vgl zu den Einzelheiten unten Rz 259.

71 MünchKomm/Lorenz Rz 12; BeckOGK/Arnold Rz 42; BeckOK/Faust Rz 8; NK/Büdenbender Rz 9; Staud/Bach Rz 15; Schumacher, Der Lieferantenregress gem §§ 478, 479 BGB, 2004, S 139 f (zu § 478 aF).

72 Vgl zu den Einzelheiten des Inhalts des Anspruchs Rz 114 ff.

73 MünchKomm/Lorenz Rz 13; BeckOGK/Arnold Rz 42; NK/Büdenbender 9; Grüneberg/Weidenkaff Rz 3.

74 Grüneberg/Retzlaff § 650 Rz 14; Erman/Schwenker/Rodemann § 650 Rz 14; MünchKomm/Busche § 650 Rz 14; Staud/Peters § 650 Rz 17; MünchKomm/Lorenz Rz 12; BeckOGK/Arnold Rz 42; BeckOK/Faust Rz 9.

75 Vgl dazu MünchKomm/Busche § 650 Rz 12; Staud/Peters § 650 Rz 15; Prütting/Wegen/Weinreich/Leupertz/Halfmeier § 650 Rz 10.

im Verhältnis zwischen dem Käufer und dem Endabnehmer kein Kaufvertrag vorliegt[76]. Der Käufer der Sache ist hier nicht Verkäufer iSd § 445a, sondern Auftragnehmer (Unternehmer) iSd §§ 631 ff bzw §§ 650a ff.

44 c) **Vorliegen eines Tauschvertrags (§ 480)**. Die Rückgriffsregelung des § 445a erfasst zwar – ebenso wie § 478 aF – seinem Wortlaut nach nicht ausdrücklich den Fall, dass der Verkäufer eine Sache an den Endabnehmer (Käufer) verkauft, die er selbst im Rahmen eines Tauschs erworben hat. Gem § 480 finden allerdings auf den Tausch die **Vorschriften über den Kauf (§§ 433 ff)** entsprechende Anwendung. Die Rückgriffsregelung des § 445a wird daher von der Verweisung des § 480 zwar grundsätzlich erfasst[77]. Die Anwendung des § 445a Abs 1 und Abs 2 im Falle des Vorliegens eines Tauschs im Verhältnis zwischen dem Verkäufer und dem „Lieferanten" setzt aber voraus, dass gerade in Bezug auf die Leistung des „Lieferanten" an den Verkäufer die Grundvoraussetzungen des § 445a erfüllt sind.

45 Inhalt dieser Tauschleistung muss daher die Lieferung einer **neu hergestellten Sache** an den Verkäufer sein[78]. Denn das ist der Gegenstand, der an den Endabnehmer (Käufer) weiterveräußert wird und dann wegen **Vorliegens eines Mangels** die Grundlage für die Gewährleistungshaftung des Verkäufers aus § 437 ist, wodurch sich dann die Frage des Rückgriffs stellt. Daher ist bei Vorliegen eines Tauschvertrags nur diejenige Vertragspartei als **Lieferant iSd § 445a Abs 1 und Abs 2** einzuordnen, welche eine neu hergestellte Sache an den anderen Teil leistet, der sie weiterverkauft. Dass dieser **Verkäufer** als Tauschvertragspartei im Gegenzug eine **gebrauchte Sache** an seinen Vertragspartner leistet, steht dessen Einordnung als Lieferant iSd § 445a Abs 1 und Abs 2 nicht entgegen. Die gebrauchte Sache hat hier als **Gegenleistung des Verkäufers** im Verhältnis zum Lieferanten keine andere Funktion als die Geldleistung bei Vorliegen eines Kaufvertrags im Rückgriffsverhältnis.

46 2. **Fehlende Kenntnis des Lieferanten von einer Weiterverkaufsabsicht des Verkäufers**. – a) **Ausschließliche Maßgeblichkeit objektiver Kriterien**. Der Rückgriff des Letztverkäufers nach § 445a setzt nicht voraus, dass der Lieferant gewusst hat oder damit rechnen musste, dass die Sache von seinem Abnehmer weiterverkauft wird[79]. Für ein derartiges **subjektives Erfordernis** aufseiten des Lieferanten als Voraussetzung des Rückgriffs enthält der Wortlaut des § 445a keinen Anhaltspunkt. Die Notwendigkeit einer Kenntnis der Weiterverkaufsabsicht des Verkäufers iSd § 445a Abs 1 und Abs 2 wäre auch mit dem Zweck dieser Regressregelung nicht vereinbar. Denn der Verkäufer soll – auch im Interesse des Endabnehmers (Käufers) an einer unverzüglichen Gewährleistung[80] – ohne Bindung an den **Vorrang der Nacherfüllung** seinen Nacherfüllungsaufwand gem § 445a Abs 1 an den Lieferanten „weiterreichen" und die sekundären Gewährleistungsrechte nach Maßgabe des § 445a Abs 2 ohne das Erfordernis einer Fristsetzung geltend machen können. Abgesehen davon ist im Falle des Verkaufs einer **neu hergestellten Sache** an einen Händler eine generelle Weiterverkaufsabsicht ohnehin auch für den Lieferanten offensichtlich.

47 Der Grundsatz der Maßgeblichkeit objektiver Kriterien greift aber auch dann Platz, wenn es sich um neu hergestellte Waren handelt, die **gewöhnlich nur an Endabnehmer** verkauft werden. Denn nach Abschluss eines Kaufvertrags über eine neu hergestellte Sache können unabhängig davon, ob der Käufer die Stellung eines Unternehmers oder eines Verbrauchers hat, veränderte Umstände aufseiten des Erwerbers zu einer Änderung der **Verwendungsabsicht** führen. Die Maßgeblichkeit objektiver Kriterien dient daher auch der **Rechtssicherheit** im konkreten Einzelfall. Ein Unternehmer muss als Käufer seinen Verkäufer auch dann nicht über die Absicht eines Weiterverkaufs aufklären, wenn der Verkäufer aufgrund der konkreten Umstände des Einzelfalls eigentlich nicht mit einer derartigen Verwendungsabsicht rechnen musste[81]. Denn der Lieferant muss immer in Erwägung ziehen, dass der Käufer nach Erhalt der Ware frei darüber verfügen und eine bisherige Verwendungsabsicht ohne weiteres aufgeben kann[82]. Auch ein **Verbraucher** muss als Käufer den Verkäufer nicht darüber aufklären, dass er untypischerweise **keine Nutzung als Endabnehmer**, sondern einen Weiterverkauf beabsichtigt.

48 b) **Unzulässigkeit eines Verbots des Weiterverkaufs der Sache**. Die Vereinbarung eines Verbots des Weiterverkaufs der vom Lieferanten an seinen Abnehmer gelieferten **neu hergestellten Sache** ist grundsätzlich unzulässig[83]. Eine solche kaufvertragliche Abrede begründet nämlich grundsätzlich eine **vertikale Wettbewerbsbeschränkung** gem GWB § 1 und uU auch iSd

76 Vgl zum Erfordernis eines Kaufvertrags am Ende der Lieferkette Rz 94 ff.
77 BeckOGK/Arnold Rz 42.
78 BeckOGK/Arnold Rz 42; vgl dazu auch Rz 49 ff.
79 MünchKomm/Lorenz Rz 26.
80 Vgl zu diesem Zweck des § 445a oben Rz 31 f.
81 AA MünchKomm/Lorenz Rz 26.
82 Vgl zu Unzulässigkeit eines Weiterverkaufsverbots nachfolgend Rz 48.
83 AA MünchKomm/Lorenz Rz 26.

AEUV Art 101. Unerheblich für die Unzulässigkeit ist, ob im konkreten Fall sämtliche Tatbestandsvoraussetzungen des **GWB § 1 oder/und AEUV Art 101** gegeben sind, also insbes auch eine ausreichende **wirtschaftliche Beeinflussung der Marktverhältnisse** zu bejahen ist. Die Einschränkung der Verwendungsmöglichkeiten des Käufers ist in jedem Fall als eine gegen **Treu und Glauben** (**§ 242**) verstoßende Einschränkung der wirtschaftlichen Bewegungsfreiheit anzusehen, und zwar auch bei Vorliegen einer **Individualvereinbarung**. Ein Weiterverkaufsverbot in AGB des Lieferanten (Lieferbedingungen) ist wegen **Unangemessenheit iSd § 307 Abs 2 Nr 2** unwirksam. Von der Unzulässigkeit eines solchen Verbots ist unabhängig davon auszugehen, ob es sich auf den Weiterverkauf der Sache an einen Unternehmer oder Verbraucher bezieht.

3. **Neu hergestellte Sache – Grundlagen.** – a) **Grundsatz – keine analoge Anwendung auf gebrauchte Sachen.** Der selbständige Aufwendungsersatzanspruch nach § 445a Abs 1 setzt – ebenso wie der Rückgriff nach § 445a Abs 2 – voraus, dass der Verkäufer eine vom Lieferanten bezogene „neu hergestellte Sache" an den Käufer (Endabnehmer) verkauft hat. Auf den Weiterverkauf einer gebrauchten Sache findet § 445a – in Übereinstimmung mit der auf den **Verbrauchsgüterkauf** beschränkten Vorgängerregelung des § 478 aF – keine Anwendung[84]. Eine analoge Anwendung des § 445a auf die Veräußerung einer gebrauchten Sache kommt nicht in Betracht[85]. Im Falle des Verkaufs einer gebrauchten Sache liegt idR **keine geschlossene Vertriebskette** vor, die – in Abweichung von § 437 – Erleichterungen beim Rückgriff des Verkäufers gegen seinen Lieferanten rechtfertigen könnte[86]. Die **amtliche Begründung** zu § 445a Abs 1 bestätigt dies mit der **Klarstellung**, dass sich die Ausweitung des nur für die Haftung des Verkäufers aus einem Verbrauchsgüterkauf iSd § 474 geltenden Anwendungsbereichs des § 478 Abs 2 aF auf „alle Kaufverträge, die neu hergestellte Sachen zum Gegenstand haben", beziehe[87]. 49

Beim **Weiterverkauf gebrauchter Sachen** durch den Letztverkäufer als Zwischenhändler handelt es sich häufig um Gegenstände, die er zuvor im Rahmen des Verkaufs einer neuen Sache vom betreffenden Käufer **unter Anrechnung auf den Kaufpreis** in Zahlung genommen hat. Verbreitet ist die **Inzahlungnahme einer gebrauchten Sache** insbes beim Verkauf eines Neuwagens durch einen Vertragshändler. Der Neuwagenkäufer gibt hier seinen Gebrauchtwagen in Zahlung. Wird nach dem Verkauf einer gebrauchten Sache vom Käufer ein Sachmangel iSd § 434 festgestellt, so kann dieser Fehler sowohl auf einer **fehlerhaften Herstellung** als auch – und damit anders als bei einer neu hergestellten Sache – auf der **Nutzung** durch einen oder mehrere **zwischenzeitliche Besitzer** beruhen. Aufgrund dieser, mit der Dauer der Nutzung größer werdenden **zusätzlichen Fehlerquelle** wäre das mit § 445a bezweckte „Weiterreichen" des dem Letztverkäufers gegenüber dem Käufer (Endabnehmer) entstandenen Gewährleistungsaufwands in der Lieferkette bis zum Hersteller als Träger der **Verantwortung für die Mangelfreiheit der Ware** nicht interessengerecht. 50

Nur bei neu hergestellten Sachen spricht regelmäßig eine **Vermutung** dafür, dass ein vom Käufer als Endabnehmer entdeckter Mangel der Ware, der nicht offensichtlich durch eine äußere Einwirkung während des Transports entstanden ist, schon zu dem **Zeitpunkt der Auslieferung durch den Hersteller** an den ersten Zwischenhändler vorlag. Daher ist eine analoge Anwendung des § 445a Abs 1 auf den Verkauf einer gebrauchten Sache auch in den Fällen abzulehnen, in denen der Letztverkäufer als Zwischenhändler zwar eine neu hergestellte Sache von seinem Lieferanten erwirbt, aber bis zum **Zeitpunkt des Weiterverkaufs** an den Endabnehmer selbst nutzt, etwa zu **Vorführ- oder/und Testzwecken**. Praktische Bedeutung hat insoweit auch der „Zweitverkauf" durch den Letztverkäufer im Anschluss an einen gescheiterten **Verkauf auf Probe** nach § 454. Es handelt sich auch in derartigen Konstellationen um einen von § 445a nicht erfassten Verkauf einer gebrauchten Sache. Dies ist deshalb interessengerecht, weil ein Mangel auch im Rahmen einer **zwischenzeitlichen Nutzung** entstehen kann, deren Dauer im Verhältnis zur Gesamtnutzungsdauer eher gering ist. 51

Eine analoge Anwendung des § 445a Abs 1 und Abs 2 auf gebrauchte Sachen ist selbst dann abzulehnen, wenn der Verkäufer die an den Käufer weiterveräußerte Sache schon in gebrauchtem Zustand von einem „Lieferanten" erworben hat, der geschäftsmäßig an einer **Lieferkette speziell für Gebrauchtwaren** beteiligt ist. Denn zum einen schließt der **Wortlaut des § 445a** mit 52

84 Begr Gesetzentwurf, BT-Drucks 18/8486, S 41 (zu § 445a); Begr Gesetzentwurf, BT-Drucks 14/6040, S 248 (zu § 478 aF); Erman/Grunewald Rz 3; MünchKomm/Lorenz Rz 15; BeckOGK/Arnold Rz 45 f.; BeckOK/Faust Rz 10; Staud/Bach Rz 22; Böhle, Der Rückgriff in der Lieferkette gem §§ 478, 479 BGB, 2004, S 193 f (zu § 478 aF); Schumacher, Der Lieferantenregress gem §§ 478, 479 BGB, 2004, S 101 f (zu § 478 aF).

85 BeckOGK/Arnold Rz 45, 34; Staud/Bach Rz 32; Böhle, Der Rückgriff in der Lieferkette gem §§ 478, 479 BGB, 2004, S 193 f (zu § 478 aF); aA BeckOK/Faust Rz 11.

86 Begr Gesetzentwurf, BT-Drucks 14/6040, S 248 (zu § 478 aF).

87 Begr Gesetzentwurf, BT-Drucks 18/8486, S 41 (zu § 445a).

der Formulierung „neu hergestellte Sache" auch in einem solchen Fall den Aufwendungsersatzanspruch nach § 445a Abs 1 ebenso wie den besonderen Regresstatbestand des § 445a Abs 2 eindeutig aus. Zum anderen ändert die Existenz einer Lieferkette für die betreffende gebrauchte Ware nichts daran, dass die Ermittlung des Zeitpunkts der **Entstehung des Mangels und dessen Ursache** aufgrund der zwischenzeitlichen Nutzung durch einen oder mehrere Besitzer mit **größeren Schwierigkeiten** verbunden ist. Der Verkäufer würde zwar auch bei Bejahung einer analogen Anwendung des § 445a Abs 1 und Abs 2 auf den Verkauf gebrauchter Sachen die **Beweislast** für das Vorliegen eines Mangels zum **Zeitpunkt des Übergangs der Gefahr** auf ihn tragen[88]. Die **Prozessrisiken** wären aber für den Lieferanten der gebrauchten Sache nur schwer kalkulierbar.

53 Die Nichtanwendbarkeit des § 445a beim Weiterverkauf einer gebrauchten Sache lässt die allgemeine Gewährleistungshaftung des „Lieferanten" der gebrauchten Sache als Verkäufer iSd § 437 und das **Prinzip des Vorrangs der Nacherfüllung unberührt**, so dass der „Lieferant" auch bei Unklarheiten bezüglich der Entstehung des Mangels die Möglichkeit hat, eine Nachbesserung zum Zwecke der **Vermeidung eines Gewährleistungsprozesses** vorzunehmen. Diese Rechtslage dient dem Interesse aller am Vertrieb einer gebrauchten Sache Beteiligten an der **Aufrechterhaltung bestehender Geschäftsbeziehungen**. Zudem hat der „Lieferant" einer gebrauchten Sache ein schützenswertes Interesse daran, dass er in dem Fall, in dem der Endabnehmer gegenüber dem Verkäufer einen Mangel geltend macht, zum Zwecke der Klärung der Frage der **Ursache und des Zeitpunkts der Entstehung** eingeschaltet wird, bevor der Verkäufer mit Nachbesserungsmaßnahmen beginnt und dadurch uU diese Prüfung erschwert.

54 b) **Vereinbarkeit der Beschränkung auf neue Sachen mit Art 18 der Warenkauf-Richtlinie (Art 4 der Verbrauchsgüterkauf-Richtlinie)**. – aa) **Nähere Ausgestaltung des Rückgriffs durch das nationale Recht – Grundsatz.** Die Vereinbarkeit der Beschränkung des Rückgriffs nach § 445a auf **neu hergestellte Sachen** mit Art 18 der Warenkauf-Richtlinie (Art 4 der außer Kraft getretenen Verbrauchsgüterkauf-Richtlinie) ist zu bejahen[89]. Entscheidend für die Vereinbarkeit ist die Frage, ob für den Regress nach Art 18 der Warenkauf-Richtlinie unmittelbar – oder zumindest mittelbar aufgrund des **Gebots der effektiven Umsetzung** – eine Anwendung der besonderen Rückgriffsregelungen des § 445a notwendig ist oder vielmehr das Eingreifen der **allgemeinen kaufrechtlichen Gewährleistung** nach § 437 genügt. Haftet der Verkäufer dem Verbraucher aufgrund einer Vertragswidrigkeit der Ware, die auf einem Handeln oder Unterlassen einer Person in vorhergehenden Gliedern der Vertragskette beruht, so ist der Verkäufer gem Art 18 Satz 1 der Warenkauf-Richtlinie berechtigt, „bei den oder dem innerhalb der Vertragskette Haftenden Rückgriff zu nehmen". Bei welcher Person der Verkäufer Rückgriff nehmen kann, sowie die diesbezüglichen Maßnahmen und Bedingungen für die Geltendmachung der Rückgriffsansprüche bestimmt gem Art 18 Satz 1 der Warenkauf-Richtlinie das nationale Recht. Eine ausdrückliche Beschränkung auf den Fall des Kaufs einer **neu hergestellten Sache** regelt diese Vorschrift der Warenkauf-Richtlinie nicht. Der in **Art 2 Nr 5 der Warenkauf-Richtlinie** näher definierte Begriff der Ware enthält keine Ausnahme für gebrauchte Waren.

55 Für die **Rechte eines Verbrauchers** aus einem Verbrauchsgüterkauf kommt es daher nach der Warenkauf-Richtlinie grundsätzlich nicht darauf an, ob die erworbene Sache neu oder gebraucht ist. Auch der **Warenbegriff** des § 474 Abs 1 Satz 1 iVm § 241a Abs 1 setzt – ohne Differenzierung zwischen neu hergestellt und gebraucht – nur den Kauf einer **beweglichen Sache** voraus. Eine Ausnahme statuiert – in Übereinstimmung mit Art 3 Abs 4 Satz 1 lit a) der Warenkauf-Richtlinie – die Regelung des § 474 Abs 1 Satz 2 für gebrauchte Waren, die in einer **öffentlich zugänglichen Versteigerung (§ 312g Abs 2 Nr 10)** verkauft werden, wenn dem Verbraucher klare und umfassende Informationen darüber, dass die Vorschriften dieses Untertitels nicht gelten, leicht verfügbar gemacht wurden[90]. Nach Art 18 Satz 2 der Warenkauf-Richtlinie bestimmt aber – ohne inhaltliche Abweichung von Art 4 Satz 2 der Verbrauchsgüterkauf-Richtlinie – das **nationale Recht**, bei welcher Person der Verkäufer Rückgriff nehmen kann, sowie die diesbezüglichen **Maßnahmen und Bedingungen** für die Geltendmachung der Rückgriffsansprüche.

56 bb) **Auslegung des Art 18 Satz 1 der Warenkauf-Richtlinie.** Die Vereinbarkeit der Beschränkung des § 445a auf den Verkauf neu hergestellter Sachen mit Art 18 der Warenkauf-Richtlinie folgt schon unmittelbar aus dem **Wortlaut** dieser unionsrechtlichen Vorschrift. Denn Art 18 Satz 1 der Warenkauf-Richtlinie verlangt nur, dass der Verkäufer in der Lage sein muss, den

88 Vgl zu den Einzelheiten der Beweislastverteilung bei § 445a Abs 1 und Abs 2 unten Rz 260 ff.

89 MünchKomm/Lorenz Rz 6; BeckOK/Faust Rz 11 (für § 445a Abs 2); aA Staud/Bach Rz 10; Beck-OGK/Arnold Rz 34; BeckOK/Faust Rz 11 (für § 445a Abs 1).

90 Vgl dazu § 474 Rz 49, 75 ff, 86 ff.

„innerhalb der Vertragskette Haftenden" in Rückgriff zu nehmen. Art 18 Satz 2 der Warenkauf-Richtlinie, nach dem die **nationalen Gesetzgeber** die Maßnahmen und Bedingungen des Rückgriffs festlegen, bestätigt eindeutig, dass letztlich nur eine **generelle Regressmöglichkeit** des Letztverkäufers zwingend vorgeschrieben ist. Diese Vorgabe wird für den Geltungsbereich des BGB im Falle des Weiterverkaufs einer **gebrauchten Sache** dadurch erfüllt, dass dem Letztverkäufer die **allgemeinen kaufrechtlichen Gewährleistungsrechte** aus § 437 gegen den Lieferanten uneingeschränkt zustehen, sofern im konkreten Einzelfall die tatbestandlichen Voraussetzungen des geltend gemachten Rechts gegeben sind[91]. Der spezifische Unterschied zwischen einer gebrauchten und einer neu hergestellten Sache besteht in Bezug auf den Rückgriff des Verkäufers gegen den Lieferanten – wie im Einzelnen bereits dargelegt[92] – darin, dass bei **gebrauchten Sachen** idR keine zum Hersteller hinführende Lieferkette besteht und durch die zwischenzeitliche Nutzung der Sache regelmäßig Fehlerquellen eröffnet werden, die dem **Hersteller** nicht zurechenbar sind[93]. Ein Zwischenhändler ist zwar auch beim Verkauf einer gebrauchten Sache ein Letztverkäufer bzw Verkäufer im Sinne der Warenkauf-Richtlinie. Der dargelegte wesentliche Unterschied hinsichtlich des **Charakters der Lieferkette** rechtfertigt aber in jeder Hinsicht den Ausschluss des besonderen Rückgriffs nach § 445a und demzufolge die ausschließliche Geltung der allgemeinen Gewährleistungsregelung des § 437 beim Rückgriff des Verkäufers gegen den **„Lieferanten" einer gebrauchten Sache**.

cc) **Übereinstimmung mit dem Gebot der effektiven Umsetzung einer EU-Richtlinie.** 57
Aus diesen Gründen verstößt die Nichtanwendbarkeit des § 445a Abs 1 und Abs 2 beim Weiterverkauf einer gebrauchten Sache auch nicht gegen das **Gebot der effektiven Umsetzung** einer EU-Richtlinie[94]. Es ist vielmehr davon auszugehen, dass der bei gebrauchten Sachen aufgrund der ausschließlichen Anwendung des **§ 437** im Verhältnis zwischen Letztverkäufer und „Lieferant" eingreifende **Vorrang der Nacherfüllung** und die daraus folgende Obliegenheit des Letztverkäufers, im Falle einer Mängelrüge des Käufers zum Zwecke der **Organisation einer Nacherfüllung** iSd §§ 437 Nr 1, 439 Abs 1 den „Lieferanten" hinzuzuziehen, letztlich auch den Interessen des Verkäufers dient. Denn durch diese Obliegenheit werden **Rechtsstreitigkeiten und Beweisschwierigkeiten** im Rückgriffsverhältnis vermieden. Eine Klärung der Verantwortung zwischen dem Verkäufer und dem „Lieferanten" der gebrauchten Sache kommt aber letztlich auch dem Käufer zugute. Etwaige **Verzögerungen** im Vergleich zu Gewährleistung und Rückgriff beim Vertrieb von neu hergestellten Sachen sind dem Käufer als Endabnehmer zumutbar, weil für ihn ohne weiteres ersichtlich ist, dass beim Kauf gebrauchter Waren eben **keine klassische Lieferkette** existiert und die Klärung der Verantwortung für den festgestellten Mangel im konkreten Einzelfall mit größeren Schwierigkeiten verbunden sein kann.

dd) **Vergleich mit vertraglichen Freizeichnungsmöglichkeiten beim Vertrieb von gebrauchten Sachen.** 58
Aus Art 18 der Warenkauf-Richtlinie (Art 4 der Verbrauchsgüterkauf-Richtlinie) kann nicht abgeleitet werden, dass beim **Kaufvertrag zwischen „Lieferant" und Letztverkäufer** über eine gebrauchte Sache, sofern es sich nicht ausnahmsweise um einen Verbrauchsgüterkauf handelt, die Gewährleistung nicht komplett ausgeschlossen werden kann. Wird im Falle des Vorliegens eines Gewährleistungsausschlusses im Verhältnis zwischen dem „Lieferanten" und dem Letztverkäufer als Zwischenhändler die gebrauchte Sache an einen **Verbraucher** weiterveräußert, so kann zwar die auf die Gewährleistungsansprüche aus § 437 bezogene **Verjährungsfrist** gem § 476 Abs 2 Satz 1 **auf ein Jahr verkürzt** werden. Die Gewährleistung kann aber nicht komplett ausgeschlossen werden. Beim Vertrieb einer gebrauchten Sache mit Letztverkauf an einen Verbraucher ist also die Situation möglich, dass der Letztverkäufer die Sache vom „Lieferanten" nur unter **Ausschluss der Gewährleistung** erwerben und dann beim Weiterverkauf an einen Verbraucher die Gewährleistung nicht ausschließen, sondern nur zeitlich begrenzen kann. Im Vergleich zu dieser – im Rahmen der **Vertragsfreiheit** grundsätzlich zulässigen[95] – Konstellation des kompletten Ausschlusses des Rückgriffs ist die Geltung der gesetzlichen Gewährleistung nach § 437 – trotz Ausschlusses des besonderen Rückgriffs nach § 445a Abs 1 und Abs 2 – erheblich günstiger. Zudem bestätigt die im Verhältnis zwischen „Lieferant" und Letztverkäufer einer gebrauchten Sache grundsätzlich bestehende **Freizeichnungsmöglichkeit**, dass eine beim Verkauf einer gebrauchten Sache bestehende Lieferkette einen anderen Charakter hat als die auf den Absatz einer neu hergestellten Sache bezogene Lieferkette.

91 MünchKomm/Lorenz Rz 6; BeckOK/Faust Rz 11 (in Bezug auf § 445a Abs 2); aA Staud/Bach Rz 10 f; BeckOGK/Arnold Rz 53 ff; BeckOK/Faust Rz 11 (für § 445a Abs 1).
92 Vgl dazu Rz 49 ff.
93 Begr Gesetzentwurf, BT-Drucks 14/6040, S 248 (zu § 478 aF).
94 MünchKomm/Lorenz Rz 6; aA Staud/Bach Rz 10; BeckOGK/Arnold Rz 54, BeckOK/Faust Rz 11 (für § 445a Abs 1 und § 445b).
95 Vgl zur Abdingbarkeit des § 445a unten Rz 271 ff.

59 4. **Voraussetzungen der Eigenschaft „neu hergestellt“.** – a) **Abgrenzung von „neu“ und „fabrikneu“ – Problematik längerer Lager- oder Standzeiten.** Die vom Gesetzgeber für § 445a Abs 1 und Abs 2 in Übereinstimmung mit § 478 aF gewählte Formulierung „neu hergestellt“ anstelle von „neu“ oder „fabrikneu“ steht in einem Zusammenhang mit der Problematik längerer Lager- oder Standzeiten bei bestimmten Waren. In Bezug auf neue Waren, die vom **Letztverkäufer als Zwischenhändler** mangels aktueller Nachfrage nicht zeitnah verkauft werden können, ist die Bezeichnung „Altware“ (ugs „Ladenhüter“) verbreitet. Im Vergleich zu „neu“ und „fabrikneu“ hat die gesetzliche Formulierung „neu hergestellt“ einen **weitergehenden Anwendungsbereich**[96]. Große praktische Bedeutung hat insoweit der **Autokauf**, weil es hier aufgrund von **Nachfrageschwankungen** insgesamt oder bei bestimmten Modellen zu **längeren Standzeiten** kommen kann. Beträgt die Standzeit beim Autokauf **mehr als zwölf Monate,** so handelt es sich nicht mehr um einen **„Neuwagen“**[97]. Ein solches Fahrzeug ist auch nicht mehr „fabrikneu“[98]. Der nach Ablauf von zwölf Monaten erfolgende Wegfall dieser Eigenschaften beruht darauf, dass sich der Zustand eines Fahrzeugs – auch ohne Gebrauch – allein durch Zeitablauf aufgrund von **Materialermüdung, Oxidation** und anderen **physikalischen Veränderungen** verschlechtert[99]. Eine Aufbewahrung des Fahrzeugs unter optimalen Bedingungen kann die Verschlechterung zwar uU verlangsamen, aber letztlich nicht verhindern[100]. Die Neuwageneigenschaft fehlt – auch ohne eine Standzeit von zwölf Monaten – in den Fällen, in denen es zwischen Herstellung und Übergabe an den Käufer zu einem **Modellwechsel oder technischen Veränderungen** gekommen ist[101]. Das in § 445a Abs 1 und Abs 2 enthaltene Tatbestandsmerkmal „neu hergestellt“ bedeutet demgegenüber **„noch nicht gebraucht“ (ungebraucht)** und ist daher in einem wesentlich weiteren Sinne zu verstehen[102].

60 Eine neu hergestellte Sache iSd § 445a Abs 1 und Abs 2 liegt auch bei längerer Lager- oder Standzeit so lange vor, bis sie **tatsächlich in Gebrauch genommen** wird[103]. Dadurch wird dem Umstand hinreichend Rechnung getragen, dass zwischen der Herstellung und dem Letztverkauf nicht unerhebliche Lager- oder Standzeiten auf dem Vertriebsweg entstehen können und es nicht interessengerecht wäre, durch eine engere Definition des Begriffs der Sache in § 445a Abs 1 und Abs 2 das Risiko längerer Lager- oder Standzeiten allein dem Letztverkäufer zuzuweisen. Das **Absatzrisiko** muss vielmehr von der gesamten Lieferkette bis hin zum Hersteller getragen werden. Denn das gemeinsame Ziel von Hersteller und sämtlichen Händlern der Lieferkette ist der **endgültige Absatz der Ware** durch Verkauf an einen Endabnehmer. Der im Vergleich zu „neu“ und „fabrikneu“ umfassendere Begriff „neu hergestellt“ führt deshalb zu einer **angemessenen Risikoverteilung** in der gesamten Lieferkette. Dies gilt nicht nur für **Saisonware**, die vom Letztverkäufer nach Prognose **auf Vorrat erworben** wird, sondern für alle Güter, die nicht erst nach Abschluss des Kaufvertrags mit dem Endabnehmer vom Letztverkäufer bestellt, sondern als vorhandene – oder sofort in einem Lager abrufbare – Ware zum Kauf angeboten werden.

61 b) **Verkauf einer neu hergestellten Sache als „gebraucht“ – objektive Betrachtungsweise.** Die Anwendung des § 445a Abs 1 und Abs 2 setzt nicht unbedingt voraus, dass die Ware ausdrücklich als „neu“, „ungebraucht“ oder unter einer ähnlichen Formulierung verkauft worden ist[104]. Maßgeblich ist vielmehr eine **rein objektive Betrachtungsweise**. Daher hat, sofern die verkaufte Sache objektiv als „neu hergestellt“ einzuordnen ist, eine inhaltlich davon **abweichende kaufvertragliche Deklarierung** als „gebraucht“ oder „nicht neu“ keine Auswirkung auf das Vorliegen einer neu hergestellten Sache iSd § 445a Abs 1 und Abs 2. Eine solche kaufvertragliche Vereinbarung kann aber Bedeutung haben für die Frage des Vorliegens eines Sachmangels nach § 434 oder/und einer **vertraglichen Abbedingung des Rückgriffs** im Verhältnis zwischen dem Verkäufer und dem Lieferanten. Insoweit muss das Vertragsverhältnis zwischen dem Verkäufer und dem Käufer unterschieden werden vom Rückgriffsverhältnis zwischen dem Verkäufer und seinem Lieferanten. Wird eine neu hergestellte Sache vom Verkäufer im Rahmen eines **Verbrauchsgüterkaufs** an einen Verbraucher als Endabnehmer verkauft, so ist die kaufvertragliche Deklarierung der Kaufsache als „gebraucht“ eine für den Verbraucher **nachteilig abweichende Vereinbarung iSd § 476 Abs 1** und damit unwirksam. Dies gilt dann grundsätzlich auch für den Rückgriff des Verkäufers gegen den Lieferanten gem § 445a Abs 1 und Abs 2. Wenn Lieferant und Verkäufer vereinbaren, dass die zu liefernde Sache, obwohl sie bei objektiver

96 MünchKomm/Lorenz Rz 15.
97 BGH NJW 2004, 160; BGH NJW 2006, 2694 Rz 7 ff; BGH NJW 2016, 3015 Rz 44 ff.
98 BGH NJW 2004, 160; BGH NJW 2016, 3015 Rz 44.
99 BGH NJW 2016, 3015 Rz 44.
100 BGH NJW 2016, 3015 Rz 44; BGH NJW 2004, 160.
101 BGH NJW 1980, 1097, 1098; BGH NJW 2003, 2824; BGH NJW 2016, 3015 Rz 22.
102 Staud/Bach Rz 22; Erman/Grunewald Rz 3; MünchKomm/Lorenz Rz 15; BeckOGK/Arnold Rz 60; BeckOK/Faust Rz 12; Jauernig/Berger Rz 3; Schumacher, Der Lieferantenregress gem §§ 478, 479 BGB, 2004, S 101 (zu § 478 aF).
103 Staud/Bach Rz 23; MünchKomm/Lorenz Rz 16; BeckOGK/Arnold Rz 61; BeckOK/Faust Rz 12; Grüneberg/Weidenkaff Rz 3.
104 Nicht eindeutig insoweit MünchKomm/Lorenz Rz 16; BeckOK/Faust Rz 12.

Beurteilung eindeutig als „neu hergestellt" einzuordnen ist, als „gebraucht" veräußert wird, dann handelt es sich im Ergebnis um eine Abbedingung des § 445a Abs 1 und Abs 2, also um einen Ausschluss des besonderen Rückgriffs des Verkäufers. Bei Vorliegen einer **Individualvereinbarung** bestehen in Bezug auf die Wirksamkeit keine Bedenken. Im Falle der Verwendung von **AGB** ist bei einem derartigen Ausschluss in den Lieferbedingungen des Lieferanten allerdings regelmäßig eine Unwirksamkeit nach § 309 Nr 8 lit b zu bejahen.

c) **Verkauf einer gebrauchten Sache als „neu hergestellt"**. Wird eine Sache vom Lieferan- 62
ten als „neu hergestellt", „ungebraucht" oder mit einer gleichbedeutenden Bezeichnung an den Verkäufer als Zwischenhändler veräußert, obwohl die Sache in Wirklichkeit schon in Gebrauch genommen worden war, so haftet der Lieferant gegenüber dem Verkäufer nicht nur auf Grundlage der allgemeinen Gewährleistungsnorm des § 437. Der Verkäufer kann hier vielmehr auch nach § 445a Abs 1 und Abs 2 vorgehen, sofern er vom Käufer in der Weise wegen eines Mangels auf Gewährleistung in Anspruch genommen worden ist, dass auch die **weiteren Voraussetzungen des besonderen Rückgriffs** nach diesen Vorschriften erfüllt sind. Ein Lieferant, der eine Sache mit einer solchen **Falschbezeichnung** verkauft, muss sich in Bezug auf den Rückgriff nach § 445a Abs 1 und Abs 2 an dieser – objektiv nicht zutreffenden – Deklarierung festhalten lassen. Eine solche Vereinbarung hat beim Verkauf einer gebrauchten Sache im Ergebnis die gleiche Wirkung wie die Abrede, dass im Falle der **Gewährleistungshaftung des Verkäufers** gegenüber dem Käufer der Rückgriff gegen den Lieferanten nach Maßgabe des § 445a Abs 1 und Abs 2 erfolgen soll, obwohl das **gesetzliche Erfordernis** in Gestalt des Vorliegens einer neu hergestellten Sache nicht gegeben ist. Weiß der Verkäufer beim Erwerb einer „neuen" Sache vom Lieferanten, dass die Sache in Wirklichkeit in gebrauchtem Zustand veräußert wird, dann ist die Gewährleistungshaftung einschließlich Rückgriff nach § 445a Abs 1 und Abs 2 gem **§ 442 Abs 1 Satz 1** ausgeschlossen, soweit der Sachmangel gerade in dieser Abweichung besteht[105]. Das Gleiche gilt, wenn der Verkäufer den wahren Zustand **infolge grober Fahrlässigkeit** nicht erkannt hat (§ 442 Abs 1 Satz 2).

Erwirbt der Verkäufer vom Lieferanten eine gebrauchte Sache ohne abweichende kaufvertrag- 63
liche Vereinbarung und erfolgt ein **Weiterverkauf** an den Käufer als Endabnehmer mit der Bezeichnung „neu hergestellt", so ist im Falle der **Gewährleistungshaftung des Verkäufers** ein Rückgriff nach § 445a Abs 1 und Abs 2 in vollem Umfang ausgeschlossen. Wenn der **Sachmangel** als Voraussetzung für eine Gewährleistungshaftung des Verkäufers gerade darauf beruht, dass das Fehlen der Eigenschaft „neu hergestellt" einen Sachmangel nach § 434 Abs 2 Satz 1 Nr 1 begründet, dann fehlt im Verhältnis zwischen Verkäufer und Lieferant schon ein Sachmangel, weil eine solche **Beschaffenheitsvereinbarung** in diesem Rückgriffsverhältnis nicht gegeben ist. Wird vom Käufer in berechtigter Weise ein anderer Mangel geltend gemacht, der schon zum Zeitpunkt des **Übergangs der Gefahr** auf den Verkäufer vorlag, so haftet der Lieferant zwar nicht nach § 445a Abs 1 und Abs 2, aber nach der allgemeinen Gewährleistungsregelung des § 437.

d) **Verkauf einer neu hergestellten Sache als „fabrikneu" oder „neu"**. Der Verkauf einer 64
neu hergestellten Sache iSd § 445a Abs 1 und Abs 2 als „fabrikneu" oder „neu" durch den Verkäufer an den Endabnehmer (Käufer) führt zu einem **Sachmangel iSd § 434 Abs 2 Satz 1 Nr 1** mit der Folge, dass dem Käufer nach Maßgabe des § 437 gegenüber dem Verkäufer Gewährleistungsrechte zustehen. Der Rückgriff des Verkäufers gegen den Lieferanten nach § 445a Abs 1 und Abs 2 ist aber nur dann eröffnet, wenn auch in diesem Kaufrechtsverhältnis ein Mangel zum **Zeitpunkt des Übergangs der Gefahr** vorlag. Diese Konstellation ist in dem Fall nicht gegeben, in dem der Verkäufer eine vom Lieferanten bezogene fabrikneue Ware nach **längerer Lager- oder Standzeit** mit der Bezeichnung „fabrikneu" oder „neu" veräußert, obwohl in Wirklichkeit nur noch die Eigenschaft „neu hergestellt" vorliegt, und der Endabnehmer wegen des aus diesem Grund vorliegenden Sachmangels (§ 434 Abs 2 Satz 1 Nr 1) den Letztverkäufer nach § 437 in Anspruch nimmt. Hier erfolgt die vom tatsächlichen Zustand **abweichende Beschaffenheitsvereinbarung** zwischen Verkäufer und Endabnehmer auf das alleinige Risiko des Verkäufers. Liegt ein andersartiger Mangel vor, so kommt ein Rückgriff des Verkäufers gegen den Lieferanten nach § 445a grundsätzlich in Betracht, weil die Sache zumindest „neu hergestellt" ist.

5. **Identität von erworbener und weiterverkaufter Sache – Zulieferung von Kompo- 65
nenten für Kaufsache**. – a) **Grundsatz**. Der Rückgriff nach § 445a Abs 1 setzt – in Übereinstimmung mit § 478 Abs 2 aF – aufgrund der tatbestandlichen Formulierung „die Sache" eindeutig

105 Vgl zu den Einzelheiten der Anwendung des § 442 Abs 1 beim Rückgriff nach § 445a unten Rz 113.

das Vorliegen einer Identität der vom Verkäufer als Zwischenhändler an den Käufer gelieferten Sache mit der Sache voraus, die der Verkäufer von seinem Lieferanten bezogen hat[106]. Der Aufwendungsersatzanspruch des Verkäufers aus § 445a Abs 1 richtet sich beim Verkauf einer **neu hergestellten Sache** gegen den „Verkäufer, der ihm die Sache verkauft hatte (Lieferant)". Das Erfordernis der Identität gilt auch für den **weiteren Regress** in der Lieferkette nach **§ 445a Abs 3**. Nach dieser Vorschrift finden nämlich § 445a Abs 1 und Abs 2 auf die Ansprüche des Lieferanten und der übrigen Käufer in der Lieferkette gegen die jeweiligen Verkäufer entsprechende Anwendung, wenn die Schuldner Unternehmer iSd § 14 sind. Die Anordnung der **entsprechenden Anwendung** bezieht sich selbstverständlich auch auf das Tatbestandsmerkmal „die Sache" und damit auf das daraus folgende Identitätserfordernis. Sämtliche Käufer der konkreten Lieferkette können daher nur unter der Voraussetzung einen Rückgriffsanspruch gegen den jeweiligen Lieferanten geltend machen, dass es sich um „dieselbe Sache" handelt. Dies folgt nicht nur aus dem **eindeutigen Wortlaut** des § 445a, sondern auch aus der in dieser Vorschrift zum Ausdruck kommenden **Zuordnung der Haftungsrisiken**. Denn die Weiterreichung des Nacherfüllungsaufwands iSd § 445a Abs 1 und die Folgen der privilegierten Gewährleistungshaftung nach § 445a Abs 2 über die gesamte Lieferkette bis zum Hersteller sind nur dann gerechtfertigt, wenn der Käufer als Endabnehmer seine Gewährleistungsrechte gegen den Verkäufer aus § 437 auf einen Mangel derjenigen Sache stützt, die der **Hersteller** als Letztverantwortlicher in den Verkehr gebracht hat.

66 b) **Identität bei Verarbeitung oder Umgestaltung der Sache vor Weiterverkauf – Herstellung anderer Sache**. Problematisch ist die Identität der vom Lieferanten bezogenen Sache mit der an den Käufer als Endabnehmer verkauften Sache in den Fällen, in denen die gekaufte Sache vor dem Weiterverkauf an den Endabnehmer vom Verkäufer verarbeitet oder umgestaltet wurde[107]. Praktische Bedeutung hat insoweit insbes die Konstellation der Verwendung der vom Lieferanten gelieferten Sache als **Komponente** bei der Herstellung einer anderen Sache[108]. Wird von einem **Zulieferer** auf Grundlage eines Kaufs ein **Bauteil** an einen Unternehmer geliefert, der dieses Teil – neben anderen Komponenten – für die Herstellung einer Sache verwendet, die dann nach dem Verkauf an einen Endabnehmer wegen eines Mangels einen Gewährleistungsfall auslöst, so stellt sich die Frage, ob der Zulieferer als regresspflichtiger Lieferant iSd § 445a Abs 1 anzusehen ist. Insoweit ist eine **differenzierte Betrachtungsweise** erforderlich. Eine Anwendung des § 445a Abs 1 auf den Kaufvertrag über Zuliefererteile scheidet aus, sofern der Verkäufer durch **Verarbeitung** eine andere Sache herstellt, die dann an einen Endabnehmer verkauft wird[109]. Entsprechendes gilt für die **Lieferung von Rohstoffen**, die vom Verkäufer für die Herstellung von Sachen verwendet werden, die zum Weiterverkauf an Unternehmer bestimmt sind.

67 Die **Nichterstreckung des Lieferantenbegriffs** des § 445a Abs 1 und Abs 2 auf derartige Kaufverträge mit Zulieferern ergibt sich eindeutig aus dem Tatbestandsmerkmal „die Sache" und dem daran anknüpfenden **Identitätserfordernis.** Etwas anderes ergibt sich nicht aus **ProdHaftG § 4 Abs 1**, wonach als Hersteller im Sinne des ProdHaftG nicht nur der Hersteller des Endprodukts, sondern auch der **Hersteller eines Grundstoffs oder eines Teilprodukts** anzusehen ist. Der Herstellerbegriff des Art 18 der Warenkauf-Richtlinie (Art 4 der Verbrauchsgüterkauf-Richtlinie) und des § 445a ist nämlich enger als der des Produkthaftungsrechts[110]. Bei der **Produkthaftung** geht es zugunsten des geschädigten Verbrauchers um eine Gefährdungshaftung, für die es auf das Vorliegen bestimmter Vertragsbeziehungen nicht ankommt[111]. Bei der kaufrechtlichen Gewährleistung stehen dem Verkäufer ohnehin keine vertraglichen Ansprüche gegen die Zulieferer des Herstellers zu[112].

68 Im Falle des **Erwerbs von Komponenten**, die zur Herstellung einer anderen Sache verwendet werden, kann der Verkäufer dieser Sache nur die allgemeinen **Gewährleistungsrechte aus § 437** gegen den Zulieferer geltend machen, wobei etwaige **Aus- und Einbaukosten** nach **§ 439 Abs 3** verlangt werden können. Hat der Zulieferer den **Mangel** der von ihm gelieferten Komponenten **zu vertreten** und führt dieses Teil nach Verarbeitung durch den Verkäufer zu einem

106 Vgl MünchKomm/Lorenz Rz 25.
107 Vgl dazu unten Rz 71 ff.
108 Vgl dazu nachfolgend Rz 71 ff.
109 Erman/Grunewald Rz 10; MünchKomm/Lorenz Rz 25, 45; BeckOGK/Arnold Rz 69 f; BeckOK/Faust Rz 12; Staud/Bach Rz 37; Schumacher, Der Lieferantenregress gem §§ 478, 479 BGB, 2004, S 225 ff (zu § 478 aF); aA Höpker, Verkäuferregress, 2003, S 81 (zu § 478 aF); Tröger AcP 204 (2004), 115, 133 f (zu § 478 aF).
110 Vgl Schumacher, Der Lieferantenregress gem §§ 478, 479 BGB, 2004, S 230 f (zu § 478 aF).
111 Vgl Soergel/Krause Rz 5 vor ProdHaftG § 1; Grüneberg/Sprau ProdHaftG Einf Rz 5.
112 Die Voraussetzungen eines Vertrags mit Schutzwirkung für Dritte liegen nicht vor; vgl BGHZ 51, 91; Erman/Bayer § 328 Rz 70; MünchKomm/Gottwald § 328 Rz 190.

Mangel der hergestellten anderen Sache, so kann der Verkäufer den von ihm gegenüber dem gewährleistungsberechtigten Endabnehmer zu tragenden Gewährleistungsaufwand nach **§ 437 Nr 3 als Schadensersatz** verlangen. Zudem ist hier gem **§ 252** vom Zulieferer der dem Verkäufer **entgangenen Gewinn** zu ersetzen.

c) **Abgrenzung zwischen identitätswahrender Bearbeitung und Verarbeitung zu einer anderen Sache**. Anders ist die Rechtslage, wenn die gelieferte Sache vom Verkäufer nicht zu einer neuen Sache verarbeitet, sondern unter Aufrechterhaltung ihrer Identität nur „bearbeitet" wird. Insoweit gelten die für die sachenrechtliche Regelung des **§ 950** in Bezug auf die Unterscheidung zwischen Verarbeitung und der nicht tatbestandsmäßigen bloßen Bearbeitung entwickelten Grundsätze entsprechend[113]. Es kommt demnach auch für § 445a in wirtschaftlicher Hinsicht auf den **Wert des verarbeiteten Teils** im Verhältnis zum **Wert des Endprodukts** sowie darauf an, ob dieses nach der **Verkehrsauffassung** als eine neue Sache anzusehen ist[114]. Wenn also zB von einem Automobilhersteller Zuliefererteile zum Zwecke der Herstellung eines Neuwagens verarbeitet werden, wird offenkundig eine andere Sache hergestellt. Dies gilt auch dann, wenn der Hersteller sich bei der Produktion darauf beschränkt, von Zulieferern gelieferte Bauteile und sonstige Komponenten zusammenzufügen, sofern nach der Verkehrsauffassung eine neue Sache entsteht. 69

Eine **reine Oberflächenbearbeitung iSd § 950 Abs 1 Satz 2** kann zwar unter bestimmten Umständen – insbes bei Vorliegen einer größeren Einwirkung auf die Sachsubstanz – dazu führen, dass nach der Verkehrsauffassung eine neue Sache entsteht. Eine geringfügige, die Identität der Sache nicht tangierende Einwirkung liegt aber in den Fällen vor, in denen vom Verkäufer **technischen Daten oder/und Typenbezeichnungen** durch Einsatz von technischen Hilfsmitteln **eingestanzt** oder **eingraviert** werden[115]. Das Gleiche gilt, soweit vom Verkäufer – zB bei Geschenkartikeln – auf Wunsch des Käufers bestimmte **Gravierarbeiten** vorgenommen werden. Eine Weiterveräußerung ohne Veränderung der Identität der Sache ist grundsätzlich auch dann zu bejahen, wenn die vom Lieferanten gelieferte Sache nur eine **Grundlackierung** oder gar keine Lackierung aufweist und der Verkäufer die **endgültige Lackierung** – uU nach Wahl des Käufers – selbst durchführt. Hier wird „dieselbe Sache" lackiert und an den Endabnehmer verkauft. 70

6. **Nichtanwendung des § 445a auf den Kauf von Zuliefererteilen**. – a) **Vereinbarkeit mit Art 18 der Warenkauf-Richtlinie**. In den Fällen, in denen durch Verarbeitung der vom Zulieferer erworbenen Komponente eine **neue Sache hergestellt** und dann an einen Verbraucher als Endabnehmer weiterveräußert wird, erfordert auch Art 18 der Warenkauf-Richtlinie (Art 4 der Verbrauchsgüterkauf-Richtlinie) keine Anwendung des § 445a im Verhältnis zwischen dem verarbeitenden Verkäufer und dem Zulieferer[116]. Diese Bestimmung der Warenkauf-Richtlinie regelt vielmehr Regressansprüche innerhalb der **„Vertragskette"**. Der Verkäufer ist nach Art 18 Satz 2 der Warenkauf-Richtlinie berechtigt, bei den oder dem innerhalb der Vertragskette Haftenden Rückgriff zu nehmen". Das Vorliegen einer Vertragskette iSd Art 18 der Warenkauf-Richtlinie setzt – in Übereinstimmung mit § 445a[117] – voraus, dass es sich um einen **identischen Kaufgegenstand** handelt. Der Zulieferer von Komponenten, die zum Zwecke der Herstellung einer **anderen Sache** verarbeitet werden, ist daher kein „innerhalb der Vertragskette Haftender" iSd Art 18 der Warenkauf-Richtlinie[118]. Der Kaufvertrag zwischen dem Hersteller der Sache, die über die Lieferkette an den Endabnehmer veräußert wird, und dem Lieferanten von den für die Herstellung dieser Sache verwendeten Komponenten oder Rohstoffen liegt daher **außerhalb des Anwendungsbereichs** des Art 18 der Warenkauf-Richtlinie (Art 4 der Verbrauchsgüterkauf-Richtlinie). 71

b) **Keine analoge Anwendung des § 445a im Hersteller-Zulieferer-Verhältnis**. – aa) **Fehlende Verantwortung des Zulieferers für das Gesamtprodukt**. Auch eine **analoge Anwendung des § 445a** auf Kaufverträge zwischen dem Hersteller und den Zulieferern von Komponenten und Rohstoffen, die zu einer anderen Sache verarbeitet werden, ist abzulehnen[119]. Eine **Regelungslücke** ist eindeutig zu verneinen. Denn dem Erwerber von Komponenten und Rohstoffen stehen nach Verarbeitung und Verkauf der von ihm neu hergestellten Sache **eigene** 72

113 Vgl dazu Soergel/Henssler § 950 Rz 8 ff.
114 MünchKomm/Lorenz Rz 25; BeckOGK/Arnold Rz 69; BeckOK/Faust Rz 12; vgl zur Abgrenzung zwischen Verarbeitung und Bearbeitung im Rahmen des § 950 Soergel/Henssler § 950 Rz 8 ff.
115 Vgl dazu Soergel/Henssler § 950 Rz 10.
116 Vgl dazu Schumacher, Der Lieferantenregress gem §§ 478, 479 BGB, 2004, S 230 f (zu § 478 aF und Art 4 der Verbrauchsgüterkauf-Richtlinie).
117 Vgl dazu oben Rz 65.
118 Vgl Schumacher, Der Lieferantenregress gem §§ 478, 479 BGB, 2004, S 230 f (zu § 478 aF und Art 4 der Verbrauchsgüterkauf-Richtlinie).
119 Grüneberg/Weidenkaff Rz 3; MünchKomm/Lorenz Rz 25; BeckOGK/Arnold Rz 69; BeckOK/Faust Rz 12; Höpker, Verkäuferregress, 2003, S 82 (zu § 478 aF); Schumacher, Der Lieferantenregress gem §§ 478, 479 BGB, 2004, S 228 f (zu § 478 aF).

Gewährleistungsrechte aus § 437 gegen den Zulieferer zu, sofern der Mangel der von ihm gelieferten Ware zu einem **Mangel des Endprodukts** führt und deshalb die Gewährleistungshaftung gegenüber dem Käufer sowie in den weiteren Kaufverhältnissen der Lieferkette bis zum Letztverkauf an den Endabnehmer auslöst[120]. Gegen eine Analogie sprechen auch die Begründungen zu § 478 aF[121] und § 445a[122]. Nach der **amtlichen Begründung zu § 478 aF** soll der Rückgriff auch „zwischen den anderen Gliedern der Lieferkette bis hin zum Hersteller" stattfinden[123]. Soweit in dieser Begründung[124] die Rede von einem **„Hinweg" der Ware** vom Hersteller bis zum Händler ist, kann dies sowohl nach dem allgemeinen Sprachgebrauch als auch nach dem Sinn und Zweck des Rückgriffs in der Lieferkette nicht auf Zulieferer bezogen sein. Die Lieferung von Komponenten gehört nicht zum „Hinweg" der Ware. Die **amtliche Begründung zu § 445a** spricht zwar in Bezug auf das Weiterreichen des Gewährleistungsaufwands in der Lieferkette nicht ausdrücklich vom Hersteller, sondern vom **„Verursacher des Mangels"** als finalem Träger der Verantwortung für die Ware. Als mögliche Verursacher werden insoweit aber nur der Hersteller (Fehler bei der Herstellung der verkauften Sache) und der Zwischenhändler/Lieferant (unsachgemäße Aufbewahrung der Sache), nicht aber Zulieferer von Komponenten oder Rohstoffen genannt[125].

73 § 445a soll ebenso wie § 478 aF sicherstellen, dass nicht der Letztverkäufer einer neu hergestellten Sache, sondern der **Hersteller** die Folgen der Gewährleistungshaftung trägt, weil er für die Beschaffenheit der Sache verantwortlich ist und der Sachmangel idR auf einem **Fehler im Herstellungsprozess** beruht[126]. Die Lieferanten von Komponenten und Rohstoffen haben dagegen keine unmittelbare **Verantwortung für das Gesamtprodukt**[127]. Die Verantwortung für die neu hergestellte Sache trägt vielmehr nur der Hersteller, und zwar unabhängig davon, ob er sämtliche Komponenten selbst herstellt oder von einem oder mehreren Zulieferern bezieht. Dass der Fehler des Gesamtprodukts leicht – ohne Verschulden des Herstellers – auf einem Mangel eines Zuliefererteils beruhen kann, ändert daran nichts.

74 bb) **Möglichkeit vertraglicher Regressregeln im Hersteller-Zulieferer-Verhältnis.** Für die Frage, ob dem Hersteller neben den allgemeinen Gewährleistungsrechten aus § 437 die Privilegierungen des § 445a im Verhältnis zu einem Zulieferer als Verursacher des Mangels des Gesamtprodukts zugutekommen, spielt der **Schutz des Käufers als Endabnehmer** der neu hergestellten Sache letztlich keine Rolle. Eine vom Schutz des Letztverkäufers unabhängige **Privilegierung des Herstellers** gegenüber seinen Zulieferern ist nicht Zweck des Rückgriffstatbestands des § 445a[128]. Im Übrigen besteht auch **kein praktisches Bedürfnis** für eine analoge Anwendung des § 445a auf eine auf Komponenten der Kaufsache bezogene Lieferkette vom Hersteller über den Zulieferer bis zum Rohstofflieferanten. IdR bezieht der Hersteller eines Produkts die benötigten Komponenten als **Massenware**, so dass er aufgrund einer bestehenden starken Marktstellung als Großabnehmer im Verhältnis zu seinen Zulieferern (Nachfragemacht) im Rahmen von **Einkaufsbedingungen** – AGB oder Individualvereinbarungen – angemessene Regressregelungen vertraglich vereinbaren kann. Zudem besteht deshalb häufig kein Schutzbedürfnis des Herstellers, weil der Zulieferer die Komponenten vielfach nach **Plänen des Herstellers** fertigt, der damit in gewissem Umfang auch Einfluss auf den Herstellungsprozess hat[129].

75 cc) **Andersartigkeit der Schäden im Hersteller-Zulieferer-Verhältnis und Zweck des § 445a.** Da die vom Zulieferer hergestellten Komponenten idR sehr niedrige Stückpreise haben, spielt bei Auftreten von Mängeln an diesen Teilen, die einen Mangel der Endprodukte verursachen, nicht eine Minderung oder eine Rückzahlung des Kaufpreises, sondern vielmehr der **Ersatz von Mangelfolgeschäden** und des Aufwandes für serienweite Überprüfungen und Nachbesserungen einschließlich der **Durchführung von Rückrufaktionen** die dominierende Rolle. Es geht also hier im Wesentlichen nicht um die Weiterreichung eines im Verhältnis zwischen Letztverkäufer und Endabnehmer entstandenen Gewährleistungsaufwandes, sondern vielmehr um den Ersatz von beträchtlichen Schäden, die typischerweise im **Hersteller-Zulieferer-Verhältnis** entstehen. Der Gesetzgeber hat daher zu Recht den Rückgriff nach § 445a nicht auf Zulieferer erstreckt mit der Folge, dass es den Parteien des Hersteller-Zulieferer-Verhältnis freisteht, eine

120 Vgl vorstehend Rz 67 f.
121 Begr Gesetzentwurf, BT-Drucks 14/6040, S 249 (zu § 478 Abs 4 aF).
122 Begr Gesetzentwurf, BT-Drucks 18/8486, S 41 (zu § 445a).
123 Begr Gesetzentwurf, BT-Drucks 14/6040, S 249 (zu § 478 Abs 4 aF).
124 Begr Gesetzentwurf, BT-Drucks 14/6040, S 249 (zu § 478 Abs 4 aF).
125 Begr Gesetzentwurf, BT-Drucks 18/8486, S 41 (zu § 445a).
126 Begr Gesetzentwurf, BT-Drucks 14/6040, S 247 (zu § 478 Abs 4 aF).
127 Vgl Schumacher, Der Lieferantenregress gem §§ 478, 479 BGB, 2004, S 228 f (zu § 478 aF).
128 BeckOGK/Arnold Rz 12 f; BeckOK/Faust Rz 3 f.
129 Vgl dazu auch Schumacher, Der Lieferantenregress gem §§ 478, 479 BGB, 2004, S 229 (zu § 478 aF).

den Besonderheiten der konkreten Lieferbeziehung Rechnung tragende **Modifikation der allgemeinen Gewährleistungsrechte** des Herstellers aus § 437 vertraglich zu vereinbaren.

c) **Verkauf mehrerer Sachen verschiedener Lieferanten als Einheit**. Verkauft der Letztver- 76
käufer mehrere Sachen, die er von verschiedenen Lieferanten bezogen hat, als **Sachgesamtheit** und damit als Einheit an den Endabnehmer, so ist der Rückgriff nach § 445a Abs 1 und Abs 2 in Bezug auf jede einzelne Sache dieser Gesamtheit möglich[130]. Der einzelne Lieferant ist hier **kein Zulieferer** eines Teils, dass zum Zwecke der Herstellung einer anderen Sache verarbeitet wird. Es handelt sich vielmehr um den Verkauf einer Mehrheit von Sachen unter Wahrung ihrer Identität. Dass der Verkäufer mehrere Sachen, die in Bezug auf die **Nutzung durch den Endabnehmer** in einem Zusammenhang stehen und häufig gemeinsam erworben werden, als Einheit anbietet, führt regelmäßig im Interesse des Käufers zu einem – im Vergleich zum Einzelverkauf – **günstigeren Kaufpreis** und zu einer Zeitersparnis bei der Beschaffung. Dies ändert aber nichts an der Identität der einzelnen Sachen. Der Aufwendungsersatzanspruch aus § 445a Abs 1 richtet sich aber nur gegen den Lieferanten, der die **mangelhafte Einzelsache** geliefert hat. Die anderen Lieferanten haften insoweit nicht als Gesamtschuldner. Kann der Endabnehmer im konkreten Einzelfall wegen des Mangels einer einzelnen Sache der Gesamtheit vom **gesamten Kaufvertrag zurücktreten**, so richtet sich der Rückgriff nach § 445a Abs 2 ebenfalls nur gegen den **Lieferanten der mangelhaften Einzelsache**.

d) **Vertragliche Vereinbarung des Rückgriffs nach § 445a im Hersteller-Zulieferer-Ver- 77
hältnis**. – aa) **Nachbesserungsaufwand im Verhältnis zwischen Hersteller und Zulieferer**. In Bezug auf eine **individualvertragliche Vereinbarung** zwischen dem Hersteller und einem Zulieferer von Komponenten über die Geltung des § 445a im Hersteller-Zulieferer-Verhältnis im Falle der Verursachung eines Mangels unter Verwendung der Komponente bei der hergestellten neuen Sache bestehen keine Bedenken[131]. Die Zulässigkeit einer solchen **Vereinbarung durch AGB** ist grundsätzlich zu bejahen[132]. Da sowohl der Hersteller als auch der Zulieferer die **Unternehmereigenschaft iSd § 14 Abs 1** aufweisen, geht es aufgrund der daraus folgenden **Beschränkung der AGB-Kontrolle** nach Maßgabe des § 310 Abs 1 letztlich darum, ob die an § 445a orientierten Regressregelungen in Einkaufs-AGB des Herstellers einer **Angemessenheitskontrolle nach § 307** standhalten. Für den Zulieferer ist offensichtlich, dass das Interesse des Herstellers insbes darauf gerichtet ist, die durch fehlerhafte Komponenten entstandenen **Aus- und Einbaukosten** unter Inanspruchnahme der Regresserleichterungen des § 445a Abs 1 und Abs 2 gegen den Zulieferer geltend machen zu können. Zudem kennt der Zulieferer idR die **Art der Verarbeitung** durch den Hersteller und muss auch dies bei Festlegung seiner Qualitätsstandards berücksichtigen. Die Übertragung des § 445a auf das Hersteller-Zulieferer-Verhältnis durch Einkaufs-AGB ist daher grundsätzlich **nicht unangemessen iSd § 307**[133].

Die Vereinbarung der entsprechenden Anwendung des § 445a Abs 1 im Hersteller-Zulieferer- 78
Verhältnis führt zwar zu einer **Ersatzpflicht des Zulieferers** bezüglich des Nacherfüllungsaufwandes des Herstellers einschließlich Aus- und Einbaukosten iSd § 439 Abs 3 auch in den Fällen, in denen der Zulieferer den Mangel des von ihm gelieferten Teils nicht zu vertreten hat. Dies ist aber deshalb nicht unangemessen iSd § 307, weil der Hersteller der neuen Sachen letztlich gegenüber sämtlichen Verkäufern der Vertriebskette auch **ohne Verschulden** und ohne eigenes Nacherfüllungsrecht auf Ersatz dieses Nacherfüllungsaufwandes haftet und sich insoweit nicht darauf berufen kann, dass der Mangel der Ware auf einer vom Zulieferer bezogenen Komponente beruht. Mit den vom Hersteller gegenüber dem Zulieferer verwendeten Einkaufs-AGB wird daher nur dasjenige **Prinzip der Letztverantwortung** für den Mangel der Ware vertraglich auf das Hersteller-Zulieferer-Verhältnis erstreckt, das gem § 445a für die Lieferkette bezüglich des Endprodukts gilt.

bb) **Schadensersatzpflicht des Zulieferers**. Auf Schadensersatz haftet der Zulieferer einer 79
mangelhaften Komponente gegenüber dem Hersteller kraft Gesetzes nur im Falle eines Vertretenmüssens (§§ 437 Nr 3, 280 Abs 1). Die praktische Bedeutung des Schadensersatzanspruchs des Herstellers gegen den Zulieferer ist allerdings dadurch geringer geworden, dass seit 2018 vom Verkäufer gem § 439 Abs 3 die durch den Mangel entstandenen nacherfüllungsbedingten Aus- und Einbaukosten auch **außerhalb eines Verbrauchsgüterkaufs** im Rahmen der Nacherfüllungsverpflichtung unabhängig von einem Vertretenmüssen zu ersetzen sind. Insoweit besteht

130 Erman/Grunewald Rz 6 (Gartenstühle und Kissenauflagen); BeckOGK/Arnold Rz 71 (Verkauf von Sessel und Tisch als Wohnzimmereinrichtung).
131 Erman/Grunewald Rz 6; BeckOGK/Arnold Rz 70.
132 Erman/Grunewald Rz 6; wohl auch BeckOGK/Arnold Rz 70.
133 Mankowski DB 2002, 2419, 2421 (zu § 478 aF); Matthes NJW 2002, 2505, 2506 (zu § 478 aF); aA Kessel/Passauer BB 2004, 1974, 1977 f (zu § 478 aF); krit Wagner/Neuenhahn ZGS 2003, 64 ff (zu § 478 aF).

daher von vornherein keine Veranlassung des Herstellers, eine Haftung des Zulieferers ohne Verschulden besonders zu vereinbaren. In Bezug auf die nicht von der verschuldensunabhängigen Nacherfüllungsverpflichtung des Zulieferers erfassten Schäden liefe eine formularmäßige Abbedingung des **Erfordernisses eines Vertretenmüssens iSd § 280 Abs 1 Satz 2** auf eine Garantiehaftung hinaus, die gem § 307 Abs 2 Nr 1 als unangemessen einzuordnen wäre.

80 cc) **Veränderung der Beweislast zum Nachteil des Zulieferers – Unwirksamkeit nach § 309 Nr 12.** Nach § 309 Nr 12 lit a ist eine Bestimmung in AGB unwirksam, durch die der Verwender die Beweislast zum Nachteil des anderen Vertragsteils ändert, insbes indem er diesem die Beweislast für Umstände auferlegt, die im Verantwortungsbereich des Verwenders liegen. Dieses **Verbot von formularmäßigen Beweislastklauseln** gilt zwar gem § 310 Abs 1 Satz 1 nicht unmittelbar für Verträge zwischen Unternehmern. Die Wertung des § 309 Nr 12 ist aber bei der Inhaltskontrolle nach § 307 Abs 1 zu berücksichtigen, was idR auch bei B2B-Kaufverträgen zu einer Unwirksamkeit führt[134]. Da der Hersteller grundsätzlich die Beweislast für das Vorliegen eines Mangels der vom Zulieferer erworbenen Komponente trägt, ist eine formularmäßige Abbedingung in **Einkaufs-AGB des Herstellers** regelmäßig nach § 307 Abs 2 Nr 1 iVm § 309 Nr 12 lit a unwirksam. Das Gleiche gilt für Klauseln, die dem Zulieferer in Fällen, in denen streitig ist, ob eine mangelhafte Komponente einen darüber hinausgehenden Mangel der Ware als Endprodukt verursacht hat, die **Beweislast für eine fehlende Verursachung** auferlegt.

81 7. **Vorliegen eines Mangels.** – a) **Identität des Mangels – Trennung der Kaufverhältnisse.** § 445a Abs 1 verlangt für den **nacherfüllungsbedingten Aufwendungsersatzanspruch** des Letztverkäufers gegen den Lieferanten, dass „der vom Käufer geltend gemachte Mangel bereits beim Übergang der Gefahr auf den Verkäufer vorhanden war". Wesentliche Anspruchsvoraussetzung ist damit ein im **Kaufverhältnis zwischen Lieferant und Verkäufer** gegebener Mangel[135]. Der Umstand, dass der Käufer als Endabnehmer den Verkäufer in berechtigter Weise wegen eines Mangels auf Gewährleistung in Anspruch genommen hat, lässt nicht ohne weiteres den Schluss zu, dass im Rückgriffsverhältnis der gleiche Mangel vorhanden ist[136]. Die Frage des Vorliegens eines Mangels ist für **jedes Kaufverhältnis eigenständig** zu beurteilen, und insoweit können sich Abweichungen ergeben[137]. Der Aufwendungsersatzanspruch des Verkäufers gegen den Lieferanten aus § 445a Abs 1 setzt – ebenso wie der Wegfall des Fristsetzungserfordernisses nach § 445a Abs 2 – nicht nur einen in diesem Verhältnis vorliegenden Mangel voraus. Es muss sich vielmehr exakt um den Mangel handeln, der Grundlage für die Gewährleistung im nachgelagerten Verhältnis zwischen Letztverkäufer und Käufer (Endabnehmer) war. Es muss also eine Mangelidentität gegeben sein.

82 Nicht genügend ist daher das Auftreten unterschiedlicher Mängel, die auch nicht in einem **Kausalzusammenhang** stehen. Begründet ein im Verhältnis zwischen Letztverkäufer und Käufer (Endabnehmer) festgestellter Mangel keinen entsprechenden Mangel im Rückgriffsverhältnis, so stehen dem Letztverkäufer gegen den Lieferanten weder die besonderen Rückgriffsrechte nach § 445a Abs 1 und Abs 2 noch die **allgemeinen Gewährleistungsrechte aus § 437** zu. Wenn umgekehrt ein im Verhältnis zwischen Letztverkäufer und Lieferant vorliegender Mangel nicht zugleich im nachgelagerten letzten Kaufverhältnis der Lieferkette gegeben ist, dann ist im Verhältnis zwischen Letztverkäufer und dem Lieferanten grundsätzlich nur § 437, nicht aber § 445a anwendbar. Eine den Rückgriff nach § 445a ausschließende **Diskrepanz** bezüglich der Mangelfrage kann sich insoweit vor allem daraus ergeben, dass der Verkäufer mit dem Käufer als Endabnehmer eine **besondere Beschaffenheitsvereinbarung** iSd § 434 Abs 2 Satz 1 Nr 1 getroffen hat, die vom **tatsächlichen Zustand** der Sache nicht abweicht und auch nicht von einer entsprechenden Beschaffenheitsvereinbarung im Kaufverhältnis zwischen Verkäufer und Lieferant gedeckt ist.

83 b) **Sachmangel iSd § 434.** – aa) **Allgemeine Grundsätze.** Beruht der vom Käufer (Endabnehmer) festgestellte Sachmangel der Ware auf einem **Herstellungsfehler**, so liegt regelmäßig in allen Kaufverhältnissen der Lieferkette ein Sachmangel vor. Das Gleiche gilt, wenn der tatsächliche Zustand der Ware aus anderen Gründen schon ab In-Verkehr-Bringen durch den Hersteller eine Abweichung von der **üblichen Beschaffenheit** iSd § 434 Abs 3 Satz 1 Nr 2 aufweist.

134 BGH NJW-RR 2014, 456 Rz 19 mwN.

135 Begr Gesetzentwurf, BT-Drucks 14/6040, S 247 f (zu § 478 aF); MünchKomm/Lorenz Rz 53; Erman/Grunewald Rz 2; BeckOGK/Arnold Rz 76; BeckOK/Faust Rz 13; Staud/Bach Rz 87; Schumacher, Der Lieferantenregress gem §§ 478, 479 BGB, 2004, S 139 f (zu § 478 aF); Höpker, Verkäuferregress, 2003, S 121 (§ 478 aF).

136 Begr Gesetzentwurf, BT-Drucks 14/6040, S 248 (zu § 478 aF); MünchKomm/Lorenz Rz 53; BeckOGK/Arnold Rz 76; BeckOK/Faust Rz 13.

137 Erman/Grunewald Rz 4; MünchKomm/Lorenz Rz 53; BeckOGK/Arnold Rz 76; BeckOK/Faust Rz 13; Matthes NJW 2002, 2505, 2506 (zu § 478 aF); Schlechtriem, in: Ernst/Zimmermann, Zivilrechtswissenschaft u Schuldrechtreform, 2001, S 205, 213 (zu § 478 aF); aA Schubel ZIP 2002, 2061, 2064 (zu § 478 aF).

Eine **mangelbezogene Asymmetrie** kann sich aber insbes dadurch ergeben, dass am Ende der Lieferkette zwischen Verkäufer und Käufer (Endabnehmer) eine **Beschaffenheit gem § 434 Abs 2 Satz 1 Nr 1 vereinbart** wird, die vom tatsächlichen Zustand der Sache abweicht und daher nur in diesem Kaufverhältnis, nicht aber im Rückgriffsverhältnis zwischen Letztverkäufer und Lieferant einen Sachmangel begründet. Praktische Bedeutung hat in dieser Hinsicht auch die Konstellation, in der im letzten Kaufverhältnis der Lieferkette, also zwischen Letztverkäufer und Käufer, gem § 434 Abs 2 Satz 1 Nr 2 die **Eignung der Ware** für eine bestimmte Verwendung vorausgesetzt wird, die mit der **tatsächlichen Verwendbarkeit** aufseiten des Käufers nicht übereinstimmt. Beispiel: Verkauf eines Spezialklebers an den Käufer (Endabnehmer) zum vereinbarten Zweck der Befestigung von Deckenplatten im Haus des Käufers, obwohl der – die übliche Beschaffenheit aufweisende und daher bei objektiver Beurteilung fehlerfreie – Kleber für diese Verwendung nicht geeignet ist.

Stimmt die vom Letztverkäufer mit dem Käufer (Endabnehmer) getroffene Abrede über die Eignung für einen bestimmten Zweck nicht mit den allgemeinen oder speziellen Verwendungsangaben des Herstellers oder/und des Lieferanten überein, so liegt regelmäßig im **Rückgriffsverhältnis** zwischen Verkäufer und Lieferant kein Sachmangel vor. Der Letztverkäufer trägt also das Risiko, dass er aufgrund einer eigenen **Fehleinschätzung der Verwendbarkeit der Ware** im Verhältnis zum Käufer (Endabnehmer) durch eine **ausdrückliche oder konkludente Verwendungszusage** einen Sachmangel nach § 434 Abs 2 Satz 1 Nr 2 begründet, der keinen Rückgriff nach § 445a gegen seinen Lieferanten eröffnet. Bei Unklarheiten in Bezug auf die Verwendbarkeit der Ware ist der Letztverkäufer daher gehalten, eine **Rückfrage beim Hersteller/Lieferanten** vorzunehmen und sich eine vom Kaufinteressenten beabsichtigte konkrete Verwendbarkeit bestätigen zu lassen. Nur dann kann der Letztverkäufer gegenüber dem Käufer (Endabnehmer) eine bestimmte Beschaffenheit oder/und Verwendbarkeit zusagen, ohne das Risiko zu tragen, dass im Falle einer darauf beruhenden Gewährleistungshaftung der Rückgriff gegen den Lieferanten aus § 445a nicht in Betracht kommt. 84

Beim Vertrieb **neu hergestellter Gattungsware,** die am Ende der Lieferkette typischerweise von Verbrauchern erworben wird, sind zwar auch im Rahmen des letzten Kaufvertrags der Lieferkette **besondere Beschaffenheitsvereinbarungen** iSd § 434 Abs 2 Satz 1 Nr 1 eher unüblich. Praktische Bedeutung haben aber auch hier die – insbes auf Fragen der Kaufinteressenten – gemachten Angaben zur Eignung der Kaufsache für eine bestimmte **Verwendung**. Der Verkäufer muss sich daher auch hier zum Zwecke der Vermeidung einer Gewährleistungshaftung ohne Rückgriffsmöglichkeit nach § 445a entweder an den **Herstellerangaben zu den Nutzungsmöglichkeiten** orientieren oder eben vor einer verbindlichen Zusage gegenüber dem Käufer eine verlässliche Auskunft einholen. 85

Bei **höherwertigen Kaufsachen**, die vom Käufer (Endabnehmer) im Rahmen eines eigenen Unternehmens betrieblich genutzt werden, sind zudem Beschaffenheitsvereinbarungen im rechtstechnischen Sinne ohnehin häufig anzutreffen. Hier hängt im Falle der Haftung des Letztverkäufers gegenüber dem Käufer wegen Vorliegens einer **Abweichung von der vereinbarten Beschaffenheit** (**§ 434 Abs 2 Satz 1 Nr 1**) der Rückgriff gegen den Lieferanten nach § 445a Abs 1 und Abs 2 entscheidend davon ab, ob der Verkäufer sich bei der in Rede stehenden Beschaffenheitsvereinbarung exakt an die Verwendungsangaben des Herstellers und etwaige zusätzliche besondere Angaben des Lieferanten gehalten hat. 86

bb) **Sachmangel nach § 434 Abs 3 Satz 1 Nr 2 lit b wegen fehlerhafter Werbeangaben – Problematik nachträglicher Äußerungen**. Nach § 434 Abs 3 Satz 1 Nr 2 lit b sind öffentliche Äußerungen des Verkäufers oder eines anderen Glieds der Vertragskette in der **Werbung oder auf dem Etikett** bei der Frage zu berücksichtigen, ob die Ware die **übliche Beschaffenheit** aufweist und damit den **objektiven Anforderungen iSd § 434 Abs 3** entspricht. Praktische Bedeutung haben insoweit insbes die auf die Beschaffenheit der Ware bezogenen **öffentlichen Angaben des Herstellers**. In zeitlicher Hinsicht unproblematisch ist das Vorliegen eines Sachmangels im Rückgriffsverhältnis zwischen Letztverkäufer und Lieferant wegen falscher Werbeangaben in dem Fall, in dem die **unrichtige öffentliche Äußerung** schon erfolgt war, als der Verkäufer die Ware vom Lieferanten erhalten hat. Angaben des Herstellers auf dem Warenetikett oder/und der Verpackung zu Eigenschaften und Verwendung der Ware sind ohnehin üblicherweise schon bei In-Verkehr-Bringen, also zum Zeitpunkt der Übergabe an den ersten Zwischenhändler der Lieferkette, vorhanden, so dass keine Diskrepanzen zwischen den einzelnen Kaufverhältnissen in Bezug auf das Vorliegen eines Sachmangels nach § 434 Abs 3 Satz 1 Nr 2 lit b auftreten können. 87

88 Problematisch ist dagegen die Konstellation, in der eine mit dem **tatsächlichen Zustand der Ware** nicht übereinstimmende öffentliche Äußerung des Herstellers erst getätigt wird, nachdem der Letztverkäufer die Ware von seinem als Zwischenhändler fungierenden Lieferanten bereits erworben hat. Wird die Weiterveräußerung der Sache an den Käufer (Endabnehmer) vom Verkäufer nach **der öffentlichen Äußerung** des Herstellers vorgenommen, so kann sich der **Käufer (Endabnehmer)** gegenüber dem Letztverkäufer ohne weiteres auf einen Sachmangel iSd § 434 Abs 3 Satz 1 Nr 2 lit b berufen. Die Gewährleistungshaftung des Verkäufers ist damit im letzten Kaufverhältnis der Lieferkette grundsätzlich gegeben. Im Rückgriffsverhältnis zwischen Letztverkäufer und dem Lieferanten ist hier demgegenüber der besondere Sachmangeltatbestand des § 434 Abs 3 Satz 1 Nr 2 lit b deshalb nicht erfüllt, weil die betreffende öffentliche Äußerung des Herstellers zum **Zeitpunkt der Übergabe der Ware** an den Verkäufer noch nicht vorlag. Der Lieferant haftet daher hier auch nicht nach der allgemeinen Gewährleistungsregelung des § 437. Wenn der Lieferant allerdings zugleich der Hersteller der Ware ist, dann steht dem Verkäufer ein **Schadensersatzanspruch aus § 280 Abs 1** zu[138]. Der Hersteller ist nämlich aus dem mit dem Letztverkäufer geschlossenen Kaufvertrag grundsätzlich verpflichtet, keine von der tatsächlichen Beschaffenheit abweichenden Werbeangaben zu machen, die dann zur Gewährleistungshaftung des Letztverkäufers nach Vornahme eines Weiterverkaufs an den Käufer (Endabnehmer) führen. Im Hinblick auf das Vertretenmüssen kann sich der Hersteller regemäßig nicht darauf berufen, dass er die **im Verkehr erforderliche Sorgfalt (§ 276 Abs 2)** eingehalten habe. Da insoweit aufseiten des Herstellers ein beherrschbares Risiko gegeben ist, beruhen **falsche Werbeangaben** regelmäßig zumindest auf **leichter Fahrlässigkeit**[139]. Ein Vertretenmüssen iSd § 276 Abs 1 kann darüber hinaus wegen Vorliegens einer in den Herstellerangaben zu sehenden **Beschaffenheitsgarantie** iSd §§ 443, 276 Abs 1 gegeben sein.

89 Wenn der Letztverkäufer die Sache nicht unmittelbar vom Hersteller, sondern von einem **Zwischenhändler** erworben hat, dann besteht im Falle einer nachträglichen fehlerhaften öffentlichen Äußerung des Herstellers über Eigenschaften der Ware zwar mangels Vorliegens eines Kaufvertrags zwischen Hersteller und Letztverkäufer kein unmittelbarer Schadensersatzanspruch aus § 280 Abs 1 gegen den Hersteller. Die **fehlende unmittelbare Vertragsbeziehung** zwischen Hersteller und Letztverkäufer darf hier aber im Ergebnis nicht dazu führen, dass der auf Gewährleistung gegenüber dem Käufer (Endabnehmer) haftende Letztverkäufer keinen Regress nehmen kann[140]. Denn in Bezug auf die Letztverantwortung des Herstellers für einen Sachmangel, der darauf beruht, dass der **tatsächliche Zustand** der von ihm in den Verkehr gebrachten Ware mit den ebenfalls von ihm getätigten Werbeaussagen abweicht, kann es keinen Unterschied machen, ob der Letztverkäufer die Sache unmittelbar vom Hersteller oder einem Zwischenhändler bezogen hat. Mit einer **Drittschadensliquidation** kann die Problematik nicht gelöst werden, weil **keine zufällige Schadensverlagerung** vorliegt[141]. Es handelt sich aufseiten des Letztverkäufers nicht um einen **Schaden**, der typischerweise beim **ersten Abnehmer** der Lieferkette als Vertragspartner des Herstellers eintritt und nur aufgrund von **Zufall** auf einen nachfolgenden Käufer der Vertriebskette verlagert wird. Der Schaden tritt im Falle einer nachträglichen fehlerhaften Werbeaussage des Herstellers vielmehr von vornherein bei dem **Zwischenhändler** der Vertriebskette ein, der zum **Zeitpunkt der fehlerhaften Werbeaussage** die Ware schon erworben, aber noch nicht weiterveräußert hat.

90 Es greift hier aber eine Haftung des Herstellers nach §§ 280 Abs 1, 241 Abs 2, 311 Abs 3 in Verbindung mit den Grundsätzen über den **Vertrag mit Schutzwirkung für Dritte** Platz, sofern dem Letztverkäufer mangels Bestehens einer Vertragsbeziehung kein eigener unmittelbarer vertraglicher Schadensersatzanspruch gegen den Hersteller zusteht[142]. Der Letztverkäufer wird – ebenso wie andere Zwischenhändler der Lieferkette – in den Schutzbereich des zwischen dem Hersteller und dem **ersten Abnehmer** als Zwischenhändler geschlossenen Kaufvertrag einbezogen. Eine unangemessene Ausdehnung des Instituts des Vertrags mit Schutzwirkung für Dritte ist damit nicht verbunden. Denn der BGH hat den Vertrag mit Schutzwirkung für Dritte schon in der älteren Rspr nicht auf **Körper- und Sachschäden** Dritter, zu denen einen **Fürsor-**

138 Begr Gesetzentwurf, BT-Drucks 14/6040, S 248 (zu § 478 aF); MünchKomm/Lorenz Rz 32; BeckOGK/Arnold Rz 78; BeckOK/Faust Rz 15; aA Schumacher, Der Lieferantenregress gem §§ 478, 479 BGB, 2004, S 142 (zu § 478 aF).

139 So iE auch Schumacher, Der Lieferantenregress gem §§ 478, 479 BGB, 2004, S 145 (zu § 478 aF).

140 Begr Gesetzentwurf, BT-Drucks 14/6040, S 248 (zu § 478 aF); MünchKomm/Lorenz Rz 32; BeckOK/Faust Rz 15.

141 BeckOK/Faust Rz 15.

142 Begr Gesetzentwurf, BT-Drucks 14/6040, S 248 (zu § 478 aF); MünchKomm/Lorenz Rz 32; BeckOGK/Arnold Rz 79; BeckOK/Faust Rz 15.

gebeziehung besteht („Wohl und Wehe"-Fälle), beschränkt, sondern auch auf **reine Vermögensschäden** Dritter erstreckt, sofern der Zweck des konkreten Vertrags dies erfordert[143].

Es ist daher im **Rahmen der Auslegung** zu ermitteln, ob nach dem Zweck des **ersten Kaufvertrags der Lieferkette** ein an diesem Vertrag nicht beteiligter nachfolgender Zwischenhändler als Dritter mitgeschützt werden soll. Schließt der Hersteller mit dem ersten Zwischenhändler der Vertriebskette einen Liefervertrag, so ist beiden Vertragsparteien bewusst, dass die bisherigen und künftigen öffentlichen Äußerungen des Herstellers über Eigenschaften der Ware in erster Linie an die **potentiellen Endabnehmer** adressiert sind und den **Absatz der Ware** im Interesse aller Händler (Verkäufer) der Lieferkette fördern sollen. Der vom Letztverkäufer getätigte – und womöglich auch durch die nachträgliche Werbeangabe des Herstellers geförderte – Verkauf an den Endabnehmer kommt nicht nur dem Letztverkäufer, sondern der ganzen Lieferkette bis zum Hersteller zugute. 91

Der Zweck des vom Hersteller mit dem ersten Zwischenhändler geschlossenen Kaufvertrags besteht demnach darin, die Ware über die Lieferkette dem Letztverkäufer für die **Lieferung an den Endabnehmer** zur Verfügung zu stellen. Für die **Parteien des ersten Kaufvertrags** ist daher auch klar ersichtlich, dass durch nachträgliche fehlerhafte Werbeangaben des Herstellers nicht der erste Abnehmer, sondern vielmehr derjenige Zwischenhändler der Lieferkette betroffen wird, der die Sache zum Zeitpunkt der öffentlichen Äußerungen des Herstellers bereits erworben, aber noch nicht weiterveräußert hat. Der Zweck des zwischen dem Hersteller und dem ersten Abnehmer geschlossenen Kaufvertrags rechtfertigt daher die **Einbeziehung des Letztverkäufers** und etwaiger weiterer Zwischenhändler der Lieferkette in diesen Vertrag und die daraus folgende Inanspruchnahme des Herstellers aus §§ 280 Abs 1, 241 Abs 2, 311 Abs 3 in Verbindung den Grundsätzen über den **Vertrag mit Schutzwirkung für Dritte**. 92

c) **Rechtsmangel iSd § 435**. Der Rückgriffstatbestand des § 445a Abs 1 ist – ebenso wie der privilegierte Rückgriff nach § 445a Abs 2 – auch im Falle der **Gewährleistungshaftung des Verkäufers** wegen eines Rechtsmangels eröffnet[144]. Aber auch bei Vorliegen eines Rechtsmangels muss eine **Mangelidentität** gegeben sein, dh, der vom Käufer in berechtigter Weise gegenüber dem Letztverkäufer geltend gemachte Mangel muss im Rückgriffsverhältnis in gleicher Weise gegeben sein. IdR ist ein vom Käufer (Endabnehmer) gegenüber dem Letztverkäufer erfolgreich geltend gemachter Rechtsmangel auch im **vorgelagerten Lieferverhältnis** vorhanden. Dies gilt insbes dann, wenn es um Waren geht, die unter Verstoß gegen das **Schutzrecht eines Dritten** (zB Patent-, Marken-, Urheberrecht usw) in den Verkehr gebracht werden. Ein Rechtsmangel kann aber auch erst dann entstehen, wenn der Lieferant bereits **mangelfreie Ware** an den Letztverkäufer ausgeliefert hat. Ein Rückgriff nach § 445a Abs 1 und Abs 2 ist in diesem Fall wegen Fehlens eines Mangels im Rückgriffverhältnis ausgeschlossen. Eine gewisse praktische Bedeutung hat insoweit die Konstellation, in der durch **Zwischenlagerung der Ware** in vom Letztverkäufer gemieteten Räumen gem § 562 ein **Vermieterpfandrecht** entsteht. In den meisten Fällen wird hier aber das Vermieterpfandrecht durch die Weiterveräußerung einschließlich Übergabe entweder nach § 562a wegen **Entfernung im Rahmen eines ordnungsgemäßen Geschäftsgangs** mit Wissen des Vermieters oder zumindest aufgrund eines gutgläubigen lastenfreien Erwerbs des Käufers nach § 936 Abs 1 Satz 1 erlöschen. **Maßgeblicher Zeitpunkt** für das Vorliegen eines Rechtsmangels im Verhältnis zwischen dem Letztverkäufer und dem Lieferanten ist aufgrund des eindeutigen Wortlauts des § 445a Abs 1 der **Gefahrübergang** und nicht der Eigentumserwerb. 93

d) **Mangelfeststellung durch den Verkäufer vor einem Weiterverkauf**. – aa) **Mangelfeststellung durch den Verkäufer vor Abschluss eines Kaufvertrags mit einem Endabnehmer – keine analoge Anwendung des § 445a Abs 1 und Abs 2**. Stellt der potentielle Letztverkäufer vor dem Weiterverkauf der vom Lieferanten erhaltenen Ware an einen Endabnehmer als Käufer iSd § 445a Abs 1 und Abs 2 einen Mangel fest, so steht dem Letztverkäufer zwar unzweifelhaft der **Nacherfüllungsanspruch** aus §§ 437 Nr 1, 439 Abs 1 zu. Das Gleiche gilt für die **sekundären Gewährleistungsrechte** aus § 437 Nr 2 und Nr 3, sofern die dafür erforderlichen weiteren Voraussetzungen, also grundsätzlich eine erfolglose Fristsetzung und – im Falle der Geltendmachung eines Schadensersatzanspruchs – zusätzlich ein **Vertretenmüssen** des Lieferanten gegeben sind. Nicht in Betracht kommt dagegen ein **Aufwendungsersatzanspruch aus** 94

143 BGHZ 133, 168, 171 f; BGHZ 145, 187, 197 f; BGHZ 159, 1, 5; BGH NJW 1965, 1955, 1957; BGH NJW 1984, 355, 356; BGH NJW 1987, 1758, 1759; BGH NJW 1997, 1235; v Caemmerer, FS für Wiecker, 1978, S 311, 321; Wertenbruch, FS für U Huber, 2006, S 637, 641.

144 NK/Büdenbender Rz 10; Grüneberg/Weidenkaff Rz 6.

§ 445a Abs 1[145]. Vor einem Weiterverkauf ist der Zwischenhändler, der vom Lieferanten die Ware gekauft und erhalten hat, nicht Verkäufer iSd § 445a Abs 1. Daher liegen aufseiten eines solchen Abnehmers (Zwischenhändlers) keine Aufwendungen vor, die der Verkäufer im Verhältnis zum Käufer nach § 439 Abs 2, Abs 3 und Abs 6 Satz 2 sowie nach § 475 Abs 4 „zu tragen hatte“. In der hier in Rede stehenden Konstellation fehlt demzufolge sowohl ein Verkäufer iSd § 445a Abs 1 als auch die nach dieser Norm erforderliche **nachgelagerte Gewährleistungshaftung** dieses Verkäufers auf Nacherfüllung gegenüber einem Käufer als Endabnehmer. Das Gleiche gilt für den **privilegierten Rückgriff** ohne Fristsetzungserfordernis nach § 445a Abs 2. Denn hier ist die zentrale Tatbestandsvoraussetzung „wegen des vom Käufer geltend gemachten Mangels“ eindeutig nicht erfüllt.

95 Eine **analoge Anwendung** des § 445a Abs 1 und Abs 2 auf den Fall der Mangelfeststellung vor Durchführung des Weiterverkaufs ist abzulehnen[146]. Neben dem eindeutigen Wortlaut spricht gegen eine Analogie insbes der zentrale **Zweck des Rückgriffs** des § 445a Abs 1 und Abs 2, „Regressfallen“ aufseiten des vom Käufer auf Gewährleistung in Anspruch genommenen Letztverkäufers zu vermeiden[147]. Bei Fehlen eines Weiterverkaufs der mangelhaften Ware ist der Abnehmer des Lieferanten keiner Gewährleistungshaftung gegenüber einem Endabnehmer (Käufer) ausgesetzt. Für einen vom **Vorrang der Nacherfüllung** im Verhältnis zwischen Lieferant und Abnehmer (potentieller Letztverkäufer) unabhängigen Anspruch auf Erstattung von Mängelbeseitigungskosten nach § 445a Abs 1 fehlt daher – ebenso wie für den Wegfall des Fristsetzungserfordernisses nach § 445a Abs 2 – ein Rechtfertigungsgrund[148]. Stellt ein **Zwischenhändler** nach Erhalt der vom Lieferanten gekauften Ware und vor dem geplanten Weiterverkauf einen Mangel fest, so wird das Interesse dieses Zwischenhändlers an der Geltendmachung von Gewährleistungsansprüchen hinreichend durch die allgemeine Haftung des Lieferanten nach §§ 437 Nr 1, 439 Abs 1 auf Nacherfüllung gewahrt.

96 Im Anschluss an eine erfolgreiche Nacherfüllung durch den gewährleistungspflichtigen Lieferanten kann die Ware – wie ursprünglich geplant – an einen Endabnehmer weiterverkauft werden. Durch eine analoge Anwendung des § 445a Abs 1 würde demgegenüber der **generelle Vorrang der Nacherfüllung**[149] unterlaufen. Ein berechtigtes Interesse des Zwischenhändlers, der vor einem Weiterverkauf der Ware einen Mangel feststellt, an einem Anspruch aus § 445a Abs 1 auf Erstattung von Aufwendungen, die im Zusammenhang mit einer selbst durchgeführten Reparatur oder bei einem Ankauf einer Ersatzsache von einem Dritten angefallen sind, ist nicht anzuerkennen. Im Übrigen ergibt sich aus der **amtlichen Begründung zu § 445a Abs 1** eindeutig, dass der Aufwendungsersatzanspruch eine Inanspruchnahme des Letztverkäufers durch den Käufer (Endabnehmer) voraussetzt[150]. Auch eine analoge Anwendung des § 445a Abs 2 ist im Falle der Mangelfeststellung vor einem Weiterverkauf an einen Endabnehmer aus den dargelegten Gründen zu verneinen[151].

97 bb) **Mangelfeststellung durch Letztverkäufer zwischen Vertragsabschluss mit Käufer (Endabnehmer) und Erfüllung**. Stellt der Letztverkäufer einen Mangel der vom Lieferanten **erworbenen Sache** in der Zeitspanne zwischen Abschluss des Kaufvertrags mit dem Käufer (Endabnehmer) und der Erfüllung durch Lieferung der Ware fest, so ist für die Anwendbarkeit des § 445a Abs 1 entscheidend, ob dem Käufer schon vor der Übergabe der **Nacherfüllungsanspruch** aus §§ 437 Nr 1, 439 Abs 1 gegen den Letztverkäufer zusteht. Ist dies der Fall, so ist folgerichtig ein Aufwendungsersatzanspruch des Letztverkäufers gegen den Lieferanten aus § 445a Abs 1 zu bejahen. Entsprechendes gilt für den privilegierten Rückgriff nach § 445a Abs 2 unter der Voraussetzung, dass der Käufer (Endabnehmer) schon vor Übergabe der Sache an ihn zur Minderung berechtigt ist oder ein Tatbestand gegeben ist, der einer **Rücknahme der fehlerhaften Sache** vom Käufer gleichsteht[152].

145 BGH NJW 2006, 47, 50 (zu § 478 aF); BeckOGK/Arnold Rz 44.

146 BeckOGK/Arnold Rz 44; Böhle, Der Rückgriff in der Lieferkette gem §§ 478, 479 BGB, 2004, S 192 f (zu § 478 aF); Schumacher, Der Lieferantenregress gem §§ 478, 479 BGB, 2004, S 110 f (zu § 478 aF).

147 BeckOGK/Arnold Rz 44; Böhle, Der Rückgriff in der Lieferkette gem §§ 478, 479 BGB, 2004, S 192 f (zu § 478 aF); Schumacher, Der Lieferantenregress gem §§ 478, 479 BGB, 2004, S 110 f (zu § 478 aF); vgl zum Zweck des Rückgriffs nach § 445a Abs 1 und Abs 2 Rz 31 ff, 151 ff.

148 BeckOGK/Arnold Rz 44; Böhle, Der Rückgriff in der Lieferkette gem §§ 478, 479 BGB, 2004, S 192 f (zu § 478 aF); Schumacher, Der Lieferantenregress gem §§ 478, 479 BGB, 2004, S 110 f (zu § 478 aF).

149 BGHZ 162, 219 ff; BGH NJW 2006, 988 ff.

150 Begr Gesetzentwurf, BT-Drucks 18/8486, S 41 („der vom Käufer im Wege der Nacherfüllung in Anspruch genommen wurde“) (zu § 445a); ebenso Begr Gesetzentwurf, BT-Drucks 14/6040, S 72 f (zu § 478 aF).

151 Vgl dazu unten Rz 165 f.

152 Vgl zur Anwendung des § 445a vor Übergabe der Sache an den Käufer Rz 198 und zu den Tatbeständen, die einer Rücknahme der mangelhaften Sache gleichstehen unten Rz 193 ff.

In Bezug auf die Frage zur Berechtigung des Käufers, einen Gewährleistungsrechtsbehelf schon vor dem **Übergang der Gefahr** auf ihn gegen den Verkäufer geltend machen zu können, ist grundsätzlich zwischen **Stückschulden** und noch **nicht konkretisierten Gattungsschulden** zu unterscheiden. IdR handelt es sich beim Kauf einer **neu hergestellten Sache** um eine **Gattungsschuld** mit der Folge, dass der Verkäufer bis zur Übergabe oder – im Falle des Versendungskaufs nach § 447 – bis zur Auslieferung an den Beförderer frei entscheiden kann, welches Warenstück der Käufer aus der vereinbarten und verfügbaren Gattung erhält. Bis zur **Konkretisierung nach § 243 Abs 2** stehen dem Käufer daher grundsätzlich keine Gewährleistungsrechte gegen den Verkäufer hinsichtlich einer bestimmten mangelhaften Sache zu. Der Käufer kann beim Gattungskauf bis zu diesem Zeitpunkt vielmehr nur den Erfüllungsanspruch aus § 433 Abs 1 geltend machen[153]. 98

Wird vom Letztverkäufer dagegen eine neu hergestellte Sache im Rahmen eines **Stückkaufs** veräußert, so kann der Käufer (Endabnehmer) bei Feststellung eines Mangels vor Gefahrübergang den Verkäufer nach § 437 in Anspruch nehmen, ohne einen **formellen Vollzug** der vorgesehenen Übergabe oder Auslieferung an den beauftragten Beförderer iSd § 447 abwarten zu müssen[154]. Die Notwendigkeit einer Übergabe der bereits als mangelhaft erkannten Sache an den Käufer bzw an den Beförderer, um formal einen **Gefahrübergang** als Voraussetzung für Gewährleistungsrechte auszulösen, ergäbe auch in **wirtschaftlicher Hinsicht** deshalb keinen Sinn, weil die Sache sogleich wieder zum Zwecke der Nachbesserung oder Durchführung einer Ersatzlieferung an den Letztverkäufer zurückgegeben werden müsste. Tritt die **Konkretisierung der Gattungsschuld** (**§ 243 Abs 2**) schon vor dem Zeitpunkt des Gefahrübergangs ein, so gelten die für den **originären Stückkauf** dargelegten Grundsätze entsprechend. Praktische Bedeutung hat insoweit das Aussondern und Bereitstellen der Ware bei einer **Holschuld**, weil durch diese Maßnahme die Konkretisierung eintritt, aber noch nicht die Gefahr iSd §§ 434, 446 (Preisgefahr) auf den Käufer (Endabnehmer) übergeht. Beim **Versendungskauf** tritt die Konkretisierung auch dann durch Absendung der Ware ein, wenn ein **Verbrauchsgüterkauf** vorliegt und deshalb im konkreten Fall die Anwendung des § 447 durch die Sonderregelung des § 475 Abs 2 ausgeschlossen ist[155]. Denn der gem § 475 Abs 2 ausgeschlossene Übergang der Preisgefahr nach § 447 steht der Konkretisierung nach § 243 Abs 2 nicht entgegen[156]. 99

8. **Rechtspflicht des Verkäufers zur Nacherfüllung.** – a) **Grundsätze – Leistungen aus Kulanz.** Das Tatbestandsmerkmal „zu tragen hatte“ bringt in Übereinstimmung mit § 478 Abs 2 aF deutlich zum Ausdruck, dass der Letztverkäufer wegen eines Mangels der Kaufsache gem §§ 437 Nr 1, 439 Abs 1 im Verhältnis zum Käufer (Endabnehmer) zur Nacherfüllung verpflichtet gewesen sein muss und ihm insoweit auch **kein Leistungsverweigerungsrecht** zustand[157]. Der Letztverkäufer kann daher keine Aufwendungen vom Lieferanten ersetzt verlangen, die er trotz Fehlens eines Anspruchs des Käufers (Endabnehmers) aus §§ 437 Nr 1, 439 Abs 1 auf Nacherfüllung von vornherein nur aus **Kulanz** übernommen hat, etwa zur Pflege – oder sogar Aufrechterhaltung – der Kundenbeziehung[158]. Zudem kann dem Lieferanten iSd § 445a Abs 1 und Abs 2 gegenüber dem vom Letztverkäufer geltend gemachten Aufwendungsersatzanspruch aus § 445a Abs 1 grundsätzlich der Einwand zustehen, dass der Verkäufer im konkreten Fall eine an sich gegebene Möglichkeit, im Verhältnis zum Käufer (Endabnehmer) die Nacherfüllung wegen **Unverhältnismäßigkeit iSd § 439 Abs 4** zu verweigern, nicht wahrgenommen hat[159]. 100

Eine Gewährleistungsverpflichtung des Letztverkäufers fehlt auch dann, wenn der Nacherfüllungsanspruch des Käufers aus §§ 437 Nr 1, 439 Abs 1 trotz **Eintritts der Verjährung** vom Verkäufer noch erfüllt wird. Der Eintritt der Verjährung ändert zwar nichts daran, dass dem Käufer ein Nacherfüllungsanspruch zusteht. Der Letztverkäufer ist gegenüber dem Lieferanten auch nicht verpflichtet, die **Einrede der Verjährung gem § 214 Abs 1** zu erheben. Aufseiten des Letztverkäufers besteht aber insoweit eine **Obliegenheit,** gegenüber dem Lieferanten die Nacherfüllung zu verweigern. Denn die ab Eintritt der Verjährung bestehende Befugnis des Letztverkäufers zur Erhebung der Verjährungseinrede gegenüber dem Käufer lässt die **Gewähr-** 101

153 Vgl BGHZ 34, 32, 34 f; BGHZ 129, 103, 106; BGHZ 138, 195, 207 f; Erman/Grunewald § 434 Rz 69; MünchKomm/Westermann § 434 Rz 45; Staud/Schiemann § 243 Rz 19, 27 (Rechtslage werde bis zur Konkretisierung durch die Beschaffungslast des Gattungsschuldners bestimmt).

154 Vgl BGHZ 34, 32, 34 f; BGHZ 129, 103, 106; BGHZ 138, 195, 207 f; Erman/Grunewald § 434 Rz 69; krit MünchKomm/Westermann § 434 Rz 51.

155 Vgl § 474 Rz 97.

156 Vgl § 447 Rz 3.

157 Begr Gesetzentwurf, BT-Drucks 18/8486, S 41 (zu § 445a).

158 Vgl zu den Einzelheiten einer Leistung aus Kulanz Rz 169.

159 Begr Gesetzentwurf, BT-Drucks 18/8486, S 41 (zu § 445a); MünchKomm/Lorenz Rz 29; BeckOGK/Arnold Rz 86; BeckOK/Faust Rz 20; jurisPK/Ball Rz 18.

leistungsverpflichtung entfallen mit der Folge, dass der Letztverkäufer im Verhältnis zum Lieferanten die entstandenen Aufwendungen in Wirklichkeit nicht „zu tragen hatte". Ein **Aufwendungsersatzanspruch** des Verkäufers aus § 445a Abs 1 gegen den Lieferanten scheidet daher auch hier aus. Ein Verkäufer, der trotz Verjährung einen Nacherfüllungsanspruch des Käufers noch erfüllt, handelt im Ergebnis aus Kulanz.

102 b) **Kein Beurteilungsspielraum des Verkäufers bezüglich Gewährleistungsverpflichtung – Prognoserisiko.** Ein Beurteilungsspielraum steht dem Verkäufer bezüglich der Frage des Vorliegens einer einredefreien Gewährleistungsverpflichtung gegenüber dem Käufer nicht zu[160]. Nicht ausreichend für das Tatbestandsmerkmal „zu tragen hatte" ist daher eine auf das Bestehen einer Nacherfüllungsverpflichtung bezogene **Einschätzung des Verkäufers**, die zwar zum Zeitpunkt der Vornahme der Nacherfüllung **vertretbar war**, sich aber letztlich als unzutreffend herausstellt. Erforderlich für den Rückgriff des Letztverkäufers gegen den Lieferanten in Form des Aufwendungsersatzanspruchs aus § 445a Abs 1 ist vielmehr ein – bei **objektiver Beurteilung** – gegebener **einredefreier und durchsetzbarer Nacherfüllungsanspruch** des Käufers (Endabnehmers)[161]. Das **Risiko** der Vornahme einer wegen Fehlens einer Gewährleistungsverpflichtung letztlich nicht zum Rückgriff berechtigenden Nacherfüllungsleistung, also das Prognoserisiko, trägt grundsätzlich der Letztverkäufer. In **Zweifelsfällen** steht es dem Verkäufer frei, mit dem **Lieferanten** eine Vereinbarung hinsichtlich der Frage der Vornahme einer Gewährleistung im Verhältnis zum Käufer zu treffen, die dem Verkäufer einen Aufwendungsersatzanspruch auch in dem Fall sichert, in dem sich später das Nichtbestehen eines Gewährleistungsanspruchs herausstellt.

103 c) **Abschluss eines Vergleichs als Rechtsgrundlage für Nacherfüllung durch den Verkäufer.** Grundsätzlich kann der Letztverkäufer sich gegenüber dem Käufer (Endabnehmer) im Rahmen eines gerichtlichen oder außergerichtlichen Vergleichs zur Vornahme der Nacherfüllung verpflichten, ohne seine Rückgriffsrechte aus § 445a Abs 1 und Abs 2 zu verlieren. Voraussetzung für den Fortbestand der Rückgriffsansprüche ist allerdings, dass dem Käufer aufgrund eines Mangels ein **Gewährleistungsanspruch zustand**, dessen Regulierung jetzt Gegenstand des Vergleichs ist. Diese Grundlage des Vergleichs muss der Letztverkäufer beim Rückgriff gegen seinen Lieferanten nachweisen. Es darf sich also nicht um eine Nacherfüllung des Verkäufers aus **Kulanz**[162] handeln, die nur die **äußere Form eines rechtsverbindlichen Vergleichs** hat.

104 Hatte der Letztverkäufer im Gewährleistungsprozess zwischen ihm und dem Käufer dem Lieferanten den **Streit verkündet**[163], so tritt die **Interventionswirkung des ZPO § 68** im Falle des Abschlusses **eines prozessbeendeten Vergleichs** nicht ein[164]. Der Letztverkäufer ist daher gehalten, bei Anbahnung eines Prozessvergleichs den Lieferanten der Ware einzubeziehen und die Frage des Rückgriffs in diesem Vergleich mitzuregeln. Wird der Vergleich dagegen ohne Beteiligung des Lieferanten abgeschlossen, so kommt es im Rahmen einer nachfolgenden Klage gegen den Lieferanten für das **Bestehen eines Aufwendungsersatzanspruchs** des Verkäufers aus § 445a Abs 1 nicht darauf an, wie das Gericht den Vorprozess bei Nichtabschluss des Vergleichs entschieden hätte[165]. Das über den Anspruch des Letztverkäufers aus § 445a Abs 1 entscheidende Gericht muss vielmehr **selbständig feststellen**, ob zum **Zeitpunkt des Vergleichsabschlusses** ein einredefreier und durchsetzbarer Nacherfüllungsanspruch des Käufers gegen den Letztverkäufer als Voraussetzung des Rückgriffs vorlag. Durch den Abschluss eines prozessbeendenden Vergleichs zwischen Käufer und Letztverkäufer wird also der Streit über das Vorliegen von Gewährleistungsansprüchen des Käufers auf einen **weiteren Prozess** verlagert, sofern der Lieferant den Vergleichsabschluss nicht durch Zustimmung als Grundlage für den Rückgriff des Verkäufers gegen ihn anerkennt.

105 d) **Nichterheben der Einrede des § 439 Abs 4.** – aa) **Unverhältnismäßigkeit einer von beiden Nacherfüllungsarten.** Sind beide Arten der Nacherfüllung iSd §§ 437 Nr 1, 439 Abs 1 im konkreten Gewährleistungsfall möglich, so kann der Letztverkäufer zwar gem § 439 Abs 4 Satz 1 die vom Käufer gewählte Art der Nacherfüllung unbeschadet des § 275 Abs 2 und Abs 3 verweigern, wenn sie nur mit **unverhältnismäßigen Kosten** möglich ist. Nach § 439 Abs 4 Satz 3 beschränkt sich dann aber der Anspruch des Käufers auf die **andere Art der Nacherfüllung.** Greift insoweit die Unverhältnismäßigkeitseinrede des § 439 Abs 4 Satz 1 nicht Platz, so steht dem Käufer ein **einredefreier Anspruch** auf Durchführung dieser Nacherfüllungsart zu,

160 Vgl Schumacher, Der Lieferantenregress gem §§ 478, 479 BGB, 2004, S 131 (zu § 478 aF).

161 Begr Gesetzentwurf, BT-Drucks 18/8486, S 41 (zu § 445a Abs 1); Begr Gesetzentwurf, BT-Drucks 14/6040, S 248 (zu § 478 Abs 1 aF).

162 Vgl dazu Rz 169.

163 Vgl dazu Rz 264 f.

164 Vgl RGZ 159, 86, 88; BGH NJW 1969, 1480, 1481; Musielak/Voit/Weth, ZPO, 2023[20], § 68 Rz 2; Thomas/Putzo/Hüßtege, ZPO, 2023[44], § 68 Rz 4.

165 Vgl dazu Grundmann/Bianca/Bridge EU-Kauf-RL, 2002, Art 4 Rz 24.

die ursprünglich von ihm nicht gewählt worden war. Für den Rückgriff des Letztverkäufers gegen den Lieferanten nach § 445a Abs 1 bedeutet dies, dass der Verkäufer zwar in Bezug auf die tatsächlich von ihm – trotz Bestehens der Unverhältnismäßigkeitseinrede – durchgeführte Nacherfüllungsart **ohne rechtliche Verpflichtung** gehandelt hat. Er war aber gleichwohl zur Vornahme der anderen Nacherfüllungsart verpflichtet, die ebenfalls zu Aufwendungen geführt hätte. Praktische Bedeutung hat insoweit insbes der Fall, in dem die tatsächlich durchgeführte Nachbesserung im Vergleich zu einer **hypothetischen Ersatzlieferung** einen unverhältnismäßigen Aufwand verursacht.

Dass der Letztverkäufer eine ihm zustehende Einrede aus § 439 Abs 4 gegenüber einem Nach- **106** erfüllungsverlangen des Käufers (Endabnehmers) nicht erhebt, steht der Anwendung des § 445a Abs 1 und Abs 2 zwar grundsätzlich nicht entgegen[166]. Der Lieferant kann aber die **Erfüllung von Rückgriffsansprüchen** verweigern, soweit diese – insbes in Bezug auf den Umfang – auf dem Unterlassen der Erhebung dieser Einrede beruhen[167]. Eine vollständige Freistellung des Lieferanten von Rückgriffsansprüchen des Verkäufers aus § 445a Abs 1 und Abs 2 im Falle eines Unterlassens der Einrede nach § 439 Abs 4 kommt deshalb nicht in Betracht, weil die berechtigte Erhebung dieser Einrede durch den Letztverkäufer entweder zur **Vornahme der anderen Nacherfüllungsart** geführt oder sogleich die **sekundären Gewährleistungsrechte des Käufers** aus § 437 Nr 2 oder/und Nr 3 eröffnet hätte. Das Unterlassen der Erhebung der Einrede aus § 439 Abs 4 kann also im konkreten Gewährleistungsfall sowohl für den unmittelbar einredeberechtigten Letztverkäufer als auch für den regresspflichtigen Lieferanten günstiger sein. Der Letztverkäufer kann hier demzufolge seine tatsächlichen Nacherfüllungsaufwendungen vom Lieferanten gem § 445a Abs 1 bis zur **Grenze der hypothetischen Aufwendungen** verlangen, die bei Durchführung der **anderen Nacherfüllungsart** entstanden wären, die vom Verkäufer nicht nach § 439 Abs 4 Satz 1 verweigert werden konnte[168]. Eine Leistung des Verkäufers aus **Kulanz** liegt hier letztlich nur vor, soweit die **tatsächlichen Aufwendungen** der durchgeführten Nacherfüllungsart die **hypothetischen Aufwendungen der anderen Nacherfüllungsart** übersteigen. Die Durchführung einer Nacherfüllungsart trotz Vorliegens der Einrede nach § 439 Abs 4 Satz 1 führt daher nicht zum kompletten Ausschluss des Aufwendungsersatzes nach § 445a Abs 1[169].

Dies folgt nicht nur aus dem Sinn und Zweck des in § 445a Abs 1 enthaltenen Tatbestands- **107** merkmals „zu tragen hatte“, sondern auch aus dem **Rechtsgedanken des § 254 Abs 2 Satz 1 Alt 2**. So wie nach dieser Vorschrift die Verletzung der **Schadensminderungspflicht** durch den Geschädigten zu einer Reduzierung des vom Schädiger zu ersetzenden Schadens führt, so sind die wegen Unterlassung der Einrede nach § 439 Abs 4 Satz 1 **tatsächlich entstandenen Mehraufwendungen** nicht ersatzfähig. Wenn also bspw die vom Verkäufer trotz Bestehens einer Unverhältnismäßigkeitseinrede aus § 439 Abs 4 vorgenommene Nachbesserung zu einem Aufwand in Höhe von 3.000 € führt und für eine Ersatzlieferung nur Kosten in Höhe von 1.600 € angefallen wären, dann steht dem Verkäufer gegen den Lieferanten gem § 445a Abs 1 unter Berücksichtigung des Rechtsgedankens des § 254 Abs 2 Satz 1 Alt 2 in Bezug auf die tatsächlich durchgeführte Nachbesserung ein Aufwendungsersatzanspruch in Höhe von 1.600 € zu.

bb) **Unverhältnismäßigkeit beider Nacherfüllungsarten.** Kann der Verkäufer beide Nach- **108** erfüllungsarten nach § 439 Abs 4 wegen eines unverhältnismäßigen Aufwandes verweigern, so ist der Käufer im Falle der **tatsächlichen Geltendmachung** dieser Einrede ohne Fristsetzung zur Geltendmachung der **sekundären Rechtsbehelfe aus § 437 Nr 2 und Nr 3** berechtigt. Das Gleiche gilt im Ergebnis auch dann, wenn in Bezug auf die andere Nacherfüllungsart von vornherein eine **Unmöglichkeit iSd § 275** vorliegt. Wurde vom Verkäufer in den genannten Konstellationen eine mit einem unverhältnismäßigen Aufwand verbundene **Ersatzlieferung** durchgeführt, so kann er zwar grundsätzlich gem § 445a Abs 2 die Rechte aus § 437 Nr 2 und Nr 3 ohne Fristsetzung geltend machen, weil diese Rechtslage auch im Falle der Erhebung der Einrede nach § 439 Abs 4 eingetreten wäre. Denn der Käufer hätte aufgrund dieser Einrede des Verkäufers gem § 437 Nr 2 iVm § 440 Satz 1 vom **Kaufvertrag zurücktreten** oder die **Minderung erklären** und dadurch die tatbestandlichen Voraussetzungen des § 445a Abs 2 herbeiführen können. **Ausgeschlossen** ist allerdings ein Anspruch des Letztverkäufers aus § 445a Abs 1 auf Ersatz der **unverhältnismäßigen Nacherfüllungsaufwendungen.**

166 Erman/Grunewald Rz 8; MünchKomm/Lorenz Rz 49.

167 Begr Gesetzentwurf BT-Drucks 18/8486, S 41 f; Begr Gesetzentwurf, BT-Drucks 14/6040, S 249 (zu § 478 Abs 1 aF); Erman/Grunewald Rz 9; MünchKomm/Lorenz Rz 28 f; BeckOGK/Arnold Rz 84, 133; BeckOK/Faust Rz 20.

168 BeckOK/Faust Rz 20; Erman/Grunewald Rz 9; BeckOGK/Arnold Rz 85; NK/Büdenbender Rz 39.

169 BeckOK/Faust Rz 20; Erman/Grunewald Rz 9; MünchKomm/Lorenz Rz 34; BeckOGK/Arnold Rz 84; NK/Büdenbender Rz 39.

109 Entsprechendes gilt, wenn der Letztverkäufer eine vom Käufer verlangte Nachbesserung vornimmt, die zu einem unverhältnismäßigen Aufwand führt. Hier wird der Verkäufer so gestellt, wie er stünde, wenn er die Einrede erhoben und der Käufer daraufhin in berechtigter Weise **sekundäre Gewährleistungsrechte** nach § 437 Nr 2 oder/und Nr 3 geltend gemacht hätte. Der Verkäufer ist in dieser Konstellation zum Rückgriff nach § 445a Abs 2 berechtigt. Er kann aber nicht nach § 445a Abs 1 die gem § 439 Abs 4 als unverhältnismäßig anzusehenden Nachbesserungsaufwendungen vom Lieferanten ersetzt verlangen.

110 cc) **Anerkennung eines unverhältnismäßigen Nacherfüllungsaufwands durch den Lieferanten – Anspruch aus § 445a Abs 1 und Ausschluss des § 445a Abs 2**. Führt der Letztverkäufer auf Verlangen des Käufers (Endabnehmers) eine **Nachbesserung** durch, obwohl diese Maßnahme wegen Unverhältnismäßigkeit iSd § 439 Abs 4 verweigert werden konnte, so ist der Lieferant zwar nicht nach § 445a Abs 1 zur Erstattung der Aufwendungen verpflichtet[170]. Wenn der Lieferant sich hier allerdings nicht darauf beruft, dass der Letztverkäufer die ihm nach § 439 Abs 4 zustehende Einrede nicht ausgeübt hat, dann muss sich der Verkäufer in Bezug auf den Rückgriff gegen den Lieferanten an der von ihm durchgeführten Nachbesserung als Grundlage für den darauf bezogenen **Aufwendungsersatzanspruch aus § 445a Abs 1** festhalten lassen. Er kann also hier nicht gem § 445a Abs 2 iVm § 437 Nr 2 ohne Fristsetzung vom Kaufvertrag zurücktreten oder/und gem § 437 Nr 3 Schadensersatz statt der Leistung verlangen. Der Verkäufer ist insoweit deshalb nicht schutzwürdig, weil er die Nachbesserung gem § 439 Abs 4 verweigern und dadurch einen Rechtsbehelf des Käufers (Endabnehmers) veranlassen konnte, der die Voraussetzungen des Rückgriffstatbestands des § 445a Abs 2 erfüllt. Für den Lieferanten kann im konkreten Einzelfall insbes wegen Vorliegens einer **hohen Gewinnmarge** die Erstattung eines unverhältnismäßigen Aufwands nach § 445a Abs 1 wirtschaftlich günstiger sein als ein Rücktritt des Verkäufers nach § 445a Abs 2 iVm § 437 Nr 2.

111 dd) **Fehleinschätzung des Nachbesserungsaufwands bei Unterlassen der Einrede nach § 439 Abs 4 – Verteilung des Prognoserisikos**. Ein uneingeschränkter Aufwendungsersatzanspruch des Verkäufers aus § 445a Abs 1 ist in der Konstellation zu bejahen, in der sich erst **nach Durchführung** der vom Käufer verlangten Nacherfüllungsart eine **Unverhältnismäßigkeit der Aufwendungen** nach § 439 Abs 4 Satz 1 herausstellt[171]. Das Gleiche gilt, wenn sich **während der Durchführung der Nachbesserung** wider Erwarten die Unverhältnismäßigkeit der Gesamtaufwendungen ergibt und ein Abbruch der Arbeiten angesichts der bereits entstandenen Kosten oder aus einem sonstigen Grund – zB wegen notwendiger Sicherungs- oder/und Entsorgungsmaßnahmen – **unwirtschaftlich wäre**. Der Letztverkäufer ist gem § 445a Abs 1 nur dann gehalten, die Einrede nach § 439 Abs 4 Satz 1 zu erheben, wenn die tatsächlichen Voraussetzungen der Unverhältnismäßigkeit **aus seiner Sicht** zum Zeitpunkt des Nacherfüllungsverlangens des Käufers eindeutig vorliegen. Ist die Berechtigung zur Erhebung der Einrede des § 439 Abs 4 Satz 1 zweifelhaft und besteht daher aufseiten des Verkäufers das Risiko, dass er vom Käufer wegen **Verweigerung der verlangten Nacherfüllung** verklagt und auf **Schadensersatz statt der Leistung** in Anspruch genommen wird, so muss die Einrede nicht erhoben werden. Der Verkäufer trägt daher in Bezug auf die Einschätzung des zu erwartenden Nacherfüllungsaufwands grundsätzlich kein Prognoserisiko.

112 Es genügt vielmehr allgemein für die Ersatzfähigkeit von Nacherfüllungsaufwendungen nach § 445a Abs 1, dass der Verkäufer sie für erforderlich halten durfte[172]. Eine **objektive Erforderlichkeit** ist insoweit keine Anspruchsvoraussetzung. Entscheidet sich der Verkäufer bei **Unsicherheiten** bezüglich des Vorliegens der Einredevoraussetzungen des § 439 Abs 4 zwecks **Vermeidung von Prozessrisiken** und sonstigen nicht unerheblichen Nachteilen für die Durchführung der vom Käufer (Endabnehmer) nach §§ 437 Nr 1, 439 Abs 1 verlangten Nacherfüllung, so ist die **Ersatzfähigkeit tatsächlich getätigter Aufwendungen** zu bejahen. Dafür spricht auch, dass der Letztverkäufer etwaige **Kosten eines Rechtsstreits** mit dem Käufer bezüglich des Bestehens des von ihm geltend gemachten Nacherfüllungsanspruchs grundsätzlich nicht vom Lieferanten ersetzt verlangen kann[173].

113 e) **Ausschluss der Gewährleistungshaftung des Letztverkäufers gegenüber dem Käufer nach § 442 Abs 1**. Nach § 442 Abs 1 Satz 1 sind die Rechte des Käufers wegen eines Mangels ausgeschlossen, wenn er bei Vertragsschluss den **Mangel kannte**[174]. Ist dem Käufer ein Mangel infolge **grober Fahrlässigkeit** unbekannt geblieben, so kann er gem § 442 Abs 1 Satz 2 Rechte

170 Vgl vorstehend Rz 107.
171 MünchKomm/Lorenz Rz 43; BeckOGK/Arnold Rz 102; BeckOK/Faust Rz 20; vgl zum Aufwendungsersatzanspruch bei erfolglosen Nacherfüllungsversuchen Rz 129.
172 BeckOK/Faust Rz 20; MünchKomm/Lorenz Rz 43.
173 Vgl Rz 140 f; MünchKomm/Lorenz Rz 40; BeckOGK/Arnold Rz 119; Erman/Grunewald Rz 7.
174 Vgl zum Begriff der Kenntnis § 442 Rz 52 ff.

wegen dieses Mangels nur geltend machen, wenn der Verkäufer den Mangel **arglistig verschwiegen** oder eine **Beschaffenheitsgarantie** übernommen hat[175]. Ein Rückgriffsanspruch des Letztverkäufers aus § 445a Abs 1 und Abs 2 gegen den Lieferanten ist – ebenso wie die allgemeinen Gewährleistungsrechte aus § 437 – ausgeschlossen, wenn die Ausschlussvoraussetzungen des § 442 Abs 1 aufseiten des Käufers (Endabnehmers) gegeben waren mit der Folge, dass der Verkäufer von vornherein nicht zur **Vornahme der Nacherfüllung** verpflichtet war. Das in § 445a Abs 1 enthaltene Tatbestandsmerkmal „zu tragen hatte" ist daher bei Eingreifen des § 442 Abs 1 nicht gegeben. Das Gleiche gilt beim Rückgriff nach § 445a Abs 2 für das Tatbestandsmerkmal „zurücknehmen musste".

IV. Die zu ersetzenden Aufwendungen

1. **Der Aufwendungsbegriff des § 445a Abs 1 – Grundlagen.** Nach 445a Abs 1 kann der Verkäufer vom Lieferanten „den Ersatz der Aufwendungen verlangen, die er im Verhältnis zum Käufer nach § 439 Absatz 2, 3 und 6 Satz 2 sowie nach § 475 Absatz 4 zu tragen hatte". Unter einer Aufwendung im Sinne des BGB ist zwar allgemein ein **„freiwilliges Vermögensopfer"** im Interesse eines anderen zu verstehen[176]. Diese Definition ist im Rahmen des § 445a Abs 1 aber nicht dahin gehend zu verstehen, dass der Aufwendende ohne eigene rechtliche Verpflichtung im Interesse eines anderen geleistet haben muss[177]. Das Kriterium der Freiwilligkeit dient vielmehr nur dazu, die Aufwendung von einem **Schaden im rechtstechnischen Sinne** abzugrenzen[178]. Das Bestehen eines Anspruchs des Käufers auf Nacherfüllung aus §§ 437 Nr 1, 439 Abs 1 spricht daher nicht gegen das Vorliegen einer Aufwendung[179]. Vom Aufwendungsbegriff des § 445a Abs 1 werden vielmehr alle Kosten erfasst, die dem Letztverkäufer durch Vornahme der gegenüber dem Käufer nach **§§ 437 Nr 1, 439 Abs 1 geschuldeten Nacherfüllung** entstehen. Im Übrigen ist der Letztverkäufer im Verhältnis zum Lieferanten als Rückgriffsschuldner – anders als im Verhältnis zum gewährleistungsberechtigten Käufer (Endabnehmer) – nicht rechtlich verpflichtet, gegenüber dem Käufer die Nacherfüllung durchzuführen[180]. 114

2. **Die Bezugnahme des § 445a Abs 1 auf § 439 Abs 2, Abs 3 und Abs 6 Satz 2 – Grundsätze.** Der Tatbestand des § 445a Abs 1 knüpft für den Umfang des vom Lieferanten zu erstattenden Nacherfüllungsaufwands an die im Verhältnis zwischen Letztverkäufer und Käufer (Endabnehmer) unmittelbar geltende Regelung des § 439 Abs 2, Abs 3 und Abs 6 Satz 2 an. Den bei Durchführung der vom Käufer gem §§ 437 Nr 1, 439 Abs 1 verlangten Nacherfüllung entstandenen Aufwand kann der Verkäufer nach § 445a Abs 1 an den Lieferanten „weiterreichen", soweit die vorgenommenen Maßnahmen durch § 439 Abs 2, Abs 3 und Abs 6 Satz 2 gedeckt sind. Klassische Aufwendungen sind die in § 439 Abs 2 aufgeführten **Transport-, Wege-, Arbeits- und Materialkosten**[181]. Aufgrund der tatbestandlichen Formulierung „insbesondere" ist diese Aufzählung nicht abschließend. Entscheidend ist vielmehr, ob die konkrete Aufwendung zum Zwecke der Nacherfüllung „erforderlich" war. Nach § 439 Abs 3 muss der Verkäufer dem Käufer, der die mangelhafte Sache vor Entdeckung des Mangels bestimmungsgemäß **in eine andere Sache eingebaut** oder an eine andere Sache angebracht hat, die für den **Aus- und Einbau** erforderlichen Aufwendungen ersetzen. Dieser Anspruch ist nicht auf **Verbrauchsgüterkäufe** beschränkt. Soweit gem § 439 Abs 3 eine Erstattungspflicht des Letztverkäufers gegenüber dem Käufer (Endabnehmer) besteht, sind beim Rückgriff auch die darauf bezogenen Aufwendungen vom Lieferanten zu ersetzen. Im Falle der Nacherfüllung in Form der **Ersatzlieferung** muss der Verkäufer gem § 439 Abs 6 Satz 1 die ersetzte (mangelhafte) Sache „auf seine Kosten" vom Käufer zurücknehmen. Daher erstreckt sich der Rückgriffsanspruch aus § 445a Abs 1 auch auf die Aufwendungen, die dem Verkäufer durch diese Rücknahme entstehen. 115

3. **Ersatzfähige Aufwendungen bei der Gewährleistung für Sachmängel – Einzelfragen.** – a) **Transport-, Wege-, Arbeits- und Materialkosten – Erstattung der Selbstkosten.** Die dem Verkäufer im Rahmen der Nacherfüllung entstandenen Transport-, Wege-, Arbeits- und Materialkosten kann der Letztverkäufer im Wege des Rückgriffs vom Lieferanten gem § 445a Abs 1 iVm § 439 Abs 2 ersetzt verlangen[182]. Der **Umfang des Anspruchs** ist aber beschränkt 116

175 Vgl zum Ausschluss der Gewährleistung wegen grober Fahrlässigkeit des Käufers § 442 Rz 101 ff.

176 BGHZ 59, 328 f; BAGE 89, 26, 29; BGH NJW 1960, 1568; BGH NJW 1973 46; BGH NJW 1989, 2816; BGH NJW 2004, 2036 f.

177 Vgl BeckOGK/Arnold Rz 91; MünchKomm/Lorenz Rz 33; BeckOK/Faust Rz 18.

178 Vgl dazu RGZ 98, 195, 199; BAG NJW 1962, 411, 414.

179 BeckOGK/Arnold Rz 91.

180 MünchKomm/Lorenz Rz 33; BeckOK/Faust Rz 18.

181 Vgl zu den Einzelheiten der Ersatzfähigkeit nach § 445a Abs 1 Rz 116.

182 So Begr Gesetzentwurf, BT-Drucks 14/6040, S 248 f (zu § 478 Abs 2 aF).

auf die Höhe des **reinen Kostenanteils**[183]. Zu ersetzen sind also die im Rahmen einer betriebswirtschaftlichen Preiskalkulation als **Selbstkosten** bezeichneten Beträge[184]. Eine **hypothetische Gewinnmarge** ist dagegen nicht zu ersetzen[185]. Der Letztverkäufer kann daher als Kosten iSd § 439 Abs 2 iVm § 445a Abs 1 nicht den Betrag ersetzt verlangen, den der Käufer oder ein Dritter im Rahmen eines **hypothetischen Reparaturauftrags (Werkvertrags)** gem § 631 Abs 1 als Werklohn an den Verkäufer als Werkunternehmer zu entrichten hätte. Ein über den **Selbstkostenbetrag** hinausgehender Vergütungsanspruch des Letztverkäufers lässt sich auch nicht aus **§ 683 Satz 1 iVm § 670** herleiten. Denn die Erfüllung des Nachbesserungsanspruchs des Käufers (Endabnehmers) durch den Letztverkäufer stellt im Verhältnis zum Lieferanten als Rückgriffsschuldner **keine Geschäftsführung iSd §§ 677, 683** dar[186]. Die Beschränkung auf die Selbstkosten folgt aus dem Zweck des § 445a Abs 1[187]. Der im Verhältnis zum Käufer (Endabnehmer) **verschuldensunabhängig** zur Gewährleistung verpflichtete Letztverkäufer soll durch die Vornahme der Nacherfüllung keinen Schaden erleiden und damit nicht in eine „Regressfalle" geraten. Dem Letztverkäufer soll aber durch den Rückgriff beim Lieferanten nach § 445a Abs 1 keine Möglichkeit eröffnet werden, mit der Durchführung der gegenüber dem Käufer geschuldeten Nacherfüllung **einen zusätzlichen Gewinn** zu erzielen[188]. Dazu käme es aber, wenn der Verkäufer als Zwischenhändler zusätzlich zu den Selbstkosten eine **Gewinnmarge** vom Lieferanten verlangen könnte.

117 b) **Einbeziehung anteiliger Gemeinkosten einschließlich anteiliger Vorhaltekosten („Sowieso"-Kosten) – Abgrenzung zu den Einzelkosten.** Unproblematisch ist der Ersatz der Transport-, Wege-, Arbeits- und Materialkosten iSd § 439 Abs 2, soweit bei dem Letztverkäufer grundsätzlich **erstattungsfähige Selbstkosten** unmittelbar in einem konkreten Gewährleistungsfall anfallen. Regelmäßig bestehen die Selbstkosten des Letztverkäufers als gewerblicher Zwischenhändler aus der Summe von Einzelkosten und den anteiligen Gemeinkosten. Wenn bspw im Rahmen des **Transports** der für eine **Ersatzlieferung** nach §§ 437 Nr 1, 439 Abs 1 bestimmten neuen Ersatzware drei weitere Sachen in gleichem Umfang mitbefördert werden, so kann nur ein Viertel der tatsächlichen Kosten dem Nacherfüllungsaufwand iSd § 439 Abs 2 iVm § 445a Abs 1 zugerechnet werden. Zu den erstattungsfähigen Aufwendungen iSd § 445a Abs 1 gehören daher grundsätzlich auch derartige anteilige Gemeinkosten. Von diesen **variablen Gemeinkosten**, die ohne weiteres auf einzelne Leistungen und Produkte anteilig umgelegt werden können, sind die Vorhaltekosten zu unterscheiden, die dem Verkäufer als Zwischenhändler „sowieso" entstehen, weshalb sie auch als „Sowieso-Kosten" bezeichnet werden.

118 Ein Letztverkäufer beschäftigt idR kein Personal, das ausschließlich für die Erfüllung von gesetzlichen Gewährleistungsansprüchen der Käufer (Endabnehmer) eingesetzt wird. Wenn der Letztverkäufer einen **Reparaturservice** für die Gesamtheit seiner Kunden durchführt, so fallen sowohl Gewährleistungsmaßnahmen, die nicht gesondert in Rechnung gestellt werden können, als auch Reparaturen auf Grundlage eines **geschlossenen Werkvertrags** an. Insbes Autohändler mit eigener Reparaturwerkstatt setzen ihr Personal und ihre Betriebseinrichtungen nicht nur für die Erfüllung der Nacherfüllungsansprüche der Käufer ein. Das Gleiche gilt im Hinblick auf die vom Letztverkäufer durchgeführten **Transporte** von mangelhaften Sachen sowie als Ersatz gelieferter neuer Sachen. Es handelt sich hier um Vorhaltekosten („Sowieso"-Kosten), weil die betreffenden Ressourcen auch für **andere Geschäftstätigkeiten des Verkäufers** einsatzbereit zur Verfügung stehen. Den einschlägigen gesetzlichen Regelungen (§§ 445a Abs 1, 439 Abs 2) lässt sich ein Ausschluss des Ersatzes **anteiliger Vorhaltekosten** als Bestandteil der Selbstkosten nicht entnehmen. Diese Vorhaltekosten sind – ebenso wie die variablen Gemeinkosten – anteilig bei der Berechnung des Aufwendungsersatzanspruchs aus § 445a Abs 1 zu berücksichtigen[189].

183 Erman/Grunewald Rz 7; MünchKomm/Lorenz Rz 39; Staud/Bach Rz 72; BeckOGK/Arnold Rz 119; BeckOK/Faust Rz 19; wohl auch Böhle, Der Rückgriff in der Lieferkette gem §§ 478, 479 BGB, 2004, S 58 f (zu § 478 aF); Höpker, Verkäuferregress, 2003, S 139 (zu § 478 aF); Schumacher, Der Lieferantenregress gem §§ 478, 479 BGB, 2004, S 163 f (zu § 478 aF).

184 Vgl zur Berücksichtigung anteiliger Gemeinkosten (Vorhaltekosten) des Letztverkäufers unten Rz 117 ff.

185 Erman/Grunewald Rz 7; MünchKomm/Lorenz Rz 39; Staud/Bach Rz 72; BeckOGK/Arnold Rz 119; BeckOK/Faust Rz 19; wohl auch Böhle, Der Rückgriff in der Lieferkette gem §§ 478, 479 BGB, 2004, S 58 f (zu § 478 aF); Höpker, Verkäuferregress, 2003, S 139 (zu § 478 aF); Schumacher, Der Lieferantenregress gem §§ 478, 479 BGB, 2004, S 163 f (zu § 478 aF).

186 MünchKomm/Lorenz Rz 39; Tröger, ZGS 2003, 296 (297) (zu § 478 aF).

187 Vgl dazu Schumacher, Der Lieferantenregress gem §§ 478, 479 BGB, 2004, S 164 (zu § 478 Abs 2 aF).

188 Schumacher, Der Lieferantenregress gem §§ 478, 479 BGB, 2004, S 164 (zu § 478 Abs 2 aF).

189 BeckOGK/Arnold Rz 113 ff; BeckOK/Faust Rz 19; aA Staud/Bach Rz 75; MünchKomm/Lorenz Rz 38; Erman/Grunewald Rz 7; Grüneberg/Weidenkaff Rz 11.

Der Ersatzfähigkeit steht daher nicht entgegen, dass der Letztverkäufer das mit der Bearbeitung eines Gewährleistungsfalls betraute **Personal** „sowieso" eingestellt hätte und die benötigten Geräte und sonstigen Betriebseinrichtungen „sowieso" angeschafft hätte[190]. Die Berücksichtigung der anteiligen Vorhaltekosten bei der Berechnung der zu ersetzenden Aufwendungen ist deshalb durch den Zweck des § 445a Abs 1 gedeckt, weil der Verkäufer durch das **Vorhalten von Personal und Einrichtungen** planmäßig Aufwendungen tätigt, um künftig auch **Gewährleistungsansprüche der Käufer (Endabnehmer)** prompt erfüllen zu können[191]. Für die Erstattungsfähigkeit spricht auch, dass ein Letztverkäufer, der über solche Betriebseinrichtungen nicht verfügt, einen **Drittunternehmer** – zunächst auf eigene Rechnung – zum Zwecke der Durchführung der Nachbesserung einschalten muss mit der Folge, dass der Lieferant dann auch die **Gewinnmarge,** also nicht nur die Selbstkosten, des Drittunternehmers zu tragen hat. Zudem würde die Notwendigkeit der Beauftragung eines Drittunternehmers in vielen Fällen zu Lasten des gewährleistungsberechtigten Käufers zu einer **Verzögerung der Mangelbeseitigung** führen. Im Übrigen liefe eine Verneinung des Ersatzes der anteiligen Vorhaltekosten auf eine **unangemessene Privilegierung des Lieferanten** und der sonstigen Verkäufer der Lieferkette hinaus, die ebenfalls nicht an Endabnehmer veräußern. Denn diese Verkäufer der Lieferkette müssen wegen der regelmäßig nicht gegebenen unmittelbaren Gewährleistungshaftung gegenüber einem Endabnehmer im **letzten Kaufverhältnis der Lieferkette** keine eigenen Betriebseinrichtungen zum Zwecke der Durchführung einer Nachbesserung unterhalten. 119

In Bezug auf die **Berechnung** der nach § 445a Abs 1 vom Lieferanten zu erstattenden anteiligen Vorhaltekosten gelten allgemeine Grundsätze. Unerheblich ist, ob der zur Nacherfüllung verpflichtete Letztverkäufer die von ihm eingesetzten Betriebseinrichtungen als Eigentümer oder auf Grundlage eines Miet- oder Leasingvertrags nutzt. Bei Anschaffung zu Eigentum erfolgt steuerlich eine Absetzung für Abnutzung (AfA) nach Maßgabe der AfA-Tabellen, während bei Miete und Leasing die monatlichen Raten **abzugsfähige betriebliche Aufwendungen** darstellen. Für die Berechnung der anteiligen Vorhaltekosten müssen zunächst die **Anschaffungskosten** und die **Gesamtdauer der Nutzung** ermittelt werden. Aus dem Verhältnis zwischen Dauer der tatsächlichen Inanspruchnahme **im konkreten Gewährleistungsfall** und Gesamtnutzungsdauer ergibt sich dann der nach § 445a Abs 1 iVm § 439 Abs 2 vom Lieferanten zu erstattende Anteil an den Vorhaltekosten. Entsprechendes gilt, soweit der Verkäufer **eigenes Personal** sowohl für die Nacherfüllung im Rahmen der Gewährleistung als auch für Dienstleistungen auf Grundlage von Werkverträgen bereithält. 120

4. **Überhöhte Nacherfüllungsaufwendungen des Verkäufers.** – a) **Erforderlichkeit als Maßstab – Grundsatz.** Da dem **Lieferanten** in Bezug auf den vom Käufer (Endabnehmer) gegenüber dem Letztverkäufer geltend gemachten Anspruch aus §§ 437 Nr 1, 439 Abs 1 mangels Vertragsbeziehung kein eigenes Nacherfüllungsrecht und damit **kein Recht auf zweite Andienung** zusteht[192], kann der Lieferant jedenfalls nicht von vornherein die Erstattung der nach § 445a Abs 1 geltend gemachten Nachbesserungsaufwendungen mit der Begründung verweigern, dass er die Nachbesserung in eigener Regie kostengünstiger und genauso schnell durchgeführt hätte[193]. Der Lieferant kann zwar **auf Ersuchen des Verkäufers** dem Käufer als Endabnehmer eine Nacherfüllung anbieten. Der Käufer muss sich darauf aber nicht einlassen, sondern kann ohne weiteres den Verkäufer, also seinen Vertragspartner, auf Nachbesserung oder Ersatzlieferung nach §§ 437 Nr 1, 439 Abs 1 in Anspruch nehmen. Der Verkäufer ist aber gleichwohl aus dem mit dem Lieferanten geschlossenen Kaufvertrag verpflichtet, die Nacherfüllungsaufwendungen unter Wahrung der Rechte des gewährleistungsberechtigten Käufers gering zu halten[194]. Die Regelung des **§ 241 Abs 2** verpflichtet den Verkäufer im Rahmen dieses Liefervertrags **zur Rücksichtnahme auf die Rechte, Rechtsgüter und Interessen** des Lieferanten[195]. 121

Im Ergebnis besteht weitgehend Einigkeit darüber, dass ein überhöhter Nachbesserungsaufwand dem Lieferanten vom Verkäufer nicht in Rechnung gestellt werden kann[196]. Es stellt sich aber die Frage, ob der Nachbesserungsaufwand von vornherein – unabhängig von den konkreten Aufwendungen des Letztverkäufers – auf einen bestimmten Betrag begrenzt ist oder ein etwaiger überhöhter Aufwand **analog § 254 Abs 2** herauszurechnen ist[197]. Da der Letztverkäufer ein 122

190 BeckOGK/Arnold Rz 113 ff; BeckOK/Faust Rz 19; aA MünchKomm/Lorenz Rz 38; Erman/Grunewald Rz 7; Grüneberg/Weidenkaff Rz 11.
191 BeckOGK/Arnold Rz 113 ff; BeckOK/Faust Rz 19.
192 Vgl dazu unten Rz 152.
193 MünchKomm/Lorenz Rz 41; Erman/Grunewald Rz 8; BeckOK/Faust Rz 20.
194 MünchKomm/Lorenz Rz 41; Erman/Grunewald Rz 8; BeckOK/Faust Rz 20.
195 Vgl zu § 241 Abs 2 in diesem Zusammenhang MünchKomm/Lorenz Rz 41; BeckOGK/Arnold Rz 87.
196 Erman/Grunewald Rz 7 f; MünchKomm/Lorenz Rz 41 f; BeckOGK/Arnold Rz 84 ff; BeckOK/Faust Rz 20; Staud/Bach Rz 60.
197 Vgl zu § 254 Abs 2 in diesem Zusammenhang MünchKomm/Lorenz Rz 41 f; BeckOK/Faust Rz 20.

Nachbesserungsverlangen des Käufers grundsätzlich nicht an den Lieferanten weiterleiten muss, sind die nach § 445a Abs 1 erstattungsfähigen Aufwendungen nicht von vornherein beschränkt auf die hypothetischen Kosten, die dem Lieferanten bei Durchführung der Nacherfüllung in eigener Regie entstanden wären[198]. Aufgrund der Berechtigung und Verpflichtung des Letztverkäufers zur Durchführung der Nacherfüllung gegenüber dem Käufer (Endabnehmer) muss auch in Bezug auf die Frage der Erforderlichkeit der Aufwendungen auf die konkrete Situation des Letztverkäufers und die hier einschlägigen Umstände abgestellt werden[199]. Entscheidend ist daher, ob der Verkäufer die Aufwendungen für erforderlich halten durfte[200]. Es kommt also auf den **objektiven Verkäuferhorizont** an, so dass Aufwendungen, die auf einer vorwerfbaren Fehleinschätzung beruhen, nicht nach § 445a Abs 1 ersatzfähig sind.

123 b) **Beweislast bezüglich Höhe der erstattungsfähigen Aufwendungen**. Der wesentliche Unterschied zwischen einer unmittelbaren Begrenzung des Regressanspruchs aus § 445a Abs 1 auf den – unter Berücksichtigung der Verhältnisse des Letztverkäufers – objektiv erforderlichen Aufwand und einer **Kürzung analog § 254 Abs 2 Satz 1** zeigt sich bei der Beweislast. Ist der Anspruch von vornherein auf den erforderlichen Betrag beschränkt, so muss der Verkäufer im Streitfall beweisen, dass der tatsächlich angefallene Nacherfüllungsaufwand aus seiner Sicht auch geboten war[201]. Eine entsprechende Anwendung des § 254 Abs 2 würde dagegen dazu führen, dass der Lieferant im Streitfall das Vorliegen eines überhöhten Aufwandes nachweisen müsste[202]. Der Gesichtspunkt der interessengerechten Verteilung der Beweislast und das **Gebot des effektiven Rückgriffs** des Letztverkäufers sprechen für eine entsprechende Anwendung des § 254 Abs 2 Satz 1 mit der Folge, dass der Lieferant insoweit die Beweislast trägt[203].

124 IdR kann davon ausgegangen werden, dass der Verkäufer als ökonomisch sinnvoll agierender Zwischenhändler aufgrund seiner **Vorleistungsverpflichtung** und zwecks Vermeidung von Streitigkeiten mit dem Lieferanten den Nacherfüllungsaufwand auf das unbedingt notwendige Maß beschränkt. Es ist anzunehmen, dass der Letztverkäufer und sein Personal bei der Durchführung einer fachgerechten Nacherfüllung gem §§ 437 Nr 1, 439 Abs 1 keine höheren Kosten verursachen als bei einer vergleichbaren Reparatur oder Lieferung auf Rechnung eines Kunden als Werkunternehmer bzw Käufer. Das Vorliegen eines überhöhten Nacherfüllungssaufwands ist daher als Ausnahmefall anzusehen. Die Beweislast des Lieferanten für diese Ausnahme in Gestalt des Verstoßes gegen die Schadensminderungspflicht in analoger Anwendung des § 254 Abs 2 Satz 1 entspricht deshalb auch der allgemein bei **Regel-Ausnahme-Tatbeständen** eingreifenden Beweislastverteilung[204].

125 c) **Sekundäre Darlegungslast des Letztverkäufers**. Bestehen aus der Sicht des Lieferanten Anhaltspunkte dafür, dass die vom Verkäufer geltend gemachten Aufwendungen nicht in voller Höhe erforderlich waren, so hat der Lieferant nur in eingeschränktem Umfang einen Einblick in die insoweit relevanten Abläufe aufseiten des Verkäufers. Der Verkäufer ist daher im Rahmen einer **sekundären Darlegungslast** gehalten, die Erforderlichkeit der tatsächlich getätigten Aufwendungen nachvollziehbar darzulegen[205]. Die in Rede stehende sekundäre Darlegungslast des Verkäufers verschiebt nicht die dem Lieferanten obliegende **Beweislast**. Der Zweck der sekundären Darlegungslast des Letztverkäufers besteht vielmehr darin, dem beweisbelasteten Lieferanten auf Grundlage des Vortrags des Verkäufers die Möglichkeit zu eröffnen, eine Überschreitung des erforderlichen Aufwands substantiiert vorzutragen und zu beweisen. Eine Kürzung des vom Verkäufer geltend gemachten Aufwendungsersatzanspruchs aus § 445a Abs 1 analog § 254 Abs 2 Satz 1 hat zu erfolgen, soweit bei **objektiver Betrachtungsweise** unter Berücksichtigung der betrieblichen Verhältnisse des Letztverkäufers die tatsächlich getätigten Aufwendungen nicht erforderlich waren. In **zeitlicher Hinsicht** kommt es für die Beurteilung der vom Letztverkäufer im Zusammenhang mit der Nachbesserung getroffenen Entscheidungen und Maßnahmen auf eine **„ex ante"-Betrachtung** an.

126 d) **Mittelbare Verpflichtung des Letztverkäufers nach § 254 Abs 2 zur Einschaltung des Lieferanten bei der Nacherfüllung**. Mittelbar kann sich aufgrund der entsprechenden Anwendung des § 254 Abs 2 im konkreten Einzelfall eine Verpflichtung des Letztverkäufers zur

198 MünchKomm/Lorenz Rz 41; BeckOGK/Arnold Rz 87; Erman/Grunewald Rz 8; BeckOK/Faust Rz 20.
199 BeckOK/Faust Rz 20.
200 BeckOK/Faust Rz 20; MünchKomm/Lorenz Rz 42.
201 MünchKomm/Lorenz Rz 42; Matthes NJW 2002, 2505, 2507 (zu § 478 aF); BeckOGK/Arnold Rz 166; aA BeckOK/Faust Rz 23.
202 MünchKomm/Lorenz Rz 42; BeckOGK/Arnold Rz 111; BeckOK/Faust Rz 23.
203 So iE auch MünchKomm/Lorenz Rz 42; BeckOGK/Arnold Rz 111; BeckOK/Faust Rz 23; aA Matthes NJW 2002, 2505, 2507 (zu § 478 aF).
204 Vgl dazu BGHZ 87, 393, 399 f; BGH NJW-RR 1990, 886, 888 f; BGH NJW-RR 2003, 1432, 1433; Musielak/Voit/Foerste, ZPO, 2023[20], § 286 Rz 36.
205 Vgl dazu BGH NJW 2020, 1962 Rz 37; BGH NJW 2020, 755 Rz 35; BGHZ 200, 76 Rz 17; Musielak/Voit/Stadler, ZPO, 2023[20], § 138 Rz 10a.

Einschaltung des Lieferanten zum Zwecke der Durchführung der Nacherfüllung ergeben, obwohl der Vorrang der Nacherfüllung im Rückgriffsverhältnis grundsätzlich keine Anwendung findet[206]. In Betracht kommt diese Obliegenheit insbes dann, wenn der Lieferant zugleich der **Hersteller der Ware** ist und speziell für Gewährleistungsfälle einen **Kundenservice** eingerichtet hat. Nicht selten – insbes außerhalb des Bereichs des Verkaufs von Fahrzeugen – unterhält der Letztverkäufer als reiner Zwischenhändler keine Reparaturwerkstatt, so dass jedenfalls für eine vom Käufer verlangte Nachbesserung ohnehin ein anderer Unternehmer eingeschaltet werden muss. Ähnlich ist die Lage in Bezug auf die **Ersatzlieferung**, sofern der Verkäufer regelmäßig oder jedenfalls zum Zeitpunkt des Nacherfüllungsverlangens des Käufers keinen Vorrat von neu hergestellten Sachen der gleichen Art hat, sondern eine **Bestellung** vorgenommen werden muss.

Allein die Tatsache, dass der Lieferant eine Nachbesserung oder Ersatzlieferung kostengünsti- 127
ger durchgeführt hätte als der Verkäufer oder ein von ihm beauftragter Drittunternehmer, rechtfertigt noch nicht eine Kürzung des dem Letztverkäufer tatsächlich entstandenen Nacherfüllungsaufwands. Eine bedeutende Rolle spielt hier vielmehr auch die voraussichtliche **Dauer der Durchführung** sowie der – im Falle der Nachbesserung einschlägige – Gesichtspunkt der **Nachhaltigkeit** der vorgenommenen Nacherfüllungsmaßnahme. Denn der Käufer hat gegen den Verkäufer einen Anspruch auf **schnellstmögliche und nachhaltige Nacherfüllung**. Gerade aus diesem Grund gilt im Verhältnis zwischen Letztverkäufer und Lieferant der **Vorrang der Nacherfüllung** nicht[207]. Wenn also eine Nacherfüllung unter Einschaltung des Lieferanten nicht unwesentlich länger dauern würde als die Vornahme durch den Letztverkäufer oder/und einen von ihm beauftragten Drittunternehmer, so sind die höheren **Aufwendungen des Letztverkäufers** demnach erforderlich und in voller Höhe zu ersetzen.

Dieser Fall wird idR dann vorliegen, wenn zum Zwecke einer Nachbesserung durch den 128
Lieferanten ein Versand der Ware mit anschließendem Rückversand erforderlich gewesen wäre und dieser Zeitverlust durch Vornahme der notwendigen Reparaturarbeiten durch den Verkäufer nicht eingetreten ist. Anders ist die Rechtslage, wenn der Lieferant/Hersteller ein **Servicenetz** unterhält, das die Nachbesserung **kostengünstiger** sowie mindestens **genauso schnell** durchführen kann und dem Verkäufer dies auch bekannt ist. Bei Vorliegen dieser **Nacherfüllungsbedingungen** kann der Letztverkäufer aufgrund einer entsprechenden Anwendung des § 254 Abs 2 seinen tatsächlichen Aufwand **nur in Höhe der hypothetischen Kosten des Lieferanten** ersetzt verlangen. Der Zweck eines Servicenetzes des Herstellers besteht häufig gerade darin, im Interesse der nachfolgenden Zwischenhändler und des Endabnehmers (Käufers iSd § 445a) die Nacherfüllung schnell und nachhaltig zu bewerkstelligen.

5. **Ersatzfähigkeit von Aufwendungen für fehlgeschlagene Nachbesserungsmaß- 129
nahme – Prognoserisiko**. In Bezug auf die Frage der Ersatzfähigkeit von Aufwendungen für erfolglose Nachbesserungsversuche ist eine **differenzierte Betrachtung** erforderlich. Der **Wortlaut des § 445a Abs 1**, nach dem Aufwendungen ersetzt verlangt werden können, die der Verkäufer im Rahmen der Nacherfüllung „zu tragen hatte", schließt einen Kostenersatz für erfolglose Nachbesserungsmaßnahmen nicht aus[208]. Nicht gerechtfertigt wäre daher eine Ablehnung des Aufwendungsersatzes mit der Begründung, dass erfolglose Nachbesserungsversuche vom Verkäufer nicht geschuldet seien[209]. In nicht wenigen Fällen kann vor Beginn von Nachbesserungsarbeiten nicht mit Gewissheit prognostiziert werden, ob eine grundsätzlich in Betracht kommende und auch geeignete Maßnahme Erfolg haben wird. Eine **„ex post"-Beurteilung** würde hier in den nicht seltenen Zweifelsfällen dazu führen, dass der Verkäufer eine Nachbesserung gar nicht erst versucht, sondern stattdessen dem Käufer eine **Ersatzlieferung** anbietet. Dass eine solche Vorgehensweise nicht im Interesse des Lieferanten läge und zudem weder als ökonomisch sinnvoll noch als nachhaltig angesehen werden kann, ist offensichtlich. Auch im Falle eines **gewährleistungsunabhängigen Reparaturauftrags** auf – von vornherein – **eigene Rechnung des Käufers** kann der Letztverkäufer als Auftragsnehmer nicht selten den Erfolg einer fachlich gebotenen Maßnahme nicht garantieren. Es ist daher davon auszugehen, dass der Letztverkäufer gegenüber dem Käufer auch solche Nachbesserungsmaßnahmen mit der Folge der Erstattungspflicht des Lieferanten nach § 445a Abs 1 schuldet, die im Rahmen einer **„ex ante"-Betrachtung** erfolgversprechend sind, auch wenn sie mit einem gewissen **Risiko des Fehlschlagens** behaftet sind[210]. Das im Falle eines fachgerechten Vorgehens verbleibende **Prognoserisiko** muss vielmehr

206 Vgl zum Ausschluss des Vorrangs der Nacherfüllung in diesem Verhältnis oben Rz 12.
207 Vgl dazu oben Rz 12.
208 Erman/Grunewald Rz 10; BeckOK/Faust Rz 20.
209 Erman/Grunewald Rz 10; BeckOK/Faust Rz 20.
210 So iE auch MünchKomm/Lorenz Rz 43; Erman/Grunewald Rz 10; BeckOGK/Arnold Rz 102; BeckOK/Faust Rz 20; Staud/Bach Rz 81.

der Lieferant und letztlich der Hersteller am Anfang der Lieferkette tragen, weil er den Mangel zu verantworten hat[211].

130 Die Erstattung von Aufwendungen für erfolglose Nachbesserungsversuche hängt demnach im konkreten Einzelfall von **zwei Voraussetzungen** ab: Zum einen musste der Letztverkäufer bei Zugrundelegung der von ihm **zu erwartenden Sorgfalt** davon ausgehen können, dass die von ihm geplante und durchgeführte Nachbesserungsmaßnahme im Hinblick auf eine dauerhafte Mangelbeseitigung **erfolgversprechend** ist. Darüber hinaus darf dem Letztverkäufer bei der Durchführung der Nachbesserung **kein zu vertretender Fehler** unterlaufen sein. Vorwerfbar ist insoweit auch die Übernahme von Nachbesserungsarbeiten trotz **Fehlens der notwendigen Fachkenntnisse**. Ist dem Verkäufer im Hinblick auf die Durchführung eines erfolglosen Nachbesserungsversuchs **Fahrlässigkeit** zur Last zu legen, so ist der Erstattungsanspruch – wie im Falle überhöhter Aufwendungen[212] – **analog § 254 Abs 2** zu kürzen. Eine Alles-oder-nichts-Lösung wäre auch hier nicht interessengerecht. Denn bei **hypothetischer Nachbesserungsverpflichtung des Lieferanten** würde dieser auch das Risiko eines Fehlschlagens tragen. Im Übrigen hat der Lieferant durch die in der mangelhaften Lieferung liegende Pflichtverletzung die Notwendigkeit einer Nachbesserung verursacht. Die entsprechende Anwendung des § 254 Abs 2 kann allerdings zu einer Mitverantwortungsquote des Letztverkäufers in Höhe von 100 Prozent führen. Eine Ersatzfähigkeit ist daher nicht gegeben, wenn das Scheitern der Maßnahme für den Verkäufer erkennbar war[213].

131 6. **Aufwendungen des Letztverkäufers für Ersatzlieferung – Bezug der Ersatzsache von Drittunternehmen**. – a) **Wahlfreiheit des Letztverkäufers als Grundsatz – Kürzung des Aufwendungsersatzanspruchs analog § 254 Abs 2 Satz 1**. Umstritten ist die Frage, ob der Letztverkäufer generell verpflichtet ist, die Ersatzsache beim Lieferanten zu beziehen. Davon hängt ab, in welchem Umfang der Lieferant gem § 445a Abs 1 zur Erstattung von Aufwendungen verpflichtet ist, die im Zusammenhang mit der vom Käufer (Endabnehmer) verlangten Nacherfüllung in Form der Ersatzlieferung angefallen sind. Die Bejahung einer Pflicht des Letztverkäufers zur Beschaffung der Ersatzsache beim Lieferanten liefe auf einen **Vorrang der Nacherfüllung im Rückgriffsverhältnis** und damit auf ein Recht des Lieferanten auf zweite Andienung hinaus, das beim Rückgriff gerade nicht besteht[214]. Ein derartiges **„Nacherfüllungsrecht" des Lieferanten** ist daher auch bei der Ersatzlieferung zu verneinen, dh, der Verkäufer ist zumindest im Regelfall nicht gehalten, die Ersatzsache vom Lieferanten der mangelhaften Sache zu beziehen[215]. Der Verkäufer kann vielmehr grundsätzlich frei entscheiden, ob er die für die Ersatzlieferung benötigte neue Sache von seinem Lieferanten oder einem Drittunternehmer bezieht. Es kommt demzufolge zwar nicht darauf an, ob der Lieferant rechtzeitig mangelfreie Ersatzware liefern könnte[216]. Ist der Lieferant allerdings in der Lage, **kostengünstiger und zumindest genauso schnell** eine Ersatzsache zu liefern wie ein Drittunternehmer, so ist im Falle eines gleichwohl erfolgenden Bezugs von einem Dritten der Aufwendungsersatzanspruch aus § 445a Abs 1 – wie im Falle überhöhter Nachbesserungsaufwendungen[217] – analog § 254 Abs 2 Satz 1 zu kürzen[218].

132 Ein reiner **Kostenvergleich** ist dagegen – wie im Falle der Nachbesserung – nicht ausschlaggebend. Eine entscheidende Rolle spielt vielmehr die voraussichtliche **Dauer der Lieferung einer Ersatzsache** durch den Lieferanten im Vergleich zur Lieferzeit bei Bezug von einem Drittunternehmer[219]. Der Letztverkäufer ist nämlich gegenüber dem Käufer (Endabnehmer) verpflichtet, die Ersatzsache so schnell wie möglich zu liefern[220]. Bei Nichtvornahme der schnellstmöglichen Ersatzlieferung droht dem Verkäufer in diesem letzten Kaufverhältnis der Lieferkette eine **Verzugshaftung.**

133 Der Verkäufer ist daher zum Zwecke der Vermeidung einer Kürzung des Aufwendungsersatzanspruchs aus § 445a Abs 1 analog § 254 Abs 2 Satz 1 nur dann gehalten, die Ersatzware beim Lieferanten anzufordern, wenn dieser nicht nur kostengünstiger, sondern auch mindestens genauso schnell liefern kann wie ein Drittunternehmer. Praktische Bedeutung hat insoweit insbes die Konstellation, in der aufseiten des ursprünglichen Lieferanten ein **Lieferengpass** besteht und ein Drittunternehmen – wenn auch zu einem über dem **hypothetischen Aufwand des**

211 Ähnlich MünchKomm/Lorenz Rz 43 („Weitertransport des Prognoserisikos").
212 Vgl Rz 121 f.
213 MünchKomm/Lorenz Rz 43.
214 Vgl oben Rz 28.
215 Erman/Grunewald Rz 8; MünchKomm/Lorenz Rz 41; BeckOGK/Arnold Rz 108 ff; aA BeckOK/Faust Rz 20; Böhle NJW 2003, 3680 (zu § 478 aF).
216 AA BeckOK/Faust Rz 20.
217 Vgl dazu oben Rz 122.
218 Erman/Grunewald Rz 8; MünchKomm/Lorenz Rz 41; BeckOGK/Arnold Rz 110 f; NK/Büdenbender Rz 46.
219 Vgl MünchKomm/Lorenz Rz 41; BeckOGK/Arnold Rz 110.
220 Vgl MünchKomm/Lorenz Rz 41; BeckOGK/Arnold Rz 110.

Lieferanten liegenden Preis – unverzüglich die benötigte Ware liefern kann. Hier ist der Verkäufer in Übereinstimmung mit Wortlaut sowie Sinn und Zweck des § 445a Abs 1 ohne weiteres berechtigt, die gegenüber dem Käufer (Endabnehmer) geschuldete Ersatzlieferung durch Bezug der Ware vom Drittunternehmer zu bewerkstelligen. Eine Kürzung des Aufwendungsanspruchs analog § 254 Abs 2 Satz 1 kommt in dieser Konstellation also nicht in Betracht.

b) **Erwerbskosten und sonstige Verkäuferaufwendungen bei der Ersatzlieferung.** Im 134
Falle des Bezugs der Ersatzsache von einem **Drittunternehmen** ist der dabei zu **entrichtende Kaufpreis** der wesentliche Kostenfaktor. Hinzu kommen – auch im Falle der Lieferung der Ersatzware durch den ursprünglichen Lieferanten – die Aufwendungen im Zusammenhang mit der **Prüfung des Mangels** sowie mit der Rücknahme der mangelhaften Sache[221]. Insoweit geht es vor allem um **Transport- und Arbeitskosten.** Im Vergleich zur Nachbesserung bestehen hier keine Besonderheiten. Entscheidend für die volle Erstattungspflicht des Lieferanten nach § 445a Abs 1 ist auch hinsichtlich der sonstigen, zusätzlich zu einer Kaufpreiszahlung an ein Drittunternehmen entstandenen Aufwendungen, ob der Verkäufer diese Kosten bei Vornahme der Ersatzlieferung für erforderlich halten durfte (objektiver Verkäuferhorizont)[222]. Soweit dies nicht der Fall ist, erfolgt eine **Anspruchskürzung analog § 254 Abs 2**[223].

c) **Beweislast für überhöhten Nacherfüllungsaufwand – insbes bei Bezug von Drittunternehmen.** Da im Verhältnis zwischen Letztverkäufer und Lieferanten kein Vorrang der Nacherfüllung besteht und der Verkäufer im Rahmen der vom Käufer verlangten Ersatzlieferung grundsätzlich frei über die Bezugsquelle entscheiden kann[224], stellen überhöhte Aufwendungen bei einer Ersatzlieferung – ebenso wie im Rahmen einer Nachbesserung[225] – einen **Ausnahmetatbestand** dar, der nach allgemeinen Beweislastregeln von der Partei bewiesen werden muss, die sich auf die Abweichung vom Regeltatbestand beruft[226]. Beweispflichtig ist demzufolge zwar der Lieferant. Den Letztverkäufer trifft allerdings eine **sekundäre Darlegungslast.** Er muss die Bedingungen des Drittbezugs nachvollziehbar offenlegen, so dass der Lieferant die Möglichkeit hat, darzulegen und zu beweisen, dass er kostengünstiger und zumindest ebenso schnell eine Ersatzlieferung hätte vornehmen können. Die **Beweislast des Lieferanten** für einen überhöhten Aufwand wird durch diese sekundäre Darlegungslast aber nicht verändert. Verbleibende Zweifel bezüglich der Höhe des **tatsächlich erforderlichen Aufwands** gehen daher zu Lasten des Lieferanten. Eine andere Beweislastverteilung wäre auch mit den berechtigten Interessen des Käufers (Endabnehmers) nicht vereinbar. Denn der Letztverkäufer wäre häufig zwecks **Vermeidung von Beweisschwierigkeiten** bei der Durchsetzung des Aufwendungsersatzanspruchs aus § 445a Abs 1 gegen den Lieferanten gezwungen, den Ersatzlieferungsanspruch des Käufers unter **Inkaufnahme von Verzögerungen** an den Lieferanten weiterzuleiten. Dass dem Letztverkäufer in dem Fall kein Aufwendungsersatzanspruch zusteht, in dem der Lieferant eine fehlende Erforderlichkeit nachweist, ist dagegen angemessen und beeinträchtigt in keiner Weise die Interessen des gewährleistungsberechtigten Käufers. 135

7. **Unzulässigkeit eines Nacherfüllungsrechts des Lieferanten in AGB – Zulässigkeit von Informationspflichten.** Gegen AGB des Lieferanten (Lieferbedingungen), die den Letztverkäufer als Zwischenhändler verpflichten, im Falle einer vom Käufer (Endabnehmer) verlangten **Ersatzlieferung** die dafür benötigte Ersatzsache beim Lieferanten zu beziehen, bestehen trotz der in dieser Konstellation regelmäßig vorliegenden Unternehmereigenschaft beider Parteien **gravierende Bedenken**[227]. Das Gleiche gilt für die Vereinbarung eines unmittelbaren **Nachbesserungsrechts** des Lieferanten, das den Letztverkäufer verpflichtet, ein Nachbesserungsverlangen des Käufers (Endabnehmer) an den Lieferanten weiterzuleiten. Die rechtlichen Bedenken bestehen unabhängig davon, ob am Ende der Lieferkette ein **Verbrauchsgüterkauf** gegeben ist. Denn eine generelle Verpflichtung des Verkäufers, dem Lieferanten die Nacherfüllung zu überlassen, kann sich leicht deshalb **zu Lasten des gewährleistungsberechtigten Käufers (Endabnehmers)** auswirken, weil eine uU schnellere Nacherfüllung durch den unmittelbar gewährleistungspflichtigen Verkäufer ausgeschlossen wäre. Dadurch würde das durch § 445a Abs 1 und Abs 2 geschützte Interesse des Käufers an einer **unverzüglichen Nacherfüllung**[228] beeinträchtigt und zugleich das Haftungsrisiko des Verkäufers im Verhältnis zum Käufer erhöht. 136

221 Vgl dazu Rz 115 ff.
222 Vgl zur Parallelproblematik bei der Nachbesserung Rz 122.
223 Vgl zur Parallelproblematik bei der Nachbesserung Rz 122.
224 Vgl dazu oben Rz 131.
225 Vgl dazu oben Rz 122 ff.
226 Vgl zur Parallelproblematik bei der Nachbesserung Rz 123 f.
227 AA wohl BeckOGK/Arnold Rz 109 (der Lieferant könne den Verkäufer vertraglich dazu verpflichten, ihn bei Ersatzbeschaffungen oder Nachbesserungsmaßnahmen zu berücksichtigen); Staud/Bach Rz 129 (Zulässigkeit hänge vom jeweiligen Einzelfall ab).
228 Vgl zu diesem Zweck des § 445a Abs 1 oben Rz 31f und des § 445a Abs 2 unten Rz 152.

Dem Verkäufer droht bei Unterbleiben einer schnellstmöglichen Nacherfüllung vor allem eine **Verzugshaftung**. Vermeidbare Verzögerungen aufseiten des Lieferanten oder eines eingeschalteten Drittunternehmens entlasten den Letztverkäufer grundsätzlich nicht. Im Verhältnis zum gewährleistungsberechtigten Käufer ist der zum Zwecke der Durchführung der Nacherfüllung eingesetzte Lieferant vielmehr als **Erfüllungsgehilfe (§ 278) des Letztverkäufers** anzusehen.

137 Einer AGB-Angemessenheitskontrolle nach **§ 307 Abs 1 iVm Abs 2 Nr 1** hält aus diesen Gründen eine Klausel in Lieferbedingungen des Lieferanten nur dann stand, wenn sie dem Letztverkäufer **im konkreten Einzelfall** zum Zwecke der Wahrung der berechtigten Interessen des Käufers (Endabnehmers) die Befugnis zur unmittelbaren und unverzüglichen Nacherfüllung in eigener Regie grundsätzlich belässt. Eine **formularmäßige Abweichung** von dieser Berechtigung wäre mit dem **wesentlichen Grundgedanken des § 445a Abs 1 und Abs 2** nicht vereinbar und demzufolge als **unangemessene Benachteiligung** des Letztverkäufers anzusehen. Nicht zu beanstanden im Rahmen einer AGB-Kontrolle nach § 307 ist demgegenüber eine Verpflichtung des Letztverkäufers zur **Information des Lieferanten** über einen Gewährleistungsfall. Der Lieferant hat dadurch die Möglichkeit, dem Verkäufer die **unverzügliche Durchführung** der vom Käufer (Endabnehmer) verlangten Nacherfüllung anzubieten. Der Verkäufer ist dann zum Zwecke der Vermeidung einer Kürzung des auf § 445a Abs 1 gestützten Aufwendungsersatzanspruchs analog § 254 Abs 2 Satz 1 gehalten, auf das Angebot des Lieferanten einzugehen, sofern der Lieferant kostengünstiger und zumindest genauso schnell wie der Verkäufer die Nacherfüllung vornehmen kann[229]. Die **Beweislast** dafür trägt aber der Lieferant[230]. Die in Rede stehende Informationspflicht stellt deshalb keine unangemessene Benachteiligung des Verkäufers dar.

138 8. **Kosten der Beseitigung eines Rechtsmangels**. Macht der Käufer (Endabnehmer) gegenüber dem Letztverkäufer in berechtigter Weise einen Rechtsmangel iSd § 435 geltend, so kann der Verkäufer den Mangel im Rahmen der **Nacherfüllung** beseitigen und vom Lieferanten gem § 445a Abs 1 die angefallenen Aufwendungen ersetzt verlangen. Das Prinzip des **Vorrangs der Nacherfüllung** findet im Rückgriffsverhältnis – unabhängig von der Art des vorliegenden Mangels – keine Anwendung[231]. In vielen Fällen kann der Rechtsmangel dadurch beseitigt werden, dass der **Dritte als Rechtsinhaber iSd § 435** auf das betreffende Recht verzichtet, wofür allerdings regelmäßig die Zahlung eines Entgelts erforderlich ist. Im Falle der **Verletzung von gewerblichen Schutzrechten** geht es insoweit um die Vereinbarung einer angemessenen Lizenzgebühr. Der Letztverkäufer kann zwar grundsätzlich frei entscheiden, ob er selbst mit dem Dritten eine **Ablösung der rechtlichen Belastung** des Kaufgegenstands vereinbart oder die Herbeiführung einer derartigen Einigung vom Lieferanten verlangt. Bei überhöhten Aufwendungen des Letztverkäufers gelten aber die zum Sachmangel angeführten Grundsätze über die **Kürzung des Aufwendungsersatzanspruchs** aus § 445a Abs 1 aufgrund einer analogen Anwendung des § 254 Abs 2 Satz 1 entsprechend.

139 Das darauf bezogene **Risiko des Letztverkäufers** kann im Falle eines Rechtsmangels erheblich höher sein als bei der Sachmängelhaftung. Denn bei Bestehen eines Drittrechts in Gestalt eines gewerblichen Schutzrechts ist regelmäßig die **gesamte Produktionsserie** des Herstellers mit einem derartigen Rechtsmangel belastet. Eine auf diese Serie von verkauften Waren bezogene, vom Hersteller mit dem Dritten als Rechtsinhaber **ausgehandelte Gesamtlizenzgebühr** führt wahrscheinlich zu einem geringeren Nacherfüllungsaufwand als die Summe von Einzelvereinbarungen, die von verschiedenen Zwischenhändlern in konkreten Gewährleistungsfällen getroffen werden. Hinzu kommt, dass auch in **zeitlicher Hinsicht** ein einzelner Letztverkäufer als Zwischenhändler mit dem Dritten nicht ohne weiteres eine **schnellere Vereinbarung** erzielen kann als der Lieferant in Bezug auf die gesamte vertriebene Warenmenge. Denn der **Rechtsinhaber iSd § 435** hat, um seinen eigenen Aufwand gering zu halten, regelmäßig ein Interesse an einer **Gesamtlösung** bezüglich der unter Verstoß gegen das Schutzrecht abgesetzten Ware.

140 9. **Anspruch auf Ersatz von Rechtsverfolgungskosten**. – a) **Rechtsverfolgungskosten im Verhältnis zwischen Verkäufer und Käufer**. – aa) **Risiko einer Fehleinschätzung – Grundsätze**. Die Frage des Ersatzes von Rechtsverfolgungskosten im Rahmen des Rückgriffs nach § 445a Abs 1 stellt sich in den Fällen, in denen der Käufer (Endabnehmer) den Letztverkäufer erfolgreich auf Nacherfüllung verklagt oder unter Einsatz von Rechtsanwälten eine außergerichtliche Einigung bezüglich der Vornahme von Nacherfüllungsmaßnahmen erzielt wurde. Soweit der **Letztverkäufer** in einem Gewährleistungsprozess obsiegt, steht ihm gegen den Käufer ein **Kostenerstattungsanspruch aus ZPO § 91 Abs 1** zu. Praktische Bedeutung hat insbes die Konstellation, dass eine auf Durchführung einer bestimmten Nacherfüllungsart gerichtete **Klage**

229 Vgl dazu oben Rz 126 ff.
230 Vgl dazu oben Rz 123.
231 Vgl dazu oben Rz 28.

des Käufers – etwa wegen Nichtvorliegens eines Mangels oder wegen Verjährung des Anspruchs nach § 438 – abgewiesen wird. Ist der **prozessuale Kostenerstattungsanspruch** des Verkäufers aus ZPO § 91 Abs 1 wegen schlechter wirtschaftlicher Lage des Käufers nicht oder nicht in vollem Umfang durchsetzbar, so handelt es sich um ein **allgemeines Prozessrisiko des Verkäufers**, das nicht im Wege des Rückgriffs nach § 445a Abs 1 auf den Lieferanten abgewälzt werden kann.

Wenn der **Verkäufer** den vom Käufer angestrengten **Gewährleistungsprozess verliert**, dann 141
sind die mit diesem Rechtsstreit verbundenen Kosten zwar durch den Mangel verursacht worden. Gleichwohl handelt es sich aber insoweit grundsätzlich nicht um einen ersatzfähigen Aufwand iSd §§ 439 Abs 2, 445a[232]. Letztlich geht es hier darum, ob der Letztverkäufer oder der Lieferant die Folgen einer **Fehleinschätzung der Sach- und Rechtslage** bezüglich des vom Käufer gerichtlich geltend gemachten Nacherfüllungsanspruchs trägt. Hätte der – vom Käufer erfolgreich verklagte – Verkäufer zum Zwecke der **Abwendung eines Rechtsstreits** den Gewährleistungsanspruch des Käufers rechtzeitig erfüllt, so wären die in Rede stehenden Rechtsverfolgungskosten nicht entstanden. Das Risiko einer derartigen Fehleinschätzung muss der Letztverkäufer ebenso wie jeder andere Verkäufer der Lieferkette als Zwischenhändler im Verhältnis zu seinem Abnehmer allein tragen. Dies gilt unabhängig davon, ob die **falsche Beurteilung der eigenen Gewährleistungsverpflichtung** vermeidbar war. Erstattungsfähig nach § 445a Abs 1 sind demgegenüber selbstverständlich die Aufwendungen, die dadurch entstehen, dass der vom Käufer verklagte Letztverkäufer im **Anschluss an seine Verurteilung** die Nacherfüllung zum Zwecke der **Beseitigung des Mangels** urteilsgemäß vornimmt. Denn diese Kosten wären auch entstanden, wenn der Verkäufer den Mangel zum Zwecke der Vermeidung eines Rechtsstreits unverzüglich beseitigt hätte.

bb) **Zustimmung des Lieferanten zur Gewährleistung gegenüber dem Käufer (Endab-** 142
nehmer). Dass der Letztverkäufer in Bezug auf seine eigene Gewährleistungshaftung das **Risiko einer Fehleinschätzung** tragen muss, ist auch deshalb interessengerecht, weil bei Unklarheiten im Hinblick auf das Vorliegen eines Mangels oder/und der sonstigen Voraussetzungen eines Nacherfüllungsanspruchs des Käufers die Möglichkeit besteht, den **Lieferanten zum Zwecke der Prüfung hinzuzuziehen** und mit ihm eine Vereinbarung zu treffen bezüglich der Frage, ob das Nacherfüllungsbegehren des Endabnehmers erfüllt werden soll. Zur Anzeige eines Mangels oder Mangelverdachts ist der Letztverkäufer, der idR als **kaufmännischer Zwischenhändler** agiert, gegenüber dem Lieferanten ohnehin gem **HGB § 377 Abs 1** verpflichtet, sobald der Käufer (Endabnehmer) nach Übergabe der Ware seinerseits das Vorliegen eines Mangels anzeigt[233]. Da der Lieferant bei Vorliegen eines Mangels der Ware zum **Zeitpunkt des Übergangs der Gefahr** auf den Letztverkäufer selbst gem § 437 Nr 1 sowie im Wege des Rückgriffs nach § 445a Abs 1 und Abs 2 gegenüber dem Letztverkäufer haftet und häufig auch die besseren Erkenntnismöglichkeiten hat, muss der Lieferant nach Erhalt der weitergeleiteten **Mangelanzeige des Käufers (Endabnehmers)** entscheiden, ob ein Mangel vorliegt und das Nacherfüllungsverlangen gerechtfertigt ist.

Ist der Lieferant nach Information durch den Verkäufer über die Mangelanzeige des Käufers 143
(Endabnehmers) der Auffassung, dass dessen **Nacherfüllungsverlangen** berechtigt ist, so kann der Verkäufer gegenüber dem Käufer grundsätzlich die zur Beseitigung des Mangels erforderlichen Nacherfüllungsmaßnahmen vornehmen. Bei der nachfolgenden Geltendmachung eines Aufwendungsersatzanspruchs aus § 445a Abs 1 kann sich der Lieferant nicht gegenüber dem Verkäufer darauf berufen, dass keine Nacherfüllungsverpflichtung aus §§ 437 Nr 1, 439 Abs 1 bestanden habe. Darin läge ein Verstoß gegen das aus **§ 242** folgende allgemeine **Verbot des widersprüchlichen Verhaltens.** Der Lieferant kann aber – wie bei Vorliegen einer unstreitigen Gewährleistungsverpflichtung – geltend machen, dass der vom Verkäufer in Rechnung gestellte **konkrete Nacherfüllungsaufwand** überhöht und daher analog § 254 Abs 2 Satz zu kürzen sei[234].

cc) **Haftung des Lieferanten nach § 280 Abs 1 für Fehleinschätzung bezüglich Nacher-** 144
füllungsanspruch des Käufers (Endabnehmers). Wenn der Lieferant nach Erhalt der vom Letztverkäufer weitergeleiteten Mängelanzeige des Käufers (Endabnehmers) und nachfolgender Prüfung der Sach- und Rechtslage einen Nacherfüllungsanspruch des Käufers verneint und dadurch eine Gewährleistungsklage des Käufers gegen den Letztverkäufer provoziert, dann trägt der Lieferant im Ergebnis auch das Risiko, dass vom Gericht nach der **Beweisaufnahme** ein Nacherfüllungsanspruch bejaht wird und der Verkäufer gem ZPO § 91 Abs 1 die Verfahrenskosten zu tragen hat. Es handelt sich in Bezug auf diese **unmittelbare Belastung des Letztverkäu-**

232 Vgl MünchKomm/Lorenz Rz 40; BeckOGK/Arnold Rz 119; Erman/Grunewald Rz 7; BeckOK/Faust Rz 19.

233 Vgl dazu Rz 303.

234 Vgl zu dieser Kürzung oben Rz 122 ff.

fers als unterlegene Prozesspartei zwar nicht um Aufwendungen iSd § 445a Abs 1, die der Verkäufer im Verhältnis zum Käufer „zu tragen hatte", so dass insoweit ein Erstattungsanspruch aus dieser Norm gegen den Lieferanten zu verneinen ist[235]. Durch seine **ablehnende Entscheidung** bezüglich des Nacherfüllungsverlangens des Käufers (Endabnehmers) übernimmt der Lieferant aber im Verhältnis zu seinem Vertragspartner (Letztverkäufer) das **Risiko einer Fehleinschätzung**. Hat der Lieferant die Sache nicht selbst hergestellt, muss er in Zweifelsfällen zur Klärung der Gewährleistungspflicht gegenüber dem Endabnehmer den Hersteller einschalten. Eine Fehleinschätzung der Sach- und Rechtslage hat daher der vom Letztverkäufer über das Nacherfüllungsverlangen des Käufers informierte Lieferant regelmäßig nach **§ 276 Abs 1** zu vertreten, so dass der Verkäufer die aufgewendeten Rechtsverfolgungskosten gem **§ 280 Abs 1** vom Lieferanten als **Schadensersatz neben der Leistung** ersetzt verlangen kann[236]. Bei Fehlen eines Verschuldens im rechtstechnischen Sinne folgt das Vertretenmüssen des Lieferanten gem § 276 Abs 1 aus einer garantieähnlichen Risikoübernahme.

145 b) **Rechtsverfolgungskosten im Rückgriffsverhältnis zwischen Verkäufer und Lieferant.** Die im Rückgriffsverhältnis in Streitfällen entstehenden Rechtsverfolgungskosten stellen – ebenso wie derartige Aufwendungen im Verhältnis zwischen Verkäufer und Käufer – **keine Aufwendungen iSd § 445a Abs 1** dar[237]. Verweigert der Lieferant die Erfüllung eines vom Verkäufer geltend gemachten Rückgriffsanspruchs aus § 445a Abs 1 oder Abs 2 und erhebt der Verkäufer deswegen eine Klage, so sind ihm im Falle seines Obsiegens die Prozesskosten vom Lieferanten gem **ZPO § 91 Abs 1** zu erstatten. Ein Lieferant, der nicht Hersteller der Ware ist, kann dieses Prozessrisiko dadurch minimieren, dass er zum Zwecke der Prüfung des Vorliegens eines Mangels den Hersteller einschaltet. Wird die Klage des Verkäufers gegen den Lieferanten abgewiesen, so hat der Verkäufer als unterlegene Prozesspartei nach ZPO § 91 Abs 1 die Verfahrenskosten zu tragen. Es verwirklicht sich hier ein **eigenes Prozessrisiko** des Verkäufers. Ein Ansatzpunkt für eine Schadensersatzhaftung des Lieferanten aus § 280 Abs 1 besteht daher insoweit nicht.

146 10. **Kein Anspruch des Letztverkäufers auf Vorschuss oder Freistellung.** Der Verkäufer kann vom Lieferanten im Hinblick auf die durch Vornahme der gegenüber dem Käufer (Endabnehmer) geschuldeten Nacherfüllung entstehenden und dann **nach § 445a Abs 1 erstattungsfähigen Aufwendungen** keinen Vorschuss verlangen[238]. Die tatbestandliche Formulierung „zu tragen hatte" schließt einen derartigen Anspruch eindeutig aus. Dafür spricht auch, dass die Anerkennung eines Rechts des Verkäufers gegen den Lieferanten auf Vorschuss die Nacherfüllung im letzten Kaufverhältnis der Lieferkette zum Nachteil des Käufers (Endabnehmers) auf den Lieferanten verlagern und zudem häufig verzögern würde. Der Letztverkäufer soll sich aber gegenüber dem Käufer gerade nicht darauf berufen können, dass der Lieferant noch keine Maßnahme zum Zwecke der Nacherfüllung vorgenommen habe. Im **Interesse des gewährleistungsberechtigten Käufers** muss vielmehr die Beseitigung des Mangels schnellstmöglich und unabhängig von Leistungen und Zusagen des Lieferanten vorgenommen werden[239]. Das Nichtbestehen eines Vorschussanspruchs wird bestätigt durch einen **Umkehrschluss** aus der nur für den **Verbrauchsgüterkauf** geltenden Regelung des **§ 475 Abs 4**[240]. Ein Vorschussanspruch ist zwar grundsätzlich auch dann zu verneinen, wenn es sich um den **Verkauf hochwertiger Ware** handelt und der Letztverkäufer sich in **wirtschaftlichen Schwierigkeiten** befindet[241]. In einer derartigen Situation wird aber die Durchführung der Nacherfüllung ohnehin von vornherein nur unter Hinzuziehung des Lieferanten oder/und des Herstellers möglich sein.

147 Die Gründe, die gegen einen Vorschussanspruch des Letztverkäufers gegen den Lieferanten sprechen, stehen auch einem **Freistellungsanspruch aus § 257** zwischen diesen Parteien des Rückgriffsverhältnisses entgegen[242]. Denn die unmittelbare Nacherfüllungsverpflichtung des Letztverkäufers würde – wie im Falle der Annahme eines Vorschussanspruchs[243] – zu Lasten des Käufers (Endabnehmers) auf den Lieferanten verlagert. Zudem sind in keiner Weise Aufwendungen gegeben, die der Verkäufer iSd § 445a Abs 1 „zu tragen hatte". Soweit im Falle eines **Verbrauchsgüterkaufs** am Ende der Lieferkette dem Käufer als Verbraucher in Bezug auf eigene Nacherfüllungsaufwendungen iSd § 439 Abs 2 und Abs 3 ein **Vorschussanspruch aus § 475 Abs 4** gegen den Letztverkäufer als Unternehmer zusteht, liegt – nach Erfüllung dieses

235 MünchKomm/Lorenz Rz 40; BeckOGK/Arnold Rz 119; Erman/Grunewald Rz 7.
236 MünchKomm/Lorenz Rz 40.
237 MünchKomm/Lorenz Rz 40.
238 MünchKomm/Lorenz Rz 29; BeckOK/Faust Rz 22.
239 Vgl zu diesem Zweck des § 445a Abs 1 oben Rz 31 f.
240 So wohl auch MünchKomm/Lorenz Rz 29.
241 Vgl dazu Schumacher, Der Lieferantenregress gem §§ 478, 479 BGB, 2004, S 176 (zu § 478 aF).
242 So iE auch MünchKomm/Lorenz Rz 29; aA BeckOK/Faust Rz 22.
243 Vgl dazu vorstehend Rz 146.

Anspruchs – eine Aufwendung vor, die der Letztverkäufer „zu tragen hatte", so dass der Rückgriffstatbestand des § 445a Abs 1 in dieser Sonderkonstellation erfüllt ist[244].

C. Der Rückgriff nach § 445a Abs 2

I. Wesen und Voraussetzungen des Rückgriffs nach § 445a Abs 2 im Überblick

§ 445a Abs 2 statuiert – in weitgehender Übereinstimmung mit dem nur auf den **Verbrauchsgüterkauf** bezogenen § 478 Abs 1 aF – keine eigene Anspruchsgrundlage des Verkäufers iSd § 445a, sondern modifiziert die ihm als Käufer gegen seinen Lieferanten aus § 437 Nr 2 und Nr 3 zustehenden allgemeinen Gewährleistungsrechte in der Weise, dass die sonst nach §§ 281 Abs 1, 323 Abs 1 **obligatorische Fristsetzung** nicht erforderlich ist. Dadurch greift in diesem Kaufverhältnis (Rückgriffsverhältnis) das Prinzip des **Vorrangs der Nacherfüllung** nicht Platz. Es geht somit um die privilegierte Geltendmachung der **sekundären Gewährleistungsrechte aus § 437 Nr 2 und Nr 3** gegen den Lieferanten der **neu hergestellten Ware**. Der Letztverkäufer kann gem § 445a Abs 2 den Rücktritt, die Minderung sowie Schadensersatz statt der Leistung grundsätzlich ohne vorherige Fristsetzung gegen den Lieferanten geltend machen, sofern aufgrund der Durchführung einer Gewährleistung gegenüber dem Käufer (Endabnehmer) im nachgelagerten letzten Kaufverhältnis der Lieferkette die tatbestandlichen Voraussetzungen des § 445a Abs 2 erfüllt sind. Der **Schadensersatzanspruch des Verkäufers** gegen den Lieferanten nach § 437 Nr 3 iVm § 445a Abs 2 hängt allerdings von einem **Vertretenmüssen des Lieferanten** ab. Insoweit enthält § 445a Abs 2 keine zusätzliche Privilegierung zugunsten des Verkäufers. 148

Die Vorgängerregelung des § 478 Abs 1 aF verlangte einerseits die **Unternehmereigenschaft** beider Vertragsparteien des Rückgriffverhältnisses, also des Lieferanten und des Letztverkäufers, und andererseits den **Weiterverkauf** der neu hergestellten Sache an einen **Verbraucher iSd § 13**. Im Zusammenhang mit der vom Gesetzgeber mit Wirkung zum 1.1.2018 vorgenommenen Herauslösung der Regelung des Rückgriffs des Verkäufers gegen den Lieferanten aus dem Recht des Verbrauchsgüterkaufs (§§ 474 ff) und der Einfügung in das **allgemeine Kaufrecht** ist sowohl die Unternehmerstellung der Rückgriffsparteien als auch das Vorliegen eines Verbrauchsgüterkaufs am Ende der Lieferkette nicht mehr erforderlich[245]. Für den auf § 445a Abs 2 gestützten Rückgriff des Lieferanten gegen einen Vor-Lieferanten und den Rückgriff weiterer Käufer der Lieferkette gegen ihre Verkäufer verlangt § 445a Abs 3 allerdings die **Unternehmerstellung** des jeweiligen Rückgriffschuldners[246]. 149

Der von § 445a Abs 2 angeordnete Wegfall des allgemeinen Fristsetzungserfordernisses für die sekundären Gewährleistungsrechte aus § 437 Nr 2 und Nr 3 setzt voraus, dass der Letztverkäufer die Sache wegen Vorliegens eines Mangels „zurücknehmen musste" oder der Käufer den vereinbarten Kaufpreis „gemindert hat". In Bezug auf das zentrale Tatbestandsmerkmal „zurücknehmen musste" ist umstritten, ob der privilegierte Rückgriff nach § 445a Abs 2 den **Vollzug der Rücknahme** der Kaufsache durch den Verkäufer erfordert oder vielmehr schon die Entstehung eines noch nicht erfüllten **Rückgabeanspruchs** gegen den Käufer (Endabnehmer) genügt[247]. Dass eine Nacherfüllung in Form der **Nachbesserung** nicht in § 445a Abs 2 als Anknüpfungstatbestand für einen Wegfall des Fristsetzungserfordernisses aufgeführt wird, findet seine Rechtfertigung darin, dass diese Nacherfüllungsart, sofern der Mangel beseitigt wurde, gerade nicht zu einer **endgültigen Rücknahme der mangelhaften Sache** durch den Letztverkäufer führt und der ihm entstandene Nachbesserungsaufwand auf Grundlage der selbständigen Anspruchsgrundlage des § 445a Abs 1 vom Lieferanten zu ersetzen ist[248]. 150

II. Der Zweck des § 445a Abs 2

1. **Bedeutung des Zwecks für die Auslegung des § 445a Abs 2 – Allgemeines.** Für die Auslegung des § 445a Abs 2 bei Einzelproblemen der Anwendung dieses privilegierten Rückgrifftatbestands und insbes bei der Streitfrage, ob das Tatbestandsmerkmal „zurücknehmen musste" den **Vollzug der Rücknahme** der mangelhaften Ware vom Käufer voraussetzt, hat die Ratio dieser Norm eine herausragende Bedeutung. Das gilt auch schon bei der Bestimmung des Begriffs des Lieferanten[249]. § 445a Abs 2 entspricht in Bezug auf die **gewährleistungsbezogenen** 151

244 MünchKomm/Lorenz Rz 29 (Ersatzfähigkeit des geleisteten Vorschusses).

245 Vgl zum für § 445a geltenden Begriff des Lieferanten oben Rz 20 ff, des Verkäufers oben Rz 15 und des Käufers oben Rz 16 ff.

246 Vgl dazu unten Rz 285.

247 Vgl dazu unten Rz 187.

248 Vgl zur Nichtanwendbarkeit des § 445a Abs 2 auf den Nachbesserungsanspruch unten Rz 152 und zu den Einzelheiten des Aufwendungsersatzanspruchs oben Rz 40 ff.

249 Vgl dazu Rz 20 ff.

Rückgriffsvoraussetzungen im Wesentlichen der nur für den Rückgriff des Verkäufers (Unternehmers) beim **Verbrauchsgüterkauf** geltenden Regelung des **§ 478 Abs 1 aF**[250]. Mit der Einfügung der §§ 445a, 445b in das BGB mit Wirkung zum 1.1.2018 beabsichtigte der **Gesetzgeber** die Erstreckung der bis dahin auf Grundlage des **SMG 2002** nur für B2C-Verträge (Verbrauchsgüterkäufe) geltenden Regelungen zum Rückgriff des Letztverkäufers gegen den Lieferanten der neu hergestellten Sache (§§ 478 aF, 479 aF) auf **B2B-Verträge** (Verträge zwischen Unternehmern)[251].

152 2. **Nichtgeltung des Vorrangs der Nacherfüllung im Rückgriffsverhältnis.** Auf den Wegfall des Fristsetzungserfordernisses nach § 445a Abs 2 beim Rückgriff gegen den Lieferanten ist der Letztverkäufer angewiesen, wenn ihm nach **Abschluss der Gewährleistung** gegenüber dem Käufer (Endabnehmer), also im letzten Kaufverhältnis der Lieferkette, gegen seinen Lieferanten gem § 437 Nr 1 iVm § 439 Abs 1 und damit nach allgemeinem Gewährleistungsrecht nur ein **Anspruch auf Nacherfüllung** zusteht, so dass sich der Lieferant insoweit auf ein faktisches Recht auf zweite Andienung berufen kann[252]. Die auf das Fristsetzungserfordernis des § 437 Nr 2 und Nr 3 bezogene **Privilegierung des § 445a Abs 2** nimmt dem Lieferanten im Verhältnis zum Letztverkäufer dieses Recht zur zweiten Andienung[253]. Die **Rechtfertigung** dafür ist darin zu sehen, dass der Käufer (Endabnehmer) gegen den Letztverkäufer in der von § 445a Abs 2 erfassten Rückgriffskonstellation bereits einen Anspruch auf Ersatzlieferung (§§ 437 Nr 1, 439 Abs 1) oder sogar schon einen sekundären Rechtsbehelf iSd § 437 Nr 2 oder Nr 3 in berechtigter Weise geltend gemacht hat[254]. Eine **Nacherfüllung durch den Lieferanten** liegt in einer solchen Situation offensichtlich nicht mehr im Interesse des Verkäufers[255]. Zudem werden durch die Nichtgeltung des Vorrangs der Nacherfüllung im Rückgriffsverhältnis interessengerecht **Verzögerungen bei der Gewährleistung** im letzten Kaufverhältnis der Lieferkette vermieden, da der Letztverkäufer im Rahmen des Rückgriffs gegen den Lieferanten grundsätzlich nicht den noch unerfüllten Gewährleistungsanspruch des Endabnehmers „weiterreichen“ kann.

153 3. **Vermeidung der Notwendigkeit eines zweiten Verkaufs durch Letztverkäufer.** Aufgrund des in § 445a Abs 2 statuierten **Fortfalls des Fristsetzungserfordernisses** soll der Letztverkäufer nach Durchführung der gegenüber dem Käufer (Endabnehmer) geschuldeten Gewährleistung nicht in die Lage geraten, eine vom Lieferanten im Rahmen einer Nacherfüllung gelieferte **Ersatzsache** – oder die mangelhafte Kaufsache nach Reparatur durch den Lieferanten (Nachbesserung) – erneut an einen Endabnehmer verkaufen zu müssen[256]. Wegen **abgeschlossener Durchführung der Gewährleistung** im letzten Kaufverhältnis der Lieferkette können derartige Nacherfüllungsleistungen des Lieferanten vom Letztverkäufer idR nicht mehr in wirtschaftlich sinnvoller Weise verwendet werden. Ohne die Privilegierung des § 445a Abs 2 würde die dann **vorrangige Nacherfüllung durch den Lieferanten** in Form einer Ersatzlieferung oder einer Nachbesserung daher nicht zu einer ausreichenden Kompensation des **mangelbedingten Vermögensverlusts** aufseiten des Letztverkäufers führen. Der Letztverkäufer müsste dafür vielmehr – dem Zweck des § 445a Abs 2 widersprechend – einen Weiterverkauf der vom Lieferanten gelieferten Ersatzsache bzw der von ihm im Rahmen einer Nachbesserung reparierten Sache, also in Wirklichkeit einen **Zweitverkauf**, vornehmen[257]. Hinzu kommt, dass ein solcher zweiter Verkauf insbes bei **schwacher Nachfrage** mit Schwierigkeiten und im Übrigen mit zusätzlichen Kosten verbunden sein kann[258].

154 4. **Verhältnis des § 445a Abs 2 zum Wegfall des Fristsetzungserfordernisses nach anderen Vorschriften.** Die auf das allgemeine Fristsetzungserfordernis bezogene Privilegierung des § 445a Abs 2 kann nicht deshalb als überflüssig angesehen werden, weil eine Fristsetzung auch

250 Begr Gesetzentwurf, BT-Drucks 18/8486, S 42.

251 Begr Gesetzentwurf, BT-Drucks 18/8486, S 33; vgl zur Anwendbarkeit im Ausnahmefall des Verkaufs von einem Verbraucher an einen Verbraucher (C2C-Geschäft) Rz 15.

252 MünchKomm/Lorenz Rz 51; BeckOGK/Arnold Rz 143; BeckOK/Faust Rz 25; Schumacher, Der Lieferantenregress gem §§ 478, 479 BGB, 2004, S 120 f (zu § 478 aF).

253 MünchKomm/Lorenz Rz 51; Erman/Grunewald Rz 12 f; BeckOGK/Arnold Rz 143; BeckOK/Faust Rz 25; Grüneberg/Weidenkaff Rz 13.

254 Begr Gesetzentwurf, BT-Drucks 18/8486, S 42; Begr Gesetzentwurf, BT-Drucks 14/6040, S 247 f (zu § 478 Abs 1 aF).

255 Begr Gesetzentwurf, BT-Drucks 18/8486, S 42; Begr Gesetzentwurf, BT-Drucks 14/6040, S 247 f (zu § 478 Abs 1 aF); MünchKomm/Lorenz Rz 44; BeckOGK/Arnold Rz 122; BeckOK/Faust Rz 25; vgl dazu auch Begr Gesetzentwurf, BT-Drucks 18/8486, S 42; Begr Gesetzentwurf, BT-Drucks 14/6040, S 247 f (zu § 478 Abs 1 aF).

256 Vgl zu diesem Zweck des § 445a Abs 2 MünchKomm/Lorenz Rz 44; Böhle, Der Rückgriff in der Lieferkette gem §§ 478, 479 BGB, 2004, S 73 ff zu (§ 478 aF); Schumacher, Der Lieferantenregress gem §§ 478, 479 BGB, 2004, S 122 zu (§ 478 aF).

257 Böhle, Der Rückgriff in der Lieferkette gem §§ 478, 479 BGB, 2004, S 73 ff (zu § 478 aF); Schumacher, Der Lieferantenregress gem §§ 478, 479 BGB, 2004, S 122 (zu § 478 aF).

258 Böhle, Der Rückgriff in der Lieferkette gem §§ 478, 479 BGB, 2004, S 73 ff (zu § 478 aF); Schumacher, Der Lieferantenregress gem §§ 478, 479 BGB, 2004, S 122 (zu § 478 aF).

im **Rückgriffsverhältnis** nach **§ 440 Satz 1, § 323 Abs 2 oder § 281 Abs 2** oder – bei Vorliegen einer **Verbraucherstellung** des Letztverkäufers[259] – nach **§ 475d Abs 1** entbehrlich sein kann[260]. Denn das Eingreifen dieser allgemeinen Tatbestände des Wegfalls des Fristsetzungserfordernisses hängt von den **Umständen des konkreten Einzelfalls** ab. Es handelt sich insoweit nicht um eine spezifische Anknüpfung an den Vollzug der Gewährleistung im letzten Kaufverhältnis der Lieferkette gegenüber dem Käufer (Endabnehmer) durch den Letztverkäufer. Das Gebot des **effektiven Verkäuferrückgriffs** erfordert in der Rückgriffssituation eine **generalisierende Betrachtungsweise**. Ohne die besondere Regelung des § 445a Abs 2 könnte es im konkreten Rückgriffsfall leicht zu einem **Streit über die Entbehrlichkeit der Fristsetzung** zwischen Verkäufer und Lieferant kommen. Die dem Verkäufer dann bezüglich des Eingreifens der allgemeinen Normen der § 440 Satz 1, § 323 Abs 2 oder § 281 Abs 2 obliegende **Darlegungs- und Beweislast** wäre nicht selten geeignet, ihn von einer sofortigen Geltendmachung der sekundären Gewährleistungsrechte aus § 437 Nr 2 und Nr 3 gegen den Lieferanten abzuhalten.

III. Kaufvertrag über eine neu hergestellte Sache

In Bezug auf das Tatbestandsmerkmal „neu hergestellte Sache" als Gegenstand eines Kaufvertrags zwischen Lieferant und Letztverkäufer gelten beim privilegierten Rückgriff nach § 445a Abs 2 die gleichen Grundsätze wie beim **selbständigen Aufwendungsersatzanspruch nach § 445a Abs 1**[261]. Bei Vorliegen eines **Werkvertrags** zwischen Lieferant und Letztverkäufer ist daher auch § 445a Abs 2 nicht anwendbar[262]. Anders ist die Rechtslage bei Bestehen eines **Werklieferungsvertrags**[263]. Im Falle eines **Tauschvertrags** hängt die Anwendung des Rückgriffstatbestands des § 445a Abs 2 davon ab, ob gerade die **Tauschleistung des Lieferanten** in der Lieferung einer neu hergestellten Sache besteht[264]. Unerheblich ist dagegen, ob die Tauschleistung des Erwerbers der neu hergestellten Sache ebenfalls in einer neu hergestellten Sache besteht. 155

Auf einen Kaufvertrag über **gebrauchte Sachen** ist § 445a Abs 2 weder direkt noch analog anwendbar[265]. Die Beschränkung des besonderen Rückgriffs des Letztverkäufers gegen den Lieferanten auf die Lieferung neu hergestellter Sachen ist mit **Art 18 der Warenkauf-Richtlinie** und der vor dieser Richtlinie geltenden Verbrauchsgüterkauf-Richtlinie (Art 4) vereinbar[266]. Das Tatbestandsmerkmal „neu hergestellt" hat im Vergleich zu **„neu"** und **„fabrikneu"** einen weitergehenden Anwendungsbereich[267]. So stehen längere **Lager- oder Standzeiten** der Einordnung als „neu hergestellt" bis zum Zeitpunkt der tatsächlichen Verwendung der Sache auch dann nicht entgegen, wenn die Eigenschaften „neu" und „fabrikneu" allein wegen Zeitablaufs nicht mehr gegeben sind[268]. 156

IV. Identität von erworbener und weiterverkaufter Sache – keine Anwendung des § 445a Abs 2 im Lieferanten-Zulieferer-Verhältnis

Der auf die **sekundären Gewährleistungsrechte** des § 437 Nr 2 und Nr 3 bezogene Wegfall des Fristsetzungserfordernisses nach § 445a Abs 2 setzt ebenso wie der selbständige Aufwendungsersatzanspruch aus § 445a Abs 1[269] die Identität der vom Letztverkäufer erworbenen Sache mit der von ihm weiterverkauften Sache voraus[270]. Es muss also **ein und dieselbe Sache** vom Lieferanten bezogen und weiterveräußert worden sein[271]. Dies ergibt sich eindeutig aus der in § 445a Abs 2 enthaltenen Formulierung „die verkaufte neu hergestellte Sache als Folge ihrer Mangelhaftigkeit zurücknehmen musste". Die von Zulieferern an den Lieferanten verkauften **Komponenten und Rohstoffe** sind nicht exakt die Sachen, die vom Lieferanten an den Letztverkäufer und dann von diesem an den Endabnehmer verkauft werden. Die Zulieferer von einzelnen **Komponenten oder Rohstoffen** sind zwar – nach allgemeinem Sprachgebrauch – „Lieferanten" des Lieferanten iSd § 445a Abs 1 und Abs 2, sie gehören aber nicht zu der bis zum Käufer als Endabnehmer reichenden Lieferkette und werden daher vom **Lieferantenbegriff** der in Rede stehenden Rückgriffstatbestände nicht erfasst[272]. Wegen fehlender Beteiligung an der Lieferkette 157

259 Vgl zur Erstreckung des Verkäuferbegriffs des § 445a Abs 1 und Abs 2 auf Verbraucher oben Rz 16.

260 So aber Schumacher, Der Lieferantenregress gem §§ 478, 479 BGB, 2004, S 122 (zu § 478 aF); Tonner/Crellwitz/Echtermeyer, in: Micklitz/Pfeiffer/Tonner/Willingmann, Schuldrechtsreform u Verbraucherschutz, 2001, S 293, 354 (zu § 478 aF).

261 Vgl oben Rz 49 ff.

262 Vgl oben Rz 42.

263 Vgl oben Rz 42.

264 Vgl oben Rz 44 f.

265 Vgl oben Rz 49.

266 Vgl oben Rz 54 ff.

267 Vgl oben Rz 59 f.

268 Vgl oben Rz 64.

269 Vgl dazu oben Rz 28 ff.

270 MünchKomm/Lorenz Rz 24; Erman/Grunewald Rz 4; BeckOGK/Arnold Rz 69 f; BeckOK/Faust Rz 12; Staud/Bach Rz 37.

271 MünchKomm/Lorenz Rz 24; Erman/Grunewald Rz 4; BeckOGK/Arnold Rz 69 f; BeckOK/Faust Rz 12; vgl dazu auch Staud/Bach Rz 37.

272 Vgl dazu oben Rz 66 ff.

erstreckt sich auch der **Zweck des § 445a Abs 2** nicht auf das Lieferanten-Zulieferer-Verhältnis. Die Zulieferer von Komponenten und Rohstoffen sind demzufolge nicht als Lieferanten iSd § 445a Abs 2 anzusehen[273]. Der Lieferant iSd § 445a Abs 1 und Abs 2 hat allerdings im **Rahmen der Vertragsfreiheit** grundsätzlich die Möglichkeit, mit seinen Zulieferern bei Abschluss der Lieferverträge einen Rückgriff in Anlehnung an diese gesetzlichen Vorschriften zu vereinbaren[274].

V. Vorliegen eines Mangels

158 1. **Mangel in beiden Kaufverhältnissen – Identitätserfordernis.** Aus der in § 445a Abs 2 enthaltenen Formulierung „für die in § 437 bezeichneten Rechte des Verkäufers gegen seinen Lieferanten" folgt eindeutig, dass der **Wegfall des Fristsetzungserfordernisses** auch einen Mangel im Rückgriffsverhältnis zwischen dem Verkäufer und dem Lieferanten voraussetzt. Es muss sich zudem genau um den Mangel handeln, der Grundlage für die **Gewährleistungshaftung des Verkäufers** gegenüber dem Käufer, also für die Rücknahme der Sache durch den Verkäufer oder die vom Käufer erklärte Minderung ist[275]. Dieses Identitätserfordernis folgt unmittelbar aus der tatbestandlichen Formulierung „wegen des vom Käufer geltend gemachten Mangels". Insoweit besteht kein Unterschied zum **Aufwendungsersatzanspruch nach § 445a Abs 1**[276]. Dass es sich um denselben Mangel handeln muss, ergibt sich auch aus dem **Wesen und dem Zweck des Rückgriffs** gegen den Lieferanten. Denn der Letztverkäufer soll die aus der Gewährleistungshaftung gegenüber dem Käufer (Endabnehmer) entstandenen Vermögenseinbußen ohne weiteres an den Lieferanten weitergeben („durchreichen") können[277], und dies setzt einen identischen Mangel in beiden Kaufverhältnissen als Grundlage für eine **unmittelbare Anknüpfung des Rückgriffs** an die vorausgegangene Gewährleistungshaftung im letzten Kaufverhältnis der Lieferkette voraus.

159 2. **Mangelentstehung erst nach Gefahrübergang auf Verkäufer.** – a) **Verschlechterung der Ware nach Auslieferung an Verkäufer.** Ist der vom Käufer als Endabnehmer geltend gemachte Mangel erst nach der Auslieferung der Ware an den Verkäufer durch den Lieferanten, also nach Gefahrübergang auf den Verkäufer entstanden, etwa aufgrund einer **Sorgfaltswidrigkeit** des Verkäufers bei Zwischenlagerung oder beim Transport zum Käufer, so kann der Verkäufer wegen Fehlens eines Mangels im Rückgriffsverhältnis weder nach § 445a Abs 2 iVm § 437 Nr 2 oder/und Nr 3 noch nach der allgemeinen Gewährleistungsregelung des § 437 den Lieferanten in Regress nehmen[278]. § 445a Abs 2 lässt zwar zugunsten des Verkäufers in Bezug auf die Rechtsfolgen der Gewährleistungshaftung das **Fristsetzungserfordernis** entfallen, aber eben nicht das Erfordernis eines Mangels als **Grundvoraussetzung** für die Gewährleistungs- und Rückgriffshaftung des Lieferanten.

160 b) **Abweichende Beschaffenheitsvereinbarung iSd § 434 Abs 2 Satz 1 Nr 1 im Kaufvertrag zwischen Letztverkäufer und Käufer.** Das Fehlen des vom Käufer als Endabnehmer gegen den Verkäufer geltend gemachten Mangels im Rückgriffsverhältnis zum Lieferanten kann auch darauf beruhen, dass sich zwar die tatsächliche und zugleich **übliche Beschaffenheit iSd § 434 Abs 3 Satz 1 Nr 2** im Zeitraum zwischen Auslieferung an den Verkäufer und Gefahrübergang auf den Käufer (Endabnehmer) in keiner Weise verschlechtert hat, aber nur im **Kaufverhältnis zwischen Verkäufer und Käufer** eine besondere Beschaffenheitsvereinbarung iSd § 434 Abs 2 Satz 1 Nr 2 besteht, deren Anforderungen die gelieferte Ware nicht erfüllt[279]. Macht der Verkäufer zum **Zwecke der Absatzförderung** oder aufgrund eines konkreten Verlangens des Käufers gegenüber diesem eine **verbindliche Beschaffenheitszusage**, die nicht durch eine entsprechende Beschaffenheitsvereinbarung im Rückgriffsverhältnis zwischen Verkäufer und Lieferant gedeckt ist, so trägt der Verkäufer das Risiko, dass die nicht auf einer Abweichung von der **üblichen Beschaffenheit** (**§ 434 Abs 3 Satz 1 Nr 2**) beruhende Gewährleistungshaftung gegenüber dem Käufer keinen Rückgriff gegen den Lieferanten nach § 445a Abs 1 und Abs 2 begründet[280].

161 c) **Abweichende Beschaffenheitsvereinbarung im Kaufvertrag zwischen Lieferant und Verkäufer.** Das Fehlen eines übereinstimmenden Mangels in beiden Kaufverhältnissen mit der Folge der Nichtanwendbarkeit des § 445a Abs 2 kann auch darauf beruhen, dass der Käufer

273 Erman/Grunewald Rz 6; MünchKomm/Lorenz Rz 25; BeckOGK/Arnold Rz 69 f; BeckOK/Faust Rz 12; Staud/Bach Rz 37; aA Höpker, Verkäuferregress, 2003, S 150 f (zu § 478 aF); Tröger AcP 204 (2004), 115, 133 f (zu § 478 aF).
274 Vgl dazu Rz 74.
275 Vgl zur übereinstimmenden Rechtslage beim Aufwendungsersatzanspruch aus § 445a Abs 1 Rz 81.
276 Vgl dazu Rz 28 ff.
277 Vgl dazu oben Rz 151.
278 Vgl zur entsprechenden Rechtslage bei § 445a Abs 1 oben Rz 82.
279 Vgl oben Rz 83 (zu § 445a Abs 1).
280 Vgl oben Rz 84 (zu § 445a Abs 1).

(Endabnehmer) zu Recht gegenüber dem Verkäufer eine Abweichung der erhaltenen Ware von der **üblichen Beschaffenheit iSd § 434 Abs 3 Satz 1 Nr 2** rügt, der tatsächliche Zustand der Ware aber dennoch im Rückgriffsverhältnis wegen einer **Beschaffenheitsvereinbarung** (§ 434 Abs 2 Satz 1 Nr 2) zwischen Verkäufer und Lieferant vertragsgemäß ist und daher hier keinen Mangel begründet[281]. Der Letztverkäufer ist also gehalten, eine mit dem Lieferanten getroffene besondere Beschaffenheitsvereinbarung bei Abschluss des nachfolgenden Kaufvertrags mit dem Käufer (Endabnehmer) zu „verlängern", dh, in der Weise bei der Vertragsgestaltung zu berücksichtigen, dass die betreffende **Abweichung von der üblichen Beschaffenheit** auch nicht zu einer Haftung gegenüber dem Käufer führt. Dies setzt allerdings voraus, dass im Kaufvertrag mit dem Endabnehmer im letzten Kaufverhältnis der Lieferkette die Vereinbarung einer Abweichung von der üblichen Beschaffenheit der Ware überhaupt rechtlich möglich ist. Bei Vorliegen eines **Verbrauchsgüterkaufs** ist aber – insbes bei neu hergestellten Sachen – eine derartige Beschaffenheitsvereinbarung nach **§ 476 Abs 1 Satz 1** unwirksam, sofern die vertragliche Abweichung von den **objektiven Anforderungen iSd § 434 Abs 3** nicht die Voraussetzungen des Ausnahmetatbestands des § 476 Abs 1 Satz 2 Nr 1 und Nr 2 erfüllt.

Im **Rückgriffsverhältnis** sind diejenigen Beschaffenheitsvereinbarungen von vornherein 162
unproblematisch, die zum Vorteil des Letztverkäufers und dessen Abnehmern eine über die objektiv zu erwartende übliche Beschaffenheit der Ware hinausgehende Qualität festlegen. In dieser Konstellation führt eine **Abweichung der tatsächlichen Beschaffenheit** von der besonders vereinbarten Beschaffenheit im Verhältnis zwischen Lieferant und Verkäufer zu einem Mangel, obwohl zumindest die **übliche Beschaffenheit iSd § 434 Abs 3 Satz 1 Nr 2** gegeben ist. Ein identischer Mangel im Kaufverhältnis zwischen Letztverkäufer und Endabnehmer setzt hier eine übereinstimmende Beschaffenheitsvereinbarung in diesem letzten Vertragsverhältnis der Lieferkette voraus. „Verlängert" der Letztverkäufer die Beschaffenheitsvereinbarung nicht, so haftet er gegenüber dem Käufer nur für das Vorliegen der üblichen Beschaffenheit, also der Standardqualität. Eine Abweichung von der mit dem Lieferanten getroffenen Vereinbarung über eine höhere Qualität führt daher bei **Vorliegen der üblichen Beschaffenheit** (**§ 434 Abs 3 Satz 1 Nr 2**) zu keiner Gewährleistungshaftung des Letztverkäufers gegenüber dem Käufer mit der Folge, dass ein **Rückgriff gegen den Lieferanten** überhaupt nicht erforderlich ist. Der Verkäufer muss also im Falle des **Einkaufs der Ware** vom Lieferanten unter Vereinbarung einer über die Standardqualität hinausgehenden besonderen Beschaffenheit entscheiden, ob er zum **Zwecke der Absatzförderung** mit dem Käufer eine entsprechende Beschaffenheitsvereinbarung trifft und damit ein höheres Risiko der Gewährleistungshaftung und der Notwendigkeit eines anschließenden Rückgriffs gegen den Lieferanten eingehen will. IdR wirkt sich das Angebot einer über die Standardqualität hinausgehenden Beschaffenheit der Ware positiv zugunsten des Verkäufers auf die Absatzmöglichkeiten einschließlich Erzielbarkeit von Gewinnmargen aus.

3. **Erfassung von Sach- und Rechtsmängeln**. Der Rückgriff nach § 445a Abs 2 ist – ebenso 163
wie der Aufwendungsersatzanspruch aus § 445a Abs 1 – sowohl bei einem Sachmangel als auch im Falle eines Rechtsmangels möglich. In Bezug auf § 445a Abs 2 folgt die Einbeziehung der Rechtsmängel iSd § 435 eindeutig aus der unmittelbaren **Bezugnahme auf die allgemeine Gewährleistungsregelung des § 437** („für die in § 437 bezeichneten Rechte"), und § 437 unterscheidet mit der Formulierung „ist die Sache mangelhaft" nicht zwischen den beiden Mangelarten. Zudem beziehen sich die weiteren mangelbezogenen Formulierungen des § 445a Abs 2 „vom Käufer geltend gemachten Mangels" sowie „als Folge ihrer Mangelhaftigkeit zurücknehmen musste" unzweifelhaft auch auf den Rechtsmangel. Da es sich bei neu hergestellten Sachen iSd § 445a Abs 2 regelmäßig um **Gattungsware** handelt, hat allerdings die Gewährleistungshaftung des Verkäufers wegen eines Sachmangels iSd § 434 im Vergleich zum Rechtsmangel nach § 435 eine größere praktische Bedeutung[282].

Maßgeblicher Zeitpunkt für das Vorliegen eines **Rechtsmangels** im Verhältnis zwischen dem 164
Letztverkäufer und dem Lieferanten ist der **Gefahrübergang** und nicht der **Eigentumserwerb**. Dies ist zwar – anders als in § 445a Abs 1 – in § 445a Abs 2 nicht ausdrücklich geregelt. Die **systematische Auslegung** ergibt aber, dass der Rückgriffstatbestand des § 445a Abs 2 in Bezug auf die Frage des für die Entstehung des Rechtsmangels maßgeblichen Zeitpunkts keine Abweichung von § 445a Abs 1 statuiert. Dafür spricht auch der nicht seltene Gewährleistungsfall, in dem der Verkäufer vom Lieferanten sowohl entstandene Nacherfüllungsaufwendungen nach § 445a Abs 1 verlangen als auch nach § 445a Abs 2 vorgehen, also sich auf den Fortfall des Fristsetzungserfordernisses berufen kann. Gegeben ist diese Situation insbes im Falle des Rücktritts des Käufers nach **Fehlschlagen ordnungsgemäß vorgenommener Nachbesserungs-**

281 Vgl oben Rz 82 (zu § 445a Abs 1).

282 Vgl zu § 445a Abs 1 oben Rz 83 ff.

maßnahmen sowie bei Durchführung einer mit Aufwendungen iSd § 439 Abs 2 (zB Transportkosten oder/und Arbeitskosten) verbundenen **Ersatzlieferung**.

165 4. **Mangelfeststellung durch Letztverkäufer vor Weiterverkauf der Ware.** – a) **Mangelfeststellung vor Abschluss eines Kaufvertrags mit Endabnehmer – keine analoge Anwendung des § 445a Abs 2.** Wird vom potentiellen Letztverkäufer, also dem Abnehmer des Lieferanten, ein Mangel der erhaltenen Ware vor dem Weiterverkauf an einen Käufer (Endabnehmer) iSd § 445a Abs 2 festgestellt, so stehen diesem Zwischenhändler nur die **allgemeinen Gewährleistungsrechte aus § 437** gegen den Lieferanten zu, also primär der Nacherfüllungsanspruch aus §§ 437 Nr 1, 439 Abs 1. Der privilegierte Rückgriff nach § 445a Abs 2 ist dagegen – ebenso wie ein Aufwendungsersatzanspruch aus § 445a Abs 1[283] – ausgeschlossen[284]. Auch in Bezug auf den Tatbestand des § 445a Abs 2 ist der **potentielle Letztverkäufer** nicht Verkäufer im rückgriffsrechtlichen Sinne, sondern vielmehr als Abnehmer des Lieferanten nur **Käufer iSd § 437**. Abgesehen davon ist im Falle der Mangelfeststellung vor einem Weiterverkauf an einen Endabnehmer das in § 445a Abs 2 enthaltene Tatbestandsmerkmal „wegen des vom Käufer geltend gemachten Mangels" eindeutig nicht gegeben. Vor Abschluss eines Kaufvertrags mit einem Endabnehmer fehlt also auch ein Käufer iSd § 445a Abs 2 als Rückgriffsvoraussetzung.

166 Der Rückgriffstatbestand des § 445a Abs 2 ist – ebenso wie § 445a Abs 1[285] – im Falle der Mangelfeststellung vor einem Weiterverkauf an einen Endabnehmer nicht analog anwendbar[286]. Gegen eine derartige Analogie lässt sich nicht nur der **eindeutige Wortlaut**, sondern auch der **Zweck des Rückgriffs** des § 445a Abs 1 und Abs 2 anführen, der in der **Vermeidung von „Regressfallen"** aufseiten des Letztverkäufers zu sehen ist[287]. Zu einer Gewährleistungshaftung des potentiellen Letztverkäufers kann es aber vor dem Zeitpunkt eines Weiterverkaufs an einen Endabnehmer gar nicht kommen. Durch eine analoge Anwendung des § 445a Abs 2 würde – ebenso wie bei Bejahung einer analogen Anwendung des § 445a Abs 1 – der **Vorrang der Nacherfüllung** im Verhältnis zwischen Lieferant und seinem Abnehmer, also dem potentiellen Letztverkäufer, ohne Rechtfertigungsgrund unterlaufen[288].

167 b) **Mangelfeststellung zwischen Abschluss des Kaufvertrags mit Endabnehmer (Käufer) und Erfüllung mit Gefahrübergang.** In dem Fall, in dem vom Verkäufer der Mangel der vom Lieferanten bereits erhaltenen Sache zwischen Abschluss des Kaufvertrags mit dem Käufer (Endabnehmer) und Übergang der Gefahr in diesem letzten Kaufverhältnis der Lieferkette festgestellt wird, ist eine **differenzierende Betrachtungsweise** erforderlich. Wenn dem Käufer bei Bestehen eines Mangels der Ware ausnahmsweise schon vor Übergang der Gefahr auf ihn ein **Gewährleistungsrechtsbehelf aus § 437** gegen den Verkäufer zusteht, dann ist grundsätzlich auch der daran anknüpfende Rückgriff nach § 445a Abs 1 oder/und Abs 2 eröffnet[289]. Entscheidend für den **Wegfall des Fristsetzungserfordernisses** gem § 445a Abs 2 vor Auslieferung der mit einem Mangel behafteten Ware an den Käufer (Endabnehmer) ist daher, ob er ausnahmsweise schon zu diesem Zeitpunkt **zur Minderung** nach §§ 437 Nr 2, 441 Abs 1 berechtigt ist oder ein Tatbestand bejaht werden kann, der einer Rücknahme der fehlerhaften Sache vom Käufer gleichsteht[290]. Bei Vorliegen einer noch **nicht konkretisierten Gattungsschuld** hat der Käufer allerdings nur den Erfüllungsanspruch aus § 433 Abs 1, so dass er bis zum Eintritt der Konkretisierung **keine Gewährleistungsrechte aus § 437** gegen den Verkäufer geltend machen kann[291]. Es fehlt deshalb hier eine Gewährleistungshaftung des Verkäufers als Grundlage für einen Rückgriff nach § 445a Abs 1 oder/und Abs 2 gegen den Lieferanten.

168 Handelt es sich dagegen um eine **Stückschuld**, so kann der Käufer im Falle der Feststellung eines Mangels vor Übergang der Gefahr auf ihn den Verkäufer grundsätzlich schon zu diesem Zeitpunkt nach § 437 in Anspruch nehmen. Die nach § 443 Abs 1 Satz 1 geschuldete Übergabe der Ware an den Käufer muss hier nicht zum Zwecke der formellen Begründung der Gewährleistungshaftung des Verkäufers noch vorgenommen werden[292]. Dies ergäbe auch in wirtschaftlicher Hinsicht keinen Sinn. Die **konkretisierte Gattungsschuld** steht einer originären Stückschuld

283 Vgl dazu oben Rz 94.
284 BGH NJW 2006, 47, 50 (zu § 478 aF); MünchKomm/Lorenz Rz 45; BeckOGK/Arnold Rz 44.
285 Vgl dazu oben Rz 94.
286 BeckOGK/Arnold Rz 44; Böhle, Der Rückgriff in der Lieferkette gem §§ 478, 479 BGB, 2004, S 192 f (zu § 478 aF); Schumacher, Der Lieferantenregress gem §§ 478, 479 BGB, 2004, S 110 f (zu § 478 aF).
287 BeckOGK/Arnold Rz 44; Böhle, Der Rückgriff in der Lieferkette gem §§ 478, 479 BGB, 2004, S 192 f (zu § 478 aF); Schumacher, Der Lieferantenregress gem §§ 478, 479 BGB, 2004, S 110 f (zu § 478 aF).
288 BeckOGK/Arnold Rz 44; Böhle, Der Rückgriff in der Lieferkette gem §§ 478, 479 BGB, 2004, S 192 f (zu § 478 aF); Schumacher, Der Lieferantenregress gem §§ 478, 479 BGB, 2004, S 110 f (zu § 478 aF).
289 Vgl zu den Einzelheiten der Anwendung des § 445a Abs 1 in dieser Konstellation oben Rz 97.
290 Vgl zu den Tatbeständen, die einer Rücknahme der mangelhaften Sache gleichstehen unten Rz 194 f, 198.
291 Vgl BGHZ 34, 32, 34 f; BGHZ 129, 103, 106; BGHZ 138, 195, 207 f.
292 Vgl BGHZ 34, 32, 34 f; BGHZ 129, 103, 106; BGHZ 138, 195, 207 f.

gleich. Wenn der Käufer also bereits vor Gefahrübergang einen Mangel der für ihn bestimmten Sache feststellt, der gem §§ 437 Nr 1, 439 Abs 1 einen **Anspruch auf Ersatzlieferung**, gem § 437 Nr 2 ein Recht auf **Minderung oder Rücktritt** oder nach § 437 Nr 3 einen Anspruch auf **Schadensersatz statt der ganzen Leistung (großer Schadensersatz)** begründet, dann stehen dem Verkäufer gem § 445a Abs 2 die Rechte aus § 437 Nr 2 und Nr 3 gegen den Lieferanten ohne das Erfordernis einer Fristsetzung grundsätzlich offen.

VI. Rücknahmeverpflichtung des Letztverkäufers – einredefreier Gewährleistungsanspruch des Käufers (Endabnehmers)

1. **Gewährleistung durch Letztverkäufer aus Kulanz – freiwilliger Umtausch ohne** 169
Mangelnachweis. Mit der Formulierung „als Folge ihrer Mangelhaftigkeit zurücknehmen musste" verlangt § 445a Abs 2 – ohne Abweichung von der Vorgängerregelung des § 478 Abs 1 aF – eine Rücknahme der mangelhaften Kaufsache zum Zwecke der Erfüllung eines einredefreien Gewährleistungsanspruchs des Käufers, so dass eine Rücknahme aus Kulanz nicht genügt[293]. Auch insoweit besteht eine Übereinstimmung mit dem selbständigen Aufwendungsersatzanspruch aus **§ 445a Abs 1**, der einen einredefreien Nacherfüllungsanspruch des Käufers (Endabnehmers) gegen den Letztverkäufer voraussetzt[294]. Der Verkäufer ist daher gehalten, mit seinem Lieferanten in Bezug auf Kulanzfälle entweder eine **generelle vertragliche Rückgriffsregelung** zu treffen oder beabsichtigte Kulanzleistungen an den Käufer vom Lieferanten unter Zusage einer Erstattung genehmigen zu lassen. Der in der **Praxis des Einzelhandels** bei bestimmten Warenarten – insbes beim Verkauf von Bekleidung – vom Verkäufer häufig mangelunabhängig ermöglichte **Umtausch der Ware** wird wegen Fehlens eines zugrundeliegenden Gewährleistungsanspruchs des Käufers aus § 437 ebenfalls nicht vom Rückgriffstatbestand des § 445a Abs 2 erfasst[295].

2. **Kein Beurteilungsspielraum des Letztverkäufers.** In Bezug auf die Frage des Vorliegens 170
eines durchsetzbaren Gewährleistungsanspruchs des Käufers (Endabnehmers) steht dem Letztverkäufer kein Beurteilungsspielraum zu. Es gilt damit insoweit für den privilegierten Rückgriff nach § 445a Abs 2 das Gleiche wie für den selbständigen Aufwendungsersatzanspruch aus § 445a Abs 1[296]. Nicht ausreichend ist also, dass nach **Einschätzung des Letztverkäufers** zum Zeitpunkt der Geltendmachung eines Gewährleistungsanspruchs durch den Käufer (Endabnehmer) ein Mangel vorlag. Es muss vielmehr bei **objektiver Beurteilung** ein einredefreier und damit durchsetzbarer Gewährleistungsanspruch des Käufers bestehen, der dann durch Erfüllung seitens des Letztverkäufers zur Rücknahme der Ware oder zur Minderung durch den Käufer führt[297]. Der Verkäufer trägt damit bei unklarer Sach- und Rechtslage das **Risiko,** dass er **ohne rechtliche Verpflichtung** die Kaufsache vom Käufer zurücknimmt oder eine Kaufpreisminderung akzeptiert und daher den Lieferanten nicht nach § 445a Abs 2 im Rahmen eines privilegierten Rückgriffs in Anspruch nehmen kann[298].

3. **Verzicht des Letztverkäufers auf Vorrang der Nacherfüllung.** Eine für den privilegier- 171
ten Rückgriff nach § 445a Abs 2 nicht ausreichende Gewährleistung aus **Kulanz** ist grundsätzlich auch dann gegeben, wenn die Sache zwar mangelhaft ist, der Letztverkäufer sich aber nicht auf den Vorrang der – im konkreten Fall tatsächlich möglichen – **Nachbesserung** beruft, sondern sich sofort mit einem **sekundären Rechtsbehelf** aus § 437 Nr 2 oder/und Nr 3 (Rücktritt, Minderung oder Schadensersatz statt der Leistung) einverstanden erklärt[299]. Die Gegenauffassung[300], nach der eine Regresshaftung des Lieferanten schon dann gegeben sein soll, wenn der Letztverkäufer „überhaupt" für einen Mangel aus der Sphäre des Herstellers einstehen musste, überzeugt nur, soweit im konkreten Fall auch die Durchführung der Nacherfüllung zu einer Rücknahme der mangelhaften Sache geführt hätte. Denn der Rückgriff nach § 445a Abs 1 und Abs 2 setzt nicht nur eine **allgemeine Gewährleistungsverpflichtung** des Letztverkäufers, sondern vielmehr aufgrund des Tatbestandsmerkmals „zurücknehmen musste" eine Rücknahme-

293 Begr Gesetzentwurf, BT-Drucks 14/6040, S 248 (zu § 478 Abs 1 aF); Begr Gesetzentwurf, BT-Drucks 18/8486, S 41 (zu § 445a Abs 1); MünchKomm/Lorenz Rz 49; BeckOGK/Arnold Rz 132; BeckOK/Faust Rz 28; Staud/Bach Rz 90; Höpker, Verkäuferregress, 2003, S 108 (zu § 478 Abs 1 aF); Schumacher, Der Lieferantenregress gem §§ 478, 479 BGB, 2004, S 123 (zu § 478 Abs 1 aF).
294 Vgl dazu oben Rz 102.
295 Begr Gesetzentwurf, BT-Drucks 14/6040, S 248.
296 Vgl dazu Rz 102.
297 Begr Gesetzentwurf, BT-Drucks 14/6040, S 248 (zu § 478 Abs 1 aF); Begr Gesetzentwurf, BT-Drucks 18/8486, S 41 (zu § 445a Abs 1); MünchKomm/Lorenz Rz 49; BeckOGK/Arnold Rz 133; BeckOK/Faust Rz 28.
298 Vgl dazu oben Rz 102.
299 NK/Büdenbender Rz 11; aA MünchKomm/Lorenz Rz 49; jurisPK/Ball Rz 39; BeckOK/Faust Rz 29; BeckOGK/Arnold Rz 142; Höpker, Verkäuferregress, 2003, S 113 (zu § 478 aF); Schumacher, Der Lieferantenregress gem §§ 478, 479 BGB, 2004, S 123 ff (zu § 478 aF).
300 MünchKomm/Lorenz Rz 49; jurisPK/Ball Rz 39; BeckOGK/Arnold Rz 142.

verpflichtung voraus. Im Falle eines **einvernehmlichen Rücktritts** zwischen Letztverkäufer und Käufer unter Verzicht auf eine vorrangig in Betracht kommende **Nachbesserung** besteht gerade keine Rücknahmeverpflichtung. Für einen Ausschluss der Anwendung des § 445a Abs 2 in derartigen Fällen spricht auch die **systematische Auslegung** des § 445a Abs 2 im Verhältnis zur Parallelregelung des § 445a Abs 1, der einen Anspruch des Letztverkäufers gegen den Lieferanten auf Erstattung von Aufwendungen statuiert, die im Rahmen der vorrangigen Nacherfüllung angefallen sind. Auch das Tatbestandsmerkmal „gemindert hat" ist so zu verstehen, dass die Kaufpreisminderung nur bei Vorliegen der Voraussetzungen der §§ 437 Nr 2, 441 Abs 1, also bei Scheitern oder Unmöglichkeit der Nacherfüllung, vom Rückgriffstatbestand des § 445a Abs 2 erfasst wird. Nicht tatbestandsmäßig ist dagegen eine zwischen Letztverkäufer und Käufer nach Mangelfeststellung unter Verzicht auf eine mögliche Nacherfüllung **vereinbarte Herabsetzung des Kaufpreises**.

172 Anders ist die Rechtslage, wenn dem Käufer gegen den Letztverkäufer gem §§ 437 Nr 1, 439 Abs 1 ein **einredefreier Ersatzlieferungsanspruch** zusteht und auf dieser rechtlichen Grundlage ein vom Verkäufer **angebotener Rücktritt** vom Käufer akzeptiert wird. Der Verkäufer verzichtet zwar auch hier auf den gesetzlichen Vorrang der Nacherfüllung. Er müsste aber auch im Falle der Vornahme der vom Käufer verlangten Ersatzlieferung die mangelhafte Sache vom Käufer zurücknehmen. Dass bei **Erfüllung des Ersatzlieferungsanspruchs** die Rücknahmepflicht des Verkäufers aus § 439 Abs 6 Satz 2 und nicht – wie beim Rücktritt – aus § 346 Abs 1 folgt, ist für die nach § 445a Abs 2 erforderliche Rücknahmeverpflichtung ohne Belang. Soweit im konkreten Fall allerdings als Nacherfüllungsart die **Nachbesserung** in Betracht kommt und diese vorrangig im Verhältnis zu den sekundären Gewährleistungsrechten aus § 437 Nr 2 und Nr 3 ist, fehlt eine Rücknahmeverpflichtung iSd § 445a Abs 2. Der Letztverkäufer hat daher hier aufgrund des Verzichts auf den Vorrang der Nacherfüllung auch keinen Anspruch aus § 445a Abs 1 auf Erstattung der **hypothetischen Nachbesserungskosten**[301]. Dem Letztverkäufer steht es vielmehr frei, beim **Lieferanten** eine Zustimmung zu einer überobligationsmäßigen Einräumung von sekundären Gewährleistungsrechten aus § 437 Nr 2 (Rücktritt oder Minderung) gegenüber dem Käufer (Endabnehmer) einzuholen und dabei zu vereinbaren, dass die betreffende freiwillige Leistung an den Käufer in Bezug auf den Rückgriff gegen den Lieferanten einer rechtlichen Rücknahmeverpflichtung gleichsteht.

173 4. **Unterlassen der Unverhältnismäßigkeitseinrede des § 439 Abs 4**. Unterlässt der Letztverkäufer in Bezug auf die vom Käufer wegen Vorliegens eines Mangels verlangte Nacherfüllung die Erhebung der im konkreten Fall einschlägigen **Unverhältnismäßigkeitseinrede des § 439 Abs 4**, so ist der Rückgriff gegen den Lieferanten nach § 445a Abs 2 nicht ohne weiteres ausgeschlossen. Insoweit sind vielmehr – wie beim Aufwendungsersatzanspruch aus § 445a Abs 1 – verschiedene Konstellationen zu unterscheiden. Richtig ist, dass unter bestimmten Voraussetzungen gerade die Erhebung der Einrede aus § 439 Abs 4 durch den Verkäufer einen gewährleistungsrechtlichen Rechtsbehelf des Käufers eröffnen kann, der eine rechtliche **Rücknahmeverpflichtung des Verkäufers** auslöst[302]. Dies ist bspw dann der Fall, wenn die Ersatzlieferung als unverhältnismäßig anzusehen und die Nachbesserung gem § 275 Abs 1 unmöglich ist. Beruft sich der Verkäufer hier auf eine Unverhältnismäßigkeit, so kann der Käufer nach § 437 Nr 2 zurücktreten und dadurch eine Rücknahme iSd § 445a Abs 2 iVm § 346 Abs 1 auslösen. Die Durchführung der (**unverhältnismäßigen**) **Ersatzlieferung** durch den Verkäufer führt daher hier in Bezug auf den Rückgriff nach § 445a Abs 2 gegen den Lieferanten nicht zu Nachteilen aufseiten des Verkäufers. Eine andere Frage ist, ob der Verkäufer die – zusätzlich zu den sekundären Gewährleistungsrechten aus § 437 Nr 2 – entstandenen **Nacherfüllungsaufwendungen** gem § 445a Abs 1 verlangen kann[303]. Insoweit kann in der hier in Rede stehenden Konstellation die Erforderlichkeit („zu tragen hatte") fehlen.

174 Führt der Letztverkäufer die vom Käufer verlangte **Nachbesserung** trotz Vorliegens einer Unverhältnismäßigkeit iSd § 439 Abs 4 durch und wäre eine Nacherfüllung in Form der **Ersatzlieferung** unter Rücknahme der mangelhaften Sache möglich und auch nicht unverhältnismäßig, so fehlt eindeutig eine tatsächliche Rücknahme der mangelhaften Sache mit der Folge, dass der Rückgriff nach § 445a Abs 2 ausgeschlossen ist[304]. Das Gleiche gilt, wenn vom Verkäufer die Nachbesserung durchgeführt wird, obwohl **beide Nacherfüllungsarten** wegen Unverhältnismäßigkeit nach § 439 Abs 4 verweigert werden konnten[305]. Inwieweit der Verkäufer in diesen Nachbesserungsfällen zur Geltendmachung von Aufwendungsersatz nach § 445a Abs 1 berechtigt ist,

301 Vgl zur grundsätzlichen Erstattungsfähigkeit von Nacherfüllungsaufwendung oben Rz 114 ff.
302 Vgl dazu oben Rz 105 ff zur Parallelproblematik beim Aufwendungsersatz nach § 445a Abs 1.
303 Vgl dazu oben Rz 108 f.
304 Vgl dazu oben Rz 150.
305 Vgl dazu oben Rz 108.

hängt von den Umständen des Einzelfalls ab[306]. Berücksichtigt werden muss in dieser Hinsicht die Tatsache, dass dem Lieferanten auch bei **Durchführung der Ersatzlieferung** und des dann nach § 445a Abs 2 iVm § 437 Nr 2 möglichen Rücktritts des Verkäufers nicht unbedeutende Nachteile entstanden wären. Entscheidend für die Frage einer Rücknahmeverpflichtung des Verkäufers iSd § 445a Abs 2 bei Bestehen der Unverhältnismäßigkeitseinrede aus § 439 Abs 4 ist daher letztlich, ob gerade durch das Unterlassen der Erhebung dieser Einrede eine **Gewährleistung zugunsten des Käufers** stattgefunden hat, die zur Rücknahme der Kaufsache durch den Verkäufer führte, so dass insoweit eine **Kausalität** gegeben ist.

5. **Rücknahme der Sache durch Verkäufer trotz Verjährung des Käuferanspruchs – Gestaltungsrechte (Rücktritt und Minderung) nach § 437 Nr 2**. Im Falle der Verjährung des Nacherfüllungsanspruchs des Käufers aus §§ 437 Nr 1, 439 Abs 1 liegt die nach § 445a Abs 2 für den **privilegierten Rückgriff ohne Fristsetzung** erforderliche Verpflichtung des Verkäufers zur Rücknahme im Ergebnis nicht vor[307]. Ist das Recht des Käufers auf Rücktritt vom Kaufvertrag ebenso wie die Befugnis zur Minderung des Kaufpreises gem §§ 438, 218 Abs 1 verjährt, so ist der Verkäufer mit Blick auf die Rückgriffsmöglichkeit nach § 445a Abs 2 gehalten, sich gem § 218 Abs 1 auf die Unwirksamkeit des Rücktritts bzw der Minderung zu berufen[308]. Denn ein Rückgriff nach § 445a Abs 2 kommt wegen Nichtvorliegens einer Verpflichtung zur Rücknahme der mangelhaften Sache bzw **Anerkennung einer Kaufpreisminderung** nicht in Betracht. Eine Ausnahme greift aber in dem Fall ein, in dem der Käufer zum Zeitpunkt der Feststellung des Mangels der Ware den **Kaufpreis** noch nicht gezahlt hat und nunmehr die Erfüllung des Kaufpreisanspruchs des Verkäufers aus § 433 Abs 2 in vollem Umfang gem § 438 Abs 4 Satz 2 verweigert. Hier ist § 445a Abs 2 anwendbar, sofern dem Verkäufer aufgrund der Einrede des Käufers nach § 438 Abs 4 Satz 2 seinerseits ein Recht zum Rücktritt vom Kaufvertrag gem **§ 438 Abs 4 Satz 3** zusteht und er von diesem Gestaltungsrecht auch Gebrauch macht mit der Folge, dass eine Rücknahme der mangelhaften Kaufsache – auch im Interesse des Lieferanten – durchgeführt wird[309]. Beruft sich der Käufer, der den Kaufpreis noch nicht gezahlt hat, nach Eintritt der Verjährung gem § 438 Abs 5 iVm Abs 4 Satz 2 auf eine **Minderung des Kaufpreises**, so gilt in Bezug auf den Rückgriff nach § 445a Abs 2 Entsprechendes[310]. Der Verkäufer ist aber in dieser Konstellation deshalb nicht zur **Ausübung des eigenen Rücktrittsrechts** aus § 438 Abs 4 Satz 3 verpflichtet, weil es bei einer regulären Minderung auch nicht zur Rücknahme der Kaufsache durch den Verkäufer kommt. 175

6. **Abschluss eines Vergleichs im Verhältnis zwischen Letztverkäufer und Käufer**. – a) **Außergerichtlicher Vergleich (§ 779)**. Der Letztverkäufer kann zwar in Bezug auf die Frage des Vorliegens eines Mangels und der weiteren Voraussetzungen seiner Gewährleistungshaftung mit dem Käufer (Endabnehmer) einen außergerichtlichen Vergleich iSd § 779 abschließen[311]. Die **materiell-rechtlichen Wirkungen** dieses Vergleichs beschränken sich aber grundsätzlich auf das Kaufverhältnis zwischen dem Verkäufer und dem Käufer, also auf den letzten Kaufvertrag der Lieferkette. Eine Wirkung des Vergleichsinhalts für und gegen den Lieferanten setzt dessen **Zustimmung zum Vergleichsabschluss** voraus. Stimmt der Lieferant einem zwischen Letztverkäufer und Käufer vorgesehenen Vergleich nicht zu, so scheitert häufig die außergerichtliche Streitbeilegung mit der Folge, dass der Käufer gezwungen ist, eine Gewährleistungsklage gegen den Verkäufer zu erheben. Im Falle des Unterliegens des Verkäufers in diesem Prozess stellen die gem **ZPO § 91** auferlegten **Prozesskosten** grundsätzlich keinen Aufwand dar, den der Verkäufer im Verhältnis zum Käufer zu tragen hatte. Insoweit ist daher idR ein Ersatzanspruch des Verkäufers gegen den Lieferanten nach § 445a Abs 1 nicht eröffnet. Die **falsche Beurteilung der Rechtslage** hat hier der Lieferant zu vertreten iSd § 276, dh, er kann sich bei der **Haftung aus § 280 Abs 1** zu seiner Entlastung nicht auf einen **Rechtsirrtum** berufen[312]. Kommt der Vergleich mit Zustimmung des Lieferanten zustande, so kann sich der Lieferant auch beim Rückgriff des Letztverkäufers nach § 445a Abs 2 nicht darauf berufen, dass die tatbestandlichen Voraussetzungen in Form einer **mangelbedingten Rücknahme** oder einer **Minderung** nicht vorlägen. 176

b) **Prozessvergleich**. Da ein Prozessvergleich – anders als ein Endurteil – nicht in **Rechtskraft** erwächst[313], kann ein im Gewährleistungsprozess zwischen Käufer und Letztverkäufer abgeschlossener Vergleich grundsätzlich **keine Bindungswirkung gegenüber dem Lieferanten** entfalten. Dies gilt auch dann, wenn dem Lieferanten vor dem Vergleichsabschluss gem ZPO § 72 der **Streit verkündet** worden war oder nach ZPO §§ 66 Abs 1, 70 ein Beitritt des Lieferan- 177

306 Vgl zu dieser Konstellation oben Rz 108 ff.
307 MünchKomm/Lorenz Rz 49; NK/Büdenbender Rz 11; BeckOGK/Arnold Rz 133.
308 MünchKomm/Lorenz Rz 49; NK/Büdenbender Rz 11; BeckOGK/Arnold Rz 133.
309 Vgl dazu Rz 214.
310 Vgl zu den Einzelheiten Rz 223 ff.
311 Vgl oben Rz 103 f (zu § 445a Abs 1).
312 Vgl dazu auch oben Rz 144.
313 MünchKomm/Wolfsteiner, ZPO, 2020[6], § 794 Rz 92.

ten als **Nebenintervenient** erfolgt ist[314]. Der Letztverkäufer muss daher, wenn er vermeiden will, dass das Vorliegen eines Mangels oder/und der weiteren Voraussetzungen seiner Gewährleistungshaftung gegenüber dem Käufer beim Rückgriff vom Lieferanten bestritten wird, eine **Zustimmung des Lieferanten** zu diesem Vergleich einholen. Ein Vergleichsabschluss ohne Zustimmung des Lieferanten birgt für den Letztverkäufer das Risiko der Notwendigkeit **eines nachfolgenden Prozesses** im Rahmen des Rückgriffs gegen den Lieferanten. Ein solcher Folgeprozess könnte wegen fehlender Bindung des Gerichts an den Prozessvergleich zu einer **rechtskräftigen Verneinung** eines Mangels oder/und der sonstigen Voraussetzungen der **Gewährleistungshaftung des Letztverkäufers** als Voraussetzung für den Rückgriff nach § 445a Abs 2 führen.

178 7. **Vom Letztverkäufer zu vertretende Rücknahme der mangelhaften Sache**. – a) **Auslegung des Tatbestandsmerkmals „zurücknehmen musste" – Gesamtbetrachtung**. Zweifelhaft ist das Vorliegen einer Verpflichtung des Letztverkäufers zur Rücknahme der Sache iSd § 445a Abs 2, wenn eine von ihm zu vertretende Nichterfüllung des Nacherfüllungsanspruchs des Käufers (Endabnehmers) aus §§ 437 Nr 1, 439 Abs 1 die sekundären Gewährleistungsrechte des Käufers aus § 437 Nr 2 oder/und Nr 3 eröffnet. Die gleiche Problematik stellt sich in Bezug auf das Vorliegen einer Minderung iSd § 445a Abs 2. Die **Nichterfüllung des Nacherfüllungsanspruchs** des Käufers beruht häufig auf dem erfolglosen Ablauf einer von ihm **gesetzten Frist** oder auf einem **Fehlschlagen der Nacherfüllung** gem § 440. Der Letztverkäufer muss in diesen Konstellationen zwar, wenn der Käufer gem § 437 Nr 2 vom Kaufvertrag zurücktritt oder Schadensersatz statt der ganzen Leistung geltend macht, in der Tat die mangelhafte Sache zurücknehmen. Der Verkäufer hätte diese Rücknahme aber vermeiden können. Vom Wortlaut des § 445a Abs 2 gedeckt ist hier sowohl eine Ablehnung als auch die Bejahung einer Rücknahmeverpflichtung des Verkäufers, so dass es nicht um eine **teleologische Reduktion**, sondern um eine Auslegung geht[315].

179 Für die Auslegung des Tatbestandsmerkmals „zurücknehmen musste" darf nicht isoliert nur auf die Situation nach Scheitern der Nacherfüllung abgestellt werden. Es ist vielmehr eine **Gesamtbetrachtung** erforderlich. Hat der Letztverkäufer erst durch eine weitere, zu vertretende Pflichtverletzung ein Gewährleistungsrecht des Käufers ausgelöst, dessen Ausübung dann die Rücknahme der mangelhaften Sache durch den Verkäufer zur Folge hat, so führte dieser Rechtsbehelf zwar für sich betrachtet dazu, dass der Verkäufer die Sache letztlich „zurücknehmen musste". Entscheidend für das Vorliegen einer Rücknahme iSd § 445a Abs 2 ist aber nach dem Sinn und Zweck dieser Norm, ob der Verkäufer die Sache **gerade wegen des Mangels** zurücknehmen musste. Dies ist nicht der Fall, wenn eine pflichtgemäße Vornahme der Nacherfüllung gegenüber dem Käufer im Ergebnis nicht zu einer Rücknahme der Ware geführt hätte[316]. Dann ist nicht der Mangel als solcher, sondern vielmehr die noch hinzukommende Pflichtverletzung des Verkäufers die Ursache für die Rücknahme. Der Rückgriffstatbestand des § 445a Abs 2 ist daher in diesen Fällen nicht erfüllt. Ein Rückgriff nach dieser Norm ist dagegen trotz Vorliegens eines Vertretenmüssens des Verkäufers eröffnet, wenn es im konkreten Fall ohnehin, also auch bei **pflichtgemäßem Verhalten**, zu einer Rücknahme gekommen wäre[317]. Der Verkäufer kann sich dann auf ein **rechtmäßiges Alternativverhalten** berufen.

180 b) **Rücknahme nach Rücktritt des Käufers wegen Unterlassung der Ersatzlieferung durch Letztverkäufer – rechtmäßiges Alternativverhalten**. Tritt der Käufer (Endabnehmer) berechtigterweise vom Kaufvertrag zurück, weil der Letztverkäufer den geltend gemachten Ersatzlieferungsanspruch innerhalb einer gesetzten **Nachfrist** nicht erfüllt oder von vornherein die Erfüllung ernsthaft und endgültig verweigert hat, so ist vom Verkäufer zwar die konkrete Rechtsgrundlage der Rücknahme in Gestalt der **Rückabwicklung nach § 346 Abs 1** zu vertreten. Zu einer Rücknahme der mangelhaften Sache wäre es aber auch dann gekommen, wenn der Verkäufer die vom Käufer verlangte Ersatzlieferung ordnungsgemäß durchgeführt hätte. **Rechtsgrundlage der Rücknahmeverpflichtung** des Verkäufers wäre im Falle eines derartigen Alternativverhaltens **§ 439 Abs 6 Satz 2**. Die vom Verkäufer zu vertretende Nichterfüllung des Ersatzlieferungsanspruchs wirkt sich also letztlich nicht auf die Rücknahme und eine darauf bezogene Verpflichtung des Verkäufers aus[318]. Der privilegierte Rückgriff des Verkäufers nach

314 Vgl Thomas/Putzo/Hüßtege, ZPO, 2023[44], § 68 Rz 4; Zöller/Althammer, ZPO, 2022[34], § 68 Rz 4.

315 AA Böhle, Der Rückgriff in der Lieferkette gem §§ 478, 479 BGB, 2004, S 96; Schumacher, Der Lieferantenregress gem §§ 478, 479 BGB, 2004, S 128.

316 AA MünchKomm/Lorenz Rz 49; jurisPK/Ball Rz 39; BeckOK/Faust Rz 29; BeckOGK/Arnold Rz 140.

317 Vgl dazu nachfolgend Rz 180.

318 So iE auch Tröger AcP 204 (2004), 115, 128 zu § 478 aF; weitergehend MünchKomm/Lorenz Rz 49; Erman/Grunewald Rz 14; BeckOGK/Arnold Rz 140; BeckOK/Faust Rz 29.

§ 445a Abs 2 ist demzufolge in dieser besonderen Konstellation trotz Vorliegens einer **zu vertretenden Pflichtverletzung** eröffnet. Entsprechendes gilt, wenn der Käufer wegen Nichterfüllung des Ersatzlieferungsanspruchs eine **Minderung des Kaufpreises** nach §§ 437 Nr 2, 441 Abs 1 geltend macht. Für den Rückgriff nach § 445a Abs 2 genügt allerdings nicht generell, dass der Letztverkäufer durch eine zur Lieferung einer mangelhaften Sache hinzukommenden **weiteren Pflichtverletzung** einen Rücknahmetatbestand des § 445a Abs 2 **vorsätzlich herbeiführt**[319]. Diese Konstellation ist vielmehr grundsätzlich so zu behandeln wie Leistungen des Letztverkäufers aus **Kulanz**[320]. Anders ist die Rechtslage eben nur dann, wenn auch ein rechtmäßiges Alternativverhalten des Letztverkäufers, also insbes die ordnungsgemäße **Durchführung einer Ersatzlieferung**, und damit das Nichtvorliegen einer zusätzlichen Pflichtverletzung zu einer Rücknahme der mangelhaften Sache als Voraussetzung des Rückgriffstatbestands des § 445a Abs 2 geführt hätte[321].

c) **Rückgriffsmöglichkeiten des Verkäufers gem § 445a Abs 2 nach Schadensersatzhaftung wegen unterlassener Ersatzlieferung**. Macht der Käufer (Endabnehmer) gegen den Letztverkäufer wegen zu vertretender Unterlassung einer nach §§ 437 Nr 1, 439 Abs 1 geschuldeten Ersatzlieferung einen Anspruch auf **Schadensersatz statt der ganzen Leistung** nach §§ 437 Nr 3, 280 Abs 1 und Abs 3 iVm § 281 Abs 1 Satz 1 geltend, so sind in Bezug auf die Rückgriffsmöglichkeiten des Verkäufers nach § 445a Abs 2 gegen den Lieferanten mehrere Fallkonstellationen zu unterscheiden. Da es bei **ordnungsgemäßer Vornahme der Ersatzlieferung** auch zu einer Rücknahme der mangelhaften Sache durch den Verkäufer gekommen wäre, ist ein **Rücktrittsrecht** ebenso wie ein **Minderungsrecht** des Verkäufers nach § 445a Abs 2 iVm § 437 Nr 2 ohne weiteres zu bejahen. Hat der Lieferant weder den Mangel der Ware noch das Unterlassen der Ersatzlieferung durch den Letztverkäufer zu vertreten, so scheidet ein Schadensersatzanspruch des Verkäufers gegen ihn aus. Wenn der Lieferant dagegen den Mangel oder/und das **Ausbleiben der Ersatzlieferung** zu vertreten hat, dann sind zwar die Voraussetzungen des § 445a Abs 2 iVm §§ 437 Nr 3, 280 Abs 1 erfüllt. Der **Umfang des Schadensersatzanspruchs** des Verkäufers hängt allerdings davon ab, inwieweit die Pflichtverletzung des Verkäufers als Anspruchsgläubiger im Rahmen eines **Mitverschuldens nach § 254** zu seinen Lasten zu berücksichtigen ist[322]. 181

War für den Verkäufer ohne weiteres erkennbar, dass der vom Käufer wegen Auftretens eines Mangels geltend gemachte Ersatzlieferungsanspruch in berechtigter Weise erhoben wurde, so führt das schlichte, nicht auf **betriebliche Hindernisse** beruhende Unterlassen der Vornahme einer Ersatzlieferung regelmäßig zu einem **ganz überwiegenden Verschulden** des Verkäufers mit der Folge, dass der Lieferant auch im Falle des Vertretenmüssens des Mangels der Ware nicht auf Schadensersatz statt der ganzen Leistung haftet. Eine Ausnahme greift nach dem **Rechtsgedanken des § 442 Abs 1** dann zu Lasten des Lieferanten Platz, wenn er den Mangel kannte. Ein **Rücktrittsrecht** gegenüber dem Lieferanten steht dem Verkäufer auch bei überwiegendem Verschulden deshalb noch zu, weil es bei **ordnungsgemäßer Ersatzlieferung,** also im Falle eines rechtmäßigen Alternativverhaltens, ebenfalls zu einer Rücknahme der mangelhaften Sache durch den Verkäufer gekommen wäre (§ 439 Abs 6)[323]. Vermeiden konnte der Verkäufer eben nur den durch die Nichterfüllung des Ersatzlieferungsanspruchs entstandenen **Schaden des Käufers**. Insoweit kann der Verkäufer den Lieferanten grundsätzlich nicht in Regress nehmen. 182

d) **Vom Letztverkäufer zu vertretende Verursachung der Rücknahme – Nichterfüllung des Nachbesserungsanspruchs des Käufers**. Tritt der Käufer (Endabnehmer) vom Kaufvertrag gem § 437 Nr 2 iVm § 323 Abs 1 zurück, weil der von ihm in berechtigter Weise geltend gemachte Nachbesserungsanspruch innerhalb einer gesetzten Frist vom Letztverkäufer nicht erfüllt wurde, so kommt es zwar im Rahmen des **Vollzugs des Rücktritts** zu einer Rücknahme der mangelhaften Ware nach § 445a Abs 2. Das Gleiche gilt, wenn der Käufer einen Anspruch auf **Schadensersatz statt der ganzen Leistung (großen Schadensersatz)** geltend macht. Hat der Verkäufer allerdings die Unterlassung der durchführbaren Nachbesserung zu vertreten, so war eine **Rücknahme der mangelhaften Sache** als Voraussetzung des privilegierten Regresses nach § 445a Abs 2 in vollem Umfang vermeidbar. Die **gebotene Gesamtbetrachtung**[324] ergibt daher, dass in dieser Konstellation das Tatbestandsmerkmal „zurücknehmen musste" nicht erfüllt ist und 183

319 Tröger AcP 204 (2004), 115, 128 (zu § 478 aF); aA MünchKomm/Lorenz Rz 49; BeckOGK/Arnold Rz 140.
320 Vgl zum Ausschluss des § 445a Abs 2 wegen Vorliegens einer Verkäuferleistung aus Kulanz Rz 169.
321 Vgl dazu nachfolgend Rz 182.
322 Vgl MünchKomm/Lorenz Rz 49.
323 Vgl vorstehend Rz 180.
324 Vgl dazu oben Rz 178 f.

demzufolge ein Rückgriff nach § 445a Abs 2 nicht in Betracht kommt[325]. Eine Bejahung der Anwendbarkeit des § 445a Abs 2 im Falle der vom Letztverkäufer zu vertretenden Nichterfüllung des Nachbesserungsanspruchs wäre nur dann folgerichtig, wenn eine **ordnungsgemäß durchgeführte Nachbesserung** – ebenso wie die Rücknahme der mangelhaften Sache und die Minderung – von diesem Rückgriffstatbestand erfasst würde. Dies ist aber eindeutig zu verneinen[326]. Auch eine analoge Anwendung des § 445a Abs 2 kommt im Falle der Nachbesserung nicht in Betracht[327].

184 Die **Vermeidbarkeit** einer durch berechtigten Rücktritt des Käufers vom Kaufvertrag verursachten Rücknahme der mangelhaften Ware ist in gleicher Weise gegeben, wenn der objektiv nacherfüllungspflichtige Verkäufer in zu vertretender Weise **irrtümlich vom Nichtbestehen eines Nachbesserungsanspruchs** ausgeht. Im Rahmen einer Gesamtbetrachtung ist auch hier das Vorliegen des Tatbestandsmerkmals „zurücknehmen musste" zu verneinen. Für den Ausschluss des Rückgriffs nach § 445a Abs 2 in dieser Konstellation spricht zudem der Schutz des Käufers als Endabnehmer. Denn die vom Verkäufer zu vertretende Nichterfüllung des geltend gemachten Nachbesserungsspruchs verletzt das **berechtigte Interesse des Käufers** an der Erlangung und Nutzung einer mangelfreien Kaufsache. Dem Verkäufer verbleibt aber trotz des Ausschlusses des Rückgriffs nach § 445a Abs 2 der **originäre Nacherfüllungsanspruch** gegen den Lieferanten aus §§ 437 Nr 1, 439 Abs 1. Bei der Frage, ob der Verkäufer den Irrtum bezüglich der eigenen Nachbesserungsverpflichtung zu vertreten hat, ist zu beachten, dass nicht jede **Fehleinschätzung** bezüglich des Vorliegens eines Mangels und der sonstigen Voraussetzungen des Käuferanspruchs aus §§ 437 Nr 1, 439 Abs 1 den Vorwurf der **Fahrlässigkeit iSd § 276 Abs 2** rechtfertigt[328]. Das **Risiko einer rechtlichen Fehlbeurteilung** der Gewährleistungssituation kann zwar nicht in vollem Umfang dem Lieferanten als Regressschuldner zugewiesen werden[329]. Im Rahmen einer **Anwendung des Rechtsgedankens des § 254** ist aber zu berücksichtigen, dass der Lieferant die mangelhafte Sache geliefert und dadurch die zentrale Ursache für die Gewährleistungshaftung des Letztverkäufers gesetzt hat. Vom Letztverkäufer als reiner Zwischenhändler kann häufig nur eine **eingeschränkte Prüfung** des Vorliegens der Soll-Beschaffenheit der erhaltenen Ware erwartet werden. In Zweifelsfällen muss der Verkäufer sich allerdings an den Lieferanten zum Zwecke der **Prüfung der Mängelrüge des Käufers** wenden. Ein überwiegendes Verschulden des Verkäufers kann daher auch darin zu sehen sein, dass er eine gebotene Einschaltung des Lieferanten oder/und eines **Sachverständigen** vor Verweigerung der Nachbesserung gegenüber dem Käufer unterlassen hat.

185 e) **Fahrlässigkeitsmaßstab bei Fehlschlagen der Nachbesserung – Verteilung des Prognoserisikos**. Versucht der Letztverkäufer die Nachbesserung und schlägt sie ohne Fahrlässigkeit fehl iSd § 440, so ist der Rückgriffstatbestand des § 445a Abs 2 ohne weiteres erfüllt, wenn der Käufer daraufhin einen Gewährleistungsrechtsbehelf geltend macht, der den Verkäufer zur **Rücknahme der mangelhaften Sache** verpflichtet[330]. Wenn der Verkäufer allerdings das Fehlschlagen seiner Nachbesserungsmaßnahmen zu vertreten hat, dann ergibt auch hier die **gebotene Gesamtbetrachtung**, dass die Rücknahme vermeidbar war und deshalb das für den privilegierten Rückgriff nach § 445a Abs 2 erforderliche Tatbestandsmerkmal „zurücknehmen musste" nicht erfüllt ist[331]. Im Hinblick auf die Einordnung der vom Verkäufer vorgenommenen Nachbesserungsmaßnahmen als **fahrlässig iSd § 276** ist allerdings Zurückhaltung geboten[332]. Ein **Fehlschlagen der Nachbesserung** lässt nicht ohne weiteres den Schluss auf ein fahrlässiges Vorgehen des Letztverkäufers zu. Insoweit kommt es vielmehr darauf an, welche konkreten Nachbesserungsmaßnahmen und welchen **Ausführungsstandard** der Käufer als Gläubiger des Nacherfüllungsanspruchs bei objektiver Beurteilung erwarten konnte. Zudem muss zugunsten des Letztverkäufers der Gesichtspunkt berücksichtigt werden, dass dem **Lieferanten** in der Rolle des **nacherfüllungspflichtigen Verkäufers** im Falle der Durchführung einer Nachbesserung in eigener Regie auch Fehler unterlaufen können, die zwar bei **objektiver Betrachtung** auf einem

325 So iE auch NK/Büdenbender Rz 18; Schumacher, Der Lieferantenregress gem §§ 478, 479 BGB, 2004, S 129 (Einwand der unzulässigen Rechtausübung); Tröger AcP 204 (2004), 115, 129 zu § 478 Abs 1 aF (Ausschluss des Rückgriffs nach § 478 Abs 1 aF nach dem Rechtsgedanken des § 162 Abs 2 im Falle der absichtlichen Nichterfüllung des Nachbesserungsanspruchs); Jacobs JZ 2004, 225 (229); aA BeckOGK/Arnold Rz 140; Erman/Grunewald Rz 14; MünchKomm/Lorenz Rz 49; BeckOK/Faust Rz 29; jurisPK/Ball Rz 39.

326 Vgl dazu unten Rz 199.

327 Vgl dazu unten Rz 200.

328 Vgl MünchKomm/Lorenz Rz 49.

329 So wohl aber MünchKomm/Lorenz Rz 49.

330 Erman/Grunewald Rz 10; BeckOGK/Arnold Rz 131; Schumacher, Der Lieferantenregress gem §§ 478, 479 BGB, 2004, S 126 ff; so in der Tendenz auch NK/Büdenbender Rz 18; aA Böhle, Der Rückgriff in der Lieferkette gem §§ 478, 479 BGB, 2004, S 93 ff; Tröger AcP 204 (2004), 115, 128 ff (Beschränkung des Letztverkäufers auf den Nachbesserungsanspruch).

331 Vgl zum Erfordernis einer solchen Gesamtbetrachtung oben Rz 178 f.

332 Vgl MünchKomm/Lorenz Rz 49 (hohe Anforderungen).

nicht fachgerechten Vorgehen beruhen und daher vermeidbar waren, aber nicht selten auch einer ausreichend qualifizierten Fachkraft unterlaufen können. Diese Feststellung gilt allerdings nur für den Bereich der leichten und der mittleren Fahrlässigkeit, nicht aber für grob fahrlässiges Verhalten des Verkäufers und seiner Angestellten. Das Risiko des Scheiterns der Nachbesserung wegen **leichter oder mittlerer Fahrlässigkeit** des Verkäufers muss demnach grundsätzlich der Lieferant in **vollem Umfang** tragen. Dafür spricht auch der **Rechtsgedanke des § 254,** weil der Lieferant durch die **Lieferung der mangelhaften Sache** die Notwendigkeit einer Nachbesserung und das damit verbundene Risiko des Scheiterns der Nacherfüllung in zurechenbarer Weise verursacht, soweit der Letztverkäufer nicht grob fahrlässig oder vorsätzlich handelt.

Eine dem Lieferanten nicht zuzurechnende **grobe Fahrlässigkeit** des Verkäufers ist insbes zu bejahen, wenn er die Nachbesserung versucht hat, obwohl ihm die dafür notwendigen Fachkenntnisse oder/und Gerätschaften eindeutig fehlten. Ein derartiges **Übernahmeverschulden** führt dazu, dass der Verkäufer das Fehlschlagen iSd § 440 zu vertreten hat mit der Folge, dass er die Sache, wenn der Käufer (Endabnehmer) gem §§ 437 Nr 2, 440, 323 vom Kaufvertrag zurücktritt, bei einer **Gesamtbetrachtung** letztlich nicht „zurücknehmen musste" iSd § 445a Abs 2. Der privilegierte Rückgriff nach dieser Vorschrift ist daher hier ausgeschlossen. Das Gleiche gilt, wenn der Käufer aufgrund eines vom Letztverkäufer grob fahrlässig herbeigeführten Fehlschlagens der Nachbesserung die **Minderung** erklärt oder **Schadensersatz statt der Leistung** verlangt. 186

VII. Rücknahme der mangelhaften Sache vom Käufer

1. **Erfordernis des tatsächlichen Vollzugs der Rücknahme – Grundsätze.** Voraussetzung für den **Wegfall des Fristsetzungserfordernisses** beim privilegierten Rückgriff nach § 445a Abs 2 gegen den Lieferanten ist, dass der Verkäufer die Sache wegen ihrer Mangelhaftigkeit vom Käufer **„zurücknehmen musste"** oder der Käufer den Kaufpreis **„gemindert hat"**[333]. Zu einer Rücknahme der Sache kommt es bei der **Ersatzlieferung (§ 439 Abs 6)**, dem **Rücktritt (§ 346 Abs 1)** und beim **Schadensersatz statt der ganzen Leistung (§ 281 Abs 5)**[334]. Das Tatbestandsmerkmal „zurücknehmen musste" kann im Rahmen einer **Wortlautinterpretation** nur im Sinne eines tatsächlichen Vollzugs der Rücknahmeverpflichtung des Letztverkäufers verstanden werden[335]. Die Rücknahme der mangelhaften Ware muss also grundsätzlich schon stattgefunden haben und abgeschlossen sein. Die **amtlichen Begründungen** zu § 445a Abs 2 und § 478 Abs 1 aF stützen diese Auslegung[336]. Zentrales **Ziel des § 445a Abs 2 (§ 478 Abs 1 aF)** ist es, dass der Letztverkäufer die mangelhafte Sache „möglichst problemlos im Rückgriffsverhältnis an seinen Lieferanten durchreichen, also weitergeben kann"[337]. Der Rückgriffstatbestand des § 445a Abs 2 entspricht im Wesentlichen der früheren, auf das Recht des **Verbrauchsgüterkaufs** beschränkten Regelung des § 478 Abs 1 aF[338]. In der Gesetzesbegründung zu § 478 Abs 1 aF wird ausdrücklich darauf verwiesen, dass sich das Tatbestandsmerkmal „zurücknehmen musste" zeitlich auf „im Rahmen" der Nachlieferung, „nach Rücktritt" des Käufers oder „nach Erfüllung" eines Verlangens des Käufers nach großem Schadensersatz bezieht[339]. 187

„Durchreichen" oder „weitergeben" an seinen Lieferanten kann der Verkäufer danach nur die zurückgenommene mangelhafte Sache, nicht aber bereits den vom Käufer erhobenen **Gewährleistungsanspruch,** der erst im Rahmen einer künftigen Erfüllung zu einer Rücknahme der Sache führt. Ein Recht des Verkäufers zur „Weitergabe" eines noch offenen Gewährleistungsanspruchs des Käufers liefe auf einen Anspruch des Verkäufers gegen den Lieferanten auf **Freistellung** von der gegenüber dem Käufer bestehenden Gewährleistungsverpflichtung aus § 437 und damit auf einen **Befreiungsanspruch iSd § 257** hinaus. Eine derartiges Regressrecht in Gestalt eines Anspruchs auf Befreiung von der primären Gewährleistungsverpflichtung gegenüber dem Käufer (Endabnehmer) wird nicht nur durch den Wortlaut des Rückgriffstatbestands des § 445a Abs 2 und die darauf bezogene Gesetzesbegründung, sondern auch durch den **Zweck dieser Norm** eindeutig ausgeschlossen. Denn die Rechtfertigung für das Erfordernis eines tatsächlichen 188

333 Vgl dazu Begr Gesetzentwurf, BT-Drucks 14/6040, S 247 (zu § 478 Abs 1 aF).
334 Begr Gesetzentwurf, BT-Drucks 14/6040, S 247 (zu § 478 Abs 1 aF).
335 BeckOGK/Arnold Rz 131 (Erfordernis einer kausalen Relation zwischen Rücknahme und Geltendmachung eines Gewährleistungsrechts durch den Käufer); BeckOK/Faust Rz 28; jurisPK/Ball Rz 38 ff; einschränkend MünchKomm/Lorenz Rz 48 (Nacherfüllung müsse tatsächlich stattgefunden haben).
336 Begr Gesetzentwurf, BT-Drucks 18/8486, S 42; Begr Gesetzentwurf, BT-Drucks 14/6040, S 247 (zu § 478 Abs 1 aF).
337 Begr Gesetzentwurf, BT-Drucks 14/6040, S 247 (zu § 478 Abs 1).
338 Begr Gesetzentwurf, BT-Drucks 18/8486, S 42.
339 Begr Gesetzentwurf, BT-Drucks 14/6040, S 247 (zu § 478 Abs 1).

Vollzugs der Rücknahme der mangelhaften Sache vom Käufer (Endabnehmer) durch den Letztverkäufer ist insbes darin zu sehen, dass die **Geltendmachung von Rückgriffsansprüchen** gegen den Lieferanten nicht zu einer **Verzögerung der Gewährleistung** im letzten Kaufverhältnis der Lieferkette zu Lasten des Käufers (Endabnehmers) führen darf. Das Gleiche gilt für den weiteren Rückgriff in der Lieferkette nach § 445a Abs 3 gegen etwaige Vor-Lieferanten bis zum Hersteller der Ware.

189 Könnte der Letztverkäufer den vom Käufer nach Feststellung eines Mangels erhobenen Gewährleistungsanspruch aus § 437 vor Erbringung einer Erfüllungsleistung ohne weiteres an den Lieferanten „weiterleiten", der dann im Verhältnis zu einem etwaigen Vor-Lieferanten – zB dem Hersteller – ebenso verfahren könnte, dann käme es am Ende der Lieferkette zum Nachteil des Käufers häufig zu einer Verzögerung der Gewährleistung, bis der **Hersteller** die Beseitigung des Mangels oder/und sonstige Maßnahmen zum Zwecke der Erfüllung des konkreten Käuferanspruchs veranlasst. Durch die Notwendigkeit einer tatsächlichen Rücknahme der mangelhaften Sache durch den Letztverkäufer wird gesichert, dass er erst dann die **sekundären Gewährleistungsrechte aus § 437 Nr 2 und Nr 3** ohne Fristsetzung gegen den Lieferanten geltend machen kann, wenn er seinerseits den Gewährleistungsanspruch des Käufers vollständig erfüllt hat. Dem Verkäufer steht es zwar unter Berufung auf seine **originären Gewährleistungsrechte aus § 437** frei, den Lieferanten zum Zwecke der Durchführung der Gewährleistung im letzten Kaufverhältnis der Lieferkette einzubeziehen[340]. Dies darf aber nicht zu einer Verzögerung im Vergleich zur unmittelbaren Gewährleistung durch den Letztverkäufer führen.

190 Es ist zwar richtig, dass die **Erfüllung (§ 362 Abs 1)** des Gewährleistungsanspruchs des Käufers durch den Letztverkäufer **keine ausdrückliche Voraussetzung** des Rückgriffstatbestands des § 445a Abs 2 ist[341]. Denn die tatsächliche Rücknahme der mangelhaften Sache setzt nicht zwingend die gleichzeitige Erfüllung des vom Käufer geltend gemachten Gewährleistungsanspruchs voraus. IdR wird der Käufer aber sowohl bei der **Ersatzlieferung**[342] als auch in den Fällen des **Rücktritts** und der Geltendmachung von **Schadensersatz statt der ganzen Leistung** zur Rückgabe der mangelhaften Sache nur **Zug um Zug** gegen Erfüllung seines Gewährleistungsanspruchs bereit sein, so dass es aus diesem Grund unmittelbar auch zur Rücknahme iSd § 445a Abs 2 kommt. Zudem wird durch die Notwendigkeit eines tatsächlichen Vollzugs der Rücknahme der mangelhaften Sache vom Käufer dem **Interesse des Lieferanten** Rechnung getragen, eine **Untersuchung auf Mängel am Sitz des Verkäufers** vornehmen zu können. Eine Kontaktaufnahme mit dem Käufer, also dem Abnehmer des Verkäufers, zum Zwecke der Überprüfung des geltend gemachten Mangels ist dem Lieferanten regelmäßig nicht zumutbar. Das gilt nicht nur in dem Fall, in dem **Gattungsware** vom Verkäufer an verschiedene Endabnehmer veräußert worden ist und mehrere von ihnen einen Mangel gegenüber ihrem Vertragspartner geltend machen. Der in § 445a Abs 2 – ebenso wie in § 445a Abs 1 – geregelte Ausschluss des **Vorrangs einer Nacherfüllung durch den Lieferanten** lässt sich nämlich nur unter der Bedingung rechtfertigen, dass ihm als Voraussetzung für seine Rückgriffshaftung nach § 445a Abs 2 die mangelhafte Sache grundsätzlich beim Letztverkäufer zur Prüfung und Rücknahme zur Verfügung steht. Im Rahmen der **Vertragsfreiheit** hat der Letztverkäufer grundsätzlich die Möglichkeit, mit dem Lieferanten eine unmittelbare Rücknahme der mangelhaften Sache beim Käufer (Endabnehmer) oder/und einen von § 445a Abs 2 abweichenden **Inhalt des Rückgriffsanspruchs** zu vereinbaren[343].

191 2. **Ersatzlieferung an den Käufer gegen Rücknahme der mangelhaften Sache**. – a) **Grundsätzliche Anwendung des § 445a Abs 2**. Klassischer Fall einer tatsächlichen Rücknahme iSd § 445a Abs 2 ist die Nacherfüllung in Form der Ersatzlieferung[344]. Nach Vollzug der Ersatzlieferung im Verhältnis zwischen Letztverkäufer und Käufer (Endabnehmer) kann sich der Lieferant gegenüber dem Verkäufer als Regressgläubiger nicht auf ein Recht auf **zweite Andienung** und damit nicht auf einen Vorrang der Nacherfüllung im Rückgriffsverhältnis berufen[345]. Verlangt der Käufer wegen eines **Mangels der Kaufsache** gem § 437 Nr 1 iVm § 439 Abs 1 eine Ersatzlieferung, so hat der Verkäufer nach **§ 439 Abs 6 Satz 1 iVm §§ 346 Abs 1, 348** einen Anspruch auf Rückgewähr der mangelhaften Sache. Die Abwicklung der Ersatzlieferung erfolgt deswegen

340 Vgl zur Wirksamkeit darauf bezogener vertraglicher Vereinbarungen Rz 272.

341 MünchKomm/Lorenz Rz 46; BeckOGK/Arnold Rz 136.

342 Vgl dazu unten Rz 191 ff.

343 Vgl zu den Grenzen abweichender Vereinbarungen und zur AGB-Kontrolle unten Rz 272 ff.

344 Begr Gesetzentwurf, BT-Drucks 14/6040, S 247 (zu § 478 Abs 1 aF); MünchKomm/Lorenz Rz 47; Erman/Grunewald Rz 13; BeckOGK/Arnold Rz 137; BeckOK BGB/Faust Rz 28; jurisPK/Ball Rz 40; BeckOK/Faust Rz 33; Böhle, Der Rückgriff in der Lieferkette gem §§ 478, 479 BGB, 2004, S 104 ff (zu § 478 aF); Höpker, Verkäuferregress, 2003, S 96 f (zu § 478 aF).

345 MünchKomm/Lorenz Rz 47; aA Nietsch AcP 210 (2010), 722, 734 ff (zu § 478 aF).

regelmäßig **Zug um Zug** (**§ 320**). Eine ausdrückliche Verpflichtung zur Rücknahme der mangelhaften Sache des Verkäufers statuiert **§ 439 Abs 6 Satz 2,** wonach der Verkäufer bei der Ersatzlieferung zur Rücknahme der mangelhaften Sache verpflichtet ist. Für den Rückgriff des Letztverkäufers nach § 445a Abs 2 gegen seinen Lieferanten ist grundsätzlich der **tatsächliche Vollzug der Ersatzlieferung** einschließlich Rücknahme der mangelhaften Sache erforderlich[346].

Eine Rücknahme iSd § 445a Abs 2 ist daher nicht schon dann zu bejahen, wenn der Käufer gegenüber dem Verkäufer die Lieferung einer Ersatzsache gegen Rücknahme der mangelhaften Sache gem §§ 437 Nr 1, 439 Abs 1 verlangt[347]. Aufgrund der uneingeschränkten Geltung des **Zug-um-Zug-Prinzips** (**§§ 320, 348**) in dieser Fallkonstellation erhält der Verkäufer die mangelhafte Sache idR nur dann vom Käufer zurück, wenn im Gegenzug die Ersatzsache ordnungsgemäß geliefert wird. Die nach § 445a Abs 2 erforderliche tatsächliche Rücknahme der mangelhaften Sache durch den Verkäufer stellt also mittelbar sicher, dass der Lieferant erst dann auf Rückgriff in Anspruch genommen werden kann, wenn der Käufer die Ersatzlieferung erhalten hat und die Gewährleistung somit im **letzten Kaufverhältnis der Lieferkette** zwischen Letztverkäufer und Käufer abgeschlossen ist. Das Erfordernis der tatsächlichen Rücknahme der mangelhaften Sache dient damit insbes dem **Interesse des Käufers** (**Endabnehmers**) an einer **unverzüglichen Nacherfüllung**[348]. 192

b) **Ersatzlieferung ohne Rücknahme der mangelhaften Sache – Verzicht des Verkäufers auf Rücknahme**. Nach dem eindeutigen Wortlaut des § 445a Abs 2 („zurücknehmen musste“) genügt die Lieferung einer Ersatzsache durch den Verkäufer eigentlich nicht für den privilegierten Rückgriff gegen den Lieferanten, sofern die mangelhafte Sache nicht zugleich vom Verkäufer gem § 439 Abs 6 zurückgenommen wird[349]. Die **Leistung einer mangelfreien Sache** an den Käufer im Wege einer Ersatzlieferung (§§ 437 Nr 1, 439 Abs 1) stellt unzweifelhaft noch keine tatsächliche Rücknahme der mangelhaften Sache nach § 439 Abs 6 Satz 2 dar. Aufgrund des nach §§ 320, 348 hier Platz greifenden **Zug-um-Zug-Prinzips** wird zwar regelmäßig zeitgleich mit der Lieferung der Ersatzsache eine Rücknahme der mangelhaften Ware durch den Letztverkäufer erfolgen[350]. Wenn dies aber nicht der Fall ist, obwohl **keine Unmöglichkeit der Rückgewähr,** sondern vielmehr ein Verzicht des Verkäufers vorliegt, dann muss eine Rücknahme iSd § 445a Abs 2 grundsätzlich verneint werden[351]. Dafür spricht nicht nur der eindeutige **Wortlaut**, sondern auch die **Ratio des § 445a Abs 2**. Denn in der hier in Rede stehenden Konstellation des Verzichts des Verkäufers auf eine mögliche Rücknahme der mangelhaften Ware vom Käufer ist der **Zweck des § 445a Abs 2** zwar insoweit erfüllt, als es um die unverzügliche Erfüllung des Gewährleistungsanspruchs des Käufers und die Vermeidung darauf bezogener Verzögerungen geht. Das gesetzliche Rücknahmeerfordernis soll aber darüber hinaus auch das **berechtigte Interesse des Lieferanten** an der Möglichkeit wahren, die angeblich mangelhafte Ware am Sitz des Letztverkäufers zu untersuchen und gegebenenfalls zurückzunehmen[352]. Eine Kontaktaufnahme mit dem Abnehmer des Letztverkäufers ist dem Lieferanten regelmäßig nicht zumutbar[353]. 193

Der Letztverkäufer kann allerdings unter der Voraussetzung einer **Zustimmung des Lieferanten** einen Verzicht auf die Rücknahme der mangelhaften Sache mit dem gewährleistungsberechtigten Käufer vereinbaren, ohne die Rückgriffsmöglichkeit nach § 445a Abs 2 zu verlieren. In Betracht kommt dies insbes dann, wenn die mangelhafte Sache keinen bedeutenden Wert für den Lieferanten hat und von ihm auch nicht für eine **Erforschung der Mangelursache** benötigt wird. Der mit Zustimmung des Lieferanten erfolgte Verzicht des Verkäufers auf die Rücknahme der mangelhaften Sache steht nach dem **Zweck des § 445a Abs 2** der tatsächlichen Rücknahme der Sache gleich. Ohne **Einverständnis des Käufers** ist der Verzicht des Verkäufers auf die Rücknahme dagegen auch im Falle der Zustimmung des Lieferanten von vornherein deshalb nicht wirksam, weil den Verkäufer im Verhältnis zum Käufer die **Rücknahmeverpflichtung aus § 439 Abs 6 Satz 2** trifft. Ein insoweit einseitiger Verzicht des Verkäufers genügt daher für den Rückgriffstatbestand des § 445a Abs 2 nicht. 194

c) **Unmöglichkeit der Rücknahme der mangelhaften Sache – Rechtsfolgen der Wertersatzpflicht nach § 439 Abs 6 Satz 1 iVm § 346 Abs 2**. Eine tatsächliche Rücknahme ist – wie im Falle des wirksamen Verzichts des Verkäufers[354] – nicht für den privilegierten Rückgriff nach § 445a Abs 2 erforderlich, wenn wegen **Untergangs der mangelhaften Sache** oder aus einem anderen Grund eine Unmöglichkeit iSd § 275 Abs 1 der Rückgewähr vorliegt. Die Unmöglichkeit 195

346 MünchKomm/Lorenz Rz 46; jurisPK/Ball Rz 40; BeckOK BGB/Faust Rz 33; BeckOGK/Arnold Rz 137; aA Erman/Grunewald Rz 12.
347 MünchKomm/Lorenz Rz 46; BeckOK/Faust Rz 33; aA Erman/Grunewald Rz 12.
348 Vgl dazu oben Rz 188 f.
349 Vgl zu den Einzelheiten oben Rz 191 f.
350 Vgl dazu oben Rz 190.
351 AA BeckOK/Faust Rz 33.
352 Vgl dazu Rz 190.
353 Vgl dazu Rz 190.
354 Vgl dazu oben Rz 193 f.

der Rücknahme steht insoweit einer tatsächlich erfolgten Rücknahme gleich. Ist die mangelhafte Sache zwar noch existent, aber aufgrund des Mangels wertlos, so dass eine Rückgabe **unwirtschaftlich** wäre, so kann der Verkäufer mit dem Käufer eine Vereinbarung über eine **Verwertung oder Entsorgung** durch den Käufer treffen. Eine solche Vereinbarung steht aber nur dann einer tatsächlichen Rücknahme iSd § 445a Abs 2 gleich, wenn der Lieferant zustimmt. Das Erfordernis der **Zustimmung des Lieferanten** ergibt sich hier daraus, dass er als Rückgriffsschuldner auch bei **völliger Wertlosigkeit der mangelhaften Sache** ein Interesse daran haben kann, die Ware beim Verkäufer untersuchen und übernehmen zu können. Praktische Bedeutung hat insoweit das generelle Interesse des Lieferanten, die Ursache des Mangels zum Zwecke der **Vermeidung künftiger Gewährleistungsfälle** zu ermitteln.

196 Unerheblich für die Gleichstellung der Unmöglichkeit der Rückgewähr der mangelhaften Sache mit einer tatsächlich erfolgten Rücknahme ist, ob der Käufer nach **§ 439 Abs 6 Satz 1 iVm § 346 Abs 2** gegenüber dem Letztverkäufer zum Wertersatz verpflichtet ist. Insoweit gilt vielmehr das Gleiche wie im Falle des **Rücktritts nach §§ 437 Nr 2, 346**[355]. Wenn der Untergang der Kaufsache beim Käufer (Endabnehmer) auf dem Mangel beruht, der das Rücktrittsrecht des Käufers begründet, dann besteht gem **§ 346 Abs 3 Nr 2** von vornherein keine Wertersatzverpflichtung des Käufers. Liegt eine **Wertersatzpflicht des Käufers** gegenüber dem Verkäufer nach § 346 Abs 2 iVm § 439 Abs 6 Satz 1 deshalb vor, weil der Untergang der Ware nicht durch den Mangel verursacht wurde und auch kein anderer **Befreiungstatbestand des § 346 Abs 3** eingreift, so ist die tatsächliche Erfüllung des Wertersatzanspruchs durch den Käufer keine Voraussetzung des Rückgriffs des Verkäufers gegen den Lieferanten nach § 445a Abs 2[356]. Denn diese Wertersatzverpflichtung des Käufers aus § 346 Abs 2 betrifft nur das letzte Kaufverhältnis der Lieferkette zwischen dem Verkäufer und dem Käufer als Endabnehmer, nicht aber das Rückgriffsverhältnis zwischen Verkäufer und Lieferant[357]. Der bei Nichtvorliegen der Befreiungsvoraussetzungen des § 346 Abs 3 vom Käufer an den Verkäufer zu **leistende Wertersatz** beruht nicht auf dem **Mangel der Ware** und stellt damit von vornherein keinen Gewährleistungsaufwand dar, der nach dem Zweck des § 445a Abs 1 und Abs 2 an den Lieferanten weitergereicht werden und letztlich den **Hersteller** belasten soll.

197 d) **Rücknahme der mangelhaften Sache durch Verkäufer ohne gleichzeitige Ersatzlieferung**. Nimmt der Letztverkäufer die mangelhafte Sache vom Käufer ohne korrespondierende Lieferung einer vom Käufer nach §§ 437 Nr 1, 439 Abs 1 verlangten mangelfreien Sache (Ersatzlieferung) zurück, so ist zwar nach dem **Wortlaut des § 445a Abs 2** eine Rücknahme erfolgt und auch eine darauf bezogene Verpflichtung des Verkäufers zu bejahen (§ 439 Abs 6 Satz 2). Der **Zweck des § 445a Abs 2** erfordert aber im **Interesse des Käufers** an der unverzüglichen Erfüllung seines Gewährleistungsanspruchs den Vollzug der Lieferung einer Ersatzsache[358]. Daher liegt dem Rücknahmeerfordernis des § 445a Abs 2 die Erwägung zugrunde, dass aufgrund des **Zug-um-Zug-Prinzips** (**§§ 320, 348**) mit der Rücknahme der mangelhaften Sache durch den Verkäufer regelmäßig auch die von ihm geschuldete Ersatzlieferung vorgenommen wird. Dass der Käufer die mangelhafte Sache vor der Ersatzlieferung ohne Geltendmachung der Zug-um-Zug-Einrede an den Verkäufer zurückgibt, führt in Bezug auf den Rückgriff nach § 445a Abs 2 nicht zu einer Vergünstigung aufseiten des Verkäufers. In den meisten Fällen beruht eine **Vorleistung des Käufers** darauf, dass der Verkäufer die Nacherfüllung von einer eingehenden **Untersuchung der reklamierten Ware** abhängig macht, die wegen der Notwendigkeit eines Einsatzes von Geräten und Fachpersonal erst nach Rückgabe durchgeführt werden kann. Der Käufer gibt die mangelhafte Sache hier im Vertrauen auf das Erfolgen einer Ersatzlieferung unmittelbar nach Klärung der Mangelfrage zurück. Eine den privilegierten Rückgriff nach § 445a Abs 2 eröffnende Rücknahme ist demnach erst mit **Übergabe der Ersatzware** an den Käufer zu bejahen[359].

198 3. **Abnahmeverweigerung des Käufers unter Berufung auf Mangel – Gleichstellung mit Rücknahme**. Verweigert der Käufer die Abnahme der vom Letztverkäufer angelieferten Sache unter Berufung auf einen bereits jetzt festgestellten Mangel, so liegt zwar bei Zugrundelegung des **Wortlauts des § 445a Abs 2** keine Rücknahme im rechtstechnischen Sinne vor. Denn der Käufer hat hier den **Besitz iSd § 854** an der Ware noch gar nicht erlangt. In dieser Situation ergäbe es aber aus der Sicht aller Beteiligten der Lieferkette keinen Sinn, die vor Vollendung der Lieferung als mangelhaft erkannte Sache an den Käufer noch **pro forma** zu übergeben, um dann mit einer anschließenden Rückgabe das **Rücknahmeerfordernis** des § 445a Abs 2 wort-

355 Vgl zur Rechtslage beim Rücktritt Rz 180.
356 Vgl zur Rechtslage beim Rücktritt Rz 203 ff.
357 Vgl zur Rechtslage beim Rücktritt Rz 203 ff.
358 Vgl zu diesem Zweck des § 445a Abs 2 oben Rz 152.
359 MünchKomm/Lorenz Rz 46 („Nacherfüllung muss tatsächlich stattgefunden haben"); BeckOGK/Arnold Rz 137 („wenn der Verkäufer durch Ersatzlieferung nacherfüllt"); BeckOK/Faust Rz 33 („wenn der Verkäufer dem Nacherfüllungsverlangen des Käufers nachgekommen ist"); aA Erman/Grunewald Rz 14.

lautgetreu zu erfüllen. Aus diesen Gründen steht einer tatsächlichen Rücknahme der mangelhaften Sache der Sachverhalt gleich, dass der Käufer die Abnahme der Ware unmittelbar bei Anlieferung wegen eines bereits **entdeckten Mangels** in berechtigter Weise verweigert[360]. Da es hier zu einer Übergabe der mangelhaften Ware an den Käufer nicht mehr kommt und der Verkäufer nach wie vor im **Besitz der Kaufsache** ist, besteht für den Verkäufer und seinen Lieferanten letztlich kein anderer Zustand als im Falle einer Rücknahme nach Vollzug der Auslieferung an den Käufer und späterer Geltendmachung eines Gewährleistungsanspruchs. Der Lieferant hat hier – wie im Falle einer tatsächlichen Rücknahme – die Möglichkeit, die Kaufsache beim Verkäufer zu untersuchen und zurückzunehmen. Die Bejahung eines Rückgriffs nach § 445a Abs 2 bei Vorliegen einer mangelbedingten Abnahmeverweigerung des Käufers ist daher in jeder Hinsicht mit dem **Zweck dieser Vorschrift** vereinbar.

4. **Nichtvorliegen einer Rücknahme bei Nachbesserung durch Verkäufer – Ausschluss des § 445a Abs 2 und Beschränkung auf § 445a Abs 1.** – a) **Erfordernis einer endgültigen Rücknahme.** Führt der Letztverkäufer auf Verlangen des Käufers (Endabnehmers) gem §§ 437 Nr 1, 439 Abs 1 eine Nachbesserung durch und erlangt er zu diesem Zweck den **unmittelbaren Besitz** an der Kaufsache vom Käufer zurück, so liegt zwar nach **allgemeinem Sprachgebrauch** zumindest eine temporäre „Rücknahme" vor. Es handelt sich aber gleichwohl nicht um eine Rücknahme iSd § 445a Abs 2[361]. Dies gilt unabhängig davon, ob der Verkäufer die Nachbesserung am Sitz des Käufers unter Einsatz von mobilen Gerätschaften vornimmt oder die Sache zum vorübergehenden Verbleib zu einer Niederlassung des Verkäufers transportiert wird. Eine Rücknahme wird nur dann von § 445a Abs 2 erfasst, wenn es sich um die **endgültige Wiederinbesitznahme** der mangelhaften Sache auf Grundlage eines Gewährleistungsrechts des Käufers handelt, das entweder zum Austausch der Sache (Ersatzlieferung) oder zur **Rückabwicklung** der gegenseitigen primären kaufvertraglichen Leistungspflichten (Rücktritt oder Schadensersatz statt der ganzen Leistung) führt. 199

b) **Keine analoge Anwendung des § 445a Abs 2 – Kompensation durch Aufwendungsersatz nach § 445a Abs 1.** Die Regelung des § 445a Abs 2 ist im Falle der Nachbesserung durch den Letztverkäufer auch nicht analog anwendbar[362]. Denn der Rückgriff gegen den Lieferanten im Falle einer Nachbesserung durch den Verkäufer wird speziell von § 445a Abs 1 (§ 478 Abs 2 aF) in Gestalt eines **selbständigen Aufwendungsersatzanspruchs** geregelt[363], so dass die für die Analogie erforderliche **Regelungslücke** eindeutig verneint werden muss. Nach § 445a Abs 1 hat der Letztverkäufer im Falle der Nachbesserung gegenüber dem Käufer (Endabnehmer) einen Anspruch gegen den Lieferanten auf **Ersatz der Aufwendungen**, die er im Verhältnis zum Käufer nach § 439 Abs 2, Abs 3 und Abs 6 Satz 2 sowie nach § 475 Abs 4 zu tragen hatte. Daher spricht auch die **systematische Auslegung des § 445a Abs 1** im Zusammenhang mit § 445a Abs 2 für das Vorliegen grundsätzlich eigenständiger Rückgriffsarten[364]. Zudem ist der **wesentliche Unterschied** zwischen der Nachbesserung und der von § 445a Abs 2 erfassten Nacherfüllung in Form der **Ersatzlieferung** darin zu sehen, dass bei der Nachbesserung nicht zu Lasten des Letztverkäufers die Situation eintreten kann, dass er die Ware letztlich zweimal veräußern muss, um die auf seiner Vertriebsstufe übliche – und bei Mangelfreiheit gegebene – Marge (Handelsspanne) doch noch zu erzielen[365]. Ein darauf bezogenes **Absatzrisiko** soll der Letztverkäufer nach vollzogener Ersatzlieferung und der darauf beruhenden Rücknahme der mangelhaften Sache aufgrund der Sonderregelung des § 445a Abs 2 gerade nicht tragen[366]. Bei der **erfolgreichen Nachbesserung** ist dieser Erwägungsgrund von vornherein nicht einschlägig[367]. 200

Abgesehen davon besteht für eine analoge Anwendung des § 445a Abs 2 (§ 478 Abs 1 aF) auf den Fall der Nachbesserung **kein praktisches Bedürfnis**[368]. Führen nämlich die vom Verkäufer 201

360 MünchKomm/Lorenz Rz 48; Grüneberg/Weidenkaff Rz 13.

361 MünchKomm/Lorenz Rz 48; jurisPK/Ball Rz 43; BeckOK/Faust Rz 31; Schumacher, Der Lieferantenregress gem §§ 478, 479 BGB, 2004, S 135 ff (zu § 478 aF); Höpker, Verkäuferregress, 2003, S 10 (zu § 478 aF); Tröger AcP 204 (2004), 115, 126 (zu § 478 aF); aA BeckOGK/Arnold Rz 142.

362 MünchKomm/Lorenz Rz 48; jurisPK/Ball Rz 43; Schumacher, Der Lieferantenregress gem §§ 478, 479 BGB, 2004, S 135 ff (zu § 478 aF); Tröger AcP 204 (2004), 115, 126 f (zu § 478 aF); aA BeckOK/Faust Rz 31.

363 Vgl zu den Einzelheiten des Aufwendungsersatzanspruchs aus § 445a Abs 1 Rz 28 ff.

364 Bei Vorliegen des Rückgriffstatbestands des § 445a Abs 2 kann der Verkäufer aber etwaige zusätzliche Nacherfüllungsaufwendungen – zB für einen gescheiterten Nachbesserungsversuch – nach § 445a Abs 1 vom Lieferanten ersetzt verlangen, vgl dazu Rz 129 f.

365 Vgl MünchKomm/Lorenz Rz 48; Tröger AcP 204 (2004), 115, 126 f (zu § 478 aF).

366 MünchKomm/Lorenz Rz 48; Tröger AcP 204 (2004), 115, 126 f (zu § 478 aF).

367 Vgl zu den Voraussetzungen einer simultanen Anwendung von § 445a Abs 1 und Abs 2 bei Fehlschlagen der Nachbesserung Rz 258 f.

368 MünchKomm/Lorenz Rz 48; jurisPK/Ball Rz 43.

auf Verlangen des Käufers vorgenommenen Nachbesserungsarbeiten trotz fachgerechter Vorgehensweise nicht zu einer **nachhaltigen Beseitigung des Mangels** und macht der Käufer nunmehr wegen **Fehlschlagens der Nacherfüllung** in berechtigter Weise einen sekundären Gewährleistungsrechtsbehelf geltend, der zu einer tatsächlichen Rücknahme iSd § 445a Abs 2 führt, so kann der Verkäufer selbstverständlich gem § 445a Abs 2 die Rechte aus § 437 Nr 2 und Nr 3 ohne Fristsetzungserfordernis gegenüber dem Lieferanten ausüben. Bei **erfolgreicher Nachbesserung** ist dagegen aufgrund des gegebenen Rückgriffsanspruchs aus § 445a Abs 1 auf **vollen Aufwendungsersatz** von vornherein **kein schützenswertes Interesse** des Verkäufers vorhanden, ein sekundäres Gewährleistungsrecht aus § 437 Nr 2 oder/und Nr 3 im Rahmen eines privilegierten Rückgriffs nach § 445a Abs 2 ohne Fristsetzungserfordernis gegen den Lieferanten geltend machen zu können.

202 c) **Abweichende Rechtslage bei Fehlschlagen der Nachbesserung im Verhältnis zum Käufer (Endabnehmer)**. Die Nachbesserung als solche erfüllt zwar aus den dargelegten Gründen[369] – unabhängig vom Eintritt eines Erfolgs in Gestalt der endgültigen Beseitigung des Mangels – nicht den besonderen Rückgriffstatbestand des § 445a Abs 2. Das Fehlschlagen einer vom Letztverkäufer versuchten Nachbesserung führt aber regelmäßig dazu, dass der **Käufer gem § 440 iVm § 437 Nr 2 oder Nr 3** einen sekundären Rechtsbehelf gegen ihn geltend machen kann, der dann zu einer Rücknahme iSd § 445a Abs 2 führt[370]. Eine derartige nachfolgende Rücknahme ändert allerdings nichts an dem Grundsatz, dass die Nacherfüllung in Form der Nachbesserung für sich betrachtet nicht den privilegierten Rückgriff des Verkäufers nach § 445a Abs 2 gegen den Lieferanten eröffnet. Rechtsgrundlage der Rücknahme ist hier nämlich erst die **Entscheidung des Käufers** für die Geltendmachung eines **sekundären Gewährleistungsrechts** aus § 437 Nr 2 oder Nr 3 und dessen Ausübung wegen Fehlschlagens der ursprünglich nach §§ 437 Nr 1, 439 Abs 1 verlangten Nachbesserung. Die erfolglose Nachbesserung durch den Letztverkäufer bewirkt hier also nur mittelbar eine Rücknahme der mangelhaften Sache als Voraussetzung für eine Anwendung des § 445a Abs 2.

203 5. **Rücknahme infolge Rücktritts des Käufers (Endabnehmers) vom Kaufvertrag**. – a) **Erfordernis einer tatsächlichen Rücknahme – Grundsatz**. Die tatsächliche Durchführung der Rücknahme der mangelhaften Sache vom Käufer durch den Letztverkäufer ist nicht nur bei der Nacherfüllung in Form der Ersatzlieferung[371], sondern grundsätzlich auch im Falle der **Ausübung des Rücktrittsrechts** durch den Käufer gem § 437 Nr 2 für den privilegierten Rückgriff nach § 445a Abs 2 gegen den Lieferanten erforderlich, sofern dem Käufer die mangelhafte Sache – wie im Regelfall – vom Letztverkäufer in Erfüllung der Leistungspflicht aus § 433 Abs 1 Satz 1 übergeben wurde[372]. Die bloße Ausübung des Rücktrittsrechts durch Abgabe der **Gestaltungserklärung** nach § 349 und die daraus folgende **Entstehung des Rückgewähranspruchs** des Verkäufers aus § 346 Abs 1 genügt hingegen noch nicht für den Rückgriffstatbestand des § 445a Abs 2[373]. Die **Rückzahlung des Kaufpreises** durch den Verkäufer in Erfüllung des darauf bezogenen Käuferanspruchs aus § 346 Abs 1 ist zwar nach dem **Wortlaut des § 445a Abs 2** keine zwingende Voraussetzung der Rücknahme[374]. IdR wird aber eine **Rückabwicklung Zug um Zug** erfolgen, so dass bei Rücknahme der mangelhaften Sache durch den Verkäufer ein bereits erhaltener Kaufpreis zeitgleich von ihm zurückerstattet wird[375]. Das Rücknahmeerfordernis des § 445a Abs 2 sichert hier also die Erfüllung des Rückzahlungsanspruchs des Käufers.

204 Für das grundsätzliche Erfordernis einer tatsächlichen Rücknahme der mangelhaften Sache durch den Letztverkäufer auch im Falle des Rücktritts sprechen neben dem **eindeutigen Wortlaut** auch die Erwägungen, die sich unmittelbar aus dem **Zweck des § 445a Abs 2** ergeben und bei der **Ersatzlieferung** in gleicher Weise für die Notwendigkeit eines Vollzugs der Rücknahme sprechen[376]. Denn durch das Erfordernis einer tatsächlichen Rücknahme der mangelhaften Sache durch den Letztverkäufer nach der Rücktrittserklärung des Käufers wird zum einen aufgrund der dem Käufer – bei erfolgter Kaufpreiszahlung – zustehenden **Zug-um-Zug-Einrede** sichergestellt, dass sich die **Gewährleistung im letzten Kaufverhältnis der Lieferkette** nicht zu Lasten des Käufers verzögert. Der Verkäufer hat also im Ergebnis bis zur Kaufpreisrückerstattung keinen Regressanspruch gegen den Lieferanten. Zum anderen muss der Lieferant als Rückgriffsschuldner vor Erbringung einer Regressleistung die Möglichkeit haben, die Kaufsache am **Sitz**

369 Vgl vorstehend Rz 199 ff.
370 Vgl dazu unten Rz 187 ff.
371 Vgl dazu oben Rz 191 ff.
372 Grüneberg/Weidenkaff Rz 13; jurisPK/Ball Rz 40; aA BeckOK/Faust Rz 33; Erman/Grunewald Rz 12; MünchKomm/Lorenz Rz 46; nicht eindeutig insoweit BeckOGK/Arnold Rz 138.
373 Grüneberg/Weidenkaff Rz 13; jurisPK/Ball Rz 40; aA BeckOK/Faust Rz 33; MünchKomm/Lorenz Rz 46; Staud/Bach Rz 96; nicht eindeutig insoweit BeckOGK/Arnold Rz 138.
374 MünchKomm/Lorenz Rz 46; BeckOGK/Arnold Rz 136.
375 Vgl zur Zug-um-Zug-Abwicklung der Ersatzlieferung oben Rz 191 ff.
376 Vgl zum Zweck des § 445a Abs 2 oben Rz 152 ff.

des Verkäufers zu untersuchen und in Empfang zu nehmen[377]. Eine Kontaktaufnahme mit **Kunden des Verkäufers**, also den Käufern (Endabnehmern), ist dem Lieferanten auch im Falle des Rücktritts grundsätzlich nicht zumutbar[378].

b) **Verlust der Gewinnmarge (Handelsspanne) – Vereinbarkeit mit Art 18 der Warenkauf-Richtlinie.** Dass der Letztverkäufer im Falle eines mangelbedingten Rücktritts des Käufers (§§ 437 Nr 2, 323) im Rahmen der nachfolgenden Rückabwicklung gem § 346 Abs 1 entweder durch Rückzahlung des bereits erhaltenen Kaufpreises oder Fortfall des noch nicht erfüllten Kaufpreisanspruchs aus § 433 Abs 2 unabhängig von einem Vertretenmüssen seine Marge (Handelsspanne) und damit den **Gewinn aus dem Weiterverkauf** verliert, verstößt nicht gegen Art 18 der Warenkauf-Richtlinie und Art 4 der außer Kraft getretenen Verbrauchsgüterkauf-Richtlinie[379]. Nach Art 18 Satz 1 der Warenkauf-Richtlinie ist der Letztverkäufer – in inhaltlicher Übereinstimmung mit Art 4 der Verbrauchsgüterkauf-Richtlinie – „berechtigt, bei den oder dem innerhalb der Vertragskette Haftenden Rückgriff zu nehmen", wenn der Letztverkäufer dem Verbraucher aufgrund einer **Vertragswidrigkeit** der Ware haftet. Nach Art 18 Satz 2 der Warenkaufrichtlinie bestimmt das nationale Recht, „bei welcher Person der Verkäufer Rückgriff nehmen kann, sowie die diesbezüglichen Maßnahmen und Bedingungen für die Geltendmachung der Rückgriffsansprüche". Gem § 445a Abs 2 iVm der **Schadensersatzregelung des § 437 Nr 3** kann der Verkäufer im Falle des berechtigten Rücktritts des Käufers vom Kaufvertrag die erst einmal verlorene Gewinnmarge nur dann von seinem Lieferanten ersetzt verlangen, wenn dieser eine **Garantie iSd § 443** für die Mangelfreiheit der Ware übernommen[380] oder den Mangel wegen **Verschuldens iSd § 276** zu vertreten hat. 205

Das allgemeine Erfordernis eines Vertretenmüssens wird durch das auf die Fristsetzung bezogene Privileg des § 445a Abs 2 nicht berührt. Die grundsätzliche **Abhängigkeit des Schadensersatzanspruchs** des Verkäufers gegen den Lieferanten von einer Garantie oder einem Verschulden im rechtstechnischen Sinne steht bei Vorliegen eines Verbrauchsgüterkaufs am Ende der Lieferkette nicht in Widerspruch zu den Vorgaben des Art 18 der Warenkauf-Richtlinie. Dafür spricht auch, dass der Verkäufer seinerseits gegenüber einem Verbraucher als Käufer nur bei Garantieübernahme oder Verschulden gem §§ 437 Nr 3, 280 auf Schadensersatz haftet. Einen **verschuldensunabhängigen Schadensersatzanspruch** des Käufers gegen den Verkäufer sieht – in inhaltlicher Übereinstimmung mit Art 3 („Rechte des Verbrauchers") der Verbrauchsgüterkauf-Richtlinie – der die **„Abhilfen bei Vertragswidrigkeit"** regelnde Art 13 der Warenkauf-Richtlinie nicht vor. Art 18 der Warenkauf-Richtlinie muss insoweit im **systematischen Zusammenhang** mit Art 13 der Warenkauf-Richtlinie ausgelegt werden. 206

Einem Verbraucher entsteht zwar als Käufer (Endabnehmer) idR kein Schaden in Gestalt eines entgangenen Gewinns wegen **Scheiterns eines Weiterverkaufs** der vom Letztverkäufer bezogenen Ware. Denkbar sind aber Fälle, in denen der Verbraucher (Käufer) nach Ablauf einer – im Automobilsektor bei Markteinführung eines neuen Modells häufig vorkommenden – längeren Lieferzeit und Eintritts einer Erhöhung des Marktpreises die Kaufsache in Abweichung von der **ursprünglichen Nutzungsabsicht** zu einem höheren Preis weiterveräußert. Scheitert dieses Folgegeschäft endgültig wegen eines Mangels der Ware, so kann der Käufer den **entgangenen Gewinn** gem §§ 437 Nr 3, 280 Abs 1 und Abs 3 nur bei **Vorliegen eines Vertretenmüssens** (Garantie oder Verschulden) vom Verkäufer verlangen. Dies ist ebenso mit der Warenkauf-Richtlinie vereinbar wie die entsprechende Abhängigkeit des auf Schadensersatz gerichteten **Rückgriffsanspruchs** des Letztverkäufers aus §§ 445a Abs 2 iVm § 437 Nr 3 von einem **Vertretenmüssen des Lieferanten**. Denn der Schadensersatzanspruch gehört eben nicht zu den in **Art 13 der Warenkauf-Richtlinie** aufgeführten „Abhilfen bei Vertragswidrigkeit". Für den Rückgriff nach Art 4 der Verbrauchsgüterkauf-Richtlinie galt – ohne inhaltliche Abweichung – bei Zugrundelegung des die „Rechte des Verbrauchers" regelnden Art 3 der Verbrauchsgüterkauf-Richtlinie Entsprechendes. 207

c) **Unmöglichkeit der Rückgabe der mangelhaften Sache – Wertersatzverpflichtung des Käufers nach § 346 Abs 2.** Ist der Käufer (Endabnehmer) nach Ausübung des ihm nach § 437 Nr 2 zustehenden Rücktrittsrechts zur Rückgabe der mangelhaften Sache an den Letztverkäufer wegen Abhandenkommens, Zerstörung oder eines sonstigen Untergangs nicht in der Lage, so scheidet eine **tatsächliche Rücknahme** iSd § 445a Abs 2 eindeutig aus. Der Käufer 208

377 Vgl dazu oben Rz 190.
378 Vgl dazu oben Rz 190.
379 MünchKomm/Lorenz Rz 54 in Fn 129; Höpker, Verkäuferregress, 2003, S 131 f (zu § 478 aF); aA Schumacher, Der Lieferantenregress gem §§ 478, 479 BGB, 2004, S 153 ff (zu § 478 aF).
380 Vgl zu den Verkäufergarantien für die Beschaffenheit der Sache § 443 Rz 54 und für sonstige Anforderungen § 443 Rz 55 ff.

wird hier gem § **275 Abs 1** von der Rückgewährverpflichtung befreit. Aufgrund dieser Unmöglichkeit genügt für den Rückgriff des Verkäufers gegen den Lieferanten die **Ausübung des Gestaltungsrechts** durch den Käufer (Endabnehmer) in Form der Abgabe der **Rücktrittserklärung nach § 349**[381]. Der privilegierte Rückgriff nach § 445a Abs 2 gegen den Lieferanten ist dann unabhängig davon eröffnet, ob der Käufer gegenüber dem Verkäufer im konkreten Fall gem § 346 Abs 2 zur Leistung von Wertersatz verpflichtet ist oder insoweit eine **Befreiung nach § 346 Abs 3** Platz greift[382]. Berechtigte Interessen des Lieferanten werden im Falle der Unmöglichkeit der Rückgabe durch die Bejahung des Rückgriffs nach § 445a Abs 2 nicht tangiert. Der Lieferant hat zwar in dieser Konstellation keine Möglichkeit, die Kaufsache beim Verkäufer zu untersuchen und zurückzunehmen. Dies beruht aber allein auf der Unmöglichkeit der Rückgabe und trifft in gleicher Weise den Letztverkäufer sowie alle anderen Verkäufer der Lieferkette. Der Lieferant muss im hier in Rede stehenden Sonderfall, wenn das **Vorliegen eines Mangels** oder/und die **Ursache des Untergangs streitig** ist, ebenso wie der Letztverkäufer, unter Einbeziehung des Käufers als Endabnehmer, in dessen Sphäre die Unmöglichkeit angeblich eingetreten ist, die Sachlage klären.

209 Im Falle des Bestehens einer **Wertersatzpflicht** des Käufers nach § 346 Abs 2 ist für den Rückgriff des Verkäufers gegen den Lieferanten nicht entscheidend, ob der Käufer den Kaufpreis bereits an den Verkäufer gezahlt hatte. Denn dieser Umstand betrifft nur das Verhältnis zwischen dem Käufer (Endabnehmer) und dem Letztverkäufer, also den letzten Kaufvertrag der Lieferkette, nicht aber das Rückgriffsverhältnis. Beruht der **Untergang der Ware** auf dem Mangel, der das Rücktrittsrecht des Käufers begründet, so ist der Käufer gem **§ 346 Abs 3 Satz 1 Nr 2** von der Verpflichtung zum Wertersatz gegenüber dem Letztverkäufer befreit. Im Falle des Bestehens einer Wertersatzpflicht des Käufers wegen Nichteingreifens einer **Privilegierung iSd § 346 Abs 3** beruht die Unmöglichkeit der Herausgabe der Ware dagegen gerade nicht auf dem Mangel, sondern auf einem Umstand in der Sphäre des Käufers, der weder dem Letztverkäufer noch dem Lieferanten zuzurechnen ist. Das **Rückgriffsverhältnis** zwischen Verkäufer und Lieferant wird durch einen solchen ersatzpflichtigen Untergang der Ware nur insoweit tangiert, als die mangelhafte Ware regelmäßig nicht **in der Regresskette zurückgereicht** und daher von den einzelnen Rückgriffsschuldnern auch nicht untersucht werden kann.

210 Das darauf bezogene Risiko muss zwar die gesamte Lieferkette tragen mit der Folge, dass der Lieferant gegenüber dem Verkäufer in Bezug auf die Rückgriffshaftung aus § 445a Abs 2 nicht die Unmöglichkeit der Rückgabe der mangelhaften Sache einwenden kann. Wählt der **Letztverkäufer** aber im Rahmen des Rückgriffs gegen den Lieferanten gem § 445a Abs 2 den **Rücktritt nach § 437 Nr 2**, so ist die Frage der Wertersatzpflicht nach § 346 Abs 2 für dieses Rückgriffsverhältnis gesondert zu beurteilen. Der **mangelbedingte Untergang der Ware** (**§ 346 Abs 3 Satz 1 Nr 2**) entlastet allerdings selbstverständlich auch den gegenüber dem Lieferanten nach § 346 Abs 1 rückgewährpflichtigen Letztverkäufer. Zudem kann sich die Befreiung des Letztverkäufers von der Wertersatzpflicht aus § 346 Abs 3 Satz 1 Nr 3 ergeben[383]. Nach dieser Vorschrift entfällt im Falle eines **gesetzlichen Rücktrittsrechts**, also auch beim Rücktritt nach § 437 Nr 2, die Wertersatzpflicht des Rücktrittsberechtigten, wenn die Verschlechterung oder der Untergang beim Berechtigten (Käufer) eingetreten ist, obwohl dieser diejenige **Sorgfalt** beobachtet hat, die er in **eigenen Angelegenheiten** anzuwenden pflegt. Diese Vorschrift ist im Rücktrittsverhältnis zwischen Verkäufer und Lieferant sinngemäß zugunsten des Verkäufers anwendbar. Der Verkäufer kann sich also darauf berufen, dass er die Sache ordnungsgemäß an den Käufer (Endabnehmer) geliefert habe und dort der Untergang ohne Verschulden des Käufers eingetreten sei[384]. Das Risiko, dass der Käufer einen gegebenen Wertersatzanspruch aus § 346 Abs 2 nicht erfüllt, betrifft von vornherein nur das Kaufverhältnis zwischen Verkäufer und Käufer am **Ende der Lieferkette** und beeinflusst daher nicht den Rückgriff gegen den Lieferanten.

211 d) **Ausschluss der Rücknahme wegen Insolvenz des Käufers – Umrechnung der Rückgewährforderung des Verkäufers nach InsO § 45 Satz 1.** Ist im Falle **eines mangelbedingten Rücktritts** des Käufers (Endabnehmers) nach § 437 Nr 2 von dem zwischen ihm und dem Letztverkäufer bestehenden Kaufvertrag der Anspruch des Verkäufers aus § 346 Abs 1 auf **Rückgabe der Sache** aufgrund einer Insolvenz des Käufers nicht durchsetzbar, so entlastet dieser Umstand im Ergebnis den Letztverkäufer beim Rückgriff gegen den Lieferanten. Im **Insolvenzverfahren** wird der Anspruch des Letztverkäufers gegen den Käufer aus § 346 Abs 1 auf Rückgewähr der mangelhaften Ware gem InsO § 45 Satz 1 in eine Insolvenzforderung umgerechnet.

381 MünchKomm/Lorenz Rz 48; BeckOKG/Arnold Rz 141; jurisPK/Ball Rz 41.

382 MünchKomm/Lorenz Rz 48; BeckOKG/Arnold Rz 141; jurisPK/Ball Rz 41.

383 MünchKomm/Lorenz Rz 54; jurisPK/Ball Rz 47; BeckOGK/Arnold Rz 147.

384 Vgl zum Sonderfall der Insolvenz des rückgewährpflichtigen Käufers Rz 211 f.

Nach InsO § 45 Satz 1 sind Forderungen, die nicht auf Geld gerichtet sind oder deren Geldbetrag unbestimmt ist, mit dem Wert geltend zu machen, der für die Zeit der Eröffnung des Insolvenzverfahrens geschätzt werden kann. Die **rechtliche Unmöglichkeit** der Rücknahme der mangelhaften Sache führt dazu, dass – wie im Falle einer tatsächlichen Unmöglichkeit[385] – für den Rückgriff des Verkäufers gegen den Lieferanten nach § 445a Abs 2 die **Ausübung des Rücktrittsrechts** durch den Käufer (Endabnehmer) im Wege der Abgabe der **Gestaltungserklärung nach § 349** genügt.

Zu einer **Wertersatzpflicht** (**§ 346 Abs 2**) des Letztverkäufers gegenüber dem Lieferanten beim Rückgriff nach § 445a Abs 2 führt die Insolvenz des Käufers als Rückgewährschuldner nicht. Das **Risiko der Insolvenz** des Käufers (Endabnehmers) muss zwar grundsätzlich – auch bei Vorliegen einer Lieferkette – der Letztverkäufer als Vertragspartner tragen. Nach **§ 346 Abs 3 Satz 1 Nr 3** entfällt aber die Verpflichtung zum Wertersatz, wenn die Verschlechterung oder der **Untergang beim Berechtigten** eingetreten ist, obwohl dieser diejenige Sorgfalt beachtet hat, die er in eigenen Angelegenheiten anzuwenden pflegt. Die Insolvenz des Käufers (Endabnehmers) ist beim Rückgriff gegen den Lieferanten dem „Untergang beim Berechtigten" gleichzustellen. Dies ist deshalb interessengerecht, weil das Ziel der gesamten Lieferkette der **Absatz der Ware** vom Hersteller bis zum Letztverkauf an den Endabnehmer ist. Das **Risiko der Nichtrückgabe der mangelhaften Sache** gehört noch zum Gewährleistungsrisiko, das letztlich der **Hersteller** zu tragen hat. Denn bei Mangelfreiheit der Ware stellt sich die Frage der Rücklieferung von vornherein nicht. 212

e) **Rücktritt des Käufers vor Abnahme der mangelhaften Sache**. Entdeckt der Käufer (Endabnehmer) vor der Abnahme der Ware einen Mangel und steht ihm schon zu diesem Zeitpunkt – etwa wegen **Unmöglichkeit der Mangelbeseitigung und Ersatzbeschaffung** – ein Rücktrittsrecht nach § 437 Nr 2 zu, so ist aufgrund des Fortbestands des tatsächlichen Besitzes des Letztverkäufers der Rückgriffstatbestand des § 445a Abs 2 trotz Nichtvorliegens einer Rücknahme im rechtstechnischen Sinne erfüllt. Eine Übergabe der als mangelhaft erkannten Sache und eine anschließende förmliche Rückgabe durch den Käufer nach **Erklärung des Rücktritts** (**§ 349**) ergäbe keinen Sinn. Entscheidend für die Bejahung der Rückgriffsvoraussetzungen des § 445a Abs 2 spricht in dieser Konstellation, dass der Lieferant – ebenso wie bei einer **tatsächlichen Rücknahme** – die Möglichkeit hat, die Ware beim Verkäufer zu untersuchen und zurückzunehmen. Zudem ist die Gewährleistung im Verhältnis zwischen Letztverkäufer und Käufer hier regelmäßig deshalb schon mit **Zugang der Rücktrittserklärung** des Käufers abgeschlossen, weil vor Abnahme der Ware gewöhnlich keine Kaufpreiszahlung erfolgt und daher insoweit keine Rückerstattung durch den Verkäufer notwendig ist. Das **Fortbestehen des tatsächlichen Besitzes** des Verkäufers an der mangelhaften Sache nach Erklärung des Rücktritts durch den Käufer steht daher einer tatsächlichen Rücknahme nach vorheriger Abnahme gleich. Insoweit besteht im Ergebnis kein Unterschied zu dem Fall, in dem der Käufer unter Berufung auf einen entdeckten Mangel schlicht die **Abnahme** der vom Verkäufer zum Zwecke der Erfüllung seiner kaufvertraglichen Lieferpflicht angedienten Ware ablehnt. 213

f) **Einrede des § 438 Abs 5 iVm Abs 4 Satz 2 bei Verjährung des Rücktrittsrechts des Käufers**. – aa) **Grundlagen – Rücktritt des Letztverkäufers gem § 438 Abs 4 Satz 3 nach Verjährungseinrede des Käufers**. Ist das dem Käufer (Endabnehmer) wegen eines Mangels der Kaufsache nach § 437 Nr 2 zustehende Rücktrittsrecht gem §§ 438 Abs 1 und Abs 4, 218 Abs 1 verjährt und die **Kaufpreisforderung des Letztverkäufers** aus § 433 Abs 2 noch **nicht erfüllt**, so kann der Käufer die Kaufpreiszahlung nach § 438 Abs 4 Satz 2 verweigern. Eine **Rückgewähr** der im Besitz des Käufers befindlichen mangelhaften Sache ist dafür zumindest nicht ohne weiteres erforderlich. Dem Verkäufer steht aber im Falle der Erhebung der Verjährungseinrede durch den Käufer gem § 438 Abs 4 Satz 3 ein **eigenes Rücktrittsrecht** zu mit der Folge, dass er nach **Abgabe einer Rücktrittserklärung** die mangelhafte Sache gem § 346 Abs 1 vom Käufer herausverlangen kann[386]. Wird nach einem derartigen Rücktritt des Verkäufers die Sache vom Käufer an ihn zurückgegeben, so liegt eine **tatsächliche Rücknahme iSd § 445a Abs 2** unzweifelhaft vor. Die gem § 349 erfolgte **Rücktrittserklärung** allein genügt dagegen auch hier nach dem eindeutigen Wortlaut des § 445a Abs 2 noch nicht für den **Wegfall des Fristsetzungserfordernisses** nach dieser Vorschrift[387]. Auch der **Zweck des § 445a Abs 2** rechtfertigt dieses Ergebnis. Denn der Lieferant muss grundsätzlich die Möglichkeit haben, die Sache am Sitz des Verkäufers zu untersuchen und zurückzunehmen[388]. 214

385 Vgl dazu oben Rz 195.
386 Vgl dazu § 438 Rz 309 ff.
387 Vgl zur Parallelproblematik beim Rücktritt des Käufers nach § 437 Nr 2 oben Rz 203 f.
388 Vgl zu diesem Zweck des Tatbestandsmerkmals „zurücknehmen musste" oben Rz 187.

215 bb) **Verzicht des Letztverkäufers auf das eigene Rücktrittsrecht aus § 438 Abs 4 Satz 3 im Verjährungsfall.** Macht der Letztverkäufer nach Erhebung der Verjährungseinrede des § 438 Abs 4 Satz 2 durch den Käufer (Endabnehmer) das ihm gem § 438 Abs 4 Satz 3 zustehende Rücktrittsrecht nicht geltend, so verbleibt die **mangelhafte Ware** endgültig beim Käufer. Eine **tatsächliche Rücknahme** der Ware durch den Verkäufer liegt hier unzweifelhaft nicht vor. Es liegt aber kein Fall der Unmöglichkeit oder Unzumutbarkeit der Rückgewähr vor. Der privilegierte Rückgriff nach § 445a Abs 2 ist daher nach **Erhebung der Verjährungseinrede** durch den Käufer grundsätzlich nur dann eröffnet, wenn der Verkäufer den Rücktritt gegenüber dem Käufer erklärt und im Anschluss daran die mangelhafte Sache auf Grundlage des Rückgewähranspruchs aus § 346 Abs 1 zurücknimmt[389]. Durch das **Unterlassen einer Rücktrittserklärung** würde der Verkäufer vereiteln, dass der Lieferant die mangelhafte Kaufsache am **Sitz des Verkäufers** untersuchen und zurücknehmen kann. Da der Käufer als Endabnehmer bei Verzicht des Verkäufers auf sein verjährungsbedingtes Rücktrittsrecht dauerhaft gegenüber dem Verkäufer zum Behalten der Ware berechtigt ist, besteht auch **keine Herausgabepflicht** gegenüber dem Lieferanten als Dritten. Dass der Verkäufer wegen einer **mangelbedingten Minderwertigkeit** der Ware von der Ausübung des Rücktrittsrechts aus § 438 Abs 4 Satz 3 als Grundlage für einen Rücknahmeanspruch absieht, ändert nichts am grundsätzlichen Interesse des Lieferanten, im Rückgriffsfall die Ware am Sitz des Verkäufers zu untersuchen und zurückzunehmen[390]. Zum Zwecke der **Vermeidung künftiger Mängel** bei der Produktion durch den Hersteller der betreffenden Ware am Beginn der Lieferkette können gerade **gravierende Mängel** von besonderem Interesse sein. Dem Verkäufer steht es im konkreten Gewährleistungsfall frei, vom Lieferanten eine **Zustimmung** zum Verzicht auf die Ausübung des Rücktrittsrechts aus § 438 Abs 4 Satz 3 einzuholen[391].

216 g) **Ausschluss des Käuferrücktritts nach § 323 Abs 5 Satz 2 wegen Geringfügigkeit des Mangels.** Nach § 323 Abs 5 Satz 2 ist der Rücktritt des Käufers bei Vorliegen einer **unerheblichen Pflichtverletzung** ausgeschlossen. Ein geringfügiger Sach- oder Rechtsmangel (§ 434 bzw § 435) stellt idR eine **unerhebliche Pflichtverletzung** iSd § 323 Abs 5 Satz 2 dar. Etwas anderes gilt allerdings dann, wenn der Mangel vom Verkäufer **arglistig verschwiegen** wurde. Diese Ausnahme beruht darauf, dass im Falle eines arglistigen Verschweigens des Mangels durch den Verkäufer die **ernstzunehmende Gefahr** besteht, dass weitere, bislang noch unerkannte Mängel der Sache vorhanden sind, die dem Verkäufer ebenfalls bekannt sind. Im Falle des Vorliegens eines geringfügigen Mangels ist der Käufer (Endabnehmer) also nur dann gem **§§ 440, 323 und 326 Abs 5** gegenüber dem Letztverkäufer zum Rücktritt berechtigt, wenn der Mangel arglistig verschwiegen wurde. Der Rücktritt führt hier dann auch zu einer Rücknahme der mangelhaften Ware durch den Letztverkäufer. Die in § 445a Abs 2 statuierte Rückgriffsvoraussetzung „als Folge ihrer Mangelhaftigkeit zurücknehmen musste“ ist gleichwohl deshalb nicht erfüllt, weil die Rückgewähr der Sache hier in erster Linie nicht auf dem Mangel, sondern auf der **Arglist des Letztverkäufers** beruht, die selbstverständlich vermeidbar war. Die **gebotene Gesamtbetrachtung** ergibt in dieser Konstellation, dass der Letztverkäufer durch die Arglist den Rücktritt des Käufers provoziert hat und daher die Sache letztlich jedenfalls nicht nach § 346 Abs 1 zurücknehmen musste.

217 Der **Rückgriff nach § 445a Abs 2** ist trotz Vorliegens eines geringfügigen Mangels eröffnet, wenn eine **Ersatzlieferung** durchgeführt und deshalb die mangelhafte Sache gem **§ 439 Abs 6** zurückgenommen wird[392]. Denn eine Ersatzlieferung ist bei Geringfügigkeit des Mangels grundsätzlich nicht ausgeschlossen, sofern keine Unverhältnismäßigkeit iSd § 439 Abs 4 gegeben ist und der Verkäufer sich darauf beruft[393]. § 323 Abs 5 Satz 2 ist auf die Ersatzlieferung weder direkt noch analog anwendbar. Auch ein arglistiges Verschweigen des Mangels durch den Verkäufer berührt den Ersatzlieferungsanspruch nicht. Der Tatbestand des § 445a Abs 2 ist bei Geringfügigkeit des Mangels – trotz Arglist des Verkäufers – auch dann erfüllt, wenn der Käufer aufgrund des Mangels zur **Minderung berechtigt** ist und dieses Recht ausübt. Gegeben ist dieser Fall einer Minderung insbes dann, wenn die Beseitigung des geringfügigen Mangels durch Nachbesserung ebenso unmöglich ist wie eine Ersatzlieferung.

218 6. **Schadensersatz statt der ganzen Leistung nach § 437 Nr 3 iVm §§ 280 Abs 1 und Abs 3, 281 Abs 1 und Abs 5 (großer Schadensersatz).** – a) **Allgemeine Voraussetzungen der Rücknahme iSd § 445a Abs 2.** Macht der Käufer (Endabnehmer) wegen eines Mangels gem § 437 Nr 3 einen Anspruch auf Schadensersatz statt der Leistung gegen den Letztverkäufer

389 JurisPK/Ball Rz 41; aA wohl MünchKomm/Lorenz Rz 48.
390 Vgl zu diesem Interesse oben Rz 190.
391 Vgl dazu oben Rz 214.
392 Vgl zur Rücknahme iSd § 445a Abs 2 bei Ersatzlieferung Rz 191 ff.
393 Vgl zum Rückgriff bei Unverhältnismäßigkeit der Nacherfüllung Rz 173 f.

geltend, so kommt es zu einer **Rücknahme iSd § 445a Abs 2**, wenn Schadensersatz statt der ganzen Leistung (großer Schadensersatz) gewählt wird und der Käufer deswegen die **mangelhafte Sache** zurückgibt[394]. Rechtsgrundlage für die Rückgabeverpflichtung des Käufers ist hier **§ 281 Abs 5 iVm § 346 Abs 1**. Im Falle einer Schadensersatzberechtigung des Käufers nach § 280 Abs 1 und Abs 3 wegen **Unmöglichkeit der Nacherfüllung** ist die Rückgaberegelung des § 281 Abs 5 gem § 283 Satz 2 oder § 311a Abs 2 Satz 3 entsprechend anwendbar. Bis zur **Rückgabe der mangelhaften Ware** an den Letztverkäufer ist das Rücknahmeerfordernis des § 445a Abs 2 dagegen noch nicht erfüllt, dh, das **bloße Schadensersatzverlangen des Käufers** genügt nicht für den Rückgriff gegen den Lieferanten nach dieser Vorschrift[395]. Auch die Leistung des Schadensersatzes allein, also **ohne gleichzeitige Rücknahme der mangelhaften Sache**, ist nicht ausreichend. Denn der Lieferant hat auch in dem Fall, in dem der Käufer (Endabnehmer) einen Anspruch auf Schadensersatz statt der ganzen Leistung geltend macht, ein berechtigtes Interesse an der Möglichkeit der **Untersuchung und Übernahme der mangelhaften Ware** am Sitz des Letztverkäufers.

b) **Erfüllung des Schadensersatzanspruchs und Rückgewähr Zug um Zug – Unmöglichkeit der Rückgabe**. Nach dem Wortlaut des § 445a Abs 2 ist zwar für den Rückgriff des Verkäufers gegen den Lieferanten im Falle der Geltendmachung eines Anspruchs auf Schadensersatz statt der ganzen Leistung durch den Käufer (Endabnehmer) keine Erfüllung dieses Anspruchs durch den Verkäufer erforderlich. Aufgrund der Geltung der **Zug-um-Zug-Einrede** wird allerdings die **Rückgabe der mangelhaften Kaufsache** durch den Käufer nach § 281 Abs 5 iVm § 346 Abs 1 an den Verkäufer regelmäßig zeitlich mit der **Schadensersatzleistung des Verkäufers** zusammenfallen[396]. Der Letztverkäufer kann also die mangelhafte Ware im Regelfall nur unter der Voraussetzung vom Käufer (Endabnehmer) zurücknehmen, dass er dessen korrespondierenden Schadensersatzanspruch erfüllt. Dadurch wird – in Übereinstimmung mit dem **Zweck des § 445a Abs 2**[397] – sichergestellt, dass der Verkäufer die Rückgriffsrechte gegen den Lieferanten erst dann geltend machen kann, wenn der Gewährleistungsanspruch des Käufers erfüllt und deshalb ausgeschlossen ist, dass Schwierigkeiten beim Rückgriff gegen den Lieferanten die Gewährleistung im letzten Kaufverhältnis der Lieferkette zu Lasten des Käufers verzögern. Im Falle der **Unmöglichkeit der Rückgabe der mangelhaften Sache** wird der Käufer nach § 275 Abs 1 von der Pflicht aus §§ 281 Abs 5, 346 Abs 1 befreit. Der Wegfall des Fristsetzungserfordernisses nach § 445a Abs 2 setzt dann nur voraus, dass der Letztverkäufer die nach § 437 Nr 3 **geschuldete Schadensersatzleistung** an den Käufer erbringt und dadurch die Gewährleistung in diesem Kaufverhältnis abschließt. 219

c) **Rücknahme der Sache bei Geltendmachung von Aufwendungsersatz nach § 284 durch Käufer (Endabnehmer)**. Nach § 437 Nr 3 iVm § 284 kann der Käufer (Endabnehmer) anstelle des Schadensersatzes statt der Leistung vom Letztverkäufer den Ersatz von Aufwendungen verlangen, die er im **Vertrauen** auf den Erhalt einer mangelfreien Kaufsache gemacht hat und billigerweise machen durfte, sofern der Zweck der Aufwendungen nicht auch bei **Mangelfreiheit** verfehlt worden wäre. Wählt der Käufer bei Vorliegen der Schadensersatzvoraussetzungen des § 437 Nr 3 den Ersatz vergeblicher Aufwendungen nach § 284, so liegt eine Rücknahme iSd § 445a Abs 2 erst dann vor, wenn der Käufer die mangelhafte Sache an den Verkäufer zurückgibt. Die Rückgabepflicht des Käufers als Schadensersatzgläubiger folgt auch im Falle des Verlangens von Aufwendungsersatz nach § 284 aus der allgemeinen Schadensersatzregelung des § 281 Abs 5 iVm § 346 Abs 1. Aufgrund des Bestehens der **Zug-um-Zug-Einrede** kann der Letztverkäufer die mangelhafte Sache idR nur gegen Leistung des Aufwendungsersatzes zurückerhalten. Die bloße **Leistung des Aufwendungsersatzes durch den Verkäufer** genügt dagegen nicht für den Rückgriff nach § 445a Abs 2[398]. Im Falle der **Unmöglichkeit der Rückgabe** ist – wie bei Geltendmachung des Schadensersatzes statt der ganzen Leistung[399] – die **Erfüllung des Ersatzanspruchs** durch den Letztverkäufer ausreichend. 220

7. **Minderung des Kaufpreises nach §§ 437 Nr 2, 441 Abs 1 durch Käufer**. – a) **Grundsätzliche Anwendung des § 445a Abs 2 – Rücktritt vor Zahlung des Kaufpreises**. Nach 221

394 Begr Gesetzentwurf, BT-Drucks 14/6040, S 247 (zu § 478 Abs 1 aF); Erman/Grunewald Rz 12; MünchKomm/Lorenz Rz 48; BeckOGK/Arnold Rz 136; BeckOK/Faust Rz 28; Staud/Bach Rz 96.

395 Begr Gesetzentwurf, BT-Drucks 14/6040, S 247 (zu § 478 Abs 1 Satz 1 aF: „oder nach Erfüllung eines Verlangens des Verbrauchers nach großem Schadensersatz zurücknehmen musste"); jurisPK/Ball Rz 40 („Schadensersatz statt der ganzen Leistung verlangt und die mangelhafte Sache nach § 281 Abs 5 BGB zurückgegeben hat"); Grüneberg/Weidenkaff Rz 13; Staud/Bach Rz 96; aA MünchKomm/Lorenz Rz 46; BeckOK/Faust Rz 33; BeckOKG/Arnold Rz 136.

396 Vgl zum Zug-um-Zug-Prinzip bei der Ersatzlieferung Rz 191 ff und beim Rücktritt Rz 203.

397 Vgl dazu Rz 151 ff.

398 Vgl zur übereinstimmenden Rechtslage beim Schadensersatz statt der ganzen Leistung oben Rz 218 f.

399 Vgl dazu Rz 218 f.

§ 445a Abs 2 bedarf es für die Rechte des Verkäufers gegen seinen Lieferanten aus § 437 Nr 2 und Nr 3 einer Fristsetzung auch dann nicht, wenn der Käufer (Endabnehmer) wegen eines Mangels der neu hergestellten Sache „den Kaufpreis gemindert hat". Die Minderung steht daher in Bezug auf den Rückgriff nach § 445a Abs 2 einer **tatsächlichen Rücknahme** der mangelhaften Sache im Rahmen der Ersatzlieferung, des Rücktritts und des Schadensersatzes statt der ganzen Leistung (großer Schadensersatz) im Ergebnis gleich. Der Fall der Minderung muss deshalb im Tatbestand des § 445a Abs 2 besonders aufgeführt werden, weil die mangelhafte Kaufsache bei Wahl dieses Rechtsbehelfs beim Käufer verbleibt, so dass es nicht zu einer Rücknahme iSd § 445a Abs 2 kommt. Der bloße **Zugang der Minderungserklärung iSd § 441 Abs 1 Satz 1** genügt für den Rückgriff des Letztverkäufers gegen den Lieferanten nach § 445a Abs 2, sofern der Käufer den Kaufpreis bis zu diesem Zeitpunkt noch nicht gezahlt hat. Denn in dieser Konstellation ist die Gewährleistung im letzten Kaufverhältnis der Lieferkette zwischen dem Käufer (Endabnehmer) und dem Letztverkäufer bereits mit **Ausübung des Gestaltungsrechts** abgeschlossen, dh, die Geltendmachung von Rückgriffsansprüchen gegen den Lieferanten kann die Erfüllung von Gewährleistungsansprüchen durch den Letztverkäufer nicht zu Lasten des Käufers verzögern.

222 b) **Minderungserklärung nach Kaufpreiszahlung – Rückzahlungsverpflichtung des Letztverkäufers.** Steht dem Käufer (Endabnehmer), der den Kaufpreis in vollem Umfang oder zum Teil bereits an den Letztverkäufer gezahlt hat, nach **Erklärung der Minderung** gem § 441 Abs 4 Satz 1 iVm § 346 Abs 1 ein Anspruch auf Erstattung des über den geminderten Kaufpreis hinausgehenden Betrags zu, so ist die **Minderung als Gestaltungsrecht** zwar ausgeübt, aber als Gewährleistungsrechtsbehelf bis zu dieser Rückerstattung noch nicht vollzogen. Für den privilegierten Rückgriff des Verkäufers nach § 445a Abs 2 genügt hier die bloße **Abgabe der Gestaltungserklärung** nicht[400]. Der **Wortlaut des § 445a Abs 2** ist insoweit zwar nicht eindeutig, weil unter „gemindert hat" sowohl die bloße Erklärung als auch der vollständige Vollzug durch Teilrückerstattung des Kaufpreises verstanden werden kann. Da nach dem **Zweck des § 445a Abs 2** dem Letztverkäufer die sekundären Gewährleistungsrechte aus § 437 Nr 2 und Nr 3 erst dann zustehen, wenn die Ansprüche des Käufers (Endabnehmers) erfüllt worden sind und damit die **Gewährleistung im letzten Kaufverhältnis der Lieferkette** abgeschlossen ist[401], muss „gemindert hat" im Falle der Kaufpreiszahlung so verstanden werden, dass der Rückgriff erst nach Rückerstattung des Kaufpreises und des darin zu sehenden Vollzugs der Minderung eröffnet ist. Dafür spricht auch die **Regelung des § 445b Abs 2**, die für die Berechnung der Verjährung von Rückgriffsansprüchen des Verkäufers aus § 437 auf den Zeitpunkt abstellt, zu dem der Verkäufer „die Ansprüche des Käufers erfüllt hat"[402].

223 c) **Verjährungsrechtliche Minderungseinrede des Käufers nach § 438 Abs 4 Satz 2 iVm Abs 5 bei offener Kaufpreisforderung.** Nach § 438 Abs 5 sind auf die Minderung die verjährungsrechtlichen Bestimmungen des § 218 und § 438 Abs 4 Satz 2 entsprechend anwendbar[403]. Der Käufer kann danach im Falle der **Verjährung seines Nacherfüllungsanspruchs** aus §§ 437 Nr 1, 439 Abs 1 die Zahlung des Kaufpreises gem § 438 Abs 4 Satz 2 gegenüber dem Verkäufer insoweit verweigern, als er aufgrund der Minderung dazu berechtigt sein würde. Der in § 445a Abs 2 ausdrücklich als Rückgriffsfall geregelten **Minderung iSd § 437 Nr 2 iVm § 441 Abs 1**[404] steht die Minderungseinrede des Käufers iSd § 438 Abs 4 Satz 2 iVm Abs 5 gleich[405]. Die Rechtfertigung dafür ist darin zu sehen, dass diese Einrede zum gleichen Ergebnis führt wie eine nach § 441 Abs 1 wirksam **erklärte Minderung**, soweit der vereinbarte Kaufpreis noch nicht vollständig gezahlt ist und den **hypothetischen geminderten Kaufpreis übersteigt** (Mehrbetrag iSd § 441 Abs 4). Der Käufer kann hier – wie bei der regulären Minderung – die Ware unter **teilweisem Fortfall seiner Kaufpreiszahlungspflicht** endgültig behalten, so dass es nicht zu einer Rücknahme der mangelhaften Sache an den Letztverkäufer kommt.

224 Gem § 438 Abs 4 Satz 3 iVm Abs 5 steht dem Letztverkäufer allerdings – wie im Falle der Rücktrittseinrede (§ 438 Abs 4 Satz 2 iVm Satz 3)[406] – ein Recht auf **Rücktritt vom Kaufvertrag** zu, sofern der Käufer (Endabnehmer) die Einrede erhebt. Der Käufer ist dann gem § 346 Abs 1 verpflichtet, die mangelhafte Sache an den Verkäufer herauszugeben. Mit der Erfüllung dieser Verpflichtung kommt es aufseiten des Verkäufers zu einer Rücknahme iSd § 445a Abs 2. Macht der Letztverkäufer durch Gestaltungserklärung von seinem Rücktrittsrecht Gebrauch, so kann er

400 Jauernig/Berger Rz 4; aA MünchKomm/Lorenz Rz 46; BeckOGK/Arnold Rz 142; BeckOK/Faust Rz 33.
401 Vgl zu diesem Zweck des § 445a Abs 2 Rz 152.
402 Vgl Jauernig/Berger Rz 4.
403 Vgl zur verjährungsrechtlichen Rücktrittseinrede des § 438 Abs 4 Satz 2 Rz 175.
404 Vgl dazu oben Rz 221 f.
405 MünchKomm/Lorenz Rz 48; BeckOGK/Arnold Rz 142; vgl zur Einrede des § 438 Abs 4 Satz 2 im Falle des Rücktritts oben Rz 175.
406 Vgl dazu oben Rz 175.

nach **Wortlaut und Zweck des § 445a Abs 2** den Lieferanten nur dann nach dieser Vorschrift ohne Fristsetzungserfordernis in Regress nehmen, wenn er die mangelhafte Sache auch zurückgenommen hat. Insoweit besteht kein Unterschied zum Rücktritt des Käufers nach § 437 Nr 2[407] und zum Rücktritt des Letztverkäufers gem § 438 Abs 4 Satz 3 **nach Erhebung der Rücktrittseinrede** des § 438 Abs 4 Satz 2 durch den Käufer[408]. Denn der Lieferant muss in diesen Rücktrittskonstellationen die Möglichkeit haben, die mangelhafte Sache beim Letztverkäufer zu untersuchen und zurückzunehmen.

Im Falle der Erhebung der verjährungsrechtlichen Minderungseinrede durch den Käufer nach § 438 Abs 4 Satz 2 iVm Abs 5 ist der Letztverkäufer aber – anders als bei **Geltendmachung der Rücktrittseinrede** nach § 438 Abs 4 Satz 2[409] – nicht gehalten, das Rücktrittsrecht aus § 438 Abs 4 Satz 3 auszuüben, um dem Lieferanten die **Untersuchung und Übernahme der mangelhaften Ware** am Sitz des Letztverkäufers zu ermöglichen. Das Nichtbestehen einer derartigen Verpflichtung folgt aus der Gleichstellung der Minderungseinrede mit der **regulären Minderung**, die ebenfalls nicht zu einer Rückgabepflicht des Käufers (Endabnehmers) führt. Gerechtfertigt ist diese Gleichbehandlung letztlich deshalb, weil sich die verjährungsbedingte Minderungseinrede des Käufers – anders als seine Rücktrittseinrede – nur auf den Kaufpreisteil bezieht, der den nach § 441 Abs 3 berechneten **geminderten Kaufpreis** übersteigt (Mehrbetrag). Den trotz Minderung gerechtfertigten Kaufpreisteil muss der Käufer endgültig tragen. 225

8. **Geltendmachung des „kleinen Schadensersatzes" durch den Käufer – Gleichstellung mit Minderung**. Entscheidet sich der Käufer (Endabnehmer) bei Vorliegen der Voraussetzungen der §§ 437 Nr 3, 280 Abs 1 und Abs 3, 281, 283 oder 311a Abs 2 dafür, die mangelhafte Sache zu behalten und vom Letztverkäufer den ihm entstandenen **Differenzschaden** als sog „kleinen Schadensersatz" zu verlangen, so kommt es zwar nicht zu einer **tatsächlichen Rücknahme** iSd § 445a Abs 2. Der privilegierte Rückgriff des Verkäufers nach § 445a Abs 2 gegen den Lieferanten ist hier aber gleichwohl deshalb eröffnet, weil der „kleine Schadensersatz" einer Minderung (§§ 437 Nr 2, 441) gleichsteht[410]. Auf eine tatsächliche Rücknahme der mangelhaften Sache ist im Falle des „kleinen Schadensersatzes" zum einen deshalb nicht abzustellen, weil der Verbleib der mangelhaften Sache beim Käufer gerade zum **Wesen dieser Schadensersatzform** gehört. Zum anderen ist dieser Schadensersatz in hinreichender Weise vergleichbar mit der Minderung, die als Rückgriffsfall in § 445a Abs 2 – neben der Rücknahme der mangelhaften Sache – ausdrücklich geregelt ist. Denn jedenfalls im Umfang der **mangelbedingten Wertminderung**[411] stimmt der „kleine Schadensersatz" in **wirtschaftlicher Hinsicht** mit der Minderung überein. Ein Unterschied zwischen beiden Rechtsbehelfen besteht nur darin, dass der Käufer mit dem „kleinen Schadensersatz" auch ein etwaiges über diese Wertminderung hinausgehendes **positives Interesse (Nichterfüllungsschaden)** vom Verkäufer ersetzt verlangen kann. Für die Gleichstellung mit der Minderung bei der Anwendung des § 445a Abs 2 ist dies aber ohne Bedeutung. 226

Ein weiterer Unterschied zwischen Minderung und dem „kleinen Schadensersatz" ist zwar darin zu sehen, dass die Minderung – ebenso wie der Rücktritt – kein **Vertretenmüssen des Verkäufers** voraussetzt. Aber auch dies spricht nicht gegen eine Anwendung des § 445a Abs 2[412]. Denn die Frage des Vertretenmüssens des Mangels oder/und Scheiterns der vom Käufer (Endabnehmer) verlangten Nacherfüllung berührt beim „kleinen Schadensersatz" nicht den rechtmäßigen **Verbleib der Sache beim Käufer**, sondern bezieht sich nur auf einen über die **verschuldensunabhängige Kaufpreisminderung** hinausgehenden Vermögensschaden. Da der Wortlaut des § 445a Abs 2 nur den Fall der Minderung, nicht aber den „kleinen Schadensersatz" erfasst, handelt es sich um eine **analoge Anwendung**[413]. 227

9. **Rücknahme der Kaufsache nach Widerruf des Käufers (Endabnehmers) bei Verbraucherverträgen gem § 355 Abs 1 Satz 1**. Nach § 355 Abs 1 Satz 1 kann der Käufer (Endabnehmer) seine auf den Abschluss eines Kaufvertrags gerichtete **Willenserklärung** widerrufen, sofern ihm als Verbraucher ein gesetzliches Widerrufsrecht zusteht. Insoweit geht es vor allem um das dem Verbraucher gem **§ 312g Abs 1** zustehende Widerrufsrecht bei **außerhalb von Geschäftsräumen** oder im Rahmen eines **Fernabsatzes** geschlossenen Verträgen. Aufgrund der starken Zunahme von **Online-Bestellungen** kommt es häufiger zu der Situation, dass dem Käufer als Verbraucher sowohl wegen Vorliegens eines **Fernabsatzvertrags iSd § 312g Abs 1** ein Recht zum Widerruf nach § 355 Abs 1 als auch aufgrund eines Mangels der Ware ein **Nacher-** 228

407 Vgl dazu Rz 203 f.
408 Vgl dazu Rz 175.
409 Vgl dazu Rz 175.
410 MünchKomm/Lorenz Rz 48; BeckOGK/Arnold Rz 142; BeckOK/Faust Rz 31; jurisPK/Ball Rz 42; Staud/Bach Rz 101.
411 Vgl zur in § 441 Abs 1 verankerten proportionalen Berechnung der Minderung § 441 Rz 17 ff.
412 Vgl Schumacher, Der Lieferantenregress gem §§ 478, 479 BGB, 2004, S 138 (zu § 478 aF).
413 MünchKomm/Lorenz Rz 48; BeckOK/Faust Rz 31.

füllungsanspruch aus §§ 437 Nr 1, 439 Abs 1 zusteht. Macht der Käufer hier sein Widerrufsrecht geltend und nimmt der Letztverkäufer deswegen die bereits gelieferte mangelhafte Kaufsache zurück, so liegt zwar unzweifelhaft eine **tatsächliche Rücknahme** vor. Diese Wiedererlangung des Besitzes durch den Verkäufer beruht aber nicht – wie von § 445a Abs 2 verlangt („als Folge ihrer Mangelhaftigkeit") – auf einem **Mangel der Kaufsache.** Das Vorliegen eines Mangels ist vielmehr für die Ausübung des Verbraucher-Widerrufsrechts ohne Bedeutung. Die Rückgriffsregelung des § 445a Abs 2 ist daher im Falle einer **widerrufsbedingten Rücknahme der Kaufsache** durch den Verkäufer nicht anwendbar[414].

229 Dies gilt auch dann, wenn der Käufer (Endabnehmer) gerade die **Entdeckung eines Mangels** der erhaltenen Ware zum Anlass nimmt, ein ihm ohnehin zustehendes Verbraucher-Widerrufsrecht gem § 355 Abs 1 Satz 1 noch fristgerecht auszuüben. Ein solches Vorgehen kann für den Käufer zwar insbes dann vorzugswürdig sein, wenn zu erwarten ist, dass der Letztverkäufer den Mangel nicht ohne weiteres anerkennt oder die **Geltendmachung des Nacherfüllungsanspruchs aus §§ 437 Nr 1, 439 Abs 1** aus sonstigen Gründen auf Schwierigkeiten stoßen wird. Rechtsgrundlage für die Rückgabe der Kaufsache ist aber gleichwohl nur die Ausübung des Widerrufsrechts und nicht ein auf den Mangel gestützter Gewährleistungsrechtsbehelf aus § 437. Der Verkäufer muss die Sache hier also nicht aufgrund „ihrer Mangelhaftigkeit" zurücknehmen. Dem Letztverkäufer stehen daher wegen des Mangels der Ware nur die **allgemeinen Gewährleistungsrechte aus § 437** gegen den Lieferanten zu.

230 10. **Rücknahme der Kaufsache nach Ausübung eines vertraglichen Rücktrittsrechts durch Käufer (Endabnehmer)**. Eine Rücknahme iSd § 445a Abs 2 ist auch in der Konstellation zu verneinen, in der vom Käufer (Endabnehmer) ein vom Vorliegen eines Mangels unabhängiges vertragliches Rücktrittsrecht ausgeübt und aus diesem Grund die Ware an den Letztverkäufer zurückgegeben wird[415]. Denn die Rücknahme der Ware durch den Verkäufer ist hier – wie bei **Ausübung eines Widerrufsrechts** bei Verbraucherverträgen aus § 355 Abs 1 Satz 1[416] – nicht die „Folge ihrer Mangelhaftigkeit". Dass der Käufer die Feststellung eines Mangels zum Anlass nimmt, das ihm ohnehin zustehende vertragliche Rücktrittsrecht auszuüben, rechtfertigt – wie im Fall des Widerrufs nach § 355 Abs 1[417] – keine abweichende Beurteilung. Ein derartiges Vorgehen des Warenkäufers ist vielmehr ein **typisches Risiko des Verkäufers**, der dem Käufer ein unbedingtes kaufvertragliches Rücktrittsrecht einräumt. Der Verkäufer muss hier letztlich jedes Rücktrittsmotiv des Käufers ohne Einschränkung akzeptieren.

231 Bezieht sich das vertragliche Rücktrittsrecht dagegen auf den Fall des Vorliegens eines **Mangels der Kaufsache**, so ist eine differenzierte rechtliche Beurteilung erforderlich. Soweit es im konkreten Einzelfall wegen Vorliegens eines Mangels im Verhältnis zwischen Letztverkäufer und Käufer (Endabnehmer) auch ohne das kaufvertraglich vereinbarte Rücktrittsrecht aufgrund einer Anwendung des § 437 zu einer mangelbedingten Rücknahme der Ware gekommen wäre, ist der privilegierte Rückgriff nach § 445a Abs 2 gegen den Lieferanten eröffnet. Denn der Verkäufer „musste" die Sache ohnehin wegen eines Mangels zurücknehmen. Das vertragliche Rücktrittsrecht hat daher hier in Bezug auf das Rücknahmeerfordernis nur eine **deklaratorische Bedeutung**. Zu verneinen ist eine Rücknahme iSd § 445a Abs 2 dagegen in dem Fall, in dem das vertragliche mangelbedingte Rücktrittsrecht zwar in berechtigter Weise ausgeübt wird, es aber auf **Grundlage des § 437** nicht zu einer Rücknahme der mangelhaften Kaufsache gekommen wäre. Ein derartiges **überschießendes vertragliches Rücktrittsrecht** des Käufers ist vielmehr vergleichbar mit einer Rücknahme durch den Verkäufer aus **Kulanz,** dh ohne gesetzlichen Gewährleistungsanspruch des Käufers als Rechtsgrundlage[418]. Der Verkäufer hat hier insoweit mit dem Kaufvertrag eine Gewährleistungshaftung gegenüber dem Käufer übernommen, zu der er gesetzlich nicht verpflichtet ist. Dem Verkäufer steht daher nur der Rückgriff gegen den Lieferanten nach der allgemeinen Regelung des § 437 offen.

VIII. Die Rechtsfolgen des § 445a Abs 2

232 1. **Entbehrlichkeit der Fristsetzung für Gewährleistungsrechte aus § 437 Nr 2 und Nr 3 – Grundsätze**. Die Rechtsfolge des Rückgriffs des § 445a Abs 2 besteht darin, dass es im Falle einer mangelbedingten Rücknahme, einer Minderung oder eines gleichgestellten Gewährleistungstatbestands[419] für die in „§ 437 bezeichneten Rechte des Verkäufers gegen seinen Lieferanten" nicht der „sonst erforderlichen Fristsetzung" bedarf. Da die **Nacherfüllung** gem

414 Begr Gesetzentwurf, BT-Drucks 14/6040, S 248 (zu § 478 aF); jurisPK/Ball Rz 39; BeckOK/Faust Rz 28.
415 Begr Gesetzentwurf, BT-Drucks 14/6040, S 248 (zu § 478 aF); jurisPK/Ball Rz 39.
416 Vgl dazu oben Rz 228.
417 Vgl dazu oben Rz 229.
418 Vgl dazu oben Rz 100.
419 Vgl Rz 50 ff.

§§ 437 Nr 1, 439 Abs 1 als **primärer Rechtsbehelf** des Letztverkäufers gegen den Lieferanten wegen Vorliegens eines Mangels der Kaufsache von vornherein keine Fristsetzung erfordert, betrifft die Bezugnahme des § 445a Abs 2 auf die zentrale Gewährleistungsnorm des § 437 letztlich nur die **sekundären Gewährleistungsrechte** aus § 437 Nr 2 und Nr 3, also Rücktritt und Minderung sowie Schadensersatz statt der Leistung. Da § 445a Abs 2 nur den Wegfall des Fristsetzungserfordernisses anordnet, handelt es sich – ebenso wie bei § 478 Abs 1 aF – nicht um eine selbständige Anspruchsgrundlage. Es wird vielmehr die Geltendmachung der originären mangelbedingten Rückgriffsrechte des Verkäufers – in seiner Rolle als Käufer – gegen seinen Lieferanten aus § 437 Nr 2 und Nr 3 erleichtert, weshalb in Bezug auf § 445a Abs 2 auch die Bezeichnung **„privilegierter Rückgriff"** geläufig ist.

Aus der Rechtsfolgenanordnung des § 445a Abs 2 ergibt sich eindeutig, dass die **sonstigen** 233
Voraussetzungen des § 437 Nr 2 und Nr 3, also vor allem ein Mangel iSd §§ 434, 435, ohne Einschränkung gegeben sein müssen. Dies wird durch die in § 445a Abs 2 enthaltenen tatbestandlichen Formulierungen „wegen des vom Käufer geltend gemachten Mangels" und „als Folge ihrer Mangelhaftigkeit" eindeutig klargestellt. Wenn also im Kaufverhältnis zwischen Letztverkäufer und Lieferant entweder von vornherein kein Mangel gegeben ist oder die Kaufsache gem § 445a Abs 4 iVm HGB § 377 Abs 2 wegen Unterlassung der beim **Handelskauf** nach HGB § 377 Abs 1 gebotenen **Mängelrüge** als genehmigt gilt, dann geht die auf das Fristsetzungserfordernis bezogene Privilegierung des § 445a Abs 2 ins Leere. Das **Nichtvorliegen eines Mangels** im Rückgriffsverhältnis kann insbes darauf beruhen, dass der Letztverkäufer mit dem Käufer (Endabnehmer) eine von der üblichen Beschaffenheit der Sache (§ 434 Abs 3 Satz 1 Nr 2 lit a) **abweichende Beschaffenheitsvereinbarung iSd § 434 Abs 2 Satz 1 Nr 1** getroffen hat, die nicht durch eine entsprechende Vereinbarung mit dem Lieferanten gedeckt ist[420]. Eine derartige Asymmetrie bezüglich der vom Verkäufer geschuldeten Soll-Beschaffenheit der Ware hat weder der Lieferant noch der Hersteller zu vertreten.

2. **Wahlrecht des Letztverkäufers zwischen § 437 Nr 2 und Nr 3 – keine Beschränkung** 234
auf konkretes Regressinteresse. Ist der Rückgriffstatbestand des § 445a Abs 2 erfüllt, so kann der Letztverkäufer grundsätzlich alle Rechte nach § 437 Nr 2 und Nr 3 geltend machen, soweit deren Voraussetzungen – mit **Ausnahme des Fristsetzungserfordernisses** – erfüllt sind. Es besteht dann grundsätzlich keine Beschränkung dieses Wahlrechts auf exakt denjenigen Rechtsbehelf, den der Käufer (Endabnehmer) gegen ihn geltend gemacht hat. Der Verkäufer ist hier also nicht auf das sog konkrete Regressinteresse beschränkt[421]. § 445a Abs 2 stellt dies mit der Formulierung „die in § 437 bezeichneten Rechte" eindeutig klar. Eine Beschränkung auf das konkrete Regressinteresse kann auch nicht auf eine **teleologische Reduktion** dieser Vorschrift gestützt werden[422]. Eine derartige Einschränkung des § 445a Abs 2 wäre – abgesehen vom Fehlen der sonstigen Voraussetzungen – nicht interessengerecht. Denn für das vorhandene freie Wahlrecht des Verkäufers in Bezug auf die Rechte aus § 437 Nr 2 und Nr 3 spricht vor allem, dass ein **effizienter Rückgriff** in der Lieferkette eine **generalisierende Betrachtungsweise** ohne Prüfung der auf ein konkretes Regressinteresse bezogenen **Umstände des Einzelfalls** aufseiten des Letztverkäufers und der weiteren Rückgriffsgläubiger erfordert[423].

Eine Beschränkung des Rückgriffs des Letztverkäufers auf das konkrete Regressinteresse 235
brächte dem Lieferanten als Rückgriffsschuldner letztlich deshalb keine Vorteile, weil der **gesamte Rückgriff in der Lieferkette** komplizierter und damit auch aufwendiger würde. Denn der Lieferant müsste in jedem einzelnen Rückgriffsfall zusätzlich zu den tatbestandlichen Voraussetzungen des § 445a Abs 2 noch ein vom Verkäufer darzulegendes konkretes Regressinteresse überprüfen. Es mag zwar sein, dass das hier in Rede stehende freie Wahlrecht des Letztverkäufers als Rückgriffsgläubiger iSd § 445a Abs 2 in Einzelfällen zu seinen Gunsten eine **Überprivilegierung** bewirken kann. Insoweit darf aber nicht außer Acht gelassen werden, dass grundsätzlich jeder Gewährleistungsfall im letzten Kaufverhältnis der Lieferkette zu einem **Imageverlust** aufseiten des **rückgriffsberechtigten Verkäufers** führen kann, für den es keine gesetzlich geregelte

420 Vgl zu dieser Diskrepanz Rz 83 ff.

421 MünchKomm/Lorenz Rz 52; BeckOGK/Arnold Rz 145; BeckOK/Faust Rz 26; Staud/Bach Rz 117; zu § 478 aF Schumacher, Der Lieferantenregress gem §§ 478, 479 BGB, 2004, S 147 ff (aber wertmäßige Beschränkung auf den eigenen Aufwand); Tröger AcP 204 (2004), 115, 131 (zu § 478 aF); aA Böhle, Der Rückgriff in der Lieferkette gem §§ 478, 479 BGB, 2004, S 83 ff (zu § 478 aF).

422 MünchKomm/Lorenz Rz 52; BeckOGK/Arnold Rz 145; BeckOK/Faust Rz 26; Staud/Bach Rz 117; so aber zu § 478 Abs 1 aF Böhle, Der Rückgriff in der Lieferkette gem §§ 478, 479 BGB, 2004, S 83 ff; Maultzsch JuS 2002, 1171, 1173 (zu § 478 aF); Bitterich JR 2004, 485, 488 (zu § 478 aF); Böhle WM 2004, 1616, 1619 ff (zu § 478 aF).

423 MünchKomm/Lorenz Rz 52 (Schnelligkeit und Klarheit des Regresses); BeckOGK/Arnold Rz 145 (Vermeidung von Unsicherheiten und nur schwer begründbare Überprivilegierung des Verkäufers im konkreten Einzelfall); BeckOK/Faust Rz 26 (Rechtssicherheit); zu § 478 aF Tröger AcP 204 (2004), 115, 131 (effizienter Regress).

Kompensation gibt. Der Käufer (Endabnehmer) unterscheidet idR nicht präzise zwischen dem Letztverkäufer als Zwischenhändler und dem Hersteller, der als Letztverantwortlicher für einen schon bei In-Verkehr-Bringen der Ware vorhandenen Mangel einzustehen hat. Zudem wird der Lieferant als Rückgriffsschuldner nicht benachteiligt, da er im Rahmen des **weiteren Rückgriffs** in der Lieferkette nach **§ 445a Abs 3** ebenfalls ohne Beschränkung auf ein konkretes Regressinteresse den Vor-Lieferanten in Anspruch nehmen kann, so dass der **Hersteller** als letzter Rückgriffsschuldner auch insoweit den Gewährleistungsaufwand zu tragen hat.

236 Im Übrigen hat der im letzten Kaufverhältnis der Lieferkette gewährleistungspflichtige Letztverkäufer beim Rückgriff gegen seinen Lieferanten oftmals ein **schutzwürdiges Interesse** an der Ausübung eines Rechtsbehelfs, der von der gegenüber dem Käufer (Endabnehmer) **durchgeführten Gewährleistungsart** abweicht. Ein derartiges Interesse kann insbes im Hinblick auf etwaige Schadensersatzansprüche des Verkäufers gegen den Lieferanten aus § 437 Nr 3 gegeben sein. Hat der Verkäufer nämlich weder den ursprünglichen Mangel der Ware noch ein Scheitern der vom Käufer nach §§ 437 Nr 1, 439 Abs 1 verlangten Nacherfüllung zu vertreten, so stehen dem Käufer nur die verschuldensunabhängigen Rechte aus § 437 Nr 2 (Rücktritt vom Kaufvertrag oder Minderung des Kaufpreises) zu. Zum Schadensersatz statt der Leistung nach § 437 Nr 3 ist der Verkäufer hier gegenüber dem Käufer grundsätzlich nicht verpflichtet. Im Rückgriffsverhältnis zwischen dem Verkäufer und seinem Lieferanten kann die Lage aber so sein, dass der Lieferant den Mangel zu vertreten hat. Dies gilt insbes dann, wenn der Lieferant zugleich der Hersteller der Ware ist und den Mangel durch **fehlerhafte Konstruktion oder Fertigung** verursacht hat.

237 Ist der Lieferant ein Zwischenhändler, so kann ein Vertretenmüssen darauf beruhen, dass er aufgrund einer im Vergleich zum Letztverkäufer größeren Fachkenntnis – etwa als Importeur der Ware – den Mangel hätte erkennen müssen. In einer derartigen Situation wäre es nicht interessengerecht, dem Verkäufer im Rahmen des Rückgriffs gegen den Lieferanten einen Anspruch aus § 445a Abs 2 iVm § 437 Nr 3 auf Schadensersatz statt der Leistung deshalb zu verwehren, weil dem Käufer (Endabnehmer) gegen ihn kein entsprechender Schadensersatzanspruch zustand[424]. Die Frage des **Vertretenmüssens** des Mangels oder einer gewährleistungsbezogenen sonstigen Verpflichtung ist für jedes Kaufverhältnis der Lieferkette gesondert zu beurteilen. Für eine Abhängigkeit des Schadensersatzanspruchs gegen den Lieferanten von der konkreten Art der Gewährleistungshaftung des Verkäufers gegenüber dem Käufer als Endabnehmer ist daher **kein Rechtfertigungsgrund** ersichtlich.

238 Schließlich spricht im Rahmen einer **gebotenen Gesamtbetrachtung** für das in § 445a Abs 2 statuierte Prinzip der Wahlfreiheit des rückgriffsberechtigten Verkäufers, dass der Letztverkäufer im Falle des Rücktritts des Käufers seine **Marge (Handelsspanne)**, also den Gewinn in Gestalt der Differenz zwischen Ein- und Verkaufspreis der Ware, verliert und eine Minderung insoweit zu einem **Teilverlust** führt[425]. Auch aus diesem Grund bewirkt das freie Wahlrecht des Letztverkäufers bezüglich der Rechte aus § 437 Nr 2 und Nr 3 **keine unangemessene Privilegierung**[426]. Dies gilt auch für die Konstellation des **Rücktritts des Letztverkäufers** vom mit dem Lieferanten geschlossenen Kaufvertrag im Anschluss an die **Minderungserklärung des Käufers (Endabnehmers)**[427]. Tritt der Verkäufer nach einer Kaufpreisminderung im letzten Kaufverhältnis der Lieferkette von dem zwischen ihm und dem Lieferanten bestehenden Kaufvertrag gem § 445a Abs 2 iVm § 437 Nr 2 zurück, so erlangt er zwar einen Anspruch aus § 346 Abs 1 auf Rückzahlung des an den Lieferanten gezahlten Kaufpreises und damit auf den ersten Blick mehr als bei synchroner Minderung im Rückgriffsverhältnis. Den Verkäufer trifft hier aber gegenüber dem Lieferanten grundsätzlich die **Wertersatzpflicht** nach § 346 Abs 2 Satz 1 Nr 2, weil aufgrund der Minderung die Sache endgültig beim Käufer (Endabnehmer) verbleibt und daher nicht an den Lieferanten herausgegeben werden kann[428].

239 3. **Rücktritt des Letztverkäufers gegenüber dem Lieferanten.** – a) **Verpflichtung zum Wertersatz nach § 346 Abs 2 Satz 1 Nr 2 bei Minderung des Käufers – Berechnung des Wertersatzes im Rückgriffsverhältnis.** Durch die im Falle der Minderung des Kaufpreises im

424 So auch Höpker, Verkäuferregress, 2003, S 127 (zu § 478 aF); Schumacher, Der Lieferantenregress gem §§ 478, 479 BGB, 2004, S 150 f (zu § 478 aF); vgl dazu auch Böhle, Der Rückgriff in der Lieferkette gem §§ 478, 479 BGB, 2004, S 85 f, der den Regress in diesem Fall in eine fristlose Minderung und einen „kleinen Schadensersatz" nach allgemeinem Gewährleistungsrecht aufspaltet (zu § 478 aF).

425 Vgl dazu MünchKomm/Lorenz Rz 54; BeckOGK/Arnold Rz 146; Höpker, Verkäuferregress, 2003, S 129 (zu § 478 aF); Schumacher, Der Lieferantenregress gem §§ 478, 479 BGB, 2004, S 153 ff (zu § 478 aF).

426 Vgl zu den Einzelheiten des Rücktritts Rz 239 ff.

427 So aber Böhle, Der Rückgriff in der Lieferkette gem §§ 478, 479 BGB, 2004, S 85 (zu § 478 aF).

428 Vgl dazu nachfolgend Rz 239 f; Schumacher, Der Lieferantenregress gem §§ 478, 479 BGB, 2004, S 149 f (zu § 478 aF).

letzten Kaufverhältnis der Lieferkette aufseiten des Letztverkäufers bestehende **Unmöglichkeit der Rückgewähr der Sache** an den Lieferanten wird der Rücktritt von dem mit dem Lieferanten geschlossenen Kaufvertrag nicht ausgeschlossen. Es handelt sich vielmehr um einen typischen Fall einer Wertersatzpflicht nach § 346 Abs 2 Satz 1 Nr 2. Es stehen sich dann im Rückgriffsverhältnis zwischen dem Letztverkäufer und seinem Lieferanten **zwei Zahlungsansprüche** gegenüber mit der Folge, dass die Möglichkeit einer **Aufrechnung** nach §§ 387, 389 besteht. Für die Berechnung des vom Letztverkäufer gegenüber dem Lieferanten geschuldeten Wertersatzes gilt die allgemeine Regelung des § 346 Abs 2 Satz 2 Halbsatz 1, nach der eine im Vertrag bestimmte Gegenleistung auch für die Bestimmung des Wertersatzes iSd § 346 Abs 2 Satz 1 zugrunde zu legen ist. Es kommt also insoweit bei Vorliegen eines Kaufvertrags durch den Rücktritt mit Wertersatzverpflichtung nicht zu einer Veränderung des von den Parteien vereinbarten **Äquivalenzverhältnisses.** Daher ist in dem Fall, in dem der Lieferant die Sache durch **Einräumung eines Preisnachlasses** zu einem unter dem regulären **Händler-Einkaufspreis** liegenden Betrag an den Letztverkäufer als Zwischenhändler verkauft hat, dieser Kaufpreis und nicht der **objektive Verkehrswert** nach § 346 Abs 2 Satz 2 Halbsatz 1 für die Berechnung des Wertersatzes maßgebend. Unerheblich ist, ob der gewährte Preisnachlass auf Besonderheiten der konkreten Kundenbeziehung (zB einem Treuerabatt) oder einer Veränderung der Marktverhältnisse (insbes allgemeiner Rückgang der Nachfrage) beruht.

Die Vorschrift des § 346 Abs 2 Satz 2 Halbsatz 1 besagt aber nicht, dass im Falle des Rücktritts **240** vom Kaufvertrag der vereinbarte Kaufpreis mit dem zu leistenden Wertersatz identisch ist. Vom vereinbarten Kaufpreis ist vielmehr als **Ausgangsgröße** iSd § 346 Abs 2 Satz 2 Halbsatz 1 der **mangelbedingte Minderwert** abzuziehen[429]. Für die Berechnung im konkreten Einzelfall gilt dann auf Grundlage einer analogen Anwendung des § 441 Abs 3 die **proportionale Berechnungsmethode**[430]. Dadurch wird gesichert, dass im Rahmen der Rückabwicklung das zwischen den Parteien vereinbarte Verhältnis von Leistung und Gegenleistung (Äquivalenzverhältnis) in Übereinstimmung mit der Intention des Gesetzgebers unverändert bleibt[431]. Ein etwaiger Vorteil des Verkäufers, der darin besteht, dass er die Sache vom Lieferanten zu einem unter dem **objektiven Verkehrswert** liegenden Preis erworben hat, kommt dem Verkäufer daher verhältnismäßig auch bei der Berechnung des Wertersatzes zugute, und zwar beim Abzug des mangelbedingten Minderwerts vom Kaufpreis als Ausgangsgröße. Für diese Herabsetzung ist also nicht der **objektive Minderwert**, sondern der Betrag maßgebend, der sich in entsprechender Anwendung der proportionalen Berechnungsmethode des § 441 Abs 3 und damit unter Berücksichtigung des vereinbarten Äquivalenzverhältnisses ergibt. Der Letztverkäufer verliert dadurch als Zwischenhändler seine **Handelsspanne (Marge)** nur zum Teil[432].

b) **Untergang der Kaufsache beim Käufer im Falle des Rücktritts in beiden Kaufverhältnissen.** Kann im Falle des Rücktritts des Käufers (Endabnehmers) die mangelhafte Kaufsache wegen Untergangs nicht an den Verkäufer herausgegeben werden, so besteht dieselbe Unmöglichkeit im Rückgriffsverhältnis nach Rücktritt des Verkäufers vom mit dem Lieferanten geschlossenen Kaufvertrag. Das Bestehen einer **Wertersatzpflicht des Verkäufers** gegenüber dem Lieferanten hängt dann regelmäßig davon ab, ob der Käufer als Endabnehmer gegenüber dem Verkäufer zum Wertersatz verpflichtet ist oder insoweit ein **Befreiungstatbestand nach § 346 Abs 3** eingreift[433]. So entlastet ein beim Käufer ohne dessen Verschulden eingetretener Untergang der Kaufsache gem **§ 346 Abs 3 Satz 1 Nr 3** im Ergebnis auch den Verkäufer im Verhältnis zum Lieferanten, sofern auch der Verkäufer die Unmöglichkeit nicht zu vertreten hat. Eine derartige **Ausstrahlungswirkung des Wegfalls der Wertersatzpflicht** auf das Rückgriffsverhältnis zwischen Verkäufer und Lieferant ist grundsätzlich auch in anderen Fällen zu bejahen, in denen der Käufer nach § 346 Abs 3 keinen Wertersatz an den Verkäufer leisten muss. Wenn der Käufer als Endabnehmer wegen Eingreifens eines Befreiungstatbestands des § 346 Abs 3 Satz 1 gegenüber dem Verkäufer nicht zum Wertersatz verpflichtet ist, dann liegt im Rückgriffsverhältnis letztlich kein zur Wertersatzpflicht des Verkäufers führender Veräußerungsfall iSd **§ 346 Abs 2 Satz 1 Nr 2** vor[434]. **241**

Insoweit muss vielmehr die Rücktrittsregelung des § 346 Abs 2 und Abs 3 im Zusammenhang **242** mit dem besonderen Rückgriffstatbestand des § 445a Abs 2 und dessen Zweck ausgelegt werden.

429 BGH NJW 2011, 3085 Rz 11.

430 BGH NJW 2011, 3085 Rz 11; Staud/Kaiser § 346 Rz 161; MünchKomm/Gaier § 346 Rz 107; BeckOGK/Schall § 346 Rz 563 ff; aA Soergel/Lobinger § 346 Rz 96 ff.

431 BGH NJW 2011, 3085 Rz 11; vgl zu den Einzelheiten der proportionalen Berechnungsmethode § 441 Rz 17 ff.

432 Vgl jurisPK/Ball Rz 46.

433 Für den Fall des § 346 Abs 3 Satz 1 Nr 3 MünchKomm/Lorenz Rz 54; BeckOGK/Arnold Rz 147; jurisPK/Ball Rz 47.

434 Vgl MünchKomm/Lorenz Rz 54; BeckOGK/Arnold Rz 147; jurisPK/Ball Rz 47.

Die Folgen der mangelbedingten Gewährleistungshaftung des Letztverkäufers gegenüber dem Käufer als Endabnehmer im letzten Kaufverhältnis der Lieferkette sollen eben nicht allein vom Letztverkäufer, sondern über den Regress in der gesamten Lieferkette letztlich vom **Hersteller** getragen werden. Zu diesen Folgen gehört auch eine **fehlende Wertersatzpflicht des Käufers** im Falle des Untergangs der Kaufsache. Ist der Käufer nach Erklärung des Rücktritts vom Kaufvertrag gegenüber dem Verkäufer weder zur Rückgabe der Kaufsache noch zum Wertersatz verpflichtet, so liegt im Verhältnis zwischen dem Verkäufer und dem Lieferanten der **Befreiungstatbestand des § 346 Abs 3 Satz 1 Nr 3 in analoger Anwendung** vor, es sei denn, dem Verkäufer fällt hinsichtlich des Untergangs der Ware ein Sorgfaltspflichtverstoß zur Last. Die im Kaufverhältnis zwischen dem Käufer (Endabnehmer) und dem Verkäufer zugunsten des Käufers unmittelbar anwendbaren Befreiungen von der Wertersatzpflicht nach § 346 Abs 3 sind daher grundsätzlich entsprechend auf das Rückgriffsverhältnis zwischen dem Verkäufer und dem Lieferanten anwendbar[435].

243 4. **Minderung gegenüber dem Lieferanten nach § 445a Abs 2 iVm §§ 437 Nr 2, 441.** Liegen die Rückgriffsvoraussetzungen des § 445a Abs 2 vor, so kann der Verkäufer gegenüber dem Lieferanten auch dann den Kaufpreis mindern, wenn der Käufer (Endabnehmer) einen **anderen Rechtsbehelf** ausgeübt hat. Der Verkäufer ist auch hier nicht auf das **konkrete Regressinteresse** beschränkt[436]. Für die Berechnung der Minderung gilt § 441 Abs 3 und daher die **Proportionalmethode**[437]. Maßgebend ist damit nicht der vom Verkäufer im Rahmen des Weiterverkaufs mit dem Käufer (Endabnehmer) im letzten Kaufverhältnis der Lieferkette vereinbarte Kaufpreis, sondern der im vorgelagerten Verhältnis zwischen Verkäufer und Lieferanten festgesetzte Kaufpreis[438]. Bei der Berechnung der Minderung nach § 441 Abs 3 kommt es für die Bestimmung des **Wertes der Sache in mangelfreiem Zustand** auf die für das Rückgriffsverhältnis **einschlägige Vertriebsstufe** an. Für Waren, die über – uU auch längere – Vertriebsketten abgesetzt werden, ergeben sich auf den einzelnen Vertriebsstufen **unterschiedliche Verkehrswerte (Marktpreise)**. Denn die vom Hersteller und jedem einzelnen Zwischenhändler der Lieferkette beanspruchte Handelsspanne (Marge) führt regelmäßig zu einem synchronen **Anstieg der Verkehrswerte** und der Veräußerungspreise auf den einzelnen Vertriebsstufen der Lieferkette bis zum Verkauf an den Endabnehmer (Käufer iSd § 445a Abs 1 und Abs 2). Die Berechnung der Minderung nach § 441 Abs 3 im Rückgriffsverhältnis zwischen Verkäufer und Lieferant ist daher nicht abhängig von dem im letzten Kaufverhältnis der Lieferkette zwischen Verkäufer und Käufer für die Minderung zugrunde zu legenden Kaufpreis. Es handelt sich vielmehr um **verschiedene Vertriebsstufen** mit eigenständigen Kaufverträgen und unterschiedlichen Preiskalkulationen.

244 Der vom Letztverkäufer im Falle der vom Käufer erklärten Minderung zu tragende Verlust in Höhe des Minderungsbetrags (Differenz zwischen vereinbartem und gemindertem Kaufpreis) ist **kein Gewährleistungsaufwand**, der vom Lieferanten unmittelbar im Rahmen des Rückgriffs verlangt werden könnte[439]. Vom **Aufwendungsersatzanspruch des § 445a Abs 1** wird dieser minderungsbedingte Vermögensnachteil deshalb nicht erfasst, weil er nicht auf einer **Nacherfüllung** gegenüber dem Käufer (Endabnehmer) beruht. Andererseits wird der Umfang der Minderung im **Rückgriffsverhältnis** nicht durch den Minderungsbetrag beschränkt, der sich im Falle einer Minderung im letzten Kaufverhältnis der Lieferkette zwischen Verkäufer und Käufer ergibt[440]. Da der Letztverkäufer die vom Lieferanten bezogene Ware idR zu einem Preis an den Käufer weiterveräußert, der über dem an den Lieferanten gezahlten **Händler-Einkaufspreis** liegt, muss der Verkäufer zwar in dem Fall, in dem es in **beiden Kaufverhältnissen** wegen eines Mangels zu einer Minderung des Kaufpreises kommt, an den Käufer (Endabnehmer) idR einen Betrag zurückerstatten, den er zumindest nicht in voller Höhe vom Lieferanten im Rahmen des Rückgriffs nach § 445a Abs 2 iVm §§ 437 Nr 2, 441 verlangen kann. Dies ist aber eine schlichte Folge der für die Berechnung der Minderung geltenden **proportionalen Berechnungsmethode** des § 441 Abs 3[441], bei der eben der **konkret vereinbarte Kaufpreis** und der **objektive Verkehrswert** auf der einschlägigen Vertriebsstufe zugrunde zu legen sind. Soweit aufseiten des Letztverkäufers durch die Minderungserklärung des Käufers (Endabnehmers) ein Schaden in Gestalt eines zum Teil **entgangenen Händlergewinns (Marge)** verbleibt, kann

435 Vgl oben MünchKomm/Lorenz Rz 54; BeckOGK/Arnold Rz 147; jurisPK/Ball Rz 47.
436 Vgl dazu Rz 234 ff.
437 Vgl zu den Einzelheiten § 441 Rz 17 ff.
438 MünchKomm/Lorenz Rz 54; BeckOGK/Arnold Rz 146; jurisPK/Ball Rz 46; NK/Büdenbender Rz 31; Böhle, Der Rückgriff in der Lieferkette gem §§ 478, 479 BGB, 2004, S 84 f (zu § 478 aF); Höpker, Verkäuferregress, 2003, S 129 (zu § 478 aF); Schumacher, Der Lieferantenregress gem §§ 478, 479 BGB, 2004, S 151 f (zu § 478 aF).
439 MünchKomm/Lorenz Rz 54; BeckOGK/Arnold Rz 146; jurisPK/Ball Rz 46; NK/Büdenbender Rz 31 (kein Weiterreichen des Minderungsvolumens an Vor-Lieferanten).
440 AA Schumacher, Der Lieferantenregress gem §§ 478, 479 BGB, 2004, S 151 ff (zu § 478 aF).
441 Vgl dazu § 441 Rz 17 ff.

dieser im Rahmen eines Schadensersatzanspruchs gem § 437 Nr 3 iVm § 280 Abs 1 vom Lieferanten bei Vorliegen eines **Vertretenmüssens** verlangt werden[442].

5. **Schadensersatzanspruch des Verkäufers gegen den Lieferanten nach § 445a Abs 2 iVm § 437 Nr 3.** In Bezug auf etwaige Schadensersatzansprüche des Verkäufers gegen den Lieferanten führt § 445a Abs 2 zu einer Privilegierung, soweit es um den Anspruch auf **Schadensersatz statt der Leistung** geht. Denn nur für diese Schadensersatzart ist gem § 437 Nr 3 iVm §§ 280 Abs 1 und Abs 3, 281 Abs 1 grundsätzlich eine **erfolglose Fristsetzung** notwendig. Das Fristerfordernis entfällt gem § 445a Abs 2 sowohl für die Geltendmachung des „großen Schadensersatzes" (Schadensersatz statt der ganzen Leistung) als auch hinsichtlich des „kleinen Schadensersatzes" (Ersatz des Differenzschadens bei Behalt der mangelhaften Sache). Die Anwendung des § 445a Abs 2 auf die Varianten des Schadensersatzes statt der Leistung ist deshalb konsequent, weil beim Rückgriff gegen den Lieferanten nach § 445a Abs 1 und Abs 2 das Prinzip des **Vorrangs der Nacherfüllung** nicht gilt[443]. Daraus folgt zugleich, dass § 445a Abs 2 nicht Platz greift, wenn der Verkäufer vom Lieferanten gem § 437 Nr 3 iVm § 280 Abs 1 den Ausgleich **mangelbedingter Begleitschäden (Mangelfolgeschäden)** im Rahmen eines ohnehin gegebenen Anspruchs auf **Schadensersatz neben der Leistung** verlangt. Denn derartige Schäden können durch eine künftige Nacherfüllung, für die auch eine Frist gesetzt werden könnte, grundsätzlich nicht mehr beseitigt werden, so dass in Bezug auf den Schadensersatz neben der Leistung auch kein Fristsetzungserfordernis iSd § 281 Abs 1 Satz 1 durch eine Anwendung des § 445a Abs 2 wegfallen kann. 245

Der Anspruch auf Schadensersatz statt der Leistung kann vom Verkäufer bei Vorliegen der Rückgriffsvoraussetzungen des § 445a Abs 2 auch dann **ohne vorherige Fristsetzung** gegen seinen Lieferanten geltend gemacht werden, wenn der Käufer (Endabnehmer) im Rahmen der Gewährleistung im letzten Kaufverhältnis der Lieferkette gegenüber dem Verkäufer einen anderen Rechtsbehelf ausgeübt hat. Dies folgt aus dem allgemeinen Grundsatz, dass der Rückgriff des Verkäufers gegen den Lieferanten nicht auf das **konkrete Regressinteresse** beschränkt ist[444]. Ist hier der Lieferant zugleich der Hersteller der Ware, so hat er den Mangel häufig zu vertreten, so dass dem Verkäufer nach § 437 Nr 3 ein Anspruch auf Schadensersatz statt der Leistung zusteht. Bei Vorliegen der Voraussetzungen des §§ 445a Abs 2, 437 Nr 3 umfasst der vom Lieferanten zu ersetzende Schaden regelmäßig die dem Letztverkäufer als Zwischenhändler entgangenen **Handelsspanne (Marge)**. In dem Fall, in dem der Verkäufer gegenüber dem Käufer (Endabnehmer) gem § 437 Nr 3 zum Schadensersatz statt der Leistung verpflichtet ist, steht dem Verkäufer nicht ohne weiteres ein entsprechender Schadensersatzanspruch gegen seinen Lieferanten zu. Denn zum einen liegt ein im letzten Kaufverhältnis der Lieferkette zwischen Verkäufer und Käufer gegebener Mangel nicht unbedingt auch im Rückgriffverhältnis zwischen Verkäufer und Lieferant vor[445]. Zum anderen folgt aus einem **Vertretenmüssen des Verkäufers** im Verhältnis zum Käufer nicht unmittelbar ein entsprechendes Vertretenmüssen des Lieferanten als Rückgriffsschuldner. 246

6. **Wahlrecht des Letztverkäufers zwischen Rückgriff nach § 445a Abs 2 und Nacherfüllung gem §§ 437 Nr 1, 439 Abs 1.** Die Rückgriffsregelung des § 445a Abs 2 räumt dem Verkäufer zwar einen erleichterten Zugang zu den sekundären Gewährleistungsrechten aus § 437 Nr 2 und Nr 3 gegen seinen Lieferanten ein. Der Verkäufer verliert aber bei Vorliegen des Tatbestands des § 445a Abs 2 nicht seinen **originären Nacherfüllungsanspruch** aus § 437 Nr 1 iVm § 439 Abs 1[446]. Die im Wegfall des Fristsetzungserfordernisses aus §§ 281 Abs 1, 323 Abs 1 bestehende Privilegierung des § 445a Abs 2 stellt daher für den Verkäufer nur eine **Option** dar. Für die Geltendmachung des originären Nacherfüllungsanspruchs aus § 437 Nr 1 iVm § 439 Abs 1 muss der Verkäufer daher **kein besonderes Nacherfüllungsinteresse** gegenüber dem Lieferanten darlegen. Der Anspruch auf Ersatzlieferung kann für den Verkäufer insbes dann vorzugswürdig sein, wenn er aus seinem **eigenen Warenvorrat** bereits eine Ersatzsache an den Käufer geliefert hat und wegen **guter Nachfrage** ohnehin ständig neue Ware benötigt. Inzwischen erfolgte **Preissteigerungen** verstärken ein solches Interesse des Letztverkäufers. Denn ein von ihm gem § 445a Abs 2 iVm § 437 Nr 2 erklärter **Rücktritt vom Kaufvertrag** würde nun dazu führen, dass er die benötigte Ersatzsache nur durch Abschluss eines neuen Kaufvertrags zu einem jetzt höheren Händler-Einkaufspreis beziehen könnte. 247

442 BeckOGK/Arnold Rz 146; NK/Büdenbender Rz 31.
443 Vgl dazu Rz 28, 152.
444 Vgl Rz 234 ff.
445 Vgl zu den Ursachen einer Diskrepanz Rz 292.
446 Vgl Begr Gesetzentwurf, BT-Drucks 14/6040, S 247 zu § 478 Abs 1 aF („Ihm stehen deshalb die in § 437 RE bezeichneten Rechte und Ansprüche wie jedem anderen Käufer auch zu."); Erman/Grunewald Rz 12; BeckOGK/Arnold Rz 144; BeckOK/Faust Rz 25; Staud/Bach Rz 118.

248 Zudem können eine **Warenknappheit oder sonstige Störungen der betreffenden Lieferkette** ausschlaggebend sein für die Wahl der Ersatzlieferung durch den Letztverkäufer. Selbstverständlich kann der Lieferant auch von sich aus dem Verkäufer eine Ersatzlieferung oder sonstige Nacherfüllungsleistungen anbieten, um ihm gegenüber eine Rückgriffshaftung nach § 445a Abs 2 und einen daraus resultierenden vollständigen oder teilweisen Verlust des Kaufpreises als Grundlage der Handelsspanne (Marge) abzuwenden. Der Verkäufer muss auf ein solches Angebot zwar nicht eingehen. Zum Zwecke der Aufrechterhaltung einer **gut funktionierenden Lieferbeziehung** kann dies aber selbst dann geboten sein, wenn aktuell keine Störungen in der einschlägigen Lieferkette bestehen. Dies gilt vor allem dann, wenn der Letztverkäufer als Zwischenhändler beim **Einkauf der Ware** trotz Nichtvorliegens einer Warenknappheit keine besseren Bezugsalternativen hat.

D. Wahl zwischen Rückgriff nach § 445a Abs 2 und Anspruch aus § 445a Abs 1 – Wahlrecht und Ausschluss einer Kombination

I. Wahlrecht des Letztverkäufers bei Ersatzlieferung an Käufer (Endabnehmer) – Grundsätze

249 Wurde im letzten Kaufverhältnis der Lieferkette der vom Käufer (Endabnehmer) geltend gemachte Mangel der Ware vom Verkäufer im Wege einer Ersatzlieferung erfolgreich beseitigt, so liegen in Bezug auf die dem Verkäufer entstandenen **Nacherfüllungsaufwendungen** die Voraussetzungen des Erstattungsanspruchs aus § 445a Abs 1 gegen den Lieferanten vor[447]. Im Falle der Ersatzlieferung aus eigenem Warenbestand des Verkäufers oder nach Bezug der Ersatzsache bei einem **Drittunternehmen** gehören die darauf bezogenen Beschaffungskosten grundsätzlich ebenso zu den nach § 445a Abs 1 erstattungsfähigen Aufwendungen wie etwaige **Transportkosten** und sonstige bei der Durchführung der Lieferung typischerweise anfallenden Kosten. Zugleich wird aber durch eine Ersatzlieferung des Letztverkäufers auch der Rückgriffstatbestand des § 445a Abs 2 erfüllt[448]. Denn nach § 439 Abs 6 Satz 1 kann der Verkäufer im Rahmen einer Ersatzlieferung die **Rückgewähr der mangelhaften Sache** vom Käufer nach Maßgabe der §§ 346 bis 348 verlangen. § 439 Abs 6 Satz 2 statuiert darüber hinaus die **Verpflichtung des Verkäufers**, die ersetzte Sache auf seine Kosten zurückzunehmen. Die Rückgabe der mangelhaften Sache durch den Käufer mit der Folge der Inbesitznahme durch den Verkäufer nach § 439 Abs 6 stellt eine **Rücknahme** iSd § 445a Abs 2 dar[449]. Die Nacherfüllung in Form der Ersatzlieferung an den Käufer (Endabnehmer) dient zum einen dem **Interesse des Käufers** am Erwerb und der Nutzung einer mangelfreien Sache. Zum anderen wahrt die Ersatzlieferung das **Interesse des Letztverkäufers** an der Aufrechterhaltung des Kaufvertrags und des Anspruchs auf die Gegenleistung in Form des Kaufpreises.

II. Keine Kombination von Aufwendungsersatz nach § 445a Abs 1 und Rückgriff nach § 445a Abs 2 bei erfolgreicher Nacherfüllung

250 1. **Grundsatz**. Zum Zwecke der Finanzierung einer gegenüber dem Käufer (Endabnehmer) vorgenommenen **Ersatzlieferung** kann der Letztverkäufer zwar grundsätzlich zwischen dem Aufwendungsersatz nach § 445a Abs 1 und den sekundären Gewährleistungsrechten aus § 445a Abs 2 iVm § 437 Nr 2 und Nr 3 frei wählen, also insbes **vom Kaufvertrag zurücktreten** und die Rückzahlung des an den Lieferanten gezahlten Kaufpreises nach § 346 Abs 1 verlangen. Der Letztverkäufer ist gegenüber dem Lieferanten aber nicht verpflichtet, anstelle des Aufwendungsersatzanspruchs aus § 445a Abs 1 ein nach § 445a Abs 2 ohne Fristsetzungserfordernis eröffnetes sekundäres Gewährleistungsrecht geltend zu machen[450]. Eine **kumulative Geltendmachung** des Aufwendungsersatzanspruchs aus § 445a Abs 1 und eines sekundären Gewährleistungsrechts nach § 445a Abs 2 iVm § 437 Nr 2 oder/und Nr 3 ist im Falle einer **erfolgreichen Ersatzlieferung** grundsätzlich nicht zulässig[451]. Dies gilt auch, soweit es nicht um einen im Rahmen der Beschaffung der Ersatzsache zu zahlenden Kaufpreis, sondern um **Transportkosten** und sonstige **typische Durchführungskosten** geht[452].

251 Anders ist die Rechtslage dagegen dann, wenn die vom Verkäufer versuchte **Nacherfüllung scheitert** und der Käufer (Endabnehmer) deshalb gegen ihn ein sekundäres Gewährleistungsrecht nach § 437 Nr 2 oder/und Nr 3 geltend macht, wodurch der Verkäufer den Kaufpreis ganz

447 Vgl dazu oben Rz 40 ff.
448 MünchKomm/Lorenz Rz 55; BeckOGK/Arnold Rz 148 f; BeckOK/Faust Rz 24.
449 Vgl Rz 191 ff.
450 MünchKomm/Lorenz Rz 56.
451 MünchKomm/Lorenz Rz 55 f; BeckOGK/Arnold Rz 149; BeckOK/Faust Rz 24.
452 Vgl dazu nachfolgend Rz 254.

oder – im Falle einer Minderung – zum Teil verliert und im Rückgriffsverhältnis zum Lieferanten der Tatbestand des § 445a Abs 2 erfüllt wird[453]. Im Falle einer **erfolgreichen Nachbesserung** durch den Letztverkäufer stellt sich die hier in Rede stehende Konkurrenzproblematik deshalb nicht, weil die Voraussetzungen des § 445a Abs 2 wegen Fehlens einer Rücknahme der mangelhaften Ware von vornherein nicht gegeben sind[454].

2. **Einordnung des Aufwendungsersatzanspruchs aus § 445a Abs 1 als Sonderform der Nacherfüllung im Rückgriffsverhältnis.** Bei Vorliegen einer **erfolgreichen Ersatzlieferung** durch den Letztverkäufer liefe eine Kombination des Aufwendungsersatzanspruchs aus § 445a Abs 1 mit einem sekundären Gewährleistungsrecht aus § 445a Abs 2 iVm § 437 Nr 2 und Nr 3 auf eine Vermischung primärer und sekundärer Gewährleistungsrechte hinaus, die weder von § 437 noch von § 445a zugelassen wird. Der Rückgriff des Letztverkäufers nach § 445a darf nicht dazu führen, dass seine – grundsätzlich berechtigten – **Kompensationsinteressen doppelt berücksichtigt** werden[455]. Der Aufwendungsersatzanspruch aus § 445a Abs 1 ist vielmehr als Sonderform der Nacherfüllung im Rückgriffsverhältnis zwischen dem Verkäufer und dem Lieferanten einzuordnen[456]. Wesentliche Grundlage dieses Regressanspruchs ist, dass der **Vorrang der Nacherfüllung** im Rückgriffsverhältnis nicht gilt[457]. Der Ausschluss des privilegierten Rückgriffs nach § 445a Abs 2 im Falle der Inanspruchnahme des Lieferanten auf **Erstattung der Ersatzlieferungskosten** nach § 445a Abs 1 ist letztlich keine Besonderheit des Rückgriffs des Letztverkäufers nach § 445a, sondern stellt auch außerhalb des Kaufrechts ein allgemeines Prinzip dar. 252

Dies belegt insbes die **werkvertragsrechtliche Regelung des § 637**, nach der dem Besteller, wenn er dem Unternehmer erfolglos eine Frist für die Beseitigung des Mangels gesetzt hat, auch ein Recht auf **Selbstvornahme der Mangelbeseitigung** zusteht[458]. Wählt der Besteller nach Ablauf einer für die Beseitigung des festgestellten Werkmangels gesetzten Frist anstelle des Rücktritts oder des Schadensersatzes statt der Leistung die Selbstvornahme der Mangelbeseitigung und verlangt er anschließend die dabei entstandenen Aufwendungen vom Werkunternehmer, so steht dieses Vorgehen einer **Mangelbeseitigung** durch den Werkunternehmer gleich mit der Folge, dass die sekundären Gewährleistungsrechte des Bestellers nunmehr ausgeschlossen sind[459]. Die Rechtsstellung, die der Besteller bei **Vorliegen eines Werkvertrags** nach § 634 Nr 2 iVm § 637 im Falle des Ablaufs einer von ihm für die Mangelbeseitigung gesetzten Frist hat, ist ohne weiteres vergleichbar mit der Situation im Rückgriffsverhältnis zwischen Verkäufer und Lieferant nach Vornahme der Ersatzlieferung an den Käufer (Endabnehmer) gem §§ 437 Nr 1, 439 Abs 1 durch den Verkäufer. Beim **Mietvertrag** sind die sekundären Gewährleistungsrechte des Mieters (Rücktritt und Schadensersatz statt der Leistung) in gleicher Weise ausgeschlossen, wenn der **Mieter** gem § 536a Abs 2 den Mangel in berechtigter Weise selbst beseitigt und den Ersatz der erforderlichen Aufwendungen vom Vermieter verlangt[460]. 253

3. **Keine Unterscheidung zwischen Beschaffungs- und Durchführungskosten.** Verlangt der Letztverkäufer aufgrund eines Ersatzlieferungsverlangens des Käufers (Endabnehmers) wegen Fehlens eines eigenen Vorrats die **Ersatzsache unmittelbar vom Lieferanten**, so macht der Verkäufer seinen originären Nacherfüllungsanspruch aus §§ 437 Nr 1, 439 Abs 1 geltend. Der besondere Rückgriff nach § 445a Abs 2 ist hier ausgeschlossen, wenn der Lieferant dem Letztverkäufer in Erfüllung dieses Verlangens die Ersatzware ordnungsgemäß zur Verfügung stellt. Dem Verkäufer dabei entstandene **nacherfüllungsbezogene Aufwendungen (zB Transportkosten)** hat der Lieferant ihm nach § 439 Abs 2 zu ersetzen. Derartige Aufwendungen sind auch dann vom Lieferanten zu tragen, wenn der Verkäufer die Ersatzsache nicht unmittelbar vom Lieferanten bezieht, sondern einem **eigenen Warenvorrat** entnimmt oder von einem Drittunternehmen erwirbt. 254

Die beim Erwerb der Ersatzware von einem Drittunternehmen angefallenen **Beschaffungskosten** kann der Verkäufer gem § 445a Abs 1 vom Lieferanten grundsätzlich auch dann verlangen, wenn eine unmittelbare Ersatzlieferung durch den Lieferanten kostengünstiger und zumindest genauso schnell gewesen wäre[461]. In Höhe der Mehrkosten kommt allerdings eine **Kürzung nach § 254 Abs 2 analog** in Betracht[462]. Im Falle der Wahl des Aufwendungsersatzanspruchs aus § 445a Abs 1 als Sonderform der Nacherfüllung im Rückgriffsverhältnis ist aber in den hier in Rede stehenden Ersatzlieferungskonstellationen die privilegierte Geltendmachung eines 255

453 Vgl dazu Rz 258 f.
454 Vgl dazu oben Rz 187 ff.
455 MünchKomm/Lorenz Rz 55; jurisPK/Ball Rz 25; BeckOGK/Arnold Rz 148 f.
456 MünchKomm/Lorenz Rz 56; jurisPK/Ball Rz 25; BeckOGK/Arnold Rz 149; BeckOK/Faust Rz 24.
457 Vgl dazu oben Rz 28.
458 Vgl MünchKomm/Lorenz Rz 56..
459 MünchKomm/Busche § 634 Rz 17.
460 Vgl dazu Soergel/Heintzmann § 536a Rz 21.
461 Vgl dazu oben Rz 131.
462 Vgl dazu oben Rz 131.

sekundären Gewährleistungsrechts iSd § 445a Abs 2 ausgeschlossen[463]. Entsprechendes gilt umgekehrt für den Aufwendungsersatz nach § 445a Abs 1, sofern der Verkäufer nach erfolgreicher Ersatzlieferung gem § 445a Abs 2 gegen den Lieferanten vorgeht. Der Verkäufer kann daher zusätzlich zum Rückgriff nach § 445a Abs 2 weder die im Zusammenhang mit der Ersatzlieferung entstandenen reinen **Beschaffungskosten** noch die **typischen Durchführungskosten** (**zB Transportkosten**) verlangen. Ausgeschlossen ist demzufolge aufseiten des Letztverkäufers insbes eine Kombination des Rücktritts gegenüber dem Lieferanten (§ 445a Abs 2 iVm § 437 Nr 2) mit dem Anspruch aus § 445a Abs 1 auf Erstattung der auf die Ersatzlieferung bezogenen Durchführungskosten iSd § 439 Abs 2. Verlangt der Letztverkäufer nach Vornahme einer erfolgreichen Ersatzlieferung vom Lieferanten gem § 445a Abs 1 sowohl die auf die Ware bezogenen **Beschaffungskosten** als auch die entstandenen **Durchführungskosten**, so behält der Verkäufer ohne Einschränkung die durch die Kaufpreiszahlung des Käufers erlangte **Handelsspanne** (**Marge**). Die Ersatzlieferung führt aufgrund des vom Lieferanten nach § 445a Abs 1 geschuldeten Aufwendungsersatzes insoweit letztlich nicht zu einer Einbuße aufseiten des Verkäufers.

256 Tritt der Verkäufer dagegen in der hier in Rede stehenden Situation der erfolgreichen Ersatzlieferung gem § 445a Abs 2 iVm § 437 Nr 2 vom mit dem Lieferanten geschlossenen Kaufvertrag zurück, so kann der Verkäufer zwar aus § 346 Abs 1 vom Lieferanten die **Rückzahlung des Kaufpreises** sowie Herausgabe der darauf **bezogenen Nutzungen** verlangen. Die bei der Ersatzlieferung angefallenen Aufwendungen (Beschaffungs- und Durchführungskosten) sind dagegen nach § 346 Abs 1 nicht erstattungsfähig. Eine Anwendung des § 445a Abs 1 ist insoweit – aus den dargelegten Gründen[464] – ausgeschlossen, weil sie auf eine **systemwidrige Kombination** von Nacherfüllung und Ausübung eines sekundären Gewährleistungsrechts nach § 445a Abs 2 iVm § 437 Nr 2 hinausliefe[465]. Es ist zwar richtig, dass der vom Verkäufer im Rückgriffsverhältnis gegenüber dem Lieferanten erklärte Rücktritt vom Kaufvertrag in Bezug auf die im Verhältnis zum Käufer (Endabnehmer) entstandenen Nacherfüllungsaufwendungen zu einer **bleibenden Vermögenseinbuße** aufseiten des Verkäufers führen kann. Dies kann der Verkäufer aber leicht dadurch vermeiden, dass er die Nacherfüllungsaufwendungen nach § 445a Abs 1 vom Lieferanten ersetzt verlangt und den mit ihm geschlossenen Kaufvertrag unberührt lässt. Ein **wirtschaftliches Interesse** am Rücktritt von diesem Kaufvertrag nach erfolgreicher Ersatzlieferung an den Käufer hat der Letztverkäufer bei inzwischen **gefallenen Händler-Einkaufspreisen**. Der Verkäufer kann nämlich in dieser Situation eine – bei Mangelfreiheit der Ware nicht mögliche – **Sondermarge** in Höhe der Differenz zwischen vereinbartem und aktuellem Händler-Einkaufspreis durch ein Vorgehen nach § 445a Abs 2 iVm §§ 437 Nr 2, 346 Abs 2 erzielen. Dann ist es aber in jeder Hinsicht interessengerecht, dass er nicht zusätzlich **Nacherfüllungsaufwendungen** iSd § 439 Abs 2 im Wege des Rückgriffs gem § 445a Abs 1 liquidieren kann.

257 4. **Zeitpunkt des Erlöschens des Verkäuferwahlrechts**. Das Wahlrecht des Verkäufers zwischen dem Aufwendungsersatzanspruch aus § 445a Abs 1 als Sonderform der Nacherfüllung[466] und den sekundären Gewährleistungsrechten aus § 445a Abs 2 iVm § 437 Nr 2 und Nr 3 im Falle der erfolgreichen Durchführung einer Ersatzlieferung erlischt noch nicht durch ein an den Lieferanten **gerichtetes Aufwendungsersatzverlangen**, sondern erst mit der Erfüllung dieses Anspruchs durch den Lieferanten[467]. Denn der Anspruch aus § 445a Abs 1 stellt nur dann eine Sonderform der Nacherfüllung dar, wenn der Lieferant dem Verkäufer die Aufwendungen tatsächlich erstattet hat und der gewährleistungsbedingte Rückgriff dadurch zum Abschluss kommt[468]. Schwieriger zu beurteilen ist der Fall, in dem der Letztverkäufer gegenüber dem Lieferanten bereits die **Minderung** oder den **Rücktritt vom Kaufvertrag** erklärt hat und anschließend auf den Aufwendungsersatzanspruch aus § 445a Abs 1 überwechseln will. Es handelt sich insoweit um das allgemeine kaufrechtliche Problem der Bindung des gewährleistungsberechtigten Käufers an ein durch Erklärung ausgeübtes Gestaltungsrecht iSd § 437 Nr 2[469]. Ab **Eintritt der Gestaltungswirkung** ist der Käufer, also im Falle des Rückgriffs nach § 445a Abs 2 der Letztverkäufer, an das ausgeübte Gestaltungsrecht in Form des Rücktritts oder der Minderung gebunden[470].

258 5. **Wahlrecht des Letztverkäufers bei erfolgloser Nacherfüllung**. Im Falle einer erfolglosen Nacherfüllung stellt sich die Frage des Wahlrechts zwischen **Aufwendungsersatz nach § 445a Abs 1** und den sekundären Gewährleistungsrechten aus **§ 445a Abs 2 iVm § 437 Nr 2 und Nr 3,** wenn der Verkäufer seine Aufwendungen trotz Fehlschlagens der Mangelbeseitigung

463 MünchKomm/Lorenz Rz 56 f; BeckOGK/Arnold Rz 148 f; BeckOK/Faust Rz 24.
464 Vgl oben Rz 252 f.
465 Vgl oben Rz 252.
466 Vgl dazu oben Rz 252.
467 MünchKomm/Lorenz Rz 56; BeckOK/Faust Rz 24.
468 MünchKomm/Lorenz Rz 56; BeckOK/Faust Rz 24.
469 Vgl dazu die Grundsatzentscheidung BGHZ 218, 320 Rz 23 ff.
470 BGHZ 218, 320 Rz 23 ff; Begr Gesetzentwurf, BT-Drucks 14/6040, S 221.

vom Lieferanten ganz oder zumindest teilweise gem § 445a Abs 1 ersetzt verlangen kann[471]. Ein Fehlschlagen der Nacherfüllung schließt einen Anspruch des Letztverkäufers auf Ersatz entstandener Aufwendungen nicht prinzipiell aus[472]. Entscheidend für die Erstattungsfähigkeit ist hier vielmehr, ob die vorgenommenen Nacherfüllungsmaßnahmen im **Rahmen einer Prognose** zum Zeitpunkt des Beginns als erfolgversprechend eingestuft werden konnten und dann vom Verkäufer oder einem von ihm beauftragten Drittunternehmen auch **fachgerecht ausgeführt** wurden[473]. Im Kaufverhältnis zwischen Letztverkäufer und Käufer (Endabnehmer) vorgenommene erfolglose Nachbesserungsversuche führen regelmäßig zu einem **Fehlschlagen der Nacherfüllung iSd § 440** mit der Folge, dass dem Käufer nunmehr die sekundären Gewährleistungsrechte aus § 437 Nr 2 und Nr 3 gegen den Verkäufer zur Verfügung stehen.

Macht der Käufer wegen eines solchen Fehlschlagens gem § 437 Nr 2 bzw Nr 3 sein Rücktritts- 259
recht, eine Minderung oder Schadensersatz statt der ganzen Leistung gegenüber seinem Verkäufer geltend, so bewirkt diese Gewährleistung, dass der Verkäufer gegen den Lieferanten ohne Fristsetzungserfordernis die sekundären Gewährleistungsrechte des § 445a Abs 2 iVm § 437 Nr 2 und – bei Vorliegen eines Vertretenmüssens – auch einen Schadensersatzanspruch nach § 437 Nr 3 geltend machen kann[474]. Denn die in Rede stehende **Gewährleistungshaftung des Verkäufers** im letzten Kaufverhältnis der Lieferkette führt zu einer Rücknahme der mangelhaften Sache oder zu einer Minderung, so dass der Rückgriffstatbestand des § 445a Abs 2 ohne weiteres erfüllt ist. Kann der Verkäufer im konkreten Fall trotz Erfolglosigkeit der von ihm vorgenommenen Nachbesserung vom Lieferanten nach § 445a Abs 1 den Ersatz seiner **Aufwendungen** verlangen, weil ein fachgerechtes Vorgehen zu bejahen ist, so wird – anders als im Falle einer **erfolgreichen Nacherfüllung**[475] – der privilegierte **Rückgriff nach § 445a Abs 2 nicht ausgeschlossen**[476]. Denn zum einen ist hier keine Beseitigung des Mangels gegeben, die einen Ausschluss der allgemeinen Gewährleistungsrechte des Verkäufers gegen den Lieferanten aus § 437 zur Folge hätte[477]. Zum anderen kommt es bei Erfolglosigkeit der Nacherfüllungsmaßnahmen nicht zu einer **doppelten Kompensation** von Vermögensnachteilen aufseiten des Letztverkäufers[478].

E. Beweislastverteilung und Rechtskraftwirkungen beim Rückgriff nach § 445a Abs 1 und Abs 2

I. Grundsätzliche Beweislast des Verkäufers beim Rückgriff gegen den Lieferanten

Die Darlegungs- und Beweislast bezüglich der Rückgriffsvoraussetzungen des § 445a Abs 1 260
und Abs 2 trägt im Prozess gegen den Lieferanten nach allgemeinen Grundsätzen der **Verkäufer als Regressgläubiger**[479]. Beim Rückgriff in Form des selbständigen Aufwendungsersatzanspruchs aus § 445a Abs 1 bezieht sich die Beweislast des Verkäufers insbes auf das **Bestehen einer Nacherfüllungsverpflichtung** gegenüber dem Käufer (Endabnehmer) und den **Umfang** der getätigten Aufwendungen[480]. Zudem muss der Verkäufer im Streitfall beweisen, dass der Mangel der Ware bereits zum Zeitpunkt des **Übergangs der Gefahr** auf ihn vorhanden war. Im Rahmen des privilegierten Rückgriffs nach § 445a Abs 2 iVm § 437 Nr 2 oder/und Nr 3 trägt der Verkäufer die Darlegungs- und Beweislast dafür, dass dem Käufer (Endabnehmer) ein **einredefreier Gewährleistungsanspruch** zustand, der eine **Rücknahme** der mangelhaften Sache oder eine **Minderung** zur Folge hatte[481].

Da die im Verhältnis zum Käufer (Endabnehmer) bestehende Verpflichtung des Letztverkäu- 261
fers zur **Nacherfüllung aus §§ 437 Nr 1, 439 Abs 1** beim Rückgriff gegen den Lieferanten nach § 445a Abs 1 ein Tatbestandsmerkmal darstellt, dass für den Verkäufer günstig ist, muss der Verkäufer in Anwendung der **allgemeinen Grundregel der Beweislastverteilung (Rosenbergsche Formel oder Normentheorie)** die dafür erforderlichen Tatsachen nachweisen[482]. Denn nach dieser allgemeinen Beweislastregel trägt der Anspruchsteller die Beweislast für die **rechtsbegründenden Tatbestandsmerkmale** und der Anspruchsgegner für die rechtshindern-

471 Vgl dazu oben Rz 129 f.
472 Vgl Rz 129 f.
473 Vgl zu den Einzelheiten Rz 129 f.
474 Vgl dazu oben Rz 232 ff.
475 Vgl dazu oben Rz 250.
476 MünchKomm/Lorenz Rz 57; BeckOGK/Arnold Rz 151.
477 MünchKomm/Lorenz Rz 57.
478 BeckOGK/Arnold Rz 151.
479 MünchKomm/Lorenz Rz 30 (zu § 445a Abs 1) und Rz 50 (zu § 445a Abs 2).
480 MünchKomm/Lorenz Rz 30; BeckOGK/Arnold Rz 166 ff.
481 MünchKomm/Lorenz Rz 50; BeckOGK/Arnold Rz 173 ff; BeckOK/Faust Rz 33.
482 BeckOGK/Arnold Rz 166 ff; iE auch MünchKomm/Lorenz Rz 30 und Rz 50.

den, rechtsvernichtenden sowie rechtshemmenden Merkmale[483]. Daher obliegt dem Verkäufer auch die Beweislast für eine **Rücknahme der Sache** oder eine vom Käufer geltend gemachte **Minderung** beim Rückgriff gegen den Lieferanten nach § 445a Abs 2. Zum Zwecke der Vermeidung eines Rechtsstreits im Rückgriffsverhältnis kann der Verkäufer bei Zweifeln bezüglich seiner eigenen Gewährleistungsverpflichtung gegenüber dem Käufer (Endabnehmer) den **Lieferanten informieren** und nach dessen Stellungnahme entscheiden, ob der vom Käufer geltend gemachte Anspruch erfüllt oder – mit dem Risiko einer nachfolgenden Klageerhebung durch den Käufer – insoweit eine Ablehnung ausgesprochen wird. Stimmt der Lieferant der Vornahme der Gewährleistung im letzten Kaufverhältnis der Lieferkette durch den Verkäufer zu, so kann er sich beim Rückgriff nach § 445a Abs 1 und Abs 2 nicht auf das Fehlen einer Gewährleistungsverpflichtung des Verkäufers gegenüber dem Käufer berufen. Ein derartiges Verhalten des Lieferanten wäre nach **§ 242** wegen Verstoßes gegen das **Verbot des widersprüchlichen Verhaltens** unbeachtlich. Zudem ist die Zustimmung zur Gewährleistung regelmäßig als **deklaratorisches Schuldanerkenntnis** auszulegen.

II. Beweislastumkehr nach §§ 478 Abs 1, 477 Abs 1 bei Vorliegen eines Verbrauchsgüterkaufs am Ende der Lieferkette

262 Nach § 478 Abs 1 findet, wenn der letzte Vertrag in der Lieferkette ein Verbrauchsgüterkauf iSd § 474 ist, die Beweislastregelung des § 477 in den Fällen des § 445a Abs 1 und Abs 2 mit der Maßgabe Anwendung, dass die Frist mit dem **Übergang der Gefahr auf den Verbraucher** beginnt. § 477 regelt beim Verbrauchsgüterkauf eine Beweislastumkehr zugunsten des Verbrauchers in Bezug auf das Vorliegen einer Abweichung von den **Anforderungen des § 434 oder § 475b**. Nach § 477 Abs 1 Satz 1 wird, wenn sich innerhalb **eines Jahres** seit Gefahrübergang ein von den Anforderungen nach § 434 oder § 475b abweichender Zustand der Ware zeigt, das Vorliegen eines Mangels der Ware bereits zum **Zeitpunkt des Gefahrübergangs** vermutet, es sei denn, diese Vermutung ist mit der Art der Ware oder des mangelhaften Zustands unvereinbar. Im Falle des **Kaufs eines lebenden Tieres** gilt diese Vermutung gem § 477 Abs 1 Satz 2 nur für einen Zeitraum von **sechs Monaten** seit Gefahrübergang. Ist beim Kauf von **Waren mit digitalen Elementen** die dauerhafte Bereitstellung der digitalen Elemente im Kaufvertrag vereinbart und zeigt sich ein von den vertraglichen Anforderungen nach § 434 oder § 475b abweichender Zustand der digitalen Elemente während der **Dauer der Bereitstellung** oder innerhalb eines Zeitraums von **zwei Jahren seit Gefahrübergang**, so wird nach der ebenfalls nur für den Verbrauchsgüterkauf geltenden Regelung des § 477 Abs 2 vermutet, dass die digitalen Elemente während der bisherigen Dauer der Bereitstellung mangelhaft waren.

263 Die Regelung des § 478 Abs 1 iVm § 477 Abs 1 stimmt zwar inhaltlich im Prinzip mit – dem vom 1.1.2002 bis zum 31.12.2017 geltenden – § 478 Abs 3 aF überein. Die maßgebliche Frist ist aber von sechs Monaten auf **ein Jahr** verlängert worden. Der **Rechtfertigungsgrund** für die Erstreckung der originär für den Verbrauchsgüterkauf geltenden Beweislastumkehr auf das betreffende Rückgriffsverhältnis besteht nach wie vor darin, dass der Letztverkäufer die Beweislastregelung des § 477 im Verhältnis zum Käufer (Endabnehmer) als **zwingendes Recht** gegen sich gelten lassen muss[484]. Die Anwendung des § 477 (§ 476 aF) beim Regress des Unternehmers gegen den Lieferanten ist eine notwendige Konsequenz der **Absicht des Gesetzgebers**, die Folgen der verschärften Gewährleistungshaftung des Letztverkäufers bei Vorliegen eines Verbrauchsgüterkaufs zwecks Vermeidung von „Regressfallen" auf den Rückgriff in der Lieferkette bis zum Hersteller zu erstrecken[485].

III. Streitverkündung und Nebenintervention im Gewährleistungsprozess zwischen Käufer (Endabnehmer) und Letztverkäufer

264 Hält der Letztverkäufer den vom Käufer (Endabnehmer) geltend gemachten Gewährleistungsanspruch für nicht gegeben und kommt es deshalb zu einer Klage des Käufers, so wirkt die Rechtskraft des ergehenden Urteils grundsätzlich nur **inter partes** mit der Folge, dass der Lieferant als Dritter grundsätzlich nicht daran gebunden ist[486]. Der Verkäufer kann aber als Beklagter dem Lieferanten gem ZPO § 72 den Streit verkünden und damit die **Interventionswirkung**

483 Vgl dazu BGHZ 53, 245, 250; BGHZ 113, 222, 225; BGHZ 121, 357, 364 („Im Zivilrecht hat grundsätzlich jede Partei die Voraussetzungen des ihr günstigen Rechtssatzes zu beweisen, dessen Rechtsfolge sie geltend macht"); MünchKomm/Prütting, ZPO, 2020[6], § 286 Rz 108 ff; Rosenberg, Die Beweislast, 1965[5], S 98 ff; BeckOGK/Arnold Rz 165.

484 MünchKomm/Lorenz § 478 Rz 4; BeckOGK/Arnold § 478 Rz 3.

485 Vgl Begr Gesetzentwurf, BT-Drucks 14/6040, S 247 und S 248 (zu § 478 Abs 3 aF).

486 Vgl MünchKomm/Lorenz Rz 50.

des ZPO § 74 Abs 1 iVm § 68 herbeiführen[487]. Die tatsächlichen Feststellungen und rechtlichen Beurteilungen des im Rechtsstreit zwischen dem Käufer und dem Letztverkäufer (Vorprozess) ergangenen Urteils sind dann im **Folgeprozess** zwischen Letztverkäufer und Lieferanten bindend. Es kann daher vom Lieferanten insbes nicht mehr geltend gemacht werden, dass die Kaufsache bei Übergang der Gefahr auf den Käufer (Endabnehmer) mangelfrei gewesen sei oder aus einem sonstigen Grund keine Gewährleistungsverpflichtung des Verkäufers bestanden habe.

Der Aufwendungsersatzanspruch aus § 445a Abs 1 und die Rückgriffsrechte nach § 445a Abs 2 265 iVm § 437 Nr 2 und Nr 3 sind als **Ansprüche auf Gewährleistung iSd ZPO § 72 Abs 1** anzusehen. Das nach ZPO § 66 Abs 1 erforderliche **rechtliche Interesse** des Lieferanten für einen Beitritt zum Rechtsstreit wird durch das Risiko des Bestehens eines gegen ihn gerichteten Regressanspruchs des Verkäufers aus § 445a Abs 1 oder/und Abs 2 begründet. Nimmt der Verkäufer nach **Klageerhebung des Käufers** eine an den Lieferanten adressierte Streitverkündung nicht vor, so kann der Lieferant von sich aus diesem Rechtsstreit als Nebenintervenient beitreten und dadurch den Ausgang dieses Prozesses beeinflussen[488]. Im Hinblick auf die **Bindungswirkung** des im Gewährleistungsprozess zwischen Käufer (Endabnehmer) und Letztverkäufer ergehenden **Urteils** für und gegen den Lieferanten gilt gem **ZPO § 68** das Gleiche wie im Falle der Streitverkündung.

IV. Dokumentations- und Aufbewahrungspflichten des Letztverkäufers – Rechtsfolgen einer Beweisvereitelung

Dass nach einer vom Letztverkäufer gegenüber dem Käufer (Endabnehmer) gem §§ 437 Nr 1, 266 439 Abs 1 vorgenommenen Beseitigung des Mangels die darauf bezogenen **Untersuchungs- und Kontrollmöglichkeiten** des – grundsätzlich regresspflichtigen – Lieferanten nur noch eingeschränkt gegeben sein können, ist die typische Folge einer derartigen Nachbesserungsmaßnahme. Den Letztverkäufer trifft zwar keine gesetzliche Dokumentationspflicht. Er muss aber bei der Erfüllung von Gewährleistungsansprüchen des Käufers – vor allem bei Durchführung einer Nacherfüllung in Form der **Nachbesserung** – damit rechnen, dass sein Lieferant beim Rückgriff die Voraussetzungen des § 445a Abs 1 oder/und Abs 2 bestreitet, und zwar insbes deshalb, weil jetzt keine Untersuchung und zweifelsfreie Begutachtung mehr möglich ist. Daher ist eine exakte Dokumentation des Mangels und der an den Käufer erbrachten Nacherfüllungsleistungen im eigenen Interesse des Letztverkäufers erforderlich, so dass eine darauf bezogene **Obliegenheit des Letztverkäufers** eindeutig zu bejahen ist. Wird die mangelhafte Sache vom Verkäufer im Rahmen einer **Ersatzlieferung** nach § 439 Abs 6 oder aufgrund eines **Rücktritts des Käufers** gem §§ 437 Nr 2, 346 Abs 1 zurückgenommen, so muss er sie grundsätzlich aufbewahren, um sie dem Lieferanten zum Zwecke der **Prüfung und Rücknahme** zur Verfügung stellen zu können. Eine Entsorgung oder sonstige Verwertung der Sache kann hier nur mit Zustimmung des Lieferanten erfolgen, wenn der Verkäufer eine Beweisnot beim Rückgriff vermeiden will.

Da die Kaufsache im Falle einer **erfolgreichen Nachbesserung** endgültig beim Käufer (End- 267 abnehmer) verbleibt, ist der Letztverkäufer gehalten, den vom Käufer geltend gemachten Mangel ebenso wie den **Umfang seiner Nachbesserungsarbeiten** exakt zu dokumentieren. Wenn dies unterlassen oder nur unzureichend vorgenommen wird und der Lieferant seine **Regresspflicht** bestreitet, dann können aufseiten des Letztverkäufers Schwierigkeiten in Bezug auf den Nachweis des Mangels oder/und der sonstigen Voraussetzungen des Rückgriffanspruchs aus § 445a Abs 1 oder/und Abs 2 im Prozess auftreten. Die Darlegungs- und Beweislast trifft insoweit eben den Letztverkäufer als Regressgläubiger[489]. Mit einer Außerachtlassung der darauf bezogenen gebotenen Sorgfalt erschwert er sich die **eigene Beweisführung**. Zum anderen kann das zuständige Gericht im Regressprozess nach Beweisaufnahme (zB Vernehmung des Käufers als Zeugen) eine fehlende Dokumentation des Mangels oder/und Aufbewahrung der zurückgenommenen Ware im Rahmen der **freien Beweiswürdigung (ZPO § 286)** zu Lasten des Verkäufers als Indiz dafür ansehen, dass in Wirklichkeit kein Mangel vorlag oder sonstige Voraussetzungen des vom Käufer geltend gemachten Gewährleistungsanspruchs fehlten.

V. Streitige Bezugsquelle bei Existenz mehrerer Lieferanten derselben Ware

1. **Darlegungs- und Beweislast des Letztverkäufers.** Bezieht der Letztverkäufer ein und 268 dieselbe Warenart von mehreren Lieferanten, so kann im Falle des **Eintretens eines Gewährleistungsfalls** im nachgelagerten letzten Kaufverhältnis der Lieferkette unklar sein, von welchem

487 MünchKomm/Lorenz Rz 50.
488 Vgl MünchKomm/Lorenz Rz 50.
489 Vgl dazu vorstehend Rz 260 f.

Lieferanten die jetzt im Besitz des gewährleistungsberechtigten Käufers (Endabnehmer) befindliche **mangelhafte Sache** bezogen wurde. Diese Situation ist grundsätzlich ein für den Letztverkäufer als Zwischenhändler leicht erkennbares und auch beherrschbares Risiko. Die Problematik ist ohnehin idR beschränkt auf Waren, die neben der reinen Produktbezeichnung keine besonderen **individualisierenden Kennzeichnungen (zB Chargen- oder Gerätenummer)** aufweisen, die bei Auftreten eines Mangels nach dem Letztverkauf an den Endabnehmer eine Identifizierung des Lieferanten und die **Nachverfolgung in der Vertriebskette** ermöglichen. Der Verkäufer ist bei Bezug der Ware von mehreren Lieferanten im eigenen Interesse gehalten, die einzelnen Lieferungen nach Möglichkeit so zu separieren, dass im Gewährleistungsfall eine Nachverfolgung ohne weiteres möglich ist. Der Verkäufer trägt bei Inanspruchnahme eines bestimmten Lieferanten die Beweislast dafür, dass die mangelhafte Sache von diesem Lieferanten bezogen wurde[490]. Wenn also im konkreten Gewährleistungsfall mehrere Großhändler als Lieferanten in Betracht kommen und die Frage des Bezugs letztlich nicht geklärt werden kann, dann haftet kein Großhändler. Eine Anwendung des **Rechtsgedankens des § 830 Abs 1 Satz 2** scheidet aus, weil nicht alle in Betracht kommenden Lieferanten pflichtwidrig gehandelt haben. Es kann sich vielmehr jeder darauf berufen, dass er mangelfreie Ware geliefert und daher seine Pflichten aus § 433 Abs 1 erfüllt habe.

269 2. **Haftung des Herstellers bei fehlender Bestimmbarkeit des Lieferanten als Zwischenhändler – Liefervertrag mit Schutzwirkung für Dritte.** Eindeutig zu bejahen ist bei fehlender Bestimmbarkeit des Lieferanten der Sache, die wegen Mangelhaftigkeit Gewährleistung im letzten Kaufverhältnis ausgelöst hat, die Letztverantwortung des Herstellers der betreffenden von ihm in den Verkehr gebrachten Ware. Eine **unmittelbare Vertragshaftung** des – mit dem Lieferanten nicht identischen – Herstellers scheidet allerdings deshalb aus, weil er nicht Vertragspartner des Letztverkäufers ist. Dies ändert aber nichts daran, dass der Hersteller nicht nur wirtschaftlich, sondern auch nach dem Sinn und Zweck des Rückgriffs nach § 445a den Gewährleistungsaufwand tragen muss, sofern der Mangel nicht erst **nach Gefahrübergang** – etwa auf dem Transport oder bei der Lagerung – entstanden ist. Beweisschwierigkeiten aufseiten des Letztverkäufers in Bezug auf die Bestimmung des Lieferanten der mangelhaften Ware dürfen daher im Ergebnis nicht zu einer Entlastung des Herstellers führen.

270 Rechtlicher Ausgangspunkt für die Lösung der hier in Rede stehenden speziellen Rückgriffsproblematik sind die **Lieferverträge** zwischen dem Hersteller und den verschiedenen Lieferanten (Großhändlern) iSd § 445a, die an den Letztverkäufer die betreffende Ware weiterveräußert haben. Verzichtet der Hersteller von Massenware **bei fehlender gesetzlicher Kennzeichnungspflicht** aus wirtschaftlichen Gründen auf eine Kennzeichnung der Ware, die bei Auftreten eines Mangels beim Käufer (Endabnehmer) im letzten Kaufverhältnis der Lieferkette die Möglichkeit einer **Nachverfolgung des Vertriebsweges** eröffnen würde, so kann es für die Haftung des Herstellers nicht darauf ankommen, ob dem Letztverkäufer die Bestimmung des Lieferanten gelingt, der die mangelhafte Ware geliefert hat. Die Lieferverträge zwischen dem Hersteller und den Großhändlern sind deshalb beim Vertrieb von nicht besonders gekennzeichneter Ware im Wege einer **ergänzenden Vertragsauslegung** dahin gehend auszulegen, dass der Letztverkäufer als Dritter gem § 311 Abs 3 in Verbindung mit den Grundsätzen über den Vertrag mit Schutzwirkung für Dritte in den **Schutzbereich dieser Verträge** einbezogen ist und demzufolge unmittelbar Rückgriffsrechte nach § 445a Abs 1 oder/und Abs 2 gegen den Hersteller geltend machen kann.

F. Von § 445a Abs 1 und Abs 2 abweichende Parteivereinbarungen

I. Dispositivität als Grundprinzip – Umkehrschluss aus § 478 Abs 2

271 Die Regelung des § 478 enthält Sonderbestimmungen für den Rückgriff des Letztverkäufers bei Vorliegen eines **Verbrauchsgüterkaufs iSd § 474** am Ende der Lieferkette. Gem § 478 Abs 1 findet dann die Beweislastumkehr des § 477 in den Rückgriffkonstellationen des § 445a Abs 1 und Abs 2 mit der Maßgabe Anwendung, dass die Frist mit dem **Übergang der Gefahr** auf den Verbraucher (Endabnehmer) beginnt. Nach § 478 Abs 2 Satz 1 kann sich der Lieferant auf eine vor **Mitteilung eines Mangels** an den Lieferanten getroffene Vereinbarung, die zum Nachteil des Unternehmers (Letztverkäufers) von § 478 Abs 1 und von den §§ 433 bis 435, 437, 439 bis 443, 445a Abs 1 und Abs 2 sowie den §§ 445b, 475b und § 475c abweicht, nicht berufen, wenn dem Rückgriffsgläubiger kein **gleichwertiger Ausgleich** eingeräumt wird[491]. In der für **alle**

490 Vgl zur allgemeinen Beweislastverteilung beim Regress gegen den Lieferanten oben Rz 260 ff.

491 Vgl dazu unten Rz 279.

Kaufverträge über neu hergestellte Waren geltenden allgemeinen Rückgriffsregelung des § 445a ist eine § 478 Abs 2 entsprechende Vorschrift zu den Voraussetzungen einer Abbedingung der Rückgriffshaftung des Lieferanten nach § 445a Abs 1 und Abs 2 nicht enthalten. Aus der nur für den Fall des Verbrauchsgüterkaufs am Ende der Lieferkette geltenden Regelung des § 478 Abs 2 folgt daher im Umkehrschluss, dass bei Nichtvorliegen eines derartigen Kaufverhältnisses am Ende der Lieferkette, also insbes bei **Kaufverträgen zwischen Unternehmern (B2B-Verträgen)**, grundsätzlich von einer Dispositivität (Abdingbarkeit) des § 445a auszugehen ist[492].

II. Rechtliche Beurteilung abweichender Vereinbarungen

1. **Individualvereinbarungen – grundsätzliche Zulässigkeit**. Aus der Dispositivität des § 445a folgt zwar, dass Lieferant und Letztverkäufer durch Individualvereinbarung die gesetzliche Rückgriffshaftung des Lieferanten aus § 445a Abs 1 und Abs 2 grundsätzlich modifizieren und auch ausschließen können. Problematisch sind aber Vereinbarungen, die sich im nachgelagerten letzten Kaufverhältnis der Lieferkette zu Lasten des Käufers (Endabnehmers) auswirken können und daher den Charakter eines **Vertrags zu Lasten Dritter** haben. Eine vertragliche Verpflichtung des Letztverkäufers zur **Einschaltung des Lieferanten** in dem Fall, in dem der Käufer von ihm gem §§ 437 Nr 1, 439 Abs 1 eine Nacherfüllung verlangt, beeinträchtigt die Interessen des Käufers, sofern der Lieferant nach Erhalt einer derartigen Mitteilung des Letztverkäufers die Nacherfüllung nicht sofort vornimmt, sondern verzögert oder unterlässt. Für den Letztverkäufer besteht hier im Falle der Durchführung der vom Käufer verlangten **Nacherfüllung in eigener Regie** das Risiko, dass der Lieferant unter Berufung auf eine Verletzung der kaufvertraglichen Verpflichtung zur Hinzuziehung jede Regresshaftung ablehnt. Dies spricht aber deshalb nicht gegen eine Zulässigkeit der in Rede stehenden Modifikation der gesetzlichen Rückgriffshaftung, weil der Letztverkäufer dem Lieferanten bei Unterlassung einer unverzüglichen Nacherfüllung gem **§§ 281 Abs 1 Satz 1, 323 Abs 1** eine Frist setzen kann, wobei in Bezug auf die Frage der **Angemessenheit der Frist** im konkreten Einzelfall die Interessen des nacherfüllungsberechtigten Käufers (Endabnehmers) zu berücksichtigen sind. Die auf die **Einbeziehung des Lieferanten** bei der Nacherfüllung bezogene Modifikation der gesetzlichen Rückgriffshaftung nach § 445a Abs 1 und Abs 2 ist daher generell zulässig, sofern es sich um eine Individualvereinbarung handelt[493]. Unbedenklich sind zudem Individualvereinbarungen bezüglich der Modifikation der **Untersuchungs- und Rügeobliegenheit (HGB § 377)** des Letztverkäufers als Kaufmann[494]. 272

2. **Vereinbarungen in formularmäßigen Einkaufs- oder Lieferbedingungen (AGB)**. – a) **Berücksichtigung des Grundgedankens des § 309 Nr 8 lit b cc bei der Angemessenheitskontrolle nach § 307 Abs 2 Nr 1 – Grundlagen**. Nach § 309 Nr 8 lit b cc sind in AGB Bestimmungen unwirksam, die beim Verkauf von **neu hergestellten Sachen** die Verpflichtung des Verwenders ausschließen oder beschränken, die zum **Zwecke der Nacherfüllung** erforderlichen Aufwendungen nach § 439 Abs 2 und Abs 3 oder § 635 Abs 2 zu tragen oder zu ersetzen. Die Regressvorschrift des § 445a Abs 1 wird in § 309 Nr 8 lit b cc nicht erwähnt. Dies überrascht deshalb nicht, weil gem § 310 Abs 1 Satz 1 die Klauselverbote des § 309 nur für **Verbraucherverträge** gelten[495]. Der Kaufvertrag zwischen dem Lieferanten und dem Letztverkäufer iSd § 445a Abs 1 und Abs 2 ist zwar nicht zwingend ein Vertrag zwischen Unternehmern (B2B-Geschäft). Die Verbraucherstellung des Letztverkäufers ist allerdings unzweifelhaft ein nicht regelungsbedürftiger Ausnahmefall. Die Regelung des **§ 310 Abs 1 Satz 2** stellt klar, dass ein in § 309 genanntes Klauselverbot auch bei B2B-Lieferverträgen im Rahmen der Anwendung des § 307 zur Unwirksamkeit der betreffenden Vertragsbestimmung führen kann[496]. 273

Nach **§ 307 Abs 2 Nr 1** ist eine **unangemessene Benachteiligung** des Vertragspartners des Verwenders im Zweifel anzunehmen, wenn eine Bestimmung mit **wesentlichen Grundgedanken** der gesetzlichen Regelung, von der abgewichen wird, nicht zu vereinbaren ist. In Bezug auf die Frage, ob eine Abbedingung des § 445a Abs 1 und Abs 2 mit wesentlichen Grundgedanken dieser Rückgriffsnormen zu vereinbaren ist, spielt die **Absicht des Gesetzgebers**[497], mit § 309 Nr 8 lit b cc „dem Interesse an einer Regresskette, die möglichst bis zu dem für den Mangel der Kaufsache Verantwortlichen reicht" Rechnung zu tragen, eine nicht unbedeutende Rolle[498]. Es wird zwar zutreffend darauf hingewiesen, dass es beim Regress in der Lieferkette nicht um den Schutz einer **typischerweise schwächeren Partei** gehe, sondern sich hier regelmäßig „ebenbür- 274

492 MünchKomm/Lorenz Rz 66; BeckOGK/Arnold Rz 159; Erman/Grunewald Rz 17.

493 So iE auch MünchKomm/Lorenz Rz 66; BeckOGK/S Arnold Rz 159.

494 Vgl dazu unten Rz 312 ff.

495 Vgl BeckOGK/Arnold Rz 162.

496 Vgl MünchKomm/Lorenz Rz 67.

497 Begr Gesetzentwurf, BT-Drucks 18/8486, S 36 (zu § 445a).

498 So zutreffend BeckOGK/Arnold Rz 164; aA MünchKomm/Lorenz Rz 69.

tige Handelspartner" gegenüberstehen[499]. Gleichwohl können nicht nur in den vorkommenden Fällen der Störung der **rohstoffbezogenen Lieferketten** oder/und des **internationalen Gütertransports** erhebliche Engpässe entstehen mit der Folge, dass die Auswahlmöglichkeiten der Zwischenhändler auf den Beschaffungsmärkten sehr eingeschränkt sind und echte **Abhängigkeiten** aufseiten der potentiellen Letztverkäufer beim Einkauf der Ware entstehen. Bei funktionierenden Lieferketten und bestehendem Wettbewerb ist der Letztverkäufer als Einkäufer wegen **vorhandener Ausweichmöglichkeiten** in der besseren Position. Probleme in den Lieferketten und sonstige Umstände können aber plötzlich entstehen und die bisherigen Marktpositionen der beteiligten Händler wesentlich verändern, so dass eine generelle Einordnung als ebenbürtig, marktschwach oder marktstark nicht möglich ist[500]. Eine Angemessenheitskontrolle nach § 307 ist daher jedenfalls nicht von vornherein ausgeschlossen.

275 b) **Unwirksamkeit des völligen Ausschlusses der Rückgriffshaftung**. Entscheidend für die Anwendung des § 307 Abs 2 Nr 2 im Falle des Ausschlusses des § 445a Abs 1 und Abs 2 ist, dass diese Rückgriffsvorschriften – zum Teil im Zusammenspiel mit § 309 Nr 8 lit b cc – eine **Regresskette garantieren** sollen, die bis zum Verantwortlichen reicht und „Regressfallen" vermeidet[501]. Letztverantwortlicher ist unzweifelhaft der **Hersteller.** Die Abwälzung der Verantwortung für die Mangelfreiheit **einer neu hergestellten Sache** auf einen Abnehmer der Lieferkette in AGB verstößt daher gegen § 307 Abs 2 Nr 2, und zwar unabhängig davon, ob der Käufer ein **Endabnehmer** oder ein **Zwischenhändler (Weiterverkäufer)** ist[502]. Ebenso unwirksam nach § 307 Abs 2 Nr 2 ist der formularmäßige Ausschluss der Anwendung des § 445a Abs 1 und Abs 2 in Kaufverträgen zwischen einem Lieferanten und dem Letztverkäufer[503]. Denn der Lieferant unterbricht hier die Regresskette nicht nur zu seinen Gunsten, sondern auch zu Gunsten des Herstellers, der für den Mangel verantwortlich ist. Die Unangemessenheit ergibt sich hier gerade daraus, dass jeder auf Rückgriff in Anspruch genommene Zwischenhändler die Möglichkeit haben muss, den gegenüber seinem Abnehmer **geschuldeten Regressaufwand** an seinen Verkäufer **„weiterzureichen"**, so dass die Letztverantwortung des Herstellers gewährleistet ist[504].

276 c) **Rechtfertigung von Modifikationen durch sachliches Interesse des Lieferanten**. In Bezug auf die Frage, inwieweit Modifikationen der gesetzlichen Rückgriffshaftung nach § 445a Abs 1 und Abs 2 als unangemessen iSd § 307 Abs 2 Nr 2 anzusehen sind, ist eine **differenzierte Betrachtung** erforderlich. Unbedenklich sind formularmäßige Abweichungen, sofern die Regresskette mit **Letztverantwortung des Herstellers** im Grundsatz erhalten bleibt und die konkrete vertragliche Gestaltung durch ein **sachliches Interesse der Lieferanten** gerechtfertigt ist. Zu bejahen ist die Angemessenheit der Klausel vor allem in den Fällen, in denen zum Zwecke der **Vereinfachung der Abwicklung** ein pauschalierter Ausgleich – etwa in Gestalt der Lieferung zusätzlicher Warenstücke ohne Berechnung – gewährt wird. Dies gilt auch dann, wenn der Ausgleich in einzelnen Regressfällen hinter den Ansprüchen nach § 445a Abs 1 und Abs 2 zurückbleibt, sofern die **Kompensation insgesamt** als ausgewogen anzusehen ist.

277 d) **Unwirksamkeit der Vereinbarung eines Verschuldenserfordernisses**. Generell als unangemessen iSd § 307 Abs 2 Nr 1 anzusehen sind dagegen Bestimmungen in AGB des Lieferanten, nach denen seine Regresshaftung – außerhalb der Schadensersatzhaftung nach §§ 437 Nr 3, 280, 281, 283 – vom **Vertretenmüssen** abhängen soll[505]. Das Vertretenmüssen ist beim Rückgriff in der Lieferkette deshalb von vornherein kein sachgerechtes Haftungskriterium, weil sowohl die **Nacherfüllungshaftung** des Letztverkäufers nach § 437 Nr 1 als auch der **Rücktritt** und die **Minderung** des Käufers (Endabnehmers) nach § 437 Nr 2 ein Verschulden des Letztverkäufers nicht voraussetzen. Zudem hat der Lieferant iSd § 445a Abs 1 und Abs 2, wenn er nicht zugleich der Hersteller der Ware ist, den vom Käufer (Endabnehmer) gegenüber dem Letztverkäufer geltend gemachten Mangel in den meisten Fällen nicht zu vertreten. Vom Lieferanten als Zwischenhändler verwendete AGB, die eine Rückgriffshaftung vom Vertretenmüssen abhängig machen, führen daher zu einem **faktischen Ausschluss der Rückgriffshaftung**, wodurch dann auch – wegen Unterbrechung der Regresskette – in unangemessener Weise die Letztverantwortung des Herstellers aufgehoben würde. Hinzu kommt, dass der in Rede stehende **Verschuldensnachweis** vom Abnehmer des Lieferanten nur schwer zu führen wäre[506].

499 MünchKomm/Lorenz Rz 68.
500 Vgl dazu auch BeckOGK/Arnold Rz 163.
501 Begr Gesetzentwurf, BT-Drucks 18/8486, S 36 (zu § 445a); BeckOGK/Arnold Rz 163 f.
502 So auch BeckOGK/Arnold Rz 163 f.
503 BeckOGK/Arnold Rz 163 f; aA MünchKomm/Lorenz Rz 68 f.
504 BeckOGK/Arnold Rz 164.
505 MünchKomm/Lorenz Rz 69; BeckOGK/Arnold Rz 164.
506 BeckOGK/Arnold Rz 164.

G. Der Rückgriff der Lieferanten nach § 445a Abs 3 in der weiteren Lieferkette

I. Geltung des § 445a Abs 1 und Abs 2 in der gesamten Lieferkette – Grundlagen

1. **Übernahme des § 478 Abs 5 aF für alle Kaufverträge – Sonderbestimmung des § 478 Abs 3 bei Verbrauchsgüterkauf am Ende der Lieferkette.** Nach § 445a Abs 3 finden § 445a Abs 1 und Abs 2 auf die Ansprüche des Lieferanten und der übrigen Käufer in der Lieferkette gegen die jeweiligen Verkäufer entsprechende Anwendung, wenn die Schuldner **Unternehmer** sind. § 445a Abs 3 entspricht inhaltlich der **Vorgängerregelung** des § 478 Abs 5 aF, die allerdings nur bei Vorliegen eines Verbrauchsgüterkaufs am Ende der Lieferkette anwendbar war[507]. Die Verweisung des § 445a Abs 3 auf die § 445a Abs 1 und Abs 2 für den Rückgriff des Lieferanten und etwaiger Vor-Lieferanten gegen ihre Verkäufer greift zwar grundsätzlich auch dann Platz, wenn der **letzte Kaufvertrag der Lieferkette** ein Verbrauchsgüterkauf ist. In diesem Fall gelten aber bereits für den Rückgriff des Verkäufers (Unternehmers) gegen den Lieferanten zusätzlich die Sonderbestimmungen des neugefassten § 478 Abs 1 und Abs 2, die zu einzelnen Fragen des Rückgriffs eine **Modifikation der § 445a Abs 1 und Abs 2** vorsehen. 278

So gilt nach der besonderen Rückgriffsbestimmung des § 478 Abs 1 im Falle eines Verbrauchsgüterkaufs am Ende der Lieferkette die **Beweislastumkehr des § 477** auch für den Rückgriff gegen den Lieferanten nach § 445a Abs 1 und Abs 2, wobei die Frist erst mit dem **Übergang der Gefahr auf den Verbraucher** beginnt, also nicht schon mit Übergang der Gefahr auf den Letztverkäufer. Eine Vereinbarung über den **Ausschluss der Gewährleistung einschließlich des Rückgriffs nach § 445a** zwischen Lieferant und Unternehmer (Letztverkäufer) ist gem § 478 Abs 2 Satz 1 nur wirksam, wenn dem Unternehmer ein **gleichwertiger Ausgleich** eingeräumt wird. Eine Ausnahme gilt insoweit allerdings für einen etwaigen Anspruch des Unternehmers gegen den Lieferanten auf **Schadensersatz** (§ 478 Abs 2 Satz 2). Gem § 478 Abs 3 sind bei Vorliegen eines Verbrauchsgüterkaufs am Ende der Lieferkette für den **Rückgriff des Lieferanten** und der übrigen Käufer (Vor-Lieferanten) in der Lieferkette gegen die jeweiligen Verkäufer die Sonderbestimmungen des § 478 Abs 1 und Abs 2 entsprechend anzuwenden, so dass die dort statuierten Modifikationen und Abweichungen auch beim weiteren Regress in der Lieferkette Platz greifen. 279

2. **Inhalt und Zweck des Rückgriffs in der weiteren Lieferkette nach § 445a Abs 3.** Die von § 445a Abs 3 angeordnete Erstreckung der Rückgriffsrechte aus § 445a Abs 1 und Abs 2 auf den Regress des Lieferanten sowie der Vor-Lieferanten in der weiteren Lieferkette gegen die jeweiligen Verkäufer bis zum Hersteller der Sache ist die **notwendige Konsequenz** des Inhalts und der Struktur des Rückgriffs des Letztverkäufers gegen seinen Lieferanten. Da der Letztverkäufer in den Fällen, in denen sein Lieferant nicht der Hersteller der Ware, sondern ein Zwischenhändler (idR ein Großhändler) ist, gegen den Hersteller wegen **Fehlens eines Kaufverhältnisses** keinen direkten Regressanspruch hat, müssen dem Lieferanten iSd § 445a Abs 1 und Abs 2 **gleichgelagerte Regressansprüche** gegen seinen Vertragspartner (Vor-Lieferanten) zustehen. Die geeignetste **systematische Lösung** der Rückgriffsproblematik in der weiteren Lieferkette ist insoweit die vom Gesetzgeber gewählte Anordnung der entsprechenden Anwendung des § 445a Abs 1 und Abs 2. Ein Lieferant iSd § 445a Abs 1 und Abs 2 betreibt typischerweise, sofern er nicht der Hersteller der Ware ist, einen **Großhandel** und bezieht daher Waren von verschiedenen Herstellern zum Zwecke des Weiterverkaufs an Letztverkäufer (idR Einzelhändler). Insbes beim Vertrieb von im **außereuropäischen Ausland hergestellter Ware** werden die deutschen Lieferanten iSd § 445a Abs 1 und Abs 2 häufig von einem **deutschen Importeur** beliefert, der als Zwischenhändler agiert. 280

Tragender Erwägungsgrund der besonderen Rückgriffsregelungen des § 445a Abs 1 und Abs 2 ist die **Letztverantwortung des Herstellers** für Mängel, die in seinem Bereich – also vor allem bei der **Konstruktion oder/und Fertigung** der Ware – entstehen und dann im letzten Kaufverhältnis der Lieferkette Gewährleistungsansprüche des Käufers (Endabnehmers) gegen den Letztverkäufer auslösen. Möglich ist auch, dass der vom Käufer gerügte Mangel erst nach fehlerfreier Herstellung im Rahmen einer **Zwischenlagerung** oder eines **Transports,** aber noch vor Gefahrübergang auf den ersten Abnehmer verursacht worden ist. Diese gewährleistungsrechtliche Verantwortung des Herstellers für die in seinen Verantwortungsbereichen entstandenen Mängel lässt sich nur dann angemessen und widerspruchsfrei in der gesamten Lieferkette realisieren, wenn die Rückgriffsrechte und -prinzipien des § 445a Abs 1 und Abs 2 nicht nur für das primäre 281

507 Vgl Begr Gesetzentwurf, BT-Drucks 18/8486, S 43.

Rückgriffsverhältnis zwischen Letztverkäufer und Lieferant, sondern auch für den weiteren Regress in der Lieferkette bis zum Hersteller gelten[508].

282 Die auf den Vertrieb von **neu hergestellten Waren** beschränkten Regelungen des § 445a Abs 1 und Abs 2 tragen zwecks Vermeidung einer „Regressfalle" zu Lasten des Letztverkäufers dem Umstand Rechnung, dass dieser gegenüber dem Käufer (Endabnehmer) der Gewährleistungshaftung nach § 437 unterliegt und auf dessen Verlangen gem §§ 437 Nr 1, 439 Abs 1 zur **unverzüglichen Nacherfüllung** verpflichtet ist[509]. Da die Folgen der Mangelhaftigkeit der Kaufsache weder vom Letztverkäufer noch von etwaigen weiteren Zwischenhändlern getragen werden sollen, müssen dem Lieferanten und den „übrigen Käufern" iSd § 445a Abs 3 in der Lieferkette gegen die jeweiligen Verkäufer die **gleichen Privilegien beim Rückgriff** zur Seite stehen wie dem Letztverkäufer als erstem Regressgläubiger iSd § 445a Abs 1 und Abs 2 gegen den Lieferanten[510].

283 Denn ansonsten könnte der Lieferant als Zwischenhändler insbes dann in eine „Regressfalle" geraten, wenn er vom Letztverkäufer im **konkreten Gewährleistungsfall** nicht allein nach der **allgemeinen Haftungsregelung des § 437**, sondern vielmehr aufgrund der besonderen Privilegierungen des § 445a Abs 1 und Abs 2 in Anspruch genommen wird. Hätte der Gesetzgeber die Erstreckung des § 445a Abs 1 und Abs 2 auf den weiteren Regress in der Lieferkette nicht ausdrücklich durch § 445a Abs 3 angeordnet und – in Übereinstimmung mit der gegenwärtigen Rechtslage – stattdessen auch **keinen Direktanspruch** des Lieferanten gegen den Hersteller eingeführt, so würde sich die Frage der **analogen Anwendung** der § 445a Abs 1 und Abs 2 stellen. Für das vom Gesetzgeber mit § 445a statuierte einheitliche Rückgriffsmodell spricht in rechtspolitischer Hinsicht zudem, dass der **Regress inter partes,** also innerhalb der einzelnen Kaufverhältnisse der Lieferkette, dazu führt, dass den einzelnen Vertragsparteien die Einwendungen aus dem jeweiligen Schuldverhältnis erhalten bleiben[511].

284 Darüber hinaus ist für die Frage des Vorliegens eines Mangels und auch des Umfangs des Regressanspruchs häufig eine **Beschaffenheitsvereinbarung iSd § 434 Abs 2 Satz 1 Nr 1** oder/und eine sonstige besondere gewährleistungsbezogene Abrede des konkreten Kaufvertrags entscheidend. So kann die **Regresskette** zugunsten des Herstellers und nachfolgender Verkäufer leicht dadurch unterbrochen werden, dass ein Zwischenhändler mit seinem Abnehmer eine **Beschaffenheitsvereinbarung** trifft, die von den **Herstellerangaben** nicht gedeckt ist und von der tatsächlich vorhandenen üblichen Beschaffenheit der Ware abweicht[512].

II. Voraussetzungen des § 445a Abs 3

285 1. **Obligatorische Unternehmereigenschaft des Rückgriffsschuldners.** – a) **Einschränkung der Lieferantendefinition des § 445a Abs 1.** Nach § 445a Abs 3 finden die § 445a Abs 1 und Abs 2 auf die Ansprüche des Lieferanten und der übrigen Käufer in der Lieferkette gegen die jeweiligen Verkäufer nur dann entsprechende Anwendung, wenn „die Schuldner Unternehmer sind". Beim Rückgriff in der weiteren Lieferkette nach der Vorgängerregelung des § 478 Abs 5 aF stellte das Erfordernis der Unternehmerstellung des jeweiligen Rückgriffsschuldners deshalb keine Besonderheit dar, weil schon für den primären Rückgriff des Letztverkäufers gegen den Lieferanten nach § 478 Abs 1 und Abs 2 aF am Ende der Lieferkette ein **Verbrauchsgüterkauf** vorliegen musste und nach der **Legaldefinition des § 478 Abs 1 aF** auch der Lieferant als erster Rückgriffsschuldner ein Unternehmer sein musste („gegen den Unternehmer, der ihm die Sache geliefert hatte"). Die in § 445a Abs 1 enthaltene Definition des Lieferantenbegriffs ist dagegen nicht auf Unternehmer beschränkt („von dem Verkäufer, der ihm die Sache verkauft hatte")[513]. Die Unternehmerstellung des Lieferanten der neu hergestellten Sache ist zwar in der Praxis die Regel. Die Rückgriffstatbestände des § 445a Abs 1 und Abs 2 sind aber auch anwendbar, wenn **im Ausnahmefall ein Verbraucher** eine neu hergestellte Sache – etwa aufgrund eines nach Abschluss des Kaufvertrags eingetretenen Wegfalls der beabsichtigten Nutzungsmöglichkeit – weiterverkauft[514]. § 445a Abs 3 stellt zugunsten eines solchen Verbrauchers sicher, dass er nur wegen **eines einzigen Weiterverkaufs** durch seinen Abnehmer (Letztverkäufer) der Rückgriffshaftung unterliegen kann und nicht das – für einen Verbraucher kaum kalkulierbare –

508 Begr Gesetzentwurf, BT-Drucks 14/6040, S 249 (zu § 478 aF); zumindest konkludent bestätigt durch Begr Gesetzentwurf, BT-Drucks 18/8486, S 42 (zu § 445a); Erman/Grunewald Rz 15; BeckOGK/Arnold Rz 152; jurisPK/Ball Rz 48.

509 Vgl zum Zweck des § 445a Abs 1 Rz 31 ff und des § 445a Abs 2 Rz 151 ff.

510 Begr Gesetzentwurf, BT-Drucks 14/6040, S 249 (zu § 478 aF).

511 MünchKomm/Lorenz Rz 58; iE NK/Büdenbender Rz 49.

512 Vgl dazu auch Rz 83 ff.

513 Vgl dazu oben Rz 20 ff.

514 Vgl dazu oben Rz 22 ff.

Risiko einer Regresshaftung für eine ganze Reihe von Folgeverkäufen und einer sich daraus ergebenden Schadenskumulation besteht[515].

b) **Verbraucherstellung des Vor-Lieferanten – keine analoge Anwendung des Lieferantenbegriffs des § 445a Abs 1.** Nach dem eindeutigen Wortlaut des § 445a Abs 3 sind die Rückgriffsregelungen des § 445a Abs 1 und Abs 2 beim weiteren Regress in der Lieferkette dann nicht anwendbar, wenn der Verkäufer als Rückgriffsschuldner kein Unternehmer ist. Dies folgt auch aus einer **systematischen Auslegung**, da § 445a Abs 1 ausdrücklich eine weitergehende Definition des Lieferantenbegriffs enthält[516]. Daher besteht eindeutig keine Regelungslücke als Voraussetzung für eine analoge Anwendung des § 445a Abs 1 bei Nichtvorliegen einer Unternehmereigenschaft des Vor-Lieferanten. Der Regressanspruch des Lieferanten gegen seinen Vor-Lieferanten aus § 443 Abs 3 iVm Abs 1 oder/und Abs 2 kann sich daher nur gegen einen Unternehmer richten. 286

Der Bezug **neu hergestellter Ware** durch einen Lieferanten iSd § 445a Abs 1 von einem Verbraucher stellt zwar einen Ausnahmefall dar. Eine solche Konstellation kann aber gleichwohl nicht ausgeschlossen werden, so dass sich auch hier die Frage eines **angemessenen Rückgriffs** stellt. Einem Lieferanten, der als gewerblicher Zwischenhändler ausnahmsweise – und offensichtlich **außerhalb des gewöhnlichen Vertriebsweges** – eine neu hergestellte Sache von einem Verbraucher erwirbt, stehen zum einen die **allgemeinen Gewährleistungsrechte aus § 437** offen, allerdings ohne die Modifikationen und Privilegierungen des § 445a Abs 1 und Abs 2. Zum anderen kann ein solcher Lieferant in Bezug auf die durch § 437 nicht abgedeckten Rückgriffsrisiken im **Rahmen der Vertragsfreiheit** besondere Vereinbarungen mit dem Letztverkäufer als Abnehmer treffen. Zudem ist der Lieferant in keiner Weise gezwungen, eine **neu hergestellte Sache** außerhalb des gewöhnlichen Vertriebsweges von einem Verbraucher zu beziehen. 287

Im Übrigen wird ein Lieferant – gerade in Anbetracht der fehlenden besonderen Rückgriffsrechte aus § 445a Abs 3 iVm § 445a Abs 1 und Abs 2 – den Ankauf neu hergestellter Ware von einem Verbraucher nur dann vornehmen, wenn der Einkaufspreis wesentlich günstiger als im Falle des gewöhnlichen Bezugs von einem gewerblichen Vor-Lieferanten ist. Ein Verbraucher, der unterhalb der Schwelle eines Nebengewerbes und damit ohne Unternehmereigenschaft iSd § 14 einem als Zwischenhändler tätigen Lieferanten eine neu hergestellte Sache anbietet, kann idR – insbes wegen nicht vorhandener **Betriebskosten einschließlich Steuern** – nicht erwarten, dass er den gleichen Kaufpreis erzielen kann wie ein gewerblicher Vor-Lieferant beim gewöhnlichen Vertrieb innerhalb einer Vertriebskette. Der Lieferant ist vielmehr, sofern ihm neu hergestellte Ware von einem Verbraucher angeboten wird, regelmäßig in der Lage, ausgehend von dem auf dieser Vertriebsstufe **üblichen Händlereinkaufspreis** einen nicht unwesentlichen **Preisnachlass** als angemessene Kompensation für die fehlende besondere Rückgriffshaftung dieses Verkäufers aus § 445a Abs 3 iVm § 445a Abs 1 und Abs 2 bei den Vertragsverhandlungen durchzusetzen. 288

2. **Vorliegen einer identischen Kaufsache – Umgestaltungen.** Die Erstreckung des Rückgriffs nach § 445a Abs 1 und Abs 2 auf die gesamte Lieferkette durch § 445a Abs 3 bis zur Haftung des Herstellers setzt weiter voraus, dass die konkrete neu hergestellte Sache, welche der Lieferant vom Vor-Lieferanten erworben hat, an den Letztverkäufer und dann von diesem an den Käufer (Endabnehmer) weiterveräußert wurde[517]. Dies folgt zum einen eindeutig aus dem **Wortlaut** des § 445a Abs 1 und Abs 2[518], der auf den § 445a Abs 3 verweist, und zum anderen aus dem **Zweck des Rückgriffs** in der Lieferkette bis zum Hersteller[519]. Denn die durch den Regress in der gesamten Lieferkette realisierte **Letztverantwortung des Herstellers** ist eben nur dann gerechtfertigt, wenn der Käufer (Endabnehmer) im letzten Kaufverhältnis der Lieferkette einen Mangel einer Sache geltend macht, die vom Hersteller in den Verkehr gebracht wurde. 289

Im Falle der **Umgestaltung** einer neu hergestellten Sache zu einer anderen Sache im Rechtssinne oder der Herstellung einer Sache aus von **Zulieferern gelieferten Teilen** endet die Regresskette bei dem Verkäufer, der die Umgestaltung bzw Herstellung vorgenommen hat[520]. Dieser Verkäufer ist in Bezug auf den gewährleistungsbedingten Rückgriff in der Lieferkette als letztverantwortlicher Hersteller/Lieferant der durch Umgestaltung entstandenen Sache anzusehen. Der **Zulieferer von einzelnen Komponenten** oder **Rohstoffen** ist ebenso wie der Verkäu- 290

515 Vgl dazu oben Rz 23 ff.
516 Vgl dazu oben Rz 20 ff.
517 MünchKomm/Lorenz Rz 59; BeckOGK/Arnold Rz 153.
518 Vgl zu § 445a Abs 1 Rz 81 ff und zu § 445a Abs 2 Rz 158 ff.
519 Vgl zum Zweck des § 445a Abs 3 oben Rz 280 ff.
520 Vgl auch Rz 66 ff sowie MünchKomm/Lorenz Rz 25; BeckOGK/Arnold Rz 69 f; BeckOK/Faust Rz 12; jurisPK/Ball Rz 48; Staud/Bach Rz 37.

fer einer Sache, die zu einer anderen Sache umgestaltet wurde, **kein Lieferant iSd § 445a Abs 3** derjenigen Sache, die vom Letztverkäufer an den Käufer (Endabnehmer) verkauft wurde[521]. Der Hersteller einer Sache kann daher die Zulieferer von fehlerhaften Komponenten und Rohstoffen nur nach **§ 437** oder/und etwaigen besonderen **kaufvertraglichen Rückgriffsvereinbarungen** in Anspruch nehmen[522].

291 3. **Vorliegen eines identischen Mangels.** Auch die Rückgriffsansprüche des Lieferanten gegen seinen Vor-Lieferanten setzen voraus, dass der vom Käufer (Endabnehmer) in berechtigterweise geltend gemachte Mangel übereinstimmend in **jedem Kaufverhältnis der Gewährleistungs- und Regresskette** und damit auch im konkreten Rückgriffsverhältnis gegeben ist. Das Gleiche gilt für die Haftung wegen **Verletzung der Aktualisierungspflicht** gem § 475b Abs 4. Eine derartige Mangelidentität ist dann auch Voraussetzung für den weiteren Regress in der Lieferkette vom Vor-Lieferanten bis zum Hersteller. Das Vorliegen eines Mangels muss für **jeden Kaufvertrag separat geprüft und festgestellt** werden[523]. Ein Mangel im Verhältnis zwischen Letztverkäufer und Käufer (Endabnehmer) sowie im ersten Rückgriffsverhältnis zwischen Letztverkäufer und Lieferant führt nicht ohne weiteres dazu, dass auch in jedem vorgelagerten Kaufverhältnis der Lieferkette von einem Mangel der betreffenden Ware auszugehen ist. Dies wird allerdings dann regelmäßig der Fall sein, wenn die Sache mit einem **Herstellungsfehler** oder mit einer noch im Verantwortungsbereich des Herstellers eingetretenen **Beschädigung** an den ersten Abnehmer (Zwischenhändler) ausgeliefert worden ist und daher von Anfang an nicht die **übliche Beschaffenheit** iSd § 434 Abs 3 Satz 1 Nr 2 aufweist.

292 Diskrepanzen in Bezug auf das Vorliegen eines Mangels in den einzelnen Kaufverhältnissen der Lieferkette können sich leicht auch dadurch ergeben, dass ein Zwischenhändler bei **Abschluss des Kaufvertrags** mit seinem Abnehmer gem § 434 Abs 2 Satz 1 Nr 1 eine **bestimmte Beschaffenheit** der Ware besonders vereinbart, die von der tatsächlich vorhandenen üblichen Beschaffenheit abweicht (§ 434 Abs 3 Satz 1 Nr 2) und nicht durch eine entsprechende Vereinbarung in dem mit dem Lieferanten abgeschlossenen Kaufvertrag gedeckt ist[524]. Eine **Unterbrechung** der Verantwortung in der Lieferkette kann sich auch in den Konstellationen ergeben, in denen der Letztverkäufer auf Grundlage des § 475b Abs 4 gegenüber einem **Verbraucher** wegen **Verletzung der Aktualisierungspflicht** haftet. Die in Rede stehende Unterbrechung der Gewährleistungshaftung in der Lieferkette für den vom Endabnehmer (Käufer) geltend gemachten Mangel kann sich ferner durch Unterlassen einer nach **HGB § 377 Abs 1** gebotenen Rüge ergeben[525]. Gem **§ 442 Abs 1** kann die Mangelkenntnis oder grob fahrlässige Unkenntnis eines Käufers ebenfalls zu einer derartigen, die Rückgriffshaftung ausschließenden Diskrepanz führen[526].

III. Rechtsfolgen des weiteren Rückgriffs nach § 445a Abs 3

293 1. **Aufwendungsersatz nach § 445a Abs 3 iVm Abs 1.** Aufgrund der von § 445a Abs 3 angeordneten entsprechenden Anwendung des § 445a Abs 1 auf den weiteren Regress in der Lieferkette bis zum Hersteller kann der Lieferant einer **neu hergestellten Sache** von seinem Verkäufer (Vor-Lieferanten) im Gewährleistungsfall den Ersatz der Aufwendungen verlangen, die er im Verhältnis zum Letztverkäufer nach § 439 Abs 2, Abs 3 und Abs 6 Satz 2 sowie nach § 475 Abs 4 zu tragen hatte. Entsprechendes gilt für den Regress des Vor-Lieferanten und der weiteren Käufer der Lieferkette gegen die jeweiligen Verkäufer. Beim Erstattungsanspruch des Lieferanten gegen seinen Verkäufer (Vor-Lieferanten) aus § 445a Abs 3 iVm Abs 1 kommt es in Bezug auf die **Ersatzfähigkeit von Aufwendungen** auf den Nacherfüllungsaufwand an, der dem Lieferanten im Verhältnis zu seinem Abnehmer (Letztverkäufer) entstanden ist[527]. Dass der Lieferant nicht selbst eine **Nacherfüllung durchgeführt** und daher auch nicht unmittelbar Aufwendungen iSd § 439 Abs 2, Abs 3 und Abs 6 Satz 2 oder § 475 Abs 4 getragen hat, steht einem Aufwendungsersatzanspruch aus § 445a Abs 1 gegen den Vor-Lieferanten deshalb nicht entgegen, weil diese selbständige Anspruchsgrundlage gem § 445a Abs 3 eben beim weiteren Regress in der Lieferkette nur „entsprechend" anwendbar ist.

294 Erforderlich ist allerdings, dass dem Letztverkäufer als erstem Rückgriffsgläubiger die in Rede stehenden Aufwendungen **im Rahmen der Erfüllung des Nacherfüllungsanspruchs des**

521 Vgl dazu Rz 65 ff.
522 Vgl dazu oben Rz 65 ff.
523 Vgl dazu Rz 88 sowie MünchKomm/Lorenz Rz 53; BeckOGK/Arnold Rz 76; Erman/Grunewald Rz 4.
524 Vgl Rz 83 ff.
525 MünchKomm/Lorenz Rz 61; BeckOGK/Arnold Rz 156; jurisPK/Ball Rz 49; Staud/Bach Rz 120 ff.
526 Staud/Bach Rz 47.
527 Begr Gesetzentwurf, BT-Drucks 18/8486, S 42; MünchKomm/Lorenz Rz 60; BeckOGK/Arnold Rz 154.

Käufers (Endabnehmers) entstanden sind. Zusätzlich erfasst werden aber auch **etwaige eigene Nacherfüllungsaufwendungen** des Lieferanten, sofern sie im Zusammenhang mit der Erfüllung des Nacherfüllungsanspruchs des Käufers (Endabnehmers) angefallen sind. Praktische Bedeutung hat insoweit insbes die Konstellation, in der nach Beginn der vom Letztverkäufer auf Verlangen des Käufers **begonnenen Nachbesserungsarbeiten** unerwartet Probleme auftreten, die ein **Einschalten des Lieferanten** erfordern, der dann zum Zwecke der erfolgreichen Fortführung der Nachbesserung eigenes Fachpersonal mit Spezialkenntnissen einsetzt, wodurch eigene Aufwendungen entstehen.

2. **Eigene Nacherfüllungsaufwendungen des Lieferanten bei Nacherfüllungsverlangen des Letztverkäufers.** Die Regelung des § 445a Abs 3 ist allerdings beim weiteren Regress in der Lieferkette in dem Fall nicht anwendbar, in dem der Letztverkäufer nach **Mängelrüge des Käufers (Endabnehmers)** vom Lieferanten gem §§ 437 Nr 1, 439 Abs 1 eine Nacherfüllung zugunsten des Käufers verlangt. Führt der Lieferant die Nacherfüllung durch, so entstehen ihm eigene Aufwendungen, die er nach **§ 439 Abs 2, Abs 3 und Abs 6 Satz 2** zunächst selbst tragen muss. Dem Lieferanten steht hier dann aber ein **unmittelbarer Aufwendungsersatzanspruch aus § 445a Abs 1** gegen den Vor-Lieferanten zu. Genaugenommen hat der Letztverkäufer hier beim Rückgriff die Stellung eines gewährleistungsberechtigten Käufers und der Lieferant die Stellung eines Letztverkäufers. Für das Bestehen des Rückgriffsanspruchs des Lieferanten aus § 445a Abs 1 gegen den Vor-Lieferanten kommt es in einer derartigen Fallkonstellation nicht darauf an, ob der **Letztverkäufer** zum Zeitpunkt des an den Lieferanten gerichteten Nacherfüllungsverlangens noch **Besitzer der Sache** ist oder bereits eine Übergabe an den Käufer (Endabnehmer) erfolgt ist. Entscheidend ist insoweit vielmehr, dass der Letztverkäufer hier gewährleistungsrechtlich als Käufer den Lieferanten wegen eines Mangels der Kaufsache auf **Nacherfüllung gem §§ 437 Nr 1, 439 Abs 1** in Anspruch nimmt. 295

3. **Entbehrlichkeit der Fristsetzung nach § 445a Abs 2 im Verhältnis zwischen Lieferant und Vor-Lieferant.** Der privilegierte Rückgriff nach § 445a Abs 2 iVm § 437 Nr 2 oder/und Nr 3 setzt zwar auch im Rückgriffsverhältnis zwischen Lieferant und Vor-Lieferant **keine Fristsetzung** voraus. Es müssen aber im Rahmen der von § 445a Abs 3 angeordneten entsprechenden Anwendung die tatbestandlichen Voraussetzungen des § 445a Abs 2 gegeben sein. Es kommt also für den **Fortfall des Fristsetzungserfordernisses** darauf an, ob der den Vor-Lieferanten in Regress nehmende Lieferant – in seiner Eigenschaft als Verkäufer im ersten Rückgriffsverhältnis der Lieferkette – die Sache als Folge ihrer Mangelhaftigkeit von seinem Abnehmer, also dem Letztverkäufer iSd § 445a Abs 2, zurücknehmen musste oder – als gleichwertige Tatbestandsvariante – eine Minderung gegeben ist[528]. Es genügt demgegenüber nicht, dass ein solcher Tatbestand im letzten Kaufverhältnis der Lieferkette zwischen dem Letztverkäufer und dem Käufer (Endabnehmer) vorliegt[529]. Entsprechendes gilt für den Rückgriff des Vor-Lieferanten und etwaigen weiteren Käufern der Lieferkette gegen die jeweiligen Verkäufer. 296

4. **Keine Beschränkung auf konkretes Regressinteresse.** Die Rückgriffsansprüche des Lieferanten und etwaiger Vor-Lieferanten sind ebenso wie der **Rückgriff des Letztverkäufers** gegen den Lieferanten nicht auf das konkrete Regressinteresse beschränkt, dh, der Lieferant muss gegen seinen Vor-Lieferanten nicht exakt denjenigen Rechtsbehelf geltend machen, der Grundlage seiner eigenen Rückgriffshaftung gegenüber seinem Abnehmer (Letztverkäufer) war[530]. Dies stellt ein allgemeines Prinzip des Rückgriffs nach § 445a dar[531]. Ein **Schadensersatzanspruch** des Lieferanten bzw Vor-Lieferanten nach § 437 Nr 3 hängt ohnehin vom **Vertretenmüssen aufseiten des jeweiligen Verkäufers** ab. Deshalb steht in dem Fall, in dem der Lieferant im ersten Rückgriffsverhältnis der Lieferkette gegenüber dem Letztverkäufer gem § 437 Nr 3 iVm § 445a Abs 2 auf Schadensersatz statt der Leistung haftet, nicht ohne weiteres fest, dass im **zweiten Rückgriffsverhältnis** der Vor-Lieferant gegenüber dem Lieferanten zum Schadensersatz verpflichtet ist. Wurde vom Letztverkäufer gegenüber dem Lieferanten in berechtigter Weise eine **Minderung** geltend gemacht, so kann der Lieferant gegenüber dem Vor-Lieferanten zwar vom Kaufvertrag zurücktreten. Der Lieferant muss hier aber wegen **Unmöglichkeit der Rückgabe der Sache** grundsätzlich Wertersatz gem § 346 Abs 2 Satz 1 Nr 2 leisten. Die Voraussetzungen des **Wegfalls der Wertersatzpflicht nach § 346 Abs 3** sind in dieser Konstellation nämlich regelmäßig nicht gegeben[532]. Im Falle des Rücktritts des Letztverkäufers von dem mit dem Käufer (Endabnehmer) geschlossenen Kaufvertrag kann der Lieferant gegenüber seinem Vor-Lieferanten anstelle seines Rücktrittsrechts auch eine Minderung geltend machen. Die Rückgabe der 297

528 MünchKomm/Lorenz Rz 59 f; BeckOGK/Arnold Rz 155; NK/Büdenbender Rz 22, 49.
529 MünchKomm/Lorenz Rz 59 f; BeckOGK/Arnold Rz 155; NK/Büdenbender Rz 22, 49.
530 Vgl zum Grundsatz der fehlenden Beschränkung auf das konkrete Regressinteresse Rz 234 ff.
531 Vgl Rz 234 ff.
532 Vgl Rz 209 ff.

Sache nach § 346 Abs 1 ist hier möglich. Im Falle der Wahl der Minderung ist der Betrag der Kaufpreisherabsetzung nach Maßgabe des § 441 Abs 3 auf der Grundlage des vom Lieferanten mit dem Vor-Lieferanten vereinbarten Kaufpreises zu berechnen[533].

H. § 445a Abs 4 – Rügeobliegenheit des HGB § 377 beim Handelskauf im Rückgriffsverhältnis

I. Der Regelungsinhalt des HGB § 377 im Überblick

298 Nach § 445a Abs 4 bleibt die Anwendung des HGB § 377 unberührt. Dies gilt nicht nur für das Kaufverhältnis zwischen dem Letztverkäufer und dem Lieferanten im Hinblick auf den Rückgriff nach § 445a Abs 1 und Abs 2 im ersten Rückgriffsverhältnis, sondern auch für den weiteren Regress in der Lieferkette gegen etwaige Vor-Lieferanten bis zur Inanspruchnahme des Herstellers nach § 445a Abs 3. Ist der Kauf für beide Teile ein **Handelsgeschäft iSd HGB § 343**, so hat der Käufer gem HGB § 377 Abs 1 die Ware unverzüglich nach der Ablieferung durch den Verkäufer zu untersuchen, soweit dies nach **ordnungsmäßigem Geschäftsgange tunlich** ist, und dem Verkäufer einen entdeckten Mangel **unverzüglich anzuzeigen**. Wird die Mängelrüge vom Käufer unterlassen, so gilt die Ware gem HGB § 377 Abs 2 als genehmigt, es sei denn, dass es sich um einen Mangel handelt, der bei der Untersuchung nicht erkennbar war. Der Käufer kann im Falle des **Eintritts dieser Genehmigungswirkung** keine Gewährleistungsansprüche mehr gegen den Verkäufer geltend machen, auch wenn ein Mangel eindeutig gegeben und eine Verjährung nach § 438 noch nicht eingetreten ist. Unerheblich für die Geltung des HGB § 377 im Rückgriffsverhältnis zwischen Verkäufer und Lieferant ist, ob der Weiterverkauf an den Endabnehmer, also der letzte Kaufvertrag der Lieferkette, ein Handelsgeschäft iSd HGB § 343 darstellt. Beim **Vertrieb von Massenware** ist der Letztverkauf ohnehin regelmäßig ein **Verbrauchsgüterkauf iSd § 474 Abs 1**.

II. Deklaratorische Bedeutung des § 445a Abs 4 – Regelungsabsicht des Gesetzgebers

299 Der Verweis des § 445a Abs 4 auf die beim beiderseitigen Handelskauf gem HGB § 377 geltende Untersuchungs- und Rügepflicht des Käufers hat nur deklaratorische Bedeutung[534]. Regelungsbedürftig war die Frage der Geltung dieser Rügepflicht im Rückgriffsverhältnis zwischen Verkäufer und Lieferant nur deshalb, weil bei der Beratung des **SMG 2002** der Ausschluss des HGB § 377 beim Rückgriff im Raum stand. Der Gesetzentwurf zum SMG 2002 sah mit **HGB-E § 378** einen Ausschluss von HGB § 377 für den Fall einer **Weiterveräußerung** der Kaufsache vor[535]. Da die beabsichtigte Einschränkung des HGB § 377 bei **Bundesrat**[536] und **Rechtsausschuss**[537] auf Ablehnung stieß, wurde die uneingeschränkte Geltung des HGB § 377 beim Regress in der Lieferkette zum Zwecke der **Vermeidung von Missverständnissen** klargestellt[538]. Die amtliche Begründung zur Neuregelung des § 445a Abs 4 bestätigt den deklaratorischen Charakter der Verweisung auf HGB § 377[539]. Die Vorschrift des § 445a Abs 4 entspreche, so die Begründung, „der bislang geltenden Rechtslage nach § 478 Abs 6 [aF] bei Verbrauchsgüterkäufen"[540]. Die in HGB § 377 für den Fall des Vorliegens eines Handelskaufs statuierten Obliegenheiten des Käufers sollen durch die allgemeinen kaufrechtlichen Regelungen über den Rückgriff des Verkäufers gegen den Lieferanten (§ 445a) und die **Sonderbestimmungen** für den **Rückgriff des Unternehmers** beim Verbrauchsgüterkauf (§ 478) nicht berührt werden[541]. Eine Verletzung der durch § 445a Abs 4 ausdrücklich klargestellten Untersuchungs- und Rügeobliegenheit (HGB § 377) kann demnach das Entstehen von Regressketten verhindern oder solche unterbrechen[542].

533 Vgl zur Minderung oben Rz 221 ff.
534 Vgl Beschlussempfehlung und Bericht des Rechtsausschusses, BT-Drucks 14/7052, S 199 (zu § 478 aF); MünchKomm/Lorenz Rz 61; BeckOGK/Arnold Rz 156; BeckOK/Faust Rz 34; jurisPK/Ball Rz 49; NK/Büdenbender Rz 7.
535 Begr Gesetzentwurf, BT-Drucks 14/6040, S 44 (zu § 478 aF).
536 Stellungnahme des Bundesrats, BT-Drucks 14/6857, S 40 f (zu § 478 aF).
537 Beschlussempfehlung und Bericht des Rechtsausschusses, BT-Drucks 14/7052, S 199 (zu § 478 aF).
538 Beschlussempfehlung und Bericht des Rechtsausschusses, BT-Drucks 14/7052, S 199 (zu § 478 aF); MünchKomm/Lorenz Rz 61; BeckOGK/Arnold Rz 156; BeckOK/Faust Rz 34; jurisPK/Ball Rz 49; Staud/Bach Rz 123.
539 Begr Gesetzentwurf, BT-Drucks 18/8486, S 42 (zu § 445a).
540 Begr Gesetzentwurf, BT-Drucks 18/8486, S 42 (zu § 445a).
541 Begr Gesetzentwurf, BT-Drucks 18/8486, S 42 (zu § 445a).
542 Begr Gesetzentwurf, BT-Drucks 18/8486, S 42 (zu § 445a).

III. Geltung von HGB § 377 für alle Gewährleistungs- und Regressansprüche

Die Regelung des HGB § 377 gilt nicht nur für die originären Gewährleistungsrechte des Käufers aus § 437, sondern auch für den eigenständigen Aufwendungsersatzanspruch aus **§ 445a Abs 1** sowie den privilegierten Rückgriff nach **§ 445a Abs 2 iVm § 437 Nr 2 und Nr 3,** also den Wegfall des Fristsetzungserfordernisses[543]. Da die Ware im Falle der Unterlassung einer rechtzeitigen Rüge gem HGB § 377 Abs 2 oder Abs 3 (späteres Auftreten eines Mangels) als **genehmigt gilt**[544], kann der Käufer sich nicht nur in Bezug auf seine **originären Gewährleistungsrechte aus § 437**, sondern auch beim Rückgriff nach § 445a Abs 1 oder/und Abs 2 nicht mehr auf das **Vorliegen eines Mangels** als zentrale Grundlage eines Gewährleistungsrechts berufen[545]. 300

Die uneingeschränkte Anwendung des HGB § 377 beim Rückgriff in der Lieferkette ist nach wie vor als interessengerecht anzusehen. Die Versäumung der Mängelrüge beim Handelskauf mit der Folge des Ausschlusses der Gewährleistungsrechte ist ein **allgemeines Risiko des Käufers als Kaufmann** beim Handelskauf, und zwar auch in dem Fall, in dem ein Weiterverkauf an einen Verbraucher erfolgt. Ein Verbraucher ist selbstverständlich nicht zur Untersuchung der Ware und Rüge eines Mangels nach HGB § 377 Abs 1 verpflichtet. Nicht selten enthalten die Kaufverträge zwischen Letztverkäufer und Verbraucher allerdings den Hinweis, dass das Unterlassen der kurzfristigen Mitteilung eines entdeckten Mangels zwar nicht per se zu einem **Rechtsverlust** führe, aber dem Letztverkäufer bei der Geltendmachung von eigenen Rechten gegen den Lieferanten helfe. Auch nach dem Zweck des HGB § 377 ist es unerheblich, ob der Käufer die gelieferte Sache selbst nutzen oder weiterveräußern will[546]. Im Falle der **Weiterveräußerung** kommt es nicht darauf an, ob ein Unternehmer oder ein Verbraucher der Abnehmer ist. Die Regelung des HGB § 377 mag wegen ihrer Strenge in **rechtspolitischer Hinsicht** umstritten sein[547]. Dass insbes beim unmittelbaren Weiterverkauf der Ware eine umfassende Untersuchung der Ware durch den – als bloßer Zwischenhändler agierenden – Letztverkäufer zu Problemen führen kann, spricht aber gleichwohl nicht für eine generelle Aufhebung der **Rügeobliegenheit** beim Rückgriff gegen den Lieferanten, sondern ist vielmehr eine Frage der Auslegung und Anwendung des in HGB § 377 Abs 1 geregelten Tatbestandsmerkmals „soweit dies nach ordnungsmäßigem Geschäftsgange tunlich ist"[548]. 301

IV. Vereinbarkeit des § 445a Abs 4 iVm HGB § 377 mit der Warenkauf-Richtlinie

In Bezug auf die – insbes beim **Vertrieb von Massenware** – anzutreffende Konstellation des Weiterverkaufs der Ware an einen Verbraucher bestehen keine Bedenken im Hinblick auf die Vereinbarkeit der Rügepflicht nach § 445a Abs 4, HGB § 377 mit Art 18 der Warenkauf-Richtlinie. Denn nach Art 18 Satz 2 der Warenkauf-Richtlinie bestimmt das **nationale Recht** die Maßnahmen und **Bedingungen für die Geltendmachung** der Rückgriffsansprüche. Zu diesen Bedingungen gehört auch die Rügeobliegenheit beim Handelskauf im Verhältnis zwischen Letztverkäufer und Lieferant. Insoweit besteht keine inhaltliche Abweichung von der Rechtslage nach Art 4 der außer Kraft getretenen Verbrauchsgüterkauf-Richtlinie[549]. Gegen die Vereinbarkeit des § 445a Abs 4, HGB § 377 mit der Warenkauf-Richtlinie spricht auch nicht Art 12 dieser Richtlinie. Nach dieser Regelung können die **Mitgliedstaaten** Bestimmungen beibehalten oder einführen, nach denen der Verbraucher zur Inanspruchnahme seiner Rechte den Verkäufer **innerhalb eines Zeitraums von mindestens zwei Monaten** ab dem Zeitpunkt, zu dem er die Vertragswidrigkeit festgestellt hat, über diese **Vertragswidrigkeit unterrichten** muss. Art 5 Abs 2 der außer Kraft getretenen Verbrauchsgüterkauf-Richtlinie regelte Entsprechendes. Der deutsche Gesetzgeber hat von der Möglichkeit des Art 12 der Warenkauf-Richtlinie (Art 5 Abs 2 der Verbrauchsgüterkauf-Richtlinie) keinen Gebrauch gemacht. Eine **Untersuchungspflicht** des Verbrauchers als Käufer ist in Art 12 der Warenkauf-Richtlinie (Art 5 Abs 2 der Verbrauchsgüterkauf-Richtlinie) ohnehin nicht vorgesehen. Im Übrigen betreffen die in Rede stehenden europarechtlichen Bestimmungen von vornherein nur den Verkauf der Ware an einen Verbraucher im letzten Kaufverhältnis der Lieferkette und nicht das Rückgriffsverhältnis zwischen Letztverkäufer und Lieferant. 302

543 MünchKomm/Lorenz Rz 61; BeckOGK/Arnold Rz 156; BeckOK/Faust Rz 34; NK/Büdenbender Rz 7.

544 Vgl dazu vorstehend Rz 298.

545 Vgl dazu Rz 298.

546 Vgl zum Umfang der Pflicht Rz 303 ff.

547 Vgl dazu MünchKomm/Grunewald, HGB, 2021[5], § 377 Rz 4 ff.

548 Vgl dazu Rz 303 ff.

549 Vgl dazu MünchKomm/Lorenz Rz 61; Staud/Bach Rz 13.

V. Umfang der Untersuchungs- und Rügeobliegenheit beim Rückgriff nach § 445a Abs 1 und Abs 2

303 1. **Allgemeine Grundlagen – Stichproben bei Massenware.** Die Geltung des HGB § 377 im Kaufverhältnis zwischen Letztverkäufer und Lieferant, also im späteren Rückgriffsverhältnis, wird formal weder durch § 445a noch – im Falle des **Vorliegens eines Verbrauchsgüterkaufs** – durch die §§ 474 ff modifiziert, so dass sich der Umfang der Untersuchungs- und Rügeobliegenheit im konkreten Einzelfall allein aus dem Tatbestandsmerkmal „soweit dies nach ordnungsmäßigem Geschäftsgange tunlich ist" (HGB § 377 Abs 1) ergibt. Die Ausgestaltung dieser Pflicht des Käufers iSd HGB § 377 Abs 1 kann durchaus davon abhängen, ob er die Sache selbst nutzen oder als Zwischenhändler weiterveräußern will[550]. Im Falle der Vornahme eines Weiterverkaufs der Ware kann auch der **Status des Endabnehmers** eine Rolle spielen. Denn eine Kaufmannseigenschaft des Käufers im letzten Kaufverhältnis der Lieferkette bindet auch ihn an HGB § 377 Abs 1. Unabhängig von einer Kaufmannseigenschaft des Endabnehmers muss der Letztverkäufer eine von ihm erhaltene Mängelrüge unverzüglich gem **HGB § 377 Abs 3 Halbsatz 1** an seinen Lieferanten weiterleiten. Ansonsten gilt die Ware gem HGB § 377 Abs 3 Halbsatz 2 als genehmigt[551].

304 Bei Vorliegen eines **Verbrauchsgüterkaufs** am Ende der Lieferkette kann die Geltendmachung eines Mangels durch den Käufer (Verbraucher) generell auch noch nach längerer Zeit erfolgen, weil der Verbraucher seinerseits weder nach HGB § 377 noch nach den §§ 474 ff zur Untersuchung der erhaltenen Kaufsache verpflichtet ist. Ein Verbraucher kann zwar nach Erhalt der Ware im eigenen Interesse eine Untersuchung vornehmen, soweit er dazu in der Lage ist. Häufig wird jedoch ein Mangel erst im Rahmen der Nutzung festgestellt. Im Falle eines **Handelskaufs** am Ende der Lieferkette kann der Letztverkäufer dagegen wegen der Untersuchungs- und Rügeobliegenheit des Käufers (Endabnehmers) aus HGB § 377 Abs 1 mit einer unverzüglichen Mängelrüge dieses Abnehmers rechnen, sofern es sich nicht um einen **verborgenen Mangel iSd HGB § 377 Abs 2** handelt, der bei der gebotenen Untersuchung nicht erkennbar war.

305 Aufgrund des in HGB § 377 Abs 1 enthaltenen Tatbestandsmerkmals „soweit dies nach ordnungsmäßigem Geschäftsgange tunlich ist" muss der Letztverkäufer beim **Erwerb von Massenware** vom Lieferanten unabhängig davon **Stichproben** durchführen, ob der Weiterverkauf an einen Verbraucher oder einen ebenfalls an HGB § 377 gebundenen kaufmännischen Unternehmer erfolgt[552]. Eine Reduzierung der Maßnahmen des Verkäufers auf die **unverzügliche Weiterleitung** von Mängelrügen der Endabnehmer (Kundenbeanstandungen) nach Vollzug des Weiterverkaufs genügt den Anforderungen von HGB § 377 Abs 1 nicht [553]. Ebenfalls ohne Belang für die Obliegenheit zur Vornahme von Stichproben ist grundsätzlich die **Dauer des Aufenthalts der Ware** beim Letztverkäufer als Zwischenhändler. Bei der Durchführung der Stichproben ist eine bloße **Prüfung der Außenverpackung** idR nicht ausreichend. Es muss vielmehr auch der Inhalt geprüft werden, wobei insbes die Produkt- und Herstellungsdaten der Außenverpackungen mit den Angaben der Innenverpackungen sowie den sonstigen Kennzeichnungen der Ware verglichen werden müssen[554].

306 2. **Rügeobliegenheit nach HGB § 377 Abs 3 bei Feststellung des Mangels nach Vollzug des Weiterverkaufs.** Nach HGB § 377 Abs 3 Halbsatz 1 muss, wenn sich ein bei Untersuchung der Ware nicht erkennbarer Mangel später zeigt, die Anzeige durch den Käufer **unverzüglich nach der Entdeckung** vorgenommen werden; anderenfalls gilt die Ware auch in Ansehung dieses Mangels als genehmigt (HGB § 377 Abs 3 Halbsatz 2). Beim Regress nach § 445a Abs 1 oder/und Abs 2 gegen den Lieferanten spielt diese Variante der kaufmännischen Rügeobliegen-

550 Ebenroth/Boujong/Joost/Strohn/Achilles, HGB, 2020[4], § 377 Rz 74 ff; BeckOGK/Höpfner, HGB, Stand: 15.03.2023, § 377 Rz 59 ff; BeckOK/Schwartze, HGB, 2023[39], § 377 Rz 32 ff.

551 Vgl dazu Rz 298.

552 RGZ 106, 359, 362 (Kauf von Apfelmus-Konserven); BGH BB 1977, 1019 (Kauf von Pilz-Konserven); München BB 1955, 748 (Kauf von Obst und Gemüse); Frankfurt aM NJW-RR 1986, 838 (Kauf von Damenblusen); Köln NJW-RR 1999, 565 (Kauf von PC-Disketten); LG Köln BeckRS 2021, 5858 Rz 14 (Kauf einer größeren Menge FFP2-Schutzmasken); MünchKomm/Grunewald, HGB, 2021[5], § 377 Rz 38; Ebenroth/Boujong/Joost/Strohn/Achilles, HGB, 2020[4], § 377 Rz 83 ff; BeckOGK/Höpfner, HGB, Stand: 15.03.2023, § 377 Rz 65; aA MünchKomm/Lorenz Rz 62.

553 RGZ 106, 359, 362; BGH BB 1977, 1019; München BB 1955, 748; Frankfurt aM NJW-RR 1986, 838; Köln NJW-RR 1999, 565; LG Köln BeckRS 2021, 5858 Rz 14; MünchKomm/Grunewald, HGB, 2021[5], § 377 Rz 38; Ebenroth/Boujong/Joost/Strohn/Achilles, HGB, 2020[4], § 377 Rz 83 ff; BeckOGK/Höpfner, HGB, Stand: 15.03.2023, § 377 Rz 65; aA MünchKomm/Lorenz Rz 62.

554 Im Fall LG Köln BeckRS 2021, 5858 stimmten beim Kauf von 900 Kartons mit jeweils 20 FFP2-Schutzmasken gegen Zahlung von 32.400 € die Produktionsdaten der Außenverpackungen nicht mit den Daten der Innenverpackungen überein. Zudem war das Marken-Logo auf der Plastikhülle der einzelnen Masken nicht mit dem Marken-Logo auf der Außenverpackung identisch. Beide Mängel hätten bei Vornahme der Stichproben unter Einhaltung der gebotenen Sorgfalt erkannt werden müssen.

heit insbes dann eine Rolle, wenn der Mangel vom Letztverkäufer als Zwischenhändler entweder von vornherein trotz ordnungsgemäßer Untersuchung nicht festgestellt werden konnte oder – im Falle des Verkaufs von Massenware – die von ihm **korrekt durchgeführten Stichproben** sich zufällig auf mangelfreie Stücke bezogen, so dass der Mangel erst vom Endabnehmer im Rahmen der Nutzung der Sache entdeckt wurde. Erhält der Letztverkäufer erst nach dem Weiterverkauf durch eine **Kundenreklamation** Kenntnis vom Mangel der weiterverkauften Ware, so muss er dies unverzüglich seinem Lieferanten mitteilen[555]. Wird diese **Mängelanzeige** vom Verkäufer dagegen unterlassen oder nicht unverzüglich vorgenommen, so gilt die Ware gem HGB § 377 Abs 3 Halbsatz 2 auch in Ansehung dieses Mangels als genehmigt, dh, der Verkäufer kann, obwohl er gegenüber seinem Abnehmer (Käufer) ohne weiteres gewährleistungspflichtig ist, seinen Lieferanten nicht nach § 445a Abs 1 oder/und Abs 2 in Regress nehmen[556].

Für diesen **Ausschluss der Rückgriffshaftung** des Lieferanten kommt es nicht darauf an, ob ihm durch das Unterlassen einer rechtzeitigen Mängelanzeige ein Nachteil in Gestalt eines **Verzögerungsschadens** entstanden ist. Daher führt eine Verspätung der Anzeige auch nicht zu einer Kürzung von Rückgriffsansprüchen des Verkäufers nach Maßgabe des **Nacherfüllungsaufwands**, der aufseiten des an sich regresspflichtigen Lieferanten bei rechtzeitiger Mängelanzeige des Verkäufers entstanden wäre[557]. Die Regelung des HGB § 377 Abs 2 statuiert beim Handelskauf vielmehr zum Zwecke der **Vermeidung von Beweisschwierigkeiten** sowie im Interesse des Verkäufers – hier also des Lieferanten – an einer schnellen Klärung der Frage einer Gewährleistungshaftung ein **Alles-oder-nichts-Prinzip**[558]. Ein anteiliger Ausgleich auf Grundlage von Quotelungen und sonstige vermittelnde Lösungen kommen daher auch beim Regress des Letztverkäufers nach § 445a Abs 1 oder/und Abs 2 gegen den Lieferanten von vornherein deshalb nicht in Betracht, weil sie nicht nur mit dem Wortlaut, sondern auch mit dem Normzweck von HGB § 377 in keiner Weise vereinbar wären[559]. 307

3. **Untersuchungs- und Rügepflicht bei Streckengeschäften (Direktlieferungen) – Mängelanzeige des Endabnehmers.** Im Falle des Streckengeschäfts, das auch als Direktlieferung oder abgekürzte Lieferung bezeichnet wird, beliefert der Lieferant zum Zwecke der Erfüllung des Anspruchs aus § 433 Abs 1 Satz 1 nicht unmittelbar den Letztverkäufer als Zwischenhändler, sondern direkt den **Käufer als Endabnehmer**. Bei längeren Lieferketten werden im Falle einer Direktlieferung mehrere Zwischenhändler bei der tatsächlichen Anlieferung der Ware ausgeklammert, dh, der die Ware besitzende Hersteller oder sonstige Vor-Lieferant leistet direkt – ohne Besitzerwerb des Lieferanten und des Verkäufers iSd § 445a – an den Endabnehmer als Käufer des letzten Vertragsverhältnisses der Lieferkette. Bei **Massenware** ist im Falle einer Direktlieferung häufig ein **Verbraucher** der Empfänger der Ware. Wird die Ware vom Hersteller oder einem sonstigen Vor-Lieferanten **ohne Zwischenbelieferung** des Lieferanten und des Letztverkäufers direkt beim Käufer (Endabnehmer) angeliefert, so ist für den Lieferanten iSd § 445a offensichtlich, dass der Verkäufer als Käufer iSd HGB § 377 die Ware nicht untersuchen kann. Bei Vorliegen einer Direktlieferung kann vom Letztverkäufer auch nicht erwartet werden, dass er den Endabnehmer zum Zwecke der Untersuchung der Ware aufsucht[560]. Dies widerspräche dem **Sinn eines Streckengeschäfts**. Die wirtschaftlichen Vorteile der Direktbelieferung des Endabnehmers kommen nicht nur dem Letztverkäufer, sondern auch dem Lieferanten und etwaigen Vor-Lieferanten der Vertriebskette zugute. 308

In Bezug auf die dem Letztverkäufer, der wegen Vorliegens eines Streckengeschäfts mit direkter Belieferung des Endabnehmers nicht den Besitz an der Ware erlangt hat, gegenüber dem Lieferanten gem HGB § 377 Abs 1 obliegenden Untersuchungs- und Rügepflicht ist danach zu unterscheiden, ob der Endabnehmer ein **Verbraucher** oder ein **Kaufmann** ist, den ebenfalls die Pflichten nach HGB § 377 Abs 1 treffen. Denn einem Verbraucher als Endabnehmer kann der Letztverkäufer nicht durch den Kaufvertrag zum Zwecke der eigenen Entlastung eine Untersuchungs- und Rügepflicht in Anlehnung an HGB § 377 Abs 1 auferlegen[561]. Andererseits ist der Letztverkäufer nach HGB § 377 Abs 1 im Falle der Direktlieferung ohne eigenen Besitzerwerb 309

555 BGH NJW 1986, 3136, 3137; BGHZ 110, 130, 138 f; BGH NJW 1996, 1537, 1538; BGH BeckRS 2014, 12900 Rz 9; MünchKomm/Lorenz Rz 63; BeckOGK/Arnold Rz 157; BeckOK/Faust Rz 34; jurisPK/Ball Rz 50; MünchKomm/Grunewald, HGB, 2021[5], § 377 Rz 78 ff.

556 MünchKomm/Lorenz Rz 63; BeckOGK/Arnold Rz 157.

557 MünchKomm/Lorenz Rz 63; aA Schubel ZIP 2002, 2061, 2070 f (zu § 478 aF).

558 Vgl zum Normzweck MünchKomm/Grunewald, HGB, 2021[5], § 377 Rz 3.

559 Vgl MünchKomm/Lorenz Rz 63.

560 BeckOGK/Höpfner, HGB, Stand: 15.03.2023, § 377 Rz 79; Heidel/Schall/Stöber, HGB, 2020[3], § 377 Rz 28; Lange JZ 2008, 661, 666 f; aA Ebenroth/Boujong/Joost/Strohn/Achilles, HGB, 2020[4], § 377 Rz 103 ff.

561 BeckOGK/Höpfner, HGB, Stand: 15.03.2023, § 377 Rz 79; BeckOK/Schwartze, HGB, 2023[39], § 377 Rz 39; Lange JZ 2008, 661, 666 f.

nicht gehalten, die Ware beim Verbraucher als Empfänger der Ware zu untersuchen[562]. Eine derartige Maßnahme ist also nicht „nach ordnungsgemäßem Geschäftsgange tunlich“ iSd HGB § 377 Abs 1. Der Verkäufer ist hier vielmehr nur gehalten, eine vom Verbraucher als Endabnehmer erhaltene **Mängelrüge** gem HGB § 377 Abs 3 Halbsatz 1 unverzüglich seinen Lieferanten weiterzuleiten[563]. Die Rügeobliegenheit des Verkäufers gegenüber seinem Lieferanten entsteht demnach erst mit **Zugang der Mängelrüge des Verbrauchers**, auch wenn diese erst geraume Zeit nach Besitzerwerb erfolgt. Dass der Verbraucher nach Feststellung eines Mangels der Ware den Verkäufer nicht unmittelbar, sondern mit einer vermeidbaren Verzögerung informiert, geht beim Rückgriff nach § 445a Abs 1 oder/und Abs 2 ebenfalls nicht zu Lasten des Verkäufers.

310 Ist der Endabnehmer als Kaufmann selbst gem HGB § 377 Abs 1 zur Untersuchung der Ware und Rüge etwaiger Mängel verpflichtet, so muss der Letztverkäufer die Ware ebenfalls nicht am **Bestimmungsort** untersuchen. Der Verkäufer ist hier als Zwischenhändler gem HGB § 377 Abs 1 grundsätzlich nur verpflichtet, eine vom untersuchungspflichtigen Käufer erhaltene Mängelrüge unverzüglich an seinen Lieferanten weiterzuleiten[564]. Der gegenüber dem Lieferanten untersuchungspflichtige Letztverkäufer kann als Zwischenhändler im Falle einer Direktlieferung dem **kaufmännischen Endabnehmer** grundsätzlich die Untersuchung der Ware überlassen[565]. Insoweit kann zwischen Lieferant und Letztverkäufer vertraglich auch vereinbart werden, dass der Endabnehmer direkt den Lieferanten über das Vorliegen eines Mangels informiert[566]. Rügt der Endabnehmer (Käufer) den Mangel direkt gegenüber dem Lieferanten, so ist darin regelmäßig zugleich eine ordnungsgemäße Erfüllung der dem Verkäufer im Verhältnis zum Lieferanten obliegenden Rügepflicht zu sehen, wenn der Verkäufer dem Endabnehmer insoweit eine **Ermächtigung** erteilt hat[567]. Fehlt eine ausdrückliche vertragliche Vereinbarung zwischen Letztverkäufer und dem Endabnehmer (Käufer) als Kaufmann, so ist in der Abrede über die Direktbelieferung seitens des Lieferanten oder eines Vor-Lieferanten der Vertriebskette eine **konkludente Ermächtigung** des Endabnehmers zu sehen, die Mängelanzeige wahlweise an den Letztverkäufer oder den Lieferanten bzw Vor-Lieferanten zu adressieren[568]. Dies gilt für alle Kaufverhältnisse der Lieferkette, die am betreffenden Streckengeschäft beteiligt sind.

311 Die Möglichkeit, einem Kaufmann als Endabnehmer sowohl die Untersuchung der Ware als auch die Vornahme der Rüge gegenüber dem Lieferanten iSd § 445a zu übertragen, ändert aber nichts an dem Grundsatz, dass sich der Letztverkäufer **vermeidbare Verzögerungen der Mängelanzeige** aufseiten des Endabnehmers wie eigene Versäumnisse zurechnen lassen muss[569]. Dies folgt aus dem **Rechtsgedanken des § 278**. Der aus HGB § 377 Abs 2 und Abs 3 Halbsatz 2 im Falle der Verletzung der Rügeobliegenheit folgende Rechtsnachteil in **Gestalt der Genehmigung der Ware** ist daher vom Letztverkäufer als Zwischenhändler zu tragen, wenn der kaufmännische Endabnehmer entweder die Ware nicht rechtzeitig untersucht oder einen erkannten Mangel nicht unverzüglich rügt[570]. Insoweit kommt es nicht darauf an, ob der Endabnehmer nach dem geschlossenen Kaufvertrag verpflichtet war, die Mängelanzeige unmittelbar an den Lieferanten zu richten[571]. Der Letztverkäufer ist hier auf einen **Schadensersatzanspruch aus § 280 Abs 1** gegen den Käufer beschränkt. Der Schaden des Verkäufers besteht darin, dass der Rückgriff gegen den Lieferanten gem § 445a Abs 4 iVm HGB § 377 Abs 2 bzw Abs 3 Halbsatz 2 ausgeschlossen ist.

562 Vgl oben Rz 308; BeckOGK/Höpfner, HGB, Stand: 15.03.2023, § 377 Rz 79; Heidel/Schall/Stöber, HGB, 2020[3], § 377 Rz 28; Lange JZ 2008, 661, 666 f; aA Ebenroth/Boujong/Joost/Strohn/Achilles, HGB, 2020[4], § 377 Rz 103 ff.

563 BeckOGK/Höpfner, HGB, Stand: 15.03.2023, § 377 Rz 79; Heidel/Schall/Stöber, HGB, 2020[3], § 377 Rz 28; Lange JZ 2008, 661, 666 f; aA Ebenroth/Boujong/Joost/Strohn/Achilles, HGB, 2020[4], § 377 Rz 103 ff.

564 BGHZ 110, 130, 138 f; BGH BeckRS 2014, 12900 Rz 9; Karlsruhe NJW-RR 2017, 177 Rz 22.

565 BGHZ 110, 130, 138 f; BGH BeckRS 2014, 12900 Rz 9; Karlsruhe NJW-RR 2017, 177 Rz 22; BeckOGK/Höpfner, HGB, Stand: 15.08.2022, § 377 Rz 77; Ebenroth/Boujong/Joost/Strohn/Achilles, HGB, 2020[4], § 377 Rz 102.

566 BGH BeckRS 2014, 12900 Rz 9; Karlsruhe NJW-RR 2017, 177 Rz 22; BeckOGK/Höpfner, HGB, Stand: 15.03.2023, § 377 Rz 78; Ebenroth/Boujong/Joost/Strohn/Achilles, HGB, 2020[4], § 377 Rz 102; MünchKomm/Grunewald, HGB, 2021[5], § 377 Rz 69.

567 BGH BeckRS 2014, 12900 Rz 9; Karlsruhe NJW-RR 2017, 177 Rz 22 (Direktrüge des Endabnehmers könne genügen); BeckOGK/Höpfner, HGB, Stand: 15.03.2023, § 377 Rz 78; Ebenroth/Boujong/Joost/Strohn/Achilles, HGB, 2020[4], § 377 Rz 102; MünchKomm/Grunewald, HGB, 2021[5], § 377 Rz 69.

568 BeckOGK/Höpfner, HGB, Stand: 15.03.2023, § 377 Rz 78; Ebenroth/Boujong/Joost/Strohn/Achilles, HGB, 2020[4], § 377 Rz 102.

569 BGHZ 110, 130, 138 f; BGH BeckRS 2014, 12900 Rz 9.

570 BGHZ 110, 130, 138 f; BGH BeckRS 2014, 12900 Rz 9.

571 BGH BeckRS 2014, 12900 Rz 9.

VI. Abdingbarkeit des HGB § 377 im Rückgriffsverhältnis

1. **Individualvereinbarungen zwischen Lieferant und Verkäufer**. Die Untersuchungs- und Rügeobliegenheit nach HGB § 377 Abs 1 ist grundsätzlich auch beim Rückgriff des Verkäufers gegen den Lieferanten nach § 445a Abs 1 und Abs 2 abdingbar[572]. Da der Gesetzgeber mit § 445a Abs 4 klarstellt, dass die Anwendung des HGB § 377 beim Regress in der Lieferkette unberührt bleibt, gelten auch die in Bezug auf die Abdingbarkeit dieser Norm die allgemein anerkannten Grundsätze. Von HGB § 377 abweichende **Individualvereinbarungen** sind im Rahmen der allgemeinen Schranken der Vertragsfreiheit (insbes §§ 134, 138, 242) weitgehend zulässig[573]. 312

2. **Vorformulierte Lieferbedingungen (AGB) des Lieferanten**. In Bezug auf den Ausschluss oder die Einschränkung der Untersuchungs- und Rügepflicht durch **AGB** ist eine **differenzierende Betrachtungsweise** erforderlich[574]. Entscheidende Bedeutung hat insoweit, welche kaufmännische Partei des Kaufvertrags die von HGB § 377 Abs 1 abweichenden vorformulierten Vertragsbedingungen gestellt hat. Die ohnehin streng einzuordnende Untersuchungs- und Rügeobliegenheit des Käufers beim Handelskauf schützt in besonderer Weise die **Interessen des Verkäufers,** beim Rückgriff also des Lieferanten, so dass eine weitere Verschärfung zu Lasten des Käufers in **AGB des Verkäufers (Lieferbedingungen des Lieferanten iSd § 445a)** grundsätzlich als unangemessen iSd § 307 Abs 1 Satz 1 iVm Abs 2 Nr 1 anzusehen ist[575]. Dies gilt unabhängig davon, ob sich die Vertragsklausel auf ohne weiteres erkennbare oder auch auf **verdeckte Mängel** bezieht[576]. Prinzipiell möglich ist in den Lieferbedingungen des Lieferanten dagegen eine **nähere Konkretisierung** der Untersuchungs- und Anzeigepflicht des HGB § 377 des Käufers, hier des Verkäufers iSd § 445a Abs 1 und Abs 2, sofern dabei nicht von anerkannten Grundsätzen – insbes den für die konkrete Ware geltenden **Gepflogenheiten des Handelsverkehrs** – abgewichen wird[577]. 313

3. **Vorformulierte Einkaufsbedingungen (AGB) des Letztverkäufers**. Soweit sich beim Handelskauf die vom Käufer gestellten AGB (Einkaufsbedingungen) auf die Untersuchungs- und Rügeobliegenheit aus HGB § 377 Abs 1 beziehen, geht es häufig um den Ausschluss oder eine Einschränkung zugunsten des insoweit verpflichteten Käufers. Derartige Erleichterungen in **Einkaufs-AGB des Käufers** stellen – ebenso wie formularmäßige Verschärfungen in Lieferbedingungen des Lieferanten[578] – grundsätzlich eine **unangemessene Benachteiligung** iSd § 307 Abs 1 Satz 1 iVm Abs 2 Nr 1 des anderen Vertragsteils, hier also des Lieferanten, dar[579]. Zulässig ist dagegen prinzipiell – wie in Lieferbedingungen des Lieferanten[580] – eine nähere **Konkretisierung der Untersuchungs- und Anzeigepflicht** des HGB § 377 Abs 1 des Käufers (Verkäufers iSd § 445a Abs 1 und Abs 2), solange nicht von anerkannten Grundsätzen abgewichen wird[581]. 314

I. Rückgriff bei grenzüberschreitenden Kaufverträgen

I. Allgemeine Grundlagen – Unterscheidung zwischen Liefervertragsstatut und Statut des Letztverkaufs

Die Rechte des Verkäufers aus § 445a Abs 1 und Abs 2 setzen voraus, dass auf den Kaufvertrag zwischen ihm und dem Lieferanten das **BGB** anwendbar ist[582]. Dies ist eine Frage des Liefervertragsstatuts[583]. Unerheblich für den Rückgriff des Letztverkäufers ist, ob in den Fällen, in denen der Lieferant nicht der Hersteller der Ware ist, der Kaufvertrag zwischen dem Lieferanten und dem Vor-Lieferanten/Hersteller ebenfalls dem BGB unterfällt. Der Rückgriff nach § 445a Abs 1 315

572 Vgl Beschlussempfehlung und Bericht des Rechtsausschusses, BT-Drucks 14/7052, S 199 (zu § 445a); MünchKomm/Lorenz Rz 64; jurisPK/Ball Rz 51.
573 Vgl MünchKomm/Grunewald, HGB, 2021[5], § 377 Rz 120 ff; BeckOGK/Höpfner, HGB, Stand: 15.03.2023, § 377 Rz 150 f; BeckOK/Schwartze, HGB, 2023[39], § 377 Rz 88 ff.
574 Vgl dazu MünchKomm/Grunewald, HGB, 2021[5], § 377 Rz 126 ff, 134 ff; BeckOGK/Höpfner, HGB, Stand: 15.03.2023, § 377 Rz 152 ff; BeckOK/Schwartze, HGB, 2023[39], § 377 Rz 92 ff; Hopt/Leyens, HGB, 2023[42], § 377 Rz 58 ff.
575 BGHZ 115, 324, 326 f; BGH NJW-RR 1986, 52, 53; MünchKomm/Grunewald, HGB, 2021[5], § 377 Rz 130 ff; BeckOGK/Höpfner, HGB, Stand: 15.03.2023, § 377 Rz 152 ff.
576 BGHZ 115, 324, 326 f; BGH NJW-RR 1986, 52, 53; MünchKomm/Grunewald, HGB, 2021[5], § 377 Rz 130 ff; BeckOGK/Höpfner, HGB, Stand: 15.03.2023, § 377 Rz 152 ff.
577 Vgl MünchKomm/Grunewald, HGB, 2021[5], § 377 Rz 134 ff; Ebenroth/Boujong/Joost/Strohn/Achilles, HGB, 2020[4], § 377 Rz 255.
578 Vgl dazu oben Rz 313.
579 BGH NJW 1991, 2633, 2634; MünchKomm/Grunewald, HGB, 2021[5], § 377 Rz 134 ff; BeckOGK/Höpfner, HGB, Stand: 15.03.2023, § 377 Rz 156; Hopt/Leyens, HGB, 2022[41], § 377 Rz 59; Ebenroth/Boujong/Joost/Strohn/Achilles, HGB, 2020[4], § 377 Rz 252.
580 Vgl vorstehend Rz 313.
581 Vgl MünchKomm/Grunewald, HGB, 2021[5], § 377 Rz 134 ff; Ebenroth/Boujong/Joost/Strohn/Achilles, HGB, 2020[4], § 377 Rz 255.
582 MünchKomm/Lorenz Rz 20.
583 Vgl dazu nachfolgend Rz 316 ff.

und Abs 2 ist dagegen nicht eröffnet, wenn in Bezug auf den vom Verkäufer mit dem Lieferanten abgeschlossenen grenzüberschreitenden Kaufvertrag das **UN-Kaufrecht (CISG) oder ausländisches Kaufrecht** zur Anwendung gelangt[584]. Von der Frage der Bestimmung des Lieferstatuts zu unterscheiden ist das Kaufverhältnis zwischen dem Letztverkäufer und dem Käufer (Endabnehmer). Der Rückgriff des Verkäufers gegen den Lieferanten setzt bei Anwendbarkeit des BGB auf dieses Rückgriffsverhältnis zumindest nicht zwingend voraus, dass sich auch der Weiterverkauf an den Endabnehmer nach den Vorschriften des BGB richtet[585].

II. Bestimmung des Liefervertragsstatuts nach der Rom I-VO

316 1. **Sachlicher Anwendungsbereich (Rom I-VO Art 1) und Rechtswahl (Rom I-VO Art 3 Abs 1)**. Nach Rom I-VO[586] Art 1 gilt diese Verordnung für vertragliche Schuldverhältnisse in Zivil- und Handelssachen, die eine Verbindung zum Recht verschiedener Staaten aufweisen. Vom sachlichen Anwendungsbereich der Rom I-VO werden daher unzweifelhaft die **grenzüberschreitenden Kaufverträge** erfasst. Nach Rom I-VO Art 3 Abs 1 Satz 1 unterliegt ein derartiger Kaufvertrag zwischen Lieferant und Verkäufer dem von den Parteien gewählten Recht. Die Parteien des Rückgriffverhältnisses können also die **Geltung des BGB** mit der Folge **der grundsätzlichen Anwendbarkeit des § 445a Abs 1 und Abs 2** vereinbaren. Die Rechtswahl muss gem Rom I-VO Art 3 Abs 1 Satz 2 ausdrücklich erfolgen, sich eindeutig aus den Bestimmungen des in Rede stehenden Liefervertrags oder aus den **Umständen des Falls** ergeben. Nach Rom I-VO Art 3 Abs 1 Satz 3 können die Kaufvertragsparteien die Rechtswahl für ihren **ganzen Vertrag** oder nur für **einen Teil** desselben treffen. Lieferant und Letztverkäufer haben demnach auch die Möglichkeit, die Wahl des BGB auf das Recht der **Gewährleistung nach §§ 437 ff einschließlich Rückgriff gem § 445a Abs 1 und Abs 2** zu beschränken[587].

317 2. **Bestimmung des Vertragsstatuts nach Rom I-VO Art 4 Abs 1 lit a**. Soweit Lieferant und Letztverkäufer keine Rechtswahl nach Rom I-VO Art 3 getroffen haben, unterliegen **Kaufverträge über bewegliche Sachen** gem Rom I-VO Art 4 Abs 1 lit a dem Recht des Staates, in dem der **Verkäufer** seinen **gewöhnlichen Aufenthalt** hat. Danach ist im grenzüberschreitenden Rückgriffsverhältnis zwischen Verkäufer und Lieferant deutsches Recht nur dann anwendbar, wenn der Lieferant seinen Sitz im Inland hat. Zum deutschen Recht gehört allerdings auch das UN-Kaufrecht (CISG), soweit im konkreten Fall der **sachliche Anwendungsbereich** eröffnet ist[588]. Soweit das **CISG** in Bezug auf seinen Anwendungsbereich eigene **Kollisionsregelungen** enthält, besteht gem Rom I-VO Art 25 Abs 1 Vorrang im Verhältnis zu den Kollisionsvorschriften der Rom I-VO. Nach CISG Art 1 lit a ist dieses **Einheitskaufrecht** auf Kaufverträge über Waren zwischen Parteien anzuwenden, die ihren Sitz in verschiedenen Staaten haben, sofern die Staaten zu den **CISG-Vertragsstaaten** gehören. Gem **CISG Art 6** können die Kaufvertragsparteien allerdings die Anwendung des CISG ausschließen. Im Rahmen einer Rechtswahl nach Rom I-VO Art 3 Abs 1 kann demnach in einer derartigen Konstellation die **Geltung des BGB** festgelegt werden. Da das CISG keine speziellen Regeln für den Rückgriff des Letztverkäufers gegen den Lieferanten enthält, ist das BGB mit der Anwendbarkeit des § 445a Abs 1 und Abs 2 für den Verkäufer grundsätzlich günstiger, während das CISG in dieser Hinsicht zu einer Besserstellung des Lieferanten führen kann[589].

318 Wenn nach dargelegten Grundsätzen das BGB entweder gar nicht oder zumindest in Bezug auf den Rückgriff des Verkäufers gegen den Lieferanten nicht anwendbar ist, dann gelangen § 445a Abs 1 und Abs 2 auch nicht als **Eingriffsnormen iSd Rom I-VO Art 9 Abs 1** zur Geltung[590]. Eingriffsnormen sind gem Rom I-VO Art 9 Abs 1 **zwingende Vorschriften**, deren Einhaltung von einem Staat als so entscheidend für die **Wahrung seines öffentlichen Interesses**, insbes seiner politischen, sozialen oder wirtschaftlichen Organisation, angesehen werden, dass sie ungeachtet des nach Maßgabe dieser Verordnung auf den Vertrag anzuwendenden Rechts auf alle Sachverhalte anzuwenden sind, die in ihren Anwendungsbereich fallen. § 445a ist eindeutig keine Eingriffsnorm iSd Rom I-VO Art 9 Abs 1[591]. Fehlt in dem Fall, in dem das BGB – einschließlich § 445a – auf den **grenzüberschreitenden Liefervertrag** nicht anwendbar ist, im

584 MünchKomm/Lorenz Rz 20; BeckOGK/Arnold Rz 177.
585 Vgl dazu unten Rz 322; MünchKomm/Lorenz Rz 21.
586 Verordnung (EG) Nr 593/2008 des Europäischen Parlaments und des Rates vom 17. Juni 2008 über das auf vertragliche Schuldverhältnisse anzuwendende Recht (Rom I).
587 BeckOGK/Wendland, Rom I-VO, Stand: 01.09.2023, Art 3 Rz 46 ff und Rz 189 ff; BeckOK/Spickhoff, Rom I-VO, 2022[66], Art 3 Rz 31 (Teilfrage muss abspaltbar sein).
588 BGH NJW-RR 2014, 1202 Rz 11; BGH NJW 1999, 1259.
589 Vgl dazu MünchKomm/Lorenz Rz 20; Piltz NJW 2012, 3061 f.
590 MünchKomm/Lorenz Rz 20.
591 MünchKomm/Lorenz Rz 20; BeckOGK/Arnold Rz 183.

geltenden Vertragsstatut eine § 445a entsprechende Regelung, so ist in der Durchführung der **Gewährleistung nach ausländischem Recht** im Rückgriffsverhältnis – ohne die Privilegierungen des § 445a Abs 1 und Abs 2 – auch kein Verstoß gegen den **ordre public iSd Rom I-VO Art 21** zu sehen[592].

In der Konstellation, in der bei objektiver Anwendbarkeit des BGB von den Kaufvertragsparteien ein ausländisches Recht als Vertragsstatut gewählt wird, ist allerdings bei Vorliegen eines **Verbrauchsgüterkaufs** am Ende der Lieferkette die besondere Regressregelung des **§ 478 Abs 2** gleichwohl nach Maßgabe des **Rom I-VO Art 3 Abs 3** anwendbar[593]. Nach § 478 Abs 2 ist der Rückgriff nach § 445a Abs 1 und Abs 2 grundsätzlich **zwingendes Recht**, sofern der Letztverkäufer die Ware als Unternehmer an einen Verbraucher verkauft. Denn nach Rom I-VO Art 3 Abs 3 berührt die **Rechtswahl der Parteien**, wenn wesentliche („alle anderen") Elemente des Sachverhalts zum **Zeitpunkt dieser Wahl** in einem anderen als demjenigen Staat belegen sind, dessen Recht gewählt wird, nicht die Anwendung derjenigen Bestimmungen des Rechts dieses anderen Staates, von denen **nicht durch Vereinbarung abgewichen** werden kann. 319

III. Statut des Letztverkaufs an Endabnehmer

1. **Rückgriff bei Anwendbarkeit des BGB.** Ist auf einen Kaufvertrag zwischen dem Lieferanten und dem Letztverkäufer das BGB anzuwenden, so stellt sich – im Falle des grenzüberschreitenden Weiterverkaufs an einen Endabnehmer – in Bezug auf den Regress gegen den Lieferanten zunächst die Frage, welches Recht auf den mit dem **ausländischen Käufer** abgeschlossenen Kaufvertrag anwendbar ist. Unproblematisch ist die Konstellation, in der sich der grenzüberschreitende Letztverkauf nach dem BGB richtet. Es kommt dann nämlich nicht darauf an, ob die nach ausländischem Recht gegebenen Gewährleistungsrechte im Rahmen einer **Substitution** (Subsumtion eines Auslandssachverhalts unter die tatbestandlichen Voraussetzungen einer Sachnorm) in Bezug auf die Rückgriffsvoraussetzungen des § 445a Abs 1 und Abs 2 als gleichwertig eingestuft werden können[594]. Ist der ausländische Käufer **kein Verbraucher** und gelangt das **UN-Kaufrecht (CISG) nicht** zur Anwendung, so ist bei fehlender abweichender Rechtswahl iSd Rom I-VO Art 3 Abs 1 auf den vom Letztverkäufer mit Sitz im Inland geschlossenen Kaufvertrag **gem Rom I-VO Art 4 Abs 1 lit a** das BGB anwendbar[595]. 320

2. **Verbraucherverträge iSd Rom I-VO Art 6 Abs 1 zwischen deutschem Letztverkäufer und ausländischem Käufer.** Bei Vertrieb von **Massenware** erfolgt der Letztverkauf regelmäßig an einen Verbraucher; bei grenzüberschreitendem Absatz also an einen **ausländischen Verbraucher.** Die Bestimmung des **Vertragsstatuts** kann hier regelmäßig nicht nach **Rom I-VO Art 4 Abs 1 lit a** erfolgen. Nach Rom I-VO Art 6 Abs 1 ist vielmehr das Recht des Staates anwendbar, in dem der **Verbraucher seinen gewöhnlichen Aufenthalt** hat, sofern der Unternehmer entweder seine **berufliche oder gewerbliche Tätigkeit** in dem Staat ausübt, in dem der Verbraucher seinen gewöhnlichen Aufenthalt hat (Rom I-VO Art 6 Abs 1 lit a), oder eine solche Tätigkeit auf irgendeiner Weise auf diesen Staat oder auf mehrere Staaten, einschließlich dieses Staates, ausrichtet (Rom I-VO Art 6 Abs 1 lit b). Diese Voraussetzungen sind beim **systematischen Absatz von Massenware an Verbraucher** in ausländischen Staaten regelmäßig erfüllt mit der Folge, dass das **Kaufrecht des ausländischen Verbraucherstaats** und nicht das BGB in Bezug auf den grenzüberschreitenden Letztverkauf zur Anwendung gelangt. Es stellt sich dann auch hier die Frage der Anwendung des § 445a Abs 1 und Abs 2 im Rahmen einer **Substitution**[596]. 321

IV. Anwendung des § 445a Abs 1 und Abs 2 kraft Substitution im Falle des Letztverkaufs nach ausländischem Kaufrecht

1. **Wesen der Substitution – Grundlagen.** Bei der Substitution im **Internationalen Privatrecht** geht es nicht um eine besondere kollisionsrechtliche Anknüpfung, sondern vielmehr um die **Subsumtion eines Auslandssachverhalts** unter eine anwendbare Sachnorm[597]. Entscheidend dafür ist die **Auslegung der konkreten Sachnorm**[598]. Gilt für den grenzüberschreitenden Letztverkauf an einen Endabnehmer nach Rom I-VO Art 6 Abs 1 und Art 4 Abs 1 lit a wegen Anwendbarkeit des UN-Kaufrechts (CISG) oder aus einem anderen Grund nicht das BGB, also insbes nicht § 437, so stellt sich die Frage, ob die vom ausländischen Käufer (Endabnehmer) gegen den Letztverkäufer geltend gemachten Gewährleistungsrechte im Rahmen einer **wertenden Betrachtung** die Tatbestandsvoraussetzungen des § 445a Abs 1 oder/und Abs 2 erfüllen, so 322

592 MünchKomm/Lorenz Rz 20.
593 MünchKomm/Lorenz Rz 20.
594 Vgl dazu unten Rz 322 ff.
595 Vgl dazu auch oben Rz 317.
596 Vgl dazu nachfolgend Rz 322 ff.
597 MünchKomm/Lorenz Rz 21.
598 MünchKomm/Lorenz Rz 21.

dass die hier in Rede stehende Substitution Platz greift[599]. Der im Rahmen des Letztverkaufs auf Grundlage des betreffenden ausländischen Rechts gegebene Gewährleistungsrechtsbehelf des Käufers (Endabnehmers) muss in rechtlicher Hinsicht nicht exakt den in § 437 geregelten deutschen Käuferrechten entsprechen. Es genügt vielmehr, dass **im Hinblick auf die Funktion eine Vergleichbarkeit** gegeben ist[600].

323 2. **Der Aufwendungsersatzanspruch des Letztverkäufers aus § 445a Abs 1 bei Nacherfüllung im letzten Kaufverhältnis nach ausländischem Recht**. In Bezug auf den Aufwendungsersatzanspruch – einschließlich Vorschuss nach § 475 Abs 4 bei Vorliegen eines Verbrauchsgüterkaufs – des Verkäufers gegen den Lieferanten aus § 445a Abs 1 ist zwar zu beachten, dass sich die Berechnung im Wesentlichen nach § 439 Abs 2, Abs 3 und Abs 6 Satz 2 richtet. Das ausländische Kaufrecht muss aber nicht inhaltsgleiche Vorschriften enthalten. Die Erstattungspflicht des Lieferanten nach § 445a Abs 1 ist vielmehr gegeben, wenn die **Aufwendungen des Letztverkäufers** gegenüber dem nach ausländischem Kaufrecht **gewährleistungsberechtigten Käufer (Endabnehmer)** für die Beseitigung des Mangels durch Nachbesserung oder Ersatzlieferung **objektiv erforderlich** waren. Ob der Aufwendungsersatzanspruch aus § 445a Abs 1 der Höhe nach auf Aufwendungen beschränkt ist, die im Verhältnis zwischen Letztverkäufer und Käufer auch bei einer Nacherfüllung auf Grundlage des **deutschen Rechts (§§ 437 Nr 1, 439 Abs 1)** angefallen wären, erscheint zweifelhaft[601]. Richtig ist, dass der Vergleich mit dem deutschen Gewährleistungsrecht notwendig ist, soweit es um das Vorliegen **typischer Mangelbeseitigungskosten** geht, die im Großen und Ganzen den Aufwendungen entsprechen, welche im letzten Kaufverhältnis der Lieferkette nach **§ 439 Abs 2** vom Verkäufer zu ersetzen wären. Unter Nacherfüllung iSd § 439 Abs 2 ist aber **auch eine Nacherfüllung nach ausländischem Recht** zu verstehen, sofern die Vergleichbarkeit der Rechtsbehelfe gegeben ist.

324 Dass im Falle eines grenzüberschreitenden Letztverkaufs die Transport-, Wege- und Arbeitskosten höher sein können als bei einem Inlandsgeschäft, spricht nicht gegen die volle Erstattungsfähigkeit nach § 445a Abs 1 im Rückgriffsverhältnis zwischen Verkäufer und Lieferant. Denn auch bei einem **inländischen Letztverkauf** muss der Verkäufer damit rechnen, dass der Käufer (Endabnehmer) die Sache im Ausland nutzt (zB ein Auto im Rahmen einer Urlaubsreise oder eines Aufenthalts an einem Zweitwohnsitz) und dort ein Mangel auftritt. Auch in diesem Fall müssen die – im Vergleich zur Gewährleistung im örtlichen Bereich des inländischen Hauptsitzes des Käufers – höheren Transport-, Arbeits- und Materialkosten vom Letztverkäufer getragen werden. Die nach ausländischem Recht zum Zwecke der Beseitigung des Fehlers objektiv erforderlichen Aufwendungen sind daher **idR Aufwendungen iSd § 439 Abs 2** mit der Folge, dass sie beim Rückgriff gem § 445a Abs 1 in vollem Umfang zu ersetzen sind. Zudem muss der Letztverkauf an einen ausländischen Endabnehmer in Bezug auf den Rückgriff und die Erstattungsfähigkeit von Aufwendungen deshalb als **Risiko der gesamten Lieferkette** angesehen werden, weil in wirtschaftlicher Hinsicht auch mit solchen Geschäften alle Verkäufer dieser Kette einen Vorteil erzielen.

325 3. **Sekundäre Gewährleistungsrechte des Endabnehmers – Rückgriff gem § 445a Abs 2 iVm § 437 Nr 2 und Nr 3**. Auch die sekundären Rechtsbehelfe **Rücktritt, Minderung und Schadensersatz** sind keine spezifisch deutschen Gewährleistungsrechte, sondern sowohl im Hinblick auf die **Warenkauf-Richtlinie** als auch nach **UN-Kaufrecht** klassische Rechtsbehelfe des Käufers. Für den privilegierten Rückgriff nach § 445a Abs 2 iVm § 437 Nr 2 und Nr 3 ist im Falle eines **Letztverkaufs nach ausländischem Recht** nicht erforderlich, dass die Voraussetzungen des Rücktritts und der sonstigen Tatbestände, die zur **Rücknahme der mangelhaften Ware** durch den Letztverkäufer vom Käufer führen, mit dem BGB-Kaufrecht exakt übereinstimmen. § 445a Abs 2 ist vielmehr dahin gehend auszulegen, dass zB ein nach ausländischem Recht zu bejahender Anspruch auf Ersatzlieferung, Rücktritt (Vertragsaufhebung) oder Schadensersatz statt der ganzen Leistung als **Rücknahme** im Sinne dieser Vorschrift anzusehen ist. Ob der ausländische Sachverhalt auch die Voraussetzungen des entsprechenden deutschen Rechtsbehelfs exakt erfüllt und jedenfalls nicht darüber hinaus geht, ist dagegen unerheblich[602]. Dafür spricht auch die **Warenverkehrsfreiheit (AEUV Art 28, 29)**.

326 Letztlich geht es auch hier um eine **interessengerechte Risikoverteilung**. Der **grenzüberschreitende Absatz von Waren** durch den Verkäufer erfolgt in wirtschaftlicher Hinsicht auch im Interesse des Lieferanten und aller sonstigen Verkäufer der Lieferkette einschließlich des Her-

599 Vgl dazu MünchKomm/Lorenz Rz 21.
600 MünchKomm/Lorenz Rz 21 (funktionsäquivalent); BeckOGK/Arnold Rz 186 (funktionale Gleichwertigkeit).
601 Für eine solche Beschränkung MünchKomm/Lorenz Rz 22; Staud/Bach Rz 143; großzügiger BeckOGK/Arnold Rz 186 („Mit Blick auf den Regelungszweck des § 445a sollte […] kein allzu strenger Prüfungsmaßstab angelegt werden").
602 Strenger MünchKomm/Lorenz Rz 21.

stellers. Ein vertragliches **Verbot eines grenzüberschreitenden Weiterverkaufs** wäre ohnehin wegen eines Verstoßes gegen AEUV Art 101 unzulässig[603]. Da die wirtschaftlichen Vorteile eines grenzüberschreitenden Weiterverkaufs unmittelbar auch den anderen Verkäufern der Lieferkette zugutekommen, wäre es nicht interessengerecht, die Gewährleistungsrechte des ausländischen Käufers auf Grundlage des letzten Kaufvertrags der Lieferkette nur bei völliger Übereinstimmung mit den deutschen Rechtsbehelfen als Rückgriffsvoraussetzung iSd § 445a Abs 2 anzuerkennen. Im Übrigen dürften jedenfalls für den Geltungsbereich der **Warenkauf-Richtlinie** die Voraussetzungen für das Nacherfüllungsrecht und die sekundären Rechtsbehelfe einschließlich der Frage der Verjährung nicht wesentlich voneinander abweichen[604]. Denn nach Art 4 der Warenkauf-Richtlinie gilt das Gebot der **Vollharmonisierung**.

4. **Weiterer Rückgriff nach § 445a Abs 3 bei grenzüberschreitenden Lieferverträgen.** 327
Die in § 445a Abs 3 geregelte entsprechende Anwendung des § 445a Abs 1 und Abs 2 auf den Rückgriff des Lieferanten gegen den Vor-Lieferanten setzt ebenso wie ein etwaiger weiterer Regress des Vor-Lieferanten und sonstiger Käufer der Lieferkette gegen ihre jeweiligen Verkäufer voraus, dass das **deutsche BGB** zumindest auf den grenzüberschreitenden Liefervertrag des konkreten Rückgriffverhältnisses Anwendung findet. Im Falle des Rückgriffs des Lieferanten gegen den Vor-Lieferanten muss also bei Vorliegen eines grenzüberschreitenden Kaufvertrags das BGB das eingreifende Sachrecht sein. Es darf mithin insoweit weder das UN-Kaufrecht (CISG) noch ein ausländisches Kaufrecht eingreifen. Soweit der Lieferant und der Vor-Lieferant **keine Rechtswahl nach Rom I VO Art 3** getroffen haben, unterliegt der Kaufvertrag über bewegliche Sachen gem **Rom I VO Art 4 Abs 1 lit a** dem Recht des Staates, in dem der **Verkäufer seinen gewöhnlichen Aufenthalt** hat[605]. Im Falle eines grenzüberschreitenden Kaufvertrags zwischen Lieferant und Vor-Lieferant ist also das Kaufrecht des Staates einschlägig, in dem der Vor-Lieferant seinen Sitz hat. Das BGB ist demnach nur dann anwendbar, wenn der Vor-Lieferant seinen **Sitz in Deutschland** hat und zudem das **Eingreifen des CISG** im konkreten Fall ausgeschlossen ist. Entsprechendes gilt für den Rückgriff des Vor-Lieferanten gegen seinen Verkäufer sowie etwaige weitere Kaufverhältnisse derselben Lieferkette.

Auf einen grenzüberschreitenden Kaufvertrag zwischen Lieferant und Letztverkäufer muss 328
beim Rückgriff des Lieferanten gegen seinen Vor-Lieferanten nicht notwendigerweise das BGB-Kaufrecht anwendbar sein, sofern zumindest im Rückgriffsverhältnis zwischen Lieferant und Vor-Lieferant das BGB-Kaufrecht gilt und damit auch § 445a Abs 3 iVm § 445a Abs 1 oder/und Abs 2 zum Zuge kommen kann. Auch im Rahmen des Rückgriffs nach § 445a Abs 3 greift dann in Bezug auf das nachgelagerte Kaufverhältnis, das Anlass für den Regress gegen den Vor-Lieferanten ist, der **Grundsatz der Substitution** Platz[606]. Dies bedeutet, dass der Letztverkäufer gegen den Lieferanten im nachgelagerten Kaufverhältnis Rückgriffsrechte ausgeübt haben muss, die im Verhältnis zu den Rechten aus § 445a Abs 1 und Abs 2 als **funktionell gleichwertig** anzusehen sind[607].

§ 445b Verjährung von Rückgriffsansprüchen

(1) Die in § 445a Absatz 1 bestimmten Aufwendungsersatzansprüche verjähren in zwei Jahren ab Ablieferung der Sache.

(2) Die Verjährung der in den §§ 437 und 445a Absatz 1 bestimmten Ansprüche des Verkäufers gegen seinen Lieferanten wegen des Mangels einer verkauften neu hergestellten Sache tritt frühestens zwei Monate nach dem Zeitpunkt ein, in dem der Verkäufer die Ansprüche des Käufers erfüllt hat.

(3) Die Absätze 1 und 2 und finden auf die Ansprüche des Lieferanten und der übrigen Käufer in der Lieferkette gegen die jeweiligen Verkäufer entsprechende Anwendung, wenn die Schuldner Unternehmer sind.

603 Vgl oben Rz 48.
604 Vgl zur Rechtslage nach der außer Kraft getretenen Verbrauchsgüterkauf-Richtlinie Grundmann/Bianca/Hondius, EU-Kauf-RL, 2002, Art 5 Rz 3 ff.
605 Vgl zu den Einzelheiten Rz 317.
606 Vgl zur Substitution beim grenzüberschreitenden Rückgriff nach § 445a Abs 1 und Abs 2 oben Rz 322 ff.
607 Vgl dazu oben Rz 322 ff.

ÜBERSICHT

I. Überblick über den Regelungsinhalt

§ 445b Abs 1 enthält eine **eigenständige Verjährungsregelung** für die Aufwendungsersatzansprüche des Verkäufers (Letztverkäufers) aus § 445a Abs 1 gegen seinen Lieferanten. Der Vermeidung von verjährungsbedingten sog Regressfallen dient die in § 445b Abs 2 geregelte **Ablaufhemmung**. Es handelt sich im Vergleich zu den allgemeinen Verjährungsregelungen um einen **Sondertatbestand**, der deshalb eine Reihe von Fragen aufwirft, weil die Ablaufhemmung des § 445b Abs 2 – abweichend von den **Hemmungstatbeständen der §§ 203 ff** – erst nach Ablauf der regulären Verjährungsfrist eingreift und zudem mit der **Erfüllung von Käuferansprüchen** durch den Letztverkäufer verknüpft ist[1]. Die in § 445b Abs 2 Satz 2 aF in Übereinstimmung mit § 479 Abs 2 Satz 2 aF noch geregelte zeitliche Begrenzung der Ablaufhemmung auf **fünf Jahre** ist in der seit dem **1.1.2022** geltenden Fassung des § 445b Abs 2 nicht mehr enthalten[2]. Die Vorschrift des § 445b Abs 3 ordnet in Übereinstimmung mit § 445a Abs 3 die entsprechende Anwendung der in Rede stehenden besonderen Verjährungsregelung auf die **gesamte Lieferkette** an, sofern der Rückgriffsschuldner ein **Unternehmer** ist[3]. 1

II. Die Verjährungsregelung des § 445b Abs 1

1. **Systematische Einordnung im Verhältnis zur Regelverjährung nach § 438 Abs 1 Nr 3.** § 445b Abs 1 statuiert für den **Aufwendungsersatzanspruch aus § 445a Abs 1** eine eigenständige, aber an § 438 Abs 1 Nr 3 orientierte Verjährungsregelung. Die allgemeine kaufrechtliche Verjährungsvorschrift des § 438 bezieht sich unmittelbar nur auf die Verjährung der Gewährleistungsrechte des Käufers aus § 437. In Bezug auf das Rücktrittsrecht (§ 437 Nr 2) des Käufers als **Gestaltungsrecht** verweist § 438 Abs 4 auf die verjährungsrechtliche Sonderbestimmung des **§ 218**. Entsprechendes gilt gem § 438 Abs 5 für die Minderung iSd §§ 437 Nr 2, 441 Abs 1. Soweit der Letztverkäufer gegen seinen Lieferanten die originären **Gewährleistungsrechte aus § 437** in Verbindung mit dem privilegierten Rückgriff des § 445a Abs 2, also ohne das Erfordernis einer **Fristsetzung** nach §§ 281 Abs 1 Satz 1, 323 Abs 1 geltend macht, ist die **allgemeine Verjährungsfrist des § 438** und nicht der nur auf den Anspruch aus § 445a Abs 1 bezogene rückgriffsrechtliche Spezialtatbestand des § 445b Abs 1 einschlägig. Der in § 445a Abs 1 geregelte selbständige **Aufwendungsersatzanspruch** des Letztverkäufers wird dagegen nicht von der allgemeinen Verjährungsregelung des § 438 erfasst. Daher musste der Gesetzgeber mit § 445b Abs 1 eine **separate Verjährungsvorschrift** in das Recht des Rückgriffs gegen den Lieferanten aufnehmen, um zu vermeiden, dass die **allgemeine dreijährige Verjährungsfrist des § 195** Platz greift[4]. 2

Im Hinblick auf die Länge der Verjährungsfrist stimmt der Sondertatbestand des § 445b Abs 1 mit der für Gewährleistungsansprüche des Käufers geltenden **zweijährigen Regelverjährung** des § 438 Abs 1 Nr 3 überein[5]. Auch den Beginn der Verjährungsfrist (Ablieferung der Sache) regelt § 445b Abs 1 in Übereinstimmung mit § 438 Abs 2, also abweichend vom allgemeinen Verjährungsrecht. Die Frist beginnt demnach nicht gem **§ 199 Abs 1 mit Schluss des Jahres (Ultimoprinzip)**, in dem der Aufwendungsersatzanspruch entstanden ist und der Verkäufer als Rückgriffsgläubiger **Kenntnis** von den anspruchsbegründenden Voraussetzungen erlangt hat. Im Ergebnis wird mit der Sonderregelung des § 445b Abs 1 die für die kaufrechtlichen Gewährleistungsansprüche aus § 437 geltende zweijährige Regelverjährung des § 438 Abs 1 Nr 3 für den – nicht von der allgemeinen Gewährleistungsregelung des § 437 erfassten – Aufwendungsersatzanspruch des Letztverkäufers gegen den Lieferanten aus § 445a Abs 1 übernommen. 3

1 Vgl dazu Rz 21 ff.
2 Vgl zu den Einzelheiten unten Rz 47 f.
3 Vgl dazu unten Rz 66 f.
4 BeckOGK/Arnold Rz 9; Grüneberg/Weidenkaff Rz 4; MünchKomm/Lorenz Rz 1; NK/Büdenbender Rz 2.
5 Vgl BeckOGK/Arnold Rz 10; MünchKomm/Lorenz Rz 5; BeckOK/Faust Rz 3; NK/Büdenbender Rz 2; Staud/Bach Rz 6.

4 2. **Das Verhältnis zwischen § 445b Abs 1 und der Fünfjahresfrist des § 438 Abs 1 Nr 2 lit b – Verkauf von Baustoffen.** § 445b enthält zwar keine der fünfjährigen Verjährungsfrist des § 438 Abs 1 Nr 2 lit b entsprechende besondere Verjährungsfrist für den Kauf von Baustoffen[6]. In Bezug auf derartige Kaufgegenstände erfolgte nach **§ 445b Abs 2 Satz 2 aF (§ 479 Abs 2 aF)** in der Weise eine gewisse Angleichung an § 438 Abs 2 Nr 2 lit b, dass die **Ablaufhemmung** fünf Jahre nach dem Zeitpunkt endete, in dem der Lieferant die Sache dem Verkäufer (bzw Unternehmer) abgeliefert hatte[7]. Durch den Wegfall der in § 445b Abs 2 Satz 2 aF geregelten **zeitlichen Begrenzung** der Ablaufhemmung auf fünf Jahre zum **1.1.2022**[8] kann der Schutz des Letztverkäufers vor einer Verjährung seiner Rückgriffsrechte gegen den Lieferanten aus § 445a Abs 1 und Abs 2 weit über den Fünfjahreszeitraum des § 438 Abs 1 Nr 2 lit b hinausgehen. Zudem tritt die Ablaufhemmung des § 445b Abs 2 unabhängig von der **Art des konkreten Kaufgegenstands** ein, also nicht nur beim Kauf von Baustoffen. Es muss allerdings im konkreten Fall die von § 445b Abs 2 verlangte **Erfüllung der Käuferansprüche** als spezielle Voraussetzung der Ablaufhemmung gegeben sein[9].

5 3. **Anwendungsbereich des § 445b.** – a) **Geltung für den Anspruch aus § 445a Abs 1.** Die besondere Verjährungsregelung des § 445b Abs 1 gilt nur für den besonderen Aufwendungsersatzanspruch aus § 445a Abs 1 und nicht für den – bei Vorliegen der Voraussetzungen einer **Schadensersatzhaftung des Lieferanten** nach § 437 Nr 3 auch möglichen – Aufwendungsersatzanspruch des Verkäufers aus **§ 437 Nr 3 iVm § 284**[10]. Die durch § 445b Abs 1 bewirkte verjährungsrechtliche Gleichbehandlung des Anspruchs des Verkäufers aus § 445a Abs 1 mit seinen originären Gewährleistungsrechten aus § 437 hat der Gesetzgeber nur in Bezug auf den Anwendungsbereich der **zweijährigen Regelverjährung des § 438 Abs 1 Nr 3** hergestellt. Die Verjährung der Gewährleistungsrechte beim Kauf von **Baustoffen** ist in § 445b Abs 1 nicht gesondert geregelt, und zwar auch nicht Form einer Verweisung auf § 438 Abs 1 Nr 2 lit b[11]. Geschützt wird der Letztverkäufer aber durch die Ablaufhemmung des § 445b Abs 2, die unabhängig von der **Art des Kaufgegenstands** und damit auch beim Kauf von Baustoffen eingreift, sofern die tatbestandlichen Voraussetzungen erfüllt sind[12]. Auch für den Fall, dass der Lieferant den Mangel gegenüber dem Verkäufer arglistig verschwiegen hat, enthält § 445b keine besondere Regelung und verweist auch nicht auf den **Arglisttatbestand des § 438 Abs 3.** Hier stellt sich daher die Frage einer analogen Anwendung des § 438 Abs 3 beim Rückgriff des Verkäufers nach § 445a Abs 1, sofern der Lieferant sich trotz Vorliegens einer Arglist auf eine Verjährung des Aufwendungsersatzanspruchs nach § 445b Abs 1 beruft[13].

6 b) **Anwendung des § 438 auf den privilegierten Rückgriff nach § 445a Abs 2.** Da die Rückgriffsregelung des § 445a Abs 2 keine eigenständige Anspruchsgrundlage des Verkäufers gegen den Lieferanten statuiert, sondern die Voraussetzungen der allgemeinen Gewährleistungsrechte aus § 437 Nr 2 und Nr 3 durch Wegfall des aus §§ 281 Abs 1, 323 Abs 1 folgenden **Fristsetzungserfordernisses** modifiziert, gilt hier auch die Verjährungsregelung des § 438 unmittelbar[14]. Wählt der Verkäufer – anstelle eines Rückgriffs nach § 445a Abs 1 oder Abs 2 – von vornherein die ihm aufgrund eines Mangels der Kaufsache als Käufer gegen den Lieferanten zustehenden originären **Gewährleistungsrechte aus § 437**[15], so bestehen hinsichtlich der Verjährungsfristen grundsätzlich keine Besonderheiten im Vergleich zur Gewährleistung im letzten Kaufverhältnis zwischen dem Verkäufer und dem Käufer (Endabnehmer). Die regressbezogene Privilegierung des § 445a Abs 2 bezieht sich eben nur auf das **Erfordernis der Fristsetzung**[16]. Für die Verjährung von Rückgriffsrechten des Verkäufers aus § 437 Nr 2 und Nr 3 kommt es daher nicht darauf an, ob er dem Lieferanten gem §§ 281 Abs 1 Satz 1, 323 Abs 1 eine Frist setzt oder im Wege des insoweit privilegierten Rückgriffs gem § 445a Abs 2 vorgeht.

7 Sofern der Letztverkäufer den Rückgriff nach § 445a Abs 2 iVm § 437 Nr 2 oder/und Nr 3 wählt, richtet sich der **Beginn der Verjährung** seiner Gewährleistungsrechte nach der allgemeinen kaufrechtlichen Verjährungsregelung **§ 438 Abs 2.** Entscheidend ist also die **Ablieferung der Ware** an den Letztverkäufer als Käufer iSd § 437. Dies gilt auch, soweit der Verkäufer gegenüber seinem Lieferanten gem § 437 Nr 3 zur Geltendmachung von **Schadensersatz** berechtigt

6 Erman/Grunewald Rz 1; BeckOGK/Arnold Rz 10; MünchKomm/Lorenz Rz 5; Staud/Bach Rz 4; BeckOK/Faust Rz 3; NK/Büdenbender Rz 9; aA Grüneberg/Weidenkaff Rz 4.

7 Vgl dazu Rz 10, 47 f.

8 Vgl dazu Rz 47 f.

9 Vgl dazu Rz 29 ff.

10 BGH NJW 2006, 47, 48; Grüneberg/Weidenkaff Rz 4; Prütting/Wegen/Weinreich/Wagner Rz 3; vgl dazu auch oben Rz 2.

11 Vgl zur Frage der analogen Anwendung des § 438 Abs 1 Nr 2 lit b beim Rückgriff des Letztverkäufers wegen Mangelhaftigkeit gelieferter Baustoffe Rz 8 f.

12 Vgl zu den Einzelheiten unten Rz 29 ff.

13 Vgl zu den Einzelheiten unten Rz 10 ff.

14 MünchKomm/Lorenz Rz 6; BeckOGK/Arnold Rz 10; BeckOK/Faust Rz 5; NK/Büdenbender Rz 6; Staud/Bach Rz 6.

15 Vgl zum Wahlrecht des Unternehmers § 478 aF Rz 96 ff, 136 ff.

16 Vgl § 478 aF Rz 6, 93.

ist und stattdessen nach § **284** den Ersatz der Aufwendungen verlangt, die er im Vertrauen auf den Erhalt einer mangelfreien Kaufsache getätigt hat. In Bezug auf den **Verjährungsbeginn** durch Ablieferung der Ware besteht also kein Unterschied zwischen den originären Gewährleistungsrechten des Verkäufers gegen den Lieferanten aus § 437 und dem privilegierten Rückgriff nach § 445a Abs 2 iVm § 437 Nr 2 und Nr 3.

4. **Keine analoge Anwendung des § 438 Abs 1 Nr 2 lit b beim Rückgriff nach § 445a Abs 1 beim Kauf von Baustoffen.** Für den Fall des Vorliegens eines Kaufvertrags über Baustoffe ordnet § 445b Abs 1 in Bezug auf die geltende **Zweijahresfrist** keine Modifikation durch die **Fünfjahresfrist** des § 438 Abs 1 Nr 2 lit b an. Eine dahin gehende Auslegung wäre mit dem eindeutigen Wortlaut des § 445b Abs 1 nicht vereinbar[17]. Dass § 445b keine der Fünfjahresfrist des § 438 Abs 1 Nr 2 lit b entsprechende Sonderbestimmung für Baustoffe enthält, stellt auch **keine Regelungslücke** dar[18]. Denn beim Kauf von Baustoffen wird der rückgriffsberechtige Letztverkäufer schon durch die **Ablaufhemmung des § 445b Abs 2** hinreichend geschützt[19]. Für das Gebot eines effektiven Verkäuferrückgriffs beim Vertrieb von Baustoffen ist es zwar nach Verstreichen der zweijährigen Verjährungsfrist des § 445b Abs 1 nicht ohne Belang, ob durch eine analoge Anwendung des § 438 Abs 1 Nr 2 lit b oder aufgrund der **Ablaufhemmung** des § 445b Abs 2 eine verjährungsbedingte Regressfalle aufseiten des Letztverkäufers vermieden wird. Die nach Ablauf der Zweijahresfrist des § 445b Abs 1 bestehende Notwendigkeit zur Einhaltung der **Zweimonatsfrist des § 445b Abs 2** ist dem Letztverkäufer aber ohne weiteres zumutbar. 8

Dass der Letztverkäufer für das Eingreifen der Ablaufhemmung des § 445b Abs 2 zunächst die Gewährleistungsansprüche des Käufers (Endabnehmers) erfüllen und anschließend die **Zweimonatsfrist** wahren muss[20], ist in jeder Hinsicht als interessengerecht anzusehen. Denn auch beim **privilegierten Rückgriff nach § 445a Abs 2** muss der Letztverkäufer zuerst die zur Rücknahme der mangelhaften Sache führenden Gewährleistungsansprüche des Käufers (Endabnehmers) erfüllen, bevor er seinen Lieferanten in Regress nehmen kann[21]. Dieses Erfordernis beruht darauf, dass der Käufer die mangelhafte Sache nur **Zug um Zug** gegen Erfüllung seiner Gewährleistungsansprüche aus § 437 an den Verkäufer herausgeben muss[22]. Eine **Schlechterstellung des Verkäufers** bei der Geltendmachung des Aufwendungsersatzanspruchs aus § 445a Abs 1 ist daher – im Vergleich zu den ihm ohne Fristsetzung gegen den Lieferanten zustehenden Ansprüchen aus § 445a Abs 2 iVm § 437 – nicht gegeben. Hinzu kommt, dass aufgrund des **Wegfalls der Fünfjahresfrist** des § 445b Abs 2 Satz 2 aF zum 1.1.2022[23] die Anwendung der Ablaufhemmung des § 445b Abs 2 (§ 445b Abs 2 Satz 1 aF) einen Rückgriff nach § 445a Abs 1 auch noch nach mehr als fünf Jahren seit Ablieferung der mangelhaften Ware an den Verkäufer durch den Lieferanten ermöglicht. Im Falle einer analogen Anwendung des § 438 Abs 1 Nr 2 lit b wäre dies ausgeschlossen. Für eine Heranziehung dieser auf Baustoffe bezogenen **Sonderverjährung** im Wege der Analogie beim Rückgriff nach § 445a Abs 1 besteht demnach zum einen **kein Bedürfnis**. Zum anderen wäre die Geltung der Fünfjahresfrist des § 438 Abs 1 Nr 2 lit b nicht mit dem Wegfall der Fünfjahresgrenze des § 445b Abs 2 Satz 2 aF vereinbar. 9

5. **Verjährung von Rückgriffsansprüchen bei Arglist des Lieferanten – keine analoge Anwendung des § 438 Abs 3.** Wenn der Verkäufer den Mangel arglistig verschwiegen hat, dann gilt nach § 438 Abs 3 grundsätzlich die **regelmäßige Verjährungsfrist nach §§ 195, 199**. Die Regelung des § 445b enthält keine dem § 438 Abs 3 entsprechende Sonderregelung für den Fall der Arglist des Lieferanten. Für den **Aufwendungsersatzanspruch aus § 445a Abs 1** bleibt es daher auch dann bei der zweijährigen Verjährungsfrist des § 445b Abs 1, wenn der Lieferant den Mangel arglistig verschwiegen hat[24]. Für eine analoge Anwendung des § 438 Abs 3 auf den Anspruch aus § 445 Abs 1 besteht **keine rechtliche Grundlage**[25]. Zudem fehlt ein Bedürfnis für eine derartige Analogie[26]. Denn bei Arglist des Lieferanten steht dem Letztverkäufer gem 10

17 MünchKomm/Lorenz Rz 5; BeckOGK/Arnold Rz 15 ff; NK/Büdenbender Rz 9.

18 MünchKomm/Lorenz Rz 5; BeckOGK/Arnold Rz 15 ff; NK/Büdenbender Rz 9; aA zu § 479 Abs 1 aF Höpker, Verkäuferregress, 2003, S 189 f; Schumacher, Der Lieferantenregress gem §§ 478, 479 BGB, 2004, S 194 (zu § 479 aF).

19 MünchKomm/Lorenz Rz 5 („keine Notwendigkeit zur Parallelisierung mit § 438 Abs 1 Nr 2 lit b beim Verkauf von Baumaterialien"); BeckOGK/Arnold Rz 15 ff; BeckOK/Faust Rz 3; NK/Büdenbender Rz 9; jurisPK/Ball Rz 7.

20 Vgl zur Erfüllung der Käuferansprüche Rz 35 und zur Wahrung der Zweimonatsfrist Rz 36 f.

21 Vgl 445a Rz 148.

22 Vgl dazu § 445a Rz 190.

23 Vgl dazu oben Rz 1.

24 Erman/Grunewald Rz 1; MünchKomm/Lorenz Rz 5; BeckOGK/Arnold Rz 18; jurisPK/Ball Rz 7; BeckOK/Faust Rz 3; aA NK/Büdenbender Rz 10.

25 Erman/Grunewald Rz 1; MünchKomm/Lorenz Rz 5; BeckOGK/Arnold Rz 18; jurisPK/Ball Rz 7; BeckOK/Faust Rz 3; aA NK/Büdenbender Rz 10; Staud/Bach Rz 10; Maultzsch JuS 2002, 1171, 1173 Fn 24 (zu § 479 aF); Haas, in: Haas/Medicus/Rolland, Das neue SchuldR, 2002, Kap 5 Rz 496.

26 BeckOGK/Arnold Rz 18; jurisPK/Ball Rz 7; Erman/Grunewald Rz 1; MünchKomm/Lorenz Rz 5; BeckOK/Faust Rz 3.

§ 437 Nr 3 ein **Schadensersatzanspruch** zu, für den § 438 Abs 3 unmittelbar gilt[27]. Da der Lieferant sich im Falle der Inanspruchnahme des Verkäufers durch den Käufer (Endabnehmer) nicht auf ein **eigenes Nacherfüllungsrecht** berufen[28] und der Verkäufer demzufolge **ohne Fristsetzung** unmittelbar seine bei der Nacherfüllung im letzten Kaufverhältnis der Lieferkette entstandenen **Aufwendungen** vom Lieferanten ersetzt verlangen kann, stellen diese Aufwendungen zwar **keinen Schadensersatz statt der Leistung** (Nacherfüllung) iSd §§ 280 Abs 1 und Abs 3, 281 dar. Im Ergebnis begründet allerdings das arglistige Verschweigen des Mangels durch den Lieferanten gleichwohl einen Schadensersatzanspruch des Letztverkäufers.

11 Es liegt nämlich ein nach § 437 Nr 3 iVm § 280 Abs 1 – ohne die weiteren Voraussetzungen der §§ 280 Abs 1 und Abs 3, 281 – zu ersetzender **Mangelfolgeschaden** (Schadensersatz neben der Leistung) vor. Die Nacherfüllungsaufwendungen des Letztverkäufers werden vom Lieferanten adäquat-kausal durch das arglistige Verschweigen des Mangels verursacht, das eine **schuldhafte Verletzung** der Verpflichtung aus § 433 Abs 1 Satz 2 zur Lieferung einer mangelfreien Sache darstellt. Für diesen **Schadensersatzanspruch aus § 280 Abs 1** gilt dann unmittelbar die allgemeine kaufrechtliche **Verjährungsregelung des § 438** einschließlich der im Falle der Arglist des Verkäufers Platz greifenden Verweisung des § 438 Abs 3 auf die allgemeine dreijährige Regelverjährung nach §§ 195, 199. Für den **Gesetzgeber** bestand daher keine Veranlassung, die Verjährung von Regressansprüchen des Letztverkäufers bei Vorliegen einer Arglist des Lieferanten gesondert in § 445b zu regeln[29]. Entsprechendes gilt für den Fall der Arglist anderer Verkäufer der Vertriebskette.

12 Beim **privilegierten Rückgriff nach § 445a Abs 2** stellt sich die Frage der analogen Anwendung des § 438 Abs 3 im Falle des Vorliegens eines arglistigen Verschweigens des Mangels durch den **Lieferanten** von vornherein nicht. Da § 445a Abs 2 keinen selbständigen Rückgriffsanspruch statuiert, sondern die allgemeinen Gewährleistungsansprüche (§ 437) des Letztverkäufers als Käuferpartei des Rückgriffsverhältnisses durch Anordnung des Wegfalls des gem §§ 281 Abs 1 Satz 1, 323 Abs 1 grundsätzlich geltenden **Fristsetzungserfordernisses** nur modifiziert, gilt unmittelbar § 438 Abs 3 und damit die dreijährige **Regelverjährung nach § 195** mit Fristbeginn am Ende des Jahres, in dem der Mangel vom Käufer festgestellt oder grob fahrlässig nicht erkannt wurde (§ 199 Abs 1). Gerade durch die Abhängigkeit des Verjährungsbeginns von der **Kenntnis bzw grob fahrlässigen Unkenntnis des Käufers** tritt im Falle der Arglist des Verkäufers – hier also des Lieferanten – eine erhebliche Verlängerung der Verjährungsfrist ein.

13 6. **Der Beginn der Verjährungsfrist (§ 445b Abs 1)**. – a) **Ablieferung der mangelhaften Ware an den Letztverkäufer**. Die Verjährung des **Aufwendungsersatzanspruchs aus § 445a Abs 1** tritt gem § 445b Abs 1 „in zwei Jahren ab Ablieferung der Sache" ein[30]. Dass es auf die Ablieferung an den **Letztverkäufer** und damit nicht auf die später im Rahmen des Weiterverkaufs erfolgende Übergabe an den Käufer (Endabnehmer) ankommt, geht zwar aus dem **Wortlaut des § 445b Abs 1** nicht zwingend hervor, da der Ablieferungsadressat nicht ausdrücklich genannt wird. Die Maßgeblichkeit der Übergabe an den Letztverkäufer folgt aber zweifelsfrei aus dem **Regelungszweck** des § 445b Abs 1 und dem **systematischen Zusammenhang** mit der Vorschrift des § 438 Abs 2[31]. Denn mit der Zweijahresfrist bringt § 445b Abs 1 eine inhaltliche Angleichung an die allgemeine kaufrechtliche **Verjährungsfrist des § 438 Abs 1 Nr 3** von zwei Jahren zum Ausdruck, die bei beweglichen Sachen gem § 438 Abs 2 mit der **Ablieferung der Ware** beginnt[32]. Ohne Bedeutung für den Beginn des Laufs der Verjährungsfrist des § 445b Abs 1 ist demzufolge der Zeitpunkt der Übergabe an den Käufer (Endabnehmer) im Rahmen eines Weiterverkaufs[33]. Es besteht Übereinstimmung mit dem Beginn der für den privilegierten Rückgriff nach § 445a Abs 2 iVm § 437 Nr 2 oder/und Nr 3 geltenden Verjährungsfrist, da hier **§ 438 Abs 2** unmittelbar anwendbar ist. Auch für die Verjährung der Rückgriffsansprüche des Lieferanten und etwaiger **Vor-Lieferanten** gegen die jeweiligen Verkäufer ist die Ablieferung an

27 BeckOGK/Arnold Rz 18; MünchKomm/Lorenz Rz 5; jurisPK/Ball Rz 7; BeckOK/Faust Rz 3.

28 Vgl dazu § 445a Rz 121, 152.

29 So iE wegen Bestehens eines Schadensersatzanspruchs aus § 437 Nr 3 auch BeckOGK/Arnold Rz 18; MünchKomm/Lorenz Rz 5; BeckOK/Faust Rz 3.

30 MünchKomm/Lorenz Rz 5; Erman/Grunewald Rz 1; BeckOGK/Arnold Rz 12; BeckOK/Faust Rz 3; NK/Büdenbender Rz 2; Staud/Bach Rz 6.

31 Begr Gesetzentwurf, BT-Drucks 14/6040, S 250 (zu § 479 aF); jurisPK/Ball Rz 6; BeckOGK/Arnold Rz 12; MünchKomm/Lorenz Rz 5; BeckOK/Faust Rz 3.

32 BeckOGK/Arnold Rz 12; NK/Büdenbender Rz 2; Staud/Bach Rz 7; vgl zu den Voraussetzungen einer Ablieferung unten Rz 15.

33 Begr Gesetzentwurf, BT-Drucks 14/6040, S 250 („Gemeint ist natürlich die Ablieferung durch den Lieferanten an den Unternehmer") zu § 479 aF; Grüneberg/Weidenkaff Rz 4; MünchKomm/Lorenz Rz 7; jurisPK/Ball Rz 6; Staud/Bach Rz 7; BeckOK/Faust Rz 3; NK/Büdenbender Rz 11; Prütting/Wegen/Weinreich/Wagner Rz 5.

den unmittelbaren Abnehmer als Regressgläubiger entscheidend[34]. Der Problematik **längerer Lager- oder Standzeiten** beim Letztverkäufer als Zwischenhändler wird durch die Ablaufhemmung des § 445b Abs 2 Rechnung getragen.

Der **Zeitpunkt der Entdeckung des Mangels** durch den Letztverkäufer ist für den Beginn der Frist des § 445b Abs 1 unerheblich[35]. Auch insoweit besteht Übereinstimmung mit der kaufrechtlichen Verjährungsregelung des § 438 Abs 2. Es kommt also – anders als bei der **Regelverjährung nach §§ 195, 199 Abs 1** – für den Beginn der Verjährungsfrist nicht darauf an, wann der Letztverkäufer **Kenntnis vom Mangel** erlangt hat. Das für die kaufrechtliche Gewährleistung einschließlich des Regresses nach § 445a Abs 2 iVm § 437 Nr 2 oder/und Nr 3 geltende **objektive System** – Verjährungsbeginn mit Ablieferung – wird in dem Fall, in dem der Verkäufer den **Mangel arglistig verschwiegen** hat, gem § 438 Abs 3 zugunsten der allgemeinen Verjährungsfrist des § 195 durchbrochen[36]. In Bezug auf die Verjährung des Aufwendungsersatzanspruchs des Verkäufers gegen den Lieferanten aus § 445a Abs 1 nach der dafür einschlägigen Verjährungsregelung des § 445b Abs 1 gilt allerdings die Verweisung des § 438 Abs 3 auf das allgemeine Verjährungsrecht nicht[37]. **§ 438 Abs 3** ist in dieser Konstellation auch nicht analog anwendbar[38]. 14

b) **Voraussetzungen der Ablieferung.** Eine Ablieferung iSd § 445b Abs 1 liegt vor, wenn der Lieferant die **Verfügungsgewalt über die Ware** in Erfüllung des Kaufvertrags zugunsten des Letztverkäufers als Abnehmer aufgibt und dieser dadurch die Möglichkeit erlangt, den Kaufgegenstand zu untersuchen[39]. Bei einem **Versendungskauf** iSd § 447 liegt daher eine Ablieferung der Sache nicht schon zum Zeitpunkt der **Auslieferung an den Beförderer**, sondern erst dann vor, wenn der Letztverkäufer als Adressat am Bestimmungsort die Verfügungsgewalt über die Ware erlangt[40]. Im Falle der Vereinbarung einer **Bringschuld** kommt es ebenfalls auf die Übergabe an den Letztverkäufer an. Bei einer **Holschuld** genügen die Bereitstellung der Ware und die bloße Möglichkeit der tatsächlichen Übernahme noch nicht; die Sache muss dem Letztverkäufer vielmehr übergeben werden[41]. Anders ist die Rechtslage bei der Holschuld in der Konstellation, in der die Ware bei einem **Drittunternehmen eingelagert** ist und auf Grundlage einer Vereinbarung zwischen dem Lieferanten und dem Dritten nur dem Käufer – hier also dem Letztverkäufer – ein **einredefreier Herausgabeanspruch** gegen diesen Dritten zusteht. In einer derartigen Situation erlangt der Käufer (Letztverkäufer) die **Verfügungsgewalt** über die Ware schon vor der tatsächlichen Abholung beim einlagernden Drittunternehmer. 15

III. Die Ablaufhemmung nach § 445b Abs 2

1. **Regelungszweck des § 445b Abs 2.** – a) **Umsetzung der Warenkauf-Richtlinie und der außer Kraft getretenen Verbrauchsgüterkauf-Richtlinie.** Die noch auf den Rückgriff bei Vorliegen eines Verbrauchsgüterkaufs am Ende der Lieferkette beschränkte Regelung des § 479 Abs 2 aF setzte **Art 4** der inzwischen außer Kraft getretenen Verbrauchsgüterkauf-Richtlinie um[42]. Nach dieser **europarechtlichen Vorgabe** „kann" der gegenüber dem **Verbraucher** aufgrund einer Vertragswidrigkeit der Kaufsache haftende Letztverkäufer (Unternehmer) „den oder die Haftenden innerhalb der Vertragskette in Regress nehmen", wobei das **innerstaatliche Recht** neben der Person des Regressschuldners auch das „entsprechende Vorgehen und die Modalitäten" bestimmt. Zu diesen **Modalitäten** gehört zweifelsohne die Frage der **Verjährung** und damit auch des Eingreifens einer Ablaufhemmung. Die Ersetzung der Verbrauchsgüterkauf-Richtlinie durch die Warenkauf-Richtlinie[43] führt insoweit nicht zu einer Veränderung. Denn nach **Art 18 Satz 2** der Warenkauf-Richtlinie bestimmt das nationale Recht die „Maßnahmen und Bedingungen für die Geltendmachung der Rückgriffsansprüche". Zu diesen „Bedingungen" zählt auch die Verjährung von Rückgriffsansprüchen des Letztverkäufers gegen den Lieferanten einschließlich des Eingreifens einer Ablaufhemmung. 16

34 Begr Gesetzentwurf, BT-Drucks 14/6040, S 250 (zu § 479 aF); Grüneberg/Weidenkaff Rz 4; MünchKomm/Lorenz Rz 7; BeckOK/Faust Rz 3; BeckOGK/Arnold Rz 12; jurisPK/Ball Rz 6; Staud/Bach Rz 7; NK/Büdenbender Rz 11 (Ablieferung bezieht sich auf das jeweilige Lieferverhältnis).

35 MünchKomm/Lorenz Rz 5.

36 Vgl dazu oben Rz 10.

37 Vgl Rz 10.

38 Vgl Rz 10.

39 Vgl zum übereinstimmenden Begriff der Ablieferung iSd § 438 Abs 2 BGHZ 93, 338, 345; BGH NJW 1988, 2608, 2609; NJW 1993, 2436, 2438; NJW 1995, 3381, 3382; NJW 2000, 1415, 1416; Erman/Grunewald § 438 Rz 16; MünchKomm/Westermann § 438 Rz 25; BeckOGK/Arnold § 438 Rz 115; Staud/Bach § 438 Rz 102; BeckOK/Faust § 438 Rz 31.

40 Vgl zu § 438 Abs 2 BGHZ 93, 338, 345; BGH NJW 1988, 2608, 2609; MünchKomm/Westermann § 438 Rz 26; BeckOGK/Arnold § 438 Rz 119.

41 BGH NJW 1995, 3381, 3382 f; Grüneberg/Weidenkaff § 438 Rz 15; MünchKomm/Westermann § 438 Rz 26; BeckOGK/Arnold § 438 Rz 126; NK/Büdenbender § 438 Rz 38.

42 RL 1999/44/EG vom 25.5.1999; vgl Begr Gesetzentwurf, BT-Drucks 14/6040, S 250 (zu § 479 aF).

43 RL 2019/771/EU vom 20.5.2019.

17 Art 18 Satz 2 der Warenkauf-Richtlinie lässt zwar, soweit es um den Rückgriff bei einem Verbrauchsgüterkauf geht, ebenso wie Art 4 der außer Kraft getretenen Verbrauchsgüterkauf-Richtlinie dem nationalen Gesetzgeber bei der Ausgestaltung der Verjährung der Rückgriffsansprüche einen Spielraum. Der Rückgriff muss aber **effektiv** sein[44]. Die Verjährung des Rückgriffs muss so geregelt sein, dass die betreffenden Ansprüche nicht in einer nennenswerten Zahl von Fällen bereits verjährt sind, wenn der Letztverkäufer als Regressgläubiger zum ersten Mal **Kenntnis von der Mangelhaftigkeit der Sache** erlangt[45]. Die richtlinienkonforme Gestaltung der Verjährung der Rückgriffsansprüche erfordert aber nicht, dass der Letztverkäufers in jedem Einzelfall zum Zeitpunkt der Kenntniserlangung von der **eigenen Gewährleistungshaftung** gegenüber dem Käufer (Endabnehmer) noch einen Regressanspruch geltend machen kann[46]. Für die Erfüllung der Vorgabe des Art 18 der Warenkauf-Richtlinie genügt vielmehr, dass der Letztverkäufer – ebenso die weiteren Rückgriffsgläubiger der Lieferkette – **im Regelfall** seinen Lieferanten noch rechtzeitig in Anspruch nehmen kann[47].

18 b) **Vermeidung von verjährungsbedingten Regressfallen bei allen Kaufverträgen über neu hergestellte Sachen**. Die – in Abweichung von § 479 Abs 2 aF – nicht auf den **Verbrauchsgüterkauf** beschränkte Ablaufhemmung des § 445b Abs 2 bezweckt die Vermeidung von verjährungsbedingten Regressfallen[48]. Nach der **amtlichen Begründung** zu § 445b Abs 2 aF soll in einem „zeitlich begrenzten Rahmen" gewährleistet werden, dass ein Letztverkäufer, der den Gewährleistungsansprüchen des Käufers (Endabnehmers) ausgesetzt ist, am Rückgriff in der Lieferkette **nicht aufgrund der Verjährung** an der Ausübung seiner Ansprüche gehindert ist[49]. Die amtliche Begründung zur jetzigen Fassung des § 445b Abs 2[50] enthält insoweit keine Distanzierung, sondern legt die Erwägungen dar, die dem Wegfall der in § 445b Abs 2 Satz 2 aF noch geregelten **fünfjährigen Befristung der Ablaufhemmung** zugrunde liegen[51]. Die Notwendigkeit einer verjährungsrechtlichen Ablaufhemmung beim Rückgriff gegen den Lieferanten beruht darauf, dass insbes bei Lieferketten mit mehreren Zwischenhändlern der Endabnehmer (Käufer) nicht selten erst mehr als zwei Jahre nach der Auslieferung der Sache vom Hersteller an den **ersten Zwischenhändler** die ihm wegen eines festgestellten Mangels der Ware gegen den Letztverkäufer zustehenden Gewährleistungsrechte geltend macht[52].

19 Es geht hier allerdings nicht primär um die besondere Problematik **längerer Stand- oder Lagerzeiten** auf dem Vertriebsweg (sog Ladenhüterproblematik) und die Verteilung der daraus folgenden **Vertragsrisiken**. Denn auch ohne längere Verweildauer der Ware beim Letztverkäufer bis zum **Weiterverkauf an einen Endabnehmer** kann leicht der Fall eintreten, dass dieser Käufer erst geraume Zeit nach der vom Lieferanten vorgenommenen Übergabe an den Letztverkäufer wegen eines Mangels Gewährleistungsansprüche erhebt. Das Verstreichen eines längeren Zeitraums zwischen Ablieferung der Ware an den Letztverkäufer und Geltendmachung von Rückgriffsrechten gegen den Lieferanten kann nicht nur auf einer langen Stand- oder Lagerzeit oder/und späten Entdeckung des Mangels durch den Endabnehmer (Käufer) beruhen. Denn der letzte Käufer der Lieferkette kann – insbes bei wertvollen Gegenständen und bei Mangelfolgeschäden (Begleitschäden) in Form einer Körperverletzung oder Beschädigung von anderen Sachen des Käufers – gehalten sein, ein Sachverständigengutachten zum Zwecke der Feststellung eines Mangels oder/und der Berechnung der Höhe seiner Ansprüche einzuholen[53].

20 Insoweit können **mehrere Verzögerungsfaktoren** kumulativ zusammenwirken. So kann bspw beim Vertrieb von Wintersportartikeln eine längere Lagerzeit beim Letztverkäufer dadurch entstehen, dass wegen eines verbreiteten Schneemangels der **vollständige Absatz der eingekauften Waren** bis zum Ende der Saison auch nicht zu stark reduzierten Preisen gelingt. Wenn in einer derartigen Situation bestimmte Skier erst zu Beginn der nächsten Wintersaison verkauft werden und der betreffende Käufer im zweiten Winter nach dem Kauf gegen Ende der Saison schwer stürzt, so sind mehr als **zwei Jahre** seit der Ablieferung der Ware an den Letztverkäufer vergangen. Zieht der Käufer sich hier gravierende Verletzungen zu, weil die Skibindung sich nicht öffnete, so ist die Einholung eines **Sachverständigengutachtens** durch den Käufer zur Frage des Vorliegens eines Mangels der Skibindung und eines medizinischen Gutachtens zur

44 Vgl Begr Gesetzentwurf, BT-Drucks 14/6040, S 250 (zu § 479 aF); § 445a Rz 1.
45 Begr Gesetzentwurf, BT-Drucks 14/6040, S 250 (zu § 479 aF).
46 Begr Gesetzentwurf, BT-Drucks 14/6040, S 250 (zu § 479 aF).
47 Begr Gesetzentwurf, BT-Drucks 14/6040, S 250 (zu § 479 aF).
48 Begr Gesetzentwurf, BT-Drucks 14/6040, S 250 (zu § 479 aF); MünchKomm/Lorenz Rz 2; BeckOK/Faust Rz 1; BeckOGK/Arnold Rz 4; NK/Büdenbender Rz 3.
49 Begr Gesetzentwurf, BT-Drucks 18/8486, S 42.
50 Begr Gesetzentwurf, BT-Drucks 19/27424, S 27 f.
51 Vgl zur Streichung dieser Fünfjahresfrist Rz 47 f.
52 Begr Gesetzentwurf, BT-Drucks 14/6040, S 250 (zu § 479 aF).
53 Vgl zu Art 4 der außer Kraft getretenen Verbrauchgüterkauf-Richtlinie Grundmann/Bianca/Bridge EU-Kauf-RL, 2002, Art 4 Rz 19.

Frage des Risikos eines Dauerschadens nicht unüblich. Dadurch kann die Zweijahresfrist des § 445b Abs 1 und des § 445a Abs 2 iVm § 438 Abs 1 Nr 3 auch ohne vorherige **längere Lagerzeit** beim Letztverkäufer leicht überschritten werden. Das Risiko solcher Verzögerungen muss nicht allein der Letztverkäufer, sondern vielmehr die gesamte Lieferkette bis zum Hersteller tragen, der die mangelhafte Ware in den Verkehr gebracht und daher den gesamten Gewährleistungsaufwand zu tragen hat. Für Verzögerungen beim Absatz der Ware, die auf einer **schwachen Kundennachfrage** beruhen, ist insoweit keine Ausnahme anzuerkennen. Denn die Ware ist auch aus Sicht des Herstellers und des Lieferanten erst dann abgesetzt, wenn sie von einem Endabnehmer als Käufer iSd § 445a Abs 1 und Abs 2 erworben wird.

c) **Die Grundstruktur der Ablaufhemmung des § 445b Abs 2**. Die Ablaufhemmung des § 445b Abs 2 funktioniert in der Weise, dass die Verjährung des **eigenständigen Aufwendungsersatzanspruchs** des Letztverkäufers aus § 445a Abs 1 ebenso wie seine durch § 445a Abs 2 in Bezug auf das allgemeine Fristsetzungserfordernis privilegierten originären Gewährleistungsrechte aus § 437 frühestens **zwei Monate nach Erfüllung der Ansprüche des Käufers (Endabnehmers)** durch den Letztverkäufer eintritt[54]. Der Letztverkäufer hat also, unabhängig vom Zeitpunkt der Ablieferung der Sache an ihn, auch dann noch zwei Monate Zeit für die Inanspruchnahme seines Lieferanten, wenn die für seine Ansprüche gegen den Lieferanten geltende **zweijährige Verjährungsfrist** des § 445b Abs 1 bzw § 445b Abs 2 iVm § 438 Abs 1 Nr 3 bereits abgelaufen ist. Nach § 445b Abs 2 Satz 2 aF (§ 479 Abs 2 Satz 2 aF) endete diese Ablaufhemmung zwar in Übereinstimmung mit der beim Kauf von Baustoffen für die Gewährleistungsansprüche des § 437 geltenden Sonderverjährung des § 438 Abs 1 Nr 2 lit b spätestens nach fünf Jahren[55]. Aufgrund der Streichung des § 445b Abs 2 Satz 2 aF mit **Wirkung zum 1.2.2022** wird die zweimonatige Ablaufhemmung allerdings nicht durch diese fünfjährige Höchstfrist beschränkt. 21

d) **Verhältnis zwischen Ablaufhemmung nach § 445 Abs 2 und Rügeobliegenheit nach HGB § 377 Abs 1 und Abs 3**. Die Ablaufhemmung des § 445b Abs 2 widerspricht bei Vorliegen eines **Handelskaufs** nicht der gem HGB § 377 Abs 1 iVm § 445a Abs 4 eingreifenden Untersuchungs- und Rügeobliegenheit. Wenn der als **kaufmännischer Zwischenhändler** agierende Letztverkäufer in seiner Rolle als Käufer die Untersuchungs- und Rügeobliegenheit aus HGB § 377 Abs 1 verletzt mit der Folge, dass die mangelhafte Ware gem HGB § 377 Abs 2 als genehmigt anzusehen ist, dann stehen ihm von vornherein keine Rückgriffsrechte aus § 445a Abs 1 und Abs 2 gegen den Lieferanten zu. Die Frage der Verjährung von Rückgriffsrechten und des Eingreifens der Ablaufhemmung stellt sich daher in dieser Konstellation nicht. Konnte der Letztverkäufer bei **Erwerb der Ware** einen tatsächlich vorliegenden Mangel trotz ordnungsgemäßer Untersuchung iSd HGB § 377 Abs 1 nicht erkennen, so muss er einen später vom Käufer (Endabnehmer) festgestellten und mitgeteilten Mangel gem **HGB § 377 Abs 3** unverzüglich dem Lieferanten anzeigen. Dies gilt unabhängig davon, ob die **Zweijahresfrist** des § 445b Abs 1 bzw § 438 Abs 1 Nr 3 iVm § 445a Abs 2 bereits abgelaufen ist und der Letztverkäufer daher die Ablaufhemmung des § 445b Abs 2 unter Wahrung der **Zweimonatsfrist** in Anspruch nehmen muss. Im Falle der zum Zeitpunkt der Erlangung der Mangelkenntnis **bereits eingetretenen Verjährung** muss der Letztverkäufer daher in Bezug auf die Durchführung des Rückgriffs gegen den Lieferanten zwei Fristen wahren: Zunächst muss der Mangel dem Lieferanten gem HGB § 377 Abs 3 unverzüglich mitgeteilt werden. Ansonsten gilt die Ware gem HGB § 377 Abs 3 in Bezug auf diesen Mangel als genehmigt. Insoweit kann der Letztverkäufer sich nicht auf die Zweimonatsfrist des § 445b Abs 2 berufen. Nach **ordnungsgemäßer Mangelanzeige** ist der Letztverkäufer gehalten, diese ab **Erfüllung der Gewährleistungsansprüche** des Käufers (Endabnehmers) laufende Zweimonatsfrist einzuhalten. 22

2. **Die von § 445b Abs 2 erfassten Ansprüche und Rechte**. – a) **Rückgriffsrechte aus § 445a Abs 1 und § 445a Abs 2 iVm § 437 Nr 2 und Nr 3 sowie Nacherfüllung nach § 437 Nr 1**. Die Ablaufhemmung des § 445b Abs 2 gilt sowohl für den selbständigen Aufwendungsersatzanspruch des Letztverkäufers aus § 445a Abs 1 als auch für die gem § 445a Abs 2 ohne Fristsetzungserfordernis eröffneten Gewährleistungsrechte aus § 437 Nr 2 und Nr 3[56]. Erfasst wird zudem der Nacherfüllungsanspruch des Letztverkäufers gegen den Lieferanten aus § 437 Nr 1[57]. Dies ergibt sich zum einen aus der in § 445b Abs 2 enthaltenen Formulierung „der in den §§ 437 und 445a Abs 1 bestimmten Ansprüche des Verkäufers“, die keine Ausklammerung des § 437 Nr 1 vorsieht. Zum anderen ist der **Zweck der Ablaufhemmung** auch in Bezug auf 23

54 Erman/Grunewald Rz 2; MünchKomm/Lorenz Rz 9; BeckOK/Faust Rz 8; jurisPK/Ball Rz 8; NK/Büdenbender Rz 3.
55 Vgl Rz 8 f, 47 f.
56 Grüneberg/Weidenkaff Rz 6; Erman/Grunewald Rz 2; MünchKomm/Lorenz Rz 8; Staud/Bach Rz 15; BeckOK/Faust Rz 5; Jauernig/Berger Rz 3; NK/Büdenbender Rz 12.
57 BeckOK/Faust Rz 5.

diesen primären Gewährleistungsanspruch in vollem Umfang einschlägig, obwohl es sich nicht um einen Rückgriffsanspruch im rechtstechnischen Sinne handelt und im Verhältnis zwischen Letztverkäufer und Lieferant der **Vorrang der Nacherfüllung** nicht gilt[58].

24 Praktische Bedeutung hat insoweit die Konstellation, in der – nach Verjährung der originären Gewährleistungsansprüche des Verkäufers aus § 437 gegen den Lieferanten – der Käufer (Endabnehmer) seinen noch nicht verjährten Nacherfüllungsanspruch aus § 437 Nr 1 gegen den Verkäufer geltend macht und dieser das Nacherfüllungsverlangen an seinen Lieferanten weiterleitet, um eine schnellstmögliche und **nachhaltige Beseitigung des Mangels** zu gewährleisten. Der Verkäufer ist in einem solchen Fall nicht auf einen Rückgriff nach § 445a Abs 1 und Abs 2 beschränkt[59]. Es ergäbe hier auch keinen Sinn, wenn der Lieferant sich zumindest gegenüber dem Anspruch des Verkäufers aus §§ 437 Nr 1, 439 Abs 1 auf eine Verjährung nach § 438 Abs 1 Nr 3 berufen könnte. Denn der Verkäufer könnte ohne weiteres einen **Drittunternehmer** mit der Durchführung der Nacherfüllung beauftragen und dann den dabei entstehenden Aufwand gem § 445a Abs 1 gegen den Lieferanten trotz Verjährung dieses Anspruchs geltend machen, weil sich die Ablaufhemmung des § 445b Abs 2 auf diesen Anspruch ausdrücklich bezieht. Die Notwendigkeit der Einschaltung eines Dritten würde allerdings in vielen Fällen den – letztlich vom Lieferanten zu tragenden – **Nacherfüllungsaufwand erhöhen** und zudem die **Mangelbeseitigung** zu Lasten des Käufers (Endabnehmers) verzögern.

25 Der Anwendung des § 445b Abs 2 auf den Nacherfüllungsanspruch des Verkäufers aus § 437 Nr 1 steht auch nicht entgegen, dass die Ablaufhemmung die **Erfüllung von Ansprüchen des Käufers (Endabnehmers)** voraussetzt. Da der Verkäufer der unmittelbare Adressat des vom Käufer geltend gemachten Nacherfüllungsanspruchs aus §§ 437 Nr 1, 439 Abs 1 ist, erbringt der Lieferant, an den der Verkäufer das Nacherfüllungsverlangen des Käufers weitergeleitet hat, seine Nacherfüllungsleistungen zwar hier **ohne direkte rechtliche Verpflichtung** gegenüber dem Käufer (Endabnehmer). Im Kaufverhältnis zwischen Letztverkäufer und Käufer stellt diese Leistung des Lieferanten aber gem **§ 267 Abs 1 Satz 1** eine Erfüllungsleistung des Verkäufers dar. Dadurch wird sichergestellt, dass der Verkäufer sich nicht ohne vorherige Erfüllung der Gewährleistungsansprüche des Käufers (Endabnehmers) auf die Ablaufhemmung des § 445b Abs 2 berufen kann. Zusätzliche eigene Nacherfüllungsaufwendungen iSd § 439 Abs 2 kann der Letztverkäufer im Anschluss an die in Rede stehende **Drittleistung des Lieferanten** noch innerhalb der Zweimonatsfrist des § 445b Abs 2 geltend machen.

26 b) **Rücktritt und Minderung als Gestaltungsrechte (§ 437 Nr 2) – Sonderregelung des § 218 Abs 1**. Die Rechte des Käufers aus § 437 Nr 2 auf Minderung und Rücktritt sind zwar als Gestaltungsrechte **keine Ansprüche iSd § 194 Abs 1**, die der Verjährung unterliegen, und damit auch keine Ansprüche iSd § 445b Abs 2[60]. Der besondere Rückgriffstatbestand des § 445b Abs 2 umfasst aber gleichwohl diese Gestaltungsrechte, weil sie nach der verjährungsrechtlichen Sonderregelung des § 218 Abs 1 vom gewährleistungsberechtigten Käufer – hier also vom Letztverkäufer gegenüber dem Lieferanten – nicht mehr ausgeübt werden können, wenn der **vorrangige Nacherfüllungsanspruch** aus §§ 437 Nr 1, 439 Abs 1 gem § 438 verjährt ist und der Lieferant sich auf die **Einrede der Verjährung** beruft[61]. § 218 Abs 1 trägt also gerade dem Umstand Rechnung, dass Gestaltungsrechte als solche nicht der Verjährung unterliegen. Die Sonderregelung des § 218 führt dazu, dass der Käufer sein Rücktrittsrecht im Falle der Verjährung des Nacherfüllungsanspruch aus §§ 437 Nr 1, 439 Abs 1 nicht mehr ausüben kann[62]. Daher bleiben im Falle der **Hemmung der Verjährung des Nacherfüllungsanspruchs** auch die Gestaltungsrechte des Käufers aus § 437 Nr 2 durchsetzbar. Dasselbe gilt, soweit in Bezug auf den Nacherfüllungsanspruch des Verkäufers gegen den Lieferanten die **Ablaufhemmung des § 445b Abs 2** eingreift, dh, die Hemmungswirkung erfasst ohne weiteres die in § 437 Nr 2 vorgesehenen **sekundären Gewährleistungsrechte** Minderung und Rücktritt als Gestaltungsrechte[63]. Eine analoge Anwendung des § 445b Abs 2 ist daher nicht erforderlich.

27 c) **Deliktische Ansprüche aus § 823 Abs 1 und Abs 2**. Nach dem Wortlaut des § 445b Abs 2 greift die Ablaufhemmung nur in Bezug auf die „in den §§ 437 und 445a Abs 1 bestimmten Ansprüche“ ein, nicht aber bei deliktischen Ansprüchen aus § 823. Dies gilt sowohl für die Verletzung eines **absoluten Rechts** iSd § 823 Abs 1 als auch für Ansprüche aus § 823 Abs 2

58 Vgl zur Nichtgeltung des Vorrangs der Nacherfüllung beim Rückgriff § 445a Rz 28.
59 Vgl dazu § 445a Rz 152.
60 MünchKomm/Lorenz Rz 8; BeckOGK/Arnold Rz 25; BeckOK/Faust Rz 5; NK/Büdenbender Rz 12.
61 BGHZ 170, 31 Rz 43; MünchKomm/Lorenz Rz 8; BeckOGK/Arnold Rz 25; BeckOK/Faust Rz 5.
62 BGHZ 168, 64 Rz 25 ff; BGHZ 170, 31 Rz 34.
63 BGHZ 168, 64 Rz 25 ff; BGHZ 170, 31 Rz 34; MünchKomm/Lorenz Rz 8; BeckOGK/Arnold Rz 25; BeckOK/Faust Rz 5; Schumacher, Der Lieferantenregress gem §§ 478, 479 BGB, 2004, S 195 (zu § 479 Abs 2 aF).

wegen **Verletzung eines Schutzgesetzes**. Gegen eine **analoge Anwendung der Ablaufhemmung** auf Ansprüche aus § 823 Abs 1 und nach § 823 Abs 2 in Verbindung mit einem einschlägigen Schutzgesetz spricht, dass für diese deliktischen Ansprüche des Letztverkäufers nicht die zweijährige Verjährungsfrist des § 438 Abs 1 Nr 3, sondern die **allgemeine dreijährige Verjährungsfrist** (**§ 195**) mit Beginn nach § 199 (Ultimoverjährung) gilt. Zudem ist die Ablaufhemmung auf die konkurrierenden vertraglichen Ansprüche des Verkäufers gegen den Lieferanten aus § 437 und § 445a Abs 1 uneingeschränkt anwendbar.

d) **Anwendung der Ablaufhemmung auf die allgemeine Verjährungsfrist des § 195 iVm § 438 Abs 3 bei Arglist des Verkäufers**. Die Ablaufhemmung des § 445b Abs 2 findet nicht nur auf die reguläre kaufrechtliche **Verjährungsfrist des § 438 Abs 1 Nr 3 (Zweijahresfrist)** und die damit übereinstimmende Verjährungsfrist des § 445b Abs 1, sondern auch auf die Regelverjährung des § 195 Anwendung, sofern diese ausnahmsweise in Bezug auf einen Gewährleistungsanspruch des Verkäufers gegen den Lieferanten Platz greift. Verschweigt der Lieferant gegenüber dem Verkäufer arglistig einen Mangel, so gilt für die Ansprüche des Verkäufers aus § 437 – unabhängig von der auf das **Fristsetzungserfordernis** bezogenen Privilegierung des § 445a Abs 2 – gem § 438 Abs 3 die allgemeine dreijährige Verjährungsfrist des § 195. Die Ablaufhemmung des § 445b Abs 2 kann zwar grundsätzlich auch in Bezug auf diesen Anspruch eingreifen. Die **praktische Bedeutung** dürfte jedoch deshalb gering sein, weil die allgemeine Verjährungsfrist des § 195 von drei Jahren gem § 199 Abs 1 erst am Ende des Jahres beginnt, in dem der Verkäufer Kenntnis hinsichtlich der Anspruchsvoraussetzungen erlangt hat oder der Tatbestand einer grob fahrlässigen Unkenntnis gegeben ist (sog Ultimoverjährung). Endet die regelmäßige Verjährungsfrist des § 195 vor der durch Erfüllung von Gewährleistungsansprüchen des Käufers (Endabnehmers) in Gang gesetzten **Zweimonatsfrist des § 445b Abs 2**, so kommt die für den Verkäufer günstigere Ablaufhemmung in vollem Umfang zum Zuge. § 445b Abs 2 greift allerdings nicht hinsichtlich **konkurrierender deliktischer Ansprüche aus § 823** ein[64]. 28

3. **Vorliegen einer neu hergestellten Sache**. Die Anwendung der Ablaufhemmung des § 445b Abs 2 setzt ebenso wie die zugrundeliegenden Rückgriffsrechte des Letztverkäufers aus § 445a Abs 1 und 2 voraus, dass eine neu hergestellte Sache[65] am **Ende der Lieferkette** an einen Käufer als Endabnehmer verkauft wird[66]. Die Rückgriffregelung des § 445a ist daher beim **Verkauf einer gebrauchten Sache** nicht anwendbar[67]. Insoweit kommt auch eine **analoge Geltung des § 445a** nicht in Betracht. Die Beschränkung des besonderen Rückgriffs des Verkäufers gegen seinen Lieferanten nach § 445a auf neu hergestellte Sachen ist sowohl mit der **Warenkauf-Richtlinie** als auch mit der außer Kraft getretenen Verbrauchsgüterkauf-Richtlinie vereinbar[68]. Beim Weiterverkauf einer gebrauchten Sache fehlt demnach eine materiell-rechtliche Grundlage für die Anwendung der Ablaufhemmung des § 445b Abs 2, soweit es um Ansprüche aus § 445a Abs 1 oder/und § 445a Abs 2 iVm mit § 437 Nr 2 und Nr 3 geht. Da der Tatbestand des § 445b Abs 2 die Beschränkung auf den Verkauf einer neu hergestellten Sache ausdrücklich erwähnt, kommt die **Ablaufhemmung bei gebrauchten Sachen** auch in dem Falle nicht zum Zuge, in dem der Letztverkäufer gegen den Lieferanten den **originären Nacherfüllungsanspruch aus § 437 Nr 1** geltend macht[69]. 29

4. **Keine Einschränkung der regulären Verjährungsfrist durch die Zweimonatsfrist des § 445b Abs 2**. – a) **Grundlagen**. Erfüllt der Verkäufer schon innerhalb der regulären Verjährungsfrist des § 445b Abs 1 oder § 438 die Gewährleistungsansprüche des Käufers (Endabnehmers), so entfaltet die Zweimonatsfrist des § 445b Abs 2 **keine Wirkungen zu Lasten des Verkäufers** beim Rückgriff gegen den Lieferanten[70]. Die Rechte des Letztverkäufers werden durch die Ablaufhemmung des § 445b Abs 2 erweitert, aber nicht eingeschränkt. Diese **verjährungsrechtliche Sonderregelung** setzt vielmehr den Ablauf der regulären Verjährungsfrist voraus, so dass sie von vornherein keine Verkürzung dieser Verjährungsfrist zu Lasten des Letztverkäufers bewirken kann[71]. Dies folgt nicht nur aus dem **Zweck des § 445b Abs 2**, 30

64 Vgl Rz 27.

65 Vgl zu den Einzelheiten des Tatbestandsmerkmals „neu hergestellt" § 445a Rz 49.

66 Grüneberg/Weidenkaff Rz 2; Staud/Bach Rz 19; NK/Büdenbender Rz 21; zu § 479 aF Höpker, Verkäuferregress, 2003, S 196 f.

67 Vgl § 445a Rz 49.

68 Vgl § 445a Rz 54.

69 Vgl zur Anwendbarkeit des § 445b Abs 2 bei Geltendmachung des originären Nacherfüllungsanspruchs aus § 437 Nr 1 wegen Vorliegens eines Mangels der gekauften neu hergestellten Sache oben Rz 23 ff.

70 MünchKomm/Lorenz Rz 9; BeckOK/Faust Rz 8; NK/Büdenbender Rz 13; Höpker, Verkäuferregress, 2003, S 193 f (zu § 479 aF); Schumacher, Der Lieferantenregress gem §§ 478, 479 BGB, 2004, S 196 (zu § 479 aF); vgl auch Begr Gesetzentwurf, BT-Drucks 14/6040, S 250 (zu § 479 aF).

71 MünchKomm/Lorenz Rz 9; NK/Büdenbender Rz 3; Schumacher, Der Lieferantenregress gem §§ 478, 479 BGB, 2004, S 196 (zu § 479 aF).

verjährungsbedingte Regressfallen zu vermeiden[72], sondern eindeutig auch aus dem **Wortlaut** der Vorschrift. Denn mit der Formulierung „tritt frühestens nach dem Zeitpunkt ein" kommt zum Ausdruck, dass ein Lauf der regulären Verjährungsfrist über den Zeitraum von zwei Monaten nach Erfüllung der Käuferansprüche hinaus von § 445b Abs 2 von vornherein nicht angetastet wird[73].

31 b) **Ablaufhemmung beim Verkauf von Baustoffen**. Die originären Gewährleistungsansprüche des Verkäufers gegen den Lieferanten aus § 437 wegen eines Mangels gekaufter Baustoffe verjähren gem § 438 Abs 1 Nr 2 lit b **fünf Jahre** nach der Ablieferung (§ 438 Abs 2). Diese Fünfjahresfrist wird durch die Ablaufhemmung des § 445b Abs 2 in keiner Weise eingeschränkt. Der Letztverkäufer ist vielmehr während des Laufs der Frist des § 438 Abs 1 Nr 2 lit b nicht auf die besondere rückgriffsrechtliche Ablaufhemmung angewiesen. Anders ist die Rechtslage, wenn der Letztverkäufer **weniger als zwei Monate vor Ablauf der Fünfjahresfrist** des § 438 Abs 1 Nr 2 lit b oder sogar erst nach Verstreichen dieser regulären Verjährungsfrist einen noch nicht verjährten Gewährleistungsanspruch des Käufers (Endabnehmer) erfüllt. In dieser Konstellation kann der Letztverkäufer unter Inanspruchnahme der Ablaufhemmung des § 445b Abs 2 den Lieferanten noch zwei Monate – unabhängig vom Ende der Fünfjahresfrist des § 438 Abs 1 Nr 2 lit b – in Regress nehmen.

32 5. **Hemmung der regulären Verjährungsfrist des § 438 oder § 445b Abs 1 durch §§ 203 ff.** Hat der Letztverkäufer vor Ablauf der sich aus § 438 Abs 1 ergebenden regulären Verjährungsfrist eine Hemmung der Verjährung herbeigeführt, so kommt es für die Dauer dieser **allgemeinen Hemmungswirkung** nicht zur Anwendung des § 445b Abs 2 und damit auch nicht zur Geltung der nach dieser Vorschrift einzuhaltenden Zweimonatsfrist. Praktische Bedeutung hat insoweit insbes eine Hemmung durch **Rechtsverfolgung gem § 204** oder durch Führen von **Vergleichsverhandlungen iSd § 203**. Das Nichteingreifen der Zweimonatsfrist des § 445b Abs 2 folgt hier aus dem Grundsatz, dass sich vor Eintritt der regulären Verjährung nach § 438 oder 445b Abs 1 die Ablaufhemmung nicht zu Lasten des Letztverkäufers auswirken kann[74]. § 445b Abs 2 bezieht sich vielmehr nur auf die Konstellation, in der die Rückgriffsansprüche des Letztverkäufers gegen den Lieferanten bei uneingeschränkter Geltung der regulären Verjährungsfrist des § 438 bereits verjährt wären. In Bezug auf diese Verjährungsfrage müssen die Hemmungstatbestände des **allgemeinen Verjährungsrechts** berücksichtigt werden.

33 6. **Ausschluss der Ablaufhemmung durch Genehmigungswirkung des HGB § 377 Abs 3 beim Handelskauf**. Liegt – wie im Regelfall – im Verhältnis zwischen Letztverkäufer und Lieferant ein Handelskauf vor, so ist HGB § 377 bezüglich der **Untersuchungs- und Rügeobliegenheit** grundsätzlich anwendbar[75]. War der Mangel der Sache zum Zeitpunkt der **Auslieferung an den Letztverkäufer** erkennbar, so gilt die Ware nach HGB § 377 Abs 2 als genehmigt. Es besteht also kein Gewährleistungsanspruch des Käufers. Die Frage der Verjährung von Rückgriffsansprüchen aus § 445a Abs 1 und § 445a Abs 2 iVm § 437 Nr 2 und Nr 3 und der Anwendung der Ablaufhemmung des § 445b Abs 2 stellt sich dann von vornherein nicht. Praktische Bedeutung hat insoweit vielmehr nur die Konstellation, in der ein vom Letztverkäufer bei Erwerb noch nicht erkennbarer Mangel erst geraume Zeit später **vom Käufer (Endabnehmer) festgestellt** und gerügt wird. Nach HGB § 377 Abs 3 muss der Letztverkäufer in seiner Rolle als Käufer, wenn sich später ein Mangel zeigt, die Anzeige **unverzüglich nach der Entdeckung** gegenüber dem Lieferanten vornehmen; anderenfalls gilt die Ware auch in Ansehung dieses Mangels als genehmigt. Der Letztverkäufer ist daher gehalten, eine nach dem Weiterverkauf vom Käufer (Endabnehmer) erhaltene **mangelbezogene Kundenreklamation** gem § 445a Abs 4 iVm HGB § 377 Abs 3 unverzüglich an seinen Lieferanten weiterzuleiten.

34 Die Zweimonatsfrist des § 445b Abs 2 kann insoweit auch nicht als **lex specialis** im Verhältnis zur Rügeobliegenheit des Letztverkäufers aus HGB § 377 Abs 3 angesehen werden. Dies wäre mit der Regelung des **§ 445a Abs 4**, nach der HGB § 377 – ohne Einschränkung – „unberührt" bleibt, nicht vereinbar[76]. Es muss vielmehr strikt getrennt werden zwischen der **Anzeige eines vorliegenden Mangels** und der nachfolgenden Geltendmachung eines konkreten Gewährleistungsanspruchs. Nur für die Erhebung eines wegen rechtzeitiger nachträglicher Mängelrüge iSd HGB § 377 Abs 3 tatsächlich bestehenden Rückgriffsanspruchs gegen den Lieferanten steht dem Verkäufer die volle Zweimonatsfrist des § 445b Abs 2 zur Verfügung. Die handelsrechtliche Regelung des HGB § 377 Abs 3 verkürzt nicht diese **Zweimonatsfrist,** sondern schließt für den

72 Vgl Rz 18.

73 Höpker, Verkäuferregress, 2003, S 193 (zu § 479 aF).

74 Vgl dazu Rz 30.

75 Vgl § 445a Rz 298.

76 Vgl zu den Einzelheiten der Geltung des HGB § 377 im Rückgriffsverhältnis § 445a Rz 299.

Fall des Unterlassens einer unverzüglichen Rüge einen Rückgriffsanspruch gegen den Lieferanten aus.

7. **Erfüllung der Gewährleistungsansprüche des Käufers (Endabnehmers).** – a) **Abhängigkeit der Ablaufhemmung von Erfüllung der Käuferansprüche**. Nach dem **Wortlaut** des § 445b Abs 2 tritt die Verjährung frühestens zwei Monate nach dem Zeitpunkt ein, in dem der Letztverkäufer die Gewährleistungsansprüche des Käufers (Endabnehmers) erfüllt hat. Dies wird von einem **Teil der Literatur**[77] so verstanden, dass nur **das Ende der Zweimonatsfrist** von einer Erfüllung der Käuferansprüche abhänge. Der Beginn dieses Hemmungstatbestandes setze dagegen keine Erfüllungsleistung des Letztverkäufers an den Käufer (Endabnehmer) voraus. Nach dieser Auffassung beginnt also – zumindest nach dem Wortlaut des § 445b Abs 2 – die Ablaufhemmung im Falle eines **Weiterverkaufs der Sache** an einen Käufer unmittelbar mit Verstreichen der sich aus § 438 Abs 1 ergebenden regulären Verjährungsfrist. Der Letztverkäufer hat bei Zugrundelegung dieser Wortlautinterpretation – auch ohne vorherige Erfüllung der Käuferansprüche – die Möglichkeit, unter Inanspruchnahme der Ablaufhemmung seine nach § 438 bereits verjährten Gewährleistungsansprüche aus § 437 gegen den Lieferanten geltend zu machen. Zum Zwecke der Beseitigung einer augenscheinlichen ungerechtfertigten Privilegierung des Letztverkäufers wird eine **teleologische Reduktion** des § 445b Abs 2 befürwortet[78]. Danach soll die Ablaufhemmung nur dann zugunsten des Letztverkäufers anzuwenden sein, wenn er die **Gewährleistungsansprüche des Käufers tatsächlich erfüllt** hat. 35

Im Ergebnis ist dieser Auffassung zwar darin zuzustimmen, dass das Privileg der Ablaufhemmung eine Erfüllung der vom Käufer geltend gemachten Ansprüche durch den Letztverkäufer voraussetzt. Eine **teleologische Reduktion** des § 445b Abs 2 ist dafür allerdings nicht erforderlich[79]. Dass der Letztverkäufer auch ohne vorherige Erfüllung der Gewährleistungsansprüche des Käufers (Endabnehmers) den Lieferanten nach **Ablauf der regulären Verjährungsfrist (§ 438 Abs 1)** mit Hilfe der Ablaufhemmung des § 445b Abs 2 in Anspruch nehmen kann, geht nämlich aus dem Wortlaut dieser Vorschrift nicht eindeutig hervor. Der Beginn der Ablaufhemmung ist vielmehr – im Gegensatz zur Beendigung – in § 445b Abs 2 nicht ausdrücklich geregelt. Durch die auf die Verjährung bezogene Formulierung „tritt frühestens zwei Monate nach dem Zeitpunkt ein, in dem der Verkäufer die Ansprüche des Käufers erfüllt hat“ wird kein – von der Erfüllung der Käuferansprüche unabhängiger – Beginn der Ablaufhemmung zugunsten des Letztverkäufers angeordnet, sondern vielmehr eine **Verkürzung der regulären Verjährungsfrist** durch die Zweimonatsfrist ausgeschlossen[80]. Dass nach dem Wortlaut des § 445b Abs 2 die Verjährung erst mit dem Ablauf der zwei Monate eintritt, besagt daher nicht zwingend, dass der Letztverkäufer im Zeitraum zwischen Ablauf der regulären Verjährungsfrist und Erfüllung der Gewährleistungsansprüche des Käufers (Endabnehmers) den Lieferanten aus § 437 ohne Hindernis in Gestalt eines **Verjährungseinwands** in Anspruch nehmen könnte. 36

Der **Wortlaut** des § 445b Abs 2 kann vielmehr auch so verstanden werden, dass erst die Erfüllung der Käuferansprüche durch den Letztverkäufer zur Entstehung der zweimonatigen Ablaufhemmung führt und dem Lieferanten bis zur Erfüllung dieser Ansprüche eine **vorübergehende (dilatorische) Verjährungseinrede** zusteht. Gegen die Abhängigkeit der Ablaufhemmung von der tatsächlichen Erfüllung der Gewährleistungsansprüche des Käufers kann daher auch nicht eingewandt werden, dass ein Wiederaufleben schon verjährter Ansprüche dem Verjährungsrecht fremd sei. Denn zum einen ändert der Eintritt der regulären Verjährung nichts am **Bestehen der Gewährleistungsansprüche** des Letztverkäufers gegen den Lieferanten[81]. Zum anderen verjähren die Gewährleistungsansprüche des Letztverkäufers aufgrund der Sonderregelung des § 445b Abs 2 mit Ablauf der regulären Verjährungsfrist noch **nicht endgültig**. Die dem Lieferanten gegenüber dem Verkäufer zustehende vorübergehende (dilatorische) Verjährungseinrede führt im Prozess zur **Klageabweisung als „derzeit unbegründet“**[82]. 37

b) **Anwendbarkeit der Erfüllungsregelung des § 362 – Teilleistungen (Teilerfüllung) des Letztverkäufers**. In Bezug auf die Frage, ob der Letztverkäufer die Gewährleistungsansprüche des Käufers (Endabnehmers) „erfüllt hat“ iSd § 445b Abs 2, ist die allgemeine Erfüllungsregelung des § 362 anwendbar[83]. Es genügt daher eine **vollständige reale Leistungsbewirkung.** Nicht erforderlich für die Ingangsetzung der Zweimonatsfrist des § 445b Abs 2 ist eine zusätzliche **Einigung zwischen Letztverkäufer und Käufer** darüber, dass die vom Käufer geltend 38

77 MünchKomm/Lorenz Rz 14; BeckOK/Faust Rz 9.

78 MünchKomm/Lorenz Rz 15; BeckOK/Faust Rz 9; aA BeckOGK/Arnold Rz 28; Erman/Grunewald Rz 3; jurisPK/Ball Rz 9; NK/Büdenbender Rz 17.

79 Vgl BeckOGK/Arnold Rz 28; Erman/Grunewald Rz 3; jurisPK/Ball Rz 9; NK/Büdenbender Rz 17.

80 Vgl dazu oben Rz 30.

81 Vgl BeckOGK/Arnold Rz 34 ff.

82 Vgl dazu Rz 43.

83 Vgl BeckOGK/Arnold Rz 29; Erman/Grunewald Rz 2.

gemachten Gewährleistungsansprüche vollständig erfüllt sind. Der Abschluss eines **Erfüllungsvertrags** wird von § 362 nicht vorausgesetzt[84]. Im Falle des Vorliegens einer bloßen Teilleistung des Letztverkäufers steht zwar der **Wortlaut des § 445b Abs 2** einem Beginn der Zweimonatsfrist nicht zwingend entgegen. Denn die Formulierung „die Ansprüche des Käufers erfüllt hat" bezieht sich auf das **Ende der Ablaufhemmung**. Gleichwohl ist § 445b Abs 2 in dieser Hinsicht so auszulegen, dass nur eine **vollständige Erfüllung** der Gewährleistungsansprüche des Käufers (Endabnehmers) den Beginn der Zweimonatsfrist auslöst[85]. Dies folgt insbesondere aus dem **Regelungszweck des § 445a Abs 1 und Abs 2**, der auch darin besteht, dass der Letztverkäufer erst dann Rückgriffsansprüche gegen seinen Lieferanten geltend machen kann, wenn die Gewährleistung gegenüber dem Käufer (Endabnehmer) im **letzten Kaufverhältnis der Lieferkette** durch Erfüllung vollständig abgeschlossen ist[86].

39 Erbringt der Letztverkäufer im Rahmen der Gewährleistung gegenüber dem Käufer mehrere Teilleistungen, so kommt es für den Beginn der Ablaufhemmung des § 445b grundsätzlich auf den **letzten Teil** an[87]. Eine Ausnahme greift insoweit aber dann ein, wenn der Letztverkäufer die Gewährleistung in Form von Teilleistungen nur vornimmt, um Beginn und Ablauf der Zweimonatsfrist hinauszuzögern[88]. Dann ist in Anwendung des **Grundsatzes von Treu und Glauben** (**§ 242**) von einem früheren Beginn der Frist auszugehen[89]. Für diesen auf einem treuwidrigen Verhalten des Letztverkäufers beruhenden **Ausnahmetatbestand** trägt der Lieferant als Rückgriffsschuldner die **Darlegungs- und Beweislast**[90].

40 c) **Leistungshandlung und Erfüllungswirkung – Gefahrtragung**. Für die **Berechnung der Zweimonatsfrist** des § 445b Abs 2 ist nicht auf den Zeitpunkt der Leistungshandlung des Letztverkäufers, sondern auf den Zeitpunkt des Eintritts der Erfüllungswirkung iSd § 362 Abs 1 aufseiten des Käufers (Endabnehmers) abzustellen. Der Letztverkäufer muss also, wenn er zum Zwecke der Erfüllung eines **Ersatzlieferungsanspruchs aus §§ 437 Nr 1, 439 Abs 1** eine Ersatzsache an den Käufer versendet, im Falle des Untergangs oder einer Verschlechterung auf dem **Transportweg** erneut an den Käufer leisten. Die **Gefahrtragungsregelung des § 447 Abs 1** ist hier nicht zugunsten des Letztverkäufers anwendbar. In Bezug auf den für § 445b Abs 2 einschlägigen Tatbestand des § 362 handelt es sich hier lediglich um einen Erfüllungsversuch. Bei Bestehen einer **Geldschuld** ist nicht schon ein Überweisungsauftrag, sondern die **Gutschrift** auf dem Konto des Käufers entscheidend; bei Barzahlung die tatsächliche Übergabe. Im Falle der Vornahme einer **Nachbesserung** durch den Letztverkäufer ist für den Eintritt der Erfüllungswirkung – in Anlehnung an die werkvertragsrechtliche Vorschrift des § 640 – auf die **Abnahme der Arbeiten** durch den Käufer abzustellen. Die Zweimonatsfrist beginnt hier also nicht schon mit dem Zeitpunkt der **Beendigung** der Nachbesserungsarbeiten, sondern erst mit Übernahme der reparierten Sache durch den Käufer und Anerkennung als geschuldete Nacherfüllungsleistung iSd § 439 Abs 1[91].

41 d) **Fristbeginn bei Zwangsvollstreckungsmaßnahmen**. Eine vollständige Erfüllung ist auch dann zu bejahen, wenn der Letztverkäufer vom Käufer (Endabnehmer) auf Gewährleistung verklagt wurde und eine **Zwangsvollstreckung** erfolgte[92]. Ohne Belang für den **Beginn der Zweimonatsfrist** ist, ob der Letztverkäufer die Erfüllung der Gewährleistungsansprüche des Käufers freiwillig vorgenommen hat oder eine Klage mit nachfolgender Zwangsvollstreckung erforderlich war[93]. Die Vollstreckung eines nur **vorläufig vollstreckbaren Titels** genügt allerdings nicht. Eine Erfüllung von Ansprüchen des Käufers liegt vielmehr erst dann vor, wenn das Bestehen der Ansprüche des Käufers **rechtskräftig festgestellt** ist. Dies folgt aus dem allgemein anerkannten Grundsatz, nach dem die Erfüllung und damit das Erlöschen der Forderung bei der Vollstreckung aus einem vorläufig vollstreckbaren Titel **bis zur Rechtskraft** nicht eintritt[94]. Das Gleiche gilt, wenn der Letztverkäufer nur zum Zwecke der Abwendung der Zwangsvollstreckung aus einem vorläufig vollstreckbaren Titel „freiwillig" an den Käufer leistet[95]. Für die Frage des **genauen Zeitpunkts** des Eintritts der Erfüllungswirkung bei Durchführung einer Vollstre-

84 Vgl Soergel/Schreiber Rz 5 vor § 362.
85 BeckOGK/Arnold Rz 29; Erman/Grunewald Rz 2; BeckOK/Faust Rz 8; aA Grüneberg/Weidenkaff Rz 6.
86 Vgl zum Regelungszweck des § 445a Abs 1 („[...] Ersatz der Aufwendungen verlangen, die [...] zu tragen hatte, [...]") § 445a Rz 31f und des § 445a Abs 2 („[...] Sache als Folge ihrer Mangelhaftigkeit zurücknehmen musste [...]") § 445a Rz 151.
87 BeckOGK/Arnold Rz 29; Erman/Grunewald Rz 2.
88 BeckOGK/Arnold Rz 29.
89 BeckOGK/Arnold Rz 29.
90 BeckOGK/Arnold Rz 29.
91 Vgl zu den Einzelheiten einer werkvertraglichen Abnahme BGHZ 48, 257, 262; Grüneberg/Retzlaff § 640 Rz 3; Erman/Schwenker/Rodemann § 640 Rz 4; MünchKomm/Busche § 640 Rz 2 f.
92 BeckOGK/Arnold Rz 29.
93 BeckOGK/Arnold Rz 29; Grüneberg/Weidenkaff Rz 6; Höpker, Verkäuferregress, 2003, S 195 (zu § 479 aF).
94 BGH WM 1964, 1168 ff; BGH NJW 1994, 942.
95 Vgl BGH WM 1964, 1168 ff; BGH MDR 1976, 1005; BGH NJW 1983, 1111; BGH NJW 1990, 2756; BAG NZA 2006, 259, 261.

ckungsmaßnahme auf Grundlage eines **endgültig vollstreckbaren Titels** gelten ebenfalls die allgemeinen Grundsätze. Erforderlich für die Erfüllung iSd §§ 445a Abs 2, 362 ist demnach, dass der Käufer als Gewährleistungsgläubiger die **Verfügungsbefugnis** über die durch Zwangsvollstreckung beigetriebene Leistung des Letztverkäufers erhält[96].

e) **Abschluss eines Vergleichs zwischen Letztverkäufer und Käufer (Endabnehmer) – Anerkenntnis des Letztverkäufers.** Sowohl ein zwischen dem Letztverkäufer und dem Käufer (Endabnehmer) abgeschlossener Vergleich als auch ein Anerkenntnis des Letztverkäufers führen nicht unmittelbar zum **Beginn der Zweimonatsfrist** des § 445b Abs 2. Denn diese Maßnahmen stellen noch **keine Erfüllungsleistung** des Letztverkäufers zugunsten des Käufers dar. Sie betreffen vielmehr nur die **Rechtsgrundlage** für eine nachfolgende Durchführung der Gewährleistung. Ein Anerkenntnis des Letztverkäufers und ein Vergleich zwischen ihm und dem Käufer setzen daher die Zweimonatsfrist des § 445b Abs 2 ebenso wenig in Gang wie eine **rechtskräftige Verurteilung**. Erforderlich ist vielmehr, dass der Letztverkäufer die anerkannte oder im Vergleich gegenüber dem Käufer eingegangene Verpflichtung auch tatsächlich erfüllt. 42

f) **Klageabweisung als „derzeit unbegründet" bei noch fehlender Erfüllung durch den Letztverkäufer.** Macht der Letztverkäufer nach Ablauf der sich aus **§ 438 Abs 1** ergebenden regulären Verjährungsfrist einen Anspruch gegen den Lieferanten geltend, ohne zuvor Gewährleistungsansprüche des Käufers (Endabnehmers) erfüllt zu haben, so kann der Lieferant mangels Vorliegens der Voraussetzungen der Ablaufhemmung des § 445b Abs 2 die **Einrede des § 214** erheben. Da der verjährungsrechtliche Sondertatbestand des § 445b Abs 2 aber künftig noch eintreten kann, handelt es sich materiell-rechtlich nicht um eine dauernde (peremptorische), sondern nur um eine **vorübergehende (dilatorische) Einrede.** Prozessrechtlich ist demzufolge eine Klage des Letztverkäufers gegen den Lieferanten in dieser Fallkonstellation als „derzeit unbegründet" abzuweisen[97]. Entsprechendes gilt zwar für den **Erstattungsanspruch des Letztverkäufers** aus § 445a Abs 1, der nach § 445b Abs 1 verjährt. Im Regelfall entsteht dieser Anspruch aber ohnehin erst unter der Voraussetzung, dass der Letztverkäufer die Nacherfüllung gem § 437 Nr 1, 439 Abs 1 gegenüber dem Käufer (Endabnehmer) bereits vollständig durchgeführt hat[98]. 43

8. **Hemmung der Zweimonatsfrist des § 445b Abs 2 nach den allgemeinen Regeln der §§ 203 ff.** Im Falle des Eingreifens der auf den Rückgriff des Verkäufers gegen den Lieferanten zugeschnittenen **verjährungsrechtlichen Sonderregelung** des § 445b Abs 2 ist die Anwendung der §§ 203 ff über die Hemmung der Verjährung nicht ausgeschlossen[99]. Diese allgemeinen Vorschriften können vielmehr auch in Bezug auf die Zweimonatsfrist des § 445b Abs 2 grundsätzlich Geltung beanspruchen. Auf den Eintritt einer Hemmung nach §§ 203 ff ist der Letztverkäufer allerdings dann nicht angewiesen, wenn der Lieferant gegenüber ihm auf die **Einrede der Verjährung verzichtet**. Der Letztverkäufer kann, wenn durch Erfüllung der Käuferansprüche die Voraussetzungen der **Ablaufhemmung** des § 445b Abs 2 vorliegen, gem § 204 eine Hemmung der in Lauf gesetzten Zweimonatsfrist durch **Rechtsverfolgung** herbeiführen[100]. Praktische Bedeutung haben insoweit insbes die Hemmung durch **Klageerhebung** (§ 204 Abs 1 Nr 1 Var 1) und **Streitverkündung** (§ 204 Abs 1 Nr 6)[101]. Die Anwendbarkeit der allgemeinen Hemmungsvorschriften auf die Zweimonatsfrist des § 445b Abs 2 ist auch interessengerecht. Denn ohne die Möglichkeit einer Hemmung könnte der Lieferant durch bloße **Nichterfüllung der Rückgriffsansprüche des Letztverkäufers** innerhalb der Zweimonatsfrist des § 445b Abs 2 die **endgültige Verjährung** herbeiführen. Bei Vorliegen der Voraussetzungen des § 204 wird der Ablauf der Zweimonatsfrist gehemmt mit der Folge, dass die Verjährung nach § 438 Abs 1 bzw § 445b Abs 1 erst einmal nicht eintritt. Entsprechendes gilt für die Hemmung der Verjährung gem § 203 durch **Verhandlungen** zwischen Letztverkäufer und Lieferant. 44

9. **Verjährungshemmung im Rückgriffsverhältnis durch Streitverkündung im Prozess zwischen Käufer (Endabnehmer) und Lieferant.** Wird der Letztverkäufer vom Käufer (Endabnehmer) auf Erfüllung von Gewährleistungsansprüchen verklagt, so sind im Verhältnis zwischen dem Letztverkäufer und dem Lieferanten die Voraussetzungen einer Streitverkündung regelmäßig gegeben[102]. Die Streitverkündung führt dazu, dass der **Lieferant als Dritter** gem ZPO §§ 74 Abs 1, 68 an die **Feststellungen des Gerichts** bezüglich der Klage des Käufers (Endabnehmers) gegen den Letztverkäufer und damit insbes an die **Bejahung eines Mangels** 45

96 Vgl Soergel/Schreiber § 362 Rz 12; MünchKomm/Fetzer § 362 Rz 42; Staud/Kern § 362 Rz 9.
97 MünchKomm/Lorenz Rz 20; Erman/Grunewald Rz 3.
98 Vgl § 445a Rz 100 ff.
99 MünchKomm/Lorenz Rz 9; BeckOGK/Arnold Rz 27; BeckOK/Faust Rz 8; Jauernig/Berger Rz 3; Höpker, Verkäuferregress, 2003, S 207 (zu § 479 aF); Mansel/Budzikiewicz Jura 2003, 1, 10 f (zu § 479 aF).
100 MünchKomm/Lorenz Rz 9; BeckOGK/Arnold Rz 27; BeckOK/Faust Rz 8.
101 Vgl zu den Rechtsfolgen einer Streitverkündung des Verkäufers Rz 45 f.
102 BeckOGK/Arnold Rz 53.

als Haftungsgrundlage gebunden ist. Die **Zustellung der Streitverkündungsschrift** an den Lieferanten hemmt gem § 204 Abs 1 Nr 6 die Verjährung im Rückgriffsverhältnis zwischen dem Verkäufer und dem Lieferanten. Aufgrund des Eingreifens der gesetzlichen Ablaufhemmung des § 445b Abs 2 ist der Letztverkäufer zwar nicht unbedingt aus Gründen der Vermeidung einer verjährungsbedingten Regressfalle auf eine Verjährungshemmung durch Streitverkündung angewiesen. Die **Bindungswirkung iSd ZPO § 68** erreicht der Letztverkäufer aber nur durch eine derartige Einbeziehung des Lieferanten als Dritten in den vom Käufer (Endabnehmer) angestrengten Prozess.

46 Die Streitverkündung ist allerdings aus der Sicht des Letztverkäufers entbehrlich, wenn der Lieferant sich ihm gegenüber vertraglich verpflichtet, die Ergebnisse der **im letzten Kaufverhältnis der Lieferkette rechtshängigen Gewährleistungsklage** des Käufers (Endabnehmers) als Grundlage für den Rückgriff nach § 445a Abs 1 und Abs 2 uneingeschränkt anzuerkennen. Ein zusätzlicher Verzicht des Lieferanten auf die **Einrede der Verjährung** befreit den Letztverkäufer im konkreten Einzelfall von der Bindung an die **Zweimonatsfrist** des § 445b Abs 2. IdR sind die nach Prüfung der Sach- und Rechtslage verbleibenden Streitfälle so gelagert, dass der Letztverkäufer nach Absprache mit dem Lieferanten – und uU mit dem Hersteller – aufgrund der gewonnenen eigenen Erkenntnisse einen Mangel in Abrede stellt und im Falle einer gleichwohl erfolgenden rechtskräftigen Feststellung eines solchen Mangels durch das zuständige Gericht eine uneingeschränkte **Regulierungsbereitschaft aller Verkäufer** der Lieferkette besteht.

47 10. **Wegfall der Fünfjahresfrist des § 479 Abs 2 aF und des § 445b Abs 2 Satz 2 aF.** Die Ablaufhemmung (Zweimonatsfrist) des § 479 Abs 2 Satz 1 aF endete nach § 479 Abs 2 Satz 2 aF spätestens fünf Jahre nach **Ablieferung der Sache** an den Unternehmer (Letztverkäufer). Die bis zur Erfüllung der Gewährleistungsansprüche des Käufers (Endabnehmers) durch den Letztverkäufer bestehende vorübergehende (dilatorische) Einrede wandelte sich daher mit Ablauf der Fünfjahresfrist in eine **dauernde (peremptorische) Einrede** um, sofern es nicht zur Erfüllung der in Rede stehenden Käuferansprüche kam. Wenn zum Zeitpunkt der **Erfüllung der Gewährleistungsrechte des Käufers** die Fünfjahresfrist bereits abgelaufen war, dann konnte die Ablaufhemmung wegen endgültiger Verjährung nicht mehr Platz greifen. Die fünfjährige Ausschlussfrist des § 479 Abs 2 Satz 2 aF entsprach nach der **amtlichen Begründung zum SMG 2002** dem Gebot der Rechtssicherheit und sollte dem Interesse der jeweiligen Verkäufer an einer **zeitlichen Begrenzung der Gewährleistungshaftung** Rechnung tragen[103]. Im Rahmen der mit Wirkung zum **1.1.2018** erfolgten Verlagerung der Vorschriften über den Rückgriff des Verkäufers gegen seinen Lieferanten aus dem Untertitel „Verbrauchsgüterkauf" (§§ 474 ff) in das allgemeine Kaufrecht wurde mit § 445b Abs 2 Satz 2 aF bis zum **31.12.2021** die Fünfjahresfrist noch beibehalten[104]. Die **amtliche Begründung** zu § 445b Abs 2 Satz 2 aF rechtfertigt dies – ebenso wie die Begründung zu § 479 Abs 2 Satz 2 aF – mit dem Verweis auf ein **Interesse des Lieferanten an Rechtssicherheit**[105].

48 Einen **Paradigmenwechsel** in Bezug auf das Bestehen einer **absoluten zeitlichen Haftungshöchstgrenze** vollzieht hingegen die seit dem **1.1.2022** geltende Fassung des § 445b Abs 2. Die Verjährung tritt zwar gem § 445b Abs 2 unverändert „frühestens zwei Monate nach dem Zeitpunkt ein, in dem der Verkäufer die Ansprüche des Käufers [Endabnehmers] erfüllt hat". Der bisherige § 445b Abs 2 Satz 2, nach dem diese Ablaufhemmung auf einen Zeitraum von fünf Jahren ab Lieferung der Sache an den Verkäufer beschränkt war, wurde aber für das neue Recht nicht übernommen[106]. Der **Reformgesetzgeber** konstatiert insoweit, dass die Begrenzung der Ablaufhemmung auf fünf Jahre schon bisher beim Kauf von Sachen mit einer über die **zweijährige Regelverjährung des § 438 Abs 1 Nr 3** hinausgehenden Verjährungsfrist zum Verlust von Rückgriffsansprüchen des Verkäufers gegen den Lieferanten führte, wenn der **Käufer (Endabnehmer) erst nach fünf Jahren** Gewährleistungsansprüche gegen den Verkäufer geltend machte[107]. Praktische Bedeutung hatte dies insbes für den **Kauf von Baustoffen**, weil hier die Verjährungsfrist aus § 438 Abs 1 Nr 2 lit b von vornherein fünf Jahre beträgt[108]. Verschärft werde, so die amtliche Begründung[109], diese Situation durch die **Aktualisierungsverpflichtung des Verkäufers** nach § 475b Abs 3 Nr 2 und Abs 4 Nr 2 sowie durch Vereinbarungen über die

103 Begr Gesetzentwurf, BT-Drucks 14/6040, S 250 (Obergrenze besteht „im Interesse einer unternehmerischen Kalkulierbarkeit") zu § 479 aF; MünchKomm/Lorenz Rz 11; NK/Büdenbender Rz 5.
104 Vgl dazu Begr Regierungsentwurf, BT-Drucks 18/8486, S 42.
105 Begr Regierungsentwurf, BT-Drucks 18/8486, S 42.
106 Vgl dazu Begr Regierungsentwurf, BT-Drucks 19/27424, S 27 f.
107 Vgl dazu Begr Regierungsentwurf, BT-Drucks 19/27424, S 28.
108 Vgl dazu Begr Regierungsentwurf, BT-Drucks 19/27424, S 28; vgl zur Anwendung des § 445b beim Kauf von Baustoffen oben Rz 8 f, 31.
109 Vgl dazu Begr Regierungsentwurf, BT-Drucks 19/27424, S 28.

dauerhafte Bereitstellung digitaler Elemente[110]. Denn auch bei diesen Pflichten könne eine über fünf Jahre hinausgehende Haftung des Verkäufers eintreten[111]. Gerade bei Vorliegen einer Aktualisierungsverpflichtung ist nach Ansicht des Gesetzgebers eine Rückgriffshaftung der Lieferanten und vor allem des Herstellers wichtig, um den Hersteller im **Interesse sicherer vernetzter Geräte** zur Bereitstellung von Aktualisierungen zu veranlassen[112]. Aus diesen Gründen entschied sich der Gesetzgeber zu Recht dafür, die bisherige absolute Begrenzung der Verjährungshemmung auf fünf Jahre mit Wirkung zum 1.1.2022 aufzuheben.

11. **Weiterverkauf der Ware an den Käufer (Endabnehmer) erst nach Ablauf der regulären Verjährungsfrist.** Von der Verjährungsproblematik im Falle der Erfüllung der Käufer-Gewährleistungsansprüche erst nach Eintritt der Verjährung gem § 438 Abs 1 im Verhältnis zwischen Verkäufer und seinem Lieferanten ist die Konstellation zu unterscheiden, in der zum Zeitpunkt des Eintritts der Verjährung der Weiterverkauf überhaupt noch nicht vorgenommen wurde, sondern erst danach erfolgte. Die generelle Möglichkeit des Letztverkäufers als Zwischenhändler eine vom Lieferanten bezogene **neu hergestellte Sache** weiterzuverkaufen, wird durch den Ablauf der sich aus § 438 Abs 1 ergebenden Verjährungsfrist nicht eingeschränkt. Eine abweichende Vereinbarung in **AGB** des Lieferanten (Lieferbedingungen) zu Lasten des Letztverkäufers ist als unangemessen iSd § 307 Abs 1 anzusehen[113]. Das Eingreifen der Ablaufhemmung des § 445b Abs 2 erfordert schon nach dem **Wortlaut dieser Vorschrift** nicht, dass die Sache vom Letztverkäufer vor Ablauf von zwei Jahren seit dem Erwerb vom Lieferanten und damit vor Eintritt der kaufrechtlichen Regelverjährung an einen Endabnehmer (Käufer) weiterveräußert worden ist[114]. Auch aus dem **Zweck des § 445b Abs 2** lässt sich kein Ausschluss der Ablaufhemmung in Bezug auf Rückgriffsansprüche ableiten, die auf einem Weiterverkauf erst nach Ablauf der im Rückgriffsverhältnis einschlägigen kaufrechtlichen Verjährungsfrist beruhen[115]. Soweit es sich trotz längerer **Stand- oder Lagerzeit** um eine „neu hergestellte Sache" iSd §§ 445a, 445b handelt, ist es in Bezug auf die im Wege des Rückgriffs in der Lieferkette zu realisierende **Letztverantwortung des Herstellers** für die Mangelfreiheit der Ware ohne Belang, ob der Weiterverkauf vor oder nach Eintritt der kaufrechtlichen Verjährung im Rückgriffsverhältnis erfolgt. 49

Gegen die Anwendung des § 445b Abs 2 im Falle des Weiterverkaufs erst nach Eintritt der regulären Verjährung im Rückgriffsverhältnis kann nicht eingewandt werden, dass eine einmal eingetretene Verjährung nicht nachträglich wieder wegfallen und diese Vorschrift eigentlich nur „anhalten" könne, was zum **Zeitpunkt des Weiterverkaufs** noch nicht verjährt gewesen sei[116]. Denn der besondere Hemmungstatbestand des § 445b Abs 2 muss insoweit – wie bei der Frage des Beginns der Zweimonatsfrist[117] – im Verhältnis zu den **allgemeinen Hemmungsvorschriften der §§ 203 ff** eigenständig ausgelegt werden[118]. Gerade aufgrund der kaufrechtlichen Spezialregelung des § 445b Abs 2 verjähren die Ansprüche aus § 445a Abs 1 und § 445a Abs 2 iVm § 437 mit dem Ablauf der regulären Verjährungsfrist noch nicht endgültig[119]. Erfolgt der Weiterverkauf nach Eintritt der Verjährung im Rückgriffsverhältnis und macht der Käufer (Endabnehmer) nicht noch verjährte Gewährleistungsansprüche gegen den Letztverkäufer geltend, so steht dem Lieferanten **vor Erfüllung der Käuferansprüche** nur eine vorläufige Verjährungseinrede zu, die im Prozess nur zu einer **Abweisung als „derzeit unbegründet"** führt[120]. 50

12. **Beweislast bezüglich der Einhaltung der Zweimonatsfrist (Ablaufhemmung) des § 445b Abs 2.** – a) **Die Einordnung der Ablaufhemmung als beweisrechtlicher Ausnahmetatbestand – Grundlagen.** Im Hinblick auf die Beweislast bezüglich der Frage des Eingreifens der Ablaufhemmung des § 445b Abs 2 sind die zweijährige kaufrechtliche Regelverjährung des § 438 Abs 1 Nr 3 und die sonstigen Verjährungsfristen des § 438 Abs 1 sowie die auf den Erstattungsanspruch aus § 445a Abs 1 bezogene Zweijahresfrist des § 445b Abs 1 als **Regeltatbestände** anzusehen, die als **Einrede** für den Lieferanten als Rückgriffsschuldner günstig sind. Der vom Letztverkäufer in Anspruch genommene Lieferant muss daher für die **Geltendmachung der Verjährungseinrede aus § 214 Abs 1** die tatbestandlichen Voraussetzungen des im konkreten Fall einschlägigen Verjährungstatbestandes darlegen und beweisen[121]. Die Ablaufhemmung 51

110 Vgl dazu Begr Regierungsentwurf, BT-Drucks 19/27424, S 28.
111 Vgl dazu Begr Regierungsentwurf, BT-Drucks 19/27424, S 28.
112 Vgl dazu Begr Regierungsentwurf, BT-Drucks 19/27424, S 28.
113 Einschränkend MünchKomm/Lorenz Rz 20.
114 MünchKomm/Lorenz Rz 13; Staud/Bach Rz 22; Prütting/Wegen/Weinreich/Wagner Rz 6; iE auch Erman/Grunewald Rz 4; aA NK/Büdenbender Rz 15; BeckOK/Faust Rz 6.
115 Erman/Grunewald Rz 4; MünchKomm/Lorenz Rz 13; BeckOGK/Arnold Rz 32; aA NK/Büdenbender Rz 15; BeckOK/Faust Rz 6.
116 So aber NK/Büdenbender Rz 15; ähnlich BeckOK/Faust Rz 6 (Nichtanwendbarkeit des § 445b Abs 2 folge aus dem Wesen der Ablaufhemmung).
117 Vgl dazu oben Rz 35 ff.
118 Vgl oben Rz 44.
119 Vgl oben Rz 23 ff.
120 Vgl dazu Rz 43.
121 BeckOGK/Arnold Rz 52; MünchKomm/Lorenz Rz 18.

des § 445b Abs 2 ist demgegenüber im Verhältnis zur gewährleistungsrechtlichen Regelverjährung als **Ausnahmetatbestand** anzusehen. Es gilt demzufolge die **Beweisregel**, nach der ein Ausnahmetatbestand von der Prozesspartei zu beweisen ist, die sich auf die Ausnahme beruft[122]. Die tatbestandlichen Voraussetzungen der Ablaufhemmung müssen daher vom **Letztverkäufer als Rückgriffsgläubiger** nachgewiesen werden[123].

52 b) **Darlegungs- und Beweislast bezüglich Erfüllung der Käuferansprüche und Wahrung der Zweimonatsfrist**. Der Letztverkäufer trägt aufgrund des dargelegten Regel-Ausnahme-Verhältnisses zum einen die Darlegungs- und Beweislast dafür, dass er die **Gewährleistungsansprüche des Käufers (Endabnehmers)** vollständig erfüllt hat[124]. Zum anderen muss der Letztverkäufer die Einhaltung der ab dem Zeitpunkt der Erfüllung dieser Ansprüche laufende Zweimonatsfrist darlegen und beweisen. Bleibt im konkreten Fall streitig, ob der Letztverkäufer seinen Rückgriffsanspruch nach **Ablauf der kaufrechtlichen Regelverjährung** innerhalb von zwei Monaten nach Erfüllung der Käuferansprüche geltend gemacht hat, so ist mangels Nachweises der Voraussetzungen der Ablaufhemmung von einer **endgültigen Verjährung auszugehen**. Der Letztverkäufer trägt hier also die Folgen des „non liquet". Diese sich nach allgemeinen Regeln ergebende Beweislastverteilung ist auch interessengerecht, weil der Tatbestand der Erfüllung der Käuferansprüche in vollem Umfang in der **Sphäre des Letztverkäufers** zu verorten ist und daher von ihm im Prozess mit einem geringen Aufwand vorgetragen und nachgewiesen werden kann. Bei der Anwendung der **allgemeinen Hemmungstatbestände der §§ 203 ff** gilt in Bezug auf die Beweislastverteilung ebenfalls der Grundsatz, dass die Hemmung – als Ausnahmetatbestand im Verhältnis zu der für den konkreten Anspruch geltenden Verjährungsfrist – vom Anspruchsgläubiger nachgewiesen werden muss[125]. Denn er beruft sich wegen **Ablaufs der regulären Verjährungsfrist** auf eine für ihn günstige Ausnahme[126].

53 13. **Keine Beschränkung der Ablaufhemmung des § 445b Abs 2 auf konkretes Regressinteresse**. Die Rückgriffsrechte des Letztverkäufers aus § 445a Abs 2 iVm § 437 Nr 2 oder/und Nr 3 setzen nicht voraus, dass er gegen den Lieferanten exakt den Gewährleistungsrechtsbehelf wählt, den der Käufer (Endabnehmer) gegen ihn im **letzten Kaufverhältnis der Lieferkette** geltend gemacht hat[127]. Die fehlende Beschränkung auf das konkrete Regressinteresse beim Rückgriff nach § 445a Abs 1 und Abs 2 ist als **allgemeines Prinzip des Verkäuferrückgriffs** auch bei der Anwendung der Ablaufhemmung des § 445b Abs 2 zu berücksichtigen[128]. So kann der Verkäufer vom Lieferanten bspw auch dann eine **Minderung** verlangen, wenn der Käufer (Endabnehmer) vom Kaufvertrag zurückgetreten ist[129]. Das Gleiche gilt im umgekehrten Fall, dh, der Verkäufer ist im Verhältnis zum Lieferanten zum **Rücktritt** vom Kaufvertrag auch in der Konstellation berechtigt, in der der Käufer mit einer Minderung eine Kaufpreisanpassung verlangt und dadurch im Übrigen am Kaufvertrag festhält. Macht der Letztverkäufer beim Rückgriff denselben Anspruch geltend wie der Käufer im letzten Kaufverhältnis der Lieferkette, so wird der **Umfang des Rückgriffsanspruchs** nicht durch den Umfang der eigenen Haftung gegenüber dem Käufer (Endabnehmer) beschränkt.

54 Die in § 445b Abs 2 vorgesehene Anknüpfung der Ablaufhemmung an die Erfüllung „der Ansprüche des Käufers" verlangt nicht die Geltendmachung **äquivalenter Rückgriffsansprüche**, sondern bezieht sich nur auf den **Beginn der Zweimonatsfrist**[130]. § 445b Abs 2 regelt die Verjährung der „in den §§ 437 und 445a Abs 1 bestimmten Ansprüche" des Letztverkäufers ohne Abhängigkeit von Art und Umfang des vom Käufer (Endabnehmer) im letzten Kaufverhältnis der Lieferkette gewählten Rechtsbehelfs. Für den **Umfang der Rückgriffsansprüche** kommt es auch nicht darauf an, ob sie noch im Rahmen der regulären Verjährungsfrist oder erst innerhalb der Zweimonatsfrist des § 445b Abs 2 geltend gemacht werden[131].

55 14. **Arglisthaftung des Letztverkäufers gegenüber dem Käufer (Endabnehmer)**. Sind die Gewährleistungsrechte des Käufers (Endabnehmers) mit Ablauf der **regulären zweijährigen Verjährungsfrist** des § 438 Abs 1 Nr 3 verjährt und greift aufgrund eines arglistigen Verhaltens des Letztverkäufers beim Weiterverkauf die allgemeine Regelverjährung nach **§§ 195, 199** zuguns-

122 Vgl dazu BGHZ 87, 393, 399 f; Musielak/Voit/Foerste, ZPO, 2023[20], § 286 Rz 36; Rosenberg, Die Beweislast, 1965[5], S 124.
123 MünchKomm/Lorenz Rz 18; Staud/Bach Rz 40; BeckOK/Faust Rz 13; NK/Büdenbender Rz 23.
124 Vgl zur Erfüllung der Käuferansprüche als Voraussetzung der Ablaufhemmung oben Rz 35 ff.
125 Grüneberg/Ellenberger § 204 Rz 55; MünchKomm/Grothe § 203 Rz 1.
126 Grüneberg/Ellenberger § 204 Rz 55; MünchKomm/Grothe § 203 Rz 1.
127 Vgl § 445a Rz 234.
128 BeckOGK/Arnold Rz 44; MünchKomm/Lorenz Rz 17; BeckOK/Faust Rz 12; Staud/Bach Rz 16 f.
129 Vgl § 445a Rz 243.
130 Vgl zu den Voraussetzungen des Fristbeginns oben Rz 35 ff.
131 AA Schumacher, Der Lieferantenregress gem §§ 478, 479 BGB, 2004, S 202 (zu § 479 aF).

ten des Käufers gem § **438 Abs 3** Platz, so kommt es im Ergebnis nicht zur Anwendung der Ablaufhemmung des § 445b Abs 2[132]. In Bezug auf die Begründung der Nichtanwendung muss allerdings differenziert werden zwischen den **speziellen Rückgriffsrechten** des Verkäufers aus § 445a Abs 1, § 445a Abs 2 iVm § 437 Nr 2 sowie Nr 3 einerseits und dem **originären Nacherfüllungsanspruch** des Verkäufers gegen den Lieferanten aus §§ 437 Nr 1, 439 Abs 1 andererseits. Veräußert der Letztverkäufer die Sache nämlich unter **arglistigem Verschweigen** eines von ihm zwischenzeitlich erkannten Mangels weiter, so steht ihm kein Rückgriffsanspruch gegen den Lieferanten aus § 445a Abs 1 oder/und Abs 2 zu.

Der Lieferant haftet zwar grundsätzlich für einen bei **Gefahrübergang** vorhandenen Mangel nach § 445a Abs 1 und Abs 2 sowie unmittelbar aus §§ 437 Nr, 439 Abs 1. Erkennt der Letztverkäufer aber bis zum Zeitpunkt der **Übergabe an den Käufer (Endabnehmer)** den Mangel, so darf er die Sache unzweifelhaft nicht unter Verschweigen dieses Umstands zum Zwecke der Erfüllung des geschlossenen Kaufvertrags ausliefern. Der Letztverkäufer verletzt hier vorsätzlich die aus § 433 Abs 1 Satz 2 gegenüber dem Käufer obliegende **Verpflichtung zur Übergabe einer mangelfreien Sache**. Die Gewährleistungshaftung des Letztverkäufers gegenüber dem Käufer beruht hier in vollem Umfang auf einem arglistigen Verhalten, das dem Lieferanten in keiner Weise zurechenbar ist. Daher entstehen dem Letztverkäufer in dieser Konstellation, wenn er auf Verlangen des Käufers (Endabnehmers) eine **Nacherfüllung** vornimmt, keine Aufwendungen iSd § 445a Abs 1, die er im Verhältnis zum Käufer „zu tragen hatte". Das Tatbestandsmerkmal „zurücknehmen musste" des § 445a Abs 2 ist wegen Vermeidbarkeit der eigenen Gewährleistungshaftung ebenfalls nicht erfüllt[133]. Im Falle des arglistigen Verschweigens eines Mangels durch den Letztverkäufer fehlt demnach also schon ein Rückgriffsanspruch gegen den Lieferanten aus § 445a Abs 1 oder/und Abs 2 als Voraussetzung für eine Anwendung der **Ablaufhemmung des § 445b Abs 2**. 56

Der **originäre Nacherfüllungsanspruch** des Verkäufers gegen den Lieferanten aus §§ 437 Nr 1, 439 Abs 1 entfällt allerdings nicht schon dadurch, dass der Verkäufer nach dem Erwerb der Sache einen Mangel feststellt und gleichwohl einen Weiterverkauf an den Käufer (Endabnehmer) vornimmt. In Bezug auf den Anspruch aus §§ 437 Nr 1, 439 Abs 1 gilt hier die **reguläre Verjährungsfrist des § 438 Abs 1**, aber ohne die Möglichkeit einer Ablaufhemmung nach § 445b Abs 2[134]. Wird der Letztverkäufer im Rahmen der aufgrund seiner Arglist längeren Verjährungsfrist §§ 438 Abs 3, 195 vom Käufer (Endabnehmer) auf Nacherfüllung in Anspruch genommen, so ist zwar in dem Fall, in dem der Verkäufer nunmehr vom Lieferanten Nacherfüllung verlangt, der **Wortlaut des § 445b Abs 2** erfüllt[135]. Die Nichtanwendung folgt im Arglistfall aber aus einer **teleologischen Reduktion** dieser Vorschrift[136]. 57

15. **Leistungen des Letztverkäufers an den Käufer (Endabnehmer) aus Kulanz und bei Arglist.** Bei Leistungen des Letztverkäufers an den Käufer (Endabnehmer) stellt sich – im Falle des Weiterverkaufs unter arglistigem Verschweigen eines festgestellten Mangels[137] – in Bezug auf die Anwendbarkeit der Ablaufhemmung des § 445b Abs 2 zunächst die Frage, ob überhaupt ein **Rückgriffsanspruch aus § 445a Abs 1 oder/und Abs 2** besteht. Denn § 445b Abs 2 setzt die Erfüllung von „Ansprüchen des Käufers" voraus. Dieses Tatbestandsmerkmal ist – in Übereinstimmung mit § 445a Abs 1 und Abs 2 – eindeutig so zu verstehen, dass Leistungen des Letztverkäufers aus Kulanz keine Rückgriffsansprüche aus § 445a Abs 1 oder/und Abs 2 begründen[138]. Der Rückgriff gegen den Lieferanten setzt nach diesen Vorschriften vielmehr einen **durchsetzbaren einredefreien Anspruch** des Käufers gegen den Letztverkäufer voraus[139]. Daher kann auch die auf die Verjährung eines bestehenden Anspruchs bezogene Ablaufhemmung des § 445b Abs 2 nur dann eingreifen, wenn den Erfüllungsleistungen des Letztverkäufers ein durchsetzbarer Anspruch des Käufers (Endabnehmers) zugrunde lag[140]. Aufgrund des **eindeutigen Wortlauts** der Vorschrift ist für den Ausschluss der Ablaufhemmung in Kulanzfällen **keine teleologische Reduktion** des § 445b Abs 2 erforderlich[141]. 58

132 BeckOGK/Arnold Rz 42; MünchKomm/Lorenz Rz 16; jurisPK/Ball Rz 9; Erman/Grunewald Rz 3; BeckOK/Faust Rz 11; NK/Büdenbender Rz 20.

133 Vgl zur Rücknahmeverpflichtung des Verkäufers § 445a Rz 169 ff.

134 So allgemein für den Fall der arglistbedingten Geltung der §§ 438 Abs 3, 195 im Verhältnis zwischen Letztverkäufer und Käufer BeckOGK/Arnold Rz 42; MünchKomm/Lorenz Rz 16; jurisPK/Ball Rz 9; Erman/Grunewald Rz 3; BeckOK/Faust Rz 11; NK/Büdenbender Rz 20.

135 Vgl zur Anwendung des § 445b Abs 2 im Falle der Weiterleitung des Nacherfüllungsbegehrens an den Lieferanten oben Rz 24 f.

136 MünchKomm/Lorenz Rz 16; BeckOGK/Arnold Rz 42 f.

137 Vgl dazu oben Rz 55 ff.

138 Vgl § 445a Rz 100 f.

139 BeckOGK/Arnold Rz 41; Grüneberg/Weidenkaff Rz 5.

140 So iE auch BeckOGK/Arnold Rz 41; MünchKomm/Lorenz Rz 15 f; Erman/Grunewald Rz 3.

141 AA BeckOGK/Arnold Rz 41; MünchKomm/Lorenz Rz 15 f.

59 Liegt zumindest ein Mangel der vom Lieferanten bezogenen Ware vor und macht der Letztverkäufer seinen originären Nacherfüllungsanspruch aus §§ 437 Abs 1, 439 Abs 1 geltend, so richtet sich die **Verjährung nach § 438 Abs 1**. Der nach Feststellung des Mangels erfolgende Weiterverkauf ändert daran nichts. Leitet der Letztverkäufer ein berechtigtes Nacherfüllungsverlangen des Käufers (Endabnehmers) an den Lieferanten nach Ablauf der sich aus § 438 Abs 1 ergebenden Verjährungsfrist weiter, so handelt es sich zwar um einen von § 445b Abs 2 erfassten Anspruch, dessen Erfüllung grundsätzlich zum Eingreifen der Ablaufhemmung führen kann. Soweit der Letztverkäufer aber im Arglistfall vom Lieferanten eine **Nacherfüllung** verlangt, die in Bezug auf den Umfang über dasjenige hinausgeht, was der Letztverkäufer unmittelbar aus §§ 437 Nr 1, 439 Abs 1 im Rückgriffsverhältnis verlangen kann, fehlt ein zu erfüllender Anspruch iSd § 445b Abs 2 des Käufers (Endabnehmers) als Grundvoraussetzung für das Eingreifen der Ablaufhemmung. Es ist also auch in dieser Konstellation **keine teleologische Reduktion** des § 445b Abs 2 erforderlich.

60 16. **Verjährungshemmung nach §§ 203 ff bei Gewährleistungsansprüchen des Käufers (Endabnehmers) gegen den Letztverkäufer**. Wird aufgrund von **schwebenden Vergleichsverhandlungen** gem § 203 oder durch **Rechtsverfolgung** gem § 204 im Verhältnis zwischen dem Käufer (Endabnehmer) als Gläubiger von Gewährleistungsansprüchen und dem Letztverkäufer als Schuldner die Verjährung gehemmt, so stellt eine nach Ablauf der für diese Ansprüche einschlägigen Verjährungsfrist vom Letztverkäufer vorgenommene Erfüllung **keine freiwillige Leistung** des Letztverkäufers dar[142]. Dass der Letztverkäufer im konkreten Fall den **Eintritt eines Hemmungstatbestands** in gewisser Weise **mitverursacht**, stellt weder eine Verletzung des mit dem Lieferanten geschlossenen Kaufvertrags noch ein sonstiges Verhalten dar, das eine Gleichstellung mit **Leistungen aus Kulanz**[143] rechtfertigen könnte. Der Letztverkäufer ist vielmehr im Verhältnis zum Lieferanten grundsätzlich berechtigt, bei Geltendmachung von Gewährleistungsansprüchen durch den Käufer (Endabnehmer) sowohl Vergleichsverhandlungen zu führen als auch – wenn seines Erachtens ein Mangel nicht gegeben ist – die Erfüllung mit dem **Risiko einer Klageerhebung** durch den Käufer abzulehnen. Eine derartige Vorgehensweise dient auch dem Interesse des Lieferanten und etwaigen Vor-Lieferanten als Rückgriffsschuldner.

61 17. **Vertragliche Verjährungsverlängerung im Verhältnis zwischen Letztverkäufer und Käufer (Endabnehmer)**. – a) **Grundsätze**. Stehen dem Käufer (Endabnehmer) gegen den Letztverkäufer nur noch aufgrund einer **vertraglichen Verlängerung der Verjährung** Gewährleistungsansprüche gegen den Letztverkäufer zu, so ist der Rückgriff nach § 445a Abs 1 und Abs 2 gegen den Lieferanten – wie im Falle der **Kulanz**[144] und der **Arglist**[145] – grundsätzlich ausgeschlossen. Die auf einer mit dem Käufer vereinbarten Verjährungsverlängerung beruhende Gewährleistungshaftung des Letztverkäufers ist im Rückgriffsverhältnis als **freiwillige Leistung des Letztverkäufers** einzuordnen. Es fehlt ein durchsetzbarer Anspruch. Daher gelten die gleichen Grundsätze wie für Leistungen aus Kulanz mit der Folge, dass ein Rückgriffsanspruch aus § 445a Abs 1 oder/und Abs 2 fehlt[146]. Die Frage der Anwendung des § 445b Abs 2 stellt sich daher auch hier von vornherein nicht.

62 Dem Letztverkäufer stehen vielmehr in dieser Konstellation gegenüber dem Lieferanten nur die **originären Gewährleistungsansprüche aus § 437** zu, die allerdings im Falle der Verjährung der Gewährleistungsansprüche des Käufers (Endabnehmers) regelmäßig ebenfalls verjährt sein dürften. Anders ist die Lage aber in dem Fall, in dem vom Käufer kurz vor Ablauf der regulären Verjährungsfrist ein Mangel gegenüber dem Letztverkäufer gerügt und wegen der unmittelbar bevorstehenden Verjährung eine **gerichtliche Geltendmachung** der Ansprüche angedroht wird. Hier ist der Letztverkäufer im Verhältnis zum Lieferanten grundsätzlich berechtigt, zwecks **Vermeidung eines Klageverfahrens** und des damit verbundenen Kostenrisikos zumindest in Bezug auf den festgestellten Mangel auf die Verjährungseinrede für einen bestimmten Zeitraum zu verzichten. Etwas anderes gilt allerdings dann, wenn die Mängelrüge des Käufers offensichtlich unbegründet ist.

63 b) **Rechtsfolgen der Vereinbarung einer Verjährungsverlängerung im Rückgriffsverhältnis**. Hat der Lieferant mit dem Letztverkäufer eine Verlängerung der gesetzlichen Verjährungsfrist vereinbart, so ist bei **Fehlen besonderer Anhaltspunkte** nicht ohne weiteres davon auszugehen, dass der Letztverkäufer mit dem Käufer (Endabnehmer) eine entsprechende Verlängerung ohne Verlust seiner Rückgriffsrechte vereinbaren darf. Dies ist vielmehr eine Frage der **Auslegung.** Der Zweck einer zwischen dem Lieferanten und dem Letztverkäufer getroffenen Verjährungsvereinbarung besteht idR darin, die Rechtsstellung des Letztverkäufers in den Fällen

142 Erman/Grunewald Rz 3.
143 Vgl dazu vorstehend Rz 59 f.
144 Vgl dazu oben Rz 59 f.
145 Vgl dazu oben Rz 55 ff.
146 Vgl oben Rz 58.

zu verbessern, in denen es erst nach **längeren Lager- oder Standzeiten** zu einem Weiterkauf und damit zu einem endgültigen Absatz der Ware kommt. Hier endet die Verjährungsfrist im letzten Kaufverhältnis der Lieferkette erst wesentlich später als die entsprechende Frist im Rückgriffsverhältnis. Geschützt wird der Letztverkäufer zwar ohnehin durch die **Ablaufhemmung des § 445b Abs 2** und den **Wegfall der Fünfjahresfrist des § 445b Abs 2 Satz 2 aF**[147]. Insoweit muss er allerdings die Zweimonatsfrist des § 445b Abs 2 wahren. Eine Verlängerung der Verjährung im Rückgriffsverhältnis entbindet den Letztverkäufer – bis zum Ende der verlängerten Frist – von der Obliegenheit zur **Einhaltung dieser Zweimonatsfrist.** Mit einer derartigen Verlängerungsabrede wird aber von den Parteien des Rückgriffsverhältnisses regelmäßig nicht die Erweiterung der Gewährleistungshaftung des Letztverkäufers gegenüber dem Käufer (Endabnehmer) beabsichtigt.

18. **Intertemporaler Anwendungsbereich des § 445b – Wegfall der Fünfjahresfrist des § 445b Abs 2 Satz 2 aF.** Die Neufassung des § 445b und damit der Wegfall der Fünfjahresfrist des § 445b Abs 2 Satz 2 aF ist am 1.1.2022 in Kraft getreten. Nach EGBGB Art 229 § 58 gilt für die bis zum 31.12.2021 abgeschlossenen Kaufverträge noch die alte Fassung des § 445b. Da es um den Rückgriff des Letztverkäufers gegen den Lieferanten geht, kommt es für die Anwendung der neuen Fassung des § 445b auf den Zeitpunkt des Abschlusses des zwischen diesen Parteien abgeschlossenen Kaufvertrags an[148]. Unerheblich ist daher insoweit der **Zeitpunkt des Weiterverkaufs** der Ware an den Käufer (Endabnehmer). Hat der Letztverkäufer die Ware zwischen dem 1.1.2018 und dem 31.12.2021 erworben und nach dem 31.12.2021 an den Käufer (Endabnehmer) weiterverkauft, so wird im **mangelbedingten Rückgriffsfall** die auf die reguläre Verjährung bezogene **zweimonatige Ablaufhemmung** gem § 445b Abs 2 Satz 2 aF durch die Fünfjahresfrist als zeitliche Höchstgrenze beschränkt. 64

IV. Der Rückgriff in der weiteren Lieferkette nach § 445b Abs 3

1. **Regelungszweck des § 445b Abs 3.** Nach § 445 Abs 3 findet § 445b Abs 1 und Abs 2 auf die Ansprüche des Lieferanten und der übrigen Käufer in der Lieferkette gegen die jeweiligen Verkäufer entsprechende Anwendung, wenn die Schuldner **Unternehmer** sind. Ohne diese gesetzliche Anordnung der entsprechenden Geltung des § 445b Abs 1 und Abs 2 in der weiteren Lieferkette bis zum Hersteller als letztem Rückgriffsschuldner würde das bei **längeren Lager- oder Standzeiten** bestehende Verjährungsrisiko („Regressfalle") auch dann endgültig vom Letztverkäufer auf den Lieferanten verlagert, wenn dieser nicht zugleich der Hersteller der Ware, sondern ebenfalls ein **Zwischenhändler** ist. Ein verjährungsbedingter Ausschluss des Rückgriffs des Lieferanten gegen den Vor-Lieferanten widerspräche dem **Sinn und Zweck der §§ 445a und 445b**, weil letztlich nur der Hersteller für die bei In-Verkehr-Bringen der Ware schon vorhandenen Mängel verantwortlich ist und daher den in der gesamten Lieferkette adäquat verursachten **Gewährleistungsaufwand** tragen muss. 65

2. **Erfordernis einer Unternehmereigenschaft des Rückgriffsschuldners (Vor-Lieferanten).** Die Beschränkung des Anwendungsbereichs des § 445b Abs 3 auf die Konstellation, dass der Rückgriffsschuldner des Lieferanten, also der Vor-Lieferant, ein Unternehmer iSd § 14 ist, stimmt überein mit der Regelung des **§ 445a Abs 3**[149]. Da nach § 445a Abs 3 die Rückgriffstatbestände des § 445a Abs 1 und Abs 2 nur bei Vorliegen einer Unternehmereigenschaft des Rückgriffsschuldners (Vor-Lieferanten) des Lieferanten eingreifen, stellt sich die Frage der Anwendung der Verjährungsregelung des § 445b Abs 1 und Abs 2 auf Rückgriffsansprüche aus § 445a Abs 1 und Abs 2 bei fehlender Unternehmereigenschaft von vornherein nicht. Dem Lieferanten steht aber, wenn der Vor-Lieferant ausnahmsweise ein **Verbraucher** ist, als Käufer der originäre Nacherfüllungsanspruch aus §§ 437 Nr 1, 439 Abs 1 zu. Auf diesen Anspruch ist beim **Rückgriff des Letztverkäufers gegen den Lieferanten** zwar auch § 445b Abs 1 und Abs 2 anwendbar[150]. Die auf den weiteren Rückgriff der Lieferkette bezogene Regelung des § 445b Abs 3 ist aber so auszulegen, dass auch diese Erstreckung beim weiteren Rückgriff in der Lieferkette eine Unternehmerstellung des Vor-Lieferanten voraussetzt. Im Falle des Rückgriffs des Letztverkäufers gegen den Lieferanten dient die Anwendung des § 445b Abs 1 und Abs 2 auf den **originären Nacherfüllungsanspruch** der verjährungsrechtlichen Gleichbehandlung von sämtlichen mangelbedingten Gewährleistungsansprüchen des Letztverkäufers. Beim **weiteren Rückgriff in der Lieferkette** gegen Vor-Lieferanten ohne Unternehmereigenschaft fehlt demgegenüber eine materiell-rechtliche Grundlage in Gestalt eines Anspruchs aus § 445a Abs 1 oder/und Abs 2. 66

147 Vgl dazu oben Rz 47 ff.
148 Vgl dazu BeckOK/Faust § 445a Rz 4a; BeckOGK/Arnold § 445a Rz 189.
149 Vgl dazu § 445a Rz 285.
150 Vgl dazu oben Rz 23.

V. Abweichende Vereinbarungen – vertraglicher Ausschluss und Modifikation des § 445b

67 1. **Sonderregelung des § 478 Abs 2 bei Verbrauchsgüterkauf am Ende der Lieferkette.** Die Sonderregelung des § 478 greift ein, wenn der **letzte Kaufvertrag** der Lieferkette ein Verbrauchsgüterkauf iSd § 474 ist. Auf eine vor Mitteilung eines Mangels an den Lieferanten getroffene Vereinbarung, die zum **Nachteil des Unternehmers (Letztverkäufers)** von § 478 Abs 1 sowie von den §§ 433 bis 435, 437, 439 bis 443, 445a Abs 1 und Abs 2, 445b, 475b und 475c abweicht, kann sich der Lieferant nach § 478 Abs 2 nicht berufen, wenn dem Rückgriffsgläubiger kein **gleichwertiger Ausgleich** eingeräumt wird. Unter der Voraussetzung der Einräumung eines derartigen Ausgleichs ist § 445b dispositiv[151]. Ein gleichwertiger Ausgleich kann insbes in Preisnachlässen, pauschalen Mehrlieferungen (Überschusslieferungen), Fallpauschalen und Warengutschriften zu sehen sein[152]. Zentrale Voraussetzung ist insoweit aber, dass bei **Betrachtung ex ante** der zu erwartende **durchschnittliche Gewährleistungsaufwand** des Letztverkäufers ersetzt wird[153].

68 2. **Nichtvorliegen eines Verbrauchsgüterkaufs am Ende der Lieferkette – grundsätzliche Dispositivität des § 445b.** Da in den für **alle Kaufverträge** über neu hergestellte Waren geltenden allgemeinen Rückgriffsregelungen der §§ 445a, 445b eine inhaltlich mit § 478 Abs 2 übereinstimmende Vorschrift über Voraussetzungen einer Abbedingung nicht enthalten ist, gelten insoweit nur die **allgemeinen Schranken.** Der **Umkehrschluss aus § 478 Abs 2** bestätigt also die grundsätzliche Dispositivität auch der Verjährungsregelung des § 445b. Von vornherein unproblematisch ist die Konstellation, in der dem Letztverkäufer – wie bei Vorliegen eines Verbrauchsgüterkaufs am Ende der Lieferkette – als Gegenleistung für die Abbedingung des § 445b ein **gleichwertiger Ausgleich iSd § 478 Abs 2** eingeräumt wird. Eine derartige Gleichbehandlung der Rückgriffsfälle liegt aus Sicht des Lieferanten insbes dann nahe, wenn es sich um Waren handelt, bei denen es vom Zufall abhängt, ob der **Letztverkäufer** sie an einen Verbraucher oder Unternehmer weiterveräußert.

69 3. **Abbedingung des § 445b durch AGB des Lieferanten – Geltung des Grundgedankens des § 309 Nr 8 lit b cc im Rahmen des § 307 Abs 2 Nr 1.** In AGB sind gem § 309 Nr 8 lit b cc Bestimmungen unwirksam, die beim Verkauf von **neu hergestellten Sachen** die Verpflichtung des Verwenders ausschließen oder beschränken, die zum **Zwecke der Nacherfüllung erforderlichen Aufwendungen** nach § 439 Abs 2 und Abs 3 oder § 635 Abs 2 zu tragen oder zu ersetzen. Die Regressvorschriften § 445a und § 445b werden zwar in § 309 Nr 8 lit b cc nicht erwähnt. Dies beruht allerdings darauf, dass gem § 310 Abs 1 Satz 1 die Klauselverbote des § 309 unmittelbar nur für **Verbraucherverträge** gelten[154]. **§ 310 Abs 1 Satz 2** stellt klar, dass ein in § 309 ausdrücklich aufgeführtes Klauselverbot auch bei **Lieferverträgen zwischen Unternehmern (B2B-Geschäfte)** im Rahmen der Anwendung der allgemeinen Angemessenheitskontrolle nach § 307 zur Unwirksamkeit der betreffenden Klausel führen kann[155]. In Bezug auf die Frage, ob eine Abbedingung des § 445b und insbes der verjährungsrechtlichen Ablaufhemmung des § 445b Abs 2 mit dem **wesentlichen Grundgedanken** dieser Verjährungsregelung zu vereinbaren ist, muss die **Absicht des Gesetzgebers** berücksichtigt werden[156], mit § 309 Nr 8 lit b cc „dem Interesse an einer Regresskette, die möglichst bis zu dem für den Mangel der Kaufsache Verantwortlichen reicht", Rechnung zu tragen[157].

70 Für die **Unangemessenheit** einer formularmäßigen Einschränkung des § 445b zu Lasten des Letztverkäufers in AGB des als Zwischenhändler agierenden Lieferanten im konkreten Einzelfall spricht daher vor allem, dass dieser Lieferant seinen Vor-Lieferanten in Anspruch nehmen kann. Durch den **Rückgriff in der weiteren Lieferkette** wird sichergestellt, dass der Hersteller die Letztverantwortung für den Mangel der von ihm in den Verkehr gebrachten Ware trägt. Eine schnellere Verjährung von Rückgriffsansprüchen des Letztverkäufers gegen den Lieferanten würde daher in Wirklichkeit den Hersteller entlasten. Da der Absatz der Ware durch den Letztverkäufer unzweifelhaft dem **Interesse der gesamten Lieferkette** dient und die §§ 445a Abs 3, 445b Abs 3 den Rückgriff bis zum Hersteller sicherstellen, kann ein Interesse des Lieferanten, einen Liefervertrag nach einem bestimmten Zeitraum auch in Bezug auf die Gewährleistung als

151 Vgl BeckOGK/Arnold Rz 54; Erman/Grunewald Rz 6; NK/Büdenbender Rz 24.

152 MünchKomm/Lorenz § 478 Rz 19 f; BeckOGK/Arnold § 478 Rz 46 ff; § 478 aF Rz 177 ff.

153 MünchKomm/Lorenz § 478 Rz 20 („Kosten der durchschnittlich zu erwartenden Gewährleistungsfälle des Unternehmers" als Letztverkäufer); ähnlich BeckOGK/Arnold § 478 Rz 46 ff (wahrscheinlicher Gewährleistungsaufwand); § 478 aF Rz 177 ff.

154 Vgl § 445a Rz 273.

155 Vgl § 445a Rz 273.

156 Begr Gesetzentwurf, BT-Drucks 18/8486, S 36 (zu § 445a).

157 Vgl § 445a Rz 274.

abgeschlossen zu betrachten, idR nur dann eine Verkürzung der Verjährung rechtfertigen, wenn dem Letztverkäufer ein **angemessener pauschalierter Ausgleich** gewährt wird. Wenn der Lieferant zugleich der **Hersteller der Ware** ist, dann muss bei Nichteinräumung eines derartigen Ausgleichs ohne weiteres von einer Unangemessenheit iSd § 307 ausgegangen werden, weil der Hersteller die Letztverantwortung für die die Mangelfreiheit der Ware trägt.

4. **Individualvereinbarungen**. Aus der **Dispositivität des § 445b** folgt, dass die Verjährung **71**
grundsätzlich zu Lasten des Letztverkäufers verkürzt und zu diesem Zweck auch die **Ablaufhemmung des § 445b Abs 2** eingeschränkt oder sogar ausgeschlossen werden kann. Bei **starker Warennachfrage** wird zwar die Verjährungsfrist im letzten Kaufverhältnis der Lieferkette nicht wesentlich länger laufen als im Rückgriffsverhältnis zwischen dem Letztverkäufer und dem Lieferanten. Auf die Ablaufhemmung ist der Letztverkäufer aber regelmäßig in den Fällen angewiesen, in denen der Käufer (Endabnehmer) den Mangel der Ware erst kurz vor **Eintritt der Verjährung** feststellt und dann Gewährleistungsansprüche gegen den Letztverkäufer geltend macht. Dies betrifft aber eher einen Ausnahmefall. Zudem handelt es sich um ein Risiko, dass dem Letztverkäufer regelmäßig bekannt ist. Ihm steht es daher frei, vom Lieferanten einen **angemessenen Ausgleich** als „Gegenleistung" für eine den § 445b einschränkende Individualvereinbarung zu verlangen. Anders ist die Rechtslage aber dann, wenn der Letztverkäufer wegen einer **marktbeherrschenden Stellung des Lieferanten** keine echte Ausweichmöglichkeit beim Bezug der Ware hat und der Lieferant diese **Abhängigkeit ausnutzt**, um die Verjährung durch Individualvereinbarung zu verkürzen. Hier ist eine **Unwirksamkeit der Abrede nach §§ 138, 242** idR zu bejahen.

§ 445c Rückgriff bei Verträgen über digitale Produkte

Ist der letzte Vertrag in der Lieferkette ein Verbrauchervertrag über die Bereitstellung digitaler Produkte nach den §§ 327 und 327a, so sind die §§ 445a, 445b und 478 nicht anzuwenden. An die Stelle der nach Satz 1 nicht anzuwendenden Vorschriften treten die Vorschriften des Abschnitts 3 Titel 2a Untertitel 2.

ÜBERSICHT

I. Umsetzung der Digitale-Inhalte-Richtlinie zum 1.1.2022

1. **Die Rückgriffsregelung des Art 20 der Digitale-Inhalte-Richtlinie.** Mit Wirkung zum **1**
1.1.2022 ist gem **Art 1** des Gesetzes „zur Umsetzung der Richtlinie über bestimmte vertragsrechtliche Aspekte der Bereitstellung digitaler Inhalte und digitaler Dienstleistungen"[1] (Digitale-

1 Gesetz vom 25.6.2021 (BGBl. I, S 2123).

Inhalte-Richtlinie[2]) die Regelung des § 445c Satz 1 den bisherigen Bestimmungen der **§§ 445a, 445b und § 478** über den Rückgriff des Verkäufers gegen den Lieferanten hinzugefügt worden. Wenn am **Ende einer Vertriebskette** der Unternehmer dem Verbraucher für die nicht erfolgte oder die nicht vertragsgemäße **Bereitstellung digitaler Inhalte** oder digitaler Dienstleistungen infolge eines Handelns oder Unterlassens einer Person in vorhergehenden Gliedern der Vertragskette haftet, dann ist der Unternehmer gem Art 20 Satz 1 der Digitale-Inhalte-Richtlinie berechtigt, den oder die **innerhalb der gewerblichen Vertragskette Haftenden** in Regress zu nehmen. Nach Art 20 Satz 1 der Digitale-Inhalte-Richtlinie bestimmt das **nationale Recht**, welche Person der Unternehmer in Regress nehmen kann sowie die diesbezüglichen **Maßnahmen und Bedingungen** für die Geltendmachung der Rückgriffsansprüche. Diese Vorgabe stimmt mit **Erwägungsgrund Nr 78** der Digitale-Inhalte-Richtlinie überein, soweit dort ausgeführt wird, dass es den **Mitgliedstaaten** obliegen soll, die Personen in der Vertragskette, gegen die der letzte Unternehmer Ansprüche geltend machen kann, sowie die Regelungen und Modalitäten für die Geltendmachung festzulegen.

2 2. **Prinzip der Vollharmonisierung nach Art 4 der Digitale-Inhalte-Richtlinie – hohes Verbraucherschutzniveau und digitaler Binnenmarkt**. Art 4 der Digitale-Inhalte-Richtlinie regelt den Grad der Harmonisierung. Danach dürfen die Mitgliedstaaten, sofern in dieser Richtlinie nichts anderes bestimmt ist, in ihrem **nationalen Recht** keine von den Bestimmungen dieser Richtlinie **abweichenden Vorschriften** aufrechterhalten oder einführen; dies gilt auch für strengere oder weniger strenge Vorschriften zur Gewährleistung eines anderen Verbraucherschutzniveaus. Nach **Erwägungsgrund Nr 9** der Digitale-Inhalte-Richtlinie sollen „bestimmte grundlegende, bisher noch nicht auf der Ebene der Union oder der Mitgliedstaaten geregelte Vorschriften vollständig harmonisiert werden". Es handelt sich daher eindeutig um eine Vollharmonisierung[3]. Ein hohes Verbraucherschutzniveau ist nach **Erwägungsgrund Nr 3** der Digitale-Inhalte-Richtlinie grundlegende Voraussetzung dafür, dass ein echter digitaler Binnenmarkt erreicht und für mehr **Rechtssicherheit** gesorgt wird und – insbes für kleine und mittlere Unternehmen – die **Transaktionskosten** gesenkt werden.

3 Gem **Erwägungsgrund Nr 78** der Digitale-Inhalte-Richtlinie soll zudem sichergestellt werden, dass der bei Vorliegen einer Vertragswidrigkeit gegenüber dem Verbraucher haftende **letzte Unternehmer** der Vertragskette zur Deckung dieser Haftung **angemessene Rechte** gegenüber verschiedenen Personen in dieser **Vertragskette** hat. Diese Rechte sollen sich nach diesem Erwägungsgrund auf den **Geschäftsverkehr** beschränken und daher nicht in Fällen gelten, in denen der Unternehmer gegenüber dem Verbraucher wegen einer Vertragswidrigkeit digitaler Inhalte oder digitaler Dienstleistungen haftet, die sich aus einer Software zusammensetzen oder auf einer Software aufbauen, die **ohne Zahlung eines Preises** im Rahmen einer **freien und quelloffenen Lizenz** von einer Person auf vorhergehenden Stufen der Vertriebskette bereitgestellt wurde[4].

II. Vorliegen eines Verbrauchervertrags iSd § 310 Abs 3 – Ausschluss des § 445c bei Unternehmereigenschaft des Endabnehmers (B2B-Geschäft)

4 Nach § 310 Abs 3 ist der Verbrauchervertrag ein Vertrag zwischen einem Unternehmer und einem Verbraucher. Diese **Legaldefinition** gilt ohne Einschränkung auch für den Verbrauchervertrag iSd § 445c[5]. Das Vorliegen einer **Verbrauchereigenschaft** des Endabnehmers des digitalen Produkts richtet sich nach der allgemeinen Bestimmung des **§ 13**. Für die Unternehmereigenschaft des **Vertragspartners**, der die digitalen Produkte nach den §§ 327 und 327a bereitstellt, ist die Definition des § 14 maßgebend. Das Vorliegen eines Vertrags über die **Bereitstellung digitaler Produkte** nach den §§ 327 und 327a am Ende der Vertriebskette genügt daher nicht für eine Anwendung des § 445c, wenn die Voraussetzungen eines Verbrauchervertrags nicht gegeben sind. Die sachlichen und personellen Voraussetzungen des § 445c müssen eben kumulativ vorliegen.

5 Fehlt – insbes wegen der **Unternehmereigenschaft des Endabnehmers** des digitalen Produkts – ein Verbrauchervertrag iSd § 310 Abs 3, so führt dies nicht zwingend zum Rückgriff nach den gewährleistungsrechtlichen Spezialregelungen der §§ 445a, 445b. Für die Anwendung dieser Bestimmungen muss nämlich – unabhängig vom Status der Parteien nach §§ 13, 14 – zwingend ein **Kaufvertrag** über einen **digitalen Inhalt** vorliegen. Ein Vertrag über die Bereitstellung eines digitalen Inhalts, der eine **andere Rechtsnatur** hat, genügt daher ebenso wenig wie ein **Vertrag über eine digitale Dienstleistung**. Das digitale Produkt – und vor allem

2 RL 2019/770/EU vom 22.5.2019.
3 BeckOGK/Arnold Rz 3.
4 Vgl zum Ausschluss der Rückgriffshaftung bei Vorliegen einer derartigen Open-Source-Lizenz unten Rz 11.
5 Vgl BeckOK/Faust Rz 3; vgl auch Staud/Bach Rz 3.

Software – ist zwar ein „sonstiger Gegenstand" iSd **§ 453 Abs 1 Satz 1 Alt 2**[6]. Diese Verweisungsnorm ordnet aber nur für den Fall eine **entsprechende Anwendung** der §§ 433 ff und damit auch der §§ 445a, 445b an, dass der zugrundeliegende Vertrag als **Kauf** einzuordnen ist.

III. Nichtanwendbarkeit des § 445c beim Verkauf von Ware mit digitalen Elementen

1. **Kaufvertrag und Verbrauchervertrag.** Ist der letzte Vertrag der Vertriebskette ein **Kaufvertrag** über eine „Ware mit digitalen Elementen", so ist die Ausschluss- und Verweisungsregelung des § 445c nicht anwendbar, dh, die §§ 445a, 445b werden nicht durch §§ 327t, 327u verdrängt[7]. Dies gilt auch dann, wenn dieser Kauf die Voraussetzungen eines **Verbrauchervertrags iSd § 310 Abs 3** erfüllt. Nach **§ 327a Abs 1 Satz 1** sind zwar die §§ 327 ff auch auf Verbraucherverträge über Sachen anzuwenden, die digitale Produkte enthalten oder mit ihnen verbunden sind[8]. Dies gilt aber gem **§ 327a Abs 3 Satz 1** gerade nicht für Kaufverträge über Waren mit digitalen Elementen. Nach der **Legaldefinition** des § 327a Abs 3 Satz 1 sind dies Waren, die in einer Weise digitale Produkte enthalten oder mit ihnen verbunden sind, dass **die Waren ihre Funktionen** ohne diese digitalen Produkte nicht erfüllen können. Beim Kauf einer Ware mit digitalen Elementen umfasst die **Verpflichtung des Verkäufers** aus § 453 Abs 1 Satz 1 Alt 2 iVm § 433 Abs 1 Satz 1 regelmäßig das Zur-Verfügung-Stellen der digitalen Elemente. Die **Vermutungsregelung des § 327a Abs 3 Satz 2** stellt dies klar. 6

Dass auf Kaufverträge über Waren mit digitalen Elementen – auch wenn der letzte Kaufvertrag der Lieferkette ein **Verbrauchervertrag** ist – die **kaufrechtlichen Rückgriffsvorschriften** der §§ 445a, 445b anwendbar sind, wird bestätigt durch die zentrale Regressregelung des **§ 445a Abs 1** über den Anspruch des Letztverkäufers gegen den Lieferanten auf Ersatz von Aufwendungen[9]. Hier wird nämlich – neben dem Mangel der Sache – auch die **Verletzung der Aktualisierungspflicht aus § 475b Abs 4** als Ursache des Rückgriffs anerkannt[10]. Hinzu kommt, dass nach **§ 475a Abs 1 Satz 1** auf einen **Verbrauchsgüterkaufvertrag**, welcher einen **körperlichen Datenträger** zum Gegenstand hat, der ausschließlich als Träger digitaler Inhalte dient, die §§ 433 Abs 1 Satz 2, 434 bis 442, 475 Abs 3 Satz 1, 475 Abs 4 bis Abs 6, 475b bis 475e und die §§ 476, 477 über **die Rechte bei Mängeln** nicht anzuwenden sind. Da die **§§ 445a, 445b** hier nicht genannt werden, folgt die Anwendung dieser Rückgriffsregelungen auf den Verkauf von Waren mit digitalen Elementen auch aus einem **Umkehrschluss aus § 475a Abs 1 Satz 1**[11]. 7

2. **Anwendbarkeit der §§ 445a, 445b auch bei Vorliegen eines Verbrauchsgüterkaufs.** Der Rückgriff erfolgt beim Kauf von Waren mit digitalen Elementen nach §§ 445a, 445b sowie – bei Vorliegen eines **Verbrauchsgüterkaufs** am Ende der Lieferkette – unter Berücksichtigung des **§ 478**[12]. Für die Anwendung der §§ 445a, 445b kommt es nicht darauf an, ob der Letztverkäufer und der Endabnehmer (Käufer) eine Unternehmereigenschaft oder eine Verbrauchereigenschaft aufweisen. Die Rückgriffsregelungen der §§ 445a, 445b sind hier vielmehr – wie bei Kaufverträgen über andere Waren – auch dann einschlägig, wenn der Letztverkäufer ausnahmsweise die **Stellung eines Verbrauchers** hat. Praktische Bedeutung hat insoweit der Fall, in dem ein Verbraucher eine von einem Händler erworbene neu hergestellte Sache mit digitalen Elementen an einen Verbraucher weiterverkauft, weil er den Kaufgegenstand wider Erwarten nicht verwenden oder voll finanzieren kann. 8

IV. Der Rückgriff des Unternehmers nach §§ 327t und 327u

1. **Anwendungsbereich des § 327t.** Nach der zum **Untertitel 2** des Titels 2a „Verträge über digitale Produkte" gehörenden Vorschrift des § 327t sind auf Verträge zwischen Unternehmern, die der **Bereitstellung digitaler Produkte** gem der nach den §§ 327 und 327a vom Anwendungsbereich des Untertitels 1 (§§ 327 bis 327s) erfassten **Verbraucherverträge** dienen, die Vorschriften „dieses Untertitels" ergänzend anwendbar. Die Formulierung „dieses" ist zwar aufgrund des unmittelbar zuvor erwähnten Untertitels 1 in sprachlicher Hinsicht missverständlich. § 327t betrifft aber gleichwohl den Untertitel 2, der nur aus den §§ 327t und 327u besteht[13]. Der Untertitel 2 bezieht sich auf sämtliche Verträge, die ein **Unternehmer** mit seinen unternehmerisch tätigen Vertriebspartnern schließt, um die eigene **vertragliche Verpflichtung** zur Bereitstellung eines digitalen Produkts aus von den §§ 327 bis 327s (Untertitel 1) erfassten Verträgen 9

6 Vgl dazu § 453 Rz 61.
7 Vgl Begr des RegE, BT-Drucks 19/27653, S 45 f; BeckOGK/Arnold Rz 9; Fellner MDR 2021, 976, 977.
8 Vgl zu den sog Paketverträgen unten Rz 18.
9 BeckOGK/Arnold Rz 9.
10 BeckOGK/Arnold Rz 9.
11 So iE auch BeckOGK/Arnold Rz 9.
12 BeckOGK/Arnold Rz 9.
13 Vgl Begr Gesetzentwurf, BT-Drucks 19/27653, S 80 („[...] regelt den Anwendungsbereich von Untertitel 2").

erfüllen zu können[14]. Der Anwendungsbereich des § 327t ist **nicht auf Kaufverträge beschränkt**, sondern deshalb sehr weit gefasst, weil in Bezug auf die in Rede stehende Bereitstellungsverpflichtung **mehrere Vertragsarten** in Betracht kommen[15]. Die notwendige Eingrenzung erfolgt durch den Inhalt des in § 327u geregelten Anspruchs[16].

10 Die Vorschriften des Allgemeinen Schuldrechts über **Leistungsstörungen** und des Besonderen Schuldrechts zu den **einzelnen Schuldverhältnissen** werden durch § 327t nicht per se verdrängt[17]. Die Anordnung der **ergänzenden Anwendung** ist vielmehr in der Weise zu verstehen, dass eine Verdrängung des allgemeinen Vertragsrechts nur Platz greift, soweit § 327t spezielle Regelungen enthält[18]. Zu bejahen ist diese Voraussetzung im Verhältnis zu den Rückgriffsregeln der **§§ 445a, 445b**, die daher nicht zur Geltung gelangen[19]. Durch den Untertitel 2 (§ 327u und § 327t) wird ein Rückgriff in der **gesamten Vertriebskette** sichergestellt, soweit es um Ansprüche wegen nicht erfolgter Bereitstellung digitaler Produkte, eines Mangels derartiger Produkte oder einer Verletzung von Aktualisierungspflichten geht[20].

11 2. **Aufwendungsersatzansprüche des rückgriffnehmenden Unternehmers gegen seinen Vertriebspartner („Lieferanten") nach § 327u Abs 1 Satz 1 und Satz 2.** – a) **Legaldefinition des Vertriebspartners und Open-Source-Lizenzen.** Der Unternehmer kann nach der Rückgriffsregelung des § 327u Abs 1 Satz 1 von dem Unternehmer, der sich ihm gegenüber zur Bereitstellung eines digitalen Produkts verpflichtet hat (Vertriebspartner), **Ersatz der Aufwendungen verlangen**, die ihm im Verhältnis zu einem Verbraucher wegen einer durch den Vertriebspartner verursachten **unterbliebenen Bereitstellung** des bereitzustellenden digitalen Produkts aufgrund der Ausübung des Rechts des Verbrauchers nach § 327c Abs 1 Satz 1 entstanden sind[21]. Dass der Vertragspartner im Rahmen dieser **Legaldefinition** als Vertriebspartner bezeichnet wird, dient nur der besseren Unterscheidung[22]. Der Vertriebspartner iSd § 327u Abs 1 ist zwar in begrifflicher Hinsicht mit dem Lieferanten iSd § 445a Abs 1 und Abs 2 vergleichbar. Der **Lieferant iSd § 445a Abs 1 und Abs 2** muss aber – anders als der Vertriebspartner – nicht zwingend ein Unternehmer sein[23]. Das Erfordernis einer Unternehmereigenschaft des Vertriebspartners als Rückgriffsschuldner stimmt überein mit **Erwägungsgrund Nr 78** der Digitale-Inhalte-Richtlinie, nach dem sich die Rechte des Unternehmers als Rückgriffsgläubiger aus **Art 20** dieser Richtlinie auf den **„Geschäftsverkehr"** beschränken sollen[24]. Diese Abweichung von § 445a Abs 1 und Abs 2 beruht auf der vor allem im Bereich der **Erstellung von Software** üblichen Verwendung von Software-Bestandteilen, welche der Unternehmer im Verhältnis zum Verbraucher im Rahmen einer **Open- Source-Lizenz iSd § 327 Abs 6 Nr 6** anbietet[25]. Da diese Art der Lizenzvergabe nach Auffassung des Gesetzgebers nicht ihre Attraktivität verlieren soll, wird der Urheber und Lizenzgeber einer derartigen Software vor **etwaigen Regressansprüchen** des Unternehmers geschützt[26]. Derjenige, der im Rahmen einer **Open-Source-Lizenz** dem Unternehmer iSd § 327u Abs 1 Software überlässt, ist demzufolge kein der Rückgriffshaftung unterliegender Vertriebspartner iSd § 327u.

12 b) **Voraussetzungen des Aufwendungsersatzanspruchs.** Nach § 327u Abs 1 Satz 2 besteht ein Erstattungsanspruch bezüglich der vom Unternehmer nach **§ 327l Abs 1** zu tragenden Aufwendungen, wenn der vom Verbraucher (Endabnehmer) gegenüber dem Unternehmer geltend gemachte **Mangel** bereits bei der Bereitstellung durch den Vertriebspartner vorhanden war oder in einer durch den Vertriebspartner verursachten **Verletzung der Aktualisierungspflicht** des Unternehmers nach § 327f Abs 1 besteht. Daneben wird jedwede Verletzung der Aktualisierungspflicht, bei der naturgemäß nicht auf den **Zeitpunkt der Bereitstellung** des digitalen Produkts abgestellt werden kann, von § 327u Abs 1 Satz 2 erfasst. Dass es für die Verletzung der Aktualisierungspflicht nicht auf den Zeitpunkt der Bereitstellung des digitalen Produkts ankommt, beruht auf dem Wesen dieser Verpflichtung[27]. Für die Frage der Verletzung der Aktualisierungspflicht bestehen aber die **objektiven Anforderungen des § 327f** mit der Folge, dass eine über den objektiven Standard hinausgehende **Vereinbarung** zwischen dem Unternehmer und dem Verbraucher grundsätzlich nicht zu einer Regresshaftung des Vertriebspartners führt, weil derartige Abreden dem Vertriebspartner nicht ohne weiteres zurechenbar sind[28].

14 Begr Gesetzentwurf, BT-Drucks 19/27653, S 80.
15 Begr Gesetzentwurf, BT-Drucks 19/27653, S 80.
16 Begr Gesetzentwurf, BT-Drucks 19/27653, S 80.
17 Vgl dazu Begr Gesetzentwurf, BT-Drucks 19/27653, S 80.
18 Erman/Bernzen/Specht-Riemschneider § 327t Rz 5.
19 Erman/Bernzen/Specht-Riemschneider § 327t Rz 5.
20 BeckOK/Wendland § 327t Rz 5; HK/Schulze § 327t Rz 1.
21 Vgl dazu Begr Gesetzentwurf, BT-Drucks 19/27653, S 80 f.
22 Begr Gesetzentwurf, BT-Drucks 19/27653, S 81.
23 Vgl § 445a Rz 20 f.
24 Begr Gesetzentwurf, BT-Drucks 19/27653, S 81; vgl dazu auch oben Rz 3.
25 Begr Gesetzentwurf, BT-Drucks 19/27653, S 81.
26 Begr Gesetzentwurf, BT-Drucks 19/27653, S 81.
27 Begr Gesetzentwurf, BT-Drucks 19/27653, S 81.
28 Begr Gesetzentwurf, BT-Drucks 19/27653, S 81.

3. **Verjährung der Aufwendungsersatzansprüche des Unternehmers gegen den Vertriebspartner nach § 327u Abs 2.** Die Aufwendungsersatzansprüche des Unternehmers gegen seinen Vertriebspartner aus § 327u Abs 1 Satz 1 und Satz 2 verjähren gem § 327u Abs 2 Satz 1 in **sechs Monaten**. Die Verjährung beginnt in der Rückgriffskonstellation des § 327u Abs 1 Satz 1 mit dem **Zeitpunkt**, zu dem der **Verbraucher** (**Endabnehmer**) sein Recht ausgeübt hat (§ 327u Abs 2 Satz 2 Nr 1). In Bezug auf den Aufwendungsersatzanspruch des Unternehmers gegen seinen Vertriebspartner aus § 327u Abs 1 Satz 2 beginnt die Verjährung gem § 327u Abs 2 Satz 2 Nr 2 mit dem Zeitpunkt, zu dem der Unternehmer die **Ansprüche des Verbrauchers** nach § 327l Abs 1 **erfüllt hat**. Praktische Bedeutung hat diese Anknüpfung an den Erfüllungszeitpunkt insbes im Falle der **Verletzung einer Aktualisierungspflicht**, da diese Verpflichtung des Unternehmers nach **§ 327f Abs 1** auch über die Gewährleistungsfrist von **zwei Jahren** hinaus gegenüber dem Verbraucher als Endabnehmer bestehen kann[29]. 13

4. **Die weiteren Rückgriffsbestimmungen des § 327u Abs 3 bis Abs 6.** – a) **Beweislastumkehr und Unwirksamkeit abweichender Vereinbarungen** (**§ 327u Abs 3 und Abs 4**). Nach § 327u Abs 3 ist die Beweislastumkehr des § 327k Abs 1 und Abs 2 – in Anlehnung an **§ 478 Abs 1** – mit der Maßgabe im Rückgriffsverhältnis zwischen dem Unternehmer und seinem Vertriebspartner entsprechend anzuwenden, dass die **Frist** mit der **Bereitstellung an den Verbraucher** beginnt. Dadurch soll dem Unternehmer die Durchsetzung seiner Ansprüche erleichtert werden[30]. Ohne eine derartige Beweislastregelung könnte in **Streitfällen** die Situation eintreten, dass der Unternehmer sowohl im Verhältnis zum **Verbraucher** als auch gegenüber dem **Vertriebspartner beweisbelastet** ist, wodurch es zu einer wesentlichen Erschwerung oder sogar zu einem faktischen Ausschluss des Rückgriffs kommen könnte[31]. 14

Der Vertriebspartner kann sich nach der – in Anlehnung an **§ 478 Abs 2** verfassten – Regelung des § 327u Abs 4 Satz 1 gegenüber dem Unternehmer nicht auf eine Vereinbarung berufen, die er **vor Geltendmachung** der in § 327u Abs 1 bezeichneten Aufwendungsersatzansprüche mit dem Unternehmer getroffen hat und die zum **Nachteil des Unternehmers** von den § 327u Abs 1 bis Abs 3 abweicht. Die **Unwirksamkeitsfolge** des § 327u Abs 4 Satz 1 greift auch dann Platz, wenn die Absätze 1 bis 3 des § 327u durch **anderweitige Gestaltungen umgangen** werden (§ 327u Abs 4 Satz 2). Die zwingende Ausgestaltung des Rückgriffs des Unternehmers gegen seinen Vertriebspartner beruht nicht auf einer **Vorgabe der Digitale-Inhalte-Richtlinie**[32]. Denn **Art 22** dieser Richtlinie ordnet die Unabdingbarkeit von Richtlinienbestimmungen nur in Bezug auf Vertragsklauseln an, die sich zum Nachteil des **Verbrauchers** auswirken[33]. Der **deutsche Gesetzgeber** entschied sich gleichwohl deshalb für eine zwingende Ausgestaltung des Rückgriffs des Unternehmers gegen seinen Vertriebspartner, weil der Unternehmer im Rückgriffsverhältnis idR die **strukturell unterlegene Vertragspartei** ist[34]. 15

b) **Kaufmännische Rügepflicht nach HGB § 377 und Rückgriff in der weiteren Vertriebskette** (**§ 327u Abs 5 und Abs 6**). Nach § 327u Abs 5 bleibt – in Anlehnung an § 445a Abs 4 – die Regelung des HGB § 377 beim Rückgriff des **Unternehmers** gegen den Vertriebspartner unberührt. Insoweit muss beachtet werden, dass es sich nicht um die Anordnung einer entsprechenden Anwendung des HGB § 377 handelt. **Zwingende Voraussetzung** für die Anwendung der kaufmännischen Untersuchungs- und Rügeobliegenheit im Rückgriffsverhältnis ist das Vorliegen eines **Handelskaufs iSd HGB § 377 Abs 1** zwischen Unternehmer und Vertriebspartner. Es muss demzufolge gem HGB § 377 Abs 1 ein Kaufvertrag über eine **Ware** gegeben sein. Wenn der Vertrag zwischen dem Vertriebspartner und dem Unternehmer über die **Bereitstellung digitaler Inhalte** kein Handelskauf ist, dann findet HGB § 377 HGB von vornherein keine Anwendung. Praktische Bedeutung kann die kaufmännische Untersuchungs- und Rügeobliegenheit insbes bei den in **§ 327 Abs 5** geregelten digitalen Inhalten auf **körperlichen Datenträgern** erlangen[35]. 16

§ 327u Abs 6 regelt – in Anlehnung an § 445a Abs 3 – den **Rückgriff in der weiteren Vertriebskette**[36]. In begrifflicher Hinsicht werden die Unternehmer der **vorgelagerten Vertriebsstufen**, soweit es um ihre Rolle als Rückgriffsschuldner geht, als **Vertragspartner** bezeichnet. Es geht also um den **Rückgriff des Vertriebspartners** gegen seinen Vertragspartner und den entsprechenden Regress gegen die **weiteren Vertragspartner** als Rückgriffsschuldner. Nach 17

29 Begr Gesetzentwurf, BT-Drucks 19/27653, S 81.
30 Begr Gesetzentwurf, BT-Drucks 19/27653, S 81.
31 Begr Gesetzentwurf, BT-Drucks 19/27653, S 81.
32 Begr Gesetzentwurf, BT-Drucks 19/27653, S 81.
33 Begr Gesetzentwurf, BT-Drucks 19/27653, S 81.
34 Begr Gesetzentwurf, BT-Drucks 19/27653, S 81.
35 Begr Gesetzentwurf, BT-Drucks 19/27653, S 81 f.
36 Der in der amtlichen Begründung (Begr Gesetzentwurf, BT-Drucks 19/27653, S 81) enthaltene Hinweis auf § 478 Abs 3 ist missverständlich, weil § 478 nicht die Rückgriffsansprüche des Unternehmers regelt, sondern insoweit nur Sonderbestimmungen statuiert.

§ 327u Abs 6 sind die Absätze 1 bis 5 dieser Vorschrift auf die Ansprüche des Vertriebspartners und der übrigen Vertragspartner in der Vertriebskette gegen die jeweiligen zur Bereitstellung verpflichteten Vertragspartner entsprechend anzuwenden, wenn die Schuldner **Unternehmer** sind. Im Falle einer **Verbraucherstellung des Vertragspartners** ist zwar der besondere Rückgriff nach § 327u ausgeschlossen. Dass ein Verbraucher sich zur Bereitstellung digitaler Inhalte gegen Zahlung eines Preises verpflichten kann, ohne spätestens dadurch die Unternehmereigenschaft iSd § 14 zu erlangen, ist aber nur theoretisch denkbar. Anders ist die Lage insoweit beim Rückgriff nach § 445a bei Vorliegen eines Warenkaufs. Denn eine **neu hergestellte Sache**, die ein Verbraucher bspw durch Schenkung oder Kauf erworben hat, kann jedenfalls dann ohne Erlangung der Unternehmereigenschaft verkauft werden, wenn es sich um einen Einzelfall und nicht um eine planmäßig wiederkehrende Verkaufstätigkeit handelt.

V. Rückgriff bei Paketverträgen iSd § 327a Abs 1 Satz 1

18 Ein Paketvertrag ist nach der **Legaldefinition** des § 327a Abs 1 Satz 1 ein Vertrag, in dem die Parteien des Verbrauchervertrags iSd § 327 „neben der Bereitstellung digitaler Produkte die **Bereitstellung anderer Sachen** oder die Bereitstellung anderer Dienstleistungen" vereinbart haben. Nach § 327a Abs 1 Satz 2 sind – bei Fehlen einer abweichenden Bestimmung – die §§ 327 bis 327s nur auf diejenigen **Bestandteile des Paketvertrags** anzuwenden, welche die **digitalen Produkte** betreffen. Das Gleiche gilt gem § 327a Abs 2 für **Verbraucherverträge über Sachen**, die digitale Produkte enthalten oder mit ihnen verbunden sind. Die Verweisung der Rückgriffsvorschrift des § 445c bezieht sich zwar auch auf die Regelung des **§ 327a** über den Paketvertrag. Die dort vorgenommene **Differenzierung** gilt aber auch für den Rückgriff gegen den Vertriebspartner[37]. Bei Vorliegen eines Paketvertrags verdrängt daher § 445c die Anwendung der §§ 445a, 445b und § 478 nur insoweit, als der Verbrauchervertrag **digitale Produkte** iSd § 327a Abs 1 Satz 2 oder Abs 2 betrifft[38]. Geht es um Mängel der vom Paketvertrag erfassten **Sachen iSd § 327a Abs 1 Satz 2**, so werden die in Rede stehenden kaufrechtlichen Rückgriffsvorschriften zwar nicht durch § 445c verdrängt. Sie sind aber gleichwohl nur dann anwendbar, wenn der zugrundeliegende Vertrag als **Kaufvertrag** einzuordnen ist.

VI. Der intertemporale Anwendungsbereich des § 445c – Regelung des EGBGB Art 229 § 57

19 EGBGB Art 229 § 57 ist die **Übergangsvorschrift** zum Gesetz zur Umsetzung der Richtlinie über bestimmte vertragliche Aspekte der Bereitstellung digitaler Inhalte und digitaler Dienstleistungen. Nach EGBGB Art 229 § 57 sind auf **Verbraucherverträge**, welche die **Bereitstellung eines digitalen Produkts** zum Gegenstand haben und **ab dem 1. Januar 2022** abgeschlossen wurden, nur die Vorschriften des BGB und des Unterlassungsklagengesetzes in der ab dem 1. Januar 2022 geltenden Fassung anzuwenden. Sofern nicht in EGBGB Art 229 § 57 Abs 3 etwas anderes bestimmt ist, sind auf **vor dem 1. Januar 2022** abgeschlossene Verbraucherverträge, welche die Bereitstellung eines digitalen Produkts zum Gegenstand haben, die Vorschriften des BGB und des Unterlassungsklagengesetzes in der ab dem 1. Januar 2022 geltenden Fassung anzuwenden, wenn die **vertragsgegenständliche Bereitstellung** ab dem 1. Januar 2022 erfolgt. Entscheidend für die Anwendung des § 445c ist nicht der **Verbrauchervertrag**, sondern der zwischen dem Rückgriffsgläubiger und dem Rückgriffsschuldner abgeschlossene Vertrag[39]. Die Regelung des EGBGB Art 229 § 57 muss unterschieden werden von der Übergangsvorschrift des **EGBGB Art 229 § 58** zum Gesetz zur Regelung des **Verkaufs von Sachen mit digitalen Elementen** und anderer Aspekte des Kaufvertrags. Nach dieser Vorschrift sind auf einen **Kaufvertrag**, der vor dem 1. Januar 2022 geschlossen worden ist, die Vorschriften dieses Gesetzes und des BGB in der bis einschließlich 31. Dezember 2021 geltenden Fassung anzuwenden.

20 Nach EGBGB Art 229 § 57 Abs 3 ist **§ 327r** auf Verbraucherverträge anzuwenden, welche die Bereitstellung eines digitalen Produkts zum Gegenstand haben und ab dem 1. Januar 2022 abgeschlossen wurden. Die **§§ 327t und 327u** sind gem EGBGB Art 229 § 57 Abs 4 auf Verträge anzuwenden, welche ab dem 1. Januar 2022 abgeschlossen wurden.

37 Vgl BeckOK/Faust Rz 4.
38 Vgl BeckOK/Faust Rz 4; Erman/Grunewald Rz 1; Staud/Bach Rz 5.
39 BeckOK/Faust Rz 2.

§ 446 Gefahr- und Lastenübergang

Mit der Übergabe der verkauften Sache geht die Gefahr des zufälligen Untergangs und der zufälligen Verschlechterung auf den Käufer über. Von der Übergabe an gebühren dem Käufer die Nutzungen und trägt er die Lasten der Sache. Der Übergabe steht es gleich, wenn der Käufer im Verzug der Annahme ist.

ÜBERSICHT

Schrifttum: Brox, Gefahrübergang, JuS 1975, 1; Ernst, Sachmängelhaftung und Gefahrtragung, in: Festschrift für Ulrich Huber zum siebzigsten Geburtstag, 2006, S 165; Filios, Die Gefahrtragung beim Kauf (§ 446 BGB) im Rahmen des Synallagmas, 1964; Flume, Allgemeiner Teil des Bürgerlichen Rechts, 2. Band, 1992; Grunewald, Saldotheorie und neues Rücktrittsrecht, in: Festschrift für Walther Hadding zum 70. Geburtstag, 2004, S 33; G Hager, Die Gefahrtragung beim Kauf, 1982; Heynen, Die Klausel „Kasse gegen Lieferschein", 1955; Klinck, Die Haftung des Verkäufers für eine Beschädigung der Sache nach Gefahrübergang, ZGS 2008, 217; Knütel, Von Landanschwemmungen und Schätzen – Die commoda ex re vendita und § 446 BGB, in: Festschr für Hübner, 1984, S 551; Lamprecht, Nochmals – Gewährleistung trotz Annahmeverzugs und Untergangs der Kaufsache?, ZIP 2002, 1790; Oechsler, Praktische Anwendungsprobleme des Nacherfüllungsanspruchs, NJW 2004, 1825; Rabel, Das Recht des Warenkaufs II, 1958, S 291 ff; Rosenberg, Die Beweislast auf der Grundlage des Bürgerlichen Gesetzbuchs und der Zivilprozessordnung, 5. Auflage 1965; Serick, Eigentumsvorbehalt und Sicherungsübertragung, Band I, 1963; Weber, Warenpapiere ohne Traditionsfunktion, 1978; Wertenbruch, Gewährleistungsrechte des Käufers bei polizeilicher Beschlagnahme der Kaufsache, ZGS 2004, 367; Wertenbruch, Gefahrtragung beim Versendungskauf nach § 447 BGB beim Transport durch den Verkäufer selbst oder eigene Leute, in: Festschrift für Barbara Grunewald zum 70. Geburtstag, 2021, S 1283.

I. Der Gefahrübergang nach § 446 Satz 1 – Allgemeines

1. **Der Gefahrbegriff und seine historischen Grundlagen**. Nach § 446 Satz 1 geht „die Gefahr" des **zufälligen Untergangs** und der **zufälligen Verschlechterung** mit der Übergabe der verkauften Sache auf den Käufer über. Der Begriff „Gefahr" ist gleichbedeutend mit Risiko (periculum)[1]. Grundsätzlich trägt derjenige die Gefahr des zufälligen Untergangs und der zufälligen Verschlechterung einer Sache, dessen Vermögen vermindert wird, wenn ohne sein Verschulden und ohne eine Einstandspflicht eines Dritten die Sache untergeht oder verschlechtert wird[2]. Zu unterscheiden sind allgemein **Sachgefahr, Leistungsgefahr und Preisgefahr**. Bei der Gefahrtragung gem § 446 Satz 1 geht es um die Frage, welche Kaufvertragspartei das Risiko des zufälligen Untergangs oder einer zufälligen Verschlechterung der Kaufsache trägt. 1

Generell, also auch außerhalb des Kaufgeschäfts, trägt der **Eigentümer** der Sache die **Sachgefahr**. Davon ging schon das **römische Recht** mit den Prinzipien **„casum sentit dominus"** (den Zufall spürt der Eigentümer)[3] und **„res perit domino"** (die Sache geht dem Eigentümer unter)[4] aus. Die **Leistungsgefahr** trägt bei Stückschulden der Gläubiger als Inhaber des Anspruchs auf Leistung der Sache, dh der Anspruch erlischt im Falle des zufälligen Untergangs der Sache (§ 275 Abs 1)[5]. Dies beruht auf dem römischen Prinzip **„species perit ei cui debetur"** (die Sache [Einzelstück] geht zum Nachteil des Gläubigers unter)[6]. Da der Käufer bei der Stückschuld durch den Untergang der Sache seinen **Lieferanspruch aus § 433 Abs 1 Satz 1** verliert, bringt die dargelegte, für die Leistungsgefahr geltende Regel in Bezug auf diese Käuferforderung den Grundsatz der **Sachgefahr** zum Ausdruck[7]. 2

Ist die Lieferverpflichtung aus dem Kaufvertrag dagegen eine **Gattungsschuld**, so trägt der Verkäufer grundsätzlich die Leistungsgefahr, dh, er muss im Falle des Untergangs oder der Verschlechterung der für den Käufer vorgesehenen Sache ein **anderes Stück aus der Gattung** liefern, solange zumindest noch ein Stück vorhanden ist und geliefert werden kann. Das römische Recht bringt dies mit dem Grundsatz **„genus perire non censetur"** (von einer Gattung wird nicht angenommen, dass sie untergeht) zum Ausdruck[8]. Mit der **Konkretisierung der Gattungsschuld** geht die Leistungsgefahr aber auf den Käufer über. Das Gleiche gilt, wenn nur noch ein Stück („letzte Sache") aus der vereinbarten Gattung geliefert werden kann. Auch hier kommen die für die Stückschuld geltenden Grundsätze zur Anwendung, dh, die Leistungsgefahr geht hier unabhängig von einer **Konkretisierung der Gattungsschuld** auf den Gläubiger über[9]. In diesen Fällen des Übergangs der Leistungsgefahr besteht dann im Ergebnis kein Unterschied im Vergleich zur klassischen Stückschuld. Die Leistungsgefahr geht bei Gattungsschulden aber nicht nur durch Konkretisierung (§ 243 Abs 2) oder Verringerung der Gattung bis auf das „letzte Stück", sondern auch gem § 300 Abs 2 durch **Gläubigerverzug** auf den Gläubiger über. 3

1 Vgl dazu Kaser/Knütel/Lohsse, Römisches Privatrecht, 2021[22], § 52 Rz 20.
2 Vgl dazu Kaser/Knütel/Lohsse, Römisches Privatrecht, 2021[22], § 52 Rz 20.
3 Kaser/Knütel/Lohsse, Römisches Privatrecht, 2021[22], § 52 Rz 20.
4 Kaser/Knütel/Lohsse, Römisches Privatrecht, 2021[22], § 52 Rz 20 mit Verweis auf DiocletianConst 4, 24, 9.
5 Vgl dazu Kaser/Knütel/Lohsse, Römisches Privatrecht, 2021[22], § 52 Rz 20.
6 Vgl dazu Kaser/Knütel/Lohsse, Römisches Privatrecht, 2021[22], § 52 Rz 20.
7 Vgl dazu Kaser/Knütel/Lohsse, Römisches Privatrecht, 2021[22], § 52 Rz 20.
8 Vgl dazu Kaser/Knütel/Lohsse, Römisches Privatrecht, 2021[22], § 45 Rz 12. Im Falle einer Verschlechterung kommt uU auch eine Reparatur der zur Lieferung vorgesehenen Sache in Betracht.
9 Vgl Kaser/Knütel/Lohsse, Römisches Privatrecht, 2021[22], § 45 Rz 12.

4 Bei **Austauschverträgen** und daher insbes beim Kauf kommt als weitere Gefahrenart die **Preisgefahr** (**Gegenleistungsgefahr**) hinzu. Diese Gefahr trägt beim Kauf grundsätzlich der Verkäufer, dh, ihm steht im Falle des **zufälligen Untergangs** der Ware der Kaufpreis nicht zu; bei zufälliger Verschlechterung zumindest nicht vor einer erfolgreichen **Mangelbeseitigung**. Der Übergang der Preisgefahr auf den Käufer führt dazu, dass er, wenn die Kaufsache nach diesem Zeitpunkt zufällig untergeht oder eine Verschlechterung erfährt, ohne weiteres den vollen Kaufpreis zahlen muss. Die **§§ 446, 447** betreffen den **Übergang der Preisgefahr**, dh die Frage der Verpflichtung des Käufers zur Zahlung des vereinbarten Kaufpreises bei zufälligem Untergang oder zufälliger Verschlechterung der Kaufsache.

5 2. **Die Preisgefahr in der historischen Rechtsentwicklung**. **Nach römischem Recht** geht dagegen die Preisgefahr bereits mit der **sog Perfektion des Kaufs** auf den Käufer über. Es gilt hier der Grundsatz, dass der Käufer die Gefahr trägt, sobald der Kauf die **volle Wirksamkeit erlangt** hat (perfecta emptione periculum est emptoris)[10]. Das **Preußische ALR von 1794** machte dagegen den Gefahrübergang vom **Besitzerwerb des Käufers** abhängig. Begründet wurde dies insbes damit, dass der frühe Übergang der Gefahr nach römischem Recht deshalb unbillig sei, weil der Käufer ohne den Besitz an der Sache noch keine **Vorkehrungen zum Schutz der Sache** treffen könne[11]. Aus heutiger Sicht erscheint das römische „periculum est emptoris"-Prinzip – im Gegensatz zur Gefahrtragungsregel des Preußischen ALR – insbes beim **Grundstückskauf** als nicht interessengerecht. Das römische Recht war aber am Barkauf orientiert und beim **Gattungskauf** war die notwendige Perfektion ohnehin vor der Aussonderung aus dem Vorrat noch nicht gegeben[12]. Diese nach römischem Recht erforderliche Voraussetzung des Gefahrübergangs fehlte zudem, wenn ein Vorbehalt der Billigung durch den Käufer bestand oder der Kauf entweder aufschiebend bedingt oder befristet war[13].

6 Beim **Barkauf** besteht im Ergebnis in Bezug auf den Zeitpunkt des Gefahrübergangs nach wie vor kein wesentlicher Unterschied zwischen dem römischen Recht einerseits und § 446 Satz 1 sowie dem ALR andererseits. Denn hier geht der Abschluss des Kaufvertrags in zeitlicher Hinsicht regelmäßig einher mit der **Übereignung der Kaufsache nach § 929 Satz 1** durch Einigung und Übergabe, und der Erwerb des unmittelbaren Besitzes ist die zentrale Voraussetzung des Gefahrübergangs gem § 446 Satz 1. Aber auch beim bedingten Kauf und damit insbes beim Kauf unter **Eigentumsvorbehalt** ist es interessengerecht, den Gefahrübergang an den Erwerb der tatsächlichen Sachherrschaft iSd § 854 und nicht an den Eigentumserwerb zu knüpfen. Insoweit kann die Erwägung des Gesetzgebers des ALR, der Träger der Gefahr müsse Vorkehrungen zum Schutz der Kaufsache treffen und daher Einfluss vor allem auf die Verwahrung nehmen können, auch heute noch Geltung beanspruchen.

7 3. **Neufassung des § 446 durch das SMG 2002**. Satz 1 und 2 des § 446 stimmen überein mit § 446 Abs 1 Satz 1 und 2 aF. Insoweit hat das SMG 2002 nicht zu einer Änderung geführt. Die Begründung zu diesem Reformgesetz verweist darauf, dass sich § 446 Abs 1 Satz 1 aF bewährt habe und diese **rechtspolitische Beurteilung** auch die uneingeschränkte Übernahme des § 446 Abs 1 Satz 2 aF rechtfertige[14]. Ersatzlos gestrichen wurde demgegenüber die Regelung des § 446 Abs 2 aF, nach der im Falle des Kaufs von **Grundstücken und Schiffen** die Gefahr schon mit der Eintragung des Käufers im **Grundbuch** bzw im **Schiffs- oder Schiffsbauregister** überging, wenn diese vor der Übergabe dieses Kaufgegenstands erfolgte. Die praktische Bedeutung der Streichung dieser rechtspolitisch schon immer umstrittenen Vorschrift ist deshalb gering, weil sie **dispositiven Charakter** hatte und beim Kauf derartiger Kaufgegenstände der Gefahr- und Lastenübergang eigentlich immer erörtert und ausdrücklich geregelt wird. Da der tatsächliche Einfluss des Käufers auf den Zustand des gekauften Grundstücks oder Schiffs und die Möglichkeit, Vorkehrungen zum Schutz der Sache zu treffen, regelmäßig von der **Besitzerlangung durch Übergabe** und weniger von der Registereintragung als Eigentümer abhängen, überzeugt der Wegfall der Regelung auch in rechtspolitischer Hinsicht. Insoweit besteht letztlich kein Unterschied zwischen Grundstücken und Schiffen einerseits und den **beweglichen Kaufsachen**, die gem § 929 Satz 1 durch Einigung und Übergabe übereignet werden.

8 Neu eingefügt in das Kaufrecht durch das SMG 2002 wurde die Regelung des § 446 Satz 3, nach der die Begründung eines **Annahmeverzugs des Käufers** in Bezug auf den Übergang der

10 Kaser/Knütel/Lohsse, Römisches Privatrecht, 2021[22], § 52 Rz 21 ff unter Hinweis auf Paulus Dig 18, 6, 8 pr; Inst 3, 23, 3.

11 Vgl Kaser/Knütel/Lohsse, Römisches Privatrecht, 2021[22], § 52 Rz 23.

12 Kaser/Knütel/Lohsse, Römisches Privatrecht, 2021[22], § 52 Rz 22.

13 Kaser/Knütel/Lohsse, Römisches Privatrecht, 2021[22], § 52 Rz 22.

14 Begr Gesetzentwurf, BT-Drucks 14/6040, S 240 (zu § 445 des Entwurfs).

Preisgefahr der Übergabe der Sache gleichsteht. Insoweit wird aber vom Gesetzgeber lediglich klargestellt, dass die allgemeine, auf den Verzug des Gläubigers mit der Annahme der vertraglichen Leistung zugeschnittene Regelung des § 326 Abs 2 Satz 1 Alt 2 auch für den Kauf gilt[15]. Der Eintritt des Annahmeverzugs des Käufers richtet sich nach den allgemeinen Bestimmungen der **§§ 293 ff**.

4. **Verhältnis zwischen § 326 und § 446 in Bezug auf die Preisgefahr**. § 446 regelt – ebenso wie die auf den **Versendungskauf** bezogene Vorschrift des § 447 – den Übergang der Preisgefahr (Vergütungsgefahr)[16]. Ausgangspunkt ist § 326 als zentrale Regelung des Allgemeinen Schuldrechts zur Frage des **Schicksals des Gegenleistungsanspruchs (Vergütungsanspruchs)** bei Unmöglichkeit der Sachleistung. Nach § 326 Abs 1 führt eine solche **Unmöglichkeit** grundsätzlich zum Wegfall des Anspruchs des Sachleistungsschuldners auf die Gegenleistung. Der Sachleistungsschuldner trägt nach dieser allgemeinen Regelung beim gegenseitigen Vertrag die Preisgefahr grundsätzlich bis zur vollständigen Erfüllung des Anspruchs des Sachleistungsgläubigers. Beim Kauf ist der Sachleistungsanspruch der Anspruch des Käufers aus § 433 Abs 1 Satz 1 auf Verschaffung von Besitz und Eigentum. Geht die Kaufsache vor vollständiger Erfüllung (§ 362) dieses Verschaffungsanspruchs des Käufers unter, so verlöre der Verkäufer bei uneingeschränkter Anwendung des § 326 Abs 1 auch dann seinen Anspruch auf die Gegenleistung (Kaufpreis), wenn die **Besitzverschaffung** zum Zeitpunkt des Eintritts der Unmöglichkeit durch Untergang der Sache schon erfolgt war und nur der Eigentümerwechsel noch ausstand. Die allgemeine Regelung des § 326 Abs 1 stimmt überein mit § 323 aF, zu dessen rechtspolitischer Legitimation die Motive anführen, es widerstrebe „der Natur der vertragsmäßigen gegenseitigen Verbindlichkeit, dass ungeachtet des Wegfalls der einen die andere ohne Gegenleistung fortbestehen soll"[17]. 9

Das SMG 2002 hat mit § 326 Abs 1 an der Grundregel des gesetzlichen Fortfalls des Gegenleistungsanspruchs bei Unmöglichkeit der Sachleistung festgehalten. Demgegenüber verlegt § 446 Satz 1 – in Übereinstimmung mit § 446 Abs 1 Satz 1 aF – beim Kauf den Zeitpunkt des Gefahrübergangs auf den Vollzug der **Übergabe der Kaufsache iSd § 929** vor[18]. Relevant wird diese Abweichung des Kaufrechts von der allgemeinen Regel des § 326 Abs 1, wenn zwischen Übergabe der Kaufsache und Erwerb des Eigentums durch den Käufer ein zufälliger Untergang oder eine zufällige Verschlechterung erfolgt. Dies bedeutet, dass der Käufer bei Eintritt eines derartigen Umstands während dieses Zeitraums gleichwohl den Kaufpreis an den Verkäufer zahlen muss. Der in § 326 Abs 1 geregelte allgemeine Grundsatz **„ohne Ware kein Geld"** wird mit der kaufrechtlichen Spezialregelung des § 446 Satz 1 zu Lasten des Käufers durchbrochen, sofern der Verkäufer dem Käufer zumindest den Besitz an der Kaufsache und damit die tatsächliche Sachherrschaft übertragen hat. 10

Bis zum Zeitpunkt der Übergabe der Kaufsache trägt gem § 326 Abs 1 der Verkäufer die Preisgefahr, sofern nicht eine weitere gesetzliche oder vertragliche Vorverlagerung des Gefahrübergangs in Abweichung von § 326 Abs 1 Platz greift. Beim **Versendungskauf** geht die Gefahr nicht erst bei Übergabe der Sache an den Käufer, sondern gem **§ 447 Abs 1** schon durch Aushändigung der Kaufsache an den Beförderer über[19]. Eine weitere Ausnahme vom Prinzip des § 326 Abs 1 statuiert § 446 Satz 3 iVm § 326 Abs 2 Satz 1 Alt 2 für den Fall des **Annahmeverzugs des Käufers**. Dass bei Vorliegen einer Ausnahme von § 326 Abs 1 die Kaufpreisforderung trotz Nichtverschaffung mangelfreien Eigentums an der Kaufsache fortbesteht, wird allerdings – zumindest in gewissem Umfang – durch die Verpflichtung des Verkäufers kompensiert, gem § 285 Abs 1 etwaige **Ersatzansprüche gegen Dritte** an den Käufer abzutreten. 11

5. **Unabhängigkeit des Gefahrübergangs vom Eigentumserwerb des Käufers**. Der wesentliche Gedanke der Regelung des § 446 Satz 1 besteht darin, beim Vollzug des geschlossenen Kaufvertrags den Übergang der Gefahr vom Eigentumserwerb des Käufers abzukoppeln. Die Übergabe der Kaufsache als Voraussetzung für den Gefahrübergang iSd § 446 Satz 1 erfolgt zwar häufig zum Zwecke der Übertragung des Eigentums nach § 929 auf den Käufer. Der Eigentumsübergang ist aber gleichwohl kein Erfordernis des Gefahrübergangs[20]. Der Verkäufer muss zum 12

15 Vgl Begr Gesetzentwurf, BT-Drucks 14/6040, S 240 (zu § 445 des Entwurfs).

16 Vgl BeckOGK/Tröger Rz 2; Erman/Grunewald Rz 1; MünchKomm/Westermann Rz 1 f; Staud/Beckmann Rz 4; BeckOK/Faust Rz 13, 15.

17 Motive Mugdan II S 114.

18 Staud/Beckmann Rz 11; vgl Erman/Grunewald Rz 1; MünchKomm/Westermann Rz 1; BeckOGK/Tröger Rz 32.

19 Vgl zu den Einzelheiten § 447 Rz 4.

20 BGHZ 138, 195, 207 („Die Übergabe im Sinne des § 446 BGB hat mit der dinglichen Rechtsänderung nichts zu tun"); RGZ 93, 330, 331 („Eigentumsübertragung und Gefahrtragung haben miteinander nichts zu tun. Es war keine Voraussetzung für den Übergang der Gefahr auf die Beklagte, daß die Klägerin vor Eintritt des Ereignisses, das ihr die Lieferung unmöglich machte, das Eigentum an der Ware erwarb.").

Zeitpunkt der Übergabe der Ware nicht selbst Eigentümer sein und der Käufer muss das Eigentum nicht erwerben[21]. Beim Kauf **beweglicher Sachen** zeigt sich die praktische Bedeutung der Gefahrbelastung des Käufers durch Übergabe (Besitzerlangung) ohne gleichzeitigen Eigentumserwerb vor allem dann, wenn zum Zwecke der Sicherung der Kaufpreisforderung des Verkäufers ein **Eigentumsvorbehalt** Platz greift[22].

13 Beim **Grundstückskauf** hat die Anwendung des § 446 Satz 1 zur Folge, dass der von den Kaufvertragsparteien nur schwer abschätzbare Zeitpunkt der **Grundbucheintragung des Käufers** für den Gefahrübergang nicht entscheidend ist[23]. Da die Übergabe des Grundstücks genügt, hat auch eine unvorhergesehene **Verzögerung der Eigentumsumschreibung** im Grundbuch wegen Fehlens von Eintragungsvoraussetzungen oder aus sonstigen Gründen keinen Einfluss auf die Gefahrtragung. Ausschlaggebend ist allein der durch Übergabe erlangte Besitz des Käufers an der Kaufsache und die damit verbundene **tatsächliche Sachherrschaft**, die dem Käufer Vorkehrungen zum Schutz der Sache ermöglichen. Der Zeitpunkt der Übergabe kann – anders als der Zeitpunkt der Grundbucheintragung beim Grundstückskauf – ohne weiteres im Kaufvertrag festgelegt werden.

14 6. **Die Preisgefahr in Abgrenzung zu Leistungsgefahr und Sachgefahr – Gattungsschulden**. – a) **Preisgefahr**. Im Falle des Kaufs geht es bei der Preisgefahr um die Frage, ob der Verkäufer trotz des Untergangs oder der Verschlechterung der Kaufsache gem § 433 Abs 2 den vereinbarten Kaufpreis verlangen kann[24]. Kann der Verkäufer die Gegenleistung in Gestalt des Kaufpreises nicht beanspruchen, so ist der eingetretene partielle oder völlige **Verlust** sein Risiko. Wenn dem Verkäufer dagegen der Kaufpreis zusteht, dann ist dieser Verlust dagegen das Risiko des Käufers, dh, er muss die Sache bezahlen, obwohl er sie nicht oder nicht im vertragsmäßigen Zustand erhält. „Gefahr" iSd §§ 446, 447[25] ist also das Risiko des Verkäufers, den Kaufpreis nicht zu erhalten, weil die Kaufsache untergegangen oder verschlechtert worden ist, und das dazu **komplementäre Risiko des Käufers**, den Kaufpreis aufbringen zu müssen, obwohl er die Sache nicht erhält. Die Bezeichnung „Preisgefahr" folgt daraus, dass es vor allem um die Frage geht, ob der Verkäufer trotz Untergangs oder Beschädigung der verkauften Sache den vereinbarten Kaufpreis erhält[26]. Da der Kaufpreis die vom Käufer gem § 433 Abs 2 geschuldete Gegenleistung darstellt, wird die Preisgefahr auch als **Gegenleistungsgefahr** bezeichnet[27].

15 b) **Leistungsgefahr und Sachgefahr – Gattungsschulden**. Ist der vom Verkäufer auf Grundlage des Kaufvertrags zu leistende Gegenstand zum Zeitpunkt des Vertragsabschlusses wegen Vorliegens einer **Gattungsschuld iSd § 243** noch nicht eindeutig bestimmt, so ist der Verkäufer verpflichtet, dem Käufer einen anderen Leistungsgegenstand zu beschaffen, wenn der vom Verkäufer zunächst zur Erfüllung vorgesehene Gegenstand vor Gefahrübergang iSd § 446 Satz 1 untergeht oder beschädigt wird. Bei Vorliegen einer Gattungsschuld beschreibt der Gefahrbegriff also das Risiko des Verkäufers, für den untergegangen oder beschädigten Gegenstand **Ersatz beschaffen zu müssen**, und das korrespondierende Risiko des Käufers, den Gegenstand nicht zu erhalten[28]. Der Verkäufer trägt hier bis zur Übergabe die Sachgefahr und die Leistungsgefahr, weil durch einen Untergang oder eine Beschädigung der Sache sein Vermögen vermindert wird (Sachgefahr) und er zudem eine Ersatzsache beschaffen und an den Käufer liefern muss (Leistungsgefahr)[29]. Auch eine Kompensation durch die kaufvertraglich ausbedungene Gegenleistung (Kaufpreis) tritt nicht ein, weil der Käufer sich auf die **Einrede des nicht erfüllten Vertrags aus § 320** berufen kann, solange aus der vereinbarten Gattung noch geliefert werden kann. Im Falle der kaufvertraglichen Gattungsschuld obliegt dem Käufer demnach nicht schon vom Zeitpunkt des Vertragsschlusses an die Leistungsgefahr und schon gar nicht die Sachgefahr.

16 Ist der Kaufgegenstand dagegen von vornherein so eindeutig bestimmt, dass eine **Stückschuld** vorliegt, so trägt der Verkäufer zwar ebenfalls bis zur Übergabe die **Sachgefahr**. Denn die Vermögenseinbuße „spürt" – abgesehen von Schadensersatzansprüchen gegen Dritte und Versicherungsleistungen – nur der Eigentümer. Die **Leistungsgefahr** trägt aber bei der Stückschuld von Anfang an der Käufer, so dass sich die Frage des Übergangs auf ihn von vornherein nicht stellt. Denn hier ergibt sich schon aus dem Inhalt des kaufvertraglichen Schuldverhältnisses, dass der Verkäufer nur den vereinbarten Gegenstand gem § 433 Abs 1 Satz 1 leisten muss und im Falle des Untergangs der Sache eine Verpflichtung des Verkäufers zur Beschaffung von

21 Vgl RGZ 93, 330, 331; BGHZ 138, 195, 207.
22 RGZ 85, 320 ff; Hamm NJW-RR 1987, 245; Erman/Grunewald Rz 2; MünchKomm/Westermann Rz 1; BeckOGK/Tröger Rz 28 f; BeckOK/Faust Rz 1; vgl dazu auch unten Rz 40 f, 146.
23 Vgl dazu oben Rz 7.
24 Vgl dazu auch oben Rz 4.
25 Vgl dazu auch § 447 Rz 1.
26 BeckOK/Faust Rz 13; BeckOGK/Riehm § 275 Rz 9.
27 BeckOK/Faust Rz 13; BeckOGK/Riehm § 275 Rz 9.
28 Vgl Soergel/Ekkenga/Kuntz § 275 Rz 89; BeckOGK/Riehm § 275 Rz 8.
29 Vgl Soergel/Ekkenga/Kuntz § 275 Rz 89; BeckOGK/Riehm § 275 Rz 8.

Ersatz wegen **Unmöglichkeit der Leistung** (**§ 275 Abs 1**) nicht besteht. Bei Stückschulden kann daher durch Übergabe iSd § 446 Satz 1 nur die **Preisgefahr** auf den Käufer übergehen mit der Folge, dass er ab diesem Zeitpunkt das Risiko trägt, den Kaufpreis auch im Falle des nachfolgenden Untergangs der Sache zahlen zu müssen. Die **Leistungsgefahr** obliegt dem Käufer bei der Stückschuld schon ab Vertragsschluss, weil der Untergang der Kaufsache zur Unmöglichkeit der Erfüllung der Leistungsverpflichtung des Verkäufers aus § 433 Abs 1 Satz 1 führt. An dem Umstand, dass im Falle der Stückschuld der Kaufvertrag vom Verkäufer nicht durch Leistung einer anderen Sache erfüllt werden kann, ändert der Gefahrübergang iSd § 446 Satz 1 nichts.

7. **Rechtspolitische Rechtfertigung des § 446 Satz 1.** Die rechtspolitische Rechtfertigung des § 446 Satz 1 steht nach wie vor außer Frage. Die Begründung zum SMG 2002[30] verweist zu Recht darauf, dass sich diese Gefahrtragungsregel (§ 446 Abs 1 Satz 1 aF) bewährt habe. Derjenige, der die **Sache im Besitz** hat, ist aus tatsächlichen Gründen besser in der Lage, sie zu schützen[31]. Trägt der Besitzer der Kaufsache die Gefahr, so mag er selbst entscheiden, welchen Aufwand ihm die **Bewachung und Versicherung der Sache wert ist**. Eine fehlende Belastung des Besitzers mit der Gefahr kann für ihn ein Anlass zu **minderer Sorgfalt** sein[32]. Darüber hinaus könnten schwierige Fragen der Abgrenzung zwischen Zufall und Fahrlässigkeit auftreten. Die Gerichte müssten im Einzelfall entscheiden, welche **Sorgfalt der Käufer als Besitzer** in Bezug auf die Bewahrung der Sache vor Schäden anwenden muss. Da der Käufer nach § 446 Satz 1 in Übereinstimmung mit § 446 Abs 1 Satz 1 aF ab Besitzerlangung die Gefahr trägt, zeigt sich dieses Problem nach geltendem Recht nicht[33]. IdR ist der Besitzer der Sache auch eher in der Lage, eine darauf bezogene **Schadensversicherung abzuschließen**[34]. 17

Zudem ist es zweckmäßig, den Gefahrübergang an ein markantes, äußerlich leicht erkennbares Ereignis zu knüpfen, das dem Käufer auch eine ausreichende Gelegenheit bietet, den Zustand der Sache zu überprüfen und Beweisprobleme in Bezug auf die Frage des Vorliegens eines Sachmangels zu vermeiden[35]. Das zeigt sich insbes beim **Grundstückskauf**. Denn den exakten Zeitpunkt der Eigentumsumschreibung im Grundbuch können die Kaufvertragsparteien weder festlegen noch vorhersehen. Insoweit ist nicht nur die **Bearbeitungszeit des Grundbuchamts**, sondern vor allem auch der Zeitpunkt des Eingangs der auf die Zahlung der Grunderwerbsteuer bezogenen **Unbedenklichkeitsbescheinigung des Finanzamts** und des Zeitpunkts des Ergehens der Entscheidung der Gemeinde über die Ausübung des gesetzlichen **Vorkaufsrechts aus BauGB §§ 24, 25** nur schwer abschätzbar. Hinzu kommt, dass in Bezug auf die praktisch bedeutsame zeitliche Abgrenzung zwischen Sachmangel iSd § 434 und Vorliegen eines Untergangs oder einer Verschlechterung (schon) auf Gefahr des Käufers ein Abstellen auf einen Rechtsakt nicht überzeugt, der – wie die Grundbuchumschreibung – uU längere Zeit nach dem Wechsel des unmittelbaren Besitzes liegt. Die Maßgeblichkeit des **Eigentümerwechsels durch Grundbucheintragung** ist daher beim Grundstückskauf auch in rechtspolitischer Hinsicht keine interessengerechte Option. Das Gleiche gilt aber auch für eine Anknüpfung des Gefahrübergangs an den Zeitpunkt der **notariellen Beurkundung des Grundstückskaufvertrags**. Denn während des Zeitraums zwischen Vertragsabschluss und Übergabe des Grundstücks durch Verschaffung des **unmittelbaren Besitzes** kann der Käufer idR keinen Einfluss auf das Grundstück nehmen und insbes nicht die bereits vom **Gesetzgeber des Preußischen ALR** in den Vordergrund der rechtspolitischen Diskussion gerückten **Vorkehrungen zum Schutz der Sache**[36] veranlassen. Zudem bestünden auch im Falle einer derartigen, vom jetzigen § 446 Satz 1 abweichenden Gefahrtragungsregelung gravierende Beweisschwierigkeiten aufseiten des Käufers in Bezug auf die Frage, ob eine zwischen Beurkundung des Kaufvertrags und Besitzerwerb des Käufers eintretende **Verschlechterung des Grundstücks** auf Zufall beruht oder vielmehr vom Verkäufer durch zurechenbares Verhalten verschuldet worden ist. 18

8. **Abgrenzung zum Versendungskauf iSd § 447.** Die Gefahrtragungsregel des § 446 Satz 1 gilt nur für einen Kauf, der keinen Versendungskauf iSd § 447 darstellt[37]. Im Verhältnis zwischen § 446 und § 447 ist der von der **Übergabe der Sache** abhängende Gefahrübergang iSd § 446 als **Grundregel** und der Gefahrübergang durch Versendung (§ 447 Abs 1) als Sonderfall einzuordnen. Der allgemeine Charakter des § 446 wird auch dadurch belegt, dass nur diese Norm die 19

30 Begr Gesetzentwurf, BT-Drucks 14/6040, S 240.

31 Vgl Protokolle Mugdan II S 771 (ausschlaggebend müsse der Gesichtspunkt sein, dass es unbillig gegenüber dem Verkäufer sein würde, diesen auch dann noch die Gefahr tragen zu lassen, wenn er infolge der Übergabe nicht mehr in der Lage sei, für die Sicherheit der Sache Sorge zu tragen).

32 Vgl dazu auch Hager, Die Gefahrtragung beim Kauf, 1982, S 69.

33 Hager, Die Gefahrtragung beim Kauf, 1982, S 72 (streitmindernder und daher ökonomischer Aspekt der Gefahrtragung nach dem Traditionsprinzip).

34 Hager, Die Gefahrtragung beim Kauf, 1982, S 69 ff.

35 Hager, Die Gefahrtragung beim Kauf, 1982, S 72.

36 Vgl dazu oben Rz 5.

37 MünchKomm/Westermann Rz 4; BeckOK/Faust Rz 4; Staud/Beckmann Rz 13; BeckOGK/Tröger Rz 2.

Gefahr durch Bezugnahme auf den zufälligen Untergang und die zufällige Verschlechterung der Sache definiert und § 447 – ohne besondere Verweisung auf § 446 – nur noch von der „Gefahr" spricht[38]. Nach § 433 Abs 1 Satz 1 muss der Verkäufer dem Käufer die Kaufsache übergeben und ihm das Eigentum daran verschaffen. Diese Norm legt aber zumindest nicht ausdrücklich fest, auf welche Weise und an welchem Ort der Besitz an der Sache durch Übergabe zu verschaffen ist. Beim Kauf hat der Verkäufer den Übergang des Besitzes auf den Käufer grundsätzlich durch Übergabe der Sache zu bewirken. Dies folgt daraus, dass nach der gesetzlichen **Besitzdefinition des § 854** für den Besitzerwerb die Erlangung der **tatsächlichen Gewalt** über die Sache erforderlich ist und diese Gewalt regelmäßig nur durch Übergabe iSd §§ 433 Abs 1 Satz 1, 446 Satz 1 vom Verkäufer auf den Käufer übergehen kann.

20 Der Ort der Übergabe ist nicht in § 446, sondern als **Leistungsort** im Allgemeinen Schuldrecht des BGB in **§ 269** geregelt, der dispositiven Charakter hat. Bei Fehlen einer abweichenden Parteivereinbarung oder Verkehrssitte ist der Wohnsitz bzw die gewerbliche Niederlassung des Verkäufers der Leistungsort und damit der Übergabeort beim Kauf. Denn gem § 269 Abs 1 ist der Sitz des Schuldners im Zweifel der Leistungsort, so dass die Übergabeverpflichtung des Verkäufers im Zweifel im Rahmen einer **Holschuld des Käufers** zu erfüllen ist[39]. Nur dann, wenn ausnahmsweise nach dem geschlossenen Kaufvertrag oder nach der Verkehrssitte der Wohnsitz bzw die gewerbliche Niederlassung des Käufers der Leistungsort für die Übergabe der Kaufsache sein soll, liegt eine **Bringschuld** vor[40]. Auch ein Versendungskauf (Schickschuld) liegt nicht regelmäßig, sondern nur dann vor, wenn der **Transport der Ware zum Bestimmungsort** durch einen selbständigen Beförderer besonders vereinbart ist oder sich eine dahin gehende Verpflichtung des Verkäufers aus einem Handelsbrauch oder einer Verkehrssitte ergibt[41]. Wenn im konkreten Einzelfall weder eine Bringschuld noch ein Versendungskauf gegeben ist, dann hat der Verkäufer die Sache an seinem Sitz dem Käufer in Erfüllung der gem § 269 Abs 1 anzunehmenden Holschuld zu übergeben.

21 In der Praxis sind auch gemischte Formen der Übergabe iSd § 446 Satz 1 anzutreffen, und zwar inbes der Fall, in dem der Verkäufer die Ware bis zu einem vertraglich festgelegten Ort bringen und der Käufer sie dort abholen soll. Große praktische Bedeutung hat insoweit vor allem die auf den **Überseekauf** zugeschnittene **FOB-Klausel**, nach der die Ware vom Verkäufer zum **Verschiffungshafen** gebracht werden muss und die Gefahr gem § 446 Satz 1 ab Verbringung der Ware auf das Schiff dem Käufer obliegt[42]. Beim **Versendungskauf** muss der Verkäufer nach dem Kaufvertrag oder nach Handelsbrauch/Verkehrssitte dem Käufer den Besitz nicht durch Übergabe iSd § 446 Satz 1, sondern durch ordnungsgemäße Versendung der Ware zum festgelegten Bestimmungsort verschaffen[43]. Die Leistungshandlung des Verkäufers beschränkt sich hier auf eine ordnungsgemäße **Aushändigung der Ware** an den beauftragten **selbständigen Beförderer**. Die Gefahr geht beim Versendungskauf gem § 447 Abs 1 mit dieser Übergabe der Kaufsache an den Beförderer und nicht (erst) nach § 446 Satz 1 durch Aushändigung der Ware an den Käufer am Bestimmungsort auf den Käufer über[44]. Die vom Beförderer vorzunehmende Übergabe der Ware am Bestimmungsort wird vom Verkäufer ebenso wenig als Leistungshandlung geschuldet wie der Transport, so dass der Beförderer insoweit auch nicht als Erfüllungsgehilfe (§ 278) des Verkäufers anzusehen ist[45]. Die dem Verkäufer nach § 433 Abs 1 Satz 1 generell obliegende Übergabeverpflichtung wird also durch eine Versendungsvereinbarung modifiziert.

22 9. **Abgrenzung zum Gefahrübergang beim Werkvertrag (§§ 644, 645) und Bauvertrag**. – a) **Grundlagen**. Beim Werkvertrag gilt eine von § 446 Satz 1 abweichende Gefahrtragungsregelung. Nach § 644 Abs 1 Satz 1 trägt der **Unternehmer** die Gefahr bis zur **Abnahme des Werkes**. Eine **Teilvergütung** steht dem Unternehmer gem § 645 Abs 1 Satz 1 zu, wenn das vereinbarte Werk vor der Abnahme ohne Mitwirkung eines vom Unternehmer zu vertretenden Umstands infolge eines Mangels des vom Besteller gelieferten Stoffes oder infolge einer von ihm für die Ausführung erteilten Anweisung untergegangen, verschlechtert oder unausführbar geworden ist. Diese beiden, von § 446 abweichenden werkvertragsrechtlichen Gefahrtragungsregeln sind auch beim **Bauvertrag iSd §§ 650a** einschlägig. Denn die besonderen gesetzlichen Regeln des Bauvertragsrechts gelten gem § 650a Abs 1 Satz 2 im Verhältnis zu den allgemeinen Vorschriften des Werkvertragsrechts nur „ergänzend". Da die §§ 650a ff die Gefahrtragung beim Bauvertrag nicht eigenständig regeln, bleibt es auch bei dieser Variante des Werkvertrags grundsätzlich bei der Anwendung der §§ 644, 645[46]. Der Unterschied zwischen der Gefahrtragung

38 Vgl dazu auch § 447 Rz 1, 4.
39 Vgl zu den Einzelheiten § 447 Rz 7 f.
40 Vgl zur Abgrenzung zwischen Bringschuld und Versendungskauf (Schickschuld) § 447 Rz 61 f.
41 Vgl dazu § 447 Rz 43.
42 Vgl zu Einzelheiten unten Rz 119.
43 Zu den Voraussetzungen im Einzelnen § 447 Rz 7 ff.
44 Vgl § 447 Rz 4.
45 Vgl § 447 Rz 11.
46 Vgl Grüneberg/Retzlaff § 650a Rz 10.

beim Werkvertrag/Bauvertrag und der kaufrechtlichen Gefahrtragungsregel des § 446 Satz 1 wird allerdings im Ergebnis dadurch abgeschwächt, dass die auf dem SMG 2002 beruhende wesentliche Abänderung des § 651 aF (jetzt § 650) den **Werklieferungsvertrag** auch in Bezug auf die **Gefahrtragung** weitgehend dem **Kaufrecht** unterstellt.

b) **Abnahme des Werks als maßgeblicher Zeitpunkt beim Werkvertrag/Bauvertrag.** Beim Werkvertrag/Bauvertrag trägt der Unternehmer grundsätzlich die Gefahr bis zur Abnahme des Werks (§ 644 Abs 1 Satz 1). Unter der Abnahme ist die **körperliche Hinnahme** des Werks durch den Besteller, verbunden mit der Billigung als im Wesentlichen vertragsgerecht zu verstehen[47]. § 644 Abs 1 Satz 1 und die dazu anerkannten Grundsätze gelten auch für den Bauvertrag, weil die §§ 650a ff in Bezug auf die Abnahme nicht die allgemeinen Voraussetzungen, sondern nur den Spezialfall der Zustandsfeststellung nach **Verweigerung der Abnahme** durch den Besteller unter Angabe von Mängeln „ergänzend" regeln (§ 650g Abs 1). Ist nach der Beschaffenheit des vertraglich vereinbarten Werks die Abnahme ausgeschlossen, so tritt auch im Hinblick auf die werkvertraglichen Gefahrtragungsregelungen der §§ 644, 645 an die Stelle der Abnahme die **Vollendung des Werks**. Der Unternehmer trägt daher beim Werkvertrag/Bauvertrag die Gefahr für das von ihm zu stellende Material auch dann, wenn die betreffenden Sachen nach Einbau oder sonstiger Verwendung, aber vor Abnahme des fertigen Werks im Herrschaftsbereich des Bestellers durch Zufall untergehen oder verschlechtert werden. Bei **Bauverträgen** trifft den Bauunternehmer demnach die Gefahr des Verlusts der bereits an die Baustelle des Bestellers gelieferten Baumaterialien. 23

10. **Anwendbarkeit des § 446 beim Werklieferungsvertrag (§ 650).** Nach § 650 Satz 1 finden auf einen Vertrag, der die Lieferung **herzustellender oder zu erzeugender beweglicher Sachen** zum Gegenstand hat, die Vorschriften über den Kauf Anwendung. Ob es sich insoweit um eine vertretbare oder eine unvertretbare Sache handelt, ist nach § 650 nicht erheblich. In beiden Fällen ist nunmehr die Gefahrtragungsregel des § 446 Satz 1 anwendbar, sofern nicht die für den Versendungskauf geltende Spezialvorschrift des § 447 Abs 1 Platz greift. Gem § 650 Satz 3 sind zwar auf den Liefervertrag iSd § 650 Satz 1 *auch* die **werkvertragsrechtlichen Regelungen** der §§ 642, 643, 645, 648 und 649 anwendbar, soweit es sich bei den herzustellenden oder zu erzeugenden beweglichen Sachen um **nicht vertretbare Sachen** handelt. Die genannten Vorschriften sind aber nach § 650 Satz 3 nur mit der Maßgabe anzuwenden, dass an die Stelle der Abnahme der nach den §§ 446 und 447 maßgebliche Zeitpunkt tritt. Bei Nichtvorliegen einer Versendungsvereinbarung ist daher bei der Anwendung dieser in § 650 Satz 3 erwähnten Normen des Werkvertragsrechts nicht auf die Abnahme, sondern auf die in § 446 Satz 1 geregelte **Übergabe der nicht vertretbaren Sache** abzustellen. Abgesehen davon umfasst die in Rede stehende Verweisung des § 650 Satz 3 auch für den Werklieferungsvertrag über nicht vertretbare Sachen nicht die zentrale werkvertragliche Gefahrtragungsregelung des § 644 Abs 1 Satz 1, so dass es für den Gefahrübergang von vornherein bei der **Geltung des § 446 Satz 1** bleibt. Insoweit ist also nicht im Rahmen einer Anwendung des § 644 Abs 1 Satz 1 das Tatbestandsmerkmal „Abnahme" durch „Übergabe" zu ersetzen. 24

11. **Kaufvertrag mit Montageverpflichtung des Verkäufers iSd § 434 Abs 4.** Beim Kauf mit Montageverpflichtung ist für die Einordnung des Vertrags als Kaufvertrag entscheidend, ob die Montage der Sache – wie im Regelfall – nur untergeordnete Bedeutung hat, also lediglich eine **Nebenpflicht des Verkäufers** darstellt. Die Gefahrtragungsregel des § 446 ist daher – ebenso wie § 447 – bei einem derartigen Kaufgeschäft selbstverständlich ohne weiteres anwendbar. Eine andere Frage ist dann aber, ob die **Übergabe der Sache iSd § 446 Satz 1** schon mit der Ablieferung am Bestimmungsort oder erst mit **Vollendung der Montage** vollzogen ist[48]. Praktische Bedeutung hat dies insbes in dem Fall, in dem die Sache nicht unmittelbar nach der Ablieferung beim Käufer montiert wird[49]. 25

Ist beim Liefervertrag die Montageverpflichtung ausnahmsweise die Hauptpflicht des Lieferanten, so unterliegt der Vertrag insgesamt den Regeln des **Werkvertragsrechts**. Die Gefahr geht daher gem § 644 Abs 1 Satz 1 erst mit **Abnahme** der fertig montierten Sache über. Der Lieferant trägt hier vielmehr sowohl die Transportgefahr als auch die Gefahr des zufälligen Untergangs und der zufälligen Verschlechterung der beim Besteller bereits abgelieferten, aber noch nicht montierten Sache. Unter den Voraussetzungen des § 650a Abs 1 kann der Liefervertrag mit Montageverpflichtung auch einen **Bauvertrag** darstellen, und zwar vor allem dann, wenn ein **Bauteil** für ein Bauwerk zu liefern und einzubauen ist. Dies ändert aber nichts daran, dass für 26

47 BGHZ 48, 257, 262; BGH NJW 1993, 1972, 1974; Erman/Schwenker/Rodemann § 640 Rz 3; BeckOK/Voit § 640 Rz 2; MünchKomm/Busche § 640 Rz 2; BeckOGK/Kögl § 640 Rz 3 ff.

48 Vgl dazu unten Rz 78.

49 Vgl dazu unten Rz 78.

den Gefahrübergang gem § 644 Abs 1 Satz 1 die **Abnahme des montierten Bauteils** und nicht eine Übergabe nach § 446 Satz 1 entscheidend ist. Denn die §§ 650a ff über den Bauvertrag enthalten keine „ergänzende" Vorschrift über den Gefahrübergang, so dass auch hier der allgemeine werkvertragliche Gefahrtragungstatbestand des § 644 Abs 1 Satz 1 Platz greift.

27 12. **Kauf von Sach- und Rechtsgesamtheiten, Unternehmen und Rechten**. § 446 ist auch auf den Kauf von Sach- und Rechtsgesamtheiten sowie Unternehmen anwendbar[50]. Wird eine Sachgesamtheit, zB eine Bibliothek, das Inventar eines Restaurants oder eine Wohnungseinrichtung, **„in Bausch und Bogen"** verkauft, so ist die Regelung des § 2380 nicht analog anzuwenden[51]. Nach § 2380 Satz 1 trägt der Käufer beim **Erbschaftskauf** bereits ab Vertragsschluss die Gefahr des zufälligen Untergangs und einer zufälligen Verschlechterung der Erbschaftsgegenstände. Auch auf den Verkauf einer Sachgesamtheit mit der Vereinbarung **„wie sie steht und liegt"** ist die für den Erbschaftskauf geltende Gefahrtragungsregelung des § 2380 Satz 1 nicht analog anwendbar, dh, für den Übergang der Gefahr auf den Käufer ist die Übergabe iSd § 446 Satz 1 entscheidend[52]. Gehen einzelne Sachen der verkauften Gesamtheit zwischen Abschluss des Kaufvertrags und Übergabe iSd § 446 Satz 1 und damit vor Gefahrübergang unter, so kommen wegen Vorliegens einer **teilweisen Unmöglichkeit** § 326 Abs 1 Satz 1 Halbsatz 2 iVm § 441 Abs 3 zur Anwendung. Die Herabsetzung des Kaufpreises setzt hier zwar gem § 441 Abs 1 Satz 2 – anders als der Rücktritt gem § 323 Abs 5 Satz 2 – keine **erhebliche Pflichtverletzung** voraus. Der Verlust muss aber gleichwohl zumindest so erheblich sein, dass der **Gesamtwert der Sachgesamtheit** beeinträchtigt ist. Falls diese Voraussetzung gegeben ist, dann besteht auch kein Grund zu der Annahme, der Käufer habe das **Risiko des Abhandenkommens** einzelner Stücke der verkauften Sachgesamtheit stillschweigend übernommen[53]. Tritt vor der Übergabe bei einzelnen Stücken der Gesamtheit eine Verschlechterung ein, so liegt idR ein **Sachmangel** vor mit der Folge, dass der Käufer insoweit primär **Nacherfüllung** gem §§ 437 Nr 1, 439 Abs 1 verlangen kann.

28 Die Gefahrtragungsregelung des § 446 ist grundsätzlich auch beim Kauf eines Unternehmens (asset deal) anwendbar[54]. Das Gleiche gilt, wenn ein von einer Gesellschaft getragenes Unternehmen durch Verkauf und **Abtretung sämtlicher oder nahezu aller Gesellschaftsanteile** (share deal) übertragen wird und deshalb in Bezug auf die Sachmängelgewährleistung § 434 einschlägig ist[55]. Dass in einem solchen Fall nicht der verkaufende Gesellschafter, sondern die Gesellschaft als solche Eigentümer in der einzelnen Bestandteile des Unternehmens (insbes Gebäude, Maschinen und Fahrzeuge) ist, steht einer Anwendung des § 446 nicht entgegen[56]. Handelt es sich um eine GmbH, AG oder um eine sonstige juristische Person, so führt auch die Existenz eines Fremdgeschäftsführers (Drittorganschaft) letztlich nicht zu Schwierigkeiten, die einer Übergabe iSd § 446 Satz 1 entgegenstehen. Denn der Verkäufer kann als Alleingesellschafter oder Inhaber nahezu aller Anteile entweder die **organschaftlichen Vertreter** anweisen, das Unternehmensvermögen, also die „assets", an den Käufer zu übergeben, oder den Vollzug der Übergabe im Wege einer Abberufung der bisherigen Vertretungsorgane und einer Neubestellung durchsetzen. Auf den **Kauf eines Rechts** ist § 446 anwendbar, sofern das Recht gem § 453 Abs 3 zum **Besitz einer Sache** berechtigt[57].

29 13. **Von § 446 Satz 1 abweichende gesetzliche Regelungen**. – a) **Annahmeverzug und Hinterlegung**. Die praktisch bedeutsamste Ausnahme von dem in § 446 Satz 1 geregelten Grundprinzip des Gefahrübergangs mit Übergabe der Kaufsache ist in § 446 Satz 3 geregelt. Danach geht die Gefahr – unabhängig von einer Übergabe – auf den Käufer über, sobald er sich im **Annahmeverzug** befindet[58]. Auch eine zulässige **Hinterlegung der Kaufsache** durch den Verkäufer führt zwar gem §§ 372, 378, 379 Abs 2 bzw HGB § 373 Abs 1 abweichend von § 446 Satz 1 zum Übergang der Gefahr auf den Käufer. In der Praxis relevant ist insoweit aber eigentlich nur der Fall, in dem die **Ungewissheit über die Person des Gläubigers** der Hinterlegungsgrund ist (§ 372 Satz 2). Denn bei der in § 372 Satz 1 und HGB § 373 Abs 1 geregelten **Hinterlegung wegen Annahmeverzugs** des Käufers geht die Gefahr gem § 446 Satz 3 schon mit Begründung des Annahmeverzugs und nicht erst durch die in diesem Fall zulässige Hinterlegung auf den Käufer über.

50 RGZ 98, 289, 293; BGHZ 138, 195, 204 f; BeckOGK/Tröger Rz 21; Erman/Grunewald Rz 3; MünchKomm/Westermann Rz 4.
51 Vgl Motive Mugdan II S 180.
52 RG WarnR 1926 Nr 44.
53 So bereits Motive Mugdan II S 180.
54 Vgl zu den Einzelheiten § 453 Rz 110 ff.
55 Vgl § 453 Rz 191 ff; BGHZ 138, 195, 204 f; Staud/Matusche-Beckmann § 434 Rz 23; Erman/Grunewald § 434 Rz 60; BeckOGK/Tröger Rz 21.
56 Vgl § 453 Rz 193; BGHZ 138, 195, 204 f.
57 Vgl § 453 Rz 252; BeckOGK/Tröger Rz 20; BeckOK/Faust Rz 5; MünchKomm/Westermann Rz 4; Staud/Beckmann Rz 15; Erman/Grunewald Rz 3.
58 Vgl dazu unten Rz 84 ff.

b) **Erbschaftskauf und Zwangsversteigerung von Grundstücken**. Bei Vorliegen eines notariell beurkundeten Vertrags iSd § 2371, durch den der Erbe die ihm **angefallene Erbschaft** verkauft (Erbschaftskauf), greift die besondere erbrechtliche Gefahrtragungsregelung des § 2380 Satz 1 Platz. Danach trägt der Käufer von dem Abschluss des Kaufs an die Gefahr des zufälligen Untergangs und einer zufälligen Verschlechterung der Erbschaftsgegenstände[59]. 2380 Satz 1 ist im Verhältnis zu § 446 Satz 1 als **lex specialis** anzusehen. Den Vertragsparteien steht es im Rahmen der Privatautonomie selbstverständlich frei, eine von § 2380 Satz 1 **abweichende Gefahrtragung** zu vereinbaren und insoweit die Übergabe iSd § 446 Satz 1 als maßgebend anzusehen. 30

Bei der **Zwangsversteigerung eines Grundstücks** kommt in Bezug auf die Gefahrtragung die Sonderregelung des **ZVG § 56 Satz 1** zur Anwendung. Danach geht die Gefahr des zufälligen Untergangs in Ansehung des Grundstücks mit dem **Zuschlag iSd ZVG § 82** auf den Ersteher über. Ein davon abweichender Zeitpunkt des Gefahrübergangs gilt für **mitversteigerte Gegenstände** und damit insbes für **Grundstückszubehör iSd § 97**. Insoweit ordnet ZVG § 56 Satz 1 an, dass die Gefahr des zufälligen Untergangs mit dem **Schluss der Versteigerung** iSd ZVG § 73 Abs 2 auf den Ersteher übergeht. **Gewährleistungsansprüche** des Erstehers sind gem ZVG § 56 Satz 3 ohnehin ausgeschlossen. 31

II. Die Rechtsfolgen des Gefahrübergangs nach § 446 Satz 1

1. **Durchbrechung des „Ohne Ware kein Geld"-Grundsatzes des § 326 Abs 1**. Der mit Übergabe gem § 446 Satz 1 eintretende Gefahrübergang hat zur Folge, dass ein zufälliger Untergang oder eine zufällige Verschlechterung der Kaufsache der Verpflichtung des Käufers aus § 433 Abs 2 zur **Zahlung des Kaufpreises** nicht entgegensteht[60]. Das Gleiche gilt, wenn der Gefahrübergang nach § 446 Satz 3 durch einen **Annahmeverzug des Käufers** ausgelöst wird[61]. Ab Gefahrübergang kann der Käufer aus der Tatsache des zufälligen Untergangs oder der zufälligen Verschlechterung weder Ansprüche noch Einwendungen gegen den Verkäufer herleiten. Der Käufer trägt ab Übergabe bzw Annahmeverzug die **Preisgefahr**[62]. Er kann sich im Falle des Untergangs der Kaufsache in Bezug auf seine Kaufpreisschuld aus § 433 Abs 2 nicht auf die Befreiungswirkung des § 326 Abs 1 berufen. Entsprechendes gilt, wenn die Kaufsache nicht untergeht, sondern eine **zufällige Verschlechterung** nach Gefahrübergang eintritt. Der Käufer ist hier nicht berechtigt, die Zahlung des Kaufpreises gem § 320 Abs 1 Satz 1 von der Vornahme einer Nacherfüllung (§§ 437 Nr 1, 439 Abs 1) abhängig zu machen. Denn ein **Sachmangel** liegt im Falle einer derartigen Verschlechterung deshalb nicht vor, weil die Sache jedenfalls insoweit zu dem gem § 434 Abs 1 maßgeblichen Zeitpunkt des Gefahrübergangs mangelfrei war. Die Gefahrübergangstatbestände des § 446 Satz 1 und Satz 3 stellen ebenso wie § 447 Abs 1 eine Ausnahme vom „Ohne Ware kein Geld"-Grundsatz des § 326 Abs 1Satz 1 und des § 320 Abs 1 Satz 1 dar. Anders ist die Rechtslage selbstverständlich dann, wenn der Untergang oder die Verschlechterung der Kaufsache nicht auf **Zufall**, sondern auf einem vom Verkäufer zu vertretenden Verhalten beruht[63]. 32

Das in § 446 geregelte Prinzip des Übergangs der Preisgefahr auf den Käufer vor Eigentumserwerb wird abgemildert durch **§ 285 Abs 1**. Nach dieser Vorschrift ist der Verkäufer, wenn er infolge des Umstands, der gem § 275 zur Befreiung von der Lieferverpflichtung aus § 433 Abs 1 Satz 1 geführt hat, für den geschuldeten Kaufgegenstand einen Ersatz oder einen Ersatzanspruch erlangt (sog **stellvertretendes commodum**), zur Herausgabe des Ersatzes oder Abtretung des Ersatzanspruchs an den Käufer verpflichtet. Den Anspruch aus § 285 Abs 1 auf Herausgabe eines stellvertretenden commodum kann der Käufer dem Kaufpreisanspruch des Verkäufers aus § 433 Abs 2 im Wege der **Einrede des nicht erfüllten Vertrags** gem § 320 Abs 1 Satz 1 entgegenhalten. Als stellvertretende commoda iSd § 285 kommen insbes **Schadensersatzansprüche des Verkäufers** gegen Dritte wegen Eigentumsverletzung und Ansprüche auf **Versicherungsleistungen** in Betracht. 33

Ist die Lieferverpflichtung des Verkäufers aus § 433 Abs 1 Satz 1 eine **Gattungsschuld**, so geht ebenso wie bei einer Stückschuld mit der Übergabe der Kaufsache die **Preisgefahr** über. Die Besonderheit der Gattungsschuld besteht in Bezug auf die Gefahrtragung nur darin, dass der Verkäufer hier bis zur Übergabe der Kaufsache nicht nur die **Sachgefahr**, sondern auch die **Leistungsgefahr** trägt. Denn im Falle eines zufälligen Untergangs oder einer zufälligen Beschä- 34

59 Vgl dazu auch oben Rz 27.

60 Staud/Beckmann Rz 6; Erman/Grunewald Rz 1; BeckOGK/Tröger Rz 51; BeckOK/Faust Rz 15; MünchKomm/Westermann Rz 1; NK/Büdenbender Rz 14.

61 Vgl dazu unten Rz 84 ff.

62 Vgl zum Begriff der Preisgefahr oben Rz 4 ff, 14.

63 Vgl zur Reichweite des Gefahrbegriffs unten Rz 87 ff.

digung der Sache wird das **Vermögen** des Verkäufers vermindert (Sachgefahr) und er muss zum Zwecke der Erfüllung seiner gegenüber dem Käufer nach wie vor bestehenden Lieferverpflichtung einen **Ersatzgegenstand** beschaffen (Leistungsgefahr)[64]. Spätestens mit der Übergabe iSd § 446 Satz 1 tritt bei Gattungsschulden gem § 243 Abs 2 die **Konkretisierung** ein mit der Folge, dass aufgrund der nunmehr bestehenden Beschränkung der Lieferverpflichtung des Verkäufers auf eine bestimmte Sache auch die Sachgefahr und die Leistungsgefahr auf den Käufer übergehen. Der Verkäufer muss also jedenfalls ab Übergabe der Sache bei Eintritt eines nachfolgenden Untergangs keine Ersatzsache liefern. Die den Übergang der Leistungsgefahr bewirkende Konkretisierung ist bei der **Holschuld** regelmäßig schon ab Aussonderung und Bereitstellung der Ware zu bejahen, während bei Bestehen einer **Bringschuld** die Übergabe iSd § 446 Satz 1 der entscheidende Zeitpunkt für die Umwandlung zur Stückschuld ist. Anders ist die Rechtslage aber auch bei der Gattungsschuld dann, wenn eine **Verschlechterung** schon bei Übergabe der für die Erfüllung vorgesehenen Sache bestand. Es liegt hier – wie bei der originären Stückschuld – ein Sachmangel iSd § 434 Abs 1 vor, so dass dem Käufer gem §§ 437 Nr 1, 439 Abs 1 ein Nacherfüllungsanspruch zusteht.

35 2. **Erlöschen der Haftung des Verkäufers aus § 1004**. Nach § 1004 Abs 1 Satz 1 kann der **Eigentümer** einer Sache, wenn sein Eigentum in anderer Weise als durch Entziehung oder Vorenthaltung des Besitzes beeinträchtigt wird, vom **„Störer"** die Beseitigung der Beeinträchtigung verlangen. Bei Besorgnis weiterer Beeinträchtigungen besteht gem § 1004 Abs 1 Satz 2 ein **Unterlassungsanspruch** des Eigentümers. Der Gefahrübergang nach § 446 Satz 1 hat dann Einfluss auf die Störerhaftung nach § 1004 Abs 1, wenn das Eigentum eines Dritten durch den Zustand der Kaufsache beeinträchtigt wird. Der Verkäufer ist als Eigentümer und/oder Besitzer bis zur Übergabe der Kaufsache an den Käufer ein nach § 1004 Abs 1 haftender **Zustandsstörer** und damit zur Beseitigung bzw Unterlassung der Störung verpflichtet, sofern die allgemein anerkannten **Zurechnungsvoraussetzungen** der Störerhaftung erfüllt sind[65]. Ausreichend ist insoweit, dass die Beeinträchtigung des Eigentums des Dritten zumindest mittelbar auf den Willen des Eigentümers oder Besitzers zurückgeht[66].

36 Ab **Übergabe der Kaufsache** nach § 446 Satz 1 kann der Verkäufer auch dann nicht mehr als Zustandsstörer nach § 1004 Abs 1 in Anspruch genommen werden, wenn – wie regelmäßig bei Grundstücksverkäufen – das **Eigentum** erst später auf den Käufer übergeht[67]. Denn das Recht des Käufers, die ihm übergebene Kaufsache zu nutzen, ist bei Fehlen einer abweichenden kaufvertraglichen Vereinbarung grundsätzlich so umfassend wie sein künftiges Eigentum[68]. Die durch Übergabe iSd § 446 Satz 1 erlangte **Nutzungsbefugnis des Käufers** steht gem § 1004 Abs 2 der Geltendmachung von **Abwehrrechten des Verkäufers** aus dem Eigentum entgegen[69]. Aus diesem Grund hat der Verkäufer keine Möglichkeit mehr, etwaige Störungen der Rechte Dritter durch den Umgang des Käufers mit der Kaufsache abzuwehren[70]. Der Verkäufer ist demnach, auch wenn ihm – wie im Falle eines Grundstückskaufs – das Eigentum noch für einen gewissen Zeitraum verbleibt, grundsätzlich nicht für Störungen iSd § 1004 Abs 1 verantwortlich, die von der Sache und/oder vom Käufer ausgehen[71]. Davon ist auch dann auszugehen, wenn der Käufer den Besitz der Kaufsache vertraglich einem **Mieter oder Pächter überlassen** hat[72].

37 Unberührt durch § 446 Satz 1 bleibt aber eine Haftung des Verkäufers als **Handlungsstörer** nach § 1004 Abs 1, sofern die Beeinträchtigung iSd § 1004 Abs 1 trotz Übergabe der Sache (weiter) in zurechenbarer Weise verursacht wird. Entsprechendes gilt, wenn der Verkäufer trotz Gefahrübergangs auf den Käufer noch relevante **Einwirkungsmöglichkeiten auf die Sache** hat und daher ausnahmsweise als **Zustandsstörer** anzusehen ist.

III. Übergabe der Kaufsache nach § 446 Satz 1

38 1. **Verschaffung des unmittelbaren Besitzes – Allgemeines**. Übergabe iSd § 446 Satz 1 ist die Übertragung des unmittelbaren Besitzes, also die nach der sachenrechtlichen Regelung des **§ 854 Abs 1** für den Besitzerwerb erforderliche Verschaffung der **tatsächlichen Gewalt über die Sache**. Entscheidend für den Gefahrübergang ist, dass der Verkäufer seine Sachherrschaft vollständig aufgibt, also jede **Einflussmöglichkeit** auf die Sache verliert, und der Käufer diese Herrschaft erlangt. Verkaufte **Grundstücke** werden übergeben, indem der Verkäufer sie räumt

64 Vgl dazu auch oben Rz 3, 15.
65 Vgl dazu BGH NJW-RR 2011, 739, 740.
66 Vgl dazu BGH NJW-RR 2011, 739, 740.
67 BGH NJW 1998, 3273; BeckOGK/Tröger Rz 62.
68 BGH NJW 1998, 3273.
69 BGH NJW 1998, 3273.
70 BGH NJW 1998, 3273.
71 BGH NJW 1998, 3273 (für vom Käufer ausgehende Störungen). Im Fall des BGH ging es beim Verkauf eines Gaststättengrundstücks um den Ausschank von Getränken durch den Gaststättenpächter unter Verstoß gegen ein im Wege einer Dienstbarkeit gesichertes Getränkevertriebs- und Werbeverbot.
72 BGH NJW 1998, 3273.

und dem Käufer den ungehinderten Zugang verschafft. Im Falle des Verkaufs von frei zugänglichen unbebauten Grundstücken (zB Bauland, Acker- und Weideland oder Waldflächen) genügt gem § 854 Abs 2 die **Einigung** der Kaufvertragsparteien über den Erwerb der Sachherrschaft durch den Käufer. Rein **symbolische Handlungen** sind zwar für den Tatbestand der Übergabe an sich bedeutungslos. Häufig handelt es sich aber entweder um eine Bekräftigung des Übergangs der Sachherrschaft auf den Käufer oder um eine **konkludente Einigung** iSd § 854 Abs 2 bezüglich des Besitzerwerbs des Käufers[73]. Von der Einigung der Kaufvertragsparteien nach § 854 Abs 2 über den Erwerb des unmittelbaren Besitzes zu unterscheiden ist eine Vereinbarung eines festen Termins für den Gefahr- und Lastenübergang durch Übergabe (zB: „das Grundstück gilt als am 1. Januar 2023 übergeben"). Eine derartige kaufvertragliche Abrede ist im Zweifel dahin gehend auszulegen, dass der festgelegte Übergabetermin unabhängig von einer realen Übergabe der Kaufsache iSd §§ 446 Satz 1, 854 für den Übergang von Gefahr, Kosten und Lasten maßgeblich sein soll.

Die Aushändigung der Sache an einen **beschränkt geschäftsfähigen Käufer** reicht für eine 39
Übergabe iSd § 446 Satz 1 nur dann aus, wenn der **gesetzliche Vertreter** insoweit seine Zustimmung wirksam erklärt[74]. IdR ist in einer für den Abschluss des Kaufvertrags erteilten **Einwilligung oder Genehmigung** auch eine auf die Übergabe der Kaufsache bezogene Zustimmung zu sehen. Dies gilt insbes dann, wenn die Ware im Rahmen eines **gewöhnlichen Bargeschäfts** (**„Handgeschäfts"**) unmittelbar bei Abschluss des Kaufvertrags bezahlt und abgeholt bzw mitgenommen wird („cash and carry"). Aber auch bei sonstigen Kaufgeschäften einer beschränkt geschäftsfähigen Person ist davon auszugehen, dass der gesetzliche Vertreter bei der Erteilung der Zustimmung nicht strikt unter **Berücksichtigung des Abstraktionsprinzips** zwischen Kausalgeschäft und Erfüllung durch Übereignung trennt. Daher ist eine Einwilligung oder Genehmigung für den „Kauf" regelmäßig dahin gehend auszulegen, dass sie auch die Übergabe iSd § 446 Satz 1 erfasst. Etwas anderes gilt selbstverständlich dann, wenn der gesetzliche Vertreter die Zustimmung erkennbar auf das **Kausalgeschäft beschränkt**. Praktische Bedeutung hat insbes der Fall, in dem der **Kaufpreis Zug um Zug** gegen Übergabe der Ware zu zahlen ist und der gesetzliche Vertreter dies dem beschränkt Geschäftsfähigen nicht überlassen will.

2. **Erfüllungsbezogene Übergabe – Abstraktionsprinzip**. Die Übergabe iSd § 446 Satz 1 40
der Kaufsache muss zum Zwecke der Erfüllung des konkreten Kaufvertrags erfolgen[75]. Dass gleichzeitig die **Übereignung** vorgenommen wird, ist dagegen nicht erforderlich[76]. Der Grundgedanke der §§ 446, 447 besteht vielmehr gerade darin, den Gefahrübergang vom Eigentumserwerb des Käufers zu lösen[77]. So führt die Übergabe der Kaufsache – ebenso wie eine Versendung durch den Verkäufer nach § 447 Abs 1 – auch dann zum Übergang der Gefahr auf den Käufer, wenn der **Verkäufer** zu diesem Zeitpunkt selbst gar **nicht Eigentümer** ist[78]. Auch dies ist eine Konsequenz des Abstraktionsprinzips. Daher geht die Gefahr, wenn beim Überseekauf die Übereignung der Ware mittels **Übersendung des Konnossements** als Traditionspapier (HGB §§ 515, 524) bewerkstelligt werden soll[79], gem § 446 Satz 1 schon dann auf den Käufer über, wenn sein **Empfangsspediteur** die Ware vor Eintreffen des Konnossements übernimmt[80]. Für den Gefahrübergang kommt es hier nicht darauf an, ob trotz der Vereinbarung einer Übereignung unter Verwendung eines Konnossements die Übergabe der Ware an den Empfangsspediteur vor Ankunft dieses Traditionspapiers bereits den Eigentumsübergang nach § 929 auf den Käufer bewirkt.

Ein klassischer Fall des Gefahrübergangs nach § 446 Satz 1 vor dem Eigentumserwerb des 41
Käufers ist der Kauf einer beweglichen Sache unter **Eigentumsvorbehalt** (**§ 449**)[81]. Die hier in Bezug auf die Einigung iSd § 929 von den Kaufvertragsparteien vereinbarte **aufschiebende Bedingung** ändert nichts daran, dass die Gefahr mit Erwerb des Besitzes an der Kaufsache auf den Käufer übergeht. Beim **Grundstückskauf** führt die Übergabe des Grundstücks an den Käufer unabhängig von dessen Eigentumserwerb gem §§ 873, 925 durch Auflassung und Grundbuch-

73 Vgl dazu Soergel/Wendelstein § 854 Rz 8, 25.
74 BeckOGK/Tröger Rz 33; BeckOK/Faust Rz 7.
75 RGZ 85, 320, 322 (bejaht für die Übergabe beim Eigentumsvorbehalt); BeckOGK/Tröger Rz 43; Staud/Beckmann Rz 24; Erman/Grunewald Rz 5; MünchKomm/Westermann Rz 7.
76 Vgl RGZ 85, 320 („bloße Übergabe, gleichviel ob mit ihr die Übereignung verbunden ist oder nicht"); RG JW 1937, 1628, 1631 (Übernahme der Ware durch Empfangsspediteur vor Übergabe des Konnossements an Käufer); Erman/Grunewald Rz 5; MünchKomm/Westermann Rz 7; Staud/Beckmann Rz 24; BeckOGK/Tröger Rz 43.
77 Vgl dazu oben Rz 12 f; RGZ 93, 330, 331 („Eigentumsübertragung und Gefahrtragung haben nichts miteinander zu tun"); Rabel, Das Recht des Warenkaufs II, 1958, S 293 ff; Hager, Die Gefahrtragung beim Kauf, 1982, S 54 ff.
78 RGZ 93, 330, 331; Erman/Grunewald Rz 5; Staud/Beckmann Rz 24.
79 Vgl dazu § 447 Rz 74.
80 RG JW 1937, 1628, 1631.
81 RGZ 85, 320, 322; Hamm NJW-RR 1987, 245; Erman/Grunewald Rz 2; MünchKomm/Westermann Rz 4; Staud/Beckmann Rz 24; BeckOGK/Tröger Rz 29; vgl dazu auch oben Rz 12.

umschreibung zum Gefahrübergang. Dagegen bewirkt eine **kurzfristige Besitzüberlassung** unter dem Vorbehalt der Rückgabe an den Verkäufer noch nicht den Übergang der Gefahr auf den Käufer. Praktische Bedeutung hat insoweit insbes die vorübergehende Überlassung des Kaufgegenstands zum Zwecke der **Untersuchung**[82]. Das Gleiche gilt, wenn dem Käufer die Sache auf Grundlage eines anderen Vertrags (zB Leihe) vorübergehend zur Nutzung übergeben wird und die Übergabe in Erfüllung des Kaufvertrags für einen späteren Termin vorgesehen ist[83]. Auch eine Übergabe der Kaufsache durch den Verkäufer unter dem **Vorbehalt eines Widerrufs** bewirkt noch keinen Gefahrübergang nach § 446 Satz 1[84].

42 3. **Übergabe bei Holschulden.** – a) **Gefahrtragung beim Ladevorgang – Grundlagen.** Beim Kauf von **beweglichen Sachen** hat der Käufer bei Fehlen einer **abweichenden Vereinbarung oder Verkehrssitte** die Ware beim Verkäufer abzuholen. Denn gem § 269 Abs 1 ist im Regelfall der Sitz des Schuldners, also hier des Verkäufers, der **Leistungsort**[85]. Die Übergabe der Kaufsache ist mit der Folge des Gefahrübergangs nach § 446 Satz 1 vollendet, sobald der Käufer – entweder persönlich oder durch Beauftragte – den Kaufgegenstand übernimmt. Holt der Käufer die Ware mit einem Fahrzeug ab, so hat er grundsätzlich die **Beladung** selbst durchzuführen[86]. Etwas anderes kann sich selbstverständlich aus einer kaufvertraglichen Vereinbarung und insoweit insbes durch Wahl von Incoterms ergeben[87]. Bei Fehlen einer abweichenden Regelung im Kaufvertrag ist die Übergabe der Kaufsache bereits zu **Beginn des Ladevorgangs** als erfolgt anzusehen, dh, die Verladung erfolgt auf Gefahr des Käufers[88]. Dies ist deshalb gerechtfertigt, weil bereits dieser Vorgang unter der **Regie und der Verantwortung des Käufers** ausgeführt wird und der Käufer daher die Möglichkeit hat, Schutzvorkehrungen zu treffen. Nach HGB § 412 Abs 1 Satz 1 hat zwar beim **Frachtvertrag** der Absender das Gut beförderungssicher zu laden[89], bei der Holschuld ist aber der Verkäufer nicht Absender der Ware.

43 Im Rahmen der **Vertragsfreiheit** kann in Bezug auf eine gegebene **Holschuld** mit grundsätzlicher Verladepflicht des Käufers vereinbart werden, dass der Verkäufer die Beladung des vom Käufer geschickten Transportfahrzeugs mit der Ware übernimmt. Anzutreffen ist dieser Fall in der Praxis vor allem dann, wenn für die Verladung eine **technische Einrichtung** (zB ein Kran) erforderlich ist, über die der Käufer ebenso wenig wie ein Spediteur ohne weiteres verfügt. Im Übrigen kann der Einsatz von ohnehin vorhandenem **Verkäuferpersonal** bei der Verladung auf Rechnung des Käufers (Erhöhung des Kaufpreises oder gesonderte In-Rechnung-Stellung) in wirtschaftlicher Hinsicht erheblich günstiger sein als das Schicken eigener Fachkräfte. Bei Verwendung von **Incoterms** kann dem Verkäufer die Verladung der Ware durch **„FCA Sitz des Verkäufers"** und die auf den Überseekauf zugeschnittene Klausel **„FOB"** auferlegt werden[90].

44 b) **Hilfstätigkeit der nicht gefahrbelasteten Kaufvertragspartei bei der Verladung der Ware.** In der Praxis nicht selten anzutreffen ist der Fall, in dem die nach dem konkreten Kaufvertrag nicht zur Verladung verpflichtete Partei der anderen bei der Ausführung dieser ihr obliegenden Pflicht hilft. Regelmäßig geht es insoweit um den Einsatz von angestelltem Personal der nicht zur Verladung verpflichteten Partei. Beispiel: Ein Lagerangestellter des Verkäufers hilft dem Fahrer des vom verladepflichtigen Käufer geschickten Transportfahrzeugs beim Verstauen der Ware auf der Ladefläche. In rechtlicher Hinsicht handelt es sich um eine **Gefälligkeit**, deren Vornahme dadurch begünstigt wird, dass der mit der Hilfstätigkeit verbundene Beschleunigungseffekt idR auch der nicht zur Verladung verpflichteten Partei zugutekommt. Eine vergleichbare Situation besteht beim **Versendungskauf** in Bezug auf die Verpflichtung des Verkäufers, dem Beförderer die Ware durch Verladung zu übergeben[91]. Eine Hilfstätigkeit der nicht verladepflichtigen und daher bis zum Vollzug der Verladung auch nicht mit der Gefahr belasteten Kaufver-

82 Vgl Erman/Grunewald Rz 6; vgl dazu auch unten Rz 46.
83 RGZ 85, 320, 322 (Übergabe „aus einer anderen Ursache"); Erman/Grunewald Rz 6.
84 Erman/Grunewald Rz 6.
85 Vgl oben Rz 20 und § 447 Rz 7 f.
86 Staud/Beckmann Rz 25; BeckOK/Faust Rz 6.
87 Vgl dazu nachfolgend Rz 43.
88 Staud/Beckmann Rz 25; BeckOGK/Tröger Rz 34; MünchKomm/Westermann Rz 7; BeckOK/Faust Rz 6; vgl dazu auch Hager, Die Gefahrtragung beim Kauf, 1982, S 149 unter Hinweis auf die zum englischen Recht ergangene Entscheidung „Wardar's (Import & Export) Co, Ltd v W. Norwood & Sons, Ltd, [1968] 2 Q B 663" des Court of Appeal. Im zugrundeliegenden Fall standen 600 Kisten gefrorene Ochsennieren bereits abholbereit auf der Straße, als der vom Käufer beauftragte Spediteur um 8 Uhr beim Lagerhalter des Verkäufers erschien. Vom Lagerhalter wurde dann die Ware gegen Vorlage der delivery order freigegeben. Das Verladen durch den Spediteur zog sich allerdings über den Vormittag hin, und die Kühlanlage des Transportfahrzeugs wurde vom Spediteur erst um 10 Uhr angeschaltet. Aus diesem Grund verdarben die Ochsennieren auf dem Transport. Der Court of Appeal entschied, dass der Gefahrübergang schon um 8 Uhr eingetreten sei. Nach deutschem Recht, also auf Grundlage des § 446 Satz 1 wäre der Fall nicht anders zu entscheiden, dh, die Gefahr ginge nicht mit Vollzug, sondern mit Beginn der Beladung um 8 Uhr auf den Käufer über.
89 Vgl zur beförderungssicheren Verladung nach HGB § 412 Abs 1 Satz 1 auch § 447 Rz 104.
90 Vgl dazu unten Rz 117 ff.
91 Vgl dazu § 447 Rz 130 ff.

tragspartei ändert aber grundsätzlich nichts daran, dass die andere Partei die Ware in **eigener Regie und Verantwortung** verlädt. Insoweit besteht kein Unterschied zu dem Fall, in dem ein Dritter der verladepflichtigen Partei hilft. Die aus den dargelegten Gründen unverändert fortbestehende kaufvertragliche Gefahrverteilung verhindert aber nicht eine Haftung der helfenden Partei nach §§ 280 Abs 1, 276, 278, wenn die Ware bei der Verladung nicht durch Zufall untergeht oder beschädigt wird, sondern die **Hilfstätigkeit** unter Außerachtlassung der gebotenen Sorgfalt und damit **fahrlässig ausgeführt** wird.

Anders ist die Rechtslage in Bezug auf die Gefahrtragung aber dann, wenn die nach dem geschlossenen Kaufvertrag eigentlich nicht zur Verladung der Ware verpflichtete Partei diese Tätigkeit erkennbar **in eigener Verantwortung** und auf eigenes Risiko durchführt. Insoweit geht es insbes um den Fall, in dem die nicht verpflichtete Partei bei Beginn der Verladung das Personal oder/und die eingesetzten Hilfsmittel der anderen Partei für ungeeignet hält und daher mit ausdrücklicher oder zumindest konkludenter Zustimmung dieser Partei die Verladung der Ware selbst in eigener Regie durchführt. **45**

c) **Untersuchung der Ware durch den Käufer bei Beginn der Verladung**. Nimmt der Käufer oder derjenige, den er mit der Abholung beauftragt hat, im Rahmen der Übernahme der Ware eine Untersuchung vor, so ist im Zweifel anzunehmen, dass die Übergabe erst nach Abschluss der Untersuchung und **Billigung der Ware als vertragsgemäß** vollzogen ist. Hier muss die vorläufige Überlassung der tatsächlichen Sachherrschaft zum Zwecke der Prüfung der Ware unterschieden werden von der Übergabe iSd § 446 Satz 1 durch endgültige Besitzerlangung. Eine nur vorübergehende Überlassung ist anzunehmen, wenn der Käufer erkennbar die Untersuchung vornimmt. **46**

4. **Übergabe bei Bringschulden**. Hat der Verkäufer nach dem geschlossenen Kaufvertrag die Ware am **Wohnsitz des Käufers** abzuliefern, so genügt für die Übergabe iSd § 446 Satz 1 die Aushändigung an im Haushalt des Käufers lebende Angehörige und sonstige Haushaltsmitglieder sowie Hausangestellte[92]. Sofern eine zum Haushalt des Käufers gehörende Person die vom Verkäufer gebrachte Ware nicht nur entgegennimmt und im Haus abstellt, sondern zudem eine eigene **Sachherrschaft begründet**, liegt gleichwohl eine Übergabe an den Käufer vor, weil die entgegennehmende Person insoweit als **Besitzdiener (§ 855)** einzuordnen ist[93]. Bei **Käuferstellung eines Unternehmens** genügt die Aushändigung an Arbeitnehmer, da diese auch im Falle der Begründung einer eigenen Sachherrschaft iSd § 854 Abs 1 nicht als Besitzer, sondern nur als Besitzdiener anzusehen sind[94]. Ist der Käufer eine **juristische Person oder eine rechtsfähige Personengesellschaft**, so führt die Erlangung der Sachherrschaft durch einen **organschaftlichen Vertreter** kraft Zurechnung zum unmittelbaren Besitzerwerb der betreffenden Person bzw Personengesellschaft. **47**

Trifft der Verkäufer bei der Anlieferung der Ware den Käufer nicht an, so darf er sie grundsätzlich nicht vor der Haustür oder am Geschäftseingang abladen und sie damit der Gefahr des Zugriffs Dritter aussetzen. Die Übergabe an einen Nachbarn oder einen sonstigen Dritten, der nicht zum Haushalt des Käufers gehört, reicht nur dann aus, wenn diese Person vom Käufer zur Annahme der Kaufsache ermächtigt worden ist. Ansonsten tritt der Gefahrübergang nach § 446 Satz 1 erst dann ein, wenn der Dritte die Sache an den Käufer weitergibt. Das Risiko des zufälligen Untergangs oder der zufälligen Verschlechterung bis zu dieser Weitergabe trägt der Verkäufer. Bei Vorliegen einer **Vereinbarung** oder einer **entsprechenden Verkehrssitte** genügt allerdings im Falle der Bringschuld für die Übergabe iSd § 446 Satz 1, dass der Verkäufer die Sache an einer vereinbarten Stelle ablädt, abstellt oder in sonstiger Weise niederlegt, so dass der Käufer sie jederzeit ohne weitere Mitwirkung des Verkäufers übernehmen kann (zB Abladen von Kies auf einem Grundstück des Käufers). **48**

Unterzieht der Käufer oder sein Beauftragter die vom Verkäufer angelieferte Sache noch in Anwesenheit des Verkäufers (oder seines Erfüllungsgehilfen) einer **Untersuchung**, so ist – wie bei der Holschuld[95] – eine Übergabe erst nach Abschluss dieser Maßnahme und **Billigung der** **49**

92 AG Miesbach NJW-RR 2005, 422, 423; Staud/Beckmann Rz 27; BeckOGK/Tröger Rz 33. Im Fall des AG Miesbach wurde eine Übergabe iSd § 446 Satz 1 zu Recht verneint, weil die Kaufsache nicht von einer solchen Person angenommen worden war. Es hatte vielmehr (nur) eine Wohnungsnachbarin das von der Post angelieferte Päckchen mit Schmuck im Wert von ca 1.000 € entgegengenommen und dann auf die Briefkästen im Hausflur gelegt.

93 Beispiel: Entgegennahme eines vom Verkäufer gebrachten Schmuckgegenstands durch einen Familienangehörigen für den abwesenden Käufer und anschließendes Legen in eine eigene Schublade aus Sicherheitsgründen.

94 Vgl Staud/Beckmann Rz 27; BeckOGK/Tröger Rz 33.

95 Vgl dazu oben Rz 46.

Ware als vertragsgemäß anzunehmen. Ein Gefahrübergang nach § 446 Satz 1 ist daher in dem Fall zu verneinen, in dem der Käufer die Sache im Rahmen der Prüfung als nicht vertragsgemäß zurückweist. Eine **unberechtigte Zurückweisung** der Ware durch den Käufer führt allerdings zum **Gefahrübergang kraft Annahmeverzugs** (§ 446 Satz 3).

50 5. **Gefahrübergang bei Lieferung von Strom, Gas, Wasser und Fernwärme**. Elektrische Energie ist zwar keine Sache iSd § 90[96]. Die kaufrechtlichen Vorschriften sind aber gem § 453 Abs 1 grundsätzlich analog anzuwenden[97]. Eine Übergabe durch **Verschaffung des unmittelbaren Besitzes** gem § 854 Abs 1 ist gleichwohl nicht möglich. Für den Gefahrübergang muss daher auf einen anderen Zeitpunkt abgestellt werden. Relevant wird die Frage des Übergangs der Gefahr insbes in dem Fall, in dem Strom von einem **Dritten unbefugt abgezweigt** wird[98]. Bei der Lieferung von Gas, Wasser und Fernwärme hat zudem der Verlust durch einen **Defekt der Versorgungsleitung** eine praktische Relevanz. Da beim Kauf von Sachen die Einwirkungsmöglichkeit und die Beherrschbarkeit der Risiken aufseiten des Käufers die Rechtfertigung für das Abstellen auf die Begründung des unmittelbaren Besitzes für den Gefahrübergang darstellen[99], muss Entsprechendes für die hier in Rede stehenden leitungsgebundenen Kaufgegenstände gelten. Daher ist hier grundsätzlich auf den Ort und den Zeitpunkt der **Verbrauchsmessung durch den installierten Zähler** abzustellen[100]. Insoweit geht es nicht um eine entsprechende Anwendung des § 446 Satz 1, sondern um eine Auslegung unter Berücksichtigung der **Verkehrsanschauung** und des Zwecks dieser Norm. Danach ist der Ort der Verbrauchsmessung durch den Zähler als **Übergabepunkt** anzusehen. Dafür spricht insbes, dass die betreffende Leitung sich jetzt in einem vom Abnehmer (Käufer) generell beherrschten Bereich befindet und die vom Zähler erfasste Liefermenge nach dem vereinbarten Tarif von ihm zu bezahlen ist. Da der Ort der Messung für die Vergütung entscheidend ist, liegt es aufgrund eines bestehenden Sachzusammenhangs nahe, die Gefahrtragung entsprechend zu beurteilen.

51 Der Gesichtspunkt der Beherrschbarkeit des Bereichs, in dem sich die Leitung ab dem **Ort der Verbrauchsmessung (Messpunkt)** befindet, greift aber dann nicht Platz, wenn – wie nicht selten in Mehrparteien-Häusern – die Verbrauchszähler nicht in den **abgeschlossenen Wohneinheiten**, sondern in für alle Parteien und auch Dritte zugänglichen (Keller-)Räumen installiert worden sind. Hier trägt der Abnehmer als Käufer die Gefahr iSd § 446 Satz 1 erst ab **Eintritt der Versorgungsleitung in seine Wohnung**. Das Risiko des Verlusts vom Ort der Verbrauchsmessung bis zu dem vom Abnehmer beherrschten Bereich trägt hier der Lieferant. Dies ist auch deshalb angemessen, weil die zentrale Anbringung der Verbrauchszähler außerhalb der Wohneinheiten dem Lieferanten die Ablesung der Zählerstände erheblich erleichtert.

52 6. **Übergabe von frei zugänglichen Kaufsachen – Einigung nach § 854 Abs 2**. – a) **Grundlagen**. Die Frage des Gefahrübergangs stellt sich bei für den Käufer frei zugänglichen Sachen bspw dann, wenn **Kies oder Sand** aus einer Grube, **Steine oder Schotter** aus einem Steinbruch, **landwirtschaftliche Produkte** vom Acker oder im Wald gelagertes **Rundholz (Festmeter)** verkauft und vereinbart wird, dass der Käufer die betreffende Sache dort abholen soll, wo sie sich gerade befindet. Hier genügt gem **§ 854 Abs 2** die schlichte Einigung der Kaufvertragsparteien über den Besitzerwerb des Käufers, um die Übergabe iSd § 446 Satz 1 und damit den Gefahrübergang eintreten zu lassen[101]. Die **besitzrechtliche Gleichstellung** dieser Einigung mit der tatsächlichen Übergabe nach § 854 Abs 2 kann auch bei der Auslegung des Übergabebegriffs des § 446 Satz 1 Geltung beanspruchen. Ist für die Abholung der Kaufsache am für den Käufer frei zugänglichen Ort allerdings die **Zustimmung einer Behörde** (zB der Forstverwaltung bezüglich der Abfuhr von Holz) oder eines sonstigen Dritten erforderlich, so tritt der Gefahrübergang erst mit dieser Zustimmung ein[102].

53 b) **Notwendigkeit einer Demontage**. Schwieriger zu beurteilen ist die Frage der Übergabe bei der Holschuld in dem Fall, in dem die Abholung der Kaufsache durch den Käufer am frei zugänglichen Ort eine **Demontage** voraussetzt. Diese Konstellation ist auch bei der **Verjährung der Gewährleistungsansprüche** nach § 438 und der **kaufmännischen Rügepflicht** (HGB § 377) problematisch. Rechtsgrundlage für eine Übergabe nach § 446 Satz 1 ist bei Notwendigkeit einer Demontage die besitzrechtliche Regelung des **§ 854 Abs 2**, dh, erforderlich ist eine Einigung über den Besitzerwerb des Käufers. Im Fall BGHZ 93, 338 waren **Silos in einem**

96 RGZ 86, 12, 14; Erman/Schmidt § 90 Rz 2; MünchKomm/Stresemann § 90 Rz 24; BeckOK/Fritzsche § 90 Rz 25.

97 Vgl § 453 Rz 50; Erman/Schmidt § 90 Rz 2; Erman/Grunewald § 433 Rz 11; MünchKomm/Westermann § 433 Rz 11. Für eine unmittelbare oder zumindest entsprechende Anwendung bereits zum alten Recht BGH NJW-RR 1994, 175, 177.

98 Vgl dazu BGH WM 1976, 928, 929.

99 Vgl dazu oben Rz 17 f.

100 Staud/Beckmann Rz 25; BeckOGK/Tröger Rz 36; BeckOK/Faust Rz 6.

101 Staud/Beckmann Rz 26; BeckOK/Faust Rz 6; BeckOGK/Tröger Rz 33.

102 Vgl auch BGH LM Nr 1 zu § 854.

stillgelegten Kalksteinwerk verkauft worden, die der Käufer dort abmontieren und wegschaffen sollte. Für den BGH stellte sich in Bezug auf die Anwendung des **Ablieferungsbegriffs des HGB § 377** die Frage, ob der Verkäufer durch Aufgabe des eigenen Gewahrsams die Kaufsache aus seiner Verfügungsgewalt entlassen und gleichzeitig die Verfügungsmöglichkeit des Käufers derart begründet hatte, dass dieser sich, ebenfalls durch einseitige Handlung, jederzeit den alleinigen Gewahrsam an der Sache verschaffen konnte.

Verbleibt die Kaufsache nach Abschluss des Kaufvertrags im Herrschaftsbereich des Verkäufers, so spricht zwar der **äußere Anschein** gegen einen **Wechsel in der Verfügungsmöglichkeit**[103]. Dieser äußere Anschein wird aber durch eine **hinreichend deutliche Parteivereinbarung** über den Wechsel der für den Besitzerwerb des Käufers erforderlichen Sachherrschaft entkräftet[104]. Unter dieser Voraussetzung ist im Falle der Notwendigkeit einer Demontage und Abholung der Kaufsache eine Übergabe iSd § 446 Satz 1 zu bejahen[105]. Denn für die Begründung der Verfügungsgewalt des Käufers über eine noch im Herrschaftsbereich des Verkäufers befindliche Kaufsache ist es bei Vorliegen einer **Vereinbarung** bezüglich der Abholung unerheblich, ob der Käufer die Sache nur aufladen und abfahren oder zusätzlich durch Lösen von Schrauben oder andere Maßnahmen eine noch bestehende Verbindung mit dem Grundstück oder beweglichen Sachen des Verkäufers aufheben muss. Die **Gestattungsvereinbarung** muss aber eindeutig den Zeitpunkt festlegen, ab dem der Käufer zur Demontage und Abholung berechtigt ist[106]. An einer derartigen Berechtigung fehlt es regelmäßig, wenn der **Kaufpreis** weder bezahlt noch gestundet ist[107]. Im Zweifel ist nicht anzunehmen, dass vor der Kaufpreiszahlung das erforderliche Einverständnis des Verkäufers und damit eine Übergabe iSd §§ 446 Satz 1, 854 Abs 2 vorliegt[108]. 54

c) **Erfordernis einer Aussonderung der frei zugänglichen Ware bei Gattungsschulden**. 55
Voraussetzung für eine Anwendung des § 446 Satz 1 ist bei Vorliegen einer Gattungsschuld, dass die **Einigung iSd § 854 Abs 2** sich auf einen bestimmten **ausgesonderten Bestand** bezieht[109]. Muss die Ware dagegen erst noch ausgesondert werden, und sei es durch den Käufer selbst, so geht die Gefahr gem § 446 Satz 1 erst mit Vollzug dieser Maßnahme auf den Käufer über. Andererseits genügt die Tatsache, dass der Verkäufer die Ware aussondert, **zur Abholung bereitstellt** und dem Käufer dies anzeigt, allein noch nicht für den Gefahrübergang nach § 446 Satz 1 durch Übergabe[110]. Der Verkäufer muss darüber hinaus auch tatsächlich in der Lage sein, die **Sachherrschaft** über die Kaufsache auszuüben[111]. Die Gefahr geht daher grundsätzlich erst dann über, wenn der Käufer die **bereitgestellte Sache übernimmt**, es sei denn, diese Ware ist nach den oben dargelegten Regeln für den Käufer frei zugänglich. Bei Vorliegen einer Gattungsschuld führt die Aussonderung und Bereitstellung nicht frei zugänglicher Ware zur Konkretisierung iSd § 243 Abs 2 und damit zum **Übergang der Leistungsgefahr**[112] auf den Käufer. Für den Übergang der Preisgefahr ist darüber hinaus die Besitzübergabe erforderlich, sofern nicht vorher ein **Annahmeverzug** eintritt, der gem § 446 Satz 3 den Gefahrübergang auslöst[113].

7. **Übergabe beim Verkauf von ungetrennten Bodenerzeugnissen und -bestandteilen**. 56
Sind ungetrennte Bodenerzeugnisse oder -bestandteile verkauft (Holz auf dem Stamm, Getreide auf dem Halm, Kies oder Sand aus einer Grube, Steine oder Schotter aus einem Steinbruch), so

103 BGHZ 93, 338, 346.
104 BGHZ 93, 338, 346.
105 BGHZ 93, 338, 345 ff (zum insoweit gleichbedeutenden Begriff der „Ablieferung" in HGB § 377); aA Staud/Beckmann Rz 26. Aus der Entscheidung BGH NJW 1979, 714 ergibt sich nichts Gegenteiliges. Denn in diesem Fall handelte es sich nicht um einen frei zugänglichen Kaufgegenstand, sondern um vier in der Wohnung des bisherigen Eigentümers befindliche Gemälde. In der Überlassung des Wohnungsschlüssels kann, so der BGH, nach den konkreten Umständen des Einzelfalls der Wille erkennbar werden, zum Zwecke der Besitzübertragung auf den Empfänger des Schlüssels den Besitz an bestimmten Sachen aufzugeben, die sich in der Wohnung befinden. Dies gilt aber nach zutreffender Ansicht des BGH dann nicht, wenn der bisherige Besitzer noch einen weiteren Wohnungsschlüssel hat und davon auch weiterhin Gebrauch macht (BGH NJW 1979, 714, 715). Nach der Verkehrsanschauung ist in einer derartigen Fallkonstellation regelmäßig davon auszugehen, dass Einwirkungsmöglichkeiten des bisherigen Besitzers immer noch in einer Weise vorhanden sind, die für den Erwerber die Möglichkeit der alleinigen Ausübung der tatsächlichen Sachherrschaft ausschließen (BGH NJW 1979, 714, 715 unter Verweis auf BGHZ 27, 360, 362).
106 BGHZ 93, 338, 346.
107 BGHZ 93, 338, 347.
108 BGHZ 93, 338, 347. Im Fall BGHZ 93, 338 ist daher in Bezug auf HGB § 377 zu Recht ein Übergang der Sachherrschaft auf den Käufer durch Gestattung der Demontage und Abholung verneint worden. Nach dem Kaufvertrag vom 12. Februar 1981 war die Käuferin vorleistungspflichtig. Zur Demontage und zum Abtransport der Silos sollte sie erst dann berechtigt – und verpflichtet – sein, wenn sie den gesamten Kaufpreis entrichtet hatte. Die letzte Kaufpreisrate war am 31. Mai 1981 fällig. Jedenfalls bis zu diesem Zeitpunkt konnte daher keine Ablieferung iSd HGB § 377 vorliegen. Entsprechendes gilt für die Übergabe nach § 446 Satz 1.
109 OGHZ 1, 149, 153; BeckOGK/Tröger Rz 33.
110 BeckOGK/Tröger Rz 33.
111 BeckOGK/Tröger Rz 33.
112 Vgl dazu oben Rz 3.
113 Vgl dazu unten Rz 84 ff.

ist der Verkäufer bei Fehlen einer abweichenden **Vereinbarung oder Verkehrssitte** verpflichtet, die erforderliche Trennung vorzunehmen. Erst danach kann die Gefahr gem § 446 Satz 1 durch Übergabe der getrennten Erzeugnisse auf den Käufer übergehen. Insoweit genügt bei **frei zugänglicher Ware** auch eine Einigung nach § 854 Abs 2 über den Besitzerwerb des Käufers[114]. Ist dagegen vereinbart, dass der **Käufer die Trennung** vornehmen soll, so genügen die vorübergehende Gewährung des Zugangs zum betreffenden Grundstück durch den Verkäufer und die von ihm erklärte Gestattung der Trennung mit nachfolgendem Abtransport grundsätzlich noch nicht für den Gefahrübergang nach § 446 Satz 1[115]. Hier besteht zwar – wie generell beim Verkauf frei zugänglicher Sachen – eine für die Übergabe ausreichende tatsächliche Sachherrschaft des Käufers. Es fehlt aber eine beim Verkauf von Gattungssachen erforderliche **Aussonderung** bzw sonstige Separierung der verkauften Menge vom sonstigen Bestand des Verkäufers. Wenn der Käufer also **100 t Schotter aus einem Steinbruch**, der für den Käufer frei zugänglich ist, auf Grundlage des geschlossenen Kaufvertrags gewinnen („abtrennen") und abfahren soll, dann geht die Gefahr nicht vor Trennung auf den Käufer über. Anders ist die Rechtslage insoweit aber dann, wenn die verkaufte und vom Käufer abzutrennende Liefermenge mit dem **Gesamtbestand übereinstimmt**. Eine ausreichende Aussonderung ist hier gegeben. Beispiel: Verkauft wird **Hafer** auf dem fünf Hektar großen Feld des Verkäufers mit der Abrede, dass der Käufer ab sofort Zugang hat und ernten soll. Dies genügt für einen Gefahrübergang nach § 446 Satz 1, dh, im Falle eines **Hagelschadens** oder einer sonstigen schädlichen Einwirkung vor der Aberntung des Hafers muss der Käufer gleichwohl den Kaufpreis zahlen.

57 8. **Kaufgegenstände in verschlossenen Räumen – Schlüsselübergabe**. Ist die Ware in einem für den Käufer frei zugänglichen, aber **verschlossenen Lager-, Büro- oder Wohnraum** untergebracht, so genügt die einverständliche **Übergabe des Schlüssels** für den Besitz- und Gefahrübergang[116]. Insoweit gelten die **allgemeinen sachenrechtlichen Grundsätze** für den Besitzübergang bei Sachen in verschlossenen Räumen[117]. Der Verkäufer darf aber als bisheriger Besitzer nach der Schlüsselübergabe grundsätzlich nicht mehr über einen **weiteren Schlüssel** verfügen[118]. Behält der Verkäufer **ohne Wissen und Willen des Käufers**, also heimlich, einen Schlüssel zurück, so liegt gleichwohl ein Besitzerwerb des Käufers und damit eine Übergabe iSd § 446 Satz 1 vor[119]. Sendet der Verkäufer dem Käufer den Schlüssel zum Raum, in dem sich die Ware befindet, unverlangt zu, so gehen der Besitz und damit auch die Gefahr nur dann schon vor der tatsächlichen Abholung auf den Käufer über, wenn zumindest eine **konkludente Einigung** nach § 854 Abs 2 zustande kommt[120]. Die bloße Entgegennahme des Schlüssels genügt insoweit nicht. Zu bejahen ist eine zum Besitz- und Gefahrübergang führende Einigung hier aber dann, wenn der Käufer mit dem Abholen der Ware beginnt; eine vollständige Übernahme ist nicht erforderlich[121].

58 9. **Übergabe durch Dritte oder an Dritte**. – a) **Direktlieferung mit sachenrechtlichem Geheißerwerb – Streckengeschäfte**. Der Verkäufer kann die Übergabe der Kaufsache selbstverständlich durch einen Dritten vornehmen lassen, der dann **Erfüllungsgehilfe des Verkäufers** (§ 278) ist. Unerheblich ist insoweit, ob es sich um einen Angestellten des Verkäufers oder um einen selbständigen Unternehmer handelt. Die Gefahr geht aber erst dann gem § 446 Satz 1 auf den Käufer über, wenn der Dritte ihm die tatsächliche Sachherrschaft über die Sache verschafft. Die vom Verkäufer vorgenommene Übergabe an den die Kaufsache zum Käufer befördernden Dritten genügt nicht. Insoweit besteht eben ein wesentlicher Unterschied zwischen § 446 Satz 1 und dem **Gefahrübergang beim Versendungskauf** gem § 447 Abs 1 durch Übergabe der Kaufsache an den Beförderer. Das Risiko des zufälligen Untergangs und der zufälligen Verschlechterung der Sache während der Beförderung zum Käufer trägt daher der Verkäufer. Entsprechendes gilt, wenn der Dritte auf Grundlage eines Erstkaufvertrags der **Lieferant des Verkäufers** ist und die Ware direkt dem Käufer übergibt, so dass dieser nach den Grundsätzen über den Geheißerwerb unmittelbar gem § 929 Satz 1 das **Eigentum** erwirbt. Zugleich geht durch diese Übergabe die Gefahr gem § 446 Satz 1 vom Verkäufer auf den Käufer sowie – für eine logische Sekunde – vom Lieferanten auf den Verkäufer über. Bis zur Übergabe an den Käufer trägt ausschließlich der Lieferant die Gefahr.

59 Die **Übergabe an einen Dritten** statt unmittelbar an den Käufer führt zum Gefahrübergang, wenn sie zwischen den Kaufvertragsparteien vereinbart ist. Mit der Übergabe an den Dritten tritt

114 Vgl dazu oben Rz 52 ff.
115 Staud/Beckmann Rz 26; aA Soergel[12]/Huber Rz 14; vgl auch BGHZ 27, 360.
116 RGZ 40, 216, 223; RGZ 66, 258, 263; RGZ 77, 201, 207; RGZ 103, 100, 101; BGHZ 27, 360, 362; BGH NJW 1979, 714,.
117 BGH NJW 1979, 714, 715.
118 BGHZ 27, 360, 362; BGH NJW 1979, 714, 715.
119 RGZ 103, 100, 101 f (für die Übergabe nach § 929).
120 OGHZ 1, 149, 155.
121 OGHZ 1, 149, 155 (Plünderung des verkauften Spirituosenlagers, nachdem der Käufer, dem der Schlüssel zugesandt worden war, die erste Fuhre bereits abgeholt hatte).

in Bezug auf die Lieferverpflichtung des Verkäufers gem § 362 Abs 2 die Erfüllungswirkung ein. Praktische Bedeutung hat insoweit insbes der Fall, in dem der Käufer die Ware vor der Lieferung weiterverkauft und deshalb mit dem Verkäufer die direkte Belieferung des Abnehmers (Zweitkäufers) vereinbart. **Sachenrechtlich** geht es auch hier um die **Besitz- und Eigentumsverschaffung** im Rahmen eines Geheißerwerbs nach § 929 Satz 1[122]. Die Übergabe der Kaufsache an den Dritten bewirkt zudem den Gefahrübergang nach § 446 Satz 1. So geht die Gefahr gem § 446 Satz 1 zB dann auf den Käufer über, wenn der Verkäufer eines Fahrzeugs dieses auf Weisung (Geheiß) des Käufers unmittelbar an einen (Dritt-)Unternehmer ausliefert, der es im Auftrag des Käufers mit Aufbauten versehen soll. Der Käufer trägt daher das Risiko, dass dieser Werkunternehmer das Fahrzeug unterschlägt[123]. Das Gleiche gilt für das Risiko einer Beschädigung (Verschlechterung). Sowohl für den sachenrechtlichen Geheißerwerb als auch für den Gefahrübergang nach § 446 Satz 1 ist die Länge der Lieferkette, also der **Anzahl der Zwischenverkäufer**, letztlich ohne Bedeutung. Bei mehreren Zwischenverkäufern liegt ein **sog Streckengeschäft** vor, bei dem die Aushändigung der Ware an den Letztkäufer (letztes Glied der Lieferkette) zur Übergabe iSd § 446 Satz 1 in allen Kaufvertragsverhältnissen führt, die in der Kette vom Erstverkäufer bis zum Letztkäufer bestehen. Entsprechendes gilt für den **Eigentumserwerb nach § 929 Satz 1**, dh, der Letztkäufer erlangt endgültig die Eigentümerstellung und die Zwischenverkäufer erwerben das Eigentum zuvor jeweils für eine **logische Sekunde**.

b) **Übergabe an Vertreter und Besitzdiener des Käufers**. Die Übergabe an rechtsgeschäftli- **60**
che oder gesetzliche Vertreter des Käufers ist nicht als Übergabe an einen Dritten im Rahmen eines Geheißerwerbs, sondern als Übergabe an den Käufer selbst anzusehen[124]. Insoweit kommt es nicht darauf an, ob der Vertreter ein **Besitzdiener** oder ein Vertretungsorgan ist, dessen tatsächliche Sachherrschaft über den Kaufgegenstand dem Käufer als juristische Person oder rechtsfähige Personengesellschaft nach den Regeln über den **Organbesitz** unmittelbar zugerechnet wird[125]. Eine Vertretungsmacht iSd § 164 ist nicht zwingend erforderlich; eine Ermächtigung zum Empfang der Ware mit Wirkung für den Käufer genügt. Befindet sich der Käufer bspw in einer **Justizvollzugsanstalt**, so reicht die Abgabe der Kaufsache bei der Anstaltsverwaltung für den Gefahrübergang nach § 446 Satz 1 nicht aus, sofern der Käufer dieser Verwaltung keine **Empfangsermächtigung** erteilt hat[126]. Die Vollzugsbediensteten sind auch nicht generell **Besitzdiener** der Strafgefangenen[127]. Entsprechendes gilt, wenn der Käufer sich in einem **Krankenhaus**, einer **Kuranstalt** oder einem **Heim** aufhält und der Verwaltung, bei der die Kaufsache abgeliefert worden ist, vom Käufer keine Empfangsermächtigung erteilt worden ist. Auch die Bediensteten dieser Einrichtungen sind nicht per se Besitzdiener der sich dort aufhaltenden Personen.

10. **Kaufsachen im Besitz eines Dritten**. – a) **Übertragung des mittelbaren Besitzes auf** **61**
den Käufer durch Abtretung des Herausgabeanspruchs. Befindet sich der Kaufgegenstand im unmittelbaren Besitz eines Dritten und tritt der Verkäufer den ihm zustehenden Herausgabeanspruch an den Käufer ab, so tritt jedenfalls nicht ohne weiteres ein Gefahrübergang nach § 446 Satz 1 ein. Denn im Allgemeinen ist davon auszugehen, dass eine solche Abtretung nur **erfüllungshalber** zur Vorbereitung der nach § 433 Abs 1 Satz 1 vom Verkäufer geschuldeten Übergabe und nicht an **Erfüllungs statt** (**§ 364 Abs 2**) – anstelle der Übergabe – erfolgt. Die Gefahr geht hier erst dann gem § 446 Satz 1 auf den Käufer über, wenn ihm die Sache vom Dritten ausgehändigt wird[128]. Dass möglicherweise das **Eigentum** schon vorher gem § 931 auf den Käufer übergegangen ist, ändert daran nichts. Für den Gefahrübergang iSd § 446 Satz 1 ist die Frage des Eigentumsübergangs grundsätzlich ohne Bedeutung[129]. Grundlage für diese Unabhängigkeit ist das **Abstraktionsprinzip**. Die Kaufvertragsparteien können allerdings im Rahmen der Vertragsfreiheit vereinbaren, dass die **Abtretung** des gegen den Dritten gerichteten Herausgabeanspruchs die nach § 446 Satz 1 erforderliche **Übergabe ersetzen** soll, es sei denn, es handelt sich um einen **Verbrauchsgüterkauf**[130]. Dann führt ausnahmsweise das sachenrechtliche Übergabesurrogat des § 931 ebenso wie die Übergabe iSd § 929 Satz 1 zum Gefahrübergang

122 BGH NJW 1973, 141; NJW 1974, 1132; BeckOGK/Tröger Rz 38.
123 Vgl Hamm NJW-RR 1987, 245, 246.
124 Vgl Staud/Beckmann Rz 27; BeckOK/Faust Rz 7 f.
125 Vgl dazu Soergel/Wendelstein § 854 Rz 17 ff.
126 BGH NJW 1983, 627, 628; Staud/Beckmann Rz 27; BeckOK/Faust Rz 6.
127 BGH NJW 1983, 627, 628. Im Fall des BGH hatte der in einer Justizvollzugsanstalt einsitzende Käufer bei einem Sportartikelhändler eine komplette Ausstattung für eine Fußballelf zum Preis von ca 5.600 DM bestellt. Die Ware wurde vom Verkäufer bei der Anstalt abgeliefert. Ihr Verbleib war danach unbekannt, und die Rechnung wurde nicht bezahlt. Der BGH hat eine Übergabe zu Recht deshalb abgelehnt, weil dem Käufer nicht der unmittelbare Besitz an der Ware verschafft worden sei.
128 Erman/Grunewald Rz 5; BeckOK/Faust Rz 8; Filios, Die Gefahrtragung beim Kauf im Rahmen des Synallagmas, 1964, S 69 ff; Brox JuS 1975, 1, 4.
129 Erman/Grunewald Rz 5; Staud/Beckmann Rz 24; vgl dazu auch oben Rz 12 f.
130 Vgl dazu unten Rz 111.

gem § 446 Satz 1. Eine solche Vereinbarung kann sich bei Fehlen einer ausdrücklichen Abrede im Wege der **Auslegung** unter Berücksichtigung der Besonderheiten des Einzelfalls und der Verkehrssitte ergeben. Die Vereinbarung des **Übergangs von Nutzungen** zum Zeitpunkt des Wirksamwerdens der Abtretung spricht jedenfalls bei vermieteten oder verpachteten Sachen für einen Gefahrübergang zu diesem Zeitpunkt[131]. Denn der Übergang der Gefahr auf den Käufer ist regelmäßig ein **Äquivalent** für den Erwerb der Nutzungen. Die ausdrückliche Vereinbarung des Übergangs der Miete oder Pacht bei vermieteten bzw verpachteten Sachen ohne Erwähnung der Gefahrtragung beruht wohl schlicht auf der zwingenden Notwendigkeit einer exakten terminlichen Festlegung des Wechsels bezüglich der Berechtigung für den Empfang dieser Zahlungen, während der Übergang der Gefahr aus der Sicht der Kaufvertragsparteien weniger bedeutsam ist. Es kann daher davon ausgegangen werden, dass ein **gewolltes zeitliches Auseinanderfallen** von Übergang der Nutzungen und Gefahrtragung in der Vereinbarung besonders zum Ausdruck kommt.

62 b) **Verkauf eingelagerter Ware mit Übergabe eines Orderlagerscheins iSd HGB § 475c oder eines sonstigen angenommenen Warenscheins.** Ist die Ware bei einem Lagerhalter eingelagert und hat dieser zugunsten des Verkäufers eine **schriftliche Verpflichtungserklärung** ausgestellt, so muss der Lagerhalter die Sache an den **Einlagerer** oder an dessen **Rechtsnachfolger** herausgeben, der Besitz an der Erklärung erlangt hat. Die **Übergabe der Urkunde** ersetzt hier die Übergabe der Sache, dh, die Gefahr geht mit der Aushändigung der Urkunde gem § 446 Satz 1 auf den Käufer über. Dies gilt aber nicht nur im Falle der Ausstellung und Übergabe eines Orderlagerscheins mit der **Traditionswirkung des HGB § 475g**[132]. Die Begebung des Lagerscheins an denjenigen, der darin als der zum Empfang des Gutes Berechtigte benannt ist, hat gem HGB § 475g, sofern der Lagerhalter das Gut im Besitz hat, für den Erwerb von Rechten an dem Gut dieselben Wirkungen wie die Übergabe des Gutes. Die Traditionswirkung erstreckt sich – wie im Falle der Übergabe eines **Konnossements beim Überseekauf**[133] – auch auf die nach § 446 Satz 1 für den Gefahrübergang erforderliche Übergabe. Abgesehen davon ist hier schon deshalb eine Übergabe iSd § 446 Satz 1 kraft Parteivereinbarung zu bejahen, weil der Verkäufer **jegliche Verfügungsgewalt verliert** und der Käufer sich aufgrund des ihm jetzt zustehenden Herausgebeanspruchs gegen den Lagerhalter ohne weiteres den unmittelbaren Besitz beschaffen kann. Aus diesem Grund führt auch die Übergabe von **Inhaberlagerscheinen**, **Rektalagerscheinen**[134] oder vom Verkäufer ausgestellten Lieferscheinen (Anweisungen an den Lagerhalter zur Aushändigung des Gutes) zu einem Gefahrübergang nach § 446 Satz 1, wenn der Lagerhalter sie durch schriftliche Erklärung vorbehaltlos angenommen hat[135]. Entscheidend für die Erfüllung der dem Verkäufer gem § 433 Abs 1 Satz 1 obliegenden Übergabeverpflichtung mit der Folge des Gefahrübergangs ist bei eingelagerter Ware, dass der Verkäufer nicht mehr über ein **unbedingtes schriftliches Auslieferungsversprechen** des Lagerhalters verfügt.

63 c) **Übergabe einfacher und angenommener Lieferscheine an den Käufer – sog Durchhandeln mit Lieferscheinen.** Nicht zum Gefahrübergang nach § 446 Satz 1 führt die Aushändigung eines einfachen Lieferscheins an den Käufer[136]. Denn hier fehlt ein unbedingtes Auslieferungsversprechen des Lagerhalters. Die Frage, ob die Übergabe des Lieferscheins zugleich als **Abtretung des Auslieferungsanspruchs** anzusehen ist, hat keine Bedeutung für den Gefahrübergang nach § 446 Satz 1[137]. Dies gilt auch dann, wenn die Abtretung zum Eigentumsübergang nach § 931 führt. Der Forderungserwerb besagt nämlich ebenso wenig wie eine zusätzliche Erlangung der Eigentümerstellung gem § 931, dass der Lagerhalter zur Herausgabe an den Käufer ohne Bedingungen bereit ist. Eine solche Bereitschaft ist aber Voraussetzung für die **Erlangung der tatsächlichen Verfügungsgewalt**, ohne die eine Übergabe iSd § 446 Satz 1 nicht bejaht

131 Staud/Beckmann Rz 30; Oetker/Maultzsch, Vertragliche Schuldverhältnisse, 2018[5] § 2 Rz 46 ff (für den Fall der Einräumung des mittelbaren Besitzes); Brox JuS 1975, 1, 4; ähnlich MünchKomm/Westermann Rz 7; aA Erman/Grunewald Rz 5; vgl zum Gefahrübergang bei vermieteten oder verpachteten Grundstücken unten Rz 70 f.

132 Staud/Beckmann Rz 31; BeckOK/Faust Rz 8; Hager, Die Gefahrtragung beim Kauf, 1982, S 150 (zu HGB § 424 aF).

133 Vgl dazu § 447 Rz 74 ff.

134 Staud/Beckmann Rz 32; vgl dazu auch A Weber, Warenpapiere ohne Traditionsfunktion, 1978, S 210 ff, 330 f. Zur Übergabe von Lieferscheinen, die vom Lagerhalter angenommen worden sind, nachfolgend Rz 63 ff.

135 A Weber, Warenpapiere ohne Traditionsfunktion, 1978, S 240 ff, 252 f, 255, 331; vgl zu den Einzelheiten nachfolgend Rz 63 ff.

136 Vgl Hamburg HansRZ 1918, 655 = OLGE 38, 209; Hamburg Recht 1920 Nr 53 = OLGE 39, 168; MünchKomm/Westermann Rz 7; Staud/Beckmann Rz 32; Hager, Die Gefahrtragung beim Kauf, 1982, S 150 ff; Heynen, Die Klausel „Kasse gegen Lieferschein", 1955, S 142; A Weber, Warenpapiere ohne Traditionsfunktion, 1978, S 331 f. Der im Fall Hamburg Recht 1920 Nr 53 = OLGE 39, 168 übergebene „Lagerschein" enthielt nur eine Anweisung des Verkäufers/Einlagerers an den Lagerhalter, die Ware an den Käufer auszuliefern. Es handelte sich also in Wirklichkeit nicht um einen Lagerschein im rechtstechnischen Sinne, sondern um einen schlichten Lieferschein.

137 Vgl Hamburg Recht 1920 Nr 53 = OLGE 39, 168.

werden kann[138]. Zudem belegt die Abtretung eines gegen den Lagerhalter (angeblich) bestehenden Auslieferungsanspruchs nicht, dass entsprechende Ware überhaupt eingeliefert wurde. Da der Lieferschein vom Verkäufer ausgestellt ist, gibt er dem Käufer keine Gewähr dafür, dass die im Kaufvertrag festgelegte Ware beim vom Verkäufer angegebenen Lagerhalter wirklich zu seiner Verfügung steht.

Der Lieferschein enthält in rechtlicher Hinsicht lediglich eine **Doppelermächtigung**: 64
Ermächtigung an den Käufer als Empfänger des Scheins, sich die Ware vom Lagerhalter aushändigen zu lassen, und Ermächtigung an den Lagerhalter, die eingelagerte Ware an den durch den Lieferschein Legitimierten unabhängig von der eigentumsrechtlichen Lage auszuliefern[139]. Auch im Falle der Bezeichnung als **„Freistellungsschein“, „delivery order“ oder „Dispositionsschein“** handelt es sich nur um eine **schriftliche Anweisung** des Verkäufers an den Lagerhalter, die eingelagerte Ware oder einen Teil davon an den Käufer oder an einen von diesem bezeichneten Dritten auszuliefern[140]. Der Verkäufer ist insbes nicht daran gehindert, dem Lagerhalter eine **Gegenweisung zugunsten eines Dritten** zu erteilen[141]. Praktische Bedeutung hat dies vor allem beim sog Durchhandeln von eingelagerter Ware mit einfachen Lieferscheinen[142]. Zudem ist die im Lieferschein enthaltene Anweisung des Verkäufers an den Lagerhalter jederzeit **widerrufbar**[143]. Dazu kann es beim Durchhandeln (Lieferkette) leicht kommen, sofern der Erstkäufer den **Kaufpreis** nicht an den Verkäufer zahlt und der Verkäufer deshalb die Verfügungsmacht über die eingelagerte Ware zurückbehalten will[144]. Der Lagerhalter kann darüber hinaus das Gut auch ohne Vorlage des Lieferscheins an einen Dritten oder (wieder) an den Verkäufer herausgeben[145].

Die Lieferscheine dienen aus den dargelegten Gründen beim Warenkauf lediglich als Hilfsmit- 65
tel bei der Durchführung der Vertragserfüllung. Es ist deshalb in Bezug auf die **Liefer- und Übergabeverpflichtung** des Verkäufers aus § 433 Abs 1 Satz 1 davon auszugehen, dass ein von ihm über eingelagerte Ware ausgestellter Lieferschein an den Käufer **nur erfüllungshalber** übergeben wird. Erst die aufgrund der Vorlage des Lieferscheins erfolgte tatsächliche **Übergabe der eingelagerten Ware** durch den Lagerhalter an den Käufer führt zur Erfüllung der Übergabeverpflichtung aus § 433 Abs 1 Satz 1 und daher zum Gefahrübergang nach § 446 Satz 1[146]. Vor einer solchen Übergabe der Ware geht die Gefahr nur dann auf den Käufer über, wenn der Käufer in **Annahmeverzug** gerät, und zwar insbes, wenn er eine im Kaufvertrag festgesetzte „Empfangszeit“ überschreitet[147]. Ohne Vereinbarung einer Empfangszeit kann der Käufer die bei einem Lagerhalter eingelagerte Ware grundsätzlich erst einmal für unbestimmte Zeit auf Gefahr des Verkäufers „liegen lassen“[148]. Auch die Übergabe eines vom Lagerhalter ausgestellten **Lager-Empfangsscheins**, eines **Gepäckscheins** und ähnlicher **Empfangsbekenntnisse ohne Wertpapiercharakter** reicht für den Gefahrübergang nicht aus[149]. Die Gefahr geht daher bei Verwendung derartiger Papiere ebenfalls erst mit Aushändigung der Ware auf den Käufer über.

Vom Verkäufer ausgestellte Lieferscheine über einzulagernde Waren werden zwar idR vom 66
Lagerhalter nicht angenommen[150]. Anders ist die Rechtslage in Bezug auf die Frage des Gefahrübergangs durch Übergabe des Lieferscheins an den Käufer aber in dem Fall, in dem ausnahmsweise eine **schriftliche und vorbehaltlose Annahme** erfolgt[151]. Hier erlangt der Käufer durch den Erwerb des Lieferscheins die für die Übergabe der Kaufsache iSd § 446 Satz 1 erforderliche **uneingeschränkte Verfügungsgewalt** über die Ware und der Verkäufer gibt seinen Besitz und die damit verbundene Einwirkungsmöglichkeit in vollem Umfang auf. Eine weitere Ausnahme vom Erfordernis der tatsächlichen Übergabe des Lagergutes bei Fehlen eines angenommenen Lagerscheins greift Platz, wenn der Käufer mit dem vom Verkäufer benannten Lagerhalter

138 Vgl oben Rz 38.
139 BGH NJW 1971, 1608, 1609.
140 Vgl Hager, Die Gefahrtragung beim Kauf, 1982, S 151; A Weber, Warenpapiere ohne Traditionsfunktion, 1978, S 240 f; Heynen, Die Klausel „Kasse gegen Lieferschein“, 1955, S 28.
141 Vgl A Weber, Warenpapiere ohne Traditionsfunktion, 1978, S 254 f.
142 Vgl dazu BGH NJW 1971, 1608.
143 BGH NJW 1971, 1608, 1609.
144 So im Fall BGH NJW 1971, 1608. Im Fall des BGH hatte der Verkäufer eingelagerten Rohkakao verkauft und dem Käufer einen einfachen Lieferschein übergeben. Anschließend wurde die Ware weiterverkauft. Als der Letztkäufer der Lieferkette, der eine Teilmenge erworben hatte, vom Lagerhalter die Herausgabe der Ware verlangte, berief dieser sich darauf, dass der Erstverkäufer und Einlagerer die Ware wegen Nichtzahlung des Erstkaufpreises durch den in wirtschaftliche Schwierigkeiten geratenen Erstkäufer „gesperrt“ habe.
145 Vgl A Weber, Warenpapiere ohne Traditionsfunktion, 1978, S 254 f.
146 RGZ 76, 239, 241; BGHZ 6, 378, 381 f; BGH NJW 1971, 1608, 1609.
147 Vgl Hager, Die Gefahrtragung beim Kauf, 1982, S 152; A Weber, Warenpapiere ohne Traditionsfunktion, 1978, S 332.
148 Vgl Hamburg HansRZ 1918, 655 = OLGE 38, 209 (Einlagerung noch fast ein Jahr nach Übergabe des Lieferscheins).
149 Vgl RG Recht 1921 Nr 1329 (zur Übergabe eines Gepäckscheins); Staud/Beckmann Rz 32.
150 BGH NJW 1971, 1608, 1609.
151 Staud/Beckmann Rz 32.

anstelle einer Abholung der Ware vereinbart, dass sie in Zukunft für ihn verwahrt werden soll (sog Rücklagerung)[152]. Der Abschluss einer solchen **Rücklagerungsvereinbarung** steht der Übergabe der Ware gleich. Die Gefahr geht daher mit Wirksamwerden dieser Abrede auf den Käufer über. Erforderlich ist insoweit eine Vereinbarung zwischen Käufer und Lagerhalter. Die Anweisung des Verkäufers an den Lagerhalter, die Ware für den Käufer auszusondern und zu seiner Verfügung zu halten, kann dagegen aus den dargelegten Gründen einen Gefahrübergang nicht bewirken[153].

67 11. **Übergabe beim Verkauf einer Teilmenge des eingelagerten Gesamtbestands.** Beim Verkauf einer Teilmenge aus einem bei einem Lagerhalter eingelagerten Gesamtbestand ist die **Aussonderung** des für den Käufer vorgesehenen Teils für den Gefahrübergang nach § 446 Satz 1 nicht zwingend erforderlich[154]. Bei Vorliegen einer **kaufvertraglichen Vereinbarung** oder einer entsprechenden **Verkehrssitte** kann der Verkäufer seine Übergabeverpflichtung aus § 433 Abs 1 Satz 1 auch mit der Übergabe eines aus den oben dargelegten Gründen[155] generell geeigneten Papiers erfüllen, das über den **quantitativ abgegrenzten Teil** eines ungeteilten Bestands ausgestellt ist. Es besteht dann hinsichtlich der Gefahr eine ähnliche Lage wie im Fall einer zulässigen **Sammelsendung**[156]. Daher geht mit der Übergabe des Papiers, das über den quantitativ abgegrenzten Teil eines **ungeteilten Bestands** ausgestellt ist, die Gefahr gem § 446 Satz 1 auf den Käufer über[157]. Entscheidend ist, dass dieses Papier sich auf eine ausreichende **Gesamtmenge** bezieht und die in Bezug auf den konkreten Kauf für den Käufer bestimmte Teilmenge quantitativ abgrenzbar ist. Es besteht dann in Bezug auf den Gefahrübergang eine Lage, die mit einem **Versendungskauf** über Gattungsware bei Zulässigkeit einer **Sammelladung iSd HGB § 460 Abs 1** (Sammelsendung) vergleichbar ist[158]. Hier genügt für den Gefahrübergang nach § 447 Abs 1 die Übergabe einer Gesamtmenge, sofern der für den Käufer bestimmte Anteil darin enthalten und zumindest quantitativ abgrenzbar ist[159].

68 12. **Gefahrübergang beim Verkauf „rollender" oder „schwimmender" Ware.** Beim Verkauf „schwimmender" Ware erfolgt während der Beförderung durch **Seeschiff oder Binnenschiff** ein Verkauf oder Weiterverkauf. Häufig handelt es sich um Ware, die im Rahmen eines **Versendungskaufs** iSd § 447 verschifft und dann vom Käufer vor Ankunft im Bestimmungshafen weiterverkauft wird. Die Übergabe des vom Seefrachtführer ausgestellten und vom Verkäufer **indossierten Konnossements** iSd HGB § 515 hat allerdings – anders als ein Frachtbrief beim Lkw- oder Eisenbahntransport – aufgrund der **Einordnung dieses Warendokuments als Traditionspapier** gem HGB § 524 dieselben rechtlichen Wirkungen wie die Verschaffung des unmittelbaren Besitzes durch Übergabe der Kaufsache und führt demzufolge **gem § 446 Satz 1** zum Gefahrübergang[160]. Im Falle des Verkaufs der Ware während eines **Binnenschiffstransports** geht die Gefahr dann bereits vor Verschaffung des unmittelbaren Besitzes gem § 446 Satz 1 auf den Käufer über, wenn ein vom Frachtführer ausgestellter **Ladeschein iSd HGB § 443** übergeben wird[161]. Die Traditionswirkung des beim Binnenschiffstransport üblichen Ladescheins folgt aus **HGB § 448**. Die Gefahrtragungsregelung des § 446 Satz 1 ist hier direkt anwendbar, weil die in HGB § 524 und HGB § 448 geregelte Traditionsfunktion bei der **systematischen Auslegung** des in § 446 Satz 1 geregelten Übergabebegriffs zu berücksichtigen ist[162].

152 Vgl Hager, Die Gefahrtragung beim Kauf, 1982, S 151 f.

153 AA Hager, Die Gefahrtragung beim Kauf, 1982, S 151 f unter Berufung auf die Entscheidungen RGZ 49, 97 und RGZ 103, 151, die sich aber nicht mit dem Gefahrübergang, sondern nur mit der Frage des Übergangs des Eigentums an der eingelagerten Ware befassen.

154 Schiedsgericht des Waren-Vereins der Hamburger Börse, 2.5.1981, HSG E 2 b Nr 9; BeckOK/Faust Rz 8; aA Hager, Die Gefahrtragung beim Kauf, 1982, S 151 unter Hinweis auf RGZ 103, 151. Die Entscheidung RGZ 103, 151 bezieht sich aber lediglich auf die Eigentumsübertragung nach §§ 929, 931, die abgelehnt wurde. Dies ist in solchen Fällen aufgrund der Geltung des sachenrechtlichen Spezialitätsprinzips zutreffend.

155 Vgl Rz 62 ff.

156 Vgl dazu § 447 Rz 112 ff.

157 So auch BeckOK/Faust Rz 8; aA Hager, Die Gefahrtragung beim Kauf, 1982, S 150 f. Daher ginge in dem von Hager (Die Gefahrtragung beim Kauf, 1982, S 149 f) zum englischen Recht erörterten Fall Sterns Ltd v Vickers Ltd des Court of Appeal ([1923] 1 K B 78) auch bei Anwendbarkeit des § 446 die Gefahr mit Übergabe des vom Lagerhalter über die verkaufte Teilmenge von 120.000 Gallonen Weingeist ausgestellten „delivery warrant" (Lagerscheins) auf den Käufer über. Die vom Verkäufer eingelagerte Gesamtmenge Weingeist betrug 200.000 Gallonen. Einige Monate später und vor tatsächlicher Aushändigung der Ware an den Käufer verdarb die Gesamtmenge. Entscheidend für die Bejahung des Gefahrübergangs nach § 446 Satz 1 in einer derartigen Fallkonstellation ist, dass der Lagerhalter im „delivery warrant" die Auslieferung der Ware an den Verkäufer oder dessen Rechtsnachfolger verspricht (vgl Hager, Die Gefahrtragung beim Kauf, 1982, S 150). Es handelt sich also nicht um die Übergabe einer bloßen Weisung des Verkäufers an den Lagerhalter, vgl dazu oben Rz 63 ff.

158 Vgl dazu § 447 Rz 112 ff, 134 f.

159 Vgl § 447 Rz 112 ff.

160 RGZ 52, 352, 354; LG Mannheim LZ 1916, 492; Schiedsgericht der Hamburger freundschaftlichen Arbitrage, 23.6.1971, HSG E 2 b Nr 5. Vgl zu den Einzelheiten § 447 Rz 74 ff.

161 Vgl zu den Einzelheiten § 447 Rz 74 ff.

162 Vgl zu den Einzelheiten § 447 Rz 74 ff.

Im Falle des Verkaufs „rollender“ Ware geht es um Kaufgegenstände, die – auch hier oft auf Grundlage eines Versendungskaufs – einem Eisenbahnunternehmen für den **Transport per Bahn** oder einem Spediteur/Frachtführer für den **Lkw-Transport** übergeben worden sind und dann vom Empfänger, der idR der Käufer ist, vor Ablieferung der Ware am Bestimmungsort an einen Dritten weiterveräußert werden. Hier geht die Gefahr **analog § 447** zu dem Zeitpunkt auf den Käufer über, zu dem eine an den Beförderer (Bahnunternehmen oder Spediteur/Frachtführer) gerichtete **Umleitungsanweisung des Verkäufers** wirksam wird durch Zugang iSd § 130[163]. Die Regelung des § 446 Satz 1 ist hier deshalb nicht Rechtsgrundlage des Gefahrübergangs, weil der beim Bahn- oder Straßentransport (Landtransport) vom Frachtführer ausgestellte **Frachtbrief** – anders als das Konnossement beim Seetransport und der Ladeschein beim Transport per Binnenschiff – **kein Traditionspapier** darstellt[164]. Die Anweisung des Verkäufers an den Frachtführer, die soeben verkaufte „rollende“ Ware nunmehr an den Käufer umzuleiten und auszuliefern, steht – wie eine derartige Anweisung an den Lagerhalter bei vom Verkäufer **eingelagerter Ware**[165] – der tatsächlichen Übergabe der Ware nicht gleich und führt daher nicht zu einem Gefahrübergang nach § 446 Satz 1[166]. Nach dieser Vorschrift kann hier die Gefahr nur durch **Übergabe der Ware am Bestimmungsort** auf den Käufer übergehen. Dies wird aber nur dann relevant, wenn keine Umleitungsanweisung erteilt wurde und daher nicht analog § 447 der Gefahrübergang bereits während der Beförderung eingetreten ist. 69

13. **Gefahrübergang beim Verkauf eines vermieteten oder verpachteten Grundstücks.** 70
Wird ein Grundstück verkauft, das langfristig an einen Dritten vermietet oder verpachtet ist, so kann die nach § 433 Abs 1 Satz 1 vom Verkäufer geschuldete Übergabe dadurch ersetzt werden, dass der Verkäufer dem Käufer die **Rechte aus dem Miet- oder Pachtvertrag überträgt**. In einem solchen Fall geht – bei Fehlen einer besonderen kaufvertraglichen Abrede – die Gefahr im Zweifel gem § 446 Satz 1 zu dem Zeitpunkt auf den Käufer über, zu dem diese Abtretung wirksam wird[167]. Es handelt sich hier aber nicht um eine analoge Anwendung des § 446 Satz 1. Aufgrund der generellen Dispositivität des § 446 Satz 1[168] können die Kaufvertragsparteien vielmehr – anders als in Bezug auf die Übergabe iSd § 929 Satz 1 – vertraglich festlegen, dass der Verkäufer seine Liefer- und Übergabeverpflichtung nicht durch Übertragung des unmittelbaren Besitzes, sondern mit **Einräumung des mittelbaren Besitzes** erfüllt. Der für § 433 Abs 1 Satz 1 vertraglich festgelegte Inhalt der Übergabeverpflichtung des Verkäufers ist dann auch für den **Übergabebegriff des § 446 Satz 1** maßgebend. Kraft Parteivereinbarung ist diese Einräumung des mittelbaren Besitzes die kaufvertraglich geschuldete Übergabe des Grundstücks.

Der Gefahrübergang erfolgt beim Grundstückskauf spätestens dann, wenn der Käufer gem § 566 Abs 1 bei Wohnraum, gem § 578 Abs 2 bei Geschäftsräumen und gem § 578 Abs 1 mit Vollzug des Eigentumserwerbs durch **Eintragung des Eigentümerwechsels im Grundbuch** anstelle des Verkäufers in den Miet- oder Pachtvertrag eintritt. Die Verschaffung des mittelbaren Besitzes führt aber dann noch nicht zum Gefahrübergang nach § 446 Satz 1, wenn der Verkäufer nach dem geschlossenen Kaufvertrag in Übereinstimmung mit § 433 Abs 1 Satz 1 die Einräumung des unmittelbaren Besitzes schuldet und dem Käufer zunächst einmal nur den mittelbaren Besitz verschafft[169]. 71

14. **Gefahrübergang durch Vereinbarung eines Besitzkonstituts – insbes Sale-and-Lease-back-Vertrag.** Bei Vereinbarung eines Besitzkonstituts iSd § 868 bleibt der **Verkäufer unmittelbarer Besitzer** der Kaufsache und der Käufer erwirbt den **mittelbaren Besitz**[170]. Bei beweglichen Sachen kann das Besitzkonstitut gem § 930 die für den Eigentumsübergang nach § 929 erforderliche Übergabe, dh die Verschaffung des unmittelbaren Besitzes, ersetzen. Besitzrechtlich wandelt sich – auch beim Verkauf von Grundstücken – aufseiten des Verkäufers der unmittelbare Eigenbesitz in unmittelbaren Fremdbesitz um. Klassischer Fall ist der Kauf eines Grundstücks mit gleichzeitiger Vereinbarung einer **Vermietung an den Verkäufer**. Die Vereinbarung eines Besitzmittlungsverhältnisses (§ 868) zum Zwecke der Erfüllung der Lieferverpflichtung des Verkäufers aus § 433 Abs 1 Satz 1 ist in der Praxis zwar eher die Ausnahme. Anzutreffen 72

163 BGHZ 50, 32, 36 f; vgl zu den Einzelheiten § 447 Rz 70 ff.
164 Vgl dazu § 447 Rz 70 ff und zum Verkauf „schwimmender“ Ware § 447 Rz 74 ff.
165 Vgl dazu oben Rz 63 ff.
166 Vgl zu den Einzelheiten § 447 Rz 70 ff.
167 BeckOK/Faust Rz 8; so unter der Voraussetzung der Zuweisung der vollen wirtschaftlichen Nutzung im Rahmen der Abtretung des Herausgabeanspruchs an den Käufer auch Staud/Beckmann Rz 30; MünchKomm/Westermann Rz 7; vgl hierzu auch Rz 61.
168 Vgl dazu Rz 110 und zur Ausnahme bei Vorliegen eines Verbrauchsgüterkaufs Rz 111.
169 Erman/Grunewald Rz 5.
170 Vgl auch Hager, Die Gefahrtragung beim Kauf, 1982, S 76.

ist diese Konstellation aber insbes beim Sale-and-Lease-back-Vertrag[171]. Der Gefahrübergang tritt hier nach § 446 Satz 1 ein, sobald der Verkäufer durch **Begründung eines Besitzmittlungsverhältnisses** als unmittelbarer Besitzer, und zwar jetzt als unmittelbarer Fremdbesitzer, dem Käufer den Besitz mittelt[172]. Diese Ausübung der tatsächlichen Sachherrschaft durch den Verkäufer für den Käufer als **mittelbaren „Oberbesitzer"** rechtfertigt die Annahme, dass die Kaufvertragsparteien den Beginn dieser Besitzmittlung und den damit verbundenen Wechsel des Verkäufers in die **Fremdbesitzerstellung** als Übergabe der Kaufsache iSd § 446 Satz 1 ansehen. Es handelt sich dann um ein „gefahrübertragendes Besitzkonstitut"[173]. Aufgrund der generellen **Dispositivität des § 446 Satz 1** ist dies im Rahmen der Vertragsfreiheit möglich mit der Folge, dass auch in dieser Fallkonstellation der **Übergabebegriff bei der Gefahrtragung** weiter ist als der des § 929 Satz 1. Die grundsätzliche Verpflichtung des Verkäufers aus § 433 Abs 1 Satz 1 zur Verschaffung des unmittelbaren Besitzes iSd § 854 wird kaufvertraglich durch die Begründung eines Miet- oder Leihverhältnisses modifiziert. Die Begründung des Besitzkonstituts ersetzt die gesetzlich prinzipiell geschuldete Art der Übergabe und führt ebenso wie diese zum Gefahrübergang nach § 446 Satz 1[174]. Ob das Besitzkonstitut **beim Verkauf einer beweglichen Sache** gem § 930 gleichzeitig zum Eigentumsübergang führt, ist für den Übergang der Gefahr nach § 446 Satz 1 ohne Bedeutung. Auf den **Grundstückskauf** ist § 930 ohnehin nicht anwendbar. Die Gefahr geht hier – wie beim Kauf einer beweglichen Sache – auch dann auf den Käufer über, wenn das Grundstück an den Verkäufer zurückvermietet oder zurückverliehen wird und die dem Verkäufer obliegende Lieferverpflichtung aus § 433 Abs 1 Satz 1 sich darin erschöpfen soll[175].

73 Bei Vorliegen eines **Verbrauchsgüterkaufs** ist das **gefahrübertragende Besitzkonstitut** mit § 476 Abs 1 vereinbar. Denn eine solche Vereinbarung verschiebt nicht zu Lasten des Käufers (Verbrauchers) den für das Eingreifen der Sachmängelhaftung maßgeblichen Zeitpunkt, sondern modifiziert vielmehr bereits die dem Verkäufer gem § 433 Abs 1 Satz 1 obliegende Liefer- und Übergabepflicht. Der sich danach ergebende Zeitpunkt des Gefahrübergangs wird nicht zum Nachteil des Käufers vertraglich verändert[176].

74 15. **Eigentumserwerb des Käufers nach § 930 oder § 931 und Vereinbarung einer späteren Übergabe der Kaufsache.** Zu einer Übereignung nach § 930 kommt es nicht nur im Falle einer beabsichtigten unmittelbaren **Rückvermietung der Kaufsache** an den Verkäufer, sondern auch dann, wenn der Verkäufer im Moment noch nicht zur Übergabe in der Lage ist oder dafür einen gewissen Zeitraum benötigt. Eine entsprechende Situation besteht, sofern derartige Umstände aufseiten eines Dritten gegeben sind, der die Kaufsache bislang auf Grundlage eines Mietvertrags oder eines sonstigen vertraglichen Schuldverhältnisses genutzt hat. Aufgrund der generellen Unabhängigkeit des Gefahrübergangs nach § 446 Satz 1 vom Eigentumserwerb des Käufers[177] führt auch in diesen Fällen der Übereignung nach § 930 oder § 931 die **Erlangung des mittelbaren Besitzes** nicht ohne weiteres zum Gefahrübergang. Der wesentliche Unterschied im Vergleich zum Fall der Vereinbarung einer Rückvermietung besteht darin, dass die Übergabe alsbald nach Wegfall des Hindernisses erfolgen soll und nicht durch die Begründung eines Schuldverhältnisses ersetzt wird, das den Verkäufer zur Nutzung der Sache auf Grundlage des unmittelbaren Besitzes berechtigt. Entscheidend für die Frage des Gefahrübergangs im Falle der Übereignung nach § 930 oder § 931 ist nicht die Dauer der vertraglichen **Aufrechterhaltung des unmittelbaren Besitzes** des Verkäufers. Es kommt vielmehr darauf an, ob die Vereinbarung des Besitzkonstituts die dispositive gesetzliche Verpflichtung des Verkäufers aus § 433 Abs 1 Satz 1 zur Verschaffung des unmittelbaren Besitzes ersetzen soll, und zwar in der Weise, dass die Rechtsgrundlage für eine spätere Übergabe der Sache an den Käufer allein in der **Beendigung des Mietvertrags** oder des sonstigen vertraglichen Schuldverhältnisses zu sehen ist[178]. Dann ist eine Übergabe iSd § 446 Satz 1 zu bejahen. Der Zeitraum der Belassung des unmittelbaren Besitzes beim Verkäufer kann insoweit ein wichtiges Indiz sein.

75 Wenn die Übergabe wegen eines temporären Hindernisses oder eines ähnlichen Umstands erst später vorgenommen werden soll und der Käufer **zum Zwecke der Sicherung seines Übereignungsanspruchs** das Eigentum vorab durch Besitzkonstitut (zB Abrede der Verwahrung, des „Zurücklegens" uÄ) nach § 930 oder mit Wirksamwerden der Abtretung des Herausgabeanspruchs gem § 931 erhält, dann bleibt der Verkäufer gem § 433 Abs 1 Satz 1 zur Übergabe

171 Vgl dazu BGHZ 109, 250; Erman/Dickersbach Rz 8 Anhang § 535; MünchKomm/Koch/Harnos Rz 13 Anh § 515; Staud/Stoffels Leasing Rz 30; BeckOK/Zehelein § 535 Rz 75.
172 Erman/Grunewald Rz 5; BeckOK/Faust Rz 8; Hager, Die Gefahrtragung beim Kauf, 1982, S 78.
173 Vgl zum Begriff Hager, Die Gefahrtragung beim Kauf, 1982, S 78.
174 Erman/Grunewald Rz 5; BeckOK/Faust Rz 8.
175 Vgl Staud/Beckmann Rz 29; Filios, Die Gefahrtragung beim Kauf im Rahmen des Synallagmas, 1964, S 68 f (analog § 446).
176 Vgl zu den Einzelheiten unten Rz 111.
177 Vgl dazu oben Rz 12 f.
178 Vgl oben Rz 72.

verpflichtet. Die Gefahr geht daher nicht durch den Eigentumserwerb auf den Käufer über[179]. Es handelt sich hier nicht um ein gefahrübertragendes Besitzkonstitut[180]. Beim **Verbrauchsgüterkauf** gelten hier keine Besonderheiten, weil durch das Hinausschieben des Gefahrübergangs die **Sachmängelhaftung des Verkäufers** nicht eingeschränkt, sondern durch Verschiebung des nach § 434 Abs 1 maßgeblichen Zeitpunkts erweitert wird[181].

16. **Übergabe beim Verkauf einer Sache in Käuferbesitz**. Wird eine Sache verkauft, die sich bereits aufgrund von Miete, Verwahrung oder Leihe im unmittelbaren Besitz des Käufers befindet, so ist davon auszugehen, dass die Gefahr grundsätzlich gem § 446 Satz 1 mit wirksamem **Abschluss des Kaufvertrags** auf den Käufer übergeht[182]. Der Zeitpunkt des **Eigentumsübergangs** ist für den Gefahrübergang unerheblich. Es handelt sich auch hier nicht um eine analoge Anwendung des § 446 Satz 1. Die Kaufvertragsparteien verändern vielmehr aufgrund des aufseiten des Käufers schon bestehenden unmittelbaren Besitzes vertraglich die dispositive Liefer- und Übergabepflicht des Verkäufers und diese Vereinbarung führt zu einer entsprechenden **Modifikation des Übergabebegriffs** des § 446 Satz 1. Die Parteien sehen hier den Zeitpunkt des Wirksamwerdens des Kaufvertrags auch als Übergabe iSd § 446 Satz 1 und damit als maßgebend für den Gefahrübergang an. Bei beweglichen Sachen führt diese kaufvertragliche Abrede regelmäßig zum Eigentumserwerb des Käufers als unmittelbaren Besitzer nach § 929 Satz 2. 76

Den Kaufvertragsparteien steht es im Falle des unmittelbaren Besitzes des Käufers selbstverständlich frei, nicht den Zeitpunkt des Wirksamwerdens des Kaufvertrags, sondern einen **abweichenden Termin** als entscheidend für den Gefahrübergang nach § 446 anzusehen. Wird zB zwischen dem vermietenden Eigentümer und dem Mieter im Laufe eines Jahres vereinbart, dass das vermietete Grundstück mit Wirkung zum 1. Januar des folgenden Jahres an den Mieter verkauft sein soll, so trägt der Mieter/Käufer die Gefahr ab dem 1. Januar dieses folgenden Jahres. Bei Vorliegen eines **Verbrauchsgüterkaufs** sind auch derartige Vereinbarungen mit § 476 Abs 1 vereinbar, weil der Zeitpunkt des Gefahrübergangs lediglich eine Folge des Wirksamwerdens der kaufvertraglichen Ersetzung des Mietverhältnisses durch das auf den Mietgegenstand bezogene Kaufgeschäft ist. 77

17. **Zeitpunkt der Übergabe beim Kaufvertrag mit Montageverpflichtung**. Beim Kaufvertrag mit Montageverpflichtung ist die Übergabe iSd § 446 jedenfalls dann zu bejahen, wenn die Montage der vom Verkäufer angelieferten Sache abgeschlossen ist[183]. Problematisch ist die Konstellation, in der die Kaufsache nach Anlieferung, aber **vor Montage durch Zufall untergeht oder verschlechtert** wird[184]. Der Gefahrübergang tritt nicht in jedem Fall erst mit der Vollendung der Montage ein[185]. Für den Gefahrübergang in Bezug auf die beim Käufer angelieferte, aber noch nicht montierte Sache ist entscheidend, ob der Käufer die **uneingeschränkte Sachherrschaft** erlangt hat[186]. Wenn also die Kaufsache bspw im Paket beim Käufer in dessen Haus oder Wohnung angeliefert wird, dann ist aufgrund seiner uneingeschränkten Sachherrschaft eine Übergabe zu bejahen mit der Folge, dass er auch schon vor der Montage das **Diebstahls- und Verschlechterungsrisiko** trägt. Unerheblich ist insoweit, dass der Käufer die Sache erst nach der Montage nutzen kann[187]. Bei Anlieferung der zu montierenden Kaufsache auf einer **Baustelle** kommt es für die Übergabe iSd § 446 Satz 1 darauf an, ob der Käufer in Bezug auf die Baustelle einschließlich Baugeräten sowie Materialien die **Sachherrschaft** innehat und daher für die Absicherung der Baustelle gegen Diebstahl und sonstige äußere Einwirkungen zuständig ist[188]. 78

18. **Übergabe beim Verkauf von EDV-Anlagen und Computerprogrammen (Software)**. Beim Kauf von EDV-Anlagen und Computersoftware gelten die für den Liefervertrag mit Montageverpflichtung dargelegten Grundsätze[189] sinngemäß. Die Übergabe iSd § 446 Satz 1 liegt daher – anders als die für die Verjährung der Gewährleistungsansprüche entscheidende **Ablieferung iSd § 438 Abs 3** – nicht erst dann vor, wenn alle Programme installiert sind und ein **Probelauf störungsfrei durchgeführt** wurde. Sind diese Voraussetzungen gegeben, so ist allerdings selbstverständlich eine Übergabe zu bejahen. Problematisch ist auch beim Computerkauf 79

179 Staud/Beckmann Rz 30; BeckOK/Faust Rz 8; Hager, Die Gefahrtragung beim Kauf, 1982, S 78.
180 Vgl Hager, Die Gefahrtragung beim Kauf, 1982, S 78.
181 Vgl dazu unten Rz 111.
182 Staud/Beckmann Rz 25; Erman/Grunewald Rz 6; BeckOGK/Tröger Rz 35; BeckOK/Faust Rz 9.
183 Erman/Grunewald Rz 6; MünchKomm/Westermann Rz 7.
184 Vgl dazu LG Freiburg BeckRS 2014, 05281 (Diebstahl von auf der Baustelle angelieferten Modulen für eine Photovoltaikanlage vor der Montage); Erman/Grunewald Rz 6.
185 LG Freiburg BeckRS 2014, 05281; Erman/Grunewald Rz 6; MünchKomm/Westermann Rz 7.
186 LG Freiburg BeckRS 2014, 05281.
187 Unklar insoweit LG Freiburg BeckRS 2014, 05281.
188 Im Fall des LG Freiburg (BeckRS 2014, 05281) bestand nach den Feststellungen des Gerichts zum Zeitpunkt des Diebstahls keine ungehinderte Einwirkungsmöglichkeit.
189 Vgl dazu oben Rz 78.

der Fall, dass die Ware (Hardware und/oder Software auf körperlichen Datenträgern) im Betrieb oder in der Wohnung des Käufers angeliefert wird und dann dort vor der **endgültigen Installation** durch Zufall untergeht und verschlechtert wird. Da der Käufer hier schon vor der Fertigstellung der Installation die **uneingeschränkte Sachherrschaft** erlangt und nur er in der Lage ist, die, wenn auch noch verpackte, Ware gegen Diebstahl und sonstige äußere Einwirkungen zu schützen, ist in der Übergabe der Ware trotz noch fehlender Installation eine Übergabe iSd § 446 Satz 1 zu sehen[190]. Dass der Käufer die Anlage vor endgültiger Installation der Programme, Einweisung und Probelauf jedenfalls nicht im vereinbarten Umfang nutzen kann, steht der für die Übergabe maßgeblichen Sachherrschaft mit der Möglichkeit, **Maßnahmen zum Schutz der Ware** zu ergreifen, nicht entgegen.

80 19. **Gefahrübergang beim Verkauf von Schiffen und Schiffsbauwerken.** – a) **Binnenschiffe und Schiffsbauwerke.** Im **Binnenschiffsregister** eingetragene Schiffe und im **Schiffsbauregister** eingetragene Schiffsbauwerke werden wie **Grundstücke** übereignet. Nach **SchRG § 3 Abs 1** sind zur Übertragung des Eigentums an einem im Binnenschiffsregister eingetragenen Schiff die **Einigung** des Eigentümers und des Erwerbers hierüber sowie die **Eintragung** des Eigentumsübergangs in das **Binnenschiffsregister** erforderlich. Unter den Voraussetzungen des **SchRG § 78** gilt SchRG § 3 Abs 1 sinngemäß für Schiffsbauwerke. Im Falle des Verkaufs eines Schiffs oder Schiffsbauwerks ging gem **§ 446 Abs 2 aF** die Gefahr mit der Eintragung über, sofern nichts Abweichendes vereinbart worden und die Gefahr nicht schon vorher durch Übergabe oder Übergabesurrogat übergegangen war. Als ungeschriebene Voraussetzung griff aber Platz, dass die Eintragung zum **Eigentumserwerb des Käufers** führte. Aufgrund der im Rahmen des SMG 2002 erfolgten Streichung des § 446 Abs 2 aF kommt es nunmehr beim Kauf von eingetragenen Binnenschiffen und Schiffsbauwerken für den Gefahrübergang gem § 446 Satz 1 allein auf die **Übergabe** des betreffenden Gegenstands an, sofern keine abweichende Vereinbarung getroffen wurde.

81 **Nicht eingetragene** Binnenschiffe und Schiffsbauwerke werden zwar nach den §§ 929 ff übereignet. Dies führt aber nicht zu einem Unterschied bei der Frage des Gefahrübergangs, dh, grundsätzlich ist gem § 446 Satz 1 die Verschaffung des unmittelbaren Besitzes erforderlich. Insbes im Falle des Verkaufs eines **Schiffsbauwerks** kann es – auch im Falle einer Registereintragung – so sein, dass der Verkäufer nur mittelbarer Besitzer ist und dem Käufer nur diese Besitzposition verschaffen kann. Für den Gefahrübergang kommt es hier nach allgemeinen Grundsätzen[191] darauf an, ob der Verkäufer nach dem konkreten Kaufvertrag seine **Lieferverpflichtung aus § 433 Abs 1 Satz 1** in vollem Umfang erfüllt. Der auf diese Verkäuferpflicht bezogene Inhalt des Kaufvertrags ist dann auch für den Gefahrübergang nach § 446 Satz 1 maßgebend, dh, die Verschaffung des mittelbaren Besitzes genügt.

82 b) **Eingetragene und nicht eingetragene Seeschiffe.** Nach SchRG § 2 Abs 1 ist zur Übertragung des Eigentums an einem im **Seeschiffsregister** eingetragenen Schiff erforderlich und genügend, dass der Eigentümer und der Erwerber darüber einig sind, dass das Eigentum auf den Erwerber übergehen soll. Die **Registereintragung des Erwerbers** hat nur deklaratorische Bedeutung. Die Übereignung nicht im Seeschiffsregister eingetragener Seeschiffe richtet sich nach § 929a. Gem § 929a Abs 1 ist eine Übergabe nicht erforderlich, wenn der Eigentümer und der Erwerber darüber einig sind, dass das Eigentum sofort übergehen soll. Aufgrund des **Wegfalls des § 446 Abs 2 aF**, der bei eingetragenen Schiffen den Gefahrübergang an die Registereintragung knüpfte, sofern diese vor der Übergabe erfolgte, richtet sich der Zeitpunkt des Übergangs der Gefahr auf den Käufer nunmehr ausschließlich nach § 446 Satz 1. Entscheidend ist daher grundsätzlich nur die **Übergabe** des Seeschiffs an den Käufer. Unproblematisch ist dies, soweit ein **im Hafen liegendes Seeschiff** übergeben wird. Die Einräumung des unmittelbaren Besitzes am Schiff erfolgt hier nicht anders als bei einem Grundstück. Wird ein auf hoher See **fahrendes Schiff** verkauft und sofort durch Einigung iSd SchG § 2 Abs 1 bzw § 929a übereignet, so kommt es für den Gefahrübergang darauf an, ob ein Übergang der **tatsächlichen Gewalt über das Schiff** zu diesem Zeitpunkt ausdrücklich vereinbart ist oder sich aus den Umständen ergibt. Wichtiges Indiz hierfür ist die **Erlangung der Weisungsbefugnis** gegenüber dem Kapitän und der Schiffsbesatzung. Im Zweifel ist anzunehmen, dass nach dem Willen der Kaufvertragsparteien der Eigentumserwerb auch für die Erlangung der Sachherrschaft iSd § 446 Satz 1 entscheidend ist. Befindet sich das Seeschiff in einer Werft, so gelten die für den Gefahrübergang durch **Erwerb des mittelbaren Besitzes** dargelegten Grundsätze[192] entsprechend. Sofern die Parteien hier vereinbaren, dass sich die Lieferverpflichtung des Verkäufers aus § 433 Abs 1 Satz 1 auf Verschaffung des mittelbaren Besitzes durch **Abtretung des Herausgabeanspruchs** gegen das

190 So iE auch Erman/Grunewald Rz 6; einschränkend wohl MünchKomm/Westermann Rz 7.
191 Vgl dazu oben Rz 70 f.
192 Vgl oben Rz 70 f.

Werftunternehmen beschränkt, ist der Zeitpunkt des Wirksamwerdens dieser Verfügung für den Gefahrübergang nach § 446 Satz 1 maßgebend.

20. **Beweislast bezüglich der Übergabe**. Die **Beweislast** dafür, dass eine dem § 446 Satz 1 entsprechende Übergabe erfolgt ist und die Ware zu diesem Zeitpunkt vollständig und unbeschädigt war, trifft den **Verkäufer**[193]. Der Übergang der Preisgefahr ist ein für den Verkäufer günstiger Tatbestand im Sinne der **Rosenbergschen Formel**, nach der eine Partei die Tatbestandsvoraussetzungen der für sie günstigen Normen beweisen muss[194]. Die Beweislast für **Vollständigkeit und vertragsmäßige Beschaffenheit iSd § 434** kehrt sich allerdings gem **§ 363** um, wenn der Käufer die Ware **als Erfüllung** annimmt[195]. Er trägt dann die Beweislast dafür, dass ein zufälliger Untergang oder eine zufällige Verschlechterung entweder schon vor der Übergabe erfolgt ist oder auf einem vom Verkäufer zu vertretenden Umstand beruht. Zu einer solchen Beweislastumkehr kann es auch dadurch kommen, dass der Käufer durch **verzögerte Annahme** den Beweis vereitelt oder erschwert hat[196]. 83

IV. Gefahrübergang durch Annahmeverzug des Käufers (§ 446 Satz 3)

1. **Voraussetzungen des Annahmeverzugs**. – a) **Tatsächliches Angebot der Kaufsache (§ 294)**. Nach dem durch das SMG 2002 eingefügten § 446 Satz 3 steht der Annahmeverzug des Käufers der Übergabe iSd § 446 Satz 1 gleich und führt ebenso wie diese zum Gefahrübergang. Es handelt sich insoweit aber lediglich um eine **deklaratorische Klarstellung** der bereits von **§ 326 Abs 2** angeordneten Rechtsfolge[197]. Die Voraussetzungen des Annahmeverzugs richten sich nach den allgemeinen Vorschriften der §§ 293 ff. Der Käufer trägt daher grundsätzlich auch dann die **Preisgefahr**, wenn die Übernahme der Ware aus einem Grund unterbleibt, den er nicht zu vertreten hat (zB Krankheit oder sonstiger Ausfall von Personal oder Hilfsmittel). Ein Gefahrübergang erfolgt dagegen in dem Fall nicht, in dem der Käufer die Annahme der Sache wegen **Vorliegens eines Sachmangels** verweigert[198]. Denn der Verkäufer ist nach § 433 Abs 1 Satz 2 zu einer mangelfreien Lieferung verpflichtet und kann daher dem Käufer mit einer mangelhaften Sache kein wirksames **tatsächliches Angebot** iSd § 294 unterbreiten, das geeignet ist, den Annahmeverzug des Käufers zu begründen. Es greift hier vielmehr die Regelung des **§ 297** Platz, nach der ein Annahmeverzug ausgeschlossen ist, wenn der Verkäufer zum maßgeblichen Zeitpunkt außerstande ist, die geschuldete Leistung vertragsgemäß zu bewirken. Die Lieferverpflichtung des Verkäufers umfasst gem § 433 Abs 1 Satz 2 auch die **Fehlerfreiheit der Kaufsache**. 84

b) **Wörtliches Angebot und kalendermäßige Bestimmung des Liefertermins (§§ 295, 296)**. Nach § 295 Satz 1 genügt für den Annahmeverzug des Käufers ein **wörtliches Angebot des Verkäufers** insbes dann, wenn der Käufer eine **Annahmeverweigerung** erklärt hat oder eine vereinbarte Abholung der Sache nicht vornimmt. Ist für die Abholung oder eine sonstige lieferbezogene Mitwirkungshandlung des Käufers eine **Zeit nach dem Kalender bestimmt**, so tritt gem § 296 Satz 1 der Annahmeverzug des Käufers im Falle der Unterlassung ohne weiteres ein, dh, ein besonderes Angebot des Verkäufers ist hier entbehrlich. Aber auch die besonderen Tatbestände der §§ 295, 296 führen in dem Fall nicht zum Annahmeverzug des Käufers, in dem wegen Vorliegens eines Sachmangels die von § 297 geforderte **Leistungsfähigkeit des Verkäufers** nicht gegeben ist[199]. Eine Ausnahme ist jedoch gem § 242 für **unerhebliche Sachmängel** anzuerkennen, die ohne weiteres beim Käufer durch **Nachbesserung** seitens des Verkäufers behoben werden können und den Käufer im Falle des **Fehlschlagens** nur zu einer Minderung, nicht aber zum Rücktritt berechtigen würden (§§ 323 Abs 5 Satz 2, 441 Abs 1 Satz 2)[200]. 85

2. **Umfang des Gefahrübergangs bei Annahmeverzug des Käufers – Bedeutung der Haftungsprivilegierung des § 300 Abs 1**. Nach § 446 Satz 3 steht der Annahmeverzug des Käufers in Bezug auf den Eintritt des Gefahrübergangs der Übergabe iSd § 446 Satz 1 in vollem Umfang gleich. Insbes wird durch § 446 nicht angeordnet, dass im Falle einer **grob fahrlässigen Beschädigung der Kaufsache** durch den Verkäufer nach Entstehung des Annahmeverzugs des Käufers die Gefahr insoweit an den Verkäufer zurückfällt und einen **Sachmangel iSd § 434** mit 86

193 Staud/Beckmann Rz 24; BeckOGK/Tröger Rz 69.
194 Vgl dazu Rosenberg, Die Beweislast, 1965[5], S 98 ff; Musielak/Voit/Foerste, ZPO, 2023[20], § 286 Rz 34.
195 Staud/Beckmann Rz 24.
196 Vgl Schiedsgericht des Warenvereins der Hamburger Börse, 6.10.1975, HSG E 2 b Nr 7.
197 Vgl Begr Gesetzentwurf, BT-Drucks 14/6040, S 240; MünchKomm/Westermann Rz 8; Lorenz/Riehm, Lehrbuch zum neuen Schuldrecht, 2002, Rz 478; aA Staud/Beckmann Rz 43 (eingeschränkte Bedeutung als speziellere Vorschrift).
198 Erman/Grunewald Rz 11 vor § 437; Lamprecht ZIP 2002, 1790, 1792.
199 Erman/Grunewald Rz 11 vor § 437.
200 RGZ 53, 70, 74; BGH BB 1957, 92; Erman/Grunewald § 433 Rz 56; Lamprecht ZIP 2002, 1790, 1792; Oechsler NJW 2004, 1825, 1827; aA BeckOK/Faust § 433 Rz 43.

der Folge des Vorrangs des Gewährleistungsrechts einschließlich Nacherfüllung begründet. Eine grob fahrlässige Beschädigung der Kaufsache durch den Verkäufer nach Gefahrübergang führt daher auch dann nicht zur **Anwendbarkeit der §§ 437 ff**, wenn dieser Übergang gem § 446 Satz 3 durch Annahmeverzug des Käufers eingetreten ist[201]. Beschädigt der Verkäufer die Sache in dieser Fallkonstellation grob fahrlässig, so haftet er wegen **Nebenpflichtverletzung** gem §§ 280 Abs 1, 300 Abs 1 auf Schadensersatz[202]. Der Verkäufer muss dem Käufer die Kaufsache zwar trotz des Annahmeverzugs nach wie vor zum Zwecke der Erfüllung seiner Lieferverpflichtung aus § 433 Abs 1 übergeben. Aufgrund des eingetretenen Gefahrübergangs bezieht sich die Primärleistungspflicht des Verkäufers aber nicht mehr auf die Mangelfreiheit, so dass der Schadensersatzanspruch des Käufers keine auf die Mangelbeseitigung bezogene Fristsetzung nach § 281 Abs 1 voraussetzt[203]. Handelt es sich um eine **Gattungssache** und bietet der Verkäufer aufgrund der grob fahrlässigen Beschädigung eine **Ersatzlieferung**, so wird der Käufer allerdings im Rahmen der ihm gem **§ 254 Abs 2** obliegenden **Schadensminderungspflicht** gehalten sein, dieses Angebot anzunehmen. Entsprechendes gilt, wenn im Falle der Stückschuld eine Reparatur möglich ist und vom Verkäufer angeboten wird.

V. Zufälliger Untergang und zufällige Verschlechterung des Kaufgegenstands

87 1. **Zerstörung und Abhandenkommen**. Nach dem Wortlaut des § 446 Satz 1 bezieht sich der **Gefahrbegriff** zwar nur auf den zufälligen Untergang und die zufällige Verschlechterung der Kaufsache. Die Norm darf aber nicht so verstanden werden, als wären nur **physische Veränderungen** erfasst, während andere Sachrisiken zwischen Gefahrübergang und Eigentumserwerb des Käufers weiterhin den Verkäufer träfen. So ist § 446 Satz 1 auch in dem Fall anzuwenden, in dem der Kaufgegenstand – ohne Eintritt eines Untergangs im Sinne einer Zerstörung – dem Käufer nach der Übergabe schlicht abhanden kommt[204]. Praktische Relevanz hat insoweit insbes der Diebstahl der Kaufsache nach Übergabe iSd § 446 Satz 1 oder Annahmeverzug des Käufers nach § 446 Satz 3. Das **Diebstahlrisiko** ist ein typischer und stets anerkannter Bestandteil der in §§ 446, 447 geregelten **Preisgefahr**[205]. So wird zB der **Vorbehaltskäufer** von seiner Pflicht zur Kaufpreiszahlung nicht dadurch befreit, dass ihm die Sache ohne sein Verschulden gestohlen wird[206]. Auch die **Unterschlagung** des Kaufgegenstands ist ein klassischer Fall der Realisierung einer Gefahr iSd §§ 446, 447.

88 Angestellte des Käufers, in deren tatsächliche Sachherrschaft der Kaufgegenstand gelangt ist, sind zwar nicht Besitzer, sondern nur **Besitzdiener** iSd § 855. Strafrechtlich begehen sie aber keinen Diebstahl (StGB § 242), sondern idR eine Unterschlagung (StGB § 246), wenn sie unter Ausnutzung der alleinigen tatsächlichen Sachherrschaft die Kaufsache entwenden, dh eigenmächtig und rechtswidrig dem Käufer entziehen. Die Verwirklichung eines derartigen Straftatbestands ist aber nicht Voraussetzung für die Anwendung des §§ 446, 447 im Falle einer unbefugten Verfügung über die Sache. Auch die **Weiterveräußerung durch einen Dritten**, dem der Käufer die Sache auf Grundlage eines **Werkvertrags** oder eines sonstigen vertraglichen Schuldverhältnisses vorübergehend überlassen hat, gehört zum **Käuferrisiko**[207]. Die Gefahrtragung erfasst also neben dem Untergang im Sinne einer Zerstörung auch den **Verlust** der Sache ohne nachteilige Veränderung ihrer Beschaffenheit[208]. Dazu gehört auch der Fall, dass nach Gefahrübergang ein **unmittelbarer Fremdbesitzer**, der dem Käufer den Besitz an der Kaufsache mittelt, diese unbefugt weiterveräußert und der Erwerber sie wegen Vorliegens eines **gutgläubigen Erwerbs iSd §§ 929, 932** nicht herausgeben muss.

89 Ein Untergang der Kaufsache iSd § 446 Satz 1 liegt auch dann vor, wenn die Sache in **Kriegs- oder Besatzungszeiten** von fremden Truppen in Besitz genommen oder/und beschlagnahmt

201 BeckOGK/Tröger Rz 50; Erman/Grunewald Rz 7; NK/Büdenbender Rz 13; Oetker/Maultzsch, Vertragliche Schuldverhältnisse, 2018[5], § 2 Rz 448 ff; Staud/Beckmann Rz 45; aA MünchKomm/Westermann Rz 8; BeckOK/Faust § 437 Rz 204 (im Falle der Annahme der jetzt mangelhaften Sache durch den Käufer); Ernst, FS für U Huber, 2006, S 165, 183; Klinck ZGS 2008, 217, 218 f (analoge Anwendung der §§ 434 ff).

202 Erman/Grunewald Rz 7.

203 Erman/Grunewald Rz 7; BeckOGK/Tröger Rz 50.

204 Vgl Erman/Grunewald Rz 8; MünchKomm/Westermann Rz 11; Staud/Beckmann Rz 47; BeckOK/Faust Rz 15; BeckOGK/Tröger Rz 54.

205 Erman/Grunewald Rz 8; MünchKomm/Westermann Rz 11; BeckOK/Faust Rz 15.

206 Staud/Beckmann Rz 47.

207 Vgl Hamm NJW-RR 1987, 245. Im Fall des OLG Hamm hatte der Käufer zwei Lkw-Fahrgestelle unter Eigentumsvorbehalt gekauft, die vom Verkäufer vereinbarungsgemäß direkt an einen Aufbauhersteller ausgeliefert wurden, der im Auftrag des Käufers einen Wohnmobilaufbau installieren sollte. Der Aufbauhersteller veräußerte die fertiggestellten Wohnmobile auf eigene Rechnung und fiel dann in Konkurs. Das OLG Hamm ging zu Recht von der Anwendbarkeit des § 446 aus. Der fortbestehende Kaufpreisanspruch wurde allerdings nach § 254 gemindert, weil der Verkäufer die Weiterveräußerung durch unberechtigte Herausgabe der Fahrzeugbriefe mitverursacht hatte.

208 MünchKomm/Westermann Rz 11; Staud/Beckmann Rz 47; BeckOK/Faust Rz 15; Erman/Grunewald Rz 8.

wird[209]. Es handelt sich hier nicht um einen Rechtsmangel, für den der Verkäufer auch im Falle der Entstehung zwischen Übergabe und Eigentumserwerb noch haftet. Die „Beschlagnahme" ist hier in Wirklichkeit eine dauernde Wegnahme im Sinne einer **Konfiskation**, die nicht als rechtliche Beeinträchtigung einer nach wie vor dem Käufer zuzuordnenden Kaufsache, sondern als **vollständiger Verlust** und damit als Untergang einzuordnen ist.

2. **Öffentlich-rechtliche Beschlagnahme**. Wird die Sache nach dem Gefahrübergang **beim Käufer beschlagnahmt**, so kann die Gefahrbelastung des Käufers nach § 446 Satz 1 nicht mit der Begründung abgelehnt werden, dass eine „körperliche Veränderung" der Sache nicht eingetreten sei[210]. Auch der nicht auf einer physischen Veränderung der Beschaffenheit beruhende **Verlust der Kaufsache** wird von § 446 erfasst[211]. Zu beachten ist aber, dass eine öffentlich-rechtliche Beschlagnahme der Ware einen **Rechtsmangel** begründen kann[212]. Während der Verkäufer für Sachmängel nur haftet, soweit solche schon bei Gefahrübertragung vorliegen (§ 434 Abs 1), ist für die Freiheit von Rechtsmängeln der Zeitpunkt der Eigentumsverschaffung maßgeblich[213]. Ein bis zum **Eigentumserwerb** noch entstehender Rechtsmangel führt daher zur Rechtsmängelhaftung des Verkäufers nach §§ 435, 437 mit der Folge, dass eine Anwendung des § 446 Satz 1 zu Lasten des Käufers ausgeschlossen ist[214]. Die „Beschlagnahme" im Sinne einer Wegnahme der Kaufsache und Verwendung für eigene Zwecke (Konfiskation) in **Kriegszeiten durch Besatzungstruppen** stellt aber keinen Rechtsmangel dar, sondern vielmehr einen **Untergang**, der § 446 Satz 1 unterfällt. Das Risiko einer derartigen **Konfiskation** trägt also nach Übergabe der Ware der Käufer[215]. 90

Der Verkäufer kann sich auch dann auf § 446 berufen, wenn die behördliche Beschlagnahme der Ware auf einer gesetzwidrigen Beschaffenheit beruht, die erst nach Gefahrübergang eingetreten ist[216]. Relevant wird dies bspw in dem Fall, in dem **Lebens- oder Futtermittel** verkauft werden, die nach der Übergabe im Bereich des Käufers durch **ungünstige Witterungseinflüsse** nicht mehr ohne Gesundheitsrisiken verwendbar sind und daher zum **Schutz von Mensch oder/und Tier** eine behördliche Beschlagnahme zur Folge haben. Die vom Gefahrbegriff des § 446 Satz 1 erfasste nachteilige Veränderung der Beschaffenheit der Ware ist hier die Ursache für die rechtliche Beeinträchtigung in Form der Beschlagnahme. Entsprechendes gilt für andere Beschlagnahmegründe aus der Sphäre des Käufers, die – für sich betrachtet – Umstände darstellen, die von der Gefahrtragung nach § 446 Satz 1 erfasst werden[217]. 91

Lag die **gesetzwidrige Beschaffenheit** der Ware als Beschlagnahmegrund allerdings schon zum **Zeitpunkt des Gefahrübergangs** vor, so ändert eine nach Gefahrübergang erfolgende Beschlagnahme nichts am Vorliegen eines Sachmangels, für den der Verkäufer nach §§ 434, 437 haftet[218]. Die rechtliche Beeinträchtigung ist dann nur die Folge des zum Zeitpunkt der Übergabe iSd § 446 Satz 1 schon vorliegenden Sachmangels. Es handelt sich hier nicht um eine auf Zufall iSd § 446 Satz 1 beruhende Beeinträchtigung, sondern um einen schon **bei Gefahrübergang bestehenden Sachmangel**, der unabhängig davon die Gewährleistungshaftung des Verkäufers auslöst, ob wegen Gesetzwidrigkeit der Beschaffenheitsabweichung noch eine behördliche Beschlagnahme als weitere, rechtliche Beeinträchtigung der Kaufsache hinzutritt. 92

Entstehen die rechtlichen Beschlagnahmevoraussetzungen erst nach Gefahrübergang und beruhen sie nicht auf einem Umstand, der schon vorher gegeben war, so wird durch diese hoheitliche Maßnahme ein **Rechtsmangel** iSd § 435 begründet, für den der Verkäufer nach §§ 435, 437 haftet[219]. Die Einstandspflicht des Verkäufers für die Freiheit von Rechtsmängeln reicht eben in zeitlicher Hinsicht grundsätzlich bis zum Übergang des Eigentums auf den Käufer. Eine Modifikation greift allerdings im Falle des **Kaufs unter Eigentumsvorbehalt** Platz. Hat der Verkäufer hier dem Käufer durch die Übergabe der Ware den **Besitz und das Anwartschaftsrecht** verschafft, so geht eine bis zum endgültigen Eigentumserwerb erfolgende **behördliche Beschlagnahme** zu Lasten des Käufers. Dies folgt aus der Einordnung des Anwartschaftsrechts 93

209 RGZ 114, 405, 407 zu § 447 aF (Beschlagnahme auf dem Transport durch die französische Besatzungsmacht während der Rheinlandbesetzung 1923); RG SeuffA 80 Nr 132; OGH NJW 1949, 23 (Inbesitznahme von zwei Lokomotiven in Galizien im Juli 1944 durch einrückende Russen).

210 So aber RGZ 106, 16, 17 (obiter dictum). IE zutreffend ist vom RG ein Untergang der Ware verneint worden. Im Fall des RG war die Beschlagnahme alsbald wieder aufgehoben worden und führte daher nur zu einer Transportverzögerung. Ein für die Bejahung eines Untergangs erforderliches unwiederbringliches Abhandenkommen der Sache lag daher nicht vor.

211 Vgl oben Rz 87 ff.

212 Vgl BGH NJW 2020, 1669 Rz 14 ff; BGH NJW 2004, 1802, dazu Wertenbruch ZGS 2004, 367 ff; vgl Erman/Grunewald Rz 8; Staud/Matusche-Beckmann § 435 Rz 34 ff; BeckOGK/Tröger Rz 54.

213 Vgl BGHZ 113, 106, 113; RGZ 111, 86, 89.

214 Erman/Grunewald Rz 8; MünchKomm/Westermann Rz 11.

215 Vgl oben Rz 89.

216 Staud/Beckmann Rz 47; Erman/Grunewald Rz 8; BeckOK/Faust Rz 15.

217 Erman/Grunewald Rz 8.

218 Staud/Beckmann Rz 47.

219 Erman/Grunewald Rz 8; Staud/Beckmann Rz 47.

als **wesensgleiches Minus** im Verhältnis zum Eigentum. Die weitgehende Gleichstellung mit dem Eigentum führt auch zur **Gleichbehandlung** bei der Gefahrtragung **im Beschlagnahmefall**. Die mit der Vereinbarung des Eigentumsvorbehalts bewirkte Stundung des Kaufpreises und die Absicherung des Verkäufers durch Aufrechterhaltung der Eigentümerstellung bis zur Zahlung der letzten Rate rechtfertigen aufgrund der mit dem Anwartschaftsrecht erlangten umfassenden Verfügungsmacht nicht eine Rechtsmängelhaftung des Verkäufers bis zum Bedingungseintritt durch Zahlung der letzten Kaufpreisrate.

94 3. **Verschlechterung der Kaufsache**. Unter einer Verschlechterung ist jede **nachteilige Veränderung des Zustands** der Kaufsache zu verstehen[220]. Klassische Gefahrtragungsfälle sind insoweit Veränderungen der **physischen Beschaffenheit** durch Beschädigung oder Verderb der Ware[221]. Im Falle des vollständigen Verderbs liegt dann auch ein Untergang iSd § 446 Satz 1 vor. Neben der nachteiligen Veränderung der physischen Beschaffenheit können aber auch **nachteilige Einwirkungen auf Umweltbeziehungen** eine vom Gefahrtragungsbegriff erfasste Verschlechterung darstellen[222]. Eine derartige Einwirkung liegt bspw dann vor, wenn beim Verkauf eines **Hausgrundstücks** nach Gefahrübergang noch eine **Baulast** in das Baulastenverzeichnis eingetragen wird[223]. Eine Gefahrverantwortung des Käufers ist hier aber zu verneinen, wenn die Eintragung der Baulast vom Verkäufer bewilligt wurde und daher von diesem zu vertreten ist[224]. Es liegt dann zwar eine Verschlechterung, aber **kein Zufall** iSd § 446 Satz 1 vor.

95 Vom Verschlechterungsbegriff des § 446 Satz 1 werden auch **Störungen erfasst**, die **von der Kaufsache** selbst – insbes von einem Grundstück – **ausgehen**[225]. Dies gilt aber dann nicht, wenn die Störung auf einem schon zum Zeitpunkt des Gefahrübergangs vorliegenden **Sachmangel** beruht[226]. Auch hier fehlt es trotz Eintritts einer Verschlechterung an einer zufälligen Verursachung[227]. Der Nichteintritt von kaufvertraglich für den Zeitraum nach Gefahrübergang zugesagten **Qualitätsverbesserungen** stellt keine Verschlechterung iSd § 446 Satz 1 dar[228]. Es handelt sich hierbei vielmehr um eine **teilweise Nichterfüllung des Kaufvertrags** mit der Folge der Haftung des Verkäufers nach **allgemeinem Leistungsstörungsrecht** einschließlich culpa in contrahendo (§§ 280 Abs 1, 311 Abs 2, 241 Abs 2)[229].

96 4. **Zufall iSd § 446 Satz 1 als Ursache für Untergang oder Verschlechterung**. – a) **Grundsatz**. Die Gefahrtragungsregel des § 446 Satz 1 greift ebenso wie die des § 447 Abs 1 nur im Falle eines zufälligen Untergangs oder einer zufälligen Verschlechterung der Kaufsache ein. Untergang oder Verschlechterung nach Gefahrübergang müssen daher auf einem Umstand beruhen, den jedenfalls der **Verkäufer nicht zu vertreten** hat[230]. Ist in Bezug auf einen solchen Umstand ein Vertretenmüssen des Käufers gegeben, so liegt kein Zufall iSd § 446 Satz 1 vor. Ein **Fortbestehen der Kaufpreiszahlungspflicht** des Käufers folgt daher jedenfalls nicht aus dieser Vorschrift. Der Untergang der Ware aus einem vom Käufer zu vertretenden Grund lässt seine Verpflichtung zur Zahlung des Kaufpreises vielmehr gem **§ 326 Abs 2 Satz 1** unberührt[231]. Diese Vorschrift stellt ebenso wie die §§ 446, 447 eine Ausnahmevorschrift im Verhältnis zu § 326 Abs 1 Satz 1 dar.

97 Im Falle der Verschlechterung der Ware nach Gefahrübergang aufgrund eines Vertretenmüssens des Käufers besteht der Kaufpreisanspruch des Verkäufers deshalb uneingeschränkt weiter, weil zu dem gem § 434 Abs 1 für den **Sachmangelbegriff** maßgeblichen Zeitpunkt des Gefahrübergangs die Ware noch ohne Mangel war[232]. Der Verkäufer hat hier mit der **Übergabe der fehlerfreien Ware** seine aus § 433 Abs 1 folgende **Besitz- und Eigentumsverschaffungspflicht** erfüllt, dh, die vom Käufer zu vertretende Verschlechterung begründet in keiner Weise eine Pflichtverletzung des Verkäufers.

220 Staud/Beckmann Rz 50; MünchKomm/Westermann Rz 11; Erman/Grunewald Rz 9; BeckOGK/Tröger Rz 55.
221 Staud/Beckmann Rz 50; MünchKomm/Westermann Rz 11; Erman/Grunewald Rz 9; BeckOGK/Tröger Rz 55.
222 Düsseldorf NJW-RR 1988, 87, 88; Staud/Beckmann Rz 50; BeckOGK/Tröger Rz 55.
223 Düsseldorf NJW-RR 1988, 87, 88. Im Fall des OLG Düsseldorf bestand die Baulast in der Verpflichtung zur Einhaltung bestimmter Abstandsflächen in einer Breite von 3 m bzw 3,5 m.
224 So im Fall Düsseldorf NJW-RR 1988, 87, 88.
225 BGH NJW 1998, 3273 (Ausschank von Getränken nach Gefahrübergang unter Verstoß gegen ein durch Dienstbarkeit gesichertes Getränkevertriebsverbot im Falle des Verkaufs eines Gaststättengrundstücks).
226 Staud/Beckmann Rz 34; BeckOK/Faust Rz 16.
227 Vgl zu diesem tatbestandlichen Erfordernis nachfolgend Rz 96 ff.
228 BGH Report 2001, 318 Rz 18 (Übergabe des am 30.7.1992 verkauften Hausgrundstücks am 1.9.1992 und Verpflichtung des Verkäufers zum Anbau von Außenfahrstühlen bis Ende 1992); BeckOGK/Tröger Rz 55; MünchKomm/Westermann Rz 11.
229 BGH Report 2001, 318 Rz 18; BeckOGK/Tröger Rz 55; MünchKomm/Westermann Rz 11.
230 Erman/Grunewald Rz 10; MünchKomm/Westermann Rz 10; Staud/Beckmann Rz 51; BeckOK/Faust Rz 17; BeckOGK/Tröger Rz 57.
231 Staud/Beckmann Rz 51; BeckOK/Faust Rz 17.
232 Staud/Beckmann Rz 51.

b) **Verschlechterung oder Untergang nach Gefahrübergang der Ware bei Vertretenmüssen des Verkäufers.** – aa) **Abgrenzung zwischen Sachmängelgewährleistung wegen Fehleranlage und Schadensersatzhaftung nach § 280 Abs 1 wegen Nebenpflichtverletzung.** In Bezug auf die Frage der Rechtsfolgen des Eintritts einer Verschlechterung der Ware sind **zwei Fallkonstellationen** zu unterscheiden. War zum Zeitpunkt der Übergabe ein **Sachmangel** zwar in keiner Weise sichtbar, aber zumindest als Anlage schon vorhanden, so beruht eine nach Gefahrübergang eintretende **Ausweitung** nicht auf Zufall, sondern darauf, dass der Mangel zu diesem Zeitpunkt im Ansatz vorhanden war. Diese Anlage stellt bereits vor der Ausweitung eine Beschaffenheitsabweichung iSd § 434 Abs 1 und daher einen Sachmangel dar[233]. Es greift hier auch in Bezug auf **Folgeschäden** die Gewährleistungshaftung des Verkäufers nach §§ 434, 437 ein. Dies gilt auch dann, wenn die bei Gefahrübergang vorhandene Mangelanlage nachfolgend zum **Untergang der Ware** führt. Insoweit geht es insbes um eine mangelhafte Verpackung der Ware bei Übergabe an den Käufer[234]. **98**

Beruht die Verschlechterung oder der Untergang der Ware auf einer vom Verkäufer nach Gefahrübergang begangenen und zu vertretenden **Nebenpflichtverletzung**, so haftet der Verkäufer gem § 280 Abs 1 unmittelbar auf **Schadensersatz**. Für einen Vorrang der Sachmängelgewährleistung einschließlich des Rechts auf „zweite Andienung" ist deshalb kein Raum, weil die Kaufsache zum **Zeitpunkt des Gefahrübergangs** fehlerfrei war. Wird die Nebenpflichtverletzung vom Verkäufer schon vor Gefahrübergang vorgenommen, so greift die Sachmängelgewährleistung ein, wenn diese Einwirkung zu einer bei Gefahrübergang vorliegenden **Beschaffenheitsabweichung** führt. Ob der Verkäufer den Sachmangel zu vertreten hat, ist jedenfalls für das Entstehen des primären Rechts des Käufers auf Nacherfüllung grundsätzlich ohne Bedeutung. Führt die vor Gefahrübergang begangene Nebenpflichtverletzung nicht zu einem Sachmangel, so haftet der Verkäufer unmittelbar aus **§ 280 Abs 1 auf Schadensersatz**. Praktische Bedeutung hat in dieser Hinsicht vor allem ein **Sorgfaltspflichtverstoß** des Verkäufers bei der **Verladung der Ware** auf ein Fahrzeug des Käufers oder eines vom Käufer beauftragten Frachtführers bei der Abholung[235]. **99**

bb) **Vom Verkäufer zu vertretende Verpackungsmängel.** Dass ein vom Verkäufer zu vertretender Verpackungsmangel, der nach Gefahrübergang eine Beschädigung oder Zerstörung der Kaufsache verursacht, nicht als Zufall iSd § 446 Satz 1 anzusehen ist, liegt auf der Hand[236]. Der Verkäufer kann sich im Ergebnis nicht auf den Gefahrübergang berufen, soweit eine Verschlechterung oder ein Untergang der Ware auf einer fehlerhaften Verpackung beruht[237]. Grundvoraussetzung für die Gefahrentlastung des Verkäufers wegen Zufalls ist die **ordnungsgemäße Übergabe der Ware** an den Käufer. IdR führt eine fehlerhafte Verpackung der Ware ohnehin zu einem **Sachmangel iSd § 434 Abs 3 Satz 1 Nr 4**[238]. Der Ausschluss eines **Zufalls** iSd § 446 Satz 1 als Ursache für den Untergang bzw die Verschlechterung der Ware beruht aber letztlich nicht entscheidend auf einer Einordnung als Sachmangel. Für die **Ablehnung der Gefahrbelastung** des Käufers nach § 446 Satz 1 kommt es hier vielmehr nur darauf an, ob die Übergabe der Kaufsache an den Käufer nicht dem konkreten Kaufvertrag oder/und der Verkehrssitte entspricht. **100**

Wenn eine Weiterbeförderung der Ware nach Übergabe an den Käufer für den Verkäufer ersichtlich ist, dann ist er verpflichtet, für eine beförderungssichere Verpackung der Ware zu sorgen[239]. Die Art der Verpackung hängt im Wesentlichen von der **Beschaffenheit der Ware** ab[240]. Der zur Übergabe iSd §§ 433 Abs 1, 446 Satz 1 verpflichtete Verkäufer muss daher bspw **zerbrechliche Waren** gegen Bruch[241], **Pflanzen und Lebensmittel** gegen Frost[242] und **Salz** gegen Nässe schützen[243]. Übergebene **Fässer** müssen dicht[244] und **Batterien** gegen Kurzschluss gesichert sein[245]. **101**

233 Vgl § 447 Rz 138.
234 Vgl dazu unten Rz 100 ff.
235 Vgl dazu unten Rz 104.
236 Vgl zur gleichgelagerten Problematik beim Gefahrübergang durch Übergabe der Ware an den Beförderer beim Versendungskauf § 447 Rz 137 ff.
237 BGH NJW 1968, 1929, 1930; BGHZ 66, 208, 212 (Auslieferung geladener und gefüllter Batterien ohne Verpackung beim Versendungskauf nach § 447); BGHZ 87, 88, 91 (fehlerhafte Verpackung von für den Schiffstransport vorgesehenen Bodenplatten aus Holzwerkstoff mit der Folge der Verklebung bei Ankunft der Ware am Bestimmungsort); Staud/Beckmann Rz 52; BeckOGK/Tröger Rz 58.
238 Vgl § 447 Rz 138 ff.
239 So RGZ 115, 162, 164; BGHZ 87, 88, 91 zur Übergabe der Ware an den Beförderer beim Versendungskauf; vgl dazu § 447 Rz 136.
240 Vgl dazu auch § 447 Rz 136.
241 So zur Übergabe beim Versendungskauf RG JW 1895, 523; Hamburg HansRZ 1928, B 599; Dresden OLGE 16, 396.
242 So zu § 447 RGZ 106, 309 („Erfrieren" der verkauften Pflanzen wegen mangelhafter Verpackung); Dresden SeuffA 69 Nr 96 = OLGE 28, 170.
243 Hamburg HansRZ 1919, 87 (zu § 447).
244 RG JW 1922, 287; Jena OLGE 40, 295 (zu § 447).
245 So zu § 447 BGHZ 66, 208 (Übergabe gefüllter Gabelstapler-Batterien ohne Verpackung an den Beförderer mit der Folge, dass durch Kontakt der freiliegenden Pole mit dem Metallband eines anderen Transportgutes während der Beförderung ein Brand entstand); vgl dazu auch § 447 Rz 136.

102 Führt ein bei Übergabe der Ware noch auf die Verpackung beschränkter Mangel (zB Fehlen einer branchenüblichen Abpolsterung gegen Erschütterungen) nach diesem Zeitpunkt zu einer Beschädigung der Ware, so greift die **Sachmängelgewährleistung** nach §§ 434 Abs 3, 437 Platz. Vorrangig ist daher die **Nacherfüllung** nach §§ 437 Nr 1, 439 Abs 1. Entsprechendes gilt, wenn der bei Gefahrübergang gegebene Verpackungsmangel anschließend zu einer **völligen Zerstörung** der Ware führt (zB Verderb von Lebensmitteln wegen nicht an die Witterungsbedingungen angepasster Verpackung). Ausgeschlossen ist hier nur die **Nachbesserung**.

103 cc) **Vom Verkäufer zu vertretender Verstoß gegen warenbezogene Schutzpflichten.** Führt eine **vor der Übergabe** vom Verkäufer begangene warenbezogene Schutzpflichtverletzung zu einem **Sachmangel** und wird dadurch nach Gefahrübergang eine weitere Verschlechterung oder ein Untergang der Ware verursacht, so stehen dem Käufer auch insoweit gem §§ 434, 437 Gewährleistungsrechte zu. Die unmittelbare **Schadensersatzhaftung aus § 280 Abs 1** wird durch den **Vorrang der Gewährleistung** gesperrt. Eine zu einem Sachmangel führende Schutzpflichtverletzung liegt bspw dann vor, wenn verkauftes **Frischfleisch** regelwidrig **in ungekühltem Zustand** in den vom Käufer zum Zwecke der Abholung der Ware geschickten Kühlwagen verladen wird[246]. Der Verkäufer eines **leerstehenden Hauses**, das im Winterhalbjahr zu übergeben ist, haftet dafür, dass die **Wasserleitungen** in der üblichen Weise durch Entleerung oder Beheizung vor **Frostschäden** geschützt sind[247]. Hat der Verkäufer trotz kaufvertraglich vereinbartem Gefahrübergang bei Beginn der Frostgefahr in Bezug auf das Grundstück noch die **tatsächliche Sachherrschaft**, so haftet er für die durch einen Kälteeinbruch verursachten **Leitungsschäden** unmittelbar aus § 280 Abs 1 auf Schadensersatz[248]. Werden die bei Frostgefahr erforderlichen Schutzmaßnahmen vor Gefahrübergang unterlassen, so haftet der Verkäufer wegen Vorliegens eines **Sachmangels** nach §§ 434, 437, und zwar grundsätzlich unabhängig davon, ob die Frostschäden erst nach der Übergabe eintreten[249]. Ab Übergabe stellt sich aber in einer solchen Fallkonstellation die Frage des **Mitverschuldens des Käufers**, wenn durch einen Kälteeinbruch Leitungen beschädigt werden. Denn ab Erlangung der Sachherrschaft muss der Käufer selbst für die erforderlichen Schutzvorkehrungen sorgen[250].

104 Ein Zufall iSd § 446 Satz 1 ist auch dann zu verneinen, wenn der Verkäufer die Kaufsache im Rahmen der Abholung durch den Käufer auf das vom Käufer geschickte Fahrzeug **fehlerhaft verlädt**[251]. Insoweit kommt es nicht darauf an, ob der Verkäufer kaufvertraglich – etwa aufgrund der Incoterms-Klausel „FCA Sitz des Verkäufers“[252] – zur Verladung verpflichtet ist oder das zum Zwecke der Abholung erschienene Käuferpersonal ohne eine solche Verpflichtung unterstützt[253]. Enthält der Kaufvertrag eine Verladepflicht des Verkäufers, so stellt eine Sorgfaltswidrigkeit des Verkäufers oder/und seines Personals ohne weiteres eine Vertragsverletzung dar. Im Falle der freiwilligen Mithilfe des Verkäufers oder/und seines Personals bei der Verladung stellt eine hierbei unterlaufende Sorgfaltswidrigkeit zumindest eine Schutzpflichtverletzung iSd § 241 Abs 2 dar. Der Verkäufer muss zwar wegen fehlender Verpflichtung aus dem Kaufvertrag die Verladung nicht übernehmen. Wenn er sich aber ausdrücklich oder konkludent dazu bereiterklärt, dann muss er auch die **verkehrsübliche Sorgfalt** einhalten. Eine aufgrund eines Verladefehlers des Verkäufers eintretende Verschlechterung der Ware während des anschließenden Transports oder bei Ankunft der Ware beruht daher nicht auf Zufall iSd § 446 Satz 1[254]. Entsprechendes gilt im Falle eines völligen Untergangs.

105 Eine Gefahrbelastung des Käufers ist auch in den Fällen nicht gegeben, in denen der Verkäufer bei der Übergabe der Ware dem Käufer bzw dessen Personal **fehlerhafte oder unvollständige Instruktionen** für den Transport oder/und die Verwendung erteilt. Gehören die Instruktionen (insbes Warnhinweise) **zu den objektiven Anforderungen an die Ware**, so liegt ein die Gefahrtragung des Käufers ausschließender **Sachmangel** iSd § 434 Abs 3 Satz 1 Nr 4 vor[255], wenn aufgrund der Fehlerhaftigkeit der betreffenden Instruktion die Kaufsache nach der Übergabe beschädigt wird oder untergeht. Handelt es sich nicht um einen Sachmangel, so stellt die

246 BGH BB 1964, 1451 (zur Übergabe an den Beförderer beim Versendungskauf iSd § 447); vgl dazu auch § 447 Rz 136.

247 BGH WM 1980, 713.

248 BGH WM 1980, 713 (Haftung aus positiver Vertragsverletzung nach altem Kaufrecht).

249 So wohl auch BGH WM 1980, 713 (vor Gefahrübergang gingen Schäden ohnehin zu Lasten des Verkäufers).

250 Eine Haftung des Verkäufers kommt hier daher letztlich nur dann in Betracht, wenn der Schaden unmittelbar nach Übergabe eintritt und vom Käufer bis zu diesem Zeitpunkt noch keine Sicherungsmaßnahmen erwartet werden konnten.

251 BGH NJW 1968, 1929, 1930; RG JW 1901, 725.

252 Vgl dazu unten Rz 117 ff.

253 BGH NJW 1968, 1929, 1930 (Übernahme der Verladung durch Verkäufer, obwohl er wegen Vereinbarung von „frei ab Werk“ nicht dazu verpflichtet war); RG JW 1901, 725 (zur „freiwilligen“ Beladung).

254 BeckOGK/Tröger Rz 58.

255 Vgl dazu oben Rz 98 ff.

fehlerhafte Instruktion eine **Schutzpflichtverletzung iSd § 241 Abs 2** dar, die dazu führt, dass **kein Zufall** und damit keine Gefahrbelastung des Käufers nach § 446 Satz 1 gegeben ist[256].

dd) **Zufallshaftung des Verkäufers nach § 287 Satz 2 mit der Folge des Ausschlusses des § 446 Satz 1.** Eine Gefahrtragung des Käufers nach § 446 Satz 1 ist trotz Vorliegens einer zufälligen Verschlechterung oder eines zufälligen Untergangs der Ware dann ausgeschlossen, wenn der Verkäufer nach § 287 Satz 2 für Zufall haftet[257]. Nach dieser Vorschrift haftet der Verkäufer als Schuldner der Lieferverpflichtung aus § 433 Abs 1 während eines darauf bezogenen Verzugs auch für Zufall, es sei denn, dass der Schaden auch bei rechtzeitiger Leistung eingetreten wäre. Der Schuldnerverzug des Verkäufers bezüglich der Verpflichtung zur Übergabe der Kaufsache schließt daher eine Zufallshaftung des Käufers nach § 446 Satz 1 aus. Ein **Lieferverzug des Verkäufers** wird zwar idR durch Erbringung der Leistung in Form der Übergabe der Ware beendet, so dass ab Gefahrübergang kein Schuldnerverzug des Verkäufers als Grundlage für eine Anwendung des § 287 Satz 2 mehr besteht. Praktische Relevanz hat aber insoweit die vor allem beim **Grundstückskauf** anzutreffende Fallkonstellation, in der aufgrund einer Vereinbarung im Kaufvertrag die Gefahr ohne Rücksicht auf die tatsächliche Übergabe des Grundstücks zu einem **bestimmten Termin** auf den Käufer übergeht[258]. 106

Gerät der Verkäufer hier wegen Unterlassung der Übergabe zum Zeitpunkt des vertraglich vereinbarten Termins in **Schuldnerverzug**, so haftet er in Bezug auf anschließend eintretende Verschlechterungen des Grundstücks gem § 287 Satz 2 auch für Zufall. Entlasten kann der Verkäufer sich nur mit dem Nachweis, dass der Schaden (zB ein Unwetterschaden) auch bei rechtzeitiger Übergabe des Grundstücks an den Käufer eingetreten wäre. Auch hier gilt das allgemeine Prinzip, dass der Gefahrübergang nach § 446 Satz 1 immer nur solche Schäden erfasst, deren Ursache der Verkäufer nicht zu vertreten hat. Soweit eine Haftung nach § 287 Satz 2 eingreift, ist eine Anwendung des § 446 Satz 1 ausgeschlossen. Wird beim Grundstückskauf dagegen vereinbart, dass die Gefahr zu einem Termin übergeht, zu dem auch die Übergabe des Grundstücks zu erfolgen hat, so liegt bei Verzug des Verkäufers mit der Übergabe von vornherein noch kein Gefahrübergang vor. 107

5. **Beweislastverteilung bezüglich Ursache von Verschlechterung oder Untergang.** Die Frage der Beweislastverteilung stellt sich insbes dann, wenn der Käufer nach der Übergabe der Ware einen **Sachmangel** geltend macht und der Verkäufer sich insoweit auf eine Gefahrentlastung nach § 446 Satz 1 beruft. Die **Beweislast** dafür, dass ein nach Übergabe eingetretener Schaden auf einem Sachmangel oder einer sonstigen Vertragsverletzung (Nebenpflichtverletzung) des Verkäufers beruht, obliegt dem **Käufer**[259]. Relevant wird dies in dem Fall, in dem der Verkäufer nach Annahme der Ware durch den Käufer auf **Zahlung des Kaufpreises klagt**[260]. Die Beweislast für eine **ordnungsgemäße Übergabe** der Ware trägt der **Verkäufer**[261]. Insoweit gilt nichts anderes als beim Versendungskauf in Bezug auf die Übergabe der Ware an den beauftragten Beförderer[262]. Rechtliche Grundlage dafür ist das allgemeine Prinzip, nach dem der Schuldner die **Erfüllung seiner Verpflichtung** zu beweisen hat[263]. Die Verpflichtung des Verkäufers aus § 433 Abs 1 zur ordnungsgemäßen Übergabe der Ware erstreckt sich auch auf die **Mangelfreiheit** mit der Folge, dass der Verkäufer grundsätzlich das Vorliegen dieses Zustands – bezogen auf den Zeitpunkt der Übergabe iSd § 446 Satz 1 – beweisen muss[264]. Dies beruht ebenfalls auf dem allgemeinen Grundsatz, dass der Verkäufer die Erfüllung seiner kaufvertraglichen Pflichten aus § 433 Abs 1 zu beweisen hat[265]. Verweigert der Käufer unter Hinweis auf einen Sachmangel schon die Abnahme, so muss der Verkäufer die Mangelfreiheit beweisen. 108

Wenn der **Käufer** allerdings die vom Verkäufer zur Übernahme tatsächlich angebotene Ware **als Erfüllung angenommen** hat, dann kommt es zu einer Beweislastumkehr[266]. Dies beruht auf der allgemeinen **Beweislastregelung des § 363.** Nach dem Wortlaut dieser Bestimmung greift die **Beweislastumkehr** zu Lasten des Käufers ein, soweit er sich auf das Vorliegen einer anderen als der geschuldeten Leistung oder die Unvollständigkeit beruft. § 363 ist aber erweiternd in der Weise auszulegen, dass der Käufer als Gläubiger des Sachleistungsanspruchs aus 109

256 BeckOGK/Tröger Rz 58; so iE auch Staud/Beckmann Rz 52.
257 Vgl Staud/Beckmann Rz 52.
258 Vgl dazu auch Staud/Beckmann Rz 52.
259 RG SeuffA 59 Nr 197; BeckOGK/Tröger Rz 69.
260 BeckOGK/Tröger Rz 69.
261 AG Fürstenwalde NJW 2005, 2717 (in Bezug auf Anwendung des § 446 Satz 1 im Falle der Versendung der Ware durch den Verkäufer bei Vorliegen eines Verbrauchsgüterkaufs); Staud/Beckmann Rz 24; BeckOGK/Tröger Rz 69.
262 Vgl dazu § 447 Rz 238 ff.
263 Vgl dazu § 447 Rz 239.
264 Vgl zur parallelen Frage beim Versendungskauf im Hinblick auf die Übergabe der Ware an den Beförderer § 447 Rz 239 ff.
265 Vgl dazu BGH NJW 1969, 875; BGHZ 83, 260, 267; BGH NJW 1993, 1704, 1706; Soergel/Schreiber § 362 Rz 18.
266 Vgl Staud/Beckmann Rz 24.

§ 433 Abs 1 im Falle der Annahme der vom Verkäufer tatsächlich angebotenen Ware als Erfüllung auch die Beweislast für das **Bestehen eines Mangels** trägt[267]. Eine **Annahme iSd § 363** ist dann zu bejahen, wenn der Käufer die Ware entgegennimmt und nicht unverzüglich einen Mangel rügt. Beanstandet der Käufer dagegen die Ware nach Inempfangnahme ohne schuldhaftes Zögern wegen Vorliegens eine Vertragswidrigkeit, so obliegt dem Verkäufer der Beweis, dass sie zum **Zeitpunkt der Übergabe** mangelfrei war[268]. Entsprechendes gilt in dem Fall, in dem der Käufer bei Übergabe einen Mangel erkennt und deshalb die Ware ausdrücklich nur **unter Vorbehalt annimmt**[269].

VI. Abweichende Gefahrtragungsvereinbarungen – allgemeine Grundsätze

110 1. **Dispositivität des § 446 Satz 1.** Die Gefahrtragungsregelung des § 446 Satz 1 ist dispositives Recht und kann daher grundsätzlich im Rahmen einer **Parteivereinbarung abbedungen** werden[270]. Abweichende Vereinbarungen können, soweit inhaltlich zulässig, auch **konkludent getroffen** werden[271]. Eine von § 446 Satz 1 abweichende Regelung kann sich auch aus einer eigentlich nur einen anderen Punkt des Kaufvertrags betreffenden ausdrücklichen Bestimmung ergeben[272]. Besonderheiten in Bezug auf die Frage der Abdingbarkeit gelten aber beim **Verbrauchsgüterkauf**[273].

111 2. **Eingeschränkte Abdingbarkeit beim Verbrauchsgüterkauf.** Auch bei Verbrauchsgüterkäufen hat § 446 Satz 1 **grundsätzlich dispositiven Charakter**[274]. Dies ergibt sich allerdings nicht unmittelbar daraus, dass § 446 Satz 1 im Katalog des § 476 Abs 1 Satz 1 nicht aufgeführt ist. Entscheidend für die Zulässigkeit einer vertraglichen Abweichung von § 446 Satz 1 ist vielmehr, ob die Parteivereinbarung zu einer Einschränkung der zwingenden Rechte des Verbrauchers führt[275]. Ein **zeitliches Hinausschieben** des Gefahrübergangs zu Lasten des Verkäufers ist unschädlich, weil die Rechte des Käufers erweitert werden. Anders ist die Rechtslage beim Verbrauchsgüterkauf, wenn vertraglich eine **Vorverlagerung des Gefahrübergangs** auf einen Zeitpunkt vereinbart wird, der vor der Übergabe iSd § 446 Satz 1 liegt. Eine solche Verschiebung würde deshalb zu einer **Einschränkung der Sachmängelhaftung** zu Lasten des Käufers führen, weil der Verkäufer gem § 434 Abs 1 für die **Mangelfreiheit zum Zeitpunkt des Gefahrübergangs** iSd §§ 446, 447 haftet. Eine Vorverlagerung des in § 446 Satz 1 geregelten Gefahrübergangs hätte daher in Bezug auf den betreffenden Zeitraum eine **Befreiung des Verkäufers von der Sachmängelhaftung** und einen korrespondierenden Fortfall von Gewährleistungsansprüchen aufseiten des Käufers zur Folge. Die Vorverlagerung verstößt daher gegen § 476 Abs 1 Satz 1[276]. Da durch die Abbedingung des § 446 Satz 1 in Gestalt der Vorverlagerung des Gefahrübergangs der Anwendungsbereich des § 434 Abs 1 zu Lasten des Käufers unmittelbar eingeschränkt wird, folgt die Unzulässigkeit dieser Vereinbarung aus einer **direkten Anwendung des § 476 Abs 1 Satz 1.** Es handelt sich daher nicht um eine nach § 476 Abs 1 Satz 2 unzulässige Umgehung des § 434 Abs 1[277]. Eine unzulässige Vorverlagerung des Gefahrübergangs ist aber dann nicht gegeben, wenn die Kaufvertragsparteien vereinbaren, dass für die **Erfüllung der Übergabeverpflichtung des Verkäufers** aus §§ 433 Abs 1 Satz 1, 446 Satz 1 die **Verschaffung des mittelbaren Besitzes** („gefahrübertragendes Besitzkonstitut") genügt[278].

112 3. **Abweichende Gefahrtragungsvereinbarungen beim Grundstückskauf.** Bei Grundstückskäufen bedarf eine von § 446 abweichende Gefahrregelung – ebenso wie der Kaufvertrag

267 RGZ 57, 399, 400; RGZ 109, 295, 296; BGH NJW 1985, 2328, 2329.
268 Insoweit gelten die gleichen Beweisgrundsätze wie in Bezug auf den Gefahrübergang durch Übergabe der Ware an den Beförderer im Falle des Versendungskaufs iSd § 447 mit nachfolgender Annahme der Ware durch den Käufer am Bestimmungsort; vgl dazu § 447 Rz 239.
269 BGH NJW 1989, 2322; BGH NJW 2009, 360, 361; BGH NJW-RR 2013, 1232 Rz 37.
270 Vgl Motive Mudgan II S 180; Staud/Beckmann Rz 55; BeckOGK/Tröger Rz 69.
271 RG Recht 1920 Nr 2350; BGH WM 1970, 126 (zur Lastenverteilung).
272 BGH WM 1970, 126 (zur Lastenverteilung).
273 Vgl dazu nachfolgend Rz 111.
274 BGHZ 200, 1 Rz 16 („Denn die Vorschrift des § 446 BGB ist abdingbar, dies gilt auch für den Verbrauchsgüterkauf"); Celle NJW-RR 2011, 132, 133; Staud/Beckmann Rz 58; BeckOGK/Tröger Rz 22; MünchKomm/Westermann Rz 14; BeckOK/Faust Rz 25.
275 Staud/Beckmann Rz 58; BeckOGK/Tröger Rz 22; MünchKomm/Westermann Rz 14.
276 Staud/Beckmann Rz 58; Erman/Grunewald Rz 12; MünchKomm/Westermann Rz 14; BeckOGK/Tröger Rz 12. Im Fall BGHZ 200, 1 war letztlich überhaupt keine Abbedingung in Form der Vorverlagerung des Gefahrübergangs gegeben. Gegenstand des Kaufs war ein Dressurpferd zum Preis von 500.000 €. Kosten und Gefahr sollten durch Übergabe auf den Käufer übergehen, wobei vereinbart wurde, dass der Verkäufer das Pferd dem Käufer „hiermit übergibt". Es wurde aber zugleich ein Ausbildungs- und Einstellungsvertrag abgeschlossen, aufgrund dessen das Pferd weiterhin im bisherigen Reitstall H in K verblieb. Es handelte sich daher um eine Übergabe iSd § 446 Satz 1 durch Vereinbarung eines Besitzmittlungsverhältnisses („gefahrübertragendes Besitzkonstitut"); vgl dazu oben Rz 72 f.
277 MünchKomm/Westermann Rz 14.
278 Vgl dazu oben Rz 72 f; so iE wohl auch BGHZ 200, 1.

im Übrigen – der **notariellen Beurkundung** (§ 311b Abs 1 Satz 1)[279]. Es besteht allerdings die generelle Möglichkeit der Heilung nach § 311b Abs 1 Satz 2. Zweckmäßig ist idR die Bestimmung, dass die Gefahr mit den Nutzungen und Lasten zu einem bestimmten, **kalendermäßig fixierten Zeitpunkt** auf den Käufer übergehen soll[280]. Häufig wird von den Kaufvertragsparteien vereinbart, dass die Übergabe sowie der Übergang von Nutzungen und Lasten am Tag der **Fälligkeit des Kaufpreises** erfolgen, sofern dieser vollständig gezahlt wird[281]. Der **Verzug des Käufers** mit der Kaufpreiszahlung und eine darauf beruhende Verweigerung der Grundstücksübergabe durch den Verkäufer führen dann zum **Gefahrübergang nach § 446 Satz 3**[282].

Nicht zu empfehlen und in der Praxis wohl auch nicht üblich ist die Abrede, den Gefahrübergang vom **Eigentumserwerb des Käufers** abhängig zu machen. Eine faktische Vorverlagerung des Gefahrübergangs zu Lasten des Käufers ist beim Grundstückskauf gegeben, wenn die Gewährleistung auch für zwischen Abschluss des Kaufvertrags und Übergabe auftretende Mängel ausgeschlossen wird. Ein **Gewährleistungsausschluss** erfasst im Zweifel keine Mängel, die bei Abschluss des Kaufvertrags noch nicht vorlagen und **bis zur Übergabe** noch entstehen[283]. Wird der Gewährleistungsausschluss ausdrücklich auf solche Mängel erstreckt, so stellt sich die Frage, ob diese Abweichung von § 446 Satz 1 – die Gefahr geht faktisch schon mit notarieller Beurkundung des Grundstückskaufvertrags auf den Käufer über – wirksam vereinbart werden kann. Gegen eine **individualvertragliche Vereinbarung** bestehen keine Bedenken[284]. Eine Vorverlagerung des Gefahrübergangs durch AGB stellt dagegen deshalb eine **unangemessene Benachteiligung iSd § 307 Abs 1** dar, weil von dem in §§ 434, 446 geregelten, maßgeblich auf die **tatsächliche Sachherrschaft** und die dadurch eröffnete Möglichkeit der Vornahme von Schutzvorkehrungen zugunsten der Sache abstellenden System der **Risikoverteilung** abgewichen wird[285]. Nicht angemessen ist hier also gerade, dass der Käufer die Gefahr tragen soll, obwohl er aufgrund des noch nicht erhaltenen unmittelbaren Besitzes keine Einwirkungsmöglichkeiten hat und deshalb auch regelmäßig noch keine **grundstücksbezogenen Schutzmaßnahmen** ergreifen kann. Dieselben Schwierigkeiten bestünden in einer solchen Situation in Bezug auf den Abschluss einer **Sachschadensversicherung** und die Erfüllung von versicherungsvertraglichen Obliegenheiten (zB regelmäßige Kontrolle von leerstehenden Häusern). 113

4. **Abdingbarkeit des § 446 Satz 1 durch AGB**. Auch bei beweglichen Sachen und insbes beim Warenkauf ist für die Frage, ob eine formularmäßige Abbedingung des § 446 Satz 1 eine **unangemessene Benachteiligung iSd § 307 Abs 1 Satz 1 und Abs 2 Nr 1** darstellt, der Zusammenhang zwischen Sachherrschaft mit der darauf beruhenden Möglichkeit, Schutzmaßnahmen zugunsten der Sache vorzunehmen, und Gefahrtragung von zentraler Bedeutung[286]. IdR ist eine unangemessene Benachteiligung zu bejahen, wenn eine Partei durch Stellen von AGB diesen Zusammenhang zu Lasten des anderen Teils verschiebt[287]. Unwirksam sind daher AGB, mit denen der Verkäufer in seinen **Lieferbedingungen** die Gefahrbelastung des Käufers schon vor Übergabe der Ware iSd § 446 Satz 1 und ohne Annahmeverzug (§ 446 Satz 3) vorsieht[288]. Entsprechendes gilt in dem Fall, in dem der Käufer in seinen **Einkaufsbedingungen** regelt, dass die Gefahr nach Übergabe der Ware noch für einen gewissen Zeitraum beim Verkäufer verbleibt. 114

Eine differenzierte Betrachtungsweise ist beim Kauf im Rahmen einer **Auktion** erforderlich. Auktionsbedingungen, die einen Gefahrübergang mit dem **Zeitpunkt des Zuschlags** anordnen, sind dann nicht zu beanstanden, wenn die Entgegennahme und Bezahlung des versteigerten Objekts durch den Ersteigerer unmittelbar nach dem Zuschlag der **Verkehrssitte** entsprechen. Ist dies nicht der Fall, so ist eine unangemessene Benachteiligung idR zu bejahen[289]. In dem Fall, in dem der Ersteigerer die Sache vertragswidrig nicht termingerecht abholt, wird das Auktionshaus durch den Eintritt des Gefahrübergangs nach § 446 Satz 3 wegen **Annahmeverzugs** hinreichend geschützt. Besonderheiten können sich insoweit bei **Tierauktionen** und insbes bei **Pferdeauktionen** ergeben. Muss aus **Gründen des Tierschutzes** nach dem Zuschlag eine bestimmte **Ruhezeit** eingehalten werden, bevor der Käufer den Transport des Tieres zum Bestim- 115

279 Vgl Düsseldorf WM 1971, 636, 637 (zur Lastenverteilung beim Grundstückskauf); Staud/Beckmann Rz 55; BeckOGK/Tröger Rz 72.
280 Vgl BGH NJW 2003, 1316.
281 Vgl BGH NJW 2003, 1316.
282 Vgl dazu oben Rz 84 ff.
283 BGH NJW 2003, 1316 (Wassereinbruch beim Kauf eines Hausgrundstücks mit Souterrainwohnung).
284 So wohl auch BGH NJW 2003, 1316 f.
285 Vgl dazu nachfolgend Rz 114.
286 Vgl Staud/Beckmann Rz 52; BeckOGK/Tröger Rz 71.
287 Vgl Staud/Beckmann Rz 57; BeckOGK/Tröger Rz 71.
288 BGH NJW 2014, 454 Rz 20 (Vorverlagerung des Gefahrübergangs beim Verbrauchsgüterkaufvertrag über Möbel auf den Zeitpunkt der Übergabe an das Transportunternehmen bei Vorliegen einer Bringschuld).
289 Staud/Beckmann Rz 57; vgl dazu auch BeckOGK/Tröger Rz 71.

mungsort durchführen darf, so ist eine formularmäßige Vereinbarung, nach der schon mit dem Zuschlag die Gefahr auf den Käufer übergeht, nicht als unangemessen anzusehen.

116 5. **Abbedingung oder Präzisierung des § 446 Satz 1 durch Incoterms.** – a) **Modifikation des § 447 durch die C-Klauseln.** Die C-Klauseln der Incoterms sind auf den **Versendungskauf** und insoweit inbes auf den **Überseekauf** zugeschnitten[290]. Bei Anwendbarkeit des BGB modifizieren oder präzisieren sie den Geltungsbereich der einschlägigen Gefahrtragungsnorm des § 447, nach der die Gefahr mit ordnungsgemäßer **Übergabe der Ware an den Beförderer** übergeht. Die Gefahrtragungsregelung des § 446 Satz 1 ist hier von vornherein nicht einschlägig. Um den Anwendungsbereich dieser Norm geht es vielmehr bei den F-Klauseln, den D-Klauseln und bei „ab Werk“ (EXW)[291].

117 b) **Modifikation des Übergabebegriffs des § 446 Satz 1 durch die Incoterms „FCA“ und „FOB“ – Verladepflicht des Verkäufers.** Die aus § 433 Abs 1 Satz 1 folgende Verpflichtung zur Übergabe der Kaufsache umfasst grundsätzlich nicht die **Beladung** des vom Käufer geschickten **Transportfahrzeugs**[292]. Auch die FCA-Klausel begründet nicht generell eine Verladepflicht des Verkäufers. Denn er muss bei Wahl dieser Klausel die Ware nur an den **vom Käufer benannten Frachtführer** an der vereinbarten Stelle am benannten Ort zum vereinbarten Zeitpunkt liefern[293]. Eine Verpflichtung des Verkäufers zum **Verladen der Ware** auf das vom Käufer bereitgestellte Beförderungsmittel besteht aber in dem Fall, in dem der im Kaufvertrag benannte Lieferort der **Sitz oder eine Niederlassung des Verkäufers** ist (zB „FCA Lager des Verkäufers in Köln“)[294]. Der Gefahrübergang tritt dann zu dem Zeitpunkt ein, zu dem die „Lieferung abgeschlossen“, dh die Ware auf das vom Käufer bereitgestellte Fahrzeug „verladen worden“, ist[295]. Der wesentliche Unterschied zwischen **„EXW“ (ab Werk)**[296] und „FCA Sitz des Verkäufers“ liegt darin, dass der Verkäufer auf Grundlage dieser FCA-Variante die Ware auf eigene Kosten und Gefahr verladen muss[297].

118 Ist der Lieferort dagegen nicht der Sitz oder eine Niederlassung des Verkäufers, so muss die Ware dem vom Käufer benannten Frachtführer auf dem Beförderungsmittel des Verkäufers nur **entladebereit zur Verfügung gestellt** werden[298]. Mit der Erfüllung dieser Verpflichtung durch den Verkäufer geht die Preisgefahr auf den Käufer über[299]. Grundlage dafür ist in beiden FCA-Varianten § 446 Satz 1 und nicht § 447 Abs 1, weil sowohl das entladebereite Zur-Verfügung-Stellen als auch die Verladung auf das vom Käufer bereitgestellte Beförderungsmittel **keine zielgerichtete Versendung** zu einem vereinbarten Bestimmungsort darstellt. In Bezug auf beide Varianten dieser Klausel liegt keine echte Abbedingung des § 446 Satz 1, sondern eine **Modifikation des Übergabebegriffs** dieser Norm vor.

119 Bei Verwendung der im Falle des **Schiffstransports** verbreiteten **FOB-Klausel** ist der Verkäufer zur Verladung der Ware auf das vom Käufer benannte Schiff verpflichtet[300]. Die Lieferung ist abgeschlossen, wenn die Ware an Bord des Schiffs **„verbracht“ ist**; das Überschreiten der Reling genügt in Abweichung von der Festlegung der Verkäuferpflichten in den Incoterms 2000 nicht. Zu diesem Zeitpunkt geht die Gefahr auf den Käufer über[301]. Im **Verhältnis zu § 446 Satz 1** modifiziert auch „FOB“ nur die Übergabepflicht des Verkäufers in Bezug auf die Frage der Verladung. Unberührt bleibt die Abhängigkeit des Gefahrübergangs vom Vollzug der Übergabe, wobei die Incoterms insoweit den Begriff „Lieferung“ verwenden. Die FOB-Klausel begründet in Bezug auf die Verbringung der Ware auf das Schiff eine **Bringschuld des Verkäufers** und im Übrigen eine **Holschuld des Käufers**[302].

120 c) **Übergabeerfordernisse bei Vereinbarung von „FAS“ (Free alongside Ship) beim Schiffstransport.** Bei Wahl der auf den Schiffstransport zugeschnittenen **FAS-Klausel** (Free alongside Ship) geht die Preisgefahr im Falle der Geltung des BGB wegen **Nichtvorliegens eines Versendungskaufs** nicht nach § 447 Abs 1, sondern grundsätzlich nach § 446 Satz 1 auf den Käufer über. Der Verkäufer ist bei kaufvertraglicher Vereinbarung von „FAS“ (zB „FAS Hamburg Hafen“) verpflichtet, die Ware durch Bereitstellung **längsseits des vom Käufer benannten**

290 Vgl zu den Einzelheiten § 447 Rz 37 ff.
291 Vgl dazu nachfolgend Rz 117 ff.
292 Vgl oben Rz 42.
293 FCA-Verkäuferpflicht A4; vgl dazu Hopt/Hopt, HGB, 2023[42], Nebengesetze (6) Incoterms FCA Rz 4.
294 FCA-Verkäuferpflicht A2 lit a; vgl dazu Hopt/Hopt, HGB, 2023[42], Nebengesetze (6) Incoterms FCA Rz 4.
295 FCA-Verkäuferpflicht A3 iVm A2 lit a.
296 Vgl dazu oben Rz 121 f.
297 FCA-Verkäuferpflicht A2 lit a.
298 FCA-Verkäuferpflicht A2 lit b; vgl dazu Hopt/Hopt, HGB, 2023[42], Nebengesetze (6) Incoterms FCA Rz 4.
299 FCA-Verkäuferpflicht A3 iVm A2.
300 FOB-Verkäuferpflicht A2.
301 FOB-Verkäuferpflicht A3 iVm A2; vgl dazu Hopt/Hopt, HGB, 2023[42], Nebengesetze (6) Incoterms FOB Rz 4, 5.
302 Vgl dazu auch § 447 Rz 32 f.

Schiffs im festgelegten Verschiffungshafen an der **benannten Ladestelle** zu liefern[303]. Die **Gefahr** geht auf den Käufer über, sobald der Verkäufer die Ware an diesem Ort bereitgestellt hat [304]. Die **Verladung der Ware** auf das Schiff gehört – anders als bei Vereinbarung von FOB[305] – nicht mehr zum Pflichtenprogramm des Verkäufers. Die Wahl von **„FAS"** führt daher nicht zu einer Abbedingung des § 446 Satz 1, sondern lediglich zu einer **Konkretisierung der Übergabeverpflichtung** des Verkäufers aus § 433 Abs 1 Satz 1.

d) **Gefahrübergang bei Vereinbarung von „ab Werk" (EXW)**. Die **EXW-Klausel**[306] („ab Werk") begründet eine Holschuld und berührt – bei Geltung des BGB – die Anwendbarkeit des § 446 Satz 1 nicht. Ein Versendungskauf iSd § 447 Abs 1 liegt offensichtlich nicht vor. Die Gefahr geht hier auf den Käufer über, sobald der Verkäufer ihm die Ware „am genannten Lieferort an der gegebenenfalls vereinbarten Stelle zur Verfügung stellt"[307]. Eine Verladung auf das abholende Beförderungsmittel ist jedoch nicht erforderlich für die Übergabe[308]. Die Incoterms-Klausel „ab Werk" regelt zwar primär nur den Übergang der **Preisgefahr**. Bei Vorliegen einer **Gattungsschuld** ist aber bei Anwendbarkeit des BGB im Zur-Verfügung-Stellen der Ware durch den Verkäufer auch eine **Konkretisierung der Gattungsschuld (§ 243 Abs 2)** zu sehen, sofern eine ausreichende Kenntlichmachung oder sonstige Absonderung gegeben ist. „Ab Werk" führt daher nicht zu einer Abweichung von der Gefahrtragungsregelung des § 446 Satz 1. 121

Sieht bei Wahl der EXW-Klausel der geschlossene Kaufvertrag für den Käufer eine **Abnahmefrist (Abholzeit)** vor, so geht die Gefahr mit ihrem Ablauf auf den Käufer über, sofern nicht vorher eine Abholung stattgefunden hat[309]. Im konkreten Einzelfall führt die Geltung einer derartigen vertraglichen Frist letztlich dazu, dass die Gefahr entweder mit Abholung innerhalb der Frist oder mit Begründung des **Annahmeverzugs** bei Fristablauf auf den Käufer übergeht. Auch insoweit besteht eine Übereinstimmung mit § 446 Satz 3. 122

e) **Gefahrübergang nach § 446 Satz 1 bei Wahl einer D-Klausel (Ankunftsklausel) der Incoterms (DAP/DPU/DDP)**. Bei Vereinbarung einer D-Klausel Ankunftsklausel („geliefert bestimmter Ort") der Incoterms muss der Verkäufer, um dem Käufer die Kaufsache gem § 433 Abs 1 Satz 1 zu verschaffen, die Ware an einen bestimmten Ort liefern (zB „geliefert Lager des Käufers in Frankfurt"). Der Verkäufer trägt hier **Kosten und Gefahr** bis zu diesem Ort. Der Übergang der Gefahr erfolgt gem § 446 Satz 1 am Bestimmungsort. Auch die D-Klauseln der Incoterms konkretisieren insoweit den **Übergabebegriff des § 446 Satz 1**, sofern das BGB auf den geschlossenen Kaufvertrag grundsätzlich anwendbar ist. Im Falle der kaufvertraglichen Geltung von **„DPU"** (Delivered at Place unloaded) muss der Verkäufer die Ware nach **Ankunft am vereinbarten Bestimmungsort** vom ankommenden Transportmittel entladen und dem Käufer **zur Verfügung stellen**[310]. Der Verkäufer trägt die Gefahr des zufälligen Untergangs und der zufälligen Verschlechterung der Ware nur bis zu diesem Zeitpunkt[311]. Bei Wahl der Incoterms-Klausel **„DAP"** (Delivered at Place) oder **„DDP"** (Delivered Duty Paid) ist der Verkäufer zwar verpflichtet, die Ware auf seine Kosten und Gefahr zum kaufvertraglich vereinbarten Bestimmungsort zu befördern. Er muss aber dort die eingetroffene Ware nicht vom eingesetzten Beförderungsmittel entladen, sondern dem Käufer vielmehr nur **entladebereit zur Verfügung stellen**[312]. Die Gefahr geht dadurch auf den Käufer über[313]. 123

f) **Vereinbarung der früheren Incoterms-Klauseln „ab Schiff" (DES) und „ab Kai" (DEQ)**. Die in den Incoterms nicht mehr enthaltenen Klauseln **„ab Schiff"** (DES[314]) und **„ab Kai"** (DEQ[315]) sind im Rahmen der Vertragsfreiheit weiter wählbar[316]. Die **Gefahr** geht bei „ab Schiff" gem § 446 Satz 1 noch **an Bord des Schiffs** durch Zur-Verfügung-Stellen der Ware auf den Käufer über[317]. Beim **Ab-Schiff-Geschäft** ist daher das Entladen (Löschen) des Schiffs eine Pflicht des Käufers. 124

Entsprechendes gilt beim **Ab-Kai-Geschäft**. Die Gefahr geht mit „Zur-Verfügung-Stellen" am Kai auf den Käufer über[318]. Die **Entladung** des Schiffs gehört noch zu den Pflichten des Verkäu- 125

303 FAS-Verkäuferpflicht A2; vgl dazu Hopt/Hopt, HGB, 2023[42], Nebengesetze (6) Incoterms FAS Rz 4.
304 FAS-Verkäuferpflicht A3 iVm A2; vgl dazu Hopt/Hopt, HGB, 2023[42], Nebengesetze (6) Incoterms FAS Rz 5.
305 Vgl dazu oben Rz 119.
306 Ex Works.
307 EXW-Verkäuferpflicht A3 iVm A2.
308 EXW-Verkäuferpflicht A2 Satz 1.
309 EXW-Käuferpflicht B3.
310 DPU-Verkäuferpflicht A2.
311 DPU-Verkäuferpflicht A3 iVm A2.
312 DAP/DDP-Verkäuferpflicht A2.
313 DAP/DDP-Verkäuferpflicht A3 iVm A2.
314 Delivered ex Ship.
315 Delivered ex Quay.
316 Hopt/Hopt, HGB, 2023[42], Nebengesetze (6) Incoterms DUP Rz 2 ff.
317 Hopt/Hopt, HGB, 2023[42], Nebengesetze (6) Incoterms DUP Rz 3.
318 Hopt/Hopt, HGB, 2023[42], Nebengesetze (6) Incoterms DUP Rz 4.

fers[319]. Dem Käufer obliegt es dann, die Ware vom Kai abzusetzen. Bei Vorliegen einer Gattungsschuld ist eine Konkretisierung (Absonderung und Kenntlichmachung) erforderlich[320]. Die Aussonderung eines Sammelbestands für mehrere Käufer genügt nach allgemeinen Grundsätzen für den Gefahrübergang, sofern eine ausreichende Kenntlichmachung gegeben ist[321].

126 6. **Zeitliches Auseinanderfallen von Übergabe der Sache und Gefahrübergang**. – a) **Gefahrübergang vor Übergabe der Kaufsache**. Ist vereinbart, dass die Gefahr **vor Übergabe** auf den Käufer übergehen soll, so trifft den Verkäufer auf Grundlage des geschlossenen Kaufvertrags – auch bei Fehlen einer ausdrücklichen Festlegung von Schutzpflichten – für die Zeit seines noch bestehenden unmittelbaren Besitzes eine allgemeine **Obhutspflicht**. In diesem Rahmen haftet der Verkäufer für eigenes Verschulden und für das Verschulden seiner Angestellten sowie sonstiger Erfüllungsgehilfen (Bewahrungsgehilfen), die bei ihrer Tätigkeit mit der Sache in Kontakt kommen (§ 278). Ist kaufvertraglich vereinbart, dass der Verkäufer dem Käufer einen **Raum vermietet**[322], in dem dieser die Ware **„auf seine Gefahr und Kosten"** einstweilen einlagern kann, so ist dies nicht als Freizeichnung für nach §§ 276, 278 zu vertretendes Verhalten aufzufassen[323]. Der Käufer trägt hier nur das **Zufallsrisiko**; in Bezug auf schuldhafte Beschädigungen der Ware durch den Verkäufer oder seine Erfüllungsgehilfen besteht keine Gefahrbelastung des Käufers[324]. Es haftet insoweit vielmehr der Verkäufer. Entsprechendes gilt, wenn kaufvertraglich vereinbart wird, dass der Verkäufer die Ware noch für einen bestimmten Zeitraum auf Gefahr und Kosten des Käufers verwahrt.

127 In dem Fall, in dem der Verkäufer die Kaufsache auf Gefahr und Kosten des Käufers **bei einem Dritten einlagern soll**, endet die Obhutspflicht des Verkäufers aber mit Aushändigung an den Dritten. Der Verkäufer haftet zwar ggf für die **richtige Auswahl des Lagerhalters**, nicht aber für Verschulden des Lagerhalters und seiner Angestellten oder Beauftragten. Das Gleiche gilt bei **Verwahrung durch Dritte** auf Grundlage eines Schuldverhältnisses, das kein klassisches Lagergeschäft iSd HGB §§ 467 ff ist. Der Verkäufer schuldet in einer solchen Konstellation eben nicht die Verwahrung. Die Übergabe der Ware an den Dritten zum Zwecke der Verwahrung ist hier in Bezug auf die Gefahrtragung nicht anders zu bewerten als die Übergabe an einen Beförderer beim **Versendungskauf**. So wie der Verkäufer nach § 447 nicht den Transport schuldet, so schuldet er im Falle der Vereinbarung einer einstweiligen Verwahrung der Kaufsache durch einen Dritten nicht die Verwahrung.

128 b) **Übergabe der Kaufsache vor kaufvertraglich vereinbartem Gefahrübergang**. Übergibt der Verkäufer die Kaufsache vor dem kaufvertraglich **vereinbarten Übergabetermin** und erklärt er dabei, er garantiere, dass in der Zwischenzeit nichts passiere, so trägt er trotz Vorliegens einer Übergabe iSd § 446 Satz 1 die Gefahr bis zum eigentlich vorgesehenen Übergabetermin[325]. Die **„Garantieerklärung"** des Verkäufers ist hier in Verbindung mit dem tatsächlichen Übergabeangebot dahin gehend auszulegen, dass er als **Gegenleistung für die vorzeitige Abnahme** – insoweit in Übereinstimmung mit dem Kaufvertrag – die Gefahr noch bis zum ursprünglich vorgesehenen Termin trägt. Der Käufer erklärt in dieser Fallkonstellation durch die Annahme der Ware zumindest konkludent sein **Einverständnis** bezüglich der Vereinbarung einer **Abweichung von § 446 Satz 1** zu seinen Gunsten. Die vom Verkäufer für die **Interimsphase** erteilte Gefahrtragungszusage erfasst selbstverständlich nur zufällige Ereignisse, nicht aber einen **vom Käufer zu vertretenden Umstand**, der eine Verschlechterung oder den Untergang der Ware verursacht. Ohne eine derartige Garantieerklärung des Verkäufers bleibt es dabei, dass die Gefahr in Übereinstimmung mit dem Wortlaut des § 446 Satz 1 ab der Übergabe vom Käufer zu tragen ist. Der Käufer ist allerdings nicht verpflichtet, die Kaufsache vor der vereinbarten Fälligkeit abzunehmen. Er hat insbes auch die Möglichkeit, eine vorzeitige Abnahme von einer Übernahme der Gefahr durch den Verkäufer bis zum vereinbarten Übergabetermin abhängig zu machen.

VII. Gefahrtragung bei bedingten oder genehmigungsbedürftigen Kaufverträgen sowie ähnlichen Gestaltungen

129 1. **Allgemeines**. Die Gefahrtragung beim bedingten Kauf ist in der Literatur seit den Zeiten des **gemeinen Rechts umstritten**[326]. Weitgehende Einigkeit besteht darüber, dass zwischen den

319 Hopt/Hopt, HGB, 2023[42], Nebengesetze (6) Incoterms DAP Rz 4.
320 Schiedsgericht des Warenvereins der Hamburger Börse HSG E 2 b Nr 6 (14.12.1971) und Nr 7 (6.10.1975).
321 Vgl dazu oben Rz 67.
322 Vgl dazu BGH DB 1972, 34.
323 BGH DB 1972, 34.
324 BGH DB 1972, 34.
325 Breslau Recht, 1905, Nr 1115.
326 Die Verfasser des BGB wollten die Frage „Wissenschaft und Praxis" überlassen, Motive Mudgan II S 180. Vgl zu den Einzelheiten Filios, Die Gefahrtragung beim Kauf im Rahmen des Synallagmas, 1964, S 75 ff; Hager, Die Gefahrtragung beim Kauf, 1982, S 201 ff.

Fällen des aufschiebend und des auflösend bedingten Kaufs unterschieden werden muss. Praktische Bedeutung hat die Problematik der Gefahrtragung beim bedingten Kauf insbes beim **Kauf auf Probe** und beim sog **Konditionsgeschäft**[327]. Die Lösung des Gefahrtragungsproblems hat sich bei Bestehen einer kaufvertraglichen Bedingung in erster Linie an den beim **konkreten Kaufgeschäft** gegebenen **Besonderheiten und beiderseitigen Interessen** zu orientieren[328].

2. **Nichteintritt einer aufschiebenden Bedingung**. Ist der Kaufvertrag aufschiebend bedingt, so wirft insbes der Fall schwierige Fragen auf, in dem die Kaufsache **nach Übergabe** an den Käufer durch Zufall beim Käufer **untergeht oder beschädigt** wird und im Anschluss daran die Bedingung **endgültig ausfällt**. Ein für die Anwendung der Gefahrtragungsregel des § 446 Satz 1 grundsätzlich erforderlicher Kaufvertrag[329] kommt hier mangels Bedingungseintritts iSd § 158 Abs 1 nicht zustande. Ein Gefahrübergang zu Lasten des Käufers nach § 446 Satz 1 erfolgt daher nicht; die Gefahr des zufälligen Untergangs und der zufälligen Verschlechterung verbleibt vielmehr beim Verkäufer[330]. Der Käufer muss daher den Kaufpreis nicht zahlen[331]. Zweifelhaft ist die Rechtslage allerdings dann, wenn der Käufer den **Kaufpreis** vor Untergang oder Verschlechterung der Sache trotz schwebender Wirksamkeit des Kaufvertrags **bereits gezahlt** hatte. Da der Kaufvertrag wegen Bedingungsausfalls letztlich nicht zustande kommt, ist der Verkäufer hier grundsätzlich gem **§ 812 Abs 1 Satz 2 Alt 1** zur Rückzahlung verpflichtet[332]. Fraglich ist, ob der Verkäufer sich gegenüber diesem Anspruch auf die **Saldotheorie**[333] berufen kann. Das würde im Ergebnis zur Gefahrbelastung des Käufers führen. Denn nach der Saldotheorie erhält der Käufer den Kaufpreis nur zurück, wenn er die Rückgabe der unversehrten Kaufsache Zug um Zug anbietet. Grundsätzlich ist die Saldotheorie hier anwendbar, sofern sich nicht aus dem geschlossenen Kaufvertrag etwas Abweichendes ergibt und auch die bereicherungsrechtlichen Einschränkungen dieses Instituts nicht Platz greifen[334]. Auf Verschlechterungen beruhende **Wertminderungen** führen daher zu einer korrespondierenden Reduzierung des **Kaufpreisrückzahlungsanspruchs**[335]. Insbes im Falle des Untergangs der Kaufsache kann daher der Rückzahlungsanspruch des Käufers komplett entfallen. Die Saldotheorie ist nach bereicherungsrechtlichen Grundsätzen nicht anwendbar, wenn der Käufer vom Verkäufer arglistig getäuscht wurde oder nicht voll geschäftsfähig ist[336]. 130

Selbstverständlich können die Parteien im Rahmen der **Vertragsfreiheit** vereinbaren, dass der Käufer trotz Ausfalls der Bedingung zur Kaufpreiszahlung verpflichtet sein soll und folglich ein Rückzahlungsanspruch nach Bereicherungsrecht von vornherein ausgeschlossen ist[337]. Diese Rechtsfolge kann sich auch **konkludent** aus dem Vertrag ergeben[338]. Dafür müssen aber **Anhaltspunkte vorhanden** sein[339]. Von einer Regel kann daher in Bezug auf die vollständige Gefahrbelastung des Käufers in Anlehnung an § 446 Satz 1 nicht ausgegangen werden[340]. 131

Bleibt es grundsätzlich bei der **Rückabwicklung nach Bereicherungsrecht mit Saldotheorie**, so kann der Verkäufer den auf den bereits gezahlten Kaufpreis bezogenen Kondiktionsanspruch des Käufers nicht unter Berufung auf **§ 819 Abs 1** abwehren[341]. Es ist zwar richtig, dass der Käufer weiß, dass er bis zum Bedingungseintritt grundsätzlich nicht zur Kaufpreiszahlung verpflichtet ist[342]. Es geht aber nicht nur der Käufer, sondern auch der den Kaufpreis entgegennehmende Verkäufer von einem Bedingungseintritt aus, und gerade deshalb wird der Leistungsaustausch schon vorgenommen. Auf diesen Fall des **einvernehmlichen Austauschs** der im bedingten Kaufvertrag versprochenen Leistungen ist die verschärfte Bereicherungshaftung eines Kondizierenden aus § 819 Abs 1 nicht zugeschnitten[343]. 132

327 Hager, Die Gefahrtragung beim Kauf, 1982, S 202 f.

328 So zu Recht Hager, Die Gefahrtragung beim Kauf, 1982, S 202 ff.

329 Vgl dazu unten Rz 148.

330 BGH NJW 1975, 776, 777 f; Staud/Beckmann Rz 19; Erman/Grunewald Rz 4; BeckOGK/Tröger Rz 28; MünchKomm/Westermann Rz 6.

331 BGH NJW 1975, 776, 777 f (Kauf von Anzügen unter der aufschiebenden Bedingung der Weiterveräußerung durch den Käufer und endgültiger Ausfall der Bedingung wegen Diebstahls beim Käufer nach Übergabe der Ware).

332 Staud/Beckmann Rz 19; BeckOGK/Tröger Rz 28 („nach Bereicherungsrecht rückabzuwickeln"); wohl auch MünchKomm/Westermann Rz 6.

333 Vgl Soergel/Hadding § 818 Rz 54 ff zu den Einzelheiten der Berücksichtigung der Gegenleistung nach Maßgabe der Saldotheorie.

334 Wohl auch MünchKomm/Westermann Rz 6; einschränkend, aber iE ähnlich BeckOGK/Tröger Rz 28 (Abbedingung des bereicherungsrechtlichen Rückabwicklungsregimes und Gefahrtragung des Käufers könnten sich aus dem mutmaßlichen Parteiwillen ergeben, was bei Güteraustausch in voller Kenntnis der Schwebelage regelmäßig anzunehmen sei); aA Staud/Beckmann Rz 19.

335 Vgl Soergel/Hadding § 818 Rz 54 ff.

336 Vgl Soergel/Hadding § 818 Rz 59 ff.

337 BGH NJW 1975, 776, 777 f.

338 BGH NJW 1975, 776, 777 f.

339 BGH NJW 1975, 776, 777 f.

340 AA BeckOGK/Tröger Rz 28.

341 BeckOGK/Tröger Rz 28; aA Staud/Beckmann Rz 19.

342 Vgl Staud/Beckmann Rz 19.

343 So iE auch BeckOGK/Tröger Rz 28.

133 3. **Kauf auf Probe.** – a) **Vertragstypische Gefahrtragung des Verkäufers – Grundlagen.** Beim Kauf auf Probe kommt der Kauf erst durch die **Billigung des Käufers** zustande[344]. Der Eintritt dieser **Potestativbedingung** steht in seinem freien Belieben (§ 454 Abs 1 Satz 1)[345]. Die Rückgabepflicht des Käufers im Falle der Nichtbilligung folgt **nicht aus § 812**, sondern aus der Vereinbarung der bis zu einer Billigung nur **einstweiligen Überlassung** der Kaufsache zur Besichtigung oder Erprobung[346]. Bei Untergang der Kaufsache nach Übergabe wird der Käufer von der Rückgabepflicht **gem § 275 Abs 1 frei**[347]. Für diese Befreiung kommt es nicht darauf an, ob der Käufer den Untergang zu vertreten hat. Für **Verschulden** haftet er bei Unmöglichkeit der Rückgabe allerdings **gem §§ 280 Abs 1 und Abs 3, 283, 276, 278.** Entsprechendes gilt bei vom Käufer nach Übergabe zur Erprobung zu vertretenden **Beschädigungen der Sache**, dh, er haftet hier nach § 280 Abs 1. Den Käufer trifft die **Beweislast** für fehlendes Verschulden (§ 280 Abs 1 Satz 2). Die Benutzung der Sache durch den Käufer im Rahmen der Erprobung kann grundsätzlich keinen Verschuldensvorwurf begründen, sofern nicht nur eine **bloße Besichtigung der Ware** vertraglich gestattet war.

134 Da die Billigung im freien Belieben des Käufers steht (§ 454 Abs 1 Satz 1), ist der Käufer auch im Falle des Untergangs oder der Verschlechterung der übergebenen Sache noch ohne weiteres berechtigt, die Abgabe der Billigungserklärung zu verweigern. Unberührt bleiben die dargelegten Schadensersatzansprüche des Verkäufers bei Vorliegen eines Vertretenmüssens[348]. Die allgemeine Regelung des § 162 Abs 1, nach der eine aufschiebende Bedingung als eingetreten gilt, sofern der Eintritt von einer Vertragspartei **wider Treu und Glauben verhindert** wird, ist hier nicht einschlägig. Der Käufer handelt aufgrund der besonderen Regelung des § 454 Abs 1 Satz 1 nicht treuwidrig, sondern vielmehr vertrags- und gesetzeskonform. Die **Verweigerung der Billigung** führt auch im Falle des Untergangs oder der Verschlechterung der Ware dazu, dass der **Kaufpreisanspruch** des Verkäufers nicht entsteht[349]. Der Verkäufer trägt also die Gefahr des zufälligen Untergangs und der zufälligen Beschädigung **während des Erprobungszeitraums.** Dies entspricht dem Wesen des Kaufs auf Probe, der dem Käufer vor der erklärten Billigung der Sache gerade keine Verbindlichkeit auferlegen soll[350]. Die Erprobung erfolgt auf Risiko des Verkäufers, soweit ein Untergang oder eine Verschlechterung der Ware nicht vom Käufer zu vertreten ist.

135 b) **Nichtanwendbarkeit der Saldotheorie bei Vorleistung des Kaufpreises.** Die Zahlung des Kaufpreises oder eines Teils davon durch den Käufer vor der – später verweigerten – Billigung der Ware durch den Käufer ändert nichts an der für den Kauf auf Probe **charakteristischen Gefahrverteilung.** In den meisten Fällen zahlt der Käufer zwar nicht vor Beendigung der Erprobung den vollen Kaufpreis. Eine Teilzahlung ist aber insbes dann nicht unüblich, wenn einerseits der Verkäufer eine gewisse **Sicherheit verlangt** und andererseits der Käufer eigentlich schon zum Kauf entschlossen ist. Auch durch Leistung einer Vorauszahlung entsteht für den Käufer noch keine Bindung an den Kauf, die eine andere Beurteilung der Gefahrverteilung rechtfertigen könnte. Aufgrund dieser aus dem Wesen des Kaufs auf Probe folgenden **gesetzlichen Risikoverteilung** wäre eine Anwendung der **bereicherungsrechtlichen Saldotheorie** auf den Rückzahlungsanspruch des Käufers aus § 812 Abs 1 Satz 2 Alt 2 **unvereinbar.** Der Verkäufer muss daher die erfolgte Kaufpreiszahlung als **Vorschuss** auf einen noch nicht zustande gekommenen Kaufvertrag unabhängig davon zurückzahlen, ob er die Sache unversehrt zurückerhält oder nicht. Diese **Risikoverteilung** ändert sich eben durch derartige Zahlungen nicht, es sei denn, die Kaufvertragsparteien treffen insoweit eine **abweichende Abrede.** Ein **Kondiktionsausschluss** nach § 815 greift – wie generell bei Kaufpreiszahlungen vor Eintritt einer aufschiebenden Bedingung – deshalb nicht ein, weil der **Schwebezustand** beiden Parteien bekannt ist und die Zahlung in der gemeinsamen Erwartung des Bedingungseintritts vom Käufer geleistet und vom Verkäufer angenommen wird.

136 Der Käufer kann zwar auch im Falle des nach Übergabe erfolgenden zufälligen Untergangs oder der zufälligen Verschlechterung noch nach Belieben die Billigung verweigern und wird dies idR auch tun. Eine **Billigungserklärung** kommt hier aber gleichwohl dann in Betracht, wenn der **Käufer ausreichend versichert** ist oder/und um Auseinandersetzungen mit dem Verkäufer bezüglich des **Vorliegens eines Verschuldens** zu vermeiden. Die Rechtslage ist hier im Hinblick auf die Frage der Verpflichtung des Käufers zur Kaufpreiszahlung anders zu beurteilen als im Falle der Verweigerung der Billigung. Denn die Billigungserklärung des Käufers kann hier nur

344 Vgl zu den Einzelheiten § 454 Rz 1, 27 ff.

345 Vgl zu den Einzelheiten § 454 Rz 1.

346 Vgl § 454 Rz 23. Anders ist insoweit die Rechtslage in Bezug auf eine Kaufpreiszahlung des Käufers vor Erklärung der Billigung. Hier ist bei Ausfall der Bedingung grundsätzlich ein Rückzahlungsanspruch aus § 812 gegeben, weil eine derartige Vorleistung beim Kauf auf Probe nicht vertragstypisch ist; vgl zu den Einzelheiten nachfolgend Rz 135 f.

347 Vgl zur Gefahrtragung beim Kauf auf Probe § 454 Rz 20 ff.

348 Vgl dazu oben Rz 133.

349 Vgl BGH NJW 1975, 776, 777.

350 Hager, Die Gefahrtragung beim Kauf, 1982, S 206.

dahin gehend verstanden werden, dass er den **Kaufpreis vollständig zahlen** oder, sofern schon entrichtet, endgültig dem Verkäufer belassen will. Ob der mit der Billigung erfolgte **Bedingungseintritt mit Rückwirkung** (**ex tunc**) oder nur für die Zukunft und damit **ex nunc** wirkt[351], ist für die Gefahrtragung letztlich ohne Bedeutung. Denn der Käufer ist deshalb in vollem Umfang zur Kaufpreiszahlung verpflichtet, weil er die Billigung der Sache trotz Verschlechterung bzw Untergang erklärt hat. Ein Rückzahlungsanspruch des Käufers bzw eine Befreiung von der Zahlungspflicht nach § 433 Abs 2 ist hier auch dann nicht anzuerkennen, wenn der Käufer die **Billigung in Unkenntnis** des Untergangs oder der Beschädigung der Sache erklärt. Dieser Irrtum stellt lediglich einen **Motivirrtum** dar, der ihm nicht das Recht gibt, die Billigungserklärung anzufechten. Auch dies ist interessengerecht. Denn der Käufer hat es aufgrund seiner **Sachherrschaft** in der Hand, den Zustand der Kaufsache zum Zeitpunkt der Abgabe der Billigungserklärung zu überprüfen.

4. **Gefahrtragung beim auflösend bedingten Kauf**. Ist der Kaufvertrag **auflösend** bedingt, 137
so ist in Bezug auf die Gefahrtragung inbes der Fall problematisch, in dem die Sache dem Käufer übergeben wurde und später durch Zufall der Untergang oder eine Beschädigung erfolgt ist. Tritt nunmehr die auflösende Bedingung ein, so entfällt jedenfalls **für die Zukunft** die Verpflichtung des Käufers aus § 433 Abs 2 zur Kaufpreiszahlung. Ein vom Käufer noch nicht gezahlter Kaufpreis muss daher nicht mehr entrichtet werden. Im Ergebnis trifft auch bei der auflösenden Bedingung die **Gefahr den Verkäufer**[352]. Diese Risikoverteilung folgt aus dem **Wesen der auflösenden Bedingung**. Ein Verkäufer, der bei Abschluss eines Kaufvertrags eine auflösende Bedingung vereinbart und anschließend dem Käufer den Kaufgegenstand übergibt, muss damit rechnen, dass die Bedingung auch im Falle des Untergangs oder der Verschlechterung noch eintreten kann und damit die Rechtsgrundlage für die Kaufpreiszahlung beseitigt. Falls der Kaufpreis noch nicht gezahlt worden ist, stellt sich die Frage der Anwendung der **Saldotheorie** im Rahmen der Rückabwicklung nach Bereicherungsrecht von vornherein nicht.

Umstritten ist dagegen die Rechtslage bei Bestehen einer auflösenden Bedingung, wenn der 138
Käufer den **Kaufpreis bereits vollständig oder zum Teil gezahlt** hat und die übergebene Sache durch Zufall untergeht oder beschädigt wird. Im Ergebnis besteht Einigkeit darüber, dass der Käufer hier jedenfalls nicht in vollem Umfang gem § 812 Abs 1 Satz 2 Alt 1 die **Rückzahlung des Kaufpreises** vom Verkäufer verlangen kann[353]. Die Gefahr fällt zwar auf den Verkäufer zurück, und zwar mit **Wirkung ex tunc**. Es erfolgt aber eine Anrechnung des zufällig eingetretenen Wertverlusts auf den bereicherungsrechtlichen Rückzahlungsanspruch. Überwiegend wird dies mit einer Anwendung der **Saldotheorie** begründet[354]. Überzeugender ist es hier jedoch, auf Grundlage der Bedingungsregelung des § 158 Abs 2 den Fortfall des Gefahrübergangs nur mit **Wirkung ex nunc** zu bejahen[355]. Wenn der Käufer bei Vereinbarung einer auflösenden Bedingung die Kaufsache in seinen **Besitz übernimmt** und den Kaufpreis zahlt, dann trägt er auch die Gefahr des zufälligen Untergangs und der zufälligen Verschlechterung bis zum Bedingungseintritt. Im Rahmen der bereicherungsrechtlichen Rückabwicklung nach § 812 Abs 1 Satz 2 Alt 1 ist daher aus diesem Grund der **zufällig eingetretene Wertverlust** zu Lasten des Käufers zu berücksichtigen.

Das Problem der Gefahrtragung kann sich allerdings beim auflösend bedingten Kauf nur 139
dann stellen, wenn die Bedingung trotz des Untergangs oder der Beschädigung der Sache gem § 158 Abs 2 noch eintreten kann. Das ist nämlich nicht der Fall, wenn gerade die **Rückgabe der unversehrten Sache die auflösende Bedingung** oder zumindest notwendiger Bestandteil dieser Bedingung ist. Hier fällt dann schon mit dem Untergang oder der Beschädigung der Sache die Bedingung endgültig aus. Der Kaufvertrag bleibt damit wirksam und an der durch Übergabe der Kaufsache gem § 446 Satz 1 eingetretenen **Gefahrbelastung des Käufers** ändert sich nichts.

351 Für Rückwirkung Grüneberg/Weidenkaff Rz 11; Staud/Beckmann Rz 19; Flume, Allg Teil II, 1992[4], § 40, 2c; Filios, Die Gefahrtragung beim Kauf im Rahmen des Synallagmas, 1964, S 80 ff mweitNachw; Brox JuS 1975, 1, 4; gegen Rückwirkung: Enn/Lehmann, SchuldR, 1958[15], § 103 III 1 (außer im Falle der Verschlechterung der Kaufsache); RGRK/Mezger Rz 4.

352 Vgl zur aufschiebenden Bedingung Rz 129 ff.

353 RG WarnR 1921 Nr 43; Erman/Grunewald Rz 4; Staud/Beckmann Rz 21; BeckOGK/Tröger Rz 27; MünchKomm/Westermann Rz 6; Jauernig/Berger Rz 5; Filios, Die Gefahrtragung beim Kauf im Rahmen des Synallagmas, 1964, S 86 mweitNachw; Flume, Allg Teil II, 1992[4], § 40, 2 d.

354 Erman/Grunewald Rz 4; Jauernig/Berger Rz 5; wohl auch MünchKomm/Westermann Rz 6 (Berücksichtigung der Übernahme der Sache bei § 818 Abs 3 im Rahmen der Rückabwicklung nach Bereicherungsrecht); so iE auch RG WarnR 1921 Nr 43; ähnlich BeckOGK/Tröger Rz 27 (Rückforderung nur insofern zulässig, als der Kaufpreis den Wert der untergegangenen Sache überschreitet, weil der in § 446 Satz 1 abgebildete mutmaßliche Parteiwille im Falle des einvernehmlichen Güteraustauschs auch beim Bereicherungsausgleich zu berücksichtigen sei).

355 Staud/Beckmann Rz 21; iE auch Flume, Allg Teil II, 1992[4], § 40, 2 d.

140 5. **Gefahrverteilung beim Konditionsgeschäft**. Das Konditionsgeschäft nimmt eine Zwischenstellung zwischen Kauf und **Kommission** iSd HGB §§ 383 ff ein. Der **Konditionskäufer** erwirbt die Ware (insbes Bücher, Textilien, Schmuck) und veräußert sie auf **eigene Rechnung** weiter. Ihm steht allerdings regelmäßig ein **befristetes Recht zur Rückgabe** gegen Erstattung des Kaufpreises zu. Bis zum Fristablauf trägt also der Verkäufer das wirtschaftliche **Risiko der Unabsetzbarkeit** der Ware. Die Interessenlage spricht dafür, dass der Käufer als Inhaber der Sachherrschaft und der uneingeschränkten Verfügungsbefugnis die Gefahr des zufälligen Untergangs und der zufälligen Verschlechterung trägt. Der Käufer ist hier als unmittelbarer Besitzer am ehesten in der Lage, notwendige Maßnahmen zum Schutz der Ware zu ergreifen und eine **Sachversicherung** abzuschließen[356]. Diese Gefahrverteilung zu Lasten des Käufers folgt daraus, dass die **fristgerechte Rückgabe der unversehrten Ware** hier Bestandteil der jedenfalls idR anzunehmenden **auflösenden Bedingung** ist[357]. Die Gefahr trägt der Käufer also bei einem solchen Kaufgeschäft gem § 446 Satz 1 deshalb ab Übergabe, weil nach Untergang oder Beschädigung der Ware die auflösende Bedingung nicht mehr eintreten kann. Mit einer **Rückgabe der unversehrten Ware** an den Verkäufer fällt selbstverständlich die Gefahr wieder an ihn zurück.

141 Die konkrete Ausgestaltung des Konditionsgeschäfts kann sich vom typischen Kaufvertrag so weit entfernen und dem **Kommissionsgeschäft annähern**, dass es gerechtfertigt ist, dem Verkäufer – ebenso wie dem Kommittenten – die Gefahr des zufälligen Untergangs und der zufälligen Verschlechterung aufzuerlegen. So verhielt es sich im Fall BGH NJW 1975, 776. Das **Rückgaberecht** des Käufers war hier unbefristet und die Ware sollte erst bei Weiterveräußerung bezahlt werden. Gegenstand des Kaufs waren Herrenanzüge, die im Bekleidungsgeschäft des Käufers vor einem Weiterverkauf gestohlen wurden. Der BGH hat dieses Konditionsgeschäft aufgrund der Besonderheiten des Einzelfalls zu Recht, ähnlich einem Kauf auf Probe, als durch die Weiterveräußerung **aufschiebend bedingt** angesehen und dementsprechend dem **Verkäufer die Gefahr** des zufälligen Untergangs und der zufälligen Verschlechterung bis zur Weiterveräußerung (mit Übergabe) an einen Zweitkäufer auferlegt[358]. Wirtschaftlich handelte es sich hier eher um ein **Kommissionsgeschäft**.

142 Wird beim Konditionsgeschäft vereinbart, dass der Konditionskäufer für die Aufbewahrung des Gutes mit der **Sorgfalt eines ordentlichen Kaufmanns** haftet, so ergibt sich daraus im Gegenschluss, dass der zufällige Untergang und die zufällige Verschlechterung der Ware nicht zu seinen Lasten gehen, sondern insoweit der Verkäufer mit der Gefahr belastet sein soll. Die Beweislast für das Vorliegen von Zufall trägt allerdings der Käufer. Als **auflösende Bedingung** ist hier nicht die unversehrte Rückgabe (bzw die Erklärung der Rückgabebereitschaft) innerhalb der Rückgabefrist anzusehen, sondern vielmehr die schlichte **Erklärung des Käufers**, dass er von seinem Rückgaberecht (Remissionsrecht) Gebrauch mache.

143 6. **Gefahrtragung bei verbindlichem Verkaufsangebot (Kaufoption) und Übergabe der Sache**. Lässt der Verkäufer ein einseitiges **Verkaufsangebot** über ein Grundstück zugunsten des Kaufinteressenten notariell beurkunden und überlässt er ihm das Grundstück schon vor einer Annahme dieses Angebots, so geht die Gefahr erst mit **Beurkundung der Annahmeerklärung** auf den Käufer über[359]. Denn die Anwendung des § 446 Satz 1 setzt einen wirksamen Kaufvertrag voraus[360]. Der Gefahrübergang erfolgt dann aber mit **Wirkung ex tunc**. Entsprechendes gilt für Kaufoptionen in Bezug auf **Waren (bewegliche Sachen)**. Ist der Kaufpreis allerdings vom Käufer sofort zu zahlen, so spricht dies für einen auflösend bedingten Kauf. Der Käufer erhält den vollen Kaufpreis daher nur zurück, wenn er die **Sache unversehrt zurückgibt**[361]. Der mit der Übergabe der Ware gem § 446 Satz 1 erfolgte Gefahrübergang zu Lasten des Käufers entfällt hier nur mit **Wirkung ex nunc**[362].

144 7. **Übergang der Gefahr beim genehmigungsbedürftigen Kaufvertrag**. Hängt die Wirksamkeit des Kaufvertrags von einer Genehmigung ab (zB gem § 1365 oder gem GrdstVG § 2) und wird die Sache dem Käufer **vor Erfolgen der Genehmigung** übergeben, während die Genehmigung noch aussteht, so ist die **Interessenlage** in Bezug auf die Gefahrverteilung mit dem Fall des **aufschiebend bedingten Kaufs** vergleichbar[363]. Wird beim genehmigungsbedürftigen Kaufgeschäft die Sache zerstört oder beschädigt und anschließend die **Genehmigung verweigert**, so ist § 446 Satz 1 wegen Nichtvorliegens eines wirksamen Kaufvertrags nicht anwendbar. Der Käufer muss daher hier den Kaufpreis grundsätzlich nicht zahlen. In dem Fall, in dem

356 Hager, Die Gefahrtragung beim Kauf, 1982, S 206.
357 Karlsruhe DB 1971, 1410 = BB 1971, 1123.
358 BGH NJW 1975, 776; vgl zum Ausnahmecharakter des Falls Hager, Die Gefahrtragung beim Kauf, 1982, S 205 f.
359 KG Recht 1911 Nr 1895 = OLGE 22, 210, 211.
360 Vgl dazu unten Rz 148.
361 Vgl oben Rz 138 f.
362 Vgl oben Rz 138.
363 BeckOGK/Tröger Rz 30; Staud/Beckmann Rz 23; BeckOK/Faust Rz 9.

der Käufer vor Erteilung der Genehmigung den Kaufpreis schon geleistet hat, ist der **Verkäufer** gem § 812 Abs 1 Satz 1 Alt 1 **zur Rückzahlung verpflichtet**. Er kann aber den durch die Zerstörung oder Beschädigung eingetretenen Wertverlust in Anwendung der **Saldotheorie** vom eigentlich zurückzuzahlenden Betrag abziehen[364]. Insoweit bleibt daher im Ergebnis die Gefahr des zufälligen Untergangs und der zufälligen Verschlechterung **beim Käufer**. Hat der Käufer den **Kaufpreis noch nicht gezahlt**, so muss er im Falle der zufälligen Verschlechterung gem §§ 812, 818 Abs 1 die Sache nur so zurückgeben, wie sie ist. Ein **Totalverlust der Kaufsache** geht hier in vollem Umfang zu Lasten des Verkäufers. Für eine schuldhafte Beschädigung oder Zerstörung haftet der Käufer bei Kenntnis des Genehmigungserfordernisses nicht ohne weiteres nach §§ 820 Abs 1 Satz 1, 818 Abs 4, 292, 989. Dies ist nur dann gerechtfertigt, wenn der Käufer, nicht aber der Verkäufer, das Genehmigungserfordernis kennt und gleichwohl die Kaufsache annimmt. Im Falle der beiderseitigen Kenntnis greift die verschärfte Bereicherungshaftung dagegen deshalb nicht Platz, weil der Kaufvertrag einvernehmlich in Erwartung der Genehmigung durch Übergabe der Sache schon vollzogen wird.

Erfolgt nach Untergang oder Beschädigung der Sache die Erteilung der erforderlichen **Genehmigung**, so wird der Kaufvertrag mit Rückwirkung wirksam (§ 184 Abs 1). Infolgedessen tritt grundsätzlich auch der **Gefahrübergang gem § 446 Satz 1 rückwirkend** ein. Hiervon zu unterscheiden ist allerdings der Fall, in dem nicht der Kaufvertrag, sondern nur die **Übereignung genehmigungsbedürftig** ist. Eine Verweigerung der Genehmigung führt hier zur **nachträglichen Unmöglichkeit** der Erfüllung der Eigentumsverschaffungspflicht des Verkäufers aus § 433 Abs 1 Satz 1. Die beiderseitigen Leistungspflichten entfallen gem **§§ 275 Abs 1, 326 Abs 1**. Die Bestimmung des § 446 geht daher ins Leere. Jede Partei muss nach §§ 326 Abs 4, 346 Abs 1 zurückgeben, was sie erhalten hat. Die Rechtsfolgen ergeben sich aus dem **Rücktrittsrecht** (**§ 346**). Der Käufer muss unter den Voraussetzungen des § 346 Abs 2 Wertersatz leisten. Dies gilt unabhängig davon, ob der Kaufpreis schon gezahlt ist. 145

8. **Gefahrtragung beim Kauf unter Eigentumsvorbehalt**. Nimmt beim **Kauf unter Eigentumsvorbehalt** der Verkäufer die Sache wegen eines nicht vertragsgemäßen Verhaltens des Käufers zu Sicherungszwecken zurück, so führt dieser Rückerwerb des unmittelbaren Besitzes zeitgleich zum **Rückfall der Gefahr**[365]. Mit der Beendigung des Käuferbesitzes wird also der – vom Eigentumserwerb grundsätzlich unabhängige – nach § 446 Satz 1 erfolgte Gefahrübergang mit **Wirkung für die Zukunft** (**ex nunc**) wieder aufgehoben. Ein Anspruch auf Rückgabe der Sache steht dem Verkäufer gem § 449 Abs 2 allerdings erst im Falle der **Ausübung des Rücktrittsrechts** zu. Wenn der Verkäufer beim Kauf unter Eigentumsvorbehalt nach Übergabe der Kaufsache dem Käufer für die Zahlung des Kaufpreises erfolglos eine Nachfrist gem §§ 281, 323 gesetzt hat, dann erlischt der Kaufpreisanspruch – anders als nach § 326 aF – nicht unmittelbar mit Fristablauf. Der Verkäufer muss erst vom **Kaufvertrag zurücktreten** und/oder **Schadensersatz statt der Leistung** geltend machen. Erst dadurch und durch die nachfolgende Rücknahme wird der nach § 446 Satz 1 eingetretene Gefahrübergang mit **Wirkung ex nunc** aufgehoben. Der Verkäufer kann im Falle einer **„freiwilligen" Rückgabe der Kaufsache** durch den Käufer die Gefahr nur dadurch auf den Käufer zurückübertragen, dass er ihn im Hinblick auf die kaufvertraglich geschuldete Übernahme der Sache in **Annahmeverzug** setzt (§ 446 Satz 3). Dies kann etwa geschehen durch Angebot der jederzeitigen Rückgabe der Sache gegen Zahlung der fälligen Kaufpreisraten. 146

VIII. Gefahrübergang bei fehlender Eigentumsverschaffung oder Rechtsmangel

Weist die Leistung des Verkäufers einen Rechtsmangel iSd § 435 auf oder wird die **Eigentumsverschaffungspflicht** aus § 433 Abs 1 Satz 1 nicht erfüllt, was nach zutreffender Auffassung **keinen Rechtsmangel** darstellt, so ist der Gefahrübergang trotz Übergabe iSd § 446 Satz 1 zunächst im Ergebnis noch in der **Schwebe**. Entscheidend ist hier nämlich, ob es dem Verkäufer noch gelingt, dem Käufer das Eigentum lastenfrei zu verschaffen, bevor dieser nach **Nachfristsetzung** gem § 323 wirksam zurücktritt oder/und gem §§ 280 Abs 1 und Abs 3, 281 Schadensersatz statt der Leistung verlangt. Erfüllt der Verkäufer seine **kaufvertraglichen Pflichten noch rechtzeitig**, so bleibt es beim Gefahrübergang nach § 446 Satz 1 ab Übergabe der Kaufsache. Wenn das **Eigentum** vom Verkäufer dagegen **nicht lastenfrei verschafft** wird, dann hindert ein zufälliger Untergang oder eine zufällige Verschlechterung der Sache den Käufer nicht daran, seine **Rechte aus §§ 323, 280, 281** auszuüben[366]. Erklärt der Käufer den Rücktritt, so greift die nach § 346 147

364 Vgl oben Rz 130 f.

365 Grundlegend Serick, Eigentumsvorbehalt und Sicherungsübertragung I, 1963, S 141.

366 AA Hager, Die Gefahrtragung beim Kauf, 1982, S 181 f (kein Recht des Käufers, nach dem zufälligen Verlust der Sache noch Nachfrist gem §§ 440 Abs 1 aF, 326 aF für die Rechtsverschaffung zu setzen).

Abs 2 Satz 1 Nr 3 grundsätzlich bestehende **Wertersatzpflicht** im Falle des zufälligen Untergangs oder der zufälligen Verschlechterung beim Rücktrittsberechtigten (Käufer) nicht Platz, sofern dieser Verlust im Rahmen eines **bestimmungsgemäßen Gebrauchs der Sache** (§ 346 Abs 3 Satz 1 Nr 3 Halbsatz 2) eingetreten ist.

IX. Gefahrtragung bei Nichtigkeit des Kaufvertrags

148 1. **Anwendbarkeit des Bereicherungsrechts mit Saldotheorie.** Im Falle der Nichtigkeit des von den Parteien geschlossenen Kaufvertrags ist die Gefahrtragungsregelung des § 446 Satz 1 nicht anwendbar[367]. Die Rechtsfolge – **Zahlungspflicht des Käufers** trotz Verlusts oder Beschädigung der ihm übergebenen Sache – kann wegen **Fehlens eines vertraglichen Rechtsgrundes** nicht eintreten. Die gleichwohl bei Untergang oder Verschlechterung der Kaufsache während der Besitzzeit des Käufers bestehende Gefahrtragungsproblematik ist nicht gem § 446 Satz 1, sondern nach den Regeln des **Bereicherungsrechts** und einer Anwendung der Saldotheorie zu lösen, soweit dieses Institut nicht nach den Grundsätzen des Bereicherungsrechts ausgeschlossen ist (zB bei Arglist des Verkäufers)[368]. Daraus folgt, dass der Käufer im Falle der Nichtigkeit des Kaufvertrags und **Zahlung des Kaufpreises** nach der **Saldotheorie** einen Rückzahlungsanspruch in voller Höhe nur dann geltend machen kann, wenn er die ihm bereits übergebene Kaufsache entweder unversehrt zurückgibt oder **Wertersatz** in Höhe eines eingetretenen Verlusts leistet. Der Anspruch des Käufers auf Rückzahlung wird also um den Verlust gekürzt; notfalls bis auf null. Der Schutz des Verkäufers bei Nichtigkeit des Kaufvertrags und Vornahme des Leistungsaustauschs ist begrenzt auf die Fälle, in denen die **Saldotheorie** nach den Regeln des Bereicherungsrechts zur Anwendung gelangt und nicht durch eine anerkannte Ausnahme verdrängt wird. Ausgeschlossen ist die in Rede stehende Saldierung, wenn der Grund der Nichtigkeit in der mangelnden **Geschäftsfähigkeit des Käufers** liegt, der Verkäufer arglistig gehandelt hat oder der Untergang oder die Beschädigung auf einem **Mangel der Kaufsache** beruht[369]. Ebenfalls nicht anwendbar ist die Saldotheorie bei **Vorleistungen**[370].

149 2. **Vorleistung des Verkäufers bei nichtigem Kaufvertrag.** Ein Schutz des Verkäufers greift im Falle der Nichtigkeit des Kaufvertrags und **Übergabe der Ware** an den Käufer nicht ein, wenn der Verkäufer die Ware geliefert und den Kaufpreis zum Zeitpunkt der zufälligen Verschlechterung oder des zufälligen Untergangs noch nicht erhalten hat. Der Verkäufer kann im hier in Rede stehenden Vorleistungsfall gem § 818 Abs 3 nur die Bereicherung vom Käufer herausverlangen, die auf dessen Seite noch vorhanden ist[371]. Die **Saldotheorie** ist hier mangels Kaufpreiszahlung nicht anwendbar[372]. Der vorleistende Verkäufer trägt also bei Nichtigkeit des Kaufvertrags auch nach Übergabe der Sache das Risiko des Verlusts oder der Beschädigung der Kaufsache. Dies wird in der Literatur zum Teil kritisiert[373]. Diese Kritik überzeugt allerdings nicht. Sicherlich ist die Entreicherungsregelung des § 818 Abs 3 eine Bestimmung, die den Erfordernissen der Rückabwicklung nichtiger gegenseitiger Verträge nicht in vollem Umfang gerecht wird. Entsprechendes gilt für die Abhilfe durch die Saldotheorie. Entscheidend für das **Durchgreifen des Entreicherungseinwands des § 818 Abs 3** ist hier aber, dass bei Vorleistungen eine **synallagmatische Verknüpfung** von Leistung und Gegenleistung nicht vorliegt und derjenige, der vorleistet, das damit typischerweise verbundene **Risiko** trägt[374].

X. Übergang von Nutzungen und Lasten nach § 446 Satz 2

150 1. **Regelungsgegenstand und ratio legis des § 446 Satz 2.** § 446 Satz 2 verbindet den Übergang der Nutzungen und Lasten mit dem Gefahrübergang und bringt damit den inneren Zusammenhang beider Regelungen zum Ausdruck[375]. Derjenige, der beim Kauf die Gefahr und damit das Verlustrisiko trägt, soll auch die auf den Kaufgegenstand bezogenen Vorteile erhalten. Die Nutzungen sind daher das Äquivalent für die Gefahrtragung, so wie die Lastentragung ihrerseits das **Äquivalent für die Nutzungen** darstellt.

367 BGHZ 138, 195, 206 (formnichtiger Kaufvertrag über den Verkauf des einzigen Geschäftsanteils durch Alleingesellschafter); Staud/Beckmann Rz 17; MünchKomm/Westermann Rz 5; Erman/Grunewald Rz 4; BeckOGK/Tröger Rz 23.

368 Staud/Beckmann Rz 17; ähnlich BeckOGK/Tröger Rz 24; so iE wohl auch MünchKomm/Westermann Rz 5.

369 Vgl zu den Einzelheiten Soergel/Hadding § 818 Rz 59 ff.

370 Vgl dazu nachfolgend Rz 149.

371 Vgl Soergel/Hadding § 818 Rz 60.

372 Vgl Soergel/Hadding § 818 Rz 60; Erman/Buck-Heeb § 818 Rz 43; Grunewald, FS für Hadding, 2004, S 33, 39.

373 MünchKomm/Schwab § 818 Rz 261 f.

374 Vgl Soergel/Hadding § 818 Rz 60.

375 Vgl auch Inst 3, 23, 3; Kaser/Knütel/Lohsse, Römisches Privatrecht, 2021[22], § 52 Rz 24.

Diese Verteilung von Nutzungen und Lasten nach Maßgabe des § 446 Satz 2 betrifft nur das **schuldrechtliche Verhältnis zwischen den Kaufvertragsparteien**[376]. Diese dispositive Norm regelt, welcher Partei die Nutzungen im Verhältnis der Parteien untereinander schuldrechtlich gebühren und welche Partei der anderen gegenüber verpflichtet ist, die Lasten zu übernehmen. § 446 Satz 2 betrifft also nur das **kaufvertragliche Innenverhältnis** und nicht die Frage, wer im Außenverhältnis berechtigt bzw verpflichtet ist. 151

2. **Dingliche Zuordnung der Nutzungen und Lasten im Außenverhältnis – Grundlagen**. Die dingliche Zuordnung der Nutzungen im Außenverhältnis wird durch § 446 Satz 2 nicht geregelt. Diese Rechtsbeziehung richtet sich nach **besonderen Bestimmungen**. In Bezug auf **natürliche Früchte** folgt die dingliche Berechtigung aus den §§ 953 bis 957. Bei **Zivilfrüchten** im Zusammenhang mit der Veräußerung von **Immobilien oder Schiffen** richtet sich die Berechtigung im Außenverhältnis nach §§ 566 bis 567b (Verkauf von vermietetem Wohnraum), § 578 Abs 2 (Verkauf von sonstigen Räumen), § 578 Abs 1 (Verkauf von vermieteten Grundstücken), § 578a Abs 1 (Verkauf von vermieteten Schiffen) und § 593b (Verkauf von verpachteten Grundstücken). 152

Die Frage, wer im Außenverhältnis gegenüber dem **dinglich Berechtigten** aus der Grundstückslast haftet, ist in den für die jeweilige Last geltenden gesetzlichen Bestimmungen geregelt, so zB in § 1108 für die **Reallast** (persönliche Haftung des Eigentümers) und in § 416 für die **Hypothekenschuld**. Der Übergang der Hypothekenschuld auf den Käufer erfolgt nur im Falle einer **Genehmigung des Gläubigers**, die allerdings bei sechsmonatigem Schweigen des Gläubigers unter bestimmten Voraussetzungen fingiert wird. 153

3. **§ 446 Satz 2 als Rechtsgrundlage für Ausgleichsansprüche im kaufvertraglichen Innenverhältnis**. § 446 Satz 2 ist die unmittelbare Grundlage für Ausgleichsansprüche zwischen Verkäufer und Käufer. Zieht zB der Verkäufer als **Vermieter eines Hausgrundstücks oder einer Eigentumswohnung** noch Mieten ein, die nach Übergabe der betreffenden Immobilie und **vor Eigentumsübergang fällig** geworden sind, so ist er dem Käufer zur Herausgabe verpflichtet. Im **Außenverhältnis** erfüllt dagegen der **Mieter** durch Zahlung an den Eigentümer/Vermieter ordnungsgemäß seine **Mietzahlungspflicht**. Zahlt der Käufer bspw auf Grundlage des GrStG § 11 Abs 2 Satz 1 **rückständige Grundsteuern**, so hat er gegen den Verkäufer einen Anspruch auf Erstattung. Unmittelbare Anspruchsgrundlage ist auch hier § 446 Satz 2. Im Falle des **Verzugs des Verkäufers** mit der Übergabe der Kaufsache kann der Käufer wegen **entgangener Nutzungen** Schadensersatz verlangen (§§ 280 Abs 2, 286)[377]. Die Ausgleichspflicht des Verkäufers aus § 446 Satz 2 erstreckt sich auf Nutzungen, die er nach Gefahrübergang noch zieht[378]. Bei Verzug des Käufers mit der Annahme gehen Nutzungen und Lasten mit Begründung des **Annahmeverzugs** auf den Käufer über (§ 446 Satz 3)[379]. 154

4. **Nutzungen und sonstige Vorteile – Einzelfragen**. – a) **Definition und Vorverlagerung der Nutzungsberechtigung durch § 446 Satz 2**. Nutzungen sind gem **§§ 99, 100 die natürlichen Früchte** der Kaufsache, die **Zivilfrüchte** (zB Miet- oder Pachteinnahmen) und die **Gebrauchsvorteile**[380]. Im Regelfall ist der Eigentümer der Sache jedem Dritten gegenüber zur **Fruchtziehung** berechtigt. Eine Fruchtziehung durch Dritte ohne besonderen Rechtsgrund stellt eine **ungerechtfertigte Bereicherung** dar. Ohne die besondere Regelung des § 446 Satz 2 gebühren die Früchte dem Käufer nicht schon ab Übergabe, sondern erst ab Übergang des Eigentums an der Kaufsache. § 446 Satz 2 führt damit zu einer Vorverlagerung der Nutzungsberechtigung auf den **Zeitpunkt der Übergabe**. Die Einzelheiten der Verteilung ergeben sich aus § 101. 155

b) **Verteilung der natürlichen Früchte**. Nach § 101 Nr 1 ist für die Zuordnung der **natürlichen Früchte** im Innenverhältnis der Kaufvertragsparteien der **Zeitpunkt der Trennung** maßgeblich. Was vor Übergabe getrennt wird, gebührt dem Verkäufer, was nach Übergabe getrennt wird, dem Käufer. Eine Ausbeutung über die **Grundsätze einer ordnungsmäßigen Wirtschaft** hinaus ist dem Verkäufer zwischen Vertragsabschluss und Übergabe nicht gestattet, sofern dies nicht ausdrücklich vereinbart wurde. Den Kaufvertragsparteien steht es selbstverständlich frei, eine derartige Abrede zu treffen. 156

c) **Zuordnung der Zivilfrüchte**. **Zivilfrüchte** gebühren im Innenverhältnis dem Käufer, soweit sie **nach Übergabe fällig** werden (§ 101 Nr 2 Halbsatz 1). Im praktisch wichtigsten Fall der **Vergütung für die Überlassung** der Kaufsache (Miete, Pacht und dergleichen) ist **pro rata temporis** zu teilen (§ 101 Nr 2 Halbsatz 2). Wird also zB ein Grundstück, das gegen **Jahresmiete** 157

376 Staud/Beckmann Rz 70; BeckOGK/Tröger Rz 60.
377 Staud/Beckmann Rz 70.
378 Staud/Beckmann Rz 70.
379 Staud/Beckmann Rz 44.
380 BeckOGK/Tröger Rz 64.

vermietet ist, zur Jahresmitte übergeben, so gebührt Verkäufer und Käufer jeweils die halbe Jahresmiete. Dies gilt unabhängig davon, wann die **Mietzahlungsverpflichtung fällig** ist. Im mietrechtlichen Außenverhältnis ist dagegen für die Mietzinsberechtigung der Eigentumsübergang maßgebend. Denn erst zu diesem Zeitpunkt tritt der Käufer als Vermieter in den Mietvertrag ein. Eine **kaufvertragliche Vereinbarung** des Übergangs von Gefahr, Nutzungen und Lasten zu einem **bestimmten Termin** ist nicht ohne weiteres als **Abtretung von Mietzahlungsansprüchen** auszulegen[381]. Wird das Eigentum am verkauften Grundstück vor Übergabe an den Käufer von ihm erworben, so gehen die Nutzungen – anders als nach § 446 Abs 2 aF – nicht schon mit dem **Eigentumserwerb** auf den Käufer über. Dass der Eigentumserwerb des Käufers in Bezug auf die Nutzungen in Gestalt der Zivilfrüchte im Außenverhältnis zur Folge haben kann, dass der Käufer unmittelbar die Berechtigung erlangt, ändert nichts am Erfordernis der Verteilung nach Maßgabe der §§ 446 Satz 2, 101 **im Verhältnis der Kaufvertragsparteien untereinander (Innenverhältnis)**. Die Nutzungen gehen danach ebenso wie die Gefahr erst mit der **Übergabe** der Sache auf den Käufer über, sofern keine abweichende Vereinbarung im Kaufvertrag getroffen wird.

158 In Bezug auf **Rechtsfrüchte** iSd § 99 Abs 2 gehen die Nutzungen mit der Übergabe des Kaufgegenstands auf den Käufer über, soweit das **Recht zum Besitz einer Sache** berechtigt. Bei anderen Rechten gebühren dem Käufer die Nutzungen ab Wirksamwerden der **Abtretung**. Praktische Bedeutung haben insoweit insbes die Gewinne beim Kauf eines **GmbH-Geschäftsanteils**[382] und die Dividenden beim **Aktienkauf**[383]. Wenn Übergabe oder Abtretung vom Verkäufer in zu vertretender Weise **verzögert** werden, dann greift die Nutzungsverteilungsregelung des § 446 Satz 2 nicht ein. Der **Schuldnerverzug des Verkäufers** steht – anders als der Annahmeverzug des Käufers – der Übergabe nicht gleich. Der Käufer kann aber ggf wegen entgangener Nutzungen Schadensersatz wegen Verzugs verlangen (§§ 280 Abs 2, 286).

159 d) **Sonstige Vorteile der Kaufsache.** Auf **Vorteile** der Sache, die keine Nutzungen iSd § 100 darstellen, ist die auf das Innenverhältnis der Kaufvertragsparteien zugeschnittene Regelung des **§ 446 Satz 2 analog** anzuwenden[384]. Als **Beispiele** sind zu nennen: dem Eigentümer zufallende **Ablösungsgelder**, Versicherungszahlungen[385], die dem Eigentümer gem § 984 gebührende **Schatzhälfte**, **Anlandungen** („insula in flumine nata") und der unvorhergesehene **Wegfall einer Bebauungsbeschränkung**. Beim **Fahrzeugkauf** gehen die **Gebrauchsvorteile** in Gestalt der Nutzungsmöglichkeit mit der Übergabe auf den Käufer über[386]. Ablösungsgelder und Versicherungszahlungen gebühren allerdings dann gem **§ 285** dem Käufer unabhängig von einer Übergabe der Kaufsache, wenn der Ablösungsfall bzw der Versicherungsfall nach Abschluss des Kaufvertrags eingetreten ist[387].

160 Zweifelhaft ist die Rechtslage in dem Fall, in dem nach Abschluss des Kaufvertrags und vor der Übergabe bewertbare **Verbesserungen** eintreten, die von der Kaufsache nicht abtrennbar sind (wie zB die Anlandung). Soweit sich durch derartige Ereignisse im besagten Zeitraum eine erhebliche **Veränderung des Wertverhältnisses** ergibt, kann der Verkäufer gem **§ 313 Abs 1** (Störung der Geschäftsgrundlage) eine **Vertragsanpassung** verlangen oder, wenn eine Anpassung nicht möglich oder einem Teil nicht zumutbar ist, gem § 313 Abs 3 vom **Vertrag zurücktreten**[388]. Wird beim **Grundstückskauf** vor der Übergabe ein **Schatz** gefunden, so kann der Verkäufer, sofern – wie im Regelfall – die Grundbucheintragung des Käufers noch nicht erfolgt ist, die ihm **als Eigentümer** gem § 984 gebührende **Schatzhälfte** behalten[389]. Die andere Hälfte steht dem **Entdecker** zu. Beim Schatzfund **nach der Übergabe** des Grundstücks und vor Eigentumserwerb des Käufers ändert § 446 Satz 2 zwar nichts am Erwerb des hälftigen Eigentums gem § 984 durch den **Verkäufer als Eigentümer** der Sache, in welcher der Schatz verborgen war. Im Verhältnis der Kaufvertragsparteien untereinander (Innenverhältnis) besteht allerdings ein Anspruch des Käufers auf Übereignung gem § 446 Satz 2[390].

381 BGH NJW 2003, 2987; Staud/Beckmann Rz 71. Im Fall des BGH ist aber iE eine Abtretung deshalb zu Recht bejaht worden, weil nach einer anderen Klausel des Kaufvertrags „alle Rechte aus dem Mietvertrag" mit der Übergabe auf den Käufer übergehen sollten.

382 Vgl BGH 1995, 1027, 1028; BeckOGK/Tröger Rz 64.

383 Bremen DB 1970, 1436.

384 Staud/Beckmann Rz 71; BeckOGK/Tröger Rz 65; Knütel, FS für Hübner, 1984, S 551 ff.

385 BGH BB 1955, 398 (Leistungen aus Feuerversicherung des Verkäufers im Falle des Gebäudebrands nach Gefahrübergang); Staud/Beckmann Rz 71.

386 BeckOGK/Tröger Rz 64.

387 BGHZ 129, 103; Staud/Beckmann Rz 71; BeckOGK/Tröger Rz 65; Grüneberg/Grüneberg § 285 Rz 3; Knütel, FS für Hübner, 1984, S 551 ff.

388 Knütel, FS für Hübner, 1984, S 551 ff.

389 AA Knütel, FS für Hübner, 1984, S 551, 566 ff (die Schatzhälfte gebühre dem Käufer, der Verkäufer könne nur Vertragsanpassung verlangen oder zurücktreten).

390 Vgl Staud/Beckmann Rz 71.

5. **Verteilung von Lasten nach § 446 Satz 2.** – a) **Begriff der Last.** Eine Last iSd § 446 Satz 2 ist eine auf privatrechtlicher oder öffentlich-rechtlicher Grundlage bestehende **einmalige oder wiederkehrende Leistungspflicht**, die den Sacheigentümer als solchen trifft[391]. Die Verteilungsregelung des 446 Satz 2 ist nur auf solche Lasten anwendbar, die der Käufer aufgrund des Kaufvertrags zu übernehmen verpflichtet ist. Zu den Lasten iSd § 446 Satz 2 zählen **private Lasten** (Grundschulden, Hypotheken, Reallasten), die der Käufer durch den konkreten Kaufvertrag übernimmt. Beim **Grundstückskauf** hat der Käufer nach § 436 Abs 2 die öffentlichen Lasten des Grundstücks zu tragen. Die Vorschrift regelt aber nicht den Zeitpunkt des Übergangs. Für **Erschließungsbeiträge** und sonstige **Anliegerbeiträge** gilt die Sonderregelung des **§ 436 Abs 1**. Hier ist nicht die Übergabe des Grundstücks, sondern der **bautechnische Beginn der Maßnahme** der für die Verteilung dieser Beitragslast entscheidende Zeitpunkt. Keine Lasten eines verkauften Grundstücks sind **öffentlich-rechtliche Baubeschränkungen und Baulasten**. Öffentlich-rechtliche Dienstleistungspflichten in Form von **Räum- und Streupflichten sowie Wegereinigungspflichten** stellen zwar keine öffentliche Last des verkauften Grundstücks dar[392]. Aufgrund des Bezugs dieser persönlichen Verpflichtung zum unmittelbaren Besitz am Grundstück gehen diese Pflichten aber regelmäßig mit der Übergabe auf den Käufer über. Das Gleiche gilt für **Straßenreinigungs- und Müllabfuhrgebühren**. Für die **Grundsteuer** muss gem GrStG § 10 Abs 1 der **Eigentümer** aufkommen; der Käufer haftet nach Maßgabe des GrStG § 11 Abs 2 Satz 1 subsidiär für rückständige Steuern. Die **Grunderwerbsteuer** ist keine öffentliche Last iSd §§ 436 Abs 2, 446 Satz 2[393]. Das Gleiche gilt für die beim Verkauf von Waren anfallende **Umsatzsteuer**[394]. Beim Grundstückskauf stellen öffentlich-rechtliche **Beitragszahlungen an Wasser- und Bodenverbände** sowie Gebühren für die Inanspruchnahme **öffentlicher Einrichtungen/Anlagen** öffentliche Abgaben iSd § 436 Abs 2 dar und sind aus diesem Grund als Last iSd § 446 Satz 2 einzuordnen. 161

b) **Maßgeblichkeit der Übergabe für Lastenverteilung im Innenverhältnis – Abgrenzung zur Leistungspflicht im Außenverhältnis.** Die Lasten hat der Käufer gem § 446 Satz 2 im Innenverhältnis der Kaufvertragsparteien ab Übergabe zu tragen. Im Außenverhältnis muss der Verkäufer bis zu diesem Zeitpunkt für die **Erfüllung** der aus der Last folgenden Leistungspflicht sorgen. Die Übergabe beendet aber grundsätzlich nicht eine im Außenverhältnis bestehende **Haftung des Verkäufers**. Für die Lastenverteilung zwischen Verkäufer und Käufer im Innenverhältnis gilt die allgemeine Regelung des **§ 103**, dh, für **wiederkehrende Lasten** greift das **pro-rata-temporis-Prinzip** ein. Bei privaten Lasten, die der Käufer auf Grundlage des Kaufvertrags übernimmt, erlangen die §§ 446 Satz 2, 103 wohl nur dann eine praktische Bedeutung, wenn es sich um **regelmäßig wiederkehrende Lasten** handelt (zB Hypothekenzinsen). Bei einmaligen privaten Lasten (zB Rückzahlung des Hypotheken- oder Grundschuldkapitals) ergibt sich regelmäßig aus der kaufvertraglichen Übernahmevereinbarung, dass der Käufer die Last ohne Rücksicht auf ihre Fälligkeit in vollem Umfang zu tragen hat. Dies ist dann Grundlage für die **Anrechnung** auf den von den Kaufvertragsparteien eigentlich **vorgesehenen Kaufpreis**. 162

c) **Bestehende private Versicherungsverhältnisse – Eintritt des Käufers nach VVG § 95 Abs 1 und Kündigungsmöglichkeit.** Eine Besonderheit bei der Verteilung von Lasten gem § 446 Satz 2 beim Kauf gilt für zum Zeitpunkt des Abschlusses des Kaufvertrags bestehende **private Versicherungsverhältnisse**. Nach VVG § 95 Abs 1 tritt, wenn die verkaufte Sache versichert ist (zB gegen Feuer, Diebstahl, Beschädigung), der **Käufer** während der **Dauer seines Eigentums** in die sich aus dem Versicherungsverhältnis ergebenden **Rechte und Pflichten des Versicherungsnehmers** ein[395]. Ab Eintritt in das Versicherungsverhältnis trifft den Käufer die **Prämienzahlungspflicht** gegenüber dem Versicherer. Nach VVG § 95 Abs 2 haften Verkäufer und Käufer für die Prämie der laufenden Versicherungsperiode als **Gesamtschuldner**. Insofern ist eine bei Abschluss des Kaufvertrags bestehende Sachversicherung einer privaten Last der Sache zumindest ähnlich[396]. Die gesetzlich angeordnete Vertragsübernahme führt zu einer gewissen **Verdinglichung der Prämienzahlungsverpflichtung** aus dem Versicherungsverhältnis. 163

Der Käufer kann aber gem VVG § 96 Abs 2 das Versicherungsverhältnis **innerhalb eines Monats** nach dem Erwerb der Sache mit sofortiger Wirkung oder für den Schluss der laufenden Versicherungsperiode **kündigen**. Bei **fehlender Kenntnis des Käufers** vom Bestehen der Versicherung endet die Kündigungsfrist einen Monat nach Erlangung der Kenntnis (VVG § 96 Abs 2 Satz 2 Alt 2). Macht der Käufer von dieser Kündigungsmöglichkeit entweder keinen Gebrauch 164

391 Staud/Beckmann Rz 72; BeckOGK/Tröger Rz 66; BeckOK/Faust Rz 22.
392 BeckOGK/Tröger Rz 66.
393 Staud/Beckmann Rz 72; BeckOGK/Tröger Rz 66.
394 Staud/Beckmann Rz 72; BeckOGK/Tröger Rz 66.
395 Vgl zur Mitversicherung der Käuferinteressen für den Zeitraum zwischen Gefahrübergang und Eigentumserwerb Saarbrücken NJW-RR 2022, 1483 Rz 28.
396 Düsseldorf NJW 1973, 146; Staud/Beckmann Rz 74; BeckOK/Faust Rz 24; BeckOGK/Tröger Rz 67.

oder kündigt er für den Schluss der laufenden Versicherungsperiode, so muss er **analog §§ 446 Satz 2, 103** im Verhältnis zum Verkäufer die Versicherungsprämien ab Übergabe tragen[397]. Auch hier muss also strikt zwischen dem **versicherungsrechtlichen Außenverhältnis** (Eigentümer – Versicherer) und dem **kaufvertraglichen Innenverhältnis** (Kaufvertragsparteien untereinander) unterschieden werden. Soweit eine **öffentlich-rechtliche Zwangsversicherung** besteht (zB Feuerversicherung nach Landesrecht), handelt es sich ohne weiteres um eine öffentliche Last, die gem §§ 436 Abs 2, 446 Satz 2, 103 ab Übergabe vom Käufer zu übernehmen ist.

165 d) **Verwendungen auf die Kaufsache**. Verwendungen auf die Sache sind **keine Lasten im technischen Sinne**, soweit sie nicht in der Bezahlung von „Lasten“ (zB Entrichtung der Grundsteuer beim Grundstückskauf) der Sache bestehen. In Betracht kommt aber eine **entsprechende Anwendung des § 446 Satz 2**, sofern die Maßnahme der Erhaltung oder/und Sicherung der Sache dient. Praktische Bedeutung haben insoweit vor Übergabe der Sache vom Verkäufer noch begründete Vertragsverhältnisse über die **Einlagerung oder sonstige Aufbewahrung** der Kaufsache, sofern diese Vertragsbeziehung im Außenverhältnis zum Zeitpunkt des Abschlusses des Kaufvertrags noch besteht. Der Käufer trägt hier im Innenverhältnis die **Kosten** der Einlagerung ab **Übergabe**[398] durch Erlangung des **mittelbaren Besitzes**[399].

166 6. **Abweichende Vereinbarungen**. Abweichende Vereinbarungen hinsichtlich der Verteilung der Lasten im Verhältnis der Kaufvertragsparteien untereinander sind grundsätzlich zulässig. Bei **Grundstücksverkäufen** sind sie in der Form anzutreffen, dass der Zeitpunkt der Übergabe durch ein bestimmtes **Kalenderdatum** ersetzt wird[400]. Übernimmt der Verkäufer im Kaufvertrag abweichend von §§ 436 Abs 2, 446 Satz 2 die Haftung für die Freiheit des Grundstücks von öffentlichen Lasten, die erst nach Übergabe fällig werden, so richten sich die Rechtsfolgen nach den Regeln der Rechtsmängelhaftung (§ 435)[401].

§ 447 Transportgefahr beim Versendungskauf

(1) Versendet der Verkäufer auf Verlangen des Käufers die verkaufte Sache nach einem anderen Ort als dem Erfüllungsort, so geht die Gefahr auf den Käufer über, sobald der Verkäufer die Sache dem Spediteur, dem Frachtführer oder der sonst zur Ausführung der Versendung bestimmten Person oder Anstalt ausgeliefert hat.

(2) Hat der Käufer eine besondere Anweisung über die Art der Versendung erteilt und weicht der Verkäufer ohne dringenden Grund von der Anweisung ab, so ist der Verkäufer dem Käufer für den daraus entstehenden Schaden verantwortlich.

ÜBERSICHT

397 So Düsseldorf NJW 1973, 146, ohne auf Kenntnis abzustellen (der Sachverhalt ist nicht mitgeteilt); MünchKomm/Westermann Rz 13; für Analogie Staud/Beckmann Rz 74; BeckOK/Faust Rz 24; BeckOGK/Tröger Rz 67.
398 Vgl RG JW 1937, 1628.
399 Vgl dazu oben Rz 61 ff.
400 BeckOGK/Tröger Rz 72.
401 Zutreffend Hamm NJW-RR 1989, 335 zur Vertragsklausel: „In dem Kaufpreis sind die Kosten der Erschließung und Entwässerung enthalten. Die Verkäuferin erklärt, dass diese Beträge bereits an die Gemeinde bezahlt sind“; die Verkäuferin haftet für Erschließungsbeiträge, die erst nach Übergabe von der Gemeinde festgesetzt werden, und zwar nach den Regeln der Rechtsmängelhaftung.

Schrifttum: Albers, Gewichtsklauseln im Überseekauf, 1950; Al-Deb'i, Überseekauf und Abladegeschäft, 2008; Baumbach/Hopt, Kommentar zum Handelsgesetzbuch, 38. Auflage 2018; Baumgärtel, Handbuch der Beweislast im Privatrecht, Band I, 2. Auflage 1991; Becker, Die Geltendmachung von Ersatzansprüchen gegen den Frachtführer gemäß § 421 Abs. 1 Satz 2 HGB, AcP 2002, 722; Bernstorff, Incoterms 2010, RIW 2010, 672; Bettermann, Transportrisiko und Beschlagnahme. Ein Beitrag zur Lehre von der Gefahrtragung, ZHR 111 (1946), 102; Boeck, Verzugsbeendigung und Gefahrübergang beim Versendungskauf, Gruchot 65 (1921), 518; Digenopoulos, Die Abwandlung der CIF- und FOB-Geschäfte im modernen Überseekaufrecht, 1978; Dürkes, Die Gefahrentragung beim Verlust von Verpackungsmaterial durch zufällige Ereignisse, BB 1948, 68; 477; Großmann-Doerth, Das Recht des Überseekaufs, 1930, 438; Haage, Das Abladegeschäft, 4. Auflage 1958; Hager, Die Gefahrtragung beim Kauf, 1982; Harder, Die überseeische Sammelsendung, 1923; Häublein/Hoffmann-Theinert, BeckOK HGB, 20. Edition 15.04.2018; Helms, Transportrisiko in außergewöhnlichen Zeiten, NJW 1949, 45; Huber U in: Festschrift für Ballerstedt, 1975, S 327; Krekels, Anmerkung zum Urteil des OLG Koblenz vom 12.11.1947, NJW 1947/1948, 477; Larenz, Schuldrecht II/1, 13. Auflage 1986; Lehr, Die neuen Incoterms 2000, VersR 2000, 548; Liesecke, Die Lieferklauseln im internationalen Handelsverkehr und die Transportversicherung, WM 1978 Sonderbeil 3, 39; Liesecke, Die neuere Rechtsprechung, Insbesondere des Bundesgerichtshofes, auf dem Gebiet des Überseekaufes, WM 1966, 174; D. Mankowski, Abschluss und Abwicklung von Verträgen nach den Geschäftsbedingungen des Waren-Vereins der Hamburger Börse, 2017; Mugdan, Die gesamten Materialien zum Bürgerlichen Gesetzbuch für das Deutsche Reich Bd. 2 – Recht der Schuldverhältnisse, 1979; Oetker, Versendungskauf, Frachtrecht und Drittschadensliquidation, JuS 2001, 833; Piltz, Incoterms 2010, IHR 2011, 1; Protokolle ADHGB: Protokolle der Kommission zur Beratung eines allgemeinen deutschen Handelsgesetzbuches, 1858-1861; Reichel, Gefahrtragung beim Kauf reisender Ware, HansRZ 1923, 354; Reinhardt, Die Gefahrtragung beim Kauf, 1998; Rosenberg, Die Beweislast, 4. Auflage 1956; Schroiff, Der neue § 421 HGB und die Drittschadensliquidation, JuS 2000, 624; Sieveking, Versendung zu Unzeit und Gefahrübergang, MDR 1947, 142; Stieper, Gefahrtragung und Haftung des Verkäufers bei Versendung fehlerhaft verpackter Sachen, AcP 208 (2008), 818; Ulmer, Anmerkung zum Urteil des OLG Braunschweig vom 6.8.1946, SJZ 1946, 224; Wertenbruch, Gefahrtragung beim Versendungskauf nach neuem Schuldrecht, JuS 2003, 625; Wertenbruch, Incoterms – Vertragsklauseln für den internationalen Kauf, ZGS 2005, 136; Zimmer, Die Haftung des Verkäufers bei Versendung einer mangelhaft verpackten Sache, BB 1988, 2192.

I. Übernahme des § 447 aF durch das SMG 2002 und EU-Recht – Gefahrdefinition des § 446 Satz 1

1 § 447 ist durch das SMG 2002 nicht geändert worden. Nach der Begründung zu diesem Gesetz ist die Regelung trotz rechtspolitischer Bedenken „zweckmäßig"[1]. Verwiesen wird auch auf das Bedürfnis einer Übereinstimmung mit der entsprechenden Vorschrift des **UN-Kaufrechts** (CISG Art 67). Der in § 475 Abs 2 geregelte weitgehende Ausschluss des § 447 beim **Verbrauchsgüterkauf** beruht auf den Vorgaben der **Verbraucherrechte-Richtlinie**[2]. Die **Warenkauf-Richtlinie** enthält keine Regelung zum Gefahrübergang, sondern überlässt laut **Erwägungsgrund Nr 38**

1 Begr Gesetzesentwurf, BT-Drucks 14/6040, S 240, 243 f; Krit zur Beibehaltung des § 447 NK/Büdenbender Rz 4.

2 Vgl zu den Einzelheiten Rz 251 ff.

den Risikoübergang dem **nationalem Recht**, soweit nicht der Anwendungsbereich der Verbraucherrechte-Richtlinie einschlägig ist. Ebenfalls nicht verändert wurde der Zusammenhang mit der allgemeinen Gefahrtragungsregel des § 446 Satz 1, nach der die **„Gefahr des zufälligen Untergangs und der zufälligen Verschlechterung“** mit Übergabe der Sache auf den Käufer übergeht. Diese Gefahrdefinition wird zwar von § 447 Abs 1 nicht wiederholt. Die Formulierung „die Gefahr“ in § 447 Abs 1 bezieht sich aber aufgrund des unmittelbaren systematischen Zusammenhangs unzweifelhaft auf den zufälligen Untergang und die zufällige Verschlechterung iSd § 446 Satz 1. Das gesetzliche Erfordernis eines **Zufalls** als Schadensursache führt zur Ablehnung des Gefahrübergangs in Fällen, in denen der Untergang oder die Verschlechterung der Kaufsache zwar erst nach Versendung erfolgt, aber auf einem Umstand beruht, der dem Verkäufer zurechenbar ist[3].

II. Eingeschränkte Anwendung des § 447 auf Verbrauchsgüterkäufe

2 Die Anwendung des § 447 auf Verbrauchsgüterkäufe wird durch den am 1.1.2018 in Kraft getretenen § 475 Abs 2 (§ 474 Abs 4 aF) so weitgehend beschränkt, dass der Ausschluss in der Praxis die Regel ist. Nach § 475 Abs 2 gilt § 447 beim Verbrauchsgüterkauf mit der Maßgabe, dass die Gefahr des zufälligen Untergangs und der zufälligen Verschlechterung nur dann auf den Käufer übergeht, wenn der Käufer den Spediteur, den Frachtführer oder die sonst zur Ausführung der Versendung bestimmte Person oder Anstalt mit der Ausführung beauftragt und der Unternehmer (Verkäufer) dem Käufer diese Person oder Anstalt nicht zuvor benannt hat[4]. Soweit der Ausschluss des § 447 bei Verbrauchsgüterkäufen Platz greift, richtet sich der Gefahrübergang nach der allgemeinen Regel des § 446. Beim Verbrauchsgüter-Versendungskauf geht also die Gefahr bei Fehlen der in der Praxis nur selten anzutreffenden Ausnahmevoraussetzungen des § 475 Abs 2 nicht mit Auslieferung der Sache an den Beförderer, sondern erst durch **Übergabe am Bestimmungsort** auf den Käufer über (§ 446 Satz 1).

3 Der Ausschluss der Anwendung des § 447 beim Verbrauchsgüter-Versendungskauf ändert im konkreten Einzelfall aber nichts daran, dass die **Konkretisierung einer Gattungsschuld** (§ 243 Abs 2) schon mit der Übergabe der Ware an die Transportperson eintritt[5]. Denn der Verkäufer hat mit Durchführung der Absendung das seinerseits Erforderliche getan. Beim regulären Versendungskauf über Gattungsware, der zur Anwendung des § 447 führt, fallen Übergang der Preisgefahr und Konkretisierung zwar regelmäßig zeitlich zusammen. Rechtsgrundlage für die Konkretisierung der Gattungsschuld ist aber nicht § 447 Abs 1, sondern § 243 Abs 2. Die Nichtanwendbarkeit des § 447 kann daher insoweit keine Änderung herbeiführen.

III. Gegenstand der Regelung und ratio legis

4 1. **Gegenstand der Regelung**. – a) **Abweichung vom Gefahrübergang nach § 446**. § 447 regelt den Zeitpunkt des Übergangs der **Preisgefahr** bei Versendungskäufen abweichend von der allgemeinen Gefahrtragungsregel des § 446[6]. Bei Geltung des § 446 ginge die Gefahr auch beim Versendungskauf erst mit der **Übergabe der Ware** auf den Käufer über, dh erst dann, wenn der Beförderer die Sache am Bestimmungsort dem Käufer oder einem von ihm benannten sonstigen Empfangsberechtigten aushändigt. § 447 Abs 1 statuiert also im Vergleich zu § 446 Satz 1 eine **Vorverlagerung des Gefahrübergangs**. Das Risiko des zufälligen Untergangs und der zufälligen Verschlechterung trägt der Käufer bereits ab Aushändigung der Ware an den Beförderer. Die mit der Beförderung des Kaufgegenstands zum Bestimmungsort verbundenen Untergangs- und Verschlechterungsrisiken (Transportgefahren) sollen im Falle der Vereinbarung einer Versendung der Kaufsache beim Käufer liegen, sofern insoweit nichts Abweichendes vereinbart ist. Eine **kaufvertragliche Abänderung** der gesetzlichen Risikoverteilung ist auch in der Weise möglich, dass mit Absendung zwar die Gefahr des zufälligen Untergangs, nicht aber die Gefahr der zufälligen Verschlechterung auf den Käufer übergeht[7].

5 b) **§ 447 als Teil des Sachmangelbegriffs des § 434**. Nach § 434 Abs 1 ist die Kaufsache frei von Sachmängeln, wenn sie bei **Gefahrübergang** den subjektiven sowie objektiven Anforderungen und den Montageanforderungen dieser Vorschrift entspricht. Im Falle der Feststellung einer **tatsächlichen Abweichung der Ist- von der Soll-Beschaffenheit** nach Ankunft der Ware am Bestimmungsort hängt also das Vorliegen eines Sachmangels davon ab, ob diese Diskrepanz

3 Vgl dazu Rz 136 ff.
4 Vgl zu den Einzelheiten Rz 250 ff.
5 Vgl zu den Einzelheiten Rz 255.
6 BGH NJW 2003, 3341 f; BeckOGK/Tröger Rz 2; BeckOK/Faust Rz 1, MünchKomm/Westermann Rz 1; Staud/Beckmann Rz 2; Erman/Grunewald Rz 1.
7 Vgl zu den vertraglichen Gefahrverteilungsklauseln Rz 236 f.

schon zum Zeitpunkt der Auslieferung der Ware an den Beförderer gegeben war oder erst später entstanden ist. Die Gefahrtragungsregel des § 447 Abs 1 betrifft also nicht nur den klassischen Fall des nach der Versendung während der Beförderung eintretenden **völligen Verlusts der Ware**. Es stellt sich vielmehr immer dann, wenn der Käufer nach Annahme der Ware wegen Verschlechterung einen Sachmangel rügt und Gewährleistungsrechte aus § 437 geltend macht, die Frage, ob die für § 434 erforderliche Abweichung der Ist- von der Sollbeschaffenheit schon zum Zeitpunkt der Aushändigung der Ware an den Beförderer gegeben war. § 434 kann daher beim Versendungskauf regelmäßig nicht ohne Prüfung des § 447 angewandt werden.

c) **Grundsätzliche Unbeachtlichkeit der Eigentumslage – Eigentumsvorbehalt**. Die 6
Eigentumsverhältnisse sind sowohl bei § 446 als auch im Falle des Versendungskaufs für den Gefahrübergang nicht entscheidend[8]. Der Käufer erwirbt mit dem Erhalt der vom Verkäufer versandten Ware am Bestimmungsort idR das Eigentum nach § 929 Satz 1, sofern nicht ein vereinbarter **Eigentumsvorbehalt** iSd § 449 Platz greift. Der Gefahrübergang erfolgt daher beim Versendungskauf regelmäßig vor dem Eigentumserwerb durch den Käufer, während bei der **Holschuld** ebenso wie bei der **Bringschuld** der Übergang der Gefahr gewöhnlich einhergeht mit dem Eigentumserwerb des Käufers nach § 929 Satz 1. Ein Eigentumsvorbehalt schließt den nach § 446 Satz 1 von der **Übergabe der Sache** abhängigen Gefahrübergang in keiner Weise aus. In den von § 447 erfassten Fällen erfolgt die Eigentumsübertragung idR noch nicht mit Auslieferung der Ware an den Beförderer. Ein Eigentumsübergang zu diesem Zeitpunkt kann zwar gem §§ 929 Satz 1, 930 dadurch bewerkstelligt werden, dass der **Beförderer** auf Grundlage eines zwischen ihm und dem Käufer vereinbarten **Besitzmittlungsverhältnisses** durch Erlangung des **unmittelbaren Besitzes** zugleich den mittelbaren Besitz des Käufers begründet. Der Abschluss des **Beförderungsvertrags** zwischen dem Verkäufer und dem Transporteur führt aber bei Fehlen besonderer Vereinbarungen nicht zur Entstehung eines derartigen Besitzmittlungsverhältnisses. Beim **Überseekauf** bewirkt allerdings die Übermittlung des vom Seefrachtführer (Verfrachter) bei Übernahme der Ware im Verschiffungshafen (Abladehafen) ausgestellten **Konnossements** an den Käufer wegen der aus HGB § 524 folgenden **Traditionsfunktion** dieses Warenwertpapiers eine Übergabe der Ware iSd § 929 Satz 1 und damit regelmäßig den Eigentumsübergang vor Ablieferung im Bestimmungshafen. Die Übergabe des Konnossements steht auch in Bezug auf § 929 Satz 1 der Übergabe der Sache gleich[9]. Entsprechendes gilt gem HGB § 448 beim **Binnenschiffstransport** und Übergabe eines vom Frachtführer ausgestellten **Ladescheins** iSd HGB § 444 an den Käufer.

d) **Ratio legis des § 447**. Der rechtspolitische Grund der Gefahrtragungsregel des § 447 Abs 1 7
liegt darin, dass nach der dispositiven allgemeinen Regel des § 269 Abs 1 der **Sitz des Verkäufers** in Bezug auf die von ihm zu erbringende Sachleistung der Erfüllungsort im Sinne von Leistungsort ist[10]. § 447 bringt in Übereinstimmung mit § 269 zum Ausdruck, dass der **Pflichten- und Risikobereich des Verkäufers** beim Versendungskauf mit Vornahme der ihm an seinem Sitz obliegenden Leistungshandlung in Form der Absendung der Ware enden soll[11]. Die Anwendung des § 269 Abs 1 ergibt bei Fehlen einer abweichenden Vereinbarung der Kaufvertragsparteien eine **Holschuld**, sofern sich nicht aus den Umständen des Einzelfalls, der Natur des Schuldverhältnisses oder der Verkehrssitte etwas anderes ergibt[12].

Die verbreitete Aussage, nach § 269 Abs 1 liege im Zweifel eine Schickschuld vor, ist zumin- 8
dest ungenau und missverständlich. Diese angebliche Regel kann nämlich von vornherein nur dann Geltung beanspruchen, wenn ein **Ausschluss der Holschuld** kraft Vereinbarung oder Handelsbrauchs/Verkehrssitte vorliegt. Ist dies der Fall und kommt deshalb ausschließlich eine Schickschuld oder eine Bringschuld in Betracht, so liegt nach § 269 Abs 1 in der Tat im **Zweifel eine Schickschuld** vor. Denn bei der Schickschuld liegt der **Leistungsort beim Verkäufer**, während bei der Bringschuld der Sitz des Käufers oder ein vereinbarter sonstiger Bestimmungsort der Leistungsort ist. Fehlt dagegen eine Vereinbarung über eine Beförderung der Kaufsache zum Käufer und ergibt sich die Durchführung einer solchen Maßnahme auch nicht aus den Umstän-

8 Vgl RGZ 93, 330, 331; BGH WM 1968, 1302, 1304.

9 Vgl Rz 74 ff.

10 Staud/Beckmann Rz 6; BeckOK/Faust Rz 1; Wertenbruch JuS 2003, 625; MünchKomm/Westermann Rz 1; BeckOGK/Tröger Rz 6 (Initiierung des Transportrisikos durch Versendungsverlangen des Käufers).

11 Motive II, S 326 ff = Mugdan II S 181 f (Verkäufer sei auf Grundlage des Kaufvertrags zu einer Versendung an einen anderen Ort als den Erfüllungsort nicht verpflichtet und übernehme daher auf Verlangen des Käufers eine weitere Verbindlichkeit); RGZ 88, 37 f (die Versendung der Ware gehöre an sich nicht zu den Obliegenheiten des Verkäufers); RGZ 96, 258 f (längere Gefahrtragung als bei der Holschuld wäre unbillig, weil Versendung im Interesse des Käufers erfolge); RGZ 99, 56, 58 (mit Übernahme der Versendung werde der Verkäufer im Interesse des Käufers tätig); Staud/Beckmann Rz 6; BeckOK/Faust Rz 1; Wertenbruch JuS 2003, 625.

12 Vgl Soergel/Forster § 269 Rz 21; BeckOGK/Beurskens § 269 Rz 59.

den, so liegt gem § 269 Abs 1 im **Zweifel eine Holschuld** vor. § 269 Abs 1 besagt nämlich nicht, dass vom Verkäufer im Zweifel eine Beförderung der Ware zum Käufer veranlasst werden muss. Im Zweifelsfall ist der Verkäufer vielmehr nur verpflichtet, die Ware an seinem Sitz bereitzustellen und sie dem Käufer Zug um Zug gegen Kaufpreiszahlung auszuhändigen. Da der **Transport zum Käufer** eine Leistung ist, die der Verkäufer grundsätzlich nicht ohne weiteres schuldet, soll nach der Ratio des § 447 Abs 1 eine Versendungsvereinbarung den **Verantwortungs- und Risikobereich des Verkäufers** im Vergleich zur Holschuld des Käufers nicht erweitern[13]. Generell interessengerecht ist zudem, dass es im Falle des **Eintritts eines Transportschadens** dem Käufer obliegt, sich – aus eigenem oder übergegangenem Recht – mit dem Beförderer oder/und dem **Transportversicherer** auseinanderzusetzen[14].

9 Die **Ratio des § 447** ist nach wie vor für eine Reihe von **Streitfragen** von zentraler Bedeutung, und zwar insbes für das Vorliegen einer **Versendung „auf Verlangen des Käufers“**[15], die Einordnung der **innerörtlichen Transporte**[16], die Beförderung der Ware durch den **Verkäufer selbst oder eigene Leute**[17], die Auslegung von **Gefahrtragungsklauseln**[18] sowie die Absendung der Ware von einem **dritten Ort**[19].

10 2. **Die Rechtsfolge des § 447 Abs 1**. – a) **Kaufpreiszahlungspflicht des Käufers**. Die Rechtsfolge des § 447 Abs 1 besteht darin, dass der Käufer auch dann den Kaufpreis für die Ware bezahlen muss, wenn sie auf dem Transport **untergegangen oder beschädigt** worden ist. Der in § 326 Abs 1 (§ 323 Abs 1 aF) verankerte Grundsatz „ohne Ware kein Geld“, der das römische Gefahrtragungsprinzip **„casum sentit dominus“**[20] (den Zufall spürt der Eigentümer) zum Ausdruck bringt, gilt damit nicht. Ein Unterschied zwischen einem Stückkauf und einem Gattungskauf besteht insoweit ab Versendung der Ware nicht. Denn beim **Gattungskauf** tritt mit der vom Verkäufer vorgenommenen Auslieferung der Ware an den Beförderer gem § 243 Abs 2 die **Konkretisierung zur Stückschuld** (Konzentration der Leistungspflicht) ein. In dem Fall, in dem nach ordnungsgemäßer Absendung der Ware ein Untergang oder eine Beschädigung auf einem Verschulden des Beförderers oder des von ihm eingesetzten Personals beruht, stehen dem Käufer aufgrund des Gefahrübergangs nach § 447 Abs 1 von vornherein auch **keine Schadensersatzansprüche** gegen den Verkäufer aus § 280 Abs 1 zu. Soweit der Käufer nach § 447 Abs 1 trotz Untergangs oder Verschlechterung der Ware zur Kaufpreiszahlung verpflichtet bleibt, gilt für den Verkäufer der entgegengesetzte römische Grundsatz **„casus a nullo praestantur“**[21], dh, er haftet nicht für Zufall.

11 Der **Beförderer** ist grundsätzlich deshalb kein Erfüllungsgehilfe (§ 278) des Verkäufers, weil der Verkäufer den **Transport** der Ware zum Bestimmungsort nicht schuldet[22]. Die Leistungsverpflichtung des Verkäufers beschränkt sich beim Versendungskauf vielmehr auf die ordnungsgemäße Absendung der Ware. Nach § 269 Abs 1 ist eben die Holschuld und nicht die Beförderung der Ware zum Sitz des Käufers die gesetzliche Regelschuld[23]. Der Verkäufer muss nur den **Beförderungsvertrag** abschließen und dem Beförderer die Ware ordnungsgemäß übergeben. Der Zweck des § 447 Abs 1 besteht gerade darin, den Verantwortungsbereich des Verkäufers in der Weise zu beschränken, dass die **Durchführung des Transports zum Bestimmungsort** ausgenommen ist [24].

12 Die Rechtsfolge des § 447 Abs 1 tritt allerdings dann nicht ein, wenn der Verkäufer den Untergang oder die Verschlechterung der Ware auf dem Transport durch Absendung einer mangelhaften Ware, eine nicht transportgerechte Verpackung, eine nicht beförderungssichere Verladung oder eine aus einem sonstigen Grund nicht ordnungsgemäße Versendung zurechenbar verursacht oder mitverursacht hat[25]. Praktische Bedeutung hat insoweit insbes der Fall, in dem die Sache bei Gefahrübergang einen **Sachmangel** aufweist, der während des Transports den Untergang der Ware oder eine (weitere) Verschlechterung herbeiführt[26].

13 b) **Recht des Käufers auf stellvertretendes commodum – insbes Schadensersatzansprüche gegen Dritte und Versicherungsansprüche**. – aa) **Grundlagen**. Als Ausgleich für die von § 326 Abs 1 (Fall des Untergangs) bzw § 320 (Fall der Verschlechterung) abweichende Verpflich-

13 Staud/Beckmann Rz 6; MünchKomm/Westermann Rz 2 (keine Belastung des Verkäufers mit den durch Versendung erhöhten Lieferrisiken); Wertenbruch JuS 2003, 625, 626.
14 Hager, Die Gefahrtragung beim Kauf, 1982, S 106.
15 Vgl Rz 19 ff.
16 Vgl Rz 80 f.
17 Vgl Rz 83 ff.
18 Vgl Rz 236 ff.
19 Vgl dazu unten Rz 63 ff.
20 Vgl dazu Kaser/Knütel/Lohsse, Römisches Privatrecht, 2021[22], § 52 Rz 20 ff.
21 Vgl dazu Kaser/Knütel/Lohsse, Römisches Privatrecht, 2021[22], § 46 Rz 26.
22 Vgl dazu Rz 278 f.
23 Vgl Staud/Bittner/Kolbe § 269 Rz 2 ff; BeckOK/Lorenz § 269 Rz 42.
24 Vgl dazu Rz 51.
25 Vgl dazu unten Rz 137 ff.
26 Vgl dazu Rz 183, 203.

tung des Käufers zur Zahlung des Kaufpreises ohne Erhalt der vertragsgerechten Ware und ohne Gewährleistungsrechte aus § 437 (im Verschlechterungsfall) gewährt § 285 dem Käufer einen Anspruch auf das stellvertretende commodum. Nach dieser Vorschrift muss der Verkäufer, der nach § 275 Abs 1 bis Abs 3 von der Verpflichtung aus § 433 Abs 1 zur Verschaffung mangelfreien Eigentums frei wird, etwaige **Ersatzansprüche**, die ihm – ggf unter Anwendung der Grundsätze über die **Drittschadensliquidation**[27] – gegen Dritte zustehen, an den Käufer abtreten und bereits eingezogene Beträge an diesen herausgeben. Die Kaufpreiszahlung kann der Käufer in einer solchen Fallkonstellation bis zum Vollzug der Abtretung der in Rede stehenden Ansprüche gem § 320 verweigern. Die durch § 447 Abs 1 zugunsten des Verkäufers eintretende **Gefahrenentlastung** ist eine anerkannte Fallgruppe der Drittschadensliquidation[28]. An den Käufer abzutreten sind danach vor allem **Schadensersatzansprüche** des Verkäufers gegen **Verursacher des Transportschadens** und ein Anspruch aus einer vom Verkäufer abgeschlossenen **Transportversicherung** gegen den Versicherer.

Beim **Transport der Kaufsache über Land** per Eisenbahn oder/und Lkw ist der Verkäufer während des Transports regelmäßig noch **Eigentümer** der Ware. Aufgrund dieser Rechtsstellung hat er gegen denjenigen, der die Ware auf dem Transport schuldhaft beschädigt oder zerstört, einen **Schadensersatzanspruch aus Eigentumsverletzung** (§ 823 Abs 1). Die Tatsache, dass der Käufer gem § 447 Abs 1 die Beförderungsrisiken trägt und den Kaufpreis trotz Eintritts des Schadens zahlen muss, lässt den **Schadensersatzanspruch** des Verkäufers, obwohl er wegen dieser Gefahrentlastung keinen Schaden hat, nicht zugunsten des Schädigers entfallen, weil es sich um einen anerkannten Fall der **Drittschadensliquidation** handelt. Beim **Überseekauf** und beim Transport per **Binnenschiff** geht zwar mit der Verladung der Ware das Eigentum noch nicht auf den Käufer über. Die Übergabe des vom Frachtführer ausgestellten **Konnossements** (Seetransport) oder **Ladescheins** (Binnenschiffstransport) steht aber wegen der **Traditionswirkung** dieser Warenwertpapiere nach HGB § 524 bzw HGB § 448 der Übergabe der Ware gleich mit der Folge, dass mit der Übergabe des Dokuments nicht nur nach § 446 Satz 1 die Gefahr, sondern gem § 929 Satz 1 auch das Eigentum auf den Käufer übergeht[29]. 14

bb) **Die Ansprüche aus Beförderungsvertrag bei diversen Transportarten – internationale Abkommen**. Ein an den Käufer herauszugebendes stellvertretendes commodum kann im Falle des Untergangs oder der Verschlechterung der Ware während der Beförderung insbes in Gestalt eines Anspruchs des Verkäufers gegen den Beförderer aus dem **Beförderungsvertrag** bestehen. In erster Linie geht es insoweit um **Ansprüche aus Frachtführerhaftung** nach HGB §§ 425 ff und – bei Vorliegen eines internationalen Beförderungsvertrags im Straßengüterverkehr – gem **CMR**[30] **Art 17 ff**. Im Falle eines **internationalen Eisenbahntransports** haftet der Beförderer nach **CIM**[31] **Art 23 § 1**. Die Haftung des Frachtführers bei Vorliegen eines Beförderungsvertrags über einen **grenzüberschreitenden Warentransport per Binnenschiff** richtet sich nach **CMNI**[32] **Art 16**. Beim **nationalen Binnenschiffstransport** kommt gem HGB § 407 Abs 3 Satz 1 die Frachtführerhaftung nach §§ 425 ff zur Anwendung. Das Gleiche gilt für die **nationale Beförderung** der Kaufsache mit **Luftfahrzeugen**. Im Falle einer internationalen Beförderung der Ware durch ein Luftfahrzeug haftet der Luftfrachtführer nach **Montrealer Übereinkommen**[33] **Art 18 ff**. Auf Grundlage eines **Seefrachtvertrags** haftet der Verfrachter nach HGB § 498, sofern deutsches Recht Anwendung findet. 15

Der Anspruch des Käufers auf das **stellvertretende commodum** in Gestalt eines vom Verkäufer abzutretenden Schadensersatzanspruchs gegen den Frachtführer verliert an Bedeutung, soweit dem Käufer ein eigener Ersatzanspruch gegen den Beförderer zusteht. Nach **HGB § 421 Abs 1 Satz 2** und **CMR Art 13 Abs 1 Satz 2** stehen dem **Empfänger**, hier also dem Käufer, bei Verlust, Beschädigung oder/und Verspätung eigene Ansprüche aus dem Beförderungsvertag gegen den Frachtführer zu. Der Käufer ist dadurch als Empfänger der Ware in den meisten Fällen nicht mehr auf eine **Drittschadensliquidation** angewiesen[34]. Gleichwohl wird eine Schadensabwick- 16

27 Vgl dazu Soergel/Ekkenga/Kuntz Vor § 249 Rz 330 ff.

28 BGHZ 40, 91, 100 f; BGHZ 51, 91, 93; Soergel/Ekkenga/Kuntz Vor § 249 Rz 356 f.

29 Vgl dazu Rz 6.

30 Übereinkommen über den Beförderungsvertrag im internationalen Straßengüterverkehr (Convention relative au contrat de transport international de marchandises par route).

31 Einheitliche Rechtsvorschriften für den Vertrag über die internationale Eisenbahnbeförderung von Gütern (Règles uniformes concernant le Contrat de transport international ferroviaire des marchandises) – Anhang B zum Übereinkommen über den internationalen Eisenbahnverkehr (COTIF).

32 Budapester Vertrag über den Vertrag über die Güterbeförderung in der Binnenschifffahrt (Convention de Budapest relative au contract de transport de marchandises en navigation intérieure).

33 Übereinkommen zur Vereinheitlichung bestimmter Vorschriften über die Beförderung im internationalen Luftverkehr.

34 Vgl zum Ganzen BeckOGK/Tröger Rz 84; Oetker JuS 2001, 833 ff.

lung auf Grundlage der Drittschadensliquidation durch HGB § 421 nicht ausgeschlossen[35]. Das Gleiche gilt für den transportrechtlichen Anwendungsbereich der CMR, soweit in Bezug auf das zugrundeliegende Kaufgeschäft die Regelung des § 447 Abs 1 zum Zuge kommt. Die **praktische Relevanz der Drittschadensliquidation** wird zwar durch das Bestehen eines eigenen Anspruchs des Käufers gemindert. Gleichwohl ist der Zweck der Begründung eigener transportrechtlicher Ansprüche des Empfängers – hier des Käufers – durch HGB oder Übereinkommen nicht darin zu sehen, die Drittschadensliquidation auszuschließen. Dies gilt auch dann, wenn der **Ersatzanspruch des Käufers** als Empfänger der Ware und der Anspruch des Verkäufers als Vertragspartner des Beförderers deckungsgleich sind. Die Abtretung des dem Verkäufer gegen den Beförderer zustehenden Ersatzanspruchs an den Käufer im Rahmen einer Drittschadensliquidation ergibt auch hier deshalb einen Sinn, weil dem Käufer die Durchsetzung seines eigenen transportrechtlichen Ersatzanspruchs aus HGB § 421 Abs 1 Satz 2 erleichtert wird. Ausgeschlossen sind dann nämlich Verzögerungen, die sich dadurch ergeben können, dass dem ersatzpflichtigen Beförderer zwei **konkurrierende Anspruchsgläubiger** gegenüberstehen und eine **Rechtsunsicherheit** bezüglich der wahren Berechtigung vorhanden ist[36]. Die Anwendung der Drittschadensliquidation vermeidet aufseiten des ersatzpflichtigen Beförderers sowohl das Risiko, an den Falschen zu zahlen, als auch das Risiko, wegen unklarer Legitimation auf Gläubigerseite in einen Prozess verwickelt zu werden[37].

17 3. **Praktische Bedeutung des § 447 Abs 1 – Schadensabwicklung und unzureichende Versicherung**. Die praktische Bedeutung der für den Versendungskauf geltenden Gefahrtragungsregel des § 447 Abs 1 hängt im Wesentlichen davon ab, ob der im konkreten Einzelfall eingetretene **Transportschaden** in voller Höhe durch eine Haftung des Beförderers und/oder eine Eintrittspflicht eines Versicherers aus einer Sachschadensversicherung abgedeckt ist. Im Falle einer derartigen Kompensation beschränkt sich die Relevanz des § 447 im Wesentlichen auf die **Belastung des Käufers mit der Schadensabwicklung**. Der Käufer muss sich also bei Ankunft der beschädigten Ware um die **Schadensfeststellung** und die bestmögliche Verwertung bemühen. Er kann aufgrund des Übergangs der Preisgefahr die erst auf dem Transport beschädigte Ware nicht unter Hinweis auf einen **Sachmangel** und darauf beruhende Gewährleistungsrechte aus § 437 zurückweisen. Denn der Sachmangeltatbestand des § 434 Abs 1 setzt voraus, dass die Abweichung der Ist- von der Soll-Beschaffenheit zum Zeitpunkt des Gefahrübergangs vorlag. Bei Mangelfreiheit der Ware zum **Zeitpunkt der Auslieferung an den Beförderer**, kann daher durch eine Beschädigung auf dem Transport kein Sachmangel entstehen.

18 Erhebliches Gewicht erlangt die Frage des Übergangs der Preisgefahr auf den Käufer beim Versendungskauf in dem Fall, in dem weder die **Haftung des Beförderers** aus dem Transportvertrag noch Ansprüche gegen den **Schadensversicherer** den während der Beförderung eingetretenen Schaden in vollem Umfang abdecken. Der Fall einer völlig fehlenden transportrechtlichen Kompensation ist gegeben bei Ausschluss der Haftung des Beförderers wegen **höherer Gewalt** oder Vorliegens einer wirksamen **Haftungsfreizeichnung**. Eine partielle Unterdeckung kann dadurch entstehen, dass der Schadensersatzanspruch gegen den Beförderer aufgrund von **Haftungshöchstgrenzen** nur in Höhe eines Betrags besteht, der hinter dem Wert der Ware zurückbleibt. Soweit die Frachtführerhaftung den Schaden des Käufers nicht abdeckt, kommt es für die Abmilderung der Folge des § 447 entscheidend darauf an, ob ein darüber hinausgehender **Versicherungsschutz** zugunsten des Käufers Platz greift.

IV. Versendung auf Verlangen des Käufers

19 1. **Das Tatbestandsmerkmal „auf Verlangen des Käufers“**. – a) **Erfüllungsort (Leistungsort) und Bestimmungsort**. Die Anwendung des § 447 Abs 1 setzt voraus, dass der Verkäufer die Sache auf Verlangen des Käufers nach einem anderen Ort als dem Erfüllungsort versendet. Unter dem Tatbestandsmerkmal Erfüllungsort ist der Leistungsort zu verstehen, dh der Ort, an dem der Verkäufer die von ihm nach § 433 Abs 1 geschuldete **Leistungshandlung** vornehmen muss. Erfüllungsort iSd § 447 Abs 1 ist daher nicht der Ort des Eintritts der Erfüllungswirkung in Form des Besitz- und Eigentumserwerbs aufseiten des Käufers („Erfolgsort“), sondern der **Sitz des Verkäufers** oder ein sonstiger auf Grundlage des konkreten Kaufvertrags einschlägiger Absendeort (zB Lager). Der Ort, an dem der Käufer die Sache erhält und idR das Eigentum erwirbt, wird als **Bestimmungsort (Ankunftsort)** bezeichnet.

35 BeckOGK/Tröger Rz 83 f; MünchKomm/Westermann Rz 26; Oetker JuS 2001, 833 ff; Koller, Transportrecht, 2023[11], § 425 Rz 63; Schroiff JuS 2000, 624. Hopt/Merkt, HGB, 2023[42] § 421 Rz 2 (einschränkend: nur soweit kein eigener Anspruch); einschränkend auch Becker AcP 2002, 722, 734 ff.

36 Vgl zum Ganzen Oetker JuS 2001, 833, 839 f.

37 So zutreffend Oetker JuS 2001, 833, 839 f.

b) **Versendung iSd § 447 Abs 1 trotz Abschlusses des Beförderungsvertrags durch Käufer? – aa) Grundlagen und Fragestellung.** Typisch ist der Abschluss des Beförderungsvertrags durch den Käufer zum Zwecke des Transports der Kaufsache zum Bestimmungsort bei Verwendung einer F-Klausel der Incoterms, insbes **„FOB“** (Free on Board)[38] beim **Überseekauf**. Die Übergabe der Ware an den vom Käufer beauftragten Beförderer – bei „FOB“ Verbringung auf das vom Käufer benannte Schiff – führt hier zwar zum Übergang der **Preisgefahr** auf den Käufer[39]. Dies beruht aber nicht auf einer Anwendung des § 447 Abs 1, weil keine Versendung durch den Verkäufer vorliegt. Rechtsgrundlage für den Gefahrübergang ist hier vielmehr die allgemeine Regelung des **§ 446 Satz 1**. 20

Dass der Beförderungsvertrag vom Verkäufer und damit von der Person abgeschlossen wird, die auch die Versendung der Ware vornimmt, ist zwar charakteristisch für einen Versendungskauf, gleichwohl aber nicht obligatorisch. Ein Versendungskauf kann vielmehr gleichermaßen vorliegen, wenn ausnahmsweise der Käufer den Beförderungsvertrag abschließt. Dafür spricht auch § 475 Abs 2, nach dem bei Vorliegen eines **Verbrauchsgüterkaufs** die Regelung des § 447 Abs 1 nur dann Anwendung findet, wenn der Käufer den Beförderer beauftragt und der Unternehmer (Verkäufer) ihm diese Person nicht zuvor benannt hat[40]. Dies stimmt überein mit der **Verbraucherrechte-Richtlinie (Art 20)**, auf der die Neufassung[41] der für den **Verbrauchsgüterkauf** geltenden Ausschlussregelung des § 475 Abs 2 beruht[42]. **Erwägungsgrund Nr 55** dieser Richtlinie unterscheidet folgerichtig zwischen Verträgen „bei denen es Sache des Verbrauchers ist, die Waren selbst abzuholen“ (Holschuld) und dem Fall der vom Verbraucher (Käufer) vorgenommenen Beauftragung eines Beförderers mit der Lieferung[43]. Im zweiten Fall ist § 447 Abs 1 nach Maßgabe des § 475 Abs 2 anwendbar. Mit der **Warenkauf-Richtlinie** ist dies vereinbar, weil sie – wie **Erwägungsgrund 38** ausdrücklich hervorhebt – den Gefahrübergang (Risikoübergang) nicht eigenständig regelt, sondern – unbeschadet der Vorgaben der **Verbraucherrechte-Richtlinie** für den Verbrauchsgüterkauf – dem nationalen Recht überlässt. 21

Es stellt sich somit die Frage, wodurch sich bei Vorliegen einer Beauftragung des Beförderers durch den Käufer der Versendungskauf mit Verpflichtung des Verkäufers zur Auslieferung der Ware an den Beförderer von der **Holschuld** und damit der Übergabe der Ware am Sitz des Verkäufers oder an einem anderen vereinbarten Ort (insbes Hafen) unterscheidet. Insoweit sind im Wesentlichen **drei Kriterien** maßgeblich: Zielgerichtetheit der Versendung[44], Mitverantwortung des Verkäufers für die Eignung des Beförderungsmittels[45] sowie Mitverantwortung für die rechtzeitige Ankunft der Ware am Bestimmungsort[46]. 22

bb) **Zielgerichtetheit der Versendung zu einem Bestimmungsort – insbes Adressierung.** Da eine Versendung iSd § 447 Abs 1 immer zielgerichtet erfolgt, muss der Kaufvertrag einen **Bestimmungsort** enthalten, der sich von dem Ort unterscheidet, an dem der Verkäufer die von ihm geschuldete Leistungshandlung in Form der Übergabe der Ware an den Beförderer erbringt (Leistungsort). Aufgrund der Zielgerichtetheit der Versendung muss die Ware an den Käufer oder einen vertraglich festgelegten Dritten am Bestimmungsort **adressiert werden**. Versenden bedeutet daher „Schicken“ der Ware an den Empfänger durch Auslieferung an einen beauftragten Beförderer[47]. Diesem ersten Unterscheidungskriterium kommt in Bezug auf die Abgrenzung zwischen Versendungskauf mit Beauftragung des Beförderers durch den Käufer und der Fallkonstellation der Holschuld eine überragende Bedeutung zu. Bei Verwendung der Incoterms-Klausel „FOB benannter Seehafen“ ist der angegebene Hafen gerade nicht der Bestimmungshafen (Zielort), sondern der Abladehafen (Absendeort). Der Verkäufer muss hier die Ware ordnungsgemäß auf das vom Käufer benannte Schiff verbringen, aber nicht zu einem Bestimmungsort versenden. Bei Wahl einer **C-Klausel der Incoterms** wird dagegen die an den Empfänger im Bestimmungshafen bzw -ort adressierte Ware versendet[48]. 23

cc) **Mitverantwortung des Verkäufers für Eignung des Beförderungsmittels und Richtung des Transports.** Das **zweite Unterscheidungskriterium** hängt mit der Zielgerichtetheit der Versendung zusammen. Wenn der Verkäufer die Warenlieferung an den Käufer bzw sonstigen Empfangsberechtigten am Bestimmungsort adressieren muss, dann ist es im Falle des Abschlusses des Beförderungsvertrags durch den Käufer geboten, dass der Verkäufer vor Auslieferung der Ware an den Beförderer zumindest in gewissem Umfang prüft, ob das vom Käufer zur Verfügung gestellte Transportmittel für eine Beförderung der konkreten Ware zum **Bestimmungsort** gene- 24

38 Vgl Rz 225 f.
39 Vgl Rz 225 f.
40 Vgl zu den Einzelheiten Rz 251 ff.
41 Im Vergleich zu § 474 Abs 2 idF des SMG 2002.
42 Vgl dazu Rz 250 f.
43 Vgl dazu unten Rz 251 f.
44 Vgl dazu unten Rz 23.
45 Vgl dazu unten Rz 24.
46 Vgl dazu unten Rz 25.
47 So bereits ROHG 23, 59; vgl dazu Wertenbruch, FS für Grunewald, 2021, S 1283, 1288 ff.
48 Vgl dazu unten Rz 37 ff.

rell geeignet ist und auch den richtigen Ort ansteuert. Bei der **Holschuld** kennt der Verkäufer in vielen Fällen den Bestimmungsort gar nicht. Diese Situation besteht insbes dann, wenn der vom Käufer vorgesehene Bestimmungsort deshalb nicht mit seinem Sitz übereinstimmt, weil die Ware unmittelbar von einem Kunden des Käufers übernommen werden soll. Zudem weiß der Verkäufer bei der Holschuld häufig nicht, ob ein vom Käufer beauftragter Spediteur das Beförderungsmittel wechselt. Im Falle der Versendung der Ware durch den Verkäufer auf Grundlage eines vom Käufer geschlossenen Beförderungsvertrags kann der Verkäufer zwar grundsätzlich auf eine **ordnungsgemäße Durchführung des Transports** durch den beauftragten Beförderer vertrauen. Aufgrund der Zielgerichtetheit der Versendung muss der Verkäufer aber in Bezug auf die generelle Eignung des vom Käufer gestellten Beförderungsmittels und die Richtung des Transports zumindest eine **kursorische Prüfung** vornehmen und Anhaltspunkten nachgehen, die für eine Unregelmäßigkeit sprechen. Das Gleiche gilt im Hinblick auf das Vorliegen einer beförderungsgerechten Verpackung. Verbleiben Zweifel, so ist eine Information des Käufers geboten. Der Verkäufer trägt also im Falle einer Versendungsverpflichtung eine Mitverantwortung. Bei Vorliegen einer **Abholung** auf Grundlage einer Holschuld kommen derartige Prüfungsobliegenheiten grundsätzlich nicht in Betracht.

25 dd) **Mitverantwortung des Verkäufers für rechtzeitige Ankunft am Bestimmungsort.** Das **dritte Unterscheidungskriterium** besteht darin, dass den Verkäufer bei Vorliegen einer Versendungsverpflichtung auch eine Mitverantwortung für die **rechtzeitige Ankunft der Ware** am Bestimmungsort trifft. Der Verkäufer muss dies vor Aushändigung der Ware an den vom Käufer beauftragten Beförderer in zumutbarem Umfang prüfen und uU mit dem Transportunternehmer auf Grundlage des bereits existierenden Beförderungsvertrags **konkretisierende Vereinbarungen** treffen. Bei Bedenken in Bezug auf eine termingerechte Ankunft der Ware am Bestimmungsort muss der Verkäufer den Käufer kontaktieren. Beschränkt sich die Leistungspflicht des Verkäufers dagegen wegen Vorliegens einer Holschuld auf das bloße Zur-Verfügung-Stellen der Ware an seinem Sitz, so trägt er im Falle der Abholung der Ware durch einen vom Käufer beauftragten Beförderer auch keine Verantwortung für die termingerechte Ankunft der Ware am Bestimmungsort, den er häufig gar nicht kennt.

26 ee) **Folgerungen für die Abgrenzung.** Bei **Fehlen einer ausdrücklichen Versendungsabrede** kommt es nach den vorstehend erörterten Unterscheidungskriterien im Falle der Beauftragung des Beförderers durch den Käufer für die Anwendung des § 447 Abs 1 darauf an, ob die **Auslegung des Kaufvertrags** unter Berücksichtigung etwaiger besonderer Umstände ergibt, dass der Verkäufer die Warenlieferung an den Käufer oder einen sonstigen Empfangsberechtigten adressieren und durch kursorische Prüfungen für eine ordnungsgemäße Ankunft der Ware an einem **vereinbarten Bestimmungsort** Sorge tragen soll. Wichtigstes Indiz für eine Versendungspflicht des Verkäufers ist die Festlegung eines vom Übergabeort (Leistungsort) abweichenden Bestimmungsorts im Kaufvertrag und die Notwendigkeit der **Adressierung einer Warenlieferung** an einen Empfänger an diesem Ort.

27 c) **„Auf Verlangen des Käufers" und kaufvertraglicher Konsens – Ausschluss der eigenmächtigen Versendung durch Verkäufer.** Das in § 447 Abs 1 enthaltene Tatbestandsmerkmal „auf Verlangen des Käufers" darf nicht dahin gehend missverstanden werden, dass die Versendung der Kaufsache vom Käufer ausdrücklich oder zumindest konkludent gefordert werden muss. Der Zweck dieser wesentlichen tatbestandlichen Voraussetzung des § 447 Abs 1 besteht vielmehr darin, den Käufer vor einer **eigenmächtigen Versendung** durch den Verkäufer und den damit verbundenen Risiken zu schützen[49]. Bei der im Falle des Fehlens einer Versendungsvereinbarung regelmäßig gegeben Holschuld liegen die Organisation der Abholung der Ware und die **Vermeidung bzw Reduzierung von Transportgefahren** in der Hand des Käufers. Diese insbes bei Stückschulden über wertvolle Gegenstände (Unikate) zu konstatierenden Vorteile der Holschuld aufseiten des Käufers darf der Verkäufer nicht durch eine eigenmächtige Versendung eliminieren[50]. Ein Interesse an der Durchführung des Transports unter eigener Regie hat der Käufer insbes dann, wenn im Fall des Untergangs auf dem Transport die Möglichkeit einer Ersatzbeschaffung nicht besteht und auch eine Schadensversicherung sein Interesse am Erwerb des Gegenstands nicht voll absichern kann. Klassisches Beispiel dafür ist der Kauf eines **„unersetzlichen" Kunstgegenstands.**

28 Ein besonderes Interesse an einer Abholung des Kaufgegenstands am Sitz des Verkäufers und der Durchführung des Transports in eigener Regie hat der Käufer auch dann, wenn er den

49 LG Köln NJW-RR 1989, 1457, 1458; BeckOGK/Tröger Rz 35; MünchKomm/Westermann Rz 8; Staud/Beckmann Rz 18; BeckOK/Faust Rz 7; Erman/Grunewald Rz 7; Wertenbruch JuS 2003, 625, 626.

50 Wertenbruch JuS 2003, 625, 626.

Kaufgegenstand dringend benötigt und deshalb Verzögerungen beim Transport durch einen vom Verkäufer beauftragten Beförderer und auch schon beim Vorgang der Versendung vermeiden will. In wirtschaftlicher Hinsicht ist die Hohlschuldvariante für den Käufer idR deshalb nicht teurer, weil der Verkäufer die **Transportkosten** beim Versendungskauf entweder von vornherein bei der Kaufpreiskalkulation berücksichtigt oder gesondert in Rechnung stellt. Nach der **dispositiven Vorschrift des § 448 Abs 1** hat der Käufer die **Kosten der Versendung** nach einem anderen Ort als dem Erfüllungsort zu tragen. Versendet der Verkäufer die Ware trotz Vorliegens einer Holschuld eigenmächtig, so geht die Gefahr nicht gem § 447 Abs 1 auf den Käufer über[51].

d) **Erfordernis einer kaufvertraglichen Versendungsvereinbarung**. Da der Zweck des Tatbestandsmerkmals „auf Verlangen des Käufers" darin liegt, einen Übergang der Preisgefahr im Falle einer **eigenmächtigen Versendung** durch den Verkäufer auszuschließen[52], ist für die Anwendung des § 447 Abs 1 das Vorliegen einer **rechtsgeschäftlichen Vereinbarung** der Kaufvertragsparteien über die Versendung der Ware zum Bestimmungsort entscheidend[53]. Ob die Versendung von Anfang an Bestandteil des Verkaufsangebots des Verkäufers war und der Käufer dies in toto akzeptiert hat oder diesem Konsens ein besonderes Versendungsverlangen des Käufers zugrunde lag, ist für den Gefahrübergang nach § 447 Abs 1 ohne Bedeutung. Auch im Falle eines ausdrücklichen Verlangens des Käufers liegt rechtsgeschäftlich in Wirklichkeit nichts anderes als eine vertragliche Vereinbarung vor, wenn der Verkäufer daraufhin die Versendung der Ware vornimmt, und zwar auch bei **Fehlen einer ausdrücklichen Zustimmungserklärung**. Denn die Versendung der Ware durch den Verkäufer nach Zugang eines darauf gerichteten Verlangens des Käufers ist jedenfalls als **konkludente Vereinbarung** über die Versendung einzuordnen[54]. Der Verkäufer ist selbstverständlich nur dann zu einer Versendung verpflichtet, wenn dies im Kaufvertrag vereinbart oder Gegenstand einer verbindlichen Zusatzabrede ist. Der Zeitpunkt der Vereinbarung ist unerheblich, sofern sie spätestens bei Vornahme der Versendung gegeben ist. 29

2. **Die Versendungsklauseln der Incoterms 2020**. – a) **Geltung der Incoterms – Grundlagen**. Die von der Internationalen Handelskammer (International Chamber of Commerce [ICC]) mit Wirkung zum 1.1.2020 veröffentlichten **International Commercial Terms (Incoterms)**[55] enthalten Lieferbestimmungen, die – bezogen auf den Anwendungsbereich des BGB – abweichend von der nach § 269 als Regelfall anzusehenden Holschuld einen **Versendungskauf** iSd § 447 festlegen. Die Incoterms stellen **keinen Handelsbrauch** iSd HGB § 346 dar und gelten daher nicht allgemein für **Import- und Exportgeschäfte**[56]. Verweist ein Kaufvertrag auf die Incoterms **„in der jeweils gültigen Fassung"**, so ist davon auszugehen, dass die zum **Zeitpunkt des Abschlusses des Kaufvertrags** geltende Version vereinbart ist. Zwecks Vermeidung von Rechtsstreitigkeiten sollte die neueste Fassung der Klausel bei Abschluss des Kaufvertrags hinzugefügt werden (zB CIF New Orleans [Incoterms 2020])[57]. 30

b) **Die Klausel-Gruppen der Incoterms**. Die Incoterms sind nach Gruppen gegliedert: **„EXW"** (ab Werk) und die F-, C- sowie D-Klauseln. Während die **E-Klausel** als Abholklausel eine **Holschuld** und die **D-Klauseln** (DPU, DAP, DDP) als sog Ankunftsklauseln eine Bringschuld begründen, führen die **C-Klauseln** (CPT, CIP, CFR, CIF) zu einer Versendungsverpflichtung des Verkäufers und zur Anwendung des § 447, sofern das BGB als geltendes Recht zum Zuge kommt. Bei Vereinbarung einer **F-Klausel** (FCA, FAS, FOB) wird zwar ebenfalls ein Transport der Ware zum Bestimmungsort durchgeführt, und zwar in den meisten Fällen durch einen selbständigen Beförderer. Die **Übergabe an den Beförderer** ist hier aber **keine Versendung** iSd § 447 Abs 1 mit der Folge, dass die Gefahr am Übergabeort nach **§ 446 Satz 1** auf den Käufer übergeht[58]. Der Transport der Ware bis zum Beförderer ist hier eine **Bringschuld** des Verkäufers, und der Transport durch den Beförderer zum Sitz des Käufers oder zu einem sonstigen vereinbarten Bestimmungsort ist dann Gegenstand einer **Holschuld** des Käufers. 31

c) **Die F-Klauseln (FCA, FAS, FOB) der Incoterms**. Die Besonderheit einer F-Klausel besteht darin, dass dem Käufer zumindest ein Teil des Transports obliegt und er insoweit auch die Gefahr trägt. Häufig anzutreffen ist die Konstellation, in der vom Verkäufer ein Teil des Transports im Rahmen einer **Bringschuld** auf eigene Gefahr durchgeführt und die Ware dann an einem vereinbarten Ort dem **vom Käufer beauftragten Beförderer** zum Zwecke des Weiter- 32

51 Staud/Beckmann Rz 18; Erman/Grunewald Rz 7; MünchKomm/Westermann Rz 8 f; BeckOGK/Tröger Rz 35; BeckOK/Faust Rz 7; Wertenbruch JuS 2003, 625, 626.
52 Vgl Rz 27.
53 MünchKomm/Westermann Rz 8; BeckOGK/Tröger Rz 35; Erman/Grunewald Rz 7; BeckOK/Faust Rz 7; Staud/Beckmann Rz 18 ff; Wertenbruch JuS 2003, 625, 626.
54 Staud/Beckmann Rz 20; BeckOGK/Tröger Rz 35; BeckOK/Faust Rz 7; Wertenbruch JuS 2003, 625, 626.
55 Abdruck und Kommentierung bei Hopt/Hopt, HGB, 2023[42], Nebengesetze (6) Incoterms.
56 Vgl Hopt/Hopt HGB, 2023[42], Nebengesetze (6) Incoterms Einl Rz 14; BeckOGK/Tröger Rz 88, 89.
57 Vgl dazu auch Lehr VersR 2000, 548, 554.
58 Vgl unten Rz 222 ff und § 446 Rz 38 ff, 117 f.

transports übergeben wird. Der Verkäufer erfüllt bei Vereinbarung einer F-Klausel seine Verpflichtung zur Lieferung der Ware, wenn er sie dem **Frachtführer** an dem vertraglich vereinbarten Ort übergibt.

33 Typisch ist insoweit die auf den Überseekauf zugeschnittene **FOB-Klausel** (Free on Board), also bspw „FOB Hamburg Hafen", nach der vom Verkäufer der Transport der Ware bis zum benannten Hafen sowie die Verladung auf eigene Kosten und eigene Gefahr durchzuführen ist. Die Gefahr geht hier erst mit **Verbringung der Ware** auf das vom Käufer **benannte Schiff** auf den Käufer über[59]. Rechtsgrundlage dafür ist § 446 Satz 1. Entscheidend gegen die Anwendung des § 447 Abs 1 spricht bei Verwendung von „FOB", dass die bloße **Verladung** der Ware auf ein vom Käufer benanntes Schiff **keine zielgerichtete Versendung** zu einem vom Erfüllungsort (Leistungsort) zu unterscheidenden Bestimmungsort darstellt[60].

34 Auch im Falle der Verwendung der **FAS-Klausel** (Free alongside Ship) geht die Preisgefahr nicht nach § 447 Abs 1, sondern nach § 446 Satz 1 auf den Käufer über. Der Verkäufer ist bei Vereinbarung von „FAS" (zB „FAS Wilhelmshaven") verpflichtet, die Ware durch Bereitstellung **längsseits des vom Käufer benannten Schiffs** an der benannten Ladestelle im benannten Verschiffungshafen zu liefern[61]. Mit der Bereitstellung an diesem Ort geht die **Gefahr** auf den Käufer über[62]. Rechtsgrundlage dafür ist – wie bei FOB – mangels Versendungsverpflichtung des Verkäufers nicht § 447 Abs 1, sondern § 446 Satz 1. Das Verladen der Ware auf das Schiff gehört – anders als bei FOB – nicht mehr zu den Pflichten des Verkäufers. Dass bei „FAS" der Käufer den Beförderungsvertrag abschließt und dem Verkäufer das Schiff benennt, schließt zwar eine Versendung mit der Folge der Anwendung des § 447 Abs 1 noch nicht aus. Die Bereitstellung der Ware längsseits des vom Käufer benannten Schiffs ist aber keine **Auslieferung an den Beförderer** zum Zwecke der Durchführung eines zielgerichteten Transports zu einem vereinbarten Bestimmungsort.

35 Im Falle der Vereinbarung der **FCA-Klausel** (Free Carrier) muss der Verkäufer die Ware an den **vom Käufer benannten Frachtführer** an der vereinbarten Stelle am benannten Ort zum vereinbarten Zeitpunkt liefern[63]. Eine Verpflichtung des Verkäufers zum **Verladen der Ware** auf das vom Käufer bereitgestellte Beförderungsmittel besteht nur in dem Fall, in dem der im Kaufvertrag benannte Ort der Sitz oder eine Niederlassung des Verkäufers ist (zB „FCA Lager des Verkäufers in Köln")[64]. Der wesentliche Unterschied zwischen „EXW" (ab Werk) und „FCA Sitz des Verkäufers" liegt darin, dass der Verkäufer auf Grundlage dieser FCA-Variante die Ware auf eigene Kosten und Gefahr verladen muss[65].

36 Ist der Lieferort dagegen nicht der Sitz oder eine Niederlassung des Verkäufers, so muss die Ware dem **vom Käufer benannten Frachtführer** auf dem Beförderungsmittel des Verkäufers nur **entladebereit zur Verfügung gestellt** werden[66]. Mit der Erfüllung dieser Verpflichtung durch den Verkäufer geht die Preisgefahr auf den Käufer über[67]. Grundlage dafür ist in beiden FCA-Varianten § 446 Satz 1 und nicht § 447 Abs 1, weil sowohl das entladebereite Zur-Verfügung-Stellen als auch die Verladung auf das vom Käufer bereitgestellte Beförderungsmittel **keine zielgerichtete Versendung** zu einem vereinbarten Bestimmungsort darstellt.

37 d) **Anwendung des § 447 bei Vereinbarung einer C-Klausel (CPT, CIP, CFR, CIF)**. – aa) **Grundlagen**. Bei Verwendung einer C-Klausel der Incoterms beruht das Vorliegen eines **Versendungskaufs iSd § 447** darauf, dass der Verkäufer den Beförderungsvertrag für den Transport der Ware vom Lieferort bis zum Bestimmungsort abschließt und die Ware dem Frachtführer übergibt (Landtransport auf Grundlage von CPT/CIP) oder an Bord des Schiffs verbringt (Seetransport bei Wahl von CFR/CIF). Entscheidend für die Annahme eines Versendungskaufs ist hier neben den genannten Verkäuferpflichten die **Zielgerichtetheit der Übergabe** an den Beförderer in dem Sinne, dass diese gerade zum Zwecke der Beförderung zum vereinbarten Bestimmungsort erfolgt.

59 FOB-Verkäuferpflichten A2 und A3; vgl dazu Hopt/Hopt, HGB, 2023[42], Nebengesetze (6) Incoterms FOB Rz 4 und 5.

60 Vgl zur Unterscheidung zwischen bloßer Übergabe und Versendung Rz 22 ff.

61 FAS-Verkäuferpflicht A2; vgl dazu Hopt/Hopt, HGB, 2023[42], Nebengesetze (6) Incoterms FAS Rz 4.

62 FAS-Verkäuferpflicht A3 iVm A2; vgl dazu Hopt/Hopt, HGB, 2023[42], Nebengesetze (6) Incoterms FAS Rz 5.

63 FCA-Verkäuferpflicht A2; vgl dazu Hopt/Hopt, HGB, 2023[42], Nebengesetze (6) Incoterms FCA Rz 4.

64 FCA-Verkäuferpflicht A2 Satz 3 lit a; vgl dazu Hopt/Hopt, HGB, 2023[42], Nebengesetze (6) Incoterms FCA Rz 4.

65 FCA-Verkäuferpflicht A2 Satz 3 lit a.

66 FCA-Verkäuferpflicht A 2 Satz 3 lit b; vgl dazu Hopt/Hopt, HGB, 2023[42], Nebengesetze (6) Incoterms FCA Rz 4.

67 FCA-Verkäuferpflicht A3 iVm A2.

Die **Preisgefahr** geht daher gem § 447 Abs 1 mit Übergabe der Ware an den Frachtführer bzw durch Verbringung auf das Schiff auf den Käufer über, während der **Eigentumsübergang** idR mit Aushändigung der Ware am **Bestimmungsort** oder – im Falle des Schiffstransports (CFR/CIF) – aufgrund einer **Übergabe des Konnossements** bzw des Ladescheins (Binnenschiffstransport) erfolgt[68]. Die CFR-Klausel und die CIF-Klausel eignen sich nur für den **Seetransport** und den **Binnenschiffstransport**, während „CPT" und „CIP" nicht nur für den gewöhnlichen Anwendungsbereich der Landtransporte, sondern für alle Transportarten verwendet werden können[69]. 38

bb) **CFR (Cost and Freight)**. Der Verkäufer muss bei Vereinbarung der CFR-Klausel („CFR benannter Bestimmungshafen oder -ort") den **Seefrachtvertrag** auf eigene Kosten abschließen[70]. Die Preisgefahr geht auch hier nicht mit dem **Überschreiten der Schiffsreling**, sondern erst dann auf den Käufer über, wenn die Ware **an Bord des Schiffs verbracht worden ist**[71]. Aufgrund des Abschlusses des **Seefrachtvertrags** durch den Verkäufer und der Übergabe der Ware an den Beförderer zum Zwecke des zielgerichteten Transports zum Bestimmungsort liegt – bei Anwendbarkeit des BGB – ein Versendungskauf iSd § 447 vor. Der **Unterschied zur CIF-Klausel** besteht darin, dass der Verkäufer keine Seetransportversicherung abschließen muss[72]. 39

cc) **CIF (Cost, Insurance and Freight)**. Der Verkäufer ist bei Verwendung der ebenfalls für den **Überseekauf** entwickelten und dort sehr verbreiteten CIF-Klausel („CIF benannter Bestimmungshafen oder sonstiger -ort") – ebenso wie bei „CFR" – verpflichtet, den **Beförderungsvertrag** auf seine Kosten abzuschließen und die Ware dem Beförderer zum Zwecke des Transports zum Bestimmungsort zu übergeben[73]. Im Gegensatz zur CFR-Klausel muss bei „CIF" zusätzlich eine **Seetransportversicherung** abgeschlossen werden[74]. Dieser Versicherungsschutz liegt aufgrund des Übergangs der Preisgefahr und des Risikos, dass Ersatzansprüche gegen den Beförderer entweder nicht gegeben sind oder den Schaden nicht voll abdecken, im Interesse des Käufers. 40

dd) **CPT (Carriage Paid To)**. Bei Vereinbarung der CPT-Klausel („Frachtfrei benannter Bestimmungsort") ist der Verkäufer verpflichtet, den **Beförderungsvertrag** auf seine Kosten abzuschließen und die Ware durch **Übergabe an den beauftragten Frachtführer** zum vereinbarten Zeitpunkt zu liefern[75]. Zu diesem Zeitpunkt geht die Preisgefahr auf den Käufer über. Eine Versicherungspflicht besteht – anders als bei „CIF" und „CIP" – auf Grundlage dieser Klausel nicht. Wesentliche Grundlage für die Einordnung als Versendungskauf iSd § 447 Abs 1 ist bei „CPT", dass der Verkäufer – im Gegensatz zu „FCA" – nicht nur für die bloße Übergabe der Ware an den Frachtführer am Lieferort zu sorgen hat, sondern diese Leistungshandlung vielmehr zum Zwecke der Beförderung an einen vereinbarten Bestimmungsort erfolgt. Entscheidend für das Vorliegen einer Versendung ist also die **Zielgerichtetheit** der Übergabe der Ware an den Beförderer[76]. Ein Unterschied zwischen „CPT" und „CFR" besteht darin, dass im Falle der Verwendung von „CPT" der Bestimmungsort nicht zwingend ein Hafen sein muss. Zudem geht bei „CPT" die Gefahr schon zum Zeitpunkt der **Übergabe an den ersten Beförderer** auf den Käufer über, während bei „CFR" und „CIF" dafür die **Verbringung der Ware auf das Schiff** erforderlich ist. Bei den Überseekauf-Klauseln „CFR" und „CIF" erfolgt daher der **Landtransport zum Schiff** auch bei Beauftragung eines Spediteurs noch auf Gefahr des Verkäufers[77]. 41

ee) **CIP (Carriage and Insurance Paid To)**. Auf Grundlage einer vereinbarten CIP-Klausel muss der Verkäufer im Vergleich zu „CPT" zusätzlich eine **Transportversicherung** für die Risiken der Beförderung der Ware bis zum Bestimmungsort abschließen[78]. „CIP" ist zwar in erster Linie eine Klausel, die vereinbart wird, wenn der **Bestimmungsort kein Hafen** ist. Die Klausel kann aber grundsätzlich für alle Transportarten und daher auch für einen **Seetransport** verwendet werden. Anders als bei „CIF" geht die Gefahr auch beim Über-Land-Transport – und daher im Regelfall – mit der Übergabe der Ware an den **ersten selbständigen Beförderer** auf den Käufer über[79]. Bei „CIF" ist dagegen eine Verbringung der Ware auf das Schiff erforderlich[80]. 42

68 Zur Traditionswirkung des Konnossements (HGB § 524) und des Ladescheins (HGB § 448) vgl Rz 74 ff.
69 Vgl Hopt/Hopt, HGB, 2023[42], Nebengesetze (6) Incoterms Einl Rz 63.
70 CFR-Verkäuferpflicht A4 Satz 2.
71 CFR-Verkäuferpflicht A3 iVm A2; vgl dazu auch Hopt/Hopt, HGB, 2023[42], Nebengesetze (6) Incoterms CFR Rz 5.
72 CFR-Verkäuferpflicht A5 Satz 1; vgl zu den Einzelheiten der CFR-Klausel Rz 233 f.
73 CIF-Verkäuferpflicht A4 Satz 2 und A2.
74 CIF-Verkäuferpflicht A5; Hopt/Hopt, HGB, 2023[42], Nebengesetze (6) Incoterms CIF Rz 7; vgl zu den Einzelheiten der CIF-Klausel Rz 232 f.
75 CPT-Verkäuferpflicht A4 Satz 2 und A2; vgl dazu auch Hopt/Hopt, HGB, 2023[42], Nebengesetze (6) Incoterms CPT Rz 3, 5.
76 Vgl dazu Rz 23.
77 Vgl dazu Rz 235.
78 CPT-Verkäuferpflicht A5.
79 CIP-Verkäuferpflicht A3 iVm A2.
80 Vgl oben Rz 235.

43 3. **Versendungspflicht kraft Vertragsauslegung und Handelsbrauch.** Enthält der geschlossene Kaufvertrag **keine ausdrückliche Versendungsvereinbarung**, so ist es eine Frage der Auslegung gem §§ 133, 157, ob gleichwohl eine dahin gehende Verpflichtung des Verkäufers besteht. Ergeben kann sie sich insbes aus Handelsbrauch, Verkehrssitte, üblicher Geschäftsabwicklung der Kaufvertragsparteien und den sonstigen **Umständen des Einzelfalls**[81]. Für den Fall des **Distanzkaufs zwischen Kaufleuten** hat das RG einen Handelsbrauch des Inhalts bejaht, dass der Verkäufer die Ware bei Fehlen einer besonderen Vereinbarung an die gewerbliche Niederlassung des Käufers zu übersenden hat, sofern sich aus den Umständen nichts anderes ergibt[82]. Eine derartige Regel mit den **beweisrechtlichen Konsequenzen** in Streit- und Zweifelsfällen kann aber jedenfalls heute auch beim Distanzkauf zwischen Kaufleuten nicht bejaht werden. Ein zur Annahme eines Versendungskaufs führender allgemeiner Handelsbrauch ist hier vielmehr zu verneinen. Selbstverständlich kann gleichwohl kraft Handelsbrauchs ein Versendungskauf in Bezug auf eine **bestimmte Warenart** gegeben sein. Voraussetzung dafür ist eine **tatsächliche Übung** über einen gewissen Zeitraum sowie die **Zustimmung der Beteiligten**[83].

44 Für die Geltung des Grundprinzips des § 269 Abs 1, nach dem bei Fehlen einer besonderen Vereinbarung im Zweifel eine **Holschuld** vorliegt, auch beim **Distanzkauf zwischen Kaufleuten** spricht zum einen, dass ein Verkäufer, der die Versendung mit oder ohne besondere Vergütung übernimmt, regelmäßig zum Zwecke der Vermeidung von darauf bezogenen Streitigkeiten für eine ausdrückliche Regelung im Kaufvertrag Sorge tragen und sich nicht auf einen etwaigen Handelsbrauch verlassen wird. Auch der Käufer wird beim **Handelskauf** regelmäßig darauf bestehen, dass eine verabredete oder zumindest vorausgesetzte Versendungsverpflichtung des Verkäufers im Vertragstext festgehalten wird. Da die Holschuld als „Regelschuld" iSd § 269 Abs 1 nicht besonders vereinbart werden muss, liegt es im Falle des Nichtbestehens einer besonderen Versendungsvereinbarung näher, dass die Kaufvertragsparteien von einer **Abholverpflichtung des Käufers** ausgehen.

45 Entscheidend gegen den vom **RG** noch angenommenen **Handelsbrauch** sprechen die Existenz und die Verwendung der Incoterms, und insoweit insbes die Existenz und die Verwendung der **F-Klauseln** (FCA, FAS, FOB) und der **D-Klauseln** (DPU, DAP, DDP). Im Falle der Vereinbarung einer F-Klausel übernimmt der Käufer die Organisation des Haupttransports auf eigenes Risiko, zB durch „FOB" beim Überseekauf[84]. Insoweit liegt also eine **Holschuld** vor. Bei vertraglicher Geltung einer **D-Klausel** stellt der Transport zum Bestimmungsort eine **Bringschuld** des Verkäufers dar[85]. In Bezug auf die Wahl und Vereinbarung von Incoterms beim Distanzkauf und insbes beim Überseekauf besteht in der Praxis grundsätzlich keine generelle Notwendigkeit, anstelle der EXW-Klausel, der F-Klauseln und der D-Klauseln eine zur Anwendung des § 447 Abs 1 führende **C-Klausel (CPT, CIP, CFR, CIF)** zu wählen. Da beim **Überseekauf** „FOB" genauso verbreitet ist wie „CIF", kann auch nicht angenommen werden, die Versendung der Ware durch den Verkäufer entspreche der für den **Handelsbrauch** erforderlichen **tatsächlichen Übung.** Das Gleiche gilt für den Über-Land-Transport, weil hier FCA („frei Frachtführer") ebenso geläufig ist wie „CPT" und „CIP".

46 Grundlage für das jedenfalls heute anzunehmende Fehlen eines auf die Versendung der Ware durch den Verkäufer bezogenen Handelsbrauchs ist letztlich die **Existenz international agierender Speditionen** sowie die rechtliche und tatsächliche Vereinfachung der grenzüberschreitenden Transporte. Das gilt insbes auch für den **multimodalen Transport**. Der Käufer ist – anders als in der ersten Hälfte des 20. Jahrhunderts – beim grenzüberschreitenden Kauf nicht darauf angewiesen, dass der Verkäufer den Transport ab Werk oder Lager organisiert und dann die Ware zum Bestimmungsort versendet. Die **Abholung der Ware** beim Verkäufer oder an einem Lieferort iSd F-Klauseln der Incoterms (zB Abladehafen/Verschiffungshafen bei „FOB") durch eine **vom Käufer beauftragte internationale Spedition** ist – im Vergleich zum Versendungskauf – für den Käufer nicht unbedingt mit einem höheren **finanziellen Aufwand** verbunden, da der Verkäufer die Versendungskosten üblicherweise entweder bei der **Kaufpreiskalkulation** berücksichtigt oder gesondert berechnet. Zudem hat der Käufer bei der Holschuld die Möglichkeit, durch Auswahl eines Spediteurs, der den genannten Transport organisiert, das **Risiko einer Beschädigung der Ware** und von Verzögerungen zu begrenzen. Aus den dargelegten Gründen ist daher auch beim Distanzkauf zwischen Kaufleuten im Falle des Fehlens einer besonderen Versendungsvereinbarung grundsätzlich nicht von einer Versendungsverpflichtung

81 Vgl Staud/Beckmann Rz 19; MünchKomm/Westermann Rz 8.
82 RGZ 103, 129, 130; zust BGH NJW 1991, 915, 916; LG Köln NJW-RR 1989, 1457; Staud/Beckmann Rz 19; Erman/Grunewald Rz 7; aA Wertenbruch JuS 2003, 625, 627.
83 RGZ 110, 47, 48; BGH NJW 1952, 257.
84 Vgl dazu Rz 225 f.
85 Vgl dazu Rz 231.

des Verkäufers kraft Handelsbrauchs auszugehen. In Bezug auf die **Beweislast** bedeutet dies, dass auch bei einem solchen Kaufgeschäft die Kaufvertragspartei, die sich auf das Vorliegen eines Versendungskaufs beruft, dies im Streitfall beweisen muss.

Bei Fehlen einer eindeutigen Regelung im Kaufvertrag sind für die Auslegung die **Umstände des Einzelfalls** von erheblicher Bedeutung, und insoweit insbes das Bestehen einer **ständigen Lieferbeziehung** zwischen den Kaufvertragsparteien. Werden – wie in einem vom BGH[86] entschiedenen Fall – **Mineralölkäufe** fortlaufend im Wege der Versendung durch den Verkäufer abgewickelt, so ist bei Fehlen einer ausdrücklichen kaufvertraglichen Regelung im konkreten Einzelfall eine **konkludente Versendungsvereinbarung** anzunehmen. Erfordert der Transport oder/und die Verladung der Ware die **Erfüllung besonderer technischer Voraussetzungen** – wie zB beim Kauf von Industriegasen – und erfolgt deshalb die Anlieferung am Bestimmungsort, so ist jedenfalls eine Holschuld ausgeschlossen. Im Falle des Einsatzes eigener Leute des Verkäufers ist § 447 Abs 1 hier nach richtiger Ansicht schon deshalb von vornherein nicht anwendbar, weil der Transport nicht durch einen selbständigen Beförderer erfolgt[87]. Beauftragt der Verkäufer dagegen in einer solchen Konstellation einen **selbständigen Unternehmer**, den Transport der Ware zum Bestimmungsort durchzuführen, so liegt gem § 269 Abs 1 **im Zweifel eine Versendung** iSd § 447 Abs 1 vor. 47

4. **Nachträgliche Versendungsvereinbarungen**. Verlangt nach Abschluss des Kaufvertrags der Käufer in dem Fall, in dem mangels ausdrücklicher und konkludenter Versendungsvereinbarung gem § 269 Abs 1 eine **Holschuld** vorliegt, vom Verkäufer die Zusendung der Ware und erklärt dieser daraufhin sein Einverständnis, so ist § 447 ebenfalls anwendbar[88]. Im nachträglichen Verlangen des Käufers liegt ein Antrag auf Abänderung des geschlossenen Kaufvertrags dahin gehend, dass der Verkäufer als zusätzliche Pflicht die Versendung übernimmt. Lässt der Verkäufer sich hierauf ein, und sei es konkludent durch Absendung der Ware, so liegt eine **Vertragsänderung** vor[89]. Die Pflicht des Verkäufers zur Versendung der Kaufsache wird nachträglich Inhalt des Kaufvertrags. Letztlich ist es sowohl für den Inhalt des Erfüllungsanspruchs des Käufers aus § 433 Abs 1 als auch für den Gefahrübergang unerheblich, ob der Kaufvertrag von Anfang an eine Versendungsvereinbarung enthält oder dies im Rahmen eines Nachtrags erfolgt. Entscheidend ist vielmehr, dass zum **Zeitpunkt der tatsächlichen Versendung** eine derartige vertragliche Abrede als Grundlage für die Anwendung des § 447 Abs 1 vorliegt. 48

Sagt der Verkäufer im Falle eines **nachträglichen Versendungsverlangens** des Käufers, das auf transportbezogenen Problemen im Zusammenhang mit der Abholung der Ware zum Zwecke der Erfüllung der vorliegenden Holschuld beruht, nur Bemühungen in Bezug auf die **Beschaffung von Beförderungsmitteln** zu, so greift § 447 ein, falls dem Verkäufer die Versendung gelingt. Es handelt sich hier um eine **nachträgliche, aufschiebend bedingte Versendungsvereinbarung**. Bei einem Fehlschlag der zugesagten Bemühungen tritt die aufschiebende Bedingung iSd § 158 Abs 1 nicht ein, so dass die Pflicht des Käufers zur Abholung der Ware bestehen bleibt. Auch im Übrigen gelten für die **Auslegung von nachträglichen Erklärungen** der Kaufvertragsparteien keine Besonderheiten, dh, sie sind grundsätzlich so auszulegen wie die zum Abschluss des Kaufvertrags führenden übereinstimmenden Willenserklärungen. 49

5. **Versendung aus Gefälligkeit?** Für die Abgrenzung zwischen vertraglicher Verpflichtung und Gefälligkeit ist nach den **allgemeinen Grundsätzen der Rechtsgeschäftslehre** entscheidend, ob die Erklärenden sich rechtlich binden oder frei bleiben wollen[90]. Entscheidend für diese Frage ist also das **Vorliegen eines Rechtsbindungswillens**. Der konkrete Kaufpreis muss dafür nicht gerade wegen der Versendungspflicht des Verkäufers vereinbart werden. Ohne Bedeutung ist insoweit auch, ob die Versendung schon Gegenstand des ursprünglichen Kaufvertrags ist oder nachträglich vereinbart wird[91]. Die in der Literatur umstrittene Fallkonstellation der **Versendung aus Gefälligkeit** zeigt sich allerdings regelmäßig nur im Zusammenhang mit der Frage des Vorliegens einer **nachträglichen Versendungsvereinbarung**. Ist die Versendung nämlich schon von Anfang an Gegenstand des geschlossenen Kaufvertrags, so entspräche die Annahme, diese Verkäuferleistung beruhe auf einer Gefälligkeit, eindeutig nicht dem Parteiwillen. Eine derartige Separierung einer einzelnen Verkäuferpflicht widerspräche auch dem **Grundsatz der synallagmatischen Bindung**. 50

86 BGHZ 113, 106, 111.
87 Vgl dazu Rz 83 ff.
88 BeckOGK/Tröger Rz 37; Staud/Beckmann Rz 20; MünchKomm/Westermann Rz 9.
89 Staud/Beckmann Rz 20; BeckOK/Faust Rz 7; Wertenbruch JuS 2003, 625, 626.
90 Vgl dazu Wertenbruch, BGB AT, 2017[4] § 6 Rz 17 ff.
91 Vgl zur nachträglichen Versendungsvereinbarung Rz 48 f.

51 Unzweifelhafte Voraussetzung für das Vorliegen einer nachträglichen, verbindlichen Versendungsvereinbarung iSd § 447 Abs 1 ist der Abschluss eines Kaufvertrags. Es muss präzise unterschieden werden zwischen der vom Verkäufer tatsächlich erteilten **Versendungszusage** und einer etwaigen zugrundeliegenden rechtlichen Verpflichtung zur Versendung[92]. Insoweit stellt sich zwar die Frage, ob er zur Versendung ohnehin vertraglich verpflichtet war oder die darauf bezogene Zusage „freiwillig" erklärt hat[93]. Für die Verbindlichkeit einer erteilten Versendungszusage ist aber das **Bestehen einer zugrundeliegenden Verpflichtung** ohne Bedeutung. Übernimmt der Verkäufer ohne Verpflichtung aus dem bereits abgeschlossenen Kaufvertrag nachträglich „freiwillig" die Versendung der Ware, so ist diese gegenüber dem Käufer abgegebene Erklärung nach dem **objektiven Empfängerhorizont** unter Berücksichtigung der Verkehrssitte idR dahin gehend auszulegen, dass der Verkäufer nunmehr die Versendung wegen **Begründung einer rechtlichen Verpflichtung** vornehmen muss und der Käufer sich darauf verlassen und einstellen kann[94]. Der Käufer darf bei Vorliegen einer derartigen Zusage ohne Risiko auf die Durchführung der Versendung durch den Verkäufer vertrauen und deshalb eigene auf die **Organisation des Transports** bezogene Maßnahmen unterlassen. Bei Annahme einer fehlenden Verpflichtung („reinen Gefälligkeit") des Verkäufers müsste der Käufer dagegen jederzeit damit rechnen, dass der Verkäufer wegen einer Veränderung von Umständen in seinem Geschäftsbereich oder aus sonstigen Gründen die erteilte Versendungszusage wieder zurücknimmt. Das widerspräche sowohl der Interessenlage als auch dem Willen der Kaufvertragsparteien. Es liegt aus diesen Gründen im Falle der „freiwilligen" Versendungszusage in rechtlicher Hinsicht eine nachträgliche **Ergänzung des Kaufvertrags** vor. Die vermeintliche Gefälligkeit ist nur das Motiv für die freiwillig erklärte, aber verpflichtende Versendungszusage. Bei Vorliegen eines Kaufvertrags als Rechtsgrundlage gibt es letztlich keine unverbindliche, nur eine Gefälligkeitsabrede darstellende Versendungszusage des Verkäufers ohne korrespondierenden Anspruch des Käufers[95].

52 Sowohl anfängliche als auch nachträgliche Versendungszusagen des Verkäufers sind daher bei Bestehen eines Kaufvertrags regelmäßig kraft **Auslegung nach dem Empfängerhorizont** verbindlich[96]. Welche **Motive** den Verkäufer veranlassen, eine Versendungsverpflichtung zu übernehmen, ist für die Anwendung des § 447 ohne Bedeutung. Falls der Verkäufer sich auf eine nachträgliche Versendung **ohne kaufpreisbezogene Nachforderung** einlässt, wird die Erweiterung der Leistungspflicht in wirtschaftlicher Hinsicht entweder noch vom vereinbarten Kaufpreis gedeckt oder in Bezug auf **künftige Geschäftschancen** im Rahmen dieser Geschäftsbeziehung sinnvoll sein. Nicht überzeugend ist es, eine Gefälligkeit wegen **Fehlens eines Rechtsbindungswillens** anzunehmen und gleichwohl einen Gefahrübergang nach § 447 Abs 1 zu bejahen.

53 Eine besondere Fallgestaltung liegt auf den ersten Blick dann vor, wenn ein **Einzelhändler** – trotz Fehlens einer kaufvertraglichen Vereinbarung – auf Wunsch von **hilfsbedürftigen oder geschäftlich bevorzugten Kunden** („Premiumkunden") die Ware ins Haus bringt. Motiv für einen derartigen Lieferservice kann auch eine angestrebte **Absatzförderung durch Imageverbesserung** sein. Hier handelt es sich aber idR von vornherein nicht um einen Versendungskauf, sondern um eine **Bringschuld** in Gestalt einer klassischen **Frei-Haus-Lieferung**[97]. § 447 Abs 1 ist daher schon aus diesem Grund nicht anwendbar. Unerheblich dafür ist, ob die Auslieferung der Ware durch den Verkäufer in dieser Fallkonstellation von Anfang an Gegenstand des Kaufvertrags war oder erst nachträglich auf Wunsch des Käufers zugesagt wurde. Ebenfalls ohne Bedeutung sind die Motive des Verkäufers für einen derartigen Lieferservice.

54 6. **Unerbetene („aufgedrängte") Zusendung durch Verkäufer – Gefahrübergang**. Liegt wegen fehlender Vereinbarung einer Versendung kraft Gesetzes (§ 269 Abs 1) eine **Holschuld** vor, so ist der Verkäufer zur Versendung der Ware weder berechtigt noch verpflichtet. Eine gleichwohl vom Verkäufer versandte Ware wird daher auf sein Risiko befördert, dh, es kommt erst dann zum Übergang der Gefahr, wenn die Ware dem Käufer ausgehändigt wird. Anwendbar ist hier die allgemeine Gefahrtragungsregel des § 446 Satz 1 und nicht § 447 Abs 1. Befindet sich der wegen Vorliegens einer Holschuld zur Abholung der Ware verpflichtete **Käufer im Annahmeverzug**, so trägt er gem § 446 Satz 3 die **Preisgefahr ab Verzugseintritt** und damit schon

92 ROHG 15, 174, 176.

93 ROHG 15, 174, 176.

94 Vgl ROHG 15, 174, 176; Staud/Beckmann Rz 20 (zumeist, aber nicht notwendig); vgl dazu auch Erman/Grunewald Rz 7 (Versendung aus Gefälligkeit „praktisch kaum denkbar"); ähnlich BeckOGK/Tröger Rz 37 (Käuferverlangen sei regelmäßig ein konkludenter Antrag auf Erweiterung des Pflichtenprogramms des Verkäufers).

95 AA BeckOGK/Tröger Rz 37; Erman/Grunewald Rz 7; MünchKomm/Westermann Rz 9. Nach dieser Gegenansicht soll aber im Falle der tatsächlichen Durchführung der Versendung aus Gefälligkeit die Gefahr nach § 447 Abs 1 auf den Käufer übergehen.

96 ROHG 15, 174, 176; vgl auch Staud/Beckmann Rz 20 (zumeist – aber nicht notwendig – Übernahme einer rechtlichen Verpflichtung); in der Tendenz auch BeckOGK/Tröger Rz 37.

97 Vgl unten Rz 228.

vor einer Absendung, die der Verkäufer gerade wegen der Unterlassung der Abholung vornimmt. Bei Vorliegen einer **Gattungsschuld** setzt der Annahmeverzug des Käufers allerdings eine **Konkretisierung** nach §§ 243 Abs 2, 300 Abs 2 durch Aussonderung der Ware voraus[98].

Sendet der Verkäufer dem sich wegen **Nichtabholung der ausgesonderten Ware** im Annahmeverzug befindlichen Käufer die Ware unverlangt und damit eigenmächtig zu, um freie Lagerkapazität zu gewinnen, so führt diese Maßnahme nicht zu einem Zurückfallen der gem § 446 Satz 3 bereits übergegangenen Preisgefahr[99]. Da die Zusendung hier aber zum Zwecke der Erfüllung der nach wie vor bestehenden **Übergabeverpflichtung des Verkäufers** aus § 433 Abs 1 Satz 1 erfolgt, sind die mit der Beförderung befassten Personen seine **Erfüllungsgehilfen iSd § 278**[100]. Die (eigenmächtige) Veränderung der dem Verkäufer kaufvertraglich obliegenden Leistung besteht darin, dass die Übergabe der Kaufsache am **Sitz des Käufers** vorgenommen werden soll. Für ein Verschulden des Beförderers und seiner Angestellten haftet daher der Verkäufer in diesem besonderen, durch § 447 Abs 1 nicht gedeckten Fall[101] gem §§ 280 Abs 1, 276, 278 auf Schadensersatz. Der Käufer muss demnach hier nur bei **zufälligem Untergang** der Ware den Kaufpreis zahlen. 55

Eine **Schadensersatzhaftung des Verkäufers** kann aber unter bestimmten Voraussetzungen auch in der Konstellation des **zufälligen Untergangs der Ware** zu bejahen sein[102]. Denn der Verkäufer hat den Untergang durch die **eigenmächtige Versendung** zumindest verursacht. Die reine Kausalität im Sinne der **conditio-sine-qua-non-Formel** genügt allerdings nicht für die Schadensersatzverpflichtung. Der Verkäufer muss vielmehr durch sein eigenmächtiges Verhalten eine im Vergleich zum Transport durch den Käufer (Abholung) **gesteigerte Transportgefahr** begründet haben[103]. Denn ansonsten ist der **Schutzzweckzusammenhang** und damit die **objektive Zurechnung** zu verneinen[104]. Wenn der Verkäufer bspw einen **verkauften Kunstgegenstand** eigenmächtig versendet und den Transport von einem auf die Beförderung von Kunstgegenständen spezialisierten Spediteur durchführen lässt, dann fehlt der Schutzzweckzusammenhang, sofern trotz **fachgerechter und branchenüblicher Sicherung** der Sache ein **Diebstahl** – oder sogar ein Raub – erfolgreich verübt wird[105]. 56

Die **Haftungsprivilegierung des § 300 Abs 1**, nach der vom Schuldner während des Annahmeverzugs des Gläubigers nur **Vorsatz und grobe Fahrlässigkeit** zu vertreten ist, findet hier deshalb keine Anwendung zugunsten des Verkäufers, weil sie sich nach Sinn und Zweck nur auf **Fehler bei der Aufbewahrung der Ware** bis zur Abholung durch den Käufer in Erfüllung der **Holschuld** bezieht[106]. Die Haftungsmilderung erfasst also nur den typischen Pflichtenkreis des Verkäufers bei der Holschuld. Trotz Eintritts des Annahmeverzugs aufseiten des Käufers verletzt der Verkäufer durch die **eigenmächtige Versendung** seine Pflichten aus dem Kaufvertrag und nimmt dadurch dem Käufer die Möglichkeit, den Transport selbst zu organisieren und dadurch Einfluss auf die Beherrschung der Transportrisiken zu nehmen. Der Annahmeverzug des abholpflichtigen Käufers wandelt die Holschuld nicht in eine **Schickschuld** um. Der Verkäufer ist daher bei Nichtabholung der Ware durch den Käufer unverändert zur weiteren **Aufbewahrung der Ware** verpflichtet, so dass nur insoweit das Haftungsprivileg des § 300 Abs 1 gerechtfertigt ist. Falls der Verkäufer freien Lagerraum benötigt, muss er die Ware unter Beachtung der gesetzlichen Vorschriften (§§ 372 ff, HGB § 373 Abs 1) hinterlegen oder verkaufen lassen (Selbsthilfeverkauf nach HGB § 373 Abs 2). 57

7. **Einordnung der Versendungsverpflichtung als Hauptleistungspflicht oder als Nebenleistungspflicht**. Überwiegend wird offengelassen, ob die Versendungsverpflichtung des Verkäufers iSd § 447 eine Haupt- oder Nebenleistungspflicht darstellt, da dies für die Frage des **Gefahrübergangs** unerheblich sei[107]. Die Versendung der Ware ist beim Versendungskauf die Form, in der vom Verkäufer die ihm obliegende Übergabepflicht gem § 433 Abs 1 Satz 1 erfüllt wird. Es handelt sich daher um eine Leistung, die diesen Vertragstyp prägt und deshalb als **Hauptleistungspflicht des Verkäufers** aus dem geschlossenen Kaufvertrag einzuordnen ist. Dafür spricht auch, dass die korrespondierende Verpflichtung des Käufers, im Fall der Vereinba- 58

98 RGZ 57, 402, 404; BGH WM 1975, 917, 920; Soergel/Schubel § 300 Rz 15.
99 BeckOGK/Tröger Rz 35.1; BeckOK/Faust Rz 7; anders wohl Staud/Beckmann Rz 18.
100 BeckOGK/Tröger Rz 35.1; MünchKomm/Westermann Rz 9.
101 BeckOGK/Tröger Rz 35.1; MünchKomm/Westermann Rz 9.
102 MünchKomm/Westermann Rz 9 (Pflichtverletzung iSd § 280 Abs 1 möglich); BeckOGK/Tröger Rz 35.1; Wertenbruch JuS 2003, 625, 627.
103 MünchKomm/Westermann Rz 9; Wertenbruch JuS 2003, 625, 627; aA BeckOGK/Tröger Rz 35.1.
104 MünchKomm/Westermann Rz 9; Wertenbruch JuS 2003, 625, 627.
105 Wertenbruch JuS 2003, 625, 626 f; vgl dazu auch MünchKomm/Westermann Rz 9.
106 BeckOGK/Tröger Rz 35.1; BeckOK/Faust Rz 7; Wertenbruch JuS 2003, 625, 630; aA MünchKomm/Westermann Rz 9.
107 Staud/Beckmann Rz 20. BeckOGK/Tröger Rz 36; Erman/Grunewald Rz 7.

rung **„Kasse gegen Dokumente“** die bei Versendung der Ware durch den Verkäufer vom Beförderer ausgestellten **Transportdokumente aufzunehmen**, als Hauptleistungspflicht anzusehen ist[108].

59 Zudem steht die Versendungsverpflichtung des Verkäufers im Synallagma, dh im Gegenseitigkeitsverhältnis. Von Bedeutung ist dies zB dann, wenn die Versendung wegen Unterbrechung der Transportverbindungen zumindest zurzeit nicht möglich ist[109]. Es gelten die Regeln über die **Leistungsstörungen bei gegenseitigen Verträgen**; in Bezug auf die Gegenleistung (Kaufpreiszahlung) greift also § 326 Abs 1 ein.

V. Versendung nach einem anderen Ort als dem Erfüllungsort

60 1. **Erfüllungsort und Leistungsort.** – a) **Geltung der allgemeinen Regelung des § 269.** Der „Erfüllungsort“ ist als Tatbestandsmerkmal des § 447 Abs 1 identisch mit dem „Leistungsort“ iSd § 269 Abs 1[110]. Es handelt sich also um den Ort, an dem der Verkäufer die ihm obliegende **Leistungshandlung** vorzunehmen hat, und nicht um den Ort, an dem der Leistungserfolg – Besitz- und Eigentumserwerb des Käufers als Erfüllung iSd § 362 Abs 1 – eintreten soll („Erfolgsort“). Ist im konkreten Fall eine **Bringschuld** weder ausdrücklich noch konkludent vereinbart, so ist der Leistungsort und damit der „Erfüllungsort“ gem § 269 Abs 1 im Zweifel der **Sitz des Verkäufers** (Wohnsitz bzw Ort der gewerblichen Niederlassung)[111].

61 b) **Abgrenzung zwischen Schickschuld und Bringschuld.** Eine **Versendungsvereinbarung** schließt das Vorliegen einer **Holschuld** als Regelschuld iSd § 269 Abs 1 aus und führt jedenfalls dann zu einem Übergang der Preisgefahr nach § 447 Abs 1, wenn der Verkäufer an seinem Sitz oder einem vereinbarten sonstigen Leistungsort die Ware dem Beförderer zur Übermittlung an den Käufer aushändigt. Aufgrund des Tatbestandsmerkmals „nach einem anderen Ort als dem Erfüllungsort“ gehört die **Bringschuld** gerade nicht zum Anwendungsbereich des § 447. Denn bei dieser Schuld ist der **Sitz des Käufers** oder ein vereinbarter sonstiger **Bestimmungsort** der Leistungsort (Erfüllungsort). Der Transport erfolgt bei der Bringschuld also „zum Erfüllungsort“ (Leistungsort) und nicht „nach einem anderen Ort als dem Erfüllungsort“. Der Erfüllungsort ist bei der Bringschuld zugleich der Bestimmungsort. Der Verkäufer muss hier die Leistungshandlung (Übergabe der Sache) am Sitz des Käufers oder einem davon abweichenden vereinbarten Lieferort vornehmen. Die **Gefahr** geht daher bei der Bringschuld am Bestimmungsort durch Übergabe gem § 446 Satz 1 auf den Käufer über. Beim **Versendungskauf** (Schickschuld) stimmen dagegen Erfüllungsort (Leistungsort) und **Bestimmungsort** („Ankunftsort“) nicht überein. Eine Bringschuld setzt nach der Regel-Ausnahme-Systematik des § 269 Abs 1 eine **besondere Vereinbarung** der Kaufvertragsparteien voraus, sofern sich eine dahin gehende Verpflichtung des Verkäufers nicht aus den Umständen einschließlich der Natur des Schuldverhältnisses ergibt. Zu bejahen ist eine Bringschuld aufgrund der Natur des konkreten Kaufgeschäfts bspw im Falle des Heizölkaufs für die Beheizung eines Gebäudes. Anders als die Holschuld ist die Bringschuld demnach bei Fehlen einer besonderen kaufvertraglichen Vereinbarung nicht regelmäßig, sondern nur im Ausnahmefall gegeben.

62 Ist der Verkäufer nach dem Kaufvertrag zur Versendung der Ware verpflichtet, so ist die **Holschuld** eindeutig ausgeschlossen. Es bleibt dann die Frage, ob eine Schickschuld (Versendungskauf) oder eine Bringschuld vorliegt. Sofern zumindest eine die Holschuld ausschließende **Beförderungsvereinbarung** gegeben ist, muss gem § 269 Abs 1 im Zweifel deshalb von einer **Schickschuld** und damit von einem Versendungskauf ausgegangen werden, weil nur hier, nicht aber bei der Bringschuld, der Leistungsort beim Verkäufer liegt[112]. Beim Transport der Ware durch den Verkäufer selbst oder durch eigene Leute ist eine Anwendung des § 447 Abs 1 wegen fehlender Auslieferung an einen **selbständigen Beförderer** ausgeschlossen[113]. Versenden bedeutet „Schicken durch einen Dritten“.

63 2. **Transport von einem dritten Ort zum Versendungsort (Vortransport/Vorreise).** Der Gefahrübergang nach § 447 Abs 1 setzt nicht voraus, dass die Versendung der Ware unmittelbar vom **Sitz des Verkäufers** aus erfolgen muss. Häufig ist im Kaufvertrag ein besonderer Ort oder Platz für die Versendung vorgesehen, zB „per Bahn ab Frankfurt“[114] oder „per Spedition ab

108 Schiedsgericht des Waren-Vereins der Hamburger Börse, 16.4.2008 – 23/06, Leitsatz- und Schiedsspruchsammlung 1997-2014, S 30; Erman/Grunewald § 433 Rz 42.
109 Vgl unten Rz 169 ff.
110 BeckOGK/Tröger Rz 27; MünchKomm/Westermann Rz 4; BeckOK/Faust Rz 5; Erman/Grunewald Rz 4; Wertenbruch JuS 2003, 625, 627.
111 BeckOGK/Tröger Rz 27; MünchKomm/Westermann Rz 4; BeckOK/Faust Rz 5; Erman/Grunewald Rz 4.
112 Erman/Grunewald Rz 4; BeckOK/Faust Rz 5; Wertenbruch JuS 2003, 625.
113 Vgl unten Rz 83 ff.
114 Vgl dazu Hamburg MDR 1948, 15 („per Bahn als Frachtgut ab Stettin“).

Köln". In solchen Fällen geht die Gefahr auf den Käufer über, sobald die Ware an diesem Ort dem beauftragten Transportunternehmen ausgehändigt wird. Der angegebene Ort kann kraft Auslegung auch die Umgebung (Provinz) erfassen[115]. Im Falle der Lieferabrede „Versendung vom Ursprung" darf der Verkäufer ohne weiteres von jedem Ort des betreffenden Landes versenden[116]. Aber auch bei **Fehlen einer besonderen Vereinbarung des Versendungsorts** löst die Absendung der Ware von einem dritten Ort direkt an den Käufer idR den Gefahrübergang nach § 447 Abs 1 aus[117]. Lässt der Verkäufer die Ware dagegen vom dritten Ort zunächst an den **vorgesehenen Versendungsort**[118] (zB von seinem Lager zum Flughafen/Seehafen oder von seiner Fabrik im Ausland zum inländischen Lager) transportieren, um sie von dort an den Käufer, dh zum vereinbarten **Bestimmungsort**, zu versenden, so ist auf den ersten Transport (Vortransport/Vorreise) die Gefahrtragungsregelung des § 447 nicht anwendbar. Die Gefahr hinsichtlich dieses Transportabschnitts trägt vielmehr der Verkäufer. Die Beförderung der Ware zum Versendungsort ist ein Teil der dem Verkäufer nach § 433 Abs 1 obliegenden **Leistungspflicht**. Insoweit besteht in Bezug auf die Gefahrtragung im Ergebnis dieselbe Rechtslage wie beim **FOB-Transport** (zB FOB Hamburg Hafen), auf den nicht § 447, sondern § 446 Satz 1 anwendbar ist[119]. Denn der **Schiffstransport** der Ware beruht bei Wahl von „FOB" nicht auf einer Versendung der Ware durch den Verkäufer[120].

Bei Verwendung der **FOB-Klausel** trägt der Verkäufer die Gefahr des Transports der Ware 64
zum Verschiffungshafen und darüber hinaus bis zur **Verbringung der Ware auf das Schiff**, während der Käufer mit der Gefahr für den gesamten Schiffstransport belastet ist[121]. Die Beförderung der Ware zum Hafen und die Verladung auf das vom Käufer benannte Schiff gehören demnach hier noch zu den Leistungspflichten des Verkäufers[122]. Dies ist bei Fehlen einer abweichenden Vereinbarung im Ergebnis auch dann der Fall, wenn beim **Überseekauf** die Incoterms-Klausel **„CFR"** oder **„CIF"** vereinbart wird[123]. Die Gefahr geht daher hier nicht bereits mit der Übergabe an den ersten Beförderer über, sofern er nicht der Seefrachtführer bzw Binnenschiff-Frachtführer ist. Beim Über-Land-Transport tritt der Gefahrübergang dagegen im Falle der Verwendung von **„CPT"** oder **„CIP"** generell mit Übergabe der Ware an den **ersten selbständigen Beförderer** ein[124].

3. **Versendung vom dritten Ort direkt an den Käufer**. – a) **Voraussetzungen der Anwen- 65
dung des § 447 Abs 1**. Nach einer verbreiteten Auffassung setzt der Gefahrübergang nach § 447 Abs 1 grundsätzlich voraus, dass die Versendung am **Erfüllungsort**, also im Zweifel am Sitz des Verkäufers, erfolgt. Die Versendung an den Käufer von einem dritten Ort soll danach nicht zum Gefahrübergang führen, sofern dieser Ort nicht von Anfang an zumindest konkludent als Erfüllungsort vereinbart wurde oder der Käufer nachträglich eine **Zustimmung** erteilt hat[125]. Die Gefahr gehe bei Fehlen einer solchen Vereinbarung erst mit Ablieferung der Ware beim Käufer gem § 446 Satz 1 über. Diese Auffassung ist abzulehnen, soweit der Gefahrübergang

115 Schiedsgericht des Waren-Vereins der Hamburger Börse, 26.9.1982 – 26/82, Leitsatz- und Schiedsspruchsammlung 1997-2014, S 61 (bejaht für den Verkauf von Neapler Haselnusskernen zur Versendung „for Neapel" und Versendung nicht von der Stadt Neapel, sondern von einem anderen Ort des um Neapel gelegenen Produktionsgebietes, insbes vom Handelsplatz Nola der Provinz Neapel).

116 Schiedsgericht des Waren-Vereins der Hamburger Börse, 3.9.1987 – 31/87, Leitsatz- und Schiedsspruchsammlung 1997-2014, S 61.

117 Vgl dazu Rz 65 ff.

118 Vgl dazu RGZ 106, 212 f; Hamburg MDR 1948, 15 f.

119 Vgl dazu auch § 446 Rz 117 ff.

120 Vgl Rz 31; zu den Einzelheiten des Gefahrübergangs bei „FOB" Rz 225 f.

121 Vgl RGZ 106, 212 ff; BGH WM 1983, 1286, 1287. Im Fall BGH WM 1983, 1286 war die Ware „fob Hong Kong Airport" verkauft worden. Der Verkäufer trug daher die Gefahr für den Transport von seinem Lager in Hongkong zum Flughafen Hongkong. Besteht in einem solchen Fall eine Transportversicherung „von Haus zu Haus", so ist allerdings jedenfalls bei Eröffnung eines unwiderruflichen Dokumenten-Akkreditivs durch den Käufer eine Mitversicherung des Transports vom Lager des Verkäufers zum Erfüllungsort (hier Flughafen Hongkong) zu bejahen. Daran besteht deshalb ein offensichtliches Interesse des Käufers, weil es auf dem Weg vom Lager zum Flughafen zu einer äußerlich, nicht ohne weiteres erkennbaren Beschädigung oder Verlust der Ware kommen kann. Hinzu kommt, dass im Falle der Feststellung der Beschädigung der Ware nach Ankunft am Bestimmungsort – insbes im Falle eines Container-Transports – nicht selten unklar ist, in welchem Transportabschnitt der Schaden eingetreten ist. Im Fall des BGH war die Originalware mit großer Wahrscheinlichkeit auf dem Lkw-Transport zum Flughafen Hongkong durch ein enges Stadtviertel unter Mitwirkung der Lkw-Fahrer gegen wertlose Fälschungen (Falsifikate) ausgetauscht worden.

122 RGZ 106, 212 f.

123 Vgl Rz 232.

124 Vgl Rz 235.

125 RGZ 106, 212, 213 (vom Erfüllungsort oder einem anderen Ort mit Zustimmung des Käufers); RGZ 111, 23, 25; BGH NJW 1965, 1324 f; BGH WM 1978, 978, 979; Koblenz NJW 1947/1948, 477; Grüneberg/Weidenkaff Rz 13; Staud/Beckmann Rz 15; HK/Saenger Rz 3; Jauernig/Berger Rz 8; Oetker/Maultzsch, Vertragliche Schuldverhältnisse, 2018^5, § 2 Rz 457; Reinhardt, Gefahrtragung beim Kauf, 1998, S 167 ff.

zwingend eine ausdrückliche oder konkludente Vereinbarung voraussetzen soll[126]. Denn schon der **Wortlaut des § 447 Abs 1** verlangt nicht, dass die Sache „vom" Erfüllungsort versandt wird[127]. Die Ware muss vielmehr nur „nach **einem anderen Ort"** versandt werden, wodurch die **Bringschuld** vom Anwendungsbereich des § 447 ausgeschlossen wird. Die Versendung *von* einem dritten Ort wird aber nicht nur vom Wortlaut, sondern – abgesehen von bestimmten Ausnahmefällen[128] – auch vom **Zweck des § 447** erfasst.

66 Im Falle einer Versendung der Ware von einem dritten Ort sind nämlich die Transportgefahren in den meisten Fällen nicht höher als bei Versendung unmittelbar vom Sitz des Verkäufers, sofern es sich nicht um einen **entlegenen Ort** handelt und deshalb von einer **wesentlichen Erhöhung der Transportgefahren** ausgegangen werden muss[129]. Ein derartiger Ausnahmefall ist auch dann zu bejahen, wenn nicht eine erheblich größere Entfernung, sondern ein anderer Grund bei der Versendung von einem dritten Ort die Risiken wesentlich erhöht[130]. Praktische Relevanz hat insoweit insbes die Absendung von einem anderen Ort, der in einem **aktuellen Krisengebiet** liegt[131]. Nach der **Ratio des § 447 Abs 1** soll der **Verantwortungs- und Risikobereich des Verkäufers** mit einer ordnungsgemäßen Versendung enden. Grundsätzlich ohne Belang ist dagegen, ob die Ware vom Geschäftssitz des Verkäufers oder von einem dritten Ort abgesandt wird. Im Übrigen wäre es unwirtschaftlich, wenn der Verkäufer die an einem dritten Ort befindliche Sache zunächst auf eigene Gefahr zu seinem Sitz transportieren müsste (Vorreise), um dann dort durch Weiterversendung den Gefahrübergang nach § 447 Abs 1 herbeiführen zu können[132]. Nach den Gegebenheiten des heutigen Warenverkehrs stimmen **Geschäftssitz des Verkäufers** und Aufenthaltsort der Ware (idR Produktionsstätte oder zentrales Auslieferungslager) häufig nicht überein. Während die Geschäftssitze der **überregional auftretenden Verkäufer** sich oft in **zentraler Großstadtlage** befinden, sind die Auslieferungslager eher in **auswärtigen Gewerbegebieten** mit guter Anbindung an Autobahnen, Eisenbahn-Güterterminals und/oder Luftfrachtzentren angesiedelt. Für den Gefahrübergang nach § 447 Abs 1 ist es vor allem aufgrund des Zwecks dieser Vorschrift nicht von Bedeutung, ob der Verkäufer zufällig am **Auslieferungsort** auch seinen Sitz hat. Es wäre daher nicht überzeugend, wenn bei einem Verkauf von Berlin nach Hamburg die Versendung in Köln, bei einem Verkauf von Nürnberg nach Karlsruhe die Versendung in Passau oder bei einem Verkauf von Essen an eine Tankstelle im Ruhrgebiet die Versendung in Duisburg nicht zum Gefahrübergang führte[133]. Nach zutreffender Ansicht hat in einem Fall, in dem eine Sache von Erftstadt nach Kürten verkauft worden war, die Versendung in Düren den Übergang der Preisgefahr nach § 447 ausgelöst[134]. Insoweit kommt es nicht darauf an, ob im Kaufvertrag zufällig „Versendung ab Lager X" vermerkt oder in sonstiger Weise ein Hinweis auf die Versendung von einem dritten Ort enthalten ist. Häufig fehlt ein solcher Zusatz deshalb, weil der Verkäufer mehrere Auslieferungslager oder/und Produktionsstätten unterhält und zum Zeitpunkt des Vertragsschlusses noch nicht bestimmt ist, von welchem Ort aus die Versendung erfolgt.

67 In den meisten Fällen, in denen auf Grundlage der hier vertretenen Ansicht nach Wortlaut und Zweck des § 447 Abs 1 die Versendung von einem dritten Ort wegen Nichteintritts einer wesentlichen Gefahrerhöhung ohne weiteres den Gefahrübergang bewirkt, wird ohnehin zumindest eine **konkludente Zustimmung** des Käufers gegeben sein[135]. Bei Vorliegen eines **Einver-**

126 So auch LG Köln NJW-RR 1989, 1457 f; MünchKomm/Westermann Rz 5; Erman/Grunewald Rz 5; BeckOGK/Tröger Rz 49; Hager, Die Gefahrtragung beim Kauf, 1982, S 94; Wertenbruch JuS 2003, 625, 627; einschränkend BeckOK/Faust Rz 17 f (Gefahrübergang soweit die Transportstrecken übereinstimmen).

127 Vgl Wertenbruch JuS 2003, 625, 627.

128 Vgl dazu nachfolgend Rz 66 ff.

129 LG Köln NJW-RR 1989, 1457 f; MünchKomm/Westermann Rz 5; BeckOGK/Tröger Rz 49; Erman/Grunewald Rz 5; Wertenbruch JuS 2003, 625, 627.

130 So auch Nürnberg LZ 1919, 1147, 1149; iE auch Hager, Die Gefahrtragung beim Kauf, 1982, S 94.

131 Vgl dazu RGZ 111, 23, 25. Im Fall des RG erfolgte die Versendung der Ware (6.250 kg Sahnebonbons) nicht am Erfüllungsort Berlin, sondern im von französischen Truppen besetzten Rheinland (Köln) zum Zwecke der Beförderung an den Käufer in Hamburg, der die Ware nach Ägypten ausführen wollte. Die Anwendung des § 447 Abs 1 wurde vom RG bejaht, weil der Käufer sich nach Abschluss des Kaufvertrags telefonisch mit diesem Vorgehen einverstanden erklärt hatte. Das RG wies aber daraufhin, dass der Verkäufer den Gefahrübergang nicht durch Versendung von einem anderen Orte aus beliebig herbeiführen könne. Diese Aussage ist in gewissem Umfang nach wie vor richtig. Hätte im Fall des RG keine Zustimmung des Käufers vorgelegen, so wäre nämlich wegen Versendung der Ware im Besatzungsgebiet und der darauf beruhenden wesentlichen Erhöhung der Transportgefahren ein Gefahrübergang zu verneinen gewesen. Die tatsächlich eingetretene Transportstörung beruhte dann auch auf „den Verhältnissen im besetzten Gebiet".

132 Vgl LG Köln NJW-RR 1989, 1457 f; Wertenbruch JuS 2003, 625, 627.

133 So aber die in der Praxis entschiedenen Fälle RGZ 111, 23; Nürnberg LZ 1919, 1147; BGH WM 1978, 978. Im Fall RGZ 111, 23 bestand allerdings die Besonderheit, dass die Ware 1923 in einem Besatzungsgebiet versandt wurde und es gerade deswegen zu einer Transportstörung kam (vgl dazu oben Fn 131).

134 LG Köln NJW-RR 1989, 1457, 1458; Wertenbruch JuS 2003, 625, 627.

135 Vgl BeckOGK/Tröger Rz 49.

ständnisses des Käufers ist die Anwendung des § 447 Abs 1 auf die Versendung von dem dritten Ort unstreitig[136]. Oft ergibt sich die Zustimmung schon im Wege der **Auslegung einer kaufvertraglichen Lieferklausel**. Wird bspw beim **Streckengeschäft** (Direktlieferung) von einem **Zwischenhändler** die Klausel „Versendung auf Gefahr des Käufers ab Werk" verwendet, so trägt der Käufer die Gefahr für den Transport der Ware ab Versendung auch dann, wenn er den Ort des einschlägigen Werks nicht kennt[137]. Denn hier ist offensichtlich, dass der Versendungsort nicht mit dem Sitz des Verkäufers übereinstimmt. Das Gleiche gilt, wenn **kaufvertraglich** die Lieferung **„ab Herstellerwerk"** oder/und **„aus Fernost"** vereinbart ist[138]. Eine solche Versendung kann sich auch aus den **Umständen** ergeben[139].

b) **Sonderfall der „Berührung" des Erfüllungsorts durch den Transport vom dritten Ort.** Wird die Versendung der Ware an den Käufer von einem dritten Ort aus vorgenommen und dann unterwegs der Erfüllungsort (Sitz des Verkäufers) nur berührt, so soll nach überwiegend vertretener Ansicht der Käufer die Gefahr erst ab Eintreffen der Ware am Erfüllungsort tragen[140]. In Bezug auf diese Fallkonstellation ist aber eine **differenzierende rechtliche Beurteilung** erforderlich. Die Auslieferung der Ware an den Beförderer an einem dritten Ort fällt selbstverständlich nur dann unter § 447, wenn die Sendung direkt an den mit dem Käufer vereinbarten **Bestimmungsort adressiert** ist. Dieses elementare Erfordernis beruht auf der **Zielgerichtetheit der Versendung**[141]. Ist diese Anwendungsvoraussetzung des § 447 Abs 1 im konkreten Einzelfall erfüllt, so wird der Transport der Ware idR nicht zunächst zum Sitz des Verkäufers und von dort zum Bestimmungsort erfolgen. Eine gleichwohl eintretende Berührung des Verkäufersitzes beruht dann eher auf Zufall, zB darauf, dass der Geschäftssitz des Verkäufers auf der **Strecke zum Bestimmungsort** liegt oder der Beförderer am Verkäufersitz weitere **Sachen für andere Käufer zulädt**. Der Gefahrübergang nach § 447 Abs 1 ab Auslieferung an den Beförderer am dritten Ort wird dadurch nicht berührt. 68

Abgesehen von diesen zufallsbedingten Sonderfällen spricht ein **Transportweg über den Geschäftssitz des Verkäufers** häufig dafür, dass die Ware in Wirklichkeit erst von dort an den Käufer versandt wird. Die Beförderung zum Erfüllungsort (Verkäufersitz) ist dann ein von § 447 nicht erfasster klassischer Vortransport (Vorreise). Dies gilt insbes dann, wenn die am dritten Ort vom Beförderer aufgenommene Ware am Verkäufersitz noch einmal geprüft wird oder/und kaufvertraglich geschuldete **Begleitpapiere** hinzugefügt werden. Von einem Vortransport noch auf Gefahr des Verkäufers ist auch in dem Fall auszugehen, in dem die Adressierung an den Käufer erst nach Ankunft der Waren beim Verkäufer vorgenommen wird und deshalb eine Grundvoraussetzung der Versendung iSd § 447 Abs 1 bis zu diesem Zeitpunkt nicht gegeben ist[142]. Solange die Ware sich hier noch auf dem Transportweg zum Verkäufer als Adressaten befindet, ist ein Übergang der Gefahr auf den Käufer zu verneinen. 69

4. **Anwendung des § 447 beim Verkauf reisender Ware.** – a) **Gefahrübergang beim Verkauf „rollender" Ware – analoge Anwendung des § 447 Abs 1.** Beim Verkauf „rollender" Ware geht es um den Fall, dass der Kaufgegenstand sich zum Zeitpunkt des Abschlusses des Kaufvertrags auf dem Landtransport per Lkw oder – wie im Fall BGHZ 50, 32 – per Eisenbahn zu einem **anderen Empfänger** befindet. Unstreitig ist, dass § 447 Abs 1 hier deshalb nicht direkt angewandt werden kann, weil die **Versendung** nicht aufgrund einer kaufvertraglichen Vereinbarung („auf Verlangen des Käufers")[143], sondern bereits vor Abschluss des Kaufvertrags erfolgt ist und die Ware sich daher beim Verkauf bereits im **Besitz des Frachtführers** befindet[144]. Der **BGH** wendet aber in dieser Fallkonstellation zu Recht **§ 447 analog** in der Weise an, dass die Gefahr in dem Zeitpunkt auf den Käufer übergeht, in dem eine nach Abschluss des Kaufvertrags an den Beförderer gerichtete **Umleitungsanweisung des Verkäufers** durch 70

136 RGZ 111, 23, 25; BGH WM 1991, 592, 593 f = NJW 1991, 915; BeckOGK/Tröger Rz 49; MünchKomm/Westermann Rz 5 f; Staud/Beckmann Rz 15; Oetker/Maultzsch, Vertragliche Schuldverhältnisse, 2018[5], § 2 Rz 457.

137 BGH NJW 1965, 1324, 1325; BeckOGK/Tröger Rz 49; MünchKomm/Westermann Rz 5 f.

138 Hamm BeckRS 2018, 53453 Rz 14 f.

139 Hamm BeckRS 2018, 53453 Rz 14 f. Im Fall des OLG Hamm ergab sich der Gefahrübergang durch Versendung (Verschiffung) von 45.000 Weißblechdosen in Fernost insbes aus einer Vereinbarung über die vom Verkäufer auf Kosten des Käufers vorzunehmende Organisation des Transports aus Fernost an die inländische Adresse des Käufers. Vgl zu den Einzelheiten der Versendung von einem Dritten Ort Rz 65 ff.

140 Koblenz NJW 1947/1948, 477, 478 mAnm Krekels; BeckOGK/Tröger Rz 48; Staud/Beckmann Rz 15; ähnlich BeckOK/Faust Rz 18 (es müsse diejenige Strecke erreicht werden, auf der die Ware auch bei Absendung vom Erfüllungsort hätte transportiert werden müssen).

141 Vgl Rz 23.

142 Hieran fehlte es auch im Fall Nürnberg LZ 1919, 1147.

143 Vgl dazu Rz 19 ff.

144 BGHZ 50, 32, 36 f; BeckOK/Faust Rz 19; MünchKomm/Westermann Rz 5; Erman/Grunewald Rz 9; aA KG OLGE 8, 62 (Gefahrübergang zum Versendungszeitpunkt kraft Rückwirkung).

Zugang gem § 130 wirksam wird[145]. Die allgemeine Gefahrtragungsregelung des § 446 Satz 1 ist hier nicht einschlägig, weil der beim Landtransport vom Frachtführer ausgestellte **Frachtbrief** – anders als das **Konnossement** beim Überseekauf und der **Ladeschein** beim Transport per Binnenschiff – **kein Traditionspapier** ist[146]. Die Umleitungsanweisung des Verkäufers steht – anders als die Übergabe eines Traditionspapiers – der Übergabe der Ware nicht gleich und kann daher einen Gefahrübergang nach § 446 Satz 1 nicht bewirken.

71 Im **Fall BGHZ 50, 32** hatte der Verkäufer, ein Obstgroßhändler mit Sitz in Oberitalien, eine **Partie Erdbeeren und Kirschen**, die sich auf dem **Eisenbahntransport in Italien** mit Ziel in Brüssel befand, an einen deutschen Käufer verkauft, wobei der Güterbahnhof Essen-Nord der Bestimmungsort sein sollte. Die Ware war von einem Spediteur mit Sitz in **Bologna** im Auftrag des Verkäufers übernommen und aufgrund eines vom Spediteur abgeschlossenen **Bahn-Beförderungsvertrags** der italienischen Eisenbahn übergeben worden. Auf Veranlassung des Verkäufers richtete der **Spediteur** an die Eisenbahngesellschaft die Anweisung, den betreffenden Waggon in Chiasso (Schweiz) zugunsten des Käufers mit Zielbahnhof Essen-Nord umzuleiten. Von der **Schweizer Bahn** wurde dann die ihr in Chiasso **übermittelte Änderungsorder** bei Aufstellung der Zugliste fehlerhaft nicht beachtet mit der Folge, dass die gewünschte Umleitung nach Essen nicht vorgenommen wurde. Der BGH nimmt zutreffend an, die **Pflicht des Verkäufers zur Übersendung** der – schon auf dem Eisenbahntransport befindlichen – Ware sei nur dahin gegangen, sie an die Käuferin in Essen auf den Weg zu bringen und die hierfür **erforderliche Anweisung** der Eisenbahn zugehen zu lassen[147]. Insoweit sei die Rechtslage nicht anders, als wenn der Verkäufer den Waggon mit der Ware in Italien von vornherein an den Käufer mit Ziel Essen versandt hätte[148]. Fehler im **Verantwortungsbereich der Eisenbahn** gehörten, so der BGH, zur **Transportgefahr**. Hierfür müsse der Verkäufer beim Versendungskauf gem § 447 Abs 1 nicht einstehen[149]. Der BGH nimmt aus diesen Gründen zu Recht an, dass die Gefahr auch beim Verkauf von auf der Eisenbahn „rollender" Ware ab **Zugang der Umleitungsanweisung** grundsätzlich vom Käufer zu tragen ist[150]. Die Eisenbahn ist in einem solchen Fall in Bezug auf die **fehlerhafte Ausführung** der Umleitungsanweisung deshalb nicht als **Erfüllungsgehilfin des Verkäufers iSd § 278** anzusehen, weil sich die Lieferverpflichtung aus dem Kaufvertrag nach Treu und Glauben (§ 242) darauf beschränkt, die für die Übersendung an den Käufer erforderliche Anweisung zur Umleitung des Waggons der Eisenbahngesellschaft zu übermitteln[151].

72 Der gegen die hier in Übereinstimmung mit der Rspr des BGH vertretene Auffassung **vorgebrachte Einwand**, ein Gefahrübergang während des Transports der Ware führe zu Schwierigkeiten, weil im Falle der **Feststellung einer Beschädigung** bei Ankunft am Bestimmungsort nicht oder nur schwer feststellbar sei, ob das Schadensereignis vor oder nach der Umleitungsanweisung eingetreten sei, ist nicht überzeugend. Denn zum einen können dieselben **Beweisschwierigkeiten** schon in Bezug auf einen vom Verkäufer durchgeführten Transport (Vortransport/Vorreise) der Ware von seinem Sitz/Lager zum vertraglich vereinbarten Absendeort (insbes Lkw-Transport vom Lager zum Güterbahnhof, Flughafen oder Seehafen) bestehen, zB bei „FOB Hafen X"[152] oder „FCA Flughafen X"[153]. Zum anderen ist in vielen Fällen – wie der Sachverhalt zur Entscheidung BGHZ 52, 32 belegt – sehr wohl feststellbar, wann sich eine **Transportgefahr** durch Schadenseintritt realisiert hat. Dies gilt aufgrund der heute üblichen **digitalen Erfassung und Überwachung** der einzelnen Transportabschnitte im Rahmen von **Warenverfolgungssystemen** vor allem für den **Verlust der Ware** und – wie im Fall BGHZ 50, 32 – für Fehler bei der Steuerung des Transportverlaufs und der **Ausführung einer Umleitungsanordnung**. Das Gleiche gilt für die klassischen Transportunfälle (zB Straßenverkehrsunfälle, Zugkollisionen und -entgleisungen sowie Schiffhavarien). Schließlich steht es den Kaufvertragsparteien frei, den Zeitpunkt des Übergangs der Gefahr auf den Käufer gerade aufgrund dieser Beweisproblematik vertraglich ausdrücklich festzulegen oder/und für eine umfassende Abdeckung der Schadensrisiken durch eine **Transportversicherung** zu sorgen.

73 Eine besondere Rechtslage ist gegeben, wenn beim Verkauf „rollender" Ware der Kaufvertrag eine **handelsübliche Klausel** enthält, die den Sinn hat, dass der Gefahrübergang schon mit **Absendung am Erfüllungsort** erfolgt. Es geht hier insbes um die **Klauseln** „CPT" und „CIP"

145 BGHZ 50, 32, 36 f.
146 Vgl zum Verkauf „schwimmender" Ware mit Übergabe des Konnossements beim Überseekauf und zur Übergabe des Ladescheins an den Käufer beim Binnenschifftransport Rz 74 ff.
147 BGHZ 50, 32, 36 f.
148 BGHZ 50, 32, 36 f.
149 BGHZ 50, 32, 36 f.
150 BGHZ 50, 32, 36 f.
151 BGHZ 50, 32, 36 ff. Im Fall des BGH war allerdings die vom Verkäufer eingeschaltete italienische Spedition hinsichtlich der Bewirkung des Zugangs der Umleitungsanweisung als Erfüllungsgehilfin des Verkäufers anzusehen.
152 Vgl dazu Rz 225 f.
153 Vgl dazu Rz 227.

der Incoterms[154]. Wie beim Verkauf „schwimmender" Ware (unter Verwendung von „CFR" oder „CIF")[155] ist hier davon auszugehen, dass die Gefahr bei einer solchen Vertragsgestaltung schon zum Zeitpunkt der zuvor erfolgten Absendung, also **mit Rückwirkung**, auf den Käufer übergeht, sofern der Verkäufer nicht wegen eines **Untergangs der Ware vor Vertragsschluss** nach § 311a Abs 2 wegen Kenntnis oder zu vertretender Unkenntnis haftet. Entscheidend ist bei Wahl von „CPT" oder „CIP" die Auslieferung an den ersten selbständigen Beförderer. Im Falle der Vereinbarung **„frei Waggon"** ist aber ein rückwirkender Gefahrübergang zu verneinen, weil diese Klausel in einem derartigen Zusammenhang nur die Bedeutung einer reinen **Transportkostenregelung** (Spesenklausel) hat[156]. Das Gleiche gilt bei Vereinbarung einer **F-Klausel** der Incoterms. Im Übrigen begründet eine F-Klausel, insbes „FOB" oder „FCA", von vornherein **keinen Versendungskauf** iSd § 447 Abs 1[157].

b) **Gefahrübergang beim Verkauf „schwimmender" Ware**. – aa) **Unmittelbare Anwendung des § 446 Satz 1 bei Übergabe eines Konnossements oder Ladescheins**. Wird eine Ware verkauft, die sich zum Zeitpunkt des Abschlusses des Kaufvertrags bereits **abgeladen auf einem fahrenden Schiff** befindet (Verkauf „schwimmender" Ware), so ist § 447 Abs 1 – wie beim Verkauf „rollender" Ware[158] – deshalb nicht direkt anwendbar, weil die zurückliegende Versendung eindeutig nicht auf Grundlage dieses Kaufvertrags vom Verkäufer veranlasst worden ist[159]. Die Aushändigung der Kaufsache an den Beförderer (Seefrachtführer bzw Binnenschiff-Frachtführer) ist vielmehr vor Abschluss des Kaufvertrags zum Zwecke der Lieferung an einen anderen Empfänger vorgenommen worden. Die **Übergabe des (indossierten) Konnossements** iSd HGB § 515 hat allerdings – anders als ein Frachtbrief beim Lkw- oder Eisenbahntransport – aufgrund der **Traditionswirkung dieses Warendokuments (Traditionspapier)** gem HGB § 524 dieselben rechtlichen Wirkungen wie die Übergabe der Kaufsache und führt daher **gem § 446 Satz 1** zum Übergang der Gefahr auf den Käufer[160]. Das Gleiche gilt im Falle des **Binnenschiffstransports**, sofern ein vom Frachtführer ausgestellter **Ladeschein iSd HGB § 443** übergeben wird. Die Traditionswirkung des Ladescheins ergibt sich aus HGB § 448. 74

Es ist zwar richtig, dass die Übergabe des Konnossements oder Ladescheins besitzrechtlich erst einmal nur einen **mittelbaren Besitz** des Käufers an der Kaufsache begründet[161]. Ebenso zutreffend ist die Annahme, der Erwerb des mittelbaren Besitzes sei ohne eine besondere Vereinbarung für einen Gefahrübergang nach § 446 Satz 1 nicht ausreichend[162]. Das ist aber hier gerade deshalb für die Anwendung dieser Gefahrtragungsregelung nicht entscheidend, weil die **Übergabe des Konnossements** gem HGB § 524 bzw des **Ladescheins** gem HGB § 448 dieselben rechtlichen Wirkungen hat wie die Übergabe der Sache. Die in HGB § 524 und HGB § 448 geregelte **Traditionswirkung** – und nicht die rein besitzrechtliche Betrachtung – ist maßgebend für den Übergabebegriff des § 446 Satz 1[163]. Diese Norm verlangt nicht zwingend den **Erwerb des unmittelbaren Besitzes** durch den Käufer, und die **Auslegung des Tatbestandsmerkmals „Übergabe"** wird im hier in Rede stehenden Zusammenhang durch HGB § 524 und HGB § 448 determiniert. Aufgrund der direkten Anwendung des § 446 Satz 1 beim Kauf „schwimmender" Ware mit Übergabe des vom Frachtführer (See- oder Binnenschifffahrt) zuvor ausgestellten Konnossements bzw Ladescheins stellt sich – anders als beim Verkauf „rollender" Ware[164] – die Frage einer analogen Anwendung des § 447 Abs 1 nicht[165]. Im Falle des Verkaufs „rollender" Ware (Über-Land-Transport) sind dagegen **Frachtbrief und Ladeschein[166] keine Traditionspapiere** und daher keine Dokumente, deren Übergabe der Übergabe der Kaufsache gleichsteht. Damit kann hier die bloße Papierübergabe auch keinen Gefahrübergang nach § 446 Satz 1 auslösen. 75

154 Vgl dazu oben Rz 41 f.
155 Vgl dazu Rz 39 f.
156 BGHZ 50, 32, 36 f; aA MünchKomm/Westermann Rz 11; BeckOGK/Tröger Rz 93.
157 Vgl Rz 32 ff.
158 Vgl dazu Rz 32 ff.
159 MünchKomm/Westermann Rz 5; Erman/Grunewald Rz 9.
160 RGZ 52, 352, 354; LG Mannheim LZ 1916, 492; Schiedsgericht der Hamburger freundschaftlichen Arbitrage, 23.6.1971, HSG E 2 b Nr 5. Im Fall RGZ 52, 352 waren fünf Tonnen Levantiner Haselnüsse während des Dampfertransports mit Vereinbarung „lieferbar zu Hamburg, Kasse gegen Dokumente" verkauft worden. Der Käufer zahlte daraufhin noch während des Seetransports den Kaufpreis gegen Erhalt des Konnossements. Für die Frage der kaufrechtlichen Gewährleistung wegen Fehlens einer kaufvertraglich zugesicherten Eigenschaft (Durchschnittsqualität der Ernte von 1900) kam es auf den Zeitpunkt des Gefahrübergangs an. Das RG ging davon aus, dass die Übergabe des Konnossements gem §§ 931, 446 iVm HGB § 647 aF (§ 524 nF) den Gefahrübergang bewirkt habe.
161 Vgl Al-Deb'i, Überseekauf, 2008, S 104.
162 BGH NJW 1983, 627, 628; NJW 1996, 586, 587; Al-Deb'i, Überseekauf, 2008, S 104; vgl dazu auch § 446 Rz 38.
163 Vgl § 446 Rz 68.
164 Vgl dazu oben Rz 70.
165 Vgl zum Verkauf „schwimmender" Ware ohne Übergabe eines Konnossements unten Rz 79.
166 Beim Binnenschiffstransport ist der Ladeschein dagegen ein Traditionspapier (HGB § 448); vgl dazu Rz 74.

76 Der **Gefahrübergang nach § 446 Satz 1** beim Verkauf „schwimmender“ Ware durch Übergabe des Konnossements (HGB § 524) bzw Ladescheins (HGB § 448) kann zwar im konkreten Einzelfall dann zu Problemen führen, wenn der **genaue Zeitpunkt** einer während des Transports eingetretenen **Beschädigung der Ware** nicht exakt feststellbar ist[167]. Dies spricht aber nicht gegen den Gefahrübergang zum Zeitpunkt der **Übergabe des Konnossements bzw Ladescheins** (Binnenschiffstransport). Die Kaufvertragsparteien haben nämlich auch beim Kauf von „schwimmender“ Ware die Möglichkeit, den Zeitpunkt des Übergangs der Gefahr vertraglich besonders zu regeln und insbes zu bestimmen, dass erst die **Ankunft der Ware am Bestimmungsort** maßgeblich sein soll für die Entlastung des Verkäufers[168]. Ein Gefahrübergang bei Ankunft der Ware ergibt sich insbes im Falle der Verwendung der Incoterms-Ankunftsklauseln **„DPU“** (Delivered at Place unloaded), **„DAP“** (Delivered at Place) sowie **„FOB** aus eingetroffenem Schiff**“**[169]. Bei Fehlen einer abweichenden kaufvertraglichen Vereinbarung bleibt es aber beim Gefahrübergang gem § 446 Satz 1 zum Zeitpunkt der **Übergabe des Traditionspapiers (Konnossements bzw Ladescheins)**, die gem HGB § 524 bzw HGB § 448 der Übergabe der Sache gleichsteht.

77 Wird eine bereits „schwimmende“ Ware unter Vereinbarung von **„CIF Bestimmungsort“** verkauft, so ist diese grundsätzlich einen Versendungskauf begründende Incoterms-Klausel (regulärer Gefahrübergang mit Verladung auf das Schiff)[170] dahin gehend auszulegen, dass der Käufer das **gesamte Transportrisiko schon ab Verschiffung** übernimmt. Die Gefahr geht hier also kraft kaufvertraglicher Vereinbarung „rückwirkend“ zum Zeitpunkt der Verschiffung und nicht erst mit der nach Abschluss des Kaufvertrags erfolgenden Übergabe des Konnossements auf den Käufer über[171]. Insoweit macht es keinen Unterschied, ob es sich um einen See- oder Binnenschiffstransport handelt. Bei **Beförderung der Ware per Binnenschiff** erfolgt also in dieser Fallkonstellation der Gefahrübergang nicht erst mit der Übergabe des Ladescheins.

78 Ist die **Ware** bei Abschluss des Kaufvertrags **bereits untergegangen**, so ist der Kaufvertrag zwar gleichwohl gem § 311a Abs 1 wirksam. Die Gefahrtragungsregel des § 447 Abs 1 ist hier aber auf Grundlage einer **systematischen Auslegung** nur dann anwendbar, wenn der Verkäufer der „schwimmenden“ Ware nicht nach § 311a Abs 2 haftet[172]. Bei **Kenntnis oder zu vertretender Unkenntnis** aufseiten des Verkäufers ist eine zu seiner Gefahrentlastung führende Anwendung des § 447 Abs 1 ausgeschlossen[173]. Der Käufer „schwimmender“ Ware trägt also nicht das Risiko, dass die Ware zum Zeitpunkt des Vertragsschlusses mit Kenntnis oder zu vertretender Unkenntnis des Verkäufers iSd § 311a Abs 2 bereits untergegangen ist. Praktische Bedeutung erlangt der rückwirkende Gefahrübergang demnach vor allem dann, wenn der **Zeitpunkt der Beschädigung nicht feststellbar** ist und der Verkäufer sich in Bezug auf die Haftung nach § 311a Abs 2 entlasten kann.

79 bb) **Analoge Anwendung des § 447 bei fehlender Konnossementübergabe und Änderung der „Delivery Order“ durch Verkäufer**. Wird beim Verkauf „schwimmender“ Ware – abweichend vom Regelfall – kein vom **Verfrachter (Seefrachtführer)** ausgestelltes Konnossement iSd HGB § 515 übergeben, so ist § 446 Satz 1 mangels Übergabe nicht anwendbar. Das Gleiche gilt beim **Warentransport per Binnenschiff**, sofern dem Käufer kein Ladeschein iSd HGB § 443 übergeben wird. Es fehlt dann die Übergabe eines Traditionspapiers, die auch in Bezug auf die Gefahrtragung die Übergabe der Kaufsache ersetzt[174]. Insoweit geht es insbes um Gestaltungen, in denen vom Verfrachter (Frachtführer) bei Übernahme der Ladung (nur) eine **Steuermannsquittung (Mate‘s Receipt)**, ein **Parcel Receipt**, eine **Express Cargo Bill** oder ein **Kai Receipt** ausgestellt und dem Versender (Ablader) übergeben wird. Eine Versendung iSd § 447 Abs 1 liegt in diesen Fällen bei anschließendem Verkauf der „schwimmenden“ Ware nicht vor, weil die Auslieferung der Ware an den Frachtführer vor Abschluss und nicht in Erfüllung des Kaufvertrags erfolgt ist. Die Versendung (Verschiffung) geschah also nicht „auf Verlangen“ des Käufers. Daran würde auch die Ausstellung eines Konnossements bzw Ladescheins (Binnenschiffstransport) nichts ändern[175]. Wenn aber der Verkäufer nach Abschluss des Kaufvertrags den Frachtführer anweist, die „schwimmende“ Ware im Bestimmungshafen an den Käufer auszulie-

167 Vgl zur Beweislast für die ordnungsgemäße Absendung der Ware beim Versendungskauf Rz 85 ff.
168 Vgl dazu auch Erman/Grunewald Rz 9 (Vereinbarung einer anderen Gefahrtragungsregelung empfehlenswert).
169 Vgl Schiedsgericht des Waren-Vereins der Hamburger Börse, 12.10.1972, HSG J 3 Nr 26.
170 Vgl dazu Rz 37 ff.
171 Vgl Reichel HansRZ 1923, 354; Großmann-Doerth, Das Recht des Überseekaufs, 1930, S 438 ff; Haage, Das Abladegeschäft, 1958^4, S 212; Liesecke WM 1978 Sonderbeil 3, S 39; Hager, Die Gefahrtragung beim Kauf, 1982, S 145.
172 Vgl Al-Deb'i, Überseekauf, 2008, S 106.
173 Al-Deb'i, Überseekauf, 2008, S 106; Haage, Das Abladegeschäft, 1958^4, S 212 f.
174 Vgl dazu Rz 74 ff.
175 Vgl Rz 74 ff.

fern (Änderung der „Delivery Order"), so besteht – wie beim Verkauf „rollender" Ware[176] – eine Lage, die unter Berücksichtigung des Zwecks des § 447 Abs 1 einer Versendung gleichsteht. § 447 Abs 1 ist daher hier in der Weise analog anwendbar, dass ab **Zugang dieser Anweisung des Verkäufers** beim Frachtführer die Gefahr auf den Käufer übergeht. Ebenso wie beim Verkauf „rollender" Ware geht die Pflicht des Verkäufers zur Übersendung hier nur dahin, die Ware an den Käufer auf den Weg zu bringen und die dafür erforderliche Anweisung (Änderung der „Delivery Order") dem Frachtführer zugehen zu lassen[177]. Insoweit ist die Rechtslage daher ab Zugang dieser Mitteilung nicht anders, als wenn der Verkäufer die Kaufsache von vornherein an den Käufer durch Aushändigung an den Verfrachter verschifft und dadurch versandt hätte iSd § 447 Abs 1. Etwaige Fehler im Verantwortungsbereich des Frachtführers gehören ab **Zugang der geänderten „Delivery Order"** zu der vom Käufer zu tragenden **Transportgefahr**[178]. Es entspricht dem Zweck des § 447 Abs 1, dass die Transportgefahren ab Zugang der geänderten „Delivery Order" beim Frachtführer vom Käufer zu tragen sind[179]. Unerheblich ist, ob es sich um einen See- oder Binnenschiffstransport handelt. Entsprechendes gilt also, wenn beim Verkauf der auf einem Binnenschiff befindlichen Ware kein Ladeschein an den Käufer übermittelt, sondern der Frachtführer vom Verkäufer angewiesen wird, die Ladung am Bestimmungsort dem Käufer zur Verfügung zu stellen. Entscheidend für den Gefahrübergang ist auch hier der Zugang der Anweisung (Änderung der „Delivery Order"). Im Falle des Verkaufs „schwimmender" Ware beschränkt sich demnach bei fehlender Ausstellung eines Konnossements bzw Ladescheins die vertragliche Verpflichtung des Verkäufers nach Treu und Glauben (§ 242) darauf, dem Frachtführer eine derartige Anweisung bezüglich des **Wechsels in der Person des Warenempfängers** zu erteilen.

5. **Anwendung des § 447 auf den innerörtlichen Transport der Kaufsache (Platzkauf).** 80
Bei Vereinbarung eines Transports der verkauften Ware **innerhalb einer Stadt**, insbes zum Zwecke der Abwicklung eines Platzkaufs (übereinstimmender Sitz von Verkäufer und Käufer), fehlt es an der nach § 447 Abs 1 vorausgesetzten Versendung „nach einem anderen Ort als dem Erfüllungsort", sofern das Tatbestandsmerkmal „Ort" sich nur auf die **kommunalrechtliche (politische) Gemeinde/Stadt** und nicht – unabhängig von den Grenzen dieser öffentlich-rechtlichen Gebietskörperschaften – auf den **Platz oder die Stelle der Absendung der Sache** bezieht. Die praktische Relevanz dieser Frage ist insbes dann gegeben, wenn die in einer Großstadt am Flughafen oder im Hafen eingetroffene Ware an einen Käufer mit Sitz in derselben Stadt verkauft und von einem Transportunternehmen zum Käufer transportiert wird. Die **Gebietsgrenzen der Gemeinden/Städte** verlaufen aus dem Blickwinkel der Ratio des § 447 Abs 1[180] zufällig. Der Verkäufer soll danach beim Versendungskauf die **Transportgefahren** deshalb nicht tragen, weil er den Transport der Ware zum Bestimmungsort nicht schuldet, sondern nur zur Auslieferung an den Beförderer am Absendeort (Erfüllungsort/Leistungsort) verpflichtet ist.

Für diesen Regelungszweck ist die Länge der vom Beförderer nach Übernahme der Ware vom 81
Verkäufer bis zum Sitz des Käufers zurückzulegenden Strecke grundsätzlich ebenso unerheblich wie der Umstand, ob im Rahmen des Transports die Gemeinde- bzw Stadtgrenze vom Beförderer überfahren wird. In Großstädten – wie bspw Berlin oder Hamburg – kann eine Transportdistanz von 30 km leicht noch innerhalb der Stadtgrenzen liegen (zB beim Transport vom südlich gelegenen Stadtteil Berlin-Köpenick nach Berlin-Reinickendorf im Norden), während in Kleinstädten und im Falle der Niederlassung des Verkäufers in einem Gewerbegebiet an der Gemeindegrenze der „kommunalrechtliche Ort" häufig schon nach wenigen Kilometern wechselt. Die **generelle Verteilung der Transportgefahren** kann nicht davon abhängen, ob beim Transport mehr oder weniger zufällig eine Gemeinde- bzw Stadtgrenze überfahren wird. Das Tatbestandsmerkmal „nach einem anderen Ort" des § 447 Abs 1 ist daher im Rahmen der zweckorientierten Auslegung auch auf den Transport innerhalb einer Gemeinde/Stadt zu erstrecken. So hat das **LG Hamburg**[181] diese Gefahrtragungsregel zutreffend auf den Transport der Kaufsache von **Hamburg-Nienstedten nach Hamburg-Bergedorf** angewandt. Es handelt sich nicht um eine analoge, sondern um eine direkte Anwendung. Denn unter „Ort" iSd § 447 muss im Rahmen

176 Vgl dazu oben Rz 70 ff.
177 So zutreffend BGHZ 50, 32, 36 f (für den Verkauf „rollender" Ware).
178 BGHZ 50, 32, 36 f (für den Verkauf „rollender" Ware).
179 BGHZ 50, 32, 36 f (für den Verkauf „rollender" Ware).
180 Vgl dazu Rz 7 ff.
181 AG und LG Hamburg MDR 1955, 545.

einer **Wortlautauslegung** nicht zwingend die kommunalrechtliche Gemeinde/Stadt verstanden werden; das Verständnis im Sinne von Platz/Stelle wird auch erfasst[182].

82 6. **Platzkauf mit Versendung von einem dritten Ort**. Haben die Kaufvertragsparteien ihre **Niederlassung in derselben Gemeinde/Stadt (Platzkauf)** und wird vereinbart, dass die Ware **von einem dritten Ort** (zB von einem auswärtigen Auslieferungslager) direkt an den Käufer zu versenden ist, so geht es um eine **Kombination von zwei Fallgestaltungen**, in denen der Tatbestand des § 447 Abs 1 immerhin kraft Auslegung erfüllt ist: Platzkauf mit **innerörtlichem Transport**[183] und **Versendung von einem dritten Ort**[184]. Das gleichzeitige Vorliegen dieser beiden anerkannten Anwendungsfälle bei der Durchführung eines Kaufvertrags führt nicht zu einer Veränderung der Rechtslage, dh, die Gefahr geht nach § 447 Abs 1 auf den Käufer über, sobald die Ware am dritten Ort **an den Beförderer** zum Zwecke des Transports zum Käufer **ausgeliefert** wird. Wenn also die Kaufvertragsparteien bspw ihren Sitz beide in Berlin haben und eine Versendung ab „Hamburg Hafen" an den Käufer vereinbart wird, so trägt der Käufer gem § 447 Abs 1 die Gefahr ab ordnungsgemäßer Übernahme der Ware durch den Beförderer im Hamburger Hafen.

VI. Auslieferung an den Beförderer

83 1. **Beförderereigenschaft – Transport durch Verkäufer selbst und Angestellte („eigene Leute")**. – a) **Der Wortlaut des § 447 Abs 1**. Der Übergang der Preisgefahr setzt nach dem Wortlaut des § 447 Abs 1 voraus, dass der Verkäufer die Ware „dem Spediteur, dem Frachtführer oder der sonst zur Ausführung der Versendung bestimmten Person oder Anstalt ausgeliefert hat". Diese tatbestandliche Aufzählung ist zwar aufgrund der Formulierung „sonst … bestimmten Person" nicht abschließend, weshalb eine Erstreckung auf **Angestellte des Verkäufers** zumindest mit dem Wortlaut noch vereinbar wäre. Gleichwohl muss im Rahmen der Wortlautauslegung festgehalten werden, dass neben dieser sonstigen Person nur **selbständige Beförderer** aufgeführt werden. Eindeutig vom Wortlaut des § 447 Abs 1 nicht erfasst wird aber der Transport der Kaufsache durch den Verkäufer selbst[185]. Zudem stellt sich die Frage, ob das Tatbestandsmerkmal „Versendung" schon nach dem Wortsinn nur die Übergabe der Ware an einen nicht auf der Seite des Verkäufers stehenden **Dritten** erfasst. Das ROHG war der Ansicht, dass die „Übersendung" iSd ADHGB Art 344 schon sprachlich im Sinne von „Schicken durch einen Dritten" verstanden werden müsse[186]. Der Versendungsbegriff des § 447 Abs 1 stimmt inhaltlich überein mit der Übersendung nach **ADHGB Art 344**.

84 b) **Gesetzgebungsgeschichte und Rspr des ROHG zum Tatbestandsmerkmal „sonst zur Ausführung der Versendung bestimmten Person"**. – aa) **Die Regelung des ADHGB Art 345**. § 447 geht zurück auf ADHGB Art 345. Den Versendungskauf („Übersendung") definierte ADHGB Art 344, derweil Art 345 Abs 1 den **Gefahrübergang** und Art 347 Abs 1 die **Untersuchungs- und Rügepflicht** des Käufers im Falle der Übersendung der Ware regelten. Nach ADHGB Art 345 Abs 1 trug der Käufer die Gefahr „nach Übergabe der Ware an den Spediteur oder Frachtführer oder die sonst zum Transporte der Ware bestimmte Person".

85 Bei der Entstehung und Beratung des ADHGB sah Art 262 des **preußischen Entwurfs** sowie Art 287 des **Entwurfs der Redaktionskommission** vor, dass beim Übersendungskauf für den Gefahrübergang die Übergabe an den **Spediteur oder Frachtführer** erforderlich sein sollte[187]. In die Endfassung des ADHGB wurde das Tatbestandsmerkmal „sonst zur Ausführung der Versendung bestimmten Person" noch aufgenommen, um klarzustellen, dass auch die Übergabe an andere Unternehmer wie bspw den **Seeschiffer** zum Gefahrübergang führt[188].

86 bb) **Die Rspr des ROHG zum Transport durch den Verkäufer selbst und eigene Leute**. In Übereinstimmung mit der Gesetzgebungsgeschichte zu ADHGB Art 345 Abs 1 hat das

182 Vgl Hamburg OLGE 2, 218; LZ 1908, 637; AG und LG Hamburg MDR 1955, 545 (Versendung von Hamburg-Nienstedten nach Hamburg-Bergedorf); BeckOGK/Tröger Rz 26; MünchKomm/Westermann Rz 7; Staud/Beckmann Rz 11; BeckOK/Faust Rz 6; Erman/Grunewald Rz 6; Grüneberg/Weidenkaff Rz 12; Reinhardt, Gefahrtragung beim Kauf, 1998, S 170 f; Wertenbruch JuS 2003, 625, 628.

183 Vgl dazu Rz 80 f.

184 Vgl dazu Rz 65 ff.

185 Vgl Wertenbruch, FS für Grunewald, 2021, S 1283, 1285 f.

186 ROHG 23, 59, 60; Wertenbruch, FS für Grunewald, 2021, S 1283, 1286 f; vgl dazu unten Rz 89.

187 Wertenbruch, FS für Grunewald, 2021, S 1283, 1287; vgl Al-Deb'i, Überseekauf, 2008, S 96.

188 Protokolle ADHGB S 1381 f; Wertenbruch, FS für Grunewald, 2021, S 1283, 1287; vgl dazu auch Al-Deb'i, Überseekauf, 2008, S 96.

ROHG[189] schon sehr früh entschieden, dass der Transport der Kaufsache durch **Angestellte des Verkäufers** den Tatbestand dieser Gefahrtragungsregelung nicht erfüllt[190]. Im Anschluss daran wurde vom ROHG in zwei Entscheidungen das Vorliegen eines **„Übersendungskaufs" iSd ADHGB Art 345, Art 347 Abs 1** verneint, wenn der Verkäufer den Transport der Ware selbst durchführt[191].

In dem der Entscheidung ROHG 1, 122 zugrundeliegenden Fall klagte der Verkäufer den Kaufpreis für gelieferte „Quantitäten Mehl" ein, während der Käufer sich auf die Unvollständigkeit der Lieferungen berief. Die Absendung der Ware erfolgte zwar von dem Orte der Niederlassung des Verkäufers aus, bis zur Übergabe an die Eisenbahn in Gogolin (Oberschlesien, heute Polen) wurde der Transport aber von eigenen Leuten oder sonstigen in seinem Namen handelnden Stellvertretern besorgt[192]. Aus diesem Grund nahm das ROHG an, dass der Verkäufer erst von dem Moment des **Übergangs der Ware an die Eisenbahn** „von jeder weiteren Vertretung der Transportgefahr liberiert" gewesen sei[193]. 87

Im Fall ROHG 13, 389 hatten beide Kaufvertragsparteien ihren Sitz in Berlin. Verkauft war eine in Greifswald gelagerte „Quantität Erbsen" mit der Abrede „franko Berlin". Das ROHG ging unter Verweis auf ADHGB Art 345 für das Tatbestandsmerkmal „die Ware von einem anderen Ort übersendet" des ADHGB Art 347 Abs 1 davon aus, dass der Käufer die Ware nicht vom Verkäufer, sondern „von dem Transportführer oder Spediteur unmittelbar in Empfang zu nehmen hat"[194]. Die Vorschrift sei nicht anwendbar, wenn dem Käufer die Ware am Ablieferungsort unmittelbar vom Verkäufer vorgelegt werde[195]. 88

Die Entscheidung ROHG 23, 59 betrifft wiederum den Fall des Transports der Kaufsache durch den Verkäufer selbst. Das ROHG bestätigte, dass eine tatsächliche Übersendung der Ware nicht gegeben sei, wenn der Verkäufer sie selbst von einem anderen Orte dem Käufer bringe[196]. Schon sprachlich sei die Übersendung einer Sache gleichbedeutend mit **„Schicken durch einen Dritten"**. „Übersenden" heiße „Senden durch einen Dritten"[197]. „Ganz unhaltbar" sei die Konstruktion, den Verkäufer hier als Frachtführer anzusehen, denn der Frachtführer sei eben ein Dritter[198]. 89

Die im Zeitraum zwischen 1870 und 1877 ergangenen Entscheidungen des ROHG belegen, dass die Frage des **Vorliegens einer Versendung** beim Transport der Ware von einem anderen Ort zum Bestimmungsort durch den Verkäufer selbst oder durch eigene Angestellte schon damals eine größere praktische Bedeutung hatte. Insoweit geht es nach wie vor um den vollständigen Transport der Ware von einem anderen Ort zum Käufer und um die Konstellation, in der – wie im Fall RGZ 96, 258[199] – ein **Teiltransport** bis zur Eisenbahn oder zu einem sonstigen **selbständigen Beförderer** vom Verkäufer selbst oder durch eigene Leute vorgenommen wird. Bemerkenswert ist nicht nur die eindeutige Verneinung einer Versendung (Übersendung) im Falle des Transports oder Teiltransports durch den Verkäufer oder eigene Leute, sondern auch die Feststellung des ROHG, dass der Begriff „Übersenden" schon sprachlich im Sinne von „Schicken/Senden durch einen Dritten" verstanden werden müsse[200]. 90

cc) **Die Beratung des § 447 in der 2. BGB-Kommission**. Bei den **Beratungen des BGB** waren die Vorgängerregelung des ADHGB Art 345 einschließlich ihrer Gesetzgebungsgeschichte sowie die Rspr des ROHG die zentralen Grundlagen. In der 2. BGB-Kommission war im Anschluss an die Rspr des ROHG in Bezug auf die Formulierung des Tatbestands des § 447 Abs 1 beantragt worden, die Erwähnung der „sonst zur Ausführung der Versendung bestimmten Person" wieder zu streichen und nur den **Spediteur** und den **Frachtführer** aufzunehmen, weil die Beibehaltung dieses Zusatzes zu Zweifeln bezüglich des Ausschlusses der eigenen Angestellten führen könne[201]. Dieser Antrag erhielt keine Mehrheit. Der Grund für die Ablehnung lag aber ausschließlich darin, dass man vom **bislang geltenden Handelsrecht** nicht abweichen und die Frage des Transports durch eigene Leute des Verkäufers wie bisher beantwortet wissen wollte[202]. 91

189 Bis zu dem auf der Reichsgründung im Jahre 1871 beruhenden Umbenennungsbeschluss vom am 2.9.1871 (vgl dazu ROHG 2, 448) noch unter der Bezeichnung „Bundesoberhandelsgericht". Die Entscheidung ROHG 1, 122 ist noch unter der ursprünglichen Bezeichnung ergangen.
190 ROHG 1, 122, 124; vgl dazu auch Al-Deb'i, Überseekauf, 2008, S 96.
191 ROHG 13, 389, 391 f; ROHG 23, 59 f; vgl dazu auch Al-Deb'i, Überseekauf, 2008, S 96.
192 ROHG 1, 122, 124.
193 ROHG 1, 122, 124.
194 ROHG 13, 389, 390 f.
195 ROHG 13, 389, 391.
196 ROHG 23, 59.
197 ROHG 23, 59, 60.
198 ROHG 23, 59, 60.
199 Vgl dazu unten Rz 92 ff.
200 ROHG 23, 59, 60.
201 Vgl Protokolle Mugdan Band 2 S 774; Al-Deb'i, Überseekauf, 2008, S 96 f; Wertenbruch, FS für Grunewald, 2021, S 1283, 1289.
202 Vgl Protokolle Mugdan Band 2 S 774; Al-Deb'i, Überseekauf, 2008, S 96 f; Wertenbruch, FS für Grunewald, 2021, S 1283, 1290.

92 c) **Die Entscheidung RGZ 96, 258 aus dem Jahre 1919**. Die heute überwiegend vertretene Literaturauffassung[203], nach der im Falle des Transports zum Bestimmungsort durch eigene Leute des Verkäufers eine Versendung gegeben sein soll, weil die Ware hier einer „sonst zur Ausführung der Versendung bestimmten Person" übergeben werde, beruft sich insbes auf eine Entscheidung des RG aus dem Jahre 1919[204]. Dieses von der ständigen Rspr des ROHG[205] abweichende Urteil des RG ist in einem **Versicherungsrechtsstreit** ergangen und weist darüber hinaus noch **weitere Besonderheiten** auf, die das Gewicht der reichsgerichtlichen Auslegung des § 447 Abs 1 erheblich mindern[206]. Es liegt die Vermutung nahe, dass das RG im entschiedenen Fall mit der Anwendung des § 447 Abs 1 auf den Transport durch Angestellte des Käufers sicherstellen wollte, dass der Verkäufer nicht vom Käufer den Kaufpreis und zusätzlich vom Versicherer die Versicherungssumme erhält[207]. Der in Hamburg ansässige Verkäufer hatte im RG-Fall sämtliche Warentransporte „für Rechnung, wen es angeht" versichert und Waren (Wäsche) an einen in der Pfalz wohnenden Kunden verkauft. Der Verkäufer ließ die Waren von einem Angestellten mit einem Handwagen zum Eilgutbahnhof Hamburg bringen. Dort wurde der Handwagen mit den Waren gestohlen, und zwar unbestritten vor Übergabe an die Eisenbahn.

93 Nach VVG § 76 Abs 3 aF (VVG § 45 Abs 3 nF) ist der Versicherer zur Zahlung an den Versicherungsnehmer (Verkäufer) nur verpflichtet, wenn dieser ihm gegenüber nachweist, dass der Versicherte (hier uU der Käufer) seine **Zustimmung zu der betreffenden Versicherung** erteilt hat. Die Anwendung dieser Norm hing im RG-Fall davon ab, ob der Käufer wegen eines Übergangs der Preisgefahr ein eigenes Interesse an der Versicherungssumme hatte. Ein darauf bezogenes Interesse an der Versicherungssumme besteht aufseiten des Verkäufers bis zum Erhalt des Kaufpreises[208]. Zur Frage der Leistung des Kaufpreises durch den Käufer im Fall des RG enthalten die Entscheidungsgründe aber keine Ausführungen. Eine weitere Auffälligkeit des RG-Urteils besteht darin, dass der Verkäufer auch während des Rechtsstreits nicht sicherheitshalber die Zustimmung des Käufers nach VVG § 76 Abs 3 aF einholte[209]. Dies hätte bei Zugrundelegung der Rechtsauffassung des RG und des verklagten Versicherers insbes dann nahegelegen, wenn die Kaufpreisforderung zum Zeitpunkt des Rechtsstreits noch offen gewesen wäre. Denn in diesem Fall hätte der Verkäufer unter Verschonung des Käufers auf die **Versicherungssumme** zugreifen können. Ungewöhnlich ist nicht zuletzt auch die fehlende Auseinandersetzung mit der **abweichenden Rspr des ROHG** zur Übersendung nach ADHGB Art 345, 347, zumal die beiden Vorinstanzen (LG und OLG Hamburg) der Klage des Verkäufers auf Auszahlung der Versicherungssumme stattgegeben hatten.

94 Die Anwendung des § 447 Abs 1 auf den Transport der Ware durch Angestellte des Verkäufers begründet das RG mit **Billigkeitserwägungen**[210]. Es sei unbillig, den Verkäufer, der auf Verlangen des Käufers den Transport zum Bestimmungsort besorge, länger die Gefahr tragen zu lassen als in den Fällen der unmittelbaren Übergabe der Sache an den Käufer[211]. Dies gelte auch dann, wenn der Verkäufer nur einen Teil des Transports – hier das „Hinschaffen der Waren zum Bahnhof" – ausführe[212]. Diese Fallkonstellation könne in Bezug auf die Gefahrtragung nicht anders beurteilt werden als die Durchführung des Transports „hintereinander von mehreren selbständigen Unternehmern"[213].

95 d) **Der Transport der Sache durch den Verkäufer selbst**. In der **Literatur** wird überwiegend die Ansicht vertreten, auf den Fall des vom Verkäufer selbst durchgeführten Transports der Ware sei § 447 Abs 1 deshalb analog anzuwenden, weil der Verkäufer nach dem Grundgedanken dieser Regelung auch hier vom **Risiko zufälliger Transportunfälle** entlastet werden müsse[214]. Diese Auffassung überzeugt nicht. Gegen eine analoge Anwendung des § 447 Abs 1 auf den Fall des Transports durch den Verkäufer sind nicht nur die **Entstehungsgeschichte der Norm**[215] und die **Rspr des ROHG**[216], sondern insbes auch die **ratio legis** anzuführen[217]. Denn die Belastung des Käufers mit der Transportgefahr lässt sich beim Versendungskauf nur durch die

203 Vgl dazu unten Rz 95.
204 RGZ 96, 258=JW 1919, 992 (mit ablehnender Anmerkung Hachenburg).
205 Vgl dazu oben Rz 86 ff.
206 Hager, Die Gefahrtragung beim Kauf, 1982, S 81 f; Wertenbruch, FS für Grunewald, 2021, S 1283, 1290.
207 Hager, Die Gefahrtragung beim Kauf, 1982, S 81 f; Wertenbruch, FS für Grunewald, 2021, S 1283, 1291.
208 Hager, Die Gefahrtragung beim Kauf, 1982, S 82; Wertenbruch, FS für Grunewald, 2021, S 1283, 1291.
209 Hager, Die Gefahrtragung beim Kauf, 1982, S 82; Wertenbruch, FS für Grunewald, 2021, S 1283, 1291.
210 RGZ 96, 258, 259 f.
211 RGZ 96, 258, 259.
212 RGZ 96, 258, 260.
213 RGZ 96, 258, 260.
214 Staud/Beckmann Rz 42; BeckOGK/Tröger Rz 54; Erman/Grunewald Rz 10; BeckOK/Faust Rz 9.
215 Wertenbruch, FS für Grunewald, 2021, S 1283, 1287 ff; vgl dazu oben Rz 84 ff.
216 ROHG 13, 389, 391 f; ROHG 23, 59 f.
217 MünchKomm/Westermann Rz 16 f; Wertenbruch JuS 2003, 625, 628; Wertenbruch, FS für Grunewald, 2021, S 1283, 1292 ff.

Erwägung rechtfertigen, dass der Transport der Ware **außerhalb des Herrschaftsbereichs des Verkäufers** vonstattengeht und der Käufer sich im Falle des Untergangs oder der Beschädigung der Ware auf dem Transport mit dem Beförderer am Bestimmungsort zum Zwecke der **Schadensregulierung** auseinandersetzen soll[218]. Auf die Beförderung der Kaufsache durch den Verkäufer selbst trifft dieser Gesichtspunkt eindeutig nicht zu. Zudem muss gegen die in der Literatur vertretene analoge Anwendung des § 447 Abs 1 angeführt werden, dass der Käufer bei Untergang oder Beschädigung der Sache schlechter stünde als bei Einschaltung eines **selbständigen Beförderers**[219]. Die **verschuldensunabhängige Frachtführerhaftung aus HGB §§ 421, 425** greift nämlich im Falle des Transports durch den Verkäufer gerade nicht zugunsten des Käufers ein[220]. Die Gefahrbelastung des Käufers beim Versendungskauf ab Auslieferung der Ware an den Beförderer lässt sich letztlich nur dadurch rechtfertigen, dass dem Käufer im **Schadensfall** ein eigener Ersatzanspruch aus Frachtführerhaftung (HGB §§ 421 Abs 1 Satz 2, 425) zusteht, sofern der Frachtführer sich nicht auf den **Haftungsausschluss des HGB § 426** (Unvermeidbarkeit des Schadens auch bei größter Sorgfalt) berufen kann. Der **Verkäufer** ist – anders als die in § 447 Abs 1 aufgeführten selbständigen Beförderer – **kein Frachtführer** iSd HGB §§ 421, 425. Insoweit hat schon das **ROHG** zu Recht angenommen, eine Einordnung des Verkäufers als Frachtführer sei „ganz unhaltbar“[221].

Ist im Kaufvertrag vorgesehen oder gehen die Parteien davon aus, dass der **Verkäufer** die Ware mit **eigenen Transportmitteln** zum Käufer befördert, so spricht dies im Übrigen regelmäßig ohnehin für die Vereinbarung einer **Bringschuld**[222]. Liegt im Falle des Selbsttransports gleichwohl eine Schickschuld vor, so findet aus den dargelegten Gründen § 447 Abs 1 weder direkt noch analog Anwendung. 96

e) **Der Transport durch Angestellte („eigene Leute“) des Verkäufers.** Der Transport durch Angestellte des Verkäufers fällt – ebenso wie der Transport der Kaufsache durch den Verkäufer selbst[223] – nicht unter § 447 Abs 1[224]. Auch dies folgt aus der auf diese Frage bezogenen **Gesetzgebungsgeschichte**[225], der **Rspr des ROHG**[226] zu ADHGB Art 345, 347 und dem Zweck des § 447. Die gleichliegende Frage im **UN-Kaufrecht** zu CISG Art 67 Abs 1 wird von der ganz hM ebenfalls in dem Sinne entschieden, dass die Aushändigung an eigene Angestellte nicht zum Übergang der Preisgefahr auf den Käufer führt[227]. Die gegen eine Anwendung des § 447 Abs 1 auf den Fall des Transports der Kaufsache durch den Verkäufer selbst angeführten Argumente[228] sind im Wesentlichen auch im Falle der „Beauftragung“ eigener Leute einschlägig. Nach der **Gegenauffassung** soll § 447 Abs 1 deshalb anwendbar sein, weil die mit dem Transport betrauten Angestellten des Verkäufers als „sonst zur Ausführung der Versendung bestimmte Personen“ anzusehen seien[229]. 97

Vom Wortlaut ist der Transport durch eigene Leute zwar noch gedeckt, obwohl die Norm im Übrigen nur **selbständige Beförderer** aufführt. Bereits das **ROHG** hat aber zutreffend darauf hingewiesen, dass „Übersenden“ schon sprachlich im Sinne von Schicken/Senden durch einen Dritten aufgefasst werden müsse[230]. Eindeutig nicht mit dem Wortlaut vereinbar ist aber die Anwendung des § 447 Abs 1 auf den Transport der Kaufsache durch den Verkäufer selbst[231]. Bei Richtigkeit der **Gegenauffassung** läge daher insoweit entweder eine unvollständige oder eine widersprüchliche Gefahrtragungsregelung vor. Diese auffällige Ungereimtheit würde insbes dann zutage treten, wenn der Verkäufer und ein Angestellter einen längeren Transport des Kaufgegenstands per Lkw durchführten und sich dabei alle zwei Stunden abwechselten[232]. Die Anwendung des § 447 Abs 1 im Falle einer unfallbedingten Beschädigung der Ware kann hier schlechterdings 98

218 Ausführlich Wertenbruch, FS für Grunewald, 2021, S 1283, 1294 f; vgl dazu oben Rz 8.
219 Vgl Wertenbruch JuS 2003, 625, 629; Wertenbruch, FS für Grunewald, 2021, S 1283, 1295 f.
220 Wertenbruch, FS für Grunewald, 2021, S 1283, 1295 f; vgl dazu auch MünchKomm/Westermann Rz 17.
221 ROHG 23, 59, 60; vgl dazu oben Rz 89.
222 Staud/Beckmann Rz 42; Erman/Grunewald Rz 10 (meist Bringschuld).
223 Vgl dazu oben Rz 95 f.
224 Grüneberg/Weidenkaff Rz 12; Jauernig/Berger Rz 12; Medicus/Petersen, BürgR, 2017[26], Rz 275; Al-Deb'i, Überseekauf, 2008, S 94 ff; Hager, Die Gefahrtragung beim Kauf, 1982, S 81 ff; Wertenbruch JuS 2003, 625, 628 f; Wertenbruch, FS für Grunewald, 2021, S 1283, 1285 f; aA RGZ 96, 258 ff; Nürnberg DB 1968, 478; Staud/Beckmann Rz 42; Erman/Grunewald Rz 10; MünchKomm/Westermann Rz 17; BeckOGK/Tröger Rz 54; BeckOK/Faust Rz 9; Reinicke/Tiedtke, KaufR, 2009[8], Rz 169; Reinhardt, Gefahrtragung beim Kauf, 1998, S 157.
225 Vgl dazu oben Rz 84 ff.
226 ROHG 1, 122, 124; vgl dazu oben Rz 86 ff.
227 Soergel/Lüderitz/Budzikiewicz CISG Art 67 Rz 6; Staudinger/Magnus CISG Art 67 Rz 11; MünchKomm/Wertenbruch, HGB, 2021[5], CISG Art 67 Rz 8; BeckOGK/Al-Deb'i CISG Art 67 Rz 7 ff.
228 Vgl oben Rz 95 f.
229 Staud/Beckmann Rz 42; Reinicke/Tiedtke, KaufR, 2009[8], Rz 169; Reinhardt, Gefahrtragung beim Kauf, 1998, S 157.
230 ROHG 23, 59, 60.
231 Vgl dazu oben Rz 83.
232 Vgl dazu Wertenbruch JuS 2003, 625, 628; Wertenbruch, FS für Grunewald, 2021, S 1283, 1286.

nicht davon abhängen, wer zum Zeitpunkt der Beschädigung der Ware zufällig gerade den Lkw steuerte. Dass der **BGB-Gesetzgeber** bei Übernahme des ADHGB Art 345 in Kenntnis der Rspr des ROHG die praktisch bedeutsamen Fälle des Transports durch den Verkäufer selbst und durch eigene Leute in einer Weise geregelt hat, die zum Zwecke der Herstellung einer unzweifelhaft notwendigen Übereinstimmung eine analoge Anwendung des § 447 Abs 1 in einer der beiden Konstellationen erfordert, erscheint fernliegend. Die Nichtanwendung dieser Gefahrtragungsregel auf beide umstrittenen Fälle ist bei Berücksichtigung der **Gesetzgebungsgeschichte** kohärenter[233].

99 Darüber hinaus sprechen im Wesentlichen zwei Gesichtspunkte für das Nichteingreifen des § 447 Abs 1 bei Beförderung der Ware durch eigene Leute. Solange diese die **Kaufsache noch in ihrer Obhut** haben, besteht das dadurch gegebene tatsächliche Herrschaftsverhältnis kraft Zurechnung in Wirklichkeit noch unmittelbar aufseiten des Verkäufers. Denn die Angestellten sind gem § 855 bis zur Übergabe der Sache an den Käufer lediglich **Besitzdiener des Verkäufers**. Für den Gefahrübergang ist sowohl bei § 446 Satz 1 als auch bei § 447 Abs 1 unerheblich, ob der Verkäufer die **tatsächliche Sachherrschaft** über die Ware selbst ausübt oder stattdessen mit Wirkung für und gegen ihn eine **Besitzzurechnung nach § 855** erfolgt. Bis zur Übergabe an den Käufer kann der Verkäufer seinen mit der Auslieferung der Kaufsache betrauten Angestellten unbeschränkt **Weisungen** in Bezug auf die Durchführung des Transports und den Umgang mit der Sache erteilen[234]. Dies gilt insbes für die Auswahl des Transportfahrzeugs, die Planung der konkreten Strecke, die Verladung der Kaufsache und die Zuladung anderer Gegenstände sowie die wesentliche Abänderung des ursprünglich geplanten Transportverlaufs nach Beginn der Beförderung. Dieser **uneingeschränkten Sachherrschaft des Verkäufers** korrespondiert die Gefahrtragung bis zur Übergabe an den Käufer[235].

100 Noch gewichtiger ist der zweite Gesichtspunkt, und zwar der systematische Zusammenhang zwischen Gefahrtragung und der zugunsten des Käufers bestehenden weitgehend **verschuldensunabhängigen Frachtführerhaftung** (HGB §§ 421, 425)[236]. Der Käufer muss bei Untergang oder Beschädigung der Ware auf dem Transport zwar gem § 447 Abs 1 den Kaufpreis zahlen, ihm steht aber nach HGB §§ 421, 425 ein **eigener Ersatzanspruch gegen den Frachtführer** zu, sofern sich dieser nicht nach HGB § 426 entlasten kann. Nach HGB § 426 ist die Frachtführerhaftung nur dann ausgeschlossen, wenn der Frachtführer den Verlust oder die Beschädigung der Ware „auch bei größter Sorgfalt" nicht vermeiden konnte. Diese strenge Haftung des mit der Beförderung der Kaufsache betrauten Frachtführers ist eine ganz wesentliche Kompensation für den Übergang der Preisgefahr nach § 447 Abs 1 schon mit Vornahme der Versendung[237]. Beim Transport durch eigene Angestellte kommt die Haftung nach HGB §§ 421, 425 dagegen wegen **fehlender Frachtführereigenschaft** dieser Personen nicht in Betracht. Der Käufer stünde daher bei Zugrundelegung der hier abgelehnten Gegenauffassung im Falle der Beförderung der Ware durch eigene Leute des Verkäufers erheblich schlechter als bei Beauftragung eines selbständigen Transportunternehmers. Die Gegenauffassung versucht, dieses offensichtlich nicht zu rechtfertigende Haftungsdefizit durch eine Anwendung des **§ 278 wegen Verletzung von Obhutspflichten** zu vermeiden[238]. Die Angestellten sollen in Bezug auf die **Bewahrung der Kaufsache vor Schäden** echte Erfüllungsgehilfen („Bewahrungsgehilfen") des Verkäufers sein, obwohl bei § 447 Abs 1 die vom Beförderer zu vertretende Beschädigung der Ware auf dem Transport zu den klassischen Risiken zählt, die mit Versendung auf den Käufer übergehen sollen[239]. Die Heranziehung des § 278 ist von vornherein **widersprüchlich und systemwidrig**, weil der Verkäufer beim Versendungskauf den Transport der Ware gerade nicht schuldet[240]. Das Verschulden von Personen, die ab Aushändigung der Ware an den Beförderer mit dem Transport betraut sind, also insbes eine Sorgfaltswidrigkeit des vom Beförderer eingesetzten Lkw-Fahrers, ist vielmehr ein eindeutiger Fall der Realisierung der Transportgefahr, die nach § 447 Abs 1 schon mit Versendung auf den Käufer übergeht[241].

101 f) **Beförderung durch mehrere selbständige Unternehmen**. Sind mehrere Unternehmen zum Zwecke der Durchführung der Beförderung der Ware zum Bestimmungsort eingeschaltet,

233 Vgl Wertenbruch, FS für Grunewald, 2021, S 1283, 1294 ff.
234 Vgl Wertenbruch, FS für Grunewald, 2021, S 1283, 1294 f.
235 Wertenbruch, FS für Grunewald, 2021, S 1283, 1295.
236 Wertenbruch, FS für Grunewald, 2021, S 1283, 1295.
237 Wertenbruch, FS für Grunewald, 2021, S 1283, 1295.
238 Staud/Beckmann Rz 40; MünchKomm/Westermann Rz 24; Grüneberg/Grüneberg § 278 Rz 15; Lorenz/Riehm, Lehrbuch zum neuen Schuldrecht, 2002, Rz 479; Oetker/Maultzsch, Vertragliche Schuldverhältnisse, 2018[5], S 228 f.
239 Vgl Rz 204.
240 IE auch Erman/Grunewald Rz 10; vgl Wertenbruch, FS für Grunewald, 2021, S 1283, 1296 f.
241 Vgl Wertenbruch, FS für Grunewald, 2021, S 1283, 1296 f.

so ist für den Gefahrübergang grundsätzlich die **Auslieferung an das erste selbständige Unternehmen** entscheidend, das den ersten Teilstrecken-Transport durchführt. Unerheblich ist insoweit, ob mit verschiedenen Frachtführern separate Beförderungsverträge für Teilstrecken abgeschlossen werden oder (nur) ein Vertrag mit einem **Spediteur** besteht, der den gesamten Transport organisiert und zumindest einen Teil – idR zumindest die Beförderung im Inland – im Wege des **Selbsteintritts nach HGB § 458** durchführt und im Übrigen mit Frachtführern die Übernahme von Teilstrecken vereinbart. Wenn der Spediteur für eine Teilstrecke oder für den gesamten Transport von seinem Selbsteintrittsrecht nach HGB § 458 Gebrauch macht, dann hat er insoweit die **Rechte und Pflichten eines Frachtführers** (HGB § 458 Satz 2), dh, dem Käufer steht im Falle des Untergangs oder der Beschädigung der Ware ein Ersatzanspruch aus HGB §§ 421, 425 gegen den Spediteur zu.

Die dargelegten Grundsätze gelten selbstverständlich nur bei Fehlen einer davon **abweichenden Vereinbarung** der Kaufvertragsparteien. Erhebliche praktische Bedeutung hat insoweit die Verwendung der **Incoterms-Klauseln „CFR" und „CIF" beim Überseekauf**. Diese C-Klauseln führen zwar wegen Vorliegens eines Versendungskaufs zur Anwendung des § 447 Abs 1, die Gefahr geht hier aber nur dann mit Übergabe der Ware an den ersten selbständigen Beförderer über, wenn es ein **Seefrachtführer** ist[242]. Der Transport vom Sitz des Verkäufers zum **Abladehafen** erfolgt daher bei **„CFR"** oder **„CIF"** noch nicht auf Gefahr des Käufers, sofern die Kaufvertragsparteien keine Vorverlagerung vereinbart haben. Die Gefahr geht demnach hier nicht früher auf den Käufer über als bei Vereinbarung von **„FOB"**[243]. Beim Landtransport unter Verwendung der **Incoterms-Klauseln „CPT/CIP"** bleibt es dagegen bei dem Prinzip, dass der Gefahrübergang mit der Auslieferung der Ware an den **ersten selbständigen Beförderer** eintritt[244]. 102

2. **Auslieferung der Ware an Beförderer**. – a) **Grundlagen – der transportrechtliche Übernahmebegriff**. Die für den Gefahrübergang nach § 447 Abs 1 erforderliche Auslieferung des Kaufgegenstands an den Beförderer ist grundsätzlich dann zu bejahen, wenn der beauftragte Unternehmer die **Obhut über das Gut** zum Zwecke der Durchführung des Transports zum Bestimmungsort erlangt hat[245]. Insoweit gilt im Wesentlichen das Gleiche wie für das Tatbestandsmerkmal „Übernahme zur Beförderung" bei der Frachtführerhaftung nach HGB § 425 Abs 1[246]. Diese Übernahme ist gegeben, wenn die Sache objektiv in den **Verantwortungsbereich des Frachtführers** oder seiner Erfüllungsgehilfen (insbes Lkw-Fahrer) gelangt ist, so dass sie vor Schäden bewahrt werden kann[247]. Etwas anderes kann von den Kaufvertragsparteien selbstverständlich im Rahmen der Vertragsfreiheit vereinbart werden oder sich im konkreten Einzelfall aus der **Verkehrssitte oder einem Handelsbrauch** ergeben. Zu beachten sind insbes Modifikationen und Präzisierungen auf Grundlage einer gewählten **Incoterms-Klausel**[248]. 103

b) **„Beförderungssichere Verladung" durch den Verkäufer – Verladevoraussetzungen des HGB § 412**. Bei Fehlen einer abweichenden Vereinbarung der Kaufvertragsparteien setzt die Auslieferung der Ware an den Frachtführer eine sog **beförderungssichere Verladung** durch den Verkäufer voraus. Nach HGB § 412 Abs 1 Satz 1 hat „der Absender das Gut beförderungssicher zu laden, zu stauen und zu befestigen (verladen)", soweit sich aus den Umständen oder der Verkehrssitte nicht etwas anderes ergibt. An einer beförderungssicheren Verladung des Kaufgegenstands fehlt es bspw dann, wenn der Verkäufer das Transportfahrzeug zwar beladen hat, der Beförderer aber die Durchführung des Transports zum Bestimmungsort wegen **nicht ordnungsgemäßer Verpackung** ablehnt. Obliegt abweichend von HGB § 412 Abs 1 dem Frachtführer die Verladung, so ist eine Übernahme der Ware zu bejahen, sobald der Frachtführer sie zum Zwecke der Verladung in seine Obhut genommen hat[249]. Der Frachtführer muss hierfür zu erkennen geben, dass er die **Herrschaftsgewalt über die Sache** zum Zwecke der Beförderung übernimmt[250]. 104

c) **Einlagerung der Ware durch beauftragten Spediteur**. Die nach § 447 Abs 1 für den Gefahrübergang erforderliche Auslieferung der Kaufsache an den Beförderer liegt noch nicht vor, wenn der Verkäufer einem Spediteur zunächst nur den Auftrag erteilt, das **Gut einzulagern**[251]. Die Übergabe an den Spediteur erfolgt hier nämlich nicht zum Zwecke der Beförderung 105

242 Vgl dazu Rz 235.
243 Vgl dazu Rz 33.
244 Vgl Rz 41 f.
245 BeckOGK/Tröger Rz 43; Staud/Beckmann Rz 22; BeckOK/Faust Rz 10 f.
246 BeckOGK/Tröger Rz 43; MünchKomm/Westermann Rz 14; Staud/Beckmann Rz 22; BeckOK/Faust Rz 10; Grüneberg/Weidenkaff Rz 14.
247 BGH NJW-RR 2002, 536 f; BGH NJW-RR 2012, 365 Rz 13; BGH NJW 2014, 998 Rz 15.
248 Vgl zu den Incoterms Rz 30 ff und Rz 222 ff.
249 BGH NJW-RR 2012, 364 Rz 13.
250 BGH NJW-RR 2012, 364 Rz 13; BGH NJW 2014, 997 Rz 15.
251 Köln TransportR 2003, 116 f; Schiedsgericht der Handelskammer Hamburg, 19.10.1945, HSG E 2 b Nr 1; BeckOGK/Tröger Rz 44; MünchKomm/Westermann Rz 14; Erman/Grunewald Rz 10; BeckOK/Faust Rz 1; Ebenroth/Boujong/Joost/Strohn/Schaffert, HGB, 2020[4], § 425 Rz 20.

der Ware zum **Bestimmungsort**. Übernimmt der Spediteur dagegen die Ware vom Verkäufer für die Durchführung des Transports zum Bestimmungsort und lagert er sie vor der Ankunft an diesem Ort wegen einer zwischenzeitlich aufgetretenen **Transportstörung** ein, so fällt durch diesen Umstand die nach § 447 Abs 1 bereits auf den Käufer **übergegangene Gefahr** nicht auf den Verkäufer zurück[252]. Es handelt sich vielmehr um die Realisierung eines Transportrisikos. Ein **vorübergehendes Abstellen** des Transportfahrzeugs während des Transports führt ebenfalls für den Zeitraum der Unterbrechung nicht zu einem Zurückfallen der Gefahr auf den Verkäufer[253].

106 Eine Auslieferung der Ware an den Beförderer mit der Folge des Gefahrübergangs ist auch in dem Fall zu bejahen, in dem der Frachtführer wegen einer von ihm zu vertretenden oder einer sonstigen transportbedingten **Verzögerung der Beförderung** eine kurzfristige Zwischenlagerung (Vorlagerung) der Ware vornimmt[254]. Die temporäre Zwischenlagerung durch den Beförderer kann überdies darauf beruhen, dass der **Haupttransport** – zB Seetransport im Container – ohnehin erst zu einem späteren Zeitpunkt geplant ist. Praktische Bedeutung hat insoweit insbes die Zwischenlagerung in einem **Frachtzentrum des Spediteurs** bis zur Aufnahme sämtlicher Waren, die für eine **Sammelladung iSd HGB § 460**[255] vorgesehen sind.

107 d) **Transportvertrag und Frachtbriefausstellung.** Das Vorliegen eines **wirksamen Beförderungsvertrags** ist keine zwingende Voraussetzung des Gefahrübergangs nach § 447 Abs 1[256]. Der Wortlaut verlangt insoweit nur eine Auslieferung der Sache an den Beförderer. Auch nach dem Zweck dieser Vorschrift ist das Bestehen einer voll **wirksamen Vertragsgrundlage** im Verhältnis zwischen Verkäufer und Beförderer nicht obligatorisch für den Übergang der Gefahr. Der Verkäufer trägt demnach in Bezug auf seine Gefahrentlastung insbes nicht das Risiko, dass der von ihm tatsächlich **abgeschlossene Beförderungsvertrag** unerkannt an einem **Wirksamkeitsmangel** leidet.

108 Liegt eine **Verladung der Ware** iSd HGB § 412 Abs 1[257] vor, so steht der Bejahung einer Auslieferung iSd § 447 Abs 1 nicht entgegen, dass der Verkäufer zum Zeitpunkt der jetzt erfolgenden Beschädigung der Ware noch mit dem **Ausfüllen des Frachtbriefs** beschäftigt ist. Denn das Erledigen dieser Formalität ist regelmäßig nicht Voraussetzung für das Erlangen der **Obhut über die Ware durch den Frachtführer** zum Zwecke der Durchführung des Transports zum Bestimmungsort.

109 e) **Übergabe eines Traditionspapiers an den Beförderer und Erlangung des mittelbaren Besitzes.** Die **Übergabe eines Traditionspapiers** an den Beförderer – etwa eines für die Abholung durch den Fahrer erforderlichen Lagerscheins – genügt zwar nicht generell, aber unter bestimmten Voraussetzungen für die Bejahung einer Auslieferung iSd § 447 Abs 1[258]. Insoweit muss gesehen werden, dass die Übergabe eines auf den Kaufgegenstand bezogenen Traditionspapiers in Gestalt eines **Lagerscheins** oder eines **Konnossements** gem HGB § 475g bzw HGB § 524 in Bezug auf den Gefahrübergang nach § 446 Satz 1 einer **Übergabe der Sache** gleichsteht[259]. Entsprechendes gilt für den nur in der **Binnenschifffahrt üblichen Ladeschein** mit der Traditionswirkung des HGB § 448[260]. Der sich in erster Linie auf das Verhältnis zwischen Verkäufer und Beförderer beziehende Begriff **„Auslieferung“** iSd § 447 Abs 1 ist gleichwohl nicht völlig identisch mit der Übergabe nach § 446 Satz 1 unter Einbeziehung der Traditionsfunktion des Lagerscheins, Konnossements oder Ladescheins. Die Auslieferung erfordert nämlich – wie die Ablieferung iSd § 438 Abs 2 im Verhältnis zwischen Verkäufer und Käufer – die **Erlangung der tatsächlichen Verfügungsgewalt** durch den Beförderer unter Ausschluss einer Einwirkungsmöglichkeit des Verkäufers. Der durch Übergabe eines Traditionspapiers (Lagerschein, Konnossement oder Ladeschein) begründete mittelbare Besitz des Beförderers stellt daher nur dann eine Auslieferung iSd § 447 Abs 1 dar, wenn nicht der Verkäufer, sondern – wie in den meisten Fällen – ein **herausgabebereiter Dritter unmittelbarer Besitzer** der Ware ist. Zu verneinen ist eine Auslieferung demnach bspw in dem Fall, in dem der **Verkäufer** selbst die

252 Schiedsgericht der Handelskammer Hamburg, 19.10.1945, HSG E 2 b Nr 1; BeckOGK/Tröger Rz 45; Staud/Beckmann Rz 22.

253 BGHZ 113, 106, 114; Staud/Beckmann Rz 22; BeckOGK/Tröger Rz 45.

254 So zur Übernahme iSd HGB § 425 Abs 1 Ebenroth/Boujong/Joost/Strohn/Schaffert, HGB, 2020[4], § 425 Rz 20.

255 Vgl dazu Rz 112 f.

256 BeckOGK/Tröger Rz 43; Staud/Beckmann Rz 22; aA KG OLGE 40, 295 (ohne Sachverhalt; offenbar ging es um den Verlust des Gutes auf dem Weg zum Bahnhof).

257 Vgl dazu oben Rz 104.

258 Grundsätzlich verneinend aber BeckOGK/Tröger Rz 43; Staud/Beckmann Rz 22; MünchKomm/Westermann Rz 14; Grüneberg/Weidenkaff Rz 14.

259 Vgl zum Verkauf „schwimmender“ Ware mit Übergabe des Konnossements Rz 74 ff und § 446 Rz 62, 68.

260 Vgl zum Verkauf „schwimmender“ Ware mit Übergabe des Ladescheins Binnenschiffstransport Rz 74 ff und § 446 Rz 68.

Kaufsache eingelagert und einen **Lagerschein ausgestellt** hat. Die bloße Übergabe des Lagerscheins bewirkt hier deshalb noch keinen Gefahrübergang, weil der Verkäufer den **unmittelbaren Besitz** und die damit verbundenen Einflussmöglichkeiten noch nicht aufgegeben hat.

Die für die Begründung des mittelbaren Besitzes durch Übergabe eines Traditionspapiers dargelegten Grundsätze gelten entsprechend, falls der **Beförderer** auf andere Weise **mittelbarer Besitzer** der Kaufsache wird. Das Vorliegen einer Auslieferung iSd § 447 Abs 1 hängt dann auch hier davon ab, ob ein **herausgabebereiter Dritter unmittelbarer Besitzer** ist. Befindet sich die Ware dagegen im unmittelbaren Besitz des Verkäufers, so führt der dem Beförderer durch **Besitzkonstitut** (**§ 868**) eingeräumte mittelbare Besitz aufgrund der fortbestehenden Einwirkungsmöglichkeiten des Verkäufers noch nicht zu einem Gefahrübergang. Für das Tatbestandsmerkmal **„Übernahme zur Beförderung"** iSd HGB § 425 Abs 1 genügt zwar generell auch der Erwerb des mittelbaren Besitzes durch den Frachtführer[261]. Der in § 447 Abs 1 geregelte Auslieferungsbegriff ist aber im Verhältnis zur Übernahme der Ware nach HGB § 425 Abs 1 als enger anzusehen, soweit es um die Konstellation geht, dass der **Verkäufer unmittelbarer Besitzer** ist und dem Beförderer den Besitz mittelt. Im Übrigen erscheint es zweifelhaft, ob in dem Fall, in dem der Verkäufer – nicht aber ein herausgabebereiter Dritter – als unmittelbarer Besitzer dem **Frachtführer** nur den mittelbaren Besitz einräumt und damit die tatsächliche Sachherrschaft behält, von einer Übernahme iSd HGB § 425 Abs 1 gesprochen werden kann. Denn die Ware ist hier noch nicht in den **Verantwortungsbereich des Beförderers** gelangt, so dass die Begründung einer Obhut eigentlich nicht gegeben ist. Richtig ist die Anwendung des HGB § 425 Abs 1 dagegen bei Erwerb des unmittelbaren Besitzes durch einen **Unterfrachtführer**, der dem **Hauptfrachtführer** den Besitz mittelt[262]. In diesem Fall ist selbstverständlich auch eine Auslieferung iSd § 447 Abs 1 zu bejahen, da der Verkäufer seinen unmittelbaren Besitz und die damit verbundenen Einwirkungsmöglichkeiten mit Aushändigung an den Unterfrachtführer aufgegeben hat. Entscheidend für die Gefahrentlastung des Verkäufers ist der Übergang des unmittelbaren Besitzes auf den Frachtführer oder einen Dritten (insbes Unterfrachtführer), der dem Frachtführer bzw Hauptfrachtführer den Besitz mittelt. 110

f) **Auslieferung beim Verkauf von Flüssigkeiten**. Der Verkauf von Flüssigkeiten weist rechtlich in Bezug auf die Frage der Auslieferung iSd § 447 Abs 1 an den Beförderer keine Besonderheiten auf. Die Gefahr geht hier auf den Käufer über, sobald die Flüssigkeit aus dem **Tank des Verkäufers** – entweder stationäre Tankanlage oder Tankfahrzeug/Tankschiff – in das **Transportfahrzeug/Tankschiff des Beförderers** gelangt[263], also die **Abfüllvorrichtung** des zum Betrieb des Verkäufers gehörenden Tanks verlässt. Der BGH[264] hat zu Recht das Vorliegen einer Auslieferung in einem Fall angenommen, in dem **Mineralöl** vom Tanklager einer Raffinerie in einen **Tankwagen des Beförderers** abgefüllt worden war. Wird in einer derartigen Situation die **verkaufte Flüssigkeit** nach Abfüllung im Tank des Beförderers vertragswidrig mit einer **anderen Flüssigkeit oder Chemikalie vermischt**, so handelt es sich um die Realisierung eines vom Käufer ab Auslieferung/Gefahrübergang zu tragenden Transportrisikos. 111

3. **Auslieferung bei sog Sammelsendung**. Im Falle der Sammelsendung wird ein **ungetrennter Bestand gleichartiger Güter** (zB Chemikalien, Öl, Gase, Getreide) in einem Transport **für mehrere Käufer** versandt mit der an den Beförderer, den Empfangsspediteur oder ein sonstiges Logistikunternehmen gerichteten Weisung, diesen Bestand am Bestimmungsort auf die Käufer zu verteilen[265]. Der Gefahrübergang nach § 447 Abs 1 setzt hier voraus, dass die Sendung insgesamt eindeutig zur Erfüllung des Kaufvertrags bestimmt ist. Dieses Erfordernis ist gegeben, wenn der Kaufvertrag nachweislich mit einer **Teilmenge** aus einer **eindeutig bestimmten größeren Gesamtmenge** erfüllt werden soll[266]. Darüber hinaus muss die vom Verkäufer veranlasste Sammelsendung im konkreten Fall auf Grundlage des **geschlossenen Kaufvertrags oder nach Handelsbrauch/Verkehrssitte** zulässig sein[267]. Häufig kann bei Fehlen einer ausdrücklichen 112

261 BGH NJW 2014, 997 Rz 15; BeckOK/G. Kirchhof, HGB, 2023[40], § 425 Rz 3.

262 BGH NJW-RR 2002, 536 f; Oetker/Paschke, HGB, 2021[7], § 425 Rz 8.

263 BGHZ 113, 106, 114: Vermischung von Dieselkraftstoff mit restlichem Heizöl im Fahrzeug des Beförderers; BeckOK/Faust Rz 10.

264 BGHZ 113, 106, 114.

265 Vgl zur Sammelladung iSd HGB § 460 bei Stückgut Rz 134 f.

266 RGZ 88, 389 ff. Im Fall des RG verkaufte der Kläger am 2.7.1914 300 t Gerste zum Preise von 116, 25 Mark einschließlich Fracht und Versicherung bis zur Weser, zu verladen im Laufe des Juli von Häfen des Asowschen oder des Schwarzen Meeres, Zahlung gegen Dokumente. Bis zum 25.7.1914 verlud der Kläger 2.500 t Gerste auf den englischen Dampfer Patagonia. Am 1.8.1914 erstattete er gegenüber dem Käufer per Telegramm die vorgeschriebene Verladeanzeige „über 300 t aus der Partie von 2.500 t". Die Patagonia fuhr nicht ab. Die Ware wurde später von Russland beschlagnahmt und ging damit verloren. Das RG nahm in Bezug auf die Anwendbarkeit des § 447 Abs 1 zu Recht an, dass der Verkäufer befugt war, die 300 t Gerste als Bruchteil einer größeren Menge zu verschiffen.

267 RGZ 88, 389, 390 f; MünchKomm/Westermann Rz 15; Staud/Beckmann Rz 45.

Regelung im Kaufvertrag von einer **konkludenten Zustimmung des Käufers** ausgegangen werden. Dies gilt insbes dann, wenn für ihn offensichtlich ist, dass aufgrund der gekauften Menge nur der Transport einer erheblich größeren Gesamtmenge mit der Folge der Verteilung auf mehrere Empfänger wirtschaftlich sinnvoll und üblich ist. Ein Einverständnis kann vom Käufer auch noch nachträglich erklärt werden.

113 Im Falle der Zulässigkeit einer Sammelsendung trägt jeder Käufer gem § 447 Abs 1 das Risiko des vollständigen oder partiellen Verlusts der Sammelsendung auf dem Transport[268]. Ein **Totalverlust der Sammelsendung** führt zur vollen Kaufpreiszahlungspflicht aller beteiligten Käufer. Einen **Teilverlust** muss jeder Käufer dagegen nur nach **Maßgabe der Quote** tragen, mit der er an der Sammelsendung beteiligt ist.

114 Besonderheiten in Bezug auf die Frage des Gefahrübergangs bei Vorliegen einer Sammelsendung sind allerdings beim **Überseekauf** mit der Vereinbarung **„Kasse gegen Dokumente"** zu beachten. Hier kommt es für den Übergang der Preisgefahr nach § 447 Abs 1 entscheidend darauf an, ob nach Vereinbarung, Übung oder Handelsbrauch das für den einzelnen Käufer über die Sammelsendung ausgestellte **Teildokument „andienungsfähig"** ist, dh, die Vorlage den Käufer zur Zahlung des Kaufpreises verpflichtet[269]. Liegt diese Voraussetzung vor, so ist die Sammelsendung auch hier zugelassen mit der Folge, dass die Absendung – und nicht erst die Übergabe der Teilmenge an den Käufer am Bestimmungsort – zum Gefahrübergang nach § 447 Abs 1 führt.

115 4. **Transport zum Beförderer durch Verkäufer (Vortransport/Vorreise)**. Bringt der Verkäufer die verkaufte Ware selbst zum Beförderer, so liegt bis zur Annahme durch ihn **keine Auslieferung iSd § 447 Abs 1** vor. Der Transport zum ersten selbständigen Beförderer ist grundsätzlich eine **vertragliche Verpflichtung des Verkäufers** und damit eine Bringschuld. Entgegen einer in einem Versicherungsstreit ergangenen Entscheidung des RG[270] gilt in dem Fall nichts anderes, in dem der Verkäufer den Transport zum Beförderer nicht selbst, sondern durch **eigene Leute** (Angestellte) bewerkstelligt[271]. Die Beförderung der Ware zum **vertraglich vorgesehenen Absendeort (Erfüllungsort/Leistungsort)** wird unabhängig davon, ob der Verkäufer dies selbst erledigt, eigene Leute einsetzt oder einen selbständigen Unternehmer beauftragt, nicht von § 447 Abs 1 erfasst. Nach vorzugswürdiger Ansicht ist diese Gefahrtragungsregelung ohnehin generell nicht auf den Transport durch eigene Leute (Angestellte) anwendbar[272]. Im Falle der Verwendung der beim Über-Land-Transport üblichen Incoterms-Klauseln **„CPT"** oder **„CIP"** ist der Ort der Übergabe der Ware an den ersten selbständigen Beförderer auch der Absendeort, an dem die Gefahr auf den Käufer übergeht[273]. Anders ist die Rechtslage beim **Überseekauf/Binnenschiffstransport** mit Vereinbarung von **„CFR"** oder **„CIF"**. Bei Fehlen einer abweichenden Vereinbarung führt hier die Übergabe an den Spediteur, der den **Transport zum Verschiffungshafen** besorgt und der erste selbständige Beförderer ist, noch nicht zum Gefahrübergang nach § 447 Abs 1. Erforderlich ist dafür vielmehr die Übergabe der Ware an den **Seefrachtführer bzw Binnenschiff-Frachtführer**. Der Transport der Ware zum **Abladehafen** ist daher bei Geltung von **„CFR"** oder **„CIF"** auch dann grundsätzlich ein noch auf Gefahr des Verkäufers erfolgender Vortransport, wenn er von einem selbständigen Beförderer (idR Spediteur) durchgeführt wird. Insoweit besteht eine Übereinstimmung mit der beim Überseekauf ebenfalls geläufigen **FOB-Klausel**, die zum Gefahrübergang nach § 446 Satz 1 mit Verbringung der Ware auf das vom Käufer benannte Schiff führt[274]. Bei Wahl von **„FOB"** liegt aber kein Versendungskauf iSd § 447 Abs 1, sondern in Bezug auf den **See- bzw Binnenschiffstransport eine Holschuld des Käufers** und bis zur Übergabe der Ware im Abladehafen eine **Bringschuld** des Verkäufers vor[275].

116 5. **Konkretisierung der Gattungsschuld des Verkäufers**. – a) **Grundlagen – Aussonderung der Ware und Adressierung an den Käufer**. Bei Vorliegen eines Gattungskaufs kann die Preisgefahr nach § 447 Abs 1 nur dann auf den Käufer übergehen, wenn die Gattungsschuld

268 BeckOGK/Tröger Rz 50; Staud/Beckmann Rz 45; BeckOK/Faust Rz 13.

269 Dazu eingehend Haage, Das Abladegeschäft, 1958⁴, S 66 ff.

270 RGZ 96, 258 = JW 1919, 992 (mit ablehnender Anmerkung Hachenburg).

271 Wie hier Hamburg HansRZ 1919 Nr 69 = Recht 1919 Nr 906; KG OLGE 20, 174; KG OLGE 40, 295; Erman/Grunewald Rz 10. Nach richtiger Ansicht wird auch dann, wenn der Verkäufer nachträglich trotz Fehlens einer kaufvertraglichen Verpflichtung dem Käufer eine Versendungszusage erteilt, eine rechtliche Verpflichtung des Verkäufers begründet (vgl dazu Rz 50 ff). Die Belastung des Verkäufers mit der Gefahr des Transports der Ware zum ersten selbständigen Beförderer (first carrier) hängt daher nicht davon ab, ob die Versendungsverpflichtung schon mit Abschluss des Kaufvertrags oder nachträglich „freiwillig" vom Verkäufer übernommen wurde.

272 Vgl oben Rz 83 ff.

273 Vgl Rz 40 f.

274 Vgl dazu § 446 Rz 119.

275 Vgl Rz 34 f, 225 f.

gem § 243 Abs 2 mit der vom Verkäufer veranlassten **Auslieferung der Ware** an den Beförderer konkretisiert wird. Die Absendung der Ware ist insoweit deshalb entscheidend, weil es sich um eine **Schickschuld** handelt. Mit dieser Handlung des Verkäufers geht sowohl die Sachgefahr (Leistungsgefahr) als auch die Preisgefahr (Gegenleistungsgefahr) auf den Käufer über. Grundvoraussetzung für diese Konzentration der Leistungspflicht ist allerdings, dass die für den Transport vorgesehene Ware zum Zeitpunkt der Versendung in hinreichender Weise als für den Käufer bestimmt gekennzeichnet ist. Eine ausreichende käuferbezogene Individualisierung des Kaufgegenstands ist insbes in einer Adressierung der Warensendung an den Käufer oder/und in der Ausstellung eines **Frachtbriefs** zu sehen, der den **Käufer als Warenempfänger** bezeichnet[276]. Benennt der Verkäufer stattdessen bei der noch nicht vollzogenen Beschaffung (Einkauf) der Ware bspw sich selbst oder seinen eigenen **Empfangsspediteur** als Empfänger, so geht mangels Konkretisierung schon die Sachgefahr nicht auf den Käufer über, und erst recht nicht die Preisgefahr nach § 447 Abs 1. Es handelt sich um einen klassischen **Vortransport (Vorreise)** von Gattungsware zum Sitz des Verkäufers (Erfüllungsort)[277]. Die Konkretisierung erfolgt hier erst nach Ankunft der Ware beim Verkäufer mit Vornahme einer Kennzeichnung zugunsten des Käufers.

Im Rahmen der **Vertragsfreiheit** kann der Zeitpunkt der Konkretisierung der Gattungs- 117
schuld selbstverständlich durch den Kaufvertrag festgelegt werden. Eine solche Vereinbarung kann **Beweisschwierigkeiten** und – sofern ein späterer Zeitpunkt festgelegt wird – einen Streit über die Zulässigkeit einer **Rekonkretisierung** (Aufhebung der Konkretisierung durch den Verkäufer)[278] vermeiden[279].

b) **Konkretisierung beim Übersee-Gattungskauf mit Konnossementausstellung**. Beim 118
Überseekauf wird das Konnossement iSd HGB § 514 häufig so ausgestellt, dass der Verkäufer zunächst selbst empfangsberechtigt ist[280]. Die Ausstellung eines **Rektakonnossements**, das den Käufer schon bei der Abladung der Ware als Empfänger benennt, ist zwar möglich. Üblich ist aber die Verwendung eines an **Order des Abladers** gestellten Konnossements[281]. Diese Gestaltung ermöglicht es dem Verkäufer, die eigentlich für den Käufer vorgesehene Gattungsware ohne dessen Kenntnis an einen Dritten zu verkaufen und umzuleiten[282]. Die Ausstellung eines zunächst den Verkäufer als empfangsberechtigt bezeichnenden Konnossements führt noch nicht zur Konkretisierung der Gattungsschuld. Diese Rechtsfolge tritt vielmehr erst dann ein, wenn der Verkäufer dem Käufer eine **Verschiffungs- oder Verladeanzeige** übersendet[283].

Das Konnossement an Order des Verkäufers hindert aber in dem Fall nicht die Konkretisie- 119
rung durch Verschiffung (Abladung), in dem der Verkäufer dem Käufer bezüglich der ausgesonderten Ware eine **Bereitstellungsanzeige** übermittelt hat[284]. Erforderlich dafür ist aber gem § 243 Abs 2 eine **hinreichende Kennzeichnung** der für den Käufer bestimmten Ware. Bei Verwendung der beim Überseekauf einschlägigen Incoterms-Klauseln **„CFR“** oder **„CIF“**[285] folgt sowohl aus dem Wortlaut als auch aus dem Zweck der betreffenden Lieferklausel, dass die Konkretisierung mit **Absendung der Verschiffungs- oder Verladeanzeige** rückwirkend zum Verschiffungszeitpunkt eintritt[286]. Fehlt eine Verschiffungsanzeige, so kann der Verkäufer die Konkretisierung durch Absendung des an den Käufer **indossierten Konnossements** bewirken[287]. Unerheblich ist insoweit, ob und zu welchem Zeitpunkt dem Käufer die Anzeige bzw das Konnossement zugeht[288]. Grundvoraussetzung für die Konkretisierung der Gattungsschuld beim Versendungskauf ist aber auch beim **Überseegeschäft** eine vom Verkäufer einseitig vorgenommene **unmissverständliche Zuordnung der konkreten Ware** zum konkreten Kaufvertrag[289].

276 Erman/Grunewald Rz 11; MünchKomm/Westermann Rz 15, BeckOK/Faust Rz 11.
277 Vgl dazu Rz 63.
278 Vgl dazu unten Rz 124.
279 Nach § 58 Abs 4 Satz 1 der Waren-Vereins-Bedingungen (WVB) des Waren-Vereins der Hamburger Börse wird beim Einfuhrgeschäft im Wege einer Über-Land-Versendung „der Kauf“ durch die Absendung der Verladeanzeige auf die darin bezeichnete Ware beschränkt.
280 Vgl Al-Deb'i, Überseekauf, 2008, S 77 f.
281 Vgl Al-Deb'i, Überseekauf, 2008, S 77.
282 Vgl Al-Deb'i, Überseekauf, 2008, S 78; U Huber, FS für Ballerstedt, 1975, S 327, 345.
283 RGZ 88, 389, 392; RGZ 92, 128, 129 f; Schiedsgericht des Waren-Vereins der Hamburger Börse, 9.9.1974, HSG E 1 a Nr 9; Al-Deb'i, Überseekauf, 2008, S 78. Nach § 41 Abs 4 Satz 1 der Waren-Vereins-Bedingungen (WVB) des Waren-Vereins der Hamburger Börse wird „der Kauf“ durch die Absendung der Verschiffungsanzeige auf die darin bezeichnete Ware beschränkt.
284 Vgl Schiedsgericht des Vereins der am Kaffeehandel beteiligten Firmen, 19.2./4.4.1975, HSG E 4 d Nr 14 („feste Praxis der Schiedsgerichte“).
285 Vgl dazu Rz 37 ff, 232 ff.
286 Hamburg HansRZ 1919 Nr 9; Großmann-Doerth, Das Recht des Überseekaufs, 1930, S 299; Haage, Das Abladegeschäft, 1958⁴, S 43; Hager, Die Gefahrtragung beim Kauf, 1982, S 116 ff; Al-Deb'i, Überseekauf, 2008, S 78 f; Liesecke WM 1978 Sonderbeil 3, S 36.
287 RGZ 88, 389, 392 f; RGZ 92, 128 129 f; RG 1929, 919, 920; Haage, Das Abladegeschäft, 1958⁴, S 29, 43; Al-Deb'i, Überseekauf, 2008, S 79.
288 RGZ 88, 389, 393; Hamburg HansRZ 1919 Nr 98; Haage, Das Abladegeschäft, S 42; Al-Deb'i, Überseekauf, 2008, S 79.
289 RGZ 88, 389, 393; Al-Deb'i, Überseekauf, 2008, S 79.

120 Die **rückwirkende Konkretisierung** durch Absendung des Konnossements oder der Verschiffungsanzeige setzt allerdings die **Redlichkeit des Verkäufers** voraus, die dann nicht gegeben ist, wenn dem Verkäufer zu diesem Zeitpunkt der Verlust oder die Beschädigung der Ware bereits bekannt oder fahrlässig nicht bekannt ist[290]. Einschlägig ist insoweit der **Rechtsgedanke des § 311a Abs 2**[291]. Dem Verkäufer obliegt daher insoweit der Entlastungsbeweis, dh, er muss seine Gutgläubigkeit nachweisen[292].

121 c) **Beweislast für Konkretisierung**. Die Beweislast für den Eintritt der Konkretisierung der Gattungsschuld trägt der Verkäufer. Dies beruht auf der allgemeinen Beweislastregel, nach der jede Partei diejenigen Tatsachen nachweisen muss, die für die Anwendung einer für sie günstigen Norm vorhanden sein müssen. Die sich aus § 243 Abs 2 ergebende Konkretisierung ist für den Verkäufer deshalb günstig, weil er im Falle des Untergangs der Kaufsache gem § 275 Abs 1 von seiner Lieferverpflichtung aus § 433 Abs 1 Satz 1 frei wird, dh keine Ersatzware aus der vereinbarten Gattung leisten muss. Diese Beweislastverteilung ist nach wie vor interessengerecht. Denn die für die Konkretisierung relevanten Umstände sind gewöhnlich unmittelbar der **Sphäre des Verkäufers** oder des von ihm beauftragten Beförderers zuzurechnen. Das gilt insbes beim **Überseekauf**. Wurde der Beförderungsvertrag ausnahmsweise vom Käufer abgeschlossen[293], so ändert dies zwar nichts an der Beweislast des Verkäufers. Dem Käufer kann hier aber nach allgemeinen Grundsätzen eine **sekundäre Darlegungslast** obliegen, soweit es um relevante Umstände aus dem Bereich des Beförderers geht und der Verkäufer wegen fehlender Beteiligung am Beförderungsvertrag insoweit keinen Informationszugang hat.

122 6. **Eingriff des Verkäufers in den Transport nach Absendung der Ware**. – a) **Rückfall der Preisgefahr**. Greift der Verkäufer nach Absendung der Ware auf Grundlage der ihm zustehenden **transportrechtlichen Verfügungsbefugnis** in die laufende Beförderung ein, insbes durch Anhalten der Ware, Anweisung zur Auslieferung an einen Dritten oder zur Zurücksendung, so macht er den durch Versendung an den Käufer nach § 447 Abs 1 eingetretenen **Übergang der Preisgefahr wieder rückgängig**[294]. Für den Rückfall der Preisgefahr kommt es zwar prinzipiell nicht darauf an, ob der Verkäufer im Verhältnis zum Käufer zu einem solchen Eingriff in die laufende Beförderung berechtigt ist oder nicht. Gleichwohl wird der eingetretene Gefahrübergang dann nicht berührt, wenn der Beförderer – aus eigenem Entschluss oder/und auf Weisung des Verkäufers – die Ware **wegen eines Transporthindernisses vorübergehend einlagert**[295]. Denn ein derartiger Umstand gehört zu den **Transportrisiken**, die der Käufer nach § 447 Abs 1 zu tragen hat[296]. Das Gleiche gilt für ähnliche Eingriffe des Beförderers in den Transportvorgang bis zur Ankunft der Ware am Bestimmungsort, die durch unerwartete Hindernisse notwendig werden.

123 In den Fällen einer nicht vorhergesehenen Transportstörung tritt allerdings dann eine Aufhebung des Übergangs der Preisgefahr ein, wenn der Verkäufer, obwohl eine Zwischenlagerung oder Umleitung verkehrsüblich wäre, zu Lasten des Käufers anderweitig über die Sache verfügt. Wird die Ware bspw per Eisenbahn von München nach Kiel versandt und der Transport in Hannover wegen witterungsbedingten Gleisschäden unterbrochen, so führt eine vom Verkäufer, der die Beseitigung des Hindernisses nicht abwarten will, veranlasste Umleitung nach Köln zum Zwecke der Belieferung eines anderen Kunden zur Aufhebung des Gefahrübergangs. Die Gefahr fällt hier allerdings nicht an den Verkäufer zurück, sondern geht mit **Zugang der Umleitungsanordnung** beim Beförderer auf den anderen Käufer über[297].

124 b) **Rekonkretisierung der Gattungsschuld**. Vom Rückfall der nach § 447 Abs 1 übergegangenen Preisgefahr zu trennen ist bei Vorliegen einer **Gattungsschuld** die umstrittene Frage der Aufhebung der Konkretisierung (Rekonkretisierung)[298]. Jedenfalls beim **Überseekauf** ist der Verkäufer kraft **Handelsbrauchs** an eine durch Absendung einer Verschiffungs- oder Verladeanzeige eingetretene Konkretisierung gebunden[299]. Aber auch in den sonstigen Fällen des Versendungskaufs ist nach Versendung der Ware offensichtlich, dass die Konkretisierung nicht ausschließlich im Interesse des Verkäufers eingetreten ist und er nicht berechtigt sein kann, den

290 Großmann-Doerth, Das Recht des Überseekaufs, 1930, S 298 f; Haage, Das Abladegeschäft, 1958^4, S 43; Al-Deb'i, Überseekauf, 2008, S 79.
291 Al-Deb'i, Überseekauf, 2008, S 79.
292 Al-Deb'i, Überseekauf, 2008, S 79.
293 Vgl dazu oben Rz 20 ff.
294 RGZ 108, 184, 187; BGH DB 1964, 1296; BeckOGK/Tröger Rz 47; Erman/Grunewald Rz 11; MünchKomm/Westermann Rz 18; Staud/Beckmann Rz 41; BeckOK/Faust Rz 11; Wertenbruch JuS 2003, 625, 631.
295 Dazu Schiedsgericht der Handelskammer Hamburg, 19.10.1945, HSG E 2 b Nr 1.
296 Vgl Rz 183.
297 IE gelten hier die Grundsätze des Gefahrübergangs beim Verkauf „rollender“ Ware; vgl dazu Rz 70 ff.
298 Vgl zum Meinungsstand BeckOGK/Beurskens § 243 Rz 102 ff.
299 Staud/Schiemann § 243 Rz 43; Haage, Das Abladegeschäft, 1958^4, S 28; Al-Deb'i, Überseekauf, 2008, S 81 f; U Huber, FS Ballerstedt, 1975, S 327, 346; Liesecke WM 1978 Sonderbeil 3, S 35.

Liefergegenstand nach Belieben – insbes zum Zwecke der **Belieferung eines Dritten** – auf Risiko des Käufers auszuwechseln[300]. Beruht der **Rückruf der Gattungsware** auf einem vom Verkäufer nicht zu vertretenden Transporthindernis, so verbleibt die Preisgefahr zwar grundsätzlich beim Käufer. Kann dieses Hindernis aber auf absehbare Zeit nicht beseitigt werden, so muss der Verkäufer insbes bei **verderblicher Ware** als befugt angesehen werden, die Konkretisierung wieder aufzuheben[301]. Dies hat dann zur Folge, dass auch die **Preisgefahr** auf den Verkäufer zurückfällt.

Anders ist die Rechtslage, wenn der Verkäufer die abgesandte Gattungsware zurückruft oder umleitet, um einen anderen Käufer beliefern zu können. Eine **Berechtigung zur Rekonkretisierung** ist hier und in gleichgelagerten Fällen zu verneinen[302]. Im Falle eines solchen Vorgehens des Verkäufers kommt es nach den oben dargelegten Grundsätzen zunächst zu einem Rückfall der Preisgefahr auf ihn[303]. Wegen fehlender Berechtigung zur Aufhebung der Konkretisierung verursacht der Verkäufer durch die anderweitige Verfügung über die Ware eine von ihm **zu vertretende Unmöglichkeit** mit der Folge der Schadensersatzhaftung[304]. Diese Haftung kann der Verkäufer allerdings noch dadurch vermeiden, dass er dem Käufer umgehend **erfüllungstaugliche Ersatzware** andient. Insoweit besteht aus dem Kaufvertrag iVm §§ 242, 254 Abs 1 aufseiten des Käufers grundsätzlich eine **Abnahmeverpflichtung**. Die Ersatzlieferung erfolgt hier aber in jeder Hinsicht auf Risiko des Verkäufers, der pflichtwidrig in den Transport eingegriffen hat. Im Falle einer **Versendung der Ersatzware** geht die Preisgefahr also nicht erneut gem § 447 Abs 1 auf den Käufer über. Dies ist auch deshalb in jeder Hinsicht interessengerecht, weil der Verkäufer ansonsten insbes bei unsicheren Verkehrsverhältnissen oder/und stark schwankenden Marktpreisen auf Kosten des Käufers spekulieren könnte[305]. 125

c) **Eingriff in den Transport bei Annahmeverzug des Käufers.** In den Fällen des vom Verkäufer veranlassten **Anhaltens oder Rückrufs** der durch Versendung auf dem Transport zum Bestimmungsort befindlichen Ware kann sich die Fortdauer der Gefahrbelastung des Käufers auch daraus ergeben, dass er sich in Bezug auf die **Abnahme** der Lieferung im **Annahmeverzug** befindet (§§ 300 Abs 2, 446 Satz 3). Verweigert der Käufer während des Transports der Ware ernsthaft und endgültig die Erfüllung seiner Pflichten aus § 433 Abs 2 und insbes die **Aufnahme von Transportdokumenten**, so wird der Übergang der Preisgefahr nicht angetastet, wenn der Verkäufer wegen dieses vertragswidrigen Verhaltens des Käufers die Ware anhalten, einlagern oder zurücksenden lässt. Der Annahmeverzug des Käufers ergibt sich hier aus §§ 295, 298. Es gilt daher in Bezug auf die Gefahrtragung letztlich das Gleiche wie in dem Fall, in dem das Anhalten des Transports auf einer zufälligen Störung beruht[306]. 126

Verlangt der Verkäufer wegen Nichtabnahme der Ware durch den Käufer bzw einer darauf bezogenen ernsthaften und endgültigen Erfüllungsverweigerung zu Recht **Schadensersatz statt der Leistung** und stellt sich nunmehr heraus, dass die Ware schon vor dem Eingriff des Verkäufers in den laufenden Transport untergegangen ist, so muss der Verkäufer sich den Wert der Ware bei der Schadensberechnung nicht anrechnen lassen. Denn die Gefahr ist gem § 447 Abs 1 mit der Absendung ohne Unterbrechung auf den Käufer übergegangen, und der inzwischen eingetretene **Annahmeverzug des Käufers**, der zur transportbezogenen Intervention des Verkäufers führte, verändert in Bezug auf die Belastung des Käufers mit der Preisgefahr nur die rechtliche Grundlage. 127

VII. Ordnungsgemäße Versendung der Ware und Befolgung von Weisungen des Käufers

1. **Geschäftsbesorgungscharakter der Versendung – Grundlagen.** Allgemeine Voraussetzung des Gefahrübergangs ist die Erfüllung der Lieferverpflichtung des Verkäufers durch ord- 128

300 Vgl BeckOGK/Beurskens § 243 Rz 103 ff.
301 Vgl BeckOGK/Beurskens § 243 Rz 107.
302 Vgl dazu auch BeckOGK/Beurskens § 243 Rz 103 ff.
303 Vgl oben Rz 122 f.
304 So iE auch BeckOGK/Beurskens § 243 Rz 103 ff; ausführlich zur Rekonkretisierung der Gattungsschuld und Haftung des Verkäufers beim Versendungskauf U Huber, FS für Ballerstedt, 1975, S 327, 339 ff.
305 Sehr instruktiv dazu U Huber, FS für Ballerstedt, 1975, S 327, 339 ff. Im Beispielsfall von U Huber verkauft der italienische Verkäufer zwei Waggonladungen Tomaten an einen deutschen Käufer. Wegen eines Bummelstreiks im Bereich des Eisenbahntransports beim Grenzübergang nach Österreich ist die rechtzeitige Ankunft in Deutschland nicht sicher. Gleichwohl vereinbaren die Kaufvertragsparteien, dass die Versendung gewagt wird. Der Verkäufer sendet nun insgesamt vier Waggons ab. Zwei „durchkommende“ Waggons leitet der Verkäufer wegen eingetretener Preissteigerung an einen anderen Abnehmer um. In Bezug auf die beiden steckengebliebenen Waggons beruft sich der Verkäufer gegenüber dem Käufer auf § 447 Abs 1.
306 Vgl dazu oben Rz 122.

nungsgemäße Versendung der Ware[307]. Der Verkäufer nimmt die Versendung iSd § 447 Abs 1 vor, um seine **Besitzübergabe- und Eigentumsverschaffungspflicht** aus § 433 Abs 1 Satz 1 zu erfüllen. Grundlage der Versendungspflicht ist also der Kaufvertrag in seiner besonderen Ausgestaltung als Versendungskauf[308], nicht aber ein separater **Geschäftsbesorgungsvertrag**[309]. Denn der Verkäufer führt mit der vertragskonformen Versendung der Ware in erster Linie ein **eigenes Geschäft** und nicht ein Geschäft des Käufers. Die Versendung erfolgt allerdings auf Gefahr und idR auch auf Kosten des Käufers. Die Kostentragungspflicht des Käufers beruht bei Fehlen einer kaufvertraglichen Regelung auf § 448 Abs 1[310]. Aus der **Gefahr- und Kostenbelastung des Käufers** ergibt sich eine besondere Verpflichtung des Verkäufers, bei der Versendung das Interesse des Käufers am Erhalt einer mangelfreien Kaufsache zu wahren. Insoweit enthält der Versendungskauf auch **Elemente eines Geschäftsbesorgungsvertrags**[311]. Neben dem abgeschlossenen Kaufvertrag und den Vorschriften des Kaufrechts sowie des Allgemeinen Schuldrechts sind deshalb uU Bestimmungen des **Geschäftsbesorgungsrechts** (§ 675 Abs 1 iVm §§ 665 ff) ergänzend heranzuziehen.

129 Gleichwohl sind die wichtigen Fragen der **Befolgung von Weisungen** des Käufers und der **Kostentragung** in § 447 Abs 2 bzw § 448 Abs 1 speziell und abschließend unter Ausschluss des Geschäftsbesorgungsrechts geregelt. Bedeutung erlangen kann zwar zB der **Auskunftsanspruch** des Auftraggebers (hier des Käufers) aus § 666 oder die **Herausgabepflicht** des Beauftragten (hier des Verkäufers) auf Grundlage des § 667. Genaugenommen ergeben sich die in diesen Vorschriften des Auftragsrechts geregelten Rechte und Pflichten aber schon im Rahmen einer **ergänzenden Auslegung des Kaufvertrags.** Eine analoge Anwendung der genannten Regelungen des Auftragsrechts ist daher nicht erforderlich. Es ist vielmehr bei der Auslegung des Kaufvertrags der Rechtsgedanke dieser Vorschriften heranzuziehen.

130 2. **Abschluss des Beförderungsvertrags und Wahl der Transportmodalitäten**. Regelmäßige – aber nicht zwingende – rechtliche Grundlage der **Versendung** iSd § 447 Abs 1 ist der Abschluss eines Beförderungsvertrags. Typischerweise wird dieser Vertrag zwar vom Verkäufer abgeschlossen. Ausreichend ist aber auch eine Vornahme dieses Rechtsgeschäfts durch den Käufer[312]. Für den Inhalt des Beförderungsvertrags (insbes Beförderungsmittel, Auswahl des Beförderers, Bestimmungsort und Ankunftszeitpunkt) ist in erster Linie der abgeschlossene **Kaufvertrag** maßgeblich. Zudem muss der Verkäufer gem § 447 Abs 2 etwaige **Weisungen des Käufers** beachten[313]. Von sich aus muss der Verkäufer nur dann transportbezogene käuferseitige Weisungen einholen, wenn **unvorhergesehene und schwerwiegende Komplikationen** auftreten. Auch dies ergibt sich im Wege einer Auslegung des Kaufvertrags unter Berücksichtigung von Treu und Glauben sowie der Verkehrssitte. Ist nichts Besonderes vereinbart und hat der Käufer auch keine einschlägige Weisung erteilt, so ist der Verkäufer verpflichtet, das **Transportmittel** und die sonstigen Modalitäten der Beförderung der Kaufsache **ermessensfehlerfrei zu wählen** und die Versendung der Ware an den vertraglich festgelegten Bestimmungsort dementsprechend in die Wege zu leiten[314].

131 Der Verkäufer hat dabei die im Verkehr erforderliche Sorgfalt anzuwenden (§ 276), wobei regelmäßig aufgrund seiner Kaufmannsstellung eine Präzisierung durch die **Sorgfalt eines ordentlichen Kaufmanns** iSd HGB § 347 Platz greift. Relevant ist dieser Sorgfaltsmaßstab insbes bei der **Auswahl des Beförderers**. Im Rahmen des Verkehrsüblichen kann der Verkäufer auch hier nach **pflichtgemäßem Ermessen** entscheiden[315]. Er ist gehalten, den Beförderungsvertrag zu den **verkehrsüblichen Bedingungen** abzuschließen. Allerdings besteht hier im Allgemeinen von vornherein nur ein geringer Ermessensspielraum. Denn die **Beförderungsentgelte** sind regelmäßig durch die Frachttabellen der Transportunternehmer vorgegeben. Ein Verkäufer, der mit einem Spediteur eine laufende Geschäftsbeziehung unterhält, muss grundsätzlich nicht versuchen, zum Vorteil eines einzelnen Käufers günstigere Vertragsbedingungen auszuhandeln. Bei aus dem üblichen Rahmen fallenden größeren Transporten besteht allerdings idR eine Verpflichtung des Verkäufers, Vergleichsangebote einzuholen, sofern der Käufer die Beförderungskosten zu tragen hat.

307 Vgl Schiedsgericht des Waren-Vereins der Hamburger Börse, 20.2.1995 – 47/94, Leitsatz- und Schiedsspruchsammlung 1997-2014, S 62.
308 Staud/Beckmann Rz 6; Grüneberg/Weidenkaff Rz 9.
309 So schon ROHG 19, 244 f.
310 Vgl dazu § 448 Rz 11 f.
311 Insoweit zutreffend RGZ 88, 37 f; RGZ 103, 129 f; RG JW 1917, 215 f; Staud/Beckmann Rz 31; BeckOGK/Tröger Rz 65; BeckOK/Faust Rz 22.
312 Vgl Rz 21 f.
313 Vgl dazu Rz 152 ff.
314 BeckOGK/Tröger Rz 69. So darf der Verkäufer bspw im Trockenfruchthandel mit Lieferländern wie dem Iran, der Türkei oder Italien die Ware per Lkw oder/und Eisenbahn versenden (Schiedsgericht des Waren-Vereins der Hamburger Börse, 3.9.1987 – 31/87, Leitsatz- und Schiedsspruchsammlung 1997-2014, S 61 zum Versendungskauf kraft „c & f"-Klausel).
315 BeckOGK/Tröger Rz 69.

Pflichten und Obliegenheiten, die den Verkäufer aufgrund des **Abschlusses des Beförderungsvertrags** gegenüber dem Beförderer treffen (etwa die Pflicht zur Ausstellung eines vollständigen und richtigen Frachtbriefs), müssen auf Grundlage des abgeschlossenen Kaufvertrags auch im Interesse des Käufers beachtet werden. Darüber hinaus muss der Verkäufer den Käufer vor **vermeidbaren Transportrisiken und zusätzlichen Kosten** bewahren. Angestellte des Verkäufers sind auch in Bezug auf die kaufvertraglichen Pflichten, die dem Verkäufer im Zusammenhang mit der Versendung obliegen, als Erfüllungsgehilfen iSd § 278 einzuordnen. 132

3. **Ausweichen bei Verkehrsstörungen**. Der Verkäufer ist zwar bei der Versendung idR gehalten, den **kürzesten Transportweg** zu wählen[316]. Dies liegt aber nicht immer im Interesse des Käufers. Eine Transportstrecke durch Gebiete mit **temporären Verkehrsstörungen** ist nämlich möglichst zu vermeiden. Insoweit geht es inbes um Verkehrsbehinderungen durch Stau, Überschwemmungen, Sturmschäden und Straßenblockaden im Rahmen von Protestaktionen. Ein Abweichen von der ursprünglich vorgesehenen Art des Transports ist dann geboten, wenn die **Wahl eines bestimmten Beförderungsmittels** jedenfalls zurzeit mit dem Risiko von Verzögerungen oder sonstigen Störungen behaftet ist. Praktische Bedeutung hat insoweit vor allem ein **Arbeitskampf** im Bereich des Eisenbahn-Güterverkehrs oder des Luftfrachtverkehrs. Nach pflichtgemäßem Ermessen kann der Verkäufer daher grundsätzlich eine längere Strecke oder ein anderes Transportmittel wählen, wenn dies eine **wesentlich größere Sicherheit** für die unversehrte und/oder schnellere Ankunft der Ware am Bestimmungsort bietet. 133

4. **Vermeidung von Umladungen – Besonderheiten der Sammelladung iSd HGB § 460**. Umladungen während des Transports der Ware sind zwar möglichst zu vermeiden, es sei denn, sie sind im konkreten Einzelfall als branchenüblich anzusehen. Handelt es sich aber nicht um einen Kaufgegenstand, der aufgrund seiner Größe oder aus sonstigen Gründen (insbes Zusammenladungsverbot bei Gefahrgut) separat befördert werden muss, so ist idR nur die **Sammelladung nach HGB § 460** wirtschaftlich und üblich. Die Kaufsache wird bei der Sammelladung als **Stückgut** transportiert, dh vom Sammelladungsspediteur im sog **Vorlauf** beim Verkäufer als Versender abgeholt und dann bei der Sortierung nach Zieldestinationen im **Umschlagslager** (Frachtzentrum) dem einschlägigen Bestimmungsort zugeordnet. Es folgt nun eine Bündelung der Sendungen zum Zwecke der Beförderung im sog **Hauptlauf zum Empfangsspediteur**. Zusammenladungsverbote sind vom Sammelladungsspediteur zu beachten. Führt ein Verstoß gegen ein solches Verbot zu einer Beschädigung der Kaufsache, so ist § 447 Abs 1 anwendbar, sofern der Verkäufer die Ware ordnungsgemäß gekennzeichnet und dem beauftragten Spediteur die notwendigen Informationen erteilt hat[317]. Es handelt sich bei Vorliegen dieser Voraussetzungen um die Realisierung einer typischen Transportgefahr. 134

Der **Empfangsspediteur** liefert im sog **Nachlauf** die Ware an die einzelnen Empfänger aus. Auch dieser Spediteur ist nicht Erfüllungsgehilfe des Verkäufers, dh, Fehler bei der Warenzustellung gehören zu den von § 447 Abs 1 erfassten Transportgefahren. Die dargelegten **Grundsätze des Stückguttransports** im Rahmen einer **Sammelladung** gelten zwar – ebenso wie die Regelung des HGB § 460 – unmittelbar nur im transportrechtlichen Verhältnis zwischen Verkäufer und Spediteur. Mittelbar haben sie aber einen wesentlichen Einfluss auf die Frage der ordnungsgemäßen Erfüllung der dem Verkäufer auf Grundlage des Kaufvertrags obliegenden **Versendungspflicht**. Da die Besonderheiten der Sammelladung als **Ausprägung einer Verkehrssitte und eines Handelsbrauchs** anzusehen sind, ist der Kaufvertrag – bei Fehlen einer abweichenden Vereinbarung – in Bezug auf die Art der Versendung unter Berücksichtigung dieser Usancen des Transportgeschäfts auszulegen. Wenn der Käufer Bedenken gegen eine im konkreten Einzelfall **branchenübliche Sammelladung** hat, dann muss er mit dem Verkäufer eine abweichende kaufvertragliche Regelung treffen. IdR wird der Käufer hier entweder die mit einem separaten Transport verbundenen Mehrkosten oder eine Abholung (Holschuld) übernehmen müssen. 135

5. **Verantwortung für Verpackung, Kennzeichnung und Transportfähigkeit der Ware**. Der Verkäufer ist auf Grundlage des Kaufvertrags verpflichtet, die Ware in einem **transportfähigen Zustand** zu versenden[318]. Durch eine eindeutige **Adressierung oder/und Markierung/Kennzeichnung** der Warensendung muss er dafür Sorge tragen, dass Fehlleitungen oder Ver- 136

316 ROHG 19, 244, 246. Vgl zur Pflicht der Versendung auf „üblicher Route“ Schiedsgericht des Deutschen Kaffee-Verbandes, 27.5.1971, HSG J 5 a Nr 20 (auch bei „indirektem Abladegeschäft“, dh bei Verschiffung durch Dritten); 13.12.1971, HSG E 1 e Nr 4 (auch bei Erschwerung durch staatliche Maßnahmen des Exportlandes); Staud/Beckmann Rz 32.

317 Vgl dazu Rz 136.

318 BGH BB 1964, 1451; MünchKomm/Westermann Rz 21; BeckOK/Faust Rz 24.

wechslungen vermieden werden[319]. Dies gilt insbes dann, wenn ein **Lagerhalter** als Lieferadresse bestimmt ist[320]. Beim Überseekauf kann für den Verkäufer die Verpflichtung bestehen, das **Ursprungsland** auf der Warenverpackung anzugeben[321]. Zudem hat er für eine beförderungssichere Verpackung der Ware zu sorgen[322]. Eine Versendung ohne Verpackung ist nur dann zulässig, wenn diese Vorgehensweise **handelsüblich** ist. Die Art der Verpackung wird im Wesentlichen durch die **Beschaffenheit der Ware** bestimmt[323]. So sind bspw **zerbrechliche Waren** gegen Bruch[324], **Pflanzen und Lebensmittel** gegen Frost[325], **Salz** gegen Nässe[326] und im Güterwaggon verladene **Tuche** gegen Regen zu schützen[327]. Versandte **Fässer** müssen dicht[328] und **Batterien** gegen Kurzschluss gesichert sein[329]. **Frischfleisch** darf nicht in ungekühltem Zustand in den Kühlwagen verladen werden[330]. Auch in Bezug auf Transportfähigkeit und Verpackung sind nicht nur vertragliche Vereinbarungen sowie Handelsbrauch und Verkehrssitte, sondern zudem gem § 447 Abs 2 auch besondere **Weisungen des Käufers** zu beachten[331].

137 6. **Rechtsfolgen von versendungsbezogenen Pflichtverletzungen des Verkäufers.** – a) **Allgemeine Folgen – insbes Gefahrtragung.** Verletzt der Verkäufer bei **Abschluss des Beförderungsvertrags** die ihm gegenüber dem Käufer obliegende Interessenwahrungs- und Sorgfaltspflicht, so muss er etwaige Käuferschäden grundsätzlich nach **§ 280 Abs 1** ersetzen. Der Verkäufer kann sich nicht auf eine **Gefahrentlastung** nach § 447 Abs 1 berufen, wenn die Ware durch eine derartige Sorgfaltswidrigkeit bei Versendung nachfolgend auf dem Transport untergeht oder beschädigt wird[332]. Denn derartige Schäden beruhen nicht auf **Zufall**, sondern auf einer vom Verkäufer zu vertretenden Pflichtverletzung. Gegen die kaufvertragliche Verpflichtung, ein bestimmtes Beförderungsmittel oder/und Beförderungsverfahren zu wählen (zB Luftfracht oder Expressgut), verstößt der Verkäufer durch Vornahme einer andersartigen Versendung ausnahmsweise dann nicht, wenn die Abweichung wegen einer **Störung des vereinbarten Transportweges** geboten war[333].

138 b) **Rechtsfolgen fehlender Transportfähigkeit oder mangelhafter Verpackung der Ware.** – aa) **Sachmängelhaftung.** Hat der Verkäufer die Ware mangelhaft verpackt oder in sonstiger Weise in einem **nicht transportfähigen Zustand versandt** und wird sie infolgedessen auf dem Transport zum Bestimmungsort beschädigt oder sogar zerstört, so kann der Verkäufer sich insoweit nicht auf einen **Übergang der Preisgefahr** nach § 447 Abs 1 berufen[334]. Trifft die Ware beschädigt am Bestimmungsort ein, so stehen dem Käufer wegen Vorliegens eines **Sachmangels** iSd § 434 Abs 1 die Gewährleistungsrechte aus § 437 zu, wobei – im Falle des Vorliegens eines beiderseitigen Handelskaufs – die **Rügeobliegenheit des HGB § 377** zu beachten ist. Ein Sachmangel ist hier deshalb zu bejahen, weil die Ware zu dem für den Gefahrübergang nach § 447 Abs 1 maßgeblichen **Zeitpunkt der Versendung** nicht transportfähig war und daher entweder nicht die kaufvertraglich besonders vereinbarte Beschaffenheit iSd § 434 Abs 2 Satz 1 Nr 1 aufwies oder nicht den objektiven Anforderungen iSd § 434 Abs 3 Satz 1 Nr 4 entsprach. Der Sachmangel wird hier nicht dadurch ausgeschlossen, dass die Verpackung nur zum Zwecke des Transports erfolgt und daher nicht dauerhaft zur Beschaffenheit des betreffenden Kaufgegenstands gehört. Die Dauer der Verbindung ist für den Sachmangelbegriff unerheblich. Ein Sachmangel in Gestalt der fehlenden Transportfähigkeit der Ware ist vom Verkäufer regelmäßig zu vertreten und begründet daher einen **Schadensersatzanspruch** des Käufers, sofern die weiteren Voraussetzungen des §§ 437 Nr 3, 280 ff vorliegen und ein Schaden entstan-

319 BGHZ 50, 32, 36 (Adressierung); Schiedsgericht der Hamburger freundschaftlichen Arbitrage, 17.8.1959, HSG E 1 e Nr 1 (Markierung); Schiedsgericht des Waren-Vereins der Hamburger Börse, 20.2.1979 – 38/78, Leitsatz- und Schiedsspruchsammlung 1997-2014, S 64; BeckOGK/Tröger Rz 69; MünchKomm/Westermann Rz 21; Staud/Beckmann Rz 33.

320 Schiedsgericht des Waren-Vereins der Hamburger Börse, 20.2.1979 – 38/78, Leitsatz- und Schiedsspruchsammlung 1997-2014, S 64.

321 Schiedsgericht des Waren-Vereins der Hamburger Börse, 19.11.1985 – 42/85, Leitsatz- und Schiedsspruchsammlung 1997-2014, S 58.

322 RGZ 115, 162, 164; BGHZ 87, 88, 91; BeckOGK/Tröger Rz 69; MünchKomm/Westermann Rz 21; Staud/Beckmann Rz 33; BeckOK/Faust Rz 24.

323 Vgl dazu auch Hager, Die Gefahrtragung beim Kauf, 1982, S 90.

324 RG JW 1895, 523; Hamburg HansRZ 1928, B 599; Dresden OLGE 16, 396.

325 RGZ 106, 309 ff (Ankunft der verkauften Pflanzen in „erfrorenem Zustand" infolge mangelhafter Verpackung); Dresden SeuffA 69 Nr 96 = OLGE 28, 170.

326 Hamburg HansRZ 1919, 87; vgl auch Schiedsgericht der Hamburger freundschaftlichen Arbitrage, 17.10.1963, HSG E 4 c Nr 2.

327 RGZ 115, 162, 163.

328 RG JW 1922, 287; Jena OLGE 40, 295.

329 BGHZ 66, 208 ff (Versendung gefüllter Gabelstapler-Batterien ohne Verpackung mit der Folge, dass durch Kontakt der freiliegenden Pole mit dem Metallband eines anderen Transportgutes während der Beförderung ein Brand entstand.

330 BGH BB 1964, 1451; BeckOGK/Tröger Rz 69; Wertenbruch JuS 2003, 625, 631.

331 BGH MDR 1962, 565; MünchKomm/Westermann Rz 21; Vgl zu den Kosten der Verpackung § 448 Rz 28 ff.

332 BeckOGK/Tröger Rz 65 f; Erman/Grunewald Rz 13; MünchKomm/Westermann Rz 21.

333 Vgl dazu Rz 133.

334 BGHZ 87, 88, 91; Wertenbruch JuS 2003, 625, 631; Stieper AcP 208 (2008), 818, 822 ff (Schadensersatzverpflichtung des Verkäufers aus §§ 280, 283).

den ist, der durch eine **Nacherfüllung gem §§ 437 Nr 1, 439 Abs 1** nicht (mehr) beseitigt werden kann.

Ein Sachmangel kann auch darin liegen, dass die **Angabe des Ursprungslandes** auf der Warenverpackung kaufvertragswidrig erfolgt[335]. Derartige Fehler beeinträchtigen zwar nicht die Beförderungssicherheit ieS. Es können aber aufseiten des Käufers Probleme bei der Einfuhr der Ware sowie beim Weiterkauf entstehen. Der Verkäufer haftet auch insoweit nach § 437 und kann sich nicht auf Zufall iSd § 447 Abs 1 iVm § 446 Satz 1 berufen. 139

bb) **Rechtsfolgen bei unversehrter Ankunft der Ware**. Kommt die Ware trotz mangelhafter Verpackung unversehrt beim Käufer an oder beruht die Beschädigung bzw der Verlust nicht auf diesem Umstand, so bleibt die Pflicht des Käufers aus § 433 Abs 2 zur **Bezahlung des Kaufpreises** zwar wegen des nach § 447 Abs 1 erfolgten Gefahrübergangs grundsätzlich unberührt. Insoweit bestehen aber Ausnahmen. Dient die Verpackung nicht nur dazu, den sicheren Transport zu ermöglichen und einen Schutz vor Beschädigungen zu gewährleisten, sondern gehört sie dauerhaft zur **Ausstattung der Ware**, so stellt der Verpackungsmangel auch dann noch einen eigenständigen Sachmangel der Ware iSd § 434 Abs 3 Satz 1 Nr 4 dar, wenn bei Ankunft am Bestimmungsort keine Beschädigung gegeben ist[336]. Der Käufer kann daher in diesem Fall die Gewährleistungsrechte aus § 437 geltend machen. Das gilt insbes dann, wenn ein Weiterverkauf – wie üblich – mit der **Originalverpackung** erfolgen soll[337] oder die Verpackung auch für die reguläre Aufbewahrung der Ware beim Käufer benötigt wird[338]. Ist die Verpackung dagegen nur für den Schutz der Ware auf dem Transport zum Bestimmungsort erforderlich, so liegt zwar im Falle einer Fehlerhaftigkeit bis zur Ankunft am Bestimmungsort ein Sachmangel vor. Er entfällt aber, wenn die Beförderung gleichwohl störungsfrei durchgeführt werden konnte. 140

cc) **Versendung der Ware und Andienung „unreiner" Transportdokumente**. Ist nach dem Kaufvertrag die Ware „in Gestalt der sie repräsentierenden Dokumente" anzudienen, wie insbes beim **überseeischen Abladegeschäft**, so kann der Käufer **Transportdokumente**, aus denen sich unmittelbar eine vertragswidrige Versendung ergibt, als „unrein" zurückweisen, dh die **Aufnahme verweigern**[339]. Dies gilt insbes dann, wenn sich beim Überseekauf aus dem vom Verfrachter (Seefrachtführer) ausgestellten und dem Käufer auf Veranlassung des Verkäufers übermittelten **Konnossement** eine fehlerhafte Verpackung der Ware oder eine sonstige **vertragswidrige Verladung** (zB Verschiffung auf ungewöhnlicher Route) ergibt. So ist ein Konnossement, das einen Vorbehalt enthält, der auf einen mangelhaften Zustand der Ware oder der Verpackung hinweist, als sog **„unreines" Konnossement** nicht akkreditivfähig[340]. Die Grundlage für das Zurückweisungsrecht des Käufers besteht darin, dass beim „Dokumentenkauf" das betreffende Transportdokument dem Käufer die Gelegenheit geben soll, über die Ware schon vor Eintreffen am **Bestimmungsort** zu verfügen, und zwar insbes im Rahmen eines Weiterverkaufs. Bei Andienung „unreiner" Dokumente kann der Käufer derartige **Dispositionen über die Ware** nur mit einem nicht unerheblichen Haftungsrisiko durchführen. Der Käufer ist im Falle einer derartigen Pflichtverletzung des Verkäufers berechtigt, die **Zahlung des Kaufpreises** zu verweigern, sofern kaufvertraglich **„Kasse gegen Dokumente"** gelten soll[341]. Beim **Überseekauf** und Geltung der Klausel „Kasse gegen Dokumente" ist der Verkäufer mangels abweichender Vereinbarung zudem verpflichtet, dem Käufer **sämtliche Ausfertigungen des Konnossements** anzudienen[342]. Zu den Transportdokumenten gehört beim Überseekauf auch die 141

335 Schiedsgericht des Waren-Vereins der Hamburger Börse, 19.11.1985 – 42/85, Leitsatz- und Schiedsspruchsammlung 1997-2014, S 58. Dies gilt auch dann, wenn die Angabe des Ursprungslandes den Tatsachen entspricht (Schiedsgericht des Waren-Vereins aaO). Denn für den Sachmangelbegriff des § 434 Abs 1 ist in erster Linie die vertragliche Beschaffenheit iSd § 434 Abs 2 Satz 1 Nr 1 maßgeblich.

336 RGZ 59, 120, 123 (Schinken und Speck „in Leinen eingenäht und dann in trockenes Salz verpackt"); BGH DB 1958, 868 (mangelhaftes Erscheinungsbild der Verpackung); vgl dazu auch BGHZ 66, 208, 212; BGHZ 87, 88, 91; BGH WM 1983, 1155; Frankfurt DB 1984, 1521; MünchKomm/Westermann § 434 Rz 83; Erman/Grunewald § 434 Rz 39.

337 Vgl BGH DB 1958, 868.

338 Vgl RGZ 59, 120, 123 f.

339 Haage, Das Abladegeschäft, 1958⁴, S 101 f. Vgl zur Frage des Vorliegens eines unreinen Konnossements bei falscher Angabe des Gewichts der Ware (Steinkohleteerpech) auf dem Konnossement BGHZ 34, 216 ff.

340 MünchKomm/Herber, HGB, 2023⁵, § 517 Rz 20.

341 Schiedsgericht des Deutschen Kaffee-Verbandes, 7.4.1972, HSG E 1 e Nr 5; MünchKomm/Herber, HGB, 2023⁵, § 517 Rz 20 (fehlende Akkreditivfähigkeit eines „unreinen" Konnossements).

342 Schiedsgericht des Waren-Vereins der Hamburger Börse, 31.5.1988 – 01/88, Leitsatz- und Schiedsspruchsammlung 1997-2014, S 57.

Verschiffungsanzeige[343]. Ein Dokumentenmangel kann zudem darin bestehen, dass die zur Ware gehörenden **Begleitdokumente** (zB Ursprungszertifikate, Phytosanitärzeugnisse, Analysenzertifikate) unvollständig oder fehlerhaft sind[344].

142 Die **Einrede des nicht erfüllten Vertrags** aus § 320 kann der Käufer bei Erhalt eines „unreinen" Transportdokuments zumindest bis zu dem Zeitpunkt erheben, in dem die Ware am Bestimmungsort eingetroffen ist und er Gelegenheit hatte, sich von ihrem ordnungsgemäßen Zustand zu überzeugen[345]. Denn die mit der Klausel „Kasse gegen Dokumente" verbundene **kaufpreisbezogene Vorleistungspflicht** des Käufers ist auf den Fall beschränkt, dass der Verkäufer durch Vorlage ordnungsgemäßer Dokumente eine **vertragsmäßige Versendung** der Ware nachweisen kann. Ohne diese Voraussetzung bleibt es beim **Zug-um-Zug-Prinzip des § 320 Abs 1**. Auf Grundlage des alten Kaufrechts wurde die Einrede des nicht erfüllten Vertrags als „schwächeres Recht"[346] im Vergleich zur sofortigen Wandelung des Kaufvertrags bezeichnet. Die Einrede des Käufers aus § 320 erlischt selbstverständlich auch dann, wenn ein ordnungsgemäßes Transportdokument nachgereicht wird.

143 Nicht generell überholt ist zwar die Auffassung, nach der in manchen Geschäftszweigen der Käufer aufgrund eines **Handelsbrauchs** nicht verpflichtet sein soll, sich auf eine „zweite Andienung" einzulassen[347]. Gem § 281 Abs 2 müssen aber seit Inkrafttreten des SMG 2002 **besondere Umstände** vorliegen, die unter Abwägung der beiderseitigen Interessen die sofortige Geltendmachung des Schadensersatzanspruchs ohne vorherige Fristsetzung rechtfertigen[348]. Insoweit kann selbstverständlich auch ein bestehender Handelsbrauch ausschlaggebend sein. Entsprechendes gilt nach § 323 Abs 2 Nr 3 für den **Rücktritt** vom Kaufvertrag. Die **Preisgefahr** in Bezug auf die versandte Ware bleibt im Falle der berechtigten Zurückweisung der Transportdokumente durch den Käufer beim Verkäufer; ein Gefahrübergang nach § 447 Abs 1 tritt also nicht ein. Dies ist letztlich deshalb keine Besonderheit des „Dokumentenkaufs", weil generell nur die **ordnungsgemäße Versendung der Ware** den Übergang der Preisgefahr bewirkt[349].

144 Bei Nichtvorliegen besonderer Umstände iSd §§ 281 Abs 2, 323 Abs 2 Nr 3 setzt der Anspruch auf **Schadensersatz statt der Leistung** nach § 281 Abs 1 und das Rücktrittsrecht gem § 323 Abs 1 das erfolglose Setzen einer Frist durch den Käufer voraus. Diese Frist bezieht sich zwar in erster Linie auf die Vorlage eines „reinen" Transportdokuments. Eine ordnungsgemäße Leistung des Verkäufers ist aber auch dann gegeben, wenn trotz Übermittlung „unreiner" Dokumente die **Lieferung einwandfreier Ware** fristgerecht gelingt.

145 7. **Versicherungspflicht des Verkäufers – Pflicht zur Wertangabe**. Der Verkäufer ist bei Fehlen einer besonderen Vereinbarung im Kaufvertrag und Nichtvorliegen einer **Weisung des Käufers** iSd § 447 Abs 2 jedenfalls nicht generell verpflichtet, vor der Versendung der Ware für eine **Transportversicherung** zu sorgen[350]. Zu bejahen ist eine derartige Pflicht des Verkäufers, soweit dies einem **Handelsbrauch** oder der **Verkehrssitte** entspricht[351]. Die Frage, ob der Verkäufer darüber hinaus im Rahmen seiner **Interessenwahrungspflicht** zum Abschluss einer Transportversicherung verpflichtet ist, hängt von den Umständen des Einzelfalls ab. Bei Wahl der gängigen Beförderungsmittel des **Über-Land-Transports** (Eisenbahn, Lkw, Post und sonstige Paketdienste) gilt Folgendes: Soweit das Transportrisiko durch die **gesetzliche Haftpflicht des Beförderers** abgedeckt ist, besteht kein Anlass für eine zusätzliche Versicherung der Ware gegen Transportrisiken durch den Verkäufer.

146 Übersteigt dagegen der Wert der Sache die für den Beförderer im konkreten Fall geltenden **gesetzlichen oder vertraglichen Haftungshöchstgrenzen**, so ist der Verkäufer verpflichtet, durch Abschluss einer **Transportversicherung** das Risiko einer Unterdeckung im Schadensfall zu vermeiden, dh, für einen ausreichenden Schutz der zu befördernden Ware zu sorgen. Für eine

343 D. Mankowski, Abschluss und Abwicklung von Verträgen nach den Geschäftsbedingungen des Waren-Vereins der Hamburger Börse, 2017, S 50. Nach § 44 Abs 1 der Waren-Vereins-Bedingungen der Hamburger Börse (WVB) kann der Käufer beim Abladegeschäft nach seiner Wahl ohne weiteres vom Kaufvertrag zurücktreten oder Schadensersatz wegen Nichterfüllung verlangen, wenn die Verschiffungsanzeige ergibt, dass die darin bezeichnete Ware nicht rechtzeitig oder in sonstiger Hinsicht nicht vertragsgemäß abgeladen worden ist oder befördert wird.

344 Vgl D. Mankowski, Abschluss und Abwicklung von Verträgen nach den Geschäftsbedingungen des Waren-Vereins der Hamburger Börse, 2017, S 49.

345 Haage, Das Abladegeschäft, 1958⁴, S 102.

346 Vgl Haage, Das Abladegeschäft, 1958⁴, S 102.

347 Vgl dazu Haage, Das Abladegeschäft, 1958⁴, S 95, 102.

348 Vgl zur Rechtslage vor Inkrafttreten des SMG 2002 Haage, Das Abladegeschäft, 1958⁴, S 95, 102.

349 Vgl dazu Rz 137.

350 Staud/Beckmann Rz 34; MünchKomm/Westermann Rz 21; Erman/Grunewald Rz 16; BeckOK/Faust Rz 24; Al-Deb'i, Überseekauf, 2008, S 68 f.

351 Staud/Beckmann Rz 34; MünchKomm/Westermann Rz 21; Erman/Grunewald Rz 16; BeckOK/Faust Rz 24; Al-Deb'i, Überseekauf, 2008, S 68 f.

dahin gehende **Konkretisierung der Interessenwahrungspflicht** des Verkäufers im Rahmen einer Auslegung des Kaufvertrags sprechen mehrere Gesichtspunkte. Zum einen besteht aufseiten des Verkäufers ein **sachlicher und zeitlicher Zusammenhang mit der Versendung** der Ware. Zudem ist der Verkäufer unzweifelhaft eher in der Lage, das Risiko einer fehlenden vollständigen Abdeckung der Schadensrisiken durch die gesetzliche Frachtführerhaftung zu erkennen und gegenüber dem Versicherer die für den Abschluss der Versicherung erforderlichen Angaben zum Kaufgegenstand und zu den Modalitäten des Transports zu machen. Schließlich ist der Verkäufer in wirtschaftlicher Hinsicht ohne weiteres in der Lage, die **Kosten der Transportversicherung** ebenso wie die Transportkosten ieS (Fracht) bei der Erstellung seines Verkaufsangebots einzukalkulieren und dies auszuweisen (zB „inkl Transport und Versicherung"). Falls der Käufer den Abschluss einer Transportversicherung nicht wünscht, kann er eine Herausnahme aus dem Verkäuferangebot mit entsprechender **Reduzierung des Kaufpreises** verlangen. Zudem hat der Verkäufer die Möglichkeit, sein **Verkaufsangebot** mit einer preiserhöhenden optionalen Transportversicherung zu erstellen.

Bei Verwendung einer auf den Versendungskauf bezogenen **C-Klausel der Incoterms** ist die Frage eindeutig geregelt. Die Wahl von **„CIP"** oder **„CIF"** (See- und Binnenschiffstransport) führt zur Verpflichtung des Verkäufers, auf eigene Kosten eine Transportversicherung abzuschließen[352]. Eine derartige Verpflichtung besteht dagegen im Falle der Wahl von **„CPT"** oder **„CFR"** (See- und Binnenschiffstransport) nicht. Der Verkäufer ist bei Vereinbarung einer solchen Klausel nur verpflichtet, dem Käufer auf dessen Verlangen die Informationen zur Verfügung zu stellen, die der Käufer für den Abschluss einer Versicherung benötigt[353]. Die Vereinbarung von **„CPT"** oder **„CFR"** schließt zwar eine schon kraft **Handelsbrauchs** bestehende Versicherungspflicht des Verkäufers nicht aus[354]. Davon ist aber regelmäßig deshalb nicht auszugehen, weil die Kaufvertragsparteien mit der Vereinbarung einer solchen, die Versicherungspflicht („I") des Verkäufers nicht enthaltenden Klausel die insoweit anderslautenden Klauseln **„CIP"** bzw **„CIF"** gerade nicht zur Geltung bringen wollen. 147

Im Falle der Verletzung einer im konkreten Fall bestehenden Versicherungspflicht muss der Verkäufer dem Käufer nach § 280 Abs 1 Schadensersatz leisten, soweit die Verwirklichung eines **Transportrisikos** nicht von der gesetzlichen Frachtführerhaftung abgedeckt ist und der Abschluss einer Transportversicherung zu einem weitergehenden Schadensausgleich geführt hätte. Hat der Verkäufer die Ware in Gestalt der sie repräsentierenden **Transportdokumente** anzudienen, so kann der Käufer die Dokumente zurückweisen, wenn die **Transportversicherungspolice** gänzlich fehlt oder eine unzulängliche Risikoabdeckung ausweist[355]. Bei Vereinbarung von **„Kasse gegen Dokumente"** muss der Käufer in einer solchen Konstellation den Kaufpreis erst dann zahlen, wenn eine ordnungsgemäße Police nachgereicht wird oder die versandte Ware unversehrt am Bestimmungsort eintrifft. 148

8. **Versendungsanzeige des Verkäufers**. Es besteht keine **gesetzliche Verpflichtung** des Verkäufers, dem Käufer die Vornahme der Versendung des Kaufgegenstands anzuzeigen[356]. Eine dahin gehende Verkäuferpflicht kann sich nach den Umständen des Einzelfalls aus der **Interessenwahrungspflicht** des Verkäufers ergeben[357]. Bei kürzeren Transporten ist eine solche Anzeige nur dann erforderlich, wenn aufgrund einer derartigen Information die **voraussichtliche Ankunft der Ware** am Bestimmungsort ableitbar ist und der Käufer wegen Fehlens einer präzisen Festlegung eines Ankunftstermins ein Interesse am Erhalt dieser Mitteilung hat. Eine Informationspflicht ist daher in diesem Fall im Wege einer Auslegung des Kaufvertrags zu bejahen. 149

Insbes beim **grenzüberschreitenden Kauf** und beim Überseekauf besteht vielfach durch Handelsbrauch oder/und handelsübliche **Kaufvertragsformulare**[358] eine Pflicht des Verkäufers zur Versendungsanzeige (Verladeanzeige)[359]. So statuieren die C-Klauseln der **Incoterms** – nämlich **CFR**, **CIF**, **CPT** und **CIP** – für Versendungskäufe durchweg eine **unverzügliche Benach-** 150

352 CIP/CIF-Verkäuferpflicht A5.

353 CPT/CFR-Verkäuferpflicht A5.

354 Vgl Al-Deb'i, Überseekauf, 2008, S 68 f.

355 Vgl zur Zurückweisung „unreiner Dokumente" Rz 141 ff.

356 Vgl Al-Deb'i, Überseekauf, 2008, S 70.

357 Vgl Al-Deb'i, Überseekauf, 2008, S 70.

358 Nach § 41 Abs 1 iVm Abs 2 der Waren-Vereins-Bedingungen (WVB) des Waren-Vereins der Hamburger Börse hat der Verkäufer beim Überseekauf die Verschiffungsanzeige gegenüber dem Käufer spätestens am dritten Tag nach der Abladung zu erstatten. Bei Einfuhrgeschäften mit Über-Land-Transport ist der Verkäufer nach § 57 Abs 1 iVm Abs 2 WVB verpflichtet, dem Käufer spätestens am dritten Geschäftstag nach der Verladung die Verladeanzeige zu erstatten. Eine Frist von drei Geschäftstagen für die Erstattung einer Verladeanzeige ist idR als angemessen anzusehen (Schiedsgericht des Waren-Vereins der Hamburger Börse, 1.7.1997 – 03/97, Leitsatz- und Schiedsspruchsammlung 1997-2014, S 26).

359 Vgl Haage, Das Abladegeschäft, 1958[4], S 34; Al-Deb'i, Überseekauf, 2008, S 70; U Huber, FS für Ballerstedt, 1975, S 327, 348.

richtigungspflicht des Verkäufers[360]. Die Verkäuferpflicht A10 der **CPT-Klausel** und der **CIP-Klausel** sieht ausdrücklich vor, dass der Verkäufer den Käufer benachrichtigen muss, wenn die Ware durch Übergabe an den beauftragten Frachtführer geliefert worden ist (Auslieferung iSd § 447 Abs 1). Nach der **Verkäuferpflicht A10** der bei Überseekauf (Seetransport) und Binnenschiffstransport einschlägigen Klauseln **„CFR"** und **„CIF"** muss der Verkäufer den Käufer „über alles Nötige benachrichtigen, damit dieser die Ware übernehmen kann". Hinzu kommt bei **„CFR"** und **„CIF"**, dass der Verkäufer nach der **Verkäuferpflicht A6** dieser Klauseln dem Käufer das **übliche Transportdokument** für den vereinbarten Bestimmungshafen zur Verfügung zu stellen hat. Der Käufer wird dadurch in die Lage versetzt, den Zeitpunkt der voraussichtlichen Ankunft im Bestimmungshafen zu ermitteln und die Übernahme vorzubereiten. Der **Frachtführer** ist regelmäßig aufgrund einer **ETA-Klausel** (Expected Time of Arrival) verpflichtet, die voraussichtliche Ankunft im Bestimmungshafen mit einer bestimmten Frist anzugeben.

151 Im Falle des Bestehens einer Benachrichtigungsverpflichtung des Verkäufers ist idR eine Einordnung als kaufvertragliche **Hauptleistungspflicht** gerechtfertigt[361]. Die Versendungsanzeige ist allerdings **keine Voraussetzung des Gefahrübergangs** nach § 447 Abs 1, sofern die Ware bei Absendung eindeutig als für den Käufer bestimmt bezeichnet ist[362]. Der Käufer kann, wenn er nicht alsbald nach Ablauf des vereinbarten Leistungszeitpunkts eine derartige Anzeige erhält, dem Verkäufer gem §§ 281 Abs 1, 323 Abs 1 eine **Nachfrist** setzen[363]. Im Falle des fruchtlosen Ablaufs einer gesetzten Frist ist der Käufer berechtigt, gem § 323 Abs 1 vom Kaufvertrag zurückzutreten oder/und nach § 281 Abs 1 Schadensersatz statt der Leistung zu verlangen[364].

152 9. **Transportbezogene Weisungen des Käufers nach § 447 Abs 2.** – a) **Inhalt des Weisungsrechts.** Aus § 447 Abs 2 ergibt sich die Verpflichtung des Verkäufers, Weisungen des Käufers hinsichtlich der Durchführung des Transports der Kaufsache zu befolgen. Die dogmatische Rechtfertigung dafür ist darin zu sehen, dass der Versendungskauf in dieser Hinsicht ein **Geschäftsbesorgungselement** enthält[365]. Dem Weisungsrecht des Käufers korrespondiert seine Verpflichtung aus § 448 Abs 1, die aufseiten des Verkäufers durch Befolgung einer Weisung entstehenden Kosten zu erstatten. In § 448 ist insoweit der Rechtsgedanke der auftragsrechtlichen **Aufwendungsersatzregelung des § 670** verankert. Hat der Verkäufer auf Grundlage des abgeschlossenen Kaufvertrags – abweichend von § 448 Abs 1 – die **Kosten der Versendung** zu tragen (zB bei Vereinbarung von „frachtfrei" oder „franco" sowie nach den C-Klauseln CPT, CIP, CFR, CIF der Incoterms), so muss er Weisungen des Käufers, die zu einer **Erhöhung der Transportkosten** führen, nur dann befolgen, wenn der Käufer sich zur **Übernahme der Mehrkosten** bereiterklärt[366]. Ob der Verkäufer hier einen zum Zeitpunkt des Abschlusses des Kaufvertrags nicht vorhersehbaren **zusätzlichen Arbeitsaufwand** (zB Versendung nach Übersee statt im Inland) übernehmen muss, hängt von den Umständen des Einzelfalls und insbes von der **Zumutbarkeit** ab.

153 Grundsätzlich ist der Käufer vor Durchführung der Versendung durch den Verkäufer noch berechtigt, eine bereits erteilte **Weisung abzuändern** oder von den im Kaufvertrag festgelegten Modalitäten der Versendung abzuweichen[367]. Diese Befugnis umfasst auch die Möglichkeit, dem Verkäufer einen anderen als den ursprünglich vorgesehenen **Bestimmungsort** zu benennen[368]. Üblich ist dies insbes dann, wenn der Käufer als Händler oder Importeur die Ware noch vor der Versendung weiterverkauft und deshalb vom Verkäufer eine **Direktlieferung an den Zweitkäufer** verlangt. Da der Verkäufer auch in einer solchen Situation die Ware idR nur einer **internationalen Spedition** übergeben muss, die den gesamten Transport bis zum Bestimmungsort organisiert und im Inland gewöhnlich durch Selbsteintritt nach HGB § 458 vornimmt, ist die **Zumutbarkeit** regelmäßig zu bejahen, sofern der Käufer **etwaige Mehrkosten** übernimmt.

360 Grundlegend zur Benachrichtigungspflicht beim Überseekauf auch Haage, Das Abladegeschäft, 1958[4], S 34; U Huber, FS für Ballerstedt, 1975, S 327, 348.

361 Haage, Das Abladegeschäft, 1958[4], S 34; einschränkend Al-Deb'i, Überseekauf, 2008, S 70 (nur dann Hauptpflicht, wenn Versendungs- bzw Verladeanzeige durch Handelsbrauch, Verbandsrecht oder handelsübliches Vertragsformular vorgesehen).

362 Vgl auch Rz 136.

363 Al-Deb'i, Überseekauf, 2008, S 70 f.

364 Haage, Das Abladegeschäft, 1958[4], S 34; Al-Deb'i, Überseekauf, 2008, S 70; U Huber, FS für Ballerstedt, 1975, S 327, 348.

365 Vgl dazu oben Rz 128.

366 RG JW 1917, 356 f; Staud/Beckmann Rz 61; BeckOK/Faust Rz 23.

367 BeckOGK/Tröger Rz 73; Staud/Beckmann Rz 60; Erman/Grunewald Rz 17; MünchKomm/Westermann Rz 22.

368 RGZ 92, 14, 15 f; RG LZ 1912, 215; RG JW 1917, 215 f; RG Recht 1925 Nr 17. Im Fall RGZ 92, 14 waren 1914 größere Mengen Stabeisen und Stahl „c & f Kobe Yokohama" verkauft worden. Die Lieferbestimmung „c & f" entspricht der heute üblichen Incoterms-Klausel „CFR" und begründet bei Anwendbarkeit des BGB einen Versendungskauf iSd § 447. Das RG ging zu Recht davon aus, dass die Käuferin nach Kriegsausbruch berechtigt war, durch Weisung einseitig auf die kaufvertraglich vereinbarte Versendung zu verzichten und stattdessen Lieferung in Deutschland zu verlangen.

Hat der Verkäufer ein berechtigtes Interesse daran, dass die Ware nur in der im Kaufvertrag festgelegten Art und Weise versandt wird, so muss er eine abweichende Weisung des Käufers grundsätzlich nicht befolgen[369]. Insoweit handelt es sich aber um eher seltene Ausnahmefälle.

b) **Abweichung von Käuferweisung ohne dringenden Grund – Rechtsgedanke des § 665.** – aa) **Grundlagen.** Nach § 447 Abs 2 ist der Verkäufer berechtigt, bei Vorliegen eines dringenden Grundes von einer Weisung des Käufers abzuweichen. Insoweit kommt es nicht darauf an, ob die Weisung schon im Kaufvertrag enthalten war oder später erteilt wurde. Ein dringender Grund ist bspw dann zu bejahen, „wenn der Käufer sich offenbar über eine große Gefahr geirrt hat, die seine Anordnung für die Kaufsache mit sich bringt"[370]. Nach Ansicht des BGH soll die Abweichung von einer Käuferweisung aber nicht analog § 665 Satz 1 in dem Fall zulässig sein, in dem der Verkäufer aufgrund der für ihn sichtbaren Umstände davon ausgehen darf, dass der Käufer bei **umfassender Kenntnis der Sachlage** die Abänderung billigen würde[371]. Dieser Differenzierung zwischen § 447 Abs 2 und § 665 ist nicht zu folgen[372]. Es überzeugt nämlich nicht, den Verkäufer insoweit grundsätzlich anders zu behandeln als einen Beauftragten iSd §§ 662 ff. Die in den **Vorschriften des Auftragsrechts** zum Ausdruck kommenden **Interessenbewertungen** sind vielmehr trotz Fehlens einer besonderen Verweisungsregelung im Rahmen der Auslegung des in § 447 Abs 2 enthaltenen Tatbestandsmerkmals „ohne dringenden Grund" zu berücksichtigen. Dafür spricht insbes der Gesichtspunkt, dass die Heranziehung des Rechtsgedankens des § 665 Satz 1 zu Recht in erster Linie den Käufer schützt, und zwar deshalb, weil ein Untergang oder eine Verschlechterung der Ware nach Absendung der Ware seine aus § 433 Abs 2 folgende Kaufpreiszahlungspflicht nicht berührt. 154

Der BGH weist aber zu Recht darauf hin, dass es in dem Fall, in dem der Käufer eine besondere Weisung bezüglich der Art der Versendung erteilt hat, nicht Aufgabe des Verkäufers ist, deren **Zweckmäßigkeit zu überprüfen**[373]. Der Verkäufer hat vielmehr die Weisung grundsätzlich hinzunehmen[374]. IdR kann der Verkäufer nämlich darauf vertrauen, dass der Käufer für seine Anordnung einen „guten Grund" hatte[375]. Dies gilt insbes dann, wenn der Käufer in der Behandlung der zu befördernden Ware erfahren ist[376]. 155

Wenn bspw ein erfahrener Südfrüchteimporteur, der die durchschnittlichen Witterungsbedingungen in Süditalien kennen muss, den Verkäufer anweist, eine „starke Frostschutzverpackung" zu verwenden, dann kann der Verkäufer idR **ohne Nachprüfungen** von der Zweckmäßigkeit ausgehen[377]. Im Ausnahmefall kann aber eine Verpflichtung des Verkäufers bestehen, den Käufer auf eine Unzweckmäßigkeit hinzuweisen[378]. 156

bb) **Hinweispflicht des Verkäufers – Verhältnis zur Abweichungsbefugnis.** Eine Hinweispflicht des Verkäufers besteht dann, wenn er besondere Gefahren erkennt oder zumindest erkennen muss, mit denen der Käufer bei Erteilung der Weisung nicht rechnen konnte, die ihn aber bei Kenntnis zu einer Änderung der Weisung veranlasst hätten[379]. Das Gleiche gilt in dem Fall, in dem der Verkäufer – zB wegen größerer Fachkenntnis – erkennt oder erkennen muss, dass der Käufer bei Vornahme einer Weisung von **unzutreffenden tatsächlichen Voraussetzungen** ausgegangen ist oder **sachwidrige Maßnahmen gewählt** hat. Zwischen dieser Hinweispflicht des Verkäufers und der Befugnis zur Abänderung der vom Käufer erteilten Weisung besteht ein **Stufenverhältnis.** Vorrangig sind hier der Hinweis auf eine etwaige Unzweckmäßigkeit und ein Abwarten der Reaktion des Käufers. Ein **dringender Grund** iSd § 447 Abs 2 kann daher idR nur dann bejaht werden, wenn der Verkäufer im konkreten Einzelfall nicht in der Lage ist, den Käufer zum Zwecke der Überprüfung der erteilten Weisung zu kontaktieren, und ein **Aufschub der Versendung** bis zur Erlangung einer Antwort für den Käufer nachteilig wäre (Rechtsge- 157

369 RG JW 1917, 283; RG Recht 1917 Nr 518. In dem der Entscheidung RG Recht 1917 Nr 518 zugrundeliegenden Fall war die Lieferung der Ware ins Ausland kaufvertraglich vereinbart und verlangt wurde vom Käufer nach Kriegsausbruch die Lieferung im Inland. Der Verkäufer verweigerte dies unter Berufung auf inländische Kartellbindungen. Ein berechtigtes Interesse des Verkäufers, den Käufer an einer Verwendung der Ware im Inland zu hindern, hätte hier allerdings vom RG nur anerkannt werden dürfen, wenn dem Käufer eine solche Verwendung in wirksamer Weise durch den geschlossenen Kaufvertrag untersagt war.

370 BGH MDR 1962, 565.

371 BGH MDR 1962, 565.

372 MünchKomm/Westermann Rz 22; BeckOGK/Tröger Rz 73; Wertenbruch JuS 2003, 625, 633.

373 BGH MDR 1962, 565.

374 BGH MDR 1962, 565.

375 BGH MDR 1962, 565.

376 BGH MDR 1962, 565.

377 BGH MDR 1962, 565. Im Fall des BGH waren Orangen verkauft worden, die von Süditalien nach Norddeutschland transportiert werden sollten. Der Käufer hatte den Verkäufer angewiesen, die „Frostschutzverpackung Nr 3" zu verwenden. Dies führte zum Verderb der Waren, weil diese Verpackung für die italienischen Witterungsverhältnisse zu stark war. Der Käufer hatte im Revisionsverfahren aber selbst eingeräumt, dass die Wahl der Frostschutzverpackung aufgrund der Temperaturen in Norddeutschland sachdienlich gewesen sei. Der BGH wies die mit der Wahl der Verpackung verbundenen Risiken zu Recht dem anweisenden Käufer zu.

378 Vgl dazu unten Rz 157.

379 BGH MDR 1962, 565.

danke des § 665 Satz 2). Aufgrund der heute bestehenden **Kommunikationsmöglichkeiten** dürfte allerdings eine solche Situation nur selten eintreten. Ist dies aber der Fall und darf der Verkäufer nach den Umständen davon ausgehen, dass der Käufer bei Kenntnis der Sachlage die Abweichung billigen würde, so ist ein dringender Grund iSd § 447 Abs 2 gegeben. Ein Verkäufer, der den anweisenden Käufer nicht kurzfristig erreichen kann, ist daher zB zur Wahl einer anderen **Transportroute** berechtigt, wenn der ursprünglich geplante Weg zum Bestimmungsort unvorhergesehene Zerstörungs- und Verschlechterungsgefahren birgt. Das Gleiche gilt in dem Fall, in dem – zB wegen eines Arbeitskampfs – **Verzögerungen** drohen. Weicht der Verkäufer dagegen von einer Weisung des Käufers ohne Rücksprache ab, obwohl eine Kontaktaufnahme auch in zeitlicher Hinsicht möglich war, so ist ein dringender Grund regelmäßig zu verneinen. Der Verkäufer kann hier aber noch geltend machen, dass der Käufer im Falle einer rechtzeitigen Information der vorgenommenen Abweichung zugestimmt hätte. Die **Beweislast** dafür obliegt allerdings dem Verkäufer.

158 c) **Schadensersatzverpflichtung des Verkäufers aus § 447 Abs 2.** – aa) **Einordnung des § 447 Abs 2 als eigenständige Anspruchsgrundlage.** Weicht der Verkäufer ohne Rechtfertigungsgrund von einer versendungsbezogenen Weisung des Käufers ab, so ist er gem § 447 Abs 2 zum Schadensersatz verpflichtet. Diese Regelung stellt eine eigenständige Anspruchsgrundlage dar, dh, die allgemeine Schadensersatzregelung des § 280 Abs 1 kommt nicht zum Zuge[380]. Es ist zwar richtig, dass der Tatbestand des § 280 Abs 1 auch den Fall der Pflichtverletzung des Verkäufers in Form der Abweichung von einer Weisung des Käufers erfasst. § 447 Abs 2 ist aber insoweit als **lex specialis** anzusehen[381]. Das SMG 2002 hat daher auch insoweit den Inhalt des § 447 Abs 2 nicht verändert.

159 bb) **Kausalzusammenhang und Verschulden des Verkäufers.** Nach allgemeinen Grundsätzen des Schadensersatzrechts muss der aufseiten des Käufers **eingetretene Schaden** durch die **pflichtwidrige Abweichung** des Verkäufers von der Weisung verursacht worden sein[382]. Der Verkäufer kann sich also grundsätzlich darauf berufen, dass der Untergang bzw die Verschlechterung der Ware auch ohne die Abweichung eingetreten wäre. Die **Beweislast** für den Kausalzusammenhang trägt der Käufer[383]. Dem Verkäufer kann aber nach allgemeinen Regeln eine **sekundäre Darlegungslast** obliegen.

160 Für **Fehleinschätzungen** im Zusammenhang mit einer vom Käufer erteilten Weisung iSd § 447 Abs 2 haftet der Verkäufer nicht ohne weiteres, sondern nur bei Vorliegen eines **Vertretenmüssens**[384]. § 447 Abs 2 statuiert keine vom Prinzip des § 276 abweichende **verschuldensunabhängige Haftung** für Schäden, die dem Käufer infolge einer vom Verkäufer nach pflichtgemäßem Ermessen getroffenen Entscheidung entstehen[385]. Die **allgemeine Regelung des § 276** ist hier anwendbar, obwohl § 447 Abs 2 die Haftung des Verkäufers im Falle des Abweichens von einer Weisung des Käufers nicht ausdrücklich von einem Vertretenmüssen, sondern vom **Fehlen eines dringenden Grundes** abhängig macht. Der Begriff des dringenden Grundes ist aber dahin gehend auszulegen, dass eine haftungsausschließende Rechtfertigung aufseiten des Verkäufers auch dann zu bejahen ist, wenn er bei **pflichtgemäßer Bewertung der Lage** annehmen durfte, eine Abweichung von der erteilten Weisung sei zum Schutz der Käuferinteressen erforderlich. Entscheidend ist also letztlich, ob der Verkäufer **ohne Fahrlässigkeitsvorwurf** von der Weisung des Käufers abgewichen ist. Das Verschulden des Verkäufers kann, wie bereits dargelegt[386], auch darauf beruhen, dass er vor Vollzug der Abweichung den Käufer nicht zum Zwecke einer Klärung der Sachlage kontaktiert und daher das zwischen Hinweispflicht und Abweichung von der Weisung bestehende **Rangverhältnis missachtet** hat.

161 d) **Einfluss der Schadensersatzhaftung nach § 447 Abs 2 auf den Gefahrübergang nach § 447 Abs 1.** Der Gefahrübergang nach § 447 Abs 1 wird zwar, wie ein **Umkehrschluss** aus § 447 Abs 2 ergibt, durch eine Abweichung des Verkäufers von einer Käuferweisung ohne dringenden Grund zumindest nicht in jedem Fall des Untergangs oder der Verschlechterung verhin-

380 Staud/Beckmann Rz 60; Erman/Grunewald Rz 17; BeckOK/Faust Rz 23; Stieper AcP 208 (2008), 818, 825; aA MünchKomm/Westermann Rz 21.

381 Vgl BeckOK/Faust Rz 23.

382 KG OLGE 43, 44 (Schaden und Pflichtverletzung des Verkäufers müssen zusammenhängen); Staud/Beckmann Rz 61. Im Fall des KG hatte der Verkäufer Pferde an die falsche Adresse versandt. Ein Pferd wurde im Zusammenhang mit dem Transport geschädigt. Nach zutreffender Ansicht des KG wird die Haftung des Verkäufers nicht schon dadurch begründet, dass irgendein Schaden an der „Ware" eintritt. Der Schaden muss vielmehr den Kaufgegenstand – im Fall des KG das Pferd – gerade deshalb treffen, weil er aufgrund der Pflichtverletzung des Verkäufers besonders schädigenden Einflüssen ausgesetzt worden war.

383 KG OLGE 43, 44; Staud/Beckmann Rz 61.

384 Erman/Grunewald Rz 17; Staud/Beckmann Rz 61; Wertenbruch JuS 2003, 625, 633.

385 MünchKomm/Westermann Rz 22; BeckOK/Faust Rz 23; Staud/Beckmann Rz 61; Wertenbruch JuS 2003, 625, 633.

386 Vgl oben Rz 157.

dert. Denn § 447 Abs 2 ordnet als **Sanktion** für diesen Pflichtenverstoß des Verkäufers nicht eine generelle Ausnahme von der Rechtsfolge des Abs 1 an. Nach dem **Zweck und der Systematik der Regelung des § 447** bleibt es vielmehr auch bei unstatthafter Abweichung des Verkäufers von einer Weisung des Käufers grundsätzlich beim Übergang der Preisgefahr[387]. Wenn aber der auf dem Transport eingetretene Verlust oder die Beschädigung der Ware gerade auf den Verstoß des Verkäufers gegen die Weisung des Käufers zurückzuführen ist, also ein **Kausalzusammenhang** bejaht werden kann[388], und sich damit genau das Risiko realisiert hat, das der Käufer durch die Weisung ausschließen wollte, dann beruht der Verlust bzw die Beschädigung nicht auf **Zufall iSd § 447 Abs 1 iVm § 446 Satz 1**. Es handelt sich in dieser Konstellation vielmehr um einen vom Verkäufer zu vertretenden Umstand. Der Verkäufer kann sich demzufolge hier in Bezug auf den **konkret eingetretenen Schaden** wegen Nichtvorliegens der Voraussetzungen des § 447 Abs 1 nicht auf den Übergang der Preisgefahr berufen. Nur insoweit ist die Aussage zutreffend, das Eingreifen des § 447 Abs 2 schließe den Gefahrübergang aus[389]. Die praktische Bedeutung des § 447 Abs 2 besteht bei gegebener Kausalität zwischen Schaden und pflichtwidriger Abweichung von der Käuferweisung im Wesentlichen darin, den **Ersatz desjenigen Schadens** zu gewährleisten, der trotz Wegfalls oder Minderung der Verpflichtung zur Kaufpreiszahlung aufseiten des Käufers vorhanden ist. Ein derartiger Schaden kann dem Käufer zB dadurch entstehen, dass ihm die Belieferung seines Abnehmers nicht möglich ist und er deshalb Schadensersatz wegen Nichterfüllung leisten muss.

VIII. Richtiger Zeitpunkt der Versendung

1. **Fristgerechte Auslieferung an Beförderer – Nachfristwahrung und Verzugsbereinigung.** – a) **Maßgeblichkeit der Leistungshandlung des Verkäufers.** Beim Versendungskauf ist der Zeitpunkt der Vornahme der vom Verkäufer **geschuldeten Leistungshandlung** und nicht der des Eintritts des Leistungserfolgs für die Frage entscheidend, ob der Verkäufer seine vertragliche Leistungspflicht aus § 433 Abs 1 Satz 1 innerhalb der vereinbarten oder sich subsidiär aus § 271 Abs 1 ergebenden **Leistungszeit** erfüllt hat[390]. Der Verkäufer muss daher bei Geltung einer Lieferfrist spätestens am **letzten Tag** dieser Frist durch ordnungsgemäße Versendung der Ware leisten, sofern der Kaufvertrag keine Abweichung enthält. Die Ankunft der Ware am Bestimmungsort kann dagegen grundsätzlich nach Fristablauf erfolgen. Das Risiko von Verzögerungen während des Transports hat der Käufer nach § 447 Abs 1 zu tragen[391]. Entsprechendes gilt für die Wahrung einer vom Käufer wegen einer bereits eingetretenen Leistungsverzögerung gem § 281 Abs 1 oder § 323 Abs 1 gesetzten Nachfrist[392]. Es genügt hier grundsätzlich, dass der Verkäufer die Ware am **letzten Tag der Nachfrist absendet**. Ohne Bedeutung für den Gefahrübergang durch Versendung der Ware am letzten Tag der Frist ist, ob die vorhergehende Nichtlieferung zum vereinbarten Leistungszeitpunkt vom Verkäufer zu vertreten war iSd § 286 Abs 4 und daher ein Verzug gem § 286 Abs 1 vorlag. 162

b) **Fristwahrung und Gefahrübergang bei Setzung einer Ankunftsfrist**. Wenn der Käufer im Falle der vertragswidrigen Nichtlieferung der Kaufsache zum vereinbarten Leistungstermin die Nachfrist ausdrücklich für die **Ankunft der Ware am Bestimmungsort** (sog Ankunftsfrist) setzt, dann muss die Ware vom Verkäufer so rechtzeitig abgesandt werden, dass sie bei Zugrundelegung der **gewöhnlichen Beförderungsdauer** spätestens am letzten Tag der Frist beim Käufer eintrifft[393]. Das Gleiche gilt, sofern sich dieser Charakter der Frist aus den Umständen ergibt. Das Setzen einer derartigen **Ankunftsfrist** durch den Käufer ändert aber nichts an der Beschränkung der Leistungspflicht des Verkäufers auf die Vornahme der Versendung der Ware[394]. Der Käufer ist nicht berechtigt, durch Setzen einer Ankunftsfrist die Transportrisiken einschließlich **Verzögerungsrisiko** auf den Verkäufer abzuwälzen[395]. Das rechtzeitige Eintreffen der Ware am Bestimmungsort ist auch bei Vorliegen einer derartigen Fristsetzung nicht Gegenstand der 163

387 Vgl Stieper AcP 208 (2008), 818, 825.
388 Vgl dazu Rz 159.
389 Vgl dazu auch MünchKomm/Westermann Rz 21.
390 Erman/Grunewald Rz 18; MünchKomm/Westermann Rz 18; Soergel/Forster § 271 Rz 3.
391 Vgl Rz 183 f.
392 BGHZ 12, 267, 269; Staud/Beckmann Rz 37; Erman/Grunewald Rz 18; Soergel/Benicke/Hellwig § 281 Rz 134 ff; Soergel/Gsell § 323 Rz 88; Grüneberg/Grüneberg § 281 Rz 12; P Huber/Faust, Schuldrechtsmodernisierung, 2002, S 124; Wertenbruch JuS 2003, 625, 629; aA MünchKomm/Westermann Rz 18 (Nachfristsetzung sei im Allgemeinen so auszulegen, dass Ware innerhalb der Frist beim Käufer eintreffen müsse).
393 RGZ 68, 329, 331 ff. Nach Ansicht des RG hätte in Bezug auf die Nachfrist in Gestalt einer Ankunftsfrist eine „genügende Einhaltung" durch die Verkäuferin vorgelegen, „wenn sie daraufhin die rückständigen Waren so zeitig von ihrem Erfüllungsorte Berlin abgesendet hätte, dass deren Ankunft in Hamburg bei Nichtüberschreitung der üblichen Beförderungsdauer noch vor Ablauf der von der Käuferin gesetzten Frist zu erwarten gewesen wäre" (RGZ 68, 329, 332).
394 RGZ 68, 329, 331 ff.
395 RGZ 68, 329, 331 ff.

geschuldeten **Leistungspflicht des Verkäufers**. Der Käufer kann nicht durch Fristsetzung etwas vom Verkäufer verlangen, wozu dieser nach dem Kaufvertrag nicht verpflichtet ist[396]. Der Käufer ist daher auch im Verzugsfall nicht berechtigt, den vorliegenden Versendungskauf (Schickschuld) einseitig in eine **Bringschuld** des Verkäufers umzuwandeln. Das Risiko einer von der gewöhnlichen Beförderungsdauer abweichenden Transportzeit (Verzögerungsrisiko) trägt hier vielmehr – auch im Falle einer Nachfrist in Gestalt einer Ankunftsfrist – der Käufer, weil es zu den Transportgefahren gehört, die von ihm gem § 447 Abs 1 ab ordnungsgemäßer Versendung der Ware zu tragen sind.

164 c) **Untergang der Ware während Lieferverzugs (§ 287 Satz 2)**. Kommt es vor der Versendung zu einem **Untergang der Ware**, so haftet der im **Verzug befindliche Verkäufer** nach § 287 Satz 2 auch für **Zufall**. Bei Vorliegen einer **Gattungsschuld** ist der Verkäufer nach wie vor zur Leistung aus der vereinbarten Gattung verpflichtet. Dies beruht nicht auf der besonderen Verzugsregelung des § 287 Satz 2, sondern folgt daraus, dass die **Konkretisierung** beim Versendungskauf (Schickschuld) gem § 243 Abs 2 erst mit Absendung der Ware eintritt[397]. Einschlägig ist die **verschärfte Verzugshaftung** des Verkäufers nach § 287 Satz 2 daher im Wesentlichen nur bei der **Stückschuld**. Diese Haftung endet aber in zeitlicher Hinsicht mit der, wenn auch verspäteten, Auslieferung der Ware an den Beförderer zum Zwecke des Transports zum Bestimmungsort. Erfolgt der Untergang der Ware erst nach **Übergabe an den Beförderer** während des Transports, so greift § 287 Satz 2 deshalb nicht mehr ein, weil ein bestehender Lieferverzug des Verkäufers mit Absendung bereinigt wird[398].

165 2. **Vorzeitige Versendung der Ware**. – a) **Anwendungsbereich des § 271 Abs 2**. Im Falle der Festlegung eines **bestimmten Liefertermins** beim Versendungskauf ist der Verkäufer als **Sachleistungsschuldner** zwar nach der allgemeinen Regelung des § 271 Abs 2 im Zweifel berechtigt, die Versendung der Ware auch schon vor diesem Zeitpunkt durchzuführen. Etwas anderes kann aber insbes wegen Vorliegens eines **„Just in time"-Vertrags** oder aufgrund eines **Handelsbrauchs** gelten. Eine abweichende Vereinbarung iSd § 271 Abs 2 liegt bspw auch dann vor, wenn der Verkäufer die Ware **„auf Abruf"** zu liefern hat. Handelsbräuche, die eine Anwendung der Zweifelsregel des § 271 Abs 2 ausschließen, bestehen vor allem im **Überseehandel**. Dies beruht auf den Besonderheiten des Seetransports und insbes auf der Verpflichtung des Käufers, die Ware im Bestimmungshafen nach Ankunft zu übernehmen und für eine notwendige Einlagerung oder Weiterbeförderung zu sorgen. Daher darf ein Verkäufer, der zB „Oktober-Abladung" verkauft hat, dem Käufer grundsätzlich nicht „September-Abladung" andienen[399]. Anders als **vorzeitige Zahlungen** des Schuldners bei der Geldschuld kann die **verfrühte Warenlieferung** des Verkäufers aufseiten des Käufers leicht deshalb zu Problemen führen, weil entweder die **benötigte Lagerkapazität** noch nicht frei ist oder im Falle einer Weiterveräußerung die Belieferung des Abnehmers des Käufers nicht vor dem vereinbarten Zeitpunkt erfolgen darf.

166 Stehen die dargelegten Grundsätze einer Anwendung der „Zweifelsregel" des § 271 Abs 2 und damit der Befugnis des Verkäufers zur vorzeitigen Versendung der Ware nicht entgegen, so ist der Kaufvertrag unter Berücksichtigung von **Treu und Glauben** dahin gehend auszulegen, dass der Verkäufer vor der Durchführung der vorzeitigen Versendung den Käufer über die geplante Abweichung vom vereinbarten Liefertermin **informieren** muss. **Widerspricht der Käufer** unverzüglich, so darf die Versendung der Ware nicht vor dem **Fälligkeitszeitpunkt** erfolgen. Aufgrund der heute bestehenden elektronischen Kommunikationsmöglichkeiten ist eine kurzfristige Klärung der Angelegenheit mit einem geringen Aufwand möglich und dem Verkäufer zumutbar. Eine vorzeitige Versendung der Ware ohne Information des Käufers ist daher grundsätzlich als vertragswidrig anzusehen.

167 b) **Haftung und Gefahrübergang bei nicht zulässiger vorzeitiger Versendung**. Versendet der Verkäufer die Ware vorzeitig, ohne dazu nach § 271 Abs 2 berechtigt zu sein, so hat er dem Käufer einen dadurch entstandenen **Schaden** (zB zusätzliche Lagerkosten) gem § 280 Abs 1 wegen zu vertretender **Verletzung des Kaufvertrags** zu ersetzen. Schwieriger zu beurteilen ist die Frage, ob durch die pflichtwidrige vorzeitige Versendung der Ware die Preisgefahr nach § 447 Abs 1 auf den Käufer übergeht mit der Folge, dass im Falle des **zufälligen Untergangs** der Sache auf dem Transport der Kaufpreisanspruch aus § 433 Abs 2 bestehen bleibt. Der Untergang

396 RGZ 68, 329, 331 ff. Das RG geht davon aus, dass die Setzung einer Ankunftsfrist eigentlich eine nicht korrekte Bestimmung der Nachfrist sei. Die rechtliche Unwirksamkeit sei daraus aber deshalb nicht zu folgern, weil der Verkäufer im Wege der Auslegung unter Berücksichtigung der gewöhnlichen Beförderungsdauer ermitteln könne, wann die Ware nunmehr spätestens abgesandt werden müsse.

397 Vgl dazu Rz 116 ff.

398 Erman/Grunewald Rz 18; Wertenbruch JuS 2003, 625, 629; Boeck Gruchot 65 (1921), S 518 ff.

399 Haage, Das Abladegeschäft, 1958⁴, S 27.

wird idR nicht gerade auf dieser Pflichtverletzung des Verkäufers beruhen und ist daher grundsätzlich kein ersatzfähiger Käuferschaden. Der Zweck der Verpflichtung des Verkäufers, den vereinbarten Liefertermin einzuhalten, besteht nicht darin, den Käufer vor **Zufallsschäden** auf dem Transport zu schützen. Vermieden werden sollen vielmehr erhöhte Aufwendungen des Käufers durch die vorzeitige Ankunft im Bestimmungshafen oder an einem sonstigen Bestimmungsort. Aus diesem Grund ist davon auszugehen, dass die vorzeitige Versendung der Ware durch den Verkäufer regelmäßig zum **Übergang der Preisgefahr** führt[400].

Anders ist die Rechtslage aber dann, wenn im konkreten Einzelfall durch die vorzeitige Versendung der Ware die **Transportrisiken erhöht** werden und diese Risikoerhöhung den tatsächlich eingetretenen Transportschaden zumindest begünstigt hat. Dann handelt es sich nicht um einen zufälligen Untergang bzw eine zufällige Verschlechterung iSd § 447 Abs 1 iVm § 446 Satz 1. Der Käufer muss in einer solchen Fallkonstellation nur die Risikoerhöhung nachweisen, nicht aber, dass der Untergang bzw die Verschlechterung bei vertragsgemäßer späterer Absendung der Ware nicht eingetreten wäre. 168

c) **Versendung bei Störung der Verkehrswege („zur Unzeit")**. Bei der Problematik der Versendung der Ware zur Unzeit geht es um Fälle, in denen wegen akuter oder drohender **Störung der Verkehrswege** die Einhaltung des kaufvertraglich vorgesehenen Liefertermins mit erhöhten Beförderungsrisiken verbunden ist. Berührt die geplante Transportroute **aktuelle Krisengebiete**, so kann der Verkäufer auf Grundlage der ihm beim Versendungskauf obliegenden **Interessenwahrungspflicht**[401] gehalten sein, die Versendung einstweilen zu unterlassen, weil die Gefahr der Unterbrechung der Verkehrswege und der Beschädigung der Ware zu groß ist[402]. Entsprechendes gilt in den Fällen, in denen die **Witterungsbedingungen**[403] oder ein den Transport berührender **Arbeitskampf** die rechtzeitige und unversehrte Ankunft der Ware am Bestimmungsort gefährden. Der Verkäufer muss hier den Käufer informieren und eine Antwort oder/und bessere Verkehrsverhältnisse abwarten. Unzeitig ist die Versendung der Ware in einer solchen Konstellation allerdings nur dann, wenn sich die **Verkehrsverhältnisse** zwischen Abschluss des Kaufvertrags und dem Zeitpunkt der geplanten Versendung **wesentlich verändert** haben. Der Verkäufer muss ausreichende Anhaltspunkte für die Annahme haben, dass der Käufer bei Kenntnis der Sachlage mit einer Versendung der Ware nicht einverstanden wäre. Sind die unsicheren Verkehrsverhältnisse dagegen schon bei Abschluss des Kaufvertrags bekannt, so billigt der Käufer bei Fehlen einer abweichenden Vereinbarung das von vornherein **erhöhte Transportrisiko**[404]. 169

Im Falle einer Versendung der Ware im Winter muss zwar regelmäßig mit Verkehrsbehinderungen und einer **erhöhten Unfallgefahr durch Schnee und/oder Glatteis** gerechnet werden. In Bezug auf die Annahme einer Versendung zur Unzeit ist daher insoweit Zurückhaltung geboten. Anders ist die Rechtslage hier aber dann, wenn das witterungsbedingt ohnehin erhöhte Risiko durch **besondere Umstände** derart noch gesteigert wird, dass die Versendung nicht mehr dem Interesse und dem mutmaßlichen Willen des Käufers entspricht. Der Verkäufer ist in einer derartigen Situation zur einstweiligen Unterlassung der Versendung berechtigt und verpflichtet. Praktische Bedeutung hat in diesem Zusammenhang insbes eine **akute Sturmwarnung**. Entsprechendes gilt bspw in dem Fall, in dem bei Abschluss des Kaufvertrags zwar wegen Ablaufs der tarifvertragsrechtlichen Friedenspflicht mit **Arbeitskampfmaßnahmen**, die den Transportverkehr tangieren, generell gerechnet werden muss, dann aber die betreffende Gewerkschaft kurzfristig einen **Streik** ankündigt. IdR wird in derartigen Situationen schon der beauftragte **Spediteur** von sich aus die sofortige Beförderung zumindest insoweit ablehnen, als es um Transportwege mit den **besonderen Risiken** geht. Eine Versendung durch Auslieferung der Ware an den Spediteur mit der Abrede, dass dieser zunächst eine Zwischenlagerung vornimmt und die weitere Beförderung erst nach Fortfall der erhöhten Risiken durchführt, genügt für den Gefahrübergang nur dann, wenn die rechtzeitige Ankunft der Ware am Bestimmungsort gleichwohl gesichert ist. Die Preisgefahr geht in diesem Fall schon mit Übernahme durch den Spediteur auf den Käufer über. 170

400 IE auch Staud/Beckmann Rz 35; aA Breslau Recht 1906 Nr 3003.

401 Vgl dazu Rz 128.

402 Vgl Braunschweig SJZ 1946, 224 (mAnm E Ulmer) = DRZ 1947, 62 (Bestellung Februar, Versendung am 4./5.4.1945, wenige Tage vor dem Einmarsch der alliierten Truppen). Vgl dazu auch Sieveking MDR 1947, 142; Helms NJW 1949, 45.

403 ROHG 13, 353, 356 (Eisenbahnversand von Erbsen im Winter trotz einer dem Verkäufer bekannten Verkehrsstockung); Dresden OLGE 28, 170 (Versendung unverpackter Kartoffeln bei minus drei Grad Celsius).

404 Braunschweig DRZ 1947, 410 („dringende Bestellung" 12.3.1945, Absendung 24.3.1945); LG Köln NJW 1949, 66 (Bestellung 24.12.1944, Absendung 17.1.1945); Karlsruhe NJW 1949, 68 (Bestellung 20.2.1945, Absendung 14.3.1945); Koblenz NJW 1947/1948, 477, 479 (Bestellung von Wein Ende 1944, Vernichtung durch Fliegerangriff auf dem Transport 27.2.1945).

171 Ist nach den dargelegten Grundsätzen die Versendung der Ware im konkreten Einzelfall trotz Bestehens einer erhöhten Transportgefahr zulässig, etwa weil der Käufer wegen eines dringenden Bedarfs das Risiko eingehen will und dies dem Verkäufer mitteilt, so bilden die Kaufvertragsparteien **keine „Gefahrengemeinschaft"** in der Weise, dass ein Verlust oder eine Verschlechterung der Ware eine **Schadensteilung** zur Folge hätte[405]. Die Gefahr geht vielmehr uneingeschränkt auf den Käufer über. Insoweit gilt das „Alles-oder-nichts-Prinzip". Anders ist die Rechtslage, wenn eine unzulässige Versendung zur Unzeit erfolgte und sich auf dem Transport gerade das erhöhte Risiko durch Eintritt einer Zerstörung oder Beschädigung der Ware realisiert hat. Es liegt dann **kein Zufall** iSd § 447 Abs 1 iVm § 446 Satz 1, sondern eine vom Verkäufer zu vertretende Ursache mit der Konsequenz vor, dass er sich in vollem Umfang nicht auf einen Übergang der Preisgefahr berufen kann. Die entscheidende Frage im konkreten Einzelfall ist also, ob die Versendung der Ware trotz Störung der Verkehrswege zulässig war.

IX. Unmöglichkeit der Versendung

172 1. **Einordnung der Versendungspflicht als Hauptleistungspflicht des Verkäufers.** Auftretende Transporthindernisse, die aufseiten des Verkäufers einer ordnungsgemäßen Versendung der Ware entgegenstehen, führten nach der **älteren Rspr** zu Fällen, in denen es um **kriegsbedingte Störungen** ging, nicht ohne weiteres zur Unmöglichkeit der dem Verkäufer obliegenden Lieferverpflichtung mit entsprechendem **Wegfall der Gegenleistungspflicht** nach § 326 Abs 1 (§ 323 aF). Es wurde vielmehr danach unterschieden, ob die Versendungspflicht eine Hauptleistungspflicht oder nur eine Nebenleistungspflicht des Verkäufers war. Eine **Hauptleistungspflicht** wurde vor allem beim **CIF-Geschäft** und damit beim Überseekauf bejaht. Konnte der Verkäufer wegen kriegsbedingter Störung der Verkehrswege den kaufvertraglich vereinbarten **Seetransport** nicht durch Verschiffung der Ware veranlassen, so musste der Käufer wegen **Unmöglichkeit der Lieferverpflichtung** des Verkäufers den Kaufpreis nicht entrichten[406]. Dem Verkäufer wurde hier nicht gestattet, die Ware an seinem Sitz oder im **Abladehafen** (Ort der geplanten Versendung/Verschiffung) dem Käufer zum Zwecke der Abholung anzubieten[407].

173 Dagegen wurde verschiedentlich für Fälle der Versendung zum Zwecke der **Durchführung eines Über-Land-Transports** entschieden, dass der Verkäufer, dem die Versendung wegen Einschränkungen des **Eisenbahn-Güterfernverkehrs** misslang, die Ware am Erfüllungsort (dh am Ort seiner gewerblichen Niederlassung) dem Käufer zur Abholung in **Annahmeverzug begründender Weise** anbieten durfte[408]. Wurde die Ware dort vom Käufer nicht abgeholt, so sollte die Preisgefahr gem § 326 Abs 2 (BGB § 324 Abs 2 aF) auf ihn übergehen mit der Folge, dass ein nachfolgender Untergang die Verpflichtung zur Kaufpreiszahlung nicht berührte[409].

174 Eine generelle Differenzierung zwischen **Überseekauf** und Versendungskäufen mit **Über-Land-Transport** überzeugt nicht. Die dazu ergangene ältere Rspr ist offensichtlich durch Besonderheiten der Kriegs- und Nachkriegsverhältnisse beeinflusst worden und kann daher nur mit Einschränkungen als Ausprägung eines allgemeinen Grundsatzes eingeordnet werden. Richtig ist sicherlich, dass in besonders gelagerten Ausnahmefällen das Gebot von **Treu und Glauben** (**§ 242**) den Käufer im Falle eines auf absehbare Zeit nicht behebbaren Transporthindernisses verpflichten kann, die Ware trotz Vorliegens eines Versendungskaufs beim Verkäufer abzuholen. Es wandelt sich dann die vereinbarte Schickschuld im Ergebnis in eine Holschuld um. Das bloße Auftreten von Verkehrsstörungen oder sonstigen Transporthindernissen genügt dafür aber regelmäßig noch nicht. Der Verkäufer muss zwar zum Zwecke der Bewerkstelligung der Versen-

405 Braunschweig DRZ 1947, 410; LG Köln NJW 1949, 66 (Schadensteilung würde gerade die Leistungsgleichheit zerstören und die kalkulatorische Basis in unvorhergesehener und daher untragbarer Weise verändern); Karlsruhe NJW 1949, 68; Staud/Beckmann Rz 36.

406 RGZ 88, 37 ff.

407 RGZ 88, 37 ff; Hamburg HansRZ 1916 Nr 102 u Nr 119. Im Fall RGZ 88, 37 hatte der Hamburger Verkäufer an den in Bremen ansässigen Käufer im Juli 1914 50 t Holzbretter „CIF Bombay, Kasse gegen Dokumente" verkauft. Wegen des Kriegsausbruchs konnte der Verkäufer, der von seinem Hamburger Lager aus liefern wollte, die Ware nicht mehr verschiffen. Er bot dem Käufer daher die Ware zur Abnahme in Hamburg an und verlangte vom Käufer den vereinbarten Kaufpreis abzüglich der Transport- und Versicherungskosten. Nach Ansicht des RG war der Käufer wegen Unmöglichkeit der Erfüllung einer wesentlichen Lieferpflicht durch den Verkäufer gem §§ 275, 323 Abs 1 aF nicht zur Zahlung des Kaufpreises verpflichtet.

408 RGZ 103, 129, 130; Hamburg SeuffA 72 Nr 119; Neustadt NJW 1949, 66; ebenso die obiter dicta in RGZ 88, 37, 38; RGZ 92, 14, 16. In RGZ 103, 129 hatte der Verkäufer mit Sitz in Hamburg an den Dresdener Käufer Flaschen (Demijons) „frei Waggon Hamburg" verkauft. Wegen der Nachkriegsverhältnisse war kein Waggonraum zu beschaffen. Der Käufer wurde zur Zahlung des Kaufpreises verurteilt (vgl zu RGZ 103, 129 auch Rz 177); Im Fall Neustadt NJW 1949, 66 war der im Herbst 1944 verkaufte, von Speyer nach Hannover zu versendende Leim von der Reichsbahn nicht mehr zur Versendung angenommen worden und verdarb auf dem Lager der Verkäuferin. Das OLG bejahte die Kaufpreiszahlungspflicht des Käufers.

409 Neustadt NJW 1949, 66, 67.

dung der Ware keine **außergewöhnlichen Anstrengungen**, sondern nur die „gemeinhin üblichen Schritte“ vornehmen[410]. Dies gilt aber für das CIF-Geschäft (See- oder Binnenschiffstransport) in gleicher Weise wie für den Versendungskauf mit Über-Land-Transport und bedeutet nur, dass der Verkäufer bei Eintritt **nachträglicher Transporthindernisse**, die ohne „außergewöhnliche Anstrengungen“ nicht überwunden werden können, die einstweilige Nichterfüllung seiner Vertragspflicht (Versendung) nicht zu vertreten hat.

Das Auftreten eines **Transporthindernisses** ändert dagegen nichts daran, dass der Verkäufer, 175
sei es aufgrund besonderer vertraglicher Vereinbarung, sei es aufgrund von Handelsbrauch oder Verkehrssitte, seine **Leitungspflicht** grundsätzlich nur durch Versendung, dh durch Auslieferung der Ware an den Beförderer erfüllen kann. Eine an den Käufer gerichtete Aufforderung, die Ware nunmehr abzuholen (was dem Käufer naturgemäß bei den meisten Transportstörungen mindestens ebenso schwerfallen dürfte wie dem Verkäufer die Versendung), ist mit dem **Wesen des Versendungskaufs** und dem Inhalt des darauf gerichteten Kaufvertrags nicht vereinbar. Der Verkäufer ist grundsätzlich auch bei Vorliegen besonderer Umstände nicht berechtigt, eine vereinbarte Schickschuld im Ergebnis in eine Holschuld umzuwandeln, sofern das **Gebot von Treu und Glauben** nicht ausnahmsweise eine **Abholverpflichtung des Käufers** rechtfertigt. Die Gefahrtragungsregel des § 447 Abs 1 setzt vielmehr voraus, dass dem Verkäufer die ordnungsgemäße Absendung der Ware tatsächlich gelingt. Die Unmöglichkeit der Versendung fällt in die **Risikosphäre des Verkäufers**. Wenn er dieses Risiko nicht uneingeschränkt übernehmen will, dann darf er diese Lieferart nicht vereinbaren.

Die **Entstehung einer Abholverpflichtung** des Käufers auf Grundlage von Treu und Glau- 176
ben (§ 242) kommt beim Versendungskauf nur in der seltenen Fallkonstellation in Betracht, in der zwar dem Verkäufer die Versendung nicht ohne weiteres möglich oder zumutbar ist, der Käufer aber ohne größere Erschwerungen und Aufwendungen die Ware beim Verkäufer abholen kann. Ist nämlich wegen **außergewöhnlicher Ereignisse** eine Beförderung der Ware zum Bestimmungsort weder per Eisenbahn noch per Lkw möglich, so muss davon ausgegangen werden, dass auch eine Abholung durch den Käufer nicht ernsthaft in Betracht kommt. Dies liegt deshalb auf der Hand, weil der Transport häufig durch **international tätige Speditionen** bewerkstelligt wird und es für die Frage der Undurchführbarkeit letztlich nicht darauf ankommt, ob der Verkäufer die Ware versenden will oder der Käufer einen Abholauftrag erteilt hat. Noch evidenter ist dies im Falle einer **Störung des Seetransports** beim Überseekauf. Ist hier eine Verschiffung der Ware nicht möglich, so gilt dies regelmäßig sowohl für die Versendung durch den Verkäufer im Rahmen eines **CIF-Geschäfts** als auch für die dem Käufer obliegende Abholung der Ware im Verschiffungshafen beim **FOB-Kauf**[411].

Die Versendungspflicht ist aus den dargelegten Gründen generell, dh nicht nur beim CIF- 177
Seetransport, als kaufvertragliche **Hauptleistungspflicht** des Verkäufers zu qualifizieren. Das entspricht, wie man der Definition der Verkäuferpflichten in den Incoterms entnehmen kann, auch der allgemeinen Anschauung im kaufmännischen Geschäftsverkehr[412]. Unerheblich ist, ob der Verkäufer die rechtlich verbindliche Versendungspflicht im eigenen Interesse oder „aus Gefälligkeit“[413] übernommen hat[414]. Gegen die Annahme einer Hauptleistungspflicht spricht nicht, dass die Versendung der Ware deshalb scheitert, weil der Käufer eine vereinbarte bzw nach den Umständen des konkreten Einzelfalls geschuldete **Mitwirkungshandlung** unterlässt[415]. Die pflichtwidrige Unterlassung der Mitwirkung durch den Käufer lässt aufseiten des Verkäufers nicht die auf Versendung der Ware gerichtete Hauptleistungspflicht entfallen, sondern steht der Bejahung einer zu vertretenden Verletzung dieser Verpflichtung entgegen[416].

410 RGZ 103, 129, 130.
411 Vgl dazu Rz 225 f.
412 Vgl CFR/CIF-Verkäuferpflicht A4 und die CPT/CIP-Verkäuferpflicht A4.
413 Vgl dazu Rz 50 ff.
414 Zutreffend ROHG 15, 174, 176; aA Hager, Die Gefahrtragung beim Kauf, 1982, S 243.
415 Vgl RGZ 103, 129 ff.
416 IE zutreffend RGZ 103, 129 ff. Im Fall des RG waren 7.000 Stück Demijons (mit Weiden umflochtene Glasflaschen) vom Hamburger Verkäufer im September 1918 „franko Waggon Hamburg, Akkreditiv ... gegen abgestempelten Duplikatfrachtbrief“ an den Käufer mit Sitz in Leipzig verkauft worden. Wegen der im Herbst 1918 vorherrschenden Waggonknappheit konnte der Verkäufer die Ware nicht versenden. Die nach Auskunft des Spediteurs zur Erwirkung eines Waggons nötige „polizeilich beglaubigte Dringlichkeitserklärung“ brachte der Käufer nicht bei. Auf Verlangen des Käufers schlug der Verkäufer dann eine Versendung über den Wasserweg nach Halle vor. Eine zunächst angekündigte Mitteilung zu diesem konkreten Vorschlag nach Besprechung mit einem Spediteur machte der Käufer trotz Erinnerung nicht. Als die Eisenbahn dem Verkäufer im November 1918 einen Waggon zusagte und er deshalb vom Käufer das vereinbarte Akkreditiv verlangte, trat der Käufer vom Kaufvertrag zurück, weil er die Lieferung jetzt nicht mehr gebrauchen könne. Das RG hat iE zutreffend – ohne nähere Ausführungen zu den Voraussetzungen eines Rücktrittsrechts des Käufers beim Versendungskauf im Falle eines Transporthindernisses – eine Berechtigung des Käufers zum Rücktritt verneint. Entscheidend dafür war nicht das Fehlen einer gem § 326 aF für den Rücktritt erforderlichen Hauptleistungspflicht des Verkäufers, sondern das Nichtvorliegen einer von ihm zu vertretenden Pflichtverletzung.

178 2. **Rechtsfolgen der Unmöglichkeit der Versendung.** Ein nur **vorübergehendes Transporthindernis** führt dazu, dass der Verkäufer die eintretende Lieferverzögerung nicht zu vertreten hat iSd § 276. Er gerät daher bei Nichtlieferung zum vereinbarten Liefertermin oder nach Fälligkeit und Mahnung durch den Käufer nicht in **Verzug** (§ 286 Abs 4), und die Durchführung des Kaufvertrags bleibt einstweilen in der Schwebe. Der Käufer ist aufgrund der ihm zustehenden **Einrede des nicht erfüllten Vertrags aus § 320** vorerst nicht zur Zahlung des Kaufpreises verpflichtet. § 326 Abs 1 ist mangels Unmöglichkeit nicht anwendbar. Nur im Falle eines **Fixgeschäfts** steht dem Käufer hier ohne weiteres ein **Rücktrittsrecht** zu (§ 323 Abs 2 Nr 2, HGB § 376 Abs 1 Satz 1). Eine Frist iSd § 323 Abs 1 kann der Käufer auch dann setzen, wenn der Verkäufer die Unterlassung der Absendung der Ware nicht zu vertreten hat. Denn das Rücktrittsrecht nach § 323 Abs 1 hängt – anders der Schadensersatz statt der Leistung nach § 280 Abs 1 und Abs 3 – nicht von einem Vertretenmüssen aufseiten des Verkäufers ab. Der ohne vorherige erfolglose Nachfristsetzung zulässige Rücktritt nach § 326 Abs 5 iVm § 323 Abs 1 setzt grundsätzlich das Vorliegen einer **dauernden Unmöglichkeit** voraus[417].

179 Im Falle einer nur **vorübergehenden Unmöglichkeit** kann zwar die Nachfristsetzung gem § 323 Abs 2 Nr 3 wegen „besonderer Umstände" entbehrlich sein. Die vorübergehende Unmöglichkeit der Versendung der Ware durch den Verkäufer stellt aber nicht per se einen derartigen Umstand dar. Eine andere Frage ist die **Angemessenheit der Nachfrist**. Insoweit kommt es vor allem darauf an, wie dringend das Interesse des Käufers am Erhalt der Ware ist. Bestehen im konkreten Einzelfall Zweifel in Bezug auf die Abgrenzung zwischen dauernder und nur vorübergehender Unmöglichkeit, so ist zum Zwecke der Vermeidung von Rechtsstreitigkeiten eine **Nachfristsetzung** sinnvoll. Das Gleiche gilt, wenn nicht sicher ist, ob „besondere Umstände" iSd § 323 Abs 2 Nr 3 gegeben sind. Ein Anspruch des Käufers auf **Ersatz des Verzögerungsschadens** aus § 280 Abs 2 scheitert im Falle der nicht zu vertretenden vorübergehenden Unmöglichkeit an § 280 Abs 1 Satz 2.

180 Ist das Transporthindernis voraussichtlich zwar nicht dauerhaft, aber gleichwohl von **längerer und unabsehbarer Dauer**, so ist die vorübergehende Unmöglichkeit der Versendung einer dauerhaften Unmöglichkeit gleichzustellen[418]. Der Verkäufer wird dann gem § 275 Abs 1 von der **Sachleistungspflicht** und der Käufer nach § 326 Abs 1 Satz 1 von der **Gegenleistungspflicht** befreit. Bei Unsicherheiten bezüglich der „Unabsehbarkeit" ist dem Käufer auch hier zu empfehlen, zwecks Vermeidung eines späteren Rechtsstreits sicherheitshalber eine Frist nach § 323 Abs 1 zu setzen. Bei sofortiger Erklärung des Rücktritts nach § 323 Abs 1 iVm § 326 Abs 5 läuft der Käufer nämlich Gefahr, dass die von ihm angenommene „unabsehbare Dauer" in einem **nachfolgenden Rechtsstreit** vom damit befassten Gericht nur als vorübergehendes Leistungshindernis eingestuft wird, das einer dauernden Unmöglichkeit nicht gleichsteht und deshalb das generelle Fristsetzungserfordernis des § 323 Abs 1 unberührt lässt. Dieses Risiko besteht aufseiten des Käufers insbes dann, wenn das Transporthindernis im konkreten Einzelfall nach der **Rücktrittserklärung** wider Erwarten relativ schnell wegfällt und der Verkäufer jetzt die sofortige Versendung der Ware anbietet.

X. Erfassung von Transportgefahren aller Art

181 1. **Grundlagen.** Von § 447 Abs 1 werden Transportgefahren aller Art erfasst[419]. Diese Vorschrift bezieht sich – ebenso wie § 446 Satz 1 – auf die Gefahr des **zufälligen Untergangs und der zufälligen Verschlechterung** der Ware. Ebenfalls erfasst werden die nach Vornahme der Versendung der Ware durch den Verkäufer eintretenden Verzögerungen des Transports[420]. Die Transportgefahr umfasst allgemein sämtliche Schäden, für welche die Beförderung zumindest mitursächlich ist[421]. Ein etwaiges **Verschulden des Beförderers** ist im Rahmen der Anwendung des § 447 Abs 1 deshalb als Zufall anzusehen, weil er **nicht Erfüllungsgehilfe** (§ 278) des Verkäufers ist[422]. Der Verkäufer schuldet auf Grundlage des Kaufvertrags gerade nicht den Trans-

417 Vgl Soergel/Gsell § 326 Rz 10. Eine vorübergehende Unmöglichkeit der Versendung der Ware führt zwar zu einer vorübergehenden Leistungsbefreiung nach § 275 Abs 1, aber nicht zu einem Wegfall der Gegenleistungspflicht gem § 326 Abs 1 und damit auch nicht zu einem Rücktrittsrecht nach § 326 Abs 5 iVm § 323 Abs 1.

418 Vgl BGHZ 47, 48, 50; BGHZ 83, 197, 200.

419 RGZ 93, 330, 331; BGH NJW 1965, 1324; NJW 1968, 1929, 1930; BGHZ 113, 106, 109; BeckOGK/Tröger Rz 60; BeckOK/Faust Rz 21; Staud/Beckmann Rz 29; MünchKomm/Westermann Rz 19; Wertenbruch JuS 2003, 625, 631.

420 Vgl dazu unten Rz 183.

421 Schiedsgericht des Waren-Vereins der Hamburger Börse, 5.12.1989 – 47/89, Leitsatz- und Schiedsspruchsammlung 1997-2014, S 62.

422 Schiedsgericht des Waren-Vereins der Hamburger Börse, 14.4.1981 – 55/80 (keine Verantwortung des Verkäufers für falsche Mitteilung der Waggon-Nummer durch Spediteur beim Eisenbahntransport); Schiedsgericht des Waren-Vereins der Hamburger Börse, 5.12.1989 – 47/89.

port zum Bestimmungsort, sondern nur die **ordnungsgemäße Versendung** der Ware durch Auslieferung an den Beförderer. Wenn dem Verkäufer allerdings im Zusammenhang mit der Versendung ein Verschulden zur Last fällt oder ihm insoweit eine Unregelmäßigkeit zumindest zuzurechnen ist, dann kommt eine Anwendung des § 447 Abs 1 nicht in Betracht, soweit der Untergang oder die Beschädigung der Ware darauf beruht[423]. Es liegt dann insoweit kein Zufall iSd § 447 Abs 1 iVm § 446 Satz 1 vor.

Unerheblich für die Gefahrbelastung des Käufers ab Versendung der Ware durch den Verkäufer ist, ob der Beförderer sich in Bezug auf seine **Frachtführerhaftung aus HGB § 425** auf den Haftungsausschluss nach HGB § 426 berufen kann, der voraussetzt, dass der Verlust, die Verzögerung oder die Beschädigung auf Umständen beruht, die der Frachtführer auch bei größter Sorgfalt nicht vermeiden und deren Folgen er nicht abwenden konnte. Im Falle des Transports der Kaufsache durch eigene **Angestellte („Leute“)** ist § 447 Abs 1 von vornherein mangels Versendung nicht anwendbar[424]. 182

2. **Transportverzögerungen nach Absendung – Verweigerung der Ablieferung durch Beförderer.** Gelingt dem Verkäufer die ordnungsgemäße Absendung der Ware und erfolgt diese Maßnahme auch nicht zur Unzeit[425], so gehen nachfolgend eintretende Transportstörungen in Gestalt von Verzögerungen zu Lasten des Käufers. Denn zu den vom Käufer aufgrund des **Übergangs der Preisgefahr** gem § 447 Abs 1 zu tragenden Risiken gehören nicht nur der Untergang und die Verschlechterung der Ware, sondern auch eine Verzögerung des Transports mit der Folge einer **verspäteten Ankunft am Bestimmungsort**[426]. Dazu gehört auch der Fall, in dem der Beförderer die Ware wegen eines Transporthindernisses vorübergehend einlagert[427]. Praktische Bedeutung haben insoweit insbes Verzögerungen beim **Schiffstransport** im Falle einer Verschiffung (Versendung) **„aus Fernost“**, sofern durch die Übergabe der Ware an den Beförderer am **Verschiffungsort** die Gefahr nach § 447 auf den Käufer übergegangen ist[428]. 183

Wird **schnell verderbliche Ware**, also insbes Obst, Gemüse und Frischfleisch, verkauft und vom Verkäufer versandt, so führt eine nicht unerhebliche Verzögerung des Transports häufig unmittelbar zu einem **Untergang der Ware**. Der Käufer ist hier gem § 447 Abs 1 gleichwohl zur Zahlung des Kaufpreises verpflichtet. Im Falle der Verschlechterung des Zustands der Ware durch die eingetretene Verzögerung liegt deshalb **kein Sachmangel** vor, weil zu dem dafür nach § 434 Abs 1 maßgeblichen Zeitpunkt des Gefahrübergangs die Ware noch mangelfrei war. Eine gem § 447 Abs 1 zu Lasten des Käufers gehende Verzögerung des Transports ist auch dann gegeben, wenn der beauftragte **Spediteur** unberechtigt ein **Zurückbehaltungs- oder Pfandrecht** geltend macht[429]. Ein darauf beruhender Verlust der Ware ist daher vom Käufer zu tragen. Anders ist die Rechtslage insoweit aber dann, wenn der Verkäufer durch ein zurechenbares Verhalten diese rechtswidrige Maßnahme des Spediteurs nicht verhindert oder deren schnellere Aufhebung vereitelt hat. 184

3. **Untergang der Kaufsache – Zerstörung und Verlust.** Ein zufälliger Untergang iSd § 447 Abs 1 iVm § 446 Satz 1 ist nicht nur bei **physischer Zerstörung**, sondern auch bei schlichtem **Verlust der Kaufsache** zu bejahen[430]. Klassische Anwendungsfälle sind Zerstörung der Ware durch Verkehrsunfall, Ladefehler, Erschütterung, Temperatureinwirkung[431] und Nässe[432]. Ein Verlust kann insbes durch Eigentumsdelikte wie Diebstahl[433], Raub und Unterschlagung (insbes auch das heimliche Wiedermitnehmen eines Teils der Warenlieferung durch den Beförderer oder seinen Fahrer[434]), Schwund (einschließlich Fall des ungeklärten Verbleibs) und Auslieferung an 185

423 Vgl dazu Rz 189, 213.
424 Vgl oben Rz 83 ff.
425 Vgl dazu oben Rz 169 ff.
426 Vgl Rz 169 f.
427 Schiedsgericht der Handelskammer Hamburg, 19.10.1945, HSG E 2 b Nr 1.
428 Hamm BeckRS 2018, 53453 Rz 14 f; vgl zum Gefahrübergang bei Versendung von einem dritten Ort Rz 65 ff.
429 RGZ 99, 56, 58. Im Fall des RG waren 15 Ballen Kostümstoffe verkauft und versandt worden. Der Spediteur schloss eigenmächtig eine Transportversicherung ab und stellte die Aushändigung der Ware an den Käufer am Bestimmungsort nur gegen Zahlung der Versicherungsgebühren in Aussicht. Der Käufer hatte vor der Versendung den vom Verkäufer angebotenen Abschluss einer Versicherung abgelehnt. Das RG nahm zu Recht an, dass § 447 Abs 1 auch – vom Verkäufer nicht verschuldete – Vorkommnisse erfasst, durch die zwar am Bestand der Kaufsache nichts verändert, die Lage des Käufers aber insofern erschwert wird, als der Beförderer die Aushändigung der Ware von einer außerhalb der Verpflichtung aus § 448 liegenden zusätzlichen Leistung abhängig macht.
430 RGZ 99, 56, 58; RGZ 114, 405, 407; BGH NJW 1965, 1324; NJW 1949, 23; NJW 1949, 748; Staud/Beckmann Rz 29; MünchKomm/Westermann Rz 19.
431 BGH MDR 1962, 565; Wertenbruch JuS 2003, 625, 633.
432 Vgl ROHG 13, 353, 356; RGZ 115, 162, 163 (Transport von Tuchnähten per Eisenbahnwaggon).
433 Hamburg HansRZ 1919 Nr 69 (insoweit durch die Revisionsentscheidung RGZ 96, 258 zu diesem Fall nicht beanstandet).
434 BGH NJW 1965, 1324; WM 1978, 978; MünchKomm/Westermann Rz 20; Wertenbruch JuS 2003, 625, 631.

den falschen Empfänger[435] entstehen. Ein zufälliger Untergang liegt aber dann nicht vor, wenn die Ursache dem Verkäufer zurechenbar ist[436].

186 4. **Verschlechterung der Kaufsache während des Transports – „Sachmängel" und Rechtsmängel.** – a) **Beschaffenheitsabweichungen durch Substanzbeschädigungen.** Die Verschlechterung der Ware auf dem Transport führt zwar regelmäßig zu einer Abweichung von der kaufvertraglich vereinbarten oder der üblichen Beschaffenheit iSd § 434 Abs 2 Satz 1 Nr 1 bzw Abs 3 Satz 1 Nr 2. Gleichwohl scheidet im Falle einer transportbedingten Beschädigung der Ware ein Sachmangel von vornherein deshalb aus, weil eine derartige Beschaffenheitsabweichung nicht – wie von § 434 Abs 1 verlangt – schon zum **Zeitpunkt des Gefahrübergangs** vorlag. Daher kann der Käufer bspw auch dann gegenüber der auf § 447 Abs 1 iVm § 433 Abs 2 gestützten Kaufpreisforderung des Verkäufers keine **Gewährleistungsrechte aus § 437** geltend machen, wenn nach der Auslieferung der Ware an den Frachtführer unbemerkt Flüchtlinge auf die Ladefläche des Transportfahrzeugs eindringen und während der Fahrt die Ware beschädigen[437]. Eine **physische Veränderung** der versandten Sache ist allerdings nicht Voraussetzung für die Anwendbarkeit des § 447 Abs 1[438].

187 b) **Entstehung eines Rechtsmangels bis zur Übereignung am Bestimmungsort.** Die Besonderheit der Haftung für Rechtsmängel gegenüber der Sachmängelgewährleistung besteht zwar darin, dass der Verkäufer grundsätzlich auch noch für Rechtsmängel einstehen muss, die bis zum **Vollzug der Eigentumsübertragung** entstehen[439]. Beim Versendungskauf ist der Übergang der Preisgefahr nach § 447 Abs 1 nur für die Sachmängelgewährleistung der entscheidende Zeitpunkt (§ 434 Abs 1). Ein Rechtsmangel kann dagegen grundsätzlich auch noch nach Versendung der Ware begründet werden, und zwar bis zur Übereignung an den Käufer am Bestimmungsort[440]. Die Rechtsmängelhaftung wird in zeitlicher Hinsicht durch § 447 grundsätzlich nicht zugunsten des Verkäufers verkürzt. Die Entstehung eines Rechtsmangels erst nach Auslieferung der Kaufsache an den Beförderer wird aber dann ausnahmsweise vom Gefahrbegriff des § 447 Abs 1 erfasst, wenn ein Zusammenhang mit dem konkreten Transportvorgang zu bejahen ist[441].

188 Kommt es – wie in einem vom BGH entschiedenen Fall – im Falle des Verkaufs von Dieselkraftstoff bei Abfüllung durch den Verkäufer unmittelbar zu einer **Vermischung des Diesels mit einem Heizölrest** im Tankwagen des beauftragten Frachtführers, so ist allerdings entgegen der Ansicht des BGH kein Rechtsmangel, sondern vielmehr wegen **Eintritts einer Beschaffenheitsabweichung** ein „Sachmangel" zu bejahen, der zum Zeitpunkt des Gefahrübergangs iSd § 447 Abs 1 (Abfüllung) noch nicht vorlag mit der Folge, dass der Sachmangeltatbestand des § 434 Abs 2 Satz 1 Nr 1 keine Anwendung findet[442]. Eine nachfolgende **behördliche Beschlagnahme** wegen Verstoßes gegen das **Mineralölsteuergesetz** ist als rechtliche Beeinträchtigung des Kaufgegenstands nur eine bloße Folge der vermischungsbedingten vertragswidrigen (und zudem gesetzwidrigen) Beschaffenheit[443]. In Bezug auf **behördliche Beschlagnahmen**, die – anders als im hier in Rede stehenden BGH-Fall – nicht auf einer vertragswidrigen Beschaffenheit der Ware beruhen, ist eine differenzierte Betrachtungsweise erforderlich[444].

189 5. **Nicht ordnungsgemäße Absendung der Ware – insbes fehlerhafte Verpackung.** Das Risiko einer nach Absendung auftretenden **Transportstörung** trägt, wie bereits dargelegt[445], der Käufer, es sei denn, der Verkäufer hat die Ware **zur Unzeit** versandt und der Eintritt einer Verschlechterung oder eines Untergangs beruht auf diesem Umstand[446]. Eine weitere Ausnahme greift ein, wenn die Störung durch eine **fehlerhafte Verpackung der Ware** oder einen sonstigen dem Verkäufer zuzurechnenden Umstand verursacht wird, so dass die von ihm vorgenommene Versendung als nicht ordnungsgemäß (vertragsgemäß) eingeordnet werden muss. Der Übergang der Preisgefahr setzt eben grundsätzlich eine **ordnungsgemäße Auslieferung** der Ware an den Beförderer voraus. Nach § 447 Abs 1 iVm § 446 Satz 1 geht nur die Gefahr des zufälligen Untergangs und der zufälligen Verschlechterung mit der Versendung auf den Käufer über. IdR führt eine fehlerhafte Verpackung der Ware ohnehin zu einem **Sachmangel iSd § 434 Abs 3 Satz 1**

435 RGZ 62, 331, 333 (Verwechslung zweier Partien Pitchpineholz); Schiedsgericht der Hamburger freundschaftlichen Arbitrage, 17.8.1959, HSG E 1 e Nr 1. Der Fall RGZ 62, 331 wäre anders zu entscheiden gewesen, wenn die Verwechslung auf einer ungenügenden Markierung der Ware durch den Verkäufer beruht hätte.

436 Vgl Rz 189, 203.

437 Vgl dazu Köln TransportR 2017, 62 ff (Beschädigung von Fruchtsaftbehältern).

438 BGHZ 113, 106, 113 (keine Beschränkung der Transportgefahr auf „Veränderungen im Bestand der Sache").

439 RGZ 111, 86, 89; BGHZ 113, 106, 113.

440 BGHZ 113, 106, 113.

441 Vgl RGZ 99, 56, 58.

442 Vgl zur Übergabe an den Beförderer beim Verkauf von Flüssigkeiten Rz 111.

443 Vgl Wertenbruch JuS 2003, 625, 631 f.

444 Vgl dazu Rz 196 f.

445 Vgl Rz 183 ff.

446 Vgl Rz 169.

Nr 4[447]. Für den Ausschluss eines Zufalls als Ursache für den Untergang bzw die Verschlechterung ist dies aber letztlich nicht entscheidend. Es kommt insoweit vielmehr nur darauf an, ob die konkrete Versendung nicht dem geschlossenen Kaufvertrag oder/und der Verkehrssitte entspricht.

6. **Erhöhung von Transportkosten oder Einfuhrzöllen nach Absendung der Ware.** Bei der Problematik einer nach Absendung der Ware eintretenden **Erhöhung der Transportkosten** kommt es in erster Linie darauf an, welche Partei diese Kosten nach dem Kaufvertrag zu tragen hat. Falls – wie beim Verkauf unter Verwendung einer **C-Klausel der Incoterms** (CPT, CIP, CFR oder CIF) – der Verkäufer die Kosten der Versendung[448] und der Käufer die Transportgefahren[449] trägt, gilt im Falle einer eintretenden Transportkostenerhöhung eine der **Gefahrtragung** entsprechende Risikoverteilung. Hat der Verkäufer die Versendung der Ware zum **Zeitpunkt des Eintritts der Kostensteigerung** noch nicht vorgenommen, so muss er die Mehrkosten tragen[450]. Denn hier liegt die Erhöhung zeitlich vor dem Gefahrübergang. Der geschlossene Kaufvertrag ist bei Fehlen einer ausdrücklichen Regelung dahin gehend auszulegen, dass der Verkäufer die zum **Zeitpunkt der Versendung einschlägigen Transporttarife** ohne die Möglichkeit der Belastung des Käufers akzeptiert. Andererseits kommt dem Verkäufer eine bis zur Versendung eintretende Verbilligung des Transports zugute, dh, der Käufer kann nicht unter Hinweis auf diesen Umstand eine entsprechende Herabsetzung des Kaufpreises verlangen. Entstehen im Anschluss an die vom Verkäufer auf Grundlage des abgeschlossenen Beförderungsvertrags ordnungsgemäß durchgeführte Versendung dadurch zusätzliche Kosten, dass die Ware wegen einer **Transportstörung eingelagert, umgeleitet oder umgeladen** werden muss, so trifft diese Belastung den Käufer, weil sich hier ein **Transportrisiko iSd § 447 Abs 1** realisiert hat[451]. 190

Dass sich nach Abschluss des Kaufvertrags die Einfuhrzölle erhöhen, gehört grundsätzlich zum Risiko des Käufers. Hat der Verkäufer – wie bei **„DDP"** (Delivered Duty Paid)[452] – auch den Einfuhrzoll zu übernehmen, so gilt die für die klassischen Transportkosten dargelegte Gefahrverteilung[453]. Der Verkäufer trägt also das Risiko einer Erhöhung der Einfuhrzölle nur bis zum Zeitpunkt der **ordnungsgemäßen Versendung** der Ware. Eine Schadensersatzverpflichtung des Verkäufers besteht in dem Fall, in dem der Käufer wegen verspätete**r Andienung der Ware** einen höheren Zoll bezahlen muss[454]. 191

7. **Höhere Gewalt nach Absendung der Ware – Grundsätze. Verlust oder Beschädigung** der Kaufsache auf dem Transport durch höhere Gewalt zählen generell zu den klassischen Anwendungsfällen des § 447 Abs 1. Die ältere Rspr betrifft insoweit insbes **kriegsbedingte Beschädigungen** des die Ware befördernden Transportmittels mit der Folge des Untergangs oder der Verschlechterung der Ware[455]. Für die Anwendung des § 447 Abs 1 bei Zerstörung der Ware auf dem Über-Land-Transport durch einen **Luftangriff**[456] kam es zu Recht nicht darauf an, ob die Ware im Eisenbahnwaggon gefährdeter war als im eigenen Lager des Verkäufers. Ebenso geht es aufgrund der übergegangenen Preisgefahr zu Lasten des Käufers, wenn die Ware infolge einer Transportstörung **unterwegs „liegenbleibt"**[457] oder/und ein **Notverkauf** vorgenommen werden muss[458]. Der Begriff der höheren Gewalt erfasst auch **Plünderungen, Straßenblockaden und streikbedingte Verkehrsstörungen.** Der Verkäufer darf die Ware aber in dieser 192

447 Ablehnend im Zusammenhang mit der Gefahrtragung nach § 447 Abs 1 Stieper AcP 208 (2008), 818, 822. Stieper (aaO) verweist zwar zutreffend darauf, dass der BGH vor Inkrafttreten des SMG 2002 einen Verpackungsfehler nur dann als Sachmangel angesehen hat, wenn die Verpackung nach Ankunft beim Käufer die Haltbarkeit oder/und den Weiterkauf sichern soll oder es sich um eine die Ware kennzeichnende Originalverpackung handelt. Die Unterscheidung zwischen gewöhnlicher Verpackung und besonderer Verpackung beruhte aber vor Erlass des SMG 2002 offensichtlich darauf, dass bei Annahme eines Sachmangels iSd § 459 aF die kurze sechsmonatige Verjährung des § 477 aF galt. Zudem ordnet der seit dem 1.1.2022 geltende § 434 Abs 3 Satz 1 Nr 4 das Fehlen der Verpackung, die der Käufer erwarten kann, ausdrücklich als Sachmangel an.

448 Verkäuferpflicht A6 bei allen C-Klauseln.

449 Käuferpflicht B5 iVm Verkäuferpflicht A4 bei allen C-Klauseln.

450 Schiedsgericht der Hamburger freundschaftlichen Arbitrage, 23.8.1957, HSG J 3 Nr 17 (Frachterhöhung infolge der Sperrung des Suezkanals geht bei Vorliegen eines Versendungskaufs in Gestalt des CIF-Geschäfts zu Lasten des Verkäufers); Schiedsgericht der Hamburger freundschaftlichen Arbitrage 29.1.1968, HSG J 3 Nr 6 (zum c & f-Geschäft).

451 Erman/Grunewald Rz 12; Hager, Die Gefahrtragung beim Kauf, 1982, S 243.

452 Vgl dazu Rz 231.

453 Vgl dazu Rz 190.

454 Schiedsgericht des Waren-Vereins der Hamburger Börse, 24.10.1978 14/78, Leitsatz- und Schiedsspruchsammlung 1997-2014, S 23.

455 Vgl RGZ 88, 389 (dazu auch Hamburg HansRZ 1919 Nr 98); RGZ 92, 128 (Beschlagnahme durch die russische und die englische Regierung nach Kriegsausbruch); RGZ 93, 166 (Versenkung des Schiffs durch die deutsche Marine); RG JW 1917, 214 (Kaperung der von einem englischen Unternehmen „CIF" verkauften Ware durch die englische Marine).

456 Koblenz NJW 1947/1948, 477.

457 Vgl RG LZ 1916, 1182 f; WarnR 1918 Nr 27; Hamburg MDR 1948, 15.

458 Braunschweig MDR 1947, 290.

Hinsicht nicht „zur Unzeit" versenden[459]. Wird dieses Gebot vom Verkäufer beachtet, so trägt der Käufer das Risiko des Verlusts oder der Verschlechterung der Ware durch höhere Gewalt auf dem Transport in gleicher Weise wie bei Vorliegen einer Holschuld ab Übernahme am Sitz des Verkäufers. Der auf das Eingreifen einer **Reserveursache** (hypothetische Kausalität) bezogene Einwand des Käufers, die Ware wäre im Falle des gänzlichen Unterbleibens der Versendung auch beim Verkäufer mit Sicherheit durch höhere Gewalt untergegangen bzw beschädigt worden, ist für die Anwendung des § 447 Abs 1 ohne Bedeutung[460]. Beruht der Untergang oder die Beschädigung dagegen auf einem schon zum Zeitpunkt der Versendung vorliegenden Sachmangel, so liegt ohnehin kein Zufall iSd § 447 Abs 1 iVm § 446 Satz 1 vor.

193 8. **Behördliche Beschlagnahme nach Versendung der Ware.** – a) **Bestehen einer rechtlichen Beschlagnahmegrundlage zum Zeitpunkt der Versendung.** Eine behördliche Beschlagnahme der Ware nach der Versendung durch den Verkäufer führt nicht ohne weiteres zur Anwendung des § 447 Abs 1[461]. Es kommt vielmehr darauf an, ob diese staatliche Maßnahme im konkreten Einzelfall zu der vom Käufer ab Versendung zu tragenden **Transportgefahr** gehörte[462]. Insoweit sind mehrere Konstellationen zu unterscheiden. Unterlag der konkrete Kaufgegenstand individuell schon zum **Zeitpunkt der Absendung** durch den Verkäufer **nach öffentlichem Recht** der Beschlagnahme und erfolgte nur der behördliche Zugriff nach der Übergabe an den Beförderer, so war die Ware bei Versendung zur Erfüllung des abgeschlossenen Kaufvertrags nicht geeignet mit der Folge, dass insoweit kein Gefahrübergang nach § 447 Abs 1 eintreten konnte[463]. In einer solchen Situation liegt idR bereits zum Zeitpunkt der Versendung ein **Sach- oder Rechtsmangel** vor, für den der Verkäufer gem § 437 haftet. Dies gilt insbes dann, wenn die Ursache für die Beschlagnahme eine bei Versendung schon vorliegende gesetzwidrige und daher **nicht übliche Beschaffenheit** der Ware iSd § 434 Abs 3 Satz 1 Nr 2 ist, die einen **Sachmangel** darstellt[464]. Die behördliche Beschlagnahme ist hier nur eine die bestehende Beeinträchtigung der Kaufsache noch verstärkende Folge des betreffenden Mangels. Beispiel: Ein Fleischproduzent versendet als Verkäufer per Spedition eine größere Partie Frischfleisch, das auf dem Lkw-Transport wegen Verstößen gegen Hygienevorschriften im Schlachthof des Verkäufers von der zuständigen Lebensmittelbehörde beschlagnahmt wird. Hier wird der bei Absendung der Ware bereits vorliegende **Sachmangel** durch die staatliche Beschlagnahme, die zur Aufhebung der Verkehrsfähigkeit der Ware führt, nur vertieft.

194 In dem der **Entscheidung RGZ 106, 16** zugrundeliegenden Fall waren die verkauften 200 Zentner Hafer nach der Versendung per Eisenbahnwaggon wegen angeblicher **Beimischung von Brotgetreide** beschlagnahmt worden. Die Besonderheit dieses Falls besteht darin, dass die Beimischung ebenso wie die Rechtmäßigkeit der Beschlagnahme streitig war. Lag die Beimischung bei Versendung durch den Verkäufer vor und war deshalb die **behördliche Beschlagnahme** zulässig, so konnte § 447 Abs 1 deshalb nicht zur Anwendung kommen, weil schon zum Zeitpunkt des Gefahrübergangs ein **Sachmangel** bestand, der die Beschlagnahme nach sich zog. Es handelte sich dann schon aufgrund dieses Sachmangels nicht um einen zufälligen Untergang iSd § 447 Abs 1 iVm § 446 Satz 1. War der Hafer dagegen einwandfrei und erfolgte die Beschlagnahme demzufolge zu Unrecht, so handelte es sich um die Realisierung eines vom Käufer zu tragenden Transportrisikos. **Rechtswidrige Beschlagnahmen** und ähnliche behördliche Maßnahmen mit Auswirkungen auf den Kaufgegenstand sind in Bezug auf die Gefahrtragung als **Zufall** anzusehen, sofern sie nicht vom Verkäufer in zurechenbarer Weise veranlasst oder zumindest mitverursacht wurden. Das Gleiche gilt für eine wegen **Verdachts einer gesetzwidrigen Beschaffenheit** angeordnete Beschlagnahme, die wegen Wegfalls dieses Verdachts aufgehoben werden muss[465].

195 Ein **Rechtsmangel** des Kaufgegenstands ist bspw dann gegeben, wenn die Kaufsache wegen eines Zusammenhangs mit einer Straftat von der zuständigen Strafverfolgungsbehörde auf Grundlage des **StPO § 94 beschlagnahmt** werden kann[466]. Dass der behördliche Beschlagnah-

459 Vgl dazu Rz 169.

460 Anders Kiel MDR 1947, 240.

461 Grundlegend RGZ 106, 16, 17; RGZ 114, 405, 407. Für die Anwendung des § 447 in Fällen, in denen die versandte Ware bei Ende des zweiten Weltkriegs infolge des Zusammenbruchs das Ziel nicht erreichte Braunschweig DRZ 1947, 410; LG Köln NJW 1949, 66; Karlsruhe NJW 1949, 68; anders aber Kiel MDR 1947, 240.

462 RGZ 106, 16, 17; RGZ 114, 405, 407.

463 Hamburg LZ 1917, 687; HansRZ 1922, 285; so wohl auch MünchKomm/Westermann Rz 20; BeckOGK/Tröger Rz 61.

464 Erman/Grunewald Rz 12; MünchKomm/Westermann Rz 20.

465 Vgl dazu Rz 200.

466 Erman/Grunewald § 435 Rz 11; MünchKomm/Westermann § 435 Rz 10; Wertenbruch ZGS 2004, 367 ff; Heese JZ 2017, 529, 531; aA LG Bonn NJW 1977, 1822; Hamm NJW-RR 2012, 1441 f (anders aber in dem Fall, in dem Sicherstellung nach StPO § 94 iE zu einem dauerhaften Entzug des betreffenden Fahrzeugs führt); Grüneberg/Weidenkaff § 435 Rz 13; Staud/Matusche-Beckmann § 435 Rz 36; differenzierend BeckOGK/Gutzeit § 435 Rz 39.

meakt bei Vorliegen eines Versendungskaufs erst nach Auslieferung an den Beförderer und damit nach Gefahrübergang erfolgt, führt insoweit grundsätzlich nicht zu einer Entlastung des Verkäufers nach § 447 Abs 1. Denn zum einen ist der Gefahrübergang für die Rechtsmängelhaftung nicht entscheidend[467]. Zum anderen besteht hier die rechtliche Grundlage für diese staatliche Maßnahme schon zum Zeitpunkt der Versendung. Ob der behördliche Zugriff auf die Kaufsache bei Vorliegen der Beschlagnahmevoraussetzungen des StPO § 94 vor oder nach der Versendung erfolgt, ist für die Nichtanwendbarkeit des § 447 Abs 1 ohne Bedeutung.

b) **Die Beschlagnahmegrundlage nach Absendung – Reichweite der Transportgefahr.** Anders ist die Rechtslage, wenn nicht nur der behördliche Beschlagnahmeakt nach der Versendung des Kaufgegenstands durch den Verkäufer erfolgt, sondern auch die Rechtsgrundlage für diese staatliche Maßnahme erst nach Gefahrübergang entsteht. Wird **während des Transports** die Beschlagnahme über Waren der verkauften Art im Allgemeinen oder über die versandte Ware im Besonderen verhängt und beruht dies nicht auf einer schon bei Versendung gegebenen rechtlichen Beschlagnahmegrundlage, also insbes nicht auf einem schon zu diesem Zeitpunkt vorliegenden **Rechts- oder Sachmangel**, so ist bei Zugrundelegung der zu Bewirtschaftungsmaßnahmen während des ersten Weltkriegs ergangenen **Rspr des RG**[468] § 447 Abs 1 anwendbar, wenn diese staatliche Maßnahme im konkreten Fall zur **Transportgefahr** gehört. Diese am Sinn und Zweck orientierte Auslegung des § 447 Abs 1 ist nach wie vor entscheidend für die Einordnung der nach Absendung der Ware bis zur Ankunft am Bestimmungsort erfolgenden **behördlichen Beschlagnahmen aller Art.** 196

Unverändert richtig ist die reichsgerichtliche Feststellung, dass eine nach der Auslieferung der Ware an den Beförderer angeordnete und nicht auf einer schon vorher vorhandenen rechtlichen Grundlage (insbes Sach- oder Rechtsmangel) beruhende Beschlagnahme grundsätzlich, obwohl sie tatsächlich während des Transports vorgenommen wird, „an sich mit der Beförderung und ihren Gefahren nichts zu tun" hat[469]. Ein derartiger **hoheitlicher Eingriff** in die nach ordnungsgemäßer Absendung der Ware bis zur Übergabe an den Käufer noch andauernde Abwicklung des Kaufvertrags geht daher regelmäßig **zu Lasten des Verkäufers**[470]. Genauso zutreffend ist auch heute noch die Annahme des RG, dass eine auf dem Transport erfolgende Beschlagnahme dann der Beförderungsgefahr iSd § 447 Abs 1 zuzurechnen ist, wenn der beauftragte **Spediteur** die Möglichkeit der Beschlagnahme durch die von ihm **konkret veranlasste Versendungs- und Transportart** herbeigeführt hat[471]. Dann realisiert sich in Wirklichkeit durch die betreffende **Anordnung des Beförderers** eine vom Käufer gem § 447 Abs 1 zu tragende Transportgefahr. Eine nach Übergabe der Ware an den Beförderer auf einer allgemeinen Grundlage durchgeführte behördliche Beschlagnahme ist dann eine adäquate Folge der Entscheidung des Beförderers bei der **Wahl der Transportmodalitäten**. Ein solches Verhalten des Beförderers ist dem Verkäufer ebenso wenig zurechenbar wie ein durch einen Fahrer des Beförderers verschuldeter Verkehrsunfall. 197

Im **Fall RGZ 114, 405** hatte der in Köln ansässige Verkäufer im Jahre 1922 die an den Käufer mit Sitz in Wien verkauften Stoffe in Köln der beauftragten Spedition für den Transport nach Wien über Passau übergeben. Der Spediteur schickte anschließend die Ware als Teil einer Sammelladung der Rheinuferbahn in Köln ab. Noch am gleichen Tag übergab dieses Bahnunternehmen die in Bonn ordnungsgemäß angekommene Ware der Reichsbahn zum Zwecke des Weitertransports nach Süden auf der Rheinstrecke. Am nachfolgenden Tag sperrte die französische Besatzung die Bahnstrecke Bonn-Koblenz und beschlagnahmte die Ware. Das RG[472] hat in diesem Fall zu Recht angenommen, dass die erfolgte Beschlagnahme wegen **Auswahl einer durch Besatzungsgebiet führenden Bahnstrecke** durch den beauftragten Spediteur zur Beförderungsgefahr gehörte und der Käufer deshalb gem § 447 Abs 1 zur Zahlung des Kaufpreises verpflichtet war. In einer solchen Situation ist nicht die Beschlagnahme als solche, sondern die Schaffung der rein tatsächlichen Beschlagnahmemöglichkeit durch die **logistische Disposition des Beförderers** die Grundlage für die Bejahung eines Zusammenhangs des Verlusts der Ware mit einer vom Käufer ab Versendung zu tragenden Transportgefahr. 198

Eine nach Auslieferung der Ware an den Beförderer erfolgende Beschlagnahme ist auch dann der dem Käufer nach § 447 Abs 1 obliegenden Gefahr zuzurechnen, wenn diese behördliche Maßnahme wegen eines **gesetzwidrigen Zustands des Transportfahrzeugs** erfolgt[473]. Bei- 199

467 Vgl Rz 187.
468 RGZ 106, 16; RGZ 114, 405.
469 So RGZ 106, 16, 17; bestätigt durch RGZ 114, 405, 407.
470 Ebenso MünchKomm/Westermann Rz 20; Hager, Die Gefahrtragung beim Kauf, 1982, S 253.
471 RGZ 114, 405, 407.
472 RGZ 114, 405, 407.
473 So auch MünchKomm/Westermann Rz 20 (für Beschlagnahme wegen eines Umstands, welcher der Sache aufgrund des Transports anhaftet).

spiel: Die von einem Molkereibetrieb verkaufte und per Spedition versandte einwandfreie Vollmilch wird auf dem Transport beschlagnahmt, weil die zuständige Behörde von **Defekten der Kühlsysteme der Tankwagen** des Spediteurs erfahren hat. Ob in einem derartigen Fall die Ware nach Durchführung von Untersuchungen wegen unbedenklicher Beschaffenheit freigegeben wird, ist für die Verpflichtung des Käufers zur Zahlung des Kaufpreises ohne Bedeutung. Auch die auf die behördliche Freigabe der Ware bezogenen Unwägbarkeiten gehören zu der vom Käufer ab Versendung zu tragenden Gefahr. Die hier in Rede stehende Fallkonstellation der Beschlagnahme wegen Mängeln des Beförderungsmittels ist zu unterscheiden von der Beschlagnahme wegen einer **fehlerhaften Beschaffenheit der Ware** schon zum Zeitpunkt der Versendung durch den Verkäufer[474].

200 c) **Beschlagnahme der Ware nach Absendung wegen unbegründeten Verdachts einer gesetzwidrigen Beschaffenheit**. Muss die auf den Verdacht einer gesetzwidrigen Beschaffenheit gestützte, zunächst rechtmäßige behördliche Beschlagnahme später wieder aufgehoben werden, weil der Verkäufer **mangelfreie Ware** abgesandt und den weggefallenen Verdacht weder verursacht noch begünstigt hat, so ist § 447 Abs 1 auf zwischenzeitlich entstandene beschlagnahmebedingte Schäden anwendbar[475]. Das Gleiche gilt, wenn aus sonstigen Gründen ein **irrtümlicher behördlicher Zugriff** auf die Ware erfolgt. Sofern dem Verkäufer der **Anschein einer tatsächlichen Beschlagnahmegrundlage** nicht zurechenbar ist, handelt es sich um die Realisierung eines vom Käufer zu tragenden Transportrisikos. Dies folgt aus einer **zweckorientierten Auslegung** des § 447 Abs 1. Denn der Käufer müsste die Folgen einer derartigen Beschlagnahme auch dann tragen, wenn sie bei Vorliegen einer **Holschuld** nach Übernahme der Ware am Sitz des Verkäufers durch einen vom Käufer beauftragten Beförderer auf dem Transport zum Bestimmungsort erfolgen würde. Da der Gefahrübergang nach § 447 Abs 1 auf der Erwägung beruht, dass der Verkäufer nach § 269 Abs 1 bei Fehlen einer besonderen Vereinbarung grundsätzlich nicht den Transport der Ware zum Käufer schuldet, sondern nur die Übergabe am Sitz des Verkäufers zum Zwecke der Abholung[476], ist in Bezug auf das Risiko einer Beschlagnahme wegen Verdachts einer gesetzwidrigen Beschaffenheit, der sich später als unbegründet herausstellt, eine Verantwortung des Verkäufers nicht gerechtfertigt. Unerheblich für die Anwendung des § 447 Abs 1 ist also, ob die nach Versendung erfolgende Beschlagnahme von Anfang an rechtswidrig war oder zunächst von der zuständigen Behörde rechtmäßig angeordnet wurde und dann wegen Fortfalls des Verdachts wieder aufgehoben werden musste. Auch das Risiko, dass die zuständige Behörde trotz Wegfalls des Verdachts zu Unrecht an der angeordneten Beschlagnahme festhält, trägt der Käufer.

201 d) **Export- und Importverbote**. Wird bei einem **grenzüberschreitenden Verkauf (Exportgeschäft)** die vom Exportland ins Importland zu versendende Ware von einer **staatlichen Handelsbeschränkung** erfasst, so entspricht es – unabhängig von allgemeinen Gefahrtragungsregeln – dem Wesen des Exportvertrags, dass der Verkäufer das **Risiko der Exportfähigkeit** und der Käufer das **Risiko der Importfähigkeit** trägt[477]. Wird also nach der vom Verkäufer ordnungsgemäß vorgenommenen Versendung, während die Ware noch im Exportland befördert wird, ein **staatliches Exportverbot** verhängt, so kann der Verkäufer bei Anwendbarkeit des BGB den Kaufpreis nicht unter Berufung auf § 447 Abs 1 beanspruchen. Ob er darüber hinaus gegenüber dem Käufer schadensersatzpflichtig ist, hängt davon ab, ob die Exportbeschränkung für den Verkäufer vorhersehbar war oder nicht[478]. Auch bei Vorhersehbarkeit hat der Verkäufer zwar nicht die **Unmöglichkeit der Leistung** zu vertreten. Er muss dem Käufer aber wegen **Verletzung einer Aufklärungspflicht** gem §§ 280 Abs 1, 241 Abs 2, 311 Abs 2 das negative Interesse ersetzen, wenn bei Abschluss des Kaufvertrags die in Rede stehende Gefahr schon bestand und der Käufer in zu vertretender Weise nicht informiert wurde. Das Risiko, dass nach Absendung der Ware ein darauf bezogenes **Importverbot** verhängt wird, muss dagegen der Käufer tragen. Entsprechendes gilt für die Beschlagnahme der Ware nach Eintreffen im Importland aufgrund einer von diesem Land verhängten **Bewirtschaftungsmaßnahme**[479].

202 9. **Verlust der Transportdokumente (insbes Konnossement)**. Der Verlust der zum Kaufgegenstand gehörenden Transportdokumente wird grundsätzlich nicht vom Anwendungsbereich der Gefahrtragungsregel des § 447 Abs 1 erfasst. Ist der Verkäufer verpflichtet, dem Käufer die

474 Vgl dazu oben Rz 193 ff und nachfolgend Rz 200.
475 AA in der Tendenz RGZ 106, 16, 17.
476 Vgl dazu oben Rz 7 f.
477 Vgl Schiedsgericht der Hamburger freundschaftlichen Arbitrage, 9.4.1962, HSG E 4 b Nr 4; Schiedsgericht der Hamburger freundschaftlichen Arbitrage 15.12.1959, HSG E 4 d Nr 1 (zur Exportlizenz); Schiedsgericht der Hamburger freundschaftlichen Arbitrage 17.3.1967, HSG E 4 b Nr 7 (zur Importlizenz); Hager, Die Gefahrtragung beim Kauf, 1982, S 249, 250.
478 Schiedsgericht der Hamburger freundschaftlichen Arbitrage, 15.12.1959, HSG E 4 d Nr 1.
479 Ebenso RG JW 1919, 182; anders aber RG WarnR 1921 Nr 117.

Transportdokumente zu verschaffen (insbes das Konnossement beim Überseekauf/Abladegeschäft), so ist diese Pflicht grundsätzlich am **Sitz des Käufers** zu erfüllen[480]. In Bezug auf die Dokumente besteht also eine **Bringschuld des Verkäufers**, während die Lieferung der Ware als Schickschuld anzusehen ist. Bei Vereinbarung der Klausel **„Kasse gegen Dokumente"** und Festlegung einer Bank als Zahlstelle sind die betreffenden Dokumente dieser Bank vorzulegen. Das Gleiche gilt, wenn die Zahlung per **Dokumenten-Akkreditiv** erfolgen soll, und zwar unabhängig davon, ob die Zahlstellenfunktion bei der das Akkreditiv eröffnenden Bank des Käufers verbleibt oder auf die **avisierende Bank** im Land des Exporteurs (Verkäufers) übertragen wird. Die Pflicht des Verkäufers zur Aushändigung der Transportdokumente an den Käufer oder an die Zahlstelle ist in all diesen Fällen eine **Bringschuld**. Der Verkäufer haftet demzufolge gem § 278 für ein Verschulden der von ihm zum Zwecke der Übermittlung der Dokumente eingesetzten Personen, also insbes für Fehler der von ihm mit dem **Dokumenteninkasso** beauftragten Bank. Die Gefahr des **Verlusts der Dokumente** trägt der Verkäufer bis zur Übergabe an den Käufer oder an die Zahlstelle (Bank)[481]. Gehen **Ware und Dokumente** nach der Versendung **gleichzeitig verloren**, so bleibt der Käufer zwar grundsätzlich nach § 447 Abs 1 zur Zahlung des Kaufpreises verpflichtet[482]. Anders ist die Rechtslage aber dann, wenn der Käufer trotz des Verlusts der Ware noch ein schutzwürdiges Interesse an der Erlangung der Dokumente (zB der Transportversicherungspolice) hat[483]. Ist dies der Fall, so kann sich der Käufer gegenüber der Kaufpreisforderung des Verkäufers (§ 433 Abs 2) gem § 320 auf die Einrede des nicht erfüllten Vertrags berufen, bis es dem Verkäufer gelingt, **Ersatzdokumente** zu übermitteln.

10. **Vom Verkäufer zu vertretende Versendungsfehler**. Beruht der Verlust oder die Ver- 203
schlechterung der versandten Kaufsache auf dem Transport zum Bestimmungsort auf einem Umstand, der vom Verkäufer nach § 276 – gegebenenfalls iVm § 278 – zu vertreten ist, so liegt **kein Zufall** iSd § 447 Abs 1 iVm § 446 Satz 1 vor. Nach diesen Vorschriften trägt der Käufer nur die Gefahr des **zufälligen Untergangs** und der **zufälligen Verschlechterung**. Der Verkäufer kann sich also bei Vorliegen eines Vertretenmüssens nicht auf einen Übergang der Preisgefahr berufen[484]. Der Beförderer ist zwar beim Versendungskauf nicht **Erfüllungsgehilfe** des Verkäufers[485]. Bis zur Versendung durch Auslieferung der Ware an den Beförderer muss der Verkäufer aber für ein Verschulden von Angestellten und eingesetzten selbständigen Unternehmern nach § 278 einstehen. Das Vorliegen eines „Zufalls" wird allerdings nicht nur durch ein Vertretenmüssen des Verkäufers nach § 276 ausgeschlossen. Der Verkäufer kann sich nämlich auf einen Übergang der Preisgefahr auch dann nicht berufen, wenn der Untergang auf einem der Gewährleistung nach § 437 unterliegenden **Sach- oder Rechtsmangel** beruht, den er nicht gem § 276 zu vertreten hat. Das Gleiche gilt, soweit eine sonstige Schadensursache aus der Sphäre des Verkäufers von diesem zwar nicht fahrlässig herbeigeführt wurde, ihm aber gleichwohl zurechenbar ist.

11. **Keine Haftung des Verkäufers für ein Verschulden des Beförderers**. Der Beschädi- 204
gung der Ware auf dem Transport zum Bestimmungsort liegt häufig ein Verschulden des Beförderers oder seiner Angestellten zugrunde. Die ständige Rspr[486] geht zu Recht davon aus, dass der Verkäufer hierfür nicht haftet, sondern wegen Zufalls iSd § 447 Abs 1 iVm § 446 Satz 1 den Kaufpreis in voller Höhe beanspruchen kann. Selbständige Beförderer und ihre Angestellten sind beim Versendungskauf nicht **Erfüllungsgehilfen (§ 278)** des Verkäufers. Dies folgt unmittelbar und eindeutig nicht nur aus dem Wortlaut, sondern auch aus dem Sinn und Zweck des § 447 Abs 1[487]. Der Verkäufer schuldet eben beim Versendungskauf nur die **ordnungsgemäße Versendung** der Kaufsache, nicht aber die Durchführung des Transports zum vereinbarten Bestimmungsort. Der Verkäufer schließt mit der Auslieferung der Ware an den Beförderer die ihm obliegende **Leistungshandlung (Versendung)** ab; die Durchführung des Transports gehört nicht mehr zu seinen kaufvertraglichen Pflichten[488]. So steht es dem Gefahrübergang bspw nicht entgegen, dass der Spediteur dem Verkäufer im Fall des Eisenbahntransports telefonisch eine falsche Waggon-Nummer mitteilt und der Verkäufer daher eine unrichtige Verladeanzeige an den Käufer abschickt[489].

480 Haage, Das Abladegeschäft, 1958[4], S 5, 44.
481 Haage, Das Abladegeschäft, 1958[4], S 45.
482 Hamburg HansRZ 1918 Nr 77; anders noch Hamburg HansRZ 1917 Nr 16.
483 Haage, Das Abladegeschäft, 1958[4], S 45 ff.
484 Vgl BGH BB 1964, 1451; NJW 1968, 1929, 1930; MünchKomm/Westermann Rz 21.
485 Vgl Rz 204.
486 RGZ 62, 331, 333; RGZ 93, 330, 332; RGZ 99, 56, 58; RGZ 101, 152, 153; RGZ 115, 162, 164; BGHZ 50, 32, 35; BGHZ 113, 106, 115.
487 BeckOGK/Tröger Rz 76; Staud/Beckmann Rz 40; MünchKomm/Westermann Rz 23; BeckOK/Faust Rz 25.
488 Vgl Erman/Grunewald Rz 10; BeckOGK/Tröger Rz 76; BeckOK/Faust Rz 25; Staud/Beckmann Rz 40.
489 Schiedsgericht des Waren-Vereins der Hamburger Börse, 14.4.1981 – 55/80, Leitsatz- und Schiedsspruchsammlung 1997-2014, S 65 (Verkäufer dürfe sich auf die Angaben des Spediteurs verlassen, weil dieser nicht sein Erfüllungsgehilfe sei).

205 Der Käufer wird zwar mit der Versendung der Ware regelmäßig noch nicht **Eigentümer der Ware**, weil die Übergabe iSd § 929 erst am Bestimmungsort erfolgt und ein für § 930 erforderliches **Besitzkonstitut** zumindest im Falle der regelmäßig durch den Verkäufer erfolgenden Beauftragung eines Beförderers durch den Verkäufer nicht der **Verkehrssitte** entspricht. In Bezug auf die nach § 433 Abs 1 Satz 1 vom Verkäufer geschuldete Übergabe (Verschaffung des unmittelbaren Besitzes) und Übereignung hat der Verkäufer aber das seinerseits Erforderliche getan, wenn er die Kaufsache durch ordnungsgemäße Versendung auf den Weg zum Käufer gebracht hat[490]. Bei Vorliegen einer **Gattungsschuld** tritt mit der Versendung der Ware zugleich die **Konkretisierung** gem § 243 Abs 2 ein[491]. Wird der Transport zum Bestimmungsort von Angestellten des Verkäufers durchgeführt, so ist ihm ein Verschulden seiner Leute schon deshalb nach § 278 zurechenbar, weil § 447 Abs 1 hier von vornherein nicht anwendbar ist[492]. Die Versendung setzt die Übergabe der Ware an einen selbständigen Beförderer (Dritten) voraus[493].

206 12. **Haftung des Verkäufers für Verschulden des Beförderers im Ausnahmefall.** – a) **Fortbestehende Pflichten des Verkäufers.** Die Regel, dass ein beauftragter **selbständiger Beförderer** nicht Erfüllungsgehilfe des Verkäufers ist, gilt dann nicht, wenn der Verkäufer nach Absendung der Ware eine ausnahmsweise noch zu seinen **kaufvertraglichen Pflichten** gehörende Maßnahme vom Beförderer kraft Vereinbarung oder Weisung vornehmen lässt. Hat der Verkäufer die Ware bspw auf einen Lkw zu verladen und fachgerecht mit einer Plane abzudecken, so muss er sich gem § 278 zurechnen lassen, dass der Beförderer, der in seinem Auftrag unterwegs die bei Absendung angebrachte Plane auswechseln sollte, zwar die bisherige Plane wegnimmt, aber fahrlässig keine neue auflegt. Denn auch hier ist zwar nicht der Warentransport als solcher, aber die vereinbarte **ordnungsgemäße Abdeckung der Ware** bis zur Ankunft am Bestimmungsort geschuldet. Der Fall wäre anders zu entscheiden, wenn der Transport eine solche oder ähnliche Maßnahme (Anbringung von Abdeckungen zum Schutz der Ware gegen Kälte oder Hitze; Füttern der transportierten Tiere) nach der **Verkehrssitte** ohnehin erfordert und üblicherweise vom Frachtführer erledigt wird, so dass die an den Beförderer gerichtete Anweisung des Verkäufers keine **konstitutive Wirkung** hat, dh keine zusätzliche Verpflichtung des Beförderers als Grundlage für eine Verschuldenszurechnung nach § 278 zu Lasten des Verkäufers entstehen lässt.

207 b) **Verladepflicht des Verkäufers.** Ist der Verkäufer auf Grundlage des Kaufvertrags verpflichtet, den Lkw oder ein sonstiges **Transportmittel des Beförderers** zu beladen, und hilft ihm dabei ein Angestellter des Beförderers oder der Beförderer selbst, so muss der Verkäufer sich ein zur Beschädigung der Ware führendes Verschulden einer solchen, eigentlich nicht zu seinem Verantwortungsbereich gehörenden Person gem § 278 zurechnen lassen[494]. Insoweit macht es keinen Unterschied, ob der Fehler einem Angestellten des Verkäufers oder dem vom Beförderer eingesetzten Personal unterläuft. Denn die dem Verkäufer nach § 447 Abs 1 obliegende **Auslieferung der Ware** an den Transportunternehmer liegt hier erst ab **beförderungssicherer Verladung** iSd HGB § 412 vor[495]. Bei Bestehen einer kaufvertraglichen Verladeverpflichtung des Verkäufers ist jeder, der von ihm mit der Verladung betraut wird (auch der Beförderer und seine Angestellten), insoweit **Erfüllungsgehilfe iSd § 278.**

208 c) **Verschuldenszurechnung beim Verkauf „rollender" oder „schwimmender" Ware.** Wird eine auf dem Über-Land-Transport per **Eisenbahn oder Lkw** befindliche („rollende") Ware verkauft, so ist der Verkäufer verpflichtet, dem Bahnunternehmen bzw dem Frachtführer die **Weisung** zu erteilen, die Ware an den Käufer umzuleiten[496]. Bedient der Verkäufer sich hierzu des von ihm mit der Organisation des gesamten Transports beauftragten **Spediteurs**, so erfolgt eine Verschuldenszurechnung nach § 278, wenn der Spediteur die Weisung nicht ordnungsgemäß an das Bahnunternehmen bzw den Frachtführer weitergibt[497]. Beim Verkauf „schwimmender" Ware besteht die Besonderheit, dass das regelmäßig ausgestellte **Konnossement** ein Traditionspapier ist, dessen Übergabe an den Käufer gem HGB § 524 in Bezug auf § 929 der Übergabe der Ware gleichsteht (Traditionswirkung)[498] und zu deren Inempfangnahme im Bestimmungshafen berechtigt. Der Verkäufer haftet hier nach § 278 für alle Personen, die er zur Übermittlung des Konnossements an den Käufer einsetzt[499].

490 Vgl zum Transport durch Angestellte des Verkäufers oben Rz 83 ff.
491 Vgl dazu Rz 116 ff.
492 Vgl oben Rz 83 ff, 97 ff.
493 Vgl oben Rz 97 ff.
494 Karlsruhe BB 1975, 537; BeckOK/Faust Rz 25.
495 Vgl dazu Rz 104.
496 Vgl dazu oben Rz 70 ff.
497 BGHZ 50, 32, 37; vgl zu diesem Fall Rz 71.
498 Vgl dazu oben Rz 109.
499 Vgl dazu Rz 202. Praktische Bedeutung hat dies insbes bei der Vereinbarung „Kasse gegen Dokumente" (vgl Rz 202).

d) **Pflichtverstoß des Verkäufers bei Sammelladung.** Soll die Kaufsache an den Käufer als **Stückgut** im Rahmen einer **Sammelladung iSd HGB § 460**[500] versandt werden, so muss der Sammelladungsspediteur etwaige **Zusammenladungsverbote** beachten. Das gilt insbes bei der Versendung von **Gefahrgut.** Ein Verstoß des Spediteurs gegen dieses Verbot mit der Folge des Untergangs oder der Beschädigung der Kaufsache ist zwar in Bezug auf den Gefahrübergang nach § 447 Abs 1 grundsätzlich als **Zufall** anzusehen, so dass der Käufer zur Zahlung des Kaufpreises verpflichtet bleibt. Auf einen Übergang der Preisgefahr kann der Verkäufer sich hier allerdings dann nicht berufen, wenn er den objektiv gegebenen Verstoß des Beförderers gegen ein Zusammenladungsverbot durch **unzureichende Kennzeichnung der Ware** oder/und Unterlassen von **Warnhinweisen** mitverursacht hat. 209

13. **Rückgabepflicht und Gefahrtragung bezüglich Verpackungs- und Transportmaterial.** – a) **Grundsätze.** Ist das für den Transport der Kaufsache erforderliche Verpackungs- und Transportmaterial (zB Gestelle, Planen, Säcke, Behälter, Flaschen oder Paletten) nicht mitverkauft, sondern **vom Käufer zurückzugeben**, so findet bei zufälligem Untergang oder zufälliger Verschlechterung dieser Gegenstände die Gefahrtragungsregelung des § 447 Abs 1 keine Anwendung[501]. Ein zufälliger Untergang dieses Materials – auf dem Transport zum Käufer oder auf dem Rückweg – führt dazu, dass der Käufer wegen eingetretener **Unmöglichkeit der Rückgabe** gem § 275 Abs 1 von der darauf bezogenen Verpflichtung frei wird[502]. Ein Schadensersatzanspruch des Verkäufers aus § 280 Abs 1 und Abs 3 iVm § 283 kommt bei Zufall wegen Fehlens eines Verschuldens des Käufers nicht in Betracht (§ 280 Abs 1 Satz 2). Der Rückgabeverpflichtung des Käufers liegt bei Fehlen einer abweichenden Vereinbarung regelmäßig eine **Leihe** zugrunde[503]. Im Falle der vertraglichen Verpflichtung des Käufers zu einer **Rücksendung des Verpackungs- und Transportmaterials** erlischt die Rückgabeverpflichtung durch ordnungsgemäße Absendung, weil hier gem § 269 Abs 1 im Zweifel eine **Schickschuld** gegeben ist. Bei Durchführung des Rücktransports durch den Käufer oder seine eigenen Leute hängt die Haftung für einen Untergang oder eine Verschlechterung des Materials von der Frage des Vertretenmüssens ab (§ 280 Abs 1 Satz 2). Wenn das zurückzugebende Material auf dem Rücktransport in nicht zu vertretender Weise beschädigt wird, dann beschränkt sich die Verpflichtung des Käufers auf die Herausgabe in diesem Zustand. 210

b) **Rückgabepflicht als Gattungsschuld des Käufers – Sachdarlehen.** Insbes bei Bestehen eines **Poolsystems** für Verpackungs- und Transportmaterial (zB Einheitskisten oder -paletten) kann der Käufer kraft vertraglicher **Ersetzungsbefugnis** berechtigt sein, anstelle der mit der Warenlieferung erhaltenen Stücke andere aus derselben Gattung zurückzugeben[504]. Oft ist der Käufer aus logistischen Gründen von vornherein nur zur **Rückgabe von gleichartigem Material** in der Lage und verpflichtet. In diesen Fällen wird dem Käufer das Verpackungs- bzw Transportmaterial im Wege eines Sachdarlehens überlassen mit der Folge, dass die Rückgabepflicht eine Gattungsschuld darstellt und bei Leistungsstörungen die allgemeinen Vorschriften über Unmöglichkeit und Verzug anzuwenden sind. Eine **konkrete Rückgabeverpflichtung** entsteht aber nur dann, wenn der Käufer mit der Kaufsache einwandfreies Verpackungs- und Transportmaterial erhält. Eine Haftung des Käufers für Untergang oder Verschlechterung dieses Materials kommt erst ab diesem Zeitpunkt in Betracht[505]. Denn nur bei Vorliegen einer ordnungsgemäßen Übergabe mit der Ware an den Käufer am Bestimmungsort hat der Verkäufer ihm das Verpackungs- und Transportmaterial als Darlehen „überlassen" iSd § 607 Abs 1 Satz 1 und damit eine Rückgabeverpflichtung begründet[506]. Die Gefahrtragungsregelung des § 447 Abs 1 ist hier in Bezug auf den Transport dieses Begleitmaterials vom Ort der Absendung der Ware (Erfüllungsort) zum Bestimmungsort weder direkt noch analog zu Lasten des Käufers anwendbar. Im Falle des Erhalts einwandfreien Materials wird der Käufer gem § 243 Abs 2 von der Verpflichtung zur Rückgabe mit Vornahme der **Absendung** frei, da er dann insoweit das seinerseits Erforderliche getan hat[507]. Die Rücksendung ist auch hier grundsätzlich keine Bringschuld, sondern eine **Schickschuld.** Beim Rücktransport durch eigene Angestellte des Käufers oder ihn selbst erlischt die Rückgabeverpflichtung des Käufers dagegen erst durch Übergabe an den Verkäufer. 211

c) **Rückgabe- und Ersatzpflicht des Käufers bei Bestehen einer Sicherheit.** Auch im Falle der Leistung einer Sicherheit (insbes Flaschenpfand, Kastenpfand, Sackpfand) durch den Käufer für das zurückzugebende Verpackungs- und Transportmaterial ist die Gefahrtragungsregelung des **§ 447 Abs 1 nicht analog anwendbar**, wenn nach Versendung der Ware durch den 212

500 Vgl dazu Rz 134.
501 Stuttgart NJW 1949, 68; BeckOGK/Tröger Rz 62; Staud/Beckmann Rz 62; Erman/Grunewald Rz 20.
502 Stuttgart NJW 1949, 68; Staud/Beckmann Rz 58; BeckOGK/Tröger Rz 62; Dürkes BB 1948, 68, 70.
503 Stuttgart NJW 1949, 68.
504 Stuttgart NJW 1949, 68.
505 Vgl Dürkes BB 1948, 68, 71.
506 Vgl allgemein zum „Überlassen" iSd § 607 Grüneberg/Weidenkaff § 607 Rz 6.
507 AA Dürkes BB 1948, 68, 71.

Verkäufer dieses Material auf dem Transport zum Bestimmungsort zerstört oder beschädigt wird[508]. Die Sicherheitsleistung des Käufers ändert in Bezug auf die Gefahrtragung nichts an der Unterscheidung zwischen Ware und Begleitmaterial[509]. Ausgangspunkt für diese rechtliche Beurteilung ist, dass in Bezug auf die in Rede stehende Rückgabeverpflichtung des Käufers die Regelung des § 447 Abs 1 in den Fällen des **Untergangs oder der Verschlechterung dieses Materials** nicht zur Geltung kommt[510]. Die hinzukommende Sicherheitsleistung verändert die **generelle Gefahrverteilung** nicht[511]. Unerheblich ist insoweit, ob die Rückgabe des Begleitmaterials für den Käufer aus logistischen oder sonstigen Gründen günstiger ist als der Miterwerb. Die der Sicherheitsleistung zugrundeliegende kaufvertragliche Vereinbarung ist idR dahin gehend auszulegen, dass sie sich nur auf den Fall bezieht, in dem der **Untergang oder die Verschlechterung** des Materials **vom Käufer zu vertreten** ist. Der Käufer haftet bei Vorliegen eines Vertretenmüssens für Beschädigungen nach § 280 Abs 1 und für den Verlust nach §§ 280 Abs 1 und Abs 3, 283. Der **Zweck der Pfandleistung** besteht darin, die Erfüllung eines solchen Schadensersatzanspruchs des Verkäufers zu sichern. In Bezug auf die Frage, ob der Käufer die Verschlechterung bzw den Verlust des Begleitmaterials zu vertreten hat, greift die **Beweislastumkehr des § 280 Abs 1 Satz 2** zugunsten des Verkäufers Platz, dh, der Käufer muss sich entlasten. Der Käufer muss also darlegen und beweisen, dass der Untergang bzw die Verschlechterung nicht auf einem eigenen Verschulden beruht. Für Sorgfaltswidrigkeiten von Angestellten oder sonstigen **Erfüllungsgehilfen** haftet der Käufer nach § 278.

213 14. **Untergang oder Verschlechterung der Ware auf dem Transport durch Verkäuferverschulden.** – a) **Die Fälle des Vertretenmüssens.** Hat der Verkäufer den Untergang oder die Verschlechterung der Ware auf dem Transport zu vertreten, so liegt **kein Zufall** iSd § 447 Abs 1 iVm § 446 Satz 1 vor. Das Vertretenmüssen ist hier insbes dann zu bejahen, wenn die Schadensursache darauf beruht, dass der Verkäufer seine Verpflichtung zur **ordnungsgemäßen Versendung** verletzt hat[512]. Insoweit geht es in erster Linie um Fälle, in denen der Verkäufer die Ware sorgfaltswidrig verpackt, eine ihm kaufvertraglich obliegende Verladung auf das Beförderungsmittel fehlerhaft durchführt oder dem Beförderer fehlerhafte oder unvollständige Instruktionen übermittelt[513]. Auch die **Versendung zur Unzeit** begründet regelmäßig ein Verschulden des Verkäufers[514].

214 Darüber hinaus hat der Verkäufer gem § 276 ein **finanzielles Unvermögen** zu vertreten. Daher ist § 447 Abs 1 nicht zu Lasten des Käufers anwendbar, wenn ein **Gläubiger des Verkäufers** die Ware während des Transports **pfänden lässt**. Es geht hier nicht um die Realisierung einer typischen Transportgefahr, sondern vielmehr um ein dem Verkäufer zurechenbares Verhalten. Das **Eigentum** an der Ware als Grundlage für eine **Haftung in der Zwangsvollstreckung** gegenüber seinen Gläubigern verliert der Verkäufer regelmäßig erst durch **Übereignung nach § 929 Satz 1** an den Käufer am Bestimmungsort. Vorzuwerfen ist dem Verkäufer hier, dass er durch Nichterfüllung seiner Zahlungsverpflichtungen die **Gefahr von Zwangsvollstreckungsmaßnahmen** begründet hat.

215 Auf einen Übergang der Preisgefahr nach § 447 Abs 1 kann der Verkäufer sich ferner in dem Fall nicht berufen, in dem der **Lieferant des Verkäufers** während des Transports der Ware in **Ausführung eines Streckengeschäfts** (Direktlieferung mit sachenrechtlichem Geheißerwerb) zum Käufer wegen Nichtzahlung des Kaufpreises durch den Verkäufer die Auslieferung stoppen lässt und die Sendung zurückbeordert. Die Verzögerung oder das Steckenbleiben einer **Banküberweisung** auf dem Weg zum Lieferanten des Verkäufers geht zu Lasten des Verkäufers[515].

216 Beim **Verkauf „schwimmender oder rollender" Ware**, die der Lieferant des Verkäufers schon vor Abschluss des Kaufvertrags versandt hat, haftet der Verkäufer für **Versendungsfehler**

508 Stuttgart NJW 1949, 68. Dies gilt auch dann, wenn – wie im Fall des OLG Stuttgart – die Sicherungsgebühr den Wert des Begleitmaterials erheblich überschreitet und daher in Wirklichkeit eine Vertragsstrafe für den Fall der nicht rechtzeitigen Rückgabe darstellt. In dem der Entscheidung des OLG Stuttgart zugrundeliegenden Fall bezog sich die Rückgabepflicht des Käufers auf Säcke, in denen das gekaufte Mehl geliefert worden war. Der Käufer sollte entweder die Säcke der konkreten Sendung oder Säcke gleicher Art und Beschaffenheit an den Verkäufer zurückgeben. Bei Nichtrückgabe innerhalb von zwei Monaten waren sechs RM pro Sack zu zahlen. Der Käufer hatte im Februar 1945 eine Sendung von drei Eisenbahnwagen bestellt. Nach Absendung am 14.3.1945 ging die Sendung durch Kriegsereignisse verloren. Das OLG Stuttgart sprach dem Verkäufer unter Berufung auf § 447 Abs 1 zwar den Kaufpreis zu. Nicht zuerkannt wurde aber die Sicherungsgebühr für die Säcke, weil insoweit § 447 nicht anwendbar sei. Die Gefahr des Untergangs oder der Verschlechterung des Verpackungsmaterials trage der Käufer nur, solange es sich in seinen Händen befinde.

509 Stuttgart NJW 1949, 68.

510 Vgl oben Rz 210 f.

511 Stuttgart NJW 1949, 68.

512 Vgl dazu Rz 136 ff.

513 Vgl dazu Rz 189 ff.

514 Vgl dazu Rz 169 ff.

515 RGZ 93, 330, 332.

seines Lieferanten wie für eigene Fehler[516]. Der Vorlieferant ist hier zwar nicht **Erfüllungsgehilfe** (**§ 278**) des Verkäufers. Denn die Versendung ist zum Zeitpunkt des Abschlusses des Kaufvertrags schon erfolgt. Wer „rollende oder schwimmende" Ware verkauft, garantiert aber iSd § 276 Abs 1, dass die Ware vom Vorlieferanten ordnungsgemäß abgesandt worden ist. Diese Annahme ist auch interessengerecht, weil der Verkäufer vor Abschluss des Kaufvertrags ohne nennenswerten Aufwand von seinem Lieferanten einen Nachweis über die ordnungsgemäße Versendung und den Zustand der Ware verlangen kann. Im Übrigen müsste der Verkäufer auch dann für einen **Versendungsfehler** (insbes Verpackungsfehler) des Vorlieferanten einstehen, wenn die Ware nach Anlieferung beim Verkäufer von ihm weiterversandt und dabei der Fehler nicht bemerkt wird. Den wirtschaftlichen Vorteilen des Verkaufs „rollender" oder „schwimmender" Ware korrespondiert die **verschuldensunabhängige Einstandspflicht des Verkäufers** für Versendungsfehler des Vorlieferanten. Ein Zufall iSd des § 447 Abs 1 iVm § 446 Satz 1 liegt auch dann nicht vor, wenn der Verkäufer seinen Vorlieferanten beauftragt, die Ware direkt an den Käufer zu versenden (Streckengeschäft/Direktlieferung[517]), und dem Vorlieferanten dabei ein **Versendungsfehler** unterläuft[518]. Der Vorlieferant ist hier Erfüllungsgehilfe des Verkäufers iSd § 278 in Bezug auf die nach § 447 Abs 1 für den Gefahrübergang erforderliche ordnungsgemäße Versendung der Ware. Ein unmittelbarer Schadensersatzanspruch gegen den Vorlieferanten wegen Beschädigung der Ware auf dem Transport steht dem Käufer in solchen Fällen regelmäßig deshalb nicht zu, weil weder eine Vertragsbeziehung noch eine **Eigentumsverletzung** gegeben ist. Der Käufer muss sich, wenn er gegen den Vorlieferanten direkt vorgehen will, den **Schadensersatzanspruch des Verkäufers** gegen den Vorlieferanten aus §§ 280 Abs 1 und Abs 3, 283 abtreten lassen[519].

b) **Gewährleistungshaftung des Verkäufers bei zu vertretender Verschlechterung der Ware auf dem Transport**. – aa) **Bei Absendung schon bestehende Mangelursachen**. Ist die Kaufsache auf dem Transport durch eine vom Verkäufer zu vertretende Ursache so beschädigt worden, dass sie bei Ankunft am Bestimmungsort einen **Sachmangel** iSd § 434 aufweist, so stehen dem Käufer die Gewährleistungsrechte aus § 437 zu[520]. Hiergegen kann nicht eingewandt werden, Sachmängelansprüche kämen deshalb nicht in Betracht, weil die Ware bei Versendung (Gefahrübergang) mangelfrei gewesen sei[521]. Der Käufer habe vielmehr nur das Recht, die Kaufpreiszahlung zu verweigern oder Schadensersatz statt der Leistung zu verlangen[522]. Diese Ansicht überzeugt jedenfalls für das neue Kaufrecht nicht. Denn der Verkäufer kann sich bei Vorliegen einer von ihm **zu vertretenden Schadensursache** nicht auf Zufall iSd § 447 Abs 1 iVm § 446 Satz 1 und damit in Bezug auf den betreffenden Schaden nicht auf einen Übergang der Preisgefahr berufen[523]. Bei nicht ordnungsgemäßer Versendung erfolgt kein Gefahrübergang nach § 447 Abs 1, soweit ein eintretender Transportschaden gerade auf dieser Pflichtwidrigkeit des Verkäufers beruht. Entsteht nach **pflichtwidriger Versendung** der Ware durch den Verkäufer auf dem Transport eine **Beschaffenheitsabweichung**, so wird wegen fehlender Anwendbarkeit des § 447 Abs 1 ein **Sachmangel** begründet. Durch den Fehler bei der Versendung wird also auch der für die Sachmängelgewährleistung maßgebliche Zeitpunkt hinausgeschoben. Überdies ist in vielen Fällen – insbes bei **fehlerhafter Verpackung oder Sicherung der Ware** – ein Sachmangel iSd § 434 Abs 1 Satz 2 Nr 2 bereits bei Versendung der Ware gegeben. Für den Ausschluss des § 447 Abs 1 ist aber letztlich nicht entscheidend, ob der Sachmangel bei Auslieferung der Ware an den 217

516 Haage, Das Abladegeschäft, 1958⁴, S 6 f unter Hinweis auf § 278.

517 Bei Abladegeschäften mit Containertransport wird die Direktlieferung an den letzten Empfänger auch als „Durchtransport" bezeichnet; vgl zum Durchtransport iSd § 49 der Waren-Vereins-Bedingungen (WVB) bei Abladegeschäften D. Mankowski, Abschluss und Abwicklung von Verträgen nach den Geschäftsbedingungen des Waren-Vereins der Hamburger Börse, 2017, S 48.

518 BGHZ 66, 208, 211. Im Fall des BGH hatte der Verkäufer beim Vorlieferanten (Akkumulatorenwerk) zwei gefüllte Gabelstapler-Batterien bestellt und eine Direktversendung an den Käufer vereinbart. Der Vorlieferant übergab die Batterien ohne Verpackung und ohne sichtbaren Hinweis auf den Ladungszustand der Spedition. Auf dem Transport kam es wegen Berührung der freiliegende Pole mit einem Metallband eines anderen Gutes der Lastwagenladung zu einem Brand. Der BGH ging zu Recht davon aus, dass der Verkäufer bei Vorliegen eines Versendungskaufs iSd § 447 seine Verpflichtung, dem Beförderer die Batterien in ordnungsgemäß verpackten und gesicherten Zustand zu übergeben, verletzt habe, weil das Verhalten des Vorlieferanten ihm nach § 278 zuzurechnen sei.

519 BGH NJW 1968, 1929, 1931. Anders ist die Rechtslage, wenn die vom Vorlieferanten versandte, unzulänglich gegen Transportschäden gesicherte Ware infolge ihres verkehrswidrigen Zustands nach Übernahme durch den Käufer Schäden an anderen Sachen des Käufers verursacht. Hier können dem Käufer direkte Ansprüche aus § 823 Abs 1 gegen den Vorlieferanten zustehen.

520 So zum alten Kaufrecht BGH BB 1964, 1451; RG JW 1922, 287; Bettermann ZHR 111 (1946), 102, 111; aA RGZ 106, 309, 310; Hamburg ScuffA 74 Nr 3; Zimmer BB 1988, 2192, 2194.

521 So aber zum alten Kaufrecht Hager, Die Gefahrtragung beim Kauf, 1982, S 94 Fn 114.

522 Zum alten Kaufrecht Hager, Die Gefahrtragung beim Kauf, 1982, S 94 Fn 114; Zimmer BB 1988, 2192, 2194.

523 Vgl BGH LM Nr 3 = BB 1964, 1451; NJW 1968, 1929, 1930; MünchKomm/Westermann Rz 21.

Beförderer schon vorhanden oder nur angelegt ist und während der Beförderung hervortritt. Die Besonderheit des **Verpackungsmangels** besteht darin, dass er von selbst wieder entfällt, wenn die Ware unversehrt am Bestimmungsort ankommt und die Verpackung dann nicht mehr benötigt wird.

218 bb) **Rechtsfolgen des Sachmangels**. Der Käufer hat in Bezug auf die durch Verschulden des Verkäufers bei Versendung der Ware während des Transports verursachten oder erweiterten Mängel keine andere Rechtsstellung als in dem Fall, in dem bereits bei Versendung ein Mangel in vollem Umfang vorhanden ist. Verjährungsrechtlich gilt für die an die Stelle des originären Erfüllungsanspruchs aus § 433 Abs 1 tretenden Gewährleistungsrechte des Käufers aus § 437 die besondere Regelung des § 438. Der wegen Nichteintritts des Gefahrübergangs nach § 447 Abs 1 zu bejahende Sachmangel iSd § 434 Abs 1 hat bei **Vorliegen eines Handelskaufs** zur Folge, dass den Käufer nach Ablieferung der Ware am Bestimmungsort die **Untersuchungs- und Rügeobliegenheit aus HGB § 377** trifft[524].

219 Ein Anspruch auf **Schadensersatz statt der Leistung** kann dem Käufer gem § 437 Nr 3 iVm §§ 280 Abs 1 und Abs 3, 281 ff zustehen. Zu beachten ist insoweit aber insbes der Grundsatz des **Vorrangs der Nacherfüllung**. Etwaige Mangelfolgeschäden (Begleitschäden) – insbes Schäden an anderen Rechtsgütern des Käufers – sind ihm unter den Voraussetzungen des § 437 Nr 3 iVm § 280 Abs 1 als sog **Schadensersatz neben der Leistung** zu ersetzen. Wird durch eine mangelhafte Verpackung oder einen sonstigen vom Verkäufer zu vertretenden Umstand auf dem Transport ausschließlich die Kaufsache beschädigt, so besteht zunächst nur ein **Nacherfüllungsanspruch** des Käufers aus § 437 Nr 1, sofern die Nacherfüllung möglich ist.

220 c) **Haftung des Verkäufers für zu vertretenden Untergang der Ware nach Versendung**. Ist die Ware infolge eines vom Verkäufer zu vertretenden Umstands auf dem Transport verlorengegangen oder zerstört worden, so kann der Käufer bei Vorliegen einer **Gattungsschuld** nur gem §§ 437 Nr 1, 439 Abs 1 Nacherfüllung in Gestalt einer **Ersatzlieferung** verlangen. Darüber hinaus haftet der Verkäufer gem §§ 280 Abs 1 und Abs 2, 286 für etwaige **Verzögerungsschäden**. Im Falle einer **Stückschuld** ist die Ersatzlieferung zwar nicht prinzipiell ausgeschlossen[525]. Es liegt hier aber regelmäßig eine Unmöglichkeit vor, weil der Kaufgegenstand nach dem übereinstimmenden Parteiwillen bei Abschluss des Kaufvertrags nicht austauschbar ist[526]. Im Falle eines Vertretenmüssens des Verkäufers besteht daher ein Anspruch des Käufers auf Schadensersatz statt der Leistung nach §§ 280 Abs 1 und Abs 3, 283.

XI. Abweichende Vereinbarungen

221 1. **Allgemeine Grundsätze**. Die Regelung des § 447 ist **dispositives Recht**. Die Gefahrtragung kann somit insbes bei **Überseekäufen** in unterschiedlicher Weise modifiziert werden. Häufig geschieht dies dadurch, dass der Erfüllungsort (Leistungsort) nicht – wie beim Versendungskauf – der Sitz des Verkäufers oder ein davon abweichender dritter Ort (insbes Lagerort), sondern der **Sitz des Käufers** sein soll. Der Verkäufer muss dann an diesem Ort die Ware übergeben, so dass eine **Bringschuld** vorliegt und der Käufer gem § 446 Satz 1 erst ab Erlangung des unmittelbaren Besitzes mit der Gefahr belastet ist. Bei Verwendung von **Incoterms** geht es insoweit um die Wahl einer **D-Klausel (Ankunftsklausel)**, also insbes um **DAP** (Delivered at Place) und **DPU** (Delivered at Place unloaded)[527]. Der Verkäufer trägt hier die Transportgefahr bis zur Ankunft der Ware am **Bestimmungsort**, und zwar unabhängig davon, ob der Transport von ihm persönlich, von einem Angestellten oder von einem beauftragten selbständigen Beförderer durchgeführt wird.

222 Verbreitet sind aber auch Vereinbarungen, die zwar den Charakter des Rechtsgeschäfts als Versendungskauf unberührt lassen, aber den **Versendungsort** zumindest ein Stück vom Verkäufer in Richtung Bestimmungsort verlegen. Der Transport der Ware bis zu diesem besonders festgelegten Versendungsort ist dann noch eine Verpflichtung des Verkäufers und erfolgt daher auch auf seine Gefahr. Beim grenzüberschreitenden Kauf mit Wahl einer auf den Land- und Lufttransport zugeschnittenen **C-Klausel der Incoterms (CPT oder CIP)** kann diese Verlagerung in der Weise vorgenommen werden, dass abweichend von der Regel, nach der die Gefahr mit Übergabe der Ware an den **ersten Frachtführer (first carrier)** auf den Käufer übergeht[528], ein nachfolgender Frachtführer kaufvertraglich als **„first carrier"** festgelegt wird[529]. Beispiel:

524 RGZ 106, 309, 310; Hamburg MDR 1966, 1009; BGH WM 1983, 1155, 1156; anders RG JW 1922, 287 (mit ablehnender Anmerkung Plum).

525 Vgl dazu BGHZ 168, 64 Rz 18 ff; BGH NJW 2019, 1133 Rz 31 ff.

526 Vgl dazu BGHZ 168, 64 Rz 18 ff; BGH NJW 2019, 1133 Rz 31 ff.

527 Vgl dazu unten Rz 231.

528 CPT/CIP-Verkäuferpflicht A2 und A3.

529 Vgl dazu Wertenbruch ZGS 2005, 136, 140.

Der in Mannheim ansässige Verkäufer verkauft die Ware an den Käufer in Los Angeles mit der Vereinbarung „CIP Los Angeles – First Carrier: Air Carrier Frankfurt/Main Airport". Der Versendung mit Gefahrübergang nach § 447 Abs 1 wird hier eine **Bringschuld des Verkäufers** bis zur Aushändigung der Ware an den vertraglichen „first carrier" vorgeschaltet. Es kommt dann für den Zeitpunkt des Gefahrübergangs nicht darauf an, ob der Transport zum Flughafen („first carrier") von einem Spediteur oder vom Verkäufer selbst durchgeführt wird.

Eine derartige kaufvertragliche Verlagerung des Versendungsorts geht – wie im Beispielsfall – **223** häufig einher mit einem **Wechsel der Beförderungsart (multimodaler Transport)**. Praktische Bedeutung hat insoweit insbes der Fall, in dem der Verkäufer den Lkw-Transport der Ware auf eigene Gefahr bis zum Güterbahnhof oder Flughafen-Terminal schuldet. Bei Vereinbarung einer auf den **See- und Binnenschiffstransport** zugeschnittenen **C-Klausel (CFR oder CIF)** geht die Gefahr ohnehin erst mit Verbringung der Ware an **Bord des Schiffs** auf den Käufer über[530]. Hier ist also der Seefrachtführer bzw der Binnenschiff-Frachtführer schon nach dem originären Inhalt der gewählten Lieferklausel der „first carrier".

Schließlich finden sich in Kaufverträgen auch Lieferklauseln, die zwar den Erfüllungsort (Leis- **224** tungsort) und damit den Pflichtenkreis des Verkäufers unberührt lassen, aber die **Gefahrtragung modifizieren**. Unklarheiten können hier allerdings dadurch entstehen, dass die in der Praxis verwendeten Klauseln die Gefahrtragung oft nicht direkt regeln oder zumindest klarstellen, sondern sich auf die Transportkosten beziehen. Im Wege der **Auslegung** muss dann geklärt werden, ob die Gefahrtragung der eindeutigen Kostenregelung folgt. In der Praxis besteht eine Tendenz, die Gefahr den Kosten folgen zu lassen. So haben sich Gefahrtragungsregeln aus Vertragsklauseln entwickelt, die unmittelbar nur die Übernahme der **Transportkosten** betreffen. Eine Zurückhaltung ist aber insoweit in dem Fall geboten, in dem der Verkäufer die **Kosten einer Versendung** tragen soll. Denn nach der allgemeinen Bestimmung des § 269 Abs 3 kann aus dem Umstand, dass der Verkäufer die Kosten der Beförderung der Ware zum Käufer übernimmt, nicht ohne weiteres eine Einordnung des Käufersitzes als Leistungsort (Erfüllungsort) mit der Folge einer Gefahrbelastung des Verkäufers bis zur Ablieferung beim Käufer geschlossen werden. Bei Verwendung einer **C-Klausel der Incoterms (CPT, CIP, CFR, CIF)** ergibt sich unmittelbar aus der gewählten Klausel, dass der Beförderungsvertrag „auf Kosten des Verkäufers abzuschließen" ist[531] und die Gefahr aber nicht erst mit Ablieferung der Ware am Bestimmungsort, sondern bereits mit Übergabe an den Beförderer auf den Käufer übergeht[532]. Bei **„CPT"** und **„CIP"** genügt dafür die Übergabe an den ersten selbständigen Beförderer (first carrier), während bei **„CFR"** und **„CIF"** immer die Verbringung der Ware auf das Schiff des Verfrachters (Frachtführers) erforderlich ist.

2. **Vereinbarung der Klausel „FOB"**. Mit Vereinbarung der Klausel **„FOB"** (Free on Board) **225** wird beim **Überseekauf** die Anwendung des § 447 ausgeschlossen, da keine Versendung der Ware durch den Verkäufer gegeben ist[533]. Beispiel: Der in Hannover ansässige Verkäufer verkauft die Ware an einen Käufer mit Sitz in Tokio unter Verwendung der Klausel „FOB Hamburg Hafen". Diese kaufvertragliche Regelung besagt zwar unmittelbar nur, dass der Verkäufer die **Kosten des Transports** bis zur Verladung auf das vom Käufer benannte Schiff im Hamburger Hafen tragen muss. Seit langem wird diese Kostentragungsregelung aber nicht nur als reine **Spesenklausel**, sondern dahin gehend verstanden, dass der Verkäufer auch die Gefahr des Transports bis zur Verbringung der Ware auf das Schiff trägt[534]. Diese Auffassung hat Eingang in die Rspr gefunden[535] und ist von den Incoterms[536] übernommen worden. Zudem wurde insoweit im Inland und international ein **anerkannter Handelsbrauch** begründet. Unerheblich für die Gefahrbelastung des Verkäufers ist, ob der Transport bis zum Schiff von ihm selbst oder von einem selbständigen Beförderer durchgeführt wird.

Die **FOB-Klausel** ist in Verbindung mit einer Ortsangabe eine Kurzformel für die **Kosten-** **226** **und Gefahrbelastung des Verkäufers** bis zur Verladung der Ware auf das vom Käufer benannte Schiff im Hafen des vereinbarten Orts. Wenn also – wie im Beispielsfall – die Ware „FOB Hamburg Hafen" verkauft wird, dann trägt der Verkäufer die Kosten und die Gefahr des Transports

530 CFR/CIF-Verkäuferpflicht A2 und A3.
531 CPT/CIP/CFR/CIF-Verkäuferpflicht A4 Satz 2.
532 CPT/CIP/CFR/CIF-Verkäuferpflicht A3 iVm A2.
533 Vgl dazu auch RGZ 106, 212, 213 (kein Gefahrübergang nach § 447 Abs 1 durch Übergabe der Ware an einen Spediteur oder Frachtführer zum Zwecke des Transports zum Hafen) sowie § 446 Rz 119.
534 Hopt/Hopt, HGB, 2023[42], Nebengesetze (6) Incoterms FOB Rz 5; BeckOGK/Tröger Rz 92; Haage, Das Abladegeschäft, 1958[4], S 170; Hager, Die Gefahrtragung beim Kauf, 1982, S 136. Nach den Incoterms 2020 ist allerdings für den Übergang der Gefahr nicht das Überschreiten der Schiffsreling ausreichend, sondern vielmehr das Verbringen der Ware an Bord des vom Käufer benannten Schiffs erforderlich (vgl FOB-Verkäuferpflicht A2).
535 Grundlegend RGZ 106, 212 ff.
536 FOB-Verkäuferpflicht A3 iVm A2.

bis zur **Verladung der Ware** auf das vom Käufer benannte Schiff im Hamburger Hafen. Mit der Verladung geht die Gefahr gem § 446 Satz 1 auf den Käufer über[537]. Wird die Ware dagegen mit Vereinbarung **„FOB aus eingetroffenem Schiff"** verkauft, so geht die Gefahr erst nach Ankunft der Ware im Bestimmungshafen auf den Käufer über[538]. Inhaltlich besteht dann Übereinstimmung mit der Klausel **„DPU"** (Delivered at Place unloaded)[539].

227 3. **„Frei", „franco" und FCA (Free Carrier).** – a) **Grundlagen.** Bei den Klauseln „frei", „frachtfrei" und „franco" folgt ebenfalls die Gefahr den Kosten[540]. Diese Auffassung hat sich in der Rspr der staatlichen Gerichte durchgesetzt[541]. Auch die ständige Rspr der Hamburger Schiedsgerichte geht davon aus[542]. Eine **Übereinstimmung von Gefahr- und Kostentragung** zeigt sich zudem bei Wahl der Incoterms-Klauseln **„FCA"** (Free Carrier) und **„FAS"** (Free alongside Ship)[543]. Hier wird durch die Verkäuferpflicht A2 die Lieferung definiert und die Verkäuferpflichten A3 und A9 lit a legen fest, dass der Verkäufer bis zur Lieferung die Gefahr bzw die Kosten trägt. Da kein Versendungskauf vorliegt, geht die Gefahr nicht nach § 447 Abs 1, sondern nach § 446 Satz 1 auf den Käufer über[544].

228 Insbes bei kurzen Entfernungen zwischen Sitz oder Lager des Verkäufers und Bestimmungsort ist die Klausel **„Lieferung frei Haus"** verbreitet, sofern aufgrund der Art des Kaufgegenstands (zB größere Möbelstücke) eine Abholung durch den Käufer nicht ohne weiteres möglich ist. Begründet wird durch diese Klausel eine **Bringschuld** des Verkäufers[545]. Er trägt damit nicht nur die Kosten der Beförderung, sondern auch die Gefahr bis zur Übergabe der Ware an den Käufer am Bestimmungsort. Rechtsgrundlage für den Gefahrübergang ist § 446 Satz 1. Im Falle von **„frei Haus"** muss der Käufer demzufolge weder für eine Transportversicherung Sorge tragen noch die Abwicklung etwaiger Transportschäden übernehmen. Auch die Lieferklauseln „frei Tankstelle"[546], „frei Bundesbahnstation des Empfängers"[547] und ähnliche Formulierungen, die aus **„frei" und der Angabe des Bestimmungsorts** bestehen, begründen keinen Versendungskauf iSd § 447, sondern eine Bringschuld bis zum angegebenen Ort[548]. So trägt der Verkäufer bei **Überseekäufen** mit der Abrede „frei Eingang Lager Stadt X" die Gefahr bis zur Ankunft der Ware im Lager[549] und bei „frei Fuhre Stadt X" bis zur Fuhre[550].

229 Anders ist die Rechtslage aber dann, wenn der Formulierung „frei" nicht der Bestimmungsort, sondern ein **Versendungsort** beigefügt wird. Kauft bspw ein deutscher Käufer von einem italienischen Unternehmen die Ware „franco partenza Torino" (frei Abfahrt Turin), so bedeutet die „Frei"-Klausel, dass Turin der Liefer- und Erfüllungsort ist[551]. In einem solchen Fall geht die Gefahr daher nach § 447 Abs 1 mit Versendung der Ware auf den Käufer über, sofern das BGB anwendbar ist. Eine Bringschuld liegt hier deshalb nicht vor, weil die primär die **Transportkosten** regelnde „Frei"-Klausel sich auf die **Versendung („Abfahrt")** der Ware zum Zwecke der Beförderung zum Bestimmungsort und nicht auf die dortige Ankunft bezieht.

537 Vgl Rz 20.

538 Schiedsgericht des Waren-Vereins der Hamburger Börse, 12.10.1972, HSG J 3 Nr 13 (gleichbedeutend mit „ab Kai"); ebenso Schiedsgericht des Waren-Vereins der Hamburger Börse 14.3.1978, HSG J 3 Nr 26.

539 Vgl DPU-Verkäuferpflicht A3 iVm A2.

540 Vgl dazu Waren-Vereins-Bedingungen Hamburger Börse (Stand April 2020) §§ 9, 35, 54.

541 Vgl RGZ 106, 212, 213; BGH NJW 1984, 567, 568; abweichend Nürnberg MDR 1978, 492 (zu „Frei ab deutsch-polnischer Grenze" unter Berufung auf ein entsprechendes Gutachten der örtlichen IHK); beiläufig auch München NJW 1958, 426 (zu „franco Grenzbahnhof").

542 Vgl Schiedsgericht des Waren-Vereins der Hamburger Börse, 28.9.1972, HSG J 2 Nr 10 („frei Rotterdam versichert": Erfüllungsort der Kai in Rotterdam); Schiedsgericht des Waren-Vereins der Hamburger Börse, 1.8.1979, HSG J 2 Nr 18 („frei Haus Bundesrepublik": Erfüllungsort liegt in der Bundesrepublik bei der dem Verkäufer nachträglich vom Käufer aufgegebenen Adresse); Schiedsgericht des Waren-Vereins der Hamburger Börse, 8.8.1979, HSG E 1 a Nr 14 (bei Verkauf aus Februar-/Märzabladung im Ursprungsland „frei Stadtlager Hamburg" trägt der Verkäufer die Gefahr bis zur Ankunft der Ware; analoge Anwendung der Regeln des Geschäfts „ab Kai"); Schiedsgericht des Waren-Vereins der Hamburger Börse, 18.11.1980, HSG E 1 e Nr 21 (für „frei vor Käufers Lager Hamburg"); Schiedsgericht des Waren-Vereins der Hamburger Börse, 10.10.1974, HSG J 3 Nr 19 (für „frei Fuhre Rotterdam"); Schiedsgericht der Handelskammer Hamburg, 27.4.1977, HSG F 3 Nr 3 (für „frei Haus"). Abweichend in einem obiter dictum Schiedsgericht des Waren-Vereins der Hamburger Börse, 17.7.1974, HSG J 2 Nr 15 mit ablehnender Anmerkung Timmermann („frei Haus" nur Spesenklausel).

543 Vgl auch Haage, Das Abladegeschäft, 1958[4], S 200 ff; Al-Deb'i, Überseekauf, 2008, S 236 ff.

544 Vgl dazu Rz 32 ff.

545 Schiedsgericht des Waren-Vereins der Hamburger Börse, 17.7.1974, HSG J 2 Nr 15; vgl dazu auch BGHZ 114, 248, 251; Schiedsgericht der Handelskammer Hamburg, 27.4.1977, HSG F 3 Nr 3.

546 Offengelassen in BGH WM 1978, 978, 979.

547 Offengelassen, aber mit deutlicher Neigung zur Annahme einer Bringschuld, in BGH ZIP 1987, 373, 374.

548 So insbes Grossmann-Doerth, Das Recht des Überseekaufs, 1930, S 371; Staud/Beckmann Rz 75.

549 BGH NJW 1984, 567, 568 (Frage der tatrichterlichen Würdigung).

550 Schiedsgericht des Waren-Vereins der Hamburger Börse, 10.10.1974, HSG J 3 Nr 19.

551 BGH WM 1986, 1444, 1446 (Kein internationaler Gerichtsstand des Erfüllungsorts am deutschen Bestimmungsort).

b) **Abgrenzung zu „Frachtfrei Bestimmungsort" (CPT).** Die Lieferklausel „frachtfrei Bestimmungsort" – also bspw „CPT Berlin" im Falle der Lagerung der Ware am Sitz des Verkäufers in München – weicht zum einen insofern von **„frei"**[552] ab, als der Verkäufer die **Kosten des Transports zum Bestimmungsort** trägt und den Beförderungsvertrag abzuschließen hat[553]. Zum anderen gilt bei **„CPT"** (Carriage Paid To) für die Transportgefahren die Regelung des § 447 Abs 1[554]. Der Gefahrübergang erfolgt demnach bereits mit der Übergabe der Ware an den **ersten selbständigen Frachtführer** (first carrier)[555]. Wird im angeführten Beispiel statt „CPT Berlin" die Klausel **„FCA München"**, also „frei München", vereinbart, so muss der Verkäufer die Ware auf eigene Kosten und Gefahr nur bis zum Frachtführer in München befördern und dort entladebereit zur Verfügung stellen[556]. Es handelt sich also dann bis zum **Übergabeort** in München um eine Bringschuld des Verkäufers und ab diesem Ort um eine Holschuld des Käufers. 230

4. **Die D-Klauseln (Ankunftsklauseln) der Incoterms (DAP/DPU/DDP).** Unter einer „Lieferung" ist im **Sprachgebrauch des Handelsverkehrs** auch bei Wahl einer Ankunftsklausel („geliefert bestimmter Ort") die abschließende Tätigkeit zu verstehen, die der Verkäufer schuldet, um dem Käufer gem § 433 Abs 1 Satz 1 die Kaufsache zu verschaffen. Ist durch den Kaufvertrag festgelegt, dass der Verkäufer die Ware an einen bestimmten Ort liefern muss (zB „geliefert Niederlassung des Käufers in Stuttgart"), so trifft den Verkäufer die **Kosten- und Gefahrbelastung** bis zu diesem Ort. Der Übergang der Preisgefahr erfolgt also erst am Bestimmungsort, und zwar nach § 446 Satz 1. In diesem Sinne wird der Ausdruck „geliefert" auch in den Incoterms der D-Gruppe **„DPU"** (Delivered at Place unloaded), **„DAP"** (Delivered at Place) und **„DDP"** (Delivered Duty Paid) verwendet. Bei Wahl von **„DPU"** muss der Verkäufer die Ware nach Ankunft am Bestimmungsort vom ankommenden Beförderungsmittel entladen und dem Käufer zur Verfügung stellen[557]. Bis zu diesem Zeitpunkt trägt der Verkäufer die Gefahr[558]. Im Falle der Verwendung von **„DAP"** oder **„DDP"** muss der Verkäufer die Ware zwar auf seine Kosten und Gefahr zum Bestimmungsort befördern, aber dort nicht vom Beförderungsmittel entladen, sondern dem Käufer nur **entladebereit zur Verfügung stellen**[559]. Damit geht die Gefahr auf den Käufer über[560]. 231

5. **Die C-Klauseln der Incoterms (CIF/CFR/CIP/CPT).** – a) **CIF und CFR beim Schiffstransport – Grundlagen.** Bei Wahl der auf den Überseekauf und den Binnenschiffstransport zugeschnittenen Klauseln **„CIF"** oder **„CFR"** hat der Verkäufer die **Kosten** der Beförderung der Ware zum Bestimmungshafen zu tragen[561]. Im Falle der Vereinbarung von **„CIF"** kommt die Verpflichtung des Verkäufers hinzu, auf eigene Kosten eine **Transportversicherung** abzuschließen[562]. Die **Gefahr** trägt der Käufer nach beiden Klauseln ab **Verbringung der Ware auf das Schiff**[563]. **„CIF"** und **„CFR"** sind daher sog Zwei-Punkte-Klauseln, dh, Kostentragung und Gefahr gehen zu verschiedenen Zeitpunkten auf den Käufer über. **Erfüllungsort (Leistungsort)** iSd § 447 Abs 1 ist bei Vereinbarung von „CFR" oder „CIF" der **Abladehafen**[564]. Die Gefahr des Transports der Ware von der Produktionsstätte oder dem Lager des Verkäufers bis zur Verschiffung im Abladehafen trägt der Verkäufer daher – abweichend von § 447 Abs 1 – auch dann, wenn insoweit ein selbständiger Beförderer tätig wird. Die Übergabe an den **ersten Beförderer (first carrier)** genügt also nicht, sofern es nicht um die Durchführung des Schiffstransports geht. Der Gefahrübergang erfolgt daher in zeitlicher Hinsicht nicht anders als beim **FOB-Geschäft**[565]. Wird die auf den Seetransport zugeschnittene **„CIF"-Klausel** für die **Über-Land-Versendung** gewählt, so geht die Gefahr mit Übernahme der Ware durch den Frachtführer auf den Käufer über[566]. 232

b) **Einzelfragen des Gefahrübergangs durch Lieferung bei CFR/CIF.** Nach der CFR/CIF-Verkäuferpflicht A2 hat der Verkäufer die Ware entweder zu liefern, indem er sie an Bord des Schiffs verbringt, oder, indem er die so (bereits) gelieferte Ware dem Käufer verschafft. Die bloße Übernahme der Ware im Hafen durch den **Hafenbetreiber oder die Reederei** genügt bei Wahl von **„CFR"** oder **„CIF"** und Fehlen einer von der dafür geltenden Verkäuferpflicht A2 233

552 Vgl dazu Rz 227 ff.
553 CPT-Verkäuferpflicht A4 Satz 1 und Satz 2.
554 Vgl dazu Rz 235.
555 Vgl CPT-Verkäuferpflichten A2 und A3.
556 Vgl FCA-Verkäuferpflicht A2 lit b.
557 DPU-Verkäuferpflicht A2.
558 DPU-Verkäuferpflicht A3.
559 DAP/DDP-Verkäuferpflicht A2.
560 DAP/DDP-Verkäuferpflicht A3.
561 CFR/CIF-Verkäuferpflicht A9 lit a.
562 CIF-Verkäuferpflicht A5.
563 CFR/CIF-Verkäuferpflicht A3 iVm A2.
564 RGZ 87, 134, 135 (Verkauf einer Partie Holzöl cif Hamburg, Juli-Abladung von China, Kasse minus 1 % Skonto gegen Dokumente bei Ankunft des Dampfers); RG JW 1916, 1018; JW 1916, 1194.
565 Vgl dazu auch Hopt/Hopt, HGB, 2023[42], Nebengesetze (6) Incoterms, CIF Rz 5; Haage, Das Abladegeschäft, 1958[4], S 29 („Handelsgewohnheitsrecht"); Hager, Die Gefahrtragung beim Kauf, 1982, S 111 ff („internationale Einigkeit").
566 Schiedsgericht des Waren-Vereins der Hamburger Börse, 15.4.1993 – 03/93, Leitsatz- und Schiedsspruchsammlung 1997-2014, S 62.

abweichenden Vereinbarung der Kaufvertragsparteien nicht für den Übergang der Preisgefahr. Erforderlich ist die **Verbringung der Ware auf das Schiff** mit der Folge, dass die Gefahr der Beschädigung und des Untergangs der Ware im Hafenterminal vor dieser Verladung noch vom Verkäufer zu tragen ist. Wenn der Verkäufer diese Gefahr nicht übernehmen will, dann muss er „FCA Terminal Hafen X" vereinbaren[567]. Die kaufvertragliche Abrede, dass der **Kaufpreis** vom Käufer erst nach **Ankunft des Schiffs** zu bezahlen ist, ändert an der Gefahrtragung beim CIF-Geschäft nichts[568]. Das Gleiche gilt bei Wahl der CFR-Klausel.

234 Die zweite Alternative der CFR/CIF-Verkäuferpflicht A2 („oder die so gelieferte Ware beschafft") betrifft den **Verkauf „schwimmender" Ware**[569]. Sie wird dem Käufer idR „verschafft" durch Übergabe des **Konnossements**[570]. Verkauft der Importeur an einen **inländischen Abnehmer** unter Verwendung von **„CIF"**, aber mit der Vereinbarung, dass die Ware nicht in Gestalt des sie repräsentierenden Konnossements, sondern in natura im **Bestimmungshafen** anzudienen ist, so ist dieser Hafen der Erfüllungsort, dh, die Gefahr des Seetransports bis zu diesem Ort trägt der Verkäufer[571]. Die CIF-Klausel wird hier also als **reine Spesenklausel** (Kostentragungsklausel) verwendet. In diesem Ausnahmefall macht es für die Gefahrtragung keinen Unterschied, ob die Ware vor der Verschiffung oder als schon „schwimmende" Ware verkauft wird. Entsprechendes gilt bei Vereinbarung von **„CFR"**.

235 c) **Unterschied zwischen CPT/CIP und CFR/CIF bezüglich Zeitpunkt des Gefahrübergangs**. Alle C-Klauseln begründen zwar einen **Versendungskauf** mit der Folge des Gefahrübergangs nach § 447 Abs 1, sofern das BGB anwendbar ist. Übereinstimmung besteht auch insoweit, als die Ware einem **selbständigen Beförderer** übergeben werden muss[572]. Im Falle der Wahl der auf den Seetransport und den Binnenschiffstransport zugeschnittenen Klauseln **„CFR"** oder **„CIF"** geht aber die Gefahr nicht generell mit Aushändigung der Ware an den ersten selbständigen Beförderer (first carrier), sondern erst dann auf den Käufer über, wenn sie an **Bord des Schiffs verbracht** ist[573]. Die Übergabe der Ware an einen Spediteur, der die Ware vom Sitz des Verkäufers zum **Abladehafen** befördert, bewirkt daher noch keinen Gefahrübergang. Beim Kaufgeschäft mit **Über-Land-Transport** oder **Lufttransport** und Vereinbarung von **„CPT"** oder **„CIP"** geht die Gefahr dagegen bei Fehlen einer abweichenden Bestimmung schon mit der Aushändigung der Ware an den **ersten selbständigen Beförderer (first carrier)** auf den Käufer über[574].

236 6. **Verwendung von Gefahrverteilungsklauseln (insbes Gewichtsklauseln) – Modifizierung der C-Klauseln**. Sog Gefahrverteilungsklauseln sind insbes beim **Überseekauf** mit Vereinbarung von **„CIF"** oder **„CFR"** anzutreffen. Sie haben den Sinn, das Transportrisiko, das beim CFR/CIF-Geschäft ab Verladung der Ware auf das Schiff eigentlich den Käufer trifft[575], in beschränktem Umfang beim Verkäufer zu belassen. Praktische Bedeutung haben insoweit vor allem die Gewichtsklauseln[576]. Der Grund für die Verwendung von derartigen besonderen Gefahrverteilungsregeln liegt insbes darin, dass dem Käufer warenbezogene **Gewichts- und Qualitätskontrollen** regelmäßig erst im **Bestimmungshafen** möglich sind und bei Feststellung von Mängeln der Ware an diesem Ort zweifelhaft sein kann, ob sie schon zum Zeitpunkt der Verbringung der Ware auf das Schiff vorlagen oder erst später während des Schiffstransports entstanden sind. Ein Bedürfnis für eine vertragliche Modifizierung der gesetzlichen Gefahrtragung nach § 447 Abs 1 kann hier auch deshalb bestehen, weil die **Transportversicherung** etwaige Gewichtsverluste der Ware **„durch inneren Schwund"** sowie Schäden durch **„natürlichen Verderb"** nicht deckt[577]. Verwendet werden beim Kauf davon betroffener Waren zB Klauseln, nach denen sich der Preis nach **„ausgeliefertem Gewicht"** oder nach **„Neugewicht"** bestimmt. Der Verkäufer trägt dann das **Risiko des Gewichtsverlusts** auf dem Transport bis zum Bestimmungsort[578]. Ist die Klausel **„gesund ausgeliefert"** kaufvertraglich vereinbart, so

567 Vgl Wertenbruch ZGS 2005, 136, 139; vgl zum Gefahrübergang bei „FCA" Rz 32 ff, 227.

568 RGZ 87, 134, 135 f; RGZ 90, 1, 4; Haage, Das Abladegeschäft, 1958⁴, S 214 f.

569 Vgl dazu Rz 74 ff.

570 Vgl zu den Einzelheiten Rz 74 ff.

571 Hamburg MDR 1964, 601.

572 Vgl zur Nichtanwendung des § 447 beim Transport durch den Verkäufer selbst oder eigene Leute Rz 83 ff.

573 CFR/CIF-Verkäuferpflicht A3 iVm A2; vgl dazu Rz 233.

574 CPT/CIP-Verkäuferpflicht A3 iVm A2.

575 Vgl dazu Rz 233 ff.

576 Vgl dazu Albers, Gewichtsklauseln im Überseekauf, 1950, S 58 ff; Haage, Das Abladegeschäft, 1958[4], S 217; Digenopoulos, Die Abwandlung der CIF- und FOB-Geschäfte im modernen Überseekaufrecht, 1978, S 82; Hager, Die Gefahrtragung beim Kauf, 1982, S 133 ff.

577 Albers, Gewichtsklauseln im Überseekauf, 1950, S 58 ff; Digenopoulos, Die Abwandlung der CIF- und FOB-Geschäfte im modernen Überseekaufrecht, 1978, S 95; Hager, Die Gefahrtragung beim Kauf, 1982, S 135.

578 Schiedsgericht des Waren-Vereins der Hamburger Börse, 30.1.1973, HSG J 3 Nr 16 (für „Neugewicht"); Haage, Das Abladegeschäft, 1958[4], S 218. Abweichend in einem obiter dictum RGZ 87, 134 f (nur Beweislastumkehr dahin, dass das Manko schon bei Abladung vorlag).

trägt der Verkäufer das Risiko, dass ein Teil der Ware auf dem Transport zum Bestimmungsort verdirbt[579]. Die in Rede stehenden Klauseln können in der Weise kombiniert werden, dass der Käufer nur **„gesund ausgeliefertes Gewicht"** zu bezahlen hat. Das **Risiko des Totalverlusts der Ware** verbleibt allerdings beim Käufer[580]. Insoweit ist § 447 Abs 1 uneingeschränkt anwendbar, und für den Zeitpunkt des Gefahrübergangs gelten die allgemeinen Voraussetzungen.

Zweifelhaft ist die Rechtslage bei Verwendung einer Gefahrverteilungsklausel, wenn ein **Teil der Ware** unterwegs verlorengeht oder verdirbt und diese Folge nicht auf der Beschaffenheit der Ware, also nicht auf einer „inneren Ursache", sondern auf einer **Einwirkung von außen** beruht[581]. Entscheidend ist hier in erster Linie die Fassung der Klausel im konkreten Kaufvertrag. Im Zweifel ist anzunehmen, dass der Übergang der Preisgefahr auf den Käufer nur für inneren **Schwund** und natürlichen **Verderb** ausgeschlossen sein soll, wobei dem Verkäufer im Prozess die Beweislast für eine von ihm behauptete äußere Einwirkung auf die Ware obliegt[582]. Eine ausdrückliche Regelung in diesem Sinne enthalten die sog **„Franchiseklauseln"** (zB „1 % übersteigendes Untergewicht ist vom Verkäufer zu vergüten, es sei denn, dass es nicht auf natürlichen Schwund zurückzuführen ist"). Hier muss der Verkäufer beweisen, dass er die richtige Menge versandt hat und der Fehlbestand nachfolgend durch eine äußere Einwirkung herbeigeführt wurde[583]. Eine weitergehende Belastung des Verkäufers mit jedem Teilverlust liegt zB vor bei Verwendung der Klausel **„all average to be for seller's account"**[584]. Auch diese kaufvertragliche Klausel belässt allerdings das **Risiko des Totalverlusts** beim Käufer[585]. 237

XII. Beweislast für ordnungsgemäße Versendung der Ware

1. **Beweisbelastung des Verkäufers – Grundsätze.** Die Beweislast für eine dem geschlossenen Kaufvertrag entsprechende Versendung der Ware trägt der **Verkäufer**[586]. Dies beruht auf dem allgemeinen beweisrechtlichen Grundsatz, nach dem der Schuldner die **Erfüllung seiner Verpflichtung** zu beweisen hat[587]. Dem Verkäufer obliegt damit als Sachleistungsschuldner in Bezug auf § 447 Abs 1 die Beweislast dafür, dass die Ware dem Beförderer ordnungsgemäß ausgehändigt wurde. War der Verkäufer im konkreten Einzelfall – wie bei „FCA Sitz des Verkäufers"[588] – zur Verladung der Ware auf das Transportmittel des Beförderers verpflichtet, so muss der Verkäufer auch nachweisen, dass er dieser Pflicht mit der **Sorgfalt eines ordentlichen Kaufmanns** nachgekommen ist[589]. Als **Beweismittel** dienen dem Verkäufer in erster Linie die **Dokumente des Transportverkehrs**, durch die der Beförderer die Übernahme des Gutes bescheinigt (insbes Konnossement, Ladeschein, Frachtbriefdoppel, Absendebeleg eines Paketdienstes usw)[590]. Generell in Betracht kommt eine Anwendung der allgemeinen Grundsätze über den **Anscheinsbeweis**[591]. 238

2. **Beweislast für vertragsmäßigen Zustand der Ware bei Absendung.** Die Verpflichtung des Verkäufers zur ordnungsgemäßen Auslieferung der Ware an den Beförderer umfasst auch die **Mangelfreiheit**, dh, der Verkäufer muss beweisen, dass die Ware bei Versendung frei von Mängeln und damit vertragsgemäß war[592]. Dies beruht ebenfalls auf dem allgemeinen Grundsatz, 239

579 Dazu Haage, Das Abladegeschäft, 1958⁴, S 221 ff.

580 RGZ 87, 134 ff („Hamburger ausgeliefertes Bruttogewicht" im Falle der Versendung einer Partie Holzöl von China „cif Hamburg"); RGZ 90, 1, 3 (ebenfalls zur Klausel „ausgeliefertes Gewicht"); Hamburg HansRZ 1923 Nr 55 (zur Klausel „gesund ausgelieferte Ware"); Grossmann-Doerth, Das Recht des Überseekaufs, 1930, S 319; Haage, Das Abladegeschäft, 1958[4], S 218, 222; Hager, Die Gefahrtragung beim Kauf, 1982, S 133 f.

581 Dazu Hager, Die Gefahrtragung beim Kauf, 1982, S 134 mweitNachw.

582 Grossmann-Doerth, Das Recht des Überseekaufs, 1930, S 318 f; Albers, Gewichtsklauseln im Überseekauf, 1950, S 57; Haage, Das Abladegeschäft, 1958[4], S 218, 222; Liesecke WM 1966, 174, 176.

583 Vgl Schiedsgericht der Hamburger freundschaftlichen Arbitrage, 2.1.1968, HSG J 3 Nr 4 (Dem Käufer stehe, wenn die Fehlmenge innerhalb der Franchise liege, der Beweis fehlerhafter Abladung offen); Haage, Das Abladegeschäft, 1958[4], S 217 f.

584 Vgl Albers, Gewichtsklauseln im Überseekauf, 1950, S 57; Hager, Die Gefahrtragung beim Kauf, 1982, S 134 Fn 267.

585 Die Klausel ist missverstanden („average" bzw „Havarie" auch als Totalverlust) in RGZ 93, 166, 170 f (Erstreckung der Havarieklausel auf den „gänzlichen Verlust" im Wege der Vertragsauslegung); RGZ 96, 230, 232 ff (Erstreckung der Average-Klausel auf Totalverlust); zutreffend dagegen Grossmann-Doerth, Das Recht des Überseekaufs, 1930, S 334 ff; Hager, Die Gefahrtragung beim Kauf, 1982, S 134 Fn 267. In beiden RG-Fällen hatte das Berufungsgericht anders entschieden. Die Besonderheit beider Entscheidungen des RG besteht darin, dass der in Südamerika (Rosario bzw Buenos Aires) per Schiff „cif Rotterdam" (an deutschen Käufer) bzw „cif Hamburg" versandter Mais kriegsbedingt „versenkt" bzw im Hafen von Madeira versteigert wurde.

586 RG JW 1901, 725 Nr 19 (zu ADHGB Art 344 unter Verweis auf die Rspr des ROHG); Hamburg HansRZ 1928, B 599 ff; BeckOGK/Tröger Rz 81; Erman/Grunewald Rz 21; MünchKomm/Westermann Rz 27; Staud/Beckmann Rz 81.

587 Vgl dazu Rz 239.

588 Vgl dazu Rz 35.

589 RG JW 1901, 725 Nr 19 (zu ADHGB Art 344).

590 BeckOGK/Tröger Rz 81; Staud/Beckmann Rz 81.

591 Vgl dazu unten Rz 241 ff.

592 BeckOGK/Tröger Rz 81; Erman/Grunewald Rz 21; MünchKomm/Westermann Rz 27; BeckOK/Faust Rz 27.

dass der Verkäufer die Erfüllung seiner kaufvertraglichen Pflichten aus § 433 Abs 1 zu beweisen hat[593]. Nach § 433 Abs 1 Satz 2 muss die zu übereignende Kaufsache **frei von Sach- und Rechtsmängeln** sein. Wenn die Ware beim Käufer mit einem Mangel eintrifft und der Käufer deswegen schon die Annahme verweigert, dann muss der Verkäufer beweisen, dass sie in vertragsmäßigem Zustand abgesandt wurde. Insoweit besteht kein Unterschied zwischen einem Gattungskauf und einem Stückkauf. Hat der **Käufer** dagegen die vom Verkäufer versandte **Ware als Erfüllungsleistung angenommen**, so kehrt sich die Beweislast um[594]. Das folgt aus § 363. Nach dem Wortlaut dieser Bestimmung gilt die Beweislastumkehr zu Lasten des Gläubigers für seine Berufung auf eine andere als die geschuldete Leistung oder die Unvollständigkeit der Leistung. § 363 ist aber dahin gehend auszulegen, dass der Käufer als Gläubiger des Anspruchs aus § 433 Abs 1 im Falle der Annahme der vom Verkäufer angebotenen Ware als Erfüllung auch die Beweislast für das Vorliegen eines Mangels trägt[595]. Eine Annahme im Sinne dieser beweisrechtlichen Vorschrift liegt vor, wenn die Ware beim Käufer abgeliefert und kein Mangel von ihm **unverzüglich gerügt** worden ist. Sofern der Käufer allerdings nach Inempfangnahme ohne schuldhaftes Zögern eine **Vertragswidrigkeit rügt**, muss der Verkäufer beweisen, dass die Ware in Wirklichkeit mangelfrei ist oder jedenfalls zum Zeitpunkt der Versendung iSd § 447 Abs 1 noch keinen Mangel aufwies[596]. Das Gleiche gilt, wenn der Käufer bei Ankunft der Ware einen Mangel erkennt und die Ware deshalb ausdrücklich nur **unter Vorbehalt annimmt**[597].

240 Gelingt dem Käufer nach Annahme der Ware als Erfüllung am Bestimmungsort der Nachweis eines bei Übergabe schon vorhandenen Mangels, dann kommt es wieder darauf an, ob der Verkäufer die Durchführung einer **ordnungsgemäßen Versendung** nachweisen kann. Die auf § 363 beruhende **Beweislastumkehr** beschränkt sich auf die Frage des Vorliegens eines Mangels zum Zeitpunkt der Annahme der Ware durch den Käufer am Bestimmungsort. Diese Vorschrift ändert nichts daran, dass der Verkäufer die Voraussetzungen des Gefahrübergangs nach § 447 Abs 1 in dem Falle beweisen muss, in dem ein Mangel der Ware zum **Zeitpunkt der Annahme** durch den Käufer am Bestimmungsort feststeht und nur streitig ist, ob der Mangel bei Versendung durch Auslieferung an den Beförderer vorlag oder auf dem Transport entstanden ist.

241 3. **Anscheinsbeweis bezüglich ordnungsgemäßer Versendung – Voraussetzungen und Erschütterung**. Im Falle des In-Erscheinung-Tretens von **typischen Transportschäden** nach Ankunft der Ware am Bestimmungsort und Fehlen von Anhaltspunkten für das Bestehen einer Beschädigung schon zum Zeitpunkt der Versendung iSd § 447 Abs 1 ist nach der **Lebenserfahrung** anzunehmen, dass die Schäden während der Beförderung eingetreten sind. Es greifen deshalb bei Vorliegen eines derartig typischen Geschehensablaufs die allgemeinen Grundsätze über den **Anscheinsbeweis** („prima facie"-Beweis) Platz[598]. Der Käufer muss hier nicht den **vollen Gegenbeweis** führen, sondern nur den „Anschein" erschüttern, dh, es muss das Bestehen einer **ernsthaften Möglichkeit eines abweichenden (atypischen) Geschehensablaufs** in Gestalt einer Beschädigung der Ware vor der Auslieferung an den Beförderer aufgezeigt werden[599]. Ein klassischer Fall der **Erschütterung des Anscheinsbeweises** ist beim Versendungskauf gegeben, wenn bezüglich des während der Beförderung der Ware eingetretenen Schadens zwei Ursachen in Betracht kommen, und zwar eine unsachgemäße Behandlung während der Reise durch den Beförderer und eine unsachgemäße Verpackung durch den Verkäufer[600].

242 Die Grundsätze über den **Anscheinsbeweis** greifen beim Versendungskauf regelmäßig nicht ein, wenn die Ware vom Verkäufer oder einem Spediteur schon zum vertragsmäßigen Versendungsort (zB Seehafen oder Flughafen) in einem **Container transportiert** worden ist und der

593 Vgl BGH NJW 1969, 875; BGHZ 83, 260, 267; BGH NJW 1993, 1704, 1706; Soergel/Schreiber § 362 Rz 19; BeckOGK/Tröger Rz 81.

594 BeckOGK/Tröger Rz 81; MünchKomm/Westermann Rz 27; Staud/Beckmann Rz 81; BeckOK/Faust Rz 27; Erman/Grunewald Rz 21.

595 RGZ 57, 399, 400; RGZ 109, 295, 296; BGH NJW 1985, 2328, 2329.

596 Ebenso Hager, Die Gefahrtragung beim Kauf, 1982, S 97 ff, 127 ff (zum CIF-Geschäft); so iE auch Rosenberg, Die Beweislast, 1956[4], S 352 (im Falle des Beweises der Mangelhaftigkeit der Ware bei Ankunft am Bestimmungsort obliege dem Verkäufer der Gegenbeweis der Absendung der Ware in mangelfreiem Zustand); zumindest in der Tendenz auch das unveröffentlichte Urteil des BGH, 17.12.1957, VIII ZR 315/56, S 13, 14 (bei Ankunft der Ware in mangelhaftem Zustand müsse geprüft werden, ob nicht aus diesem Zustand nach der Erfahrung des Lebens geschlossen werden muss, dass die Ware schon bei Auslieferung an den Beförderer mangelhaft gewesen ist).

597 BGH NJW 1989, 2322, 2322; BGH NJW 2009, 360, 361; BGH NJW-RR 2013, 1232 Rz 37.

598 Vgl zu diesem Institut des Beweisrechts BGHZ 100, 214, 216.

599 Allgemein zur Erschütterung des Anscheinsbeweises BGH NJW 2016, 2024 Rz 48.

600 Vgl dazu Hamburg HansRZ 1928, 599 ff. Im Fall des OLG Hamburg kam es auf den Anscheinsbeweis nicht an, weil es nicht um die Verpflichtung des Käufers zur Zahlung des Kaufpreises nach § 447 Abs 1, sondern um einen Schadensersatzanspruch gegen den Verkäufer ging, der eine schuldhafte Pflichtverletzung des Verkäufers voraussetzte, die der Käufer beweisen musste. Vgl zur Beweislast beim Schadensersatzanspruch gegen den Verkäufer unten Rz 248 f.

Schaden ohne weiteres auch schon während der Beförderung zu diesem Ort verursacht worden sein kann. Es fehlt hier schon der für ein Eingreifen des Anscheinsbeweises erforderliche **typische Geschehensablauf**. Entsprechendes gilt, wenn die Ware für die Beförderung zum Versendungsort (Vortransport/„Vorreise") schon so für den Gesamttransport verpackt worden ist, dass die am Bestimmungsort festgestellte Beschädigung ohne weiteres auch auf dieser Strecke eingetreten sein kann. Anders ist die Rechtslage bei diesen Beförderungsarten aber bei Vorliegen eines **Transportunfalls nach der Versendung**, sofern die später festgestellte Beschädigung typischerweise auf einem derartigen Unfallereignis beruht[601].

Hat der Käufer im Falle der Anwendbarkeit des Anscheinsbeweises den Anschein des Vorlie- **243**
gens eines reinen Transportschadens erschüttert, so muss der Verkäufer insbes die auf die Warenkontrolle, die Verpackung und die Verladung bezogenen Vorgänge darlegen. Erfolgt ein substantiiertes Bestreiten des Käufers, so muss der Verkäufer den erforderlichen **Beweis antreten**. Praktische Bedeutung hat in Bezug auf die allgemein zur Verfügung stehenden **Beweismittel** vor allem die Begutachtung durch einen Sachverständigen und die Vernehmung der Personen, die aufseiten des beauftragten Beförderers die Ware zum Zwecke des Transports zum Bestimmungsort übernommen haben. Wenn der Verkäufer die in Betracht kommende Möglichkeit einer Verursachung des Schadens durch eine nicht ordnungsgemäße Versendung nicht ausräumen kann, dann trägt er die Folgen der ihm obliegenden Beweislast. Dies bedeutet, dass der Verkäufer nicht berechtigt ist, sich auf einen Zufall iSd § 447 Abs 1 iVm § 446 Satz 1 als Voraussetzung für eine **uneingeschränkte Kaufpreiszahlungspflicht** des Käufers zu berufen.

4. **Faktische Beweisvereitelung durch Untergang/Verlust der Ware**. Dass im Falle des **244**
Untergangs oder eines sonstigen Verlusts der Ware die Frage einer fehlerfreien Absendung durch den Verkäufer häufig nicht durch Beweiserhebung geklärt werden kann, gehört zu den von § 447 Abs 1 erfassten **Transportrisiken**, sofern der Anschein eines reinen Transportschadens gegeben ist und die vorliegende faktische Beweisvereitelung nicht auf einem dem Verkäufer vorwerfbaren Verhalten beruht[602]. Eine solche faktische Beweisvereitelung verändert aber, falls dem Käufer gleichwohl die **Erschütterung des Anscheins** gelingt, nicht die dem Verkäufer hinsichtlich der Frage der ordnungsgemäßen Absendung der Ware obliegende Beweislast. Eine dem Käufer zurechenbare Beweisvereitelung ist gegeben, wenn er nach Empfang der Ware trotz Wahrnehmung eines Schadens in zurechenbarer Weise die Ermittlung der Ursache durch Umgestaltung der Ware, Entfernen der Verpackung oder sonstige Maßnahmen unmöglich macht. Dies geht dann zu Lasten des Käufers, wenn es ihm zumindest gelungen ist, den Anschein eines reinen Transportschadens zu erschüttern. Ist dies nicht der Fall, so findet § 447 Abs 1 ohnehin Anwendung. Nimmt der Käufer die Ware vorbehaltlos an, so trägt er gem § 363 die Beweislast für das Vorliegen eines Mangels zum Zeitpunkt der **Ablieferung am Bestimmungsort**[603].

5. **Beweislast bei ungeklärtem Verbleib der Ware**. Ist der **Kaufpreis** bei oder nach **245**
Ankunft der Ware am Bestimmungsort zu bezahlen und der Verbleib der nicht eingetroffenen Ware unklar, so findet ebenfalls der allgemeine Grundsatz Anwendung, nach dem der Verkäufer die Erfüllung seiner Lieferverpflichtung in Gestalt der ordnungsgemäßen Versendung der Ware als Voraussetzung für eine Anwendung des § 447 Abs 1 nachweisen muss[604]. Die Beweislast trifft also insoweit den Verkäufer, wobei die allgemeinen Grundsätze über den **Anscheinsbeweis** zu einer entscheidenden Beweiserleichterung führen können[605]. Die Beweislastregelung des § 363 greift mangels Annahme der Ware durch den Käufer nicht ein. Wenn dem Verkäufer hier der Nachweis der ordnungsgemäßen Absendung gelingt, dann hängt die **Kaufpreiszahlungspflicht** des Käufers davon ab, ob die Ware so lange überfällig ist, dass nach der Lebenserfahrung mit ihrem Verlust zu rechnen ist[606]. Es liegt zwar eigentlich eine **Zug-um-Zug-Vereinbarung** vor. Die dem Käufer zunächst zustehende **Einrede des nicht erfüllten Vertrags** nach § 320 greift aber nur bis zu diesem Zeitpunkt Platz. Aufgrund der Anwendung des § 447 Abs 1 kann der Käufer im Falle des **mutmaßlichen Verlusts** die Kaufpreiszahlung nicht unter Hinweis auf eine fehlende Ankunft der Ware verweigern. Auch die hier in Rede stehende Konstellation des ungeklärten Verbleibs der Ware gehört zum vom Käufer nach ordnungsgemäßer Versendung zu tragenden Transportrisiko.

6. **Beweislastverteilung beim Container-Transport – vertragliche Problemlösungen**. **246**
Die geschilderte Beweislastverteilung kann zu Problemen führen, wenn die Ware im Container versandt wird und der Käufer nach § 447 Abs 1 oder kraft kaufvertraglicher Vereinbarung die Gefahr nicht für den gesamten Transport, sondern nur für eine Teilstrecke trägt. Eine solche

601 Vgl dazu unten Rz 246.
602 Vgl Sieveking MDR 1947, 142.
603 Vgl Rz 239.
604 Vgl dazu oben Rz 238.
605 Vgl zum Anscheinsbeweis Rz 241 ff.
606 Anhaltspunkte hierfür bieten die frachtrechtlichen Verlustvermutungen des HGB § 424 und des CMR Art 20.

Gefahrteilung greift insbes bei Wahl der Incoterms-Klausel **„CFR"** oder **„CIF"** Platz, weil die Gefahr hier nicht zwingend mit der Aushändigung der Ware an den ersten selbständigen Beförderer (first carrier), sondern erst mit der **Verladung auf das Schiff** auf den Käufer übergeht[607]. Im Falle der Vereinbarung von **„CIP"** oder **„CPT"** beim Kaufgeschäft mit **Über-Land-Transport** oder **Lufttransport** geht die Gefahr dagegen schon mit der Übergabe an den ersten selbständigen Frachtführer auf den Käufer über[608]. Wird beim CFR/CIF-Kauf (Seetransport oder Binnenschiffstransport) nach Ankunft der Ware am Bestimmungsort bei **Öffnung und Entladung des Containers** festgestellt, dass die Ware Transportschäden aufweist (zB Bruch, innerer Verderb infolge von Nässe oder mangelhafter Kühlung), so ist es häufig nur schwer feststellbar, auf welcher Teilstrecke der Schaden eingetreten ist: Er kann auf dem Landtransport zum Schiff, dem Schiffstransport oder dem abschließenden Landtransport vom Bestimmungshafen zur Niederlassung des Käufers eingetreten sein[609]. Die Beweislast dafür, dass die Ware zum **Zeitpunkt des Gefahrübergangs** noch unbeschädigt war und ordnungsgemäß abgesandt wurde, trägt nach allgemeinen Grundsätzen der Verkäufer[610]. Gelingt ihm dieser Beweis nicht, so kann er sich nicht auf einen Übergang der Preisgefahr nach § 447 Abs 1 berufen. Die allgemeinen Grundsätze über den **Anscheinsbeweis** greifen hier regelmäßig nicht ein, weil der erforderliche **typische Geschehensablauf** nicht gegeben ist. Eine Ausnahme liegt insoweit aber vor, wenn das die Ware transportierende Beförderungsmittel in einen Unfall verwickelt wird und die Ware einen Schaden aufweist, welcher nach der Lebenserfahrung typischerweise gerade auf der betreffenden Unfallart beruht. Rügt der Käufer erst nach **Annahme der Ware als Erfüllungsleistung** einen Mangel, so muss er aufgrund der Beweislastumkehr des § 363 nachweisen, dass der Mangel zum Zeitpunkt der Annahme schon vorlag[611]. Gelingt dem Käufer dieser Nachweis, dann obliegt dem Verkäufer der Beweis der fehlerfreien Versendung der Ware[612].

247 Als kaufvertragliche Lösung der Beweisproblematik beim Container-Transport bieten sich Klauseln an, die das gesamte Transportrisiko erfassen und entweder dem Verkäufer oder dem Käufer in vollem Umfang zuweisen. Aus dem gleichen Grund ist eine umfassende **Transportversicherung „von Haus zu Haus"** vonnöten[613]. Von den Incoterms kommen insoweit Klauseln in Betracht, nach denen die Gefahr schon am Sitz des Verkäufers mit Übergabe der Ware nach § 446 Satz 1 auf den Käufer übergeht, also **„ab Werk"** (EXW) oder **„FCA"** (frei Frachtführer)[614] mit Angabe einer Niederlassung des Verkäufers als Lieferort (zB „FCA Lager des Verkäufers in Köln"). Ebenso geeignet sind beim Kaufgeschäft mit Über-Land-Transport oder Lufttransport auch **„CPT"** und **„CIP"**, sofern die Ware am Sitz des Verkäufers einem **selbständigen Beförderer** übergeben wird. Beim **Überseekauf** und im Falle eines **Binnenschiffstransports** müsste dagegen – abweichend von der CFR/CIF-Verkäuferpflicht A3 iVm A2 – vereinbart werden, dass die Gefahr schon mit der Übergabe an den ersten selbständigen Beförderer (first carrier) am Sitz des Verkäufers übergeht, oder/und eine **Transportversicherung von „Haus zu Haus"** hinzukommen[615]. Denn nach diesen auf den Schiffstransport zugeschnittenen C-Klauseln geht die Gefahr unabhängig von der Art des Transports zum Verschiffungshafen erst mit der Verladung der Ware auf das Schiff auf den Käufer über.

248 Überdies kann beim Container-Transport eine Problemlösung durch Wahl einer **Ankunftsklausel (D-Klausel)** der Incoterms herbeigeführt werden. In Betracht kommen insoweit die Klauseln **„DPU"** (geliefert benannter Ort entladen), **„DDP"** (geliefert verzollt) und **„DAP"** (geliefert benannter Ort)[616]. Es handelt sich dann – wie bei **„frei Haus"**[617] – um eine klassische Bringschuld des Verkäufers. Die Gefahr geht daher nicht mit Versendung der Ware, sondern erst bei Übergabe nach § 446 Satz 1 am Ankunftsort (Bestimmungsort) auf den Käufer über. Die näheren Voraussetzungen dieser Übergabe und insbes die Frage der **Entladung des ankommenden Beförderungsmittels** regeln die DPU/DDP/DAP-Verkäuferpflichten A3 iVm A2.

249 7. **Beweislast bezüglich Schadensersatzanspruch des Käufers bei Untergang/Verschlechterung der Ware gegen Verkäufer**. Von der Beweislast für einen „Zufall" iSd § 447 Abs 1 iVm § 446 Satz 1 als Voraussetzung für den **Kaufpreisanspruch des Verkäufers** bei Untergang oder Verschlechterung der Ware auf dem Transport strikt zu trennen ist die Beweislast bezüglich der Voraussetzungen eines Schadensersatzanspruchs des Käufers in einem solchen lie-

607 Vgl oben Rz 235.
608 Vgl oben Rz 235.
609 Vgl zur Frachtführerhaftung beim kombinierten (multimodalen) Container-Transport BGHZ 101, 172 ff (Absendung der Ware in Neunkirchen/Saar nach Portadown/Nordirland mit Schiffstransport von Rotterdam nach Belfast).
610 Vgl dazu Rz 239.
611 Vgl dazu Rz 239.
612 Vgl oben Rz 240.
613 Vgl dazu BGH WM 1983, 1286, 1287. Im Fall des BGH ging es um einen FOB-Kauf mit Vereinbarung einer Versicherung „von Haus zu Haus"; vgl zu dieser Entscheidung auch oben Rz 64.
614 Vgl dazu Rz 35.
615 Das Gleiche gilt für den Binnenschiffstransport.
616 Vgl dazu oben Rz 231.
617 Vgl dazu oben Rz 228.

ferbezogenen Störungsfall. Soweit es um den Kaufpreisanspruch des Verkäufers aus § 433 Abs 2 geht, obliegt dem Verkäufer im Falle des Eintritts eines Transportschadens der Beweis für das Vorliegen einer **ordnungsgemäßen Versendung der Ware**[618]. Anders ist die Rechtslage, wenn der Käufer hier unter Berufung auf eine sorgfaltswidrige Versendung einen **Schadensersatzanspruch aus § 280 Abs 1 oder § 280 Abs 1 und Abs 3 iVm § 283** gegen den Verkäufer geltend macht[619]. Ein Schaden kann dem Käufer insbes dadurch entstehen, dass er seinen Abnehmer nicht oder nicht rechtzeitig beliefern kann und deshalb ihm gegenüber Schadensersatz leisten muss[620]. Der Schadensersatzanspruch des Käufers setzt eine Pflichtverletzung des Verkäufers bei Versendung der Ware und zusätzlich ein Verschulden iSd § 276 voraus, wobei dem Käufer bei bewiesener Pflichtwidrigkeit in Bezug auf das Vertretenmüssen die Beweislastumkehr des § 280 Abs 1 Satz 2 zugutekommt[621]. Die **Beweislast für die objektive Pflichtverletzung** des Verkäufers trägt allerdings der Käufer[622]. Im Fall des **OLG Hamburg**[623] waren vom Verkäufer 450 Kisten Hartholz-Schiefertafeln in Nürnberg mit Bestimmungsort Bombay versandt worden. In Bombay kam es zur Feststellung eines ungewöhnlich hohen Bruchs, der nach den gutachterlichen Darlegungen des Sachverständigen entweder auf einer unsachgemäßen Verpackung oder auf einer unsachgemäßen Behandlung der Ware während der Reise beruhte. Aufgrund dieses Sachschadens musste der Käufer gegenüber seinem Abnehmer Schadensersatz leisten, den der Verkäufer erstatten sollte. Das Gericht ging zu Recht davon aus, dass der Käufer das **Vorliegen einer unsachgemäßen Verpackung** und damit die objektive Pflichtverletzung des Verkäufers beweisen musste[624].

In einer derartigen Fallkonstellation kommt aber nach allgemeinen Grundsätzen eine **sekundäre Darlegungslast** des Verkäufers in Betracht, soweit der Käufer – wie in den meisten Fällen – keinen Einblick in die mit der Versendung der Ware zusammenhängenden Vorgänge hat. Diese Darlegungslast der nicht beweisbelasteten Partei kann sich insbes auf die Einzelheiten der Ausführung der Verpackung beziehen. Die Beweislast des Käufers wird durch eine sekundäre Darlegungslast des Verkäufers aber nicht verändert. Erleichtert wird lediglich die **Beweisführung**. 250

XIII. Anwendung des § 447 beim Verbrauchsgüterkauf

1. **Die Regelung des § 475 Abs 2 – Umsetzung der Verbraucherrechte-Richtlinie.** Beim Verbrauchsgüterkauf gilt gem § 475 Abs 2 die Gefahrtragungsregelung des § 447 Abs 1 mit der Maßgabe, dass die Gefahr des zufälligen Untergangs und der zufälligen Verschlechterung nur dann auf den Käufer übergeht, wenn er den Spediteur, den Frachtführer oder die sonst zur Ausführung der Versendung bestimmte Person oder Anstalt beauftragt und der verkaufende Unternehmer dem Käufer diese Person oder Anstalt nicht zuvor benannt hat. Die Regelung des § 475 Abs 2 (§ 474 Abs 4 aF) setzt **Art 20 der Verbraucherrechte-Richtlinie** um[625]. Nach Art 20 dieser Richtlinie geht das Risiko mit der Übergabe an den Beförderer auf den Verbraucher über, wenn der Beförderer vom Verbraucher mit der Beförderung der Waren beauftragt und diese Option nicht vom Unternehmer angeboten wurde. Da die Beauftragung des Beförderers durch den Käufer bei der **Schickschuld** eine eher selten vorkommende Ausnahme darstellt, geht die Gefahr beim **Verbrauchsgüter-Versendungskauf** zwar nicht grundsätzlich, aber wohl regelmäßig – wie im Falle einer **Bringschuld** – nach § 446 Satz 1 erst mit der **Übergabe der Ware am Bestimmungsort** und nicht bereits mit Auslieferung an den Beförderer am Sitz des Verkäufers auf den Käufer über. Die **Warenkauf-Richtlinie** regelt den Gefahrübergang nicht eigenständig und lässt **Art 20 der Verbraucherrechte-Richtlinie** ausdrücklich unberührt. 251

Der **Zweck des § 475 Abs 2** besteht darin, den Verbraucher vor dem Risiko eines Verlusts oder einer Beschädigung der Waren zu schützen, bevor er in den Besitz der Waren gelangt ist[626]. **Erwägungsgrund Nr 55** zu Art 20 der Verbraucherrechte-Richtlinie verweist insoweit auf Streitigkeiten hinsichtlich des **Zeitpunkts des Risikoübergangs** in den Fällen, in denen der 252

618 Vgl oben Rz 238.
619 Vgl Erman/Grunewald Rz 21.
620 So im Fall Hamburg HansRZ 1928, B 599, 600.
621 Vgl Erman/Grunewald Rz 21; BeckOK/Faust Rz 27; BeckOGK/Tröger Rz 81.
622 Hamburg HansRZ 1928, B 599 f; Erman/Grunewald Rz 21; BeckOK/Faust Rz 27; BeckOGK/Tröger Rz 81; Hager, Die Gefahrtragung beim Kauf, 1982, S 97.
623 Hamburg HansRZ 1928, B 599, 600.
624 Hamburg HansRZ 1928, B 599, 600.
625 Verbraucherrechte-Richtlinie vom 25.10.2011, Abl EU L 304/64 vom 22.11.2011. § 474 Abs 2 idF des SMG 2002 schloss die Anwendung des § 447 auf den Verbrauchsgüterkauf komplett aus. § 475 Abs 2 stimmt inhaltlich überein mit § 474 Abs 4 idF des Gesetzes vom 20.3.2013 zur Umsetzung der Verbraucherrechte-Richtlinie, Bundesgesetzblatt 2013 I Nr 58, S 3642. Die jetzige Platzierung als § 475 Abs 2 beruht auf der Reform des Bauvertragsrechts und der kaufrechtlichen Mängelhaftung (Gesetz vom 28.4.2017, Bundesgesetzblatt I 2017 Nr 23, S 969) und ersetzt mit Wirkung vom 1.1.2018 ohne inhaltliche Änderung die ursprüngliche Umsetzungsregelung des § 474 Abs 4 aF.
626 Erwägungsgrund Nr 55 der Verbraucherrechte-Richtlinie.

verkaufende Unternehmer die Waren an den Käufer sendet. Der Verbraucher soll aber nach diesem Erwägungsgrund nur „während eines vom Unternehmer organisierten oder durchgeführten Transports geschützt sein". Unerheblich sei insoweit, ob der Verbraucher eine bestimmte Lieferart aus einer Reihe von Optionen ausgewählt hat, die der Unternehmer anbietet[627]. Der gesetzliche Ausschluss des § 447 Abs 1 wird danach von der Verbraucherrechte-Richtlinie auch für den Fall gefordert, dass der Verkäufer die **Versendung der Kaufsache als Option** neben der Bereitstellung zur Abholung (Holschuld) anbietet und der Käufer die Versendungsvariante wählt. Beim Transport der Ware durch den Verkäufer selbst oder eigene Angestellte ist § 447 Abs 1 nach richtiger Auffassung auch außerhalb des Verbrauchsgüterkaufs von vornherein nicht anwendbar, weil keine Versendung vorliegt[628]. Es kommt daher im Falle der Beförderung durch den Verkäufer selbst oder durch eigene Leute für den Ausschluss des Gefahrübergangs nach § 447 Abs 1 nicht darauf an, ob ein **Verbrauchsgüterkauf** gegeben ist.

253 2. **Abgrenzung zwischen Versendungskauf und Holschuld bei Beförderungsauftrag durch Käufer**. Die für die Anwendbarkeit des § 447 Abs 1 beim Versendungskauf gem § 475 Abs 2 erforderliche Beauftragung eines dem Käufer vom Verkäufer zuvor nicht benannten Beförderers durch den Käufer führt nicht zwangsläufig zum Vorliegen einer **Holschuld**, bei der ohnehin der Gefahrübergang nach § 446 Satz 1 erfolgt. Der **BGB-Gesetzgeber** geht vielmehr – ebenso wie die **Verbraucherrechte-Richtlinie** – davon aus, dass in Bezug auf die Gefahrtragung eine **Versendung der Ware** auch dann gegeben sein kann, wenn der Käufer den Beförderungsvertrag mit dem Transportunternehmer abschließt. **Erwägungsgrund Nr 55** der Verbraucherrechte-Richtlinie unterscheidet zwischen Kaufverträgen, „bei denen es Sache des Verbrauchers ist, die Waren selbst abzuholen" (Holschuld iSd BGB), und dem Fall, in dem es „Sache des Verbrauchers" ist, „einen Beförderer mit der Lieferung zu beauftragen". Im zweitgenannten Fall muss demnach, obwohl dies in der Praxis ganz überwiegend so sein wird, nicht zwangsläufig eine **Holschuld des Käufers** vorliegen[629]. Die für den Versendungskauf (Schickschuld) charakteristische Versendung durch Auslieferung der Ware an den Beförderer erfordert nicht zwingend einen Abschluss des Beförderungsvertrags durch den Verkäufer[630].

254 Wird der **Beförderungsvertrag** vom Käufer ohne vorherige Benennung des Beförderers durch den Verkäufer abgeschlossen, so besteht der wesentliche Unterschied zwischen **Holschuld** mit Gefahrübergang nach § 446 Satz 1 und Versendungskauf (Schickschuld) iSd § 447 darin, dass der Verkäufer die Ware bei der Holschuld nur zur Abholung bereitstellen, nicht aber eine Sendung an den Käufer adressieren muss und daher keine **zielgerichtete Übergabe an den Beförderer zum Zwecke des Transports** zu einem vereinbarten Bestimmungsort erfolgt[631]. Im Falle der Wahl der Incoterms-Klausel „FCA Sitz des Verkäufers" hat der Verkäufer die Ware zwar – anders als bei **„ab Werk"** (EXW) – auf eigene Kosten und Gefahr auf das vom Käufer bereitgestellte Transportmittel zu verladen[632]. Aber auch hier erfolgt keine **zielgerichtete Versendung** zu einem kaufvertraglichen Bestimmungsort, sondern lediglich eine Übergabe am Sitz des Verkäufers. Zudem ist der Verkäufer bei der Holschuld idR nicht verpflichtet, für eine über die handelsübliche Originalverpackung der Ware hinausgehende **besondere Verpackung** für eine bestimmte Transportart (zB Schiffstransport) zu sorgen. Ob im Falle des Abschlusses des Beförderungsvertrags durch den Käufer mit einem vom Verkäufer nicht benannten Beförderer letztlich ein **Versendungskauf iSd § 447** oder eine Holschuld vorliegt, ist bei Fehlen einer speziellen Abrede eine Frage der **Auslegung des Kaufvertrags** einschließlich Zusatzvereinbarungen unter Berücksichtigung der hier dargelegten Abgrenzungskriterien.

255 Der Abschluss des Beförderungsvertrags durch den Käufer kann im Falle eines von den Parteien gewollten Versendungskaufs eine schlichte Folge der den Käufer gem § 269 Abs 1 in Bezug auf den Transport der Kaufsache grundsätzlich ohnehin treffenden **Kostentragungspflicht** sein. Denn bei Fehlen einer kaufvertraglichen Vereinbarung über die Beförderung der Kaufsache zu einem Bestimmungsort und einer darauf bezogenen Verkehrssitte ist der Verkäufer nicht verpflichtet, die Ware an den Käufer zu versenden. Es liegt dann vielmehr gem § 269 Abs 1 eine **Holschuld** vor, dh, die Schickschuld (Versendungskauf) ist bei Fehlen einer Versendungsvereinbarung nicht die Regelschuld[633]. Zu einer Versendung wird sich der Verkäufer in den meisten Fällen nur dann bereiterklären, wenn sich der von ihm ohne Einbeziehung von **Transportkosten** kalkulierte Kaufpreis um diesen Posten erhöht oder insoweit eine **separate zusätzliche In-**

627 Erwägungsgrund Nr 55 der Verbraucherrechte-Richtlinie.
628 Vgl oben Rz 83 ff.
629 Vgl BeckOGK/Tröger Rz 20 (praktisch seltene Konstellation des Versendungskaufs); Erman/Grunewald § 475 Rz 4 (regelmäßig Holschuld, wenn Käufer Transportauftrag erteilt).
630 Vgl dazu oben Rz 20 ff.
631 Vgl dazu oben Rz 23.
632 Vgl dazu oben Rz 35.
633 Vgl dazu Rz 7 f.

Rechnung-Stellung zu Lasten des Käufers erfolgt. Deshalb kann der Käufer – unabhängig von einer Verbraucherstellung – zum Zwecke der Einflussnahme auf den Umfang der Transportkosten ein Interesse daran haben, den Beförderer selbst zu beauftragen, und zwar insbes bei grenzüberschreitenden oder/und technisch schwierigen Transporten. Hier geht es auch um die Kontrolle und Beschränkung etwaiger **besonderer Transportrisiken**. Eine Auswahl und Beauftragung des Beförderers durch den Käufer führt dann aber im Falle einer Verbraucherstellung gem § 475 Abs 2 zur Anwendung der Gefahrtragungsregel des § 447 Abs 1, sofern sich aus dem Kaufvertrag jedenfalls im Wege der Auslegung das Vorliegen einer Verpflichtung des Verkäufers zur Versendung der Ware ergibt.

3. **Keine Umwandlung der Schickschuld in eine Bringschuld bei Ausschluss des § 447 durch § 475 Abs 2.** – a) **Grundlagen.** Ist die Gefahrtragungsregelung des § 447 Abs 1 beim **Verbrauchsgüterkauf** gem § 475 Abs 2 nicht anwendbar, weil der Verkäufer entweder den Beförderungsvertrag abgeschlossen oder dem Käufer vor dessen Abschluss den Beförderer benannt hat, so wandelt sich eine vereinbarte Schickschuld nicht in eine Bringschuld um[634]. Für die **Konkretisierung einer Gattungsschuld** und den damit verbundenen **Übergang der Leistungsgefahr** (Sachgefahr) auf den Käufer bleibt daher gem § 243 Abs 2 der **Zeitpunkt der Absendung der Ware** durch Auslieferung an den Beförderer maßgeblich[635]. Hier zeigt sich der wesentliche Unterschied zwischen Versendungskauf unter Ausschluss des § 447 durch § 475 Abs 2 im Vergleich zu einer **Bringschuld** des Verkäufers. Denn bei der Bringschuld erfolgt auch die Konkretisierung einer Gattungsschuld erst mit Übergabe der Ware an den Käufer am Bestimmungsort (Ankunftsort). 256

b) **Rechtsfolgen von Untergang und Verschlechterung.** Tritt beim **Verbrauchsgüter-Versendungskauf** mit Ausschluss des § 447 durch § 475 Abs 2 nach ordnungsgemäßer Versendung der Kaufsache während der Beförderung ein **Totalverlust** ein, so wird der Verkäufer aufgrund der mit Absendung eingetretenen **Konkretisierung** (§ 243 Abs 2)[636] nach § 275 Abs 1 von der Verpflichtung zur Leistung frei. Zugleich entfällt nach § 326 Abs 1 Satz 1 die **Verpflichtung des Käufers zur Kaufpreiszahlung**. Denn die **Preisgefahr** hätte hier erst nach § 446 Satz 1 durch Übergabe der Sache am Bestimmungsort auf den Käufer übergehen können[637]. Auf **Schadensersatz statt der Leistung** (§§ 280 Abs 1 und Abs 3, 283) haftet der Verkäufer aber nur dann, wenn ihn hinsichtlich des Verlusts der Sache ein eigenes Verschulden trifft, etwa wegen unsorgfältiger Auswahl des Beförderers oder nicht transportgerechter Verpackung. Für ein **Verschulden des Beförderers** hat der Verkäufer deshalb nicht nach § 278 einzustehen, weil er trotz Ausschlusses des § 447 nicht zur Durchführung des Warentransports, sondern nur zur Versendung verpflichtet ist[638]. Der durch § 475 Abs 2 angeordnete Ausschluss des § 447 Abs 1 bezieht sich eben nur auf die **Verteilung der Preisgefahr**, nicht aber auf den Inhalt der Leistungspflicht des Verkäufers beim gleichwohl vorliegenden Versendungskauf (Schickschuld). 257

Da für den **Sachmangelbegriff** des § 434 in zeitlicher Hinsicht der Übergang der Preisgefahr entscheidend ist (§ 434 Abs 1), führt der Ausschluss des § 447 Abs 1 beim Verbrauchsgüter-Versendungskauf dazu, dass bis zur Übergabe der Ware an den Käufer am Bestimmungsort ein Sachmangel mit der Folge der **Gewährleistungshaftung des Verkäufers** nach § 437 entstehen kann. Insoweit geht es insbes um den Fall, in dem auf dem Transport kein Totalverlust, sondern eine Beschädigung oder sonstige Verschlechterung der Ware eintritt. 258

§ 448 Kosten der Übergabe und vergleichbare Kosten

(1) Der Verkäufer trägt die Kosten der Übergabe der Sache, der Käufer die Kosten der Abnahme und der Versendung der Sache nach einem anderen Ort als dem Erfüllungsort.

(2) Der Käufer eines Grundstücks trägt die Kosten der Beurkundung des Kaufvertrags und der Auflassung, der Eintragung ins Grundbuch und der zu der Eintragung erforderlichen Erklärungen.

634 BGH NJW 2014, 455 Rz 12 (Ausschluss des § 447 beim Verbrauchsgüterkauf hat keine Auswirkungen auf den Leistungsort); Erman/Grunewald § 475 Rz 3. Eine andere Frage ist hier, ob im Falle der Beauftragung des Beförderers tatsächlich ein Versendungskauf (Schickschuld) und nicht in Wirklichkeit eine Holschuld vorliegt (vgl dazu oben Rz 20 ff).

635 BeckOK/Faust § 474 Rz 44; Erman/Grunewald § 475 Rz 3; Oetker/Maultzsch, Vertragliche Schuldverhältnisse, 2018[5], S 225; Wertenbruch JuS 2003, 625, 632.

636 Vgl dazu Rz 116 ff.

637 Erman/Grunewald § 475 Rz 3.

638 Erman/Grunewald § 475 Rz 3; Wertenbruch JuS 2003, 625, 632.

ÜBERSICHT

I. Neufassung durch das SMG 2002

1 Die Regelung des § 448 wurde durch das SMG 2002 zwar unter Einbeziehung des § 449 aF neu gefasst, inhaltlich wurde allerdings keine Änderung vorgenommen. Nach **§ 449 Abs 1 aF** oblagen dem Käufer eines **Grundstücks** die Kosten der Auflassung und der Eintragung. Dem Käufer eines **Rechts an einem Grundstück** oblagen die Kosten der zur Begründung oder Übertragung des Rechts nötigen Eintragung in das Grundbuch mit Einschluss der Kosten der zu der

Eintragung erforderlichen Erklärungen. In beiden Erwerbsfällen fielen dem Käufer auch die Kosten der Beurkundung zur Last. Gem **§ 449 Abs 2 aF** hatte der Käufer eines eingetragenen **Schiffs oder Schiffsbauwerks** die Kosten der Eintragung des Eigentumsübergangs und der Käufer eines Rechts an einem eingetragenen Schiff oder Schiffsbauwerk die Kosten einer zur Begründung oder Übertragung nötigen Eintragung in das Schiffsregister oder das Schiffsbauregister mit Einschluss der Kosten der zur Eintragung erforderlichen Erklärungen zu übernehmen.

Die den **Rechtskauf** betreffende Regelung des **§ 448 Abs 2 aF**, nach der im Falle des **Verkaufs eines Rechts** die Kosten der Begründung oder Übertragung des Rechts dem Verkäufer zur Last fielen, besteht unverändert fort als § 453 Abs 2[1]. § 449 aF wird, soweit er den Grundstückskauf betraf, durch § 448 Abs 2 ersetzt. Für den bislang in § 449 aF auch geregelten **Schiffskauf** verweist § 452 auf § 448. Daher wird der Kauf von Schiffen in § 448 nicht mehr ausdrücklich erwähnt. In Bezug auf die in § 449 aF geregelten Rechte an Grundstücken und Schiffen wird jetzt von der auf den Rechtskauf bezogenen allgemeinen Vorschrift des § 453 Abs 1 auf § 448 verwiesen. Die in § 448 Abs 1 aF noch besonders aufgeführten **„Kosten des Messens und Wägens"** werden zwar in der Neufassung des § 448 nicht mehr ausdrücklich erwähnt. Sie werden aber vom Tatbestandsmerkmal „Kosten der Übergabe" des § 448 Abs 1 erfasst[2]. 2

II. Regelungsgegenstand und ratio legis

1. **Regelungsgegenstand**. § 448 regelt die Verteilung der mit der Durchführung des Kaufs entstehenden Kosten im schuldrechtlichen **Verhältnis der Kaufvertragsparteien** zueinander (Innenverhältnis), nicht im Verhältnis zu Dritten (Außenverhältnis)[3]. Wer im Verhältnis zu Dritten die Kosten zu tragen hat, ergibt sich vielmehr aus **Vertrag oder Gesetz**, auf dessen Grundlage die Aufwendungen – zB Transportkosten beim Kauf von beweglichen Sachen oder die Beurkundungskosten beim Grundstückskauf – entstanden sind[4]. Hat danach eine Kaufvertragspartei bestimmte Leistungen gegenüber einem Dritten zu erbringen, die nach der Kostentragungsregelung des § 448 im **Innenverhältnis** von der anderen Partei zu tragen sind, so kann jene Partei entweder **Freistellung** oder – bei schon erfolgter Zahlung an den Dritten – eine Erstattung von der anderen Partei verlangen[5]. Die in der dispositiven Vorschrift des § 448 vorgesehene Verteilung der Kosten greift nur dann ein, wenn der geschlossene Kaufvertrag insoweit **keine abweichende Regelung** enthält[6]. 3

Bei der Anwendung des § 448 geht es vor allem um die Frage, ob der Verkäufer berechtigt ist, die im Rahmen der **Vertragserfüllung entstehenden Kosten** dem Käufer zusätzlich zum Kaufpreis gesondert in Rechnung zu stellen. Ist dies nicht der Fall, so sind diese Aufwendungen als mit dem vereinbarten Kaufpreis abgegolten anzusehen, dh, der Verkäufer hat sie bei der Bestimmung des Preises einkalkuliert. Für die Kosten der **Eigentumsübertragung beim Grundstückskauf** und der Übertragung von verkauften **Rechten an Grundstücken** gilt dagegen die den Verkäufer begünstigende Sonderregelung des § 448 Abs 2. Der Käufer hat diese Übertragungskosten zusätzlich zu tragen, sofern keine abweichende Regelung im Kaufvertrag vereinbart wurde. Die Kosten der **Kaufpreiszahlung** ergeben sich aus § 270 Abs 1. Nach dieser Regelung hat der Schuldner (Käufer) Geld im Zweifel auf seine Gefahr und seine Kosten dem Gläubiger (Verkäufer) an dessen Wohnsitz zu übermitteln. 4

2. **Vergleich mit dem UN-Kaufrecht (CISG)**. § 448 Abs 1 unterscheidet die Kosten der **Übergabe**, die den Verkäufer treffen, von den Kosten der **Abnahme** sowie der **Versendung** an einen anderen Ort als den Erfüllungsort, die dem Käufer obliegen. Rechtspolitische Grundlage dieser Verteilung ist das allgemeine Prinzip, dass derjenige, der zu einer Leistung verpflichtet ist, die für ihre Bewirkung erforderlichen Aufwendungen zu tragen hat[7]. Der Verkäufer muss dem Käufer gem § 433 Abs 1 Satz 1 die Sache übergeben und ihm das Eigentum daran verschaffen. Dass der Verkäufer die dabei anfallenden **Übergabekosten** und der Käufer die **Abnahmekosten** zu tragen hat, könnte daher bei Fehlen einer gesetzlichen oder kaufvertraglichen Sonderbestimmung grundsätzlich aus dieser allgemeinen kaufrechtlichen Vorschrift gefolgert werden. Das **CISG** enthält – anders als § 448 – keine ausdrückliche Regelung in Bezug auf die Kosten der 5

1 Vgl dazu § 453 Rz 229.
2 Vgl Rz 47 ff.
3 RGZ 68, 43, 44 (Unmaßgeblichkeit der Kostentragungspflicht im Außenverhältnis in Bezug auf Steuer auf Frachtbriefe für die Kostenverteilung im Innenverhältnis); RGZ 96, 43, 48; BGH NJW-RR 2004, 453, 454 (noch zu § 449 aF); Erman/Grunewald Rz 1; MünchKomm/Westermann Rz 2; Staud/Beckmann Rz 2; BeckOK/Faust Rz 1; BeckOGK/Mock Rz 2.
4 MünchKomm/Westermann Rz 2; BeckOK/Faust Rz 1.
5 BGH NJW-RR 2004, 453, 454; MünchKomm/Westermann Rz 2; Staud/Beckmann Rz 2; BeckOK/Faust Rz 1.
6 Vgl dazu unten Rz 11 ff, 85 ff.
7 Motive II S 328; BGHZ 119, 101, 111 (allgemeiner Grundsatz bzw allgemeiner Rechtsgedanke); Erman/Grunewald Rz 1; Staud/Beckmann Rz 2.

Lieferung. Aber auch beim CISG-Kauf gilt das allgemeine Prinzip, dass jede Vertragspartei die Kosten der ihr obliegenden Leistung zu tragen hat, dh der Verkäufer die Kosten der Lieferung und der Käufer die Kosten der Annahme der Ware[8]. § 448 Abs 1 dient insoweit nur der **Klarstellung** und vermeidet damit, dass der Verkäufer dem Käufer Kosten gesondert in Rechnung stellt, die nach dem genannten Prinzip bereits durch den **Kaufpreis abgegolten** sind. Im Übrigen ist diese gesetzliche Klarstellung auch deshalb erforderlich, weil gem § 448 Abs 2 beim **Grundstückskauf** die Vertragskosten vom Käufer zu tragen sind, so dass hier das umgekehrte Prinzip gilt.

6 3. **Ratio legis der Transportkostenbelastung des Käufers beim Versendungskauf (§ 448 Abs 1 aE)**. In rechtspolitischer Hinsicht ist zwar nicht ohne weiteres verständlich, dass beim **Versendungskauf** die Transportkosten vom Käufer zu tragen sind. Die in § 448 Abs 1 aE ausdrücklich angeordnete Kostentragung zu Lasten des Käufers steht aber in enger Verbindung mit dem allgemeinen Grundsatz des § 269 Abs 1, nach dem – wenn sich aus dem Vertrag und den Umständen nichts anderes ergibt – der Sitz des Schuldners der Leistungsort ist und daher im Falle der Vereinbarung des Warentransports beim Kauf im Zweifel eine **Schickschuld (Versendungskauf)** vorliegt[9]. Der Verkäufer schuldet hier also grundsätzlich nicht den Transport. Das Fehlen einer kaufvertraglichen Abrede über den Transport der Kaufsache führt nach § 269 Abs 1 zum Vorliegen einer **Holschuld**, sofern sich nicht aus den Umständen eine Versendungspflicht des Verkäufers ergibt[10]. Bei Nichtvorliegen einer ausdrücklichen Abbedingung des § 448 Abs 1 beim Versendungskauf kann allerdings unter bestimmten Voraussetzungen ein **konkludenter Ausschluss** der Kostentragungspflicht des Käufers zu bejahen sein.

7 Möglich und in der Praxis auch anzutreffen ist eine **Aufteilung der Transportkosten** zwischen den Kaufvertragsparteien beim Versendungskauf. Relevanz haben insoweit vor allem Vereinbarungen, nach denen der Verkäufer diese Kosten nur bis zu einer bestimmten Entfernung (zB Umkreis von 200 Kilometern) oder innerhalb Deutschlands übernimmt[11]. Die Vereinbarung einer Lieferung der Kaufsache **durch Spediteur „frei Haus"** innerhalb Deutschlands führt dazu, dass der Verkäufer in Abweichung von § 448 Abs 1 die Versendungskosten bis zur Landesgrenze und der Käufer von dort bis zum **Bestimmungsort im Ausland** trägt[12].

8 4. **Kosten des Abschlusses des Kaufvertrags**. Nicht geregelt ist in § 448 Abs 1 die Frage, wer im **Innenverhältnis** der Kaufvertragsparteien die Kosten des Abschlusses des Kaufvertrags zu tragen hat. Für **Grundstückskaufverträge** sieht allerdings § 448 Abs 2 vor, dass der Käufer im Innenverhältnis die „Kosten der Beurkundung des Kaufvertrags" trägt, und zwar in vollem Umfang. Bei **anderen Kaufverträgen** gilt bei Fehlen einer besonderen Vereinbarung Folgendes: Wird der Vertrag **notariell beurkundet**, so sind im Außenverhältnis gegenüber dem Notar beide Kaufvertragsparteien – neben der primären Verpflichtung des Auftraggebers aus GNotKG § 29 – als **Gesamtschuldner** verpflichtet (GNotKG § 30)[13]. Im **Innenverhältnis** tragen sie die Beurkundungskosten gem § 426 Abs 1 **je zur Hälfte**, sofern keine abweichende Vereinbarung Platz greift[14].

9 Ist ein **Handelsmakler** (HGB § 93) beauftragt worden, so trägt im Zweifel jede Partei die **Maklergebühren** zur Hälfte (HGB § 99). Die Regelung des HGB § 99 stellt eine Sonderregelung für den Handelsverkehr dar. Beim **Zivilmakler** iSd § 652 trägt diejenige Partei die Maklerprovision, die den Makler beauftragt hat[15]. Kosten eines Stellvertreters oder Beraters sowie die Reisekosten hat selbstverständlich jede Partei selbst zu tragen. Praktische Relevanz haben insoweit vor allem die Kosten für eine Untersuchung eines Gebäudes durch einen Bausachverständigen sowie eine Steuerberatung. Es steht den Kaufvertragsparteien frei, vor endgültiger Festlegung des Kaufpreises und Beurkundung des Vertrags eine **Begutachtung durch einen Sachverständigen** durchführen zu lassen und in Bezug auf die Kostentragung eine besondere Vereinbarung zu treffen.

10 5. **Mehraufwendungen durch Annahmeverzug des Käufers**. Kosten, die durch einen Annahmeverzug des Käufers verursacht werden, müssen gem § 304 vom **Käufer** getragen werden. Daran hat das SMG 2002 nichts geändert. Es handelt sich insoweit nicht um den Anwendungsbereich des § 448. Einschlägig sind vielmehr die **allgemeinen Vorschriften** über den

8 Vgl Soergel/Lüderitz/Willems CISG Art 31 Rz 1; MünchKomm/Gruber CISG Art 31 Rz 24; Staud/Magnus CISG Art 31 Rz 30; BeckOGK/Al-Deb'i Rz 25.
9 Vgl § 447 Rz 8.
10 Vgl § 447 Rz 8.
11 Hamm BeckRS 2015, 11594 Rz 43 (Kauf von Polstermöbeln in Ostwestfalen und Lieferung in die Niederlande bei Vereinbarung von Verkäufer-AGB mit Lieferung „frei Haus" innerhalb Deutschlands).
12 Hamm BeckRS 2015, 11594 Rz 43.
13 Vgl zu den Einzelheiten unten Rz 61.
14 So auch Staud/Beckmann Rz 32.
15 Vgl Erman/Grunewald Rz 7; BeckOK/Faust Rz 9.

Annahmeverzug, sofern der betreffende Kaufvertrag keine besondere Regelung enthält. Hat der Käufer den Annahmeverzug zu vertreten, so befindet er sich zugleich im **Schuldnerverzug** hinsichtlich seiner **Abnahmepflicht** aus § 433 Abs 2. **Weitergehende Schäden** kann der Verkäufer daher gem § 280 Abs 1 und Abs 2 iVm § 286 vom Käufer ersetzt verlangen[16].

III. Abdingbarkeit des § 448 – Vertragliche Kostenvereinbarungen

1. **Einordnung als dispositives Recht**. § 448 ist dispositives Recht[17]. Dies gilt auch bei 11
Vorliegen eines **Verbrauchsgüterkaufs**[18]. Denn § 448 wird in § 476 Abs 1, der die bei Vorliegen eines Verbrauchsgüterkaufs nicht abdingbaren gesetzlichen Vorschriften aufführt, nicht erwähnt. Abweichende und spezifizierende Vereinbarungen sind zulässig und in der Praxis häufig anzutreffen. Eine weitgehende Abbedingung des § 448 kann auch im **Rahmen von AGB** erfolgen[19]. Der Grundsatz der Abdingbarkeit durch AGB gilt auch für die Beschaffungsvorgänge im Zusammenhang mit der Durchführung eines Kraftfahrzeug-Leasingvertrags, bei denen sich der Leasingnehmer in einer **„käuferähnlichen Lage"** befindet[20].

2. **Vereinbarung von Incoterms beim Warenkauf – Grundlagen**. Die **Incoterms**[21] enthal- 12
ten bezüglich der Pflicht des Käufers, durch Annahmeverzug verursachte Kosten zu erstatten, detaillierte Regeln. Bei der Klausel **„EXW"**[22] trägt der Käufer die Kosten der Nichtabnahme oder eines Nichtabrufs[23]. Entsprechendes gilt bei Verwendung der **FCA-Klausel**[24]. Hier trägt der Käufer die zusätzlichen Kosten, die durch Nichtbenennung eines Frachtführers oder die Nichtübernahme durch den Frachtführer entstehen[25]. Bei der Klausel **„FAS"**[26] obliegen dem Käufer die zusätzlichen Kosten, die durch ein nicht rechtzeitiges Eintreffen des Schiffs die Nichtübernahme der Ware durch das Schiff oder die Nichtbenennung eines Schiffs durch den Käufer entstehen[27]. Im Falle der Vereinbarung der Klausel **„FOB"**[28] gilt Entsprechendes[29]. Die auf den Seetransport und den Binnenschiffstransport zugeschnittene **CIF-Klausel**[30] enthält zwar keine ausdrückliche Regelung in Bezug auf Mehraufwendungen bei Annahmeverzug des Käufers. Dass der Käufer diese Kosten tragen muss, ergibt sich hier aber aus der allgemeinen Bestimmung, nach der vom Käufer alle die Ware betreffenden Kosten ab dem Zeitpunkt zu tragen sind, zu dem sie vereinbarungsgemäß angeliefert worden ist[31]. Das Gleiche gilt, wenn die Kaufvertragsparteien die Klausel **„CPT"**[32] oder **„CIP"**[33] für den geschlossenen Kaufvertrag gewählt haben[34].

Bei Wahl der Klausel **„DPU"**[35] durch die Kaufvertragsparteien trägt der Käufer alle zusätzli- 13
chen Kosten, die durch die Nichtbeschaffung der **Einfuhrgenehmigung** oder anderer behördlicher Genehmigungen, die Nichterledigung von **Zollformalitäten** und – falls dies dem Käufer obliegt – durch Nichtbestimmung des genauen Lieferzeitpunkts und/oder der genauen Stelle für die Warenübernahme am benannten Ort entstehen[36]. Darüber hinaus trägt der Verkäufer bei „DPU" die **Kosten** und die Risiken der **Entladung**[37]. Diese Kosten und Risiken trägt der Verkäufer dagegen bei **„DAP"** nicht[38]. Auch bei der Klausel **„DDP"**[39] muss der Käufer – wie bei DAT und DAP – die zusätzlichen Kosten tragen, die durch eine Nichtbenennung des Lieferzeitpunkts oder der Stelle für die Warenübernahme entstehen[40]. Da bei der DDP-Klausel das Beschaffen der **Einfuhrgenehmigung** und anderer behördlicher Genehmigungen in den Verantwortungsbereich des Verkäufers fällt[41], obliegen dem Käufer insoweit nur **unterstützende Maßnahmen**, sofern der Verkäufer dies von ihm verlangt[42]. Die Unterstützung erfolgt dann aber auf Gefahr

16 Vgl MünchKomm/Westermann § 433 Rz 69; Staud/Beckmann § 433 Rz 269; BeckOK/Faust § 433 Rz 63.
17 BGH NJW 2017, 1388 Rz 22; Erman/Grunewald Rz 5, 8; MünchKomm/Westermann Rz 1; BeckOGK/Mock Rz 44, 45.
18 Vgl MünchKomm/Westermann Rz 1; Staud/Beckmann Rz 33; BeckOK/Faust Rz 2; BeckOGK/Mock Rz 44.
19 BGH NJW 2017, 1388 Rz 22.
20 BGH NJW 2017, 1388 Rz 22. Der BGH sah die im Leasingvertrag enthaltene Klausel „Überführungs- und Zulassungskosten berechnet der ausliefernde Betrieb separat" zu Recht als wirksam an.
21 Abdruck idF von 2020 bei Hopt, HGB Nebengesetze (6).
22 Ex Works (ab Werk).
23 EXW-Käuferpflicht B9 lit d.
24 Free Carrier (frei Frachtführer).
25 FCA-Käuferpflicht B9 lit d.
26 Free alongside Ship (frei Längsseite Schiff).
27 FAS-Käuferpflicht B9 lit d.
28 Free on Board (frei an Bord).
29 FOB-Käuferpflicht B9 lit d.
30 Cost, Insurance and Freight (Kosten, Versicherung und Fracht).
31 CIF-Käuferpflicht B9 lit a.
32 Carriage Paid To (frachtfrei).
33 Carriage and Insurance Paid To (frachtfrei versichert).
34 CPT-Käuferpflicht B9 lit a; CIP-Käuferpflicht B9 lit a.
35 Delivered at Place unloaded (Geliefert benannter Ort entladen).
36 DPU-Käuferpflicht B9 lit d.
37 DUP-Verkäuferpflicht A9 lit a.
38 DAP-Verkäuferpflicht A9 lit a.
39 Delivered Duty Paid (geliefert verzollt).
40 DDP-Käuferpflicht B9 lit c.
41 DDP-Verkäuferpflicht A7.
42 DDP-Käuferpflicht B7.

und Kosten des Verkäufers[43]. Der Käufer hat in diesem Zusammenhang nur zusätzliche Kosten zu tragen, die durch Verletzung der ihm obliegenden Unterstützungspflicht entstehen[44].

IV. Kosten beim Kauf beweglicher Sachen

14 1. **Kosten der Übergabe**. – a) **Holschuld**. Liegt eine Holschuld vor, so muss der Verkäufer die Ware dem Käufer so anbieten, dass er sie ohne weiteres am Leistungsort übernehmen kann. Zur Lieferverpflichtung des Verkäufers gehört hier, wenn die Ware nur in **verpacktem Zustand** abgeholt werden kann oder jedenfalls ein Transport nur in verpacktem Zustand der **Verkehrssitte** entspricht, dass der Verkäufer die Ware ordnungsgemäß verpackt[45]. Die **Verpackungskosten** darf er in einem solchen Fall dem Käufer nicht zusätzlich zum vereinbarten Kaufpreis in Rechnung stellen[46]. Sie sind vielmehr ein Faktor, den der Verkäufer bei der Kalkulation des Kaufpreises berücksichtigen muss. Dementsprechend gehen auch die **Incoterms**, soweit sie reine Holschulden vorsehen (EXW oder FCA Niederlassung des Verkäufers[47]), von der Pflicht des Verkäufers zur **Verpackung** auf eigene Kosten aus, sofern nicht die Verpackung überflüssig oder nicht handelsüblich ist[48].

15 In gleicher Weise treffen den Verkäufer die Kosten der **Bereitstellung** des Kaufgegenstands. Das **Beladen des Fahrzeugs**, mit dem der Käufer die Sache abholt oder abholen lässt, obliegt dagegen dem Käufer, es sei denn, die Kaufvertragsparteien haben etwas Abweichendes vereinbart[49]. Die **EXW-Klausel** verpflichtet den Verkäufer nicht zum Beladen des vom Käufer zum Zwecke der Abholung geschickten Fahrzeugs[50]. Nimmt der Verkäufer, weil nur er über die **erforderlichen Hilfsmittel** verfügt, die Verladung der Ware auf das vom Käufer geschickte Fahrzeug vor, so geschieht dies grundsätzlich auf Kosten und Risiko des Käufers. Soll bei der reinen Holschuld dem Verkäufer das Beladen obliegen, so muss **„FCA Sitz des Verkäufers“**[51] vereinbart werden.

16 b) **Bringschuld – Kosten des Transports und der Entladung**. Ist die Übergabeverpflichtung des Verkäufers eine Bringschuld, so trägt er die Kosten bis zur **Ablieferung am Bestimmungsort**[52]. Im Bereich des innerdeutschen Handels wird insoweit von den Kaufvertragsparteien gewöhnlich die Klausel **„frei Haus“** verwendet. Beim **grenzüberschreitenden Kaufgeschäft** kommt die Bringschuld insbes durch Vereinbarung einer **D-Klausel der Incoterms**[53] zum Ausdruck. Kosten für **Verpackung** und **Transport** dürfen bei der Bringschuld dem Käufer grundsätzlich nicht separat neben dem Kaufpreis in Rechnung gestellt werden. Eine Besonderheit besteht aber dann, wenn die nach dem geschlossenen Kaufvertrag (einschließlich wirksam vereinbarter Liefer-AGB) geltende Klausel „frei Haus“ sich nur auf Lieferungen **innerhalb Deutschlands** bezieht und die Kaufsache auf Wunsch des Käufers ins **Ausland geliefert** wird[54]. In einem derartigen Fall trägt der Verkäufer ab der Landesgrenze die Transportkosten in gleicher Weise wie in dem Fall, in dem von vornherein ein **Versendungskauf** iSd § 447 Abs 1 vorliegt[55]. Auch beim Versendungskauf ist die Gestaltung möglich, dass der Verkäufer die Transportkosten nur für die **Beförderung innerhalb Deutschlands** übernimmt[56].

17 Die Kosten des **Entladens** trägt bei Vorliegen einer Bringschuld grundsätzlich der Verkäufer[57]. Im Rahmen einer Lieferung „frei Haus“ ist es daher Sache des Verkäufers, die Ware am Bestimmungsort abzuladen, also bspw das bestellte Heizöl in den Tank des Käufers abzufüllen[58]. Im Falle einer Bringschuld muss der Verkäufer eben die Kaufsache dem Käufer übergeben, dh ihm die nach der Verkehrssitte übliche Verfügungs- und Verwendungsmöglichkeit verschaffen. Bei Vereinbarung der **FCA-Klausel** muss, wenn die Ware vom Verkäufer zu einem von seiner Niederlassung abweichenden Ort gebracht werden soll, die Ware nicht von ihm abgeladen werden[59].

43 DDP-Verkäuferpflicht A9 lit e.
44 DDP-Käuferpflicht B9 lit c.
45 Vgl Erman/Grunewald Rz 4; MünchKomm/Westermann Rz 4; BeckOGK/Mock Rz 17; vgl auch § 446 Rz 43; aA BeckOK/Faust Rz 5.
46 Vgl dazu auch unten Rz 16 ff.
47 Vgl dazu § 447 Rz 31 ff.
48 EXW-Verkäuferpflicht A8, FCA-Verkäuferpflicht A8; vgl dazu Hopt/Hopt, HGB, Incoterms (6) EXW Rz 8, FCA Rz 11.
49 BeckOK/Faust Rz 5; BeckOGK/Mock Rz 18.
50 EXW-Verkäuferpflicht A2 („ohne Verladung auf das abholende Beförderungsmittel“).
51 FCA-Verkäuferpflicht A2 lit a; § 447 Rz 35.
52 Erman/Grunewald Rz 2; MünchKomm/Westermann Rz 5; BeckOK/Faust Rz 5; BeckOGK/Mock Rz 18.
53 Vgl dazu unten Rz 17 und § 447 Rz 31, 231.
54 Hamm BeckRS 2015, 11594 Rz 43 (Kauf von Polstermöbeln in Ostwestfalen und Lieferung in die Niederlande bei Vereinbarung von Verkäufer-AGB mit Lieferung „frei Haus“ innerhalb Deutschlands).
55 Hamm BeckRS 2015, 11594 Rz 43.
56 Vgl zu den Einzelheiten der Kostentragung beim Versendungskauf Rz 19 ff.
57 BeckOK/Faust Rz 5; MünchKomm/Westermann Rz 5; BeckOGK/Mock Rz 18.
58 MünchKomm/Westermann Rz 5; Erman/Grunewald Rz 2; BeckOK/Faust Rz 5; BeckOGK/Mock Rz 18.1.
59 FCA-Verkäuferpflicht A2 lit b.

Die Ware muss dem Käufer vielmehr nur **unentladen zur Verfügung gestellt** werden. Bei Vereinbarung von **„FAS“**[60] treffen den Käufer alle Kosten ab dem Zeitpunkt, ab dem die Ware längsseits des Schiffs liegt[61]. Bei Verwendung der **D-Klauseln** (Ankunftsklauseln) der Incoterms muss der Verkäufer bei **„DPU“**[62] die Ware von dem ankommenden Beförderungsmittel entladen und dem Käufer am benannten **Ort** zur Verfügung stellen[63]. Im Falle der Vereinbarung von **„DAP“**[64] oder **„DDP“**[65] muss der Verkäufer die Ware auf dem ankommenden Beförderungsmittel am Bestimmungsort an der vereinbarten oder üblichen Stelle **entladebereit** zur Verfügung stellen[66].

c) **Schaffung von Transportwegen – insbes Stromeinspeisung.** Beim Verkauf von Sachen oder sonstigen Gegenständen, die nicht mit den im Transportgewerbe **üblichen Beförderungsmitteln** geliefert werden können, stellt sich die Frage, wer die Kosten für die **Schaffung von Leitungen** oder sonstigen besonderen Transportwegen zu tragen hat. Entscheidend ist bei Fehlen einer ausdrücklichen Kostenregelung im Kaufvertrag idR der **vereinbarte Übergabeort.** Liegt er beim Käufer oder an einem kaufvertraglich vereinbarten dritten Ort, so muss bspw beim Verkauf von **Strom, Wasser oder Gas** der Verkäufer für die Verfügbarkeit von Leitungen bis zu diesem Übergabeort sorgen und notfalls neu errichten lassen[67]. Beim Verkauf von **Strom** ist der Verkäufer verpflichtet, die Kosten einer Zuleitung bis zum vereinbarten **Einspeisungsort** (Ort für die Aufnahme des Stroms in das Netz) zu tragen, sofern der Kaufvertrag insoweit keine abweichende Vereinbarung enthält[68]. Wenn also bspw Strom **„ab Windkraftanlage“** verkauft ist, dann obliegen dem Verkäufer die Kosten für eine Leitung von der Anlage bis zum Einspeisungsort[69]. Entsprechendes gilt für **Wasser und Gas** sowie für sonstige leitungsgebundene Gegenstände. 18

2. **Kosten der Versendung der Ware – Incoterms.** Ist die Ware „nach einem anderen Ort als dem Erfüllungsort“ zu versenden und damit ein Versendungskauf iSd § 447 Abs 1 gegeben[70], so trägt der **Käufer** – bei Fehlen einer abweichenden Vereinbarung – gem § 448 Abs 1 die Kosten der Versendung. Der Verkäufer darf „unfrei“ versenden und damit eine unmittelbare Kostentragungsobliegenheit des Käufers gegenüber dem Beförderer begründen[71]. Eine **Vorschusspflicht des Verkäufers** in Form einer „Frei-Versendung“ lässt sich aus § 448 Abs 1 nicht ableiten. Versendet der Verkäufer die Ware „frei“, wodurch er im Verhältnis zum Käufer in Bezug auf die Transportkosten in Vorlage tritt, dann ist der Verkäufer berechtigt, die Beförderungskosten dem Käufer neben dem vereinbarten Kaufpreis in Rechnung zu stellen. Solange der Verkäufer hier die **Fracht** (Beförderungsentgelt iSd HGB § 407 Abs 2) noch nicht bezahlt hat, besteht gegen den Käufer ein Anspruch auf **Freistellung.** Der Käufer kann seine Kostentragungspflicht aus § 448 Abs 1 also wahlweise durch Zahlung an den Verkäufer oder den Beförderer erfüllen[72]. Der Beförderer erwirbt allerdings im Falle der Beauftragung durch den Verkäufer keinen direkten Anspruch gegen den Käufer. Die Kostentragungsregeln des § 448 gelten eben grundsätzlich nur im **Innenverhältnis** der Kaufvertragsparteien. Zu den Kosten der Beförderung der Ware zum Bestimmungsort gehört auch eine an den Transportvorgang anknüpfende **Steuerpflicht**, und zwar auch dann, wenn sie erst nach Vertragsabschluss eingeführt wird[73]. Für die Belastung des Käufers gem § 448 Abs 1 ist zudem unerheblich, wer im **Verhältnis zur Finanzverwaltung** ausschließlicher oder primärer Steuerschuldner ist[74]. 19

Will der Käufer trotz Vorliegens eines Versendungskaufs die Ware mit einem eigenen Fahrzeug beim Verkäufer **abholen**, so ist der Verkäufer gem § 242 idR verpflichtet, sich hierauf einzulassen. Ein Interesse des Verkäufers, hier gleichwohl eine Versendung der Ware durchzuführen, ist grundsätzlich anzuerkennen. Der Käufer muss dem Verkäufer allerdings rechtzeitig vor dem geplanten Versendungstermin die **Absicht der Selbstabholung** mitteilen[75]. Eine ausdrückliche kaufvertragliche Vereinbarung, nach der vom Käufer „die Transportkosten“ zu tragen sind, ist grundsätzlich in der Weise auszulegen, dass hiervon nur die Kosten der Versendung vom Sitz des Verkäufers 20

60 Free Alongside Ship.
61 FAS-Käuferpflicht B9 lit a.
62 Delivered at Place unloaded.
63 DPU-Verkäuferpflicht A2.
64 Delivered at Place.
65 Delivered Duty Paid.
66 DAP-Verkäuferpflicht A2, DDP-Verkäuferpflicht A2.
67 BGH NJW-RR 1994, 175, 177 (Verlegen von Kabeln, durch die der zu liefernde Strom fließen soll).
68 BGH NJW-RR 1994, 175, 177.
69 BGH NJW-RR 1994, 175, 177. Nach zutreffender Ansicht des BGH folgt dies unmittelbar aus § 448. Für die Annahme, das Energieversorgungsunternehmen müsse den Strom beim jeweiligen Erzeuger „abholen“, bietet § 448, so zu Recht der BGH, keine Grundlage.
70 Vgl § 447 Rz 19 ff.
71 Ebenso MünchKomm³/Westermann § 448 aF Rz 1; aA BeckOK/Faust Rz 6 (Befugnis des Verkäufers zur Versendung „unfrei“ richte sich nach dem Vertragsinhalt).
72 München OLGE 28, 388, 389.
73 RGZ 68, 43, 44 (Abgabe auf Frachtbriefe nach Reichsstempelgesetz).
74 RGZ 68, 43, 44.
75 Köln MDR 1973, 590.

oder einem sonstigen Lagerort des Verkäufers, mit dem der Käufer rechnen muss[76], zu verstehen sind, nicht aber die Kosten der **Beschaffung der Ware** durch Lieferung an den Sitz des Verkäufers bzw an einen abweichenden Lagerort als **Versendungsort**[77].

21 Die **C-Klauseln der Incoterms** (CPT, CIP, CFR und CIF)[78] belasten den Verkäufer mit den Kosten der Versendung einschließlich Beförderung bis zum Bestimmungsort[79]. Die Klauseln **„CFR"** und **„CIF"** eignen sich nur für den **Schiffstransport** (Seetransport und Binnenschiffstransport). Der Verkäufer muss auf eigene Rechnung den **Beförderungsvertrag** für den Transport der Ware bis zum vereinbarten **Bestimmungshafen** abschließen[80]. Die Beförderungskosten bis zum Verschiffungshafen sowie die Kosten der Verladung auf das Schiff trägt ebenfalls der Verkäufer. Die **CPT-Klausel** und die **CIP-Klausel** eignen sich für **alle Transportarten** einschließlich des multimodalen Transports[81]. Ein bestimmtes Transportmittel wird von diesen Incoterms nicht festgelegt. Der Verkäufer muss bei Geltung dieser Klauseln auf eigene Rechnung den Vertrag über die Beförderung der Ware auf dem üblichen Weg in der üblichen Weise bis zum Bestimmungsort abschließen[82]. Die Kosten eines etwaigen Transports bis zum Frachtführer des Haupttransports trägt ebenfalls der Verkäufer.

22 3. **Kosten des Transports der Ware zum Versendungsort.** Die vom Käufer bei Fehlen einer abweichenden kaufvertraglichen Vereinbarung gem § 448 Abs 1 zu tragenden Kosten der Versendung umfassen nicht den Transport bis zur Aushändigung der Ware an den **ersten (selbständigen) Beförderer** iSd § 447 Abs 1[83]. Die Übergabe der Ware an diesen Frachtführer wird – anders als die Beförderung vom Versendungsort zum Bestimmungsort – vom Verkäufer geschuldet. Lässt der Verkäufer bei Vorliegen eines Versendungskaufs die Ware von einem Frachtführer zum **Bahn-Terminal** transportieren, so trägt der Käufer gem § 448 Abs 1 bereits die dafür anfallenden Kosten, es sei denn, im Kaufvertrag ist etwas Abweichendes vereinbart. In dem Fall, in dem der Verkäufer das Gut dagegen selbst oder durch eigene Angestellte zur Bahn bringt, obliegen ihm die hierfür erforderlichen Kosten mit der Folge, dass dem Käufer die **Fahrt- und Arbeitskosten** nicht gesondert berechnet werden dürfen[84].

23 Wird im Kaufvertrag **„Transport per Bahn"** vereinbart, so sind die Kosten für die Beförderung der Ware zum Bahn-Terminal auch bei Einschaltung eines selbständigen Beförderers vom Verkäufer zu tragen, weil der Versendungsort hier der **Bahn-Terminal** und nicht die Niederlassung des Verkäufers ist. Die Versendungspflicht des Verkäufers ist hier deshalb erst dann erfüllt, wenn er die Ware der Bahn zur Übermittlung an den Käufer ausgehändigt hat[85]. Versendet der Verkäufer ohne gesonderte Vereinbarung nicht von seinem Sitz als Erfüllungsort iSd § 447 Abs 1, sondern von einem **„dritten Ort"**[86], so fallen hierdurch entstehende **Mehrkosten** ihm zur Last[87]. Dies gilt allerdings nicht, wenn im Kaufvertrag der dritte Ort als Erfüllungsort vorgesehen ist. Beispiel: Der Händler mit Sitz in Frankfurt verkauft mit der Klausel „Versendung ab Werk Stuttgart".

24 4. **Übernahme der Versendungskosten durch den Verkäufer**. – a) **Auf bestimmten Versendungsort bezogene Kostenübernahme – „Frankostationspreisklausel"**. Haben die Parteien – wie heute insbes in der Zementbranche anzutreffen – eine sog **Frankostationspreisklausel** vereinbart, ist also „franco Station X" verkauft, während der Verkäufer seine Niederlassung in Y und der Käufer seine in Z hat, so kann der Verkäufer im **kaufmännischen Geschäftsverkehr** dem Käufer die **fiktive Fracht** von X nach Z in Rechnung stellen. Es kommt dann nicht darauf an, ob die für die Beförderung der Ware tatsächlich anfallende Fracht höher oder niedriger ist[88]. Anders ist die Rechtslage, wenn dem Käufer die Kaufmannseigenschaft fehlt. Sind die **tatsächlichen Beförderungskosten** hier niedriger als die kaufvertraglich vereinbarte fiktive

76 Vgl zur Anwendbarkeit des § 447 Abs 1 bei Versendung von einem „dritten Ort" § 447 Rz 65 ff.
77 RG SeuffA 79, 100, 101. Vgl zu den Einzelheiten der Kostentragung bezüglich des Transports zum Versendungsort unten Rz 22.
78 Zu den Einzelheiten des Gefahrübergangs nach diesen Klauseln § 447 Rz 37 ff.
79 Vgl Incoterms 2020, jeweils Verkäuferpflicht A9 lit b.
80 CFR-Verkäuferpflicht A4, CIF-Verkäuferpflicht A4.
81 Hopt/Hopt, HGB, Incoterms (6) CPT Rz 1 und CIP Rz 1.
82 CIP-Verkäuferpflicht A4, CPT-Verkäuferpflicht A4.
83 Erman/Grunewald Rz 3; MünchKomm/Westermann Rz 6; Staud/Beckmann Rz 8. Vgl zur Selbständigkeit des Beförderers als Voraussetzung für den Gefahrübergang § 447 Rz 83.
84 Kiesel DJZ 1908, 639, 640 f.
85 Vgl zum Gefahrübergang § 447 Rz 103.
86 Vgl zum Gefahrübergang bei Versendung von einem dritten Ort § 447 Rz 65 ff.
87 MünchKomm/Westermann Rz 8; BeckOK/Faust Rz 6; BeckOGK/Mock Rz 28.
88 Vgl dazu KG OLGE 33, 198.

Fracht, so hat der Verkäufer gegen den Käufer keinen Anspruch auf Zahlung der Differenz[89]. In dem Fall, in dem die tatsächlichen Beförderungskosten höher sind als die fiktive Fracht, ist ein Anspruch des Verkäufers auf den **Differenzbetrag** nur dann ohne weiteres zu bejahen, wenn bei Abschluss des Kaufvertrags die spätere **Abänderung des Versendungsorts** für den Verkäufer nicht vorhersehbar war und zudem als verkehrsüblich anzusehen ist. Ansonsten handelt es sich um ein Risiko, das der Verkäufer nicht auf den Käufer abwälzen darf.

b) **Beschränkung der Übernahme auf übliche Versendungskosten**. Im Falle der Übernahme der Versendungskosten durch den Verkäufer – etwa durch eine C-Klausel der Incoterms[90] – hat dieser nur die üblichen Versendungskosten zu tragen. Ist zB „CPT Hamburg" verkauft und verlangt der Käufer vom Verkäufer mit Sitz in Stuttgart eine **Expresssendung**, obwohl dies bei der konkreten Ware nicht handelsüblich ist, so kann der Verkäufer die dadurch entstehenden Mehrkosten gem § 448 Abs 1 dem Käufer in Rechnung stellen[91]. Dies beruht darauf, dass in Bezug auf die **kaufvertraglich überobligationsmäßige Leistung** des Verkäufers die allgemeine Kostenverteilungsregel des § 448 Abs 1 Platz greift. Tritt zwischen Abschluss des Kaufvertrags und Versendung eine **Ermäßigung der Frachtsätze** ein, so kommt sie dem „frachtfrei" veräußernden Verkäufer zugute; dh, der Käufer kann keine Erstattung verlangen[92]. Anders ist die Rechtslage insoweit aber dann, wenn die Transportkosten im Kaufvertrag gesondert ausgewiesen und damit nicht Bestandteil des Kaufpreises sind. Die gesonderte Berechnung dieser Kosten ist so auszulegen, dass der Käufer nur den tatsächlichen Aufwand des Verkäufers erstatten soll. 25

Eine **Erhöhung der Transportkosten** zwischen Vertragsabschluss und Versendung gehört grundsätzlich zum Risiko des Verkäufers[93]. Dieser Umstand berechtigt den Verkäufer daher grundsätzlich nicht, einen entsprechenden Zuschlag vom Käufer zu fordern[94]. Sind die Transportkosten allerdings im Kaufvertrag gesondert ausgewiesen, so ist dies so auszulegen, dass der Verkäufer im Falle einer Erhöhung bis zur Durchführung der Beförderung der Ware die dann tatsächlich an den Beförderer zu zahlende **Fracht** vom Käufer verlangen kann. Es gilt also im Vergleich zum Fall der Verbilligung des Transports[95] Entsprechendes. Darüber hinaus kann es auch bei fehlender gesonderter Ausweisung der Transportkosten im Kaufvertrag aufgrund **Handelsbrauchs oder Standardbedingungen** zu einer Anpassung des Kaufpreises kommen. Ist die Ware vom Verkäufer unter Vereinbarung der **CPT-Klausel** und damit „frachtfrei" verkauft, dann aber **„unfrei" versandt** worden, so kann der Käufer die Fracht vom Kaufpreis absetzen, sofern er sie tatsächlich bezahlt hat. Anspruchsgrundlage ist insoweit der geschlossene Kaufvertrag. Wird wegen eines Verlusts der Ware auf dem Transport die Fracht nicht bezahlt, so kann der Käufer die Fracht nicht vom Kaufpreis absetzen[96]. 26

5. **Versicherungskosten**. Die **Transportversicherung** bildet einen Teil der Versendungskosten, die nach § 448 Abs 1 bei Fehlen einer abweichenden Vereinbarung vom Käufer zu tragen sind[97]. Eine anderslautende Regelung kann sich insbes durch Wahl der auf den **Schiffstransport** zugeschnittenen Incoterms-Klausel **„CIF"** (Kosten, Versicherung, Fracht) oder der für alle Beförderungsarten geltenden **CIP-Klausel** (frachtfrei versichert) ergeben. Der Verkäufer ist bei Nichtvorliegen einer versicherungsbezogenen besonderen Abrede zum Abschluss einer Transportversicherung verpflichtet, sofern ein dahin gehender **Handelsbrauch** besteht. Als allgemeine Regel anzusehen ist, dass der Verkäufer berechtigt und verpflichtet ist, auf Kosten des Käufers eine **angemessene Transportversicherung** abzuschließen, soweit die gesetzliche oder die übliche vertragliche Haftung des Beförderers nicht ausreicht, um die einschlägigen Transportrisiken abzudecken[98]. Diese Verpflichtung des Verkäufers greift insbes dann Platz, wenn der Wert der Ware 27

89 KG OLGE 33, 198. Im Fall des KG hatte der Verkäufer seinen Sitz in Bremen und der Käufer in Lüneburg. Wegen fehlender Kaufmannseigenschaft des Käufers handelte es sich nicht um einen Handelskauf. Kaufvertraglich vereinbart war die Lieferung der Ware „Waggon frei Posen". Der Käufer zahlte die für den Transport von Bremen nach Lüneburg tatsächlich angefallene Fracht, nicht aber die fiktive Fracht für eine Beförderung von Posen nach Lüneburg. Die Klage des Verkäufers auf den Differenzbetrag wurde zu Recht abgewiesen.

90 Vgl dazu oben Rz 21.

91 Hamburg OLGE 33, 269; MünchKomm/Westermann Rz 8; Staud/Beckmann Rz 50.

92 Kiel SeuffA 69 Nr 193; MünchKomm/Westermann Rz 8.

93 Vgl § 447 Rz 190 f.

94 Schiedsgericht der Hamburger freundschaftlichen Arbitrage, 23.8.1957, HSG J 3 Nr 17 (zu CIF); Schiedsgericht der Hamburger freundschaftlichen Arbitrage, 29.1.1968, HSG J 3 Nr 6 (zu CPT); vgl auch § 447 Rz 190.

95 Vgl dazu oben Rz 25.

96 Vgl Hamburg OLGE 13, 419. Im Fall des OLG Hamburg ging es um ein CIF-Geschäft mit der Abrede, dass der Käufer die Fracht bezahlen und vom Kaufpreis absetzen soll. Eine Frachtzahlung durch den Käufer erfolgte wegen Untergangs des Schiffs nicht. Deshalb bestand auch kein Recht des Käufers zur Absetzung der fiktiven Fracht vom Kaufpreis.

97 Erman/Grunewald Rz 3; Staud/Beckmann Rz 16; BeckOK/Faust Rz 5; BeckOGK/Mock Rz 27.1; iE auch MünchKomm/Westermann Rz 6.

98 Vgl § 447 Rz 232.

die **transportrechtlichen Haftungshöchstgrenzen** überschreitet. Hat der Verkäufer dagegen unter der Verwendung von **„CPT"** oder **„CFR"** und damit (nur) „frachtfrei" verkauft, so gehören die Versicherungskosten regelmäßig nicht zwingend zur vom Verkäufer zu tragenden **Fracht**[99]. Wenn nämlich anstelle der Klauseln **„CIF"** oder **„CIP"**, die eine Versicherungspflicht („insurance") des Verkäufers auf dessen Kosten vorsehen, für die CFR-Klausel oder die CPT-Klausel optiert und damit „insurance" gerade nicht als Bestandteil der Verkäuferpflicht gewählt wird, so ist der Verkäufer grundsätzlich nicht zum Abschluss eines Versicherungsvertrags verpflichtet[100].

28 6. **Verpackungskosten**. Der Aufwand für eine Verpackung der Ware ist vom Verkäufer jedenfalls dann zu tragen, wenn die Verpackung von vornherein zur **verkehrsüblichen Aufmachung** der Ware (Herrichtung und Ausstattung) gehört[101]. Das ist in dem Fall zu bejahen, in dem die Verpackung als Teil der vereinbarten Beschaffenheit der Ware oder als **Zubehör iSd § 434 Abs 3 Satz 1 Nr 4** anzusehen ist mit der Folge, dass ein Verpackungsmangel einen **Sachmangel iSd § 434** begründet. Diese Situation liegt insbes dann vor, wenn vorgesehen oder zu erwarten ist, dass die Ware vom Käufer mit **Originalverpackung** weiterverkauft werden soll[102]. Entsprechendes gilt, sofern die Verpackung für die zumindest temporäre **Aufbewahrung der Ware** beim Käufer erforderlich ist[103].

29 Für den Fall des **Versendungskaufs** wird im Anschluss an ein zum **ADHGB** ergangenes Urteil des **ROHG** aus dem Jahre 1871[104] die Auffassung vertreten, dass die Kosten der Verpackung als Teil der Kosten der Versendung der Sache nach einem anderen Ort als dem Erfüllungsort gem § 448 Abs 1 vom **Käufer** zu tragen seien[105]. Dies gelte sowohl für die Materialkosten als auch für den Arbeitsaufwand[106]. Soweit das **Verpackungsmaterial** vom Beförderer wieder mitgenommen und zum Verkäufer zurückgeschafft wird, soll dem Verkäufer nach dieser Ansicht zusätzlich zu den Arbeitskosten eine Vergütung für die **Abnutzung dieses Materials** zustehen[107]. Wenn diese Auffassung zutreffend wäre, dann könnte der Verkäufer im Falle des Vorliegens eines **verkehrsüblichen Distanzgeschäfts** dem Käufer – bei Fehlen einer abweichenden Vereinbarung – stets Kosten für Verpackungsmaterial und Arbeitsaufwand als Zuschlag zu dem vertraglich vereinbarten Kaufpreis gesondert in Rechnung stellen[108]. Der Käufer stünde damit im Falle des Versendungskaufs schlechter als im Falle der **Holschuld** mit regulärer Verpflichtung des Verkäufers, die Ware in **transportfähigem Zustand** zu übergeben[109].

30 Der auf das ROHG zurückgehenden Auslegung des § 448 Abs 1 ist aus den dargelegten Gründen nicht zu folgen[110]. Sie widerspricht zudem offensichtlich den Gepflogenheiten und Anschauungen der **kaufmännischen Handelspraxis**. Die Incoterms gehen – ohne Rücksicht darauf, wie die Transportkostenfrage im Übrigen kaufvertraglich geregelt ist – durchweg davon aus, dass es dem Verkäufer obliegt, auf eigene Kosten für diejenige Verpackung zu sorgen, die für den Transport erforderlich ist[111]. Etwas anderes gilt nur dann, wenn es **handelsüblich** ist, die Ware unverpackt zu versenden, bereitzustellen oder zu übergeben. Die hier abgelehnte Auffassung, die von einer Kostenbelastung des Käufers ausgeht, wäre im Falle ihrer generellen Richtigkeit jedenfalls für den Bereich des **kaufmännischen Verkehrs** durch Handelsbrauch (HGB § 346) außer Geltung gesetzt[112]. Die **Incoterms** stellen insoweit keine Abweichungen von § 448 Abs 1 dar, sondern sind vielmehr Ausdruck der kaufmännischen Praxis und Verkehrsanschauung.

31 Auch im Bereich des **Versandhandels** mit Beteiligung von **Verbrauchern** entspricht es nicht der Verkehrssitte, dass die Verkäufer den Kunden zusätzlich zum Kaufpreis die Verpackungskosten gesondert in Rechnung stellen. Hier stimmen vielmehr Handelsbrauch und Verkehrssitte ebenfalls mit der Rechtslage nach dem Gesetz ohne weiteres überein. Dies beruht darauf, dass beim Versendungskauf die Übergabe der ordnungsgemäß verpackten Ware an den Beförderer die

99 Vgl MünchKomm/Westermann Rz 6: Auslegungsfrage.
100 Incoterms 2020, CFR Ziff A5, CPT Ziff A5; vgl dazu auch § 447 Rz 41.
101 Vgl Staud/Beckmann Rz 13; Hopt/Leyens, HGB, § 380 Rz 6.
102 Vgl BGH DB 1958, 868 (zur Sachmängelgewährleistung).
103 RGZ 59, 120, 123; vgl dazu auch MünchKomm/Westermann Rz 6.
104 ROHG 3, 112, 115.
105 MünchKomm/Westermann Rz 6; BeckOK/Faust Rz 6; Staud/Beckmann Rz 13; Hopt/Leyens, HGB, § 380 Rz 6; BeckOGK/Mock Rz 27.1.
106 ROHG 3, 112, 115; aA für Arbeitskosten Staud/Beckmann Rz 15 (Erstattungspflicht insoweit nur, falls „besonders große Mühe erforderlich ist").
107 ROHG 3, 112, 115.
108 Nach LG Köln LZ 1907, 237 sollen bei Übernahme der Versendungskosten durch die Klausel „franko" die Verpackungskosten nicht eingeschlossen sein.
109 Vgl dazu Rz 14 f.
110 So auch Erman/Grunewald Rz 3.
111 Verkäuferpflicht A8 der Incoterms-Klauseln EXW, FCA, FAS, FOB, CFR, CIF, CPT, CIP, DPU, DAP und DDP. Der Verkäufer hat danach die Ware auf eigene Kosten zu verpacken, es sei denn, es ist handelsüblich, die jeweilige Art der verkauften Ware unverpackt zu transportieren.
112 So auch Staud/Beckmann Rz 13.

vom Verkäufer geschuldete Leistungshandlung ist[113]. Die **Erfüllung der Übergabepflicht** aus § 433 Abs 1 Satz 1 setzt damit eine ordnungsgemäße Verpackung der Ware voraus. Aus dem § 448 Abs 1 zugrundeliegenden Prinzip, dass der Verkäufer die Aufwendungen für die Bewirkung der von ihm geschuldeten Leistung zu tragen hat, folgt unmittelbar, dass es dem Verkäufer auch obliegt, die Ware auf eigene Kosten durch ordnungsgemäße Verpackung versandfertig zu machen. Die Kosten dafür werden durch den **Kaufpreis abgegolten**.

Bei Vorliegen der **Holschuld** erwartet der Käufer in gleicher Weise, dass die Ware transportfähig verpackt ist und die Verpackungskosten nicht gesondert in Rechnung gestellt werden. Die Incoterms-Klausel **„EXW"** bestätigt diesen Grundsatz[114]. Sicherlich sind – insbes beim Kauf von landwirtschaftlichen Erzeugnissen am selben oder einem nahegelegenen Ort (Platzkauf) – Ausnahmen anzutreffen. Insoweit kann es der Verkehrssitte entsprechen, dass der Käufer die Produkte mit **eigenen Transportkisten oder Behältern** in unverpacktem Zustand abholt (zB Selbstabfüllung von Milch). Derartige Ausnahmen ändern aber nichts an der allgemeinen Regel, dass die Ware vom Verkäufer auf eigene Kosten zu verpacken ist. Bei der **Bringschuld** versteht sich dies von selbst. Denn der Verkäufer muss die Ware unversehrt zum vereinbarten Übergabeort befördern. Voraussetzung dafür ist regelmäßig eine **transportgerechte Verpackung** der Ware. 32

7. **Verpackungsmaterial – Rückgabepflicht**. Von der Verteilung der Verpackungskosten im Innenverhältnis zu unterscheiden ist die Frage, ob verwendetes Verpackungsmaterial mitverkauft oder vom Käufer zurückzugeben ist. Klärungsbedarf besteht insoweit aber nur dann, wenn das Verpackungsmaterial wiederverwendet werden kann und dies aufgrund seines Werts auch der Verkehrssitte entspricht. Da § 448 eine Rückgabepflicht jedenfalls nicht ausdrücklich regelt, kommt es insoweit in erster Linie auf den **Inhalt des Kaufvertrags** und subsidiär auf das Bestehen eines **Handelsbrauchs** oder/und einer **Verkehrssitte** an. Ergeben sich daraus keine entscheidenden Gesichtspunkte, so gilt Folgendes: Gehört die Verpackung zur üblichen **Ausstattung der Ware**, dient sie also dem Käufer zur Aufbewahrung, Präsentation oder Weiterveräußerung, so ist sie mitverkauft (§ 311c)[115]. Dient die Verpackung dagegen nur dem Transport, so kommt eine Rückgabe nur dann in Betracht, wenn die Verpackung aufseiten des Verkäufers wiederverwendbar und zumindest so wertvoll ist, dass ein Rücktransport als wirtschaftlich sinnvoll angesehen werden kann[116]. Bei fehlender Ableitbarkeit einer Rückgabepflicht aus Handelsbrauch oder Verkehrssitte ist die Erwartung des Käufers gerechtfertigt, dass der Verkäufer einen **besonderen Hinweis** erteilt, wenn er von einer Rückgabe der Verpackung ausgeht. Eine Rückgabepflicht kann aber auch unmittelbar aufgrund des **besonderen Werts des Verpackungsmaterials** zu bejahen sein[117]. Besteht eine Rückgabepflicht des Käufers, so stellt sich die weitere Frage der **Gefahrtragung**[118]. Nicht als Verpackungsmaterial ieS, sondern als reines **Transportmittel** anzusehen und daher in jedem Fall rückgabepflichtig sind **Container** sowie grundsätzlich auch **Paletten**, die zur Anlieferung der Ware verwendet werden[119]. Eine auf die Verpackung bezogene **öffentlich-rechtliche Rücknahmepflicht** kann den Verkäufer als **Hersteller oder Vertreiber** der Verpackung nach **VerpackG § 15** treffen. Die Frage einer **kaufvertraglichen Rückgabepflicht** des Käufers wird dadurch nicht berührt. 33

Eine im konkreten Einzelfall nach den dargelegten Grundsätzen anzunehmende Rückgabepflicht des Käufers ist, sofern sich weder aus dem geschlossenen Kaufvertrag noch aus den Umständen etwas anderes ergibt, gem § 269 im Zweifel eine **Holschuld**. Der Käufer muss daher in Bezug auf den Rücktransport des Verpackungsmaterials grundsätzlich keine **Versendungskosten** übernehmen. Im Verhältnis zwischen einem **Einzelhändler**, der seine Waren im Rahmen einer Holschuld anbietet, und seinen Kunden kann sich aus den Umständen eine auf das Verpackungs- und Transportmaterial bezogene Rückgabepflicht des Käufers in Form einer **Bringschuld** ergeben. Die Zahlung einer **Vergütung für die Rückgabe** (zB Flaschen- oder Gläserpfand) durch den Verkäufer ändert nichts am Vorliegen einer Bringschuld[120]. Anders ist die Rechtslage bei Bestehen einer **Pfandbelastung des Verpackungs- und Transportmaterials**, sofern es um das Verhältnis zwischen dem Einzelhändler und seinem Lieferanten geht. So werden bspw leere Pfandflaschen und -kästen von den anliefernden Getränkeunternehmen oder einem Großhändler beim Einzelhändler im Zusammenhang mit der Anlieferung neuer Ware unter **Pfandverrechnung** wieder abgeholt. 34

113 Vgl § 447 Rz 253.
114 EXW-Verkäuferpflicht A8; vgl dazu auch MünchKomm/Westermann Rz 4.
115 MünchKomm/Westermann Rz 4.
116 Hamburg SeuffA 62 Nr 224.
117 Hamburg SeuffA 62 Nr 224. Das OLG Hamburg geht zu Recht davon aus, dass dies bei wertvoller Verpackung die Regel ist.
118 Vgl dazu § 447 Rz 210 ff.
119 MünchKomm/Westermann Rz 6; Staud/Beckmann Rz 18.
120 Erman/Grunewald Rz 3; MünchKomm/Westermann Rz 6.

35 8. **Öffentliche Abgaben – insbes Zölle und Einfuhrumsatzsteuer**. – a) **Grundsätze**. Zölle und ähnliche Abgaben (vor allem Einfuhrumsatzsteuer gem UStG §§ 1 Abs 1, 21) sind beim inländischen Kaufgeschäft grundsätzlich vom **Verkäufer** zu tragen[121]. Er kann also die bei der **Beschaffung der Ware** angefallenen Abgaben grundsätzlich nicht auf den anschließend belieferten Käufer abwälzen. Es handelt sich nicht um **Versendungskosten**, die gem § 448 Abs 1 im Innenverhältnis dem Käufer obliegen. Der Verkäufer ist gem § 433 Abs 1 Satz 2 verpflichtet, dem Käufer die Sache frei von Rechten Dritter zu verschaffen. Hierzu gehört auch das Nichtbestehen einer Belastung mit öffentlich-rechtlichen Abgabenforderungen. Dies gilt insbes für die Freiheit von der mit der öffentlich-rechtlichen Abgabenpflicht in einem Zusammenhang stehenden **Sachhaftung nach AO § 76**. Die Belastung des Verkäufers mit öffentlichen Abgaben, die sich auf die eigene Beschaffung der Ware zum Zwecke der Herstellung der eigenen Leistungsfähigkeit beziehen, versteht sich insbes dann von selbst, wenn der Erfüllungsort (Leistungsort) im Inland liegt[122]. Ein Käufer, der im Inland bei einem Händler eingeführte Ware (Importware) kauft, darf also nicht mit einem anfallenden **Einfuhrzoll** belastet werden. Es steht dem Verkäufer frei, bei der Kalkulation des Kaufpreises etwaige Einfuhrzölle und sonstige öffentliche Abgaben zu berücksichtigen. Beabsichtigt der Käufer beim Kauf einer Sache im Inland einen nachfolgenden Export, so wird der Verkäufer mit einem Platz greifenden **Ausfuhrzoll** in keiner Weise belastet, sofern nicht **„ausfuhrfrei“** verkauft wurde.

36 b) **Keine Anfechtung nach § 119 Abs 2 bei Irrtum des Verkäufers über Abgabenverpflichtung**. Ein Irrtum des Verkäufers darüber, dass die im Inland von ihm verkaufte Importware noch **zu verzollen** ist, berechtigt ihn nicht zur Anfechtung wegen Irrtums über eine verkehrswesentliche Eigenschaft der Ware (§ 119 Abs 2)[123]. Das Gleiche gilt bei der Parallelproblematik der **Umsatzsteuerbelastung** eines weiterverkauften Kaufgegenstands. Auch hier kommt eine Anfechtung wegen Eigenschaftsirrtums deshalb nicht in Betracht, weil die öffentlich-rechtliche Belastung nur das Rechtsverhältnis zwischen dem (früheren) Eigentümer des Kaufgegenstands und der staatlichen Finanzverwaltung als Steuergläubiger betrifft, nicht dagegen die zur Eigenschaft iSd § 119 Abs 2 gehörenden **Umweltbeziehungen** des Gegenstands selbst[124]. Die Steuerbelastung hat ihren Grund nicht in der Beschaffenheit der Sache selbst, sondern entsteht vielmehr allein infolge des **Umsatzvorgangs** oder – wie bei der Einfuhrumsatzsteuer – infolge des **Einfuhrvorgangs**[125]. Entsprechendes gilt für die Belastung des Kaufgegenstands mit Zöllen. Grundlage für die Belastung ist hier der Einfuhrvorgang und nicht eine Umweltbeziehung, die ihren Grund in der Beschaffenheit der Kaufsache selbst hat. Es liegt daher bei der **Belastung mit Zöllen** – wie bei der Umsatzsteuer – weder ein **Sachmangel** iSd § 434 noch eine verkehrswesentliche Eigenschaft iSd § 119 Abs 2 vor.

37 c) **Grenzüberschreitender Verkauf**. Ergibt sich aus dem Kaufvertrag, dass die Beförderung der Sache zum Zwecke der Erfüllung der dem Verkäufer obliegenden **Lieferverpflichtung** eine Landesgrenze überschreiten soll, so hängt bei Fehlen einer ausdrücklichen Vereinbarung die Frage, ob der Kaufpreis die **Ausfuhrfreimachung** (Zölle, Steuern und sonstige Abgaben) einschließt, zwar in erster Linie von einer **Auslegung des Kaufvertrags** ab. Es ist aber davon auszugehen, dass es sich im Falle eines grenzüberschreitenden Versendungskaufs bei den Ausfuhrabgaben um **Versendungskosten** iSd § 448 Abs 1 handelt[126]. Deshalb ist eine hinsichtlich der Versendungskosten getroffene vertragliche Regelung auch für die Frage der **Ausfuhrabgaben** relevant, sofern nach dem Kaufvertrag eine grenzüberschreitende Versendung zu erfolgen hat[127].

121 RG JW 1921, 1597, 1599; Staud/Beckmann Rz 7; aA in Bezug auf Versendungskauf Erman/Grunewald Rz 3; MünchKomm/Westermann Rz 6; BeckOK/Faust Rz 6.

122 Vgl RG JW 1921, 1597, 1599 (zollpflichtige Ware, die sich zurzeit des Kaufs im Inland im freien Verkehr befinde, werde als „verzollt gehandelt“).

123 AA RG JW 1921, 1597, 1599; Staud/Beckmann Rz 7 (Anfechtung uU möglich).

124 BGHZ 111, 75, 78 f. Im Fall des BGH hatte der Verkäufer eine in Holland liegende Motoryacht erworben und an einen deutschen Käufer weiterverkauft. Der Käufer wurde mit der Einfuhrumsatzsteuer belastet, obwohl ihm vom Verkäufer gesagt worden war, dass die in Holland angefallene Umsatzsteuer (BTW) in Höhe von 19 % entrichtet worden sei und deshalb in voller Höhe auf die Einfuhrumsatzsteuer angerechnet werde. In Wirklichkeit war die holländische Umsatzsteuer aber noch nicht entrichtet worden, so dass der deutsche Käufer die volle Einfuhrumsatzsteuer zahlen musste. Der BGH hat zu Recht die Voraussetzungen einer Anfechtung abgelehnt und eine Haftung des Verkäufers aus culpa in contrahendo (jetzt §§ 280 Abs 1, 311 Abs 2, 241 Abs 2) bejaht.

125 BGHZ 111, 75, 78 f.

126 Erman/Grunewald Rz 3; MünchKomm/Westermann Rz 6; BeckOK/Faust Rz 6; BeckOGK/Mock Rz 27.1; aA Staud/Beckmann Rz 7.

127 In der Entscheidung RG Recht 1919 Nr 908 hat das RG zwar angenommen, ein Verkauf „frachtfrei versichert“ verpflichte den Verkäufer nicht zur Zollzahlung. Die Klausel „frachtfrei versichert“ entspricht heute der Incoterms-Klausel „CIP“ (Carriage and Insurance Paid To). Nach der CIP-Verkäuferpflicht A9 lit g trägt aber der Verkäufer die Zölle, Steuern und die anderen Abgaben, die bei der Ausfuhr fällig werden (vgl zu den Einzelheiten der Kostentragung bei Vereinbarung von „CIP“ und „CPT“ unten Rz 41). Bei Zugrundelegung des aktuellen Inhalts von „CIP“ und auch „CPT“ kann daher dem RG nicht (mehr) zugestimmt werden.

Abweichungen können sich auf Grundlage eines **Handelsbrauchs** und insbes bei der Verwendung von **Incoterms**[128] ergeben.

9. **Einfuhr- und Ausfuhrabgaben bei Vereinbarung von Incoterms.** Bei Vereinbarung von **„EXW"**, also beim Verkauf „ab Werk", hat der Käufer im Falle einer geplanten Ausfuhr alle **Zölle, Steuern und anderen Abgaben** sowie die bei der Ausfuhr fälligen Kosten der Zollformalitäten zu tragen[129]. **„EXW"** statuiert eben eine reine **Holschuld**. Auch der Weiterverkauf von Importware **„ab Lager"** ist ein reines Inlandsgeschäft. Der Verkäufer hat auf eigene Kosten für Zollfreiheit zu sorgen, soweit es um die zuvor erfolgte Einfuhr geht. Insoweit besteht kein Unterschied zur Veräußerung **„EXW"**. Im Falle einer **nachfolgenden Ausfuhr** der importierten Ware – wird wie bei **„EXW"** – der Käufer mit den **Ausfuhrabgaben** belastet. Bei Wahl der **FCA-Klausel** (frei Frachtführer)[130] trägt dagegen der Verkäufer die **Ausfuhrabgaben**, sofern die Ware im Rahmen dieser Lieferung ausgeführt wird[131]. Dem Käufer obliegen hier die **Einfuhrabgaben** sowie die Kosten der **Durchfuhr** durch jedes Land[132]. Entsprechendes gilt für die Klauseln **FAS** (frei Längsseite Schiff)[133] und **FOB** (frei an Bord)[134]. 38

Im Falle der Vereinbarung der **CFR-Klausel** (Kosten und Fracht) gilt in Bezug auf die **Ausfuhrabgaben**[135] und die **Einfuhrabgaben**[136] das Gleiche wie bei den F-Klauseln, dh, die Ausfuhr geht insoweit zu Lasten des Verkäufers und die Einfuhr zu Lasten des Käufers. Zu den Einfuhrabgaben gehört auch die **Einfuhrumsatzsteuer**[137]. Die bei der **Durchfuhr der Ware** durch jedes Land anfallenden Kosten trägt der Verkäufer, sofern er damit nach dem mit dem Beförderer geschlossenen **Beförderungsvertrag** belastet ist[138]. Die kaufrechtliche Kostenverteilung knüpft also in Bezug auf diese Abgabe an den idR vom Verkäufer abzuschließenden Beförderungsvertrag an. Sieht dieser Vertrag eine Belastung des Verkäufers mit den Durchfuhrabgaben nicht vor, so trägt sie der Käufer[139]. Die ebenfalls auf den See- und Binnenschiffstransport zugeschnittene **CIF-Klausel** (Kosten, Versicherung, Fracht) enthält im Vergleich zu **„CFR"** keine Modifizierung der Belastung mit den Abgaben und Kosten der Ausfuhr, Einfuhr und des Durchtransports[140]. Entsprechendes gilt für die bei allen Transportarten in Betracht kommenden Klauseln **„CPT"** (frachtfrei)[141] und **„CIP"** (frachtfrei versichert)[142]. 39

Die kaufvertragliche Wahl der Ankunftsklausel **„DPU"** (geliefert benannter Ort entladen) führt dazu, dass der Verkäufer die **Ausfuhrkosten** und die **Durchfuhrabgaben** für jedes Land bis zum benannten Terminal im Bestimmungshafen oder -ort trägt[143]. Dem Käufer obliegen die **Einfuhrabgaben**[144]. Entsprechendes gilt bei Vereinbarung der Klausel **„DAP"** (geliefert benannter Ort)[145]. Im Falle der Verwendung der Klausel **„DDP"** (geliefert verzollt) trägt der Verkäufer – wie bei „DPU" und „DAP" – die Ausfuhrabgaben und die Durchfuhrabgaben[146]. Zusätzlich ist der Verkäufer hier aber auch noch mit den **Einfuhrabgaben** belastet, dh, mit „allen Zöllen, Steuern und anderen Abgaben, die bei der Aus- und Einfuhr der Ware fällig werden"[147]. Dazu gehört aufgrund der ausdrücklichen Erwähnung der „Steuern" auch die **Einfuhrumsatzsteuer**[148]. Unerheblich ist insoweit eine unmittelbare Steuerpflicht des Käufers gegenüber der zuständigen Finanzbehörde. Denn die kaufvertraglichen Kostenverteilungsabreden betreffen – ebenso wie § 448 – nur das **Innenverhältnis** zwischen Verkäufer und Käufer. 40

Wird eine **C-Klausel** (CFR, CIF, CPT, CIP) mit dem **Zusatz „verzollt"** vereinbart, so trägt der Verkäufer abweichend von der bei diesen Incoterms geltenden allgemeinen Regel[149] auch die **Einfuhrzölle und -abgaben**[150]. Bei Verkauf der Ware **„frei Bestimmungsort X"** sind Einfuhrzölle nicht im Kaufpreis inbegriffen und vom Käufer zu tragen. Die Klausel entspricht inhaltlich den Ankunftsklauseln **„DPU"** und **„DAP"**[151], die sich gerade in diesem Punkt von **„gelie-** 41

128 Vgl dazu nachfolgend Rz 38.
129 EXW-Käuferpflicht B9 lit c.
130 Free Carrier; vgl dazu Rz 17.
131 FCA-Verkäuferpflicht A9 lit b.
132 FCA-Käuferpflicht B9 lit c.
133 FAS-Verkäuferpflicht A9 lit b und FAS-Käuferpflicht B9 lit c.
134 FOB-Verkäuferpflicht A9 lit b und FOB-Käuferpflicht B9 lit c.
135 CFR-Verkäuferpflicht A9 lit f.
136 CFR-Käuferpflicht B9 lit e.
137 Vgl dazu auch Rz 45.
138 CFR-Verkäuferpflicht A9 lit c.
139 CFR-Käuferpflicht 9 lit b.
140 CIF-Verkäuferpflicht A9 lit d und lit g (Belastung des Verkäufers mit Ausfuhrabgaben und – soweit Verpflichtung nach Beförderungsvertrag besteht – auch den Durchfuhrabgaben) und CIF-Käuferpflicht B9 lit b und lit f (Belastung des Käufers mit den Einfuhrabgaben und – sofern der Beförderungsvertrag keine Verpflichtung des Verkäufers vorsieht – auch mit den Durchfuhrabgaben).
141 CPT-Verkäuferpflicht A9 lit c und lit f und CPT-Käuferpflicht B9 lit e und lit b.
142 CIP-Verkäuferpflicht A9 lit d und lit g und CIP-Käuferpflicht B9 lit f und lit b.
143 DPU-Verkäuferpflicht A9 lit c.
144 DPU-Käuferpflicht B9 lit c.
145 DAP-Verkäuferpflicht A9 lit d und DAP-Käuferpflicht B9 lit d.
146 DDP-Verkäuferpflicht A9 lit d.
147 DDP-Verkäuferpflicht A9 lit d.
148 Vgl zur Einfuhrumsatzsteuer bei Lieferung „frei Haus" oder „DDP" sowie zur Belastung mit der gewöhnlichen Umsatzsteuer Rz 45.
149 Vgl dazu oben Rz 39.
150 So wohl auch BGHZ 114, 248, 252.
151 Vgl dazu oben Rz 40.

fert verzollt“ (DDP)[152] unterscheiden. Der BGH hat in einer Entscheidung aus dem Jahre 1991 für die Lieferklausel **„frei Haus“** offengelassen, ob der Käufer die **Einfuhrumsatzsteuer** zu tragen hat[153]. Da auch die Lieferung „frei Haus“ inhaltlich mit der Klausel „geliefert Bestimmungsort“ übereinstimmt, ist von einer Belastung des Käufers mit der Einfuhrumsatzsteuer auszugehen, sofern der Kaufvertrag in dieser Hinsicht keine abweichende Vereinbarung enthält. Dafür sprechen auch die Besonderheiten des **Vorsteuerabzugs** und die damit zusammenhängende **Umsatzsteuer-Erstattungspflicht** der zuständigen Finanzbehörde.

42 Ist die Ware **„franco Bestimmungsort X“** verkauft, so trägt der Verkäufer ebenfalls nicht die **Einfuhrabgaben**. Die Klausel entspricht „frachtfrei Bestimmungsort“[154] und in Bezug auf die Ausfuhr- und Einfuhrabgaben auch „geliefert Bestimmungsort“[155]. Diese beiden Klauseln begründen bei Fehlen eines besonderen Zusatzes – auch nach **internationalem Handelsbrauch** – keine Verpflichtung des exportierenden Verkäufers, die Einfuhrabgaben zu tragen[156]. Anders ist die Rechtslage bei „frei verzollt“ oder „franco verzollt“[157]. Diese Klauseln stimmen in Bezug auf die Einfuhrabgaben überein mit **„DDP“** (geliefert verzollt)[158].

43 10. **Kosten beim Ab-Kai-Geschäft**. Die noch zu den Incoterms 2000 zählende Klausel **„DEQ“** (geliefert ab Kai) bedeutete „ab Kai unverzollt“. Die Einfuhrabgaben oblagen bei Wahl der DEQ-Klausel dem Käufer, während der Verkäufer die Ausfuhrabgaben zu tragen hatte. In den Incoterms 2010 und 2020 ist **„DEQ“** nicht mehr enthalten. Die Klausel kann ersetzt werden durch **„DPU“** oder **„DAP“**[159]. An der dargelegten Kostenverteilung ändert sich dadurch aber nichts, da der Käufer auch bei **„DPU“** und **„DAP“** mit den **Einfuhrabgaben** belastet ist[160].

44 Wird dagegen von den Kaufvertragsparteien **„ab Kai verzollt“** vereinbart, also bei Zugrundelegung der Incoterms 2020 „DDP Kai Hafen X“, und veräußert der Käufer die Ware, ohne sie zu importieren, ins Ausland, so dass Einfuhrzölle in seinem Land gar nicht anfallen, so kann er vom Verkäufer Erstattung der ersparten (in den Kaufpreis eingerechneten) **Zollaufwendungen** verlangen[161]. Hat in dieser Fallkonstellation der Verkäufer seinerseits schon „ab Kai verzollt“ gekauft, so kann der Käufer vom Verkäufer die Abtretung des entsprechenden Erstattungsanspruchs gegen den Vorlieferanten verlangen. Nachträgliche Änderungen des Einfuhrzolls führen bei Vereinbarung von „geliefert verzollt“ auch zur Änderung des Kaufpreises[162]. Denn der Einfuhrzoll zum Zeitpunkt des Abschlusses des Kaufvertrags ist Bestandteil der Kaufpreiskalkulation. Bei Fehlen einer besonderen **kaufvertraglichen Anpassungsklausel** ergibt sich die hier in Rede stehende Änderung aus einer **ergänzenden Vertragsauslegung**.

45 11. **Umsatzsteuer (Mehrwertsteuer) und Einfuhrumsatzsteuer**. Die auf die Lieferung des Kaufgegenstands bezogene Umsatzsteuer gehört nicht zu den in § 448 Abs 1 geregelten **Kosten der Übergabe**. Es handelt sich um eine Steuer, die der Verkäufer dafür entrichten muss, dass er als Unternehmer eine **entgeltliche Leistung** erbracht hat (UStG § 1 Abs 1 Nr 1). Die Umsatzsteuer ist daher keine Aufwendung, die erforderlich ist, um die kaufvertraglich geschuldete Leistung zu erbringen, sondern vielmehr nur eine **steuerliche Folge der Verkäuferleistung**. Der Verkäufer ist grundsätzlich auch nicht berechtigt, die Umsatzsteuer dem Käufer neben dem vereinbarten Kaufpreis gesondert in Rechnung zu stellen, sofern dies nicht im Kaufvertrag durch den Zusatz „zuzüglich Umsatzsteuer (Mehrwertsteuer)“ oder eine ähnliche Klausel besonders zum Ausdruck gebracht wird[163].

46 Die **Einfuhrumsatzsteuer** ist zu behandeln wie ein Einfuhrzoll und die **sonstigen Einfuhrkosten**, dh, diese Steuer obliegt grundsätzlich dem Käufer[164]. Es geht also auch insoweit nicht um Kosten der Übergabe, die gem § 448 Abs 1 vom Verkäufer zu tragen sind. Den Kaufvertragsparteien steht es frei, eine Belastung des Verkäufers mit der Einfuhrumsatzsteuer zu vereinbaren, zB durch Verwendung der Incoterms-Klausel **„DDP“**[165] oder „frei Haus“. Beachten müssen die Parteien aber in dieser Hinsicht die Auswirkungen auf die Besonderheit des **Vorsteuersteuerabzugs** und eine damit im Zusammenhang stehende etwaige Erstattungspflicht der zuständigen Finanzbehörde.

152 Vgl dazu oben Rz 40.
153 BGHZ 114, 248, 257 (Kauf von Polyzell-Rollen in Cerny/Frankreich im Falle der Lieferung „frei Haus“ an den Käufer in Deutschland).
154 Vgl dazu oben Rz 41.
155 Vgl dazu oben Rz 40.
156 So wohl auch LG Essen NJW-RR 2000, 503.
157 BGHZ 114, 248, 252.
158 Vgl dazu oben Rz 40.
159 Vgl dazu oben Rz 40.
160 Vgl oben Rz 40.
161 Schiedsgericht des Waren-Vereins der Hamburger Börse, 11.5.1956, HSG J 3 Nr 2; Schiedsgericht der Hamburger freundschaftlichen Arbitrage, 30.12.1969, HSG J 3 Nr 7.
162 Vgl dazu Schiedsgericht des Waren-Vereins der Hamburger Börse, 8.7.1976, HSG J 3 Nr 22; 17.3.1977, HSG J 3 Nr 24.
163 BGH WM 1973, 677; MDR 1978, 834; BGHZ 103, 284, 287; BGHZ 115, 47, 50; Grüneberg/Ellenberger § 157 Rz 13.
164 Vgl Rz 38 ff.
165 Vgl dazu Rz 40.

12. **Kosten des Messens, Wiegens und Zählens**. Die Kosten des „Messens und Wägens" werden zwar im Gegensatz zu § 448 aF nicht mehr ausdrücklich im Gesetzestext erwähnt. Inhaltlich ist durch das SMG 2002 jedoch insoweit keine Änderung des § 448 eingetreten[166]. Die in Rede stehenden Kosten werden nunmehr unmittelbar vom Tatbestandsmerkmal **„Kosten der Übergabe"** des § 448 Abs 1 erfasst und sind daher vom **Verkäufer** zu tragen[167]. Dies entspricht auch einem verbreiteten Handelsbrauch[168]. Bei Anwendung des **CISG** gehören das Messen, Zählen und Wiegen beim Warenkauf ebenfalls zur Lieferung des Verkäufers, so dass die darauf bezogenen Aufwendungen von ihm zu tragen sind[169]. Die **Incoterms**[170] bestimmen in gleicher Weise durchgängig, dass der Verkäufer die Kosten „jener Prüfvorgänge (wie Qualitätsprüfung, Messen, Wiegen und Zählen)" zu tragen hat, die für die ihm obliegende Lieferung notwendig sind. 47

Diese Kosten fallen insbes an: 1. wenn das zu liefernde **Quantum** nach **Maß oder Gewicht** bestimmt ist; 2. wenn das zu liefernde Quantum nur **„circa"** bestimmt ist und der Kaufpreis dann aber nach Maß oder Gewicht der tatsächlich gelieferten Menge berechnet werden soll; 3. wenn zur Ermittlung der **Transportkosten** (oder sonstiger bei der Übergabe entstehender Verbindlichkeiten, zB der Kaiumschlaggebühr) gemessen oder gewogen werden muss[171]. In all diesen Fällen hat der Verkäufer die Mess- und Wiegekosten zu tragen. Sie gehören also nicht zu den Kosten der Abnahme und der Versendung, mit denen gem § 448 Abs 1 oder nach kaufvertraglicher Vereinbarung der Käufer belastet ist. Denn versandt oder/und abgenommen wird erst die „gemessene oder gewogene" Ware. 48

Auch in dem Fall, in dem das **Messen oder Wiegen** nach Handelsbrauch oder Vertrag von einer **neutralen Stelle** vorzunehmen ist, trägt der Verkäufer die Kosten. Holt der Käufer die nach Maß oder Gewicht zu bezahlende Ware beim Verkäufer ab, so kann der Käufer verlangen, dass sie in seiner Anwesenheit gewogen wird[172]. Bei **Überseegeschäften** mit Ausstellung eines **Konnossements** sind Maß, Zahl oder Gewicht der Ware vor der Verschiffung auf Kosten des Verkäufers festzustellen und gem HGB § 515 Abs 1 Nr 8 im Konnossement zu vermerken[173]. Veranlasst der Käufer im Rahmen der Untersuchung der am Bestimmungsort abgelieferten Ware (HGB § 377), dass **nachgewogen oder nachgemessen** wird, so treffen die hiermit verbundenen Kosten zwar zunächst ihn[174]. Wird dabei ein **gewährleistungsrechtlich relevantes Defizit** festgestellt, so ist dieser Aufwand für die Bestimmung des Umfangs des Nacherfüllungsanspruchs aus § 437 Nr 1 erforderlich und deshalb als **Mangelfolgeschaden** gem § 280 Abs 1 zu ersetzen. Von einem Vertretenmüssen des Verkäufers ist regelmäßig auszugehen, weil er nach § 278 auch für das Verschulden von Beauftragten einzustehen hat. 49

Die für das Messen und Wiegen dargelegten Grundsätze der Kostenverteilung gelten entsprechend für das **Zählen der Ware**. Auch insoweit handelt es sich um Aufwendungen, die vom Verkäufer gem § 448 Abs 1 als „Kosten der Übergabe" zu ersetzen sind. Die Kosten des „Nachzählens" im Rahmen der kaufmännischen Untersuchungspflicht (HGB § 377) trägt zwar grundsätzlich der Käufer. Im Falle der Feststellung eines **Sachmangels** wird dann aber auch hier – wie beim Nachmessen und -wiegen – im Ergebnis der Verkäufer belastet[175]. 50

13. **Kosten der Qualitätsprüfung**. Hat im Zuge der Lieferung eine Qualitätsprüfung der Ware zu erfolgen, so treffen die hiermit verbundenen Kosten als Kosten der Übergabe den **Verkäufer**[176]. Nach der Incoterms-Verkäuferpflicht A8 hat der Verkäufer die Kosten der Qualitätsprüfung zu tragen, sofern diese Maßnahme notwendig ist, um die Ware vertragsgemäß zu liefern. Diese Kostenregelung ist keine Besonderheit der Incoterms, sondern vielmehr Ausdruck eines allgemeinen Prinzips des Warenkaufs. Die Prüfung der Ware als Voraussetzung für die Übergabe durch den Verkäufer ist allerdings idR nur bei **Gattungsschulden** erforderlich, weil hier eine Auswahl der zu liefernden Stücke notwendig und ein Austausch nicht einwandfreier Ware grundsätzlich möglich ist. Die hier in Rede stehende Qualitätsprüfung bei der Vorbereitung der Lieferung durch den Verkäufer ist zu unterscheiden von der gem **HGB § 377** vom Käufer nach 51

166 Begr Gesetzentwurf, BT-Drucks 14/6040, S 241; Staud/Beckmann Rz 1; BeckOK/Faust Rz 4; BeckOGK/Mock Rz 16.

167 Begr Gesetzentwurf, BT-Drucks 14/6040, S 241; Staud/Beckmann Rz 5; MünchKomm/Westermann Rz 4; Erman/Grunewald Rz 2, 4; BeckOK/Faust Rz 4; BeckOGK/Mock Rz 16 f.

168 So bereits ADHGB Art 351: „Sofern nicht durch Ortsgebrauch oder besondere Abrede ein Anderes bestimmt ist, trägt der Verkäufer die Kosten der Uebergabe, insbesondere des Messens und Wägens; der Käufer die Kosten der Abnahme".

169 MünchKomm/Gruber CISG Art 31 Rz 24; Schlechtriem/Schwenzer/Schroeter/Lüchinger, CISG, 2019[7], Art 31 Rz 79.

170 Incoterms 2020, jeweils Verkäuferpflicht A8.

171 Vgl dazu Haage, Abladegeschäft, 1958[4], S 161 f.

172 KG OLGE 20, 167, 168.

173 Anzutreffen sind insoweit aber auch sog „Unbekannt-Klauseln" (bspw „Gewicht der Ware unbekannt, da nicht gewogen").

174 MünchKomm/Westermann Rz 9; BeckOK/Faust Rz 7; BeckOGK/Mock Rz 26.

175 Vgl Rz 49.

176 So die durchgängige Regelung in den Incoterms 2020, jeweils Verkäuferpflicht A8.

Ablieferung der Ware vorzunehmenden Untersuchung. Die kaufmännische Untersuchungsobliegenheit des Käufers bezieht sich auf die Kontrolle der **Vertragsgemäßheit der Ware**. Eine darauf gerichtete Prüfungspflicht aufseiten des Käufers besteht auch bei Verwendung von Incoterms.

52 14. **Kosten der Abnahme und Entladung der Ware – Modifikation durch Incoterms.** Die Kosten der Abnahme spielen vor allem dann eine Rolle, wenn im Kaufvertrag vorgesehen ist, dass die Sache an einem **dritten Ort** vom Käufer in Empfang zu nehmen ist. So hat der Käufer beim Verkauf **„geliefert benannter Ort entladen“** (DPU) die Kosten des Abholens der Ware einschließlich der Kosten des Abtransports vom benannten Ort zu tragen[177]. Bei Vereinbarung der **DAP-Klausel** („geliefert benannter Ort“) kommen für den Käufer die **Kosten des Entladens** hinzu, sofern diese nicht gem Beförderungsvertrag zu Lasten des Verkäufers gehen[178]. Auch bei Wahl einer **C-Klausel** (CFR, CIF, CPT und CIP) trägt der Käufer alle Abnahmekosten ab **Ankunft der Ware** am Bestimmungsort[179]. Zudem ist der Käufer hier mit den **Entladekosten** belastet, sofern diese Kosten gem **Beförderungsvertrag** nicht zu Lasten des Käufers gehen[180].

53 Bei kaufvertraglicher Geltung der **FOB-Klausel**[181] trägt der Käufer die Kosten ab dem Zeitpunkt der Lieferung durch Verbringen der Ware an **Bord des Schiffs**[182]. Ihm obliegen daher selbstverständlich auch die Kosten des Entladens. Im Falle der Wahl der Incoterms-Klausel **„frei Frachtführer“** (FCA) muss der Käufer alle Kosten ab dem Zeitpunkt tragen, an dem die Ware – wie von der Verkäuferpflicht A9 vorgesehen – geliefert worden ist. Der Umfang dieser FCA-Verkäuferpflicht hängt davon ab, ob der **Lieferort** beim Verkäufer liegt[183] oder ein anderer Ort ist[184]. Ist hier der Sitz des Verkäufers der Lieferort, so muss der Verkäufer die Ware auf das vom Käufer bereitgestellte Beförderungsmittel verladen[185]. Die dadurch entstehenden Kosten trägt der Verkäufer[186]. Mit den Kosten der anschließenden **Beförderung zum Bestimmungsort** und der Entladung ist der Käufer belastet[187]. Wenn dagegen ein **anderer Ort** der Lieferort ist, dann muss der Verkäufer die Ware auf seinem Beförderungsmittel dem Käufer nur **entladebereit zur Verfügung** stellen[188]. Die Kosten dieser Bereitstellung obliegen dem Verkäufer[189]. Der Käufer hat dann die Kosten der Entladung vom Lieferfahrzeug des Verkäufers, der nachfolgenden Verladung auf das vom Käufer benannte Beförderungsmittel sowie der Entladung am Bestimmungsort zu tragen[190].

54 Beim Verkauf der Ware mit Vereinbarung der Incoterms-Klausel **„ab Werk“** (EXW) muss der Verkäufer die Ware nur bereitstellen, nicht aber verladen[191]. Demzufolge trägt er auch nur die **Kosten der Bereitstellung**[192]. Die Kosten der Verladung der Ware auf das vom Käufer bereitgestellte Beförderungsmittel, der Durchführung des Transports und der Entladung am Bestimmungsort obliegen dem Käufer[193].

55 15. **Überführungs- und Zulassungskosten beim Kauf von Kraftfahrzeugen.** – a) **Überführungskosten.** Beim Kaufvertrag über Kraftfahrzeuge werden die Überführungs- und Zulassungskosten vom Verkäufer üblicherweise gesondert berechnet, sofern der Kaufvertrag insoweit keine abweichende Regelung enthält[194]. Eine abweichende Vereinbarung liegt insbes dann vor, wenn der Kaufvertrag eine kostenfreie Lieferung des Fahrzeugs an den **Sitz des Käufers** vorsieht[195]. Gerechtfertigt ist die gesonderte Berechnung der Überführungskosten durch den Verkäufer beim Fahrzeugkauf insbes im **Regelfall der Holschuld**, sofern der Verkäufer hier absprachegemäß einen Transport zum Sitz des Käufers vornimmt. Dies gilt aber dann nur für die Überführung des Fahrzeugs vom Sitz des Verkäufers zum Sitz des Käufers. Eine gesonderte Berechnung der Überführungskosten durch den Verkäufer ist auch in dem Fall berechtigt, in dem der Verkäufer (Händler) dem Käufer die Wahl zwischen Selbstabholung (Holschuld) und Überführung (Bringschuld oder Versendungskauf/Schickschuld) überlässt[196].

56 Keine zusätzliche Kostenpflicht des Käufers besteht dagegen in Bezug auf den Transport von der Fabrik oder einem Auslieferungslager des Herstellers zur Niederlassung des Verkäufers[197].

177 Vgl DPU-Käuferpflicht B9 lit a.
178 DAP-Käuferpflicht B9 lit a, b.
179 Käuferpflicht B9 lit a.
180 Käuferpflicht B9 lit c.
181 Free on Board.
182 FOB-Käuferpflicht B9 lit a.
183 FCA-Verkäuferpflicht A2 lit a.
184 FCA-Verkäuferpflicht A2 lit b.
185 FCA-Verkäuferpflicht A2 lit a.
186 FCA-Verkäuferpflicht A9 lit a.
187 FCA-Käuferpflicht B9 lit a.
188 FCA-Verkäuferpflicht A2 lit b.
189 FCA-Verkäuferpflicht A9 lit a.
190 FCA-Käuferpflicht B9 lit a iVm FCA-Verkäuferpflicht A9 lit a und A2 lit b.
191 Vgl EXW-Verkäuferpflicht A2.
192 Vgl EXW-Verkäuferpflicht A9.
193 EXW-Käuferpflicht B9 lit a.
194 BGH NJW 2017, 1388 Rz 18.
195 BGH NJW 2017, 1100 Rz 39.
196 BGH MDR 2014, 1404 Rz 10; GRUR 1983, 658, 661.
197 BGH MDR 2014, 1404 Rz 10.

Die dabei anfallenden Kosten dienen der **Beschaffung des Kaufgegenstands** durch den Verkäufer und sind daher nach der Verkehrsauffassung regelmäßig als Bestandteil des Kaufpreises anzusehen[198]. Das Gleiche gilt im Falle des Kaufs eines **EU-Importfahrzeugs** in Deutschland. Der Verkäufer kann hier dem Käufer die Kosten, die im Zusammenhang mit dem Import aus dem anderen Staat entstehen – ebenso wie die Kosten der **Umrüstung** und einer erforderlichen **TÜV-Vorführung** – nicht als zusätzliche Aufwendungen gesondert in Rechnung stellen[199]. Hier handelt es sich vielmehr – wie bei den Kosten für die Überführung vom Hersteller zum Verkäufer – nach der Verkehrsauffassung um **Bestandteile des Kaufpreises**[200]. Da der Verkäufer nach § 448 Abs 1 die Kosten der Übergabe trägt, obliegen ihm erst recht die für die Beschaffung und Bearbeitung des Kaufgegenstands erforderlichen Aufwendungen.

b) **Zusätzliche Transportkosten wegen Abnahmeverweigerung**. Ist der Wohnsitz des 57
Käufers der vereinbarte Lieferort und lehnt der Käufer dort die Abnahme des gekauften Fahrzeugs in berechtigter Weise wegen eines bemerkten **Sachmangels** ab, so kann der Verkäufer weder zusätzliche Transportkosten noch ein **Standgeld** gesondert in Rechnung stellen[201]. Es handelt sich vielmehr um **Erfüllungskosten**, die zur Verschaffung eines mangelfreien Kaufgegenstands erforderlich sind und daher vom Verkäufer auf Grundlage der ihn gem § 448 Abs 1 Halbsatz 1 treffenden Pflicht zur Bereitstellung der Kaufsache am vereinbarten Lieferort zu tragen sind[202]. Ein besonderes Standgeld steht dem Verkäufer auch dann nicht zu, wenn es sich um eine **Holschuld** handelt und der Käufer die Übernahme des Fahrzeugs wegen eines Mangels in berechtigter Weise ablehnt.

Gerät der Käufer mit der Abnahme des Fahrzeugs in **Annahmeverzug**, so kann der Verkäufer 58
nach der allgemeinen Bestimmung des **§ 304 Mehraufwendungen** in Gestalt zusätzlicher Transportkosten oder/und eines **Standgeldes** vom Käufer verlangen[203]. Praktische Relevanz hat insoweit vor allem die Fallkonstellation, in der vom Käufer die Abnahme des Fahrzeugs unter **Behauptung eines Sachmangels** abgelehnt wird, obwohl in Wirklichkeit eine Mängelfreiheit gegeben ist[204]. Der Käufer kann die Abnahme grundsätzlich auch dann verweigern, wenn es sich nur um einen **geringfügigen Mangel** handelt[205]. In Bezug auf die Anwendung des § 448 Abs 1 hat dies zur Folge, dass die zum Zwecke der Mangelbeseitigung erforderlichen zusätzlichen Transportkosten auch bei Geringfügigkeit der Beschaffenheitsabweichung als vom Verkäufer zu tragende Erfüllungskosten anzusehen sind[206].

c) **Zulassungskosten**. Die Zulassung eines gekauften Fahrzeugs kann sowohl durch den Käu- 59
fer als auch durch den Verkäufer erfolgen. Beides ist üblich. Befindet sich die für den Sitz des Käufers **zuständige Zulassungsbehörde** zugleich am Ort der Niederlassung des Verkäufers, so wird in der Praxis die Zulassung häufig vom Verkäufer vorgenommen. Dies führt aufseiten des Käufers zumindest zu einer **erheblichen Zeitersparnis**, weil der gewerbliche Verkäufer ohnehin fortlaufend Angestellte zur örtlichen Zulassungsstelle zum Zwecke der Vornahme von Abmeldungen und Neuzulassungen schicken muss. Besondere Schalter der Zulassungsbehörde für Autohändler zum Zwecke einer bevorzugten Bearbeitung begünstigen diesen Service. Anders ist die Lage dagegen dann, wenn der Käufer das Fahrzeug bei einem Händler **außerhalb des Bezirks seiner Zulassungsstelle** kauft. In solchen Fällen ist es üblich, dass der Käufer bei der für ihn zuständigen Zulassungsstelle mithilfe der vom Verkäufer vorab überlassenen Fahrzeugpapiere die **Neuzulassung auf eigene Kosten** vornehmen lässt und dann mit den dort erhaltenen Nummernschildern zum Verkäufer reist, um das Fahrzeug abzuholen.

In Bezug auf die Frage der Verteilung der Zulassungskosten im Rahmen der Anwendung 60
des § 448 Abs 1 ist bei Fehlen einer besonderen kaufvertraglichen Vereinbarung letztlich nicht entscheidend, ob die Zulassung des gekauften Fahrzeugs bei der zuständigen Straßenverkehrsbehörde vom Verkäufer oder vom Käufer vorgenommen wird. Übernimmt der Verkäufer aufgrund einer Abrede die Zulassung, so handelt es sich nicht um die Erfüllung einer kaufvertraglich geschuldeten und vom Kaufpreis abgedeckten **Nebenpflicht**[207]. Der Aufwand für derartige Leistungen wird im Kraftfahrzeug-Gewerbe üblicherweise dem Käufer gesondert in Rechnung

198 BGH MDR 2014, 1404 Rz 10.
199 BGH MDR 1983, 819.
200 BGH MDR 1983, 819 (Bestandteil des „Endpreises").
201 BGH NJW 2017, 1100 Rz 39.
202 BGH NJW 2017, 1100 Rz 39.
203 BGH NJW 2017, 1100 Rz 38.
204 BGH NJW 2017, 1100 Rz 38 f. Im Fall des BGH wurde ein Anspruch des Verkäufers aus § 304 auf Erstattung von zusätzlichen Transportkosten und eines Standgeldes zu Recht abgelehnt, weil das gekaufte Neufahrzeug „Fiat Freemont" bei der kaufvertraglich vereinbarten Anlieferung am Wohnsitz des Käufers einen Lackschaden aufwies. Die Verweigerung der Abnahme erfolgte daher zu Recht.
205 BGH NJW 2017, 1100 Rz 32 ff.
206 BGH NJW 2017, 1100 Rz 39.
207 BGH NJW 2017, 1388 Rz 18, 22; Hamm NJW-RR 1998, 1586.

gestellt[208]. Es handelt sich nicht um Kosten der Übergabe iSd § 448 Abs 1. Der Verkäufer kann daher bei Übernahme der Fahrzeugzulassung und Nichtvorliegen einer besonderen Vereinbarung über die Kostentragung sowohl Ersatz der verauslagten **öffentlich-rechtlichen Zulassungsgebühren** als auch eine angemessene Vergütung für den Zeitaufwand verlangen[209]. Der Anspruch ergibt sich aus § 448 Abs 1, weil es sich um **Kosten der Abnahme** handelt, die nach § 448 Abs 1 vom Käufer zu tragen sind. Bei der Berechnung der **Vergütung für den Zeitaufwand** kommt es insbes darauf an, ob der Verkäufer – wie bei größeren Autohändlern üblich – mehrere Zulassungsaufträge zeitgleich von einem Angestellten erledigen lässt (Sammelauftrag). Nimmt der Käufer die Zulassung des gekauften Fahrzeugs vor, obwohl der Verkäufer die Erledigung dieser Tätigkeit anbietet, so steht dem Käufer kein Erstattungsanspruch gegen den Verkäufer zu. Das Angebot des Verkäufers ändert nämlich nichts daran, dass es sich im Rahmen der Anwendung des § 448 Abs 1 nicht um Kosten der Übergabe, sondern um dem Käufer obliegende Abnahmekosten handelt.

V. Kosten beim Kauf von Grundstücken nach § 448 Abs 2

61 1. **Wirksamer Grundstückskaufvertrag als Anwendungsvoraussetzung – Beschränkung des § 448 Abs 2 auf das Innenverhältnis.** Grundvoraussetzung für die Anwendung der Kostentragungsregelung des § 448 Abs 2 ist das Vorliegen eines **wirksamen Grundstückskaufvertrags**[210]. Die von dieser gesetzlichen Regelung zu Lasten des Käufers begründete Kostentragungspflicht betrifft nur das Innenverhältnis zwischen den Kaufvertragsparteien[211]. Über dieses Verhältnis hinaus und insbes gegenüber dem **beurkundenden Notar** statuiert § 448 Abs 2 keine Kostentragungspflicht[212]. Für den Gebührenanspruch des beurkundenden Notars kommt es grundsätzlich darauf an, welche Partei gem GNotKG § 29 den **Beurkundungsauftrag erteilt** hat[213]. Die Entgegennahme eines **Vertragsentwurfs** des von der anderen Kaufvertragspartei beauftragten Notars stellt ebenso wenig einen Auftrag dar wie die schlichte Bestätigung eines von der Gegenseite vorgeschlagenen Beurkundungstermins[214]. Die **gesamtschuldnerische Haftung** der Kaufvertragsparteien nach GNotKG § 30 setzt eine Beurkundung des Grundstückskaufvertrags voraus und erfasst daher nicht die Kosten für einen vom Notar gefertigten **Vertragsentwurf** in dem Fall, in dem es nicht zur Beurkundung kommt[215].

62 2. **Kosten der Grundstücksübergabe (Besitzverschaffung).** In Bezug auf die Frage der Kostenverteilung bei einer Grundstücksveräußerung muss zwischen den Kosten der **tatsächlichen Übergabe des Grundstücks** einerseits und den in § 448 Abs 2 aufgezählten Kosten des **Vertragsschlusses und der Eigentumsübertragung** andererseits unterschieden werden. Die Kosten der Übergabe des Grundstücks treffen gem § 448 Abs 1 den Verkäufer[216]. Insoweit statuiert § 448 Abs 2 keine Ausnahme zu Lasten des Käufers. Die Nichterfassung der Übergabekosten von § 448 Abs 2 beruht darauf, dass die Übergabe des Grundstücks gem §§ 873, 925 nicht **Voraussetzung des Eigentumsübergangs** ist.

63 3. **Vermessungskosten – Grunderwerbsteuererhöhung bei Übernahme durch Käufer.** Vermessungskosten fallen im Zusammenhang mit der Abwicklung eines Grundstückskaufvertrags vor allem dann an, wenn eine **Grundstücksteilung** erforderlich ist. Insoweit geht es oft um den Fall, dass der Verkäufer eine **Teilfläche veräußert**[217]. Es handelt sich um Aufwendungen, die erforderlich sind, um die **Übertragungsfähigkeit des Grundstücks** herzustellen. Sie können daher weder den Vertragskosten noch den Übertragungskosten zugerechnet werden und zählen auch nicht zu den **Eintragungskosten**. Die Kosten der Vermessung sind vielmehr als **Übergabekosten iSd § 448 Abs 1** einzuordnen und daher grundsätzlich vom Verkäufer zu tragen[218]. Insoweit besteht kein Unterschied zu den **Umwandlungskosten** beim Verkauf von **Wohnungseigentum**.

64 Übernimmt der Käufer kaufvertraglich die Übergabekosten, so treffen ihn auch die anfallenden Vermessungskosten[219]. Da es sich insoweit um die Übernahme einer Leistung handelt, die nach der dispositiven Regelung des § 448 Abs 1 dem Verkäufer obliegt, erbringt der Käufer durch die Bezahlung der Vermessungskosten eine **zusätzliche kaufvertragliche Gegenleistung**[220].

208 BGH NJW 2017, 1388 Rz 18, 22; Hamm NJW-RR 1998, 1586.
209 Hamm NJW-RR 1998, 1586.
210 BGH NJW 2013, 928 Rz 15; NJW-RR 2017, 631 Rz 14; Hamm NJW-RR 2017, 246, 247.
211 BGH NJW-RR 2017, 631 Rz 14; BayObLG MDR 1994, 947, 948.
212 BGH NJW-RR 2017, 631 Rz 14.
213 BGH NJW-RR 2017, 631 Rz 6 ff.
214 BGH NJW-RR 2017, 631 Rz 10.
215 BGH NJW-RR 2017, 631 Rz 14.
216 BeckOK/Faust Rz 4; Staud/Beckmann Rz 6; BeckOGK/Mock Rz 13.
217 Vgl dazu BFH DStR 2017, 2483.
218 BFH DStR 2017, 2483 Rz 36; Naumburg BeckRS 2018, 56849 Rz 10; LG Kassel MDR 1957, 228; Staud/Beckmann Rz 6; BeckOK/Faust Rz 4; Erman/Grunewald Rz 6; BeckOGK/Mock Rz 42.
219 BFH DStR 2017, 2483 Rz 36.
220 BFH DStR 2017, 2483 Rz 36.

Dadurch erhöht sich gem GrEStG § 9 Abs 1 Nr 1 die **Bemessungsgrundlage der Grunderwerbsteuer**[221]. Als Gegenleistung gelten nach GrEStG § 9 Abs 1 Nr 1 beim Kauf „der Kaufpreis einschließlich der vom Käufer übernommenen sonstigen Leistungen". Auf diese sich unmittelbar aus dem GrEStG ergebende Erhöhung der Grunderwerbsteuerbelastung muss der Verkäufer bei Abschluss des Kaufvertrags den Käufer nicht hinweisen. Dieselbe steuerrechtliche Folge träte ein, wenn der Verkäufer die Vermessungskosten in Übereinstimmung mit § 448 Abs 1 übernähme und sie bei der **Kaufpreisfestsetzung** erhöhend berücksichtigte.

4. **Gegenstand und Regelungszweck des § 448 Abs 2 – Kosten des Formzwangs.** § 448 65
Abs 2 regelt in erster Linie die Kosten, die durch die Formerfordernisse des Vertragsabschlusses und der Eigentumsübertragung beim **Grundstückskauf** entstehen. Die Vorschrift bezieht sich – ebenso wie § 448 Abs 1 – nur auf das **Innenverhältnis der Kaufvertragsparteien** und lässt ihre Stellung als Kostenschuldner im Außenverhältnis (gegenüber dem Notar und der Justizkasse) unberührt[222]. Nach allgemeinen Grundsätzen wären die Kosten der **Beurkundung des Kaufvertrags** (§ 311b Abs 1 Satz 1) mangels besonderer Vereinbarung im Innenverhältnis zwischen den Parteien zu teilen[223]. Dasselbe hätte für die Kosten der Auflassung und der Eintragung zu gelten. Denn grundsätzlich hat jede Partei die zur Erfüllung ihrer Leistungspflicht erforderlichen Kosten selbst zu tragen[224]. Durch die Auflassung und Eintragung erfüllt der Verkäufer seine Eigentumsverschaffungspflicht und zugleich der Käufer seine Abnahmepflicht. Von diesem allgemeinen Prinzip weicht § 448 Abs 2 beim Grundstückskauf zugunsten des Verkäufers ab. Für den Verkäufer des Grundstücks soll der vereinbarte Kaufpreis im Zweifel der nicht durch Notariats- und Grundbuchkosten reduzierte **Nettopreis** sein[225].

Bei der **Beratung des BGB** ging die erste Kommission davon aus, es entspreche der „Verkehrs- 66
sitte", dass der Käufer die Kosten der Auflassung und Eigentumsumschreibung zu tragen habe[226]. Die zweite Kommission beschloss dann eine Erstreckung der Vorschrift auf die Beurkundungskosten des Kaufvertrags mit der Erwägung, „das Volksbewußtsein werde es nicht verstehen", wenn zwischen den Kosten des schuldrechtlichen und des dinglichen Geschäfts ein Unterschied gemacht werde[227]. Die Kaufverträge über **Rechte an Grundstücken** wurden vom BGB-Gesetzgeber einbezogen mit Rücksicht auf „die Konsequenz und die Harmonie des Gesetzes"[228]. Die Geltung für die Grundstücksrechte folgt nunmehr aus der **Verweisungsnorm des § 453 Abs 1**[229]. Zudem besteht eine Erstreckung auf **Schiffe, Schiffsbauwerke** und auf eingetragene **Luftfahrzeuge**[230]. Die **praktische Bedeutung** des § 448 Abs 2 wird dadurch beschränkt, dass in notariellen Grundstückskaufverträgen die Kostenfrage zwecks Vermeidung von Streitigkeiten regelmäßig ausdrücklich geregelt wird, und zwar ganz überwiegend im Sinne des Gesetzes[231].

5. **Vertragskosten, Auflassungskosten und Eintragungskosten**. Nach § 448 Abs 2 hat der 67
Käufer dem Verkäufer durch **Freistellung** (unmittelbare Zahlung an den Gläubiger des Verkäufers) oder **Erstattung** die von diesem Kostenverteilungstatbestand umfassten Aufwendungen abzunehmen. Eine Erstattungspflicht greift Platz, soweit der Verkäufer an den Kostengläubiger bereits gezahlt hat. Bei Fehlen einer ausdrücklichen Vereinbarung ist der geschlossene Kaufvertrag nach **Treu und Glauben** so auszulegen, dass der **Freistellung** im Verhältnis zur Erstattung regelmäßig der **Vorrang** gebührt. Denn mit der Freistellung durch den Käufer entfällt der mit der Zahlung verbundene Aufwand des Verkäufers, und der Käufer muss ohnehin eine Überweisung veranlassen. Zu den Kosten iSd § 448 Abs 2 gehören die Gebühren für die **Beurkundung des Kaufvertrags** und der **Auflassung** sowie die für die **Eintragung des Eigentümerwechsels** im Grundbuch erforderlichen Aufwendungen[232].

6. **Aufhebung oder fehlende Genehmigung des beurkundeten Kaufvertrags**. Wird der 68
notariell geschlossene Kaufvertrag später wieder aufgehoben, so bleibt die Pflicht des Grundstückskäufers aus § 448 Abs 2, den Verkäufer von den Vertragskosten freizustellen, bei Nichtbestehen einer abweichenden Vereinbarung von der Vertragsaufhebung unberührt[233]. Entsprechendes gilt, wenn es nach der Beurkundung des Kaufvertrags aufgrund eines **Wegfalls der Geschäftsgrundlage** zu einer Rücktrittserklärung kommt (§ 313 Abs 3). Wird dagegen wegen eines **Mangels des Grundstücks** vom Käufer in berechtigter Weise gem § 437 Nr 2 der **Rücktritt** vom Kaufvertrag erklärt, so kann der Käufer daneben gem §§ 437 Nr 3, 284 vom Verkäufer bei Vorlie-

221 BFH DStR 2017, 2483 Rz 36.
222 BGH NJW-RR 2017, 631 (zur Wirkung nur im Innenverhältnis); MünchKomm/Westermann Rz 2; Staud/Beckmann Rz 23; BeckOK/Faust Rz 1.
223 Vgl dazu Protokolle Mugdan II, S 774.
224 Vgl Motive Mugdan II S 328.
225 Vgl BayObLGZ 1961, 141, 147.
226 Motive Mugdan II S 328.
227 Protokolle Mugdan II S 774.
228 Motive Mugdan II S 774.
229 Vgl oben Rz 2.
230 Vgl dazu unten Rz 89.
231 Vgl dazu auch unten Rz 85 f.
232 Erman/Grunewald Rz 6; MünchKomm/Westermann Rz 10; BeckOK/Faust Rz 8; BeckOGK/Mock Rz 38, 40.
233 Karlsruhe DNotZ 1963, 242; Erman/Grunewald Rz 6; MünchKomm/Westermann Rz 11.

gen eines Vertretenmüssens die Vertragskosten ersetzt verlangen. Im Falle der **mangelbedingten Minderung** des Kaufpreises ist der Käufer auf Grundlage einer analogen Anwendung der §§ 441 Abs 4, § 448 Abs 2 berechtigt, vom Verkäufer den **Teil der Vertragskosten** zurückzuverlangen, der auf den vom Kaufpreis abzuziehenden Minderungsbetrag entfällt. Beim **Wegfall der Geschäftsgrundlage** gilt Entsprechendes, sofern es nicht zu einer Vertragsaufhebung durch Rücktritt (§ 313 Abs 3), sondern gem § 313 Abs 1 zu einer **Vertragsanpassung** kommt.

69 7. **Kosten einer Stellvertretung beim Vertragsabschluss.** Lässt der Käufer sich bei Beurkundung des Kaufvertrags vertreten und wird auf Verlangen des eigentlich vertretungsbefugten Bevollmächtigten der Vertrag nur unter Vorbehalt der Genehmigung durch den Käufer beurkundet, so ist – falls später die Genehmigung nicht erfolgt – § 448 Abs 2 zwar wegen Fehlens eines wirksamen Kaufvertrags nicht anwendbar[234]. Die Pflicht des Käufers, die Kosten allein zu tragen, ergibt sich hier aber idR aus einer **ergänzenden Vertragsauslegung**[235]. Denn die Vereinbarung eines solchen Vorbehalts dient ausschließlich dem Interesse des Käufers.

70 Behält der **Verkäufer** oder sein vertretungsbefugter Stellvertreter sich einen **Widerruf, Rücktritt** oder eine **Genehmigung** des Kaufvertrags vor, so gilt bei „Aufhebung" des Vertrags bzw Verweigerung der Genehmigung in Bezug auf die Kostentragung Entsprechendes zu **Lasten des Verkäufers**. Es besteht insoweit keine Kostenpflicht des Käufers nach § 448 Abs 2. Im Falle der Genehmigung des vom Vertreter einer Kaufvertragspartei unter Vorbehalt geschlossenen Kaufvertrags sind die dadurch bedingten **Mehrkosten** von derjenigen Partei zu tragen, die sich vertreten ließ.

71 8. **Abwicklung der Kaufpreiszahlung und dingliche Absicherung des Kaufpreisanspruchs.** Wird der beurkundende Notar auf Verlangen beider Parteien beim Vollzug der Kaufpreiszahlung tätig, zB durch Entgegennahme des Kaufpreises im Rahmen der Überweisung auf ein **Notaranderkonto** und Weiterleitung an den Käufer nach Stellung des Umschreibungsantrags, so gehört die hierfür vom Notar erhobene Gebühr zu den Kosten der Beurkundung des Kaufvertrags, die gem § 448 Abs 2 vom **Käufer** zu tragen sind[236]. Die Anwendung des § 448 Abs 2 ist hier deshalb gerechtfertigt, weil beim Grundstückskaufvertrag eine **Zug-um-Zug-Abwicklung** nicht möglich ist und die Kaufpreiszahlung über ein Notaranderkonto bei **Bestehen eines Sicherungsinteresses** sowohl der Verkehrssitte entspricht als auch der Absicherung des Käufers dient. Den Kaufvertragsparteien steht es frei, eine **abweichende Kostenverteilung** zu vereinbaren. Ist der Käufer nach dem Kaufvertrag verpflichtet, dem Verkäufer ein dingliches Recht am verkauften Grundstück zu bestellen (zB **Restkaufgeldhypothek, Reallast, Nießbrauch**), so hat er die dadurch entstehenden Kosten gem § 448 Abs 2 ebenfalls zu tragen[237].

72 9. **Kosten der Genehmigung von Kaufvertrag und Auflassung.** – a) **Familiengerichtliche Genehmigung bei nicht voll geschäftsfähigem Verkäufer.** Im Falle eines minderjährigen Verkäufers ist gem § 1850 Nr 1 iVm § 1643 Abs 1 eine familiengerichtliche Genehmigung der **Auflassung** erforderlich. Für den **Grundstückskaufvertrag** als Kausalgeschäft ist eine Genehmigung nach § 1850 Nr 5 iVm § 1643 Abs 1 Wirksamkeitsvoraussetzung[238]. Die gleichen Genehmigungserfordernisse greifen Platz, wenn § 1850 unmittelbar bei der **Betreuung von Erwachsenen** anwendbar ist. Die Kosten der familiengerichtlichen Genehmigung sind bei einem nicht voll geschäftsfähigen Verkäufer als „Kosten der zu der Eintragung erforderlichen Erklärungen" anzusehen und damit gem § 448 Abs 2 vom Käufer zu tragen[239]. Diese Kostenbelastung folgt aus dem Erfordernis des **Schutzes des nicht voll geschäftsfähigen Vertragsbeteiligten** und dem Zweck des § 448 Abs 2. Auch dem nicht voll geschäftsfähigen Verkäufer soll der **Kaufpreis als Nettopreis** und damit ohne Kürzung durch Notariats- und Gerichtskosten zur Verfügung stehen. Die fehlende Geschäftsfähigkeit darf den betreffenden Verkäufer auch insoweit im Vergleich zu einem voll geschäftsfähigen Verkäufer nicht benachteiligen.

73 b) **Zustimmung nach WEG § 12 Abs 1 beim Verkauf von Wohnungseigentum.** Bei Wohnungseigentum iSd WEG § 1 Abs 2 kann gem WEG § 12 Abs 1 als Inhalt des **Sondereigentums** vereinbart werden, dass ein Wohnungseigentümer zur Veräußerung seines Wohnungseigentums der Zustimmung anderer Wohnungseigentümer oder eines Dritten bedarf. Dritter in dieser

234 Vgl Erman/Grunewald Rz 6; MünchKomm/Westermann Rz 11; Staud/Beckmann Rz 25.

235 Ebenso Köln MDR 1974, 136 (zum Fall einer ausdrücklichen Übernahme der Kosten im Vertrag und von der Vorstellung ausgehend, dass gerade die Erklärung bezüglich der Kosten von dem erklärten Vorbehalt nicht gedeckt wird).

236 AA MünchKomm/Westermann Rz 12; BeckOK/Faust Rz 9; BeckOGK/Mock Rz 42.

237 Staud/Beckmann Rz 29; HK/Saenger Rz 4; aA MünchKomm/Westermann Rz 12; BeckOK/Faust Rz 9; BeckOGK/Mock Rz 40, 42.

238 BeckOK/Kadelbach § 1850 Rz 12.

239 Vgl Begr Gesetzentwurf, BT-Drucks 14/6040, S 241; Dauner-Lieb/Konzen/Schmidt/Grziwotz, Das neue Schuldrecht in der Praxis, 2003, S 484 f; BeckOK/Faust Rz 8; aA Erman/Grunewald Rz 6; MünchKomm/Westermann Rz 10.

Hinsicht kann der Verwalter iSd WEG §§ 26 ff sein[240]. Da die bei Bestehen eines Vorbehalts iSd WEG § 12 Abs 1 erforderliche Zustimmung als **Eintragungsvoraussetzung** gegenüber dem **Grundbuchamt** nachgewiesen werden muss, sind die in diesem Zusammenhang anfallenden Gebühren als Kosten der zu dieser Eintragung erforderlichen Erklärungen anzusehen[241]. Nicht von § 448 Abs 2 erfasst werden dagegen die Aufwendungen, die aufseiten des Verkäufers entstehen, um sein bestehendes Hauseigentum **in Wohnungseigentum umzuwandeln**. Insoweit handelt es sich um **Übergabekosten** iSd § 448 Abs 1, die der Verkäufer zu tragen hat.

c) **Kosten der Genehmigung nach Grundstücksverkehrsgesetz (GrdstVG) – sonstige Genehmigungen**. Nach GrdstVG § 2 muss bei **land- und forstwirtschaftlichen Grundstücken** sowohl der **Kaufvertrag** als auch die **Auflassung** von der zuständigen Behörde genehmigt werden. Es handelt sich nicht um eine Zustimmung, die der Verkäufer vorab erwirken muss, um die **Übertragungsfähigkeit seines Grundstücks** herzustellen. Die Genehmigung bezieht sich vielmehr auf die von den Kaufvertragsparteien zum Zwecke der Grundstücksübertragung bereits abgeschlossenen Rechtsgeschäfte (Kaufvertrag und Auflassung) und ist insoweit eine **Wirksamkeitsvoraussetzung**. Dies hat zur Folge, dass es sich bei den im Zusammenhang mit der Genehmigung nach GrdstVG § 2 entstehenden Aufwendungen nicht um vom Verkäufer zu tragende Übergabekosten, sondern um Vertragskosten iSd § 448 Abs 2 handelt. 74

In Bezug auf sonstige Genehmigungserfordernisse gilt das gleiche Kostentragungsprinzip. Sofern sich die Genehmigung auf den Kaufvertrag oder/und die Auflassung bezieht, trägt der Käufer die Kosten nach § 448 Abs 2. Anders ist die Rechtslage in dem Fall, in dem der Verkäufer eine Genehmigung erwirken muss, um die generelle **Veräußerbarkeit (Verkehrsfähigkeit)** des Grundstücks herzustellen. Dann liegen vom Verkäufer zu tragende Übergabekosten iSd § 448 Abs 1 vor. 75

10. **Kosten der Herstellung des Voreintragungserfordernisses nach GBO § 39 Abs 1**. Nach GBO § 39 Abs 1 soll die Grundbucheintragung des Käufers nur erfolgen, wenn der Verkäufer als Grundstückseigentümer eingetragen ist. Bei den „Voreintragungskosten" handelt es sich um **Grundbuchkosten**, die der Verkäufer aufwenden muss, um die **Eintragung eines Grundstückskäufers** im Einklang mit GBO § 39 zu ermöglichen. Relevant ist dies insbes in Fällen, in denen der Verkäufer ein Grundstück im Rahmen einer **Gesamtrechtsnachfolge** erworben hat oder aus sonstigen Gründen (noch) nicht als Eigentümer eingetragen ist. Der für die Bewirkung der Voreintragung erforderliche Kostenaufwand ist im Innenverhältnis nicht vom Käufer nach § 448 Abs 2, sondern vom Verkäufer gem § 448 Abs 1 zu tragen[242]. Dies beruht darauf, dass das verkaufte **Grundstück** grundsätzlich erst mit der Voreintragung des Verkäufers **übertragungsfähig** ist, so dass Übergabekosten iSd § 448 Abs 1 zu bejahen sind. Das Gleiche gilt für Kosten, die bei Eingreifen der auf die Grundstücksveräußerung durch den **Erben des eingetragenen Berechtigten** bezogenen Ausnahme des GBO § 40 vom Voreintragungsgrundsatz des GBO § 39 Abs 1 im Zusammenhang mit der Beschaffung und Vorlage der dafür erforderlichen Nachweise aufseiten des Verkäufers anfallen. Dies bedeutet, dass insbes die Kosten der **Ausstellung eines Erbscheins** gem § 448 Abs 1 als Übergabekosten dem Verkäufer obliegen. 76

11. **Beseitigung von Rechten Dritter – Lastenfreistellungskosten und Treuhandgebühren**. – a) **Grundsätze**. Rechte, die ein **Grundstücksverkäufer** gem §§ 435, 437 Nr 1, 439 Abs 1 beseitigen muss, stellen ab Eigentumserwerb des Käufers einen **Rechtsmangel** dar. Nach § 433 Abs 1 Satz 2 ist der Verkäufer verpflichtet, dem Käufer das Grundstück frei von Sach- und Rechtsmängeln zu verschaffen. Bei den für die Lastenfreistellung erforderlichen Aufwendungen handelt es sich daher nicht um vom Käufer zu tragende Umschreibungskosten iSd § 448 Abs 2. Es greift vielmehr das allgemeine Prinzip Platz[243], dass jede Kaufvertragspartei die zur Erfüllung ihrer Pflichten erforderlichen Aufwendungen selbst zu tragen hat. Die Lastenfreistellungskosten sind demzufolge als **Übergabekosten** (Erfüllungskosten) iSd § 448 Abs 1 Halbsatz 1 einzuordnen. Dies gilt aufgrund der Regelung des § 442 Abs 2 auch dann, wenn der Käufer ein im **Grundbuch** eingetragenes Recht kennt, dh, dem Verkäufer obliegen gem § 448 Abs 1 Halbsatz 1 auch die Kosten der Beseitigung eines dem Käufer bekannten Rechts. Die Kosten der **Löschung** nicht bestehender, aber im Grundbuch eingetragener Rechte werden bei der **Rechtsmängelhaftung** durch § 435 Satz 2 ausdrücklich dem Verkäufer auferlegt. Aber auch insoweit kommt es für die Kostentragungsverpflichtung des Verkäufers nicht darauf an, ob das Recht des Dritten vor der Eigentumsumschreibung oder nachfolgend im Rahmen der Rechtsmängelhaftung nach §§ 437 77

240 MünchKomm/Krafka WEG § 12 Rz 14; Staud/Rapp WEG § 12 Rz 32a.

241 Begr Gesetzentwurf, BT-Drucks 14/6040, S 241; BeckOK/Faust Rz 8; BeckOGK/Mock Rz 39.

242 Vgl Erman/Grunewald Rz 6; MünchKomm/Westermann Rz 10; BeckOK/Faust Rz 9; Grziwotz NJW 2000, 2646, 2647.

243 Vgl dazu Erman/Grunewald Rz 6; BeckOK/Faust Rz 9; MünchKomm/Westermann Rz 10.

Nr 1, 435 vom Verkäufer beseitigt wird. Im ersten Fall liegen vom Verkäufer zu tragende Kosten iSd § 448 Abs 1 vor.

78 b) **Verpflichtungen gegenüber dem beurkundenden Notar nach GNotKG – Treuhandkosten**. Unerheblich für die Verpflichtung des Verkäufers, die Kosten der Beseitigung von Rechten Dritter nach § 448 Abs 1 zu tragen, ist die nach den Bestimmungen des **GNotKG** iVm § 421 Platz greifende **gesamtschuldnerische Haftung** der Kaufvertragsparteien gegenüber dem mit der Beurkundung des Grundstückskaufvertrags und der Durchführung der Lastenfreistellung beauftragten **Notar**[244]. Die Kostenpflicht des Verkäufers aus § 448 Abs 1 besteht auch dann, wenn im Zusammenhang mit der Befreiung des Grundstücks von Rechten Dritter aufseiten des Notars Treuhandgebühren anfallen[245]. Ohne Bedeutung für die Kostentragung im **Innenverhältnis der Kaufvertragsparteien** nach § 448 ist, welche Partei vom Notar als Gesamtschuldner nach dem GNotKG in Anspruch genommen wird. Die Grundstückskaufverträge sehen zwar regelmäßig vor, dass der Verkäufer im Verhältnis der Kaufvertragsparteien zueinander derartige Treuhandkosten zu tragen hat. Dem Verkäufer obliegen sie aber gem § 448 Abs 1 auch bei Fehlen einer dahin gehenden kaufvertraglichen Abrede[246].

79 12. **Maklerkosten**. Nicht geregelt sind in § 448 die Kosten des den Abschluss des Grundstückskaufvertrags vermittelnden Maklers[247]. Die Tätigkeit des Maklers ist nach § 652 Abs 1 entweder auf den **Nachweis der Gelegenheit** zum Abschluss des Vertrags (Nachweismakler) oder auf die **Vermittlung eines Vertrags** gerichtet (Vermittlungsmakler). In beiden Fällen kann die Maklertätigkeit weder dem notariellen Abschluss des Kaufvertrags noch den nachfolgenden Übertragungsgeschäften zugerechnet werden, so dass der **Honoraranspruch des Maklers** nicht zu den Kosten gehört, die gem § 448 Abs 2 vom Käufer zu tragen sind. Die Maklertätigkeit dient auch nicht dazu, die **Veräußerbarkeit des Grundstücks** als Verkaufsgegenstand herzustellen, so dass auch keine grundsätzlich dem Verkäufer gem § 448 Abs 1 obliegenden Übergabekosten vorliegen. Der Maklervertrag bezweckt vielmehr die Zusammenführung von Verkäufer und Käufer und damit eine **Vertragsanbahnung**. Daher sind die Maklerkosten von der Partei zu tragen, die den Makler beauftragt hat[248].

80 13. **Kosten einer Auflassungsvormerkung**. Die mit Bewilligung und Eintragung der beim Grundstückskauf üblichen Auflassungsvormerkung verbundenen Aufwendungen gehören zu den vom Käufer zu tragenden Kosten der Grundbucheintragung (§ 448 Abs 2)[249]. Dies ergibt sich zwar nicht zwingend aus dem Wortlaut der Vorschrift, folgt aber aus ihrem Zweck. Es soll nämlich sichergestellt werden, dass der Verkäufer des Grundstücks den vereinbarten Kaufpreis ungekürzt, dh ohne Abzug der **Beurkundungs- und Grundbuchkosten** erhält[250]. Der Grundstücksverkäufer kann sich dem Verlangen des Käufers nach Bewilligung einer Auflassungsvormerkung praktisch nicht entziehen, weil eine **Zug-um-Zug-Abwicklung** beim Grundstückskauf nicht möglich ist und vom Käufer schlechterdings nicht erwartet werden kann, dass er den Kaufpreis bei Fehlen einer Absicherung vor der Eintragung als neuer Eigentümer zahlt.

81 Selbst wenn der Verkäufer die Vormerkung nicht schon im Kaufvertrag bewilligt, kann der Käufer sie notfalls auf Grundlage des § 885 Abs 1 im Wege einer **einstweiligen Verfügung** ohne weiteres erzwingen. Denn gem § 885 Abs 1 Satz 2 ist für den Erlass einer darauf gerichteten einstweiligen Verfügung nicht erforderlich, dass der Grundstückskäufer eine Gefährdung des zu sichernden Anspruchs aus § 433 Abs 1 Satz 1 glaubhaft macht. Aus diesen Gründen gehören die Vormerkungskosten zu den mit dem deutschen Grundbuchsystem verbundenen, bei Bestehen eines entsprechenden Verlangens des Käufers praktisch unvermeidlichen Kosten des Vollzugs des Grundstückskaufvertrags. Dass die Vormerkung dem **Sicherungsinteresse des Käufers** dient, ist für die interne Kostenverteilung nicht ausschlaggebend. Denn die Bewilligung der Vormerkung kommt dem Verkäufer deshalb zugute, weil er ansonsten den Kaufpreis nicht weit vor der Eigentumsumschreibung erhielte[251].

82 14. **Steuerlasten – insbes Grunderwerbsteuer**. Die Verteilung von im Zusammenhang mit einer Grundstücksveräußerung entstehenden Steuerlasten wollte der Gesetzgeber in § 448 Abs 2

244 LG Gera NotBZ 2018, 116 f.
245 LG Gera NotBZ 2018, 116 f.
246 LG Gera NotBZ 2018, 116 f.
247 MünchKomm/Westermann Rz 12; Erman/Grunewald Rz 7; BeckOK/Faust Rz 9; BeckOGK/Morck Rz 42.
248 Erman/Grunewald Rz 7; zu abweichenden Vereinbarungen unten Rz 85 f.
249 Erman/Grunewald Rz 6; Staud/Beckmann Rz 28; BeckOK/Faust Rz 8; BeckOGK/Mock Rz 40. So auch überwiegend die Gerichte zu § 449 aF, vgl KG DNotZ 1957, 18; Schleswig JurBüro 1962, 589; Frankfurt Rpfleger 1964, 187; Neustadt NJW 1964, 2117; Hamm NJW 1965, 303; Oldenburg NJW 1965, 1443. AA Braunschweig DNotZ 1955, 440; Celle NJW 1963, 909; DNotZ 1966, 756.
250 Oben Rz 65 f; BayObLGZ 1961, 141, 147.
251 Vgl zB die Lage in dem von Celle NJW 1963, 909 entschiedenen Fall.

eigentlich nicht regeln[252]. Soweit der **Vertragsabschluss** als solcher einer Steuerpflicht unterliegt (wie bspw der früheren Stempelsteuer), gehört die betreffende Steuer allerdings zu den nach § 448 Abs 2 vom Käufer zu tragenden **Vertragskosten**[253]. Zudem wird die Grunderwerbsteuer von § 448 Abs 2 erfasst[254]. Die Rechtfertigung dafür liegt vor allem darin, dass diese Steuerschuld mit **Abschluss des notariellen Kaufvertrags** (GrEStG § 1 Nr 1) begründet wird[255]. Die nach Steuerrecht gegenüber dem Finanzamt bestehende **gesamtschuldnerische Haftung** von Verkäufer und Käufer (GrEStG § 13 Nr 1) führt nicht gem § 426 Abs 1 zu einer Belastung im **Innenverhältnis** zu gleichen Teilen[256]. Es bleibt vielmehr bei der vollumfänglichen Kostenbelastung des Käufers nach § 448 Abs 2. Hier muss das kaufrechtliche Schuldverhältnis zwischen Verkäufer und Käufer strikt getrennt werden von dem gegenüber der Finanzverwaltung als Steuergläubiger bestehenden Außenverhältnis. Im kaufrechtlich entscheidenden Innenverhältnis hat der **Käufer** die Grunderwerbsteuer gem § 448 Abs 2 allein zu tragen[257]. Die **gesamtschuldnerische Haftung** von Käufer und Verkäufer nach GrEStG § 13 Nr 1 verschafft der Finanzverwaltung nur einen **weiteren Steuerschuldner** für den Fall, dass der Grundstückskäufer die Steuer nicht entrichtet und eine Zwangsvollstreckung voraussichtlich nicht unproblematisch wäre. Das Risiko der **Insolvenz des Käufers** trägt insoweit allerdings der Verkäufer. Die interne Kostenverteilung auf Grundlage des § 448 Abs 2 wird dadurch aber nicht beeinflusst.

Auch in dem Fall, in dem die Kaufvertragsparteien bei Abschluss des Grundstückskaufvertrags 83 irrtümlich davon ausgegangen sind, dass keine Grunderwerbsteuer anfällt, obliegt dem Käufer diese Steuer gem § 448 Abs 2 allein[258]. Die Erwartung einer Steuerfreiheit ist **unbeachtlicher Motivirrtum**, dh, das Risiko einer Fehleinschätzung trägt der Käufer. Eine **kaufvertragliche Klausel**, nach der die mit dem Kaufvertrag und dessen Ausführung verbundenen Kosten und Abgaben (Grunderwerbsteuer sowie Notar- und Gerichtskosten) vom Käufer zu tragen sind, hat nur deklaratorische Bedeutung[259].

Bei der **Berechnung der Gebühren** für Beurkundung von Kaufvertrag und Auflassung sowie 84 Grundbucheintragung bleibt die vom Käufer zu tragende Grunderwerbsteuer außer Ansatz[260]. Es handelt sich nicht um einen Teil der dem Verkäufer zufließenden **Gegenleistung**, sondern um **allgemeine Kosten des Grundstückserwerbs**. Entsteht dagegen für den Verkäufer aufgrund der Veräußerung eine Steuerbelastung (zB Belastung mit Einkommensteuer oder Körperschaftsteuer wegen Auflösung stiller Reserven), so folgt aus dem Wesen der Steuer, dass sie auch im Innenverhältnis von der Partei zu tragen ist, die im Außenverhältnis mit der Steuer belastet werden soll[261]. Die Kostenverteilungsregelung des § 448 Abs 2 findet insoweit keine Anwendung.

15. **Besondere Vereinbarungen im Kaufvertrag – Abbedingung des § 448 Abs 2 beim** 85 **Grundstückskauf**. Die Regelung des § 448 Abs 2 ist ebenso wie § 448 Abs 1 **dispositives Recht**[262]. Kaufvertragliche Kostentragungsklauseln haben oft nur klarstellende Bedeutung. So werden idR dem Käufer – in Übereinstimmung mit § 448 Abs 2 – die Kosten der Beurkundung des Grundstückskaufvertrags, des Vollzugs dieses Rechtsgeschäfts, aller Genehmigungen und Bescheide sowie die ihn steuerrechtlich ohnehin treffende Grunderwerbssteuer auferlegt[263]. Dem Verkäufer werden regelmäßig die ihm nach der dispositiven Regelung des § 448 Abs 1 obliegenden Kosten der **Lastenfreistellung** durch den Kaufvertrag mit deklaratorischer Wirkung zugewiesen. Häufiger als Vertragsbestimmungen, durch die der Verkäufer dem Käufer bestimmte Kosten iSd § 448 Abs 2 abnimmt, sind in Grundstückskaufverträgen Regelungen anzutreffen, durch die der Käufer die mit dem Vertrag und seiner Durchführung verbundenen Kosten – weitgehend in Übereinstimmung mit § 448 Abs 2 und damit deklaratorisch – ausdrücklich übernimmt. Derartige Vertragsbestimmungen dienen insbes dazu, Rechtsstreitigkeiten zu vermeiden und gesetzesunkundige Kaufvertragsparteien über die Kostenpflichten eindeutig zu informieren.

252 Protokolle Mugdan II, S 775 zu § 449 aF.
253 Protokolle Mugdan II, S 775 zu § 449 aF; PrOVG 64, 159.
254 BGH NJW 2010, 2873 Rz 21; WM 2016, 1753 Rz 11; KG DNotZ 1942, 109, 112; Bremen DNotZ 1975, 95 f; Erman/Grunewald Rz 6; Staud/Beckmann Rz 31 (§ 448 Abs 2 analog); BeckOGK/Mock Rz 41 (§ 448 Abs 2 analog); aA MünchKomm/Westermann Rz 11 (aber Bejahung einer Verkehrssitte, nach der die Grunderwerbsteuer im Innenverhältnis vom Käufer zu tragen ist).
255 KG DNotZ 1942, 109, 112; Bremen DNotZ 1975, 95, 96.
256 So aber die ältere Rspr, vgl RGZ 75, 208; RG JW 1931, 1025; KG OLGE 9, 31; OLGE 13, 408; ebenso Grziwotz NJW 2000, 2646, 2647 (zu § 449 aF).
257 BGH WM 2016, 1753 Rz 11; KG DNotZ 1942, 109, 112; Bremen DNotZ 1975, 95, 96; Erman/Grunewald Rz 6; MünchKomm/Westermann Rz 11; BeckOGK/Mock Rz 41.
258 AA RG JW 1931, 1025.
259 BGH WM 2016, 1753 Rz 11.
260 KG DNotZ 1942, 109 ff.
261 RGZ 72, 395 ff; RG JW 1911, 749; Recht 1917 Nr 801 (alle zur Wertzuwachssteuer).
262 Hamm ZNotP 2017, 241 ff; Naumburg BeckRS 2018, 56849 Rz 9 ff (grundsätzlich auch durch AGB abdingbar); Erman/Grunewald Rz 8; MünchKomm/Westermann Rz 13; BeckOGK/Mock Rz 44.
263 Vgl BGH WM 2016, 1753 Rz 11; Grziwotz NJW 2000, 2646 f.

Zudem können kaufvertragliche Kostenverteilungsbestimmungen den Sinn haben, dass auch besondere, von § 448 Abs 2 nicht erfasste Kosten, die normalerweise den Verkäufer träfen, vom Käufer getragen werden sollen: zB die **steuerlichen Belastungen**, die aufseiten des Verkäufers durch die **Auflösung stiller Reserven** entstehen[264]; die Kosten eines vom Verkäufer eingeschalteten Maklers[265] oder die Kosten eines mit der **Bewertung der Kaufsache** vor Vertragsabschluss vom Verkäufer beauftragten Sachverständigen[266].

86 In der Praxis anzutreffen sind aber auch kaufvertragliche Vereinbarungen, durch die der Verkäufer die Kosten für die Beurkundung und den Vollzug des Grundstückskaufvertrags übernimmt[267]. Motiv dafür kann die für **juristische Personen des Öffentlichen Rechts** (einschließlich Kirchen- und Religionsgemeinschaften mit diesem Status) sowie Vereinigungen, die ausschließlich und unmittelbar mildtätige oder kirchliche Zwecke verfolgen, geltende **Kostenprivilegierung des GNotKG § 91** sein[268]. Übernimmt eine juristische Person des öffentlichen Rechts als Grundstücksverkäuferin in Abweichung von der den Käufer belastenden dispositiven Vorschrift des § 448 Abs 2 die Beurkundungs- und Durchführungskosten, so steht es den Parteien frei, diesen Umstand bei der **Kaufpreisfestsetzung** zu berücksichtigen. Häufig wird es in einer derartigen Fallkonstellation so sein, dass der durch GNotKG § 91 privilegierte Verkäufer als „Gegenleistung" eine angemessene „Erhöhung" des Kaufpreises verlangt. Eine Abbedingung des § 448 Abs 2 zu Lasten des nach GNotKG § 91 begünstigten, aber nach § 448 eigentlich nicht kostenpflichtigen Verkäufers lässt die Kostenprivilegierung des GNotKG § 91 nicht entfallen[269].

VI. Kostentragung beim Verkauf von Schiffen, Schiffsbauwerken und Luftfahrzeugen

87 1. **Schiffe und Schiffsbauwerke**. Der Gesetzgeber des SMG 2002 hat nur aus Gründen der Klarheit und Übersichtlichkeit die in der Vorgängerregelung des § 449 Abs 2 aF noch ausdrücklich erwähnten Schiffe nicht in die für Grundstücke geltende Kostenverteilungsregelung des § 448 Abs 2 aufgenommen, sondern stattdessen mit der neuen Verweisungsnorm des **§ 452** die allgemeinen Vorschriften über den Sachkauf für entsprechend anwendbar erklärt. Inhaltlich ist durch die neue Regelungssystematik keine Änderung eingetreten. § 448 Abs 2 gilt aufgrund der Verweisung des § 452 auch für den Verkauf von **Schiffen** und **Schiffsbauwerken**, die im Seeschiffsregister, im Binnenschiffsregister bzw im Register für Schiffsbauwerke eingetragen sind. Der Abschluss eines Kaufvertrags über Schiffe oder Schiffsbauwerke unterliegt **keinem Formzwang**. Es fallen daher keine Beurkundungskosten an, die gem § 452 iVm § 448 Abs 2 vom Käufer zu tragen wären. Von § 452 iVm § 448 Abs 2 erfasst werden deshalb nur die Kosten der **Eintragung des Eigentumsübergangs** in das einschlägige Register, nicht aber die **Kosten des Kaufvertrags**. Für die Kosten des Vertragsschlusses gelten beim Kauf eines Schiffs oder eines Schiffsbauwerks die allgemeinen Grundsätze[270]. Den Kaufvertragsparteien steht es frei, die in Rede stehenden Vertragskosten dem Käufer durch eine kaufvertragliche Kostenbestimmung zuzuweisen. Die mit der Eintragung des Eigentums in das **Schiffsregister** verbundenen Kosten trägt gem § 452 iVm § 448 Abs 2 der Käufer, ohne dass es darauf ankäme, ob die Registereintragung für den Eigentumsübergang konstitutiv ist (so bei Binnenschiffen und Schiffsbauwerken, SchRG §§ 3 Abs 1, 78) oder ob sie nur berichtigenden Charakter hat (SchRG §§ 2, 18).

88 Nach **SchRG § 19** hat derjenige die Kosten der **Berichtigung des Schiffsregisters** zu tragen, der Berichtigung verlangt, sofern sich nicht aus einem zwischen ihm und dem Verpflichteten bestehenden Rechtsverhältnis etwas anderes ergibt. Enthält der geschlossene Kaufvertrag insoweit keine Regelung, so wird der Käufer gem § 452 iVm § 448 Abs 2 belastet. Das Gleiche gilt für die Kosten der gem SchRG § 18 Abs 1 erforderlichen **Zustimmung des Verkäufers** zur Berichtigung des Schiffsregisters. Auf den Verkauf eines Schiffsparts (Gesellschaftsanteil an einer Partenreederei) ist § 448 Abs 2 sinngemäß anwendbar, da auch hier zur Erfüllung des Kaufvertrags die Eintragung im Schiffsregister erforderlich ist (HGB § 503 Abs 1 Satz 2 aF). Als Recht an einem eingetragenen Schiff oder Schiffsbauwerk, dessen Verkauf denkbar ist, kommt nur die **Schiffshypothek** in Betracht. Die Kosten der zur Übertragung erforderlichen Eintragung (SchRG § 51 Abs 3) trägt gem § 452 iVm § 448 Abs 2 ebenfalls der Käufer. **Nicht eingetragene Schiffe und Schiffsbauwerke** unterliegen kaufrechtlich keinen besonderen Regeln. Die Kosten der Vertragserfüllung richten sich nach § 448 Abs 1, dh, der Verkäufer trägt die Kosten der **Übergabe** und

264 BGH DNotZ 1970, 538: „Alle durch die Beurkundung dieses Vertrags und seine Durchführung entstehenden Kosten und Steuern trägt der Käufer.".
265 Karlsruhe WM 1956, 106: „Die Kosten des Vertrages und des Vertragsabschlusses gehen zu Lasten der Käuferin.".
266 BGH LM Nr 2 zu § 505 (zur gleichen Klausel).
267 Vgl Hamm ZNotP 2017, 241 ff.
268 Vgl Hamm ZNotP 2017, 241 ff.
269 Vgl Hamm ZNotP 2017, 241 ff.
270 Vgl oben Rz 61 ff.

der Käufer die Kosten der **Abnahme**. Es gilt also hier dieselbe Kostenverteilung wie beim Kauf von **Kraftfahrzeugen**.

2. **Luftfahrzeuge**. Die Kostenverteilung auf Grundlage des § 448 Abs 2 ist auch beim Verkauf 89
von Luftfahrzeugen, die in der **Luftfahrzeugrolle** eingetragen sind, sowie sinngemäß beim Verkauf von Rechten an solchen (dh von Registerpfandrechten) anwendbar. **Rechtsgrundlage** für diese entsprechende Anwendung ist die Verweisungsnorm des **LuftFzgG**[271] **§ 98 Abs 2**. Registerkosten und Kosten der Beglaubigung, die durch die **Berichtigung der Eigentumseintragung** des verkauften Luftfahrzeugs in der Luftfahrzeugrolle und im Register für Pfandrechte an Luftfahrzeugen bzw durch die Umschreibung des verkauften Registerpfandrechts verursacht werden, hat demnach der Käufer zu tragen. Die Kaufvertragsparteien können selbstverständlich eine von LuftFzgG § 98 Abs 2 iVm § 448 Abs 2 **abweichende Kostenregelung** vereinbaren.

VII. Tauschverträge und kaufähnliche Verträge

Auf **Tauschverträge** ist § 448 Abs 2 gem § 480 entsprechend anzuwenden. Demnach hat jede 90
Partei die Kosten der Auflassung und Eintragung des von ihr durch den Tausch **erworbenen Grundstücks** zu tragen. Die Kosten der Beurkundung des (gesamten) Tauschvertrags sind hälftig zu teilen. Nicht zu folgen ist der Auffassung, nach der die gesamten Kosten im Verhältnis des Werts des von jeder Seite eingetauschten Grundstücks zum Gesamtwert der in den Tausch einbezogenen Grundstücke zu verteilen sein soll[272]. Diese **wertbezogene Verrechnung** der Eintragungskosten ist mit der dispositiven Regelung des § 448 Abs 2 nicht vereinbar. Denn die Parteien des Tauschvertrags sehen die zu tauschenden Grundstücke regelmäßig als gleichwertig an. Den Tauschvertragsparteien steht es frei, vertraglich eine **abweichende Kostenverteilung** festzulegen.

Auf **kaufähnliche Verträge** ist § 448 Abs 2 analog anzuwenden[273]. Verpflichtet sich ein 91
Gesellschafter im **Gesellschaftsvertrag** zur Einbringung eines Grundstücks in das Gesellschaftsvermögen, so ist § 448 Abs 2 entsprechend anwendbar, dh, die Gesellschaft hat die Kosten zu tragen. Das Gleiche gilt bspw dann, wenn ein Grundstück aufgrund eines **Auseinandersetzungsvertrags** auf einen Beteiligten zu übertragen ist[274] oder der Inhaber eines Rechts sich verpflichtet, gegen Entgelt auf das Recht zu verzichten[275]. Bei der Auseinandersetzung einer **Erbengemeinschaft, Personengesellschaft** oder einer **Bruchteilsgemeinschaft** ist aber in Bezug auf die Kostentragung zwischen der Auseinandersetzungsvereinbarung als solcher und **grundstücksbezogenen Vollzugsgeschäften** (**Auflassung und Grundbucheintragung**) zu unterscheiden. Die Kosten dieser Vollzugsgeschäfte trägt der Übernehmer analog § 448 Abs 2. In Bezug auf die Auseinandersetzungsvereinbarung als Kausalgeschäft entspricht es aber – bei Fehlen einer ausdrücklichen Kostenregelung im Vertrag – dem hypothetischen Parteiwillen, dass die Empfänger von Geldzahlungen in Bezug auf die Kostentragung nicht zu Lasten der Übernehmer von Grundstücken privilegiert werden. Die **Kosten des Auseinandersetzungsvertrags** sind vielmehr nach dem Verhältnis der Anteilswerte aufzuteilen.

§ 449 Eigentumsvorbehalt

(1) Hat sich der Verkäufer einer beweglichen Sache das Eigentum bis zur Zahlung des Kaufpreises vorbehalten, so ist im Zweifel anzunehmen, dass das Eigentum unter der aufschiebenden Bedingung vollständiger Zahlung des Kaufpreises übertragen wird (Eigentumsvorbehalt).

(2) Auf Grund des Eigentumsvorbehalts kann der Verkäufer die Sache nur herausverlangen, wenn er vom Vertrag zurückgetreten ist.

(3) Die Vereinbarung eines Eigentumsvorbehalts ist nichtig, soweit der Eigentumsübergang davon abhängig gemacht wird, dass der Käufer Forderungen eines Dritten, insbesondere eines mit dem Verkäufer verbundenen Unternehmens, erfüllt.

ÜBERSICHT

271 Gesetz über Rechte an Luftfahrzeugen vom 26. Februar 1959 (BGBl I, S 57).
272 München DNotZ 1939, 498.
273 RG DR 1941, 2189, 2190; BayObLGZ 1961, 141, 147.
274 RG DR 1941, 2189, 2190.
275 BayObLGZ 1961, 141, 147.

Schrifttum: A Blomeyer, Eigentumsvorbehalt und gutgläubiger Erwerb, AcP 153 (1954) 239; A Blomeyer, Anspruchsverjährung und dingliche Sicherheiten, JZ 1959, 5; A Blomeyer, Die Rechtsstellung des Vorbehaltskäufers, AcP 162 (1963) 193; J Blomeyer, Das Besitzrecht des Vorbehaltskäufers aufgrund des Kaufvertrages, JZ 1968, 691; Bonin, Probleme des vertragswidrigen Eigentumsvorbehalts, JuS 2002, 438; Braun, Das dingliche Anwartschaftsrecht beim Eigentumsvorbehalt, NJW 1962, 382; Braun, Kontokorrentvorbehalt und Globalvorbehalt, 1980; Brinkmann, Kreditsicherheiten an beweglichen Sachen und Forderungen, 2011; Bülow, Die isolierte Ausübung des Eigentumsvorbehalts nach § 449 BGB, DB 2002, 2090; Bülow, Treuhänderischer erweiterter Eigentumsvorbehalt, ZIP 2004, 2420; Bülow, Der Eigentumsvorbehalt als Treuhandgeschäft, WM 2007, 429; P Bydlinski, Der Rücktritt vom Eigentumsvorbehaltskauf, JZ 1986, 1028; Canaris, Die Problematik der Sicherheitenfreigabeklauseln im Hinblick auf § 9 AGBG und § 138 BGB, ZIP 1996, 1109; Deckenbrock/Dötsch, Die Beschädigung des Sicherungsguts durch den Käufer beim Kauf unter Eigentumsvorbehalt, WM 2007, 669; Derleder, Zu den Sanktionen des Eigentumsvorbehalts bei Leistungsstörungen auf der Käuferseite, ZHR 139, 20; Dobler, Die übertragene Anwartschaft in der Insolvenz, 2008; Ernst, Zur Präzisierung der sog Nachrangklausel im Konflikt mit dem verlängerten Eigentumsvorbehalt, in: FS für Serick, 1992, S 87; Flume, Zur Problematik des verlängerten Eigentumsvorbehalts, NJW 1959, 913; Flume, Die Rechtsstellung des Vorbehaltskäufers, AcP 161 (1962), 383; Georgiades, Die Eigentumsanwartschaft beim Vorbehaltskauf, 1963; Grunsky, Sicherungsübereignung, Sicherungsabtretung und EV in der Zwangsvollstreckung und im Konkurs des Schuldners, JuS 1984, 497; Habersack/Schürnbrand, Der Eigentumsvorbehalt nach der Schuldrechtsreform, JuS 2002, 833; Harke, Anwartschaftsrecht als Pfandrecht, JuS 2006, 385; Häsemeyer, Das funktionelle Synallagma im Konkurs- und

Vergleichsverfahren, KTS 1973, 2; U Huber, Die Stellung des Abnehmers im Konkurs des Lieferanten beim Kauf unter Eigentumsvorbehalt, BB 1964, 731; U Huber, Der Eigentumsvorbehalt im Synallagma, ZIP 1987, 750; U Huber, Insolvenz des Vorbehaltskäufers, FS für Musielak, 2004, S 267; Lieb, Eigentumsvorbehalt und Abwehrklausel, in: FS für Baumgärtel, 1990, S 311; Mülbert, Das inexistente Anwartschaftsrecht und seine Alternativen, AcP 202 (2002), 912; Raiser, Dingliche Anwartschaften, 1961; K Schmidt, Gutgläubiger Eigentumserwerb trotz Abtretungsverbots in AGB – Zur Bedeutung des § 354a HGB für die Praxis zu § 366 HGB, NJW 1999, 400; Schnorbus, Der Konzernvorbehalt in Vertrag und Geschäftsbedingungen, BB 1995, 2225; Schulte, Zur Möglichkeit stillschweigenden Eigentumsvorbehalts, BB 1977, 269; Schwab, Die Auswirkungen des Freigabeklausel-Beschlusses auf den einfachen Eigentumsvorbehalt an Sachgesamtheiten, ZIP 2000, 609; Serick, Kollisionsfälle im Bereiche der Verarbeitungsklauseln, BB 1975, 381; Serick, Eigentumsvorbehalt und Sicherungsübertragung, Monographie in 6 Bänden, 1963–1986; Serick, Eigentumsvorbehalt und Sicherungsübertragung – Neuere Rechtsentwicklungen, 1993[2]; Stoll, Bemerkungen zum Eigentumsvorbehalt und Sicherungsübertragung, ZHR 128, 239; Stumpf/Thamm, Erweiterungsformen des Eigentumsvorbehalts unter besonderer Berücksichtigung der neueren Rechtsprechung, BB 1966, 749; Stumpf/Thamm, Der Eigentumsvorbehalt im deutschen Recht, 1977[4]; Stumpf/Thamm, Eigentumsvorbehalt und AGB-Gesetz, BB 1978, 20; Tetzlaff, Verschiedene Möglichkeiten für die Auflösung einer Kollision zwischen Eigentumsvorbehalt und Globalzession, ZInsO 2009, 1092; Thamm, Der Untergang des Eigentumsvorbehaltes wegen wesentlicher Bestandteilseigenschaft eines Grundstücks/Gebäudes, BB 1990, 866; Tiedtke, Der erweiterte Eigentumsvorbehalt, in: FS 50 Jahre Bundesgerichtshof, Bd I, 2000, S 829; Tiedtke, Zur Rechtsprechung des BGH auf dem Gebiet des Kaufrechts – Teil 2, JZ 2008, 452; Venemann, Zum Ausschluss des Eigentumsvorbehalts an der gelieferten Ware durch Allgemeine Geschäftsbedingungen des Käufers, WRP 1979, 606; Wacke, Die nachträgliche Ablösung des Eigentumsvorbehalts durch ein Finanzierungsinstitut – Nochmals BGHZ 56, 123, JuS 1973, 683; Wagner, Überlegungen zu §§ 651 Satz 1 BGB, 377, 381 Abs 2 HGB, ZfBR 2010, 627; M Weber, Die Rechtsprechung des BGH zu den Freigabeklauseln bei Kreditsicherheiten, WM 1994, 1549; Weber, Die Reform der Mobiliarsicherheiten, NJW 1976, 1601; Weber, Kreditsicherungsrecht, 2018[10]; Weimar, Führt ein einseitiger Verzicht des Abzahlungsverkäufers zum Übergang des Eigentums auf den Käufer?, JR 1958, 55; Weimar, Der Eigentumsverlust des Vorbehaltsverkäufers durch Verbindung, JR 1975, 229; H Westermann, Interessenkollisionen und ihre richterliche Wertung bei den Sicherungsrechten an Fahrnis und Forderungen, 1954; H Westermann, Gesetzliche Regelung der Sicherungsübereignung und des Eigentumsvorbehalts?, Verh des 41. DJT (1956) II F; v Westphalen, EV-Klauseln unter dem Blickwinkel des AGB-Gesetzes, DB 1977, 1637, 1685; v Westphalen, Vertragswidriger Eigentumsvorbehalt und Kollision von AGB beim Vertragsabschluss, BB 1980, 1405; v Westphalen, Wirksamkeit des einfachen Eigentumsvorbehaltes bei Kollision von Einkaufs-AGB mit Verkaufs-AGB?, ZIP 1987, 1361; Wieser, Zur Rückgabepflicht des Vorbehaltskäufers bei Konkurs des Verkäufers, NJW 1970, 913; Wieser, Zum gutgläubigen Erwerb beweglicher Sachen, JuS 1972, 567; Wiethölter, Kauf unter Eigentumsvorbehalt, JZ 1961, 693; Witte, Das Eigentum im Verhältnis zum Anwartschaftsrecht aus bedingter Übereignung, JW 1934, 1142; Wochner, Eigentumsvorbehalt und Verbrauchsermächtigung, BB 1981, 1802; Wochner, Minderungseinrede und Eigentumsvorbehalt, in: FS für Serick, 1992, S 403; M Wolf, Inhaltskontrolle von Sicherungsgeschäften, in: FS für Baur, 1981, S 147; M Wolf/Haas, Das Prioritätsprinzip im Konflikt zwischen Waren- und Geldkreditgebern, ZHR 154 (1990), 64; Zeranski, Eigentümer und Vorbehaltskäufer im Widerstreit um die Vorbehaltsware, AcP 203 (2003), 693; Zimmermann/Leenen/Mansel/Ernst, Finis Litium? Zum Verjährungsrecht nach dem Regierungsentwurf eines Schuldrechtsmodernisierungsgesetzes, JZ 2001, 684; Zörb, Herausgabeanspruch des Vorbehaltsverkäufers ohne Rücktritt, NJW 1971, 187.

A. Die Entstehungsgeschichte des § 449

I. Die Vorgängerregelung des § 455 aF

Die bereits im BGB vom 1.1.1900 enthaltene Vorschrift des § 455 aF bestand bis zur Änderung im Jahre 1999 nur aus einem Satz, der **zwei Auslegungsregeln** statuierte. Wenn sich der Verkäufer einer beweglichen Sache das Eigentum bis zur Zahlung des Kaufpreises vorbehielt, sollte im Zweifel anzunehmen sein, dass die Übertragung des Eigentums unter der **aufschiebenden Bedingung** vollständiger Kaufpreiszahlung erfolgt. Nach der zweiten Auslegungsregel war der Verkäufer schon unmittelbar mit Eintritt des Zahlungsverzugs des Käufers zum Rücktritt vom Kaufvertrag berechtigt. Der im BGB von 1900 noch nicht enthaltene § 455 Abs 2 aF trat erst mit der **Insolvenzordnung am 1.1.1999** in Kraft[1]. Nach § 455 Abs 2 aF war die Vereinbarung eines Eigentumsvorbehalts (EV) nichtig, soweit der Eigentumsübergang davon abhängig gemacht wurde, dass der Käufer Forderungen eines Dritten, insbes eines mit dem Verkäufer verbundenen Unternehmens, erfüllt. Diese Vorschrift richtete sich insbes gegen den sog **Konzernvorbehalt**[2]. 1

II. Neufassung durch das SMG 2002

1. **Nur partielle Übernahme der Auslegungsregeln des § 455 Abs 1 aF.** Die Begründung zum SMG 2002 verweist in Bezug auf die Frage der Behandlung des EV in der Schuldrechtsreform zunächst darauf, dass nach § 455 aF im Falle der Vereinbarung eines EV die Übertragung des Eigentums im Zweifel unter der **aufschiebenden Bedingung** vollständiger Zahlung des Kaufpreises erfolge[3]. Zudem sei der Verkäufer bei einer solchen Gestaltung im Zweifel zum **Rücktritt vom Kaufvertrag** berechtigt, wenn der Käufer mit der Zahlung des Kaufpreises in Verzug komme[4]. § 449 (§ 448-Entwurf) Abs 1 entspricht dem ersten Teil des § 455 Abs 1 aF. 2

1 Vgl dazu unten Rz 6.
2 Vgl dazu unten Rz 146 ff.
3 Begr Gesetzentwurf, BT-Drucks 14/6040, S 241.
4 Begr Gesetzentwurf, BT-Drucks 14/6040, S 241.

Nach Ansicht des Gesetzgebers des SMG 2002 bestand insoweit keine Veranlassung, an der Regel etwas zu ändern, dass die Vereinbarung eines EV rechtlich im Zweifel als aufschiebend bedingte Übereignung zu verstehen sei[5]. Die zweite Auslegungsregel des § 455 Abs 1 aF, nach der der Vorbehaltsverkäufer bei **Zahlungsverzug des Käufers** im Zweifel zum Rücktritt vom Kaufvertrag berechtigt war, stellte eine Abweichung vom Erfordernis der Nachfrist mit Ablehnungsandrohung (§ 326 aF) dar. Auch die an die Stelle des § 326 aF getretene Neuregelung des § 323 macht das Rücktrittsrecht grundsätzlich von einer **erfolglosen Nachfristsetzung** abhängig[6]. Die Nichtübernahme der nur vom Verzugseintritt abhängigen Rücktrittsberechtigung des § 455 Abs 1 aF begründet der Gesetzgeber des SMG damit, dass für eine Abweichung von der allgemeinen Regelung des § 323 kein Anlass bestehe[7]. Denn das Fristsetzungserfordernis belaste den Verkäufer nicht wesentlich und sei außerdem bei Vorliegen der Voraussetzungen der Regelung des § 323 Abs 2 entbehrlich[8].

3 2. **Aufrechterhaltung der Verknüpfung von Herausgabeanspruch des Verkäufers und Rücktrittserklärung (§ 449 Abs 2)**. Die Einfügung des § 449 Abs 2 in das BGB stellt nur formal eine Neuregelung dar. Nach dieser Vorschrift kann der **Verkäufer** aufgrund des EV **die Sache nur herausverlangen**, wenn er vom **Vertrag zurückgetreten** ist. § 455 aF enthielt zwar keine entsprechende Regelung der Voraussetzungen des Herausgabeanspruchs. Der BGH hatte aber bereits in der Grundsatzentscheidung BGHZ 54, 214 angenommen, dass der Vorbehaltsverkäufer nicht schon allein aufgrund eines **Zahlungsverzugs** des Käufers gem § 985 Herausgabe der Kaufsache verlangen könne[9]. Der Vindikationsanspruch entstehe in der Hand des Vorbehaltsverkäufers vielmehr erst dann, wenn er gem § 455 aF vom Kaufvertrag zurückgetreten oder eine nach § 326 aF gesetzte Nachfrist fruchtlos mit der Folge des Erlöschens der primären Erfüllungsansprüche abgelaufen sei[10]. Nach Ansicht des BGH wird ein allein auf den **Zahlungsverzug** des Käufers gestütztes **„einstweiliges" Rücknahmerecht** des Verkäufers bei fortbestehendem Kaufvertrag vom Wesen des EV nicht gefordert und es könne auch nicht angenommen werden, dass nach dem Willen der Kaufvertragsparteien ein solches Recht im Zweifel als **Inhalt jeder EV-Klausel** anzusehen sein soll[11]. Im Übrigen laufe die Zubilligung eines **verzugsbedingten einstweiligen Rücknahmerechts** des Verkäufers insbes im gewerblichen Handel in einem großen Teil der Fälle dem wirtschaftlichen Sinn des unter EV abgeschlossenen Kaufvertrags zuwider[12]. Denn der Vorbehaltskäufer solle gerade durch die Nutzung des Kaufgegenstands die offenen **Kaufpreisraten finanzieren** und dadurch die in Bezug auf den Eigentumserwerb gestellte aufschiebende Bedingung auslösen können[13].

4 Die Aufnahme des § 449 Abs 2 in das BGB soll in Übereinstimmung mit der Grundsatzentscheidung BGHZ 54, 214 klarstellen, dass der Vorbehaltsverkäufer die **Vorbehaltsware** nur dann vom Käufer **herausverlangen** kann, wenn der **Rücktritt vom Kaufvertrag** bereits erfolgt ist[14]. Ein Vorbehaltsverkäufer, der ohne gleichzeitige Zahlung des Kaufpreises und damit im Rahmen einer **Vorleistung** seine Ware aus der Hand gegeben hat, muss sie nach Ansicht des Gesetzgebers dem Käufer so lange belassen, wie der darüber geschlossene Kaufvertrag in Geltung ist[15]. Nach Auffassung des Gesetzgebers des SMG 2002 besteht kein Bedürfnis dafür, dem Vorbehaltsverkäufer zu gestatten, vom Käufer die Rückgabe der gelieferten Ware zu verlangen und gleichzeitig den Kaufvertrag – unter Wegfall der Vorleistungspflicht – aufrechtzuerhalten[16]. Eine derartige Privilegierung der vorleistenden Vertragspartei sei weder beim Grundstückskaufvertrag noch sonst im Schuldrecht anzutreffen[17].

5 Im **Gesetzgebungsverfahren** hatte sich allerdings der **Bundesrat** noch für einen Wegfall des auf der Grundsatzentscheidung BGHZ 54, 214 beruhenden jetzigen § 449 Abs 2 eingesetzt, weil er der Ansicht war, dass die Möglichkeit der Rücknahme der unter EV verkauften Sache bei **vertragswidrigem Verhalten des Käufers** unter Aufrechterhaltung des Kaufvertrags den Käufer veranlassen könne, zur **ordnungsgemäßen Vertragserfüllung** zurückzufinden[18]. Eine einstweilige Rückgabe diene daher, so der Bundesrat, dem Interesse des sich vertragstreu verhaltenden Verkäufers am Erhalt seiner primären vertraglichen Ansprüche[19]. Die **Bundesregierung** wies diesen Einwand des Bundesrats jedoch zu Recht unter Hinweis darauf zurück, dass die Vorschrift einen auch in VerbrKrG § 13 Abs 3 Satz 1 aF zum Ausdruck kommenden **verallgemeinerungs-**

5 Begr Gesetzentwurf, BT-Drucks 14/6040, S 241.
6 Vgl Soergel/Gsell § 323 Rz 55.
7 Begr Gesetzentwurf, BT-Drucks 14/6040, S 241.
8 Begr Gesetzentwurf, BT-Drucks 14/6040, S 241.
9 BGHZ 54, 214.
10 BGHZ 54, 214, 219 f; Soergel[12]/Mühl § 455 aF Rz 67.
11 BGHZ 54, 214, 220 f.
12 BGHZ 54, 214, 221.
13 BGHZ 54, 214, 221.
14 Begr Gesetzentwurf, BT-Drucks 14/6040, S 241.
15 Begr Gesetzentwurf, BT-Drucks 14/6040, S 241.
16 Begr Gesetzentwurf, BT-Drucks 14/6040, S 241.
17 Begr Gesetzentwurf, BT-Drucks 14/6040, S 241.
18 Stellungnahme Bundesrat, BT-Drucks 14/6857, S 28 f; vgl dazu auch BeckOK/Faust Rz 2.
19 Stellungnahme Bundesrat, BT-Drucks 14/6857, S 29.

fähigen Rechtsgedanken enthalte[20]. Denn die vom BGH in der Grundsatzentscheidung BGHZ 54, 214 für die Unvereinbarkeit von Herausgabeverlangen und Fortbestand des Kaufvertrags dargelegten Erwägungen sind nach wie vor uneingeschränkt zutreffend[21].

3. **Übernahme des § 455 Abs 2 aF durch § 449 Abs 3 – Verbot der Absicherung von Forderungen Dritter (insbes Konzernvorbehalt).** Nach § 449 Abs 3 darf der Eigentumsübergang nicht davon abhängig gemacht werden, dass der Käufer Forderungen eines Dritten, insbes eines mit dem Verkäufer verbundenen Unternehmens, erfüllt. Diese Regelung stimmt überein mit § 455 Abs 2 aF, der im BGB von 1900 noch nicht enthalten war. § 455 Abs 2 aF ist erst im Rahmen der Ersetzung der Konkursordnung durch die **Insolvenzordnung am 1.1.1999** auf Grundlage des EGInsO Art 33 Nr 17 vom 5.10.1994 in Kraft getreten[22]. Begründet wurde die **Unzulässigkeit des „Drittvorbehalts"** vom Gesetzgeber damit, dass bei der Verknüpfung des Eigentumserwerbs mit der **Erfüllung aller Forderungen der mit dem Verkäufer verbundenen Unternehmen** das Eigentum häufig auf unabsehbare Zeit zugunsten einer unüberschaubaren Vielzahl von Gläubigern „reserviert" werde[23]. Zudem fehle im Falle der Sicherung von Drittforderungen der innere Zusammenhang zwischen dem Sicherungsmittel und der zu sichernden Forderung, da die Übereignung aus Gründen aufgeschoben werde, die außerhalb der vertraglichen Beziehungen zwischen Verkäufer und Käufer liegen[24]. Dies führe zu einer übermäßigen **Einschränkung der wirtschaftlichen Bewegungsfreiheit** des Käufers[25]. 6

Der Gesetzgeber des SMG 2002 sah keinen Anlass, den erst mit der InsO am 1.1.1999 in Kraft getretenen § 455 Abs 2 aF im Rahmen der Übernahme als § 449 Abs 3 inhaltlich abzuändern[26]. Nicht geregelt ist aber nach wie vor die Frage, ob das bereits in § 455 Abs 2 aF geregelte Verbot des Konzernvorbehalts auch einen **sog umgekehrten Konzernvorbehalt** aufseiten des Käufers erfasst[27]. Eine solche Konstellation liegt vor, wenn die aufschiebende Bedingung erst in dem Zeitpunkt eintreten soll, in dem nicht nur die Kaufpreisforderung des Vorbehaltsverkäufers gegen den Vorbehaltskäufer, sondern auch bestimmte **Forderungen des Vorbehaltsverkäufers gegen Dritte** erfüllt werden, die mit dem Käufer verbunden sind[28]. 7

III. Europarechtlicher Zusammenhang und UN-Kaufrecht

1. **Vorgaben der EU-Zahlungsverzug-Richtlinie.** – a) **Art 2 Nr 9 und Art 9 der Zahlungsverzug-Richtlinie.** Nach Art 2 Nr 9 der **Zahlungsverzug-Richtlinie** idF vom 16.2.2011[29] ist der EV „die vertragliche Vereinbarung, nach der der Verkäufer bis zur vollständigen Bezahlung Eigentümer des Kaufgegenstands bleibt". Nach Art 9 dieser Richtlinie sehen die Mitgliedstaaten in Einklang mit den anwendbaren nationalen Vorschriften, wie sie durch das **Internationale Privatrecht** bestimmt werden, vor, dass der Verkäufer bis zur vollständigen Bezahlung das Eigentum an Waren behält, wenn zwischen Käufer und Verkäufer vor der Lieferung der Waren ausdrücklich eine EV-Klausel vereinbart wurde[30]. Nach **Erwägungsgrund 31** dieser Richtlinie ist es „wünschenswert, dass sichergestellt ist, dass Gläubiger eine Bestimmung zum Eigentumsvorbehalt auf nichtdiskriminierender Grundlage in der Union insgesamt geltend machen können, falls der Eigentumsvorbehalt gem den anwendbaren nationalen Vorschriften, wie sie durch das internationale Privatrecht bestimmt werden, rechtswirksam ist"[31]. 8

b) **Konkludenter EV und Günstigkeitsprinzip des Art 12 Abs 3 der Zahlungsverzug-Richtlinie.** § 449 Abs 1 weicht zwar insoweit von Art 9 der Zahlungsverzug-Richtlinie ab, als eine „ausdrückliche" Vereinbarung des EV nicht verlangt wird. Die Anwendung der Auslegungsregel des § 449 Abs 1 setzt nämlich nur voraus, dass sich der Verkäufer einer beweglichen Sache „das Eigentum bis zur Zahlung des Kaufpreises vorbehalten" hat. Die einschlägige BGB-Regelung erfasst also – anders als Art 9 der Zahlungsverzug-Richtlinie – ohne weiteres auch die **konkludente Vereinbarung** eines EV[32]. Ein Verstoß des § 449 gegen die Zahlungsverzug-Richtlinie ist aber gleichwohl deshalb nicht gegeben, weil nach Art 12 Abs 3 dieser Richtlinie die **Mitgliedstaaten** Vorschriften beibehalten oder erlassen können, die für den Gläubiger günstiger sind als 9

20 Gegenäußerung Bundesregierung, BT-Drucks 14/6857, S 62; vgl dazu auch BeckOK/Faust Rz 2.
21 Vgl zu den Einzelheiten von Rücktritt und Herausgabeanspruch Rz 82 ff.
22 Vgl dazu EGInsO vom 5. Oktober 1994 (BGBl I, S 2911, 2925); Staud/Beckmann Rz 7.
23 Begr Gesetzentwurf, BT-Drucks 12/3803, S 77 f.
24 Begr Gesetzentwurf, BT-Drucks 12/3803, S 78.
25 Begr Gesetzentwurf, BT-Drucks 12/3803, S 78.
26 Begr Gesetzentwurf, BT-Drucks 14/6040, S 241.
27 Vgl zu den Einzelheiten unten Rz 149 ff.
28 Vgl zu den Einzelheiten unten Rz 149 ff.
29 RL 2011/7/EU vom 16.2.2011 zur Bekämpfung von Zahlungsverzug im Geschäftsverkehr (Neufassung), ABl vom 23.2.2011 L 48/5.
30 RL 2011/7/EU vom 16.2.2011 zur Bekämpfung von Zahlungsverzug im Geschäftsverkehr (Neufassung), ABl vom 23.2.2011 L 48/8.
31 RL 2011/7/EU vom 16.2.2011 zur Bekämpfung von Zahlungsverzug im Geschäftsverkehr (Neufassung), ABl vom 23.2.2011 L 48/4.
32 Vgl zu den Einzelheiten der vertraglichen Vereinbarung eines EV unten Rz 25 ff.

die zur Erfüllung dieser Richtlinie notwendigen Maßnahmen[33]. Da § 449 Abs 1 die nach den **allgemeinen Grundsätzen der Rechtsgeschäftslehre** auch mögliche konkludente Vereinbarung eines EV nicht ausschließt, ist diese Regelung für den Verkäufer günstiger als die Vorgabe des Art 9 der Zahlungsverzug-Richtlinie. Dass insoweit die Interessen des Verkäufers als Gläubiger iSd Zahlungsverzug-Richtlinie maßgebend sind, folgt insbes aus dem Erwägungsgrund 31 dieser Richtlinie, der sich auf die Sicherstellung der Geltendmachung eines vereinbarten EV durch den Gläubiger in der EU bezieht[34]. Bei der **Beratung des SMG 2002** ging der Gesetzgeber daher zutreffend davon aus, dass die Anerkennung des einfachen EV in Deutschland umfassend gegeben sei und daher hinsichtlich Art 4 der Zahlungsverzug-Richtlinie (jetzt Art 9) **kein Umsetzungsbedarf** bestehe[35].

10 2. **Verbrauchsgüterkauf-Richtlinie, Warenkauf-Richtlinie und UN-Kaufrecht**. Der EV iSd § 449 ist nicht Gegenstand der Verbrauchsgüterkauf-Richtlinie[36]. Daher bestand im Rahmen des Erlasses des SMG 2002 von vornherein kein Umsetzungsbedarf. Entsprechendes gilt für die Warenkauf-Richtlinie. Die **§§ 474 ff** enthalten daher zu Recht **keine Sondervorschrift über den EV** bei Vorliegen eines Verbrauchsgüterkaufs. Soweit § 449 als **dispositiv** einzuordnen ist[37], führt eine Abbedingung nicht zu einem Verstoß gegen **§ 476 Abs 1**[38]. Zu den nach § 476 Abs 1 bei Vorliegen eines Verbrauchsgüterkaufs nicht zum Nachteil des Verbrauchers abdingbaren Normen gehört zwar auch die zentrale Regelung des **§ 433 Abs 1 (Satz 1)**, die den Verkäufer verpflichtet, dem Käufer die Sache zu übergeben und ihm das **Eigentum** an ihr zu verschaffen. Die Vereinbarung eines EV berührt diese Kardinalpflicht des Verkäufers aber nicht[39]. Denn aus § 433 Abs 1 Satz 1 kann keine Verpflichtung des Verkäufers abgeleitet werden, das Eigentum schon **vor vollständiger Kaufpreiszahlung** auf den Käufer zu übertragen. Aus § 320 Abs 1 Satz 1 folgt das Gegenteil. Entsprechendes gilt für die ebenfalls in § 433 Abs 1 Satz 1 geregelte Verpflichtung des Verkäufers zur Verschaffung des **Besitzes an der Kaufsache**. Die Übergabe der Sache durch den Verkäufer vor vollständiger Kaufpreiszahlung stellt vielmehr eine für den Käufer **günstige Abweichung von § 320 Abs 1 Satz 1** in Gestalt einer **Vorleistung** dar.

11 Auch das für den **grenzüberschreitenden Warenkauf** einschlägige UN-Kaufrecht regelt nicht die Übertragung des Eigentums an der Kaufsache und daher auch nicht die Koppelung des Eigentumsübergangs an die vollständige Kaufpreiszahlung in Gestalt eines EV[40]. Nach **CISG Art 4 Satz 2 lit b** betrifft dieses Übereinkommen, soweit nicht ausdrücklich etwas anderes bestimmt ist, insbes nicht die Wirkungen, die der Kaufvertrag auf das **Eigentum an der verkauften Ware** haben kann. Nach **CISG Art 30** ist der Verkäufer zwar verpflichtet, dem Käufer das Eigentum an der Ware zu übertragen. Diese Regelung statuiert aber – wie § 433 – von vornherein keine Verpflichtung des Verkäufers, dem Käufer das Eigentum vor vollständiger Kaufpreiszahlung oder Stellung einer darauf bezogenen Sicherheit und damit in **Abweichung vom Zug-um-Zug-Prinzip** zu übertragen. Im Übrigen können Kaufvertragsparteien bei Anwendbarkeit des UN-Kaufrechts grundsätzlich gem CISG Art 6 eine von Bestimmungen dieses Übereinkommens abweichende Regelung treffen[41].

12 3. **Die Regelung des EuInsVO Art 10 zum EV in der grenzüberschreitenden Insolvenz**. Nach EuInsVO Art 10 Abs 1 lässt die **Eröffnung eines Insolvenzverfahrens gegen den Käufer** einer Sache die Rechte der Verkäufer aus einem EV unberührt, wenn sich diese Sache zum Zeitpunkt der Eröffnung des Verfahrens im **Hoheitsgebiet eines anderen Mitgliedstaats** als dem der Verfahrenseröffnung befindet. Diese Regelung schützt die sich aus dem EV ergebende **Rechtsposition des Vorbehaltsverkäufers** als Warenkreditgeber im Falle der Insolvenz des Vorbehaltskäufers. Die Eröffnung eines Insolvenzverfahrens **gegen den Verkäufer** einer Sache nach deren Lieferung rechtfertigt gem EuInsVO Art 10 Abs 2 nicht die Auflösung oder Beendigung des Kaufvertrags und steht dem **Eigentumserwerb des Käufers** nicht entgegen, wenn sich diese Sache zum Zeitpunkt der Verfahrenseröffnung im Hoheitsgebiet eines anderen Mitgliedstaats als dem der Verfahrenseröffnung befindet. EuInsVO Art 10 stellt nicht nur – in Anknüpfung an EuInsVO Art 4 – eine Bestimmung des anwendbaren Rechts dar, sondern regelt vielmehr **materiell-rechtliche Rechtsfolgen** der Eröffnung des Insolvenzverfahrens für einen

33 RL 2011/7/EU vom 16.2.2011 zur Bekämpfung von Zahlungsverzug im Geschäftsverkehr (Neufassung), ABl vom 23.2.2011 L 48/8. Die Umsetzungsfrist des Art 12 Abs 1 (16.3.2013) galt ohnehin nur für die Art 1 bis 8 und 10, also nicht für den EV iSd Art 9 der Richtlinie.
34 Vgl dazu oben Rz 8.
35 Begr Gesetzentwurf, BT-Drucks 14/6040, S 83; vgl dazu auch BeckOK/Faust Rz 5.
36 MünchKomm/Westermann Rz 5; BeckOGK/Mock Rz 8.
37 Vgl Frage der Abdingbarkeit des § 449 Abs 2 unten Rz 82 ff.
38 BeckOK/Faust Rz 4; BeckOGK/Mock Rz 11.
39 BeckOGK/Mock Rz 11.
40 Vgl Soergel/Kreße CISG Art 4 Rz 3; Staud/Beckmann Rz 182; MünchKomm/Westermann Rz 5; BeckOGK/Mock Rz 10.
41 Vgl dazu BeckOGK/Mock Rz 10.

noch nicht durch vollständige Kaufpreiszahlung abgeschlossenen Kauf unter EV[42]. Einen äquivalenten Schutz des Interesses des Vorbehaltskäufers am **Fortbestand des unter EV geschlossenen Kaufvertrags** in der Insolvenz des Verkäufers statuiert EuInsVO Art 10 Abs 2.

B. Inhalt und Zweck des § 449

I. Gegenstände des Kaufs unter EV

1. **Bewegliche Sachen und Grundstücksbestandteile iSd § 94**. Die Regelung des § 449 Abs 1 bezieht sich ausdrücklich nur auf den „Verkäufer einer beweglichen Sache" und damit nicht auf Grundstücke. Die **Auflassung** eines Grundstücks **unter einer Bedingung** oder einer Zeitbestimmung wird zudem durch § 925 Abs 2 ausdrücklich ausgeschlossen, so dass auch aus diesem Grund der Kauf einer unbeweglichen Sache unter EV nicht möglich ist[43]. Die Auflassung ist damit bedingungsfeindlich[44]. Ein nach **§§ 453 Abs 1, 433 verkauftes Recht** kann dagegen gem §§ 398, 413, 158 Abs 1 aufschiebend bedingt übertragen werden, wodurch eine mit dem EV an einer beweglichen Sache vergleichbare Sicherung des Verkäufers erreicht werden kann. **Wesentliche Bestandteile eines Grundstücks** iSd § 93, 94 sind zwar nicht sonderrechtsfähig und können aus diesem Grund nicht separat nach § 929 Satz 1 auf einen Käufer übertragen werden, so dass insoweit eigentlich auch kein EV in Betracht kommt[45]. Aber auch hier erlangt das **Abstraktionsprinzip** Bedeutung, dh, es muss zwischen dem Kaufvertrag als Verpflichtungsgeschäft und der Übereignung als Verfügungsgeschäft getrennt werden. Ein Kaufvertrag über einen wesentlichen Bestandteil eines Grundstücks ist als **Verpflichtungsgeschäft** wirksam und auch erfüllbar, weil der Käufer nach **Abtrennung** des bislang wesentlichen Bestandteils vom Grundstück bzw Gebäude (Grundstückbestandteil iSd § 94 Abs 1 Satz 1) das Eigentum an der nunmehr verkehrs- und sonderrechtsfähigen beweglichen Sache erlangen kann[46]. Unter Berücksichtigung des Abstraktionsprinzips ist daher bis zur Trennung des wesentlichen Bestandteils vom Grundstück der Kaufvertrag als **schuldrechtliches Kausalgeschäft** rechtlich anders einzuordnen als eine Übereignung nach § 929 Satz 1, die als dingliches Verfügungsgeschäft bis zu diesem Zeitpunkt nicht möglich wäre. 13

Da aus den dargelegten Gründen ein Kaufvertrag über einen **wesentlichen Bestandteil** eines Grundstücks wirksam abgeschlossen werden kann, ist insoweit auch die Vereinbarung eines EV iSd § 449 möglich. In einer solchen Fallkonstellation hängt dann der **Eigentumserwerb des Käufers** nach § 929 letztlich davon ab, dass **zwei Bedingungen** eintreten. Zunächst muss durch Trennung des wesentlichen Bestandteils vom Grundstück bzw Gebäude die **Verkehrs- und Sonderrechtsfähigkeit** als bewegliche Sache (wieder-)hergestellt werden. In Bezug auf die **vollständige Kaufpreiszahlung** als zweite aufschiebende Bedingung iSd § 158 Abs 1 des Eigentumserwerbs des Käufers gelten die allgemeinen Voraussetzungen und keine Besonderheiten. Durch die Vereinbarung eines EV beim Verkauf eines wesentlichen Bestandteils iSd § 94 wird verhindert, dass der Käufer, dem vom Verkäufer als Eigentümer des Grundstücks die **Besitzergreifung durch Abtrennung** des wesentlichen Bestandteils vom Grundstück bzw Gebäude schon vor vollständiger Kaufpreiszahlung gestattet worden ist, gem **§ 956 Abs 1 Satz 1** das Eigentum an der (wieder) beweglichen und damit sonderrechtsfähigen Sache ohne vorherige Erfüllung der Zahlungsverpflichtung durch **Aneignung** erwirbt[47]. Im hier in Rede stehenden Fall des Verkaufs eines ungetrennten Grundstücksbestandteils steht zwar schon der EV als solcher unter einer eigenständigen aufschiebenden Bedingung (Trennung vom Grundstück). Er ist aber als Sicherungsinstrument rechtlich möglich. Bis zum Eintritt dieser **Bedingung in Form der Trennung** wird der Verkäufer durch die fehlende Sonderrechtsfähigkeit des wesentlichen Bestandteils iSd § 94 des Grundstücks geschützt. Der Verkäufer kann gegenüber dem Käufer die Gestattung der Abtrennung auch **ohne Aneignungsbefugnis iSd § 956** erklären. Dies hat allerdings für den Käufer den Nachteil, dass nach vollständiger Kaufpreiszahlung die Einigung iSd § 929 noch vorgenommen werden muss. Zudem wäre der Käufer nur durch **§ 986 Abs 2** im Falle einer anderweitigen Verfügung des Verkäufers über den verkauften wesentlichen Bestandteil geschützt. 14

2. **Wesentliche Bestandteile iSd § 93 an beweglichen Sachen**. Die für den EV beim Kaufvertrag über wesentliche Bestandteile eines Grundstücks dargelegten Grundsätze[48] gelten sinnge- 15

42 Vgl BeckOGK/Mock Rz 9.
43 Vgl MünchKomm/Westermann Rz 8; BeckOGK/Mock Rz 16; BeckOK/Faust Rz 7.
44 Vgl dazu Soergel/Kern § 925 Rz 53.
45 Vgl Staud/Beckmann Rz 10; MünchKomm/Westermann Rz 8; BeckOK/Faust Rz 7.
46 BGH NJW 2000, 504, 505; MünchKomm/Stresemann § 93 Rz 24; BeckOK/Fritzsche § 93 Rz 17 f; Erman/Schmidt § 93 Rz 17; Soergel/Marly § 93 Rz 21.
47 Vgl zu den Voraussetzungen des Eigentumserwerbs nach § 956 durch Aneignung Soergel/Henssler § 956 Rz 8 ff.
48 Vgl dazu oben Rz 14.

mäß, wenn ein wesentlicher Bestandteil iSd § 93 einer beweglichen Sache verkauft werden und das Eigentum mit **aufschiebender Bedingung der vollständigen Kaufpreiszahlung** auf den Käufer übergehen soll. Insoweit macht es letztlich keinen Unterschied, ob es um wesentliche Bestandteile eines Grundstücks bzw Gebäudes oder einer beweglichen Sache geht. Das Prinzip der **fehlenden Sonderrechtsfähigkeit** bis zur Trennung des Bestandteils von der Hauptsache[49] gilt auch für wesentliche Bestandteile an beweglichen Sachen. Der Kaufvertrag als **abstraktes Verpflichtungsgeschäft** ist auch hier ohne weiteres wirksam. Die Verpflichtung des Verkäufers aus § 433 Abs 1 Satz 1 zur Übergabe der Sache und Eigentumsverschaffung setzt zusätzlich die Trennung von der Hauptsache voraus. Die praktische Bedeutung des Verkaufs von wesentlichen Bestandteilen iSd § 93 an beweglichen Sachen ist zwar geringer als bei vergleichbaren grundstücksbezogenen Geschäften, weil die **Legaldefinition des § 93** verlangt, dass im Falle einer Trennung entweder die Hauptsache oder der wesentliche Bestandteil zerstört oder in seinem Wesen verändert würde[50]. Bei Grundstücken geht es insbes um Bestandteile iSd § 94 Abs 2, die nicht schon nach § 93 als wesentlich anzusehen sind, sondern zur **Herstellung eines Gebäudes** eingefügt worden sind und ohne erhebliche Beschädigung von Gebäude oder Teil wieder abgetrennt werden können. Der Verkauf eines wesentlichen Bestandteils einer **beweglichen Sache** unter Vereinbarung eines EV ergibt aber insbes dann einen Sinn, wenn durch die Trennung nicht der bisherige wesentliche Bestandteil, sondern die **Hauptsache beschädigt oder zerstört** wird und dies in wirtschaftlicher Hinsicht auch beabsichtigt wird. Insoweit geht es vor allem um das Zerlegen („Abwracken“) einer größeren Sache, zB eines Autos, eines Schiffs oder einer Anlage.

II. Zweck und Funktion des EV

16 1. **Sicherung des Rückgewähranspruchs des Verkäufers bei Rücktritt wegen Zahlungsverzugs des Käufers.** Der EV beim Verkauf einer beweglichen Sache sichert in erster Linie nicht die Kaufpreisforderung des Vorbehaltsverkäufers aus dem geschlossenen Vertrag (§ 433 Abs 2), sondern vielmehr den ihm **bei Auflösung des Vertrags wegen Zahlungsverzugs des Vorbehaltskäufers** zustehenden Rückgabeanspruch[51]. Mit der Entscheidung BGHZ 176, 86 bestätigte der BGH, dass das zugunsten des Verkäufers vorbehaltene Eigentum ausschließlich den durch den Rücktritt vom Kaufvertrag **aufschiebend bedingten Herausgabeanspruch des Verkäufers** und damit den **Warenkredit** sichert[52]. Die zuvor vertretene Auffassung, die im EV eine Sicherung des Kaufpreisanspruchs aus § 433 Abs 2 sah[53], lehnte der BGH im Zusammenhang mit der Ablehnung des Verkäuferanspruchs aus § 985 bei bloßem Zahlungsverzug des Käufers zu Recht ab[54]. Der Ausschluss der Vindikation der Vorbehaltsware nach § 985 vor **Erklärung des Rücktritts** vom Kaufvertrag ist jetzt in § 449 Abs 2 geregelt[55]. Für die früher umstrittene Frage des Vindikationsanspruchs bei noch bestehendem Kaufvertrag kam es maßgeblich darauf an, ob der EV nur den Rückgewähranspruch des Verkäufers oder darüber hinaus auch schon den Kaufpreisanspruch als primären Erfüllungsanspruch sichert[56]. Hinzu kommt, dass sich das Recht des Verkäufers auf **Aussonderung** der Vorbehaltsware nach InsO § 47 in der **Insolvenz des Vorbehaltskäufers** nur dadurch rechtfertigen lässt, dass – anders als bei dem nur zur Absonderung berechtigenden Pfandrecht oder Sicherungseigentum – nicht bloß die **Forderung eines Geldkreditgebers** gesichert wird[57]. Die Privilegierung in Gestalt der Aussonderungsbefugnis beruht gerade auf der größeren Schutzbedürftigkeit des Warenkreditgebers im Vergleich zum Geldkreditgeber als Pfandgläubiger oder Sicherungseigentümer[58]. Bestünde der Zweck des EV vorrangig darin, die Kaufpreisforderung zu sichern, so wäre in der Insolvenz des Käufers eine Besserstellung des Verkäufers im Vergleich zu **Pfandgläubigern und Sicherungseigentümern** nicht gerechtfertigt.

17 Gleichwohl ist es zutreffend, im EV zumindest im weiteren Sinne auch eine Sicherung der Kaufpreisforderung zu sehen. Denn der Verkäufer wird durch die **Drittwiderspruchsklage** nach ZPO § 771 vor einer **Einzelzwangsvollstreckung** in den Kaufgegenstand durch einen Dritten[59]

49 Vgl dazu oben Rz 13.
50 Vgl dazu Soergel/Marly § 93 Rz 8 ff; MünchKomm/Stresemann § 93 Rz 10 f; BeckOK/Fritzsche § 93 Rz 8 ff; Wertenbruch, BGB AT, 2021[5], § 4 Rz 27 ff.
51 BGHZ 54, 214, 219; BGHZ 176, 86 Rz 30; Staud/Beckmann Rz 2; MünchKomm/Westermann Rz 3; Tiedtke JZ 2008, 452, 459.
52 BGHZ 176, 86 Rz 30 („Solange das vorbehaltene Eigentum noch der Verkäuferin […] gehörte, sicherte es ausschließlich deren durch den Rücktritt vom Kfz-Kaufvertrag aufschiebend bedingten Herausgabeanspruch, also den Warenkredit“).
53 RGZ 67, 383, 386; BGHZ 34, 191, 197 f.
54 BGHZ 54, 214, 217 ff; bestätigt durch BGHZ 176, 86 Rz 30.
55 Vgl zu Einzelheiten Rz 82 ff.
56 BGHZ 54, 214, 219.
57 BGHZ 176, 86 Rz 24.
58 BGHZ 176, 86 Rz 24.
59 Vgl dazu nachfolgend Rz 18.

und durch das Aussonderungsrecht nach InsO § 47[60] vor einem ersatzlosen Ausfall der Kaufpreisforderung in der **Insolvenz des Vorbehaltskäufers** geschützt[61]. Ebenfalls geschützt ist der Verkäufer vor unberechtigten Verfügungen des Vorbehaltskäufers[62]. Richtig ist auch, dass der EV in nicht unerheblichem Umfang die Interessen desjenigen Käufers wahrt, der aus wirtschaftlichen Gründen die Kaufsache zwar sofort nutzen, den Kaufpreis aber erst später begleichen will[63]. Dies ist aber weder der ausschließliche noch der vorrangige Zweck des EV iSd § 449.

2. **Schutz des Verkäufers im Falle der Einzelzwangsvollstreckung in den Kaufgegenstand und bei Insolvenz des Käufers.** – a) **Befugnis des Verkäufers zur Drittwiderspruchsklage nach ZPO § 771 bei Pfändung der Vorbehaltsware.** Zum Zweck des EV gehört insbes der Schutz des Vorbehaltsverkäufers in der von einem anderen Forderungsgläubiger des Käufers betriebenen **Einzelzwangsvollstreckung** in die Vorbehaltsware. Auch das durch Vereinbarung einer aufschiebend bedingten Einigung (§§ 929, 158 Abs 1) vom Verkäufer vorbehaltene Eigentum berechtigt im Falle der Pfändung durch einen anderen Gläubiger zur **Drittwiderspruchsklage nach ZPO § 771**[64]. Der vom Gerichtsvollzieher gem ZPO § 808 aufgrund des tatsächlichen Besitzes (§ 854) des Käufers **verfahrensrechtlich ordnungsgemäß gepfändete Kaufgegenstand** muss daher grundsätzlich zugunsten des Verkäufers freigegeben werden[65]. Der Drittgläubiger kann allerdings, wenn sein Schuldner die gepfändete Sache unter EV erworben hat, eine **sog Doppelpfändung des Anwartschaftsrechts**[66] vornehmen lassen. Es handelt sich insoweit um eine **kombinierte Sach- und Forderungspfändung**, die dem Drittgläubiger die Möglichkeit eröffnet, durch Zahlung des noch offenen Restkaufpreises den für den Eigentumserwerb des Käufers notwendigen **Eintritt der aufschiebenden Bedingung** herbeizuführen[67]. 18

b) **Aussonderungsberechtigung in der Insolvenz des Vorbehaltskäufers.** In der Insolvenz des Käufers verschafft der EV dem Verkäufer grundsätzlich ein auf die Vorbehaltsware bezogenes Aussonderungsrecht nach InsO § 47[68]. Die Aussonderung als insolvenzrechtliche Ausprägung des Vindikationsanspruchs aus § 985 kann der **Insolvenzverwalter** allerdings abwenden, indem er im Rahmen des ihm gem **InsO § 103** bei gegenseitigen Verträgen zustehenden **Wahlrechts** die Erfüllung des geschlossenen Kaufvertrags wählt[69]. Auch hier zeigt sich, dass der EV in gewisser Weise das Interesse des Verkäufers an einer **Sicherung seiner Kaufpreisforderung** schützt. Im Falle einer vorbehaltlosen Übereignung iSd § 929 Satz 1, also bei Nichtvereinbarung einer aufschiebenden Bedingung, stünde dem Verkäufer in der Insolvenz des Käufers bezüglich einer offenen Restkaufpreisforderung lediglich eine Insolvenzforderung iSd InsO § 174 und damit nur ein Anspruch auf eine etwaige **Insolvenzquote (InsO §§ 187 ff)** zu. Vor einem Verlust des Eigentums bei einem völligen oder teilweisen Ausfall der Kaufpreisforderung kann sich der Vorbehaltsverkäufer zwar auch dadurch schützen, dass er zunächst nur den **Besitz an der Kaufsache** auf den Käufer überträgt und erst nach Zahlung der letzten Kaufpreisrate die **Übereignung nach § 929 Satz 2** vornimmt. Diese Vorgehensweise ist aber im Vergleich zum EV iSd § 449 sowohl für den Verkäufer als auch für den Käufer mit einem **größeren Aufwand** verbunden, weil die auf die Einigung iSd § 929 gerichteten Willenserklärungen nach vollständiger Tilgung der Kaufpreisverbindlichkeit noch abgegeben werden müssen. 19

3. **Schutz des Verkäufers vor unberechtigten Verfügungen des Käufers über die Vorbehaltsware.** Zum Wesen des EV gehört auch der Schutz des Verkäufers vor unberechtigten Verfügungen des Käufers über die Vorbehaltsware[70]. Dieser Gesichtspunkt greift Platz im Vergleich zur Variante der **vollen Eigentumsübertragung** auf den Käufer vor Eintritt der Erfüllung der Kaufpreisverpflichtung aus § 433 Abs 2. Im Falle einer derartigen **Vorleistung** in Gestalt der Übereignung der Ware besteht weder ein Verfügungsschutz noch eine sonstige Sicherung der Kaufpreisforderung zugunsten des Verkäufers. Verglichen mit der Variante, in der vom Verkäufer wegen noch nicht erfolgter Kaufpreiszahlung erst einmal nur der Besitz geleistet wird und die Übertragung erst nach vollständiger Kaufpreiszahlung vorgenommen wird[71], begründet der EV selbstverständlich keinen besseren Verfügungsschutz. Der **bedeutende Vorteil des EV** besteht allerdings für den Verkäufer darin, dass er nicht nur das Eigentum und sein damit verbundener Schutz bei Zwangsvollstreckungsmaßnahmen oder Insolvenz aufseiten des Käufers bis zur vollständigen Erfüllung der Kaufpreisforderung behält, sondern nach vollständiger Leistung des Kaufpreises durch den Käufer **keinen Übereignungsakt** mehr vornehmen muss. 20

60 Vgl dazu Rz 19.
61 Vgl Rz 19.
62 Vgl Rz 68 ff; vgl zum Ganzen auch BGHZ 54, 214.
63 Vgl dazu unten Rz 21.
64 Vgl dazu Soergel/Höpfner Anh § 929 Rz 187; vgl unten Rz 100.
65 Vgl dazu Soergel/Höpfner Anh § 929 Rz 187.
66 Vgl dazu Soergel/Höpfner Anh § 929 Rz 189 f.
67 Vgl dazu Soergel/Höpfner Anh § 929 Rz 189 f; unten Rz 100.
68 Vgl dazu Soergel/Höpfner Anh § 929 Rz 198.
69 Vgl dazu Soergel/Höpfner Anh § 929 Rz 198.
70 Vgl BGHZ 54, 214, 218.
71 Vgl dazu oben Rz 19.

21 4. **Wahrung der Interessen des Käufers – Anwartschaftsrecht.** Die klassische Einordnung des EV als Schutzinstrument zugunsten des Verkäufers ist zwar aus den dargelegten Gründen[72] nach wie vor zutreffend, dh, es geht beim EV jedenfalls nicht vorrangig um die Wahrung von Käuferinteressen[73]. Der EV dient aber gleichwohl in erheblichem Umfang auch dem Schutz des Vorbehaltskäufers bezüglich seines Anspruchs aus § 433 Abs 1 Satz 1 auf Erlangung des Eigentums an der Kaufsache. Der Schutz des Verkäufers vor einem Eigentumsverlust im Falle des vollständigen oder partiellen Ausfalls seiner Kaufpreisforderung aus § 433 Abs 2 ließe sich – allerdings mit einem größeren Aufwand – auch dadurch bewerkstelligen, dass der Verkäufer bis zur vollständigen Kaufpreiszahlung nur den **Besitz vorleistet** und die Übereignung gem § 929 Satz 2 erst nach vollständiger Kaufpreiszahlung vornimmt. Gem § 320 Abs 1 Satz 1 kann der Verkäufer bei fehlender Vereinbarung eines EV die Abgabe der **Einigungserklärung iSd § 929** ohne weiteres von der vollständigen Kaufpreiszahlung abhängig machen[74]. Ein erheblicher Vorteil des EV im Vergleich zur Übereignung **Zug um Zug** gegen Zahlung des Kaufpreises bzw der letzten Kaufpreisrate besteht für den Käufer allerdings darin, dass **Verfügungen des Verkäufers** über die Vorbehaltsware während der Schwebezeit (Zwischenverfügungen) im Falle des Eintritts der aufschiebenden Bedingung, also mit vollständiger Kaufpreiszahlung, **gem § 161 Abs 1 Satz 1 unwirksam** sind[75]. Dieser gesetzliche Verfügungsschutz bildet die Grundlage für das Anwartschaftsrecht des Käufers als **wesensgleiches Minus** im Vergleich zum Eigentum[76]. Das Anwartschaftsrecht, also die bis zur vollständigen Kaufpreiszahlung bestehende geschützte Rechtsposition, kann der Käufer gem §§ 929 ff wie das Vollrecht **auf einen Dritten übertragen**[77]. Schließlich ist der Vorbehaltskäufer nach Zahlung der letzten Kaufpreisrate aufgrund des dadurch ausgelösten Eintritts der **aufschiebenden Bedingung des Eigentumserwerbs** nach § 929 Satz 1 insoweit nicht mehr auf eine **Mitwirkungshandlung des Verkäufers** angewiesen.

22 5. **Ausschluss einer konkludenten unbedingten Übereignung durch Vereinbarung eines EV.** Erfolgt beim Kauf einer beweglichen Sache die Übergabe an den Käufer vor vollständiger Kaufpreiszahlung und ohne ausdrückliche Einigung iSd § 929 Satz 1, so stellt sich die Frage, ob der sofortige Übergang des Eigentums zumindest konkludent vereinbart ist. Von Bedeutung ist der genaue Zeitpunkt des Eigentumserwerbs des Käufers insbes dann, wenn der Käufer **insolvent** wird oder bei ihm eine **Pfändung der Vorbehaltsware** zugunsten eines Dritten erfolgt. In einer derartigen Fallkonstellation muss nämlich geklärt werden, ob die **Umstände des Einzelfalls** oder/und die **Verkehrssitte** die Annahme einer konkludenten unbedingten Übereignung rechtfertigen. Durch ausdrückliche (schriftliche) Vereinbarung eines EV kann der Verkäufer einen späteren Streit über das Bestehen einer trotz fehlender Kaufpreiszahlung erfolgten konkludenten unbedingten Übereignung vermeiden. Da der Verkäufer diese Klarstellungsmöglichkeit hat und als Warenlieferant das Vorleistungsrisiko kennt, kommt im Falle einer **vorbehaltlosen Übergabe der Kaufsache** vor Kaufpreiszahlung die Annahme einer unbedingten Übereignung zumindest in Betracht[78]. Der EV kann sich aber aus einem Handelsbrauch, der Verkehrssitte oder den Umständen des Einzelfalls ergeben[79].

C. Einfacher EV iSd § 449 Abs 1

I. Kaufvertrag als schuldrechtliches Kausalgeschäft und Auslegungsgrundlage

23 Rechtliche Grundlage für den EV ist die **Einigung nach § 929 Satz 1** unter Vereinbarung einer **aufschiebenden Bedingung iSd § 158 Abs 1**, die mit vollständiger Kaufpreiszahlung eintritt. Der Kaufvertrag begründet zwar als **Kausalgeschäft** nicht den die Verfügungsebene betreffenden dinglichen EV im technischen Sinne, sondern stellt eben nur die schuldrechtliche Grundlage für die Vornahme einer **bedingten Übereignung** der Kaufsache dar. Gleichwohl kann in dem Fall, in dem die Kaufsache vor vollständiger Kaufpreiszahlung übergeben wird, bei Nichtvorliegen einer ausdrücklichen – bedingten oder unbedingten – Einigungserklärung iSd § 929 Satz 1 der Inhalt des Kaufvertrags für die Frage herangezogen werden, ob eine derartige Einigungserklärung **zumindest in konkludenter Form** gegeben ist[80]. Bei Fehlen abweichender

72 Vgl dazu Rz 16 ff.
73 AA BeckOK/Faust Rz 9; Lieb, FS für Baumgärtel, 1990, S 311, 315.
74 Vgl BeckOK/Faust Rz 9.
75 Soergel/Höpfner Anh § 929 Rz 78; Staud/Beckmann Rz 77; MünchKomm/Westermann Rz 37; BeckOGK/Rz 39; BeckOK/Faust Rz 9; Lieb, FS für Baumgärtel, 1990, S 311, 315.
76 Vgl dazu Soergel/Höpfner Anh § 929 Rz 70.
77 Vgl dazu unten Rz 69 ff; Soergel/Höpfner Anh § 929 Rz 86; MünchKomm/Westermann Rz 48; Erman/Grunewald Rz 28; Staud/Beckmann Rz 83.
78 Vgl zu den Einzelheiten unten Rz 25 ff.
79 Vgl Rz 25 ff; zu Handelsbrauch und Verkehrssitte Rz 30.
80 Soergel/Höpfner Anh § 929 Rz 26 f; MünchKomm/Westermann Rz 13; Staud/Beckmann Rz 17; Erman/Grunewald Rz 2; BeckOK/Faust Rz 10; vgl zu den Voraussetzungen einer konkludenten EV-Vereinbarung unten Rz 25 ff.

Anhaltspunkte kann idR angenommen werden, dass die Kaufvertragsparteien zum Zeitpunkt der Übergabe der Kaufsache eine Übereignung nur in **Übereinstimmung mit den kaufvertraglichen Parteipflichten** vornehmen wollen[81]. Der Inhalt des Kaufvertrags gehört somit zu den Umständen, die bei der rechtlichen Einordnung des Verhaltens der Kaufvertragsparteien bei Übergabe der Sache zu berücksichtigen sind. Die Orientierung der Parteien an den Vorgaben des Kaufvertrags ist zwar der Regelfall, das **Abstraktionsprinzip** ermöglicht aber auch einen sog **abredewidrigen EV**. Eine derartige Konstellation ist dann gegeben, wenn der Verkäufer in Abweichung von der im Kaufvertrag geregelten Verpflichtung zur unbedingten Übereignung bei Lieferung der Ware nur eine bedingte Einigungserklärung abgibt und somit vertragswidrig einen EV begründet[82].

Aus § 433 Abs 1 Satz 1 lässt sich keine Verpflichtung des Verkäufers ableiten, zum Zwecke 24 der Erfüllung seiner gegenüber dem Käufer bestehenden Eigentumsverschaffungspflicht die Sache schon vor vollständiger Kaufpreiszahlung zu übereignen. Aus der allgemeinen Regelung des **§ 320 Abs 1 Satz 1** folgt vielmehr das Gegenteil, dh nur eine Verpflichtung zur Übereignung Zug um Zug, sofern sich aus dem Kaufvertrag keine **Vorleistungsverpflichtung des Verkäufers** ergibt. Dass der Verkäufer durch eine Übergabe der Kaufsache vor vollständiger Kaufpreiszahlung zumindest den Besitz (§ 854) vorleistet, ändert nichts an der in Bezug auf das Eigentum grundsätzlich noch bestehenden **Zug-um-Zug-Einrede** aus § 320 Abs 1 Satz 1. Gesichert ist der Verkäufer bis zum Zeitpunkt der Übereignung durch den Vindikationsanspruch aus § 985 sowie das Aussonderungsrecht nach InsO § 47 in der Insolvenz des Käufers[83] und die Drittwiderspruchsklage gem ZPO § 771[84] bei Pfändung der Vorbehaltsware. Weder das Mobiliarsachenrecht noch das Kaufrecht enthalten eine Grundlage dafür, dass der Verkäufer bei Vorleistung des Besitzes durch Übergabe der Sache zugleich auch durch **Abgabe einer unbedingten Einigungserklärung** die Übereignung nach § 929 Satz 1 vorzunehmen hat[85]. Die Übergabe als Realakt zum Zwecke der **Verschaffung des Besitzes** und der damit verbundenen Nutzungsmöglichkeit zugunsten des Käufers ist zu trennen von der **Einigung nach § 929 Satz 1 als dinglichen Vertrag**. Schuldrechtlich abgesichert wird diese Unabhängigkeit eben von der Einrede des nicht erfüllten Vertrags aus § 320 Abs 1 Satz 1, sofern der Verkäufer nach dem geschlossenen Kaufvertrag das Eigentum nicht schon vor vollständiger Kaufpreiszahlung auf den Käufer übertragen muss. Auch hier zeigt sich, dass der EV im Vergleich zur Alternative, die bis zur Kaufpreiszahlung nur eine Verpflichtung des Verkäufers zur **Vorleistung des Besitzes** zum Gegenstand hat, eine Gestaltung ist, die auch den Interessen des Käufers dient[86].

II. Voraussetzungen eines konkludenten EV – Handelsbrauch und Verkehrssitte

1. **Annahme eines konkludenten EV bei Übergabe vor vollständiger Kaufpreiszahlung.** 25 Bei Fehlen einer ausdrücklichen Parteivereinbarung hängt die Annahme eines EV von einer **nach beiden Seiten hin interessengerechten Auslegung** ab[87]. In zeitlicher Hinsicht muss der EV spätestens bei Übergabe des Besitzes an der verkauften Sache gegenüber dem Käufer erklärt werden[88]. An die Klarheit einer solchen Erklärung ist zwar ein strenger Maßstab anzulegen[89]. Aus dem Umstand einer zum Zeitpunkt der Übergabe der Kaufsache noch **fehlenden vollständigen Kaufpreiszahlung** kann aber im Regelfall gleichwohl auf die konkludente Vereinbarung eines EV geschlossen werden[90]. Da der Verkäufer bei **Fehlen einer kaufvertraglichen Vorleistungsverpflichtung** die Kaufsache gem § 320 Abs 1 Satz 1 nur Zug um Zug übereignen muss, darf der Käufer eine schon vor vollständiger Kaufpreiszahlung erfolgte Übergabe der Sache im Rahmen der **Auslegung nach dem objektiven Empfängerhorizont** regelmäßig nicht so verstehen, dass er abweichend vom geltenden Zug-um-Zug-Prinzip das Eigentum unmittelbar im Wege einer vom Verkäufer **nicht geschuldeten Vorleistung** erhält[91]. Für die Annahme eines konkludenten EV in dieser Fallkonstellation sprechen auch die damit aufseiten des Käufers verbundenen

81 Erman/Grunewald Rz 2; BeckOK/Faust Rz 10.
82 Vgl dazu Rz 58 ff.
83 Vgl dazu oben Rz 19 unten Rz 101 f.
84 Vgl dazu oben Rz 18 und unten zum Wahlrecht des Insolvenzverwalters nach Inso § 103 Rz 100.
85 Erman/Grunewald Rz 6; MünchKomm/Westermann Rz 15; BeckOK/Faust Rz 13; U Huber ZIP 1987, 750, 756; Lieb, FS für Baumgärtel, 1990, S 311, 317.
86 Vgl zu diesem Aspekt des EV BeckOK/Faust Rz 13; Lieb, FS für Baumgärtel, 1990, S 311, 317 ff; vgl dazu oben Rz 21.
87 BGH NJW 2006, 3488 Rz 10 unter Hinweis auf BGHZ 152, 153, 156.
88 BGH NJW 2006, 3488 Rz 11 unter Hinweis auf BGHZ 64, 395, 397; BGH NJW 1979, 213, 214.
89 BGH NJW 2006, 3488 Rz 11 unter Hinweis auf BGHZ 64, 395, 397; BGH NJW 1979, 213, 214.
90 Erman/Grunewald Rz 3, 6; MünchKomm/Westermann Rz 15; BeckOGK/Mock Rz 23; BeckOK/Faust Rz 11; Schulte BB 1977, 269; aA Staud/Beckmann Rz 17; offenlassend BGH NJW 2006, 3488 Rz 12.
91 Ähnlich Erman/Grunewald Rz 3, 6; MünchKomm/Westermann Rz 15; BeckOGK/Mock Rz 23; BeckOK/Faust Rz 13.

Vorteile[92]. Aufgrund des **Erwerbs eines Anwartschaftsrechts** ist der Käufer weitgehend vor unberechtigten Verfügungen des Verkäufers über die Vorbehaltsware geschützt und kann durch ordnungsgemäße Leistung des Kaufpreises die endgültige Eigentumserlangung ohne **weitere Mitwirkungshandlung des Verkäufers** erreichen[93].

26 Der Verkäufer muss, wenn er nach Übergabe der Sache gegenüber dem Käufer wegen Zahlungsverzugs den **Herausgabeanspruch aus § 985** geltend machen will, zuvor wirksam vom Kaufvertrag zurücktreten[94]. Ein Recht zum Besitz iSd § 986 Abs 1 Satz 1 steht dem Käufer schon allein aufgrund des geschlossenen Kaufvertrags zu, und zwar unabhängig vom Bestehen eines Anwartschaftsrechts[95]. Auch aus der gesetzlichen **Unsicherheitseinrede des § 321** ergibt sich kein vom wirksamen Rücktritt des Verkäufers unabhängiger Anspruch auf Herausgabe der bereits übergebenen Kaufsache. Das **Risiko des Verkäufers**, im Falle des vollständigen oder teilweisen Ausfalls der Kaufpreisforderung auch den **Zugriff auf die Kaufsache zu verlieren**, wird nicht durch die Annahme eines konkludenten EV, sondern vielmehr schon durch die **bloße Vorleistung des Besitzes** begründet[96]. Dieses Verkäuferrisiko wird durch die Annahme eines konkludenten EV nicht erhöht[97]. Aus der in § 449 Abs 1 enthaltenen Formulierung „vorbehalten" ist nicht zu folgern, dass die aufschiebende Bedingung iSd § 158 Abs 1 ausdrücklich vereinbart werden muss. Dies kann eben – in Übereinstimmung mit allgemeinen Grundsätzen – auch konkludent erfolgen. Aus den dargelegten Gründen ist im Falle der **Übergabe der Kaufsache vor vollständiger Kaufpreiszahlung** – bei Fehlen einer besonderen Vereinbarung – regelmäßig das Vorliegen eines konkludenten EV zu bejahen.

27 2. **Sonderfall der Übergabe eines verkauften Kfz vor Kaufpreiszahlung unter Einbehaltung des Fahrzeugbriefs (Zulassungsbescheinigung II)**. Der BGH ließ in der im Jahre 2006[98] zum Kauf eines Pkw ergangenen Entscheidung offen, ob im Falle einer in Übereinstimmung mit dem Kaufvertrag vorgenommenen **Vorleistung des Besitzes** an der Kaufsache (Übergabe iSd § 929 Satz 1) bei **Fehlen einer ausdrücklichen EV-Klausel** die Annahme eines konkludenten EV gerechtfertigt ist[99]. Im Fall des BGH ging es um den klassischen Fall eines Autoverkaufs unter **Einbehaltung des Fahrzeugbriefs** (Zulassungsbescheinigung Teil II[100])[101]. Bei Fehlen einer ausdrücklichen Parteivereinbarung hängt die Annahme eines EV auch hier von einer **nach beiden Seiten hin interessengerechten Auslegung** ab[102]. Diese Auslegung ergibt beim Fahrzeugverkauf unter Einbehaltung der Zulassungsbescheinigung II durch den Verkäufer eindeutig, dass der Verkäufer das Eigentum an dem Fahrzeug nur unter der **aufschiebenden Bedingung vollständiger Zahlung** des Kaufpreises übertragen will[103]. Bei fehlender Kaufpreiszahlung kann der Fahrzeugkäufer das Einbehalten der Zulassungsbescheinigung II – auch ohne besondere Erläuterung des beabsichtigten Sicherungszwecks – nur dahin gehend verstehen, dass der Verkäufer das Eigentum an dem Fahrzeug bis zur vollständigen Zahlung des Kaufpreises behalten will[104]. Denn nach der Verkehrsauffassung hat die Zulassungsbescheinigung II, obwohl er **kein Traditionspapier** ist, die Funktion, den Fahrzeugeigentümer vor Verfügungen Nichtberechtigter zu schützen[105]. Der Käufer nimmt hier durch die Entgegennahme des Fahrzeugs dieses **bedingte Übereignungsangebot** an[106]. Gegen eine solche Auslegung spricht nicht, dass sich aus dem schriftlichen Kaufvertrag keine Anhaltspunkte für die Vereinbarung eines EV ergeben[107]. Denn ein EV kann auch dadurch entstehen, dass der Verkäufer die Einigungserklärung iSd § 929 Satz 1 unter **Abweichung von einer kaufvertraglichen Vereinbarung** nur unter der aufschiebenden Bedingung (§ 158 Abs 1) vollständiger Zahlung des Kaufpreises abgibt und der Käufer dies akzeptiert[108].

92 BeckOGK/Mock Rz 23.1; BeckOK/Faust Rz 13.
93 Vgl oben Rz 21; BeckOGK/Mock Rz 23.1.
94 BeckOGK/Mock Rz 23.1; BeckOK/Faust Rz 13.
95 Vgl BeckOGK/Mock Rz 23.1.
96 BeckOK/Faust Rz 13.
97 BeckOK/Faust Rz 13.
98 BGH NJW 2006, 3488.
99 BGH NJW 2006, 3488 Rz 12.
100 Rechtstechnisch wurde die insbes im Zusammenhang mit Kaufgeschäften nach wie vor verbreitete Bezeichnung „Fahrzeugbrief" durch den Begriff „Zulassungsbescheinigung Teil II" ersetzt; vgl dazu § 12 der Verordnung über die Zulassung von Fahrzeugen zum Straßenverkehr (Fahrzeug-Zulassungsverordnung – FZV).
101 BGH NJW 2006, 3488. Im Fall des BGH hatte der Eigentümer seinen Pkw für 10.000 € an eine GmbH verkauft und übergeben, aber den Fahrzeugbrief (Zulassungsbescheinigung Teil II) einbehalten. Die GmbH veräußerte das Fahrzeug für ca. 11.500 € an einen Dritten weiter. Nach Zahlung des Kaufpreises an die GmbH erhielt der Dritte von ihr den Wagen. Der Fahrzeugbrief sollte von der GmbH per Einschreiben nachgeschickt werden, was aber unterblieb.
102 Vgl dazu oben Rz 25; BGH NJW 2006, 3488 Rz 10 unter Hinweis auf BGHZ 152, 153, 156.
103 BGH NJW 2006, 3488 Rz 9 ff. Im Fall des BGH war diese Bedingung nicht eingetreten.
104 BGH NJW 2006, 3488 Rz 10, 12; Staud/Beckmann Rz 29; Erman/Armbrüster § 158 Rz 9; BeckOK/Kindl § 929 Rz 59.
105 BGH NJW 2005, 1365, 1366; BGH NJW 1996, 2226, 2227; BGH NJW 2006, 3488 Rz 13; MünchKomm/Oechsler § 932 Rz 55; Staud/Wiegand § 932 Rz 152 ff.
106 BGH NJW 2006, 3488 Rz 10.
107 BGH NJW 2006, 3488 Rz 11.
108 BGH NJW 2006, 3488 Rz 11.

Wenn der Verkäufer allerdings bei noch offener Kaufpreisforderung zusammen mit dem Fahrzeug auch schon die Zulassungsbescheinigung II **an den Käufer übergibt**, dann ist bei Fehlen einer ausdrücklichen Vereinbarung auch nicht von einem konkludenten EV auszugehen. Es liegt vielmehr eine **konkludente unbedingte Übereignung** iSd § 929 Satz 1 vor. Aufgrund der Funktion der Zulassungsbescheinigung II, die Eigentumsberechtigung zu dokumentieren, darf der Käufer die Mitübergabe dahin gehend verstehen, dass nicht nur der Besitz, sondern auch das Eigentum vor vollständiger Kaufpreiszahlung auf ihn übergehen soll. Bei Übergabe der Zulassungsbescheinigung II gilt daher nicht die Auslegungsregel, dass im Falle der Übergabe der Kaufsache vor Leistung des Kaufpreises im Zweifel ein konkludenter EV anzunehmen ist[109]. 28

3. **Einbehaltung von sonstigen Eigentumsnachweisen bei Übergabe vor Kaufpreiszahlung**. Die für den Kfz-Verkauf mit Einbehaltung der Zulassungsbescheinigung II dargelegten Grundsätze[110] gelten entsprechend, wenn im Falle der Übergabe der Kaufsache vor vollständiger Kaufpreiszahlung ein sonstiges vorhandenes **Begleitdokument** nicht mitübergeben wird, das nach der Verkehrssitte als **Eigentums- und/oder Herkunftsnachweis** anzusehen ist. Dies stimmt mit der Auslegungsregel überein, dass bei Übergabe der Kaufsache vor vollständiger Kaufpreiszahlung im Zweifel von einem konkludenten EV auszugehen ist[111]. Praktische Bedeutung hat diese Regel hier in der Fallkonstellation, in der ein gewöhnlich vorhandenes Begleitdokument verlorengegangen oder aus sonstigen Gründen nicht verfügbar ist. Erfolgt mit der Übergabe der Sache auch schon die Übergabe eines existierenden Begleitdokuments, obwohl der Kaufpreis noch nicht vollständig geleistet ist, so ist – wie beim Fahrzeugverkauf mit Übergabe von Fahrzeug und Zulassungsbescheinigung II[112] – eine **konkludente unbedingte Übereignung nach § 929 Satz 1** zu bejahen. 29

4. **EV kraft Handelsbrauchs oder/und Verkehrssitte**. Ein EV kann auch auf einem Handelsbrauch oder/und einer Verkehrssitte beruhen[113]. Die **praktische Bedeutung** der Frage, ob im Falle der Übergabe der Kaufsache vor vollständiger Kaufpreiszahlung ein einfacher EV aufgrund eines besonderen Handelsbrauchs bejaht werden kann, ist allerdings gering, weil die Übergabe der Kaufsache vor Zahlung des Kaufpreises und Fehlen einer eigentumsbezogenen Vorleistungspflicht des Verkäufers regelmäßig **kraft Auslegung als konkludente Vereinbarung** eines EV einzuordnen ist. Ob insoweit unabhängig davon auch ein Handelsbrauch oder/und eine Verkehrssitte besteht, kann nicht generell bejaht werden, sondern hängt von den **Besonderheiten der jeweiligen Branche** ab[114]. Bejaht worden ist dies bspw für den **Kfz-Handel**[115] und für den Handel mit **Textilien**[116]. Soweit ein EV als branchenüblich anzusehen ist[117], kommt es regelmäßig auch deshalb nicht auf das Vorliegen eines Handelsbrauchs oder/und einer Verkehrssitte an, weil regelmäßig die **Liefer-AGB des Verkäufers** einen derartigen Vorbehalt bis zur vollständigen Bezahlung des Kaufpreises vorsehen[118]. 30

III. Vereinbarung eines einfachen EV durch AGB-Inhaltskontrolle

1. **Voraussetzungen einer wirksamen Einbeziehung – insbes im kaufmännischen Geschäftsverkehr**. In Bezug auf die Frage der Einbeziehung von AGB, die einen einfachen EV zum Gegenstand haben, gelten die allgemeinen Grundsätze[119]. Im Falle der Verwendung von AGB gegenüber einem **Unternehmen** findet allerdings gem § 310 Abs 1 Satz 1 unter anderem die Regelung des § 305 Abs 2 keine Anwendung, nach der AGB nur dann Vertragsbestandteil 31

109 Vgl zu dieser Regel vorstehend Rz 27.
110 Vgl vorstehend Rz 27.
111 Vgl dazu oben Rz 25 f.
112 Vgl dazu vorstehend Rz 28.
113 BGH NJW 1977, 385, 386; BGH NJW 1978, 2243; BGH NJW-RR 1987, 94 (zu den sog Tegernseer Gebräuchen für die Vermittlung von Holzgeschäften); BGH NJW-RR 2004, 555.
114 Vgl Staud/Beckmann Rz 23 (aber äußerste Zurückhaltung geboten); generell ablehnend BeckOGK/Mock Rz 23.2; vgl dazu auch Soergel/Höpfner Anh § 929 Rz 31 f; MünchKomm/Westermann Rz 15 f.
115 BGH NStZ-RR 1999, 11 (zu StGB § 74 aF, BGB § 455 aF): „Vielmehr entspricht es den Gepflogenheiten im Kraftfahrzeughandel, daß der Verkäufer sich bei Vereinbarung von Ratenzahlungen das Eigentum bis zur vollständigen Zahlung des Kaufpreises vorbehält, d.h. die Übereignung lediglich aufschiebend bedingt erfolgt".
116 LG Marburg NJW-RR 1993, 1505. Das LG Marburg stützt seine Rechtsauffassung insbes auf die Stellungnahmen der Industrie- und Handelskammer Kassel vom 16.2.1993 und des Gesamtverbandes der Textilindustrie in der Bundesrepublik Deutschland vom 26.2.1993. Daraus ergab sich eindeutig, dass in der Textilbranche ein Handelsbrauch besteht, wonach Textilien von Herstellern an die Händler unter EV bis zur vollständigen Bezahlung des Kaufpreises geliefert werden. Die von der Industrie- und Handelskammer Kassel unter Herstellern und Großhändlern durchgeführte Umfrage ergab, dass in der Textilbranche vom Bestehen eines EV auch dann ausgegangen wird, wenn die Vertragschließenden weder schriftlich noch mündlich einen solchen vereinbart haben.
117 Vgl dazu BGHZ 42, 53, 55 f (Kaufverträge zwischen Lebensmittelherstellern und Lebensmittelgroßhändlern); Soergel/Höpfner Anh § 929 Rz 32.
118 Vgl dazu nachfolgend Rz 31 ff.
119 Vgl zu den Einzelheiten Soergel/Höpfner Anh § 929 Rz 28 ff.

werden, wenn der **Verwender bei Vertragsschluss** die andere Partei ausdrücklich oder, wenn dies nur unter unverhältnismäßigen Schwierigkeiten möglich ist, durch deutlich sichtbaren Aushang am Orte des Vertragsschlusses auf sie hinweist. Voraussetzung der Geltung ist aber gleichwohl eine **rechtsgeschäftliche Vereinbarung** über die Einbeziehung der AGB[120]. Insoweit bedarf es einer **ausdrücklichen oder konkludenten Willensübereinstimmung** der Kaufvertragsparteien[121]. Der Verkäufer muss zum Ausdruck bringen, dass neben dem individualvertraglich Vereinbarten seine auch auf die Begründung eines EV bezogenen AGB Vertragsinhalts werden sollen, und der Käufer muss damit einverstanden sein[122]. Ein solches Einverständnis kann auch in einem **fehlenden Widerspruch des Käufers** gegen die Geltung der AGB zu sehen sein[123]. Im Geschäftsverkehr mit Unternehmen können daher auch **stillschweigende Hinweise des Verkäufers** die wirksame Einbeziehung einer formularmäßigen EV-Klausel begründen.

32 Ein **stillschweigender Einbeziehungswille** kann auch dann vorliegen, wenn die unternehmerisch tätigen Kaufvertragsparteien in **laufender Geschäftsverbindung** zueinander stehen, dabei stets Kaufverträge zu den Verkäufer-AGB mit EV-Klausel abgeschlossen worden sind und der Verkäufer unmissverständlich zu erkennen gegeben hat, dass er regelmäßig Kaufverträge nur auf der Grundlage dieser eigenen AGB schließen will[124]. Diese Voraussetzung ist auch in den Fällen gegeben, in denen fortlaufend die **ausgestellten Rechnungen** einen Hinweis auf Liefer-AGB enthalten[125]. Wenn sich aber die bisherige Geschäftsbeziehung nach einer gerade erst angebahnten Geschäftsverbindung auf **einen Kaufvertrag** beschränkt, dann fehlt es noch an einer in mehreren bisherigen Kaufverträgen **stets geübten AGB-Einbeziehungspraxis**[126]. Hier lässt sich nicht der Schluss ziehen, zum Inhalt des ohne Bezugnahme auf Verkäufer-AGB mit EV-Klausel geschlossenen nachfolgenden Kaufvertrags sollten diese AGB nach dem Willen des Verkäufers erkennbar deshalb gehören, weil sie in das einzige vorangegangene Geschäft einbezogen worden waren[127]. Eine zu bejahende **Branchenüblichkeit** von AGB reicht allein für die Annahme einer konkludenten vertraglichen Vereinbarung nicht aus[128]. Aus diesem Umstand kann nämlich nicht eindeutig gefolgert werden, dass der Verkäufer im konkreten Einzelfall nur auf Grundlage seiner AGB den Kaufvertrag abschließen will[129].

33 2. **Einbeziehung durch kaufmännisches Bestätigungsschreiben**. Die Einbeziehung von Verkäufer-AGB, die einen EV bis zur vollständigen Bezahlung des Kaufpreises enthalten, kann auch auf der Anwendung der Grundsätze über das **kaufmännische Bestätigungsschreiben** beruhen[130]. Die AGB müssen dem kaufmännischen Bestätigungsschreiben zwar nicht beigefügt werden oder dem Käufer aus einem sonstigen Grund bekannt sein[131]. Das kaufmännische Bestätigungsschreiben muss aber ausdrücklich **auf die AGB Bezug** nehmen[132]. Die Einbeziehung der EV-Klausel auf Grundlage eines unwidersprochen gebliebenen kaufmännischen Bestätigungsschreibens ist zu verneinen, wenn sich dieses Schreiben inhaltlich so weit von dem vorher Abgesprochenen entfernt, dass der Verkäufer als Absender mit dem **Einverständnis des Käufers als Empfänger** nicht rechnen kann[133]. Die Einführung von Liefer-AGB des Verkäufers im Wege eines kaufmännischen Bestätigungsschreibens ist aber im Falle eines Kaufvertrags zwischen Unternehmen nichts Ungewöhnliches, so dass der Käufer mit einem derartigen Inhalt des Schreibens grundsätzlich rechnen muss[134].

34 3. **Inhaltskontrolle einer EV-Klausel**. – a) **Vereinbarkeit mit § 305c und § 307**. Da der einfache EV in AGB in der Praxis weit verbreitet und häufig sogar branchenüblich ist, liegt

120 BGHZ 117, 190, 194; BGH NJW-RR 2003, 754, 755; BGH NJW 2014, 1296 Rz 17 (zu AGB des Lieferanten von Fernwärme).
121 BGHZ 117, 190, 194; BGH NJW-RR 2003, 754, 755.
122 BGHZ 117, 190, 194 f (zu Liefer-AGB des Verkäufers von Rohrteilen und Zubehör); BGH NJW-RR 2003, 754, 755 (zu AGB eines Transportunternehmers).
123 BGH NJW-RR 2003, 754, 755.
124 BGHZ 117, 190, 195; BGH NJW-RR 2003, 754, 755.
125 BGHZ 42, 53, 55 f; BGH NJW-RR 1991, 570, 571.
126 BGHZ 117, 190, 195 f.
127 BGHZ 117, 190, 196.
128 BGH NJW 2014, 1296 Rz 17; BGH NJW 1985, 1838, 1840; BGH NJW-RR 1992, 626, 627.
129 BGH NJW 2014, 1296 Rz 17.
130 BGHZ 7, 187, 190 („Die stillschweigende Genehmigung des Bestätigungsschreibens umfaßt nach den zutreffenden Ausführungen des Berufungsgerichts auch die in dem Schreiben ausdrücklich in Bezug genommenen Verkaufsbedingungen. Sie sind also kraft Vereinbarung Vertragsinhalt geworden […]:"); BGHZ 18, 212, 215 f; BGHZ 54, 236, 238 ff (zu den Lieferbedingungen des Verbands deutscher Maschinenbauanstalten, VDMA-Bedingungen, beim Verkauf eines Gegenstrom-Wärmetauschers); BGH NJW 1978, 2243 (zu Verkaufs- und Lieferbedingungen beim Verkauf von Treibstoff); Düsseldorf NJW 1965, 761, 762 (zu den Verkaufs und Lieferbedingungen des Verbandes Deutscher Leuchtröhren-Hersteller beim Kauf einer Reklameanlage für eine Krawattenfabrik).
131 BGHZ 7, 187, 190 f; BGHZ 54, 236, 241 f („mit ausreichender Deutlichkeit"); Düsseldorf NJW 1965, 761, 762.
132 BGHZ 7, 187, 190; Düsseldorf NJW 1965, 761, 762.
133 BGHZ 7, 187, 190; BGHZ 40, 42, 44; BGHZ 54, 236, 242; BGHZ 61, 282, 286 f; BGH NJW 1987, 1940, 1942.
134 BGHZ 54, 236, 242 (VDMA-Bedingungen).

zumindest **keine überraschende Klausel iSd § 305c Abs 1** vor[135]. Dies gilt auch dann, wenn die AGB erst durch ein kaufmännisches Bestätigungsschreiben in den Kaufvertrag eingeführt werden[136]. Eine Unwirksamkeit nach **§ 307 Abs 1 Satz 1 wegen unangemessener Benachteiligung** ist bei der formularmäßigen Begründung eines EV jedenfalls zu verneinen, soweit es um den einfachen EV geht[137]. Insoweit muss nämlich gesehen werden, dass der Käufer vor vollständiger Zahlung des Kaufpreises wegen Eingreifens der **Zug-um-Zug-Einrede des § 320 Abs 1 Satz 1** grundsätzlich weder den Anspruch auf Übereignung nach § 929 Satz 1 noch den Anspruch auf bloße Besitzverschaffung (Übergabe) durchsetzen. Zu einer derartigen Vorleistung ist der Verkäufer nur dann verpflichtet, wenn dies im Kaufvertrag vereinbart ist. Im Vergleich zu dieser bei Fehlen einer **kaufvertraglichen Vorleistungsverpflichtung des Verkäufers** bestehenden Rechtslage wird der Käufer durch eine EV-Klausel in AGB des Verkäufers sogar bessergestellt, weil er abweichend von § 320 Abs 1 Satz 1 den Besitz an der Kaufsache schon vor vollständiger Kaufpreiszahlung erhält und das Eigentum nach Zahlung der letzten Kaufpreisrate unmittelbar, dh ohne jede Mitwirkungshandlung des Verkäufers, auf ihn übergeht.

b) **Wirksamkeit von formularmäßigen Abwehrklauseln des Käufers.** Eine formularmäßige Abwehrklausel des Käufers ist gegeben, wenn er in seinem **Angebot oder in seiner Annahme** auf AGB verweist, die entweder eine EV-Klausel oder die gesamten AGB des Verkäufers zurückweisen. Sofern beide Kaufvertragsparteien auf ihre eigenen AGB verweisen, gelten die beiderseitigen formularmäßigen Bedingungen nur insoweit, als sie sich nicht widersprechen[138]. Die vom BGH früher vertretene „Theorie des letzten Wortes" gilt also nicht mehr[139]. Da im Falle einer Abwehrklausel des Käufers **keine übereinstimmenden Willenserklärungen** über die Geltung eines EV gegeben sind, muss eine kaufvertragliche Vereinbarung iSd § 449 Abs 1 zwar verneint werden[140]. Der Kaufvertrag ist aber **im Übrigen wirksam** (§ 306 Abs 1), wobei die beiderseitigen AGB zur Anwendung kommen, soweit sie sich nicht widersprechen[141]. Der nach diesen Grundsätzen in Bezug auf den Inhalt des **Kaufvertrags als schuldrechtliches Kausalgeschäft** bestehende partielle Dissens bezüglich der Geltung eines EV ändert aufgrund des Abstraktionsprinzips nichts an der Möglichkeit, die Einigung iSd § 929 Satz 1 im Zusammenhang mit der Lieferung (Übergabe) nur unter der aufschiebenden Bedingung der vollständigen Kaufpreiszahlung zu erklären[142]. Hat der Käufer Kenntnis von einer in den AGB des Verkäufers enthaltenen EV-Klausel, so kann er im Falle der Lieferung der Ware nicht von einem stillschweigenden Angebot des Verkäufers zur unbedingten Übereignung ausgehen[143]. Es kommt hier vielmehr nur eine **aufschiebend bedingte Übereignung** zustande[144]. 35

IV. Zeitpunkt der Vornahme der aufschiebend bedingten Einigung iSd § 929 Satz 1

Nach § 449 Abs 1 ist zwar im Falle eines kaufvertraglich vereinbarten EV im Zweifel anzunehmen, dass das Eigentum unter der aufschiebenden Bedingung **vollständiger Zahlung des Kaufpreises** übertragen wird. Nicht ausdrücklich geregelt ist aber in dieser Vorschrift der Zeitpunkt der Vereinbarung der aufschiebenden Bedingung[145]. Aufschiebend bedingt ist im Falle eines EV nicht der Kaufvertrag als Kausalgeschäft, sondern die Einigung iSd § 929 Satz 1 als dingliches Verfügungsgeschäft. Bei Fehlen einer abweichenden Abrede der Kaufvertragsparteien ist davon auszugehen, dass die aufschiebend bedingte Einigung zum Zeitpunkt der **Übergabe der Kaufsache** erfolgt[146]. Möglich ist zwar auch eine **antizipierte (vorweggenommene) Einigung** schon zum Zeitpunkt des Abschlusses des Kaufvertrags. Dies ist aber bei Nichtvorliegen einer ausdrücklichen Vereinbarung nur anzunehmen, sofern dafür ausreichende Anhaltspunkte bestehen. 36

V. Eigentumserwerb durch Bedingungseintritt

1. **Notwendigkeit der Erfüllung von Nebenforderungen.** – a) **Kaufpreisbegriff des § 449 Abs 1 und Kosten der Abnahme und Versendung iSd § 448 Abs 1.** Nach dem Wortlaut des 37

135 BeckOGK/Mock Rz 26.
136 Vgl dazu oben Rz 33.
137 BeckOGK/Mock Rz 26; Staud/Beckmann Rz 18; MünchKomm/Westermann Rz 13 (wegen Sachgerechtigkeit der hierdurch bewirkten Sicherheit für den Verkäufer); BeckOK/Faust Rz 13.
138 BGH WM 1977, 451, 452; BGH NJW 1985, 1838, 1839; BGH NJW 1991, 1604, 1606 (insoweit in BGHZ 113, 251 nicht abgedruckt).
139 Vgl dazu Staud/Beckmann Rz 26.
140 BGH NJW 1985, 1838, 1839 f; Staud/Beckmann Rz 26; BeckOGK/Mock Rz 27.
141 BGHZ 61, 282, 287 f; BGH NJW 1985, 1838, 1839 f; Staud/Beckmann Rz 26; BeckOGK/Mock Rz 27.
142 BGHZ 104, 129, 136 f; BGH NJW 1982, 1749, 1750; BGH NJW 1982, 1751; BGH NJW-RR 1986, 1378; Staud/Beckmann Rz 27; BeckOGK/Mock Rz 27.
143 BGHZ 104, 129, 136 f; BGH NJW 1982, 1749, 1750; BGH NJW 1982, 1751; BGH NJW-RR 1986, 1378; Staud/Beckmann Rz 27; BeckOGK/Mock Rz 27.
144 BGHZ 104, 129, 136 f; BGH NJW 1982, 1749, 1750; BGH NJW 1982, 1751; BGH NJW-RR 1986, 1378; Staud/Beckmann Rz 27; BeckOGK/Mock Rz 27.
145 Vgl BeckOK/Faust Rz 14.
146 BeckOK/Faust Rz 14.

§ 449 Abs 1 hängt der Eintritt der für den Eigentumserwerb nach § 929 Satz 1 notwendigen aufschiebenden Bedingung im Zweifel von der vollständigen Zahlung des Kaufpreises ab. Gem § 448 trägt der Verkäufer einer beweglichen Sache die Kosten der Übergabe der Sache und der Käufer die Kosten der Abnahme sowie der Versendung beim Versendungskauf iSd § 447. Die dispositive Vorschrift des § 448 Abs 1 regelt die Verteilung der mit der Durchführung des Kaufs entstehenden Kosten im schuldrechtlichen **Verhältnis der Kaufvertragsparteien** zueinander[147]. Die in § 448 Abs 1 vorgesehene Kostenverteilung kommt nur zur Anwendung, soweit der geschlossene Kaufvertrag **keine Abweichung vorsieht**[148]. Entschieden wird durch diese Norm, inwieweit der Verkäufer – bei Fehlen einer besonderen kaufvertraglichen Vereinbarung – die im Rahmen der **Vertragserfüllung entstehenden Kosten** dem Käufer zusätzlich zum vereinbarten Kaufpreis in Rechnung stellen kann[149]. Ist im konkreten Einzelfall die Zulässigkeit einer separaten Berechnung zu verneinen, so sind die **lieferungsbezogenen Aufwendungen des Verkäufers** als mit dem vereinbarten Kaufpreis abgegolten anzusehen[150]. Für die Frage des Eintritts der aufschiebenden Bedingung durch vollständige Kaufpreiszahlung kommt es nicht darauf an, ob die vom **Käufer** gem § 448 Abs 1 zu tragenden Kosten der Lieferung (insbes Versendungskosten) vom Verkäufer schon bei der **Kaufpreiskalkulation** berücksichtigt werden oder separat in Rechnung gestellt werden können. Insoweit geht es nur um die Modalitäten der Berechnung und nicht um die grundsätzliche Kostentragungspflicht. Soweit Abnahme- und Transportkosten dem Käufer gem § 448 Abs 1 zusätzlich zum Kaufpreis gesondert in Rechnung gestellt werden, ist daher davon auszugehen, dass die aufschiebende Bedingung erst eintritt, wenn auch diese Nebenforderungen erfüllt sind[151].

38 b) **Erfüllung von kaufvertraglich vereinbarten Nebenforderungen.** In Bezug auf lieferungsbezogene Nebenforderungen, die sich nicht unmittelbar aus der dispositiven Regelung des § 448 Abs 1 ergeben, sondern die auf einer besonderen Vereinbarung im Kaufvertrag beruhen, gilt ebenfalls der Grundsatz, dass der Eintritt der aufschiebenden Bedingung auch von der Erfüllung dieser Forderungen abhängt[152]. Insoweit geht es insbes um Fälle, in denen **lieferungsbezogene Aufwendungen** des Verkäufers nach § 448 Abs 1 nicht vom Käufer zu tragen sind. Der Verkäufer kann diese Aufwendungen entweder bei der Kalkulation des Kaufpreises berücksichtigen oder als separate Nebenforderung im Kaufvertrag vereinbaren. Für die **Gesamtbelastung des Käufers** ist dies ohne Belang. Praktische Bedeutung haben insoweit insbes die Fälle, in denen der Verkäufer die nach § 448 Abs 1 eigentlich von ihm zu tragenden **Übergabekosten (zB Verpackungskosten)**[153] im Kaufvertrag als vom Käufer zu erfüllende Nebenforderung ausweist. Der für den Eigentumserwerb des Käufers erforderliche Eintritt der aufschiebenden Bedingung hängt dann auch davon ab, dass derartige lieferungsbezogene Nebenforderungen erfüllt werden[154]. Für den Bedingungseintritt ist es also unerheblich, ob diese Kosten schon Bestandteil des Kaufpreises sind oder besonders als Nebenforderung ausgewiesen werden.

39 c) **Zahlung der vom Verkäufer in Rechnung gestellten Umsatzsteuer (Mehrwertsteuer)**. Bei Bestehen einer Umsatzsteuerpflicht muss der Verkäufer als leistender Unternehmer gem **UstG § 14 Abs 4 Satz 1 Nr 7 und Nr 8** den Netto-Kaufpreis und die nach dem anzuwendenden Steuersatz berechnete Umsatzsteuer separat ausweisen. Dies ändert aber nichts daran, dass die für den Eintritt der aufschiebenden Bedingung erforderliche vollständige Kaufpreiszahlung iSd § 449 Abs 1 erst dann gegeben ist, wenn auch die Umsatzsteuer bezahlt ist[155]. Für das Auslösen der Bedingung muss also der **Brutto-Kaufpreis** entrichtet werden. Der Käufer wird zwar, sofern er selbst als **Unternehmer** der Umsatzsteuerpflicht unterliegt, letztlich aufgrund des **Vorsteuerabzugs nach UstG § 15** nicht mit der vom Verkäufer in Rechnung gestellten Umsatzsteuer belastet. Der Vorbehaltskäufer muss aber auch in diesem Fall – mit der Möglichkeit der Durchführung eines Vorsteuerabzugs – den **vollen Rechnungsbetrag**, dh den Netto-Kaufpreis und die Umsatzsteuer, an den Verkäufer leisten[156]. Die vom Käufer an den Verkäufer zu zahlende Umsatzsteuer stellt aufseiten des Käufers vielmehr gem UstG § 15 einen **Abzugsposten bei der Anmeldung und Abführung** der für eigene Lieferungen und sonstige Leistungen eingenommenen Umsatzsteuer dar. Die an den Verkäufer gezahlte Umsatzsteuer (Vorsteuer) reduziert also den Umsatzsteuerbetrag, den der Käufer an das Finanzamt abführen muss. Für den Eintritt der aufschiebenden Bedingung nach § 449 Abs 1 ist die gem UStG § 14 bei der Abwick-

147 Vgl § 448 Rz 3.
148 Vgl § 448 Rz 3.
149 Vgl § 448 Rz 4.
150 Vgl § 448 Rz 4.
151 So iE auch Staud/Beckmann Rz 41; BeckOGK/Mock Rz 46 (Kaufpreishöhe umfasse auch die von § 448 vorgenommene Kostenverteilung); BeckOK/Faust Rz 11; aA Erman/Grunewald Rz 38.
152 So iE auch Staud/Beckmann Rz 41; BeckOK/Faust Rz 11; aA BeckOGK/Mock Rz 46 (Nebenforderungen nur bei ausdrücklicher Vereinbarung zu berücksichtigen); Erman/Grunewald Rz 38.
153 Vgl dazu § 448 Rz 14 ff.
154 So iE auch Staud/Beckmann Rz 41; BeckOK/Faust Rz 11; aA Erman/Grunewald Rz 38.
155 Staud/Beckmann Rz 41; BeckOGK/Mock Rz 46.
156 Vgl BeckOGK/Mock Rz 46.

lung eines Kaufgeschäfts erforderliche Aufspaltung des Rechnungsbetrags in das Entgelt für die Lieferung und die danach berechnete Umsatzteuer daher ohne Bedeutung[157].

d) **Zinsen und Verzugszinsen**. Schuldet der Käufer nach dem Kaufvertrag oder kraft Gesetzes für die Kaufpreisforderung iSd § 433 Abs 2 als **Hauptforderung** Verzugszinsen oder sonstige Zinsen, so ist auch die Erfüllung derartiger **Nebenforderungen** für den Eintritt der aufschiebenden Bedingung erforderlich[158]. Davon ist auch dann auszugehen, wenn dies von den Kaufvertragsparteien im Zusammenhang mit der Begründung des EV nicht besonders vereinbart wird. Die Abhängigkeit des Bedingungseintritts von der vollständigen Erfüllung auch der Nebenforderungen in Gestalt von Zinsen folgt aus dem Zweck des EV, der in erster Linie darin besteht, den Rückgewähranspruch des Verkäufers im Falle des **verzugsbedingten Rücktritts vom Kaufvertrag** zu sichern[159]. Da der Verkäufer grundsätzlich auch im Falle des Verzugs des Käufers mit der Erfüllung bestehender Nebenforderungen gem § 323 Abs 1 vom Kaufvertrag zurücktreten kann, bezieht sich die durch EV begründete **Sicherheit** auch auf die Zinsforderungen. Zudem könnte der Verkäufer bei Nichtvorliegen einer EV-Abrede und der deshalb Platz greifenden **Zug-um-Zug-Einrede** des § 320 Abs 1 Satz 1 die Übereignung auch davon abhängig machen, dass zusätzlich zum vereinbarten Kaufpreis auch die darauf bezogenen Nebenforderungen erfüllt sind. 40

2. **Voraussetzungen des Bedingungseintritts beim Sukzessivlieferungsvertrag.** Der Sukzessivlieferungsvertrag ist ein einheitlicher Kaufvertrag über eine Gesamtmenge, wobei **Teillieferungen** nach Bedarf und auf **Abruf des Käufers** oder zu von vornherein **fixierten Lieferterminen** erfolgen. Es handelt sich nicht um ein Dauerschuldverhältnis. Das Vorliegen eines einheitlichen Kaufvertrags ist der entscheidende Gesichtspunkt bei der Frage des **Umfangs der Verkäufersicherung** durch EV und der davon abhängenden Voraussetzungen des Bedingungseintritts. Unproblematisch ist insoweit der Fall, in dem der geschlossene Sukzessivlieferungsvertrag den Übergang des Eigentums an den Waren der einzelnen Teillieferungen ausdrücklich von der **Entrichtung des Gesamtkaufpreises** abhängig macht. Fehlt eine solche ausdrückliche vertragliche Vereinbarung der Kaufvertragsparteien, so ist der Umfang der Sicherung von der Auslegung des Sukzessivlieferungsvertrags abhängig[160]. Richtig ist, dass die Vereinbarung einer **größeren Anzahl von Teillieferungen** und die damit einhergehende längere Dauer der Lieferbeziehung für einen Eintritt der aufschiebenden Bedingung bezüglich einer Teillieferung schon bei Leistung des darauf bezogenen Kaufpreises sprechen kann[161]. Gleichwohl ist im Zweifel eine **Sicherung sämtlicher Zahlungsansprüche** des Verkäufers aus dem geschlossenen Sukzessivlieferungsvertrag durch den vereinbarten EV anzunehmen[162]. Die Aufteilung eines Kaufgeschäfts in mehrere Teillieferungen dient überwiegend dem **Interesse des Käufers**, weil er keine Teilmengen zwischenlagern und bezahlen muss, die über den aktuellen Bedarf hinausgehen. Daher entspricht es regelmäßig nicht dem Willen des Vorbehaltsverkäufers, bei Aufteilung des vereinbarten Gesamtbedarfs des Käufers in mehrere separat in Rechnung zu stellende Teillieferungen auf die Sicherheit zu verzichten, die der vereinbarte EV bei Erfolgen einer **einheitlichen Lieferung der Gesamtmenge** böte. 41

3. **Eintritt der aufschiebenden Bedingung bei Übergabe eines Schecks oder Wechsels durch Käufer**. – a) **Rechtslage bei Vorliegen einer Leistung des Käufers erfüllungshalber**. Die Übergabe eines Schecks oder Wechsels durch den Käufer zum Zwecke der Begleichung einer Kaufpreisschuld stellt idR nur eine Leistung erfüllungshalber (§ 364 Abs 2) dar[163]. Eine Leistung erfüllungshalber des Vorbehaltskäufers führt grundsätzlich noch nicht zum Eintritt der aufschiebenden Bedingung[164]. Die Erfüllung tritt nach § 362 Abs 1 ein, „wenn die geschuldete Leistung an den Gläubiger bewirkt wird". Dies ist im Falle der Bezahlung durch Übergabe eines Schecks oder Wechsels erst in dem Zeitpunkt zu bejahen, in dem der Verkäufer **im Rahmen des Einzugs** des Wechsels bzw Schecks endgültig die Kaufpreiszahlung in Gestalt einer **Gutschrift auf seinem Konto** erhalten hat[165]. Wird ein vom Verkäufer ausgestellter Wechsel nach Annahme und Übergabe durch den Käufer vom Verkäufer bei seiner Bank nicht zum Einzug (Wechselinkasso) eingereicht, sondern von der Bank **diskontiert** und damit angekauft[166], so ist gleichwohl für die 42

157 So auch Staud/Beckmann Rz 41; BeckOGK/Mock Rz 46.
158 Staud/Beckmann Rz 41; aA BeckOGK/Mock Rz 46; Grüneberg/Weidenkaff Rz 23; Erman/Grunewald Rz 38.
159 Vgl dazu oben Rz 16.
160 BeckOGK/Mock Rz 49; BeckOK/Faust Rz 11.
161 BeckOGK/Mock Rz 49.
162 Differenzierend BeckOGK/Mock Rz 49; aA BeckOK/Faust Rz 11.
163 BGHZ 96, 182, 186; BGH WM 1955, 1255, 1256; Soergel/Schreiber § 364 Rz 7.
164 RGZ 140, 156, 159; BGHZ 96, 182, 186; Staud/Beckmann Rz 41; MünchKomm/Westermann Rz 22; BeckOGK/Mock Rz 48; BeckOK/Faust Rz 17.
165 RGZ 140, 156, 159; BGHZ 96, 182, 186; Staud/Beckmann Rz 42; MünchKomm/Westermann Rz 22.
166 Vgl KWG § 1 Abs 1 Satz 2 Nr 3.

Erfüllungswirkung und damit für den Bedingungseintritt erforderlich, dass der Käufer ihn als Akzeptant **bei Vorlage einlöst** und dadurch die **Wechselhaftung des Verkäufers als Aussteller** (WG Art 9) beendet[167]. Nach WG Art 9 Abs 1 haftet der Verkäufer, wenn er – wie im Regelfall – den vom Käufer akzeptierten Wechsel ausgestellt hat, auch für die „Zahlung des Wechsels". Tritt vor der Einlösung des Wechsels durch den Käufer ein Tatbestand ein, der den Verkäufer sowohl nach dem der Weitergabe des Wechsels zugrundeliegenden Rechtsverhältnis als auch nach Wechselrecht berechtigt, den **erlangten Diskonterlös zu behalten** (zB im Falle der Präjudizierung der Rückgriffsansprüche gem WG Art 53), so tritt zu diesem Zeitpunkt auch schon die aufschiebende Bedingung ein[168].

43 b) **Bedingungseintritt bei Akzeptantenwechsel-Verfahren und Wechsel-Scheck-Verfahren.** Vereinbaren die Kaufvertragsparteien zum Zwecke der Erfüllung der Kaufpreisforderung die Durchführung eines Akzeptantenwechsel-Verfahrens, so stellt zwar der Verkäufer – wie bei kaufpreisbezogenen Wechselgeschäften üblich – einen Wechsel aus, den der **Käufer als Bezogener** akzeptiert (annimmt). Die Besonderheit des Akzeptantenwechsel-Verfahrens besteht dann aber darin, dass der angenommene Wechsel nicht dem Verkäufer übergeben, sondern vom Käufer bei seiner Bank zum Zwecke der Finanzierung des Kaufpreises zur **Diskontierung** eingereicht wird[169]. Der Käufer verkauft also den von ihm selbst als Bezogenem iSd WG Art 28 Abs 1 und damit als Hauptschuldner angenommenen Wechsel. Wird nun mit dem Diskonterlös die Kaufpreisschuld des Vorbehaltskäufers aus § 433 Abs 2 getilgt, so erlischt durch Eintritt der aufschiebenden Bedingung der EV, obwohl die **wechselrechtliche Rückgriffshaftung** des Verkäufers aus WG Art 9 Abs 1 (Ausstellerhaftung)[170] auch hier besteht, bis der Käufer als Bezogener die Wechselforderung gegenüber dem Wechselinhaber erfüllt[171]. Der wesentliche Unterschied zwischen dem Akzeptantenwechsel-Verfahren und dem klassischen Fall der Übergabe eines vom Käufer angenommenen Wechsels an den Verkäufer, der dann den Wechsel bei seiner Bank zum Diskont einreicht[172], ist darin zu sehen, dass der Käufer beim Akzeptantenwechsel-Verfahren den Kaufpreis an den Verkäufer zahlt. Der **Fortbestand der Wechselverpflichtung** des Käufers steht der Erfüllung der Kaufpreisforderung aus § 433 Abs 2 nicht entgegen[173]. Denn beim Akzeptantenwechsel-Verfahren zahlt der Käufer den geschuldeten Kaufpreis an den Verkäufer in rechtlicher Hinsicht **vorbehalts- und bedingungslos**, so dass die Rechtsbeständigkeit und Endgültigkeit dieser vertragsmäßigen Leistung als Voraussetzung für die Erfüllungswirkung iSd § 362 Abs 1 zu bejahen ist[174].

44 Nimmt die **diskontierende Bank** im Falle der Vornahme des Akzeptantenwechsel-Verfahrens beim Verkäufer als Aussteller des Wechsels **gem WG Art 9 Abs 1 Rückgriff**, weil der Käufer als Bezogener die Wechselverpflichtung aus WG Art 28 Abs 1 bei termingerechter Vorlage des von ihm angenommenen Wechsels nicht getilgt hat, so zahlt der dafür haftende Verkäufer nicht den vom Käufer **erhaltenen Kaufpreis** zurück[175]. Er erfüllt vielmehr eine eigene wechselrechtliche Verpflichtung[176]. Dass der Vorbehaltskäufer sich bei dem hier in Rede stehenden Verfahren den Kaufpreis durch Diskontierung des von ihm selbst angenommen Wechsels (Akzeptantenwechsels) beschafft hat, ist wegen der **Selbständigkeit der Wechselverpflichtung des Verkäufers** für die Frage des Erlöschens des EV durch Zahlung des Kaufpreises unerheblich[177]. Der Kaufvertrag als Grundlage der Kaufpreisforderung aus § 433 Abs 2 muss getrennt gesehen werden vom **wechselrechtlichen Rückgriffsverhältnis** nach WG Art 9 Abs 1. Dies ist deshalb interessengerecht, weil der Verkäufer hier das Risiko seiner wechselrechtlichen Ausstellerhaftung (WG Art 9 Abs 1) in Kauf nimmt, um ohne weiteres und unmittelbar den Kaufpreis von der Bank des Käufers zu erhalten.

45 Die bezüglich des Erlöschens des EV bei Wahl des Akzeptantenwechsel-Verfahrens dargelegten Grundsätze[178] gelten entsprechend, wenn dieses Verfahren ergänzt wird durch die Übergabe eines **vom Käufer ausgestellten Schecks** an den Verkäufer[179]. Entscheidend für den Eintritt der

167 BGHZ 96, 182, 186; RGZ 140, 156, 159; Staud/Beckmann Rz 42; MünchKomm/Westermann Rz 22; Serick, Eigentumsvorbehalt und Sicherungsübereignung I, 1963, S 418 f; vgl zur Rechtslage beim Akzeptantenwechsel-Verfahren und beim Wechsel-Scheck-Verfahren Rz 43 ff.
168 BGHZ 96, 182, 186; BGH WM 1975, 1255, 1256.
169 Vgl dazu BGHZ 56, 264; BGHZ 97, 197.
170 Vgl dazu vorstehend Rz 42.
171 BGHZ 56, 264, 267; BGHZ 97, 197, 200 ff; BeckOGK/Mock Rz 48; Grüneberg/Weidenkaff Rz 23; aA Staud/Beckmann Rz 42; MünchKomm/Westermann Rz 22; offenlassend BeckOK/Faust Rz 17.
172 Vgl dazu vorstehend Rz 42.
173 BGHZ 56, 264, 267.
174 BGHZ 97, 197, 203; Soergel/Schreiber § 364 Rz 7 aE.
175 BGHZ 97, 197, 203.
176 BGHZ 97, 197, 203.
177 BGHZ 97, 197, 203.
178 Vgl vorstehend Rz 43 f.
179 Vgl BeckOGK/Mock Rz 48.1; aA Staud/Beckmann Rz 42 (Erfüllung erst, wenn die Haftung des Verkäufers aus dem Wechsel ausgeschlossen ist); MünchKomm/Westermann Rz 22; P Ulmer/Heinrich DB 1972, 1149, 1151 ff; offenlassend BeckOK/Faust Rz 17.

aufschiebenden Bedingung iSd § 449 Abs 1 ist hier die **Bezahlung des Schecks**. Wird der Scheck von der **bezogenen Bank** zugunsten des Verkäufers bezahlt, so tritt – wie beim Akzeptantenwechsel-Verfahren – ohne weiteres die aufschiebende Bedingung ein[180]. Für die Erfüllung der Kaufpreisschuld kommt es letztlich nicht darauf an, ob nach **Diskontierung** des vom Käufer angenommenen und bei seiner Bank eingereichten Wechsels eine Banküberweisung an den Verkäufer erfolgt oder ihm ein vom Käufer **ausgestellter Scheck übergeben** wird, den die bezogene Bank fristgerecht bezahlt.

4. **Zeitpunkt des Eigentumserwerbs bei Eintritt der aufschiebenden Bedingung – keine Rückwirkung nach § 184**. Mit Eintritt der aufschiebenden Bedingung erwirbt der Vorbehaltskäufer das Eigentum, wodurch gleichzeitig der EV erlischt. Die Regelung des § 184 Abs 1, nach der die **Genehmigung eines Rechtsgeschäfts**, dessen Wirksamkeit von der Zustimmung eines Dritten abhängt, auf den **Zeitpunkt der Vornahme des Rechtsgeschäfts** zurückwirkt, ist auf den Fall der wegen Vereinbarung eines EV aufschiebend bedingten Übereignung nach § 929 weder direkt noch analog anwendbar. Der Eigentumserwerb und demzufolge auch das Erlöschen des EV erfolgen vielmehr nur mit Wirkung für die Zukunft (ex nunc)[181]. Der Käufer ist allerdings schon vor diesem Zeitpunkt weitgehend dadurch geschützt, dass der Verkäufer aufgrund der vereinbarten aufschiebenden Bedingung gem § 161 Abs 1 nicht mehr wirksam über den Kaufgegenstand verfügen kann und das darauf beruhende **Anwartschaftsrecht** des Käufers im Vergleich zum Eigentum ein **wesensgleiches Minus** darstellt. Der exakte Zeitpunkt des Eigentumserwerbs ist daher für die Rechtsstellung des Käufers idR nicht von großer Bedeutung. Das Gleiche gilt für den Verkäufer, sofern der Käufer seinen **Zahlungsverpflichtungen** nachkommt. Im Falle der Insolvenz des Käufers vor Bedingungseintritt steht dem **Insolvenzverwalter** allerdings in Bezug auf die endgültige Durchführung des Kaufvertrags ein Wahlrecht zu[182]. 46

VI. Wegfall des EV durch Untergang der Kaufpreisforderung

Das beim EV aufgrund der aufschiebend bedingten Übereignung und des darauf beruhenden Schutzes nach § 161 bestehende **Anwartschaftsrecht des Käufers**[183] ist zwar im Verhältnis zum (Voll-)Eigentum als wesensgleiches Minus anzusehen und ebenfalls entsprechend den § 929 ff übertragbar[184]. Eine bedeutende Schwäche des Anwartschaftsrechts im Vergleich zum Eigentum besteht aber darin, dass im Falle des **Fortfalls des Kaufvertrags** die Kaufpreisforderung des Verkäufers aus § 433 Abs 2 nicht mehr besteht und daher die aufschiebende Bedingung iSd § 158 Abs 1 als Voraussetzung des Eigentumserwerbs des Käufers nicht mehr eintreten kann[185]. Ursache des Fortfalls des Kaufvertrags kann auch eine **Anfechtung wegen Irrtums** (§ 119) oder **arglistiger Täuschung** (§ 123) sein. Hier entfällt der Kaufvertrag gem § 142 Abs 1 mit Wirkung ex tunc. Die größte praktische Bedeutung hat in dieser Hinsicht jedoch der **Rücktritt des Verkäufers** vom Kaufvertrag gem §§ 323 Abs 1, 346 Abs 1 wegen **Zahlungsverzugs des Käufers**. Der vereinbarte EV steht dann gem § 449 Abs 2 auch einem Herausgabeverlangen des Verkäufers nicht mehr entgegen[186]. Kann die aufschiebende Bedingung durch Wegfall des Kaufvertrags nicht mehr eintreten, so erlischt eben auch der EV als Grundlage für das Anwartschaftsrecht des Käufers[187]. Die **Rechtsstellung des Verkäufers** als (Voll-)Eigentümer wird zwar durch den Wegfall des EV und des Anwartschaftsrechts des Käufers formal nicht verändert. Es entfällt aber das dem Verkäufer aufgrund der aufschiebenden Bedingung obliegende Verfügungsverbot des § 161 Abs 1, dh, er erlangt in vollem Umfang die **Dispositionsbefugnis** über die bisherige Vorbehaltsware zurück. 47

180 AA MünchKomm/Westermann Rz 22.
181 Staud/Beckmann Rz 41; vgl dazu auch Serick, Eigentumsvorbehalt und Sicherungsübereignung I, 1963, S 410 ff.
182 Vgl zu den Einzelheiten Rz 101.
183 Vgl dazu oben Rz 21.
184 Vgl Soergel/Höpfner Anh § 929 Rz 71, 74.
185 BeckOGK/Mock Rz 52; Erman/Grunewald Rz 41.
186 Vgl zu den Einzelheiten des Rücktritts unten Rz 82 ff.
187 Vgl BeckOGK/Mock Rz 52; Erman/Grunewald Rz 41; BeckOK/Faust Rz 17.

VII. Einseitiger Verzicht des Verkäufers auf die aufschiebende Bedingung vor Kaufpreiszahlung

48 Der EV erlischt auch dadurch, dass der Verkäufer einseitig auf den EV verzichtet[188]. Eine Annahme dieser Verzichtserklärung durch den Käufer ist nicht erforderlich[189]. Ein solcher Verzicht kann vom Verkäufer auch **konkludent erklärt** werden[190]. Beim **Verkauf eines Kraftfahrzeugs** unter EV ist eine nachfolgende Übersendung der **Zulassungsbescheinigung Teil II (Fahrzeugbrief)** idR als ein konkludenter Verzicht des Vorbehaltsverkäufers auf den EV anzusehen[191]. Nicht ausreichend ist aber insoweit die Übersendung der Zulassungsbescheinigung Teil II an ein Finanzierungsinstitut[192]. Eine gewisse Bedeutung hat der Verzicht auf den EV beim Fahrzeugkauf in den Fällen, in denen nach der nur erfüllungshalber erfolgten **Übergabe eines Schecks** (oder eines Wechsels) an den Verkäufer, wodurch die aufschiebende Bedingung eben noch nicht eintritt[193], von ihm die Zulassungsbescheinigung Teil II an den Käufer übersandt wird[194]. Nicht ohne weiteres als Verzicht auf den EV ist allerdings die **Pfändung der „Vorbehaltsware"** im Auftrag des Verkäufers beim Käufer anzusehen[195]. Vor Eintritt der aufschiebenden Bedingung kann das **Anwartschaftsrecht** des Vorbehaltskäufers separat im Rahmen der **Doppelpfändung** gepfändet werden[196]. Diese Möglichkeit hat auch der Vorbehaltsverkäufer. Auf sein noch bestehendes Eigentum muss er dafür zu diesem Zeitpunkt nicht verzichten. Daher rechtfertigt die **Pfändung des Anwartschaftsrechts** bei Fehlen sonstiger Anhaltspunkte nicht den Schluss, der Verkäufer verzichte hierdurch auf den EV.

49 Der einseitige Verzicht des Vorbehaltsverkäufers auf den EV könnte zwar auch, sofern es darauf ankäme, als **konkludentes Angebot einer Einigung** iSd § 929 Satz 1 ausgelegt werden[197]. Bei Fehlen einer ausdrücklichen Annahmeerklärung des Käufers wäre dann eine konkludente Annahmeerklärung idR in der vertragsgerechten Verwendung der Vorbehaltsware zu sehen. Die Konstruktion einer konkludenten Übereignung im Falle einer ausdrücklichen oder konkludenten Verzichtserklärung des Verkäufers ist aber deshalb entbehrlich, weil die von einem Teil der Lit[198] gegen die Zulässigkeit des Verzichts auf den EV vorgebrachten Bedenken nicht überzeugen[199]. Der BGH hat in der **Grundsatzentscheidung BGHZ 127, 129** zu Recht bestätigt, dass der aus einer aufschiebenden Bedingung Begünstigte einseitig durch formfreie und nicht annahmebedürftige Erklärung auf die Bedingung verzichten könne, sofern der Eintritt der Bedingung von der vollständigen Kaufpreiszahlung abhängt[200]. Der Käufer kann zwar durch **Unterlassen der Zahlung des Kaufpreises** den Eintritt der Bedingung und damit das Wirksamwerden der Übereignung (§ 929) verhindern. Dies stellt aber nur einen **bloßen „Reflex" der Bedingungsvereinbarung** dar, der für die Frage der Berechtigung zum einseitigen Verzicht unbedeutend ist[201]. Entscheidend für die Zulässigkeit des einseitigen Verzichts spricht vielmehr, dass der EV mit der aufschiebenden Bedingung als Rechtsgrundlage in erster Linie dem **Sicherungsinteresse des Vorbehaltsverkäufers** dient[202].

188 RGZ 66, 344, 349; BGHZ 127, 129, 133 (zum Verkauf eines GmbH-Geschäftsanteils unter aufschiebender Bedingung der vollständigen Kaufpreiszahlung); BGH NJW 1958, 1231, 1232; BGH WM 1983, 1189, 1190; BGH WM 1989, 256 (zum Verkauf eines GmbH-Geschäftsanteils unter insgesamt vier aufschiebenden Bedingungen); Stuttgart Recht 1915 Nr 2; Staud/Beckmann Rz 54; aA Erman/Grunewald Rz 41; BeckOGK/Mock Rz 53; Gernhuber, FS für Baur, 1981, S 31, 38.

189 RGZ 66, 344, 349; BGHZ 127, 129, 133; BGH NJW 1958, 1231, 1232; BGH WM 1983, 1189, 1190; Stuttgart Recht 1915 Nr 2; Staud/Beckmann Rz 54; aA Erman/Grunewald Rz 41; BeckOGK/Mock Rz 53; Gernhuber, FS für Baur, 1981, S 31, 38.

190 BGH NJW 1958, 1231, 1232 (bedingungslose Übergabe des Fahrzeugbriefs beim Verkauf eines Lkw nach Entgegennahme eines Wechsels für die Restkaufpreissumme); BGH BeckRS 1963, 31190346; BGH WM 1983, 1189, 1190.

191 BGH NJW 1958, 1231; BGH BeckRS 1963, 31190346; BGH WM 1983, 1189, 1190 (Übersendung der Fahrzeugbriefe für Sattelzugmaschinen gegen Zusage der Bezahlung eines Wechsels).

192 BGH BeckRS 1963, 31190346 (Übersendung des Fahrzeugbriefs an die den Kaufpreis für einen Lkw finanzierende Bank). In diesem Fall des BGH kam hinzu, dass der zahlungshalber vom Käufer übergebene Scheck nicht gedeckt war und später auch der zahlungshalber übergebene Wechsel zu Protest ging.

193 Vgl dazu oben Rz 42 ff.

194 So in den Fällen BGH NJW 1958, 1231; BGH BeckRS 1963, 31190346; BGH WM 1983, 1189, 1190.

195 RGZ 66, 344, 348; Staud/Beckmann Rz 54; Serick, Eigentumsvorbehalt und Sicherungsübereignung I, 1963, S 320, 437 f.

196 Vgl dazu unten Rz 100.

197 Vgl dazu Erman/Grunewald Rz 41; BeckOGK/Mock Rz 53; Gernhuber, FS für Baur, 1981, S 31, 38.

198 Erman/Grunewald Rz 41; BeckOGK/Mock Rz 53; Gernhuber, FS für Baur, 1981, S 31, 38.

199 RGZ 66, 344, 349; BGHZ 127, 129, 133; BGH NJW 1958, 1231, 1232; BGH WM 1983, 1189, 1190; Stuttgart Recht 1915 Nr 2; Staud/Beckmann Rz 54.

200 BGHZ 127, 129, 133 (zum Verkauf eines GmbH-Geschäftsanteils unter der aufschiebenden Bedingung der vollständigen Kaufpreiszahlung).

201 BGHZ 127, 129, 133 f.

202 BGHZ 127, 129, 133 f; vgl dazu auch oben Rz 16 ff.

VIII. Erlöschen des EV durch Weiterveräußerung oder Weiterverarbeitung nach §§ 946 ff

Ein einfacher EV erlischt zwar auch dann, wenn der Vorbehaltskäufer die Vorbehaltsware weiterveräußert oder weiterverarbeitet und der Dritte daran das **Eigentum erwirbt**[203]. IdR erfolgt dies aber im Rahmen eines **verlängerten EV** durch Weiterveräußerung/Weiterverarbeitung aufgrund einer dem Vorbehaltskäufer erteilten **Ermächtigung iSd § 185 Abs 1**[204]. Der nur faktisch auch vorliegende einfache EV ist von vornherein nicht darauf angelegt, dem Vorbehaltsverkäufer bis zur vollständigen Kaufpreiszahlung als Sicherheit zu dienen. Die Sicherung erfolgt vielmehr durch die mit Ermächtigung nach § 185 Abs 1 einhergehende **Vorausabtretung der Vergütungsforderung** des Vorbehaltskäufers gegen den Dritten[205]. Besteht von vornherein kein verlängerter EV oder erfolgt die Weiterveräußerung durch den Vorbehaltskäufer nicht im Rahmen eines **ordnungsgemäßen Geschäftsgangs**[206], so kann der Dritte das Eigentum nur gutgläubig erwerben nach **§§ 929 Satz 1, 932 oder HGB § 366**. Insoweit gelten die allgemeinen Voraussetzungen des gutgläubigen Erwerbs. Der Vorbehaltskäufer begeht allerdings eine **Vertragsverletzung**, so dass es sich um einen **irregulären Fall** der Beendigung des einfachen EV handelt. 50

Entsprechendes gilt, wenn der Vorbehaltskäufer die Vorbehaltsware bei Fehlen einer Ermächtigung iSd § 185 Abs 1 oder **außerhalb des ordnungsgemäßen Geschäftsverkehrs** bei einem Dritten einbaut (§ 946) oder gem § 950 eine Verarbeitung mit der Folge des **Eigentumsverlusts** vornimmt. Auch hier endet der einfache EV mit dem Eigentumserwerb des Dritten. Auf eine Gutgläubigkeit des Dritten kommt es bei diesen Fällen des gesetzlichen Eigentumserwerbs nicht an. Eine **Bösgläubigkeit** des Dritten kann aber **Schadensersatz- oder/und Bereicherungsansprüche** des Vorbehaltsverkäufers wegen Verlusts des Eigentums an der Vorbehaltsware begründen. IdR beruht die Beendigung des einfachen EV durch Einbau nach § 946 oder Verarbeitung nach § 950 aber in rechtmäßiger Weise darauf, dass ohnehin ein verlängerter EV vereinbart und der Vorbehaltskäufer daher zur Weiterverarbeitung (einschließlich Einbau iSd § 946) **gem § 185 Abs 1 ermächtigt** ist[207]. 51

IX. Änderung der aufschiebenden Bedingung während der Schwebezeit

1. **Grundsatz der Abänderbarkeit – Vertragsfreiheit.** Ein bestehender EV kann bis zum Eintritt der aufschiebenden Bedingung, also bis zur vollständigen Kaufpreiszahlung, grundsätzlich in der Weise erweitert werden, dass der Erwerb des (Voll-)Eigentums durch den Käufer von der **Erfüllung sonstiger Forderungen** des Verkäufers abhängt[208]. Bis zum Bedingungseintritt unterliegt die Einigung iSd § 929 Satz 1 im Rahmen der Vertragsfreiheit der **Disposition der Kaufvertragsparteien**[209]. Sie können diese Einigung grundsätzlich sowohl wieder aufheben als auch ändern, indem eine andere Bedingung hinzugefügt wird[210]. Durch die Vereinbarung der Aufhebung der **aufschiebenden Bedingung** wird der sofortige Eigentumserwerb des Käufers bewirkt. Dies kann der Verkäufer auch durch einseitigen Verzicht auf die Bedingung ohne das Erfordernis einer Zustimmungserklärung des Käufers bewirken[211]. Im Falle der Veränderung der Bedingung, die idR zu einer Erweiterung führt, geht das vorbehaltene Eigentum erst dann auf den Käufer über, wenn (auch) die nachträglich vereinbarte Bedingung eintritt[212]. Grundsätzlich unerheblich ist, ob von vornherein **mehrere Bedingungen** vereinbart werden oder nachträglich Ergänzungen in dieser Hinsicht erfolgen[213]. Anders ist die Rechtslage insoweit aber dann, wenn der Käufer das erworbene **Anwartschaftsrecht** bereits auf einen Dritten weiterübertragen hat[214]. 52

2. **Änderung der Bedingung nach Übertragung des Anwartschaftsrechts auf Zweiterwerber.** – a) **Zulässiger Wegfall des Kaufvertrags durch Ausübung eines Gestaltungsrechts.** Die Übertragung des durch Vereinbarung einer aufschiebenden Bedingung begründeten Anwartschaftsrechts auf einen Dritten (Zweiterwerber) ändert grundsätzlich nichts daran, dass der **Erwerb des Eigentums** von der Erfüllung des mit der EV-Vereinbarung abgeschlossenen **Erstkaufvertrags** abhängt, auf dessen Bestand nur die Parteien dieses Vertrags Einfluss haben, 53

203 Vgl Staud/Beckmann Rz 46 ff.
204 Vgl dazu unten Rz 113 ff.
205 Vgl dazu unten Rz 114, 116 ff.
206 Vgl dazu unten Rz 125 ff.
207 Vgl dazu unten Rz 125 ff.
208 BGHZ 42, 53, 58; BGHZ 75, 221, 224; MünchKomm/Westermann Rz 20; BeckOGK/Mock Rz 34; BeckOK/Faust Rz 17.
209 BGHZ 42, 53, 58; BGHZ 75, 221, 224; BeckOK/Faust Rz 17.
210 BGHZ 42, 53, 58; BGHZ 75, 221, 224.
211 Vgl dazu oben Rz 48.
212 BGHZ 42, 53, 58; BGHZ 75, 221, 224.
213 Vgl dazu BGH WM 1989, 256. In diesem Fall des BGH hing beim Verkauf eines GmbH-Geschäftsanteils die Wirksamkeit der Abtretung als Erfüllungsgeschäft vom Eintritt von vier aufschiebenden Bedingungen ab.
214 BGHZ 75, 221, 224; BeckOK/Faust Rz 17; vgl dazu nachfolgend Rz 53 f.

nicht aber der Zweiterwerber[215]. Der Vorbehaltsverkäufer ist idR am Weiterverkauf (Zweitkaufvertrag) nicht als Vertragspartei beteiligt. Das Anwartschaftsrecht erlischt im Falle des Weiterverkaufs in der Hand des Zweiterwerbers ohne weiteres dadurch, dass der Vorbehaltsverkäufer vom Kaufvertrag (Erstkaufvertrag) gem § 323 Abs 1 wegen **Zahlungsverzugs des Käufers** und erfolgloser Nachfristsetzung zurücktritt[216]. Das Gleiche gilt, wenn der Kaufvertrag (Erstkaufvertrag) wegen **berechtigter Anfechtung** der Willenserklärung einer Partei gem § 142 Abs 1 mit Wirkung ex tunc als nichtig anzusehen ist[217]. Das Anwartschaftsrecht ist daher als subjektiv-dingliches Recht von vornherein durch seine **Abhängigkeit vom schuldrechtlichen Kausalgeschäft** geschwächt, und auf einen Zweiterwerber kann es nur mit dieser Belastung übergehen[218]. Der Zweiterwerber des Anwartschaftsrechts muss Einwirkungen auf den Bestand dieses Rechts gegen sich gelten lassen, sofern sie sich aus der Anfechtung oder Rückabwicklung des Erstkaufvertrags ergeben, dh, es liegt insoweit keine unberechtigte Verfügung über das Anwartschaftsrecht vor[219]. Den Rücktritt des Vorbehaltsverkäufers vom Erstkaufvertrag wegen Zahlungsverzugs des Vorbehaltskäufers kann der Zweiterwerber aber dadurch verhindern, dass er als **Dritter iSd § 267 Abs 1 Satz 1** die Restkaufpreisschuld erfüllt[220].

54 b) **Unzulässige Erweiterung der aufschiebenden Bedingung**. Der Zweiterwerber des Anwartschaftsrechts muss zwar eine Anfechtung des Erstkaufvertrags ebenso wie einen Rücktritt mit der Folge des Erlöschens auch des Anwartschaftsrechts gegen sich gelten lassen[221]. Gegen eine von den Parteien des Erstkaufvertrags vorgenommene nachträgliche Ausdehnung des EV durch Erstreckung der aufschiebenden Bedingung auf **weitere Forderungen des Vorbehaltsverkäufers** ist er jedoch geschützt[222]. Der Vorbehaltskäufer benötigt nach einer Weiterübertragung des Anwartschaftsrechts für Verfügungen über dieses Recht die **Zustimmung des Zweiterwerbers**[223]. Wird der von den Parteien des Erstkaufvertrags vereinbarte EV nachträglich auf weitere Forderungen des Vorbehaltsverkäufers ausgedehnt, so führt dieses Rechtsgeschäft grundsätzlich unmittelbar zu einer inhaltlichen Änderung des Anwartschaftsrechts als bedingtes Eigentumsrecht[224]. Nach einer Übertragung des Anwartschaftsrechts auf einen Dritten ist der Vorbehaltskäufer aber **wegen fehlender Rechtsinhaberschaft** nicht mehr befugt, eine solche Inhaltsänderung mit dem Vorbehaltsverkäufer zu Lasten des Zweiterwerbers zu vereinbaren[225]. Es ist insoweit zwar richtig, dass der Zweiterwerber nicht in den Erstkaufvertrag mit der dort verankerten EV-Abrede eintritt und die Parteien dieses Vertrags im Rahmen der **Vertragsfreiheit** nachträgliche Änderungen grundsätzlich vornehmen können. Dem Vorbehaltskäufer fehlt aber, obwohl er Partei des Erstkaufvertrags ist, in dieser Hinsicht die **Rechtszuständigkeit**, soweit das Anwartschaftsrecht vom Vorbehaltskäufer bereits auf einen Zweiterwerber übertragen wurde und die beabsichtigte Änderung der aufschiebenden Bedingung eine **das Anwartschaftsrecht beeinträchtigende Verfügung** darstellt, die nicht auf der Rückabwicklung dieses Kaufvertrags beruht[226]. Unzulässig ist damit also vor allem eine Änderung der aufschiebenden Bedingung durch Ausdehnung des EV auf weitere Forderungen des Verkäufers[227]. Zudem wäre es widersprüchlich und würde den berechtigten **Interessen des Geschäftsverkehrs** zuwiderlaufen, wenn der Vorbehaltskäufer nach Übertragung des Anwartschaftsrechts auf einen Zweiterwerber diese Rechtsposition im Verhältnis zum Vorbehaltsverkäufer erneut für eigene Interessen **als Kreditsicherungsmittel verwenden** und damit das bereits übertragene Anwartschaftsrecht zu Lasten des Zweiterwerbers entwerten könnte[228].

55 3. **Willkürliche Aufhebung des Kaufvertrags nach Übertragung des Anwartschaftsrechts**. – a) **Grundsatz**. In der Grundsatzentscheidung BGHZ 75, 221 hat der BGH offengelassen, ob nach Übertragung des Anwartschaftsrechts auf einen Zweiterwerber eine von den **Parteien des Erstkaufvertrags** willkürlich vereinbarte Aufhebung dieses Kaufvertrags eine unberechtigte und damit unwirksame Verfügung über das Anwartschaftsrecht darstellt[229]. Zuzu-

215 BGHZ 75, 221, 225; MünchKomm/Westermann Rz 49; BeckOGK/Mock Rz 39.
216 BGHZ 35, 85, 94; BGHZ 75, 221, 225; MünchKomm/Westermann Rz 48; Staud/Beckmann Rz 85, 92; Erman/Grunewald Rz 28.
217 BGHZ 75, 221, 225; Staud/Beckmann Rz 85, 92; MünchKomm/Westermann Rz 48; Erman/Grunewald Rz 28.
218 BGHZ 75, 221 225 f; Staud/Beckmann Rz 85, 92.
219 BGHZ 75, 221, 226.
220 Vgl dazu Rz 56; BGHZ 35, 85, 94; Staud/Beckmann Rz 92.
221 Vgl vorstehend Rz 53.
222 BGHZ 75, 221, 226 f; Soergel/Höpfner Anh § 929 Rz 87; Staud/Beckmann Rz 92; Erman/Grunewald Rz 28.
223 BGHZ 75, 221, 226; Soergel/Höpfner Anh § 929 Rz 87; Staud/Beckmann Rz 92; Erman/Grunewald Rz 28.
224 BGHZ 75, 221, 226; BGHZ 35, 85, 93; Soergel/Höpfner Anh § 929 Rz 87.
225 BGHZ 75, 221, 226; Soergel/Höpfner Anh § 929 Rz 87; Staud/Beckmann Rz 92; MünchKomm/Westermann Rz 50; Erman/Grunewald Rz 28.
226 BGHZ 75, 221, 227.
227 BGHZ 75, 221, 226 f; Soergel/Höpfner Anh § 929 Rz 87; Erman/Grunewald Rz 28.
228 BGHZ 75, 221, 227; Soergel/Höpfner Anh § 929 Rz 87; MünchKomm/Westermann Rz 50.
229 BGHZ 75, 221, 229.

stimmen ist dem BGH darin, dass dies im konkreten Einzelfall von den Gründen abhängt, die zur Aufhebung des Kaufvertrags führen[230]. Soll die einvernehmliche Aufhebung des Erstkaufvertrags nur die auf Grundlage dieses Rechtsgeschäfts **ohnehin bestehenden vertraglichen oder gesetzlichen Rechte** – wie etwa Rücktritt wegen Zahlungsverzugs oder die Anfechtung wegen Irrtums oder Täuschung – ersetzen, so ist eine unberechtigte und damit unwirksame Verfügung des Vorbehaltskäufers über das Anwartschaftsrecht zu verneinen[231]. Der Zweiterwerber muss eine derartige **Aufhebungsvereinbarung** grundsätzlich ebenso gegen sich gelten lassen wie eine berechtigte Anfechtungs- oder Rücktrittserklärung.

b) **Vertragsaufhebung wegen Zahlungsverzugs des Vorbehaltskäufers – Ablösungsmöglichkeit des Zweiterwerbers nach § 267 Abs 1 Satz 1.** Eine Besonderheit ist aber in dieser Hinsicht im Falle des **Zahlungsverzugs des Käufers** zu beachten. Hier macht es zwar auf den ersten Blick keinen Unterschied, ob der Vorbehaltsverkäufer nach **erfolgloser Fristsetzung** vom Kaufvertrag gem § 323 Abs 1 zurücktritt oder die Parteien aufgrund der offensichtlichen finanziellen Schwierigkeiten des Vorbehaltskäufers den Kaufvertrag einvernehmlich aufheben. Es muss aber in dieser Konstellation berücksichtigt werden, dass der Erwerber des Anwartschaftsrechts (Zweiterwerber) bei Vorliegen eines sein Interesse am Erwerb des (Voll-)Eigentums beeinträchtigenden Zahlungsverzugs des Vorbehaltskäufers **gem § 267 Abs 1 Satz 1 als Dritter den Restkaufpreis zahlen** und dadurch den Eintritt der aufschiebenden Bedingung herbeiführen kann[232]. Ein auf § 267 Abs 2 gestützter **Widerspruch des Vorbehaltskäufers (Zweitverkäufers)** wäre aufgrund der von ihm selbst vorgenommenen Übertragung des Anwartschaftsrechts und dem darauf beruhenden Verlust seiner Verfügungsmacht über diese Rechtsposition unbeachtlich[233]. Die auf einem Zahlungsverzug des Vorbehaltskäufers beruhende einvernehmliche Aufhebung des Erstkaufvertrags ist grundsätzlich als **unzulässige Verfügung** über das auf den Zweiterwerber übergegangene Anwartschaftsrecht anzusehen, solange nicht eine Ablösung nach § 267 Abs Satz 1 auf Grundlage einer darauf bezogenen Ablehnungserklärung des Zweiterwerbers ausgeschlossen ist. Für die Abgabe einer Erklärung über die **Bereitschaft zur Leistung des Restkaufpreises** nach § 267 Abs 1 Satz 1 kann dem Zweiterwerber eine angemessene Frist gesetzt werden. 56

Im Falle eines Zahlungsverzugs des Vorbehaltskäufers, der das Anwartschaftsrecht weiterübertragen hat, ist der Vorbehaltsverkäufer zwar grundsätzlich nicht verpflichtet, dem Zweiterwerber eine Frist für die Ablösung nach § 267 Abs 1 Satz 1 zu setzen. Das **Fristsetzungserfordernis des § 323 Abs 1** besteht grundsätzlich nur gegenüber dem Vorbehaltskäufer. Zwischen dem Vorbehaltsverkäufer und dem Zweiterwerber besteht kein Vertragsverhältnis. Aus **Treu und Glauben** (**§ 242**) kann sich aber die Verpflichtung des Vorbehaltsverkäufers ergeben, im Zusammenhang mit der Ausübung des Rücktrittsrechts auf die **Interessen des Zweiterwerbers** des Anwartschaftsrechts Rücksicht zu nehmen und ihm eine fristgebundene Möglichkeit der Ablösung der noch offenen Kaufpreisschuld nach § 267 Abs 1 Satz 1 einzuräumen. IdR kann der Vorbehaltsverkäufer davon ausgehen, dass der Vorbehaltskäufer den mit ihm vertraglich verbundenen Zweiterwerber über entstandene **Zahlungsschwierigkeiten** im Verhältnis zum Vorbehaltsverkäufer informiert und dadurch aufseiten des Zweiterwerbers die **Ablösungsproblematik** bekannt ist. Wenn der Vorbehaltsverkäufer über die Weiterveräußerung des Anwartschaftsrechts informiert ist und Anhaltspunkte dafür bestehen, dass der **Zweiterwerber keine Kenntnis vom Zahlungsverzug** des Vorbehaltskäufers hat, kann sich aus § 242 die Pflicht des Vorbehaltsverkäufers ergeben, den Zweiterwerber auf diesen Umstand hinzuweisen. Lehnt der Zweiterwerber daraufhin eine Zahlung nach § 267 Abs 1 Satz 1 ausdrücklich ab oder unterlässt er die Zahlung im Rahmen einer eingeräumten Frist, so ist der Rücktritt des Vorbehaltsverkäufers auf Grundlage des § 323 Abs 1 ebenso zulässig wie die einvernehmliche Vertragsaufhebung. In den meisten Fällen wird die Ablösung der Restkaufpreisschuld nach § 267 Abs 1 Satz 1 ohnehin auch im **Interesse des Vorbehaltsverkäufers** liegen. 57

X. EV ohne kaufvertragliche Grundlage – vertragswidriger nachträglicher EV

1. **Allgemeines.** Ein vertragswidriger EV liegt vor, wenn der geschlossene Kaufvertrag **keine Abrede iSd § 449 Abs 1** über die Abhängigkeit des Eigentumserwerbs des Käufers von der vollständigen Kaufpreiszahlung als aufschiebender Bedingung enthält und der Verkäufer sich aber gleichwohl bei der **Übereignung nach § 929 Satz 1** – und damit auf der Ebene des dinglichen Verfügungsgeschäfts – das Eigentum an der verkauften beweglichen Sache ausdrücklich 58

230 BGHZ 75, 221, 229; so wohl auch MünchKomm/Westermann Rz 50.

231 So in der Tendenz auch BGHZ 75, 221, 229 („es spricht viel dafür").

232 BGHZ 75, 221, 228.

233 BGHZ 75, 221, 228; BGH WM 1965, 701, 703.

oder konkludent vorbehält. Bei Fehlen einer EV-Abrede im Kaufvertrag und Nichtvorliegen von auf einen EV hindeutenden Anhaltspunkten kann der Käufer bei Übergabe der Sache davon ausgehen, dass der Verkäufer die Sache in Übereinstimmung mit dem Kaufvertrag ohne EV und damit ohne aufschiebende Bedingung übereigenen will[234]. Der EV kann sich aber aus einem **Handelsbrauch**[235], der **Verkehrssitte**[236] oder aus einer zwischen dem Verkäufer und dem Käufer schon bestehenden **Vertrags- und Lieferpraxis** ergeben. Ein vom Verkäufer ohne kaufvertragliche Grundlage zum Zeitpunkt der sachenrechtlichen Übergabe beabsichtigter nachträglicher EV ist aufgrund der **Unabhängigkeit des dinglichen Verfügungsgeschäfts** vom schuldrechtlichen Kausalgeschäft (Abstraktionsprinzip) grundsätzlich möglich und begründet, sofern der Käufer dies ausdrücklich oder zumindest konkludent akzeptiert, einen wirksamen EV[237]. Widerspricht der Käufer allerdings einem derartigen nachträglichen EV, so kommt eine Einigung der Parteien iSd § 929 Satz 1 jedenfalls zu diesem Zeitpunkt überhaupt nicht zustande mit der Folge, dass auch bei Durchführung einer Übergabe der Kaufsache das Eigentum noch nicht übergeht[238]. Hinzu kommt, dass der Verkäufer als Eigentümer aufgrund der in § 929 Satz 1 enthaltenen Formulierung „übergibt und beide darüber einig sind" selbst an eine vor Übergabe der Sache bereits vereinbarte unbedingte Einigung nicht gebunden ist[239]. Dass der Verkäufer durch den nachträglichen EV seine aus § 433 Abs 1 Satz 1 folgende **Verpflichtung zur unbedingten Übereignung** verletzt, ist für die Frage der rechtlichen Beurteilung der Einigung iSd § 929 grundsätzlich ohne Bedeutung[240].

59 2. **Wirksamkeitsvoraussetzungen eines kaufvertragswidrigen nachträglichen EV.** – a) **Hinreichend deutlicher Hinweis auf EV bei Lieferung.** Für die Wirksamkeit eines vom abgeschlossenen Kaufvertrag nicht gedeckten nachträglichen EV ist zunächst erforderlich, dass der Verkäufer das **Zurückbehalten des Eigentums** bis zur vollständigen Kaufpreiszahlung spätestens bei der Übergabe der Sache dem Käufer gegenüber **hinreichend deutlich erklärt**[241]. Ist dies der Fall und ist auch der **Zugang**[242] zu bejahen, so darf der Käufer die Übergabe der gekauften Ware durch den Verkäufer oder einen von ihm beauftragten Dritten nicht als **unbedingtes Übereignungsangebot iSd § 929 Satz 1** auffassen[243]. Die Entgegennahme der Sache durch den Käufer stellt daher hier auch nicht eine konkludente Annahme eines unbedingten Angebots dar[244]. An die Klarheit eines vom Verkäufer erst bei Besitzübergabe ohne kaufvertragliche Grundlage – erklärten EV ist zwar ein **strenger Maßstab** anzulegen[245]. Bei der **Übereignung eines Kraftfahrzeugs** ist aber ein ausreichend deutlicher Hinweis auf einen im Kaufvertrag nicht vorgesehenen EV schon darin zu sehen, dass der Verkäufer die Zulassungsbescheinigung II (Fahrzeugbrief) einbehält[246]. Größere praktische Bedeutung hat auch der Fall, in dem bei Fehlen einer EV-Klausel im Kaufvertrag ein bei Anlieferung der Ware mitübergebener Lieferschein den Vermerk enthält, dass die Übergabe nur unter EV erfolgt. Grundsätzlich kann auch ein solcher **Lieferschein** mit EV-Vermerk zu einer nur **aufschiebend bedingten Übereignung** und daher zu einem EV führen[247]. Eine tatsächliche Kenntnisnahme durch den Käufer oder einen Angestellten ist nicht zwingend erforderlich[248]. Grundvoraussetzung dafür ist allerdings, dass der EV auf dem Lieferschein deutlich erklärt und nicht an **ver-**

234 Soergel/Höpfner Anh § 929 Rz 42 ff; BeckOK/Faust Rz 15; Erman/Grunewald Rz 3; MünchKomm/Westermann Rz 18.
235 Vgl dazu oben Rz 25 f.
236 Vgl dazu oben Rz 25 f.
237 BGHZ 64, 395, 397; BGH NJW 1982, 1749 f; BGH NJW 1982, 1751; Soergel/Höpfner Anh § 929 Rz 42 ff; Staud/Beckmann Rz 31; MünchKomm/Westermann Rz 18; Erman/Grunewald Rz 3; BeckOGK/Mock Rz 28; BeckOK/Faust Rz 15.
238 BGHZ 64, 395, 397; BGH NJW 1953, 217 f.
239 BGH NJW 1979, 213 f.
240 Vgl BGHZ 64, 395, 397; BGH NJW 1979, 213, 214; BGH NJW 1982, 1749, 1750; BGH NJW 1982, 1751; Staud/Beckmann Rz 31; Soergel/Höpfner Anh § 929 Rz 42 ff.
241 BGHZ 64, 395, 397; BGH NJW 1953, 217, 218 (zum Lieferschein-Vermerk „Die Ware bleibt bis zur vollständigen Bezahlung mein Eigentum."); BGH NJW 1979, 213, 214; Soergel/Höpfner Anh § 929 Rz 44; Staud/Beckmann Rz 32; MünchKomm/Westermann Rz 18; BeckOGK/Mock Rz 29.1; Erman/Grunewald Rz 3; BeckOK/Faust Rz 15.
242 Vgl dazu nachfolgend Rz 60 f.
243 BGHZ 64, 395, 397; BGH NJW 1979, 213, 214; BGH NJW 2006, 3488 Rz 11; Staud/Beckmann Rz 32; MünchKomm/Westermann Rz 18; Erman/Grunewald Rz 3; BeckOGK/Mock Rz 29.1; BeckOK/Faust Rz 15.
244 BGHZ 64, 395, 397; BGH NJW 1979, 213, 214; BGH NJW 2006, 3488 Rz 11; Staud/Beckmann Rz 32; MünchKomm/Westermann Rz 18; Erman/Grunewald Rz 3; BeckOGK/Mock Rz 29.1; BeckOK/Faust Rz 15.
245 BGHZ 64, 395, 397; BGH NJW 2006, 3488 Rz 11; Soergel/Höpfner Anh § 929 Rz 44; Staud/Beckmann Rz 32.
246 BGH NJW 2006, 3488 Rz 10 ff; Grüneberg/Weidenkaff Rz 11; BeckOK/Faust Rz 15; Erman/Grunewald Rz 3; aA Tiedtke JZ 2008, 452, 459; vgl auch Rz 27.
247 BGH NJW 1979, 213, 214; BGH NJW 1982, 1749, 1750; Staud/Beckmann Rz 32.
248 BGH NJW 1979, 213, 214; BGH NJW 1982, 1749, 1750; Staud/Beckmann Rz 32.

steckter Stelle oder in kleiner Schrift angebracht ist[249]. Darüber hinaus muss auch im Falle der Begründung eines nachträglichen EV durch Vermerk auf einem Lieferschein der Zugang gegeben sein[250].

b) **Zugang (§ 130 Abs 1 Satz 1) der vertragswidrigen nachträglichen EV-Erklärung beim Käufer.** Weitere Voraussetzung – neben hinreichender Deutlichkeit – der Wirksamkeit eines nachträglichen und daher nicht vom Kaufvertrag gedeckten EV ist, dass die darauf bezogene Erklärung des Verkäufers dem Käufer gem § 130 Abs 1 Satz 1 zugeht[251]. Der Zugang kann nur dann angenommen werden, wenn der **Käufer den nachträglichen EV tatsächlich erkennt** oder es ihm zuzumuten war, davon auf dem Lieferschein **Kenntnis zu nehmen**[252]. Dafür kommt es entscheidend darauf an, ob der Käufer mit einem nachträglichen EV rechnen musste oder nicht[253]. Insoweit sind alle **Umstände des konkreten Einzelfalls** zu berücksichtigen[254]. Es ist insbes von Bedeutung, ob es dem Käufer aufgrund der bestehenden Umstände einschließlich **der Ausgestaltung der Geschäftsbedingungen** mit dem Verkäufer zumutbar war, den nachträglichen EV-Vermerk zur Kenntnis zu nehmen[255]. Die betreffende Erklärung ist nur dann im Rechtssinne zugegangen (§ 130 Abs 1 Satz 1), wenn vom Käufer erwartet werden kann, dass er von dem gerade in dieser Form und unter diesen Umständen verlautbarten EV Kenntnis nehmen wird[256]. Der insoweit von der Rspr geforderte strenge Maßstab ist deshalb gerechtfertigt, weil in dem Verhalten des Verkäufers eine **Verletzung des abgeschlossenen Kaufvertrags** liegt, auf die der Käufer sich grundsätzlich nicht einstellen muss[257]. Ist nach diesen Grundsätzen ein ordnungsgemäßer Zugang der nachträglichen EV-Klausel zu verneinen, so nimmt der Käufer ein **unbedingtes Übereignungsangebot** an und erwirbt folglich das (Voll-)Eigentum an der übergebenen Sache[258]. Denn in diesem Fall kann der Käufer davon ausgehen, dass die Übereignung vom Verkäufer in Übereinstimmung mit dem Kaufvertrag und damit ohne aufschiebende Bedingung angeboten wird. Wenn dagegen ein wirksamer Zugang der EV-Klausel vorliegt und der Käufer gleichwohl **die Sache widerspruchslos entgegennimmt**, dann ist sein Verhalten idR als Annahme des nur bedingten Übereignungsangebots anzusehen[259]. Denn durch eine bedingte Übereignung erwirbt der Käufer zumindest das **Anwartschaftsrecht**[260]. Diese Rechtslage ist für den Käufer erheblich günstiger als der bloße Besitzerwerb als Folge einer völligen Verneinung einer Einigung iSd § 929 Satz[261]. 60

Ein auf einer nach Übergabe der Ware erteilten **Rechnung des Verkäufers** enthaltener EV-Vermerk geht dem Käufer zwar nach allgemeinen Grundsätzen ebenso zu wie die Rechnung als solche. Ein EV kann dadurch aber grundsätzlich deshalb nicht mehr bewirkt werden, weil der nachträgliche EV nicht spätestens zum **Zeitpunkt der Übergabe** erklärt werden muss[262]. Ein EV-Vermerk auf der mitgelieferten Warenrechnung führt allerdings dann zu einer nur aufschiebend bedingten Übereignung, wenn der **Kaufvertrag** erst durch **Zusendung der Ware zustande kommt**[263]. Ein solcher Abschluss des Kaufvertrags durch Lieferung kann darauf beruhen, dass im Anschluss an eine Bestellung des Käufers die Warenzusendung des Verkäufers mit Rechnung **ohne vorherige Annahmeerklärung** erfolgt. 61

3. **Keine Abänderung des Kaufvertrags durch nachträglichen EV bei Übereignung.** Akzeptiert der Käufer ausdrücklich oder konkludent einen kaufvertragswidrigen nachträglichen 62

249 BGH NJW 1979, 213, 214; BeckOGK/Mock Rz 29.1. Im Fall des BGH waren mehrere Tausend Flaschen „B W"-Rum verkauft und geliefert worden. Der Kaufvertrag enthielt keine EV-Abrede. Ca drei Monate nach der Lieferung wurde das Konkursverfahren über das Vermögen der Käuferin eröffnet. Auf den Lieferscheinen und Rechnungen der Verkäuferin war maschinenschriftlich vermerkt: „Sämtliche von uns zu Auslieferung gelangenden Waren bleiben bis zur vollständigen Bezahlung des Kaufpreises unser Eigentum.". Der BGH bejaht zwar die Erkennbarkeit des Vermerks. Verneint wurde aber der Zugang, da der Käufer aufgrund der gegebenen Umstände der Geschäftsbeziehung nicht mit einem derartigen Vermerk rechnen musste und ihm daher nicht zumutbar war, von der EV-Klausel durch Lesen des Lieferscheins Kenntnis zu nehmen.

250 Vgl dazu nachfolgend Rz 60 f.

251 BGH NJW 1979, 213, 214; BGH NJW 1982, 1749, 1750; BGH NJW 1982, 1751; Staud/Beckmann Rz 32; Erman/Grunewald Rz 3; BeckOGK/Mock Rz 29.

252 BGH NJW 1979, 213, 214; Staud/Beckmann Rz 32.

253 BGH NJW 1953, 217, 218; BGH NJW 1979, 213, 214; Erman/Grunewald Rz 3.

254 BGH NJW 1953, 217, 218; BGH NJW 1979, 213, 214.

255 BGH NJW 1953, 217, 218; BGH NJW 1979, 213, 214; BGH NJW 1979, 2199, 2200; BGH NJW 1982, 1749, 1750; Staud/Beckmann Rz 32.

256 BGH NJW 1953, 217, 218; BGH NJW 1979, 213, 214; BGH NJW 1979, 2199, 2200; BGH NJW 1982, 1749, 1750; Staud/Beckmann Rz 32; BeckOGK/Mock Rz 29.

257 BGH NJW 1979, 213, 214; BGH NJW 1979, 2199, 2200.

258 BGH NJW 1979, 213, 214; BGH NJW 1979, 2199, 2200; Soergel/Höpfner Anh § 929 Rz 44.

259 BeckOK/Faust Rz 16; Erman/Grunewald Rz 7; MünchKomm/Ganter, InsO, 2019[4], § 47 Rz 61.

260 BeckOK/Faust Rz 16; Erman/Grunewald Rz 7; MünchKomm/Ganter, InsO, 2019[4], § 47 Rz 61.

261 BeckOK/Faust Rz 16; Erman/Grunewald Rz 7; MünchKomm/Ganter, InsO, 2019[4], § 47 Rz 61.

262 MünchKomm/Westermann Rz 19; Staud/Beckmann Rz 32.

263 KG JW 1929, 2164; Staud/Beckmann Rz 33.

EV, so ist darin grundsätzlich keine entsprechende Abänderung des geschlossenen Kaufvertrags zu sehen[264]. Dem Käufer steht vielmehr auf Grundlage des Kaufvertrags ein Anspruch auf unbedingte Übereignung zu, und er ist nicht gehalten, den Vertrag insoweit zu seinen Lasten abzuändern[265]. Unter bestimmten Voraussetzungen kann aber in der widerspruchslosen Annahme der vom Verkäufer vertragswidrig nur unter EV zur Übereignung angebotenen Sache ausnahmsweise eine **stillschweigende Abänderung des Kaufvertrags** zu sehen sein[266]. Ein solcher Ausnahmefall kann aber nur bei Vorliegen besonderer Umstände bejaht werden, die den Schluss auf einen darauf bezogenen Abänderungswillen des Käufers zulassen. Dies ist bspw in dem Fall zu bejahen, in dem nach Abschluss des Kaufvertrags, der eine Vorleistungspflicht des Verkäufers vorsieht, die **Voraussetzungen der Unsicherheitseinrede des § 321 Abs 1 Satz 1** eintreten, der Verkäufer aber nicht auf eine **Erfüllung Zug um Zug** besteht, sondern die Sache dem Käufer nunmehr nur unter EV zur Übereignung anbietet. Hier kann der Käufer das bedingte Übereignungsangebot bei Übergabe der Sache redlicherweise nur dahin gehend verstehen, dass der Verkäufer aufgrund des Vorliegens der Voraussetzungen der Unsicherheitseinrede des § 321 Abs 1 Satz 1 den nachträglichen EV nur in Übereinstimmung mit einem in dieser Hinsicht abgeänderten Kaufvertrag anbieten will.

XI. EV-Vereinbarung nach unbedingter Übereignung

63 1. **Abgrenzungsfragen**. Wird bei Übergabe der Ware vom Verkäufer die Einigung iSd § 929 Satz 1 ausdrücklich oder konkludent **ohne aufschiebende Bedingung** und damit ohne EV erklärt und nimmt der Käufer dieses Übereignungsangebot an, so erwirbt der Käufer unmittelbar das (Voll-)Eigentum. Dies gilt auch dann, wenn der EV auf einer **Rechnung** vermerkt ist, die der Käufer erst nach der durch unbedingte Einigung und Übergabe **vollzogenen vorbehaltlosen Übereignung** erhält[267]. Wenn der Käufer das Eigentum ohne jede Einschränkung erhält, dann kann es genaugenommen keinen nachträglichen, aber sachenrechtlich noch rechtzeitigen EV mehr geben[268]. Anders ist insoweit die Rechtslage in dem Fall, in dem im Anschluss an ein Angebot des Käufers der Kaufvertrag erst durch **Übersendung der Ware mit beigefügter Rechnung** zustande kommt, auf der ein EV bis zur vollständigen Kaufpreiszahlung vermerkt ist[269]. Denn hier liegt zumindest bei der Übergabe der Ware eine EV-Vereinbarung vor.

64 2. **Kein „nachträglicher" EV durch Schweigen oder konkludentes Verhalten des Käufers.** IE besteht Einigkeit darüber, dass das vom Käufer mangels Bestehens einer EV-Abrede zum Zeitpunkt der Übergabe der Ware gem § 929 Satz 1 bereits erworbene (Voll-)Eigentum auf den Verkäufer zurückübertragen und dann der **endgültige Eigentumserwerb** des Käufers von der vollständigen Zahlung des Kaufpreises abhängig gemacht werden kann. Umstritten ist aber die rechtliche Konstruktion[270]. Grundvoraussetzung für einen solchen „nachträglichen EV" ist, dass der Käufer sich trotz des eingetretenen Erwerbs des (Voll-)Eigentums mit einem Rückerwerb zugunsten des Verkäufers einverstanden erklärt. Ein **Schweigen des Käufers** auf eine Offerte des Verkäufers, die auf einen derartigen nachträglichen EV gerichtet ist, stellt grundsätzlich keine Annahmeerklärung dar. Wenn der Kaufvertrag als schuldrechtliche Grundlage für die vorbehaltlos vollzogene Übereignung der Ware keine EV-Abrede enthält, dann darf der Verkäufer das bloße Schweigen des Käufers nicht als Zustimmung zu einem „nachträglichen" EV in **Abweichung vom abgeschlossenen Kaufvertrag** verstehen. Der Käufer hat grundsätzlich keine Veranlassung, sich zu seinem Nachteil auf eine zumindest zeitweise Aufgabe des (Voll-)Eigentums unter gleichzeitiger **Abänderung des Kaufvertrags** einzulassen. Es liegt daher nahe, dass der Käufer aufgrund des Erwerbs des Volleigentums in Übereinstimmung mit dem Kaufvertrag durch sein Schweigen eine ablehnende Haltung zum Ausdruck bringen will. Zudem ist ein Schweigen grundsätzlich nicht als **Willenserklärung** einzuordnen. Bei fehlender EV-Abrede im Kaufvertrag kann auch in der **Nutzung der vorbehaltlos übereigneten Ware** durch den Käufer **keine konkludente Zustimmung** zu einem „nachträglichen" EV gesehen werden. Grundvoraussetzung für einen derartigen „nachträglichen" EV ist daher idR eine **ausdrückliche Vereinbarung** der Kaufvertragsparteien über eine Rückübereignung[271].

264 Staud/Beckmann Rz 32 f; Erman/Grunewald Rz 3; MünchKomm/Westermann Rz 18; BeckOK/Faust Rz 16.
265 Staud/Beckmann Rz 32 f; Erman/Grunewald Rz 3; MünchKomm/Westermann Rz 18; BeckOK/Faust Rz 16.
266 Staud/Beckmann Rz 33; MünchKomm/Westermann Rz 18; Erman/Grunewald Rz 3.
267 MünchKomm/Westermann Rz 19; Staud/Beckmann Rz 32.
268 Vgl zu den Einzelheiten nachfolgend Rz 64 ff.
269 KG JW 1929, 2164 f; Staud/Beckmann Rz 33; vgl dazu oben Rz 61.
270 Vgl dazu Soergel/Höpfner Anh § 929 Rz 46 f; Staud/Beckmann Rz 34 ff; Erman/Grunewald Rz 5; MünchKomm/Westermann Rz 19.
271 Vgl dazu nachfolgend Rz 65 ff.

3. **Rechtliche Konstruktion des EV nach unbedingter Übereignung – sachenrechtlicher Typenzwang.** – a) **Konstruktion der Rückübereignung nach § 930 mit nachfolgender bedingter Übereignung an den Käufer nach § 929 Satz 2.** Ein nach Vornahme einer unbedingten Übereignung beabsichtigter „nachträglicher" EV kann nur durch die in den §§ 929 ff abschließend geregelten **Gestaltungsformen** bewerkstelligt werden. Dass auf der schuldrechtlichen Ebene des Kaufvertrags weitgehend das **Prinzip der Vertragsfreiheit** gilt und daher die Beschränkung der Lieferverpflichtung des Verkäufers auf die Verschaffung aufschiebend bedingten Eigentums auch nach Vollzug einer unbedingten Übereignung noch formlos möglich ist, ändert daran aufgrund des sachenrechtlichen Typenzwangs nichts. Grundsätzlich möglich ist eine Rückübereignung an den Verkäufer gem § 930 durch **Vereinbarung eines Besitzmittlungsverhältnisses** (**Besitzkonstituts**) und einer daran anknüpfenden aufschiebend bedingten Übereignung an den Käufer nach § 929 Satz 2[272]. Der **unmittelbare Besitz** (**§ 854 Abs 1**) des Käufers an der Kaufsache wird durch die Begründung des Besitzmittlungsverhältnisses und die dadurch bewirkte Rückübertragung des Eigentums auf den Verkäufer nicht berührt. Die vorgeschaltete Rückübereignung nach § 930 bewirkt iE den Rechtszustand, der gewöhnlich beim Verkauf unter EV nach der Übergabe der Ware an den Käufer besteht. Diese Konstruktion des „nachträglichen" EV über ein Besitzkonstitut iSd § 930 ist aber sowohl kompliziert als auch nicht widerspruchsfrei. Problematisch ist insoweit – insbes im Falle eines späteren Streits über die Eigentumsverhältnisse – der Nachweis eines **hinreichenden Besitzmittlungsverhältnisses**, falls in zeitlicher Hinsicht sofort nach Begründung eines solchen Rechtsverhältnisses eine aufschiebend bedingte Übereignung an den Käufer nach § 929 Satz 2 stattfinden soll[273]. Die Konstruktion des „nachträglichen" EV durch Rückübereignung im Wege eines Besitzkonstituts nach § 930 und einer nachfolgenden bedingten Übereignung an den Käufer nach § 929 Satz 2 kann daher nicht überzeugen. 65

b) **Keine Rückübereignung des „um die Anwartschaft des Käufers gekürzten Eigentums".** Bedenken bestehen aber auch gegenüber der von einem Teil der Literatur[274] vertretenen Auffassung, nach der eine Rückübertragung des „um die Anwartschaft des Käufers gekürzten Eigentums" anzunehmen sei[275]. Eine derartige Verfügungsform sehen die vom **Prinzip des sachenrechtlichen Typenzwangs** geprägten §§ 929 ff nicht vor. Ist der Käufer trotz eines schon vollzogenen Erwerbs des (Voll-)Eigentums mit der Begründung eines „nachträglichen" EV und deshalb mit der Rückstufung des Eigentums auf ein **Anwartschaftsrecht** einverstanden, das erst bei vollständiger Kaufpreiszahlung (wieder) zum Eigentum erstarkt, so verlangt die nach beiden Seiten hin **interessengerechte Auslegung** der Vereinbarung eine **sachenrechtliche Konstruktion**, die weitgehend der Situation im Falle der Vereinbarung eines klassischen EV entspricht. Der Verkäufer muss nachträglich gegen einen ersatzlosen Wegfall seiner Kaufpreisforderung geschützt werden, und der Käufer muss das Anwartschaftsrecht als Folge des **Verfügungsverbots des Verkäufers nach § 161 Abs 1 Satz 1** erhalten. 66

c) **Sicherungsübereignung (§ 930) unter auflösender Bedingung der vollständigen Kaufpreiszahlung.** Da eine Übereignungsart nach den §§ 929 ff gewählt werden muss, überzeugt letztlich nur die Bejahung einer **Sicherungsübereignung** der vom Käufer bereits zu Eigentum erworbenen Sache gem § 930 an den Verkäufer unter der **auflösenden Bedingung der vollständigen Kaufpreiszahlung**[276]. Hierdurch erhält zum einen der Verkäufer die mit der Eigentümerstellung verbundene Sicherung in Gestalt des dinglichen Herausgabeanspruchs aus § 985 für den Fall des **Rücktritts** vom Kaufvertrag wegen Zahlungsverzugs des Käufers. Zum anderen räumt die auflösende Bedingung dem Käufer das **Anwartschaftsrecht** mit dem Verfügungsschutz nach § 161 Abs 1 Satz 1 ein. Das für diese Übereignung nach § 930 erforderliche Besitzmittlungsverhältnis entsteht durch die **Sicherungsabrede**, die idR in der „nachträglichen" EV-Abrede und der damit verbundenen **Abänderung des Kaufvertrags** zu sehen ist[277]. 67

272 RGZ 49, 170, 172; RGZ 54, 396, 397; BGH NJW 1953, 217 (mablAnm Raiser); Pikart WM 1959, 1234; vgl auch Soergel/Höpfner Anh § 929 Rz 47.
273 Staud/Beckmann Rz 35; BeckOK/Kindl § 929 Rz 61.
274 Staud/Beckmann Rz 36; BeckOK/Kindl § 929 Rz 61; Raiser NJW 1953, 219; Honsell JuS 1981, 705, 707f; Brox JuS 1984, 657, 658.
275 Dagegen auch BGH LM Nr 2 zu § 930.
276 Grüneberg/Herrler § 929 Rz 30; Rühl, Eigentumsvorbehalt und Abzahlungsgeschäft, 1930, S 72 f.
277 Vgl Staud/Beckmann Rz 37; MünchKomm/Westermann Rz 19.

D. Verfügungsverbot und Obhutspflichten aufseiten des Vorbehaltskäufers

I. Verbot der Übertragung des (Voll-)Eigentums durch Vorbehaltskäufer

68 Da dem Vorbehaltskäufer bis zum Eintritt der aufschiebenden Bedingung durch vollständige Kaufpreiszahlung nur das **Anwartschaftsrecht** zusteht, kann er von vornherein ohne Ermächtigung des Vorbehaltsverkäufers nicht als **Berechtigter** über das (Voll-)Eigentum verfügen. Hinzu kommt, dass dem Vorbehaltskäufer eine Verfügung über die Sache auf Grundlage des Kaufvertrags und damit auf schuldrechtlicher Ebene nicht gestattet ist, sofern nicht kraft Vereinbarung eines **verlängerten EV eine Weiterveräußerungsermächtigung** des Vorbehaltskäufers besteht[278]. Der Vorbehaltskäufer kann sich zwar – ebenso wie ein Mieter oder Entleiher einer beweglichen Sache – unter Verschweigen der wahren Rechtsverhältnisse als Eigentümer gerieren und durch Übergabe der Sache einen **gutgläubigen Erwerb** des (Voll-)Eigentums durch einen Dritten gem §§ 929 Satz 1, 932 herbeiführen[279]. Denn aufgrund des vom Vorbehaltsverkäufer willentlich vorgenommenen Übertragung des tatsächlichen Besitzes (§ 854 Abs 1) ist die Vorbehaltsware ihm nicht gem § 935 Abs 1 abhanden gekommen. Dies ändert aber nichts daran, dass der Vorbehaltskäufer in Bezug auf das noch nicht erworbene (Voll-)Eigentum sachenrechtlich als **Nichtberechtigter** anzusehen ist und ihm insoweit auch keine kaufvertragliche Übertragungsbefugnis zusteht.

II. Unbeschränkte dingliche Verfügungsbefugnis bezüglich Anwartschaftsrecht

69 1. **Grundlage und Anwendung des § 137 auf kaufvertragliche Veräußerungsverbote.** Über das ihm tatsächlich zustehende **Anwartschaftsrecht** kann der Käufer jedenfalls sachenrechtlich ohne weiteres als **Berechtigter** gem § 929 Satz 1 verfügen. Eine Ermächtigung des Vorbehaltsverkäufers ist insoweit nicht erforderlich, dh, **§ 185** kommt hier von vornherein nicht zur Anwendung[280]. In dinglicher Hinsicht kommt es für die Übertragung des Anwartschaftsrechts nicht darauf an, ob der Vorbehaltskäufer mit der Übertragung des Anwartschaftsrechts zugleich den **unmittelbaren Besitz iSd § 854 Abs 1** an der Vorbehaltsware durch Übergabe auf den Zweiterwerber überträgt. Die Verfügung über das Anwartschaftsrecht setzt nicht zwingend eine **Übergabe der Sache** voraus. Denn aufgrund der generellen entsprechenden Anwendbarkeit der §§ 929 ff auf das Anwartschaftsrecht kommt auch eine **Sicherungsübereignung nach § 930** und eine Übereignung nach **§ 931** durch Abtretung des Anspruchs des Vorbehaltskäufers gegen den Vorbehaltsverkäufer aus § 433 Abs 1 Satz 1 auf Verschaffung des (Voll-)Eigentums in Betracht. Nur die Übertragung des Anwartschaftsrechts nach § 929 Satz 1 setzt eine Übergabe der Sache an den Zweiterwerber voraus, während der Vorbehaltskäufer in den Fällen des § 930 und § 931 den unmittelbaren Besitz an der Vorbehaltsware behält. Enthält der **Kaufvertrag** zu Lasten des Vorbehaltskäufers ein wirksames **Verbot der Verfügung** über das Anwartschaftsrecht[281], so greift § 137 ein mit der Folge, dass die Wirkung dieser Veräußerungsbeschränkung auf die schuldrechtliche Ebene des Kaufvertrags beschränkt ist und nicht die **Wirksamkeit des dinglichen Übertragungsgeschäfts** nach §§ 929 ff berührt[282].

70 Erfährt der Vorbehaltsverkäufer allerdings, dass der Vorbehaltskäufer unter Verstoß gegen ein wirksames kaufvertragliches Veräußerungsverbot über das Anwartschaftsrecht zugunsten eines Dritten verfügen will, so kann er im Rahmen einer einstweiligen Verfügung ein **gerichtliches Veräußerungsverbot iSd §§ 135, 136** erwirken und durch die Zustellung an den potentiellen Zweiterwerber einen gem §§ 135 Abs 2, 929 Satz 1, 932 grundsätzlich möglichen gutgläubigen Erwerb des Anwartschaftsrechts verhindern. Durch ein derartiges gerichtliches Veräußerungsverbot mit zusätzlicher Zustellung an den Dritten kann also in gewissem Umfang eine **dingliche Wirkung** des nach § 137 nur schulrechtlich wirkenden kaufvertraglichen Verbots der Übertragung des Anwartschaftsrechts herbeigeführt werden. Dies setzt aber zum einen voraus, dass sich aus dem Kaufvertrag überhaupt ein auf das Anwartschaftsrecht des Vorbehaltskäufers bezogenes Veräußerungsverbot ergibt und dieses auch rechtsgültig ist. Zudem muss der Vorbehaltsverkäufer von der beabsichtigten Weiterveräußerung **tatsächliche Kenntnis** erlangen, um noch rechtzeitig die in Rede stehende einstweilige Verfügung beantragen zu können.

278 Vgl dazu unten Rz 113 ff.
279 Vgl dazu und zum Erlöschen des EV in diesem Fall oben Rz 50.
280 BGHZ 20, 88, 96 ff; BGHZ 30, 374, 377; BGHZ 35, 85, 87; BGHZ 50, 45, 49; BGHZ 56, 123, 126; BGH NJW 1970, 699; Staud/Beckmann Rz 83.
281 Vgl zu den Wirksamkeitsvoraussetzungen und zur Auslegung derartiger Vereinbarungen nachfolgend Rz 73 ff.
282 BGHZ 56, 123, 126; BGH NJW 1970, 699; Staud/Beckmann Rz 83, 87; Erman/Grunewald Rz 28.

Die trotz Verstoßes gegen ein **kaufvertragliches Veräußerungsverbot** eintretende dingliche Wirksamkeit einer vollzogenen Übertragung des Anwartschaftsrechts ändert nichts daran, dass der verfügende Vorbehaltskäufer seine Pflichten aus dem geschlossenen Kaufvertrag verletzt hat und deshalb gegenüber dem Vorbehaltsverkäufer **zum Schadensersatz verpflichtet** ist[283]. Der Anspruch ergibt sich aus § 280 Abs 1. Insoweit besteht grundsätzlich gem § 249 Abs 1 ein Anspruch des Vorbehaltsverkäufers auf **Naturalrestitution**, dh auf Rückgängigmachung der Weiterveräußerung des Anwartschaftsrechts mit der Folge des Rückerwerbs des Vorbehaltskäufers. Daran kann der Vorbehaltsverkäufer in den Fällen ein Interesse haben, in denen die **Sache mitübertragen** worden ist und er bei Vorliegen der Voraussetzungen des Rücktritts vom Kaufvertrag seinen Anspruch auf Rückgabe des unmittelbaren Besitzes problemlos durchsetzen will. 71

2. **Keine Anwendung des § 399 Alt 2 auf kaufvertragliches Verbot der Abtretung des Anwartschaftsrechts.** Nach § 399 kann eine Forderung nicht abgetreten werden, wenn die Leistung an einen anderen als den ursprünglichen Gläubiger nicht ohne Veränderung ihres Inhalts erfolgen kann oder wenn die **Abtretung** durch Vereinbarung mit dem Schuldner ausgeschlossen ist. Diese Vorschrift gilt zwar unmittelbar nur für Forderungen. Die Vorschriften über die Übertragung von Forderungen finden jedoch gem **§ 413** auf die **Übertragung anderer Rechte** entsprechende Anwendung, soweit nicht das Gesetz ein anderes vorschreibt. Im Falle des Bestehens eines kaufvertraglichen Verbots der Übertragung stellt sich daher die Frage, ob § 399 Alt 2 (Wirksamkeit eines vertraglichen Abtretungsverbots) über § 413 entsprechend auf ein zu Lasten des Vorbehaltskäufers vereinbartes kaufvertragliches Verbot der Abtretung des Anwartschaftsrechts angewandt werden kann. Dies ist zu verneinen[284]. Das auf Erwerb des Eigentums gerichtete Anwartschaftsrecht des Vorbehaltskäufers ist nämlich **nicht vergleichbar mit Forderungen**, bei denen durch Vereinbarung zwischen Gläubiger und Schuldner die Abtretbarkeit mit Wirkung auch gegenüber Dritten ausgeschlossen werden kann, sondern weist vielmehr eine Ähnlichkeit mit dem Eigentumsrecht auf[285]. Daher erfolgt die Übertragung des Anwartschaftsrechts nach den für die **Übereignung beweglicher Sachen** geltenden Vorschriften[286]. Zudem ist das Anwartschaftsrecht – ebenso wie das Eigentum und anders als eine Forderung – ein **sonstiges Recht iSd § 823 Abs 1** und damit den anderen absoluten Rechten dieses Deliktstatbestands gleichgestellt[287]. Dieser Wesensunterschied zwischen Anwartschaftsrecht und Forderung rechtfertigt die Nichtanwendbarkeit der unmittelbar nur für Forderungen geltenden Ausnahmebestimmung des § 399 Alt 2[288]. Es bleibt daher bei der Anwendung der für das Eigentum geltenden Regelung des **§ 137**, die aber keine dingliche Wirkung hat[289]. 72

III. Kaufvertragliches Verbot der Übertragung des Anwartschaftsrechts – Unterscheidung zwischen Anwartschaftsrecht und Kaufsache

1. **Vorbemerkung – Fragestellung und die zu unterscheidenden Fallgruppen**. Die Frage, ob der Vorbehaltskäufer auf Grundlage des geschlossenen Kaufvertrags befugt ist, eine Verfügung über das Anwartschaftsrecht vorzunehmen, kann nicht generell beantwortet werden. Denn für die Übertragung des Anwartschaftsrechts auf einen Dritten kommen **mehrere rechtliche Konstruktionen** in Betracht, die sich in Bezug auf die **Beeinträchtigung der Schutzinteressen** des Vorbehaltsverkäufers wesentlich voneinander unterscheiden. Der Vorbehaltsverkäufer hat unbestreitbar ein Interesse daran, im Falle des durch einen Zahlungsverzug des Vorbehaltskäufers bedingten **Rücktritts vom Kaufvertrag** seinen Anspruch auf Rückgewähr des unmittelbaren Besitzes an der Kaufsache durchsetzen zu können[290]. Auf die Übertragung des Anwartschaftsrechts – als wesensgleiches Minus im Verhältnis zum Eigentum – sind die für die Eigentumsübertragung geltenden Regelungen der §§ 929 ff und damit auch die der Übergabe des unmittelbaren Besitzes (§ 929 Satz 1) grundsätzlich gleichstehenden **Übergabesurrogate der § 930 und § 931** entsprechend anwendbar. Im Falle der Übertragung des Anwartschaftsrechts nach § 930 durch **Besitzkonstitut** bleibt der Vorbehaltskäufer unmittelbarer Besitzer der Kaufsache, während die **Übergabe nach § 929 Satz 1** dem Dritten als Erwerber des Anwartschaftsrechts auch den unmittelbaren Besitz an der Vorbehaltsware verschafft. Der **potentielle Herausgabeanspruch des Vorbehaltsverkäufers** im Falle eines Rücktritts vom Kaufvertrag (§ 449 Abs 2) wird jedenfalls nicht ohne weiteres beeinträchtigt, wenn der Vorbehaltskäufer nur das Anwartschaftsrecht nach § 930 auf einen Dritten (Zweiterwerber) überträgt und den **unmittelbaren Besitz** an der Kaufsache behält. Von vornherein unproblematisch ist allerdings der Fall, in dem der Kaufvertrag eine Ermächtigung des Vorbehaltskäufers enthält, im Rahmen eines **verlängerten EV** das 73

283 Staud/Beckmann Rz 83 (für Übereignung nach § 929 Satz 1).
284 BGH NJW 1970, 699; Staud/Beckmann Rz 87; Erman/Grunewald Rz 28.
285 BGH NJW 1970, 699.
286 BGHZ 28, 16, 21 f; BGH NJW 1970, 699.
287 BGH WM 1957, 514; BGH NJW 1970, 699.
288 BGH NJW 1970, 699.
289 Vgl dazu oben Rz 69 ff.
290 Vgl dazu unten Rz 82 ff.

(Voll-)Eigentum auf einen Zweiterwerber gegen Abtretung der Vergütungsforderung aus diesem Zweitgeschäft zu übertragen[291].

74 2. **Übertragung des Anwartschaftsrechts nach § 930 unter Aufrechterhaltung des unmittelbaren Besitzes des Vorbehaltskäufers.** – a) **Generelle Zulässigkeit und Auslegung von kaufvertraglichen Verfügungsverboten.** Das Anwartschaftsrecht kann vom Vorbehaltskäufer gem § 930 zur Sicherheit auf einen Dritten übertragen werden[292]. Verbietet der geschlossene Kaufvertrag dem Vorbehaltskäufer „jede anderweitige Verfügung über die gelieferten Waren“[293], so bezieht sich dieses Verbot schon dem Wortlaut nach nicht auf das Anwartschaftsrecht, sondern nur auf die **Kaufsache** und damit den unmittelbaren Besitz an ihr[294]. Auch das **Sicherungsinteresse des Vorbehaltsverkäufers** erfordert idR nicht eine Ausdehnung des Verfügungsverbots auf das Anwartschaftsrecht[295]. Der Vorbehaltsverkäufer hat ein berechtigtes Interesse daran, dass der Vorbehaltskäufer nicht über die Kaufsache verfügt, die ihm als **Sicherung für die Kaufpreisforderung** dient[296]. Tritt der Vorbehaltsverkäufer wegen eines Zahlungsverzugs des Vorbehaltskäufers vom Kaufvertrag zurück, wodurch das Besitz- und Nutzungsrecht des Vorbehaltskäufers erlischt, so kann der Vorbehaltsverkäufer seinen **Anspruch aus § 985 auf Rückgewähr der Kaufsache** nur dann ohne weiteres durchsetzen, wenn der unmittelbare Besitz nicht auf einen Dritten übertragen wurde. Dieses Sicherungsinteresse des Vorbehaltsverkäufers erfordert aber nicht ein Verbot der Verfügung über das Anwartschaftsrecht, sofern der unmittelbare Besitz als elementare Grundlage des Herausgabeanspruchs aus § 985 beim Vorbehaltskäufer verbleibt[297]. Denn von der Inhaberschaft des Anwartschaftsrechts hängt im Verhältnis zum Vorbehaltsverkäufer letztlich nur ab, wer mit **Eintritt der aufschiebenden Bedingung** durch vollständige Kaufpreiszahlung das Eigentum erwirbt[298]. Das ist aber für das Sicherungsinteresse des Vorbehaltsverkäufers deshalb ohne Bedeutung, weil im Falle des Rücktritts wegen Zahlungsverzugs des Vorbehaltskäufers das **Anwartschaftsrecht erlischt**[299]. Eine **kaufvertragliche Klausel**, die dem Vorbehaltskäufer eine Verfügung über die Kaufsache verbietet, ist daher in der Weise **auszulegen**, dass sie sich nur auf eine Verfügung über die Kaufsache und damit über den unmittelbaren Besitz, nicht aber auf eine Verfügung über das Anwartschaftsrecht ohne Veränderung des unmittelbaren Besitzes des Vorbehaltskäufers bezieht[300]. Fehlt im Kaufvertrag in Bezug auf das Anwartschaftsrecht ein **ausdrückliches Verfügungsverbot**, so ergibt sich aus den dargelegten Gründen im Wege der Auslegung jedenfalls kein konkludentes Verbot der Übertragung des Anwartschaftsrechts unter Aufrechterhaltung des unmittelbaren Besitzes des Vorbehaltskäufers. Ein in den **Lieferbedingungen (AGB)** des Vorbehaltsverkäufers enthaltenes Verbot der Übertragung des Anwartschaftsrechts nach § 930 also ohne Aufgabe des unmittelbaren Besitzes an der Kaufsache, ist gem **§ 307 Abs 1** wegen unangemessener Benachteiligung des Vorbehaltskäufers unwirksam. Denn das **Sicherungsinteresse des Vorbehaltsverkäufers** wird durch die bloße Anwartschaftsrechtsübertragung nicht beeinträchtigt. Andererseits hat der Vorbehaltskäufer grundsätzlich ein anerkennenswertes Interesse daran, durch die separate Übertragung des Anwartschaftsrechts **gem § 930 einen Geldkredit absichern** zu können. In vielen Fällen wird eine solche Sicherungsübertragung ohnehin dazu dienen, die Zahlung der Kaufpreisraten an den Vorbehaltsverkäufer zu bewerkstelligen.

75 b) **Kaufvertragliches Verbot der Übertragung des Anwartschaftsrechts nach § 929 Satz 1 mit Übergabe der Kaufsache.** Das Bestehen eines wirksamen kaufvertraglichen Verbots der Übertragung des Anwartschaftsrechts nach § 929 Satz 1 ändert zwar aufgrund der gem § 137 fehlenden dinglichen Wirkung des Veräußerungsverbots nichts am **Rechtserwerb des Dritten**[301]. Der Vorbehaltskäufer macht sich in einem derartigen Fall aber **schadensersatzpflichtig** und muss damit rechnen, dass der Vorbehaltsverkäufer eine **einstweilige Verfügung** auf Unterlassung erwirkt, wenn er von der drohenden Übertragung der Kaufsache erfährt[302]. Ein in den **Lieferbedingungen (AGB)** des Vorbehaltsverkäufers enthaltenes Verbot der Weiterübertragung der Kaufsache und damit der Übertragung des Anwartschaftsrechts nach § 929 Satz 1 ist – anders als die Übertragung des Anwartschaftsrechts nach § 930[303] – nicht gem **§ 307 Abs 1** wegen unangemessener Benachteiligung des Vorbehaltskäufers unwirksam. Denn der Vorbehaltsverkäufer hat ein berechtigtes Interesse daran, dass der **Vorbehaltskäufer** den unmittelbaren Besitz an

291 Vgl dazu unten Rz 113 ff.
292 BGH WM 1959, 52 f; BGHZ 20, 88; BGHZ 28, 16, 27; BGHZ 56, 123, 126; Staud/Beckmann Rz 84.
293 So im Fall BGH NJW 1970, 699. In diesem Fall des BGH enthielt der Kaufvertrag die Klausel, dass „jede anderweitige Verfügung über die gelieferten Waren ... (etwa Weiterverkauf, ... sicherungsweise Übereignung usw.) dem (Beklagten) nur mit (der) ausdrücklichen vorherigen Genehmigung (der Lieferfirma) gestattet“ ist.
294 BGH NJW 1970, 699.
295 BGH NJW 1970, 699.
296 BGH NJW 1970, 699.
297 BGH NJW 1970, 699.
298 BGH NJW 1970, 699.
299 So iE auch BGH NJW 1970, 699.
300 BGH NJW 1970, 699; Staud/Beckmann Rz 87.
301 Vgl dazu oben Rz 69 ff.
302 Vgl dazu oben Rz 71.
303 Vgl dazu oben Rz 74.

der Kaufsache als Grundlage für einen etwaigen **Herausgabeanspruch aus § 985** nicht zugunsten eines Dritten aufgibt.

Enthält der Kaufvertrag kein ausdrückliches Verbot der Übertragung des unmittelbaren Besitzes, so stellt sich die Frage, ob sich ein **konkludentes Verbot** im Rahmen der Auslegung ergibt. In den Fällen, in denen der Vorbehaltskäufer die Vorbehaltsware geschäftsmäßig weiterveräußert oder auf Grundlage eines Werk- oder Bauvertrags verarbeitet, besteht ohnehin regelmäßig ein **verlängerter EV**[304], bei dem die Sicherung in Form des Herausgabeanspruchs aus § 985 ersetzt wird durch eine **Vorausabtretung** der Vergütungsforderung aus dem Zweitgeschäft. Dass der EV den im Falle des **Rücktritts vom Kaufvertrag** durchsetzbaren Anspruch des Vorbehaltsverkäufers aus § 985 sichert und die Realisierung dieses Anspruchs vom **unmittelbaren Besitz des Vorbehaltskäufers** abhängt, ist für den Vorbehaltskäufer auch ohne besondere Rechtskenntnisse evident. Der unmittelbare Besitz des Vorbehaltskäufers gehört daher zum **Wesen des EV**. Bei Fehlen einer Vereinbarung über einen verlängerten EV folgt daher im Rahmen der Auslegung des Kaufvertrags ohne weiteres ein **konkludentes Verbot der Übertragung des unmittelbaren Besitzes** für den Fall, dass der Vorbehaltskäufer das Anwartschaftsrecht veräußern will[305]. Dem Interesse des Vorbehaltskäufers, das Anwartschaftsrecht als **Kreditsicherungsmittel** einsetzen zu können, wird durch eine Sicherungsübertragung nach § 930 hinreichend Rechnung getragen[306]. Ein Besitzübertragungsverbot greift ohnehin Platz, wenn der Vorbehaltskäufer durch Übereignung der Sache, also nicht nur des Anwartschaftsrechts, dem Zweiterwerber einen **gutgläubigen Erwerb des (Voll-)Eigentums** gem §§ 929 Satz 1, 932 ermöglichen will. 76

Im Falle einer **Vermietung oder Verpachtung** der unter EV gekauften Sache besteht zwar die Gefahr des Verlusts des (Voll-)Eigentums nicht. Dies ändert aber nichts daran, dass der Vorbehaltskäufer den **unmittelbaren Besitz** als Grundlage für den im Falle des Zahlungsverzugs des Vorbehaltskäufers entstehenden **Vindikationsanspruch des Vorbehaltsverkäufers aus § 985** verliert. Dies geht – für den Vorbehaltskäufer ohne weiteres ersichtlich – einher mit einer Erschwerung oder sogar Vereitelung der Durchsetzung des Anspruchs aus § 985 im Rücktrittsfall. Der Vorbehaltsverkäufer müsste den Dritten als unmittelbaren Besitzer und den **Aufenthaltsort der Sache ermitteln** sowie uU mit **Einwendungen des Dritten** (zB Behauptung eines gutgläubigen Erwerbs nach §§ 929 Satz 1, 932) rechnen. Es ist daher im Wege der Auslegung davon auszugehen, dass der Vorbehaltskäufer auch eine Vermietung oder Verpachtung der unter EV erworbenen Ware bis zur vollständigen Kaufpreiszahlung nur mit **Zustimmung des Vorbehaltsverkäufers** vornehmen darf. Dazu wird sich der Vorbehaltsverkäufer idR nur dann bereiterklären, wenn ihm der vorgesehene Miet- bzw Pachtvertrag mit den persönlichen Daten des Vertragspartners vorgelegt wird und sichergestellt ist, dass der Mieter bzw Pächter die Abhängigkeit seiner **Nutzungsbefugnis** von der Erfüllung der Kaufpreiszahlungspflicht durch den Vorbehaltskäufer kennt und akzeptiert, dh, die im Falle des verzugsbedingten Rücktritts des Vorbehaltsverkäufers entstehende Herausgabepflicht billigt. 77

IV. Verbrauch der Vorbehaltsware durch den Vorbehaltskäufer

Der Verbrauch der Kaufsache durch den Vorbehaltskäufer führt dazu, dass der Vorbehaltsverkäufer die Sicherung durch den Herausgabeanspruch aus § 985 verliert. Diese Rechtsfolge tritt zwar bei Vornahme einer **Verarbeitung, Verbindung oder Vermischung** iSd §§ 946 ff iE auch ein. Der in diesen Fällen nach §§ 946 ff und damit kraft Gesetzes erfolgende Eigentumsverlust wird aber in Bezug auf die Sicherungsfunktion des EV idR dadurch kompensiert, dass auf Grundlage eines vereinbarten **verlängerten EV** eine Sicherung in Gestalt der **Vorausabtretung der Vergütungsforderung** gegen den Dritten erfolgt[307]. Beim Eigenverbrauch durch den Vorbehaltskäufer ist eine derartige Sicherung des Vorbehaltsverkäufers nicht möglich. Regelt der Kaufvertrag die Zulässigkeit des Eigenverbrauchs nicht ausdrücklich, so gelten die für die **Veräußerung des Anwartschaftsrechts oder der Sache** dargelegten Regeln[308] zwar sinngemäß auch für einen derartigen Verbrauch der Vorbehaltsware durch den Vorbehaltskäufer[309]. Daraus folgt, dass der Vorbehaltskäufer grundsätzlich den unmittelbaren Besitz bis zur vollständigen Kaufpreiszahlung nicht aufgeben darf. Die Frage des Vorliegens einer **konkludenten kaufvertraglichen Gestattung** stellt sich aber insbes in dem Fall, in dem die Ware nach dem Kaufvertrag **zum** 78

304 Vgl dazu unten Rz 113 ff.

305 Staud/Beckmann Rz 72 (Verpflichtung, mit Sache nur wie ein Verwalter und Verwahrer zu verfahren); Erman/Grunewald Rz 15 (Verpflichtung zur pfleglichen Behandlung und Aufbewahrung der Sache); BeckOGK/Mock Rz 38; BeckOK/Faust Rz 18; Flume AcP 161 (1962), 385, 399.

306 Vgl dazu oben Rz 74.

307 Vgl dazu unten Rz 114.

308 Vgl dazu oben Rz 73 ff.

309 Vgl BeckOK/Faust Rz 18.

Verbrauch durch den Käufer bestimmt ist (zB Heiz- und Brennmaterialien oder Lebensmittel/Getränke). Eine derartige Bestimmung zum Verbrauch durch den Vorbehaltskäufer muss nicht besonders vereinbart werden. Sie kann sich auch konkludent aus den Umständen ergeben. Auch beim Erwerb der Vorbehaltsware zum Zwecke des Eigenverbrauchs ergibt der EV regelmäßig einen Sinn, dh, das **Wesen des EV** kann nicht gegen die Zulässigkeit kraft Auslegung des Kaufvertrags eingewandt werden. Denn es ist davon auszugehen, dass der Verbrauch nicht in vollem Umfang unmittelbar nach **Anlieferung der Ware** durch den Vorbehaltsverkäufer, sondern vielmehr sukzessive und damit zeitlich parallel zu den vereinbarten Fälligkeiten der Kaufpreisraten erfolgt. Der Umfang der durch den EV vermittelten Sicherung des Vorbehaltsverkäufers wird zwar durch den **sukzessiven Verbrauch** zunehmend reduziert. Zumeist tritt aber eine Kompensation dadurch ein, dass der Umfang der Kaufpreisforderung und damit das Sicherungsinteresse des Vorbehaltsverkäufers durch zwischenzeitliche **Ratenzahlungen des Vorbehaltskäufers** in vergleichbarem Maße abnimmt. In den Fällen, in denen – für den Vorbehaltsverkäufer erkennbar – Ware verkauft wird, die aufseiten des Vorbehaltskäufers zum Verbrauch bestimmt ist, kann im Wege der Auslegung aus dem Kaufvertrag eine **konkludente Gestattung** abgeleitet werden, sofern der Vorbehaltskäufer die vereinbarten Kaufpreisraten termingemäß leistet.

79 Ist der Vorbehaltskäufer ein **Händler**, der die zum Verbrauch bestimmte Ware geschäftsmäßig weiterveräußert und dazu aufgrund der Vereinbarung eines **verlängerten EV** im Rahmen eines ordnungsgemäßen Geschäftsgangs gegen Vorausabtretung der Vergütungsforderung aus diesem Zweitgeschäft zur Sicherheit auch ermächtigt ist, so tritt die mit einer solchen Zession entstehende Sicherheit nicht ein, wenn der Käufer einen Eigenverbrauch vornimmt. Dass ein Händler zum Weiterverkauf bestimmte Verbrauchsware in einem **untergeordneten Umfang** für eigene Zwecke verwendet (zB ein Mineralölhändler die unter verlängertem EV bezogenen Brennstoffe), ist als verkehrsüblich anzusehen und für den Vorbehaltsverkäufer erkennbar. Sofern der Vorbehaltskäufer die vereinbarten Kaufpreisraten zahlt, ist hier – wie im klassischen Fall des Kaufs von zum Verbrauch beim Käufer bestimmter Ware – von einer **konkludenten kaufvertraglichen Gestattung** auszugehen.

V. Sachbezogene Schutzpflichten des Käufers bis Bedingungseintritt

80 Nach **§ 903 Satz 1** kann der Käufer, sofern er das Eigentum erworben hat, mit der betreffenden Sache nach Belieben verfahren, sofern er nicht in Rechte Dritter eingreift oder gegen ein öffentlich-rechtliches Verbot verstößt. Das Anwartschaftsrecht des Vorbehaltskäufers ist zwar dem Volleigentum weitgehend gleichgestellt[310]. Bis zum Eintritt der aufschiebenden Bedingung ist es aber möglich, dass es zu einem **Rücktritt wegen Zahlungsverzugs des Vorbehaltskäufers** oder sonstigen Wegfall (zB Anfechtung wegen arglistiger Täuschung) des Kaufvertrags mit der Folge der Entstehung eines Anspruchs des Vorbehaltsverkäufers auf **Rückgewähr der Vorbehaltsware** kommt. Im praktisch bedeutsamen Fall des zahlungsverzugsbedingten Rücktritts des Verkäufers vom Kaufvertrag steht ihm ein Herausgabeanspruch aus § 985 zu[311]. Bis zum Eintritt der aufschiebenden Bedingung durch vollständige Kaufpreiszahlung hat der Verkäufer daher ein berechtigtes Interesse daran, dass die Kaufsache keine **Beschädigungen und sonstigen Wertverluste** erleidet, die den Grad der Verkehrsüblichkeit überschreiten. Bereits das RG hat daher zutreffend angenommen, dass der EV dem Vorbehaltskäufer nicht die „volle rechtliche Herrschaft über die Sache“ gewähre und ihn noch „nicht zum Eigenbesitzer, sondern nur zum Verwahrer und Verwalter“ mache[312]. Dem auf dem Kaufvertrag beruhenden Nutzungsrecht des Vorbehaltskäufers korrespondiert daher die Verpflichtung, die für ihn noch fremde Sache pfleglich zu behandeln und alles zu unterlassen, was die bis zum Eintritt der aufschiebenden Bedingung noch bestehenden **Eigentumsrechte des Vorbehaltsverkäufers** verletzen könnte[313].

VI. Auskunftspflichten des Vorbehaltskäufers

81 Der Vorbehaltskäufer ist bis zum Eintritt der aufschiebenden Bedingung durch **vollständige Kaufpreiszahlung** grundsätzlich verpflichtet, dem Verkäufer auf Verlangen eine Auskunft über den Verbleib und den Zustand der Vorbehaltsware zu erteilen[314]. Es handelt sich um eine **kauf-**

310 Vgl dazu oben Rz 21; Soergel/Höpfner § 929 Rz 9 ff; Soergel/Höpfner Anh § 929 Rz 70 ff.
311 Vgl Rz 82 ff.
312 RGZ 95, 105, 106 f.
313 BGH NJW 1961, 1252, 1253; Staud/Beckmann Rz 72; Erman/Grunewald Rz 15; BeckOK/Faust Rz 18; MünchKomm/Westermann Rz 25.
314 Köln NJW 1957, 1032 f (Auskunftsanspruch des Vorbehaltsverkäufers gegen den Konkursverwalter im Konkurs des Vorbehaltskäufers); Staud/Beckmann Rz 71; Erman/Grunewald Rz 15; BeckOK/Faust Rz 18; MünchKomm/Westermann Rz 33. Die Entscheidung BGHZ 70, 86 betrifft einen verlängerten EV mit einer kaufvertraglich vereinbarten Auskunftspflicht bezüglich der einzelnen Forderungen gegen die jeweiligen Drittschuldner.

vertragliche Nebenpflicht, die sich bei Fehlen einer ausdrücklichen Vereinbarung im Rahmen einer **Auslegung** unter Berücksichtigung des Grundsatzes von Treu und Glauben (§ 242) ergibt. Entscheidend dafür ist – wie für die sachbezogenen Schutzpflichten[315] – die **Sicherungsfunktion des EV** und die damit zusammenhängende Entstehung des Rückgewähranspruchs im Falle des Wegfalls des Kaufvertrags. Der **Umfang der Auskunftspflicht** des Vorbehaltskäufers hängt maßgeblich vom Vorliegen eines nachvollziehbaren Interesses des Vorbehaltsverkäufers und der **Zumutbarkeit für den Käufer** ab, wobei die Verkehrssitte und wiederum der Grundsatz von Treu und Glauben zu berücksichtigen sind[316]. Insoweit geht es um ein **angemessenes Verhältnis** zwischen Arbeits- und Zeitaufwand aufseiten des auskunftspflichtigen Vorbehaltskäufers und dem **schutzwürdigen Sicherungsinteresse** des anspruchsberechtigten Verkäufers[317]. Maßgebliche Bedeutung hat insoweit vor allem, ob der Vorbehaltskäufer bislang die fälligen **Kaufpreisraten vertragsgemäß gezahlt hat** oder sich im Verzug befindet. Im Verzugsfall muss der Verkäufer die Möglichkeit eines Rücktritts und die sich daraus ergebende **Geltendmachung des Rückgewähranspruchs** in Betracht ziehen, wofür er Auskünfte über Aufenthaltsort und Zustand der Sache benötigt. Wenn der Vorbehaltskäufer dagegen bislang die Kaufpreisraten vereinbarungsgemäß gezahlt hat und keine Anhaltspunkte dafür bestehen, dass er die Zahlungen einstellt, dann sind derartige Auskunftsersuchen idR wegen Unverhältnismäßigkeit nicht gerichtfertigt. Im Falle der Insolvenz obliegt die Auskunftspflicht dem **Insolvenzverwalter**, der im Interesse aller am Insolvenzverfahren Beteiligten für ein **zügiges Verfahren** sorgen muss[318].

E. Rücktritt des Verkäufers vom Kaufvertrag (§ 449 Abs 2)

I. Der Rücktritt als dispositive Voraussetzung des Herausgabeanspruchs

1. **Gesetzliche Grundregel des § 449 Abs 2.** Nach § 449 Abs 2 kann der Verkäufer aufgrund 82 eines EV die Sache vom Vorbehaltskäufer nur dann herausverlangen, wenn er vom Kaufvertrag zurückgetreten ist. In § 455 aF war eine entsprechende Regelung zwar nicht enthalten[319]. Der BGH ist aber schon in seiner Grundsatzentscheidung aus dem Jahre 1970[320] davon ausgegangen, dass der bloße **Zahlungsverzug des Vorbehaltskäufers** nicht ohne weiteres den Vindikationsanspruch nach § 985 begründet[321]. Verlangt wurde vom BGH insoweit vielmehr unter Verweis auf das **Wesen und den wirtschaftlichen Sinn des EV** ein Rücktritt vom Kaufvertrag gem § 455 Abs 1 aF oder der erfolglose Ablauf einer vom Verkäufer dem Käufer gem § 326 Abs 1 aF gesetzten Nachfrist[322]. Der Vorbehaltskäufer soll gerade durch die **Nutzung des Kaufgegenstands** in die Lage versetzt werden, die **fälligen Kaufpreisraten** zu zahlen[323]. Die Neuregelung des durch das SMG 2002 eingeführten § 449 Abs 2 stellt im Anschluss an die **Grundsatzentscheidung BGHZ 54, 214** klar, dass der Anspruch des Vorbehaltsverkäufers auf die Herausgabe der Kaufsache einen wirksam erklärten Rücktritt voraussetzt[324]. Ein Vorbehaltsverkäufer, der ohne gleichzeitigen Erhalt des Kaufpreises und damit im Rahmen einer **Vorleistung** seine Ware aus der Hand gegeben hat, muss diese Sachleistung nach Ansicht des Gesetzgebers dem Käufer so lange belassen, wie der darüber geschlossene Kaufvertrag wirksam besteht[325]. Nach Auffassung des Gesetzgebers des SMG 2002 besteht aufseiten des Vorbehaltsverkäufers **kein anerkennenswertes Interesse** dafür, vom Käufer die Rückgabe der gelieferten Ware unter Aufrechterhaltung des Kaufvertrags und Wegfall der Vorleistungspflicht zu verlangen[326].

Die Regelung des § 449 Abs 2 ist zwar grundsätzlich dispositiv mit der Folge, dass der Heraus- 83 gabeanspruch des Vorbehaltsverkäufers nicht zwingend von einem von ihm bereits erklärten Rücktritt abhängt[327]. Der **BGH** verwies vor Inkrafttreten des § 449 Abs 2 im Rahmen des SMG 2002 darauf, dass aus dem **Wesen des EV** und dem mutmaßlichen Willen der Kaufvertragsparteien nicht abgeleitet werden könne, der Vorbehaltsverkäufer sei allein aufgrund **Zahlungsverzugs des Vorbehaltskäufers** – also ohne Vorgehen nach §§ 455 Abs 1 aF, 326 Abs 1 aF – berechtigt, die Kaufsache herauszuverlangen[328]. Ein Herausgabeanspruch stehe dem Verkäufer vielmehr nur dann zu, wenn der Kaufvertrag eine dahin gehende **besondere Vereinbarung**

315 Vgl dazu vorstehend Rz 80.
316 BGHZ 70, 86, 91.
317 BGHZ 70, 86, 91.
318 BGHZ 70, 86, 91; vgl zu den Einzelheiten der Insolvenz des Vorbehaltskäufers Rz 101 und zur Insolvenz des Vorbehaltsverkäufers Rz 102.
319 Vgl zur Enstehungsgeschichte oben Rz 3 ff.
320 BGHZ 54, 214.
321 BGHZ 54, 214; vgl dazu auch oben Rz 3.
322 BGHZ 54, 214, 219 ff.
323 BGHZ 54, 214, 221.
324 Begr Gesetzentwurf, BT-Drucks 14/6040, S 241.
325 Begr Gesetzentwurf, BT-Drucks 14/6040, S 241.
326 Begr Gesetzentwurf, BT-Drucks 14/6040, S 241.
327 BGH NJW-RR 2008, 818 Rz 40; Staud/Beckmann Rz 63; MünchKomm/Westermann Rz 35; BeckOGK/Mock Rz 63; BeckOK/Faust Rz 4, 19. So auch BGHZ 54, 214, 222 (Herausgabeanspruch ohne Rücktritt vom Kaufvertrag nur, „wenn die Vertragsparteien es besonders vereinbaren") zur Rechtslage vor Einführung des § 449 Abs 2.
328 BGHZ 54, 214.

enthalte[329]. Aus der Sicht des Verkäufers ist eine solche von § 449 Abs 2 abweichende kaufvertragliche Abrede insbes für den Fall des Zahlungsverzugs des Käufers sowie der **drohenden Verschlechterung oder vertragswidrigen Weiterveräußerung** der Kaufsache sinnvoll.

84 2. **Abbedingung des Rücktrittserfordernisses des § 449 Abs 2 durch AGB oder Individualvereinbarung.** – a) **Verbraucher als Käufer.** Die Wirksamkeit einer auf das Rücktrittserfordernis des § 449 Abs 2 verzichtenden, vom Verkäufer gestellten AGB-Klausel richtet sich nach § 307 Abs 2 Nr 1. Eine **unangemessene Benachteiligung** iSd § 307 Abs 1 ist in Bezug auf eine derartige AGB-Klausel zu bejahen, wenn sie mit dem **wesentlichen Grundgedanken** des § 449 Abs 2 nicht zu vereinbaren ist. Nach allgemein anerkannten Grundsätzen kommt es insoweit darauf an, ob § 449 Abs 2 **Ausdruck eines allgemeinen Gerechtigkeitsgebots** ist oder dieser Regelung lediglich **Zweckmäßigkeitserwägungen** zugrunde liegen[330]. Da das Rücktrittsgebot des § 449 Abs 2 sicherstellen soll, dass der Vorbehaltskäufer die Kaufsache nutzen kann, solange der darauf bezogene Kaufvertrag gültig ist, beruht diese Vorschrift nicht bloß auf Zweckmäßigkeitserwägungen[331]. § 449 Abs 2 statuiert vielmehr den Grundsatz „keine Rücknahme ohne Rücktritt“ und schützt dadurch **wesentliche Interessen des Vorbehaltskäufers**, der ohne unmittelbaren Besitz an der Kaufsache und die dadurch gewährleistete **Nutzungsmöglichkeit** nicht zur Entrichtung des Kaufpreises verpflichtet sein soll[332]. Eine davon abweichende kaufvertragliche Bestimmung widerspräche der vereinbarten Risikoverteilung beim Kauf unter EV[333]. Bestätigt wird dies auch durch die Regelungen der §§ 506 Abs 3, 508 Satz 5, 512 über **Teilzahlungsgeschäfte**, nach denen die Rücknahme der Kaufsache durch den Unternehmer zwingend als Rücktrittserklärung gegenüber dem Verbraucher einzuordnen ist[334]. Der Grundsatz „keine Rücknahme ohne Rücktritt“ ist daher **wesentlicher Grundgedanke** des § 449 Abs 2, von dem nach § 307 Abs 2 Nr 1 jedenfalls bei Kaufverträgen zwischen Unternehmern und Verbrauchern nicht durch AGB abgewichen werden kann[335]. Bei Vorliegen einer Individualvereinbarung hängt das Vorliegen einer **Nichtigkeit nach § 138** von den Umständen des Einzelfalls ab.

85 b) **Kaufverträge zwischen Unternehmern.** Die hM geht zu Recht davon aus, dass eine Abbedingung des § 449 Abs 2 durch AGB auch im unternehmerischen Geschäftsverkehr gem § 307 Abs 2 Nr 1 unwirksam ist[336]. Der BGH hat diese Frage in der Entscheidung aus dem Jahre 2007 offengelassen[337]. Gegen die Anwendung des § 307 Abs 2 Nr 1 bei Kaufverträgen zwischen Unternehmen wird eingewandt, dass hier den **Sicherungsinteressen des Vorbehaltsverkäufers** Raum gewährt werden müsse, zumal er selbst nach § 161 Abs 1 an einer abweichenden Verfügung über den Kaufgegenstand gehindert sei[338]. Die Regelung des § 449 Abs 2 stellt aber letztlich keine besondere **Ausprägung des Verbraucherschutzes** dar, sondern spiegelt vielmehr unabhängig vom Status des Käufers die beim EV **typische Interessenlage** wider. Der Gesichtspunkt, dass der Käufer durch die Nutzung des Kaufgegenstands in die Lage versetzt werden soll, die Kaufpreisraten zu zahlen, kommt gerade im unternehmerischen Geschäftsverkehr zum Tragen[339]. Beim Verkauf an einen Verbraucher geht es insoweit regelmäßig nur um die **private Verwendung ohne Erzielung von Einnahmen.** Durch Individualvereinbarung kann dagegen beim Kaufvertrag zwischen Unternehmern eine Abbedingung des Rücktrittserfordernisses des § 449 Abs 2 erfolgen[340].

II. Erfordernis der Nachfristsetzung – Abdingbarkeit

86 1. **Allgemeines.** Der Rücktritt des Vorbehaltsverkäufers vom Kaufvertrag bei Zahlungsverzug des Käufers setzt gem § 323 Abs 1 grundsätzlich eine erfolglose **Nachfristsetzung** voraus. Die Entbehrlichkeit der Fristsetzung richtet sich nach § 323 Abs 2. Praktische Bedeutung hat zwar insoweit insbes die **ernsthafte und endgültige Erfüllungsverweigerung** iSd § 323 Abs 2 Nr 1. Zwecks Vermeidung eines Rechtsstreits über die Ernsthaftigkeit oder/und die Endgültigkeit der Erfüllungsverweigerung ist dem Vorbehaltsverkäufer aber regelmäßig zu empfehlen, dem Käufer

329 BGHZ 54, 214, 222.
330 BGH NJW-RR 2008, 818 Rz 40; BGHZ 115, 38, 42; BGHZ 114, 238, 240; BGHZ 98, 206, 211.
331 BGH NJW-RR 2008, 818 Rz 41.
332 BGH NJW-RR 2008, 818 Rz 41; vgl dazu auch oben Rz 82.
333 BGH NJW-RR 2008, 818 Rz 41; Erman/Grunewald Rz 14.
334 BGH NJW-RR 2008, 818 Rz 42.
335 BGH NJW-RR 2008, 818 Rz 42; Staud/Beckmann Rz 67; MünchKomm/Westermann Rz 35; Erman/Grunewald 14; BeckOGK/Mock Rz 63.2; BeckOK/Faust Rz 19.
336 Staud/Beckmann Rz 67; BeckOGK/Mock Rz 63.2; Erman/Grunewald Rz 14; BeckOK/Faust Rz 19; NK/Büdenbender Rz 30; Habersack/Schürnbrand JuS 2002, 833, 836 f; aA MünchKomm/Westermann Rz 35.
337 BGH NJW-RR 2008, 818 Rz 42 (jedenfalls bei Verträgen mit Verbrauchern sei daher der Grundsatz „keine Rücknahme ohne Rücktritt“ ein wesentlicher Grundgedanke iSd § 307 Abs 2 Nr 1, von dem nicht durch AGB abgewichen werden könne).
338 MünchKomm/Westermann Rz 35.
339 Staud/Beckmann Rz 67.
340 Staud/Beckmann Rz 63; MünchKomm/Westermann Rz 35; jurisPK/Müller Rz 106.

sicherheitshalber trotz Ablehnung der Kaufpreiszahlung eine Frist zu setzen. Häufig werden die Fälle so gelagert sein, dass der Käufer die Unterlassung der Zahlung des Kaufpreises oder einzelner Raten mit **finanziellen Schwierigkeiten** begründet. Die Endgültigkeit der Erfüllungsverweigerung kann gerade in einer solchen Situation zweifelhaft sein und vom Vorbehaltskäufer nach einer Rücktrittserklärung des Verkäufers bestritten werden.

2. **Abbedingung des Fristsetzungserfordernisses durch AGB oder Individualvereinbarung.** Im **nichtunternehmerischen Geschäftsverkehr** verstößt eine kaufvertragliche AGB-Klausel, die im Falle des **Verzugs des Vorbehaltskäufers** den Rücktritt des Verkäufers vom Kaufvertrag ohne das Setzen einer Nachfrist iSd § 323 Abs 1 zulässt, gegen **§ 309 Nr 4**[341]. Nach dieser Vorschrift in den AGB ist eine Bestimmung unwirksam, durch die der Verwender von der gesetzlichen Obliegenheit freigestellt wird, den anderen Vertragsteil zu mahnen oder ihm eine Frist für die Leistung oder Nacherfüllung zu setzen. Bei **Kaufverträgen zwischen Unternehmern** ist eine Unwirksamkeit gem § 307 Abs 1 Satz 1 deshalb zu bejahen, weil eine derartige Klausel vom **wesentlichen Grundgedanken des § 323 Abs 1** abweicht und daher zu einer unangemessenen Benachteiligung des Käufers nach § 307 Abs 2 Nr 1 führt[342]. 87

Aus der zum Zwecke des Schutzes des Vorbehaltskäufers erfolgten Festschreibung des Grundsatzes „keine Rücknahme ohne Rücktritt" in § 449 Abs 2 ist auch abzuleiten, dass der Rücktritt nur bei Vorliegen der **allgemeinen gesetzlichen Voraussetzungen** zulässig sein soll, die den Käufer als Schuldner schützen[343]. Zentrale Rücktrittsvoraussetzung ist die Fristsetzung nach § 323 Abs 1. Die **Interessen des Vorbehaltsverkäufers** werden durch die Verneinung der Abdingbarkeit der Notwendigkeit einer Nachfristsetzung nicht spürbar beeinträchtigt. Denn der Vorbehaltsverkäufer hat auch nach Eintritt eines Zahlungsverzugs aufseiten des Käufers in erster Linie ein **Interesse an der weiteren Durchführung des Kaufvertrags**, also an der Leistung des Kaufpreises, und nicht an einer Rückabwicklung mit Herausgabe der Kaufsache. Solange nicht ausgeschlossen ist, dass eine Fristsetzung den Käufer doch noch zur Zahlung veranlassen wird, dient dieses gesetzliche Rücktrittserfordernis letztlich auch den **Interessen des Vorbehaltsverkäufers**. Eine individualvertragliche Abbedingung des Fristsetzungserfordernisses bringt dem Vorbehaltsverkäufer daher keinen wesentlichen Vorteil. Sie ist aber im Kaufvertrag zwischen Unternehmern grundsätzlich zulässig. Bei Vorliegen eines Verbrauchervertrags hängt die **Nichtigkeit gem § 138** von den Umständen des Einzelfalls ab. 88

III. Besonderheiten des Verkäuferrücktritts beim Teilzahlungsgeschäft (§ 506 Abs 3)

1. **Rücktrittsvermutung des § 508 Satz 5 bei Wiederansichnahme der Sache – verbundene Verträge.** Nimmt der **Unternehmer** die auf Grundlage eines Teilzahlungsgeschäfts iSd **§ 506 Abs 3** gelieferte Sache wieder an sich, so gilt dies gem § 508 Satz 5 als Ausübung des Rücktrittsrechts, es sei denn, der Unternehmer einigt sich mit dem Verbraucher, diesem den **gewöhnlichen Verkaufswert der Sache** zum Zeitpunkt der Wegnahme zu vergüten[344]. Diese Regelung stellt eine **unwiderlegliche Vermutung** dar[345]. Durch § 508 Satz 5 soll der Verbraucher davor geschützt werden, trotz Verlusts des unmittelbaren Besitzes den Kaufpreis weiter zahlen zu müssen[346]. Ersetzt wird durch § 508 Satz 5 nur die **Rücktrittserklärung** des Vorbehaltsverkäufers, nicht aber das Erfordernis des Vorliegens eines **Rücktrittsgrundes**[347]. Eine Wiederansichnahme iSd § 508 Satz 5 setzt nicht zwingend einen Entzug des unmittelbaren Besitzes durch körperliche Wegnahme der Sache voraus, obwohl dies in der Praxis die Regel ist[348]. Ausreichend ist vielmehr, dass der Verbraucher als Käufer die **Nutzungsmöglichkeit** verliert[349]. Ist der Kaufvertrag mit EV-Vereinbarung mit einem **Verbraucherdarlehensvertrag** (**§ 491**) verbunden iSd § 358 Abs 3, so gilt gem § 508 Satz 6 die Rücktrittsvermutung des Satz 5 entsprechend, wenn der **Darlehensgeber** die Sache an sich nimmt[350]. 89

2. **§ 508 Satz 1 als lex specialis gegenüber § 323 Abs 1.** Nach § 508 Satz 1 kann der Unternehmer von einem Teilzahlungsgeschäft wegen **Zahlungsverzugs des Verbrauchers** nur 90

341 Staud/Beckmann Rz 66; MünchKomm/Westermann Rz 35; BeckOGK/Mock Rz 63.1; Habersack/Schürnbrand JuS 2002, 833, 834;.
342 Staud/Beckmann Rz 66; BeckOGK/Mock Rz 63.1; aA MünchKomm/Westermann Rz 35; Schulze/Kienle NJW 2002, 2842, 2843 f.
343 Ähnlich Staud/Beckmann Rz 66; Schulze/Kienle NJW 2002, 2842, 2843 f.
344 Vgl zu den Einzelheiten Soergel/Seifert § 508 Rz 28 ff.
345 Staud/Kessal-Wulf § 508 Rz 32 f; BeckOK/Möller § 508 Rz 14; Grüneberg/Weidenkaff § 508 Rz 6.
346 Staud/Beckmann Rz 70; MünchKomm/Weber § 508 Rz 44; Grüneberg/Weidenkaff § 508 Rz 6; aA Erman/Nietsch § 508 Rz 67.
347 Staud/Beckmann Rz 70; Habersack/Schürnbrand JuS 2002, 833, 835.
348 Soergel/Seifert § 508 Rz 24; Staud/Beckmann Rz 70.
349 Soergel/Seifert § 508 Rz 24; Staud/Beckmann Rz 70.
350 Vgl zu den Einzelheiten Soergel/Seifert § 508 Rz 31 f.

unter den in § **498 Abs 1 Satz 1** bezeichneten Voraussetzungen zurücktreten. Danach sind insbes ein Zahlungsverzug mit mindestens **zwei aufeinander folgenden Teilzahlungen** und eine erfolglose **zweiwöchige Nachfrist** mit der Erklärung, dass bei Nichtzahlung innerhalb der Frist die gesamte Restschuld verlangt wird (Satz 1 Nr 2), für den Rücktritt vom Kaufvertrag erforderlich. In Bezug auf diese besonderen Rücktrittsvoraussetzungen ist § 508 Satz 1 als lex specialis gegenüber § 323 Abs 1 anzusehen[351]. Der von § 323 Abs 1 nicht geforderte **Zahlungsverzug** wird im Falle der Nichtzahlung von Kaufpreisraten ohnehin regelmäßig vorliegen, so dass die praktische Bedeutung des Unterschieds zwischen § 323 Abs 1 und den §§ 508 Satz 1, 498 Abs 1 Satz 1 insoweit gering sein dürfte. Anderes gilt aber für die in § 323 nicht enthaltene **Androhung des § 498 Abs 1 Satz 1 Nr 2**.

91 3. **Rechtsfolgen der Einigung iSd § 508 Satz 5 Halbsatz 2 über den gewöhnlichen Verkaufswert der Sache**. Die Wiederansichnahme der unter EV vom Vorbehaltsverkäufer als Unternehmer an den Käufer als Verbraucher gelieferten Sache im Falle des **Zahlungsverzugs** gilt gem § 508 Satz 5 Halbsatz 2 dann nicht als Ausübung des Rücktrittsrechts, wenn der Unternehmer sich mit dem Verbraucher einigt, diesem den gewöhnlichen Verkaufswert der Sache **zum Zeitpunkt der Wegnahme** zu vergüten. Der Kaufvertrag bleibt im Falle des Zustandekommens einer solchen Einigung bestehen[352]. Unter dem „gewöhnlichen Verkaufswert" ist – wie bei ZPO § 813 Abs 1 Satz 1 – der Betrag zu verstehen, der im Rahmen einer **freihändigen Veräußerung** normalerweise erzielbar ist[353]. Die Einigung iSd § 508 Satz 5 Halbsatz 2 kann bereits im ursprünglichen Kaufvertrag erfolgen, wobei der konkrete Betrag noch nicht festgelegt werden muss[354]. Im Falle des Vorliegens einer Einigung der Parteien über die Vergütung des gewöhnlichen Verkaufswerts werden der Anspruch des Vorbehaltskäufers auf diesen Betrag und bereits geleistete Kaufpreisraten **verrechnet mit dem Anspruch des Vorbehaltsverkäufers** auf den Kaufpreis zuzüglich eines nach § 497 zu berechnenden **Verzugsschadens**[355].

IV. Rücktritt des Verkäufers nach § 324 wegen Verletzung des Kaufvertrags durch Käufer

92 1. **Anwendung des § 449 Abs 2 auf den Rücktritt nach § 324**. Verletzt der Vorbehaltskäufer die ihm in Bezug auf den Umgang mit der Vorbehaltsware unmittelbar aus dem Kaufvertrag oder gem § 241 Abs 2 obliegenden Obhutspflichten[356], so kann der Verkäufer nach der allgemeinen Regelung des § 324 vom Kaufvertrag zurücktreten, wenn ihm ein **Festhalten am Kaufvertrag nicht mehr zuzumuten** ist. Diese Regelung des allgemeinen Schuldrechts ist auch auf den Verkauf unter EV anwendbar[357]. Der in § 449 Abs 2 festgeschriebene Grundsatz, nach dem die Kaufsache vom Vorbehaltsverkäufer nur dann herausverlangt werden kann, wenn er vom Kaufvertrag zurückgetreten ist, gilt nicht nur für den in der Praxis vorherrschenden Fall des **Zahlungsverzugs** des Käufers, sondern auch für **andere Rücktrittsgründe**[358]. Das Vorliegen eines solchen Grundes allein kann daher ein Herausgabeverlangen des Vorbehaltsverkäufers nicht rechtfertigen. Es ist vielmehr davon auszugehen, dass der Vorbehaltsverkäufer auch dann, wenn ihm wegen Verletzung einer sachbezogenen Obhutspflicht durch den Vorbehaltskäufer ein Rücktrittsrecht nach § 324 zusteht, die Kaufsache gem § 449 Abs 2 nur unter der Voraussetzung einer wirksamen **Erklärung des Rücktritts** herausverlangen kann[359].

93 2. **Die Voraussetzungen eines Rücktritts nach § 324**. – a) **Kaufvertragswidrige Weiterveräußerung von Kaufsache und Anwartschaftsrecht**. Die **pflichtwidrige Weiterveräußerung** der unter EV gekauften Sache[360] kann zwar grundsätzlich ein Rücktrittsrecht nach § 324 begründen[361]. Bei der Frage der Zumutbarkeit des Festhaltens am Kaufvertrag ist hier aber zu berücksichtigen, dass der **Zweitkäufer** trotz des Verstoßes des Vorbehaltskäufers gegen den Erstkaufvertrag jedenfalls das **Anwartschaftsrecht** erwirbt[362] und ohnehin grundsätzlich die Mög-

351 Staud/Beckmann Rz 69; Erman/Nietsch § 508 Rz 5; MünchKomm/Weber § 508 Rz 1.
352 MünchKomm/Weber § 508 Rz 62; Staud/Kessal-Wulf § 508 Rz 39; Grüneberg/Weidenkaff § 508 Rz 9; NK/Krämer § 508 Rz 8; Begr Gesetzentwurf, BT-Drucks 11/5462, S 28 (zu VerbrKrG § 13).
353 Soergel/Seifert § 508 Rz 29; Erman/Nietsch § 508 Rz 82.
354 Soergel/Seifert § 508 Rz 30.
355 Erman/Nietsch § 508 Rz 83.
356 Vgl dazu Rz 80.
357 MünchKomm/Westermann Rz 28; Grüneberg/Weidenkaff Rz 26; Erman/Grunewald Rz 12; BeckOK/Faust Rz 21; Schulze/Kienle NJW 2002, 2842 f; Habersack/Schürnbrand JuS 2002, 833, 834.
358 MünchKomm/Westermann Rz 28; Erman/Grunewald Rz 12; BeckOGK/Mock Rz 60; BeckOK/Faust Rz 20 ff; Grüneberg/Weidenkaff Rz 26; Habersack/Schürnbrand JuS 2002, 833, 834; Schulze/Kienle NJW 2002, 2842, 2843.
359 MünchKomm/Westermann Rz 28; Erman/Grunewald Rz 12; BeckOGK/Mock Rz 60; BeckOK/Faust Rz 20; Habersack/Schürnbrand JuS 2002, 833, 834; Schulze/Kienle NJW 2002, 2842, 2843.
360 Vgl dazu oben Rz 69, 75 f.
361 MünchKomm/Westermann Rz 28; Grüneberg/Weidenkaff Rz 26.
362 Vgl dazu oben Rz 69 ff.

lichkeit hat, als Dritter iSd § 267 Abs Satz 1 die noch bestehende Restschuld zu tilgen[363]. Denn in Bezug auf das Anwartschaftsrecht ist der Vorbehaltskäufer auch bei Bestehen einer **kaufvertraglichen Übertragungsbeschränkung** zur Vornahme einer wirksamen Verfügung in der Lage, weil eine vertragliche Beschränkung gem § 137 nicht im Verhältnis zu Dritten wirkt, also keine dingliche Wirkung entfaltet[364]. Nur in dem Fall, in dem der Dritte die Erbringung einer **Leistung nach § 267 Abs 1 Satz 1** ablehnt und auch der Vorbehaltskäufer zur Zahlung der Restschuld nicht bereit ist, kann die Sicherheit des Vorbehaltsverkäufers in einer Weise gefährdet werden, die einen Rücktritt nach § 324 rechtfertigt, der dann den **Untergang des Anwartschaftsrechts** zur Folge hat. Führt der Vorbehaltskäufer durch kaufvertragswidrige **Veräußerung der Kaufsache nach § 929 Satz 1** unter Verschweigen des EV einen gutgläubigen Erwerb des Dritten herbei, so kann der Vorbehaltsverkäufer regelmäßig ohne weiteres gem § 324 vom Kaufvertrag zurücktreten.

b) **Unsachgemäße Behandlung der Kaufsache.** Als Rücktrittsgrund iSd § 324 kommt ins- 94
bes eine **unsachgemäße Behandlung des Kaufgegenstands** durch den Käufer in Betracht, sofern das Sicherungsinteresse des Verkäufers so stark beeinträchtigt ist, dass ihm das Festhalten am Kaufvertrag nicht mehr zuzumuten ist[365]. Beanstandet der Vorbehaltsverkäufer eine unsachgemäße Behandlung der unter EV gelieferten Sache durch den Käufer, so wird dessen Bereitschaft, den noch offenen Kaufpreis bzw Restkaufpreis zu zahlen, idR zur Verneinung einer Unzumutbarkeit iSd § 324 führen. Der Verkäufer hat auch bei Vorliegen einer **Gefahr von außergewöhnlichen Wertminderungen** in erster Linie nur ein Interesse an der Zahlung des vollständigen Kaufpreises. Ist dies gewährleistet, so kommt ein Rücktritt nach § 324 nicht in Betracht. Nach **Eintritt der aufschiebenden Bedingung** durch Kaufpreiszahlung kann der Käufer nämlich ohnehin gem § 903 Satz 1 nach Belieben mit der Sache verfahren. Ein Interesse des Vorbehaltsverkäufers, im Falle der unsachgemäßen Behandlung gleichwohl die Sache durch Rücktritt zurückzuerlangen, um sie selbst nutzen oder an einen Dritten weiterveräußern zu können, ist daher bei Ankündigung der vollständigen Kaufpreiszahlung oder Leistung einer darauf bezogenen **hinreichenden Sicherheit** durch den Käufer, nicht schützenswert. Erfährt der Vorbehaltsverkäufer von einer kaufvertragswidrigen unsachgemäßen Behandlung der Kaufsache durch den Käufer, so muss er dem Käufer den Eigentumserwerb gegen sofortige Zahlung der noch offenen Kaufpreisschuld anbieten. Bei ablehnender Haltung des Käufers ist die Unzumutbarkeit des Festhaltens am Kaufvertrag zu bejahen, sofern nicht aufgrund einer vom Verkäufer ausgesprochenen **Abmahnung** das Unterlassen einer weiteren unsachgemäßen Behandlung der Kaufsache zu erwarten ist. Steht dem Verkäufer wegen Verletzung einer sachbezogenen Obhutspflicht ein Rücktrittsrecht nach § 324 zu, so entfällt das **Besitzrecht des Käufers** aber gem § 449 Abs 2 erst mit Ausübung des Rücktrittsrechts durch Gestaltungserklärung[366].

V. Rücktritt des Vorbehaltsverkäufers bei Verjährung der Kaufpreisforderung (§ 216 Abs 2 Satz 2)

1. **Rechtslage vor Inkrafttreten des SMG 2002 – analoge Anwendung des § 223 aF.** 95
Vor Inkrafttreten des SMG 2002 konnte der Vorbehaltsverkäufer im Falle der Verjährung der Kaufpreisforderung aufgrund einer **analogen Anwendung des § 223 aF** ohne Rücktritt vom Kaufvertrag die Herausgabe der Vorbehaltsware vom Käufer verlangen[367]. Ein Rücktritt des Vorbehaltsverkäufers vom Kaufvertrag nach § 455 Abs 1 aF oder § 326 Abs 1 aF **wegen Zahlungsverzugs** war nach Eintritt der Verjährung der Kaufpreisforderung nicht mehr möglich[368]. Die §§ 455 aF, 326 aF stellten aber insoweit keine abschließende Regelung für die **Beendigung des Besitzrechts des Vorbehaltskäufers** dar, so dass die allgemeine Regelung des § 223 aF analog angewandt werden konnte[369]. Nach § 223 Abs 1 aF hinderte die Verjährung eines Anspruchs, für den eine Hypothek, eine Schiffshypothek oder ein Pfandrecht bestand, den Berechtigten (Sicherungsnehmer) nicht, seine **Befriedigung aus dem verhafteten Gegenstand** zu suchen. Die Rückübertragung eines zur Sicherung eines Anspruchs übertragenen Rechts konnte gem § 223 Abs 2 aF nicht aufgrund der Verjährung des Anspruchs gefordert werden. In der Grundsatzentscheidung **BGHZ 34, 191** ging der BGH davon aus, dass sich durch die Verjährung der Kaufpreisforderung das durch den Kaufvertrag begründete Recht des Vorbehaltskäufers zum Besitz an der Kaufsache in seiner Hand nicht zu einem nicht mehr zu beseitigenden Recht

363 Vgl dazu oben Rz 56 f.
364 Vgl dazu oben Rz 69 ff.
365 BeckOGK/Mock Rz 60; Erman/Grunewald Rz 12; BeckOK/Faust Rz 21; Habersack/Schürnbrand JuS 2002, 833, 834.
366 Vgl dazu oben Rz 82 ff.
367 BGHZ 34, 191, 197; BGHZ 70, 96, 98 ff; BGH NJW 1979, 2195; abl Peters/Zimmermann, in: Gutachten und Vorschläge zur Überarbeitung des Schuldrechts, 1981, S 77, 265 f mweitNachw.
368 BGHZ 70, 96, 98.
369 BGHZ 70, 96, 98; BGHZ 34, 191, 197 f.

entwickeln könne[370]. Ein dauerhaftes **Auseinanderfallen von Eigentum und Recht zum Besitz** sei „wenig sinnvolles Ergebnis“[371]. Als sachgerecht wurde vom BGH die entsprechende Anwendung der für Pfandrechte und Sicherungsübereignungen geltenden Regelung des § 223 aF auf den EV angesehen[372]. Diese Regelung räume dem **Sicherungsgeber** im Falle der Verjährung der gegen ihn gerichteten gesicherten Forderung gerade **kein dauerndes Recht zum Besitz am Sicherungsgegenstand** ein[373]. Die Rechtslage beim EV unterscheidet sich nach Ansicht des BGH insoweit nicht wesentlich vom Fall der Sicherungsübereignung nach § 930, bei der vom Sicherungsgeber als Schuldner der inzwischen verjährten Forderung die **Herausgabe des unmittelbaren Besitzes** am Sicherungsgut nicht unter Hinweis auf die Verjährung der Forderung verweigert werden kann[374].

96 2. **Die Neuregelung des § 216 Abs 2 Satz 2**. Bei der Beratung des SMG 2002 sah der Gesetzgeber keinen Anlass, in Bezug auf den **Herausgabeanspruch des Vorbehaltsverkäufers** bei Verjährung der Kaufpreisforderung an der bisherigen, auf der analogen Anwendung des § 223 aF beruhenden Rechtslage iE etwas zu ändern[375]. Die neue Vorschrift des § 216 Abs 2 Satz 2 regelt die Problematik des Herausgabeanspruchs ausdrücklich in diesem Sinne[376]. Nach der verjährungsrechtlichen Grundregel des **§ 218 Abs 1 Satz 1** ist der Rücktritt wegen nicht oder nicht vertragsgemäß erbrachter Leistung zwar unwirksam, wenn der Anspruch auf die Leistung oder der Nacherfüllungsanspruch verjährt ist und der Schuldner sich hierauf beruft. Für den EV statuiert § 216 Abs 2 Satz 2 aber eine **Ausnahmeregelung**, nach welcher der Rücktritt vom Kaufvertrag auch dann erfolgen kann, wenn der durch den EV gesicherte Kaufpreisanspruch verjährt ist. Die Neuregelung lässt allerdings die bis zum Inkrafttreten des SMG 2002 bestehende Lage nur iE unberührt, da es keinen vom Rücktritt unabhängigen **Herausgabeanspruch** des Vorbehaltsverkäufers gibt. Durch die Sonderregelung des § 216 Abs 2 Satz 2 wird vielmehr der **Rücktritt vom Kaufvertrag trotz Verjährung** der Kaufpreisforderung für zulässig erklärt. Dadurch wird auch das Gebot des § 449 Abs 2 gewahrt, nach dem der Vorbehaltsverkäufer nicht ohne wirksame Rücktrittserklärung die Kaufsache vom Käufer herausverlangen kann.

VI. Kombination des Rücktritts mit Schadensersatz statt der Leistung

97 Nach der allgemeinen Regelung des § 325 wird durch einen Rücktritt des Käufers, der Schadensersatz statt der Leistung iSd §§ 281, 282 nicht ausgeschlossen. Der Vorbehaltsverkäufer kann also im Falle des erfolglosen Ablaufs einer Nachfrist gem § 323 Abs 1 vom Kaufvertrag zurücktreten und dann sowohl die Sache gem § 985 sowie gem § 346 Abs 1 herausverlangen als auch **Schadensersatz statt der Leistung** nach der Differenzmethode geltend machen. Der Schaden des Verkäufers kann insoweit in der Differenz zwischen dem mit dem Vorbehaltskäufer vereinbarten Kaufpreis und dem niedrigeren Kaufpreis aus einem nachfolgenden **Weiterverkauf** (**Deckungsverkauf**) bestehen[377]. Falls der Vorbehaltskäufer einen Teil des Kaufpreises bereits gezahlt hat, ist dieser auf den Differenzschaden anzurechnen. Praktische Bedeutung hat die Kombination von Rücktritt und Schadensersatz statt der Leistung insbes in dem Fall, in dem der Vorbehaltsverkäufer wegen einer sachbezogenen **Obhutspflichtverletzung** des Vorbehaltskäufers vom Kaufvertrag zurücktritt[378].

XII. Der EV in Zwangsvollstreckung und Insolvenz

98 1. **Zwangsvollstreckungsmaßnahmen gegen den Vorbehaltsverkäufer**. Nach ZPO § 808 Abs 1 kann die Pfändung einer körperlichen Sache im Auftrag des Vollstreckungsgläubigers nur vorgenommen werden, wenn der Schuldner sie im Gewahrsam hat, also **unmittelbarer Besitzer** ist. Ein Gläubiger des Vorbehaltsverkäufers kann die **Vorbehaltsware** daher grundsätzlich nicht mehr pfänden lassen, wenn sie im Rahmen des Verkaufs unter EV an den Vorbehaltskäufer übergeben worden ist. Der Vorbehaltskäufer ist dann **Dritter iSd ZPO § 809**, so dass eine Sachpfändung für einen Gläubiger des Vorbehaltsverkäufers nur vorgenommen werden kann, wenn der Vorbehaltskäufer zur Herausgabe der Sache an den Gerichtsvollzieher bereit ist[379]. Zu einer solchen Herausgabe ist der Vorbehaltskäufer aber als Dritter grundsätzlich in keiner Weise verpflichtet. Gibt der Vorbehaltskäufer die unter EV verkaufte Sache zum Zwecke der Durchfüh-

370 BGHZ 34, 191, 198; bestätigt durch BGHZ 70, 96, 98 ff.
371 BGHZ 34, 191 198; BGHZ 70, 96, 98.
372 BGHZ 34, 191, 198 f; BGHZ 70, 96, 98 ff.
373 BGHZ 34, 191, 198; BGHZ 70, 96, 98 ff.
374 BGHZ 34, 191, 198 f; BGHZ 70, 96, 99.
375 Begr Gesetzentwurf, BT-Drucks 14/6040, S 123.
376 Begr Gesetzentwurf, BT-Drucks 14/6040, S 123.
377 Vgl zur Schadensberechnung nach der Differenzmethode Soergel/Benicke/Hellwig § 281 Rz 244 ff; Soergel/Gsell § 325 Rz 6 ff.
378 Vgl zu den Schutzpflichten des Vorbehaltskäufers oben Rz 80 und zum Rücktritt nach § 324 oben Rz 92 ff.
379 Vgl dazu Staud/Beckmann Rz 104.

rung einer **gewährleistungsrechtlichen Nachbesserung**, zum Zwecke der Wartung oder aus einem sonstigen Grund vorübergehend an den Vorbehaltsverkäufer zurück, so kann die Sache zwar dort aufgrund des **zurückerlangten unmittelbaren Besitzes** von einem Gläubiger des Vorbehaltsverkäufers formell rechtmäßig nach ZPO § 808 gepfändet werden[380]. In diesem Fall ist dann allerdings aufgrund des **Anwartschaftsrechts** die vom Vorbehaltskäufer erhobene **Drittwiderspruchsklage nach ZPO § 771** zulässig und auch begründet[381].

Die dem Vorbehaltsverkäufer gegen den Vorbehaltskäufer zustehende Kaufpreisforderung aus § 433 Abs 2 kann ein Gläubiger des Vorbehaltsverkäufers ebenso pfänden wie einen künftigen – im Falle eines Rücktritts iSd § 449 Abs 2 entstehenden – **Anspruch des Vorbehaltsverkäufers auf Herausgabe der Vorbehaltsware (§ 985 und § 346 Abs 1)**. Insoweit kann der Pfändungsgläubiger aber nicht mehr Rechte erwerben, als dem Vorbehaltsverkäufer auf Grundlage des Kaufvertrags und aus Gesetz gegen den Vorbehaltskäufer selbst zustehen. Dem Vorbehaltskäufer droht also keine Gefahr, sofern er die **Kaufpreisraten** zahlt und auch im Übrigen keinen Rücktrittsgrund aufseiten des Vorbehaltsverkäufers verursacht. 99

2. **Vollstreckungszugriff durch Gläubiger des Vorbehaltskäufers.** Gläubiger des Vorbehaltskäufers können die in seinem Besitz befindliche Vorbehaltsware nach **ZPO § 808 Abs 1** formell ordnungsgemäß pfänden lassen. Da dem Vorbehaltsverkäufer bis zum Eintritt der aufschiebenden Bedingung durch vollständige Kaufpreiszahlung das **Eigentum an der Vorbehaltsware** zusteht, kann er im Falle der von einem Gläubiger des Vorbehaltskäufers erwirkten Pfändung der Ware beim Vorbehaltskäufer die Freigabe durch eine **Drittwiderspruchsklage nach ZPO § 771** erreichen[382]. Der Vorbehaltsverkäufer ist daher nicht auf eine Klage auf vorzugsweise Befriedigung nach ZPO § 805 angewiesen[383]. Der Vorbehaltsverkäufer ist allerdings auf Grundlage des Kaufvertrags gegenüber dem Käufer nicht verpflichtet, unter Berufung auf den EV eine Freigabe der Kaufsache im Wege einer Drittwiderspruchsklage – insbes zugunsten des Vorbehaltskäufers – zu erreichen[384]. Im Falle der Erhebung einer Drittwiderspruchsklage durch den Vorbehaltsverkäufer steht dem Vollstreckungsgläubiger grundsätzlich die Befugnis zu, gem § 267 Abs 1 durch **Zahlung des Restkaufpreises** den Eintritt der aufschiebenden Bedingung mit der Folge des Eigentumserwerbs des Vorbehaltskäufers zu bewirken[385]. Nach **§ 267 Abs 2** kann der Gläubiger (Vorbehaltsverkäufer) zwar die Leistung des Dritten (Vollstreckungsgläubigers) in Gestalt der Kaufpreiszahlung ablehnen, wenn der Schuldner (Vorbehaltskäufer) widerspricht. Das **Widerspruchsrecht** des Vorbehaltskäufers nach § 267 Abs 2 kann der Vollstreckungsgläubiger jedoch durch **Pfändung des Anwartschaftsrechts** nach ZPO § 829, 857 Abs 1 im Rahmen einer **Doppelpfändung** beseitigen[386]. Denn das bei der Rechtspfändung durch den Pfändungsbeschluss des Vollstreckungsgerichts gem ZPO §§ 829 Abs 1 Satz 2, 857 bestehende **Verfügungsverbot (Inhibitorium)** bezieht sich auch auf die **Geltendmachung des Widerspruchsrechts** nach § 267 Abs 2, dh, ein gleichwohl erklärter Widerspruch verhindert nicht die Erfüllungswirkung und damit nicht den Eigentumserwerb des Vorbehaltskäufers[387]. Wird die Vorbehaltsware mit Ermächtigung des Vorbehaltsverkäufers im Rahmen eines **verlängerten EV** vom Vorbehaltskäufer unter EV weiterveräußert, so tritt der Verlust des Eigentums aufseiten des Vorbehaltsverkäufers erst dann ein, wenn die Kaufpreisforderung aus zumindest einem der beiden Kaufverträge vollständig erfüllt ist[388]. Demzufolge steht dem Vorbehaltsverkäufer bis zu diesem Zeitpunkt auch die Drittwiderspruchsklage nach ZPO § 771 zu[389]. 100

3. **EV in der Insolvenz des Vorbehaltskäufers – Wahlrecht des Insolvenzverwalters.** Im Falle der Eröffnung des Insolvenzverfahrens über das Vermögen des Vorbehaltskäufers steht dem Vorbehaltsverkäufer zwar grundsätzlich ein **Aussonderungsrecht nach InsO § 47** und nicht bloß ein Absonderungsrecht gem InsO § 51 Abs 1 Nr 1 zu[390]. Der Insolvenzverwalter hat aber beim einfachen EV grundsätzlich ein **Wahlrecht nach InsO §§ 103, 107 Abs 2**, dh, er kann Erfüllung des Kaufvertrags wählen, dessen Ansprüche infolge der Verfahrenseröffnung erst einmal nicht durchsetzbar sind[391]. Wird der Insolvenzverwalter vom Vorbehaltsverkäufer zur Ausübung des Wahlrechts aufgefordert, so muss der Insolvenzverwalter gem InsO § 107 Abs 2 Satz 1 die Erklärung nach InsO § 103 Abs 2 Satz 2 grundsätzlich erst unverzüglich nach dem **Berichtstermin** abgeben. Dadurch besteht ein angemessener Zeitraum für die Prüfung, ob das Unterneh- 101

380 Vgl BGHZ 55, 20, 27; Staud/Beckmann Rz 105.
381 Vgl BGHZ 55, 20, 27; Staud/Beckmann Rz 105.
382 BGHZ 54, 214, 218; Staud/Beckmann Rz 106; Erman/Grunewald Rz 19; BeckOGK/Mock Rz 36; aA Raiser, Dingliche Anwartschaften, 1961, S 91 f, 103.
383 BGHZ 54, 214, 218; Staud/Beckmann Rz 106; Erman/Grunewald Rz 19; BeckOGK/Mock Rz 36; aA Raiser, Dingliche Anwartschaften, 1961, S 91 f, 103.
384 Hamburg JW 1933, 857; Staud/Beckmann Rz 106.
385 Staud/Beckmann Rz 106.
386 BGH NJW 1954, 1325; Staud/Beckmann Rz 106.
387 BGH NJW 1954, 1325; Staud/Beckmann Rz 106.
388 Vgl dazu unten Rz 109.
389 BGHZ 56, 34, 35 ff; Staud/Beckmann Rz 106.
390 BGHZ 176, 86 Rz 24; BGH NJW 2014, 2358 Rz 13; Frankfurt aM BeckRS 2022, 21143 Rz 18.
391 Staud/Beckmann Rz 110.

men des insolventen Vorbehaltskäufers fortgeführt werden soll und dafür die Vorbehaltsware benötigt wird[392]. Mit der Eröffnung des Insolvenzverfahrens **erlöschen die Erfüllungsansprüche** entgegen der vom BGH[393] früher vertretenen **Erlöschenstheorie** nicht[394]. Nach dieser vom BGH inzwischen **aufgegebenen Auffassung** wurden durch ein Erfüllungsverlangen des Insolvenzverwalters die zunächst durch Verfahrenseröffnung erloschenen Erfüllungsansprüche neu begründet[395]. Der Kaufvertrag wurde also bei Anwendung dieser Theorie durch die Verfahrenseröffnung umgestaltet[396]. Nunmehr ist davon auszugehen, dass mit der Eröffnung des Insolvenzverfahrens die gegenseitigen Ansprüche aus dem Kaufvertrag zunächst ihre **Durchsetzbarkeit verlieren**[397]. Die Verfahrenseröffnung bewirkt **keine materiell-rechtliche Umgestaltung** des Kaufvertrags, sondern begründet die **beiderseitigen Nichterfüllungseinreden** der Vertragspartner aus § 320 Abs 1[398]. Der Vorbehaltsverkäufer kann aus diesem Grund nicht nach Verfahrenseröffnung durch einen **verzugsbedingten Rücktritt** vom Kaufvertrag nach §§ 323 Abs 1, 449 Abs 2 die Grundlage für die **Ausübung des Wahlrechts des Insolvenzverwalters** beseitigen und Aussonderung der Ware nach InsO § 47 verlangen[399]. Mit der Wahl der Erfüllung des Kaufvertrags durch den Insolvenzverwalter erlangen die Ansprüche aus dem Kaufvertrag die Rechtsqualität von originären **Masseverbindlichkeiten und -forderungen**[400].

102 4. **EV in der Insolvenz des Vorbehaltsverkäufers – Insolvenzfestigkeit des Anwartschaftsrechts.** In der Insolvenz des Vorbehaltsverkäufers findet die Regelung des **InsO § 107 Abs 1** Anwendung. Nach InsO § 107 Abs 1 Satz 1 kann der Vorbehaltskäufer, wenn er vor der **Eröffnung des Insolvenzverfahrens** eine bewegliche Sache unter EV gekauft und vom Verkäufer den Besitz an der Sache erhalten hat, vom Insolvenzverwalter die **Erfüllung des Kaufvertrags** verlangen. Dies gilt gem InsO § 107 Abs 1 Satz 2 auch dann, wenn der Vorbehaltsverkäufer (Schuldner) dem Käufer gegenüber weitere Verpflichtungen übernommen hat. Das **Anwartschaftsrecht** ist daher bei Eröffnung des Insolvenzverfahrens über das Vermögen des Vorbehaltsverkäufers insolvenzfest[401]. Aufgrund der Regelung des InsO § 107 Abs 1 ist die zu KO § 17 ergangene Rspr[402] überholt, nach der dem Konkursverwalter im Konkurs des Vorbehaltsverkäufers ein **Wahlrecht** zustand mit der Folge, dass der Konkursverwalter grundsätzlich mit der **Erfüllungsablehnung** das Anwartschaftsrecht des Vorbehaltskäufers beseitigen konnte[403].

F. Sonderformen des EV

I. Der weitergeleitete EV

103 Der Begriff „weitergeleiteter EV" ist in gewisser Hinsicht missverständlich und die darauf bezogene **Vertragsgestaltung** ist im Geschäftsverkehr auch **nicht besonders verbreitet**[404]. Dies beruht vor allem darauf, dass der weitergeleitete EV offengelegt werden muss[405]. Eine „Weiterleitung" des auf Grundlage des Erstkaufvertrags entstandenen EV kann zum einen dadurch bewirkt werden, dass der Vorbehaltskäufer sein Anwartschaftsrecht auf den Zweiterwerber überträgt[406]. Der Vorbehaltskäufer muss dafür allerdings den EV gegenüber dem Dritten (Zweiterwerber) offenlegen. Eine besondere Zustimmung des Vorbehaltsverkäufers für die Übertragung des Anwartschaftsrechts benötigt der Vorbehaltskäufer nicht, sofern er dieses Recht nach § 930 und damit ohne **Verlust des unmittelbaren Besitzes**, also nicht gem § 929 Satz 1 mit Übergabe der Kaufsache, überträgt[407]. Eine kaufvertragswidrige Übertragung des Anwartschaftsrechts nach § 929 Satz 1 ist aber als Verfügung aufgrund des **Abstraktionsprinzips** und der **Anwendbarkeit des § 137** wirksam[408]. Der gravierende Nachteil dieser Konstruktion des „weitergeleiteten EV" besteht darin, dass der Zweitkäufer trotz des Erwerbs des Anwartschaftsrechts in vollem Umfang das Risiko des Nichteintritts der aufschiebenden Bedingung des Erstkaufvertrags, also insbes das Risiko eines **zahlungsverzugsbedingten Rücktritts** des Vorbehaltsverkäufers,

392 Begr Gesetzentwurf, BT-Drucks 12/2443, S 146; Staud/Beckmann Rz 110.
393 BGHZ 103, 250, 252; BGHZ 106, 236, 242 f; BGHZ 116, 156, 158; BGHZ 129, 336, 338 f.
394 BGHZ 150, 353, 359; BGHZ 155, 87, 90.
395 BGHZ 103, 250, 252; BGHZ 106, 236, 242 f; BGHZ 116, 156, 158; BGHZ 129, 336, 338 f.
396 BGHZ 103, 250, 252; BGHZ 106, 236, 242 f; BGHZ 116, 156, 158; BGHZ 129, 336, 338 f.
397 BGHZ 150, 353, 359; BGHZ 155, 87, 90.
398 BGHZ 150, 353, 359.
399 Staud/Beckmann Rz 111.
400 BGHZ 150, 353, 359.
401 Vgl Staud/Beckmann Rz 118.
402 BGHZ 98, 160, 169.
403 Vgl Staud/Beckmann Rz 117 f.
404 Stuttgart BB 1975, 1131; Soergel/Höpfner Anh § 929 Rz 111; Staud/Beckmann Rz 156; MünchKomm/Westermann Rz 88; Erman/Grunewald Rz 63; BeckOGK/Mock Rz 124; BeckOK/Faust Rz 25.
405 Staud/Beckmann Rz 156; Erman/Grunewald Rz 63; BeckOK/Faust Rz 25.
406 Soergel/Höpfner Anh § 929 Rz 111; Staud/Beckmann Rz 156; Erman/Grunewald Rz 63; BeckOK/Faust Rz 25; vgl dazu auch oben Rz 69 ff.
407 Vgl dazu oben Rz 74.
408 Vgl dazu oben Rz 69.

trägt[409]. Auf ein derartiges, von der Erfüllung des eigenen Kaufvertrags unabhängiges Risiko wird sich ein Zweitkäufer regelmäßig nicht einlassen.

Eine „Weiterleitung“ des EV ist auch in der Weise möglich, dass der Vorbehaltskäufer die Kaufsache mit Zustimmung des Vorbehaltsverkäufers an einen Dritten verkauft und unter der **aufschiebenden Bedingung** der Erfüllung der Kaufpreisforderung des Vorbehaltsverkäufers aus dem Erstkaufvertrag übereignet[410]. Der Eigentumserwerb des Zweitkäufers ist damit auch bei dieser Variante des weitergeleiteten EV davon abhängig, dass der Erstkäufer sich gegenüber dem Vorbehaltsverkäufer vertragstreu verhält und die **Kaufpreisforderung aus dem Erstkaufvertrag** vollständig erfüllt. Der Zweitkäufer wird regelmäßig nicht damit einverstanden sein, dass nach vollständiger Erfüllung der ihm gegenüber dem Zweitverkäufer (Vorbehaltskäufer) obliegenden Kaufpreisschuld der Eigentumserwerb noch von der vollständigen Zahlung des vom Zweitverkäufer auf Grundlage des Erstkaufvertrags geschuldeten Kaufpreises abhängt. Wird der Kaufpreis vom Vorbehaltskäufer nicht oder nicht vollständig an den Vorbehaltsverkäufer gezahlt, so kann der Zweitkäufer das (Voll-)Eigentum zwar noch dadurch erwerben, dass er zusätzlich zur eigenen Kaufpreisverpflichtung nach § **267 Abs 1 Satz 1** die Kaufpreisschuld des Vorbehaltskäufers tilgt. Die **Gesamtbelastung aufseiten des Zweitkäufers** übersteigt dann aber die eigene kaufvertragliche Zahlungsverpflichtung und ist jedenfalls dann kaum zumutbar, wenn der Vorbehaltskäufer noch **keine nennenswerte Teilzahlung** an den Vorbehaltsverkäufer geleistet hat. 104

Ein **Zweitkäufer** wird sich daher idR nur dann auf einen weitergeleiteten EV und die damit verbundene Abhängigkeit des Eigentumserwerbs von der Tilgung der **Kaufpreisforderung des Vorbehaltsverkäufers** aus dem Erstkaufvertrag einlassen, wenn etwaige von ihm auf diese **Fremdschuld** erbrachte Zahlungen mit der eigenen Kaufpreisverpflichtung aus dem Zweitkaufvertrag verrechnet werden[411]. 105

In **wirtschaftlicher Hinsicht** ist eine derartige Verrechnung meistens deshalb möglich, weil die Forderung des Vorbehaltsverkäufers gegen den Vorbehaltskäufer (Erstkäufer) regelmäßig niedriger ist als dessen Kaufpreisforderung gegen den Zweitkäufer[412]. Von einer **Bereitschaft des Zweitkäufers**, wegen bestehender Verrechnungsmöglichkeit offene Zahlungsverpflichtungen des Vorbehaltskäufers aus dem Erstkaufvertrag zu übernehmen, kann aber dann nicht mehr ausgegangen werden, wenn zwischen dem Vorbehaltsverkäufer (Eigentümer) und dem Vorbehaltskäufer (Erstkäufer) kein einfacher, sondern ein **erweiterter EV (Kontokorrentvorbehalt)** vereinbart worden ist, das Eigentum also erst bei Erfüllung aller Forderungen aus der Geschäftsbeziehung zwischen dem Vorbehaltsverkäufer und dem Vorbehaltskäufer erworben wird[413]. Denn der Zweiterwerber hat idR kein Interesse daran, zur Erlangung des Eigentums an der Kaufsache insgesamt einen Betrag aufwenden zu müssen, der über der eigenen Kaufpreisverpflichtung aus dem von ihm abgeschlossenen Zweitkaufvertrag liegt[414]. Die Bereitschaft eines Kaufinteressenten, mit dem Vorbehaltskäufer (Zweitverkäufer) einen Kaufvertrag abzuschließen wird vielmehr nur dann vorhanden sein, wenn er die Möglichkeit erhält, allein durch Zahlung seiner eigenen Kaufpreisschuld aus dem Zweitkaufvertrag das Eigentum an der Kaufsache auf sich überzuleiten[415]. 106

Daraus folgt für die **Vertragsgestaltung hinsichtlich des Erstkaufvertrags**, dass eine vom Vorbehaltsverkäufer zugunsten des Vorbehaltskäufers erteilte **Weiterveräußerungsermächtigung** keine formularmäßige Verpflichtung des Vorbehaltskäufers enthalten darf, einen auf den Erstkaufvertrag bezogenen erweiterten EV (Kontokorrentvorbehalt) im Rahmen des Zweitkaufvertrags an den Zweiterwerber weiterzuleiten[416]. Eine derartige Weiterleitungsklausel ist wegen **unangemessener Benachteiligung des Vorbehaltskäufers** (Zweitverkäufers) gem § 307 Abs 1 Satz 1 unwirksam[417]. Eine Unangemessenheit ist aus den dargelegten Gründen aber auch in dem Fall zu bejahen, in dem kein erweiterter EV, sondern nur ein **einfacher EV** weitergeleitet werden soll und dabei nicht gewährleistet ist, dass der Zweiterwerber spätestens dann das (Voll-)Eigen- 107

409 Vgl Stuttgart BB 1975, 1131. Das OLG Stuttgart verweist zu Recht darauf, dass der Zweitkäufer für das Geschäftsgebaren des Zweitverkäufers (Vorbehaltskäufers) gegenüber dem Vorbehaltsverkäufer einstehen müsse, wenn der Eigentumserwerb erst dann erfolgen soll, wenn die Kaufpreisforderung des Vorbehaltsverkäufers aus dem Erstkaufvertrag vollständig erfüllt ist.

410 Vgl Soergel/Höpfner Anh § 929 Rz 111; Staud/Beckmann Rz 156; Erman/Grunewald Rz 63; BeckOK/Faust Rz 25.

411 BGH NJW 1991, 2285, 2287 (zur AGB-Kontrolle einer Weiterverkaufsklausel in Verkaufsbedingungen des Vorbehaltsverkäufers beim Verkauf eines Baggers unter EV).

412 Vgl BGH NJW 1991, 2285, 2287.

413 BGH NJW 1991, 2285, 2287 (von der Bereitschaft des Zweiterwerbers zum Erwerb des Kaufgegenstands könne im Falle des erweiterten EV nicht ausgegangen werden).

414 BGH NJW 1991, 2285, 2587.

415 BGH NJW 1991, 2285, 2287.

416 BGH NJW 1991, 2285, 2287.

417 BGH NJW 1991, 2285, 2287 (Unangemessenheit iSd AGBG § 9 aF).

tum erwirbt, wenn er den von ihm aus dem Zweitkaufvertrag geschuldeten Kaufpreis vollständig gezahlt hat[418]. Generell günstiger ist für den Zweiterwerber die Lage beim sog **nachgeschalteten EV**[419], so dass in den Fällen, in denen mangels eindeutiger Vertragsgestaltung sowohl ein weitergeleiteter als auch ein nachgeschalteter EV in Betracht kommt, kraft Auslegung von der letztgenannten Variante auszugehen ist[420].

II. Der nachgeschaltete EV

108 1. **Allgemeines – Unabhängigkeit der beiden bedingten Kaufverträge**. Beim nachgeschalteten EV sind zwei aufschiebend bedingte Übereignungen hintereinander geschaltet[421]. Der Vorbehaltskäufer (Zweitverkäufer) erlangt das Eigentum, wenn er die Kaufpreisforderung des Vorbehaltsverkäufers erfüllt, der Zweitkäufer durch **Zahlung des Kaufpreises** an den Vorbehaltskäufer[422]. Der Erwerb des Eigentums durch den Zweitkäufer setzt allerdings – falls der Vorbehaltskäufer (Zweitverkäufer) noch kein Eigentum erlangt hat – entweder eine **Weiterveräußerungsberechtigung (§ 185 Abs 1)** des Vorbehaltskäufers[423] oder das Vorliegen der Voraussetzungen eines **gutgläubigen Erwerbs** nach §§ 929 Satz 1 932[424] aufseiten des Zweitkäufers voraus. Zu einer Kollision zwischen den beiden bedingten Übereignungen kommt es allerdings beim nachgeschalteten EV nicht[425]. Denn die beiden bedingten Übereignungen sind weitgehend voneinander unabhängig. Der wesentliche Unterschied zwischen dem nachgeschalteten EV und dem **weitergeleiteten EV**[426] besteht darin, dass beim nachgeschalteten EV der **Eigentumserwerb des Zweiterwerbers** nicht von der vollständigen Tilgung der Kaufpreisforderung des Vorbehaltsverkäufers gegen den Vorbehaltskäufer (Zweitverkäufer) aus dem Erstkaufvertrag abhängt. Der Zweitkäufer trägt beim nachgeschalteten EV also nicht das Risiko, dass der Vorbehaltskäufer gegenüber dem Vorbehaltsverkäufer in **Zahlungsverzug** gerät, der zu einem Rücktritt des Vorbehaltsverkäufers vom Erstkaufvertrag führt. Es kommt daher nicht – wie beim weitergeleiteten EV – zu einer **unangemessenen Risikokumulation** zu Lasten des Zweiterwerbers.

109 2. **Ermächtigung (§ 185 Abs 1) des Vorbehaltskäufers zur Weiterveräußerung**. Beim nachgeschalteten EV ist in Bezug auf die Frage des Eigentumserwerbs des Zweitkäufers vor allem von Bedeutung, ob der Vorbehaltskäufer (Zweitverkäufer) mit **Einwilligung des Eigentümers** (Vorbehaltsverkäufers) den **Weiterverkauf der Vorbehaltsware** vornimmt und mit dem Zweiterwerber einen (nachgeschalteten) EV vereinbart. Liegt eine derartige Zustimmung iSd § 185 Abs 1 vor, so erwirbt der Zweitkäufer das Eigentum mit vollständiger Erfüllung der ihm gegenüber dem Zweitverkäufer (Erstkäufer) obliegenden Kaufpreisschuld[427]. Ist der Vorbehaltskäufer auf Grundlage des mit dem Vorbehaltsverkäufer geschlossenen Kaufvertrags zur Weiterveräußerung der Ware **im ordentlichen Geschäftsgang** befugt, so liegt in Bezug auf die Verfügung über das noch dem Vorbehaltsverkäufer zustehende Eigentum eine **Einwilligung iSd § 183 Satz 1** vor[428]. Die Weiterveräußerung ist dann gem § 185 Abs 1 trotz fehlender Eigentümerstellung des Vorbehaltskäufers (Zweitverkäufers) wirksam[429]. Vereinbart der Vorbehaltskäufer im Rahmen der gestatteten Weiterveräußerung mit dem Zweitkäufer weder ausdrücklich noch konkludent einen EV, so wird dieser schon mit Übergabe der Kaufsache gem § 929 Satz 1 Eigentümer[430]. Beim nachgeschalteten EV geht der **Verlust der Eigentümerstellung** des Vorbehaltsverkäufers in zeitlicher Hinsicht nicht zwingend einher mit der Eigentumserlangung des Zweiterwerbers. Die Erfüllung der **Kaufpreisschuld des Erstkäufers** gegenüber dem Vorbehaltsverkäufer aus dem Erstkaufvertrag ist bei Vorliegen einer Weiterveräußerungsermächtigung des Vorbehaltskäufers für den Eigentumserwerb des Zweiterwerbers idR ohne Bedeutung. Der **Eigentumserwerb des Vorbehaltskäufers** (Zweitverkäufers) durch Zahlung des vollständigen Kaufpreises an den Vorbehaltsverkäufer ändert nämlich nichts daran, dass der Zweitkäufer im Falle der „Nachschaltung“ eines EV erst dann das Eigentum erwirbt, wenn er die ihm obliegende Kaufpreisschuld aus dem Zweitkaufvertrag in vollem Umfang erfüllt und dadurch die aufschiebende Bedingung auslöst[431]. Zahlt also zuerst der Vorbehaltskäufer den Kaufpreis an den Vorbehaltsverkäufer, so erlangt zwar der Vorbehaltskäufer das Eigentum, der Zweitkäufer aber erst dann, wenn er seinerseits den Kaufpreis an den Vorbehaltskäufer (Zweitverkäufer) zahlt[432].

418 BGH NJW 1991, 2285, 2286 f.
419 Vgl Rz 107 ff.
420 Stuttgart BB 1975, 1131; Staud/Beckmann Rz 156; vgl zu den Einzelheiten des nachgeschalteten EV Rz 107 ff.
421 BGHZ 56, 34, 36.
422 BGHZ 56, 34, 36.
423 Vgl dazu nachfolgend Rz 108.
424 Vgl dazu nachfolgend Rz 110 f.
425 BGHZ 56, 34, 36.
426 Vgl dazu oben Rz 103 ff.
427 BGHZ 56, 34, 36; Soergel/Höpfner Anh § 929 Rz 112; Staud/Beckmann Rz 156 f; BeckOK/Faust Rz 25; MünchKomm/Westermann Rz 89.
428 BGHZ 56, 34, 36.
429 BGHZ 56, 34, 36.
430 BGHZ 56, 34, 36; vgl zum konkludenten EV oben Rz 25 ff.
431 Vgl BGHZ 56, 34, 36; Staud/Beckmann Rz 157.
432 BGHZ 56, 34, 36.

Die **Unabhängigkeit der beiden bedingten Übereignungen** zeigt sich insbes in dem Fall, in dem der Zweitkäufer zuerst zahlt. Der Zweitkäufer erlangt hier – unabhängig von der noch offenen Zahlung des Vorbehaltskäufers an den Vorbehaltsverkäufer (Eigentümer) aufgrund der **Einwilligung des Vorbehaltsverkäufers (§ 185 Abs 1)** – das Eigentum[433]. Der Verlust des Eigentums aufseiten des Vorbehaltsverkäufers tritt damit ein, wenn entweder der Vorbehaltskäufer den Kaufpreis an den Vorbehaltsverkäufer zahlt oder der Zweitkäufer seine eigene Kaufpreisschuld aus dem Zweitkaufvertrag vollständig erfüllt. Die Reihenfolge der Zahlungen ist unerheblich[434]. 110

3. **Nichtvorliegen einer Weiterveräußerungsermächtigung bei offener Kaufpreisforderung des Vorbehaltsverkäufers – gutgläubiger Erwerb des Zweitkäufers.** Im Falle der Weiterveräußerung der Kaufsache durch den Vorbehaltskäufer an einen Dritten (Zweitkäufer) **ohne Zustimmung des Vorbehaltsverkäufers (Eigentümers)** unter der aufschiebenden Bedingung der vollständigen Kaufpreiszahlung durch den Zweitkäufer an den Vorbehaltskäufer (Zweitverkäufer) erlangt der Zweitkäufer mit vollständiger Tilgung seiner eigenen Kaufpreisschuld aus dem Zweitkaufvertrag nicht ohne weiteres das (Voll-)Eigentum. Unproblematisch ist der Eigentumserwerb des Zweitkäufers hier nur dann, wenn der Vorbehaltskäufer (Zweitverkäufer) zwischenzeitlich durch Erfüllung der ihm gegenüber dem Vorbehaltsverkäufer obliegenden Kaufpreisschuld seinerseits das Eigentum erwirbt und dadurch die **Verfügungsberechtigung iSd § 929 Satz 1** erlangt. Dann kann der Vorbehaltskäufer trotz fehlender Ermächtigung (Einwilligung) iSd § 185 Abs 1 sowohl unter der aufschiebenden Bedingung der vollständigen Kaufpreiszahlung als auch unbedingt das Eigentum an der Kaufsache auf einen Zweitkäufer übertragen. Ist dagegen die **Kaufpreisschuld des Vorbehaltskäufers** aus dem Erstkaufvertrag noch nicht getilgt und deshalb die für den Eigentumserwerb des Vorbehaltskäufers (Zweitverkäufers) erforderliche Bedingung noch nicht eingetreten, so kann er bei fehlender Weiterveräußerungsermächtigung nur als Nichtberechtigter über die Kaufsache verfügen mit der Folge, dass der Eigentumserwerb des Zweitkäufers von dessen **Gutgläubigkeit iSd § 932** abhängt. Insoweit stellt sich die weitere Frage, ob es für diese Gutgläubigkeit auf den Zeitpunkt des Abschlusses der bedingten Einigung im Rahmen der Zweitveräußerung oder auf den Zeitpunkt des Bedingungseintritts ankommt. Anwendbar ist hier der anerkannte Grundsatz, dass es im Falle der Verfügung eines Nichtberechtigten über einen Gegenstand unter aufschiebender Bedingung der vollständigen Kaufpreiszahlung für die Gutgläubigkeit nicht auf den Zeitpunkt des Eintritts der Bedingung, sondern auf den **Zeitpunkt der bedingten Verfügung** ankommt[435]. Zudem hängt der gutgläubige Erwerb davon ab, dass die Vorbehaltsware nicht von Anfang an eine abhanden gekommene Sache iSd § 935 ist. 111

Die Rechtslage in Bezug auf den gutgläubigen Erwerb ist beim Weiterverkauf unter EV (nachgeschalteter EV) prinzipiell nicht anders als im Falle der **unberechtigten Verfügung des Vorbehaltskäufers** über das noch dem Vorbehaltsverkäufer zustehende (Voll-)Eigentum ohne Vereinbarung einer aufschiebenden Bedingung. **Berechtigter** ist der Vorbehaltskäufer bei fehlender Weiterveräußerungsermächtigung und noch nicht erfolgtem Eintritt der aufschiebenden Bedingung durch vollständige Kaufpreiszahlung nur, soweit er über sein wirksam erworbenes **Anwartschaftsrecht** verfügt[436]. Im Falle des nachgeschalteten EV besteht lediglich die Besonderheit, dass der Zweitkäufer nicht nur gutgläubig sein muss bezüglich der Eigentümerstellung des Vorbehaltskäufers, sondern zudem die ihm aus dem Zweitkaufvertrag obliegende Kaufpreisschuld gegenüber dem Zweitverkäufer (Vorbehaltskäufer) tilgen muss, um den **Eintritt der aufschiebenden Bedingung** zu bewirken. Das Anwartschaftsrecht erlangt der Zweiterwerber aber schon unmittelbar mit Vornahme der Verfügung, also vor Eintritt der **aufschiebenden Bedingung** durch vollständige Kaufpreiszahlung. Denn insoweit ist der Vorbehaltskäufer eben auch ohne Weiterveräußerungsermächtigung des Vorbehaltsverkäufers verfügungsbefugt. Kaufvertragliche Verfügungsbeschränkungen haben insoweit gem § 137 keine dingliche Wirkung, dh, sie stehen trotz Verletzung des Erstkaufvertrags durch den Vorbehaltskäufer (Zweitverkäufer) dem Erwerb des Anwartschaftsrechts durch den Zweitkäufer nicht entgegen[437]. 112

4. **Der freiwillig nachgeschaltete EV.** Beim sog freiwillig nachgeschalteten EV ist der Vorbehaltskäufer auf Grundlage des mit dem Vorbehaltsverkäufer geschlossenen Kaufvertrags gem **§ 185 Abs 1** zur Weiterveräußerung der Kaufsache ermächtigt. IdR ist diese Befugnis kaufvertraglich verknüpft mit der **Vorausabtretung** der Forderung des Vorbehaltskäufers aus dem Zweitge- 113

433 BGHZ 56, 34, 36.
434 BGHZ 56, 34, 36; Soergel/Höpfner Anh § 929 Rz 112.
435 BGHZ 10, 69, 73 f; BGHZ 30, 374, 377; MünchKomm/Oechsler § 932 Rz 38; Staud/Wiegand § 932 Rz 93; BeckOK/Kindl § 932 Rz 14.
436 Vgl dazu oben Rz 69 ff.
437 Vgl dazu oben Rz 69.

schäft an den Vorbehaltsverkäufer (verlängerter EV[438])[439]. Bei Vorliegen einer **Weiterveräußerungsermächtigung** kann der Vorbehaltskäufer als Berechtigter dem Zweitkäufer das Eigentum unabhängig davon übertragen, ob der Zweitkäufer seine eigene Kaufpreisschuld aus dem zugrundeliegenden **Zweitkaufvertrag** erfüllt hat[440]. Der Vorbehaltskäufer kann also insoweit gegenüber dem Zweiterwerber eine **Vorleistung** erbringen. Vereinbart der Vorbehaltskäufer mit dem Zweitkäufer im Rahmen des Weiterverkaufs einen EV, obwohl er dazu nach dem mit dem Vorbehaltsverkäufer abgeschlossenen Erstkaufvertrag gar nicht verpflichtet ist, so verliert der Vorbehaltsverkäufer das Eigentum, wenn entweder der Vorbehaltskäufer seine Kaufpreisforderung aus dem Erstkaufvertrag erfüllt und damit hier die **aufschiebenden Bedingung** herbeiführt oder der Zweitkäufer die ihn betreffende aufschiebende Bedingung durch Begleichung der ihm obliegenden Kaufpreisschuld erfüllt[441]. Der freiwillig nachgeschaltete EV bei der Weiterveräußerung sichert daher mittelbar auch den Vorbehaltsverkäufer, bis der Zweitkäufer den Kaufpreis an den Vorbehaltskäufer (Zweitverkäufer) gezahlt hat. Ist die **kaufvertragliche Ermächtigung** des Vorbehaltskäufers zur Weiterveräußerung der Kaufsache verbunden mit der Abrede, dass der Gegenwert zum Zeitpunkt der Weiterveräußerung an die Stelle der gelieferten Ware tritt, so kann zwar sowohl eine Weiterveräußerung unter der aufschiebenden Bedingung der **vollständigen Kaufpreiszahlung** als auch unbedingte Übereignung vorgenommen werden[442]. Eine solche Klausel des Erstkaufvertrags ist aber nicht so auszulegen, dass der Vorbehaltsverkäufer im Falle der Weiterveräußerung durch den Vorbehaltskäufer unter der aufschiebenden Bedingung der vollständigen Kaufpreiszahlung (freiwillig nachgeschalteter EV) schon unmittelbar zum Zeitpunkt der **Übergabe der Ware an den Zweitkäufer** das vorbehaltene Eigentum verliert[443].

III. Der verlängerte EV

114 1. **Ermächtigung nach § 185 Abs 1 zur Weiterveräußerung und zur Weiterverarbeitung (einschließlich Einbau) – Grundlagen.** Beim verlängerten EV erhält der Vorbehaltskäufer auf Grundlage des mit dem Vorbehaltsverkäufer geschlossenen Kaufvertrags eine **Weiterveräußerungsermächtigung** oder eine **Weiterverarbeitungsermächtigung**[444]. Die Weiterveräußerungsermächtigung ist eine **Ermächtigung iSd § 185 Abs 1** mit der Folge, dass der Vorbehaltskäufer trotz fehlender Eigentümerstellung gem § 929 Satz 1 das Eigentum als Berechtigter auf einen Zweitkäufer übertragen kann. Ansonsten kann er nur als **Nichtberechtigter** nach §§ 932 ff und HGB § 366 verfügen[445]. Im Falle einer **Verarbeitung iSd § 950** tritt der gesetzliche Eigentumserwerb des Vorbehaltskäufers zwar auch ohne eine vom Vorbehaltsverkäufer erteilte besondere Verarbeitungsermächtigung ein. Der Vorbehaltskäufer verstößt aber bei Vorliegen einer derartigen Ermächtigung nicht gegen den Kaufvertrag, wenn er eine Verarbeitung vornimmt. IdR umfasst die Weiterverarbeitungsermächtigung nicht nur die Verarbeitung der Kaufsache nach § 950 durch den Vorbehaltskäufer, sondern auch den **Einbau (Verbindung iSd § 946)** bei einem Dritten auf Grundlage eines mit diesem abgeschlossenen **Werk- oder Bauvertrags**. Der vom Vorbehaltskäufer herbeigeführte gesetzliche Eigentumserwerb steht auch hier wegen Vorliegens einer Ermächtigung iSd § 185 Abs 1 im Einklang mit dem Kaufvertrag. Zudem kann der Vorbehaltskäufer das Eigentum an der Kaufsache schon vor dem Einbau nach § 929 Satz 1 durch Einigung und Übergabe auf den Dritten übertragen. Die vom Vorbehaltsverkäufer erteilte Ermächtigung deckt sowohl den rechtsgeschäftlichen als auch den durch Maßnahmen des Vorbehaltskäufers herbeigeführten **gesetzlichen Eigentumserwerb** nach den §§ 946 ff. Von der Ermächtigung gedeckt ist auch der in der Praxis verbreitete Fall, in dem der Vorbehaltskäufer durch Verarbeitung der Vorbehaltsware – uU unter Einsatz von Sachen anderer Lieferanten – gem § 950 eine **neue Sache herstellt**, die dann verkauft wird (zB Herstellung von Möbeln aus geliefertem Holz).

115 2. **Ersetzung der Sicherheit durch Abtretung der Forderung des Vorbehaltskäufers gegen den Zweiterwerber – Grundlagen.** Die Sicherung des Vorbehaltsverkäufers in Gestalt des Eigentums an der Vorbehaltsware wird beim verlängerten EV ersetzt durch eine **Vorausabtretung der Forderung**, die der Vorbehaltskäufer durch die Weiterveräußerung oder Verarbeitung gegen den Dritten (Zweiterwerber) erlangt. Der Begriff „verlängerter" EV ist deshalb missverständlich, weil er – anders als ein **weitergeleiteter oder nachgeschalter EV**[446] – im Rahmen des Zweitgeschäfts (Kauf-, Werk- oder Bauvertrag) mit dem Dritten gerade nicht aufrechterhalten wird, sondern der Dritte vielmehr das **Eigentum an der ursprünglichen Vorbehaltsware** unmittelbar erlangt. Durch die Weiterveräußerung oder Verarbeitung der Kaufsache erlangt der

438 Vgl dazu unten Rz 113 ff.
439 Vgl dazu BGHZ 56, 34, 36.
440 BGHZ 56, 34, 35 ff.
441 BGHZ 56, 34, 35 ff.
442 Vgl BGHZ 56, 34, 36 ff.
443 BGHZ 56, 34, 36 ff.
444 Staud/Beckmann Rz 120; BeckOGK/Mock Rz 71.
445 Vgl dazu oben Rz 68.
446 Vgl zum weitergeleiteten EV oben Rz 103 ff und zum nachgeschalteten EV unten Rz 107 ff.

Vorbehaltskäufer die Möglichkeit, den an den Vorbehaltsverkäufer zu zahlenden **Kaufpreis zu finanzieren**[447]. Ein sich aus dem Erstkaufvertrag ergebendes Verbot der Weiterveräußerung sowie der Verarbeitung im Rahmen eines Werk- oder Bauvertrags ergäbe daher in wirtschaftlicher Hinsicht keinen Sinn[448]. Es ist aber offensichtlich, dass der klassische **einfache EV** durch die vom Vorbehaltsverkäufer gestattete Weiterveräußerung oder Verarbeitung und den darauf beruhenden Eigentumserwerb des Dritten beendet wird, so dass diese Sicherungsart dann nicht mehr besteht[449]. Der **Ersatz dieser Sicherung** durch die Forderungsabtretung gewährleistet einerseits eine adäquate und ausreichende Sicherheit des Vorbehaltsverkäufers und schränkt andererseits die **wirtschaftliche Bewegungsfreiheit des Vorbehaltskäufers** nicht ein.

3. **Verlängerter EV im Rahmen einer Lieferkette (Streckengeschäft)**. Ein verlängerter EV 116
ist auch in dem Fall möglich, in dem im Rahmen einer **Lieferkette** die Kaufsache mehrfach weiterveräußert wird (sog Streckengeschäft)[450]. Hierbei erteilt jeder Vorbehaltsverkäufer der Lieferkette seinem Käufer eine **Ermächtigung iSd § 185 Abs 1** zur Weiterveräußerung. Jeder Käufer kann damit gem § 929 Satz 1 als Berechtigter das Eigentum übertragen. Die Sicherung des jeweiligen Vorbehaltsverkäufers erfolgt durch **Vorausabtretung der Kaufpreisforderung**, die dem Vorbehaltskäufer aus dem Weiterverkauf gegen den nächsten Käufer zusteht. In Bezug auf das **Übergabeerfordernis des § 929 Satz 1** greifen auch hier die Grundsätze über den **Geheißerwerb** Platz[451]. Aufgrund der für jeden Zwischenhändler eingreifenden Ermächtigung nach § 185 Abs 1 besteht kein Unterschied zu dem Fall, in dem innerhalb der gesamten Lieferkette ohne EV, also unbedingt (weiter-)veräußert wird. Durch die Übergabe/Auslieferung der Vorbehaltsware an den Letztkäufer erlangt jeder nach § 185 Abs 1 ermächtigte Zwischenhändler im Rahmen eines **Durchgangserwerbs** für eine logische Sekunde das Eigentum[452].

4. **Vorausabtretung von Forderungen des Vorbehaltskäufers aus dem Zweitgeschäft**. – a) **Grundsätzliche Zulässigkeit der Vorausabtretung**. Nach § 398 Satz 1 kann eine 117
Forderung durch Vertrag abgetreten werden. Die Abtretung einer noch nicht entstandenen Forderung ist zwar im BGB nicht besonders geregelt. Die Vorausabtretung wird aber durch § 398 nicht ausgeschlossen, sondern ist nach ganz hM grundsätzlich zulässig[453]. Die **Entstehung der Forderung** muss aber zum einen **möglich** sein[454]. Zum anderen muss die Forderung bestimmt oder zumindest bestimmbar sein[455]. Wirksam wird die Abtretung einer künftigen Forderung mit der **Entstehung der Forderung**[456]. Diese Wirksamkeitsvoraussetzung gehört aber nicht zum **Abschlusstatbestand des Abtretungsvertrags**[457]. Bis zum Wirksamwerden der Abtretung durch Entstehung der Forderung ist der Forderungserwerber (Zessionar) bereits Inhaber eines **Anwartschaftsrechts**[458]. Bei Vorliegen konkurrierender Vorausabtretungen gilt grundsätzlich das **Prioritätsprinzip**, dh, nur die erste Abtretung ist wirksam und die späteren Zessionen gehen ins Leere[459]. Für die Zulässigkeit der Vorausabtretung und die dargelegten Rechtsfolgen spricht auch die Regelung des § 185 Abs 2. Nach **§ 185 Abs 2 Satz 1 Alt 2** wird die Verfügung eines Nichtberechtigten wirksam, wenn er den Gegenstand erwirbt. Bei **widersprechenden Verfügungen** eines Nichtberechtigten ist im Erwerbsfall des § 185 Abs 2 Satz 1 Alt 2 nur die erste Verfügung wirksam (§ 185 Abs 2 Satz 2). Hier kommt also das allgemeine Prioritätsprinzip zum Ausdruck.

b) **Erfordernis der hinreichenden Bestimmtheit und Bestimmbarkeit der Forderungen – Einzelfälle**. Die vom Vorbehaltskäufer im Voraus abgetretene Forderung muss hinrei- 118

447 Staud/Beckmann Rz 120.
448 Staud/Beckmann Rz 120.
449 Staud/Beckmann Rz 120.
450 BGH NJW 1982, 2371 (Streckengeschäft über Gasöl mit verlängertem EV); BGH NJW 1986, 1166 (Streckengeschäft über Cord-Mäntel und Cord-Jacken mit verlängertem EV); Soergel/Höpfner § 929 Rz 69; Staud/Beckmann Rz 120.
451 BGH NJW 1982, 2371; BGH NJW 1986, 1166 f; Soergel/Höpfner § 929 Rz 69; Staud/Beckmann Rz 120; allgemein zum Geheißerwerb Soergel/Höpfner § 929 Rz 66 ff.
452 Vgl zu den Einzelheiten des Geheißerwerbs beim Streckengeschäft Soergel/Höpfner § 929 Rz 68 ff.
453 RGZ 134, 225, 227; BGHZ 7, 365, 369; BGHZ 26, 186, 189; BGH NJW 1974, 1130; BGH NJW 1975, 1226; BGH NJW 1988, 3204; BGH NJW 1989, 2383; BGH NJW-RR 2005, 1408; BGH NJW 2000, 276, 277; Soergel/Schreiber § 398 Rz 8 ff.
454 So bereits RGZ 134, 225, 227 (Entstehung der Forderung muss „auf dem Boden des zu der Abtretung geltenden Rechts als möglich erscheinen").
455 Vgl dazu nachfolgend Rz 117 ff.
456 BGHZ 32, 367, 369 f; BGHZ 88, 205, 206 f; BGH NJW 1955, 544; BGH WM 1973, 489; BGH NJW 2008, 1153; BGH NJW-RR 2010, 192; Soergel/Schreiber § 398 Rz 11.
457 BGHZ 30, 238, 240; BGHZ 32, 367, 369 f.
458 BGH NJW 1955, 544; BGH NJW 1960, 1003; BGHZ 32, 267, 270; BGH NJW 1982, 2371; BGHZ 88, 205, 206 (die Vorausabtretung vermittelt eine „gegen abweichende Verfügungen über den abgetretenen Anspruch selbst gesicherte Rechtsposition); Soergel/Schreiber § 398 Rz 11.
459 BGHZ 30, 149, 151 f; BGH NJW 1960, 1003; BGH NJW 1960, 1715, 1716 (insoweit in BGHZ 32, 367 nicht abgedruckt); vgl zu Ausnahmen vom Prioritätsprinzip BGHZ 72, 308.

chend bestimmt oder bestimmbar sein[460]. Die **Rspr des RG**[461], nach der die Wirksamkeit einer Vorausabtretung beim verlängerten EV voraussetzte, dass die Bestimmbarkeit der allgemein im Voraus abgetretenen Forderungen in jedem Fall (in allen denkbaren Fällen) gewährleistet sein muss, wurde vom **BGH** ausdrücklich aufgegeben[462]. Für die Bestimmbarkeit reicht es vielmehr aus, wenn nach der **objektiv ausgelegten vertraglichen Abtretungsklausel** die vom Vorbehaltsverkäufer als Abtretungsempfänger im konkreten Einzelfall in Anspruch genommene Forderung genügend bestimmbar ist[463].

119 Die im Rahmen eines verlängerten EV vereinbarte Vorausabtretung „in Höhe des Wertes der jeweils verkauften Vorbehaltsware“ für den Fall der Weiterveräußerung durch den Vorbehaltskäufer und „in Höhe des Wertes der Vorbehaltsware“ im Falle der Verarbeitung unter Verwendung von Waren sonstiger Lieferanten ist hinreichend bestimmt[464]. Denn der Begriff „Wert“ ist hier gleichbedeutend mit dem vom Vorbehaltsverkäufer mit dem Vorbehaltskäufer **vereinbarten Kaufpreis** für die Ware[465]. Diese Auslegung entspricht dem **Sicherungszweck** des verlängerten EV[466]. Auch bei Vorausabtretung mit der Vereinbarung „entsprechend dem Wert unserer Lieferung“ ist unter Wert der im **Erstkaufvertrag** festgesetzte Kaufpreis zu verstehen[467]. Der Kaufpreis bestimmt also den Umfang, bis zu dem der Vorbehaltskäufer (Zweitverkäufer) die Forderung gegen seinen Abnehmer (Zweitkäufer) an den Vorbehaltsverkäufer abtritt[468]. Die Bestimmbarkeit der vom Vorbehaltskäufer im Voraus an den Vorbehaltsverkäufer abgetretenen Forderungen kann sich auch aus einer zeitlichen Begrenzung ergeben[469]. Es kann daher vereinbart werden, dass alle Forderungen abgetreten werden, die in einem bestimmten Zeitraum entstehen[470]. Unschädlich ist insoweit die Herausnahme einzelner Forderungen[471].

120 Eine ausreichende Bestimmtheit ist nicht ohne weiteres in dem Fall zu bejahen, in dem die „bei Weiterveräußerung entstehenden Forderungen“ von der Vorausabtretung erfasst werden sollen[472]. Insoweit kommt es vielmehr auf die Art und den Umfang einer vor dem Weiterkauf vorgenommenen Verarbeitung an[473]. Zumindest im Falle einer von § 950 gar nicht erfassten **einfachen Bearbeitung** durch den Vorbehaltskäufer ist davon auszugehen, dass der vom Empfänger der verarbeiteten Ware (Zweiterwerber) geschuldete Kaufpreis in voller Höhe an den Vorbehaltsverkäufer abgetreten werden soll und deshalb die Bestimmbarkeit der von der Vorauszession erfassten Forderung gegeben ist[474]. Eine derartige Konstellation ist insbes dann gegeben, wenn dieser Kaufpreis sich nicht aus einer Vielzahl von Warenlieferungen und Aufwendungen zusammensetzt, sondern im Wesentlichen nur aus dem **Warenwert, Arbeitsentgelten und dem Geschäftsgewinn** besteht[475].

121 Führt der Vorbehaltskäufer aufgrund einer **Weiterverarbeitungsermächtigung** des Vorbehaltsverkäufers eine **Verarbeitung iSd § 950** mit der Folge der Entstehung einer neuen Sache durch, so ist die Erstreckung der **Vorausabtretung der künftigen Forderung** aus Weiterveräußerung „auf den Betrag, der dem Anteilswert des Verkäufers am Miteigentum entspricht“, hinreichend bestimmt und daher wirksam[476]. Denn dieser Anteilswert lässt sich idR ohne weiteres ermitteln[477]. Für die Frage der Wirksamkeit der Vorausabtretung kommt es nicht darauf an, ob

460 BGHZ 7, 365, 368 ff; BGHZ 26, 185, 189; Staud/Beckmann Rz 123 ff.
461 RGZ 155, 26 ff; RG JW 1939, 563; RG DR 1940, 581 ff.
462 BGHZ 7, 365, 368 ff; BGHZ 26, 185, 189. In der Entscheidung BGHZ 7, 365 wird die Aufgabe der RG-Rspr auch ausdrücklich im Leitsatz (unter Nr 2) erwähnt.
463 BGHZ 7, 365, 369; BGHZ 26, 185, 189; Staud/Beckmann Rz 124.
464 BGH NJW 1964, 149 f (Lieferung von Stoffen); Staud/Beckmann Rz 124.
465 BGH NJW 1964, 149 f; Staud/Beckmann Rz 124.
466 BGH NJW 1964, 150.
467 BGH NJW 1968, 1516, 1519; Staud/Beckmann Rz 124.
468 BGH NJW 1968, 1516, 1519.
469 BGH WM 1966, 13, 14; Staud/Beckmann Rz 124.
470 BGH WM 1966, 13, 14; Staud/Beckmann Rz 124.
471 BGH WM 1966, 13, 14; Staud/Beckmann Rz 124.
472 BGH NJW 1974, 1130; Staud/Beckmann Rz 124.
473 BGH NJW 1974, 1130; Staud/Beckmann Rz 124.
474 BGH NJW 1974, 1130; Staud/Beckmann Rz 124.
475 BGH NJW 1974, 1130; Im Fall des BGH waren Schweinehälften unter verlängertem EV verkauft worden. Dabei war vereinbart worden, dass die „bei Weiterveräußerung entstehenden Forderungen“ auf den Vorbehaltsverkäufer übergehen. Der Vorbehaltskäufer hat diese Schweinehälften in Teile zerlegt und dann weiterveräußert. Der BGH ging zu Recht davon aus, dass bei einer derart einfachen Verarbeitung der von dem Empfänger der verarbeiteten Ware geschuldete Kaufpreis in voller Höhe abgetreten werden soll und daher die Bestimmbarkeit zu bejahen ist. Denn der Kaufpreis aus der Weiterveräußerung ist hier nicht die Vergütung für eine Vielzahl von Lieferungen und Aufwendungen, sondern bildet neben dem Wert der Ware lediglich den Arbeitsaufwand und den Geschäftsgewinn ab. Im Fall des BGH war zudem die Vergütung für den Wert der Ware der größte Teil der abgetretenen Forderung.
476 BGH NJW 1975, 1226 f (insoweit in BGHZ 64, 312 nicht abgedruckt); Staud/Beckmann Rz 124.
477 BGH NJW 1975, 1226 f (insoweit in BGHZ 64, 312 nicht abgedruckt); BGH NJW 1964, 149; BGH NJW 1968, 1516. Im Fall BGHZ 64, 312 war von der Vorbehaltsverkäuferin als Großhändlerin Glas geliefert worden, aus dem der Vorbehaltskäufer Glasbauelemente herstellte und dann im Rahmen des verlängerten EV mit Vorausabtretung der Forderungen aus dem Zweitgeschäft in Höhe des Betrags, „der dem Anteilswert am Miteigentum entspricht“, verkaufte.

der Vorbehaltsverkäufer aufgrund einer **Dispositivität des Herstellerbegriffs des § 950** kraft Vereinbarung als Hersteller anzusehen sein kann[478].

Die Bestimmbarkeit ist dagegen zu verneinen, wenn die aus einer **Vielzahl von Einzellieferungen und Aufwendungen** des Vorbehaltskäufers bestehende Forderung gegen den Dritten (Zweiterwerber) abgetreten wird und insoweit mangels Festlegung offenbleibt, bis zu welchem Betrag die Zession erfolgen soll[479]. Praktische Bedeutung hat insoweit insbes der Fall, in dem ein Baustoffhändler unter verlängertem EV Baustoffe liefert, die aufgrund einer **Weiterverarbeitungsermächtigung**[480] vom Vorbehaltskäufer im Rahmen eines **Bauvertrags** für die Erstellung eines Gebäudes verwendet werden und der Kaufpreis für die Baustoffe nur einen **Bruchteil der Vergütungsforderung** aus dem Bauvertrag darstellt[481]. In derartigen Konstellationen liegt zwar offensichtlich auch eine Übersicherung vor. Die Frage des **Freigabeanspruchs wegen Übersicherung**[482] im technischen Sinne stellt sich hier aber nicht, weil die Vorausabtretung schon wegen **fehlender Bestimmtheit und Bestimmbarkeit** von Anfang an unwirksam ist. Vorrangig ist nämlich im Falle des Missverhältnisses zwischen abzutretender Forderung aus dem Zweitgeschäft (Weiterveräußerung oder Weiterverarbeitung) und zu sichernder Forderung aus dem Kauf unter verlängertem EV die **Unwirksamkeit der Vorauszession** wegen fehlender Bestimmtheit und Bestimmbarkeit[483]. Eine Unwirksamkeit der Abtretung wegen fehlender Bestimmtheit und Bestimmbarkeit ist auch dann zu bejahen, wenn **sämtliche Forderungen aus Werk- und Bauverträgen**, die im Zusammenhang mit der Verarbeitung der Vorbehaltsware entstehen, ohne betragsmäßige Begrenzung des Umfangs abgetreten werden[484]. Entsprechendes gilt in dem Fall, in dem die Abtretungsklausel sich nicht nur auf vertragliche Forderungen aus dem Zweitgeschäft, sondern ohne nähere Bezeichnung und Begrenzung auch auf **etwaige Bereicherungsansprüche** aus §§ 812 ff beziehen soll[485]. 122

Die Unwirksamkeit der Abtretung wegen fehlender Bestimmtheit und Bestimmbarkeit kann sich zudem daraus ergeben, dass der Vorbehaltskäufer in Erfüllung des mit dem Dritten geschlossenen Werk- oder Bauvertrags, aus dem die abzutretende Forderung entsteht, auch **von sonstigen Unternehmern** – uU auch unter verlängertem EV – gelieferte Waren verarbeitet[486]. Dass Forderungen aus dem Zweitgeschäft auch auf Warenlieferungen sonstiger Unternehmer beruhen, ist – anders als bei der schlichten Weiterveräußerung mit allenfalls unwesentlicher Bearbeitung oder Umarbeitung (zB Zusammenbau von Einzelteilen oder Lackierung) – im Falle der **Verarbeitung nach § 950** häufig anzutreffen. Für eine hinreichende Bestimmtheit und Klarheit genügt es hier, wenn die Forderung aus dem Zweitgeschäft in Höhe des Kaufpreises (Rechnungsbetrags) der jeweiligen Warenlieferung abgetreten wird[487]. Ist die Forderung des Vorbehaltskäufers gegen den Dritten aus der auf Grundlage eines Vertrags geschuldeten Weiterverarbeitung in Form eines Einbaus nach § 946 wegen Vereinbarung von **Abschlagszahlungen** oder aus sonstigen Gründen **teilbar**, so ist die Vorausabtretung der Forderung aus der Weiterverarbeitung so zu verstehen, dass sie sich nur auf den **Teil der Forderung aus Werk- oder Bauvertrag** bezieht, der nach dem Einbau der konkreten Vorbehaltsware fällig wird[488]. Daraus folgt, dass eine Vorausabtretung 123

478 Vgl dazu Soergel/Henssler § 950 Rz 14 ff.
479 BGHZ 26, 178, 182 ff; Staud/Beckmann Rz 124.
480 Vgl dazu oben Rz 113.
481 BGHZ 26, 178, 182 ff. Im Fall BGHZ 26, 178 belieferte der Vorbehaltsverkäufer als Baustoffhändler den Vorbehaltskäufer als Bauunternehmer im Rahmen eines verlängerten EV mit Baueisen, das der Käufer im Auftrag einer Wohnungsbaugesellschaft für die Errichtung von zwei Wohnhäusern verwendete. Die Abtretungsvereinbarung lautete: „Die durch Veräußerung unseres Eigentums entstehenden Forderungen gegen Dritte werden schon jetzt mit allen Nebenrechten an uns abgetreten." Eine betragsmäßige oder sonstige Beschränkung des Umfangs der Zession enthielt die Zessionsklausel nicht. Der Rechnungsbetrag der Lieferung des Vorbehaltsverkäufers belief sich auf ca 20.000 DM, während die Vorausabtretung auf eine Werklohnforderung in Höhe von fast 280.000 DM bezogen war. Weil die Forderung des Vorbehaltsverkäufers nur einen Bruchteil der Werklohnforderung ausmachte, konnte nach dem übereinstimmenden Parteiwillen die Abtretung auch nur einen Teil der Werklohnforderung erfassen. Da die Abtretungsvereinbarung weder eine Begrenzung des Umfangs noch Anhaltspunkte dafür enthielt, hat der BGH die Vorausabtretung zu Recht wegen fehlender Bestimmtheit als unwirksam eingeordnet.
482 Vgl hierzu unten Rz 142 ff.
483 BGHZ 30, 176, 184.
484 Vgl BGH WM 1959, 432; Staud/Beckmann Rz 125.
485 BGH WM 1975, 977 (Der Besteller tritt „alle seine Ansprüche an mich ab, die ihm aus Vertrag oder aus Gesetz nach den Vorschriften der ungerechtfertigten Bereicherung erwachsen sind."); Staud/Beckmann Rz 125.
486 BGHZ 30, 176, 184; Staud/Beckmann Rz 125. Im Fall BGHZ 30, 176, 184 lieferte der Vorbehaltsverkäufer Material für sanitäre Installationen und Zentralheizungen an den Vorbehaltskäufer, die dieser für Wohnungsneubauten im Auftrag des Landes Nordrhein-Westfalen verwendete.
487 So in der Tendenz auch Staud/Beckmann Rz 125; aA KG JR 1961, 142; Hamm KTS 1969, 247.
488 LG Tübingen MDR 1991, 248 f; Staud/Beckmann Rz 125. Im Fall des LG Tübingen lautete die Abtretungsklausel: „Wird Vorbehaltsware vom Käufer als wesentlicher Bestandteil für das Grundstück eines Dritten eingebaut, so tritt der Käufer schon jetzt die gegen den Dritten … entstehenden Forderungen auf Vergütung in Höhe des Wertes der Vorbehaltsware mit allen Nebenrechten … mit Rang vor dem Rest ab.".

weder **vor dem Einbau der Vorbehaltsware** schon entstandene Abschlagszahlungsforderungen noch Teilforderungen erfasst, die erst nach dem Einbau fällig werden und nicht mehr in einem Zusammenhang mit dem konkreten Einbau stehen[489].

124 5. **Zulässigkeit der Vereinbarung eines verlängerten EV durch AGB.** – a) **Inhaltskontrolle nach § 307.** Da der verlängerte EV – bestehend aus Verkauf unter EV, Ermächtigung zur Weiterveräußerung/Weiterverarbeitung (einschließlich Einbau iSd § 946) und Vorausabtretung der Forderung gegen den Dritten aus dem Zweitgeschäft – in der Praxis weit verbreitet ist und dem Vorbehaltskäufer wirtschaftlich sinnvolle Handlungsspielräume einschließlich **Finanzierung des Kaufpreises** ermöglicht, wird diese Variante des EV regelmäßig formularmäßig, also durch AGB, vereinbart. Klassischer Fall ist insoweit die Vereinbarung durch Einbeziehung von **Liefer-AGB eines Herstellers/Großhändlers** in den Kaufvertrag. Da der verlängerte EV sich auf die gewerbsmäßige Weiterveräußerung und/oder Weiterverarbeitung der Vorbehaltsware bezieht, handelt es sich regelmäßig um einen Vertrag zwischen Unternehmern mit der Folge, dass die AGB-Inhaltskontrolle sich im Wesentlichen auf die Frage des Vorliegens einer **unangemessenen Benachteiligung nach § 307** beschränkt. Wegen Vorliegens einer ausgewogenen und interessengerechten Gesamtregelung ist die Unangemessenheit eines formularmäßig vereinbarten verlängerten EV zu verneinen[490]. Dass die Vorausabtretung von Forderungen aus dem Zweitgeschäft an den Vorbehaltsverkäufer als Teil des verlängerten EV im konkreten Einzelfall schon wegen **fehlender Bestimmtheit und Bestimmbarkeit** unwirksam sein kann[491], berührt nicht die Frage der Angemessenheit iSd § 307.

125 b) **Einbeziehung der AGB und Problematik des nachträglichen verlängerten EV.** Soweit es um einen einfachen EV geht, kann der Verkäufer bei Fehlen einer EV-Abrede im Kaufvertrag zwar auch noch zum Zeitpunkt der Übergabe der Ware das **Zurückbehalten des Eigentums** bis zur vollständigen Kaufpreiszahlung gegenüber dem Käufer erklären[492]. Eine solche Erklärung muss allerdings **hinreichend deutlich erfolgen** und dem Käufer nach § 130 Abs 1 Satz 1 zugehen[493]. Sind diese Voraussetzungen gegeben, so darf der Käufer die Übergabe der Kaufsache durch den Verkäufer nicht als **unbedingtes Übereignungsangebot iSd § 929 Satz 1** verstehen[494]. Durch Entgegennahme der Ware nimmt der Käufer vielmehr dieses – im Widerspruch zum Kaufvertrag als Verpflichtungsgeschäft stehende – bedingte Übereignungsangebot konkludent an[495]. Auf den Fall des nachträglichen verlängerten EV können diese Grundsätze aber nicht übertragen werden[496]. Denn der nachträgliche **einfache EV** bezieht sich nur auf die **Ebene des Verfügungsgeschäfts** und setzt nur eine konkludente Annahme des Käufers voraus, an die aufgrund der Üblichkeit eines derartigen EV keine großen Anforderungen zu stellen sind[497]. Wesentlicher Bestandteil des hier in Rede stehenden verlängerten EV ist dagegen eine Vereinbarung über die **Vorausabtretung von Forderungen** aus dem Zweitgeschäft (Weiterveräußerung oder Weiterverarbeitung)[498]. Eine derartige Abtretungsvereinbarung kann der Verkäufer nicht relativ leicht durch Hinweis auf dem **Lieferschein** oder einem sonstigen Dokument erst bei Übergabe der Ware herbeiführen, dh, die Annahme der Ware durch den Käufer ist nicht als **konkludente Annahme** des verlängerten EV anzusehen[499].

126 6. **Ermächtigung (§ 185 Abs 1) zur Weiterveräußerung/Weiterverarbeitung im ordnungsgemäßen Geschäftsverkehr – Einzelfragen.** – a) **Allgemeines – Zusammenhang zwischen Ermächtigung und Vorausabtretung.** Typischer Bestandteil des verlängerten EV ist die vom Vorbehaltsverkäufer zugunsten des Vorbehaltskäufers erteilte Ermächtigung iSd § 185 Abs 1 zur Weiterveräußerung oder/und Weiterverarbeitung der Vorbehaltsware[500]. Derartige Verfügungen über die Ware führen beim verlängerten EV schon vor der vollständigen Tilgung der dem Vorbehaltskäufer aus § 433 Abs 2 obliegenden Kaufpreisschuld zu einem **Verlust des Eigentums** und der damit verbundenen Sicherheit aufseiten des Verkäufers. Diese Sicherheit wird aber ersetzt durch die **Vorausabtretung der Forderung** des Vorbehaltskäufers gegen den Dritten aus dem Zweitgeschäft[501]. Aus dem Zusammenhang zwischen Ermächtigung nach § 185 Abs 1 und Vorausabtretung lässt sich unmittelbar ableiten, dass die auf der Ermächtigung beruhende Verfü-

489 LG Tübingen MDR 1991, 248 f.
490 BGH NJW 1968, 1516, 1518 f (bei Warenlieferungen üblich); BGHZ 56, 34 ff (von der Wirksamkeit wird ohne nähere Erörterung ausgegangen); BGHZ 94, 105, 112 (verlängerter EV entspreche den im Handelsverkehr geltenden Gewohnheiten und Gebräuchen, auf die bei der AGB-Kontrolle angemessene Rücksicht genommen werden müsse); BGHZ 98, 303, 307 f (jedenfalls im kaufmännischen Verkehr grundsätzlich unbedenklich); Staud/Beckmann Rz 129; BeckOGK/Mock Rz 74; BeckOK/Faust Rz 29.
491 Vgl dazu oben Rz 117 ff.
492 Vgl dazu oben Rz 58 ff.
493 Vgl dazu oben Rz 60 f.
494 Vgl dazu oben Rz 59 ff.
495 Vgl dazu oben Rz 59 ff.
496 München NJW 1959, 1541 f; Staud/Beckmann Rz 130; BeckOK/Faust Rz 29.
497 Vgl dazu oben Rz 58 ff.
498 München NJW 1959, 1541 f; BeckOK/Faust Rz 29.
499 München NJW 1959, 1541 f.
500 Vgl dazu oben Rz 113.
501 Vgl dazu oben Rz 114.

gungsbefugnis nur dann zugunsten des Vorbehaltskäufers Platz greifen soll, wenn Vorbehaltsverkäufer der **im Gegenzug** im Wege der Vorausabtretung als Sicherheit die Forderung aus dem Zweitgeschäft erhält, das aufgrund der Art der Kaufsache und den Umständen des Einzelfalls – insbes Gebräuche des allgemeinen Handels und der konkreten Branche – zu erwarten ist. Die Ermächtigung zur Weiterveräußerung/Weiterverarbeitung bezieht sich daher nur auf Geschäfte, die diese Voraussetzung erfüllen, dh ausschließlich auf Verfügungen im ordnungsgemäßen Geschäftsverkehr[502]. Liefert der Vorbehaltsverkäufer Waren an einen Unternehmer (zB Bauunternehmer), der nicht als Händler gewerbliche Anschlussverkäufe tätigt, sondern eine **Verarbeitung iSd § 950** oder einen **Einbau iSd § 946** vornimmt, so ist eine Ermächtigung zur „Veräußerung im gewöhnlichen Geschäftsverkehr" dahin gehend auszulegen, dass das **„Verbauen" auf Grundlage eines Bau- oder Werkvertrags** erfasst wird[503].

b) **Sicherungsübereignung und Verpfändung**. Keine Veräußerung im ordnungsgemäßen Geschäftsbetrieb liegt regelmäßig vor, wenn der Vorbehaltskäufer eine **Sicherungsübereignung oder Verpfändung** der Kaufsache zum Zwecke der Sicherung bestehender Schulden oder zur Erlangung eines neuen Kredits vornimmt[504]. Während bei einem **branchenüblichen Weiterverkauf** die Forderung aus dem Zweitgeschäft wirtschaftlich an die Stelle der Kaufsache tritt, wodurch der Warenkredit wegen des üblichen Aufschlags auf den Einkaufspreis (Gewinn des Vorbehaltskäufers) noch gestärkt wird[505], geht bei einer Sicherungsübereignung oder Verpfändung, wenn sie für bereits bestehende Verbindlichkeiten erfolgt, das Eigentum an der Vorbehaltsware ersatzlos verloren bzw wird ersatzlos mit einem Pfandrecht belastet[506]. Erfolgt die Sicherungsübereignung oder Verpfändung – wie in den meisten Fällen – im Zusammenhang mit der **Aufnahme eines neuen Kredits**, so erhält der Vorbehaltskäufer zwar die **Darlehensvaluta**. Das ist aber aus der Sicht des Vorbehaltsverkäufers schon deshalb keine gleichwertige Sicherheit, weil deren Höhe idR unter dem Verkehrswert der Vorbehaltsware liegt[507]. Hinzu kommt aber die Belastung des Vorbehaltskäufers mit den **Zahlungsverpflichtungen** aus dem mit dem Kreditgeber abgeschlossenen Darlehensgeschäft[508]. Dieses Hinzutreten eines zusätzlichen Gläubigers des Vorbehaltskäufers erhöht das Risiko des Vorbehaltsverkäufers, bei **wirtschaftlichen Schwierigkeiten des Vorbehaltskäufers** seine Kaufpreisforderung aus § 433 Abs 2 gegen den Vorbehaltskäufer nicht oder nicht in vollem Umfang realisieren zu können, so dass letztlich der **Wert seines Warenkredits** geschmälert oder ausgehöhlt wird[509]. Das Vorliegen dieser Beeinträchtigung der berechtigten **Sicherungsinteressen des Vorbehaltsverkäufers** rechtfertigt daher die Annahme, dass die Sicherungsübereignung oder Verpfändung von Vorbehaltsware zur Sicherung bestehender Schulden oder zur Erlangung eines neuen Kredits idR nicht als Verfügung des Vorbehaltskäufers im ordnungsgemäßen Geschäftsbetrieb anzusehen ist[510]. 127

c) **Sale-and-lease-back-Verfahren**. Eine Veräußerung im **Sale-and-lease-back-Verfahren** ist grundsätzlich mit den berechtigten Sicherungsinteressen des Vorbehaltsverkäufers nicht vereinbar und daher von der Weiterveräußerungsermächtigung iSd § 185 Abs 1 nicht mehr gedeckt[511]. Der Vorbehaltskäufer darf die Kaufsache idR nicht **anderweit als Kreditunterlage** verwenden[512]. Die Veräußerung von Vorbehaltsware im Sale-and-lease-back-Verfahren ist letztlich ebenso zu beurteilen wie die **Sicherungsübereignung und Verpfändung**[513]. Die im Rahmen eines solchen Verfahrens vorgenommene Veräußerung der Vorbehaltsware verschafft dem Vorbehaltskäufer zwar einen Gegenwert in Gestalt des Kaufpreises[514]. Dies muss allerdings im Zusammenhang mit dem **geschlossenen Leasingvertrag** gesehen werden, durch den der Vorbehaltskäufer als Leasingnehmer dem Leasinggeber als weiterem Gläubiger zur **Zahlung der laufenden Leasingraten** (einschließlich sonstiger Kosten) verpflichtet ist[515]. Daher werden hier – wie durch Darlehens-Rückzahlungspflichten im Falle der Sicherungsübereignung oder Verpfändung der Vorbehaltsware – die vom Vorbehaltsverkäufer zu tragenden **Ausfallrisiken** erhöht und demzufolge der Wert seines Warenkredits geschmälert[516]. Die Weiterveräußerung von Vorbehaltsware im Rahmen des Sale-and-lease-back-Verfahrens ist aber dann als Verfügung im ordnungsgemäßen Geschäftsverkehr anzusehen und deshalb von der Weiterveräußerungsermächtigung iSd § 185 128

502 BGHZ 26, 178, 182 (Verwendung von geliefertem Baueisen für die Errichtung von Wohngebäuden); BGHZ 27, 306, 308 (Herstellung und Weiterveräußerung von aus gelieferten Materialien hergestellten Baustoffen); BGHZ 68, 199, 201 (Weiterveräußerung von gelieferten Milch-Weißprodukten).

503 BGHZ 26, 178, 182 („Verbauen" von Baueisen).

504 BGH WM 1966, 1327, 1328; BGHZ 104, 129, 133 f; Staud/Beckmann Rz 131.

505 BGHZ 104, 129, 133.

506 BGHZ 104, 129, 133.

507 BGHZ 104, 129, 133.

508 BGHZ 104, 129, 133.

509 BGHZ 104, 129, 133.

510 BGH WM, 1966, 1327, 1328; BGHZ 104, 129, 133.

511 BGHZ 104, 129, 132 ff; Staud/Beckmann Rz 134.

512 BGHZ 104, 129, 133.

513 BGHZ 104, 129, 134; vgl zur Sicherungsübereignung und Verpfändung oben Rz 126.

514 BGHZ 104, 129, 134.

515 BGHZ 104, 129, 134.

516 BGHZ 104, 129, 134.

Abs 1 gedeckt, wenn die damit eigentlich einhergehende **Beeinträchtigung der Sicherungsinteressen** des Vorbehaltsverkäufers auf andere Weise vermieden oder kompensiert wird[517].

129 d) **Weiterverkauf zu Sonderpreisen – Verkauf unter Einstandspreis.** Der Verkauf zu stark reduzierten Preisen (zB Räumungsverkauf) wird grundsätzlich nicht von der Ermächtigung des Vorbehaltskäufers umfasst, so dass eine besondere Zustimmung des Vorbehaltsverkäufers für eine derartige Aktion erforderlich ist[518]. Wird **Saisonware (zB Bekleidungsartikel)** unter verlängertem EV verkauft, so stellt sich zwar am Ende der Saison die Frage des **Schlussverkaufs zu Sonderpreisen** idR nicht für einen Vorbehaltskäufer, der als gewerblicher Zwischenhändler die Ware an Einzelhändler veräußert, da diese sich gewöhnlich schon relativ lange vor der Saison eindecken. Soweit aber Saisonware auch auf **Ebene des Großhandels** gegen Ende der Saison zu reduzierten Preisen veräußert wird und deshalb die Branchenüblichkeit zu bejahen ist, deckt die Weiterveräußerungsermächtigung derartige Verkaufsaktionen[519]. Das gilt auch dann, wenn ein Großhändler ausnahmsweise an Endabnehmer veräußert.

130 Von dieser Fallgruppe des Verkaufs zu reduzierten Marktpreisen zu unterscheiden ist der nicht saisonbedingte **Weiterverkauf unter Einstandspreis.** Insoweit liegt regelmäßig kein ordnungsgemäßer Geschäftsverkehr vor[520]. IdR dient der Verkauf ausgewählter einzelner Produkte unter Einstandspreis dazu, das Interesse eines größeren Kundenkreises für das gesamte Verkaufssortiment zu wecken („Lockvogel"-Angebot). Eine solche Praxis widerspricht den **Sicherungsinteressen des Vorbehaltsverkäufers**, sofern dafür die von ihm gelieferte Vorbehaltsware eingesetzt wird.

131 e) **Weiterveräußerung mit Kaufpreisverrechnung – Einstellung der Vergütungsforderung in Kontokorrent.** Zu verneinen ist eine Veräußerung im ordnungsgemäßen Geschäftsverkehr, wenn die Kaufpreisforderung des Vorbehaltskäufers aus dem Weiterverkauf unmittelbar mit einer bestehenden Verbindlichkeit gegenüber dem Zweitkäufer **verrechnet wird** und daher – wie im Falle einer Aufrechnung (§§ 387, 389) – erlischt[521]. Dies beruht darauf, dass der Vorbehaltskäufer hier **keinen Gegenwert** erhält, der dem Vorbehaltsverkäufer in Bezug auf sein Sicherungsinteresse als Ersatz für das verlorene Eigentum dienen kann. Diese Unzulässigkeit ist auch in dem Fall anzunehmen, in dem die Weiterveräußerungsermächtigung nicht mit einer Vorausabtretung verbunden ist[522]. Denn in Bezug auf das Fehlen eines Gegenwerts besteht letztlich kein Unterschied. Die **Einstellung der Vergütungsforderung** des Vorbehaltskäufers gegen den Dritten in **einen Kontokorrent** (laufende Rechnung iSd HGB § 355 Abs 1) steht allerdings der Befugnis zur Weiterveräußerung nicht entgegen[523].

132 f) **Horizontaler Weiterverkauf an andere Händler (Wiederverkäufer).** In Bezug auf die Frage, ob ein **Einzelhändler** auf Grundlage der vom Vorbehaltsverkäufer erteilten Ermächtigung nicht nur an **Endabnehmer**, sondern auch an einen **anderen Großhändler** veräußern darf, ist eine differenzierte Betrachtungsweise erforderlich. Kein ordnungsgemäßer Geschäftsverkehr ist gegeben, wenn aufgrund des **Preisunterschieds** für die konkrete Ware im Großhandel im Vergleich zum Einzelhandel das Sicherungsinteresse des Vorbehaltsverkäufers beeinträchtigt wird. Das Gleiche gilt in dem Fall, in dem der Vorbehaltskäufer auf Grundlage des Kaufvertrags nur an Endabnehmer, nicht aber an andere Einzelhändler (Zwischenhändler) veräußern darf, die an die **Lieferbedingungen des Vorbehaltsverkäufers** nicht gebunden und an einem bestehenden **selektiven Vertriebssystem** beteiligt sind[524]. Voraussetzung dafür ist aber, dass die kaufvertragliche Einschränkung der Weiterveräußerung auf Händlerebene auch **kartellrechtlich wirksam** ist. Werden die Interessen des Vorbehaltsverkäufers durch eine Veräußerung an einen anderen Wiederverkäufer weder aufgrund eines **niedrigeren Verkaufspreises** noch in sonstiger Weise beeinträchtigt und besteht keine wirksame rechtliche horizontale Verkaufsbeschränkung, so ist ein Verkauf im Rahmen des ordnungsgemäßen Geschäftsverkehrs zu bejahen[525].

133 g) **Wirtschaftliche Schwierigkeiten und Insolvenz des Vorbehaltskäufers.** Auch in Bezug auf die Frage, ob wirtschaftliche Schwierigkeiten aufseiten des Vorbehaltskäufers und insbes die Stellung eines Antrags auf Eröffnung des Insolvenzverfahrens die Ermächtigung zur Wei-

517 BGHZ 104, 129, 134.
518 Staud/Beckmann Rz 131; Leible/Sosnitza JuS 2001, 449, 454.
519 So in der Tendenz auch Staud/Beckmann Rz 131.
520 BGH WM 1969, 1452; BGHZ 104, 129, 133; Hamburg MDR 1970, 506; Staud/Beckmann Rz 134.
521 BGH WM 1966, 924; BGH WM 1968, 1145; Staud/Beckmann Rz 134.
522 BGH WM 1966, 924; BGH WM 1968, 1145; Staud/Beckmann Rz 134.
523 BGHZ 32, 357, 360; BeckOGK/Mock Rz 92.3.
524 Celle NJW 1959, 1686 (Verkauf von unter 100 Paar Marken-Schuhen durch einen Vorbehaltskäufer als Einzelhändler an einen anderen Wiederverkäufer); vgl dazu auch Staud/Beckmann Rz 134.
525 AA wohl Celle NJW 1959, 1686 (Beeinträchtigung der Interessen des Vorbehaltsverkäufers schon dadurch, dass Markenware in die Hände fremder Geschäftsleute gelange).

terveräußerung/Weiterverarbeitung entfallen lassen, ist eine differenzierte Betrachtungsweise erforderlich[526]. Entscheidend ist das **objektive kaufmännische**, also für den Geschäftspartner erkennbare, Verhalten des Vorbehaltskäufers[527]. Für einen Fortbestand der Ermächtigung iSd § 185 Abs 1 aufseiten des Vorbehaltskäufers spricht, dass andernfalls selbst **erfolgversprechende Sanierungsversuche** wegen Blockierung eines bedeutenden Teils des Umlaufvermögens nicht durchgeführt werden könnten[528]. Ausschlaggebend für den Fortbestand der Ermächtigung zur Weiterveräußerung/Weiterverarbeitung ist, ob bei objektiver Betrachtung trotz der bestehenden wirtschaftlichen Schwierigkeiten mit einer **Fortsetzung des Geschäftsbetriebs** und einer Erfüllung der Forderung des Vorbehaltsverkäufers noch gerechnet werden kann[529]. Dies gilt auch dann, wenn die Eröffnung des Insolvenzverfahrens über das Vermögen des Vorbehaltskäufers beantragt worden ist[530]. Dem Vorbehaltsverkäufer steht es aber grundsätzlich frei, in einer derartigen Situation die dem Vorbehaltskäufer erteilte **Ermächtigung zu widerrufen**, sofern er dazu auf Grundlage des Kaufvertrags mit Abrede über den verlängerten EV befugt ist[531]. Im Falle der **Eröffnung des Insolvenzverfahrens** über das Vermögen des Vorbehaltskäufers erlischt allerdings die Ermächtigung[532].

7. **Ermächtigung des Vorbehaltskäufers zur Einziehung der im Voraus abgetretenen Forderung – Widerruf.** Die vom Vorbehaltsverkäufer erteilte Ermächtigung iSd § 185 Abs 1 zur Weiterveräußerung/Weiterverarbeitung der Vorbehaltsware geht regelmäßig einher mit der Ermächtigung des Vorbehaltskäufers zur Einziehung der Forderung gegen den Dritten (Vertragspartner aus dem Zweitgeschäft)[533]. In der Ermächtigung zur Weiterveräußerung ist eine **konkludente Ermächtigung** zur **Einziehung der Forderung** zu sehen[534]. Die Vorausabtretung ist damit grundsätzlich eine **stille Zession**, dh, der Dritte (Zweiterwerber) erfährt als Schuldner der abgetretenen Vergütungsforderung erst einmal nichts vom eingetretenen Forderungsübergang. Der Vorbehaltskäufer ist grundsätzlich nicht verpflichtet, den auf Grundlage der **Einziehungsermächtigung** erlangten Erlös zu separieren und unmittelbar an den Vorbehaltsverkäufer als Zessionar der betreffenden Forderung zum Zwecke der Tilgung der Kaufpreisschuld abzuführen[535]. Dem Vorbehaltskäufer steht vielmehr, solange er seinen gegenüber dem Vorbehaltsverkäufer bestehenden Zahlungsverpflichtungen nachkommt, grundsätzlich die Befugnis zu, die Forderung gegen den Dritten im ordnungsgemäßen Geschäftsverkehr einzuziehen und zu verwerten[536]. Im Falle eines **Zahlungsverzugs** oder eines sonstigen **vertragswidrigen Verhaltens des Vorbehaltskäufers**, das die Sicherheitsinteressen des Vorbehaltsverkäufers missachtet, kann der Vorbehaltsverkäufer die **Einziehungsermächtigung widerrufen**[537]. 134

8. **Auswirkungen eines wirksamen Abtretungsverbots (§ 399 Alt 2) auf die Ermächtigung zur Weiterveräußerung/Weiterverarbeitung.** – a) **Abhängigkeit der Ermächtigung von der Wirksamkeit der Vorausabtretung.** Vereinbart der Dritte als Vertragspartner des Vorbehaltskäufers ein **Abtretungsverbot iSd § 399 Alt 2**, so stellt sich zunächst die Frage der **Wirksamkeit.** Im Falle der Wirksamkeit des Abtretungsverbots mit der Folge des Nichterwerbs der Forderung durch den Vorbehaltsverkäufer **erlischt die Ermächtigung** iSd § 185 Abs 1 des Vorbehaltskäufers, die unter verlängertem EV bezogene Sache an einen Dritten zu veräußern oder sie mit der Folge des **gesetzlichen Eigentumserwerbs** nach §§ 946 zugunsten eines Dritten für einen Einbau oder eine sonstige Verarbeitung zu verwenden[538]. Die Ermächtigung ist damit in der Weise von der Wirksamkeit der vereinbarten Vorausabtretung der Forderung des Vorbehaltskäufers gegen den Dritten abhängig, dass die Ermächtigung mit dem vereinbarten Abtretungsverbot steht und fällt. Im Falle der Wirksamkeit des Abtretungsverbots kann der Vorbehaltskäufer daher nur als **Nichtberechtigter iSd §§ 929, 932, HGB § 366** über die Vorbehaltsware verfügen[539]. 135

b) **Die Sonderregelung des HGB § 354a.** Nach HGB § 354a Abs 1 Satz 1 ist im Falle der Vereinbarung eines Abtretungsverbots iSd der allgemeinen BGB-Regelung des § 399 die **Abtre-** 136

526 BGHZ 68, 199, 202 f; BGHZ 144, 192, 198 f; Staud/Beckmann Rz 132.
527 BGHZ 68, 199, 202 f; BGHZ 144, 192, 198 f (zur Einziehungsbefugnis bei Sicherungszession).
528 BGHZ 68, 199, 202 f; BGHZ 144, 192, 198 f (zur Einziehungsbefugnis bei Sicherungszession).
529 BGHZ 68, 199, 202 f (Entscheidung über „reguläre Abwicklung" nach objektiven Merkmalen).
530 BGHZ 68, 199, 202 f; BGHZ 144, 192, 198 f (zur Einziehungsbefugnis bei Sicherungszession).
531 BGHZ 144, 192, 198 f (zur Einziehungsbefugnis bei Sicherungszession).
532 BGHZ 144, 192, 199 f (zur Einziehungsbefugnis bei Sicherungszession).
533 BGHZ 26, 185, 191 f; BGH WM 1972, 995, 997; BGHZ 69, 254, 259; Staud/Beckmann Rz 141.
534 BGHZ 69, 254, 259; BGH NZG 2020, 464 Rz 21.
535 BGHZ 26, 185, 191.
536 BGHZ 26, 185, 191; Staud/Beckmann Rz 141.
537 BGH NZG 2020, 464 Rz 28.
538 BGHZ 27, 306, 309; BGHZ 30, 176, 181 f; BGHZ 40, 156, 162; BGHZ 55, 34, 37 f; BGHZ 102, 293, 308; Staud/Beckmann Rz 47; BeckOGK/Mock Rz 75; BeckOK/Faust Rz 27.
539 Staud/Beckmann Rz 48.

tung einer Geldforderung gleichwohl wirksam, wenn das Rechtsgeschäft, das diese Forderung begründet hat, für **beide Teile ein Handelsgeschäft** ist. Das Gleiche gilt in dem Fall, in dem der Schuldner der von der Abtretung betroffenen Forderung (Vertragspartner des Zweitgeschäfts) eine juristische Person des öffentlichen Rechts oder ein öffentlich-rechtliches Sondervermögen ist. Gem § 354a Abs 1 Satz 2 kann der Schuldner (Zweiterwerber) allerdings mit **befreiender Wirkung** an den bisherigen Gläubiger (Vorbehaltskäufer) leisten. Abweichende Vereinbarungen sind gem HGB § 354a Abs 1 Satz 3 unwirksam. Ist das – idR in den AGB des Zweiterwerbers enthaltene Abtretungsverbot – nach HGB § 354a Abs 1 Satz 1 unwirksam, so ist aufseiten des Vorbehaltskäufers die Befugnis zur Weiterveräußerung/Weiterverarbeitung im ordnungsgemäßen Geschäftsverkehr zu bejahen[540]. Der **Zweck des HGB § 354a** besteht nämlich gerade darin, den Konflikt zwischen verlängertem EV und Abtretungsverbot bezüglich der Vergütungsforderung aus dem Zweitgeschäft zu beseitigen[541]. Der Zweiterwerber – zB der Besteller (Bauherr) im Falle des Einbaus der Vorbehaltsware auf Grundlage eines Werk- oder Bauvertrags – hat zwar grundsätzlich ein **berechtigtes Interesse** daran, sich durch formularmäßige Einbeziehung eines auf die Vergütungsforderung des Unternehmers (Vorbehaltskäufers) bezogenen Abtretungsverbots nicht mit einer **Vielzahl von Forderungserwerbern** auseinandersetzen zu müssen[542]. Im Falle des Einbaus oder der sonstigen Verarbeitung von Waren, die typischerweise unter verlängertem EV an den Vorbehaltskäufer geliefert werden, muss dem Dritten als Vertragspartner des Zweitgeschäfts allerdings bewusst sein, dass der Vorbehaltskäufer nur bei **Wirksamkeit der Vorausabtretung** zur Weiterveräußerung/Weiterverarbeitung befugt ist und die Konstruktion des verlängerten EV wirtschaftlich notwendig ist sowie auch insgesamt eine interessengerechte Gestaltung darstellt. Das Interesse des Dritten an vertraglichen Abtretungsverboten ist aufgrund der Regelung des HGB § 354a als nachrangig einzuordnen[543].

137 Das Sicherungsinteresse des Vorbehaltsverkäufers wird zwar dadurch beeinträchtigt, dass der Dritte gem **HGB § 354a Abs 1 Satz 2** trotz Unwirksamkeit des Abtretungsverbots noch mit befreiender Wirkung an den Vorbehaltskäufer leisten und demzufolge auch gegen Forderungen des Vorbehaltskäufers **aufrechnen** kann[544]. Nach HGB § 354a Abs 1 Satz 2 ist der Dritte als Forderungsschuldner **wahlweise befugt**, nicht nur an den Vorbehaltsverkäufer als Zessionar, sondern – ebenfalls mit **schuldbefreiender Wirkung** – auch an den Vorbehaltskäufer als primärer Gläubiger der Vergütungsforderung zu leisten[545]. Die Möglichkeit der befreienden Leistung an den Zedenten (Vorbehaltskäufer) nach HGB § 354a Abs 1 Satz 2 hat der Dritte als Forderungsschuldner grundsätzlich auch dann, wenn er die **Abtretung kennt**[546]. Diese Möglichkeit der befreienden Leistung einschließlich Aufrechnung steht der Bejahung einer Weiterveräußerung/ Weiterverarbeitung im Rahmen eines **ordnungsgemäßen Geschäftsverkehrs** nicht entgegen[547]. Denn die in Rede stehende Möglichkeit der Leistung an den Vorbehaltskäufer ist eine **Besonderheit des Rechts der Forderungsabtretung**, die der Vorbehaltsverkäufer mit der Gestaltung des verlängerten EV mit Ermächtigung nach § 185 Abs 1 generell in Kauf nehmen muss[548]. Der Vorbehaltsverkäufer trägt auch das Risiko, dass der **Dritte zahlungsunfähig** wird und die abgetretene Forderung deshalb letztlich nicht erfüllt wird. Zudem erteilt der Vorbehaltsverkäufer dem Vorbehaltskäufer ohnehin regelmäßig in Bezug auf die im Voraus abgetretene Forderung eine **Einziehungsermächtigung**[549]. Ausreichend geschützt wird der Vorbehaltsverkäufer dadurch, dass der Vorbehaltskäufer von der Ermächtigung zur Weiterveräußerung nicht Gebrauch machen darf, wenn aufgrund von **wirtschaftlichen Schwierigkeiten** aufseiten des Vorbehaltskäufers eine Verwendung des Forderungsgegenwerts für die Begleichung der Kaufpreisschuld nicht mehr gewährleistet ist[550] oder eine Zahlungsunfähigkeit des Dritten (Forderungsschuldners) droht[551].

138 9. **Übersicherung des Vorbehaltsverkäufers**. Der Fall einer Übersicherung des Vorbehaltsverkäufers kann zwar auch beim verlängerten EV eintreten. Der Vorbehaltskäufer hat dann – wie beim erweiterten EV[552] – einen **Freigabeanspruch** nach den Grundsätzen, die vom **Großen Zivilsenat des BGH** für die Übersicherung bei der **Globalzession** entwickelt worden sind[553]. Die praktische Bedeutung der Problematik der Übersicherung ist aber – bei Fehlen von Besonder-

540 BeckOGK/Mock Rz 82.1; K Schmidt NJW 1999, 400, 401; aA Erman/Grunewald Rz 49; BeckOK/Faust Rz 27.
541 Koller/Kindler/Drüen/Roth/Huber, HGB, 2023[10], § 354a Rz 3; in der Tendenz auch K Schmidt NJW 1999, 400, 401.
542 Vgl BGHZ 51, 113, 116 ff; Staud/Beckmann Rz 136.
543 Koller/Kindler/Drüen/Roth/Huber, HGB, 2023[10], § 354a Rz 3; in der Tendenz auch K Schmidt NJW 1999, 400, 401.
544 BeckOK/Faust Rz 27.
545 BGH NJW 2018, 2254 Rz 44.
546 BGH NJW 2018, 2254 Rz 44.
547 BeckOGK/Mock Rz 82.1.
548 Ähnlich BeckOGK/Mock Rz 82.1.
549 Vgl dazu Rz 133.
550 Vgl dazu Rz 132.
551 Vgl dazu Rz 132.
552 Vgl unten Rz 142 ff.
553 Vgl dazu Rz 142 ff.

heiten – beim verlängerten EV aus verschiedenen Gründen eher gering. Wird aufgrund der regelmäßig vorliegenden Ermächtigung nach § 185 Abs 1 die **Weiterveräußerung der Kaufsache** gegen Vorausabtretung der Kaufpreisforderung vorgenommen, so stellt die Differenz zwischen dem an den Vorbehaltsverkäufer noch zu zahlenden Einkaufspreis und dem im Rahmen des Zweitgeschäfts vereinbarten Verkaufspreis in Anbetracht des **Ausfallrisikos** bei Insolvenz des Zweiterwerbers und der uU anfallenden **Rechtsverfolgungskosten** grundsätzlich keine Übersicherung dar. Eine Übersicherung kann beim verlängerten EV nur dann entstehen, wenn sich der Vorbehaltskäufer verpflichtet, neben der Kaufpreisforderung aus dem konkreten Weiterverkauf noch **sonstige Forderungen aus Drittgeschäften** abzutreten. Dann handelt es sich aber nicht nur um einen verlängerten EV, sondern zugleich um einen **erweiterten EV**. Die Problematik der Übersicherung beruht hier deshalb im Wesentlichen auf der Vorausabtretung der sonstigen Forderungen, so dass in Bezug auf die Voraussetzungen des Freigabeanspruchs des Vorbehaltskäufers die beim **erweiterten EV** geltenden Grundsätze Anwendung finden[554].

Im Falle der Vorausabtretung von Forderungen aus **Bau- oder Werkverträgen** im Zusammenhang mit dem Einbau der Vorbehaltsware nach § 946 oder einer sonstigen Weiterverarbeitung nach § 950 kann ein grobes Missverhältnis zwischen der dem Verkäufer zustehenden Kaufpreisforderung und dem Wert der Sicherung entstehen. Dieses Missverhältnis beruht regelmäßig darauf, dass der Vorbehaltskäufer Sachen (zB Baustoffe) verschiedener Lieferanten einbaut bzw verarbeitet. In einer derartigen Konstellation ist aber die Vorausabtretung häufig schon wegen **fehlender Bestimmtheit und Bestimmbarkeit** des Umfangs der Vorausabtretung unwirksam, so dass sich die Frage der Heranziehung der für die Übersicherung geltenden Grundsätze nicht stellt[555]. Bei Vorliegen einer ausreichenden Bestimmtheit oder Bestimmbarkeit der im Voraus abgetretenen Forderung steht dem Vorbehaltskäufer – wie beim erweiterten EV – auch bei Fehlen einer besonderen kaufvertraglichen Vereinbarung ein **Freigabeanspruch** zu[556]. 139

IV. Der erweiterte EV – Kontokorrentvorbehalt und Konzernvorbehalt

1. **Überblick**. Beim sog erweiterten EV wird zugunsten des Vorbehaltsverkäufers nicht bloß dessen **Kaufpreisforderung nach § 433 Abs 2** aus dem mit dem Vorbehaltskäufer über die konkrete Kaufsache abgeschlossenen Kaufvertrag gesichert. Die Sicherung bezieht sich vielmehr auch auf **sonstige Forderungen** des Vorbehaltsverkäufers gegen den Vorbehaltskäufer. Handelt es sich insoweit um weitere gegenwärtige und/oder künftige Forderungen aus einer zwischen dem Vorbehaltsverkäufer und dem Vorbehaltskäufer bestehenden Geschäftsbeziehung, so liegt ein sog **Kontokorrentvorbehalt** vor[557]. Ein **Konzernvorbehalt** ist gegeben, wenn der Eintritt der aufschiebenden Bedingung neben der Erfüllung der Kaufpreisforderung aus dem Kaufvertrag über die konkrete Vorbehaltsware noch von der Erfüllung sonstiger Forderungen abhängen soll, die mit dem Vorbehaltsverkäufer **verbundenen Unternehmen** zustehen[558]. Diesen besonderen Fall des erweiterten EV regelt § 449 Abs 3. Danach ist die Vereinbarung eines EV nichtig, soweit der Eigentumsübergang davon abhängig gemacht wird, dass der Vorbehaltskäufer auch **Forderungen eines Dritten**, insbes eines mit dem Verkäufer verbundenen Unternehmens, erfüllt[559]. Umstritten ist, ob § 449 Abs 3 auch den sog **umgekehrten Konzernvorbehalt** aufseiten des Käufers erfasst. Insoweit geht es um den Fall, in dem die aufschiebende Bedingung erst dann eintreten soll, wenn neben der Kaufpreisforderung des Vorbehaltsverkäufers gegen den Vorbehaltskäufer aus dem Kaufvertrag über die Vorbehaltsware andere Forderungen des Vorbehaltsverkäufers gegen Drittunternehmen erfüllt werden, die mit dem Käufer verbunden sind[560]. 140

2. **Der Kontokorrentvorbehalt**. – a) **Voraussetzungen und Zulässigkeit – Verwendung von AGB**. Ein echtes Kontokorrent, also eine **„laufende Rechnung" iSd HGB § 355**, ist nicht zwingende Voraussetzung des Kontokorrentvorbehalts[561]. Im **kaufmännischen Verkehr** ist eine Vereinbarung auf Grundlage von AGB grundsätzlich zulässig[562]. Die Vereinbarung eines Kontokorrentvorbehalts durch AGB im **nichtunternehmerischen Geschäftsverkehr** ist gem § 307 Abs 1, Abs 2 Nr 2 wegen **unangemessener Benachteiligung des Vorbehaltskäufers** unwirk- 141

554 Vgl dazu unten Rz 142 ff.
555 Vgl dazu oben Rz 119 ff.
556 Vgl dazu unten Rz 142 ff.
557 Vgl dazu Rz 140.
558 Vgl Rz 146.
559 Vgl Rz 146.
560 Vgl dazu Rz 149 ff.
561 BGH WM 1969, 1072; Soergel/Höpfner Anh § 929 Rz 163; Staud/Beckmann Rz 150; MünchKomm/Westermann Rz 76 (spiele für die Wertung keine Rolle); BeckOK/Faust Rz 35.
562 RGZ 147, 321, 325 ff; BGHZ 42, 53, 58 f; BGHZ 94, 105, 112; BGHZ 98, 303, 307; BGHZ 125, 83, 87; Soergel/Höpfner Anh § 929 Rz 165; Staud/Beckmann Rz 152; BeckOGK/Mock Rz 134; BeckOK/Faust Rz 35; krit MünchKomm/Westermann Rz 76; Erman/Grunewald Rz 58.

sam[563]. Denn eine solche Klausel gefährdet den **Austauschzweck** als wesentlichen Vertragszweck **eines Kaufvertrags**[564]. Die Zweckgefährdung ist darin zu sehen, dass der Eigentumserwerb des Vorbehaltskäufers trotz vollständiger Erfüllung der auf die neu gekaufte Sache bezogenen Kaufpreisschuld aus § 433 Abs 2 nur deshalb nicht stattfinden soll, weil **andere Forderungen** des Verkäufers noch offen sind[565].

142 b) **Erlöschen des EV durch erstmaligen Kontoausgleich**. Der EV erlischt beim Kontokorrentvorbehalt mit jedem Kontoausgleich zwischen den Kaufvertragsparteien[566]. Das Konto muss also nach Vornahme des Kaufs unter EV zu **irgendeinem Zeitpunkt** einmal ausgeglichen sein[567]. Das Erlöschen des EV mit der Folge des Eigentumserwerbs des Vorbehaltskäufers setzt dagegen keinen **Abbruch der Geschäftsverbindung** voraus[568]. Es kann aber durchaus sein, dass erst im Zusammenhang mit der Beendigung der laufenden Geschäftsbeziehung der Kontoausgleich vom Vorbehaltskäufer herbeigeführt wird[569]. Entsteht, nachdem zu einem bestimmten Zeitpunkt der Fall des vollständigen Kontoausgleichs eingetreten ist, eine **neue Forderung des Vorbehaltsverkäufers**, so lebt der EV nicht wieder auf, dh, das vom Vorbehaltskäufer durch Eintritt der aufschiebenden Bedingung erworbene (Voll-)Eigentum fällt nicht wieder zurück an den Vorbehaltsverkäufer[570].

143 3. **Freigabeanspruch des Vorbehaltskäufers bei Bestehen einer Übersicherung**. – a) **Grundlagen**. Die für die Freigabe von revolvierenden Globalsicherheiten in Gestalt formularmäßiger **Globalabtretungen** sowie **Sicherungsübereignungen** von Warenlagern wegen Übersicherung des Sicherungsnehmers vom **Großen Zivilsenat des BGH** entwickelten Grundsätze[571] gelten sinngemäß auch für den erweiterten EV und den verlängerten EV[572]. Die Frage der Übersicherung mit der Folge eines Freigabeanspruchs stellt sich beim EV nur dann, wenn der Vorbehaltsverkäufer **mehrere Sachen (Warenmengen)** an den Vorbehaltskäufer geliefert hat und daher eine partielle Freigabe möglich ist[573]. Der Freigabeanspruch im Falle einer Übersicherung bezieht sich dann also nur auf einen Teil der Mehrheit von Gegenständen (Warenmenge). Dass beim Verkauf einer einzelnen beweglichen Sache unter EV die **aufschiebende Bedingung** erst mit Zahlung der **letzten Kaufpreisrate** eintritt und vor diesem Zeitpunkt der Wert der Kaufsache die **Restkaufpreisforderung** des Vorbehaltsverkäufers erheblich übersteigt, ist typisch für den klassischen EV und stellt grundsätzlich keine Übersicherung des Vorbehaltsverkäufers dar.

144 b) **Berechnung der Übersicherung des Vorbehaltsverkäufers – Deckungsgrenze und Ein-Drittel-Abschlag vom Schätzwert der Vorbehaltsware**. Da bei der Verwertung von Sicherheiten regelmäßig **Feststellungs- und Verwertungskosten** anfallen, wäre eine Deckungsgrenze von lediglich 100 % unzureichend[574]. Hinzugerechnet werden müssen zudem etwaige **Rechtsverfolgungskosten**[575]. Insoweit geht es insbes um die Kosten, die im Falle eines **Streits über die Bewertung der Vorbehaltswaren** entstehen[576]. Darüber hinaus muss der Umstand berücksichtigt werden, dass aufseiten des Vorbehaltsverkäufers **Beweislastprobleme** in Bezug auf den Tatbestand der Übersicherung entstehen können[577]. Es ist daher auch beim EV ein **Aufschlag von 10 % auf die Deckungssumme** gerechtfertigt[578]. Aus den allgemeinen Vorschriften der **§§ 232 ff** über die Sicherheitsleistung lässt sich die **widerlegliche Vermutung** ableiten, dass dem Sicherungsinteresse des Vorbehaltsverkäufers durch einen **Abschlag von einem Drittel vom Schätzungswert** der unter EV gelieferten Waren hinreichend Rechnung

563 Frankfurt NJW 1981, 130 (zu AGBG § 9 Abs 2 Nr 2); Koblenz NJW-RR 1989, 1459 f; Soergel/Höpfner Anh § 929 Rz 165; Staud/Beckmann Rz 152; MünchKomm/Westermann Rz 76 aE.

564 Frankfurt NJW 1981, 130; Koblenz NJW-RR 1989, 1459, 1460; Staud/Beckmann Rz 152.

565 Frankfurt NJW 1981, 130; Koblenz NJW-RR 1989, 1459, 1460; Staud/Beckmann Rz 152.

566 BGHZ 42, 53, 58; BGH NJW 1978, 632, 633; BeckOGK/Mock Rz 136; BeckOK/Faust Rz 35; einschränkend Staud/Beckmann, Rz 150 (wenn der Käufer aus der Geschäftsverbindung nichts mehr schulde, also regelmäßig erst mit ihrer Beendigung).

567 BGHZ 42, 53, 58; BGH NJW 1978, 632, 633; BeckOGK/Mock Rz 136; BeckOK/Faust Rz 35.

568 BGH NJW 1978, 632, 633; aA wohl Staud/Beckmann Rz 150 (regelmäßig erst mit Beendigung der Geschäftsbeziehung).

569 Vgl dazu Staud/Beckmann Rz 150.

570 BGHZ 42, 53, 58; BGH NJW 1978, 632, 633; Soergel/Höpfner Anh § 929 Rz 164; Staud/Beckmann Rz 150; BeckOGK/Mock Rz 136; BeckOK/Faust Rz 35.

571 BGHZ 137, 212.

572 Soergel/Höpfner Anh § 929 Rz 171; Staud/Beckmann Rz 153, 144; BeckOK/Faust Rz 32; NK/Büdenbender Rz 18; MünchKomm/Ganter, InsO, 2019⁴, § 47 Rz 91; Habersack/Schürnbrand JuS 2002, 833, 838; vgl zum Wesen und zu den Voraussetzungen eines verlängerten EV oben Rz 113 ff.

573 Vgl BGHZ 137, 212, 219.

574 BGHZ 137, 212, 228 (zu revolvierenden Globalsicherheiten).

575 BGHZ 137, 212, 228 (zu revolvierenden Globalsicherheiten).

576 BGHZ 137, 212, 228 (zu revolvierenden Globalsicherheiten).

577 BGHZ 137, 212, 228 (zu revolvierenden Globalsicherheiten); vgl zur Beweislast unten Rz 144.

578 BGHZ 137, 212, 228 (zu revolvierenden Globalsicherheiten); BGHZ 94, 105, 115; BGHZ 120, 300, 303.

getragen wird[579]. Es ist zugunsten des Vorbehaltsverkäufers davon auszugehen, dass im Falle einer Verwertung der Vorbehaltsware womöglich nur **zwei Drittel des Verkehrswerts** realisiert werden können[580]. Nach der allgemeinen Regelung des **§ 237 Satz 1** kann mit einer beweglichen Sache Sicherheit nur in Höhe von zwei Dritteln des Schätzungswerts geleistet werden[581]. Wird die geleistete Sicherheit ohne Verschulden des Berechtigten unzureichend, so ist sie gem **§ 240** zu ergänzen oder anderweitige Sicherheit zu leisten[582]. Die §§ 237, 240 sind zwar als Vorschriften des Allgemeinen Teils des BGB nicht ohne weiteres auf die Gestaltungen des EV anwendbar. Sie bringen aber Vorstellungen des Gesetzgebers über den Sicherungswert von Gegenständen unter **Abwägung der widerstreitenden Parteiinteressen** zum Ausdruck[583]. Bei beweglichen Sachen ist daher der Regel-Sicherungswert durch Anknüpfung an den Schätzungswert und durch einen **pauschalen Risikoabschlag** in Höhe von einem Drittel zu bemessen[584]. Der geschätzte aktuelle Verkehrswert (Schätzungswert) ist der Marktpreis zum Zeitpunkt der Entscheidung über das Freigabeverlangen des Vorbehaltskäufers[585]. Hat die Vorbehaltsware **keinen Marktpreis**, so ist im Interesse einer möglichst einfachen und schnellen Durchsetzung des Freigabeanspruchs des Vorbehaltskäufers nicht auf den aktuellen Verkehrswert, sondern vielmehr auf den **Kaufpreis** abzustellen[586].

c) **Entstehung und Inhalt des Freigabeanspruchs des Vorbehaltskäufers bei Überschreitung des Schätzwerts um 50 % – Beweislastverteilung**. Der in Anlehnung an § 237 Satz 1 zu berücksichtigende **Bewertungsabschlag von einem Drittel** beim Verkauf einer beweglichen Sache mit Vereinbarung eines erweiterten oder verlängerten EV hat zur Folge, dass ein Freigabeanspruch des Vorbehaltskäufers idR erst dann zu bejahen ist, wenn der Marktpreis bzw der Einkaufs- oder Herstellungspreis der Vorbehaltsware **150 % der gesicherten Forderungen** des Vorbehaltsverkäufers ausmacht[587]. Der somit erfolgende **Zuschlag in Höhe von 50 %** auf den **Schätzwert der Kaufsache** in Anlehnung an die §§ 232 ff stellt letztlich nur eine **Orientierungshilfe** dar[588]. Will der Vorbehaltsverkäufer beim erweiterten oder verlängerten EV zu seinen Gunsten einen von § 237 Satz 1 **abweichenden Abschlag** durchsetzen, so muss er konkrete Tatsachen darlegen und beweisen, die den Schluss zulassen, dass der idR anzunehmende Ein-Drittel-Abschlag den besonderen Verhältnissen der Branche oder des Vorbehaltskäufers nicht gerecht wird, sondern unter Heranziehung des **ZPO § 287** anders bemessen werden muss[589]. Diese Beweislastverteilung beruht auf dem **allgemeinen Beweisprinzip**, nach dem bei Bestehen einer Regel diejenige Partei einen behaupteten Ausnahmetatbestand nachweisen muss, die sich darauf beruft. 145

Bei der **Sicherungsübereignung** und der **Sicherungszession** folgt aus der Treuhandnatur des Sicherungsvertrags die Pflicht des Sicherungsnehmers, die Sicherheit schon vor Beendigung des Vertrags zurückzugewähren, wenn und soweit sie endgültig nicht mehr benötigt wird[590]. Diese Verpflichtung folgt gem §§ 133, 157 aus dem **fiduziarischen Charakter der Sicherungsabrede** und der Interessenlage[591]. Auch die Vereinbarung eines EV begründet ein Treuhandverhältnis in Bezug auf die bereits übergebene Sache[592]. Tritt im Falle eines erweiterten oder verlängerten EV eine Übersicherung ein, so geht es zwar – anders als bei der Sicherungsübereignung – nicht um die **Rückgewähr der Sicherheit**, sondern um den (erstmaligen) Erwerb des (Voll-)Eigentums durch den Vorbehaltskäufer. Dies stellt aber im Hinblick auf die Feststellung und die Rechtsfolgen einer Übersicherung iE keinen wesentlichen Unterschied dar. Beim erweiterten EV kann die **Übersicherung** vielmehr dadurch beseitigt werden, dass der Vorbehaltsverkäufer nach seiner Wahl für **einzelne Gegenstände** einer verkauften und aufschiebend bedingt übereigneten Waren-Gesamtmenge den **Verzicht auf die aufschiebende Bedingung** einseitig erklärt mit der Folge, dass insoweit der Eigentumserwerb des Vorbehaltskäufers schon vor Til- 146

579 BGHZ 137, 212, 228 (zu revolvierenden Globalsicherheiten).
580 Vgl MünchKomm/Grothe § 237 Rz 1.
581 Vgl dazu BGHZ 137, 212, 233.
582 Vgl dazu BGHZ 137, 212, 233.
583 BGHZ 137, 212, 233 (zu revolvierenden Globalsicherheiten).
584 BGHZ 137, 212, 233 (zu revolvierenden Globalsicherheiten).
585 BGHZ 137, 212, 234 (zu revolvierenden Globalsicherheiten).
586 BGHZ 137, 212, 234 (Einkaufspreis, wenn der Sicherungsgeber das Sicherungsgut gekauft hat, und Herstellungspreis, wenn er das Gut selbst hergestellt hat). Dem Einkaufspreis bei der Sicherungsübereignung entspricht der zwischen dem Vorbehaltsverkäufer und dem Vorbehaltskäufer vereinbarte Kaufpreis beim erweiterten EV.
587 BGHZ 137, 212, 235 (zu revolvierenden Globalsicherheiten); MünchKomm/Armbrüster § 138 Rz 173.
588 BGHZ 137, 212, 236 (zu revolvierenden Globalsicherheiten); MünchKomm/Armbrüster § 138 Rz 173.
589 BGHZ 137, 212, 236 (zu revolvierenden Globalsicherheiten).
590 BGHZ 137, 212, 219.
591 BGHZ 137, 212, 219; BGHZ 124, 371, 375 ff; BGHZ 124, 380, 384 ff; BGHZ 133, 25, 30.
592 Staud/Beckmann Rz 144, 153; BeckOK/Faust Rz 32.

gung der letzten Kaufpreisrate eintritt[593]. Wenn beim erweiterten EV eine Übersicherung besteht, die **nicht nur vorübergehender Natur** ist, dann hat der Vorbehaltskäufer demnach einen nicht im Ermessen des Vorbehaltsverkäufers liegenden Freigabeanspruch[594]. Eine kaufvertragliche Freigabeklausel ist dafür nicht erforderlich[595]. Die Vereinbarung über einen erweiterten EV muss nicht zum Zwecke der Vermeidung einer Übersicherung eine zahlenmäßig bestimmte Grenze enthalten, dh, das Fehlen einer derartigen Deckungsgrenze führt nicht zur Unwirksamkeit der Vereinbarung[596]. Eine **formularmäßige Freigabeklausel (AGB)**, die diesen ermessensunabhängigen Freigabeanspruch beschränkt, ist allerdings gem § 307 Abs 1 wegen unangemessener Benachteiligung des Vorbehaltskäufers unwirksam[597]. Die für den erweiterten EV dargelegten Grundsätze gelten auch für den **verlängerten EV**[598].

147 4. **Der Konzernvorbehalt zugunsten von Gläubiger-Unternehmen auf Verkäuferseite**. – a) **Grundlagen und Nichtigkeitsfolge**. Nach § 449 Abs 3 ist die Vereinbarung eines EV nichtig, soweit der Eigentumsübergang davon abhängig gemacht wird, dass der Käufer Forderungen eines Dritten, insbes eines mit dem Verkäufer **verbundenen Unternehmens**, erfüllt. Es geht also um den Fall, dass die von den Kaufvertragsparteien vereinbarte **aufschiebende Bedingung** erst dann eintreten soll, wenn nicht nur die aus dem konkreten Kauf unter EV resultierende Kaufpreisforderung beglichen ist, sondern darüber hinaus auch etwaige Forderungen von Drittunternehmen auf Verkäuferseite gem § 362 Abs 1 erfüllt sind. Die Nichtigkeit nach § 449 Abs 3 hängt nicht davon ab, ob der Konzernvorbehalt formularmäßig durch **AGB** vereinbart wird oder Gegenstand einer **Individualvereinbarung** ist[599]. Zudem setzt die Nichtigkeitsfolge nicht voraus, dass im konkreten Einzelfall tatsächlich eine **Übersicherung**[600] gegeben ist[601]. Ein verbundenes Unternehmen iSd § 449 Abs 3 kann auch dann vorliegen, wenn kein **Konzernverhältnis im gesellschaftsrechtlichen Sinne** besteht[602].

148 b) **Reichweite der Nichtigkeit – keine Gesamtnichtigkeit nach § 139 bei Teilnichtigkeit**. Die Nichtigkeitsfolge erfasst nicht nur den **Kaufvertrag**, sondern auch die Übereignung und damit die **sachenrechtliche Ebene**[603]. Im Falle der Vereinbarung eines Konzernvorbehalts unter Verstoß gegen § 449 Abs 3 stellt sich die Frage, ob der Kaufvertrag im Übrigen und damit auch der regelmäßig gegebene einfache EV bestehen bleibt oder vielmehr eine Gesamtnichtigkeit nach § 139 eintritt. Aufgrund der in § 449 Abs 3 enthaltenen Formulierung „soweit" ist der vom Konzernvorbehalt nicht betroffene Teil des Kaufvertrags und damit auch der einfache EV wirksam[604]. Die nach § 449 Abs 3 bestehende Teilnichtigkeit führt also im Rahmen der Anwendung der allgemeinen Regelung des § 139 nicht zur Gesamtnichtigkeit[605]. Dies gilt auch dann, wenn der Konzernvorbehalt durch **AGB** vereinbart wurde[606]. Das bei AGB grundsätzlich eingreifende **Verbot der geltungserhaltenden Reduktion** ist hier nicht anwendbar, weil die EV-Klausel idR ohne weiteres sinnvoll trennbar ist in den inhaltlich zulässigen einfachen EV zugunsten des Vorbehaltsverkäufers und in den nach § 449 Abs 3 unzulässigen Konzernvorbehalt[607].

149 5. **Keine Erstreckung des § 449 Abs 3 auf abgetretene Forderungen**. Der Wortlaut des Verbots des § 449 Abs 3 erfasst auch den Fall, in dem der Vorbehaltsverkäufer eine eigene Forderung gegen den Vorbehaltskäufer an ein verbundenes Unternehmen abtritt. Die Erstreckung des EV auf sonstige Forderungen des Vorbehaltsverkäufers ist im Rahmen eines **erweiterten EV**[608] zulässig, solange keine unzulässige **Übersicherung des Vorbehaltsverkäufers** eintritt[609]. An dieser Zulässigkeit der Erweiterung auf sonstige Forderungen des Vorbehaltsverkäufers ändert sich nicht dadurch etwas, dass dieser eine derartige Forderung an ein verbundenes Unternehmen abgetreten hat. Die Nichtanwendbarkeit des § 449 Abs 3 auf abgetretene ursprünglich eigene

593 Vgl zum einseitigen Verzicht des Vorbehaltsverkäufers auf die aufschiebende Bedingung oben Rz 49.
594 Vgl BGHZ 137, 212, 219 ff (zu revolvierenden Globalsicherheiten); Staud/Beckmann Rz 144, 153; MünchKomm/Westermann Rz 75; BeckOK/Faust Rz 32, 34.
595 Staud/Beckmann Rz 144, 153; BeckOGK/Mock Rz 86, 134 f; BeckOK/Faust Rz 32.
596 BGHZ 137, 212, 222 (zu revolvierenden Globalsicherheiten); Staud/Beckmann Rz 144, 153; MünchKomm/Westermann Rz 75.
597 So BGHZ 137, 212, 220 ff (zu revolvierenden Globalsicherheiten).
598 Vgl zu den Voraussetzungen eines verlängerten EV oben Rz 113 ff.
599 Vgl MünchKomm/Westermann Rz 79.
600 Vgl dazu oben Rz 142 ff.
601 MünchKomm/Westermann Rz 79.
602 MünchKomm/Westermann Rz 79; BeckOGK/Mock Rz 65.
603 Staud/Beckmann Rz 155; BeckOGK/Mock Rz 66; BeckOK/Faust Rz 37; Habersack/Schürnbrand JuS 2002, 833, 838 f.
604 BGHZ 176, 86 Rz 8; BGH Beschluss v 18.1.2005 – XI ZR 340/03, juris Rz 8; Staud/Beckmann Rz 155; MünchKomm/Westermann Rz 79; BeckOGK/Mock Rz 66; BeckOK/Faust Rz 37.
605 BGH Beschluss v 18.1.2005 – XI ZR 340/03, juris Rz 8.
606 BGHZ 106, 19, 25; BGH Beschluss v 18.1.2005 – XI ZR 340/03, juris Rz 9; BGH WM 2002, 1117, 1118.
607 BGHZ 106, 19, 25; BGH Beschluss v 18.1.2005 – XI ZR 340/03, juris Rz 9; BGH WM 2002, 1117, 1118.
608 Vgl dazu unten Rz 139 ff.
609 Vgl dazu unten Rz 142 ff.

Forderungen des Vorbehaltsverkäufers folgt aus dem **Zweck dieser Vorschrift**[610]. Denn durch die Erfassung dieser abgetretenen Forderungen wird das Eigentum an der veräußerten Sache zum einen nicht auf unabsehbare Zeit zugunsten einer unüberschaubaren **Vielzahl von Gläubigern „reserviert“**, zum anderen tritt keine übermäßige **Einschränkung der wirtschaftlichen Bewegungsfreiheit** des Käufers ein[611].

6. **Der umgekehrte (unechte) Konzernvorbehalt – Erstreckung des EV auf Schuldner-Unternehmen auf Käuferseite.** Beim sog umgekehrten Konzernvorbehalt geht es um die Fallkonstellation, in der die zum Eigentumserwerb des Vorbehaltskäufers führende **aufschiebende Bedingung** erst dann eintreten soll, wenn auch diejenigen Forderungen erfüllt sind, die dem Verkäufer gegen mit dem Käufer verbundene Unternehmen zustehen. Die Zulässigkeit eines derartigen erweiterten EV ist umstritten. Überzeugend ist hier die Bejahung der Unwirksamkeit einer derartigen Vertragsgestaltung auf Grundlage einer analogen Anwendung des § 449 Abs 3[612]. Die Gründe, die den Gesetzgeber bewogen haben, mit der **Verabschiedung der InsO** im Jahre 1994 durch **§ 455 Abs 2 aF** die Unzulässigkeit des klassischen Konzernvorbehalts anzuordnen, greifen sinngemäß auch im Falle des hier in Rede stehenden umgekehrten Konzernvorbehalts Platz[613]. Denn die Erwägung des Gesetzgebers, dass bei einer Abhängigkeit des Eigentumserwerbs von der Erfüllung aller Forderungen der mit dem Verkäufer verbundenen Unternehmen das **Eigentum** häufig auf **unabsehbare Zeit** zugunsten einer unüberschaubaren Vielzahl von Gläubigern „reserviert“ werde[614], ist letztlich in gleicher Weise beim umgekehrten Konzernvorbehalt einschlägig. Denn hier kann der **Eigentumserwerb des Vorbehaltskäufers** wegen der Notwendigkeit der Erfüllung einer Vielzahl von Forderungen des Vorbehaltsverkäufers gegen die mit dem Käufer verbundenen Unternehmen ebenfalls für längere Zeit hinausgezögert werden, wodurch eine **Reservierung des Eigentums zugunsten des Vorbehaltsverkäufers** eintritt. 150

Entsprechendes gilt für den Gesichtspunkt des Fehlens eines **inneren Zusammenhangs** zwischen dem Sicherungsmittel und der zu sichernden Forderung[615]. Auch im Falle der Erweiterung der Sicherung des Vorbehaltsverkäufers durch Forderungen gegen mit dem Käufer verbundene Unternehmen wird nämlich der Eigentumsübergang aus Gründen aufgeschoben, die **außerhalb der vertraglichen Beziehung** zwischen Verkäufer und Käufer liegen. Schließlich kann der Gesichtspunkt, dass der gesetzlich geregelte Konzernvorbehalt iSd § 455 Abs 2 aF (§ 449 Abs 3) zu einer übermäßigen Einschränkung der **wirtschaftlichen Bewegungsfreiheit** des Käufers führt[616], ohne weiteres auch im Falle des umgekehrten Konzernvorbehalts Geltung beanspruchen[617]. Der umgekehrte Konzernvorbehalt ist für den Vorbehaltskäufer im Vergleich zum echten Konzernvorbehalt iSd § 449 Abs 3 deshalb sogar als belastender anzusehen, weil der Vorbehaltskäufer letztlich auch für die **Zahlungsfähigkeit Dritter** einstehen muss[618]. Beim gesetzlich geregelten Konzernvorbehalt kommt es dagegen nur auf die **eigene wirtschaftliche Leistungsfähigkeit** an[619]. 151

Der **Gesetzgeber des SMG 2002** hat zwar im Rahmen der Übernahme des § 455 Abs 2 aF als § 449 Abs 3 den Fall des umgekehrten Konzernvorbehalts ungeregelt gelassen. Daraus kann aber nicht geschlossen werden, dass eine derartige Erweiterung des EV wirksam sein soll[620]. Denn zum einen stand bei der Reform des Kaufrechts das **Recht der Mängelgewährleistung** unter Umsetzung der Vorgaben der Verbrauchsgüterkauf-Richtlinie im Vordergrund, während der Konzernvorbehalt in erster Linie das **Recht der Mobiliarsicherheiten** mit starkem Bezug zum **Insolvenzrecht** betrifft. Zum anderen ist der gesetzlich durch § 449 Abs 3 (§ 455 Abs 2 aF) geregelte Konzernvorbehalt die Gestaltungsvariante mit der größeren praktischen Bedeutung. Daher bestand insoweit auch ein besonderes Regelungsbedürfnis. Der Gesetzgeber konnte vielmehr auch bei Erlass des SMG 2002 davon ausgehen, dass ähnliche Vertragsgestaltungen bei Vorliegen vergleichbarer Interessenlagen von der Rspr aufgrund einer analogen Anwendung des 152

610 BeckOGK/Mock Rz 65; BeckOK/Faust Rz 37; vgl zum Zweck und zur Entstehungsgeschichte des § 449 Abs 3 oben Rz 6.

611 BeckOGK/Mock Rz 65; iE auch BeckOK/Faust Rz 37.

612 BeckOGK/Mock Rz 67; BeckOK/Faust Rz 38; NK/Büdenbender Rz 36; MünchKomm/Ganter, InsO, 2019⁴, § 47 Rz 96; Leible/Sosnitza JuS 2001, 556, 558; Habersack/Schürnbrand JuS 2002, 833, 838 f; in der Tendenz auch MünchKomm/Westermann Rz 80; aA Staud/Beckmann Rz 155a; Grüneberg/Weidenkaff Rz 22; Uhlenbruck/Brinkmann, InsO, 2019¹⁵, § 47 Rz 37; Jaeger/Jacoby, InsO, 2022², § 107 Rz 43.

613 Leible/Sosnitza JuS 2001, 556, 558; Habersack/Schürnbrand JuS 2002, 833, 838 f.

614 Begr Gesetzentwurf, BT-Drucks 12/3803, S 77 f; vgl dazu auch oben Rz 6.

615 Begr Gesetzentwurf, BT-Drucks 12/3803, S 78; vgl dazu auch oben Rz 6.

616 Begr Gesetzentwurf, BT-Drucks 12/3803, S 78.

617 BeckOK/Faust Rz 38.

618 MünchKomm/Ganter, InsO, 2019⁴, § 47 Rz 96.

619 MünchKomm/Ganter, InsO, 2019⁴, § 47 Rz 96.

620 Leible/Sosnitza JuS 2001, 556, 558; Habersack/Schürnbrand JuS 2002, 833, 838 f.

§ 449 Abs 3 als unwirksam eingestuft werden. Eine Vereinbarung des umgekehrten Konzernvorbehalts durch **AGB** verstößt zudem gegen § 307 Abs 2 Nr 2[621].

§ 450 Ausgeschlossene Käufer bei bestimmten Verkäufen

(1) Bei einem Verkauf im Wege der Zwangsvollstreckung dürfen der mit der Vornahme oder Leitung des Verkaufs Beauftragte und die von ihm zugezogenen Gehilfen einschließlich des Protokollführers den zu verkaufenden Gegenstand weder für sich persönlich oder durch einen anderen noch als Vertreter eines anderen kaufen.

(2) Absatz 1 gilt auch bei einem Verkauf außerhalb der Zwangsvollstreckung, wenn der Auftrag zu dem Verkauf auf Grund einer gesetzlichen Vorschrift erteilt worden ist, die den Auftraggeber ermächtigt, den Gegenstand für Rechnung eines anderen verkaufen zu lassen, insbesondere in den Fällen des Pfandverkaufs und des in den §§ 383 und 385 zugelassenen Verkaufs, sowie bei einem Verkauf aus einer Insolvenzmasse.

ÜBERSICHT

621 BeckOGK/Mock Rz 67; BeckOK/Faust Rz 38; Habersack/Schürnbrand JuS 2002, 833, 839.

A. Das Erwerbsverbot des § 450 Abs 1

I. Regelungszweck

1 Die Ratio des § 450 besteht darin, die **Unparteilichkeit des Versteigerers** oder einer gesetzlich zum Verkauf ermächtigten Person und deren Gehilfen zu gewährleisten[1]. Die Vorschrift dient dem „Schutze der bei dem Verkaufe Beteiligten" und der Gewährung einer „Garantie für die Unparteilichkeit und Lauterkeit in der Geschäftsführung der Personen"[2]. Bezweckt wird, den zum Erwerb unter Marktpreis anreizenden Vorgang der Versteigerung einer Sache vom **Verdacht der parteiischen Handhabung** zu entlasten. § 450 Abs 1 entspricht inhaltlich § 456 aF und § 450 Abs 2 der Regelung des § 457 aF. Bei der **Beratung des SMG 2002** entschied sich der Gesetzgeber dafür, die Normen trotz ihrer **geringen praktischen Bedeutung** beizubehalten[3]. Die amtliche Begründung verweist insoweit darauf, dass ansonsten der unrichtige Eindruck entstehen könnte, dass bei einem Verkauf im Rahmen der Zwangsvollstreckung und in gleichgestellten Fällen des § 450 Abs 2 keine Bedenken gegen die **Wirksamkeit von Kaufverträgen** bestehen, die mit Gerichtsvollziehern, Versteigerern und anderen beteiligten Personen geschlossen werden[4].

II. Rechtsnatur des Erwerbs in der Zwangsvollstreckung – kaufähnlicher öffentlich-rechtlicher Vertrag

2 Dem Erwerb einer Sache im Wege der Zwangsvollstreckung liegt nach heute hM **kein privatrechtlicher Kaufvertrag iSd § 433** zugrunde. Ein „Verkauf" nach § 450 Abs 1 läge daher nicht vor, wenn darunter nur der in § 433 geregelte Kaufvertrag zu verstehen wäre. **ZPO § 817 Abs 1 Satz 3** erklärt zwar die Regelung des § 156 für entsprechend anwendbar, nach der bei einer Versteigerung der Kaufvertrag durch **Zuschlag** zustande kommt. Dass bei der Versteigerung im Rahmen der Zwangsvollstreckung – wie beim Verkauf einer mit einem **BGB-Pfandrecht** belasteten beweglichen Sache – ein Kaufvertrag iSd § 433 zustande kommt, entsprach auch der **Auffassung des Gesetzgebers** bei Erlass des BGB und der ZPO-Novelle mit Wirkung zum 1.1.1900[5]. Nach heute ganz hM ist in der Zwangsvollstreckung der Zuschlag dagegen sowohl bei der **Mobiliarversteigerung** als auch bei der Versteigerung **unbeweglicher Sachen** (Grundstücke und Eigentumswohnungen) nicht als Annahme des **privatrechtlichen Kaufvertragsangebots des Höchstbietenden** anzusehen[6]. Es handelt sich also nicht um einen **bürgerlich-rechtlichen**

1 Motive Mugdan II S 184 (zu § 456 aF).
2 Motive Mugdan II S 184 (zu § 456 aF).
3 Begr Gesetzentwurf, BT-Drucks 14/6040, S 241.
4 Begr Gesetzentwurf, BT-Drucks 14/6040, S 241.
5 Vgl dazu RGZ 104, 300, 301; MünchKomm/Gruber, ZPO, 2020[6], § 817 Rz 3.
6 RGZ 60, 48, 54 f (Zuschlag als Akt der richterlichen Gewalt; RGZ 153, 257, 261; RGZ 156, 395, 398 f (zu beweglichen Sachen); BGHZ 112, 59, 61 (zum Zuschlag nach ZVG § 90 bei der Grundstücksversteigerung); BGHZ 159, 397, 399 f (ebenfalls zu ZVG § 90); MünchKomm/Gruber, ZPO, 2020[6], § 817 Rz 4; Stein/Jonas/Würdinger, ZPO, 2017[23], § 817 Rz 4. In der Entscheidung BGHZ 177, 62 hat der BGH die Frage offengelassen, ob die in einem Versteigerungstermin abgegebenen Gebote nach den §§ 119 ff angefochten werden können. Nach Ansicht des BGH fehlte nämlich im konkreten Fall schon ein Anfechtungsgrund (BGHZ 177, 62 Rz 12 ff).

„Zwangskauf"[7]. Gegeben ist vielmehr ein kaufähnlicher öffentlich-rechtlicher Vertrag[8]. Für die Frage der **Anwendung des Kaufverbots des § 450 Abs 1** ist es allerdings ohne Belang, dass kein klassischer privatrechtlicher Kaufvertrag iSd § 433 vorliegt. Das in § 450 Abs 1 enthaltene Tatbestandsmerkmal „Verkauf" ist vielmehr aufgrund einer **historischen Auslegung** unter Berücksichtigung des Regelungszwecks dieser Norm in einem weiteren Sinne zu verstehen, und zwar in der Weise, dass auch der **Erwerb im Wege der Zwangsvollstreckung** erfasst wird.

3 Die Frage der Anwendung von Vorschriften des Kaufrechts auf den in Rede stehenden kaufähnlichen öffentlich-rechtlichen Vertrag kann nicht allgemein beantwortet werden, sondern hängt bei Nichteingreifen spezialgesetzlicher Regelungen von der Auslegung im Einzelfall ab. Die **kaufrechtliche Mängelgewährleistung** ist bei der Veräußerung beweglicher Sachen im Rahmen der Zwangsvollstreckung gem **ZPO § 806** in vollem Umfang ausgeschlossen. Bei der Zwangsversteigerung von Grundstücken und Eigentumswohnungen ergibt sich diese Rechtsfolge aus **ZVG § 56 Satz 3**. Auch diese **Spezialvorschriften** bestätigen, dass die Anwendung der Regelungen des Kaufrechts nicht schon per se wegen Nichtvorliegens eines klassischen Kaufvertrags ausgeschlossen ist. Ein **gesetzlicher Gewährleistungsausschluss** ergibt nämlich nur in dem Fall einen Sinn, in dem ein Kaufvertrag vorliegt und die Sache einen Sach- oder Rechtsmangel aufweist, der grundsätzlich die Käuferrechte aus § 437 eröffnet.

III. Das Verhältnis des § 450 zum Verbot des Selbstkontrahierens nach § 181

4 § 450 stellt eine besondere Ausprägung des Verbots des Selbstkontrahierens (§ 181) dar[9]. Im Verhältnis zur allgemeinen Vorschrift des § 181 ist § 450 als eine **Spezialregelung einzuordnen**[10]. Nach § 181 greift das Verbot des Insichgeschäfts zu Lasten des Vertreters ein, „soweit nicht ein anderes ihm gestattet ist". Diese Norm des **Allgemeinen Teils des BGB** wird nicht durch das Erwerbsverbot des § 450 verdrängt[11]. § 450 statuiert aber auch **keine Gestattung iSd § 181** zugunsten des für eine Kaufvertragspartei auftretenden Vertreters. Das allgemeine Verbot des Selbstkontrahierens wird vielmehr durch § 450 für die Fälle des Verkaufs im Rahmen der Zwangsvollstreckung (Abs 1) sowie – außerhalb der Zwangsvollstreckung (Abs 2) – auf Grundlage einer besonderen gesetzlichen Vorschrift (insbes Pfandverkauf und Selbsthilfeverkauf) **konkretisiert und klargestellt**[12]. Dass § 181 beim Verkauf im Wege der Zwangsvollstreckung und bei den besonderen Verkaufsarten des § 450 Abs 2 nicht verdrängt wird, erlangt dann praktische Bedeutung, wenn **auf Bieterseite** eine Vertretungskonstruktion besteht, an der zwar eine Person iSd § 450 Abs 1 beteiligt ist, aber die konkrete Art der Beteiligung nicht vom Verbotstatbestand dieser Norm erfasst wird[13]. Die Fallkonstellation, dass ein Gehilfe des Versteigerers als **Vertreter eines Bieters** Gebote abgibt, wird allerdings vom Tatbestand des § 450 Abs 1 erfasst, und zwar von der Alternative „noch als Vertreter eines anderen kaufen"[14].

5 Da bei der **Zwangsversteigerung** beweglicher oder unbeweglicher Sachen ein kaufähnlicher öffentlich-rechtlicher Vertrag zwischen dem Staat und dem Erwerber zustande kommt, ist der die Zwangsvollstreckung **betreibende Gläubiger nicht Vertragspartner** des Kaufgeschäfts und damit auch nicht Vertretener iSd § 181. Eine größere praktische Bedeutung hat die Anwendung des Selbstkontrahierungsverbots des § 181 – neben dem Kaufverbot des § 450 – aber in den Fällen des in § 450 Abs 2 geregelten privatrechtlichen Verkaufs einer Sache **außerhalb der Zwangsvollstreckung**. Hier kommt es bei Vorliegen einer Vertretungskonstellation iSd § 181 für die Wirksamkeit des Kaufgeschäfts letztlich insbes darauf an, ob dem veräußerungsberechtigten Gläubiger ein **Mitbieten gestattet** ist.

7 Vgl Gaul/Schilken/Becker-Eberhard, Zwangsvollstreckungsrecht, 2010[12], § 5 Rz 38.

8 RGZ 156, 395, 397; MünchKomm/Gruber, ZPO, 2020[6], § 817 Rz 4 mweitNachw; aA (Ablehnung eines kaufähnlichen Vertrags und Einordnung des Gebots als einseitige Prozesshandlung und des Zuschlags als einseitiger Rechtspflegeakt) Gaul/Schilken/Becker-Eberhard, Zwangsvollstreckungsrecht, 2010[12], § 5 Rz 38.

9 RGZ 56, 104, 108 („Verwandtschaft"); BeckOGK/Mock Rz 2; BeckOK/Faust Rz 1. In der Entscheidung RGZ 56, 105 ging es nicht um einen Verkauf im Rahmen der Zwangsvollstreckung, sondern um die Veräußerung eines GmbH-Geschäftsanteils durch einen Vertreter unter Verstoß gegen § 181. Es stellte sich hier die Frage, ob ein unter Verstoß gegen das Verbot des Selbstkontrahierens geschlossener Kaufvertrag genehmigungsfähig ist. Das RG begründete die Möglichkeit der Genehmigung auch mit der Verwandtschaft, die § 181 mit dem in den § 456 aF und § 457 aF geregelten besonderen Fall eines Zwangsverkaufs besitze, und der insoweit durch § 458 aF ausdrücklich vorgesehenen Genehmigungsfähigkeit (RGZ 56, 104, 108).

10 BeckOGK/Mock Rz 10.

11 Staud/Beckmann Rz 1; MünchKomm/Westermann Rz 1; BeckOGK/Mock Rz 10.

12 Vgl Staud/Beckmann Rz 1 (spezielle Ausformung des mit dem Inhalt des § 181 vergleichbaren Rechtsgedankens); MünchKomm/Westermann Rz 1 (Ausformung); BeckOK/Faust Rz 1 (besondere Ausprägung).

13 MünchKomm/Westermann Rz 1.

14 AA wohl MünchKomm/Westermann Rz 1.

IV. Die systematische Stellung des § 450 im Zivilrecht

Die systematische Stellung des § 450 wird von einem Teil der Literatur deshalb als verfehlt angesehen, weil es sich um eine **Sondervorschrift des Vollstreckungsrechts** handele, die nur mittelbar mit dem Kaufrecht in Verbindung stehe[15]. Für diese Sichtweise spricht zwar, dass der **gesetzliche Gewährleistungsausschluss** bei Veräußerung eines beweglichen Gegenstands auf Grundlage einer Pfändung im Zwangsvollstreckungsrecht geregelt ist (ZPO § 806). Der Verweis auf die inzwischen hM[16], nach der bei einer Veräußerung im Rahmen der Zwangsvollstreckung kein privatrechtlicher Kaufvertrag abgeschlossen wird, sondern durch Zuschlag **ein kaufähnlicher öffentlich-rechtlicher Vertrag** zwischen dem Staat und dem Erwerber zustande kommt, ist ebenfalls richtig[17]. Gleichwohl rechtfertigt der **unmittelbare Sachzusammenhang** des § 450 Abs 1 mit den außerhalb der Zwangsvollstreckung liegenden Verkaufsfällen des Abs 2 und die auf den gesamten § 450 bezogene **Rechtsfolgenregelung des § 451** die bestehende systematische Stellung. Eine Aufspaltung des § 450 und Verlagerung des bisherigen Abs 1 in das Zwangsvollstreckungsrecht der ZPO kann daher auch de lege ferenda nicht als vorzugswürdig angesehen werden. 6

V. Der Verkauf im Wege der Zwangsvollstreckung

1. **Bewegliche und unbewegliche Sachen sowie Rechte**. In gegenständlicher Hinsicht erfasst das Erwerbsverbot des § 450 Abs 1 in erster Linie bewegliche als auch unbewegliche Sachen, die im Rahmen der Zwangsvollstreckung veräußert werden. Eine Ausnahme für bestimmte Arten von Sachen statuiert § 450 nicht[18]. Entscheidend ist vielmehr, ob die Sache der Zwangsvollstreckung unterliegt und ein darauf bezogenes Verwertungsverfahren durchgeführt wird. Nach der tatbestandlichen Formulierung des § 450 Abs 1 ist das Erwerbsverbot aber nicht auf **Sachen iSd § 90**, dh nicht auf körperliche Gegenstände beschränkt. Die in § 450 Abs 1 enthaltene Formulierung „den zu verkaufenden Gegenstand" ist weiter als der Sachbegriff des § 90 und umfasst auch **Forderungen und sonstige Vermögensrechte** iSd ZPO § 844, soweit es sich um ihren „Verkauf im Wege der Zwangsvollstreckung" handelt[19]. 7

Die vom Gerichtsvollzieher im Rahmen der Zwangsvollstreckung eines Titels gem **ZPO §§ 808 ff** gepfändeten beweglichen Sachen werden durch Verkauf nach ZPO §§ 814 ff verwertet[20]. Der Regelfall ist die öffentliche Versteigerung (ZPO § 814). Zu den statthaften Verkaufsarten gehört unter bestimmten Voraussetzungen auch der **freihändige Verkauf** einer gepfändeten Sache gem ZPO § 825 sowie von gepfändeten **Wertpapieren**, die einen Börsen- oder Marktpreis haben, nach ZPO § 821[21]. 8

Bei der Zwangsvollstreckung in Grundstücke und gleichgestellte Rechte (Immobiliarvollstreckung) sowie in eingetragene Schiffe, Schiffsbauwerke und Luftfahrzeuge gelten für die Versteigerung kraft Verweisung der ZPO §§ 866 Abs 1, 869 Abs 1 die ZVG §§ 66 ff, 162, 171a[22]. Praktische Bedeutung hat insoweit insbes die Versteigerung von **Hausgrundstücken und Eigentumswohnungen** durch das Vollstreckungsgericht. Funktionell zuständig ist insoweit der **Rechtspfleger** des Vollstreckungsgerichts. Problematisch in Bezug auf das Erwerbsverbot des § 450 sind hier insbes Fälle, in denen ein anderer Rechtspfleger oder ein sonstiger **Bediensteter des Amtsgerichts** auf Käuferseite am Erwerbsvorgang beteiligt ist[23]. 9

2. **Anwendungsbereich der Warenkauf-Richtlinie**. Nach **Art 3 Abs 4 lit b Warenkauf-Richtlinie** gilt diese Richtlinie nicht für **Waren**, die aufgrund von **Zwangsvollstreckungsmaßnahmen** oder anderen **gerichtlichen Maßnahmen** verkauft werden. Bei Verkäufen iSd § 450 Abs 2, die nicht auf einer gerichtlichen Maßnahme beruhen, ist der **sachliche Regelungsbereich** der Warenkauf-Richtlinie nicht betroffen[24]. Denn es geht nicht um die in **Art 1 der Warenkauf-Richtlinie** geregelte Sicherung eines **hohen Verbraucherschutzniveaus** durch gemeinsame Vorschriften bezüglich der **Anforderungen an die Vertragsgemäßheit von Waren**. Entsprechendes galt in Bezug auf die außer Kraft getretene **Verbrauchsgüterkauf-Richtlinie**. 10

15 BeckOGK/Mock Rz 2.1; Staud/Beckmann Rz 5.

16 RGZ 60, 48, 54 f; RGZ 153, 257, 261; RGZ 156, 395, 398 f; BGHZ 112, 59, 61; BGHZ 159, 397, 399 f; MünchKomm/Gruber, ZPO, 2020[6], § 817 Rz 4; Stein/Jonas/Würdinger, ZPO, 2017[23], § 817 Rz 4; Gaul/Schilken/Becker-Eberhard, Zwangsvollstreckungsrecht, 2010[12], § 5 Rz 38; vgl dazu auch oben Rz 2 und § 445 Rz 16 f.

17 BeckOGK/Mock Rz 2.1; Staud/Beckmann Rz 5; MünchKomm/Westermann Rz 2; BeckOK/Faust Rz 3.

18 BeckOGK/Mock Rz 4.

19 Vgl BeckOGK/Mock Rz 13.

20 Vgl Staud/Beckmann Rz 5; BeckOGK/Mock Rz 13.

21 Vgl Staud/Beckmann Rz 5; BeckOGK/Mock Rz 13.

22 Vgl BeckOGK/Mock Rz 13.

23 Vgl dazu Rz 12.

24 Vgl BeckOK/Faust Rz 2.

VI. Der vom Kaufverbot erfasste Personenkreis – Allgemeines

11 Nach § 450 Abs 1 ist in erster Linie der mit der „Vornahme oder Leitung des Verkaufs Beauftragte" der Adressat des Kaufverbots. Das Gleiche gilt für die „von ihm zugezogenen Gehilfen einschließlich des Protokollführers". Durch die **besondere Erwähnung des Protokollführers** hebt der Gesetzgeber die Beweisfunktion des Verkaufsprotokolls als öffentliche Urkunde hervor. Nach **ZPO § 415 Abs 1** begründet eine Urkunde, die von einer öffentlichen Behörde innerhalb der Grenzen ihrer Amtsbefugnisse oder von einer mit öffentlichem Glauben versehenen Person innerhalb ihres Geschäftskreises über eine ihr gegenüber abgegebene Erklärung formgerecht errichtet ist (öffentliche Urkunde), **vollen Beweis** des durch die Behörde oder Urkundsperson **beurkundeten Vorgangs**. Das beim Verkauf im Rahmen der Zwangsvollstreckung anzufertigende Protokoll ist eine **öffentliche Urkunde** im Sinne der Legaldefinition des ZPO § 415 Abs 1 und entfaltet daher die dort geregelte **Beweiskraft**. Das Vertrauen in die Richtigkeit des Protokolls würde beeinträchtigt, wenn der Verfasser zugleich der Erwerber des Vollstreckungsgegenstands wäre. Das gilt insbes auch im Hinblick auf den Fall, in dem die **Erteilung des Zuschlags** anschließend von einer Person, die angeblich einen Nachteil erlitten hat, mit einem **Rechtsmittel** angegriffen wird.

12 Im Falle der Zwangsversteigerung einer Immobilie nach ZVG gehören zum Personenkreis des § 450 Abs 1 idR der das Versteigerungsverfahren leitende **Rechtspfleger oder Richter** sowie das von diesen Amtsträgern zum Zwecke der Durchführung hinzugezogene Hilfspersonal einschließlich des Protokollführers[25]. Es ist zwar möglich, dass Personen, die nicht zum Adressatenkreis des § 450 Abs 1 zählen, **Einfluss auf den Verkaufsvorgang** nehmen und zugleich den Vollstreckungsgegenstand durch Zuschlag oder im Wege eines freihändigen Verkaufs erwerben. Ein solcher Fall ist bspw dann gegeben, wenn eine **außenstehende Person** dem Leiter des Verkaufs in rechtswidriger Weise einen Vorteil gewährt, um einen für den eigenen Erwerb als günstig angesehenen Versteigerungstermin erreichen zu können. Hier greift trotz der offensichtlich rechtswidrigen Beeinflussung das Erwerbsverbot des § 450 Abs 1 nicht Platz. Der persönliche Anwendungsbereich ist vielmehr auf den gesetzlich bestimmten Personenkreis beschränkt[26]. Diejenigen, die durch eine solche Einflussnahme einen Nachteil erleiden, können den Zuschlag mit dem einschlägigen **vollstreckungsrechtlichen Rechtsmittel** angreifen. § 450 Abs 1 schließt daher bei der Zwangsversteigerung von Grundstücken und Eigentumswohnungen nicht allgemein den Erwerb für alle vom Zeitpunkt des Eingangs des Antrags auf Durchführung der Zwangsversteigerung bis zur Erteilung des Zuschlags am Versteigerungsverfahren in irgendeiner Form beteiligten Personen (wie zB Mitarbeiter der Geschäftsstelle und Kanzlei, Richter, Sachverständige, Bevollmächtigte der Beteiligten) aus[27]. Dass insbes sonstige, nicht in § 450 Abs 1 genannte **Bedienstete des Amtsgerichts** durch amtliche Aushänge oder schlichte Hinweise der unmittelbar am Vollstreckungsverfahren beteiligten Bediensteten einen **Hinweis auf eine günstige Erwerbsgelegenheit** und daher möglicherweise einen Informationsvorsprung gegenüber Außenstehenden erhalten können, ändert daran nichts. Auch der Zweck des § 450 besteht nicht darin, den Erwerb durch solche Personen zu verhindern, die zwar in § 450 Abs 1 nicht genannt sind, aber aufgrund ihrer Tätigkeit einen besseren Zugang zu relevanten Informationen haben als außenstehende Personen.

VII. Erfordernis der Beteiligung am konkreten Erwerbsvorgang – Grundlagen

13 Das Erwerbsverbot des § 450 Abs 1 erfasst nicht jede **unmittelbare oder mittelbare Beteiligung** einer in dieser Vorschrift aufgeführten Person am Verkauf des Vollstreckungsgegenstands. Das Tatbestandsmerkmal „bei einem Verkauf im Wege der Zwangsvollstreckung" erfasst vielmehr nur die unmittelbare Beteiligung einer derartigen Person am **konkreten Erwerbsvorgang**[28]. Insoweit müssen insbes **vorbereitende Maßnahmen** einer von § 450 Abs 1 erfassten Person vom **eigentlichen Verkaufsgeschäft** abgegrenzt werden[29]. Praktische Relevanz hat vor allem die Abgrenzung der gerichtlichen Anordnungen und sonstigen Maßnahmen im Vorfeld der Versteigerung eines Grundstücks oder einer Eigentumswohnung[30]. Entscheidend ist dafür, dass die in § 450 Abs 1 aufgeführten Personen nur dann unmittelbaren **Einfluss auf die Verkaufsentscheidung** nehmen können, wenn sie am konkreten Verkaufsvorgang beteiligt sind[31]. Für die von § 450 Abs 1 bezweckte Sicherung der **Unparteilichkeit der Zwangsvollstreckung** genügt die Anwendung des Erwerbsverbots auf die tatbestandlich genannten, unmittelbar am konkreten Erwerbsgeschäft mitwirkenden Personen[32].

25 Köln BeckRS 2004, 6386; MünchKomm/Westermann Rz 4; BeckOGK/Mock Rz 15.
26 Köln BeckRS 2004, 6386.
27 Köln BeckRS 2004, 6386.
28 Köln BeckRS 2004, 6386; BeckOGK/Mock Rz 16.
29 Vgl zu den Einzelheiten nachfolgend Rz 14 ff.
30 Vgl zu den Einzelheiten nachfolgend Rz 14 ff.
31 Köln BeckRS 2004, 6386.
32 Köln BeckRS 2004, 6386; BeckOGK/Mock Rz 16 f; MünchKomm/Westermann Rz 4.

VIII. Beteiligung an vorbereitenden Verfahren oder/und früheren Versteigerungsterminen

Es kann zwar auch durch eine außerhalb eines konkreten Versteigerungstermins oder sonstigen Verkaufsvorgangs erfolgende, aber dennoch im Zusammenhang mit der Vollstreckung liegende Tätigkeit einer in § 450 Abs 1 aufgeführten Person der **Anschein einer parteiischen Einflussnahme** entstehen[33]. Dieser Fall wird aber vom Kaufverbot des § 450 Abs 1 eindeutig nicht erfasst, und es besteht keine Grundlage für eine **analoge Anwendung** dieser Norm. Insoweit muss zwischen dem zivilrechtlichen Verbot des § 450 Abs 1 und dem Vorliegen eines **Fehlers des Vollstreckungsverfahrens** unterschieden werden, der mit den spezifischen Rechtsbehelfen des Vollstreckungsrechts gerügt werden kann[34]. Die **Rechtsbehelfe des Vollstreckungsrechts** (insbes Erinnerung nach ZPO § 766, Rechtspflegererinnerung nach RPflG § 11 und sofortige Beschwerde nach ZVG § 95) stehen insoweit selbständig neben §§ 450, 451. Eine von einem außerhalb des konkreten Verkaufs liegenden Umstand angeblich ausgehende Benachteiligung muss daher von der Person, die darin einen Nachteil erblickt, unter Berufung auf das **Nichtvorliegen eines ordnungsgemäßen Vollstreckungsverfahrens** mit dem einschlägigen vollstreckungsrechtlichen Rechtsbehelf angegriffen werden[35]. Auf diese Weise wird, sofern der Rechtsbehelf begründet ist, verfahrensrechtlich die **Unwirksamkeit des konkreten Verkaufs** erreicht[36]. 14

Nach den dargelegten Grundsätzen greift das Erwerbsverbot des § 450 Abs 1 auch dann nicht ein, wenn eine in dieser Vorschrift genannte Person bei der **Immobiliarvollstreckung** zwar nicht an dem zum Zuschlag führenden Versteigerungstermin, aber am vorbereitenden Verfahren oder/und **früheren Versteigerungsterminen** beteiligt war. Praktische Relevanz hat insoweit die Konstellation, in der ein **Rechtspfleger des Vollstreckungsgerichts** die Versteigerung eines Grundstücks oder einer Eigentumswohnung vorbereitet oder/und einen Versteigerungstermin durchführt, der nicht zu einem Abschluss durch Zuschlag führt. Wird jetzt durch **dienstliche Anordnung** die Durchführung eines weiteren Versteigerungstermins auf **einen anderen Rechtspfleger** übertragen, um dem bisher zuständigen Rechtspfleger ein Mitbieten und den Erwerb durch Zuschlag zu ermöglichen, liegt zwar eine Beteiligung dieser Person am Vollstreckungsverfahren vor. Sie war aber nicht an dem zum Verkauf führenden **konkreten Versteigerungstermin** beteiligt[37]. Der Tatbestand des § 450 Abs 1 ist hier nicht erfüllt, weil die dafür erforderliche Beteiligung am konkreten Erwerbsvorgang nicht gegeben ist[38]. 15

Auch die **Ratio des § 450 Abs 1** erfordert nicht eine Anwendung des Erwerbsverbots auf derartige Formen der Beteiligung an vorbereitenden Maßnahmen[39]. Diese Norm bezweckt nämlich nicht, das gesamte Zwangsversteigerungsverfahren vom **Verdacht einer parteiischen Beeinflussung** einschließlich der Verwertung von Insiderinformationen zu befreien[40]. Das Erwerbsverbot erstreckt sich nicht allgemein auf den Kauf im Wege der Zwangsvollstreckung durch eine Person, die vom Zeitpunkt des Eingangs des Antrags auf Durchführung der Zwangsversteigerung bis zum Zuschlag in irgendeiner Weise am Verfahren beteiligt ist[41]. Nach dem eindeutigen Wortlaut des § 450 Abs 1 ist der Anwendungsbereich des Erwerbsverbots vielmehr auf den Personenkreis beschränkt, der am eigentlichen Verkaufsvorgang beteiligt ist[42]. 16

Abgesehen davon ließe sich im Nachhinein nur schwer feststellen, ob im konkreten Fall eine **tatsächliche Einflussnahme** durch eine in § 450 Abs 1 genannte, aber nicht am konkreten Verkaufsvorgang beteiligte Person erfolgt ist. Insoweit ist der Zweck dieser Norm auch darin zu sehen, Streitigkeiten in Bezug auf die Frage des Vorliegens einer Beeinflussung des konkreten Verkaufsvorgangs zu vermeiden. Soweit hinsichtlich **außerhalb des Versteigerungstermins** mitwirkender Personen iSd § 450 Abs 1 der Anschein der parteiischen Einflussnahme besteht, müssen die durch diese Norm geschützten Beteiligten diesen Verdacht während des laufenden 17

33 Köln BeckRS 2004, 6386.
34 Köln BeckRS 2004, 6386; vgl dazu auch Rz 17.
35 Köln BeckRS 2004, 6386.
36 Köln BeckRS 2004, 6386.
37 So lag der Fall Köln BeckRS 2004, 6386. Im Fall des OLG Köln war der Ersteigerer einer Eigentumswohnung als Rechtspfleger beim AG geschäftsplanmäßig für Zwangsversteigerungssachen zuständig. In dieser Eigenschaft führte er in Bezug auf eine Eigentumswohnung einen Versteigerungstermin durch, in welchem allerdings keine Gebote abgegeben wurden. Nach Bestimmung eines neuen Versteigerungstermins, an dem er selbst als Bieter teilnehmen wollte, wurde vom Direktorium des AG diese Versteigerungsangelegenheit durch Änderung des Geschäftsverteilungsplans auf einen anderen Rechtspfleger übertragen. Der seine Zuständigkeit abgebende Rechtspfleger blieb mit seinem Bargebot von 53.700,00 € Meistbietender und erhielt deshalb den Zuschlag.
38 Köln BeckRS 2004, 6386; BeckOGK/Mock Rz 16 f.
39 Köln BeckRS 2004, 6386.
40 Köln BeckRS 2004, 6386.
41 Köln BeckRS 2004, 6386; BeckOGK/Mock Rz 16 f.
42 Köln BeckRS 2004, 6386.

Zwangsversteigerungsverfahrens mit den vorgesehenen **Rechtsmitteln** geltend machen und im Falle der **Zuschlagserteilung** diesen Rechtsakt angreifen[43].

IX. Fehlende Notwendigkeit einer Beeinflussung des konkreten Verkaufsvorgangs – abstrakte Gefährdung

18 Ist eine in § 450 Abs 1 aufgeführte Person am konkreten Verkaufsvorgang beteiligt, so ist für das Eingreifen des Erwerbsverbots unerheblich, ob diese Person im Zusammenhang mit ihrer auf den Erwerb des Gegenstands gerichteten Erklärung das betreffende Vollstreckungsverfahren beeinflusst haben muss. Der **Wortlaut** des § 450 Abs 1 verlangt eine tatsächliche Beeinflussung nicht. Das Erfordernis einer **Kausalität oder Mitursächlichkeit** zwischen Beteiligung der ausgeschlossenen Person und Verkaufserfolg, einschließlich des Kaufpreises, lässt sich auch nicht aus dem Zweck der Norm ableiten[44]. Es genügt vielmehr die auf dem Interessenkonflikt beruhende **abstrakte Gefährdung**[45]. Andererseits führt eine tatsächlich gegebene Beeinflussung des Versteigerungsverfahrens und des Kaufpreises durch eine bietende Person nicht zur Anwendbarkeit des Kaufverbots des § 450 Abs 1, wenn diese Person generell oder aufgrund der konkreten Art der Beteiligung nicht vom Tatbestand dieser Norm erfasst wird[46]. Es besteht aber auch hier die Möglichkeit, den erfolgten Verkauf, also insbes eine Zuschlagserteilung, unter Verweis auf das Vorliegen eines **nicht ordnungsgemäßen Verkaufsverfahrens** mit dem nach Vollstreckungsrecht einschlägigen **Rechtsmittel** zu beanstanden[47].

X. Die von § 450 Abs 1 erfassten Arten einer Beteiligung am Verkauf

19 1. **Unmittelbare und mittelbare Stellvertretung – grundsätzliche Unzulässigkeit**. Die in § 450 Abs 1 genannten Personen dürfen auch nicht „durch einen anderen" mitbieten, dh durch einen Beauftragten, der entweder als Stellvertreter iSd § 164 Abs 1 oder im eigenen Namen, aber **für Rechnung der betreffenden Person** handelt. Bei der zweiten Alternative geht es insbes um Fälle der mittelbaren Stellvertretung. Der Adressat des Kaufverbots des § 450 Abs 1 darf also weder mit unmittelbarer rechtlicher Wirkung noch mittelbar **im wirtschaftlichen Sinne** beim Erwerb des zwangsverkauften Gegenstands beteiligt sein[48]. Das Auftreten einer Person iSd § 450 Abs 1 als **unmittelbarer Vertreter (§ 164 Abs 1)** eines anderen ist dagegen kein Fall des Kaufens „durch einen anderen", sondern wird von der Tatbestandsalternative „noch als Vertreter eines anderen kaufen" erfasst.

20 2. **Zweiterwerb – insbes mittelbare Stellvertretung (Treuhandkonstruktionen)**. – a) **Grundsatz**. Ein Zweiterwerb liegt vor, wenn eine vom Tatbestand des § 450 Abs 1 erfasste Person den der **Zwangsvollstreckung** unterliegenden Gegenstand nicht unmittelbar durch Zuschlag oder freihändigen Verkauf, sondern erst durch **Abschluss eines weiteren Kaufvertrags** mit dem Ersterwerber erlangt. Ein derartiger Weiterverkauf an eine in § 450 Abs 1 genannte Person ist zwar generell zulässig, dh, das Erwerbsverbot greift nicht ein[49]. Anders ist die Rechtslage insoweit aber dann, wenn eine **gezielte Umgehung** des § 450 Abs 1 gegeben ist[50]. Praktische Bedeutung haben insoweit Treuhandkonstruktionen und der Einsatz eines mittelbaren Stellvertreters.

21 b) **Treuhandvereinbarung und sonstige mittelbare Stellvertretung**. Klassische Fälle der Anwendbarkeit des § 450 Abs 1 auf einen Zweiterwerb sind der unmittelbare Erwerb durch einen beauftragten und nicht zum Personenkreis dieser Norm zählenden **Treuhänder** sowie sonstige Gestaltungen einer mittelbaren Stellvertretung. In einer solchen Konstellation wird der Gegenstand zwar bei rein **formaler Betrachtungsweise** erst einmal nicht von dem hinter dem mittelbaren Stellvertreter stehenden Dritten („Hintermann") erworben. Nach dem **Zweck des § 450 Abs 1** greift aber das Erwerbsverbot ein, und zwar schon in Bezug auf den Erwerb durch den mittelbaren Stellvertreter (Ersterwerb)[51]. Die Rechtfertigung dafür liegt darin, dass hier von vornherein ein Erwerb durch **Treugeber oder sonstigen Dritten („Hintermann")** beabsichtigt ist und der betreffende Dritte regelmäßig auch schon den Ersterwerb finanziert. Unerheblich ist, ob die Umgehung des § 450 Abs 1 für die Wahl der konkreten Konstruktion der mittelbaren

43 Köln BeckRS 2004, 6386. Der Zuschlag kann bei der Immobiliarversteigerung mit der sofortigen Beschwerde nach ZVG § 95 und bei der Mobiliarversteigerung mit der Erinnerung nach ZPO § 766 angefochten werden.
44 Köln BeckRS 2004, 6386.
45 BeckOGK/Mock Rz 16.
46 Köln BeckRS 2004, 6386.
47 Vgl Köln BeckRS 2004, 6386 und oben Rz 17.
48 Staud/Beckmann Rz 11; BeckOGK/Mock Rz 14; BeckOK/Faust Rz 5.
49 Staud/Beckmann Rz 11; MünchKomm/Westermann Rz 4; BeckOGK/Mock Rz 14.1.
50 MünchKomm/Westermann Rz 4; Staud/Beckmann Rz 11; BeckOGK/Mock Rz 14.1.
51 Staud/Beckmann Rz 11; MünchKomm/Westermann Rz 4; Erman/Grunewald Rz 3; BeckOK/Faust Rz 5.

Stellvertretung ausschlaggebend war oder auch andere Beweggründe eine Rolle spielten. Denkbar sind insoweit vor allem Konstellationen, in denen das Bestehen von belasteten persönlichen oder geschäftlichen Beziehungen zur Verkaufsperson einschließlich Gehilfen den Erwerb nicht gefährden sollen.

XI. Spezialgesetzliche parallele Kaufverbote – insbes GVGA §§ 91 Abs 6

Nach GVG § 154 werden die **Dienst- und Geschäftsverhältnisse der Gerichtsvollzieher** bei den Landesgerichten durch die Landesjustizverwaltung bestimmt; für die Gerichtsvollzieher beim Bundesgerichtshof durch den Bundesminister der Justiz und für Verbraucherschutz. Die auf dieser Rechtsgrundlage erlassene **Geschäftsanweisung für Gerichtsvollzieher** (GVGA) gilt bundeseinheitlich in allen Ländern. Nach GVGA § 91 Abs 6 Satz 1 dürfen bei der **Verwertung von Pfandstücken** der Gerichtsvollzieher und die von ihm zugezogenen Gehilfen weder für sich (persönlich oder durch einen anderen) noch als Vertreter eines anderen kaufen. Diese Vorschrift verweist insoweit ausdrücklich auf §§ 450, 451. Seinen **Angehörigen und den bei ihm beschäftigten Personen** darf der Gerichtsvollzieher gem GVGA § 91 Abs 6 Satz 2 **das Mitbieten** nicht gestatten. Dieses Kaufverbot geht über den Anwendungsbereich des § 450 Abs 1 hinaus, soweit es sich um Personen handelt, die in Bezug auf den konkreten Verkauf nicht als Gehilfe/Protokollführer im Sinne dieser Vorschrift hinzugezogen werden. 22

B. Kaufverbot nach § 450 Abs 2 – Verkäufe auf gesetzlicher Grundlage außerhalb der Zwangsvollstreckung

I. Verkauf aufgrund einer gesetzlichen Vorschrift auf Rechnung eines anderen – Allgemeines

Negative Voraussetzung des Eingreifens des Verkaufsverbots des § 450 Abs 2 iVm Abs 1 ist, dass es sich um einen Verkauf außerhalb der Zwangsvollstreckung handelt. Im Übrigen ist entscheidend für eine Anwendung der Norm, dass der **Auftrag zum Verkauf** aufgrund einer gesetzlichen Vorschrift erteilt worden ist, die den Auftraggeber ermächtigt, den Gegenstand **auf Rechnung eines anderen** verkaufen zu lassen. Nicht ausreichend ist daher eine **vertragliche Befugnis zur Veräußerung**, sofern nicht zugleich eine gesetzliche Ermächtigung Platz greift[52]. Die in Betracht kommenden Verkaufskonstellationen werden allerdings von § 450 Abs 2 nicht enumerativ aufgelistet. Mit der tatbestandlichen Formulierung „insbesondere" wird vielmehr klargestellt, dass die genannten Fälle des **Pfandverkaufs**, des nach den § 383 und § 385 zugelassenen Verkaufs sowie des Verkaufs aus einer **Insolvenzmasse** wegen ihrer praktischen Bedeutung besonders erwähnt werden. 23

II. Verhältnis zum Recht des Verbrauchsgüterkaufs (§§ 474 ff)

1. **Nichteingreifen der Bereichsausnahme des Art 1 Abs 2 lit b der Verbrauchsgüterkauf-Richtlinie und des Art 3 Abs 4 lit b der Warenkauf-Richtlinie.** Da es sich bei den Verkaufsfällen des § 450 Abs 2 nicht um den **Verkauf von beweglichen Sachen** „aufgrund von Zwangsvollstreckungsmaßnahmen oder anderen gerichtlichen Maßnahmen" handelt, greift die Bereichsausnahme des Art 1 Abs 2 lit b der Verbrauchsgüterkauf-Richtlinie und des Art 3 Abs 4 lit b der Warenkauf-Richtlinie nicht ein[53]. Dies wird durch die in § 450 Abs 2 enthaltene Formulierung „Verkauf außerhalb der Zwangsvollstreckung" ausdrücklich klargestellt. Der Verkauf einer beweglichen Sache nach § 450 Abs 2 fällt aber nicht in den **sachlichen Regelungsbereich** der Warenkauf-Richtlinie[54]. 24

2. **Ausnahmetatbestand „öffentliche Versteigerung" (§ 474 Abs 2 Satz 2).** Nach Art 3 Abs 5 Satz 1 lit a der Warenkauf-Richtlinie können die Mitgliedstaaten den Verkauf gebrauchter Waren vom Anwendungsbereich dieser Richtlinien ausschließen. Von dieser Regelungsoption hat der **deutsche Gesetzgeber** mit der Ausnahmevorschrift des § 474 Abs 2 Satz 2 Gebrauch gemacht, nach der die §§ 474 ff nicht für **gebrauchte Sachen** gelten, die in einer „öffentlichen Versteigerung verkauft werden, an der der Verbraucher persönlich teilnehmen kann". 25

Für die Frage, ob eine **öffentlich zugängliche Versteigerung** iSd § 474 Abs 2 Satz 2 vorliegt, gilt die **Legaldefinition des § 312g Abs 2 Nr 10** und nicht die des § 383 Abs 3 Satz 1. Gem § 312g Abs 2 Nr 10 setzt die öffentlich zugängliche Versteigerung weder eine öffentlich-rechtliche 26

52 MünchKomm/Westermann Rz 3; Erman/Grunewald Rz 4; BeckOGK/Mock Rz 19.

53 Vgl oben Rz 10.

54 Vgl dazu oben Rz 10.

Bestellung noch eine sonstige besondere **Qualifikation des Versteigerers** voraus. Das Tatbestandsmerkmal „öffentlich" ist vielmehr schon dann gegeben, wenn die **Zugänglichkeit für Verbraucher** gewährleistet ist. Der BGH[55] hat zwar in Bezug auf § 474 Abs 1 Satz 2 aF angenommen, dass für die Frage des Vorliegens einer „öffentlichen Versteigerung" die Legaldefinition des § 383 Abs 3 Satz 1 Platz greife[56]. Die Neufassung des § 474 Abs 2 Satz 2 knüpft aber an **Art 2 Nr 13 der Verbraucherrechte-Richtlinie**[57] an, der insoweit – ebenso wie Art 1 Abs 3 der Verbrauchsgüterkauf-Richtlinie – nur auf die Zugänglichkeit für Verbraucher abstellt und nicht eine auf **Grundlage des öffentlichen Rechts** erteilte besondere Qualifikation oder Bestellung des Versteigerers erfordert[58]. Entsprechendes gilt gem **Art 3 Abs 5 Satz 1 lit a iVm Art 2 Nr 15 Warenkauf-Richtlinie.**

27 In dem Fall, in dem eine gebrauchte Sache aufgrund einer gesetzlichen Vorschrift iSd § 450 Abs 2 öffentlich versteigert wird, liegt idR eine öffentlich zugängliche Versteigerung iSd § 474 Abs 2 Satz 2 vor mit der Folge, dass die §§ 474 ff und damit insbes das **Verbot abweichender Vereinbarungen** (§ 476 Abs 1) von vornherein nicht anwendbar sind[59]. Anders ist die Rechtslage dagegen dann, wenn es sich um eine **neue bewegliche Sache** handelt, die von einem Verbraucher durch Zuschlagserteilung erworben wird. Wird eine gebrauchte bewegliche Sache nach Maßgabe einer gesetzlichen Anordnung iSd § 450 Abs 2 **freihändig veräußert**, so fehlt eine öffentliche Versteigerung als Grundlage für die Anwendung der Bereichsausnahme des § 474 Abs 2 Satz 2.

28 3. **Abweichender Regelungsinhalt der Warenkauf-Richtlinie und der §§ 474 ff.** In den Verkaufsfällen des § 450 Abs 2 liegt zwar, sofern eine neue oder gebrauchte bewegliche Sache **freihändig** an einen Verbraucher veräußert wird oder eine **neue Sache** im Wege einer **öffentlichen Versteigerung** von einem Verbraucher erworben wird, ein Verbrauchsgüterkauf iSd § 474 ff vor. Die besonderen Vorschriften des Rechts des Verbrauchsgüterkaufs betreffen aber im Wesentlichen die **Rechte des Verbrauchers** (insbes Gewährleistungsrechte) als Käufer, die auf einem mit einem Unternehmer als Verkäufer geschlossenen Kaufvertrag bei fehlender Vertragsmäßigkeit der Ware beruhen. § 450 Abs 2 betrifft dagegen die **Wirksamkeit des Kaufvertrags** und regelt insoweit keinen besonderen, mit dem Regelungsinhalt der §§ 474 ff vergleichbaren Schutz des Verbrauchers[60]. Ein Verkauf nach § 450 Abs 2 wird vom **sachlichen Regelungsbereich der Warenkauf-Richtlinie** nicht erfasst[61].

III. Anwendungsbereich des § 450 Abs 2 beim Pfandverkauf (§§ 1219, 1221, 1228, 1235)

29 1. **Vertragliches Pfandrecht.** Nach § 1219 Abs 1 kann der Pfandgläubiger bei drohendem Verderb des Pfandgegenstands oder der Besorgnis **einer wesentlichen Minderung des Werts** das Pfand öffentlich versteigern lassen. Für den Begriff der öffentlichen Versteigerung gilt die **Legaldefinition des § 383 Abs 3 Satz 1** mit der Folge, dass die Versteigerung von einem Gerichtsvollzieher oder einem öffentlich bestellten Versteigerer durchzuführen ist[62]. Das Kaufverbot des § 450 Abs 2 iVm Abs 1 gilt dann für diese Personen und deren Hilfspersonal, nicht aber für den **Pfandgläubiger** selbst[63]. Die gleiche Rechtslage gilt bei Vorliegen eines BGB-Pfandrechts, wenn nach **Eintritt der Pfandreife** (Verkaufsberechtigung) iSd § 1228 Abs 2 der Verkauf des Pfands gem §§ 1228 Abs 1, 1235 Abs 1 durch öffentliche Versteigerung erfolgt. In allen Fällen der öffentlichen Pfandversteigerung ist zwar aufgrund der Vertreterstellung des Versteigerers das **Selbstkontrahierungsverbot des § 181** grundsätzlich anwendbar, sofern der die Versteigerung betreibende Pfandgläubiger mitbieten will. Nach **§ 1239 Abs 1** darf aber bei der Pfandversteigerung – neben dem Eigentümer – auch der **Pfandgläubiger mitbieten**, so dass vom Vorliegen einer (gesetzlichen) Gestattung iSd § 181 auszugehen ist.

30 Wird das Pfand, weil es einen **Börsen- oder Marktpreis** hat, gem §§ 1235 Abs 2, 1221 aus freier Hand durch einen **öffentlich bestellten Handelsmakler** oder durch eine zur öffentlichen Versteigerung befugte Person zum **laufenden Preis** verkauft, so sind diese Personen und deren Gehilfen die Adressaten des Kaufverbots des § 450 Abs 2 iVm Abs 1. Der **Pfandgläubiger** ist auch hier nicht am konkreten Verkaufsvorgang beteiligt und unterliegt daher nicht dem Kaufver-

55 BGH NJW 2006, 613 Rz 8 ff; BGH NJW-RR 2010, 1210 Rz 12.
56 AA Wertenbruch NJW 2004, 1977, 1981 (Öffentlichkeit im Sinne von Zugänglichkeit ausreichend).
57 RL 2011/83/EU des Europäischen Parlaments und des Rates vom 25.10.2011.
58 Vgl dazu Begr Gesetzentwurf, BT-Drucks 17/12637, S 69. Vgl zu der für die öffentliche Versteigerung iSd § 383 Abs 3 erforderliche Bestellung nach öffentlichem Recht § 445 Rz 8.
59 Vgl dazu Rz 26.
60 Staud/Beckmann Rz 2; MünchKomm/Westermann Rz 1; BeckOGK/Mock Rz 7; BeckOK/Faust Rz 2.
61 Vgl dazu oben Rz 10.
62 Vgl dazu § 445 Rz 8.
63 Vgl Staud/Beckmann Rz 9.

bot. Die in § 1239 geregelte Befreiung des Pfandgläubigers vom **Selbstkontrahierungsverbot des § 181** ist im Falle des **freihändigen Verkaufs** entsprechend anwendbar[64].

2. **Pfandverkauf bei gesetzlichem Pfandrecht – insbes HGB-Pfandrechte bei besonderen Handelsgeschäften.** Die für das Vertragspfandrecht dargelegten Grundsätze greifen bei Vorliegen eines gesetzlichen Pfandrechts ebenfalls Platz, weil gem **§ 1257** die Vorschriften über das durch Rechtsgeschäft bestellte Pfandrecht auf ein kraft Gesetzes entstandenes Pfandrecht **entsprechende Anwendung** finden. Erfasst wird von dieser Gleichstellungsanordnung auch das gesetzliche Pfandrecht des **Kommissionärs** nach HGB § 368 Abs 2, des **Frachtführers** (HGB § 440) oder **Verfrachters** (HGB § 495), des **Spediteurs** (HGB § 464) und **des Lagerhalters** (HGB § 475b). Die Gläubiger (Inhaber) der gesetzlichen Pfandrechte werden ebenso wie die Vertragspfandgläubiger grundsätzlich nicht **vom Kaufverbot** des § 450 erfasst, sofern sie nicht ausnahmsweise den Verkauf selbst durchführen oder am **konkreten Verkaufsvorgang** aufseiten des Gerichtsvollziehers bzw der sonstigen öffentlich bestellten Verkaufsperson als Gehilfen beteiligt sind. Vom Selbstkontrahierungsverbot des § 181 sind die Pfandgläubiger gem § 1239 iVm § 1257 befreit. 31

IV. Verkauf eines Gegenstands aufgrund einer Hinterlegungsbefugnis (§§ 383, 385)

Gem § 383 Abs 1 Satz 1 kann der Schuldner einer nicht zur Hinterlegung geeigneten **beweglichen Sache** im Falle des **Verzugs des Gläubigers** am Leistungsort nach Androhung iSd § 384 Abs 1 eine Versteigerung durchführen lassen und den Erlös hinterlegen. Das Gleiche gilt gem § 383 Abs 1 Satz 2 in den Hinterlegungsfällen des § 372 Satz 2, sofern ein **Verderb der Sache** droht oder ihre Aufbewahrung mit einem **unverhältnismäßigen Kostenaufwand** verbunden ist. Die Versteigerung muss nach § 383 Abs 3 Satz 1 durch einen für den Versteigerungsort bestellten Gerichtsvollzieher oder öffentlich bestellten Versteigerer öffentlich erfolgen. Adressat des Verkaufsverbots des § 450 Abs 2 iVm Abs 1 ist hier der **Versteigerer und sein Hilfspersonal.** Dem die Versteigerung beantragenden Schuldner obliegt hier insbes aufgrund der durch öffentlich-rechtliche Pflichten gewährleisteten Unparteilichkeit der genannten Verkaufspersonen weder die Vornahme noch die Leitung des Verkaufs iSd § 450 Abs 1. Der **beantragende Schuldner** unterliegt daher mangels Beteiligung am konkreten Verkaufsvorgang nicht dem Kaufverbot. 32

Entsprechendes gilt, wenn im Falle des Bestehens einer Hinterlegungsbefugnis neben einer öffentlichen Versteigerung auch ein **freihändiger** Verkauf nach § 385 zulässig ist. Nach dieser Vorschrift kann der zur Hinterlegung einer Sache berechtigte Schuldner, die einen **Börsen- oder Marktpreis** hat, den Verkauf durch einen zu solchen Verkäufen öffentlich ermächtigten Handelsmakler oder durch eine zur öffentlichen Versteigerung iSd § 383 Abs 3 Satz 1 befugte Person **zum laufenden Preis** bewirken. Das Kaufverbot des § 450 Abs 2 iVm Abs 1 erfasst auch hier wegen der auf öffentlich-rechtlichen Pflichten beruhenden Überparteilichkeit nur den Gerichtsvollzieher oder die sonstige öffentlich bestellte Verkaufsperson sowie deren Hilfspersonal. Der die Versteigerung oder den freihändigen Verkauf **beantragende Schuldner** ist weder als Leiter noch als Durchführender am konkreten Verkaufsvorgang beteiligt. 33

Der Gerichtsvollzieher oder die sonstige öffentlich bestellte Verkaufsperson ist zwar bei der Veräußerung des betreffenden Gegenstands außerhalb der Zwangsvollstreckung als **Vertreter des beantragenden Schuldners** anzusehen, so dass **§ 181** im Falle des Erwerbs durch den Schuldner grundsätzlich anwendbar ist. Die im Falle **des bürgerlich-rechtlichen Pfandverkaufs** zugunsten des beantragenden Pfandgläubigers eingreifende Gestattung nach **§ 1239**[65] gilt hier aber entsprechend sowohl bei der Versteigerung[66] als auch beim freihändigen Verkauf[67]. 34

V. Der Verkauf „aus einer Insolvenzmasse“

1. **Allgemeines.** Die in § 457 aF enthaltene Formulierung „Verkauf durch den Konkursverwalter“ ist im Rahmen **des SMG 2002** durch „Verkauf aus einer Insolvenzmasse“ **ohne inhaltliche Abänderung** ersetzt worden[68]. Die Neufassung stellt aber klar, dass in Bezug auf die Reichweite des Kaufverbots bei dieser Fallgruppe des § 450 Abs 2 nicht eine **besondere Tätigkeit** des Insolvenzverwalters im Vordergrund steht, sondern vielmehr in gegenständlicher Hinsicht die Zugehörigkeit des veräußerten Gegenstands zur Insolvenzmasse entscheidend ist. Praktische Bedeutung hat diese gesetzliche Klarstellung in den Konstellationen, in denen der Insolvenzverwalter nicht persönlich verkauft, sondern eine **freihändige Veräußerung** durch einen Dritten, 35

64 Soergel/Habersack § 1239 Rz 1; MünchKomm/F Schäfer § 1239 Rz 7.
65 Vgl dazu oben Rz 29.
66 Vgl MünchKomm/Fetzer § 383 Rz 6; Staud/Kern § 383 Rz 15; BeckOK/Dennhardt § 383 Rz 4; MünchKomm/F Schäfer § 1239 Rz 7.
67 MünchKomm/F Schäfer § 1239 Rz 7.
68 Vgl BeckOGK/Mock Rz 21.1.

insbes einen **Verkaufskommissionär**, durchführen lässt oder beim zuständigen Gericht eine Versteigerung beantragt. Gem **InsO § 159** hat der Insolvenzverwalter nach dem Berichtstermin unverzüglich das zur Insolvenzmasse gehörende Vermögen zu verwerten, soweit die **Beschlüsse der Gläubigerversammlung** nicht entgegenstehen. Er muss aber gebotene Verkäufe nicht persönlich vornehmen. Nach **InsO § 165** kann der Insolvenzverwalter beim zuständigen Gericht die **Zwangsversteigerung oder die Zwangsverwaltung** eines unbeweglichen Gegenstands der Insolvenzmasse betreiben. InsO § 166 ermächtigt den Insolvenzverwalter zur **freihändigen Verwertung** an einer mit einem **Absonderungsrecht** belasteten bewegliche Sache, wenn er die Sache in seinem Besitz hat. Die Frage, inwieweit das Kaufverbot des § 450 Abs 2 iVm Abs 1 beim Verkauf eines Gegenstands aus der Insolvenzmasse zur Anwendung gelangt und inbes auch den **Insolvenzverwalter persönlich** trifft, kann nicht generell beantwortet werden. Entscheidend ist vielmehr, welches **Verwertungsverfahren** der Insolvenzverwalter wählt und wie dort die Rechtsstellung der am Verkauf beteiligten Personen ausgestaltet ist[69].

36 2. **Anwendung des Kaufverbots beim freihändigen Verkauf durch Insolvenzverwalter oder Beauftragte.** Verwertet der Insolvenzverwalter bewegliche oder unbewegliche Gegenstände der Insolvenzmasse durch freihändigen Verkauf, so erstreckt sich das Kaufverbot des § 450 Abs 2 iVm Abs 1 auf alle beauftragten Personen sowie den Insolvenzverwalter selbst[70]. Der freihändige Verkauf **unbeweglicher Sachen** der Insolvenzmasse ist dem Insolvenzverwalter trotz Fehlens einer besonderen **Ermächtigungsgrundlage** gestattet[71], dh, er ist nicht gehalten, beim zuständigen Gericht gem **InsO § 165** einen **Versteigerungsantrag** zu stellen[72]. Etwaige vom Insolvenzverwalter eingeschaltete **rechtsgeschäftliche Vertreter** sind Beauftragte iSd § 450 Abs 1. Die aufseiten eines solchen Beauftragten im Zusammenhang mit dem konkreten Verkauf tätigen Personen werden als **zugezogene Gehilfen** vom Kaufverbot erfasst. Der Insolvenzverwalter unterliegt im Falle der **rechtsgeschäftlichen Beauftragung eines Dritten** grundsätzlich auch selbst dem Kaufverbot, und zwar unabhängig davon, ob der Dritte als Stellvertreter oder im Rahmen einer mittelbaren Stellvertretung im eigenen Namen auf Rechnung des Insolvenzverwalters Gegenstände der Insolvenzmasse veräußert. Denn im Falle einer **mittelbaren Stellvertretung** obliegt dem Insolvenzverwalter regelmäßig aufgrund seiner **Weisungsbefugnis** gegenüber dem mittelbaren Stellvertreter die **Leitung des Verkaufs** iSd § 450 Abs 1. Praktische Bedeutung hat insoweit insbes die Vereinbarung einer **Verkaufskommission** mit dem Weisungsrecht des Insolvenzverwalters als Kommittenten gegenüber dem Kommissionär aus **HGB § 384 Abs 1.** Die vom Insolvenzverwalter zusätzlich zu einem unmittelbaren oder mittelbaren Stellvertreter zum Zwecke des Verkaufs noch eingesetzten Personen sind Gehilfen iSd § 450 Abs 1.

37 Anders ist die Rechtslage beim freihändigen Verkauf aber dann, wenn der Insolvenzverwalter einen **Gerichtsvollzieher** oder eine sonstige **öffentlich bestellte Person** mit dem Verkauf beauftragt und dann auf deren Seite am konkreten Verkaufsvorgang nicht beteiligt ist. Die **öffentlich-rechtlichen Bindungen** der betreffenden Verkaufsperson und das – anders als insbes bei der Verkaufskommission[73] – Fehlen eines uneingeschränkten **Weisungsrechts des Auftraggebers** rechtfertigen hier – ebenso wie beim zulässigen Antrag eines Pfandgläubigers auf freihändigen Verkauf des Pfandgegenstands[74] – in Übereinstimmung mit dem **Regelungszweck des § 450** eine Nichtanwendung des Kaufverbots. Soweit der Gerichtsvollzieher oder der öffentlich bestellte Versteigerer auf Grundlage des Verkaufsauftrags als **Stellvertreter des Insolvenzverwalters** auftritt, greift im Falle des Kaufs des Massegegenstands durch den Insolvenzverwalter selbst zwar grundsätzlich das **Selbstkontrahierungsverbot des § 181** ein. Die für den bürgerlich-rechtlichen Pfandverkauf geltende **Gestattungsregelung des § 1239** ist aber entsprechend anwendbar.

38 3. **Zwangsversteigerung von unbeweglichen Sachen nach ZVG §§ 172 ff auf Antrag des Insolvenzverwalters nach InsO § 165.** Beantragt der Insolvenzverwalter beim zuständigen Gericht gem InsO § 165 die Versteigerung eines **unbeweglichen Gegenstands**, so erfolgt die Durchführung des Versteigerungsverfahrens nach ZVG §§ 172 ff. Die Vorschriften des ersten und zweiten Abschnitts des ZVG finden dann gem ZVG § 172 entsprechende Anwendung[75]. Zuständig für die Versteigerung ist daher auch hier nach ZVG § 1 Abs 1 das Amtsgericht als **Vollstreckungsgericht.** Für die Durchführung des Versteigerungstermins gelten die ZVG § 66 ff und für die **Zuschlagserteilung** die ZVG §§ 79 ff entsprechend. Der Insolvenzverwalter kann grund-

69 Vgl zu den Einzelheiten Rz 36 (freihändiger Verkauf) und Rz 38 f (Immobiliarversteigerung nach ZVG).
70 Staud/Beckmann Rz 9; BeckOGK/Mock Rz 21; Erman/Grunewald Rz 5.
71 Vgl BGH NJW-RR 2011, 688 Rz 8; K Schmidt/Sinz, InsO, 2023[20], § 165 Rz 1.
72 Vgl dazu unten Rz 38 f.
73 Vgl dazu Rz 36.
74 Vgl dazu oben Rz 30.
75 Vgl zur Zwangsvollstreckung in unbewegliche Gegenstände oben Rz 9 und Rz 12.

sätzlich frei darüber entscheiden, ob er einen derartigen Versteigerungsantrag beim Vollstreckungsgericht stellt. Zudem ist der Insolvenzverwalter auch nach Stellung eines solchen Antrags noch befugt, einen **freihändigen Verkauf** vorzunehmen[76]. Denn der Beschluss, durch den das Versteigerungsverfahren angeordnet wird, bewirkt gem ZVG § 173 Satz 1 keine Beschlagnahme, und zwar wegen der insoweit gleichen Wirkung von **InsO § 80 Abs 1** und **ZVG § 23 Abs 1**. Diese Wahlmöglichkeit des Insolvenzverwalters ändert aber nichts daran, dass im Falle der Stellung des **Versteigerungsantrags** nach InsO § 165 das **Vollstreckungsgericht** gem ZVG § 172 und nicht der Insolvenzverwalter für die Versteigerung der betreffenden zur Insolvenzmasse gehörenden unbeweglichen Sache ausschließlich zuständig ist. Der Insolvenzverwalter ist vielmehr am **konkreten Verkaufsvorgang** (Versteigerung) nicht beteiligt und deshalb in Bezug auf dessen Vornahme und Leitung nicht als Beauftragter oder zugezogener Gehilfe iSd § 450 Abs 1 anzusehen. Das Kaufverbot des § 450 Abs 2 iVm Abs 1 erstreckt sich aus diesen Gründen im Falle der Versteigerung einer zur Insolvenzmasse gehörenden unbeweglichen Sache durch das Vollstreckungsgericht auf Grundlage eines Antrags nach InsO § 165 nicht auf den Insolvenzverwalter selbst und demzufolge auch nicht auf dessen **Hilfspersonal**. Der Insolvenzverwalter ist insoweit nicht anders zu behandeln als ein **Rechtspfleger des Vollstreckungsgerichts**, der einen Versteigerungstermin vorbereitet oder sogar auch durchführt, aber an dem Versteigerungstermin, der zum **Zuschlag** führt, wegen Wegfalls seiner Zuständigkeit nicht beteiligt ist[77].

Das **Selbstkontrahierungsverbot des § 181** ist bei Versteigerung nach InsO § 165, ZVG § 172 ebenfalls nicht zu Lasten des Insolvenzverwalters anwendbar, sofern er den betreffenden Gegenstand selbst erwerben will. Denn das nach ZVG § 1 Abs 1 zuständige Vollstreckungsgericht versteigert die unbewegliche Sache nicht als **Stellvertreter des Insolvenzverwalters**. Durch den Zuschlag kommt vielmehr – wie bei der Zwangsversteigerung unbeweglicher Sachen im Rahmen der Zwangsvollstreckung auf Grundlage der ZPO § 869, ZVG §§ 15 ff – ein **kaufähnlicher öffentlich-rechtlicher Vertrag** zwischen dem Staat und dem Erwerber zustande[78]. In Bezug auf diese allgemeine Zuschlagswirkung enthalten die ZVG §§ 173, 174 für die Versteigerung auf Antrag des Insolvenzverwalters keine abweichende Regelung. 39

VI. Verkauf eines Gegenstands auf Grundlage eines Zurückbehaltungsrechts (HGB 371 Abs 1)

Hat ein Kommissionär, Frachtführer oder Verfrachter, Spediteur oder Lagerhalter gem HGB § 369 **wegen fälliger Forderungen** ein Zurückbehaltungsrecht in Bezug auf die durch **Handelsgeschäft**, insbes mittels **Konnossement, Ladeschein oder Lagerschein**, in den eigenen Besitz gelangten beweglichen Sachen und/oder Wertpapiere, so steht ihm unter den Voraussetzungen des HGB § 371 Abs 1 ein **Befriedigungsrecht** bis zur Höhe seiner Forderung zu. Gem HGB § 371 Abs 2 Satz 1 erfolgt die Befriedigung nach den **für das Pfandrecht geltenden Vorschriften** des BGB, wobei nach Maßgabe des HGB § 371 Abs 3 Satz 1 das **Recht auf Befriedigung tituliert** sein muss, sofern die Befriedigung nicht ohnehin im Wege der Zwangsvollstreckung stattfindet. Wird unter diesen Voraussetzungen ein Verkauf der vom Zurückbehaltungsrecht erfassten beweglichen Sache gem HGB § 371 Abs 2 Satz 1 nach den für das BGB-Pfandrecht geltenden Vorschriften durchgeführt, so kommt das Kaufverbot des § 450 Abs 1 iVm Abs 2 – wie bei der Pfandrechtsverwertung – zur Anwendung. Der **Inhaber des Zurückbehaltungsrechts** ist aber – ebenso wie ein Pfandgläubiger – bei Durchführung des Verkaufs durch einen Gerichtsvollzieher oder eine sonstige öffentlich bestellte Person nicht am **konkreten Verkaufsvorgang** beteiligt und daher nicht als ein mit der Vornahme oder Leitung des Verkaufs **Beauftragter** iSd § 450 Abs 1 anzusehen[79]. 40

Da der Gerichtsvollzieher bzw die sonstige öffentlich bestellte Verkaufsperson die Veräußerung als **Stellvertreter** des verwertungsberechtigten Inhabers des Zurückbehaltungsrechts vornimmt, liegt zwar im Falle des Erwerbs der Sache durch diesen Verwertungsberechtigten grundsätzlich ein **Selbstkontrahieren iSd § 181** vor. Aufgrund der durch **HGB § 371 Abs 2 Satz 1** angeordneten Anwendung der für das Pfandrecht geltenden Vorschriften des BGB greift aber die **Gestattung des § 1239** sowohl bei der öffentlichen Versteigerung als auch beim freihändigen Verkauf Platz. 41

VII. Verkauf bei Auseinandersetzung einer Bruchteilsgemeinschaft (§ 753), Gütergemeinschaft (§§ 1477 Abs 1, 1498) oder Erbengemeinschaft (iVm § 2042)

1. **Öffentliche Versteigerung beweglicher Sachen und Zwangsversteigerung von Grundstücken gem § 753 Abs 1 Satz 1.** Nach § 753 Abs 1 Satz 1 erfolgt die Aufhebung 42

76 K Schmidt/Sinz, InsO, 2023[20], § 165 Rz 21.
77 Vgl oben Rz 14 f.
78 Vgl dazu oben Rz 6.
79 Vgl oben Rz 11 ff.

einer Bruchteilsgemeinschaft, sofern die Teilung in Natur ausgeschlossen ist, durch **Verkauf des gemeinschaftlichen Gegenstands** nach den Vorschriften über den Pfandverkauf, bei Grundstücken durch Zwangsversteigerung und **Teilung des Erlöses**. Der Verkauf einer beweglichen Sache hat daher gem § 1235 Abs 1 grundsätzliche im Wege **öffentlicher Versteigerung** zu erfolgen. Für diese Versteigerung gilt die Legaldefinition des **§ 383 Abs 3 Satz 1** mit der Folge, dass die Durchführung einem Gerichtsvollzieher oder einem sonstigen öffentlich bestellten Versteigerer obliegt. Die **Mitglieder der Bruchteilsgemeinschaft** werden daher vom Erwerbsverbot des § 450 Abs 2 iVm Abs 1 grundsätzlich nicht erfasst. Die Nichtanwendung des Erwerbsverbots in diesen Auseinandersetzungsfällen ist aufgrund der durch öffentlich-rechtliche Vorschriften gewährleisteten Überparteilichkeit des Gerichtsvollziehers, des öffentlich bestellten Versteigerers und des Vollstreckungsgerichts auch mit dem Zweck des § 450 vereinbar. Das **Selbstkontrahierungsverbot des § 181** ist zwar infolge der **Vertreterstellung des Gerichtsvollziehers** bzw des sonstigen öffentlich bestellten Versteigerers grundsätzlich einschlägig. Das Mitbieten der Auftraggeber (Bruchteilsberechtigten bzw Gesellschafter) ist aber – wie bei sonstigen öffentlichen Versteigerungen außerhalb des Pfandverkaufs – aufgrund einer entsprechenden Anwendung der Regelung des **§ 1239** gestattet iSd § 181[80].

43 Für die **Teilungsversteigerung** von Grundstücken ist gem ZVG §§ 1 Abs 1, 180 Abs 1 das Amtsgericht als Vollstreckungsgericht zuständig. Die **Mitglieder der Bruchteilsgemeinschaft** sind aus diesem Grund am konkreten Verkaufsvorgang grundsätzlich nicht beteiligt, so dass jeder von ihnen ohne Verstoß gegen das Kaufverbot des § 450 Abs 2 iVm Abs 1 den Gegenstand erwerben kann. Das **Selbstkontrahierungsverbot des § 181** greift hier deshalb nicht ein, weil das Vollstreckungsgericht auch bei der Teilungsversteigerung nicht als **Stellvertreter** des bisherigen Eigentümers oder des Antragstellers handelt. Durch den Zuschlag kommt vielmehr ein **kaufähnlicher öffentlich-rechtlicher Vertrag** zwischen dem Staat und dem Erwerber (Höchstbietenden) zustande[81]. Nach ZVG § 180 Abs 1 sind bei der Zwangsversteigerung zur Aufhebung einer Gemeinschaft die Vorschriften des ersten und zweiten Abschnitts des ZVG entsprechend anwendbar[82]. Die Durchführung des Versteigerungstermins erfolgt nach ZVG § 66 ff und die **Zuschlagserteilung** gem ZVG §§ 79 ff in entsprechender Anwendung. Die ZVG §§ 181 bis 185 enthalten in Bezug auf die allgemeine Zuschlagswirkung keine abweichende Bestimmung.

44 2. **Auseinandersetzung einer Erbengemeinschaft**. Jeder Miterbe kann als Mitglied einer Erbengemeinschaft gem § 2042 Abs 1 grundsätzlich jederzeit die Auseinandersetzung verlangen, auf die gem § 2042 Abs 2 unter anderem § 753 Anwendung findet. An der **öffentlichen Versteigerung beweglicher Sachen** ist der einzelne Miterbe nicht als Person iSd § 450 Abs 1 beteiligt, so dass das Kaufverbot des § 450 Abs 2 iVm Abs 1 nicht zu seinen Lasten eingreift. Das Gleiche gilt für die Versteigerung von Grundstücken der Erbengemeinschaft durch das **Vollstreckungsgericht** auf Grundlage des ZVG § 180. Auch ein amtierender **Testamentsvollstrecker** kann, sofern er nicht in Bezug auf den konkreten Verkauf als **öffentlich bestellter Versteigerer** auftritt, den zu versteigernden Gegenstand selbst erwerben. Das **Selbstkontrahierungsverbot des § 181** ist – wie bei der Auseinandersetzung einer Bruchteilsgemeinschaft – bei der öffentlichen Versteigerung **beweglicher Sachen** im Ergebnis deshalb nicht anwendbar, weil die **Gestattungsregelung des § 1239** entsprechend zugunsten der Miterben und eines amtierenden Testamentsvollstreckers anwendbar ist[83]. Im Falle der Durchführung einer Teilungsversteigerung unbeweglicher Sachen gem ZVG § 180 haben weder die Miterben noch ein Testamentsvollstrecker die Rechtsstellung eines **Vertretenen iSd § 181**. Denn durch den Zuschlag kommt ein kaufähnlicher öffentlich-rechtlicher Vertrag zwischen dem Staat und dem Ersteher zustande[84].

45 3. **Auseinandersetzung einer Ehegatten-Gütergemeinschaft**. Im Falle der Auseinandersetzung einer Ehegatten-Gütergemeinschaft wird der nach Berichtigung der Gesamtgutsverbindlichkeiten (§ 1476 Abs 1) verbleibende Überschuss gem § 1477 Abs 1 nach den **Vorschriften über die Gemeinschaft** geteilt, so dass § 753 grundsätzlich Anwendung findet. Das Gleiche gilt gem § 1498 Satz 1 iVm § 1477 Abs 1 für die Auseinandersetzung einer **fortgesetzten Gütergemeinschaft**. Die Mitglieder einer Gütergemeinschaft oder fortgesetzten Gütergemeinschaft sind an der **öffentlichen Versteigerung** einer beweglichen Sache ebenso wenig beteiligt wie an einer **Teilungsversteigerung** nach ZVG § 180, so dass sie die zu versteigernden Gegenstände grundsätzlich ohne Verstoß gegen § 450 Abs 2 iVm Abs 1 selbst erwerben können. Das **Selbstkontrahierungsverbot des § 181** greift – wie bei der Auseinandersetzung einer Bruchteilsgemein-

80 Vgl zur Anwendung des § 1239 bei der Pfandversteigerung oben Rz 29.
81 Vgl dazu oben Rz 6.
82 Vgl zur Zwangsvollstreckung in unbewegliche Gegenstände oben Rz 12 ff.
83 Vgl zur Anwendung des § 1239 bei der Pfandversteigerung oben Rz 29.
84 Vgl dazu oben Rz 6.

schaft[85] oder einer Erbengemeinschaft[86] – bei beweglichen Sachen wegen **Gestattung gem § 1239 analog** nicht ein. Im Falle der Versteigerung unbeweglicher Sachen ist § 181 wegen Vorliegens eines **kaufähnlichen öffentlich-rechtlichen Vertrags** zwischen Staat und Ersteher nicht zu Lasten der Mitglieder der Gesamthandsgemeinschaft anwendbar. Im Rahmen der Immobiliarversteigerung sind die Gesamthänder von vornherein **keine Vertretenen iSd § 164.**

VIII. Öffentliche Versteigerung von Fundsachen

Nach § 966 Abs 2 hat der **Finder einer Sache**, deren Verderb zu besorgen oder deren Aufbe- 46
wahrung mit **unverhältnismäßigen Kosten** verbunden ist, die Sache öffentlich versteigern zu lassen. Im Falle des Fundes einer Sache in den Geschäftsräumen oder den Beförderungsmitteln einer **öffentlichen Behörde oder Verkehrsanstalt** kann die betreffende Behörde bzw Verkehrsanstalt die an sie abgelieferte Sache gem § 979 Abs 1 Satz 1 öffentlich versteigern lassen. Das Gleiche gilt gem § 983, wenn eine öffentliche Behörde im Besitz einer Sache ist, die sie – ohne Bestehen einer vertraglichen Rechtsgrundlage – herausgeben muss und den **Empfangsberechtigten oder dessen Aufenthalt** nicht kennt. Das Kaufverbot des § 450 Abs 2 iVm Abs 1 erfasst in den Fällen der §§ 979, 983 den **Versteigerer** sowie dessen Hilfspersonal einschließlich Protokollführer, nicht aber sonstige Mitarbeiter der betreffenden Behörde oder Verkehrsanstalt, sofern sie nicht **am konkreten Verkaufsvorgang** beteiligt sind. Im Falle der öffentlichen Versteigerung auf Grundlage des § 966 Abs 2 ist der **Finder** mangels Beteiligung am konkreten Verkaufsvorgang grundsätzlich nicht vom Kaufverbot betroffen.

IX. Verkauf zum Zwecke der Realisierung von Verwendungsersatzansprüchen des Besitzers (§§ 1003 Abs 1 Satz 2, 2022 Abs 1 Satz 2)

Nach § 1003 Abs 1 Satz 1 kann der Besitzer den Eigentümer unter Angabe des als Ersatz 47
verlangten Betrags auffordern, sich innerhalb einer von ihm bestimmten angemessenen Frist zur Frage der **Genehmigung von Verwendungen** zu erklären. Im Falle des Fristablaufs ist der Besitzer gem § 1003 Abs 1 Satz 2 berechtigt, Befriedigung aus der Sache nach den **Vorschriften über den Pfandverkauf**, bei einem Grundstück nach den Vorschriften über die Zwangsvollstreckung in das **unbewegliche Vermögen** zu suchen, sofern nicht die Genehmigung rechtzeitig erklärt wurde. Die Regelung des § 1003 Abs 1 findet gem § 2022 Abs 1 Satz 2 entsprechende Anwendung, wenn der **Erbschaftsbesitzer** gem § 2022 Abs 1 Satz 1 zur Herausgabe der zur Erbschaft gehörenden Sachen nur gegen **Ersatz aller Verwendungen** verpflichtet ist.

Auch auf diesen Verkauf ist das Verbot des § 450 Abs 2 iVm Abs 1 grundsätzlich anwendbar[87]. 48
Gleichwohl erstreckt es sich nicht auf den Erwerb durch den zum Verkauf **berechtigten Besitzer** selbst[88]. Dies beruht darauf, dass nach § 1003 Abs 1 Satz 2 der Verkauf von beweglichen Sachen nach den Vorschriften über den **Pfandverkauf** und damit – wie bei der Verwertung eines Pfandgegenstands[89] – eine öffentliche Versteigerung oder ein freihändiger Verkauf durch einen Gerichtsvollzieher oder eine öffentlich bestellte Person erfolgen muss. Aufgrund der durch die öffentlich-rechtliche Pflichtenbindung gewährleistete **Überparteilichkeit der Verkaufsperson** ist der verwertungsberechtigte Besitzer grundsätzlich weder als Leiter oder Durchführender noch in sonstiger Weise am konkreten Verkaufsvorgang beteiligt iSd § 450 Abs 1. Das Gleiche gilt, wenn sich der Verwertungsanspruch des Besitzers auf ein **Grundstück** bezieht, da hier gem § 1003 Abs 1 Satz 2 iVm ZVG § 1 Abs 1 das Amtsgericht als Vollstreckungsgericht für die Durchführung der **Versteigerung nach Maßgabe des ZVG** zuständig ist. Eine Beteiligung des verwertungsberechtigten Besitzers am **konkreten Verkaufsvorgang** liegt damit auch hier nicht vor.

Das Selbstkontrahierungsverbot des § 181 greift bei beweglichen Sachen nicht zu Lasten des 49
verwertungsberechtigten Auftraggebers (Besitzers) ein, weil gem § 1003 Abs 1 Satz 2 die Vorschriften über den **Pfandverkauf** anwendbar sind und daher auch die **Gestattung nach § 1239** Platz greift[90]. Im Falle der Versteigerung einer unbeweglichen Sache ist das Vollstreckungsgericht nicht als **Stellvertreter** des verwertungsberechtigten Besitzers anzusehen, so dass schon das Vorliegen eines Insichgeschäfts iSd § 181 zu verneinen ist[91].

85 Vgl dazu oben Rz 42.
86 Vgl dazu oben Rz 44.
87 BeckOGK/Mock Rz 18; BeckOK/Faust Rz 4; jurisPK-BGB/Müller Rz 16; aA MünchKomm/Westermann Rz 3.
88 So iE auch MünchKomm/Westermann Rz 3 (wegen genereller Nichtanwendung des § 450).
89 Vgl dazu oben Rz 29 ff.
90 Vgl dazu oben Rz 29.
91 Vgl dazu oben Rz 39.

X. Fälle des handelsrechtlichen Selbsthilfeverkaufs (HGB §§ 373 Abs 2, 376, 379 Abs 2, 388 Abs 2, 389, 391, 437 Abs 2 Satz 2)

50 Nach HGB § 373 Abs 2 Satz 1 kann der Verkäufer bei Vorliegen eines **Annahmeverzugs** des Käufers nach Androhung die Ware öffentlich versteigern lassen. Die **freihändige Veräußerung** durch einen öffentlich bestellten Handelsmakler oder Versteigerer ist zulässig, wenn die Ware einen Börsen- oder Marktpreis hat. § 450 Abs 2 iVm Abs 1 ist sowohl im Falle einer **öffentlichen Versteigerung** als auch bei Vornahme eines freihändigen Verkaufs nicht zu Lasten des Verkäufers anwendbar, weil er am **konkreten Verkaufsvorgang** nicht beteiligt ist.

51 Ein Selbstkontrahieren iSd § 181 liegt zwar grundsätzlich vor, wenn der den öffentlich bestellten Makler oder Versteigerer beauftragende Verkäufer selbst die Sache kaufen will. Die Regelung des HGB § 373 Abs 4 ordnet insoweit aber an, dass Verkäufer und Käufer bei der Versteigerung mitbieten können. Dies stellt eine **Gestattung iSd § 181** dar. Die für die öffentliche Veräußerung bei Annahmeverzug des Käufers dargelegten Grundsätze gelten auch in dem Fall, in dem gem HGB § 376 Abs 3 und Abs 4 bei **Fixhandelskäufen** ein Verkauf durch öffentliche Versteigerung oder freihändig durch einen öffentlich bestellten Makler/Versteigerer erfolgt.

52 Beim **Notverkauf** einer vom Verkäufer übersendeten und vom Käufer unter Berufung auf einen Mangel **beanstandeten Ware** kann der Käufer nach HGB § 379 Abs 2 eine Veräußerung nach Maßgabe des HGB § 373 Abs 2 veranlassen. In Bezug auf die Reichweite des § 450 und des § 181 kommen dann die zu § 373 Abs 2 dargelegten Rechtsfolgen zur Anwendung. Das Gleiche gilt im Falle des Verkaufs von **beschädigtem oder mangelhaftem Kommissionsgut** durch den Kommissionär nach HGB § 388 Abs 2 iVm § 373 sowie beim Verkauf des Gutes durch den Kommissionär **wegen Unterlassung der Verfügung** über das Gut durch den Kommittenten (HGB § 389 iVm HGB § 373). Bei der **Einkaufskommission** ist gem HGB § 391 Satz 1 die Notverkaufsberechtigung des HGB § 379 Abs 2 entsprechend anwendbar. Besteht bei Vorliegen eines **Frachtvertrags** iSd HGB § 407 ein **Beförderungs- oder Ablieferungshindernis** und wird der Beförderer aus diesem Grund gem HGB § 419 Abs 3 Satz 3 iVm HGB § 373 Abs 2 bis 4 zur Veranlassung einer öffentlichen Versteigerung oder eines freihändigen Verkaufs verpflichtet, so wird der Frachtführer nicht vom Erwerbsverbot des § 450 erfasst. Das Selbstkontrahieren ist gem § 181 wegen Eingreifens der Gestattungsregelung des § 373 Abs 4 zulässig.

XI. Verkauf von GmbH-Anteilen nach Kaduzierung (GmbHG § 23) und Abandon (GmbHG § 27 Abs 2)

53 Nach GmbHG § 21 Abs 2 kann der mit der Zahlung der **Stammeinlage in Verzug** befindliche Gesellschafter im Anschluss an eine nach Maßgabe des GmbHG § 21 Abs 1 erfolgte **fruchtlose Nachfristsetzung** durch Kaduzierung ausgeschlossen werden. Für die nicht erfüllte **Einlageverpflichtung** des ausgeschlossenen Gesellschafters haftet gem GmbHG § 22 Abs 1 gegenüber der GmbH auch der letzte und jeder frühere **Rechtsvorgänger**. Gem GmbHG § 23 Satz 1 ist die GmbH, sofern die Zahlung des rückständigen Betrags von Rechtsvorgängern nicht zu erlangen ist, zur Veranlassung der **öffentlichen Versteigerung** des Geschäftsanteils berechtigt. Eine andere Art des Verkaufs ist gem GmbHG § 23 Satz 2 nur mit **Zustimmung** des ausgeschlossenen Gesellschafters zulässig. Entsprechendes gilt gem GmbHG § 27 Abs 2, wenn ein Gesellschafter bei Bestehen einer **unbeschränkten Nachschusspflicht** nach Einforderung eines konkreten Nachschusses als Schuldner gem GmbHG § 27 Abs 1 Satz 1 seinen Geschäftsanteil im Rahmen des sog Abandon (Preisgabe) zur Verfügung stellt.

54 Da für die öffentliche Versteigerung die allgemeine Definition des **§ 383 Abs 3 Satz 1** gilt, muss von der GmbH grundsätzlich ein Gerichtsvollzieher oder ein öffentlich bestellter Versteigerer beauftragt werden. Weder die GmbH als solche noch deren Geschäftsführer und Gesellschafter sind dann am **konkreten Verkaufsvorgang** beteiligt, so dass das Verkaufsverbot des § 450 nicht zu Lasten dieses gesellschaftsrechtlichen Personenkreises anwendbar ist. Das Selbstkontrahierungsverbot des § 181 greift im Falle eines Erwerbs durch die GmbH im Ergebnis deshalb nicht ein, weil insoweit auf die öffentliche Versteigerung iSd § 383 Abs 1 Satz 1 die **Gestattungsregelung des § 1239** entsprechende Anwendung findet[92]. Der Verkauf an einen **anderen Gesellschafter** sowie eine sonstige freihändige Veräußerung ist mit **Zustimmung** des ausgeschlossenen bzw austretenden Gesellschafters zulässig (GmbHG §§ 23 Satz 2, 27 Abs 2 Satz 2). Die anderen Gesellschafter sowie externe Erwerber sind hier nicht Vertretene iSd § 181, so dass von vornherein **kein Selbstkontrahieren** im Sinne dieser Vorschrift gegeben ist.

92 Vgl dazu oben Rz 29.

XII. Der Verkauf der Aktie nach Kraftloserklärung (AktG § 226 Abs 3)

Nach AktG § 226 Abs 1 Satz 1 kann die AG in dem Fall, in dem Aktien zum Zwecke der Durchführung der **Herabsetzung des Grundkapitals** durch Umtausch, Abstempelung oder durch ein ähnliches Verfahren zusammengelegt werden sollen, diejenigen Aktien für kraftlos erklären, die trotz Aufforderung nicht bei ihr eingereicht worden sind. Die anstelle der für kraftlos erklärten Aktien auszugebenden **neuen Aktien** sind gem AktG § 226 Abs 3 Satz 1 von der AG unverzüglich für Rechnung der Beteiligten zum Börsenpreis und – bei Fehlen eines Börsenpreises – durch **öffentliche Versteigerung** zu verkaufen. Weder die AG als solche noch deren Organmitglieder und die anderen Aktionäre sind an dieser nach § 383 Abs 3 Satz 1 erfolgenden öffentlichen Versteigerung beteiligt, so dass – wie in vergleichbaren Versteigerungsfällen bei der GmbH[93] – das Erwerbsverbot des § 450 nicht zu Lasten der AG und der genannten sonstigen Personen eingreift. Einem **Erwerb durch die AG** steht wegen entsprechender Anwendung der Gestattungsregelung des § 1239 das Selbstkontrahierungsverbot des § 181 nicht entgegen. 55

XIII. Sonstige Verbotsvorschriften

1. **Verkauf durch Gerichtsvollzieher außerhalb der Zwangsvollstreckung – GVGA § 180.** Gem GVGA § 180 Abs 1 Nr 1 ist der Gerichtsvollzieher außerhalb der Zwangsvollstreckung zuständig für die öffentliche Versteigerung oder den freihändigen Verkauf in allen Fällen, in denen das Gesetz einen Berechtigten ermächtigt, **bewegliche Sachen oder Wertpapiere** zum Zweck seiner Befriedigung oder sonst für Rechnung eines anderen öffentlich versteigern oder durch eine zu öffentlichen Versteigerungen befugte Person aus freier Hand verkaufen zu lassen. Diese **Zuständigkeitsregelung** betrifft den Anwendungsbereich des § 450 Abs 2. Nach GVGA § 180 Abs 3 Nr 2 ist es dem Gerichtsvollzieher nicht gestattet, selbst, durch einen anderen oder für einen anderen zu bieten oder zu kaufen. Dies entspricht inhaltlich dem Kaufverbot des § 450 Abs 1 iVm Abs 2. Seinen **Angehörigen oder Gehilfen** darf der Gerichtsvollzieher das Bieten oder das Kaufen gem GVGA § 180 Abs 3 Nr 3 nicht gestatten. Auch dieses Kaufverbot geht über § 450 hinaus, soweit der Angehörige bzw der Gehilfe nicht am konkreten Verkaufsgeschäft als zugezogener Gehilfe (einschließlich Protokollführer) tätig wird. 56

2. **Kaufverbote für gewerbsmäßige Versteigerer und bei Versteigerung durch Notare.** Für gewerbsmäßige Versteigerer gelten die Verbote gem **GewO § 34b Abs 6**, die allerdings keine Verbotsgesetze iSd § 134 darstellen[94]. Nach GewO § 34b Abs 6 Nr 1 ist es dem Versteigerer verboten, selbst oder durch einen anderen auf seinen Versteigerungen für sich zu bieten oder ihm **anvertrautes Versteigerungsgut** zu kaufen. GewO § 34b Abs 6 Nr 2 verbietet dem Versteigerer eine auf solche Erwerbshandlungen bezogene Gestattung zugunsten von **Angehörigen und eigenen Angestellten**. Das Bieten für einen anderen auf seinen Versteigerungen oder das Kaufen von ihm anvertrauten Versteigerungsgut ist dem Versteigerer gem GewO § 34b Abs 6 Nr 3 untersagt, sofern **kein schriftliches Gebot** des anderen vorliegt. 57

Für die freiwillige Versteigerung durch Notare (BNotO § 20 Abs 3) ergibt sich das Verbot des Mitsteigerns aus BNotO § 16 Abs 1 iVm BeurkG § 3. Es handelt sich allerdings um eine Sollvorschrift ohne Folgen für die Wirksamkeit des Geschäfts. Für die Wirksamkeit kommt es in diesen und ähnlichen Fällen darauf an, ob das Selbstkontrahierungsverbot des § 181 Platz greift. 58

XIV. Rechtsfolgen des Verstoßes gegen § 450

Die Rechtsfolgen eines Verstoßes gegen § 450 sind nicht in dieser Norm, sondern in § 451 geregelt. Die allgemeine Nichtigkeitsregelung des § 134 greift nicht unmittelbar ein. Primäre Rechtsfolge ist vielmehr gem § 451 Abs 1 Satz 1 die schwebende Unwirksamkeit des Kaufs[95]. 59

§ 451 Kauf durch ausgeschlossenen Käufer

(1) Die Wirksamkeit eines dem § 450 zuwider erfolgten Kaufes und der Übertragung des gekauften Gegenstandes hängt von der Zustimmung der bei dem Verkauf als Schuldner, Eigentümer oder Gläubiger Beteiligten ab. Fordert der Käufer einen Beteiligten zur Erklärung über die Genehmigung auf, so findet § 177 Abs. 2 entsprechende Anwendung.

93 Vgl dazu oben Rz 53 f.

94 BGH WM 1981, 143 (Mitbieten des Auktionators); Hamm NJW 2001, 1142, 1145; Staud/Beckmann Rz 7.

95 Vgl zu den Einzelheiten § 451 Rz 1 f.

(2) Wird infolge der Verweigerung der Genehmigung ein neuer Verkauf vorgenommen, so hat der frühere Käufer für die Kosten des neuen Verkaufs sowie für einen Mindererlös aufzukommen.

ÜBERSICHT

I. Die Rechtsfolgenregelung des § 451 Abs 1

1 1. **Allgemeine Grundlagen**. Der Gesetzgeber des **SMG 2002** hat zwar die praktische Bedeutung des Erwerbsverbots des § 450 und der dazu gehörenden Rechtsfolgenregelung des § 451 als gering angesehen[1]. Die Vorschriften wurden aber beibehalten, weil ansonsten der unrichtige Eindruck entstehen könnte, dass in den Verkaufsfällen des § 450 Abs 1 und Abs 2 keine Bedenken gegen die **Wirksamkeit von Kaufverträgen** bestehen, die im Rahmen von **öffentlichen Versteigerungen** und gleichgestellten Erwerbsvorgängen geschlossen werden[2]. Die **schwebende Unwirksamkeit** des Kaufgeschäfts könnte zwar bei Fehlen einer besonderen Vorschrift über die Rechtsfolgen unmittelbar aus dem **Erwerbsverbot des § 450** abgeleitet werden. Die besondere Bedeutung des § 451 Abs 1 Satz 1 liegt aber darin, Streitfragen darüber zu vermeiden, wer die **Genehmigung** erteilen muss[3]. Von vornherein nicht im Wege der **Auslegung des Erwerbsverbots** begründbar wäre allerdings die in § 451 Abs 1 Satz 2 geregelte **entsprechende Anwendung des § 177 Abs 2** und insoweit inbes der Eintritt der endgültigen Unwirksamkeit mit Ablauf der **Zwei-Wochen-Frist**[4]. § 451 Abs 2 regelt einen vom **Verschulden iSd § 276** unabhängigen **Erstattungsanspruch** des früheren Käufers. Dieser Anspruch ergäbe sich bei Fehlen einer darauf bezogenen besonderen gesetzlichen Regelung zumindest nicht ohne weiteres aus dem allgemeinen Schadensersatzrecht.

1 Begr Gesetzentwurf, BT-Drucks 14/6040, S 241.
2 Begr Gesetzentwurf, BT-Drucks 14/6040, S 241.
3 Vgl zu den Einzelfragen der Genehmigungszuständigkeit unten Rz 3 ff.
4 Vgl dazu unten Rz 16.

2. **Schwebende Unwirksamkeit von Verpflichtungs- und Erfüllungsgeschäft – Genehmigungsfähigkeit.** Ein Verstoß des Erwerbsvorgangs gegen die Verbotsnorm des § 450 führt nicht zur **Nichtigkeit des Verkaufs**, dh, es tritt zunächst keine endgültige Unwirksamkeit ein. Da nach § 451 Abs 1 Satz 1 die Wirksamkeit des unter Verstoß gegen § 450 erfolgten Kauf von der **Zustimmung** der in die Norm aufgeführten Beteiligten abhängt, tritt im Falle des Erwerbs ohne Zustimmung zunächst eine schwebende Unwirksamkeit ein[5]. § 451 Abs 1 Satz 1 ist insoweit als vorrangige besondere Bestimmung im Verhältnis zur **allgemeinen Regelung des § 134** anzusehen, der im Falle des Verstoßes gegen ein **gesetzliches Verbot** die Nichtigkeit anordnet[6]. Die schwebende Unwirksamkeit erfasst nicht nur das Verpflichtungsgeschäft, sondern **auch das Verfügungsgeschäft**[7]. Dies ergibt sich unmittelbar aus dem Wortlaut des § 451 Abs 1, nach der die Wirksamkeit des „Kaufs und der Übertragung" von der Zustimmung der Beteiligten abhängt. Aus der im Falle des Fehlens einer Zustimmung eintretenden schwebenden Unwirksamkeit folgt, dass eine **Genehmigung** grundsätzlich möglich ist[8]. Das Verpflichtungs- und Verfügungsgeschäft sind von Anfang an ohne zwischenzeitliche schwebende Unwirksamkeit rechtsgültig, wenn vor Abschluss des Kaufgeschäfts eine Zustimmung in Form der **Einwilligung iSd § 183** vorlag[9]. 2

3. **Der Kreis der Zustimmungsberechtigten und Notwendigkeit der Zustimmung aller Berechtigten.** – a) **Grundlagen.** Nach § 451 Abs 1 ist eine Zustimmung derjenigen erforderlich, die beim Verkauf als **Schuldner, Eigentümer oder Gläubiger** beteiligt sind. Das Erfordernis der Zustimmung dieser Personen beruht darauf, dass Unregelmäßigkeiten bei der Verwertung und ein dadurch entstehender Nachteil zu ihren Lasten geht. Der Verkauf wird nur dann wirksam, wenn die **Zustimmungserklärungen aller Zustimmungsberechtigten** vorliegen[10]. Die Zustimmungserklärung eines Berechtigten lässt daher zunächst die schwebende Unwirksamkeit unberührt. Im Falle der **Verweigerung** der Zustimmung **eines Berechtigten** tritt die Nichtigkeit des Verkaufs ein[11]. 3

b) **Die Zustimmung des Schuldners – Staat als Verkäufer bei Zwangsversteigerungen.** Die besondere Erwähnung des Schuldners in § 451 Abs 1 bezieht sich vor allem auf den Fall beim Pfandrecht, dass **Eigentümer der Sache** und Schuldner der gesicherten Forderung verschiedene Personen sind. Der Verkäufer schuldet zwar sowohl beim Verkauf im Rahmen der Zwangsvollstreckung (§ 450 Abs 1) als auch bei Verwertungen außerhalb der Zwangsvollstreckung (§ 450 Abs 2) die Verschaffung der Sache; bei der privatrechtlichen Verwertung nach § 433 Abs 1 und bei der Zwangsvollstreckung in bewegliche oder unbewegliche Sachen auf Grundlage **eines kaufähnlichen öffentlich-rechtlichen Vertrags**[12]. Gleichwohl ist in den Verkaufsfällen des § 450 Abs 1 und Abs 2 der **Verkäufer als solcher** nicht Schuldner iSd § 451 Abs 1. Da im Regelfall der Verkauf – insbes eine Versteigerung – vom **Gläubiger der Forderung** veranlasst wird, die zur Verwertung der Sache berechtigt, ist der Verkäufer beim Verkauf außerhalb der Zwangsvollstreckung aufgrund seiner Gläubigerstellung **zustimmungsberechtigt**. 4

Anders ist insoweit die Rechtslage beim Verkauf im Rahmen der **Zwangsvollstreckung.** Versteigert der Gerichtsvollzieher auf Grundlage des Vollstreckungsrechts eine **bewegliche Sache**, so kommt mit dem **Zuschlag** zwischen dem Staat und dem Erwerber der kaufähnliche öffentlich-rechtliche Vertrag zustande[13]. Das Gleiche gilt, wenn das nach ZVG § 1 Abs 2 zuständige **Vollstreckungsgericht eine Immobilie** nach ZVG im Rahmen der Zwangsvollstreckung[14], einer **Teilungsversteigerung** nach ZVG § 180[15] oder auf **Antrag des Insolvenzverwalters** nach InsO § 165[16] versteigert. Der Staat schuldet hier zwar als Vertragspartner noch die Übergabe des versteigerten und durch **Zuschlag** schon in das Eigentum des Erstehers übergegangenen Gegenstands, er ist aber nicht Schuldner iSd § 451 Abs 1. Die Rechtfertigung dafür ist darin zu sehen, dass die für diese Verwertungsarten zuständigen **staatliche Organe** keinen Anspruch auf einen **Anteil am Versteigerungserlös** haben. Der Schuldnerbegriff des § 451 Abs 1 bezieht sich nur auf den Anspruch, der Grundlage der Verwertung ist; bei **Pfandrechten** idR also auf die gesicherte Forderung. Die Zustimmung des Staates ist daher nicht erforderlich[17]. 5

5 Staud/Beckmann Rz 1; MünchKomm/Westermann Rz 1.
6 Staud/Beckmann Rz 1; MünchKomm/Westermann Rz 1.
7 Motive Mugdan II S 332 („zugleich stellt der Entwurf klar, dass sowohl der obligatorische als auch der dingliche Vertrag unter das Verbot fallen"); MünchKomm/Westermann Rz 1; BeckOK/Faust Rz 2.
8 MünchKomm/Westermann Rz 1.
9 Vgl zum Zustimmungsbegriff des § 451 Abs 1 Satz 1 nachfolgend Rz 13.
10 BeckOGK/Mock Rz 8.
11 BeckOGK/Mock Rz 8.
12 Vgl dazu § 450 Rz 6.
13 Vgl § 450 Rz 6.
14 Vgl § 450 Rz 6.
15 Vgl § 450 Rz 42 ff.
16 Vgl § 450 Rz 38.
17 Ähnlich MünchKomm/Westermann Rz 3; Staud/Beckmann Rz 1; iE auch BeckOK/Faust Rz 2.

Entsprechendes gilt für andere Verkäufer, deren **Vermögensinteressen** durch den Verkauf nicht betroffen werden.

6 c) **Zustimmung des Gläubigers – Mehrheit und Rangordnung von Gläubigern.** Zustimmungsberechtigter Gläubiger iSd § 451 Abs 1 ist in jedem Fall derjenige Gläubiger, der die Zwangsversteigerung oder die sonstige Verwertung (zB einen freihändigen Verkauf) betreibt[18]. Bei einer Mehrheit von Gläubigern ist für den **Rang des Pfandrechts** an einer beweglichen Sache gem § 1209 der Zeitpunkt der Bestellung maßgebend. Es gilt insoweit also das **Prioritätsprinzip** (*prior tempore potior iure*). Aufgrund des Übergabeerfordernisses des § 1205 Abs 1 („Faustpfandprinzip") wird es zwar idR nicht zu einer mehrfachen rechtsgeschäftlichen Verpfändung von **beweglichen Sachen** kommen. Eine Rangordnung kann aber zum einen dadurch entstehen, dass ein **vertragliches Pfandrecht** an einer beweglichen Sache zusammentrifft mit einem **Grundpfandrecht** an einem Grundstück und diese bewegliche Sache als **Zubehör iSd ZPO §§ 1120, 97** anzusehen ist[19]. Konkurrierende Gläubigerrechte an einer verpfändeten beweglichen Sache können darüber hinaus durch Kollision mit einem **gesetzlichen Pfandrecht** – insbes mit einem Vermieterpfandrecht (§ 562) – zustande kommen[20]. Im Rahmen der Zwangsvollstreckung kann durch **Mehrfachpfändungen** eine auf dem Prioritätsprinzip des ZPO § 804 Abs 3 beruhende **Rangordnung von Pfändungspfandrechten** gegeben sein[21]. Auch im Falle eines Zusammentreffens des Vertragspfandrechts mit einem Pfändungspfandrecht gilt gem ZPO § 804 Abs 3 das Prioritätsprinzip[22]. Bei Vorliegen eines Verstoßes gegen das Erwerbsverbot des § 450 ist nicht nur die Zustimmung des **erstrangig gesicherten Gläubigers** erforderlich. Es müssen vielmehr auch die Gläubiger zustimmen, die in Bezug auf die **Verwertung des Gegenstands** durch Verkauf einen **schlechteren Rang** haben[23]. Dies gilt unabhängig davon, ob im konkreten Fall ein Verkaufserlös zu erwarten ist, der über den Anspruch des erstrangigen Gläubigers hinausgeht. Die Rechtfertigung für das **Zustimmungserfordernis der nachrangigen Gläubiger** ist darin zu sehen, dass sie ein Recht auf einen ihrer Forderung entsprechenden Teil des Verkaufserlöses haben, der nach Bedienung der vorrangig gesicherten Forderungen verbleibt (Übererlös).

7 d) **Die Zustimmung des Eigentümers.** In vielen Veräußerungsfällen – und insbes bei der Zwangsvollstreckung – ist der Eigentümer auch der **Schuldner der Forderung**, deren Nichterfüllung zur Verwertung der Sache durch Veräußerung führt. Der Eigentümer ist dann auch schon als Schuldner iSd § 451 Abs 1 zur Zustimmung berechtigt. In den sonstigen Fällen sichert die Sache die **Forderung gegen einen Dritten** oder darf aufgrund eines sonstigen Anspruchs gegen einen Dritten verwertet werden. Die Rechtfertigung des Zustimmungserfordernisses liegt in diesen Fällen zum einen darin, dass der Eigentümer den **Verlust der Sache** im Wege der kraft Gesetzes angeordneten Verwertung nur dulden muss, wenn **die gesetzlichen Voraussetzungen** erfüllt sind. Dazu gehört auch die Einhaltung des Erwerbsverbots des § 450. Zum anderen sind die **Vermögensinteressen** des Eigentümers deshalb betroffen, weil ihm ein sich nach Befriedigung der Gläubiger verbleibender **Übererlös** gebührt.

8 4. **Einzelfälle der Zustimmungsberechtigung.** – a) **Zustimmungsberechtigung bei Veräußerung von Massegegenständen durch Insolvenzverwalter.** Ist im Falle des Verkaufs eines Gegenstands aus einer Insolvenzmasse der Verbotstatbestand des § 450 Abs 2 iVm Abs 1 erfüllt[24], so stellt sich die Frage, ob der **Insolvenzschuldner** und alle **Insolvenzgläubiger** zustimmen müssen oder eine Genehmigung durch den **Gläubigerausschuss** genügt. Die Notwendigkeit einer Zustimmung aller einzelnen Insolvenzgläubiger würde dazu führen, dass schon die Verweigerung der Zustimmung durch einen Insolvenzgläubiger auch bei einer Vielzahl von derartigen Gläubigern dem Verkauf entgegensteht bzw die **endgültige Nichtigkeit** eines bereits durchgeführten Kaufs herbeiführt[25]. Es wird zwar zu Recht darauf hingewiesen, dass der Gläubigerausschuss kein mit Vertretungsmacht ausgestatteter allgemeiner **Vertreter der Insolvenzgläubiger** ist[26]. Die InsO enthält auch keine besondere Ermächtigung des Gläubigerausschusses, im Falle des Eingreifens des Verbots des § 450 eine Genehmigungserklärung mit Wirkung für die Gesamtheit der Insolvenzgläubiger abzugeben.

9 Nach **InsO § 69 Satz 1** hat der Gläubigerausschuss aber insbes die Aufgabe, den Insolvenzverwalter bei seiner **Geschäftsführung zu unterstützen und zu überwachen.** Der wesentliche Unterschied zwischen dem Pfandrecht an einem einzelnen Gegenstand und der Rechtsstellung

18 Staud/Beckmann Rz 1; BeckOGK/Mock Rz 8.
19 Vgl Soergel/Habersack § 1209 Rz 2.
20 Vgl Soergel/Habersack § 1209 Rz 2.
21 Musielak/Voit/Flockenhaus, ZPO, 2023[20], § 804 Rz 15.
22 Musielak/Voit/Flockenhaus, ZPO, 2023[20], § 804 Rz 15.
23 Staud/Beckmann Rz 1; MünchKomm/Westermann Rz 2.
24 Vgl dazu § 450 Rz 35 ff.
25 Vgl BeckOGK/Mock Rz 9 (Zustimmung idR praktisch ausgeschlossen); Staud/Beckmann Rz 1.
26 BeckOGK/Mock Rz 9.

der Insolvenzgläubiger besteht darin, dass die Insolvenzgläubiger kein **Sicherungs- und Verwertungsrecht** bezüglich eines bestimmten Gegenstands, sondern nur einen Anspruch auf Befriedigung nach Maßgabe der InsO §§ 187 ff in Höhe einer sich ergebenden **Insolvenzquote** haben. Vor jeder Verteilung hat der Insolvenzverwalter gem InsO § 187 Abs 3 die Zustimmung des Gläubigerausschusses einzuholen, sofern ein solcher Ausschuss bestellt worden ist. Für eine **Abschlagsverteilung** bestimmt der Gläubigerausschuss gem InsO § 195 Abs Satz 1 auf Vorschlag des Insolvenzverwalters den zu zahlenden Bruchteil. Daraus folgt, dass sich das **Befriedigungsrecht des einzelnen Insolvenzgläubigers** auf die sich im Rahmen einer ordnungsgemäßen Verwertung der Insolvenzmasse durch den Insolvenzverwalter ergebende Insolvenzquote beschränkt. Der Gläubigerausschuss übt insoweit kraft Gesetzes eine unterstützende und überwachende Funktion aus. Da die Frage der Zustimmung nach § 451 zum Verkauf eines Gegenstands aus der Insolvenzmasse die **Verwertung eines Massegegenstands** durch den grundsätzlich zuständigen Insolvenzverwalter unter Aufsicht des Gläubigerausschusses betrifft, ist aus InsO § 69 Satz 1 eine **Zustimmungszuständigkeit des Gläubigerausschusses** abzuleiten[27]. Eine Zustimmung der einzelnen Insolvenzgläubiger ist daher ebenso wenig erforderlich wie die Zustimmung des Insolvenzschuldners.

10 b) **Verkäufe zum Zwecke der Auseinandersetzung einer Bruchteilsgemeinschaft oder einer Gesamthandsgemeinschaft.** Bei der Versteigerung oder dem sonstigen Verkauf eines Gegenstands zum Zwecke der Auseinandersetzung einer Bruchteilsgemeinschaft müssen **alle Teilhaber** die Zustimmung erklären[28]. Die Regelung des **§ 753** ist auch bei der Auseinandersetzung einer Gesamthandsgemeinschaft in Form einer **Ehegatten-Gütergemeinschaft** oder einer **Erbengemeinschaft** entsprechend anwendbar, so dass auch dort alle Mitglieder zustimmen müssen. Zu beachten ist bei der Auseinandersetzung einer Bruchteilsgemeinschaft oder Gesamthand allerdings, dass der Erwerb durch einen Teilhaber bzw Gesellschafter von vornherein nicht vom **Kaufverbot des § 450** erfasst wird[29]. Der Verkauf ist hier also von Anfang an wirksam. Wurde von den Teilhabern bzw Gesellschaftern einem von ihnen die **Beantragung der Versteigerung** oder eines sonstigen nach § 753 zulässigen Verkaufs übertragen, so bezieht sich diese Bevollmächtigung grundsätzlich nicht auf die **Erteilung einer Zustimmung** im Falle der Veräußerung an einen Beteiligten iSd § 450 Abs 2 iVm Abs 1 unter Verstoß gegen das dort geregelte Erwerbsverbot.

11 c) **Zustimmung bei Veräußerung von Sachen nach Spezialvorschriften des HGB und bei Anteilsverwertung nach Gesellschaftsrecht.** In einer Reihe von Fällen kann nach HGB im Rahmen eines besonderen Handelsgeschäfts unter bestimmten Voraussetzungen ein **Pfandverkauf,** ein **Selbsthilfeverkauf,** ein **Notverkauf** oder eine sonstige Verwertung eines Gegenstands vorgenommen werden. Bei Vorliegen eines **gesetzlichen Pfandrechts**[30] ist – wie beim BGB-Vertragspfand – eine Zustimmung sämtlicher Gläubiger, des Schuldners und des Eigentümers erforderlich. In vielen Fällen ist der Eigentümer hier schon als Schuldner zustimmungsberechtigt. Auch beim **Selbsthilfeverkauf** im Rahmen der Durchführung eines **Handelskaufs,** eines **Kommissionsgeschäfts** oder eines **Transportgeschäfts** (Fracht- oder Speditionsvertrag) richtet sich die Zustimmungsberechtigung im Falle des Verstoßes gegen das Erwerbsverbot des § 450 nach der allgemeinen Norm des § 451. In den meisten Fällen ist derjenige Kaufmann, der die vertragstypische Sachleistung erbringt, der **Gläubiger** iSd § 451 Abs 1 und der zahlungs- und/oder annahmepflichtige andere Teil der **Schuldner.**

12 Beim Verkauf eines **GmbH-Geschäftsanteils** im Rahmen einer Kaduzierung[31] oder von **Aktien** nach Kraftloserklärung[32] ist die betreffende Kapitalgesellschaft zwar kraft Gesetzes ohne Zustimmung des betroffenen Gesellschafters zum Verkauf berechtigt. Diese Ermächtigung rechtfertigt aber nicht einen Verstoß der Verwertung gegen § 450. Der **betroffene Gesellschafter** steht hier als bisheriger Anteilsinhaber in Bezug auf die Zustimmungsberechtigung nach § 451 Abs 1 dem Eigentümer einer Sache gleich. IdR ist der bisherige Anteilsinhaber zugleich Schuldner. Die **Gesellschaft** ist als Gläubiger und häufig auch zugleich als neuer Inhaber zustimmungsberechtigt. Aufseiten der Gesellschaft ist die Zustimmung vom **Vertretungsorgan** zu erklären. Die Notwendigkeit eines **Gesellschafterbeschlusses** im Innenverhältnis beeinträchtigt grundsätzlich nicht die Wirksamkeit einer vom organschaftlichen Vertreter erteilten Zustimmung.

13 5. **Die Zustimmungserklärung.** – a) **Geltung des Zustimmungsbegriffs der §§ 182 ff.** Die Zustimmung iSd § 451 Abs 1 ist gem §§ 182 ff der Oberbegriff für die in § 183 geregelte

27 So iE auch Erman/Grunewald Rz 2; MünchKomm/Westermann Rz 2; jurisPK-BGB/Müller Rz 14; aA BeckOGK/Mock Rz 9; BeckOK/Faust Rz 2; offenlassend Staud/Beckmann Rz 1.

28 BeckOGK/Mock Rz 8.

29 Vgl § 450 Rz 42 f.

30 Vgl dazu § 450 Rz 31.

31 Vgl dazu § 450 Rz 53 f.

32 Vgl dazu § 450 Rz 55.

Einwilligung (vorherige Zustimmung) und die **Genehmigung** nach § 184 (nachträgliche Zustimmung)[33]. Eine Genehmigung wirkt gem § 184 Abs 1 auf den Zeitpunkt der Vornahme des Kaufgeschäfts zurück[34]. Wird vor der Durchführung des Kaufgeschäfts eine Einwilligung von allen Zustimmungsberechtigten iSd § 451 Abs 1 Satz 1 eingeholt, so ist sowohl das Kausalgeschäft als auch das dingliche Verfügungsgeschäft von Anfang an wirksam[35]. Ob die Zustimmung in Form der Genehmigung in der Praxis der Regelfall ist[36], erscheint zweifelhaft. Bei der Versteigerung von **beweglichen Sachen** durch einen Gerichtsvollzieher oder von Grundstücken durch das Vollstreckungsgericht kann sich zwar in der Tat erst im **Laufe des Versteigerungstermins** ergeben, dass eine Person mitbietet, die den Gegenstand nicht ohne Verstoß gegen § 450 erwerben kann. Der **Zuschlag** zugunsten dieses Bieters führt dann zur schwebenden Unwirksamkeit, bis die Genehmigungserklärungen aller Beteiligten vorliegen. Im Falle eines zulässigen **freihändigen Verkaufs** – zB durch den Insolvenzverwalter zum Zwecke der Verwertung von Massegegenständen – dürfte dagegen vor Durchführung des Verkaufs an eine vom Erwerbsverbot betroffene Person die Frage der Zustimmung der Beteiligten geklärt werden und der Vollzug nur bei Vorliegen aller Einwilligungserklärungen erfolgen.

14 b) **Richtiger Adressat der Zustimmungserklärung**. Die Zustimmung kann nach der allgemeinen Regelung des § 182 sowohl demjenigen gegenüber erteilt werden, der den Verkauf durchgeführt hat, als auch gegenüber dem Erwerber. Die **Empfangszuständigkeit des staatlichen Versteigerungsorgans,** also des Gerichtsvollziehers bei der Versteigerung beweglicher Sachen und des Vollstreckungsgerichts bei der Versteigerung von Grundstücken, wird auch ohne ausdrückliche Ermächtigung vom **Versteigerungsauftrag** umfasst. Das betreffende staatliche Organ ist dann verpflichtet, die Genehmigung an den Erwerber weiterzuleiten. Die Genehmigungswirkung tritt aber schon mit **Zugang beim staatlichen Organ** ein. Auch im Falle des Vorliegens einer unmittelbaren oder mittelbaren Stellvertretung auf Käuferseite hängt das Wirksamwerden einer Genehmigungserklärung vom Zugang nach § 130 beim richtigen Adressaten ab. Die **rechtsgeschäftliche Bevollmächtigung** eines Stellvertreters bezüglich der Abgabe eines Gebots und der weiteren Abwicklung des Erwerbs umfasst – ebenso wie eine **gesetzliche Vertretungsmacht** (zB bei organschaftlicher Vertretung einer juristischen Person oder rechtfähigen Personengesellschaft) – auch die Entgegennahme der hier in Rede stehenden Genehmigungserklärung. Im Falle einer mittelbaren Stellvertretung und insbes bei Bestehen eines **Treuhandverhältnisses** ist die zugrundeliegende vertragliche Vereinbarung idR dahin gehend auszulegen, dass sie zum Empfang einer Genehmigungserklärung berechtigt. Das Wirksamwerden der Genehmigung tritt daher auch hier mit Zugang beim mittelbaren Stellvertreter ein. Im Falle einer **Aufforderung nach §§ 451 Abs 1 Satz 2 iVm § 177 Abs 2** kann die Genehmigung allerdings nur noch gegenüber dem Käufer erklärt werden[37]. Der mittelbare Stellvertreter kann hier allerdings zumindest noch **Empfangsbote** des Käufers sein.

15 6. **Auslegung einer Gestattung iSd § 181 als Befreiung vom Erwerbsverbot des § 450.** Die Frage der Erstreckung einer vom Vertretenen erklärten Befreiung des Vertreters vom **Verbot des Selbstkontrahierens** (§ 181) stellt sich dann, wenn der Vertretene zugleich in Bezug auf das Erwerbsverbot des § 450 zustimmungsberechtigt ist nach § 451 Abs 1. Erklärt zB der **Pfandgläubiger** als Auftraggeber eines öffentlich bestellten Versteigerers, dass die betreffende Verkaufsperson von den Beschränkungen des § 181 befreit sein soll, so kann darin auch die **Zustimmung zu einem Mitbieten** liegen, das nach § 450 Abs 2 iVm Abs 1 grundsätzlich nicht gestattet ist[38]. IdR ist diese Erstreckung im Wege einer **Auslegung** der abgegebenen Erklärung zu bejahen. Denn mit der Gestattung nach § 181 beabsichtigt der Vertretene (Auftraggeber) die Herbeiführung der **Wirksamkeit des Verkaufs** trotz Mitbietens des Versteigerers im eigenen Namen oder als Vertreter eines Dritten. Die Genehmigung des Selbstkontrahierens ergäbe keinen Sinn, wenn die Wirksamkeit des Kaufvertrags letztlich noch am Verstoß gegen das Erwerbsverbot des § 450 scheiterte. Diese Erstreckung greift selbstverständlich nicht Platz, soweit noch die Zustimmung anderer Beteiligter erforderlich ist.

16 7. **Entsprechende Anwendung des § 177 Abs 2 bei Aufforderung zur Erklärung über die Genehmigung**. – a) **Fristsetzung und Rechtsfolgen**. Gem § 451 Abs 1 Satz 2 findet, wenn der Käufer einen Beteiligten zur Erklärung über die Genehmigung auffordert, die auf den Fall **einer Vertretung ohne Vertretungsmacht** zugeschnittene Regelung des § 177 Abs 2 entsprechende Anwendung. Die Genehmigung des Kaufs kann daher gem § 177 Abs 2 Satz 2 nur bis zum **Ablauf von zwei Wochen** nach dem Empfang der Aufforderung erklärt werden. Erfolgt innerhalb dieser Frist keine Genehmigung des wegen eines Verstoßes gegen § 450 schwebend

33 Vgl Staud/Beckmann Rz 1; BeckOGK/Mock Rz 11.
34 BeckOGK/Mock Rz 11.
35 BeckOGK/Mock Rz 11.
36 So Staud/Beckmann Rz 1.
37 Vgl zu den Einzelheiten unten Rz 16.
38 RG HansGZ 1925 B 217.

unwirksamen Verkaufs, so gilt die Genehmigung als verweigert (§ 177 Abs 2 Satz 2 aE). Der Schwebezustand wird durch **Eintritt der Nichtigkeit** beendet[39]. Die entsprechende Anwendung des § 177 Abs 2 Satz 1 führt dazu, dass im Anschluss an eine Aufforderung die Genehmigungserklärung des betreffenden Beteiligten nur gegenüber dem Käufer erfolgen kann. Da die Genehmigung eine **empfangsbedürftige Willenserklärung** darstellt, finden die §§ 104 ff unmittelbar Anwendung[40]. Praktische Bedeutung hat insoweit vor allem die Zugangsregelung des § 130[41].

b) **Zugangsadressat der Genehmigung nach Aufforderungserklärung des Käufers.** Für das Wirksamwerden einer Genehmigungserklärung durch Zugang gilt auch im Falle einer vorhergehenden Aufforderung des Käufers nach § 451 Abs 1 Satz 2 iVm § 177 Abs 2 die **allgemeine Vorschrift des § 130**. Nach § 177 Abs 2 kann im Anschluss an eine Aufforderung des Käufers die Genehmigung „nur ihm gegenüber erfolgen". Dies schließt zwar eine **Stellvertretung** nicht aus. Im Falle einer Aufforderung des Käufers entsprechend § 177 Abs 2 ist aber davon auszugehen, dass der **vorhergehende Versteigerungsauftrag** jetzt grundsätzlich nicht mehr eine unmittelbare Empfangszuständigkeit des betreffenden Auftragsadressaten für die Genehmigungserklärung begründet. Grundvoraussetzung für das Wirksamwerden der Genehmigung durch Zugang ist die **Abgabe** dieser Willenserklärung, dh, die Erklärung muss willentlich in Richtung des im Falle des § 451 Abs 1 Satz 2 ausschließlich für den Empfang zuständigen Käufers in den Verkehr gebracht werden. Gibt der zur Erklärung über die Genehmigung aufgeforderte Beteiligte die Genehmigungserklärung gegenüber einer **unzuständigen Person** ab, so fehlt schon eine ordnungsgemäße Abgabe mit der Folge, dass eine **zufällige Kenntnisnahme** durch den Käufer keinen wirksamen Zugang bewirkt[42]. Dies gilt zwar grundsätzlich auch dann, wenn der **unzuständige Empfänger** die tatsächliche Genehmigungserklärung an den Käufer weiterleitet[43]. Lässt der Käufer allerdings eine bewegliche Sache öffentlich versteigern oder freihändig verkaufen, so ist der **Gerichtsvollzieher** bzw der sonstige öffentlich bestellte Versteigerer/Handelsmakler auf Grundlage des Verkaufsauftrags zumindest noch als ermächtigt anzusehen, Genehmigungserklärungen für den Käufer entgegenzunehmen und an diesen weiterzuleiten. Der Zugang scheitert hier also nicht wegen **Abgabe der Zustimmungserklärung** gegenüber einem (gänzlich) unzuständigen Adressaten. Die genannten staatlichen Organe sind nach Erfolgen einer Aufforderung des Käufers nach § 177 Abs 2 aber **keine echten Empfangsvertreter**, so dass es für die **Wahrung der Zwei-Wochen-Frist** auf den Zugang beim Käufer ankommt. Entsprechendes gilt im Falle der Versteigerung eines Grundstücks durch das **Vollstreckungsgericht,** wenn nach Erfolgen einer Aufforderung des Käufers die Zustimmungserklärung gegenüber dieser staatlichen Stelle abgegeben wird. 17

c) **Selektive Aufforderung nach § 177 Abs 2 – Erfordernis der Genehmigung durch alle Beteiligten.** Der Käufer ist gem § 451 Abs 1 Satz 2 zwar nicht verpflichtet, alle Beteiligten zur Erklärung über die Genehmigung aufzufordern. Das Wirksamwerden setzt aber das Vorliegen der **Zustimmung aller Beteiligten** iSd § 451 Abs 1 voraus. Daher führt bereits die **erfolglose Aufforderung** eines Beteiligten zur endgültigen Nichtigkeit des Erwerbsgeschäfts. Wenn also ein Beteiligter nach Zugang der Aufforderung des Käufers die Genehmigung ausdrücklich verweigert oder innerhalb der **Zwei-Wochen-Frist** überhaupt keine Erklärung abgibt, dann macht die Aufforderung anderer Beteiligter keinen Sinn mehr. Eine **sukzessive Vorgehensweise** des Käufers kann daher insbes in dem Fall empfehlenswert sein, in dem die Zustimmung eines von mehreren Beteiligten von vornherein zweifelhaft ist. 18

8. **Kein Widerrufsrecht des Käufers analog § 178.** Nach § 178 Satz 1 ist im Falle einer Vertretung ohne Vertretungsmacht der andere Teil **bis zur Genehmigung des Vertrags** zum Widerruf berechtigt. Das Widerrufsrecht des anderen Teils ist ausgeschlossen, wenn er das **Fehlen der Vertretungsmacht** bei Abschluss des Vertrags kannte (§ 178 Satz 1 aE). Eine entsprechende Anwendung des § 178 Satz 1 auf den Fall des Erwerbs einer Sache unter Verstoß gegen § 450 kommt daher von vornherein nur dann in Betracht, wenn der Käufer gutgläubig war, also das Erwerbsverbot nicht kannte[44]. Gegen die Vergleichbarkeit des hier in Rede stehenden Widerrufs des Käufers mit dem in § 178 geregelten **Widerruf des anderen Vertragsteils** bei Fehlen der Vertretungsmacht aufseiten einer Partei spricht, dass der **Wirksamkeitsmangel** gerade auf der Vertragsseite gegeben ist, die sich durch Widerspruch lösen will[45]. Die Interessen des **gutgläubi-** 19

39 BeckOGK/Mock Rz 12.
40 Vgl zur Rechtsnatur der Zustimmung Soergel/Klinck Vor § 182-185 Rz 1 ff; MünchKomm/Schubert § 177 Rz 33 ff; BeckOGK/Ulrici § 177 Rz 150 ff; BeckOK/Schäfer § 177 Rz 19 ff.
41 Vgl dazu nachfolgend Rz 17.
42 BGH NJW 1979, 2032, 2033; BAG NJW 2011, 872 Rz 35.
43 BGH NJW 1979, 2032, 2033; BAG NJW 2011, 872 Rz 35.
44 Für die analoge Anwendung des § 178 bei Vorliegen dieser Voraussetzung Erman/Grunewald Rz 3.
45 Die Vergleichbarkeit verneinend auch MünchKomm/Westermann Rz 4.

gen Käufers werden vielmehr schon dadurch in ausreichender Weise gewahrt, dass die Zustimmungsberechtigten innerhalb der **Zwei-Wochen-Frist** des entsprechend anwendbaren § 177 Abs 2 entscheiden müssen, ob sie den schwebend unwirksamen Kauf genehmigen wollen[46]. Die damit verbundene temporäre Ungewissheit muss deshalb **zu Lasten des Käufers** gehen, weil er den Wirksamkeitsmangel verursacht hat. Zudem erklärt § 451 Abs 1 Satz 2 aus dem Recht der Stellvertretung nur § 177 Abs 2 zugunsten des Käufers für entsprechend anwendbar, aber nicht die nachfolgende Bestimmung des § 178 über das Widerrufsrecht des anderen Teils[47]. Ein Widerrufsrecht des Käufers ist daher auch im Falle der Unkenntnis des Verstoßes gegen das Erwerbsverbot des § 450 abzulehnen[48].

II. Haftung nach § 451 Abs 2 für Mindererlös und Kosten

20 1. **Systematische Einordnung als Erstattungsanspruch sui generis – kein Schadensersatzanspruch.** Nach dem eindeutigen Wortlaut des § 451 Abs 2 handelt es sich nicht um einen Anspruch auf Schadensersatz wegen schuldhafter Herbeiführung eines Schadens iSd §§ 249 ff. Anstelle der für Schadensersatzansprüche typischen Formulierungen „Ersatz des Schadens", „den Schaden zu ersetzen" oder „haftet auf" wird angeordnet, dass der frühere Käufer für „die Kosten des neuen Verkaufs" und darüber hinaus für einen „Mindererlös aufzukommen" hat. Der **Wortlaut des § 451 Abs 2** enthält auch keinen Anhaltspunkt für die Notwendigkeit eines **Verschuldens des früheren Käufers** als Anspruchsgegner. Die Norm ist vielmehr so formuliert, dass insoweit auch nicht auf die **allgemeinen Grundsätze des Schadensersatzrechts** zurückgegriffen werden kann. Der Anspruch gegen den früheren Käufer aus § 451 Abs 2 ist nicht als Schadensersatzanspruch, sondern vielmehr als Erstattungsanspruch sui generis einzuordnen, der einen mit einer **Gefährdungshaftung vergleichbaren Charakter** hat. Eine wesentliche Besonderheit dieses Anspruchs besteht darin, dass kein Verschulden des früheren Käufers iSd § 276 erforderlich ist[49]. Das Nichtvorliegen eines Schadensersatzanspruchs wird auch durch das Fehlen eines Kausalitätserfordernisses zwischen Verstoß gegen das Erwerbsverbot des § 450 und erstattungspflichtigem Mindererlös belegt[50].

21 2. **Die Unbeachtlichkeit eines Rechtsirrtums des früheren Käufers.** Die praktisch bedeutsamste Konsequenz des fehlenden Erfordernisses eines Verschuldens besteht darin, dass der frühere Käufer sich nicht auf einen unverschuldeten Rechtsirrtum berufen kann[51]. Dem früheren Käufer ist als Anspruchsgegner von vornherein der Einwand verwehrt, ihm sei der Verstoß gegen § 450 nicht bekannt gewesen und er habe diese **Unkenntnis** auch nicht zu vertreten. Käme es für den Erstattungsanspruch auf ein Verschulden des früheren Käufers an, so bestünden für den Anspruchsgläubiger nur **schwer kalkulierbare Prozessrisiken**. Denn er müsste für das Verschulden Umstände nachweisen, die in der Person des Schuldners begründet sind. Mit der **verschuldensunabhängigen Erstattungspflicht** des früheren Käufers wollte der Gesetzgeber offensichtlich derartige Schwierigkeiten bei der Durchsetzung des Anspruchs vermeiden. Dass der Kaufinteressent bei Bestehen einer Beteiligung am Verkaufsvorgang oder einer Verbindung zu den mit dem Verkauf betrauten Personen die Vereinbarkeit des Erwerbs mit § 450 prüfen muss und er das Risiko einer darauf bezogenen **Fehleinschätzung** trägt, ist als interessengerecht anzusehen. Im Regelfall wäre ein Rechtsirrtum auch hier ohnehin deshalb unbeachtlich, weil der Kaufinteressent sich notfalls durch Inanspruchnahme einer **anwaltlichen Beratung** vergewissern muss, ob der Erwerb rechtmäßig ist.

22 3. **Kein Erfordernis der Kausalität zwischen Verstoß gegen § 450 und Mindererlös iSd § 451 Abs 2.** In vielen Fällen wird das Mitbieten einer gegen § 450 verstoßenden Person beim Erstverkauf zu einem **höheren Versteigerungserlös** führen als im hypothetischen Fall der Nichtbeteiligung dieser Person. Der als Differenz zwischen **Verkaufspreis beim Erstverkauf** und Verkaufspreis beim Zweitverkauf zu erstattende Mindererlös iSd § 451 Abs 2 beruht daher häufig gerade darauf, dass die **rechtswidrige Beteiligung des Anspruchsgegners** als Bieter beim Erstverkauf zu einem erhöhten Erlös geführt hat und dieser Betrag beim Zweitverkauf wegen der Nichtbeteiligung dieses Bieters nicht mehr zu erzielen war. Gleichwohl kann der gegen § 450 verstoßende Erstkäufer gegenüber dem Anspruch aus § 451 Abs 2 auf Ausgleich des Mindererlöses nicht einwenden, ohne sein (offenes oder verdecktes) **Mitbieten** wäre beim ersten

46 Vgl zu den Einzelheiten der entsprechenden Anwendung des § 177 Abs 2 oben Rz 16 ff.
47 MünchKomm/Westermann Rz 4; abl auch Staud/Beckmann Rz 1; BeckOGK/Mock Rz 11; BeckOK/Faust Rz 3.
48 So iE auch Staud/Beckmann Rz 1; BeckOGK/Mock Rz 11; BeckOK/Faust Rz 3.
49 Staud/Beckmann Rz 2; BeckOGK/Mock Rz 13; BeckOK/Faust Rz 4.
50 Vgl dazu unten Rz 22.
51 Vgl zum Wegfall der Haftung des Schuldners bei Entschuldbarkeit des Rechtsirrtums RGZ 156, 113, 120; BGH NJW 1974, 1903, 1904; Soergel/Benicke/Nalbantis § 286 Rz 161 ff.

Verkauf im Vergleich zum für den Erstattungsanspruch **maßgebenden Zweitverkauf** kein höherer Erlös erzielt worden[52].

Auch hier zeigt sich, dass § 451 Abs 2 keinen Schadensersatzanspruch statuiert, der eine Kausalität zwischen dem rechtswidrigen Verhalten und einem entstandenen Schaden voraussetzt. Der **rechtswidrig mitbietende Erstkäufer** hat den (höheren) Erlös des Erstverkaufs zwar gerade durch sein **Höchstgebot** zumindest mitverursacht. Für einen klassischen Schadensersatzanspruch müsste aber in Bezug auf das Kausalitätserfordernis bei der haftungsausfüllenden Kausalität auf den **hypothetischen Erlös** bei rechtmäßigem Ausschluss des Erstkäufers von der ersten Versteigerung abgestellt werden. Da dieser hypothetische Betrag in der Praxis nur schwer ermittelt werden könnte, hat der Gesetzgeber auch aus diesem Grund zu Recht den Anspruch aus § 451 Abs 2 als verschuldensunabhängigen Erstattungsanspruch sui generis ausgestaltet. 23

4. **Notwendigkeit eines zurechenbaren Verstoßes des „früheren Käufers" gegen § 450.** 24
Der Erstattungsanspruch aus § 451 Abs 2 gegen den früheren Käufer setzt zwar kein Verschulden iSd § 276 voraus[53]. Erforderlich ist aber ein zurechenbarer Verstoß des früheren Käufers gegen das Erwerbsverbots des § 450[54]. Dies folgt aus einer **systematischen Auslegung** des Tatbestandsmerkmals **„früherer Käufer"**, das sich auf die in § 450 Abs 1 und Abs 2 enthaltene Formulierung „Verkauf" im Wege der Zwangsvollstreckung bzw außerhalb der Zwangsvollstreckung bezieht. **Früherer Käufer** ist daher derjenige, der unter Verstoß gegen das Erwerbsverbot an einem solchen Verkauf als Käuferpartei beteiligt war. Für diese Auslegung spricht auch die in § 451 Abs 1 enthaltene Wendung „eines dem § 450 zuwider erfolgten Kaufs"[55]. Ohne das Erfordernis eines objektiv gegebenen Verstoßes gegen das Erwerbsverbot des § 450 Abs 1 oder Abs 2 ließe sich die mit einer Gefährdungshaftung vergleichbare verschuldensunabhängige Haftung nach § 451 Abs 2 nicht rechtfertigen.

5. **Ausschließliche Haftung des „früheren Käufers" nach § 451 Abs 2 – allgemeine Schadensersatzhaftung sonstiger Personen.** Die Erstattungspflicht des Erstkäufers aus § 451 Abs 2 setzt zwar einen **zurechenbaren Verstoß** gegen das Erwerbsverbot des § 450 voraus[56]. Dies bedeutet aber nicht, dass andererseits der Verstoß gegen § 450 eines sonstigen Beteiligten, der den Gegenstand nicht erworben hat und damit also nicht als „früherer Käufer" eingeordnet werden kann, die Erstattungspflicht nach § 451 Abs 2 auch einer solchen Person auslöst[57]. Dies folgt daraus, dass es sich eben nicht um einen Schadensersatzanspruch, sondern um einen **Erstattungsanspruch sui generis** handelt, der nach dem eindeutigen Wortlaut § 451 Abs 2 nur gegen den früheren Erwerber und **nicht gegen sonstige Beteiligte** – etwa den Gerichtsvollzieher oder den Rechtspfleger des Vollstreckungsgerichts – geltend gemacht werden kann. Im Übrigen lässt sich die mit einer Gefährdungshaftung vergleichbare **verschuldensunabhängige Erstattungspflicht** des § 451 Abs 2[58] nur zu Lasten desjenigen rechtfertigen, der durch seinen Erwerb den Verstoß gegen das Verbot des § 450 manifestiert und daraus – zumindest vorläufig – einen **Vorteil** gezogen hat. 25

Die Nichtanwendung des § 451 Abs 2 auf am Verkaufsvorgang beteiligte Personen, die den Gegenstand nicht erworben haben, schließt aber eine **Schadensersatzhaftung** dieser Beteiligten nach **allgemeinen Regeln** nicht aus. In Betracht kommt insoweit insbes eine Haftung nach **§ 823 Abs 2 iVm § 450.** Das Erwerbsverbot des § 450 stellt ein **Schutzgesetz** iSd § 823 Abs 2 dar[59]. Im Falle des Verstoßes eines staatlichen Organs gegen § 450 kommt ein **Amtshaftungsanspruch** aus § 839 iVm GG Art 34 in Betracht. Der wesentliche Nachteil dieser allgemeinen Schadensersatzansprüche im Vergleich zum Erstattungsanspruch aus § 451 Abs 2 besteht allerdings darin, dass die **schuldhafte Verursachung eines echten Schadens** durch den Verstoß gegen § 450 nachgewiesen werden muss[60]. Die Anspruchsgegner können hier also geltend machen, dass beim Erstverkauf ohne den Verstoß gegen § 450 nur ein **geringerer Erlös** erzielt worden wäre und deshalb der Betrag des Zweitverkaufs nicht zu einem **Differenzschaden** geführt habe. 26

6. **Anspruchsgegner bei unmittelbarer und mittelbarer Stellvertretung – Treuhandkonstruktionen.** Im Falle der unmittelbaren Stellvertretung nach § 164 auf Käuferseite treten 27

52 Staud/Beckmann Rz 2; MünchKomm/Westermann Rz 6; BeckOGK/Mock Rz 13; BeckOK/Faust Rz 4.
53 Vgl oben Rz 20.
54 Staud/Beckmann Rz 1 (Zuwiderhandlung gegen die Verbote des § 450); Erman/Grunewald Rz 4 (zusätzlich auch Verschulden erforderlich); für eine Haftung aller Personen, die gegen § 450 verstoßen haben MünchKomm/Westermann Rz 5; BeckOK/Faust Rz 4.
55 Vgl MünchKomm/Westermann Rz 5.
56 Vgl oben Rz 24.
57 Staud/Beckmann Rz 2; BeckOGK/Mock Rz 13; Erman/Grunewald Rz 4; aA MünchKomm/Westermann Rz 5; BeckOK/Faust Rz 4 (nicht stets den Erwerber).
58 Vgl dazu oben Rz 20.
59 Vgl dazu unten Rz 32.
60 Vgl dazu unten Rz 32.

die auf den Kauf bezogenen Wirkungen ohne weiteres für und gegen den **Vertretenen** ein, so dass er Partei des Kaufvertrags wird. Der Vertretene ist daher auch als **„früherer Käufer"** iSd § 451 Abs 2 und damit als Gegner des dort geregelten Erstattungsanspruchs anzusehen. Der unmittelbare Stellvertreter kann bei **schuldhafter Beteiligung** am Verstoß gegen § 450 nach allgemeinen Grundsätzen gem § 823 Abs 2 iVm § 450 auf **Schadensersatz** haften[61].

28 Partei des Kaufvertrags bzw des – im Falle der Versteigerung im Rahmen einer Zwangsvollstreckung vorliegenden – kaufähnlichen öffentlich-rechtlichen Vertrags[62] ist zwar bei Vorliegen einer mittelbaren Stellvertretung der **Bieter** und nicht der „Hintermann". Gleichwohl ist nicht der mittelbare Stellvertreter, sondern **die hinter ihm stehende Person** als „früherer Käufer" iSd § 451 Abs 2 anzusehen[63]. Die Rechtfertigung dafür liegt darin, dass der Verstoß gegen das Erwerbsverbot des § 450 letztlich vom „Hintermann" begangen wird[64], der die mittelbare Stellvertretung zum Zwecke der Ermöglichung des Erwerbs initiiert hat und die **wirtschaftlichen Vorteile** erlangt. Bei Bestehen eines Treuhandverhältnisses haftet daher nicht der bietende Treuhänder, sondern sein den Kauf finanzierender und Weisungen erteilender **Treugeber** nach § 451 Abs 2. Der mittelbare Stellvertreter kann aber im Falle einer schuldhaften Beteiligung am Verstoß gegen § 450 aus § 823 Abs 2 iVm § 450 haften. Inwieweit ihm dann ein **Freistellungsanspruch** gegen den „Hintermann" (Treugeber) zusteht, ist eine Frage des zwischen diesen beiden Akteuren bestehenden Schuldverhältnisses. IdR dürfte eine Freistellungsverpflichtung zu bejahen sein.

29 7. **„Mindererlös" und Erstattungspflicht nach § 451 Abs 2 bei Nichtzustandekommen eines Zweitverkaufs.** Scheitert ein Zweitverkauf deswegen, weil kein Gebot abgegeben oder der Zuschlag wegen eines zu niedrigen Gebots verweigert wird, so kann zwar durch den verbotswidrigen Ersterwerb ein Schaden entstanden sein. Das Tatbestandsmerkmal „Mindererlös" setzt aber **nach dem Wortsinn** ebenso wie die tatbestandliche Formulierung „[...] ein neuer Verkauf vorgenommen" das **tatsächliche Vorliegen** eines Zweitverkaufs voraus, der im Vergleich zum Erstverkauf zu einem geringeren Erlös geführt hat[65]. Bei Nichterfolgen eines Zweitverkaufs kommt jedenfalls ein **Schadensersatzanspruch** aus § 823 Abs 2 iVm § 450 bzw § 839 iVm GG Art 34 in Betracht[66]. Für einen Erstattungsanspruch aus § 451 Abs 2 ist hier aber kein Raum. Wird ein **weiterer Verkaufsversuch** unternommen – etwa ein neuer Versteigerungstermin anberaumt – und gelingt nunmehr der Verkauf, so ist eine negative Abweichung vom Erlös des Erstverkaufs als zu ersetzender Mindererlös iSd § 451 Abs 2 anzusehen. Die **Kosten des gescheiterten Versuchs** sind den zu ersetzenden „Kosten des neuen Verkaufs" zuzurechnen.

30 Auch in dem Fall, in dem ein **weiterer Verkaufsversuch als aussichtslos** erscheint und deshalb unterlassen wird, ist der völlige Ausfall eines Zweitverkaufs einem Mindererlös nicht gleichzustellen. Denn hier liegt es nahe, dass die Sache von Anfang an nur schwer verkäuflich war und der Erstverkauf nur durch das **verbotswidrige Mitbieten des Erstkäufers** zustande gekommen ist. Der gegen § 450 verstoßende Erstkäufer trägt gem § 451 Abs 2 nur das Risiko eines durch **Wertminderung** oder aus sonstigen Gründen geringeren Erlöses bei Vornahme des Zweitverkaufs, nicht aber das **Risiko** der generellen Unverwertbarkeit.

31 8. **Umfang des Kostenersatzes des § 451 Abs 2.** Zu ersetzen sind die Kosten des zweiten Verkaufs. Dazu gehören auch die Aufwendungen **der Rückabwicklung des Erstverkaufs.** Die Kosten der Vornahme des Erstverkaufs sind dagegen nicht Gegenstand des Kostenerstattungsanspruchs, weil sie ohnehin, dh auch bei Nichterfolgen eines Verstoßes gegen § 450 entstanden wären. Die Kosten des Zweitverkaufs sind zwar nach dem Wortlaut des § 451 Abs 2 auch dann zu ersetzen, wenn dieser Verkauf zu einem **Mehrerlös** führt. Insoweit hat aber eine **Vorteilsausgleichung** in der Weise zu erfolgen, dass die Kosten des erneuten Verkaufs nicht zu ersetzen sind, soweit sie vom Mehrerlös abgedeckt werden. Der Erstattungsanspruch ist daher hier auf die den Mehrerlös übersteigenden Kosten beschränkt. Wird beim Zweitverkauf exakt der gleiche Erlös erzielt wie beim Erstverkauf, so sind die Kosten des erneuten Verkaufs in voller Höhe zu ersetzen.

32 9. **Kein Ausschluss weitergehender Schadensersatzansprüche durch § 451 Abs 2.** Der verschuldensunabhängige Erstattungsanspruch aus § 451 Abs 2 schließt allgemeine Schadensersatzansprüche nicht aus, die uU die Verpflichtung zur Erstattung weitergehender Schäden begründen. Insoweit kommt vor allem ein Schadensersatzanspruch aus § 823 Abs 2 iVm § 450 in Betracht.

61 Vgl zur Haftung sonstiger Beteiligter oben Rz 25 ff.
62 Vgl dazu § 450 Rz 6.
63 BeckOGK/Mock Rz 14.
64 Vgl § 450 Rz 19 ff.
65 Vgl Staud/Beckmann Rz 2; MünchKomm/Westermann Rz 6.
66 Vgl Staud/Beckmann Rz 2; MünchKomm/Westermann Rz 6.

Denn § **450 ist als Schutzgesetz iSd** § **823 Abs 2** zugunsten der in § 451 Abs 1 genannten zustimmungsberechtigten Beteiligten einzuordnen[67]. Wird im Rahmen einer **hoheitlichen Tätigkeit** durch staatliche Organe gegen das Erwerbsverbot des § 450 verstoßen, so kommt ein Amtshaftungsanspruch aus § 839 iVm GG Art 34 in Betracht. Der Vorteil des besonderen Erstattungsanspruchs aus § 451 Abs 2 gegenüber den allgemeinen Schadensersatzansprüchen besteht aber darin, dass weder ein Verschulden des Anspruchsgegners noch ein **Kausalzusammenhang zwischen Verstoß gegen** § **450** und dem konkreten Mindererlös nachgewiesen werden muss[68]. Der in Anspruch genommene Beteiligte kann zum Zwecke der Abwehr allgemeiner Schadensersatzansprüche geltend machen, dass deshalb **kein zu ersetzender Schaden** gegeben sei, weil beim Erstverkauf ohne das verbotswidrige Mitbieten der eigentlich ausgeschlossenen Person kein höherer Erlös erzielt worden wäre als beim Zweitverkauf. Von vornherein nicht berührt von § 451 werden auch etwaige sonstige **dienst- oder berufsrechtliche Sanktionen** gegen die betroffenen Personen[69]. 33

§ 452 Schiffskauf

Die Vorschriften dieses Untertitels über den Kauf von Grundstücken finden auf den Kauf von eingetragenen Schiffen und Schiffsbauwerken entsprechende Anwendung.

ÜBERSICHT

67 Vgl Staud/Beckmann Rz 2; BeckOGK/Mock Rz 15; Erman/Grunewald Rz 4; MünchKomm/Westermann Rz 5; BeckOK/Faust Rz 5.

68 Vgl dazu oben Rz 22.

69 MünchKomm/Westermann Rz 1; BeckOGK/Mock Rz 5.

A. Allgemeine Verweisung des § 452 auf den Grundstückskauf – Grundlagen

I. Entsprechende Anwendung der Vorschriften des Grundstückskaufs – Wegfall der parallelen Sonderregelungen

1 Dass das **SMG 2002** in den §§ 433 ff neben dem allgemeinen Sachkauf einige Besonderheiten des Grundstückskaufs regelt und mit § 452 für den Schiffskauf insoweit auf diese Sonderregeln verweist, führt inhaltlich nicht zu Abweichungen vom bis zum 31.12.2001 geltenden Kaufrecht[1]. Denn die an die Stelle der bis dahin für den Schiffskauf geltenden parallelen Sonderregelungen getretene Verweisung des § 452 auf die entsprechend anwendbaren einzelnen besonderen Vorschriften des Grundstückskaufs dient im Wesentlichen nur dem **Interesse der Klarheit und der Übersichtlichkeit**[2]. Die Verweisung auf die Bestimmungen des Grundstückskaufs erfasst – in inhaltlicher Übereinstimmung mit dem alten Recht – die Rechtsmängelhaftung des Verkäufers nach **§ 435 Satz 2** (§ 435 Abs 2 aF)[3] und **§ 442 Abs 2**[4], die Verteilung der öffentlichen Lasten nach **§ 436 Abs 2**, die Verteilung der Beurkundungs- und Umschreibungskosten nach **§ 448 Abs 2** (§ 449 Abs 2 aF)[5] sowie die Verjährungsregelung des § 438 Abs 1 Nr 1 lit b. Für den **Kauf von Luftfahrzeugen** verweist die Regelung des LuftfzgG § 98 Abs 2 auf § 452, so dass über diese Verweisungsnorm die besonderen Vorschriften über den Grundstückskauf grundsätzlich auch hier Anwendung finden.

2 Obwohl allein durch die Einführung der Generalverweisung des § 452 keine Veränderung des Rechts des Schiffskaufs eingetreten ist, hat das SMG 2002 insoweit zu einer **Rechtsänderung** geführt. Dies beruht auf dem **ersatzlosen Wegfall** der bisherigen sowohl für den Grundstückskauf als auch für den Schiffskauf geltenden besonderen **Gefahrtragungsregelung des § 446 Abs 2 aF**. Da nunmehr auch in dem Fall, in dem die Übergabe eines Grundstücks nach dem **Zeitpunkt des Eigentumserwerbs** durch Grundbucheintragung erfolgt, der Gefahrübergang nach § 446 Satz 1 eintritt, kann die für den Schiffskauf geltende Verweisungsnorm des § 452 insoweit nicht auf eine Sonderregelung des Rechts des Grundstückskaufs im Verhältnis zum allgemeinen Recht des Sachkaufs verweisen[6].

II. Fortfall der Einzelregelungen der §§ 435 Abs 2 aF, 446 Abs 2 aF, 449 Abs 2 aF

3 1. **Löschung von Registerrechten nach § 435 Abs 2 aF**. Bis zum Inkrafttreten des SMG 2002 waren die vom Recht des Kaufs einer beweglichen Sache abweichenden Besonderheiten des Schiffskaufs in Anlehnung an das Recht des Grundstückskaufs in den **Spezialvorschriften** der §§ 435 Abs 2 aF, 446 Abs 2 aF, 449 Abs 2 aF geregelt. Der Verkäufer eines Grundstücks oder eines Rechts an einem Grundstück war nach § 435 Abs 1 aF verpflichtet, im **Grundbuch eingetragene Rechte**, die nicht bestehen, auf seine Kosten zur **Löschung** zu bringen, wenn sie im Falle ihres Bestehens das dem Käufer zu verschaffende Recht beeinträchtigen würden. Das Gleiche galt gem § 435 Abs 2 aF beim Verkauf eines eingetragenen Schiffs oder Schiffsbauwerks oder einer Schiffshypothek für **im Schiffsregister eingetragene Rechte**. Nach der auf dem SMG 2002 beruhenden Neuregelung des § 435 Satz 2 steht es einem Rechtsmangel gleich, wenn im Grundbuch ein Recht eingetragen ist, das nicht besteht. Der Fall des im Schiffsregister eingetragenen Rechts, das in Wirklichkeit nicht besteht, ist dagegen weder in § 435 noch in einer anderen Vorschrift ausdrücklich geregelt. Insoweit gilt nunmehr § 435 Satz 2 über die Verweisungsnorm des § 452 entsprechend[7].

4 2. **Gefahrtragung nach § 446 Abs 2 aF**. Nach § 446 Abs 2 aF ging auch dann, wenn der Käufer eines Grundstücks oder eines eingetragenen Schiffs oder Schiffsbauwerks **vor der Übergabe** als Eigentümer in das Grundbuch, das Schiffsregister oder das Schiffsbauregister eingetragen wurde, die **Gefahr** gem § 446 Abs 2 aF schon mit der **Eintragung in das betreffende Register** auf den Käufer über. Insoweit wurde durch das SMG 2002 nicht nur die besondere Erwähnung des Schiffskaufs aufgehoben, sondern auch die für den Grundstückskauf als Anknüpfungspunkt geltende bisherige Gefahrtragungsregelung nicht für das reformierte Kaufrecht übernommen. In Bezug auf die **Gefahrtragung beim Schiffskauf** kann daher nunmehr § 452 nicht auf eine darauf bezogene Sonderregelung des Grundstückskaufs verweisen. Es greift vielmehr von vornherein unmittelbar die allgemeine Gefahrtragungsregelung des § 446 ein[8].

1 Begr Gesetzentwurf, BT-Drucks 14/6040, S 241.
2 Begr Gesetzentwurf, BT-Drucks 14/6040, S 241.
3 Vgl dazu unten Rz 23 f.
4 Vgl dazu unten Rz 25 f.
5 Vgl dazu unten Rz 14 ff.
6 Vgl zur Gefahrtragung beim Schiffskauf unten Rz 11 ff.
7 Vgl dazu unten Rz 23 f.
8 Vgl zur Gefahrtragung beim Schiffskauf unten Rz 11 ff.

3. **Die Kostenregelung des § 449 Abs 2.** Die Kosten des **Grundstückskaufs** waren bis zum Inkrafttreten des SMG 2002 am 1.1.2002 in der mit dem jetzt geltenden § 448 Abs 2 übereinstimmenden Vorschrift des § 449 Abs 1 aF geregelt. Vom Wortlaut der Neuregelung des § 448 Abs 2 werden nur noch die **Kosten des Grundstückskaufs** erfasst, während nach § 449 Abs 2 aF der Käufer eines eingetragenen Schiffs oder Schiffsbauwerks die Kosten der Eintragung des Eigentumsübergangs zu tragen hatte. Dem Käufer eines Rechts an einem eingetragenen Schiff oder Schiffsbauwerk oblagen die Kosten einer zur Begründung oder Übertragung nötigen **Eintragung in das Schiffsregister oder das Schiffsbauregister** mit Einschluss der Kosten der zur Eintragung erforderlichen Erklärungen. Die nunmehr geltende Verweisungsnorm des § 452 erlangt beim Schiffskauf vor allem in Bezug auf die entsprechende Anwendung der Kostenverteilungsregelung des § 448 Abs 2 praktische Bedeutung[9]. 5

III. Beschränkung der Anwendung des § 450 auf eingetragene Schiffe und Schiffsbauwerke

1. **Registereintragung als Grundlage für Gleichbehandlung mit Grundstückskauf.** Die Verweisungsnorm des § 452 bezieht sich nur auf den Verkauf von Schiffen und Schiffsbauwerken, die nach SchRG[10] im **Seeschiffsregister**, im **Binnenschiffsregister** oder im **Register für Schiffsbauwerke (Schiffsbauregister)** eingetragen sind[11]. Nur der Tatbestand der Registereintragung rechtfertigt wegen der – zumindest teilweisen Übereinstimmung – mit der Grundbucheintragung von Grundstücken die entsprechende Anwendung der besonderen Vorschriften über den Grundstückskauf, obwohl es sich sowohl bei Schiffen als auch bei Schiffsbauwerken unzweifelhaft um **bewegliche Sachen** handelt[12]. Für nicht eingetragene Schiffe und Schiffsbauwerke fehlt eine derartige Anknüpfung, so dass insoweit die Verweisungsnorm des § 452 keine Anwendung findet. Ohne die tatbestandsmäßige Beschränkung der Verweisung auf die nach **SchRG** eingetragenen Schiffe und Schiffsbauwerke käme es auch zu Widersprüchen im Verhältnis zum Kauf von sonstigen beweglichen Sachen, die – ohne Eingreifen von Sonderregeln – kaufrechtlich von den §§ 433 ff erfasst werden und deren Übereignung nach den §§ 929 ff erfolgt[13]. 6

2. **Die Begriffe Schiffe und Schiffsbauwerke.** – a) **Seeschiffe und Binnenschiffe.** Unter einem Schiff im Rechtssinne ist jedes schwimmfähige, mit einem Hohlraum versehene **Fahrzeug** von nicht ganz unbedeutender Größe zu verstehen, dessen Zweckbestimmung es mit sich bringt, dass es auf dem Wasser bewegt wird[14]. Von dieser Definition werden auch **Schiffskräne** erfasst[15]. Das Gleiche gilt für **schwimmende Bagger**[16], **Baggerkähne**[17] und **Baggerschuten**[18]. Das Vorliegen eines Schiffs setzt nicht das Vorhandensein einer eigenen **Antriebsmaschine** voraus[19]. Unerheblich ist ferner, ob das Schiff auf See (**Seeschiff**) oder auf Binnengewässern (**Binnenschiff**) eingesetzt wird[20]. Nicht als Schiffe einzuordnen sind dagegen gewöhnliche Boote und ähnliche kleine Fahrzeuge[21]. 7

Das **Schwimmdock** ist zwar ein schwimmender Hohlkörper. Die Zweckbestimmung besteht aber nicht darin, dass es auf dem Wasser bewegt wird. Es werden von ihm vielmehr Schiffe zum Zwecke der Durchführung von **Reparaturarbeiten am trockengelegten Rumpf** aufgenommen. Es handelt sich daher weder um ein Schiff noch um ein Schiffsbauwerk nach dem SchRG. Die Vorschriften über das Schiffsbauwerk sind aber kraft Verweisung auf das Schwimmdock anwendbar[22]. 8

b) **Schiffsbauwerke iSd SchRG § 76 Abs 1 – Sonderstellung des Schwimmdocks.** Eine Legaldefinition des Schiffsbauwerks enthält die Regelung des SchRG § 76 Abs 1. Danach kann eine **Schiffshypothek** auch an einem „auf einer Schiffswerft im Bau befindlichen Schiff (Schiffsbauwerk) bestellt werden". Da § 452 sowohl ein Schiff als auch ein Schiffsbauwerk erfasst, 9

9 Vgl zu den Einzelheiten der Kostentragung beim Schiffskauf unten Rz 14 ff und § 448 Rz 87 f.

10 Ges über Rechte an eingetragenen Schiffen und Schiffsbauwerken vom 15.11.1940 (RGBl I, S 1499).

11 Erman/Grunewald Rz 1; MünchKomm/Westermann Rz 1; Staud/Beckmann Rz 1, 4; BeckOGK/Mock Rz 5; vgl zu diesen Registern und zur Verteilung der Eintragungskosten im Falle des Kaufs unten Rz 18 ff.

12 Erman/Grunewald Rz 1; MünchKomm/Westermann Rz 1; Staud/Beckmann Rz 1, 4; BeckOGK/Mock Rz 5.

13 Vgl BeckOGK/Mock Rz 2.

14 BGH NJW 1952, 1135 Ls = BeckRS 1951, 31385983; BGHZ 76, 201, 203; Staud/Beckmann Rz 2; BeckOGK/Mock Rz 4 f.

15 BGH NJW 1952, 1135 Ls = BeckRS 1951, 31385983.

16 RGZ 51, 330, 334; BGHZ 76, 201, 203; Staud/Beckmann Rz 2. Im Fall BGHZ 76, 201 wurde ein im Wattenmeer eingesetzter Schneidkopfspüler, dh ein Saugbagger ohne eigene Antriebsmaschine, als Seeschiff eingeordnet.

17 RGZ 51, 330, 334.

18 RGZ 51, 330, 334.

19 BGHZ 76, 201, 203.

20 BGHZ 76, 201, 203.

21 RGZ 51, 330, 334; Staud/Beckmann Rz 2.

22 Vgl dazu nachfolgend Rz 9 ff.

ändert im Falle des Verkaufs eines Schiffsbauwerks eine kaufvertraglich vereinbarte Fertigstellung bis zur Übergabe nichts an der Anwendbarkeit dieser Verweisungsnorm. Häufig wird zwar nur das endgültig **fertiggestellte Schiff** der Kaufgegenstand iSd § 433 Abs 1 sein. Denkbar ist aber, dass ein vorhandenes Schiffsbauwerk als solches verkauft wird und der Verkäufer oder ein Dritter die Verpflichtung übernimmt, den Bau fertigzustellen und das Schiff dann dem Käufer zu übergeben.

10 Ein **Schwimmdock** ist zwar weder ein Schiff noch ein Schiffsbauwerk iSd SchRG §§ 76 ff. Ein Schwimmdock kann aber gem SchRG § 81a Satz 1 mit einer **Schiffshypothek** belastet werden[23]. Darüber hinaus sind gem SchRG § 81a Satz 2 auf Schwimmdocks die für Schiffsbauwerke geltenden SchRG §§ 77, 78, 80 entsprechend anzuwenden. Das gilt gem SchRG § 81a Satz 3 auch für im Bau befindliche Schwimmdocks. Aufgrund der dargelegten entsprechenden Anwendung der Vorschriften des SchRG über Schiffsbauwerke sind das Schwimmdock und das im Bau befindliche Schwimmdock – unter der Voraussetzung einer Registereintragung – im Wege einer **systematischen Gesetzesauslegung** als Schiffsbauwerk iSd § 452 anzusehen[24]. Dafür spricht auch, dass gerade die **Registereintragung** als Grundlage für die kaufrechtliche Gleichbehandlung mit im Grundbuch eingetragenen Grundstücken gegeben ist.

IV. Gefahrübergang beim Schiffskauf nach § 446 Satz 1 – Unerheblichkeit der Grundbucheintragung

11 Die allgemeine Gefahrtragungsregelung des § 446 Satz 1 ist – in Abweichung von dem bis zum Inkrafttreten des SMG 2002 geltenden Recht[25] – uneingeschränkt auf den Kauf von Schiffen und Schiffsbauwerken auch in dem Fall anwendbar, in dem die **Übergabe** erst nach Registereintragung des Käufers als Eigentümer erfolgt. Die Gefahr geht daher grundsätzlich – unabhängig vom Zeitpunkt des Eigentumserwerbs – gem § 446 Satz 1 durch Übergabe des Schiffs bzw des Schiffsbauwerks auf den Käufer über[26]. Auch in dem nicht seltenen Fall des **Besitzes eines Dritten** am verkauften Schiff oder Schiffsbauwerk gelten in Bezug auf die Übergabeerfordernisse die anerkannten allgemeinen Grundsätze des Gefahrübergangs nach § 446 Satz 1[27].

12 Das **SMG 2002** hat die Sonderregelung des § 446 Abs 2 aF nicht übernommen, nach der im Falle der Übergabe nach Eintragung des Käufers als Eigentümer der **Zeitpunkt der Eintragung** für den Gefahrübergang maßgebend war[28]. Stattdessen soll der Gefahrübergang unabhängig vom Zeitpunkt der Eintragung des Käufers als Eigentümer uneingeschränkt mit der Übergabe des Grundstücks, Schiffs oder Schiffsbauwerks erfolgen. Der Gesetzgeber des SMG 2002 verwies insoweit zum einen auf die **geringe Bedeutung des § 446 Abs 2 aF** in der Praxis[29]. Die Vorschrift habe bislang deshalb keine Rolle gespielt, weil der Käufer nur in seltenen Fällen schon vor der Übergabe des Grundstücks als Eigentümer in das Grundbuch eingetragen werde[30]. Zum anderen enthielten Grundstücksverträge regelmäßig eine **besondere Vereinbarung** in Bezug auf den Zeitpunkt des Übergangs der Gefahr auf den Käufer[31]. Darüber hinaus erscheine es nicht in allen Fällen interessengemäß, dass der Käufer, obwohl er die **Sachherrschaft über das Grundstück** noch nicht erlangt habe, die Gefahr zufälliger Verschlechterungen schon vom Zeitpunkt seiner Eintragung tragen müsse[32].

13 Der Schiffskauf wird zwar in der Begründung des SMG 2002 zum Wegfall des § 446 Abs 2 aF nicht besonders erwähnt. Die auf den Fall des Grundstückskaufs bezogenen Erwägungen sind aber so zu verstehen, dass insoweit kein Unterschied zum Fall des Kaufs eines Schiffs oder Schiffsbauwerks besteht. Da ein verkauftes Seeschiff sich zum Zwecke der Übergabe entweder in einem **Hafen** oder in einer **Schiffswerft** und damit in einem Bereich befindet, in dem ein Dritter, also der Hafen- bzw Werftbetreiber, letztlich die **Sachherrschaft** hat, ist eine besondere **kaufvertragliche Vereinbarung** über den Zeitpunkt und die Modalitäten des Gefahrübergangs geboten.

23 Vgl dazu Staud/Beckmann Rz 3.
24 Vgl auch jurisPK/Müller Rz 7.
25 Vgl dazu oben Rz 4.
26 Vgl zu den Einzelheiten der Übergabe § 446 Rz 38 ff.
27 Vgl zu den Voraussetzungen einer Übergabe nach § 446 Satz 1 bei Vorliegen des Besitzes eines Dritten § 446 Rz 61 ff.
28 Vgl dazu oben Rz 4; Begr Gesetzentwurf, BT-Drucks 14/6040, S 203.
29 Begr Gesetzentwurf, BT-Drucks 14/6040, S 203.
30 Begr Gesetzentwurf, BT-Drucks 14/6040, S 203.
31 Vgl dazu Begr Gesetzentwurf, BT-Drucks 14/6040, S 203.
32 Vgl dazu Begr Gesetzentwurf, BT-Drucks 14/6040, S 203.

B. Die gem § 452 anwendbaren Vorschriften des Grundstückskaufs

I. Verteilung der Kosten des Kaufs nach § 452 iVm § 448 Abs 2

1. **Kosten des Kaufvertrags – keine notarielle Beurkundung des Kaufvertrags nach § 311b.** Der Käufer eines Grundstücks trägt nach § 448 Abs 2 die Kosten der Beurkundung des Kaufvertrags und der Auflassung, der Eintragung ins Grundbuch und der zu der Eintragung erforderlichen Erklärungen. Nach § 311b Abs 1 Satz 1 bedarf ein Vertrag, durch den sich der eine Teil verpflichtet, das **Eigentum an einem Grundstück** zu übertragen oder zu erwerben, der notariellen Beurkundung. Diese Formvorschrift ist zweifelsohne jedenfalls nicht direkt auf den Kauf von Schiffen und Schiffsbauwerken anwendbar. Auch eine entsprechende Anwendung über § 452 kommt nicht in Betracht, da sich diese Verweisungsnorm nicht allgemein auf alle für den Grundstückskauf geltenden BGB-Regelungen, sondern nur auf die „Vorschriften dieses Untertitels über den Kauf von Grundstücken" bezieht, also eindeutig nur auf den „Untertitel 1" (§§ 433 bis 453). Der Abschluss des Kaufvertrags über ein eingetragenes Schiff oder Schiffsbauwerk unterliegt daher keinem Formzwang nach § 311b Abs 1[33]. **Beurkundungskosten** hinsichtlich des Kaufvertrags als Verpflichtungsgeschäft fallen daher beim Kauf eines Schiffs oder eines Schiffsbauwerks grundsätzlich nicht an. 14

Vereinbaren die Kaufvertragsparteien trotz des fehlenden Formzwangs eine notarielle Beurkundung, so richtet sich die Kostenverteilung primär nach einer insoweit getroffenen Abrede. Fehlt im Falle einer derartigen **fakultativen Beurkundung** des Kaufvertrags über ein Schiff oder ein Schiffsbauwerk eine Vereinbarung hinsichtlich der Übernahme der Kosten, so sind die Kaufvertragsparteien nach außen – also im Verhältnis zum Notar als Gebührengläubiger – als **Gesamtschuldner iSd GNotKG § 30** anzusehen[34]. Im **Innenverhältnis** haben die Kaufvertragsparteien die Beurkundungskosten gem § 426 Abs 1 je zur Hälfte tragen[35]. 15

Wird der Kaufvertrag über ein Schiff oder ein Schiffsbauwerk ohne notarielle Beurkundung geschlossen, so trägt jede Partei ihren **eigenen Aufwand** selbst, sofern nicht Abweichendes vereinbart ist. Das gilt auch für die Kosten, die wegen Beratung durch einen beauftragten **Rechtsanwalt oder Steuerberater** oder Veranlassung einer **Begutachtung des Schiffs oder Bauwerks** durch einen Experten entstehen[36]. Es greift also – anders als im Falle der fakultativen notariellen Beurkundung[37] – keine Kostenteilung ein. Die Kaufvertragsparteien haben selbstverständlich die Möglichkeit, im Vorfeld des Vertragsschlusses eine derartige Beratung oder/und Begutachtung durch einen Schiffsexperten durchführen zu lassen und in Bezug auf die Kostentragung eine besondere Vereinbarung zu treffen. Zudem ist der Verkäufer in der Lage, seinen eigenen Aufwand bei **Bestimmung des Kaufpreises** zu berücksichtigen. Fehlt dagegen eine Vereinbarung über die Kostentragung, so bleibt es bei dem Grundsatz, dass jede Partei in vollem Umfang die Kosten für die Maßnahmen trägt, die sie selbst veranlasst hat. 16

2. **Maklerkosten – Handelsmakler (HGB § 93) und Zivilmakler (§ 652).** Ist in Bezug auf den Kauf eines Schiffs oder eines Schiffsbauwerks ein Handelsmakler iSd HGB § 93 beauftragt worden, so ist gem **HGB § 99** bei Fehlen einer abweichenden Parteivereinbarung und eines abweichenden Ortsgebrauchs der Maklerlohn von **jeder Partei zur Hälfte** zu tragen[38]. Unerheblich für die Kostenverteilung ist hier grundsätzlich, welche Partei den Auftrag erteilt hat. Die von HGB § 99 angeordnete subsidiäre Kostenteilung beruht vielmehr darauf, dass der Handelsmakler als **unparteilicher und im Interesse beider Parteien handelnder Mittler** nach HGB § 98 jeder der beiden Parteien für einen durch sein Verschulden entstandenen Schaden haftet. Der Handelsmakler ist daher insoweit sowohl gegenüber der Partei, die den Auftrag erteilt hat, als auch gegenüber der Partei verpflichtet, mit der er den Vertrag vermittelt hat[39]. HGB § 99 gilt aber nur für den **Handelsverkehr**. Im Falle der Beauftragung eines Zivilmaklers iSd § 652 ist die Maklerprovision grundsätzlich von der Kaufvertragspartei zu tragen, die den Maklerauftrag erteilt hat[40]. 17

3. **Kosten der Übereignung einschließlich Registereintragung.** Die mit der Eintragung des Käufers eines Schiffs oder Schiffsbauwerks in das **Seeschiffsregister** iSd SchRegO[41] § 3 Abs 2, **Binnenschiffsregister** iSd SchRegO § 3 Abs 2 oder **Schiffsbauregister** iSd SchRegO § 65 Abs 1 verbundenen Kosten hat gem § 452 iVm § 448 Abs 2 der Käufer zu tragen[42]. Unerheblich 18

33 Beschlussempfehlung Rechtsausschuss zum SMG 2002, BT-Drucks 14/7052, S 198; BeckOGK/Mock Rz 17; BeckOK/Faust Rz 4.
34 BeckOGK/Mock § 452 Rz 17; BeckOK/Faust Rz 4.
35 BeckOGK/Mock § 452 Rz 17; BeckOK/Faust Rz 4.
36 Vgl dazu § 448 Rz 9.
37 Vgl dazu vorstehend Rz 15.
38 Vgl MünchKomm/Ströbl, HGB, 2021[5], § 99 Rz 5.
39 Vgl MünchKomm/Ströbl, HGB, 2021[5], § 99 Rz 5.
40 Vgl § 448 Rz 9.
41 Schiffsregisterordnung idF der Bekanntmachung vom 26.5.1994 (BGBl I, S 1133).
42 Vgl § 448 Rz 87; BeckOGK/Mock Rz 16.

ist insoweit, ob die Registereintragung für den Übergang des Eigentums konstitutiv ist (wie bei Binnenschiffen und Schiffsbauwerken, SchRG § 3 Abs 1 bzw § 78) oder nur deklaratorischen Charakter hat (wie bei Seeschiffen, SchRG § 2 Abs 1[43])[44]. Diese Kostentragungspflicht des Käufers erstreckt sich auch auf die Kosten der gem SchRG § 18 Abs 1 erforderlichen **Zustimmung des Verkäufers** zur Berichtigung des Schiffsregisters[45]. Bei der Veräußerung eines Seeschiffs wird das Seeschiffsregister mit Wirksamwerden der Einigung iSd SchRG § 2 Abs 1 unrichtig. Nach **SchRG § 19** hat die Partei die Kosten der **Berichtigung des Schiffsregisters** zu tragen, die eine Berichtigung verlangt, es sei denn, aus dem zwischen dem Antragsteller und dem Verpflichteten bestehenden Rechtsverhältnis ergibt sich etwas anderes. Der über die Verweisungsnorm des § 452 Abs 2 anwendbare § 448 Abs 2 ist insoweit als abweichende Regelung anzusehen.

19 Beim Kauf eines **nicht eingetragenen** Schiffs oder Schiffsbauwerks ist die Sonderregelung des § 448 Abs 2 nicht anwendbar[46]. Es greift vielmehr gem § 452 die allgemeine Kostenverteilungsregelung des § 448 Abs 1 ein[47]. Dem Verkäufer obliegen daher die Kosten der **Übergabe** und dem Käufer die Kosten der **Abnahme** des Schiffs bzw Schiffsbauwerks[48]. Es gilt also dieselbe Kostenverteilung wie sonst beim Kauf einer **beweglichen Sache**.

20 Als Recht iSd § 448 Abs 2 an einem eingetragenen Schiff oder Schiffsbauwerk kann eine bestehende **Schiffshypothek** verkauft und übertragen werden. Gem **SchRG § 51 Abs 2** kann die Forderung nicht ohne die Schiffshypothek, die Schiffshypothek nicht ohne die Forderung übertragen werden. In Bezug auf die Notwendigkeit einer **Mitübertragung der gesicherten Forderung** gilt daher das Gleiche wie für den Verkauf einer Hypothek an einem Grundstück[49]. Nach SchRG § 51 Abs 1 geht mit der Übertragung der Forderung die Schiffshypothek auf den neuen Gläubiger über, im Falle des Verkaufs also auf den Käufer. Die Kosten der zur Übertragung der Hypothek gem SchRG § 51 Abs 3 erforderlichen **Eintragung in das Schiffsregister** obliegen dem Käufer (§ 452 iVm § 448 Abs 2).

II. Verjährung von Gewährleistungsansprüchen nach § 452 iVm § 438

21 1. **Geltung der regelmäßigen Verjährungsfrist des § 438 Abs 1 Nr 3 von zwei Jahren – Beginn der Verjährung**. Die **regelmäßige Verjährungsfrist** des § 438 Abs 1 Nr 3 von zwei Jahren ist auch beim Kauf von Schiffen und Schiffsbauwerken grundsätzlich einschlägig. Nach § 438 Abs 2 beginnt die Verjährung bei Grundstücken mit der **Übergabe**. Auch diese Regelung ist gem § 452 auf den Kauf von Schiffen und Schiffsbauwerken entsprechend anwendbar. Weder ein Schiff noch ein Schiffsbauwerk ist allerdings als „Bauwerk" iSd § 438 Abs 1 Nr 2 lit a anzusehen mit der Folge, dass die nach dieser Vorschrift geltende Verjährungsfrist von fünf Jahren nicht Platz greift.

22 2. **Verjährungsfrist von 30 Jahren nach § 438 Abs 1 Nr 1 lit b**. Nach § 438 Abs 1 Nr 1 lit b beträgt die Verjährungsfrist beim **Grundstückskauf** 30 Jahre, wenn der Mangel in einem sonstigen Recht besteht, das im **Grundbuch** eingetragen ist. Dieser besondere Verjährungstatbestand ist beim Kauf eines Schiffs oder Schiffsbauwerks entsprechend anwendbar, sofern eine **Eintragung im Schiffsregister bzw Schiffsbauregister** gegeben ist[50]. Denn die Registereintragung steht auch hier der Grundbucheintragung eines Grundstücks gleich. Die **Kenntnis des Käufers** von einem Rechtsmangel iSd § 438 Abs 1 Nr 1 lit b ändert gem **§ 442 Abs 2** grundsätzlich nichts an der Gewährleistungshaftung des Verkäufers[51].

III. Rechtsmängelhaftung des Verkäufers nach §§ 435, 442

23 1. **Haftung für reine „Buchrechte" nach § 435 Satz 2**. Nach § 435 Satz 2 steht es beim Grundstückskauf einem Rechtsmangel gleich, wenn im **Grundbuch** ein Recht eingetragen ist, das nicht besteht. Gem § 452 iVm § 435 Satz 2 gilt das Gleiche für ein im Schiffsregister oder Schiffsbauregister eingetragenes, aber in Wirklichkeit nicht bestehendes Recht[52]. Solche „Rechte" werden auch als „Buchrechte" bezeichnet. Die Rechtsstellung des Käufers wird zwar durch derartige Eintragungen nicht unmittelbar beeinträchtigt, weil der Kaufgegenstand materiell-rechtlich lastenfrei ist[53]. Es können aber im Falle eines vom Käufer geplanten **Weiterverkaufs** oder einer

43 Zur Übertragung des Eigentums an einem im Seeschiffsregister eingetragenen Schiff ist nach SchRG § 2 Abs 1 erforderlich und genügend, dass der Eigentümer und der Erwerber darüber einig sind, dass das Eigentum auf den Erwerber übergehen soll.
44 Vgl § 448 Rz 87; BeckOGK/Mock Rz 16.
45 Vgl § 448 Rz 88; BeckOGK/Mock Rz 16.
46 Vgl § 448 Rz 88.
47 Vgl § 448 Rz 88.
48 Vgl § 448 Rz 88.
49 Vgl dazu § 453 Rz 23.
50 MünchKomm/Westermann Rz 3; BeckOGK/Mock Rz 14; BeckOK/Faust Rz 3.
51 Vgl dazu Rz 25 f.
52 Staud/Beckmann Rz 7; BeckOGK/Mock Rz 12; BeckOK/Faust Rz 2.
53 Begr Gesetzentwurf, BT-Drucks 14/6040, S 218.

sonstigen Verfügung über das Schiff oder Schiffsbauwerk – insbes der Bestellung einer Hypothek zum Zwecke der Sicherung eines Darlehens – nicht **unerhebliche Behinderungen** auftreten[54]. Denn für die potentiellen Zweitkäufer und Sicherungsnehmer ist die Rechtslage nicht eindeutig.

Darüber hinaus besteht aufseiten des Käufers die Gefahr, dass der momentane Buchberechtigte über das in Wirklichkeit nicht bestehende Recht am Schiff oder Schiffsbauwerk in der Weise verfügt, dass der andere Teil als Adressat dieser Verfügung durch **gutgläubigen Erwerb** ein nach materiellem Recht tatsächlich existierendes Recht erwirbt, das der Käufer erst einmal gegen sich gelten lassen muss[55]. Der Käufer hat daher bei Bestehen einer bloßen Buchberechtigung am Kaufgrundstück ein berechtigtes Interesse an einer **Berichtigung des Grundbuchs**[56]. Daher ist es sachgerecht, dass dem Käufer eines Schiffs oder Schiffsbauwerks im Falle des Vorliegens einer Registereintragung in Gestalt eines „Buchrechts" eines Dritten in gleicher Weise die Gewährleistungsrechte aus § 437 gegen den Verkäufer zustehen wie bei Vorliegen eines echten Rechtsmangels iSd § 435 Satz 1[57]. Der Verkäufer haftet daher nach § 452 iVm § 435 Satz 2 auch für **Scheinbelastungen** des verkauften Schiffs oder Schiffsbauwerks. 24

2. **Rechtsmängelhaftung des Verkäufers trotz Mangelkenntnis des Käufers (§ 442 Abs 2)**. Nach § 442 Abs 2 muss der Verkäufer ein im Grundbuch eingetragenes Recht auch dann beseitigen, wenn es der Käufer kennt. Diese für den **Grundstückskauf** geltende Sonderregelung ist gem § 452 auch auf eingetragene Schiffe und Schiffsbauwerke anwendbar[58]. § 442 Abs 2 statuiert eine Ausnahme von der Grundregel des § 442 Abs 1 Satz 1, nach der im Falle der Kenntnis des Käufers vom Mangel die **Gewährleistungshaftung des Verkäufers** ausgeschlossen ist. Die Ratio des auf den Grundstückskauf bezogenen **Ausnahmetatbestands** des § 442 Abs 2[59] ist auch beim Kauf von Schiffen und Schiffsbauwerken einschlägig. Denn dem Käufer ist hier bei Abschluss des Kaufvertrags der **Registerinhalt** regelmäßig in gleicher Weise bekannt[60]. Diese Kenntnis soll nicht zum Wegfall des Gewährleistungsanspruchs des Käufers führen[61]. 25

Obwohl in der Praxis eine **Übernahme** von im Schiffsregister oder Schiffsbauregister eingetragenen Rechten Dritte gewöhnlich im Kaufvertrag besonders vereinbart wird, ist die von § 452 iVm § 442 Abs 2 angeordnete Beseitigungspflicht des Verkäufers interessengerecht. Denn nach der **Verkehrssitte** werden im Schiffsregister oder Schiffsbauregister eingetragene Rechte Dritter regelmäßig vom Käufer gerade nicht unter **Anrechnung auf den Kaufpreis** übernommen[62]. Beim Kauf von Schiffen oder Schiffsbauwerken, die mit Hypotheken belastet sind, ist vielmehr üblich, dass der Verkäufer – unter Verwendung eines Teils des erhaltenen Kaufpreises – für eine Beseitigung sorgen muss[63]. Fehlt im Kaufvertrag eine Vereinbarung bezüglich der Übernahme einer eingetragenen Belastung durch den Käufer unter Anrechnung auf den Kaufpreis, so ist regelmäßig anzunehmen, dass der vereinbarte Kaufpreis für das Schiff oder Schiffsbauwerk **in lastenfreiem Zustand** festgesetzt worden ist und dem Verkäufer daher eine Beseitigungspflicht obliegt[64]. Das Gleiche gilt, wenn an einem Seeschiff oder Binnenschiff gem §§ 1030 ff iVm SchRG § 82 ein **Nießbrauch** bestellt worden ist. 26

IV. Abgaben und sonstige öffentliche Lasten nach § 436 Abs 2

1. **Unanwendbarkeit des § 436 Abs 1**. § 436 regelt die Verteilung von öffentlichen Lasten beim Grundstückskauf. Diese Vorschrift wird zwar grundsätzlich von der Verweisung des § 452 auf den Kauf von Schiffen und Schiffsbauwerken erfasst. Die praktische Bedeutung ist aber insgesamt gering. Nach § 436 Abs 1 ist der Verkäufer eines Grundstücks bei Fehlen einer abweichenden Vereinbarung verpflichtet, **Erschließungsbeiträge** und sonstige **Anliegerbeiträge** für die Maßnahmen zu tragen, die bis zum Tage des Vertragsschlusses bautechnisch begonnen sind, und zwar unabhängig vom Zeitpunkt des Entstehens der Beitragsschuld. Diese Beiträge spielen zwar beim Grundstückskauf eine große Rolle. Beim Kauf eines Schiffs oder Schiffbauwerk gibt es aber keine vergleichbaren Beitragslasten. 27

2. **Die Anwendung des § 436 Abs 2 in Abgrenzung zu § 446 Satz 2**. – a) **Maßgeblichkeit des Zeitpunkts der Übergabe**. Nach § 436 Abs 2 haftet der Verkäufer eines Grundstücks nicht für die Freiheit des Grundstücks von anderen **öffentlichen Abgaben** und von anderen **öffentlichen Lasten**, die zur Eintragung in das Grundbuch nicht geeignet sind. § 436 Abs 2 ist zwar – 28

54 Begr Gesetzentwurf, BT-Drucks 14/6040, S 218.
55 Begr Gesetzentwurf, BT-Drucks 14/6040, S 218.
56 Begr Gesetzentwurf, BT-Drucks 14/6040, S 218.
57 Begr Gesetzentwurf, BT-Drucks 14/6040, S 218.
58 BeckOGK/Mock Rz 15; BeckOK/Faust Rz 3; MünchKomm/Westermann Rz 3.
59 Vgl dazu § 442 Rz 167 f.
60 Vgl dazu § 442 Rz 167.
61 Vgl dazu § 442 Rz 167.
62 Vgl zum Grundstückskauf § 442 Rz 168.
63 Vgl zum Grundstückskauf § 442 Rz 168.
64 Vgl zum Grundstückskauf § 442 Rz 168.

anders als § 436 Abs 1 – gem § 452 generell auf den Schiffskauf anwendbar[65]. Der Geltungsbereich dieser Verweisung wird aber in der Praxis ab dem Zeitpunkt der Übergabe des Schiffs oder Schiffsbauwerks deshalb stark eingeschränkt, weil es sich idR um Lasten handelt, die der Käufer gem § 446 Satz 2 ab Übergabe und der Verkäufer bis dahin zu tragen hat. Gewöhnlich fallen öffentliche Abgaben in Bezug auf ein Schiff nur an, soweit vom Schiffskapitän auf einer Fahrt **entgeltpflichtige öffentliche Leistungen** in Anspruch genommen werden. Praktische Bedeutung haben insoweit vor allem die bei Nutzung eines Seehafens anfallende **Seehafengebühr** und die Entgelte, die für eine **Nutzung von Kanälen** sowie die Inanspruchnahme von **Lotsen-Diensten** gezahlt werden müssen. Der Schiffskäufer trägt solche leistungs- und nutzungsbezogenen Lasten gem § 446 Satz 2 ab Übergabe des Schiffs, weil sie von ihm als Reeder iSd HGB § 476 oder einem Repräsentanten – insbes dem Schiffskapitän gem HGB § 479 Abs 1 Satz 1 – im Rahmen des **Betriebs des Schiffs** veranlasst werden. Für eine Haftung des Schiffsverkäufers besteht insoweit keine Grundlage.

29 b) **Zum Zeitpunkt der Übergabe rückständige Forderungen**. Sind zum Zeitpunkt der **Übergabe des Schiffs** an den Käufer noch derartige Zahlungsverpflichtungen offen, die auf dem **Betrieb des Schiffs** durch den Verkäufer als Reeder iSd HGB § 476 oder Schiffseigner nach BinSchG[66] § 1 beruhen, so ändert eine eingreifende gesetzliche **subsidiäre Haftung des neuen Schiffseigentümers** nichts daran, dass im Innenverhältnis der Kaufvertragsparteien der Verkäufer diese Lasten gem § 446 Satz 2 zu tragen hat. Denn die Haftungsfreistellung des § 436 Abs 2 gilt von vornherein nicht für öffentliche Lasten, die zum **Zeitpunkt der Übergabe** schon aufseiten des Verkäufers fällig geworden und daher von ihm zu begleichen waren, also nicht für **rückständige Forderungen**. Ein Schiffsverkäufer, der vor Übergabe des Schiffs die Dienste eines Seehafens in Anspruch genommen und die dadurch angefallene Hafengebühr nicht bezahlt hat, kann sich daher insoweit selbstverständlich im Verhältnis zum Käufer nicht auf § 436 Abs 2 berufen. Entsprechend ist die Rechtslage, wenn der Verkäufer das Schiff bis zur Übergabe an den Käufer einer Reederei auf Grundlage einer **Schiffsvercharterung** überlassen hatte und die rückständigen Forderungen im Rahmen dieser Nutzung des Schiffs entstanden sind.

30 c) **Entgeltforderungen nach SeeAufgG § 14 Abs 3**. Die zur Lastentragung nach §§ 446 Satz 2, 436 Abs 2 dargelegten Grundsätze[67] gelten auch für sonstige Entgelte für öffentliche Leistungen, die im Zusammenhang mit dem Betrieb des Schiffs in Anspruch genommen werden, also auch für die **Vergütung**, die gem **SeeAufgG[68] § 14 Abs 3** für die Dienste eines **Kanalsteuerers** zu zahlen ist. Nach **SeeAufgG § 14 Abs 3 Satz 1** werden für die Leistungen des **Kanalsteuerers** bei der Passage des Nord-Ostsee-Kanals von demjenigen, der diese Leistungen im eigenen oder fremden Namen veranlasst, Entgelte erhoben[69]. Soweit für das Entgelt iSd SeeAufgG § 14 Abs 3 eine Anwendung des § 436 Abs 2 bejaht wird[70], ist dies nur zutreffend, sofern die betreffende Forderung nicht schon zum Zeitpunkt der Übergabe des Schiffs fällig war, sondern auf einer Inanspruchnahme des Kanalsteuerers durch den Schiffkäufer nach Übergabe des Schiffs beruht. Entgeltschuldner ist gem SeeAufgG § 14 Abs 3 Satz 2 und damit kraft Gesetzes auch der **Eigentümer des Schiffs**. Mehrere Schuldner haften als **Gesamtschuldner** (SeeAufgG § 14 Abs 3 Satz 2). Die subsidiäre gesetzliche Haftung des Käufers als neuer Schiffseigentümer für vom Verkäufer vor Schiffsübergabe noch veranlasste Leistungen eines Kanalsteuerers ändert hier nichts daran, dass der Verkäufer im **Innenverhältnis der Kaufvertragsparteien** allein haftet. Nimmt der Käufer nach der Übergabe die Leistungen eines Kanalsteuerers auf dem Nord-Ostsee-Kanal in Anspruch, so ist er nach § 446 Satz 2 der alleinige Kostenschuldner.

C. Anwendbarkeit der Regelungen über den Verbrauchsgüterkauf (§§ 474 ff)

31 Die Anwendung der Vorschriften über den Verbrauchsgüterkauf (§§ 474 ff) auf den Kauf von Schiffen und Schiffsbauwerken ist grundsätzlich zu bejahen, sofern die **allgemeinen persönlichen Voraussetzungen** des Verbrauchervertrags (§ 310 Abs 3 iVm §§ 13, 14) aufseiten der Kauf-

65 MünchKomm/Westermann Rz 2; BeckOK/Faust Rz 2; Staud/Beckmann Rz 8.

66 Binnenschifffahrtsgesetz vom 15.06.1895 (RGBl, S 301), zuletzt geändert durch Artikel 55 des Ges zur Modernisierung des Personengesellschaftsrechts (MoPeG) vom 10.8.2021, (BGBl I, S 3436).

67 Vgl vorstehend Rz 28 f.

68 Ges über die Aufgaben des Bundes auf dem Gebiet der Seeschifffahrt idF der Bekanntmachung vom 17.6.2016 (BGBl I, S 1489).

69 Der Kanalsteuerer übernimmt als ausgebildeter ehemaliger Kapitän oder Nautischer Offizier bei der Passage des Nord-Ostsee-Kanals das Ruder des Schiffs zum Zwecke der Gewährleistung einer sicheren Durchfahrt, während der Lotse nur beratend tätig ist. Verantwortlicher Schiffsführer bleibt im Falle des Einsatzes von Kanalsteurer und Lotse der Kapitän.

70 MünchKomm/Westermann Rz 2; BeckOK/Faust Rz 2; Staud/Beckmann Rz 8.

vertragsparteien gegeben sind[71]. Entscheidend für die Anwendbarkeit der §§ 474 ff spricht hier, dass es sich sowohl bei Schiffen als auch bei Schiffsbauwerken um **bewegliche Sachen** und damit um **Waren** iSd §§ 474 Abs 1 Satz 1, 241a Abs 1 handelt[72]. Die von § 452 angeordnete entsprechende Anwendung der Vorschriften über den Kauf von Grundstücken rechtfertigt kein anderes Ergebnis. Denn auf den Grundstückskauf sind die Vorschriften über den Verbrauchsgüterkauf von vornherein deshalb nicht anwendbar, weil Grundstücke eben keine beweglichen Sachen (Waren) sind. Die Verweisungsnorm des § 452 ist so zu verstehen, dass zwar diejenigen Vorschriften der §§ 433 ff zusätzlich oder modifizierend auf den Kauf von Schiffen und Schiffsbauwerken anwendbar sind, die **Besonderheiten des Grundstückskaufs** betreffen. Das Eingreifen der kaufrechtlichen Vorschriften über den Grundstückskauf hat aber nicht zur Folge, dass Schiffe und Schiffsbauwerke als unbewegliche Sachen anzusehen wären[73].

Es kommen vielmehr nur die Rechtsfolgen der besonderen Regelungen des Grundstückskauf zur Geltung, sofern die Verweisung des § 452 grundsätzlich Platz greift[74]. Wesentlicher Anknüpfungspunkt für die entsprechende Anwendung des Rechts des Grundstückskaufs auf den Kauf von Schiffen und Schiffsbauwerken als bewegliche Sachen ist die **Eintragung in das Schiffsregister**, während für die Geltung der §§ 474 ff eine **bewegliche Sache** und damit eine Ware iSd § 474 Abs 1 als Kaufgegenstand und die persönliche Qualifikation der Kaufvertragsparteien als **Unternehmer und Verbraucher** entscheidend ist. Beide Regelungsbereiche – entsprechende Anwendung der Vorschriften des Grundstückskaufs und die Geltung der §§ 474 ff – schließen sich nicht gegenseitig aus. Im Übrigen enthalten die Vorschriften über den Grundstückskauf keine Abweichungen von den §§ 474 ff. Der Zweck der §§ 474 ff, bei Vorliegen eines Verbrauchsgüterkaufs für den Verbraucher als Käufer ein **höheres Schutzniveau** zu erreichen, wird daher durch die entsprechende Anwendung des Rechts des Grundstückskaufs nicht tangiert. 32

Der Kauf eines eingetragenen Schiffs oder Schiffsbauwerks ist zwar regelmäßig deshalb kein Vertrag zwischen einem Unternehmer und Verbraucher, weil hier als Käufer in den meisten Fällen eine Reederei und damit ein **gewerbliches Unternehmen** auftritt. Denkbar ist aber, dass ein Verbraucher zum Zwecke der Kapitalanlage ein eingetragenes Schiff erwirbt und dieses dann im Rahmen einer reinen Verwaltung des eigenen Vermögens – und damit ohne Entfaltung einer **gewerblichen Tätigkeit iSd § 14** – einer Reederei langfristig zur Nutzung überlässt. Es besteht dann in Bezug auf das **Nichtvorliegen eines Gewerbes auf Käuferseite** kein Unterschied zu den Fällen, in denen ein Verbraucher eine andere bewegliche oder unbewegliche Sache kauft, um sie langfristig einem **gewerblichen Zwischenvermieter** gegen Entgelt zu überlassen. 33

D. Anwendung des § 452 auf den Kauf von Luftfahrzeugen gem LuftFzgG § 98 Abs 2

I. Verweisung des LuftFzgG § 98 Abs 2 Satz 1 auf § 452 – Grundsatz

Gem LuftFzgG[75] § 98 Abs 1 Satz 1 gelten für Luftfahrzeuge, die in der **Luftfahrzeugrolle** oder im **Register für Pfandrechte an Luftfahrzeugen** eingetragen sind, zunächst die für **bewegliche Sachen** geltenden Vorschriften anderer Gesetze, soweit gesetzlich nichts anderes bestimmt ist. Nach LuftFzgG § 98 Abs 2 Satz 1 ist jedoch die Verweisungsnorm des § 452 mit der Maßgabe sinngemäß anwendbar, dass an die Stelle des **eingetragenen Schiffs** das in der Luftfahrzeugrolle eingetragene Luftfahrzeug und an die Stelle der Schiffshypothek das Registerpfandrecht an einem Luftfahrzeug tritt. Gem LuftFzgG § 98 Abs 2 Satz 2 steht ein im Register für Pfandrechte an Luftfahrzeugen eingetragenes Luftfahrzeug, dessen Eintragung in der Luftfahrzeugrolle gelöscht ist, einem in der Luftfahrzeugrolle eingetragenen Luftfahrzeug gleich. Die von § 452 angeordnete Verweisung auf die kaufrechtlichen Vorschriften über den Grundstückskauf gilt auch entsprechend für die Veräußerung von Luftfahrzeugen, sofern eine Eintragung in der **Luftfahrzeugrolle** oder im **Register für Pfandrechte an Luftfahrzeugen** erfolgt ist. 34

In gesetzessystematischer Hinsicht greift für eingetragene Luftfahrzeuge eine **doppelte Verweisung** ein, dh, LuftFzgG § 98 Abs 2 Satz 1 verweist auf die für den Schiffskauf unmittelbar geltende Verweisung des § 452, die sich ihrerseits auf die besonderen kaufrechtlichen Regelungen über den **Grundstückskauf** bezieht. Aufgrund dieser Verweisungstechnik war der BGB-Gesetz- 35

71 Staud/Beckmann Rz 1; BeckOGK/Mock Rz 9; jurisPK/Müller Rz 15; BeckOK/Faust Rz 1; aA MünchKomm/Westermann Rz 1.
72 Staud/Beckmann Rz 1; BeckOGK/Mock Rz 9; jurisPK/Müller Rz 15; BeckOK/Faust Rz 1; NK-BGB/Büdenbender Rz 5.
73 Staud/Beckmann Rz 1; jurisPK/Müller Rz 15; NK/Büdenbender Rz 5.
74 Staud/Beckmann Rz 1; jurisPK/Müller Rz 12 ff; NK/Büdenbender Rz 5.
75 Ges über Rechte an Luftfahrzeugen vom 26. Februar 1959 (BGBl I, S 57).

geber nicht gehalten, in die §§ 433 ff eine oder mehrere Sonderregelungen für den Kauf von Luftfahrzeugen aufzunehmen.

II. Entsprechende Anwendung des § 448 Abs 2

36 Praktische Bedeutung erlangt die Verweisung des LuftFzgG § 98 Abs 2 Satz 1 auf § 452 insbes im Hinblick auf die entsprechende Anwendung der **Kostenverteilungsregelung** des § 448 Abs 2. Der Käufer eines Luftfahrzeugs trägt daher nach § 448 Abs 2 iVm §§ 452, LuftFzgG § 98 Abs 2 die Kosten der im Rahmen der **Berichtigung der Eigentümerstellung** in der Luftfahrzeugrolle erfolgenden **Registereintragung des Käufers** sowie der **Beglaubigung** als Eintragungsvoraussetzung[76]. Das Gleiche gilt für die Berichtigung im **Register für Pfandrechte an Luftfahrzeugen**. Die Kostenregelung gelangt auch zur Anwendung, wenn nicht das Luftfahrzeug, sondern ein an ihm bestehendes **Registerpfandrecht** nach § 453 Abs 1 Satz 1 Alt 1 iVm § 433 verkauft wird[77]. Im Rahmen der **Vertragsfreiheit** können die Parteien eine von LuftFzgG § 98 Abs 2 iVm § 448 Abs 2 abweichende Verteilung der Kosten vereinbaren.

III. Gewährleistung bei Bestehen von Registerpfandrechten

37 Die in **§ 442 Abs 2** geregelte Verpflichtung des Verkäufers zur Beseitigung von eingetragenen Pfandrechten, die dem Käufer bekannt sind, gilt auch beim Verkauf von Luftfahrzeugen. Ist das verkaufte Luftfahrzeug mit einem Registerpfandrecht belastet, so muss der Verkäufer dieses Recht gem § 442 Abs 2 iVm § 452, LuftFzgG § 98 Abs 2 Satz 1 auch dann beseitigen, wenn es der Käufer kennt. Die Ratio des § 442 Abs 2[78] ist beim Kauf von Luftfahrzeugen, die mit dem **Registerpfandrecht eines Dritten** belastet sind, in gleicher Weise einschlägig wie beim Kauf von Grundstücken oder Schiffen. Denn auch dem Käufer eines Luftfahrzeugs ist bei Vertragsschluss der **Registerinhalt** regelmäßig bekannt, und dieser Umstand soll eben nicht zum Ausschluss der Gewährleistungshaftung des Verkäufers führen[79].

38 Den Parteien steht es selbstverständlich frei, die Übernahme von am Luftfahrzeug bestehenden **Registerpfandrechten** im Kaufvertrag unter Anrechnung auf den Kaufpreis zu vereinbaren. Bei Fehlen einer derartigen Abrede ist dagegen davon auszugehen, dass eingetragene Registerpfandrechte Dritter am verkauften Luftfahrzeug nach der **Verkehrssitte** gewöhnlich nicht vom Käufer unter Anrechnung auf den Kaufpreis übernommen werden[80]. Verkehrsüblich ist insoweit vielmehr die **Beseitigung durch den Verkäufer** unter Einsatz eines Teils des erlangten Kaufpreises[81]. Enthält der Kaufvertrag keine Vereinbarung hinsichtlich der Übernahme eines eingetragenen Registerpfandrechts durch den Käufer des Luftfahrzeugs unter **Anrechnung auf den Kaufpreis**, so ist idR von davon auszugehen, dass der festgelegte Kaufpreis für einen **lastenfreien Zustand** vereinbart worden ist[82]. Dem Verkäufer obliegt daher gem §§ 442 Abs 2, 437 Nr 1 iVm § 452, LuftFzgG § 98 Abs 2 Satz 1 eine Verpflichtung zur Beseitigung dieses Rechts[83].

§ 453 Rechtskauf; Verbrauchervertrag über den Kauf digitaler Inhalte

(1) Die Vorschriften über den Kauf von Sachen finden auf den Kauf von Rechten und sonstigen Gegenständen entsprechende Anwendung. Auf einen Verbrauchervertrag über den Verkauf digitaler Inhalte durch einen Unternehmer sind die folgenden Vorschriften nicht anzuwenden:

1. § 433 Absatz 1 Satz 1 und § 475 Absatz 1 über die Übergabe der Kaufsache und die Leistungszeit sowie

2. § 433 Absatz 1 Satz 2, die §§ 434 bis 442, 475 Absatz 3 Satz 1, Absatz 4 bis 6 und die §§ 476 und 477 über die Rechte bei Mängeln.

An die Stelle der nach Satz 1 nicht anzuwendenden Vorschriften treten die Vorschriften des Abschnitts 3 Titel 2a Untertitel 1.

(2) Der Verkäufer trägt die Kosten der Begründung und Übertragung des Rechts.

(3) Ist ein Recht verkauft, das zum Besitz einer Sache berechtigt, so ist der Verkäufer verpflichtet, dem Käufer die Sache frei von Sach- und Rechtsmängeln zu übergeben.

76 Vgl § 448 Rz 89.
77 Vgl § 448 Rz 89.
78 Vgl dazu oben Rz 25; § 442 Rz 167 f.
79 Vgl dazu § 442 Rz 167.
80 Vgl zum Schiffskauf oben Rz 26 und zum Grundstückskauf § 442 Rz 168.
81 Vgl zum Schiffskauf oben Rz 26 und zum Grundstückskauf § 442 Rz 168.
82 Vgl zum Schiffskauf oben Rz 26 und zum Grundstückskauf § 442 Rz 168.
83 Vgl zum Schiffskauf oben Rz 26 zum Grundstückskauf § 442 Rz 168.

ÜBERSICHT

Schrifttum: Canaris, Leistungsstörungen und Gewährleistungen beim Unternehmenskauf nach der Reform des deutschen Schuldrechts, Festschrift für Georgiades 2005, 163; Dörner, Dynamische Relativität, 1985; Eidenmüller, Die Verjährung beim Rechtskauf, NJW 2002, 1625; Eidenmüller, Rechtskauf und Unternehmenskauf, ZGS 2002, 290; Enders, Know How Schutz als Teil des geistigen Eigentums, GRUR 2012, 25; Ernst, Rechtsmängelhaftung, 1995; Flume, Eigenschaftsirrtum und Kauf, 2009; Gothe, Verkäuferpflichten und Gewährleistung beim Forderungskauf, 2017; Grigoleit/Herresthal, Grundlagen der Sachmängelhaftung im Kaufrecht, JZ 2003, 118; Grunewald, Informationserteilung beim Unternehmenskauf, GmbHR 2021, 800; Grunewald, Rechts- und Sachmängelhaftung beim Kauf von Unternehmensteilen, NZG 2003, 372; Haedicke, Rechtskauf und Rechtsmängelhaftung, 2003; Henssler, Haftung des Verkäufers wegen Informationspflichtverletzungen im Unternehmenskauf, Festschrift Hopt, 2010, 113; Hiddemann, Leistungsstörungen beim Unternehmenskauf aus der Sicht der Rechtsprechung, ZGR 1982, 435; U Huber, Die Praxis des Unternehmenskaufs im System des Kaufrechts, AcP 202 (2002), 179; Lieder, Die rechtsgeschäftliche Nachfolge in Gesellschaftsanteile, ZfPW 2016, 205; Möller, Offenlegungen und Aufklärungspflichten beim Unternehmenskauf, NZG 2012, 841; Schmitt, Mängelgewährleistung bei Anteils- und Unternehmenskauf, WM 2019, 1871; Scholz/Sommer, Bilanzgarantien in der M&A-Praxis, NZG 2018, 50; Stöber, Beschaffenheitsgarantien des Verkäufers, 2006; Thiessen, Unternehmenskauf und Bürgerliches Gesetzbuch, 2005 Wächter, Schadensrechtliche Probleme beim Unternehmenskauf: Naturalherstellung und Bilanzgarantie, NJW 2013, 1270; Weller, Sachmängelhaftung beim Unternehmenskauf, FS Maier-Reimer, 2010, 839; Wertenbruch, Gewährleistung beim Unternehmenskauf, in Dauner-Lieb/Konzen/Karsten Schmidt, Das neue Schuldrecht in der Praxis, 2003, 493; Zimmermann, Die Sachmängelgewährleistung beim Rechtskauf, AcP 213 (2013), 652.

A. Allgemeines

I. Die Entstehungsgeschichte des § 453

1 1. **Erweiterung des § 493 aF durch § 453 idF des SMG 2002.** Nach § 493 aF fanden die Vorschriften über die Verpflichtung des Verkäufers zur „Gewährleistung wegen Mängel der

Sache“ auf andere Verträge, die auf Veräußerung oder Belastung einer Sache gegen Entgelt gerichtet sind, entsprechende Anwendung. Der **Verkauf von Rechten** war in § 493 aF nicht geregelt. Gem. **§ 433 Abs 1 Satz 2 aF** war der Verkäufer eines Rechts verpflichtet, dem Käufer das Recht zu verschaffen und – im Falle eines Rechts zum Besitz einer Sache – die Sache zu übergeben. Der Verkäufer einer Forderung oder eines sonstigen Rechts haftete nach § 437 aF für den **rechtlichen Bestand** der Forderung oder des Rechts. Die Vorschrift des § 435 Abs 1 aF regelte die Verpflichtung des Verkäufers eines **Rechts an einem Grundstück**, im Grundbuch eingetragene Rechte, die nicht bestehen, auf seine Kosten zur **Löschung** zu bringen. § 440 aF verwies für den Fall der Nichterfüllung von Verkäuferpflichten aus §§ 433 bis 437, 439 aF auf die Rechte des Käufers aus §§ 320 bis 327 aF.

Der Begriff **„Gegenstand“** anstelle von Sache oder/und Recht war in den bis zum 31.12.2001 geltenden Fassungen des § 434 und § 444 enthalten. So verpflichtete **§ 434 aF** den Käufer, den „verkauften Gegenstand frei von Rechten“ zu verschaffen, die „von Dritten“ gegen den Käufer geltend gemacht werden können. Die Regelung des **§ 444 aF** statuierte einen Anspruch des Käufers auf **Auskunft** über die den „verkauften Gegenstand betreffenden rechtlichen Verhältnisse“. Nach § 445 aF fanden die Vorschriften der §§ 433 bis 445 aF bis zum 31.12.2001 auf andere Verträge, die auf Veräußerung oder Belastung eines Gegenstandes gegen Entgelt gerichtet sind, entsprechende Anwendung. Das seit **Inkrafttreten des SMG 2002** geltende Kaufrecht regelt in den §§ 433 ff unmittelbar nur den **Sachkauf** sowie Besonderheiten des **Grundstückskaufs**. Die mit Wirkung zum 1.1.2022 erfolgten Änderungen, die insbes den Verbrauchervertrag über den Verkauf digitaler Inhalte durch einen Unternehmer und die Neufassung und -strukturierung des Sachmangeltatbestands des § 434 betreffen, lassen diese Grundsystematik unberührt. Ausschlaggebend für die mit dem SMG 2002 vorgenommene Wahl dieser Gesetzessystematik war das **Interesse an Klarheit und Übersichtlichkeit**[1]. Der Gesetzgeber des SMG 2002 ging dagegen nicht davon aus, dass die §§ 433 ff im Falle des Kaufs eines Rechts oder eines sonstigen Gegenstands unpassend seien[2]. Denn mit § 453 Abs 1 idF des SMG 2002 wurde die entsprechende Anwendung der Vorschriften über den Sachkauf auf den Kauf von Rechten (Alt 1) und sonstigen Gegenständen (Alt 2) angeordnet. § 445 aF und § 493 aF wurden daher mit Inkrafttreten des SMG 2002 entbehrlich[3]. Mit der zum 1.1.2022 erfolgten Ergänzung des § 453 Abs 1 idF des SMG 2002 durch die Sätze 2 und 3 ist zwar keine Änderung des **Wortlauts der bisherigen Fassung** dieser Vorschrift verbunden; denn § 453 aF ist nunmehr § 453 Abs 1 Satz 1. Die Reichweite der Verweisung des § 453 Abs 1 Satz 1 nF auf die §§ 433 ff wird aber dadurch beschränkt, dass nach § 453 Abs 1 Satz 2 und 3 bei Vorliegen eines Verbrauchervertrags über den Verkauf digitaler Inhalte durch einen Unternehmer anstelle des Kaufrechts die §§ 327 ff nF gelten[4]. 2

2. **Einfügung des § 453 Abs 1 Satz 2 und Satz 3 bezüglich Verbrauchervertrag über digitale Inhalte**. Durch das Gesetz zur Umsetzung der Richtlinie über bestimmte vertragsrechtliche Aspekte der Bereitstellung digitaler Inhalte und digitaler Dienstleistungen[5] wurden mit **Wirkung zum 1.1.2022** in § 453 Abs 1 aF, der als Abs 1 Satz 1 fortgilt, die Sätze 2 und 3 angefügt. Nach § 453 Abs 1 Satz 2 Nr 1 sind nunmehr auf einen Verbrauchervertrag über den Verkauf digitaler Inhalte durch einen Unternehmer die Regelungen des § 433 Abs 1 Satz 1 und des § 475 Abs 1 über die **Übergabe der Kaufsache** und die **Leistungszeit** nicht anzuwenden. § 453 Abs 1 Satz 2 Nr 2 statuiert bei einem solchen Verbrauchervertrag den Ausschluss der Anwendung folgender kaufrechtlicher Vorschriften über die Rechte bei Mängeln: § 433 Abs 1 Satz 2, die §§ 434 bis 442, 475 Abs 3 Satz 1, Abs 4 bis 6 und die §§ 476 und 477. An die Stelle der nach § 453 Abs 1 Satz 1 nicht zur Geltung kommenden Bestimmungen treten gem § 453 Abs 1 Satz 3 die Vorschriften des Abschnitts 3 Titel 2a Untertitel 1. Es greifen daher bei Vorliegen eines derartigen Verbrauchervertrags die **§§ 327 ff** ein[6]. Die seit Inkrafttreten des SMG 2002 geltende **Verweisung des § 453 Abs 1 Satz 1 (§ 453 Abs 1 aF)** auf die §§ 433 ff und die dort statuierte Systematik bleibt also uneingeschränkt bestehen, soweit es nicht um einen Verbrauchervertrag über den Verkauf digitaler Inhalte durch einen Unternehmer geht[7]. 3

II. Die Regelungsgegenstände des § 453 im Überblick

1. **Die Verweisungsregelung des § 453 Abs 1**. Zentrale Bedeutung hat nach wie vor die für den Kauf von **Rechten (Alt 1)** und sonstigen **Gegenständen (Alt 2)** geltende allgemeine Verweisung des § 453 Abs 1 Satz 1 (§ 453 Abs 1 aF) auf die Regelungen der §§ 433 ff über den Sachkauf. Das Gesetz zur Umsetzung der Richtlinie über bestimmte vertragsrechtliche Aspekte der Bereit- 4

1 Begr Gesetzentwurf, BT-Drucks 14/6040, S 242.
2 Begr Gesetzentwurf, BT-Drucks 14/6040, S 242.
3 Begr Gesetzentwurf, BT-Drucks 14/6040, S 242.
4 Vgl dazu nachfolgend Rz 3.
5 Ges vom 30. Juni 2021 (BGBl I, S 2123).
6 Vgl zu den Einzelheiten Rz 62 ff.
7 Vgl zu den Tatbeständen des § 453 im Überblick nachfolgend Rz 4 ff.

stellung digitaler Inhalte und digitaler Dienstleistungen[8] hat zwar weder den Tatbestand noch die Rechtsfolgen dieser Verweisung verändert[9]. Die für den **Verbrauchervertrag** über den **Verkauf digitaler Inhalte** durch einen Unternehmer geltende Regelung des § 453 Abs 1 Satz 2 und 3 ist aber als *lex specialis* im Verhältnis zu § 453 Abs 1 Satz 1 anzusehen. Bei einem derartigen Kauf über digitale Inhalte gilt daher die allgemeine Verweisung auf die §§ 433 ff nicht, soweit diese Spezialregelung Platz greift. Auf den Kaufvertrag über digitale Inhalte sind dann stattdessen gem § 453 Abs 1 Satz 3 die §§ 327 ff anzuwenden[10]. Die Regelung des § 453 Abs 1 behält daher trotz der Einfügung der Sätze 2 und 3 ihren Charakter als **zentrale Verweisungsnorm** für Kaufverträge, die sich nicht auf Sachen und damit nicht auf **körperliche Gegenstände iSd § 90** beziehen.

5 2. **Die Kostenverteilung nach § 453 Abs 2.** Die Regelung des § 453 Abs 2 statuiert die Verpflichtung des Verkäufers zur Tragung der **Kosten der Begründung und Übertragung** des verkauften Rechts. Diese besondere Kostenregelung ist deshalb erforderlich, weil ansonsten – bei Fehlen einer speziellen Vereinbarung der Kostentragung im Kaufvertrag – über die allgemeine Verweisung des § 453 Abs 1 Satz 1 auf den Sachkauf (§§ 433 ff) die dort vorhandene Kostenregelung des § 448 zur Anwendung gelangte. Nach **§ 448 Abs 1** trägt der Verkäufer die **Kosten der Übergabe** und der Käufer die Kosten der **Abnahme sowie Versendung der Sache**[11]. Versendungskosten entstehen selbstverständlich nur dann, wenn ein Versendungskauf iSd § 447 gegeben ist. Beim Kauf eines **Grundstücks** trägt der Käufer gem § 448 Abs 2 die Kosten der Beurkundung des Kaufvertrags und der Auflassung, der Eintragung ins Grundbuch und der zu der Eintragung erforderlichen Erklärungen. Ohne die besondere Kostenregelung des § 453 Abs 2 wäre zweifelhaft, inwieweit die auf den Kauf von beweglichen Sachen und Grundstücken zugeschnittenen Kostenbestimmungen des § 448 auf den Kauf eines Rechts iSd § 453 Abs 1 Satz 1 entsprechend anzuwenden wären[12].

6 3. **Zusätzliche Gewährleistung nach § 453 Abs 3 bei Rechten mit Befugnis zum Besitz einer Sache.** Die Regelung des § 453 Abs 3 betrifft die besondere Konstellation, dass beim Kauf eines Rechts das betreffende Recht den Käufer zum Besitz einer Sache berechtigt. Insoweit geht es sowohl um bewegliche Sachen als auch um Grundstücke als Bezugsobjekt. Kaufgegenstand ist in den Fällen des § 453 Abs 3 nur das Recht iSd § 453 Abs 1 Satz 1, nicht aber die Sache selbst. Hat die Sache, die der Käufer aufgrund des gekauften Rechts besitzen darf, einen Mangel, so führt dies grundsätzlich nicht zu einem **Mangel des Rechts** als Kaufgegenstand. Gleichwohl ist hier offensichtlich, dass der **Verschaffungsanspruch des Käufers** aus §§ 453 Abs 1 Satz 1 iVm § 433 Abs 1 und die damit verbundenen Interessen nicht durch einen Mangel des Rechts, sondern auch durch einen **Mangel der Sache**, auf die sich dieses Recht bezieht, beeinträchtigt werden können. Aus diesem Grund regelt § 453 Abs 3, dass der Verkäufer eines Rechts, das zum Besitz einer Sache berechtigt, nicht nur für Mängel des Rechts, sondern in entsprechender Anwendung der §§ 434, 435 auch für Mängel der Sache haftet. Bei einem solchen Kauf wird der Verkäufer also in Bezug auf die Gewährleistung für Mängel der Sache so behandelt, als wenn er unmittelbar die Sache verkauft hätte.

B. Die allgemeine Verweisung des § 453 Abs 1 Satz 1 auf das Recht des Sachkaufs

I. Verweisungssystematik – Unterscheidung zwischen Sachen, Rechten, sonstigen Gegenständen und digitalen Inhalten

7 Gem § 453 Abs 1 Satz 1 finden die Vorschriften über den Kauf von Sachen und damit die §§ 433 ff einschließlich der Regelungen über die Gewährleistungshaftung des Verkäufers (§§ 434 ff) auf den Kauf von Rechten und sonstigen Gegenständen **entsprechende Anwendung**. § 433 Abs 1 statuiert unmittelbar nur Pflichten für den „Verkäufer einer Sache“, insbes zur Verschaffung von Besitz und Eigentum an der Sache (Satz 1). Nach § 433 Abs 1 Satz 2 hat der Verkäufer dem Käufer „die Sache“ frei von Sach- und Rechtsmängeln zu verschaffen. Auch die Gewährleistungsregelungen der §§ 434 ff beziehen sich also primär nur auf den Kauf einer Sache. So ist nach § 434 Abs 1 „die Sache“ frei von Sachmängeln, wenn sie bei Gefahrübergang den subjektiven Anforderungen, den objektiven Anforderungen und den Montageanforderungen dieser Vorschrift entspricht. Gem § 435 Abs 1 ist „die Sache“ frei von Rechtsmängeln, wenn Dritte „in Bezug auf die Sache“ entweder keine oder nur die durch Kaufvertrag übernommenen Rechte

8 Ges vom 30. Juni 2021 (BGBl I, S 2123).
9 Vgl dazu auch vorstehend Rz 3.
10 Vgl zu den Einzelheiten unten Rz 62 ff.
11 Vgl dazu § 448 Rz 3 ff.
12 Vgl zu den Einzelheiten der Kostenverteilung nach § 453 Abs 2 unten Rz 229 ff.

gegen den Käufer geltend machen können. Bei Vorliegen eines **Verbrauchervertrags über den Verkauf digitaler Produkte** ist die allgemeine Verweisung des § 453 Abs 1 Satz 1 auf das Recht des Sachkaufs gem § 453 Abs 1 Satz 2 weitgehend nicht anwendbar. Es kommt stattdessen bei Vorliegen eines derartigen Vertrags die Verweisung des § 453 Abs 1 Satz 3 auf die §§ 327 ff zum Zuge[13].

II. Deklaratorischer und konstitutiver Charakter der Verweisung des § 453 Abs 1 Satz 1

Die Regelung des § 453 Abs 1 Satz 1 hat nur deklaratorischen Charakter, soweit die Verweisung auf die Vorschriften über den Kauf von Sachen sich auf die zentrale Vorschrift des § 433 bezieht und dadurch angeordnet wird, dass auch Rechte und sonstige Gegenstände verkauft werden können. Denn die generelle Möglichkeit des Verkaufs von Rechten und sonstigen Gegenständen folgt ohne weiteres schon aus dem **Grundsatz der Vertragsfreiheit**, den das BGB klarstellt durch § 311 Abs 1, wonach zur Begründung eines Schuldverhältnisses durch Rechtsgeschäft ein Vertrag zwischen den Beteiligten erforderlich ist, soweit nicht das Gesetz ein anderes vorschreibt. Dass neben **Sachen iSd § 90** einschließlich wesentlicher Bestandteile (§§ 93, 94) auch Rechte und sonstige Gegenstände im Rahmen eines Kaufvertrags veräußert werden können, muss von der Zivilrechtsordnung daher nicht besonders zugelassen werden. Die Zulässigkeit des Verkaufs eines verkehrsfähigen körperlichen oder sonstigen Gegenstands ist vielmehr das Grundprinzip. Ausnahmen können sich insbes aus den allgemeinen Schranken der **§§ 134, 138** ergeben. 8

Einen konstitutiven Charakter hat der Verweis des § 453 Abs 1 Satz 1 auf die §§ 433 ff vor allem in Bezug auf die Geltung des Rechts der **kaufrechtlichen Gewährleistungsvorschriften** für den Kauf von Rechten und sonstigen Gegenständen. Im Falle der Nichtexistenz der allgemeinen Verweisungsvorschrift des § 453 Abs 1 Satz 1 wäre zwar eine **analoge Anwendung der §§ 434 ff** grundsätzlich möglich. Da § 453 Abs 1 Satz 1 eine Regelverweisung darstellt, muss aber die entsprechende Anwendung des Gewährleistungsrechts im konkreten Einzelfall nicht besonders begründet werden. Die von § 453 Abs 1 Satz 1 angeordnete entsprechende Anwendung der §§ 433 ff führt allerdings nicht dazu, dass die einzelnen Vorschriften des Rechts des Sachkaufs im konkreten Einzelfall allein aufgrund des Eingreifens der Verweisung ausnahmslos und ohne Modifikation anwendbar wären. Insoweit besteht aber beim Kauf von Rechten und sonstigen Gegenständen zumindest ein **Regel-Ausnahme-Verhältnis**, dh, die Nichtanwendung oder nur modifizierte Anwendung einer Vorschrift, auf die verwiesen wird, bedarf einer Begründung. Die entsprechende Anwendung der §§ 433 ff bei Eingreifen der Verweisung des § 453 Abs 1 Satz 1 ist der Grundsatz. 9

III. Der Beschaffenheitsbegriff des § 434 in der entsprechenden Anwendung auf den Rechtskauf – allgemeiner Ausgangspunkt

1. **Entsprechende Anwendung des Sachmangeltatbestands des § 434 – Grundregel.** Dass der **Sachmangeltatbestand** des § 434 und insbes der dort geregelte Beschaffenheitsbegriff – auch in der ab 1.1.2022 geltenden Fassung dieser Norm – an die Sache als **körperlichen Gegenstand iSd § 90** anknüpft, ist evident. Ebenso eindeutig ist, dass ein Recht iSd § 453 Abs 1 Satz 1 Alt 1 nicht von der Definition des körperlichen Gegenstands erfasst wird. Daher darf der **Beschaffenheitsbegriff des § 434** im Rahmen der von § 453 Abs 1 Satz 1 angeordneten entsprechenden Anwendung auf den Kauf von Rechten und sonstigen Gegenständen sich nicht maßgeblich am Sachbegriff des § 90 orientieren, sondern muss vielmehr dem **Wesen des Rechts bzw des sonstigen Gegenstands** hinreichend Rechnung tragen[14]. Eine kategorische Ablehnung der Anwendung des § 434 auf den Kauf von Rechten mit der Begründung, ein Recht habe keine Beschaffenheit, wäre mit dem Charakter der angeordneten nur „entsprechenden Anwendung" der §§ 433 ff nicht vereinbar. Die Unterschiede zwischen Sache und Recht müssen im Rahmen der entsprechenden Anwendung auf den Kauf von Rechten bei Gewährleistung nach den §§ 434 ff berücksichtigt werden. Die **Lösung des Beschaffenheitsbegriffs** vom Zustand einer körperlichen Sache wird durch die ab 1.1.2022 geltende Fassung des § 434 bestätigt. Denn sowohl bei der Beschaffenheitsvereinbarung iSd § 434 Abs 2 Satz 1 Nr 1 als auch in Bezug auf die übliche Beschaffenheit gem § 434 Abs 3 Satz 1 Nr 2 gehören zur Beschaffenheit auch „sonstige Merkmale der Sache" (§ 434 Abs 2 Satz 2 bzw Abs 3 Satz 2) und damit im Rahmen der entsprechenden 10

13 Vgl dazu unten Rz 62 ff.

14 Vgl zu den Einzelheiten der Anwendung des § 434 auf den Kauf von Rechten Rz 81 ff und auf den Kauf von sonstigen Gegenständen Rz 48 sowie beim Unternehmenskauf Rz 109 ff.

Anwendung nach § 453 Abs 1 Satz 1 die sonstigen Merkmale des Rechts (Alt 1) oder des sonstigen Gegenstands (Alt 2).

11 2. **Der Rechtsmangel beim Rechtskauf – Begriffsklärung.** Die **Rechtsmängelhaftung** nach § 453 Abs 1 Alt 1 iVm § 435 ist in begrifflicher Hinsicht deshalb mit dem Risiko von Missverständnissen belastet, weil nach dem **allgemeinen Sprachgebrauch** beim Kauf eines Rechts jeder Mangel dieses Rechts einen „Rechtsmangel" darstellt, so wie bspw beim Grundstückskauf jeder Mangel nach allgemeinem Sprachgebrauch ein „Grundstücksmangel" ist. Rein begrifflich kann daher unter einem Rechtsmangel des verkauften Rechts irgendein Mangel dieses Kaufgegenstands verstanden werden, und zwar sowohl auf Grundlage des § 434 als auch nach § 435. Danach würde – ohne Differenzierung zwischen § 434 und § 435 – jeder Mangel des verkauften Rechts zu einem mangelhaften Recht und deshalb zu einem „Rechtsmangel" führen. Entscheidend ist insoweit aber nicht der allgemeine Sprachgebrauch, sondern der einschlägige Mangeltatbestand des § 435, der zwar nur entsprechend anzuwenden ist, aber in Bezug auf die Grunddefinition des Rechtsmangels auch im Rahmen der Verweisung des § 453 Abs 1 Satz 1 Alt 1 und Alt 2 keine Änderung erfährt. Da § 435 Satz 1 für die Frage des Vorliegens eines Rechtsmangels darauf abstellt, ob **Dritte in Bezug auf die Sache** ein Recht geltend machen können, und auch Rechte mit dem Recht eines Dritten belastet sein können, hängt beim Rechtskauf das Vorliegen eines Rechtsmangels gem §§ 453 Abs 1 Alt 1, 435 allein vom Bestehen des Rechts eines Dritten ab, das in Bezug auf das verkaufte Recht geltend gemacht werden kann[15]. Diese zentrale Voraussetzung des Rechtsmangels gilt auch beim Kauf eines Rechts oder eines sonstigen Gegenstands iSd § 453 Abs 1 Satz 1. Die Belastung des Rechts als Kaufgegenstand durch das **Recht des Dritten** kann zwar eine andere Natur und/oder andere Folgen haben als die Belastung einer Sache mit dem Recht eines Dritten. Entscheidend für das Vorliegen eines Rechtsmangels beim Rechtskauf ist aber der Umstand, dass einem Dritten im Verhältnis zum Recht als Kaufgegenstand eine Rechtsposition zusteht, von der eine aktuelle oder potentielle **Beeinträchtigung der Interessen des Käufers** ausgeht. Weist das verkaufte Recht in Bezug auf den Umfang oder ein sonstiges Inhaltsmerkmal eine Abweichung vom kaufvertraglichen Soll-Zustand auf, so handelt es sich um einen **Beschaffenheitsmangel (Inhaltsmangel)** iSd § 434 Abs 2 oder Abs 3 und nicht um eine Belastung dieses Kaufgegenstands mit dem Recht eines Dritten als Voraussetzung für einen Rechtsmangel iSd §§ 453 Abs 1 Satz 1 Alt 1, 435[16].

IV. Fehlende Übertragbarkeit oder Existenz des Rechts oder Gegenstands – Abstraktionsprinzip

12 Nach **§ 306 aF** war ein auf eine unmögliche Leistung gerichteter Vertrag nichtig. Dies galt auch für einen auf eine unmögliche Leistung gerichteten Kaufvertrag. Der Kauf eines Rechts war insoweit sogar ein bedeutender Anwendungsfall dieser durch das SMG 2002 aufgehobenen Norm des Allgemeinen Schuldrechts, und zwar dann, wenn ein nicht existierendes oder nicht übertragbares Recht der Kaufgegenstand war. Aufgrund des Wegfalls des § 306 aF sind Kaufverträge über nicht bestehende oder nicht übertragbare Rechte und sonstige Gegenstände trotz der vorliegenden anfänglichen Unmöglichkeit gem **§ 311a Abs 1** grundsätzlich wirksam[17]. Das **Abstraktionsprinzip** führt hier dazu, dass eine Unmöglichkeit der Rechtsübertragung gem **§ 275 Abs 1** als Erfüllungsgeschäft die Wirksamkeit des Kaufvertrags als **Kausalgeschäft** grundsätzlich nicht berührt. Daher werden auch Kaufverträge über Rechte und sonstige Rechte, die nicht übertragbar sind, von der zentralen Verweisungsnorm des § 453 Abs 1 Satz 1 erfasst[18]. Dafür kommt es nicht darauf an, ob das verkaufte Recht oder der sonstige Gegenstand generell unübertragbar ist oder nicht auf den **konkreten Käufer** übertragen werden kann. In beiden Fällen ist dem Verkäufer die Erfüllung des geschlossenen und nach § 311a Abs 1 wirksamen Kaufvertrags gem § 275 Abs 1 unmöglich.

13 Der Kaufvertrag über ein nicht übertragbares Recht oder einen nicht übertragbaren sonstigen Gegenstand wäre zwar aus den dargelegten Gründen auch bei Nichtexistenz der Verweisung des § 453 Abs 1 Satz 1 auf die §§ 433 ff gem § 311a Abs 1 wirksam. Durch die Verweisung auf § 433 Abs 1 Satz 1 wird aber die **Hauptleistungspflicht des Verkäufers** im Falle des Vorliegens eines derartigen Kaufs klargestellt. Der Verkäufer muss dem Käufer das Recht bzw den sonstigen

15 Vgl zu Einzelheiten der Rechtsmängelhaften beim Kauf von Rechten Rz 81 ff, sonstigen Gegenständen Rz 48 und Unternehmen Rz 109 ff.

16 Vgl zu den Einzelheiten unten Rz 81 ff.

17 Staud/Beckmann Rz 5; BeckOK/Faust Rz 3; jurisPK/Müller Rz 9; Gothe, Verkäuferpflichten und Gewährleistung beim Forderungskauf, 2017, S 17.

18 Staud/Beckmann Rz 5; BeckOK/Faust Rz 3; jurisPK/Müller Rz 9; Gothe, Verkäuferpflichten und Gewährleistung beim Forderungskauf, 2017, S 16 f; aA MünchKomm/Westermann Rz 3; NK/Büdenbender Rz 4 f; Jauernig/Berger Rz 11.

Gegenstand verschaffen. Soweit das verkaufte Recht den Käufer zum Besitz einer Sache berechtigt iSd § 453 Abs 3, muss der Verkäufer gem § 433 Abs 1 Satz 1 auch den Besitz auf den Käufer übertragen. Diese Hauptleistungspflicht des Verkäufers aus §§ 453 Abs 1 Satz 1, 433 Abs 1 Satz 1 ist der Anknüpfungspunkt für einen Anspruch des Käufers aus § 311a Abs 2 auf **Schadensersatz statt der Leistung** im Falle der anfänglichen Unmöglichkeit der Übertragung[19]. Nach § 311a Abs 2 Satz 1 kann der Käufer nach seiner Wahl Schadensersatz statt der Leistung oder **Ersatz seiner Aufwendungen** in dem in § 284 bestimmten Umfang verlangen. Für das Tatbestandsmerkmal „statt der Leistung" ist eine **Leistungspflicht des Verkäufers** erforderlich. Auch für die Frage, ob der Verkäufer das „Leistungshindernis" bei Abschluss des Kaufvertrags nicht kannte und seine Unkenntnis auch nicht zu vertreten hat (§ 311a Abs 2 Satz 2), stellt die Verweisung des § 453 Abs 1 Satz 1 die Leistungspflicht des Verkäufers klar.

In Fällen, in denen das verkaufte Recht oder der verkaufte sonstige Gegenstand wegen Bestehens eines **gesetzlichen Verbots iSd § 134** nicht übertragbar ist und daher gem § 275 Abs 1 eine **rechtliche Unmöglichkeit** besteht, kann allerdings auch schon der Kaufvertrag als Verpflichtungsgeschäft gem **§ 134** nichtig sein. Die hängt vom Zweck des betreffenden Verbots ab[20]. Zudem kann in einer solchen Konstellation der Kaufvertrag gegen die guten Sitten verstoßen und daher – unabhängig vom Eingreifen eines gesetzlichen Verbots – nach **§ 138 Abs 1** nichtig sein. 14

V. Fehlende Bonität des verkauften Rechts – kein Fehlen der üblichen Beschaffenheit iSd § 434 Abs 3 Satz 1 Nr 2 iVm § 453 Abs 1 Satz 1 Alt 1

1. **Grundsätze.** Die fehlende Bonität der gekauften Forderung führt nicht ohne weiteres zu einer Gewährleistungshaftung des Verkäufers[21]. Die Begründung dafür ist darin zu sehen, dass Defizite in Bezug auf die vom Käufer erwartete Bonität weder auf einem **Recht eines Dritten iSd § 435** noch auf einer Abweichung von der üblichen Beschaffenheit (Inhalt) iSd § 434 Abs 3 Satz 1 Nr 2 iVm § 453 Abs 1 Satz 1 Alt 1 beruhen[22]. Die Kaufvertragsparteien können aber insbes in Bezug auf die Durchsetzbarkeit einer verkauften Forderung eine Beschaffenheitsvereinbarung (Inhaltsvereinbarung) iSd § 434 Abs 2 Satz 1 Nr 1 treffen[23]. Die Bonität der gekauften Forderung ist hier als **sonstiges Beschaffenheitsmerkmal iSd § 434 Abs 2 Satz 2** anzusehen. Zudem haftet der Verkäufer für die Bonität, soweit er diesbezüglich eine **Garantie** übernommen hat[24]. Die **Bonität** ist bei Vorliegen einer solchen Beschaffenheitsvereinbarung (§ 434 Abs 2 Satz 1 Nr 1) als eine in der Garantieerklärung **beschriebene Beschaffenheit** iSd § 443 Abs 1 anzusehen. Bei Fehlen einer Beschaffenheitsvereinbarung bezieht sich die Garantievereinbarung gem § 443 Abs 1 auf eine „andere als die Mängelfreiheit betreffende Anforderung" iSd § 443 Abs 1. Möglich ist hier sowohl eine **selbständige Garantie** als auch eine **unselbständige Garantie**[25]. In den Fällen der unselbständigen Garantie liegt regelmäßig zugleich eine Beschaffenheitsvereinbarung iSd § 434 Abs 2 Satz 1 Nr 1 vor[26]. Wenn der Verkäufer nämlich unbedingt gem § 437 dafür einstehen will, dass die Forderung durchsetzbar ist, dann ist nicht nur eine Garantievereinbarung nach § 443 Abs 1, sondern zugleich eine Beschaffenheitsvereinbarung gem § 434 Abs 2 Satz 1 Nr 1 zu bejahen. Entsprechendes gilt, wenn nicht eine Forderung, sondern ein sonstiges Recht – insbes ein Gesellschaftsanteil oder ein sonstiges Beteiligungsrecht – verkauft worden ist. 15

2. **Vorrangige Inanspruchnahme des Dritten bei Garantie des Forderungsverkäufers – kein Klageerfordernis.** Ob der Käufer einer Forderung bei Vorliegen einer Verkäufergarantie für die **Durchsetzbarkeit** den Dritten als Schuldner vorrangig in Anspruch nehmen und insoweit auch einen **erfolglosen Vollstreckungsversuch** vornehmen muss, hängt bei Fehlen einer ausdrücklichen Regelung in der Garantievereinbarung von der Auslegung dieser Vereinbarung ab. Jedenfalls bei Vorliegen einer **offensichtlichen Zahlungsunfähigkeit** des Dritten ist keine erfolglose Vollstreckung erforderlich[27]. Im Übrigen ist zwar davon auszugehen, dass zwischen dem Dritten als Forderungsschuldner und dem Verkäufer als Garantiegeber ein **Stufenverhältnis** des Inhalts besteht, dass vor einer Geltendmachung der Garantiehaftung eine Inanspruch- 16

19 Gothe, Verkäuferpflichten und Gewährleistung beim Forderungskauf, 2017, S 17.

20 Vgl Soergel/Meier § 134 Rz 31 ff.

21 BGH NJW 2005, 359, 361 (zu § 437 aF im Falle der Forfaitierung von Leasingforderungen); MünchKomm/Westermann Rz 11; BeckOK/Faust Rz 20; Stöber, Beschaffenheitsgarantien des Verkäufers, 2006, S 166; Eidenmüller ZGS 2002, 290, 293; vgl zur fehlenden Bonität von gekauften Gesellschaftsanteilen unten Rz 215 f.

22 Vgl zum Beschaffenheitsbegriff beim Rechtskauf Rz 81 ff.

23 So wohl auch MünchKomm/Westermann Rz 11 (Haftung des Verkäufers für die Bonität, wenn er insoweit „bestimmte Zusagen" gemacht habe).

24 MünchKomm/Westermann Rz 11; BeckOGK/Wilhelmi Rz 83.

25 So iE auch BeckOGK/Wilhelmi Rz 83; vgl zur Abgrenzung zwischen selbständiger und unselbständiger Garantie § 443 Rz 16.

26 So wohl auch MünchKomm/Westermann Rz 11 (Zusage der Bonität könne sich dann auch als Garantie iSd § 276 darstellen).

27 BeckOK/Faust Rz 20; Grüneberg/Weidenkaff Rz 22.

nahme des Forderungsschuldners erfolgen muss[28]. Die Garantiehaftung des Verkäufers hängt aber nicht von einem fruchtlosen Versuch der Zwangsvollstreckung ab[29]. Der mit einem formellen Vollstreckungsversuch verbundene Aufwand ist nur vertretbar, wenn der Dritte sich als Forderungsschuldner in einer notariellen Urkunde der **sofortigen Zwangsvollstreckung unterworfen** hat. Im Übrigen würde die Garantie für die Durchsetzbarkeit einer Forderung nicht unerheblich entwertet, wenn der Forderungskäufer sich vor einer Inanspruchnahme des Verkäufers als Garantiegeber auf dem Klageweg einen Vollstreckungstitel gegen den Forderungsschuldner beschaffen müsste. Es genügt daher eine erfolglose Mahnung und Setzung einer angemessenen Zahlungsfrist. Das Ausbleiben der Zahlung nach Mahnung und Fristsetzung ist dann das typische Risiko des Forderungsverkäufers bei Übernahme einer Garantie für die Bonität. Die Ablehnung eines Klageerfordernisses ist auch deshalb interessengerecht, weil der Forderungsverkäufer seinerseits den **Dritten als Gesamtschuldner** gem § 426 Abs 1 auf Freistellung bzw Ausgleich verklagen kann.

17 3. **Maßgeblicher Zeitpunkt bei Bonitätshaftung bei Beschaffenheitsvereinbarung oder/und Garantie.** Für die Frage, zu welchem Zeitpunkt die vom Verkäufer garantierte Bonität einer Forderung oder eines sonstigen Rechts vorliegen muss, kommt es grundsätzlich auf den **Inhalt der Garantievereinbarung** an[30]. Entsprechendes gilt, wenn in Bezug auf die Bonität eine Beschaffenheitsvereinbarung nach § 434 Abs 2 Satz 1 Nr 1 iVm § 453 Abs 1 Satz 1 Alt 1 gegeben ist. Gem **§ 438 aF** war der Verkäufer einer Forderung im Falle der Übernahme der Haftung für die Zahlungsfähigkeit des Schuldners im Zweifel nur für die **Zahlungsfähigkeit zur Zeit der Abtretung** verantwortlich. Das **SMG 2002** hat diese Regelung zum einen deshalb nicht übernommen, weil ihre praktische Bedeutung äußerst gering sei. Der maßgebende Zeitpunkt werde in den Kaufverträgen stets bestimmt, und zwar abweichend von § 438 aF[31]. Zum anderen sah der Gesetzgeber den **Gerechtigkeitsgehalt der Vorschrift** als zweifelhaft an[32]. Denn bei Vorliegen einer Einstandspflicht des Verkäufers für die Bonität der verkauften Forderung sei dem Käufer wenig geholfen, wenn sich die Haftung auf den Zeitpunkt der Abtretung beschränke[33]. Das zeigt sich insbes in dem Fall, in dem die Forderung erst nach dem Vollzug der Abtretung fällig wird und daher nicht unmittelbar nach dem Erwerb vom Käufer durchgesetzt werden kann. Aber auch bei gegebener Fälligkeit zum Zeitpunkt der Abtretung ist der Käufer als neuer Gläubiger nicht gehalten, sofort die Einziehung zu betreiben. Er kann vielmehr nach Erfolgen der Abtretungsanzeige einen gewissen Zeitraum abwarten, ob der Schuldner freiwillig leistet, und erst bei Nichterfolgen eine **Zahlungsaufforderung** an ihn schicken.

18 Aus diesen Gründen ist bei Bestehen einer Haftung des Forderungsverkäufers auf Grundlage einer Beschaffenheitsvereinbarung oder/und Garantie für die Bonität der verkauften Forderung, und **fehlender vertraglicher Festlegung** des für die Bonität maßgeblichen Zeitpunkts, jedenfalls nicht der Zeitpunkt des Rechtserwerbs durch Abtretung maßgebend. Es ist vielmehr davon auszugehen, dass die Bonität der Forderung zum **Zeitpunkt der Fälligkeit** zuzüglich eines **angemessenen Zeitraums** für die Geltendmachung der Forderung durch den Käufer gegeben sein muss. Leistet der Schuldner auf eine innerhalb dieses Zeitraums erfolgende Zahlungsaufforderung des Käufers nicht, so ist die Haftung des Verkäufers zu bejahen.

19 Auch in den Fällen, in denen nicht eine Forderung, sondern ein Beteiligungsrecht mit Gewinnbezugsrecht und wiederkehrenden Gewinnausschüttungen verkauft worden ist, kommt es für die Bonität des betreffenden Rechts in zeitlicher Hinsicht nicht auf die Übertragung (Abtretung) an. Dies ergäbe insbes dann keinen Sinn, wenn es sich um ein Recht mit jährlichem Gewinnbezug (Jahresdividende) handelt. Entscheidend ist hier vielmehr die Vereinbarung der Kaufvertragsparteien und bei Fehlen einer ausdrücklichen Vereinbarung die Auslegung des Kaufvertrags. Wird beim Verkauf eines Rechts mit wiederkehrendem Gewinnbezug eine Garantie bezüglich einer bestimmten **Mindesthöhe der künftigen Gewinnanteile** ohne zeitliche Begrenzung übernommen, so ist zwar grundsätzlich davon auszugehen, dass dieser Gewinnbezug dauerhaft gegeben sein muss. Im Rahmen einer **ergänzenden Vertragsauslegung** kann sich aber ergeben, dass nach längerer Zeit oder/und wesentlicher Änderung des Gegenstands, auf das sich das Beteiligungsrecht bezieht, die Garantiehaftung des Verkäufers endet.

28 BeckOK/Faust Rz 20; Grüneberg/Weidenkaff Rz 22.
29 AA BeckOK/Faust Rz 20; Grüneberg/Weidenkaff Rz 22.
30 Begr Gesetzentwurf, BT-Drucks 14/6040, S 202; BeckOK/Faust Rz 20.
31 Begr Gesetzentwurf, BT-Drucks 14/6040, S 202.
32 Begr Gesetzentwurf, BT-Drucks 14/6040, S 202.
33 Begr Gesetzentwurf, BT-Drucks 14/6040, S 202.

VI. Rechte im Sinne der Verweisung des § 453 Abs 1 Satz 1 Alt 1

1. **Allgemeine Definition.** Rechte im Sinne der Verweisungsnorm des § 453 Abs 1 Satz 1 Alt 1 sind sämtliche Befugnisse, die sich für den Berechtigten unmittelbar aus der geltenden Rechtsordnung ergeben[34]. Für den Anwendungsbereich der Verweisungsnorm des § 453 Abs 1 Satz 1 Alt 1 kommt es nicht darauf an, ob es sich um obligatorische oder dingliche Rechte handelt[35]. Erfasst werden vor allem Forderungen[36] und Anteile an Gesellschaften oder Bruchteilsgemeinschaften (§§ 741 ff)[37]. Die praktische Bedeutung des Rechtskaufs in diesen Bereichen wird dadurch bestätigt, dass sich hier die Begriffe „Forderungskauf" (sowie Factoring beim Kauf eines Bündels von Forderungen eines Unternehmens zum Zwecke der Finanzierung[38]) bzw „Anteilskauf" auch bei der Abfassung der betreffenden Verträge etabliert haben. Soweit es sich um einen **Verbrauchervertrag über den Verkauf digitaler Inhalte** durch einen Unternehmer handelt, sind ab dem 1.1.2022 gem § 453 Abs 1 Satz 2 Nr 1 die §§ 433 Abs 1 Satz 1, 475 Abs 3 Satz 1 über die Übergabe der Kaufsache und die Leistungszeit sowie gem § 453 Abs 1 Satz 2 Nr 2 die primär für den Sachkauf geltenden §§ 433 Abs 1 Satz 2, 434 bis 442 und die §§ 475 Abs 3 Satz 1, Abs 4 bis 6, 476, 477 über die Rechte bei Mängeln nicht anwendbar. An die Stelle dieser nicht anzuwendenden Vorschriften treten aufgrund der Verweisungsregelung des § 453 Abs 1 Satz 3 die mit Wirkung zum 1.1.2022 in das Allgemeine Schuldrecht des BGB eingefügten **§§ 327 ff** bezüglich des **Verbrauchervertrags über die Bereitstellung digitaler Produkte**[39]. 20

2. **Pfandrecht an beweglichen Sachen.** Als klassisches dingliches Recht an einer beweglichen Sache wird das **Pfandrecht iSd §§ 1204 ff** von der Verweisung des § 453 Abs 1 Satz 1 Alt 1 erfasst[40]. Insoweit kommt es nicht darauf an, ob es sich um ein rechtsgeschäftlich bestelltes Pfandrecht oder um ein **kraft Gesetzes** entstandenes Pfandrecht handelt, auf das gem § 1257 die §§ 1204 ff entsprechende Anwendung finden. Nach § 1250 Abs 1 Satz 2 kann das Pfandrecht zwar nicht ohne die gesicherte Forderung übertragen werden. Dies steht aber einem Verkauf des Pfandrechts an einer beweglichen Sache nicht entgegen und führt auch nicht zur Unmöglichkeit der Leistung gem § 275 Abs 1. Denn nach **§ 1250 Abs 1 Satz 1** geht mit der Übertragung der durch das Pfandrecht gesicherten Forderung, also der Abtretung nach § 398, das Pfandrecht auf den neuen Gläubiger und damit im Falle des Verkaufs auf den Käufer über. Es muss demnach die Forderung zusammen mit dem Pfandrecht als Sicherheit verkauft werden. Aufgrund des **Abstraktionsprinzips** könnte zwar die Abtretung der Forderung mit der Folge des Übergangs des Pfandrechts auch dann wirksam vorgenommen werden, wenn der Kaufvertrag sich nur auf das Pfandrecht bezöge oder nicht wirksam bestünde. Im Falle des Fehlens eines wirksamen Kaufvertrags über die Forderung wäre der Käufer des Pfandrechts aber nach **§ 812 Abs 1 Satz 1 Alt 1** verpflichtet, eine Rückabtretung der Forderung vorzunehmen, wodurch dann auch das Pfandrecht zurückübertragen würde. Wird im Kaufvertrag als Kaufgegenstand nur das Pfandrecht genannt, so kann sich im Rahmen einer Auslegung dieses Vertrags ergeben, dass die gesicherte Forderung **konkludent miterfasst** ist. Im Zweifel ist hier nicht davon auszugehen, dass die Kaufvertragsparteien eine Gestaltung wählen wollten, mit der die Übertragung des Pfandrechts als **Ziel des Kaufvertrags** letztlich nicht erreicht werden kann. 21

3. **Pfandrecht an Rechten.** Auch das Pfandrecht an einem Recht kann Gegenstand eines Kaufvertrags sein und wird daher von der Verweisung des § 453 Abs 1 Satz 1 erfasst. Nach § 1274 Abs 1 Satz 1 erfolgt die **Bestellung des Pfandrechts** an einem Recht nach den für die Übertragung des Rechts geltenden Vorschriften. Der Grundsatz der **Akzessorietät**, dh die Abhängigkeit des Pfandrechts von der gesicherten Forderung, muss auch hier beachtet werden. Denn nach § 1273 Abs 2 Satz 1 finden auf das Pfandrecht an Rechten die Vorschriften über das Pfandrecht an beweglichen Sachen entsprechende Anwendung, soweit sich nicht aus den §§ 1274 bis 1296 ein anderes ergibt. Das Pfandrecht an Rechten kann daher – wie das Pfandrecht an beweglichen Sachen[41] – nicht ohne die **gesicherte Forderung** übertragen werden. Wird die Forderung im Kaufvertrag über das Pfandrecht nicht ausdrücklich als Kaufgegenstand miterwähnt, so kann sich – wie beim Pfandrecht an beweglichen Sachen – ein Mitverkauf im Wege der Auslegung ergeben. Denn ansonsten kann der Zweck des Kaufvertrags auch hier nicht erreicht werden. 22

4. **Grundpfandrechte – Hypothek, Grundschuld und Rentenschuld.** Die an Grundstücken bestehenden Grundpfandrechte in Form von Hypothek (§§ 1113 ff), Grundschuld (§§ 1191 23

34 Staud/Beckmann Rz 3; MünchKomm/Westermann Rz 3; BeckOK/Faust Rz 2; Erman/Grunewald Rz 2; Prütting/Wegen/Weinreich/Wagner Rz 4.

35 MünchKomm/Westermann Rz 3; Staud/Beckmann Rz 3; BeckOK/Faust Rz 2.

36 MünchKomm/Westermann Rz 3; Staud/Beckmann Rz 3; BeckOGK/Wilhelmi Rz 121; BeckOK/Faust Rz 2; Erman/Grunewald Rz 2.

37 Staud/Beckmann Rz 3; BeckOGK/Wilhelmi Rz 122 ff; Erman/Grunewald Rz 2.

38 Vgl dazu unten Rz 99.

39 Vgl dazu unten Rz 62 ff.

40 Staud/Beckmann Rz 3; Erman/Grunewald Rz 2; BeckOK/Faust Rz 5.

41 Vgl dazu vorstehend Rz 21.

ff) und Rentenschuld (§§ 1199 ff) werden zwar ohne weiteres von der Verweisung des § 453 Abs 1 Satz 1 Alt 1 erfasst[42]. Es handelt sich aber nicht um Rechte iSd § 453 Abs 3, die zum **Besitz** und damit zur Nutzung einer Sache berechtigen[43]. Nach § 1153 Abs 1 geht mit der **Übertragung der Forderung** die Hypothek auf den neuen Gläubiger über. Die Forderung kann gem § 1153 Abs 2 nicht ohne die Hypothek und die Hypothek nicht ohne die Forderung übertragen werden. Aufgrund der insoweit bestehenden **Akzessorietät** muss ein Kaufvertrag über eine Hypothek von den Parteien auch auf die Forderung erstreckt werden, da ansonsten das Ziel dieses Vertrags nicht erreicht werden kann. Denn im Falle eines ausschließlichen Verkaufs der Hypothek hätte der Käufer wegen Nichtbestehens eines Anspruchs auf Übertragung der Forderung letztlich auch keinen durchsetzbaren Anspruch auf Erlangung der Hypothek. Ist nach dem Wortlaut des Kaufvertrags der „Verkauf einer Hypothek" vereinbart, so kann sich im Wege der **Auslegung** ergeben, dass der Verkauf von Hypothek und gesicherter Forderung gewollt ist. Ein solches Auslegungsergebnis liegt aufgrund der dargelegten Akzessorietät nahe. Im Falle eines Kaufvertrags über eine Forderung, die kraft Vereinbarung durch eine **Grundschuld** gesichert ist (Sicherungsgrundschuld), kann zwar wegen der – anders als bei der Hypothek – nicht eingreifenden gesetzlichen Akzessorietät die Abtretung der Forderung unabhängig von einer Übertragung der Grundschuld wirksam vorgenommen werden. Eine **Pflicht zur Mitübertragung** der Grundschuld kann sich aber aus dem geschlossenen Kaufvertrag ergeben[44]. Dies ist aufgrund des vereinbarten Sicherungszwecks der Grundschuld und der damit vorliegenden, zumindest **vertraglichen Akzessorietät** bei Fehlen abweichender Gesichtspunkte, regelmäßig zu bejahen.

24 Hypotheken und Grundschulden weisen als verkaufte Rechte einen Beschaffenheitsmangel (Inhaltsmangel) iSd § 453 Abs 1 Satz 1 Alt 1 iVm § 434 Abs 2 Satz 1 Nr 1 auf, wenn die im Kaufvertrag enthaltenen Angaben zur **Zinshöhe**, **Rangstelle** im Grundbuch oder zu den **Kündigungsmöglichkeiten** mit der tatsächlichen Rechtslage nicht übereinstimmen[45]. Dass Hypotheken und Grundschulden als Rechte iSd § 453 Abs 1 Satz 1 Alt 1 einen Mangel aufweisen bedeutet nicht, dass es sich zwangsläufig um einen **Rechtsmangel** handelt[46]. Das Recht ist hier der Kaufgegenstand und nicht zugleich ein Recht eines Dritten iSd § 435. Das verkaufte Grundpfandrecht hat in den in Rede stehenden Fällen vielmehr einen **vom Kaufvertrag abweichenden Inhalt**. Aus diesem Grund liegt ein Beschaffenheitsmangel (Inhaltsmangel) nach § 453 Abs 1 Satz 1 Alt 1 iVm § 434 Abs 2 Satz 1 Nr 1 vor.

25 5. **Eigentum, Miteigentum und Anwartschaftsrecht**. Das Eigentum an **beweglichen Sachen und Grundstücken** stellt zwar begrifflich ein Recht dar („Eigentumsrecht"). Es wird aber gleichwohl nicht vom Verweisungstatbestand des § 453 Abs 1 Satz 1 erfasst[47]. Der Grund dafür ist darin zu sehen, dass es sich beim Kauf des Eigentums um einen Kaufvertrag über eine **Sache iSd § 433 Abs 1** handelt mit der Folge der unmittelbaren Anwendung der §§ 433 ff[48]. Der Kauf eines **Miteigentumsanteils** ist ein Sachkauf und kein Rechtskauf[49]. Die Besonderheit im Vergleich zum gewöhnlichen Sachkauf besteht darin, dass statt Eigentum und Besitz nur das Miteigentum und der Mitbesitz übertragen werden. Auch der Erwerb eines Miteigentumsanteils an einem bebauten, **nicht in Wohnungseigentum aufgeteilten Grundstück** ist kein Rechtskauf, sondern ein **Sachkauf** [50]. Das Recht des Miteigentümers nach Bruchteilen ist auch hier nicht ein neben dem Eigentum stehendes und dieses belastendes Bruchteilsrecht[51]. Der Bruchteil als Kaufgegenstand ist vielmehr seinem Wesen nach **dem Sacheigentum gleichartig**, also Eigentum und ein selbstständiges Recht in gleicher Art wie das Recht als Ganzes[52]. Der Käufer eines Miteigentumsanteils an einem Grundstück erwirbt daher nicht ein beschränktes dingliches Recht am Grundstück, sondern eine **Beteiligung am Eigentum und am Besitz**[53]. Für **Mängel der Sache** haftet der Verkäufer unmittelbar nach §§ 434, 435[54]. Bezugspunkt etwaiger Nacherfüllungsansprüche des Käufers ist deshalb kein Recht, sondern vielmehr das Grundstück, dessen Miteigentümer der Käufer werden will[55]. Miteigentumsanteile sind nach **§ 747 Satz 1** veräußerlich.

42 BeckOGK/Wilhelmi Rz 113 ff; Staud/Beckmann Rz 3.
43 Vgl dazu unten Rz 262 f.
44 MünchKomm/Westermann Rz 9 (Pflicht zur Mitübertragung ergebe sich regelmäßig aus dem Vertrag); BeckOGK/Wilhelmi Rz 115.
45 So iE zutreffend BeckOGK/Wilhelmi Rz 116; Erman/Grunewald Rz 5; vgl zu den Grundsätzen der entsprechenden Anwendung des § 434 auf den Rechtskauf Rz 81 ff.
46 Vgl zu den Einzelheiten des Mangelbegriffs beim Rechtskauf Rz 81 ff.
47 BeckOGK/Wilhelmi Rz 23; BeckOK/Faust Rz 2.
48 Staud/Beckmann § 433 Rz 3; MünchKomm/Westermann § 433 Rz 8; BeckOK/Faust Rz 2.
49 BGHZ 225, 1 Rz 48; RG HRR 1928 Nr 1799; Hamm DB 1985, 2400; Köln WM 1990, 1082, 1084.
50 BGHZ 225, 1 Rz 48 f; vgl zum Kauf einer Eigentumswohnung unten Rz 29 f.
51 BGHZ 225, 1 Rz 49.
52 BGHZ 225, 1 Rz 49.
53 BGHZ 225, 1 Rz 49.
54 BGHZ 225, 1 Rz 50 ff.
55 BGHZ 225, 1 Rz 49.

Ein Sachkauf liegt auch dann vor, wenn eine bewegliche Sache unter **Eigentumsvorbehalt** (**§ 449**) verkauft wird und daher die sachenrechtliche Einigung iSd § 929 von der aufschiebenden Bedingung (§ 158 Abs 1) der **vollständigen Kaufpreiszahlung** abhängt[56]. Diese Bedingung betrifft nur das Verfügungsgeschäft. Der Käufer erwirbt zwar bis zum **Eintritt der Bedingung** nur das Anwartschaftsrecht an der Sache. Das ändert aber nichts daran, dass hier der Kaufvertrag als Kausalgeschäft über das uneingeschränkte Eigentum abgeschlossen wird. Denn der Verkäufer muss letztlich, also mit Zahlung der letzten Kaufpreisrate durch den Käufer, dieses Eigentum in vollem Umfang auf den Käufer übertragen. Dass der Verkäufer dazu im Falle eines **Zahlungsverzugs** des Käufers nicht verpflichtet ist, beruht nicht auf einer abweichenden Rechtsnatur des Kaufvertrags, sondern auf der Nichterfüllung der kaufvertraglichen Leistungspflicht des Käufers aus § 433 Abs 2. 26

Der Kauf eines bestehenden Anwartschaftsrechts vom **Vorbehaltskäufer** ist dagegen ein Rechtskauf[57]. Das Eigentum steht hier bis zum **Eintritt der aufschiebenden Bedingung** iSd § 158 Abs 1 dem Vorbehaltsverkäufer zu, der nicht Partei des Kaufvertrags über das Anwartschaftsrecht ist. Der Verkäufer des Anwartschaftsrechts kann zwar dem Käufer auch sein **Recht zum Besitz der Vorbehaltsware** übertragen. Das Besitzrecht folgt aber bis zum Bedingungseintritt nicht unmittelbar aus dem **Eigentum (§ 903)**, sondern aus dem Kaufvertrag und dem Verfügungsverbot des Vorbehaltsverkäufers auf Grundlage der aufschiebenden Bedingung aus § 161 Abs 1. Kommt es – bspw wegen Zahlungsverzugs des Vorbehaltskäufers – zum **Rücktritt vom Kaufvertrag**, so erlischt das Besitzrecht des Käufers und der Anspruch auf Übereignung der Sache. Daher ist der Verkauf des Anwartschaftsrechts des Vorbehaltskäufers nicht als Kauf des Eigentums an einer beweglichen Sache, sondern als Kauf eines Rechts iSd § 453 Abs 1 Satz 1 Alt 1 einzuordnen. Das Anwartschaftsrecht ist allerdings im Falle des Verkaufs ein Recht iSd **§ 453 Abs 3**, das zum Besitz einer Sache berechtigt[58]. Der Verkäufer haftet daher nicht nur für Mängel dieses Rechts, sondern zusätzlich gem § 453 Abs 3 für **Mängel der Sache**. 27

6. **Erbbaurecht iSd ErbbauRG § 1.** Ein Grundstück kann gem ErbbauRG § 1 Abs 1 in der Weise belastet werden, dass demjenigen, zu dessen Gunsten die Belastung erfolgt, das **veräußerliche und vererbliche Recht** zusteht, auf oder unter der Oberfläche des Grundstücks ein Bauwerk zu haben (Erbbaurecht). Nach ErbbauRG § 1 Abs 2 ist es möglich, das Erbbaurecht auf einen für das Bauwerk nicht erforderlichen Teil des Grundstücks zu erstrecken, sofern das **Bauwerk wirtschaftlich die Hauptsache** bleibt. Das Erbbraurecht schränkt zwar die Befugnisse des Grundeigentümers aus § 903 wesentlich ein, weil der Erbbauberechtigte das Grundstück für einen **längeren Zeitraum** sehr weitreichend nutzen kann. Der Erbbauberechtigte erhält aber nicht die dem Eigentümer zustehende umfassende und **dauerhafte Verfügungsbefugnis**. Das Eigentum am betreffenden Grundstück wird durch das Erbbaurecht nicht verdrängt. Aus diesem Grund wird das Erbbaurecht – anders als das Grundstückseigentum als solches[59] – von der Verweisungsnorm des § 453 Abs 1 Satz 1 Alt 1 erfasst[60]. Da das Erbbaurecht ein Recht darstellt, das den Inhaber zum Besitz einer Sache berechtigt, ist auch die Vorschrift des § 453 Abs 3 anwendbar mit der Folge, dass der Verkäufer auch für Sach- und Rechtsmängel des betreffenden Grundstücks nach §§ 434, 435, 437 haftet[61]. 28

7. **Wohnungseigentum iSd WEG § 1.** Der Kauf einer Eigentumswohnung bezieht sich in rechtlicher Hinsicht auf Wohnungseigentum auf Grundlage der Bestimmungen des WEG. Das Wohnungseigentum ist gem WEG § 1 Abs 2 das **Sondereigentum** an einer Wohnung iVm dem **Miteigentumsanteil** an dem gemeinschaftlichen Eigentum. Nach WEG § 1 Abs 5 gehört zum **gemeinschaftlichen Eigentum** im Sinne des WEG das **Grundstück und das Gebäude**, soweit diese Objekte nicht im Sondereigentum oder im Eigentum eines Dritten stehen. Beim Kauf einer Eigentumswohnung und damit von Wohnungseigentum iSd WEG § 1 erwirbt der Käufer deshalb auch einen **Miteigentumsanteil**. 29

Der Käufer hat in erster Linie ein Interesse an der Nutzung der im Sondereigentum stehenden Wohnung. Dieses Sondereigentum stellt eindeutig eine **Sache iSd § 90** dar, so dass insoweit – jedenfalls bei separater rechtlicher Betrachtung – ein Sachkauf vorläge, der zur unmittelbaren Anwendung der §§ 433 ff führte. Aber auch insgesamt ist der Kauf einer Eigentumswohnung, bestehend aus Sondereigentum und Miteigentumsanteil am gemeinschaftlichen Grundstück, als **Sachkauf** einzuordnen, der allerdings **Elemente eines Rechtskaufs** aufweist[62]. 30

56 Vgl dazu § 449 Rz 13 ff.
57 Vgl dazu auch unten Rz 264.
58 Vgl Rz 264; MünchKomm/Westermann § 433 Rz 7; BeckOK/Faust Rz 5; Erman/Grunewald Rz 16.
59 Vgl dazu oben Rz 25.
60 BeckOGK/Wilhelmi Rz 15; Staud/Beckmann Rz 3; BeckOK/Faust Rz 4 f.
61 Vgl dazu unten Rz 257.
62 BGHZ 225, 1 Rz 48.

31 8. **Gewerbliche Schutzrechte.** – a) **Grundsätze – Abgrenzung zum Lizenzvertrag.** Einen großen Anwendungsbereich der Verweisungsnorm des § 453 Abs 1 Satz 1 Alt 1 bilden die gewerblichen Schutzrechte[63]. Insoweit muss aber der Kauf des Schutzrechts als Rechtkauf iSd §§ 453 Abs 1 Satz 1 Alt 1, 433 unterschieden werden vom ebenfalls sehr verbreiteten Lizenzvertrag als Dauerschuldverhältnis. Im Falle des Abschlusses eines Lizenzvertrags überträgt der bisherige Inhaber des Schutzrechts seine Befugnisse aus dem Recht nur für einen bestimmten Zeitraum auf den Lizenznehmer. Dem Lizenznehmer stehen dann bis zum Ende der vereinbarten Laufzeit nach Maßgabe der **Lizenzvereinbarung** und den ergänzend anwendbaren gesetzlichen Vorschriften, die sich aus dem betreffenden Schutzrecht ergebenden Befugnisse zu, soweit sie durch Vertrag übertragbar sind. Der Lizenzgeber bleibt aber Inhaber des Schutzrechts, so dass ihm – unter Beachtung der dem Lizenznehmer vertraglich eingeräumten Rechte – weiter die generelle Verfügungs- und Verwertungsbefugnis zusteht. Bei Abschluss eines Kaufvertrags über das gewerbliche Schutzrecht werden hingegen sämtliche Befugnisse, dh das Recht als solches, auf den Käufer übertragen. Der Verkäufer gibt damit seine bisherige Rechtsposition in vollem Umfang zugunsten des Käufers auf. Der Käufer erlangt dadurch das uneingeschränkte Nutzungs- und Verwertungsrecht, so dass ihm auch die **Befugnis zum Weiterverkauf zusteht.**

32 b) **Patente und Gebrauchsmuster.** Patente und Gebrauchsmuster können nach § 453 Abs 1 Satz 1 Alt 1 iVm § 433 verkauft und durch Abtretung gem §§ 413, 398 übertragen werden, wobei grundsätzlich kein Formerfordernis eingreift[64]. Auf Grundlage der Verweisung des § 453 Abs 1 Satz 1 Alt 2 haftet der Verkäufer gem §§ 434, 435 für Mängel des betreffenden Rechts. Ist die kaufvertraglich vereinbarte Tauglichkeit oder Brauchbarkeit des Patents nicht in vollem Umfang gegeben, so liegt ein Beschaffenheitsmangel iSd § 434 Abs 2 Satz 1 Nr 1 vor[65]. Ist das Patent mit dem Recht eines Dritten belastet, so ist ein Rechtsmangel zu bejahen, für den der Verkäufer nach §§ 435, 437 haftet[66]. Ein Rechtsmangel ist bei **Belastung** des Patents mit einer Lizenz, einem Vorbenutzungsrecht oder dinglichen Rechten (etwa Nießbrauch oder Pfandrecht) zu bejahen[67]. Entsprechendes gilt im Falle des Kaufs eines Gebrauchsmusters.

33 Besteht das verkaufte Patent in Wirklichkeit nicht, so ist – wie allgemein in den Fällen des Kaufs eines nicht existenten Rechts – der Kaufvertrag gem § 311a Abs 1 wirksam und der Verkäufer nach Maßgabe des § 311a Abs 2 zum Schadensersatz verpflichtet[68]. Im Falle des **Widerrufs eines Patents** gem PatG § 21 Abs 1 gelten die Wirkungen des Patents und der Anmeldung als von Anfang an nicht eingetreten (PatG § 21 Abs 3 Satz 1). Diese **„ex tunc" Wirkung** tritt gem PatG § 22 Abs 2 iVm § 21 Abs 3 Satz 1 auch dann ein, wenn das Patent gem PatG § 22 Abs 1 auf Antrag für nichtig erklärt wird. Die **Löschung eines Gebrauchsmusters** nach GebrMG § 17 erfolgt ebenfalls mit Rückwirkung[69]. Es kann also der Fall eintreten, dass ein formell bestehendes Patent oder Gebrauchsmuster verkauft wird und nach Vollzug des Kaufgeschäfts das betreffende Schutzrecht mit Wirkung ex tunc wegfällt. Dies spricht aber nicht gegen eine generelle Anwendung des § 311a einschließlich der **Schadensersatznorm des § 311a Abs 2** wegen Vorliegens einer **anfänglichen Unmöglichkeit.** Es handelt sich auch nicht um einen Rechtsmangel iSd § 435[70]. Die Leistungsstörung beruht nicht auf dem Recht eines Dritten am verkauften Recht als Kaufgegenstand, sondern auf der Nichtexistenz dieses Kaufgegenstands[71]. Ob der Verkäufer nach § 311a Abs 2 auf Schadensersatz haftet, hängt davon ab, ob er nachweisen kann, dass er den Grund, der nach Abschluss des Kaufvertrags zum Wegfall des Schutzrechts führte, nicht kannte und seine **Unkenntnis auch nicht zu vertreten** hat (§ 311a Abs 2 Satz 2). Ist dem Verkäufer das konkrete Risiko eines künftigen Wegfalls des verkauften Schutzrechts – etwa wegen Behauptung eines vorrangigen Rechts durch einen Dritten – bekannt, so muss er den **Käufer informieren.** Kennen sowohl der Verkäufer als auch der Käufer dieses Risiko und vertrauen beide auf den Fortbestand des verkauften Rechts, so kommt bei Fehlen einer ausdrücklichen kaufvertraglichen Regelung ein **konkludenter Ausschluss der Schadensersatzhaftung nach § 311a Abs 2 Satz 2** in Betracht.

34 c) **Design (Geschmacksmuster).** Design und Geschmacksmuster sind inhaltlich übereinstimmende Bezeichnungen für ein und dasselbe gewerbliche Schutzrecht, das nunmehr im

63 Staud/Beckmann Rz 3; MünchKomm/Westermann Rz 5; BeckOGK/Wilhelmi Rz 130 ff; BeckOK/Faust Rz 2; Erman/Grunewald Rz 2.

64 Vgl BeckOGK/Wilhelmi Rz 132 ff; Staud/Beckmann Rz 25 ff.

65 Staud/Beckmann Rz 29; BeckOGK/Wilhelmi Rz 136.

66 Staud/Beckmann Rz 29.

67 BeckOGK/Wilhelmi Rz 137; Staud/Beckmann Rz 29 f.

68 Staud/Beckmann Rz 30.

69 Vgl BGHZ 38, 200, 206; BGH NJW 1979, 2565, 2566.

70 Staud/Beckmann Rz 30.

71 Vgl zu den Einzelheiten der Abgrenzung zwischen Rechtsmangel und anfänglicher Unmöglichkeit Rz 68 ff.

DesignG geregelt ist. Ein Design ist gem DesignG § 1 Nr 1 die zweidimensionale oder dreidimensionale Erscheinungsform eines ganzen Erzeugnisses oder eines Teils davon, die sich insbes aus den Merkmalen der Linien, Konturen, Farben, Gestalt, Oberflächenstruktur oder der Werkstoffe des Erzeugnisses selbst oder seiner Verzierung ergibt. Das Recht an einem eingetragenen Design kann gem DesignG § 29 Abs 1 auf andere übertragen werden oder übergehen. Auch dieses Schutzrecht kann daher nach § 453 Abs 1 Satz 1 Alt 2 verkauft und gem §§ 398, 413 auf den Käufer übertragen werden. **Europarechtlich** ist in Bezug auf ein Design die Bezeichnung „Geschmacksmuster" immer noch zutreffend, soweit es um das in den **DesignG §§ 62 ff** geregelte **Gemeinschaftsgeschmacksmuster** nach Art 35 Abs 2 der Gemeinschaftsgeschmacksmuster-VO[72] geht.

Auch eine **Marke iSd MarkenG § 3 Abs 1** wird als Recht vom Verweisungstatbestand des § 453 Abs 1 Satz 1 Alt 2 erfasst. Als Marke können gem MarkenG § 3 Abs 1 alle Zeichen, insbes Wörter einschließlich Personennamen, Abbildungen, Buchstaben, Zahlen, Klänge, dreidimensionale Gestaltungen einschließlich der Form einer Ware oder ihrer Verpackung sowie sonstige Aufmachungen einschließlich Farben und Farbzusammenstellungen geschützt werden, die geeignet sind, **Waren oder Dienstleistungen** eines Unternehmens von denjenigen anderer Unternehmen zu unterscheiden. Eine Marke ist nach MarkenG § 27 Abs 1 übertragbar und kann daher ohne weiteres Gegenstand eines Kaufvertrags sein. Die Grundsätze über den **Patentkauf** gelten entsprechend[73]. Beim Kauf einer Marke haftet der Verkäufer für Rechtsmängel in Form von **dinglicher Belastung** der Marke[74]. Ein Beschaffenheitsmangel iSd § 453 Abs 1 Satz 1 Alt 1 iVm § 434 Abs 2 Satz 1 Nr 1 oder 2 ist bspw dann gegeben, wenn nicht alle Zeichen der Marke geschützt sind oder in sonstiger Weise die im Kaufvertrag beschriebene Marke nicht in vollem Umfang übereinstimmt mit der nach MarkenG § 4 tatsächlich geschützten Marke. Wird die verkaufte Marke später für nichtig erklärt, so gelten gem **MarkenG § 52 Nr 2** die Wirkungen der Eintragung dieser Marke in dem Umfang, in dem die Marke für nichtig erklärt worden ist, von Anfang an als nicht eingetreten. Es handelt sich dann – wie beim Patentkauf[75] – um eine **anfängliche Unmöglichkeit** mit der Folge, dass der Ausschluss der Schadensersatzhaftung des Verkäufers nach § 311a Abs 2 davon abhängt, ob er den Nichtigkeitsgrund nicht kannte und seine Unkenntnis auch nicht zu vertreten hat. 35

d) **Urheberrecht – Unübertragbarkeit nach UrhG § 29**. Die Besonderheit des Urheberrechts besteht darin, dass es gem UrhG § 29 Abs 1 nicht übertragbar ist, sofern es nicht in Erfüllung einer Verfügung von Todes wegen oder an Miterben im Wege der Erbauseinandersetzung übertragen wird. Möglich ist nach Maßgabe des UrhG § 31 lediglich die **Einräumung von Nutzungsrechten** in Form einer einfachen oder ausschließlichen Lizenz zugunsten des Erwerbers[76]. Es handelt sich im Falle eines schuldrechtlichen Vertrags auf Grundlage des UrhG § 31 nicht um einen Rechtskauf iSd § 453 Abs 1 Satz 1 Alt 1[77]. Gegeben ist vielmehr ein durch **Lizenzvertrag** begründetes Dauerschuldverhältnis. Schließt der Inhaber eines Urheberrechts gleichwohl als Verkäufer mit dem Kaufinteressenten einen „Kaufvertrag" über dieses Recht ab, so liegt eine Auslegung dahin gehend nahe, dass die Einräumung einer **ausschließlichen Lizenz** zugunsten des Erwerbs von den Parteien übereinstimmend gewollt ist. Ein über das Urheberrecht geschlossener Kaufvertrag wäre zwar trotz Vorliegens einer **anfänglichen rechtlichen Unmöglichkeit** wirksam (§ 311a Abs 1). Das Urheberrecht wäre aber als Kaufgegenstand aufgrund des Verbots des UrhG § 29 Abs 1 nicht übertragbar, so dass der von den Parteien beabsichtigte Zweck des Vertrags nicht erreicht werden könnte. 36

9. **Wertpapiere**. – a) **Unterschiedliche Einordnung – Grundsatz**. Der Kauf eines Wertpapiers ist nicht per se als Sachkauf iSd § 433 oder als Kauf eines Rechts iSd § 453 Abs 1 Satz 1 Alt 1 einzuordnen. Durch die **Verbriefung des Rechts** ist zwar ein körperlicher Gegenstand iSd § 90 in Gestalt des Papiers vorhanden. Dies genügt aber für die Einordnung als **Sachkauf** nicht, wenn die Kaufvertragsparteien in erster Linie über das verbriefte Recht durch **Abtretung nach § 398** und nicht über Papier durch Einigung und Übergabe verfügen wollen. Verbrieft das Papier zugunsten des berechtigten Inhabers einen Anspruch auf Herausgabe einer beweglichen Sache und steht bei der Übereignung nach § 929 – wie bei **Traditionspapieren**[78] – die Übergabe des Papiers der Übergabe iSd § 929 Satz 1 gleich, so liegt in Wirklichkeit ein Sachkauf vor[79]. 37

72 Verordnung EG Nr 6/2002 vom 12.12.2001 über das Gemeinschaftsgeschmacksmuster, ABL EG 2020 Nr 2 L 3 S 1.
73 BeckOGK/Wilhelmi Rz 139 f; Staud/Beckmann Rz 31.
74 BeckOGK/Wilhelmi Rz 140; Staud/Beckmann Rz 31.
75 Vgl dazu oben Rz 32 ff.
76 Vgl BeckOGK/Wilhelmi Rz 141; Staud/Beckmann Rz 5.
77 BeckOGK/Wilhelmi Rz 141; Staud/Beckmann Rz 5.
78 Vgl dazu unten Rz 39.
79 Vgl dazu unten Rz 39.

38 b) **Inhaberpapiere – „kleine Inhaberpapiere" nach § 807**. Beim Verkauf eines Inhaberpapiers und damit eines Wertpapiers ieS erfolgt zwar die Erfüllung des Kaufvertrags durch Übereignung nach § 929 Satz 1 mit der Konsequenz, dass gem **§ 952 Abs 1** das Recht aus dem Papier dem Recht am Papier folgt. Gleichwohl ist das Kausalgeschäft **kein Sachkauf iSd § 433 Abs 1**. Es handelt sich aber auch nicht um einen sonstigen Gegenstand iSd § 453 Abs 1 Satz 1 Alt 2[80]. Obwohl sachenrechtlich die Übereignung einer körperlichen Sache iSd § 90 erfolgt, bezieht sich der geschlossene Kaufvertrag als **Verpflichtungsgeschäft** nicht auf das Papier als Sache, sondern vielmehr auf das durch das Papier verkörperte Recht. Es ist daher ein Rechtskauf iSd § 453 Abs 1 Satz 1 Alt 1 zu bejahen. Ein Rechtskauf ist auch dann zu bejahen, wenn das betreffende Recht als sog kleines Inhaberpapier iSd § 807 verkörpert ist[81]. Dies gilt auch in dem praktisch bedeutsamen Fall, in dem eine **Eintrittskarte** – bei Zugrundelegung des allgemeinen Sprachgebrauchs – gekauft wird[82]. In rechtlicher Hinsicht geht es hier nicht um einen auf die Karte bezogenen Sachkauf[83]. Gegenstand des Kaufvertrags ist vielmehr das **Recht auf Teilnahme** an der durchzuführenden **Veranstaltung**, das durch die nicht personalisierte Eintrittskarte als sog kleines Inhaberpapier iSd § 807 verbrieft ist[84]. Die **Hauptleistungspflicht** des Verkäufers besteht daher darin, dem Käufer das Recht auf Teilnahme an der vom Veranstalter durchzuführenden Veranstaltung durch **Übertragung des Eigentums und des Besitzes** an der dieses Recht verbriefenden **Eintrittskarte** zu verschaffen[85].

39 c) **Traditionspapiere**. Beim Kauf einer beweglichen Sache steht der für die Übereignung nach § 929 Satz 1 erforderlichen **Übergabe der Sache** in rechtlicher Hinsicht die Übergabe eines in Bezug auf diese Sache ausgestellten Traditionspapiers an den Käufer gleich (sog Traditionswirkung). Insoweit geht es um die **Traditionswirkung** durch Übergabe eines für den **Seetransport** ausgestellten **Konnossements** (HGB §§ 513 ff), eines **Ladescheins** beim Binnenschiff-Transport (HGB §§ 443 ff) sowie eines **Lagerscheins** bei der Einlagerung des Kaufgegenstands durch ein Lagerunternehmen (HGB §§ 475c ff). Dass die Kaufvertragsparteien zum Zwecke der Erfüllung der **Verschaffungspflicht des Verkäufers** aus § 433 Abs 1 Satz 1 die Übergabe eines in Bezug auf die Kaufsache ausgestellten Traditionspapiers vereinbaren, ändert nichts daran, dass es sich um einen **Sachkauf** handelt, auf den die §§ 433 ff unmittelbar anzuwenden sind. Die Verpflichtung des Verkäufers zur Übergabe des Traditionspapiers bezieht sich nicht auf einen **zweiten Kaufgegenstand**, sondern auf die Art und Weise der Erfüllung der Eigentumsverschaffungspflicht des Verkäufers aus § 433 Abs 1 Satz 1 beim Kauf einer Sache iSd § 90. Ein Kaufvertrag über ein Traditionspapier ist daher in Wirklichkeit ein **Kaufvertrag über die Ware**, auf die sich die gesetzliche Traditionswirkung in der Weise bezieht, dass die Übergabe des Papiers die nach § 929 Satz 1 erforderliche Übergabe der Sache ersetzt.

40 10. **Rektapapiere**. Der Verkauf eines Wertpapiers im weiteren Sinne (Rektapapier), bei dem der Rechtserwerb des Käufers durch Abtretung der Forderung oder sonstigen Rechts nach § 398 bzw § 413 iVm § 398 erfolgt und das **Eigentum am Papier** gem § 952 Abs 2 unmittelbar mit diesem Rechtsakt auf den Zessionar übergeht, also das Recht am Papier dem Recht aus dem Papier folgt, ist als **Rechtskauf iSd § 453 Abs 1 Satz 1 Alt 1** zu qualifizieren[86]. Das Vorliegen eines Rechtskaufs hängt hier nicht davon ab, ob die durch das Papier verbriefte Forderung auf die Zahlung eines **Geldbetrags durch Banküberweisung** oder auf eine **sonstige Leistung** des nach Maßgabe des Rektapapiers verpflichteten Schuldners gerichtet ist. Der Verkäufer schließt hier den Kaufvertrag über die verbriefte Forderung und nicht unmittelbar über den vom im Rektapapier ausgewiesenen Schuldner geschuldeten Leistungsgegenstand ab.

41 11. **Subjektiv-öffentliche Rechte**. – a) **Grundsätze**. Auch subjektiv-öffentliche Rechte werden, sofern sie Gegenstand eines Kaufvertrags sind, von § 453 Abs 1 Satz 1 Alt 1 erfasst[87]. Eine Beschränkung auf private Rechte lässt sich aus § 453 Abs 1 nicht ableiten. Subjektiv-öffentliche Rechte sind zwar häufig nicht oder nur bei Vorliegen besonderer Voraussetzungen (zB Zustimmung einer Behörde) übertragbar. Eine eingeschränkte oder fehlende Übertragbarkeit des betreffenden Rechts steht gem § 311a Abs 1 der Wirksamkeit des Kaufvertrags grundsätzlich nicht entgegen. Die **fehlende Übertragbarkeit** eines verkauften subjektiv-öffentlichen Rechts kann aber insbes dann, wenn öffentliche Interessen betroffen sind, zur Nichtigkeit des Kaufvertrags gem § 134 wegen Verstoßes gegen ein gesetzliches Verbot oder nach § 138 wegen Sittenwidrigkeit führen. Dies ist aber dann regelmäßig zu verneinen, wenn die Übertragung des subjektiv-öffentlichen Rechts der **Zustimmung einer Behörde** bedarf. Denn dieses Erfordernis spricht

80 Grüneberg/Weidenkaff Rz 27; aA Staud/Beckmann Rz 76; BeckOGK/Wilhelmi Rz 217.
81 BGHZ 234, 182 Rz 19 ff.
82 BGHZ 234, 182 Rz 20 f.
83 BGHZ 234, 182 Rz 20.
84 BGHZ 234, 182 Rz 20.
85 BGHZ 234, 182 Rz 21.
86 BeckOGK/Wilhelmi Rz 220; Staud/Beckmann Rz 77; BeckOK/Faust Rz 2.
87 MünchKomm/Westermann Rz 5; Staud/Beckmann Rz 3; BeckOK/Faust Rz 2; Erman/Grunewald Rz 2; Wertenbruch ZIP 2005, 516, 517.

dafür, dass der Kaufvertrag wirksam ist und über das Zustimmungserfordernis hinaus keine Übertragungshindernisse bestehen.

Ein Kaufvertrag über ein mit behördlicher Zustimmung übertragbares Recht kann unter der **aufschiebenden Bedingung iSd § 158 Abs 1** abgeschlossen werden, dass diese Zustimmung von der zuständigen Behörde tatsächlich erteilt wird. Fehlt insoweit eine ausdrückliche Regelung im Kaufvertrag, so kann eine **ergänzende Vertragsauslegung** das Vorliegen einer **konkludenten Bedingung** ergeben. Dies gilt insbes dann, wenn die Kaufvertragsparteien das Zustimmungserfordernis gar nicht kannten oder die Erteilung der Zustimmung durch die zuständige Behörde als sicher angesehen haben. Das Nichtvorliegen einer ausdrücklich vereinbarten Bedingung kann aber vor allem in dem Fall, in dem der Käufer aufgrund von Angaben des Verkäufers von der **Erlangung einer behördlichen Zustimmung** ausgegangen ist, in dem Sinn auszulegen sein, dass der Verkäufer dafür auf Grundlage des Kaufvertrags die verschuldungsunabhängige Haftung übernimmt. Sind im konkreten Einzelfall die für die behördliche Zustimmung erforderlichen Voraussetzungen für die Übertragung von Anfang an nicht gegeben und fehlt die Vereinbarung einer aufschiebenden Bedingung, so liegt eine anfängliche Unmöglichkeit vor mit der Folge der Haftung des Verkäufers nach § 311a Abs 2 Satz 1. Eine **nicht zu vertretende Unkenntnis** wird hier aufseiten des Verkäufers regelmäßig nicht gegeben sein. Denn der Verkäufer eines nur mit behördlicher Zustimmung übertragbaren Rechts ist gehalten, die **Voraussetzungen der Übertragung** zu prüfen und den Käufer wahrheitsgemäß zu informieren. Eine **Schadensersatzhaftung des Verkäufers** kann hier aber nach allgemeinen Grundsätzen des Haftungsrechts dadurch entfallen, dass der über die Sach- und Rechtslage unterrichtete Käufer in Kenntnis des Risikos der Versagung der Genehmigung den Kaufvertrag „auf gut Glück" abschließt, also in der Erwartung, die zuständige Behörde werde gleichwohl die Genehmigung erteilen. 42

b) **Kauf von Emissionsrechten nach TEHG**. Große praktische Bedeutung hat der Kauf von subjektiv-öffentlichen Rechten in Gestalt von Emissionsrechten. Der Handel mit Berechtigungen zur Emission von Treibhausgasen ist im Treibhausgas-Emissionshandelsgesetz (TEHG) geregelt. Mit dem Erwerb von Emissionsrechten erlangt der Inhaber gem TEHG § 7 Abs 1 iVm TEHG § 3 Nr 3 die Befugnis, innerhalb eines Jahres eine bestimmte Menge **Kohlendioxidäquivalent** (Kohlendioxid oder andere Treibhausgase) freizusetzen. Die Übertragung des Emissionsrechts erfolgt durch **Einigung und Eintragung** nach TEHG § 7 Abs 3, § 17. Ein Kauf der Emissionsrechte bezieht sich auf eine **beschränkte Gattungsschuld**. Eine fehlende Rechtsinhaberschaft des Verkäufers führt nur dann zur Unmöglichkeit nach § 275 Abs 1, wenn die betreffenden Rechte überhaupt nicht mehr verfügbar sind. Die Haftung für Sach- und Rechtsmängel erfolgt nach § 453 Abs 1 Satz 1 Alt 1 iVm §§ 434, 435. Ein Rechtsmangel liegt bspw dann vor, wenn das Emissionsrecht mit einem Sicherungsrecht in Gestalt eines **Pfandrechts** belastet ist[88]. Ein **Beschaffenheitsmangel (Inhaltsmangel)** iSd § 434 Abs 2 Satz 1 Nr 1 iVm § 453 Abs 1 Satz 1 Alt 1 ist insbes in dem Fall gegeben, in dem die im Kaufvertrag angegebene freisetzbare Menge nicht mit der Menge übereinstimmt, auf die sich das in Erfüllung des Kaufvertrags übertragene Emissionsrecht tatsächlich bezieht[89]. 43

12. **Kauf eines Miterbenanteils (Anteils an einer Erbengemeinschaft)**. – a) **Einordnung als Rechtskauf und Anwendung der Formvorschriften der §§ 2033 Abs 1, 2371**. Der Kauf eines Miterbenanteils ist der Kauf eines Rechts iSd § 453 Abs 1 Satz 1 Alt 1. Dies beruht darauf, dass die Erbengemeinschaft eine **Gesamthandsgemeinschaft** ist und daher den Miterben – anders als den Miteigentümern einer Bruchteilsgemeinschaft iSd §§ 741 ff – **keine verfügbaren Anteile** an den einzelnen Gegenständen des Nachlasses als Gemeinschaftsvermögen zusteht. Das Vermögen der Erbengemeinschaft steht den einzelnen Miterben vielmehr zur **gesamten Hand** zu. Die Verfügung über den Miterbenteil, also die Abtretung nach §§ 413, 398, bedarf gem § 2033 Abs 1 der notariellen Beurkundung. Der **Abschluss des Kaufvertrags** wird zwar als Kausalgeschäft nicht von der Formvorschrift des § 2033 Abs 1 erfasst. Insoweit ist aber eine notarielle Beurkundung nach § 2371 erforderlich, weil auch der Verkauf eines Miterbenanteils als Verkauf einer „angefallenen Erbschaft" im Sinne dieser Vorschrift anzusehen ist[90]. Dies folgt unmittelbar aus **§ 1922 Abs 2**, nach dem auf den Anteil eines Miterben (Erbteil), die sich auf die **Erbschaft beziehenden Vorschriften** Anwendung finden. 44

b) **Sondervorschrift des § 2376 bezüglich der Rechts- und Sachmängelhaftung des Verkäufers**. Der Verkäufer eines Erbteils haftet gem § 453 Abs 1 Satz 1 iVm §§ 434, 435 grundsätzlich für Sach- und Rechtsmängel des Anteils. In Bezug auf den **Umfang dieser Gewährleistungs-** 45

88 BeckOGK/Wilhelmi Rz 117 ff; Staud/Beckmann Rz 34.

89 Vgl zu den Einzelheiten des Beschaffenheitsmangels beim Rechtskauf Rz 81 ff.

90 Vgl Soergel/Zimmermann § 2371 Rz 2.

haftung enthält allerdings der über § 1922 Abs 2 anwendbare § 2376 eine Sonderregelung. Nach § 2376 Abs 1 beschränkt sich die Haftung des Erbteilsverkäufers für Rechtsmängel darauf, dass ihm das Erbrecht zusteht, nicht durch das Recht eines Nacherben oder durch die Ernennung eines Testamentsvollstreckers beschränkt ist, nicht Vermächtnisse, Auflagen, Pflichtteilslasten, Ausgleichungspflichten oder Teilungsanordnungen bestehen und dass nicht unbeschränkte Haftung gegenüber den Nachlassgläubigern oder einzelnen von ihnen eingetreten ist. Nach dem Wortlaut des § 2376 Abs 1 ist zwar der Fall, dass dem Verkäufer das Erbrecht nicht zusteht als Rechtsmangel anzusehen. Es handelt sich insoweit aber nicht um einen Rechtsmangel im rechtstechnischen Sinne gem § 435. Denn im Falle des Verkaufs eines **nicht existenten Miterbenanteils** liegt eine **anfängliche Unmöglichkeit** iSd § 311a vor[91]. Steht der verkaufte Anteil einem Dritten zu, so handelt es sich um einen Fall der **Nichterfüllung der Verschaffungspflicht** mit der Folge einer Verzugshaftung des Verkäufers nach §§ 280, 281[92].

46 Für Sachmängel eines zur Erbschaft gehörenden Gegenstands haftet der Verkäufer gem § 2376 Abs 2 nicht, es sei denn, dass er einen **Mangel arglistig verschwiegen** oder eine **Garantie** für die Beschaffenheit des Gegenstands gem § 443 Abs 1 übernommen hat. Auch dies ist eine Folge des Gesamthandsprinzips. Denn dem einzelnen Miterben steht kein verfügbarer Anteil an den einzelnen Gegenständen des Nachlasses zu. Insoweit ist eben nur die Erbengemeinschaft, dh die Miterben in ihrer gesamthänderischen Verbundenheit berechtigt.

47 13. **Gesellschaftsanteile – Rechtskauf und Unternehmenskauf**. Der Kauf von Anteilen an einer Gesellschaft ist ohne Zweifel ein Rechtskauf iSd § 453 Abs 1 Satz 1 Alt 1[93]. Das gilt auch für den sog **Mantelkauf**[94]. Dies ist ebenfalls zu bejahen, wenn **sämtliche oder nahezu sämtliche Gesellschaftsanteile** gekauft werden, um das ganze Unternehmen zu erwerben (*share deal*)[95]. Der Verkäufer haftet bei einem solchen Anteilsverkauf nicht nur nach § 453 Abs 1 Satz 1 Alt 1 iVm §§ 434, 435 für Mängel der Gesellschaftsanteile als Rechte. Hinzu kommt eine unmittelbare Haftung aus §§ 434, 435 für **Mängel des Unternehmens als solches**[96]. Diese zusätzliche Haftung für Unternehmensmängel greift aber nicht Platz, wenn weniger als sämtliche oder nahezu sämtliche Gesellschaftsanteile erworben werden. Werden nicht Gesellschaftsanteile, sondern vom bisherigen Unternehmensträger das Unternehmen als **Gesamtheit aller Vermögensgegenstände** gekauft, so stellt dieser Unternehmenskauf als sog *asset deal* in rechtlicher Hinsicht den Kauf eines **„sonstigen Gegenstands"** iSd § 453 Abs 1 Satz 1 Alt 2 mit der Folge der entsprechenden Anwendung der §§ 434 ff dar. In Bezug auf den Erwerb von Anteilen an einem **Investmentfonds (Fondsanteile)** muss in Bezug auf die rechtliche Einordnung des Vertrags zwischen dem **Ersterwerb** und dem **Zweiterwerb** der Anteile unterschieden werden[97]. Ein **Investmentvertrag** kommt – als ein durch das Investmentgesetz besonders ausgestalteter **Dienstvertrag mit Geschäftsbesorgungscharakter** (§ 675)[98] – nur bei der **erstmaligen Ausgabe** zwischen der **Kapitalverwaltungsgesellschaft** und dem **Ersterwerber** zustande[99]. Werden anschließend bereits ausgegebene Fondsanteile im Wege eines Zweiterwerbs über die **Börse oder im freien Handel** aus der Hand des Ersterwerbers erworben, so tritt der **Zweiterwerber** aufgrund **eines Rechtskaufs iSd § 453 Abs 1 Satz 1 Alt 1** in sämtliche Rechte und Pflichten des Ersterwerbers aus dem mit der Kapitalverwaltungsgesellschaft geschlossenen **Investmentvertrag** ein[100].

C. Sonstige Gegenstände iSd § 453 Abs 1 Satz 1 Alt 2

I. Einordnung als Auffangtatbestand

48 „Sonstige Gegenstände" iSd § 453 Abs 1 Satz 1 Alt 2 sind Kaufgegenstände, die einerseits **wegen fehlender Verkörperung** nicht vom Sachbegriff des **§ 90** erfasst werden und andererseits auch nicht als „Rechte" einzuordnen sind[101]. Der sonstige Gegenstand vermittelt dem Inhaber zwar regelmäßig auch **rechtliche Befugnisse** und damit – bei separater Betrachtung – auch ein Recht. Der Inhalt dieses Kaufgegenstands geht aber über die Verpflichtung zur Verschaffung eines einzelnen Rechts hinaus, so dass eine Einordnung als Rechtskauf iSd § 453 Abs 1 Satz 1 Alt 1 das Wesen dieses gesetzlich besonders geregelten Kaufgeschäfts nicht voll erfassen würde.

91 Vgl dazu Rz 68 ff.
92 Vgl dazu Rz 77 ff.
93 BeckOGK/Wilhelmi Rz 122 ff; Staud/Beckmann Rz 19 ff; vgl zu den Einzelheiten unten Rz 191 f.
94 BeckOGK/Wilhelmi Rz 123; Staud/Beckmann Rz 24.
95 Vgl dazu unten Rz 191 ff.
96 Vgl dazu unten Rz 193 ff.
97 BGH NJW-RR 2023, 749 Rz 17.
98 BGH NJW-RR 2019, 301 Rz 56.
99 BGH NJW-RR 2023, 749 Rz 17; BGH NJW-RR 2022, 984 Rz 21.
100 BGH NJW-RR 2023, 749 Rz 17.
101 Vgl Staud/Beckmann Rz 36; NK/Büdenbender Rz 17; Prütting/Wegen/Weinreich/Wagner Rz 15; Jauernig/Berger Rz 11.

Das Tatbestandsmerkmal „sonstige Gegenstände" erfüllt zwar im Verhältnis zum Sachkauf nach § 433 und zum Kauf eines Rechts eine Auffangfunktion, dh, es handelt sich um einen sog Auffangtatbestand[102]. Gleichwohl hat die Regelung des § 453 Abs 1 Satz 1 Alt 2 letztlich nur eine **deklaratorische Bedeutung**. Dass neben Sachen iSd § 90 nicht nur Rechte, sondern auch sonstige Gegenstände verkauft werden können, sofern dies nicht gesetzlich verboten ist (§ 134) oder gegen die guten Sitten verstößt (§ 138), ergibt sich nämlich schon aus dem in **§ 311 Abs 1** statuierten Grundsatz der **Vertragsfreiheit**[103]. Da § 453 Abs 1 Satz 1 Alt 1 für den Kauf eines Rechts die **entsprechende Anwendung der §§ 433 ff** anordnet, könnte bei fehlender Erwähnung der sonstigen Kaufgegenstände das Missverständnis entstehen, dass insoweit der Abschluss eines Kaufvertrags nicht möglich sei. Dies würde dann dazu führen, den Sachbegriff des § 433 und den Begriff des Rechts iSd § 453 Abs 1 Satz 1 Alt 1 über die regulären Anwendungsbereiche hinaus auszudehnen. Die praktische Bedeutung der besonderen Erwähnung der „sonstigen Gegenstände" in der Verweisungsnorm des § 453 Abs 1 zeigt sich vor allem dann, wenn es um Fragen der **Gewährleistung** und der **Gefahrtragung** geht. Denn ohne die gesetzliche Anordnung der entsprechenden Anwendung der §§ 433 ff wäre zwar die Möglichkeit des Abschlusses eines Kaufvertrags über einen solchen, weder vom Sachbegriff noch (vollständig) vom Begriff des Rechts erfassten Gegenstands ohne weiteres zu bejahen. Problematisch wäre aber, ob auch die **§§ 434 ff** und die **§§ 446, 447** entsprechend angewandt werden könnten.

II. Kauf eines ganzen Unternehmens als Einheit (*asset deal*)

Werden nicht im Rahmen eines *share deals* Anteile an der unternehmenstragenden Gesellschaft, sondern vom Unternehmensträger das Unternehmen als Vermögenseinheit gekauft (*asset deal*), so liegt kein Rechtskauf iSd § 453 Abs 1 Satz 1 Alt 1, sondern der Kauf eines **sonstigen Gegenstands** gem § 453 Abs 1 Satz 1 Alt 2 vor[104]. Der Kaufvertrag bezieht sich hier nicht bloß auf eine Vielzahl der einzelnen zum Unternehmensvermögen gehörenden Gegenstände, sondern vielmehr auf das **Unternehmen als Einheit**[105]. Diese Einheit ist nicht deckungsgleich mit der Summe der einzelnen Vermögensgegenstände, sondern geht darüber hinaus[106]. Der Kauf von **Gesellschaftsanteilen** *(share deal)* bezieht sich dagegen auf ein Recht iSd § 453 Abs 1 Satz 1 Alt 1. Der Verkäufer haftet hier grundsätzlich nur für Beschaffenheits- und Rechtsmängel dieses Rechts[107]. Der Kauf sämtlicher oder nahezu sämtlicher Gesellschaftsanteile ändert zwar nichts am Vorliegen eines Rechtskaufs. Hinzu kommt hier aber die Haftung des Anteilskäufers für Mängel des Unternehmens als solches nach §§ 434 ff[108]. 49

III. Lieferung von Strom, Wärme, Wasser und Gas

Die §§ 433 ff sind unmittelbar nur auf Sachen und damit auf körperliche Gegenstände iSd § 90 anwendbar. Für Verträge über **Wasser und Gas** gilt Kaufrecht unmittelbar, weil es für die Einordnung als Sache nicht auf den **konkreten Aggregatszustand** ankommt. Die entsprechende Anwendung der §§ 433 ff auf Strom und Wärme war aber bereits vor Inkrafttreten des SMG 2002 anerkannt[109]. Im Ergebnis ist insoweit durch das SMG 2002 keine Änderung eingetreten. Nunmehr handelt es sich im Falle eines Liefervertrags über Strom oder Wärme um den Kauf eines „sonstigen Gegenstands" iSd § 453 Abs 1 Satz 1 Alt 2[110]. Gewöhnlich regeln die auf diese Kaufgegenstände bezogenen Lieferverträge präzise die in Betracht kommenden Leistungsstörungen einschließlich der Schlechtleistung. Bei Vorliegen eines **Verbrauchsgüterkaufs** kann sich der Lieferant zwar nach Maßgabe des § 476 Abs 1 Satz 2 nicht auf eine vertragliche Abweichung von den gesetzlichen Gewährleistungsrechten berufen. Dies gilt aber gem § 476 Abs 3 – unbeschadet einer AGB-Kontrolle nach § 307 bis § 309 – nicht für den Ausschluss und die Beschränkung des **Anspruchs auf Schadensersatz**. Dass im Falle der mangelhaften Lieferung von Strom oder Wärme die betreffende Lieferung nicht berechnet wird und, soweit möglich, neben der **Fortsetzung der Lieferung** eine Nachlieferung zu erfolgen hat, dürfte in der Praxis nicht zu Problemen führen, soweit das Vorliegen einer mangelhaften Lieferung unstreitig ist. Größere praktische Bedeutung haben etwaige durch die mangelhafte Lieferung eingetretene Mangelfolgeschäden aufseiten des Käufers, zB Schäden an Geräten, denen die Energie zugeführt wird. Die Wirksamkeit von Ausschluss oder Beschränkung der Haftung hängt hier – nicht nur 50

102 BeckOGK/Wilhelmi Rz 146; Staud/Beckmann Rz 36; MünchKomm/Westermann Rz 19; BeckOK/Faust Rz 24; NK/Büdenbender Rz 17.
103 Vgl dazu oben Rz 8.
104 Staud/Beckmann Rz 93; MünchKomm/Westermann Rz 19; BeckOGK/Wilhelmi Rz 318.
105 Staud/Beckmann Rz 94; BeckOGK/Wilhelmi Rz 317 f.
106 Staud/Beckmann Rz 94; MünchKomm/Westermann Rz 19; BeckOGK/Wilhelmi Rz 318 f.
107 Vgl zu den Einzelheiten Rz 191 ff.
108 Vgl zu den Einzelheiten Rz 193 ff.
109 MünchKomm/Westermann § 433 Rz 11; Staud/Beckmann Rz 39; Grüneberg/Weidenkaff Rz 6.
110 Staud/Beckmann Rz 39; BeckOGK/Wilhelmi Rz 177.

bei Verbraucherverträgen – davon ab, ob derartige Klauseln in Lieferverträgen der AGB-Kontrolle nach § 307 bis § 309 standhalten.

51 Führen technische Störungen zu **mangelhaften Stromlieferungen**, so ist die **Haftung des Netzbetreibers** aus Vertrag und unerlaubter Handlung nach Maßgabe der **Niederspannungsanschlussverordnung (NAV) § 18** begrenzt. Für einen vom Netzbetreiber zu unterscheidenden Lieferanten (Verkäufer) gilt NAV § 18 nicht unmittelbar[111]. Der Verkäufer kann hier allerdings grundsätzlich die Schadensersatzhaftung für Mängel durch **AGB in Anlehnung an NAV § 18** begrenzen[112]. Dies gilt gem § 476 Abs 3 auch für Verbraucherverträge, soweit die Regelung einer AGB-Kontrolle nach § 307 bis § 309 standhält. Im Falle einer Orientierung an NAV § 18 ist idR eine Unangemessenheit iSd § 307 zu verneinen. Bei der Lieferung von **Fernwärme** ist die Haftung des **beliefernden Fernwärmeversorgungsunternehmens** aus Vertrag oder unerlaubter Handlung nach Maßgabe der **Allgemeinen Bedingungen für die Versorgung mit Fernwärme (AVBFernwärmeV) § 6** begrenzt. Dies gilt aber nur für Fernwärmeversorgungsunternehmen iSd **AVBFernwärmeV § 1 Abs 1**. Nicht anwendbar ist diese Haftungsprivilegierung daher auf einen Verkäufer, der von einem Fernwärmeversorgungsunternehmen an ihn gelieferte Fernwärme weiterkauft, soweit er sie nicht selbst benötigt[113]. Für den **Anschluss und die Versorgung von Industrieunternehmen** gilt gem AVBFernwärmeV § 1 Abs 2 diese VO und damit auch die Haftungsbegrenzung des **AVBFernwärmeV § 6** ebenfalls nicht.

IV. Erfindungen und sonstige Schöpfungen ohne Schutzrechtsstatus im rechtstechnischen Sinne

52 Soweit eine Erfindung die Voraussetzungen eines **Patents** oder eines **Gebrauchsmusters** erfüllt, handelt es sich um ein gewerbliches Schutzrecht, das ein Recht iSd § 453 Abs 1 Satz 1 Alt 1 darstellt[114]. Das Gleiche gilt für Schöpfungen in Gestalt eines Designs iSd DesignG § 1 und einer Marke iSd MarkenG § 3[115]. Erfindungen und sonstige Schöpfungen, die hingegen entweder materiell oder formell nicht die Schwelle eines gewerblichen Schutzrechts erreichen, sind zwar nicht als Recht, aber gleichwohl als **sonstiger Gegenstand iSd § 453 Abs 1 Satz 1 Alt 2** zu klassifizieren[116]. Eine andere Frage ist, inwieweit die Nichterfüllung des Tatbestands eines gewerblichen Schutzrechts sich zu Gewährleistungsrechten des Käufers verhält. Dies hängt vom Inhalt des Kaufvertrags ab. Wird die Erfindung oder Schöpfung in Übereinstimmung mit der wahren Rechtslage ohne Schutzrechtsstatus verkauft und vom Verkäufer die künftige Erlangung einer Qualifikation als gewerbliches Schutzrecht auch nicht vertraglich zugesagt, so ist eine Haftung des Verkäufers zu verneinen, wenn der Käufer einen derartigen Status des Rechts nicht erreicht.

V. Informationen – insbes Geschäftsideen

53 Auch Informationen können Gegenstand eines Kaufvertrags sein[117]. Praktische Bedeutung haben insoweit vor allem Informationen, die sich auf Geschäftsideen und -chancen beziehen. Es handelt sich dann um einen sonstigen Gegenstand iSd § 453 Abs 1 Satz 1 Alt 2. Unproblematisch zu bejahen ist die rechtliche Einordnung als Kauf in den Fällen, in denen der Verkäufer zum Zeitpunkt des Vertragsabschlusses schon über die Information verfügt und diese in vollem Umfang gegen Entgelt auf den Käufer überträgt. Muss die Information dagegen unter Einsatz von Fachkenntnissen im Rahmen einer **Recherche** oder sonstigen Prüfungstätigkeit erst ermittelt werden, so liegt regelmäßig kein Kauf, sondern vielmehr ein **Dienst- oder Werkvertrag** vor. Dass der Inhaber einer vorhandenen Information durch die Übertragung gegen vertragliche oder gesetzliche Verschwiegenheitspflichten verstößt, spricht zwar nicht gegen die Einordnung des Geschäfts als Kaufvertrag über einen sonstigen Gegenstand iSd § 453 Abs 1. Die in Rede stehende Pflichtverletzung kann aber dazu führen, dass der Kaufvertrag gem § 134 und/oder § 138 nichtig ist.

VI. Domain-Adressen

54 Die im Internetverkehr verwendeten Domain-Adressen können Gegenstand eines Kaufvertrags sein[118]. Es handelt sich aber nicht um den Kauf eines Rechts iSd § 453 Abs 1 Satz 1 Alt 1,

111 BeckOGK/Wilhelmi Rz 183.
112 BeckOGK/Wilhelmi Rz 183.
113 BGH NJW-RR 2003, 953, 954 f; vgl dazu auch Staud/Beckmann Rz 186.
114 Vgl dazu oben Rz 32 f.
115 Vgl Rz 34 f.
116 Staud/Beckmann Rz 36; BeckOGK/Wilhelmi Rz 159; Erman/Grunewald Rz 27; BeckOK/Faust Rz 24 ff.
117 BeckOGK/Wilhelmi Rz 161; Staud/Beckmann Rz 75.
118 BeckOGK/Wilhelmi Rz 163 ff; Erman/Grunewald Rz 27; MünchKomm/Westermann Rz 6, 23; Staud/Beckmann Rz 66 f; NK/Büdenbender Rz 21.

sondern um einen Kaufvertrag über einen „sonstigen Gegenstand" (§ 453 Abs 1 Satz 1 Alt 2), obwohl es sich im Ergebnis um die Übertragung eines Nutzungsrechts handelt[119]. Die Einordnung als sonstiger Gegenstand beruht darauf, dass Domain-Adressen regelmäßig von **Registrierungsstellen** vergeben werden und diese Institution im Falle des Verkaufs der Domain vertraglich einbezogen werden muss[120]. Die Übertragung der Domain erfordert insoweit eine rechtsgeschäftliche Vereinbarung zwischen dem Verkäufer und der Registrierungsstelle mit dem Ziel der Begründung eines neuen Vertragsverhältnisses mit dem Käufer der Domain[121]. Daher liegt kein Verkauf eines Rechts vor, das vom Verkäufer durch Abtretung nach § 398 übertragen werden könnte.

Klassischer Fall eines Mangels der verkauften Domain ist die Verletzung des **Namensrechts** 55
oder eines sonstigen Rechts eines Dritten mit der Folge, dass dem Dritten in Bezug auf die eingetragene Domain ein Löschungsanspruch zusteht. Dieser Anspruch auf Löschung stellt ein Recht eines Dritten iSd § 435 und damit einen **Rechtsmangel** der Domain dar[122]. Da der Dritte auf seine Rechtsposition verzichten und der Käufer der Domain dem Verkäufer für das Erreichen einer darauf gerichteten Vereinbarung eine Frist nach §§ 281, 323 setzen kann, handelt es sich nicht um eine anfängliche Unmöglichkeit[123].

VII. Download-Dateien – insbes Musik-, Audio- und Videodateien

Download-Dateien können über spezielle Online-Programme ausschließlich für eine **befristete Nutzung** überlassen werden, so dass ein schuldrechtlicher Vertrag über eine Nutzungsüber- 56
lassung (Lizenzvertrag) und kein Kaufvertrag gegeben ist. Der Erwerber erhält hier auch kein – mit dem Eigentum an einer Sache vergleichbares – umfassendes Verfügungsrecht, sondern gegen Zahlung einer **Lizenzgebühr** lediglich ein nicht übertragbares Recht zur Nutzung der Datei für den persönlichen Gebrauch[124]. Da dem Erwerber nur eine **Nutzungsbefugnis** eingeräumt und nicht das Urheberrecht als solches übertragen wird, liegt **kein Rechtskauf** iSd § 453 Abs 1 vor[125]. Dafür wäre eben die Begründung einer umfassenden Rechtsstellung einschließlich **Verfügungsberechtigung** erforderlich[126].

Der vollständige entgeltliche Erwerb einer Musik-, Audio-, Video-Datei zum Zwecke des 57
Downloads stellt dagegen einen Kauf dar[127]. Die amtliche Begründung zur Änderung des § 453[128] verweist insoweit zu Recht darauf, dass ein Vertrag über die Bereitstellung eines digitalen Produkts häufig vertragstypisch dem Kaufvertrag zuzuordnen sei. Aus diesem Grund wurde die Neuregelung bezüglich des Verkaufs digitaler Produkte in die kaufrechtliche Vorschrift des § 453 eingefügt[129]. Denn Vertragsgegenstand ist nicht nur ein, auf einen bestimmten Zeitraum bezogenes, **Nutzungsrecht** an der Datei[130]. Es liegt daher kein Lizenzvertrag als Vertrag sui generis vor[131]. Ausschlaggebend für die Einordnung als Kauf ist hier die Verpflichtung des Inhabers zur Übertragung des über das bloße Nutzungsrecht hinausgehenden digitalen Inhalts der Datei[132]. Es handelt sich daher um den **Verkauf eines digitalen Inhalts**, der bei Vorliegen eines **Verbrauchervertrags** über die Verweisungsregelung des § 453 Abs 1 Satz 3 zur Anwendung der §§ 327 ff führt[133]. Handelt es sich nicht um einen Verbrauchervertrag, so liegt ein Kaufvertrag über einen digitalen Inhalt vor, der als **sonstiger Gegenstand** iSd § 453 Abs 1 Satz 1 Alt 2 anzusehen ist[134]. Unerheblich ist jedenfalls nach der seit 1.1.2022 geltenden Neufassung des § 453, ob der digitale Inhalt mit einem körperlichen Datenträger (zB CD oder DVD) verkauft wird. Ein Sachkauf iSd § 433 Abs 1 ist daher auch dann zu verneinen, wenn eine kaufvertragliche Verpflichtung des Verkäufers zur Übertragung eines solchen Datenträgers besteht. Für die Frage der Qualität der Datei als digitaler Inhalt ist die Art der Übermittlung ohne Bedeutung. Das Abstellen auf die Übergabe eines körperlichen Datenträgers durch den Verkäufer wäre hier auch deshalb nicht überzeugend, weil es häufig vom Zufall abhängt, ob die verkaufte Datei online übermittelt oder auf einem körperlichen Datenträger vom Verkäufer zur Verfügung gestellt wird.

119 BeckOGK/Wilhelmi Rz 163; Staud/Beckmann Rz 66 f.
120 Vgl dazu BeckOGK/Wilhelmi Rz 163 f. Die deutsche Domain „.de" wird von der DENIC eG mit Sitz in Frankfurt/Main erteilt.
121 BeckOGK/Wilhelmi Rz 163 f.
122 BeckOGK/Wilhelmi Rz 165.
123 Vgl dazu auch BeckOGK/Wilhelmi Rz 165.
124 Hamburg MMR 2015, 740, 741.
125 Hamburg MMR 2015, 740, 741.
126 Hamburg MMR 2015, 740 f.
127 BeckOGK/Wilhelmi Rz 171; Staud/Beckmann Rz 73.
128 Begr Gesetzentwurf, BT-Drucks 19/27653, S 82.
129 Begr Gesetzentwurf, BT-Drucks 19/27653, S 82.
130 BeckOGK/Wilhelmi Rz 210; Staud/Beckmann Rz 73.
131 Vgl dazu Rz 31.
132 BeckOGK/Wilhelmi Rz 210.
133 Vgl dazu unten Rz 62 ff.
134 Begr Gesetzentwurf, BT-Drucks 19/27653, S 82 (so ausdrücklich für den Verkauf von Software); Staud/Beckmann Rz 73.

VIII. Virtuelle Gegenstände und Kryptowerte (insbes Kryptowährungen) – Besonderheiten beim Verbrauchervertrag über digitalen Inhalt

58 1. **Grundsätze**. Virtuelle Kaufgegenstände – wie bspw Benutzerkonten bei Online-Spielen oder digitale Avatare (künstliche Personen oder Grafikfiguren) – sind regelmäßig als sonstige Gegenstände iSd § 453 Abs 1 Satz 1 Alt 2 einzuordnen[135]. Denn auch hier bezieht sich der Kauf nicht nur auf ein bloßes Nutzungsrecht. Kryptowährungen („Kryptogeld") sind als **digitale Zahlungsmittel** keine gesetzlichen Zahlungsmittel eines Staates. Sie beruhen auf **Blockchains und digitalen Signaturen**. Zu den bekanntesten digitalen Währungen gehören **Bitcoin und Ether**. Nach **KWG § 1 Abs 11 Nr 10** sind Kryptowerte **Finanzinstrumente** iSd KWG § 1 Abs 1 bis 3 und 17 sowie iSd KWG § 2 Abs 1 und Abs 6. Nach der Legaldefinition des KWG § 1 Abs 11 Satz 4 sind Kryptowerte **digitale Darstellungen eines Wertes**, der von keiner Zentralbank oder öffentlichen Stelle emittiert wurde oder garantiert wird und nicht den gesetzlichen Status einer Währung oder von Geld besitzt, aber von natürlichen oder juristischen Personen aufgrund einer Vereinbarung oder tatsächlichen Übung **als Tausch- oder Zahlungsmittel akzeptiert** wird oder Anlagezwecken dient und der auf **elektronischem Wege** übertragen, gespeichert und gehandelt werden kann. Im Falle des Kaufs, der nicht als **Verbrauchervertrag** über den Verkauf eines digitalen Inhalts iSd § 453 Abs 1 Satz 1 Nr 1 und Nr 2 einzuordnen ist, handelt es sich um einen **sonstigen Gegenstand** iSd § 453 Abs 1 Satz 1 Alt 2 mit der Folge der entsprechenden Anwendung der §§ 433 ff[136]. Bei Vorliegen eines Mangels richtet sich also die Gewährleistungshaftung des Verkäufers nach den §§ 434 ff.

59 2. **Vorliegen eines Verbrauchervertrags über den Verkauf eines digitalen Produkts – Ausschlussregelung des § 327 Abs 6 Nr 5**. Soweit der Verkauf eines virtuellen Gegenstands oder von einer **Kryptowährung** als Verbrauchervertrag über den Verkauf eines digitalen Produkts anzusehen ist, kommen gem § 453 Abs 1 Satz 2 Nr 1 und Nr 2 insbes § 433 Abs 1 und die Vorschriften über die Gewährleistungshaftung des Verkäufers nach §§ 434 ff nicht zur Anwendung[137]. An deren Stelle treten nach § 453 Abs 1 Satz 3 die §§ 327 ff[138]. Insoweit handelt es sich rechtstechnisch nicht um eine Verweisungsordnung, sondern um die gesetzliche Klarstellung einer Ersetzung[139]. Als digitales Produkt iSd § 327 Abs 1 und Abs 2 einzuordnen sind jedenfalls die oben bereits erwähnten **Benutzerkonten und Avatare**[140]. Beim Verkauf von **Kryptowährungen oder sonstigen Kryptowerten** von einem Unternehmer an einen Verbraucher (Verbrauchervertrag) ist der Tatbestand des § 327 Abs 1 und Abs 2 erfüllt. Dafür spricht auch die Regelung des § 327 Abs 1 Satz 2, wonach als **Preis** iSd §§ 327 ff auch eine **digitale Darstellung eines Werts** anzusehen ist.

60 Die Ausschlussregelung des § 327 Abs 6 Nr 5 greift Platz, wenn Kaufverträge über eine digitale Währung (Kryptowährung) oder einen sonstigen Kryptowert nicht als **„Verträge über Finanzdienstleistungen"** einzuordnen sind. Der Begriff „Finanzdienstleistungen" ist weit zu verstehen[141]. Umfasst werden in Übereinstimmung mit **Erwägungsgrund 30** der Richtlinie über bestimmte vertragsrechtliche Aspekte der Bereitstellung digitaler Inhalte und digitaler Dienstleistungen[142] diejenigen digitalen Produkte, die mit „Finanzdienstleistungen in Verbindung stehen oder mit denen **Zugang zu Finanzdienstleistungen** gewährt wird"[143]. Eine Verbindung zu Finanzdienstleistungen ist beim Kauf von Kryptowährungen oder sonstigen Kryptowerten zwar nicht ohne weiteres gegeben. Denn eine **Blockchain** wird durch deren Nutzer dezentral betrieben (peer to peer Netzwerk), also gerade nicht von einer **zentralen Institution** wie einer Bank oder PayPal als **Zahlungsdienstleister**. Gleichwohl ist beim Verbrauchervertrag über Kryptogeld oder sonstigen Kryptowerten der Ausschlusstatbestand des § 327 Abs 6 Nr 5 erfüllt. Dies ergibt sich daraus, dass aufgrund der **Neuregelung des KWG § 1 Abs 11 Nr 10** die Kryptowerte als **Finanzinstrumente** anzusehen sind[144].

IX. Software – „digitaler Inhalt" und „sonstiger Gegenstand"

61 Beim Kauf von Software ist in mehrfacher Hinsicht eine differenzierte Betrachtungsweise erforderlich. Insoweit führt das seit 1.1.2022 geltende Gesetz zur Umsetzung der Richtlinie über bestimmte vertragsrechtliche Aspekte der Bereitstellung digitaler Inhalte und digitaler Dienstleistungen[145] sowohl zu Veränderungen als auch zu Klarstellungen. Soweit es sich um einen **Ver-**

135 BeckOGK/Wilhelmi Rz 206 f; Staud/Beckmann Rz 69 ff.
136 BeckOGK/Wilhelmi Rz 212; Erman/Grunewald Rz 27.
137 Vgl dazu oben Rz 3 f.
138 Vgl dazu unten Rz 62 ff.
139 Vgl dazu oben Rz 4.
140 Vgl dazu oben Rz 58.
141 Begr Gesetzentwurf, BT-Drucks 19/27653, S 43 f.
142 RL 2019/770/EU vom 20.5.2019.
143 Begr Gesetzentwurf, BT-Drucks 19/27653, S 43 f.
144 Vgl dazu auch BeckOGK/Wilhelmi Rz 212.
145 Ges vom 30. Juni 2021 (BGBl I, S 2123).

brauchervertrag über den Verkauf von Software handelt, liegt ein Kaufvertrag über einen digitalen Inhalt iSd § 453 Abs 1 Satz 2 vor mit der Folge, dass auf Grundlage der Verweisung des § 453 Abs 1 Satz 2 die §§ 327 ff Anwendung finden. Bei Nichtbestehen eines Verbrauchervertrags ist ein Kaufvertrag über **Standard-Software** als Kauf eines **sonstigen Gegenstands** iSd § 453 Abs 1 Satz 1 Alt 2 anzusehen[146]. Die §§ 433 ff sind dann entsprechend anwendbar. Eine unmittelbare Anwendung der §§ 433 ff kommt auch dann nicht in Betracht, wenn die Software durch Übergabe eines **körperlichen Datenträgers** geliefert wird. Denn für das Wesen des Kaufgegenstands ist die Übertragungsart ohne Bedeutung. Auch im Rahmen der Anwendung des § 453 Abs 1 Satz 2 und 3 spielt die Existenz eines Datenträgers keine Rolle. Handelt es sich um einen Vertrag über die Herstellung von Software, die speziell auf die Bedürfnisse des Kunden zugeschnitten ist (Individual-Software im Gegensatz zu Standard-Software), und zudem nicht um einen **Verbrauchervertrag iSd § 327**, so liegt ein **Werkvertrag nach § 631** vor[147].

D. Verbrauchervertrag über digitale Inhalte (§ 453 Abs 1 Satz 2 und Satz 3)

I. Anwendbarkeit der §§ 327 ff über § 453 Abs 1 Satz 2 und Satz 3 bei Verbraucherverträgen – Grundsätze

Bei Vorliegen eines Verbrauchervertrags über den Verkauf digitaler Inhalte iSd § 327 Abs 1 iVm Abs 2 Satz 1 werden die wesentlichen Vorschriften des Kaufrechts und insbes das **Recht der Gewährleistung** nach Maßgabe des § 453 Abs 1 Satz 2 und Satz 3 durch die Anwendung der §§ 327 ff ersetzt. Für die Frage des Vorliegens eines Mangels des digitalen Produkts gelten nicht die §§ 434 ff, sondern die § 327e bis § 327g[148]. An die Stelle des Sachmangels tritt der Produktmangel unter Berücksichtigung der **besonderen Bereitstellungspflichten** des Unternehmers. Auch der **Rechtsmangel** ist gesondert geregelt. Große praktische Bedeutung hat insoweit die Bereitstellung von **Aktualisierungen**. Für die Rechte des Verbrauchers gilt nicht § 437, sondern die Spezialregelungen der §§ 327i, 327j. Die Bestimmung der **Leistungszeit** und die **Art und Weise der Bereitstellung** regelt § 327b. 62

II. Vertragsgemäßheit des digitalen Produkts – Produkt- und Rechtsmangel (§§ 327d bis 327g)

Die **Vertragsgemäßheit** eines digitalen Produkts ist gem § 327d gegeben, wenn es frei von Produkt- und Rechtsmängeln iSd §§ 327e bis 327g bereitgestellt wird. Den **Produktmangel** definiert § 327e. Nach § 327e Abs 1 Satz 1 ist das digitale Produkt frei von Produktmängeln, wenn es zur maßgeblichen Zeit nach den Vorschriften dieses Untertitels den subjektiven Anforderungen, den objektiven Anforderungen und den Anforderungen an die Integration entspricht. Zu den **objektiven Anforderungen** des digitalen Produkts gehört gem § 327e, dass dem Verbraucher gem § 327f Aktualisierungen bereitgestellt werden und der Verbraucher über diese Aktualisierungen informiert wird. Die Einzelheiten der Verpflichtung des Unternehmers zur Sicherstellung der **Bereitstellung von Aktualisierungen**, die für den Erhalt der Vertragsmäßigkeit des digitalen Produkts erforderlich sind, regelt § 327 f. Bei Unterlassen oder fehlerhafter Vornahme der Bereitstellung von Aktualisierungen haftet der Unternehmer wegen Vorliegens eines Produktmangels. Den **Rechtsmangel** definiert § 327 g. Danach ist das digitale Produkt frei von Rechtsmängeln, wenn der Verbraucher es gem den subjektiven oder objektiven Anforderungen nach § 327e Abs 2 und Abs 3 nutzen kann, ohne **Rechte Dritter** zu verletzen. Von den objektiven Anforderungen nach § 327e Abs 3 Satz 1 Nr 1 bis Nr 5 und Satz 2, § 327f Abs 1 und § 327g kann gem § 327h nur abgewichen werden, wenn diese Abweichung unter Einhaltung der in dieser Vorschrift geregelten **besonderen Informationspflicht** im Vertrag ausdrücklich und gesondert vereinbart wurde. 63

III. Beweislastumkehr nach § 327k

Zugunsten des Verbrauchers kann gem § 327k Abs 1 eine Beweislastumkehr eingreifen. Nach § 327k Abs 1 wird vermutet, dass das digitale Produkt bereits **bei Bereitstellung mangelhaft** war, wenn sich bei ihm **innerhalb eines Jahres seit seiner Bereitstellung** ein von den Anforderungen nach § 327e oder § 327g abweichender Zustand zeigt. Bei einem vom Unternehmer 64

146 Begr Gesetzentwurf, BT-Drucks 19/27653, S 82.
147 BGH NJW 1988, 406, 407; BGH NJW 1977, 847; BeckOGK/Lutzenberger § 631 Rz 698; MünchKomm/Busche § 631 Rz 142.
148 Vgl dazu nachfolgend Rz 59.

dauerhaft **bereitgestellten digitalen Produkt** wird vermutet, dass es während der bisherigen Dauer der Bereitstellung mangelhaft war, wenn sich während der Dauer der Bereitstellung ein von den Anforderungen nach § 327e oder § 327g abweichender Zustand ergibt. Es handelt sich um eine **Beweislastumkehr**, deren Reichweite durch § 327k eingeschränkt wird. Nach § 327k Abs 3 Nr 1 kommt diese Beweislastumkehr nicht zur Anwendung, wenn die **digitale Umgebung des Verbrauchers** mit den technischen Anforderungen des digitalen Produkts zur maßgeblichen Zeit **nicht kompatibel** war. Kann der Unternehmer die Kompatibilität iSd § 327k Abs 3 Nr 1 deshalb nicht feststellen, weil der Verbraucher eine hierfür notwendige und ihm mögliche Mitwirkungshandlung nicht vornimmt, so ist die Beweislastumkehr ebenfalls ausgeschlossen, wenn der Unternehmer zur Feststellung ein verhältnismäßiges technisches Mittel einsetzen wollte (§ 327k Abs 3 Nr 2).

IV. Rechte des Verbrauchers bei Mängeln und Verjährung (§ 327i, § 327j)

65 Bei Vorliegen eines Mangels des digitalen Produkts kann der Verbraucher gem § 327i Nr 1 nach Maßgabe des § 327l Nacherfüllung verlangen. Der Unternehmer, also im Falle des Kaufs der Verkäufer, ist gem § 327l Abs 1 Satz 1 im Rahmen der Nacherfüllung verpflichtet, den **vertragsmäßigen Zustand herzustellen** und die zum Zwecke der Nacherfüllung erforderlichen Aufwendungen zu tragen. Das **Wahlrecht zwischen Nachlieferung und Nachbesserung** steht hier dem Verkäufer zu[149]. Die Nacherfüllung muss gem § 327l Abs 1 Satz 2 vom Unternehmer innerhalb einer **angemessenen Frist** und ohne erhebliche Unannehmlichkeiten für den Verbraucher geführt werden. Der Nacherfüllungsanspruch ist ausgeschlossen, wenn die Nacherfüllung **nach § 275 Abs 1 unmöglich** oder für den Unternehmer nur mit **unverhältnismäßigen Kosten** möglich ist, wobei insbes der Wert des digitalen Produkts in mangelfreiem Zustand sowie die Bedeutung des Mangels zu berücksichtigen sind.

66 Nach § 327i Nr 2 kann der Verbraucher den **Vertrag beenden iSd § 327o**, sofern die Voraussetzungen des § 327i Nr 2 Alt 1 gegeben sind. Die **Minderung des Preises** ist gem § 327i Nr 2 iVm § 327n möglich. Die Durchführung der Minderung und die Rechtsfolgen der Minderung regelt § 327n in Anlehnung an § 441. Ein Anspruch auf **Schadensersatz** statt der Leistung oder Ersatz **vergeblicher Aufwendungen** steht dem Verbraucher unter den Voraussetzungen des § 327i Nr 3 iVm § 327m Abs 3 zu. Die einzelnen Anspruchsvoraussetzungen definiert § 327m Abs 3 in Anlehnung an die §§ 280 Abs 1, 283 Satz 1, § 311a Abs 2 Satz 1, § 284. Im Falle der Geltendmachung des Anspruchs auf **Schadensersatz statt der ganzen Leistung** durch den Verbraucher richtet sich der Anspruch des Unternehmers auf **Rückforderung des Geleisteten** nach § 327m Abs 2 Satz 2 iVm §§ 327o und 327p. Die Regelung des § 325 ist gem § 327m Abs 2 Satz 3 entsprechend anwendbar.

V. Zulässigkeit abweichender Vereinbarungen nach § 327s

67 Nach § 327s Abs 1 kann sich der Unternehmer auf eine Vereinbarung mit dem Verbraucher, die **zum Nachteil des Verbrauchers** von den Vorschriften der §§ 327 ff abweicht, grundsätzlich nicht berufen. Etwas anderes gilt nur dann, wenn die Vereinbarung erst nach der **Mitteilung des Verbrauchers** gegenüber dem Unternehmer über die unterbliebene Bereitstellung oder über den Mangel des digitalen Produkts getroffen wurde (§ 327s Abs 1 aE). Entsprechendes gilt gem § 327 Abs 2 in Bezug auf eine Vereinbarung mit dem Verbraucher über eine **Änderung des digitalen Produkts**, die zum Nachteil des Verbrauchers von den Vorschriften dieses Untertitels abweicht. Auf eine derartige Vereinbarung kann sich der Unternehmer nur dann berufen, wenn sie nach der **Information des Verbrauchers** über die Änderung des digitalen Produkts gem § 327r getroffen wurde. Die §§ 327 ff sind gem § 327s Abs 3 auch dann anzuwenden, wenn sie durch **anderweitige Gestaltungen** umgangen werden. Nach § 327s Abs 4 gelten Abs 1 und Abs 2 dieser Vorschrift nicht für den Ausschluss oder die Beschränkung des Anspruchs auf Schadensersatz.

E. Verkäuferpflichten und Gewährleistung beim Rechtskauf nach § 453 Abs 1 Satz 1 Alt 1

I. Fehlende Existenz und fehlende Übertragbarkeit des verkauften Rechts

68 1. **Haftung des Verkäufers nach § 311a Abs 2 – Grundlagen.** Wird nach § 453 Abs 1 Satz 1 Alt 1 iVm § 433 ein Recht verkauft, das in Wirklichkeit nicht besteht, so handelt es sich nicht

149 Vgl BeckOGK/Wilhelmi Rz 199.

um einen auf dieses „Recht" bezogenen Rechtsmangel iSd § 435[150]. Es liegt hier vielmehr eine **Nichterfüllung des Kaufvertrags** vor, deren Rechtsfolgen nach **allgemeinem Leistungsstörungsrecht** zu bestimmen sind[151]. Nach der durch das SMG 2002 aufgehobenen Regelung des § 306 aF war ein auf eine unmögliche Leistung gerichteter Vertrag von Anfang an nichtig. Eine **anfängliche Unmöglichkeit der Leistung** steht aber seit Inkrafttreten des SMG 2002 gem **§ 311a Abs 1** der Wirksamkeit des geschlossenen Kaufvertrags nicht entgegen. Auch im Falle des Verkaufs eines nicht existenten Rechts ist der Kaufvertrag daher nach § 311a Abs 1 grundsätzlich wirksam. Der sich aus § 453 Abs 1 Satz 1 Alt 1 iVm § 433 Abs 1 ergebende Anspruch des Käufers auf Erfüllung, dh auf Übertragung des Rechts, ist aber nach § 275 Abs 1 ausgeschlossen, so dass aufseiten des Verkäufers von vorneherein keine Leistungspflicht besteht.

Die Schadensersatzhaftung des Verkäufers für ein zum Zeitpunkt des Abschlusses des Kaufvertrags nicht bestehendes Recht richtet sich nach **§ 311a Abs 2 iVm § 453 Abs 1 Satz 1 Alt 1** und damit nach allgemeinem Leistungsstörungsrecht[152]. Hier gilt die gleiche Rechtslage wie im Falle des Verkaufs einer Sache iSd § 90, die nicht existiert. Unerheblich ist insoweit, ob das verkaufte Recht nie bestand oder zwar wirksam begründet wurde, aber zum Zeitpunkt des Abschlusses des Kaufvertrags bereits untergegangen war. Auch in dieser Hinsicht besteht in Bezug auf die Wirksamkeit des Kaufvertrags nach § 311a Abs 1 und die Anwendung der Schadensersatzregelung des § 311a Abs 2 kein Unterschied zwischen dem Verkauf eines Rechts und dem Verkauf einer Sache. Für die **Exkulpation des Verkäufers** nach § 311a Abs 2 Satz 2 kann es aber von Bedeutung sein, ob das verkaufte Recht vor Abschluss des Kaufvertrags für einen bestimmten Zeitraum bestand. So kommt eine vom Verkäufer nicht zu vertretende Unkenntnis insbes dann in Betracht, wenn das verkaufte Recht kurz vor dem Verkauf aufgrund eines Tatbestands erlischt, an dem der Verkäufer nicht beteiligt war. 69

2. **Schwebend unwirksamer Kaufvertrag – Bestehen von peremptorischen und dilatorischen Einreden beim Forderungskauf**. – a) **Grundsätze**. Die Haftung des Verkäufers auf Schadensersatz statt der Leistung aus § 311a Abs 2 wegen anfänglicher Unmöglichkeit greift auch dann ein, wenn die verkaufte und nach § 398 abgetretene Forderung – abweichend von der kaufvertraglichen Vereinbarung – nur auf einem **schwebend unwirksamen Vertrag** beruht, der auch nach Abschluss des Kaufvertrags nicht genehmigt wird, so dass eine endgültige Nichtigkeit eintritt[153]. Denn in dieser Konstellation bestand letztlich zu keinem Zeitpunkt ein Recht, von einem Dritten als **Forderungsschuldner** eine Leistung zu fordern[154]. Das Gleiche gilt in dem Fall, in dem die verkaufte und dann zum Zwecke der Erfüllung des Kaufvertrags an den Käufer abgetretene Forderung zwar besteht, aber mit einer **peremptorischen (dauernden) Einrede** behaftet ist[155]. Bei Vorliegen einer solchen dauernden Einrede ist der verkaufte Anspruch zwar existent, aber endgültig nicht durchsetzbar. Im Ergebnis besteht also für den Käufer kein Unterschied zum Fall des Verkaufs einer von Anfang an nicht bestehenden Forderung. 70

Anders ist die Rechtslage bei Eingreifen einer **dilatorischen (aufschiebenden) Einrede**, also etwa einem **Zurückbehaltungsrecht** nach § 273 Abs 1 oder der Einrede des nicht erfüllten Vertrags aus § 320[156]. Bei Vorliegen einer dilatorischen Einrede ist die verkaufte Forderung nicht nur existent, sondern grundsätzlich auch durchsetzbar. Es liegt daher keine anfängliche Unmöglichkeit vor. Das Fehlen einer uneingeschränkten Durchsetzbarkeit betrifft den **Inhalt der verkauften Forderung**. Bei Bestehen einer Einrede, die den Forderungsschuldner zumindest vorübergehend zur Verweigerung der Leistung berechtigt, liegt daher – bei kaufvertraglicher Vereinbarung der Einredefreiheit – ein **Beschaffenheitsmangel (Inhaltsmangel) iSd § 434 Abs 2 Satz 1 Nr 1** vor. Bei Fehlen einer Beschaffenheitsvereinbarung greift der Mangeltatbestand des § 434 Abs 3 Satz 1 Nr 2 ein. Der Forderungskäufer kann daher dem Verkäufer gem §§ 281 Abs 1, 323 eine Frist für die Beseitigung der Forderung setzen. Die dilatorischen Einreden sind 71

150 Staud/Beckmann Rz 7; MünchKomm/Westermann Rz 10; BeckOK/Faust Rz 12; Erman/Grunewald Rz 8; NK/Büdenbender Rz 10; Stöber, Beschaffenheitsgarantien des Verkäufers, 2006, S 168 f; Thiessen, Unternehmenskauf und Bürgerliches Gesetzbuch, 2005, S 221 f; Gothe, Verkäuferpflichten und Gewährleistung beim Forderungskauf, 2017, S 51 ff.

151 Staud/Beckmann Rz 7; MünchKomm/Westermann Rz 10; BeckOK/Faust Rz 12; Erman/Grunewald Rz 8; NK/Büdenbender Rz 10; Stöber, Beschaffenheitsgarantien des Verkäufers, 2006, S 168 f; Thiessen, Unternehmenskauf und Bürgerliches Gesetzbuch, 2005, S 221 f; Gothe, Verkäuferpflichten und Gewährleistung beim Forderungskauf, 2017, S 51 ff.

152 Staud/Beckmann Rz 7; MünchKomm/Westermann Rz 10; Erman/Grunewald Rz 8; NK/Büdenbender Rz 10; Gothe, Verkäuferpflichten und Gewährleistung beim Forderungskauf, 2017, S 51 ff.

153 Gothe, Verkäuferpflichten und Gewährleistung beim Forderungskauf, 2017, S 61 ff.

154 Gothe, Verkäuferpflichten und Gewährleistung beim Forderungskauf, 2017, S 61 ff.

155 Gothe, Verkäuferpflichten und Gewährleistung beim Forderungskauf, 2017, S 73 ff.

156 Gothe, Verkäuferpflichten und Gewährleistung beim Forderungskauf, 2017, S 72 f.

daher, wenn die Beseitigung auf Schwierigkeiten stößt, ein Fall der **Verzugshaftung des Verkäufers**.

72 b) **Sonderstellung der Verjährungseinrede**. Eine Sonderstellung unter den möglichen Einreden hat beim Kauf einer Forderung die Einrede der Verjährung nach § 214 Abs 1. Nach dieser Vorschrift ist der Schuldner nach Eintritt der Verjährung berechtigt, die **Leistung zu verweigern**. Es handelt sich zwar hier um keine dilatorische (aufschiebende), sondern um eine **peremptorische (dauernde Einrede)**. Die Durchsetzung einer verjährten Forderung ist aber nur unter der zusätzlichen Voraussetzung auf Dauer und damit endgültig gehemmt, dass der Schuldner diese Einrede gem § 214 Abs 1 gegenüber dem Gläubiger auch erhebt. Eine verjährte Forderung ist daher **grundsätzlich durchsetzbar** und rechtfertigt demzufolge auch eine Verurteilung des Schuldners im Klageverfahren zur Leistung, sofern er als Beklagter im Prozess die Einrede der Verjährung gegenüber dem Forderungsgläubiger nicht geltend macht[157]. Die **Klage auf Erfüllung** einer verjährten Forderung ist daher schlüssig iSd ZPO § 331 Abs 1 mit der Folge, dass bei Vorliegen einer Säumnis des verklagten Schuldners ein **Versäumnisurteil** ergeht[158]. Im Falle des Verkaufs einer bereits verjährten Forderung ist daher keine zur Anwendung des § 311a Abs 2 führende **anfängliche Unmöglichkeit** gegeben[159]. Die Verjährung ist vielmehr, obwohl sie eine peremptorische (dauernde) Einrede darstellt, im Ergebnis so zu behandeln wie eine dilatorische (aufschiebende) Einrede[160]. Da dem Käufer hier eine tatsächlich bestehende und grundsätzlich durchsetzbare Forderung übertragen wird, erlischt sein **ursprünglicher Erfüllungsanspruch** aus § 433 Abs 1. Das Bestehen einer Verjährungseinrede führt daher – wie in den echten Fällen einer dilatorischen Einrede[161] – zu einem **Beschaffenheitsmangel (Inhaltsmangel)** iSd § 453 Abs 1 Satz 1 Alt 1 iVm § 434 Abs 3 Satz 1 Nr 2 (Fehlen der üblichen Beschaffenheit) bzw § 434 Abs 2 Satz 1 Nr 1 (Abweichung von einer getroffenen Beschaffenheitsvereinbarung)[162].

73 3. **Anfechtbarkeit des verkauften Rechts nach §§ 119, 123 oder Bestehen einer Aufrechnungslage**. Wird eine Forderung oder ein sonstiges Recht verkauft, das wirksam begründet wurde, aber durch **Anfechtung** gem §§ 119, 123 mit Wirkung *ex tunc* (§ 142 Abs 1) beseitigt werden kann, so liegt zwar im Falle der wirksamen Erklärung der Anfechtung ein Kaufvertrag über ein von Anfang an nicht existentes Recht vor. Gleichwohl handelt es sich hier nicht um eine **anfängliche Unmöglichkeit**, so dass die Schadensersatzregelung des § 311a Abs 2 keine Anwendung findet. Der Dritte ist nämlich als Anfechtungsberechtigter nicht verpflichtet, die Anfechtung zu erklären. Das Festhalten am begründeten Recht kann für den Dritten von vornherein oder aufgrund eines zusätzlichen Leistungsangebots des Verkäufers oder Käufers günstiger sein. Zudem kann dem Dritten bis zum Ablauf der **zehnjährigen Ausschlussfrist der §§ 121 Abs 2, 124 Abs 2** das Bestehen einer Anfechtungsbefugnis unbekannt bleiben. Es ist deshalb im Bestehen eines Anfechtungsgrundes – unabhängig vom Erfolgen einer Anfechtungserklärung – ein **Beschaffenheitsmangel (Inhaltsmangel)** iSd § 453 Abs 1 Satz 1 Alt 1 iVm § 434 Abs 3 Satz 1 Nr 2 zu sehen[163]; bei Vorliegen einer auf das Nichtbestehen eines Anfechtungsrechts bezogenen Beschaffenheitsvereinbarung ist der Mangeltatbestand des § 434 Abs 2 Satz 1 Nr 1 erfüllt. Ob die Anfechtung vom anfechtungsberechtigen Dritten erklärt wird, hängt aus Sicht der Kaufvertragsparteien häufig vom Zufall ab.

74 Im Rahmen der Nacherfüllung nach § 437 Nr 1 iVm § 453 Abs 1 Satz 1 Alt 1 kann der Verkäufer des Rechts mit dem Dritten – im Falle des Forderungskaufs also mit dem Forderungsschuldner – eine Vereinbarung über die **Nichtausübung dieses Gestaltungsrechts** treffen. Dass der Verkäufer für einen derartigen Verzicht des Anfechtungsberechtigten uU – insbes im Falle des Vorliegens einer arglistigen Täuschung iSd § 123 – eine **Gegenleistung** erbringen muss, gehört zum Wesen der Nacherfüllungsverpflichtung und zu den damit verbundenen **Verkäuferrisiken**. Im Falle einer Berechtigung des Dritten zu einer Irrtumsanfechtung gem § 119 dürfte aber ein derartiger Aufwand des Verkäufers deshalb geringer sein, weil der Dritte durch den Verzicht auf die Anfechtung eine Verpflichtung zum **Ersatz des Vertrauensschadens nach § 122 Abs 1** vermeidet. Anders ist die Rechtslage allerdings dann, wenn die Anfechtung zum **Zeitpunkt des Verkaufs** des Rechts vom Dritten **bereits wirksam erklärt** worden war. Hier handelt es sich aufgrund der endgültig eingetretenen „ex tunc"-Wirkung um den Verkauf eines nicht existenten Rechts und daher um einen Fall der **anfänglichen Unmöglichkeit** mit der Folge der Anwendung des § 311a Abs 1 und Abs 2[164].

157 BGHZ 184, 128 Rz 27 (Eintritt der Verjährung habe für sich genommen weder Auswirkungen auf das Bestehen noch auf die Durchsetzbarkeit des Anspruchs); BGHZ 156, 269, 271.
158 BGHZ 156, 269, 271; BGHZ 184, 128 Rz 27.
159 Gothe, Verkäuferpflichten und Gewährleistung beim Forderungskauf, 2017, S 78 f.
160 Gothe, Verkäuferpflichten und Gewährleistung beim Forderungskauf, 2017, S 78 f.
161 Vgl dazu oben Rz 71.
162 Vgl dazu unten Rz 96 f.
163 Vgl dazu unten Rz 92 f.
164 Vgl dazu oben Rz 68 ff.

Die gleiche Rechtslage besteht im Ergebnis beim Verkauf einer Forderung, die mit einer **Aufrechnungsbefugnis iSd § 387** des Schuldners belastet ist. Die Erklärung der Aufrechnung bewirkt gem § 389, dass die Forderungen, soweit sie sich decken, als in dem Zeitpunkt erloschen gelten, in welchem sie zur Aufrechnung geeignet gegenübergetreten sind. Die Aufrechnungserklärung entfaltet also eine **Rückwirkung** auf den Zeitpunkt der Entstehung der Aufrechnungslage. Problematisch ist die Konstellation, in der eine Forderung nach Entstehung der Aufrechnungslage verkauft und übertragen wird. Die Abtretung der Forderung an den Käufer zum Zwecke der Erfüllung des geschlossenen Kaufvertrags lässt gem **§ 406** die Aufrechnungsbefugnis des Dritten als Forderungsschuldner unberührt. Wird nach Vollzug des Forderungskaufs die Aufrechnung vom Schuldner erklärt, so wurde zwar aufgrund der Rückwirkung der Aufrechnung letztlich eine nicht bestehende Forderung verkauft. Da der Dritte die Aufrechnung aber nicht erklären muss und dies im Falle der **Erfüllung der Gegenforderung** durch den Verkäufer auch gar nicht mehr kann, ist – wie bei Bestehen einer Anfechtungsbefugnis[165] – **keine Nichterfüllung** in Form einer anfänglichen Unmöglichkeit gegeben[166]. Die Richtigkeit dieser Annahme zeigt sich insbes dann, wenn der Betrag der Gegenforderung des Dritten hinter dem Betrag der verkauften Forderung zurückbleibt und daher eine vom Dritten erklärte Aufrechnung nicht in vollem Umfang zum Erlöschen dieser Forderung führt[167]. Hier wird deutlich, dass die Aufrechnungsbefugnis des Dritten den vereinbarten Inhalt und den Umfang der verkauften Forderung betrifft und daher eine **Gewährleistungshaftung des Verkäufers** nach § 434 Abs 3 Satz 1 Nr 2 iVm § 453 Abs 1 Satz 1 Alt 1 Platz greift[168]. 75

4. **Verkauf eines nicht übertragbaren Rechts**. Ist das verkaufte Recht zwar existent, aber nicht auf den Käufer übertragbar, so greift eine Haftung des Verkäufers wegen **anfänglicher Unmöglichkeit** nach § 311a Abs 2 und nicht eine Rechtsmängelgewährleistung nach §§ 435, 437 Platz[169]. Das verkaufte Recht ist nämlich hier nicht mit einem Recht eines Dritten behaftet. Nach § 435 Satz 1 setzt ein Rechtsmangel voraus, dass ein **Dritter in Bezug auf die Kaufsache** ein Recht geltend machen kann, das der Käufer nicht durch den Kaufvertrag übernommen hat. Die fehlende Übertragbarkeit des verkauften Rechts beruht dagegen auf dem **Inhalt** dieses Rechts, so dass dem Verkäufer die Erfüllung seiner Leistungspflicht aus §§ 453 Abs 1 Satz 1, 433 Abs 1 Satz 1 von Anfang an gem § 275 Abs 1 unmöglich ist. Unerheblich für die Haftung des Verkäufers aus **§ 311a Abs 2** ist, ob das verkaufte Recht generell unübertragbar ist oder nur vom konkreten Käufer wegen Nichtvorliegens besonderer **persönlicher oder sachlicher Voraussetzungen** nicht erworben werden kann. Da der Verkäufer in einer solchen Konstellation durch Abschluss des Kaufvertrags die Verpflichtung zur Übertragung des Rechts gerade gegenüber diesem Käufer als Vertragspartner übernimmt, wird er nicht dadurch entlastet, dass eine Übertragung des verkauften Rechts auf andere Käufer möglich wäre. Der Verkäufer ist daher hier nach § 311a Abs 2 Satz 2 nur dann von der **Schadensersatzhaftung befreit**, wenn er nachweist, dass er die fehlende Übertragbarkeit des Rechts nicht kannte und seine Unkenntnis nicht zu vertreten hat. Dies ist bspw in dem Fall gegeben, in dem der Verkäufer ein aufseiten des Käufers bestehendes **persönliches Übertragungshindernis** nicht kannte und auch nicht kennen konnte. 76

5. **Fehlende Inhaberschaft des Verkäufers**. Der Fall des Verkaufs eines Rechts, das nicht dem Verkäufer, sondern **einem Dritten zusteht**, kann zum einen dann eintreten, wenn der Verkäufer davon ausgeht, dass er das betreffende Recht zu kalkulierten Konditionen vom Inhaber zum Zwecke der Erfüllung des Kaufvertrags erwerben kann. Der Verkäufer übernimmt hier eine **Verschaffungspflicht** und das damit verbundene **Beschaffungsrisiko** iSd § 276 Abs 1 Satz 1. Praktische Bedeutung haben insoweit insbes Rechte, die gehandelt werden und deshalb idR zu den aktuellen Marktpreisen erworben werden können. Geht es um den Verkauf eines **Wertpapiers**, so kommt auch eine **Einkaufskommission nach HGB §§ 383 ff** in Betracht. Der Kommissionär kauft gem HGB § 383 Abs 1 auf Rechnung des Kommittenten (Erwerbers) das Wertpapier und ist dann ihm gegenüber nach **HGB § 384 Abs 2** zur Herausgabe verpflichtet. 77

Die fehlende Rechtsinhaberschaft aufseiten des Verkäufers kann auch darauf beruhen, dass er zum Zeitpunkt des Abschlusses des Kaufvertrags von einem wirksamen Erwerb des jetzt (wieder) verkauften Rechts ausgeht und sich später die **Unwirksamkeit der Rechtsübertragung auf den Verkäufer** herausstellt. Praktische Bedeutung haben insoweit insbes eine **unerkannte** 78

165 Vgl dazu vorstehend Rz 73 f.

166 Vgl Gothe, Verkäuferpflichten und Gewährleistung beim Forderungskauf, 2017, S 59 ff.

167 Gothe, Verkäuferpflichten und Gewährleistung beim Forderungskauf, 2017, S 60 f.

168 Gothe, Verkäuferpflichten und Gewährleistung beim Forderungskauf, 2017, S 60 f; vgl zu den Einzelheiten unten Rz 94 f.

169 Staud/Beckmann Rz 7 f; MünchKomm/Westermann Rz 10; BeckOK/Faust Rz 12; Erman/Grunewald Rz 8; Stöber, Beschaffenheitsgarantien des Verkäufers, 2006, S 155 f; Haedicke, Rechtskauf und Rechtsmängelhaftung, 2003, S 161; Gothe, Verkäuferpflichten und Gewährleistung beim Forderungskauf, 2017, S 59 ff.

Geschäftsunfähigkeit des bisherigen Inhabers und – bei Notwendigkeit einer notariellen Beurkundung – ein **Beurkundungsdefizit**, das nach § 139 zur Nichtigkeit des gesamten Rechtsgeschäfts führt. Im hier in Rede stehenden Fall, in dem das verkaufte Recht nicht dem Verkäufer, sondern einem Dritten zusteht, ist ein **Rechtsmangel** iSd § 435 grundsätzlich zu verneinen[170]. Das verkaufte Recht ist nicht gem §§ 453 Abs 1 Satz 1, 435 Satz 1 mit dem **Recht eines Dritten** belastet. Auch eine **anfängliche Unmöglichkeit** iSd § 311a Abs 2 liegt hier zumindest nicht ohne weiteres vor. Denn der Dritte als verfügungsberechtigter Inhaber des Rechts kann grundsätzlich das Recht direkt auf den Käufer – oder zunächst auf den Verkäufer – übertragen mit der Folge, dass der Verkäufer seine Leistungspflicht aus §§ 453 Abs 1 Satz 1 Alt 1, 433 Abs 1 Satz 1 erfüllen kann. Dass der Verkäufer dem Dritten für diese Leistung uU ein **Entgelt zahlen** muss, spricht nicht gegen das Vorliegen einer generellen Möglichkeit des Verkäufers, sich das Recht noch nachträglich zu beschaffen. In den Fällen, in denen der Erwerb des Rechts durch den Verkäufer an einer Unwirksamkeit des von ihm getätigten Kaufgeschäfts gescheitert ist, kann dieses Rechtsgeschäft grundsätzlich unter Vermeidung des früheren Fehlers wiederholt und ein bereits gezahlter Kaufpreis mit der neu entstehenden **Kaufpreisforderung aus § 433 Abs 2** verrechnet werden. Wenn im Verhältnis zwischen dem Verkäufer und dem Dritten das Verpflichtungsgeschäft wirksam und nur die **Abtretung des Rechts** unwirksam ist, dann ist der Dritte ohnehin nach wie vor zur Übertragung auf den Verkäufer verpflichtet.

79 Bei Bestehen einer Möglichkeit des nachträglichen Rechtserwerbs durch den Verkäufer muss der Käufer des Rechts grundsätzlich eine **Frist nach §§ 281, 323 Abs 1** setzen, bevor er vom Kaufvertrag zurücktreten oder/und Schadensersatz statt der Leistung verlangen kann. Es geht daher in diesem Fall letztlich um eine Verzugsproblematik. In Bezug auf die Frage der Angemessenheit der Nachfrist muss gegebenenfalls berücksichtigt werden, dass der Verkäufer mit dem Dritten über einen Erwerb verhandeln und einen Vertrag abschließen muss. Ist der Dritte zwar uU zur Aufgabe des grundsätzlich übertragbaren Rechts bereit, aber eine Übertragung auf den konkreten Käufer wegen Fehlens von besonderen persönlichen oder sachlichen Voraussetzungen nicht möglich, so liegt eine **anfängliche Unmöglichkeit** iSd § 275 Abs 1 mit der Folge der Haftung des Verkäufers nach § 311a Abs 2 vor.

80 6. **Verjährung des Käuferanspruchs aus § 311a Abs 2 oder § 281 Abs 1 – keine Anwendung des § 438 Abs 1 Nr 1 lit a.** Besteht in den Fällen, in denen das verkaufte Recht überhaupt nicht existiert, nicht auf den Käufer übertragbar ist oder einem Dritten zusteht ein **Schadensersatzanspruch** des Käufers aus § 311a Abs 2 bzw §§ 280 Abs 1 und 3, 281 Abs 1[171], so ist die besondere kaufrechtliche Verjährungsregelung des § 438 Abs 1 Nr 1 lit a generell nicht analog anwendbar[172]. Nach § 438 Abs 1 Nr 1 lit a verjährt beim Kauf einer Sache ein Schadensersatzanspruch des Käufers aus § 437 Nr 3 in **30 Jahren**, wenn „der Mangel in einem dinglichen Recht eines Dritten, aufgrund dessen Herausgabe der Kaufsache verlangt werden kann", zu sehen ist. Die Vergleichbarkeit der hier in Rede stehenden Fälle des **allgemeinen Leistungsstörungsrechts** mit diesem besonderen kaufrechtlichen Verjährungstatbestand ist insbes deshalb nicht gegeben, weil der Käufer sowohl bei anfänglicher Unmöglichkeit als auch bei Verzug mit erfolgloser Nachfristsetzung überhaupt keine Rechtsposition erwirbt[173]. Daher besteht aufseiten des Käufers des Rechts von vornherein auch nicht die Gefahr, dass ein Dritter ihm im Zusammenhang mit dem getätigten Kaufgeschäft **eine Rechtsposition entzieht**[174]. Die Verweisung des § 453 Abs 1 Satz 1 Alt 1 auf die §§ 433 ff erfasst zwar grundsätzlich auch die Verjährungsregelung des § 438. Es liegt aber kein Mangel iSd §§ 434, 435 iVm § 453 Abs 1 Satz 1 Alt 1 als Grundlage für eine direkte Geltung des § 438 vor. Zum anderen verbietet der gerade im Verjährungsrecht bedeutsame **Grundsatz der Rechtssicherheit** eine analoge Anwendung eines in § 438 besonders geregelten Verjährungstatbestands in einem Fall, in dem das **allgemeine Leistungsstörungsrecht** zur Anwendung gelangt.

II. Beschaffenheitsmängel iSd § 434 iVm § 453 Abs 1 Satz 1 Alt 1

81 1. **Inhaltsabweichung als Beschaffenheitsabweichung iSd §§ 453 Abs 1, 434 – Grundsätze.** Besteht das verkaufte Recht und ist der Verkäufer grundsätzlich auch in der Lage, es

170 Staud/Beckmann Rz 7 f; MünchKomm/Westermann Rz 10; BeckOK/Faust Rz 12; Stöber, Beschaffenheitsgarantien des Verkäufers, 2006, S 155 f; Haedicke, Rechtskauf und Rechtsmängelhaftung, 2003, S 152; Gothe, Verkäuferpflichten und Gewährleistung beim Forderungskauf, 2017, S 53 f.

171 Vgl zum konkreten Anwendungsbereich dieser Anspruchsgrundlagen in den genannten Fällen vorstehend Rz 68 ff.

172 Erman/Grunewald Rz 9; Gothe, Verkäuferpflichten und Gewährleistung beim Forderungskauf, 2017, S 75 ff; aA BeckOK/Faust Rz 12.

173 Vgl Gothe, Verkäuferpflichten und Gewährleistung beim Forderungskauf, 2017, S 75 ff.

174 Vgl Gothe, Verkäuferpflichten und Gewährleistung beim Forderungskauf, 2017, S 75 ff.

wirksam auf den Käufer zu übertragen, so liegt kein Fall der nach allgemeinem Leistungsstörungsrecht zu behandelnden **Nichterfüllung der Verschaffungspflicht** aus §§ 453 Abs 1 Satz 1 Alt 1, 433 Abs 1 Satz 1 vor, wenn das betreffende Recht in Wirklichkeit einen **anderen Umfang** oder aus einem anderen Grund einen anderen Inhalt hat als kaufvertraglich vereinbart. Der Ist-Zustand des Rechts entspricht hier nicht dem vom Verkäufer auf Grundlage des Kaufvertrags geschuldeten Soll-Zustands. Es fehlt daher die vereinbarte Beschaffenheit iSd § 434 Abs 2 Satz 1 Nr 1 mit der Folge, dass ein Beschaffenheitsmangel (Inhaltsmangel) vorliegt[175]. Dies ist bspw beim **Verkauf einer Forderung** unter der Voraussetzung gegeben, dass der **tatsächliche Nennbetrag** wegen einer zwischenzeitlich erfolgten Teilerfüllung oder von Anfang an mit dem im Kaufvertrag angegebenen Betrag (Soll-Zustand) nicht übereinstimmt[176]. Das Gleiche gilt in der Konstellation, in der zwar vereinbarter und tatsächlicher Nennbetrag der Forderung übereinstimmen, aber die im Kaufvertrag enthaltenen Angaben zur **Fälligkeit, Verzinsung** oder Existenz einer **akzessorischen Sicherheit** von der tatsächlichen Lage abweichen[177]. Praktische Bedeutung hat insoweit auch der **Verkauf eines Gesellschaftsanteils**, der in Wirklichkeit nicht die im Kaufvertrag vereinbarte nominale Beteiligung am Gesellschaftskapital verkörpert (zB tatsächliche Einlage in Höhe von 30.000 € bei kaufvertraglicher Vereinbarung in Höhe von 50.000 €) oder aus einem anderen Grund das vom Verkäufer angegebene Stimmrecht nicht deckt[178].

Weicht der Inhalt, insbes der Umfang, des verkauften Rechts vom **kaufvertraglichen Soll-Zustand** ab, so liegt aus den dargelegten Gründen ein Beschaffenheitsmangel (Inhaltsmangel) iSd § 434 und kein Rechtsmangel iSd § 453 Abs 1 Satz 1 Alt 1 iVm § 435 Satz 1 vor, obwohl es sich um einen „Mangel des gekauften Rechts“ handelt. Denn das betreffende Recht ist in den Fällen der Inhaltsabweichung nicht mit dem **Recht eines Dritten** behaftet, das dieser gegen den Käufer geltend machen kann. Das Recht ist hier vielmehr der Kaufgegenstand, der nach der vom Verkäufer gem § 398 oder § 413 iVm § 398 vorgenommenen Übertragung ausschließlich dem Käufer zusteht. Gegeben ist eine **negative Abweichung** des tatsächlichen Inhalts vom vereinbarten Inhalt des verkauften Rechts mit der Folge, dass eine entsprechende Anwendung des Sachmangeltatbestands des § 434 Abs 2 Satz 1 Nr 1 über § 453 Abs 1 Satz 1 Alt 1 zu bejahen ist[179]. Entscheidend für die entsprechende Anwendbarkeit der Mangeltatbestände des § 434 auf den Rechtskauf ist, dass auch ein Recht eine **Beschaffenheit** hat, und zwar im Sinne von „Inhalt“, mit der Folge, dass eine Abweichung des vertraglichen Soll-Inhalts vom Ist-Inhalt einen Mangel iSd § 434 begründet. Im Rahmen der von § 453 Abs 1 Satz 1 Alt 2 angeordneten entsprechenden Anwendung des unmittelbar nur für den Sachkauf geltenden Mangeltatbestands des § 434 darf der auf die Sache zugeschnittene Begriff „Beschaffenheit“ gerade nicht ausschließlich auf den **physischen Zustand** einer Sache iSd § 90 bezogen werden[180]. Im Rahmen der entsprechenden Anwendung des § 434 über § 453 Abs 1 Satz 1 Alt 1 kommen grundsätzlich alle **Tatbestände des § 434** in Betracht, soweit sie beim Rechtskauf eine Rolle spielen können[181]. 82

2. **Vereinbarte Beschaffenheit iSd § 434 Abs 2 Satz 1 Nr 1 und „sonstige Merkmale“ nach § 434 Abs 2 Satz 2.** Die hier vertretene Auffassung, nach der das Tatbestandsmerkmal 83

175 MünchKomm/Westermann Rz 14; BeckOGK/Wilhelmi Rz 61; Prütting/Wegen/Weinreich/Wagner Rz 7 ff; BeckOK/Faust Rz 10 (nicht eindeutig für den Fall des Vorliegens eines anderen Umfangs); Gothe, Verkäuferpflichten und Gewährleistung beim Forderungskauf, 2017, S 102 ff; Eidenmüller ZGS 2002, 290 f; aA Erman/Grunewald Rz 7 (Fall der Nichterfüllung).

176 NK/Büdenbender Rz 11; Stöber, Beschaffenheitsgarantien des Verkäufers, 2006, S 161; Gothe, Verkäuferpflichten und Gewährleistung beim Forderungskauf, 2017, S 105; Eidenmüller ZGS 2002, 290, 291; aA Erman/Grunewald Rz 7 (Nichterfüllung).

177 Vgl BeckOGK/Wilhelmi Rz 61; BeckOK/Faust Rz 10; Prütting/Wegen/Weinreich/Wagner Rz 7 ff; Stöber, Beschaffenheitsgarantien des Verkäufers, 2006, S 161; Gothe, Verkäuferpflichten und Gewährleistung beim Forderungskauf, 2017, S 105 ff; Eidenmüller ZGS 2002, 290, 291.

178 Vgl zu den Einzelheiten des Anteilskaufs Rz 191 ff.

179 Vgl dazu vorstehend Rz 81.

180 Vgl MünchKomm/Westermann Rz 14; BeckOGK/Wilhelmi Rz 58 ff; BeckOK/Faust Rz 10; Stöber, Beschaffenheitsgarantien des Verkäufers, 2006, S 159 ff; Haedicke, Rechtskauf und Rechtsmängelhaftung, 2003, S 209 ff; Gothe, Verkäuferpflichten und Gewährleistung beim Forderungskauf, 2017, S 102 ff; Eidenmüller ZGS 2002, 290 f; offenlassend BGH NJW 2019, 145 Rz 39. Der BGH ließ offen, ob sich beim Rechtskauf die Haftung des Verkäufers in Übereinstimmung mit der „wohl überwiegenden Auffassung im Schrifttum“ unter entsprechender Heranziehung des § 434 auch danach bestimmen kann, ob das Recht die vertraglich vereinbarte Beschaffenheit aufweist, sich für die vertraglich vereinbarte Verwendung eignet oder bei Eignung für die gewöhnliche Verwendung die übliche und zu erwartende Beschaffenheit aufweist. Im Fall des BGH kam es deshalb nicht darauf an, weil die vom Käufer des GmbH-Geschäftsanteils gerügten falschen Unternehmenszahlen in Jahresabschlüssen nur den wirtschaftlichen Wert der Anteile betrafen und deshalb auch nach dieser Auffassung kein Mangel vorliege. Denn der Verkäufer hafte nicht für die Bonität des verkauften Rechts (BGH NJW 2019, 145 Rz 42). Vgl zur fehlenden Haftung des Verkäufers für die Bonität des verkauften Rechts Rz 15 ff.

181 BeckOGK/Wilhelmi Rz 60; BeckOK/Faust Rz 10; Stöber, Beschaffenheitsgarantien des Verkäufers, 2006, S 162; Haedicke, Rechtskauf und Rechtsmängelhaftung, 2003, S 209 ff; Gothe, Verkäuferpflichten und Gewährleistung beim Forderungskauf, 2017, S 104 ff; Eidenmüller ZGS 2002, 290, 291.

„vereinbarte Beschaffenheit“ iSd § 434 Abs 2 Satz 1 Nr 1 im Rahmen der von § 453 Abs 1 Satz 1 Alt 1 angeordneten entsprechenden Anwendung auf den Kauf eines Rechts in der Weise auszulegen ist, dass eine negative Abweichung des tatsächlichen Inhalts vom vereinbarten Inhalt einen **Beschaffenheitsmangel (Inhaltsmangel)** darstellt[182], wird ab dem 1.1.2022 durch die Einfügung des § 434 Abs 2 Satz 2 bestätigt. Nach dieser Neuregelung gehören zur Beschaffenheit nach § 434 Abs 2 Satz 1 Nr 1 unter anderem „sonstige Merkmale der Sache“. Im Falle der entsprechenden Anwendung des § 434 über § 453 Abs 1 Satz 1 Alt 1 oder 2 werden also auch die **sonstigen Merkmale des betreffenden Rechts** erfasst. Inhalt und Umfang gehören ohne Zweifel zu den „Merkmalen“ des gekauften Rechts. Entscheidend für das Eingreifen des Mangeltatbestands des § 434 Abs 2 Satz 1 Nr 1 ist hier, ob im Zusammenhang mit dem Verkauf des Rechts von den Parteien eine **Beschreibung des Inhalts des Rechts** vorgenommen und damit eine Beschaffenheitsvereinbarung (Inhaltsvereinbarung) getroffen wurde[183]. Beim Verkauf einer Forderung gehören insbes der Nennbetrag, die Zinsen, das Bestehen einer akzessorischen Sicherheit und der Fälligkeitszeitpunkt zur Beschaffenheit dieses Kaufgegenstands[184].

84 3. **Fehlende Eignung für die nach dem Kaufvertrag vorausgesetzte Verwendung (§ 434 Abs 2 Satz 1 Nr 2)**. Soll das verkaufte Recht nach dem übereinstimmenden Parteiwillen einem **bestimmten Zweck** dienen, so wird diese nach dem Kaufvertrag vorausgesetzte Verwendung häufig schon Gegenstand einer Beschaffenheitsvereinbarung (Inhaltsvereinbarung) iSd § 434 Abs 2 Satz 1 Nr 1 sein. Praktische Bedeutung hat die Konstellation, in der das gekaufte Recht eine **Forderung** sichern soll. Enthält der Kaufvertrag insoweit **keine ausdrückliche Vereinbarung**, so kann bei Fehlen der Eignung des Rechts für den vom Käufer vorgesehenen Zweck gem § 434 Abs 2 Satz 1 Nr 2 iVm § 453 Abs 1 Satz 1 die nach dem Kaufvertrag vorausgesetzte Verwendung fehlen[185]. In den Fällen, in denen dies zu bejahen ist, wird zwar aufgrund der Umstände des Einzelfalls zumindest eine **konkludente Beschaffenheitsvereinbarung** zu bejahen sein. Die Bedeutung des Mangeltatbestands des § 434 Abs 2 Satz 1 Nr 2 ist aber insoweit gerade darin zu sehen, dass in einem Rechtsstreit vom Käufer das Vorliegen einer schlüssigen vertraglichen Vereinbarung nicht bewiesen werden muss. Ein solcher Nachweis kann vor allem dann mit Schwierigkeiten verbunden sein, wenn ein **schriftlicher Kaufvertrag** ohne Zweckvereinbarung geschlossen wurde und deshalb zu Lasten des Käufers grundsätzlich die **Vermutung der Vollständigkeit der Urkunde** eingreift. Der Käufer trägt aber gleichwohl die Darlegungs- und Beweislast dafür, dass beide Parteien von der Eignung für eine bestimmte Verwendung ausgegangen sind.

85 4. **Eignung für die gewöhnliche Verwendung und übliche Beschaffenheit (§ 434 Abs 3 Satz 1 Nr 1 bzw Nr 2) – Grundlagen**. – a) **Der Beschaffenheitsbegriff des § 434 Abs 3 und objektive Anforderungen – Grundlagen**. Nach der ab 1.1.2022 geltenden und gem § 453 Abs 1 Satz 1 Alt 1 beim Rechtskauf entsprechend anwendbaren Regelung des § 434 Abs 3 Satz 1 Nr 1 entspricht das gekaufte Recht, soweit nicht wirksam etwas anderes vereinbart wurde, den „objektiven Anforderungen“ iSd § 434 Abs 1, wenn es sich für die gewöhnliche Verwendung eignet. Der Fehlertatbestand des § 434 Abs 3 Satz 1 Nr 2 ist erfüllt, wenn das gekaufte Recht nicht eine Beschaffenheit aufweist, die bei Rechten derselben Art üblich ist und die der Käufer erwarten kann. In Bezug auf diese Erwartung des Käufers sind gem § 433 Abs 3 Satz 1 Nr 2 lit a die **Art der Sache**, also beim Rechtskauf die „Art des Rechts“, und nach lit b **öffentliche Äußerungen** zu berücksichtigen, die vom Verkäufer oder einem anderen Glied der Vertragskette oder in deren Auftrag, insbes im Rahmen einer Werbung, abgegeben wurden. Zur „üblichen Beschaffenheit“ iSd § 434 Abs 3 Satz 1 Nr 2 gehören gem Satz 2 auch „sonstige Merkmale“ des verkauften Rechts. Mit diesem Auffangtatbestand wird auch hier bestätigt, dass **Inhalt und Umfang des Rechts** zur Beschaffenheit, also zum Inhalt, dieses Kaufgegenstands gehören. Insoweit besteht also kein Unterschied zum Begriff der „vereinbarten Beschaffenheit“ iSd § 434 Abs 2 Satz 1 Nr 1, der ebenfalls „sonstige Merkmale“ des Rechts umfasst (§ 434 Abs 2 Satz 2)[186].

86 b) **Übliche Beschaffenheit des Rechts (§ 434 Abs 3 Satz 1 Nr 2)**. Bei Fehlen einer besonderen Beschaffenheitsvereinbarung (§ 434 Abs 2 Satz 1 Nr 1)[187] kann ein Beschaffenheitsmangel (Inhaltsmangel) des verkauften Rechts insbes darauf beruhen, dass es nicht – wie von § 453 Abs 1 Satz 1 Alt 1 iVm § 434 Abs 3 Satz 2 Nr 2 gefordert – einen Inhalt aufweist, der bei **Rechten derselben Art** üblich ist und den der Käufer erwarten kann[188]. IdR wird beim Kauf eines

182 Vgl oben Rz 81 f.
183 BeckOK/Faust Rz 10; MünchKomm/Westermann Rz 14; BeckOGK/Wilhelmi Rz 60; Gothe, Verkäuferpflichten und Gewährleistung beim Forderungskauf, 2017, S 118 ff.
184 Vgl dazu oben Rz 81.
185 BeckOGK/Wilhelmi Rz 62.
186 Vgl dazu oben Rz 83.
187 Vgl dazu oben Rz 83.
188 Vgl BeckOK/Faust Rz 10; BeckOGK/Wilhelmi Rz 62; Gothe, Verkäuferpflichten und Gewährleistung beim Forderungskauf, 2017, S 123 f; Eidenmüller ZGS 2002, 290, 291.

Rechts – vor allem beim Forderungskauf – zumindest dessen **Art und der Umfang** besonders vereinbart; beim Forderungskauf also die Art der Forderung und der Betrag. Denn ansonsten ist schon fraglich, ob überhaupt eine Einigung der Kaufvertragsparteien über die *essentialia negotii* als Voraussetzung für einen **wirksamen Vertragsschluss** gegeben ist. Die weiteren Inhaltsmerkmale des Rechts lassen sich dann, sofern sie nicht besonders vereinbart sind, aus dem Gesetz, ungeschriebenen allgemeinen Grundsätzen oder den Umständen des konkreten Kaufgeschäfts ableiten.

Sind hinsichtlich des verkauften Rechts vom Verkäufer darauf bezogene Dokumente dem Käufer vorgelegt worden, aus denen sich weitere Inhaltsmerkmale des Rechts ergeben (zB der Darlehensvertrag beim Verkauf einer Darlehensforderung oder der Gesellschaftsvertrag beim Verkauf eines Gesellschaftsanteils), so ist regelmäßig zumindest von einer **konkludenten Bezugnahme des Kaufvertrags** auf derartige Unterlagen auszugehen. Es liegt dann eine Beschaffenheitsvereinbarung (Inhaltsvereinbarung) vor. Wenn beim Forderungskauf dem Käufer keine derartigen Unterlagen vorgelegt werden, aus denen sich **Fälligkeit und Zinsen** ergeben, dann sind in Bezug auf diese Merkmale der Forderung **die dispositiven gesetzlichen Regelungen** als üblicher Inhalt iSd § 434 Abs 3 Satz 1 Nr 2 maßgebend[189]. Ein Mangel des verkauften Rechts liegt demzufolge nach dieser Vorschrift in dem Fall vor, in dem bei Begründung des Recht die an diesem Rechtsgeschäft beteiligten Parteien die **Abbedingung von einschlägigen dispositiven gesetzlichen Bestimmungen** vereinbaren und dies beim späteren Verkauf weder in den Kaufvertrag aufgenommen wird noch dem Käufer bekannt ist. Es fehlt auch hier dem Recht der übliche Inhalt iSd § 434 Abs 3 Satz 1 Nr 2. 87

5. **Eignung zur gewöhnlichen Verwendung (§ 434 Abs 3 Satz 1 Nr 1) – Verhältnis zu § 434 Abs 3 Satz 1 Nr 2.** In vielen Fällen, in denen das verkaufte Recht nicht den **üblichen Inhalt** hat, fehlt letztlich auch die Eignung zur gewöhnlichen Verwendung. Das ist beim Rechtskauf ebenso typisch wie beim Kauf einer Sache. Es sind dann beide Mangeltatbestände des § 434 Abs 3 Satz 1 erfüllt. In Bezug auf die eintretenden Rechtsfolgen ist dies unschädlich. Auch im Übrigen besteht insoweit kein Konkurrenzverhältnis mit der Notwendigkeit einer Entscheidung über den Vorrang einer Variante. Möglich ist allerdings sowohl beim Rechtskauf als auch beim Sachkauf die Konstellation, dass trotz Fehlens der üblichen Beschaffenheit des Kaufgegenstands die Eignung zur gewöhnlichen Verwendung noch gegeben ist. Hier ist nur der Tatbestand des § 434 Abs 3 Satz 1 Nr 2 einschlägig. Es ist aber auch denkbar, dass der übliche Inhalt (Beschaffenheit) des verkauften Rechts zu bejahen ist, aber die Eignung zur gewöhnlichen Verwendung fehlt. Da aus dem Vorliegen der üblichen Beschaffenheit des Rechts regelmäßig die Eignung zur gewöhnlichen Verwendung folgt, handelt es sich insoweit um einen **Ausnahmefall**. Größere praktische Bedeutung hat der Fall, in dem zwar die übliche Beschaffenheit iSd § 434 Abs 3 Satz 1 Nr 2 zu bejahen ist, aber das Recht sich nicht für die nach dem Kaufvertrag vorausgesetzte Verwendung iSd § 434 Abs 2 Satz 1 Nr 2 eignet. 88

6. **Einzelfälle des Fehlens der üblichen Beschaffenheit des Rechts (§ 434 Abs 3 Satz 1 Nr 2).** – a) **Abweichung vom üblichen Inhalt und Umfang unter Berücksichtigung der Art des Rechts (§ 434 Abs 3 Satz 1 Nr 2 lit a).** Hat das verkaufte Recht seiner Art nach einen bestimmten Inhalt und Umfang, so fehlt die übliche Beschaffenheit iSd § 434 Abs 3 Satz 1 Nr 2 lit a iVm § 453 Abs 1 Satz 1 Alt 1, wenn dieser Inhalt oder/und Umfang im konkreten Fall nicht vorliegt und diese negative Abweichung nicht kaufvertraglich vereinbart ist. Beim **Kauf eines Gesellschaftsanteils** kann diese Situation eintreten, wenn sich das **Stimmrecht** oder/und die **Gewinnbeteiligung** auf Grundlage des dispositiven Gesetzesrechts nach der vom betreffenden Gesellschafter **übernommenen Einlage** richtet und im Kaufvertrag zwar die Höhe der Einlage korrekt angegeben, aber nicht auf eine vom Gesetz zum Nachteil des Inhabers des Gesellschaftsanteils abweichende gesellschaftsvertragliche Vereinbarung hingewiesen ist. 89

Beim Kauf eines **Patents oder eines Gebrauchsmusters** gehört die **technische Brauchbarkeit** zum üblichen Inhalt dieses gewerblichen Schutzrechts mit der Folge, dass ein Beschaffenheitsmangel iSd § 434 Abs 3 Satz 1 Nr 2 zu bejahen ist[190]. In vielen Fällen wird zwar die Verwendung und Brauchbarkeit des betreffenden Schutzrechts im Kaufvertrag im Rahmen einer Beschaffenheitsvereinbarung besonders festgehalten sein. Der übliche Inhalt fehlt aber, wenn der Kaufvertrag nur die amtliche Bezeichnung des registrierten Schutzrechts enthält. Kommen in 90

189 BeckOGK/Wilhelmi Rz 62 (zur Fälligkeit nach § 271).

190 Vgl BeckOGK/Wilhelmi Rz 62 (zum Patent). Im Fall BGH GRUR 1965, 298, 301 wird beim Lizenzvertrag über ein Gebrauchsmuster bezüglich eines „Reaktions-Messgeräts“ die analoge Anwendung der Sachmängelvorschriften der § 459 aF, § 462 aF offengelassen, weil nach Auffassung des BGH die Feststellungen des Berufungsgerichts zum Fehlen einer technischen Brauchbarkeit in Form einer Eignung zur Serienfertigung nicht zutreffend waren.

Bezug auf den konkreten Inhalt des verkauften Rechts **mehrere Varianten** in Betracht, so kann – wie beim Kauf einer Sache – im Rahmen der Auslegung des Kaufvertrags insbes der **Höhe des vereinbarten Kaufpreises** eine entscheidende Bedeutung zukommen.

91 b) **Einfluss von öffentlichen Äußerungen iSd § 434 Abs 3 Satz 1 Nr 2 lit b auf den üblichen Inhalt.** Nach § 453 Abs 1 Satz 1 Alt 1 iVm § 434 Abs 3 Satz 1 Nr 2 lit b sind bei der Bestimmung des üblichen Inhalts des gekauften Rechts auch öffentliche Äußerungen zu berücksichtigen, die vom **Verkäufer oder einem anderen Glied der Vertragskette** oder in deren Auftrag abgegeben wurden. Öffentliche Äußerungen können nicht nur beim Sachkauf, sondern auch beim Rechtskauf für die übliche Beschaffenheit (Inhalt) als Anknüpfungspunkt für die Mängelgewährleistung nach §§ 434, 437 Nr 1 entscheidend sein[191]. Praktische Bedeutung haben insoweit vor allem die beim Vertrieb von Vermögensbeteiligungen und sonstigen **Anlageprodukten des Finanzmarktes** vom Emittenten oder Vertriebsunternehmen zum Zwecke der Absatzförderung getätigten öffentlichen Werbeaussagen in **Prospekten** und sonstigen öffentlichen Dokumenten, die der **Information der potentiellen Käufer** dienen[192]. Eine Abweichung des tatsächlichen Inhalts des Rechts von dem nach den öffentlichen Äußerungen zu erwartenden Inhalts führt allerdings nach der Ausnahmeregelung des § 434 Abs 3 Satz 1 Halbsatz 1 dann nicht zu einem Beschaffenheitsmangel (Inhaltsmangel), wenn die Kaufvertragsparteien wirksam etwas anderes vereinbart haben.

92 c) **Das Bestehen einer Anfechtungsbefugnis.** Ist das auf Begründung des verkauften Rechts gerichtete Rechtsgeschäft in der Weise gem **§§ 119, 123 anfechtbar**, dass eine wirksame Anfechtungserklärung des dazu berechtigten Dritten das betreffende Recht mit **Wirkung ex tunc** vernichtet, so ist zwar, wenn die Anfechtung erfolgt, aufgrund der Rückwirkung dieses Gestaltungsrechts ein von Anfang an nicht bestehendes Recht verkauft worden. Gleichwohl führt dieser Fall des Verkaufs eines später kraft Anfechtung nichtig gewordenen Rechts zu anderen Rechtsfolgen als der Verkauf eines ohnehin von Anfang an nicht existenten Rechts[193]. Denn die Besonderheit des Verkaufs eines mit einer Anfechtungsbefugnis belasteten Rechts besteht darin, dass auch dann, wenn der Forderungsschuldner als Dritter seine Anfechtungsmöglichkeit erkennt, die Ausübung aufgrund der **Umstände des Einzelfalls** unterbleiben kann[194]. Der Dritte ist als Anfechtungsberechtigter nicht gehalten, dieses Recht ausüben. Für ihn kann die Aufrechterhaltung des auf die Begründung des Rechts gerichteten Rechtsgeschäfts günstiger sein als die Erklärung der Anfechtung. Zudem haben sowohl der Verkäufer als auch der Käufer die Möglichkeit, mit dem Dritten eine **Vereinbarung über die Nichtausübung des Anfechtungsrechts** zu treffen. Aus diesen Gründen stellt das bloße Bestehen eines Anfechtungsgrundes zum Zeitpunkt des Abschlusses des Kaufvertrags über das betreffende Recht keine Nichterfüllung im Sinne des **allgemeinen Leistungsstörungsrechts** dar. Eine später erfolgende Erklärung der Anfechtung des der Begründung des verkauften Rechts zugrundeliegenden Rechtsgeschäfts ändert daran nichts[195].

93 Eine zum Zeitpunkt der Abtretung bestehende Anfechtungsbefugnis des Dritten aus §§ 119, 123 führt vielmehr zu einer **negativen Abweichung des tatsächlichen Inhalts** vom üblichen Inhalt des verkauften Rechts und damit zu einem Beschaffenheitsmangel (Inhaltsmangel) iSd § 453 Abs 1 Satz 1 Alt 1 iVm § 434 Abs 3 Satz 1 Nr 2[196]. Die Belastung des Rechts mit der Anfechtungsbefugnis eines Dritten ist ein **negatives „sonstiges Merkmal"** iSd § 434 Abs 3 Satz 2. Der Käufer kann daher nach § 437 Nr 1 eine Nacherfüllung in Form der Nachbesserung verlangen, die darauf gerichtet ist, dass der Verkäufer mit dem anfechtungsberechtigten Dritten eine Vereinbarung über den **Verzicht auf die Anfechtungsbefugnis** erzielt. Erklärt der Dritte nach der Abtretung des verkauften Rechts wirksam die Anfechtung, bevor der Käufer Kenntnis vom Anfechtungsgrund erlangt hat und seinen Nacherfüllungsanspruch gegen den Verkäufer geltend machen konnte, so richtet sich der Nacherfüllungsanspruch grundsätzlich auf die **Wiederherstellung des betreffenden Rechts** durch Neuvornahme des zugrundeliegenden Rechtsgeschäfts. Im Falle der Erklärung der Anfechtung nach Abschluss des Kaufvertrags und vor Abtretung des Rechts liegt kein Beschaffenheitsmangel (Inhaltsmangel), sondern eine nachträgliche Unmöglichkeit mit der Folge der Schadensersatzhaftung des Verkäufers nach §§ 280 Abs 1 und 3, 283 vor, sofern er sich nicht nach § 280 Abs 1 Satz 2 exkulpieren kann.

191 BeckOK/Faust Rz 10; BeckOGK/Wilhelmi Rz 62; Eidenmüller ZGS 2002, 290, 291.
192 Vgl BeckOGK/Wilhelmi Rz 62.
193 Vgl zum Vorliegen einer anfänglichen Unmöglichkeit beim Verkauf eines von Anfang an bestehenden Rechts oben Rz 68 ff.
194 Vgl dazu oben Rz 73 f.
195 Vgl dazu oben Rz 73.
196 Gothe, Verkäuferpflichten und Gewährleistung beim Forderungskauf, 2017, S 95 ff (zu § 434 Abs 2 Satz 2 Nr 2 aF).

d) **Das Bestehen einer Aufrechnungsbefugnis.** Wird eine Forderung verkauft, die mit einer **Aufrechnungsbefugnis des Forderungsschuldners** nach § 387 belastet ist, so liegt ebenfalls ein Beschaffenheitsmangel (Inhaltsmangel) iSd § 453 Abs 1 Satz 1 Alt 1 iVm § 434 Abs 3 Satz 1 Nr 2 vor[197]. Die Abtretung der Forderung an den Käufer durch den Verkäufer ändert gem **§ 406** nichts an der Aufrechnungsbefugnis des Forderungsschuldners (Dritten). Im Rahmen der **Nacherfüllung nach § 437 Nr 1** kann der Forderungskäufer vom Verkäufer die Beseitigung der Aufrechnungsbefugnis des Forderungsschuldners verlangen. Den Wegfall dieser Befugnis kann der Forderungsverkäufer insbes dadurch erreichen, dass er die **aufrechenbare Gegenforderung** des Forderungsschuldners (Dritten) gem § 362 Abs 1 erfüllt und damit die Aufrechnungslage beseitigt. Wenn dem Verkäufer zusätzlich zur verkauften Forderung eine weitere Forderung in zumindest gleicher Höhe gegen den aufrechnungsbefugten Forderungsschuldner zusteht, dann kann der Verkäufer zum Zwecke einer ausreichenden Nacherfüllung mit dieser Forderung gegen die **offene Forderung des Forderungsschuldners** aufrechnen. Das Vorliegen eines Beschaffenheitsmangels iSd § 453 Abs 1 Satz 1 iVm § 434 Abs 3 Satz 1 Nr 2 in Gestalt einer zum Zeitpunkt des Abschlusses des Kaufvertrags bestehenden Aufrechnungsbefugnis des Dritten entfällt – ebenso wie im Falle der Anfechtung[198] – nicht dadurch, dass die Aufrechnung vom Dritten nach dem Forderungserwerb durch den Käufer erklärt wird. Der Nacherfüllungsanspruch des Käufers aus § 437 Nr 1 kann hier auf **Neubegründung der Forderung** gerichtet sein. 94

Besteht das Interesse des Forderungskäufers ausschließlich darin, einen **bestimmten Geldbetrag** im Wege der Geltendmachung der Forderung gegen den Schuldner zum Zeitpunkt der Fälligkeit zu erlangen, so kann im Falle des Untergangs der gekauften Forderung nach § 389 durch eine vom Schuldner gem §§ 387, 406 erklärte Aufrechnung eine **hinreichende Nacherfüllung** auch darin bestehen, dass der Verkäufer den **Nennbetrag** der verkauften Forderung an den Käufer zahlt. Ist die Forderung bereits zum Zeitpunkt des Abschlusses des Kaufvertrags durch Aufrechnung gem §§ 389, 387 erloschen, so handelt es sich um eine **anfängliche Unmöglichkeit** im Sinne des allgemeinen Leistungsstörungsrechts mit der Folge der Haftung des Verkäufers nach **§ 311a Abs 2**[199]. In dem Fall, in dem die Aufrechnung im Zeitraum zwischen Abschluss des Kaufvertrags und Abtretung erfolgt, handelt es sich um eine **nachträgliche Unmöglichkeit iSd §§ 280 Abs 1 und 3, 283**, sofern die Forderung nicht durch Vertrag mit dem Dritten wiederhergestellt werden kann. Bei Bestehen einer Wiederherstellungsmöglichkeit kann der Käufer dem Verkäufer eine Frist nach §§ 281 Abs 1, 323 Abs 1 setzen. 95

e) **Dilatorische Einreden und Verjährungseinrede als Sonderfall.** Bei Bestehen einer **peremptorischen (dauernden) Einrede** liegt ein nach allgemeinem Leistungsstörungsrecht zu behandelnder Fall der **anfänglichen Unmöglichkeit** vor, dh, der Verkäufer haftet nach **§ 311a Abs 2**[200]. Der Verkauf eines mit einer dilatorische (vorübergehenden) Einrede belasteten Rechts ist nicht mit dem Verkauf eines nicht existenten Rechts vergleichbar, weil das Recht hier besteht und auch die **Verfügungsbefugnis des Verkäufers** als Forderungsinhaber nicht beeinträchtigt ist[201]. Eine Nichterfüllungshaftung nach allgemeinem Leistungsstörungsrecht (§ 311a Abs 2) kommt daher hier nicht in Betracht[202]. Das Bestehen einer dilatorischen Einrede stellt vielmehr eine Abweichung des Ist-Zustands vom Soll-Zustand des verkauften Rechts und damit einen Beschaffenheitsmangel (Inhaltsmangel) iSd § 453 Abs 1 Satz 1 Alt 1 iVm § 434 Abs 3 Satz 1 Nr 2 dar. Diese Einrede ist als **sonstiges Beschaffenheitsmerkmal (Inhaltsmerkmal)** iSd § 434 Abs 3 Satz 1 Nr 2 iVm Satz 2 anzusehen[203]. Der Verkäufer ist daher grundsätzlich im Rahmen der Nacherfüllung gem §§ 437 Nr 1, 439 Abs 1 verpflichtet, die betreffende dilatorische Einrede zu beseitigen. Klassischer Fall des Eingreifens einer dilatorischen Einrede ist das **Zurückbehaltungsrecht nach § 273 Abs 1**. Einen solchen Beschaffenheitsmangel (Inhaltsmangel) kann der Verkäufer entweder durch Bewirkung der ihm gegenüber dem Dritten obliegenden Leistung oder gem § 273 Abs 3 auch durch **Leistung einer Sicherheit** beseitigen[204]. Die vom Schuldner gem § 214 Abs 1 erhobene Verjährungseinrede ist zwar keine dilatorische, sondern eine peremptorische (dauernde) Einrede[205]. Da der Schuldner aber nicht gehalten ist, sich gegenüber dem Gläubiger auf die **Verjährung** zu berufen, stellt die zum Zeitpunkt des Abschlusses des Kaufvertrags bestehende, aber noch nicht erhobene Verjährungseinrede **keinen Fall der Nichterfüllung** dar. Diese Einrede ist vielmehr im Ergebnis so zu behandeln wie eine dilatorische (vorüber- 96

197 Gothe Verkäuferpflichten und Gewährleistung beim Forderungskauf, 2017, S 59 ff.
198 Vgl dazu oben 92 f.
199 Vgl dazu oben Rz 68 ff.
200 Vgl dazu oben Rz 68 ff.
201 Vgl oben Rz 70 f.
202 Vgl oben Rz 70 f.
203 So iE Gothe, Verkäuferpflichten und Gewährleistung beim Forderungskauf, 2017, S 106 (zu § 434 aF: Existenz rechtshemmender Einreden sei beim Forderungskauf der Beschaffenheit der Forderung zuzurechnen).
204 Gothe, Verkäuferpflichten und Gewährleistung beim Forderungskauf, 2017, S 141 f.
205 Vgl dazu oben Rz 72.

gehende) Einrede[206]. Die Rechtfertigung dafür ist darin zu sehen, dass die verjährte Forderung nicht nur als verfügbares Recht in vollem Umfang existiert, sondern auch uneingeschränkt durchsetzbar ist, sofern der Forderungsschuldner die Einrede nach § 214 Abs 1 nicht erhebt[207].

97 Die Berechtigung des Dritten (Forderungsschuldner) zur Erhebung der Verjährungseinrede und das deswegen bestehende Risiko der Nichtdurchsetzbarkeit der gekauften Forderung durch den Käufer ist als negatives **sonstiges Beschaffenheitsmerkmal** des verkauften Rechts und damit als Beschaffenheitsmangel (Inhaltsmangel) iSd §§ 453 Abs 1 Satz 1 Alt 1, 434 Abs 3 Satz 1 Nr 2 iVm Satz 2 einzuordnen[208]. Der Ist-Zustand des Rechts weicht hier von dem bei Rechten derselben Art üblichen Soll-Zustand ab. Dass die Mängelgewährleistung nach §§ 453, 434 beim Kauf einer verjährten Forderung der richtige Rechtsbehelf ist, wird dadurch bestätigt, dass der Verkäufer grundsätzlich in der Lage ist, im Rahmen der Nacherfüllung gem §§ 437 Nr 1, 439 Abs 1 den Dritten als Forderungsschuldner zum Verzicht auf die Einrede der Verjährung zu bewegen. Da die Einrede der Verjährung **kein Gestaltungsrecht** darstellt, kann eine derartige Verzichtsvereinbarung auch mit der Rücknahme einer bereits gegenüber dem alten oder neuen Gläubiger (Verkäufer bzw Käufer) geltend gemachten Verjährung verbunden werden.

98 7. **Die Zuwenig-Lieferung (Minderlieferung) nach § 434 Abs 2 Satz 2 und Abs 3 Satz 2.** Nach dem bis zum 31.12.2021 geltenden **§ 434 Abs 3 aF** stand es einem Sachmangel gleich, wenn der Verkäufer eine andere Sache (Alt 1) oder eine zu geringe Menge (Alt 2) lieferte. § 434 Abs 5 nF (§ 434 Abs 3 Alt 1 aF) stellt dem Sachmangel nur noch die **Aliud-Lieferung**[209], also die Lieferung einer anderen Sache, gleich. Der Fall der Zuwenig-Lieferung wurde also bei der Neuregelung dieses besonderen Tatbestands des § 434 nicht übernommen. Die Abweichung der gelieferten von der vom Verkäufer geschuldeten Menge ist aber gleichwohl auch in der Neufassung des § 434 besonders geregelt. Denn nach § 434 Abs 2 Satz 2 gehört unter anderem die **vereinbarte „Menge"** zur vereinbarten Beschaffenheit iSd § 434 Abs 2 Satz 1 Nr 1. Entsprechendes gilt – bei Fehlen einer Beschaffenheitsvereinbarung – für den Sachmangeltatbestand der negativen Abweichung von der **üblichen Beschaffenheit** (§ 434 Abs 3 Satz 1 Nr 2). Insoweit regelt § 434 Abs 3 Satz 2, dass zur üblichen Beschaffenheit im Sinne dieses, die **objektiven Anforderungen** betreffenden Mangeltatbestands ebenfalls unter anderem die **„Menge"** gehört. Ist – wie im Regelfall – die vom Verkäufer zu liefernde Menge kaufvertraglich vereinbart, so liegt im Falle einer **Minderlieferung** bereits ein Beschaffenheitsmangel nach § 434 Abs 2 Satz 1 Nr 1 und Satz 2 vor, da von der vorliegenden Beschaffenheitsvereinbarung abgewichen wird.

99 Beim Kauf eines Rechts finden gem § 453 Abs 1 Satz 1 Alt 1 auch die Beschaffenheitsdefinitionen des § 434 Abs 2 Satz 2 und Abs 3 Satz 2 entsprechende Anwendung, so dass eine Abweichung von der vereinbarten oder üblichen „Menge" grundsätzlich einen Beschaffenheitsmangel (Inhaltsmangel) begründet. Eine derartige Minderlieferung im Sinne dieser Regelungen ist beim Kauf eines Rechts bspw dann gegeben, wenn ein bestimmtes **Aktienpaket** verkauft, aber dann nur ein Teil davon auf den Käufer in der Erfüllung der Lieferpflicht aus § 433 Abs 1 Satz 1 übertragen wird. Handelt es sich um einen **Forderungskauf**, so geht es in Bezug auf den Tatbestand der Minderlieferung vor allem um den Fall, in dem ein **Bündel von Forderungen**, also eine Forderungsmehrheit, verkauft und dann nicht vollständig nach § 398 an den Käufer abgetreten wird[210]. Große praktische Bedeutung hat insoweit das **echte Factoring**. Hier verkauft der Unternehmer zum Zwecke der **sofortigen Steigerung der Liquidität** seine Forderungen aus **Warenlieferungen oder Dienstleistungen** vor Fälligkeit an ein Finanzierungsinstitut (Factor), das den Kaufpreis unmittelbar überweist. Bei der Bemessung des Kaufpreises für eine Forderung wird das vom Käufer übernommene **Delkredererisiko (Ausfallrisiko)** und der von ihm zu tragende Arbeitsaufwand für den Einzug der Forderungen (Debitorenmanagement) im Wege des Abzugs einer **Factoringgebühr** vom Nennwert (Brutto-Rechnungsbetrag) berücksichtigt.

100 Werden beim Kauf einer bestimmten Mehrheit von Forderungen vom Verkäufer nicht alle Forderungen an den Käufer abgetreten, so liegt eine Zuwenig-Lieferung nach § 453 Abs 1 Satz 1 Alt 1 iVm § 434 Abs 2 Satz 1 Nr 1 und Satz 2 vor. Das Gleiche gilt, wenn die vom Verkäufer vorgenommene Abtretung sich zwar auf die gesamte verkaufte Forderungsmehrheit bezieht, aber einige der vermeintlich **abgetretenen Forderungen nicht bestehen**, so dass die Übertragung auf den Käufer insoweit ins Leere geht[211]. Es handelt sich auch hier um einen **Beschaffen-**

206 Vgl oben Rz 72.
207 Gothe, Verkäuferpflichten und Gewährleistung beim Forderungskauf, 2017, S 75.
208 So Gothe, Verkäuferpflichten und Gewährleistung beim Forderungskauf, 2017, S 106 f (Existenz von Verjährungseinrede oder sonstigen Gegenrechten beim Forderungskauf).
209 Vgl dazu nachfolgend Rz 102.
210 Gothe, Verkäuferpflichten und Gewährleistung beim Forderungskauf, 2017, S 125 f.
211 Gothe, Verkäuferpflichten und Gewährleistung beim Forderungskauf, 2017, S 125 f.

heitsmangel (Inhaltsmangel) und nicht um eine **partielle anfängliche Unmöglichkeit** mit der Folge der Haftung des Forderungsverkäufers nach § 311a Abs 2. Eine Minderlieferung iSd § 453 Abs 1 Satz 1 Alt 1 iVm § 434 Abs 2 Satz 1 Nr 1 und Satz 2 liegt auch in der Konstellation vor, in der eine teilbare Forderung – also insbes eine Geldforderung – verkauft und dann nur in **Höhe eines Teilbetrags** gem § 398 an den Käufer abgetreten wird.

Der die „objektiven Anforderungen" des Kaufgegenstands betreffende Mangeltatbestand des § 434 Abs 3 Satz 1 Nr 2 iVm Satz 2 ist im Falle des Kaufs einer Mehrheit von Rechten gegeben, wenn die „Menge" (Anzahl) zwar nicht im Kaufvertrag exakt bestimmt ist, aber aufgrund der von den Kaufvertragsparteien gewählten Bezeichnung des Rechts unter Berücksichtigung der Verkehrsanschauung die Übertragung einer **bestimmten Menge (Anzahl) üblich** ist und die vom Verkäufer vorgenommene Übertragung dahinter zurückbleibt. In vielen Fällen wird sich allerdings die konkret zu übertragende Menge (Anzahl) schon im Rahmen der **Auslegung** der von den Kaufvertragsparteien gewählten kaufvertraglichen Bezeichnung des Kaufgegenstands ergeben, so dass eine **konkludente Beschaffenheitsvereinbarung** zu bejahen ist. 101

8. **Aliud-Lieferung nach § 434 Abs 5 iVm § 453 Abs 1 Satz 1 Alt 1.** Nach § 434 Abs 5 steht es einem Sachmangel gleich, wenn der Verkäufer eine **andere Sache als die vertraglich geschuldete Sache** liefert. Auch dieser Mangeltatbestand des § 434 ist beim Rechtskauf grundsätzlich über die Verweisungsnorm des § 453 Abs 1 Satz 1 Alt 1 anwendbar. Das gilt sowohl für den Forderungskauf als auch den Kauf von sonstigen Rechten. Ein Mangel des verkauften Rechts nach § 434 Abs 5 liegt vor, wenn ein anderes Recht als das vertraglich geschuldete Recht nach § 398 oder § 413 iVm § 398 auf den Käufer übertragen wird. Wenn bspw Aktien der A-AG verkauft werden und dann Aktien der B-AG **Gegenstand des Übertragungsgeschäfts** sind, dann liegt keine nach allgemeinem Leistungsstörungsrecht zu **behandelnde Nichterfüllung der Lieferpflicht** des Verkäufers aus § 433 Abs 1 Satz 1, sondern eine Aliud-Lieferung iSd §§ 453 Abs 1 Satz 1 Alt 1, 434 Abs 5 vor[212]. Die entsprechende Anwendung des § 434 Abs 5 ist auch in der Konstellation zu bejahen, in der beim Verkauf einer Forderung, die in einem **Inhaber- oder Orderpapier verbrieft** ist, zum Zwecke der Erfüllung des geschlossenen Kaufvertrags ein **falsches Papier**, das eine andere Forderung verbrieft, an den Käufer übereignet wird[213]. 102

9. **Maßgeblicher Zeitpunkt für Freiheit des verkauften Rechts von Sach- und Rechtsmängeln.** Nach § 434 Abs 1 ist die verkaufte Sache frei von Sachmängeln, wenn sie **bei Gefahrübergang** den subjektiven Anforderungen, den objektiven Anforderungen und den Montageanforderungen dieser Vorschrift entspricht. Für den Gefahrübergang kommt es insoweit auf den **Übergang der Preisgefahr** nach § 446 oder § 447 Abs 1, also auf den Übergang des Risikos des zufälligen Untergangs und der zufälligen Verschlechterung auf den Käufer an. Bei der **Hol- und Bringschuld** erfolgt der Gefahrübergang unabhängig vom Zeitpunkt des Eigentumserwerbs mit der **Übergabe**, weil der Käufer ab diesem Zeitpunkt die Sachherrschaft innehat und gebotene Vorkehrungen zum Schutz der Sache treffen kann[214]. Im Falle des **Versendungskaufs** genügt gem § 447 Abs 1 für den Übergang der Gefahr auf den Käufer die Aushändigung der Ware an den Beförderer. Die Rechtfertigung dafür ist darin zu sehen, dass der Verkäufer – bei Fehlen einer kaufvertraglichen Vereinbarung über die Versendung und einer darauf bezogenen Verkehrssitte – grundsätzlich nicht den **Transport der Kaufsache** zum Käufer, sondern nur deren Bereitstellung zur Abholung schuldet (Holschuld)[215]. Die Holschuld ist also beim Kauf die **dispositive Regelschuld.** Bei der **Rechtsmängelhaftung** des Verkäufers einer Sache nach § 435 ist dagegen grundsätzlich der Zeitpunkt des **Vollzugs des Eigentumserwerbs** der maßgebliche Zeitpunkt[216]. Denn nach § 433 Abs 1 Satz 2 muss der Verkäufer die Sache dem Käufer frei von Sach- und Rechtsmängeln verschaffen. Die Verschaffungspflicht bezieht sich gem § 433 Abs 1 Satz 1 auch auf den Eigentumserwerb. Die §§ 446, 447 iVm § 434 Abs 1 statuieren aus dem dargelegten Grund eine Vorverlagerung des für die Sachmängelhaftung des Verkäufers maßgeblichen Zeitpunkts. 103

Im Rahmen der von § 453 Abs 1 Satz 1 Alt 1 für den Kauf eines Rechts angeordneten entsprechenden Anwendung der §§ 433 ff sind die Gefahrtragungsregeln der §§ 446, 447 nur dann einschlägig, wenn es gem § 453 Abs 3 um den Erwerb eines Rechts geht, das zum **Besitz einer Sache** berechtigt, die eine Abweichung der Ist-Beschaffenheit von der Soll-Beschaffenheit iSd § 434 aufweist[217]. Der Zeitpunkt des Gefahrübergangs ist aber hier nur für Sachmängel der 104

212 Vgl BeckOGK/Wilhelmi Rz 62; einschränkend Gothe, Verkäuferpflichten und Gewährleistung beim Forderungskauf, 2017, S 124 f.

213 Gothe, Verkäuferpflichten und Gewährleistung beim Forderungskauf, 2017, S 124.

214 Vgl dazu § 446 Rz 12, Rz 17.

215 Vgl dazu § 447 Rz 7 ff.

216 Vgl RGZ 111, 86, 89; RGZ 120, 292, 295; RG HRR 1929 Nr 293; BGHZ 113, 106, 113.

217 BeckOGK/Wilhelmi Rz 54; vgl zu den Einzelheiten unten Rz 250 ff.

Sache einschlägig, auf die sich das verkaufte Recht bezieht, nicht aber für das Recht als Kaufgegenstand[218]. Beim Rechtskauf iSd § 453 Abs 1 Satz 1 Alt 1 ist grundsätzlich der Zeitpunkt des **Erwerbs des Rechts** durch den Käufer sowohl für die Rechtsmängelhaftung nach § 435 als auch für die Gewährleistung wegen eines Beschaffenheitsmangels (Inhaltsmangels) nach § 434 der maßgebliche Zeitpunkt[219]. Dies folgt auch hier aus dem gem § 453 Abs 1 Satz 1 Alt 1 entsprechend anwendbaren § 433 Abs 1 Satz 2, nach dem der Verkäufer das verkaufte Recht dem Käufer frei von Sach- und Rechtsmängeln verschaffen muss. Diese Verschaffungspflicht des Verkäufers ist erst mit dem **Vollzug des Rechtserwerbs** erfüllt. Daher kommt es sowohl beim Forderungskauf als auch beim Kauf eines sonstigen Rechts für die Mängelhaftung des Verkäufers nach §§ 434, 435 auf das Vorliegen eines **wirksamen Abtretungsvertrags** iSd § 398 oder § 413 iVm § 398 an. Greift in Bezug auf die Übertragung des Rechts ein die §§ 398 ff verdrängender oder modifizierender **Spezialtatbestand** Platz, so ist die Vollendung dieses Erwerbsvorgangs der entscheidende Zeitpunkt. Im Falle des Kaufs eines Rechts iSd **§ 453 Abs 3** gelten die dargelegten Grundsätze für das betreffende Recht, während in Bezug auf die Sache als Bezugsgegenstand der Zeitpunkt des Gefahrübergangs maßgeblich ist.

105 Beim Rechtskauf ist die Vollendung des Erwerbs des Rechts durch den Käufer auch in dem Fall für die Gewährleistungshaftung des Verkäufers nach §§ 434, 435 iVm § 453 Abs 1 Satz 1 Alt 1 entscheidend, in dem der Käufer schon vor diesem Zeitpunkt eine **tatsächliche Einwirkungsmöglichkeit** auf das Recht hat[220]. Hier kann zwar uU vor der Vollendung des Rechtserwerbs durch eine Handlung des Käufers eine **Beschaffenheitsabweichung** (**Inhaltsabweichung**) entstehen oder/und ein Recht eines Dritten iSd § 453 Abs 1 Satz 1 Alt 1 iVm § 435 begründet werden. Für vom Käufer aufgrund einer derartigen Einwirkungsmöglichkeit vor dem maßgeblichen Zeitpunkt verursachte Mängel des Kaufgegenstands haftet der Verkäufer aber von vornherein nicht nach § 437.

106 Im Falle des Verkaufs eines **künftigen Rechts** ist für die Freiheit von Sach- und Rechtsmängeln der Zeitpunkt der Entstehung des Rechts maßgebend[221]. Hinzukommen muss aber selbstverständlich die Übertragung des Rechts, so dass der Zeitpunkt der Entstehung nur dann unmittelbar entscheidend ist, wenn der Verkäufer das künftige Recht schon vor seiner Entstehung auf den Käufer überträgt. Die Erfüllung der Verschaffungspflicht des Verkäufers tritt hier nicht bereits mit der Übertragung, sondern erst mit der nachfolgenden Entstehung des Rechts ein. Wird ein **aufschiebend bedingtes Recht** verkauft, so ist der Zeitpunkt des Eintritts der Bedingung maßgebend, weil gem § 158 Abs 1 das Recht erst mit dem Eintritt der Bedingung entsteht. Verhindert der Käufer, um sich vom Kaufvertrag über dieses Recht lösen zu können, **wider Treu und Glauben** den Eintritt der Bedingung, so gilt die Bedingung gem **§ 162 Abs 1** als eingetreten. Entscheidend für die Mängelhaftung des Verkäufers ist hier der Zeitpunkt der Vornahme der treuwidrigen Handlung durch den Käufer, die den Tatbestand des § 162 Abs 1 erfüllt und damit den Eintritt der Bedingung auslöst.

107 10. **Beginn der Verjährung nach § 438 beim Rechtskauf**. Nach § 438 Abs 2 beginnt die Verjährung von Gewährleistungsansprüchen bei Grundstücken mit der **Übergabe** und im Übrigen mit der **Ablieferung der Sache**. Diese unmittelbar nur für den Sachkauf geltende Verjährungsregelung ist gem § 453 Abs 1 Satz 1 Alt 1 auf den Rechtskauf entsprechend anwendbar[222]. Im Rahmen dieser nur entsprechenden Anwendung ist – wie bei der Frage der Bestimmung des für die Gewährleistungshaftung des Verkäufers maßgeblichen Zeitpunkts – zu berücksichtigen, dass beim Sachkauf mit der Übergabe bzw Ablieferung die **tatsächliche Sachherrschaft** des Käufers begründet wird, wodurch er die Möglichkeit erlangt, die Sache zu untersuchen und auf sie einzuwirken. Beim Rechtskauf kommt es daher in sinngemäßer Anwendung des § 438 Abs 2 Satz 2 für den Beginn der Verjährung auf die Möglichkeit des Käufers an, über das gekaufte Recht zu verfügen und dessen Mangelfreiheit zu prüfen[223]. Diese Lage besteht für den Käufer zwar grundsätzlich noch nicht mit Abschluss des Kaufvertrags, aber mit **Vollzug des Übertragungsgeschäfts**, das zum Erwerb des Rechts führt[224]. Praktische Bedeutung hat insoweit vor allem der Erwerb von Gesellschaftsanteilen oder sonstigen Mitgliedschaftsrechten, der den Käu-

218 BeckOGK/Wilhelmi Rz 54.
219 Grüneberg/Weidenkaff Rz 29; BeckOGK/Wilhelmi Rz 54; BeckOK/Faust Rz 10; Gothe, Verkäuferpflichten und Gewährleistung beim Forderungskauf, 2017, S 117.
220 So iE BeckOK/Faust Rz 10; aA in Bezug auf die Frage des Verjährungsbeginns beim Kauf von GmbH-Geschäftsanteilen, sofern vor Wirksamwerden der Abtretung der Anteile aufgrund eines erfolgten Betriebsübergangs eine faktische Einwirkungsmöglichkeit des Käufers besteht Wälzholz DStR 2002, 500, 503 f.
221 Grüneberg/Weidenkaff Rz 29; BeckOGK/Wilhelmi Rz 54; BeckOK/Faust Rz 10.
222 BeckOGK/Wilhelmi Rz 54.
223 BeckOGK/Wilhelmi Rz 54.
224 BeckOGK/Wilhelmi Rz 54.

fer in die Lage versetzt, die sich aus dem betreffenden Recht ergebenden Informationsrechte gegen die Gesellschaft bzw sonstige Organisation geltend zu machen.

Berechtigt das verkaufte Recht zum **Besitz einer Sache**, so haftet der Verkäufer gem § 453 Abs 1 Satz 1 Alt 1 iVm §§ 434, 435 für Mängel des Rechts und nach § 453 Abs 3 zusätzlich für Sach- und Rechtsmängel der Sache[225]. Die **Übergabe bzw Ablieferung der Sache** ist daher gem § 453 Abs 3 iVm § 438 Abs 2 entscheidend für den Beginn der Verjährung der Sachmängelgewährleistungsansprüche aus §§ 434, 437, die sich auf die Sache beziehen. Für Ansprüche des Käufers wegen Mängeln des gekauften Rechts aus § 453 Abs 1 Satz 1 Alt 1 iVm §§ 434, 435, 437 läuft die Verjährung ab **Vollzug der Übertragung dieses Rechts** auf den Käufer[226]. 108

F. Unternehmenskauf

I. Unterscheidung zwischen Kauf des Unternehmens als Ganzes (*asset deal*) und Anteilskauf (*share deal*) – Grundlagen

Beim Kauf eines Unternehmens ist zu unterscheiden zwischen dem Kauf des Unternehmens als Ganzes (*asset deal*) und dem Kauf von **Gesellschaftsanteilen** (*share deal*). Beide Fälle werden von § 453 Abs 1 Satz 1 ausdrücklich erfasst. Der Anteilskauf ist ein **Rechtskauf** iSd § 453 Abs 1 Satz 1 Alt 1 und der Kauf des Unternehmens als Ganzes erfüllt die Tatbestandsvariante **„Kauf von sonstigen Gegenständen"** (§ 453 Abs 1 Satz 1 Alt 2). Die Regelung des § 453 Abs 1 Satz 1 Alt 1 macht zwar beim Kauf von Gesellschaftsanteilen die Verweisung auf die Vorschriften über den Sachkauf (§§ 433 ff) nicht vom Umfang des Beteiligungserwerbs abhängig. Wenn der Käufer allerdings **sämtliche oder nahezu sämtliche Gesellschaftsanteile** erwirbt, dann haftet der Verkäufer nicht nur für Mängel der Anteile als solche (§ 453 Abs 1 Satz 1 Alt 1 iVm §§ 434, 435), sondern zusätzlich auch für **Sach- und Rechtsmängel des Unternehmens**[227]. Es sind daher in Bezug auf die Anwendung der Verweisungsnorm § 453 Abs 1 Satz 1 auf die anerkannten Varianten des Unternehmenskaufs und damit insbes für die Gewährleistungshaftung des Verkäufers nach §§ 434 ff letztlich drei Konstellationen zu unterscheiden: (1) der Kauf des Unternehmens als Ganzes[228], (2) der Kauf von sämtlichen oder nahezu sämtlichen Gesellschaftsanteilen[229] und (3) der Kauf von Gesellschaftsanteilen unterhalb dieser Beteiligungsschwelle[230]. 109

II. Kauf des Unternehmens als Ganzes (*asset deal*) nach § 453 Abs 1 Satz 1 Alt 2

1. **Kaufvertrag über „sonstigen Gegenstand" und Geltung des Bestimmtheitsgrundsatzes beim Verfügungsgeschäft (Erfüllungsgeschäft)**. Aufgrund der Verweisung des § 453 Abs 1 Satz 1 Alt 2 auf die §§ 433 ff kann zwar ein **einheitlicher Kaufvertrag** über das Unternehmen als „sonstiger Gegenstand" abgeschlossen werden. Das Recht der **Übereignung von beweglichen Sachen** (§§ 929 ff) und von **Grundstücken** (§§ 873 ff) enthält aber keine entsprechende Vorschrift, so dass jede Sache des Unternehmensvermögens nach den für sie geltenden Vorschriften auf den Unternehmenskäufer übertragen werden muss, wobei selbstverständlich unter Wahrung des Bestimmtheitsgrundsatzes mehrere rechtlich **gleichzubehandelnde Sachen** zusammengefasst werden können, etwa unter Bezugnahme auf eine erstellte **Inventarliste**. Das Gleiche gilt für die Übertragung von zum Unternehmen gehörenden **dinglichen Rechten** an beweglichen Sachen oder Grundstücken (zB Dienstbarkeit bezüglich der Nutzung eines Nachbargrundstücks durch das Unternehmen). Auch das Recht der Übertragung von **Forderungen und sonstigen Rechten** (§§ 398 ff) sieht einen unmittelbaren Gesamtübergang aller Rechte durch Übertragung des Unternehmens als sonstiger Gegenstand iSd § 453 Abs 1 Satz 1 Alt 2 und damit als Einheit nicht vor. 110

Der Verkauf sämtlicher Anteile einer unternehmenstragenden Gesellschaft (*share deal*) hat demgegenüber den Vorteil, dass der Verkäufer zum Zwecke der Erfüllung seiner Verschaffungspflicht aus § 433 Abs 1 Satz 1 nur die Anteile nach §§ 398, 413 an den Käufer abtreten muss. Dieser Abtretungsvertrag kann sogar formfrei abgeschlossen werden, sofern das Gesetz keine besondere Form vorschreibt. Handelt es sich um den in der Praxis aufgrund der starken Verbreitung der Rechtsform der GmbH dominierenden Fall des Verkaufs von GmbH-Geschäftsanteilen, so ist gem GmbHG § 15 Abs 3 eine notarielle Beurkundung des Abtretungsvertrags erforderlich. Inhaber aller Vermögensrechte und damit **Unternehmensträger** bleibt beim Kauf der Gesellschaftsanteile die Gesellschaft als solche. Der Unternehmenskäufer erlangt hier mittelbar dadurch 111

225 Vgl dazu unten Rz 250 ff.
226 Vgl oben Rz 107.
227 Vgl zu den Einzelheiten unten Rz 193 ff.
228 Vgl zu den Einzelheiten unten Rz 110 ff.
229 Vgl zu den Einzelheiten unten Rz 193 ff.
230 Vgl zu den Einzelheiten unten Rz 204 ff.

die Verfügungsgewalt über das Unternehmen, dass er als alleiniger Gesellschafter einen **beherrschenden Einfluss auf die unternehmenstragende Gesellschaft** hat. Dies gilt auch dann, wenn der Käufer nicht sämtliche, sondern nahezu sämtliche Anteile dieser Gesellschaft erwirbt.

112 2. **Unterscheidung zwischen Mängeln einzelner Gegenstände des Unternehmensvermögens und Unternehmensmängeln – Überblick**. Ein Sach- oder Rechtsmangel eines zum Vermögen des gekauften Unternehmens gehörenden einzelnen Gegenstands stellt nicht ohne weiteres einen Mangel des Unternehmens als Kaufgegenstand dar. Hier muss beachtet werden, dass beim Kauf des gesamten Unternehmens (*asset deal*) das **Unternehmen als Einheit** und damit als „sonstiger Gegenstand" der Kaufgegenstand ist, also nicht eine Summe von Sachen, Rechten und sonstigen einzelnen Gegenständen des Unternehmensvermögens gekauft wird. Dass ein einzelner Gegenstand des Unternehmensvermögens – etwa ein Betriebsgrundstück – mit einem Mangel behaftet ist, führt zumindest nicht ohne weiteres zu einem Mangel des Unternehmens als Kaufgegenstand, mit der Folge der Eröffnung von Gewährleistungsrechten des Käufers aus § 437. Ein Mangel eines einzelnen Gegenstands des Unternehmensvermögens ist dann als Mangel des Unternehmens einzuordnen, wenn die mangelbedingte Beeinträchtigung so wesentlich ist, dass sie auf das **Unternehmen als Ganzes „durchschlägt"**[231].

113 Das Erfordernis des „Durchschlagens" gilt unabhängig davon, ob es sich um einen Sachmangel (§ 434) oder einen Rechtsmangel (§ 435) eines einzelnen Vermögensgegenstands handelt. „Schlägt" der Sach- oder Rechtsmangel eines einzelnen Gegenstandes auf das Unternehmen durch, so kommt es nicht zu einem **Wechsel der Mangelart**, dh ein Rechtsmangel eines einzelnen Gegenstands wandelt sich nicht in einen Sachmangel des Unternehmens um und ein Sachmangel nicht in einen Rechtsmangel. Der Rechtsmangel eines einzelnen Gegenstands des Unternehmens führt auch dann nicht zu einem Sachmangel des Unternehmens, wenn er wesentliche **Verwendungsbeschränkungen** aufseiten des Unternehmens als Ganzes bewirkt. Denn Beschränkungen der Nutzung oder sonstigen Verwendung einer gekauften Sache sind häufig die typische Folge eines Rechtsmangels iSd § 435[232]. Möglich ist auch, dass ein Sach- oder Rechtsmangel unmittelbar am Unternehmen als Ganzes besteht und nicht zunächst nur in Bezug auf einen abgrenzbaren Vermögensteil[233].

114 Die Unterscheidung zwischen dem Mangel eines zum Unternehmensvermögen gehörenden Gegenstands und dem Mangel des Unternehmens als Kaufgegenstand ist auch dann relevant, wenn es sich um den **Kauf sämtlicher oder nahezu sämtlicher Anteile** der unternehmenstragenden Gesellschaft (*share deal*) handelt. Denn bei einem solchen Anteilskauf als Rechtskauf iSd § 453 Abs 1 Satz 1 Alt 1 haftet der Verkäufer nicht nur für Mängel des Anteils, sondern zusätzlich auch für Mängel des Unternehmens als solches. Weist hier ein einzelner Gegenstand des Unternehmensvermögens einen Mangel auf, so hängt das Vorliegen eines Unternehmensmangels – wie beim *asset deal* – vom Vorliegen eines „Durchschlagens" ab[234].

115 3. **Voraussetzungen des „Durchschlagens" eines Mangels auf das Unternehmen als Kaufgegenstand**. – a) **Beeinträchtigung von Wert oder Funktionstauglichkeit des Unternehmens – Grundsätze**. Die Mangelhaftigkeit eines einzelnen Gegenstands des Unternehmensvermögens schlägt nur dann auf das Unternehmen als Kaufgegenstand durch, wenn dieser Sach- oder Rechtsmangel sich auf den Wert des Unternehmens oder die Funktionstauglichkeit auswirkt[235]. Diese beiden Voraussetzungen orientieren sich zwar am **Fehlerbegriff des § 459 Abs 1 aF**. Sie sind aber in Bezug auf die Frage des „Durchschlagens" eines Mangels eines einzelnen Gegenstands des Unternehmens auf das Unternehmen als Ganzes auch auf Grundlage des mit dem SMG 2002 eingeführten § 453 als sachgerecht anzusehen. Hat der Mangel eines einzelnen Gegenstands des Unternehmensvermögens **negative Auswirkungen** auf die Funktionstauglichkeit des Unternehmens, so ist regelmäßig auch eine Wertminderung gegeben[236]. Umgekehrt muss allerdings eine Wertminderung aufseiten des Unternehmens als Ganzes nicht unbedingt einhergehen mit einer Beeinträchtigung der Funktionstauglichkeit. Daher haben beide Voraussetzungen des „Durchschlagens", die nur alternativ vorliegen müssen, nach wie vor ihre Berechtigung.

116 Ein negativer Einfluss des Mangels eines einzelnen Vermögensgegenstands auf den **Wert des Unternehmens** rechtfertigt auch dann ein „Durchschlagen" auf das Unternehmen als Ganzes, wenn dessen Funktionsfähigkeit nicht oder zumindest noch nicht beeinträchtigt ist. Denn nicht

231 Vgl zu den Einzelheiten unten Rz 115 ff.
232 Vgl dazu unten Rz 141.
233 Vgl zu dieser Fallgruppe unten Rz 150 ff.
234 Vgl zu den Einzelheiten unten Rz 115 ff.
235 BGH NJW 1995, 1547, 1549 („auf den Wert oder die Funktionstauglichkeit des Unternehmens im Ganzen durchschlagen"); BGH NJW 1979, 33.
236 Für Maßgeblichkeit des Vorliegens einer Auswirkung auf die Funktionstauglichkeit des Unternehmens BeckOGK/Wilhelmi Rz 646.

wenige Mängel einzelner Gegenstände des Unternehmensvermögens beeinflussen trotz Vorliegens einer **messbaren Wertminderung** deshalb nicht die Funktionsfähigkeit des Unternehmens, weil sie sich nicht auf die **Abläufe des operativen Geschäfts** auswirken, sondern sich nur auf sonstige Teile des Gesellschaftsvermögens beziehen. Wenn in einem außerhalb des operativen Geschäfts einschließlich Verwaltung liegenden Unternehmensbereich ein Gegenstand nicht den **kaufvertraglich vereinbarten oder den üblichen Zustand** aufweist, dann ist bei Vorliegen einer Wertminderung des Unternehmens eine Gewährleistungshaftung des Verkäufers wegen „Durchschlagens" ebenso sachgerecht wie im Falle einer (zusätzlichen) Funktionsbeeinträchtigung. Dass auch in dieser Konstellation die Bejahung eines Mangels des Unternehmens als Kaufgegenstand zu einem angemessenen Ergebnis führt, zeigt sich insbes in dem Fall, in dem der Verkäufer das betreffende Unternehmen später weiterverkauft und dabei aufgrund der in Rede stehenden mangelbedingten Wertminderung einen **Kaufpreisabschlag** akzeptieren muss.

b) **Nichterfordernis einer „wesentlichen Bedeutung" des Mangels für das Unternehmen als Ganzes.** Vor Inkrafttreten des SMG 2002 wurden von der Rspr **Sachmängel einzelner Vermögensgegenstände** des Unternehmens in dem Fall auch als Mangel des gesamten Unternehmens als Kaufgegenstand angesehen, in dem der betreffende Fehler für das Unternehmen von wesentlicher Bedeutung war und deshalb auf das Unternehmen als Kaufgegenstand „durchschlug"[237]. Das Erfordernis einer wesentlichen Bedeutung für das gesamte Unternehmen war nach altem Kaufrecht wegen der **Abweichung der §§ 459, 462 ff aF** von dem jetzt geltenden Gewährleistungssystem der §§ 434 ff gerechtfertigt. Denn zum einen stellte gem § 459 Abs 1 Satz 2 aF eine „unerhebliche Minderung des Wertes oder der Tauglichkeit" keinen Sachmangel dar. Zum anderen konnte der Käufer bei Vorliegen eines Sachmangels iSd § 459 Abs 1 aF unmittelbar gem § 462 nicht nur eine **Minderung des Kaufpreises**, sondern stattdessen auch den viel weitergehenden Rechtsbehelf der **Wandelung**, also die **Rückabwicklung des gesamten Unternehmenskaufvertrags**, geltend machen. Auf Grundlage des bis 2002 geltenden Kaufrechts waren daher in Bezug auf die Frage des „Durchschlagen" eines Mangels eines einzelnen Gegenstands des Unternehmensvermögens auf das Unternehmen als Ganzes höhere Anforderungen gerechtfertigt. 117

Nach dem seit 1.1.2002 geltenden Kaufrecht steht dem Unternehmenskäufer – ebenso wie jedem anderen Käufer – bei Vorliegen eines Sach- oder Rechtsmangels zunächst nur ein Anspruch aus §§ 437 Nr 1, 439 Abs 1 auf **Nacherfüllung** zu. Dieser Anspruch hängt nicht davon ab, ob der Mangel „erheblich" ist iSd § 459 Abs 1 aF. Ist die Nacherfüllung von vornherein unmöglich oder schlägt sie fehl, so kann der Käufer nach § 441 Abs 1 den Kaufpreis mindern. Auch insoweit kommt es nicht auf eine Erheblichkeit des Mangels an. Der **Rücktritt vom Unternehmenskaufvertrag** mit der Folge der Rückgewähr des ganzen Unternehmens nach § 346 Abs 1 ist aber gem § 323 Abs 5 Satz 2 ausgeschlossen, wenn es sich um einen **unerheblichen Mangel** handelt. Durch diese **Rücktrittsschranke** wird verhindert, dass ein in Bezug auf einen einzelnen Gegenstand des Unternehmensvermögens gegebener Mangel, der zwar zu einer messbaren Minderung des Werts des Unternehmens als Ganzes führt, aber für das Unternehmen gleichwohl nicht von wesentlicher Bedeutung ist, bei Unmöglichkeit oder Fehlschlagen der Nacherfüllung einen **Rücktritt des Käufers** und damit eine Rückabwicklung des gesamten Unternehmenskaufs rechtfertigt. Angemessen ist hier vielmehr eine **Kaufpreisminderung in Höhe der Werteinbuße**. 118

Wenn also bspw beim Kauf eines **größeren Wohnungsunternehmens** zum Preis von fünf Millionen Euro **ein Haus** mit vermieteten Wohnungen abweichend von einer Beschaffenheitsvereinbarung iSd § 434 Abs 2 Satz 1 Nr 1 **Baumängel** aufweist und der Beseitigungsaufwand 50.000 Euro beträgt, dann ist zwar sicherlich ein Recht des Käufers auf **Rückabwicklung** des gesamten Kaufs nicht sachgerecht. Zur Begründung dieses Ergebnisses ist aber – anders als nach altem Kaufrecht (§§ 459, 462 aF) – nicht die Ablehnung eines „Durchschlagens" des Sachmangels eines einzelnen Gegenstands des Immobilienvermögens auf das **ganze Unternehmen** notwendig. Da im in Rede stehenden Beispielsfall eine messbare Minderung des Werts des Unternehmens in Höhe von 50.000 Euro zweifelsohne gegeben ist, liegt gem § 434 Abs 2 Satz 1 Nr 1 ein Sachmangel des Unternehmens als Kaufgegenstand vor mit der Folge, dass der Käufer gem §§ 437 Nr 1, 439 Abs 1 eine Nacherfüllung in Form einer **fachgerechten Instandsetzung des Gebäudes** verlangen kann. Scheitert die Nachbesserung, etwa wegen erfolgloser Nachfristsetzung (§§ 281 Abs 1, 323 Abs 1), so kann der Unternehmenskäufer hier gem § 441 Abs 1 eine angemessene **Minderung des Gesamtkaufpreises** verlangen. 119

237 RGZ 67, 86, 89 f; RGZ 69, 429, 430 ff; BGH WM 1970, 819, 821; BGH NJW 1979, 33; BGH NJW 1991, 1223; BGH NJW 1992, 2564; BGH NJW 1995, 1547.

120 Bei Wertminderungen, die – wie im Beispielsfall – im Verhältnis zum Unternehmenswert als geringfügig anzusehen sind, ist aber wegen Eingreifens des § 323 Abs 5 Satz 2 der **Rücktritt ausgeschlossen**. Denn nach dieser Vorschrift kann der Käufer nicht vom Kaufvertrag zurücktreten, wenn die im Mangel zu sehende Pflichtverletzung unerheblich ist. Nicht sachgerecht wäre in einer solchen Konstellation allerdings schon eine Ablehnung des „Durchschlagens" des Mangels auf das Unternehmen als Kaufgegenstand. Denn ansonsten erhielte der Käufer trotz Vorliegens einer negativen Abweichung des tatsächlichen Zustands eines zum Unternehmensvermögen gehörenden Gebäudes von einer Beschaffenheitsvereinbarung **keine Kompensation** für den Vermögensnachteil in Höhe von 50.000 €. Schützenswert ist bei messbaren Wertminderungen, die nicht die Erheblichkeitsschwelle des § 323 Abs 5 Satz 2 erreichen, nur das Interesse des Verkäufers an einem Ausschluss des Rücktritts vom Kaufvertrag über das gesamte Immobilienunternehmen. Dies wird durch die allgemeine Regelung des § 323 Abs 5 Satz 2 gewährleistet. Nach neuem Kaufrecht ist daher das Vorliegen einer wesentlichen Bedeutung des Fehlers für das gesamte Unternehmen nicht mehr Voraussetzung des „Durchschlagens". Es genügt vielmehr eine **messbare Wertminderung**[238]. Aus den dargelegten Gründen ist daher bei Vorliegen einer solchen Wertminderung das Vorliegen einer wesentlichen Bedeutung des Fehlers für das gesamte Unternehmen – abweichend von der Rechtslage auf Grundlage des § 459 aF – nicht Voraussetzung des „Durchschlagens".

121 Die Parteien eines Unternehmenskaufvertrags haben im Rahmen der Vertragsfreiheit grundsätzlich die Möglichkeit, den Rücktritt auch bei erheblichen Mängeln iSd § 323 Abs 5 Satz 2 durch **individualvertragliche Vereinbarung** auszuschließen. Der Verkäufer hat daran deshalb regelmäßig ein großes Interesse, weil er bestimmte **Verfügungen über den erhaltenen Kaufpreis** – etwa den Kauf eines anderen Unternehmens oder einer Unternehmensbeteiligung – nur schwer wieder rückgängig machen kann, so dass er uU zumindest zeitweise nicht in der Lage wäre, den Kaufpreis vollständig zurückzuzahlen. Das Risiko, aufgrund einer Minderung einen **Teil des Kaufpreises** zurückzahlen zu müssen, ist demgegenüber deutlich geringer und idR kalkulierbar. Abgesehen davon ist eine Rückabwicklung des Unternehmenskaufvertrags nur noch unter sehr erschwerten Bedingungen möglich, wenn der Käufer das übernommene Unternehmen schon in den **eigenen Unternehmensverband** eingegliedert hat[239].

122 c) **Abgrenzung zwischen gewöhnlichem Unternehmenszustand und relevanten Mängeln als Grundvoraussetzung des „Durchschlagens"**. Insbes bei größeren Unternehmen sind Mängel an einzelnen Gegenständen des Unternehmensvermögens üblich und gehören daher zum **gewöhnlichen Zustand** des betreffenden Unternehmens, so dass von vornherein keine negative Beeinflussung des Gesamtwerts als Voraussetzung für ein „Durchschlagen" auf das Unternehmen als Kaufgegenstand gegeben ist[240]. In den Fällen, in denen Mängel einzelner Gegenstände des Unternehmensvermögens wegen fehlender Abweichung vom gewöhnlichen Zustand des betreffenden Unternehmens keine Wertminderung dieses Kaufgegenstands darstellen, ist auch eine Beeinträchtigung der Funktionsfähigkeit des Unternehmens regelmäßig zu verneinen. Eine Gewährleistungshaftung des Verkäufers scheidet hier aus. Wenn bspw ein **Speditionsunternehmen** mit einer Fahrzeugflotte von 200 Lkw und 50 Kleintransportern verkauft wird, dann gehören **kleinere Blech- und Lackschäden** an mehreren Fahrzeugen ebenso zum üblichen Zustand eines solchen Fahrzeugparks wie ein **größerer Motordefekt** an einer geringen Anzahl von Fahrzeugen[241]. Denn zum Wesen eines größeren Fahrzeugparks eines Unternehmens gehört, dass fortlaufend Fahrzeuge instandgesetzt oder sogar ersetzt werden müssen. Bei Fehlen einer auf den Zustand der Fahrzeuge bezogenen besonderen Beschaffenheitsvereinbarung (§ 434 Abs 2 Satz 1 Nr 1) führen daher Schäden an einzelnen Fahrzeugen nicht zu einer Abweichung von der **üblichen Beschaffenheit iSd § 434 Abs 3 Satz 1 Nr 2** eines solchen Unternehmens. Der Motorschaden eines einzelnen Lkw stellt daher im hier in Rede stehenden Beispielsfall nur dann einen **Sachmangel** des Speditionsunternehmens dar, wenn der technisch einwandfreie Zustand sämtlicher Fahrzeuge – oder zumindest dieses Lkw – Gegenstand einer **Beschaffenheitsvereinbarung iSd § 434 Abs 2 Satz 1 Nr 1** ist. Bestehen zum Zeitpunkt des Gefahrübergangs in Abweichung von einer bestehenden Beschaffenheitsvereinbarung tatsächlich Mängel an einzelnen Fahrzeugen, so weisen diese Gegenstände des Betriebsvermögens – für sich betrachtet – einen **Sachmangel** auf mit der Folge, dass der Verkäufer sich zumindest insoweit nicht auf den **gewöhnlichen Zustand** eines derartigen Fahrzeugparks berufen kann.

238 Vgl oben Rz 116.
239 Vgl BGHZ 69, 53, 57.
240 Ähnlich Staud/Beckmann Rz 150; BeckOGK/Wilhelmi Rz 653 („Durchschlagen", wenn Fehler eines einzelnen Gegenstands bei einem derartigen Unternehmenskauf nicht üblich sind).
241 Vgl dazu auch Wertenbruch, in: Dauner-Lieb/Konzen/K Schmidt, Das neue SchuldR in der Praxis, 2003, S 500.

Die weitere Frage ist dann in einer derartigen Konstellation, ob der vorliegende **Sachmangel eines einzelnen Gegenstands** des Betriebsvermögens auf das ganze Unternehmen als Kaufgegenstand „durchschlägt". Eine den betreffenden Sachmangel tragende Beschaffenheitsvereinbarung entfaltet insoweit deshalb eine **Ausstrahlungswirkung**, weil die Kaufvertragsparteien übereinstimmend festhalten, dass der Zustand der in dieser Vereinbarung aufgeführten Gegenstände für das **Verwendungsinteresse des Unternehmenskäufers** von wesentlicher Bedeutung ist. Eine auf den Zustand von bestimmten Einzelgegenständen des Unternehmens bezogene Beschaffenheitsvereinbarung iSd § 434 Abs 2 Satz 1 Nr 1 ist daher regelmäßig dahin gehend auszulegen, dass der Käufer bei Vorliegen einer negativen Abweichung der Ist-Beschaffenheit von der Soll-Beschaffenheit zur **Nacherfüllung** gem §§ 437 Nr 1, 439 Abs 1 verpflichtet sein soll und – bei Unmöglichkeit oder Fehlschlagen der Nacherfüllung – den Minderwert im Rahmen der **Minderung nach § 441 Abs 1** ausgleichen muss. Ein „Durchschlagen" des Mangels auf das Unternehmen als Kaufgegenstand ist hier regelmäßig wegen Vorliegens einer **messbaren Wertminderung** des Unternehmens zu bejahen. Ob zusätzlich in Bezug auf das gesamte Unternehmen noch eine Funktionsbeeinträchtigung vorliegt, ist dann für das „Durchschlagen" nicht von Bedeutung. 123

Die Kaufvertragsparteien haben in einer derartigen Konstellation selbstverständlich auch die Möglichkeit, den **einwandfreien Zustand von bestimmten Gegenständen** des Unternehmensvermögens über eine Beschaffenheitsvereinbarung iSd § 434 Abs 2 Satz 1 Nr 2 hinaus als Inhalt einer **Beschaffenheitsgarantie nach § 443 Abs 1** zu fixieren. Dazu ist der Verkäufer des Unternehmens insbes dann gehalten, wenn er im Gegenzug für andere Gegenstände und Teilbereiche des Unternehmens einen umfassenden und vollständigen Gewährleistungsausschluss bei den Vertragsverhandlungen durchsetzen will. Der Käufer hat in Bezug auf Gegenstände, die für den von ihm vorgesehenen Geschäftsbetrieb von essentieller Bedeutung sind, auch deshalb ein Interesse an einer Garantievereinbarung iSd § 443 Abs 1 mit der Folge der **verschuldensunabhängigen Schadensersatzhaftung** des Verkäufers, weil nicht selten der Rücktritt nach § 325 Abs 5 Satz 2 oder durch eine kaufvertragliche Vereinbarung ausgeschlossen ist und die komplette Rückabwicklung des Unternehmenskaufs regelmäßig nicht seinem Interesse entspricht[242]. 124

d) **Funktionsbeeinträchtigung durch fehlende Nutzbarkeit von einzelnen Einrichtungen, Anlagen und Geräten des Unternehmens.** Regelmäßig zu bejahen ist das „Durchschlagen" eines Mangels eines einzelnen Vermögensgegenstands auf das gesamte Unternehmen als Kaufgegenstand, wenn die **Betriebsabläufe beeinträchtigt** werden. Es liegt dann nicht nur eine Funktionsbeeinträchtigung, sondern regelmäßig auch eine **Wertminderung** vor[243]. Wenn bspw ein in gemieteten Räumen betriebenes **Restaurant** verkauft wird und die in den Kellerräumen **eingerichtete Küche** wegen fehlender Übereinstimmung mit den Vorgaben des Bauordnungsrechts nur aufgrund eines **befristeten Dispenses der zuständigen Baubehörde** für die Herstellung von Speisen verwendet werden darf, dann liegt zunächst ein Sachmangel der Küche vor. Denn zur vom Verkäufer insoweit gem § 434 Abs 3 Satz 1 Nr 1 und Nr 2 geschuldeten Eignung zur gewöhnlichen Verwendung (Nr 1) und zum Vorhandensein der üblichen Beschaffenheit (Nr 2) des verkauften Gastronomiebetriebs gehört insbes die **dauernde Möglichkeit der Nutzung** der Küche[244]. Da die Nutzung der Küche für einen Gastronomiebetrieb mit Speiseangebot offensichtlich von ganz wesentlicher Bedeutung ist und Einschränkungen in dieser Hinsicht sowohl zu einer Wertminderung als auch zu einer Funktionsbeeinträchtigung führen, liegt daher kraft „Durchschlagens" ein **Sachmangel** des gesamten Unternehmens als Kaufgegenstand vor[245]. 125

Beim Kauf von Unternehmen, die Produkte herstellen und vertreiben, Sachen reparieren oder sonstige sachbezogene Werkleistungen erbringen, spielen – neben dem Kundenstamm und der Verfügbarkeit von geeigneten Gebäuden – die für die Arbeitsvorgänge eingesetzten **Maschinen und Geräte** eine bedeutende Rolle. Inwieweit Mängel einzelner Maschinen oder Geräte auf das Unternehmen als Kaufgegenstand „durchschlagen" und deshalb die Gewährleistungsrechte des Käufers aus § 437 eröffnen, hängt vor allem von der **Größe des Unternehmens** ab. Je größer das Unternehmen ist, desto eher gehören Mängel einzelner Maschinen und Geräte zum **gewöhnlichen Zustand** eines solchen Unternehmens, so dass keine Abweichung von der üblichen Beschaffenheit iSd § 434 Abs 3 Satz 1 Nr 2 gegeben ist. So ist bspw beim Kauf eines **kleinen Reinigungsunternehmens mit Schuh- und Schlüsseldienst** ein Sachmangel des Unternehmens als Kaufgegenstand zu bejahen, wenn **drei große Reinigungsgeräte** mit Sachmängeln 126

242 Vgl dazu oben Rz 117 ff.
243 Vgl oben Rz 116.
244 RGZ 138, 354, 356 ff. Im Fall des RG waren die Gewährleistungsansprüche des Unternehmenskäufers allerdings gem § 477 aF verjährt.
245 RGZ 138, 354, 356.

behaftet sind[246]. Bei einem großen Reinigungsunternehmen mit mehreren Niederlassungen wären dagegen drei defekte Reinigungsgeräte aufgrund des sehr geringen Anteils am Gesamtbestand des Betriebsvermögens als **gewöhnlicher Zustand des Unternehmens** anzusehen. Der Anteil mangelhafter Maschinen oder Geräte am Gesamtbestand derartiger Betriebsmittel ist zwar für die Frage des „Durchschlagens“ ein wichtiges Kriterium. Ein „Durchschlagen“ von Mängeln einzelner Betriebsmittel auf das Unternehmen als Kaufgegenstand kann aber trotz eines bedeutenden Anteils am Gesamtbestand zu verneinen sein, wenn der Marktwert des betreffenden Unternehmens in erster Linie durch den **Kundenstamm und das Knowhow** bestimmt wird, so dass die ohne weiteres austauschbaren Betriebsmittel für den Geschäftsbetrieb von vornherein eine untergeordnete Rolle spielen.

127 e) **Fehlbestände bei Inventar, Vorräten und Erzeugnissen (Produkte)**. Beim Kauf von **produzierenden Gewerbeunternehmen** wird der Bestand an Vorräten und produzierten Erzeugnissen (Produkte) sowie das neben Produktionsanlagen vorhandene Inventar von den Vertragsparteien regelmäßig in Form von **Inventarlisten** und sonstigen **Bestandsverzeichnissen** festgehalten. Diese Dokumente gehören idR zum Inhalt des Unternehmenskaufvertrags und sind daher gewährleistungsrechtlich als **Beschaffenheitsvereinbarungen iSd § 434 Abs 2 Satz 1 Nr 1** einzuordnen. Dies gilt auch dann, wenn es sich – wie in der Vertragspraxis verbreitet – um Anlagen zum Kaufvertrag handelt, auf die Bezug genommen wird. Im Falle der Feststellung eines Fehlbestands bei einer bestimmten Art von Gegenständen durch den Käufer nach Übernahme des Unternehmens liegt zumindest in Bezug auf den betreffenden Teil des Betriebsvermögens wegen negativer Abweichung des Ist-Zustands vom vertraglich vereinbarten Soll-Zustand ein **Sachmangel** vor[247]. Bei Fehlbeständen im Bereich von **Rohstoffvorräten** und bereits hergestellten **Erzeugnissen** ist beim Unternehmenskauf gem § 453 Abs 1 Satz 1 Alt 1 auch die ab 1.1.2022 geltende Beschaffenheitsdefinition des § 434 Abs 2 Satz 2 entsprechend anwendbar. Danach gehört unter anderem die „Menge“ zur Beschaffenheit iSd § 434 Abs 2 Satz 1 Nr 1. Die Definition des § 434 Abs 2 Satz 2 ersetzt, soweit sie das Merkmal „Menge“ betrifft, die **Zuwenig-Lieferung des § 434 Abs 3 Alt 2 aF**[248], nach der es einem Sachmangel gleichstand, wenn der Verkäufer eine **zu geringe Menge** lieferte. Für die Frage, ob der aufgrund des Fehlbestands in einem Teilbereich vorliegenden Sachmangel auf das ganze Unternehmen als Kaufgegenstand „durchschlägt“, gelten die allgemeinen Grundsätze.

128 Sofern es sich nicht nur um ein **marginales Manko** handelt, sondern der Wert des Unternehmens messbar gemindert wird, „schlägt“ der Sachmangel iSd § 434 Abs 2 Satz 1 Nr 1 iVm Satz 2 auf das Unternehmen als Kaufgegenstand durch[249]. Ob darüber hinaus auch eine Funktionsbeeinträchtigung vorliegt, ist insoweit zwar nicht entscheidend[250]. Bei größeren Fehlbeständen ist dies aber regelmäßig zu bejahen. Dem Käufer steht, falls der Mangel „durchschlägt“ auf das Unternehmen, zunächst ein Anspruch aus §§ 437 Nr 1, 439 Abs 1 iVm § 453 Abs 1 Satz 1 Alt 1 auf **Nacherfüllung** zu. Bezieht das Defizit sich auf **vertretbare Sachen iSd § 91**, so ist eine **Ersatzbeschaffung** regelmäßig möglich. Im Falle des Scheiterns der Nacherfüllung steht dem Unternehmenskäufer jedenfalls der Rechtsbehelf der **Kaufpreisminderung** nach § 441 Abs 1 zu. Dies ist idR auch derjenige sekundäre Rechtsbehelf, der den **Interessen des Käufers** am ehesten entspricht.

246 BGH NJW 1995, 1547. Im Fall des BGH betrug der Kaufpreis für das Reinigungsunternehmen mit Schuh- und Schlüsseldienst 120.000 DM. Die Per-Reinigungsmaschine war mangelhaft, weil sie nach ordnungsbehördlichen Bestimmungen nur nach sehr kostenaufwendigen Maßnahmen in Höhe von 100.000 DM hätte in Betrieb genommen werden können. Der Mangel der Fluor-Reinigungsmaschine bestand darin, dass sie wegen der von ihr ausgehenden Umweltbelastungen nach Übernahme des Unternehmens nur noch ca zwei Jahre betrieben werden durfte. Die Heißmangel wies einen Mangel auf, weil sie nur Schrottwert hatte.

247 RGZ 98, 289, 291 (Fehlbestände bei Tabaklager und sonstigem Inventar beim Kauf der Gesellschaftsanteile einer Zigarettenfabrik); BGH NJW 1979, 33 (Fehlbestand an Gerüsten beim Kauf eines Gerüstbauunternehmens).

248 Vgl dazu oben Rz 98 ff.

249 RGZ 98, 289, 290. Im Fall RGZ 98, 289 wies sowohl das Tabaklager als auch das sonstige Inventar der gekauften Zigarettenfabrik einen Fehlbestand auf; das Tabaklager im Umfang von ca 9.000 RM und das sonstige Inventar im Umfang von ca 8.000 RM. Der Kaufpreis betrug 120 000 RM. Vom RG wurde hier zutreffend ein Quantitätsmangel angenommen, der als Sachmangel auf das Unternehmen als Kaufgegenstand „durchschlug“. Im Fall BGH NJW 1979, 33 wurde zu Recht ein Sachmangel des Gerüstbauunternehmens als Kaufgegenstand angenommen, weil der Bestand an Gerüsten für ein derartiges Unternehmen von wesentlicher Bedeutung ist. Es lag im Fall des BGH eine wesentliche Abweichung des tatsächlichen Gerüstbestands von dem von den Parteien bei Vertragsschluss vorausgesetzten Bestand vor. In Bezug auf größere Bauvorhaben musste daher von einer bedeutenden Herabsetzung der Grenze der Leistungsfähigkeit des verkauften Unternehmens ausgegangen werden. Ein „Durchschlagen“ wäre demgegenüber bei einem derartigen Kauf zu verneinen, wenn eine nicht nennenswerte Anzahl von Gerüststangen oder -brettern fehlte und deshalb nur ein „üblicher Schwund“ vorläge.

250 Vgl dazu oben Rz 116.

Der Rücktritt kann nach **§ 323 Abs 5 Satz 2** wegen Vorliegens eines **unerheblichen Mangels** ausgeschlossen sein[251]. Erreichen die Fehlbestände – wie bspw im Fall RGZ 98, 289 – wertmäßig immerhin ca 15 % des vereinbarten Kaufpreises, so ist eine Unerheblichkeit iSd § 323 Abs 5 Satz 2 gleichwohl nicht ohne weiteres zu verneinen. Denn aufgrund der Schwierigkeiten, die mit der Rückabwicklung eines Unternehmenskaufs verbunden sind, kann auch bei einem derartigen Kaufpreisanteil ein **unerheblicher Mangel** des Unternehmens als Kaufgegenstand noch zu bejahen sein, sofern die Fehlbestände sich auf **vertretbare Sachen** beziehen, die der Käufer ohne weiteres beschaffen und mit der Kaufpreisminderung finanzieren kann. Im Vordergrund bei der Anwendung des § 325 Abs 5 Satz 2 steht daher hier nicht das Verhältnis zwischen mangelbedingter Wertminderung und vereinbartem Kaufpreis, sondern die **Möglichkeiten und Bedingungen einer Ersatzbeschaffung** in Verbindung mit einer Kaufpreisminderung nach § 441 Abs 1. Die Rechtfertigung dafür ist darin zu sehen, dass die Rückabwicklung eines Unternehmenskaufs mit erheblichen Schwierigkeiten verbunden ist. Eine Erheblichkeit des Mangels ist daher insbes dann zu verneinen, wenn der Käufer sich mit dem **Minderungsbetrag** ohne weiteres in ausreichendem Umfang Ersatz beschaffen kann. 129

f) **Unbrauchbarkeit bestimmter Erzeugnisse (Produkte) des gekauften Unternehmens.** 130
Vom Fall des Fehlbestands, der auch auf äußere Umstände beruhen kann, ist die Fehlerhaftigkeit der hergestellten Produkte zu unterscheiden. Großen Einfluss auf den Wert eines produzierenden Unternehmens haben idR die **Marktanteile** der bislang schon hergestellten und vertriebenen Produkte sowie die **Geschäftschancen von künftigen Produkten**, die sich in der **Entwicklungsphase** oder im Stadium der **Markteinführung** befinden. In einem vom **BGH**[252] zum alten Kaufrecht entschiedenen Fall ging es insoweit um den Kauf sämtlicher Anteile einer Kommanditgesellschaft (*share deal*), die ein **Abgas-Entgiftungsgerät** mit der Bezeichnung „Düsen-Passat" produzierte. Erst nach Vollzug des Unternehmenskaufs stellte sich heraus, dass dieses Gerät **in technischer Hinsicht unbrauchbar** und daher wirtschaftlich nicht verwertbar war. In einem derartigen Fall sind nicht nur die hergestellten Produkte, sondern auch das **Unternehmen als Kaufgegenstand** mit einem Sachmangel iSd § 434 Abs 2 Satz 1 Nr 1 behaftet[253]. Ein „Durchschlagen" des Sachmangels auf das Unternehmen als Ganzes ist in einer derartigen Konstellation unzweifelhaft, sofern der Erwerb der Befugnis zur Produktion des Geräts und die damit verbundenen wirtschaftlichen Vorteile als wesentlicher Teil des gekauften Unternehmens einzuordnen sind. Denn die Ursache für die Fehlerhaftigkeit der Produkte ist darin zu sehen, dass schon die **technischen Entwicklungspläne** und das darauf basierende **Produktionsverfahren** einen schwerwiegenden Mangel aufweisen, der dann durch die Fehlerhaftigkeit der hergestellten Produkte deutlich sichtbar zum Ausdruck kommt.

g) **„Durchschlagen" von Grundstücks-Sachmängeln beim Kauf von Unternehmen mit** 131
Immobilienvermögen. Die Frage des „Durchschlagens" von Sachmängeln an Grundstücken, die zum Unternehmensvermögen gehören, auf das Unternehmen als Kaufgegenstand stellt sich nicht nur bei klassischen Immobilienunternehmen, die **Wohnraum und/oder Gewerbeflächen** vermieten und die dafür erforderlichen Objekte sowohl kaufen als auch verkaufen, sondern bei allen Unternehmen, zu deren Vermögen auch **Betriebsgrundstücke** und/oder sonstige Immobilien gehören. Mängel an Grundstücken haben beim Unternehmenskauf häufig deshalb eine größere Bedeutung, weil die Beseitigung mit einem nennenswerten Aufwand verbunden ist. Können einzelne zum Unternehmensvermögen gehörende Räume oder ganze Gebäude wegen eines **baurechtswidrigen Zustands** nicht für den vorgesehenen Zweck genutzt werden, so liegt eine Beschaffenheitsabweichung iSd § 434 Abs 3 Satz 1 Nr 1 (Fehlen der Eignung zur gewöhnlichen Verwendung) und Nr 2 (Abweichung von der üblichen Beschaffenheit) und damit jedenfalls in Bezug auf diesen einzelnen Vermögensgegenstand des Unternehmens ein **Sachmangel** vor[254].

Gehört eine **Vielzahl von Immobilien** zum Vermögen des gekauften Unternehmens, so können Sachmängel in Gestalt von Bauwerksschäden an **einzelnen Einheiten** für den Wert des Gesamtunternehmens unerheblich sein und daher nicht auf das Unternehmen als Kaufgegenstand „durchschlagen". Die Mängel einzelner Immobilien sind in diesem Fall als **üblicher Zustand des gekauften Unternehmens** anzusehen und vom Käufer hinzunehmen. Etwas anderes gilt hier selbstverständlich dann, wenn der einwandfreie Zustand sämtlicher oder bestimmter Immobilien Gegenstand einer **Beschaffenheitsvereinbarung iSd § 434 Abs 2 Satz 1 Nr 1** 132

251 BeckOK/Schmidt § 323 Rz 47; Staud/Schwarze § 323 Rz C24; vgl zu den Einzelheiten der Anwendung des § 323 Abs 5 Satz 2 beim Unternehmenskauf Rz 117 ff.
252 BGH WM 1978, 59.
253 BGH WM 1978, 59 (zu § 459 aF).
254 So zutreffend RGZ 70, 82 (fehlende Nutzbarkeit von Räumen eines Renditehauses zu Wohnzwecken wegen Verstoßes des Zustands gegen baupolizeiliche Vorschriften).

ist und die vom Käufer gerügten Baumängel sich auf davon erfasste Grundstücke beziehen. Entsprechendes ist anzunehmen, wenn die Freiheit bestimmter Grundstücke von **Rechten Dritter** kaufvertraglich besonders vereinbart oder sogar Gegenstand einer **Garantie iSd § 443 Abs 1** ist[255].

133 Wenn bei Fehlen einer Beschaffenheitsvereinbarung in Bezug auf den Zustand der einzelnen Immobilien des Unternehmens der **Aufwand für die Beseitigung** der vom Käufer festgestellten Mängel so groß ist, dass im Falle eines Weiterverkaufs des Unternehmens von ihm ein **Kaufpreisabschlag** akzeptiert werden müsste, dann ist wegen Vorliegens einer **messbaren Wertminderung** ein Mangel des Unternehmens als Kaufgegenstand zu bejahen. Behindert der vorliegende Sach- oder Rechtsmangel einer einzelnen Sache des Unternehmensvermögens den **laufenden Geschäftsbetrieb**, so liegt regelmäßig neben einer Wertminderung auch eine **Funktionsbeeinträchtigung** aufseiten des Unternehmens vor, so dass in jeder Hinsicht von einem „Durchschlagen" auszugehen ist.

134 Wird wegen **baurechtswidriger Beschaffenheit** von Gebäuden oder Räumen des gekauften Unternehmens ein **öffentlich-rechtliches Nutzungsverbot** von der zuständigen Baubehörde erlassen, so wandelt sich der vorliegende Sachmangel iSd § 434 Abs 3 Satz 1 Nr 1 und 2 durch die hinzu gekommene rechtliche Belastung in Form der behördlichen Verfügung nicht in einen Rechtsmangel (§ 435) des Unternehmens als Kaufgegenstand um[256]. Denn bei Heranziehung der für die **Abgrenzung zwischen Sach- und Rechtsmangel** geltenden allgemeinen Grundsätze[257] ist hier die rechtliche Beschränkung eine bloße Folge der Beschaffenheitsabweichung iSd § 434 Abs 3 als Grundlage des Sachmangels. In Bezug auf die Frage des „Durchschlagens" des Mangels eines einzelnen Gegenstands des Unternehmensvermögens auf das Unternehmen als Kaufgegenstand ist die **Einordnung als Sach- oder Rechtsmangel** ohnehin nicht ausschlaggebend, weil es dafür auf das Vorliegen einer messbaren Wertminderung oder/und einer Funktionsbeeinträchtigung ankommt.

135 h) **Rechtsmängel einzelner Grundstücke des Unternehmensvermögens.** Sind beim Kauf des Unternehmens als Ganzes (*asset deal*) einzelne Gegenstände des Unternehmensvermögens mit **Rechten Dritter iSd § 435** belastet, die vom Käufer durch den Kaufvertrag nicht übernommen wurden (zB eine Grundschuld an einem Betriebsgrundstück), so muss geprüft werden, ob dieser Rechtsmangel des betreffenden Vermögensteils auf das Unternehmen als solches „durchschlägt"[258]. Beim Kauf eines Immobilienunternehmens führt die Belastung eines zum Unternehmensvermögen gehörenden Grundstücks mit einem **Grundpfandrecht** nur dann zu einem Rechtsmangel dieses Grundstücks, wenn der Käufer die Belastung nicht durch den Kaufvertrag übernommen hat. Gehen kraft Kaufvertrags die Unternehmensverbindlichkeiten einschließlich Betriebsdarlehen auf den Käufer über, so ist – auch bei Fehlen einer ausdrücklichen Abrede – von einer Übernahme der Belastungen in Form der Grundpfandrechte auszugehen, die den Gläubigern als **Sicherheit** dienen. Beim Kauf sämtlicher oder nahezu sämtlicher Gesellschaftsanteile der unternehmenstragenden Gesellschaft bleibt die betreffende Gesellschaft ohnehin Schuldnerin der aus dem Betrieb des Unternehmens resultierenden Verbindlichkeiten. Bei Grundpfandrechten, die vom Käufer nicht kraft **ausdrücklicher Vereinbarung** zusammen mit den dadurch gesicherten Unternehmensverbindlichkeiten übernommen werden, kommt es für die Einordnung als **Rechtsmangel** darauf an, ob sie bei der Bewertung des Unternehmens als Grundlage für die **Kaufpreisfestsetzung** berücksichtigt wurden. Es liegt dann schon kein Rechtsmangel des betreffenden Grundstücks vor, so dass sich die Frage des „Durchschlagens" auf das Unternehmen als Kaufgegenstand nicht stellt. Entsprechendes gilt für **sonstige Grundstücksrechte**. Wenn ein Grundpfandrecht oder sonstiges dingliches Recht mangels Übernahme durch den Unternehmenskäufer einen Rechtsmangel darstellt, dann hängt das „Durchschlagen" dieses Mangels auf das Unternehmen als Kaufgegenstand vor allem von der **Größe des Unternehmens** ab. Bei größeren Unternehmen mit einer Vielzahl von Grundstücken führt die Belastung eines einzelnen Grundstücks mit einem vom Käufer nicht vertraglich übernommenen Pfandrecht idR nicht zu einer Wertminderung und schon gar nicht zu einer Funktionsbeeinträchtigung aufseiten des Unternehmens.

136 Unzweifelhaft zu bejahen ist dagegen das „Durchschlagen" eines Mangels, wenn das Vermögen des Immobilienunternehmens im Wesentlichen in einem Grundstück besteht, das mit

255 Vgl dazu § 443 Rz 71 ff.
256 Vgl Rz 141.
257 Vgl dazu Rz 142.
258 Vgl MünchKomm/Westermann Rz 27 (bei Rechtsmängeln an wesentlichen Gegenständen); BeckOGK/Wilhelmi Rz 657; BeckOK/Faust Rz 29 f; Wertenbruch, in: Dauner-Lieb/Konzen/K Schmidt, Das neue SchuldR in der Praxis, 2003, S 493, 499 ff.

Hypotheken belastet ist[259]. Diese Grundstücksbelastung in Gestalt von dinglichen Rechten Dritter ist daher hier ohne weiteres als **Rechtsmangel des Immobilienunternehmens** selbst anzusehen[260]. Ist aufgrund der Belastung eines Grundstücks mit einem Grundpfandrecht gem §§ 453 Abs 1, 435 ein Rechtsmangel des Unternehmens als Ganzes zu bejahen, so ist der Verkäufer nach § 437 Nr 1, § 439 Abs 1 zur Beseitigung des Rechts des Dritten verpflichtet. Dies gilt gem § 442 Abs 2 – bei Fehlen einer abweichenden Vereinbarung – auch in dem Fall, in dem der Käufer die Grundstücksbelastung kennt. Wenn der Verkäufer die **Beseitigung dieses Rechtsmangels** innerhalb einer §§ 323 Abs 1, 281 gesetzten Frist nicht im Wege einer Ablösungsvereinbarung oder auf sonstige Weise bewirkt, dann stehen dem Käufer grundsätzlich die sekundären Gewährleistungsrechte nach § 437 Nr 2 und Nr 3 zu.

4. **Keine Umwandlung eines Rechtsmangels an einzelnen Gegenständen des Unternehmensvermögens in einen Sachmangel des Unternehmens**. Im Falle der Bejahung des „Durchschlagens" eines Rechtsmangels auf das Unternehmen als Kaufgegenstand stellt sich zwar – mit Blick auf die Rspr des BGB vor Inkrafttreten des SMG 2002 – die Frage, ob dieser Rechtsmangel eines einzelnen Gegenstands des Betriebsvermögens sich in einen ausschließlichen oder zumindest zusätzlichen **Sachmangel des Unternehmens** umwandelt. Dies ist aber zu verneinen. Die Rspr des BGH zu dieser Frage auf Grundlage des alten Kaufrechts war ohnehin nicht einheitlich. Beim Kauf sämtlicher Anteile einer GmbH wurde wegen Vorliegens einer **Sicherungsübereignung** von zum Betriebsvermögen gehörenden beweglichen Sachen (Warenautomaten) das Eingreifen der **Sachmängelgewährleistung** nach §§ 459 ff aF bejaht[261]. Objektiv sei der Umstand, dass Warenautomaten als nicht unwesentlicher Teil des Betriebsvermögens zur Sicherung des Bankkredits übereignet waren, eine **ungünstige Abweichung iSd § 459 aF**[262]. Nach richtiger Auffassung stellt das fehlende Eigentum eines einzelnen zum Besitz des verkauften Unternehmens gehörenden Gegenstands eine teilweise **Nichterfüllung der Eigentumsverschaffungspflicht** aus § 433 Abs 1 Satz 1 dar und ist daher von vornherein kein Fall der Gewährleistung[263]. Es kommen stattdessen die **§§ 280 ff, §§ 323 ff** zur Anwendung[264]. 137

In einer weiteren Entscheidung des BGH[265] ging es um einen Unternehmenskauf, bei dem **Mietrechte an Geschäftsräumen** mitverkauft worden waren. Die Umwandlung eines Rechtsmangels in einen Sachmangel wurde hier abgelehnt. Im konkreten Fall scheiterte die Übertragung der Rechte aus dem Mietvertrag auf den Unternehmenskäufer, da die Vermieterin die erforderliche Zustimmung verweigerte, so dass der Unternehmenskäufer nicht zum kaufvertraglich vereinbarten Zeitpunkt den **Besitz an der Mietsache** übernehmen konnte[266]. Der BGH bejahte eine Rechtsmängelhaftung des Unternehmensverkäufers nach § 437 aF für Rechtsmängel an mitübertragenen Rechten, weil das Eingreifen dieser – im Vergleich zur Sachmängelhaftung strengeren – Haftung nicht davon abhängen könne, ob dieses Recht separat veräußert oder als einzelner Vermögensbestandteil von einem Unternehmenskauf erfasst werde[267]. 138

In einem Fall, in dem beim Verkauf sämtlicher Anteile einer **Hotel-GmbH** das **Betriebsgrundstück** mit einer vom Unternehmenskäufer nicht übernommenen **Hypothek** belastet war, ließ der BGH auf Grundlage des alten Kaufrechts offen, ob diese Beeinträchtigung des verkauften Unternehmens als **Rechtsmangel oder Sachmangel** zu klassifizieren war[268]. Mit der Bestellung der Hypothek am Hotelgrundstück sei, so der BGH, die Rechtsstellung der Unternehmenskäuferin als künftige Inhaberin des Hotelbetriebs jedenfalls entscheidend verschlechtert worden, weshalb ein **Rücktrittsrecht** unter den Voraussetzungen des § 326 aF naheliege[269]. Die Anwendbarkeit des § 326 aF könne sich im Wege der Rechtsmängelhaftung nach **§ 434 aF, § 435 aF** ergeben, wenn die Belastung des Hotelgrundstücks mit einer Hypothek als Rechtsmangel des gekauften Unternehmens anzusehen sei, was von der tatrichterlichen Beurteilung abhänge[270]. Die Hypothek könne aber auch einen **Sachmangel des Hotelunternehmens** darstellen. Darauf kam es 139

259 RGZ 120, 283, 287 f (... sind die auf diesen ruhenden Hypotheken als Belastungen des Unternehmens selbst anzusehen).

260 RGZ 120, 283, 287 f (entsprechende Anwendung der §§ 434, 439 Abs 2 aF). Im Fall des RG waren sämtliche Anteile der „Haus Rankestraße 20 Grundstücks-Gesellschaft mbH" in Berlin verkauft worden. Der Verkäufer übernahm dabei unter anderem die Gewähr dafür, dass das zum Gesellschaftsvermögen gehörende Grundstück frei von fremden Belastungen der Abteilung III des Grundbuchs sei. In Bezug auf die bestehenden Hypotheken erfolgte zwar aufgrund erteilter Löschungsbewilligungen eine Löschung. Auf Grundlage des Aufwertungsgesetzes stand aber einer Gläubigerin ein Aufwertungsanspruch zu, der die Eintragung eines Widerspruchs gegen die Hypothekenlöschung zur Folge hatte. Angenommen wurde daher vom RG ein Rechtsmangel iSd § 434 aF, § 439 aF des Unternehmens mit der Folge der Beseitigungspflicht.

261 BGH NJW 1969, 184.

262 BGH NJW 1969, 184.

263 Vgl dazu unten Rz 143 ff.

264 Vgl unten Rz 143 ff.

265 BGH NJW 1970, 556.

266 BGH NJW 1970, 556.

267 BGH NJW 1970, 556 f.

268 BGH WM 1984, 936.

269 BGH WM 1984, 936.

270 BGH WM 1984, 936.

im konkreten Fall deshalb nicht an, weil nach Ansicht des BGH aufgrund der noch nicht erfolgten **Übertragung der GmbH-Geschäftsanteile** die bei Vorliegen eines Sachmangels einschlägige Regelung des § 459 aF noch nicht anwendbar war, sondern stattdessen – wie bei Bejahung eines Rechtsmangels – die allgemeine leistungsstörungsrechtliche Regelung des **§ 326 aF** eingriff.

140 Der vom BGH auf Grundlage des vor Inkrafttreten des **SMG 2002 geltenden Kaufrechts** vereinzelt vertretenen Auffassung, nach der ein auf einen einzelnen Gegenstand des Unternehmens bezogener Rechtsmangel unter bestimmten Voraussetzungen einen Sachmangel des Unternehmens darstellen kann, liegt zwar die – für sich betrachtet – zutreffende Vorstellung zugrunde, dass nicht die Summe der einzelnen Vermögensgegenstände, sondern vielmehr das **Unternehmen als Einheit** der Kaufgegenstand ist. Denn in Bezug auf das Unternehmen kann die Belastung eines einzelnen Vermögensgegenstands mit dem Recht eines Dritten eine „ungünstige Abweichung" iSd § 459 aF darstellen[271]. Jedenfalls auf **Grundlage des neuen Kaufrechts** ist dieser Rspr aber nicht zu folgen, sondern vielmehr davon auszugehen, dass der Rechtsmangel eines einzelnen Gegenstands des Gesellschaftsvermögens unter der Voraussetzung eines „Durchschlagens" als Rechtsmangel des gesamten Unternehmens anzusehen ist[272]. Richtig ist zwar die Annahme, dass ein Recht eines Dritten iSd § 435 an einem einzelnen Vermögensgegenstand des Unternehmens eine von den Kaufvertragsparteien **vertraglich vorausgesetzte Verwendung** (**§ 434 Abs 2 Satz 1 Nr 2**) oder jedenfalls die **gewöhnliche Verwendung** (**§ 434 Abs 3 Satz 1 Nr 1**) beeinträchtigen kann, so dass in Bezug auf das gesamte Unternehmen eine Abweichung der **Ist-Beschaffenheit** von der kaufvertraglichen **Soll-Beschaffenheit** vorliegt. Derartige tatsächliche Verwendungsbeschränkungen sind aber eine **typische Folge** eines bestehenden Rechtsmangels iSd § 435. Besonders deutlich zeigt sich dies, wenn eine bewegliche Sache **für einen Vollstreckungsgläubiger gepfändet** oder aus Gründen der öffentlichen Sicherheit nach öffentlichem Recht beschlagnahmt und dem Käufer dadurch der Besitz entzogen wird. Das Gleiche gilt in dem Fall, in dem das mit dem Kauf eines Unternehmens erworbene zentrale **Betriebsgrundstück** deshalb nicht in der vorgesehenen Weise vom Käufer uneingeschränkt genutzt werden kann, weil zugunsten eines Grundstücksnachbarns eine **Dienstbarkeit** im Grundbuch eingetragen ist. Auch in einer solchen Konstellation ist die aufseiten des Unternehmens vorliegende Verwendungsbeschränkung lediglich die typische Folge des Rechtsmangels an einem einzelnen Gegenstand des Unternehmensvermögens.

141 5. **Rechtliche Beschränkungen als Folge eines Sachmangels**. So wie ein Rechtsmangel zu einer Verwendungsbeschränkung führen kann[273], so kann ein in Bezug auf eine einzelne Sache oder Sachgesamtheit des Unternehmensvermögens gegebener Sachmangel iSd §§ 453 Abs 1, 434 wegen Vorliegens einer **Gefahr für die öffentliche Sicherheit** zu einer **behördlichen Beschlagnahme** führen. Wird nach dem Kauf eines Industrieunternehmens bspw die Produktion unter Verweis auf zu hohe und daher gesetzlich nicht zulässige **Schadstoffemissionen**, die durch Mängel der Luftreinigungsanlagen verursacht werden, im Wege einer **behördlichen Stilllegungsverfügung** untersagt, so ist ein **Sachmangel** des gesamten Unternehmens zu bejahen, der sich durch die hinzugekommene rechtliche Beschränkung nicht in einen Rechtsmangel umwandelt. Es liegt hier auch kein zusätzlicher Rechtsmangel vor. Die rechtlichen Beeinträchtigungen des Kaufgegenstands sind vielmehr die **typische Folge** eines Sachmangels in den Fällen, in denen die kaufvertragswidrige Beschaffenheit zugleich gegen ein Gesetz verstößt, das Gefahren für die öffentliche Sicherheit vermeiden soll.

142 6. **Abgrenzung zwischen Sach- und Rechtsmängeln in Zweifelsfällen – Verjährungsproblematik.** Für die Abgrenzung zwischen Sach- und Rechtsmängeln in Zweifelsfällen kommt es auch beim Unternehmenskauf grundsätzlich darauf an, ob die **originäre Beeinträchtigung des Kaufgegenstands** in einer Beschaffenheitsabweichung iSd § 434 (Sachmangel) oder im Recht eines Dritten iSd § 435 an der Kaufsache (Rechtsmangel) zu sehen ist. Daraus resultierende weitere Beeinträchtigungen ändern dann nichts an der Art des vorliegenden Mangels. **Das SMG 2002** hat zwar eine weitgehende Gleichstellung von Sach- und Rechtsmängeln bei der Gewährleistungshaftung des Verkäufers hergestellt. Das gilt insbes für den primären Gewährleistungsrechtsbehelf des Käufers in Gestalt des **Nacherfüllungsanspruchs aus §§ 437 Nr 1, 439 Abs 1**. Gleichwohl bestehen auch bei Vorliegen eines Unternehmenskaufs zwischen beiden Mangelarten wesentliche Unterschiede, die eine präzise Einordnung als Sach- oder Rechtsmangel erfordern. Die Unterschiede zwischen beiden Mangelarten zeigen sich vor allem bei der **Verjährung der Gewährleistungsrechte des Käufers nach § 438**. Denn im Falle eines Rechtsmangels in Gestalt eines dinglichen Rechts iSd § 438 Abs 1 Nr 1 lit a oder lit b beträgt die Verjährungsfrist **30**

271 BGH NJW 1969, 184.
272 Erman/Grunewald Rz 25; aA Staud/Beckmann Rz 144 ff; BeckOK/Faust Rz 30.
273 Vgl vorstehende Rz 136.

Jahre. Bei Vorliegen eines Sachmangels verjähren die Gewährleistungsansprüche des Käufers im Regelfall gem § 438 Abs 1 Nr 3 in **zwei Jahren**. Handelt es sich um einen auf das Unternehmen als Kaugegenstand durchschlagenden Sachmangel an einem **Bauwerk**, so beträgt die Verjährungsfrist gem § 438 Abs 1 Nr 2 lit a **fünf Jahre**.

7. **Fehlendes Eigentum an Gegenständen des Unternehmensvermögens**. Der Verkäufer ist beim Verkauf des Unternehmens als Ganzes (*asset deal*) verpflichtet, dem Käufer gem § 433 Abs 1 Satz 1 das Eigentum an zum Unternehmensvermögen gehörenden Sachen zu verschaffen, sofern sich nicht aus dem Kaufvertrag einschließlich Anlagen oder aus den Umständen ergibt, dass sie von einem Dritten durch **Miet- oder Pachtvertrag** oder aufgrund eines sonstigen Vertragsverhältnisses zur Nutzung im Rahmen eines **berechtigten Fremdbesitzes** überlassen wurden. Entsprechendes gilt, wenn der Käufer im Rahmen eines Anteilskaufs (*share deal*) sämtliche oder nahezu sämtliche Gesellschaftsanteile des Unternehmens erwirbt. Denn hier haftet der Verkäufer nicht nur für Mängel der Anteile als Rechte iSd § 453 Abs 1 Satz 1 Alt 1, sondern zusätzlich für Mängel des Unternehmens[274]. Die **Verschaffungspflicht des Verkäufers** bezieht sich bei einem Anteilskauf mit einem derartigen Umfang gem § 453 Abs 1 Satz 1 Alt 1 iVm § 433 Abs 1 Satz 1 auch darauf, dass die Gesellschaft, deren Anteile gekauft wurden, Eigentümerin der in ihrem Besitz befindlichen Sachen ist, sofern nicht aufgrund von Überlassungsverträgen ein **berechtigter Fremdbesitz** gegeben ist. 143

Im Zweifel kann der Käufer sowohl beim Kauf des Unternehmens als Ganzes (*asset deal*) als auch beim Anteilskauf (*share deal*) unter Heranziehung des **Rechtsgedankens des § 1006** davon ausgehen, dass dem Verkäufer bzw der Gesellschaft als Unternehmensträger das Eigentum an den zum Besitz des Unternehmens gehörenden Sachen zusteht und deshalb insoweit eine Verschaffungspflicht des Verkäufers aus § 433 Abs 1 Satz 1 besteht. Stehen im Besitz des Unternehmens befindliche Sachen, obwohl sie zu Eigentum erworben worden und daher nach den vorhandenen Unterlagen nicht aufgrund von Überlassungsverträgen dem berechtigten Fremdbesitz zuzurechnen sind, in Wirklichkeit im **Eigentum eines Dritten**, so besteht insoweit noch eine Pflicht des Verkäufers zur Eigentumsverschaffung aus § 433 Abs 1 Satz 1. Praktische Bedeutung haben hier vor allem die Fälle, in denen zeitlich vor dem Unternehmenskauf vorgenommene Übereignungen von Sachen an das Unternehmen wegen fehlender Eigentümerstellung der betreffenden Waren- oder Grundstücksverkäufer und Nichtvorliegens der Voraussetzungen eines **gutgläubigen Erwerbs** gescheitert sind. Anders ist die Rechtslage insoweit allerdings dann, wenn es sich um den Verkauf eines Unternehmens handelt, das fortlaufend im **größeren Umfang gebrauchte Sachen** ankauft. Hier handelt es sich regelmäßig zu einem geringen Anteil um **abhanden gekommene Sachen**, an denen gem § 935 nicht gutgläubig Eigentum erworben werden kann, und daher noch um einen **üblichen Zustand** eines solchen Unternehmens. Diese Ausnahme greift aber nicht ein, soweit es um Gegenstände mit einem – im Verhältnis zum gesamten Unternehmensvermögen – bedeutenden Wert geht. 144

Sind einzelne Sachen des Unternehmensvermögens vor Vollzug des Unternehmensverkaufs zur **Sicherung von betrieblichen Darlehensverbindlichkeiten**, die der Käufer im Rahmen des Unternehmenskaufvertrags übernommen hat, an die jeweiligen Gläubiger nach **§§ 929, 930** übereignet worden, so hängt es bei Fehlen einer besonderen kaufvertraglichen Vereinbarung von einer **Vertragsauslegung** ab, ob der Käufer die bestellten Sicherheiten akzeptieren muss, so dass ihm insoweit keine Erfüllungsansprüche wegen fehlenden Eigentums zustehen[275]. IdR muss der Käufer eines Unternehmens, das samt Verbindlichkeiten übernommen wird, damit rechnen, dass für Betriebsdarlehen eine **verkehrsübliche Sicherheit** bestellt worden ist. Das gilt nicht nur in Bezug zur Sicherung übereigneter Mobilien, sondern auch für **Sicherungsgrundschulden** an zum Unternehmensvermögen gehörenden Grundstücken. Das Bestehen derartiger, im Zusammenhang mit Betriebsdarlehen stehender Sicherheiten stellt keine Pflichtverletzung des Verkäufers dar, so dass insoweit weder eine Nichterfüllungshaftung wegen fehlenden Eigentums noch eine Rechtsmängelhaftung wegen Grundstücksbelastungen eingreift. Das Unternehmen weist vielmehr einen **üblichen Zustand** auf. 145

Eine **Nichterfüllung der Eigentumsverschaffungspflicht** des Verkäufers ist dagegen zum einen dann zu bejahen, wenn aufgrund eines Miet- oder Pachtvertrags im **Fremdbesitz des Unternehmens** befindliche Sachen in der dem Käufer bei den Vertragsverhandlungen vorgelegten Vermögensaufstellung (Inventarverzeichnis) unzutreffend als Eigentum deklariert sind. Bei Vorliegen einer Nichterfüllung der Eigentumsverschaffungspflicht kann der Unternehmenskäufer dem Verkäufer gem §§ 281 Abs 1, 323 Abs 1 eine **angemessene Frist** setzten. Ein Recht, vom Unternehmenskaufvertrag zurückzutreten oder/und Schadensersatz statt der ganzen Leistung zu 146

274 Vgl zu den Einzelheiten Rz 193 ff.

275 Vgl dazu den Hinweis in BGH NJW 1969, 184.

verlangen, steht dem Käufer nur zu, wenn **keine unerhebliche Pflichtverletzung** iSd §§ 281 Abs 1 Satz 3, 323 Abs 5 Satz 2 vorliegt. Dies hängt vom Wert der Sache, an der das Eigentum nicht verschafft wurde, im Verhältnis zum Wert des Unternehmens als Ganzes ab[276].

147 8. **Übergang von Unternehmensverbindlichkeiten gem HGB § 25 auf den Unternehmenskäufer**. – a) **Nichtvorliegen eines Rechtsmangels und Regress nach § 426**. Unternehmensverbindlichkeiten, für die der Unternehmenskäufer wegen Vorliegens einer **Firmenfortführung** nach HGB § 25 mit seinem gesamten Vermögen gesamtschuldnerisch neben dem Verkäufer als bisherigen Unternehmensinhaber haftet, begründen jedenfalls keinen Rechtsmangel des Unternehmens als Kaufgegenstand[277]. Denn der Verkäufer hat hier seine ihm gegenüber dem Käufer obliegende Pflicht zur Verschaffung des Kaufgegenstands **frei von Rechten Dritter iSd § 435** sowohl hinsichtlich der einzelnen Gegenstände des Unternehmensvermögens als auch in Bezug auf das Unternehmen als Ganzes erfüllt. Dass derartige Verbindlichkeiten im Falle der Nichterfüllung zu einer **Zwangsvollstreckung in das Vermögen des Unternehmenskäufers** führen und dabei dann dessen Vermögengegenstände beschlagnahmt werden können, ändert nichts daran, dass das bloße Bestehen einer Unternehmensverbindlichkeit kein Recht iSd § 435 darstellt. Der **Forderungsgläubiger** erlangt als Dritter erst dann ein derartiges Recht, wenn auf Grundlage eines erlangten Vollstreckungstitels ein Gegenstand des Unternehmensvermögens durch Beschlagnahme wirksam gepfändet wird. Den Rechtsmangel begründet dann das entstandene **Pfändungspfandrecht** und nicht die Forderung des Dritten als solche. Dass eine derartige Pfändung erst nach Übergabe des Unternehmens erfolgt, spricht hier nicht gegen einen Rechtsmangel, weil sowohl die Verbindlichkeit als Grundlage der Zwangsvollstreckung als auch die materiell-rechtliche Haftung des Unternehmensvermögens schon vor dem Übergang des Unternehmens auf den Käufer bestand.

148 Problematisch ist im Falle des Bestehens von Unternehmensverbindlichkeiten, für die der Käufer gem HGB § 25 haftet ohnehin nur die Konstellation, in der es um Verbindlichkeiten geht, die vom Käufer nicht im Rahmen des Kaufvertrags übernommen wurden und daher im Verhältnis der Vertragsparteien zueinander vom Verkäufer zu tragen sind. Hat der Käufer dagegen die zum Zeitpunkt der Übernahme des Unternehmens schon bestehenden Verbindlichkeiten unter **Anrechnung auf den Kaufpreis** übernommen, so beruht die Haftung des Käufers für Altverbindlichkeit von vornherein nicht auf einer Pflichtverletzung des Verkäufers. Hier sind in Wirklichkeit die in Rede stehenden Schulden „mitverkauft" worden. Soweit der Käufer bestehende Unternehmensverbindlichkeiten nicht kaufvertraglich übernommen hat, steht ihm im Falle der Inanspruchnahme durch den Forderungsgläubiger gegen den Verkäufer ein **Freistellungsanspruch aus § 426 Abs 1 iVm § 257** zu. Ein Gesamtschuldverhältnis zwischen Verkäufer und Käufer ist insoweit zu bejahen. Nach Zahlung an den Gläubiger steht dem Käufer ein Regressanspruch aus § 426 Abs 1 gegen Verkäufer zu. Die Forderung des Unternehmensgläubigers geht hier gem § 426 Abs 2 auf den Käufer über.

149 b) **Vorliegen eines Sachmangels bei Käuferhaftung nach HGB § 25 für unbekannte Unternehmensverbindlichkeiten**. Mit Unternehmensverbindlichkeiten, die in den vom Verkäufer vorgelegten Bilanzen und sonstigen Geschäftsunterlagen nicht ausgewiesen sind, muss der Käufer nicht rechnen. Derartige dem Käufer nicht bekannte Verbindlichkeiten stellen – ebenso wie sonstige Fehler in Bilanzen und sonstigen Rechenwerken – gem § 453 Abs 1 Satz 1 Alt 2 iVm § 434 Abs 2 Satz 1 Nr 1 eine Abweichung der Ist-Beschaffenheit von der Soll-Beschaffenheit des Unternehmens als Kaufgegenstand und damit einen **Sachmangel** dar[278]. Der Unternehmensverkäufer haftet dafür nach § 437[279]. Soweit es um eine **fällige Gläubigerforderung** geht, kann die Nacherfüllung vor allem darin bestehen, dass der Verkäufer durch ordnungsgemäße Zahlung eine Tilgung herbeiführt. Bei Unmöglichkeit oder Scheitern der Nacherfüllung kommt eine **Kaufpreisminderung** nach §§ 437 Nr 2, 441 Abs 1 in Betracht. Ob der Käufer für diese Verbindlichkeiten nach HGB § 25 **persönlich haftet**, ist zwar für das Vorliegen eines solchen Sachmangels nicht entscheidend. Denn beim Kauf sämtlicher oder nahezu sämtlicher Anteile der unternehmenstragenden Gesellschaft (*share deal*) mit der Folge der zusätzlichen Haftung des Verkäufers für Mängel des Unternehmens[280] ändert der Vollzug des Unternehmenskaufs ohnehin nichts an **der alleinigen Schuldnerstellung** dieser Gesellschaft. Sind allerdings beim Kauf des Unternehmens als Ganzes (*asset deal*) die Voraussetzungen einer persönlichen Haftung des Käufers gegenüber dem Forderungsgläubiger gegeben, so tritt der **Gesamtschuldregress**

276 Vgl dazu oben Rz 120 f.
277 RGZ 100, 200, 204 (kein Rechtsmangel, aber zugesicherte Eigenschaft iSd § 459 Abs 2 aF möglich); ebenso die Entscheidung RGZ 146, 120, 124 ff; BGH WM 1970, 819 (in Betracht gezogen und abgelehnt wird ein Sachmangel; ein Rechtsmangel wird nicht geprüft); Erman/Grunewald § 435 Rz 9; offenlassend Staud/Beckmann Rz 153; BeckOK/Faust Rz 30.
278 Vgl Rz 169 ff.
279 Vgl zu den Einzelheiten Rz 169.
280 Vgl dazu Rz 193 ff.

nach § 426[281] neben die Sachmängelgewährleistung nach §§ 453 Abs 1 Satz 1 Alt 2, 434 Abs 2 Satz 1 Nr 1, 437. Die persönliche Haftung des Käufers begründet auch hier keinen ausschließlichen oder zusätzlichen Rechtsmangel[282]. Ein Rechtsmangel entsteht erst dann, wenn im Rahmen der Zwangsvollstreckung ein Gegenstand des Unternehmensvermögen gepfändet wird[283].

9. **Sach- und Rechtsmängel des Unternehmens als Ganzes.** – a) **Grundsatz – Nichterfordernis der Prüfung eines „Durchschlagens“.** In vielen Fällen bezieht sich zwar beim Unternehmenskauf der Mangel zunächst auf einen **abgrenzbaren einzelnen Gegenstand** des Unternehmensvermögens. Es kann aber sowohl ein Sachmangel als auch ein Rechtsmangel unmittelbar dem Unternehmen als Ganzes anhaften, so dass sich die Frage des „Durchschlagens“ des Mangels auf das Unternehmen nicht stellt. Insoweit geht es zum einen um die Konstellation, in der **eine Zuordnung des Mangels** zu einem einzelnen Gegenstand von vornherein nicht möglich ist[284]. Zum anderen gibt es Fallgestaltungen, in denen zwar eine solche Zuordnung theoretisch möglich ist, der Mangel aber eindeutig den **zentralen und wesentlichen Bereich des Unternehmens** betrifft. Das „Durchschlagen“ des Mangels auf das Unternehmen als Kaufgegenstand ist hier so evident ist, dass eine darauf bezogene Prüfung gekünstelt wäre[285]. 150

b) **Sachmangel des Unternehmens als solches wegen Beeinträchtigung des Firmenwerts (Goodwill).** Ein sich unmittelbar auf das Unternehmen als Kaufgegenstand beziehender Sachmangel kann vorliegen, wenn der reine Firmenwert (Goodwill) des Unternehmens beeinträchtigt ist. Vorrangige Frage ist hier allerdings, ob überhaupt eine **Beschaffenheitsabweichung** iSd § 434 Abs 2 oder 3 vorliegt, wenn der Unternehmenskäufer bei Abschluss des Kaufvertrags von einem besseren Firmenwert ausgegangen ist. In Bezug auf den Firmenwert kann regelmäßig nur dann eine präzise **Beschaffenheitsvereinbarung iSd § 434 Abs 2 Satz 1 Nr 1** getroffen werden, wenn dieser Wert auf Grundlage eines Sachverständigengutachtens oder/und von Untersuchungen, die von **Marktforschungsinstituten** durchgeführt wurden, verlässlich beziffert werden kann. In Bezug auf den Beschaffenheitsbegriff des § 434 Abs 2 ist der Firmenwert als „sonstiges Merkmal“ iSd § 434 Abs 2 Satz 2 anzusehen. Entsprechendes gilt in Bezug auf die Bestimmung des Firmenwerts des gekauften Unternehmens für die Frage, ob insoweit die **übliche Beschaffenheit** iSd § 434 Abs 3 Satz 1 Nr 2 vorliegt. Der Firmenwert stellt auch hier grundsätzlich ein „sonstiges Beschaffenheitsmerkmal“ dar (§ 434 Abs 3 Satz 2). Praktische Bedeutung haben in dieser Hinsicht insbes die Fälle, in denen nach Vollzug des Kaufs unternehmensbezogene Umstände bekannt werden, die sich eindeutig auf den Zeitabschnitt vor Gefahrübergang beziehen und nunmehr den Ruf des Unternehmens spürbar beeinträchtigen, wodurch dann auch der Firmenwert geschmälert wird. 151

In der Entscheidung **RGZ 67, 86** ging das RG zu Recht davon aus, dass der Umstand, dass der gekaufte **Beherbergungsbetrieb** vor der Übertragung als „Absteigequartier“ genutzt worden war, im Rahmen einer analogen Anwendung des § 459 aF zu einem Sachmangel des Unternehmens als Kaufgegenstand führte[286]. Dem Unternehmenskäufer stand daher ein Recht zur Wandelung oder Minderung zu. Auf Grundlage des geltenden Kaufrechts wäre hier ein Sachmangel iSd § 434 Abs 3 Satz 1 Nr 2 gegeben, weil die atypische Nutzung und die dadurch entstandene Rufbeeinträchtigung eine Abweichung von der **üblichen Beschaffenheit** darstellt. Die Art der Nutzung und der daraus resultierende Ruf des Unternehmens ist ein „sonstiges Merkmal“ iSd § 434 Abs 3 Satz 2. Ist die **bisherige Nutzung** eines Beherbergungsbetriebs oder eines sonstigen Unternehmens in einer kaufvertraglichen Beschaffenheitsvereinbarung festgehalten, so begründet das Bekanntwerden einer andersartigen Nutzung und eine damit einhergehende Rufbeeinträchtigung einen Sachmangel nach § 434 Abs 2 Satz 1 Nr 1. 152

Eine Nacherfüllung gem §§ 437 Nr 1, 439 Abs 1 in Form der Nachbesserung ist in den Fällen des Sachmangels wegen Beeinträchtigung des Firmenwerts zwar oft unmöglich. Gegeben ist dann aber zumindest der Rechtsbehelf der **Minderung** nach § 441 Abs 1. Wenn dem Verkäufer die vorliegende Rufbeeinträchtigung und/oder die zugrundeliegenden Vorgänge bekannt waren oder er eine Unkenntnis zu vertreten hat, dann steht dem Käufer hier auch ein **Schadensersatzanspruch aus § 437 Nr 3 iVm § 311a Abs 2** zu, der insbes die Aufwendungen für die Beseitigung noch vorhandener Missstände sowie eine Information aktueller und potentieller Kundenkreise umfasst. Ein **Rücktritt** nach § 437 Nr 2 ist bei Unmöglichkeit der Nacherfüllung zwar nach §§ 326 Abs 5, 323 eröffnet. Kann die Rufbeeinträchtigung allerdings durch geeignete Maßnahmen zumindest mittelfristig behoben werden, so kommt ein Ausschluss des Rücktritts nach § 323 Abs 5 Satz 2 wegen Vorliegens eines **unerheblichen Mangels** in Betracht[287]. Häufig wird 153

281 Vgl dazu oben Rz 147 ff.
282 Vgl oben Rz 147.
283 Vgl oben Rz 147.
284 Vgl dazu nachfolgend Rz 151 ff.
285 Vgl dazu Rz 156.
286 RGZ 67, 86, 90.
287 Vgl dazu Rz 117 ff.

der Käufer vor allem durch den Hinweis auf den erfolgten Inhaberwechsel und eine Änderung von Geschäftsbezeichnung, also bspw die Fortführung eines gekauften Hotels unter einem neuen Namen, in der Lage sein, die vorhandene Rufbeeinträchtigung zu eliminieren.

154 Stellt sich nach Übergabe des gekauften Unternehmens heraus, dass ein oder mehrere **Mitarbeiter** im Zusammenhang mit ihrer Tätigkeit vor dem Vollzug des Unternehmenskaufs **Straftaten begangen** haben, die jetzt zu einer fristlosen Kündigung oder einer einvernehmlichen Aufhebung des Arbeitsverhältnisses führen, so handelt es sich jedenfalls nicht ohne weiteres um einen **Sachmangel** des Unternehmens[288]. Derartige Verfehlungen einzelner Mitarbeiter sind vielmehr insbes bei Unternehmen mit einem größeren Personalbestand als **übliche Beschaffenheit** iSd § 434 Abs 3 Satz 1 Nr 2 anzusehen. Bei kleineren Unternehmen – vor allem im Dienstleistungsbereich – kann zwar die **„charakterliche Zuverlässigkeit"** eines einzelnen Angestellten für den Geschäftsbetrieb von besonderer Bedeutung sein[289]. Für die Annahme eines **Sachmangels** des Unternehmens genügt aber nicht, dass aufgrund der Beendigung des mit dem betreffenden Mitarbeiter bestehenden Beschäftigungsverhältnisses ein **Teil des Kundenstamms** verloren geht[290]. Diese Folge kann nämlich auch dann eintreten, wenn ein für die Kundenbeziehungen des Unternehmens **bedeutender Angestellter** auf Grundlage einer freien Entscheidung das Unternehmen verlässt, um zu einem anderen Arbeitgeber zu wechseln, oder altersbedingt ausscheidet. Die gleichen Grundsätze gelten hinsichtlich der Frage des Vorliegens eines Sachmangels in den Fällen, in denen einzelnen Mitarbeitern in Wirklichkeit die für ihren Einsatzbereich **erforderliche Qualifikation** fehlt oder sie wegen einer bestehenden und dem Verkäufer bekannten Erkrankung längerfristig nicht eingesetzt werden.

155 Anders ist die Rechtslage, wenn ein Mitarbeiter für Straftaten verantwortlich ist, die unmittelbar zu **erheblichen Vermögensschäden** aufseiten des verkauften Unternehmens führen. Hier ist aber in erster Linie nicht die charakterliche Unzuverlässigkeit dieses Mitarbeiters, sondern die Belastung des Unternehmens mit dem Vermögensschaden als Grundlage eines **Sachmangels** anzusehen, sofern dem Käufer diese Umstände bei Abschluss des Kaufvertrags nicht bekannt sind. Zudem kann durch die Aufdeckung früherer Straftaten der **Ruf des verkauften Unternehmens** so beeinträchtigt werden, dass die Umsätze sich für einen längeren Zeitraum negativ entwickeln und auch der Firmenwert als solcher belastet wird. Dafür genügen zwar nicht **Verfehlungen eines einzelnen Mitarbeiters**, die in nicht wenigen, insbes größeren Unternehmen hin und wieder vorkommen. Anzunehmen ist ein Sachmangel aber, wenn mehrere Mitarbeiter – uU mit externen Personen – ein **kriminelles Netzwerk** aufgebaut haben, das aus Sicht des Geschäftsverkehrs ein dem Unternehmen unmittelbar **zuzurechnendes System** darstellt und daher nicht als Fehlverhalten einzelner Personen angesehen wird.

156 c) **Vertriebsrechte und gewerbliche Schutzrechte eines Dritten – originärer Rechtsmangel des Unternehmens.** Das gekaufte Unternehmen kann als solches auch mit einem Rechtsmangel iSd § 435 belastet sein[291]. Dies ist nicht nur dann möglich, wenn ein einzelner Vermögensgegenstand des Unternehmens mit einem Rechtsmangel behaftet ist, der dann den **Wert** oder/und die **Funktionstauglichkeit des Unternehmens** beeinträchtigt und daher auf das Unternehmen als Kaufgegenstand „durchschlägt"[292]. Ein Rechtsmangel kann sich vielmehr – wie ein Sachmangel[293] – von vornherein unmittelbar auf den ganz wesentlichen Teil des Unternehmens und damit auf das Unternehmen als solches beziehen. Eine gesonderte Prüfung des „Durchschlagens" ist hier auch deshalb nicht erforderlich, weil die Erstreckung des Rechtsmangels auf das Unternehmen als Kaufgegenstand evident ist. Steht bspw in Bezug auf eine verkaufte **Maschinenfabrik** einem Dritten aufgrund einer wirksamen Vereinbarung mit dem Verkäufer ein **ausschließliches Vertriebsrecht** für ein bestimmtes Land oder mehrere Länder zu, das weder ausdrücklich noch konkludent Gegenstand des Unternehmenskaufvertrags ist und der Käufer gem **HGB § 25** gegen sich gelten lassen muss, so liegt ein Rechtsmangel des Unternehmens als solches vor[294]. Der Umstand, dass aufgrund dieser **Vertriebsbindung** zugleich die von den Kaufvertragsparteien **vorausgesetzte Verwendung** iSd § 434 Abs 2 Satz 1 Nr 2 fehlt, ist nur eine schlichte Folge des Rechtsmangels und begründet daher nach allgemeinen Grundsätzen nicht zusätzlich einen Sachmangel[295].

288 BGH NJW 1991, 1223 f (Verkauf einer Steuerberaterpraxis).
289 Vgl dazu BGH NJW 1991, 1223 f.
290 BGH NJW 1991, 1223 f („auf jeden Fall nicht unmittelbar genug").
291 Erman/Grunewald § 435 Rz 15; BeckOK/Faust Rz 28; BeckOGK/Wilhelmi Rz 665; Staud/Beckmann Rz 144; Ernst, Rechtsmängelhaftung, 1995, S 158 ff.
292 Vgl dazu oben Rz 115 ff.
293 Vgl dazu vorstehend Rz 151 ff.
294 RGZ 88, 103, 106 f (ausschließliches Betriebsrecht für „Österreich-Ungarn"); MünchKomm/Westermann Rz 28.
295 Vgl dazu oben Rz 137 ff.

Praktische Bedeutung hat auch der Fall, in dem der Zweck des gekauften Unternehmens in der Herstellung eines Produkts besteht und diese Produktion wegen Verstoßes gegen das **Patent eines Dritten** eingestellt werden muss. Auch hier liegt ein Rechtsmangel des Unternehmens als solches vor[296]. In der insoweit anders lautenden Entscheidung RGZ 69, 429, die einen Sachmangel iSd § 459 aF bejaht, ging es um den Kauf eines **Schlackensteinwerks einschließlich Grundstück und Kundenstamm**. Nach der Übernahme des Unternehmens durch den Käufer erwirkte ein Dritter, dem in Bezug auf das Herstellungsverfahren ein **Patent** zustand, die Untersagung des Weiterbetriebs. Das RG nahm einen dem Unternehmen selbst anhaftenden **Sachmangel iSd 459 Abs 1 aF** an, weil durch diesen Umstand der Wert und die Tauglichkeit des Erwerbsgeschäfts zu dem nach dem Kaufvertrag vorausgesetzten Gebrauch aufgehoben oder gemindert werde[297]. Dem RG ist zwar bei Beurteilung des entschiedenen Falls auf Grundlage des seit Inkrafttreten des SMG 2002 geltenden Kaufrechts im Rahmen der entsprechenden Anwendung der §§ 434, 435 darin zuzustimmen, dass aufgrund des Patents des Dritten ein Mangel des Unternehmens als Kaufgegenstand vorlag. Ein Patent ist aber eindeutig ein Recht eines Dritten iSd § 435 und damit ein **Rechtsmangel**[298]. Die aufgrund des **Unterlassungsanspruchs des Patentinhabers** nicht gegebene Eignung des gekauften Unternehmens für die von den Kaufvertragsparteien vereinbarte oder zumindest vorausgesetzte Verwendung erfüllt zwar – für sich betrachtet – die Sachmangeldefinition des § 434 Abs 2 Satz 1 Nr 1 bzw Nr 2. Diese **Verwendungsbeschränkung** ist aber die typische Folge eines Rechtsmangels dieser Art und begründet daher keinen (zusätzlichen) Sachmangel des Unternehmens[299]. Bei Vorliegen eines derartigen Rechtsmangels des Unternehmens kann der Käufer als Nacherfüllung gem §§ 453 Abs 1 Satz 1, 435, 437 Nr 1 die Beseitigung des auf das Patent gestützten Unterlassungsanspruchs verlangen. Der Unternehmensverkäufer ist also gehalten, mit dem Patentinhaber (Dritten iSd § 435) eine **Übertragung des Patents** gem §§ 398, 413 auf den Käufer oder zumindest eine **ausschließliche Patentlizenz** zu dessen Gunsten zu vereinbaren. 157

III. Fehlerhafte Bilanzen oder sonstige betriebswirtschaftliche Daten als Sachmangel nach §§ 453 Abs 1 Satz 1 Alt 1 oder Alt 2, 434 Abs 2 Satz 1 Nr 1 und Satz 2

1. **Unterscheidung zwischen Unternehmenszahlen und Ertragsfähigkeit bei Anwendung des § 459 aF**. – a) **Grundsätze**. Umsatz- und Ertragsangaben des Unternehmensverkäufers, die sich nicht auf mehrere Jahre erstrecken – also bspw Bilanzen oder sonstige Abschlüsse nur für die letzten beiden Geschäftsjahre – sowie sonstige **betriebswirtschaftliche Unternehmenskennzahlen** wurden nach ständiger Rspr bis zum 1.1.2002 geltenden Kaufrecht grundsätzlich nicht als Fehler iSd § 459 Abs 1 aF oder Eigenschaft iSd § 459 Abs 2 aF eingeordnet[300]. Unter bestimmten Voraussetzungen kam allerdings eine – vom Verschulden abhängende – Schadensersatzhaftung des Verkäufers aus **culpa in contrahendo** in Betracht[301]. Der Grund für die Ablehnung der Sachmängelhaftung wurde insoweit darin gesehen, dass die in Rede stehenden Unternehmenszahlen für **einzelne Geschäftsjahre** auf Umständen beruhten, die nicht unmittelbar mit der **Beschaffenheit des Unternehmens** in einem Zusammenhang stünden, sondern vielmehr in erster Linie von der **Konjunktur** und dem **Geschick der Geschäftsführer** abhingen[302]. Umsatz- und Ertragsangaben wurden daher grundsätzlich weder als ein in den Anwendungsbereich des § 459 Abs 1 aF fallendes **Beschaffenheitsmerkmal** noch als **Eigenschaft des Unternehmens** iSd § 459 Abs 2 aF eingeordnet[303]. 158

Anders war die Rechtslage auf Grundlage des alten Kaufrechts dagegen dann, wenn sich die Umsatz- und Ertragsangaben des Unternehmensverkäufers auf einen **Zeitraum von mehreren Jahren bezogen** oder sogar unmittelbare konkrete Angaben zur **Ertragsfähigkeit** des Unternehmens gemacht und vom Verkäufer auch zugesichert wurden[304]. Es lag dann eine **zugesicherte** 159

296 AA RGZ 69, 429, 432. (Sachmangel).
297 RGZ 69, 429, 430 ff.
298 Vgl RG JW 1911, 645; RGZ 124, 317, 319; RGZ 163, 1, 8; RG GRUR 1940, 265; BGH NJW 1973, 1545, 1546; BGH NJW 1979, 713; BGH NJW-RR 2001, 268, 269.
299 Vgl zur Abgrenzung oben Rz 137 ff.
300 BGH WM 1970, 819, 821; BGH NJW 1977, 1538, 1539; BGH WM 1987, 77; BGH WM 1988, 1700, 1702; BGH WM 1990, 1344; BGH NJW 1995, 1547 f; BGH NJW-RR 1996, 429; BGH NJW 1999, 1404, 1405; vgl dazu auch Wertenbruch, in: Dauner-Lieb/Konzen/K Schmidt, Das neue SchuldR in der Praxis, 2003, S 501.
301 BGH WM 1970, 819, 821; BGH NJW 1977, 1538, 1539; BGH WM 1987, 77; BGH WM 1988, 1700, 1702; BGH WM 1990, 1344; BGH NJW 1995, 1547 f; BGH NJW-RR 1996, 429; BGH NJW 1999, 1404, 1405; vgl dazu auch Wertenbruch, in: Dauner-Lieb/Konzen/Karsten Schmidt, Das neue SchuldR in der Praxis, 2003, S 505.
302 BGH WM 1974, 51; BGH NJW 1977, 1536; BGH NJW 1995, 1547.
303 BGH DB 1970, 42; BGH WM 1974, 51; BGH NJW 1977, 1536; BGH NJW 1977, 1538, 1539; BGH WM 1988, 1700; BGH NJW-RR 1996, 429.
304 BGH NJW 1970, 653, 655; BGH NJW 1977, 1536; BGH NJW 1977, 1538, 1539; BGH WM 1988, 124, 125; BGH WM 1988, 1700, 1702; BGH WM 1990, 1344; BGH NJW 1995, 1547 f.

Eigenschaft iSd § 459 Abs 2 aF, § 463 aF vor[305]. Bei fehlender Übernahme einer derartigen unbedingten Einstandspflicht stellte hingegen die Abweichung der tatsächlichen wirtschaftlichen Lage des Unternehmens (Ist-Zustand) von den Angaben des Verkäufers zur Ertragsfähigkeit (Soll-Zustand) keinen Sachmangel iSd § 459 Abs 1 aF dar, so dass die ädilizischen Rechtsbehelfe Wandelung und Minderung aufseiten des Unternehmenskäufers zumindest nicht aufgrund dieses Tatbestands eröffnet waren. Die Begriffe Beschaffenheit und Eigenschaft wurden insoweit im Rahmen des § 459 aF deshalb inhaltlich nicht übereinstimmend verstanden, weil die Ertragsfähigkeit als Eigenschaft iSd § 459 Abs 1 aF **nicht in der Sache selbst** ihren Grund habe und dem Unternehmen nicht für eine **gewisse Dauer** anhafte[306].

160 b) **Die Eigenschaftszusicherung iSd § 459 Abs 2 aF bei Angabe von Unternehmenszahlen**. Vom RG wurde in Bezug auf die Zusicherung des Verkäufers, dass das verkaufte Handelsgewerbe bislang einen **bestimmten „Reinverdienst"** gehabt habe, der Tatbestand des § 459 Abs 2 aF als erfüllt angesehen[307]. In einer nachfolgenden Entscheidung des RG wurde der **bisherige Ertrag** eines Geschäftsbetriebs ebenfalls nicht als Sachmangel iSd § 459 Abs 1 aF, sondern unter der Voraussetzung einer **vertraglichen Zusicherung** als zugesicherte Eigenschaft iSd § 459 Abs 2 aF eingeordnet[308]. Eine weitere Entscheidung des RG zu dieser Thematik sieht dagegen in der beim Verkauf eines Beherbergungsbetriebs einschließlich Geschäftsgrundstück vom Verkäufer zugesicherten **künftigen Auslastung** (Zimmerbelegung mit Gästen) keine Zusicherung einer Eigenschaft iSd § 459 Abs 2 aF[309]. Insoweit wurde darauf verwiesen, dass derartige **künftige Erwartungen** keine Eigenschaften der Kaufsache seien[310].

161 In einem vom BGH im Jahre 1977 entschiedenen Fall legte der Verkäufer beim Verkauf von Anteilen an einer GmbH & Co KG, die ein **Tiefbauunternehmen** betrieb, eine Bilanz für den **Zeitraum von sechs Monaten** seit der Gesellschaftsgründung vor[311]. Diese **Bilanz** wies einen **Gewinn** in Höhe von ca 10.000 DM aus, obwohl in Wirklichkeit ein **Verlust** in Höhe von 1,5 Millionen DM entstanden war. Der BGH[312] ging davon aus, dass **einzelne Bilanzen** keine Eigenschaften des Unternehmens seien und daher auch nicht tauglicher Gegenstand einer Zusicherung iSd § 459 Abs 2 aF sein könnten. Es handele sich vielmehr um Umstände, die zusammen mit anderen Faktoren – insbes Fähigkeiten der geschäftsleitenden Personen – im Falle der Betrachtung eines längeren Zeitraums **Schlüsse auf die Ertragsfähigkeit** des verkauften Unternehmens zuließen. Die bisherigen Erträge des verkauften Unternehmens könnten daher nur dann eine zusicherungsfähige Eigenschaft iSd § 459 Abs 2 aF darstellen, wenn die bilanzmäßigen Feststellungen sich auf einen längeren Zeitraum bezögen[313].

162 In einem weiteren Fall, in dem es um die Gewährleistungshaftung des Verkäufers beim Verkauf eines **Teehandelsgeschäfts** ging, sah der BGH[314] **unrichtige Angaben** des Verkäufers zu den in den Jahren **1968 bis 1970 erzielten Reingewinnen**, die in Wirklichkeit niedriger waren, nicht als tauglichen Anknüpfungspunkt für eine Eigenschaftszusicherung an. Eine Sachmängelgewährleistung griff daher hier weder nach § 459 Abs 2 aF noch nach § 459 Abs 1 aF ein. Bejaht wurde stattdessen ein Schadensersatzanspruch des Käufers aus **culpa in contrahendo**[315].

163 Eine nachfolgende Entscheidung des BGH[316] betrifft den Verkauf einer **Kissenfabrik** zu einem Preis von 400.000 DM. Grundlage für die Kaufpreisfestsetzung waren die dem Käufer übergebenen **Unternehmensbilanzen für die Jahre 1977 bis 1980** sowie die Gewinnberechnung für das Jahr 1981. Der Verkäufer gab im Rahmen des geschlossenen Unternehmenskaufvertrags die Zusicherung ab, dass die in den genannten Rechenwerken **angesetzten Betriebsaufwendungen** dem tatsächlichen Aufwand bei der Herstellung der Kissen entsprächen und keine **Verschiebungen von Aufwand oder/und Ertrag** im Verhältnis zwischen der verkauften Kissenfabrik und dem Verkäufer **separat betriebenen Importunternehmen** vorgenommen worden seien. In Wirklichkeit war aber Personal, das in der Kissenfabrik eingesetzt worden war, vom Importunternehmen des Verkäufers bezahlt worden. Der BGH bejahte insoweit einen Anspruch des Käufers aus **culpa in contrahendo** und lehnte ein Eingreifen der Sachmängelgewährleistung ab. In einem anderen Fall, der den Verkauf einer **Rechtsbeistandspraxis** betraf, führten falsche Angaben des Verkäufers einer bezüglich der Umsätze und Gewinne für die Jahre 1981 bis 1983 nach Ansicht des BGH ebenfalls zu einer Verkäuferhaftung aus **culpa in contrahendo** und

305 BGH NJW 1970, 653, 655; BGH NJW 1977, 1536; BGH NJW 1977, 1538, 1539; BGH WM 1988, 124, 125; BGH WM 1988, 1700, 1702; BGH WM 1990, 1344; BGH NJW 1995, 1547 f.
306 BGH WM 1982, 696, 697.
307 RGZ 63, 57, 61.
308 RGZ 67, 86, 87.
309 RGZ 148, 286, 295.
310 RGZ 148, 286, 295.
311 BGH NJW 1977, 1536.
312 BGH NJW 1977, 1536 mit Verweis auf BGH WM 1974, 51.
313 BGH NJW 1977, 1536, 1537.
314 BGH NJW 1977, 1538.
315 BGH NJW 1977, 1538, 1539.
316 BGH WM 1988, 124.

nicht zu einer Sachmängelhaftung nach §§ 459 ff aF[317]. Beim Verkauf eines Grundstücks mit Gaststätte und Pension wurde der **monatliche Bierumsatz im letzten Jahr** vom BGH nicht als Eigenschaft iSd § 459 Abs 2 aF eingeordnet[318].

Falsche Angaben des Verkäufers eines **Computerunternehmens** zu bisherigen **Umsätzen aus Wartungsgeschäften** rechtfertigten nach Auffassung des BGH[319] weder die Annahme eines Sachmangels iSd § 459 Abs 1 aF noch einer zugesicherten Eigenschaft iSd § 459 Abs 2 aF. Der BGH bejahte daher auch hier stattdessen eine Haftung des Unternehmensverkäufers aus **culpa in contrahendo**[320]. In gleicher Weise entschied der BGH einen Fall, in dem der Verkäufer beim **Verkauf eines Gastronomiebetriebs** falsche Umsatzzahlen angegeben hatte[321]. In dem vom BGH[322] im Jahre 1995 entschiedenen Fall des Verkaufs einer **Reinigung mit Schuh- und Schlüsseldienst** einschließlich Ladeneinrichtung und Maschinen hatte der Verkäufer bei den Vertragsverhandlungen eine vom Steuerberater erstellte **Ertragsvorschau für die Jahre 1990 bis 1992** vorgelegt, in der für jedes Jahr die **Netto-Umsatzerlöse** sowie die **Bilanzgewinne** ausgewiesen waren. Der BGH bestätigte zwar auch in dieser Entscheidung in Übereinstimmung mit seiner ständigen Rspr, dass Angaben des Verkäufers über bis zum Verkauf erzielte Umsätze und Erträge grundsätzlich nicht als zusicherungsfähige Eigenschaften iSd § 459 Abs 2 aF zu klassifizieren waren, sofern sich diese Angaben nicht auf einen mehrjährigen Zeitraum bezogen und deshalb keine zuverlässige Grundlage für die Einschätzung der Ertragsfähigkeit und damit des Wertes des Unternehmens boten. Bei einer **Ertragsvorschau** gehe es aber gerade nicht bloß um die bisherigen Umsätze und Erträge, sondern vielmehr um die **Ertragsfähigkeit des Unternehmens** als Grundlage für die zukünftige Entwicklung der Umsätze und Erträge. Es wurde daher insoweit vom BGH eine **Eigenschaft des Unternehmens** gem § 459 Abs 2 aF angenommen, welche ohne Einschränkung auch Gegenstand einer Zusicherung sein konnte[323]. 164

2. **Bedeutung der Unternehmenszahlen für Kaufpreisbildung und Kaufentscheidung des Käufers.** – a) **Allgemeines.** Beim Unternehmenskauf spielen die dem Käufer vorgelegten **Unternehmensbilanzen** und die sonstigen Angaben des Verkäufers zu **Umsätzen und Erträgen** nach wie vor eine herausragende Rolle. Dies gilt unabhängig davon, ob es sich um einen Kauf des Unternehmens als Ganzes (*asset deal*) oder um einen Anteilskauf (*share deal*) handelt[324]. Vor allem beim *share deal* in Form des **Kaufs sämtlicher oder nahezu sämtlicher Anteile** der unternehmenstragenden Gesellschaft besteht insoweit in Bezug auf die Bedeutung der Unternehmenszahlen für die Kaufentscheidung des Käufers und die Bestimmung des Kaufpreises kein Unterschied. Denn ein derartiger Anteilskauf wird, obwohl es sich um einen Rechtskauf iSd § 453 Abs 1 Satz 1 Alt 1 handelt, gewährleistungsrechtlich auch wie der **Kauf des Unternehmens** als Ganzes behandelt, dh, zur Haftung für Mängel der Anteile als Mitgliedschaftsrechte kommt die Gewährleistung für Unternehmensmängel hinzu[325]. Etwas anders ist die Lage bezüglich vorgelegter Unternehmenszahlen beim Kauf einer geringeren Beteiligung und insbes einer **Minderheitsbeteiligung.** Hier stehen nämlich die gerade den gekauften Anteil betreffenden **Gewinnverteilungen** der letzten Geschäftsjahre im Vordergrund, wobei allerdings diese Gewinnanteile ihrerseits selbstverständlich von den Erträgen des Unternehmens und damit auch von den zugrundenliegenden Unternehmensbilanzen abhängen. Der Anteilsverkäufer kann beim Verkauf von Minderheitsbeteiligungen dem Käufer allerdings regelmäßig nur diejenigen Bilanzen und sonstigen Unternehmenskennzahlen vorlegen, die er selbst als Gesellschafter auf Grundlage seiner **mitgliedschaftlichen Informationsrechte** erhalten hat und – bei Vorliegen eines berechtigten Interesses – zusätzlich von der Gesellschaft verlangen kann. 165

b) **Bilanz und Jahresabschluss nach HGB § 242 Abs 3.** Große Bedeutung für die Bewertung eines Unternehmens als Kaufgegenstand und die Kaufpreisfestsetzung haben die Bilanzen der letzten aufeinanderfolgenden Geschäftsjahre. Die Bilanz iSd **HGB §§ 247 ff** eines nach HGB § 238 buchführungspflichtigen Unternehmens (Kaufmanns) ist gem HGB § 242 Abs 3 neben der **Gewinn- und Verlustrechnung (GuV)** Bestandteil des Jahresabschlusses. Der Jahresabschluss stellt damit den **rechnerischen Abschluss des Geschäftsjahres** eines kaufmännischen Unternehmens dar. Bei **Kapitalgesellschaften** kommt gem HGB § 264 Abs 1 eine Erweiterung in Form eines Anhangs, der mit Bilanz und Gewinn- und Verlustrechnung eine Einheit bildet, sowie der **Lagebericht** hinzu. Die **Pflichtangaben des Anhangs** sind in den **HGB §§ 284 ff** geregelt. Der Inhalt des auf den Geschäftsverlauf einschließlich des Geschäftsergebnisses bezogenen Lageberichts ist Gegenstand der HGB §§ 289 ff. Das Interesse des Unternehmenskäufers 166

317 BGH WM 1988, 1700.
318 BGH NJW 1990, 1658.
319 BGH NJW-RR 1996, 429.
320 BGH NJW-RR 1996, 429.
321 BGH ZIP 1996, 1515.
322 BGH NJW 1995, 1547.
323 Unter Hinweis auf BGH NJW 1977, 1538.
324 Vgl zur Unterscheidung oben Rz 109.
325 Vgl Rz 193 ff.

bezieht sich neben der Bilanz im rechtstechnischen Sinne insbes auf die Gewinn- und Verlustrechnung, dh die auf ein Geschäftsjahr bezogene **Gegenüberstellung der Aufwendungen und Erträge** des Geschäftsjahres (HGB § 242 Abs 2).

167 c) **Einnahmen-Überschuss-Rechnung nach EStG § 4 Abs 3 Satz 1.** Inhaber eines Unternehmens, die nicht kraft Gesetzes verpflichtet sind, Bücher zu führen und regelmäßig Abschlüsse zu machen, können gem EStG § 4 Abs 3 Satz 1 als Gewinn den **Überschuss der Betriebseinnahmen über die Betriebsausgaben** ansetzen. Es handelt sich dann um eine **„einfache Buchführung“** mit sog Einnahmen-Überschuss-Rechnung. Dieses Rechenwerk ist eine Gegenüberstellung der betrieblichen Einnahmen und Ausgaben. Grundprinzip der Einnahmen-Überschuss-Rechnung ist der **Zufluss und Abfluss von Erträgen und Aufwendungen**, wobei es in erster Linie um Zuflüsse in Form von Geld (Zahlungszuflüsse) geht. Beim Kauf eines Unternehmens, dessen jährlicher Geschäftsabschluss in einer Einnahmen-Überschuss-Rechnung besteht, sind daher für den Käufer diese Aufstellungen der letzten Geschäftsjahre von großem Interesse und zudem wesentliche Grundlage für die **Festsetzung des Kaufpreises.** Das gilt insbes bei Unternehmen ohne größeres Anlagevermögen, also bspw beim Kauf eines minderkaufmännischen oder freiberuflichen Unternehmens, das in gemieteten oder gepachteten Räumen betrieben wird. Die Frage der **Gewährleistungshaftung nach §§ 453 Abs 1 Satz 1, 434** stellt sich hier vor allem dann, wenn die tatsächlichen Einnahmen niedriger oder/und die tatsächlichen Aufwendungen höher sind als vom Unternehmensverkäufer angegeben.

168 d) **Sonstige betriebswirtschaftliche Daten – insbes EBIT und EBITDA.** Häufig werden dem Käufer beim Unternehmenskauf neben den klassischen Handelsbilanzen oder Einnahmen-Überschuss-Rechnungen betriebswirtschaftliche **Kennzahlen** in Form des EBIT (earnings before interest and taxes – Gewinn vor Zinsen und Steuern) oder/und des EBITA (earnings before interest, taxes and amortization – Gewinn vor Zinsen, Steuern und Abschreibungen) – vorgelegt. Das EBIT gibt den **operativen Gewinn** und damit das **Betriebsergebnis** aus dem Leistungsbereich (originären Geschäftsbereich) des Unternehmens an. **Steuern und Finanzerträge** werden hier nicht berücksichtigt. Angegeben wird mit dem EBIT also das um Sondereffekte bereinigte **Ergebnis vor Zinsen und Steuern.** EBITDA (earnings before interest, taxes, depreciation and amortization – Gewinn vor Zinsen, Steuern, Abschreibungen und Abschreibungen auf immaterielle Vermögenswerte) berücksichtigt im Vergleich zu EBIT auch die Abschreibungen auf **Sachanlagen sowie auf immaterielle Vermögensgegenstände** und gibt Aufschluss über den Zahlungsmittelüberschuss aus der **gewöhnlichen Geschäftstätigkeit** des Unternehmens (operativer cashflow). Nicht selten macht der Verkäufer besondere Angaben zum **Schuldenstand und Eigenkapital.** Dies kann insbes auf einem besonderen Verlangen des Käufers oder darauf beruhen, dass während des zum Zeitpunkt des Verkaufs des Unternehmens laufenden Geschäftsjahres **außergewöhnliche Veränderungen** eingetreten sind, über die der Verkäufer ohnehin informieren muss.

169 3. **Fehlerhafte Unternehmenszahlen als Beschaffenheitsabweichung iSd §§ 453 Abs 1 Satz 1, 434 Abs 2 Satz 1 Nr 1 und Satz 2.** – a) **Unternehmenszahlen als Beschaffenheitsmerkmal iSd § 434 Abs 2 Satz 1 Nr 1 und Satz 2 – Überblick.** Jedenfalls der seit Inkrafttreten des SMG 2002 geltende **Beschaffenheitsbegriff des § 434** umfasst auch Unrichtigkeiten betriebswirtschaftlicher Daten beim Kauf eines Unternehmens[326]. Die Änderung des § 434 durch das ab **1.1.2022** geltende „Gesetz zur Regelung des Verkaufs von Sachen mit digitalen Elementen und anderer Aspekte des Kaufvertrags“ hat zwar auch insoweit nicht zu einer inhaltlichen Änderung, sondern nur zu einer **neuen Systematik und Konkretisierungen** geführt[327]. Die neue Beschaffenheitsdefinition des § 434 Abs 2 Satz 2 und Abs 3 Satz 2 bestätigt aber mit dem **Auffangtatbestand „sonstige Merkmale“** eindeutig, dass die dem Unternehmenskauf vertraglich zugrundeliegenden Kennzahlen des Unternehmens vom Beschaffenheitsbegriff erfasst werden[328]. Die einzelnen Sachmängeltatbestände des § 434 sind über die Verweisungsnorm des § 453 Abs 1 Satz 1 entsprechend anwendbar. Auch die Anwendung der in § 437 geregelten **Rechtsfolgen eines Sachmangels** bereitet im Falle fehlerhafter Unternehmenszahlen keine Schwierigkeiten, sondern ist vielmehr – insbes im Vergleich zur Haftung des Verkäufers aus culpa in contrahendo nach altem Kaufrecht – als passend und angemessen anzusehen[329].

170 b) **Erstreckung der Sachmängelhaftung auf falsche Unternehmenszahlen durch das SMG 2002 – Allgemeines.** Mit der Problematik der Gewährleistungshaftung des Unternehmens-

326 MünchKomm/Westermann Rz 29; BeckOGK/Wilhelmi Rz 673; Staud/Beckmann Rz 130; aA BeckOK/Faust Rz 32.

327 Vgl dazu Begr Gesetzentwurf, BT-Drucks 19/27424, S 22 („Es handelt sich um Regelungen systematischer und den Fehlerbegriff konkretisierender Art“).

328 Vgl zu den Einzelheiten unten Rz 172.

329 Vgl dazu auch unten Rz 173 ff.

verkäufers für fehlerhafte Unternehmenszahlen hat sich der Gesetzgeber bei der **Beratung des SMG 2002** eingehend befasst[330]. Für die Erstreckung des Sachmangeltatbestands des § 434 bei Vorlage fehlerhafter Bilanzen oder sonstiger Rechenwerke durch das SMG 2002 spricht nicht nur die für den Unternehmenskauf geltende uneingeschränkte Verweisung des § 453 Abs 1 Satz 1 Alt 1 und Alt 2 (§ 453 Abs 1 aF) auf die §§ 433 ff, sondern auch die Begründung zum SMG 2002. Sie verweist zunächst darauf, dass der **BGH**[331] beim Unternehmenskauf die Haftung des Verkäufers für falsche Angaben über Umsatz oder Ertrag des verkauften Unternehmens auf der Grundlage des **alten Kaufrechts** zwar nicht auf die Vorschriften über die Sachmängelhaftung (§§ 459 ff aF) gestützt, sondern unter bestimmten Voraussetzungen eine Haftung des Verkäufers aus **Verschulden bei Vertragsanbahnung** (culpa in contrahendo) bejaht hat[332]. Zu Recht wird dann darauf verwiesen, dass die **Gründe für diese Rspr** durch Vorschriften des SMG 2002 „weithin entfallen" seien, da das neue Gewährleistungsrecht dem Unternehmenskäufer ein **Nachbesserungsrecht** gewähre, ein **Schadensersatzanspruch** auch bei Fahrlässigkeit des Verkäufers bestehen könne, die **Berechnung der Minderung** erleichtert möglich sei und auch eine angemessene Regelung der **Verjährungsfrage** bereitgestellt werde[333]. Der Gesetzgeber des SMG 2002 ging daher davon aus, dass diese Kaufrechtsreform die **Schwächen des alten Kaufrechts** weitgehend beseitigt und insbes der Beschaffenheitsbegriff des § 434 über die Verweisung des § 453 Abs 1 Satz 1 einschlägig ist und daher die Grundlage für die **Anwendung des Sachmängelgewährleistungsrechts** bei fehlerhaften Unternehmenskennzahlen bildet.

Für das Vorliegen einer **Beschaffenheitsvereinbarung** iSd § 434 Abs 2 Satz 1 Nr 1 in Bezug **171**
auf vom Verkäufer vorgelegte Bilanzen und sonstige Rechenwerke des verkauften Unternehmens mit der Folge einer Gewährleistungshaftung bei Unrichtigkeiten kommt es jedenfalls seit Inkrafttreten des SMG 2002 nicht mehr darauf an, ob die betreffenden Unternehmenskennzahlen sich nur auf die **aktuelle wirtschaftliche Situation** einschließlich des letzten abgeschlossenen Geschäftsjahres oder auf einen längeren, mehrjährigen Zeitraum beziehen und deshalb Folgerungen hinsichtlich der Ertragsfähigkeit des Unternehmens zulassen. IdR werden dem Unternehmenskäufer die Jahresabschlüsse oder/und sonstige Unternehmenskennzahlen zumindest der letzten drei Geschäftsjahre vorgelegt[334]. Für die Frage, ob Angaben des Verkäufers gegenüber dem Käufer zu Unternehmenszahlen als Beschaffenheitsvereinbarung oder als **unverbindliche Aussagen** zum Zustand des Unternehmens einzuordnen sind, gelten die allgemeinen Grundsätze. **Im Zweifel** ist von einer Beschaffenheitsvereinbarung auszugehen, weil diese auf die wirtschaftliche und finanzielle Lage des Unternehmens bezogenen Angaben für die Festsetzung des Kaufpreises und die Kaufentscheidung des Käufers von **wesentlicher Bedeutung** sind[335]. Zudem kann der Käufer in Bezug auf vorgelegte Unternehmenszahlen bei Fehlen von Anhaltspunkten für eine Unrichtigkeit regelmäßig davon ausgehen, dass sie mit der **gebotenen Sorgfalt** ermittelt und dokumentiert worden sind. Hat der Verkäufer Zweifel bezüglich der Richtigkeit bestimmter Unternehmenszahlen, so muss er seine **aktuelle persönliche Einschätzung** gegenüber dem Käufer offenlegen und einen deutlichen Hinweis erteilen. Es liegt dann – wie häufig beim Gebrauchtwagenverkauf durch Händler – idR eine bloße **Wissenserklärung des Verkäufers** vor, die keine Beschaffenheitsvereinbarung iSd § 434 Abs 2 Satz 1 Nr 1 darstellt.

c) **Erfassung der Unternehmenszahlen durch den Auffangtatbestand „sonstige Merk-** **172**
male" iSd § 434 Abs 2 Satz 2 und Abs 3 Satz 2. Dass Unternehmenskennzahlen beim Kauf eines Unternehmens zur Beschaffenheit dieses Kaufgegenstands gehören, wird durch die ab 1.1.2022 geltende Neufassung des § 434 bestätigt, und zwar durch die **neu aufgenommene Beschaffenheitsdefinition** des § 434 Abs 2 Satz 2. Nach dieser Regelung gehören zur vereinbarten Beschaffenheit iSd § 434 Abs 2 Nr 1 neben Art, Menge, Qualität, Funktionalität, Kompatibilität und Interoperabilität auch **„sonstige Merkmale der Sache"**, sofern die Parteien dafür „Anforderungen" vereinbart haben. Die „sonstigen Merkmale" stellen einen **Auffangtatbestand** dar. Mit diesem Tatbestandsmerkmal wird beim Kauf einer Sache eine völlige Loslösung vom Begriff der physischen Beschaffenheit vollzogen. Entscheidend für die Zugehörigkeit zur Beschaffenheit ist, ob das Merkmal nach der **einschlägigen Verkehrsauffassung** dem Kaufgegenstand grundsätzlich zugerechnet werden kann und dies nach übereinstimmendem Parteiwillen auch erfolgen soll. Im Rahmen der entsprechenden Anwendung des § 434 auf den Unternehmenskauf über die Verweisungsnorm des § 453 Abs 1 Satz 1 gehören also „sonstige Merkmale" des Unternehmens unter der Voraussetzung zur **vereinbarten Beschaffenheit**, dass in dieser Hinsicht Anforderungen vereinbart worden sind (Soll-Zustand). Dies ist in Bezug auf Unternehmenskennzahlen dann eindeutig zu bejahen, wenn der Verkäufer oder ein von ihm beauftragter

330 Begr Gesetzentwurf, BT-Drucks 14/6040, S 242.
331 BGH NJW 1970, 653; BGH NJW 1990, 1659; BGH NJW-RR 1989, 307.
332 Begr Gesetzentwurf, BT-Drucks 14/6040, S 242.
333 Begr Gesetzentwurf, BT-Drucks 14/6040, S 242.
334 Vgl MünchKomm/Westermann Rz 29.
335 MünchKomm/Westermann Rz 29; Staud/Beckmann Rz 135.

Dritter dem Käufer die Zahlen als Grundlage für die Kaufpreisfestsetzung und die Entscheidung des Käufers vorgelegt hat. Denn diese Zahlen **kennzeichnen das verkaufte Unternehmen** und unterscheiden es von anderen Unternehmen mit gleichen oder ähnlichem Geschäftsgegenstand.

173 d) **Angemessenheit der Rechtsfolgen der §§ 437 ff bei unrichtigen Unternehmenszahlen.** Für die Erstreckung des Beschaffenheitsbegriffs des § 434 Abs 2 Satz 1 Nr 1 und Satz 2 auf vom Verkäufer vorgelegte Unternehmenskennzahlen mit der Folge, dass negative Abweichungen einen Sachmangel des gekauften Unternehmens darstellen, spricht auch die Angemessenheit der Rechtsfolgen. Das zeigt sich insbes bei der **Verjährung**. Die kurzen Verjährungsfristen des § 477 Abs 1 Satz 1 aF – sechs Monate bei beweglichen Sachen und ein Jahr bei Grundstücken – waren im Falle der Unrichtigkeit von Bilanzen und sonstigen Aufstellungen von Unternehmenskennzahlen unzweifelhaft unangemessen und letztlich die wesentliche Ursache für die Nichtanwendung des Sachmangelbegriffs durch BGH und hL[336]. Denn typischerweise werden Fehler des für das **letzte abgeschlossene Geschäftsjahr** vor dem Verkauf aufgestellten handelsrechtlichen Jahresabschlusses oder der Einnahmen-Überschuss-Rechnung frühestens nach Ablauf des nachfolgenden Geschäftsjahres entdeckt, wenn der Käufer als neuer Unternehmensinhaber zum ersten Mal einen Abschluss aufstellen lässt. Gravierende negative Abweichungen der neuen Unternehmenszahlen von den vom Verkäufer bei Abschluss des Kaufvertrags vorgelegten Abschlüssen der letzten Jahre begründen zumindest den Verdacht, dass nicht eine **Verschlechterung der konjunkturellen Lage** nach Vollzug des Unternehmensverkaufs oder sonstige – dem Verkäufer nicht mehr zuzurechnende – neue Umstände, sondern vielmehr **Fehler der letzten Abschlüsse** die Ursache der Diskrepanz sind. Auf Grundlage des vor dem 1.1.2002 geltenden Kaufrechts waren zu dem hier in Rede stehenden klassischen Entdeckungszeitpunkt die Gewährleistungsansprüche des Käufers aus §§ 459 ff aF regelmäßig schon nach § 477 Abs 1 aF verjährt.

174 Die Verjährungsproblematik ist durch das SMG 2002 wesentlich entschärft worden. Denn die Regelverjährung beträgt nicht mehr nur sechs Monate bzw ein Jahr (§ 477 Abs 1 aF), sondern gem § 438 Abs 1 Nr 3 **zwei Jahre** und nach § 438 Abs 1 Nr 2 lit a sogar **fünf Jahre**, soweit zum verkauften Unternehmen auch Grundstücke gehören. Wenn also beim **ersten Geschäftsabschluss**, den der Käufer nach der Übernahme des Unternehmens aufstellen lässt, fehlerhafte Unternehmenszahlen entdeckt werden oder insoweit zumindest ein Verdacht entsteht, dann sind die Gewährleistungsansprüche des Käufers – auch bei Nichteingreifen der für Gebäude geltenden Fünf-Jahres-Frist des § 438 Abs 1 Nr 2 lit a – noch nicht verjährt. Es wird zwar nicht selten ein Fehler in Unternehmensbilanzen oder sonstigen Zahlenwerken erst **nach mehreren Jahren** entdeckt. Insoweit handelt es sich aber häufig um nicht mit den einschlägigen Vorschriften vereinbare **zu hohe Bewertungen von Vermögensgegenständen**, einen Ausweis tatsächlich gar nicht existierender Vermögenwerte („Luftbuchungen"), einen zu niedrigen Ausweis von Verbindlichkeiten oder sonstige Manipulationen, die vom Unternehmensverkäufer vorsätzlich veranlasst wurden oder ihm bei Verkauf des Unternehmens zumindest bekannt sind. In Bezug auf die Verjährung gilt hier wegen Vorliegens eines **arglistigen Verschweigens des Mangels** gem § 438 Abs 3 Satz 1 die nach den §§ 195, 199 zu bestimmende **regelmäßige Verjährungsfrist**. Nach § 438 Abs 3 Satz 2 tritt die regelmäßige Verjährung bei grundsätzlicher Anwendung der Fünf-Jahres-Frist des § 438 Abs 1 Nr 2 (Zugehörigkeit eines Bauwerks zum Unternehmen als Kaufgegenstand) nicht vor Ablauf dieser Frist ein.

175 e) **Nacherfüllung nach §§ 437 Nr 1, 439 Abs 1 bei unrichtigen Unternehmenszahlen.** Die amtliche Begründung zum SMG 2002 verweist zutreffend darauf, dass auch die Nacherfüllungsverpflichtung des Unternehmensverkäufers aus §§ 437 Nr 1, 439 Abs 1 für die Annahme eines Sachmangels im Falle der Unrichtigkeit von Unternehmenszahlen spricht. Der Nacherfüllungsanspruch des Unternehmenskäufers bezieht sich hier jedenfalls auf die **fachgerechte Korrektur** der vor Vollzug des Unternehmensverkaufs unter Verantwortung des Verkäufers aufgestellten Jahresabschlüsse bzw sonstigen Rechenwerke. Die Berichtigung der betreffenden Abschlüsse **auf Kosten des gewährleistungspflichtigen Verkäufers** ändert allerdings nichts daran, dass die zugrundeliegenden Tatsachen, also insbes ein in Wirklichkeit höherer Schuldenstand oder niedrigerer Wert von Positionen des Unternehmensvermögens, nach wie vor fehlerhaft sind. Dies kann aber weder gegen das Eingreifen des § 437 Nr 1 noch gegen das Vorliegen eines Sachmangels des Unternehmens als Kaufgegenstand eingewandt werden. Ein über die Angaben des Verkäufers hinausgehender **Umfang von Verbindlichkeiten** kann im Wege der Nacherfüllung dadurch beseitigt werden, dass der Verkäufer die Differenz, also die zusätzlichen Verbindlichkeiten, ablöst oder den dafür erforderlichen Geldbetrag dem Unternehmenskäufer zur Verfügung stellt. Entsprechendes gilt, wenn vom Verkäufer zu hohe Guthaben auf **Geldkonten**

336 Vgl dazu oben Rz 170.

angegeben wurden. Auch hier kann die Differenz im Wege der Nachbesserung durch Geldleistung ausgeglichen werden.

Sind dagegen zum Unternehmensvermögen gehörende **Grundstücke** oder/und sonstige Sachen oder **immaterielle Wirtschaftsgüter** fehlerhaft zu hoch bewertet worden, so kann dieser Fehler der Bilanz oder sonstigen Vermögensaufstellung zwar nicht durch eine **Nachbesserung** beseitigt werden. Die vom Unternehmensverkäufer gem §§ 437 Nr 1, 439 Abs 1 geschuldete Nacherfüllung ist hier vielmehr unmöglich. Dass die **Nacherfüllung ganz oder teilweise unmöglich** ist, stellt keine Besonderheit des Unternehmenskaufs dar. Wenn bspw im Kunsthandel in Wirklichkeit – nicht wie vereinbart – ein Originalwerk eines bestimmten Künstlers, sondern vielmehr eine Fälschung verkauft und übereignet wird, dann ist sowohl eine Ersatzlieferung als auch eine Nachbesserung regelmäßig unmöglich und der Käufer auf die sekundären Gewährleistungsrechte aus § 437 Nr 2 und Nr 3 angewiesen. Der Käufer eines Unternehmens ist bei Unmöglichkeit der Nacherfüllung ohne weiteres jedenfalls zu einer **Kaufpreisminderung** nach §§ 437 Nr 2, 441 Abs 1 berechtigt. Ein Rücktritt ist hier hingegen, sofern er vom Unternehmenskäufer überhaupt angestrebt wird, nur dann statthaft, wenn die Pflichtverletzung des Verkäufers in Gestalt des Mangels nicht **unerheblich iSd § 323 Abs 5 Satz 2** ist. Es zeigen sich damit auch im Falle der Unmöglichkeit der Nacherfüllung wesentliche Vorteile der Anwendung des Sachmangeltatbestands des § 434 auf fehlerhafte Unternehmenszahlen im Vergleich zur Haftung des Unternehmensverkäufers aus Verschulden bei Vertragsschluss (culpa in contrahendo) auf Grundlage des vor dem 1.1.2002 geltenden Kaufrechts. 176

Ein Vorzug der Minderung iSd §§ 437 Nr 2, 441 Abs 1 gegenüber der **Schadensersatzhaftung des Verkäufers aus culpa in contrahendo** nach altem Kaufrecht besteht darin, dass die Minderung kein Vertretenmüssen iSd § 276 voraussetzt. Es kommt daher auch nicht darauf an, ob in dem Fall, in dem die Fehlerhaftigkeit der dem Käufer vorgelegten Unternehmenszahlen ausschließlich auf dem **Verhalten eines beauftragten Dritten** beruht, die Voraussetzungen einer Zurechnung zu Lasten des Verkäufers nach § 278 vorliegen. In Bezug auf das bei Unmöglichkeit der Nacherfüllung grundsätzlich gegebene Rücktrittsrecht wird durch die Regelung des **§ 323 Abs 5 Satz 2** auch beim Unternehmenskauf sichergestellt, dass der Unternehmenskäufer sich nur bei erheblichen Mängeln des Unternehmens durch Rücktritt vom Kaufvertrag lösen kann und nicht auf den Rechtsbehelf der Minderung beschränkt ist. Bei der Frage, ob fehlerhafte Unternehmenszahlen einen **unerheblichen Mangel** iSd § 323 Abs 5 Satz 2 darstellen, ist zwar der Umstand zu berücksichtigen, dass die Rückabwicklung eines Unternehmenskaufs mit Schwierigkeiten verbunden ist. Ein unerheblicher Mangel ist aber jedenfalls dann zu verneinen, wenn die Unrichtigkeit der Unternehmenszahlen deshalb nicht durch eine Kaufpreisminderung kompensiert werden kann, weil auch die Erwartungen bezüglich der **künftigen Geschäftsentwicklung** wesentlich beeinträchtigt sind. 177

f) **Abgrenzung zwischen Beschaffenheitsvereinbarung und unverbindlichen Prognosen bei Unternehmenszahlen.** Beschaffenheitsvereinbarungen iSd § 434 Abs 2 Satz 1 Nr 1 beziehen sich idR auf den Zustand des Kaufgegenstands zum **Zeitpunkt des Gefahrübergangs**. Dieser Zeitpunkt wird in der Praxis des Unternehmenskaufs häufig als *closing* bezeichnet. Der Verkäufer kann selbstverständlich für den Zeitraum ab **Übergang des Unternehmens** auf den Käufer in Bezug auf Umsätze oder/und sonstige betriebswirtschaftlichen Daten eine **Garantie iSd § 443 Abs 1** übernehmen, für die er dann nach Maßgabe der getroffenen Garantievereinbarung einzustehen hat. Eine derartige zukunftsbezogene Garantie stellt aber nicht zugleich eine Beschaffenheitsvereinbarung iSd § 434 Abs 2 Satz 1 Nr 1 dar. Denn die Richtigkeit der Unternehmenszahlen für die **Geschäftszeiträume bis zum Unternehmensverkauf und Gefahrübergang** wird durch die Übernahme einer derartigen Verkäufergarantie grundsätzlich nicht berührt. 178

Schwieriger zu beurteilen ist der Fall, in dem sich die **Vereinbarung der Kaufvertragsparteien** sowohl auf die zum Zeitpunkt des Unternehmensverkaufs bereits vorliegenden Unternehmenszahlen als auch auf die künftige Geschäftsentwicklung nach Übernahme des Unternehmens durch den Käufer bezieht. Insoweit darf jedenfalls nicht ohne weiteres eine Trennung zwischen den zum Zeitpunkt des Verkaufs vorliegenden Umständen und der Prognose bezüglich der **künftigen Geschäftsentwicklung** vorgenommen werden. Entscheidend für das Vorliegen und die Reichweite einer Beschaffenheitsvereinbarung iSd § 434 Abs 2 Satz 1 Nr 1 ist hier, ob die Prognose auf, zum Zeitpunkt des Unternehmenskaufs **schon vorhandenen Umständen**, also auf bereits ermittelten Unternehmenszahlen beruht[337]. Werden bspw die **aktuellen Umsätze** vom Verkäufer fehlerhaft als zu hoch angegeben und von ihm auf Grundlage dieser Zahlen eine 179

337 Vgl MünchKomm/Westermann Rz 31; BeckOGK/Wilhelmi Rz 626.

entsprechend verlaufende künftige Geschäftsentwicklung verbindlich prognostiziert, so handelt es sich in Wirklichkeit nicht um eine Abrede über in der Zukunft liegende Umstände, die nicht Bestandteil der **Beschaffenheit des Unternehmens** zum Zeitpunkt des Verkaufs sein können. Denn die Ursache dafür, dass die künftige Geschäftsentwicklung hinter den übereinstimmenden Erwartungen der Kaufvertragsparteien zurückbleibt, ist hier die Fehlerhaftigkeit der schon zum **Zeitpunkt des Verkaufs** vorliegenden Unternehmenskennzahlen bezüglich abgeschlossener Geschäftsperioden. Es liegt daher in dieser Konstellation aufgrund des **Zusammenhangs zwischen vorliegenden Zahlen und der Prognose** eine negative Abweichung von einer Beschaffenheitsvereinbarung iSd § 434 Abs 2 Satz 1 Nr 1 vor. Die fehlerhafte Prognose des Verkäufers ist in dieser Konstellation also nur eine **Folge der Fehlerhaftigkeit** der sich auf den Zeitraum vor Gefahrübergang beziehenden Umstände in Gestalt der angegebenen Unternehmenszahlen.

180 Das Gleiche gilt im Ergebnis, wenn die Prognose des Verkäufers in Bezug auf die künftige Geschäftsentwicklung sich deshalb als unzutreffend erweist, weil der Käufer nach der Übernahme des Unternehmens in Bezug auf vom Verkäufer vor Gefahrübergang mit Kunden **abgeschlossene Liefer- oder Werkverträge** erhebliche Aufwendungen für **Gewährleistung oder/und Kundenservice** tätigen muss, die insgesamt von den bisherigen Erfahrungswerten abweichen und deshalb als ungewöhnlich hoch anzusehen sind. Auch hier sind in Wirklichkeit die zum Zeitpunkt des Gefahrübergangs bereits vorliegenden Umstände, also die noch vom Verkäufer gegenüber Unternehmenskunden erbrachten fehlerhaften oder nicht vollständigen Leistungen, die Ursache für die **Fehleinschätzung des Verkäufers** bezüglich der künftigen Geschäftsentwicklung.

181 Anders ist die Rechtslage in Bezug auf die rechtliche Einordnung der auf den Zeitabschnitt nach Übergabe des Unternehmens an den Käufer bezogenen Einschätzungen des Verkäufers, wenn die zum Zeitpunkt des Abschlusses des Kaufvertrags vorliegenden **Grundlagen der Prognose** fehlerfrei sind und dann eine Eintrübung der Konjunktur, eine veränderte Konkurrenzsituation oder sonstige künftige Umstände – etwa eine vom Käufer vollzogene Änderung der Geschäftspolitik – zu einer **Abweichung der tatsächlichen Geschäftsentwicklung** von der kaufvertraglich festgehaltenen Prognose des Verkäufers führen. Hier liegt – bezogen auf den relevanten Zeitpunkt des Gefahrübergangs – keine Beschaffenheitsabweichung iSd § 434 Abs 2 Satz 1 Nr 1 vor mit der Folge, dass jedenfalls eine gesetzliche Gewährleistungshaftung des Verkäufers nach §§ 434 ff nicht Platz greift. Die künftige Geschäftsentwicklung kann zwar Gegenstand einer **Garantie iSd § 443 Abs 1** sein[338]. Dies setzt aber voraus, dass aus der Erklärung des Verkäufers der Wille hervorgeht, eine **unbedingte Einstandspflicht** für die Richtigkeit der Prognose übernehmen zu wollen. Davon ist bei Fehlen einer ausdrücklichen Übernahme der Einstandspflicht im Zweifel nicht auszugehen, sofern es – wie in vielen Fällen – um Abweichungen aufgrund von **externen Umständen** geht, die sich ohnehin jederzeit ändern können. Auch für das Geschick der vom Unternehmenskäufer eingesetzten **neuen Geschäftsleitung** wird der Verkäufer idR keine Einstandspflicht übernehmen. Eine **konkludente Garantievereinbarung** kommt dagegen in Betracht, soweit die Prognose sich auf tatsächliche Umstände bezieht, die zum **Zeitpunkt des Gefahrübergangs** schon vorliegen und daher Gegenstand einer wirksamen Beschaffenheitsvereinbarung iSd § 434 Abs 2 Satz 1 Nr 1 sind.

182 g) **Sachmangel wegen Nichtangabe von Unternehmensverbindlichkeiten – Insolvenzreife.** Praktische Relevanz hat beim Unternehmenskauf auch die Sachmängelhaftung nach §§ 453 Abs 1, 434 Abs 2 Satz 1 Nr 1 wegen fehlerhafter Angaben zu Unternehmensverbindlichkeiten. Das ist dann das Pendant zu den Fällen, in denen **Positionen des Anlage- oder Umlaufvermögens** unrichtig zu hoch bewertet sind. In Bezug auf Unternehmensverbindlichkeiten geht es zum einen um die Konstellation, in der eine **bestimmte Verbindlichkeit** in der vom Verkäufer vorgelegten Bilanz oder in einem sonstigen Rechenwerk **überhaupt nicht ausgewiesen** ist. Die ist bspw gegeben, wenn eine auf den Verkäufer als bisherigen Geschäftsführer bezogene **Pensionszusage** des verkauften Unternehmens besteht, die sich nicht aus den dem Käufer vorgelegten Bilanzen und/oder sonstigen Zahlenwerken ergibt[339]. Hier ist eine Sachmängelhaftung des Verkäufers zu bejahen[340]. Es besteht nämlich aufgrund der Angaben des Verkäufers eine **Beschaffenheitsvereinbarung** iSd § 434 Abs 2 Satz 1 Nr 1, die dahin gehend auszulegen ist, dass nicht ausgewiesene Verbindlichkeiten auch tatsächlich nicht bestehen. Zum anderen kann die Art einer konkreten Verbindlichkeit vom Verkäufer zwar korrekt angegeben worden, der **geschuldete Betrag** aber in Wirklichkeit höher sein. Die betreffenden Unternehmenszahlen sind

338 Vgl dazu § 443 Rz 58.
339 Vgl dazu MünchKomm/Westermann Rz 31.
340 MünchKomm/Westermann Rz 31.

in all diesen Fällen **„sonstige Merkmale"** im Sinne der Beschaffenheitsdefinition des § 434 Abs 2 Satz 2[341].

Wird durch die fehlerhaften Angaben des Verkäufers zu Verbindlichkeiten des Unternehmens eine in Wirklichkeit bestehende oder zu erwartende Insolvenzreife verdeckt, so ändert dies nichts daran, dass auch insoweit schon die Unrichtigkeit der Unternehmenszahlen einen Sachmangel darstellt[342]. Die **Überschuldung und/oder Zahlungsunfähigkeit** führt hier zum einen zu einer Vertiefung dieses Sachmangels. Zum anderen kommt ein weiterer Sachmangel hinzu. Denn ein Unternehmenskaufvertrag ist, sofern das Unternehmen nicht aus einem Insolvenzverfahren oder in sonstiger Weise offen als **„Sanierungsfall"** verkauft wird, bei Fehlen besonderer Vereinbarungen so auszulegen, dass es sich nicht um ein insolvenzreifes Unternehmen handelt und auch keine Anzeichen für eine drohende Insolvenzreife bestehen. Es liegt hier zumindest eine **konkludente Beschaffenheitsvereinbarung** iSd § 434 Abs 2 Satz 1 Nr 1 iVm § 453 Abs 1 Satz 1 bezüglich der Eigenschaft „nicht insolvenzreif" vor. Übernimmt der Unternehmensverkäufer insoweit zusätzlich eine **unbedingte Einstandspflicht**, so handelt es sich um eine Beschaffenheitsgarantie iSd § 443 Abs 1. 183

4. **Garantien iSd § 443 Abs 1 bezüglich Bilanzen und sonstigen Unternehmenskennzahlen beim Unternehmenskauf.** Für Garantien des Verkäufers, die sich auf Bilanzen oder sonstige Rechenwerke des verkauften Unternehmens beziehen, gilt die allgemeine Regelung des § 443. Im **Rahmen der Vertragsfreiheit** hat der Verkäufer die Möglichkeit, die Übernahme einer Garantie für bestimmte Umstände in der Sphäre des Unternehmens mit einem **Ausschluss der gesetzlichen Gewährleistungsrechte** zu verbinden[343]. Da es sich beim Unternehmenskauf nicht um einen **Verbrauchsgüterkauf** handelt[344], bestehen gegen eine solche Kombination grundsätzlich keine rechtlichen Bedenken. In Bezug auf die Frage, ob Angaben des Verkäufers zu Unternehmenszahlen als Garantie iSd § 443 Abs 1 einzuordnen sind, gelten die allgemeinen Grundsätze. Geht es um die **künftige Entwicklung der Umsätze**, so kommt eine Beschaffenheitsvereinbarung iSd § 434 Abs 2 Satz 1 Nr 1 grundsätzlich deshalb nicht in Betracht, weil es sich nicht um Umstände des Unternehmens handelt, die zum **Zeitpunkt des Gefahrübergangs** schon vorliegen[345]. Eine Ausnahme greift insoweit aber ein, soweit **aktuelle unrichtige Unternehmenszahlen** die Grundlage für die künftige Erwartung sind und es sich daher nicht um eine **reine Prognose** handelt[346]. Eine Garantie iSd § 443 Abs 1 kann ohnehin auch in Bezug auf **künftige Umstände** übernommen werden[347]. 184

Die Verwendung des Begriffs „Garantie" ist einerseits für die Übernahme einer unbedingten Einstandspflicht und damit einer Garantie iSd § 443 nicht erforderlich, andererseits aber auch nicht ohne weiteres ausreichend[348]. Die Vorlage von Bilanzen oder sonstigen Zahlenwerken durch den Verkäufer ist regelmäßig nach dem **objektiven Empfängerhorizont** so zu verstehen, dass sowohl die zugrundeliegenden Tatsachen als auch die Bewertungen richtig sind[349]. Für den Verkäufer ist hier offensichtlich, dass diese Unternehmenszahlen nicht nur für die **Festsetzung des Kaufpreises**, sondern auch für die Kaufentscheidung des Käufers von großer Bedeutung sind. IdR ist daher insoweit jedenfalls eine Beschaffenheitsvereinbarung iSd § 434 Abs 1 iVm Abs 2 Satz 1 Nr 1 zu bejahen[350]. Daraus kann aber auch bei Unternehmenskennzahlen nicht ohne weiteres auf die Übernahme einer Beschaffenheitsgarantie durch den Verkäufer geschlossen werden. Erforderlich ist dafür vielmehr die Übernahme einer **unbedingten Einstandspflicht**[351]. 185

Eine **Bilanzgarantie** im rechtstechnischen Sinne liegt vor, wenn der Verkäufer die Einstandspflicht dafür übernimmt, dass die Bilanz und ihre einzelnen Positionen die **Lage des Unternehmens** richtig, dh in Übereinstimmung mit den gesetzlichen Vorschriften darstellen[352]. Mit der verbreiteten Bezeichnung **„harte Bilanzgarantie"** bringt der Verkäufer zum Ausdruck, dass er seine Einstandspflicht nicht einschränkt durch eine Formulierung wie bspw „nach meiner Kenntnis" oder durch eine formelle sog „best knowledge"-Klausel. Liegt eine derartige Einschränkung 186

341 Vgl dazu oben Rz 172.
342 Vgl vorstehend Rz 170 ff.
343 MünchKomm/Westermann Rz 33; BeckOGK/Wilhelmi Rz 750; Staud/Beckmann Rz 127.
344 Etwas anderes kann selbstverständlich gelten, wenn nicht das Unternehmen als Ganzes, sondern ein einzelner Bestandteil – etwa ein Grundstück oder ein Pkw – an einen Verbraucher verkauft wird. Dann handelt es sich aber meistens schon nicht um einen Unternehmenskauf iSd § 453 Abs 1 Alt 2, dh nicht um den Kauf eines sonstigen Gegenstands.
345 Vgl dazu oben Rz 178.
346 Vgl zur Abgrenzung zwischen zahlenbasierter Erwartung und unverbindlicher Prognose oben Rz 178 ff.
347 Vgl § 443 Rz 55 ff.
348 MünchKomm/Westermann Rz 33; BeckOGK/Wilhelmi Rz 752.
349 MünchKomm/Westermann Rz 33; BeckOGK/Wilhelmi Rz 760.
350 So auch MünchKomm/Westermann Rz 33; BeckOGK/Wilhelmi Rz 752.
351 Vgl § 443 Rz 16.
352 MünchKomm/Westermann Rz 34; BeckOGK/Wilhelmi Rz 760; Staud/Beckmann Rz 112.

vor, so ist die verbreitete Bezeichnung **„weiche Bilanzgarantie“**[353] zumindest missverständlich. Wenn der Verkäufer nämlich nach dem Inhalt der getroffenen Vereinbarung **ohne Verschulden** nur dafür einstehen will, dass die vorgelegte Bilanz nach seinem Kenntnisstand einwandfrei ist, dann liegt idR schon keine **unbedingte Einstandspflicht** und damit keine Bilanzgarantie im rechtstechnischen Sinne nach § 443 Abs 1 vor.

187 Zu bejahen ist hier aber zumindest eine Beschaffenheitsvereinbarung iSd § 434 Abs 2 Satz 1 Nr 1, weil der Verkäufer damit einverstanden ist, dass die Bilanz bei der Festsetzung des Kaufpreises berücksichtigt wird und zudem Grundlage für die **Kaufentscheidung des Käufers** ist[354]. Es handelt sich hier nicht – wie verbreitet beim Gebrauchtwagenverkauf durch einen Händler – um originäre kaufgegenstandsbezogene Informationen eines Dritten (des Vorbesitzers beim Gebrauchtwagenverkauf), die der Verkäufer im Rahmen einer **Wissenserklärung ohne Bindungscharakter** an den Unternehmenskäufer weiterleitet. Denn für die ordnungsgemäße Aufstellung der Bilanz oder der Einnahme-Überschuss-Rechnung war der Verkäufer als bisheriger Inhaber des Unternehmens verantwortlich. Die „weiche Bilanzgarantie“ ist daher in Wirklichkeit eine Beschaffenheitsvereinbarung iSd § 434 Abs 2 Satz 1 Nr 1. Will der Verkäufer insoweit keine Haftung übernehmen, so muss er dies eindeutig vereinbaren. Darauf wird der Käufer sich aber nicht ohne weiteres einlassen. Eine Bilanzgarantie des Verkäufers kann sich auch auf **einzelne Bilanzpositionen** beschränken[355].

188 Im Rahmen der Garantievereinbarung kann auch eine **zahlenmäßige Beschränkung** der Haftung des Verkäufers festgelegt werden[356]. Die in der Praxis verbreiteten „de-minimis-Klauseln“ sind aber ebenso wie die Begriffe „baskets“, „caps“ oder „floors“ nicht unbedenklich, sofern auch aus dem sonstigen Wortlaut der Vereinbarung der Umfang der Beschränkung nicht eindeutig hervorgeht[357]. Unklarheiten bei der **Auslegung** gehen hier zu Lasten des Unternehmensverkäufers, weil im Falle der Übernahme einer Garantie für bestimmte Unternehmenszahlen oder sonstige Umstände die summenmäßige Beschränkung der Garantiehaftung einen **Ausnahmetatbestand darstellt**, für dessen Vorliegen der Verkäufer nach allgemeinen Grundsätzen die Darlegungs- und Beweislast trägt.

IV. Unerhebliche Pflichtverletzung iSd § 281 Abs 1 Satz 3, § 323 Abs 5 Satz 2 bei Vorliegen eines Unternehmensmangels

189 Für den primären Gewährleistungsanspruch des Unternehmenskäufers aus §§ 437 Nr 1, 439 Abs 1 auf **Nacherfüllung** kommt es zwar grundsätzlich nicht darauf an, ob die in dem Mangel zu sehende Pflichtverletzung des Verkäufers erheblich ist. Anders ist dies aber bei den **sekundären Gewährleistungsrechten** in Gestalt des Rücktritts und des Schadensersatzes statt der ganzen Leistung. Nach § 281 Abs 1 Satz 3 ist bei unerheblichen Pflichtverletzungen des Schuldners der Anspruch auf **Schadensersatz statt der ganzen Leistung** ausgeschlossen. Das Gleiche gilt gem § 323 Abs 5 Satz 2 bei Bestehen einer derartigen Pflichtverletzung für den **Rücktritt**. Diese allgemeinen Vorschriften sind auch im Falle des Unternehmenskaufs grundsätzlich anwendbar, sofern die Beseitigung des vorliegenden Mangels durch **Nacherfüllung** entweder von Anfang an unmöglich ist iSd § 275 Abs 1 oder scheitert. Bei Vorliegen eines Mangels an einem **einzelnen Vermögensgegenstand** des Unternehmens stellt sich aber die vorrangige Frage, ob dieser Fehler auf das erworbene Unternehmen als Kaufgegenstand **„durchschlägt“** mit der Folge, dass insoweit überhaupt von einem relevanten Mangel iSd § 434 oder § 435 ausgegangen werden kann[358]. In den Fällen, in denen der Mangel eines einzelnen Gegenstands schon bezogen auf diesen Gegenstand als geringfügig einzuordnen und daher für das gesamte Unternehmen erst recht ohne wesentliche Bedeutung ist, fehlt wegen Nichtvorliegens eines „Durchschlagens“ schon ein Mangel des Unternehmens als Ganzes[359]. Es handelt sich dann vielmehr um den gewöhnlichen Zustand des Unternehmens.

190 Schlägt der Mangel eines einzelnen Gegenstands dagegen wegen Bewirkung einer **Funktionsbeeinträchtigung und/oder Wertminderung** auf das Unternehmen durch[360], so kann gleichwohl noch eine Unerheblichkeit des Mangels iSd § 281 Abs 1 Satz 3, § 323 Abs 5 Satz 2 gegeben sein. Aufgrund der Schwierigkeiten, die mit der **Rückabwicklung eines bereits vollzogenen Unternehmenskaufs** verbunden sind, ist die für den Rücktritt und den Schadensersatz statt der

353 Vgl dazu MünchKomm/Westermann Rz 34; BeckOGK/Wilhelmi Rz 760; Staud/Beckmann Rz 110.
354 Vgl dazu oben Rz 169 ff.
355 MünchKomm/Westermann Rz 33; BeckOGK/Wilhelmi Rz 760; Staud/Beckmann Rz 112.
356 MünchKomm/Westermann Rz 34; BeckOGK/Wilhelmi Rz 761; Staud/Beckmann Rz 118.
357 Vgl dazu MünchKomm/Westermann Rz 34.
358 Vgl dazu oben Rz 115 ff.
359 Vgl dazu oben Rz 112, 115 ff.
360 Vgl zu den Voraussetzungen oben Rz 115 ff.

ganzen Leistung einschlägige **Erheblichkeitsschwelle** deutlich höher anzusetzen als bei sonstigen Kaufgegenständen, die – wie bspw ein Gebrauchtwagen – ohne weiteres zurückgegeben und dann vom Verkäufer anderweitig verwertet oder entsorgt werden können. Die bei Vorliegen einer unerheblichen Pflichtverletzung gem §§ 281 Abs 1 Satz 3, 323 Abs 5 Satz 2 geltende Beschränkung auf die Rechtsbehelfe der **Minderung** und des **kleinen Schadensersatzes** ist daher beim Unternehmenskauf in einem weiteren Umfang angemessen als beim Kauf von handelbaren beweglichen Sachen. Diese Sichtweise stimmt auch überein mit der **Begründung zum SMG 2002**, nach der ein Rücktritt nicht gerechtfertigt sein soll, wenn das „Leistungsinteresse des Gläubigers im Grunde nicht gestört ist“[361]. Vom Fehlen einer derartigen Störung ist im Falle des Kaufs eines Unternehmens auszugehen, wenn der Mangel eines einzelnen Gegenstands des Unternehmensvermögens zwar wegen Vorliegens einer Wertminderung auf das gesamte Unternehmen als Kaufgegenstand „durchschlägt“, das Leistungsinteresse des Unternehmenskäufers aber nicht so gestört ist, dass die **Minderung** des Kaufpreises oder/und der Anspruch auf den **kleinen Schadensersatz** keinen angemessenen Ausgleich gewährleisten könnten. IdR liegt das Unterbleiben einer Rückabwicklung des gesamten Unternehmenskaufs hier auch im Interesse des Käufers.

V. Der Kauf von Gesellschaftsanteilen (*share deal*) nach § 453 Abs 1 Satz 1 Alt 1

1. **Generelle Einordnung des Anteilskaufs als Rechtskauf – Überblick.** § 453 Abs 1 Satz 1 sieht die entsprechende Anwendung der §§ 433 ff über den Kauf von Sachen sowohl für den Kauf von Rechten (§ 453 Abs 1 Satz 1 Alt 1) als auch den Kauf von **sonstigen Gegenständen** (Alt 2) vor, zu denen nach der Regelungsabsicht des Gesetzgebers des SMG 2002 auch **Unternehmen und Unternehmensteile** zählen[362]. Dies ändert aber nichts daran, dass der Käufer von Gesellschaftsanteilen keine unmittelbaren Rechte an dem von der Gesellschaft betriebenen Unternehmen und den von diesem gehaltenen Sachwerten erwirbt, sondern grundsätzlich nur im Rahmen der ihm durch Gesetz und Gesellschaftsvertrag (Satzung) eingeräumten **Befugnisse als Gesellschafter** Einfluss nehmen kann[363]. Aufgrund der personen- und vermögensrechtlichen Verselbständigung sowohl der juristischen Person (also insbes der AG, GmbH und Genossenschaft) als auch der rechtsfähigen Personengesellschaft gegenüber ihren Gesellschaftern bilden beim Erwerb von Gesellschaftsanteilen zunächst allein diese **Mitgliedschaftsrechte** den Gegenstand des Kaufvertrags und damit auch den maßgebenden Anknüpfungspunkt für die Anwendung von Gewährleistungsvorschriften[364]. 191

Der Kauf von Gesellschaftsanteilen ist unabhängig davon, in welchem **Umfang die Beteiligung** an einer bestimmten Gesellschaft erworben werden soll, als Rechtskauf iSd § 453 Abs 1 Satz 1 Alt 1 einzuordnen[365]. Dies gilt auch dann, wenn sich der Kauf der Gesellschaftsanteile sowohl nach der **Vorstellung der Parteien** als auch objektiv als Kauf des Unternehmens selbst und damit – bei wirtschaftlicher Betrachtungsweise – als Sachkauf darstellt, weil es sich faktisch um das ganze Gesellschaftsvermögen handelt[366]. Denn in diesem besonderen Fall des **Kaufs sämtlicher oder nahezu sämtlicher Anteile** an der unternehmenstragenden Gesellschaft haftet der Verkäufer zwar auch für Sach- und Rechtsmängel des Unternehmens selbst[367]. Dies ändert aber nichts an der **Einordnung des betreffenden Kaufvertrags** als Rechtskauf und der primären Gewährleistungshaftung des Verkäufers für Mängel der Anteile[368]. Denn beim Kauf sämtlicher oder nahezu sämtlicher Anteile tritt vielmehr die Haftung für Mängel des Unternehmens als solchen hinzu[369]. Dieser Umfang des Anteilserwerbs berührt also nicht die Einordnung des Kaufvertrags als Kauf von Rechten iSd § 453 Abs 1 Satz 1 Alt 1, sondern führt nur zu einer **Erweiterung der Gewährleistungshaftung** des Verkäufers zugunsten des Käufers. Die **zusätzliche Haftung** des Anteilsverkäufers auch für Mängel des von der Gesellschaft betriebenen Unternehmens ist nach wie vor nicht bei jedem Anteilskauf sach- und interessengerecht, sondern eben nur dann, wenn faktisch das ganze Gesellschaftsvermögen des gesamten Unternehmens verkauft wird[370]. 192

361 Begr Gesetzentwurf, BT-Druck 14/6040, S 187.
362 Begr Gesetzentwurf, BT-Drucks 14/6040, S 242; BGHZ 220, 19 Rz 22.
363 BGHZ 220, 19 Rz 22.
364 BGHZ 220, 19 Rz 22; zum alten Kaufrecht BGHZ 65, 246, 250.
365 BGHZ 220, 219 Rz 19 ff.
366 BGHZ 220, 219 Rz 22 f.
367 BGHZ 220, 219 Rz 23; vgl zu den Einzelheiten nachfolgend Rz 193 ff.
368 BGHZ 220, 219 Rz 22 f („allein die betreffenden Gesellschaftsanteile den Vertragsgegenstand … bilden“).
369 BGHZ 220, 219 Rz 23 („auch für Mängel des Unternehmens selbst“); BGH NJW 1969, 184 („[…] rechtlich bedenkenfrei, auch die Bestimmungen über die Gewährleistungsansprüche auf einen solchen Kauf anzuwenden“).
370 BGHZ 220, 19 Rz 23; BeckOK/Faust Rz 34; Grunewald, NZG 2003, 372, 373; grundlegend zum alten Kaufrecht BGHZ 65, 246, 248 ff; vgl zu den Voraussetzungen nachfolgend Rz 194 ff.

193 2. **Kauf sämtlicher oder nahezu sämtlicher Gesellschaftsanteile.** – a) **Gewährleistungsrechtliche Gleichstellung des Anteilskaufs mit Kauf des ganzen Unternehmens (*asset deal*).** Vor Inkrafttreten des SMG 2002 war der Kauf von Gesellschaftsanteilen als Rechtskauf anzusehen mit der Folge, dass der Verkäufer nach den §§ 437 ff aF nur für den **Bestand des Rechts (Verität)** haftete. Die Gewährleistungshaftung des Verkäufers nach §§ 459 ff aF für **Sachmängel** des von der Gesellschaft betriebenen Unternehmens griff aber Platz, wenn sich der Anteilskauf (*share deal*) sowohl nach der Vorstellung der Kaufvertragsparteien als auch objektiv als Kauf des Unternehmens selbst und damit bei **wirtschaftlicher Betrachtungsweise** als **Sachkauf** darstellte[371]. Das Vorliegen dieser Gleichstellungsvoraussetzungen wurde insbes in dem Fall bejaht, in dem der Käufer sämtliche oder nahezu sämtliche Geschäftsanteile erwarb und dadurch **ohne Beeinträchtigung durch Befugnisse von Mitgesellschaftern** uneingeschränkt über das Unternehmen verfügen konnte, das gleichwohl formell nur von der Gesellschaft als solcher getragen und betrieben wurde[372]. Dies gilt auch für das neue Kaufrecht[373].

194 b) **Erforderliche Beteiligungsschwelle.** Beim Erwerb aller Gesellschaftsanteile ist ohne Zweifel anzunehmen, dass sowohl nach der **Vorstellung der Parteien** als auch objektiv von einem Kauf des Unternehmens selbst und damit bei wirtschaftlicher Betrachtungsweise von einem Sachkauf auszugehen ist. Schon das **RG**[374] bejahte in ständiger Rspr die analoge Anwendung der Vorschriften des BGB über die Sachmängelhaftung (§§ 459 ff aF), wenn **sämtliche Geschäftsanteile einer GmbH** verkauft wurden und sich dieses Kaufgeschäft bei wirtschaftlicher Betrachtungsweise als Erwerb des Unternehmens selbst darstellte. Schwieriger zu beurteilen ist aber die Frage, ab welcher Beteiligungsschwelle bei Nichtvorliegen eines Kaufs aller Anteile wegen faktischen Kaufs des ganzen Unternehmens das Eingreifen der zusätzlichen Gewährleistungshaftung nach §§ 434, 435 für Mängel des Unternehmens gerechtfertigt ist. Da insoweit keine gesetzlich definierten Voraussetzungen vorhanden sind, sondern die **Vorstellung der Kaufvertragsparteien** und die **wirtschaftliche Betrachtungsweise** entscheidend sind, verbietet sich eine schematische Lösung und damit die Festlegung einer bestimmten prozentualen Beteiligungsgrenze.

195 Der **BGH**[375] hat in einer Entscheidung aus dem Jahre 1968 die Rspr des RG zur entsprechenden Anwendung der §§ 459 ff aF beim Kauf **sämtlicher Gesellschaftsanteile** übernommen. In dem einer nachfolgenden Entscheidung des BGH zugrundeliegenden Fall war beim Verkauf von Geschäftsanteilen einer GmbH ein „kleiner Rest" im Umfang **von 0,2 bzw 0,25 Prozent** von der Übertragung auf den Käufer ausgeschlossen worden[376]. Der BGH bejahte hier die analoge Anwendung der §§ 459 ff aF auf Mängel des Unternehmens als solchen, weil der Wille der Vertragspartner auf den Verkauf des Unternehmens gerichtet gewesen sei und der Käufer mit dem Erwerb der Gesellschaftsanteile die **beherrschende Stellung** im betreffenden Unternehmen erlangt habe. Dass der Erwerb der Gesellschaftsanteile nicht nur der Kapitalanlage, sondern einer **unternehmerischen Beteiligung** dient, mit der vom Käufer eine beherrschende oder zumindest – wie bei Erwerb ohne verbleibende Sperrminorität – maßgebliche Stellung in der unternehmenstragenden Gesellschaft angestrebt wird, und der Kaufpreis für Anteile sich aus diesem Grund am Unternehmenswert orientiert, genügt dagegen nicht für die zusätzliche Gewährleistungshaftung des Anteilsverkäufers für Mängel des Unternehmens als solchen[377]. Entscheidend sind vielmehr die **Umstände des konkreten Einzelfalls.** Regelmäßig zu bejahen ist das Eingreifen der Gewährleistungshaftung nach dem Recht des Sachkaufs, sofern der Käufer aufgrund des erworbenen Beteiligungsumfangs ohne Beeinträchtigung durch **Befugnisse von Mitgesellschaftern** uneingeschränkt über das Unternehmen verfügen kann, obwohl die juristische Person oder die rechtsfähige Personengesellschaft Trägerin des Unternehmens ist[378]. Die dafür beim konkreten Anteilskauf erforderliche prozentuale Beteiligungsschwelle hängt von den Umständen des Einzelfalls ab, insbes von den für die betreffende Gesellschaftsform geltenden Vorschriften und vom Inhalt des Gesellschaftsvertrags.

196 c) **Zukauf der restlichen Gesellschaftsanteile.** – aa) **Keine Gleichstellung mit dem Kauf des ganzen Unternehmens – Grundsatz.** Da der Kauf sämtlicher oder nahezu sämtlicher Gesellschaftsanteile als **Rechtskauf iSd § 453 Abs 1 Satz 1 Alt 1** gewährleistungsrechtlich einem

371 BGH WM 1970, 819; BGHZ 65, 246, 248 ff; BGHZ 85, 367, 370; BGHZ 138, 195, 204; BGH NJW 2001, 2163.

372 BGH NJW 1969, 184; BGHZ 65, 246, 251; BGH NJW 1980, 2408; BGH NJW 2001, 2163.

373 BGHZ 220, 19 Rz 21 ff; Köln ZIP 2009, 2063, 2064; Grunewald NZG 2003, 372; BeckOK/Faust Rz 34; Staud/Beckmann Rz 101; Grüneberg/Weidenkaff Rz 23.

374 RGZ 98, 289, 292; RGZ 100, 200, 203 f; RGZ 120, 283, 286 f; RGZ 122, 378, 381; RGZ 150, 397, 402; RG HRR 1929 Nr 6; RG JW 1930, 3740; RG DR 1944, 485.

375 BGH NJW 1969, 184.

376 BGH WM 1970, 819.

377 BGHZ 65, 246, 251.

378 BGHZ 220, 219 Rz 20; BGHZ 65, 246, 251; BGH NJW 1969, 184.

Kauf des Unternehmens als Ganzes gleichzustellen ist und deshalb die zusätzliche Gewährleistungshaftung des Verkäufers für Mängel des Unternehmens nach §§ 434, 435 auslöst[379], stellt sich die Frage, ob diese erhebliche **Erweiterung der Gewährleistungshaftung** des Verkäufers auch dann eingreift, wenn diese **Beteiligungsschwelle** im Wege eines Zukaufs erreicht wird. Es geht insoweit also um den Fall, in dem Käufer bei Abschluss des Kaufvertrags bereits als Gesellschafter an der betreffenden unternehmenstragenden Gesellschaft beteiligt ist und durch den Kauf einer weiteren Beteiligung sämtliche oder nahezu sämtliche Anteile erlangt. Der Anteilskäufer verfügt hier jedenfalls nach dem **Zukauf** über sämtliche oder nahezu sämtliche Anteile der betreffenden Gesellschaft. Bei mehreren Zukäufen stellt sich die hier in Rede stehende Frage für den Kauf, mit dem diese Schwelle erreicht wird. Praktische Bedeutung hat insbes die Konstellation, in der bei Bestehen eines **paritätischen Gemeinschaftsunternehmens (Joint Venture)** ein Gesellschafter seine Beteiligung in Höhe von 50 Prozent an den anderen Gesellschafter verkauft, der dann über alle Anteile verfügt[380].

Die gewährleistungsrechtliche Gleichstellung des Anteilskaufs mit dem Kauf des ganzen Unternehmens ist im Falle des Zukaufs grundsätzlich auch dann zu verneinen, wenn der Käufer nach Vollzug dieses Anteilskaufs über alle Anteile verfügt und dadurch die **uneingeschränkte Herrschaft** über das von der Gesellschaft betriebene Unternehmen erlangt[381]. Denn diese Folge des Zukaufs von Anteilen ändert nichts daran, dass Gegenstand eines darauf bezogenen Kaufvertrags allein die **Beteiligung in Form von Mitgliedschaftsrechten (Gesellschaftsanteilen)** und nicht das ganze Unternehmen als solches ist. Es handelt sich daher im Falle eines derartigen Zukaufs von Gesellschaftsanteilen um einen Rechtskauf iSd § 453 Abs 1 Satz 1 Alt 1, bei dem der Verkäufer wegen Nichtvorliegens einer Gleichstellung mit dem Kauf des ganzen Unternehmens nicht nach §§ 434, 435 für Mängel des Unternehmens als solchen haftet[382]. Die Rechtfertigung für die grundsätzliche Ablehnung einer gewährleistungsrechtlichen Gleichstellung ist im Falle des Zukaufs darin zu sehen, dass es sowohl nach der **Vorstellung der Vertragsparteien** als auch nach der **Verkehrsanschauung** an einem auf den Erwerb des Unternehmens als Ganzes gerichteten **Ziel des konkreten Anteilskaufvertrags** fehlt[383]. Die Möglichkeit des Anteilskäufers, nach Wirksamwerden des Zukaufs aller restlichen Anteile als alleiniger Gesellschafter die Geschicke der Gesellschaft allein bestimmen zu können, ändert daran nichts[384]. 197

Richtig ist zwar, dass der Käufer mit dem Zukauf der restlichen Anteile idR die **Herrschaft über das Unternehmen** erlangt und diese Absicht, die dem Verkäufer in den meisten Fällen auch bekannt ist, zugunsten des Verkäufers eine Auswirkung auf die Höhe des Kaufpreises haben kann[385]. Da der Käufer mit dem Zukauf der restlichen Anteile ein **strategisches Ziel** verfolgt, gelingt es dem Verkäufer in einer derartigen Situation häufig, einen Kaufpreiszuschlag durchzusetzen[386]. Entsprechendes gilt, wenn der Käufer durch Zukauf über nahezu sämtliche Anteile verfügt. Gleichwohl ist in den hier in Rede stehenden Fällen des Zukaufs auch insoweit, als es um die Rechtsfolgen eines Zukaufs geht, der **jeweilige konkrete Kaufgegenstand** der allein **maßgebliche Anknüpfungspunkt** für das Eingreifen der Mängelgewährleistungsrechte nach §§ 434, 435[387]. Die Gewährleistungshaftung des Verkäufers für Mängel des Unternehmens als solches kann daher nicht von Umständen außerhalb des von den Parteien übereinstimmend im Rahmen ihrer Vertragsfreiheit gewählten Gegenstands des Kaufvertrags abhängen[388]. Ein **Minderheitsgesellschafter** hat selbst in dem Fall, in dem er der letzte ist, der seine Beteiligung verkauft, **keinen wesentlichen Einfluss** auf den Zustand des Unternehmens. Es wäre daher auch nicht interessengerecht, dem Anteilsverkäufer eine Haftung für Umstände in der Sphäre des Unternehmens aufzuerlegen, die er regelmäßig nicht beherrschen kann. Bei Vorliegen mehrerer Anteilskäufe kann aber unter bestimmten Voraussetzungen ein einheitliches Geschäft iSd § 139 vorliegen[389]. 198

379 Vgl dazu oben Rz 193.
380 Im Fall BGHZ 220, 19 waren die Kaufvertragsparteien als Handelsgesellschaften im Energiegeschäft tätig und jeweils zu 50% an einem Gemeinschaftsunternehmen (Joint Venture) in der Rechtsform der GmbH beteiligt. Wegen entstandener Meinungsverschiedenheiten verkaufte ein Gesellschafter seine Geschäftsanteile zum Preis von 4.188.000 Euro an den anderen Gesellschafter, nachdem eine Wirtschaftsprüfungsgesellschaft in einem im Auftrag des Anteilskäufers erstatteten Gutachten den Gesamtwert auf 8.377.000 Euro geschätzt hatte.
381 BGHZ 220, 19 Rz 13; Naumburg NJW-RR 1995, 799, 800; Erman/Grunewald Rz 21; MünchKomm/Westermann Rz 22; Staud/Beckmann Rz 101; BeckOGK/Wilhelmi Rz 348; aA Prütting/Wegen/Weinreich/Wagner Rz 28.
382 BGHZ 220, 19 Rz 13.
383 BGHZ 220, 19 Rz 26; zum alten Kaufrecht BGHZ 65, 246, 252; BGH NJW 1980, 2408; BGH NJW 2001, 2163.
384 BGHZ 220, 19 Rz 27.
385 BGHZ 220, 19 Rz 29.
386 BGHZ 220, 19 Rz 29.
387 BGHZ 220, 19 Rz 28.
388 BGHZ 220, 19 Rz 28.
389 Vgl dazu nachfolgend Rz 199 f.

199 bb) **Einheitliches Kaufgeschäft nach § 139 bei mehreren Anteilskaufverträgen.** Für die gewährleistungsrechtliche Gleichstellung des Kaufs sämtlicher oder nahezu sämtlicher Anteile mit dem Kauf des Unternehmens als Ganzes kommt es bei Vorliegen mehrerer separater Anteilskäufe nicht ausnahmslos auf eine rein **formale Betrachtungsweise** an. Insoweit können vielmehr unter bestimmten Voraussetzungen auch mehrere Kaufverträge als **einheitliches Geschäft iSd § 139** einzuordnen sein[390]. Zu bejahen ist ein derartiges einheitliches Kaufgeschäft über Gesellschaftsanteile, wenn zwischen Verkäufer und Käufer in einem **zeitlichen Zusammenhang** mehrere Kaufverträge über Beteiligungen an ein und derselben Gesellschaft geschlossen werden und diese Einzelakte nach der **Vorstellung der Parteien** letztlich dem Ziel dienen, dem Käufer sämtliche oder nahezu sämtliche Anteile und damit die Herrschaft über das von der Gesellschaft betriebene Unternehmen zu verschaffen[391]. Ein in dieser Hinsicht **ausreichender Gesamtplan** ist auch in den Fällen zu bejahen, in denen die konkrete Absicht des Käufers, sämtliche Anteile der Gesellschaft vom Verkäufer zu erwerben, erst nach dem ersten Anteilskauf entsteht[392]. Erforderlich ist in dieser Konstellation allerdings, dass die Kaufvertragsparteien es bei **Abschluss des ersten Kaufvertrags** über Gesellschaftsanteile zumindest als möglich ansehen, dass durch nachfolgende Kaufgeschäfte letztlich sämtliche oder nahezu sämtliche Anteile vom Verkäufer auf den Käufer übergehen. Von einer solchen übereinstimmenden Vorstellung ist idR auszugehen, wenn der Verkäufer im Besitz aller Anteile ist und im Rahmen des ersten Kaufvertrags schon eine **wesentliche Beteiligung**, also zB 50 Prozent der Anteile[393], an den Käufer veräußert. Nicht gegeben ist eine solche Vorstellung der Kaufvertragsparteien aber in dem Fall, in dem der Käufer eine Minderheitsbeteiligung als **reine Kapitalbeteiligung** erwirbt und deshalb in Bezug auf die Führung des von der betreffenden Gesellschaft betriebenen Unternehmens offensichtlich keine strategischen Interessen verfolgt.

200 Besteht bereits bei Abschluss des **ersten Kaufvertrags** über Gesellschaftsanteile die **konkrete Absicht des Käufers**, durch einen oder mehrere Folgeverträge vom Verkäufer letztlich sämtliche Anteile an der betreffenden Gesellschaft zu erwerben, so ist in Bezug auf die Frage der zusätzlichen Gewährleistungshaftung des Verkäufers für **Mängel des Unternehmens** auch schon der erste Kaufvertrag einzubeziehen, sofern letztlich sämtliche oder nahezu sämtliche Anteile erworben werden[394]. Es stellt sich dann die weitere Frage, bis zu welchem **Zeitpunkt** bestimmte Mängel des Unternehmens geltend gemacht werden können. Wenn bei Vorliegen mehrerer Anteilskäufe zwar im Ergebnis eine **Einheit iSd § 139** zu bejahen ist, aber zum Zeitpunkt des ersten Anteilskaufs noch keine näher konkretisierte Absicht bezüglich des später tatsächlich erfolgten Zukaufs bestand und das Erstgeschäft zum Zeitpunkt eines zweiten Kaufs bereits vollständig vollzogen war, dann haftet der Verkäufer auf Grundlage des zweiten Kaufvertrags nur für **Mängel des Unternehmens**, die zum Zeitpunkt des **Vollzugs des Zweitkaufs** vorliegen und wegen Nichteintritts der Verjährung noch geltend gemacht werden können[395]. Die Rechtsfolgen – insbes ein Rücktritt vom Kaufvertrag und ein Anspruch auf **Schadensersatz statt der ganzen Leistung** – beschränken sich dann grundsätzlich auf den zweiten Anteilskauf[396]. Der Zusammenhang des weiteren Anteilskaufs mit dem ersten Kauf bewirkt hier nur, dass insgesamt

390 Offengelassen von BGHZ 220, 19 Rz 19.

391 So iE BGH WM 1980, 284; Hamm GmbHR 1994, 48, 49. Im Fall des OLG Hamm waren die Geschäftsanteile einer GmbH in zwei getrennten Kaufverträgen vom 18.5./11.7.1990 und 30.8.1990 über jeweils 50 Prozent verkauft worden. Nach Ansicht des OLG Hamm waren die beiden Kaufverträge aber nicht getrennt, sondern als Einheit einzuordnen, weil bereits beim ersten Verkaufsangebot des Verkäufers der Verkauf und die Übertragung aller Geschäftsanteile und damit des ganzen Unternehmens angestrebt war.

392 Im Fall BGH WM 1980, 284 erwarben die Käufer im Jahre 1970 von den Verkäufern die Hälfte des Aktienkapitals einer Süßwarenherstellerin für 4,8 Millionen DM. Die andere Hälfte (330 Aktien) behielten die Verkäufer. Im Jahre 1973 entschlossen sich die Verkäufer, ihre verbliebene Aktienbeteiligung zu verkaufen. Im Dezember 1973 schlossen die Parteien einen Kaufvertrag über 50 Aktien zum Preis von 1 Millionen DM. Gleichzeitig unterbreiteten die Käufer zwei Kaufangebote wegen der restlichen 280 Aktien. Nach dem einen Angebot sollten für 115 Aktien 1.625.000 DM bezahlt werden, nach dem anderen für die restlichen 165 Aktien 375.000 DM. Die Verkäufer nahmen die Kaufangebote innerhalb der von den Käufern jeweils bestimmten Annahmefrist am 12. Mai und 24. Juli 1974 an. Im Rechtsstreit ging es nur um den Kaufpreis in Höhe von insgesamt 2 Millionen Euro für die letzten beiden Teilgeschäfte. Die Käufer machten insoweit Mängel des seit Mai 1974 vorliegenden Jahresabschluss für das Geschäftsjahr 1973 geltend.

393 So in den Fällen BGH WM 1980, 284; Hamm GmbHR 1994, 48.

394 Zutreffend Hamm GmbHR 1994, 48, 49.

395 So war die Rechtslage im Fall BGH WM 1980, 284: Da der erste Anteilskauf bereits im Jahre 1970 abgeschlossen und abgewickelt worden war, konnten die geltend gemachten Fehler des Jahresabschlusses für das Geschäftsjahr 1973 von vornherein nur die Haftung der Verkäufer auf Grundlage der beiden nachfolgenden Kaufverträge aus dem Jahre 1974 betreffen.

396 Im Fall BGH WM 1980, 284 wurden dementsprechend von den Käufern nur eine Rückzahlung des im Jahr 1974 auf Grundlage der Folgeverträge gezahlten Kaufpreises geltend gemacht, nicht aber der im Jahr 1970 für die erste Hälfte des Aktienkapitals gezahlte Kaufpreis in Höhe von 4,8 Millionen DM zurückverlangt.

von einem Erwerb sämtlicher oder nahezu sämtlicher Anteile auszugehen ist und der Käufer generell gem §§ 434, 435 auch für Mängel des Unternehmens als solchen haftet.

d) **Erwerb sämtlicher Anteile von mehreren Verkäufern mit separaten Beteiligungen.** 201
Beim Erwerb sämtlicher oder nahezu sämtlicher Gesellschaftsanteile von mehreren Verkäufern ist die Bejahung einer **gewährleistungsrechtlichen Gleichstellung** mit dem Kauf des gesamten Unternehmens in der Konstellation unproblematisch, in der mehreren Verkäufern sämtliche oder nahezu sämtliche Anteile **gemeinschaftlich gehören** und der Verkauf demzufolge durch einheitlichen Kaufvertrag erfolgt. Es handelt sich hier um den klassischen Fall einer **Verkäufermehrheit** beim Kaufvertrag über einen **einheitlichen Kaufgegenstand**. Beabsichtigt der Käufer den Erwerb sämtlicher oder nahezu sämtlicher Anteile an einer Gesellschaft, der mehrere Gesellschafter mit eigenen separaten Beteiligungen angehören, so muss er jeden Gesellschafter zum Verkauf bewegen. Ist bei **allen Gesellschaftern eine Verkaufsbereitschaft** vorhanden und werden dann im Rahmen eines einheitlichen Kaufvertrags sämtliche oder nahezu sämtliche Anteile zu einem Gesamtpreis veräußert, von dem jeder Mitverkäufer gegen Übertragung seines Anteilsbesitzes den dafür einvernehmlich festgesetzten **Teilbetrag** erhält, so steht dieser Anteilskauf wegen Bestehens einer Einheit gewährleistungsrechtlich einem Kauf des gesamten Unternehmens gleich. Die Verkäufer haften hier also nach §§ 434, 435 auch für Mängel des Unternehmens.

Diese Rechtsfolge ist auch in der Konstellation zu bejahen, in der mit den einzelnen bisheri- 202
gen Gesellschaftern zwar kein einheitlicher Kaufvertrag mit Gesamtkaufpreis, sondern **separate Kaufverträge abgeschlossen** werden, die gesamte Transaktion aber nur deshalb zustande kommt, weil sich **alle Anteilsinhaber** zum Verkauf ihrer Anteile bereiterklärt haben. Es handelt sich dann im Rahmen einer Gesamtbetrachtung um einen Kauf sämtlicher Anteile, der gleichzeitig als Kauf des **Unternehmens als Ganzes** anzusehen ist und deshalb die Haftung der Verkäufer für Sach- und Rechtsmängel des Unternehmens auslöst. Dass der konkrete Inhalt der einzelnen Kaufverträge in Bezug auf bestimmte Vertragsklauseln womöglich voneinander abweicht und auch die Gewährleistung unterschiedlich geregelt ist, ändert daran nichts. Denn diese Unterschiede sind für die entscheidende Gleichstellungsvoraussetzung in Gestalt des Erlangens der **faktischen Herrschaft** über das Unternehmen als Ganzes ohne Bedeutung und betreffen nur den Umfang der Gewährleistungshaftung unter Berücksichtigung etwaiger Freizeichnungsvereinbarungen. Ein einzelner Gesellschafter würde hier zwar als Verkäufer seines eigenen Anteilsbesitzes nicht für Mängel des von der Gesellschaft betriebenen Unternehmens haften, wenn es nicht zu den parallelen Verkäufen durch alle Mitgesellschafter käme. Gleichwohl ist, soweit es um die **gewährleistungsrechtliche Gleichstellung** mit dem Kauf des ganzen Unternehmens geht, aus mehreren Gründen die Annahme eines **Erwerbs sämtlicher Anteile** mit der Folge der Gewährleistungshaftung auch für Mängel des Unternehmens gerechtfertigt und interessengerecht.

Denn zum einen kommt es in dem Fall, in dem der Käufer durch Anteilserwerb (*share deal*) 203
die Herrschaft über das ganze Unternehmen erlangen will, nur dann zu einem Abschluss der einzelnen parallelen Anteilskaufverträge, wenn alle Gesellschafter zuvor ihre **Verkaufsbereitschaft definitiv erklärt** haben. Der Käufer ist hier nämlich idR nicht am Kauf einer **bloßen Minderheitsbeteiligung** interessiert. Jeder einzelne Gesellschafter kann daher seinen eigenen Anteilsbesitz nur unter der Voraussetzung verkaufen, dass auch alle Mitgesellschafter bereit sind, ihre Beteiligung an den nur am Erwerb sämtlicher Anteile interessierten Käufer zu veräußern. Hinzu kommt, dass bei einem derartigen Anteilsverkauf durch mehrere Mitverkäufer zum Zwecke der Erlangung der Herrschaft über das ganze Unternehmen der **Kaufpreis für die einzelnen Anteile** regelmäßig über dem hypothetischen Betrag liegt, der sich im Falle eines separaten Verkaufs als Minderheitsbeteiligung ergäbe. Insbes aufgrund dieses wirtschaftlichen Vorteils in Gestalt eines **„Paketzuschlags“** ist es angemessen, dass die am Gesamtverkauf beteiligten einzelnen Gesellschafter gem §§ 434, 435 auch für Mängel des Unternehmens als solches haften. Eine **Begrenzung des Haftungsrisikos** kann jeder einzelne Verkäufer dadurch erreichen, dass er – soweit zulässig – in dem mit ihm persönlich abgeschlossenen Kaufvertrag einen Ausschluss der Haftung für Mängel des Unternehmens vereinbart und insoweit eine Einstandspflicht nur nach Maßgabe einer nach § 443 Abs 1 vereinbarten Verkäufergarantie übernimmt.

3. **Keine Haftung für Unternehmensmängel beim Anteilskauf unterhalb der Schwelle** 204
sämtlicher oder nahezu sämtlicher Anteile. – a) **Grundlagen.** Nach einem Teil der Literatur sollen auch bei einem Anteilskauf, der sich nicht auf den Erwerb sämtlicher oder nahezu sämtlicher Gesellschaftsanteile erstreckt und daher nicht zusätzlich die anerkannte Gewährleistungshaftung auch für Mängel des Unternehmens auslöst, festgestellte Mängel des Unternehmensvermögens und damit des **Bezugspunkts des Anteils** auch zu Mängeln des Anteils selbst führen und

dadurch eine Gewährleistungshaftung des Käufers nach §§ 434 ff begründen[397]. Insoweit wird insbes darauf verwiesen, dass die Gesellschaftsanteile eine **Verkörperung der Beteiligung an einem Unternehmen** darstellten und es daher für die Gewährleistungshaftung des Verkäufers in erster Linie auf etwaige Mängel des Unternehmens ankomme[398]. Dafür wird zwar zutreffend angeführt, dass auf den Rechtskauf gem § 453 Abs 1 Satz 1 Alt 1 die **Vorschriften über den Sachkauf** und damit auch das Recht der Gewährleistung für Sach- und Rechtsmängel (§§ 434 ff) eben nur entsprechend anwendbar seien. Weder der Wortlaut der § 453 noch die Begründung zum SMG 2002 enthalten aber Anhaltspunkte dafür, dass der Gesetzgeber mit der Neuregelung die Absicht verfolgte, die Unterscheidung zwischen Rechtskauf und dem Kauf einer Sache aufzuheben, auf die sich dieses Recht bezieht[399]. Der Gesetzgeber des SMG 2002 ging vielmehr im Gegenteil davon aus, dass die von § 453 Abs 1 aF (§ 453 Abs 1 Satz 1 nF) angeordnete entsprechende Anwendung der §§ 433 ff über den Sachkauf auf den Kauf von Rechten und sonstigen Gegenständen „im Einklang mit dem geltenden Recht" stehe[400].

205 Für diese Sichtweise spricht auch ein **Umkehrschluss aus § 453 Abs 3**[401]. Denn nach dieser Vorschrift haftet der Verkäufer im Falle des Verkaufs eines Rechts, das zum Besitz einer Sache berechtigt auch dafür, dass die Sache frei von Sach- und Rechtsmängeln ist[402]. Diese für bestimmte Fälle des Rechtskaufs geltende **Ausnahmeregelung** belegt, dass eine solche Gewährleistung für Mängel einer Sache als Bezugsgegenstand des gekauften Rechts gerade nicht in allen Fällen des § 453 Abs 1 Satz 1 Alt 1 Platz greift[403]. Die besondere Vorschrift des § 453 Abs 3 wäre ansonsten überflüssig[404]. Aus dieser Ausnahmeregelung lässt sich also ableiten, dass sich die Gewährleistungshaftung des Verkäufers beim Rechtskauf regelmäßig gerade nicht auf Sachen erstreckt, die mit dem Recht in einer Beziehung stehen und Einfluss auf dessen Wert haben.

206 b) **Fehlendes unmittelbares Recht des Anteilskäufers am Unternehmen der Gesellschaft.** Die Unterscheidung zwischen dem Kauf sämtlicher oder nahezu sämtlicher Anteile und dem gewöhnlichen Anteilskauf, der diese Schwelle nicht erreicht, bei der Frage der Haftung für Mängel des Unternehmens als solches, ist nach wie vor deshalb interessengerecht, weil der Käufer eines Gesellschaftsanteils kein unmittelbares Recht an dem von der Gesellschaft betriebenen Unternehmen erwirbt[405]. Ein erworbener Gesellschaftsanteil berechtigt unabhängig vom prozentualen Umfang der Beteiligung nicht zum **Besitz des Unternehmensvermögens** einschließlich der dazugehörenden Sachen. Dies gilt auch beim Kauf von Mehrheitsbeteiligungen. Auf das Unternehmen kann der Anteilskäufer nur mittelbar im Rahmen der kraft Gesetzes und Satzung eingeräumten **mitgliedschaftlichen Befugnisse** einwirken[406]. Erlangt der Käufer die Beschlussmehrheit, so kann er zwar Einfluss auf die Abstimmungen in der **Gesellschafterversammlung** und damit mittelbar auch auf die Geschäftsführung nehmen. Die Trennung zwischen dem Kauf des von der Gesellschaft betriebenen Unternehmens und dem Kauf eines Anteils an dieser Gesellschaft beruht aber sowohl bei der juristischen Person als auch bei der rechtsfähigen Personengesellschaft auf der **Rechtsfähigkeit** und damit auf der personen- und vermögensrechtlichen Verselbständigung gegenüber den Gesellschaftern als Inhabern der Anteilsrechte[407]. Daher ist auch nur die Gesellschaft als rechtsfähige Unternehmensträgerin zum Besitz berechtigt. Die **organschaftlichen Vertreter** der Gesellschaft üben die Sachherrschaft für die Gesellschaft aus (sog Organbesitz), dh, die von den organschaftlichen Vertretern ausgeübte **tatsächliche Sachherrschaft** wird unmittelbar der Gesellschaft zugerechnet. Die Auffassung, nach der auch dann, wenn durch den Beteiligungskauf nicht sämtliche oder nahezu sämtliche Gesellschaftsanteile erworben werden, die Gewährleistungshaftung des Verkäufers auch für Unternehmensmängel eingreifen soll[408], berücksichtigt aus den dargelegten Gründen nicht hinreichend, dass der von den Parteien im **Rahmen der Vertragsfreiheit** gewählte Kaufgegenstand ein Recht und nicht das Unternehmen als Ganzes ist und damit einen sonstigen Gegenstand iSd § 453 Abs 1 Satz 1 Alt 2 darstellt[409]. **Billigkeitserwägungen** in wirtschaftlicher Hinsicht können an dieser klaren kaufrechtlichen Trennung zwischen Anteilsrechten und dem von der betreffenden Gesellschaft betriebenen Unternehmen nichts ändern.

397 BeckOGK/Wilhelmi Rz 43 ff, 59 ff, 599 ff; MünchKomm/Thiessen, HGB, 2021[5], Rz 112 Anh § 25; vgl dazu auch BGHZ 220, 19 Rz 31.
398 MünchKomm/Thiessen, HGB, 2021[5], Rz 113 Anh § 25; vgl dazu auch BGHZ 220, 19 Rz 31.
399 BGHZ 220, 19 Rz 33.
400 Begr Gesetzentwurf, BT-Drucks 14/6040, S 242; BGHZ 220, 19 Rz 33.
401 BGHZ 220, 19 Rz 34.
402 Vgl zu den Einzelheiten unten Rz 252 ff.
403 BGHZ 220, 19 Rz 34.
404 BGHZ 220, 19 Rz 34; NK/Büdenbender Rz 14; Grunewald NZG 2003, 372, 373.
405 BGHZ 220, 19 Rz 36; BGHZ 65, 246, 250 (zu §§ 459 ff aF).
406 BGHZ 220, 19 Rz 36; BGHZ 65, 246, 250 (zu §§ 459 ff aF).
407 So für die juristische Person BGHZ 220, 19 Rz 36; BGHZ 65, 246, 250.
408 Vgl dazu oben Rz 204.
409 BGHZ 220, 19 Rz 32.

Hinzu kommt, dass auch **kein zwingendes praktisches Bedürfnis** für eine mit dem geltenden Recht nicht zu vereinbarende Ausdehnung der Gewährleistungshaftung des Anteilsverkäufers, der nicht sämtliche oder nahezu sämtliche Gesellschaftsanteile verkauft, auf Mängel des Unternehmens als solchen, besteht[410]. Denn zum einen können die Parteien des Anteilskaufs in Bezug auf den Zustand des von der Gesellschaft betriebenen Unternehmens unabhängig vom Umfang des Anteilserwerbs eine **Garantiehaftung des Verkäufers** vereinbaren[411]. Zum anderen kommt, soweit keine unternehmensbezogenen Garantieabreden bestehen, eine Haftung des Verkäufers für zu vertretende Verletzungen von vorvertraglichen Pflichten (insbes Aufklärungspflichten) aus **culpa in contrahendo** (§§ 280 Abs 1, 311 Abs 1 Nr 2, 241 Abs 2)[412] sowie eine Anwendung des § 313 Abs 1 und Abs 2 wegen Vorliegens einer **Störung der Geschäftsgrundlage** in Betracht[413]. 207

c) **Keine Haftung des Anteilskäufers für Bonität des gekauften Gesellschaftsanteils.** Nach § 437 aF haftete der Verkäufer einer Forderung oder eines sonstigen Rechts für den **rechtlichen Bestand** der Forderung oder des Rechts. Die Haftung für die Bonität einer Forderung setzte gem § 438 aF eine besondere vertragliche Übernahme durch den Verkäufer voraus und bezog sich im Zweifel auf den Zeitpunkt der Abtretung. Trotz des Wegfalls des § 437 Abs 1 aF mit Inkrafttreten des SMG 2002 haftet der Verkäufer von Gesellschaftsanteilen und sonstigen Rechten zwar nach wie vor für den Bestand des Rechts (Verität)[414]. Der Verkäufer eines Gesellschaftsanteils haftet aber weder für die **Bonität** noch für den Zustand (Güte) des Gegenstands, auf den sich dieser Anteil bezieht[415]. Eine Haftung des Verkäufers für die Bonität des verkauften Gesellschaftsanteils als Recht iSd § 453 Abs 1 Satz 1 Alt 2 greift nur ein, soweit sie durch **vertragliche Vereinbarung** besonders übernommen ist[416]. 208

VI. Rechts- und Sachmängel des gekauften Gesellschaftsanteils

1. **Abgrenzung zum allgemeinen Leistungsstörungsrecht.** – a) **Anfängliche Unmöglichkeit wegen fehlender Existenz des verkauften Gesellschaftsanteils.** Existiert der verkaufte Gesellschaftsanteil nicht, so liegt kein Rechtsmangel, sondern ein Fall der **anfänglichen Unmöglichkeit** vor[417]. Der Verkäufer ist von Anfang an gem § 275 Abs 1 nicht zur Übertragung verpflichtet. Der Kaufvertrag ist aber gleichwohl gem § 311a Abs 1 wirksam[418]. Ein **Schadensersatzanspruch des Käufers** besteht unter den Voraussetzungen des § 311a Abs 2. Für die Abwendung des Schadensersatzanspruchs aus § 311a Abs 2 muss der Verkäufer des Gesellschaftsanteils nachweisen, dass er **keine Kenntnis** von der fehlenden Existenz der Beteiligung hatte und seine Unkenntnis auch nicht zu vertreten hat (§ 311a Abs 2 Satz 2). Die fehlende Existenz des verkauften Gesellschaftsanteils kann – abgesehen vom klassischen Betrug in Gestalt des Vortäuschens einer (lukrativen) Beteiligung – darauf beruhen, dass die tatsächlich erfolgte **Gründung der Gesellschaft** mit einem nicht behebbaren Unwirksamkeitsgrund (Gründungsmangel) behaftet ist. Besteht nach dem für die betreffende Gesellschaftsform geltenden Gesellschaftsrechts in diesem Fall zumindest eine **Liquidationsgesellschaft**, die bis zur Vollbeendigung Träger von Rechten und Pflichten ist, so existieren zwar formal bis zu diesem Zeitpunkt auch Gesellschaftsanteile. Da es sich aber abweichend vom Kaufvertrag nicht um Anteile an einer werbenden Gesellschaft handelt, liegt hier ein **Beschaffenheitsmangel (Inhaltsmangel)** iSd § 453 Abs 1 Satz 1 Alt 1 iVm § 434 Abs 2 Satz 1 Nr 1 vor[419]. 209

b) **Fehlende Inhaberschaft des Verkäufers.** Ist nicht der Verkäufer, sondern ein Dritter Inhaber des Gesellschaftsanteils und scheitert deshalb zunächst die Erfüllung des Verschaffungsanspruchs aus § 433 Abs 1 Satz 1, so sind in Bezug auf die Rechte des Käufers mehrere Fallkonstellationen zu unterscheiden. Von vornherein ausgeschlossen ist ein **Rechtsmangel**. Denn die Rechtsinhaberschaft eines Dritten ist keine Belastung des Gesellschaftsanteils mit einem Recht 210

410 BGHZ 220, 19 Rz 37.

411 BGHZ 220, 19 Rz 37; vgl zu Garantien bezüglich Bilanzen und sonstigen Unternehmenskennzahlen Rz 184 ff.

412 BGHZ 220, 19 Rz 37; BeckOK/Faust Rz 23; Canaris, FS für Georgiades, 2006, S 71, 78 ff; Begr Gesetzentwurf, BT-Drucks 14/6040, S 242 so auch zu altem Kaufrecht BGHZ 65, 246, 252 f; BGH WM 1980, 284, 285; BGH NJW 1980, 2408, 2409 f; BGH NJW 2001, 2163, 2164; vgl zu den Einzelheiten unten Rz 220 ff.

413 BGHZ 220, 19 Rz 12 ff, 37, 44 f; BeckOK/Faust Rz 23; Canaris, FS für Georgiades, 2006, S 71, 78 ff; so auch zu altem Kaufrecht BGHZ 65, 246, 252 f; BGH WM 1980, 284, 285; BGH NJW 1980, 2408; BGH NJW 2001, 2163; Naumburg NJW-RR 1995, 799; Begr Gesetzentwurf, BT-Drucks 14/6040, S 242; vgl zu den Einzelheiten unten Rz 222 ff.

414 Vgl dazu oben Rz 15 f.

415 BGHZ 220, 19 Rz 32; Staud/Beckmann Rz 7 f; BeckOK/Faust Rz 16 ff; vgl zum allgemeinen Ausschluss der Bonitätshaftung beim Rechtskauf oben Rz 15 f.

416 BGHZ 220, 19 Rz 32; MünchKomm/Westermann Rz 11; BeckOK/Faust Rz 20 ff; U Huber, AcP 202 (2002), 179, 214.

417 Vgl oben Rz 68 ff.

418 Vgl oben Rz 68.

419 Vgl dazu unten Rz 219.

iSd § 435, das der Dritte gegen den Käufer geltend machen kann[420]. Eine **Unmöglichkeit der Leistung** nach § 275 Abs 1 ist dann zu bejahen, wenn der Gesellschaftsanteil einem Dritten gehört und im konkreten Fall entweder kraft Gesetzes oder aufgrund einer Regelung im Gesellschaftsvertrag nicht auf den Käufer übertragbar ist[421]. Wenn dagegen der dem Dritten zustehende Anteil grundsätzlich übertragen werden kann, dann bleibt der **Erfüllungsanspruch** des Käufers aus § 453 Abs 1 Satz 1 Alt 1 iVm § 433 Abs 1 Satz 1 unberührt. Der Käufer kann dem Verkäufer hier gem §§ 281 Abs 1, 323 Abs 1 eine Frist für die Übertragung des Gesellschaftsanteils setzen. Durch die **Fristsetzung** erhält der Verkäufer die Möglichkeit, mit dem Dritten eine Übertragung des Anteils auf den Käufer zu vereinbaren. Der Dritte wird dafür zwar regelmäßig eine Gegenleistung verlangen. Die Erlangung einer Einigung mit dem Dritten als Rechtsinhaber wird aber für den Verkäufer regelmäßig günstiger sein als eine Verpflichtung aus §§ 280 Abs 1 und 3, 281 Abs 1 zum **Schadensersatz statt der Leistung** gegenüber dem Käufer.

211 2. **Rechte Dritter iSd § 435 am Gesellschaftsanteil – Grundlagen**. Aufgrund der Verweisung des § 453 Abs 1 Satz 1 Alt 1 auf die Vorschriften über den Sachkauf (§§ 433 ff) ist der Verkäufer von Gesellschaftsanteilen allerdings verpflichtet, dem Käufer das Mitgliedschaftsrecht „frei von Rechtsmängeln" zu verschaffen[422]. Unproblematisch gegeben ist ein Rechtsmangel iSd § 435, wenn der gekaufte Anteil mit einem **dinglichen Recht** eines Dritten belastet ist, das dieser gegen den Käufer geltend machen kann. Praktische Bedeutung haben insoweit vor allem eine rechtsgeschäftliche **Verpfändung** zum Zwecke der Sicherung einer Gläubigerforderung, eine **Pfändung** im Rahmen der Zwangsvollstreckung sowie ein bestellter **Nießbrauch**. Der Verkäufer ist hier gem § 453 Abs 1 Satz 1 Alt 1 iVm §§ 435, 437 Nr 1 verpflichtet, die Belastung des Gesellschaftsanteils durch Vereinbarung mit dem Dritten als Rechtsinhaber abzulösen. Dafür kann der Anteilskäufer eine Frist nach §§ 281 Abs 1, 323 Abs 1 setzen.

212 3. **Rechtsmangel wegen Belastung des gekauften Gesellschaftsanteils mit Einlagerückständen oder Nachschusspflichten**. Bestehen beim Kauf von Gesellschaftsanteilen offene Einlage- oder Nachschussforderungen, die den **jeweiligen Inhaber** und damit auch den Anteilskäufer treffen, so handelt es sich zwar zunächst nur um eine **schuldrechtliche Forderung** gegen den Inhaber des Anteils. IdR droht aber im Falle des **Zahlungsverzugs** eine Haftung des betreffenden Anteils in der Weise, dass vonseiten der Gesellschaft eine **Zwangseinziehung des Anteils** (etwa die Kaduzierung nach GmbHG § 21) oder – wie bei Personengesellschaften – ein **Ausschluss aus wichtigem Grund** erfolgen kann. Aufgrund dieser drohenden bestandsgefährdenden Haftung des Anteils als solchen sind Einlagerückstände und Nachschusspflichten als Rechtsmängel iSd §§ 453 Abs 1 Satz 1 Alt 1, 435 anzusehen[423]. Entscheidend für das Vorliegen eines Rechtsmangels ist hier nicht das Bestehen einer auf den Gesellschaftsanteil bezogenen persönlichen Zahlungsverbindlichkeit des Anteilsinhabers und damit auch des Anteilskäufers, sondern das **bedingte Recht der Gesellschaft** auf Einziehung des Anteils bzw sonstige Aufhebung der mitgliedschaftlichen Beteiligung.

213 Primäre Folge der entsprechenden Anwendung des Rechtsmangeltatbestands des § 435 ist auch hier zunächst ein **Nacherfüllungsanspruch** des Anteilskäufers aus § 453 Abs 1 Satz 1 Alt 1 iVm §§ 437 Nr 1, 439 Abs 1 gegen den Verkäufer. Dieser Anspruch ist auf **Freistellung** von der gegenüber der Gesellschaft bestehenden Einlage- oder Nachschusspflicht gerichtet[424]. Da die Nacherfüllung durch Geldleistung bewirkt werden kann, kommt eine Unmöglichkeit nach § 275 Abs 1 nicht in Betracht. Im Falle einer **erfolglosen Nachfristsetzung** gem §§ 281 Abs 1, 323 Abs 1 oder einem sonstigen Scheitern der Nacherfüllung stehen dem Käufer die sekundären Gewährleistungsrecht aus § 437 Nr 2 und Nr 3 zu. Der Anteilskäufer kann also, wenn der Verkäufer auch bis zum Ablauf einer gesetzten Frist nicht leistet, die offene Verbindlichkeit selbst begleichen und dann den Verkäufer nach § 453 Abs 1 Satz 1 Alt 1 iVm §§ 437 Nr 3, 281 Abs 1, 280 Abs 1 und Abs 3 in Regress nehmen. Ein solches Vorgehen kommt insbes dann in Betracht, wenn es sich um eine eher geringe offene Forderung der Gesellschaft handelt oder/und die erworbene Beteiligung trotz der **zusätzlichen finanziellen Belastung** aus Sicht des Käufers noch wirtschaftlich sinnvoll ist. Ist dies nicht der Fall oder der Käufer zumindest zurzeit nicht in der Lage, den **offenen Betrag aufzubringen**, so kann er vom Kaufvertrag zurücktreten oder/und Schadensersatz statt der ganzen Leistung verlangen. Eine **unerhebliche Pflichtverletzung** iSd § 323 Abs 5 Satz 2, § 281 Abs 1 Satz 3 ist regelmäßig nur dann zu bejahen, wenn die

420 Vgl dazu oben Rz 77 ff.

421 BeckOK/Faust Rz 12; BeckOGK/Willhelmi Rz 57; MünchKomm/Westermann Rz 10; Staud/Beckmann Rz 7.

422 Begr Gesetzentwurf, BT-Drucks 14/6040, S 242; BGHZ 220, 19 Rz 39.

423 RG LZ 1908, 950; RGZ 96, 227, 230 (jeweils zum alten Kaufrecht); BeckOK/Faust Rz 11; vgl dazu auch Erman/Grunewald Rz 10.

424 Zum Nacherfüllungsanspruch bei Rechtsmängeln vgl Wertenbruch, in: Dauner-Lieb/Konzen/K Schmidt, Das neue SchuldR in der Praxis, 2003, S 493, 508.

Zahlungsrückstände verhältnismäßig gering sind und zudem die Rentabilität der Beteiligung nicht spürbar beeinträchtigen.

Die Haftung des Verkäufers aus §§ 435, 437 entfällt gem § **442 Abs 1**, wenn die anteilsbezogenen offenen Forderungen der Gesellschaft dem Käufer bei Abschluss des Kaufvertrags bekannt waren oder ihm infolge **grober Fahrlässigkeit** unbekannt geblieben sind. Vorrangige Frage ist hier aber, ob der Käufer diese gegenüber der Gesellschaft bestehenden Verbindlichkeiten auf Grundlage des geschlossenen Kaufvertrags zumindest **konkludent übernommen** hat. Dann liegt schon kein Rechtsmangel iSd § 435 als Grundlage für Gewährleistungsansprüche des Anteilskäufers vor. Bei Fehlen einer ausdrücklichen Übernahmevereinbarung kann insoweit der vereinbarte Kaufpreis einen wichtigen Anhaltspunkt darstellen. Denn mit der Übernahme einer offenen Einlage- oder Nachschussforderung wird der Käufer sich regelmäßig nur unter Anrechnung auf den bei Nichtbestehen einer solchen Forderung angemessenen Kaufpreis einverstanden erklären. 214

4. **Nichtbestehens eines Rechtsmangels des Anteils bei Überschuldung und Insolvenzreife des Unternehmens.** Beim Kauf von Gesellschaftsanteilen stellt die Überschuldung und die daraus resultierende **Insolvenzreife** der betreffenden Gesellschaft keinen Rechtsmangel der gekauften Anteile dar[425]. Ein Rechtsmangel kann insoweit auch nicht mit der Erwägung begründet werden, dass mit dem Bestand der Gesellschaft zugleich auch die **Existenz der Gesellschaftsanteile gefährdet** sei[426]. Denn die Überschuldung beeinträchtigt ebenso wie eine – wegen **negativer Fortführungsprognose** – hinzukommende Insolvenzreife der betreffenden Gesellschaft den rechtlichen Bestand des vom Anteilsverkäufer abgetretenen Gesellschaftsanteils erst einmal nicht, da die **Mitgliedschaftsrechte**, insbes das Stimmrecht, nach wie vor bestehen und grundsätzlich auch ausgeübt werden können[427]. Insoweit besteht kein wesentlicher Unterschied zur Lage vor dem **Eintritt einer Überschuldung**[428]. Beim Kauf von Rechten kommt aufgrund der Verweisung des § 453 Abs 1 Satz 1 Alt 1 auf die §§ 433 ff zwar auch eine Haftung des Verkäufers nach § 434 in Betracht, sofern das verkaufte Recht nicht die vertraglich **vereinbarte Beschaffenheit (Inhalt)** aufweist, sich nicht für die vertraglich vorausgesetzte Verwendung eignet oder nicht die übliche Beschaffenheit (Inhalt) hat[429]. Überschuldung und Insolvenzreife berühren aber nicht Inhalt und Umfang des verkauften Anteils, sondern nur die Bonität dieses Kaufgegenstands, für die der Verkäufer nur im Falle einer besonderen Beschaffenheitsvereinbarung nach § 434 Abs 2 Satz 1 Nr 1 oder/und einer Garantie nach § 443 Abs 1 haftet[430]. Durch Entstehung einer Überschuldung können zwar die tatsächlichen Gewinnerwartungen ihre Geltung verlieren und eine **Verminderung des wirtschaftlichen Werts** der erworbenen Gesellschaftsanteile zu konstatieren sein[431]. Aber auch dies führt nicht zu einem Rechts- oder Sachmangel des Gesellschaftsanteils[432]. Betroffen ist insoweit ebenfalls nur die **Bonität des veräußerten Rechts**, für die der Verkäufer – auch nach Inkrafttreten des SMG 2002 – grundsätzlich nicht haftet[433]. Etwas anderes gilt insoweit selbstverständlich in dem Fall, in dem der Verkäufer in Bezug auf Gewinnerwartungen eine **Garantie** übernommen hat[434]. Ein verkaufter Gesellschaftsanteil wird daher bei Vorliegen einer Überschuldung und einer Insolvenzreife der betreffenden 215

425 BGHZ 220, 19 Rz 38 ff; vgl zum Vorliegen eines Sachmangels in diesem Fall bei Kauf des Unternehmens als Ganzes oben Rz 182 ff.

426 BGHZ 220, 19 Rz 41; aA Scholz/Seibt, GmbHG, 2022[13], § 15 Rz 145; Michalski/Heidinger/Leible/Schmidt/Ebbing, GmbHG, 2023[4], § 15 Rz 177.

427 BGHZ 220, 19 Rz 41; BGH NJW 1980, 2408 (zu § 437 aF); Naumburg, NJW-RR 1995, 799, 800 (zu § 437 aF).

428 BGHZ 220, 19 Rz 41; BGH NJW 1980, 2408 (zu § 437 aF); Naumburg, NJW-RR 1995, 799, 800 (zu § 437 aF).

429 BeckOK/Faust Rz 10; Staud/Beckmann Rz 7; NK/Büdenbender Rz 10 f; Prütting/Wegen/Weinreich/Wagner Rz 8; Grüneberg/Weidenkaff Rz 18, jeweils mwN); aA Grunewald NZG 2003, 272, 273; Erman/Grunewald Rz 10; Grigoleit/Herresthal JZ 2003, 118, 125; Brink WM 2003, 1355, 1357; offenlassend BGHZ 220, 19 Rz 39 f; vgl dazu auch oben Rz 169 ff. Der BGH konnte die Frage in der Entscheidung BGHZ 220, 19 offenlassen, weil nach den Feststellungen des Berufungsgerichts die verkauften Geschäftsanteile weder mit Rechten Dritter belastet waren noch – etwa in Bezug auf Stimmrechte oder Gewinnansprüche – von der vereinbarten, vorausgesetzten oder üblichen Beschaffenheit abwichen. Denn die vom Käufer behaupteten Mängel in Gestalt einer Überschuldung und Insolvenzreife bezogen sich allein auf die Gesellschaft bzw auf das von ihr betriebene Unternehmen, das als solches im konkreten Fall nicht Vertragsgegenstand war. Der Entscheidung BGHZ 220, 19 lässt sich aber zumindest entnehmen, dass bei Vorliegen der Voraussetzungen einer entsprechenden Anwendung des § 434 auf den Anteilskauf eine Abweichung der tatsächlichen gegebenen Stimmrechte oder Gewinnansprüche vom kaufvertraglich vereinbarten Umfang keinen Rechtsmangel, sondern wegen Abweichung von der Soll-Beschaffenheit des gekauften Gesellschaftsanteils einen Sachmangel dieses Anteils begründen.

430 Vgl zum grundsätzlichen Ausschluss der Bonitätshaftung oben Rz 15 f, 208.

431 BGHZ 220, 19 Rz 42; BGH NJW 1980, 2408 (zu § 437 aF).

432 BGHZ 220, 19 Rz 42 (zur Ablehnung eines Rechtsmangels).

433 BGHZ 220, 19 Rz 42; vgl oben Rz 15 f, 208.

434 BGHZ 220, 19 Rz 37.

Gesellschaft dem Käufer gem §§ 453 Abs 1 Satz 1, 433 Abs 1 Satz 1 grundsätzlich frei von Sach- und Rechtsmängeln übertragen[435].

216 Dass ein künftiges Insolvenzverfahren möglicherweise zur **Auflösung der Gesellschaft** führt (zB nach GmbHG § 60 Abs 1 Nr 4) und die Existenz des Gesellschaftsanteils deshalb uU gefährdet ist, steht der Verneinung eines Rechts- und Sachmangels nicht entgegen[436]. Eine andere Sichtweise würde zum einen die schwierige Anschlussfrage aufwerfen, ab welchem Grad der **Verschlechterung der wirtschaftlichen Lage** der Gesellschaft eine rechtsmangelbegründende Gefährdung des Gesellschaftsanteils vorläge[437]. Zum anderen besteht ein gewisses Risiko der Auflösung der Gesellschaft für einen Anteilskäufer unabhängig von der Vermögenslage der betreffenden Gesellschaft, da diese Situation auch durch einen mit der erforderlichen Mehrheit gefassten **Gesellschafterbeschluss** oder Vorliegens eines sonstigen gesetzlichen oder statutarischen Auflösungsgrundes eintreten kann. Die Möglichkeit der Auflösung der Gesellschaft mit der Folge der **Liquidation und Vollbeendigung**, die dann auch zum Wegfall der Gesellschaftsanteile führt, ist daher als allgemeine rechtliche Belastung eines Gesellschaftsanteils anzusehen, die grundsätzlich keinen Rechtsmangel begründet. Anders ist die Rechtslage aber in dem Fall, in dem der Anteil an der werbenden Gesellschaft verkauft und übertragen wird, aber in Wirklichkeit schon eine in der Liquidation (Abwicklung) befindliche Gesellschaft besteht[438].

217 5. **Sachmangel nach § 434 Abs 2 Satz 1 Nr 1 wegen Abweichung vom vereinbarten Inhalt des Gesellschaftsanteils – Grundsätze**. Auch beim Kauf von Gesellschaftsanteilen ist der Sachmangeltatbestand des § 434 über § 453 Abs 1 Satz 1 Alt 1 grundsätzlich entsprechend anwendbar[439]. Im Rahmen dieser entsprechenden Anwendung ist die „Beschaffenheit" –wie beim Verkauf einer Forderung – im Sinne von Inhalt und Umfang zu verstehen[440]. Zur Beschaffenheit gehören auch die „sonstigen Merkmale" iSd § 434 Abs 2 Satz 2, für die von den Kaufvertragsparteien Anforderungen vereinbart werden. Eine Abweichung der **Soll-Beschaffenheit** des verkauften Gesellschaftsanteils von der Ist-Beschaffenheit liegt demzufolge vor, wenn der tatsächliche Inhalt des Gesellschaftsanteils vom kaufvertraglich vereinbarten Inhalt abweicht (§ 434 Abs 2 Satz 1 Nr 1), sich nicht für die nach dem Kaufvertrag vorausgesetzte Verwendung eignet (§ 434 Abs 2 Satz 1 Nr 2) oder vom üblichen Inhalt (§ 434 Abs 3 Satz 1 Nr 2) abweicht. Bei Gesellschaftsanteilen wird der Inhalt und damit die Beschaffenheit iSd § 434 Abs 2 Satz 1 Nr 1 vor allem durch die **übernommene Einlage** bestimmt, weil davon regelmäßig der Umfang der Mitgliedschaftsrechte – insbes **Stimmrecht und Gewinnanteil** – im Verhältnis zu den anderen Gesellschaftern abhängt.

218 Ein verkaufter Gesellschaftsanteil hat bspw dann nicht den vereinbarten Inhalt, wenn es sich um einen **GmbH-Geschäftsanteil** handelt, bei dem die übernommene **Stammeinlage** nicht – wie im Anteilskaufvertrag festgelegt – 60.000 Euro, sondern nur 40.000 Euro beträgt[441]. Besteht der verkaufte Gesellschaftsanteil nicht mit dem im Kaufvertrag festgelegten Inhalt, so liegt in Bezug auf die dem Verkäufer obliegende Verschaffungspflicht **keine Unmöglichkeit iSd § 275 Abs 1** vor[442]. Denn der Anteil kann als Kaufgegenstand nach §§ 398, 413 auf den Käufer übertragen werden. Auch ein **Rechtsmangel** ist zu verneinen. Denn dafür fehlt die Belastung des Gesellschaftsanteils mit dem Recht eines Dritten iSd § 435. Wird ein Gesellschaftsanteil an einen Dritten verpfändet oder im Rahmen der Zwangsvollstreckung für einen Gläubiger des Gesellschafters gepfändet, so stellt sich zwar die Frage, inwieweit der Gesellschafter als Schuldner noch zur **Ausübung der Mitgliedschaftsrechte** berechtigt ist. Es ändert sich durch diese Belastung aber weder Inhalt noch Umfang des Anteils als Inbegriff der mitgliedschaftlichen Rechte und Pflichten. Das Pfandrecht bzw Pfändungspfandrecht begründet aber ein Recht eines Dritten iSd § 435 mit der Folge, dass eine Rechtsmängelhaftung des Anteilsverkäufers Platz greift[443].

219 6. **Sachmangel wegen Vorliegens eines Anteils an einer Liquidationsgesellschaft**. Handelt es sich beim Verkauf eines Gesellschaftsanteils – wie regelmäßig – um eine Beteiligung an einer **werbenden Gesellschaft** und erfolgt die Abtretung in Erfüllung des Kaufvertrags zu einem Zeitpunkt, zu dem aufgrund einer inzwischen **erfolgten Auflösung** eine Liquidationsgesellschaft besteht, so liegt kein Rechtsmangel vor[444]. Es greift aber unter bestimmten Voraussetzungen eine Sachmängelhaftung des Verkäufers gem §§ 453 Abs 1 Satz 1 Alt 1, 434 Abs 2 Satz 1 Nr 1 ein. Denn durch die Umwandlung der werbenden Gesellschaft in eine Liquidationsgesell-

435 BGHZ 220, 19 Rz 41; Grunewald, NZG 2003, 372, 372 f.
436 BGHZ 220, 19 Rz 41.
437 BGHZ 220, 19 Rz 41.
438 Vgl zur Sachmängelhaftung in diesem Fall unten Rz 219.
439 Vgl zu den Einzelheiten des Beschaffenheitsmangels (Inhaltsmangel) eines Rechts oben Rz 81 ff.
440 Vgl dazu oben Rz 81 ff.
441 Vgl dazu auch Rz 81.
442 BeckOK/Faust Rz 10 f; vgl zur Unmöglichkeit beim Kauf von Gesellschaftsanteilen oben Rz 209.
443 Vgl dazu oben Rz 211.
444 Vgl oben Rz 215.

schaft und der damit einhergehenden **wesentlichen Änderung des Gesellschaftszwecks** ändert sich auch der Inhalt der Anteile an der betreffenden Gesellschaft. Der **Inhalt des Gesellschaftsanteils** ist aufgrund der von § 453 Abs 1 Satz 1 Alt 1 angeordneten entsprechenden Anwendung der §§ 433 ff als Beschaffenheit iSd § 434 Abs 2 Satz 1 anzusehen. Wird ausdrücklich oder konkludent die **Beteiligung an einer werbenden Gesellschaft** verkauft oder setzen die Kaufvertragsparteien den werbenden Charakter zumindest voraus und besteht zum Zeitpunkt der Übertragung durch Abtretung eine Liquidationsgesellschaft, so weicht demzufolge die Ist-Beschaffenheit von der Soll-Beschaffenheit iSd § 434 Abs 2 Satz 1 Nr 1 bzw Abs 3 Satz 1 Nr 2 ab. Es handelt sich dann um einen Sachmangel (Inhaltsmangel), für den der Verkäufer nach §§ 453 Abs 1 Satz 1 Alt 1, 434 Abs 2 Satz 1 Nr 1 oder Abs 3 Satz 1 Nr 2, 437 haftet.

VII. Anspruch des Anteilskäufers aus culpa in contrahendo

1. **Verhältnis zur kaufrechtlichen Gewährleistung**. Soweit ein Vorrang der Gewährleistung nach den §§ 434 ff beim Anteilskauf nicht eingreift, kommt grundsätzlich eine Haftung des Verkäufers für zu vertretende Verletzungen von **vorvertraglichen Pflichten (insbes Aufklärungspflichten)** aus culpa in contrahendo (§§ 280 Abs 1, 311 Abs 2 Nr 2, 241 Abs 2) in Betracht[445]. Soweit der Verkäufer wegen Vorliegens eines Sach- oder Rechtsmangels des gekauften Anteils grundsätzlich gem §§ 453 Abs 1 Satz 1 Alt 1, 437 iVm § 434 bzw § 435 in Anspruch genommen werden kann, ist eine Haftung wegen **fahrlässiger Nichtaufklärung** über den betreffenden Mangel aus culpa in contrahendo ausgeschlossen. Der Vorrang des Gewährleistungsrechts greift aber nicht Platz, soweit dem Verkäufer eine **vorsätzliche Verletzung** einer auf einen Sach- oder Rechtsmangel bezogenen Aufklärungspflicht zur Last gelegt werden kann. Bezieht sich die Verletzung der Aufklärungspflicht des Verkäufers auf Umstände, die weder einen Sachmangel noch einen Rechtsmangel darstellen, so besteht von vornherein **kein Konkurrenzverhältnis**, dh, der Verkäufer haftet auch für fahrlässige Aufklärungspflichtverletzungen. Es kommt dann aber darauf an, ob den Verkäufer überhaupt eine Aufklärungspflicht traf. Diese allgemeinen Grundsätze über die Haftung des Verkäufers aus culpa in contrahendo gelten auch beim Kauf eines Gesellschaftsanteils[446]. 220

2. **Verletzung von Aufklärungspflichten durch Verkäufer beim Anteilskauf**. Besteht beim Anteilskauf kein Vorrang der §§ 434 ff, etwa weil der Käufer nicht sämtliche oder nahezu sämtliche Anteile erwirbt und er daher nicht für **Mängel des Unternehmens** als solches einzustehen hat[447], so haftet er für eine zu vertretende Aufklärungspflichtverletzung, wobei ein **fahrlässiges Handeln** genügt. Das Gleiche gilt, wenn zwar wegen Vorliegens eines Sach- oder Rechtsmangels des Anteils das Recht der kaufrechtlichen Gewährleistung eingreift, der Verkäufer aber eine Aufklärungspflicht vorsätzlich verletzt hat[448]. Der Verkäufer muss bei Verhandlungen über einen Unternehmenskauf – auch ungefragt – über solche ihm bekannten Umstände aufklären, die den **Vertragszweck des Käufers** vereiteln können und daher für seinen Kaufentschluss von wesentlicher Bedeutung sind, sofern der Käufer die Mitteilung nach der Verkehrsauffassung erwarten konnte[449]. Dass der Anteilskäufer im Vorfeld des Kaufs eine **Due Diligence** durchführt und dadurch einen umfassenden Einblick in die Geschäftsverhältnisse erlangt oder sich auf sonstige Weise verlässliche Informationen über den Zustand des betreffenden Unternehmens verschafft oder zumindest verschaffen kann, lässt die Aufklärungspflicht zumindest nicht ohne weiteres entfallen[450]. Es kann dann aber aufseiten des Verkäufers deshalb der **Vorsatz fehlen**, weil er davon ausgegangen ist, dass der Käufer von grundsätzlich aufklärungspflichtigen Umständen schon Kenntnis erlangt hat. 221

445 Begr Gesetzentwurf, BT-Drucks 14/6040, S 242; BGHZ 220, 19 Rz 37; BeckOK/Faust Rz 23; Canaris, FS für Georgiades, 2006, S 71, 78 ff; so auch zu altem Kaufrecht BGHZ 65, 246, Rz 13 f; BGH WM 1980, 284, 287; BGH NJW 1980, 2408, 2409 f; BGH NJW 2001, 2163, 2164.

446 BGHZ 220, 19 Rz 37; BeckOGK/Wilhelmi Rz 729 ff; Staud/Beckmann Rz 137.

447 Vgl dazu oben Rz 193 ff.

448 Vgl dazu vorstehend Rz 220.

449 BGH NJW 2002, 1042, 1043; BGH NJW 2001, 2163, 2164; BeckOGK/Wilhelmi Rz 416; Erman/Grunewald Rz 24.

450 BGH NJW 2012, 846, 847 (keine Erfüllung der Aufklärungspflicht bezüglich einer von einer Holzzaun-Einfriedung abweichenden Grundstücksgrenze durch Überlassung von Finanzierungsunterlagen sowie eines Ordners mit Exposé, diversen anderen Unterlagen und Lageplänen des Grundstücks); BeckOGK/Wilhelmi Rz 423; Erman/Grunewald Rz 24; Möller NZG 2012, 841, 846 (Erfüllung der Aufklärungspflicht, wenn der Verkäufer die aufklärungspflichtigen Umstände im Rahmen der Due Diligence „hinreichend deutlich" offenlege).

VIII. Störung der Geschäftsgrundlage beim Kauf von Gesellschaftsanteilen (§ 313 Abs 1 und Abs 2)

222 1. **Ausschluss der Anwendung des § 313 durch Vorrang der §§ 434 ff.** Auch beim Kauf von Gesellschaftsanteilen kommt eine Anwendung der Regelung über die Störung der Geschäftsgrundlage in Betracht, soweit kein Vorrang der §§ 434 ff eingreift[451]. Eine Anwendung des § 313 ist daher bei einem Anteilskauf ausgeschlossen, soweit ein **Mangel des gekauften Gesellschaftsanteils** gegeben ist[452]. Denn die **Anpassung eines Kaufvertrags** wegen wesentlicher Vorstellungen, die zur Grundlage des Vertrags geworden sind und sich als falsch herausstellen, ist gem § 313 Abs 1 nur dann zulässig, wenn und soweit die Parteien den Vertrag nicht oder mit anderem Inhalt geschlossen hätten, wenn sie dieser Fehlvorstellung nicht erlegen wären und einem Vertragsteil unter Berücksichtigung aller Umstände des Einzelfalls, insbes der **vertraglichen oder gesetzlichen Risikoverteilung**, das Festhalten am unveränderten Kaufvertrag nicht zugemutet werden kann[453]. Da § 313 Abs 1 auf die gesetzliche Risikoverteilung verweist, kommt eine Anwendung der Regeln über die Störung der Geschäftsgrundlage nicht in Betracht, soweit es um Fehlvorstellungen geht, deren Auswirkungen auf den Vertrag schon durch **besondere gesetzliche Regelungen** erfasst werden[454].

223 Demnach kann, soweit der Anwendungsbereich der kaufrechtlichen Sach- und Rechtsmängelhaftung nach §§ 434 ff reicht, eine Störung der Geschäftsgrundlage vom Käufer grundsätzlich deshalb nicht geltend gemacht werden, weil ansonsten die den §§ 434 ff zugrundeliegende **Risikoverteilung verändert** werden würde[455]. Zentrale Voraussetzung für den **Vorrang des Gewährleistungsrechts** ist aber, dass ein Mangel vorliegt, der generell geeignet ist, Mängelansprüche des Käufers nach §§ 434 ff auszulösen[456]. Diese auf der gesetzlichen Risikoverteilung beruhende **Ausschlusswirkung** greift auch dann ein, wenn beim konkreten Kauf die gesetzliche Gewährleistung für **Mängel der Anteile** aufgrund eines wirksamen **vertraglichen Haftungsausschlusses** oder aus einem anderen Grund nicht einschlägig ist[457]. Eine Ausnahme kann insoweit aber beim Anteilskauf eingreifen, soweit es um einen **Mangel des Unternehmens** als solches geht, der keinen Mangel des gekauften Anteils darstellt und für den der Verkäufer auch nicht aus einem anderen Grund haftet[458]. Da der Verkäufer beim Kauf **sämtlicher oder nahezu sämtlicher Anteile** auch für Sach- und Rechtsmängel des Unternehmens als solches haftet[459], wird auch insoweit das allgemeine Institut der Störung der Geschäftsgrundlage beim Anteilskauf verdrängt.

224 2. **Anwendung des § 313 bei Ausschluss der Gewährleistung für Anteilsmängel und Bestehen eines Unternehmensmangels.** Enthält der Kaufvertrag über Gesellschaftsanteile einen Ausschluss der gesetzlichen Gewährleistung und stattdessen bestimmte Verkäufergarantien in Bezug auf diese Anteile, so schließt dies die Anwendbarkeit der Regeln über die Störung der Geschäftsgrundlage nicht aus, soweit sich die **Vorstellung der Parteien** unmittelbar auf das von der betreffenden Gesellschaft betriebene Unternehmen und daher auf die Freiheit von Unternehmensmängeln bezieht[460]. Gleichwohl ist ein derartiger Gewährleistungsausschluss und die damit in einem Zusammenhang stehende **Garantievereinbarung** bei einem Anteilskauf für die Frage der Anwendung der Regeln über die Störung der Geschäftsgrundlage nicht ohne Bedeutung. Denn im Rahmen der **Auslegung** dieser Abreden können sich Folgerungen für die Verteilung von Risiken auch in Bezug auf das von der Gesellschaft betriebene Unternehmen ergeben. Wenn in Bezug auf die gekauften Anteile die Gewährleistung komplett ausgeschlossen und stattdessen vom Verkäufer bestimmte Garantien übernommen werden, so kann dies nicht dahin gehend verstanden werden, dass etwaige Mängel des Unternehmens ohne weiteres im Rahmen der Anwendung des § 313 zu Lasten des Anteilsverkäufers gehen. Es ist vielmehr davon auszugehen, dass **gewöhnliche Mängel des Unternehmens** als solches zum **Risikobereich des Käufers** gehören[461].

225 3. **Vorstellungen der Kaufvertragsparteien und Risikoverteilung beim Anteilskauf.** – a) **Wesentliche Vorstellungen der Parteien des Anteilskaufvertrags.** Eine Anwendung der Regeln über die Störung der Geschäftsgrundlage setzt gem § 313 Abs 1 und Abs 2 voraus, dass

451 BGHZ 220, 19 Rz 14 ff.
452 BGHZ 220, 19 Rz 14 ff.
453 BGHZ 220, 19 Rz 15; Soergel/Teichmann § 313 Rz 47 ff.
454 BGHZ 220, 19 Rz 15; BGHZ 208, 18 Rz 23; Soergel/Teichmann § 313 Rz 30 ff.
455 BGHZ 220, 19 Rz 16; BGHZ 191, 139 Rz 12; BGHZ 117, 159, 162 (zum Schuldrecht vor Inkrafttreten des SMG 2002); Soergel/Teichmann § 313 Rz 30.
456 BGHZ 220, 19 Rz 17; BGHZ 191, 139 Rz 13; Soergel/Teichmann § 313 Rz 30.
457 BGHZ 220, 19 Rz 16; BGHZ 191, 139 Rz 13; Soergel/Teichmann § 313 Rz 30.
458 Vgl dazu nachfolgend Rz 224.
459 Vgl zu den Einzelheiten oben Rz 193 ff.
460 BGHZ 220, 19 Rz 45.
461 Vgl zu den Einzelheiten unten Rz 226 ff.

sich wesentliche Vorstellungen der Parteien tatsächlich als falsch herausstellen und dem Käufer unter Berücksichtigung aller Umstände des Einzelfalls ein **Festhalten am unveränderten Vertrag** nicht zugemutet werden kann[462]. Die Vorstellungen müssen sich auf Umstände beziehen, die nicht schon **Vertragsinhalt** sind; denn Geschäftsgrundlage und Vertragsinhalt schließen sich aus[463]. Bei einem Anteilskauf gehen die Vertragsparteien regelmäßig davon aus, dass das von der betreffenden Gesellschaft betriebene Unternehmen keine gravierenden Mängel aufweist und die zur **wirtschaftlichen Lage des Unternehmens** bekannten Informationen auch zutreffend sind. In dem der Grundsatzentscheidung **BGHZ 220, 19** zugrundeliegenden Fall waren die Parteien des Anteilskaufvertrags übereinstimmend davon ausgegangen, dass die GmbH, deren Geschäftsanteile im Umfang von 50 Prozent Gegenstand des Kaufvertrags waren, ein **positives Eigenkapital** aufwies und daher nicht insolvenzreif, sondern fortführungsfähig war[464]. Das Vorliegen einer übereinstimmenden Vorstellung der Parteien über Umstände des von der Gesellschaft betriebenen Unternehmens ist zumindest in den Fällen zu bejahen, in denen später **gravierende Mängel** des Unternehmens oder sonstige Umstände bekannt werden, die zu einer erheblichen Wertminderung führen.

b) **Vertragliche und gesetzliche Risikoverteilung – insbes in Bezug auf Unternehmensmängel.** Die Regelung des § 313 ist dagegen beim Anteilskauf nicht anwendbar, soweit sich durch die Störung der Geschäftsgrundlage ein Risiko verwirklicht, das nach den vertraglichen Vereinbarungen in den **Risikobereich einer der Kaufvertragsparteien** fällt[465]. Enthält der geschlossene Anteilskaufvertrag keine näheren Angaben zur wirtschaftlichen Lage der betreffenden Gesellschaft und dementsprechend auch keine Aussagen darüber, wer insoweit das Risiko einer **Störung des angestrebten Äquivalenzverhältnisses** zwischen Leistung und Gegenleistung tragen soll, so liegt eine derartige Vereinbarung über die Risikoverteilung zwar nicht vor. Dies bedeutet aber nicht, dass jede Störung des Äquivalenzverhältnisses eine Störung der Geschäftsgrundlage mit der Folge eines Anspruchs des Käufers auf Vertragsanpassung oder Rücktritt aus § 313 Abs 1 bzw Abs 2 eröffnet. Schließt der Anteilskaufvertrag eine Haftung des Anteilsverkäufers für Mängel des Anteils aus, so ist dies im Rahmen einer Auslegung idR so zu verstehen, dass der Verkäufer erst recht keine Haftung für **gewöhnliche Mängel des Unternehmens als solches** übernehmen will[466]. Dagegen spricht nicht das Fehlen einer ausdrücklichen kaufvertraglichen Regelung. Denn eine gesetzliche Gewährleistung für Mängel des von der Gesellschaft betriebenen Unternehmens trifft den Anteilsverkäufer ohnehin nicht, sofern nicht sämtliche oder nahezu sämtliche Anteile erworbenen werden[467]. 226

Entscheidende Bedeutung für die Anwendung der Regeln über die Störung der Geschäftsgrundlage (§ 313) hat regelmäßig die **gesetzliche Risikoverteilung**. Da der Anteilsverkäufer wegen Vorliegens eines Rechtskaufs grundsätzlich nicht für Mängel des von der betreffenden Gesellschaft betriebenen Unternehmens haftet, darf bei Vorliegen eines Unternehmensmangels nicht ohne weiteres eine Anwendung des § 313 Abs 1 und Abs 2 zu einer **faktischen mangelbedingten Kaufpreisminderung** führen, bloß weil – wie im Regelfall – die Vertragsparteien vom Nichtbestehen von Unternehmensmängeln ausgegangen sind[468]. Solche Mängel sind beim Anteilskauf grundsätzlich dem Risikobereich des Käufers zuzurechnen. Dafür spricht auch der Grundsatz, dass der Verkäufer eines Rechts idR nur für den Bestand des Rechts (Verität) und nicht für die **Bonität** haftet[469]. Mängel des von der Gesellschaft betriebenen Unternehmens, die zu einer Wertminderung führen und mittelbar auch den Wert der Gesellschaftsanteile belasten, betreffen eindeutig die Bonität und nicht die Verität. Das Risiko eines **späteren wirtschaftlichen Zusammenbruchs** des Unternehmens trägt ohnehin der Anteilskäufer[470]. 227

Anders ist die vertragliche und gesetzliche Risikoverteilung aber dann, wenn es um Mängel oder sonstige Umstände im Bereich des Unternehmens geht, die so gravierend sind, dass ein **völliger oder nahezu völliger Wertverlust** auch aufseiten der Gesellschaftsanteile gegeben ist[471]. Hier geht es nicht um ein **klassisches Bonitätsdefizit**, sondern vielmehr um einen Wert- 228

462 BGHZ 220, 19 Rz 44; vgl zu den Einzelheiten BGH NJW 2012, 1718 Rz 26 ff; BGH NJW 2017, 2191 Rz 18, 21 ff; BGH NJW-RR 2018, 877 Rz 16.
463 Vgl Soergel/Teichmann § 313 Rz 64.
464 BGHZ 220, 19 Rz 44.
465 BGHZ 220, 19 Rz 45; BGHZ 191, 139 Rz 15; BGH NJW-RR 2018, 53 Rz 8.
466 So in der Tendenz auch Staudinger/Beckmann Rz 127 (abschließender Charakter des vertraglich vereinbarten Haftungssystems innerhalb der wenigen diesbezüglichen gesetzlichen Grenzen); vgl zur Bestimmung der Reichweite des Gewährleistungsausschlusses durch Auslegung BeckOGK/Wilhelmi Rz 789.
467 Vgl dazu oben Rz 193 ff.
468 Erman/Böttcher § 313 Rz 39; nicht eindeutig insoweit BeckOGK/Martens § 313 Rz 193.1.
469 Vgl dazu oben Rz 15 f, 208.
470 BGH WM 1980, 284, 287.
471 So in der Tendenz BeckOGK/Martens § 313 Rz 195 (keine Verdrängung des § 313, wenn Mängel zu einer Grundlagenstörung des betreffenden Kaufvertrags führen).

verlust, der dem Fall des fehlenden Bestands des Gesellschaftsanteils nahekommt[472]. Wenn – wie im Fall BGHZ 220, 19 vom Käufer behauptet – die Parteien des Anteilskaufs von einem **positiven Eigenkapital** ausgegangen sind und die Gesellschaft schon zum Zeitpunkt des Kaufs in Wirklichkeit überschuldet und insolvenzreif war, dann steht die gesetzliche Risikoverteilung einer Anwendung des § 313 nicht entgegen, da es sich insoweit nicht mehr um ein vom Käufer zu tragendes Risiko handelt[473].

G. Die Kostentragungsregelung des § 453 Abs 2

I. „Begründung und Übertragung" des verkauften Rechts – Allgemeines

229 Nach § 453 Abs 2 trägt der Verkäufer die Kosten der **Begründung und Übertragung** des verkauften Rechts. Die Vorschrift stimmt inhaltlich mit dem bis zum Inkrafttreten des SMG 2002 geltenden § 448 Abs 2 aF überein. Eine Abänderung erfolgte nur in **sprachlicher Hinsicht**[474]. § 453 Abs 2 regelt zwar nicht, in welcher Weise der Verkäufer das verkaufte Recht auf den Käufer zu übertragen hat. Eine derartige Regelung ist im Kaufrecht des BGB aber deshalb entbehrlich, weil nach **§ 398 Satz 1** die Übertragung einer verkauften Forderung durch Abtretung erfolgt, die einen Vertrag und damit eine Einigung voraussetzt. Dieses **Verfügungsgeschäft** kann in zeitlicher Hinsicht mit dem Abschluss des Kaufvertrags zusammenfallen. Auf Grundlage des Abstraktionsprinzips ist der Kaufvertrag allerdings nicht der Vertrag iSd § 398, sondern vielmehr das zugrundeliegende Verpflichtungsgeschäft (Kausalgeschäft). Nach **§ 413** finden die Vorschriften über die Übertragung von Forderungen – und damit in erster Linie § 398 – auf die **Übertragung anderer Rechte** entsprechende Anwendung, soweit nicht das Gesetz ein anderes vorschreibt. Die Rechte als Kaufgegenstand iSd § 453 Abs 1 Satz 1 Alt 1 werden damit vom Verkäufer zum Zwecke der Erfüllung seiner Verschaffungspflicht aus § 433 Abs 1 Satz 1 regelmäßig durch Vertrag auf den Käufer übertragen. Sofern es sich um einen Forderungskauf handelt, erfolgt dies unmittelbar nach § 398 und bei sonstigen Rechten gem § 413 iVm § 398.

230 Eine **eigenständige gesetzliche Regelung** der Kosten der Übertragung des verkauften Rechts ist erforderlich, weil die Geltung der allgemeinen Verweisung des § 453 Abs 1 Satz 1 Alt 1 auf das für Sachen geltende Kaufrecht (§§ 433 ff) und damit auch auf die **Kostenregelung des § 448 Abs 1** zu Problemen führen würde. Denn § 448 Abs 1 unterscheidet beim Kauf einer Sache in Bezug auf die Kostentragung zwischen Übergabe, Abnahme und – im Falle des Versendungskaufs nach § 447 – Versendung der Sache nach einem anderen Ort als dem Erfüllungsort[475]. Der Verkäufer trägt nach § 448 Abs 1 die **Kosten der Übergabe**.

231 Für den **Grundstückskauf** statuiert § 448 Abs 2 eine Sonderregelung, nach der vom Käufer – bei Fehlen einer abweichenden kaufvertraglichen Vereinbarung – die Kosten der **Beurkundung** des Kaufvertrags und der Auflassung, der **Eintragung ins Grundbuch** und der zu der Eintragung erforderlichen Erklärungen zu tragen sind. Die Kostentragung beim **Kauf eines Rechts an einem Grundstück** ist in § 448 nicht besonders geregelt. Insoweit stellt sich die Frage, ob § 448 Abs 2 über die allgemeine Verweisungsnorm des § 453 Abs 1 Satz 1 Alt 1 entsprechend anwendbar ist oder die für den Rechtskauf geltende Kostentragungsregelung des § 453 Abs 2 Platz greift[476].

II. Verkauf eines Rechts an einem Grundstück – Verdrängung des § 453 Abs 2 durch § 448 Abs 2

232 1. **Historische und systematische Auslegung – Vorgängerregelung des § 449 Abs 1 aF.** Wird ein übertragbares Recht an einem Grundstück verkauft und gem § 873 Abs 1 durch Einigung und Eintragung der Rechtsänderung in das Grundbuch übertragen, so können die Kaufvertragsparteien zwar eine an § 453 Abs 2 orientierte Kostentragung vereinbaren. Dem Käufer fielen dann auch die **Kosten der Grundbucheintragung** zur Last. Bei Fehlen einer besonderen Vereinbarung der Parteien über die Kostentragung stellt sich aber die Frage, ob § 453 Abs 2 anzuwenden ist oder die für den Grundstückskauf geltende spezielle Kostentragungsregelung des § 448 Abs 2 über die allgemeine Verweisungsnorm des § 453 Abs 1 Satz 1 Alt 1 zur Geltung gelangt. Der Wortlaut des für den Rechtskauf allgemein geltenden § 453 Abs 2 sieht keine Ausnahme für den Verkauf des Rechts an einem Grundstück vor. Auch die **systematische Auslegung** der gesamten Regelung des § 453 spricht dafür, dass die allgemeine Verweisung des § 453 Abs 1

472 Vgl zur Haftung des Anteilsverkäufers im Falle der Nichtexistenz des Gesellschaftsanteils oben Rz 209.

473 So in der Tendenz auch BGHZ 220, 19 Rz 44 ff.

474 § 448 Abs 2 aF lautete: „Ist ein Recht verkauft, so fallen die Kosten der Begründung oder Übertragung des Rechts dem Verkäufer zur Last.".

475 Vgl zu den Einzelheiten § 448 Rz 14 ff.

476 Vgl dazu nachfolgend Rz 232 ff.

Satz 1 Alt 1 auf die §§ 433 ff nicht Platz greift, soweit § 453 eine eigenständige Regelung enthält. So gesehen schließt die für den Rechtskauf geltende besondere Regelung des § 453 Abs 2 die Anwendung der Verweisungsnorm des § 453 Abs 1 Satz 1 Alt 1 auf die für den Grundstückskaufvertrag geltende Kostentragungsregelung des § 448 Abs 2 eigentlich aus.

Nach **§ 449 Abs 1 Satz 1 Alt 2 aF** hatte allerdings der **Käufer eines Rechts an einem Grundstück** die Kosten der zur Begründung oder Übertragung des Rechts nötigen Eintragung in das Grundbuch, mit Einschluss der Kosten der zu der Eintragung erforderlichen Erklärungen, zu tragen. Diese für die Übertragung von Grundstücksrechten geltende Bestimmung des alten Kaufrechts orientierte sich an der für die Kostentragung beim Grundstückskauf einschlägigen Regelung des § 449 Abs 1 Satz 1 Alt 1 aF, die inhaltlich mit der seit Inkrafttreten des SMG 2002 geltenden Nachfolgebestimmung des § 448 Abs 2 übereinstimmt[477]. Die Kosten der **Beurkundung des Kaufs** fielen dem Käufer gem § 449 Abs 1 Satz 2 aF sowohl beim Kauf eines Grundstücks als auch beim Kauf eines Rechts an einem Grundstück zur Last. 233

Die jetzt für den Grundstückskauf geltende Kostenregelung des § 448 Abs 2 erfasst dem Wortlaut nach nur den Kauf eines Grundstücks, nicht aber den Kauf eines Rechts an einem Grundstück. Dies beruht aber weder auf einer **Absicht des Gesetzgebers**, die Kostentragung insoweit in Abweichung vom bis zum 31.12.2001 geltenden Recht zu regeln, noch auf einem Redaktionsversehen. Der **Gesetzgeber des SMG 2002** hielt vielmehr eine Übernahme der für den Kauf von Rechten an Grundstücken bislang geltenden Kostentragung nach § 449 Abs 1 aF deshalb nicht für erforderlich, weil sich die entsprechende Anwendung des § 448 Abs 2 aus der **allgemeinen Verweisungsnorm** des § 453 Abs 1 ergebe[478]. Die **historische Auslegung** des § 453 ergibt daher, dass beim Kauf eines Rechts an einem Grundstück die für den Grundstückskauf als Sachkauf geltende Kostentragungsregelung des § 448 Abs 2 über § 453 Abs 1 Satz 1 Alt 1 entsprechende Anwendung findet und insoweit die allgemein für die Kosten beim Rechtskauf geltende Vorschrift des § 453 Abs 2 dementsprechend nicht Platz greift[479]. 234

2. **Erstreckung des Vorrangs des § 448 Abs 2 auf die Kosten des Verpflichtungsgeschäfts beim Kauf eines Grundstücksrechts**. Die Kostenverteilung nach § 453 Abs 1 Satz 1 Alt 1 iVm § 448 Abs 2 ist – in Übereinstimmung mit dem bis zum Inkrafttreten des SMG 2002 geltenden § 449 Abs 1 Satz 1 und Satz 2 aF – nicht auf die **Kosten des Verfügungsgeschäfts** in Gestalt der nach § 873 Abs 1 erforderlichen Einigung und Eintragung in das Grundbuch beschränkt[480]. Der Käufer eines Grundstücks hat nämlich nach **§ 448 Abs 2** auch die Kosten der **Beurkundung des Kaufvertrags** zu tragen, so dass die mit der Regelungsabsicht des Gesetzgebers übereinstimmende entsprechende Anwendung dieser Vorschrift über § 453 Abs 1 Satz 1 Alt 1 auf den Kauf des Rechts an einem Grundstück auch zu einer Kostenpflicht des Käufers in Bezug auf den **Kaufvertrag als Kausalgeschäft** führt. Die von der Vorschrift des § 453 Abs 2, die dem Verkäufer die Kosten der **Begründung und Übertragung** des verkauften Rechts auferlegt, abweichende Verweisung des § 453 Abs 1 Satz 1 Alt 1 auf die Grundstücksregelung des § 448 Abs 2 ist im Rahmen der **historischen Auslegung** zwar beschränkt auf den Fortbestand der bis zum Jahre 2002 nach § 449 Abs 1 aF maßgebenden Rechtslage. Da § 449 Abs 1 Satz 2 aF aber für den Fall des Kaufs eines Rechts an einem Grundstück die **Kostenlast des Käufers** ausdrücklich auch auf die Beurkundung des Kaufvertrags als Verpflichtungsgeschäft erstreckte[481], ist die Verweisung des § 453 Abs 1 Satz 1 Alt 1 auf § 448 Abs 2 in gleicher Weise zu verstehen. Sie bezieht sich also nicht nur auf die Kosten des Verfügungsgeschäfts, sondern erfasst zusätzlich die **Kosten der Beurkundung des Kaufvertrags** über das betreffende Grundstücksrecht. Die Begründung zum SMG 2002 enthält keinen Anhaltspunkt dafür, dass der Gesetzgeber die in § 449 Abs 1 aF verankerte Gleichbehandlung von Grundstückskauf und Kauf eines Rechts an einem Grundstück bei der Verteilung der **Kosten für Verpflichtungs- und Verfügungsgeschäft** abändern und deshalb die Verweisung des § 453 Abs 1 Satz 1 Alt 1 auf § 448 Abs 2 auf die Kosten des Verfügungsgeschäfts beschränken wollte. 235

III. Kostentragung bezüglich des Verpflichtungsgeschäfts (Kausalgeschäfts) außerhalb des Kaufs von Grundstücksrechten

Beim Kauf eines Rechts an einem Grundstück muss der Käufer gem § 453 Abs 1 iVm § 448 Abs 2 auch die Kosten des Kausalgeschäfts übernehmen[482]. Im Übrigen kommt es beim Rechts- 236

477 Vgl dazu § 448 Rz 1 ff.
478 Begr Gesetzentwurf, BT-Drucks 14/6040, S 241.
479 So iE jedenfalls Staud/Beckmann Rz 17; MünchKomm/Westermann Rz 16; BeckOK/Faust Rz 15; aA Erman/Grunewald Rz 14.
480 MünchKomm/Westermann Rz 16; aA BeckOGK/Wilhelmi Rz 89; BeckOK/Faust Rz 15; offenlassend Staud/Beckmann Rz 17.
481 „Dem Käufer fallen in beiden Fällen auch die Kosten der Beurkundung des Kaufes zur Last".
482 Vgl vorstehend Rz 235.

kauf und damit im allgemeinen Anwendungsbereich der Kostentragungsregelung des § 453 Abs 2 in Bezug auf die Kosten des Kausalgeschäft zunächst darauf an, ob die Kaufvertragsparteien insoweit **eine besondere Vereinbarung** getroffen haben[483]. Nach dem Wortlaut des § 453 Abs 2 bezieht sich die **Kostentragungspflicht des Verkäufers** nur auf die „Begründung" und die „Übertragung" des verkauften Rechts, nicht aber auf den Kaufvertrag als zugrundeliegendes Verpflichtungsgeschäft (Kausalgeschäft). Aus dieser Regelung ist aber gleichwohl nicht im Wege eines Umkehrschlusses eine darauf bezogene **volle Kostenlast des Käufers** zu folgern. Bei Fehlen einer derartigen Abrede haben die Kaufvertragsparteien die darauf bezogenen Kosten vielmehr jeweils **zur Hälfte** zu tragen[484]. Dafür spricht insbes, dass die Kostentragung häufig von den Parteien bei Abschluss des Kaufvertrags mitgeregelt wird und bei Fehlen einer derartigen Abrede die Kostenteilung eher dem hypothetischen Parteiwillen entspricht als die volle Kostentragung einer Partei.

IV. Fehlende Trennbarkeit der Kosten für Verpflichtungsgeschäft und Verfügungsgeschäft

237 Fallen bestimmte Kosten einheitlich für das Verpflichtungsgeschäft und den Vollzug durch das Verfügungsgeschäft an, so ist die Kostentragungsregelung des **§ 453 Abs 2** jedenfalls nicht in vollem Umfang, also nicht hinsichtlich des **Gesamtaufwands** anwendbar[485]. Praktische Bedeutung haben insoweit die Fälle, in denen der Kaufvertrag und das Verfügungsgeschäft bei einer obligatorischen oder fakultativen notariellen Beurkundung einen **einheitlichen Beurkundungsgegenstand** bilden. Nach **GNotKG § 109 Abs 1 Satz 1** liegt **derselbe Beurkundungsgegenstand** vor, wenn Rechtsverhältnisse zueinander in einem Abhängigkeitsverhältnis stehen und das eine Rechtsverhältnis unmittelbar dem Zweck des anderen dient. Ein derartiges Abhängigkeitsverhältnis setzt gem **GNotKG § 109 Abs 1 Satz 1** voraus, dass das andere Rechtsverhältnis der Erfüllung, Sicherung oder sonstigen Durchführung des einen Rechtsverhältnisses dient.

238 Bei Vorliegen eines derartigen oder eines sonstigen **einheitlichen Kostenaufwands** für das Verpflichtungsgeschäft und die Erfüllung durch Vornahme des Verfügungsgeschäfts ist kein auf das von § 453 Abs 2 ausdrücklich erfasste Verfügungsgeschäft entfallender Betrag zu schätzen. Hier ist auch **keine Aufteilung des Gesamtaufwands** im Wege der Schätzung vorzunehmen, dh eine zumindest partielle Anwendung des § 453 Abs 2 auf einen hypothetischen, das Verfügungsgeschäft betreffenden Teil, zu verneinen. Es ist stattdessen davon auszugehen, dass § 453 Abs 2 hier in vollem Umfang nicht anwendbar ist. Der für beide Geschäfte aufzuwendende einheitliche Kostenbetrag ist daher zwischen beiden Kaufvertragsparteien **hälftig zu teilen**[486].

V. Kostenverteilung Kauf und Abtretung eines GmbH-Anteils

239 Beim in der Praxis eine große Rolle spielenden Kauf eines GmbH-Geschäftsanteils bedarf nicht nur gem GmbHG § 15 Abs 3 die Abtretung des Anteils der **notariellen Beurkundung**. Nach GmbHG § 15 Abs 4 ist die notarielle Form auch für eine Vereinbarung obligatorisch, durch welche die **Verpflichtung eines Gesellschafters** zur Abtretung eines Geschäftsanteils begründet wird. Beurkundungspflichtig ist danach insbes der Kaufvertrag über einen Geschäftsanteil. Zu den vom Verkäufer nach § 453 Abs 2 zu übernehmenden **Kosten der Übertragung dieses Rechts** zählen nur die Kosten der Abtretung iSd GmbHG § 15 Abs 3[487]. Zu den darauf bezogenen Beurkundungskosten kommen die Gebühren für die nach **GmbHG § 40 Abs 1** erforderliche Eintragung des Käufers in die **Gesellschafterliste des Handelsregisters** hinzu[488]. In Bezug auf die von § 453 Abs 2 nicht erfassten Kosten der **Beurkundung des Kaufvertrags** erfolgt bei Fehlen einer Kostentragungsregelung im Kaufvertrag im Innenverhältnis der Kaufvertragsparteien eine **hälftige Kostenteilung**[489].

240 Da die Kaufvertragsparteien im Rechtsverhältnis zum beurkundenden **Notar** bei der Erhebung der Gebühren gem GNotKG §§ 30 Abs 1, 32 Abs 1 als **Gesamtschuldner** anzusehen sind, erfolgt bei Fehlen einer besonderen kaufvertraglichen Kostenregelung in Bezug auf den Kaufvertrag der **hälftige Ausgleich nach § 426 Abs 1**[490]. Die Regelung des § 448 Abs 2, nach der beim Grundstückskauf die Kosten der Übertragung des Grundstücks dem Käufer obliegen, ist auf den Kauf eines GmbH-Geschäftsanteils nicht analog anwendbar[491]. Fällt für die notarielle

483 Staud/Beckmann Rz 17; BeckOK/Faust Rz 14.
484 Staud/Beckmann Rz 17; BeckOK/Faust Rz 14.
485 So iE auch BeckOGK/Wilhelmi Rz 91; BeckOK/Faust Rz 14.
486 So iE auch MünchKomm/Westermann Rz 16 (im Zweifel Kostenteilung).
487 Staud/Beckmann Rz 17; MünchKomm/Westermann Rz 15; BeckOGK/Wilhelmi Rz 88; BeckOK/Faust Rz 14.
488 Vgl Staud/Beckmann Rz 17; BeckOK/Faust Rz 14.
489 Staud/Beckmann Rz 17; BeckOK/Faust Rz 14.
490 BeckOK/Faust Rz 14.
491 BeckOK/Faust Rz 14.

Beurkundung von Kaufvertrag und Abtretungsvertrag deshalb ein **einheitlicher Gebührenbetrag** an, weil ein einheitlicher Beurkundungsgegenstand iSd **GNotKG § 109 Abs 1** vorliegt, so ist § 453 Abs 2 insgesamt nicht anwendbar. Es erfolgt vielmehr eine **hälftige Kostenteilung**[492].

VI. Kosten der Eintragung gewerblicher Schutzrechte – Patent, Gebrauchsmuster, Design, Marke

In Bezug auf die Eintragung eines verkauften und übertragenen gewerblichen Schutzrechts in Gestalt eines Patents, Gebrauchsmusters, Designs oder einer Marke in das betreffende Register des **Deutschen Patent- und Markenamtes (DPMA)** besteht im Vergleich zur Grundbucheintragung eines nach § 873 übertragenen Rechts an einem Grundstück die Besonderheit, dass die Eintragung des Käufers in das einschlägige **Schutzrechtsregister** zwar erfolgen soll, aber für den Rechtsübergang **keine konstitutive Wirkung** hat. Obwohl die Eintragung des Übergangs des Schutzrechts auf den Käufer nicht Wirksamkeitsvoraussetzung der Übertragung ist, sind die dafür aufzuwendenden Kosten nach § 453 Abs 2 vom Verkäufer deshalb zu tragen, weil die Eintragung für die **Geltendmachung des Rechts** erforderlich ist[493]. So bleibt nach **PatG § 30 Abs 3 Satz 2** im Falle einer Patentübertragung der **frühere Patentinhaber** nach Maßgabe des PatG berechtigt und verpflichtet, solange die darauf bezogene Änderung nicht in das Patentregister eingetragen ist. Der Patentkäufer benötigt also eine Eintragung des Inhaberwechsels. Nach **MarkenG § 28 Abs 2 Satz 1** kann im Falle der Übertragung einer eingetragenen Marke der Anspruch auf Schutz dieser Marke in einem Verfahren vor dem DPMA und im daran anknüpfenden Beschwerdeverfahren sowie das durch die Eintragung begründete Recht vom **Käufer als Rechtsnachfolger** erst dann geltend gemacht werden, wenn dem DPMA der Antrag auf Eintragung des Rechtsübergangs zugegangen ist. 241

Der Übergang eines verkauften Rechts an einem eingetragenen Design wird gem **DesignG § 29 Abs 3** auf Antrag in das Register eingetragen, wenn er dem DPMA nachgewiesen wird. Nach DesignG § 38 Abs 1 gewährt das eingetragene Design seinem Rechtsinhaber – und damit im Falle des Verkaufs dem Käufer – das **ausschließliche Recht**, es zu benutzen und Dritten zu verbieten, es ohne seine Zustimmung zu benutzen. Zugunsten des Rechtsinhabers wird gem DesignG § 39 vermutet, dass die an die **Rechtsgültigkeit eines eingetragenen Designs** zu stellenden Anforderungen erfüllt sind. Als Rechtsinhaber gilt nach DesignG § 1 Nr 5 der in das Register **eingetragene Inhaber des eingetragenen Designs**. Daraus ergibt sich, dass der Käufer eines eingetragenen Designs zum Zwecke der Geltendmachung der sich daraus ergebenden Rechte auf die Eintragung des Inhaberwechsels angewiesen ist. 242

Ein eingetragenes Gebrauchsmuster kann gem **GebrMG § 22 Abs 1 Satz 2** beschränkt oder unbeschränkt auf einen anderen übertragen werden. Nach GebrMG § 11 Abs 1 hat die **Eintragung eines Gebrauchsmusters** die Wirkung, dass allein der Inhaber befugt ist, den Gegenstand des Gebrauchsmusters zu benutzen. Das DPMA vermerkt gem GebrMG § 8 Abs 4 Satz 1 im **Register für Gebrauchsmuster** eine Änderung in der Person des Inhabers des Gebrauchsmusters, wenn sie ihm nachgewiesen wird. Solange ein Rechtsübergang nicht eingetragen ist, bleibt gem GebrMG § 8 Abs 4 Satz 2 der **frühere Rechtsinhaber** nach Maßgabe des GebrMG berechtigt und verpflichtet. Daher ist auch der Käufer eines Gebrauchsmusters für die darauf bezogene Rechtsverfolgung auf die Eintragung des Inhaberwechsels angewiesen. 243

Das in § 453 Abs 2 enthaltene Tatbestandsmerkmal „Übertragung" ist demnach in Bezug auf die dargestellten Eintragungen der einzelnen gewerblichen Schutzrechte in das jeweils einschlägige DPMA-Register nach **Sinn und Zweck** sowie im **systematischen Zusammenhang** mit §§ 453 Abs 1 Satz 1 Alt 1, 433 Abs 1 Satz 1 in der Weise auszulegen, dass die Eintragung des Käufers trotz fehlender konstitutiver Wirkung dem Rechtsgeschäft der **Übertragung des Rechts** zuzurechnen ist. Denn die Umschreibung ist erforderlich, um dem Käufer die vom Verkäufer gem § 433 Abs 1 geschuldete **uneingeschränkte Verwertungsmöglichkeit** zu verschaffen. So wie der Verkäufer einer Sache dem Käufer zu diesem Zweck den Besitz und das Eigentum verschaffen muss, so ist im Falle des Verkaufs eines gewerblichen Schutzrechts neben der **Übertragung nach §§ 413, 398** die Registereintragung zum Zwecke der **Legitimation des Käufers** als neuer Rechtsinhaber bei der Geltendmachung des betreffenden Rechts gegenüber Dritten erforderlich. 244

492 So iE auch MünchKomm/Westermann Rz 16 (im Zweifel Kostenteilung); vgl zur Kostenverteilung bei einem einheitlichen Beurkundungsgegenstand auch oben Rz 237 f.

493 So für Patent und Marke Staud/Beckmann Rz 17; MünchKomm/Westermann Rz 15; BeckOGK/Wilhelmi Rz 90; BeckOK/Faust Rz 14; aA Erman/Grunewald Rz 14.

VII. Kosten der Übertragung von Hypotheken und Grundschulden

245 Bei der Übertragung von Hypotheken und Grundschulden ist, sofern es sich um eine Buchhypothek oder -grundschuld handelt, zur Übertragung dieses Grundpfandrechts gem § 873 Abs 1 iVm § 1154 Abs 3 **eine Eintragung des Erwerbers** in das **Grundbuch** erforderlich und die damit verbundenen Aufwendungen sind die Kosten der Übertragung. Die Regelung des § 1154 Abs 3 ist im Falle der Abtretung einer Grundschuld gem § 1192 Abs 1 entsprechend anwendbar. Die für den Rechtskauf allgemein geltende Kostentragungsregelung des § 453 Abs 2 greift hier aber deshalb nicht ein, weil in Bezug auf **Rechte an einem Grundstück** über die Verweisungsnorm des § 453 Abs 1 Satz 1 Alt 1 die Vorschrift des § 448 Abs 2 entsprechende Anwendung findet, nach der dem Käufer eines Grundstücks auch die Kosten der Eintragung in das Grundbuch obliegen[494]. Die Kosten der Eintragung des Erwerbs einer **Buchhypothek oder -grundschuld** hat daher gem §§ 453 Abs 1 Satz 1 Alt 1, 448 Abs 2 der Käufer zu tragen[495]. Die Kosten des **Verpflichtungsgeschäfts** in Gestalt des Kaufvertrags obliegen dem Käufer ebenfalls aufgrund der entsprechenden Anwendung des § 448 Abs 2[496].

246 Soweit im Falle des Verkaufs einer **Briefhypothek oder -grundschuld** bei der Übertragung dieses Grundpfandrechts Kosten anfallen, sind diese gem § 453 Abs 1 Satz 1 Alt 1 iVm § 448 Abs 2 vom Käufer zu tragen. Das Gleiche gilt nach diesen Vorschriften für die Kosten des Abschlusses des Kaufvertrags. Nach **§ 1154 Abs 1** ist für die Übertragung der Briefhypothek die Erteilung der Abtretungserklärung in schriftlicher Form und die Übergabe des Hypothekenbriefs erforderlich. Der bisherige Gläubiger hat gem § 1154 Abs 1 Satz 2 auf Verlangen des neuen Gläubigers die Abtretungserklärung auf seine Kosten öffentlich beglaubigen zu lassen. Danach müsste also der Verkäufer die Kosten der **öffentlichen Beglaubigung** tragen, wenn der Käufer diese Form verlangt. Die spezielle Kostentragungsregelung des § 1154 Abs 1 Satz 2 weicht zwar deshalb nicht unmittelbar von der für Grundstücksrechte allgemein geltenden Regelung des § 448 Abs 2 ab, weil die öffentliche Beglaubigung der **Abtretungserklärung** für die Übertragung der Briefhypothek nicht zwingend erforderlich ist. Gleichwohl ist § 1154 Abs 1 Satz 2 bei Vorliegen eines Kaufgeschäfts über eine Hypothek nicht zu Lasten des Verkäufers anwendbar[497]. Dies ergibt ein Erst-recht-Schluss (*argumentum a fortiori*) aus §§ 453 Abs 1 Satz 1 Alt 1, 448 Abs 2. Wenn der Käufer nämlich schon die Kosten der Rechtsakte tragen muss, die für die Übertragung der Briefhypothek erforderlich sind, dann muss dies erst recht für **zusätzliche Maßnahmen** gelten, die vom Verkäufer nur auf Verlangen des Käufers geschuldet werden und dem Käufer die Durchsetzung der erworbenen Hypothek erleichtern. Die Kosten der öffentlichen Beglaubigung trägt daher nach §§ 453 Abs 1 Satz 1 Alt 1, 448 Abs 2 der Käufer. Beim Kauf einer **Briefgrundschuld** gilt das Gleiche, weil hier § 1154 über die Verweisungsnorm des § 1192 Abs 1 ebenso entsprechend anwendbar ist wie § 448 Abs 2 über die für den Rechtskauf geltende Verweisung des § 453 Abs 1 Satz 1 Alt 1.

VIII. Die besondere Kostenregelung des § 403 Satz 2

247 Nach § 403 Satz 1 hat im Falle der Forderungsabtretung der bisherige Gläubiger dem neuen Gläubiger auf Verlangen eine **öffentlich beglaubigte Urkunde** über die Abtretung auszustellen. Die Regelung gilt entsprechend, sofern nicht eine Forderung, sondern „andere Rechte" iSd § 413 übertragen werden. Die Kosten der **Ausstellung der Urkunde** hat gem § 403 Satz 2 der neue Gläubiger „zu tragen und vorzuschießen". Auch diese Vorschrift findet gem § 413 im Falle der Übertragung eines anderen Rechts entsprechende Anwendung.

248 Beim **Kauf einer Forderung** stellen die nach § 403 Satz 2 vom neuen Gläubiger und damit vom Käufer zu tragenden Kosten der Ausstellung einer Urkunde im Ergebnis **Übertragungskosten iSd § 453 Abs 2** dar[498]. Das Gleiche gilt für den Fall des Kaufs eines anderen Rechts, das nach §§ 413, 398 übertragen wird. Der Grund für die Anwendung des § 453 Abs 2 in den Fällen des § 403 liegt darin, dass die Ausstellung der öffentlich beglaubigten Urkunde zwar nicht Voraussetzung der Rechtsübertragung nach § 398 bzw § 413 iVm § 398 ist, sondern der **Legitimation des neuen Inhabers** dient. Der Käufer benötigt die Urkunde aber für die Geltendmachung des Rechts, so dass die Ausstellung dieser Urkunde mit der deklaratorischen Registereintragung des Inhaberwechsels im Falle eines registrierten gewerblichen Schutzrechts vergleichbar ist[499].

494 Vgl dazu oben Rz 232 ff.
495 BeckOGK/Wilhelmi Rz 89; MünchKomm/Westermann Rz 16; aA Staud/Beckmann Rz 17; vgl dazu oben Rz 232 ff.
496 Vgl dazu oben Rz 235.
497 AA BeckOK/Faust Rz 15.
498 AA BeckOK/Faust Rz 14.
499 Vgl dazu oben Rz 241 ff.

IX. Abdingbarkeit des § 453 Abs 2

Die Regelung des § 453 Abs 2 hat keinen zwingenden Charakter, sondern ist dispositiver Natur. Die nach dieser Vorschrift vom Verkäufer zu tragenden Kosten können daher im Rahmen einer **Parteivereinbarung** ganz oder zum Teil dem Käufer auferlegt werden[500]. IdR steht eine kaufvertragliche Abrede in einem **Zusammenhang mit der Kaufpreisbildung**. Denn entscheidend ist für den Käufer die aus Kaufpreis und zu tragenden Kosten bestehende **Gesamtbelastung**. Eine von § 453 Abs 2 zu Lasten des Käufers abweichende Kostenverteilung ist daher für ihn unproblematisch, sofern dies mit einer entsprechenden Reduzierung des eigentlich angemessenen Kaufpreises einhergeht. Entsprechendes gilt im Falle einer zu Lasten des Verkäufers beim **Kauf eines Grundstücksrechts** von § 448 Abs 2 abweichenden Kostenverteilung, dh, der Verkäufer wird diese Kosten regelmäßig nur dann übernehmen, wenn sie zu einem entsprechend höheren Kaufpreis führen. 249

H. § 453 Abs 3 – Gewährleistung beim Verkauf eines Rechts mit Berechtigung zum Besitz einer Sache

I. Allgemeines

Beim Verkauf eines Rechts, das zum Besitz einer Sache berechtigt, ist der Verkäufer gem § 453 Abs 3 verpflichtet, dem Käufer die Sache frei von Sach- und Rechtsmängeln zu übergeben. Diese Regelung stimmt inhaltlich mit § 433 Abs 1 Satz 2 überein. Anstelle der in § 433 Abs 1 Satz 2 enthaltenen Formulierung „zu verschaffen" heißt es in § 453 Abs 3 „zu übergeben", weil das verkaufte Recht nicht auf den **Erwerb des Eigentums** an der Sache gerichtet ist, sondern nur zum Besitz berechtigt, womit regelmäßig eine **Nutzungsbefugnis** des Käufers verbunden ist. Die Haftung für Sach- und Rechtsmängel der Sache, zu deren Besitz das verkaufte Recht berechtigt, tritt nicht an die Stelle der Gewährleistungshaftung nach § 453 Abs 1 Satz 1 Alt 1 iVm §§ 434 ff für Mängel des Rechts als Kaufgegenstand iSd § 453 Abs 1 Satz 1 Alt 1. Es liegt hier vielmehr eine Erweiterung der Haftung des Verkäufers vor. 250

II. Entstehungsgeschichte und Regelungszweck des § 453 Abs 3

Gem § 433 Abs 1 Satz 2 aF war der Verkäufer eines Rechts verpflichtet, dem Käufer das Recht zu verschaffen und, wenn das Recht zum Besitz einer Sache berechtigt, die Sache zu übergeben. Nach der im Rahmen des **SMG 2002** neu eingefügten Regelung des **§ 433 Abs 1 Satz 2** ist der Verkäufer beim Kauf einer Sache verpflichtet, dem Käufer die Sache **frei von Sach- und Rechtsmängeln** zu verschaffen. Da der Verkauf eines Rechts, das zum Besitz einer Sache berechtigt, nicht mehr in der unmittelbar nur für den Sachkauf geltenden zentralen Vorschrift des § 433 geregelt ist, stellt § 453 Abs 3 zum einen klar, dass durch das SMG 2002 in Bezug auf die Verpflichtung des Verkäufers zur Übergabe der Sache bei einem derartigen Kaufgeschäft letztlich keine Änderung eingetreten ist[501]. Zudem bestätigt § 453 Abs 3 die Verpflichtung des Verkäufers, dem Käufer eines derartigen Rechts die Sache frei von Sach- und Rechtsmängeln zu übergeben[502]. Die amtliche Begründung zum SMG 2002 führt insoweit unter Verweis auf die Rspr des BGH[503] den Fall des **Kaufs eines Erbbaurechts** an[504]. Hier sei der Verkäufer nicht nur zur Verschaffung des Erbbaurechts frei von Rechtsmängeln, sondern auch zur Übergabe des betreffenden Grundstücks frei von Sach- und Rechtsmängeln verpflichtet[505]. Dies ist zwar zutreffend, darf aber nicht so verstanden werden, dass ein Erbbaurecht und andere Rechte als Kaufgegenstand nur **Rechtsmängel** haben könnten. Ein verkauftes Recht kann vielmehr gem § 453 Abs 1 Satz 1 Alt 1 iVm § 434 auch einen **Beschaffenheitsmangel** (**Inhaltsmangel**) und damit einen Sachmangel aufweisen[506]. Beim Kauf eines Erbbaurechts ist dies bspw der Fall, wenn das Grundstück als Bezugsobjekt in Wirklichkeit kleiner ist als im Kaufvertrag vereinbart[507]. 251

III. Unterscheidung zwischen Mängeln des Rechts und Mängeln der Sache iSd § 453 Abs 3

1. **Beschaffenheitsmängel iSd § 434 an Recht sowie Sache als Bezugsgegenstand**. Die durch § 453 Abs 3 angeordnete Gewährleistungshaftung des Verkäufers für Mängel der Sache, 252

500 Staud/Beckmann Rz 17.
501 Vgl Begr Gesetzentwurf, BT-Drucks 14/6040, S 242.
502 Vgl Begr Gesetzentwurf, BT-Drucks 14/6040, S 242.
503 BGHZ 96, 385, 391 (Rechtsmangel des Grundstücks wegen Bestehens einer öffentlich-rechtlichen Bausperre).
504 Vgl Begr Gesetzentwurf, BT-Drucks 14/6040, S 242.
505 Begr Gesetzentwurf, BT-Drucks 14/6040, S 242.
506 Vgl dazu oben Rz 81 ff.
507 Vgl dazu unten Rz 253.

auf die sich das verkaufte Recht bezieht, das zum Besitz einer Sache berechtigt, verdrängt selbstverständlich nicht die Gewährleistung für das Recht als solches[508]. Da sich die **Verweisung des § 453 Abs 1 Alt 1** auch auf § 434 erstreckt und so die Haftung des Verkäufers für Beschaffenheitsmängel (Inhaltsmängel) begründet[509], kann die Gewährleistung nach § 434 sowohl in Bezug auf das Recht als Kaufgegenstand als auch hinsichtlich der Sache iSd § 453 Abs 3 als Bezugspunkt des betreffenden Rechts eingreifen. Die Abgrenzung zwischen beiden Mangelkonstellationen kann zwar auf den ersten Blick schwierig sein, sie ist aber geboten und auch durchführbar. Grundlage für die Unterscheidung ist die Erkenntnis, dass **Inhalt und Umfang des verkauften Rechts** als Beschaffenheit iSd § 453 Abs 1 Satz 1 Alt 1 iVm § 434 Abs 2 Satz 1 und Abs 3 Satz 1 anzusehen sind. Dies hat zur Folge, dass ein Mangel im Sinne dieser Vorschrift vorliegt, wenn der auf Grundlage des Kaufvertrags geschuldete **Umfang oder/und sonstige Inhalt** als Soll-Beschaffenheit nicht mit dem tatsächlichen Zustand (Ist-Beschaffenheit) übereinstimmt. Ein auf den Besitz einer Sache bezogenes Recht kann daher – ebenso wie andere Rechte iSd § 453 Abs 1 Satz 1 Alt 1 – auch selbst einen Beschaffenheitsmangel (Inhaltsmangel) aufweisen. Beim Verkauf eines Rechts iSd § 453 Abs 3 haftet der Verkäufer zusätzlich für Sach- und Rechtsmängel der Sache, so dass bei einem solchen Kaufgeschäft insgesamt **vier Mangelkonstellationen** auftreten können.

253 Wenn bspw ein **Erbbaurecht** verkauft wird, das sich nach dem geschlossenen Kaufvertrag auf ein Grundstück von 2.000 qm bezieht, aber in Wirklichkeit nur an einer **Teilfläche** von 1.500 qm besteht, dann ist dieses Teilgrundstück als solches weder mit einem Sachmangel iSd § 434 noch mit einem Rechtsmangel iSd § 435 belastet. Das übertragene Erbbaurecht bezieht sich eben von vornherein nur auf eine Fläche von 1.500 qm. Da es sich aber nach dem geschlossenen Kaufvertrag auf eine Fläche von 2.000 qm beziehen soll, weicht der tatsächliche Umfang des Erbbaurechts (Ist-Beschaffenheit) negativ von der Soll-Beschaffenheit ab mit der Folge, dass ein **Beschaffenheitsmangel (Inhaltsmangel)** iSd §§ 453 Abs 1 Satz 1 Alt 1, 434 Abs 2 Satz 1 Nr 1 dieses Rechts zu bejahen ist. Im Rahmen der Nacherfüllung ist vom Verkäufer deshalb nicht eine Veränderung des Grundstücks als Bezugsobjekt des Erbbaurechts, sondern die **Erweiterung** dieses Rechts als unmittelbarer Kaufgegenstand um die Restfläche von 500 qm geschuldet.

254 2. **Rechtsmängel des verkauften Rechts und der Sache als Bezugsobjekt – Unterscheidung**. Die strikte Trennung zwischen einem Recht nach § 453 Abs 3, das zum Besitz einer Sache berechtigt, und der Sache als Bezugsobjekt ist auch in Bezug auf Rechtsmängel iSd § 435 erforderlich. Hier können sich aber Überschneidungen zeigen, sofern das verkaufte Recht mit einem Recht eines Dritten iSd § 435 belastet ist und diese Belastung dann dazu führt, dass der **Dritte** vom Käufer die Sache herausverlangen oder – unter **Beeinträchtigung der Verwendungsinteressen** des Käufers – selbst nutzen kann. Diese Konstellation ist bspw dann gegeben, wenn das nach § 453 Abs 1 Satz 1 Alt 1 iVm § 433 verkaufte Recht wirksam nach **ZPO §§ 829, 857 gepfändet** worden ist und der Pfändungsgläubiger es im Zwangsvollstreckungsverfahren durch **Veräußerung** verwerten lassen kann mit der Folge, dass dem betreffenden Erwerber ein **Herausgabeanspruch gegen den Käufer** zusteht. Der Dritte (Erwerber im Zwangsvollstreckungsverfahren) hat zwar hier letztlich ein Recht auf Besitz und Nutzung bezüglich der im Besitz des Käufers befindlichen Sache, so dass dem Dritten insoweit eine vom Tatbestand des § 453 Abs 3 iVm § 435 erfasste Rechtsposition zusteht. **Wesentliche Ursache** für die durch die Zwangsvollstreckung aufseiten des Käufers entstandene **Gesamtbeeinträchtigung** ist aber der Rechtsmangel bezüglich des Rechts iSd § 453 Abs 3 als Kaufgegenstand.

255 Der **Nacherfüllungsanspruch** des Käufers aus § 437 Nr 1 bezieht sich daher im Pfändungsfall auf den Rechtsmangel des gekauften Rechts. Gelingt dem Verkäufer die **Beseitigung des Pfändungspfandrechts**, etwa durch Erfüllung der titulierten Forderung des Vollstreckungsgläubigers, so ist auch sichergestellt, dass der Besitz des Käufers an der Sache iSd § 453 Abs 3 nicht beeinträchtigt wird. Ein Rechtsmangel, der sich nur auf die Sache als Bezugsobjekt des verkauften Rechts bezieht, liegt bspw dann vor, wenn eine bewegliche Sache mit einem **Pfandrecht eines Dritten** belastet ist, so dass ihm auf Grundlage dieses Rechts nach **§§ 1227, 985** ein Herausgabeanspruch gegen den Käufer zusteht. Der Käufer kann hier gem § 453 Abs 3 iVm §§ 437 Nr 1, 435 im Rahmen der Nacherfüllung die Beseitigung des Pfandrechts verlangen. Das verkaufte Recht iSd § 453 Abs 1 Satz 1 Alt 1 ist dagegen frei von Sach- und Rechtsmängeln.

IV. Die zum Besitz einer Sache berechtigenden Rechte iSd § 453 Abs 3

256 1. **Schuldrechtliche (obligatorische) und dingliche Rechte**. Die Sonderregelung des § 453 Abs 3 bezieht sich nicht unmittelbar auf den **Besitz iSd § 854** als vermögenswerte Rechtsposition

508 Vgl oben 81 ff.

509 Vgl dazu oben Rz 81 ff.

und **sonstiges Recht** nach § 823 Abs 1[510]. Denn der dem Käufer letztlich zustehende tatsächliche Besitz an der Sache ist nicht Gegenstand des Kaufvertrags. Der Tatbestand des § 453 Abs 3 unterscheidet nicht zwischen dinglichen und obligatorischen Rechten. Im **Verhältnis der Kaufvertragsparteien** zueinander ist es ohnehin regelmäßig für die umfassende **Nutzungsbefugnis des Käufers** nicht von Belang, ob sein sich aus dem geschlossenen Kaufvertrag ergebendes Recht zum Besitz der Sache nicht nur schuldrechtlicher, sondern auch dinglicher Natur ist. Das Vorliegen eines dinglichen Rechts ist für den Käufer allerdings dann von erheblicher Bedeutung, wenn nicht dem Rechtsverkäufer als Vertragspartner, sondern **einem Dritten das Eigentum** an der Sache zusteht, auf die sich das verkaufte Recht bezieht. Eine vergleichbare Lage besteht beim **Recht zum Besitz iSd § 986 Abs 1**[511]. Nach dieser sachenrechtlichen Vorschrift kann der Besitzer die Herausgabe der Sache verweigern, wenn er oder der mittelbare Besitzer, von dem er sein Recht zum Besitz ableitet, dem Eigentümer gegenüber zum Besitz berechtigt ist. Auch hier genügen **schuldrechtliche Ansprüche des Besitzers**, sofern sie ihm gerade gegenüber dem nach § 985 vorgehenden Eigentümer und nicht nur gegenüber einem Dritten zustehen, der als **Nichtberechtigter** über die Sache verfügt hat und dem Käufer das Eigentum auch nicht im Wege eines gutgläubigen Erwerbs verschaffen konnte[512].

2. **Einzelne dingliche Rechte iSd § 453 Abs 3**. – a) **Erbbaurecht**. Nach ErbbauRG § 11 **257**
Abs 1 Satz 1 finden auf das Erbbaurecht die sich auf **Grundstücke** beziehenden Vorschriften mit Ausnahme der §§ 925, 927, 928 sowie die Vorschriften über **Ansprüche aus dem Eigentum** entsprechende Anwendung, soweit sich nicht aus dem ErbbauRG ein anderes ergibt. Aus dieser zentralen Regelung des **ErbbauRG** folgt die weitgehende Gleichstellung des Erbbaurechts mit dem Eigentum an einem Grundstück als Grundlage für das **umfassende Besitzrecht des Erbbauberechtigten**[513]. Das Erbbaurecht wird daher ohne weiteres von der Regelung des § 453 Abs 3 erfasst[514]. Ist beim Verkauf eines Erbbaurechts das betreffende Grundstück bspw mit **Altlasten** kontaminiert, so haftet der Verkäufer nach §§ 453 Abs 1 Satz 1 Alt 1, 434 Abs 3 Satz 1 Nr 1 und 2, 437 Nr 1 auf Beseitigung dieser Beeinträchtigung. Er kann sich also nicht darauf berufen, dass das Erbbaurecht als Kaufgegenstand iSd § 435 Abs 1 Satz 1 Alt 1 mangelfrei sei.

b) **Nießbrauch**. Ein weiterer klassischer Fall eines Rechts iSd § 453 Abs 3, das zum Besitz **258**
einer Sache berechtigt, ist der Nießbrauch nach §§ 1030 ff[515]. Gem **§ 1036 Abs 1** ist der Nießbraucher zum Besitz der Sache berechtigt. Das Wesen des Nießbrauchs an einer Sache besteht gem § 1030 Abs 1 darin, dass derjenige, zu dessen Gunsten die Belastung erfolgt, zur **Ziehung der Nutzungen** berechtigt ist. Nutzungen einer Sache sind gem § 100 **Früchte und Gebrauchsvorteile**. Das Besitzrecht des Nießbrauchers ist daher die wesentliche Voraussetzung für die Ausübung dieses dinglichen Rechts. Die durch § 453 Abs 3 gegebene partielle gewährleistungsrechtliche Gleichstellung des Kaufs eines Nießbrauchs als Recht mit dem Kauf der Sache (insbes eines Grundstücks), auf die sich der Nießbrauch bezieht, ist daher in systematischer Hinsicht gerechtfertigt.

Für die Anwendung des § 453 Abs 3 kommt es nicht darauf an, ob der konkrete Kauf des **259**
Nießbrauchs das **schuldrechtliche Kausalgeschäft** für die **erstmalige Bestellung** des Nießbrauchs darstellt oder der Nießbrauch bereits wirksam bestellt worden ist und daher auf Grundlage des geschlossenen Kaufvertrags die **Ausübung des Nießbrauchs gem § 1059 Satz 2** dem Käufer überlassen werden soll. Grundsätzlich unerheblich ist auch, ob der Nießbrauch gem § 1030 Abs 1 an einer **Sache** oder nach § 1085 an dem **Vermögen einer Person** bestellt wird[516]. Nach § 1085 Satz 1 kann der Nießbrauch am Vermögen nur in der Weise bestellt werden, dass der Nießbraucher den Nießbrauch an den einzelnen zum Vermögen gehörenden Gegenständen erlangt. Da der Begriff „Gegenstände“ weiter ist als der Begriff der Sache, kann § 453 Abs 3 beim Kauf des **Nießbrauchs am Vermögen einer Person** nur Anwendung finden, soweit sich dieses dingliche Recht auf Sachen iSd § 453 Abs 3 bezieht.

c) **Dauerwohnrecht nach WEG § 31 Abs 1 und Dauernutzungsrecht nach WEG § 31** **260**
Abs 2 – Abgrenzung zum Wohnungseigentum iSd WEG § 1. Das Dauerwohnrecht nach WEG § 31 Abs 1 muss ebenso wie das – bei fehlender Bestimmung zu Wohnzwecken – mögliche Dauernutzungsrecht nach WEG § 31 Abs 2 vom Wohnungseigentum iSd WEG § 1 unterschieden werden. Der Kauf von Wohnungseigentum oder Teileigentum (bei fehlender Bestimmung zu

510 MünchKomm/Westermann Rz 8; BeckOGK/Wilhelmi Rz 67.
511 Vgl dazu auch MünchKomm/Westermann Rz 8; BeckOGK/Wilhelmi Rz 67.
512 Soergel/Stadler § 986 Rz 2a, 5.
513 MünchKomm/Heinemann, ErbbauRG, 2020[8], § 11 Rz 36; BeckOK/Maaß, ErbbauRG, 2023[67], § 11 Rz 19.
514 Begr Gesetzesentwurf, BT-Drucks 14/6040, S 242; Staud/Beckmann Rz 18; MünchKomm/Westermann Rz 7; BeckOGK/Wilhelmi Rz 68; Erman/Grunewald Rz 16; BeckOK/Faust Rz 5.
515 Staud/Beckmann Rz 18; MünchKomm/Westermann Rz 7; BeckOGK/Wilhelmi Rz 68.
516 Vgl BeckOGK/Wilhelmi Rz 68.

Wohnzwecken) ist ein **Sachkauf** und damit von vornherein **kein Rechtskauf** iSd § 453 Abs 1 Satz 1 Alt 1[517]. Der Kaufvertrag über ein Dauerwohnrecht oder Dauernutzungsrecht nach WEG § 31 ist dagegen der Kauf eines Rechts iSd §§ 453 Abs 1 Satz 1 Alt 1, 453 Abs 3, das den Käufer zum Besitz einer Sache – also einer Wohnung bzw von nicht zu Wohnzwecken bestimmten Räumen – berechtigt[518]. Da diese Rechte nach WEG § 31 **kein Sacheigentum** darstellen, kommt zwar eine Belastung mit Grundschulden oder sonstigen Grundpfandrechten nicht in Betracht. Sie können allerdings als Rechte gem § 1274 verpfändet und gem ZPO §§ 829, 832, 857 gepfändet werden. **Pfandrecht und Pfändungspfandrecht** führen dann zu einem **Rechtsmangel** iSd § 453 Abs 3 iVm § 435. Dass diese Belastung der Rechte nach WEG § 31 als Kaufgegenstand zu **Verwendungsbeschränkungen** aufseiten des Käufers führen können, ist nur eine **typische Folge des Rechtsmangels** und begründet daher weder einen zusätzlichen noch einen vorrangigen Sachmangel iSd § 434[519].

261 d) **Wohnrecht nach §§ 1092, 1093**. Das **Wohnrecht nach §§ 1092, 1093** stellt ebenfalls ein Recht iSd § 453 Abs 3 dar[520]. Es handelt sich gem § 1093 Abs 1 Satz 1 um eine **beschränkt persönliche Dienstbarkeit**, auf die bestimmte Vorschriften aus dem Recht des Nießbrauchs entsprechend anzuwenden sind (§ 1093 Abs 1 Satz 2). Die praktische Bedeutung der Anwendung des § 453 Abs 3 ist hier aber deshalb gering, weil dieses Wohnrecht gem § 1093 Abs 1 Satz 1 nicht übertragbar ist und damit nicht weiterverkauft werden kann. Erfasst von § 453 Abs 3 wird dagegen zum einen der auf die **Erstbegründung** des Rechts gerichtete Verkauf durch den **Grundstückseigentümer**. Zum anderen kommt als Anwendungsfall die Konstellation in Betracht, in der dem Wohnrechtsinhaber gem § 1093 Abs 1 Satz 2 die **Überlassung des Rechts an einen Dritten** gestattet ist und diese Rechtsposition nach §§ 453 Abs 1 Satz 1 Alt 1, 433 Abs 1 verkauft wird.

262 e) **Grundpfandrechte**. Hypothek und Grundschuld sind zwar Rechte iSd § 453 Abs 1 und können daher Gegenstand eines Kaufvertrags sein[521]. Es handelt sich aber – ebenso wie das Pfandrecht an einer beweglichen Sache – nicht um ein Recht iSd § 453 Abs 3, das zum Besitz einer Sache berechtigt[522]. Bei **Veräußerung einer Hypothek** ist ohnehin die gesicherte Forderung der primäre Kaufgegenstand, deren Abtretung gem **§ 1153 Abs 1** und damit kraft Gesetzes den Übergang der Hypothek als **streng akzessorisches Sicherungsrecht** auf den Käufer bewirkt[523]. Gem § 1153 Abs 2 kann die Forderung nicht ohne die Hypothek und die Hypothek nicht ohne die Forderung übertragen werden. Der Kaufvertrag kann aber ausdrücklich regeln oder dahin gehend auszulegen sein, dass der Verkäufer dem Käufer zusätzlich zur Forderung auch die Hypothek verschaffen muss[524]. Eine Grundschuld kann ohne weiteres selbständig verkauft und nach den §§ 1154 Abs 1, 1192 Abs 1 übertragen werden. Diese Grundpfandrechte ermöglichen zwar als Sicherungsrechte dem Inhaber die Verwertung des Grundstücks, sofern die gesicherte Forderung vom Schuldner nicht erfüllt wird. Sie begründen aber **kein Recht zum Besitz** iSd § 453 Abs 3 und daher jedenfalls keine **Sach- und Rechtsmängelhaftung** nach §§ 434, 435 wegen Mängeln des Grundstücks.

263 Das Grundpfandrecht kann aber als solches aufgrund der Verweisungsnorm des § 453 Abs 1 Satz 1 Alt 1 der Mängelgewährleistung nach §§ 434, 435 unterliegen[525]. Ein **Beschaffenheitsmangel (Inhaltsmangel) iSd §§ 434, 453 Abs 1** ist hier insbes dann gegeben, wenn der **tatsächliche Umfang**, also der Betrag des Grundpfandrechts nicht mit der Angabe im Kaufvertrag übereinstimmt. Der Zustand und damit die Beschaffenheit des betreffenden **Grundstücks als Sicherungsgegenstand** gehört aber nicht zur Beschaffenheit (Inhalt) des Grundpfandrechts, so dass der Verkäufer des Grundpfandrechts für **Mängel des Grundstücks** grundsätzlich nicht nach §§ 453 Abs 1 Satz 1 Alt 1, 434 haftet. Derartige Mängel des Grundstücks betreffen letztlich nur die **Bonität des verkauften Rechts**, für die dem Verkäufer des Rechts grundsätzlich keine Einstandspflicht obliegt[526]. Der Verkäufer kann allerdings im Kaufvertrag eine **Garantie** dafür übernehmen, dass im Falle einer Verwertung des Grundstücks ein bestimmter Geldbetrag erlangt wird und deshalb zumindest in dieser Höhe die **Bonität des Grundpfandrechts** gegeben ist. Die Bonität ist insoweit eine „andere als die Mängelfreiheit betreffende Anforderung" im Sinne der Garantieregelung des § 443 Abs 1[527].

517 Vgl oben Rz 29 f.
518 BeckOGK/Wilhelmi Rz 68.
519 Vgl zur Abgrenzung zwischen Rechtsmangel und Sachmangel oben Rz 142.
520 Staud/Beckmann Rz 18; MünchKomm/Westermann Rz 7; BeckOGK/Wilhelmi Rz 68; BeckOK/Faust Rz 5.
521 Vgl dazu oben Rz 23 f.
522 Erman/Grunewald Rz 17; BeckOGK/Wilhelmi Rz 69; BeckOK/Faust Rz 5 f.
523 Vgl dazu oben Rz 23.
524 Vgl dazu oben Rz 23.
525 Vgl dazu oben Rz 10 ff, 81 ff.
526 Vgl dazu oben Rz 15 f, 208.
527 Vgl dazu § 443 Rz 55 ff.

f) **Anwartschaftsrecht.** Das durch **Kauf einer Sache unter Eigentumsvorbehalt** iSd § 449 entstehende **Anwartschaftsrecht** des Käufers stellt zwar im Verhältnis zum (Voll-)Eigentum ein wesensgleiches Minus dar und wird daher im Falle des **Weiterverkaufs** durch den Vorbehaltskäufer analog §§ 929 ff übertragen[528]. Dies ändert aber nichts daran, dass bis zum von der vollständigen Kaufpreiszahlung abhängigen **Eintritt der aufschiebenden Bedingung** nach § 158 Abs 1 ein Tatbestand eintreten kann, durch den das Anwartschaftsrecht erlischt. Praktische Bedeutung hat insoweit vor allem der Rücktritt des Vorbehaltsverkäufers vom Kaufvertrag wegen Zahlungsverzugs des Käufers. Der Käufer eines Anwartschaftsrechts kann daher – ebenso wie bislang der Vorbehaltskäufer (Verkäufer des Anwartschaftsrechts) – sein **Besitzrecht** nicht unmittelbar aus dem noch dem Vorbehaltsverkäufer zustehenden **Sacheigentum**, sondern nur aus dem vom Bestand des Kaufvertrags abhängigen Anwartschaftsrecht ableiten. Der Kauf eines Anwartschaftsrechts ist daher ein **Rechtskauf iSd § 453 Abs 1 Satz 1 Alt 2**, auf den allerdings § 453 Abs 3 Anwendung findet[529]. 264

g) **Pfandrecht an beweglichen Sachen.** Das Pfandrecht an einer beweglichen Sache kann zwar als „Faustpfand" (bestehender Sachbesitz des Pfandgläubigers) zumindest mittelbar auf Grundlage eines Kaufs erworben werden und berechtigt dann den Erwerber, also den **neuen Pfandgläubiger**, auch zum Besitz. Denn gem **§ 1251 Abs 1** kann der neue Pfandgläubiger vom bisherigen Pfandgläubiger die **Herausgabe des Pfandes** verlangen. Gleichwohl handelt es sich nicht um ein Recht zum Besitz iSd § 453 Abs 3[530]. Gegenstand des Kaufvertrags ist nämlich in erster Linie nicht das Pfandrecht als solches, sondern vielmehr die von ihm **gesicherte Forderung** als Recht iSd § 453 Abs 1 Satz 1 Alt 1. Die Abtretung dieser Forderung an den Käufer gem § 398 zum Zwecke der Erfüllung des geschlossenen Kaufvertrags führt gem § 1250 Abs 1 Satz 1 und damit kraft Gesetzes auch zum Übergang des Pfandrechts auf den Käufer als neuen Gläubiger. 265

Dieser gesetzliche Übergang ist eine Folge der **Akzessorietät des Pfandrechts.** Das Pfandrecht kann gem § 1250 Abs 1 Satz 2 nicht ohne die Forderung übertragen und damit auch nicht separat als Recht iSd § 453 Abs 3 verkauft werden[531]. Die Kaufvertragsparteien können zwar im Rahmen der **Vertragsfreiheit** vereinbaren, dass der Verkäufer dem Käufer neben der Forderung auch das die Forderung sichernde Pfandrecht verschaffen muss. Dies ändert aber nichts daran, dass das Pfandrecht als solches nicht zum Besitz der verpfändeten Sache berechtigt. Denn die bewegliche Sache, an der das Pfandrecht besteht, dient auch hier nur der **Sicherung der Forderung**, und zwar jetzt zugunsten des Forderungskäufers. Die Rechtsposition des Käufers ist daher hier nicht vergleichbar mit dem Fall des Kaufs eines Rechts, das seinem Inhalt nach unmittelbar ein Besitzrecht des Käufers begründet, so dass auch eine **analoge Anwendung des § 453 Abs 3** nicht in Betracht kommt[532]. 266

V. Verkauf des schuldrechtlichen Anspruchs auf Verschaffung einer Sache

1. **Der kaufvertragliche Verschaffungsanspruch aus § 433 Abs 1 Satz 1 beim Sachkauf.** Der Anspruch des Käufers aus § 433 Abs 1 Satz 1 auf Verschaffung von Besitz und Eigentum an der Kaufsache ist zweifelsfrei ein Recht iSd § 453 Abs 1 Satz 1 Alt 1, das verkauft und nach § 398 durch Abtretung auf den Käufer übertragen werden kann. Der Forderungsverkäufer haftet daher nach § 453 Abs 1 Satz 1 Alt 1 iVm § 434 Abs 2 Satz 1 Nr 1 für **Beschaffenheitsmangel (Inhaltsmangel)** und gem § 435 für **Rechtsmängel dieses Rechts.** In Bezug auf die Anwendbarkeit des § 453 Abs 3 wird zwar zutreffend darauf hingewiesen, dass der Kaufvertrag über eine Sache ein Recht des Käufers zum Besitz dieser Sache nach **§ 986 Abs 1** begründet[533]. Die Regelung des § 986 Abs 1 erlangt hier aber nur dann Bedeutung, wenn der Käufer zunächst ausschließlich den Besitz erlangt – wie zB bei einer beweglichen Sache unter Eigentumsvorbehalt – und der Verkäufer dann aufgrund der noch bestehenden Eigentümerstellung die Sache vom Käufer nach § 985 herausverlangt. Verkauft der Käufer einer Sache die ihm gegen den Verkäufer zustehende Forderung aus § 433 Abs 1 Satz 1 auf Verschaffung von Besitz und Eigentum an einen Dritten, so 267

528 Vgl zu den Einzelheiten § 449 Rz 21 und Rz 69 ff.
529 So iE auch MünchKomm/Westermann Rz 7; Erman/Grunewald Rz 16; BeckOGK/Wilhelmi Rz 68; BeckOK/Faust Rz 5; vgl dazu auch oben Rz 26 f.
530 Staud/Beckmann Rz 18; MünchKomm/Westermann Rz 7; BeckOGK/Wilhelmi Rz 69; BeckOK/Faust Rz 5.
531 Vgl dazu oben Rz 21.
532 Vgl Staud/Beckmann Rz 18; BeckOK/Faust Rz 5.
533 BeckOGK/Wilhelmi Rz 72.

findet auf diesen **Forderungskauf** die Regelung des § 453 Abs 3 keine Anwendung[534]. Insoweit ist in Bezug auf § 433 Abs 1 Satz 1 auch nicht zu differenzieren zwischen der Eigentumsübertragung und der Besitzverschaffung[535]. Ein Kaufvertrag über den Verschaffungsanspruch aus § 433 Abs 1 Satz 1 berechtigt zwar den Forderungskäufer auch zum Besitz bezüglich der vom Forderungsverkäufer als Käufer gekauften Sache. Der Anspruch des Sachkäufers aus § 433 Abs 1 Satz 1 dient aber in erster Linie der **Verschaffung** des Besitzes und des Eigentums, wobei im Falle der **Übereignung nach § 929 Satz 1** die Verschaffung des unmittelbaren Besitzes auch Voraussetzung der Übereignung ist. Nach Erfüllung des Übereignungsanspruchs folgt das Besitzrecht des Käufers unmittelbar aus der Eigentümerstellung und aus **§ 903**. Der verkaufte Anspruch aus § 433 Abs 1 Satz 1 wird also als Grundlage eines Besitzrechts durch das in Erfüllung des Kaufvertrags erlangte Eigentum verdrängt.

268 Es ist allerdings richtig, dass ein **Sach- oder Rechtsmangel** der Sache, auf die sich der verkaufte Verschaffungsanspruch aus § 433 Abs 1 Satz 1 bezieht, den **wirtschaftlichen Wert** dieses Anspruchs belasten kann. Denn dieser Forderungswert stimmt regelmäßig mit dem Sachwert überein, sofern in Bezug auf die **Vornahme einer vertragsgerechten Lieferung** durch den Verkäufer der Sache keine Zweifel bestehen. Weist die zu liefernde Kaufsache einen Mangel auf, so fällt die daraus resultierende temporäre Minderung des Werts der Forderung aus § 433 Abs 1 Satz 1 als Kaufgegenstand nur dann nicht ins Gewicht, wenn der Mangel im Wege der gem §§ 437 Nr 1, 439 Abs 1 jedenfalls vom Sachverkäufer geschuldeten **Nacherfüllung** beseitigt werden kann[536]. Es besteht also in wirtschaftlicher Hinsicht eine Abhängigkeit des Verschaffungsanspruchs von der **Möglichkeit einer Mängelbeseitigung**. Gegen eine unmittelbare Gewährleistungshaftung des Verkäufers des Verschaffungsanspruchs für Mängel der Sache nach Maßgabe des § 453 Abs 3 kann zudem nicht vorgebracht werden, dass ihm bei Auftreten eines Mangels die Nacherfüllung nicht möglich sei. Denn der Forderungsverkäufer könnte bei Vorliegen eines Mangels der Sache den Sachverkäufer aus §§ 437 Nr 1, 439 Abs 1 in Anspruch nehmen und von ihm eine **Freistellung von der Gewährleistungshaftung** gegenüber dem Forderungskäufer verlangen, an den die mangelhafte Sache aufgrund der Abtretung des Verschaffungsanspruchs geliefert worden ist.

269 Gleichwohl entspricht es bei Fehlen einer ausdrücklichen Regelung im Forderungskaufvertrag **nicht dem Willen und dem Interesse der Parteien** dieses Vertrags, dass der Forderungsverkäufer für Sach- und Rechtsmängel der Sache haftet. Übereinstimmend gewollt ist hier vielmehr die **Veräußerung der Rechtsposition**, die dem Verkäufer des Anspruchs aus § 433 Abs 1 Satz 1 als Käufer aus dem **Kaufvertrag über die Sache** zusteht. Für den Käufer des Verschaffungsanspruchs aus § 433 Abs 1 Satz 1 ist offensichtlich, dass sein Verkäufer (Forderungsverkäufer) nicht neben dem Sachverkäufer – und damit als Gesamtschuldner – für Sach- und Rechtsmängel der Sache selbst einstehen will[537]. Eine Anwendung des § 453 Abs 3 auf den Verschaffungsanspruch aus § 433 Abs 1 Satz 1 würde letztlich dazu führen, dass der Verkäufer dieses Rechts für dessen **Bonität** haftet, obwohl eine derartige Haftung generell nicht besteht und von den Vertragsparteien nicht gewollt ist[538]. Der Forderungsverkäufer haftet grundsätzlich nur für die **Verität (Bestand)**, nicht aber für die Bonität des verkauften Rechts[539]. Die Bonität gehört nicht zur **üblichen Beschaffenheit** iSd § 434 Abs 3 Satz 1 Nr 2 und wird auch nicht vom Mangeltatbestand Eignung für die **„gewöhnliche Verwendung“** erfasst[540]. Eine Haftung des Verkäufers für die Bonität des verkauften Rechts greift nur dann Platz, wenn insoweit eine **Beschaffenheitsvereinbarung** iSd § 434 Abs 2 Satz 1 Nr 1 iVm § 453 Abs 1 Satz 1 Alt 1 gegeben ist[541]. Die Durchsetzbarkeit der Forderung, also die Bonität, ist dann ein **sonstiges Beschaffenheitsmerkmal iSd § 434 Abs 2 Satz 2**. Zudem kann der Forderungsverkäufer eine **Garantie iSd**

534 Staud/Beckmann Rz 18; BeckOK/Faust Rz 5; Oetker/Maultzsch, Vertragliche Schuldverhältnisse, 2018[5], § 2 Rz 121; Stöber, Beschaffenheitsgarantien des Verkäufers, 2006, S 159; Gothe, Verkäuferpflichten und Gewährleistung beim Forderungskauf, 2017, S 176 ff; U Huber AcP 202 (2002), 180, 229 f; Eidenmüller ZGS 2002, 290, 291; Eidenmüller NJW 2002, 1625, 1627; aA BeckOGK/Wilhelmi Rz 72 ff; Haedicke, Rechtskauf und Rechtsmängelhaftung, 2003, S 183; differenzierend MünchKomm/Westermann Rz 7; Erman/Grunewald Rz 16.
aA BecKOGK/Wilhelmi Rz 72 ff.

535 AA BecKOGK/Wilhelmi Rz 72 ff; wohl auch MünchKomm/Westermann Rz 7.

536 Vgl Gothe, Verkäuferpflichten und Gewährleistung beim Forderungskauf, 2017, S 177 ff.

537 Erman/Grunewald Rz 16; aA BecKOGK/Wilhelmi Rz 74 f.

538 Erman/Grunewald Rz 16; BeckOK/Faust Rz 5; Gothe, Verkäuferpflichten und Gewährleistung beim Forderungskauf, 2017, S 177 ff; Eidenmüller ZGS 2002, 290, 291.

539 Vgl Rz 15 f.

540 MünchKomm/Westermann Rz 11; BeckOK/Faust Rz 20; Staud/Beckmann Rz 8; Erman/Grunewald Rz 15; Stöber, Beschaffenheitsgarantien des Verkäufers, 2006, S 166; Gothe, Verkäuferpflichten und Gewährleistung beim Forderungskauf, 2017, S 122 f; Schröcker, ZGR 2005, 63, 87 f.

541 Vgl Gothe, Verkäuferpflichten und Gewährleistung beim Forderungskauf, 2017, S 115 ff.

§ 443 Abs 1 dafür übernehmen, dass der verkaufte Verschaffungsanspruch aus § 433 Abs 1 Satz 1 vom Sachverkäufer erfüllt wird und die gelieferte Sache mangelfrei ist[542]. Im Ausnahmefall kann auch der Mangeltatbestand des **§ 434 Abs 2 Satz 1 Nr 2 iVm § 453 Abs 1 Satz 1** erfüllt sein, sofern die einwandfreie Einziehung der verkauften Forderung die nach dem Kaufvertrag „vorausgesetzte Verwendung" ist[543]. Dies kann aber nicht ohne weiteres im Wege der Auslegung aus dem geschlossenen Forderungskaufvertrag gefolgert werden.

Bei Fehlen einer kaufvertraglichen Vereinbarung für den Fall des Vorliegens eines Sach- oder Rechtsmangels der Sache, auf die sich der verkaufte Verschaffungsanspruch aus § 433 Abs 1 Satz 1 bezieht, entspricht daher nicht eine unmittelbare Haftung des Forderungsverkäufers nach § 453 Abs 3 für Mängel der Sache, sondern vielmehr nur eine **Abtretung** des ihm als Sachkäufer gegen den Sachverkäufer zustehenden Nacherfüllungsanspruchs aus §§ 437 Nr 1, 439 Abs 1 iVm § 434 oder § 435 dem **Interesse** und dem übereinstimmenden **hypothetischen Willen** der Kaufvertragsparteien[544]. Im Wege einer **ergänzenden Vertragsauslegung** ist daher regelmäßig eine Erstreckung der Abtretung der Hauptforderung auf etwaige Gewährleistungsrechte wegen Mängeln der Sache zu bejahen[545]. Das Gleiche gilt für einen etwaigen **Schadensersatzanspruch** des Forderungsverkäufers gegen den Sachverkäufer[546]. Der Forderungskäufer wird damit in Bezug auf die Gewährleistung wegen eines Mangels der Sache im Ergebnis weitgehend so gestellt, wie wenn er die Sache unmittelbar vom Sachverkäufer gekauft hätte. Dass diese Gleichstellung interessengerecht ist, ergibt sich auch daraus, dass der Forderungskäufer oft deshalb mit dem Sachkäufer (Forderungsverkäufer) und nicht unmittelbar mit dem Sachverkäufer kontrahiert, weil es sich um eine **Speziessache** handelt und der Kaufvertrag zwischen Sachverkäufer und Sachkäufer bereits abgeschlossen ist. Dies kann insbes darauf beruhen, dass der Sachkäufer als Händler die gekaufte Sache vor der eigenen Belieferung zum **„Weiterverkauf"** anbietet und dann die Verschaffungsforderung verkauft und abtritt. 270

2. **Verkauf eines Anspruchs aus Kaufoption**. Im Falle des Verkaufs einer Kaufoption greift § 453 Abs 3 nicht in Bezug auf die Sache ein, die letztlich erworben werden soll[547]. Mit dem Erwerb der Kaufoption durch Abtretung erlangt der Forderungskäufer („Optionskäufer") gegen den aus der **Optionsvereinbarung** verpflichteten Sachverkäufer einen Anspruch auf Abschluss des Kaufvertrags über die Lieferung der Sache. Der Verkäufer der Option (Forderungsverkäufer) haftet nach § 311a Abs 2, sofern die Option als Recht von vornherein nicht besteht. Darüber hinaus haftet der Forderungsverkäufer nach § 453 Abs 1 Satz 1 Alt 1 iVm § 434 Abs 2 Satz 1 Nr 1, wenn die Option als solche einen **Beschaffenheitsmangel (Inhaltsmangel)** aufweist, also bspw nicht mit dem **vereinbarten Umfang** besteht (§ 434 Abs 2 Satz 1 Nr 1). Ist die Option mit dem Recht eines Dritten belastet, so haftet der Forderungsverkäufer („Optionsverkäufer") nach § 453 Abs 1 Satz 1 Alt 1 iVm § 435. Für Mängel der vom Sachverkäufer nach Abschluss des Kaufvertrags mit dem Käufer der Option **gelieferten Sache** haftet der Sachverkäufer nach §§ 434, 435. Eine zusätzliche Haftung des Verkäufers der Option nach § 453 Abs 3 iVm §§ 434, 435 für Mängel der Sache kommt nicht in Betracht. Entsprechendes gilt, wenn sich jemand zur Abgabe eines Meistgebots bei der Versteigerung einer Sache verpflichtet und dann das künftige **Recht aus dem Meistgebot** verkauft[548]. 271

3. **Ansprüche auf Sachüberlassung aus Miet- und Pachtverträgen**. Der Verkauf von Ansprüchen des Mieters oder Pächters aus dem abgeschlossenen Miet- bzw Pachtvertrag auf Überlassung der betreffenden Miet- bzw Pachtsache hat nur dann eine praktische Bedeutung, wenn diese Forderungen **übertragbar sind**. Denn der Verkäufer einer solchen Forderung ist nur dann zur Erfüllung des Kaufvertrags imstande, wenn er auf Grundlage des abgeschlossenen Miet- oder Pachtvertrags nach Erhalt der Sache auch zur **Überlassung an einen Dritten** berechtigt 272

542 BeckOK/Faust Rz 20; Staud/Beckmann Rz 8; MünchKomm/Westermann Rz 11.

543 Gothe, Verkäuferpflichten und Gewährleistung beim Forderungskauf, 2017, S 120 f.

544 MünchKomm/Roth/Kieninger § 398 Rz 97; Dörner, Dynamische Relativität, 1985, S 312 f; Gothe, Verkäuferpflichten und Gewährleistung beim Forderungskauf, 2017, S 176 ff.

545 Vgl Gothe, Verkäuferpflichten und Gewährleistung beim Forderungskauf, 2017, S 177.

546 MünchKomm/Roth/Kieninger § 398 Rz 97; BeckOK/Rohe § 398 Rz 63; Dörner, Dynamische Relativität, 1985, S 312 f; Gothe, Verkäuferpflichten und Gewährleistung beim Forderungskauf, 2017, S 176 ff.

547 Erman/Grunewald Rz 17; BeckOGK/Wilhelmi Rz 69.

548 RGZ 150, 397, 401 ff; RGZ 157, 175, 177 (jeweils zu § 493 aF, § 459 aF). In beiden Fällen des RG wurde eine Sachmängelhaftung des Verkäufers der Rechte aus einem Meistgebot, zu dessen Abgabe er sich im Rahmen einer Ausbietungsgarantie verpflichtet hatte, nach § 493 aF, § 459 aF abgelehnt. Im Fall RGZ 150, 397 machte der Käufer der Rechte aus dem Meistgebot vergeblich geltend, dass das Holz- und Mauerwerk des hypothekarisch beliehenen Hausgrundstücks durch Hausschwamm beträchtlich zerstört sei. In dem der Entscheidung RGZ 157, 175 zugrundeliegenden Fall war durch einen Schnee- und Wirbelsturm der Baumbestand des betreffenden Waldgutes erheblich beschädigt worden. Auch hier haftete der Verkäufer der Rechte aus dem Meistgebot nicht nach § 493 aF, § 459 aF.

wäre. Das Gleiche gilt selbstverständlich, wenn der Miet- oder Pachtvertrag die Abtretung des Überlassungsanspruchs zulässt. Fehlt diese Verfügungsbefugnis des Mieters oder Pächters, so scheitert eine Abtretung an **§ 399 Alt 1**, weil mit dem Übergang der Forderung eine **Inhaltsänderung** einträte. Dem Forderungsverkäufer ist in einer solchen Konstellation die Erfüllung des Forderungskaufvertrags rechtlich nicht möglich, es sei denn, der Vermieter bzw Verpächter stimmt auf Verlangen seines Vertragspartners dieser Übertragung und damit der Änderung des bestehenden Vertrags zu. In Bezug auf die Erlangung einer Zustimmung zur Abtretung kann der Forderungskäufer dem Verkäufer gem §§ 281 Abs 1, 323 Abs 1 eine Frist setzen. Da eine Zustimmung des Vermieters oder Verpächters nicht von vornherein ausgeschlossen ist, liegt **keine anfängliche Unmöglichkeit iSd § 311a Abs 1** vor.

273 Dass die Forderung auf Sachüberlassung aus einem befristeten Miet- oder Pachtvertrag sich nur auf eine **zeitlich beschränkte Überlassung** bezieht, steht einem Kaufvertrag über eine solche Forderung nicht entgegen. Denn eine derartige Befristung gehört zum **Inhalt der Forderung** als Kaufgegenstand und insoweit gilt der Grundsatz der Vertragsfreiheit. Der Kauf einer Forderung auf Sachüberlassung aus Miet- oder Pachtvertrag ist allerdings von einer **Untermiete oder -pacht** zu unterscheiden. Im Falle des Abschlusses eines vom Vermieter oder Verpächter gestatteten Abschlusses eines Untermiet- bzw Pachtvertrags hat der Untermieter bzw -pächter bei **Vorliegen eines Mangels** der Sache Gewährleistungsrechte nach Miet- bzw Pachtrecht gegen seinen Vertragspartner (Hauptmieter bzw -pächter), dem dann seinerseits gegen den Vermieter bzw Verpächter nach Gewährleistungsrecht ein **Freistellungsanspruch** zusteht. Bei Vornahme eines Verkaufs der Überlassungsforderung übernimmt der Mieter oder Pächter als Verkäufer dagegen die **miet- bzw pachtrechtliche Gewährleistungshaftung** gegenüber dem Käufer gerade nicht.

274 Der Anspruch auf Sachüberlassung aus Miet- oder Pachtvertrag ist zwar ein Recht iSd § 453 Abs 1, aber – ebenso wie der Verschaffungsanspruch aus § 433 Abs 1 Satz 1[549] – kein Recht zum Besitz einer Sache nach § 453 Abs 3[550]. Die für den Verkauf des Verschaffungsanspruchs aus § 433 Abs 1 Satz 1 dargelegten Grundsätze[551] gelten somit auch für den Kaufvertrag über eine Forderung aus Miet- bzw Pachtvertrag auf Überlassung der Sache[552]. Beim Verkauf der Sachüberlassungsforderung aus einem Miet- oder Pachtvertrag betreffen Mängel der Sache die **Bonität** der Forderung, so dass eine Gewährleistungshaftung des Forderungsverkäufers insoweit nicht eingreift[553]. Der Forderungsverkäufer haftet insoweit nur bei Vorliegen einer auf den Zustand der Sache bezogenen **Beschaffenheitsvereinbarung iSd § 434 Abs 2 Satz 1 Nr 1** oder/und Übernahme einer **Garantie** gem § 443 Abs 1.

275 Richtig ist allerdings, dass der Verkauf eines solchen Überlassungsanspruchs im Ergebnis zu einem **Besitzrecht des Käufers** führt. Anders als beim Kauf eines Verschaffungsanspruchs aus § 433 Abs 1 Satz 1 kann der Käufer eines miet- oder pachtrechtlichen Überlassungsanspruchs sein Recht zum Besitz nach der Erfüllung dieses Anspruchs nicht unmittelbar aus dem Eigentum ableiten; § 903 ist daher insoweit nicht anwendbar. Denn Eigentümer ist nach wie vor der Vermieter bzw der Verpächter. Gleichwohl ist ein unmittelbares **Recht auf Nutzung der Sache** nicht Inhalt des Kaufvertrags über den Anspruch auf Verschaffung der Sache aus Miet- oder Pachtvertrag. Nach dem **übereinstimmenden Parteiwillen** geht es hier vielmehr darum, dem Forderungskäufer genau die Rechtsposition zu verschaffen, die dem Verkäufer als Mieter oder Pächter aus dem Miet- bzw Pachtvertrag zusteht. Es soll hingegen nicht die **mietrechtliche Gewährleistungshaftung** des Vermieters bzw Verpächters durch eine kaufrechtliche Gewährleistungshaftung des Forderungsverkäufers für **Sach- und Rechtsmängel der Sache** ersetzt oder zumindest modifiziert werden.

276 Dafür spricht auch, dass nach Miet- und Pachtrecht eine Verpflichtung des Vermieters bzw Verpächters zur **Instandhaltung nach § 535 Abs 1 Satz 2** besteht und bei Auftreten von Mängeln der überlassenen Sache der **Miet- bzw Pachtzins** unmittelbar kraft Gesetzes gemindert ist (§ 536 Abs 1 Satz 1). Dem übereinstimmenden hypothetischen Parteiwillen entspricht bei Fehlen einer abweichenden Regelung im Kaufvertrag die Verpflichtung des Forderungsverkäufers zur

549 Vgl dazu vorstehend Rz 267 ff.

550 Staud/Beckmann Rz 18; BeckOK/Faust Rz 5; Stöber, Beschaffenheitsgarantien des Verkäufers, 2006, S 159; aA BeckOGK/Wilhelmi Rz 72; Haedicke, Rechtskauf und Rechtsmängelhaftung, 2003, S 183; Eidenmüller ZGS 2002, 290, 291.

551 Vgl dazu oben Rz 267 ff.

552 Staud/Beckmann Rz 18; BeckOK/Faust Rz 5; Oetker/Maultzsch, Vertragliche Schuldverhältnisse, 2018^5, § 2 Rz 115; Stöber, Beschaffenheitsgarantien des Verkäufers, 2006, S 159; Gothe, Verkäuferpflichten und Gewährleistung beim Forderungskauf, 2017, S 179 f; aA Haedicke, Rechtskauf und Rechtsmängelhaftung, 2003, S 183; Eidenmüller, ZGS 2002, 290, 291.

553 BeckOK/Faust Rz 5; Staud/Beckmann Rz 18; Gothe, Verkäuferpflichten und Gewährleistung beim Forderungskauf, 2017, S 179 f; aA Haedicke, Rechtskauf und Rechtsmängelhaftung, 2003, S 183; Eidenmüller, ZGS 2002, 290, 291.

Abtretung seiner Gewährleistungsansprüche gegen den Vermieter bzw Verpächter. Der Kaufvertrag ist insoweit dahin gehend auszulegen, dass die Abtretung des Überlassungsanspruchs etwaige Gewährleistungsansprüche mitumfasst. Für Mängel der Sache haftet der Forderungsverkäufer daher nicht nach § 453 Abs 3 iVm §§ 434, 435.

Unberührt bleibt dagegen eine Haftung des Forderungsverkäufers nach § 453 Abs 1 Satz 1 Alt 277
1 iVm §§ 434, 435 für **Mängel des verkauften Rechts auf Überlassung**. Wird bspw der Anspruch auf Überlassung einer Pachtsache in Gestalt einer Gewerbeimmobilie mit einer Gebäudefläche von 2.000 qm verkauft, obwohl die im Pachtvertrag richtig angegebene Größe nur 1.800 qm beträgt, so stimmt der **tatsächliche Umfang** des verkauften Rechts nicht mit der kaufvertraglich vereinbarten Soll-Beschaffenheit überein. Dies hat dann zur Folge, dass der Verkäufer des Überlassungsanspruchs hierfür wegen Vorliegens eines Beschaffenheitsmangels (Inhaltsmangels) nach § 453 Abs 1 Satz 1 Alt 1 iVm § 434 Abs 2 Satz 1 Nr 1 haftet[554].

554 Vgl dazu oben Rz 267; zu den Einzelheiten der Haftung des Verkäufers für Beschaffenheitsmängel des verkauften Rechts oben Rz 81 ff.

Stichwortverzeichnis

Die erste, fettgedruckte Zahl nach dem Stichwort bezeichnet den Paragraphen des Gesetzes, die alsdann nach dem Komma folgende Zahl die Bemerkung (Randziffer).). Die Abkürzung IBKR bezeichnet den Abschnitt „Internationales Bank- und Kapitalmarkrecht“, die Abkürzung HR bezeichnet den Abschnitt „Handelsrecht“. Im Übrigen bedeuten: Anh = Anhang, B = Begriff, Einl = Einleitung, Vb/Vor = Vorbemerkung.

Die Umlaute ä, ö und ü werden wie a, o und u angesehen, sie stehen also nicht als ae, oe, ue hinter ad, od und ud.

H

I

K

Stichwortverzeichnis

W

Z